ARQUITECTURA: *ARCOS, COLUMNAS Y BÓVEDAS*

ARCOS

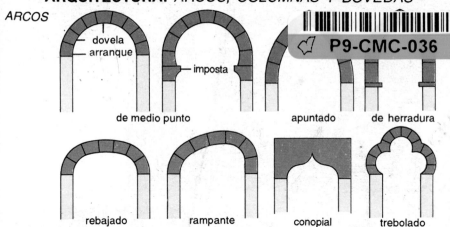

P9-CMC-036

- dovela
- arranque
- imposta

de medio punto   apuntado   de herradura

rebajado   rampante   conopial   trebolado

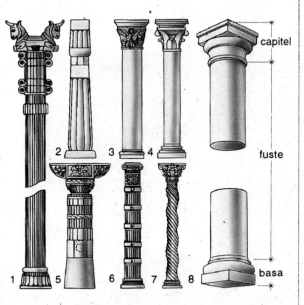

capitel

fuste

basa

1 Aqueménida
2 Egipcia papiriforme
3 Románica
4 Gótica

5 India
6 Anillada
7 Salomónica
8 Dórica

BÓVEDAS

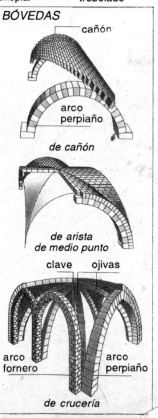

cañón

arco
perpiaño

de cañón

*de arista
de medio punto*

clave   ojivas

arco
fornero

arco
perpiaño

de crucería

ASTRONOMÍA: *GALAXIA Y UNIVERSO*

REPRESENTACIÓN ESQUEMÁTICA DE LA GALAXIA

vista superior frontal

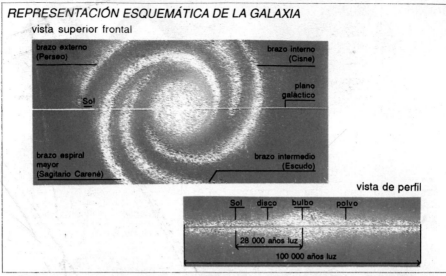

brazo externo
(Perseo)

brazo interno
(Cisne)

plano
galáctico

Sol

brazo espiral
mayor
(Sagitario Carené)

brazo intermedio
(Escudo)

vista de perfil

Sol disco bulbo polvo

28 000 años luz

100 000 años luz

ESCALA DE LAS DISTANCIAS EN EL UNIVERSO

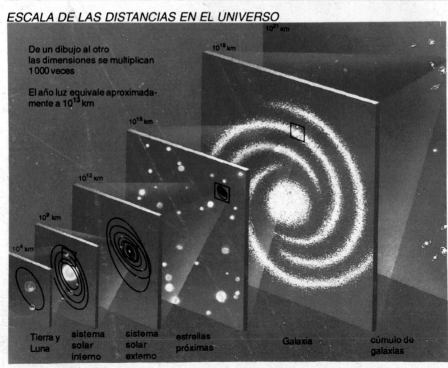

De un dibujo al otro
las dimensiones se multiplican
1 000 veces

El año luz equivale aproximadamente a 10^{13} km

10^{21} km

10^{18} km

10^{15} km

10^{12} km

10^9 km

10^4 km

Tierra y
Luna

sistema
solar
interno

sistema
solar
externo

estrellas
próximas

Galaxia

cúmulo de
galaxias

BANDERAS DEL MUNDO

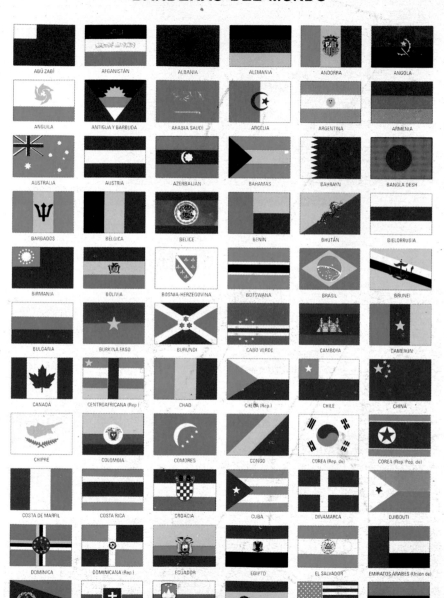

ABÚ ZABÍ	AFGANISTÁN	ALBANIA	ALEMANIA	ANDORRA	ANGOLA
ANGUILA	ANTIGUA Y BARBUDA	ARABIA SAUDÍ	ARGELIA	ARGENTINA	ARMENIA
AUSTRALIA	AUSTRIA	AZERBAIJÁN	BAHAMAS	BAHRAYN	BANGLA DESH
BARBADOS	BÉLGICA	BELICE	BENIN	BHUTÁN	BIELORRUSIA
BIRMANIA	BOLIVIA	BOSNIA-HERZEGOVINA	BOTSWANA	BRASIL	BRUNEI
BULGARIA	BURKINA FASO	BURUNDI	CABO VERDE	CAMBOYA	CAMERÚN
CANADA	CENTROAFRICANA (Rep.)	CHAD	CHECA (Rep.)	CHILE	CHINA
CHIPRE	COLOMBIA	COMORES	CONGO	COREA (Rep. de)	COREA (Rep. Pop. de)
COSTA DE MARFIL	COSTA RICA	CROACIA	CUBA	DINAMARCA	DJIBOUTI
DOMINICA	DOMINICANA (Rep.)	ECUADOR	EGIPTO	EL SALVADOR	EMIRATOS ÁRABES (Unión de)
ERITREA	ESLOVAQUIA	ESLOVENIA	ESPAÑA	E.U.A.	ESTONIA

BANDERAS DEL MUNDO

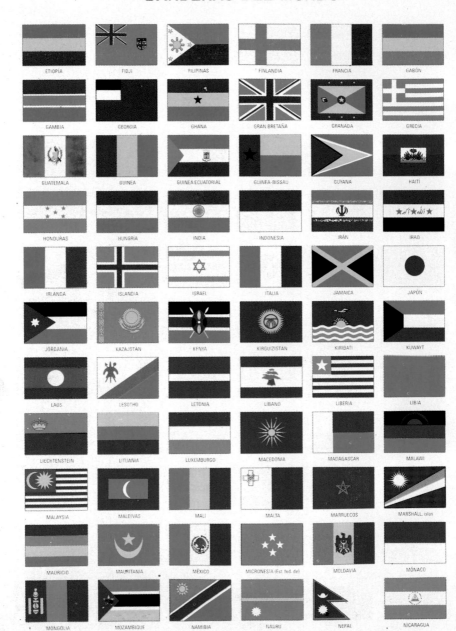

ETIOPÍA · FIDJI · FILIPINAS · FINLANDIA · FRANCIA · GABÓN

GAMBIA · GEORGIA · GHANA · GRAN BRETAÑA · GRANADA · GRECIA

GUATEMALA · GUINEA · GUINEA ECUATORIAL · GUINEA-BISSAU · GUYANA · HAITÍ

HONDURAS · HUNGRÍA · INDIA · INDONESIA · IRÁN · IRAQ

IRLANDA · ISLANDIA · ISRAEL · ITALIA · JAMAICA · JAPÓN

JORDANIA · KAZAJSTÁN · KENYA · KIRGUIZISTÁN · KIRIBATI · KUWAYT

LAOS · LESOTHO · LETONIA · LÍBANO · LIBERIA · LIBIA

LIECHTENSTEIN · LITUANIA · LUXEMBURGO · MACEDONIA · MADAGASCAR · MALAWI

MALAYSIA · MALDIVAS · MALÍ · MALTA · MARRUECOS · MARSHALL, islas

MAURICIO · MAURITANIA · MÉXICO · MICRONESIA (Est. fed. de) · MOLDAVIA · MÓNACO

MONGOLIA · MOZAMBIQUE · NAMIBIA · NAURU · NEPAL · NICARAGUA

BANDERAS DEL MUNDO

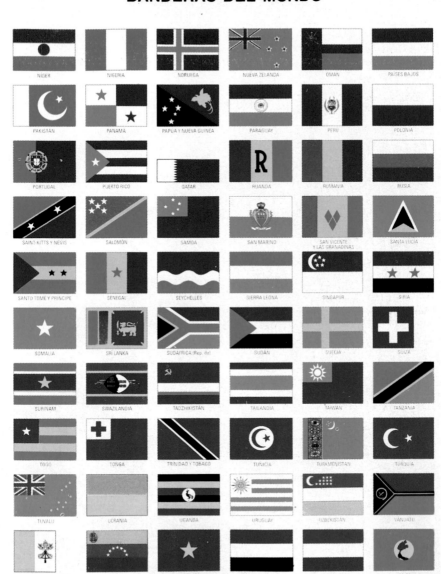

NIGER	NIGERIA	NORUEGA	NUEVA ZELANDA	OMAN	PAISES BAJOS
PAKISTÁN	PANAMÁ	PAPUA Y NUEVA GUINEA	PARAGUAY	PERÚ	POLONIA
PORTUGAL	PUERTO RICO	QATAR	RUANDA	RUMANIA	RUSIA
SAINT-KITTS Y NEVIS	SALOMÓN	SAMOA	SAN MARINO	SAN VICENTE Y LAS GRANADINAS	SANTA LUCIA
SANTO TOME Y PRINCIPE	SENEGAL	SEYCHELLES	SIERRA LEONA	SINGAPUR	SIRIA
SOMALIA	SRI LANKA	SUDAFRICA (Rep. de)	SUDÁN	SUECIA	SUIZA
SURINAM	SWAZILANDIA	TADZHIKISTAN	TAILANDIA	TAIWAN	TANZANIA
TOGO	TONGA	TRINIDAD Y TOBAGO	TUNICIA	TURKMENISTAN	TURQUIA
TUVALU	UCRANIA	UGANDA	URUGUAY	UZBEKISTAN	VANUATU
VATICANO (Ciudad del)	VENEZUELA	VIETNAM	YEMEN	YUGOSLAVIA	ZAIRE
ZAMBIA	ZIMBABWE	CONSEJO DE EUROPA Y UNION EUROPEA	JUEGOS OLIMPICOS	O.N.U.	O.T.A.N.

BIOLOGÍA: *EVOLUCIÓN*

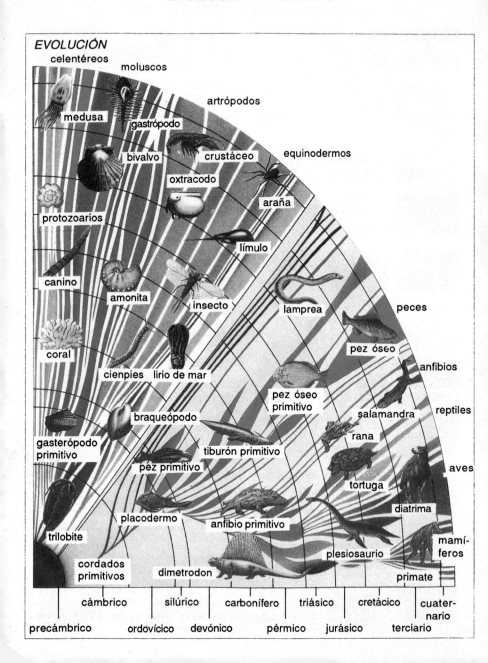

GEOGRAFÍA: *CORRIENTES MARINAS Y COORDENADAS TERRESTRES*

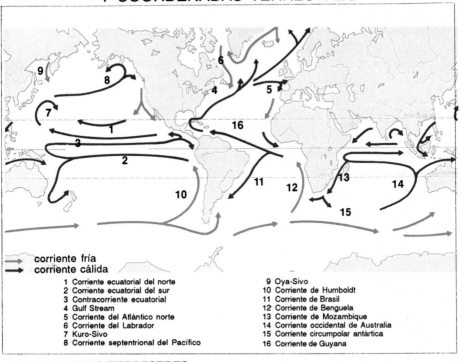

corriente fría
corriente cálida

1 Corriente ecuatorial del norte
2 Corriente ecuatorial del sur
3 Contracorriente ecuatorial
4 Gulf Stream
5 Corriente del Atlántico norte
6 Corriente del Labrador
7 Kuro-Sivo
8 Corriente septentrional del Pacífico

9 Oya-Sivo
10 Corriente de Humboldt
11 Corriente de Brasil
12 Corriente de Benguela
13 Corriente de Mozambique
14 Corriente occidental de Australia
15 Corriente circumpolar antártica
16 Corriente de Guyana

COORDENADAS TERRESTRES

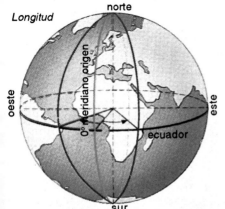

La longitud es la ubicación de un lugar con respecto al meridiano terrestre.

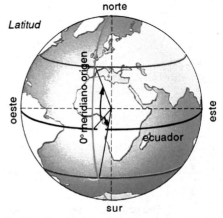

La latitud es la ubicación de un lugar con respecto al ecuador.

MÚSICA: *NOTACIÓN E INSTRUMENTOS*

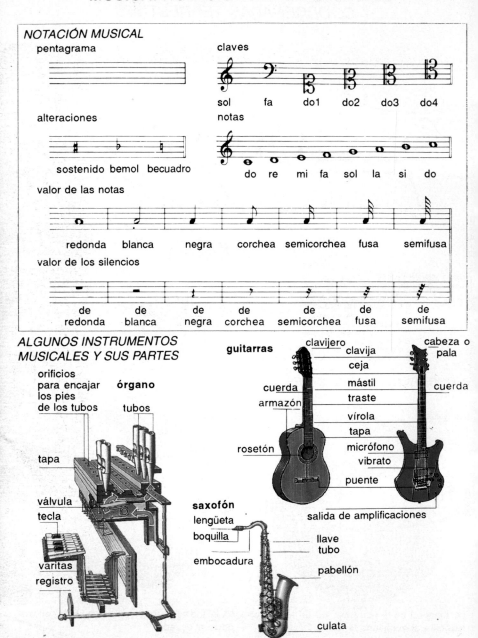

NOTACIÓN MUSICAL

pentagrama

claves

sol   fa   do1   do2   do3   do4

alteraciones

notas

sostenido bemol becuadro

do   re   mi   fa   sol   la   si   do

valor de las notas

redonda   blanca   negra   corchea   semicorchea   fusa   semifusa

valor de los silencios

de redonda   de blanca   de negra   de corchea   de semicorchea   de fusa   de semifusa

ALGUNOS INSTRUMENTOS MUSICALES Y SUS PARTES

guitarras

clavijero clavija   cabeza o pala

ceja

mástil   cuerda

traste

vírola

tapa

micrófono

vibrato

puente

salida de amplificaciones

cuerda

armazón

rosetón

órgano

orificios para encajar los pies de los tubos

tubos

tapa

válvula

tecla

varitas

registro

saxofón

lengüeta

boquilla

embocadura

llave

tubo

pabellón

culata

Larousse

diccionario básico

Lengua
Española

A
B
C
D
E
F
G
H
I
J
K
L
M
N
Ñ
O
P
Q
R
S
T
U
V
W
X
Y
Z
ILUSTRACIONES

Larousse

diccionario básico

Lengua Española

por

Ramón García Pelayo y Gross

Profesor de la Universidad de París (Sorbona)
y del Instituto de Estudios Políticos de París
Miembro c. de la Academia Argentina de Letras,
de la Academia de San Dionisio de Ciencias, Artes y Letras,
de la Academia Boliviana de la Historia
y de la Real Academia de Bellas Artes de San Telmo

LAROUSSE

Aribau 197-199 3a planta   Dinamarca 81   21 Rue du Montparnasse   Valentín Gómez 3530
08021 Barcelona   México 06600, D.F.   75298 París Cedex 06   1191 Buenos Aires

NI UNA FOTOCOPIA MÁS

prólogo

Cuando las dificultades de comprensión se multiplican con el desarrollo de la ciencia, de los medios de comunicación y de las distintas culturas en perpetua evolución, los diccionarios tienen como objetivo fundamental contribuir a la fijación del idioma y al buen uso que de éste debe hacerse.

El castellano o español, hablado por más de doscientos millones de personas, posee un caudal léxico de cerca de quinientos mil vocablos, de los que sólo se suelen utilizar de diez a veinte mil, desconociéndose, por consiguiente, gran parte del repertorio lingüístico. Después de una ardua labor selectiva, no coartada en ningún modo por un purismo intransigente y tradicionalista, hemos incluido en esta obra numerosas palabras o acepciones nuevas y multitud de neologismos, que reflejan el dinamismo del lenguaje, extranjerismos, en particular aquellos susceptibles de adaptarse a las estructuras de nuestra lengua, tecnicismos, impuestos por los adelantos modernos realizados en todos los sectores, y términos de carácter familiar o popular. Se ha prestado naturalmente suma atención a los americanismos, voces que constituyen una admirable muestra de la vitalidad y potencia del habla de un continente casi entero. Hemos completado muy a menudo las definiciones con ejemplos, que aclaran e ilustran los conceptos y ayudan al lector a emplear con exactitud el vocabulario.

Nuestro empeño se verá satisfecho si este trabajo didáctico y eminentemente práctico proporciona informaciones útiles para que estudiantes y estudiosos puedan expresarse en cualquier circunstancia con propiedad y pulcritud.

Ramón García-Pelayo y Gross

ILUSTRACIONES EN NEGRO

ANATOMÍA: esqueleto, vértebra
     y hueso
ANATOMÍA: nervios, médula espinal,
     neurona

ANATOMÍA: circulación
ANATOMÍA: corazón, pulmón

ANIMALES: aves
ANIMALES: insectos

ANIMALES: mamíferos
ANIMALES: peces

ANIMALES: reptiles
ARQUITECTURA: casa

ASTRONÁUTICA
ÁTOMO Y MOLÉCULA

AUTOMÓVIL
AVIÓN

BARCOS: velero
DEPORTES: atletismo y fútbol

DEPORTES: baloncesto y tenis

ELECTRICIDAD

FERROCARRIL: locomotora
FOTOGRAFÍA

GEOMETRÍA: superficies
GEOMETRÍA: volúmenes y ángulos

HERRAMIENTAS
METALURGIA

MOTOCICLETA
MOTORES

PALEONTOLOGÍA
PETRÓLEO

PUERTO - ESCLUSA
TEATRO

TELEVISIÓN - RADIODIFUSIÓN

ILUSTRACIONES EN COLOR

ARQUITECTURA: ARCOS, COLUMNAS Y BÓVEDAS
ASTRONOMÍA: GALAXIA Y UNIVERSO
BANDERAS DEL MUNDO
BIOLOGÍA: EVOLUCIÓN
GEOGRAFÍA: CORRIENTES MARINAS Y COORDENADAS TERRESTRES
MÚSICA: NOTACIÓN E INSTRUMENTOS

Tabla de abreviaturas

Abrev.	Significado	Abrev.	Significado	Abrev.	Significado
abrev.	Abreviatura	Esp.	Voz de España	n. pr.	Nombre propio
a. de J. C.	Antes de Jesucristo	Est.	Estado	O.	Oeste
adj.	Adjetivo	f.	Femenino	Observ.	Observación
adv.	Adverbio, adverbial	Fam.	Familiar	Ópt.	Óptica
afl.	Afluente	Farm.	Farmacia	pág.	Página
Agr.	Agricultura	Fig.	Figurado	pal.	Palabra
alt.	Altura	Fil.	Filosofía	Pan.	Voz de Panamá
amb.	Ambiguo	Filip.	Voz de Filipinas	Parag.	Voz del Paraguay
Amer.	Americanismo	Fís.	Física	peníns.	Península
Amér. C.	Voz de América Central	Fisiol.	Fisiología	Per.	Peruanismo
		For.	Forense	pers.	Persona, personal
Amér. M.	Voz de América Meridional	Fort.	Fortificación	Pint.	Pintura
		Fot.	Fotografía	pl.	Plural
Anat.	Anatomía	fr.	Frase	pobl.	Población
And.	Andalucismo	fut.	Futuro	Poét.	Poética
ant.	Antiguamente, antes, anticuado	gén.	Género	Pop.	Popular
		Geogr.	Geografía	Por ext.	Por extensión
Antill.	Voz de las Antillas	Geol.	Geología	pos.	Posesivo
archip.	Archipiélago	Geom.	Geometría	pot.	Potencial
Arg.	Argentinismo	ger.	Gerundio	p. p.	Participio pasado
Arq.	Arquitectura	Gob.	Gobierno	pr.	Principal, pronúnciese, pronominal, premio
art.	Artículo	Gram.	Gramática		
Astr.	Astronomía, astronáutica	Guat.	Voz de Guatemala	pref.	Prefijo
		h. y hab.	Habitantes	prep.	Preposición
aum.	Aumentativo	Hist.	Historia	pres.	Presente, presidente
Autom.	Automovilismo	Hist. nat.	Historia natural	pret.	Pretérito
barb.	Barbarismo	Hond.	Voz de Honduras	P. Rico	Voz de Puerto Rico
Biol.	Biología	i.	Intransitivo	pron.	Pronombre
Blas.	Blasón	ilustr.	Ilustración	prov.	Provincia, proverbio
Bol.	Bolivianismo	Impr.	Imprenta	Provinc.	Provincianismo
Bot.	Botánica	ind.	Indicativo, industria	P. us.	Poco usado
c.	Ciudad, como	indet.	Indeterminado	Quím.	Química
cab.	Cabecera	Inform.	Informática	Rad.	Radiotécnica
cap.	Capital	interj.	Interjección	ref.	Refinerías
Chil.	Chilenismo	inv.	Invariable	rel.	Relativo
Cin.	Cinematografía	Irón.	Irónico	Rel.	Religión
Cir.	Cirugía	irreg.	Irregular	Rep.	República
Col.	Colombianismo	izq.	Izquierdo, izquierda	Riopl.	Voz rioplatense
com.	Común, comuna	km	Kilómetros	S., s.	Sur, siglo, sustantivo
Com.	Comercio	lat.	Latín	Salv.	Voz de El Salvador
conj.	Conjunción	loc.	Locución	símb.	Símbolo
cord.	Cordillera	m	Metros	sing.	Singular
C. Rica	Voz de Costa Rica	m.	Masculino, modo, más murió, muerto	subj.	Subjuntivo
Cub.	Cubanismo			sup.	Superficie
d. de J. C.	Después de Jesucristo	Mar.	Marina	t.	Transitivo, tiempo
dem.	Demostrativo	Mat.	Matemáticas	Taurom.	Tauromaquia
dep.	Departamento	máx.	Máxima	tb., t.	También
der.	Derecha, derecho	Mec.	Mecánica	Teatr.	Teatro
des.	Desembocadura, desemboca	Med.	Medicina	Tecn.	Tecnicismo
		Metal.	Metalurgia	Teol.	Teología
Despect.	Despectivo	Méx.	Voz de México	térm. mun.	Término municipal
dim.	Diminutivo	Mil.	Militar	territ.	Territorio
distr.	Distrito	Min.	Mineralogía, mina	Ú.	Úsase
Dom.	Voz de la República Dominicana	Mit.	Mitología	Urug.	Voz del Uruguay
		mun.	Municipio	V., v.	Véase, verbo, villa
E.	Este	Mús.	Música	Venez.	Voz de Venezuela
Ecuad.	Voz del Ecuador	N.	Norte	Veter.	Veterinaria
ej.	Ejemplo	n.	Nació, nacido, nombre	Vulg.	Vulgarismo
Electr.	Electricidad	Neol.	Neologismo	yac.	Yacimientos
Equit.	Equitación	Nicar.	Voz de Nicaragua	Zool.	Zoología

a

a m. Primera letra del alfabeto castellano y primera de sus vocales. (Pl. aes.) || — A, símbolo del *amperio* y del *argón*.

a prep. Denota: 1.º Dirección: *voy a Madrid;* 2.º Término del movimiento: *llegó a Lima;* 3.º Lugar o tiempo: sembrar a los cuatro vientos, lo vieron a las diez; 4.º Situación: *a mi derecha;* 5.º Espacio de tiempo o de lugar: *de diez a once de la mañana; de un sitio a otro;* 6.º Modo de la acción: *a pie, a caballo;* 7.º Distribución o proporción: *a millares, veinte a veinte, a veinte por cabeza;* 8.º Comparación o contraposición: *va mucho de uno a otro;* 9.º Complemento directo de persona: *escribo a mi padre;* 10.º Finalidad: *salió a decirme adiós;* 11.º Hipótesis: *a decir verdad;* 12.º Medida: *a litros;* 13.º Orden: *¡a trabajar!;* 14.º Al mismo tiempo que: *a la puesta del sol.* || Se antepone al precio: *a veinte euros los cien gramos.* || Da principio a muchas frases adverbiales: *a veces; a bulto; a tientas.* || De manera: *a la criolla.* || Con: *dibujar a pluma.* || Hacia: *vino a mí con mala cara.* || Hasta: *con el agua a la cintura.* || Junto a, cerca de: *a orillas del mar.* || Para: *a beneficio propio.* || Por: *a petición mía.* || Según: *a lo que parece.*

abacá m. *Bot.* Planta textil de Filipinas.

abacería f. Puesto o tienda de comestibles.

abacero, ra m. y f. Persona que vende comestibles.

abacial adj. Relativo al abad, a la abadesa o a la abadía.

ábaco m. Marco de madera con alambres paralelos por los que corren diez bolas movibles que sirven para enseñar a contar. || *Arq.* Parte superior del capitel de una columna.

abacorar v. t. *Antill.* Molestar, importunar.

abad m. Superior de un monasterio: *el abad de Montserrat.*

abadejo m. Bacalao.

abadengo, ga adj. Del abad.

abadesa f. Superiora en ciertas comunidades de religiosas.

abadía f. Iglesia o monasterio regido por un abad o una abadesa. || Territorio o jurisdicción del abad o abadesa.

abadita o **abadí** adj. y s. De la dinastía árabe fundada por Abad I en Sevilla.

abajo adv. Hacia lugar o parte inferior: *echar abajo.* || — En lugar o parte inferior: *están abajo.* || — Interj. de reprobación: *¡abajo el tirano!* || — Es barb. decir: *de arriba a abajo,* por *de arriba abajo.*

abalanzarse v. pr. Arrojarse.

abalear v. t. *Chil., Col., Ecuad., Per., Nicar.* y *Venez.* Disparar con arma de fuego, balear.

abalorio m. Cuentas de vidrio.

abancaino, na adj. y s. De Abancay (Perú).

abanderado m. Oficial que lleva la bandera. || El que lleva bandera en las procesiones. || *Fig.* Adalid.

abandonado, da adj. Descuidado, desastrado: *persona abandonada.*

abandonamiento m. Abandono.

abandonar v. t. Dejar a una persona o cosa: *abandonar la casa de sus padres.* || *Fig.* Renunciar, dejar alguna cosa emprendida ya: *abandonar un empleo.* || No hacer caso de algo. || — V. pr. Dejarse dominar por un afecto o emoción. || Prestar poco interés a sus cosas o su aseo. || Confiarse.

abandonismo m. Tendencia a renunciar a algo sin luchar.

abandonista adj. Relativo al abandonismo. || Partidario del abandonismo (ú. t. c. s.).

abandono m. Acción y efecto de abandonar o abandonarse. || Descuido: *vivir en el abandono.* || *For.* Incumplimiento de la obligación legal de suministrar alimentos a quien tiene derecho a recibirlos. || Incumplimiento de los deberes del cargo o función: *abandono de servicio.* || Renuncia a participar o seguir en una competición deportiva.

abanicar v. t. Hacer aire con el abanico (ú. t. c. pr.).

abanico m. Instrumento para hacer o hacerse aire.

abaniqueo m. Acción de abanicar o abanicarse.

abarajar v. t. *Amér. M.* Atrapar al vuelo un objeto que se ha lanzado. || *Riopl.* Detener un golpe. || *Fig. Riopl.* Impedir que alguien realice algo porque se le ha adivinado la intención.

abaratamiento m. Acción y efecto de abaratar o abaratarse.

abaratar v. t. e i. Disminuir de precio (ú. t. c. pr.).

abarca f. Calzado rústico.

abarcar v. t. Ceñir, rodear. || Comprender, contener. || Alcanzar con la vista: *desde allí se abarca toda la ciudad.*

Fig. Encargarse de muchas cosas a un tiempo.

abaritonado, da adj. Con voz o sonido de barítono.

abarquillado, da adj. De forma de barquillo: *madera abarquillada.*

abarquillar v. t. Dar figura de barquillo. || — V. pr. Curvarse.

abarrancar v. t. Hacer barrancos. || — V. i. y pr. Varar, encallar. || — V. pr. Meterse en un barranco.

abarrotado, da adj. Muy lleno.

abarrotar v. t. *Mar.* Asegurar la estiba con abarrotes. || Cargar un buque aprovechando todo el espacio disponible. || *Fig.* Atestar, llenar con exceso (ú. t. c. pr.). || — V. pr. *Amer.* Abaratarse un género por su abundancia.

abarrote m. *Mar.* Fardo pequeño. || — Pl. *Amer.* Comestibles y artículos menudos de primera necesidad: *comercio de abarrotes.*

abarrotero, ra m. y f. *Amer.* Persona que tiene tienda de abarrotes.

abasí o **abasida** adj. y s. Descendiente de Abulabás. (La dinastía de los *abasíes* o *abasidas* destronó a los omeyas y reinó en Bagdad de 762 a 1258. Tuvo 37 califas.)

abastardar v. t. e i. Bastardear.

abastecedor, ra adj. y s. Dícese de lo que abastece. || — F. *Amér. C.* Almacén, local donde se venden alimentos.

***abastecer** v. t. Aprovisionar, proveer de lo necesario: *abastecer la tropa.*

abastecido, da adj. Que cuenta con todo lo necesario.

abastecimiento m. Acción y efecto de abastecer o abastecerse.

abasto m. Provisión de víveres. || Abundancia. || *No dar abasto,* no poder satisfacer todas las demandas.

abatanar v. t. Batir el paño en el batán.

abate m. Clérigo de órdenes menores. || Nombre dado a los clérigos de Francia e Italia.

abatí m. *Arg.* Maíz.

abatido, da adj. Desanimado.

abatimiento m. Acción y efecto de abatir. || Desaliento, falta de ánimo.

abatir v. t. Derribar: *abatir una casa.* || Bajar: *abatir las velas.* || *Fig.* Hacer perder el ánimo: *dejarse abatir por los infortunios.* || Desarmar, desmontar: *abatir la tienda de campaña.* || En ciertos juegos de naipes, mostrar las cartas.

|| *Mar.* Abatir el rumbo, desviarse el barco de su rumbo. || — V. pr. Precipitarse el ave de rapiña: *el cóndor se abatió sobre su presa.*

abdicación f. Acción y efecto de abdicar. || Documento en que consta.

abdicar v. t. Renunciar al trono, a las dignidades, etc.

abdomen m. Vientre: *el abdomen contiene los intestinos.*

abdominal adj. Del abdomen: *músculos abdominales.*

abducción f. *Anat.* Movimiento por el cual un miembro se aparta del eje del cuerpo: *abducción del brazo.*

abductor adj. y s. Que produce abducción: *músculo abductor.*

abecé m. Alfabeto. || *Fig.* Primeras nociones de una ciencia.

abecedario m. Alfabeto.

abedul m. Árbol betuláceo de madera blanca.

abeja f. Insecto himenóptero que produce la cera y la miel. || Hembra del zángano. || *Fig.* Persona laboriosa: *trabajan como abejas.*

abejaruco m. Ave que se alimenta de abejas.

abejorreo m. *Fam.* Zumbido.

abejorro m. Insecto himenóptero, velludo, que zumba mucho al volar. || Insecto coleóptero que zumba mucho al volar y cuya larva roe las raíces de los vegetales. || *Fig.* Persona pesada y molesta.

aberración f. *Astr.* Desvío aparente de los astros. || *Ópt.* Defecto de las lentes que produce una visión defectuosa: *aberración cromática.* || *Fig.* Error de juicio, disparate.

aberrante adj. Que se aparta de la regla común.

aberrar v. i. Errar, equivocarse.

abertura f. Acción de abrir o abrirse. || Hendidura o grieta: *una abertura en la pared.* || *Astr.* Diámetro útil de un anteojo. || *Fig.* Franqueza.

abeto m. Árbol conífero siempre verde de copa cónica y ramas horizontales.

abicharse v. pr. *Riopl.* Desarrollarse gusanos en una herida.

abierto, ta adj. Desembarazado, llano, raso: *campo abierto.* || Que no tiene fortificaciones o no quiere defenderse: *ciudad abierta.* || *Fig.* Sincero, comunicativo: *carácter abierto.* | Comprensivo, generoso, liberal: *un espíritu abierto.*

abietáceas f. pl. *Bot.* Familia de plantas gimnospermas, como el pino y el alerce (ú. t. c. adj.).

abigarrado, da adj. Que tiene colores o dibujos muy variados: *tela abigarrada.* || Heterogéneo: *muchedumbre abigarrada.*

abigarrar v. t. Dar o poner a una cosa varios colores mal combinados.

abigeato m. Robo de ganado.

abiogénesis f. Generación espontánea.

abiótico, ca adj. Dícese de los lugares y condiciones adversos a la vida y a las relaciones químicas con participación de seres vivos.

abisal adj. De las profundidades submarinas: *flora y fauna abisales.*

abiselar v. t. Biselar.

abisinio, nia adj. y s. De Abisinia.

abismal adj. Del abismo. || Abisal: *pozo abismal.*

abismar v. t. Hundir en un abismo. || *Fig.* Confundir, abatir: *abismar en un mar de confusiones* (ú. t. c. pr.). || — V. pr. *Fig.* Sumirse: *abismarse en la lectura, en el dolor.*

abismático, ca adj. Profundo.

abismo m. Sima, gran profundidad. || *Fig.* Cosa inmensa, extremada: *un abismo de penas.* | Cosa difícil de descubrir: *los abismos del alma.* | Gran diferencia: *hay un abismo entre las dos cosas.*

abjuración f. Acción y efecto de abjurar: *abjuración de Recaredo.*

abjurar v. t. Renunciar solemnemente a una religión o sentimiento (ú. t. c. i.).

ablación f. *Cir.* Extirpación de cualquier parte del cuerpo.

ablandamiento m. Acción y efecto de ablandar o ablandarse.

ablandar v. t. Poner blanda alguna cosa: *el calor ablanda la cera.* || *Fig.* Mitigar la cólera, la ira, etc.: *ablandar el rigor paterno.* || — V. pr. Ponerse blando.

ablande m. *Arg.* Rodaje de un automóvil.

ablativo adj. y s. m. *Gram.* Dícese de uno de los casos de la declinación gramatical que expresa relación de procedencia, situación, modo, tiempo, instrumento, etc. (En castellano se indica por medio de las preposiciones *con, de, desde, en, por, sin, sobre, tras.*) || *Ablativo absoluto,* expresión elíptica, sin conexión gramatical con el resto de la frase de la cual depende por el sentido: *dicho esto, se fue.*

ablución f. Lavado, acción de lavarse: *hizo sus abluciones matinales.* || En algunas religiones, purificación por medio del agua. || Ceremonia de purificar el cáliz y de lavarse los dedos el sacerdote después de consumir. || — Pl. Vino y agua para hacer la purificación.

abnegación f. Renunciamiento de la propia voluntad o intereses a favor de Dios o del prójimo.

abnegado, da adj. Que tiene abnegación. || Desinteresado, sacrificado: *espíritu abnegado.*

*abnegarse v. pr. Sacrificarse.

abocado, da adj. Aplícase al vino agradable por su suavidad. || *Fig.* Próximo, expuesto a: *abocado a la ruina.*

abocar v. t. Acercar, aproximar.

abocelado, da adj. Que tiene forma de bocel: *moldura abocelada.*

abocetado, da adj. Dícese de la pintura sin terminar.

abocetar v. t. Ejecutar un boceto.

abochornado, da adj. Que siente bochorno. || *Fig.* Sonrojado, avergonzado: *abochornado de (o por) su conducta.*

abochornar v. t. Causar bochorno. || *Fig.* Avergonzar, sonrojar. || — V. i. Sentir bochorno. || — V. pr. *Agr.* Enfermar las plantas por el excesivo calor. || *Fig.* Sentir vergüenza.

abocinar v. t. Dar a algo forma de bocina.

abofetear v. t. Pegar bofetadas. || *Fig.* Despreciar, hacer caso omiso de: *abofetear su prestigio.*

abogacía f. Profesión del abogado: *ejercer la abogacía.*

abogada f. Mujer que ejerce la abogacía.

abogaderas f. pl. *Fam. Amer.* Argumentos capciosos.

abogado m. Perito en el derecho positivo que defiende en juicio los intereses de los litigantes y aconseja sobre cuestiones jurídicas. || *Fig.* Defensor, intercesor, medianero: *abogado de causas inútiles.*

abogar v. i. Defender en juicio. || *Fig.* Interceder, hablar en favor de uno o de algo: *abogar por la paz.*

abolengo m. Ascendencia de abuelos o antepasados.

abolición f. Acción y efecto de abolir.

abolicionismo m. Doctrina de los abolicionistas.

abolicionista adj. y s. Relativo a la abolición de la esclavitud o partidario de esta doctrina.

*abolir v. t. Derogar, suprimir: *abolir una ley.*

abolladura f. Acción y efecto de abollar o abollarse.

abollar v. t. Hacer a una cosa uno o varios bollos o bollones.

abolsar v. pr. Formar bolsas, ahuecar (ú. t. c. pr.).

abombado, da adj. De figura convexa: *plancha abombada.* || *Amér. M.* Pasado: *esa carne está abombada.* || *Arg., Chil., Parag. y Urug.* Aturdido, atontado: *está abombado por el calor.*

abombar v. t. Dar forma convexa. || *Fig. y fam.* Atolondrar, aturdir. || — V. pr. *Amer.* Empezar a corromperse, pudrirse. | Emborracharse.

abombarse v. pr. *Amér. M.* Comenzar a pudrirse un comestible. | *Arg., Chil., Parag. y Urug.* Aturdirse por exceso de cansancio, bebida o comida.

abominable adj. Que excita aversión: *acción abominable.* || *Fig.* Detestable: *tiempo, persona abominable.*

abominación f. Aversión, horror. || Cosa abominable.

abominar v. t. Condenar, maldecir: *abominar una doctrina.* || Aborrecer, detestar: *abominar la hipocresía* (ú. t. c. i.).

abonado, da m. y f. Persona que ha tomado un abono: *abonado al fútbol, a un periódico.*

abonanzar v. i. Calmarse la tormenta o serenarse el tiempo.

abonar v. t. Acreditar, dar por bueno. || Salir fiador de uno: *abonar a un comerciante.* || Mejorar, bonificar alguna cosa. || Asentar en los libros de cuentas una partida a favor de alguno. || Anotar en cuenta: *abonar en cuenta un pagaré.* || Pagar: *abonar la factura.* || Poner un abono en la tierra. || Tomar un abono para otro: *abonar a uno a un diario.* || V. pr. Tomar un abono o suscripción: *abonarse a los toros.*

abono m. Acción y efecto de abonar o abonarse. || Derecho que adquiere el que se abona o suscribe: *un abono de palco en el teatro.* || Materia con que se fertiliza la tierra: *abonos químicos.*

abordable adj. Tratable.

abordaje m. *Mar.* Acción de abordar.

abordar v. t. e i. *Mar.* Rozar o chocar una embarcación con otra: *el transatlántico fue abordado por un barco corsario.* || Atracar una nave. || Tomar puerto: *abordar a una costa.* || *Fig.* Acercarse a uno para hablarle: *no es el momento para abordarle.* | Emprender, empezar un asunto: *abordar un tema.*

aborigen adj. Originario del país en que vive: *tribu, animal, planta aborigen.* || — M. pl. Primitivos moradores de un país.

aborrascarse v. pr. Ponerse el tiempo borrascoso.

*aborrecer v. t. Detestar.

aborrecible adj. Digno de ser aborrecido.

aborrecido, da adj. Que se aborrece.

aborrecimiento m. Odio.

aborregado, da adj. *Fig.* Sin iniciativa.

aborregarse v. pr. Cubrirse el cielo de nubes a modo de vellones de lana. || *Per.* y *Riopl.* Acobardarse.

abortar v. t. e i. Parir antes de tiempo espontáneamente o siendo provocada de modo expreso la interrupción del embarazo. || *Hist. nat.* Interrumpirse en el animal o en la planta el desarrollo de algún órgano. || *Fig.* Malograrse una empresa, interrumpirse antes de estar terminada: *la sublevación abortó.*

abortivo, va adj. Nacido antes de tiempo. || Que hace abortar (ú. t. c. s. m.).

aborto m. Acción de abortar.

abotagamiento y **abotargamiento** m. Acción y efecto de abotagarse.

abotagarse o **abotargarse** v. pr. Hincharse el cuerpo.

abotinado, da adj. Dícese de los zapatos que tienen una parte que cubre el empeine.

abotonar v. t. Cerrar con botones una prenda de vestir: *abotonar el abrigo.* || — V. i. Echar botones o yemas las plantas. || — V. pr. Abrocharse los botones.

abovedado, da adj. Combado.

abovedar v. t. *Arq.* Cubrir con bóveda o dar figura de bóveda.

abra f. Bahía pequeña.

abrasador, ra adj. Que abrasa: *sol abrasador, pasión abrasadora.*

abrasar v. t. Quemar, reducir a brasa. || *Agr.* Secar el excesivo calor o frío una planta o sus hojas. || Calentar demasiado: *el sol abrasa.* || Quemar, causar ardor la sed o ciertos alimentos (ú. t. c. i.). || *Fig.* Consumir: *la impaciencia la abrasa.*

abrasión f. Acción y efecto de raer o desgastar por fricción.

abrasivo, va adj. Relativo a la abrasión. || — M. Cuerpo duro que se usa, pulverizado o aglomerado, para pulimentar: *el esmeril es un abrasivo.*

abrazadera adj. y s. f. Aro o sortija de metal que sirve para asegurar una cosa ciñéndola.

abrazar v. t. Rodear con los brazos. || Estrechar entre los brazos en señal de cariño: *abrazar a sus amigos.* || *Fig.* Rodear. | Comprender, abarcar: *abrazar todo un período histórico.* | Admitir, adoptar: *abrazar una doctrina.* | Tomar a su cargo una cosa: *abrazar un negocio, una empresa.*

abrazo m. Acción y efecto de abrazar o abrazarse.

abrecartas m. inv. Plegadera.

abrelatas m. inv. Instrumento para abrir latas de conservas.

abrevadero m. Pila donde beben los animales.

abrevar v. t. Dar de beber.

abreviación f. Acción y efecto de abreviar.

abreviado, da adj. Reducido, compendiado: *diccionario abreviado.*

abreviar v. t. Hacer algo más breve: *abreviar un texto.* || Acelerar, apresurar: *el trabajo abrevia las horas.*

abreviatura f. Representación abreviada de una palabra.

abridor, ra adj. Que abre. || — M. *Bot.* Abridero. || Cuchilla para injertar.

abrigadero m. Sitio abrigado de los vientos y las olas. || *Amer.* Guarida.

abrigado, da adj. Protegido del viento, del frío. || Cubierto.

abrigar v. t. Poner al abrigo: *abrigar de la lluvia.* || Cubrir una cosa o persona con algo para que no se enfríe: *la manta es lo que más abriga.* || *Fig.* Auxiliar, patrocinar, amparar. | Tratándose de ideas, afectos, etc., tenerlos: *abrigar sospechas, amor.* || — V. pr. Defenderse, resguardarse. | Ponerse cosas de abrigo.

abrigo m. Sitio donde se puede uno resguardar del frío o de la lluvia: *el hombre primitivo buscó abrigo en las cavernas.* || *Fig.* Amparo, lo que preserva de algún mal: *buscar abrigo en la amistad.* | Cobijo, refugio. || Prenda que sirve para abrigar, sobre todo la que se pone encima del traje para protegerse del frío. || Lugar defendido de los vientos. || Cosa que abriga: *una manta de mucho abrigo.* || *Fig.* y *fam. De abrigo,* de cuidado: *una persona de abrigo.*

abril m. Cuarto mes del año: *abril consta de treinta días.* || *Fig.* Primera juventud: *el abril de la vida.*

abrileño, ña adj. Del mes de abril.

abrillantar v. t. Hacer que brille algo.

abrir v. t. Hacer que lo que estaba cerrado deje de estarlo: *abrir el armario.* (Tiene otros muchos sentidos análogos: *abrir una ventana, un pestillo, un grifo, los ojos, los brazos, las piedras, las alas, unos alicates, un compás, un paraguas.*) || Cortar: *abrir una sandía.* || Cortar por los dobleces las páginas:

abrir un libro. || Romper, despegar el sobre de una carta. || Extender: *abrir la mano.* || Vencer un obstáculo: *abrir paso.* || Permitir el paso por un sitio: *abrir las fronteras; abrir el agua, el gas.* || Horadar, hacer: *abrir un túnel, un surco.* || Principiar, inaugurar: *abrir las Cortes, la discusión, la sesión, un congreso, un café.* || Ir a la cabeza o delante: *abrir la marcha.* || — Abrir crédito a uno, autorizarle para que disponga de cierta suma. || *Abrir el apetito,* excitarlo. || *Abrir los ojos a otro,* desengañarle. || — V. i. Tratándose de flores, separarse los pétalos que estaban recogidos en el capullo. || — V. pr. Distenderse un ligamento. || Dar a: *mi ventana se abre a un jardín.* || *Fig.* Presentarse: *ante ti se abren muchas perspectivas.*

abrochadora f. *Arg.* Utensilio para sujetar los papeles con grapas.

abrochar v. t. Cerrar o unir con broches, botones, etc.: *abrochar un vestido* (ú. t. c. pr.).

abrogable adj. Que puede abrogarse.

abrogación f. Acción y efecto de abrogar.

abrogar v. t. *For.* Derogar.

abrogatorio, ria adj. Que abroga: *cláusula abrogatoria.*

abrojo m. Planta espinosa y su fruto. || Cardo estrellado.

abroncar v. t. *Fam.* Echar una bronca. || Abuchear, armar una bronca: *le abroncaron cuando se presentó al público.*

abroquelado, da adj. De forma de broquel.

abroquelarse v. pr. Defenderse con el broquel. || *Fig.* Valerse de cualquier medio de defensa.

abrótano m. Planta compuesta, de olor suave, que se emplea como vermífugo.

abrumado, da adj. Oprimido por un peso. || *Fig.* Molestado: *abrumado por los acreedores.*

abrumador, ra adj. Que abruma: *una tarea abrumadora.*

abrumar v. t. Agobiar con un peso o carga. || *Fig.* Causar grave molestia: *abrumar de trabajo.* || Confundir a uno: *le abrumó con sus argumentos.*

abrupto, ta adj. Cortado a pico: *rocas abruptas.*

absceso m. *Med.* Acumulación de pus en un tejido orgánico.

abscisa f. *Geom.* Una de las dos coordenadas que determinan la posición de un punto en un plano (la otra se llama *ordenada*).

abscisión f. Separación de una parte pequeña de un cuerpo cualquiera, hecha con instrumento cortante: *abscisión de la úvula.*

absentismo m. Costumbre de residir el propietario inmobiliario fuera de la localidad en que radican sus bienes. || Falta o ausencia de los obreros al trabajo.

absentista adj. y s. Que practica el absentismo.

3

ábsida f. Ábside.

ábside amb. *Arq.* Parte del templo, abovedada, semicircular, o poligonal que sobresale en la parte posterior del mismo. || — M. *Astr.* Ápside.

absintio m. Ajenjo.

absolución f. Acción de absolver. || *For.* Terminación del pleito favorable al demandado.

absolutismo m. Sistema de gobierno absoluto.

absolutista adj. y s. m. Partidario del absolutismo.

absoluto, ta adj. Que excluye toda relación: *proposición absoluta.* || Ilimitado, no limitado por una constitución: *poder absoluto.* || Sin restricción: *necesidad absoluta.* || Completo, total: *mi certeza es absoluta.* || Puro, dicho del alcohol. || *Fig.* y *fam.* De genio dominante: *carácter absoluto.* || *Log.* Lo que no es relativo: *hombre es término absoluto; padre lo es relativo.* || — *Fís.* Cero absoluto, temperatura de 273 °C. || *En absoluto,* de manera terminante, de ninguna manera.

absolutorio, ria adj. *For.* Dícese del fallo que absuelve.

*****absolver** v. t. Dar por libre de algún cargo u obligación. || *For.* Dar por libre al reo: *absolver al procesado.* || Remitir a un penitente sus pecados. || *Fig.* Disculpar, perdonar.

absorbente adj. Que absorbe: *pelillos absorbentes de las raíces.* || *Fig.* Que ocupa por completo: *labor absorbente.* | Dominante, que quiere ser el centro de todo: *persona absorbente.* || — M. Sustancia capaz de absorber.

absorber v. t. Atraer un cuerpo y retener entre sus moléculas las de otro en estado líquido o gaseoso: *la esponja absorbe el agua.* || Neutralizar, hacer desaparecer: *el color negro absorbe los rayos luminosos.* || *Fig.* Consumir enteramente: *el juego le absorbió la fortuna; el mercado nacional absorbe toda la producción.* | Atraer a sí, cautivar: *absorber la atención.* || — V. pr. Ensimismarse.

absorción f. Acto de absorber.

absorto, ta adj. Abstraído, ensimismado. || Admirado.

abstemio, mia adj. y s. Que no bebe vino ni ninguna clase de licores alcohólicos.

abstención f. Acción de abstenerse: *abstención electoral.*

abstencionismo m. Doctrina que defiende la abstención.

abstencionista adj. y s. Que se abstiene de tomar parte en un voto o contienda electoral.

*****abstenerse** v. pr. Privarse de algo u impedirse hacer o tomar algo: *abstenerse de comer carne.* || No tomar parte en un voto, en una deliberación.

abstergente adj. y s. m. *Med.* Que absterge o limpia.

absterger v. t. *Med.* Limpiar una llaga.

abstinencia f. Acción de abstenerse. || Privación de comer carne por pres-

cripción religiosa: *la abstinencia es diferente del ayuno.* || Virtud del que se abstiene total o parcialmente de los goces materiales.

abstinente adj. y s. Que se abstiene. || Sobrio en el comer y beber.

abstracción f. Acción y efecto de abstraer o abstraerse. || *Hacer abstracción de,* no tener en cuenta.

abstracto, ta adj. Genérico, no concreto: *ideas abstractas.* || *Fig.* Difícil de comprender: *escritor abstracto.* || — *Arte abstracto,* el que representa las cosas de una manera diferente de como son en realidad. || *En abstracto,* con exclusión del sujeto en quien se halla cierta cualidad. || *Lo abstracto,* lo difícil de determinar: *considerar lo abstracto y lo concreto.* || *Mat.* Número abstracto, el que no se refiere a unidad de especie determinada: *cuatro es un número abstracto; cuatro casas, concreto.*

*****abstraer** v. t. Considerar separadamente las cosas unidas entre sí. || *Abstraer de,* prescindir, hacer caso omiso. || — V. pr. Entregarse a la meditación, estar distraído: *intentó abstraerse de todo.*

abstraído, da adj. Ensimismado, absorto.

abstruso, sa adj. Difícil de comprender, incomprensible.

absuelto, ta p. p. irreg. de *absolver.* Ú. c. adj.: *procesado absuelto.*

absurdo, da adj. Contrario a la razón: *proyecto absurdo.* || — M. Dicho o hecho contrario a la razón: *eso es un absurdo.* || *Teatro del absurdo,* forma de teatro que surgió en la segunda mitad del siglo XX en el que se mezclan el pesimismo y el sentido del humor para mostrar el sinsentido de la vida.

abubilla f. Pájaro insectívoro.

abuchear v. t. Sisear, reprobar ruidosamente: *le abuchearon.*

abucheo m. Acción de abuchear.

abuela f. Madre del padre o de la madre. || *Fig.* Mujer anciana. || *No necesitar abuela,* alabarse a sí mismo.

abuelastro, tra m. y f. Padre o madre del padrastro o de la madrastra. || Segundo marido de la abuela o segunda esposa del abuelo.

abuelo m. Padre del padre o de la madre. || Ascendiente (ú. en pl.).

abuhardillado, da adj. Con el techo en pendiente.

abulia f. Falta de voluntad.

abúlico, ca adj. y s. Que adolece de abulia.

abulón m. Caracol marino, cuya carne es muy apreciada.

abultado, da adj. Grueso.

abultamiento m. Bulto. || Hinchazón.

abultar v. t. Aumentar el bulto de una cosa: *las lentes convexas abultan los objetos.* || Ejecutar en relieve. || *Fig.* Aumentar, exagerar la cantidad, intensidad, grado, etc.: *abultar una historia.* | Ponderar, encarecer. || — V. i. Tener o hacer bulto: *una obra que abulta mucho.*

abundamiento m. Abundancia. || *A mayor abundamiento,* además, con mayor razón o seguridad.

abundancia f. Copia, gran cantidad: *hay abundancia de cosas.* || Recursos considerables: *vivir en la abundancia.*

abundante adj. Que abunda, copioso: *comida abundante.*

abundar v. i. Haber copia o gran cantidad de una cosa: *es una mercancía que abunda.* || Tener en abundancia: *el ganado abunda en Argentina.* || Convenir en un dictamen, adherirse a él: *abundar en la opinión de uno.*

¡abur! interj. *Fam.* ¡Adiós!

aburguesamiento m. Acción y efecto de aburguesarse.

aburguesarse v. pr. Adquirir cualidades de burgués.

aburrido, da adj. Cansado, fastidiado: *aburrido de la vida.* || Que aburre o cansa: *película muy aburrida.*

aburrimiento m. Cansancio, fastidio, tedio: *¡qué aburrimiento!*

aburrir v. t. Molestar, fastidiar, cansar: *aburrir con un largo discurso.* || — V. pr. Fastidiarse, hastiarse: *aburrirse en el cine.* || *Fig.* y *fam.* Aburrirse como una ostra, aburrirse mucho.

abusado, da adj. *Guat., Hond.* y *Méx.* Listo, despierto, avispado.

abusar v. i. Usar mal o indebidamente de alguna cosa: *abusar de la confianza de alguien.*

abusivo, va adj. Que se introduce o practica por abuso: *precios abusivos.*

abuso m. Uso indebido, excesivo o injusto: *abuso de autoridad.* || Cosa abusiva: *su precio es un abuso.* || *Abuso de confianza,* mal uso que hace uno de la confianza depositada en él.

abyección f. Bajeza, vileza.

abyecto, ta adj. Bajo, vil, despreciable: *acción abyecta.*

acá adv. Aquí, a esta parte. (Indica lugar menos determinado que el que se denota con el adv. *aquí;* por eso admite ciertos grados de comparación que rechaza *aquí: tan acá, más acá;* muy *acá.*) || Precedido de ciertas preposiciones y adv. de tiempo anterior, denota el presente: *de una semana acá; desde aquel momento acá.* (En algunos países de América *acá* se emplea mucho más que *aquí.*)

acabado, da adj. Perfecto, completo, consumado: *ejemplo acabado de bondad.* || Arruinado, destruido, viejo: *es un negociante acabado.* || — M. Última operación para perfeccionar una obra o labor: *el acabado de un coche.*

acaballadero m. Depósito de sementales.

acaballar v. t. Cubrir el caballo o el asno a la yegua.

acaballonar v. t. *Agr.* Hacer caballones en las tierras.

acabamiento m. Efecto o cumplimiento de alguna cosa.

acabar v. t. Poner o dar fin a una cosa, terminarla. || Apurar, consumir: *acabar su ruina.* || Dar el último toque a una obra. || Dar muerte a un herido. ||

— V. i. Rematar, terminar, finalizar: *acabar en punta.* || Terminar: *ven cuando acabes.* || Morirse. || Resultar: *el asunto acabó mal.* || Volverse: *así acabaré loco.* || Extinguirse, apagarse, aniquilarse (ú. t. c. pr.). || — *¡Acabáramos!* expr. fam. aplicada al salir de una duda, de un enredo. || Acabar con una persona o cosa, destruirla; hacer desaparecer: *acabarás con su paciencia.* || Acabar de, seguido de un infinitivo, haber ocurrido: *acaba de llegar.* || Acabar por, seguido de un infinitivo, llegar el momento de producirse: *acabaron por aceptar.*

acabóse m. Fam. El colmo.

acacia f. Árbol de la familia de las mimosáceas, de flores amarillas olorosas.

acacoyol m. *Méx.* Planta gramínea llamada también *lágrimas de Job.*

academia f. Escuela filosófica fundada por Platón en los jardines de Academos, donde reunía a sus discípulos. || Sociedad literaria, científica o artística: *Academia de la Lengua Española, Academia de Medicina.* || Edificio donde se reúnen los académicos. || Reunión de académicos. || Establecimiento de enseñanza para ciertas carreras o profesiones: *Academia de Artes y Oficios.* || En escultura o pintura, estudio de la figura tomada del natural.

academicismo m. Calidad de académico. || Sujeción a las reglas y la técnica clásicas.

académico, ca adj. *Fil.* Dícese del que sigue la escuela de Platón (ú. t. c. s.). || Relativo a las academias: *diploma, discurso, estilo académico.* || Aplícase a los estudios, diplomas o títulos cursados en la universidad. || Correcto: *estilo académico.* || En pintura y escultura, relativo a la academia: *figura académica.* || Que observa con rigor las reglas clásicas. || — M. y f. Miembro de una academia: *académico correspondiente.*

academismo m. Academicismo.

academizar v. t. Dar carácter académico.

*****acaecer** v. i. Suceder.

acaecimiento m. Suceso.

acahual m. *Méx.* Hierba alta y de tallo grueso, especie de girasol.

acalefos m. pl. *Zool.* Orden de celentéreos que comprende las medusas, etc. (ú. t. c. adj.).

acallar v. t. Hacer callar. || *Fig.* Aplacar, aquietar, sosegar: *acallar el hambre, las inquietudes.*

acalorado, da adj. Encendido.

acaloramiento m. Ardor.

acalorar v. t. Dar o causar calor. || Encender o fatigar el trabajo o el ejercicio. || *Fig.* Excitar, enardecer: *estar acalorado por la pasión.*

acampanar v. t. Dar forma de campana.

acampar v. i. Detenerse, hacer alto en el campo. || Vivir en una tienda de campaña. || — V. t. *Mil.* Alojar una tropa en un lugar.

acanalado, da adj. Que pasa por canal o paraje estrecho. || De figura larga y abarquillada: *uñas acanaladas.* || De figura de estría o con estrías: *columna acanalada.* || Que tiene canalones: *calcetines acanalados.*

acanaladura f. Canal o estría.

acanalar v. t. Hacer canales o estrías en alguna cosa. || Dar a una cosa forma de canal o teja.

acanallar v. t. Encanallar.

acantáceas f. pl. Familia de plantas angiospermas que tiene por tipo el acanto (ú. t. c. adj.).

acantilado, da adj. Dícese del fondo del mar cuando forma cantiles o escalones. || Aplícase a la costa cortada verticalmente o a plomo. || — M. Escarpa casi vertical en un terreno: *los acantilados de Dover.*

acanto m. Planta de hojas largas, rizadas y espinosas. || *Arq.* Ornato del capitel corintio que imita esta planta.

acantocéfalos m. pl. *Zool.* Orden de nematelmintos (ú. t. c. adj.).

acantonamiento m. Acción y efecto de acantonar fuerzas militares. || Sitio en que hay tropas acantonadas.

acantonar v. t. Distribuir y alojar tropas en varios lugares. || — V. pr. Alojarse las tropas en un lugar.

acantopterigios m. pl. Familia de peces de aleta espinosa, como el atún, el pez espada y el besugo (ú. t. c. adj.).

acaparamiento m. Acción y efecto de acaparar, retención.

acaparar v. t. Adquirir y retener un producto comercial para provocar su escasez y especular con él: *acaparar la harina.* || *Fig.* Apoderarse de una cosa con perjuicio de los demás: *acaparar el gobierno.* || Disfrutar, llevarse: *ella acaparó todas las miradas.*

acápite m. *Amer.* Párrafo. || *Punto acápite,* punto y aparte.

acapulqueño, ña adj. y s. De Acapulco (México).

acaramelado, da adj. Bañado de caramelo. || *Fig.* Melifluo: *voz acaramelada.* || Obsequioso.

acaramelar v. t. Bañar de caramelo. || Reducir a caramelo. || — V. pr. *Fig.* y *fam.* Mostrarse muy cariñoso o dulce, muy enamorado: *muy obsequioso.*

acardenalado, da adj. Con muchos cardenales.

acardenalar v. t. Causarle cardenales a uno.

acariciante adj. Que acaricia.

acariciar v. t. Hacer caricias. || *Fig.* Tratar con amor y ternura. || Tocar suavemente una cosa con otra. || Complacerse en pensar en alguna cosa: *acariciar una esperanza.*

acárido m. *Zool.* Ácaro.

ácaro m. *Zool.* Arácnido microscópico, generalmente parásito, portador de ciertas enfermedades: *ácaro de la sarna.*

acarpo, pa adj. *Bot.* Sin fruto.

acarreado, da m. y f. *Méx.* Persona que a la fuerza o a cambio de una recompensa acude a demostraciones políticas.

acarreador, ra adj. y s. Que acarrea.

acarrear v. t. Transportar en carro o de cualquier otra manera: *acarrear carbón.* || *Fig.* Ocasionar: *acarrear sinsabores, daños.*

acarreo m. Transporte. || Precio del transporte. || De acarreo, terreno formado por el arrastre de las aguas.

acartonar v. t. Endurecerse como cartón. || — V. pr. *Fig.* y *fam.* Apergaminarse, acecinarse.

acaso m. Casualidad, suceso imprevisto: *fue a casa, suceso se reunió.* || — Adv. Quizá, tal vez: *acaso venga.* || — *Al acaso,* al azar. || *Por si acaso,* por si sucede algo.

acatamiento m. Obediencia, sumisión, respeto, observación.

acatar v. t. Tributar homenaje de sumisión y respeto. || Obedecer: *acatar una orden.* || Respetar, observar: *acatar una ley.*

acatarrar v. tr. *Méx.* Molestar, fastidiar: *vino Juan a acatarrarnos con sus necedades.*

acatarrarse v. pr. Resfriarse.

acaudalado, da adj. y s. Que posee mucho dinero o bienes.

acaudalar v. t. Hacer o reunir caudal o dinero. || *Fig.* Adquirir gran virtud o sabiduría. || Acumular, amontonar.

acaudillamiento m. Mando.

acaudillar v. t. Mandar como jefe, capitanear. || *Fig.* Guiar, conducir. || Ser cabeza de un partido o bando.

acayú m. *Bot.* Caoba.

acceder v. i. Consentir.

accesible adj. Que se puede llegar: *montaña accesible.* || *Fig.* De fácil acceso o trato: *persona muy accesible.* || Comprensible, inteligible.

accesión f. Acción y efecto de acceder.

accésit m. Recompensa inferior inmediata al premio en ciertos certámenes. (No tiene pl.)

acceso m. Acción de llegar o acercarse. || Entrada o paso: *puerta de acceso al jardín.* || *Fig.* Entrada al trato o comunicación con alguno: *hombre de fácil acceso.* | Arrebato, exaltación: *acceso de cólera.* || *Med.* Ataque de una enfermedad: *acceso de histerismo, de tos, de epilepsia,* etc. || *Inform.* Ingreso a través de una red informática.

accesorio, ria adj. Que depende de lo principal: *decreto accesorio.* | Secundario o necesario: *asunto accesorio.* || — M. Elemento, pieza o utensilio auxiliar: *accesorios de automóvil.* || Objeto utilizado para completar una decoración teatral o de cine. || Objeto: *accesorios de escritorio.* || Cosa no esencial a otra, pero que la completa: *accesorios del motor.*

accidentado, da adj. Turbado, agitado: *vida accidentada.* || Escabroso, abrupto: *camino accidentado.* || — M. y f. Víctima de un accidente.

accidental adj. No esencial. || Casual, contingente. || Producido por una circunstancia imprevista: *muerte accidental.*

accidentalidad f. Calidad de accidental.

accidentar v. t. Causar un accidente. || – V. pr. Ser víctima de un accidente.

accidente m. Calidad no esencial. || Suceso eventual, imprevisto: *accidente de aviación, de trabajo.* || Irregularidad, desigualdad: *accidentes del terreno.* || Gram. Alteración que sufren en sus terminaciones algunas palabras para denotar su género, número, modo, tiempo y persona.

acción f. Ejercicio de una potencia: *la acción benéfica de la lluvia.* || Efecto de hacer, hecho, acto: *buena acción.* || Operación o impresión de cualquier agente en el paciente: *acción química, de un tóxico.* || Gesto, ademán: *unir la acción a la palabra.* || Posibilidad o libertad de actuar: *así, impides mi acción.* || Movimientos y gestos de un orador o actor. || Com. Título que representa los derechos de un socio en algunas sociedades: *acción nominativa, al portador.* || Fís. Fuerza con que un cuerpo obra sobre otro. || For. Demanda judicial: *acción civil.* || Mil. Combate: *acción brillante.* || Asunto de un poema: *acción heroica.* || Serie de los acontecimientos narrados en un relato, en un drama.

accionamiento m. Puesta en marcha.

accionar v. i. Hacer movimientos y gestos al hablar. || Poner en movimiento: *accionar la puesta en marcha.*

accionariado m. Conjunto de accionistas de una sociedad.

accionista com. Poseedor de acciones de una sociedad comercial o industrial.

acebo m. Árbol silvestre.

acebuche m. Olivo silvestre.

acechanza f. Acecho.

acechar v. t. Observar, vigilar cautelosamente con algún propósito: *acechar al enemigo.*

acecho m. Acción de acechar.

acecinar v. t. Salar las carnes y secarlas al humo y al aire. || – V. pr. Fig. Quedarse muy enjuto de carnes, acartonarse una persona.

acedar v. t. Agriar.

acedera f. Planta poligonácea comestible, de sabor ácido.

acedía f. Calidad de aceda. || Acidez de estómago. || Platija, pez.

acéfalo, la adj. Falto de cabeza: *animal, feto acéfalo.* || Fig. Que no tiene jefe: *sociedad, secta acéfala.* || – M. Zool. Lamelibranquio.

aceitado m. Acción de aceitar o lubricar.

aceitar v. t. Dar, engrasar, bañar con aceite: *aceitar un motor.*

aceite m. Líquido graso y untuoso que se saca de diversas sustancias vegetales o animales. || Perfume que se obtiene macerando flores en aceite: *aceite de jazmines.* || Cualquier otra grasa empleada como lubricante. || – *Aceite mineral,* el petróleo. || *Aceite explosivo,* la nitroglicerina. || *Aceite pesado,* el de petróleo obtenido por destilación a alta temperatura.

aceitera f. La que vende aceite. || Recipiente para conservar el aceite.

aceitero, ra adj. Del aceite: *industria aceitera.* || – M. Vendedor de aceite.

aceitoso, sa adj. Que tiene aceite. || Que se parece al aceite.

aceituna f. Fruto del olivo.

aceitunado, da adj. Verdoso, de color de aceituna verde.

aceitunero, ra m. y f. Persona que coge, acarrea o vende aceitunas.

aceitunillo m. Árbol de las Antillas, de fruto venenoso y madera muy dura.

aceleración f. Aumento de velocidad: *la aceleración de los latidos del corazón, de un automóvil.* || Pronta ejecución: *aceleración de un plan.* || – *Aceleración de la gravedad,* la obtenida por un cuerpo que cae libremente en el vacío. || *Poder de aceleración,* paso a un régimen de velocidad superior en un motor.

acelerado m. Cin. Artificio que permite dar a los movimientos mayor rapidez en la pantalla que en la realidad.

acelerador, ra adj. Que acelera. || – M. Mecanismo del automóvil que regula la entrada de la mezcla explosiva en el motor para hacer variar su velocidad. || Pedal con el que se pone en acción ese mecanismo. || Producto que acelera una operación: *acelerador fotográfico.* || Fís. Cualquier aparato que comunica a partículas elementales (electrones, protones, etc.) velocidades muy elevadas.

aceleramiento m. Aceleración.

acelerar v. t. Dar celeridad, activar: *el ejercicio acelera el movimiento de la sangre.* || – V. i. Aumentar la velocidad de un motor. || – V. pr. Apresurarse.

acelerón m. Acción de pisar el acelerador.

acelga f. Planta hortense comestible. || Fig. Cara de acelga, la que indica mal humor o mala salud.

acémila f. Mula de carga. || Fam. Bruto, torpe.

acemilero, ra adj. Relativo a las acémilas. || – M. Arriero.

acemita f. Pan de salvado.

acendrado, da adj. Puro y sin mancha: *su acendrado fervor.*

acendramiento m. Acción y efecto de acendrar.

acendrar v. t. Purificar los metales por la acción del fuego. || Fig. Acrisolar, purificar.

acento m. La mayor intensidad con que se hiere determinada sílaba al pronunciar una palabra. || Signo para indicarla (´): *acento ortográfico.* || Pronunciación particular: *acento catalán.*

acentuación f. Acción y efecto de acentuar: *acentuación viciosa.*

acentuado, da adj. Que lleva acento: *sílaba acentuada.* || Acusado, marcado, muy saliente: *sabor a limón muy acentuado.*

acentuar v. t. Levantar el tono en las vocales tónicas: *acentuar bien al hablar.* || Poner el acento ortográfico: *acentuar una vocal.* || Fig. Subrayar, pronun-

ciar con fuerza una palabra o frase para llamar la atención: *acentuar un párrafo de un discurso.* | Recalcar las palabras exageradamente. | Dar vigor, precisar: *acentuar un esfuerzo.* | Aumentar, realzar, resaltar. || – V. pr. Aumentar, volverse más intenso: *se acentúa el descontento.*

aceña f. Molino harinero en el cauce de un río.

acepción f. Significado en que se toma una palabra: *acepción propia, figurada, familiar.* || Preferencia: *sin acepción de personas.*

acepillar v. t. Alisar con cepillo la madera o los metales, cepillar. || Limpiar, quitar polvo con cepillo. || Fig. y fam. Pulir.

aceptable adj. Que puede ser aceptado.

aceptación f. Acción y efecto de aceptar: *aceptación de una letra de cambio.* || Aplauso: *medida de aceptación general.* || Aprobación. || Éxito: *tener aceptación.*

aceptador, ra y **aceptante** adj. y s. Que acepta.

aceptar v. t. Recibir uno voluntariamente lo que le dan, ofrecen o encargan: *aceptar una donación.* || Aprobar, dar por bueno: *acepto sus excusas, una solución.* || Admitir: *aceptar un reto; acepté su artículo.* || Conformarse: *aceptó sin chistar el castigo.* || Tratándose de letras o libranzas, obligarse por escrito a su pago: *aceptar una letra de cambio.*

acequia f. Canal.

acera f. Camino al lado de las calles destinado al tránsito de los peatones: *si no caminas por la acera un auto puede arrollarte.*

aceráceas f. pl. Familia de árboles que comprende el arce, el plátano falso, etc. (ú. t. c. adj.).

acerado, da adj. Cortante: *filo acerado.* || Que contiene acero.

acerar v. t. Transformar en acero la superficie o corte de un instrumento de hierro: *acerar un cuchillo.* || Convertir en acero: *el carbono acera el hierro.* || Recubrir de acero. || Fig. Fortalecer, vigorizar: *acerar la resistencia.* || Volver acerbo, mordaz: *acerar una frase.* || Poner aceras: *acerar las calles.*

acerbo, ba adj. Áspero al paladar: *sabor acerbo.* || Fig. Duro, mordaz, muy intenso.

acerca adv. *Acerca de,* sobre aquello de que se trata.

acercamiento m. Acción y efecto de acercar o acercarse.

acercar v. t. Poner cerca o a menor distancia, aproximar: *acercar la lámpara.* || – V. pr. Aproximarse, llegar una persona junto a otra. || Fig. Aproximarse: *acercarse a la vejez.* | Ir: *acércate a mi casa.*

acerería y **acería** f. Fábrica de acero.

acero m. Aleación de hierro y carbono, que adquiere por el temple gran dureza y elasticidad. || Fig. Arma blanca: *el acero homicida.* || *Acero dulce,* el que tiene poca cantidad de carbono.

acerolo m. Árbol rosáceo espinoso.

acérrimo, ma adj. *Fig.* Muy fuerte, encarnizado.

acertado, da adj. Hecho con acierto. || Oportuno.

*acertar v. t. Atinar, dar en el sitio propuesto: *acertar al blanco.* || Hallar, dar con: *acertó con mi domicilio.* || Dar con lo cierto, atinar, elegir bien: *acertaste en irte de allí.* || Hacer con acierto una cosa (ú. t. c. i.). || Adivinar: *¿a que no lo aciertas?* || — V. i. Seguido de la prep. *a* y un infinitivo, suceder por casualidad: *acertó a abrir la puerta.* || Seguido de la prep. *con*, hallar: *acertó con ello.*

acertijo m. Enigma que se propone como pasatiempo, adivinanza. || Cosa muy problemática.

acervo m. Montón de cosas menudas, como granos, legumbres, etcétera. || Conjunto de bienes en común: *el acervo familiar.* || *Fig.* Conjunto de valores, patrimonio, riqueza: *acervo cultural.*

acetato m. *Quím.* Sal del ácido acético: *acetato de plomo.* || Soporte para diapositivas.

acético, ca adj. *Quím.* Relativo al vinagre o sus derivados.

acetileno m. Hidrocarburo o gas inflamable que se desprende por la acción del agua sobre el carburo de calcio, utilizado en el alumbrado y en la soldadura autógena.

acetona f. Líquido incoloro, inflamable y volátil, de muy fuerte olor a éter, que se obtiene cuando se destila un acetato: *la acetona es un disolvente del barniz.*

acetrinar v. t. Poner de color cetrino.

achabacanar v. t. Volver chabacano.

achacar v. t. Atribuir, imputar: *le achacaron su descuido.*

achacosidad f. Predisposición a los achaques.

achacoso, sa adj. Que padece achaques: *viejo achacoso.* || Indispuesto o levemente enfermo.

achaflanar v. t. Hacer o dar forma de chaflán.

achaparrado, da adj. Aplícase al árbol grueso, bajo y poblado de ramas: *cerezo achaparrado.* || *Fig.* Rechoncho: *niño, hombre achaparrado.*

achaque m. Indisposición habitual: *los achaques de la vejez.* || Vicio o defecto habitual.

acharolado, da adj. Parecido al charol: *zapatos acharolados.*

achatado, da adj. Chato.

achatamiento m. Acción y efecto de achatar o achatarse. || Falta de esfericidad del globo terrestre.

achatar v. t. Poner chata una cosa, aplanarla (ú. t. c. pr.).

achicar v. t. Amenguar el tamaño de una cosa: *achicar una ventana.* || Extraer el agua de una mina, de una embarcación, con una pala, bombas o de otro modo. || *Fig.* Humillar: *achicar a uno el orgullo.*

achicharrar v. t. Freír, asar o tostar demasiado. || *Fig.* Calentar con exceso. | Molestar, abrumar: *achicharrar a preguntas.* || — V. pr. Quemarse, freírse mucho una cosa: *se achicharró el asado.* || Abrasarse.

achichincle com. *Méx.* Empleado subordinado y servil.

achicoria f. Planta de hojas recortadas, ásperas y comestibles: *las raíces tostadas de la achicoria se usan como sucedáneo del café.*

achilenado, da adj. y s. Que parece chileno.

achinado, da adj. Que se parece a una persona de China: *ojos achinados.*

achiote m. Árbol de América de cuyos frutos se obtiene un jugo rojizo, utilizado como condimento y para la preparación de tintes.

achira f. Planta sudamericana de flores coloradas. || Planta del Perú de raíz comestible.

achispar v. t. Embriagar ligeramente a uno (ú. t. c. pr.).

acholado, da adj. *Amer.* De tez parecida a la del cholo. | Corrido, avergonzado.

acholar v. t. *Amer.* Avergonzar, correr, amilanar.

achuchar v. t. *Fam.* Aplastar, estrujar. | Azuzar, excitar. | Empujar: *no me achuches más.*

achucharse v. pr. *Arg., Parag. y Urug.* Temblar de fiebre o de frío. || *Arg.* Asustarse.

achura f. *Riopl.* Intestinos o menudos de la res.

achurar v. t. *Riopl.* Quitar las achuras a un animal. || *Fam.* Herir, matar.

aciago, ga adj. Desgraciado.

acíbar m. Áloe, planta liliácea. || Su jugo, muy amargo. || *Fig.* Amargura, sinsabor, disgusto, pena.

acicalado, da adj. Muy pulcro.

acicalar v. t. Limpiar, alisar, bruñir: *acicalar una espada.* || *Arq.* Dar a una pared el último pulimento. || *Fig.* Adornar o arreglar mucho. || — V. pr. Adornarse, componerse, arreglarse mucho.

acicate m. Espuela de una sola punta. || *Fig.* Incentivo.

acicatear v. t. Estimular.

acidez f. Calidad de ácido.

acidificación f. Acción de acidificar.

acidificar v. t. Hacer ácida una cosa: *acidificar el vino.* || — V. pr. Volverse ácido.

acidimetría f. Determinación de la acidez de un líquido.

ácido, da adj. De sabor agrio: *caramelo ácido.* || *Fig.* Amargo, áspero, desabrido: *tono ácido.* || — M. *Quím.* Cualquier cuerpo compuesto que contiene hidrógeno que, al ser sustituido por radicales o un metal, forma sales: *ácido acético, carbónico, clorhídrico.*

acidosis f. *Med.* Exceso de ácidos en los tejidos y en la sangre.

acierto m. Acción y efecto de acertar.

acimut m. *Astr.* Ángulo que con el meridiano forma el círculo vertical que

pasa por un punto de la esfera celeste o del globo terráqueo. (Pl. *acimut* o *acimuts.*)

aclamación f. Acción y efecto de aclamar. || *Por aclamación*, unánimemente.

aclamar v. t. Vitorear, dar voces la multitud en honor y aplauso de una persona. || Conferir, por voto común, algún cargo u honor: *le aclamaron rey.*

aclaración f. Acción y efecto de aclarar, explicación.

aclarar v. t. Disipar lo que ofusca la claridad o transparencia de una cosa. || Hacer menos espeso: *aclarar un jarabe, un zumo, una salsa.* || Hacer menos tupido o apretado: *aclarar un bosque, las filas.* || Hacer más perceptible la voz. || Volver a lavar la ropa con agua sola. || *Fig.* Poner en claro un asunto, explicar. || — V. i. Amanecer, clarear. || Disiparse las nubes o la niebla, serenarse el tiempo. || — V. pr. Entender, comprender: *no me aclaro de lo que dices.* || Purificarse un líquido, clarificarse. || Hacer. Reponerse, recuperarse. | Explicarse, dar precisiones: *aclárate de una vez.* | Ver claro: *no logro aclararme en este asunto.*

aclaratorio, ria adj. Que aclara: *nota aclaratoria.*

aclimatable adj. Que puede aclimatarse.

aclimatación f. Acción y efecto de aclimatar o aclimatarse.

aclimatar v. t. Acostumbrar un ser orgánico a un nuevo clima: *aclimatar un animal, una planta.* || *Fig.* Introducir en otro país: *aclimatar palabras anglosajonas en España.* || — V. pr. Acostumbrarse a vivir en un nuevo lugar: *la patata se aclimató en Europa.* || *Fig.* Introducirse en un ambiente, adaptarse.

acné f. *Med.* Enfermedad cutánea caracterizada por la formación de espinillas o granos pequeños (en la cara o el tórax).

acobardamiento m. Miedo.

acobardar v. t. Amedrentar, causar miedo (ú. t. c. pr.).

acocil m. *Méx.* Animal de agua dulce parecido al camarón.

acocote m. *Méx.* Calabaza que se usa para extraer el pulque.

acodado, da adj. Doblado en forma de codo: *cañería acodada.* || Apoyado en los codos: *acodado en la barra.*

acodar v. t. *Agr.* Meter debajo de tierra el vástago de una planta sin separarlo del tronco, dejando fuera la extremidad para que eche raíces y forme una nueva planta. || Doblar en ángulo recto. || *Arq.* Acodalar. || — V. pr. Apoyar los codos sobre alguna parte.

acogedor, ra adj. y s. Que acoge o recibe: *pueblo acogedor.*

acoger v. t. Admitir uno en su casa: *acoger a los huéspedes.* || Proteger, amparar: *acoger al menesteroso.* || *Fig.* Recibir, dispensar buena aceptación: *acoger una petición.* || — V. pr. Refugiarse: *acogerse a (o bajo) sagrado, en* el domicilio de alguien. || *Fig.* Valerse de un pretexto, recurrir a: *acogerse a una ley.*

acogida f. Recibimiento u hospitalidad que ofrece una persona o un lugar: *una acogida triunfal.* || Sitio donde pueden acogerse personas o cosas. || *Fig.* Protección, amparo. || Aceptación, aprobación.

acogotar v. t. Matar de un golpe en el cogote.

acolchar v. t. Poner algodón, guata, lana, etc., entre dos telas, y después bastearlas.

acolchonar v. t. Acolchar.

acolitado m. La superior de las cuatro órdenes menores del sacerdocio.

acólito m. Ministro de la Iglesia cuyo oficio es servir inmediato al altar. || Monaguillo. || *Fig.* Adicto, cómplice.

acomedirse v. pr. *Amer.* Prestar ayuda.

acometedor, ra adj. y s. Que acomete: *toro acometedor.*

acometer v. t. Atacar, embestir con ímpetu: *acometer al adversario.* || Emprender, intentar: *acometer una obra.* || Venir súbitamente una enfermedad, el sueño, un deseo, etc.: *me acometió la modorra.* || Embestir.

acometida f. Acometimiento, ataque. || Lugar en el que la línea de conducción de un fluido enlaza con la principal: *acometida de agua.*

acometividad f. Agresividad, propensión a acometer o reñir. || Carácter emprendedor.

acomodación f. Acción y efecto de acomodar. || Transacción, arreglo. || *Fisiol.* Acción de acomodarse el ojo para que la visión no se perturbe cuando varía la distancia o la luz del objeto que se mira.

acomodadizo, za adj. Que a todo se aviene fácilmente.

acomodado, da adj. Conveniente, apto, oportuno: *precios acomodados.* || Rico, abundante de medios: *gente acomodada.* || Amigo de la comodidad. || Instalado: *acomodado en un sillón.*

acomodador, ra adj. Que acomoda. || — M. y f. En los espectáculos, persona que designa a los asistentes su respectivo asiento.

acomodar v. t. Ordenar, componer, ajustar: *acomodar la poesía a la música.* || Adaptar: *acomodar un instrumento.* || Poner en sitio conveniente: *acomodar a uno en un cargo.* || Colocar a uno en un espectáculo. || Componer, concertar a los que riñen, pleitean, etcétera. || Dar colocación o empleo a una persona: *acomodar a un doméstico.* || Proveer a uno de lo que necesita. || — V. i. Venir bien a una cosa, convenirle: *acomodarle el cargo propuesto.* || — V. pr. Avenirse, conformarse: *acomodarse a las circunstancias, a un reglamento.* || Colocarse, ponerse: *se acomodó en su silla.* || *Arg.* y *Urug.* Colocar a alguien en un puesto por influencia. || — V. t. *Arg.* y *Urug.* Ganarse el favor de una persona influyente.

acomodaticio, cia adj. Acomodadizo. || Complaciente.

acomodo m. Empleo, colocación. || Lugar donde se aloja alguien. || *Arg.* y *Urug.* Por acomodo, por influencia.

acompañador, ra adj. y s. Que acompaña.

acompañamiento m. Acción y efecto de acompañar o acompañarse. || Gente que acompaña a alguien: *el acompañamiento del rey.* || *Mús.* Conjunto de instrumentos que acompañan la voz, una melodía, etcétera. || *Teatr.* Comparsa, figurante.

acompañante, ta adj. y s. Que acompaña.

acompañar v. t. Estar o ir en compañía de otro: *acompañar a un enfermo.* || Escoltar: *acompañar a los niños a la escuela.* || Adjuntar, o agregar una cosa a otra: *acompañar copia de un escrito.* || *Mús.* Ejecutar el acompañamiento: *acompañar al cantante.* || Compartir: *le acompaño en su sentimiento.* || — V. pr. Ejecutar el acompañamiento musical: *cantó acompañándose con (o del) piano.*

acompasado, da adj. Hecho a compás: *paso acompasado.*

acompasar v. t. Medir con el compás. || *Fig.* Dar cadencia a las palabras.

acomplejado, da adj. y s. Lleno de complejos.

acomplejar v. i. Dar o padecer complejos.

aconcagüino, na adj. y s. De Aconcagua (Chile).

aconchabarse v. pr. *Fam.* Entenderse, confabularse.

acondicionado, da adj. Con los adv. *bien* o *mal,* de buen genio o condición, o al contrario. || *Aire acondicionado,* el dotado artificialmente de una temperatura y graduación higrométrica determinadas.

acondicionador m. Aparato para climatizar un local cualquiera: *acondicionador de aire.* || Producto de higiene que se emplea luego de lavarse el pelo.

acondicionamiento m. Acción y efecto de acondicionar.

acondicionar v. t. Disponer: *acondicionar un manjar.* || Dar cierta calidad o condición: *acondicionar el aire.*

acongojar v. t. Angustiar.

aconsejable adj. Que se puede aconsejar.

aconsejador, ra adj. y s. Consejero.

aconsejar v. t. Dar consejo: *aconsejar al que vacila.* || Sugerir. || — V. pr. Tomar consejo de otra persona o de sí mismo.

aconsonantar v. i. Ser consonante una palabra con otra: *"diestro" aconsonanta con "estro".* || Incurrir en el vicio de la consonancia. || — V. t. Emplear en la rima una palabra como consonante de otra: *aconsonantar "fiereza" con "firmeza".*

*acontecer v. i. Suceder.

acontecimiento m. Suceso.

acopio m. Reunión.

acoplable adj. Que se puede acoplar.

acoplamiento m. Acción y efecto de acoplar o acoplarse.

acoplar v. t. Unir entre sí dos piezas de modo que ajusten exactamente: *acoplar dos maderos.* || Parear o unir dos animales para yunta o tronco: *acoplar los bueyes al arado.* || Procurar la unión sexual de los animales. || *Fig.* Conciliar opiniones: *acoplar a las personas discordes.* | Adaptar, encajar: *acoplar mi horario con mis otras ocupaciones.* || *Fig.* Agrupar dos aparatos o sistemas: *acoplar generadores eléctricos.* || — V. pr. *Fig.* y *fam.* Unirse dos personas, encariñarse. | Entenderse, llevarse bien.

acoquinamiento m. Miedo.

acoquinarse v. pr. *Fam.* Asustarse, acobardarse. || *Pop.* Rajarse.

acorazado m. Buque de guerra blindado, de grandes dimensiones.

acorazar v. t. Revestir con láminas de hierro o acero: *acorazar buques de guerra, fortificaciones, una cámara.* || — V. pr. Prepararse, defenderse: *acorazarse contra las penas.*

acorchado, da adj. Dícese de lo que es fofo y esponjoso como el corcho. || Dícese de la madera que hace saltar la herramienta. || *Fig.* Entorpecido: *piernas acorchadas.* | *Pastoso:* lengua acorchada.

acorchar v. t. Cubrir con corcho. || — V. pr. Ponerse fofo como el corcho: *fruta acorchada.* || *Fig.* Entorpecerse los miembros del cuerpo: *se me acorcharon las piernas.*

*acordar v. t. Determinar de común acuerdo, o por mayoría de votos: *la asamblea acordó ampliar la Junta.* || Resolver: *el Gobierno acordó levantar la censura.* || Convenir, ponerse de acuerdo: *acordar un precio.* || *Mús.* Afinar los instrumentos y las voces para que no disuenen. || Traer a la memoria. || *Pint.* Armonizar los colores. || Galicismo por *conceder, otorgar.* || — V. i. Concordar, conformar, convenir una cosa con otra. || — V. pr. Venir a la memoria: *acordarse de lo que sucedió.* || *Si mal no recuerdo, si no me equivoco.*

acorde adj. Conforme, concorde: *quedaron acordes.* || Con armonía: *instrumentos acordes.* || — M. *Mús.* Conjunto de tres o más sonidos diferentes combinados armónicamente: *acorde perfecto.*

acordeón m. Instrumento músico de viento, portátil, compuesto de lengüetas de metal puestas en vibración por un fuelle. || *Méx.* Papel pequeño con notas para hacer trampa en un examen.

acordeonista com. Persona que toca el acordeón.

acordonado, da adj. De forma de cordón. || *Fig.* Rodeado de policía, soldados, etc.: *el recinto estaba acordonado de guardias.*

acordonamiento m. Acción y efecto de acordonar o acordonarse.

acordonar v. t. Ceñir o sujetar con cordones: *acordonar el zapato.* || Formar el cordoncillo en el canto de las monedas. || Fig. Rodear de gente un lugar para incomunicarlo: *la tropa acordona la plaza.*

acorralamiento m. Acción y efecto de acorralar o acorralarse.

acorralar v. t. Encerrar en el corral: *acorralar los ganados.* || Fig. Encerrar a uno, impidiéndole toda salida: *acorralar a un malhechor.* | Dejar a uno sin salida ni respuesta. | Intimidar, acobardar: *acorralar al adversario.*

acortamiento m. Acción y efecto de acortar o acortarse.

acortar v. t. Reducir la longitud, duración o cantidad de una cosa, disminuir (ú. t. c. pr.).

acosado, ra adj. y s. Que acosa.

acosamiento m. Acción y efecto de acosar.

acosar v. t. Perseguir sin dar tregua ni reposo: *acosar al jabalí, acosar con preguntas.* || Hacer correr al caballo.

acoso m. Acosamiento.

*acostar v. t. Echar o tender en la cama: *acostar a los niños.* || Tender en tierra: *acostar a uno en el suelo.* || *Blas.* Colocar una pieza junto a otra. | *Mar.* Arrimar el costado de una embarcación a alguna parte: *acostar el buque al muelle.* || — V. i. Llegar a la costa. || — V. pr. Echarse en la cama o en el suelo.

acostumbrado, da adj. Habitual.

acostumbrar v. t. Hacer adquirir costumbre: *acostumbrar al trabajo, al estudio.* || — V. i. Tener costumbre: *acostumbro levantarme temprano.* || — V. pr. Adaptarse: *acostumbrarse a un clima.* | Tomar la costumbre: *acostumbrarse a fumar.*

acotación f. Acotamiento. || Nota que se pone en la margen de algún escrito. || *Teatr.* Cada una de las notas que se ponen en una obra para indicar la acción de los personajes. || *Topogr.* Cota de un plano o dibujo.

acotamiento m. Acción y efecto de acotar.

acotar v. t. Poner cotos, amojonar con ellos: *acotar una heredad.* || Reservar, prohibir, limitar. || Fijar o señalar. || Poner anotaciones: *acotar un libro.* || Aceptar, admitir: *acoto lo que usted me ofrece.* || *Topogr.* Poner cotas en los planos para indicar las alturas.

acotiledóneo, a adj. *Bot.* Dícese de las plantas que carecen de cotiledones.

ácrata adj. y s. Partidario de la supresión de toda autoridad.

acre m. Medida agraria inglesa equivalente a 40 áreas y 47 centiáreas.

acre adj. Áspero y picante al gusto o al olfato: *sabor acre.* || Fig. Áspero, desabrido.

acrecentamiento m. Aumento.

*acrecentar v. t. Aumentar: *acrecentar sus conocimientos.*

*acrecer v. t. e i. Aumentar.

acreditado, da adj. De crédito o reputación.

acreditar v. t. Hacer digno de crédito o reputación: *acreditar un estable-*

cimiento. || Dar fama o crédito: *un libro que acreditó a su autor.* || Dar seguridad de que una persona o cosa es lo que representa o acredita: *acreditar a un plenipotenciario.* || Confirmar. || *Com.* Abonar, anotar en el haber: *acreditar una cantidad.* || — V. pr. Conseguir crédito o fama. || Presentar sus cartas credenciales un embajador.

acreditativo, va adj. Que acredita o da fama.

acreedor, ra m. y f. Persona a quien se debe algo. || Digno para obtener una cosa: *acreedor del respeto general.*

acribillar v. t. Abrir muchos agujeros en alguna cosa. || Hacer muchas heridas o picaduras: *acribillar a balazos.* || Fig. y fam. Molestar mucho: *estar acribillado de solicitudes.*

acrídidos m. pl. *Zool.* Familia de insectos que comprende los saltamontes y langostas (ú. t. c. adj.).

acriminar v. t. Acusar de crimen o delito.

acrimonia f. Aspereza de las cosas al gusto o al olfato. || Calidad de acre: *la acrimonia de la sangre.* || Agudeza del dolor. || Fig. Mordacidad: *escritor lleno de acrimonia.*

acriollado, da adj. Que parece criollo.

acriollarse v. pr. *Amer.* Acomodarse el extranjero a los usos del país en que vive.

acrisolar v. t. Depurar los metales en el crisol. || Fig. Apurar, purificar: *acrisolar la verdad.*

acritud f. Acrimonia.

acrobacia f. Acrobatismo. || Cualquiera de las evoluciones espectaculares que efectúa un aviador en el aire.

acróbata com. Persona que ejecuta ejercicios difíciles, y a veces peligrosos en los circos, etc.

acrobático, ca adj. Relativo al acróbata.

acrobatismo m. Profesión y ejercicios del acróbata.

acromático, ca adj. Sin color.

acrópolis f. Sitio más elevado y fortificado en las ciudades antiguas. || Ciudadela.

acróstico adj. y s. m. Dícese de la poesía que, en las letras de sus versos, esconde una o más palabras. || — M. Juego de ingenio consistente en hallar una palabra o frase dentro de una cantidad de letras desordenadas.

acsu f. *Bol.* y *Per.* Túnica tradicional de las mujeres quechuas.

acta f. Relación escrita de lo tratado en una reunión: *acta de una junta.* || Certificación en que consta la elección de una persona: *acta de diputado.*

actinio m. Metal radiactivo (Ac), hallado en algún compuesto de uranio.

actitud f. Postura del cuerpo humano: *actitud graciosa.* || Fig. Disposición de ánimo manifestada exteriormente: *actitud benévola.*

activación f. Acción y efecto de activar. || Aumento de las propiedades químicas, físicas o biológicas de un cuerpo.

activador m. Cuerpo que, actuando sobre un catalizador, aumenta la actividad.

activar v. t. Avivar, excitar, acelerar: *activar los preparativos.* || Hacer más activo. || — V. pr. Agitarse.

actividad f. Facultad de obrar: *la actividad del pensamiento.* || Diligencia, prontitud, eficacia. || — Pl. Conjunto de operaciones o tareas propias de una entidad o persona: *actividades políticas.* || En actividad, en acción.

activista adj. y s. Miembro activo de un partido, de un grupo.

activo, va adj. Que obra o tiene virtud de obrar: *vida activa.* || Vivo, laborioso: *trabajador activo.* || Diligente: *hombre activo.* || Que obra prontamente: *medicamento activo.* || *Gram.* Que denota acción en sentido gramatical: *verbo activo.* || — M. Total de lo que posee un comerciante. || — En activo, en funciones, en ejercicio.

acto m. Hecho: *acto heroico.* || Tratándose de un ser vivo, movimiento adaptado a un fin: *acto instintivo.* || Manifestación de la voluntad humana: *acto de justicia.* || Movimiento del alma hacia Dios: *acto de fe, de contrición.* || Decisión del poder público: *acto de gobierno.* || Hecho público o solemne: *el acto de la inauguración.* || División de la obra teatral: *comedia en tres actos.* || Fiesta, función.

actor, ra m. y f. *For.* Persona que demanda en juicio.

actor, triz m. y f. Artista que representa en una obra de teatro o en un film. || Fig. Persona que toma parte activa en un suceso.

actuación f. Acción y efecto de actuar. || Papel que desempeña uno: *actuación brillante.* || — Pl. *For.* Diligencias de un procedimiento judicial.

actual adj. Presente.

actualidad f. Tiempo presente. || Suceso que atrae la atención en un momento dado. || *Fil.* Acción del acto sobre la potencia.

actualización f. Acción de actualizar: *la actualización de la industria.*

actualizar v. t. Volver actual, dar actualidad a una cosa.

actuar v. t. Poner en acción: *actuar un mecanismo.* || — V. i. Ejercer actos o funciones propias de su cargo: *actuar de juez de instrucción.* || *For.* Proceder judicialmente. || Representar un papel en una obra de teatro o en una película.

actuario m. *For.* Escribano que redacta los autos. || En las compañías de seguros, especialista que estudia las cuestiones matemáticas.

acuacultura o **acuicultura** f. Cultivo y crianza de peces, crustáceos y otros seres vivos acuáticos con fines comerciales.

acuarela f. Pintura que se hace con colores diluidos en agua.

acuarelista com. Pintor de acuarelas.

acuario m. Depósito de agua donde se tienen vivos peces y vegetales acuáticos.

acuartelamiento m. Acción y efecto de acuartelar o acuartelarse. || Lugar donde se acuartela.

acuartelar v. t. *Mil.* Poner la tropa en cuarteles.

acuático, ca adj. Que vive en el agua: *animal acuático; planta acuática.* || Relativo al agua: *esquí acuático.*

acuatizaje m. Acción y efecto de posarse un avión en el agua.

acuatizar v. i. Posarse un avión en el agua.

acuchillado, da adj. *Fig.* Aplícase al vestido con aberturas semejantes a cuchilladas, bajo las cuales se ve otra tela distinta de la de aquél. || — M. Acción de alisar pisos de madera o muebles.

acuchillar v. t. Dar cuchilladas. || Matar a cuchillo, apuñalar: *lo acuchillaron en una venta.* || *Fig.* Hacer aberturas semejantes a cuchilladas en los vestidos: *mangas acuchilladas.* || Raspar o alisar un piso de madera o un mueble: *acuchillar el entarimado.* || — V. pr. Darse de cuchilladas.

acuciante o **acuciador, ra** adj. Que acucia: *deseo acuciante.*

acuciar v. t. Estimular, dar prisa: *siempre me estás acuciando.* || Desear con vehemencia.

acuclillarse v. pr. Ponerse en cuclillas.

acudir v. i. Ir uno al sitio donde le conviene o es llamado: *acudir a una cita.* || Presentarse: *acudir a un examen.* || Asistir con frecuencia a alguna parte. || Valerse de una cosa para un fin: *acudir al (o con el) remedio.*

acueducto m. Conducto artificial subterráneo o elevado sobre arcos para conducir agua.

acuerdo m. Resolución tomada por dos o más personas o adoptada en tribunal, junta o asamblea: *la obra fue realizada por común acuerdo.* || Unión, armonía: *vivir todos en perfecto acuerdo.* || Pacto, tratado: *acuerdo comercial franco-español.* || Parecer, dictamen.

acuidad f. Agudeza.

acuífero, ra adj. y s. Dícese de los lugares en los que hay aguas subterráneas.

acullá adv. A la parte opuesta del que habla. (Úsase generalmente en unión con *acá.*)

aculturación f. *Neol.* Proceso de adaptación a una cultura, o de recepción de ella, de un pueblo por contacto con la civilización de otro más desarrollado.

acumulación f. Acción y efecto de acumular.

acumulador, ra adj. y s. Que acumula. || — M. Aparato mecánico, eléctrico, etc., que almacena y suministra energía: *el acumulador de un automóvil.*

acumulamiento m. Acumulación.

acumular v. t. Juntar, amontonar: *acumular mercancías.* || Imputar: *acumular culpas o delitos.* || *For.* Unir unos autos a otros.

acunar v. t. Mecer en la cuna.

acuñación f. Acción y efecto de acuñar.

acuñador, ra adj. y s. Que acuña.

acuñar v. t. Imprimir y sellar las monedas y medallas por medio del cuño o troquel: *acuñar piezas de plata.* || Fabricar o hacer moneda. || Meter cuñas.

acuosidad f. Calidad de lo que es acuoso.

acuoso, sa adj. De agua o relativo a ella. || Abundante en agua: *vapor acuoso.*

acupuntura f. *Cir.* Operación que consiste en clavar agujas en el cuerpo con fin terapéutico.

acurrucarse v. pr. Encogerse.

acusación f. Acción de acusar o acusarse: *acusación pública.* || Escrito o discurso en que se acusa.

acusado, da m. y f. Persona a quien se acusa: *absolver, condenar al acusado.* || — Adj. Galicismo por *saliente, que resalta.*

acusador, ra adj. y s. Que acusa.

acusar v. t. Imputar a uno algún delito o culpa: *acusar de prevaricación.* || Tachar, calificar: *acusar un libro de tendencioso.* || Censurar, reprender. || Denunciar, delatar: *acusado por las apariencias.* || Indicar, avisar: *acusar recibo de una carta.* || *For.* Exponer los cargos y las pruebas contra el acusado. || — V. pr. Confesarse culpable: *acusarse de negligencia.* || Galicismo por *denotar, revelar.*

acusativo m. *Gram.* Uno de los seis casos de la declinación: *el acusativo indica el complemento directo.*

acusatorio, ria adj. *For.* Relativo a la acusación.

acuse m. Acción y efecto de acusar el recibo de cartas, etc.: *acuse de recibo.* || Cada una de las cartas que en el juego sirven para acusar: *tener tres acuses.*

acusetas adj. y s. *Fam. Bol., Col., C. Rica y Venez.* Que tiene la costumbre de acusar.

acústica f. Parte de la física que trata de la formación y propagación de los sonidos. || Calidad de un local en orden a la percepción de los sonidos.

acústico, ca adj. Relativo al órgano del oído o a la acústica.

acutángulo adj. *Geom.* Que tiene tres ángulos agudos: *triángulo acutángulo.*

ad prep. lat. Significa a, junto, hacia, etc.

ad hoc loc. lat. Que conviene a tal objetivo: *argumento «ad hoc».*

adagio m. Sentencia breve, las más de las veces de carácter moral. || *Mús.* Ritmo bastante lento. | Composición en este movimiento: *tocar, cantar un adagio.*

adalid m. Caudillo de gente de guerra. || *Fig.* Guía y cabeza de algún partido o escuela.

adamascar v. t. Tejer con labores parecidas al damasco.

adaptable adj. Capaz de ser adaptado: *pieza adaptable a un motor.*

adaptación f. Acción y efecto de adaptar o adaptarse.

adaptador, ra m. y f. Persona que adapta. || — M. Aparato que permite adaptar un mecanismo eléctrico para diversos usos.

adaptar v. t. Acomodar, ajustar una cosa a otra: *adaptar el mango al martillo.* || *Fig.* Modificar con un fin o a otras circunstancias: *adaptar una obra literaria.* || — V. pr. Acomodarse, avenirse a circunstancias, condiciones, etc.: *es persona que se adapta a todo.*

adarga f. Escudo de cuero ovalado o de figura de corazón.

addenda m. Adición o complemento de una obra escrita.

adecentar v. t. Poner decente (ú. t. c. pr.).

adecuación f. Acción de adecuar o adecuarse.

adecuado, da adj. Apropiado, acomodado, proporcional.

adecuar v. t. Proporcionar, acomodar una cosa a otra: *adecuar los esfuerzos a un fin.*

adefesio m. *Fam.* Disparate, despropósito, extravagancia: *evite los adefesios.* || Traje o adorno ridículo. | Persona fea o extravagante: *estás hecho un adefesio.*

adehala f. Lo que se da de gracia sobre un precio o sueldo.

adelantado, da adj. Precoz: *niño adelantado.* || Evolucionado: *país adelantado.* || — M. (Ant.) Gobernador de una provincia fronteriza, justicia mayor del reino, capitán general en tiempos de guerra. | Título concedido, hasta fines del s. XVI, a la primera autoridad política, militar y judicial en las colonias españolas de América.

adelantamiento m. Acción y efecto de adelantar o adelantarse. || Dignidad de adelantado y territorio de su jurisdicción. || *Fig.* Progreso, mejora: *industria de mucho adelantamiento.*

adelantar v. t. Mover o llevar hacia adelante: *adelantar un pie.* || Acelerar, apresurar: *adelantar una obra.* || Anticipar: *adelantar el pago.* || Ganar la delantera a alguno, dejando a uno corriendo: *adelantar a un rival en una carrera* (ú. t. c. pr.). || Dejar atrás: *adelantar un coche* (ú. t. c. pr.). || Tratándose del reloj, hacer que señale hora posterior a la que es. || *Fig.* Aumentar, mejorar. || — V. i. Andar el reloj más aprisa de lo debido. || Progresar en estudios, robustez, etc.: *este niño adelanta mucho.*

adelante adv. Más allá: *ir adelante.* || Denota tiempo futuro: *para en adelante.* | *En adelante*, en lo sucesivo.

adelanto m. Anticipo: *pedir un adelanto.* || Adelantamiento, medra. || Progreso: *los adelantos científicos, astronáuticos.*

adelfa f. Arbusto parecido al laurel, de flores rojizas o purpúreas.

adelgazamiento m. Acción y efecto de adelgazar o adelgazarse.

adelgazar v. t. Poner delgado (ú. t. c. pr.). || — V. i. Enflaquecer.

ademán m. Movimiento del cuerpo con que se manifiesta un afecto del ánimo: *con elegante ademán.* || — Pl. Modales.

además adv. A más de esto o aquello.

adentrarse v. pr. Penetrar.

adentro adv. A o en lo interior: *mar, tierra adentro.* || — M. pl. Lo interior del ánimo: *decirse en (o para) sus adentros.*

adepto, ta adj. y s. Afiliado a una secta o asociación.

aderezar v. t. Adornar, hermosear: *aderezar con gusto.* || Guisar, sazonar, condimentar: *plato bien aderezado.*

aderezo m. Acción y efecto de aderezar o aderezarse. || Guisado, condimento. || Juego de joyas (collar, pendientes y pulsera).

adeudar v. t. Deber.

adherencia f. Acción y efecto de adherir o pegarse una cosa a otra.

adherente adj. Que adhiere o se adhiere. || — *Com.* Persona que forma parte de un grupo o sociedad: *adherentes del carlismo.*

*adherir v. i. Pegarse, unirse una cosa con otra. || — V. pr. *Fig.* Mostrar adhesión por una idea, doctrina, etc., abrazarla: *adherirse a un partido.*

adhesión f. Adherencia. || *Fig.* Acción y efecto de adherir o adherirse: *adhesión a un partido.*

adhesividad f. Calidad de adhesivo.

adhesivo, va adj. Capaz de adherirse: *emplasto adhesivo.* || — Sustancia adhesiva.

adicción f. Hábito que produce la droga o el gusto excesivo por ciertas actividades: *adicción al tabaco, a la televisión, a las apuestas.*

adición f. Acción de añadir o agregar. || Añadidura en una obra o escrito. || *Mat.* Operación de sumar. | Primera de las cuatro operaciones fundamentales de la aritmética.

adicional adj. Que se adiciona o añade: *cláusula adicional.*

adicionar v. t. Agregar, sumar, añadir. || Hacer o poner adiciones.

adicto, ta adj. Dedicado, apegado: *adicto a la democracia.* || — M. y f. Partidario, seguidor, adepto: *iba rodeado de sus adictos.*

adiestrado, da adj. Amaestrado.

adiestramiento m. Acción y efecto de adiestrar o adiestrarse.

adiestrar v. t. Hacer diestro (ú. t. c. pr.). || Enseñar, instruir: *adiestrar un animal* (ú. t. c. pr.). || Guiar, encaminar.

adinerado, da adj. y s. Que tiene mucho dinero.

adintelado adj. *Arq.* Aplícase al arco que degenera en línea recta.

adiós m. Despedida: *cordial adiós.* || — Interj. *¡Hasta la vista!* (Se emplea tb. como saludo o para expresar incredulidad.)

adiposidad f. Calidad de adiposo.

adiposis f. *Med.* Enfermedad producida por el exceso de grasa.

adiposo, sa adj. *Anat.* Grasiento, lleno de grasa: *tejido adiposo.* || De la naturaleza de la grasa: *sustancia adiposa.*

aditivo m. Sustancia que se agrega a otra para mejorar sus cualidades, o darle nuevas.

adivinación f. Acción y efecto de adivinar.

adivinador, ra adj. y s. Que adivina.

adivinanza f. Acertijo, adivinación: *acertar una adivinanza.*

adivinar v. t. Descubrir lo futuro o lo oculto, predecir: *arte de adivinar.* || Acertar un enigma. || Juzgar por conjeturas, por intuición: *adivinar lo ocurrido.* || Penetrar: *adivinar el pensamiento.*

adivinatorio, ria adj. Relativo a la adivinación: *facultad adivinatoria.*

adivino, na m. y f. Persona que adivina.

adjetivación f. Acción y efecto de adjetivar o adjetivarse.

adjetivado, da adj. Usado como adjetivo: *sustantivo adjetivado.*

adjetival adj. Relativo al adjetivo.

adjetivar v. t. *Gram.* Aplicar adjetivos. || Dar al nombre valor de adjetivo (ú. t. c. pr.). || Calificar: *lo adjetivó de imbécil.*

adjetivo, va adj. Que dice relación a una cualidad o accidente. || *Gram.* Perteneciente al adjetivo: *nombre adjetivo.* || — M. Palabra que se agrega al sustantivo para designar una cualidad o determinar o limitar su extensión: *los adjetivos se dividen en calificativos y determinativos, y éstos en demostrativos, numerales, posesivos e indefinidos.*

adjudicación f. Acción y efecto de adjudicar o adjudicarse: *venta por adjudicación.*

adjudicador, ra adj. y s. Que adjudica.

adjudicar v. t. Declarar que una cosa corresponde a una persona: *adjudicar una herencia, un premio.* || — V. pr. Apropiarse de una cosa.

adjudicatario, ria m. y f. Persona a quien se adjudica una cosa.

adjuntar v. t. Unir una cosa con otra, especialmente en una carta: *le adjunto mi factura.*

adjunto, ta adj. Que va unido con otra cosa: *la nota de precios adjunta.* || Dícese de la persona que acompaña a otra en un negocio o cargo: *catedrático adjunto.*

adminículo m. Auxilio. || Objeto, utensilio.

administración f. Acción de administrar: *la administración de una empresa.* || Empleo y oficina del administrador. || Ciencia del gobierno de un Estado. || Conjunto de los empleados de un ramo particular de un servicio público: *Administración de Correos.* || Consejo de administración, grupo de personas responsables de una sociedad.

administrado, da adj. y s. Sometido a una autoridad administrativa.

administrador, ra adj. y s. Persona que administra.

administrar v. t. Gobernar, regir: *administrar el Estado.* || Conferir: *administrar los sacramentos.* || Tratándose de medicamentos, aplicarlos: *administrar un purgante.* || Dar, propinar: *administrar una paliza.*

administrativo, va adj. y s. Relativo a la administración: *reglamento administrativo.* || Persona que tiene por oficio administrar o llevar la parte administrativa de una empresa.

admirable adj. Digno de admiración.

admiración f. Sensación de sorpresa, placer y respeto que se experimenta ante una cosa hermosa o buena. || Signo ortográfico (¡!) usado para expresar admiración, queja o lástima.

admirador, ra adj. y s. Que admira: *seguida por sus admiradores.*

admirar v. t. Mirar con entusiasmo, sorpresa o placer: *admirar una obra de arte.* || Causar sorpresa o placer: *tanta generosidad me admira.* || — V. pr. Asombrarse.

admirativo, va adj. Que expresa o denota admiración: *palabras admirativas.* || Capaz de causar admiración.

admisibilidad f. Calidad de admisible.

admisible adj. Que puede admitirse: *excusa admisible.*

admisión f. Acción de admitir. || Recepción.

admitir v. t. Recibir, dar entrada: *ser admitido en la Academia.* || Aceptar, reconocer: *admitir una hipótesis.* || Permitir, tolerar, sufrir: *admitir excusas.*

admonición f. Amonestación.

A.D.N. m. *Biol.* Ácido desoxirribonucleico, uno de los componentes esenciales del núcleo de las células.

adobado m. Carne puesta en adobo: *adobado de cerdo.*

adobar v. t. Componer, preparar. || Guisar, aderezar. || Poner en adobo las carnes, el pescado. || Curtir y componer las pieles.

adobe m. Ladrillo secado al sol.

adobo m. Acción y efecto de adobar: *el adobo de una piel.* || Salsa para sazonar y conservar las carnes, el pescado: *echar carne en adobo.* || Ingredientes para curtir pieles o dar cuerpo a las telas.

adocenado, da adj. Vulgar.

adoctrinamiento m. Acción y efecto de adoctrinar.

adoctrinar v. t. Instruir.

*adolecer v. i. Caer enfermo o padecer una dolencia habitual: *adolecer de artritis.* || *Fig.* Dícese de pasiones, vicios, etc., tenerlos: *adolecer de ingratitud.*

adolescencia f. Período de transición entre la infancia y la edad adulta.

adolescente adj. y s. Que está en la adolescencia.

adonde adv. A qué parte, o a la parte que. (Se acentúa en sentido interrogativo: *¿adónde van los niños?*) || Donde.

adondequiera adv. A cualquier parte. || Donde quiera.

adopción f. Acción de adoptar o prohijar: *adopción de una ley, de una niña.*

adoptar v. t. Prohijar: *César adoptó a Bruto.* || Admitir alguna opinión o doctrina: *adoptar el federalismo.* || Aprobar: *adoptar un proyecto de ley.*

adoptivo, va adj. Dícese de la persona adoptada y de la que adopta: *hijo, padre adoptivo.* || Aplícase a lo que uno elige para tenerlo por lo que no es realmente: *hermano adoptivo; patria adoptiva.*

adoquín m. Piedra labrada para empedrados. || *Fig.* y *fam.* Necio, idiota.

adoquinado m. Suelo empedrado con adoquines. || Acción de adoquinar.

adoquinar v. t. Empedrar con adoquines.

adorable adj. Digno de adoración. || *Fig.* y *fam.* Digno de ser amado: *mujer adorable.*

adoración f. Acción de adorar. || *Fig.* Amor extremo.

adorador, ra adj. y s. Que adora.

adorar v. t. Reverenciar con sumo honor o respeto a un ser. || Rendir culto a Dios. || *Fig.* Amar en extremo: *adorar un arte.* || — V. i. Orar, hacer oración.

adoratorio m. Templo de algunas culturas prehispánicas: *en la plaza mayor los aztecas tenían adoratorios.*

adoratriz f. Religiosa de una orden española de votos simples. || En América, señora que pertenece a alguna hermandad de la adoración perpetua.

adormecedor, ra adj. Que adormece.

*adormecer v. t. Dar o causar sueño: *adormecer al niño meciéndole.* || *Fig.* Calmar, sosegar: *adormecer el dolor con morfina.* || — V. pr. Empezar a dormirse. || Entorpecerse un miembro. || Aficionarse: *adormecerse en un vicio.*

adormecimiento m. Acción y efecto de adormecer o adormecerse.

adormidera f. Planta papaverácea de cuyo fruto se saca el opio.

adormilarse y **adormitarse** v. pr. Dormirse a medias, amodorrarse, adormecerse.

adornar v. t. Engalanar con adornos. || *Fig.* Concurrir en una persona ciertas prendas o circunstancias favorables.

adorno m. Lo que sirve para hermosear personas o cosas. || *Taurom.* Lance con que el torero remata una serie de pases.

adosado, da adj. Que se halla pegado a otra cosa.

adosar v. t. Arrimar.

adquirido, da adj. Alcanzado.

adquiridor, ra adj. y s. Comprador.

*adquirir v. t. Alcanzar.

adquisición f. Acción de adquirir. || Compra: *adquisición de una finca.*

adrede adv. De propósito, de intento: *hacer una cosa adrede.*

adrenalina f. Hormona segregada por la masa medular de las glándulas suprarrenales.

adscribir v. t. Inscribir. || Atribuir. || Destinar.

adscrito, ta adj. Escrito al lado.

adsorbente adj. Capaz de adsorción.

adsorber v. t. Fijar por adsorción.

adsorción f. *Fís.* Penetración superficial de un gas o un líquido en un sólido.

aduana f. Administración que percibe los derechos sobre las mercancías importadas o exportadas. || Oficina de dicha administración.

aduanero, ra adj. Relativo a la aduana. || — M. Empleado en la aduana.

aducción f. *Anat.* Movimiento por el cual se acerca un miembro separado al eje del cuerpo: *aducción del brazo, del ojo.*

*aducir v. t. Presentar o alegar pruebas, razones, etc.

aductor adj. y s. *Anat.* Músculo que produce la aducción.

adueñarse v. pr. Hacerse dueño de una cosa o apoderarse de ella: *adueñarse de una casa.*

adulación f. Lisonja, halago.

adulador, ra adj. y s. Lisonjero, que adula.

adular v. t. Halagar.

adulón, na adj. Que tiene el mal hábito de adular.

adulteración f. Acción y efecto de adulterar o adulterarse.

adulterar v. i. Cometer adulterio. || — V. t. *Fig.* Viciar, falsificar: *adulterar la harina con barita.*

adulterino, na adj. Procedente de adulterio: *hijo adulterino.* || Relativo al adulterio. || *Fig.* Falso, falsificado.

adulterio m. Violación de la fe conyugal. || Falsificación, fraude.

adúltero, ra adj. y s. Que viola la fe conyugal o comete adulterio: *hombre o mujer adúlteros.* || *Fig.* Falsificado.

adultez f. Condición de adulto. || Mayoría de edad.

adulto, ta adj. y s. Llegado al término de la adolescencia: *persona adulta; animal adulto.*

adusto, ta adj. Excesivamente cálido: *el Sáhara es una región adusta.* || *Fig.* Austero, desabrido, melancólico: *hombre adusto.*

advenedizo, za adj. y s. Extranjero o forastero. || *Despect.* Persona que va sin empleo ni oficio a establecerse en un lugar. || Persona que ha conseguido cierta fortuna pero que no sabe ocultar su origen modesto.

advenimiento m. Venida o llegada. || Ascenso de un pontífice o de un soberano al trono.

*advenir v. i. Venir, llegar.

adventicio, cia adj. Que sobreviene accidentalmente. || *Biol.* Aplícase al órgano o parte de los animales o vegetales que se desarrolla ocasionalmente y cuya existencia no es constante: *membranas, raíces adventicias.*

adverbial adj. *Gram.* Relativo al adverbio: *expresión adverbial.*

adverbio m. *Gram.* Parte de la oración que modifica la significación del verbo, del adjetivo o de otro adverbio. — Por su forma, los *adverbios* pueden ser simples (*sí, allí, bastante, jamás,* etc.) y compuesto o expresiones adverbiales (*de pronto, a pie juntillas,* etc.). Por su significación pueden ser: *de lugar* (*aquí, ahí, allí, cerca, lejos,* etc.); *de tiempo* (*ayer, hoy, mañana, ahora,* etc.); *de modo* (*bien, mal, así, aprisa,* etc.); *de cantidad* (*mucho, poco, casi, más,* etc.); *de orden* (*primeramente, sucesivamente,* etc.); *de afirmación* (*sí, cierto, también,* etc.); *de negación* (*no, nunca, tampoco,* etc.); *de duda* (*acaso, quizá, tal vez,* etc.).

adversario, ria m. y f. Rival.

adversativo, va adj. *Gram.* Que indica oposición de significado: *"pero"* es una conjunción adversativa.

adversidad f. Calidad de adverso. || Infortunio.

adverso, sa adj. Contrario.

advertencia f. Acción y efecto de advertir.

*advertir v. t. Reparar, observar: *advertir faltas en un escrito.* || Llamar la atención, señalar. || Aconsejar, amonestar. || — V. i. Caer en la cuenta.

adviento m. Tiempo litúrgico que precede a la Navidad.

adyacente adj. Contiguo, próximo: *España e islas adyacentes.*

aéreo, a adj. De aire o relativo a él. || Concerniente a la aviación: *navegación aérea.*

aerobio adj. *Biol.* Aplícase al ser vivo que necesita del aire para subsistir. || — M. Ser microscópico que vive en el aire.

aerobús m. Avión subsónico que transporta numerosos viajeros.

aerodeslizador m. Vehículo que se desplaza mediante un colchón de aire situado debajo de él.

aerodinámica f. Parte de la mecánica que estudia el movimiento de los gases.

aerodinámico, ca adj. Relativo a la aerodinámica. || Aplícase a los vehículos u otras cosas de forma adecuada para disminuir la resistencia del aire: *una carrocería aerodinámica.*

aerodinamismo m. Calidad de aerodinámico.

aeródromo m. Campo para el despegue y aterrizaje de aviones.

aerógrafo m. Aparato para pintar por vaporización.

aerolito m. Fragmento de un bólido que cae sobre la Tierra.

aerómetro m. Instrumento para medir la densidad del aire.

aeromodelismo m. Construcción de modelos reducidos de avión.

aeromoza f. Azafata aérea.

aeronauta com. Persona que practica la navegación aérea.

aeronáutico, ca adj. Relativo a la aeronáutica: *construcciones aeronáuticas.* || — F. Ciencia que trata de la navegación aérea.

aeronaval adj. Que es a la vez de la marina de guerra y de la aviación: *expedición aeronaval.*

aeronave f. Nombre genérico de todos los aparatos de aviación.

aeroparque m. *Arg.* Aeropuerto pequeño.

aeropista f. *Amer.* Pista para el despegue y aterrizaje de los aviones.

aeroplano m. Avión.

aeropostal adj. Relativo al correo aéreo.

aeropuerto m. Conjunto de las instalaciones preparadas para el funcionamiento regular de las líneas aéreas de transporte.

aerosol m. Suspensión en el aire de un producto vaporizado; utilizado en medicina.

aerospacial adj. Relativo a la vez a la aeronáutica y a la astronáutica: *industria aerospacial.*

aerostación f. Arte de construir y dirigir aeróstatos.

aerostático, ca adj. Relativo a los aeróstatos. || — F. Parte de la mecánica que estudia el equilibrio de los gases.

aeróstato m. Aparato lleno de un gas más ligero que el aire y que puede elevarse en la atmósfera.

aeroterrestre adj. De las fuerzas militares de tierra y aire.

aerotransportado, da adj. *Mil.* Conducido por avión.

aerovía f. Ruta aérea.

afabilidad f. Calidad de afable.

afable adj. Agradable.

afamado, da adj. Famoso.

afán m. Trabajo excesivo y solícito: *estudiar con afán.* || Anhelo vehemente: *afán de aventuras.*

afanar v. i. Entregarse al trabajo con solicitud. || Hacer diligencias para conseguir algo (ú. t. c. pr.). || — V. t. *Pop.* Robar.

afanípteros m. pl. *Zool.* Orden de insectos chupadores, sin alas, como la pulga (ú. t. c. adj.).

afasia f. *Med.* Pérdida de la palabra.

afear v. t. Hacer o poner feo. || *Fig.* Tachar, vituperar: *afear a uno su comportamiento.*

afección f. Afición o inclinación: *afección filial.* || Impresión que hace una cosa en otra: *afección del ánimo.* || *Med.* Alteración morbosa: *afección pulmonar.*

afectación f. Acción de afectar: *afectación de humildad.* || Falta de sencillez y naturalidad.

afectado, da adj. Que muestra afectación: *orador afectado.* || Aparente, fingido: *celo afectado.* || Perjudicado: *tierras afectadas por la sequía.* || Aquejado, afligido: *afectado por la mala noticia.*

afectar v. t. Obrar sin sencillez ni naturalidad, fingir: *afectar suma estimación.* || Hacer impresión una cosa en una persona: *la muerte de su amigo le ha afectado mucho.* || *Med.* Producir alteración en algún órgano: *afectar la vista.* || Perjudicar, dañar.

afectividad f. Desarrollo de la propensión a querer.

afectivo, va adj. Relativo al afecto, sensible.

afecto, ta adj. Inclinado a una persona o cosa: *muy afecto a sus padres.* ||

Dícese de las rentas sujetas a carga u obligación. || *Med.* Que padece: *afecto de reúma.* || — M. Cariño, amistad: *afecto filial.* || *Med.* Afección.

afectuoso, sa adj. Cariñoso.

afeitadora f. Maquinilla de afeitar.

afeitado m. Acción y efecto de afeitar.

afeitar v. t. Cortar con navaja o maquinilla la barba o el pelo. || Poner afeites. || *Fam.* Rozar.

afeite m. Aderezo, compostura. || Cosmético.

afeminado, da adj. y s. m. Parecido a las mujeres: *cara, voz afeminada.*

afeminar v. t. Tornar afeminado. || — V. pr. Perder la energía varonil.

aferente adj. *Anat.* Que trae, lleva o conduce a un órgano: *vasos, nervios aferentes.*

aféresis f. *Gram.* Supresión de una o más letras al principio de un vocablo, como *norabuena* y *noramala* por *enhorabuena* y *enhoramala.*

aferrado, da adj. Insistente, obstinado.

***aferrar** v. t. Agarrar fuertemente. || — V. i. *Mar.* Agarrar el ancla en el fondo. | Anclar, amarrarse. || — V. pr. Obstinarse: *aferrarse a una idea, a (o con o en) su opinión.*

affaire m. (pal. fr.). Caso.

afgano, na adj. y s. Del Afganistán.

afianzar v. t. Dar fianza o garantía. || Afirmar o asegurar con puntales, clavos, etc.: *afianzar una pared, afianzarse en (o sobre) los estribos* (ú. t. c. pr.).

afición f. Inclinación a una persona o cosa: *tener afición a la música.* || Conjunto de aficionados.

aficionado, da adj. y s. Que tiene afición a una cosa. || Que cultiva algún arte sin tenerlo por oficio: *exposición de pintura para aficionados.*

aficionar v. t. Inclinar, inducir a otro que guste de alguna persona o cosa. || — V. pr. Prendarse de una persona o cosa: *aficionarse al fútbol.*

afilador, ra adj. Que afila. || — M. El que tiene por oficio afilar cuchillos, tijeras, etc. || Correa para afilar las navajas de afeitar.

afilar v. t. Sacar filo o punta: *afilar un arma blanca, un cuchillo.* || *Fam. Riopl.* Enamorar, requebrar. || — V. pr. *Fig.* Adelgazarse la cara, la nariz o los dedos.

afiliación f. Acción y efecto de afiliar o afiliarse.

afiliado, da adj. y s. Que pertenece a una asociación o partido.

afiliar v. t. Asociar una persona a una corporación o sociedad. || — V. pr. Adherirse a una sociedad: *afiliarse a un partido o sindicato.*

afiligranar v. t. Hacer filigranas. || *Fig.* Pulir, hermosear: *afiligranar una obra.*

afín adj. Próximo, contiguo.

afinar v. t. Hacer fino. || Purificar los metales: *afinar el oro.* || Poner en tono los instrumentos músicos: *afinar un piano, un violín.* || Cantar o tocar entonando con perfección los sonidos.

afincar v. i. Fincar, adquirir fincas. || — V. pr. Establecerse.

afinidad f. Semejanza o analogía de una cosa con otra: *la afinidad del gallego con el portugués.* || Parentesco entre un cónyuge y los deudos del otro.

afirmación f. Acción y efecto de afirmar o afirmarse.

afirmar v. t. Poner firme, dar firmeza. || Sostener o dar por cierta alguna cosa. || — V. pr. Asegurarse más: *afirmarse en los estribos.* || Ratificarse en lo dicho.

afirmativo, va adj. Que afirma: *proposición afirmativa.*

aflautado, da adj. Dícese del sonido parecido al de la flauta. || Atiplado: *voz aflautada.*

aflicción f. Pesar, sentimiento.

aflictivo, va adj. Que causa aflicción.

afligir v. t. Herir, causar molestias: *las enfermedades que afligen al hombre.* || Causar pena o congoja. || — V. pr. Sentir pesar: *afligirse con (o de o por) algo.*

aflojar v. t. Disminuir la presión o tirantez: *aflojar un nudo.* || *Fig.* y *fam.* Entregar de mala gana: *aflojar la mosca.* || — V. i. *Fig.* Debilitarse una cosa, perder fuerza: *la fiebre ha aflojado.* || Ceder en el vigor o aplicación: *aflojar en sus devociones.*

aflorar v. i. Asomar un mineral a la superficie de un terreno.

afluencia f. Acción y efecto de afluir: *afluencia de turistas.* || Abundancia.

afluente m. Río que desemboca en otro principal.

afluir v. i. Acudir en abundancia o confluir: *los extranjeros afluyen a París.* || Verter un río sus aguas en otro o en un lago o mar.

aflujo m. *Med.* Afluencia anormal de líquidos a un tejido orgánico: *aflujo de sangre.*

afonía f. Falta de voz.

afónico, ca adj. Falto de voz.

***aforar** v. t. Valuar los géneros o mercaderías para el pago de derechos: *aforar mercancías.* || Medir la cantidad de agua que lleva una corriente en una unidad de tiempo. || Calcular la capacidad.

aforismo m. Sentencia breve y doctrinal.

aforo m. Estimación. || Medida de la cantidad de agua: *el aforo de un río.* || Cabida de una sala de espectáculos.

a fortiori loc. lat. Con mayor razón.

afortunado, da adj. Que tiene fortuna o buena suerte.

afrancesado, da adj. y s. Que imita a los franceses.

afrancesamiento m. Tendencia exagerada a las ideas o costumbres de origen francés.

afrancesar v. t. Dar carácter francés a una cosa.

afrecho m. Salvado.

afrenta f. Vergüenza y deshonor. || Dicho o hecho afrentoso: *sufrir una afrenta.*

afrentar v. t. Causar afrenta. || — V. pr. Avergonzarse: *afrentarse de (o por) la miseria.*

afrentoso, sa adj. Que causa afrenta.

africado, da adj. Dícese de los sonidos que se producen con cierre seguido inmediatamente por roce del aire que se emite: *la che es una consonante africada*.

africanismo m. Influencia ejercida por las lenguas, costumbres, etcétera, africanas. || Locución peculiar a los escritores latinos nacidos en África. || Voz de origen africano.

africanista com. Persona versada en el estudio de las cosas de África.

africanizar v. t. Dar carácter africano (ú. t. c. pr.).

africano, na adj. y s. De África: *africanos del Norte, del Sur*.

afroantillano adj. De las Antillas con mezcla de las culturas africanas.

afroasiático, ca adj. y s. Relativo a la vez a África y a Asia.

afrocubano, na adj. Relativo a la música o arte cubanos, de influencia africana.

afrodisiaco, ca adj. y s. m. Dícese de ciertas sustancias excitantes.

afrontamiento m. Acción y efecto de afrontar dos personas o cosas.

afrontar v. t. Poner una cosa enfrente de otra: *afrontar dos espejos*. || Carear: *el juez afrontó a los testigos*. || Hacer frente: *afrontar al enemigo, la adversidad*.

afta f. *Med*. Úlcera pequeña que se forma en la boca.

afuera adv. Fuera del sitio en que uno está: *aguardar, salir afuera*. || En la parte exterior: *afuera hay gente que espera*. || — F. pl. Alrededores de una población.

afuereño, ña adj. *Amer*. De afuera, extraño.

agachadiza f. Ave zancuda.

agachar v. t. *Fam*. Inclinar o bajar una parte del cuerpo: *agachar la cabeza*. || — V. pr. Encogerse, acurrucarse.

agalla f. Excrecencia redonda formada en el roble y otros árboles por la picadura de un insecto. || Órgano de la respiración de los peces. || *Fig*. y *fam*. Valor.

agamí m. Ave zancuda de América del Sur: *el agamí es del tamaño de una gallina y es muy fácil de domesticar*.

ágape m. Convite de caridad entre los primeros cristianos. || *Por ext*. Banquete.

agarrada f. *Fam*. Altercado.

agarradera f. *Amer*. Agarradero. || — Pl. Influencias, buenas relaciones.

agarradero m. Asa o mango.

agarrado, da adj. y s. *Fam*. Roñoso, tacaño.

agarrar v. t. Asir fuertemente: *agarrar un palo, a un ladrón*. || Coger, tomar. || *Fig*. y *fam*. Conseguir: *agarrar un buen empleo*. || Contraer una enfermedad: *agarrar un resfriado*. || — V. i. Fijarse con fuerza: *la vacuna, un tinte, agarraron*. || *Amer*. Tomar una dirección. || — V. pr. Asirse con fuerza: *agarrarse de (o a) una rama*. || *Fig*. y *fam*. Tratándose de enfermedades, apoderarse de uno: *se le agarró la fiebre, la tos*. || Disputarse, pelearse, reñir.

agarrón m. *Amer*. Altercado violento. || Sacudida, tirón.

agarrotado, da adj. *Fig*. Tieso y rígido. || Dícese de la pieza que no funciona por falta de engrase. || Dícese de los músculos o tendones que se contraen e impiden su normal funcionamiento.

agarrotamiento m. Acción y efecto de agarrotar o agarrotarse.

agarrotar v. t. Apretar fuertemente. || Dar garrote al reo. || Apretar, oprimir material o moralmente. || — V. pr. Entumecerse los miembros del cuerpo humano. || *Tecn*. Moverse con dificultad una pieza por falta de engrase.

agasajar v. t. Dar grandes pruebas de afecto o consideración: *agasajar a sus invitados*. || Regalar, obsequiar.

agasajo m. Regalo, muestra de afecto o consideración: *hacer agasajos a uno*. || Fiesta, convite.

ágata f. Cuarzo jaspeado, de colores muy vivos.

agauchado, da adj. Que parece gaucho.

agaucharse v. pr. Tomar las costumbres del gaucho.

agave m. Pita, planta amarilidácea de hojas largas y espinosas.

agavilladora f. *Agr*. Máquina que hace y ata las gavillas.

agavillar v. t. Formar gavillas.

agazapar v. t. *Fam*. Agarrar, coger a uno. || — V. pr. Esconderse, ocultarse. || Agacharse.

agencia f. Empresa comercial destinada a la gestión de asuntos ajenos: *agencia inmobiliaria, de viajes*. || Despacho u oficina de una empresa. || *Chil*. Casa de empeños.

agenciar v. t. Procurarse o conseguir con diligencia: *agenciar a uno un buen empleo*. || — V. pr. Hacer las diligencias oportunas para el logro de una cosa.

agenda f. Librito de notas.

agente m. Todo lo que obra: *agentes atmosféricos, naturales, medicinales*. || El que obra con poder de otro: *agente diplomático, electoral*. || *Gram*. Persona que ejecuta la acción del verbo.

agigantar v. t. Dar proporciones gigantescas.

ágil adj. Ligero, pronto, expedito. || Que tiene gran soltura en los movimientos.

agilidad f. Ligereza, prontitud.

agio m. Beneficio que se obtiene del cambio de la moneda o de descontar letras, pagarés, etc. || Especulación sobre el alza y la baja de los fondos públicos.

agiotaje m. Agio. || Especulación abusiva con perjuicio de tercero.

agiotismo m. *Méx*. Usura.

agiotista com. Persona que se emplea en el agiotaje.

agitación f. Acción y efecto de agitar o agitarse.

agitador, ra adj. Que agita. || — M. *Quím*. Varilla de vidrio para remover las disoluciones. || — M. y f. Persona que provoca conflictos sociales o políticos.

agitar v. t. Mover con frecuencia y violentamente. || *Fig*. Inquietar, turbar el ánimo: *agitar las pasiones*. || Excitar (ú. t. c. pr.).

aglomeración f. Acción y efecto de aglomerar o aglomerarse. || Gran acumulación de personas o cosas: *aglomeración urbana*.

aglomerado m. Agregación natural de sustancias minerales.

aglomerar v. t. Amontonar, juntar en montón. || — V. pr. Reunirse, juntarse.

aglutinación f. Acción y efecto de aglutinar o aglutinarse.

aglutinante adj. Que aglutina.

aglutinar v. t. Conglutinar, pegar (ú. t. c. pr.).

agnosticismo m. *Fil*. Doctrina que declara inaccesible al entendimiento humano toda noción de lo absoluto.

agnóstico, ca adj. Relativo al agnosticismo. || — Adj. y s. Que profesa el agnosticismo.

agobiador, ra adj. Que agobia.

agobiante adj. Difícil de soportar: *calor, tarea agobiante*.

agobiar v. t. Doblar o encorvar la parte superior del cuerpo hacia la tierra: *agobiado por (o con) la carga*. || *Fig*. Causar gran molestia o fatiga: *le agobian los quehaceres, las penas*.

agobio m. Sofocación, angustia, fatiga grande. || Aburrimiento.

agolparse v. pr. Juntarse de golpe muchas personas o animales: *se agolpaba la gente*. || *Fig*. Venir juntas y de golpe ciertas cosas.

agonía f. Angustia y congoja del moribundo. || *Fig*. Final: *agonía de un régimen*. || Aflicción extremada: *vivir en perpetua agonía*. || Ansia o deseo vehemente.

agónico, ca adj. Relativo a la agonía o que se halla en ella.

agonizante adj. y s. Que agoniza: *rezar por los agonizantes*.

agonizar v. i. Estar en la agonía. || Extinguirse o terminarse una cosa: *la vela agoniza*. || *Fig*. agonizar por irse. || *Fig*. Sufrir angustiosamente.

ágora f. Plaza pública en las ciudades de la Grecia antigua.

agorafobia f. Sensación morbosa de angustia ante los espacios abiertos.

*agorar v. t. Predecir, presagiar.

agorero, ra adj. Que adivina por agüeros o cree en ellos. || Que predice sin fundamento males o desdichas. || Aplícase al ave que se cree anuncia algún mal futuro: *ave agorera*.

agostar v. t. Secar el excesivo calor las plantas.

agosteño, ña adj. De agosto.

agostero adj. Dícese del ganado que, levantadas las mieses, entra a pacer en los rastrojos. || — M. Mozo que ayuda en las faenas en el mes de agosto.

agosto m. Octavo mes del año: *agosto consta de 31 días*. || Época de la cosecha (en el hemisferio norte). || *Fig.* Cosecha: *desear un buen agosto.* || *Fig. y fam.* Hacer su agosto, hacer un buen negocio.

agotador, ra adj. Que agota.

agotamiento m. Acción y efecto de agotar o agotarse.

agotar v. t. Extraer todo el líquido que hay en un recipiente cualquiera: *agotar un pozo.* | *Fig.* Gastar del todo, consumir: *agotar el caudal.* | Terminar con una cosa: *agotar una mercancía, una edición.* | Tratar a fondo: *agotar un tema.* || — V. pr. *Fig.* Extenuarse.

agraciado, da adj. Gracioso, hermoso. || Que ha obtenido una recompensa, afortunado en un sorteo (ú. t. c. s.).

agraciar v. t. Embellecer, hermosear. || Conceder una gracia o merced: *agraciar a un condenado.*

agradable adj. Que agrada.

agradar v. i. Complacer, contentar, gustar: *una película que agrada.* || — V. pr. Sentir agrado.

*agradecer** v. t. Sentir o mostrar gratitud: *agradecer a un bienhechor.* || *Fig.* Corresponder a un beneficio o favor.

agradecido, da adj. y s. Que agradece.

agradecimiento m. Acción y efecto de agradecer, gratitud.

agrado m. Afabilidad, trato amable. || Voluntad o gusto.

agramatical adj. *Gram.* Que no responde a las reglas de la gramática.

agrandar v. t. Hacer más grande: *agrandar una casa, un jardín, una población.*

agrario, ria adj. Relativo al campo: *la unidad principal de medidas agrarias es el área.*

agrarismo m. Tendencia política interesada en los aspectos agrarios.

agrarista com. Partidario del agrarismo.

agravación f. Agravamiento.

agravamiento m. Acción y efecto de agravar o agravarse.

agravante adj. y s. Que agrava: *circunstancia agravante.*

agravar v. t. Hacer más grave: *agravar una falta.* || Oprimir con gravámenes: *agravar los tributos, las contribuciones.* || — V. pr. Ponerse más grave: *agravarse.la enfermedad.*

agraviar v. t. Hacer agravio. || — V. pr. Ofenderse.

agravio m. Afrenta, ofensa. || *For.* Perjuicio, daño.

agraz m. Uva sin madurar. || Zumo de esta uva: *un vaso de agraz.* || Marojo, planta parecida al muérdago. || *Fig. y fam.* Amargura, sinsabor. || *En agraz,* antes del tiempo debido o regular.

agredido, da adj. y s. Que ha sufrido agresión.

*agredir** v. t. Acometer, atacar.

agregación f. Incorporación, añadido.

agregado m. Conjunto de cosas homogéneas que forman cuerpo. || Especialista comercial, cultural, militar, etc., que trabaja en una embajada.

agregaduría f. Cargo y oficina de un agregado diplomático.

agregar v. t. Unir, juntar: *agregar a (o con) otro* (ú. t. c. pr.). || Añadir: *agregar cinco y diez.*

agremiar v. t. Reunir en gremio o formar gremios.

agresión f. Acometimiento, ataque. || Acto contrario al derecho de otro.

agresividad f. Acometividad.

agresivo, va adj. Que provoca o ataca: *movimiento agresivo, palabras agresivas.*

agresor, ra adj. y s. Persona que comete agresión. || Que lesiona el derecho de otro.

agreste adj. Campesino o relativo al campo. || Rústico.

agriar v. t. Poner agrio. Ú. m. c. pr.: *agriarse el vino en la cuba.* || *Fig.* Exasperar los ánimos o las voluntades. Ú. m. c. pr.: *agriarse con la vejez.*

agrícola adj. Relativo a la agricultura: *pueblo, vida, trabajo, producción agrícola.*

agricultor, ra adj. y s. Persona que labra o cultiva la tierra.

agricultura f. Labranza o cultivo de la tierra.

agridulce adj. y s. Que tiene mezcla de agrio y de dulce.

agrietamiento m. Acción y efecto de agrietar o agrietarse.

agrietar v. t. Abrir grietas. || — V. pr. Rajarse la piel de las manos, de los labios, etc.

agrimensor m. Perito en agrimensura.

agrimensura f. Arte de medir tierras.

agringarse v. pr. *Amer.* Tomar modales de gringo.

agrio, gria adj. Ácido: *agrio al o de gusto.* || *Fig.* Acre, áspero, desabrido: *carácter agrio.* || Frágil, quebradizo: *metal agrio.* || — M. Sabor agrio. || Zumo ácido de una fruta: *el agrio del limón.* || — Pl. Frutas agrias o agridulces, como el limón, las naranjas, los pomelos, etcétera.

agriparse v. i. Contraer gripe.

agrisar v. t. Dar color gris.

agro m. Campo.

agronomía f. Ciencia o teoría de la agricultura.

agronómico, ca adj. Relativo a la agronomía.

agrónomo adj. y s. m. Persona que se dedica a la agronomía: *perito agrónomo.*

agropecuario, ria adj. Que tiene relación con la agricultura y la ganadería: *riqueza agropecuaria.* || *Ingeniero agropecuario,* veterinario.

agrupación f. y **agrupamiento** m. Acción y efecto de agrupar o agruparse. || Conjunto de personas agrupadas.

agrupar v. t. Reunir en grupo.

agua f. Líquido transparente, insípido e inodoro. || Lluvia: *caer mucha agua.* || Licor obtenido por destilación o por infusión: *agua de azahar, de heliotropo, de rosas.* || Vertiente en un tejado: *tejado de media agua.* || Refresco: *agua de fresas.* || *Mar.* Grieta por donde entra el agua en el barco: *abrirse un agua.*

|| — Pl. Visos de una tela o de una piedra: *las aguas del diamante.* || Manantial de aguas medicinales: *las aguas de Solares.* || Las del mar: *en aguas del Plata.* || — *Agua de socorro,* bautismo sin solemnidad en caso de urgencia. || *Agua dulce,* la no salada, de fuente, río o lago. || *Agua dura,* la que no forma espuma con el jabón. || *Agua fuerte,* ácido nítrico diluido en corta cantidad de agua. || *Agua gorda,* la que contiene mucho yeso. || *Agua oxigenada,* la compuesta por partes iguales de oxígeno e hidrógeno, usada como antiséptico, para blanquear, teñir el pelo de rubio, etc. || *Agua potable,* la que se puede beber. || *Fam. Aguas mayores o menores,* excremento mayor o menor del hombre. || *Aguas minerales,* las cargadas de sustancias minerales, generalmente medicinales. || *Aguas termales,* las que salen del suelo a una temperatura elevada. || *Aguas territoriales,* parte del mar cercano a las costas de un Estado o sometido a su jurisdicción. || — Pl. *Aguas negras, a. residuales o a. servidas,* las que salen de las poblaciones y zonas industriales con suciedad y desechos.

aguacate m. Árbol de América cuyo fruto, parecido a una pera grande, es muy sabroso.

aguacero m. Lluvia repentina.

aguachirle f. Vino o café de mala calidad.

aguada f. *Mar.* Provisión de agua potable: *hacer aguada.* || Inundación en las minas. || Pintura con color disuelto en agua con goma, miel o hiel de vaca. || Dibujo hecho con esta pintura. || *Amer.* Depresión natural del terreno con agua, donde suele beber el ganado.

aguado, da adj. Mezclado con agua: *vino aguado.* || *Fig.* Turbado, interrumpido: *fiesta aguada.*

aguador, ra m. y f. Persona que tiene por oficio llevar o vender agua.

aguafiestas com. Persona que fastidia o turba una diversión.

aguafuerte m. Lámina o grabado al agua fuerte (ácido nítrico).

aguafuertista com. Grabador al agua fuerte.

aguaitar v. t. Estar al acecho, observando y esperando atentamente.

aguamanil m. Jarro o palangana de tocador.

aguamanos m. Agua para lavar las manos. || Aguamanil.

aguamarina f. Berilo verde transparente: *el aguamarina es una variedad de esmeralda.*

aguamiel f. Agua mezclada con miel. || *Méx.* Jugo de maguey: *el aguamiel fermentada produce el pulque.*

aguanieve f. Agua mezclada con nieve.

aguantable adj. Que se puede aguantar.

aguantar v. t. Sufrir, soportar: *aguantar el frío, la lluvia.* || Resistir, soportar un peso: *aguanta esta tabla aquí.* || Reprimir, contener. || Resistir: *aguantar un trabajo duro.* || Resistir el picador al toro. || Esperar: *aguanté tres horas.* || — V. i. Resistir. || — V. pr. Callarse, contenerse, reprimirse: *aguantarse para no pe-*

garle. || Tolerar, resignarse: *aguantarse con una cosa.*

aguante m. Sufrimiento, resistencia. || Paciencia: *ser hombre de aguante.*

aguapé m. Hierba acuática que vive en las lagunas de América del Sur.

aguar v. t. Mezclar con agua: *aguar el vino.* || *Fig.* Turbar, estropear: *aguar la fiesta.* || Molestar, importunar. || *Amer.* Abrevar. || — V. pr. Llenarse de agua algún sitio. || *Fig.* Estropearse, fastidiarse: *todos mis planes se aguaron.*

aguará m. *Zool. Riopl.* Especie de zorro grande.

aguardar v. t. Esperar: *aguardar a un amigo, a otro día, a que suceda algo.* || — V. pr. Detenerse, pararse.

aguardentoso, sa adj. Que tiene aguardiente: *bebida aguardentosa.* || Que parece de aguardiente: *sabor aguardentoso.* || Dícese del modo de hablar áspero, bronco: *voz aguardentosa.*

aguardiente m. Bebida espiritosa que, por destilación, se saca del vino y otras sustancias.

aguaribay m. *Arg.* Árbol de tronco y corteza rugosa, cuyo fruto es una baya rojiza.

aguarrás m. Aceite volátil de trementina, usado para preparar pinturas y barnices.

aguasado, da adj. *Chil.* Del campesino chileno.

aguatero m. *Amér.* M. y *Cub.* Persona que tenía por oficio vender agua.

aguatinta f. Grabado al agua fuerte imitando los dibujos lavados o aguadas.

agudeza f. Calidad de agudo. || Viveza y penetración del dolor. || *Fig.* Perspicacia de la vista, oído u olfato. | Perspicacia o viveza de ingenio. | Dicho agudo, rasgo ingenioso: *decir agudezas.*

agudizamiento m. Agravamiento. || Intensificación.

agudización f. Agudizamiento.

agudizar v. t. Hacer aguda una cosa: *agudizar una herramienta.* || *Fig.* Acentuar, intensificar: *esto agudizó la crisis.* || — V. pr. Tomar carácter agudo, agravarse: *agudizarse una enfermedad.*

agudo, da adj. Delgado, afilado: *punta aguda.* || *Fig.* Sutil, perspicaz: *ingenio agudo.* | Vivo, gracioso, penetrante: *vista aguda, persona aguda, dicho agudo.* | Aplícase al color vivo y penetrante. || *Gram.* Dícese de las voces cuyo acento tónico carga en la última sílaba como *maná, corazón.* || *Mús.* Aplícase al sonido alto por contraposición al bajo. || Ángulo agudo, aquel cuyo valor no llega a los noventa grados.

agüero m. Presagio de cosa futura: *de buen o mal agüero.*

aguerrido, da adj. Ejercitado en la guerra. || *Fig.* Experimentado, perito.

*aguerrir v. t. Acostumbrar a la guerra (ú. t. c. pr.). || Tomar experiencia (ú. t. c. pr.).

aguijada f. Vara larga con punta de hierro para estimular a los bueyes.

aguijar v. t. Picar con la aguijada: *aguijar el boyero a la yunta.* || *Fig.* Estimular, excitar.

aguijón m. Punta del palo con que se aguija. || Dardo de los insectos: *el aguijón de la avispa.* || Púa de algunas plantas. || *Fig.* Acicate, estímulo: *el aguijón de la gloria, de la pasión.*

aguijonamiento m. Acción y efecto de aguijonear.

aguijonear v. t. Aguijar, picar con la aguijada. || *Fig.* Excitar, estimular: *aguijonear la curiosidad.*

águila f. Ave rapaz diurna, de vista muy penetrante, de vuelo rapidísimo. || Enseña principal de la legión romana y de algunos ejércitos modernos. || Moneda de oro de México y de los Estados Unidos de América. || *Fig.* Persona de mucha viveza y perspicacia. || *Vista de águila,* la que alcanza y abarca mucho.

aguileño, ña adj. Dícese de la nariz encorvada.

aguilucho m. Pollo de águila.

aguinaldo m. Regalo que se da en Navidad o en la Epifanía. || *Méx.* Cantidad extra de salario que se da a los trabajadores en Navidad.

aguja f. Barrita puntiaguda de acero, con un ojo en el extremo superior por donde se pasa el hilo con que se cose. || Varilla de metal que sirve para diversos usos: *aguja de hacer medias o puntos; aguja del reloj, del barómetro,* etc. || Extremo de un campanario, de un obelisco. || Porción de riel movible que en los ferrocarriles y tranvías sirve para pasar los trenes o los vehículos de una vía a otra: *dar agujas; entrar en agujas.* || Tubito metálico que se acopla a la jeringuilla para poner inyecciones. || Púa del gramófono.

agujazo m. Pinchazo de aguja.

agujerar y **agujerear** v. t. Hacer agujeros: *agujerear una pared, una tabla,* etc. (ú. t. c. pr.).

agujero m. Abertura más o menos redonda en una cosa.

agujeta f. Correa o cinta con un herrete en cada punta para sujetar ciertas prendas de vestir. || *Venez.* Aguja grande, pasador. || — Pl. Dolores que se sienten en el cuerpo después de un ejercicio violento: *sentir agujetas en la espalda.* || *Méx.* Cordón para atarse los zapatos: *se ató muy fuerte las agujetas y el zapato le lastimaba.*

¡agur! interj. ¡A Dios!, ¡adiós!

agusanarse v. pr. Criar gusanos alguna cosa.

agustino, na adj. y s. Religioso o religiosa de la orden de San Agustín.

agutí m. Pequeño roedor de Sudamérica, del tamaño de un conejo.

aguzado, da adj. Puntiagudo.

aguzanieves f. Pájaro de color negro y blanco, que vive en parajes húmedos.

aguzar v. t. Hacer o sacar punta: *aguzar el lápiz.* || Afilar, sacar filo: *aguzar un arma blanca.* || *Fig.* Aguijar, estimular: *aguzar el apetito.* || Afinar, hacer más perspicaz, despabilar: *aguzar el ingenio.*

¡ah! interj. Expresa generalmente admiración, sorpresa o pena: *¡ah, qué calor!*

aherrojar v. t. Poner a alguno prisiones de hierro. || *Fig.* Encadenar, oprimir.

aherrumbrar v. t. Dar a una cosa color o sabor de hierro.

ahí adv. En ese lugar o a ese lugar: *ahí está ella.* || En esto o en eso: *ahí está la dificultad.* || *Fig.*, ahí no lejos: *salir un rato por ahí.* || — *Fam.* Ahí me las den todas, poco me importa. || *Arg.* Ahí no más, ahí mismo. (En América se usa mucho en lugar de *allí.*)

ahijado, da m. y f. Cualquier persona respecto de sus padrinos. || *Fig.* Protegido.

ahijamiento m. Adopción.

ahijar v. t. Prohijar o adoptar al hijo ajeno.

ahínco m. Empeño grande.

ahíto, ta adj. Dícese del que padece indigestión o embarazo de estómago. || Harto, lleno: *quedarse ahíto.* || *Fig.* Fastidiado o enfadado de una persona o cosa.

ahogado, da adj. Dícese del sitio estrecho y sin ventilación. || Oprimido, falto de aliento: *respiración ahogada.* || Dícese en el ajedrez cuando se deja al rey sin movimiento. || *Fig.* Apurado. || *Amer.* Rehogado. || — M. y f. Persona que muere por falta de respiración, especialmente en el agua.

ahogamiento m. Acción y efecto de ahogar o ahogarse. || *Fig.* Ahogo.

ahogar v. t. Quitar la vida a alguien impidiéndole la respiración: *ahogar a uno apretándole la garganta, sumergiéndole en el agua.* || Tratándose del fuego, apagarlo, sofocarlo: *ahogar la lumbre con ceniza.* || En el ajedrez, hacer que el rey adverso no pueda moverse sin quedar en jaque. || Rehogar. || *Fig.* Reprimir: *ahogar una rebelión, los sollozos.* || Hacer desaparecer, borrar: *ahogar su pena con vino.* || — V. pr. Perecer en el agua: *se ahogó en el río.* || Asfixiarse: *se ahogó bajo la almohada.* || Estrangularse. || Sentir ahogo, sofocación: *ahogarse de calor.*

ahogo m. Opresión en el pecho. || *Fig.* Aprieto, congoja, angustia. || Dificultad, penuria, falta de recursos: *pasar ahogos.*

ahondar v. t. Hacer más hondo: *ahondar un hoyo.* || — V. i. Penetrar mucho una cosa en otra: *las raíces ahondan en la tierra.* || *Fig.* Investigar, estudiar a fondo: *ahondar en una cuestión.*

ahora adv. A esta hora, en este momento, en el tiempo actual o presente: *ahora no está allí.* || Pronto: *hasta ahora.* || *Fig.* Hace poco tiempo: *ahora mismo han llegado.* | Dentro de poco tiempo: *ahora te lo diré.* || — Ahora que, pero, no obstante: *obra muy interesante, ahora que muy cara.* || *Por ahora,* por lo pronto. || — Conj. Otra, bien, ya: *ahora hablando, ahora cantando, siempre está contento.* || Pero, sin embargo: *Ahora bien, esto supuesto o sentado: ahora bien, ¿qué tú crees?*

ahorcado, da m. y f. Persona ajusticiada en la horca.

ahorcar v. t. Quitar a uno la vida colgándole del cuello en la horca u otra parte (ú. t. c. pr.). || Abandonar, dejar: *ahorcar los estudios, los hábitos.*

ahorita adv. Dim. de *ahora*. || *Fam. Amer.* Ahora mismo.

ahormar v. t. Ajustar una cosa a su horma o molde (ú. t. c. pr.).

ahorquillado, da adj. En forma de horquilla.

ahorquillar v. t. Asegurar con horquillas: *ahorquillar las ramas de un árbol.* || Dar a una cosa figura de horquilla: *ahorquillar un alambre* (ú. m. c. pr.).

ahorrado, da adj. Que ahorra o economiza mucho: *persona muy ahorrada.*

ahorrador, ra adj. y s. Que ahorra.

ahorrar v. t. Reservar una parte del gasto ordinario (ú. t. c. pr.). || *Fig.* Evitar o excusar algún trabajo, riesgo u otra cosa: *ahorrar disgustos, palabras inútiles* (ú. t. c. pr.).

ahorrativo, va adj. Que ahorra o gasta poco.

ahorrista adj. com. *Arg., Bol., Cub., Ecuad., Urug.* y *Venez.* Titular de una cuenta de ahorros en un banco.

ahorro m. Acción de ahorrar. || Lo que se ahorra: *contar con ahorros.* || *Fig.* Economía: *ahorro de tiempo.* || *Caja de ahorros,* establecimiento público destinado a recibir cantidades pequeñas que vayan formando un capital a sus dueños y devenguen réditos en su favor.

ahuautle m. *Méx.* Huevo comestible de ciertos insectos himenópteros.

ahuecado, da adj. Hueco.

ahuecamiento m. Acción y efecto de ahuecarse.

ahuecar v. t. Poner hueca o cóncava una cosa: *ahuecar un vestido.* || Mullir alguna cosa que estaba apretada: *ahuecar la tierra, la lana.* || *Fig.* Tratándose de la voz, hacerla más grave. || — V. i. *Fam.* Irse, marcharse: *ahuecar el ala.*

ahuehuete m. Árbol de América del Norte parecido al ciprés.

ahuevar v. t. Dar forma de huevo.

ahuizotada f. *Méx.* Molestia.

ahuizotar v. t. *Méx.* Molestar, fastidiar.

ahulado, da adj. *Amér. C* y *Méx.* Aplícase a la tela con una capa de hule para impermeabilizar.

ahumado, da adj. Secado al humo: *jamón ahumado.* || De color sombrío: *topacio, cuarzo, cristal ahumado.* || *Fig. y fam.* Ebrio, borracho. || — M. Acción de ahumar: *el ahumado de la carne.*

ahumar v. t. Poner una cosa al humo: *ahumar jamones.* || Llenar de humo: *ahumar una colmena.* || — V. i. Despedir humo. || *Fig. y fam.* Emborrachar.

ahuyentar v. t. Hacer huir.

aí m. *Zool. Arg.* Perezoso.

aíllo m. (voz quechua). *Amer.* Casta, linaje. | Comunidad agraria. || *Per.* Boleadora.

aimara o **aimará** adj. y s. Individuo de un pueblo indio de Bolivia y del Perú que vivía cerca del lago Titicaca. (Los aimarás o aimaráes lograron un alto grado de civilización [Tiahuanaco].) || — M. Lengua aimará.

aindiado, da adj. *Amer.* Que tiene el color y las facciones de los indios.

airado, da adj. Furioso, encolerizado: *tono airado.* || Dícese de la vida desordenada y viciosa: *mujer de vida airada.*

airar v. t. Irritar, encolerizar.

aire m. Fluido gaseoso que forma la atmósfera de la Tierra. Ú. t. en pl.: *volar por los aires.* || Viento o corriente de aire: *hoy hace mucho aire.* || *Fig.* Parecido de las personas o cosas: *aire de familia.* | Aspecto: *con aire triste.* | Vanidad: *se da unos aires.* | Gracia, primor, gentileza. | Garbo, brío, gallardía. || *Mús.* Melodía, canto: *aire popular.* || *Fam.* Ataque, parálisis. || — *Al aire,* dícese de las piedras engastadas sólo por sus bordes. || *Al aire libre,* fuera de todo resguardo: *dormir al aire libre.* || *Fig. y fam. Darse un aire a uno,* parecerse a él. || *Fig. De buen o mal aire,* de buen o mal talante.* | *Dejar en el aire,* dejar pendiente de una decisión. | *De mucho aire,* de mucho garbo. | *Estar en el aire,* estar pendiente de cualquier eventualidad. | *Palabras al aire,* sin consistencia, vanas. || *Tomar el aire,* salir a pasear.

aireación f. Ventilación.

aireado, da adj. Ventilado.

airear v. t. Poner al aire o ventilar: *airear los granos.* || — V. pr. Ponerse al aire para refrescarse o respirar con más desahogo: *ha ido a airearse.*

airoso, sa adj. Aplícase al tiempo o lugar en que hace mucho aire. || *Fig.* Garboso: *postura airosa.* | Elegante: *respuesta airosa.*

aisenino, na adj. y s. De Aisén y Puerto Aisén (Chile).

aislacionismo m. Política de un país que no interviene en los asuntos internacionales.

aislacionista adj. y s. Partidario del aislacionismo.

aislado, da adj. Apartado, separado: *vivir aislado.*

aislador, ra adj. y s. m. *Fís.* Aplícase a los cuerpos que interceptan el paso de la electricidad.

aislamiento m. Acción y efecto de aislar o aislarse. || *Fig.* Incomunicación, desamparo: *vivir en el aislamiento.*

aislar v. t. Cercar por todas partes. || Dejar solo, incomunicar: *aislar a un detenido, a un enfermo.* || *Fís.* Apartar por medio de aisladores un cuerpo electrizado de los que no lo están.

¡ajá! o **¡ajajá!** interj. *Fam.* Denota aprobación, sorpresa.

ajamonarse v. pr. *Fam.* Hacerse jamona una mujer.

ajar v. t. Maltratar o deslucir. || Quitar el brillo, la frescura: *flores ajadas* (ú. t. c. pr.). || Arrugar, chafar: *ajar la ropa.* || *Fig.* Humillar, rebajar: *ajar el orgullo.*

ajardinado, da adj. Arreglado como un jardín.

ajedrecista com. Persona que juega al ajedrez.

ajedrecístico, ca adj. Relativo al ajedrez.

ajedrez m. Juego entre dos personas, que se juega con 32 piezas movibles, sobre un tablero de 64 escaques blancos y negros alternos.

ajenjo m. Planta compuesta, medicinal, amarga y aromática. || Licor alcohólico aromatizado con esta planta y otras hierbas.

ajeno, na adj. Que pertenece a otro: *respetad el bien ajeno.* || Extraño, de nación o familia distinta. || Que nada tiene que ver: *ajeno a un negocio.* || *Fig.* Libre de alguna cosa: *ajeno de prejuicios.*

ajetrearse v. pr. Atarearse.

ajetreo m. Acción de ajetrearse.

ají m. *Amer.* Pimiento, chile: *el ají es muy usado como condimento.* (Pl. *Ajíes, ajís*, más correcto *ajíes.*) || *Cub.* Tumulto, jaleo. || *Amer. Ponerse uno como ají,* enrojecer.

ajiaco m. *Amer.* Caldo con carne, pollo o pescado, verdura y raíces cortados en trozos y especias cuya preparación varía de acuerdo con los países. || *Cub.* Desorden, anarquía, confusión.

ajimez m. Ventana arqueada, dividida en el centro por una columna.

ajo m. Planta cuyo bulbo, de olor fuerte, se usa como condimento. || Nombre de ciertos guisados o salsas: *ajo pollo, ajo blanco.* || *Fig. y fam.* Negocio reservado o secreto: *andar o estar en el ajo.*

ajolote m. Animal anfibio de México y de América del Norte.

ajonjolí m. *Bot.* Sésamo.

ajorca f. Brazalete, pulsera.

ajornalar v. t. Ajustar a uno por un jornal.

ajuar m. Muebles, alhajas y ropas que aporta la mujer al matrimonio. || Conjunto de muebles, enseres y ropas de uso común en una casa: *tener rico ajuar.*

ajumarse v. pr. *Pop.* Emborracharse.

ajustado, da adj. Justo, recto: *dictamen, precio ajustado.* || — M. Ajuste: *el ajustado de las piezas en un motor.*

ajustador m. Jubón ajustado al cuerpo. || Obrero que ajusta: *ajustador mecánico, de imprenta.* || *Col., Ecuad., Guat., Dom., Méx., P. Rico, Pan.* y *Per.* Ajustador de seguros, profesional independiente contratado por una empresa aseguradora para que determine el monto del daño cubierto por una póliza de seguros.

ajustamiento m. Acción de ajustar, ajuste. •

ajustar v. t. Poner justa una cosa, arreglarla: *ajustar un vestido al cuerpo.* || Conformar, acomodar: *ajustar un tapón a una botella.* || Concertar: *ajustar un matrimonio, un pleito, la paz.* || Reconciliar: *ajustar a los enemistados.* || Ordenar, arreglar: *ajustar un horario.* || Concretar el precio: *ajustar a una criada.* | Liquidar una cuenta. | Asestar: *dar: ajustar un garrotazo, un par de azotes, dos bofetadas.* || *Impr.* Concertar las galeradas para formar planas. || *Mec.* Ajustar una pieza de metal para que encaje en su lugar. || *Amer.* Apretar: *ajustarse mucho en el examen.* || *Fam.* Ajustar las cuentas, arreglarlas, tomarse la justicia por su mano. || — V. i. Venir justo. || — V. pr. Adaptarse, conformar, acomodarse

ajuste m. Acción y efecto de ajustar o ajustarse: *ajuste de un obrero*. || Encaje, adaptación: *ajuste de un artefacto*.

ajusticiado, da m. y f. Reo a quien se ha aplicado la pena de muerte.

ajusticiamiento m. Acción y efecto de ajusticiar.

ajusticiar v. t. Castigar con la pena de muerte.

al, contracción de la prep. *a* y el artículo *el*: *vi al profesor*.

Al, símbolo del *aluminio*.

ala f. Parte del cuerpo de algunos animales, de que se sirven para volar. || *Por ext.* Cada una de las partes laterales de alguna cosa: *ala de la nariz, del hígado, del corazón, del tejado, de un edificio, de un ejército, de un avión.* || Parte del sombrero que rodea la copa. || Extremo en deportes. || Paleta de la hélice.

alabanza f. Elogio, acción de alabar o alabarse. || Conjunto de expresiones con que se alaba: *hablar o escribir en alabanza*.

alabar v. t. Elogiar, celebrar con palabras: *alabar el patriotismo, la virtud cívica.* || — V. pr. Mostrarse satisfecho: *alabarse del triunfo ajeno.* || Jactarse o vanagloriarse: *alabarse de imparcial.*

alabarda f. Pica con cuchilla de figura de media luna.

alabardero m. Soldado armado de alabarda. || *Fig. y fam.* Persona que, por aplaudir en los teatros, recibe recompensa de los empresarios o artistas.

alabastrino, na adj. De alabastro o semejante a él.

alabastrita f. Variedad de yeso.

alabastro m. Mármol translúcido, con visos de colores y susceptible de pulimento. || *Fig.* Blancura: *cutis de alabastro.*

álabe m. Paleta de una rueda hidráulica. || Rama de árbol combada hacia la tierra.

alabear v. t. Dar a una superficie forma alabeada o combada. || — V. pr. Combarse o torcerse la madera labrada.

alabeo m. Vicio que toma una tabla u otra pieza de madera al alabearse.

alacena f. Hueco hecho en la pared, con puertas y anaqueles, a modo de armario.

alacrán m. Arácnido pulmonado, muy común en España: *el alacrán tiene la cola terminada por un aguijón ponzoñoso.*

A.L.A.D.I., siglas de *Asociación Latinoamericana de Integración.*

alado, da adj. Que tiene alas: *insecto alado.*

alajuelense adj. y s. De Alajuela (Costa Rica).

alamar m. Cairel, adorno de oro o plata.

alambicado, da adj. *Fig.* Dado con escasez y poco a poco. | Muy complicado: *lenguaje alambicado.* || Muy estudiado: *precio alambicado.*

alambicar v. t. Destilar. || *Fig.* Examinar muy detenidamente. | Complicar, sutilizar con exceso: *alambicar los conceptos.* || *Fig. y fam.* Afinar mucho el precio de una mercancía.

alambique m. Aparato empleado para destilar.

alambrada f. *Mil.* Red de alambre grueso: *alambrada de defensa.*

alambrado m. Alambrera: *el alambrado de una ventana.*

alambrar v. t. Guarnecer de alambre: *alambrar un balcón.* || Cercar con alambre: *alambrar un terreno.*

alambre m. Hilo de metal.

alambrera f. Tela de alambre que se coloca en las ventanas. || Fresquera, alacena para guardar los alimentos que hay en la parte de fuera de las ventanas.

alambrista com. Equilibrista.

alameda f. Sitio poblado de álamos.

álamo m. Árbol que crece en las regiones templadas, y cuya madera, blanca y ligera, resiste mucho al agua. (Hay varias especies de *álamos*: el *blanco*, el *negro* o *chopo*, el *temblón*, el de *Lombardía* o de *Italia* o *piramidal*, etc.).

alano, na adj. y s. Aplícase al pueblo bárbaro que invadió España en 406. (Los *alanos* fueron vencidos por los visigodos.) || — M. Perro grande y fuerte, de pelo corto.

alarde m. Gala, ostentación: *hacer alarde de ingenio.* || Demostración: *un alarde urbanístico.*

alardear v. i. Hacer alarde.

alardeo m. Ostentación, alarde.

alargamiento m. Acción y efecto de alargar o alargarse.

alargar v. t. Estirar, dar mayor longitud. || Hacer que una cosa dure más tiempo: *alargar su discurso.* || Retardar, diferir: *le alargué lo que pedía.* || Dar cuerda, o ir soltando poco a poco un cabo, maroma, etc. || *Fig.* Aumentar: *alargar el sueldo, la ración.* || — V. pr. Hacerse más largo: *alargarse los días, las noches.* || *Fig.* Extenderse en lo que se habla o escribe: *alargarse en una carta.* || *Fig. y fam.* Ir: *alarguémonos a su casa.*

alargue m. *Amer.* En deportes, tiempo complementario. || *Arg.* Pieza o mecanismo que sirve para alargar.

alarido m. Grito lastimero.

alarma f. *Mil.* Señal que se da para que se prepare inmediatamente la tropa a la defensa o al combate: *grito de alarma.* || Rebato: *sonar la alarma.* || *Fig.* Inquietud, sobresalto: *vivir en constante alarma.*

alarmador y **alarmante** adj. Que alarma: estado alarmante.

alarmar v. t. Dar la alarma. || *Fig.* Asustar, inquietar: *alarmar al vecindario.* || — V. pr. Inquietarse: *alarmarse por* o *ante) una mala noticia.*

alarmista adj. y s. Que propaga noticias alarmantes.

alavense y **alavés, esa** adj. y s. De Álava.

alazán, ana adj. y s. Dícese del caballo de color canela.

alba f. Luz del día antes de salir el sol: *clarea ya el alba.* || Vestidura blanca que los sacerdotes se ponen sobre el hábi-

to y el amito para celebrar la misa. || *Romper o rayar el alba*, amanecer.

albacea com. Ejecutor testamentario.

albacetense y **albaceteño, ña** adj. y s. De Albacete.

albahaca f. Planta labiada de flores blancas y olor aromático.

albanés, esa adj. y s. De Albania.

albañal m. Alcantarilla.

albañil m. Obrero que ejecuta obras de construcción en que se emplean piedra, ladrillo, yeso.

albañilería f. Arte de construir edificios. || Obra hecha por un albañil.

albarda f. Silla de las caballerías de carga. || *Amer.* Silla de montar de cuero crudo.

albardar v. t. Poner la albarda.

albardilla f. Silla para domar potros. || Almohadilla que sirve para diferentes usos. || Agarrador para la plancha. || Caballete que divide las eras de un huerto. || Lomo de barro que se forma en los caminos. || Tejadillo de los muros. || Lonja de tocino gordo con que se cubren las aves antes de asarlas. || Huevo batido, harina dulce, etc., con que se rebozan las viandas. || Panecillo.

albaricoque m. Fruto del albaricoquero. || Albaricoquero.

albaricoquero m. Árbol rosáceo, de fruto amarillento.

albatros m. Ave marina blanca que vive en los mares australes.

albayalde m. *Quím.* Carbonato de plomo, de color blanco, empleado en pintura.

albedrío m. Potestad de obrar por reflexión y elección. Dícese más ordinariamente *libre albedrío.* || Antojo o capricho: *hacer uno las cosas a su albedrío.*

alberca f. Depósito de agua con muros de fábrica. || *Méx.* Piscina.

albérchigo m. Variedad de melocotón: *la carne del albérchigo es jugosa y amarilla.* || Alberchiguero. || Albaricoque (en algunas partes de España).

alberchiguero m. Árbol, variedad del melocotonero. || Albaricoquero (en algunas partes).

albergar v. t. Dar albergue u hospedaje: *albergar a un caminante.* || *Fig.* Alimentar: *albergar muchas esperanzas.* || Sentir: *alberga cierta preocupación.* || — V. i. Tomar albergue.

albergue m. Lugar donde se hospeda o abriga: *tomar albergue.*

albigense adj. y s. De Albi (Francia). || De una secta religiosa que se propagó hacia el s. XII por el sur de Francia. (Tb. se dice *cátaro*.)

albinismo m. Anomalía congénita que consiste en la disminución o ausencia total de la materia colorante de la piel, los ojos y el cabello.

albino, na adj. y s. Que presenta albinismo: *los albinos tienen el pelo y la piel blancos y el iris rosado o rojo.*

albo, ba adj. *Poét.* Blanco.

albóndiga f. Bolita de carne picada o pescado que se come guisada.

albor m. Albura, blancura. || Luz del alba. || *Fig.* Principio.

alborada f. Tiempo de amanecer o rayar el día. || Toque militar al romper el alba. || Música popular al amanecer: *dar una alborada a una personalidad.*

alborear v. impers. Amanecer.

albornoz m. Especie de capa o capote, de lana, con capucha, que llevan los árabes. || Bata amplia de tejido esponjoso que se usa después de tomar un baño.

alborotador, ra adj. y s. Que alborota.

alborotamiento m. Alboroto.

alborotar v. i. Armar ruido, meter jaleo. || Causar desorden. || Agitarse, moverse: *este niño no hace más que alborotar.* || — V. i. Perturbar. || Amotinarse. || Desordenar: *lo has alborotado todo.* || — V. pr. Perturbarse. || Encolerizarse. || Enloquecerse: *no te alborotes por tan poca cosa.* || Agitarse o desmontarse el mar.

alboroto m. Vocerío, jaleo. || Motín, sedición. || Desorden. || Sobresalto, inquietud.

alborozado, da adj. Regocijado, contento.

alborozador, ra adj. y s. Que alboroza o causa alborozo.

alborozar v. t. Causar gran placer o alegría (ú. t. c. pr.).

alborozo m. Extraordinario regocijo, placer o alegría: *manifestar gran alborozo.*

albricias f. pl. Regalo que se da por alguna buena noticia. || — Interj. Expresión de júbilo, enhorabuena.

albufera f. Laguna junto al mar, en playas bajas.

álbum m. Libro en blanco, cuyas hojas se llenan con composiciones literarias, sentencias, máximas, fotografías, firmas, sellos de correo, etc. (Pl. *álbumes.*)

albumen m. *Bot.* Materia feculenta que envuelve el embrión de algunas semillas.

albúmina f. Sustancia blanquecina y viscosa que forma la clara de huevo y se halla en disolución en el suero de la sangre.

albuminoideo, a adj. De la naturaleza de la albúmina: *la filezina es una materia albuminoidea.*

albuminosa f. Sustancia obtenida mediante la acción de un álcali sobre la albúmina.

albuminoso, sa adj. Que contiene albúmina.

albuminuria f. *Med.* Presencia de albúmina en la orina.

albur m. Pez de río. || *Fig.* Riesgo, azar: *los albures de la vida.* || *Méx.* Juego de palabras con doble sentido.

albura f. Blancura perfecta.

alcabala f. Tributo que se cobraba sobre las ventas.

alcabalero m. Cobrador de las alcabalas.

alcachofa f. Alcachofera. || Planta hortense, compuesta, cuyas cabezuelas grandes y escamosas son comestibles.

|| Piña de esta planta, del cardo y de otras semejantes. || Pieza con muchos orificios que se adapta a la regadera, al tubo de aspiración de las bombas o a los aparatos de ducha.

alcahuete, ta m. y f. Persona que se entremete para facilitar amores ilícitos. || *Fig. y fam.* Persona que sirve para encubrir lo que se quiere ocultar. || Chismoso. || — M. *Teatr.* Telón que se corre en lugar del de boca.

alcahuetear v. i. Hacer de alcahuete.

alcahuetería f. Oficio de alcahuete, proxenitismo.

alcaide m. El que tenía a su cargo la guarda y defensa de una fortaleza. || En las cárceles, encargado de custodiar a los presos.

alcalaíno, na adj. y s. De Alcalá de Henares y Alcalá la Real.

alcalareño, ña adj. y s. De Alcalá de Guadaira.

alcalde m. Presidente de un Ayuntamiento.

alcaldesa f. Mujer del alcalde. || Mujer que ejerce las funciones de alcalde.

alcaldía f. Cargo y casa u oficina del alcalde. || Territorio de su jurisdicción.

alcalescencia f. *Quím.* Paso de un cuerpo a su estado alcalino. || Fermentación alcalina.

álcali m. *Quím.* Sustancia de propiedades análogas a las de la sosa y la potasa. || Amoníaco.

alcalímetro m. *Quím.* Instrumento para apreciar el grado de pureza de los álcalis.

alcalinidad f. *Quím.* Calidad de alcalino.

alcalino, na adj. *Quím.* De álcali o que lo contiene. || *Metales alcalinos,* metales muy oxidables como el litio, potasio, rubidio, sodio y cesio. || M. Medicamento alcalino.

alcalinotérreo, a adj. y s. Aplícase a los metales del grupo del calcio (calcio, estroncio, bario, radio).

alcaloide m. *Quím.* Sustancia orgánica cuyas propiedades recuerdan las de los álcalis. || (Muchos *alcaloides,* como la atropina, estricnina, morfina, cocaína, cafeína, quinina, etc., se emplean por su acción terapéutica.)

alcaloideo, a adj. *Quím.* Aplícase a los principios inmediatos orgánicos que pueden combinarse con los ácidos para formar sales.

alcance m. Distancia a que llega el brazo: *la rama del árbol está a mi alcance.* || Lo que alcanza cualquier arma: *el alcance del máuser.* || Seguimiento, persecución. || Correo extraordinario. || *Fig.* En contabilidad, saldo deudor. || En los periódicos, noticia de última hora. | Capacidad o talento: *hombre de muchos alcances.* | Importancia: *noticia de mucho alcance.*

alcancía f. Hucha.

alcándara f. Percha donde se ponían las aves de cetrería.

alcanfor m. Sustancia aromática cristalizada que se saca del alcanforero.

alcanforar v. t. Mezclar un producto con alcanfor o poner alcanfor en él: *alcohol alcanforado.*

alcanforero m. Árbol lauráceo de cuyas ramas y raíces se extrae el alcanfor.

alcantarilla f. Conducto subterráneo para recoger las aguas llovedizas o inmundas. || Puentecillo en un camino.

alcantarillado m. Conjunto de alcantarillas de una población.

alcantarillar v. t. Construir o poner alcantarillas.

alcanzado, da adj. Falto, escaso: *alcanzado de dinero.*

alcanzar v. t. Llegar a juntarse con una persona o cosa que va delante: *alcanzar un corredor a otro.* || Coger algo alargando la mano: *alcanzar un libro del armario.* || Alargar, tender una cosa a otro. || Llegar hasta: *alcanzar con la mano el techo.* || Unirse, llegar a: *allí alcanza la carretera.* || Dar: *la bala le alcanzó en el pecho.* || Llegar a percibir con la vista, el oído o el olfato. || *Fig.* Hablando de un período de tiempo, haber uno vivido en él: *yo alcancé a verle joven.* | Conseguir, lograr: *alcanzar un deseo.* | Afectar, estar dirigido a: *esta ley alcanza a todos los ciudadanos.* | Entender, comprender: *alcanzar lo que se dice.* | Quedar acreedor de cantidad en un ajuste de cuentas. | Llegar a igualarse con otro en alguna cosa: *le alcancé en sus estudios.* || — V. i. Llegar: *tu carta no me alcanzó.* || Llegar hasta cierto punto. || En ciertas armas, llegar el tiro a cierta distancia. || *Fig.* Tocar a uno una cosa o parte de ella. || Ser suficiente una cosa: *la provisión alcanza para el viaje.* || — V. pr. Llegar a tocarse o juntarse.

alcaparra f. Arbusto caparidáceo de flores blancas y grandes. || Su fruto, que se usa como condimento.

alcaraván m. Ave zancuda, de cuello muy largo.

alcatraz m. Pelícano americano. || *Méx.* Planta con pequeñas flores amarillas rodeadas por una hoja blanca en forma de cucurucho.

alcaucí y **alcaucil** m. Alcachofa silvestre. || Alcachofa.

alcaudón m. Pájaro dentirrostro, que se alimenta de insectos, ratones, etc.

alcayata f. Escarpia.

alcazaba f. Recinto fortificado en lo alto de una población murada.

alcázar m. Fortaleza: *el Alcázar de Toledo, de Segovia, de Sevilla.* || Palacio real. || *Mar.* Espacio que media entre el palo mayor y la proa.

alce m. Mamífero rumiante parecido al ciervo.

alción m. Ave fabulosa que sólo anidaba sobre un mar tranquilo.

alcista com. Bolsista que juega al alza. || — Adj. Que está en alza: *tendencia bursátil alcista.*

alcoba f. Dormitorio.

alcohol m. Líquido obtenido por la destilación del vino y otros licores fermentados. (El *alcohol* hierve a 78° y se solidifica a –130°.) || Nombre de varios cuerpos de propiedades químicas análogas a las del alcohol etílico: *alcohol metílico, propílico*, etc. || *Alcohol de quemar*, el que se emplea como combustible.

alcoholar v. t. Lavar con alcohol. || *Quím.* Sacar alcohol de una sustancia por fermentación o destilación.

alcoholato m. *Med.* Resultado de la destilación del alcohol obtenida con sustancias aromáticas.

alcoholemia f. Presencia de alcohol en la sangre.

alcoholero, ra adj. Del alcohol: *industria alcoholera.* || — F. Destilería.

alcohólico, ca adj. Que contiene alcohol: *bebida alcohólica.* || — Adj. y s. Persona que abusa de las bebidas alcohólicas.

alcoholificación f. Conversión en alcohol por fermentación.

alcoholimetría f. Evaluación de la riqueza alcohólica de los licores espiritosos.

alcoholímetro m. Areómetro para medir el alcohol contenido en un líquido.

alcoholismo m. Abuso de bebidas alcohólicas que ocasiona trastornos fisiológicos.

alcoholización f. *Quím.* Acción y efecto de alcoholizar. || Producción de alcohol en un líquido.

alcoholizado, da adj. y s. Que padece alcoholismo.

alcoholizar v. t. Echar alcohol en otro líquido: *alcoholizar un vino.* || *Quím.* Alcoholar, obtener alcohol. || — V. pr. Contraer alcoholismo.

alcor m. Colina, collado.

alcorán m. Código de Mahoma.

alcornocal m. Sitio plantado de alcornoques.

alcornoque m. Variedad de encina cuya corteza es el corcho. || *Fig.* Idiota, necio.

alcubilla f. Depósito de agua.

alcuza f. Vasija cónica en que se pone el aceite en la mesa.

alcuzcuz m. Comida moruna hecha con pasta de sémola, cocida con el vapor del agua caliente y que se sirve con carne y legumbres.

aldaba f. Pieza de metal para llamar a las puertas. || Barra o travesaño con que se aseguran los postigos o puertas. || — Pl. *Fig.* y fam. Protección, agarraderas: *tener buenas aldabas.*

aldabón m. Aldaba grande.

aldabonazo m. Golpe dado con la aldaba. || *Fig.* y fam. Advertencia, toque de alarma.

aldea f. Pueblo de pocos vecinos y sin jurisdicción propia.

aldeano, na adj. y s. Natural de una aldea. || Relativo a ella: *la vida aldeana.* || *Fig.* Inculto, grosero, rústico.

aldehído m. *Quím.* Compuesto volátil e inflamable resultante de la deshidrogenación u oxidación de ciertos alcoholes: *aldehído acético* u *ordinario, fórmico, bútrico.*

¡ale! interj. ¡Ea!, ¡vamos!

aleación f. Mezcla íntima de dos o más metales.

alear v. t. Mezclar dos o más metales, fundiéndolos.

aleatorio, ria adj. Que depende de un suceso fortuito.

alebrestarse v. pr. *Amer.* Alborotarse, protestar.

alebrije m. *Méx.* Figura artesanal que representa a un animal imaginario.

aleccionador, ra adj. Instructivo. || Ejemplar: *un castigo aleccionador.*

aleccionamiento m. Enseñanza, instrucción.

aleccionar v. t. Dar lección. || Enseñar, instruir (ú. t. c. pr.). || Aprender, mostrar.

alechugar v. t. Plegar o rizar: *cuello alechugado.*

aledaño, ña adj. Limítrofe.

alegación f. Acción de alegar. || Lo que se alega. || *For.* Alegato.

alegar v. t. Invocar, traer uno a favor de su propósito, como prueba, algún dicho o ejemplo. || Exponer méritos para fundar una pretensión. || — V. i. Defender el abogado su causa.

alegato m. *For.* Alegación por escrito. || *Por ext.* Razonamiento, exposición. || *Fig.* Defensa.

alegoría f. Ficción que presenta un objeto al espíritu para que sugiera el pensamiento de otro: *las balanzas de Temis son una alegoría.* || Obra o composición literaria o artística de sentido alegórico.

alegórico, ca adj. Relativo a la alegoría: *figura alegórica.*

alegrar v. t. Causar alegría: *tu felicidad me alegra.* || *Fig.* Adornar, hermosear: *unos cuadros alegran las paredes.* || Animar: *para alegrar la fiesta.* || Subirse a la cabeza: *este vino alegra.* || Tratándose de la luz o del fuego, avivarlos. || *Mar.* Aflojar un cabo. || *Taurom.* Excitar el toro a la embestida. || — V. pr. Recibir o sentir alegría: *alegrarse por, o de o con una noticia.* || Animarse (los ojos, la cara). || *Fig.* y fam. Achisparse.

alegre adj. Poseído o lleno de alegría. || Que denota alegría: *rostro alegre.* || Que ocasiona alegría: *música alegre.* || Pasado o hecho con alegría: *fiesta alegre.* || Que infunde alegría. || *Fig.* Aplícase al color muy vivo. || *Fig.* y fam. Algo libre: *historieta alegre.* || Excitado por la bebida. || Ligero, arriesgado: *alegre en el juego, en los negocios.*

alegreto m. *Mús.* Movimiento menos vivo que el alegro.

alegría f. Sentimiento de placer. || *Méx.* Dulce hecho con semillas de amaranto y piloncillo.

alegro m. *Mús.* Movimiento moderadamente vivo. || Composición en este movimiento.

alejado, da adj. Distante.

alejamiento m. Acción y efecto de alejar o alejarse. || Distancia.

alejandrino, na adj. y s. De Alejandría (Egipto). || Relativo a Alejandro Magno. || *Tipográfico.* || — M. *Poét.* Verso de arte mayor que consta de catorce sílabas, dividido en dos hemistiquios.

alejar v. t. Poner lejos o más lejos. || *Fig.* Apartar: *alejar del poder.* || — V. pr. Ir lejos.

alelar v. t. Poner lelo. Ú. m. c. pr.: *alelarse con una mujer.*

aleluya amb. Voz que usa la Iglesia en señal de júbilo: *cantar la aleluya o el aleluya de Haendel.*

alemán, ana adj. y s. De Alemania. || — Idioma alemán.

alentado, da adj. Animado: *alentado por sus éxitos.*

alentador, ra adj. Que alienta: *éxito alentador.* || Reconfortante: *noticia alentadora.*

***alentar** v. i. Respirar. || — V. t. Animar, infundir aliento o esfuerzo, dar vigor: *alentar a los jugadores, a los remeros.*

alerce m. Árbol conífero, de madera resinosa.

alergia f. Estado de una persona provocado por una sustancia, a la que es muy sensible, que causa en ella diferentes trastornos como la fiebre del heno, crisis de asma, urticaria, eczema, etc.

alérgico, ca adj. Relativo a la alergia. || Incompatible con: *soy alérgico a la vida actual.*

alero m. Parte inferior del tejado que sale fuera de la pared.

alerón m. Timón movible para la dirección de los aviones.

alerta adv. Con vigilancia.

alertar v. t. Poner alerta.

aleta f. *Zool.* Cada una de las membranas externas que tienen los peces para nadar. || *Anat.* Cada una de las dos alas de la nariz. || *Arq.* Cada una de las dos partes del machón que quedan visibles a los lados de una columna o pilastra. || Cada uno de los muros en rampa a los lados de los puentes. || *Mar.* Cada uno de los dos maderos curvos que forman la popa del buque. || Parte saliente, lateral y plana de diferentes objetos. || Parte saliente en la parte posterior de un proyectil para equilibrar su movimiento. || Membrana que se adapta a los pies para facilitar la natación. || Parte de la carrocería del automóvil que cubre las ruedas.

aletargamiento m. Letargo.

aletargar v. t. Producir letargo. || — V. pr. Experimentar letargo.

aletear v. i. Agitar las aves las alas sin echar a volar.

aleteo m. Acción de aletear.

alevín o **alevino** m. Pez menudo que se echa para poblar los ríos y estanques.

alevosía f. Traición, perfidia.

alevoso, sa adj. Que comete alevosía, traidor.

alexifármaco, ca adj. y s. m. *Fam.* Contraveneno.

alfa f. Primera letra del alfabeto griego. || — *Fig. Alfa y omega*, principio y fin. || *Rayos alfa*, radiaciones emitidas por los cuerpos radiactivos, formados de núcleos de helio.

alfabeta adj. y s. com. *Col.*, *C. Rica*, *Ecuad.*, *Méx.*, *Parag.* y *Dom.* Dícese de la persona que sabe leer y escribir.

alfabéticamente adv. Siguiendo el orden del alfabeto.

alfabético, ca adj. Relativo al alfabeto: *orden alfabético*.

alfabetización f. Colocación por orden alfabético. || Acción de enseñar a leer y escribir.

alfabetizado, da adj. Dícese de la persona que sabe leer y escribir.

alfabetizar v. t. Ordenar alfabéticamente. || Enseñar a leer y a escribir.

alfabeto m. Abecedario. || Reunión de todas las letras de una lengua. || Conjunto de signos que sirven para transmitir cualquier comunicación. || — *Alfabeto Braille*, el utilizado por los ciegos. || *Alfabeto Morse*, el usado en telegrafía.

alfajor *Amér. M.* Golosina hecha con dos o más capas de masa unidas con dulce. || *Méx.* Dulce hecho con harina, miel, especias, y coco o cacahuate.

alfalfa f. Planta papilionácea usada como forraje.

alfalfar m. Campo de alfalfa.

alfanje m. Sable corto y corvo.

alfarería f. Arte de fabricar vasijas de barro. || Taller y tienda del alfarero.

alfarero m. El que fabrica vasijas de barro.

alféizar m. *Arq.* Vuelta o derrame de la pared en el corte de una puerta o ventana.

alfeñique m. Pasta de azúcar amasada con aceite de almendras dulces. || *Fig. y fam.* Persona delicada. || Remilgo.

alférez m. *Mil.* Oficial que lleva la bandera. | Oficial de categoría inferior a la de teniente.

alfil m. Pieza del juego de ajedrez que se mueve diagonalmente.

alfiler m. Clavillo de metal, con punta por uno de sus extremos y una cabecilla por el otro, que sirve para varios usos. || Joya a modo de alfiler o broche: *alfiler de corbata.* || Pinzas: *alfiler de la ropa.*

alfilerazo m. Punzada de alfiler. || *Fig.* Punzada, pulla.

alfiletero m. Estuche para guardar los alfileres y agujas.

alfombra f. Tapiz con que se cubre el suelo de las habitaciones y escaleras: *alfombra persa.* || *Fig.* Conjunto de cosas que cubren el suelo: *alfombra de flores.*

alfombrado, da adj. Cubierto de alfombras: *habitación alfombrada.* || Que tiene dibujos como los de las alfombras. || — M. Conjunto de alfombras.

alfombrar v. t. Cubrir el suelo con alfombras: *alfombrar una habitación.* || *Fig.* Tapizar, cubrir.

alfombrilla f. *Med.* Erupción cutánea parecida al sarampión.

alfóncigo m. Árbol terebintáceo cuyo fruto en drupa contiene una semilla comestible.

alfonsí adj. Alfonsino: *maravedí alfonsí.*

alfonsino, na adj. Relativo a alguno de los trece reyes españoles llamados Alfonso.

alforrón m. Planta poligonácea, a veces llamada *trigo sarraceno.*

alforja f. Talega, abierta por el centro y cerrada por sus extremos, que se echa al hombro para llevar el peso bien repartido (ú. m. en pl.). || Provisión de víveres.

alforza f. Pliegue o doblez horizontal que se hace a una ropa.

alga f. Planta talofita que vive en la superficie o el fondo de las aguas dulces o saladas.

algarabía f. Lengua árabe. || *Fig. y fam.* Lenguaje o escritura ininteligible: *hablar algarabía.* || Gritería confusa.

algarada f. *Mil.* Incursión, correría. [Tropa de a caballo. || Vocería grande, alboroto. || Motín sin importancia.

algarroba f. Planta papilionácea, de flores blancas, cuya semilla, seca, se da de comer al ganado. || Fruto del algarrobo.

algarrobal m. Sitio poblado de algarrobos.

algarrobo m. Árbol papilionáceo de flores purpúreas, cuyo fruto es la algarroba.

algazara f. Vocería de los moros al acometer al enemigo. || *Fig.* Ruido, gritería.

álgebra f. Parte de las matemáticas que estudia la cantidad considerada en abstracto y representada por letras u otros signos. || Arte de componer los huesos dislocados.

algebraico, ca adj. Del álgebra: *cálculo algebraico.*

algébrico, ca adj. Algebraico.

algebrista com. Persona que estudia, sabe o profesa el álgebra. || (Ant.). Cirujano, curandero.

algecireño, ña adj. y s. De Algeciras.

algidez f. Frialdad glacial.

álgido, da adj. Muy frío. || *Med.* Dícese de las enfermedades acompañadas de frío glacial. || *Barb. por intenso, ardiente, acalorado, decisivo.*

algo pron. Designa una cosa que no se quiere o no se puede nombrar: *leeré algo antes de dormirme.* || También denota cantidad indeterminada: *apostemos algo.* || *Fig.* Cosa de alguna importancia: *creerse algo.* || — Adv. Un poco: *es algo tímido.*

algodón m. Planta malvácea, cuyo fruto es una cápsula que contiene de quince a veinte semillas envueltas en una borra muy larga y blanca. || Esta misma borra: *algodón en rama, algodón hidrófilo.* || Tejido hecho de esta borra. || — *Algodón pólvora*, sustancia explosiva obtenida bañando algodón en rama en una mezcla de ácidos nítrico y sulfúrico. || *Fig y fam. Criado entre algodones*, criado con mimo y delicadeza.

algodonal m. Terreno poblado de plantas de algodón.

algodonar v. t. Rellenar de algodón.

algodonero, ra adj. Relativo al algodón: *industria algodonera.* || — M. Algodón, planta. || — M. y f. Persona que trata en algodón.

algodonita f. Mineral de cobre hallado en Algodón (Chile).

algodonoso, sa adj. Que tiene algodón o es semejante a él: *tejido algodonoso.*

algonquino, na adj. y s. Individuo de un pueblo que habitaba en parte de América del Norte.

algoritmo m. Proceso de cálculo para obtener un resultado final: *los programas de computación usan algoritmos.*

alguacil m. Ministro inferior de justicia que ejecuta las órdenes de los tribunales. || Antiguamente, gobernador de una ciudad o comarca. || Oficial inferior ejecutor de los mandatos del alcalde. || *Taurom.* El que en las corridas de toros precede a la cuadrilla durante el paseo, recibe del presidente las llaves del toril y ejecuta sus órdenes. || Ganzúa.

alguien pron. Alguna persona.

algún adj. Apócope de *alguno*, empleado antepuesto a nombres masculinos. || *Algún tanto*, un poco.

alguno, na adj. Se aplica indeterminadamente a una persona o cosa con respecto a otras. || Ni poco ni mucho, bastante. || — Pron. Alguien: *¿ha venido alguno?* || *Alguno que otro*, unos cuantos, pocos.

alhaja f. Joya.

alhajar v. t. Adornar con alhajas. || Amueblar.

alhajero m. *Amer.* Caja para guardar joyas.

alharaca f. Demostración excesiva de admiración, alegría, o bien de queja, enfado, etc.: *hombre de muchas alharacas.*

alhelí m. Planta crucífera de flores blancas, amarillas o rojas, muy cultivada para adorno. (Pl. *alhelíes.*)

alheña f. Arbusto oleáceo con bayas negras.

alhóndiga f. Local público destinado a la venta y depósito de granos.

alhondiguero m. El que cuida de la alhóndiga.

alhucema f. Espliego.

aliáceo, a adj. Relativo al ajo.

aliado, da adj. y s. Ligado por un pacto de alianza. || Unido por un lazo de parentesco indirecto.

alianza f. Acción de aliarse dos o más naciones, gobiernos o personas: *alianza defensiva, ofensiva.* || Asociación: *tratado de alianza.* || Parentesco contraído por casamiento. || Galicismo por *anillo de casado.*

aliar v. t. Poner de acuerdo. || — V. pr. Unirse, coligarse los Estados contra enemigos comunes.

alias adv. Por otra parte o por otro nombre: *Juan Martín alias "el Empecinado".* || — M. Apodo.

alibí m. Coartada.

alible adj. Capaz de alimentar o nutrir: *sustancia alible.*

alicaído, da adj. Caído de alas. || *Fig. y fam.* Débil, falto de fuerza. || Desanimado.

alicantino, na adj. y s. De Alicante.

alicates m. pl. Tenacillas de acero que se emplean para diversos usos.

aliciente m. Atractivo o incentivo: *con el aliciente de la ganancia.*

alicuanta adj. y s. f. *Mat.* Parte no comprendida un número cabal de veces en un todo: *tres es parte alicuanta de ocho.*

alícuota adj. Proporcional.

alidada f. Regla fija o móvil, que tiene en cada extremo un anteojo o una pínula y sirve para dirigir visuales.

alienable adj. Enajenable.

alienación f. Acción y efecto de alienar. || *Med.* Enajenación o trastorno mental.

alienado, da adj. y s. Loco.

alienar v. t. Enajenar.

alienista adj. y s. Dícese del médico especializado en las enfermedades mentales.

aliento m. Respiración. || *Fig.* Vigor del ánimo, esfuerzo, valor: *hombre de aliento.*

aligator m. Cocodrilo americano de unos cinco metros de largo, de hocico ancho y corto.

aligeramiento m. Acción y efecto de aligerar o aligerarse. || Prisa, apresuramiento.

aligerar v. t. Hacer menos pesado: *aligerar la carga* (ú. t. c. pr.). || Abreviar, apresurar: *aligerar un trabajo.* || *Fig.* Moderar, templar: *aligerar el dolor.* || *Aligerarse de ropa,* quitarse algunas prendas de vestir.

alijar v. t. Aligerar o descargar una embarcación. || Transbordar y desembarcar géneros de contrabando. || Pulir con lija.

alijo m. Acción y efecto de alijar. || Géneros de contrabando. || *Tecn.* Ténder de una locomotora.

alilo m. *Quím.* Radical cuyo sulfuro se encuentra en la esencia de ajo.

alimaña f. Animal dañino.

alimentación f. Acción y efecto de alimentar o alimentarse.

alimentador, ra adj. y s. Que alimenta. || — M. *Tecn.* Conductor, en una distribución de energía eléctrica.

alimentar v. t. Dar alimento, sustentar. || *For.* Suministrar a alguna persona lo necesario para seguir su manutención y subsistencia. || Suministrar a una máquina en movimiento la materia que necesita para seguir funcionando: *alimentar un motor, una caldera.* || Dar fomento y vigor a los cuerpos animados. || *Fig.* Sostener, fomentar vicios, pasiones, sentimientos, etc. || — V. pr. Tomar alimento.

alimentario, ria adj. Alimenticio. || M. *For.* Alimentista.

alimenticio, cia adj. Que alimenta: *planta alimenticia.* || *Pastas alimenticias,* los macarrones, fideos, tallarines, etc.

alimento m. Cualquier sustancia que sirve para nutrir: *el pan es un buen alimento.* || *Fig.* Lo que sirve de pábulo,

de fomento: *la lectura es el alimento del espíritu.* || — Pl. *For.* Asistencias que se dan en dinero a alguna persona a quien se deben por ley. || *Alimento natural,* aquel que no contiene añadido de productos químicos.

alimón (al) loc. adv. Hecho entre dos personas que se turnan.

alindamiento m. Acción y efecto de alindar.

alindar v. t. Señalar los lindes a una heredad. || Poner lindo o hermoso (ú. t. c. pr.). || — V. i. Lindar: *alindar dos cortijos.*

alineación f. Acción y efecto de alinear o alinearse. || Composición de un equipo deportivo.

alinear v. t. Poner en línea recta: *árboles alineados* (ú. t. c. pr.). || Componer un equipo deportivo.

aliñar v. t. Arreglar, preparar. || Aderezar: *aliñar la ensalada.*

aliño m. Acción y efecto de aliñar o aliñarse.

*aliquebrar v. t. Quebrar las alas (ú. t. c. pr.).

alisador, ra adj. y s. Que alisa. || — M. Instrumento a modo de taladro para alisar el interior de un cilindro.

alisadura f. Acción y efecto de alisar o alisarse.

alisar m. Plantío de alisos.

alisar v. t. Poner lisa alguna cosa. || Arreglar por encima el pelo (ú. t. c. pr.).

alisios adj. y s. m. pl. Aplícase a los vientos fijos que soplan de la zona tórrida.

aliso m. Árbol betuláceo que vive en terrenos húmedos.

alistado, da adj. Listado. || Inscrito que ha sentado plaza.

alistador m. El que alista.

alistamiento m. Acción y efecto de alistar o alistarse.

alistar v. t. Poner en una lista a alguien. || — V. pr. Sentar plaza en el ejército, enrolarse.

aliteración f. *Ret.* Repetición de las mismas letras o sílabas al principio de una palabra. Ej.: *el ruido con que rueda la ronca tempestad* (Zorrilla). || Paronomasia.

aliviadero m. Vertedero de aguas sobrantes.

aliviador, ra adj. y s. Que alivia. || *Germ.* Persona que recoge y vende lo que otra roba.

aliviar v. t. Aligerar, hacer menos pesado (ú. t. c. pr.). || *Fig.* Mitigar la enfermedad: *aliviar al enfermo con un medicamento* (ú. t. c. pr.). || Disminuir las fatigas del cuerpo o las aflicciones del ánimo (ú. t. c. pr.). || Acelerar el paso, alargarlo.

alivio m. Acción y efecto de aliviar o aliviarse.

aljaba f. Caja para llevar flechas y que se colgaba al hombro.

aljamía f. Escrito castellano en caracteres árabes o hebreos. || Nombre que daban los moros a la lengua castellana.

aljamiado, da adj. Que hablaba la aljamía. || Escrito en aljamía: *una esquela aljamiada.*

aljibe m. Cisterna para el agua llovediza. || *Mar.* Barco que suministra agua a otras embarcaciones, y por ext. el destinado a transportar petróleo.

aljófar m. Perla pequeña.

aljofifa f. Trapo para fregar el suelo.

allá adv. En aquel lugar. (Indica lugar alejado del que habla.) || En otro tiempo. (Se refiere al tiempo remoto o pasado.) || — *Allá arriba,* en el cielo. || *Fam. Allá él; allá ella,* no me importa. || *Allá se las componga,* que se arregle como pueda. || *Allá se va,* es lo mismo. || *El más allá,* lo sucesivo, ultratumba. || *No ser muy allá,* no ser muy bueno.

allanador, ra adj. y s. Que allana.

allanamiento m. Acción y efecto de allanar o allanarse. || *For.* Acto de sujetarse a la decisión judicial. || *Allanamiento de morada,* violación de domicilio.

allanar v. t. Poner llano o igual. || *Fig.* Vencer alguna dificultad: *allanar los obstáculos.* || Permitir a los ministros de la justicia que entren en alguna iglesia u otro edificio. || Entrar por la fuerza en casa ajena y recorrerla contra la voluntad de su dueño: *allanar el domicilio del denunciado.* || — V. pr. Sujetarse a alguna cosa, rendirse: *allanarse ante una exigencia.*

allegado, da adj. Cercano, próximo. || — Adj. y s. Pariente: *llegaron él y sus allegados.* || Parcial, que sigue el partido de otro.

allegar v. t. Recoger, juntar: *allegar la parva trillada.* || Arrimar o acercar una cosa a otra: *allegar una silla.* || Añadir. || — V. i. Llegar. || — V. pr. Adherirse: *allegarse a un dictamen.*

allende adv. De la parte de allá: *allende los mares.* || Además.

allí adv. En aquel lugar o sitio. || A aquel lugar. || Entonces.

alma f. Principio de la vida. || Cualidades morales, buenas o malas: *alma noble, abyecta.* || Conciencia, pensamiento íntimo. || *Fig.* Persona, individuo: *pueblo de tres mil almas.* || Viveza, energía. || Lo que da aliento y fuerza a alguna cosa. || Hueco de la pieza de artillería. || *Arq.* Madero vertical que sostiene los otros maderos de los andamios.

almacén m. Sitio donde se tienen mercancías para su custodia o venta. || Pieza de un arma de repetición que contiene los cartuchos de repuesto.

almacenaje m. Derecho de almacén.

almacenamiento m. Acción y efecto de almacenar.

almacenar v. t. Guardar en almacén. || *Fig.* Reunir, guardar, acumular.

almacenero m. Guardalmacén.

almacenista com. Dueño de un almacén. || Persona que vende en un almacén.

almáciga f. Especie de resina. || Lugar en donde se siembran semillas para trasplantarlas. || Masilla.

almácigo m. Almáciga.

almadraba f. Pesca de atunes.

almagre m. Óxido rojo de hierro que suele emplearse en pintura y para pulir metales.

almanaque m. Registro que comprende los días del año con indicaciones astronómicas, meteorológicas, etc.

almazara f. Molino de aceite.

almecina f. Fruto comestible del almecino.

almecino m. Árbol ulmáceo, de hojas lanceoladas de color verde oscuro, cuyo fruto es la almecina.

almeja f. Molusco acéfalo comestible.

almejar m. Criadero o vivero de almejas.

almena f. Cada uno de los prismas que coronan los muros de las antiguas fortalezas.

almenado, da adj. Fig. Coronado de almenas: *torre almenada*.

almenaje m. Conjunto de almenas.

almenar v. t. Coronar de almenas.

almenara f. Hoguera en las atalayas utilizada como señal de aviso.

almendra f. Fruto del almendro.

almendrado, da adj. De figura de almendra.

almendral m. Sitio poblado de almendros.

almendro m. Árbol rosáceo de flores blancas o rosadas, cuyo fruto es la almendra.

almeriense adj. y s. De Almería: *el litoral almeriense*.

almete m. Pieza de la armadura que cubría la cabeza.

almezo m. Almecino.

alminar m. Pajar al descubierto.

almíbar m. Azúcar disuelto en agua y espesado al fuego.

almibarado, da adj. Meloso.

almibarar v. t. Bañar o cubrir con almíbar. || *Fig.* Suavizar las palabras para ganarse la voluntad de otro.

almidón m. Fécula blanca, ligera, y suave al tacto, que se encuentra en diferentes semillas.

almidonado, da adj. Preparado con almidón. || *Fig.* y fam. Dícese de la persona ataviada con excesiva pulcritud. || — M. Acción de almidonar.

almidonar v. t. Mojar la ropa blanca en almidón desleído en agua.

alminar m. Torre de la mezquita desde la cual llama el almuédano a los fieles.

almiranta f. Nave del almirante. || Mujer del almirante.

almirantazgo m. Alto Consejo de la Armada. || Dignidad y jurisdicción del almirante. || En Inglaterra, ministerio de Marina.

almirante m. Jefe de la armada. || (Ant.). Caudillo, capitán.

almirez m. Mortero.

almizcle m. Sustancia odorífera, untuosa al tacto, que se saca de la bolsa

que el almizclero tiene en el vientre, y se emplea en medicina y perfumería.

almizcleña f. Planta liliácea cuyas flores azules despiden olor de almizcle.

almogávar m. Soldado de una tropa escogida y muy diestra que hacía correrías en tierra enemiga. (Los *almogávares* tomaron parte en la expedición de Grecia al mando de Roger de Flor.)

almohada f. Colchoncillo para reclinar la cabeza en la cama o para sentarse.

almohadazo m. Golpe dado con la almohada.

almohade adj. y s. Perteneciente o secuaz de una dinastía beréber que destronó a los almorávides en Andalucía y África del Norte (1147 a 1269).

almohadilla f. Cojincillo que sirve para varios usos. || *Arq.* Resalto en la cara visible de un sillar. || Parte lateral de la voluta del capitel jónico. || Tampón de los sellos del escritorio.

almohadillado, da adj. *Arq.* Que tiene almohadillas. || Relleno, acolchado.

almohadillar v. t. *Arq.* Labrar los sillares de modo que tengan almohadilla. || Acolchar, rellenar.

almohadón m. Colchoncillo, almohada grande para sentarse.

almohaza f. Instrumento de hierro a modo de raedera que sirve para limpiar las caballerías.

almojarifazgo m. Derecho que se pagaba por las mercaderías que entraban o salían del reino. || Oficio y jurisdicción del almojarife.

almojarife m. Oficial encargado de cobrar el almojarifazgo y los derechos del rey.

almoneda f. Venta pública de bienes muebles con licitación y puja. || Venta de objetos a bajo precio.

almorávide adj. y s. Individuo de una tribu guerrera del Atlas que impuso su dominio en el S. de España de 1055 a 1147.

almorranas f. pl. Varices de las venas del ano, hemorroides.

***almorzar** v. i. Tomar el almuerzo: *almorzar temprano*. || — V. t. Comer a mediodía una u otra cosa: *almorzó una paella a la valenciana*.

almotacén m. Encargado de contrastar las pesas y medidas. || Su oficina.

almotacenazgo m. Oficina de almotacén. || Oficio de almotacén.

almuédano y **almuecín** m. Musulmán que, desde el alminar, llama al pueblo a la oración.

almuerzo m. Comida que se toma hacia el mediodía. || En algunas regiones, desayuno.

¡alo! o **¡aló!** interj. (ingl. *allo*). En algunas partes, ¡oiga!, ¡dígame! (teléfono).

alocado, da adj. Que tiene cosas de loco, o parece loco. || Poco juicioso: *decisión alocada*.

alocar v. t. Volver loco.

alocución f. Discurso.

áloe m. Planta liliácea.

alógeno, a adj. y s. De diferente raza: *los pueblos alógenos*.

alojamiento m. Acción y efecto de alojar o alojarse: *alojamiento de los congresistas*. || Lugar donde se está alojado.

alojar v. t. Aposentar: *alojar un viajero*. || Dar alojamiento a la tropa. || Colocar una cosa dentro de otra. || — V. pr. Situarse las tropas en algún punto: *alojarse en los pueblos de etapa*.

alón m. Ala entera de ave.

alondra f. Pájaro de color pardo, de carne delicada.

alópata adj. y s. Med. Que profesa la alopatía: *médico alópata*.

alopatía f. Med. Sistema terapéutico por antídotos, opuesto a la homeopatía.

alopático, ca adj. Med. Relativo a la alopatía o a la homeopatía.

alopecia f. Caída o pérdida del pelo por enfermedad.

alotropía f. *Quím.* Diferencia que, en su aspecto, textura u otras propiedades, puede presentar a veces un mismo cuerpo, como el azúcar cande y el cristalizado.

alpaca f. Rumiante de América, cubierto de pelo largo, fino y rojizo: *la alpaca se emplea como bestia de carga y su carne es comestible*. || Pelo de este animal. || Tela hecha del pelo de este animal, o tejido abrillantado y fino empleado en la confección de trajes de verano. || Min. Aleación de cobre, cinc y níquel, llamada también *metal blanco*.

alpargata f. Calzado de cáñamo o lona en forma de sandalia y con suela de soga o goma.

alpargatería f. Taller, tienda de alpargatero.

alpargatero, ra m. y f. Persona que hace o vende alpargatas.

alpax m. Aleación de aluminio y silicio.

alpechín m. Líquido oscuro y fétido que sale de las aceitunas apiladas.

alpestre adj. De los Alpes.

alpinismo m. Deporte que consiste en la ascensión a altas montañas.

alpinista com. Persona aficionada al alpinismo.

alpino, na adj. De los Alpes: *cordillera, flora alpina*. || Relativo al alpinismo: *deportes alpinos*.

alpiste m. Planta graminácea cuya semilla se da a los pájaros. || *Pop.* Vino o aguardiente.

alpujarreño, ña adj. y s. De las Alpujarras.

alquería f. Casa de campo para la labranza. || Conjunto de casas de labranza.

alquilable adj. Que se puede alquilar.

alquilador, ra m. y f. Persona que alquila: *alquilador de coches*. || Persona que toma en alquiler.

alquilar v. t. Dar o tomar alguna cosa por tiempo determinado: *alquilar* una casa. || – V. pr. Ponerse a servir uno a otro por cierto estipendio.

alquiler m. Acción de alquilar. || Precio en que se alquila alguna cosa. || *De alquiler,* para alquilar: *coche de alquiler.*

alquimia f. Arte quimérico de la transmutación de los metales.

alquimista adj. y s. El que profesaba la alquimia.

alquitrán m. Sustancia resinosa de olor fuerte y sabor amargo, residuo de la destilación de la leña de pino, de la hulla, de la turba, de los lignitos y otros combustibles.

alquitranado m. Mar. Lienzo impregnado de alquitrán. || Acción de alquitranar.

alquitranar v. t. Dar de alquitrán: *alquitranar maderos.*

alrededor adv. Denota la situación de personas o cosas que circundan a otras: *está alrededor suyo.* || Cerca, sobre poco más o menos: *alrededor de cien euros.* || – M. pl. Contornos: *los alrededores de Buenos Aires.*

alsaciano, na adj. y s. De Alsacia. || – M. Dialecto germánico hablado en Alsacia.

alta f. En los hospitales, orden que se comunica a un enfermo a quien se da por sano. || Documento que acredita la entrada en servicio activo de un militar. || Entrada de una persona en un cuerpo, profesión, etc. || Declaración que hace el contribuyente que se dedica a una profesión sujeta a impuesto. || – *Dar de alta,* tomar nota del ingreso de un militar a su cuerpo. || *Dar de alta o el alta,* declarar curado al enfermo. || Mil. Ser alta, ingresar en un cuerpo.

altanería f. Caza con halcón. || Fig. Altivez, soberbia.

altanero, ra adj. Aplícase al halcón y a otras aves de alto vuelo. || Fig. Altivo, soberbio.

altar m. Ara o piedra destinada para ofrecer el sacrificio. || Min. Piedra que separa la plaza del hogar en los hornos de reverbero. || – *Altar mayor,* el principal. || Fig. y fam. Conducir o llevar al altar a una mujer, contraer matrimonio con ella.

altaverapacense adj. y s. De Alta Verapaz (Guatemala).

altavoz m. Aparato que transforma las oscilaciones eléctricas en ondas sonoras y eleva la intensidad del sonido.

alterabilidad f. Calidad de alterable.

alterable adj. Que puede alterarse.

alteración f. Acción de alterar o alterarse, modificación. || Sobresalto, inquietud. || Alboroto, motín. || Altercado, pelea. || Desarreglo: *alteración del pulso.*

alteradizo, za adj. Alterable.

alterado, da adj. Que ha mudado de forma: *aspecto alterado.* || Fig. Perturbado, inquieto. || Modificado. || Desarreglado.

alterador, ra adj. y s. m. Que altera.

alterar v. t. Cambiar la esencia o forma de una cosa (ú. t. c. pr.). || Perturbar, trastornar, inquietar (ú. t. c. pr.).

altercación f. y **altercado** m. Disputa, contienda.

altercador, ra adj. y s. Que alterca: *hombre altercador.* || Propenso a altercar.

altercar v. i. Disputar.

alternación f. Acción y efecto de alternar.

alternado, da adj. Que se hace o sucede alternativamente.

alternador adj. Que alterna. || – M. Electr. Máquina generadora de corriente alterna por oposición a la dinamo: *alternador de inducido móvil, de una central térmica.*

alternante adj. Que alterna.

alternar v. t. Repetir con más o menos regularidad cosas diferentes: *alternar el trabajo con el descanso.* || Distribuir por turno: *alternar los equipos de trabajadores.* || – V. i. Sucederse unas cosas a otras repetidamente: *la noche alterna con el día.* || Tener trato amistoso las personas entre sí: *alternar con gente de importancia.*

alternativa f. Acción o derecho de alternar. || Opción entre dos cosas: *encontrarse ante la alternativa de inclinarse o dejar el empleo.* || Sucesión de cosas que alternan: *alternativas de calor y frío.* || Taurom. Autorización que el matador de cartel da al novillero para que alterne con él como espada.

alternativo, va adj. Que se dice, hace o sucede con alternación. || *Cultivo alternativo,* aquel en que se alternan varios cultivos en un terreno.

alterno, na adj. Alternativo. || Que sucede cada dos días: *clase alterna.* || Geom. Dícese de dos rectas paralelas cuando están cortadas por una tercera y de los ángulos situados a ambos lados de la secante. || *Ángulos alternos externos,* los situados fuera de las paralelas y a ambos lados de la secante. || – *Ángulos alternos internos,* los situados dentro de las paralelas, pero de diferente lado de la secante. (Los ángulos alternos externos son iguales entre sí, lo mismo que los ángulos alternos internos.) || *Corriente alterna,* la eléctrica que recorre un circuito ya en un sentido ya en otro. || *Hojas, flores alternas,* las hojas o flores colocadas de cada lado del tallo, pero no enfrente unas de otras.

altero m. Pila.

alteza f. Altura. || Fig. Elevación, sublimidad, excelencia: *alteza de sentimientos.* || Tratamiento que usaba con los príncipes: *su alteza real.*

altibajo m. Terciopelo labrado antiguo. || Esgr. Golpe derecho dado con la espada de alto a bajo. || – Pl. Fam. Desigualdades o altos y bajos de un terreno: *terreno con muchos altibajos.* || Fig. y fam. Alternativa de bienes y males o de sucesos prósperos y adver-

sos: *los altibajos de la historia de un pueblo.*

altillo m. Cerrillo.

altimetría f. Parte de la topografía que enseña a medir las alturas.

altiplanicie f. y **altiplano** m. Amer. Meseta de mucha extensión y gran altitud.

altísimo, ma adj. Muy alto. || *El Altísimo,* Dios.

altisonante y **altísono, na** adj. Altamente sonoro: *lenguaje, estilo altisonante.*

altitud f. Altura. || Geogr. Altura de un punto de la Tierra con relación al nivel del mar: *la altitud de una montaña.*

altivez f. Soberbia.

altivo, va adj. Orgulloso, soberbio: *carácter altivo.*

alto, ta adj. Levantado, elevado sobre la tierra: *árbol alto, casa alta.* || De altura considerable: *alta meseta.* || De gran estatura: *un joven muy alto.* || Sonoro, ruidoso: *en alta voz.* || Fig. Excelente: *tener en alta estima el arte de Goya.* || Crecido: *el río viene muy alto.* || Alborotado: *la mar está muy alta.* || De gran dignidad o representación: *persona de alta estirpe.* || Arduo, difícil. || Superior: *altos estudios de matemáticas.* || Gravísimo: *alta traición.* || Caro, subido: *precio muy alto.* || Fuerte, que se oye a gran distancia. || Avanzado: *bien alta la noche.* || – M. Altura: *esta mesa es de metro y medio de alto.* || Sitio elevado: *los altos de la sierra.* || Piso o suelo de una casa además del piso bajo. || Geogr. Parte en que un río está cerca de su nacimiento: *el Alto Amazonas.* || Parte de un país más distante del mar: *el Alto Perú.* || Mil. Parada de la tropa que va marchando: *hacer alto.* || Mús. Voz de contralto. || – Adv. Arriba: *poner el pabellón muy alto.* || En voz fuerte o que suene bastante: *hablar alto.* || – *Pasar por alto,* omitir una cosa, callarla. || *Por todo lo alto,* muy bien. || – Interj. Voz para detener a uno.

altoparlante m. Amer. Altavoz: *oíase el altoparlante.*

altozano m. Monte de poca altura en terreno llano. || Sitio más elevado de una población.

altramuz m. Planta papilionácea de semilla comestible.

altruismo m. Amor desinteresado al prójimo.

altura f. Elevación de cualquier cuerpo sobre la superficie de la tierra: *volar a gran altura.* || Dimensión de un objeto desde la base hasta el vértice: *la altura de un triángulo.* || Cumbre de los montes, collados o parajes altos del campo: *las nevadas alturas de los Andes.* || Altitud con relación al nivel del mar: *La Paz está a 3 400 metros de altura.* || Nivel: *estar dos objetos a la misma altura.* || Fig. Alteza, excelencia. | Mérito, valor. | Posición, dignidad. || – Pl. Cielo: *Dios de las alturas.*

alubia f. Judía.

alucinación f. Acción de alucinar o alucinarse. || Sensación subjetiva que no va precedida de impresión en los sentidos.

alucinado, da adj. y s. Que tiene alucinaciones constantemente.

alucinador, ra adj. y s. Que alucina.

alucinamiento m. Alucinación.

alucinante adj. Que alucina. || Por ext. Extraordinario.

alucinar v. t. Producir alucinación. || Fig. Ofuscar, seducir o engañar con arte.

alucinatorio, ria adj. De la alucinación.

alucinógeno, na adj. Dícese de algunas sustancias o de algunos estados patológicos que provocan alucinaciones (ú. t. c. s. m.).

alud m. Masa considerable de nieve que se desprende de los montes con violencia y estrépito. || Fig. Lo que se desborda y precipita impetuosamente.

aludido, da adj. Que ha sido objeto de una alusión.

aludir v. i. Referirse a una persona o cosa, sin nombrarla, o sin expresar que se habla de ella.

alumbrado, da adj. Que tiene mezcla de alumbre. || Fam. Achispado. || — M. Hereje de una secta nacida en España en el s. XVI. (Los alumbrados consideraban que bastaba la oración para llegar a un estado perfecto.) || Conjunto de luces que alumbran algún pueblo o sitio.

alumbrador, ra adj. y s. Que alumbra.

alumbramiento m. Acción y efecto de alumbrar. || Parto.

alumbrar v. t. Llenar de luz y claridad: el Sol alumbra a la Tierra. Ú. t. c. i.: esta lámpara alumbra bien. || Poner luz en algún lugar: alumbrar las calles de la ciudad. || Acompañar con luz a otro. || Dar vista al ciego. || Disipar la oscuridad y el error. || Fig. Enseñar, ilustrar. || Empapar en una disolución de alumbre: alumbrar las telas. || — V. i. Parir la mujer: alumbró un hermoso varón.

alumbre m. Sulfato doble de alúmina y potasa, sal blanca y astringente.

alúmina f. Quím. Óxido de aluminio que, con colores distintos, forma varias piedras preciosas (rubí, zafiro, esmeralda, etc.).

aluminio m. Metal (Al) de color y brillo parecidos a los de la plata, muy sonoro, tenaz, ligero. (El aluminio se obtiene por electrólisis de la alúmina extraída de la bauxita.)

aluminita f. Roca de que se extrae el alumbre. || Variedad de porcelana.

alumnado m. Conjunto de alumnos.

alumno, na m. y f. Discípulo.

alunita f. Mineral formado de alúmina y potasa.

alunizaje m. Neol. Acción de alunizar.

alunizar v. i. Neol. Posarse un aparato astronáutico en la superficie de la Luna.

alusión f. Acción de aludir. || Ret. Figura que consiste en aludir a una persona o cosa. || Hacer alusión, aludir a.

alusivo, va adj. Que alude.

aluvial adj. De aluvión.

aluvión m. Avenida fuerte de agua, inundación.

alveolado, da adj. Alveolar.

alveolar adj. Zool. Relativo o semejante a los alveolos: nervios, receptáculos alveolares. || En forma de panal. || Gram. Dícese del sonido o letra pronunciados al aplicar la lengua a los alveolos de los incisivos superiores.

alveolo o **alvéolo** m. Celdilla: los alveolos de un panal.

alza f. Aumento de precio. || Regla graduada fija en la parte posterior del cañón de las armas de fuego, que sirve para precisar la puntería. || Impr. Pedazo de papel que se pega sobre el tímpano de la prensa para igualar la impresión. || — En alza, en aumento. || Jugar al alza, especular en la Bolsa previendo la elevación de las cotizaciones.

alzada f. Estatura del caballo hasta la cruz. || For. Apelación: juez de alzadas.

alzado, da adj. Aplícase al comerciante que quiebra fraudulentamente. || Dícese del ajuste o precio que se fija en determinada cantidad: trabajar por un precio alzado. || — M. Acción de alzar. || Arq. Diseño de un edificio, máquina o aparato en su proyección geométrica y vertical. || Mar. Altura: buque de mucho alzado.

alzador m. Impr. Sala donde se alzan los pliegos impresos. || Operario encargado de esta operación.

alzamiento m. Acción y efecto de alzar o alzarse. || Puja que se hace en un remate. || Levantamiento o rebelión.

alzapaño m. Gancho en la pared para recoger la cortina hacia los lados.

alzar v. t. Mover de abajo arriba una cosa: alzar el brazo. || En la misa, elevar la hostia y el cáliz después de la consagración. || Quitar o recoger una cosa. || Retirar la cosecha. || Levantar la voz. || Impr. Poner en rueda todas las jornadas de una impresión, y sacar los pliegos uno a uno para ordenarlos. || — Alzar cabeza, restablecerse. || Alzar el tiempo, quitarse las nubes. || — V. pr. Levantarse. || Huir con una cosa: se alzó con el santo y la limosna. || Quebrar fraudulentamente. || Sublevarse: alzarse en armas. || Apelar.

alzheimer m. Enfermedad que afecta a algunas personas de edad madura y se caracteriza por un deterioro intelectual profundo, confusión y pérdida de la memoria.

a. m., abrev. de ante meridiem, antes de mediodía.

Am, símbolo del americio.

ama f. Dueña de la casa o de alguna cosa. || Señora, respecto de sus criados. || Criada de un clérigo. || — Ama de llaves o de gobierno, criada principal encargada de las llaves y economía de la casa. || Ama de cría o de leche, mujer que cría a sus pechos a una criatura ajena. || Ama seca, niñera.

amabilidad f. Calidad de amable: hablar, tratar con amabilidad.

amable adj. Digno de ser amado. || Afectuoso, afable, cariñoso.

amacureño, ña adj. y s. De Delta Amacuro (Venezuela).

amado, da m. y f. Persona amada.

amador, ra adj. y s. Que ama.

amadrinar v. t. Unir dos caballerías con la correa llamada madrina. || Fig. Apadrinar.

amaestrado, da adj. Adiestrado.

amaestrador, ra adj. y s. Que amaestra.

amaestramiento m. Acción y efecto de amaestrar o amaestrarse.

amaestrar v. t. Enseñar o adiestrar: amaestrar en el uso de una máquina, amaestrar un animal (ú. t. c. pr.).

amagar v. t. Dejar ver la intención de ejecutar algo. || Amenazar, hacer ademán de. || — V. i. Próximo a suceder: amagar mal tiempo. || Empezar a manifestarse una enfermedad: amagar la calentura.

amago m. Amenaza. || Señal, indicio: un amago de terciana. || Ataque simulado.

amainar v. t. Mar. Recoger las velas de una embarcación para que no camine tanto. || — V. i. Aflojar, perder fuerza el viento: amaina el temporal. || Fig. Aflojar o ceder en algún deseo, empeño o pasión: amainar en sus pretensiones.

amaine m. Acción y efecto de amainar.

amalgama f. Quím. Aleación de mercurio con otro metal: amalgama de oro. || Fig. Unión de cosas de naturaleza distinta: amalgama de colores.

amalgamador, ra adj. y s. Que amalgama.

amalgamar v. t. Quím. Combinar el mercurio con otro u otros metales: amalgamar oro. || Fig. Unir o mezclar cosas diferentes (ú. t. c. pr.).

amamantar v. t. Dar de mamar: amamantar a sus hijos.

amambayense adj. y s. De Amambay (Paraguay).

amancebamiento m. Vida en común del hombre y mujer no casados.

amancebarse v. pr. Vivir juntos hombre y mujer sin estar casados.

*amanecer v. i. Empezar a clarear el día. || Llegar a un lugar al rayar el día: amanecer en Sevilla. || Aparecer algo al amanecer: amaneció nevando. || Fig. Empezar a manifestarse una cosa: amanecer el uso de razón.

amanecer m. y **amanecida** f. Tiempo durante el cual amanece: el amanecer de un día de mayo.

amanerado, da adj. Que adolece de amaneramiento.

amaneramiento m. Acción de amanerarse.

amanerarse v. pr. Contraer el vicio de dar a las obras o expresiones cierta uniformidad y monotonía contrarias a la verdad y a la variedad: *escritor, orador o artista que se amanera.*

amanita f. Género de hongos que comprende varias especies comestibles o venenosas.

amansado, da adj. Dícese de los animales que han dejado de ser salvajes: *vimos unas cebras amansadas.*

amansar v. t. Hacer manso a un animal: *amansar un potro salvaje.* || *Fig.* Sosegar, apaciguar, mitigar: *amansar al irritado.* || Domar el carácter: *amansar al propenso a la ira.* || — V. i. Apaciguarse. || Ablandarse.

amante adj. y s. Que ama. || *Fig.* Apasionado por una cosa: *amante de la música.* || — M. *Mar.* Cabo asegurado en la cabeza de un palo o verga. || — Com. Hombre y mujer que se aman.

amanuense com. Persona que escribe al dictado. || Escribiente.

amañado, da adj. Dispuesto, preparado. || Mañoso, hábil.

amañar v. t. Componer mañosamente alguna cosa. (Tómase generalmente en mala parte.) || — V. pr. Darse maña para hacer algo.

amaño m. Disposición para hacer algo con maña. || *Fig.* Arreglo, traza, artificio.

amapola f. Planta papaverácea silvestre de flores rojas.

amar v. t. Tener amor a personas o cosas. || Estimar, apreciar.
— Evítense los galicismos en que hace incurrir este verbo y úsense las formas castellanas: *tener afición a, gustar de, querer a.*

amaraje m. Acción de amarar.

amarantáceas f. pl. Familia de plantas dicotiledóneas, cuyo tipo es el amaranto (ú. t. c. adj.).

amaranto m. Planta anua, de flores aterciopeladas.

amarar v. i. Posarse en el agua un hidroavión, un vehículo espacial.

amargar v. i. Tener sabor parecido al de la hiel, el acíbar, etc.: *fruta amarga.* || Dar sabor desagradable. || — V. t. *Fig.* Causar aflicción o pesar.

amargo, ga adj. Que amarga: *almendra amarga.* || *Fig.* Que causa aflicción o disgusto. || Que está afligido o disgustado. || De genio desabrido. || — M. Amargor. || Dulce, licor o composición que se hace de ingredientes amargos. || *Amer.* Mate sin azúcar.

amargor m. Sabor o gusto amargo. || *Fig.* Amargura, aflicción.

amargura f. Amargor.

amarilidáceas f. pl. Familia de plantas que tiene por tipo el narciso (ú. t. c. adj.).

amarilis f. Planta de flores grandes y hermosas.

***amarillear** v. i. Mostrar alguna cosa color amarillo: *el libro viejo amarillea.* || Tirar a amarillo alguna cosa. || Palidecer.

amarillecer v. i. Ponerse o tomar color amarillo.

amarillento, ta adj. Que tira a amarillo.

amarillo, lla adj. De color semejante al del oro, el limón, la flor de retama, etc. || *Med.* Fiebre amarilla, enfermedad gastrointestinal, llamada también vómito negro o tifus de América. || *Raza amarilla* o *mongólica,* raza humana de Asia oriental que tiene la piel amarilla. || — M. Color amarillo. || Sustancia con que se tiñe de amarillo: *amarillo de cromo.*

amaromar v. t. Atar con maromas.

amarra f. Correa que va de la muserola al pretal de los caballos. || *Mar.* Cabo o cable para amarrar. || — Pl. *Fig.* Protección: *contar con buenas amarras.*

amarradero m. Poste o argolla donde se amarra algo: *atar una caballería al amarradero.* || *Mar.* Sitio donde se amarran los barcos.

amarrado, da adj. Atado.

amarraje m. Impuesto que se paga por amarrar un buque en un puerto.

amarrar v. t. Asegurar por medio de cuerdas, maromas, cadenas, etcétera.: *amarrar un barco al muelle.* || *Por ext.* Sujetar. || *Fig.* En los juegos de naipes, barajar de tal suerte que ciertas cartas queden juntas. || — V. pr. *Fam.* Asegurarse.

amarrete, ta adj. Tacaño, egoísta.

amartelamiento m. Amor apasionado.

amartelar v. t. Atormentar con celos. || Enamorar. || — V. pr. Enamorarse de una persona o cosa.

amartillar v. i. Martillar. || Poner en el disparador un arma de fuego: *amartillar la escopeta.*

amasadera f. Artesa para amasar pan.

amasador, ra adj. y s. Que amasa. || — M. Máquina para amasar.

amasandería f. *Chil.* Panadería.

amasar v. t. Hacer masa de harina, yeso, tierra, etc., con algún líquido: *amasar el pan.* || *Fig.* y fam. Disponer las cosas para conseguir un mal fin. || Amalgamar, unir. || *Med.* Dar masajes. || *Fig.* Galicismo por acumular, atesorar.

amasiato m. *Méx.* y *Per.* Concubinato.

amasijar v. t. *Fam. Arg.* y *Urug.* Golpear fuertemente a alguien. || — V. pr. *Fam. Arg.* y *Urug.* Esforzarse.

amasijo m. Harina amasada para hacer pan. || Porción de masa hecha con yeso, tierra, etc. || Acción de amasar. || *Fig.* y fam. Obra o tarea. || Mezcla confusa: *esta novela es un amasijo de tópicos.*

amate m. Árbol de las regiones cálidas de México. || Papel que se hace con la corteza del árbol del mismo nombre.

amateur adj. y s. (pal. fr.). Aficionado: *artista amateur.*

amatista f. Cuarzo transparente de color violeta, usado en joyería como piedra fina.

amauta m. Sabio, entre los antiguos peruanos.

amazacotado, da adj. Pesado, groseramente compuesto a manera de mazacote.

amazona f. Mujer de una raza guerrera que pudo existir en los tiempos heroicos. || *Fig.* Mujer que monta a caballo. || Traje que suelen llevar las mujeres para montar a caballo. || Especie de papagayo de América.

amazonense adj. y s. De Amazonas, comisaría de Colombia y dep. del Perú.

amazónico, ca adj. Relativo al río Amazonas. || Propio de las amazonas.

amazoniés, esa adj. y s. De Amazonas (Venezuela).

ambages m. pl. *Fig.* Rodeos.

ámbar m. Resina fósil de color amarillo, dura, quebradiza y aromática. || Perfume muy delicado.

ambateño, ña adj. y s. De Ambato (Ecuador).

amberino, na adj. y s. Antuerpiense.

ambición f. Pasión desordenada por la gloria o la fortuna: *persona de una ambición desmedida.*

ambicionar v. t. Desear ardientemente: *ambicionar honores.*

ambicioso, sa adj. y s. Que tiene ambición, ansia o deseo vehemente de algo: *es muy ambicioso.*

ambidextro, tra adj. y s. Que se vale lo mismo de la mano izquierda que de la derecha.

ambientación f. Acción de dar ambiente. || Ambiente. || Efectos sonoros en la radio. || Conjunto de detalles que dan a una obra, literaria, radial o cinematográfica y televisiva, la apariencia de suceder en un determinado momento histórico y social: *esta película tiene por ambientación la Roma imperial.*

ambiental adj. Relativo al ambiente.

ambientar v. t. *Neol.* Dar el ambiente adecuado. || — V. pr. Acostumbrarse, aclimatarse: *se ambientó muy bien en el país.*

ambiente adj. Aplícase a cualquier fluido que rodea un cuerpo: *el aire ambiente.* || — M. Lo que rodea a las personas o cosas, medio físico o moral: *vivir en un ambiente agradable.* || *Medio ambiente,* compendio de valores naturales, sociales y culturales existentes en un lugar y en un momento determinado que influye en la vida material y psicológica del hombre. (SINÓN. *Entorno.*) || *Ambiente natural,* medio que conserva las características sin intervención del hombre.

ambigú m. Comida compuesta de manjares fríos. || Lugar donde se sirven estas comidas: *el ambigú de un teatro.*

ambigüedad f. Calidad de ambiguo.

ambiguo, gua adj. Incierto, confuso: *expresión ambigua.* || Que participa de dos naturalezas diferentes: *carácter ambiguo.* || *Gram.* Aplícase a los sustantivos que son indistintamente masculinos o femeninos (*azúcar, arte, puente, lente, calor,* etc.).

ámbito m. Espacio incluido dentro de ciertos límites: *el ámbito de la Tierra.* || Esfera, campo: *es muy conocido en el ámbito teatral.*

ambivalencia f. Carácter de lo que tiene dos aspectos radicalmente diferentes.

ambivalente adj. Que tiene ambivalencia, que tiene dos valores diferentes.

amblar v. i. Andar los cuadrúpedos moviendo a un tiempo el pie y la mano de un mismo lado.

ambo m. *Arg., Chil.* y *Urug.* Conjunto de saco y pantalón de la misma tela.

ambos, bas adj. pl. El uno y el otro, los dos: *llegaron ambos hermanos; con ambas manos.*

ambrosía f. *Mit.* Manjar de los dioses. || *Fig.* Cosa o manjar exquisitos: *esto es pura ambrosía.*

ambulancia f. Hospital móvil que va con un ejército de operaciones. || Coche para transportar heridos o enfermos.

ambulanciero, ra m. y f. Persona que está al servicio de una ambulancia.

ambulante adj. Que va de un lugar a otro: *vendedor ambulante.*

ambular v. i. Andar, ir de una parte a otra.

ambulatorio, ria adj. Que sirve para andar: *órganos ambulatorios.* || — M. Dispensario, consultorio de la Seguridad Social.

ameba f. *Zool.* Protozoo provisto de seudópodos que le permiten moverse.

amebiasis f. *Med.* Disentería provocada por las amebas.

ameboideo, a adj. Parecido a la ameba.

amedrantar v. t. Amedrentar.

amedrentador, ra adj. y s. Que amedrenta.

amedrentar v. t. Infundir miedo, atemorizar (ú. t. c. pr.).

amelga f. Faja de terreno que se señala para sembrarla con igualdad y proporción.

amén, voz hebrea que significa *así sea,* y que se usa al final de las oraciones. || — Adv. Además: *amén de lo dicho.* || Excepto, salvo. || *Fig. Decir amén a todo,* consentir a todo. || *En un decir amén,* en un santiamén.

amenaza f. Dicho o hecho con que se amenaza: *proferir, lanzar amenazas.*

amenazador, ra adj. Que amenaza: *una actitud amenazadora.*

amenazar v. t. Dar a entender con actos o palabras que se quiere hacer algún mal a otro. || V. i. Estar en peligro de suceder alguna cosa: *amenaza lluvia.*

amenguar v. t. Disminuir.

amenidad f. Calidad de ameno.

amenizar v. t. Hacer ameno.

ameno, na adj. Grato.

amenorrea f. *Med.* Ausencia anormal del flujo menstrual.

amentáceas f. pl. Familia de plantas que tienen las flores en amento, como el abedul, el chopo, el roble, etc. (ú. t. c. adj.).

amento m. *Bot.* Especie de espiga compuesta de flores de un mismo sexo, como la del avellano, el roble y el sauce.

amerengado, da adj. Parecido al merengue: *crema amerengada.*

americana f. Chaqueta.

americanismo m. Voz, acepción o giro propio de los americanos que hablan castellano. || Forma lingüística incorporada a la lengua oficial de España y aun a otras lenguas europeas. || Ciencia de las antigüedades americanas. || Sentimiento de la calidad de americano. || Exaltación y defensa del espíritu y tradiciones americanos.

americanista adj. Relativo a América. || — Com. Persona que se dedica al estudio de las lenguas y antigüedades de América.

americanización f. Acción y efecto de americanizar.

americanizar v. t. Dar carácter americano. || — V. pr. Volverse americano.

americano, na adj. y s. De América.

americio m. *Quím.* Elemento transuránico (Am), de número atómico 95, obtenido por bombardeos del uranio.

amerindio, dia adj. y s. Indio americano.

ameritar v. tr. *Méx.* Merecer.

amerizaje m. Amaraje.

amerizar v. i. Amarar.

amesquite m. *Amer.* Variedad de amate.

amestizado, da adj. Que tira a mestizo.

ametrallador, ra adj. Dícese de las armas que disparan por ráfagas: *fusil ametrallador.* || — F. Arma automática de pequeño calibre (inferior a 20 mm) que dispara los proyectiles muy rápidamente y por ráfagas.

ametrallamiento m. Acción y efecto de ametrallar.

ametrallar v. t. Disparar metralla. || Disparar con ametralladora o fusil ametrallador.

amétrope adj. Que tiene ametropía.

ametropía f. *Med.* Conjunto de las imperfecciones del ojo considerado como sistema dióptico: *la ametropía comprende la hipermetropía, la miopía y el astigmatismo.*

amianto m. Mineral en fibras blancas y flexibles que resiste poderosamente la acción del fuego.

amiba f. *Zool.* Ameba.

amibiasis f. *Med.* Parasitosis causada por amebas.

amida f. *Quím.* Compuesto orgánico obtenido por deshidratación de sales amoniacales.

amiga f. Escuela de niñas. || Maestra de amiga. || Concubina.

amigable adj. Que obra como amigo: *amigable componedor.* || Hecho

amistosamente: *contrato amigable.* || *Fig.* Que tiene conformidad con otra cosa.

amígdala f. *Anat.* Cada una de las glándulas de color rojo en forma de almendra situada a uno y otro lado de la entrada del istmo de la faringe: *amígdala palatina.*

amigdaláceas f. Familia botánica cuyo tipo es el almendro, el cerezo o el ciruelo (ú. t. c. adj.).

amigdalino, na adj. Que contiene almendras.

amigdalitis f. *Med.* Inflamación de las amígdalas.

amigo, ga adj. y s. Que tiene amistad: *persona amiga.* || Amistoso. || *Fig.* Aficionado o inclinado a alguna cosa: *amigo del arte.* || — M. Querido, amante. || Tratamiento afectuoso: *¿dónde va, amigo?*

amiguero, ra adj. *Amer.* Que hace amigos fácilmente o que pasa mucho tiempo con ellos.

amilanado, da adj. Acobardado.

amilanamiento m. Miedo. || Desánimo.

amilanar v. t. *Fig.* Causar gran miedo a uno. || Desanimar. || — V. pr. Abatirse, amedrentarse, arredrarse: *no se amilana por nada.*

amilasa f. Diastasa contenida en la saliva y en el jugo pancreático, así como en algunos vegetales, que transforma el almidón en maltosa.

amilo m. *Quím.* Radical que entra en la composición de los compuestos amílicos.

amina f. *Quím.* Cuerpo derivado del amoniaco.

aminoácido m. *Quím.* Sustancia orgánica que forma parte de las proteínas.

aminoración f. Disminución.

aminorar v. t. Disminuir.

amistad f. Afecto o cariño entre las personas: *me une con él una gran amistad.* || *Fig.* Afinidad, conexión. || Amancebamiento. || — Pl. Amigos, relaciones.

amistar v. t. Unir en amistad. Ú. t. c. pr.: *amistarse con alguien.* || Reconciliar a los enemistados.

amistoso, sa adj. Que demuestra amistad: *consejo amistoso.*

amitosis f. *Biol.* División celular directa.

amnesia f. Pérdida o debilidad notable de la memoria.

amnésico, ca adj. y s. Que padece de amnesia, desmemoriado.

amnios m. *Zool.* Membrana interna que envuelve al feto.

amnistía f. Olvido de los delitos políticos por quien tiene potestad de hacer las leyes: *la amnistía española de 1917.*

amnistiado, da adj. y s. Que ha sido objeto de amnistía.

amnistiar v. t. Conceder amnistía.

amo m. Dueño o posesor de alguna cosa. || El que tiene uno o más criados.

amodorrado, da adj. Soñoliento.

amodorramiento m. Acción y efecto de amodorrarse.

amodorrarse v. pr. Caer en modorra.

amojamado, da adj. *Fig.* Seco, enjuto, flaco: *cara amojamada.*

amojamamiento m. Delgadez.

amojamar v. t. Hacer mojama, acecinar. || – V. pr. Enflaquecer.

amojonamiento m. Acción y efecto de amojonar.

amojonar v. t. Señalar con mojones los límites de una propiedad.

amolado, da adj. *Méx.* Que se encuentra en malas condiciones.

*amolar v. t. Afilar un arma o instrumento en la muela: *amolar cuchillos.* || *Fig. y fam.* Molestar.

amoldable adj. Que se amolda.

amoldador, ra adj. y s. Que se amolda.

amoldamiento m. Acción de amoldar o amoldarse.

amoldar v. t. Ajustar una cosa al molde. || *Fig.* Arreglar la conducta a una pauta determinada. Ú. t. c. pr.: *amoldarse a todo.*

amonedar v. t. Reducir a moneda un metal: *amonedar plata.*

amonestación f. Acción y efecto de amonestar. || *Correr las amonestaciones,* publicar en la iglesia al tiempo de la misa mayor los nombres de los que quieren contraer matrimonio u ordenarse.

amonestador, ra adj. y s. Que amonesta.

amonestar v. t. Advertir a una persona que ha hecho algo reprensible para que se enmiende: *amonestar a un subordinado.* || Publicar las amonestaciones en la iglesia. || – V. pr. Hacerse amonestar los que van a casarse u ordenarse.

amoniacal adj. De amoniaco.

amoniaco m. Gas compuesto de nitrógeno e hidrógeno combinados (NH_3). || Disolución de dicho gas en agua, vulgarmente llamada *álcali volátil.*

amoniaco, ca adj. *Sal amoniaca,* cloruro de amoniaco.

amónico, ca adj. *Quím.* Relativo al amonio.

amonio m. *Quím.* Radical compuesto de un átomo de nitrógeno y cuatro de hidrógeno que forma parte de las sales amoniacales.

amonita adj. y s. Individuo de un pueblo bíblico de Mesopotamia, descendiente de Amón. || – F. Concha fósil de forma espiral.

amontillado adj. y s. Aplícase a cierto vino que imita al de Montilla.

amontonador, ra adj. y s. Que amontona.

amontonamiento m. Acción y efecto de amontonar o amontonarse.

amontonar v. t. Poner en montón: *amontonar libros.* || Juntar, reunir en abundancia. || *Fig.* Juntar varias especies sin orden ni concierto: *amontonar sentencias, citas.* || – V. pr.

Juntarse sin orden. || *Fig. y fam.* Irritarse, enfadarse.

amor m. Sentimiento que inclina el ánimo hacia lo que le place: *amor a la belleza, al arte.* || Pasión que atrae a un sexo hacia otro: *el amor de Diego de Marsilla por Isabel de Segura.* || Persona u objeto amado: *eres mi amor.* || Inclinación natural: *amor filial.* || Blandura, suavidad: *reprender al hijo con amor.* || Esmero, interés: *trabajar con amor.* || – Pl. Relaciones amorosas: *los amores de Dafnis y Cloe.* || Requiebros. || Nombre de algunas plantas, como el *cadillo* y la bardana o lampazo. || – *Al amor de,* cerca, junto o al lado de. || *Amor libre,* relaciones sexuales no reguladas por el matrimonio. || *Amor platónico,* el de carácter espiritual sin que medie interés alguno. || *Amor propio,* inmoderada estimación de sí mismo. || *Fam. Con mil amores,* con mucho gusto. | *Por amor al arte,* sin recompensa.

amoral adj. Desprovisto de sentido moral.

amoralidad f. Calidad o condición de amoral.

amoratado, da adj. Que tira a morado: *amoratado de frío.*

amoratar v. t. Poner morada una cosa (ú. t. c. pr.).

amorcillo m. Figura de niño que representa a Cupido, dios del Amor.

amordazamiento m. Acción y efecto de amordazar.

amordazar v. t. Poner mordaza: *amordazar un perro.* || *Fig.* Impedir a uno que hable.

amorfo, fa adj. Sin forma regular o bien determinada.

amorío m. *Fam.* Enamoramiento, amor.

amoroso, sa adj. Que siente amor: *marido amoroso.* || Que manifiesta amor: *ademán amoroso.* || *Fig.* Blando, fácil de labrar o cultivar: *tierra amorosa.* | Templado, agradable: *tiempo amoroso.*

amortajador, ra m. y f. Persona que amortaja a los difuntos.

amortajamiento m. Acción de amortajar.

amortajar v. t. Poner la mortaja al difunto. || *Por ext.* Cubrir, envolver, esconder. || *Tecn.* Encajar una pieza en la caja o hueco correspondiente.

amortiguación f. Amortiguamiento.

amortiguador, ra adj. Que amortigua. || – M. Dispositivo que amortigua la violencia de un choque, la intensidad de un sonido o el trepidar de una máquina.

amortiguamiento m. Acción y efecto de amortiguar o amortiguarse. || *Fís.* Disminución progresiva, en el tiempo, de la intensidad de un fenómeno periódico.

amortiguar v. t. Hacer menos viva o violenta una cosa: *amortiguar el ruido, una pasión* (ú. t. c. pr.). || Hablando de los colores, templarlos, disminuir su viveza.

amortizable adj. Que puede amortizarse: *capital amortizable.*

amortización f. Acción y efecto de amortizar: *la amortización de un bien inmueble.*

amortizar v. t. Redimir, pagar el capital de un censo o préstamo: *amortizar un empréstito.* || Recuperar los fondos invertidos: *amortizar los gastos.* || – V. i. Desvalorizarse periódicamente los bienes por su uso.

amoscarse v. pr. *Fam.* Enfadarse.

amotinado, da adj. y s. Que se amotina: *tropas amotinadas.*

amotinador, ra adj. y s. Que amotina y ocasiona motín o sublevación.

amotinamiento m. Rebelión.

amotinar v. t. Alzar en motín a cualquier multitud: *amotinar al pueblo, a una tropa* (ú. t. c. pr.).

amovible adj. Que puede ser quitado del lugar o puesto que ocupa: *cargo amovible.*

amparar v. t. Proteger: *amparar a un delincuente.* || – V. pr. Valerse del favor o protección de alguno: *se amparó en sus influencias.* || Defenderse, guarecerse: *ampararse de (o contra) la lluvia.*

amparo m. Acción y efecto de amparar o ampararse. || Abrigo o defensa. || *Al amparo de,* a la ayuda o el apoyo de. || *Méx. Juicio de amparo,* juicio entablado en contra de autoridades que hayan violado las garantías individuales o no respeten la esfera de competencia de otra.

amperaje m. *Electr.* Intensidad de una corriente medida por amperios.

amperímetro m. Aparato para medir el número de amperios de una corriente eléctrica.

amperio m. *Electr.* Unidad de medida de corriente eléctrica (símb., A) que corresponde al paso de un culombio por segundo. || *Amperio hora,* cantidad de electricidad que atraviesa un conductor en una hora cuando la intensidad de la corriente es un amperio. (Pl. *amperios hora.*)

ampliable adj. Que se puede ampliar.

ampliación f. Acción y efecto de ampliar o agrandar: *ampliación fotográfica.*

ampliador, ra adj. Que amplía o aumenta. || – F. Aparato para obtener ampliaciones fotográficas.

ampliar v. t. Extender, dilatar: *ampliar los poderes de uno.* || Agrandar una fotografía.

amplificación f. Acción y efecto de amplificar. || Desarrollo que se da a una proposición o idea.

amplificado, da adj. Aplícase al resultado de amplificación de un fenómeno físico: *sonido amplificado.*

amplificador, ra adj. y s. Que amplifica o aumenta: *cristal amplificador.* || – M. Aparato que aumenta la potencia de una oscilación eléctrica, etc.: *amplificador de corriente.* || Altavoz.

amplificar v. t. Ampliar, aumentar: *amplificar el sonido.* || Desarrollar una idea.

amplio, plia adj. Extenso, dilatado, espacioso: *amplia sala.*

ampolla f. Vejiga formada por la epidermis: *se le formó una ampolla en el labio.* || Frasco pequeño de cuello largo. || Tubito de vidrio, cerrado con soplete, que contiene un medicamento inyectable. || Vinajera. || Burbuja que forma el agua al hervir.

ampolleta f. Reloj de arena. || *Arg., Col., Chil., Méx., Urug. y Venez.* Pequeña ampolla de vidrio que contiene un medicamento. || *Col., Chil. y Per.* Foco eléctrico.

ampulosidad f. Calidad de ampuloso.

ampuloso, sa adj. *Fig.* Hinchado y redundante: *escritor, orador ampuloso.*

amputación f. Acción y efecto de amputar.

amputado, da adj. y s. Que ha sufrido una amputación.

amputar v. t. Cortar y separar del cuerpo un miembro o parte de él: *amputar una pierna, un brazo.*

amueblar v. t. Poner muebles.

amulatado, da adj. y s. Parecido a los mulatos: *cara amulatada.*

amuleto m. Medalla u otro objeto al que se atribuye supersticiosamente virtud de protección.

amurallado, da adj. Con murallas: *recinto amurallado.*

amurallar v. t. Cercar con murallas.

amuzgo, ga adj. y s. Pueblo indígena de los estados de Guerrero y Oaxaca, en México.

ana f. Medida aproximada de un metro.

anabaptismo m. Secta de los anabaptistas.

anabaptista adj. y s. Miembro de una secta religiosa del s. XVI, que defendía que los niños no debían ser bautizados antes de que lleguen al uso de razón.

anabólico, ca adj. que se relaciona con el aumento de los procesos metabólicos. || — M. Preparado que contiene componentes anabólicos: *el uso de anabólicos no siempre es sano.*

anabolizante m. Preparado que contiene anabólicos.

anacardiáceas f. pl. Familia de plantas que tiene por tipo el anacardo (ú. t. c. adj.).

anacardo m. Árbol de la América tropical, de fruto comestible.

anacoluto m. *Gram.* Elipsis que deja una palabra o un giro sin concordancia con la frase.

anacoreta com. Persona que vive en lugar solitario dedicada a la vida contemplativa.

anacrónico, ca adj. Que padece anacronismo.

anacronismo m. Error de cronología. || Cosa impropia de las costumbres de una época.

ánade amb. *Zool.* Pato.

anaerobio adj. y s. m. *Zool.* Aplícase al microorganismo que puede vivir y desarrollarse sin el aire, y en especial sin el oxígeno.

anafase f. *Biol.* Tercer estadio de la división de las células por mitosis.

anafe o **anafre** m. Hornillo portátil, infiernillo.

anafilaxis y **anafilaxia** f. Sensibilidad exagerada por la acción de sustancias proteicas.

anagrama m. Palabra resultante de la transposición de letras de otra: *amor, Roma; diosa, asido; gato, toga; rata, atar.*

anal adj. *Zool.* Relativo al ano.

anales m. pl. Relación de sucesos por años: *los "Anales de la Corona de Aragón", de J. Zurita.* || *Fig.* Crónica: *anales del crimen.*

analfabetismo m. Falta de instrucción elemental en un país.

analfabeto, ta adj. y s. Que no sabe leer ni escribir.

analgesia f. *Med.* Falta o supresión de toda sensación dolorosa.

analgésico, ca adj. Relativo a la analgesia. || — Adj. y s. m. Que produce analgesia o calma el dolor: *medicamento analgésico.*

análisis m. Separación y distinción de las partes de un todo hasta llegar a conocer sus principios constitutivos: *análisis químico, espectral.* || *Fig.* Examen de un libro o escrito. || *Fil.* Método que va de lo compuesto a lo sencillo. || Estudio de las palabras de una cláusula, indicando el género, número y atribuciones de cada una: *análisis gramatical.* || *Mat.* Arte de resolver problemas por álgebra. || *Med.* Examen químico o bacteriológico de los humores, secreciones o tejidos con un fin diagnóstico. || En informática, primera etapa de la programación de lo que tiene que resolver un ordenador.

analista com. Autor de anales. || Persona que hace análisis. || Especialista de informática que, en la primera etapa de la programación, realiza el análisis del problema planteado para la elaboración del programa de un ordenador.

analítico, ca adj. Relativo al análisis. || Que procede por medio del análisis. || *Geometría analítica,* aplicación del álgebra a la geometría. || *Lenguas analíticas,* las que expresan las ideas diversas y las relaciones que las unen con palabras y signos distintivos.

analizable adj. Que puede analizarse.

analizador, ra adj. y s. Que analiza.

analizar v. t. Hacer análisis.

analogía f. Similitud.

analógico, ca adj. Análogo. || *Gram.* Relativo a la analogía.

analogismo m. Razonamiento por analogía o comparación.

análogo, ga adj. Que tiene analogía o similitud con otra cosa: *análogo a lo que dijo antes.*

ananás m. Planta bromeliácea, de fruto muy fragante y carnoso en forma de piña y con una corona de hojas. (Pl. *ananaes* o *ananases.*)

anaquel m. Tabla o estante de un armario.

anaranjado, da adj. Que tiene color de naranja. || — M. Dicho color.

anarquía f. Ausencia de gobierno.

anarquismo m. Doctrina política y social que preconiza la completa libertad del individuo, la supresión de la propiedad privada y la abolición del Estado.

anarquista adj. Propio del anarquismo o de la anarquía. || — Com. Partidario de la anarquía.

anastigmático, ca adj. *Ópt.* Dícese de los objetivos aplanéticos en que se ha corregido el astigmatismo.

anatema amb. Excomunión. || *Por ext.* Maldición, imprecación: *lanzar o fulminar un anatema.*

anatematizar v. t. Imponer el anatema. || Maldecir a uno. || *Fig.* Reprobar o condenar por mala a una persona o cosa.

anatomía f. Ciencia que tiene por objeto dar a conocer el número, estructura, situación y relaciones de las diferentes partes de los cuerpos orgánicos: *anatomía humana, animal, vegetal.* || Disección o separación artificiosa de las partes del cuerpo de un animal o de una planta. || *Fig.* Análisis minucioso.

anatómico, ca adj. Relativo a la anatomía. || — M. y f. Anatomista.

anatomista com. Profesor de anatomía.

anatomizar v. t. Hacer la anatomía de un cuerpo.

anca f. Cada una de las mitades laterales de la parte posterior de los animales: *anca de rana.* || Parte posterior de las caballerías.

ancashino, na adj. y s. De Ancash (Perú).

ancestral adj. Relativo a los antepasados: *costumbre ancestral.*

anchar v. t. e i. Ensanchar.

ancho, cha adj. Que tiene anchura o tiene excesiva. || Holgado, amplio. || — M. Anchura: *el ancho de una tela.* || *A sus anchas,* con toda la comodidad. || *Estar o ponerse uno muy ancho o tan ancho,* ufanarse. || *Quedarse tan ancho,* no preocuparse por lo dicho o hecho.

anchoa f. Boquerón, pez.

anchoveta f. *Chil., Ecuad., Méx. y Per.* Pez semejante a la anchoa.

anchura f. Latitud, opuesto a longitud. || Amplitud, extensión. || *Fig.* Libertad, soltura. || Elevación: *anchura de miras.*

anchuroso, sa adj. Muy ancho.

ancianidad f. Vejez.

anciano, na adj. y s. Dícese de la persona de mucha edad.

ancla f. *Mar.* Instrumento de hierro en forma de arpón o anzuelo doble para aferrar las embarcaciones al fondo del mar.

ancladero m. Fondeadero.

anclaje m. *Mar.* Acción de anclar la nave. || Sitio donde se ancla. || Pago del derecho de anclar.

anclar v. i. *Mar.* Echar el ancla para que la nave quede sujeta.

áncora f. Ancla. || Pieza de relojería que regula el escape. || Pieza de hierro en forma de T para afianzar dos piedras o maderos. || *Fig.* Amparo en un peligro o infortunio: *áncora de salvación*.

ancoraje m. *Mar.* Anclaje.

ancuditano, na adj. y s. de Ancud (Chile).

andadas f. pl. Huellas. || *Fig.* y *fam. Volver a las andadas*, reincidir en un vicio o mala costumbre.

andaderas f. pl. Aparato para que el niño aprenda a andar.

andalucismo m. Palabra o giro propios del castellano hablado en Andalucía. || Amor o apego a las cosas de Andalucía.

andaluz, za adj. y s. De Andalucía.

andamiaje m. Conjunto de andamios. || *Fig.* Estructura conceptual para la elaboración de una teoría.

andamiar v. t. Poner andamios.

andamio m. Armazón provisional de tablones o vigas metálicas levantado delante de una fachada para facilitar la construcción, la reparación o la pintura de muros o paredes, etc.: *andamio metálico*.

andanada f. Descarga cerrada de toda la batería de cualquiera de los dos costados de un buque de guerra. || Localidad cubierta y con gradas en las plazas de toros. || *Fig.* y *fam.* Represión severa: *soltar una andanada*.

andante adj. Que anda. || *Caballero andante*, el que viajaba en busca de aventuras. || — M. *Mús.* Composición moderadamente lenta. || — Adv. *Mús.* Despacio.

andanza f. Recorrido. || — Pl. Aventuras.

*****andar** v. i. Ir de un lugar a otro dando pasos. || Moverse lo inanimado: *andar la nave, un astro.* || Funcionar un mecanismo: *anda el reloj.* || *Fig.* Estar: *andar uno bueno o malo, alegre o triste.* || Pasar o correr el tiempo: *andan los días, los meses, los años.* || Con la prep. *a*, dar: *andar a palos.* || Con las prep. *con* o *sin*, tener o carecer: *andar con miedo.* || Seguido de *con*, manejar: *andar con pólvora.* || Con la prep. *en*, hurgar: *andar en un cajón*; meterse en algo: *andar en pleitos*; estar para cumplir: *andar en los treinta años.* || Antepuesto a un gerundio, denota lo que éste significa. || *Fam.* Ir: *¡anda, márchate!, ¡anda, vete!* || *Fig. Andar tras algo*, pretenderlo. | *Andar tras alguno*, buscarlo. || *Traer a malandar*, cansar, ajetrear. || — V. t. Recorrer: *andar tres kilómetros.* || — V. pr. Marcharse. || Con las prep. *con* o *en*, usar, emplear: *andar con bromas, con circunloquios*.

andariego, ga adj. y s. Dícese de la persona que camina mucho.

andas f. pl. Tablero con dos varas para llevar algo en hombros.

andén m. En las estaciones de ferrocarriles, acera a lo largo de la vía. || Muelle de un puerto.

andesina f. Feldespato de alúmina, sosa y cal que forma parte de algunas rocas eruptivas.

andesita f. *Geol.* Roca volcánica en los Andes.

andinismo m. *Amer.* Deporte de montaña en los Andes.

andinista com. Que practica el andinismo.

andino, na adj. y s. Relativo a la cordillera de los Andes.

andorga f. *Fam.* Barriga.

andorrano, na adj. y s. De Andorra.

andrajo m. Pedazo roto o jirón de la ropa. || *Fig.* y *despect.* Persona o cosa despreciable.

andrajoso, sa adj. y s. Lleno de andrajos.

androceo m. *Bot.* Tercer verticilo de la flor, formado por los estambres.

andrógino, na adj. Que tiene los dos sexos.

andujareño, ña adj. y s. De Andújar.

andurrial m. pl. *Fam.* Paraje extraviado o fuera de camino. U. m. en pl.: *¿qué haces por estos andurriales?*

anécdota f. Relación breve de un suceso curioso.

anecdotario m. Colección de anécdotas.

anecdótico, ca adj. Relativo a la anécdota.

anegar v. t. Inundar.

anejar v. t. Unir, agregar.

anejo, ja adj. Anexo, dependiente: *local anejo.* || — M. Cosa sujeta a otra principal.

anélidos m. pl. *Zool.* Animales vermiformes de cuerpo blando con anillos, y de sangre roja, como la lombriz (ú. t. c. adj.).

anemia f. *Med.* Empobrecimiento de la sangre.

anémico, ca adj. y s. Relativo a la anemia. || Que padece anemia.

anemómetro m. Instrumento para medir la dirección y la fuerza del viento.

anémona o **anemone** f. Planta ranunculácea de flores grandes.

aneroide adj. Sin líquido.

anestesia f. *Med.* Privación general o parcial de la sensibilidad, ya por efecto de un padecimiento ya producida artificialmente.

anestesiar v. t. *Med.* Provocar la anestesia: *anestesiar al que va a ser operado.*

anestésico, ca adj. y s. m. *Med.* Dícese de las sustancias como el éter, cloroformo, etc., que tienen la propiedad de causar anestesia.

anestesiólogo, ga m. y f. Especialista en anestesia.

anestesista com. Médico o auxiliar que administra la anestesia.

aneurisma m. *Med.* Tumor sanguíneo en las paredes de una arteria.

anexar v. t. Anexionar.

anexión f. Acción y efecto de anexionar.

anexionar v. t. Unir una cosa a otra con dependencia de ella.

anexionismo m. Doctrina imperialista que defiende las anexiones territoriales.

anexo, xa adj. y s. m. Unido a otra cosa y dependiente de ella.

anfetamina f. Medicamento del tipo de la efedrina, estimulante del sistema nervioso.

anfibio, bia adj. Dícese de los animales y plantas que pueden vivir indistintamente en el agua y en la tierra (ú. t. c. s. m.). || *Fig.* Que se desarrolla en tierra y mar: *operación militar anfibia.* || Dícese del vehículo o del aparato que puede funcionar lo mismo en tierra que en el agua o en el aire.

anfibolita f. Roca compuesta de anfíbol y algo de feldespato, cuarzo, mica y granates.

anfibología f. Doble sentido.

anfibológico, ca adj. De doble sentido.

anfípodo adj. y s. m. *Zool.* Crustáceo con cierto número de patas simétricas.

anfiteatro m. Edificio de figura redonda u oval con gradas alrededor. || Conjunto de asientos en gradas semicirculares.

ánfora f. Cántaro antiguo de dos asas.

anfractuosidad f. Cavidad profunda y desigual: *las anfractuosidades de una caverna.*

angarillas f. pl. Andas.

ángel m. Cualquiera de los espíritus celestes que pertenecen al último de los nueve coros. || Por antonomasia, el Arcángel San Gabriel. || *Fig.* Gracia, simpatía, atractivo. | Persona muy dulce. || — *Ángel custodio* o *de la guarda*, el que Dios ha señalado a cada persona para su guarda. || *Fam. Mal ángel*, persona que tiene el don de desagradar. || *Fig. Tener ángel*, tener el don de agradar.

angelical adj. Relativo a los ángeles. || Que parece de ángel o es parecido a ellos.

angélico, ca adj. Angelical.

angelino, na adj. y s. De Los Ángeles (Chile).

angelito m. *Fig.* Niño.

angelote m. *Fam.* Figura grande de ángel. || *Fig.* y *fam.* Niño muy gordo y tranquilo. | Persona sencilla.

ángelus m. Oración que se reza por la mañana, al mediodía y al anochecer en honor de la Encarnación. || Toque de oraciones.

angina f. *Med.* Inflamación de la garganta. || *Angina de pecho*, afección de la región precordial, de origen cardiaco.

angiología f. Parte de la anatomía que trata del sistema vascular.

angioma m. *Med.* Tumor generalmente congénito, antojo, lunar.

angiospermas f. pl. Plantas cuya semilla está envuelta por un pericarpio (ú. t. c. adj.).

anglicanismo m. Conjunto de las doctrinas de la religión reformada predominante en Inglaterra desde el reinado de Enrique VIII.

anglicano, na adj. Relativo al anglicanismo. || — M. y f. Que profesa el anglicanismo.

anglicismo m. Afición a lo inglés. || Giro, vocablo o modo de hablar propio de la lengua inglesa y empleado en otra.

anglicista com. Aficionado a lo inglés.

anglo, gla adj. y s. Individuo.de un ant. pueblo germánico que invadió Gran Bretaña (s. VI) y dio su nombre a Inglaterra.

angloamericano, na adj. y s. Relativo a ingleses y americanos.

anglofobia f. Aversión a lo inglés a Inglaterra.

anglófono, na adj. y s. Que habla inglés.

anglonormando, da m. Dialecto que se habla a ambos lados del Canal de la Mancha.

anglosajón, ona adj. y s. De los anglosajones y, por ext., de los pueblos de raza inglesa. || — M. Lengua germánica hablada por los anglosajones. || — M. pl. Nombre genérico de los grupos germánicos que invadieron y colonizaron Inglaterra a partir del s. V.

angolés, esa adj. y s. de Angola.

angolino, na adj. y s. De Angol (Chile).

angora com. Gato, conejo y cabra originarios de Angora o Ankara (Turquía).

angostar v. t. Hacer angosto.

angosto, ta adj. Estrecho.

angostura f. Calidad de angosto. || Estrechura.

angstrom m. Unidad de medida de las longitudes de onda (diezmillonésima parte de un mm).

anguila f. Pez de agua dulce, de cuerpo cilíndrico y cubierto de una sustancia viscosa. || *Anguila de mar*, congrio.

angula f. Cría de anguila.

angular adj. De figura de ángulo, que tiene ángulos: *arteria angular.* || — *Distancia angular de dos estrellas*, ángulo que forman los dos rayos visuales que unen el ojo del observador con ambas estrellas. || *Piedra angular*, la principal de un edificio; (fig.) base.

ángulo m. *Geom.* Abertura formada por dos líneas que parten de un mismo punto. || Esquina o arista. || Rincón que se forma entre dos paredes. || Porción indefinida de plano limitada por dos líneas. || — *Geom. Ángulo diedro*, espacio comprendido entre dos planos que se cortan y que están limitados por su recta de intersección.

angulosidad f. Calidad de anguloso.

anguloso, sa adj. Que tiene ángulos.

angustia f. Aflicción, congoja.

angustiado, da adj. Afligido.

angustiar v. t. Causar angustia, afligir, acongojar.

angustioso, sa adj. Lleno de angustia. || Que causa o padece angustia.

anhelante adj. Que anhela.

anhelar v. i. Respirar con dificultad. || — V. t. e i. Ansiar.

anhelo m. Deseo vehemente.

anheloso, sa adj. Aplícase a la respiración frecuente y fatigosa. || Que siente anhelo por una cosa.

anhídrido m. *Quím.* Cuerpo que puede formar un ácido combinado con el agua.

anhidro, dra adj. *Quím.* Aplícase a los cuerpos que no contienen agua: *sales anhidras.*

anidar v. i. Hacer su nido: *la golondrina anida en los tejados* (ú. t. c. pr.). || *Fig.* Morar, habitar, vivir en alguna parte (ú. t. c. pr.). || — V. t. *Fig.* Abrigar: *anidar buenos o malos sentimientos.*

anilina f. *Quím.* Alcaloide artificial, líquido, incoloro, que se saca de la hulla. (La *anilina* se emplea como colorante, en farmacia y con las materias plásticas.)

anilla f. Anillo de colgaduras. || — Pl. Aros, pendientes de cuerdas, para ejercicios de gimnasia.

anillado, da adj. De forma de anillo. || — Adj. y s. m. Anélido.

anillar v. t. Dar forma de anillo. || Sujetar con anillos: *anillar una cortina.*

anillo m. Aro pequeño. || Sortija: *anillo de boda.* || *Arq.* Collarino de columna. || *Zool.* Cada una de las divisiones en que tienen partido el cuerpo ciertos animales.

ánima f. Alma del Purgatorio. || Hueco del cañón de un arma.

animación f. Acción y efecto de animar o animarse. || Vivacidad. || Concurso de gente. || Alegría.

animado, da adj. Dotado de vida. || *Fig.* Divertido, concurrido: *la verbena estuvo muy animada.* | Movido de: *animado de buenos sentimientos.* || *Dibujos animados*, sucesión de dibujos que, cinematografiados, dan la ilusión del movimiento.

animador, ra adj. y s. Que anima o excita. || — M. y f. Persona que presenta un programa artístico.

animadversión f. Enemistad.

animal m. Ser orgánico que vive, siente y se mueve voluntariamente por instinto: *el hombre es un animal dotado de razón.* || Ser irracional por oposición al hombre. || — Adj. Relativo al animal: *funciones animales.* || *Fig.* Dícese de la persona muy ignorante, grosera o necia.

animalada f. Burrada.

animálculo m. Animal microscópico.

animalidad f. Calidad o condición de animal.

animalismo m. Animalidad.

animalista m. Pintor o escultor de animales.

animalizar v. t. Convertir los alimentos en materia apta para la nutrición. || Convertir en ser animal. || — V. pr. Embrutecerse.

animar v. t. Dar la vida. || *Fig.* Excitar, alentar. || Dar fuerza y vigor. || Hacer que una obra de arte parezca dotada

de vida: *animar el escultor el mármol.* || Dar movimiento, alegría y vida: *animar una feria, una fiesta.* || — V. pr. Cobrar ánimo y esfuerzo: *animarse el público.* || Atreverse.

anímico, ca adj. Del alma.

animismo m. *Fil.* Doctrina que considera el alma como principio de acción de los fenómenos vitales. || Culto de los espíritus.

animista com. Partidario del animismo.

ánimo m. Alma o espíritu. || Valor, energía: *hay que tener mucho ánimo para hacerlo.* || Intención, voluntad: *lo hizo con buen ánimo.* || — Interj. Para alentar o esforzar a alguien.

animosidad f. Aversión, odio.

animoso, sa adj. Que tiene ánimo: *hombre animoso.*

aniñado, da adj. Pueril.

anión m. *Electr.* Ion cargado negativamente.

aniquilable adj. Que se puede aniquilar.

aniquilación f. Acción y efecto de aniquilar o aniquilarse.

aniquilador, ra adj. y s. Que aniquila.

aniquilamiento m. Aniquilación, destrucción total.

aniquilar v. t. Reducir a la nada, destruir por entero: *aniquilar un ejército.* || *Fig.* Anonadar, apocar: *aniquilar el ánimo.* || — V. pr. *Fig.* Deteriorarse mucho una cosa. | Anonadarse.

anís m. Planta umbelífera aromática. || Grano de anís bañado en azúcar. || Aguardiente de anís.

anisado m. Aguardiente de anís.

anisar v. t. Echar anís a una cosa: *anisar licores.*

anisete m. Licor compuesto de aguardiente, azúcar y anís: *el anisete es digestivo.*

anisómero, ra adj. *Biol.* Formado de partes desiguales o irregulares.

anisopétalo, la adj. *Bot.* Aplícase a la flor de pétalos desiguales.

anisotropía f. Calidad de anisótropo.

anisótropo, pa adj. y s. m. *Fís.* Aplícase a los cuerpos que no son isótropos.

aniversario adj. Anual. || — M. Día en que se cumplen años de algún suceso. || Oficio fúnebre del año del fallecimiento.

ano m. *Anat.* Orificio del recto.

anobios m. pl. Género de coleópteros xilófagos llamados vulgarmente *carcoma.*

anoche adv. En la noche de ayer.

*anochecer v. i. Empezar a faltar la luz del día, venir la noche: *ya empieza a anochecer.* || Llegar a estar en un paraje determinado al empezar la noche: *anochecer en Málaga.*

anochecer m. y **anochecida** f. Tiempo durante el cual anochece.

anodino, na adj. *Med.* Que sirve para calmar el dolor: *medicamento anodino* (ú. c. s. m.). || Ineficaz, insustancial. || *Fig.* Insípido, sin gracia: *escritor, orador anodino.*

ánodo m. *Electr.* Polo positivo de un generador de electricidad.

anofeles adj. y s. m. Aplícase al mosquito cuya hembra es trasmisora del paludismo.

anomalía f. Irregularidad, calidad de irregular.

anómalo, la adj. Irregular.

anona f. Árbol anonáceo propio de los países tropicales cuyo fruto es comestible y de sabor dulce.

anonáceas f. pl. Familia de plantas dicotiledóneas que tienen por tipo la anona (ú. t. c. adj.).

anonadación f. o **anonadamiento** m. Aniquilamiento.

anonadar v. t. Aniquilar. || *Fig.* Apocar, abatir: *me anonadó esa noticia.*

anonimato m. Carácter anónimo: *permanecer en el anonimato.*

anónimo, ma adj. Dícese del escrito sin nombre de autor o del autor de nombre desconocido (ú. t. c. m.). || *Sociedad anónima,* asociación comercial cuyos socios, desconocidos del público, sólo son responsables por el valor del capital aportado.

anopluro, ra adj. y s. Dícese de los insectos chupadores ápteros que viven como parásitos en algunos mamíferos.

anorak m. Chaquetón impermeable con capucha.

anormal adj. Irregular, contra la regla. || — Com. Persona cuyo desarrollo es deficiente.

anormalidad f. Carácter de anormal.

anotación f. Acción y efecto de anotar. || Apunte.

anotador, ra adj. y s. Que anota.

anotar v. t. Poner notas en un escrito o cuenta. || Apuntar, tomar nota de algo.

anquilosamiento m. Acción y efecto de anquilosarse.

anquilosar v. t. Causar anquilosis. || — V. pr. Fijarse las articulaciones. || *Fig.* Detenerse una cosa en su progreso.

anquilosis f. *Med.* Privación de movimiento en las articulaciones.

anquilostoma m. Gusanillo parásito del hombre que provoca una anemia grave.

ánsar m. Ave palmípeda cuya pluma se empleaba para escribir.

ansarino m. Pollo de ánsar.

ansia f. Inquietud muy violenta, aflicción. || Anhelo: *ansia de riquezas.* || — Pl. Náuseas.

ansiar v. t. Desear con ansia.

ansiedad f. Inquietud del ánimo: *lo esperaba con ansiedad.* || *Med.* Angustia que acompaña algunas enfermedades.

ansiolítico, ca adj. y s. m. *Med.* Que calma la ansiedad.

ansioso, sa adj. Acompañado de ansia o congoja. || Que tiene ansia de algo: *ansioso de riquezas.*

antagónico, ca adj. Que denota antagonismo.

antagonismo m. Oposición.

antagonista com. *Anat.* Que obra en sentido opuesto: *músculos antagonistas.* || Persona o cosa opuesta: *es mi antagonista.*

antaño adv. En el año pasado. || Por ext. En tiempo antiguo.

antártico, ca adj. Austral.

ante m. Anta, especie de ciervo. || Su piel adobada y curtida.

ante prep. En presencia de, delante de: *ante el juez.* || Respecto de: *ante las circunstancias.* || Con antelación o preferencia.

anteanoche adv. En la noche de anteayer.

anteayer adv. El día inmediatamente anterior a ayer.

antebrazo m. Parte del brazo que se extiende desde el codo hasta la muñeca.

antecámara f. Pieza que precede las principales de una casa. || Antesala, recibimiento.

antecedente adj. Que antecede. || — M. Acción anterior que sirve para juzgar hechos posteriores: *persona de buenos antecedentes.* || *Gram.* Primer término de la relación gramatical.

anteceder v. t. Preceder.

antecesor, ra adj. Anterior en tiempo. || — M. y f. Persona que precedió a otra en una dignidad, empleo, etc. || Antepasado.

antedicho, cha adj. Dicho antes o con anterioridad.

antediluviano, na adj. Anterior al diluvio: *animal antediluviano.* || *Fig.* Antiquísimo.

antelación f. Anticipación.

antemano adv. *De antemano,* con anterioridad.

antemeridiano, na m. (lat. *ante meridiem*) adj. Anterior al mediodía.

antena f. *Electr.* Conductor metálico que permite emitir y recibir las ondas electromagnéticas: *antena emisora, receptora.* || *Zool.* Cuernecillos flexibles de los insectos o los crustáceos. || *Mar.* Entena.

anteojo m. Instrumento de óptica para ver objetos lejanos. || — Pl. Cristales convexos o cóncavos, sujetos a un armazón metálica, que se colocan delante de los ojos para corregir los defectos de la visión.

antepasado, da adj. Anterior, pasado. || — M. Ascendiente. Ú. m. en pl.: *éstos son mis antepasados.*

antepecho m. Pretil que se pone en ciertos lugares para evitar caídas: *el antepecho de un puente, de una ventana.*

antepenúltimo, ma adj. Dícese del que está antes del penúltimo.

***anteponer** v. t. Poner inmediatamente antes. || Preferir: *anteponer el deber al interés personal.*

anteportada f. Hoja que precede la portada de un libro.

anteproyecto m. Trabajos preliminares para trazar el proyecto principal de una obra de arquitectura o de ingeniería.

antequerano, na adj. y s. De Antequera.

antera f. Parte del estambre de las flores que contiene el polen.

anterida f. *Bot.* Célula en que se hallan los anterozoides.

anterior adj. Que precede en lugar o tiempo: *fachada anterior; anterior al cristianismo.*

anterioridad f. Precedencia temporal de una cosa con respecto a otra. || Prioridad.

anterozoide m. *Bot.* Gameto masculino en los vegetales.

antes adv. Expresa prioridad de tiempo o lugar: *antes de amanecer, de llegar.* || Denota preferencia: *antes morir que capitular.* || — Conj. Más bien, por el contrario: *no teme la muerte, antes la desea.* || — Adj. Anterior: *el día antes.*

antesala f. Pieza situada delante de la sala principal.

antiácido, da adj. y s. Que resiste la acción de los ácidos. || — M. Medicamento para neutralizar la acidez gástrica.

antiaéreo, a adj. Relativo a la defensa contra la aviación.

antialcohólico, ca adj. Contra el alcoholismo.

antialcoholismo m. Lucha contra el alcoholismo.

antiatómico, ca adj. Que se opone a los efectos de cualquier radiación y al de los proyectiles atómicos: *refugio antiatómico.*

antibiótico m. *Med.* Dícese de las sustancias químicas que impiden la multiplicación o desarrollo de los microbios: *la estreptomicina y la penicilina son antibióticos.*

anticanceroso, sa adj. Adecuado para combatir el cáncer.

anticapitalista adj. y s. Hostil al sistema capitalista.

anticátodo m. *Fís.* Lámina metálica que en un tubo electrónico recibe los rayos catódicos y emite rayos X.

anticientífico, ca adj. Que se opone a la ciencia.

anticipación f. Acción y efecto de anticipar o anticiparse. || Con anticipación, de antemano.

anticipado, da adj. Prematuro: *pago anticipado.* || *Por anticipado,* de antemano.

anticipar v. t. Hacer que ocurra algo antes de tiempo: *anticipar un viaje.* || Liquidar una deuda antes del tiempo señalado: *anticipar un pago.* || Adelantar fechas o plazos: *anticipar los exámenes.* || — V. pr. Adelantarse una persona a otra: *anticiparse a un rival.* || Ocurrir una cosa antes del tiempo regular: *anticiparse el invierno.*

anticipo m. Anticipación. || Dinero anticipado: *me dio un anticipo.*

anticlerical adj. y s. m. Contrario al clericalismo.

anticlericalismo m. Oposición a la influencia del clero en los asuntos públicos.

anticlinal adj. y s. m. Dícese de un pliegue de terreno cuyas capas son convexas hacia arriba.

anticoagulante adj. y s. m. Que impide la coagulación.

anticolonialismo m. Oposición al colonialismo.

anticolonialista adj. y s. Opuesto al colonialismo.

anticombustible adj. y s. m. Contrario a la combustión.

anticomunismo m. Oposición al comunismo.

anticomunista adj. y s. Opuesto al comunismo.

anticoncepcional o **anticonceptivo, va** adj. y s. m. Contra la fecundación: medios anticonceptivos.

anticonformismo m. Oposición a las costumbres establecidas.

anticonformista adj. y s. Que se opone a las costumbres establecidas o comúnmente admitidas.

anticongelante adj. y s. m. Mec. Producto añadido al agua del radiador de un motor para impedir su congelación.

anticongestivo, va adj. y s. m. Med. Que combate la congestión, particularmente la nasal.

anticonstitucional adj. Contrario a la Constitución: medida anticonstitucional.

anticontaminante adj. Que se opone a la contaminación ambiental: una política anticontaminante; un transporte anticontaminante.

anticristo m. Impostor que, según el Apocalipsis, ha de aparecer, poco antes del fin del mundo, y será vencido por el propio Jesucristo.

anticuado, da adj. Fuera de uso: palabra anticuada.

anticuar v. t. Declarar antigua o sin uso una cosa. || — V. pr. Hacerse antiguo.

anticuario m. El que estudia las cosas antiguas. || El que las colecciona o las vende.

anticucho m. Bol., Chil. y Per. Brocheta de carne, por lo común corazón, frita o asada.

anticuerpo m. Med. Sustancia defensiva creada por el organismo y que se opone a la acción de las bacterias, toxinas, etc.

antidemocrático, ca adj. Opuesto a la democracia.

antidepresivo, va adj. Med. Que combate la depresión: un medicamento antidepresivo; una terapia antidepresiva.

antideslizante adj. Que impide resbalar. || — M. Dispositivo aplicado en los neumáticos para evitar que un coche patine.

antidetonante adj. Aplícase a cualquier producto añadido a la gasolina para evitar la explosión prematura de la mezcla.

antidiabético, ca adj. Med. Que previene o cura la diabetes.

antídoto m. Contraveneno.

antiesclavista adj. y s. Enemigo de la esclavitud.

antiestético, ca adj. No estético o contrario a la estética.

antifaz m. Velo o máscara para cubrir la cara.

antifebril adj. Febrífugo.

antífona f. Breve pasaje de la Sagrada Escritura que se canta o reza en los oficios antes y después de los salmos.

antifonario m. Libro de coro con las antífonas de todo el año.

antigás adj. Que sirve contra la acción de los gases tóxicos.

antígeno m. Biol. Sustancia que estimula las defensas del organismo.

antigubernamental adj. Contrario al Gobierno.

antigüedad f. Calidad de antiguo. || Tiempo antiguo. || Tiempo transcurrido desde el día en que se obtiene un empleo: ascenso por antigüedad. || — Pl. Monumentos u objetos de arte antiguo: antigüedades asirias.

antigüeño, ña adj. y s. De Antigua (Guatemala).

antiguo, gua adj. Que existe desde hace mucho tiempo: porcelana antigua; tradición antigua. || Pasado de moda, anticuado: traje antiguo. || Dícese del que lleva mucho tiempo en su empleo. || — M. B. Art. Conjunto de las obras maestras que nos quedan de la Antigüedad: copiar del Antiguo. || — Pl. Los que vivieron en otro tiempo.

antihigiénico, ca adj. Contrario a la higiene.

antihistamínico,,ca adj. y s. m. Med. Que combate la alergia.

antiimperialista adj. y s. Hostil al imperialismo.

antijurídico, ca adj. Contrario al Derecho.

antiliberalismo adj. Doctrina política contraria al liberalismo.

antillano, na adj. y s. De las Antillas.

antílope m. Zool. Rumiante bóvido de aspecto de ciervo.

antimasónico, ca adj. Opuesto a la masonería.

antimateria f. Fís. Materia hipotética que estaría constituida por antipartículas, del mismo modo que la materia lo está por partículas.

antimilitarismo m. Oposición al militarismo.

antimonárquico, ca adj. Contrario a la monarquía.

antimonio m. Metal blanco azulado brillante (Sb).

antinomia f. Contradicción entre dos leyes o principios racionales.

antinómico, ca adj. Contradictorio, que implica antinomia.

antioqueño, ña adj. y s. De Antioquia (Colombia).

antipalúdico, ca adj. Dícese de la medicina contra el paludismo (ú. t. c. s. m.).

antipapa m. Papa cismático.

antipapista adj. y s. Que no reconoce la soberanía del Papa.

antiparásito, ta o **antiparasitario, ria** adj. y s. m. Que se opone a la producción o a la acción de las perturbaciones que afectan la recepción de emisiones radiofónicas o televisadas.

antiparlamentarismo m. Oposición al régimen parlamentario.

antiparras f. pl. Fam. Anteojos, gafas.

antipartícula f. Fís. Partícula elemental (positón, antiprotón, antineutrón) con propiedades opuestas a las de los átomos de los elementos químicos.

antipatía f. Repugnancia instintiva hacia alguien o algo.

antipático, ca adj. Que causa antipatía: esta persona me cae antipática.

antipatriota com. No patriota.

antipatriótico, ca adj. Contrario al patriotismo.

antipirético, ca adj. y s. m. Med. Febrífugo.

antípoda m. Persona que se halla en un lugar de la Tierra diametralmente opuesto a otra. || Fig. Lo que es enteramente contrario.

antiprotón m. Fís. Protón negativo para romper los núcleos atómicos.

antiquísimo, ma adj. Muy antiguo, remoto.

antirracionalismo m. Doctrina opuesta al racionalismo.

antirreeleccionismo m. Corriente política que se opone a la reelección en cargos públicos.

antirreeleccionista com. Partidario del antirreeleccionismo.

antirreglamentario, ria adj. Contra lo que prescribe el reglamento: acuerdo antirreglamentario.

antirreligioso, sa adj. Contrario a la religión.

antirrepublicano, na adj. Contra la república y los republicanos: libelo antirrepublicano.

antirrevolucionario, ria adj. Contrario a la revolución.

antisemitismo m. Movimiento hostil a los judíos.

antisepsia f. Conjunto de métodos terapéuticos para destruir los microbios.

antiséptico, ca adj. y s. m. Med. Que destruye los microbios.

antisocial adj. Contrario al orden social.

antisubmarino, na adj. Propio para defenderse contra submarinos.

antisudoral m. Desodorante.

antitanque adj. Mil. Máquina contra los tanques.

antítesis f. Ret. Oposición de sentido entre dos frases o palabras: la naturaleza es "grande" hasta en las cosas más "pequeñas".

antitetánico, ca adj. Med. Dícese del remedio empleado para luchar contra el tétanos.

antitético, ca adj. Que implica antítesis. || Opuesto diametralmente.

antitoxina f. Med. Sustancia que destruye las toxinas o aniquila su acción.

antitranspirante m. Méx. Antisudoral, desodorante.

antivirus m. Vacuna.

antofagastino, na adj. y s. De Antofagasta (Chile).

antojadizo, za adj. Que tiene antojos o caprichos.

antojarse v. pr. Hacerse objeto una cosa de vehemente deseo. || Sospechar.

antojito m. *Méx.* Nombre común de diversas comidas típicas (suele usarse en plural).

antojo m. Deseo vivo y pasajero de algo. || — Pl. Lunares, manchas naturales en la piel.

antología f. Florilegio, colección de trozos literarios: *antología de poetas castellanos.*

antológico, ca adj. Relativo a la antología.

antonimia f. Oposición de dos voces diferentes.

antónimo, ma adj. y s. m. Contrario: *feo y hermoso son dos palabras antónimas.*

antonomasia f. Figura de retórica por la cual se pone el nombre propio por el común, o viceversa: *el apóstol de las gentes por San Pablo.*

antorcha f. Hacha o tea para alumbrar. || *Fig.* Luz, guía.

antozoarios o antozoos m. pl. *Zool.* Clase de celentéreos que comprende las actinias y las madréporas (ú. t. c. adj.).

antracita f. Carbón fósil seco, llamado también *hulla seca.*

ántrax m. *Med.* Tumor inflamatorio en el tejido subcutáneo, más grave que el forúnculo.

antro m. Caverna, cueva.

antropofagia f. Costumbre de comer carne humana.

antropófago, ga adj. y s. Que come carne humana.

antropoide o antropoideo adj. y s. *Zool.* Aplícase a los monos catirrinos, sin cola, como el chimpancé, gibón, gorila, orangután.

antropología f. Ciencia que trata del hombre, física y moralmente considerado.

antropológico, ca adj. De la antropología: *estudio antropológico.*

antropólogo m. Persona dedicada al estudio de la antropología.

antropometría f. Tratado de las proporciones y medidas del cuerpo humano.

antropométrico, ca adj. Relativo a la antropometría.

antropomorfo, fa adj. y s. *Zool.* Aplícase al mono que tiene alguna semejanza corporal con el hombre.

antroponimia f. Estudio del origen y significación de los nombres propios de personas.

antropopiteco m. *Zool.* Pitecántropo.

antropozoico, ca adj. y s. *Geol.* Dícese de la era cuaternaria.

antuerpiense adj. y s. De Amberes.

anual adj. Que sucede o se repite cada año: *planta anual.* || Que dura un año: *cargo anual.*

anualidad f. Calidad de anual. || Importe anual de cualquier renta: *pagar las anualidades.*

anuario m. Libro que se publica de año en año para que sirva de guía en determinadas actividades o profesiones: *anuario telefónico, astronómico, agrícola.*

anubarrado, da adj. Con nubes: *cielo anubarrado.*

anublar v. t. Ocultar las nubes el azul del cielo o la luz del Sol o la Luna. || *Fig.* Oscurecer, amortiguar: *anublar la fama.*

anudadura f. o **anudamiento** m. Acción y efecto de anudar.

anudar v. t. Hacer uno o más nudos: *anudar una corbata.* || Juntar con un nudo. || *Fig.* Continuar lo interrumpido: *anudar la conversación.* || — V. pr. Dejar de crecer o de medrar los seres orgánicos.

anuencia f. Consentimiento.

anulable adj. Que se puede anular.

anulación f. Acción y efecto de anular o anularse: *anulación de un tratado.*

anulador, ra adj. y s. Que anula.

anular adj. Relativo al anillo. || De figura de anillo. || — M. Cuarto dedo de la mano.

anular v. t. Dar por nulo.

anulativo, va adj. Que puede anular.

anunciación f. Acción y efecto de anunciar. || Fiesta con que la Iglesia católica celebra la visita del arcángel Gabriel a la Virgen.

anunciador, ra adj. y s. Que anuncia.

anunciante adj. y s. Que anuncia: reservado a los anunciantes.

anunciar v. t. Hacer saber: *anunciar una nueva.* || Publicar: *anunciar una subasta.*

anuncio m. Aviso verbal o impreso con que se anuncia algo: *anuncios de prensa.* || Pronóstico. || Signo, índice, presagio. || *Méx.* Cartel.

anuo, nua adj. Anual: *planta anua.*

anuria f. *Med.* Supresión de la secreción urinaria.

anuros m. pl. *Zool.* Orden de batracios desprovistos de cola, que comprende las ranas, los sapos, etc. (ú. t. c. adj.).

anverso m. Haz de las monedas y medallas, de un impreso, etc.: *el anverso y el reverso.*

anzoátega adj. y s. De Anzoátegui (Venezuela).

anzuelo m. Arponcillo que, pendiente de un sedal, sirve para pescar. || *Fig.* y *fam.* Atractivo o aliciente.

añadido m. Postizo, y en particular trenza postiza. || Añadidura.

añadidura f. Lo que se añade o agrega a alguna cosa: *dar algo de añadidura.*

añadir v. t. Agregar, incorporar una cosa a otra: *añadir voces o artículos a un diccionario.* || Acrecentar, ampliar.

añagaza f. Señuelo para cazar aves. || *Fig.* Artificio para atraer con engaño: *andarse con añagazas.*

añal adj. Anual. || Dícese del cordero o becerro que tiene un año cumplido.

añales m. pl. *C. Rica, Guat., Hond., Méx., Nicar.* y *Venez.* Muchos años.

añares m. pl. *Arg., Col.* y *Urug.* Muchos años.

añejo, ja adj. Aplícase a ciertas cosas que tienen uno o más años: *tocino, vino añejo.* || *Fig.* y *fam.* Que tiene mucho tiempo: *costumbre añeja.*

añicos m. pl. Pedazos de una cosa que se rompe: *los cristales saltaron hechos añicos.*

añil m. Arbusto leguminoso de cuyas hojas se saca una pasta colorante azul. || Color de esta planta.

año m. Tiempo que tarda la Tierra en hacer su revolución alrededor del Sol: *el año consta de 52 semanas o 365 días y cuarto.* || Período de doce meses. || — Pl. Día en que alguno cumple años. || — Año azteca, año dividido en 18 períodos de 20 días, más otros cinco días considerados como nefastos. || Año bisiesto, el de 366 días. || Año civil, el de 365 días, tal como se considera para la vida usual. || Año eclesiástico o litúrgico, el que regula las fiestas de la Iglesia católica y empieza el primer domingo de adviento. || Año escolar, tiempo que media desde la apertura de las clases hasta las vacaciones. || Año lunar, período de doce revoluciones de la Luna, o sea 354 días. || Año luz, distancia equivalente al espacio recorrido por la luz en un año (9 461 000 000 000 de km). || Año solar o trópico, duración de una revolución total de la Tierra alrededor del Sol: *el año solar dura exactamente 365 días, cinco horas, 40 minutos y 46 segundos.*

añoranza f. Aflicción causada por la ausencia o pérdida de una persona o cosa. || Nostalgia, soledad interior.

añorar v. t. Recordar con pena la ausencia o la pérdida de una persona o cosa: *añorar el terruño.*

añublo m. Hongo parásito.

aojadura f. y **aojamiento** m. Aojo, mal de ojo.

aorta f. *Anat.* Arteria principal del cuerpo, que arranca del ventrículo izquierdo del corazón.

aórtico, ca adj. Relativo a la aorta: *arco, cayado, ramo aórtico.*

aovado, da adj. De figura de huevo.

apabullar v. t. *Fam.* Aplastar, estrujar. || *Fig.* Reducir al silencio, dejar confuso: *le apabulló con sus argumentos.*

apacentador, ra adj. y s. Que apacienta.

apacentamiento m. Acción y efecto de apacentar. || Pasto.

***apacentar** v. t. Dar pasto al ganado. || *Fig.* Instruir, enseñar: *apacentar el obispo a los fieles.*

apache m. Indio del SO. de Estados Unidos y del N. de México. (La tribu de los apaches opuso dura resistencia a los colonos en el s. XIX.)

apacheta f. *Amer.* Túmulo funerario de piedras en los Andes.

apachurrado, da adj. *Amér. C.* y *Méx.* Aplastado.

apachurrar v. t. *Amér. C.* y *Méx.* Aplastar.

apacible adj. Agradable, tranquilo: *lugar apacible.* || Manso, dulce: *carácter apacible.*

apaciguador, ra adj. y s. Que apacigua.

apaciguamiento m. Acción y efecto de apaciguar o apaciguarse.

apaciguar v. t. Poner en paz, aquietar, sosegar.

apadrinador, ra adj. y s. Que apadrina.

apadrinamiento m. Acción y efecto de apadrinar.

apadrinar v. t. Asistir como padrino a alguno. || *Fig.* Patrocinar, proteger: *apadrinar una obra cultural, artística, benéfica.*

apagadizo, za adj. Que se apaga fácilmente.

apagado, da adj. Que ya no arde. || De genio sosegado o apocado: *hombre apagado.* || *Fig.* Descolorido, amortiguado: *color, semblante apagado.*

apagar v. t. Extinguir el fuego o la luz: *apagar la estufa, la lámpara.* || *Fig.* Aplacar: *el tiempo apaga el rencor.* || Echar agua a la cal viva. || *Pint.* Rebajar un color.

apaisado, da adj. Oblongo, de figura rectangular que la base mayor que la altura.

apalabrar v. t. Convenir de palabra: *apalabrar un negocio.*

apalancamiento m. Acción y efecto de apalancar.

apalancar v. t. Levantar, mover con palanca.

apaleamiento m. Acción y efecto de apalear.

apalear v. t. Dar golpes con palo. || Varear. || Aventar con pala el grano. || Sacudir ropas, alfombras, etc.

apancle m. *Méx.* Acequia.

apanclear v. t. *Méx.* Formar apancles o acequias en la tierra cultivada.

apañado, da adj. Referido al paño: *tejido apañado.* || *Fig.* y fam. Hábil, mañoso: *es un chico muy apañado.* | A propósito para el uso a que se destina, práctico: *una herramienta muy apañada.*

apañar v. t. Coger con la mano. || *Fig.* Apoderarse de una cosa. || Aderezar, preparar. || *Fam.* Abrigar, arropar. | Remendar lo roto: *apañar unos pantalones.* || Convenir: *no me apaña nada ir tan lejos.* || — V. pr. Darse maña o habilidad para una cosa. || *Apañárselas,* arreglárselas.

apaño m. Arreglo. || *Fam.* Compostura, remiendo. | Maña, destreza. | Concubina.

apapachado, da adj. *Méx.* Dícese de la persona o animal que recibe muchos mimos.

apapachar v. t. *Méx.* Mimar en demasía.

aparador adj. Que apara. || — M. Mueble donde se coloca lo necesario para el servicio de la mesa.

aparato m. Pompa, ostentación: *ceremonia con mucho aparato.* || Máquina, conjunto de instrumentos o útiles para ejecutar un trabajo: *aparato fotográfico, de televisión.* || *Fam.* Teléfono: *¿quién está al aparato?* || *Cir.* Aparato, vendaje: *un aparato ortopédico.* || *Anat.* Conjunto de órganos para una misma función: *aparato circulatorio, digestivo, auditivo.*

aparatoso, sa adj. Que tiene mucho aparato, ostentoso, pomposo. || Espectacular: *accidente aparatoso.* || Visto-so: *traje aparatoso.*

aparcamiento m. Acción y efecto de aparcar. || Sitio donde se aparca: *aparcamiento de vehículos.*

aparcar v. t. *Mil.* Colocar en un campamento los pertrechos de guerra. || Estacionar un coche en un lugar público señalado a propósito. Ú. t. c. i.: *prohibido aparcar.*

aparcería f. Contrato o convenio de los que van a la parte en una finca rústica.

aparcero, ra m. y f. Persona que tiene aparcería con otra.

apareamiento m. Acción y efecto de aparear o aparearse.

aparear v. t. Ajustar una cosa con otra de forma que queden iguales. || Unir una cosa con otra formando par. || Juntar la hembra de un animal al macho para que críe. || — V. pr. Acoplarse.

*aparecer v. i. Manifestarse, dejarse ver: *Jesús apareció a los apóstoles* (ú. t. c. pr.). || Parecer, encontrarse, hallarse: *aparecer lo perdido.*

aparecido m. Espectro de un difunto.

aparejado, da adj. Apto, idóneo. || *Ir aparejado con,* ir bien con. || *Traer aparejado,* acarrear.

aparejador, ra adj. y s. Que apareja. || — M. Ayudante de un arquitecto.

aparejar v. t. Preparar, disponer para un fin: *aparejar para una excursión* (ú. t. c. pr.). || Poner el aparejo a las caballerías. || En ciertos oficios, preparar las piezas que han de servir para una obra. || *Mar.* Poner la jarcia a una embarcación.

aparejo m. Preparación, disposición. || Arreo para cargar las caballerías. || Sistema de poleas compuestas. || Conjunto de cosas necesarias para algo: *aparejo de pescar.* || *Mar.* Conjunto de velas y jarcias de las embarcaciones. || *Arq.* Disposición de los materiales en una construcción: *aparejo poligonal.* || *Pint.* Preparación del lienzo. || — Pl. Instrumentos y cosas necesarias para un oficio o maniobra.

aparentar v. t. Manifestar lo que no es o una cosa que no hay: *aparentar alegría.* || Corresponder la edad de una persona a su aspecto: *no aparenta cuarenta años.* || Fingir. || — V. i. Hacerse ver: *le gusta mucho aparentar.*

aparente adj. Que parece y no es: *forma, muerte aparente.* || Visible: *manifestaciones aparentes de una enfermedad.* || Que es muy visible: *un traje muy aparente.*

apareo m. Acción y efecto de aparear o aparearse.

aparición f. Acto y efecto de aparecer o aparecerse: *la aparición de un cometa.* || Visión de un ser sobrenatural: *la aparición de Jesús a la Magdalena.* || Espectro. || Publicación.

apariencia f. Aspecto exterior: *fiarse de las apariencias.* || — Pl. Decoración de teatro. || — *En apariencia,* aparentemente. || *Guardar las apariencias,* cubrir las formas.

apartadero m. Sitio donde se aparta a los toros para enchiquerarlos. || Vía muerta donde se apartan los vagones.

apartado, da adj. Retirado, distante, remoto: *caserío apartado.* || — M. Aposento desviado del servicio de la casa. || Correspondencia que se aparta en Correos para que la recoja el destinatario. || Acción de separar las reses de una vacada. || Acción de encerrar los toros en los chiqueros. || Párrafo o conjunto de párrafos de una ley, decreto, etc.

apartador m. El que aparta.

apartamento m. Piso pequeño.

apartamiento m. Acción y efecto de apartar o apartarse. || Lugar apartado o retirado. || Apartamento.

apartar v. t. Alejar: *apartar un obstáculo.* || Quitar a una persona o cosa de un lugar, dejar a un lado: *apartar a uno de su camino.* || Escoger, entresacar: *apartar lo que se tiene que llevar.* || *Fig.* Disuadir. || *Méx.* Extraer oro de las barras de plata. || — V. i. Empezar: *apartar a correr.* || — V. pr. Alejarse. || Echarse a un lado. || Apartarse del peligro, huir del peligro.

aparte adv. En otro lugar: *poner aparte.* || A un lado: *broma aparte.* || Con omisión, con preterición de: *aparte de lo dicho.* || Además. || — M. Párrafo. || *Teatr.* Lo que el personaje dice suponiendo que no le oyen los demás. || Reflexión que hace una persona para sí.

apartheid m. (pal. afrikaans). Sistema de segregación racial practicado en la Rep. de África del Sur, según el cual negros y blancos están separados en todas las circunstancias.

apasionado, da adj. Poseído de alguna pasión: *apasionado por la música.*

apasionamiento m. Pasión.

apasionante adj. Que apasiona: *una discusión apasionante.*

apasionar v. t. Causar, excitar alguna pasión (ú. m. c. pr.). || — V. pr. Aficionarse con exceso: *apasionarse por el estudio.*

apatía f. Dejadez, descuido.

apático, ca adj. y s. Que tiene apatía.

apatito m. y **apatita** f. *Min.* Fosfato de cal translúcido natural.

apátrida adj. y s. Sin patria.

apeadero m. En los ferrocarriles, sitio donde pueden bajar viajeros, pero sin estación. || Poyo para montar en las caballerías. || *Fig.* Casa que uno habita de paso, fuera de su domicilio.

apear v. t. Bajar a una caballería o carruaje (ú. t. c. pr.).

apechugar v. i. Dar o empujar con el pecho. || *Fig.* y *fam.* Resignarse, someterse, cargarse: *apechugar con un trabajo.*

apedreamiento m. Acción y efecto de apedrear o apedrearse.

apedrear v. t. Tirar piedras a una persona o cosa.

apedreo m. Apedreamiento.

apegarse v. pr. *Fig.* Cobrar apego: *apegarse a una persona.*

apego m. *Fig.* Afición o inclinación particular: *apego a la familia, a los estudios.*

apelable adj. Que admite apelación: *sentencia apelable.*

apelación f. *For.* Acción de apelar: *apelación contra un fallo.*

apelante adj. y s. *For.* Que apela o formula recurso.

apelar v. i. *For.* Pedir al juez o tribunal superior que revoque la sentencia del inferior: *apelar de la condena.* || *Fig.* Recurrir a una persona o cosa: *apelar ante un superior, apelar a la astucia.*

apelativo adj. *Gram.* Dícese del nombre común: *nombre apelativo.* || — M. Nombre de una persona.

apelmazar v. t. Hacer más compacto.

apelotonar v. t. Formar pelotones: *lana apelotonada.*

apellidar v. t. Nombrar a uno por su apellido. || Llamar, dar por nombre. || — V. pr. Tener tal nombre o apellido: *se apellida Pelayo.*

apellido m. Nombre de familia que distingue a las personas. || Sobrenombre, mote. || Llamamiento, grito.

apenar v. t. Causar pena. Ú. t. c. pr.: *le apenó la noticia.*

apenas adv. Casi no: *apenas se mueve.* || Luego que: *apenas llegó se puso a trabajar.*

apencar v. i. *Fam.* Apechugar.

apéndice m. Cosa adjunta o añadida a otra. || *Zool.* Parte del animal unida o contigua a otra principal.

apendicitis f. *Med.* Inflamación del apéndice.

aperador m. El que cuida del campo y de lo referente a la labranza.

apercibir v. t. Disponer lo necesario para alguna cosa: *apercibir de ropa para un viaje* (ú. t. c. pr.). || Amonestar, advertir. || *For.* Hacer saber a uno las sanciones a que está expuesto. || Percibir, observar.

apergaminado, da adj. Semejante al pergamino. || *Fig.* Aplícase a la persona extremadamente flaca o enjuta: *rostro apergaminado.*

apergaminarse v. pr. *Fig.* y *fam.* Acartonarse.

aperitivo m. Licor que estimula el apetito.

apero m. Conjunto de instrumentos y herramientas de cualquier oficio: *aperos de labranza.*

aperrear v. t. *Fam.* Molestar, fatigar. || — V. pr. *Fam.* Obstinarse. | Afanarse, cansarse: *no te aperrees tanto.*

aperreo m. *Fam.* Molestia. | Cansancio: *¡qué aperreo de vida!* | Rabieta de un niño.

apertura f. Acción de abrir: *apertura de un testamento, de un pliego de condiciones, de una calle.* || Inauguración: *apertura de una exposición, de una asamblea, de la pesca, etc.* || Comienzo de una partida de ajedrez, de rugby.

apesadumbrar y **apesarar** v. t. Afligir, entristecer (ú. t. c. pr.).

apestar v. t. Comunicar la peste. || *Fig.* y *fam.* Fastidiar. || — V. i. Despedir o arrojar mal olor: *apestar a ajo.*

apestoso, sa adj. Que apesta.

apétalo, la adj. *Bot.* Que carece de pétalos: *flor apétala.*

apetecedor, ra adj. Que apetece: *un guiso apetecedor.*

*apetecer v. t. Tener gana de alguna cosa o desearla. || — V. i. Gustar: *lo haremos si le apetece.*

apetecible adj. Que apetece.

apetencia f. Gana de comer. || Movimiento instintivo del hombre a desear una cosa.

apetitivo, va adj. Aplícase a la facultad de apetecer: *propiedades apetitivas.* || Apetitoso, sabroso.

apetito m. Gana de comer: *tener buen, mal apetito.* || *Fig.* Lo que excita al deseo de alguna cosa: *el apetito de mando.*

apetitoso, sa adj. Que excita el apetito. || Gustoso, sabroso: *plato apetitoso.*

apiadar v. t. Causar piedad.

ápice m. Punta superior de una cosa: *el ápice de un edificio, de una hoja.* || Acento o signo ortográfico que se pone sobre las letras. || *Fig.* Parte pequeñísima de una cosa: *no tiene un ápice.* | Lo más mínimo: *no tiene un ápice de bondad.* | Lo más difícil de un asunto.

apícola adj. Relativo a la apicultura: *arte apícola.*

apicultor, ra m. y f. Persona dedicada a la apicultura.

apicultura f. Arte de criar abejas y de aprovechar sus productos.

apilamiento m. Acción y efecto de apilar.

apilar v. t. Amontonar.

apimpollarse v. pr. Echar pimpollos las plantas.

apiñado, da adj. De figura de piña. || Apretado, junto: *gente, multitud apiñada.*

apiñamiento m. Acción y efecto de apiñar o apiñarse.

apiñar v. t. Juntar, apretar personas o cosas. Ú. t. c. pr.: *apiñarse la multitud.*

apiñonado, da adj. Dícese de la piel ligeramente morena.

apio m. Planta umbelífera comestible.

apiolar v. pr. *Fam.* Matar.

apirexia f. *Med.* Falta de fiebre. | Intervalo entre los accesos de fiebre.

apiri m. *Bol.* y *Per.* Cargador de mineral en las minas. || Mozo de cuerda.

apisonadora f. Máquina provista de un cilindro de gran peso para afirmar caminos y pavimentos.

apisonamiento m. Acción y efecto de apisonar.

apisonar v. t. Apretar la tierra, el pavimento, etc., con pisón o apisonadora: *apisonar una calle.*

aplacamiento m. Acción y efecto de aplacar o aplacarse.

aplacar v. t. Amansar, suavizar: *aplacar la cólera, el enojo* (ú. t. c. pr.). || Calmar, quitar: *aplacar el hambre, la sed.*

aplanadora f. *Amer.* Apisonadora.

aplanamiento m. Acción y efecto de aplanar o aplanarse: *el aplanamiento de un terreno.* || *Fig.* Abatimiento, descorazonamiento.

aplanar v. t. Allanar. || *Fig.* y *fam.* Dejar a uno abatido: *la noticia le aplanó.* || — V. pr. Venirse al suelo un edificio. || *Fig.* Desanimarse.

aplastador, ra y **aplastante** adj. Que aplasta. | *Fig.* Abrumador: *triunfo aplastante.*

aplastamiento m. Acción y efecto de aplastar o aplastarse.

aplastar v. t. Aplanar una cosa por presión o golpe. || *Fig.* Vencer, aniquilar: *aplastar al enemigo.* || *Fig.* y *fam.* Dejar a uno confuso, apabullado.

aplatanarse v. pr. *Fam.* Ser o volverse indolente y apático.

aplaudir v. t. Palmotear en señal de aprobación: *aplaudir a un artista.* || Celebrar: *aplaudir una medida, una decisión.*

aplauso m. Acción y efecto de aplaudir: *salva de aplausos.* || *Fig.* Elogio, aprobación.

aplazamiento m. Acción y efecto de aplazar.

aplazar v. t. Convocar para tiempo y sitio señalados: *aplazar una reunión.* || Diferir, retardar un negocio: *aplazar un pago.*

aplicable adj. Que se puede aplicar.

aplicación f. Adaptación. || Ejecución: *la aplicación de una teoría.* || *Fig.* Esmero, diligencia: *estudiar con aplicación.*

aplicado, da adj. *Fig.* Estudioso. | Que tiene aplicación.

aplicar v. t. Poner una cosa sobre otra: *aplicar una cataplasma.* || *Fig.* Adaptar, apropiar: *aplicar las artes a la industria.* | Atribuir, referir a un caso particular. | Emplear: *aplicar un procedimiento.* || — V. pr. Poner esmero, diligencia: *aplicarse en el trabajo, en el estudio.* | Concernir: *esta ley se aplica a todos.*

aplique m. Lámpara fijada en la pared.

aplomar v. i. *Albañilería* Examinar con la plomada si la construcción está vertical. || — V. pr. Desplomarse. || Cobrar aplomo.

aplomo m. Serenidad, seguridad, audacia: *perder el aplomo.* || Verticalidad.

apnea f. *Med.* Falta o suspensión de la respiración.

apocado, da adj. *Fig.* Pusilánime, de poco ánimo. || *Fig.* Vil, bajo, de baja condición.

apocalíptico, ca adj. Relativo al Apocalipsis. || *Fig.* Oscuro, enigmático: *estilo apocalíptico*. | Terrorífico: *visión apocalíptica*.

apocamiento m. Timidez.

apocarse v. pr. *Fig.* Humillarse, abatirse. | Asustarse, acobardarse: *no se apoca por nada*.

apocináceas f. pl. *Bot.* Familia de angiospermas del tipo de la adelfa (ú. t. c. adj.).

apocopar v. t. *Gram.* Hacer apócope.

apócope f. *Gram.* Metaplasmo que consiste en suprimir una o más letras al fin de un vocablo: *algún* por *alguno*, *gran* por *grande*.

apócrifo, fa adj. No auténtico, supuesto: *crónica apócrifa*. || No reconocido por la Iglesia católica: *evangelistas apócrifos*.

apodar v. t. Poner motes.

apodo m. Sobrenombre.

apoderado, da m. y f. El que tiene poder para representar a otro, mandatario. || Empresario de un torero.

apoderamiento m. Acción y efecto de apoderar o apoderarse.

apoderar v. t. Hacer apoderado a una persona. || — V. pr. Hacerse dueño de una cosa: *apoderarse del reino ajeno, de una ciudad.* || *Fig.* Dominar: *el miedo se apoderó de mí.*

ápodo, da adj. *Zool.* Sin pies.

apófisis f. *Anat.* Parte saliente de un hueso: *apófisis coracoides.*

apogeo m. *Astr.* Punto en que la Luna se halla a mayor distancia de la Tierra. || Punto de la órbita de un proyectil dirigido o de un satélite artificial que se encuentra más lejano de la Tierra. || *Fig.* Lo sumo de la grandeza: *el apogeo de su gloria.*

apolillamiento m. Daño hecho por las polillas.

apolillar v. t. Roer la polilla.

apolíneo, a adj. Perteneciente o relativo a Apolo.

apolítico, ca adj. y s. Ajeno a la política: *sindicalismo apolítico.*

apologética f. Parte de la teología que tiene por objeto la justificación del cristianismo.

apologético, ca adj. Relativo a la apología o a la apologética.

apología f. Discurso en alabanza de una persona o cosa. || *Por ext.* Glorificación.

apologista com. Persona que hace la apología de otra persona o de alguna cosa: *Platón, apologista de Sócrates.*

apólogo m. Fábula moral.

apoltronado, da adj. Perezoso.

apoltronarse v. pr. Hacerse holgazán. || Arrellanarse.

aponeurosis f. *Anat.* Membrana conjuntiva que sirve de envoltura a los músculos.

apoplejía f. *Med.* Parálisis cerebral producida por derrame sanguíneo en el encéfalo o las meninges: *apoplejía fulminante.*

apopléjico, ca o **apoplético, ca** adj. Relativo a la apoplejía. || — Adj. y s. Que padece apoplejía.

apoquinar v. i. *Pop.* Pagar.

aporcar v. t. Atar las hojas de una planta y cubrirlas con tierra para que no les dé el Sol y se ponga más tierna y blanca.

aporrear v. t. Golpear (ú. t. c. i.). || *Fig. Aporrearle a uno los oídos*, importunar machacando los oídos. || — V. pr. Pelearse.

aportación f. Acción de aportar. || Lo que se aporta.

aportar v. i. Tomar puerto: *aportar en Barcelona.* || *Fig.* Llegar a parte no pensada: *aportó por allí.* || — V. t. Llevar uno bienes a la sociedad de que es miembro. || *Fig.* Proporcionar o dar.

aposentar v. t. Dar habitación y hospedaje. || — V. pr. Tomar casa, alojarse.

aposento m. Cuarto o habitación de una casa. || Domicilio, casa. || Posada, hospedaje.

aposición f. *Gram.* Efecto de poner dos o más sustantivos consecutivos sin conjunción: *Madrid, capital de España.*

apósito m. *Med.* Remedio que se aplica exteriormente, sujetándolo con paños, vendas, etc.

apostante adj. y s. Que participa en una apuesta.

*apostar v. t. e i. Hacer una apuesta: *apostar en el juego.* || Poner gente en un sitio para algún fin: *apostar centinelas.*

apostasía f. Acción de abandonar públicamente la religión que se profesa: *la apostasía del emperador Juliano.* || *Fig.* Deserción de un partido, cambio de opinión o doctrina.

apóstata adj. y s. Persona que comete apostasía.

apostatar v. i. Negar la fe cristiana. || *Por ext.* Abandonar un religioso su orden. | Cambiar de opinión o doctrina.

apostema f. Postema.

a posteriori loc. adv. Dícese de la demostración que asciende del efecto a la causa: *razonamiento "a posteriori".*

apostilla f. Anotación que interpreta, aclara o completa un texto.

apostillar v. t. Poner apostillas: *apostillar un texto.* || — V. pr. Llenarse de postillas: *la herida se ha apostillado.*

apóstol m. Cada uno de los doce primeros discípulos de Jesucristo (Pedro, Andrés, Santiago el Mayor, Juan, Felipe, Bartolomé, Mateo, Tomás, Santiago el Menor, Simón, Judas Tadeo, Judas Iscariote, luego sustituido por Matías). || *Por ext.* San Pablo y San Bernabé. | Misionero que convierte a los infieles: *San Francisco Javier, apóstol de las Indias.* | Propagador de una doctrina política: *Marx, apóstol del socialismo.* || *El apóstol de las gentes*, San Pablo.

apostolado m. Ministerio del apóstol. || *Fig.* Propagación de ideas nuevas.

apostólico, ca adj. Relativo a los apóstoles: *misión apostólica.* || Del Papa: *breve apostólico, bendición apostólica.*

apostrofar v. t. Dirigir apóstrofes.

apóstrofe amb. *Ret.* Palabras dirigidas a uno con vehemencia. || *Fig.* Dicterio.

apóstrofo m. *Gram.* Signo ortográfico (') que indica elisión de vocal.

apostura f. Actitud, prestancia, aspecto: *una noble apostura.*

apotegma m. Dicho breve y sentencioso.

apotema f. *Geom.* Perpendicular trazada del centro de un polígono regular a uno de sus lados. || Altura de las caras triangulares de una pirámide regular.

apoteósico, ca adj. Relativo a la apoteosis: *acogida apoteósica.*

apoteosis f. Deificación de los héroes: *la apoteosis de Augusto.* || *Fig.* Honores extraordinarios tributados a una persona: *la apoteosis de Pasteur en la Sorbona.*

apoteótico, ca adj. Apoteósico.

apotrerar v. t. *Amer.* Encerrar el ganado en el potrero.

apoyar v. t. Hacer que una cosa descanse sobre otra: *apoyar los codos en la mesa.* || Basar, fundar: || *Fig.* Favorecer: *apoyar a un candidato.* || Confirmar una opinión o doctrina: *apoyar una teoría sobre hechos indiscutibles.* || *Mil.* Prestar protección una fuerza: *apoyar con artillería a una columna atacante.* || — V. i. Descargar, cargar, descansar: *la bóveda apoya sobre las dos paredes laterales.* || — V. pr. Servirse de una persona o cosa como apoyo: *apoyarse en alguien, en el suelo.*

apoyatura f. *Mús.* Nota de adorno, cuyo valor se toma de la nota siguiente. || *Fig.* Apoyo, base.

apoyo m. Lo que sirve para sostener: *punto de apoyo.*

apreciable adj. Capaz de ser apreciado. || *Fig.* Digno de estima o aprecio.

apreciación f. Estimación, evaluación.

apreciar v. t. Poner precio a las cosas vendibles, valorar. || *Fig.* Graduar el valor de una cosa: *apreciar el valor de un cuadro.* | Tener en estima a una persona: *apreciar el mérito de un maestro.* || — V. pr. Registrar. || Aparecer.

aprecio m. Apreciación. || *Fig.* Estima: *tener gran aprecio a uno.*

aprehender v. t. Coger, asir.

aprehensión f. Captura, prendimiento.

aprehensivo, va adj. Que aprehende. || Capaz de aprehender.

aprehensor, ra adj. y s. Que ase o agarra.

apremiante adj. Que apremia.

apremiar v. t. Dar prisa: *apremiar a que se termine una obra.* || *For.* Compeler: *apremiar al pago de una multa.* || — V. i. Urgir, dar prisa: *el tiempo apremia.*

apremio m. Urgencia, prisa. || Orden administrativa para obligar al pago de contribuciones. || For. Mandamiento judicial ejecutivo: *por vía de apremio.*

aprender v. t. Adquirir el conocimiento de una cosa: *aprender de memoria* (ú. t. c. pr.).

aprendiz, za m. y f. Persona que aprende un arte u oficio.

aprendizaje m. Acción de aprender algún arte u oficio. || Tiempo que en ello se emplea. || *Fig.* Primeros ensayos de una cosa.

aprensión f. Escrúpulo. || Temor infundado: *tener aprensión a los enfermos.* || Miramiento, delicadeza. || — Pl. Ideas falsas, figuraciones.

aprensivo, va adj. Temeroso.

apresar v. t. Asir, hacer presa con las garras o colmillos. || Apoderarse de una nave.

aprestar v. t. Aparejar, preparar lo necesario. || Engomar los tejidos. || — V. pr. Estar listo para: *se aprestó a salir.*

apresto m. Prevención, disposición. || Acción y efecto de aprestar las telas, las pieles. || — Pl. Utensilios.

apresurado, da adj. Con prisa.

apresuramiento m. Prisa.

apresurar v. t. Dar prisa, acelerar (ú. t. c. pr.). || Ejecutar con rapidez algo.

apretado, da adj. Comprimido. || *Fig.* Arduo, peligroso: *lance apretado.* | Apremiante, urgente: *situación apretada.*

***apretar** v. t. Estrechar con fuerza: *apretar entre los brazos.* || Oprimir: *apretar el gatillo.* || Comprimir. || *Fig.* Activar: *apretar el paso.* || Acosar, estrechar a uno. || Afligir, angustiar. || Instar con eficacia. || — V. i. Intensificar: *la lluvia aprieta.* || *Fam.* Apretar a correr, echar a correr.

apretón m. Estrechamiento fuerte y rápido: *apretón de manos.*

apretujar v. t. *Fam.* Apretar mucho.

apretura f. Aprieto, dificultad.

aprieto m. Opresión. || *Fig.* Dificultad, situación crítica, apuro: *hallarse en un aprieto.*

a priori loc. adv. Dícese de los conocimientos que son anteriores a la experiencia: *juzgar "a priori".*

apriorismo m. Razonamiento a priori.

aprisa adv. Rápidamente.

aprisco m. Paraje donde los pastores recogen el ganado.

aprisionar v. t. Poner en prisión. || *Fig.* Atar, sujetar: *aprisionado por el reglamento.*

aprobación f. Acción y efecto de aprobar.

aprobado, da adj. Que ha pasado con éxito un examen. || — M. Nota de aptitud en un examen.

***aprobar** v. t. Dar por bueno: *aprobar un dictamen.* || Calificar de bueno: *aprobar a un examinado.* || Asentir a una cosa: *aprobar la conducta de alguien.*

aprobativo, va y **aprobatorio, ria** adj. Que aprueba.

apropiación f. Acción y efecto de apropiar o apropiarse.

apropiado, da adj. Adecuado para el fin a que se destina.

apropiar v. t. Aplicar a una cosa lo que le es propio: *apropiar las palabras a las circunstancias.* || *Fig.* Acomodar: *apropiar el remedio al estado del enfermo.* || — V. pr. Tomar, apoderarse de alguna cosa.

aprovechable adj. Que se puede aprovechar o utilizar.

aprovechado, da adj. Bien empleado. || Que lo aprovecha todo o trata de sacar provecho de todo (ú. t. c. s.). || Aplicado, diligente.

aprovechamiento m. Provecho. || Utilización.

aprovechar v. i. Servir de provecho alguna cosa: *aprovechar la comida a uno.* || Adelantar en estudios, virtudes, etc. || — V. t. Emplear útilmente una cosa: *aprovechar una tela, el tiempo.* || — V. pr. Sacar utilidad de alguna cosa: *aprovecharse bien del buen consejo.*

aprovechón, ona m. y f. *Fam.* Que trata de sacar provecho de todo.

aprovisionar v. t. Abastecer.

aproximación f. Proximidad. || Acercamiento. || Número de la lotería muy próximo a los premios mayores y que goza de un pequeño premio. || Estimación aproximada: *cálculo con aproximación.*

aproximado, da adj. Aproximativo, que se acerca a lo exacto.

aproximar v. t. Arrimar, acercar (ú. t. c. pr.).

aproximativo, va adj. Que se aproxima o acerca: *cálculo aproximativo.*

ápside m. *Astr.* Cada uno de los dos extremos del eje mayor de la órbita trazada por un astro. U. m. en pl.: *línea de los ápsides.*

áptero, ra adj. y s. m. *Zool.* Que carece de alas: *insecto áptero.*

aptitud f. Disposición natural o adquirida: *aptitud para el trabajo.* || Idoneidad para un cargo.

apto, ta adj. Hábil, a propósito para hacer alguna cosa: *apto para el estudio, para un cargo.*

apuesta f. Acción y efecto de apostar dinero a otra cosa.

apuesto, ta adj. Ataviado, adornado: *joven bien apuesto.*

apulgararse v. pr. Llenarse la ropa blanca de manchas menudas.

apunarse v. pr. *Amer.* Padecer puna o soroche al atravesar los Andes.

apuntador, ra adj. y s. Que apunta. || — M. *Teatr.* El que se coloca en la concha para apuntar a los actores. || Traspunte.

apuntalamiento m. Acción y efecto de apuntalar.

apuntalar v. t. Poner puntales.

apuntamiento m. Acción y efecto de apuntar.

apuntar v. t. Dirigir hacia un punto un arma arrojadiza o de fuego: *apuntar el arco, el fusil.* || Señalar: *apuntar*

con el dedo. || Tomar nota de alguna cosa: *apuntar una dirección, un dato.* || Sacar punta a un objeto: *apuntar un lápiz.* || En el teatro, decir el texto de una obra a un actor. || Decir la lección a un alumno que no se la sabe. || *Fig.* Insinuar: *apuntar una idea.* | Sugerir en voz baja la lección. | Bosquejar. | Señalar o indicar: *apuntar la importancia de un problema.* || — V. i. Empezar a manifestarse una cosa: *apuntar el día, el bozo.* || *Fig.* Tener como misión u objeto. | Encararse un arma. || — V. pr. Empezar a agriarse el vino. || Inscribirse.

apunte m. Apuntamiento. || Nota que se toma por escrito. || Dibujo ligero. || Apuntador de teatro. || Puesta en el juego. || — Pl. Notas de las explicaciones de un profesor: *tomar apuntes.*

apuntillar v. t. Dar la puntilla: *apuntillar al toro.*

apuñalar v. t. Dar de puñaladas: *apuñalaron a un vecino.*

apurado, da adj. Pobre, con poco dinero. || Agotado. || Molesto: *estoy muy apurado.* || Falto: *estamos apurados de tiempo.* || Dificultoso, peligroso. || Exacto.

apurar v. t. Purificar: *apurar el aceite, el oro.* || Acabar o agotar: *apurar un cigarrillo, un vaso de vino.* || *Fig.* Examinar a fondo una cosa: *apurar una noticia.* | Apremiar, dar prisa: *no me apures más.* || Molestar, afligir: *me apura decírtelo.* || Apurar la paciencia, agotarla. || — V. pr. Afligirse, acongojarse. || Preocuparse: *apurarse por poca cosa.* || Apresurarse.

apureño, ña adj. y s. De Apure (Venezuela).

apuricmeño, ña adj. y s. Apurimeño.

apurimeño, ña adj. y s. De Apurímac (Perú).

apuro m. Aprieto, trance, dificultad: *estar en un apuro.* || Escasez grande: *tener apuros de dinero.* || Aflicción, conflicto, tristeza. || Vergüenza, sonrojo: *me da apuro decírselo.* || *Amer.* Prisa.

aquejar v. t. Acongojar, afligir. || Sufrir: *aquejado de grave enfermedad.*

aquel, lla, llo adj. y pron. Designa lo que está lejos de la persona que habla y de la persona con quien se habla: *aquel señor; éste es mayor que aquél.* (*Aquél, aquélla* se acentúan cuando son pronombres.) || — M. *Fam.* Encanto, gracia: *tiene su aquel.* || Algo, un poco de.

aquelarre m. Reunión de brujos. || *Fig.* Ruido.

aqueménida adj. Dícese de una dinastía persa fundada por Ciro.

aquende adv. De la parte de acá: *aquende los Pirineos.*

aqueo, a adj. y s. De Acaya. || *Por ext.* De la Grecia ant.

aquerenciarse v. t. Tomar querencia a un lugar, a una persona.

aquí adv. En este lugar: *aquí ocurrió el accidente.* || En este lugar: *ven aquí.* || En esto o en eso, de esto: *de aquí viene su desgracia.* || Ahora: *aquí me las va a pagar todas.* || Entonces, en tal ocasión: *aquí no pudo contenerse.*

aquiescencia f. Asenso, consentimiento.

aquietar v. t. Sosegar, apaciguar: *aquietar los ánimos* (ú. t. c. pr.).

aquilatamiento m. Acción y efecto de aquilatar.

aquilatar v. t. Calcular los kilates del oro, las perlas y piedras preciosas. || Purificar. || *Fig.* Apreciar el mérito de una persona o cosa.

aquitano, na adj. y s. De Aquitania.

ara f. Altar en que se ofrecen sacrificios. || Piedra consagrada del altar. || *En aras de,* en honor a. || — M. Guacamayo.

árabe adj. y s. De Arabia. || — M. Lengua árabe.

arabesco, ca adj. Arábigo. || — M. Adorno formado por motivos vegetales y geométricos, característicos de las construcciones árabes.

arábigo, ga adj. De Arabia. || — M. Lengua árabe.

arabismo m. Giro o modo de hablar propio de la lengua árabe. || Vocablo o giro de esta lengua empleado en otra.

arabista com. Persona que cultiva la lengua y literatura árabes.

arabización m. Acción y efecto de arabizar.

arabizar v. t. Dar carácter de árabe.

aráceas f. pl. Plantas angiospermas monocotiledóneas, como el aro y la cala (ú. t. c. adj.).

arácnidos m. pl. *Zool.* Clase de animales que comprende las arañas, escorpiones, etc.: *todos los arácnidos tienen cuatro pares de patas* (ú. t. c. adj.).

arada f. Acción de arar. || Tierra labrada con el arado.

arado m. Instrumento para labrar la tierra y abrir surcos en ella.

arador, ra adj. y s. Que ara. || *Zool.* Arácnido parásito que produce la sarna.

aragonés, esa adj. y s. De Aragón.

aragonesismo m. Voz o giro propio del castellano hablado en Aragón.

aragonito m. Carbonato de cal, cristalizado en prismas hexagonales, que se descubrió en Aragón.

araguato m. Mono aullador de América del Sur.

aragüés, esa adj. y s. De Aragua (Venezuela).

araliáceas f. pl. Familia de plantas dicotiledóneas que tienen por tipo la hiedra (ú. t. c. adj.).

arameo, a adj. y s. Descendiente de Aram. || Del país de Aram.

arancel m. Tarifa oficial de derechos de aduanas, ferrocarriles, etcétera. || Tasa.

arancelario, ria adj. Relativo al arancel: *derechos arancelarios.*

arándano m. Arbusto de bayas azuladas o negras comestibles.

arandela f. Disco perforado que se pone en el candelero para recoger lo que se derrama de la vela. || Anillo de metal para evitar el roce de las piezas.

araña f. *Zool.* Arácnido pulmonado de cuatro pares de patas y abdomen no segmentado, que segrega un hilo sedoso. || Lámpara colgante con varios brazos.

arañar v. t. Rasgar ligeramente con las uñas, un alfiler, etc. || Hacer rayas superficiales. || *Fig.* Recoger.

arañazo m. Rasguño.

arar v. t. Remover la tierra con el arado. || *Fig.* Arrugar. || *Fig. Arar en el mar,* trabajar inútilmente.

arauaco, ca adj. y s. V. ARAWAKO.

araucanismo m. Voz de origen indio propia del castellano hablado en Chile.

araucanista com. Persona que estudia la lengua y costumbres de los araucanos.

araucano, na adj. y s. De la ant. Araucanía o Arauco. || De Arauco, prov. de Chile. || De Arauca (Colombia). || — M. Lengua de los araucanos o mapuches.

araucaria f. Árbol conífero de América del Sur y Australia, que alcanza unos 50 m de altura.

arawako, ka adj. y s. Individuo de un pueblo indio de América, originario de la cuenca del Orinoco.

arbitrable adj. Que pende del arbitrio: *cuestión arbitrable.*

arbitraje m. Arreglo de un litigio por un árbitro y sentencia así dictada. || *Com.* Operación de cambio de valores mercantiles que se hace comparando los precios de diferentes plazas. || Acción del juez que arbitra un partido.

arbitral adj. Relativo al juez, árbitro: *juicio, sentencia arbitral.* || Formado por árbitros.

arbitramento y **arbitramiento** m. *For.* Acción o facultad de dar sentencia arbitral. || Formado por árbitros.

arbitrar v. t. Hacer que se observen las reglas de un juego: *arbitrar un partido de fútbol.* || *For.* Juzgar como árbitro: *arbitrar un conflicto.* || — V. pr. Ingeniarse.

arbitrariedad f. Acto o proceder contrario a la justicia, la razón o las leyes, ilegalidad.

arbitrario, ria adj. Que depende del arbitrio. || Que incluye arbitrariedad: *poder arbitrario.*

arbitrio m. Facultad que tiene la voluntad de elegir o de determinarse: *libre arbitrio.* || Medio extraordinario que se propone para la obtención de algún fin. || Juicio del juez árbitro. || — Pl. Impuestos municipales para gastos públicos: *arbitrios sobre alquileres, de alcantarillado.*

árbitro m. Persona escogida por un tribunal para decidir una diferencia. || Juez que cuida de la aplicación del reglamento en una contienda deportiva.

árbol m. *Bot.* Planta perenne, de tronco leñoso y elevado, que se ramifica a mayor o menor altura del suelo: *árbol frutal, de adorno.* || Nombre de varias plantas. || *Mar.* Palo de un buque. || *Mec.* Eje que sirve para recibir o transmitir el movimiento en las máquinas: *árbol motor.* || — *Árbol de Navidad,* decorado con el que se celebran las fiestas navideñas. || *Árbol genealógico,* cuadro descriptivo, en forma de un árbol con sus ramificaciones, en el que consta la afiliación de los distintos miembros de una familia.

arbolado, da adj. Poblado de árboles: *plaza, calle arbolada.* || — M. Conjunto de árboles.

arboladura f. *Mar.* Conjunto de palos y vergas de un buque.

arbolar v. t. Enarbolar: *arbolar bandera argentina.* || Poner los palos a una embarcación. || — V. pr. Encabritarse.

arboleda f. Sitio poblado de árboles.

*arborecer v. i. Hacerse árbol.

arbóreo, a adj. Relativo al árbol: *tallo arbóreo.* || Parecido a un árbol.

arborescencia f. Crecimiento o calidad de las plantas arborescentes. || Semejanza de ciertos minerales o cristalizaciones en forma de árbol.

arborescente adj. Planta que tiene caracteres parecidos a los del árbol.

arborícola adj. Que vive en los árboles.

arboricultura f. Cultivo de los árboles, generalmente de los árboles frutales.

arbotante m. *Arq.* Arco que contrarresta el empuje de otro arco o bóveda. || *Mar.* Palo que sobresale del casco de un buque y sirve de sostén.

arbusto m. Planta perenne de tallos leñosos y ramas desde la base.

arca f. Caja de madera con tapa asegurada con bisagras, candados o cerraduras. || Horno de las fábricas de vidrio. || — Pl. Pieza o armario metálico donde se guarda en las tesorerías. || *Anat.* Vacíos que hay debajo de las costillas, encima de los ijares. || — *Arca de agua,* depósito para recibir y repartir el agua. || *Arca de la Alianza,* aquella en que se guardaban las tablas de la ley, el maná y la vara de Aarón. || *Arca de Noé,* embarcación grande en que se salvaron del diluvio Noé, su familia y cierto número de animales. || *Arcas públicas,* el erario.

arcabucero m. Soldado que iba armado de arcabuz.

arcabuz m. Arma de fuego antigua de menos calibre que el mosquete. || Arcabucero.

arcada f. Conjunto o serie de arcos. || Ojo de puente. || — Pl. Náuseas.

arcaico, ca adj. Viejo, desusado. || *Geol.* Primitivo.

arcaísmo m. Voz o frase anticuada. || Imitación de las cosas de la Antigüedad.

arcaizante adj. Que arcaíza.

arcaizar v. i. Usar arcaísmos. || — V. t. Llenar una lengua de arcaísmos.

arcángel m. Ángel de orden superior que pertenece al octavo coro: *el arcángel Gabriel.*

arcano, na adj. y s. m. Secreto: *los arcanos de la política.*

arce m. Árbol aceráceo de madera muy dura.

arcediano m. Dignidad eclesiástica en las iglesias catedrales.

arcén m. Espacio en la carretera entre la calzada y la cuneta.

archidiácono m. Arcediano.

archidiócesis .f. Arquidiócesis.

archiducado m. Dignidad y territorio del archiduque.

archiducal adj. Relativo al archiduque o al archiducado.

archiduque, esa m. y f. Dignidad de los príncipes de las casas de Austria y de Baviera.

archimandrita m. En la Iglesia griega, dignidad inferior a la del obispo.

archimillonario adj. y s. Varias veces millonario.

archipiélago m. Conjunto de islas: *el archipiélago canario.*

archivador, ra adj. y s. Que archiva. || — M. Mueble o caja para archivar.

archivar v. t. Poner o guardar en el archivo.

archivero, ra s. Persona encargada de un archivo. || — M. *Méx.* Mueble donde se guardan archivos, archivador.

archivo m. Local donde se custodian documentos. || *Fig.* Persona que sabe guardar secretos. | Dechado, modelo. || *Archivo electrónico,* en informática, espacio de memoria donde se almacena información de similar estructura y que se opera con una misma orden.

archivolta f. *Arq.* Conjunto de molduras que decoran un arco.

arcilla f. Roca sedimentaria, plástica, formada principalmente por un silicato alumínico.

arcilloso, sa adj. Que tiene arcilla. | Parecido a la arcilla.

arcipreste m. Primero y principal de los presbíteros.

arco m. *Geom.* Porción de curva: *arco de círculo.* || *Arq.* Fábrica en forma de arco: *arco de puente.* || Arma para disparar flechas: *tirar con arco.* || *Mús.* Varilla de cerdas para tocar el violín, contrabajo, etc. || Aro de pipas, cubas, etcétera. || *Anat.* Hueso de forma arqueada: *arco alveolar de la aorta.*

arcón m. Arca grande.

arcontado m. Gobierno de los arcontes.

arconte m. Primer magistrado de las repúblicas griegas.

ardentía f. Ardor, pirosis.

arder v. i. Consumirse con el fuego: *la leña seca arde bien.* || *Fig.* Estar muy agitado por una pasión: *arder de* (o *en*) *amor, odio, ira.* || V. t. Abrasar, quemar. || — V. pr. Echarse a perder por el excesivo calor: *arderse las mieses, las aceitunas.*

ardid m. Artificio, maña.

ardiente adj. Que arde: *carbón ardiente.* || Que causa ardor: *sed, fiebre ardiente.* || *Fig.* Activo. | Vehemente: *deseo ardiente.*

ardilla f. Mamífero roedor de cola larga y poblada y que vive en los árboles.

ardimiento m. Ardor.

ardite m. Moneda antigua de escaso valor. || *Fam. No valer un ardite,* valer muy poco.

ardor m. Calor grande. || *Fig.* Vehemencia: *amar con ardor.* | Anhelo: *desear con ardor.* | Valor: *luchar con ardor.* || — Pl. Ardentía, pirosis.

ardoroso, sa adj. Que tiene ardor. || *Fig.* Ardiente, vigoroso.

arduo, dua adj. Muy difícil.

área f. Espacio de tierra ocupado por un edificio. || Medida agraria (100 m²). || Cuadro de tierra destinado al cultivo. || *Geom.* Superficie comprendida dentro de un perímetro: *el área de un triángulo.* || Superficie, zona, extensión. || Zona de un terreno de juego. || *Área protegida,* zona que se encuentra reservada debido a sus características naturales, su fauna y flora o por su importancia histórica.

arena f. Conjunto de partículas desagregadas de las rocas: *la arena de la playa.* || Metal o mineral en polvo: *arenas de oro.* || *Fig.* Lugar del combate o la lucha, palenque. || Redondel de la plaza de toros. || — Pl. *Med.* Cálculos o piedrecitas que se encuentran en la vejiga. || *Arena movediza,* arena que no ofrece resistencia a la presión del pie.

arenal m. Suelo de arena movediza. || Terreno arenoso.

arenar v. t. Cubrir de arena.

arenga f. Discurso enardecedor.

arengar v. t. Dirigir una arenga: *arengar a la tropa.*

arenífero, ra adj. Que contiene arena: *roca arenífera.*

arenoso, sa adj. Que tiene arena: *playa arenosa.*

arenque m. Pez teleósteo parecido a la sardina.

areola f. *Med.* Círculo rojizo que limita ciertas pústulas. || *Anat.* Círculo rojizo algo moreno que rodea el pezón del pecho.

aerometría f. Arte de medir con el areómetro.

areómetro m. *Fís.* Instrumento que sirve para medir la densidad de los líquidos.

areopagita m. Cada uno de los jueces del Areópago.

areópago m. Tribunal superior de la antigua Atenas. (El *Areópago* estaba formado por 31 jueces que entendían de las causas criminales.) || *Fig.* Reunión de personas consideradas competentes en una materia: *areópago literario.*

arepa f. *Amer.* Torta de maíz con manteca que se sirve rellena de carne de cerdo, chicharrón u otra cosa. || *Fam. Venez. Ganarse la arepa,* ganarse su pan, la vida.

arequipe m. *Col.* y *Venez.* Dulce de leche.

arequipeño, ña adj. y. s. De Arequipa (Perú).

arete m. Arillo. || Pendiente, arillo.

aretino, na adj. y s. De Arezzo (Italia).

argamasa f. Mezcla de cal, arena y agua que se emplea en albañilería.

argelino, na adj. y s. De Argel o Argelia.

argentar v. t. Platear.

argénteo, a adj. De plata.

argentífero, ra adj. Que contiene plata: *mineral argentífero.*

argentinidad f. Sentimiento de la nacionalidad argentina.

argentinismo m. Palabra o giro propio de los argentinos.

argentinizar v. t. Dar carácter argentino.

argentino, na adj. y s. De la República Argentina. || Adj. Argénteo. || Que tiene el sonido vibrante de la plata: *voz argentina.* || — M. *Arg.* Moneda de oro.

argolla f. Aro grueso de metal que sirve de asidero.

argón m. *Quím.* Elemento simple, gaseoso, incoloro, inodoro y sin ninguna actividad química (símb.), A, que en proporción de uno por ciento entra en la composición del aire.

argonauta m. Molusco cefalópodo que vive en los mares calientes. || Cada uno de los héroes griegos que en el navío *Argos* fueron a Cólquida para apoderarse del Vellocino de Oro. (Mit.)

argot m. Germanía, jerga. || Lenguaje convencional, especialmente utilizado por un grupo, una profesión, una clase social: *argot médico.*

argucia f. Sutileza, sofisma.

argüende m. *Méx.* Habladuría, chisme.

argüendear v. i. *Méx.* Chismorrear.

***argüir** v. t. Deducir, inferir. || Probar, demostrar, descubrir. || Echar en cara, acusar: *argüir de falso.* || — V. i. Oponer argumentos, impugnar. || Discutir.

argumentación f. Acción de argumentar. || Argumento.

argumentador, ra adj. y s. Que argumenta.

argumentar v. i. Argüir, disputar, discutir. || — V. t. Probar. || Alegar, decir.

argumento m. Razonamiento para demostrar una proposición. || Asunto o materia de una obra: *el argumento de una comedia.* || Resumen de una obra.

aria f. *Mús.* Composición escrita para una sola voz.

aridez f. Calidad de árido.

árido, da adj. Seco, estéril: *tierra árida.* || *Fig.* Falto de amenidad: *plática árida.* || — M. pl. Granos, legumbres y otras cosas sólidas a que se aplican medidas de capacidad.

ariete m. Máquina militar que se empleaba antiguamente para derribar murallas. || Buque de vapor, blindado y con un espolón muy reforzado y saliente para embestir. || *Fig.* En fútbol, delantero centro. || *Mec. Ariete hidráulico,* máquina para elevar agua.

arillo m. Arete, pendiente. || *Méx.* Aro metálico o plástico que cubre la parte del neumático que se apoya en la llanta.

ario, ria adj. y s. De un pueblo primitivo de Asia Central, del que proceden los indoeuropeos: *los arios invadieron* el N. de la India. || — M. Lengua de este pueblo.

arisco, ca adj. Áspero, intratable: *genio arisco; persona arisca.*

arista f. *Geom.* y *Fort.* Línea de intersección de dos planos.

aristocracia f. Clase noble. || Gobierno de la nobleza.

aristócrata com. Persona de la aristocracia.

aristocrático, ca adj. Relativo a la aristocracia: *sociedad aristocrática.* || Fino, distinguido: *de modales aristocráticos.*

aristocratizar v. t. Dar carácter aristocrático.

aristotélico, ca adj. Relativo a Aristóteles: *sistema aristotélico.* || — Adj. y s. Partidario del aristotelismo.

aristotelismo m. Doctrina de Aristóteles.

aritmética f. Ciencia de los números. || Libro que trata de esta ciencia.

aritmético, ca adj. Relativo a la aritmética. || Basado en la aritmética. || — M. y f. Persona que se dedica a esta ciencia.

arlequín m. Personaje cómico de la comedia italiana que llevaba una careta negra y traje hecho de rombos de distintos colores.

arlequinada f. Acción ridícula.

arlequinesco, ca adj. Del arlequín: *actitud arlequinesca.*

arma f. Instrumento destinado a ofender o defenderse: *arma arrojadiza, de fuego.* || *Blas.* Escudo: *las armas de la ciudad.* || *Fig.* Medios para conseguir un fin: *las armas de la hipocresía.* || *Mil.* Cada uno de los diversos institutos que constituyen la parte principal de los ejércitos combatientes: *el arma de infantería, de caballería, de artillería,* etc. || — Pl. Tropas o ejércitos de un Estado: *las armas de España.* || Profesión militar. || *Taurom.* Asta, cuerno. || *Zool.* Defensas de los animales. || — *Alzarse en armas,* sublevarse. || *Fig. Arma de dos filos,* la que puede tener efectos contrarios a los apetecidos. || *De armas tomar,* resuelto, atrevido, de cuidado. || *Hacer sus primeras armas,* hacer uno su primera campaña. || *Hecho de armas,* hazaña de guerra. || *Pasar por las armas,* fusilar. || *Presentar las armas,* rendir honores. || *Rendir las armas,* entregarse al enemigo.

armada f. Conjunto de fuerzas navales de un Estado. || Escuadra.

armadía f. Conjunto de maderos unidos unos con otros que conducirlos fácilmente a flote por los ríos.

armadillo m. Mamífero desdentado de la América Meridional, cuyo lomo está cubierto de escamas córneas.

armado, da adj. Provisto de armas. || Provisto de una armadura metálica interna: *cemento armado.* || — M. Acción de armar: *el armado de una prenda.*

armador, ra m. y — M. El que por su cuenta arma o equipa una embarcación.

armadura f. Conjunto de armas defensivas que protegían el cuerpo. || *Arq.* Armazón: *armadura de un tejado, de la cama.*

armamento m. Acción de armar. || Apresto para la guerra. || Conjunto de armas. || Armas y fornitura de un soldado. || Equipo de un buque.

armar v. t. Dar armas. || Disponer para la guerra: *armar un ejército.* || Aprestar un arma para disparar: *armar la ballesta, el fusil.* || *Por ext.* Tensar el muelle de un mecanismo. || Concertar o montar las piezas de un mueble, artefacto, etc.: *armar una máquina, una cama, una tienda de campaña.* || Fundar, asentar una cosa sobre otra. || Dar forma, resistencia o consistencia. || Equipar un barco. || *Fig.* y *fam.* Organizar. | Causar, provocar: *armar disgustos.* || *Fam. Armarla* o *armar una,* meter mucho ruido o jaleo. || — V. pr. *Fig.* Disponer deliberadamente el ánimo para conseguir un fin o resistir una contrariedad: *armarse de paciencia.* | Estallar, producirse: *se armó un escándalo.* || *Fam. Armarse la gorda, la de San Quintín* o *la de Dios es Cristo,* producirse un escándalo o alboroto.

armario m. Mueble con puertas y anaqueles para guardar objetos o ropa: *armario de luna; armario frigorífico.* || *Armario empotrado,* el hecho en la pared.

armatoste m. Cosa grande y destartalada.

armazón f. Armadura, estructura sobre la que se monta una cosa. || — M. Esqueleto.

armella f. Anillo de hierro con una espiga para clavarlo.

armenio, nia adj. y s. De Armenia.

armería f. Museo de armas: *la armería de Madrid.* || Arte de fabricar armas. || Tienda del armero.

armero m. Fabricante, reparador o vendedor de armas. || Aparato para colocar las armas: *colocar el fusil en el armero.*

armiño m. Mamífero de piel muy suave y delicada, parda en verano y blanquísima en invierno, excepto la punta de la cola, que es siempre negra. || Su piel. || *Blas.* Figura del blasón.

armisticio m. Suspensión de hostilidades: *firmaron el armisticio.*

armón m. *Mil.* Juego delantero de la cureña del cañón de campaña.

armonía f. Arte de formar los acordes musicales. || Unión o combinación de sonidos agradables. || Proporción y correspondencia de las partes de un todo. || *Fig.* Amistad y buena correspondencia: *vivir en armonía.*

armónico, ca adj. Relativo a la armonía: *composición armónica.* || — M. *Mús.* Sonido producido por la resonancia de otro. | Sonido que se obtiene apoyando suavemente el dedo sobre una cuerda que vibra. || — F. Instrumento músico que se toca con los labios.

armonio m. *Mús.* Órgano pequeño y al que se da aire con un fuelle movido con los pies.

armonioso, sa adj. Agradable al oído: *voz armoniosa.* || *Fig.* Que tiene armonía: *versos armoniosos.*

armonización f. Acción y efecto de armonizar.

armonizar v. t. Poner en armonía: *armonizar colores, opiniones, intereses.* || *Mús.* Escribir los acordes correspondientes a una melodía: *armonizar un tema.* || — V. i. Formar o estar en armonía: *los muebles armonizan con lo demás.*

A.R.N. m. *Biol.* Ácido ribonucleico necesario para los procesos genéticos.

arnés m. Armadura que se amoldaba al cuerpo. || — Pl. Guarniciones de las caballerías. || *Fig.* y *fam.* Aprestos, equipo.

árnica f. Planta compuesta, de cabezuela amarilla, cuyas flores y raíz se emplean en forma de tintura para heridas y contusiones.

aro m. Círculo o anillo de hierro, madera, etc.: *aro de un tonel.* || Juguete infantil en forma de aro de madera: *jugar al aro.* || Planta arácea de raíz feculenta. || Servilletero. || Zarcillo, pendiente. || *Fig.* y *fam. Entrar* o *pasar por el aro,* hacer algo por fuerza.

aroideas f. pl. *Bot.* Aráceas.

aroma m. Flor del aromo. || Perfume, olor muy agradable: *aroma del café, de la canela.*

aromático, ca adj. Que tiene la naturaleza del aromo.

aromatización f. Acción de aromatizar.

aromatizador m. *Amer.* Vaporizador.

aromatizante adj. Que aromatiza: *esencia aromatizante.*

aromatizar v. t. Perfumar con una sustancia. || Dar aroma.

aromo m. Árbol de ramas espinosas cuya flor es la aroma.

arpa f. *Mús.* Instrumento triangular de cuerdas verticales que se toca con ambas manos.

arpegiar v. i. *Mús.* Hacer arpegios.

arpegio m. *Mús.* Sucesión de los sonidos de un acorde.

arpía f. Ser fabuloso con rostro de mujer y cuerpo de ave de rapiña. || *Fig.* Mujer perversa o muy fea y flaca. | Persona codiciosa. || *Zool.* Especie de águila de América.

arpillera f. Tejido basto.

arpista com. Persona que tañe el arpa: *una arpista hábil.*

arpón m. *Mar.* Dardo con ganchos para la pesca mayor.

arponear v. t. Cazar o pescar con arpón: *arponear una ballena.*

arponero m. El que fabrica o pesca con arpones.

arquear v. t. Dar figura de arco: *arquear un mimbre.* || *Mar.* Medir la capacidad de un buque. || — V. i. Tener náuseas.

arqueo m. Acción y efecto de arquear o arquearse. || *Com.* Reconocimiento de los caudales y papeles de una caja: *hacer el arqueo.* || *Mar.* Cabida de la nave: *arqueo neto, bruto.*

arqueolítico, ca adj. De la edad de piedra.

arqueología f. Ciencia que estudia las artes y los monumentos de la Antigüedad: *arqueología egipcia, mexicana*.

arqueológico, ca adj. Relativo a la arqueología.

arqueólogo m. El que profesa la arqueología o tiene especiales conocimientos sobre esta materia.

arquero m. Soldado que peleaba con arco. || Cajero, tesorero. || *Amer.* Guardameta, portero de un equipo de fútbol.

arquetipo m. Modelo original de una obra material o intelectual. || Tipo ideal, ejemplo.

arquidiócesis f. Archidiócesis.

arquípteros m. pl. Orden de insectos masticadores con cuatro alas membranosas, como el caballito del diablo (ú. t. c. adj.).

arquitecto m. El que ejerce la arquitectura.

arquitectónico, ca adj. Relativo a la arquitectura. || — F. Conjunto de reglas de la arquitectura.

arquitectura f. Arte de proyectar, construir y adornar edificios. || *Fig.* Forma, estructura: *arquitectura del cuerpo humano*.

arquitrabe m. *Arq.* Parte inferior del cornisamento, la cual descansa inmediatamente sobre el capitel de la columna.

arquivolta f. *Arq.* Archivolta.

arrabal m. Barrio extremo o contiguo a una población: *los arrabales de Buenos Aires*. || Población anexa a otra mayor.

arrabalero, ra y **arrabalesco, ca** adj. y s. Habitante de un arrabal. || *Fig.* y *fam.* Vulgar, bajo.

arrabio m. Hierro bruto de primera fusión.

arracimarse v. pr. Unirse en figura de racimo.

arraclán m. Árbol ramnáceo de cuya flexible madera se saca un carbón muy ligero.

arraigamiento m. Arraigo.

arraigar v. i. *Bot.* Echar raíces. || *Fig.* Hacerse muy firme algo inmaterial: *arraigar una costumbre, una idea.* || *For.* Prestar garantía para las resultas de un juicio con bienes raíces. || — V. t. *Fig.* afirmar, establecer: *arraigar el sistema democrático.* || — V. pr. Establecerse de asiento: *arraigarse bajo otro clima.*

arraigo m. Acción y efecto de arraigar o arraigarse. || Bienes raíces: *fianza de arraigo.*

arramblar y **arramplar** v. t. Dejar un río o torrente cubierto de arena el suelo por donde pasa. || *Fig.* Arrastrarlo todo, llevándoselo con violencia, coger: *arramblar con todo.* || — V. pr. Cubrirse el suelo de arena a causa de una avenida.

arrancaclavos m. inv. Utensilio para sacar los clavos.

arrancada f. Acción de arrancar o emprender la marcha una persona, un animal, un buque, un automóvil u otro vehículo. || *Mar.* Aumento repentino de velocidad en la marcha de un buque. || En halterofilia, movimiento para levantar de un golpe la barra por encima de la cabeza en el extremo de los brazos rígidos.

arrancador, ra adj. y s. Que arranca. || — F. Máquina agrícola con un dispositivo para el arranque de tubérculos y raíces.

arrancadura f. y **arrancamiento** m. Acción de arrancar.

arrancar v. t. Sacar de raíz: *arrancar un árbol, una muela.* || Sacar con violencia: *arrancar un pedazo del vestido.* || *Fig.* Obtener con violencia, trabajo o astucia: *arrancar dinero, una confesión, un secreto.* | Separar con violencia a una persona de alguna parte o costumbre. || Poner en marcha, hacer funcionar: *arrancar el barco, el caballo, el automóvil.* || Iniciarse el funcionamiento: *arrancar el motor.* || — V. i. Andar, partir: *el coche arrancó.* || Echar a correr. || Abalanzarse, arrojarse: *el toro arrancó contra él.* || *Arq.* Principiar el arco o la bóveda. || Salir de alguna parte: *el ferrocarril arranca de Irún.* || Provenir, traer origen: *esta costumbre arranca de la Edad Media.* || — V. pr. Empezar, ponerse: *arrancarse a cantar.*

arranque m. Acción y efecto de arrancar. || *Fig.* Arrebato: *arranque de ira, de mal genio.* | Pujanza, brío. | Ocurrencia. | Salida: *un arranque desagradable.* | Comienzo, punto de partida: *el arranque de un razonamiento.* || *Anat.* Comienzo de un miembro. || *Arq.* Principio de un arco o bóveda. || *Mec.* Pieza para poner en funcionamiento un motor.

arras f. pl. Lo que se da como prenda de un contrato. || Monedas que el celebrarse el matrimonio entrega el desposado a la desposada.

arrasamiento m. Acción y efecto de arrasar.

arrasar v. t. Allanar, echar por tierra: *arrasar las viejas murallas.* || Arruinar, devastar: *arrasar el fuego un edificio.* || Rasar, igualar con el rasero: *arrasar los granos.* || Llenar hasta el borde: *arrasar una vasija de líquido.* || — V. i. Despejarse el cielo (ú. t. c. pr.). || — V. pr. Sumirse: *arrasarse en lágrimas.*

arrastrado, da adj. *Fig.* y *fam.* Pobre, azaroso, miserable: *llevar una vida arrastrada.* || Dícese de los juegos en los que hay que servir cartas del mismo color: *tute arrastrado.* || *Fam.* Servil, adulador. || — F. *Fam.* Mujer pública.

arrastramiento m. Acción de arrastrar o arrastrarse.

arrastrar v. t. Llevar a una persona o cosa por el suelo, tirando de ella: *la multitud arrastró al asesino.* || *Fig.* Convencer, llevar tras sí o traer a su dictamen: *la oratoria de Cicerón arrastraba a Roma.* | Impulsar irresistiblemente: *arrastrar al crimen.* | Tener por consecuencia inevitable: *la guerra arrastra la muerte y la ruina.* | Soportar penosa-

mente: *arrastrar triste vejez.* || — V. t. Colgar hasta tocar el suelo: *arrastrar las cortinas, los manteles.* || Jugar triunfos en las cartas. || — V. pr. Trasladarse rozando el suelo: *se arrastra la culebra, el lagarto y el galápago.* || *Fig.* Humillarse demasiado.

arrastre m. Acción de arrastrar.

arrayán m. Arbusto mirtáceo de flores blancas y follaje siempre verde.

¡arre! interj. Se emplea para arrear a las bestias: *¡arre, burro!*

arrear v. t. Estimular a las bestias con la voz o el látigo. || Dar prisa, estimular. || Poner arreos. || *Fam.* Dar, soltar: *arrear un guantazo.* || — V. i. Caminar de prisa.

arrebañar v. t. Rebañar, coger.

arrebatado, da adj. Precipitado e impetuoso. || De rostro encendido.

arrebatamiento m. Acción de arrebatar. || Rapto. || *Fig.* Furor, enajenamiento. || Éxtasis.

arrebatar v. t. Quitar o tomar algo con violencia. || Coger con precipitación. || Llevar tras sí. || *Fig.* Sacar de sí, entusiasmar, conmover. || — V. pr. Enfurecerse, irritarse: *arrebatarse de ira, de cólera.*

arrebato m. Arrebatamiento, furor: *hablar con arrebato.* || Arranque, manifestación brusca y pasajera de un sentimiento: *arrebato de cólera.* || Éxtasis.

arrebol m. Color rojo de las nubes. || Afeite encarnado: *darse arrebol a las mejillas.* || Rubor.

arrebolarse v. pr. Pintarse de arrebol. || Ruborizarse. || Tomar un color rojizo: *el cielo se arrebolaba.*

arrebujar v. t. Coger o dejar desordenadamente. || — V. pr. Cubrirse bien: *arrebujarse en una manta.*

arreciar v. i. Hacerse cada vez más violenta una cosa: *arrecia la lluvia.* || — V. pr. Arreciarse.

arrecife m. Banco o bajo formado en el mar por rocas o políperos casi a flor de agua: *arrecifes de coral.*

*arrecirse v. pr. Entumecerse por exceso de frío.

arrechucho m. *Fam.* Arranque: *tener arrechuchos de ira.* | Indisposición repentina y pasajera: *arrechucho de fiebre.*

arredramiento m. Miedo.

arredrar v. t. Apartar, separar. || *Fig.* Amedrentar, atemorizar. Ú. t. c. pr.: *nada le arredra.*

arreglado, da adj. Sujeto a regla. || *Fig.* Ordenado y moderado. | Metódico: *vida arreglada.* | Razonable: *precio arreglado.*

arreglar v. t. Sujetar a regla: *arreglar el régimen alimenticio.* || Reparar: *arreglar un traje.* || Poner orden: *arreglar su cuarto.* || Instalar. || Solucionar: *arreglar un asunto.* || Decorar, embellecer: *arreglar un piso.* || Enmendar: *arreglar un escrito.* || Adaptar: *arreglar una comedia.* || Corregir: *arreglar un error.* || — V. pr. Conformarse: *me arreglo con cualquier cosa.* || Componerse, ataviarse: se arregló para salir. || *Fam. Arreglárselas,* componérselas.

arreglo m. Avenencia: *encontrar una fórmula de arreglo.* || Reparación: *arreglo de un mueble.* || Adaptación: *arreglo de una obra musical.* || *Fam.* Amancebamiento. || *Con arreglo a,* según.

arrellanarse v. pr. Sentarse con toda comodidad: *arrellanarse en su butaca.*

arremangar v. t. Recoger hacia arriba: *arremangar las mangas.*

arremetedor, ra adj. y s. Que arremete.

arremeter v. t. e i. Acometer.

arremetida f. Acción de arremeter.

arremolinarse v. pr. Hacer remolinos. || *Fig.* Amontonarse o apiñarse desordenadamente las gentes.

arrendable adj. Que puede arrendarse.

arrendador, ra m. y f. Persona que da en arriendo alguna cosa. || Arrendatario, inquilino.

arrendamiento m. Acción de arrendar y precio en que se arrienda. || Contrato.

*****arrendar** v. t. Adquirir mediante precio el disfrute temporal de bienes inmuebles: *arrendar una granja.* || Atar por las riendas una caballería. || Enseñar al caballo a que obedezca a la rienda. || *Fam. No le arriendo la ganancia,* no envidio su suerte.

arrendatario, ria adj. y s. Que toma en arrendamiento una cosa: *sociedad arrendataria.*

arrendaticio, cia adj. Relativo al arrendamiento.

arreo m. Atavío, adorno. || — Pl. Guarniciones de las caballerías. || Accesorios.

arrepanchigarse v. pr. Arrellanarse.

arrepentido, da adj. Persona que se arrepiente.

arrepentimiento m. Pesar de haber hecho una cosa.

*****arrepentirse** v. pr. Pesarle a uno haber hecho o no una cosa: *¡ya te arrepentirás!*

arrequive m. Labor de algunos vestidos.

arrestado, da adj. Audaz, arrojado. || — Adj. y s. Preso.

arrestar v. t. Poner preso a uno: *arrestar a un militar.*

arresto m. Acción de arrestar. || Detención provisional: *arresto mayor, menor.* || Arrojo, determinación, audacia.

arrianismo m. Herejía de Arrio y de los adeptos de esta doctrina.

arriano, na adj. y s. Sectario de Arrio. || Relativo al arrianismo.

arriar v. t. *Mar.* Bajar un buque las velas o las banderas.

arriarse v. pr. Inundarse.

arriate m. Cuadro de plantas y flores: *un arriate de rosas.*

arriba adv. A lo alto. || En lo alto, en la parte alta. || En lugar anterior. || Más de: *de cinco euros arriba.* || — Interj. Se emplea para alentar o aclamar. || —

De arriba, de Dios. || *De arriba abajo,* de cabo a rabo o con desdén.

arribada f. *Mar.* Llegada de la nave. || Bordada que da un buque, dejándose ir con el viento. || Llegada: *arribada de mercancías.*

arribano, na adj. y s. *Per.* De la costa arriba o norte. || *Chil.* Del Sur.

arribar v. i. *Mar.* Llegar la nave al puerto. || Dejarse ir la barca con el viento. || Llegar por tierra a cualquier paraje.

arribeño, ña adj. y s. *Amer.* Aplícase por los habitantes de las costas a los de las tierras altas.

arribismo m. Ambición, deseo de triunfar a toda costa.

arribista adj. y s. Persona dispuesta a triunfar a cualquier precio: *arribistas de la política.*

arribo m. Llegada.

arriendo m. Arrendamiento.

arriero m. El que conduce las caballerías de carga.

arriesgado, da adj. Aventurado, peligroso. || Imprudente, temerario. || Osado, atrevido.

arriesgar v. t. Poner en riesgo: *arriesgar todo su capital, la vida.* || — V. pr. Exponerse: *arriesgarse a perder.*

arrimado, da s. *Amer.* Persona que vive en casa ajena sin pagar.

arrimar v. t. Acercar: *arrimar un armario a la pared.* || *Fig.* Arrinconar: *arrimar los libros.* || *Fig. y fam.* Dar un golpe: *arrimar un puntapié, un bofetón.* || — Pop. Arrimar candela, pegar. || *Fam.* Arrimar el ascua a su sardina, mirar preferentemente por los propios intereses. || *Fam.* Arrimar el hombro, cooperar a un trabajo. || — V. pr. Apoyarse sobre alguna cosa: *arrimarse a la mesa.* || *Fig.* Acogerse a la protección de uno.

arrimo m. Cosa a que se arrima uno. || *Fig.* Favor, protección. | Apego, inclinación.

arrinconado, da adj. Apartado. || *Fig.* Olvidado.

arrinconamiento m. Recogimiento o retiro.

arrinconar v. t. Poner en un rincón: *arrinconar los muebles viejos.* || *Fig.* No hacer caso de uno, postergarle: *arrinconar a un funcionario.*

arriscado, da adj. Lleno de riscos, escarpado: *altura arriscada.* || Atrevido: *hombre arriscado.*

arriscar v. t. Arriesgar. || — V. pr. Despeñarse: *arriscarse las reses por las fragosidades del monte.* || *Fig.* Engreírse o envanecerse.

arritmia f. *Med.* Irregularidad del pulso.

arrítmico, ca adj. Relativo a la arritmia.

arrivismo m. Galicismo por *arribismo.*

arrivista adj. y s. Galicismo por *arribista.*

arroba f. Peso que equivale a 11,502 kg. || Medida variable de líquidos (16,137 litros de vino y 12,564 de aceite). || *Fig. Por arrobas,* en gran cantidad.

arrobado, da adj. En éxtasis.

arrobador, ra adj. Que arroba.

arrobamiento m. Éxtasis.

arrobar v. t. Embelesar. || (Ant.). Robar. || — V. pr. Enajenarse, quedar fuera de sí.

arrobo m. Arrobamiento.

arrocero, ra adj. Relativo al arroz: *molino arrocero.* || — M. y f. Persona que cultiva o vende arroz.

arrodillar v. t. Hacer que uno hinque las rodillas. || — V. i. y pr. Ponerse de rodillas. || *Fig.* Humillarse.

arrodrigonar v. t. *Agr.* Poner rodrigones a las plantas.

arrogancia f. Altanería, soberbia. || Gallardía, elegancia: *anda con arrogancia.*

arrogante adj. Altanero, soberbio. || Valiente, brioso. || Gallardo, airoso, elegante.

arrogarse v. pr. Atribuirse indebidamente: *arrogarse un derecho.*

arrojadizo, za adj. Que se puede arrojar: *arma arrojadiza.*

arrojado, da adj. *Fig.* Resuelto: *hombre arrojado.*

arrojar v. t. Lanzar: *arrojar una piedra.* || Echar: *arrojar a la basura.* || Alcanzar, totalizar: *arrojar un gran beneficio.* || *Fig.* Dar como resultado: *el debe arroja más que el haber.* || Señalar, mostrar. || *Fam.* Vomitar. || — V. pr. Precipitarse: *arrojarse al agua.* || Abalanzarse: *arrojarse contra uno.* || *Fig.* Resolverse a emprender algo.

arrojo m. Osadía, intrepidez.

arrollador, ra adj. Que arrolla. || Irresistible: *fuerza arrolladora.* || Clamoroso: *éxito arrollador.*

arrollar v. t. Envolver una cosa en forma de rollo. || Llevar rodando el agua o el viento alguna cosa: *arrollar árboles, muros, tejados.* || Atropellar: *el coche arrolló a un peatón.* || *Fig.* Desbaratar: *arrollar al enemigo.* | Confundir a uno en la discusión. | Atropellar: *arrollar las leyes.*

arropar v. t. Cubrir, abrigar con ropa. || *Fig.* Cubrir, amparar, proteger. || — V. pr. Cubrirse con ropa: *en invierno hay que arroparse.* || Taparse en la cama. || *Fig.* Protegerse: *arroparse con buenas recomendaciones.*

arrope m. Mosto cocido. || *Farm.* Jarabe espeso: *arrope de moras.* || *Amer.* Dulce de tuna y algarroba y otros frutos.

arrostrar v. t. *Fig.* Hacer cara, afrontar: *arrostrar un peligro.*

arroyo m. Riachuelo. || Parte de la calle por donde corren las aguas. || *Fig.* Afluencia de cualquier cosa líquida.

arroz m. Planta gramínea cuya semilla, blanca y harinosa, es comestible.

arrozal m. Campo de arroz.

arruga f. Pliegue.

arrugado, da adj. Que tiene arrugas.

arrugamiento m. Acción y efecto de arrugar o arrugarse.

arrugar v. t. Hacer arrugas.

arruinamiento m. Ruina.

arruinar v. t. Causar ruina.

arrullador, ra adj. y s. Que arrulla.

arrullar v. t. Enamorar con arrullos el palomo a la hembra, o al contrario. || *Fig.* Adormecer al niño con arrullos.

arrullo m. Canto monótono con que se enamoran las palomas y las tórtolas. || *Fig.* Cantarcillo para adormecer a los niños.

arrumaco m. *Fam.* Demostración de cariño, mimo.

arrumaje m. *Mar.* Reparto y colocación de la carga en un buque.

arrumar v. t. *Mar.* Distribuir la carga en un buque. || *Col., Ecuad., Per.* y *Venez.* Amontonar. || — V. pr. *Mar.* Cargarse de nubes el horizonte.

arrumbar v. t. Arrinconar una cosa como inútil en lugar excusado. || *Fig.* Arrollar a uno en la conversación. || — V. i. *Mar.* Fijar el rumbo a que se navega o debe navegar.

arruruz m. Fécula que se extrae de la raíz de una planta de la India: *sopa de arruruz.*

arsenal m. Establecimiento en que se construyen, reparan y conservan las embarcaciones. || Depósito o almacén general de armas y otros efectos de guerra.

arseniato m. *Quím.* Sal formada por el ácido arsénico con una base.

arsénico m. *Quím.* Cuerpo simple (As), de número atómico 33, de color gris y brillo metálico, y densidad 5,7. (Sus compuestos son venenosos.)

arsenioso, sa adj. *Quím.* Dícese de un ácido del arsénico conocido por sus sales.

arsenito m. *Quím.* Sal formada por el ácido arsénico con una base.

arseniuro m. *Quím.* Combinación del arsénico con un metal.

arte amb. Virtud, poder, eficacia y habilidad para hacer bien una cosa: *trabajar con arte.* || Conjunto de reglas de una profesión: *arte dramático, militar.* || Obra humana que expresa simbólicamente, mediante diferentes materias, un aspecto de la realidad entendida estéticamente. || Conjunto de obras artísticas de un país o una época: *arte helénico, azteca.* || Aparato para pescar. || Cautela, astucia, maña. || — F. pl. Lógica, física y metafísica: *curso de artes.* || — *Artes liberales,* las que requieren principalmente el ejercicio de la inteligencia. || *Artes mecánicas,* las que exigen el trabajo manual o el concurso de máquinas. || *Bellas Artes,* pintura, escultura, arquitectura, música, literatura, danza, teatro y cine. || *No tener arte ni parte,* no tener ninguna intervención en un asunto. || *Por amor al arte,* completamente gratis. || *Arte marcial,* sistema de combate, sin armas o con armas blancas, que se practica también como deporte.

— OBSERV. Se emplea generalmente en m. en el sing. y f. en el pl.

artefacto m. Aparato, mecanismo: *artefactos espaciales.*

artejo m. *Anat.* Nudillo, articulación de los dedos. || *Zool.* Pieza articulada que forma los segmentos de los artrópodos.

arteria f. *Anat.* Cada uno de los vasos que llevan la sangre desde el corazón a las demás partes del organismo: *arteria aorta, pulmonar.* || *Fig.* Gran vía de comunicación: *las arterias de la ciudad.*

arterial adj. De las arterias.

arteriola f. Arteria pequeña.

arteriosclerosis f. *Med.* Endurecimiento de las arterias.

arteritis f. *Med.* Inflamación de las arterias.

artero, ra adj. Astuto.

artesa f. Recipiente para amasar el pan y otros usos.

artesanado m. Conjunto de los artesanos.

artesanal adj. Relativo a la artesanía.

artesanía f. Clase social de los artesanos. || Arte de los artesanos.

artesano, na m. y f. Trabajador manual que ejerce un oficio por su cuenta. || *Fig.* Autor, artífice.

artesiano adj. V. POZO *artesiano.*

artesón m. *Arq.* Adornos con molduras, que se ponen en los techos y bóvedas. || Artesonado.

artesonado, da adj. *Arq.* Adornado con artesones. || — M. *Arq.* Techo de artesones.

artesonar v. t. Adornar con artesones.

ártico, ca adj. Relativo al polo Norte: *tierras árticas.*

articulación f. *Anat.* Unión de un hueso con otro. || División o separación. || Pronunciación clara y distinta de las palabras: *articulación silbante.* || *Mec.* Unión de dos piezas: *la articulación de una biela.*

articulado, da adj. Que tiene articulaciones: *animal articulado.* || Dícese de la voz humana modificada por la pronunciación: *lenguaje articulado.* || — M. Conjunto o serie de los artículos de un tratado, ley, reglamento, etc. || — Pl. *Zool.* V. ARTRÓPODOS.

articular adj. Relativo a las articulaciones: *cartílago articular.*

articular v. t. Unir, enlazar: *articular dos piezas de una máquina.* || Pronunciar clara y distintamente. || *For.* Enunciar en artículos, proponer medios de prueba.

articulista com. Persona que escribe artículos para un periódico.

artículo m. Una de las partes en que suelen dividirse los escritos. || Escrito publicado en un periódico. || Cada una de las divisiones del diccionario. || Cada una de las divisiones numeradas de una ley, tratado o reglamento. || Objeto de comercio: *artículo de moda.* || *For.* Probanza o pregunta de un interrogatorio. || *Gram.* Parte de la oración que se antepone al nombre para determinarlo. || *Zool.* Artejo. || — *Artículo de fe,* verdad revelada por Dios. || *Artículo de fondo,* el que en los periódicos se inserta en lugar preferente. || *Artículo de la muerte,* tiempo muy cercano a la muerte.

artífice com. Persona que ejecuta una obra artística o mecánica. || *Fig.* Autor: *ha sido el artífice de su fortuna.*

artificial adj. Hecho por mano del hombre. || *Fig.* Ficticio.

artificiero m. Soldado encargado de preparar los explosivos. || Pirotécnico.

artificio m. Arte, habilidad con que está hecha una cosa. || Aparato, mecanismo. || *Fig.* Disimulo, astucia, cautela.

artificioso, sa adj. Hecho con habilidad. || *Fig.* Disimulado, astuto, doble.

artiguense adj. y s. De Artigas (Uruguay).

artillar v. t. Armar de artillería: *artillar una fortificación.*

artillería f. Parte del material de guerra que comprende los cañones, morteros, obuses, etc.: *artillería pesada.* || Cuerpo de artilleros.

artillero m. Soldado de artillería: *los artilleros de la costa.*

artilugio m. Aparato de poca importancia. || *Fig.* Maña, trampa, subterfugio.

artimaña f. Trampa. || Artificio, astucia.

artiodáctilos m. pl. *Zool.* Orden de mamíferos ungulados, de dedos pares, que comprende los paquidermos y rumiantes (ú. t. c. adj.).

artista com. Persona que se dedica a alguna de las bellas artes, como el pintor, el escultor, etc. || Persona que interpreta una obra musical, teatral, cinematográfica. || — Adj. Que tiene gustos artísticos.

artístico, ca adj. Relativo a las artes: *velada artística.*

artrítico, ca adj. *Med.* Relativo a la artritis: *dolor artrítico.* || — M. y f. Persona que padece artritis.

artritis f. *Med.* Inflamación de las articulaciones: *artritis crónica.*

artritismo m. *Med.* Enfermedad causada por desórdenes de la nutrición: *el artritismo se manifiesta por obesidad, diabetes, gota,* etc.

artrópodos m. pl. *Zool.* Animales articulados, como los crustáceos y los insectos (ú. t. c. adj.).

arúspice m. Sacerdote de la antigua Roma que examinaba las entrañas de las víctimas para hacer presagios.

arveja f. Algarroba. || Guisante.

arvejal m. Terreno sembrado de arvejas.

arvejo m. Guisante.

arzobispado m. Dignidad o jurisdicción del arzobispo.

arzobispal adj. Del arzobispo.

arzobispo m. Obispo de iglesia metropolitana de quien dependen otros obispos sufragáneos.

arzón m. Fuste de la silla de montar.

as m. Moneda de cobre de los romanos, que valía doce onzas. || Carta de la baraja que lleva el número uno. || Punto único de una de las caras del dado. || *Fig.* El primero en su clase: *un as del volante, de la aviación.*

As, símbolo del *arsénico.*

asa f. Asidero.

asado m. Carne asada. || *Riopl.* Asado con cuero, trozo de carne vacuna que se asa al aire libre con su correspondiente cuero.

asador m. Varilla en que se clava lo que se quiere asar.

asadura f. Conjunto de las entrañas del animal (ú. m. en pl.). || *Pop.* Pachorra. || *Fig. y fam.* Echar las asaduras, afanarse, trabajar mucho. || — M. *Pop.* Pachorrudo.

asaetear v. t. Disparar saetas. || Herir o matar con saetas. || *Fig.* Importunar: *asaetear de preguntas.*

asalariado, da adj. y s. Que trabaja por salario.

asalariar v. t. Señalar a uno salario.

asalmonado, da adj. Dícese del pescado cuya carne asemeja a la del salmón: *trucha asalmonada.* || De color salmón o rosa pálido.

asaltar v. t. Acometer una plaza o fortaleza. || Acometer, atacar a las personas. || *Fig.* Venirle a uno de improviso un pensamiento, una enfermedad, la muerte, etc.

asalto m. Acción y efecto de asaltar. || *Esgr.* Combate simulado. || Cada una de las partes de un combate de boxeo. || Diversión que consiste en convidarse algunas personas por sorpresa en casa de otras, llevando los elementos del convite.

asamblea f. Reunión numerosa de personas convocadas para un fin. || Cuerpo deliberante: *asamblea nacional.*

asambleísta com. Miembro de una asamblea.

asar v. t. Someter ciertos manjares a la acción del fuego: *asar en o a la parrilla; asar un pollo.* || — *Fig.* Importunar con insistencia: *me asaron con preguntas.* || — V. pr. *Fig.* Sentir mucho calor: *asarse bajo el sol de agosto.*

asaz adv. *Poét.* Bastante. | Harto, muy. | Mucho.

asbesto m. Mineral de fibras duras parecido al amianto.

ascáride f. Lombriz intestinal.

ascendencia f. Serie de ascendientes o abuelos: *ascendencia paterna o materna.* || *Fig.* Influencia: *tiene mucha ascendencia sobre él.*

ascendente adj. Que asciende.

*ascender v. i. Subir: *Jesús ascendió al cielo.* || Importar: *la cuenta asciende a mil euros.* || Alcanzar, elevarse: *la producción agrícola asciende.* || *Fig.* Adelantar en un empleo o dignidad: *ascender en la carrera, en el escalafón.* || — V. t. Dar o conceder un ascenso: *ascender al soldado a cabo.*

ascendiente adj. Ascendente. || —M. y f. Padre o abuelo. || — M. Influencia moral.

ascensión f. Acción de ascender o subir: *la ascensión a los Alpes; la ascensión de un globo.* || *Por antonomasia,* la de Jesucristo a los cielos. || Fiesta con que se celebra este misterio. || Exaltación a una dignidad: *ascensión al generalato, al reinado, al pontificado.*

ascenso m. Adelanto de un funcionario: *ascenso a jefe de negociado.* || Subida: *ascenso al Moncayo, al Pichincha.*

ascensor m. Aparato para subir o bajar en los edificios.

ascensorista m. Mozo que maniobra el ascensor en un hotel, almacén, etc.

asceta com. Persona que hace vida ascética.

ascético, ca adj. Relativo al ascetismo: *vida ascética.* || Que trata de la vida ascética: *autor ascético.* || Que se dedica al ascetismo. || — F. Ascetismo.

ascetismo m. Profesión o doctrina de la vida ascética.

asco m. Repugnancia causada por el vómito. || *Fig.* Impresión desagradable: *dar asco.* || *Fig. y fam.* Estar hecho un asco, estar muy sucio. | *Hacer asco,* despreciar sin motivo. | *Ser un asco,* no valer nada o estar sucio. | *Tener asco,* detestar, odiar.

ascomicetos adj. y m. pl. Dícese de los hongos con los esporidios encerrados en saquitos.

ascua f. Pedazo de materia sólida candente. || — *Fig.* Ascua de oro, cosa que brilla mucho. || *Fig. y fam.* Estar en, o sobre, ascuas, estar inquieto.

aseado, da adj. Limpio.

asear v. t. Componer con curiosidad y limpieza (ú. t. c. pr.).

asechador, ra adj. y s. Que asecha.

asechanza f. Artificio para perjudicar a otro, trampa.

asechar v. t. Armar asechanzas. || (Ant.) Acechar.

asediador, ra adj. y s. Que asedia.

asediar v. t. Poner sitio a una plaza fuerte. || *Fig.* Importunar: *asediar con preguntas.*

asedio m. Cerco, sitio. || *Fig.* Importunidad, molestia.

asegurado, da adj. y s. Persona que ha contratado un seguro.

asegurador, ra adj. Que asegura: *compañía aseguradora.* || — M. y f. Persona o empresa que asegura riesgos ajenos.

aseguramiento m. Seguro. || Consolidación.

asegurar v. t. Dar firmeza y seguridad a una cosa. || Afirmar, garantizar: *le aseguro que es así.* || Tranquilizar. || Proteger de riesgos: *asegurar contra incendio.* || Poner a cubierto mediante un contrato de seguro: *asegurar una finca.* || — V. pr. Cerciorarse. || Suscribir un contrato de seguro.

asemejar v. t. Hacer una cosa a semejanza de otra. || — V. i. Tener semejanza con otra cosa. || — V. pr. Mostrarse semejante.

asenso m. Asentimiento.

asentaderas f. pl. *Fam.* Nalgas: *cubrir las asentaderas.*

asentado, da adj. Sentado. || *Fig.* Estable, permanente: *negocio bien asentado.* | Cuerdo.

asentamiento m. Acción y efecto de asentar o asentarse. || Instalación provisional de colonos. || *Com.* Inscrip-

ción. || Emplazamiento. || *Fig.* Prudencia, juicio, cordura.

*asentar v. t. Poner en un asiento. || Colocar sobre algo sólido: *asentar cimientos.* || Establecer, fundar: *sentar el real.* || Aplanar. || Asestar un golpe. || Afinar el filo de un instrumento cortante. || Afirmar. || Suponer. || Convenir. || Ajustar un contrato o convenio. || Poner por escrito, anotar. || — V. pr. Sentarse. || *Fig.* Posarse: *asentarse un líquido.*

asentimiento m. Asenso.

*asentir v. i. Admitir como cierto: *asintió a su opinión.*

aseo m. Limpieza. || Pequeña habitación destinada a la limpieza del cuerpo: *cuarto de aseo.*

asepsia f. *Med.* Ausencia de gérmenes patógenos. | Método para evitar las invasiones microbianas.

aséptico, ca adj. *Med.* Relativo a la asepsia: *cura aséptica.*

aseptizar v. t. Poner aséptico.

asequible adj. Que puede conseguirse o alcanzarse. || Abordable: *precio asequible.*

aserción f. Proposición en que se afirma o se da por cierta alguna cosa. || Acción y efecto de afirmar.

aserradero m. Sitio donde se asierra la madera, la piedra, etc.

aserrador, ra adj. y s. m. Que sierra. || — F. Máquina de aserrar: *aserradora portátil.*

*aserrar v. t. Cortar con sierra: *aserrar árboles, piedra, etc.*

aserrín m. Serrín.

aserto m. Aserción.

asertor, ra m. y f. Persona que afirma.

asertorio adj. Afirmativo, dicho de un juicio.

asesinar v. t. Matar alevosamente. || *Fig.* Causar viva aflicción: *asesinar a disgustos.*

asesinato m. Crimen premeditado. || Acción y efecto de asesinar.

asesino, na adj. y s. Que asesina: *mano asesina; asesino pagado, a sueldo.*

asesor, ra adj. y s. Que asesora o aconseja. || Aplícase al letrado que aconseja a un juez lego.

asesorado m. Cargo de asesor.

asesoramiento m. Acción y efecto de asesorar o asesorarse. || Consejo.

asesorar v. t. Dar consejo o dictamen. || — V. pr. Tomar consejo: *asesorarse de un letrado.*

asesoría f. Oficio de asesor, asesorado. || Estipendio y oficina del asesor.

asestar v. t. Dirigir un arma hacia un objetivo: *asestar la lanza, un cañón.* || Descargar un proyectil o un golpe: *asestar un tiro, una pedrada, un puñetazo.*

aseveración f. Acción de aseverar o afirmar.

aseverar v. t. Afirmar o asegurar lo que se dice.

aseverativa, va adj. Que asevera o afirma.

asexual adj. Sin sexo, ambiguo. | *Biol.* Dícese de la reproducción realizada sin intervención de los dos sexos, como la gemación: *generación asexual; esporas asexuales.*

asfaltado m. Acción de asfaltar. || Pavimento de asfalto.

asfaltar v. t. Revestir de asfalto: *asfaltar una calle.*

asfáltico, ca adj. De asfalto.

asfalto m. Betún sólido, lustroso, que se emplea en el pavimento de carreteras, aceras, etc.

asfixia f. Suspensión de las funciones vitales por falta de respiración: *asfixia por sumersión, por estrangulación.*

asfixiante adj. Que asfixia: *gas asfixiante.*

asfixiar v. t. Producir asfixia (ú. t. c. pr.).

asfódelo m. *Bot.* Gamón.

así adv. De esta manera: *así habló.* || De tal suerte: *un amigo así no es corriente.* || Igualmente: *es hombre bueno y así honrado.* || Entonces: *¿así me dejas?* || — Conj. Tanto. || En consecuencia. || Por esto. || — Adj. De esta clase: *un caso así.* || — *Así así,* medianamente, tal cual. || *Así como,* o *así que,* tan luego como. || *Así y todo,* a pesar de eso.

asiático, ca adj. y s. De Asia.

asidero m. Parte por donde se ase una cosa. | *Fig.* Ocasión o pretexto. | Apoyo, protección.

asiduidad f. Frecuencia.

asiduo, dua adj. Frecuente, puntual. || — M. y f. Habitual.

asiento m. Cosa que sirve para sentarse. || Localidad en un espectáculo. || Sitio, lugar. || Base, fundamento. || Colocación, emplazamiento. || Puesto en un tribunal o junta. || Poso de un líquido. || Contrato para proveer de víveres o géneros: *tomar el asiento de un ejército.* || Sitio en el cual está o estuvo fundada una ciudad o un edificio. || Anotación. || *Com.* Anotación en un libro de cuentas. | Capítulo de un presupuesto. | Partida de una cuenta. || *Fig.* Estabilidad. | Cordura, prudencia: *hombre de asiento.* || *Amer.* Territorio de una mina. — Pl. Asentaderas.

asignación f. Atribución. || Cita. | Salario, sueldo.

asignar v. t. Señalar lo que corresponde a una persona o cosa: *asignar una renta, un sueldo.* || Fijar. || Nombrar, destinar.

asignatura f. Materia que se enseña en un centro docente.

asilado, da m. y f. Persona acogida en un asilo.

asilar v. t. Albergar en un asilo, dar asilo.

asilo m. Refugio, retiro: *derecho de asilo.* || *Fig.* Amparo, protección: *el asilo de la paz.* || Establecimiento en que se albergan los ancianos y desvalidos.

asimetría f. Falta de simetría.

asimilable adj. Que puede asimilarse: *sustancia asimilable.*

asimilación f. Acción de asimilar.

asimilar v. t. Asemejar, comparar: *asimilar un caso a otro.* || Conceder a los individuos de una profesión los mismos derechos que a los de otra: *asimi-*

lar el personal de Correos al de Telégrafos. || *Fisiol.* Apropiarse los órganos las sustancias nutritivas: *asimilar los alimentos.* — V. i. Parecerse dos cosas.

asimismo adv. De este o del mismo modo. || También, igualmente.

asíntota f. *Geom.* Línea recta que, prolongada, se acerca indefinidamente a una curva sin llegar a encontrarla.

*asir v. t. Agarrar, tomar. || — V. i. Arraigar las plantas. || — V. pr. Agarrarse de alguna cosa: *asirse de una cuerda.* | *Fig.* Tomar pretexto, aprovecharse. | Reñir o contender: *asirse de las manos, del pelo.*

asirio, ria adj. y s. De Asiria.

asiriología f. Estudio de las antigüedades asirias.

asiriólogo m. El versado en asiriología.

asistencia f. Presencia: *con su asistencia.* | Auditorio. | Socorro, favor, ayuda. || Tratamiento o cuidados médicos.

asistenta f. Criada no permanente.

asistente adj. y s. Que asiste, auxilia o ayuda: *religioso asistente; el asistente general.* || Que está presente en un sitio: *los miembros asistentes votaron; los asistentes aplaudieron al orador.* || — M. *Mil.* Soldado al servicio personal de un oficial.

asistir v. t. Acompañar a alguno en un acto público: *asistir a un profesor.* || Auxiliar. || Socorrer: *asistir a un herido.* | Cuidar a los enfermos. || Servir interinamente a un criado. || Estar de parte de una persona. || — V. i. Estar presente: *asistir a una fiesta, a un espectáculo.* || Concurrir con frecuencia a una casa o reunión.

asma m. *Med.* Enfermedad de los pulmones que se manifiesta por sofocaciones intermitentes.

asmático, ca adj. Relativo al asma. || — M. y f. Persona que la padece.

asno m. Animal solípedo, más pequeño que el caballo y de orejas largas. || *Fig.* Persona ruda y de escaso entendimiento.

asociación f. Conjunto de asociados: *asociación cooperativa.* || *Asociación de ideas,* acción psicológica mediante la cual unas ideas o imágenes evocan otras.

asociado, da adj. y s. Dícese de la persona que acompaña a otra en alguna comisión. || — M. y f. Persona que forma parte de una asociación.

asociar v. t. Juntar una cosa con otra. || Tomar uno compañero que le ayude. || — V. pr. Reunirse para un fin: *asociarse para un negocio.* | *Fig.* Compartir: *me asocio a tu júbilo.*

asolamiento m. Destrucción.

*asolar v. t. Destruir, arrasar. || Secar los campos el calor o la sequía. || — V. pr. Posarse un líquido.

asoleada f. *Amer.* Insolación.

asomar v. i. Empezar a mostrarse alguna cosa: *asoma el sol; el pañuelo asomaba fuera del bolsillo.* || — V. t. Sacar o mostrar una cosa por una abertura: *asomar la cabeza por la ventana* (ú. t. c. pr.). || — V. pr. Mostrarse: *se aso-*

mó a la calle. || Inclinarse: *asomarse al exterior.*

asombrar v. t. Hacer sombra una cosa a otra. || *Pint.* Oscurecer un color. || *Fig.* Causar admiración o extrañeza (ú. t. c. pr.). | Asustar, espantar (ú. t. c. pr.).

asombro m. Susto, espanto. || Sorpresa. || Estupefacción.

asombroso, sa adj. Que causa asombro.

asomo m. Acción de asomar o asomarse. || Apariencia. || Indicio o señal: *sin el menor asomo de duda.* || Sospecha, presunción. || *Ni por asomo,* de ninguna manera.

asonada f. Motín.

asonancia f. Correspondencia de un sonido con otro. || Repetición del mismo sonido. || *Fig.* Conformidad o relación: *esto tiene asonancia con lo que se dijo antes.* || En métrica, identidad de vocales en las terminaciones de dos palabras a contar desde la última sílaba acentuada: *marido, compromiso; baja, agua.*

asonantado, da adj. Que está en forma de asonante: *rima asonantada.*

asonantar v. i. Ser dos palabras asonantes. || Incurrir en el vicio de la asonancia. || — V. t. Emplear en la rima una palabra como asonante de otra: *asonantar "humilde" con "milite".*

asonante adj. y s. Dícese de la voz que tiene asonancia con otra, como *cisne* y *triste.*

asorocharse v. pr. *Arg., Chil.* y *Per.* Sufrir el soroche.

aspa f. Cruz en forma de una x: *San Andrés murió en el aspa.* || Especie de devanadera. || Velamen de molino de viento y cada uno de sus brazos. || Signo de la multiplicación.

aspaviento m. Gestos excesivos o afectados: *hacer aspavientos.*

aspecto m. Apariencia. || Terreno, campo. || *Fig.* Semblante.

aspereza f. Escabrosidad, desigualdad del terreno. || Desabrimiento en el trato.

áspero, ra adj. De superficie desigual o rugosa: *terreno áspero.* || Desapacible al gusto o al oído: *fruto áspero, voz áspera.* || Inclemente, dicho del tiempo.

aspersión f. Acción de asperjar: *la aspersión de un jardín.*

aspersor m. Mecanismo para esparcir un líquido a presión.

aspersorio m. Hisopo.

áspid m. Víbora muy venenosa común en Europa. || Culebra venenosa de Egipto, de cuello dilatable.

aspillera f. *Fort.* Abertura estrecha en el muro para poder disparar contra el enemigo.

aspiración f. Acción de aspirar. || Vivo anhelo: *tener aspiraciones elevadas.* || *Gram.* Sonido del lenguaje que resulta de una fuerte emisión del aliento. || *Mús.* Espacio menor de la pausa.

aspirador, ra adj. Que aspira. || — F. Aparato doméstico de limpieza que aspira el polvo.

aspirante adj. Que aspira: *bomba aspirante.* || — M. y f. Persona que aspira: *aspirante a un empleo o cargo.*

aspirar v. t. e i. Atraer el aire exterior a los pulmones. || Atraer un líquido, un gas. || Pretender con ansia: *aspirar a los honores.* || *Gram.* Pronunciar la letra *hache* como *jota.*

aspiratorio, ria adj. Relativo a la aspiración.

aspirina f. *Fam.* Ácido acetilsalicílico, muy usado como analgésico y febrífugo.

asqueado, da adj. Que tiene asco: *sentirse asqueado.*

asquear v. i. Tener asco de algo. Ú. t. c. t.: *su conducta me asquea.*

asquerosidad f. Suciedad que da asco.

asqueroso, sa adj. y s. Repugnante.

asta f. Arma ofensiva de los antiguos romanos. || Palo de la pica, la lanza, la alabarda, etc. || Lanza o pica. || Palo de la bandera. || Mango o cabo de una herramienta. || Cuerno: *las astas del toro.* || *A media asta,* a medio izar una bandera, en señal de luto.

asterisco m. Signo ortográfico en forma de estrella (*) para hacer llamada a notas.

asteroide m. Planeta pequeño cuya órbita se halla comprendida entre las de Marte y Júpiter.

astigmático, ca adj. Que padece astigmatismo: *ojo astigmático.*

astigmatismo f. *Med.* Turbación de la vista por desigualdad en la curvatura del cristalino. || *Ópt.* Imperfección de una lente que produce imágenes deformadas.

astil m. Mango de hacha, azada, pico, etc. || Varilla de saeta. || Brazo de la balanza. || Vara de hierro por donde corre el pilón de la romana.

astilla f. Fragmento que salta de una cosa que se parte o rompe.

astillado, da adj. Dícese de los objetos de madera que muestran astillas levantadas.

astillar v. t. Hacer astillas.

astillero m. Establecimiento donde se construyen y reparan buques.

astracán m. Piel de cordero nonato o recién nacido, de lana muy rizada.

astracanada f. Farsa teatral disparatada.

astrágalo m. *Bot.* Tragacanto. || *Arq.* Anillo que rodea una columna. || *Zool.* Hueso corto en la parte superior y media del tarso, vulgarmente llamado *taba.*

***astreñir** v. t. Astringir.

astringencia f. Calidad de astringente.

astringente adj. y s. m. Que astringe.

astringir v. t. Apretar, estrechar una sustancia los tejidos orgánicos. || *Fig.* Sujetar, constreñir, obligar.

***astriñir** v. t. Astringir.

astro m. Cuerpo celeste. || *Fig.* Estrella de cine, etc.

astrofísica f. Estudio de la constitución física de los astros.

astrolabio m. Antiguo instrumento para observar los astros.

astrología f. Predicción del porvenir mediante la observación de los astros.

astrológico, ca adj. Relativo a la astrología.

astrólogo m. El versado en astrología.

astronauta com. Piloto sideral.

astronáutica f. Ciencia que estudia los vuelos interplanetarios. || Navegación extraterrestre.

astronave f. Vehículo destinado a la navegación interplanetaria.

astronomía f. Ciencia que trata de la posición, movimiento y constitución de los cuerpos celestes.

astronómico, ca adj. Relativo a la astronomía. || *Fig.* Exagerado: *cantidades astronómicas.*

astrónomo m. El que profesa la astronomía.

astroso, sa adj. Desastrado.

astucia f. Calidad de astuto. || Ardid, maña.

astur adj. y s. Individuo de un pueblo ant. al NO. de España, el último que se sometió a los romanos. || Asturiano.

asturianismo m. Voz o giro propio del castellano hablado en Asturias.

asturiano, na adj. y s. De Asturias.

astuto, ta adj. y s. Sagaz, taimado.

asueto m. Vacación corta: *día de asueto.*

asumir v. t. Tomar para sí: *asumir la responsabilidad.*

asunceno, na adj. y s. De Asunción (Paraguay).

asunción f. Acción y efecto de asumir. || *Por ext.* Elevación de la Virgen Santísima al cielo. (Fiesta el 15 de agosto.)

asuncionense adj. y s. De La Asunción (Venezuela).

asuncionista m. y f. Religioso de la congregación agustiniana de la Asunción.

asunto m. Materia de que se trata. || Tema o argumento de una obra. || Lo que representa un cuadro o escultura. || Negocio. || Caso: *el asunto es que no tenemos bastante dinero.*

asustadizo, za adj. Que se asusta con facilidad: *caballo asustadizo.*

asustar v. t. Dar o causar susto. Ú. t. c. pr.: *asustarse por, o con, nada.*

atabal m. Timbal.

atacable adj. Que puede ser atacado.

atacador, ra adj. y s. Que ataca o acomete.

atacameño, ña adj. y s. De Atacama (Chile).

atacante adj. y s. Que ataca.

atacar v. t. Acometer: *atacar a un adversario.* || *Quím.* Ejercer acción una sustancia sobre otra: *el orín ataca al hierro.* || Meter el taco en un arma de fuego. || *Fig.* Tratándose del sueño, enfermedades, etc., acometer, dar: *atacar la fiebre.* | Iniciar: *atacar un estudio.*

atadero m. Lo que sirve para atar.

atado m. Conjunto de cosas atadas: *llevarse el atado.* || *Arg., Par.* y *Urug.* Paquete de cigarrillos.

atadura f. Acción de atar. || Cosa con que se ata. || *Fig.* Conexión, enlace.

atajar v. i. Tomar un atajo. || — V. t. Salir al encuentro de uno por algún atajo para detenerle: *atajar a un fugitivo.* || Separar parte de un espacio con un tabique, etc. || Señalar en un escrito lo que ha de omitirse. || *Fig.* Cortar, impedir: *atajar un incendio, una inundación.* | Interrumpir a uno: *atajar al que desbarra.* || — V. pr. *Fam.* Emborracharse.

atajo m. Senda más corta: *tomar el atajo.* || Separación de alguna cosa. || *Fig.* Empleo de un medio rápido: *echar por el atajo.* | Conjunto, copia, hatajo.

atalaya f. Torre en lugar alto para vigilar. || Altura desde donde se descubre mucho espacio de tierra o mar. || — M. El que vigila desde la atalaya.

***atañer** v. i. Tocar o corresponder: *esto nos atañe.*

ataque m. Acción militar ofensiva ejecutada con la idea de apoderarse de una posición o de un país. || Trabajos de trinchera para tomar una plaza. || *Fig.* Acometimiento repentino de algún mal: *ataque de apoplejía.* | Acceso: *ataque de tos.* | Crisis: *ataque de nervios.*

atar v. t. Unir, enlazar con ligaduras: *atar las manos.* || *Fig.* Impedir o quitar el movimiento: *estas obligaciones me atan.* | Juntar, relacionar, concertar. || — V. pr. *Fig.* Embarazarse, no saber cómo salir de un apuro. | Ceñirse a una cosa. || *Fig. y fam.* Atar a uno, sujetarle.

atardecer m. Último período de la tarde.

atardecer v. i. Caer el día.

atarear v. t. Señalar tarea. || — V. pr. Entregarse al trabajo.

atarjea f. Cañería. || Alcantarilla. || *Amer.* Depósito de agua.

atarugamiento m. *Fam.* Acción y efecto de atarugar o atarugarse.

atarugar v. t. Asegurar con tarugos: *atarugar el carpintero un ensamblado.* || Tapar con tarugos los agujeros. || *Fig. y fam.* Hacer callar a alguno. | Atestar, llenar. | Atracar. || — V. pr. *Fig. y fam.* Atracarse, hartarse. | Turbarse.

atascadero m. Atolladero.

atascamiento m. Atasco.

atascar v. t. Calafatear: *atascar el casco de una embarcación.* || Obstruir o cegar un conducto. || *Fig.* Poner impedimentos: *atascar un negocio.* || — V. pr. Quedarse detenido en un barrizal.

atasco m. Impedimento, estorbo, embarazo. || Obstrucción de un conducto. || Embotellamiento de automóviles.

ataúd m. Caja para un cadáver.

ataviado, da adj. Vestido, adornado de manera especial: *ataviado de emperador.*

ataviar v. t. Vestir, adornar (ú. t. c. pr.).

atávico, ca adj. Del atavismo.

atavío m. Adorno. || *Fig.* Vestido: *le regalaron el atavío.*

atavismo m. Herencia de algunos caracteres que provienen de los antepasados.

ate m. *Méx.* Pasta dulce que se elabora con frutas como guayaba, membrillo o durazno.

ateísmo m. Irreligión.

ateísta adj. y s. Ateo.

atelana f. *Teatr.* Pieza cómica latina a modo de sainete.

ateles m. *Zool.* Variedad de mono de América del Sur.

atemorizar v. t. Causar temor.

atemperar v. t. Moderar, templar (ú. t. c. pr.). || Acomodar una cosa a otra (ú. t. c. pr.).

atenazar v. t. *Fig.* Hacer sufrir, causar un dolor vivo. | Atormentar.

atención f. Aplicación de la mente a un objeto: *prestar atención.* || Interés. || Cortesía, urbanidad. || — Pl. Negocios, ocupaciones. || Cumplidos, miramientos, amabilidades: *tuvo muchas atenciones conmigo.* || — *En atención a,* teniendo presente. || *Llamar la atención,* despertar la curiosidad, y tb. reprender.

*atender v. t. Acoger con favor: *atender una petición.* || Servir en una tienda: *¿le atienden?* || (Ant.). Esperar o aguardar. || — V. i. y t. Aplicar el entendimiento a una cosa: *atender a una lección.* | Cuidar de una persona o cosa: *atender a un enfermo.* || — V. i. *Impr.* Leer uno el original mientras el corrector lee en alta voz las pruebas.

ateneísta com. Socio de un ateneo.

ateneo m. Asociación literaria o científica: *el Ateneo de Madrid.*

*atenerse v. pr. Adherirse a una persona o cosa. || Ajustarse, sujetarse uno a alguna cosa: *atenerse a una orden.*

ateniense adj. y s. De Atenas.

atentado m. Acto criminal contra las personas o cosas. || Delito contra una autoridad.

atentar v. i. Cometer atentado: *atentar contra o a la vida de otro.* || Infringir, transgredir: *atentar contra la moral.*

atentatorio, ria adj. Que implica atentado: *medida atentatoria a la libertad.*

atento, ta adj. Que tiene fija la atención en algo: *atento a la lección.* || Servicial, complaciente: *es muy atento.* || Comedido, cortés. || Particular, especial: *su atenta atención a esos problemas.* || *Su atenta,* su carta.

atenuación f. Acción y efecto de atenuar.

atenuante adj. Que atenúa. || *For.* Atenuantes o circunstancias atenuantes, hechos que disminuyen la responsabilidad criminal.

atenuar v. t. Poner tenue. || *Fig.* Disminuir: *atenuar la culpa.*

ateo, a adj. y s. Que niega la existencia de Dios.

aterciopelar v. t. Poner como terciopelo.

aterido, da adj. Transido de frío: *estaba aterido.*

*aterirse v. pr. Estar transido de frío.

aterrado, da adj. Lleno de terror.

aterrador, ra adj. Que aterra.

aterrajar v. t. Labrar con la terraja las roscas de los tornillos y tuercas. || Hacer molduras con la terraja.

*aterrar v. t. Echar por tierra, derribar. || Causar terror: *aterrar el invasor al pueblo.* || — V. i. Acercarse a tierra los buques. || Aterrizar. || — V. pr. Estar atemorizado.

aterrizaje m. Acción y efecto de aterrizar. || Toma de tierra de un avión.

aterrizar v. t. Tomar tierra un avión: *aterrizar en Barajas.*

aterrorizar v. t. Aterrar, causar terror, espantar: *aterrorizar a la población indefensa.*

atesoramiento m. Acción y efecto de atesorar.

atesorar v. t. Reunir y guardar dinero o cosas de valor. || *Fig.* Tener muchas cualidades: *atesorar dones morales.*

atestación f. *For.* Deposición de testigo o de persona que afirma.

atestado m. Documento en que se da fe de un hecho. || Acta.

*atestar v. t. Llenar: *atestar de lana un costal.* || Meter una cosa en otra. | *For.* Testificar: *atestar un hecho.* || — V. pr. *Fig.* y *fam.* Atracarse, hartarse.

atestiguación f. Testimonio.

atestiguar v. t. Declarar como testigo. || *Fig.* Dar fe, testimoniar.

atezado, da adj. De piel morena o tostada.

atezar v. t. Poner liso, terso. || Ennegrecer. || — V. pr. Ponerse moreno.

atiborrarse v. pr. *Fig.* y *fam.* Atracarse: *atiborrarse de pan.*

aticismo m. *Lit.* Delicadeza y buen gusto de los escritores atenienses clásicos.

ático, ca adj. Relativo al aticismo. || — M. Dialecto de la lengua griega. || *Arq.* Cuerpo que disimula el tejado. | Último piso de una casa bajo el tejado: *vivir en un ático.*

atildado, da adj. Pulcro, elegante. || *Fig.* Rebuscado (estilo).

atildamiento m. Elegancia.

atildar v. t. *Fig.* Censurar: *atildar las palabras.* || — V. pr. Acicalarse, ataviarse.

atinado, da adj. Acertado, oportuno: *intervención atinada.*

atinar v. t. Acertar: *atinar con la solución.* || Dar en el blanco. || Acertar una cosa por conjeturas.

atiplar v. t. *Mús.* Levantar el tono de un instrumento. || — V. pr. Hacerse más aguda la voz.

atirantar v. t. Poner tirante, tensar.

atisbar v. t. Acechar, observar recatadamente.

atisbo m. Acecho. || Vislumbre, indicio: *atisbos de lucidez.*

¡atiza! interj. Denota sorpresa.

atizar v. t. Remover el fuego. || Despabilar. || Avivar las pasiones: *atizar las discordias.* || *Fig.* y *fam.* Dar, pegar: *atizar un palo a uno.* || — V. pr. *Pop.*

Comer, beber: *se atizó el vaso de un trago.*

atlante m. *Arq.* Estatua de hombre que sirve de columna.

atlanticense adj. y s. De Atlántico (Colombia).

atlántico, ca adj. Relativo al monte Atlas o al océano Atlántico.

atlantidense adj. y s. De Atlántida (Honduras).

atlas m. Colección de mapas geográficos. || Colección de láminas que acompaña una obra. | *Anat.* Primera vértebra cervical.

atleta m. El que practica ejercicios o deportes atléticos. || *Fig.* Hombre corpulento y de grandes fuerzas. || Luchador que figuraba en los antiguos juegos públicos de Grecia e Italia.

atlético, ca adj. Relativo al atleta: *marcha atlética.*

atletismo m. Conjunto de deportes practicado por los atletas.

atmósfera f. Masa gaseosa que rodea el globo terráqueo y, más generalmente, masa gaseosa que rodea cualquier astro. || Aire de un lugar: *atmósfera sofocante.* || Unidad de presión, numéricamente igual al peso de una columna cilíndrica de mercurio de 76 cm de alto por 1 cm^2 de base: *presión de diez atmósferas.* || *Fig.* Medio en el que se vive y que ejerce cierta influencia: *atmósfera bienhechora.*

atmosférico, ca adj. Relativo a la atmósfera: *presión, corriente, electricidad atmosférica.*

atole m. Bebida muy común en América. (El *atole* se hace con harina de maíz, agua, leche y azúcar.)

atolladero m. Sitio donde se atascan los carruajes, las caballerías. || *Fig.* Dificultad, impedimento. | Apuro, mala postura: *sacar del atolladero.*

atolón m. *Geogr.* Isla de coral de forma anular.

atolondrado, da adj. *Fig.* Que procede sin reflexión.

atolondramiento m. Aturdimiento, precipitación, falta de serenidad.

atolondrar v. t. Aturdir, causar aturdimiento (ú. t. c. pr.).

atomicidad f. *Quím.* Número de átomos que constituyen la molécula de un cuerpo.

atómico, ca adj. Relativo a los átomos: *teoría atómica.* || — *Arma atómica,* arma que utiliza las reacciones de fisión a base de plutonio o de uranio. (La potencia de estas armas se expresa en kilotoneladas.) || *Energía atómica,* la liberada por transmutaciones nucleares. || *Masa atómica,* masa relativa de los átomos de diversos elementos (la del oxígeno se ha fijado convencionalmente en 16). || *Número atómico,* número de un elemento en la clasificación periódica. || *Proyectil atómico,* proyectil de carga atómica.

atomización f. Pulverización.

atomizado, da adj. Sujeto al efecto de las radiaciones o explosiones atómicas.

atomizador m. Aparato para la pulverización: *frasco atomizador.*

atomizar v. t. Dividir un líquido o un sólido en partes sumamente pequeñas. || Hacer sufrir los efectos de las radiaciones o explosiones atómicas. || Destruir por medio de armas atómicas.

átomo m. *Quím.* Elemento primario de la composición química de los cuerpos. || Partícula material microscópica. || *Fig.* Cosa sumamente pequeña: *el hombre es un átomo en el universo.*

atonía f. Falta de tono o de vigor. || *Med.* Debilidad de los tejidos orgánicos, particularmente de los contráctiles.

atónico, ca adj. Átono.

atónito, ta adj. Estupefacto.

átono, na adj. Sin vigor. || *Gram.* Sin acentuación prosódica.

atontamiento m. Aturdimiento, atolondramiento.

atontar y **atontolinar** v. t. Aturdir o atolondrar a uno.

atorado, da adj. *Méx.* Atascado, trabado.

atoramiento m. Atascamiento.

atorar v. t. Atascar, obstruir (ú. t. c. i. y pr.).

atormentador, ra adj. y s. Que atormenta: *idea atormentadora.*

atormentar v. t. Causar dolor. || *Fig.* Causar aflicción, disgusto.

atornillar v. t. Fijar con tornillos.

atorrante adj. y s. *Arg.* Holgazán. | Granuja.

atorrantismo m. *Arg.* Holgazanería. | Granujería.

atorrar v. i. *Arg.* Holgazanear.

atosigamiento m. Envenenamiento. || *Fig.* Acosamiento.

atosigar v. t. Emponzoñar con tósigo o veneno. || *Fig.* Fatigar a uno dándole prisa para que haga una cosa. | Fastidiar.

atrabancado, da adj. *Méx.* Dícese de quien actúa sin reflexionar.

atrabiliario, ria adj. *Med.* Relativo a la atrabilis. || *Fam.* De humor irritable: *genio atrabiliario.*

atrabilis f. *Med.* Cólera negra y acre. || *Fig.* Mal genio o humor.

atracadero m. Sitio donde pueden atracar sin peligro las embarcaciones menores.

atracador m. Salteador.

atracar v. t. *Mar.* Arrimar las embarcaciones a tierra. || *Fam.* Hacer comer y beber mucho. || Asaltar a los transeúntes para desvalijarlos. || — V. pr. Hartarse.

atracción f. Acción de atraer. || *Fig.* Simpatía: *sentir atracción por una persona.* | Atractivo. || *Fís.* Fuerza en virtud de la cual se atraen recíprocamente las diversas partes de un todo. || — Pl. Espectáculos de variedades.

atraco m. Robo.

atracón m. *Fam.* Acción y efecto de atracarse: *darse un atracón de fruta.*

atractivo, va adj. Que atrae. || — M. Cualidad física o moral de una perso-

na que atrae la voluntad. || *Fig.* Seducción, incentivo: *el atractivo de la ganancia.*

*atraer v. t. Traer hacia sí algo: *el imán atrae el hierro.* || *Fig.* Captar la voluntad.

atragantamiento m. Sofoco. || Ahogo.

atragantarse v. pr. Ahogarse por detenerse algo en la garganta. || Tener atravesada alguna cosa en la garganta. || *Fig.* y *fam.* Turbarse, cortarse. | No poder aguantar a una persona.

atrancar v. t. Cerrar la puerta con una tranca. || Atascar. || — V. pr. Encerrarse. || Atascarse.

atrapamoscas f. inv. Género de plantas droseráceas carnívoras.

atrapar v. t. *Fam.* Coger: *atrapar moscas.* || *Fig.* y *fam.* Conseguir algo: *atrapar un empleo.*

atrás adv. En la parte posterior, detrás: *ir atrás.* || Antes: *algunos días atrás.* || — Interj. Se emplea para mandar retroceder o alejarse a alguno.

atrasado, da adj. Entrampado, empeñado. || Que adolece de debilidad mental (ú. t. c. s.).

atrasar v. t. Retardar. || Hacer retroceder las agujas del reloj. || — V. i. Andar despacio: *su reloj atrasa.* || — V. pr. Quedarse atrás. || Llevar atraso.

atraso m. Efecto de atrasar o atrasarse. || Falta de desarrollo: *atraso mental.* || Disminución de la marcha de un reloj. || — Pl. *Fam.* Pagos vencidos.

atravesado, da adj. Cruzado. || Algo bizco. || Aplícase al animal cruzado o mestizo. || *Fig.* De mala intención, perverso.

*atravesar v. t. Poner una cosa de modo que pase de una parte a otra: *atravesar un cable eléctrico en una calle.* || Pasar de parte a parte: *el agua atraviesa este impermeable.* || Pasar cruzando de una parte a otra: *atravesar la calle, un río.* || *Fig.* Pasar, vivir: *atravesar un período difícil.* | Pasar, cruzar: *atravesar el pensamiento.* || *Fam.* Aojar, hacer mal de ojo. || *Mar.* Poner a la capa. || — V. pr. Ponerse una cosa entre otras. || *Fig.* No poder sufrir a una persona, ser antipático: *tener a una persona atravesada.*

atrayente adj. Que atrae.

atreverse v. pr. Determinarse a hacer o decir algo arriesgado. || Insolentarse: *atreverse con un superior.*

atrevido, da adj. Que se atreve (ú. t. c. s.). || Hecho o dicho con atrevimiento: *acto atrevido.*

atrevimiento m. Osadía. || Insolencia.

atrezo m. V. ATTREZZO.

atribución f. Acción de atribuir. || Facultades que da a una persona el cargo que ejerce: *las atribuciones del secretario.*

*atribuir v. t. Aplicar, conceder. || *Fig.* Achacar, imputar: *atribuir un éxito a la casualidad.* || Señalar una cosa a uno como de su competencia. || — V. pr. Reivindicar, arrogarse: *atribuirse los méritos de otro.*

atribular v. t. Causar tribulación, afligir. || — V. pr. Padecer tribulación.

atributivo, va adj. Que indica atributo o cualidad.

atributo m. Cada una de las cualidades de un ser: *la razón es atributo del hombre.* || *Pint.* y *Esc.* Símbolo que denota el carácter y oficio de las figuras: *el laurel es atributo de la gloria.* || *Gram.* Lo que se enuncia del sujeto. || *Teol.* Cualquiera de las perfecciones de Dios.

atrición f. Dolor de haber pecado u ofendido a Dios.

atril m. Mueble para sostener libros o papeles abiertos.

atrincheramiento m. *Fort.* Conjunto de trincheras.

atrincherar v. t. *Fort.* Rodear con trincheras: *atrincherar una posición.* || — V. pr. Resguardarse en trincheras del enemigo. || *Fig.* Obstinarse: *atrincherarse en su opinión.*

atrio m. *Arq.* Patio interior cercado de pórticos. | Andén delante de algunos templos y palacios.

atrocidad f. Crueldad grande. || *Fam.* Demasía. | Necedad.

atrofia f. *Med.* Falta de desarrollo del cuerpo o de un órgano.

atrofiarse v. pr. *Med.* Disminuir de tamaño, dicho de un miembro o de un órgano.

atronador, ra adj. Que atruena: *ruido atronador.*

atropellado, da adj. Que habla u obra con precipitación. || Precipitado: *discurso atropellado.*

atropellamiento m. Acción y efecto de atropellar: *los atropellamientos ya han causado muchos muertos.*

atropellar v. t. Pasar precipitadamente por encima de una persona: *fue atropellado por un coche.* || Derribar a uno para pasar. || *Fig.* Proceder sin miramiento o respeto: *atropellar los principios morales.* | Agraviar abusando de la fuerza. | Agraviar a uno de palabra. || Hacer algo precipitadamente.

atropello m. Acción y efecto de atropellar o atropellarse.

atropina f. *Quím.* Alcaloide venenoso extraído de la belladona.

atroz adj. De gran maldad, cruel: *venganza atroz.* || Horrible de soportar: *dolor atroz.* || Desagradable, espantoso: *tiempo atroz.* || Desmesurado, enorme: *estatura, hombre atroz.*

atuendo m. Atavío.

atufar v. t. *Fig.* Enfadar, enojar. || — V. i. Despedir mal olor.

atún m. Pez acantopterigio, comestible. || *Fig.* y *fam.* Idiota.

atuna f. *Per.* Espátula de madera que usan albañiles y agricultores.

atunero adj. y s. Que se dedica a la pesca de atunes: *bou atunero.*

aturdido, da adj. y s. Atolondrado, sin juicio.

aturdidor, ra adj. Que aturde.

aturdimiento m. Perturbación de los sentidos por efecto de un golpe, un ruido muy fuerte, etc. || *Fig.* Perturbación moral. | Torpeza. | Irreflexión, atolondramiento.

aturdir v. t. Causar aturdimiento. || *Fig.* Pasmar, confundir.

aturrullamiento m. Atolondramiento.

aturrullar v. t. *Fam.* Confundir, turbar (ú. t. c. pr.).

atusar v. pr. Recortar e igualar con tijeras: *atusar el pelo*. || Alisar, acariciar el pelo: *atusar el bigote*. || — V. pr. *Fig.* Componerse con afectación.

Au, símbolo químico del *oro*.

audacia f. Osadía.

audaz adj. y s. Osado.

audible adj. Que puede oírse.

audición f. Función del sentido auditivo. || Recepción de un sonido. || Acción de oír, de escuchar: *audición de los testigos*. || Reunión musical hecha por un artista. || Ensayo o prueba que hace un artista ante un director de teatro o de un espectáculo de variedades.

audiencia f. Admisión a presencia de una autoridad: *obtener o dar audiencia*. || Acto de oír los jueces a los litigantes. || Tribunal de justicia y su territorio. || Edificio donde se reúne. || Órgano judicial y administrativo en las colonias españolas en América.

audífono m. Aparato que amplía los sonidos usado por los sordos. || *Amer.* Auricular.

audiograma m. Gráfico de la sensibilidad del oído.

audiómetro m. Instrumento para medir la facultad auditiva.

audiovisual adj. Aplícase al método pedagógico que utiliza los sentidos del educando, en especial el auditivo y el visual por medio de películas, fotografías, grabaciones sonoras, etc.

auditivo, va adj. Del oído.

auditor m. Funcionario jurídico militar o eclesiástico.

auditoría f. Dignidad, tribunal o despacho del auditor.

auditorio m. Concurso de oyentes: *la aprobación del auditorio*.

auge m. Elevación en posición social o fortuna: *en pleno auge*.

augur m. Sacerdote romano que practicaba la adivinación por el canto de las aves.

augurar v. t. Agorar, predecir.

augurio m. Agüero, presagio.

augusto, ta adj. Que infunde respeto y veneración, majestuoso.

aula f. Sala destinada a la enseñanza en las universidades o escuelas.

áulico, ca adj. Relativo a la corte. || Cortesano, palaciego (ú. t. c. s.). || *Consejo áulico*, tribunal supremo del Sacro Imperio.

aullador, ra adj. Que aúlla. || — M. Mono de América del Sur.

aullar v. i. Dar aullidos.

aullido m. Voz quejosa del lobo, el perro y otros animales.

aumentación f. Aumento.

aumentador, ra adj. Que aumenta.

aumentar v. t. Hacer mayor el número, el tamaño o la intensidad (ú. t. c. i.). || Mejorar: *aumentar un sueldo*.

aumentativo, va adj. y s. m. *Gram.* Aplícase al vocablo que aumenta la significación de otro.

aumento m. Acrecentamiento de una cosa. || Adelantamiento, progreso.

aun adv. Denota a veces idea de encarecimiento y equivale a *hasta* en sentido afirmativo, y a *siquiera* en sentido negativo. || — Conj. *Aun cuando*, aunque.

aún adv. Todavía.

aunar v. t. Asociar para un fin.

aunque conj. Denota oposición: *aunque es malo lo quiero*.

aupar v. t. *Fam.* Ayudar a subir o a levantarse. || *Fig.* Ensalzar.

aura f. Viento apacible. || *Fig.* Aprobación general: *aura popular*. || *Med.* Sensación que precede una convulsión epiléptica: *aura epiléptica*. || *Amer.* Gallinazo, zopilote o samuro.

auranciáceas f. pl. *Bot.* Familia a que pertenecen el naranjo y el limonero (ú. t. c. adj.).

áureo, a adj. De o parecido al oro, dorado: *áurea cabellera*.

aureola f. Círculo luminoso que suele ponerse detrás de la cabeza de las imágenes religiosas. || *Fig.* Gloria que alcanza una persona: *la aureola del genio*. || *Astr.* Luminosidad circular que envuelve el Sol o a la Luna. || Círculo, mancha de forma circular, areola.

aureolar v. t. Ceñir la cabeza con la aureola. || *Fig.* Glorificar, adornar.

aureomicina f. Antibiótico de gran poder germicida.

áurico, ca adj. De oro.

aurícula f. *Anat.* Cada una de las dos cavidades de la parte superior del corazón, que recibe la sangre de las venas. | Oreja. || *Bot.* Lóbulo o apéndice lateral de algunas hojas.

auricular adj. Relativo al oído: *conducto auricular*. || Que ha oído: *testigo auricular*. || *Dedo auricular*, el meñique. || — M. Pieza del teléfono o de un receptor radiofónico que se aplica al oído.

aurífero, ra adj. Que lleva oro: *arena aurífera*.

auriga m. *Poét.* Cochero.

aurora f. Claridad que precede a la salida del Sol. || *Fig.* Principio: *la aurora de la vida*. || *Bot.* Artemisa. || *Aurora boreal, austral*, meteoros luminosos que se observan en el hemisferio Norte o en el hemisferio Sur.

auscultación f. *Med.* Acción y efecto de auscultar.

auscultar v. t. *Med.* Aplicar el oído o el estetoscopio a ciertos puntos del cuerpo humano para explorar los sonidos y ruidos en las cavidades del tórax o del abdomen.

ausencia f. Acción y efecto de ausentarse o de estar ausente: *señalar una ausencia*. || Tiempo en que alguno está

ausente. || Falta o privación de alguna cosa. || *For.* Situación jurídica de la persona cuyo paradero se desconoce.

ausentarse v. pr. Alejarse una persona del punto de su residencia.

ausente adj. y s. Fuera de su residencia, que no está presente. || *Fig.* Distraído.

ausentismo m. Absentismo.

ausetano, na adj. y s. Individuo de un pueblo celtibérico de España: *los ausetanos combatieron contra cartagineses y romanos*.

auspiciar v. t. Favorecer, patrocinar: *auspiciar una reforma*.

auspicio m. Apoyo, protección, patrocinio. || — Pl. Presagios.

auspicioso, sa adj. De buen augurio.

austeridad f. Calidad de austero. || Mortificación de los sentidos y pasiones.

austero, ra adj. Riguroso, rígido: *la vida austera de un asceta*. || Severo con uno mismo o con los demás. || Sin adornos: *arquitectura austera*.

austral adj. Del lado del polo Sur: *hemisferio austral*.

australiano, na adj. y s. De Australia.

austríaco, ca adj. y s. De Austria: *la Marca Austriaca*.

autarcía f. Independencia económica de un Estado.

autarquía f. Gobierno de los ciudadanos por sí mismos. || Gobierno que no depende de la autoridad exterior. || Independencia económica de un Estado. || Autosuficiencia.

autárquico, ca adj. De la autarquía: *economía autárquica*.

autenticación f. Acción y persona escrita por ella misma.

autenticar v. t. Autentificar.

autenticidad f. Calidad de auténtico.

auténtico, ca adj. Acreditado de cierto y positivo: *relato auténtico*. || Autorizado o legalizado, que hace fe pública: *copia auténtica*.

autentificar y autentizar v. t. Hacer auténtico, legalizar, certificar. || Acreditar, dar fama.

autillo m. Ave rapaz nocturna.

auto m. *For.* Resolución o sentencia judicial. || Composición dramática alegórica: *los autos sacramentales de Calderón*. || — Pl. Procedimiento judicial. || — *Auto de fe*, castigo público impuesto por la Inquisición. || *De autos*, de referencia: *la noche de autos*.

auto m. *Fam.* Automóvil.

autobiografía f. Vida de una persona escrita por ella misma.

autobiográfico, ca adj. Relativo a la autobiografía.

autobombo m. *Fam.* Elogio que uno se tributa a sí mismo.

autobús m. Vehículo automóvil de transporte colectivo urbano.

autocamión m. Camión, automóvil.

autocar m. Autobús de turismo.

autocarril m. *Bol., Chil., Ecuad., Nicar.* y *Per.* Coche de ferrocarril impulsado a motor.

autocensura f. Censura realizada por un escritor de sus propios textos.

autoclave f. Aparato para la desinfección por vapor y altas temperaturas.

autocracia f. Gobierno de una sola persona.

autócrata com. Persona que ejerce sola la autoridad suprema.

autocrático, ca adj. Relativo al autócrata o a la autocracia.

autocrítica f. Crítica de sí mismo.

autóctono, na adj. y s. Originario del país en que vive: *raza, planta autóctona.*

autodefensa f. Defensa de sí mismo.

autodeterminación f. Derecho de los pueblos a su soberanía.

autodidáctico, ca y **autodidacto, ta** adj. y s. Que se instruye por sí mismo, sin maestro.

autodisciplina f. Método de gestión que, con el concurso de los alumnos, se aplica en algunos establecimientos escolares.

autódromo m. Pista para carreras de automóviles.

autoencendido m. *Mec.* Encendido espontáneo de una mezcla de gases en un motor.

autoescuela f. Escuela para enseñar a conducir automóviles.

autofinanciación f. o **autofinanzamiento** f. Financiación de una empresa con las inversiones de una parte de los beneficios.

autógeno, na adj. Aplícase a la soldadura de metales por la fundición parcial obtenida con un soplete.

autogestión f. Gestión de una empresa por los que trabajan en ella.

autogiro m. Avión provisto de hélice horizontal, que aterriza verticalmente.

autógrafo, fa adj. y s. m. Escrito de mano de su mismo autor: *un autógrafo de Unamuno.*

autoinducción f. *Electr.* Inducción que un conductor produce sobre sí mismo.

autoinfección f. *Med.* Infección del organismo por sus propios productos sépticos.

autointoxicación f. *Med.* Intoxicación por secreciones producidas por el propio organismo.

automación f. Funcionamiento de una máquina o de un grupo de máquinas que, dirigido por un programa único, permite efectuar sin la intervención de la persona humana una serie de operaciones contables, de estadística o industriales. || Creación de autómatas.

autómata m. Máquina que imita los movimientos de un ser animado. || *Fig.* y *fam.* Persona que se deja dirigir por otra.

automático, ca adj. Maquinal, indeliberado, que se ejecuta sin participación de la voluntad. || Que obra por medios mecánicos: *teléfono automático.* || Inmediato. || — M. Botón a mo-do de corchete. || — F. Ciencia y técnica de la automación.

automatismo m. Ejecución de actos automáticos. || Automación. || Carácter automático.

automatización f. Acción y efecto de automatizar. || Sustitución del hombre por una máquina para realizar un trabajo determinado: *el proceso de automatización.*

automatizar v. pr. Volver automático.

automotor, triz adj. y s. Dícese del aparato que ejecuta ciertos movimientos sin intervención exterior: *torpedo automotor.* || — M. Vehículo ferroviario con motor eléctrico o diesel.

automóvil adj. Dícese de los aparatos que se mueven solos: *lancha, torpedo, coche automóvil.* || — M. Vehículo que camina movido por un motor de explosión.

automovilismo m. Término genérico aplicado a todo lo relativo al automóvil. || Deporte del automóvil.

automovilista com. Conductor de un automóvil.

automovilístico, ca adj. Relativo a los automóviles: *deporte automovilístico.*

autonomía f. Facultad de gobernarse por sus propias leyes: *la autonomía de Cataluña.* || *Fig.* Condición de la persona que no depende de otra. || Distancia máxima que puede recorrer un vehículo de motor con el depósito lleno de combustible.

autonomista adj. y s. Partidario de la autonomía: *los autonomistas vascos.*

autónomo, ma adj. Que goza de autonomía: *poder autónomo.*

autopista f. Carretera con dos calzadas separadas para automóviles: *la autopista del Sur.*

autoplastia f. *Cir.* Operación consistente en restaurar un tejido dañado por otro sano del mismo individuo.

autopropulsión f. *Mec.* Propulsión de ciertos artefactos por sus propios medios.

autopsia f. *Med.* Examen anatómico y patológico del cadáver para conocer la causa de la muerte.

autor, ra m. y f. El que es causa de alguna cosa. || Persona que produce una obra, especialmente literaria. || *For.* Causante.

autoría f. Condición de autor.

autoridad f. Derecho o poder de mandar, de hacerse obedecer: *autoridad de las leyes, paterna,* etc. || Persona revestida de poder, mando o magistratura. || Crédito concedido a una persona o cosa en determinada materia: *la autoridad de Platón.* || Texto que se cita en apoyo de lo que se dice: *diccionario de autoridades.*

autoritario, ria adj. y s. Partidario del principio de autoridad. || Que no tolera la contradicción: *carácter autoritario.*

autoritarismo m. Sistema fundado en la sumisión incondicional a la autoridad. || Carácter autoritario de una persona.

autorización f. Permiso.

autorizado, da adj. Digno de respeto y de crédito: *opinión autorizada.* || Consagrado: *palabra autorizada por el uso.*

autorizar v. t. Dar a uno autoridad o facultad para hacer una cosa. || Legalizar una escritura o instrumento: *autorizar una donación.* || Confirmar, comprobar o aprobar una cosa con autoridad: *autorizar un concurso, una reunión.*

autorretrato m. Retrato que un artista, un escritor, hace de sí.

autosatisfacción f. Satisfacción de sí mismo, vanidad.

autoservicio m. Servicio que el cliente realiza por sí mismo en ciertos establecimientos.

autostop m. Manera de viajar un peatón, consistente en parar a un automovilista y pedirle que lo lleve en su coche.

autosuficiencia f. Sentimiento de suficiencia propia.

autosugestión f. Influencia persistente de una idea en la conducta de un individuo.

autotomía f. *Zool.* Mutilación espontánea que efectúan sobre sí mismos algunos animales para escapar de un peligro.

autovacuna f. *Med.* Vacuna obtenida mediante gérmenes procedentes del mismo paciente.

autovía f. Automotor.

autovolquete m. Camión, vagón u otro vehículo utilizado para el transporte de materiales y que descarga haciendo bascular la caja.

auxiliar adj. y s. Que auxilia. || *Gram.* Dícese de los verbos como *haber* y *ser,* que sirven para conjugar los demás verbos. || — M. Empleado subalterno: *auxiliar de vuelo.* || Profesor que sustituye al catedrático.

auxiliar v. t. Dar auxilio.

auxilio m. Ayuda, socorro, amparo: *pedir, prestar auxilio.*

auyama f. *Antill., Col., C. Rica, Ecuad., Per.* y *Venez.* Calabaza y calabacera.

aval m. *Com.* Firma que se pone al pie de una letra de crédito para garantizar su pago. || Escrito en que uno responde de la conducta de otro.

avalancha f. Alud.

avalar v. t. Garantizar por medio de aval.

avance m. Acción de avanzar. || Adelanto. || Anticipo de dinero. || Balance comercial. || *Cin.* Fragmentos de una película de estreno proyectados con fines publicitarios.

avanzada f. *Mil.* Partida de soldados destacada para observar al enemigo.

avanzado, da adj. Adelantado: *avanzado de (en) edad.* || De ideas políticas radicales en sentido liberal y democrático.

avanzar v. t. e i. Ir hacia adelante. || Acercarse a su fin el tiempo. || *Fig.* Progresar, mejorar. || Galicismo por *proponer, anticipar.*

avaricia f. Apego excesivo a las riquezas.

avaricioso, sa o **avariento, ta** adj. y s. Que tiene avaricia, avaro.

avaro, ra adj. y s. Que acumula dinero y no lo emplea. || *Fig.* Que reserva o escatima.

ávaro, ra adj. y s. Individuo de un pueblo uraloaltaico que saqueó Europa durante tres siglos.

avasallador, ra adj. y s. Que avasalla.

avasallamiento m. Acción y efecto de avasallar o avasallarse.

avasallar v. t. Sujetar, rendir o someter a obediencia. || — V. pr. Hacerse vasallo de un señor. || Sujetarse, someterse.

avatar m. Galicismo por *vicisitud, cambio, transformación.*

ave f. Animal vertebrado, ovíparo, de respiración pulmonar y sangre caliente, pico córneo, cuerpo cubierto de plumas y con dos pies y dos alas. (Se conocen veinte mil especies de aves, que se pueden dividir en ocho órdenes: *palmípedas, rapaces, gallináceas, palomas, zancudas, prensoras, pájaros y corredoras.*)

avecinar v. t. Avecindar. || — V. pr. Aproximarse, acercarse.

avecindar v. t. Dar vecindad. || — V. pr. Tomar residencia en un pueblo.

avefría f. Ave zancuda. || *Fig.* Persona fría.

avejentar v. t. Poner viejo antes de tiempo (ú. m. c. pr.).

avellana f. Fruto del avellano, de corteza leñosa.

avellanado m. Acción de barrenar.

avellanar m. Sitio donde abundan los avellanos. || Ensanchar la entrada de un taladro por medio de una barrena o broca.

avellano m. Arbusto de la familia de las betuláceas, cuyo fruto es la avellana.

avemaría f. Salutación del arcángel San Gabriel a la Virgen. || Cuenta pequeña del rosario. || — *Al avemaría,* al anochecer. || *Fig. En un avemaría,* en un momento.

avena f. Planta gramínea que se cultiva para alimento de caballerías y otros animales. || Su grano. || *Poét.* Zampoña, instrumento músico.

avenamiento m. Acción y efecto de avenar, drenaje.

avenar v. t. Dar salida al agua de los terrenos por medio de zanjas, drenar.

avenate m. Ataque de locura.

avenencia f. Convenio. || Conformidad y unión.

avenida f. Crecida impetuosa de un río. || Calle ancha con árboles. || *Fig.* Afluencia de varias cosas.

avenido, da adj. Con los adverbios *bien* o *mal,* conforme o no conforme con algo, en buenos o malos términos.

*avenir v. t. Conciliar las partes discordes: *avenir a los adversarios.* || — V. i. Suceder. || — V. pr. Ponerse de acuerdo. || Conformarse con algo, amoldarse. || *Fam.* Arreglárselas.

aventado, da adj. y s. *Méx.* Audaz.

aventador, ra adj. y s. Que avienta los granos. || — F. Máquina usada con este fin. || — M. Bieldo. || Abanico.

aventajado, da adj. Que aventaja a lo ordinario: *alumno aventajado.* || Ventajoso, conveniente.

aventajar v. t. Llevar ventaja: *aventajar a los demás en el juego, en los estudios.* || Dar ventaja. || Anteponer, preferir. || — V. pr. Adelantarse.

aventamiento m. Acción y efecto de aventar.

*aventar v. t. Hacer aire a alguna cosa. || Echar al viento: *aventaron sus cenizas, los granos.*

aventón m. *Méx.* Viaje logrado con autoestop. || *Al aventón,* a la carrera, con descuido.

aventura f. Suceso o lance extraño: *las aventuras de Telémaco.* || Casualidad: *si de aventura le ves.* || Riesgo.

aventurado, da adj. Osado.

aventurar v. t. Poner en peligro: *aventurar su vida.* || Decir una cosa atrevida: *aventurar una doctrina.* | — V. pr. Arriesgarse.

aventurero, ra adj. y s. Que busca aventuras: *espíritu aventurero.* || — M. y f. Persona que busca aventuras, que vive de intrigas.

*avergonzar v. t. Causar vergüenza. || — V. pr. Sentir vergüenza: *avergonzarse de su conducta.*

avería f. *Mar.* Daño que padece un buque o su carga. || Daño que sufren las mercaderías. || Deterioro: *avería en una máquina, en un automóvil.*

averiado, da adj. Echado a perder. || Deteriorado, roto.

averiarse v. t. Echarse a perder una cosa. || Sufrir una avería un buque, un motor, etc., no funcionar. || Estropearse.

averiguable adj. Que se puede averiguar.

averiguación f. Acción y efecto de averiguar.

averiguador, ra adj. y s. Que averigua.

averiguar v. t. Inquirir la verdad hasta descubrirla: *averiguar un misterio.*

averno m. *Poét.* Infierno.

averroísmo m. Doctrina o sistema de Averroes.

averroísta adj. y s. Que profesa el averroísmo.

aversión f. Repugnancia, asco.

avestruz m. Ave corredora, la mayor de las conocidas. || — *Avestruz de América,* el ñandú. || *Fig. Política del avestruz,* dícese de la de aquel que no quiere ver el peligro patente que le acecha.

avezar v. t. Acostumbrar. Ú. t. c. pr.: *avezarse a todo.*

aviación f. Navegación aérea con aparatos más pesados que el aire. || Ejército del Aire.

aviador, ra m. y f. Persona que tripula un aparato de aviación. || — M. Barrena de calafate. || *Méx.* Persona incluida en una nómina y que sólo acude al sitio del trabajo a cobrar su sueldo.

aviar v. t. Preparar algo para el camino: *aviar una maleta.* || Arreglar: *aviar la carne.* || Componer. Ú. t. c. pr.: *aviarse para ir a cenar.* || *Fam.* Acelerar, despachar lo que se está haciendo. Ú. t. c. pr.: *avíate que te tarde.* || Proporcionar a uno lo necesario (ú. t. c. pr.). | Hacer un favor. | Convenir: *¿te avías si te llevo en coche?*

avícola adj. De la avicultura.

avicultor, ra m. y f. Persona que se dedica a la avicultura.

avicultura f. Arte de criar las aves y aprovechar sus productos.

avidez f. Ansia.

ávido, da adj. Codicioso: *ávido de dinero.*

aviejar v. t. e i. Avejentar.

avieso, sa adj. Torcido: *mirada aviesa.* || *Fig.* Malo o mal inclinado: *espíritu avieso.*

avilés, esa adj. y s. De Ávila.

avilesino, na adj. y s. De Avilés (España).

avinagrado, da adj. Áspero, agrio. || *Fig.* Acre, desapacible: *carácter avinagrado.*

avinagrar v. t. Poner agria una cosa (ú. t. c. pr.).

aviñonés, esa o **aviñonense** adj. y s. De Aviñón.

avío m. Preparativo, apresto. || Provisión de los pastores. || — Pl. *Fam.* Utensilios necesarios para algo: *avíos de escribir, de coser.* || — *¡Al avío!,* dícese para excitar a uno a una trabaje. || *Fig. Hacer avío,* apañar, arreglar. | *Hacer su avío,* pensar sólo en sí.

avión m. Vehículo aéreo más pesado que el aire, capaz de desplazarse en la atmósfera mediante una o varias hélices propulsoras o mediante la expulsión de gases.

avioneta f. Avión de turismo.

avisador, ra adj. y s. m. Que avisa.

avisar v. t. Dar noticia de una cosa. || Advertir o aconsejar. || Llamar: *avisar al médico.*

aviso m. Noticia. || Consejo. || Precaución, cuidado. || Prudencia. || Advertencia: *sin previo aviso.* || *Mar.* Buque de guerra pequeño y muy ligero. || *Taurom.* Advertencia de la presidencia cuando el matador prolonga su faena más tiempo del reglamentario. || *Andar* o *estar sobre aviso,* estar prevenido.

avispa f. Insecto himenóptero provisto de aguijón.

avispado, da adj. *Fig.* y *fam.* Vivo, espabilado, despierto.

avispero m. Panal que fabrican las avispas. || Lugar donde anidan las avispas. || *Fig.* y *fam.* Negocio enredado: *meterse en un avispero.* || *Med.* Grupo de diviesos.

avistar v. t. Alcanzar con la vista: *avistar un buque en el horizonte.* || — V. pr. Reunirse varias personas.

avitaminosis f. *Med.* Carencia o escasez de vitaminas.

avituallamiento m. Acción y efecto de avituallar.

avituallar v. t. Proveer de vituallas: *avituallar un regimiento.*

avivar v. t. Excitar, animar: *avivar a los combatientes.* || *Fig.* Encender, acalorar: *avivar una discusión.* | Dar más vigor al fuego o a los colores. || — V. i. y pr. Cobrar vida, vigor: *avivarse las plantas con la lluvia.*

avizor adj. *¡Ojo avizor!, ¡cuidado!*

avizorar v. t. Acechar.

avo, ava, terminación que se añade a los números cardinales para significar las fracciones de unidad: *la dieciseisava parte.*

avocar v. t. *For.* Llamar a sí un tribunal la causa que correspondía a otro.

avutarda f. Ave zancuda.

axial o **axil** adj. Relativo al eje: *dirección axial.*

axila f. *Anat.* Sobaco. || *Bot.* Lugar de unión de cualquier parte de la planta con el tronco: *las yemas nacen en las axilas de las ramas.*

axilar adj. *Anat.* y *Bot.* Relativo a las axilas: *arteria axilar.*

axiología f. Filosofía de los valores.

axiológico, ca adj. Relativo a los valores.

axioma f. Verdad evidente por sí misma.

axiomático, ca adj. Evidente.

axis m. *Zool.* Segunda vértebra del cuello.

axolotl m. Ajolote.

¡ay! interj. Denota admiración o dolor: *¡ay de mí!*

ayacaste m. *Méx.* Variedad de calabaza, de fruto pequeño.

ayacuchano, na adj. y s. De Ayacucho (Perú).

ayacucho, cha adj. y s. De Puerto Ayacucho (Venezuela).

ayate m. *Méx.* Tela elaborada con fibra de maguey.

ayer adv. En el día inmediatamente anterior al de hoy: *ayer por la tarde.* || *Fig.* Hace algún tiempo: *parece que fue ayer.* | En tiempo pasado. || — M. Tiempo pasado.

ayllu V. AÍLLO.

aymará adj. y s. V. AIMARÁ.

ayo, ya m. y f. Persona encargada de criar o educar a un niño.

ayocote m. *Méx.* Frijol grueso.

ayote m. *Amér. C.* Calabaza.

ayotera f. *Amér. C.* Calabacera.

ayuda f. Acción y efecto de ayudar. || Persona o cosa que ayuda. || Lavativa. || Emolumento que se puede dar, además del sueldo. || — M. Criado: *ayuda de cámara.* || *Fig. No necesita ayuda de vecino,* no querer auxilio ajeno.

ayudante adj. Que ayuda. || — M. En algunos cuerpos u oficinas, oficial de clase inferior. || Profesor adjunto. || *Mil.*

Oficial que está a las órdenes de otro superior: *ayudante de campo.* || *Ayudante de obras públicas,* auxiliar técnico de los ingenieros de caminos, canales y puertos.

ayudantía f. Empleo de ayudante.

ayudar v. t. Prestar cooperación: *ayudar a uno a llevar una maleta.* || Auxiliar, amparar: *ayudar a los pobres.* || — V. pr. Prestarse socorro. || Valerse: *lo rompió ayudándose con los dientes.*

ayunar v. i. Abstenerse de comer y beber: *ayunar en cuaresma.*

ayuno m. Acción de ayunar: *guardar ayuno.*

ayuno, na adj. Que no ha comido: *estar ayuno.* || *Fig. y fam.* Privado: *estar ayuno del calor materno.* | Sin noticias de una cosa, o sin comprenderla: *quedarse completamente en ayunas.*

ayuntamiento m. Corporación que administra el municipio. || Casa consistorial, alcaldía. || Reunión. || Cópula carnal.

ayuntar v. t. Juntar. || — V. pr. Tener cópula carnal.

azabache m. Variedad de lignito, duro y compacto, de color negro de ébano. || Pájaro insectívoro de cabeza y alas negras. || *Ojos de azabache,* ojos muy negros.

azada f. Instrumento que sirve para remover la tierra.

azadilla f. Escardillo.

azadón m. Instrumento algo mayor que la azada.

azafata f. Criada de la reina. || Muchacha que en los aviones comerciales atiende a los pasajeros.

azafate m. Bandeja, fuente o canastillo de poca altura para llevar alimentos.

azafrán m. Planta iridácea cuyos estigmas, de color rojo, se emplean para condimentar, teñir de amarillo y en farmacia.

azafranado, da adj. Del color del azafrán: *tez azafranada.*

azahar f. Flor del naranjo, del limonero y del cidro, empleada en medicina y perfumería: *agua de azahar.*

azar m. Hecho fortuito: *un puro azar.* || Desgracia imprevista.

azaramiento m. Azoramiento.

azarar v. t. Avergonzar. || — V. pr. Turbarse, perder la serenidad. || Ruborizarse: *siempre se azara.*

azarearse v. pr. *Amér. C., Chil.* y *Per.* Avergonzarse.

azaroso, sa adj. Desgraciado: *vida azarosa.*

ázimo adj. y s. m. Aplícase al pan sin levadura.

ázoe m. *Quím.* Nitrógeno.

azófar m. Latón.

azogado, da adj. Que tiene azogue: *espejo azogado.* || — Adj. y s. Que padece temblor mercurial. || *Fig.* Inquieto. || *Fig. Temblar como un azogado,* temblar de miedo o de frío.

azogamiento m. Acción y efecto de azogar o azogarse.

azogar v. t. Cubrir de azogue: *azogar un espejo.* || Apagar la cal con agua. || — V. pr. *Med.* Contraer la enfermedad producida por absorción de los vapores de azogue. || *Fig. y fam.* Agitarse mucho, desatentarse.

azogue m. Nombre vulgar del mercurio. || Plaza pública de algunos pueblos. || *Fig. Ser un azogue,* ser muy vivo y bullicioso.

azogueño, ña adj. y s. De Azogues (Ecuador).

azoico adj. *Quím.* Nítrico. || *Geol.* Que es anterior a los organismos vivos.

azolve m. *Guat., Hond.* y *Méx.* Sedimento o lodo que obstruye un conducto de agua.

azor m. Ave de rapiña diurna.

azoramiento m. Acción y efecto de azorar o azorarse.

azorar v. t. Azarar (ú. t. c. pr.).

azotacalles com. *Fig. y fam.* Persona callejera.

azotaina f. *Fam.* Paliza.

azotar v. t. Dar azotes. || Dar golpes con la cola o con las alas. || *Fig.* Golpear violentamente: *el mar azota las rocas.*

azote m. Látigo o vergajo con que se azota. || Golpe dado con el azote. || Golpe dado con la mano en las nalgas. || *Fig.* Repetido de agua o aire. || *Fig.* Calamidad, desgracia: *la peste es un azote.* | Persona mala. || — Pl. Pena que se imponía a ciertos reos.

azotea f. Cubierta llana de una casa. || *Fig. y fam. Estar mal de la azotea,* estar loco.

azotehuela f. *Méx.* Pequeño patio o azotea en el cubo de un edificio.

azteca adj. y s. Aplícase al individuo y a un pueblo indio invasor del territorio conocido hoy con el nombre de México. || — Adj. Relativo a los aztecas. || — M. Idioma azteca. || Moneda de oro mexicana de veinte pesos.

azuayo, ya adj. y s. De Azuay (Ecuador).

azúcar amb. y mejor f. Cuerpo sólido cristalizable, de color blanco soluble en el agua, y extraído especialmente de la caña dulce y de la remolacha. || *Quím.* Nombre genérico de un grupo de hidratos de carbono. || — *Azúcar cande o candi,* la que por medio de una evaporación lenta queda reducida a cristales transparentes. || *Azúcar de cortadillo,* la refinada que se expende en terrones. || *Azúcar mascabada, morena, negra, terciada,* la menos pura y refinada.

azucarado, da adj. Dulce. || *Fig. y fam.* Blando y afable: *estilo azucarado.*

azucarar v. t. Bañar o endulzar con azúcar: *azucarar el café.* || *Fig.* Suavizar: *azucarar su carácter.* || — V. pr. Almibarar.

azucarería f. Fábrica o tienda de azúcar.

azucarero, ra adj. Relativo al azúcar: *industria azucarera.* || — M. Ave trepadora de los países tropicales. || — F.

Recipiente para el azúcar.

Fábrica de azúcar. || — M. y f. Vasija para poner azúcar.

azucarillo m. Masa esponjosa de almíbar y clara de huevo.

azucena f. Planta liliácea, de flores blancas muy olorosas.

azuela f. *Carp.* Herramienta para desbastar.

azufaifa f. Fruto dulce y comestible del azufaifo, que se usa como medicamento pectoral.

azufaifo m. Árbol ramnáceo cuyo fruto es la azufaifa.

azufrado, da adj. Sulfuroso. || Parecido en el color al azufre. || — M. Acción de azufrar.

azufrador m. Enjugador para sahumar con azufre. || Aparato para azufrar.

azufrar v. t. Echar azufre en alguna cosa: *azufrar la vid.* || Dar o impregnar de azufre. || Sahumar con azufre: *azufrar la ropa.*

azufre m. Metaloide sólido (S), de número atómico 16, de color amarillo, insípido e inodoro, de densidad 1,96, punto de fusión, 119 °C y 444,6 °C de ebullición.

azul adj. y s. m. De color de cielo sin nubes: *el azul es el quinto color del espectro solar.* || — Azul celeste, el más claro. || *Azul de cobalto,* materia usada en pintura y cerámica. || *Azul de Prusia,* ferrocianuro férrico. || *Azul marino,* el oscuro. || *Azul turquí,* el más oscuro. || *Med. Enfermedad azul,* malformación del corazón y de los vasos que produce en la piel una coloración azul por insuficiencia de oxigenación de la sangre. || *Fig. Sangre azul,* sangre noble.

azulado, da adj. De color azul.

azular v. t. Teñir de azul.

azulear v. i. Tirar a azul.

azulejo m. Ladrillo pequeño vidriado, de varios colores, que se usa generalmente para revestimientos, frisos, etc.

azulete m. Viso de color azul en las ropas.

azulino, na adj. Que tira a azul: *coloración azulina.*

azumbre f. Medida de capacidad equivalente a dos litros y 16 mililitros.

azur adj. y s. m. *Blas.* Azul.

azurita f. *Min.* Carbonato natural de cobre, de color azul intenso.

azuzar v. t. Incitar a los perros. || *Fig.* Impulsar, excitar.

azuzón, ona adj. Que azuza o incita.

b

b f. Segunda letra del alfabeto castellano y primera de sus consonantes. || **B**, símbolo químico del *boro*.

Ba, símbolo químico del *bario*.

baba f. Saliva espesa y viscosa. || Jugo viscoso de algunas plantas. || *Fig. y fam. Caérsele a uno la baba*, dar a entender que una persona es boba, y también sentir gran agrado con una cosa.

babahoyense adj. y s. De Babahoyo (Ecuador).

babear v. i. Echar la baba. || Babosear, llenar de baba.

babel amb. *Fig. y fam.* Lugar en que reina el desorden: *esta casa es una babel*.

babeo m. Acción de babear.

babero m. Lienzo que se pone a los niños en el pecho. || Guardapolvos, bata.

babieca adj. y s. *Fam.* Tonto.

babilónico, ca adj. De Babilonia. || *Fig.* Ostentoso.

babilonio, nia adj. y s. De Babilonia.

bable m. Dialecto de los asturianos.

babor m. Lado izquierdo de la embarcación, mirando de popa a proa.

babosa f. Molusco gasterópodo que segrega una baba pegajosa.

babosear v. t. Llenar de baba.

baboso, sa adj. y s. Que baba mucho. || *Fig. y fam.* Que hace cosas que no son de su edad ni de su condición.

babucha f. Zapatilla.

baca f. Parte superior de los automóviles y autocares, donde se colocan los equipajes. || Toldo de lona para cubrirlos.

bacaladero, ra adj. Relativo a la pesca del bacalao. || — M. Barco para pescar bacalao.

bacalao m. Pez teleósteo comestible. (El *bacalao* vive en los mares árticos, sobre todo entre Terranova e Islandia.) || *Fig. y fam. Partir o cortar el bacalao*, tener el mando en un asunto, ser el que dispone.

bacanal f. Orgía. || — Pl. Antiguas fiestas paganas, de carácter licencioso, celebradas en honor de Baco.

bacante f. Sacerdotisa de Baco. || *Fig.* Mujer ebria y descocada.

bacará y **bacarrá** m. Juego de naipes en que el banquero juega contra los puntos.

bache m. Hoyo en una carretera o en un camino. || Corriente atmosférica que provoca un descenso brusco y momentáneo del avión. || — Pl. *Fig.* Momentos difíciles, altibajos.

bachiller, ra m. y f. Persona que ha obtenido el título al terminar la enseñanza media. || *Fig. y fam.* Persona habladora.

bachillerato m. Grado de bachiller. || Estudios necesarios para conseguirlo: *estudia bachillerato*.

bachillerear v. i. *Fig. y fam.* Discursear.

bacía f. Vasija que usan los barberos para remojar la barba.

bacilar adj. Relativo a los bacilos: *enfermedad bacilar*. || *Min.* De textura en fibras gruesas.

baciliforme adj. En forma de bacilo.

bacilo m. Microbio del grupo de las bacterias, en forma de bastoncillo, que no suele medir más de 10 micras. (Numerosos *bacilos* son patógenos, como el *tifoideo*, del *tétanos*, del *carbunco*, *tuberculoso* o de *Koch*.)

bacín m. Orinal grande.

bacinete m. Pieza de la armadura que cubría la cabeza. || Soldado que lo llevaba. || *Anat.* Pelvis.

bacteria f. Microorganismo vegetal unicelular, de forma alargada (*bacilo*) o esférica (*coco*).

bacteriáceas f. pl. Familia de algas microscópicas en forma de bastón o de filamento, algunas patógenas (ú. t. c. adj.).

bacteriano, na adj. De las bacterias: *sustancia bacteriana*.

bactericida adj. y s. m. Que destruye las bacterias o impide su desarrollo: *suero bactericida*.

bacteridia f. Bacteria gruesa, especialmente la del carbunco.

bacteriófago m. Virus que destruye ciertas bacterias.

bacteriología f. Parte de la microbiología que trata de las bacterias.

bacteriológico, ca adj. Relativo a bacteriología.

báculo m. Cayado: *báculo pastoral*. || *Fig.* Alivio, consuelo, sostén. || Apoyo: *báculo de la vejez*.

badajo m. Pieza metálica que hace sonar la campana. || *Fig. y fam.* Persona muy habladora y necia.

badajocense y **badojoceño, ña** adj. y s. De Badajoz.

badana f. Piel curtida de oveja. || *Fam.* Persona holgazana. || — *Fig. y fam. Zurrar la badana*, pegar, golpear.

badén m. Cauce en una carretera para dar paso al agua. || Bache en un camino o carretera. || Zanja que forman las aguas llovedizas.

bádminton m. (voz ingl.). Juego del volante.

badulaque m. Afeite antiguo. || *Fam.* Tonto, bobo (ú. t. c. adj.).

baffle m. (pal. ingl.). Caja de resonancias en un aparato de radio.

bagaje m. Equipaje de un ejército en marcha. || Acémila. || *Fig.* Caudal intelectual. || Galicismo por *equipaje*.

bagatela f. Cosa de poco valor. || Cosa frívola o fútil.

bagazo m. Cáscara de la baga del lino. || Residuos de la caña de azúcar, de uva.

bagre m. Pez de agua dulce. || *Arg., Cub., Ecuad., Salv. y Urug.* Mujer fea.

bagual adj. *Amer.* Bravo, feroz. | Incivil. || — M. *Amer.* Caballo no domado.

¡bah! interj. Denota duda.

bahía f. Entrada del mar en la costa, algo menor que el golfo.

bailable adj. Dícese de la música compuesta para bailar: *canción bailable*. || Que puede bailarse. || — M. Ballet.

bailador, ra adj. y s. Que baila.

bailaor, ra m. y f. Bailarín de flamenco.

bailar v. i. Mover el cuerpo al compás de la música: *bailar amorosamente*. || Girar rápidamente: *la peonza baila* (ú. t. c. t.). || *Fig.* Llevar algo demasiado ancho: *mis pies bailan en los zapatos*. || — *Fig. Bailar al son que tocan*, hacer en cualquier sitio o circunstancias lo que los demás hacen. | *Otro que bien baila*, otro igual. || — V. t. Hacer bailar. || Ejecutar un baile: *bailar un tango*. || *Fig. y fam. Bailar el agua*, adular. | *¡Que me quiten lo bailado!*, expresión usada para indicar que, pase lo que pase, merece la pena disfrutar de lo que a uno le gusta.

bailarín, ina adj. Que baila (ú. t. c. s.). || — M. y f. Persona que profesa el arte de bailar.

baile m. Acción de bailar. || Manera particular de bailar: *baile clásico*. || Reunión para bailar: *dar un baile*. || Función teatral dedicada a la mímica y a la danza.

bailongo m. *Amer.* Baile pobre.

bailotear v. i. Bailar sin arte.

bailoteo m. Acción de bailotear, baile.

baja f. Disminución del precio: *baja del coste de la vida*. | *Mil.* Pérdida de un individuo: *el ejército tuvo muchas bajas*. | Documento que acredita esta baja. || Cese en una corporación, profesión o carrera por traslado, retiro u otro motivo. || Cese temporal en un servicio o trabajo a causa de enfermedad. || *Darse de baja*, dejar de pertenecer, retirarse; declararse enfermo; suspender una suscripción.

bajá m. Dignatario turco.

bajada f. Acción de bajar: *la bajada de las aguas*. || Camino por donde se baja. || *Bajada de bandera*, puesta en marcha del taxímetro cuando el viajero sube a un taxi.

bajamar f. Nivel inferior que alcanza el mar al fin del reflujo.

bajar v. i. Ir de un lugar a otro que está más bajo: *bajar al piso primero*. || Disminuir alguna cosa: *bajar la fiebre, los precios, el frío, la vista*. || *Fig.* Descender: *ha bajado mucho en mi aprecio*. || — V. t. Poner una cosa en lugar inferior al que ocupaba: *bájame aquel libro*. || Descender por una escalera. || Rebajar. || Disminuir el precio de una cosa. || Inclinar hacia abajo: *bajar la cerviz*. || *Fig.* Humillar: *bajar el orgullo a uno*. || — V. pr. Inclinarse. || Apearse: *bajarse del autobús*.

bajaverapacense adj. y s. De Baja Verapaz (Guatemala).

bajel m. Buque.

bajeza f. Hecho vil, indigno: *eso es una bajeza*. || *Fig.* Pequeñez, miseria: *la bajeza del ser humano*.

bajío m. Banco de arena.

bajo, ja adj. Poco elevado: *una silla baja, la cifra más baja*. || Que está en lugar inferior. || De poca estatura: *una persona muy baja*. || Inclinado hacia abajo: *con los ojos bajos*. || Dicho de colores, poco vivo, pálido: *azul bajo*. || *Fig.* Vulgar, grosero, ordinario: *lenguaje bajo*. || Plebeyo: *los barrios bajos*. || Poco considerable: *precio bajo*. || Que no se que te lejos: *en voz baja*. || Débil: *la vista baja*. || *Mús.* Grave: *voz baja*. || — M. Lugar hondo, parte baja, hondonada. || En los mares y ríos, elevación del fondo: *bajo de arena*. || Piso bajo: vivo en el *bajo* (ú. t. en pl.). || *Mús.* Voz o instrumento que produce los sonidos más graves de la escala. || Persona que canta o toca la parte de bajo. || — *Mús.* Bajo cantante, barítono de voz tan robusta como la de bajo. | Bajo profundo, cantor de voz más grave que la ordinaria. || *Fig. Bajos fondos*, conjunto de gente de mala vida. || — Adv. Abajo, en lugar inferior. || En voz baja: *hablar bajo*. || Por lo bajo, oculta, secretamente. || — Prep. Debajo de. || En tiempos de: *bajo la dominación romana*. || Con la garantía de:

bajo palabra. || Por debajo de, inferior a: *dos grados bajo cero*.

bajonazo m. *Taurom.* Golletazo: *mató al toro de un bajonazo*.

bajorrelieve m. *Esc.* Obra cuyas figuras resaltan poco del plano: *los bajorrelieves del Partenón*. (Se escribe tb. *bajo relieve*.)

bajura f. Paraje de aguas poco profundas: *pesca de bajura*.

bakelita f. Baquelita.

bala f. Proyectil de las armas de fuego: *bala trazadora*. || Fardo de mercaderías: *bala de algodón*. || Atado de diez resmas de papel. || *Impr.* Almohadilla para entintar la composición. || *Amer.* Prueba atlética que consiste en lanzar un objeto esférico pesado. || *Bala perdida*, la que cae en punto muy distante; (fig.) tarambana. || *Fig. Bala rasa*, persona alegre y poco seria.

balada f. Composición poética sentimental.

baladí adj. Fútil, de poca importancia: *asuntos baladíes*.

baladrón, ona adj. y s. Fanfarrón, bravucón.

baladronada f. Bravuconería, hecho o dicho de baladrón: *soltar baladronadas*.

baladronear v. i. Hacer o decir baladronadas.

balalaica f. Laúd triangular ruso de tres cuerdas.

balance m. Movimiento de un cuerpo que se inclina alternativamente de un lado a otro. || *Com.* Libro en que los comerciantes escriben sus créditos y deudas. | Cuenta general que demuestra el estado de un negocio. || *Mar.* Movimiento que hace el barco de babor a estribor. || *Fig.* Resultado de un asunto. || Vacilación.

balancear v. i. Moverse de un lado para otro una embarcación. || Columpiar (ú. t. c. pr.). || *Fig.* Dudar, vacilar. || — V. t. Equilibrar.

balanceo m. Movimiento oscilatorio: *el balanceo del péndulo*.

balancín m. *Mec.* Pieza o barra dotada de un movimiento oscilatorio que regula generalmente otro movimiento o le da un sentido o amplitud diferentes. || En un automóvil, pieza que, movida por una especie de palanca, transmite el movimiento de ésta a una válvula del cilindro. || Madero que se fija en la tijera de un carruaje. || Madero que se enganchan los tirantes de las caballerías. || Palo largo de volatinero. || Volante para sellar moneda. || Mecedora. || — Pl. *Mar.* Cuerdas pendientes de la entena.

balandra f. Velero pequeño con cubierta y sólo un palo y sus velas.

balandrista com. El que conduce un balandro.

balandro m. Velero de recreo de dos velas y un solo palo: *regata de balandros*.

bálano m. Crustáceo cirrípedo, llamado corrientemente *percebe*.

balanza f. Instrumento para pesar. || *Fig.* Comparación que se hace de las cosas. || — *Balanza de comercio*, estado comparativo de la importación y exportación en un país. || *Balanza de pagos*, relación de las transacciones entre las personas residentes en un país y las que residen en el extranjero.

balar v. i. Dar balidos.

balastar v. t. Poner balasto.

balasto m. Grava para asentar y sujetar la vía del ferrocarril.

balata f. *Chil.* y *Méx.* Parte del sistema de frenado de los automóviles que ejerce la fricción.

balaustrada f. Serie de balaustres rematados por una barandilla.

balaustre m. Columnita de las barandillas.

balazo m. Tiro o herida de bala.

balboa m. Unidad monetaria de Panamá.

balbucear v. i. Articular mal y dificultosamente.

balbuceo m. Acción de balbucir. || *Fig.* Primera prueba, ensayo inicial, comienzo: *esta técnica está aún en sus balbuceos*.

balbuciente adj. Que balbuce.

*balbucir v. i. Balbucear.

balcánico, ca adj. y s. De los Balcanes.

balcón m. Ventana grande con barandilla saliente: *asomarse al balcón*. || *Fig. Es cosa de alquilar balcones*, es cosa digna de verse.

balconcillo m. Balcón pequeño. || En la plaza de toros, galería encima del toril. || *Teatr.* Galería delante de la primera fila de palcos: *localidades de balconcillo*.

balda f. Anaquel.

baldadura f. y **baldamiento** m. Impedimento físico del uso de un miembro.

baldaquín o **baldaquino** m. Palio. || Pabellón del altar, del trono, etc.

baldar v. t. Impedir o dificultar una enfermedad el uso de un miembro (ú. t. c. pr.). || *Fig.* Causar a uno una gran contrariedad. || — V. pr. *Fam.* Cansarse mucho.

balde m. *Mar.* Cubo.

balde (de) loc. adv. Gratis: *tener entradas de balde*. || Sin motivo. || — *En balde*, en vano. || *Estar de balde*, estar de sobra.

baldear v. t. Regar con baldes. || Achicar con baldes el agua.

baldeo m. Limpieza con cubos.

baldío, a adj. Aplícase al terreno sin cultivar (ú. t. c. s. m.). || *Fig.* Vano, inútil: *esfuerzo baldío*.

baldón m. Afrenta, oprobio.

baldosa f. Ladrillo de enlosar.

baldosado m. Embaldosado.

baldosador m. Embaldosador.

baldosar v. t. Enlosar con baldosas.

baldosín m. Baldosa pequeña.

balear adj. y s. De las islas Baleares.

balear v. t. *Amer.* Herir o matar a balazos.

baleárico, ca adj. Perteneciente a las islas Baleares.

balénidos m. pl. Familia de cetáceos que tienen por tipo la ballena (ú. t. c. adj.).

baleo m. *Amer.* Tiroteo.

balero m. *Amer.* Juguete de madera con un palo en el que se ensarta una bola del mismo material.

balido m. Grito de los óvidos.

balín m. Bala pequeña.

balinense adj. y s. De Bali.

balístico, ca adj. De la balística. || — F. Ciencia que estudia el movimiento de los proyectiles.

baliza f. Señal óptica, sonora o radioeléctrica para guiar los barcos y los aviones.

balizaje y **balizamiento** m. Derecho de puerto. || Sistema de balizas de una ruta marítima o aérea.

balizar v. t. Señalar con balizas.

ballena f. El mayor de los cetáceos conocidos. || Cada una de las láminas córneas elásticas que posee este animal en la mandíbula superior. || Varilla de metal para varios usos: *ballena de paraguas*.
— La *ballena* (long. 30 m; peso 150 t) habita sobre todo en los mares polares. Se caza para aprovechar su aceite, su grasa y los apéndices córneos de su boca, que son muy estimados.

ballenato m. Cría o hijuelo de la ballena.

ballenero, ra adj. Relativo a la pesca de la ballena: *arpón ballenero*. || — M. Pescador de ballenas. || Barco destinado a esta pesca.

ballesta f. Arma para disparar flechas, saetas y bodoques. || Muelle de suspensión para vehículos.

ballestero m. El que tira con ballesta.

ballet m. Composición coreográfica. || Música que lo acompaña.

balneario, ria adj. Relativo a los baños: *estación balnearia*. || — M. Lugar donde se toman baños medicinales: *el balneario de Bath*.

balneoterapia f. *Med.* Tratamiento por los baños.

balompédico, ca adj. Futbolístico: *sociedad balompédica*.

balompié m. Fútbol.

balón m. Recipiente para cuerpos gaseosos. || Pelota de fútbol y juegos parecidos. || Fardo grande. || *Balón medicinal*, el utilizado para adquirir agilidad y soltura.

baloncesto m. Juego de equipo (cinco jugadores) que consiste en lanzar el balón a un cesto colocado en alto.

balonmano m. Juego de equipo (once jugadores) en el que se emplean sólo las manos.

balonvolea m. Juego de equipo (seis jugadores) que consiste en lanzar el balón por encima de una red sin que aquél toque el suelo.

balota f. Bolilla para votar. || *Amer.* Papeleta de voto.

balotage m. En algunos países, segunda votación al no haber obtenido ningún candidato el mínimo de sufragios requeridos.

balsa f. Plataforma flotante. || Hoyo del terreno que se llena de agua. || Estanque adonde van a parar los desperdicios. || Árbol propio de la América tropical cuya madera es particularmente ligera.

balsámico, ca adj. Que tiene las propiedades del bálsamo.

balsamina f. Planta cucurbitácea de América. || Planta balsaminácea de flores amarillas.

balsamináceas f. pl. Familia de plantas herbáceas angiospermas cuyo fruto tiene forma de cápsula carnosa, como la balsamina (ú. t. c. adj.).

balsamita f. Jaramago.

bálsamo m. Líquido aromático que fluye de ciertos árboles y se usa como producto farmacéutico: *bálsamo de Tolú*. || *Fig.* Consuelo, alivio.

báltico, ca adj. Relativo al mar Báltico. || De los países ribereños del mar Báltico: *países bálticos* (ú. t. c. s.).

baluarte m. Fortificación exterior de figura pentagonal. || *Fig.* Amparo, defensa: *ser el baluarte del cristianismo*.

balumba f. Bulto que forman muchas cosas juntas. || Conjunto desordenado. || *Amer.* Barullo.

bamba f. Baile mexicano. || *Venez.* Moneda de medio peso.

bambalina f. *Teatr.* Lienzo pintado que cuelga del telar.

bambino, na m. y f. (pal. ital.). *Amer.* Niño: *pelea de bambinos*.

bambolear v. i. Oscilar, no estar bien firme en su sitio una persona o cosa (ú. t. c. pr.).

bamboleo m. Acción y efecto de bambolear o bambolearse: *el bamboleo de un barco*.

bambú m. Planta gramínea originaria de la India, cuyo tallo leñoso puede alcanzar más de veinte metros: *el bambú se utiliza en la fabricación de muebles*. (Pl. *bambúes*.)

bambuco m. Música y baile popular de Colombia.

banal adj. Galicismo por *común, trivial*.

banana f. Banano, plátano.

bananal o **bananar** m. Plantío de bananos.

bananero, ra adj. Dícese del plantío de plátanos. || Relativo a los plátanos. || — M. Plátano. || Barco que transporta plátanos.

banano m. Plátano.

banasta f. Cesto.

banasto m. Banasta redonda.

banca f. Asiento de madera, sin respaldo. || Cajón donde se arrodillan las lavanderas. || Juego de azar en que el banquero cierta suma de dinero, y apuntan los demás a las cartas que eligen

la cantidad que quieren. || Cantidad puesta por el banquero en ciertos juegos: *hacer saltar la banca*. || Establecimiento de crédito que efectúa las operaciones de giro, cambio y descuento de valores, y la compra y venta de efectos públicos. || *Fig.* Conjunto de bancos o banqueros: *la nacionalización de la banca*. || Embarcación filipina. || *Amer.* Banco, asiento: *las bancas del parque*. | Escaño en el Parlamento.

bancada f. Banco grande de piedra. || Mesa grande. || *Mar.* Banco de los remeros. || *Min.* Escalón en las galerías subterráneas. || *Mec.* Soporte donde se ensamblan las piezas de una máquina.

bancal m. Pedazo de tierra para sembrar: *un bancal de legumbres*. || Parte de una huerta, en un terreno elevado, que forma escalón: *cultivo en bancales*.

bancario, ria adj. Del banco.

bancarrota f. *Com.* Quiebra.

banco m. Asiento para varias personas. || Tablón grueso escuadrado que sirve de mesa en ciertos oficios: *banco de carpintero*. || Establecimiento público de crédito: *el Banco de España*. || *Albañilería*. Hilada de piedras. || Acción de copar la banca en el juego. || *Arq.* Sotabanco. || *Geol.* Estrato de gran espesor: *banco de arcilla*. || *Mar.* Bajo de gran extensión: *banco de arena*. | Conjunto de peces: *banco de merluzas*. || *Banco azul*, en las Cortes, el de los ministros. || *Banco de hielo*, banquisa. || *Banco de pruebas*, el que determina las características de un motor o de otra máquina. || *Banco de datos*, archivo informático en el que se recopila y maneja información en rubros específicos.

banda f. Faja o lista. || Cinta distintiva de ciertas órdenes: *la banda de Carlos III*. || Lado: *por esta banda*. || Baranda del billar. || Humeral, paño litúrgico. || Grupo de personas o animales. || En el fútbol, línea que delimita el campo: *saque de banda*. || *Rad.* Conjunto de frecuencias comprendidas entre dos límites: *banda reservada a la televisión*. || *Blas.* Cinta que cruza el escudo de esquina a esquina. || *Mar.* Costado de la nave. || *Mús.* Conjunto de músicos militares o civiles. || *Amer.* Faja, ceñidor. || — *Banda sonora*, parte de la película en la que se graba el sonido. || *Fig.* y *fam.* Cerrarse en (o a la) *banda*, aferrarse a una idea.

bandada f. Grupo de aves que vuelan juntas. || Manada, banco de peces.

bandazo m. *Fam.* Paseo, vuelta: *estás dando bandazos por la ciudad*. || *Mar.* Inclinación violenta del barco sobre un lado. || Desviación brusca de un coche.

bandearse v. pr. Ingeniárselas, valerse por sí mismo. (Se dice tb. *bandeárselas*.)

bandeja f. Plato grande que sirve para presentar algo. || *Amer.* Fuente. || *Fig.*

BAN *Ofrecer* (o *dar*) *en bandeja*, dar con grandes facilidades y ventajas.

bandera f. Pedazo de tela, colocado en un asta, que lleva los colores de una nación: *izar la bandera*. || Estandarte de una iglesia, cofradía, etc. || *Mil.* En España, compañía de los antiguos tercios y del actual tercio de extranjeros o Legión. || — *Fig.* A *banderas desplegadas*, con toda libertad. | *De bandera*, estupendo, magnífico.

bandería f. Bando o partido.

banderilla f. Dardo adornado que clavan los toreros en el cerviguillo a los toros: *las banderillas negras se ponen cuando los toros no son bravos*. || *Fig.* Tapa clavada en un palillo de dientes. || *Impr.* Papel que se pega en las pruebas para corregir un texto. || *Amer.* Petardo, sablazo.

banderillero m. Torero que pone banderillas.

banderín m. Bandera pequeña. || *Mil.* Soldado que sirve de guía y lleva una banderita en el cañón del fusil. | *Banderín de enganche*, depósito de reclutamiento.

banderola f. Bandera pequeña. || Cinta o tela que llevan los soldados de caballería en las lanzas.

bandidaje m. Bandolerismo.

bandido m. Bandolero.

bando m. Edicto o mandato solemne: *bando de guerra, de policía, de la alcaldía*. || Partido, facción, parcialidad: *está en el bando contrario*. || Bandada de pájaros. || — *Pl.* Amonestaciones.

bandolera f. Mujer que vive con bandoleros. || Correa cruzada por el pecho en la que se cuelga un arma: *llevar a la* (o *en*) *bandolera*.

bandolerismo m. Carácter y hechos de los bandoleros.

bandolero m. Salteador de caminos. || Bandido.

bandoneón m. Instrumento de la familia de los acordeones.

bandurria f. Instrumento de cuerda parecido a la guitarra, pero menor. || *Zool.* Ave zancuda de América, de color gris oscuro.

banilejo, ja adj. y s. De Baní.

banjo m. Guitarra de caja circular cubierta con una piel.

banqueta f. Asiento sin respaldo. || Escabel para los pies. || *Fort.* Obra prolongada que sirve a los soldados para protegerse contra el fuego del enemigo. || Acera o andén de una alcantarilla subterránea. || *Méx.* Acera.

banquete m. Comida a la que se asiste para celebrar algo (una boda, una conmemoración). || Comida espléndida, festín. || *Banquete eucarístico*, la comunión.

banquetear v. t. Dar o andar en banquetes (ú. t. c. i.).

banquillo m. Banco bajo. || Escabel para los pies. || *For.* En España, asiento del acusado. || *Amer.* Patíbulo, cadalso.

banquisa f. Banco de hielo.

bantú adj. y s. De un grupo de pueblos del África sudecuatorial.

bañadera f. *Amer.* Bañera. || *Arg.* y *Urug.* Ómnibus descubierto para excursiones.

bañadero m. Charco donde se bañan los animales monteses.

bañador m. Traje de baño.

bañar v. t. Sumergir en un líquido. Ú. t. c. pr.: *bañarse en el mar*. || Humedecer. || Cubrir una cosa con una capa de otra sustancia: *un pastel bañado en chocolate*. || Pasar por algún sitio el mar, un río, etc.: *el Ebro baña Zaragoza*. || Dar el aire o la luz de lleno en algo: *el sol baña el balcón*. || *Fig.* Mojar con un líquido: *bañar en sangre, en lágrimas*.

bañera f. Baño, pila para bañarse.

bañero, ra m. y f. Persona encargada del cuidado de los que se bañan en una playa o en un balneario.

bañista com. Persona que se baña en una playa o balneario.

baño m. Inmersión en un líquido: *dar un baño*. || Líquido para bañarse. || Bañera. || Sitio donde hay agua para bañarse. || Aplicación medicinal del aire, vapor, etc.: *baños de sol*. || Capa con que se cubre una cosa: *un baño de laca*. || *Fig.* Tintura, nociones, barniz: *darse un baño de inglés*. || *Quím.* Mano de pintura que se da sobre algo. || Calor obtenido de un modo indirecto. || — *Pl.* Lugar donde hay aguas medicinales. || Cárcel donde los moros encerraban a los cautivos: *los baños de Argel*. || *Baño de asiento*, el de las nalgas. || *Baño de María*, recipiente con agua puesta a calentar donde se mete otra vasija para que su contenido reciba calor suave.

baobab m. Árbol bombáceo de África tropical: *el baobab es el mayor vegetal conocido*. (Pl. *baobabs*.)

baptisterio m. Sitio donde está la pila bautismal. || Esta pila. || Edificio, por lo común próximo a una catedral, donde se administraba el bautismo.

baqueano, na adj. y s. Baquiano.

baquelita f. Resina sintética obtenida por condensación de un fenol en presencia de formol.

baqueta f. Varilla para limpiar las armas de fuego. || Varilla de los picadores para manejar los caballos. || *Arq.* Junquillo, moldura. || — *Pl.* Palillos del tambor. || — *Fig.* y *fam.* Mandar a la baqueta, mandar despóticamente. | *Tratar a la baqueta*, tratar con desprecio o severidad.

baquetazo m. Golpe de baqueta, palo: *asestar un baquetazo*. || Batacazo, caída, porrazo.

baqueteado, da adj. *Fig.* Experimentado, curtido. || Acostumbrado a trabajos y penalidades: *baqueteado por la vida*.

baquetear v. t. Hacer sufrir el castigo de baquetas. || *Fig.* Tratar mal. | Ejercitar. | Hacer pasar penas y trabajos.

baqueteo m. Traqueteo. || Molestia excesiva. || Cansancio, fatiga.

baquía f. Conocimiento de las vías de comunicación de un país. || *Amer.* Destreza, habilidad.

baquiano, na adj. y s. Que conoce los caminos. || Experto, perito. || — M. Guía para viajar por el campo.

báquico, ca adj. Relativo a Baco. || *Fig.* Concerniente a la embriaguez.

bar m. Establecimiento en el que se venden bebidas que suelen tomarse en el mostrador.

bar m. *Fís.* Unidad de presión atmosférica equivalente a un millón de barias.

barahúnda f. Ruido, alboroto y confusión grandes.

baraja f. Conjunto de naipes para jugar: *la baraja española tiene 48 cartas y la francesa 52*. || *Amer.* Naipe. || *Fig. Jugar con dos barajas*, obrar con doblez.

barajar v. t. Mezclar las cartas antes de repartirlas. || *Fig.* Mezclar, revolver: *barajar ideas*. | Manejar: *barajar datos*. | Nombrar, citar: *se barajan varios nombres para este nombramiento*.

baranda f. Barandilla, pasamano: *una baranda de mármol*.

barandal m. Larguero que sostiene los balaustres. || Barandilla de escalera.

barandilla f. Antepecho de los balcones, escaleras, etc.

baratear v. t. Vender barato.

baratija f. Objeto sin valor.

baratillo m. Tienda de objetos de poco valor. || Venta de mercancías a bajo precio.

barato, ta adj. De poco precio: *vida barata*. || — M. Venta de mercancías a bajo precio para liquidarlas. || — Adv. Por poco precio: *salir barato*. || *De barato, de balde*.

baratura f. Precio bajo.

baraúnda f. Barahúnda.

barba f. Parte de la cara, debajo de la boca. || Pelo que nace en esta parte del rostro: *un joven de barba rubia* (ú. t. en pl.). || Pelo de algunos animales en la quijada inferior: *barbas de chivo*. || Carnosidad que cuelga del cuello de algunas aves. || Nombre de ciertas plantas. || — *Fam. Con toda la barba*, cabal, con plenitud de facultades. | *En las barbas de uno*, en su presencia. | *Hacer la barba*, afeitarla. || *Fig.* y *fam. Por barba*, por persona. | *Subirse uno a las barbas de otro*, perderle el respeto. || — M. *Teatr.* El que hace el papel de anciano, característico.

barbacana f. Fortificación aislada. || Aspillera, tronera.

barbacoa f. *Amer.* Especie de catre abierto y también camilla o andas. || Utensilio a modo de parrilla que sirve para asar la carne o el pescado al aire libre. || Lo asado de este modo.

barbada f. Cadenilla que une las dos partes del freno de los caballos por debajo de la barba.

barbado, da adj. Con barba.

barbaján adj. y s. *Cub.* y *Méx.* Tosco, brutal.

bárbaramente adv. De modo bárbaro. || *Fam.* Formidable, estupendamente.

barbaridad f. Calidad de bárbaro. || *Fam.* Necedad, disparate: *decir una barbaridad.* | Atrocidad: *cometer barbaridades.* | Gran cantidad, mucho: *tener una barbaridad de dinero.*

barbarie f. *Fig.* Incultura. | Crueldad: *acto de barbarie.*

barbarismo m. Vicio del lenguaje. || Idiotismo, vocablo o giro de una lengua extranjera.

barbarizar v. t. Hacer bárbara una cosa. || — V. i. Decir disparates.

bárbaro, ra adj. Nombre que daban los griegos y romanos a los pueblos ajenos a su cultura (ú. t. c. s.). | *Fig.* Bruto, cruel. | Arrojado, temerario. | Inculto, grosero. | *Fig.* y *fam.* Muy bien, magnífico, espléndido: *una película bárbara.* | Muy grande.

barbechar v. t. Disponer la tierra en barbecho.

barbecho m. Campo que se deja de cultivar durante cierto tiempo para que descanse.

barbería f. Establecimiento del barbero.

barbero m. El que se dedica a afeitar o a cortar el pelo. || Pez de las Antillas. || *Méx.* Adulador.

barbilampiño, ña adj. y s. De poca barba.

barbilla f. Mentón, punta o remate de la barba. || Aleta carnosa de algunos peces. || *Carp.* Corte oblicuo hecho en un madero para que encaje en el hueco de otro: *ensamblar a muesca y barbilla.*

barbitúrico, ca adj. y s. m. *Med.* Dícese de un radical químico, base de numerosos hipnóticos y sedantes del sistema nervioso.

barbo m. Pez de río.

barboquejo m. Cinta con que se sujeta el sombrero debajo de la barbilla.

barbudo, da adj. Que tiene muchas barbas (ú. t. c. s.). || — M. *Amer.* Nombre de varios peces.

barbuquejo m. Barboquejo.

barca f. Embarcación pequeña.

barcaje m. Transporte en barca. || Su precio.

barcarola f. Canción popular italiana. | Canto de marineros que imita el movimiento de los remos.

barcaza f. Lanchón para transportar carga de una embarcación a otra o a tierra. || — *Barcaza de desembarco,* la utilizada para desembarcar tropas y material.

barcelonense adj. y s. De Barcelona (Venezuela).

barcelonés, esa adj. y s. De Barcelona (España).

barco m. Embarcación: *barco de vapor.* || Parte de la nave espacial donde se instala el astronauta.

barda f. Arnés. || Cubierta de zarzas que se pone sobre las tapias: *las bardas del corral.*

bardo m. Poeta de los antiguos celtas. || *Por ext.* Poeta.

baremo m. Libros de cuentas ajustadas. || Tabla de tarifas.

bargueño m. Mueble de madera con cajoncitos y gavetas.

baria f. Unidad C. G. S. de presión que equivale a una dina por centímetro cuadrado.

baricentro m. Centro de gravedad.

barimetría f. Medida de la gravedad.

barinense adj. y s. De Barinas, ciudad de Venezuela.

barinés, esa adj. y s. De Barinas, Estado de Venezuela.

bario m. Metal (Ba), de número atómico 56, blanco amarillo, fusible a 710 °C y de densidad 3,8.

barisfera f. Núcleo central de la Tierra.

barita f. Óxido de bario.

baritina f. Sulfato de bario natural.

barítono m. *Mús.* Voz media entre la de tenor y la del bajo. | El que tiene esta voz.

barloventear v. i. *Mar.* Navegar contra el viento.

barlovento m. *Mar.* Lado de donde procede el viento.

barman m. Camarero de bar.

barnabita adj. y s. m. Clérigo secular de la congregación de San Pablo, fundada en 1530 en la iglesia de San Bernabé de Milán.

barnacla f. Pato marino.

barniz m. Disolución de una resina en un líquido volátil. || Baño que se da a la loza o porcelana. || Afeite. || *Fig.* Conocimientos poco profundos, capa: *barniz literario.*

barnizado m. Acción y efecto de barnizar.

barnizador, ra adj. y s. Que barniza.

barnizar v. t. Dar barniz.

barométrico, ca adj. Del barómetro: *presión barométrica.*

barómetro m. Instrumento que sirve para determinar la presión atmosférica.

barón m. Título nobiliario.

baronesa f. Mujer del barón. || Mujer que goza de una baronía.

baronía f. Dignidad de barón y territorio de su jurisdicción.

barquero, ra m. y f. Persona que conduce una barca.

barquichuelo m. Barco pequeño: *cruzó la bahía en un barquichuelo.*

barquilla f. Cesto del globo aerostático. || Armazón de forma ahusada que contiene el motor de un avión. || Molde para barquillos.

barquillero, ra m. y f. Persona que hace o vende barquillos. || — M. Molde para hacer barquillos.

barquillo m. Hoja delgada de pasta de harina sin levadura generalmente en forma de canuto.

barquinazo m. *Fam.* Batacazo, porrazo. | Vuelco o sacudida que da un coche.

barquisimetano, na adj. y s. De Barquisimeto (Venezuela).

barra f. Pieza larga y estrecha de cualquier materia: *barra de acero.* || Palanca para levantar grandes pesos. || Lingote: *barra de oro.* || Barandilla que separa a los jueces del público en un tribunal: *el acusado se acercó a la barra.* || Mostrador de un bar: *tomar una copa en la barra.* || Pan de forma alargada. || Tubo superior del cuadro de una bicicleta. || Parte de la quijada del caballo donde se coloca el bocado. || Banco de arena en la embocadura de un río. || *Blas.* Banda que atraviesa desde el ángulo siniestro superior hasta el diestro inferior. | Lista o bastón: *las barras de Aragón.* || *Mar.* Galicismo por caña del timón. || — *Barra fija, barras paralelas,* aparatos de gimnasia. || *Fig. Sin pararse en barras,* sin reparar en los inconvenientes, sin hacer caso. || *Arg., Col., Urug.* y *Venez.* Público que asiste a una sesión legislativa. || *Amér. M.* Grupo de personas que animan a sus favoritos en un espectáculo deportivo. || *Arg., Bol., Col., C. Rica, Parag.* y *Urug.* Pandilla de amigos.

barrabasada f. *Fam.* Acción mala y perversa. | Burrada.

barraca f. Casa tosca. || Vivienda rústica de las huertas de Valencia y Murcia. || Caseta, puesto: *barraca de tiro al blanco.* || *Amer.* Depósito o almacén. || *Chil.* y *Urug.* Comercio donde se venden materiales de construcción. || *Chil.* Tunda.

barracón m. Barraca grande.

barragana f. Concubina.

barraganería f. Amancebamiento: *vivir en barraganería.*

barranca f. Barranco.

barrancal m. Sitio poblado de barrancos.

barranco m. Despeñadero, precipicio. || Cauce profundo que hacen las aguas llovedizas. || *Fig.* Dificultad: *salir del barranco.*

barranquillero, ra adj. y s. De Barranquilla.

barredero, ra adj. y s. Que barre. || — F. Máquina para barrer las calles.

barredor, ra adj. y s. Que barre. || — F. Barredera.

barredura f. Barrido. || — Pl. Basuras.

barrena f. Instrumento para taladrar. || Barra de hierro para sondar terrenos, agujerear rocas, etc. || *Entrar en barrena,* empezar un avión a descender verticalmente y en giro por falta de velocidad.

barrenador m. Barrenero.

barrenar v. t. Perforar algo con barrena o barreno: *barrenar una roca, una nave.* || *Fig.* Desbaratar, impedir: *barrenar un proyecto.*

barrendero, ra m. y f. Persona que barre.

barrenero m. *Min.* El que abre barrenos en las minas, etc.

barreno m. Barrena grande. || Agujero hecho con la barrena. || Orificio relleno de pólvora que se abre en la roca o mina para hacerla volar.

barreño m. Vasija de barro, de metal o de plástico que sirve para fregar y otros usos.

barrer v. t. Quitar con la escoba el polvo, la basura, etc.: *barrer la habitación, las calles.* || Pasar rozando: *su vestido barre el suelo.* || Arrastrar: *el viento barre los papeles.* || *Fig.* Quitar todo lo que había en alguna parte. | Hacer desaparecer: *barrer los obstáculos.* | Enfocar con un haz de luz electrónica la superficie de una pantalla luminiscente de un tubo o lámpara catódica.

barrera f. Valla de palos, tablas u otra cosa: *barrera de paso a nivel.* || Parapeto, antepecho. || Valla, en las plazas de toros, que resguarda a los toreros. || Primera fila de asientos en las plazas de toros. || Lo que separa: *barrera geográfica entre los dos países.* || *Fig.* Impedimento, obstáculo: *poner barreras.* || *Barrera del sonido,* aumento brusco de la resistencia del aire que se produce cuando el avión alcanza la velocidad del sonido.

barriada f. Barrio, generalmente en la parte exterior de una ciudad: *la barriada del Carmen.*

barrica f. Tonel pequeño.

barricada f. *Fort.* Parapeto improvisado para estorbar el paso del enemigo.

barrido m. Acción de barrer. || Barreduras.

barriga f. Vientre. || *Fig.* Parte abultada de una vasija.

barrigón, ona y **barrigudo, da** adj. y s. Que tiene mucha barriga. || — M. y f. Niño.

barriguera f. Correa que pasa bajo el vientre de las caballerías.

barril m. Tonel para guardar licores y géneros: *un barril de vino, de pólvora.* || Medida de capacidad para el petróleo, equivalente a 159 litros.

barrilete m. Gancho de hierro con que sujetan los carpinteros la madera en el banco. || Pieza cilíndrica y móvil del revólver donde se colocan los cartuchos, tambor. || *Mús.* Pieza de clarinete junto a la boquilla. || *Arg., Col., Ecuad., Méx.* y *Per.* Pez semejante al atún. || *Arg., Col., Cub., Urug.* y *Venez.* Cometa, papalote.

barrilla f. Planta quenopodiácea, cuyas cenizas contienen la sosa.

barrio m. Cada una de las partes en que se dividen las ciudades y pueblos: *el barrio gótico de Barcelona.* || *Fig.* y *fam. El otro barrio,* el otro mundo.

barrioporteño, ña adj. y s. De Puerto Barrios (Guatemala).

barritar v. i. Berrear el elefante o el rinoceronte.

barrizal m. Lodazal.

barro m. Masa de tierra y agua: *caminos llenos de barro.* || Arcilla de alfareros: *modelar con barro.* || Recipiente hecho con ella. || Arcilla: *Dios creó al hombre con barro.* || Granillo en el rostro. || *Fig.* Cosa despreciable, ignominia: *arrastrarse por el barro.*

barroco, ca adj. y s. m. *Arq.* Dícese del estilo artístico caracterizado por la profusión de adornos propio de los s. XVII y XVIII en contraposición al Renacimiento clásico. (Procedente de Italia, se desarrolló mucho en la Península Ibérica y luego en América Latina.) [Se aplica tb. a las obras de pintura, escultura y literarias.] || Galicismo por extravagante, complicado.

barroquismo m. Calidad de lo barroco. || Tendencia a lo barroco. || *Fig.* Extravagancia.

barroso, sa adj. Con barro: *caminos barrosos.* || De color de barro.

barrote m. Barra gruesa. || Barra de hierro para asegurar algo: *la barra de la puerta.*

barruntador, ra adj. Que barrunta: *signos barruntadores.*

barruntamiento m. Barrunto.

barruntar v. t. Prever, presentir. || Suponer.

barrunte y **barrunto** m. Indicio, asomo. || Presentimiento.

bartola (a la) loc. fam. Sin ningún cuidado, sin preocuparse de nada: *echarse, tenderse, tumbarse a la bartola.*

bártulos m. pl. *Fig.* Trastos, chismes, cosas: *preparar los bártulos.* || *Fig.* y *fam.* Liar los bártulos, disponer todo para marcharse.

barullo m. *Fam.* Confusión, alboroto. || *Fam. A barullo,* en gran cantidad.

basa f. Asiento de la columna.

basáltico, ca adj. De basalto.

basalto m. Roca volcánica negra verdosa, muy dura.

basamento m. *Arq.* Cuerpo formado por la basa y el pedestal de la columna.

basar v. t. Apoyar en una base. || *Fig.* Fundar, apoyar. Ú. t. c. pr.: *basarse en datos falsos.* | Tener su base: *escuadrilla basada en Torrejón* (ú. t. c. pr.).

basáride m. Mamífero carnívoro de América, semejante a la comadreja, pero más grande.

basca f. Ganas de vomitar, náuseas, arcada.

bascosidad f. Ansia, ganas de vomitar. || Asco. || Inmundicia.

bascoso, sa adj. Que tiene bascas o ansias. || Inmundo, sucio.

báscula f. Aparato para pesar: *platillo de la báscula.* || *Fig.* Cosa que oscila sobre un eje horizontal. || *Fort.* Máquina para levantar el puente levadizo.

basculador m. Volquete.

bascular v. i. Ejecutar un movimiento de báscula alrededor de un punto en equilibrio. (Esta voz es galicismo.)

base f. Asiento, apoyo o superficie en que se sostiene un cuerpo: *base de una construcción.* || Base de una columna. || Parte inferior de un cuerpo. || *Fig.* Fundamento: *la base de un razonamiento.* | Origen: *Ésta fue la base de su riqueza.* || *Geom.* Lado o cara en que se supone descansa una figura. || *Mat.* Cantidad que se elevará a una potencia dada. || *Mil.* Lugar de concentración de los medios necesarios para emprender una operación terrestre, aérea o naval: *base de operaciones.* || *Quím.* Cuerpo que puede combinarse con los ácidos para formar sales. || *Topogr.* Recta de la cual se parte. || Conjunto de militantes de un partido u organización sindical, y tb. de los trabajadores de una empresa o ramo industrial. || *Base imponible,* cantidad gravada de impuestos.

base-ball [*béisbol*] m. (pal. ingl.). Béisbol, pelota base.

básico, ca adj. Que sirve de base. || Fundamental. || Dícese de la sal en que predomina la base.

basidio m. Célula madre de las esporas de ciertos hongos.

basidiomicetos m. pl. Hongos provistos de basidios (ú. t. c. adj.).

basileense y **basilense** adj. y s. Basiliense.

basílica f. adj. y s. f. Dícese de una vena del brazo. || — F. Edificio público que servía a los romanos de tribunal y sitio de reunión. || Hoy se da este n. a algunas iglesias: *la basílica de Lourdes.*

basiliense adj. y s. De Basilea.

basilisco m. Animal fabuloso. || Reptil de América parecido a la iguana. || *Fam. Hecho un basilisco,* furioso, iracundo.

basket-ball [*básketbol*] m. (pal. ingl.). Baloncesto.

basset m. Perro pachón, de patas muy cortas.

basta f. Hilván. || Puntada de colchón.

bastante adj. Suficiente: *tiene bastantes amigos.* || — Adv. Ni mucho ni poco: *hemos comido bastante.* || No poco: *bastante tonto.*

— OBSERV. *Bastante* sólo concuerda en género y número con el sustantivo cuando es adjetivo.

bastar v. i. Ser suficiente, no haber nada más que: *basta tocar el timbre.*

bastarda f. Lima de grano más fino que la común. || Pieza de artillería antigua. || Letra que participa de la redonda y la inglesa.

bastardear v. i. Degenerar. || — V. t. Falsear, falsificar: *esto bastardea los principios básicos.*

bastardeo m. Degeneración.

bastardía f. Calidad de bastardo. || *Fig.* Indignidad, vileza.

bastardilla adj. y s. f. Letra de imprenta, ligeramente inclinada hacia la derecha, que imita a la escritura ordinaria. || — F. Instrumento músico, especie de flauta.

bastardo, da adj. y s. Nacido fuera del matrimonio: *hijo bastardo*. || Que pertenece a dos géneros distintos: *especie bastarda; estilo bastardo*. || Que degenera de su origen: *arbusto bastardo*. || Que no es de raza pura: *perro bastardo*. || Letra bastardilla. || *Fig*. Innoble, ilegítimo: *anhelos bastardos*.

bastear v. t. Hilvanar.

bastetano, na adj. y s. De Bastetania.

basteza f. Calidad de basto.

bastidor m. Armazón de madera o metal que sirve de soporte a otros elementos: *bastidor de pintor, de puerta, de máquina*, etc. || Lienzos pintados que, en los teatros, se pone a los lados del escenario. || Armazón que soporta una máquina, un automóvil, etc. || *Mar*. Armazón en que se apoya la hélice. || *Fig*. *Entre bastidores*, en la intimidad, en secreto.

bastión m. *Fort*. Baluarte.

basto, ta adj. Grosero, tosco: *tela basta*. || Ordinario, vulgar, poco fino: *hombre basto*. || — M. Albarda. || Naipe del palo de bastos. || — Pl. Uno de los cuatro palos de la baraja española.

bastón m. Palo con puño y contera para apoyarse al andar. || Insignia de autoridad civil o militar: *bastón de mando*. || *Fig*. Empuñar uno el bastón, tomar o conseguir el mando.

bastonazo m. Golpe con el bastón.

bastoncillo m. Galoncillo estrecho. || *Anat*. Elemento de ciertas células de la retina.

bastonera f. Mueble donde se ponen los bastones y paraguas.

bastonero m. El que hace o vende bastones. || El que dirige ciertos bailes.

basura f. Desperdicio, inmundicia: *colector de basuras*. || Estiércol de las caballerías. || *Basura inorgánica*, la proveniente de productos, hechos por el hombre, que es necesario reciclar para aprovecharla. || *Basura orgánica*, la proveniente de los productos naturales que se descomponen fácilmente y realimentan el ciclo orgánico.

basural m. *Amer*. Lugar donde se arroja y acumula la basura.

basurear v. t. *Arg., Bol., Ecuad., Parag., Per. y Urug.* Tratar de mala manera, humillar.

basurero m. El que recoge la basura. || Sitio donde se arroja y amontona la basura.

bata f. Ropa larga y cómoda que se usa para estar en casa o para trabajar.

batacazo m. Caída: *darse un batacazo*. || Golpe ruidoso que se da al caer.

batahola f. *Fam*. Bulla, jaleo, gran ruido.

batalla f. Combate entre dos ejércitos: *ganar, perder la batalla*. || Orden de batalla: *formar en batalla*. || Justa, torneo. || Distancia de eje a eje, en un coche o carruaje. || Parte de la silla en que se sienta el jinete. || Suela del cepillo de carpintero. || *Fig*. Lucha, pelea.

| Agitación, inquietud interior. || — *Fig*. *Dar batalla*, dar guerra. | *De batalla*, de uso diario: *traje de batalla*.

batallador, ra adj. y s. Que batalla, luchador.

batallar v. i. Pelear, combatir, luchar con armas. || *Fig*. Disputar, afanarse, luchar: *batallar por los principios, por el pan*. | Vacilar.

batallón m. Unidad militar compuesta de varias compañías.

batallón, ona adj. Combativo. || Revoltoso: *un niño batallón*. || — Adj. f. *Fam*. Aplícase al asunto muy reñido o discutido.

batán m. Máquina compuesta de mazos de madera que golpean y enfurten los paños.

batanar v. t. Abatanar.

batata f. Planta convolvulácea, de raíz comestible.

batatar m. Plantío de batatas.

bátavo, va adj. y s. De Batavia, ant. n. de Holanda.

batayola f. Baranda en las cubiertas de los barcos.

bate m. (pal. ingl.). Pala en el béisbol.

batea f. Bandeja. || Barco pequeño en forma de cajón. || Vagón descubierto de bordes muy bajos.

bateador m. Jugador de béisbol que emplea el bate.

batel m. Bote, barca.

batelero, ra m. y f. Barquero.

batería f. *Mil*. Conjunto de cañones. | Unidad de artillería: *batería contracarro*. | Obra de fortificación que contiene cierto número de cañones. | *Mar*. Conjunto de cañones de cada puente o cubierta. | *Mús*. Conjunto de instrumentos de percusión de una orquesta. | Tambor y platillos de una orquesta. || *Electr*. Agrupación de varios acumuladores, pilas o condensadores dispuestos en serie. | Acumulador. || — *Teatr*. Fila de luces del proscenio. || — *Aparcar en batería*, colocar un coche oblicuamente a la acera. || *Batería de cocina*, conjunto de cacerolas y otros utensilios. || — M. *Mús*. El que toca la batería: *el batería de la orquesta*.

batey m. *Cub*. En los ingenios de azúcar, conjunto de la maquinaria para la zafra.

batiborrillo o **batiburrillo** m. Revoltijo, mezcolanza. || Lío, confusión de palabras.

batida f. Caza que se hace batiendo el monte. || Reconocimiento de un paraje para la aprehensión de malhechores: *batida de policía*.

batido, da adj. Dícese de los tejidos de seda que presentan visos distintos. || Aplícase al camino muy andado. || — M. Acción de batir. || Refresco de leche o fruta pasado por la batidora.

batidor, ra adj. y s. Que bate: *batidor de cobre*. || Explorador que reconoce el campo. || Cada uno de los soldados de caballería que preceden al

regimiento. || Peine para batir el pelo. || *Mont*. El que levanta la caza en las batidas. || — F. Aparato en que se baten los alimentos: *hacer una salsa con la batidora*.

batiente adj. Que bate. || — M. Marco de las puertas y ventanas en que baten al cerrarse. || Hoja de la puerta. || Lugar que bate el mar. || Listón en el que golpean los macillos del piano.

batimetría f. Medida de la profundidad de los mares o lagos.

batimiento m. Acción de batir.

batín m. Bata corta de casa.

batintín m. Gong.

batir v. t. Golpear con fuerza alguna cosa: *las olas baten la costa*. || Alcanzar, llegar hasta: *batir las murallas a cañonazos*. || Derribar, tirar abajo: *batir un bloceo*. || Anular, destruir. || Dar el sol, el aire, el agua en una parte. || Superar: *batir una marca*. || Mover, revolver una cosa para trabarla: *batir los huevos*. || Martillar un metal hasta reducirlo a chapa. || Bajar las banderas en señal de respeto. || Acuñar: *batir moneda*. || Derrotar, vencer: *batir al adversario*. || Cardar el pelo. || Reconocer, registrar un lugar: *batir el campo*. || — V. pr. Combatir, pelear: *batirse en duelo*.

batíscafo m. Aparato de exploración submarina que desciende a gran profundidad, inventado por Piccard.

batista f. Tejido fino de lino.

batracios m. pl. Clase de animales de sangre fría, como la rana y el sapo.

baturrillo m. Batiburrillo.

baturro, rra adj. y s. Aragonés rústico. || Relativo a él.

batuta f. Varita con la que marca el compás el director de orquesta. || *Fig. y fam. Llevar uno la batuta*, dirigir, mangonear.

baúl m. Maleta muy grande, cofre. || *Arg., Col., Cub., Guat., Hond., Parag. y Urug*. Maletero de un vehículo. || *Baúl mundo*, el muy grande.

bauprés m. *Mar*. Palo horizontal fijo en la proa del barco.

bautismal adj. Del bautismo: *pila bautismal*.

bautismo m. Sacramento de la Iglesia que confiere el carácter de cristiano. || Su ceremonia. || — *Fig. Bautismo de fuego*, primer combate. | *Bautismo del pueblo*, primer vuelo en avión.

bautista m. El que bautiza. || Miembro de una secta protestante. || *El Bautista*, por antonomasia, San Juan.

bautisterio m. Baptisterio.

bautizar v. t. Administrar el bautismo. || Bendecir una campana. || *Fig*. Poner nombre: *bautizar una calle*. || *Fig. y fam*. Dar a una persona o cosa otro nombre que el suyo. || Aguar el vino. || — V. pr. Recibir el bautismo.

bautizo m. Acción de bautizar y fiesta con que se solemniza.

bauxita f. Hidrato de alúmina que se encuentra en una roca blanda de color rojizo.

bávaro, ra adj. y s. De Baviera.

baya f. *Bot.* Fruto carnoso con pepitas como la uva y la grosella.

bayamés, esa adj. y s. De Bayamo (Cuba).

bayeta f. Tela de lana basta. || Trapo de fregar.

bayo, ya adj. De color blanco amarillento: *caballo bayo.* || — Mariposa del gusano de seda.

bayonés, esa adj. y s. De Bayona (Francia).

bayoneta f. Hoja de acero que se fija en el cañón del fusil.

bayonetazo m. Golpe dado con la bayoneta y herida producida.

baza f. Naipes que recoge el que gana. || *Fig.* Oportunidad, posibilidad. || *Fig.* y *fam. Meter baza en un asunto,* intervenir en él sin ser llamado.

bazar m. En Oriente, mercado público. || Tienda donde se venden toda clase de objetos.

bazo, za adj. Moreno amarillento. || — M. *Anat.* Víscera vascular situada en el hipocondrio izquierdo entre el colon y las costillas falsas. (El *bazo* forma linfocitos.)

bazofia f. Sobras de comidas. || *Fig.* Comida mala. | Cosa sucia.

bazuca y **bazooka** m. Tubo portátil empleado para lanzar cohetes contra los tanques.

B.C.G., siglas de Bacilo Calmette-Guérin, vacuna contra la tuberculosis.

be f. Nombre de la letra *b.*

Be, símbolo del *berilio.*

beamontés, esa adj. y s. V. AGRAMONTÉS.

beata f. Mujer que viste hábito sin pronunciar los votos. || *Fam.* Mujer muy devota. || *Pop.* Peseta.

beatería f. Piedad exagerada.

beatificación f. Acción de beatificar: *la beatificación de Juana de Arco.*

beatificar v. t. Colocar entre los bienaventurados.

beatífico, ca adj. Que hace bienaventurado a alguno. || Arrobado, contento: *sonrisa beatífica.*

beatísimo adj. Tratamiento que se da al Papa.

beatitud f. Bienaventuranza eterna. || *Fam.* Felicidad, tranquilidad.

beatnik m. y f. Seguidor de un movimiento norteamericano aparecido hacia 1950 y basado en una reacción contra la vida y los valores tradicionales de los Estados Unidos (ú. t. c. adj.). || Joven que vive al margen de la sociedad cuya organización no acepta.

beato, ta adj. Bienaventurado. || Beatificado por la Iglesia católica (ú. t. c. s.). || Piadoso. || *Fig.* Que finge piedad, excesivamente devoto. || — M. El que viste hábito religioso, sin vivir en comunidad. || *Fam.* Hombre muy devoto.

bebé m. Niño pequeño.

— OBSERV. En Argentina se dice *bebe,* m., y *beba,* f.

bebedero m. Recipiente para dar de beber a las aves. || Abrevadero para los animales.

bebedor, ra adj. y s. Que bebe. || *Fig.* Que abusa de la bebida alcohólica.

beber m. Acción de beber. || Bebida.

beber v. i. y t. Absorber un líquido por la boca: *beber vino de la botella.* || Brindar: *beber por la salud de uno.* || *Fig.* Abusar de bebidas alcohólicas: *un hombre que bebe mucho.* | Informarse, aprender: *beber en fuentes fidedignas.* | Suspirar, ansiar: *bebe los vientos por su novia.* | Escuchar: *estaba bebiendo sus palabras.*

bebible adj. *Fam.* Que se puede beber.

bebido, da adj. Embriagado. || — F. Cualquier líquido que se bebe: *bebida alcohólica.* || *Fig.* Vicio de beber: *darse a la bebida.*

beca f. Pensión para cursar estudios. || Plaza gratuita en un colegio. || Insignia que llevaban algunos eclesiásticos. || Embozo de capa.

becada f. *Zool.* Clocha.

becario, ria m. y f. Estudiante que tiene una beca.

becerra f. Ternera de menos de un año.

becerrada f. Corrida de becerros: *la becerrada del domingo.*

becerril adj. Del becerro.

becerro m. Toro de menos de un año. || Piel de ternero curtida: *zapatos de becerro.* || Libro en que las iglesias copiaban sus privilegios.

bechamel f. Salsa blanca hecha con harina, leche y mantequilla.

becuadro m. *Mús.* Signo que, colocado delante de una nota, indica que ésta deja de ser sostenida o bemol y recobra su sonido natural.

bedel m. En un centro docente, empleado que cuida del orden, anuncia la entrada o salida de las clases, etc.

beduino, na adj. *Árabe* nómada del desierto. (Los *beduinos* habitan en África del Norte y Oriente Medio.) || — M. *Fig.* Hombre bárbaro y cruel.

bedelía f. Cargo de bedel.

befa f. Burla, escarnio.

begonia f. Planta perenne de flores rosadas sin corola.

begoniáceas f. pl. Plantas dispétalas del género de la begonia (ú. t. c. adj.).

beige adj. y s. m. De color café con leche.

béisbol m. Juego de pelota practicado sobre todo en Estados Unidos.

bejucal m. Terreno poblado de bejucos.

bejuco m. Nombre de varias plantas tropicales de tallos muy largos y flexibles. (Es voz antill.)

bel m. Unidad de intensidad sonora. (V. DECIBEL.)

beldad f. Belleza o hermosura.

***beldar** v. t. Aventar las mieses trilladas.

belemnita f. Fósil de figura cónica.

belén m. *Fig.* Nacimiento: *artístico belén de Navidad.* || *Fam.* Confusión, lío. Ú. m. en pl.: *no quiero meterme en belenes.* | Sitio desordenado.

beleño m. Planta solanácea venenosa y narcótica.

belfo, fa adj. y s. Que tiene el labio inferior abultado. || — M. Labio del caballo.

belga adj. y s. De Bélgica.

belgicismo m. Palabra o giro propio de los belgas.

belicense o **beliceño, ña** adj. y s. De Belice.

belicismo m. Tendencia belicista.

belicista adj. y s. Partidario de la guerra.

bélico, ca adj. De la guerra: *preparativos bélicos.*

belicosidad f. Calidad de belicoso.

belicoso, sa adj. Guerrero, inclinado a la guerra. || *Fig.* Agresivo, combativo.

beligerancia f. Estado y calidad de beligerante.

beligerante adj. y s. Que participa en una guerra.

belio m. *Fís.* Bel.

bellaco, ca adj. y s. Pícaro.

belladona f. Planta solanácea narcótica y venenosa. (De sus flores se extrae un alcaloide, la atropina, que se utiliza en medicina.)

bellamente adv. Con primor.

bellaquear v. i. Cometer bellaquerías.

bellaquería f. Ruindad, vileza.

belleza f. Armonía física o artística que inspira admiración y placer: *la belleza de Adonis.* || Mujer hermosa: *es una gran belleza.*

bello, lla adj. Que tiene belleza, hermoso. || *Fig.* Muy bueno: *es una bella persona.* || *Fig.* y *fam. Por su bella cara,* porque sí, desinteresadamente.

bellota f. Fruto de la encina. || *Anat.* Bálano. || Adorno de pasamanería. || *Fig.* y *fam. Animal de bellota,* bruto, necio.

beluga f. Gran delfín de los mares polares.

belvedere m. Mirador.

bemba f. *Amer.* Boca gruesa. | Hocico, jeta. || *Venez.* Bembo.

bembo, ba adj. *Méx.* Tonto. || — M. *Cub.* Bezo.

bembón, ona adj. y s. *Cub.* Persona de labios pronunciados.

bemol m. *Mús.* Signo que baja la nota un semitono. || *Doble bemol,* el que baja medio tono a la nota bemolada. || — Adj. f. Aplícase a la nota así bemolada.

bemolado, da adj. Con bemoles: *nota bemolada.*

bemolar v. t. Señalar con bemol: *bemolar una clave.*

benceno m. *Quím.* Hidrocarburo incoloro, volátil y combustible extraído de la destilación del alquitrán.

bencina f. *Quím.* Mezcla de hidrocarburo que se emplea como carburante y como solvente.

bencinero m. *Chil.* Encargado de una estación de servicio.

***bendecir** v. t. Invocar en favor de uno o de algo la bendición divina: *bendecir la mesa.* ‖ Consagrar al culto: *bendecir un templo.* ‖ Alabar, celebrar: *bendecir a sus protectores.* ‖ Colmar de bienes a uno la Providencia. ‖ Agradecer, dar las gracias: *bendecir un favor.*

bendición f. Acción de bendecir: *echar la bendición.* ‖ — Pl. Ceremonia del matrimonio, llamada tb. *bendiciones nupciales.*

bendito, ta adj. Bienaventurado. ‖ Dichoso. ‖ *Fig.* y *fam.* Sencillo, de pocos alcances. U. t. c. s.: *ser un bendito.* ‖ — M. Nombre de una oración. ‖ *Fig.* Bonachón.

benedictino, na adj. y s. Perteneciente o relativo a la orden de San Benito, fundada en 529. (Los *benedictinos* transcribieron y conservaron las joyas literarias de Grecia y Roma.) ‖ *Fig.* Obra de *benedictino*, la que requiere mucha paciencia. ‖ — M. Cierto licor fabricado por benedictinos.

benefactor, ra adj. y s. Bienhechor.

beneficencia f. Virtud de hacer bien. ‖ Conjunto de institutos benéficos para socorrer a las personas necesitadas.

beneficiación f. Explotación.

beneficiado, da m. y f. Persona en cuyo beneficio se da un espectáculo. ‖ — M. El que goza de un beneficio eclesiástico.

beneficiador, ra adj. y s. Que beneficia.

beneficiar v. t. Hacer bien: *beneficiar al género humano.* ‖ Hacer fructificar una cosa, poner en valor: *beneficiar un terreno.* ‖ Explotar una mina y someter los minerales a tratamiento metalúrgico. ‖ — V. i. y pr. Sacar provecho: *beneficiarse de una ocasión.*

beneficiario, ria adj. y s. Que goza de un beneficio.

beneficio m. Bien hecho o recibido: *colmar a uno de beneficios.* ‖ Utilidad, provecho: *beneficio industrial, comercial.* ‖ Cultivo de los campos. ‖ Acción de beneficiar minas o minerales. ‖ Producto de un espectáculo concedido a una institución benéfica o a una persona. ‖ Cargo eclesiástico que tiene una renta. ‖ Explotación de una mina. ‖ — *Fig. A beneficio de inventario*, con su cuenta y razón, con precaución. ‖ *Beneficio de inventario*, a condición de no quedar obligado a pagar a los acreedores más de lo que importa la herencia misma. ‖ *No tener oficio ni beneficio*, no ser hombre de provecho, no tener ni un céntimo.

beneficioso, sa adj. Provechoso, benéfico.

benéfico, ca adj. Que hace bien: *sociedad benéfica.*

benemérito, ta adj. Digno de recompensa, meritorio. ‖ *La Benemérita*, la Guardia Civil española.

beneplácito m. Aprobación, permiso.

benevolencia f. Bondad.

benévolo, la adj. Que tiene buena voluntad o afecto. ‖ Hecho gratuitamente: *acto benévolo.* ‖ Indulgente, tolerante: *crítico benévolo.*

bengala f. Cohete luminoso.

bengalí adj. y s. De Bengala. ‖ — M. Lengua hablada en Bengala. ‖ Pájaro pequeño.

beniano, na adj. y s. De Beni.

benignidad f. Calidad de benigno.

benigno, na adj. Afable, benévolo: *persona benigna.* ‖ *Fig.* Templado: *clima benigno.* ‖ Sin gravedad: *fiebre benigna.*

benimerín adj. y s. De una tribu oriunda del norte de África.

benjamita adj. y s. De la tribu de Benjamín.

benjuí m. Bálsamo aromático.

benteveo m. *Arg.* y *Urug.* Pájaro de pecho amarillo, dorso pardo y cabeza negra con franja blanca.

bentonita f. Arcilla dotada de gran poder descolorante utilizada en metalurgia.

benzoato m. *Quím.* Sal del ácido benzoico.

benzoico, ca adj. *Quím.* Dícese del ácido que se saca del benjuí.

benzol m. *Quím.* Carburante formado por la mezcla de bencina y tolueno.

beocio, cia adj. y s. de Beocia. ‖ *Fig.* Estúpido, necio.

beodez f. Embriaguez.

beodo, da adj. y s. Borracho.

beorí m. Nombre vulgar del tapir americano.

berberecho m. Molusco bivalvo y comestible del norte de España.

berberí adj. y s. Beréber.

berberidáceas f. pl. Familia de plantas que tiene por tipo el agracejo (ú. t. c. adj.).

berbiquí m. Taladro de mano.

beréber adj. y s. De Berbería.

berebere adj. Beréber.

berenjena f. Planta solanácea de fruto comestible.

berenjenal m. Plantío de berenjenas. ‖ *Fam.* Asunto o situación difícil: *meterse en un berenjenal.* ‖ Confusión, desorden.

bergamota f. Variedad de pera y lima muy aromáticas.

bergamoto m. Árbol cuyo fruto es la bergamota.

bergante m. *Fam.* Sinvergüenza, pícaro.

bergantín m. Barco de dos palos y vela cuadrada o redonda.

beriberi m. *Med.* Enfermedad provocada por la falta de vitaminas B y caracterizada por trastornos digestivos, edemas, hidropesía, parálisis e insuficiencia cardiaca.

berilio m. Metal ligero (Be), de número atómico 4, llamado también *glucinio*.

berilo m. Silicato natural de aluminio y berilio. (Cuando es verde es la esmeralda; azul transparente, el aguamarina; rosa, la morganita y amarillo, el heliodoro.)

berkelio m. Elemento químico (Bk), de número atómico 97, obtenido artificialmente al bombardear el americio con partículas alfa.

berlina f. Coche cerrado, comúnmente de dos asientos. ‖ Automóvil cerrado de conducción interior, llamado también *sedán*. ‖ Departamento delantero en un vehículo de viajeros.

berlinés, esa adj. y s. De Berlín, cap. de Alemania. (Se aplicaba tb. a las dos zonas anteriores.)

bermejo, ja adj. Rubio rojizo. ‖ *Méx.* Ganado vacuno de color pajizo: *vaca bermeja.*

bermellón m. Pigmento rojo.

bernés, esa adj. y s. De Berna.

berraco m. Niño que berrea.

berrear v. i. Dar berridos o gritos estridentes el llorar o al cantar. ‖ Enfadarse. ‖ *Pop. Cub.* Confesar, cantar un detenido.

berrendo, da adj. Aplícase al toro que tiene manchas de otro color distinto: *berrendo en negro.* ‖ — M. y f. Mamífero de América del Norte semejante al ciervo.

berreo m. Berrinche, berrido.

berrido m. Voz del becerro y otros animales. ‖ *Fig.* Grito estridente.

berrinche m. *Fam.* Rabieta, enojo grande: *le dio un berrinche.*

berro m. Planta crucífera comestible que crece en lugares aguanosos.

berrueco m. Roca, peñasco. ‖ Tumorcillo en el iris del ojo.

berza f. *Bot.* Col. ‖ — M. pl. *Fam.* Berzotas.

berzal m. Campo de berzas.

berzotas m. y f. *Fig.* y *fam.* Idiota, bobo.

besamanos m. Ceremonia y modo de saludar que consiste en besar la mano a los príncipes y otras personas.

besamela f. Bechamel.

besana f. *Agr.* Labor de la tierra en surcos paralelos. ‖ Primer surco hecho. ‖ Tierra dispuesta para la siembra. ‖ Medida agraria de Cataluña (21,87 áreas) y de México (3 ha).

besante m. Antigua moneda bizantina. ‖ Figura del blasón.

besar v. t. Tocar con los labios una cosa en señal de amor, saludo, amistad o reverencia: *besar la mano, en las mejillas* (ú. t. c. pr.). ‖ *Fig.* y *fam.* Tocar unas a otras cosas (ú. t. c. pr.). ‖ *Llegar y besar el santo*, hacer una cosa de prisa.

beso m. Acción y efecto de besar. ‖ *Fig. Beso de Judas*, el que se da con hipocresía.

bestia f. Animal cuadrúpedo, especialmente caballerías. || — Com. *Fig.* Persona ruda, ignorante. | Persona bruta, poco delicada.

bestial adj. Brutal, irracional: *instintos bestiales.* || *Fam.* Extraordinario, estupendo: *un proyecto bestial.* | Enorme: *hambre bestial.*

bestialidad f. Brutalidad. || Pecado de lujuria cometido con una bestia. || *Fam.* Barbaridad, tontería muy grande. | Gran cantidad.

bestializar v. t. Dar carácter bestial. || — V. pr. Vivir como las bestias.

bestiario m. Gladiador que luchaba con las fieras en los circos romanos. || En la Edad Media, colección de fábulas de animales.

besugo m. Pez teleósteo de carne muy estimada. || *Fam.* Majadero, necio.

besuquear v. t. *Fam.* Besar repetidas veces.

besuqueo m. Acción de besuquear.

beta f. Letra griega (β) que corresponde a nuestra *b*. || — *Rayos* β, radiaciones emitidas por los cuerpos radiactivos.

betabel m. *Méx.* Remolacha.

betarraga f. Remolacha.

betatrón m. *Fís.* Acelerador electromagnético de partículas beta que hace que éstas transmuten átomos.

bético, ca adj. De la Bética.

betuláceas f. pl. *Bot.* Familia de árboles angiospermos de hojas alternas (ú. t. c. adj.).

betún m. Nombre de varias sustancias naturales compuestas de carbono e hidrógeno, que arden con llama, humo espeso y olor peculiar. || Crema o líquido que se usa para dar brillo al calzado. || Zulaque. || *Betún de Judea,* asfalto.

betunería f. Tienda de betún o de limpiabotas.

betunero m. El que vende o fabrica betunes. || Limpiabotas.

bevatrón m. *Fís.* Acelerador de partículas del tipo sincrotón.

bey m. Gobernador turco.

bezo m. Labio grueso.

bezoar m. Concreción calcárea que suele encontrarse en el estómago y en las vías urinarias de algunos animales.

Bi, símbolo del *bismuto.*

biácido m. *Quím.* Cuerpo dotado de dos funciones ácidas.

biangular adj. De dos ángulos.

biatómico, ca adj. *Quím.* Aplícase a los cuerpos cuya molécula consta de dos átomos.

bibásico, ca adj. *Quím.* Que posee dos veces la función base.

bibelot m. (pal. fr.). Pequeño objeto curioso, decorativo.

biberón m. Frasco con tetilla de goma para la lactancia artificial.

bibijagua f. *Cub.* Hormiga muy perjudicial para las plantas. || *Fig. Cub.* Persona industriosa y diligente.

bibijagüero, ra m. y f. *Amer.* Hormiguero. || *Fig.* y *fam. Amer.* Tumulto.

biblia f. La Sagrada Escritura.
— Se divide la *Biblia* en Antiguo y Nuevo Testamento. El *Antiguo Testamento* se compone de tres grupos de libros (*Pentateuco, Profetas* y *Hagiógrafos*), escritos generalmente en hebreo y pocos en griego; el *Nuevo Testamento,* redactado casi en su totalidad en griego, salvo el Evangelio de San Mateo, en hebreo, consta de los cuatro *Evangelios,* los *Hechos de los Apóstoles,* las *Epístolas* y el *Apocalipsis.* La traducción hecha al latín del Antiguo Testamento, llamada *Versión de los Setenta,* fue revisada por San Jerónimo en el s. IV y el texto nuevo recibió el nombre de *Vulgata.*
En España, el cardenal Cisneros patrocinó una traducción de los libros sagrados al hebreo, caldeo, griego y latín (*Biblia Políglota Complutense*), realizada en Alcalá de Henares de 1514 a 1517, y Arias Montano dirigió otra versión, por orden de Felipe II, publicada en Amberes entre 1569 y 1573 (*Biblia Políglota Antuerpiense o Regia*).

bíblico, ca adj. De la Biblia.

bibliofilia f. Gran afición por los libros.

bibliófilo m. Aficionado a libros raros y valiosos.

bibliografía f. Descripción de libros, de sus ediciones, etc. || Conjunto de títulos de obras que tratan de un asunto: *bibliografía taurina.*

bibliográfico, ca adj. De la bibliografía: *notas bibliográficas.*

bibliógrafo m. El que se ocupa de bibliografía.

bibliología f. Estudio del libro en su aspecto histórico y técnico.

biblioteca f. Local donde se tienen libros ordenados para la lectura y la consulta. || Colección de libros, manuscritos, etc. || Librería, mueble para colocar los libros.

bibliotecario, ria m. y f. Persona encargada de una biblioteca.

bicameral adj. De dos cámaras.

bicarbonato m. *Quím.* Sal ácida del ácido carbónico. || Se dice especialmente de la sal de sodio.

bicéfalo, la adj. Que tiene dos cabezas. || *Fig.* Con dos jefes.

bicenal adj. De veinte años.

bicentenario m. Segundo centenario.

bíceps adj. y s. m. *Anat.* Dícese de los músculos que tienen dos cabezas u orígenes, especialmente del brazo. || *Bíceps humeral o branquial,* el flexor del brazo.

bicharraco m. *Fam.* Animalucho. | Persona mala, tiparraco.

bichero m. *Mar.* Asta con gancho de hierro en el extremo.

bicho m. Animal pequeño. || Toro de lidia. || *Fig.* Persona mala. || — *Fam. Mal bicho,* persona mala. | *Todo bicho viviente,* todo el mundo, todos.

bichoco, ca adj. *Méx.* Desdentado.

bici f. *Fam.* Bicicleta.

bicicleta f. Vehículo de dos ruedas iguales en que la de atrás se mueve por medio de unos pedales que actúan en una cadena.

biciclo m. Velocípedo de dos ruedas de tamaño desigual.

bicloruro m. *Quím.* Sal que contiene dos átomos de cloro: *bicloruro de mercurio.*

bicoca f. Fortificación pequeña. || *Fig.* y *fam.* Cosa de poca monta, fruslería. | Ganga. | Puesto ventajoso.

bicolor adj. De dos colores.

bicóncavo, va adj. *Ópt.* De dos caras cóncavas: *lentes bicóncavos para la miopía.*

biconvexo, xa adj. *Ópt.* De dos caras convexas: *lentes biconvexos para la presbicia.*

bicornio m. Sombrero de dos picos.

bicromato m. *Quím.* Sal del anhídrido crómico y, especialmente, sal que tiene como base el potasio.

bicromía f. Impresión en dos colores.

B.I.D., siglas de *Banco Interamericano de Desarrollo.*

bidé m. Recipiente de aseo empleado para lavados íntimos.

bidente adj. De dos dientes.

bidimensional adj. De dos dimensiones.

bidón m. Recipiente de hojalata para líquidos: *bidón de aceite.*

biela f. *Mec.* Barra metálica que une dos piezas móviles por medio de articulaciones, fijadas en los extremos de éstas, y que transforma y transmite un movimiento. || Palanca del pedal de la bicicleta.

bieldar v. t. Beldar.

bien m. Lo que la moral ordena hacer: *discernir el bien del mal.* || Lo que es bueno, favorable o conveniente: *eso fue un bien para mí.* || Lo que es conforme al deber: *ser persona de bien.* || Utilidad, beneficio: *el bien del país.* || Lo que es objeto de un derecho o de una obligación: *bien familiar.* || — Pl. Hacienda, caudal: *hombre de bienes.* || Productos: *bienes de la tierra, de equipo.* || — *Bienes gananciales,* los que adquieren los cónyuges durante el matrimonio. || *Bienes inmuebles o raíces,* los que no pueden trasladarse. || *Bienes mostrencos,* los que no tienen dueño conocido. || *Bienes muebles,* los que pueden trasladarse. || — Adv. Correctamente: *hablar, obrar bien.* || Cómodamente: *vivir bien.* || De modo agradable: *oler bien.* || Bastante o mucho: *es bien malo, hemos caminado bien.* || Se usa tb. para expresar el acuerdo. || — *Bien que,* aunque. || *No bien,* tan pronto como. || *Si bien,* aunque. || *Tener a bien,* estimar justo o conveniente. || *Y bien,* expresión de extrañeza o admiración.

bienal adj. Que sucede cada bienio. || — F. Exposición que se celebra cada dos años.

bienandante adj. Feliz.

bienandanza f. Felicidad, suerte.

bienaventurado, da adj. y s. Que goza de Dios en el cielo. || Afortunado, feliz.

bienaventuranza f. Visión beatífica de Dios en el cielo. || Prosperidad, felicidad. || — Pl. Las ocho felicidades que Jesús expuso en el Sermón de la Montaña a sus discípulos.

bienestar m. Estado del que está bien: *sensación de bienestar*. || Buena situación económica.

bienhablado, da adj. Que habla con corrección.

bienhadado, da adj. Afortunado, feliz.

bienhechor, ra adj. y s. Que hace bien a otro.

bienintencionado, da adj. De buena intención.

bienio m. Período de dos años.

*bienquerer v. t. Querer.

bienquistar v. t. Poner bien a una o varias personas con otra u otras (ú. t. c. pr.).

bienquisto, ta adj. Que goza de buena fama, estimado: *bienquisto de sus vecinos*.

bienteveo m. Candelecho, mirador, choza alta para vigilar. || *Arg.* Pájaro de vientre amarillo de unos veinte cm de longitud.

bienvenida f. Parabién: *dar la bienvenida*.

bienvivir v. i. Vivir con holgura. || Vivir honradamente.

bies m. Sesgo.

bifásico, ca adj. Aplícase a los sistemas eléctricos de dos corrientes alternas iguales procedentes del mismo generador.

bife m. *Amer.* Bistec. || *Fam. Arg.* Guantada.

bífido, da adj. *Bot.* Dividido en dos lóbulos: *hoja bífida*.

bifocal adj. *Ópt.* De doble foco: *lente bifocal*.

bifronte adj. De dos caras.

bifurcación f. Punto donde una cosa se divide en dos.

bifurcado, da adj. De forma de horquilla.

bifurcarse v. pr. Dividirse en dos una cosa: *bifurcar un camino*. || Cambiar de dirección.

bigamia f. Estado del bígamo.

bígamo, ma adj. y s. Casado con dos personas a un tiempo.

bígaro m. Caracolillo marino.

bigornia f. Yunque con dos puntas opuestas.

bigote m. Pelos que cubren el labio superior (ú. t. en pl.). || *Impr.* Línea horizontal de adorno más gruesa por el medio que por los extremos. || *Min.* Bigotera.

bigotudo, da adj. y s. Que tiene mucho bigote.

bija f. Árbol bixáceo de América cuya semilla sirve para teñir de rojo y su

fruto para hacer una bebida refrigerante y medicinal.

bikini m. Bañador de dos piezas de reducidas dimensiones.

bilabiado, da adj. *Bot.* Aplícase a las corolas o cálices divididos en dos partes.

bilabial adj. Que se pronuncia con ambos labios (ú. t. c. s. f.).

bilateral adj. Relativo a ambos lados. || Que obliga a las dos partes firmantes: *contrato bilateral*.

bilbaíno, na adj. y s. De Bilbao.

bilbilitano, na adj. y s. De Bílbilis, hoy Calatayud.

biliar adj. De la bilis.

bilimbique m. *Pop. Méx.* Billete de banco emitido durante la revolución constitucionalista (1913).

bilingüe adj. Que habla dos lenguas: *persona, región bilingüe*. || Escrito en dos idiomas: *libro bilingüe*.

bilingüismo m. Uso de dos idiomas: *el bilingüismo paraguayo*.

bilioso, sa adj. Abundante de bilis. || *Fig.* Desabrido.

bilis f. Humor viscoso, de color amarillo verdoso, amargo, segregado por el hígado. || *Fig.* Mal humor, ira: *descargar la bilis*.

billar m. Juego que consiste en empujar bolas de marfil con tacos sobre una mesa rectangular cubierta con un tapete verde. || La misma mesa y sala donde se juega.

billarista m. Jugador de billar.

billetaje m. Conjunto de billetes para un espectáculo.

billete m. Carta o esquela: *billete amoroso*. || Tarjeta o documento que da derecho para entrar en alguna parte, para viajar, etc.: *billete de toros, de ferrocarril, de avión*. || Papeleta que acredita la participación en una lotería. || Cédula emitida por un banco o por el Tesoro, en reemplazo de las monedas de oro y plata: *pagar, cobrar en billetes*. || *Blas.* Pequeña pieza rectangular. || *Billete kilométrico*, el que da autorización para recorrer por ferrocarril cierto número de kilómetros.

billetera f. y **billetero** m. Cartera para los billetes. || *Méx., Pan., Salv. y Venez.* Vendedor de billetes de lotería.

billón m. Un millón de millones. (En Estados Unidos, el billón equivale a mil millones.)

bilobulado, da adj. Dividido en dos lóbulos.

bilocular adj. Dividido en dos cavidades.

bimano, na o **bímano, na** adj. y s. *Zool.* De dos manos.

bimensual adj. Que ocurre dos veces por mes.

bimestral adj. Que ocurre cada bimestre o que dura dos meses.

bimestre m. Tiempo de dos meses.

bimetalismo m. Sistema monetario que utiliza como patrones el oro y la plata.

bimetalista adj. Partidario del bimetalismo (ú. t. c. s.). || Relativo a dicho sistema.

bimotor adj. y s. m. Dícese de los aviones de dos motores.

binar v. t. Arar segunda vez las tierras. || — V. i. Celebrar dos misas un sacerdote el mismo día.

binario, ria adj. Compuesto de dos elementos: *sistema binario*.

binocular adj. Que se hace con ayuda de los dos ojos.

binóculo m. Anteojo para ambos ojos que se fija en la nariz.

binomio m. *Mat.* Expresión algebraica formada por dos términos, como $a - b$. || *Binomio de Newton*, fórmula que da el desarrollo de las diferentes potencias a que puede elevarse un binomio.

biobiense adj. y s. De Bíobío (Chile).

biodegradable adj. Característica del producto industrial que al desecharse puede ser degradado por las bacterias u otros agentes biológicos.

biodiversidad f. Diversidad de seres vivos.

biofísica f. Ciencia que estudia los fenómenos físicos de la fisiología.

biogeografía f. Estudio de la distribución geográfica de vegetales y animales, y sus causas.

biografía f. Historia de la vida de una persona.

biografiar v. t. Escribir la biografía de una persona.

biográfico, ca adj. Relativo a la biografía: *noticias biográficas*.

biógrafo, fa m. y f. Autor de biografías.

biología f. Ciencia que estudia las leyes de la vida: *biología animal, vegetal*.

biológico, ca adj. De la biología: *estudios biológicos*.

biólogo m. El que se dedica al estudio de la biología.

bioluminiscencia f. *Biol.* Luminosidad natural que producen algunos seres vivos.

bioma m. *Biol.* Nombre que reciben los ambientes naturales del planeta.

biomasa f. *Biol.* Relación, expresada en unidades de peso, entre la totalidad de los seres que habitan en un lugar y las dimensiones del mismo.

biombo m. Mampara formada por varios bastidores articulados.

biomecánica f. Explicación física y mecánica de los fenómenos vitales.

biometría f. Aplicación de los métodos estadísticos y del cálculo de probabilidades al estudio biológico de los seres vivientes.

biopsia f. Examen microscópico de un trozo de tejido cortado de un órgano vivo.

bioquímica f. Ciencia que estudia los fenómenos químicos en el ser vivo.

bioquímico, ca adj. De la bioquímica. || — M. y f. Persona que se dedica a la bioquímica.

biosfera f. *Biol.* Conjunto de seres vivos y el medio en el que viven.

biosíntesis f. Formación de una sustancia orgánica en otro ser vivo.

biota m. *Biol.* Conjunto de la fauna y flora de un determinado lugar.

biotecnología f. Técnicas para la obtención de productos útiles de las células vivas.

bioterapia f. Tratamiento de ciertas enfermedades por sustancias vivas, como fermentos lácticos, levaduras, etc.

biotipo m. *Biol.* Forma típica de un ser viviente, considerada modelo de su especie.

biotita f. Mica negra.

biotopo m. *Biol.* Ambiente adecuado para el desarrollo natural de una comunidad de seres vivientes.

bióxido m. *Quím.* Combinación de un radical con dos átomos de oxígeno.

bipartición f. División en dos partes.

bipartir v. t. Partir en dos.

bipartito, ta adj. Bipartido. || Compuesto de dos: *pacto bipartito.*

bípedo, da adj. y s. m. De dos pies.

biplano m. Avión con dos alas paralelas a cada lado.

bipolar adj. De dos polos.

biquini m. Bikini.

birlar v. t. Tirar por segunda vez la bola en el juego de bolos. || *Fig.* y *fam.* Quitar a uno algo: *birlar un empleo.* | Matar.

birlibirloque m. *Por arte de birlibirloque*, mágica o extraordinariamente.

birmano, na adj. y s. De Birmania.

birome f. *Riopl.* Bolígrafo.

birrefringente adj. De doble refracción.

birreme f. Nave de dos filas de remos.

birrete m. Birreta. || Gorro con borla negra, propio de magistrados, catedráticos, abogados, jueces, etc. || Bonete.

birria f. *Fam.* Cosa o persona fea. | Objeto sin valor. || *Méx.* Carne de borrego o chivo.

bis adv. Se emplea para indicar que una cosa debe repetirse. || — Adj. Duplicado, repetido: *página 94 bis.*

bisabuelo, la m. y f. Padre o madre del abuelo o de la abuela.

bisagra f. Conjunto de dos planchitas de metal articuladas entre sí que permite el movimiento de las puertas y ventanas.

bisar v. t. Repetir la ejecución de un trozo de música, canto, etc.

bisbisar y **bisbisear** v. t. *Fam.* Decir entre dientes.

bisbiseo m. Acción de bisbisear.

bisecar v. t. *Geom.* Dividir en dos partes iguales.

bisección f. *Geom.* Acción de bisecar: *la bisección de un ángulo.*

bisector, triz adj. *Geom.* Que divide en dos partes iguales: *el plano bisector de un diedro.* || — F. Línea que divide un ángulo en dos partes iguales.

bisel m. Borde cortado oblicuamente.

biselado m. Acción de biselar.

biselar v. t. Cortar en bisel.

bisemanal adj. Que se repite dos veces por semana: *periódico bisemanal.*

bisexual adj. Hermafrodita.

bisiesto adj. Dícese del año de 366 días.

— Como la duración verdadera del año es de 365 años y cuarto, se agrega cada cuatro años un día al año común, que pasa a ser de 366 días. El día intercalar se añade a febrero. Son bisiestos los años cuya expresión numérica es divisible por 4, excepto los años seculares.

bisílabo, ba adj. De dos sílabas: *árbol es palabra bisílaba.*

bismuto m. Metal (Bi) de número atómico 83, de color gris, fusible a 271 ºC, de densidad 9,8.

bisnieto, ta m. y f. Hijo o hija del nieto.

bisojo, ja adj. y s. Bizco.

bisonte m. Rumiante bóvido salvaje, parecido al toro, con lomo arqueado y giba.

bisoñada y **bisoñería** f. *Fig.* y *fam.* Inexperiencia, novatada.

bisoñé m. Peluca que cubre sólo la parte anterior de la cabeza.

bisoño, ña adj. y s. Novicio, principiante.

bisté y mejor **bistec** m. Filete, lonja de carne de vaca asada.

bistre adj. y s. m. De un color pardo negruzco.

bisturí m. Instrumento cortante usado en cirugía. (Pl. *bisturíes.*)

bisulco, ca adj. De pezuñas partidas: *el buey es bisulco.*

bisulfato m. Sal del ácido sulfúrico.

bisulfito m. *Quím.* Sal formada por el ácido sulfuroso.

bisulfuro m. *Quím.* Combinación de un radical con dos átomos de azufre.

bisutería f. Joyería de imitación: *alhajas de bisutería.*

bit m. *Inform.* Unidad mínima de información con sólo dos posibilidades de valor, por lo general 1 ó 0.

bitácora f. *Mar.* Caja de cobre, cercana al timón, en que se aloja la brújula.

bitoque m. Taruguillo usado para cerrar la piquera de los toneles. || *Méx.* Grifo.

bituminoso, sa adj. Que tiene betún: *carbón bituminoso.*

bivalente adj. *Quím.* Con dos valencias.

bivalvo, va adj. y s. m. De dos valvas: *molusco, fruto bivalvo.*

bizantinismo m. Carácter bizantino.

bizantino, na adj. y s. De Bizancio, hoy Estambul. || Del Imperio Bizanti-

no. || *Fig.* Decadente, degenerado. || *Discusiones bizantinas*, las inútiles y vanas.

bizarría f. Valor, osadía. || Generosidad. | Gallardía.

— OBSERV. Es galicismo en el sentido de *extravagancia, capricho.*

bizarro, rra adj. Valiente. || Generoso. || Gallardo: *un bizarro militar.*

bizcaitarra com. Nacionalista vasco.

bizco, ca adj. y s. Que tuerce los ojos al mirar. || *Fig.* y *fam. dejar bizco*, dejar pasmado.

bizcochería f. Sitio donde se hacen o venden bizcochos.

bizcocho m. Pan sin levadura que se cuece dos veces para conservarlo mucho tiempo. || Masa de harina, huevo y azúcar cocida al horno. || Objeto de loza o porcelana sin barnizar: *bizcocho de Limoges.* || *Bizcocho borracho*, el empapado en almíbar y vino.

bizcotela f. Bizcocho con baño de azúcar.

biznaga f. Planta cactácea de México, sagrada entre los aztecas. || Ramillete de jazmines clavados en una penca.

biznieto, ta m. y f. Bisnieto.

bizquear v. i. *Fam.* Ser bizco. || Quedarse estupefacto.

bizquera f. Estrabismo.

Bk, símbolo del *berkelio.*

blanca f. Moneda antigua de vellón. || *Fam.* Dinero: *estar sin una blanca.* || *Mús.* Nota que vale la mitad de una redonda o dos negras o cuatro corcheas.

blanco, ca adj. De color de nieve: *pan blanco.* || De color más claro que otras cosas de la misma especie: *vino blanco.* || Dícese de la raza europea o caucásica (ú. t. c. s.). || *Fig.* y *fam.* Cobarde. || — *Arma blanca*, la cortante o punzante. || *Papel blanco*, el que no tiene nada escrito. || — M. Color blanco. || Tabla que sirve para ejercitarse en el tiro: *hacer blanco.* || Hueco entre dos cosas. || Espacio que se deja blanco en un escrito. || *Fam.* Vaso de vino blanco. || *Fig.* Meta, objetivo. || — *Blanco de ballena*, materia grasa que se extrae de ciertos cetáceos y sirve para la fabricación de velas y cosméticos. || *Blanco de cinc*, óxido de cinc. || *Blanco de España*, nombre común al carbonato básico de plomo, al subnitrato de bismuto y a la creta lavada. || *Blanco del ojo*, la córnea. || *Blanco de plomo*, albayalde, cerusa. || *Calentar al blanco*, poner al fuego hasta que la materia calentada pase del rojo al blanco. || *En blanco*, sin escribir ni imprimir; (fig.) sin lo que uno se esperaba: *quedarse en blanco.*

blancor m. Blancura.

blancura f. Calidad de blanco.

blancuzco, ca adj. Blanquecino, algo blanco.

blandengue adj. Blando, de poco carácter. || — M. Soldado armado con lanza de la antigua provincia de Buenos Aires.

blandicia f. Molicie. || Lisonja.

*__blandir__ v. t. Mover alguna cosa antes de golpear con ella: *blandir un arma.*

blando, da adj. Que se deforma fácilmente: *masa blanda.* || Que cede a la presión, muelle: *colchón blando.* || Tierno: *pan blando.* || *Fig.* Indulgente, benévolo: *blando con los alumnos.* | *Débil: carácter blando.* | Suave, templado. || *Mús.* Bemolado.

blanducho, cha y **blandujo, ja** adj. *Fam.* Algo blando.

blandura f. Calidad de blando. || Molicie, bienestar. || Amabilidad, carácter afable. || Lisonja, halago. || *Méx.* Diarrea.

blanqueado m. Blanqueo.

blanqueador, ra adj. y s. Que blanquea.

blanqueadura f. y **blanqueamiento** m. Blanqueo.

blanquear v. t. Poner blanca una cosa: *blanquear la ropa.* || Encalar las paredes: *blanquear un patio.* || Limpiar los metales. || Poner blanca el azúcar. || Recubrir las abejas de cierta sustancia los panales. || — V. i. Presentarse blanca una cosa. || Ponerse blanca. | Tirar a blanco.

blanquecino, na adj. Algo blanco: *luz blanquecina.*

blanqueo m. Encalado de las paredes. || Acción de poner blanca el azúcar, de limpiar los metales.

blanquillo, lla adj. Candeal: *trigo blanquillo.* || — M. *Chil.* y *Per.* Durazno blanco. || *Méx.* Huevo de gallina.

blanquinegro, gra adj. De color blanco y negro.

blasfemador, ra adj. y s. Blasfemo, que contiene blasfemia.

blasfemar v. i. Decir blasfemias. || *Fig.* Maldecir.

blasfematorio, ria adj. Blasfemo.

blasfemia f. Insulto dirigido contra Dios y las cosas sagradas. || *Fig.* Palabra injuriosa.

blasfemo, ma adj. y s. Que contiene blasfemia: *libro blasfemo.* || — Adj. y s. Que blasfema.

blasón m. Ciencia heráldica. || Cada pieza del escudo. | Escudo de armas. || *Fig.* Motivo de orgullo, gloria. || — Pl. Abolengo: *presume de sus blasones.*

blasonador, ra adj. Que blasona o se jacta de algo.

blasonar v. i. *Fig.* Jactarse, presumir, hacer ostentación de algo: *blasonar de valiente.*

blastema m. *Biol.* Conjunto de células embrionarias que llegan a formar un órgano determinado.

blastodermo m. *Zool.* Conjunto de las células que proceden de la segmentación parcial del huevo de los animales.

blastómeros m. pl. Células producidas en las primeras etapas por división del huevo (ú. t. c. adj.).

blastomicetos m. pl. Familia de hongos (ú. t. c. adj.).

blástula f. Fase primera en el desarrollo del embrión constituida por una esfera hueca de pared epitelial.

bledo m. Planta quenopodiácea comestible. || — *Fig.* y *Fam. No importar o no dársele a uno un bledo,* importar muy poco. || *No valer un bledo,* ser de escaso valor.

blefaritis f. *Med.* Inflamación de los párpados.

blenda f. *Min.* Sulfuro natural de cinc que aparece en cristales brillantes.

blenorragia f. *Med.* Inflamación infecciosa de la uretra, producida por un gonococo.

blenorrea f. *Med.* Blenorragia crónica.

blindado, da adj. Revestido con blindaje: *caja blindada.*

blindaje m. Revestimiento de acero con que se blinda: *el blindaje de un buque.* || Conjunto de planchas para blindar.

blindar v. t. Proteger con blindaje: *blindar un carro de asalto.*

blíster m. Envase formado por una planchuela delgada y una lámina plástica moldeada transparente donde se aloja el producto: *un blíster de analgésicos.*

bloc m. Conjunto de hojas de papel blanco, que se pueden separar, para dibujar o hacer apuntes: *bloc de notas.*

blocaje m. Bloqueo.

blonda f. Cierto encaje de seda: *vestido de blondas.*

bloque m. Trozo grande de materia sin labrar: *bloque de piedra.* || Conjunto: *bloque de papel.* || Grupo, unión de varios países, partidos, etc.: *bloque soviético.* || Grupo de viviendas: *bloque de casas.* || En los motores de explosión, pieza que lleva dentro uno o varios cilindros. || — *Bloque diagrama,* representación de una región en perspectiva, acompañada de dos cortes geológicos. || *Bloque operatorio,* galicismo por *quirófano.* || *En bloque,* en conjunto.

bloquear v. t. Cercar una ciudad, un puerto o un país, para cortar todo género de comunicaciones con el exterior. || Inmovilizar los créditos o bienes de alguien: *bloquear la cuenta corriente.* || Detener un vehículo, apretando los frenos. || Detener, interceptar: *bloquear el balón.* || *Fig.* Impedir: *bloquear la entrada.*

bloqueo m. Acción de bloquear. || — *Declarar el bloqueo,* notificarlo oficialmente. || *Violar el bloqueo,* entrar o salir un buque neutral en un puerto o paraje bloqueado.

blue-jean [*bluyín*] m. (pal. ingl.). Pantalón vaquero.

blues m. (pal. ingl.). Especie de fox trot.

bluff m. (pal. ingl.). Farol, palabra o acción propia para engañar o asombrar sin ser verdad.

blusa f. Camisa de mujer.

blusón m. Blusa larga y suelta: *el blusón era muy largo.*

boa f. La mayor de las serpientes conocidas. || — M. Adorno o prenda de vestir en forma de serpiente con que las mujeres cubren el cuello.

boaqueño, ña adj. y s. De Boaco (Nicaragua).

boato m. Lujo.

bobada f. Necedad.

bobalicón, ona adj. *Fam.* Bobo.

bobear v. i. Decir, hacer o cometer boberías.

bobería f. Dicho o hecho necio.

bobera f. Bobería. || — M. *Cub.* Bobo, tonto: *es un bobera.*

bobina f. Carrete: *bobina de hilo, de inducción.*

bobo, ba adj. y s. Falto de inteligencia, tonto. || — M. Gracioso de las farsas y entremeses.

bobsleigh [*bóbslei*] m. (pal. ingl.). Trineo articulado para deslizarse por una pista de nieve.

boca f. Orificio de la cabeza del hombre y los animales por el cual toman el alimento: *boca grande, pequeña, bonita.* || Pinza de los crustáceos. || *Fig.* Entrada, abertura: *boca de horno, de puerto, de calle.* | Corte de ciertas herramientas. | Gusto o sabor de los vinos: *vino de buena boca.* | Órgano de la palabra: *abrir, cerrar la boca.* | Persona o animal a quien se mantiene: *mantener seis bocas.* | Pico de una vasija. || — Pl. Desembocadura de un río: *bocas del Tajo.* || — *A boca de jarro,* a quema ropa. || *A boca de noche,* al anochecer. || *Fig. Andar de boca en boca,* estar divulgado. || *A pedir* (o *a querer*) *de boca,* según el deseo de uno. || *Boca abajo,* tendido de bruces. || *Boca a boca,* respiración artificial fundada en el principio de la ventilación mediante aire inspirado. || *Boca arriba,* tendido de espaldas. || *Fig. Boca de escorpión,* persona muy maldiciente. | *Boca de espuerta,* la muy grande. || *Boca de fuego,* pieza de artillería. || *Boca de león,* orquídea ornamental mexicana. || *Boca del estómago,* parte central de la región epigástrica. || *Fig. Calentarse de boca,* irritarse. | *Cerrar la boca a uno,* hacerle callar. | *Dar en la boca,* pegar fuerte; dejar patidifuso. | *Hablar uno por boca de ganso,* repetir lo que otro ha dicho. | *Hacerse la boca agua,* desear ardientemente algo comestible al verlo o al olerlo. | *Írsele a uno la boca,* hablar demasiado. | *Meterse en la boca del lobo,* exponerse a un peligro. | *No decir esta boca es mía,* no hablar nada. | *Por la boca muere el pez,* refrán que da a entender que no hay que hablar mucho sin reflexionar. | *Quedarse con la boca abierta,* quedar en suspenso o admirado.

bocacalle f. Desembocadero de una calle.

bocadillo m. Emparedado, panecillo abierto o dos rebanadas de pan relleno con jamón, chorizo, queso, etc. || Comida ligera. || *Méx.* Dulce hecho con leche, azúcar, coco y huevo.

bocado m. Alimento que cabe de una vez en la boca. || Un poco de comida: *comer un bocado.* || Mordisco: *el perro le dio un bocado.* || Pedazo de una cosa que se arranca con los dientes. || Freno de la caballería. || — Pl. Fruta en conserva. || — *Bocado de Adán,* nuez de la garganta. || *Con el bocado en la boca,* recién acabado de comer.

bocal m. Jarro de boca ancha.

bocamanga f. Parte de la manga más cerca de la mano: *llevaba dos estrellas en la bocamanga.*

bocamina f. Entrada a la galería de una mina.

bocanada f. Cantidad de líquido que llena de una vez la boca: *una bocanada de vino.* || Porción de humo que se echa cuando se fuma. || Ráfaga de aire, de viento.

bocatoreño, ña adj. y s. De Bocas del Toro (Panamá).

bocaza f. *Fam.* Boca grande. || — M. pl. Hablador sin discreción: *el oficial era un bocazas.*

bocera f. Suciedad que se queda pegada a los labios después de haber comido o bebido. || Grieta en la comisura de los labios. || — Pl. Bocazas, hablador.

bocetar v. t. Esbozar.

boceto m. Ensayo que hace el artista antes de empezar una obra, esbozo, bosquejo. || *Fig.* Esquema, rasgos principales de una cosa.

bocha f. Bola de madera con que se tira en el juego de bochas. || — Pl. Juego que consiste en arrojar bolas de madera según ciertas reglas.

bochar v. t. Tirar una bocha contra otra.

bochinche m. *Pop.* Alboroto: *armar un bochinche.* | Taberna, cafetucho.

bochinchero, ra adj. y s. *Amer.* Alborotador.

bochorno m. Aire caliente de estío. || Calor sofocante. || *Fig.* Sofocación. | Vergüenza, rubor: *sufrir un bochorno.*

bochornoso, sa adj. Que causa bochorno: *un día bochornoso; una acción bochornosa.*

bocina f. Trompeta de metal para hablar a distancia. || Aparato para avisar: *la bocina de un coche.* | Pabellón de los gramófonos. || Especie de cuerno o trompa. || Caracol marino que sirve de bocina.

bocinazo m. Toque de bocina. || *Pop.* Grito desaforado.

bocio m. *Med.* Hipertrofia de la glándula tiroides. || Tumor en el cuerpo tiroides.

bock m. (pal. alem.). Vaso de cerveza. (Es ancho y de cerámica.)

bocón, na adj. De boca grande. || *Fam.* Hablador de más.

boda f. Casamiento y fiesta con que se solemniza. || *Bodas de plata, de oro,*

de diamante, aniversario vigesimoquinto, quincuagésimo o sexagésimo, respectivamente, de una boda u otro acontecimiento.

bodega f. Lugar donde se guarda y cría el vino. || Cosecha o mucha abundancia de vino. || — Despensa. || Tienda donde se venden vinos. || *Mar.* Espacio interior de los buques. || Almacén en los puertos. || *Méx.* Tienda de abarrotes.

bodegón m. Tienda de comidas. || Taberna. || Pintura o cuadro donde se representan cosas comestibles, vasijas, cacharros, etc.

bodeguero, ra m. y f. Dueño de una bodega. || Persona encargada de la bodega.

bodijo m. *Fam.* Boda desigual o con poco aparato.

bodoque m. Bola de barro que se disparaba con ballesta. || Relieve de adorno en los bordados. || Bulto duro que se forma en una cosa blanda. || *Fig.* Tonto, necio.

bodorrio m. *Fam.* Bodijo.

bodrio m. Bazofia, comida mala. || *Fig.* Mezcla confusa.

bóer adj. y s. Habitante del África austral, de origen holandés.

bofes m. pl. *Fam.* Pulmones: *bofes de carnero.* || *Fig.* y *fam. Echar los bofes,* trabajar mucho; jadear o cansarse mucho.

bofetada f. y **bofetón** m. Golpe dado en la cara con la mano abierta. || *Fig.* Afrenta, desaire.

boga f. Acción de bogar o remar. || *Fig.* y *fam.* Fama, moda: *estar en boga.*

bogador m. Remero.

bogar v. i. Remar.

bogavante m. *Zool.* Crustáceo marino, parecido a la langosta.

bogotano, na adj. y s. De Bogotá.

bohemio, mia adj. y s. Bohemo. || Dícese de la persona de costumbres libres y vida desordenada. || Gitano. || — F. Vida de bohemio. || Conjunto de bohemios: *la bohemia de las artes.*

bohemo, ma adj. y s. De Bohemia (República Checa).

bohío m. *Amer.* Cabaña.

boicot m. Boicoteo.

boicoteador, ra adj. y s. Que boicotea.

boicotear v. t. Practicar el boicot.

boicoteo m. Rompimiento de relaciones con un individuo, una empresa o una nación. (Voz preferible a *boicot.*)

bóiler m. *Méx.* Calentador del agua de uso doméstico.

boina f. Gorra redonda y chata, sin visera: *boina vasca.*

boîte [buat] f. (pal. fr.). Sala de baile. || Cabaret.

boj y **boje** m. Arbusto buxáceo siempre verde. || Su madera.

boja f. Abrótano.

bojedal m. Terreno poblado de bojes.

bol m. Taza grande sin asa. || Lanzamiento de la red. || Jábega.

bola f. Cuerpo esférico: *bola de marfil; bola de lotería.* || *Canica:* jugar a las bolas. || Esfera empleada en el juego de bolos. || La que se pone en los cojinetes o rodamientos. || En ciertos juegos de naipes, lance en que hace uno todas las bazas. || Pelota grande, usada para señales de los buques y semáforos. || Betún: *dar bola a los zapatos.* || *Fig.* y *fam.* Mentira: *decir bolas.* || *Amer.* Cometa redonda. | Motín. || — Pl. Boleadoras. || — *Bola pampa,* arma arrojadiza usada en América del Sur que consiste en una piedra atada con una correa larga. || *Fig. No dar pie con bola,* no acertar. | *Ruede la bola,* expresión con que se manifiesta el deseo de que siga su camino un negocio.

bolazo m. Golpe dado con una bola. || *Arg.* y *Urug.* Mentira, disparate.

bolchevique m. Miembro del sector mayoritario del Partido Socialdemócrata ruso. || Miembro del Partido Comunista soviético. || *Por ext.* Partidario del bolchevismo. || — Adj. Relativo al Partido Comunista soviético o su doctrina.

bolcheviquismo y **bolchevismo** m. Tendencia mayoritaria del Partido Socialdemócrata ruso, representada por Lenin. || *Por ext.* Doctrina del Partido Comunista soviético.

boleada f. *Arg.* Cacería con boleadoras. || *Méx.* Acción y efecto de dar lustre al calzado.

boleador, ra adj. y s. *Méx.* Limpiabotas.

boleadoras f. pl. *Arg.* Arma arrojadiza que consiste en dos o tres bolas unidas con correas y que se utiliza para cazar o apresar animales.

bolear v. t. *Arg.* Cazar con boleadoras. || *Méx.* Limpiar el calzado. || — V. i. Jugar al billar sin hacer partida.

bolero, ra adj. *Novillero, que hace novillos.* || — Adj. y s. *Fig.* y *fam.* Que miente mucho: *niño bolero.* || — M. Chaqueta corta que suelen usar las mujeres. || *Mús.* Aire español. || *Méx.* Limpiabotas. || — F. Lugar donde se juega a los bolos.

boleta f. Billete de entrada. || Papeleta de una rifa. || Cédula de los militares para su alojamiento. || Especie de libranza para cobrar. || *Amer.* Cédula para votación. | Porción de tabaco liado en un papel.

boletería f. *Amer.* Taquilla de boletos, despacho de boletos.

boletero, ra m. y f. *Amer.* El que despacha billetes en las taquillas de los teatros, trenes, etc.

boletín m. Boleta, cédula, billete: *boletín de entrada.* || Papel que se rellena para suscribirse a algo. || Periódico que trata de asuntos especiales: *Boletín Oficial del Estado.*

boleto m. Cierta clase de hongo. || *Amer.* Billete de teatro, de ferrocarril, etc. | Papeleta de rifa o sorteo. || Carta breve.

boliche m. Bola pequeña usada en el juego de bochas. || Juego de bolos. || Blanco en la petanca. || Juguete que consiste en un palo y una bolita taladrada sujeta con un cordón que se lanza al aire y se ensarta en el palo. || Horno pequeño. || Jábega pequeña. || Pescado menudo, morralla. || *Amer.* Almacén pequeño, tabernucha.

bolichero, ra m. y f. Persona que tiene un juego de bolos. || — M. *Arg.* Vendedor de boliche.

bólido m. Meteor. Masa mineral ígnea que atraviesa la atmósfera. || *Fig.* Automóvil de competición muy rápido.

bolígrafo m. Lápiz estilográfico cuya punta es una bolita de acero.

bolilla f. *Arg., Bol., Chil., Parag.* y *Urug.* Bola numerada que se usa en sorteos. || *Riopl.* Parte del programa de una materia de estudio.

bolillo m. Palito torneado para hacer encajes. || Hueso a que está unido el casco de las caballerías. || *Méx.* Cierto tipo de pan blanco.

bolista adj. y s. *Fam.* Mentiroso, trolero.

bolita f. *Amér. M.* Canica. || Juego de las canicas.

bolívar m. Unidad monetaria de Venezuela.

bolivarense adj. y s. De Bolívar, prov. del Ecuador y dep. de Colombia.

bolivariano, na adj. y s. Relativo a Bolívar. || De Bolívar, Estado de Venezuela.

boliviense adj. y s. De Bolívar, c. de Venezuela.

bolivianismo m. Giro propio de Bolivia. || Afecto a la nación boliviana.

boliviano, na adj. y s. De Bolivia. || — M. Unidad monetaria de Bolivia.

bolladura f. Hueco hecho por un golpe.

bollar v. t. Abollar, hacer bollos en algunas cosas.

bollería f. Tienda donde venden bollos, pastelería.

bollo m. Panecillo esponjoso de harina amasada con huevos, leche, etc. || Abolladura, abultamiento o hueco hecho por un golpe en un objeto. || *Fig.* Chichón: *hacerse un bollo en la cabeza.* | Lío, embrollo: *se armó un bollo.* || — *Fig.* y *fam. No estar el horno para bollos,* no ser el momento más propicio para hacer algo. || *Perdonar el bollo por el coscorrón,* causar una cosa más molestia que utilidad.

bolo m. Palito torneado que se pone derecho en el suelo: *juego de bolos.* || Eje o nabo de las escaleras de caracol y de ciertas máquinas. || *Mec.* Árbol, eje. || Bola en los juegos de naipes. || Especie de machete de los indios filipinos. || *Farm.* Píldora más grande que la ordinaria. || *Fig.* y *fam.* Torpe, necio. || *Méx.* Obsequio que el padrino

de un bautizo da a los niños. || — Pl. Cierto juego. || Bolera. || — *Bolo alimenticio,* alimento masticable e insalivado que se traga de una vez.

bolo, la adj. *Amer.* Borracho.

bolón m. *Méx.* Alboroto. || *Venez.* Café de mala calidad.

boloñés, esa adj. y s. De Bolonia.

bolsa f. Recipiente flexible de tela, papel, plástico, etc., utilizado para llevar cosas. || Saquillo para guardar el dinero. || Taleguilla de tafetán en que se recogían el cabello los hombres. || Folgo, funda para abrigarse los pies. || Arruga en los vestidos. || Arruga que se forma debajo de los ojos (ú. t. en pl.). || *Com.* Lonja: *Bolsa de granos.* || Edificio donde se reúnen los que compran y venden acciones o títulos. || Esta reunión: *hoy no hay Bolsa.* || *Fig.* Bienes o dinero: *tiene llena la bolsa.* || *Cir.* Cavidad llena de materia: *bolsa sinovial, de pus.* || *Min.* Parte donde se halla metal puro. || — *Fam. Aflojar la bolsa,* dar dinero. || *Bolsa de Trabajo,* organismo que centraliza ofertas y peticiones de trabajo.

bolsear v. t. *C. Rica, Guat., Hond.* y *Méx.* Robar.

bolsero, ra m. y f. El que hace o vende bolsas. || *Méx.* Ladrón de bolsos.

bolsillo m. Bolsa para el dinero, portamonedas. || Saquillo cosido a los vestidos: *bolsillos de parches.* || — *De bolsillo,* pequeño: *libro de bolsillo.* || *Fam. Meterse a uno en el bolsillo,* granjearse su voluntad. | *Rascarse el bolsillo,* soltar dinero, pagar.

bolsista m. Persona que hace especulaciones en la bolsa de valores. | *Amer.* Ladrón.

bolso m. Bolsa o estuche de piel u otro material que llevan en las manos las mujeres y en donde guardan los objetos de uso personal: *bolso de ante.* || Bolsillo, portamonedas. || Cualquier caja o estuche de cuero u otro material, con asa, para llevar objetos.

bolsón m. Bolsa grande. || *Amer.* Cartera que llevan los niños para ir al colegio.

boludez f. *Vulg. Riopl.* Hecho propio de un boludo.

boludo, da adj. y s. *Vulg. Riopl.* Tonto, estúpido.

bomba f. Máquina para elevar agua u otro fluido. || Artefacto explosivo: *bomba de efecto retardado.* || Globo de cristal de algunas lámparas. || En los instrumentos músicos de metal, tubo movible con que se alargan o se acortan para cambiar el tono. || *Fig.* Noticia sensacional o inesperada que causa sorpresa (ú. t. c. adj.). || *Cub.* Cucharón usado en los mingos. || *Méx.* Sátira, verso que se improvisa en las fiestas. || *Fam. Méx.* Noticia falsa. || — *Bomba aspirante,* la que eleva el líquido gracias a la presión atmosférica. || *Bomba aspirante e impelente,* la que aspira el agua y luego la impele con esfuerzo. || *Bomba atómica.* V. ATÓ-

MICO. || *Bomba centrífuga,* aquella en que la elevación del agua se hace por medio de una rueda de paletas dentro de una caja cilíndrica. || *Bomba de cobalto,* generador de rayos gamma utilizados con fines terapéuticos. V. *Bomba H* o de *hidrógeno.* V. TERMONUCLEAR. || *Bomba impelente,* la que eleva el agua más arriba que el plano de la máquina. || *Bomba neumática,* la que sirve para extraer o comprimir el aire. || *Bomba volcánica,* pedazo de lava expulsado por un volcán y de aspecto fusiforme. || *Caer como una bomba,* una cosa inesperada o presentarse de improviso en una reunión. || *Méx.* Composición poética festiva típica del sureste de México.

bombáceas f. pl. Plantas o árboles dicotiledóneos intertropicales, como el baobab (ú. t. c. adj.).

bombacha f. *Riopl.* Calzón, prenda interior femenina. || — Pl. *Arg.* y *Urug.* Pantalón bombacho.

bombacho adj. m. y s. m. Dícese del calzón o pantalón ancho que se ciñe un poco más bajo de las pantorrillas (ú. más en pl.).

bombarda f. Cañón antiguo de gran calibre. || Fragata que se destinaba a arrojar bombas. || Registro del órgano de sonido muy fuerte y grave.

bombardear v. t. Atacar con artillería o arrojar bombas: *bombardear una posición.* || Someter un cuerpo a la acción de ciertas radiaciones.

bombardeo m. Ataque de un objetivo con bombas u obuses: *bombardeo aéreo.* || *Bombardeo atómico,* proyección de partículas engendradas por una sustancia radiactiva acelerada mediante aparatos especiales (ciclotrón, por ejemplo).

bombardero, ra adj. Que bombardea: *avión bombardero.* || — M. Artillero al servicio de las bombardas. || Avión de bombardeo.

bombear v. t. Bombardear. || Sacar o trasegar con bomba: *bombear agua.* || Dar forma abombada. || *Fig.* y *fam.* Dar bombo a uno. || Dar al balón un golpe de volea.

bombeo m. Convexidad. || *Estación de bombeo,* estación donde se extrae un líquido con bomba.

bombero m. Miembro de un cuerpo destinado a apagar incendios.

bombilla f. Ampolla o globo de cristal que contiene el filamento de la lámpara eléctrica: *bombilla fundida.* || Tubito de caña o de metal para sorber el mate. || *Mar.* Farol de cristal casi esférico.

bombillo m. Aparato de sifón en las tuberías de desagüe. || Tubo empleado para sacar líquidos. || *Mar.* Bomba pequeña de mano. || *Amer.* Bombilla eléctrica.

bombín m. *Fam.* Sombrero hongo. || Pequeña bomba para hinchar los neumáticos de bicicleta.

bombo m. Tambor grande que se toca con maza: *bombo de banda mili-*

tar. || El que lo toca. || Barco de fondo chato. || Caja en que están los números de un sorteo: *bombo de la lotería*. || *Fig.* Elogio exagerado: *anunciar con mucho bombo*. || – *Fig.* y *fam.* A bombo y platillos, muy aparatoso. | Dar bombo, elogiar demasiado.

bombón m. Confite de chocolate: *bombón relleno*. || *Fig.* y *fam.* Ser un bombón, ser muy mono.

bombona f. Damajuana, garrafa. || Vasija: *bombona de butano*.

bombonera f. Caja para bombones. || *Fam.* Teatro pequeño.

bombonería f. Tienda donde se venden bombones.

bonachón, ona adj. y s. *Fam.* Buenazo, muy bueno.

bonachonería f. Calidad de bonachón.

bonaerense adj. y s. De Buenos Aires.

bonancible adj. Sereno, apacible: *tiempo bonancible*.

bonanza f. Tiempo sereno en el mar. || *Fig.* Prosperidad. | Tranquilidad. || *Min.* Vena muy rica.

bonanzoso, sa adj. Sereno.

bonapartismo m. Concepción política de los bonapartistas.

bonapartista adj. y s. Partidario de la dinastía de Napoleón Bonaparte.

bondad f. Calidad de bueno. || Inclinación a hacer el bien. || Amabilidad: *tener la bondad de hacer algo*.

bondadoso, sa adj. Apacible, muy bueno.

bonete m. Birrete, gorro de forma redonda. || Gorro de los eclesiásticos, colegiales y graduados. || *Fig.* Clérigo secular. || *Fort.* Obra exterior en forma de doble tenaza. || *Zool.* Redecilla de los rumiantes.

bonetería f. Oficio, taller y tienda de bonetero.

bongo m. *Amer.* Canoa india.

bongó m. Tambor de los negros de Cuba.

bongosero m. Tocador de bongó: *el bongosero animó la fiesta*.

boniato m. Planta convolvulácea y su tubérculo comestible.

bonificación f. Mejora. || Rebaja, descuento.

bonitamente adv. Con tiento y habilidad. || Despacio, poco a poco.

bonito m. Pez parecido al atún.

bonito, ta adj. Bueno. || Lindo, agraciado, agradable.

bono m. Vale: *bono de pago al portador*. || Cualquier papel fiduciario: *bonos de la Deuda pública*. || Vale de beneficencia: *bono de carne*.

bonzo m. Sacerdote budista.

boñiga f. Excremento del ganado vacuno y otros animales.

boom [*bum*] m. (pal. ingl.). Prosperidad brusca y momentánea. || Alza repentina de productos industriales, de valores de Bolsa, etc.

boomerang m. Bumerang.

boqueada f. Acción de abrir la boca justo antes de morir: *estar dando las últimas boqueadas*.

boquera f. Llaguita en las comisuras de los labios. || Puerta en el caz para regar.

boquerón m. Pez pequeño: *el boquerón en lata se llama "anchoa"*.

boqueronense adj. y s. De Boquerón (Paraguay).

boquete m. Paso estrecho. || Agujero, brecha: *el obús abrió un boquete en la muralla*.

boquiabierto, ta adj. Que tiene la boca abierta. || *Fig.* Que se queda asombrado: *quedó boquiabierto de admiración*.

boquiflojo, ja adj. y s. *Fam. Méx.* Chismoso, cuentero.

boquilla f. Abertura para sacar las aguas de riego. || Parte de algunos instrumentos músicos de viento que se introduce en la boca. || Tubo pequeño para fumar el cigarro. || Parte de la pipa que se introduce en la boca. || Extremo del cigarro: *boquilla con filtro*. || Escopladura. || Tercera abrazadera del fusil. || En el mortero, parte por donde se pone la pólvora. || Anillo que guarece la boca de la vaina de un arma. || Mechero de gas, de acetileno, etc. || Pez del golfo de México. || *De boquilla*, de mentirijillas.

boquirroto, ta adj. *Fig.* y *fam.* Parlanchín, muy hablador.

boquirrubio, bia adj. *Fig.* Que habla mucho y sin reserva. | Candoroso. || – M. *Fam.* Mozalbete presumido.

boracita f. *Min.* Borato y cloruro de magnesia natural.

borato m. *Quím.* Cualquier sal del ácido bórico.

bórax m. *Quím.* Sal blanca compuesta de ácido bórico, sosa y agua.

borbollar y **borbollear** v. i. Hacer borbollones el agua.

borbolleo m. Borboteo.

borbollón m. Borbotón.

borbollonear v. i. Borbollar.

borbónico, ca adj. De los Borbones o propio de ellos.

borborigmo m. Ruido de los gases del abdomen.

borbotar y **borbotear** v. i. Hacer borbotones el agua.

borboteo m. Acción de borbotar o borbotear.

borbotón m. Agitación del agua en ebullición: *hervir a borbotones*. || – *Fig.* A borbotones, en cantidad y violentamente: *la sangre corre a borbotones*. || *Fam.* Hablar a borbotones, hablar precipitadamente.

borceguí m. Bota que se ajusta con cordones.

borda f. *Mar.* Parte superior del costado del barco. | Choza. || – *Fig.* y *fam.* Arrojar o echar o tirar por la borda, desha-

cerse de algo o alguien. || *Fuera borda*, embarcación con el motor fuera del casco.

bordado, da adj. *Fig.* Perfecto, logrado: *me salió bordado*. || – M. Labor de relieve en tela o piel con aguja.

bordador, ra m. y f. Persona que borda.

bordar v. t. Hacer bordados. || *Fig.* Realizar una cosa con perfección: *el actor bordó su papel*.

borde adj. Dícese de las plantas silvestres. (ú. t. c. s.). || – M. Extremo u orilla de una cosa: *el borde de la mesa*. || Línea de separación entre el agua y la tierra: *al borde del río*. || En las vasijas, orilla, contorno de la boca. || *A borde de*, a punto o cerca de suceder una cosa.

bordear v. i. *Mar.* Dar bordadas. || Costear, ir por el borde de. (ú. t. c. t.). || *Fig.* Aproximarse. || – V. t. Rodear. || *Fig.* Frisar, estar cerca de.

bordelés, esa adj. y s. De Burdeos.

bordillo m. Borde de la acera.

bordo m. Costado exterior de un barco. || *A bordo*, en la embarcación: *los hombres de a bordo*.

bordón m. Bastón largo de los peregrinos. || Verso quebrado repetido al fin de cada copla. || *Fig.* Muletilla, estribillo que se repite en la conversación. || En los instrumentos músicos, las cuerdas gruesas que hacen el bajo. || *Impr.* Omisión que comete el cajista.

bordonear v. i. Rasguear la guitarra. || Zumbar los insectos.

bordoneo m. Zumbido. || Sonido grave del bordón de la guitarra.

boreal adj. Del Norte: *polo, hemisferio boreal; aurora boreal*.

bóreas m. Viento norte.

borgoña m. Vino francés de Borgoña.

borgoñón, ona adj. y s. De Borgoña.

borgoñota f. Celada del siglo XVI que cubría sólo la cabeza.

boricado, da adj. Que contiene ácido bórico: *agua boricada*.

bórico adj. *Quím.* Dícese del ácido formado por el boro.

borinqueño, ña adj. y s. De Puerto Rico.

borla f. Conjunto de hebras reunidas por uno de sus cabos: *la borla del gorro militar*. || Insignia de los doctores. || Lo que utilizan las mujeres para darse polvos. || *Fig. Tomar la borla*, graduarse de doctor.

borne m. Extremo de la lanza empleada en justas. || Botón de cobre a que se une un conducto eléctrico. || Codeso, arbusto.

bornear v. t. Torcer, ladear. || *Arq.* Labrar en contorno las columnas. | Colocar los sillares en su debido lugar. || – V. i. *Mar.* Girar el buque sobre el ancla fondeada. || – V. pr. Torcerse la madera.

boro m. Metaloide (B) de número atómico 5, de densidad 2,45, sólido, duro y de color pardo oscuro, semejante al carbono.

borona f. Pan de maíz.

bororó adj. y s. Indio brasileño. (Los bororós viven en el centro de Mato Grosso.)

borra f. Parte más basta de la lana. || Pelo de cabra. || Pelusa del algodón. || Sedimento espeso que forman ciertos líquidos. || *Fig.* y *fam.* Palabras insustanciales o superfluas.

borrachera f. Embriaguez, efecto de emborracharse. || Orgía. || *Fig.* y *fam.* Exaltación extremada: *la borrachera del triunfo.*

borrachín m. *Fam.* Borracho.

borracho, cha adj. Que toma bebidas alcohólicas con exceso (ú. t. c. s.). || *Fig.* y *fam.* Dominado por una pasión: *borracho de odio.* | Exaltado: *borracho con sus éxitos.*

borrador m. Escrito de primera intención de ha de sufrir correcciones. || Libro en el que el comerciante hace sus cuentas provisionales. || Goma de borrar.

borragináceas f. pl. Familia de dicotiledóneas que tiene por tipo la borraja (ú. t. c. adj.).

borraja f. Planta borraginácea de tallo cubierto de espinas, usada en medicina.

borrar v. t. Tachar lo escrito. || Hacer que la tinta desfigure lo escrito. || Hacer desaparecer con la goma lo escrito. || *Fig.* Hacer desaparecer, desvanecer, quitar: *bórralo de tu memoria* (ú. t. c. pr.). || Quitar de una lista, dar de baja en una asociación.

borrasca f. Tempestad, tormenta. || *Fig.* Contratiempo: *las borrascas de la vida.* | Disputa, enfado.

borrascoso, sa adj. Que causa borrascas. || Propenso a ellas. || *Fig.* y *fam.* Desenfrenado: *vida borrascosa.* | Accidentado, con discusiones, agitado: *reunión, asamblea borrascosa.*

borrego, ga m. y f. Cordero o cordera de uno o dos años. || *Fig.* y *fam.* Persona muy sencilla o ignorante. | Persona servil que hace lo mismo que los demás.

borreguil adj. Perteneciente o relativo al borrego. || *Fig.* Que sigue las iniciativas de los demás: *espíritu borreguil.*

borrica f. Asna.

borricada f. Manada de borricos. || Paseo en borrico. || *Fig.* y *fam.* Disparate, idiotez.

borrico m. Asno, burro. || Caballete o soporte para apoyar la madera los carpinteros. || *Fig.* y *fam.* Asno, muy necio: *este chico es un borrico.*

borriquero adj. Aplícase a una variedad de cardo. || — M. Arriero de una borricada.

borriquete m. Caballete.

borrón m. Mancha de tinta. || *Pint.* Primer apunte en colores. || *Fig.* Imperfección, defecto. | Deshonra, acción

ignominiosa. || *Fig.* y *fam. Borrón y cuenta nueva,* dícese para expresar que se quiere olvidar el pasado.

borronear v. t. Garrapatear.

borroso, sa adj. Lleno de borra o heces: *tinta borrosa.* || Confuso, poco claro: *escritura, fotografía, idea borrosa.*

boruca f. *Méx.* Bulla, algazara.

borujón m. Bulto, chichón.

boscoso, sa adj. Abundante en bosques.

bosque m. Terreno poblado de árboles, monte: *un bosque de pinos.* || *Fig.* Barba o cabellera enmarañada. || *Bosque maderable,* el que da árboles maderables.

bosquejar v. t. Trazar los rasgos principales de una pintura: *bosquejar un paisaje.* || Dar la primera mano a una obra de escultura. || *Fig.* Esbozar, indicar de manera general una idea, un concepto: *bosquejar un proyecto.*

bosquejo m. Traza primera de una obra. || Idea vaga de una cosa.

bostezar v. i. Abrir la boca por efecto del cansancio, del sueño, del aburrimiento, etc.

bostezo m. Acto de bostezar.

bota f. Calzado que cubre el pie y parte de la pierna: *botas de montar, de esquiar.* || *Por ext.* Botina, borceguí. || Odre pequeño para vino en el cual se bebe. || Cuba o tonel de madera. || *Fig.* y *fam. Ponerse las botas,* ganar mucho dinero, enriquecerse.

botado, da adj. y s. *Amer.* Expósito, incluseró. || *Méx.* Borracho. | Barato, casi regalado.

botador m. *Cir.* Instrumento de dentista. || Sacaclavos. || *Mar.* Bichero. || Utensilio de imprenta para aflojar y apretar las cuñas de la forma.

botadura f. Lanzamiento al agua de una embarcación.

botalón m. *Mar.* Palo que sale fuera de la embarcación.

botana f. Tapón. || *Méx.* Tapa, bocado que se toma como aperitivo.

botánica f. Ciencia que trata de los vegetales.

botánico, ca adj. Relativo a la botánica: *jardín botánico.* || — M. y f. El que se dedica a la botánica.

botanista com. Botánico.

botar v. t. Arrojar, tirar o echar fuera con violencia. || *Fam.* Despedir, echar a una persona: *lo botaron del colegio.* || *Mar.* Enderezar el timón a la parte que conviene: *botar a babor, a estribor.* | Lanzar al agua: *botar un buque.* || *Amer.* Malgastar, despilfarrar. || — V. i. Salir despedida una cosa después de chocar con el suelo: *botar la pelota.* || Saltar: *botar de alegría.* || Dar botes el caballo. || *Fig.* y *fam. Estar alguien que bota,* estar furioso. || — V. pr. Volverse, hacerse: *botarse a listo.*

botaratada f. *Fam.* Tontería, necedad.

botarate m. *Fam.* Idiota, majadero. || *Amer.* Derrochador.

botarel m. *Arq.* Contrafuerte.

botarete adj. *Arq.* Arco botarete, arbotante.

botavara f. *Mar.* Palo horizontal apoyado en el mástil para asegurar la vela cangreja.

bote m. Brinco que da el caballo. || Salto que da la pelota al chocar con el suelo. || Salto que da una persona. || Lata, vasija pequeña, comúnmente metálica: *bote de leche condensada.* || Tarro: *bote de farmacia.* || Barca, lancha sin cubierta que se mueve remando. || Golpe dado con una lanza o pica. || — *Bote de salvamento* o *salvavidas,* el utilizado en caso de naufragio. || *Fig.* y *fam. Darse el bote,* irse. | *Bote en bote,* completamente lleno, atestado. | *Estar en el bote,* estar en el bolsillo.

botella f. Vasija, generalmente de vidrio, de cuello largo: *botella de vino.* || Su contenido. || *Pop. Cub.* Empleo oficial sin trabajar. || *Fís. Botella de Leiden,* acumulador eléctrico.

botellazo m. Golpe dado con una botella.

botellero m. El que hace o vende botellas. || Estante para colocar las botellas. || Cesto para llevarlas.

botellín m. Botella pequeña.

botero m. El que hace o vende botas. || *Pop. Cub.* Persona que goza de un empleo oficial sin trabajar.

botica f. Farmacia, establecimiento donde se preparan y venden medicinas. || Conjunto de medicamentos: *le pagó médico y botica.* || *Fig.* y *fam. Haber de todo como en botica,* haber todo lo que se quiera.

boticario, ria m. y f. Farmacéutico, persona que tiene una farmacia. || *Fig. Venir como pedrada en ojo de boticario,* venir al pelo una cosa.

botija f. Vasija de barro poroso de cuello corto y estrecho.

botijero, ra m. y f. Persona que hace o vende botijos.

botijo m. Vasija de barro poroso con asa, boca y pitón destinada a refrescar el agua que contiene. || *Fam. Tren botijo,* el organizado para un festejo.

botillería f. Tienda donde se venden bebidas.

botillero m. El que hace o vende bebidas heladas. || El encargado de los vinos en un restaurante.

botín m. Polaina. || Bota, botina. || *Mil.* Despojo tomado al enemigo.

botinería f. Zapatería.

botiquín m. Mueble para guardar las medicinas. || Estas medicinas.

botocudo, da adj. y s. Individuo de una tribu del E. del Brasil, entre los ríos Doce y Pardo.

botón m. *Bot.* Yema o brote de los vegetales. || Capullo de flor. || Disco de metal o cualquier otra materia que se pone en los vestidos para abrocharlos. || Cosa en forma de botón: *pulsar el botón; botón de florete; botón eléctrico; botón de la radio.* || — *Botón de* fuego, cauterio. || *Fig. Botón de muestra,* ejemplo. || *Botón de oro,* nombre del ranúnculo.

botonadura f. Juego de botones: *botonadura de plata.*

botonería f. Establecimiento donde se hacen o venden botones.

botonero, ra m. y f. Persona que hace o vende botones.

botones m. *Fam.* Recadero.

botoque m. Disco de madera que se introducen en los labios, las orejas o la nariz los indios botocudos.

botulismo m. Intoxicación producida por la ingestión de alimentos en malas condiciones.

bou m. Pesca en que dos barcas tiran de una red: *salir al bou.* || Barco para esta pesca.

boudoir [*budoar*] m. (pal. fr.). Galicismo por *camarín, saloncito, tocador de una señora.*

bouquet [*buqué*] m. (pal. fr.). Ramillete de flores. || Perfume, gustillo, buqué, aroma del vino.

boutique [*butik*] f. (pal. fr.). Tienda pequeña pero elegante donde se suelen vender géneros de confección.

bóveda f. *Arq.* Construcción de forma arqueada con objeto de cubrir el espacio comprendido entre muros o pilares. | Habitación subterránea abovedada. | Cripta de las iglesias. || — *Bóveda celeste,* el firmamento. || *Bóveda claustral, de aljibe* o *esquifada,* la de dos cañones cilíndricos que se cortan uno a otro. || *Bóveda craneana* (o *craneal),* interior del cráneo. || *Bóveda de cañón,* la de forma de medio cilindro hueco. || *Bóveda palatina,* cielo de la boca.

bovedilla f. Espacio abovedado entre viga y viga en el techo de una habitación.

bóvidos m. pl. Familia de rumiantes que comprende los bovinos, ovinos, caprinos, antílopes, búfalos, etc.

bovino, na adj. Del buey o la vaca: *especie bovina* (ú. t. c. s. m.).

bowling [*boulin*] m. (pal. ingl.). Bolera, juego de bolos.

box m. (pal. ingl.). Departamento de una cuadra en que se deja un solo caballo. || Departamento de un garaje.

boxeador m. El que boxea.

boxear v. i. Luchar dos personas a puñetazos.

boxeo m. Deporte de combate en el cual los adversarios se acometen a puñetazos.

boxer m. Insurgente chino durante la intervención armada europea de 1900.

boya f. Cuerpo flotante sujeto al fondo del mar, de un río o de un lago para la señalización: *boya luminosa.* || Corcho que se pone en las redes.

boyacense adj. y s. De Boyacá (Colombia).

boyada f. Manada de bueyes.

boyante adj. Dícese del toro fácil de torear. || *Mar.* Aplícase al buque que

lleva poca carga y no cala lo que debe. || *Fig.* Próspero. | Feliz.

boyar v. i. *Mar.* Flotar.

boyardo m. Señor feudal de Rusia o Transilvania.

boycotear v. t. Boicotear.

boyero m. El que guarda bueyes o los conduce. || *Arg.* y *Urug.* Pájaro de plumaje negro con manchas.

bozal adj. y s. Dícese del negro recién sacado de su país. || *Fig.* Nuevo, novato, bisoño. || *Fam.* Bobo, necio. || Cerril, sin domar: *caballo bozal.* || *Amer.* Dícese del indio o extranjero que habla muy mal el castellano. || — M. Capacillo que se les pone en la boca a las bestias para que puedan comer sin pararse. || Aparato que se pone a los perros en la boca para que no muerdan o a los terneros para que no mamen. || *Amer.* Bozo, cabestro.

bozo m. Vello en la parte superior del labio antes de nacer el bigote. || Parte exterior de la boca. || Cabestro que se pone a las caballerías para conducirlas.

Br, símbolo del bromo.

braceado m. Conversión del almidón en glucosa, en la fabricación de la cerveza.

bracear v. i. Mover o agitar los brazos. || Nadar. || Levantar mucho las manos el caballo en el trote. || *Mar.* Halar de las brazas.

braceo m. Acción de bracear.

bracero m. Peón, jornalero.

bráctea f. Hoja que nace en el pedúnculo de la flor.

bracteola f. Bráctea pequeña.

braga f. Calzón femenino (ú. m. en pl.). || Pañal de los niños. || — Pl. Especie de calzones anchos: *ponerse las bragas.*

bragado, da adj. Que tiene las entrepiernas de distinto color que el resto del cuerpo: *buey bragado.* || *Fig.* Enérgico, resuelto, decidido, valiente: *un hombre bragado* (ú. t. c. s.).

bragazas m. *Fig.* y fam. Hombre débil de carácter, calzonazos.

braguero m. Vendaje para contener las hernias. || *Mil.* Cabo grueso con que se sujetan los cañones al disparar.

bragueta f. Abertura delantera de los pantalones de hombre.

braguetazo m. *Fam.* Casamiento por interés.

brahmán m. Bramán.

brahmánico, ca adj. Bramánico: *religión brahmánica.*

brahmanismo m. Bramanismo.

brahmanista com. Bramanista.

braille m. Escritura con relieve especial para los ciegos.

brama f. Mugido. || Época del celo de los ciervos y otros animales salvajes.

bramadero m. Sitio a donde acuden los ciervos durante el celo. || *Amer.* Poste donde se amarran los animales.

bramador, ra adj. Que brama.

bramán m. Sacerdote de Brama.

bramánico, ca adj. Relativo al bramanismo: *templo bramánico; doctrina bramánica.*

bramanismo m. Religión de la India.

bramanista com. Practicante del bramanismo.

bramante m. Cuerda delgada.

bramar v. i. Dar bramidos, mugir. || *Fig.* Gritar de ira. | Dar, hacer mucho ruido el viento; el mar, etc.

bramido m. Mugido, voz del toro y otros animales. || *Fig.* Grito de cólera. | Ruido grande del viento, del mar, etc.

brandeburgués, esa adj. y s. De Brandeburgo.

brandy m. (pal. ingl.). Coñac.

branquial adj. De las branquias: *arcos branquiales.*

branquias f. pl. Órganos respiratorios de los peces, moluscos, batracios, etc.

branquífero, ra adj. Que tiene branquias: *vertebrado, artrópodo branquífero.*

braquial adj. Del brazo.

braquicefalia f. y **braquicefalismo** m. Carácter o condición de braquicéfalo.

braquicéfalo, la adj. Dícese de los hombres de cráneo casi redondo.

braquiópodos m. pl. Animales marinos parecidos a los moluscos lamelibranquios, con tentáculos alrededor de la boca (ú. t. c. adj.).

braquiuros m. pl. Crustáceos decápodos, de abdomen muy reducido, como la centolla (ú. t. c. adj.).

brasa f. Ascua: *asar a la brasa.*

brasero m. Recipiente redondo de metal en que se echa carbón menudo y que sirve como medio de calefacción: (Se le coloca generalmente en la parte inferior de una mesa o camilla. Hoy existen también braseros eléctricos.) || *Méx.* Hogar.

brasier o **brassier** m. *Col., Cub., Méx.* y *Venez.* Prenda interior femenina que cubre los senos.

brasil m. Palo brasil.

brasileño, ña y **brasilero, ra** adj. y s. Del Brasil.

bravata f. Amenaza hecha con arrogancia.

bravear v. i. Fanfarronear.

braveza f. Bravura. || Furia o ímpetu de los elementos: *la braveza del viento, del mar.*

bravío, vía adj. Sin domar, salvaje: *toro bravío.* || *Fig.* Silvestre. | Tosco, rústico.

bravo, va adj. Valiente. || Salvaje, que acomete con los cuernos: *ganadería de toros bravos.* || Embravecido, dícese del mar alborotado. || Inculto, abrupto: *terreno bravo.* || *Fig.* Valiente, bravucón. || *Fig.* y fam. De genio áspero. | Colérico, muy enojado. | Suntuoso, magnífico. || — M. Aplauso: *se oían los bravos.* || — Interj. Expresa aplauso.

bravucón, ona adj. y s. *Fam.* Que presume de valiente.

bravuconear v. i. Dárselas de valiente.

bravuconería f. Acción de bravucón.

bravura f. Fiereza de los animales: *la bravura de un toro.* || Valentía. || Baladronada.

braza f. *Mar.* Medida de longitud de 1,6718 m. | Cabo que se ata a los penoles de las vergas para fijarlas. || Modo de nadar: *braza clásica, mariposa.*

brazada f. Movimiento que se hace con los brazos extendidos. || Movimiento de natación. || Brazado. || *Méx.* Medida de mampuestos, equivalente a 4,70 m³.

brazal m. Pieza de la armadura que cubría el brazo. || Embrazadura del escudo. || Insignia que se lleva en el brazo: *el brazal de la Cruz Roja.* || Sangría de un río para regar.

brazalete m. Pulsera. || Brazal de la armadura antigua. || Banda que rodea el brazo más arriba del codo: *brazalete de luto.*

brazo m. Cada uno de los dos miembros superiores del cuerpo humano desde el hombro hasta la mano: *brazo derecho, izquierdo.* || Pata delantera de los cuadrúpedos: *los brazos de la yegua.* || Cosa de figura parecida: *los brazos del sillón, de la cruz, de la balanza.* || Rama, ramal: *los brazos de un río.* || *Fig.* Fuerza, poder. || — Pl. *Fig.* Braceros, trabajadores: *brazos para la agricultura.* || — *A brazo partido,* sin armas; (fig.) a viva fuerza. || *Brazo de mar,* canal ancho y largo de mar que va tierra adentro. || *Fig. Estarse con los brazos cruzados,* no hacer nada. || *Ir hecho un brazo de mar,* estar de punta en blanco. | *No dar uno su brazo a torcer,* mantenerse firme en sus ideas. | *Ser el brazo derecho de uno,* ser de su mayor confianza.

brazuelo m. Parte del brazo de los cuadrúpedos comprendida entre el codo y la rodilla.

brea f. Sustancia resinosa extraída de varias plantas coníferas obtenida por destilación del petróleo. || Lienzo basto e impermeable para fardos. || *Mar.* Mezcla de brea, sebo, pez y otros ingredientes utilizada para calafatear.

brear v. t. *Fig. y fam.* Maltratar: *brear a palos.* | Fastidiar, molestar: *le brearon a preguntas.*

brebaje m. Bebida generalmente desagradable al paladar.

breca f. Nombre de dos peces comestibles.

brécol m. Variedad de col.

brecha f. Boquete hecho por la artillería: *batir en brecha una fortificación.* || Abertura hecha en una pared. || *Fig.* Impresión, efecto hecho en el ánimo de uno.

brega f. Lucha. || Riña o disputa. || Trabajo duro. || *Dar brega,* dar chasco, burlarse.

bregar v. i. Reñir con uno. | Trabajar mucho: *vivir bregando.* || — V. t. *Taurom.* Torear.

breña f. Tierra, entre peñas, poblada de maleza.

breñal m. Terreno o paraje lleno de breñas.

breñoso, sa adj. Con breñas: *terreno breñoso.*

brete m. Cepo que se ponía a los reos en los pies. || *Fig.* Apuro, dificultad, aprieto: *estar en un brete.*

bretón, ona adj. y s. De Bretaña. || — M. Lengua hablada por los bretones. || Variedad de col.

breva f. Primer fruto de la higuera. || *Fig.* Ventaja, ganga: *pescar una buena breva.*

breve adj. De poca extensión o duración: *intervención breve.* || *Gram.* Dícese de la palabra grave y de la vocal o sílaba no acentuada (ú. t. c. s. f.). || — M. Documento pontificio. || — F. *Mús.* Nota que vale dos compases mayores. || *En breve,* muy pronto; en pocas palabras.

brevedad f. Corta extensión o duración. || Concisión: *hablar con brevedad.*

breviario m. Libro de rezos. || Compendio. || *Fig.* Lectura habitual.

brezal m. Sitio poblado de brezos.

brezo m. Arbusto ericáceo, de madera muy dura.

briago, ga adj. y s. *Méx.* Borracho, ebrio.

bribón, ona adj. y s. Pícaro.

bribonada f. Picardía.

bribonear v. i. Hacer bribonadas.

bribonería f. Vida de bribón.

brida f. Freno del caballo con las riendas y demás correaje. || Anillo que une dos tubos. || *Cir.* Filamentos membranosos en los labios de una herida.

bridge m. (pal. ingl.). Juego de naipes entre cuatro personas. || Puente dental.

bridón m. Brida pequeña. || Caballo ensillado y con brida.

brigada f. *Mil.* Reunión de dos regimientos. || Nombre de otras divisiones militares: *brigada de transmisiones, topográfica, sanitaria.* | Grado en la jerarquía militar comprendido entre los de sargento y alférez. || Conjunto de trabajadores, equipo: *brigada de peones camineros.*

brigadier m. Antiguo grado militar, correspondiente hoy al de general de brigada. || *Méx.* General brigadier, grado superior al de coronel e inferior al de general de brigada.

brillante adj. Que brilla, reluciente: *objeto brillante.* || *Fig.* Sobresaliente, notable, excelente: *estilo brillante.* || — M. Diamante labrado en facetas.

brillantez f. Brillo.

brillantina f. Producto aplicado al pelo para darle brillo.

brillar v. i. Resplandecer: *el Sol brilla en el firmamento.* || *Fig.* Destacarse en algo: *brillar por sus virtudes, su ciencia.*

brillo m. Resplandor, destello: *el brillo de las estrellas.* || Lustre: *sacar brillo*

a los zapatos. || *Fig.* Lucimiento, resplandor: *el brillo de su arte.*

brincar v. i. Dar brincos, saltar. || *Fig. y fam.* Enfadarse. | Nò caber en sí: *brincar de alegría.*

brinco m. Salto: *dar un brinco.* || *Fig. En un brinco,* en un momento, rápidamente.

brindar v. i. Beber a la salud de uno. || — V. t. Ofrecer a uno alguna cosa: *le brindó esta oportunidad.* || — V. pr. Ofrecerse voluntariamente: *brindarse a colaborar.*

brindis m. Acción de brindar. || Palabras pronunciadas al brindar: *echar un brindis.*

brío m. Energía, empuje, ánimo: *hombre de brío* (ú. m. en pl.). || *Fig.* Arresto, decisión, resolución: *hablar con brío.* | Garbo, gallardía.

briocense adj. y s. De Brihuega (Guadalajara).

briofitas f. pl. *Bot.* Familia de criptógamas que tienen tallos y hojas, pero carecen de vasos y raíces, como los musgos (ú. t. c. adj.).

brioso, sa adj. Que tiene brío. || Fogoso: *caballo brioso.*

briozoarios m. pl. Animales acuáticos que forman colonias que recubren las rocas, las conchas, las plantas marinas (ú. t. c. adj.).

brisa f. Viento fresco y suave: *brisa marina.*

brisca f. Juego de naipes.

bristol m. Especie de cartulina.

británico, ca adj. y s. De Gran Bretaña: *súbdito británico.*

brizna f. Filamento delgado. || *Fig.* Pizca, miaja.

broca f. Barrena para taladrar metales. || Varilla de hierro que sostiene el carrete en las máquinas de hilar.

brocado, da adj. Tejido con oro o plata. || — M. Tela de seda tejida con oro o plata.

brocal m. Pretil de la boca del pozo. || Boquilla de las vainas de las armas blancas. || Gollete de la bota para beber. || Ribete del escudo.

brocatel m. Tejido de cáñamo y seda adamascado. || Mármol de varios colores.

brocense adj. y s. De las Brozas (Cáceres): *Francisco Sánchez, el Brocense.*

brocha f. Pincel o escobilla para pintar, afeitarse o para otros usos. || *Pintor de brocha gorda,* el pintor de paredes; (fig. y fam.) mal pintor.

brochado, da adj. Que tiene labor de oro o plata.

brochazo m. Pasada que se da con una brocha.

broche m. Conjunto de dos piezas de metal que enganchan entre sí. || Joya en forma de imperdible. || *Fig. Broche de oro,* lo mejor, el remate.

brocheta f. Broqueta.

bróculi o **brócoli** m. Variedad de la coliflor.

broma f. Bulla, alboroto: *estar de broma.* || Chanza, burla: *gastar bromas.*

bromato m. Cualquier sal del ácido brómico.

bromatología f. Tratado de los alimentos o ciencia de la alimentación.

bromatólogo m. Especialista en bromatología.

bromazo m. Broma pesada, de mal gusto.

bromear v. i. Estar de broma: *bromear con frecuencia* (ú. t. c. pr.).

bromeliáceas f. pl. Familia de monocotiledóneas originarias de América, como el ananás, la tillandsia, etc. (ú. t. c. adj.).

brómico, ca adj. Dícese del ácido formado por la solución del bromuro de bario y el ácido sulfúrico.

bromista adj. y s. Aficionado a gastar bromas.

bromo m. *Quím.* Metaloide (Br) líquido, de número atómico 35, que hierve a 58,8 °C despidiendo unos vapores rojizos muy densos y tóxicos. || *Bot.* Gramínea utilizada como pienso.

bromuro m. *Quím.* Cualquier sal de bromuro.

bronca f. Disputa ruidosa. || Jaleo, alboroto, escándalo. || Represión severa: *echar una bronca.*

bronce m. Aleación de cobre y estaño: *un cañón de bronce.* || *Fig.* Estatua o escultura de bronce: *los bronces del museo.* || *Poét.* El cañón, la campana, el clarín o la trompeta: *el ruido del bronce.* || — *Bronce de aluminio,* aleación de cobre y aluminio de color dorado. || *Fig. Corazón de bronce,* corazón insensible.

bronceado, da adj. De color de bronce. || Tostado por el sol. || — M. Acción y efecto de broncear o broncearse.

bronceador m. Aceite para broncearse.

bronceadura f. Bronceado.

broncear v. t. Pintar de color de bronce. || *Fig.* Tostar la piel al sol (ú. t. c. pr.).

bronco, ca adj. Tosco. || Dícese de los metales quebradizos. || Aplícase al sonido ronco o grave. || *Fig.* Desabrido, de mal carácter. || *Cub.* Tabaco en rama de hojas grandes y manchadas.

bronconeumonía f. *Med.* Enfermedad consistente en la inflamación de los bronquiolos y de los alveolos pulmonares.

broncorrea f. *Med.* Flujo mucoso de los bronquios.

bronquear v. t. Reñir.

bronquial adj. De los bronquios: *arterias bronquiales.*

bronquiectasia f. *Med.* Dilatación de los tubos bronquiales.

bronquio m. *Anat.* Cada uno de los dos conductos en que se divide la tráquea.

bronquiolo m. *Anat.* Cada una de las ramificaciones de los bronquios.

bronquitis f. *Med.* Enfermedad consistente en la inflamación de la mucosa de los bronquios.

broquel m. Escudo pequeño. || *Fig.* Defensa o amparo.

broqueta f. Aguja en la que se ensartan trozos de carne para asarlos.

brotar v. i. Nacer las plantas: *brotar el maíz.* || Echar la planta hojas, flores o renuevos: *el árbol empieza a brotar.* || Manar, salir agua u otro líquido. || *Fig.* Aparecer, salir: *brotar el sarampión.* | Salir, surgir o comenzar a manifestarse una cosa: *en su cabeza brotó una sospecha.*

brote m. Acción de brotar. || Botón, renuevo de una planta. || *Fig.* Primera manifestación.

broza f. Despojo de los vegetales. || Maleza, matorrales. || Desperdicio. || *Fig.* Relleno, paja, cosas inútiles: *haber más broza que provecho.* || Bruza, cepillo fuerte.

bruces (de) loc. adv. Boca abajo.

bruja f. Hechicera. || *Fig. y fam.* Mujer fea y vieja. || *Zool.* Lechuza. || — Adj. y s. m. *Antill.* y *Méx.* Sin dinero: *estoy bruja.*

brujería f. Prácticas supersticiosas que cree el vulgo que realizan las brujas.

brujo, ja adj. *Fig.* Cautivador, encantador. || — M. Hechicero.

brújula f. Aguja imantada que marca el norte magnético: *con la brújula se orientan los navegantes.* || *Fig.* Lo que sirve de guía. || *Fig. Perder la brújula,* perder la cabeza, el juicio.

brujulear v. t. Vagar, andar sin rumbo fijo. || Descubrir por conjeturas. || *Fig. y fam.* Adivinar.

brulote m. Barco cargado de materias inflamables que se lanzaba en los s. XVII y XVIII contra las naves enemigas para incendiarlas.

bruma f. Niebla que se levanta particularmente sobre el mar. || *Fig.* Oscuridad, confusión.

brumario m. Segundo mes del año republicano francés que va del 23 de octubre al 21 de noviembre. — El *Dieciocho de Brumario* fue el día en que Bonaparte derribó el Directorio y estableció el Consulado (9 de noviembre de 1799, año VIII de la República).

brumoso, sa adj. Nebuloso, nublado. || *Fig.* Oscuro, confuso.

bruno, na adj. De color oscuro.

bruñido m. Pulimento.

*bruñir v. t. Sacar lustre o brillo: *bruñir metales.* || Pulimentar, pulir.

brusco, ca adj. Súbito, repentino: *cambio brusco.* || Desabrido, áspero: *tener gestos bruscos.* || — M. Arbusto liliáceo de bayas rojas.

bruselense adj. y s. De Bruselas.

brusquedad f. Calidad de brusco.

brutal adj. Que imita o semeja a los brutos: *apetitos brutales.* || *Fig.* Violento: *niño brutal.* | Falto de consideración, de delicadeza: *franqueza brutal.* | Enorme, mucho, formidable. || — M. Bruto, animal.

brutalidad f. Calidad de bruto: *la brutalidad de aquel hombre.* || *Fig.* Falta de inteligencia: *conducirse con brutalidad.* | Acción brutal: *cometer brutalidades.* | Enormidad, gran cantidad.

brutalizar v. pr. Embrutecerse.

bruteza f. Brutalidad.

bruto, ta adj. Necio, falto de inteligencia. || Falto de consideración, de prudencia o de instrucción. || Tosco: *diamante bruto.* || — *En bruto,* sin pulir. || *Peso bruto,* el de un objeto y su embalaje, por oposición a *peso neto.* || — M. y f. Imbécil, idiota. || Salvaje, rústico. || — M. Animal por oposición al hombre.

bruza f. Cepillo fuerte.

buba f. Bubón.

bubón m. Tumor grande. || Infarto de las glándulas inguinales.

bubónico, ca adj. Aplícase a la enfermedad manifestada con bubones: *peste bubónica.*

bucal adj. De o por la boca: *por vía bucal.*

bucanero m. En América, en el s. XVI, aventurero que se dedicaba al tráfico de carnes y pieles. || Corsario que, en los s. XVII y XVIII, saqueaba las posesiones españolas en América.

búcaro m. Arcilla olorosa. || Vasija hecha con esta arcilla.

buccinador m. *Anat.* Músculo de la mejilla.

buccino m. Caracol marino.

buceador, ra m. y f. Persona que bucea.

bucear v. i. Nadar bajo el agua. || Trabajar como buzo. || *Fig.* Investigar un asunto.

buceo m. Acción de bucear.

buchada f. Buche, bocanada.

buche m. Bolsa de las aves para recibir la comida antes de pasarla al estómago. || Estómago de ciertos animales. || Bocanada de líquido. || *Fig.* Bolsa, pliegue que hace la ropa. | *Fam.* Estómago: *llenar el buche.* | *Méx.* Bocio.

bucle m. Rizo del pelo de forma helicoidal.

bucólico, ca adj. Pastoril, campestre: *vida bucólica.* || Dícese de la poesía relativa a asuntos pastoriles o de la vida campestre. || Aplícase al poeta que lo cultiva (ú. t. c. s.). || F. Composición poética de tema campestre y pastoril: *las bucólicas de Virgilio.*

bucolismo m. Afición a la poesía bucólica, a la vida del campo.

búdico, ca adj. Relativo al budismo: *templo búdico.*

budín m. Plato de dulce a modo de bizcocho, pudín. || Pastel de patatas o de tapioca, espinacas, etc.

budismo m. Doctrina filosófica y religiosa de Buda.

budista adj. Búdico. || — Com. Persona que profesa el budismo.

buen adj. Apócope de *bueno.*

buenamente adv. Fácilmente. || Sencillamente. || De buena fe.

buenaventura f. Buena suerte. || Adivinación supersticiosa: *echar la buenaventura.*

bueno, na adj. Que tiene bondad: *buen hombre.* || Que no da guerra: *un niño muy bueno.* || Conforme con la moral: *buena conducta.* || A propósito para una cosa, favorable: *una buena ocasión.* || Hábil en su oficio: *una buena costurera.* || Sano: *estar bueno.* || Agradable, divertido. || Grande: *una buena cantidad.* || Suficiente: *buena porción de comida.* || No deteriorado: *esta carne ya no está buena.* || Sencillote: *una buena chica.* || — M. Lo que es bueno. || Persona buena. || — *A la buena de Dios,* sin ningún cuidado. || *A buenas* o *por las buenas,* de buen grado. || *¡Buenas!,* exclamación familiar de saludo de bienvenida. || *¡Bueno!,* exclamación de sorpresa, aprobación o satisfacción. || *Bueno está, basta.* || *De buenas,* de buen humor. || *De buenas a primeras,* de repente; a primera vista. || *Librarse de una buena,* escapar de un gran peligro.

buey m. Toro castrado. || — *El buey suelto bien se lame,* refrán que significa que no hay nada mejor que la libertad. || *Habló el buey y dijo mu,* se aplica a los necios que sólo hablan para decir disparates. || *Trabajar como un buey,* trabajar mucho.

bufa f. *Geol. Méx.* Roca escarpada: *las Bufas de Zacatecas.*

búfalo, la m. y f. Rumiante salvaje de Asia y África, parecido al toro. || Bisonte de América.

bufanda f. Prenda de abrigo que se lleva alrededor del cuello.

bufar v. i. Resoplar con furor. || *Fig.* Estar muy colérico.

bufete m. Mesa de escribir, escritorio. || Despacho y clientela de abogado: *Tiene bufete en Vigo.*

buffet [*bufé*] m. (pal. fr.). En los bailes y fiestas, mesa donde se sirven refrescos. || En las estaciones de ferrocarril, fonda. || Galicismo por *aparador.*

bufido m. Resoplido, voz de animal que bufa: *el bufido del toro.* || *Fig.* y *fam.* Explosión de cólera: *bufidos de ira.* | Bocinazo, represión violenta.

bufo, fa adj. Jocoso, cómico: *actor bufo.* || — M. Bufón, gracioso en la ópera italiana.

bufón, ona m. y f. Personaje que hace reír.

bufonada f. Dicho o hecho propio de bufón. || Chanza satírica. (Suele tomarse en malaparte.)

bufonesco, ca adj. Bufo, grotesco: *actitud bufonesca.*

bugambilia f. *Méx.* Buganvilla, planta.

buganvilla f. Planta trepadora ornamental de flores moradas o rojo-moradas.

bugle m. *Mús.* Instrumento de viento con llaves y pistones.

buharda y **buhardilla** f. Ventana en el tejado de una casa. || Habitación con esta clase de ventanas. || Desván.

buharro m. Corneja, ave rapaz.

búho m. Ave rapaz nocturna. || *Fig.* y *fam.* Persona poco sociable, huraño. || *Pop.* Soplón.

buhonería f. Tienda ambulante con baratijas.

buhonero m. Vendedor ambulante de baratijas.

buitre m. Ave rapaz vultúrida que se nutre de animales muertos.

buitrón m. Especie de red para pescar y cazar.

buje m. Arandela interior que se pone en el cubo de las ruedas de los carruajes.

bujería f. Baratija, fruslería.

bujía f. Vela de cera o estearina. || Órgano del motor de explosión que produce la chispa en los cilindros. || Unidad de intensidad luminosa.

bula f. Sello de plomo de ciertos documentos pontificios. || Documento pontificio que lleva este sello: *bula unigenitus.* || Medalla que en Roma llevaban al cuello las familias nobles.

bulbo m. *Bot.* Parte abultada de la raíz de algunas plantas: *el bulbo del tulipán.* || *Anat.* Parte blanda y sensible de lo interior del diente. || *Bulbo raquídeo,* primera parte de la médula espinal.

bulboso, sa adj. *Bot.* Que tiene bulbos. || De forma de bulbo.

buldog m. Cierto perro de presa, de nariz chata.

buldózer o **bulldozer** m. Excavadora con cuchara, empleada para desmonte y nivelación de terrenos.

bulerías f. pl. Cante y baile popular andaluz.

bulevar m. Avenida ancha con árboles.

búlgaro, ra adj. y s. De una ant. tribu de origen turco-mongol. || De Bulgaria. || — Lengua búlgara.

bulimia f. Hambre excesiva.

bulímico, ca adj. y s. Que padece bulimia.

bulla f. Alboroto: *meter bulla.* || Concurrencia grande, gentío: *hay mucha bulla en las tiendas.* || *Fig.* Prisa: *tengo bulla.*

bullanga f. Tumulto, alboroto.

bullanguero, ra adj. y s. Alborotador, amigo de jaleos.

bullebulle com. *Fam.* Persona bulliciosa y activa.

bullicio m. Ruido de multitud: *el bullicio de la ciudad.* || Alboroto, tumulto.

bullicioso, sa adj. Muy ruidoso: *plaza bulliciosa.* || Inquieto, alborotador: *niño bullicioso.*

bullidor, ra adj. Que bulle, que se mueve mucho.

***bullir** v. i. Moverse, agitarse un líquido u otra cosa: *bullir la sangre, las hormigas, los peces.* || *Fig.* Moverse, agitarse una o varias personas o cosas: *las ideas le bullían en la mente.*

bulo m. Infundio, mentira, noticia falsa: *correr un bulo.*

bulto m. Volumen, tamaño de una cosa: *libro de poco bulto.* || Cuerpo cuya figura se distingue mal: *vi un bulto en la oscuridad.* || Chichón, tumor o hinchazón: *hacerse un bulto al caer.* || Busto o estatua. || Fardo, paquete: *cargado de bultos.* || *Fig.* Cuerpo: *el toro busca el bulto.* || — *A bulto,* a ojo, aproximadamente. | *De bulto,* grande, importante. | *Escurrir el bulto,* eludir un riesgo, zafarse de un compromiso.

bumangués, esa adj. y s. De Bucaramanga (Colombia).

bumerán y **bumerang** m. Arma arrojadiza que tiene la propiedad de volver a proximidad del lanzador. || *Fig.* Acto hostil que se vuelve contra su autor.

bungalow [*búngalo*] m. (pal. ingl.). Casita de un piso.

búnquer y **búnker** m. (pal. ingl.). Refugio subterráneo contra bombardeos.

buñolería f. Tienda de buñuelos.

buñolero, ra m. y f. Persona que hace o vende buñuelos.

buñuelo m. Masa de harina y agua que se fríe en la sartén. || *Fam.* Cosa hecha chapuceramente.

buque m. Barco de gran tamaño propio para navegaciones de altura: *buque mercante, de vela.* || *Buque tanque,* buque especial para transportar petróleo.

buqué m. Bouquet.

burbuja f. Glóbulo de aire o de otro gas formado en los líquidos.

burbujear v. i. Hacer o formarse burbujas.

burbujeo m. Acción de burbujear o de formarse burbujas.

burdel m. Casa de prostitución.

burdo, da adj. Basto, tosco: *tejido burdo.* || Grosero: *mentira burda.*

bureo m. *Fam.* Diversión.

bureta f. *Quím.* Tubo de vidrio graduado para hacer análisis.

burgalés, esa adj. y s. De Burgos.

burgo m. Población pequeña. || *Burgo podrido,* en Inglaterra, aquellos cuyos electores vendían sus votos; (fig.) expresión con la que se alude a la corrupción política causada por el caciquismo.

burgomaestre m. Alcalde en algunas ciudades de Alemania, Holanda, Bélgica, Suiza, etc.

burgués, esa m. y f. Persona perteneciente a la clase acomodada. || — Adj. Relativo a la burguesía. || Vecino de un burgo (ú. t. c. s.).

burguesía f. Clase media o acomodada: *la burguesía española.*

burgundio, dia adj. y s. Individuo de un pueblo de la ant. Germania.

buril m. Instrumento puntiagudo o punzón para grabar.

burilar v. t. Grabar con el buril.

burla f. Mofa: *hacer burla de uno.* ‖ Chanza, broma: *entre burlas y veras.* ‖ Engaño. ‖ — *Fam. Burla burlando,* bromeando; sin darse cuenta; disimuladamente. ‖ *De burlas,* no de veras.

burladero m. *Taurom.* Trozo de valla paralelo a las barreras para el resguardo del torero.

burlador, ra adj. y s. Que burla. ‖ — M. Seductor, libertino.

burlar v. t. Hacer burla. Ú. t. c. pr.: *burlarse de alguien.* ‖ *Fig.* Engañar, frustrar la esperanza. ‖ No hacer caso: *burlar las leyes.*

burlesco, ca adj. *Fam.* De broma, jocoso: *tono burlesco.*

burlón, ona adj. Que expresa burla: *sonrisa burlona.* ‖ Amigo de decir o hacer burlas (ú. t. c. s.).

buró m. Galicismo por *escritorio, oficina, despacho* y a veces tb. por *comité.* ‖ *Méx.* Mesa de noche.

burocracia f. Conjunto de los empleados públicos: *la burocracia municipal.* ‖ Influencia excesiva de las administraciones.

burócrata com. Funcionario público: *exceso de burócratas.*

burocrático, ca adj. De la burocracia: *sistema burocrático.*

burra f. Asna. ‖ *Fig.* y fam. Mujer necia e ignorante. ‖ Animal, bestia, bruta (ú. t. c. adj.). ‖ Mujer trabajadora y sufrida.

burrada f. Manada de burros. ‖ Gran cantidad: *una burrada de chicos.* ‖ *Fig.* En el juego del burro, jugada hecha contra regla. ‖ *Fig.* y fam. Necedad, barbaridad: *decir, hacer burradas.*

burro m. Asno. ‖ Soporte para sujetar el madero que se ha de serrar. ‖ Cierto juego de naipes. ‖ *Fig.* Asno, necio. Ú. t. c. adj.: *ser muy burro.* ‖ Animal, bruto, bestia. ‖ *Antill.* y *Méx.* Escalera de tijera. ‖ — *Fig.* y fam. *Apearse* o *caerse del burro,* reconocer un error. ‖ *Burro de carga,* hombre trabajador y sufrido. ‖ *No ver tres en un burro,* no ver nada.

bursátil adj. *Com.* De la Bolsa de valores.

burseráceas f. pl. *Bot.* Plantas angiospermas dicotiledóneas, que destilan resinas, como el arbolito que produce incienso (ú. t. c. adj.).

burundés, esa adj. y s. De Burundi.

bus m. Autobús.

busca f. Acción de buscar. ‖ Grupo de cazadores que corre el monte para levantar la caza. ‖ *Méx.* Provecho secundario que se obtiene de algún empleo. ‖ *Fig. Andar a la busca,* ingeniárselas por ganarse la vida.

buscabulla m. *Amer.* Pendenciero, buscarruidos.

buscador, ra adj. y s. Que busca: *buscadores de oro.*

buscapié m. *Fig.* Especie que se suelta para investigar.

buscapiés m. inv. Cohete que corre por el suelo.

buscapleitos m. inv. Pleitista.

buscar v. t. Hacer diligencias para encontrar o conseguir algo: *buscar un objeto perdido.* ‖ Rastrear el perro de caza. ‖ *Fam.* Provocar: *¡me estás buscando!* ‖ — *Fig. Buscársela,* ingeniarse para hallar medios de subsistencia; provocar. ‖ *Quien busca halla,* la inteligencia y la actividad siempre dan resultados satisfactorios.

buscarruidos com. *Fam.* Camorrista: *era el buscarruidos de su pueblo.*

buscavidas com. *Fig.* y fam. Persona que sabe desenvolverse en la vida. ‖ Persona muy curiosa.

buscón, ona adj. y s. Que busca. ‖ — M. Ratero. ‖ Aventurero. ‖ — F. *Fam.* Ramera.

busconear v. t. *P. Rico.* Averiguar.

buseta f. *Col., C. Rica, Ecuad.* y *Venez.* Autobús pequeño.

bushido m. (pal. japonesa). Regla de vida del samurai.

busilis m. *Fam.* Detalle en que se encuentra una dificultad, intríngulis: *dar con el busilis.*

búsqueda f. Busca.

busto m. Parte superior del cuerpo humano. ‖ Escultura, pintura o fotografía que la representa.

butaca f. Asiento con brazos: *una butaca cómoda.* ‖ Asiento o localidad en un teatro o cine: *butaca de patio.*

butacón m. Butaca ancha y baja.

butadieno m. Hidrocarburo empleado en la obtención del caucho sintético.

butanés, esa adj. y s. De Bután.

butano m. Hidrocarburo gaseoso empleado como combustible y que se vende, licuado, en bombonas de acero.

butifarra f. Embutido catalán.

butifarrero, ra m. y f. Que hace o vende butifarra.

butileno m. Carburo de hidrógeno, homólogo del etileno.

butílico, ca adj. Aplícase a ciertos cuerpos derivados del butileno: *alcohol butílico.*

butirato m. Sal o éster del ácido butírico.

butírico adj. Aplícase a un ácido orgánico existente en numerosas sustancias grasas.

butomáceas f. pl. Familia de monocotiledóneas que tiene por tipo el junco florido (ú. t. c. adj.).

buxáceas f. pl. Plantas dicotiledóneas que tienen por tipo el boj (ú. t. c. adj.).

buzar v. i. *Geol.* Inclinarse hacia abajo un filón metalífero sobre una capa de terreno.

buzo m. Hombre que trabaja bajo el agua: *los buzos están provistos de una escafandra.* ‖ Mono de trabajo. ‖ *Méx.* y *Salv.* Listo, atento.

buzón m. Abertura para echar las cartas en el correo. ‖ *Por ext.* Receptáculo para depositar las cartas. ‖ Conducto de desagüe de los estanques.

C

c f. Tercera letra del alfabeto castellano y segunda de sus consonantes.
|| — C, letra numeral que vale 100 en
la numeración romana; precedida de
X (XC), vale 90. || Símbolo químico del
carbono. || Abreviatura del *culombio*.
|| — °C, indicación de grados centí-
grados o Celsius en la escala termométrica.

Ca, símbolo químico del *calcio*.

caacupeño, ña adj. y s. De Caacupé
(Paraguay).

caaguazuense adj. y s. De Caaguazú
(Paraguay).

caazapeño, ña adj. y s. De Caazapá
(Paraguay).

cabal adj. Preciso, exacto: *cuentas ca-
bales*. || *Fig.* Sin defecto, acabado: *un
hombre cabal.* || *Fig. En sus cabales*, en
su sano juicio. || — Adv. Cabalmente.

cábala f. Interpretación mística de la
Biblia por los hebreos. || *Fig.* Conjetu-
ra, suposición. Ú. m. en pl.: *hacer cá-
balas.* || *Fig. y fam.* Tráfico secreto, in-
triga: *andar metido en una cábala.*

cabalgada f. Tropa de jinetes que sa-
lía a correr el campo. || Incursión en el
campo enemigo.

cabalgador, ra m. y f. Persona que
cabalga.

cabalgadura f. Montura, bestia de si-
lla. || Bestia de carga.

cabalgar v. i. Montar a caballo (ú. t.
c. t.).

cabalgata f. Conjunto de caballistas
y de carrozas: *la cabalgata de los Reyes
Magos.*

cabalista com. Individuo versado en
la cábala. || *Fig.* Intrigante.

cabalístico, ca adj. De la cábala: *li-
bro cabalístico.* || *Fig.* Misterioso: *signos
cabalísticos.*

caballa f. Pez acantopterigio de los
mares de España, de carne roja y poco estimada.

caballar adj. Del caballo: *cría caballar.*

caballazo m. *Chil., Méx.* y *Per.* Encontronazo.

caballeresco, ca adj. Propio de ca-
ballero. || De la caballería: *novela caba-
lleresca.* || *Fig.* Galante, elevado, subli-
me: *conducta caballeresca.*

caballería f. Caballo, borrico o mula
que sirve para cabalgar. (Llámase *caballería mayor* al caballo o mula, y *me-
nor* al borrico.) || Cuerpo de soldados

a caballo, hoy generalmente mecani-
zado: *el arma de caballería.* || Medida
agraria que en España equivale a 3 863
áreas, en Cuba 1 343, en Puerto Rico
7 858 y 4 279 en Guatemala y México.
|| — *Caballería andante*, profesión de
los caballeros aventureros. || *Orden de
Caballería*, institución militar y religiosa cuyos miembros debían combatir a
los infieles, como la orden de Malta.

caballeriza f. Cuadra para los caba-
llos. || Conjunto de caballerías.

caballerizo m. Encargado de la caballeriza.

caballero, ra adj. Montado en un ca-
ballo: *caballero en un alazán.* || *Fig.* Obs-
tinado, terco: *caballero en sus pareceres.*
|| — M. Hidalgo, noble. || Miembro de
una orden de caballería: *los caballeros
de Calatrava.* || Persona condecorada
con la insignia de alguna orden. || El que
se conduce con distinción y cortesía:
ser un caballero. || Persona de buen por-
te: *se acercó a él un caballero.* || Se-
ñor: *¡señoras y caballeros!; trajes para
caballeros.* || — *Caballero andante*, el
que andaba por el mundo en busca
de aventuras; (fig. y fam.) quijote. || *Ca-
ballero de industria o de industria*,
estafador.

caballerosidad f. Distinción, corte-
sía. || Conducta digna, honrada: *pro-
ceder con caballerosidad.*

caballeroso, sa adj. Noble, digno. ||
Cortés, galante.

caballete m. Lomo de un tejado. ||
Madero horizontal apoyado por cada
extremo en otros dos y que sirve para
varios usos: *caballete de guarnicione-
ro.* || En el arado, caballón, lomo entre
surco y surco. || Lomo de la nariz. || An-
tiguamente, potro de tormento. || Ban-
quillo de escultor. || Soporte en que
descansa el cuadro que se pinta.

caballista com. Jinete.

caballito m. Caballo pequeño. || — Pl.
Tiovivo. || *Gal.* y *Amer.* Volantines. || —*Ca-
ballito de San Vicente*, la carraleja.
|| *Caballito del diablo*, insecto arquípte-
ro de grandes alas azules.

caballo m. Mamífero doméstico ungulado, de la familia de los équidos, con
crin larga y cola cubierta de pelo, que
el hombre utiliza para montar o como
animal de tiro. || Carta que tiene la fi-
gura de un caballo en la baraja espa-
ñola. || Pieza del ajedrez que tiene fi-
gura de caballo. || Caballete o soporte

que se utiliza para sostener un madero
cuando se sierra. || *Min.* Masa de roca
estéril que corta el filón. || *Fam.* Perso-
na muy fuerte y resistente. | Persona
grande, espingarda. || *Amer.* Perso-
na tonta, brutal. || — *A caballo*, monta-
do en una caballería. || *A caballo rega-
lado, no hay que mirarle el diente,* las
cosas que nada cuestan pueden admitirse sin inconveniente aunque ten-
gan algún defecto. || *A mata caballo,*
muy de prisa, atropelladamente. || *Fig.
Caballo de batalla,* asunto más deba-
tido en una discusión; tema en el que
sobresale una persona: *la filosofía es
su caballo de batalla;* punto principal.
|| *Caballo de Troya,* gigantesco caballo
de madera en cuyo interior se oculta-
ron los griegos para tomar la ciudad
de Troya; (fig.) regalo peligroso. || *Ca-
ballo de vapor,* unidad de potencia
(símb. CV) que corresponde a 75 ki-
lográmetros por segundo.

caballón m. Lomo de tierra entre dos
surcos.

caballuno, na adj. Semejante al caballo: *rostro caballuno.*

cabalmente adv. Perfecta o completamente.

cabaña f. Casilla rústica, choza. ||
Amer. Casa alejada de la ciudad para
pasar los fines de semana o las vaca-
ciones. || *Arg.* y *Urug.* Establecimiento
rural destinado a la cría de ganado de
raza.

cabañense adj. y s. De Cabañas, dep.
de El Salvador.

cabaret m. (pal. fr.). Establecimiento
público en que la gente se reúne con
objeto de beber, bailar y asistir a un
espectáculo de variedades.

cabeceada f. *Amer.* Cabezada.

cabeceado m. Grueso del palo de
una letra.

cabeceamiento m. Cabeceo.

cabecear v. i. Mover la cabeza: *mu-
la que cabecea.* || Mover la cabeza de
un lado a otro en señal de negación.
|| Dar cabezadas el que está dur-
miendo. || Oscilar un barco de proa a
popa. || Dar tumbos los carruajes.

cabeceo m. Movimiento hecho con
la cabeza. || Oscilación de un barco o
carruaje sobre su eje transversal.

cabecera f. Origen de algunas cosas.
|| Lugar principal: *la cabecera del tri-
bunal, del estrado.* || Parte de la cama
donde se pone la cabeza. || Origen de

un río. || Capital de una nación, provincia o distrito. || Grabado puesto en algunos libros en principio de capítulo. || Cada uno de los extremos del lomo de un libro. || Título grande en la parte superior de una plana de periódico. || *Médico de cabecera*, el que asiste de modo continuo al enfermo.

cabecilla m. Jefe.

cabellera f. Conjunto de los pelos de la cabeza: *cabellera rubia*. || *Astr.* Cola luminosa del cometa.

cabello m. Cada uno de los pelos de la cabeza: *cabellos rizados*. || Cabellera, conjunto de todos los cabellos: *tener el cabello castaño*. || — Pl. Barbas de la mazorca. || — *Fig.* y *fam. Asirse uno de un cabello*, aprovechar el más mínimo pretexto. || *Cabello de ángel*, dulce de almíbar y cidra cayote o de huevo. || *Cortar un cabello en el aire*, ser muy perspicaz. || *Traer una cosa por los cabellos*, aplicar una sentencia a una materia con la cual no tiene relación.

cabelludo, da adj. Que tiene mucho cabello. || *Bot.* Que presenta hebras largas y vellosas: *raíz cabelluda*. || *Cuero cabelludo*, piel de la cabeza cubierta de cabello.

*caber v. i. y t. Poder entrar una cosa dentro de otra: *el armario no cabe en la habitación*. || Tocarle o corresponderle a uno una cosa: *me cupo el honor de acompañarle*. || Ser posible: *no cabe la menor duda*. || — *No cabe más*, expresión que indica que ha llegado una cosa a su último punto. || *Fig. No caber en sí*, estar uno muy engreído o muy contento. | *Todo cabe en él, es capaz de todo*. | *Todo cabe en lo humano*, todo es posible.

cabestrear v. i. Dejarse llevar la bestia por el cabestro.

cabestrillo m. *Cir.* Venda sujeta al cuello para sostener la mano o el brazo rotos o heridos.

cabestro m. Cuerda o correa que se ata al cuello de las caballerías. || Buey manso con cencerro que guía a los toros.

cabeza f. Parte superior del cuerpo del hombre y superior o anterior del de muchos animales: *bajar la cabeza*. || Cráneo: *romper la cabeza a uno*. || *Fig.* Imaginación, mente: *tener algo metido en la cabeza*. | Juicio, talento, capacidad: *hombre de gran cabeza*. | Vida: *defender uno la cabeza*. | Razón, sangre fría: *conservar la cabeza*. | Persona, individuo: *a cien por cabeza*. | Res: *rebaño de mil cabezas*. | Dirección: *estar a la cabeza de una fábrica*. || Principio o parte extrema de una cosa: *la cabeza de un clavo, de una viga*. || Corte superior de un libro: *libro de cabeza dorada*. || Primera fila: *ir a la cabeza del ejército*. || Capital: *cabeza de distrito*. || Cumbre de un monte. || Nombre dado a ciertos dispositivos de aparatos o máquinas: *la cabeza sonora de un magnetófono*. || — M. Jefe de una comunidad, corporación, etc.: *cabeza de un partido político*. || Padre: *cabeza*

de familia. || — Pl. *Amer.* y *Antill.* Fuentes de un río, nacimiento. || — *A la cabeza*, al frente, delante. || *Fig. Alzar* (o *levantar*) *cabeza*, salir uno de la miseria o restablecerse de una enfermedad. | *Andar* (o *ir*) *de cabeza*, estar atareado. | *Bajar o doblar uno la cabeza*, humillarse, obedecer. || *Cabeza de ajo*, bulbo del ajo. || *Fig. y fam. Cabeza de chorlito*, persona sin juicio o sin memoria. | *Cabeza de la Iglesia*, el Papa. || *Cabeza de partido*, ciudad o pueblo del que dependen otros pueblos en lo judicial. || *Cabeza de puente*, posición provisional con objeto de una operación militar ulterior. || *Fig. Cabeza de turco*, persona a quien se carga la culpa de todo lo malo sucedido. | *Calentarse la cabeza*, fatigarse mentalmente. | *Dar en la cabeza*, contradecir, llevar la contraria. || *De cabeza*, de memoria. || *De mi cabeza*, de mi ingenio. || *Escarmentar en cabeza ajena*, aprovechar el ejemplo ajeno para evitar la misma suerte. || *Írsele la cabeza*, estar uno mareado. || *Más vale ser cabeza de ratón que cola de león*, es mejor ser el primero en un pueblo pequeño que el último en otro mayor. || *Metérsele en la cabeza alguna cosa*, perseverar uno en un error o capricho. || *Fig. Pasarle por la cabeza*, antojársele a uno una cosa, imaginarla. | *Quebrar la cabeza*, aturdir a uno. | *Romperse la cabeza*, cavilar mucho. || *Sentar la cabeza*, volverse uno juicioso. || *Subírsele a la cabeza*, marearse uno con una cosa; (fig.) envanecerse con algo, engreírse. || *Tocado de la cabeza*, chiflado.

cabezada f. Golpe dado con la cabeza. || *Mar.* Movimiento que hace el barco bajando o subiendo alternativamente la proa. || Inclinación de cabeza a modo de saludo. || Correaje que ciñe la cabeza de una caballería. || Cordel para coser las cabeceras de los libros. || *Ecuad.* y *Arg.* Arzón de la silla. || *Fig.* y *fam. Dar cabezadas*, inclinar la cabeza el que está sentado y empieza a dormirse.

cabezal m. Almohada larga. || Cada una de las dos piezas que sirven para sostener el objeto que se trabaja en el torno.

cabezazo m. Golpe dado con la cabeza. || En el fútbol, golpe dado al balón con la frente.

cabezón, ona adj. y s. *Fam.* De cabeza grande. || Testarudo, obstinado, terco.

cabezonada f. *Fam.* Testarudez, terquedad. | Capricho.

cabezonería f. *Fam.* Cabezonada, testarudez.

cabezota f. Cabeza muy grande. || — Com. *Fam.* Persona obstinada, testaruda o terca. | Persona de cabeza grande.

cabezudo, da adj. Que tiene grande la cabeza. || *Fig.* y *fam.* Testarudo, terco, obstinado. || — M. Mújol, pez. || — Pl. En algunas fiestas, junto a los gigantes, figuras grotescas de enanos con gran cabeza de cartón.

cabida f. Capacidad de una cosa: *teatro con gran cabida*.

cabildante m. *Amer.* Miembro de un cabildo.

cabildear v. i. Intrigar, procurar con astucia ganar partidarios en una corporación o cabildo.

cabildeo m. Intriga: *andar de cabildeos*. || *Fig.* Conjetura.

cabildero m. Intrigante.

cabildo m. Ayuntamiento de una ciudad. || Cuerpo de eclesiásticos capitulares de una catedral. || Junta celebrada por este cuerpo. || Sala donde se celebra. || En Canarias, organismo que representa a los pueblos de cada isla. — Los españoles dieron en América el nombre de *cabildos* a las juntas encargadas de los intereses de las ciudades.

cabina f. Locutorio telefónico. || Recinto pequeño donde hay un aparato que manejan una o más personas: *la cabina de un intérprete*. || En una sala de cine, recinto donde están instalados los proyectores. || Camarote de barco. || Departamento en los aviones para la tripulación.

cabinera f. *Col.* y *Ecuad.* Azafata, aeromoza.

cabizbajo, ja adj. Que va con la cabeza inclinada, por preocupación o melancolía.

cable m. Cuerda gruesa, maroma. || Hilo metálico para la conducción de electricidad, la telegrafía y la telefonía subterránea o submarina. || *Mar.* Medida de 185 m. || Cablegrama. || *Fig.* y *fam. Echar un cable*, echar una mano, prestar ayuda.

cablegrafiar v. t. Enviar un cablegrama.

cablegrama m. Mensaje enviado por cable submarino.

cabo m. Punta o extremo de una cosa. || Lo que queda de una cosa, pedazo: *cabo de vela*. || Mango: *cabo de una herramienta*. || Portaplumas. || Hilo, hebra. || Punta de tierra que penetra en el mar: *el cabo de Creus*. || *Fig.* Fin: *llegar al cabo de una tarea*. || *Mar.* Cuerda. || *Mil.* Individuo de tropa inmediatamente superior al soldado: *cuatro soldados y un cabo*. || — Pl. Piezas sueltas que acompañan el vestido, como medias, zapatos, etc. || Cola, hocico y crines del caballo: *yegua baya con cabos negros*. || Tobillos y muñecas: *persona de cabos finos*. || — *Al cabo*, al fin: *al cabo del día*. || *Al cabo del mundo*, a cualquier parte: *seguir a uno hasta el cabo del mundo*. || *Atar cabos*, reunir antecedentes para sacar una consecuencia. || *Cabo suelto*, circunstancia imprevista o pendiente. || *Dar cabo a una cosa*, perfeccionarla. || *Dar cabo de una cosa*, acabarla, destruirla. || *Fam. De cabo a rabo o de cabo a cabo*, del principio al fin: *leer un libro de cabo a rabo*. || *Estar al cabo o al cabo de la calle*, estar al corriente. || *Llevar una cosa a cabo*, concluirla. || *No dejar cabo suelto*, preverlo todo.

cabotaje m. *Mar.* Navegación a lo largo de la costa, especialmente entre los puertos de un mismo país.

cabra f. Mamífero rumiante con cuernos vueltos hacia atrás: *leche de cabra.* || Máquina militar antigua. || *Amer.* Dado falso. || — *Fig.* y *fam. Como una cabra,* loco; chiflado. || *Fig. La cabra siempre tira al monte,* cada uno obra según su natural.

cabrear v. t. *Pop.* Enojar (ú. t. c. pr.).

cabreo m. *Pop.* Enfado.

cabrerizo, za adj. De las cabras. || — M. Cabrero.

cabrero, ra m. y f. Pastor de cabras.

cabrestante m. Torno vertical para halar o tirar de un cable.

cabrestear v. i. *Arg., Col., Hond., Méx.* y *Urug.* Cabestrear.

cabria f. Máquina simple con tres pies para levantar pesos considerables.

cabrilla f. Pez teleósteo pequeño, de los mares de Europa. || Trípode de madera de carpintero. || — Pl. Pequeñas olas blancas. || Rebotes que dan las piedras planas en la superficie del agua.

cabrío, a adj. Relativo a las cabras: *raza cabría.*

cabriola f. Brinco, salto ligero. || Voltereta. || Salto que da el caballo cocando en el aire. || *Fig.* Equilibrio, pirueta.

cabriolé m. Coche ligero de dos ruedas y con capota. || Automóvil convertible con coche descubierto.

cabritilla f. Piel curtida de cabrito, cordero, etc.: *guantes de cabritilla.*

cabrito m. Cría de la cabra. || *Pop.* Cabrón. || *Méx.* Gorrión.

cabro, bra m. y f. *Chil.* Joven, muchacho.

cabrón m. Macho cabrío. || *Fig.* y *fam.* Marido de mujer adúltera. | Persona muy mala.

cabronada f. *Pop.* Mala pasada, cochinada.

cabruno, na adj. De la cabra.

caburé y **caburey** m. *Arg.* Ave de rapiña, pequeña y voraz.

cabuya f. Pita. || Sus fibras y las cuerdas que con ellas se hacen. || — *Fig.* y *fam. Amer. Ponerse la cabuya,* coger el hilo, entender un asunto. | *Vérsele las cabuyas,* conocérsele a uno el ardid.

cabuyería f. *Mar.* Conjunto de cabuyas.

caca f. *Fam.* Excremento. || *Fig.* y *fam.* Defecto o vicio: *descubrir la caca.* | Porquería, inmundicia. || *Fig.* y *fam. Eso es una caca,* eso no vale nada.

cacahual m. *Amer.* Cacao. || Plantío de cacaos.

cacahuananche m. *Méx.* Planta de fruto comestible.

cacahuatal m. *Amer.* Campo donde se cultivan los cacahuetes.

cacahuate o **cacahuete** m. Planta leguminosa de América y África cuyo fruto penetra en tierra para madurar. Sus semillas oleaginosas se comen tostadas y sirven para hacer aceite.

cacalote m. *Méx.* Cuervo.

cacamizli m. *Méx.* Cacomixtle.

cacao m. Árbol esterculiáceo, originario de México, cultivado en los países tropicales: *las semillas del cacao se emplean como principal ingrediente del chocolate.* || Semilla de este árbol. || *Amer.* Chocolate.

cacaotal m. Plantío de cacaos.

cacaraña f. Hoyo que deja la viruela en el rostro.

cacareador, ra adj. Que cacarea: *gallo cacareador.* || *Fig.* y *fam.* Exagerado, presumido.

cacarear v. i. Cantar el gallo o la gallina. || — V. t. *Fig.* y *fam.* Exagerar las cosas propias: *¡cómo cacarea lo que hace!* | Publicar, hablar mucho de algo.

cacareo m. Acción de cacarear.

cacarizo, za adj. *Méx.* Que presenta picaduras, sobre todo a causa de la viruela.

cacatúa f. Ave trepadora de Oceanía, parecida al papagayo, de plumaje blanco y moño de grandes plumas.

cacereño, ña adj. y s. De Cáceres, c. y prov. de España.

cacería f. Partida de caza. || Conjunto de animales muertos en una partida de caza.

cacerola f. Vasija con mango o asas para guisar.

cacerolazo m. *Amer.* Protesta que se realiza golpeando cacerolas.

cacha f. Cada una de las hojas en los lados del mango de una navaja o cuchillo. || Mango de cuchillo o pistola. || *Fam.* Nalga. | Carrillo. || *Ant.* y *Amer.* Cuerno: *las cachas de un toro.* || *Fig.* y *fam. Hasta las cachas,* hasta más no poder, completamente.

cachaco, ca adj. *Col., Ecuad.* y *Venez.* Dícese del joven elegante y servicial. || — M. *Despect. Per.* Militar o policía.

cachada f. *Arg., Bol., Parag.* y *Urug.* Broma que se hace a una persona.

cachalote m. Cetáceo carnívoro parecido a la ballena, de 15 a 20 metros de largo y de cabeza enorme.

cachar v. t. *Amér. C., Bol., Col.* y *Méx.* Atrapar en el aire una pelota u un objeto. || *Fam. Amer.* Sorprender a alguien, descubrirlo. || *Fam. Arg., Bol., Parag.* y *Urug.* Burlarse de una persona, tomarle el pelo.

cacharpas f. pl. *Amér. M.* Trastos, objetos de poco valor.

cacharrazo m. Golpe dado con un objeto o ruido que produce. || Caída. || *Fam. Amer.* Trago.

cacharrería f. Tienda de loza ordinaria.

cacharrero, ra m. y f. Persona que vende cacharros de loza.

cacharro m. Vasija tosca. || Pedazo o tiesto de vasija. || Recipiente. || *Fam.* Cosa, trasto, cachivache, chisme generalmente de poco valor. | Máquina vieja, coche viejo y roto. | Utensilio de cocina.

cachaza f. Pachorra, calma.

cachazudo, da adj. y s. Flemático, que tiene mucha cachaza.

cachear v. t. Registrar a gente.

cachemir m. y **cachemira** f. Tejido fabricado con el pelo de una cabra de Cachemira.

cacheo m. Registro.

cachet m. Galicismo por *distinción, elegancia, sello distintivo.*

cachete m. Carrillo abultado. || Nalga. || Bofetada: *dar a uno un cachete.*

cachetón, na adj. *Méx.* Dícese de quien tiene los carrillos abultados.

cachimba f. Pipa. || *Fig.* y *fam. Amer. Fregar la cachimba,* fastidiar, molestar.

cachimbo m. *Amer.* Pipa.

cachipolla f. Insecto neuróptero que vive sólo un día.

cachiporra f. Porra, maza.

cachiporrazo m. Porrazo, golpe. || Caída.

cachirulo m. Botijo. || Vasija con que se guarda el aguardiente. || Barco pequeño de tres palos. || Antiguo adorno que llevaban las mujeres en la cabeza. || Moña de los toros. || *Pop.* Sombrero. || *Méx.* Forro de paño que se pone en el interior del pantalón. || — Pl. *Fam.* Trastos, chismes, cachivaches.

cachivache m. *Fam.* Cosa inútil o de poco valor, chisme, trasto. | Vasija, utensilio. | Hombre ridículo y despreciable.

cacho m. Trozo, pedazo.

cachondearse v. pr. *Pop.* Guasearse, burlarse.

cachondeo m. *Pop.* Guasa.

cachondez f. Apetito sexual.

cachondo, da adj. En celo. || *Fig.* y *vulg.* Dominado por el apetito sexual. || *Fig.* y *fam.* Gracioso.

cachorro, rra m. y f. Cría de perro, león, tigre, lobo, oso, etc.

cachua f. Baile de los indios del Perú, Ecuador y Bolivia.

cachudo, da adj. *Méx.* Ceñudo, adusto.

cachumbambé m. *Cub.* Juego de niños.

cachupín, ina m. y f. Gachupín, español que se establecía en las colonias de América.

cachureco, ca adj. y s. *Hond.* Conservador, miembro del Partido Conservador, llamado tb. *servil,* adversario de los *coquimbos.*

cacicato y **cacicazgo** m. Dignidad de cacique. || Territorio que gobierna.

cacique m. Jefe en algunas tribus de indios americanos. || *Fig.* Persona muy influyente en un pueblo. | Déspota, autoritario.

caciquear v. i. *Fam.* Mangonear, dirigir.

caciquil adj. De cacique.

caciquismo m. Influencia abusiva de los caciques en los pueblos: *el caciquismo agrario.*

cacle m. *Fam. Méx.* Zapato.

caco m. *Fig.* Ladrón.

cacodilato m. *Quím.* Sal del ácido cacodílico empleada en medicina.

cacodilo m. *Quím.* Arseniuro de metilo.

cacofonía f. Vicio del lenguaje que consiste en la repetición de unas mismas sílabas o letras: ATONITO anTE TI me posTRO.

cacofónico, ca adj. Que tiene cacofonía.

cacomixtle m. *Amér. C.* y *Méx.* Mamífero carnicero que se alimenta de huevos y aves de corral.

cactáceas f. pl. Familia de plantas de hojas carnosas como los cactos (ú. t. c. adj.).

cacto m. Nombre de varias plantas cactáceas como el nopal o higuera chumba.

cacumen m. *Fig.* y *fam.* Caletre, cabeza. || Perspicacia.

cada adj. Úsase para designar separadamente una o más cosas o personas: *a cada cual lo suyo*, *el pan nuestro de cada día*. || Ú. elípticamente con sentido irónico: *vemos hombres con cada intención...* || — *Fam. Cada quisque, cada cual.* || *Cada vez que*, siempre que.

cadalso m. Patíbulo para la ejecución de un reo. || Tablado.

cadáver m. Cuerpo muerto.

cadavérico, ca adj. Del cadáver: *rigidez cadavérica*. || *Fig.* Pálido como un cadáver.

caddy m. (pal. ingl.). Muchacho que en el juego del golf lleva los palos. (Pl. *caddies*.)

cadejo m. *Amér. C.* Animal fantástico que por las noches asusta a quien encuentra.

cadena f. Conjunto de eslabones enlazados: *cadena de reloj*. || Cuerda de presos. || Grupo de emisoras de radiodifusión o de televisión que emiten simultáneamente el mismo programa, o de periódicos que publican una misma serie de artículos. || Serie de empresas enlazadas entre sí: *cadena de hoteles*. || Figura de la danza. || *Fig.* Sujeción: *la cadena del amor*. || Continuación, serie, sucesión: *cadena de sucesos*. || *Arq.* Machón de sillería. || Trabazón de maderos sobre la cual se levanta una fábrica. || *For.* En algunos países, pena mayor después de la de muerte: *condenar a cadena perpetua*. || *Quím.* Unión de una fórmula de los átomos de carbono. || — *Cadena de agrimensor*, la que sirve para medir terrenos. || *Cadena de fabricación*, conjunto de trabajadores que participan en la realización de un producto industrial. || *Cadena de montañas*, cordillera: *la cadena de los Andes*. || *Cadena sin fin*, conjunto de piezas que forman un circuito cerrado. || *Fig. Romper sus cadenas*, conquistar la libertad. || *Trabajo en cadena*, aquel en que el objeto laborado pasa sucesivamente a las manos de varios obreros. || *Cadena de montaje*, proceso industrial de fabricación en etapas sucesivas y continuas que realizan obreros especializados en cada una de estas etapas.

cadencia f. Ritmo, compás, repetición regular de sonidos o movimientos: *cantar, bailar con cadencia*. || Distribución de los acentos en la prosa o verso: *la cadencia del alejandrino*. || Ritmo de un trabajo. || *Mús.* Modo de finalizar una frase musical.

cadencioso, sa adj. Con cadencia: *voz cadenciosa*.

cadeneta f. Punto de ganchillo en forma de cadenilla. || Labor del encuadernador en la cabecera del libro. || Guirnalda de papel.

cadenilla f. Cadena estrecha.

cadera f. *Anat.* Parte del cuerpo donde se unen el muslo y el tronco.

cadete m. Alumno de una academia militar: *un cadete de Toledo*. || *Bol.* y *Riopl.* Aprendiz.

cadí m. Juez civil árabe o turco.

cadillo m. Planta umbelífera. || Otra planta de la familia de las compuestas.

cadmía f. Óxido de cinc que se forma en las paredes de los hornos de fundición.

cadmio m. Cuerpo simple (Cd), parecido al estaño, de número atómico 48, de densidad 8, que funde a 321 °C.

caducar v. i. Prescribir: *caducó el pasaporte*. || Perder su fuerza un decreto o ley. || Extinguirse un derecho, un plazo, una facultad, etc.

caduceo m. Atributo de Mercurio, formado por una varilla con dos alas en la punta y rodeada de dos culebras, usado como emblema del comercio y la medicina.

caducidad f. Acción y efecto de caducar.

caducifolio, lia adj. *Bot.* De hojas caedizas.

caduco, ca adj. Viejo, decrépito: *órganos caducos*. || *Bot.* Que se cae, que se marchita: *hojas caducas*. || Perecedero: *bienes caducos*. || Que ha caducado, nulo.

caedizo, za adj. Que se cae.

***caer** v. i. Venir un cuerpo de arriba abajo por la acción de su propio peso: *caer del tejado* (ú. t. c. pr.). || Perder el equilibrio. Ú. t. c. pr.: *se cayó bajando del caballo*. || Lanzarse, abalanzarse, arrojarse: *cayó a sus pies.* || Llegar inesperadamente: *caer sobre el enemigo*. || Pender, colgar. Ú. t. c. pr.: *las ramas se caen por el peso de los frutos.* || Desprenderse: *caer las hojas del árbol.* || *Fig.* Sobrevenir una desgracia. | Incurrir: *cayó en error.* | Morir: *caer en la batalla.* | Ponerse: *caer enfermo.* | Venir a dar, dejarse coger: *caer en el garlito.* | Desaparecer: *caer la monarquía.* | Dejar de gozar un empleo o valimiento: *caer una familia.* | Disminuir: *caer la conversación.* | Perder su viveza, el color o la voz: *dejar caer la voz al fin de la frase.* | Estar situado: *la ventana cae al jardín.* | Quedar incluido: *caer en una clase social.* | Llegar, venir: *cayó en mi casa.* | Declinar: *el sol cae.* | Aproximarse a su fin: *el día cae.* | Tocar: *el premio gordo cayó en Málaga.* | Coincidir: *mi santo cae en lunes.* | Entender, adivinar: *he caído en la solución.* | Recordar: *no caigo en su nombre.* | Estar: *cae en su jurisdicción.* || — *Fig. Caer bien o mal*, venir bien o mal alguna cosa, o ser bien o mal acogida una persona. | *Caer en la cuenta*, comprender. | *Caer de pie*, tener suerte. | *Caer pesado*, no hacerse simpática una persona. | *Caerse de*, ser muy: *caerse de ingenuo.* | *Caer de suyo o de su peso*, ser evidente. || *Estar al caer una cosa*, ser muy próxima.

café m. Cafeto. || Semilla del cafeto: *el café de Puerto Rico es muy estimado.* || Infusión hecha con esta semilla tostada y molida: *una taza de café.* || Establecimiento público donde se vende y toma esta bebida: *el primer café se abrió en Londres en 1652.* || — Adj. De color de café: *tela café.* || — Pl. *Cafés.* || *Café cantante o concierto*, aquel en que cantan y bailan personas contratadas para ello.

cafeína f. Alcaloide extraído del café, del té, del mate, etc., utilizado como estimulante cerebral y cardiaco.

cafetal m. Plantación de cafetos: *recorrió los cafetales.*

cafetalero, ra adj. Del café. || — M. Dueño de un cafetal.

cafetera f. Recipiente para hacer o servir el café. || *Fam.* Cosa vieja. || *Fam. Estar como una cafetera*, estar medio loco.

cafetería f. Despacho de café donde se toman también bebidas y se puede comer ligeramente.

cafetero, ra adj. Del café. || *Fam.* Aficionado al café. || — M. y f. Persona que cosecha café. | Dueño de un café.

cafeto m. Árbol rubiáceo cuya semilla es el café.

cáfila f. *Fam.* Conjunto de personas, animales o cosas. || *Fig.* Retahíla: *una cáfila de tonterías.*

cafre adj. y s. Habitante de la parte oriental de África del Sur. || *Fig.* Bárbaro y cruel, salvaje.

cagaaceite m. Pájaro insectívoro semejante al tordo.

cagada f. Excremento.

cagadero m. *Fam.* Retrete.

cagado, da adj. y s. *Pop.* Cobarde.

cagalera f. *Pop.* Diarrea.

cagar v. i. *Pop.* Exonerar el vientre (ú. t. c. pr.). || — V. t. Manchar, echar a perder una cosa. || — V. pr. *Pop.* Acobardarse, tener miedo. | Proferir cierto insulto contra alguien.

cagarria f. Hongo comestible.

cagarruta f. Excremento del ganado menor.

cagatinta y **cagatintas** m. *Fam.* Chupatintas.

cagón, ona adj. y s. *Pop.* Miedoso, cobarde.

caguama f. Tortuga marina de gran tamaño.

caguane m. *Cub.* Caracol terrestre, y tb. n. de algunos caracoles marinos.

caguaré m. *Parag.* Oso hormiguero.

caguayo m. *Cub.* Caña de azúcar de poco rendimiento.

cagueta adj. y s. *Pop.* Cagón.

cahíta adj. y s. Indígena mexicano de los Est. de Sonora y Sinaloa. || — M. Dialecto de los cahítas.

caí m. *Amer.* Especie de mono pequeño.

caíd m. Gobernador o juez en algunos países musulmanes.

caída f. Acción y efecto de caer: *la caída de un cuerpo en el vacío.* || Bajada o declive. || *Fig.* Hundimiento, ruina: *la caída de un imperio.* || Salto de agua. || Cosa que cuelga, como tapices, cortinas, etc. || Manera de caer los paños o la ropa. || Parte donde termina una cosa. || Disminución: *caída de la tensión.* || *Fig.* Pecado del primer hombre: *la caída de Adán.* || *Fig. y fam.* Ocurrencia, agudeza. || *A la caída de la tarde,* al terminar la tarde. || *A la caída del sol,* a la puesta del sol. || *Caída de ojos,* manera de cerrar los párpados.

caído, da adj. *Fig.* Abatido, desfallecido. || Lacio: *pelo caído.* || — M. *Fig.* Muerto: *los caídos en la guerra.*

caimán m. Reptil de América, semejante al cocodrilo. || *Fig.* Zorro, persona muy astuta.

caimito m. Árbol sapotáceo de las Antillas cuyo fruto, del tamaño de una naranja, contiene una pulpa dulce y refrescante.

cairel m. Fleco de algunas ropas: *lucir dorados y caireles.*

cairota adj. y s. De El Cairo.

caja f. Recipiente de madera, metal, materia plástica, etc.: *caja para embalar.* || Su contenido: *caja de naranjas.* || Hueco en que está la escalera de un edificio o una chimenea. || Cubierta que tiene en su interior ciertos mecanismos: *caja del reloj, de engranajes.* || Ataúd. || Armario donde se guarda el dinero: *caja fuerte.* || Oficina o taquilla donde se recibe dinero y se hacen pagos: *caja de ahorros, de un banco.* || Parte exterior de madera que cubre algunos instrumentos: *la caja de un violín.* || Hueco en una ensambladura de carpintería. || Organismo militar que se encarga de todo lo referente a los reclutas: *entrar en caja.* || *Impr.* Cajón de madera con separación o cajetines, donde se colocan los caracteres tipográficos: *se distingue la caja baja* (de las minúsculas) *y la caja alta* (de las mayúsculas). || Pieza de la balanza en que entra el fiel. || Culata de madera de las armas de fuego portátiles. || Parte del coche donde se sientan las personas. || Tambor. || *Chil.* Lecho de un río. || — *Caja de cambios,* órgano que encierra los engranajes de los cambios de velocidad en un automóvil. || *Caja del cuerpo,* la torácica. || *Caja del tímpano,* cavidad del oído medio. || *Caja de resonancia,* la que

en algunos instrumentos musicales sirve para amplificar el sonido. || *Caja negra,* la muy resistente que, colocada en el interior de un avión, registra lo que sucede durante el vuelo. || *Caja registradora,* máquina que sirve para registrar las cantidades cobradas y abonadas. || *Fig. y fam. Despedir a uno con cajas destempladas,* echarle de algún sitio con enojo.

cajamarquino, na adj. y s. De Cajamarca (Perú).

cajero, ra m. y f. Persona encargada de la caja de un comercio, banco, etc. || — M. El que hace cajas. || — F. *Mar.* Abertura donde entra la roldana del motón. || *Cajero automático,* máquina a través de la cual un cliente puede realizar ciertas operaciones bancarias.

cajeta f. Dim. de *caja.* || *Méx.* Caja de dulce y dulce que contiene: *las cajetas de Celaya.*

cajete m. *Méx.* y *Guat.* Caja honda y gruesa, sin vidriar. | Cráter de ciertos volcanes. | Oquedad de la planta del maguey en que se recoge el aguamiel. | Hueco hecho en tierra para plantar.

cajetear v. t. Abrir cajetes para la siembra del plátano.

cajetilla f. Paquete de cigarrillos. || Cajita de fósforos.

cajetín m. Cada uno de los compartimientos de la caja tipográfica.

cajista com. Tipógrafo, oficial de imprenta que compone lo que se ha de imprimir.

cajón m. Caja grande. || Caja movible de los armarios, mesas y otros muebles. || En los estantes, espacio entre las tablas. || Puesto, tiendecilla de un mercado. || *Amer.* Cañada por cuyo fondo corre algún río. | Ataúd. || — *Fig. y fam. Cajón de sastre,* mezcla de cosas desordenadas. | *Ser de cajón,* ser muy evidente.

cajuela f. *Méx.* Maletero de un auto, portaequipajes.

cakchiquel adj. y s. De un ant. pueblo de Guatemala, de origen tolteca.

caki adj. y s. m. Caqui.

cal f. Óxido de calcio que forma la base del mármol, el yeso, la tiza, etc. || — *Cal hidráulica,* la que fragua rápidamente bajo el agua. || *Cal muerta* o *apagada,* la mojada y dispuesta para servir. || *Fig. y fam. De* (o a) *cal y canto,* fuerte, sólido. || Lechada de cal, cal mezclada con agua, usada para revocar. || *Fig. Una de cal y otra de arena,* alternar las cosas buenas con las malas.

cal, símbolo de la caloría.

cala f. Acción y efecto de calar. || Trozo que se corta de una fruta para probarla: *vender un melón a cala y cata.* || *Bot.* Planta arácea de grandes flores blancas. || La parte más baja del barco. || *Mar.* Bahía pequeña. || Supositorio.

calabacear v. t. *Fam.* Suspender en un examen. | Decir no a la declaración de un pretendiente.

calabacera f. Calabaza, planta.

calabacín m. Calabaza pequeña y cilíndrica. || *Fam.* Necio.

calabacino m. Calabaza seca y hueca que se usa como vasija.

calabacita f. *Méx.* Calabacín.

calabaza f. Planta cucurbitácea de tallos rastreros y fruto grande. | Su fruto. || *Fig. y fam.* Necio, idiota. | Suspenso en un examen: *recibió calabazas.* || *Dar calabazas,* rechazar la mujer a un pretendiente.

calabazar m. Campo de calabazas.

calabobos m. Llovizna.

calabozo m. Lugar para encerrar a los presos. || Celda de castigo, oscura y baja de techo, en una cárcel.

calabrés, esa adj. y s. De Calabria (Italia).

calabrote m. *Mar.* Cable hecho de tres cordones trenzados.

calada f. Acción y efecto de calar. || Humo que se aspira de una vez al fumar.

calado m. Bordado hecho sacando y atando hilos en una tela: *el calado de un pañuelo.* || Perforado del papel, madera, etc., a modo de encaje. || *Mar.* Parte sumergida de un barco, entre la línea de flotación y la base de la quilla: *barco de mucho calado.* | Profundidad: *puerto de poco calado.* || *Mec.* Acción de calarse un motor.

calador m. Sonda.

calafate y **calafateador** m. Obrero que calafatea embarcaciones.

calafatear v. t. Tapar con estopa y brea las junturas de las tablas del casco de un barco para que no entre agua. || *Por ext.* Cerrar junturas, tapar.

calafateo y **calafateado** m. Acción y efecto de calafatear.

calagurritano, na adj. y s. De Calahorra.

calamaco m. *Méx.* Frijol.

calamar m. Molusco cefalópodo comestible: *calamares en su tinta.*

calambre m. *Med.* Contracción espasmódica y dolorosa de ciertos músculos: *calambre de estómago.* || Sensación producida por una descarga eléctrica.

calambuco m. Árbol gutífero de cuya resina se saca el *bálsamo de María.*

calamidad f. Desastre, desgracia general: *las calamidades de la guerra.* || Desgracia, infortunio. || *Fig. y fam.* Persona torpe, incapaz o pobre de salud: *ser una calamidad.* | Mal hecho, defectuoso.

calamina f. Silicato natural de cinc. || Residuo de la combustión de los gases en los cilindros de los motores de explosión.

calamita f. Variedad de magnetita.

calamitoso, sa adj. Desgraciado, infortunado. || Que causa calamidades o es propio de ellas. || Dícese de la persona que es una calamidad.

cálamo m. Caña con que escribían los antiguos. || *Poét.* Pluma: *empuñar el cálamo.* || Especie de flauta.

calandria f. Pájaro semejante a la alondra. || Máquina para satinar el papel y las telas. || Especie de torno grande de usado en las canteras. || Rejilla de los radiadores de automóviles. || *Méx.* Coche viejo.

calaña f. Modelo, muestra. || *Fig.* Índole: *de mala calaña.*

calañés, esa adj. y s. De Calañas (Huelva). || *Sombrero calañés,* el de ala vuelta hacia arriba y copa baja.

calar v. t. Atravesar un líquido: *el agua le caló el vestido.* || Echar las redes al agua. || Colocarse el sombrero, la gorra. || Poner la bayoneta en el fusil. || Atravesar un objeto punzante algo. || Bordar con calados una prenda. || Hacer agujeros en un papel, materia plástica, etc., formando dibujos. || Examinar el interior de algo para ver lo que hay: *calar un melón.* || *Fig.* Adivinar, descubrir: *caló mis intenciones.* | Comprender: *calar hondamente en el alma humana.* | Profundizar: *un libro que cala mucho en la materia.* || *Amer.* Humillar. || Extraer una muestra. || — V. i. *Mar.* Llegar a una profundidad: *este buque cala demasiado.* || — V. pr. Empaparse, mojarse: *se caló de arriba abajo.* || Ser atravesado por un líquido: *esta gabardina se cala.* || Ponerse: *calarse el sombrero; calarse las gafas.* || Pararse bruscamente: *se me caló el motor.*

calato, ta adj. *Bol.* y *Per.* Desnudo, sin ropa.

calavera f. Armazón ósea de la cabeza, cráneo. || *Méx.* Luz de advertencia que va en la parte trasera de un auto. || — M. *Fig.* Hombre sin juicio o juerguista.

calaverada f. Insensatez.

calaverear v. i. *Fam.* Obrar poco juiciosamente. || Juerguearse.

calcado m. Acción de calcar.

calcador m. Útil para calcar.

calcáneo m. Hueso del talón.

calcañar y **calcaño** m. Parte posterior de la planta del pie.

calcar v. t. Reproducir un escrito o dibujo por transparencia, papel de calco o procedimientos mecánicos: *calcar un plano.* || *Fig.* Imitar, copiar exageradamente a otro.

calcáreo, a adj. Que contiene cal: *terreno calcáreo.*

calce m. Cuña o alza: *poner un calce a un mueble.* || Llanta de rueda. || Acero que se agrega al corte de ciertos instrumentos.

calcedonia f. Ágata translúcida, utilizada en joyería.

calcedonio, nia adj. y s. De Calcedonia (Asia Menor).

calceta f. Media de punto. || Hacer *calceta,* hacer punto.

calcetero, ra m. y f. Persona que hace o vende calcetas.

calcetín m. Prenda de punto que llega hasta media pantorrilla.

calchaquí adj. y s. Indio de la tribu de los diaguitas: *los calchaquíes vivían al NO. de la Argentina.*

cálcico, ca adj. *Quím.* Relativo al calcio: *sales cálcicas.*

calcificación f. *Med.* Depósito de sales calcáreas en los tejidos orgánicos.

calcificar v. t. Producir por medios artificiales carbonato cálcico. || — V. pr. Depositarse en los tejidos orgánicos sales de calcio.

calcinación f. Acción y efecto de calcinar o quemar.

calcinar v. t. Transformar en cal viva los minerales calcáreos. || Someter a una temperatura elevada: *calcinar madera, hulla,* etc. || Quemar: *con la piel calcinada.* || *Pop.* Fastidiar, quemar la sangre.

calcio m. Metal (Ca) de número atómico 20, de color blanco y blando, de 1,54 de densidad, que se funde a los 850 °C. (El *calcio* se obtiene descomponiendo ciertas sales con una corriente eléctrica.)

calcita f. Carbonato de calcio natural cristalizado.

calco m. Reproducción de un dibujo, obtenido por transparencia. || Acción de calcar: *papel de calco.* || *Fig.* Imitación servil.

calcografía f. Arte de estampar con láminas metálicas grabadas. || Taller donde se hace esta estampación.

calcografiar v. t. Estampar por medio de calcografía.

calcomanía f. Procedimiento que permite pasar a un papel a cualquier objeto dibujos coloreados preparados con trementina. || Imagen obtenida.

calcopirita f. Pirita de cobre.

calculable adj. Que se puede calcular.

calculador, ra adj. y s. Que está encargado de calcular. || *Fig.* Que prevé, interesado: *mente calculadora.* || — M. y f. Dispositivo mecánico o electrónico capaz de efectuar cálculos matemáticos.

calcular v. t. Hacer cálculos: *calcular una suma.* || *Fig.* Apreciar, evaluar: *calcular los gastos.* | Pensar, suponer, creer.

calculista adj. Proyectista.

cálculo m. Operación que se hace para conocer el resultado de la combinación de varios números: *establecer un cálculo.* || Arte de resolver los problemas de aritmética. || Evaluación: *cálculo de gastos.* || Reflexión, prudencia: *obrar con mucho cálculo.* || *Med.* Concreción pétrea que se forma en alguna parte del cuerpo: *cálculos biliares, urinarios, renales.* || — *Mat. Cálculo diferencial,* parte de las matemáticas que estudia el cálculo de las derivadas y sus aplicaciones. | *Cálculo infinitesimal,* parte de las matemáticas que comprende el cálculo diferencial y el integral. | *Cálculo integral,* parte de las matemáticas que estudia la integración de las funciones. | *Cálculo mental,* el que se hace sin operaciones escritas.

caldeamiento m. Caldeo, calentamiento.

caldear v. t. Calentar (ú. t. c. pr.). || Poner al rojo el hierro. || *Fig.* Acalorar,

animar: *caldear el ambiente.* || — V. i. *Méx.* Producir mucho caldo cuando se muele la caña de azúcar.

caldense adj. y s. De Caldas (Colombia).

caldeo m. Calentamiento.

caldeo, a adj. y s. De Caldea. || — M. Lengua caldea.

caldera f. Recipiente grande de metal en que se calienta cualquier cosa. || Su contenido: *una caldera de azúcar.* || Depósito en el que se hace hervir el agua: *caldera de vapor, de calefacción.* || — *Caldera de vapor,* aparato generador del vapor en las máquinas. || *Fam. Las calderas de Pero Botero,* el Infierno.

calderada f. Contenido de una caldera. || *Fig.* Gran cantidad.

calderería f. Profesión y taller del calderero. || Construcción de piezas metálicas.

calderero m. El que hace o vende calderas.

calderilla f. Moneda fraccionaria de poco valor.

caldero m. Caldera pequeña de metal, de fondo redondo y con una sola asa. || Su contenido.

calderón m. Caldera grande. || *Gram.* Signo ortográfico antiguo (¶): *el calderón se usaba en lugar del párrafo* (§). || *Mús.* Signo que marca la suspensión de un compás (⌢) y floreo que lo acompaña.

calderoniano, na adj. Característico de Calderón de la Barca.

caldillo m. Salsa, jugo.

caldo m. Líquido obtenido cociendo carne, pescado, verduras en agua: *caldo de pescado.* || Vino o aceite: *los caldos de Jerez.* || Aderezo de la ensalada o el gazpacho. || *Amer.* Jugo o guarapo de la caña de azúcar. || — *Caldo de cultivo,* el preparado para el desarrollo de un microbio. || *Fig.* y *fam. Hacer a uno el caldo gordo,* facilitarle medios de conseguir una cosa.

caldoso, sa adj. Que tiene mucho caldo o jugo.

calé adj. y s. Gitano.

caledonio, nia adj. y s. De Caledonia (Escocia).

calefacción f. Producción de calor: *calefacción con carbón.* || Conjunto de aparatos destinados a calentar un edificio: *calefacción individual, central, urbana.*

calefactor m. Persona que fabrica, instala o repara aparatos de calefacción.

calefón m. *Arg., Bol., Parag.* y *Urug.* Aparato para calentar el agua que se emplea en una casa.

caleidoscopio m. Calidoscopio.

calendario m. Sistema de división del tiempo. || Almanaque, cuadro de los días, semanas, meses, estaciones y fiestas del año.

calendas f. pl. Entre los antiguos romanos, primer día de cada mes. || *Fig.* Tiempo futuro muy lejano. || *Fam. Calendas griegas,* tiempo que nunca llega.

calentador, ra adj. Que calienta. || — M. Recipiente lleno de carbón, agua caliente, etc., para calentar la cama. || Aparato para calentar agua.

calentamiento m. Acción y efecto de calentar o calentarse. || *Veter.* Enfermedad de los caballos en las ranillas y el pulmón.

calentano, na adj. y s. De Tierra Caliente (Colombia).

*calentar v. t. Poner caliente: *calentar agua para el baño.* || *Fig.* y fam. Avivar, enardecer: *calentar el auditorio.* || *Fig.* Golpear, pegar. || — V. pr. Entrar en calor. || *Fig.* Animarse, enfervorizarse, exaltarse: *calentarse en la discusión.*

calentón m. Calor brusco. || *Darse un calentón,* ponerse muy caliente un motor.

calentura f. Fiebre: *tener calentura.* || *Bot.* Planta silvestre de Cuba, de fruto emético. || *Chil.* Tisis. || *Méx.* Calentamiento de la amalgama de la plata por la temperatura ambiente.

calenturiento, ta adj. Que padece calentura. || Algo caliente, pero sin fiebre. || *Fig.* Excitado, exaltado: *imaginación calenturienta.*

calenturón m. Calentura grande.

caleño, ña adj. y s. De Cali (Colombia).

calera f. Cantera de caliza. || Horno de cal.

calesa f. Coche hipomóvil descubierto con dos o cuatro ruedas y capota.

calesita f. *Amér.* M. Tiovivo.

caleta f. Cala, ensenada.

caletero m. *Amer.* Descargador en un puerto de mar.

caletre m. *Fam.* Tino, talento.

calibración f. y **calibrado** m. Acción de dar a una pieza el calibre deseado o de verificar las dimensiones de un objeto. || Mandrilado.

calibrador m. Aparato para calibrar.

calibrar v. t. Medir el calibre interior de las armas de fuego o de otros tubos. || Dar el calibre que se desea. || Mandrilar un tubo. || *Fig.* Juzgar.

calibre m. Diámetro interior del cañón de las armas de fuego: *cañón de pequeño calibre.* || Diámetro del proyectil o de un alambre. || Diámetro interior de un cilindro. || Instrumento que sirve de regla o escantillón: *un calibre de fotógrafo.* || *Fig.* Tamaño, importancia: *de poco calibre.*

calicanto m. Mampostería.

caliche m. Piedra que queda en la masa de un ladrillo. || Cascarilla que se desprende de las paredes. || Maca en una fruta. || Mineral que tiene mucha caliza. || *Amer.* Nitrato de sosa. || *Méx.* Capa caliza abundante en materias minerales.

calichera f. *Bol., Chil.* y *Per.* Yacimiento rico en nitrato.

calidad f. Manera de ser de una persona o cosa: *artículo de buena calidad.* || Clase: *tejidos de muchas calidades.* || Carácter, genio, índole. ||

Valía, excelencia de una cosa. || Condición social, civil, jurídica, etc.: *calidad de ciudadano.* || Función: *en calidad de jefe.* || Nobleza, linaje: *hombre de calidad.* || *Fig.* Importancia: *asunto de calidad.* || — Pl. Prendas morales: *hombre de buenas calidades.*

cálido, da adj. Que está caliente, caluroso: *clima cálido.* || *Fig.* Ardiente, vivo: *color cálido.* | Afectuoso: *cálida amistad.*

calidoscopio m. Aparato formado por un tubo opaco en cuyo interior hay dos o más espejos colocados en ángulo agudo que multiplican simétricamente la imagen de los objetos colocados entre ellos.

calientapiés m. inv. Aparato para calentar los pies.

calientaplatos m. inv. Aparato para calentar los platos.

caliente adj. Que tiene o da calor: *aire caliente.* || *Fig.* Acalorado: *riña caliente.* || Ardiente sexualmente. || Cálido: *color caliente.* || — *Fam.* Caliente de cascos, fácilmente irritable. || *En caliente,* en el acto; en la fase aguda del mal (una operación).

califa m. Título de los príncipes musulmanes sucesores de Mahoma, o de los soberanos del Islam, después de Mahoma.

califato m. Dignidad de califa. || Tiempo de su gobierno y territorio gobernado por él. || Período histórico en que hubo califas.

calificable adj. Que se puede calificar.

calificación f. Acción y efecto de calificar. || Nota de un examen.

calificado, da adj. De autoridad o importancia: *filósofo calificado.* || Que tiene los requisitos necesarios: *perito calificado.*

calificador, ra adj. y s. Que califica. || *Calificador del Santo Oficio,* antiguo censor de la Inquisición.

calificar v. t. Atribuir la calidad de: *calificar un acto de heroico.* || Dar o poner una nota: *calificar a un alumno.* || *Fig.* Ennoblecer, ilustrar. || — V. pr. Probar uno la nobleza de su sangre. || En deportes, ganar las pruebas eliminatorias.

calificativo, va adj. y s. m. Que califica: *un calificativo injurioso.* || *Adjetivo calificativo,* el que expresa una cualidad del sujeto.

californiano, na adj. y s. De California.

californio m. Elemento químico (Cf), de número atómico 98, obtenido artificialmente sometiendo el curio a los rayos alfa.

calígene f. *Poét.* Tinieblas.

caliginoso, sa adj. *Poét.* Nebuloso.

caligrafía f. Arte de escribir con letra correctamente formada.

caligrafiar v. t. Escribir con letra clara y bien formada.

caligráfico, ca adj. De la caligrafía.

calígrafo m. Persona que tiene buena letra. || Copista, amanuense.

calina f. Neblina. || Calor.

cáliz m. Vaso sagrado donde se echa el vino para consagrar en la misa. || *Bot.* Cubierta externa de las flores. || *Poét.* Copa, vaso. || *Fig.* Padecimiento, amarguras: *apurar el cáliz hasta las heces.*

calizo, za adj. Que tiene cal. || — F. Roca compuesta de carbonato de calcio.

callada f. Silencio: *dar la callada por respuesta.*

callado, da adj. En silencio. || Silencioso, reservado, poco hablador.

callampa f. *Bol., Chil., Ecuad.* y *Per.* Hongo, seta. || *Chil.* y *Ecuad.* Vivienda precaria en los alrededores de la ciudad.

callar v. i. No hablar, guardar silencio: *los niños deben callar* (ú. t. c. pr.). || Apagar un sonido: *callar las campanas* (ú. t. c. pr.). || — *Fig. Al buen callar llaman Sancho,* proverbio que aconseja hablar con prudencia y moderación. | *Calla callando,* suavemente, disimuladamente. | *Matarlas callando,* hacer las cosas con mucho disimulo. | *Quien calla otorga,* el que no dice nada sobre una decisión está de acuerdo con ella. || — V. t. No decir algo. Ú. t. c. pr.: *se calló toda la verdad.*

calle f. Vía de circulación en una población, entre dos filas de casas: *calle mayor.* || Conjunto de vecinos que viven en ella: *la calle entera está al corriente.* || Conjunto de ciudadanos: *el hombre de la calle piensa lo contrario.* || En el juego de damas o en el ajedrez, casillas en diagonal u horizontales que deben recorrer las piezas. || Banda trazada en un campo deportivo para que el atleta corra, o línea o corchera para los nadadores. || *Impr.* Línea de espacio en blanco que afea la composición. || — *Fig. Dejar a uno en la calle o echar a uno a la calle,* despedirle, expulsarle. | *Echar por la calle de en medio,* obrar sin miramientos con una decisión para conseguir un objetivo. || *Hacer o abrir calle,* dejar el paso libre apartando a la gente. || *Fig. Llevarse a uno de calle,* engatusar, convencer. | *Pasear o rondar la calle,* cortejar. | *Traer o llevar a uno por la calle de la amargura,* darle preocupaciones y disgustos.

callejear v. i. Corretear, ir de un sitio a otro sin ningún fin.

callejeo m. Acción y efecto de callejear.

callejero, ra adj. Relativo a la calle. || Amigo de callejear. || Ambulante: *venta callejera.* || — M. Lista de calles de una población.

callejón m. Calle pequeña y estrecha. || Espacio entre la barrera y la contrabarrera en las plazas de toros. || *Callejón sin salida,* el que sólo tiene entrada y no salida; (fig. y fam.) situación apurada de difícil salida, atolladero.

callejuela f. Calle pequeña.

callicida m. Remedio para extirpar los callos.

callista com. Persona que se dedica a cortar y curar los callos, pedicuro.

callo m. Dureza producida en los pies o en las manos por el roce de un cuerpo duro. || Cicatriz formada en un hueso roto. || Extremos de la herradura de la caballería. || *Fig.* y *fam.* Mujer fea. || — Pl. Pedazos del estómago de la ternera o carnero, que se comen guisados: *callos a la madrileña.*

callosidad f. Espesor y endurecimiento de la epidermis.

calloso, sa adj. Con callos.

calma f. Falta de movimiento, tranquilidad: *la calma del Mediterráneo.* || Tranquilidad, sosiego, quietud: *la calma de la vida provinciana.* || Cesación, interrupción momentánea: *calma en los negocios.* || Sin preocupaciones o tareas: *quiero verle cuando esté en calma.* || Flema, pachorra: *hace todo con mucha calma.* || Serenidad, conformidad: *las desgracias hay que tomarlas con calma.* || Paciencia: *espérame con calma.* || *Calma chicha,* ausencia de viento u oleaje en el mar.

calmante adj. y s. m. Que calma: *tomar un calmante.*

calmar v. t. Aliviar, moderar un dolor, el frío. || Dar sosiego o calma a alguien. || — V. i. Calmarse. || — V. pr. Abonanzar el tiempo. || Tranquilizarse, sosegarse. || Caer el viento.

calmoso, sa adj. Tranquilo. || Indolente, flemático.

caló m. Lenguaje o dialecto de los gitanos adoptado a veces en el habla popular.

calomel m. y **calomenanos** m. pl. *Med.* Cloruro de mercurio, usado en farmacia.

calor m. *Fís.* Fenómeno que eleva la temperatura y dilata, funde, volatiza o descompone un cuerpo. || Calidad de lo que está caliente: *mantener el calor.* || Sensación que produce un cuerpo caliente: *este radiador da mucho calor.* || Elevación de la temperatura del cuerpo: *el calor de la fiebre.* || Temperatura elevada: *el calor canicular.* || *Fig.* Ardor, entusiasmo, viveza: *en el calor de la improvisación.* || Afecto, interés: *acoger con calor.* || Lo más vivo de la lucha: *el calor del combate.* || — *Calor animal,* temperatura propia de los seres vivos. || *Calor específico,* calor que absorbe un kilogramo de un cuerpo para que su temperatura aumente.

caloría f. *Fís.* Unidad de cantidad de calor equivalente a la cantidad de calor necesaria para elevar la temperatura de un gramo de agua de 14,5 °C a 15,5 °C, con la presión atmosférica normal (símb., cal).

calorífero, ra adj. Que da y propaga el calor. || — M. Aparato de calefacción.

calorificación f. *Biol.* Función del organismo vivo de la cual procede el calor de cada individuo.

calorífico, ca adj. Que produce calor: *rayos caloríficos.*

calorífugo, ga adj. y s. m. Que no transmite el calor.

calorímetro m. *Fís.* Instrumento para medir la cantidad de calor absorbida o cedida por un cuerpo.

calostro m. Primera leche que la hembra da a su cría.

calpense adj. y s. De Calpe o Gibraltar.

calpixque m. *Méx.* Mayordomo o capataz de las haciendas.

calpulli m. Entre los aztecas, cada una de las partes que se hacían de las tierras cultivadas en común.

calumnia f. Acusación falsa para causar daño en la reputación.

calumniador, ra adj. y s. Que calumnia, difamador.

calumniar v. t. Atribuir falsamente a otro intenciones o actos deshonrosos.

calumnioso, sa adj. Que contiene calumnia: *escrito calumnioso.*

caluroso, sa adj. Que tiene o da calor: *tarde calurosa.* || *Fig.* Fervoroso: *un aplauso caluroso.*

calva f. Parte de la cabeza de la que se ha caído el pelo. || Piel que ha perdido el pelo. || Calvero.

calvario m. Vía crucis. || *Fig.* Padecimiento: *sufrir un calvario.*

calvicie f. Falta de pelo en la cabeza.

calvinismo m. Doctrina religiosa protestante de Calvino, defensora de la predestinación.

calvinista adj. Del calvinismo: *doctrina calvinista.* || — Com. Partidario del calvinismo.

calvo, va adj. Que ha perdido el cabello (ú. t. c. s.). || Sin vegetación. || Raído, gastado (tejido).

calza f. Cuña o calce para calzar. || Señal que se pone en las patas a ciertos animales. || *Fam.* Media. || *Blas.* Pieza honorable del escudo. || — Pl. Calzones. || *Medias calzas,* las que sólo llegaban a las rodillas.

calzada f. Parte de una calle entre las aceras o de la carretera reservada a los vehículos. || Camino empedrado en Roma.

calzado, da adj. Con zapatos: *carmelita calzado.* || Dícese del ave cuyas plumas llegan hasta los pies: *paloma calzada.* || Aplícase al cuadrúpedo que tiene las patas de color distinto que el resto del cuerpo: *potro calzado.* || Provisto de un calzo o calce. || — M. Lo que se pone en los pies para cubrirlos: *tienda de calzado.*

calzador m. Instrumento utilizado para meter el pie en el zapato. || *Fig.* y *fam. Entrar con calzador,* ser dificultoso.

calzar v. t. Cubrir el pie con el calzado (ú. t. c. pr.). || *Por ext.* Llevar puestos los guantes, las espuelas, las gafas, etc. || Poner cuñas o calces: *calzar una mesa coja.* || Poner los neumáticos a un vehículo.

calzo m. Calce, cuña. || Fulcro, punto de apoyo de la palanca. || En el fútbol, golpe dado con la suela de la bota. || — Pl. Patas de la caballería de color distinto del pelo del cuerpo.

calzón m. Pantalón. Ú. m. en pl.: *ponerse los calzones.*

calzonazos m. *Fig.* y *fam.* Hombre condescendiente y dominado por su mujer.

calzoncillos m. pl. Prenda interior del hombre, debajo de los pantalones.

cama f. Mueble para descansar o dormir: *está en la cama.* || Sitio donde uno se puede acostar. || Sitio donde se acuestan los animales para dormir: *cama de liebres, de lobos.* || Plaza en una comunidad: *hospital o colegio de cien camas.* || Suelo de la carreta. || Capa: *cama de tierra.* || Pieza central del arado. || *Mar.* Hoyo que forma en la arena el casco de una embarcación varada. || — *Caer en cama,* ponerse uno enfermo. || *Cama turca,* la que no tiene cabecera ni pies. || *Estar en o guardar cama,* estar enfermo.

camada f. Hijos que cría de una vez un animal: *camada de conejos.* || *Fig.* y *fam.* Banda: *camada de rateros.* || Capa de cosas extendidas.

camafeo m. Piedra preciosa labrada de relieve.

camagua f. *Amer.* Maíz tardío.

camaleón m. Género de reptiles saurios cuyo color cambia según el medio que le rodea. || — Adj. y s. *Fig.* Que cambia fácilmente de opinión: *un político camaleón.*

camalote m. *Bol.* y *Riopl.* Conjunto de plantas acuáticas que tienen hojas y flores flotantes. || *Méx.* Planta acuática con cuya médula se hacen adornos.

camándula f. Rosario de uno o tres dieces. || *Fam.* Hipocresía, falsedad. | Astucia, treta. || — Com. Persona hipócrita o astuta.

camandulear v. i. Ostentar falsa o exagerada devoción.

camandulero, ra adj. y s. *Fam.* Hipócrita. | Beato.

cámara f. (Ant.). Habitación. || Habitación principal de una casa. || Cuarto de dormir: *cámara nupcial.* || Habitación de un rey, de un papa. || Sala de los barcos destinada a los jefes u oficiales. || Tomavistas de cine o de televisión. || Armario refrigerador en el que se conservan los alimentos. || Hueco en el que se pone un cartucho, un explosivo. || Tubo de goma, en el interior de la cubierta de un neumático o en un balón, que se hincha con aire. || Espacio hueco en el cuerpo: *cámara del ojo.* || Espacio entre las compuertas superior e inferior de una esclusa. || *Mec.* Espacio cerrado en que tiene lugar una combustión. || Lugar en que se reúnen ciertos cuerpos profesionales: *Cámara de Comercio.* || Edificio en que se reúnen los cuerpos legislativos de un país: *Cámara de Diputados.* || (Ant.). Tribunal: *Cámara de Indias.* || Armario: *cámara acorazada.* || Granero, troj. || Diarrea. || — *Cámara de gases,* recinto en el que, inyectando gases tóxicos, se da muerte a una persona. || *Cámara de los Comunes,* cámara baja del Parlamento británico que ejerce el poder legislativo. || *Cámara de los Lores*, cámara alta del Parlamento británico, formada por los pares, grandes señores y altos funcionarios del Reino Unido, equivalente al Senado. || *Cámara fotográfica*, máquina de retratar. || *Cámara lenta*, proyección lenta de una película. || *Cámara mortuoria*, habitación donde está de cuerpo presente un cadáver. || *Cámara oscura*, caja, cuyo interior es negro, en la que una de sus caras posee una abertura (provista de una lente) por la que penetran los rayos enviados por los objetos situados en el exterior y cuyas imágenes se proyectarán en una pantalla colocada a una distancia determinada.

cámara m. Operador de cine.

camarada com. Compañero.

camaradería f. Compañerismo.

camarero, ra m. y f. Persona que sirve a los consumidores de un café, bar, restaurante. || Persona encargada de las habitaciones de un hotel o de los camarotes de un barco. || Criado, dama de un rey o de un Papa: *camarera mayor de la reina.* || — M. Persona que atiende a los pasajeros de un avión.

camarilla f. Conjunto de personas que influyen en los asuntos del Estado o cerca de alguna autoridad o personalidad. || Grupo de personas que dirigen cualquier asunto sin que deje que otros interesados intervengan en nada.

camarín m. Habitación de las iglesias en las que se guardan las ropas y joyas de una imagen de la Virgen. || Camerino de los actores. || Tocador. || Cuarto retirado y pequeño en las casas.

camarón m. Pequeño crustáceo decápodo marino, comestible. || *Camarón que se duerme, se lo lleva la corriente,* refrán que critica la indolencia o pereza de una persona.

camarote m. Dormitorio de barco.

camastro m. Cama mala.

cambalache m. *Fam.* Cambio.

cambalachear v. t. *Fam.* Hacer cambalaches.

cambiadizo, za adj. Que cambia: *carácter cambiadizo.*

cambiador, ra adj. y s. Que cambia. || — M. *Amer.* Guardagujas.

cambiante adj. Que cambia: *humor cambiante.* || — M. Cambista. || — Pl. Visos, reflejos.

cambiar v. t. Ceder una cosa por otra: *cambiar sellos con un filatelista.* || Reemplazar: *cambiar una rueda del automóvil.* || Convertir una moneda en otra: *cambiar pesetas por pesos.* || Convertir en dinero menudo: *cambiar mil euros* (ú. t. c. i.). || Transformar: *cambiar la paz en guerra.* || Variar, mudar: *cambiaron el horario.* || — V. i. Mudar el viento. || Variar, alterarse: *el tiempo va a cambiar.* || Pasar a otra velocidad un automóvil. || — V. pr. Mudarse de ropa.

cambiazo m. Sustitución.

cambio m. Acción de cambiar. || Modificación que resulta de ello: *cambio*

de gobierno. || Trueque: *cambio de libros.* || Dinero menudo, moneda fraccionaria: *no tener cambio.* || Dinero que se da de vuelta: *cambio no me dio el cambio.* || Precio de cotización de los valores mercantiles. || Operación que consiste en la compra y venta de valores, monedas y billetes. || Diferencia que se paga o cobra por cambiar moneda de un país por la de otro. || — *A las primeras de cambio,* de buenas a primeras; a la primera oportunidad. || *Cambio de marcha o de velocidad,* sistema de engranajes que permite ajustar la velocidad de un vehículo al régimen de revoluciones del motor. || *Cambio de vía,* mecanismo para dirigir los trenes por las vías deseadas. || *En cambio,* en vez de; al contrario.

cambista com. Persona que cambia dinero. || — M. Banquero.

camboyano, na adj. y s. De Camboya.

cambriano, na y **cámbrico, ca** adj. y s. *Geol.* Dícese del primer período de la era primaria, así como de sus terrenos y fósiles.

camelador, ra adj. y s. *Fam.* Que camela.

camelar v. t. *Fam.* Enamorar, conquistar. | Embaucar con adulaciones. | Amar, querer.

cameleo m. *Fam.* Acción de camelar.

camelia f. Arbusto de Asia oriental de flores bellas e inodoras.

camélidos m. pl. Familia de rumiantes a la que pertenecen el camello, el dromedario, la llama, la alpaca, etc. (ú. t. c. adj.).

camelista com. *Fam.* Cuentista. || — Adj. Sin valor: *un pintor camelista.*

camellero m. Encargado de los camellos.

camello m. Rumiante de Asia Central que tiene dos jorobas en el lomo. || *Mar.* Dique flotante para levantar los barcos.

camellón m. Caballón.

camelo m. *Fam.* Galanteo. | Engaña. | Mentira, cuento. | Bulo, noticia falsa. | *Fam. Dar el camelo a uno,* timarle.

cameraman m. (pal. ingl.). Operador de cine, cámara. (Pl. *cameramen.*)

camerino m. Cuarto donde se arreglan y visten los artistas en el teatro.

camero, ra adj. Que sirve para cama grande: *sábana camera.* || — M. y f. El que hace o vende camas.

camerunense adj. y s. Del Camerún o Camerón.

camilla f. Cama pequeña. || Cama portátil, a modo de angarillas o andas, para transportar enfermos y heridos. || Mesa redonda cubierta con faldilla bajo la cual se pone un brasero.

camillero m. Persona que transporta heridos en camilla.

caminador, ra adj. Que camina mucho.

caminante adj. y s. Viajero a pie, que camina.

caminar v. i. Ir de viaje: *caminar a o para Barcelona.* || Ir de un sitio a otro,

andar. || Seguir su curso los ríos, los astros. || *Fig.* Ir: *camina a su ruina.* || — V. t. Recorrer.

caminata f. Recorrido largo.

caminero, ra adj. Propio de los caminos y carreteras. || *Peón caminero,* el encargado de cuidar las carreteras.

camino m. Vía de tierra por donde se pasa para ir de un sitio a otro. || Cualquier vía de comunicación. || Ruta: *me lo encontré en el camino.* || Curso: *el camino de un astro.* || *Fig.* Medio para conseguir una cosa: *estar en buen camino.* || Vía, medio que conduce a un fin: *el camino de la gloria.* || — *Camino de herradura,* el que sólo sirve para caballerías. || *Camino de hierro,* el ferrocarril. || *Camino de ronda,* el que da la vuelta a la ciudad o fortaleza. || *Camino de Santiago,* Vía Láctea. || *Camino de sirga,* el que está a orillas de ríos y canales.

camión m. Vehículo grande utilizado para transportar mercancías. || *Amer.* Autobús. || *Camión cisterna,* el que transporta carburantes líquidos, agua, vinos, etc.

camionaje m. Transporte por camión. || Precio que cuesta.

camionero m. Conductor de camión o camiones.

camioneta f. Camión pequeño.

camisa f. Prenda masculina con cuello y puños que cubre el busto. || *Bot.* Telilla o piel de ciertos frutos: *la camisa del guisante.* || Revestimiento interior o exterior de una pieza mecánica, de un horno, de un proyectil. || Carpeta, portadocumentos. || Sobrecubierta de un libro. || Red con que se cubren los mecheros de gas. || *Zool.* Epidermis de una serpiente. || — *Camisa azul,* miembro de Falange Española. || *Camisa de fuerza,* la que se pone a los locos. (En América, *chaleco de fuerza.*) || *Camisa negra,* adherente fascista italiano. || *Camisa parda,* la utilizada por el partido nazi alemán. || *Camisa roja,* compañero de Garibaldi. || *Camisa vieja,* miembro de Falange Española antes de la guerra civil. || *Fam. Dejar sin camisa,* arruinar, quitar a uno cuanto tenía. | *Meterse en camisa de once varas,* inmiscuirse uno en lo que no le importa. | *Mudar o cambiar de camisa,* cambiar de opinión o de partido. | *No llegarle la camisa al cuerpo,* estar uno con mucho miedo. | *Vender hasta la camisa,* venderlo todo.

camisería f. Tienda donde se venden camisas y taller o fábrica donde se hacen.

camisero, ra m. y f. Persona que confecciona o vende camisas. || — Adj. Aplícase a cierto traje de mujer abotonado por delante.

camiseta f. Prenda de vestir corta, de punto o de franela, que se lleva debajo de la camisa. || Camisa de verano cuya botonadura no llega hasta el final. || Camisa de los deportistas.

camisola f. Camisa o camiseta.

camisón m. Camisa de dormir. || Camisa larga o grande. || En algunas partes, camisa de hombre.

camita adj. y s. Descendiente de Cam. || – Pl. Conjunto de pueblos que viven en África.

camoatí m. *Amer.* Especie de avispa.

camomila f. Manzanilla.

camorra f. Pendencia, pelea: *armar o buscar camorra.*

camorrista adj. y s. Pendenciero, peleón.

camotal m. Terreno sembrado de camotes.

camote m. *Amer.* Batata, planta comestible. | *Fig.* Enamoramiento. | Querida. | Tonto. || *Fig. y fam. Méx. Tragar camote,* hablar con dificultad.

camotear v. i. *Méx.* Andar vagando.

camp adj. Que adopta la moda y los gustos imperantes de 1945 a 1960 (ú. t. c. s.).

campal adj. Del campo. || *Batalla campal,* la de campo raso.

campamento m. Acción de acampar o acamparse. || Lugar donde se acampa. || Grupo de personas acampadas. || *Por ext.* Instalación provisional.

campana f. Instrumento de bronce, de forma de copa invertida, que tiene en su interior un badajo que la golpea y la hace sonar. || *Fig.* Cualquier cosa que tiene forma semejante a este instrumento: *campana de la chimenea.* | Vaso de cristal o de vidrio utilizado para proteger ciertas substancias: *campana del queso.* || – *Campana de buzo o de salvamento,* recipiente con aire comprimido utilizado por los buzos para sumergirse. || *Campana neumática,* recipiente en cuyo interior se ha hecho el vacío. || *Fig. y fam. Echar las campanas al vuelo,* alegrarse mucho de algo. | *Oír campanas y no saber dónde,* no comprender más que a medias una cosa.

campanada f. Golpe que da el badajo en la campana. || Sonido que hace. || *Fig.* Suceso inesperado que causa escándalo o sorpresa.

campanario m. Torre de iglesia donde se colocan las campanas.

campanear v. i. Tañer las campanas. || *Fig. y fam.* Campaneárselas, arreglárselas.

campaneo m. Toque de campanas. || *Fig. y fam.* Contoneo.

campanero m. El que hace campanas o las toca.

campanil m. Campanario. || Campanilo.

campanilla f. Campana pequeña. | *la campanilla del monaguillo, de la puerta.* | *Anat.* Úvula, galillo de la garganta. || Flor de la enredadera y otras plantas campanuláceas. || Adorno de figura de campana: *fleco de campanillas.* || Burbuja. || *Fam. De muchas campanillas,* importante, notable.

campanillear v. i. Tocar la campanilla.

campanilleo m. Sonido de las campanillas.

campanilo m. Campanario de ciertas iglesias italianas separadas del edificio: *el campanilo de Florencia.*

campante adj. *Fig. y fam.* Ufano, contento de sí, satisfecho: *se quedó tan campante.* | Tranquilo.

campanudo, da adj. De forma de campana. || *Fig.* Grandilocuente, ampuloso, muy solemne.

campánula f. *Bot.* Farolillo.

campanuláceas f. pl. *Bot.* Plantas angiospermas dicotiledóneas que tienen por tipo el farolillo o la campánula (ú. t. c. adj.).

campaña f. Expedición militar: *las campañas de Aníbal.* || Período de tiempo en una guerra: *la campaña de Rusia fue larga.* || Cualquier empresa política, económica o de otra cosa, de poca duración, encaminada a obtener un resultado: *campaña antialcohólica, electoral.* || Campo llano.

campar v. i. Acampar. || Sobresalir. || *Fig. Campar por sus respetos,* hacer lo que uno quiere.

campeador adj. y s. m. Que sobresalía en la guerra: *el Cid Campeador.*

campear v. i. Salir los animales al campo. || Vadear las sementeras: *campear el trigo.* || *Fig.* Sobresalir: *en su prosa campea la ironía.*

campechanía f. Llaneza.

campechano, na adj. y s. De Campeche (México). || – F. *Méx.* Bebida compuesta de diferentes licores. | Pan de forma ovalada, dulce y hojaldrado. || Cóctel de mariscos.

campechano, na adj. *Fig. y fam.* Amistoso, llano, bonachón. | Sin cumplidos.

campeche m. Madera dura tintórea de América. (Se dice indistintamente *palo campeche o de campeche.*)

campeón m. Vencedor de una competición deportiva: *campeón de fútbol.* || *Fig.* Defensor, paladín: *campeón de la justicia.* || Antiguamente, el que combatía en los desafíos y torneos.

campeonato m. Prueba deportiva en la que el vencedor recibe el título de campeón: *campeonato de fútbol.* || *Fig. y fam. De campeonato,* formidable, terrible.

campera f. *Bol., Chil.* y *Riopl.* Prenda deportiva abierta por delante que llega hasta la cintura.

campero, ra adj. Relativo al campo o en el campo. || – F. *Amer.* Prenda de abrigo a modo de blusa, que llega a la cintura. || – M. Jeep, vehículo todo terreno.

campesinado m. Conjunto o clase social de los campesinos.

campesino, na adj. Propio del campo: *vida campesina.* || – Adj. y s. Que vive, que suele andar en el campo. || Natural o perteneciente a la Tierra de Campos.

campestre adj. Del campo. || – M. Danza antigua mexicana.

camping m. (pal. ingl.) Deporte que consiste en vivir al aire libre y dormir en una tienda de campaña.

campiña f. Campo.

campirano, na adj. y s. *Ecuad., Hond.* y *Méx.* Campesino.

campo m. Terreno fuera de poblado: *vivir en el campo.* || Tierra laborable: *campo de maíz.* || Lugar en que tiene lugar un combate: *campo de operaciones.* || Sitio en que se encuentra un ejército: *el campo enemigo.* || Lugar donde se celebra un encuentro deportivo: *campo de fútbol, de tenis, etc.* || *Fig.* Ámbito, medio, esfera: *campo de actividad.* | Asunto, materia: *el campo de la cultura, de la erudición.* | Partido político, filosófico: *campo carlista.* || *Blas.* Fondo del escudo. || *Fís.* Espacio en que se hace perceptible un fenómeno: *campo magnético.* || – *A campo traviesa,* atravesando el campo sin seguir un camino. || *Campo de aviación,* terreno reservado al despegue y aterrizaje de aviones. || *Campo de batalla,* sitio en que se lucha. || *Campo de concentración,* terreno cercado en el que se recluyen, en tiempo de guerra, los súbditos de países enemigos y también a otras personas por razones políticas. || *Campo semántico,* conjunto de palabras y expresiones entre las que hay una liga de significado porque se refieren a un mismo tipo de asunto: *vaca, caballo y cerdo forman parte del campo semántico de "animales de granja".*

camposanto m. Cementerio.

campus m. Ciudad universitaria cerca de una población para la enseñanza y el alojamiento de los estudiantes.

camuflaje m. Galicismo empleado para designar los artificios que se usan para ocultar un objetivo militar.

camuflar v. t. Ocultar un objetivo militar. || *Fig.* Disimular.

can m. Perro. || Gatillo de un arma de fuego. || *Arq.* Cabeza de una viga que sobresale del muro. || Modillón, adorno saliente bajo la cornisa.

cana f. Cabello blanco. || *Fig. y fam. Echar una cana al aire,* divertirse uno ocasionalmente. || *Fam. Arg., Bol., Chil., Col., Per.* y *Urug.* Cárcel. || *Arg.* y *Urug.* Cuerpo de policía. || – Com. *Fam. Arg.* y *Urug.* Miembro de la policía.

canacúa f. Danza mexicana tarasca.

canacuate m. *Méx.* Serpiente acuática muy gruesa.

canadiense adj. y s. Del Canadá.

canadio m. Metal del grupo del platino.

canal m. Cauce artificial que, mediante esclusas, permite a las embarcaciones salvar las diferencias de nivel. || Paso artificial que hace comunicar entre sí a dos mares: *el canal de Panamá.* || Estrecho o brazo de mar: *el canal de la Mancha, de Mozambique.* || Parte más profunda de la entrada de un puerto. || Conducto excavado en la tierra por donde pasan las aguas, el gas, etc. || Vaso del organismo animal o vegetal: *canal excretor.* || Banda de frecuencia entre cuyos límites se efectúa una emisión de televisión. || – Amb. Conducto que corre por el alero de un tejado para recoger las aguas de lluvia y llevarlas al suelo a través de un bajante. || Res muerta, una vez quitados los despojos. || Corte de un libro opuesto al lomo. || *Arq.* Estría de una columna. || *Abrir en canal*, abrir por en medio, de arriba abajo: *abrir una ternera en canal.*

canaladura f. *Arq.* Estría, surco en línea vertical.

canaleta f. *Arg., Bol., Chil., Parag.* y *Urug.* Tubo que baja del tejado para desaguar el agua de lluvia.

canalizable adj. Que se puede canalizar.

canalización f. Acondicionamiento de un curso de agua para hacerlo navegable. || — Pl. Conjunto de tubos o cañerías. || *Amer.* Alcantarillado.

canalizar v. t. Abrir canales. || Hacer navegable un curso de agua. || *Fig.* Encauzar, orientar en una dirección: *canalizar el descontento.*

canalla f. Gente ruin, populacho vil. || — Com. Persona vil, miserable.

canallada f. Acción o dicho propio de un canalla.

canallesco, ca adj. Propio de la canalla o de un canalla: *acción canallesca.*

canalón m. Cañería que recoge en los tejados el agua de los canales. || — Pl. Placas rectangulares de pasta, rellenas de carnes y arrolladas.

canana f. Cartuchera.

cananeo, a adj. y s. De la Tierra de Canaán.

canapé m. Sofá. || Pedazo de pan untado de algo (caviar, salmón ahumado, queso, etc.), que se sirve en los cócteles.

canaria -f. Hembra del canario.

canario m. Pájaro de color amarillo claro y de canto melodioso.

canario, ria adj. y s. De las islas Canarias. || Canelonense.

canasta f. Cesto de mimbre ancho de boca. || Cierto juego de naipes con dos o más barajas francesas. || Tanto o punto en el baloncesto. || *Fig.* y *fam. Méx. Suspender la canasta,* dejar a uno sin sueldo.

canastero, ra m. y f. Persona que hace o vende canastas.

canastilla f. Cestillo: *canastilla de costura.* || Ropa o ajuar del niño que va a nacer.

canastillo m. Canasto pequeño y bajo. || Macizo de flores redondo: *un canastillo de rosas.* || *Amer.* Canastilla, ajuar.

canasto m. Canasta menos ancha de boca. || *¡Canastos!,* interj. de enfado, de protesta o de sorpresa.

cáncamo m. Armella. || *Mar.* Cabilla de hierro.

cancanear v. i. *Fam. Méx.* Tartamudear.

cancaneo m. *Fam. Méx.* Tartamudeo.

cancel m. Armazón de madera que se pone delante de las puertas de los edificios, por la parte interior, para impedir la entrada del aire. || *Amer.* Biombo, mampara.

cancela f. Reja de hierro forjado en el umbral de una puerta.

cancelación f. Anulación. || Acción y efecto de cancelar.

cancelar v. t. Anular: *cancelar un viaje.* || Saldar, pagar una deuda.

cáncer m. *Med.* Tumor maligno formado por la multiplicación desordenada de las células de un tejido o de un órgano. || *Fig.* Lo que devora una sociedad, una organización, etc.

cancerarse v. pr. Volverse canceroso un tumor. || *Fig.* Corromperse.

cancerígeno, na adj. Que provoca el cáncer.

canceroso, sa adj. De la naturaleza del cáncer: *úlcera cancerosa.* || Atacado de cáncer (ú. t. c. s.).

cancha f. *Amer.* Campo de deportes: *cancha de fútbol.* | Hipódromo. | Patio, corral, espacio cercado. | Trozo de un río entre dos recodos.

canchero, ra adj. y s. *Arg., Chil., Parag., Per.* y *Urug.* Experto, conocedor. || — M. *Arg., Bol., Chil., Per.* y *Urug.* Cuidador o dueño de una cancha de juego.

canciller m. Antiguo dignatario que guardaba el sello real. || Empleado consular inferior al vicecónsul. || En algunos Estados, jefe del Gobierno: *el canciller alemán.* || En varios países latinoamericanos, ministro o secretario de Relaciones Exteriores.

cancilleresco, ca adj. Relativo a la cancillería.

cancillería f. Dignidad o cargo de canciller. || Oficina especial en las embajadas y consulados. || Alto centro diplomático que dirige la política exterior de un país.

canción f. Composición en verso que se puede cantar. || Música con que se canta. || Nombre de diferentes composiciones poéticas. || — *Canción de cuna,* la cantada para dormir a los niños. || *Canción de gesta,* cantar de gesta. || *Fig.* y *fam. Esa es otra canción,* eso es otra cosa. | *Volver a la misma canción,* repetir lo que se dijo.

cancionero m. Colección de canciones y poesías de diversos autores: *el cancionero de la guerra civil.*

—Los *cancioneros* más célebres son los galaico-portugueses (*Cancionero de Ajuda, Cancionero de la Vaticana* y *Cancionero Colocci-Brancuti*). El primer castellano es el *Cancionero de Baena,* recopilado hacia 1445 por Juan Alfonso de Baena. Poco después reunía *Lope de Stúñiga* el suyo (poetas de la corte aragonesa de Alfonso V). Conviene tb. citar el *Cancionero General,* compilado por Hernando del Castillo en 1511.

cancionista com. Persona que compone o canta canciones.

candado m. Cerradura móvil, que, por medio de anillos o armellas, asegura puertas, tapas de cofre, etc.

cande adj. Aplícase al azúcar cristalizado.

candeal adj. Aplícase al trigo muy blanco y al pan que con él se hace.

candela f. Vela de sebo, resina, etc. || *Fam.* Lumbre, fuego: *pedir candela para el cigarro.* || *Fís.* Unidad legal de intensidad luminosa (símb., cd). || *Fig. Arrimar, dar* o *atizar candela,* pegar, dar de palos.

candelabro m. Candelero de varios brazos. || Planta cactácea.

candelaria f. *Bot.* Gordolobo, planta.

candelero m. Utensilio con que se sostiene una vela. || Velón. || *Mar.* Cabilla de hierro que sirve para asegurar alguna cuerda. || *Fig.* y *fam. Estar en el candelero,* gozar de una posición destacada.

candelilla f. *Bot.* Flor de algunos árboles, como el álamo blanco. | Planta euforbiácea que produce un jugo lechoso, purgante. || *Cir.* Sonda de goma. | *Amer.* Luciérnaga. || *Méx.* Cera obtenida de algunas plantas euforbiáceas.

candente adj. Aplícase al metal calentado al rojo. || *Fig. Cuestión candente,* la muy grave o de actualidad.

candi adj. Cande.

candidato, ta m. y f. Persona aspirante o destinada a algún cargo, dignidad o título: *candidato para diputado, a la Academia.*

candidatura f. Aspiración a un honor o cargo, pretensión de alguien como candidato. || Papeleta en que va impreso el nombre del candidato o candidatos. || Propuesta de una o varias personas para un cargo.

candidez f. Calidad de un alma pura e inocente, ingenuidad.

cándido, da adj. Que carece de astucia, sencillo, ingenuo. || *Fig.* Simple, sin malicia.

candil m. Lámpara de aceite con una mecha. || Punta de los cuernos de los venados.

candileja f. *Bot.* Lucérnula, neguilla. || — Pl. *Teatr.* Luces del proscenio.

candiota adj. y s. De Candía.

candombe m. *Amer.* Cierto baile de los negros de Sudamérica. | Tambor.

candombear v. i. *Amer.* Bailar el candombe. | *Fig.* y *fam.* Intrigar en política.

candonga f. *Fam.* Lisonja engañosa, zalamería. | Broma o burla.

candor m. Candidez.

candoroso, sa adj. Cándido.

caneca f. *Col.* y *Ecuad.* Tambor de hojalata para transportar líquidos. || *Arg.* Vasija de madera que se usaba en la vendimia. || *Col.* Recipiente para la basura.

canela f. Corteza del canelo, empleada como condimento aromático. || *Fig.* y *fam.* Cosa buena, muy apreciada: *este vino es canela fina.*

canelo, la adj. y s. m. De color de canela. || — M. Árbol lauráceo, cuya corteza es la canela. || *Chil.* Árbol magnoliáceo. || *Fam. Hacer el canelo,* desaprovechar una ocasión, hacer el tonto.

canelón m. Canalón, cañería. | Carámbano. || Labor de pasamanería: *los canelones de una charretera.* || Rollo de pasta que se sirve con salsa, canalón. || — F. *Arg.* y *Urug.* Árbol de gran porte de hojas verde oscuro.

canelonense adj. y s. De Canelones (Uruguay).

canesú m. Cuerpo de vestido de mujer corto y sin mangas. || Pieza superior de la camisa o blusa a la cual se pega el cuello, las mangas y el resto de la prenda.

canevá m. (voz fr.). *Amer.* Cañamazo.

caney m. *Col.* Bohío de techo cónico.

cangalla f. *Arg.* y *Chil.* Desperdicios minerales. || *Arg.* y *Bol.* Aparejo que se coloca a los animales para transportar carga.

cangilón m. Cada una de las vasijas de la noria o de ciertas dragas. || *Amer.* Carril del camino.

cangrejero, ra m. y f. Persona que vende cangrejos. || — F. Criadero de cangrejos.

cangrejo m. Crustáceo fluvial comestible. || Cámbaro, crustáceo marino. || *Mar.* Verga que ajusta al palo del buque, y que puede girar y correrse.

canguro m. Mamífero marsupial de Australia y Nueva Guinea que anda a saltos por tener las patas delanteras más cortas que las posteriores. (La hembra, más pequeña, lleva a sus crías en una bolsa que tiene en el vientre.)

caníbal adj. y s. Nombre que los españoles dieron a los antiguos caribes. || Antropófago. || *Fig.* Salvaje, cruel, bruto.

canibalismo m. Antropofagia atribuida a los caníbales. || *Fig.* Salvajismo, crueldad.

canica f. pl. Juego de muchachos con bolitas de barro o de cristal. || Estas bolitas.

canicie f. Blancura del pelo.

canícula f. Período más caluroso del año, correspondiente al principio del verano. || *Astr.* Tiempo en que Sirio nace y se pone con el Sol.

canicular adj. Relativo a la canícula: *temperatura canicular*.

cánidos m. pl. *Zool.* Familia de mamíferos carniceros cuyo tipo es el perro y el lobo (ú. t. c. adj.).

canijo, ja adj. Enclenque.

canilla f. *Anat.* Cualquiera de los huesos largos de la pierna o del brazo. || Tubo pequeño de madera, por donde se vacía la cuba. || Carrete de la lanzadera de la máquina de coser o de tejer. || *Arg.* Grifo. || *Méx.* Fuerza.

canillero m. Agujero para poner las canillas en un tonel.

canillita m. *Amér.* M. Muchacho que vende periódicos.

canino, na adj. Relativo al perro: *raza canina.* || *Fig.* Enorme, muy grande, *hambre canina.* || — M. Colmillo (ú. t. c. *diente canino.*)

canje m. Cambio: *canje de prisioneros, de notas diplomáticas.*

canjeable adj. Que se puede canjear.

canjear v. t. Cambiar, trocar, hacer un canje: *canjear notas diplomáticas.*

cannabáceas f. pl. Familia de plantas dicotiledóneas y apétalas, como el cáñamo (ú. t. c. adj.).

cannáceas f. pl. Familia de plantas monocotiledóneas, como el cañacoro (ú. t. c. adj.).

cano, na adj. Con canas, de cabellera blanca: *pelo cano.*

canoa f. Embarcación de remo o con velas o motor estrecha.

canódromo m. Pista para las carreras de galgos.

canon m. Decreto, norma relativa a la fe o a la disciplina religiosa. || Conjunto de libros que se consideran que han sido inspirados por Dios. || Rogativas y ceremonias de la misa, hechas desde el prefacio hasta la comunión. || Frase musical cantada por varias voces sucesivamente y en que cada una repite el canto último de la anterior. || Unidad de medida que sirve de modelo a los escultores en las proporciones de sus estatuas: *el canon de Lisipo es diferente del de Policleto.* || Regla metódica, norma, precepto que se debe observar: *esto no se ajusta a los cánones clásicos.* || Prototipo, tipo perfecto, modelo: *este es el canon de la belleza ideal.* || Pago o precio de un arrendamiento: *tanta claridad cansa los ojos.* || *V. pr.* Fatigarse: *cansarse de caminar.*

cansino, na adj. Pesado: *película cansina.* || Lento: *voz cansina.* || Perezoso: *paso cansino.*

cantábile m. (pal. ital.). Melodía cantable ejecutada de manera muy expresiva.

cantable adj. Que puede ser cantado. || — M. Melodía fácil. || Letra de la música. || Parte cantada de una zarzuela u opereta.

cantábrico, ca adj. Concerniente a Cantabria.

cántabro, bra adj. y s. De la ant. Cantabria. || De la actual prov. española de Santander.

cantador, ra m. y f. Persona que canta: *cantador de romanzas.*

cantante adj. Que canta. || *Fig.* Llevar la voz cantante, mangonear, llevar la dirección de un asunto. || — Com. Persona que tiene como oficio cantar en un teatro lírico.

cantaor, ra m. y f. Cantor de flamenco.

cantar m. Composición poética, generalmente de cuatro versos, que suele ser cantada. || *Fig.* y *fam.* Asunto, cosa: *eso es ya otro cantar.* || *Cantar de gesta,* poema medieval de origen popular o anónimo, perteneciente al *mester de juglaría,* en que los héroes ensalzados son en general personajes históricos (Fernán González, los Infantes de Lara, Don Rodrigo, el Cid, etc.).

cantar v. t. e i. Emitir con la boca sonidos musicales: *canta muy bien; cantó un himno.* || Producir sonidos melodiosos los pájaros, los gallos, los insectos. || *Fig.* Celebrar, ensalzar: *cantar la gloria de un pueblo.* || Decir algo con cierta entonación: *cantar los números de la lotería.* || Decir: *cantar misa.* || Anunciar los naipes cuando se tiene tute: *cantar las cuarenta.* || *Fig.* y *fam.* Confesar, declarar: *cantó de plano su intervención en el robo.* | Rechinar, hacer un ruido desagradable. || *Fig.* y *fam. En menos que canta un gallo,* en un dos por tres, rápidamente, en seguida.

cantárida f. Insecto coleóptero de color verde dorado, empleado en medicina.

cantarín, ina adj. Que canta mucho: *una niña cantarina.*

cántaro m. Recipiente grande de barro, ancho de barriga y estrecho de pie y de cuello. || Su contenido. || Medida antigua para líquidos. || *Fig. Llover a cántaros,* llover con abundancia.

cantata f. Composición poética cantante. || Su música.

cantatriz f. Cantante.

cansancio m. Fatiga, falta de fuerzas que resulta de haberse fatigado. || Aburrimiento, molestia.

cansar v. t. Causar cansancio, fatigar: *cansar a un caballo.* || Quitar fertilidad a la tierra. || Afectar desagradablemente: *tanta claridad cansa los ojos.* || *Fig.* Aburrir, hartar: *el cine cansa.* | Fastidiar: *su habla me cansa.* | — V. pr. Fatigarse: *cansarse de caminar.*

canónigo m. Sacerdote que tiene una canonjía. || *Fig.* y *fam. Vida de canónigo,* muy cómoda.

canonista m. El versado en Derecho canónico.

canonizable adj. Que puede ser canonizado.

canonización f. Inclusión en el catálogo de santos.

canonizar v. t. Declarar santo la Iglesia católica a un siervo de Dios ya beatificado. || *Fig.* Alabar y aplaudir una cosa. | Calificar de buena a una persona o cosa.

canonjía f. Cargo y prebenda del canónigo. || *Fig.* y *fam.* Cargo de poco trabajo y buen provecho.

canoro, ra adj. Aplícase al ave que canta. || *Fig.* Melodioso, agradable al oído: *voz canora.*

canoso, sa adj. Que tiene canas: *cabeza descubierta y canosa.*

canotaje m. *Amer.* Deporte en el que se emplean canoas de remos para las competencias.

canotié y **canotier** m. Sombrero de paja de ala plana.

cansado, da adj. Fatigado. || Fatigoso: *viaje cansado.* || Que declina o decae: *tierra cansada.* || *Fig.* Fastidioso, harto: *cansado de oír ese ruido.* || Pesado: *es muy cansado leerlo.*

canónico, ca adj. Hecho según los sagrados cánones: *Derecho canónico.* || Aplícase a los libros auténticos de la Sagrada Escritura: *libros canónicos.*

cante m. En Andalucía, cualquier género de canto popular: *cante hondo* o *jondo; cante flamenco.*

cantegril m. *Urug.* Barrio marginal.

cantera f. Lugar de donde se extrae piedra de construcción. || *Fig.* Sitio que proporciona personas o elementos para el ejercicio de un trabajo o profesión: *una cantera de sabios.*

cantería f. Arte de labrar piedras de construcción. || Obra de piedra labrada. || Sillar.

cantero m. Hombre que labra las piedras o las saca de la cantera. || Extremo de una cosa generalmente dura: *cantero de pan.* || Haza. || *Amer.* Cuadro de jardín.

cántico m. Canto religioso, particularmente el de acción de gracias: *los cánticos de Moisés.* || *Fig.* Poesía, canto.

cantidad f. Todo lo que es capaz de aumento o disminución, y puede medirse o numerarse. || Porción de algo: *ésta es la cantidad precisa.* || Gran número de algo: *había gran cantidad de trigo.* || Duración de un sonido en fonética. || *Mat.* Expresión de una magnitud. || *Fís.* Cantidad de calor, energía calorífica absorbida por un cuerpo al elevarse su temperatura.

cantiga f. Antigua composición poética destinada al canto. (Son famosas las *Cantigas de Santa María,* compuestas por Alfonso X el Sabio en lengua galaica.)

cantilena f. Composición poética corta para ser cantada. || *Fig.* y *fam.* Repetición: *siempre con la misma cantilena.*

cantimplora f. Vasija aplanada de metal para llevar líquidos en viajes, especialmente la de los soldados.

cantina f. Sitio donde se sirve de comer y de beber a los soldados, a los obreros de una fábrica o a los niños de una escuela. || Puesto público, generalmente en las estaciones, en que se venden bebidas y comestibles. || Sótano donde se guarda el vino. || *Méx.* Taberna.

cantinela f. Cantilena.

cantinero, ra m. y f. Encargado de la cantina.

canto m. Acción y efecto de cantar. || Serie de cantos. || Serie de sonidos modulados emitidos por la voz: *el canto del pastor, de los pájaros.* || Lo que se canta. || Su letra: *canto de amor.* || Canción, cualquier composición poética: *canto nupcial, guerrero, fúnebre.* || Himno. || Cada una de las divisiones del poema épico o didáctico: *los cantos de Homero.* || *Mús.* Parte melódica de una pieza: *el canto de los violines.* || — *Fig. Canto del cisne,* la última obra de un ingenio próximo a extinguirse. || *Canto llano* o *gregoriano,* el tradicional de la liturgia católica.

canto m. Extremo o borde: *el canto de una moneda.* || Esquina o arista. || Lado. || Pedazo o cantero de pan. || Parte del cuchillo o sable opuesta al filo. || Corte del libro opuesta al lomo, etc. || Espesor de una cosa. || Piedra, guijarro. || — *Canto rodado,* guijarro. || *Fig.*

Darse con un canto en los dientes, darse por contento. || *De canto,* de lado. || *Fig. Por el canto de un duro,* por menos que nada, por poco. | *Prueba al canto,* inmediatamente.

cantón m. Esquina. || Región, país. || División administrativa de ciertos Estados: *los cantones de la Confederación helvética.*

cantonal adj. Del cantón: *división cantonal.* || — Adj. y s. Partidario o relativo al cantonalismo: *la insurrección cantonal de 1873.*

cantonalismo m. Sistema político que divide el Estado en cantones confederados.

cantonalista adj. Cantonal.

cantonera f. Pieza que protege la esquina de una cosa: *las cantoneras de un libro.* || Rinconera, estante en un rincón.

cantonero, ra adj. y s. Ocioso.

cantor, ra m. y f. Persona que canta. || Poeta. || — F. pl. *Zool.* Dícese de un orden de aves que cantan como el canario, el ruiseñor, el mirlo, etc. (ú. t. c. adj.).

cantoral m. Libro de coro.

cantueso m. *Bot.* Planta labiada, de flores moradas, semejante al espliego.

canturrear v. t. e i. *Fam.* Cantar a media voz.

canturreo m. Acción de canturrear.

cánula f. Caña pequeña. || *Cir.* Tubo corto de goma que forma parte de aparatos quirúrgicos o físicos.

canutillo m. Canuto pequeño. || Tubito de vidrio empleado en pasamanería. || *Injerto de canutillo,* el hecho poniendo un tubito de la planta que se injerta en el patrón.

canuto m. En las cañas, parte que media entre nudo y nudo. || Tubo. || Cerbatana.

caña f. *Bot.* Tallo de las gramíneas. || N. de varias plantas gramíneas que se crían a orillas de los ríos y estanques. || Rota. || Canilla del brazo o de la pierna. || Médula de los huesos: *caña de buey.* || Parte de la bota que cubre la pierna. || Vaso alto, estrecho y cilíndrico: *una caña de cerveza, de manzanilla.* || Eje del ancla. || Cierta canción popular andaluza. || Grieta en la hoja de la espada. || *Arq.* Fuste: *caña de una columna.* || *Min.* Galería de mina. || Cuerpo de varios instrumentos: *caña del timón.* || *Amer.* Ron, tafia. || — Pl. Cierta fiesta antigua de caballería: *correr cañas.* || — *Caña de azúcar,* planta gramínea cuyo tallo está lleno de un tejido esponjoso del que se extrae el azúcar.

cañacoro m. Planta cannácea de la India, de flores rojas.

cañada f. Camino por el que pasan los rebaños trashumantes. || Paso o valle entre dos alturas montañosas. || *Amer.* Arroyo.

cañaduz f. Caña de azúcar.

cañamazo m. Tela con agujeros empleada para bordar. || *Fig.* Boceto, proyecto, esbozo, bosquejo.

cáñamo m. Planta cannabácea textil con cuyas fibras se fabrican tejidos y cuerdas. || Lienzo hecho con estas fibras. || Nombre que se da en América a varias plantas textiles. || *Amer.* Bramante. || — *Cáñamo de Manila,* el abacá. || *Cáñamo indio,* hachís.

cañamón m. Semilla del cáñamo: *cañamones para el pájaro.*

cañaveral m. Plantación de cañas o carrizos.

cañazo m. Golpe dado con una caña. || *Amer.* Aguardiente de caña.

cañería f. Tubo o conducto para el agua, el gas, etc.

cañetano, na adj. y s. De Cañete (Perú).

cañizar m. Cañaveral.

cañizo m. Tejido o zarzo de caña que sirve para cubrir los techos o para dar sombra.

caño m. Tubo corto. || Albañal para las aguas sucias. || Chorro de agua: *el caño de la fuente.* || Canal estrecho de un puerto o bahía. || Conducto del aire que produce el sonido en el órgano.

cañón m. Tubo que sirve para varios usos: *cañón de anteojo, de órgano, de fuelle.* || Tubo de un arma de fuego: *el cañón del fusil.* || Pieza de artillería: *cañón antiaéreo, anticarro, atómico.* || Tubo por el que sale el humo de las cocinas, estufas, chimeneas, etc. || Parte córnea y hueca de la pluma del ave. || Pliegue redondo en la ropa. || *Geog.* Desfiladero, paso estrecho entre montañas: *el Cañón del Colorado.* || Pieza del bocado del caballo.

cañonazo m. Disparo de cañón de artillería. || Ruido y daño que causa. || En el fútbol, chut fuerte. || *Fam.* Gran sorpresa. || *Méx.* Soborno.

cañonear v. t. Disparar o batir a cañonazos.

cañoneo m. Disparo de cañón.

cañonera f. Aspillera, tronera. || *Mil.* Espacio en las baterías para poner los cañones. || *Mar.* Tronera, portañola.

cañonería f. Conjunto de cañones de artillería o de un órgano.

cañonero, ra adj. *Mar.* Dícese del barco armado de algún cañón: *lancha cañonera* (ú. t. c. s. m.).

caoba f. Árbol meliáceo de América, de madera rojiza empleada en ebanistería. || Su madera: *mesa de caoba.*

caobilla f. Árbol parecido a la caoba. || Su madera.

caobo m. Caoba, árbol.

caolín m. Variedad de arcilla blanca muy pura utilizada en la industria de la porcelana.

caos m. Estado de confusión de la materia antes de la creación del universo. || *Geol.* Acumulación de rocas debida a la erosión. || *Fig.* Desorden, confusión grande.

caótico, ca adj. Muy desordenado y confuso.

capa f. Prenda de abrigo larga, suelta y sin mangas: *capa madrileña.* | Tela encarnada que usan los toreros para lidiar los toros. || Vestidura sacerdotal: *capa de coro, magna, pluvial*. || Lo que cubre, revestimiento: *capa de barniz*. || Disposición de terrenos sedimentarios en una masa homogénea: *capas de arcilla, capa acuífera*. || Cubierta con que se protege una cosa. || Hoja del tabaco con la que se envuelve la tripa de un cigarro. || Paca, panel. || Color de las caballerías. || Fig. Baño, barniz, tinte: *una ligera capa de cultura*. | Apariencia: *bajo una capa de humildad*. | Pretexto. | Encubridor. | Clase, categoría: *las capas sociales*. || — Fig. *Andar de capa caída*, andar mal de posición o de salud. | *Hacer de su capa un sayo*, hacer uno lo que le viene en gana con lo suyo. | *So o bajo capa de*, con el pretexto.

capacha f. Capacho, espuerta. || *Chil. y Ecuad.* Prisión, cárcel.

capacho m. Espuerta de juncos o mimbres: *un capacho de fruta*. || Sera de esparto que sirve para varios usos. || *Amer.* Bolsillo o alforja. | Sombrero viejo.

capacidad f. Cabida, contenido: *la capacidad de una vasija*. || Espacio de un sitio o local: *cine de gran capacidad*. || Fig. Inteligencia, talento, aptitud, competencia: *hombre de gran capacidad*. || For. Aptitud legal para gozar de un derecho: *capacidad de elector*.

capacitación f. Formación, acción y efecto de capacitar: *escuela de capacitación profesional*.

capacitar v. t. Formar, preparar, hacer apto a uno para realizar algo. || Dar derecho: *esto no le capacita para votar*.

capador m. El que capa.

capadura f. Ablación de las glándulas genitales. || Cicatriz que produce.

capar v. t. Castrar, inutilizar los órganos genitales. || Fig. y fam. Disminuir, cercenar. || *Cub.* Podar las matas de tabaco para una segunda cosecha. || *Méx.* Cortar el cogollo del maguey para obtener el aguamiel.

caparazón m. Armadura de adorno con que se viste el caballo. || Cubierta que se pone a una cosa para protegerla: *caparazón de un motor*. || Cubierta que protege el cuerpo de ciertos animales: *caparazón de cangrejo, de tortuga*. || Esqueleto torácico del ave. || Fig. Protección, coraza. || Fig. *Meterse en el caparazón*, retirarse.

caparidáceas f. pl. Familia de plantas dicotiledóneas que tiene por tipo la alcaparra (ú. t. c. adj.).

caparrosa f. *Quím.* Nombre vulgar de diversos sulfatos: *caparrosa azul*, sulfato de cobre; *caparrosa blanca*, el de cinc; *caparrosa verde*, el de hierro.

capataz m. Encargado de dirigir cierto número de trabajadores: *capataz de construcción, de una finca*.

capaz adj. Que puede contener: *estudio capaz para cien mil personas*. || Grande: *banco capaz para tres personas*. || Fig. Que puede hacer: *es capaz de matarle*. | Accesible: *capaz de compasión*. | Apto: *capaz para el cargo*. | De buen talento o instrucción. || For. Ap-

to legalmente para una cosa. || Barb. por posible.

capciosidad f. Cosa que induce a engaño.

capcioso, sa adj. Insidioso, engañoso, que induce a error.

capea f. Toreo con la capa. || Lidia de becerros o novillos por aficionados en los pueblos.

capear v. t. *Taurom.* Torear con la capa. || Fig. y fam. Entretener con pretextos: *capear a uno*. | Eludir o sortear un compromiso: *capear la situación*. || Mar. Mantenerse el barco con viento contrario. || *Capear el temporal*, sortear el mal tiempo.

capellán m. Sacerdote de una capellanía o el que está al servicio de un establecimiento o comunidad.

capellanía f. Beneficio eclesiástico que goza un sacerdote.

capelo m. Sombrero rojo de los cardenales. || Fig. Dignidad de cardenal: *el Papa dio el capelo*.

capeo m. Toreo con la capa.

capialzado m. *Arq.* Dícese del arco más levantado por uno de sus frentes para formar el derrame en una puerta o ventana.

capiateño, ña adj. y s. De Capiatá (Paraguay).

capibara m. Carpincho.

capicúa m. (voz cat.). Cantidad que se lee lo mismo en un sentido que en otro. Ú. t. c. adj.: *el 37073 es capicúa*. || Modo de ganar en el dominó con una ficha aplicable a ambos extremos.

capilar adj. Relativo a la capilaridad. || Del cabello: *loción capilar*. || Fino como un cabello, muy fino: *tubo capilar*. || *Zool.* Vasos capilares, las últimas ramificaciones de los vasos sanguíneos del sistema circulatorio.

capilaridad f. Calidad de capilar. || Conjunto de los fenómenos producidos en los tubos capilares.

capilla f. Iglesia pequeña. || Parte de una iglesia que tiene altar. || Altar portátil de un regimiento. || Cuerpo de músicos de una iglesia: *maestro de capilla*. || Comunidad de capellanes. || Capucha en el cuello de algunas prendas de vestir y de algunos hábitos religiosos. || Fig. y fam. Religioso, fraile.

capirotada f. Aderezo de hierbas, huevos, ajos, especias, etc., para rebozar los manjares. || *Amer.* Plato preparado con carne, maíz tostado, queso, manteca y especias. || *Méx.* Postre elaborado con pan, queso, pasas de uva y cacahuate bañados con jarabe de piloncillo.

capirotazo m. Golpe dado en la cabeza con un dedo apoyándolo en la yema del pulgar y soltándolo con fuerza.

capirote m. Especie de gorro antiguo muy alto. || Muceta de los doctores de universidad: *el capirote es de distinto color según las facultades*. || Cucurucho: *capirote de los penitentes de las procesiones de Semana Santa*. || Capirotazo. || Fig. y fam. *Tonto de capirote*, muy tonto, tonto rematado.

cápita (per) V. PER CÁPITA.

capital adj. Esencial, fundamental, importante: *punto capital de un negocio*. || Importantísimo: *equivocación capital*. || Relativo a la cabeza. || Que es como cabeza de una cosa: *ciudad capital de provincia*. || Que cuesta la vida: *ejecución capital*. || *Pecados capitales*, aquellos que son como el principio de los demás: *los siete pecados capitales son el orgullo, la avaricia, la lujuria, la envidia, la gula, la ira y la pereza*. || — M. Bienes, fortuna que uno posee: *tener mucho capital*. || Dinero de que dispone una empresa. || Conjunto de dinero en el aspecto financiero: *el capital y el trabajo*. || Fig. Conjunto de recursos intelectuales de una persona. || — Pl. Conjunto de todos los instrumentos de producción. (El marxismo considera capitales solamente los medios de producción no empleados por sus propietarios.) || — F. Ciudad de un Estado en la que reside el Gobierno: *Madrid es la capital de España*. || Población principal y cabeza de un distrito o provincia. || *Impr.* Letra mayúscula (ú. t. c. adj.).

capitalismo m. Régimen económico en el que los medios de producción pertenecen a los que han invertido capitales. || Conjunto de capitales y capitalistas.

capitalista adj. Relativo al capital y al capitalismo: *régimen capitalista*. || — Com. Persona que posee dinero o que invierte capital en una empresa: *socio capitalista*. || — M. *Taurom.* Torero espontáneo.

capitalización f. Acción y efecto de capitalizar. || Valoración de un capital por la renta que éste produce.

capitalizar v. t. Determinar el capital según los intereses que produce. || Agregar al capital los intereses producidos por él. || — V. i. Acumular dinero.

capitán m. Jefe de una tropa. || En el ejército, jefe de una compañía, escuadrón o batería, entre el de teniente y comandante. || Comandante de un barco, puerto, avión, etc. || Jefe de guerra distinguido: *Bolívar, gran capitán de la independencia americana*. || Jefe de un grupo de gente, de un equipo deportivo, de una banda. || *Capitán general*, grado supremo de la milicia española; jefe superior de una región militar.

capitana f. Mujer del capitán. || Mar. Nave principal de una escuadra.

capitanear v. t. Acaudillar, mandar tropa militar. || Fig. Dirigir cualquier gente, una sublevación, etc.

capitanía f. *Mil.* Empleo de capitán. || Compañía al mando de un capitán. || Oficina del capitán. || *Mar.* Derecho que se paga al capitán de un puerto. || *Capitanía general*, edificio donde están las oficinas y cargo y territorio de un capitán general. (En la América española, la *capitanía general* era una demarcación territorial que gozaba de cierta independencia del virreinato. Las hubo en Cuba, Guatemala, Venezuela, Chile y Puerto Rico.)

capitel m. *Arq.* Parte superior de la columna: *capitel corintio.*

capitolino, na adj. Relativo al Capitolio: *Monte capitolino.*

capitolio m. *Fig.* Edificio majestuoso y elevado: *el Capitolio de Washington, de Buenos Aires, de La Habana.* || *Arqueol.* Acrópolis.

capitoste m. *Fam.* Mandamás.

capitulación f. Convenio de rendición de una plaza o ejército. || *Fig.* Abandono de una opinión, de una actitud. || — Pl. Contrato de matrimonio.

capitular adj. De un capítulo o un cabildo: *sala capitular.*

capitular v. i. Rendirse al enemigo con ciertas condiciones. || *Fig.* Abandonar una posición intransigente, ceder.

capítulo m. División de un libro, tratado, ley, código, etc.: *división de una novela en capítulos.* || Asamblea o cabildo de canónigos o religiosos: *celebrar capítulo general, provincial.* || Lugar donde se reúne. || Asamblea o reunión secular. || Reprensión grave o pública: *llamar a capítulo.* || *Fig.* Tema del que se habla.

capó m. Cubierta metálica que protege el motor de un automóvil y de un avión.

capón m. Pollo que se castra y se ceba. || *Fam.* Golpe dado en la cabeza con los nudillos, coscorrón.

caporal m. Capataz.

capot m. (pal. fr.). Capó.

capota f. Especie de sombrero de mujer. || Cubierta plegable de algunos coches. || Capa corta. || Tela del paracaídas. || *Arg.* Manteo.

capotazo m. *Taurom.* Pase con el capote. || *Fig.* Ayuda oportuna.

capote m. Capa ancha, con mangas y con un agujero en el centro para pasar la cabeza: *capote militar.* || Capa de los toreros. || En algunos juegos, suerte en que un jugador hace todas las bazas. || *Chil.* y *Méx.* Paliza, tunda. || — *Fig.* A o para mi capote, en mi fuero interior, a mi modo de entender. || *Capote de monte*, manta con un agujero en medio para pasar la cabeza. || *Fig. Decir algo para su capote*, decirlo interiormente. | *Echar un capote a uno*, ayudar al que está en apuros.

capotear v. t. Dar pases con el capote. || *Fig.* Entretener, engañar a uno con vanas promesas. | Sacar de apuros, eludir las dificultades y compromisos. || *Arg.* Maltear. || *Fig. y fam. Capoteárselas*, arreglárselas.

capoteo m. Acción de capotear.

capotillo m. Capa corta. || El de los toreros para hacer el paseíllo.

capricho m. Deseo irreflexivo: *los caprichos de una mujer.* || Deseo pasajero y vehemente: *satisfacer un capricho.* || Gusto pasajero, inconstancia: *los caprichos de la moda.* || Obra de arte llena de imaginación: *los caprichos de Goya constan de 84 aguafuertes.* || *Mús.* Composición fantasiosa y alegre. || *Al capricho de*, al antojo de.

caprichoso, sa adj. Que obra por capricho: *niña caprichosa.* || Que se hace por capricho, sin razón de ser. || Inconstante, fantasioso: *moda caprichosa.*

caprichudo, da adj. y s. Aplícase a la persona que actúa de acuerdo con sus caprichos.

caprifoliáceas f. pl. Familia de plantas angiospermas de hojas opuestas, como el saúco, la madreselva, la bola de nieve (ú. t. c. adj.).

caprino, na adj. De las cabras.

cápsula f. Casquete de metal utilizado para cerrar algunas botellas. || Envoltura soluble en que se encierran algunas medicinas de sabor desagradable. || *Quím.* Recipiente de bordes muy bajos, usado para evaporaciones. || *Zool.* Membrana en forma de saco cerrado que se encuentra en las articulaciones y otras partes del cuerpo: *cápsula sinovial, atrabiliaria, suprarrenal del cristalino.* || Cabina que ocupan los astronautas en el morro del cohete: *las cápsulas pueden desprenderse en caso de emergencia.* || Base de los cartuchos en la que se pone el fulminante. || *Bot.* Fruto seco que contiene la semilla.

capsular adj. Relativo o semejante a la cápsula: *fruto capsular.*

capsular v. t. Cerrar con cápsulas: *capsular botellas.*

captación f. Acción y efecto de captar.

captar v. t. Atraer: *captar el interés, las miradas.* || Recoger las aguas. || Percibir, comprender: *captar el sentido de su mensaje.* || Recibir una emisión: *captar una estación de radio.* || — V. pr. Granjearse, ganarse: *se captó su enemistad.*

captura f. Acción y efecto de capturar. || Fenómeno consistente en el desvío natural del cauce de un río por otro que ha llegado a captar las aguas del primero.

capturar v. t. Apresar: *capturar a un asesino.* || Galicismo por *coger.*

capucha f. Parte de una prenda de vestir con forma de gorro en la parte superior de la espalda.

capuchina f. Planta de jardín.

capuchino, na adj. y s. Religioso o religiosa de la orden de San Francisco: *fraile capuchino.* | Relativo a esta orden.

capuchón m. Capucha. || Abrigo o capote con capucha o capilla. || Objeto que cubre el extremo de algo: *el capuchón de la pluma estilográfica resguarda el plumín.*

capulín m. Árbol rosáceo de origen americano cuyos frutos son semejantes a las cerezas.

capulina f. *Méx.* Araña de color negro cuya picadura es muy venenosa.

capullo m. Botón de flor: *capullo de rosa.* || Extremo del fruto de la bellota. || Envoltura en que se refugian las orugas antes de transformarse en mariposa: *capullo de gusano de seda.*

capuz m. Capuchón o capucha. || Capa o capote antiguos.

caquetense adj. y s. De Caquetá (Colombia).

caquexia f. *Bot.* Decoloración de las partes verdes de las plantas por falta de luz. || *Med.* Desnutrición, alteración profunda del organismo, que produce un gran adelgazamiento.

caqui m. Árbol ebenáceo originario del Japón. || Su fruto. || Color que va desde el amarillo de ocre al verde gris. Ú. t. c. adj.: *uniforme de color caqui.* || *Fam.* Ropa militar.

cara f. *Anat.* Rostro del hombre: *cara ovalada, ancha, larga,* etc. || Parte anterior de la cabeza de ciertos animales: *la cara de la lechuza, del mono, del toro.* || Semblante: *tener buena cara.* || Gesto: *puso mala cara.* || *Fig.* Aspecto, apariencia: *esta carne tiene buena cara.* | Cariz: *el asunto tiene buena cara.* | Fachada, frente de algunas cosas: *la cara de un edificio, de una medalla.* || Superficie: *página de papel escrita por las dos caras.* || Anverso de una moneda: *jugar a cara o cruz.* || *Geom.* Cada una de las superficies que forman o limitan un poliedro. || *Fig. y fam.* Descaro: *tener mucha cara.* || — *Adv.* Hacia: *cara adelante, al sol.* || — *Fig.* A *cara descubierta*, descubiertamente. || *Cara a cara*, frente a frente. || *Fig. y fam.* Cara de acelga de pocos amigos, de viernes, de vinagre, la triste, desagradable. | Cara de hereje, persona muy fea. | Cara de pascua, la muy alegre. | Cara dura, caradura, descaro, desfachatez; descarado, desvergonzado, fresco. || Cara y cruz, el juego de las chapas. (En Colombia, *cara y sello*; en Argentina, *cara y castillo.*) || Cruzar la cara, abofetear. | Dar la cara, enfrentarse con un peligro. | De cara, enfrente. || Echar en cara, reprochar la conducta de uno. | Hacer cara, oponerse, resistir. | *Fig. Lavar la cara*, arreglar algo superficialmente. | *Poner buena o mala cara*, mostrar agrado o desagrado.

carabao m. *Zool.* Búfalo de Filipinas.

carabela f. *Mar.* Antigua embarcación con tres palos, pequeña y ligera: *las carabelas de Colón.*

carábidos m. pl. Familia de insectos coleópteros, carnívoros como el cárabo (ú. t. c. adj.).

carabina f. Arma de fuego menor que el fusil. || *Fig. y fam.* Señora de compañía, acompañante de una joven. || *Fam. Ser la carabina de Ambrosio*, no servir para nada.

carabinero m. Soldado armado con carabina. || En España, guardia destinado a la persecución del contrabando. (Hoy el cuerpo de *Carabineros* se ha fusionado con el de la Guardia Civil.) || Crustáceo algo mayor que la gamba. || *Fam.* Persona muy seria y adusta.

carabobeño, ña adj. y s. De Carabobo (Venezuela).

caracará m. Ave de rapiña de América del Sur.

caraceño, ña adj. y s. De Carazo (Nicaragua).

caracol m. Molusco gasterópodo terrestre o marino, comestible, de concha revuelta en hélice. || Rizo de pelo. || Vuelta o giro que hace el caballo: *hacer caracoles*. || *Anat.* Cavidad del oído interno. || *Tecn.* Pieza del reloj en que se arrolla la cadena. || *Escalera de caracol*, escalera de forma espiral. || — Pl. interj. *Fam.* ¡Caracoles!, ¡caramba!

caracola f. Caracol.

caracolear v. i. Hacer caracoles o giros el caballo.

caracoleo m. Acción y efecto de caracolear.

caracolillo m. Planta leguminosa de América. || Clase de café de grano pequeño: *el caracolillo de Puerto Rico*. || Especie de caoba con muchas vetas.

carácter m. Signo escrito o grabado. || Letra o signo de la escritura: *carácter cursivo*. || Forma de letra: *carácter claro*. || Índole o condición de una persona o cosa: *carácter espléndido; carácter oficial*. || Manera de ser, particularidad, rasgo distintivo: *los caracteres de un pueblo*. || Natural, modo de ser de una persona o pueblo: *carácter tímido; el carácter latino*. || Energía, entereza, firmeza: *mostrar carácter*. || Genio, humor: *tener buen o mal carácter*. || Personalidad, originalidad: *facciones sin carácter*. || Condición: *carácter sagrado*. || Estilo literario: *el carácter de la poesía castellana*. || Señal espiritual que imprimen algunos sacramentos. || Título, dignidad: *con carácter de ministro plenipotenciario*. || Persona considerada en su individualidad: *pintar caracteres*. || — Pl. Letras de imprenta.

característico, ca adj. Del carácter. || Que caracteriza: *diferencia característica*. || — M. y F. Actor o actriz que representa papeles de personas de edad. || — F. Particularidad, carácter peculiar: *las características de una persona o cosa*. || *Mat.* La parte entera de un logaritmo. (La otra parte se llama *mantisa*.)

caracterizado, da adj. Autorizado, muy notable.

caracterizador, ra adj. Que caracteriza. || — M. y f. Maquillador.

caracterizar v. t. Determinar por un carácter distintivo, con precisión. || Representar un actor su papel expresivamente. || — V. pr. Manifestarse por diferentes caracteres. || Maquillarse y vestirse un actor.

caracú m. *Amer.* Casta de ganado vacuno argentino. | Tuétano.

caracul m. Carnero de Asia occidental y su piel, semejante al astracán, pero menos rizada.

caradura com. *Fam.* Desvergonzado, descarado. || — F. Descaro, desfachatez: *tener caradura*.

¡caramba! interj. Denota extrañeza, disgusto.

carámbano m. Hielo que cuelga al helarse el agua.

carambola f. Lance del juego de billar en que la bola atacada toca a las otras dos. || *Fig.* y *fam.* Doble resultado que se consigue sin buscarlo. | Casualidad: *aprobó por carambola*.

caramelizar v. t. Convertir en caramelo.

caramelo m. Golosina hecha con azúcar. || Azúcar fundida y endurecida al enfriarse. || *Fam. De caramelo*, magnífico.

caramillo m. Flautilla de caña.

carancho m. *Bol., Chil., Per.* y *Riopl.* Ave rapaz semejante al halcón. || *Bol.* y *Per.* Búho.

carantoña f. *Fam.* Zalamería.

caraña f. Nombre de varios árboles gutíferos de América.

caráota f. *Venez.* Frijol, poroto.

carapegüeño, ña adj. y s. De Carapeguá (Paraguay).

caraqueño, ña adj. y s. De Caracas (Venezuela).

carátula f. Careta. || *Fig.* Profesión de comediante. || *Amer.* Portada de un libro. || *Méx.* Esfera de un reloj.

caravana f. Grupo de viajeros que se reúnen para atravesar el desierto. || Remolque habitable. || *Fig.* y *fam.* Grupo, multitud de gente: *viajar en caravana*. || — Pl. *Fam. Méx.* Cortesías. || *Amer.* Pendientes, aretes.

¡caray! interj. ¡Caramba!

carayá m. Mono grande, aullador, de América del Sur.

carboelectricidad f. Electricidad obtenida por generadores que consumen carbón.

carboeléctrico, ca adj. Relativo a la carboelectricidad.

carbohidrato m. Hidrato de carbono, glúcido.

carbón m. Combustible sólido de color negro, de origen vegetal, que contiene una proporción elevada de carbono. || Carboncillo de dibujo. || Dibujo hecho con carboncillo. || Enfermedad criptogámica de los vegetales producida por un hongo.

carbonada f. Gran cantidad de carbón que se pone en el fuego. || Guiso de carne asada en la parrilla o en las ascuas. || *Amer.* Guisado de carne mezclado con choclos, patatas, zapallos y arroz.

carbonario m. Individuo de una sociedad secreta revolucionaria enemiga del absolutismo. (La sociedad de los *carbonarios* fue fundada en Italia a principios del s. XIX y se extendió por Francia. Su fin era la unificación de Italia.)

carbonatado, da adj. Dícese del mineral o base que contiene ácido carbónico: *cal carbonatada*.

carbonato m. *Quím.* Sal resultante de la combinación del ácido carbónico con un radical simple o compuesto.

carboncillo m. Palillo de madera que, carbonizado, sirve para dibujar.

carbonera f. Pila de leña dispuesta para hacer carbón. || Lugar donde se guarda el carbón.

carbonería f. Tienda de carbón.

carbonero, ra adj. Del carbón. || — M. El que hace o vende carbón.

carbónico, ca Adj. *Quím.* Aplícase a un anhídrido resultante de la unión del carbono y el oxígeno.

carbonífero, ra adj. Que contiene carbón: *terreno carbonífero*.

carbonilla f. Carboncillo a medio quemar que cae con la ceniza. || Ceniza del carbón: *tener carbonillas en los ojos*. || *Amer.* Carboncillo.

carbonización f. Transformación de un cuerpo en carbono.

carbonizar v. t. Reducir a carbón un cuerpo orgánico, calcinar.

carbono m. *Quím.* Cuerpo simple (C) que se encuentra puro en la naturaleza, cristalizado en el diamante y el grafito o amorfo en el carbón de piedra, antracita, lignito o turba.

carbunco y **carbundo** m. *Med.* Enfermedad infecciosa septicémica que sufren algunos animales domésticos, e incluso el hombre, debida a una bacteria. || Ántrax.

carburación f. Operación que consiste en someter ciertos cuerpos a la acción del carbono: *la carburación del hierro convierte éste en acero*. || Mezcla de aire o un carburante para formar una combinación detonante.

carburador m. Dispositivo que produce una saturación completa del gas del alumbrado o del aire por medio de vapores de esencias hidrocarburadas. || Dispositivo que mezcla la esencia y el aire en los motores de explosión.

carburante m. Combustible utilizado en los motores de explosión o de combustión interna.

carburar v. t. Mezclarse en los motores de explosión el aire y los carburantes. || — V. i. *Fam.* Pitar, funcionar, ir bien.

carburo m. *Quím.* Combinación del carbono con un radical simple: *carburo de hidrógeno, de calcio*.

carca adj. y s. *Fam.* Reaccionario, retrógrado.

carcaj m. Aljaba para llevar las flechas.

carcajada f. Risa ruidosa: *soltar una carcajada*.

carcajearse v. pr. Reírse a carcajadas. || *Fig.* No hacer caso, burlarse.

carcamal m. *Fam.* Vejestorio.

carcamán, na s. *Arg., Méx., Per.* y *Urug.* Carcamal.

carcarañá m. *Riopl.* Ave de rapiña.

cárcel f. Edificio donde están encerrados los presos: *meter en la cárcel*. || Instrumento de carpintería en que se colocan, para que se peguen, las maderas encoladas. || Ranura por la que corren los tablones de una compuerta de presa. || *Impr.* Par de tablas que abrazan y sujetan el husillo.

carcelario, ria adj. Relativo a la cárcel: *régimen carcelario*.

carcelero, ra m. y f. Persona encargada del cuidado de la cárcel y de los presos. || — F. Aire popular andaluz.

carchense adj. y s. De Carchi (Ecuador).

carcinoma m. *Med.* Tumor de naturaleza cancerosa.

carcoma f. Pequeño insecto coleóptero que roe la madera. || Polvo de la madera. || *Fig.* Cosa que destruye. | Preocupación, pesadumbre: *esta cuestión es para él una verdadera carcoma.* | Persona gastosa.

carcomer v. t. Roer la carcoma la madera. || *Fig.* Corroer, consumir lentamente. Ú. t. c. pr.: *este problema me carcome.*

carda f. Acción y efecto de cardar. || Cabeza de la cardencha: *la carda sirve para sacar el pelo a los paños.* || Instrumento con púas de hierro que sirve para cardar la lana, las fibras textiles.

cardado m. Acción de cardar.

cardador, ra m. y f. Persona que carda. || — M. Nombre dado a la *escolopendra.*

cardadura f. Cardado.

cardán m. *Mec.* Articulación mecánica que permite la transmisión de un movimiento de rotación en diferentes direcciones. || Suspensión compuesta de dos círculos concéntricos cuyos ejes están en ángulo recto.

cardar v. t. Peinar con la carda las materias textiles antes de hilar. || Sacar con la carda el pelo a los paños. || Peinarse de tal forma que el pelo quede más esponjoso.

cardenal m. Cada uno de los prelados que componen el Sacro Colegio de consejeros del Papa. || Equimosis, mancha amoratada en la piel a causa de un golpe. || *Amer.* Pájaro americano de color ceniciento con un penacho rojo en la cabeza.

cardenalato m. Dignidad de cardenal.

cardenalicio, cia adj. Del cardenal: *púrpura cardenalicia.*

cardenillo m. Verdín, moho. || Color verde claro.

cárdeno, na adj. Morado, violáceo: *lirio cárdeno.* || Dícese del toro de color blanco y negro.

cardiaco, ca o **cardíaco, ca** adj. *Med.* Del corazón. || Enfermo del corazón (ú. t. c. s.).

cardias m. Orificio superior del estómago por el que éste comunica con el esófago.

cardinal adj. Principal, fundamental: *virtudes cardinales.* || — *Adjetivo numeral cardinal,* el que expresa el número, como *uno, dos, tres, cuatro,* etc. || *Puntos cardinales,* Norte, Sur, Este y Oeste.

cardiografía f. *Med.* Estudio del corazón. || Gráfico que representa sus movimientos.

cardiógrafo m. *Med.* Especialista en enfermedades del corazón. | Aparato que registra en un gráfico los movimientos del corazón.

cardiograma m. *Med.* Gráfico obtenido con el cardiógrafo.

cardiología f. Parte de la medicina que trata del corazón y sus enfermedades.

cardiólogo m. *Med.* Especialista en las enfermedades cardiacas.

cardiópata adj. y s. Persona que padece una afección cardiaca.

cardiopatía f. *Med.* Enfermedad del corazón.

cardiovascular adj. Del corazón y de los vasos sanguíneos.

carditis f. *Med.* Inflamación del tejido del corazón.

cardo m. Nombre de varias plantas espinosas.

cardón m. *Arg., Bol., Chil., Col.* y *Venez.* Planta de gran tamaño perteneciente a la familia de los cactos.

cardonal m. *Arg., Bol., Chil., Col.* y *Venez.* Lugar donde abundan los cardones.

cardumen m. Banco de peces. || *Amer.* Profusión, abundancia.

carear v. t. Interrogar juntas a dos personas para confrontar lo que dicen. || Cotejar, comparar. || — V. pr. Entrevistarse dos personas para tratar algún asunto. || Encararse, afrontarse. || *Amer.* Poner dos gallos frente a frente para juzgarlos.

*carecer v. i. Faltar, no tener: *carece de autoridad.*

carecimiento m. Carencia.

carena f. *Mar.* Reparación que se hace en el casco de la nave.

carenado m. y **carenadura** f. y **carenaje** m. Carena.

carenar v. t. *Mar.* Reparar el casco de una nave. || Dar forma aerodinámica a la carrocería de un vehículo.

carencia f. Falta o privación.

carenero m. Astillero en el que se carenan las embarcaciones.

carente adj. Que carece, falto, desprovisto: *carente de dinero.*

careo m. Confrontación: *el careo de los testigos.*

carero, ra adj. y s. Que vende caro.

carestía f. Falta, escasez, carencia de alguna cosa: *carestía de víveres.* || Subido precio de las cosas de uso común: *la carestía de la vida.*

careta f. Máscara: *careta de carnaval.* || Mascarilla de alambre u otra materia para proteger la cara, como la de apicultores, esgrimidores, bomberos, mineros, etc.

careto, ta adj. Dícese del caballo o toro que tiene la cara blanca y la frente y el resto de la cabeza de color oscuro.

carey m. Tortuga de mar: *el carey abunda en el golfo de México.* || Concha de carey: *peine de carey.*

carga f. Lo que puede llevar un hombre, un animal, un vehículo, etc.: *arrastraban una carga enorme.* || Cantidad de pólvora destinada al lanzamiento de proyectiles en las armas de fuego o a provocar la explosión de una mina o barreno. || Acción de cargar un arma

de fuego. || Cantidad de electricidad acumulada en un conductor, en un condensador o en una batería. || Producción de esta carga. || Ataque de un cuerpo militar: *carga de la tropa motorizada.* || Descarga: *se oyó la carga de los fusiles.* || Acción de cargar o llenar: *la carga de la caldera de la calefacción; la carga de un camión.* || Peso que soporta una viga, estructura metálica, etc. || Tributo, impuesto, gravamen: *cargas sociales.* || Obligación onerosa: *cargas económicas.* || *Fig.* Peso: *la carga de los años, de la edad.*

cargadero m. Lugar en el que se cargan o descargan las mercancías. || Dintel. || Tragante de un horno metalúrgico.

cargado, da adj. Lleno, recubierto. || Pesado: *el tiempo está cargado.* || Denso: *ambiente cargado.* || Fuerte: *café cargado.* || — *Cargado de años,* muy viejo. || *Cargado de espaldas,* encorvado.

cargador, ra adj. Que carga: *pala cargadora.* || — M. Aparato con que se cargan los cartuchos, balas. || Persona que carga una pieza de artillería. || Aparato utilizado para cargar los acumuladores. || *Cargador de muelle,* el que carga y descarga los barcos. || — F. Pala mecánica.

cargante adj. y s. *Fig.* y *fam.* Pesado, latoso, fastidioso.

cargar v. t. Poner una carga sobre algo o alguien: *cargar un animal, un petrolero.* || Llenar: *cargar un horno, una estilográfica, una máquina de fotografiar.* || Introducir una bala o cartucho en la recámara de un arma: *cargar un cañón, una pistola.* || Llenar abundantemente: *la mesa estaba cargada de frutas.* || Achacar: *me cargaron toda la responsabilidad.* || Gravar, imponer: *cargar la nación de tributos.* || Aumentar, añadir: *me cargaron mucho el precio.* || Anotar, apuntar: *cárgueme lo que le debo en mi cuenta.* || Hacer sostener un peso: *cargaron demasiado el estante.* || Atacar, acometer: *cargar a las tropas enemigas* (ú. t. c. i.). || *Fig.* y *fam.* Fastidiar, molestar: *este trabajo me carga.* || — V. i. Apoyarse: *el edificio carga sobre la columna.* || Pesar, recaer: *impuestos que cargan sobre el pueblo.* || Llevarse: *cargué con todas las maletas.* || Tomar a su cargo: *cargó con toda la responsabilidad.* || Caer: *acento que carga en la última sílaba.* || Contener, tener cabida: *este barco carga muchas toneladas.* || — V. pr. Tomar sobre sí una carga: *cargarse de equipaje, de hijos.* || Abundar en: *mis ojos se cargaron de lágrimas.* || Encapotarse el cielo, llenarse de nubes. || Romper, destruir: *se cargó todos los juguetes.* || *Fam.* Dar calabazas, suspender en los exámenes: *lo cargaron en el frente.* | Hacer, ejecutar: *se cargó todo el trabajo.*

cargo m. Empleo, puesto: *ocupa un cargo muy importante.* || Responsabilidad, cuidado: *lo tomó todo a su cargo.* || Acusación: *testigo de cargo.* || Censura, crítica: *graves cargos al go-*

bierno. || Débito, debe: *cuenta a su cargo*. || Buque de carga, carguero. || — *Cargo de conciencia*, remordimiento. || *Con cargo a*, a cuenta de. || *Hacerse cargo*, encargarse; darse cuenta.

cargosear v. t. *Arg., Bol., Chil., Parag., Per.* y *Urug.* Molestar, importunar.

cargoso, sa adj. Cargante.

carguero m. Buque de carga.

cariacontecido, da adj. Pesaroso, afligido.

cariado, da adj. Con caries.

cariar v. t. Corroer, producir caries. || — V. pr. Ser atacado por la carie un diente, picarse.

cariátide f. *Arq.* Columna en forma de estatua de persona.

caribe adj. y s. Individuo de un pueblo indio originario de la cuenca del Orinoco. || De las Antillas. || — M. Lengua de los caribes.

caribeño, ña adj. Del mar Caribe.

caribú m. Especie de reno que habita en Canadá, Groenlandia y Alaska.

caricáceas f. pl. Familia de plantas angiospermas dicotiledóneas (ú. t. c. adj.).

caricato m. *Teatr.* El que en la ópera suele hacer los papeles de bufo. | Actor cómico.

caricatura f. Dibujo o pintura satírica o grotesca de una persona o cosa. || Obra de arte en que se ridiculiza a una persona o cosa. || Deformación grotesca y exagerada de ciertos defectos. || Persona ridícula. || — Pl. *Méx.* Dibujos animados.

caricaturesco, ca adj. Como una caricatura.

caricaturista com. Dibujante de caricaturas.

caricaturizar v. t. Representar por medio de caricatura.

caricia f. Roce, toque en demostración de cariño.

caridad f. Amor de Dios y del prójimo: *la caridad es una virtud teologal*. || Especialmente al prójimo: *obrar con caridad*. || Limosna, buena acción.

caries f. Picadura, enfermedad inflamatoria de los huesos y de los dientes o muelas que acaba destruyéndolos.

carilampiño, ña adj. Sin barba.

carilargo, ga adj. *Fam.* De cara larga.

carilla f. Cara, página: *llenó las dos carillas*.

carillón m. Conjunto de campanas acordadas. || Su sonido.

carimba f. Señal que se ponía en el Perú a los esclavos con hierro candente.

carimbo m. *Amer.* Hierro para marcar el ganado lanar.

cariño m. Apego, afecto, amor: *le tiene mucho cariño*. || Cuidado: *hazlo con cariño*. || — Pl. Saludos, recuerdos. || Caricia, mimo, manifestaciones de afecto.

cariñoso, sa adj. Afectuoso.

carioca adj. y s. De Río de Janeiro. || — F. Danza brasileña.

cariocinesis f. *Biol.* Mitosis.

cariofiláceas f. pl. Familia de plantas dicotiledóneas que tienen por tipo el clavel (ú. t. c. adj.).

carismático, ca adj. Providencial, divino: *el rey tenía un poder carismático*.

caritativo, va adj. Que tiene caridad con el prójimo: *persona caritativa*. || Relativo a la caridad.

cariz m. Aspecto.

carlanca f. Collar con púas que se pone a los perros.

carlense adj. y s. De San Carlos (Venezuela).

carleño, ña adj. y s. De San Carlos (Nicaragua).

carlinga f. *Mar.* Madero que refuerza la quilla. || Cabina del piloto de un avión y lugar donde toman asiento los pasajeros.

carlovingio, gia adj. y s. Carolingio.

carmañola f. Chaquetilla corta usada en Francia durante la Revolución. || Danza y canto revolucionario francés de 1793.

carmelita adj. y s. Dícese del religioso o de la religiosa de la orden del Carmen: *carmelita descalzo*. || Carmelitano. || *Cub.* Marrón.

carmelitano, na adj. De la orden del Carmen. || De Carmelo (Uruguay).

carmen m. Quinta con huerto o jardín en Granada (España).

carmenador m. Persona que carmena. || Batidor, peine claro.

carmenadura f. Acción y efecto de carmenar.

carmesí adj. y s. m. Color rojo.

carmín m. Color rojo de la cochinilla. || Lápiz rojo de labios que emplean las mujeres. || — Adj. De color rojo: *rosal carmín*.

carnada f. Cebo animal para pescar o cazar. || *Fig.* Trampa, señuelo.

carnadura f. Musculatura de una persona o res. || Disposición de los tejidos para cicatrizar.

carnal adj. Relativo a la carne. || Lascivo o lujurioso: *amor carnal*. || Aplícase a los parientes colaterales en primer grado: *tío carnal*.

carnaval m. Tiempo que se destinaba a las diversiones populares desde el día de los Reyes hasta el miércoles de Ceniza. || Dícese también sólo de los tres días que anteceden al miércoles de Ceniza. || Diversiones que tienen lugar en carnaval: *el carnaval de Río de Janeiro, de Niza, de Cádiz*.

carnavalada f. *Fam.* Acto ridículo o grotesco: *el mitin político degeneró pronto en carnavalada*.

carnavalesco, ca adj. Propio de carnaval: *diversiones carnavalescas*.

carnavalito m. *Arg.* Baile norteño tradicional.

carnaza f. Parte de la piel que toca la carne. || Carne abundante y mala. || Carne de animales muertos. || Carnada, cebo de carne.

carne f. Parte blanda y mollar del cuerpo: *la carne del brazo; carne prie-*

ta. || La comestible: *carne de vaca, de ternera, de carnero*, etc. || Alimento animal en contraposición a pescado. || Pulpa, parte blanda de la fruta: *carne de melocotón*. || Sensualidad: *pecado de la carne*. || El cuerpo humano, en oposición al espíritu: *el Verbo se hizo carne*. || *Amer.* Parte dura y sana de un tronco de árbol. || — Pl. Gordura: *está echando carnes o metido en carnes*. || — *Fig. Carne de cañón*, los soldados, gentes expuestas a los peligros mayores. | *Carne de gallina*, la piel humana, cuyos pelos se erizan con el frío o con el miedo. || *Carne de membrillo*, dulce hecho con la pulpa de esta fruta. || *Carne de pelo*, la de conejos, liebres, etc. || *Carne de pluma*, la de aves comestibles. || *En carne viva*, sin piel. || *En carnes vivas*, desnudo. || *Metido en carnes*, que está algo grueso. || *No ser carne ni pescado*, no tener uno carácter determinado. || *Fig.* y *fam. Poner toda la carne en el asador*, poner en juego de una vez todos los recursos de que se dispone para lograr algo. | *Ser uno de carne y hueso*, ser tan sensible como los demás. | *Temblarle a uno las carnes*, sentir miedo.

carné m. Carnet.

carneada f. *Arg.* Acción de matar y descuartizar las reses de consumo. | Matadero.

carnear f. t. *Amer.* Matar y descuartizar las reses. | *Fig.* Engañar.

carnero m. Animal rumiante, de cuernos en espiral, lana espesa y pezuña hendida. || Carne de este animal. || Osario. || Lugar donde se depositaban en otro tiempo los cadáveres. || *Amer.* Llama, rumiante. | Persona sin voluntad. || *Fam. No haber tales carneros*, no ser cierta una cosa.

carnestolendas f. pl. Carnaval, especialmente los tres días anteriores al miércoles de Ceniza.

carnet m. Librito: *carnet de billetes*. || Agenda: *carnet de apuntes*. || Cédula: *carnet de identidad*.

carnicería f. Tienda donde se vende la carne al por menor. || *Fig.* Destrozo, mortandad grande. || Escabechina, castigo aplicado a muchas personas: *el profesor hizo una carnicería en los exámenes*.

carnicero, ra adj. y s. Aplícase al animal que mata a otros para devorarlos: *el lobo es carnicero*. || Carnívoro, que le gusta la carne. || *Fam.* Cruel, inhumano. || — M. y f. Persona que vende carne al por menor.

cárnico, ca adj. De la carne de consumo: *industrias cárnicas*.

carnitas f. *Méx.* Carne de cerdo frita con la que se preparan tacos.

carnívoro, ra adj. Que se alimenta de carne: *animal carnívoro; el hombre es carnívoro pero no carnicero*. || — M. pl. Orden de mamíferos que se alimentan de carne.

carnosidad f. Excrecencia que se forma en una llaga o en una parte del cuerpo. || Exceso de carne, gordura.

carnoso, sa adj. De carne: *apéndice carnoso*. || De muchas carnes: *brazos carnosos*.

caro, ra adj. Subido de precio: *la vida está cara*. || Querido, amado. || — Adv. A un precio alto.

carolingio, gia adj. Relativo a Carlomagno y sus descendientes: *imperio carolingio*.

carolino, na adj. De las islas Carolinas. || De San Carlos (Uruguay). || Carolingio.

carota com. *Fam.* Caradura.

caroteno m. Compuesto del carbono de color amarillo o anaranjado que se encuentra en las plantas, y que al ser ingerido por los animales se transforma en vitamina A: *la zanahoria es rica en caroteno*.

carótida adj. f. *Anat.* Cada una de las dos grandes arterias que por uno y otro lado del cuello llevan la sangre a la cabeza.

carozo m. Núcleo de la espiga del maíz. || Hueso de la aceituna.

carpa f. Pez de agua dulce, de la familia de los ciprínidos, cuya carne es muy apreciada. || *Amer.* Tienda de campaña. | Toldo de un mercado. || *Méx.* y *Cub.* Tinglado en el que se representan espectáculos populares.

carpelo m. *Bot.* Hoja modificada que forma el pistilo de la flor.

carpeta f. Especie de cartapacio para guardar papeles. || Cubierta de un legajo. || Relación de valores comerciales. || Tapete pequeño.

carpetano, na adj. y s. Individuo de un pueblo ibero que ocupaba el centro de España.

carpetazo m. Dar carpetazo, interrumpir la gestión de un expediente.

carpiano, na adj. Del carpo.

carpincho m. Mamífero roedor de América.

carpintear v. t. Trabajar la madera.

carpintería f. Oficio y taller de carpintero. || Conjunto de las cosas de madera de una casa. || *Fig.* Oficio, conocimiento profundo de una cosa: *la carpintería teatral*. || *Carpintería metálica*, conjunto de piezas de metal que constituyen la estructura de puertas, ventanas, etc.

carpintero m. El que por oficio labra la madera.

carpo m. *Anat.* Nombre científico del esqueleto de la muñeca.

carraca f. Nave antigua de transporte. || *Despect.* Barco viejo y destartalado. || Astillero. || *Mec.* Trinquete. || Instrumento de madera, de ruido seco y desapacible: *las carracas de Semana Santa*. || *Fig.* Cacharro, trasto, cosa vieja.

carrada f. Carretada. || *Fam.* Montón: *ganar dinero a carradas*.

carraleja f. Insecto coleóptero, parecido a la cantárida.

carrara m. Mármol blanco.

carrasca f. Encina generalmente pequeña. || *Col.* Instrumento músico rústico consistente en un palo con ranuras que se raspa con un palillo.

carrascal m. Monte poblado de carrascas. || *Chil.* Pedregal.

carraspear v. i. Hablar con voz ronca. || Aclararse la voz limpiando la garganta con una tosecilla.

carraspeo m. y **carraspera** f. Cierta irritación o aspereza en la garganta: *tener carraspera*.

carrasposo, sa adj. Que carraspea, que tiene carraspera.

carrera f. Paso rápido del hombre o del animal para trasladarse de un sitio a otro: *emprender la carrera*. || Espacio recorrido corriendo: *una carrera de dos kilómetros*. || Lugar destinado para correr. || Prisa: *me di una carrera para terminar*. || Curso, recorrido de los astros: *la carrera del Sol*. || Curso del tiempo: *la carrera de los siglos*. || Calle que antes fue camino: *la carrera de San Jerónimo, en Madrid*. || Calles que recorre algo, camino: *la carrera de un desfile*. || Recorrido: *los soldados cubrían la carrera*. || Espacio recorrido por un coche de alquiler: *la carrera de un taxi*. || Competición de velocidad: *carrera de automóviles, de caballos, ciclista*. || Línea de puntos sueltos en las labores de mallas: *una carrera en la media*. || Vida humana: *una carrera bien aprovechada*. || Estudios: *hacer la carrera de derecho*. || Profesión: *carrera militar*. || Línea de conducta seguida por alguien. || *Arq.* Viga larga colocada horizontalmente. || *Mec.* Movimiento rectilíneo de un órgano mecánico: *la carrera del émbolo*. || — *Carrera de Indias*, comercio que se hacía con América. || *Fig.* Dar carrera, costear a uno los estudios. | *No poder hacer carrera con una persona*, no poder hacer nada con ella. || *Tomar carrera*, retroceder para avanzar con más ímpetu.

carrerear v. t. *Méx.* Apresurar. || — V. i. *Guat.* Correr.

carrerilla f. Movimiento de la danza española. || *Mús.* Subida o bajada de una octava que hace el que toca o canta. || Línea de puntos que se sueltan en la media. || *De carrerilla*, de corrido; de memoria.

carrero m. Carretero.

carreta f. Carro de dos ruedas con un madero largo, que sirve de lanza, donde se sujeta el yugo: *carreta de bueyes*. || *Fig. Andar como una carreta*, andar muy despacio.

carretada f. Carga de una carreta. || *Fam.* Gran cantidad de una cosa. || *Fig.* y *fam. A carretadas*, en abundancia.

carrete m. Cilindro taladrado que se arrollan el hilo, seda, etc. || *Elect.* Cilindro hueco de madera o metal en el que se arrolla un alambre. || Rollo de película para hacer fotografías. || Rueda en que los pescadores llevan enrollado el sedal. || — *Carrete de inducción*, el formado por dos circuitos de alambre recorrido uno de ellos por una corriente eléctrica que ejerce influencia sobre el otro circuito. || *Carrete de*

Ruhmkorff, el de inducción con electroimán e interruptor automático, que permite obtener efectos muy intensos. || *Fig. Dar carrete*, entretener a uno.

carretera f. Camino empedrado, pavimentado o asfaltado: *carretera general, nacional*.

carretería f. Industria y taller del carretero. || Conjunto de carretas. || Ejercicio de carretear.

carreteril adj. Relativo a los carreteros.

carretero m. El que construye carros o carretas. || El que guía el carro. || — Adj. Por donde pueden pasar vehículos: *camino carretero*.

carretilla f. Carro pequeño de mano con una rueda y dos pies, o con dos, tres o cuatro ruedas. || Aparato de madera en que se colocan los niños que aprenden a andar. || Buscapiés, cohete. || *Riopl.* Carro tirado por tres mulas. || *Saber de carretilla una cosa*, saberla de memoria.

carretón m. Carro pequeño. || Coche pequeño en que lleva su rueda el afilador. || Carretilla para niños. || Armazón bastidor, en forma de plataforma giratoria sostenida por ruedas, que constituye el soporte de un vagón o locomotora de ferrocarril.

carricoche m. Coche viejo.

carril m. Surco que deja en el suelo de tierra la rueda. || Camino estrecho y sin asfaltar. || Vía, cada una de las barras de hierro paralelas por donde corre la locomotora y los vagones de ferrocarril. || *Chil.* y *P. Rico.* Tren. | Ferrocarril.

carrillada f. Mejilla del cerdo. || Bofetón.

carrillera f. Quijada, mandíbula. || *Mil.* Correa del barboquejo del casco o morrión.

carrillo m. Parte carnosa de la cara, desde los pómulos hasta la mandíbula inferior. || Mesa provista de ruedas para trasladarla. || Carro pequeño con tres ruedas y con pedales. || Garrucha, polea. || *Fam. Comer a dos carrillos*, comer mucho.

carriola f. Carro pequeño con tres ruedas. || Tarima con ruedas.

carrito m. Carrillo, mesa.

carrizal m. Sitio poblado de carrizos.

carrizo m. Planta gramínea indígena de España.

carro m. Vehículo de diversas formas. (Dícese generalmente del carro grande, de dos ruedas, tirado por caballerías y dedicado a transportar cargas.) || Carga de un carro: *un carro de trigo*. || Cierto juego infantil. || Parte móvil de algunos aparatos: *carro de una máquina de escribir, de un torno*. || Plancha de hierro en la que se coloca lo que se va a imprimir. || Subdivisión del escenario de un teatro en sentido vertical. || *Amer.* Automóvil | Tranvía. | Coche, vagón. || — *Fam. Aguantar carros y carretas*, tener mucha paciencia. || *Mil. Carro de combate*, automóvil blindado provisto de orugas y armado con cañones y ametralladoras. || *Fam. Parar el carro*, detenerse o contenerse.

carrocería f. Taller del carrocero. || Caja de un automóvil.

carrocero m. Constructor o reparador de carruajes o coches o carrocerías.

carromato m. Carro fuerte de dos ruedas con toldo de lona. || Carro de los feriantes, nómadas, gitanos. || *Fig. y fam.* Carricoche.

carroña f. Carne podrida.

carroza f. Coche grande y lujoso. || *Mar.* Cubierta en la popa de las embarcaciones.

carrozar v. t. Poner carrocería.

carruaje m. Vehículo montado sobre ruedas.

carrusel m. Ejercicio ecuestre. || Tiovivo.

cárstico adj. Kárstico.

carta f. Papel escrito que se manda a una persona: *carta de felicitación, de pésame.* || Naipe de la baraja: *jugar a las cartas.* || Ley constitucional de un país establecida por concesión: *la Carta Magna de Juan Sin Tierra en Inglaterra.* || Lista de platos en un restaurante: *comer a la carta.* || Mapa: *carta de marear.* || (Ant.). Pergamino, documento antiguo. || — *A carta cabal*, perfectamente. || *Carta apostólica*, la publicada por el Papa. || *Carta blanca*, poder amplio otorgado a alguien para que lleve a cabo una misión. || *Carta credencial*, la que acredita a un embajador o enviado plenipotenciario. || *Carta de ajuste*, conjunto de imágenes fijas de forma geométrica que aparecen en la pantalla de televisión con objeto de ajustar la imagen. || *Carta de crédito*, la que se da a una persona para que disfrute cierto crédito por cuenta del que la da. || *Carta de hidalguía*, ejecutoria. || *Carta de naturaleza*, documento que acredita que un extranjero ha conseguido su naturalización. || *Carta pastoral*, la que un prelado dirige a sus diocesanos. || *Amer. Carta postal*, tarjeta postal (es galicismo). || *Echar las cartas*, adivinar cosas ocultas o venideras por medio de los naipes. || *Hablen cartas y callen barbas*, es inútil hablar cuando hay pruebas. || *Fig. Jugar a cartas vistas*, obrar sin disimulo. | *Jugarse la última carta*, hacer un supremo esfuerzo para conseguir algo. | *Tomar cartas en un asunto*, intervenir en él.

cartabón m. Instrumento a modo de escuadra que se emplea en el dibujo lineal. || *Amer.* Marca o talla para medir a las personas.

cartagenero, ra adj. y s. De Cartagena (España y Colombia).

cartaginense adj. y s. Cartaginés.

cartaginés, esa adj. y s. De Cartago, ant. c. del N. de África. || De Cartago (Costa Rica).

cartapacio m. Funda o bolsa en que los niños que van al colegio llevan cuadernos y libros. || Cuaderno de apuntes.

cartear v. i. Jugar las cartas falsas para tantear el juego. || — V. pr. Escribirse dos personas.

cartel m. Anuncio o aviso que se fija en sitio público. || Cuadro mural para la enseñanza en las escuelas. || En tiempo de guerra, escrito relativo al canje o rescate de prisioneros o a alguna otra proposición de los enemigos. || Cártel. || *Fig. Tener cartel*, tener fama en algo.

cártel m. Asociación entre empresas, sindicatos o grupos políticos para llevar a cabo una acción común. || Asociación entre varias empresas de la misma índole —sin que ninguna de ellas pierda su autonomía económica— con objeto de regular los precios mediante la limitación de la producción y de la competencia.

cartelera f. Armazón para fijar anuncios o carteles. || En los periódicos, sección donde aparecen los anuncios de espectáculos.

cartelero m. El que pega carteles.

cartelista com. Persona que dibuja carteles.

cartelización f. Agrupación en cártel.

cartelón m. Cartel.

carteo m. Correspondencia.

cárter m. *Mec.* Envoltura que protege un engranaje, un motor.

cartera f. Especie de estuche, generalmente de piel, para llevar papeles, billetes de banco, etc.: *una cartera de becerro.* || Bolsa análoga de forma mayor para llevar o guardar valores, documentos, libros, etc. || Tira de paño que cubre el bolsillo. || Bolsillo: *saquillo.* || *Com.* Valores o efectos comerciales de curso legal que forman parte del activo de un comerciante, banco o sociedad: *la cartera de una compañía de seguros.* || *Fig. Ministerio: cartera de Marina.* | Ejercicio de un ministerio: *ministro sin cartera.* || *Fig. Tener en cartera una cosa*, tenerla en proyecto.

cartería f. Empleo de cartero. || Oficina de Correos donde se recibe y despacha la correspondencia.

carterilla f. Tira de tela que cubre la abertura de un bolsillo. || Estuche de cartón que contiene cerillas.

carterista m. Ladrón de carteras de bolsillo.

cartero m. Repartidor de Correos que lleva las cartas a domicilio.

cartesianismo m. Sistema metódico y racional preconizado por Descartes.

cartesiano, na adj. Relativo al cartesianismo. || — M. y f. Su partidario.

cartilagíneo, a adj. *Zool.* Aplícase a los peces de esqueleto cartilaginoso.

cartilaginoso, sa adj. *Zool.* De naturaleza de cartílago.

cartílago m. *Zool.* Tejido elástico, menos duro que el hueso.

cartilla f. Cuaderno pequeño con las letras del alfabeto. || Cuaderno con diferentes indicaciones que sirve para usos diversos: *cartilla militar, de la Caja de Ahorros.* || — *Fig. Leerle la cartilla a uno*, reprenderle mucho. | *No saber la cartilla*, ser un ignorante.

cartografía f. Arte de trazar mapas geográficos: *la cartografía de Mercator.*

cartográfico, ca adj. Relativo a la cartografía.

cartógrafo, fa m. y f. Persona que traza mapas o cartas geográficas.

cartomancia f. Adivinación por las cartas de la baraja.

cartomántico, ca m. y f. Persona que practica la cartomancia.

cartón m. Conjunto de varias hojas superpuestas de pasta de papel endurecido. || *Arq.* Ménsula. || Dibujo o boceto que se ejecuta antes de hacer un cuadro, fresco, tapicería o vidriera: *los cartones de Rafael.* || Caja con varios paquetes de cigarrillos. || *Cartón piedra*, pasta de papel, yeso y aceite secante, que resulta muy dura.

cartonaje m. Obras de cartón.

cartoné (en) adv. Tipo de encuadernación con tapas de cartón: *libros en cartoné.*

cartonería f. Fábrica de cartón. || Tienda en que se vende.

cartuchera f. Estuche para llevar los cartuchos.

cartucho m. Carga de un arma de fuego, encerrada en un cilindro de cartón o de metal. || Paquete cilíndrico de monedas: *un cartucho de calderilla.* || Bolsa de papel fuerte o de plástico en la que se meten ciertos géneros. || Cucurucho de dulces. || *Fig. Quemar el último cartucho*, acudir al último recurso.

cartuja f. Convento de cartujos.

cartujo adj. y s. m. Religioso de la Cartuja. || *Fig. Vivir como un cartujo*, vivir aislado del mundo.

cartulina f. Cartón delgado.

carúncula f. *Anat.* Excrecencia de color rojo vivo que tienen en la cabeza algunos animales como el pavo. || *Carúncula lagrimal*, grupo pequeño de glándulas sebáceas en el ángulo interno del ojo.

casa f. Edificio o piso dedicado a vivienda: *casa amueblada.* || Conjunto de personas que tienen el mismo domicilio: *fuimos toda la casa.* || Conjunto de los asuntos domésticos, del hogar: *mujer que lleva bien su casa.* || Colocación de un criado: *sirve en una casa muy buena.* || Descendencia: *la Casa de los Borbones.* || Establecimiento o empresa comercial: *casa editorial.* || Cuadro o escaque del ajedrez, de las damas, etc. || Término con el que se designan ciertos establecimientos penitenciarios: *casa correccional.* || — *Casa civil*, conjunto de funcionarios civiles de un jefe de Estado. || *Casa consistorial*, el Ayuntamiento. || *Casa cuna*, hospicio de niños. || *Casa de banca*, banco. || *Casa de campo*, casa fuera de poblado para el cultivo o recreo. || *Casa de citas*, burdel. || *Casa de Dios*, iglesia. || *Casa de empeños o de préstamos*, establecimiento donde se presta dinero sobre alhajas u otros efectos. || *Casa de fieras*, sitio donde están reunidos animales del mundo entero para enseñarlos al público. || *Casa de huéspedes*, pensión. || *Casa de la villa*, Ayuntamiento.

|| *Casa de locos* o *de salud*, manicomio. || *Fam. Casa de Tócame Roque*, aquella en que cada uno hace lo que le viene en gana. || *Casa de trato*, establecimiento de prostitución. || *Casa de vecindad* o *de vecinos*, la dividida en muchos departamentos distintos para varias familias. || *Casa matriz*, establecimiento central del que dependen sucursales. || *Casa mortuoria*, casa donde ha muerto alguno y de donde sale la comitiva para ir al entierro. || *Casa religiosa*, convento. || *Casa solariega*, la que está vinculada a una familia. || *De casa*, propio para estar en ella.

casabe m. Pez del mar Caribe. || Pan de yuca molida, muy común en las Antillas.

casabería f. *Amer.* Lugar donde se produce o vende casabe.

casaca f. Prenda de vestir de mangas anchas, con faldones y ceñida al cuerpo: *casaca de ministro.* || *Fig. Volver casaca*, cambiar de ideas o de partido, chaquetear.

casación f. *For.* Anulación de una sentencia: *recurso de casación.*

casadero, ra adj. Que tiene ya edad de casarse: *joven casadera.*

casado, da adj. y s. Que ha contraído matrimonio.

casamata f. *Fort.* Reducto abovedado para instalar artillería. || Abrigo subterráneo.

casamentero, ra adj. y s. Dícese de la persona muy aficionada a casar a los demás.

casamiento m. Matrimonio.

casar v. i. Unirse en matrimonio (ú. m. en pr.). || Corresponderse, armonizar: *colores que casan bien* (ú. t. c. pr.). || — V. t. Celebrar el matrimonio un sacerdote o el juez municipal. || *Fig.* Unir o juntar dos cosas de modo que hagan juego: *casar los colores.* || *For.* Anular, derogar: *casar una ley, una sentencia.* || — *Fig. Antes que te cases mira lo que haces*, refrán que significa que han de pensarse mucho las decisiones importantes. || *Fig. No casarse con nadie*, no dejarse influir en su opinión o actitud, conservar su independencia.

cascabel m. Bolita de metal hueca y horadada que contiene algo en el interior que la hace sonar. || *Fig. Poner el cascabel al gato*, poner en ejecución un proyecto difícil y desagradable. || *Serpiente de cascabel*, crótalo.

cascabelear v. t. *Fig.* y *fam.* Engañar con esperanzas vanas. || — V. i. Sonar los cascabeles. || *Fig.* y *fam.* Obrar con ligereza.

cascabeleo m. Ruido de cascabeles o de voces que lo asemejan.

cascabelero, ra adj. *Fig.* y *fam.* Persona poco sensata. || — M. Sonajero.

cascabillo m. Cascabel. || Cascarilla del grano de los cereales. || Cúpula de la bellota.

cascada f. Salto de agua. || *Fig. En cascada*, en serie.

cascado, da adj. Viejo, enclenque: *un anciano muy cascado.* || Aplícase a la voz que carece de sonoridad y entonación.

cascajo m. Guijo, grava. || Escombros. || Fruta de cáscara seca. || *Fam.* Chisme, trasto roto o viejo. || Casa o coche viejo. || *Fig.* y *fam. Estar hecho un cascajo*, estar achacoso o viejo.

cascanueces m. Instrumento, a modo de tenazas, para partir nueces. || *Zool.* Pájaro conirrostro de la familia de los fringílidos.

cascar v. t. Rajar, hender: *cascar un huevo, una nuez.* || Perder su sonoridad habitual la voz de alguien. || *Fam.* Golpear, pegar a uno. | Charlar (ú. m. c. i.). || *Pagar.* || *Fig.* y *fam.* Quebrantar la salud de uno. || — V. i. Morir.

cáscara f. Corteza o envoltura dura de algunas frutas: *cáscara de nuez, de almendra*, etc. | Cubierta exterior de los huevos. || Corteza de los árboles u otras cosas. || ¡*Cáscaras!*, interj. de sorpresa o admiración.

cascarilla f. Corteza amarga y aromática de una euforbiácea de América: *la cascarilla se usa en farmacia.* || Quina delgada o de Loja. || Cáscara de cacao tostada con que se hace una infusión. || Laminilla de metal. || *Fam. Jugar de cascarilla*, no tener voz ni voto.

cascarón m. Cáscara del huevo. || *Arq.* Bóveda cuya superficie es un cuarto de esfera.

cascarrabias com. *Fam.* Persona gruñona o que protesta mucho.

casco m. Armadura para cubrir y defender la cabeza: *casco de motorista, de bombero, de minero, militar.* || Copa del sombrero. || Armadura que se pone en la cabeza para sostener algo: *el casco del auricular.* || Cráneo. || Pedazo de una botella, una vasija o vaso que se rompe. || Pedazo de metralla. || Parte carnosa de la cebolla. || Recinto de población: *el casco antiguo de Barcelona.* || *And.* y *Amer.* Gajo de naranja, granada, etc. || Envase, botella: *casco pagado.* || Tonel, pipa: *casco de vino.* || Pezuña, uña del pie de las caballerías. || *Blas.* Yelmo, celada. || *Geom.* Superficie de revolución: *hiperboloide de dos cascos.* || *Mar.* Cuerpo del barco. || Embarcación filipina. || — Pl. Cabeza de carnero o vaca, despojada de sesos y lengua. || — *Fig.* y *fam. Romperse* o *calentarse los cascos*, fatigarse mucho en el estudio de una cosa. || *Ser alegre* o *ligero de cascos*, ser poco juiciosa una persona.

cascote m. Escombro.

caseificación f. Acción y efecto de caseificar.

caseificar v. t. Transformar en caseína. || Separar la caseína de la leche.

caseína f. *Quím.* Sustancia albuminoidea de la leche, que unida a la manteca forma el queso.

caseoso, sa adj. Relativo al queso. || Semejante al queso.

caserío m. Pueblecito, conjunto de casas en el campo. || Cortijo, alquería, casa de campo.

casero, ra adj. Doméstico: *tarta casera.* || Que se cría en casa, doméstico. || Que se hace en las casas, sin cumplido, entre personas de confianza: *reunión casera.* || Dícese de la persona amante de su hogar, que sale poco de su casa. || Remedio casero, el que se hace empíricamente. || — M. y f. Dueño de una casa, que la alquila a otros. || Persona que cuida de la casa de otro, gerente. || Administrador de una finca rústica.

caserón m. Casa grande y destartalada.

caseta f. Casilla: *caseta de madera.* || Construcción pequeña de los bañistas en las playas, de los feriantes, expositores, etc.

casi adv. Cerca de, con poca diferencia, aproximadamente: *botella casi llena.* (Ú. tb. repetido: *eran casi, casi las doce.*) || Hállase construido con la conj. *que: casi que parece de ayer.*

casilla f. Casa pequeña: *casilla de guardaguas.* || Taquilla de venta de billetes. || Anaquel de un estante. || División de un papel cuadriculado: *escribir un número en cada casilla.* || División de un casillero, de un crucigrama, escaque de un tablero de ajedrez, etc. || *Pop.* Cárcel: *meter en la casilla.* || *Amer.* Apartado postal. || Excusado, retrete. || *Fam. Salir de sus casillas*, enfurecerse mucho.

casillero m. Mueble con divisiones para guardar papeles, etc.

casimir m. Tela de lana muy fina, de poco grueso.

casino m. Lugar de reunión y diversión, por lo común en los balnearios: *el casino de Montecarlo.* || Centro de recreo, club. || Asociación de hombres de las mismas ideas o clase: *casino agrícola, industrial, político.* || Edificio donde se reúnen.

casis f. Grosellero negro y licor sacado de esta planta.

casiterita f. *Min.* Bióxido de estaño.

caso m. Acontecimiento, suceso: *un caso extraordinario.* || Asunto, situación determinada: *le expuse mi caso.* || Casualidad. || Ocasión: *en este caso venga.* || Punto de consulta: *un caso difícil.* || Tipo: *este hombre es un caso de idiotez.* || *Gram.* Relación que guardan las palabras declinables. (Los casos son seis: *nominativo, genitivo, dativo, acusativo, vocativo* y *ablativo*.) || *Med.* Cada una de las invasiones individuales de las enfermedades epidémicas: *caso de tifoidea, de peste*, etc. || *Caso de conciencia*, punto dudoso en materia moral. || *Caso que* o *dado el caso que* o *en caso de que*, si sucede tal o cual cosa. || *En todo caso*, pase lo que pase. || *Fig.* y *fam. Hacer caso*, prestar uno atención a lo que se dice o quiere otro. || *Hacer caso omiso*, prescindir. || *Ir al caso*, tratar de lo principal. || *Fam. No hacer* o *venir al caso*, no tener ninguna relación. | *Poner por caso,* poner por ejemplo.

casorio m. *Fam.* Boda.

caspa f. Escamilla blanca formada en la cabeza.

¡cáspita! interj. Denota sorpresa o admiración.

casquería f. Tienda en la que se venden los despojos de las reses.

casquero m. El que tiene una casquería, tripicallero.

casquete m. Casco antiguo de armadura. || Gorro: *un casquete de lana.* || Media peluca. || *Geom. Casquete esférico,* parte de la superficie de una esfera cortada por un plano que no pasa por su centro. || *Casquete polar,* zona incluida entre el círculo polar y el polo correspondiente.

casquillo m. Anillo o abrazadera de metal: *casquillo de bayoneta.* || Parte metálica de una lámpara eléctrica. || Parte metálica del cartucho de cartón. || Cartucho metálico vacío.

casquivano, na adj. *Fam.* Alegre de cascos, poco formal o serio.

casta f. Raza o linaje. || Cada una de las clases hereditarias que formaban en la India la división jerárquica de la sociedad. || *Fig.* Especie o calidad de una persona o cosa: *de buena o mala casta.* | Grupo: *forman una casta aparte.*

castaña f. Fruto del castaño. || Vasija grande de cristal de forma redonda: *una castaña de vino.* || Mata o moño de las mujeres. || *Fig. y fam.* Puñetazo: *arrear una castaña.* || — *Castaña pilonga,* la seca y avellanada. || *Fig. y fam.* Sacar a uno las castañas del fuego, sacar a otro de un apuro.

castañar m. Lugar poblado de castaños.

castañero, ra m. y f. Persona que vende castañas.

castañeta f. Chasquido de dedos. || Castañuela.

castañetazo m. Chasquido fuerte de las castañuelas o dedos. || Estallido de la castaña en las ascuas. || *Fam.* Golpe.

castañetear v. t. Tocar las castañuelas. || Hacer chasquear: *castañetear los dedos.* || — V. i. Sonarle a uno los dientes: *castañeteaba de frío.* || Crujir los huesos.

castañeteo m. Ruido de las castañuelas, de los dientes al chocar unos con otros. || Crujido de los huesos.

castaño, ña adj. De color de la cáscara de la castaña: *una cabellera castaña.* || — M. Árbol cupulífero cuyo fruto es la castaña.

castañuela f. Instrumento músico compuesto de dos tablillas en forma de castaña que se fijan en los dedos y se repican vivamente. || *Fig. y fam.* Estar como unas castañuelas, estar muy alegre.

castellanismo m. Palabra o giro propio de Castilla.

castellanizar v. t. Dar forma castellana a una palabra de otro idioma, hispanizar.

castellano, na adj. y s. De Castilla. || — M. Lengua oficial de España e Hispanoamérica. || Señor de un castillo. || — F. Señora de un castillo. || Mujer del castellano. || Copla de romance octosílabo.

—*El castellano o español* constituye la lengua más difundida de todas las procedentes del latín, gracias al período glorioso de la historia de España que dio a su idioma nacional carácter internacional al propagarlo como medio de expresión en América, norte de África y Oceanía (Filipinas).

castellonense adj. y s. De Castellón de la Plana.

casticidad y **casticismo** m. Pureza, propiedad en el lenguaje. || Respecto de los usos o costumbres, tradicionalismo.

casticista m. Purista en el uso de la lengua.

castidad f. Virtud opuesta a la lujuria. || Continencia absoluta.

castigador, ra adj. y s. Que castiga. || — M. *Fam.* Seductor.

castigar v. t. Imponer castigo al que ha cometido una falta. || Maltratar: *castigado por la vida.* || Escarmentar. || Mortificar, atormentar: *castigar su carne.* || *Fig.* Corregir, enmendar: *castigar el estilo de un escrito.* | Dañar, perjudicar, estropear un fenómeno natural. | Enamorar por pasatiempo. || *Taurom.* Herir al toro con picas o banderillas o torear con pases de castigo.

castigo m. Pena, corrección de una falta. || *Fig.* Tormento, padecimiento, sufrimiento: *esta hija es su castigo.* || En deportes, sanción tomada contra un equipo: *castigo máximo.* || *Taurom.* Pase o herida que se hace al toro para cansarlo más o rebajarle las fuerzas: *le dio unos muletazos de castigo.*

castillo m. Edificio fortificado con murallas, baluartes, fosos, etc. || *Blas.* Figura con una o más torres. || *Mar.* Cubierta principal del buque entre el trinquete y la proa. || *Mil.* Máquina de guerra antigua en forma de torre. || — *Castillo de fuego,* armazón para fuegos artificiales. || *Fig. y fam. Castillo de naipes,* lo que es fácil de destruir; proyecto descabellado. || *Castillo en el aire,* ilusiones quiméricas.

castina f. Piedra calcárea empleada para fundir un mineral de hierro con mucha arcilla.

castizo, za adj. y s. Dícese de la persona o cosa que representa bien los caracteres de su raza, país, ciudad, etc., típico, genuino: *aquel castizo;* las *castizos.* || Dícese del lenguaje puro y del escritor que lo usa: *estilo, autor castizo.* || De buena casta, sin defecto. || *Méx.* Hijo de mestizo y española o de español y mestiza. || — M. Animal muy fecundo.

casto, ta adj. Que tiene pureza de alma, de cuerpo: *casta esposa.* || Conforme a las normas de la decencia, del pudor: *una vida casta.*

castor m. Mamífero roedor, de pelo muy fino y de piel estimada.

castración f. Ablación de las glándulas genitales en el macho.

castrado adj. m. y s. m. Que ha sufrido la castración.

castrador m. El que castra.

castrar v. t. Capar, extirpar los órganos necesarios a la generación: *castrar un animal.* || Quitar a las colmenas panales de miel. || Podar los árboles. || Secar las llagas. || *Fig.* Debilitar, quitar valor.

castrense adj. Propio del ejército o de la profesión militar.

castrismo m. Doctrina que se inspira en las ideas de Fidel Castro.

castrista adj. y s. Partidario o relativo al castrismo.

casual adj. Que ocurre accidentalmente, por casualidad, imprevisto, fortuito.

casualidad f. Combinación de circunstancias que no se pueden prever ni evitar, azar. || Suceso inesperado, imprevisto.

casualismo m. Teoría filosófica basada en el estudio de las causas.

casuarina f. Árbol originario de Oceanía de hojas filamentosas.

casuismo m. Casuística.

casuista adj. y m. Teólogo que se dedica a resolver casos de conciencia. || Dícese del que acomoda los principios morales a cada caso particular.

casuístico, ca adj. Relativo a la casuística o al casuista. || — F. Parte de la teología moral que estudia los casos de conciencia. || Sutileza excesiva.

casulla f. Vestidura sagrada que se pone el sacerdote sobre las demás para celebrar la misa. || *Hond.* Grano de arroz con cáscara.

cata f. Acción de catar.

catabólico, ca adj. *Biol.* Relativo al catabolismo.

catabolismo m. *Biol.* Fase del metabolismo constituida por el conjunto de reacciones bioquímicas que desintegran la materia viva.

cataclismo m. Cambio profundo en la superficie del globo terrestre: *el cataclismo de la Atlántida.* || *Fig.* Gran trastorno en el orden político, social, familiar.

catacumbas f. pl. Galerías subterráneas utilizadas por los cristianos primitivos como templos y cementerios: *las catacumbas de Roma.*

catadióptrico, ca adj. *Fís.* Que implica en un mismo tiempo reflexión y refracción de la luz. || *Ópt.* Dícese del aparato compuesto de espejos y lentes. || — F. Parte de la física que trata de los fenómenos catadióptricos.

catador m. El que prueba alimentos o bebidas: *catador de vinos.* || Conocedor, perito. || El que prospecta.

catadura f. Degustación, acción y efecto de catar. || *Fig.* Aspecto o apariencia: *tener mala o fea catadura.*

catafalco m. Túmulo que se levanta en las iglesias para las exequias solemnes.

catafaro y **catafoto** m. Sistema óptico que permite reflejar la luz recibida.

catalán, ana adj. y s. De Cataluña. || — M. Idioma hablado en Cataluña, en el antiguo reino de Valencia, islas Baleares, Rosellón (Francia) y ciudad de Alghero (Cerdeña).

catalanidad f. Calidad de catalán.

catalanismo m. Catalanidad. || Giro o vocablo catalán. || Doctrina favorable a la autonomía o la independencia de Cataluña.

catalanista adj. y s. Partidario del catalanismo.

catalejo m. Anteojo para ver a larga distancia.

catalepsia f. Med. Accidente nervioso repentino que suspende la sensibilidad exterior y el movimiento.

cataléptico, ca adj. De la catalepsia. || — Adj. y s. Enfermo de catalepsia.

catalina f. Rueda dentada de la maquinaria de los relojes.

catálisis f. Quím. Aceleración de una reacción producida por la presencia de una sustancia que permanece aparentemente intacta.

catalítico, ca adj. Quím. Relativo a la catálisis: agente catalítico; fuerza catalítica.

catalizador m. Quím. Cuerpo que puede producir la catálisis: cuerpo catalizador. || Fig. Lo que provoca y fija una reacción.

catalizar v. t. Quím. Intervenir como catalizador en una transformación. || Fig. Provocar una reacción.

catalogación f. Acción y efecto de catalogar.

catalogar v. t. Registrar en un catálogo: catalogar los libros y manuscritos de una biblioteca. || Fig. Clasificar.

catálogo m. Lista, enumeración ordenada: un catálogo de libros.

catamarán m. Embarcación de vela y con dos flotadores.

catamarqueño, ña adj. y s. De Catamarca (Argentina).

cataplasma f. Med. Masa de consistencia blanda, envuelta en una tela, que se aplica con fines curativos en cualquier parte del cuerpo. || Fig. y fam. Pesado, pelmazo.

catapulta f. Máquina de guerra antigua para arrojar piedras o flechas. || Máquina para hacer despegar aviones o cohetes en una superficie de lanzamiento reducida.

catapultar v. t. Lanzar con catapulta. || Fig. Lanzar violentamente: catapultar un avión.

catar v. t. Probar: catar un melón. || Examinar, mirar.

catarata f. Caída grande de agua: las cataratas del Nilo. || Fig. Lluvia torrencial, aguacero. || Med. Opacidad del cristalino del ojo o de su membrana que produce la ceguera total o parcial.

catarina o **catarinita** f. Méx. Mariquita, insecto.

cátaro m. V. ALBIGENSE.

catarro m. Med. Resfriado, constipado.

catarroso, sa adj. y s. Acatarrado, resfriado. || Propenso a catarro.

catarsis f. Purificación de las pasiones por la contemplación de obras estéticas.

catastral adj. Del catastro.

catastro m. Censo estadístico de las fincas rústicas y urbanas de un país.

catástrofe f. Desenlace doloroso del poema dramático. || Fig. Suceso inesperado y que causa desgracias. | Fam. Cosa mal hecha: su pintura es una catástrofe.

catastrófico, ca adj. Que tiene las características de una catástrofe. || Fig. Muy grave e imprevisto. | Desastroso, malo.

catavino m. Taza para probar o pipeta para sacar el vino en las bodegas.

catavinos m. Hombre que tiene por oficio probar el vino para apreciarlo.

cátcher m. Jugador de béisbol que recoge la pelota cuando el bateador no la rechaza.

cate m. Pop. Bofetón. || Fam. Nota de suspenso en los exámenes.

cateador m. Amer. El que busca yacimientos minerales.

catear v. t. Buscar. || Observar. || Fam. Suspender en un examen. || Amer. Reconocer y explorar el terreno buscando yacimientos minerales. || Allanar o registrar el domicilio de alguien.

catecismo m. Enseñanza de los principios y los misterios de la fe cristiana. || Libro que contiene la explicación de la doctrina cristiana.

catecúmeno, na m. y f. Persona que aprende los principios de la doctrina cristiana para bautizarse.

cátedra f. Asiento elevado del profesor. || Aula, clase: cátedra de Historia. || Cargo y función del catedrático. | Dignidad pontificia o episcopal. || — Cátedra de San Pedro, dignidad del Sumo Pontífice. || Fig. y fam. Poner cátedra, hablar en tono doctoral.

catedral adj. y s. f. Iglesia episcopal. || Fig. y fam. Como una catedral, enorme.

catedralicio, cia adj. Relativo a la catedral.

catedrático, ca m. y f. Profesor titular de una cátedra en una facultad, instituto, etc.

categoría f. Fil. Según Aristóteles, cada una de las nociones más generales: el lugar y el tiempo son categorías. | En la crítica de Kant, cada una de las formas del entendimiento, a saber: cantidad, cualidad, relación y modalidad. || Fig. Condición de una persona respecto a otra: categoría social. | Clase de objetos semejantes: hotel de primera categoría. || Fig. De categoría, de elevada condición.

categórico, ca adj. Rotundo, claro: un éxito categórico.

catenaria adj. y s. Tec. Sistema de suspensión de un cable eléctrico que lo mantiene a una altura uniforme respecto a la vía. || — F. Geom. Curva que forma una cuerda colgada de dos puntos fijos.

cateo m. Amer. Acción y efecto de catear.

catequesis f. Enseñanza de la religión. || Arte de instruir por medio de preguntas y respuestas.

catequista com. Persona que enseña el catecismo.

catequístico, ca adj. Relativo a la catequesis. || Fig. Lo escrito en preguntas y respuestas, como el catecismo.

catequización f. Acción de catequizar.

catequizar v. t. Enseñar la doctrina cristiana. || Fig. Intentar persuadir a uno, adoctrinar.

caterva f. Multitud: caterva de pillos. || Abundancia: caterva de cosas viejas.

catetada f. Dicho o hecho propio de cateto o paleto.

catéter m. Cir. Sonda.

cateto m. Geom. Cada lado del ángulo recto en el triángulo rectángulo.

cateto, ta adj. y s. Palurdo.

catgut m. (pal. ingl.). Hilo de tripa usado en suturas quirúrgicas.

catilinaria f. Fig. Discurso violento contra una persona.

catinga f. Bosque en Brasil.

catión m. Fís. Ion positivo.

catire, ra adj. y s. Col., Cub. y Venez. Rubio de ojos verdosos o amarillentos.

catirrinos m. pl. Zool. Grupo de simios (ú. t. c. adj.).

catódico, ca adj. Relativo al cátodo.

cátodo m. Fís. Electrodo de un aparato eléctrico por donde sale la corriente.

catolicidad f. Catolicismo. || Conjunto de los pueblos católicos.

catolicismo m. Religión católica. || Comunidad universal de los que viven en la religión católica.

católico, ca adj. Universal. || Relativo a la Iglesia romana: dogma católico. || Fig. Correcto. || — M. y f. Persona que profesa el catolicismo. || — Los Reyes católicos, Fernando V e Isabel I de España. || Fig. y fam. No estar muy católico, no estar muy bien de salud.

catolizar v. t. Introducir la religión católica en un país.

catón m. Fig. Crítico severo. || Libro para aprender a leer.

catorce adj. y s. m. Diez más cuatro. || Decimocuarto.

catorceno, na y **catorzavo, va** y **catorceavo, va** adj. Decimocuarto.

catorro m. Méx. Golpe.

catre m. Cama ligera individual.

catrín m. Amer. Petimetre. || Méx. Medida utilizada para el pulque, que equivale a un litro aproximadamente.

caucano, na adj. y s. De Cauca (Colombia).

caucásico, ca adj. y s. Del Cáucaso. || *Raza caucásica*, la blanca o europea.

cauce m. Lecho de un río o arroyo. || Acequia para riegos. || *Fig.* Curso, camino seguido. || *Fig.* Volver a su cauce un asunto, reanudarse.

caucense adj. y s. De Coca, prov. de Segovia.

cauchal m. Sitio que abunda en caucho.

cauchero, ra adj. Del caucho. || — M. El que trabaja o negocia con el caucho.

caucho m. Sustancia elástica y resistente que se extrae por incisión de varios árboles de los países tropicales. || Planta euforbiácea que produce esta sustancia. || — *Caucho sintético*, el fabricado químicamente. || *Caucho vulcanizado*, el tratado por medio del sulfuro de carbono que sirve para fabricar objetos de tocador, accesorios de máquinas eléctricas, neumáticos de automóvil, etc.

cauchutado m. Acción de cauchutar.

cauchutar v. t. Poner una capa de caucho.

caución f. Garantía, fianza que da una persona por otra.

caucionar v. t. Garantizar, dar una caución o fianza.

caudal adj. Caudaloso: *río caudal.* || — M. Dinero, fortuna: *hombre de gran caudal.* || Cantidad de agua que lleva un río. || *Fig.* Abundancia: *un caudal de datos.*

caudaloso, sa adj. De mucha agua o caudal: *río caudaloso.* || Con dinero, acaudalado, rico.

caudillaje m. Mando o gobierno de un caudillo. || *Amer.* Caciquismo.

caudillismo m. Sistema del caudillaje.

caudillo m. El que manda gente de guerra. || Jefe de un gremio o comunidad: *caudillo de un partido.* || Adalid: *José Martí, caudillo de la independencia cubana.* || *Arg.* Cacique. || *Méx.* Segundo jefe de las estancias ganaderas.

cauquenino, na adj. y s. De Cauquenes (Chile).

causa f. Lo que hace que una cosa exista, origen, principio: *no hay efecto sin causa.* || Razón, motivo: *obrar con causa.* || Ideal, interés: *defender la causa de la justicia.* || *For.* Proceso, juicio, pleito: *causa criminal, civil.* || — *A causa de*, por efecto de. || *Causa final*, razón por la cual se supone que ha sido hecha una cosa. || *Hacer causa común*, unir los intereses para un fin determinado.

causahabiente m. *For.* Persona a quien han sido transmitidos los derechos de otra.

causal adj. Que anuncia relación de causa a efecto: *conjunción, proposición causal.* || — F. Causa, motivo.

causalidad f. Causa, origen, principio. || *Fil.* Relación de causa a efecto: *el principio de causalidad.*

causante adj. y s. Que causa o provoca una cosa. || — M. *For.* Persona de quien proviene el derecho que uno tiene.

causar v. t. Ser causa, provocar: *causar perjuicio.*

causticidad f. Calidad de cáustico. || *Fig.* Malignidad, mordacidad: *hablar con causticidad.*

cáustico, ca adj. Que quema, corrosivo: *potasa cáustica.* || *Fig.* Mordaz: *hombre cáustico.*

cautela f. Precaución, reserva: *tener mucha cautela.*

cautelarse v. pr. Precaverse.

cauteloso, sa adj. Que obra con precaución o cautela.

cauterio m. Agente mecánico o químico que sirve para quemar o destruir las partes mórbidas de un tejido o para conseguir una acción hemostática. || *Fig.* Lo que ataja algún mal, remedio enérgico.

cauterización f. Acción y efecto de cauterizar.

cauterizador, ra y **cauterizante** adj. y s. m. Que cauteriza.

cauterizar v. t. *Cir.* Quemar y curar con un cauterio: *cauterizar una herida.* || *Fig.* Aplicar un remedio enérgico.

cautivador, ra adj. Encantador, que cautiva. || — M. y f. Seductor.

cautivante adj. Que cautiva.

cautivar v. t. Hacer prisionero: *cautivar tropas.* || *Fig.* Atraer, ganar: *cautivar a sus oyentes.* | Atraer irresistiblemente, conquistar: *cautiva con su simpatía.*

cautiverio m. y **cautividad** f. Privación de libertad: *el cautiverio del vencido.*

cautivo, va adj. y s. Prisionero, preso: *cristiano cautivo del infiel; pueblo cautivo.*

cauto, ta adj. Que obra con precaución o cautela.

cava adj. f. *Anat.* Dícese de cada una de las dos venas mayores que desembocan en la aurícula derecha del corazón: *vena cava superior e inferior.* || — F. Acción de cavar.

cavador m. El que cava.

cavar v. t. Remover la tierra con una herramienta. || — V. i. Ahondar, profundizar en una cosa. || Reflexionar, meditar: *cavar en los misterios de la fe.*

cavazón f. Acción de cavar.

caverna f. Excavación profunda. || Cueva de ladrones. || *Med.* Cavidad que resulta en algunos tejidos orgánicos de la pérdida de sustancia: *cavernas pulmonares.*

cavernícola adj. y s. Que vive en las cavernas. || *Fig.* y *fam.* Retrógrado, reaccionario.

cavernosidad f. Cavidad natural de la tierra, cueva.

cavernoso, sa adj. Relativo a la caverna. || Lleno de cavernas: *región cavernosa.* || *Fig.* Grave, ronco: *voz cavernosa.*

caviar m. Huevas de esturión.

cavicornios m. pl. *Zool.* Familia de rumiantes que comprende los bovinos, los ovinos, las gacelas, los antílopes, etc. (ú. t. c. adj.).

cavidad f. Vacío, hueco en un cuerpo sólido: *cavidad torácica.*

cavilación f. Reflexión, meditación profunda.

cavilar v. i. Pensar mucho en algo, reflexionar, meditar.

caviloso, sa adj. *Fam.* Pensativo. | Preocupado.

caxcan adj. y s. Lengua indígena mexicana. (El *caxcan* se habla en algunos lugares de Zacatecas, Jalisco y Aguascalientes.)

cayado m. Bastón de los pastores. || Báculo de los obispos. || *Anat.* Cayado de la aorta, curva que forma esta arteria al salir del corazón.

cayerío m. *Cub.* Conjunto de cayos.

cayero adj. *Cub.* Perteneciente a un cayo.

cayo m. Isla rocosa, arrecife: *los cayos de las Antillas.*

cayote m. o **cayota** f. Chayote.

cayuco m. Embarcación indígena americana, de una pieza, fondo plano y sin quilla.

caz m. Canal para tomar agua de un río.

caza f. Acción de cazar: *ir de caza.* || Animales que se cazan. || — M. Avión de guerra: *escuadrilla de cazas.* || — *Caza mayor*, la de jabalíes, ciervos, etc. || *Caza menor*, la de liebres, perdices, etc.

cazabe m. V. CASABE.

cazador, ra adj. y s. Que caza. || — M. *Mil.* Soldado de tropas ligeras. || — *Cazador de dotes*, persona que se casa por interés. || *Cazador furtivo*, el que caza en terreno vedado. || — F. Chaqueta de tejido fuerte, ajustado a la cintura por un elástico.

cazahuate m. *Méx.* Nombre común que reciben algunos árboles del género *ipomaea.*

cazar v. t. Perseguir la caza: *cazar patos, perdices, jabalíes.* || *Fig.* y *fam.* Conseguir una cosa con maña: *cazar un buen destino.* | Sorprender en un descuido, error o acción: *le cacé dos faltas graves.* || *Mar.* Estirar las velas para que reciban bien el viento.

cazatorpedero m. *Mar.* Barco de guerra pequeño y muy rápido destinado a la persecución de los torpederos enemigos, contratorpedero: *base de cazatorpederos.*

cazo m. Vasija metálica de forma semiesférica y con mango.

cazoleta f. Cazuela pequeña. || Pieza de las antiguas armas de fuego donde se colocaba la pólvora. || Parte de la pipa donde se pone el tabaco. || Guarda en forma de cazo de algunas espadas. || Pebetero, vaso para quemar perfumes.

cazoletear v. i. *Fam.* Entremeterse en todo.

cazoletero m. *Fam.* Entremetido.

cazón m. Pez seláceo muy voraz.

cazuela f. Vasija para guisar. ‖ Cierto guisado: *cazuela de patatas.* ‖ *Impr.* Componedor ancho para varias líneas. ‖ *Teatr.* Galería alta o paraíso: *el público de la cazuela.* ‖ Parte hueca del sostén.

cazurro, rra adj. De pocas palabras y encerrado en sí, huraño: *hombre muy cazurro.* ‖ Tonto. ‖ Astuto.

Cd, símbolo químico del *cadmio.* ‖ Símbolo físico de *candela.*

CD-ROM m. Disco extraíble donde se almacena información que puede ser procesada por una computadora. "CD-ROM" es una sigla que en inglés significa "disco compacto de lectura únicamente".

ce f. Nombre de la letra *c.*

Ce, símbolo químico del *cerio.*

cebada f. Planta gramínea parecida al trigo.

cebadal m. Campo de cebada.

cebadera f. Manta en que se pone la comida a las bestias. ‖ Cajón para la cebada. ‖ *Mar.* Vela que va sobre una verga atravesada en el bauprés. ‖ *Min.* Especie de embudo para echar la carga en los hornos.

cebadero m. El que vende cebada. ‖ Lugar para cebar animales. ‖ Tragante de un horno.

cebadilla f. Cebada silvestre.

cebador, ra adj. Que ceba. ‖ — M. Frasquito de pólvora para cebar las armas de fuego.

cebar v. t. Sobrealimentar a los animales para engordarlos. ‖ Atraer los peces con un cebo. ‖ *Fig.* Alimentar el fuego, la lumbre, un horno, un molino, etc. ‖ Poner cebo en la escopeta, el cohete, etc., para inflamarlos. ‖ Poner en movimiento una máquina: *cebar un motor.* ‖ Fomentar un afecto o pasión: *cebar el amor, el odio.* ‖ *Riopl.* Cebar el mate, prepararlo. ‖ — V. pr. Encarnizarse, ensañarse: *cebarse en su víctima.*

cebellina f. Variedad de marta.

cebiche *Amer.* Plato de pescado o marisco crudo y adobado con jugo de limón, cebolla picada, sal y ají.

cebo m. Alimento que se da a los animales para engordarlos. ‖ Comida que se pone en un anzuelo, una trampa para atraer a los animales. ‖ Pólvora con que se ceban las armas de fuego, los barrenos. ‖ Mineral que se echa en el horno. ‖ *Fig.* Aliciente, incentivo. ‖ Pábulo, comidilla de la maledicencia, etc. ‖ *Zool.* Cefo, mono.

cebolla f. Planta hortense, liliácea, de raíz bulbosa comestible. ‖ Bulbo: *cebolla de la azucena, del tulipán.* ‖ *Fig.* Corazón de una cosa. ‖ Bola con agujeros que se pone en las cañerías, en el caño de la regadera, etc., para que por ellas no pase broza. ‖ *Guat.* y *Hond.* Mando, autoridad. ‖ *Cebolla albarrana,* planta liliácea medicinal.

cebollana f. Planta liliácea parecida a la cebolla.

cebollar m. Campo de cebollas.

cebollino m. Simiente de cebollas. ‖ Cebollana. ‖ *Fam.* Tonto, necio. ‖ *Fig.* y *fam. Enviar a uno a escardar cebollinos,* mandarle a paseo. ‖ *Escardar cebollinos,* no hacer nada de provecho.

cebón, ona adj. Que está cebado: *pavo cebón.* ‖ — M. Cerdo.

cebra f. Mamífero ungulado de África, parecido al asno, de pelaje amarillento rayado de negro.

cebrado, da adj. Rayado semejante al de la cebra.

cebú m. Mamífero bovino de Asia y Madagascar, con una giba en el dorso.

Ceca f. Casa de moneda. ‖ *Fam. Ir de la Ceca a la Meca,* ir de un sitio a otro.

cecal adj. *Anat.* Del intestino ciego: *apéndice cecal.*

ceceante adj. Que cecea.

cecear v. i. Pronunciar la s como c.

ceceo m. Acción y efecto de cecear. (Esta pronunciación viciosa, que consiste en identificar los fonemas s y c, se encuentra en Andalucía Meridional y en algunas partes de Hispanoamérica.)

cecina f. Carne salada y seca.

cecinar v. t. Acecinar.

ceda f. Zeda o zeta.

cedazo m. Tamiz rodeado con un aro de madera.

ceder v. t. Dar, transferir: *ceder un negocio, una propiedad.* ‖ Dejar: *ceder el sitio a una señora.* ‖ — V. i. Renunciar: *ceder en su derecho.* ‖ Rendirse, someterse: *ceder a sus pretensiones.* ‖ Ponerse menos tenso: ‖ Romperse: *el puente ha cedido.* ‖ Disminuir: *ceder la fiebre, el viento.* ‖ Ser inferior una persona o cosa a otra semejante: *no le cede en valentía.*

cedilla f. Virgulilla que se coloca debajo de la *c.* ‖ La letra *c* ortografiada así (ç).

cedro m. Árbol conífero abietáceo de Asia y África, de tronco grueso y ramas horizontales: *el cedro alcanza a veces cuarenta metros de altura, y vive más de dos mil años.* ‖ Su madera.

cédula f. Escrito o documento: *cédula de vecindad, de citación, real.* ‖ Documento en que se reconoce una deuda.

cedulario m. Colección de cédulas reales.

cefalalgia f. Dolor de cabeza.

cefálico, ca adj. *Zool.* Relativo a la cabeza: *índice cefálico.*

cefalitis f. *Med.* Inflamación de la cabeza.

cefalópodos m. pl. Clase de moluscos sin concha con la cabeza rodeada de tentáculos y pico córneo: *el pulpo, el calamar y la jibia son cefalópodos* (ú. t. c. adj.).

cefalorraquídeo, a adj. *Zool.* Del encéfalo y de la médula espinal: *líquido cefalorraquídeo.*

cefalotórax m. *Zool.* Parte anterior del cuerpo de los arácnidos y crustáceos que une la cabeza y el tórax.

cegador, ra adj. Que ciega.

*cegar v. i. Perder enteramente la vista. ‖ — V. t. Dejar ciego a alguien. ‖ Perder momentáneamente la vista. ‖ *Fig.* Obcecar, trastornar la razón: *te ciega la pasión* (ú. t. c. i.). ‖ Cegar, obturar, obstruir: *cegar un tubo.*

cegato, ta adj. y s. *Fam.* Que ve muy poco.

cegesimal adj. Dícese del sistema de medidas científico, llamado también C. G. S., que tiene por unidades fundamentales el centímetro, el gramo y el segundo.

ceguera f. y **ceguedad** f. Total privación de la vista. ‖ *Fig.* Ofuscación.

ceiba f. Árbol bombáceo americano de tronco grueso: *el fruto de la ceiba contiene algodón empleado para rellenar.*

ceibal m. Terreno poblado de ceibos.

ceibo m. Ceiba. ‖ Árbol americano de flores rojas y brillantes.

ceja f. Parte prominente y curvilínea, cubierta de pelo, en la parte superior del ojo. ‖ Pelo que la cubre. ‖ *Fig.* Borde que sobresale de ciertas cosas: *la ceja de una costura, de las tapas de encuadernaciones.* ‖ Banda de nubes sobre la cumbre de una montaña. ‖ Cima de una sierra. ‖ *Mús.* Pieza de madera que tienen los instrumentos de cuerda entre el mástil y el clavijero. ‖ Abrazadera que se pone en el mástil de la guitarra para elevar el tono de todas las cuerdas. ‖ — *Fig.* y *fam. Meterse una cosa entre ceja y ceja,* obstinarse en un pensamiento o propósito. ‖ *Quemarse las cejas,* estudiar mucho. ‖ *Tener a uno entre ceja y ceja* o *entre cejas,* no poder aguantarlo.

cejar v. i. Andar para atrás las caballerías. ‖ *Fig.* Renunciar, ceder, desistir de un empeño.

cejijunto, ta adj. Que tiene las cejas muy pobladas y casi juntas. ‖ Ceñudo, adusto.

cejilla f. Ceja de la guitarra.

cejudo, da adj. De cejas muy pobladas.

celacanto m. Pez encontrado fosilizado cerca de Madagascar que se considera como una clase intermedia entre los peces y los anfibios.

celada f. Pieza de la armadura que cubría la cabeza. ‖ Emboscada de gente armada en paraje oculto. ‖ *Fig.* Trampa, engaño: *preparar una celada.*

celador, ra adj. y s. Vigilante.

celandés, esa adj. y s. Zelandés.

celar v. t. Vigilar: *celar el cumplimiento de las leyes.* ‖ Ocultar, esconder, encubrir. ‖ Esculpir o cortar con buril.

celastráceas f. pl. Familia de plantas dicotiledóneas que tienen por tipo el bonetero (ú. t. c. adj.).

celda f. Cuarto o habitación de los religiosos en un convento, de los presos en una cárcel, de los internos en un colegio. ‖ Celdilla de un panal de abejas. ‖ *Tecn.* Celda solar, placa construida con material semiconductor que transforma la luz solar en energía eléctrica.

celdilla f. Celda pequeña. || Casilla de un panal de abejas. || *Bot.* Cada una de las divisiones de ciertas frutas. || *Fig.* Nicho.

celebérrimo, ma adj. Muy célebre o famoso.

celebración f. Acción de celebrar. || Aplauso o aclamación.

celebrante adj. y s. Que celebra. || — M. Sacerdote que dice la misa, oficiante.

celebrar v. t. Exaltar, alabar: *celebrar su honestidad.* || Conmemorar, festejar: *celebrar su cumpleaños.* || Realizar, verificarse: *hoy celebra sesión el Parlamento.* || Hacer solemnemente una ceremonia: *se ha celebrado el casamiento.* || Decir misa (ú. t. c. i.). || Alegrarse, congratularse: *celebro tu éxito.* || Concluir: *celebraron un contrato.* || — V. pr. Verificarse una sesión, una entrevista, un encuentro deportivo, un acto.

célebre adj. Famoso, reputado: *pintor célebre.* || *Fam.* Gracioso, ocurrente: *¡qué célebre eres!*

celebridad f. Gran reputación, renombre, fama grande. || Persona célebre, afamada.

celemín m. Medida de capacidad para áridos (4,625 litros).

celenterado, da adj. y s. m. Dícese de los animales de simetría radiada: *las medusas, las anémonas y los pulpos son celenterados.*

celentéreos m. pl. Animales cuyo cuerpo contiene una sola cavidad digestiva y están provistos de tentáculos, como las medusas, la hidra, etc. (ú. t. c. adj.).

celeridad f. Rapidez, velocidad.

celerífero m. Vehículo de dos ruedas, precursor de la bicicleta.

celeste adj. Del cielo: *espacios celestes.* || Dícese de un registro del órgano. || — Adj. y s. m. Azul muy pálido.

celestial adj. Del cielo: *los coros celestiales.* || *Fig.* Perfecto, delicioso. || Simple, bobo. || *Fam. Música celestial,* promesas vanas que no tienen sustancia.

celestina f. *Fig.* Alcahueta.

celiaco, ca adj. *Anat.* De los intestinos: *la arteria celiaca.* || — F. *Med.* Diarrea blanquecina.

celibato m. Soltería.

célibe adj. y s. Soltero.

celidonia f. Hierba de la familia de las papaveráceas.

celo m. Esmero o cuidado puesto en el cumplimiento de una obligación: *mostrar gran celo.* || Gran actividad inspirada por la fe religiosa o por el afecto a una persona. || Recelo que inspira el bien ajeno, envidia. || Apetito de la generación en los irracionales: *estar en celo un animal.* || — Pl. Inquietud de la persona que teme que aquella a quien ama dé la preferencia a otra: *ce-*

los infundados. || *Dar celos,* dar motivos para que otro los sienta.

celofán m. y **celófana** f. Tejido delgado y flexible, a manera de papel transparente.

celosía f. Enrejado que se pone en las ventanas para ver sin ser visto.

celoso, sa adj. Que tiene celo o celos.

celta adj. y s. Individuo de un ant. pueblo indogermánico. || — M. Idioma de este pueblo.

celtibérico, ca adj. De los celtíberos.

celtíbero, ra y **celtibero, ra** adj. y s. De Celtiberia.

céltico, ca adj. De los celtas.

celtídeas f. pl. Familia de plantas ulmáceas, con hojas alternas, como el almez (ú. t. c. adj.).

celtio m. *Quím.* Hafnio.

celtismo m. Doctrina que supone ser la lengua céltica origen de la mayoría de las modernas. || Afición al estudio de lo celta.

celtohispánico, ca adj. Dícese de los monumentos o restos de la cultura céltica existentes en España.

célula f. Pequeña celda, cavidad o seno. || *Bot.* y *Zool.* Elemento anatómico constitutivo de los seres vivos. || *Fig.* Grupo político: *célula comunista.* || — Elemento constitutivo esencial de un conjunto organizado: *el municipio es una célula fundamental de la organización administrativa.*

celular adj. Relativo a las células. || Formado por células o celdas: *tejido celular.* || *Amer.* Teléfono móvil. || *Coche celular,* el utilizado para llevar a las personas sospechosas o a los reos.

celulita f. Pasta de una fibra leñosa muy usada en la industria.

celulitis f. *Med.* Inflamación del tejido celular subcutáneo, que produce obesidad.

celuloide m. *Quím.* Material plástico compuesto de nitrocelulosa y alcanfor con el que se fabrican peines, bolas de billar, pelotas, cajas, etc. || Película de cine: *celuloide rancio.* || *Fig. Llevar al celuloide,* hacer una película.

celulosa f. *Quím.* Sustancia orgánica, insoluble en el agua, que forma la membrana envolvente de las células vegetales.

celulósico, ca adj. Relativo a la celulosa.

cementación f. Acción y efecto de cementar.

cementar v. t. Modificar la composición de un metal incorporándole otro cuerpo (generalmente carbono) bajo una temperatura alta: *cementar el hierro con el carbón, para convertirlo en acero.* || Unir con cemento.

cementerio m. Lugar destinado a enterrar cadáveres.

cemento m. Material de construcción, formado por una mezcla de arcilla y silicatos calcinados (silicato doble de aluminio y de calcio), al que añadiéndose agua se fragua o solidifica rápidamente. || Tejido fibroso que

cubre el marfil en la raíz de los dientes. || Material con que se componen los dientes. || — *Cemento armado,* cemento u hormigón reforzado interiormente con varillas de hierro o alambres. || *Cemento hidráulico,* el que fragua inmediatamente bajo el agua. || *Cemento Portland,* el obtenido mezclando arcilla y carbonato de cal que se cuece luego en un horno continuo.

cemita f. *Méx.* Acemita.

cempasúchil m. *Méx.* Planta herbácea utilizada para adornar las tumbas. || Flor de muerto.

cempoal adj. y s. Indio mexicano que habitaba en Cempoala. || — M. *Méx.* Clavel de Indias.

cempoaljóchitl m. *Méx.* Flor de la maravilla.

cena f. Comida tomada a la entrada de la noche. || Alimentos que se toman en ella. || Última comida que hizo Jesús con sus apóstoles y en la que instituyó la Eucaristía.

cenáculo m. Sala en que celebró Jesús la última cena. || *Fig.* Reunión de escritores, artistas, etc.

cenador, ra adj. y s. Que cena. || — M. Pabellón de hierro o cañas, adornado de follaje, en un jardín.

cenagal m. Lugar cenagoso. || *Fig.* y *fam.* Atolladero, dificultad, apuro: *metido en un cenagal.*

cenagoso, sa adj. Con cieno.

cenar v. i. Tomar la cena. || — V. t. Comer en la cena: *ceno huevos.*

cenata f. *Col.* y *Cub.* Cena alegre y abundante.

cenceño, ña adj. Delgado.

cencerrada f. *Fam.* Alboroto armado con cencerros: *dar una cencerrada a los viudos que se casan de nuevo.*

cencerrear v. i. Tocar o sonar con insistencia cencerros. || *Fig.* y *fam.* Tocar mal un instrumento músico. | Hacer ruido las piezas de hierro cuando no están bien ajustadas.

cencerreo m. Acción y efecto de cencerrear.

cencerro m. Campanilla que se cuelga al pescuezo de las reses. || *A cencerros tapados,* secretamente.

cencoatl m. *Méx.* Cincuate.

cencuate m. Culebra de México.

cencuatera f. *Méx.* Madriguera de cencuates.

cendal m. Tela de seda o lino delgada y transparente. || Humeral, vestidura del sacerdote.

cenefa f. Borde o ribete: *cenefa de un vestido.* || Tabla que cubre la parte inferior de la pared.

cenicero m. Platillo donde se echa la ceniza del cigarro.

cenícero m. *Amer.* Cenízaro.

cenicienta f. Mujer injustamente postergada.

ceniciento, ta adj. De color de ceniza: *rubio ceniciento.*

cenit m. *Astr.* Punto del hemisferio celeste que corresponde verticalmente a otro de la Tierra. || *Fig.* Apogeo, punto máximo.

cenital adj. Relativo al cenit. || Dícese de la luz que procede del techo.

ceniza f. Resto que queda después de una combustión completa. || *Pint.* Cernada para imprimir en la pintura al temple. || — Pl. Restos mortales.

cenizo, za adj. Ceniciento. || — M. Planta quenopodiácea. || Oídio de la vid. || *Fam.* Aguafiestas. | Gafe. || *Tener el cenizo,* tener mala suerte.

cenobio m. Monasterio.

cenobita m. Monje, anacoreta.

cenobitismo m. Vida de o cosa peculiar al cenobita.

cenotafio m. Monumento funerario vacío erigido en memoria de un personaje.

cenote m. *Méx.* Pozo de agua o manantial que se halla generalmente a gran profundidad: *los cenotes son comunes en el Yucatán.* (El *Cenote Sagrado* de Chichén Itzá tuvo gran importancia religiosa en los ritos de los antiguos mayas.)

censatario m. El obligado a pagar los réditos de un censo.

censo m. En Roma, lista de personas y bienes que los censores hacían cada cinco años. || Padrón o lista estadística de un país: *censo de población.* || Contribución o tributo: *censo redimible.* || *For.* Contrato por el cual se sujeta un inmueble al pago de una pensión anual: *censo consignativo.* || Registro general de ciudadanos con derecho de voto: *censo electoral.* || *Fig.* y *fam. Ser un censo,* ser costoso, ocasionar gastos repetidos.

censor m. Antiguo magistrado de Roma. || Crítico, juez: *censor muy severo.* || Encargado, por la autoridad, del examen de los libros, periódicos, películas, etc., desde el punto de vista moral o político. || En los colegios, encargado de vigilar la observancia de los estatutos, reglamentos, etc.

censorio, ria adj. Relativo al censor o a la censura.

censual adj. Del censo.

censualista com. Persona que percibe el rédito del censo.

censura f. Cargo y funciones del censor. || Juicio o criterio acerca de la conducta ajena: *la implacable censura de Catón.* || Intervención de la autoridad gubernativa en las cosas públicas o privadas: *censura de prensa, de los espectáculos.* || Órgano que la ejerce. || Pena disciplinaria impuesta por la Iglesia.

censurable adj. Que merece censura.

censurador, ra adj. y s. Que censura.

censurar v. t. Corregir, reprobar, criticar: *censurar a uno su conducta.* || Prohibir la publicación o la representación: *censurar una obra de teatro.*

centaura y **centaurea** f. Planta puesta perenne.

centauro m. *Mit.* Monstruo mitad hombre y mitad caballo.

centavo, va adj. Centésimo. || — M. Moneda que vale la centésima parte de algunas unidades monetarias: *el peso se divide en centavos.*

centella f. Rayo: *cayó una centella sobre el pararrayos.* || Chispa. || *Fig.* Cosa rápida, fugaz.

centelleante adj. Que centellea.

centellear v. i. Despedir destellos de luz: *el diamante centelleaba con el sol.*

centelleo m. Acción y efecto de centellear.

centena f. Conjunto de cien unidades.

centenar m. Centena. || *Fig. A centenares,* en gran abundancia, en gran cantidad.

centenario, ria adj. Relativo a la centena. || — Adj. y s. Que tiene cien o más años de edad: *árbol centenario.* || — M. Fiesta que se celebra cada cien años. || Día en que se cumplen una o más centenas de años de un acontecimiento: *el centenario de la fundación de Buenos Aires.*

centeno m. Planta anual gramínea, semejante al trigo.

centesimal adj. Dividido en cien partes.

centésimo, ma adj. Que ocupa el orden correspondiente al número ciento. || — M. Cada una de las partes iguales en que se divide un todo.

centiárea f. Centésima parte del área, un metro cuadrado.

centígrado, da adj. Dividido en cien grados: *termómetro centígrado.* || — M. Centésima parte del grado (símb., *cgr*).

centigramo m. Centésima parte del gramo (símb., *cg*).

centilitro m. Centésima parte del litro (símb., *cl*).

centímetro m. Centésima parte del metro (símb., *cm*).

céntimo, ma adj. Centésimo. || — M. Centésima parte de la unidad monetaria.

centinela m. Soldado que hace guardia en un sitio. || *Fig.* Persona que vigila.

centinodia f. Planta poligonácea medicinal.

centolla f. y **centollo** m. Cangrejo marino comestible.

centrado, da adj. Dícese de la cosa cuyo centro está en la posición que debe ocupar. || *Fig.* Que está en su elemento. | Equilibrado, sensato. || — M. Operación que consiste en determinar el punto céntrico de una pieza.

central adj. Relativo al centro: *despacho central.* || Que está en el centro: *núcleo central.* || Esencial: *calefacción central.* || — F. Establecimiento central: *Central de Correos, de Comunicaciones.* || Fábrica productora de energía: *central hidroeléctrica, nuclear.* || Central telefónica, local donde terminan los hilos de los circuitos telefónicos de un grupo de abonados y en el cual se efectúan las operaciones necesarias (manuales o automáticas) pa-

ra el establecimiento de las comunicaciones. || Casa matriz o principal de una empresa o comunidad.

centralismo m. Sistema administrativo en el que el poder central asume todas las funciones. || Organización interna de un movimiento político o sindical que postula el acatamiento de las resoluciones mayoritarias con objeto de evitar que en las resoluciones haya fracciones.

centralista adj. y s. Partidario de la centralización política y administrativa de un país.

centralita f. Central telefónica que une los teléfonos interiores de un mismo edificio o entidad.

centralización f. Hecho de reunir todo en un centro único de acción o de autoridad.

centralizador, ra adj. y s. Que centraliza.

centralizar v. t. Reunir en un centro común. || Asumir el poder público facultades atribuidas a organismos locales.

centrar v. t. Hacer que se reúnan en un punto los proyectiles, rayos luminosos, etc. || Colocar una cosa en el centro de otra. || Determinar el punto céntrico. || Poner en el centro. || *Fig.* Atraer la atención, etc. || Orientar: *centrar una novela sobre las cuestiones sociales.* || En deportes, lanzar el balón hasta el centro (ú. t. c. i.). || — V. pr. Orientarse.

céntrico, ca adj. Central: *barrios céntricos.*

centrifugación f. Separación de los elementos de una mezcla por la fuerza centrífuga.

centrifugadora f. Máquina para centrifugar.

centrifugar v. t. Someter los componentes de una mezcla a la fuerza centrífuga para separarlos.

centrífugo, ga adj. *Mec.* Que aleja del centro: *bomba centrífuga.*

centrípeto, ta adj. Que acerca al centro: *aceleración centrípeta.*

centrista adj. y s. m. Que pertenece al centro en política: *diputado, partido centrista.*

centro m. *Geom.* Punto situado a igual distancia de todos los puntos de un círculo, de una esfera, etc.: *centro de un círculo, de una elipse, de un polígono regular,* etcétera. || Lo más alejado de la superficie exterior de una cosa: *el centro de Colombia.* || *Fig.* Lugar donde parten o convergen acciones coordinadas, foco: *el centro de la rebelión.* | Círculo: *en los centros diplomáticos.* | Establecimiento, organismo: *centro docente.* || Dirección general del Estado: *centro político y administrativo.* || *Fig.* Punto hacia donde se dirigen las miradas, la atención, etc.: *ser el centro de la curiosidad.* | Zona más concurrida de una población: *el centro de Buenos Aires.* | Lugar donde se concentra una actividad: *centro de los negocios.* || Punto de reunión: *cen-*

tro literario. || En fútbol, pase largo. || *Cub.* y *Méx.* Saya de raso que se ponen las mujeres debajo de los vestidos de tela transparente. || — *Centro de atracción,* punto que ejerce constante atracción sobre un cuerpo celeste. || *Centro de gravedad,* punto de un cuerpo situado de tal forma que, si se le suspendiese por él, permanecería en equilibrio en cualquier posición que se le diere. || *Centro de mesa,* tapete alargado o vasija de adorno.

centroafricano, na adj. y s. De la Rep. Centroafricana.

centroamericano, na adj. y s. De América Central.

centroeuropeo, a adj. De Europa Central.

centrolense adj. y s. Del dep. Central (Paraguay).

centunvirato m. Consejo de los centunviros en Roma.

centunviro m. Miembro del tribunal civil de la Roma antigua.

centuplicar v. t. Hacer cien veces mayor.

céntuplo, pla adj. Cien veces mayor.

centuria f. Siglo, cien años. || Compañía de cien hombres en la milicia romana.

centurión m. Jefe de una centuria romana.

cenzontle m. Ave canora de México. || Sinsonte.

ceñidor m. Faja, cinturón.

***ceñir** v. t. Rodear o ajustar la cintura. || Rodear: *el mar ciñe la tierra.* || Ajustar: *camiseta que ciñe el busto* (ú. t. c. pr.). || Abrazar: *ceñir a un adversario.* || *Fig.* Abreviar. || — V. pr. Moderarse en los gastos, en las palabras, etc. || Limitarse, ajustarse: *me ciño a lo dicho.* || Amoldarse. || Acercarse mucho: *ceñirse a la curva.*

ceño m. Gesto de disgusto hecho arrugando la frente.

ceñudo, da adj. Con ceño.

cepa f. Parte del tronco de una planta inmediata a las raíces y que está bajo tierra. || Planta o tronco de la vid. || *Méx.* Foso para plantar árboles. || *Arq.* En los puentes y arcos, tronco o arranque del machón desde el suelo hasta la imposta. || *Fig.* Linaje, casta: *ser de buena cepa.*

C.E.P.A.L., siglas de Comisión Económica para América Latina.

cepillado m. Acción y efecto de cepillar.

cepillar v. t. Limpiar con cepillo. || Alisar con el cepillo de carpintero. || *Fam.* Quitar el dinero. | Adular, lisonjear. || — V. pr. *Fig.* y *fam.* Suspender en un examen. | Matar.

cepillo m. Caja para donativos: *el cepillo de las iglesias.* || Herramienta de carpintero para alisar las maderas. || Utensilio formado de cerdas o filamentos análogos fijos en una chapa de forma variable: *cepillo para la ropa, de alambre.*

cepo m. Gajo o rama de árbol. || Tronco de árbol cortado. || Madero grueso en que se ponen el yunque, la bigornia, etc. || Madero que, fijo a la pierna del reo, le servía de presión. || Instrumento para devanar la seda. || Trampa para cazar animales. || Cepillo de limosna. || Varilla para sujetar periódicos. || *Fig.* Trampa, ardid. || Cefo, mono.

cera f. Sustancia blanda y amarillenta segregada por las abejas y con la que forman las celdillas de los panales. || Sustancia análoga que recubre ciertas hojas, flores y frutos. || Cerumen de los oídos. || Sustancia vegetal o animal hecha con ésteres alcohólicos monovalentes. || Preparación grasienta usada para untar la suela de los esquíes. || *Amer.* Vela de cera.

cerámica f. Arte de fabricar vasijas y objetos de barro cocido: *cerámica griega.* || Objeto así fabricado.

cerámico, ca adj. Relativo a la cerámica.

ceramista com. Persona que fabrica objetos de cerámica.

cerasta f. y **cerastes** m. Víbora venenosa de África y Asia.

cerbatana f. Tubo o canuto usado para disparar flechas soplando por un extremo. || Trompetilla acústica de los sordos.

cerca f. Vallado, valla, barrera: *la cerca de un terreno.* || — M. pl. Objetos situados en el primer plano de un cuadro.

cerca adv. A poca distancia, junto a: *cerca de mi casa.* || — *Cerca de,* casi, aproximadamente: *cerca de cinco días;* ante: *embajador cerca de la Santa Sede.* || *Tocarle a uno de cerca una cosa,* galicismo por *interesarle mucho.*

cercado m. Terreno rodeado de una valla. || Cerca, valla: *un cercado de alambre.* || *Per.* División territorial que comprende la capital de un Estado o provincia y los pueblos que de ella dependen.

cercanía f. Calidad de cercano o próximo, proximidad. || — Pl. Alrededores: *vivir en las cercanías de Madrid.* || Suburbios: *tren de cercanías.*

cercano, na adj. Próximo, que está cerca.

cercar v. t. Vallar, rodear con cerca o vallado. || Rodear: *me cercó la muchedumbre.* || *Mil.* Sitiar, poner cerco a una plaza.

cercén adv. A cercén, completamente, de raíz.

cercenadura f. Acción y efecto de cercenar. || Parte cortada al cercenar una cosa.

cercenar v. t. Cortar las extremidades de una cosa: *cercenar un árbol.* || Abreviar, acortar un texto. || Disminuir: *cercenar el gasto.*

cerceta f. Ave palmípeda de color pardo ceniciento. || — Pl. Pitones blancos que nacen al ciervo en la frente.

cerciorar v. t. Dar a alguien la certeza de una cosa. || — V. pr. Convencerse, adquirir la certeza de una cosa: *cerciorarse de lo ocurrido.*

cerco m. Acción de cercar. || Lo que ciñe. || Aro de un tonel. || Sitio: *alzar o levantar el cerco.* || Corrillo: *cerco de gentes.* || Cinturón, anillo: *un cerco de pueblos a su alrededor.* || Giro o movimiento circular. || Halo de los astros. || Aureola alrededor del Sol. || Círculo que rodea una mancha. || Marco de ventana o puerta. || *Amer.* Valla, cerca. || *Poner cerco,* sitiar, cercar.

cercopiteco m. Mono catirrino, de cola larga, que vive en África.

cerda f. Pelo grueso y duro del cuerpo del jabalí y cerdo, y de la cola y crines de los caballos: *un cepillo de cerda.* || Hembra del cerdo. || Mies segada. || Lazo para cazar perdices.

cerdada f. Mala pasada, jugada. || Porquería.

cerdo m. Mamífero ungulado paquidermo, doméstico, de cabeza grande, orejas caídas y hocico casi cilíndrico. || *Fig.* y *fam.* Puerco, hombre sucio y grosero.

cereal adj. y s. m. De la diosa Ceres. || — M. Planta farinácea, como el trigo, maíz, centeno, cebada, avena, arroz, alforfón, etc.

cerealista adj. Relativo a los cereales. || — M. Productor de cereales.

cerebelo m. *Anat.* Centro nervioso del cerebro en la parte inferior y posterior de la cavidad craneana.

cerebral adj. *Anat.* Relativo al cerebro: *hemisferios, circunvoluciones cerebrales.* || *Fig.* Intelectual, frío, desapasionado: *espíritu, actividad cerebral.*

cerebro m. *Anat.* Centro nervioso que ocupa la parte superior y anterior del cráneo de los vertebrados. || *Fig.* Mente, inteligencia: *es un cerebro excepcional.* | Centro de dirección: *la capital, cerebro del país.* || *Cerebro electrónico,* máquinas electrónicas que efectúan las operaciones (cálculo) sin intervención del hombre.

cerebroespinal adj. Relativo al cerebro y a la medula.

ceremonia f. Forma exterior y regular de un culto: *las ceremonias de la Iglesia.* || Acto solemne. || Pompa, aparato: *recibir con gran ceremonia.* || Saludo. || Cumplido, ademán afectado de cortesía.

ceremonial adj. De la ceremonia. || — M. Conjunto de normas establecidas en algunos actos públicos: *el ceremonial de la corte.* || Libro en que están escritas las ceremonias que se deben observar en ciertos actos.

ceremonioso, sa adj. Que gusta de ceremonias y cumplidos. || Con mucha ceremonia: *acogida ceremoniosa.*

céreo, a adj. De cera.

cerería f. Tienda y oficio del cerero.

cerero, ra m. y f. Persona que hace o vende cera y velas.

cereza f. Fruto redondo del cerezo, de color encarnado. || *Amer.* Cáscara del grano de café. || Capulín.

cerezal m. Lugar plantado de cerezos.

cerezo m. Árbol frutal de la familia de las rosáceas, de fruto comestible. || Nombre de varios árboles americanos.

cerilla f. Vela de cera, larga y muy estrecha. || Fósforo. || Cerumen de los oídos.

cerillero m. y **cerillera** f. Caja que contiene fósforos o cerillas. || Bolsillo para guardar los fósforos. || Persona que vende cerillas o tabaco.

cerillo m. Cerilla, fósforo.

cerio m. Metal (Ce) de número atómico 58, duro, brillante, extraído de la cerita, y que, mezclado con hierro, se emplea en la fabricación de piedras de encendedores.

cerita f. Silicato hidratado natural de cerio.

cernedero m. Lugar en el que se cierne la harina. || Delantal.

cernedor, ra m. Aparato para cerner, cedazo.

*****cerner** v. t. Cribar, separar con el cedazo las partes más finas de una cosa de las gruesas: *cerner harina*. || Observar, examinar: *cerner el horizonte*. || — V. pr. Mantenerse las aves y los aviones en el aire. || *Fig.* Amenazar: *se cernía el infortunio sobre la familia*.

cernícalo m. Ave de rapiña de plumaje rojizo manchado de negro. || *Fig. y fam.* Bruto, ignorante.

cernido m. Tamizado, cribado. || Harina cernida.

cernidor m. Cedazo, criba.

cernidura f. Cernido. || — Pl. Cribaduras, lo que queda después de cerner.

*****cernir** v. t. Cerner.

cero m. Signo aritmético sin valor propio: *un cero colocado a la derecha de un número significativo aumenta diez veces el valor de éste*. || *Fís.* En las diversas escalas de los termómetros, manómetros, etc., punto desde el cual se cuentan los grados: *cero termométrico*. || — *Cero absoluto*, punto de la escala termométrica a 273,16 grados centígrados por debajo del cero normal; (fig.) cosa que por sí sola no tiene valor. || *Fig. y fam. Ser un cero a la izquierda*, ser inútil, no valer para nada.

cerón m. Árbol maderable de gran talla propio de toda la América tropical.

ceroso, sa adj. Blando como la cera o parecido a ella: *tez cerosa*.

cerote m. Mezcla de pez y cera que usan los zapateros para encerar los hilos con que cosen.

cerrado, da adj. No abierto: *puerta cerrada*. || *Fig.* Incomprensible: *el sentido cerrado de un escrito*. | Cubierto de nubes. | Dícese de la barba muy poblada. | En que es difícil entrar: *sociedad cerrada*. | Insensible, inaccesible a: *cerrado al amor*. | Que encierra completamente: *curva cerrada*. | Obstinado: *actitud cerrada*. | *Fig. lluvia muy cerrada*. | Poco expansivo o comunicativo: *carácter cerrado*. | De mucho acento: *hablar un andaluz cerrado*. | Nutrido, grande: *ovación cerrada*. | Denso, completo: *noche cerrada*.

| *Muy torpe: hombre cerrado de mollera* (ú. t. c. s.).

cerradura f. Mecanismo con llave que sirve para cerrar: *la cerradura de una puerta, de un cajón*.

cerrajería f. Oficio y taller de cerrajero.

cerrajero m. El que fabrica cerraduras, llaves, cerrojos, etc.

*****cerrar** v. t. Hacer que una cosa que estaba abierta deje de estarlo: *cerrar la puerta*. || Asegurar con cerradura, pestillo, pasador, etc.: *cerrar con llave*. || Cercar, vallar: *cerrar un terreno*. || Tapar, obstruir: *cerrar un hueco*. || Interrumpir el funcionamiento: *cerrar la escuela, la radio*. || *Fig.* Impedir la entrada: *cerrar el paso*. || Juntar las extremidades del cuerpo: *cerrar las piernas, los brazos*. || Unir estrechamente: *cerrar las filas*. || Doblar, plegar: *cerrar un paraguas*. || Pegar una carta. || *Fig.* Poner término: *cerrar una discusión*. | Dar por firme o terminado un contrato, un negocio, una cuenta, etc. | Cicatrizar: *cerrar una herida*. || — Cerrar la marcha, caminar detrás de los demás. || *Cerrar los ojos*, dormir; morir. || — V. i. Cerrarse una cosa: *la ventana cierra mal*. || *Fig.* Llegar a su plenitud: *la noche está cerrada*. | Acometer, embestir: *cerrar con (o contra) uno*. || — V. pr. Juntarse los pétalos de una flor. || Cicatrizar. || Encapotarse: *cerrarse el cielo*. || *Fig.* Mantenerse uno firme en su propósito, obstinarse: *se cierra en callar*.

cerrazón f. Oscuridad que precede a las tempestades cuando se cubre el cielo de nubes muy negras. || *Fig.* Torpeza, incapacidad de comprender. | Obstinación. || *Amer.* Contrafuerte de una cordillera.

cerril adj. Abrupto, escarpado: *terreno cerril*. || Sin domar, salvaje: *potro cerril*. || *Fig. y fam.* Grosero, basto: *persona cerril*. | Torpe, sin entendimiento.

cerrilismo m. Obstinación, terquedad. || Torpeza.

cerrillo m. Colina.

cerro m. Elevación del terreno, altura. || Cuello del animal. || Espinazo o lomo. || *Fig. y fam. Echar o irse por los cerros de Úbeda*, salirse del tema.

cerrojazo m. Cierre brusco.

cerrojo m. Barra de hierro, movible entre dos armellas, que cierra una puerta o ventana. || En los fusiles y armas ligeras, cilindro metálico que contiene los elementos de percusión, obturación y extracción del casquillo.

cerrolarguense adj. y s. De Cerro Largo (Uruguay).

cerrón m. *Méx.* Cerrar bruscamente el paso a un automovilista a otro.

certamen m. Desafío, duelo, pelea, batalla. || *Fig.* Concurso sobre una materia intelectual: *certamen literario, científico*.

certero, ra adj. Hábil, diestro. || Acertado: *tiro certero*. || Cierto: *juicio certero*.

certeza y **certidumbre** f. Conocimiento seguro y claro de alguna cosa.

certificación f. Acción y efecto de certificar. || Certificado.

certificado m. Documento o escrito en que se asegura algo: *certificado médico*. || Diploma. || — Adj. y s. m. Dícese del envío postal que se certifica.

certificador m. El que certifica.

certificar v. t. Dar una cosa por segura, afirmar. || *For.* Hacer cierta una cosa por medio de documento público: *certificar una fianza*. | Certificar una carta, un paquete, obtener, mediante pago, un certificado con que se puede acreditar haber depositado el objeto en Correos.

certitud f. Certeza.

cerúleo, a adj. Azul celeste.

cerumen m. Secreción grasa del interior de los oídos.

cerusa f. *Quím.* Albayalde.

cerusita f. Carbonato natural de plomo.

cerval adj. Cervuno, del ciervo. || *Fig.* Dícese del miedo grande.

cervantesco, ca y **cervantino, na** adj. Propio de Cervantes: *la bibliografía cervantina*.

cervantista m. Persona que se dedica al estudio de las obras de Cervantes.

cervantófilo, la adj. y s. Persona a quien le gustan mucho las obras de Cervantes.

cervatillo m. *Zool.* Almizclero.

cervato m. Ciervo pequeño.

cervecería f. Lugar donde se fabrica o vende cerveza.

cervecero, ra adj. Relativo a la cerveza. || — M. y f. Persona que hace o vende cerveza.

cerveza f. Bebida alcohólica, hecha con granos de cebada germinados y fermentados y lúpulo: *cerveza dorada, negra*.

cervical adj. Relativo a la cerviz: *vértebra cervical*.

cérvidos m. pl. Familia de mamíferos rumiantes, como el ciervo, el ante, el gamo, el corzo, el huemul, etc. (ú. t. c. adj.).

cervino, na adj. Cervuno.

cerviz f. *Anat.* Parte posterior del cuello, nuca. || *Fig. Bajar o doblar la cerviz*, humillarse.

cervuno, na adj. Relativo al ciervo o parecido a él.

cesación f. Interrupción, acción y efecto de cesar.

cesante adj. Que cesa. || — Adj. y s. Dícese del empleado que queda sin empleo.

cesantía f. Estado de cesante. || Pensión que disfruta en ciertos casos el empleado cesante.

cesar v. i. Detenerse o terminarse una cosa. || Dejar de desempeñar algún empleo o cargo: *cesar en el gobierno*. || Dejar de hacer lo que se está haciendo: *cesar de trabajar*. || *Sin cesar*, sin parar.

césar m. Emperador, príncipe, soberano: *césar del Sacro Imperio.*

cesaraugustano, na adj. De Cesaraugusta (Zaragoza).

cesárea adj. y s. f. *Med.* Operación de extraer el feto por incisión de la pared abdominal.

cesáreo, a adj. Relativo al emperador o a la majestad imperial.

cesarismo m. Gobierno de los césares. || Sistema de gobierno personal y absoluto.

cese m. Detención, interrupción. || Revocación de un cargo. || Escrito en que se hace constar.

cesible adj. Que puede cederse.

cesio m. Metal raro (Cs), de número atómico 55, semejante al potasio.

cesión f. Renuncia de alguna cosa, posesión o derecho: *cesión de sus derechos a otro.* || *For. Cesión de bienes,* abandono que los deudores hacen de sus bienes a los acreedores.

cesionario, ria m. y f. Persona en cuyo favor se hace una cesión.

cesionista com. Persona que hace una cesión.

césped m. Hierba corta y tupida: *alfombra de césped.*

cesta f. Recipiente de mimbre o junco trenzado, que sirve para transportar o guardar cosas: *una cesta para la compra.* || Su contenido. || Especie de pala utilizada para jugar al frontón. || Red que cuelga de un aro en el juego del baloncesto. || Tanto marcado en este juego. || *Fam. Llevar la cesta,* acompañar y vigilar a una jovencita.

cestapunta f. Variedad del juego del frontón.

cestería f. Taller y tienda del cestero. || Arte de fabricar cestas.

cestero, ra m. y f. Persona que hace o vende cestos.

cesto m. Cesta grande.

cestodos m. pl. Orden de gusanos platelmintos, de cuerpo aplanado y largo a modo de cinta, como la solitaria (ú. t. c. adj.).

cesura f. Pausa hecha en un verso para regular el ritmo.

cetáceos m. pl. Orden de mamíferos marinos de gran tamaño, como la ballena, el cachalote, el delfín, el narval, etc. (ú. t. c. adj.).

cético, ca adj. *Quím.* Aplícase al ácido extraído de la cetina.

cetina f. Esperma o blanco de ballena.

cetona f. Nombre genérico de ciertos compuestos químicos análogos a la acetona.

cetrería f. Arte de criar halcones y demás aves de caza. || Caza con halcones.

cetrero, ra adj. Relativo a la cetrería: *ave cetrera.* || — M. Cazador con halcones y aves de presa.

cetrino, na adj. De color amarillo verdoso: *tez cetrina.*

cetro m. Bastón o insignia de mando: *el cetro del emperador.* || Vara de plata que llevan algunos dignatarios de la Iglesia como insignia. || *Fig.* Reinado: *el cetro de Carlos III.* || Superioridad: *el cetro de la elocuencia.*

ceutí adj. y s. De Ceuta.

Cf., abrev. de *confer,* que significa *compárese, véase.*

Cf, símb. químico del *californio.*

C.G.S., sistema cegesimal de medidas cuyas unidades son el centímetro (cm), el gramo (g) y el segundo (s).

ch f. Antigua letra del alfabeto español.

cha m. Sha.

chabacanada f. Chabacanería.

chabacanear v. i. Obrar con chabacanería.

chabacanería f. Falta de arte y gusto. || Grosería, vulgaridad: *decir chabacanerías.*

chabacano, na adj. Vulgar.

chabola f. Choza. || Barraca, casa de madera o latas.

chabolismo m. Aglomeración de barracas en los alrededores de una ciudad.

chac m. Entre los mayas, ayudante del sacerdote.

chacal m. Mamífero carnicero de Asia y África semejante al lobo, pero de tamaño de zorro.

chácara f. *Amer.* Chacra.

chacarero, ra adj. y s. *Amer.* Campesino. || — F. *Bol.* y *Riopl.* Cierto baile y su música.

chacarreo m. *Méx.* Trajín de campo, faena agrícola.

chácena f. Reserva de decorados en los bastidores de un teatro.

chachacuate adj. *Méx.* Picado de viruela.

chachalaca f. Ave gallinácea de México. || *Fig.* Parlanchín.

chachapoyense o **chachapuyno, na** adj. y s. De Chachapoyas (Perú).

cháchara f. *Fam.* Charla, palique: *estar de cháchara.* || — Pl. *Amer.* Baratijas.

chacharear v. i. Hablar con poca sustancia.

chacharero, ra adj. y s. *Fam.* Parlanchín, charlatán.

chacho, cha m. y f. *Fam.* Muchacho, muchacha. | Hermano. || — F. *Fam.* Niñera. | Criada.

chacina f. Carne de cerdo adobada o preparada.

chacinería f. Establecimiento donde se prepara o se vende chacina.

chacinero, ra m. y f. Persona que hace o vende chacina.

chacona f. Composición musical. || Baile antiguo español.

chacota f. Burla, broma.

chacra f. *Amer.* Finca rústica pequeña, granja.

chacuaco m. *Méx.* Horno para fundir minerales de plata.

chacual m. *Amer.* Taza hecha de cáscara de fruta.

chacualear v. i. *Méx.* Chismorrear.

chafa adj. *Fam. Méx.* De mala calidad, falsificado: *le vendieron una radio muy chafa.*

chafalote adj. *Amer.* Vulgar, ordinario, grosero. || — M. *Amer.* Chafarote.

chafar v. t. Aplastar: *chafar la fruta.* || Arrugar la ropa, estropear algo. || *Fig.* Estropear, echar a perder: *me ha chafado el plan* (ú. t. c. pr.). | Abatir, quitar el ánimo. | Confundir en una discusión.

chaflán m. Cara de un sólido que se obtiene cortando por un plano una esquina del mismo. || Plano que, en lugar de esquina, une dos superficies planas que forman ángulo.

chaflanar v. t. Achaflanar.

chagra com. *Ecuad.* Labrador, campesino. || — F. *Col.* Chacra. || *Cub.* Chaira.

chagual m. *Arg., Chil.* y *Per.* Planta bromeliácea, de medula comestible, de cuyas fibras se fabrican cuerdas.

chagüí m. *Ecuad.* Pajarito algo parecido al gorrión y que abunda en el litoral.

chahuistle m. *Méx.* Roya del maíz.

chaira f. Cuchilla de zapatero. || Barra de acero con que los carniceros para afilar los cuchillos.

chajá m. *Riopl.* Ave zancuda.

chal m. Especie de mantón.

chala f. *Arg., Bol., Chil., Parag., Per.* y *Urug.* Hoja que cubre la mazorca del maíz. || *Arg.* y *Urug.* Cigarrillo hecho con tabaco envuelto en una hoja de maíz seca. || *Chil.* Sandalia.

chalaco, ca adj. y s. De El Callao (Perú).

chalado, da adj. *Fam.* Tonto, necio. | Chiflado, loco. | Muy enamorado: *chalado por una mujer.*

chaladura f. *Fam.* Tontería, necedad. | Extravagancia, chifladura. | Locura. | Enamoramiento

chalán m. Tratante de caballos. || *Fig.* Hombre poco escrupuloso en sus tratos. || *Per.* Domador de caballos. || *Méx.* Ayudante.

chalana f. Barco menor, de fondo muy plano.

chalanear v. i. Negociar, cambalachear, comerciar como los chalanes. || *Per.* Domar caballos.

chalar v. t. Enloquecer, chiflar. || — V. pr. Enamorarse, perder el seso: *chalarse por una mujer.*

chalateco, ca adj. y s. De Chalatenango (El Salvador).

chalchihuite m. *Méx.* Entre los nahuas, piedra de color verde para hacer dijes, estatuitas, etc.

chalé m. Chalet.

chaleco m. Prenda del traje, sin mangas, que se pone sobre la camisa. || Jersey. || — *Amer. Chaleco de fuerza,* camisa de fuerza. || *Chil. Chaleco salvavidas,* prenda neumática usada en caso de naufragio.

chalet m. Casa de madera de estilo suizo. || Casa con jardín, hotelito.

chalina f. Corbata ancha con un gran nudo: *chalina de artista.*

chalote m. Planta liliácea, parecida a la cebolla.

chalupa f. *Mar.* Embarcación peque-ña de dos palos. || Lancha, bote o ca-noa de diversas formas.

chamaco, ca m. y f. *Méx.* Mucha-cho, niño.

chamal m. *Arg., Bol.* y *Chil.* Paño que usan los indios para cubrirse de la cin-tura para abajo, envolviéndolo en for-ma de pantalones.

chámamé m. *Arg.* y *Parag.* Música, canto popular de ritmo vivaz. || Dan-za con este son.

chamarilear v. i. Cambalachear. || — V. t. Comprar y vender cosas viejas y de poco valor.

chamarileo m. Cambalache. || Co-mercio o venta de trastos viejos.

chamarilero, ra m. y f. Vendedor de trastos viejos, de cosas usadas.

chamariz m. Pájaro fringílido de co-lor verdoso.

chamarra f. Zamarra, pelliza.

chamarreta f. Chaqueta amplia, abierta y redonda.

chamarrita f. *Arg.* y *Urug.* Baile se-mejante a la polca.

chamarro m. *Amér. C.* y *Méx.* Man-ta burda.

chamba f. *Fam.* Chiripa, suerte. || *Méx.* Ocupación, negocio. || *Por chamba,* por casualidad.

chambeador, ra adj. *Méx.* Que tra-baja mucho: *es un hombre muy cham-beador.*

chambear v. i. *Méx.* Trabajar.

chambelán m. Gentilhombre de cá-mara, camarlengo.

chambergo, ga adj. Dícese de la guardia personal de Carlos II de Espa-ña y de las prendas de su uniforme. || *Sombrero chambergo,* el de copa campanuda y de ala ancha. || — M. Sombrero chambergo.

chambón, ona adj. y s. *Fam.* De escasa habilidad en el juego. | Que consigue algo por chiripa, por casua-lidad.

chambrita f. *Méx.* Saco para bebé tejido con lana.

chamicera f. Parte de monte que-mado.

chamico m. Estramonio.

chamiza f. Hierba gramínea con la que se hacen techumbres. || Leña me-nuda.

chamizo m. Leño medio quemado. || Choza cubierta de chamiza. || *Fam.* Tugurio, casucha.

champagne [*-pañ*] m. (pal. fr.). Cham-paña.

champán m. Champaña.

champaña f. Vino blanco espumoso, originario de Francia.

champañizar v. t. Volver espumoso un vino.

champiñón m. Hongo comestible: *coger champiñones.*

champú m. Jabón líquido para el la-vado de la cabeza. || Este lavado. (Pl. *champúes.*)

champurrado m. *Méx.* Atole de cho-colate.

chamula adj. y s. Indígena mexicano (Chiapas), de gran resistencia física.

chamullar v. i. *Pop.* Hablar mal una lengua.

chamuscar v. t. Quemar o tostar li-geramente. || Pasar por la llama. || *Méx.* Vender mercancías a bajo precio.

chamusquina f. Acción y efecto de chamuscar o chamuscarse. || Olor a que-mado. || *Fig.* y *fam.* Riña, pelea. || *Fig.* y *fam.* Oler a chamusquina, parecer herética una teoría o discusión; ir por mal camino una cosa.

chaná adj. y s. Individuo de un pue-blo indio de América del Sur.

chanca adj. y s. Individuo de un pue-blo indio del Perú.

chance m. *Amer.* Oportunidad, posi-bilidad, ocasión, suerte.

chancear v. i. Bromear. || — V. pr. Bur-larse.

chancero, ra adj. Bromista.

chancha f. Cerda.

chanchada f. *Fam. Amér.* M. Acción sucia y censurable, cochinada.

chanchería f. *Amer.* Salchichería, to-cinería.

chancho, cha adj. *Amer.* Sucio, puer-co. || — M. Cerdo.

chanchullero, ra adj. y s. Intrigante, marrullero.

chanchullo m. *Fam.* Acción poco es-crupulosa, tejemaneje, negocio sucio: *andar en chanchullos.*

chancla f. Zapato viejo. || Chancleta, zapatilla.

chancleta f. Zapatilla sin talón. || *Fig.* Persona inepta.

chancleteo m. Ruido hecho al andar en chancletas.

chanclo m. Zueco de madera utiliza-do en el campo. || Zapato de goma u otra materia elástica que se pone so-bre el calzado.

chancro m. Úlcera sifilítica.

chandal y **chandail** m. Traje de pun-to que llevan los deportistas.

chaneque m. *Méx.* Ser imaginario parecido a un duende con dominio de los elementos naturales: *en el campo abundan las leyendas de chaneques.*

chanfle m. *Amér. C.* y *Méx.* Efecto que se imprime a la pelota en el fút-bol y otros juegos.

changa f. *Arg.* y *Chil.* Trabajo del chan-gador. | *Fam.* Trato, negocio. || *Antill.* Broma, burla.

changador m. *Arg.* y *Chil.* Mozo de cuerda.

changar v. i. *Arg.* Trabajar de carga-dor. | Hacer trabajos de poca monta.

changarro m. *Méx.* Comercio de pe-queño tamaño y pequeña escala: *com-pró medio kilo de azúcar en el chan-garro de la esquina.*

chango m. *Amer.* Mono.

chantaje m. Delito que consiste en obtener dinero o conseguir favores, etc.,

de una persona con la amenaza de re-velaciones escandalosas.

chantajista com. Persona que hace un chantaje a otra.

chantillí y **chantilly** m. Crema de nata batida. || Clase de encaje.

chantre m. Canónigo que se ocupa-ba del coro.

chanza f. Dicho festivo y gracioso. || Broma, burla. || *Entre chanzas y veras,* medio en serio, medio en broma.

¡chao! interj. *Fam.* Adiós.

chapa f. Hoja, lámina, placa o plan-cha de madera, metal, etc.: *chapa de acero.* || Producto siderúrgico laminado. || Cápsula, tapón, corona: *coleccionar chapas de botellines de cerveza.* || In-signia distintiva de una profesión, de un cargo: *chapa de policía.* || Ficha, se-ñal: *chapa del guardarropa.* || Cha-peta. || *Amer.* Cerradura. || — Pl. Cier-to juego de muchachos ejecutado con cápsulas de botellas.

chapado, da adj. Cubierto o revesti-do con una chapa: *mueble chapado; reloj chapado de oro.* || *Fig. Chapado a la antigua,* dícese de la persona ape-gada a los hábitos y costumbres anti-cuados. || — M. Aplicación de una cha-pa de madera o metal, revestimiento de una superficie con una chapa de otra materia. || Contrachapado.

chapalear v. i. Chapotear.

chapaleta f. Válvula de la bomba hi-dráulica.

chapar v. t. Cubrir con chapas de ma-dera o metal. || *Fig.* Zampar, encajar: *le chapó un insulto.*

chaparral m. Sitio poblado de cha-parros.

chaparrear v. i. Llover mucho.

chaparro m. Mata baja de encina. || Arbusto malpigiáceo.

chaparrón m. Lluvia intensa y breve.

chape m. *Col.* y *Chil.* Trenza.

chapeado, da adj. y s. m. Chapado.

chapear v. t. Chapar. || *Cub.* Deshier-bar la tierra del cultivo. || — V. i. Cha-colotear la herradura. || — V. pr. Ad-quirir buen color.

chapeo m. Sombrero.

chapetón, ona adj. y s. *Amer.* Espa-ñol o europeo recién llegado a Amé-rica. || *Amer. Fig.* Novato, bisoño. || — M. Chaparrón, aguacero. || Chapeta. || Chapetonada.

chapetonada f. Primera enfermedad que padecían los españoles al llegar a América. || *Fig. Amer.* Bisoñería, falta de experiencia.

chapín, ina adj. y s. *Amer.* Guate-malteco. | Patituerto. || — M. Chanclo de corcho.

chapista adj. y s. El que hace chapas. || El que repara la carrocería de un au-tomóvil.

chapistería f. Taller y labor del cha-pista.

chapopote m. *Méx.* Asfalto, alquitrán.

chapopotera f. *Méx.* Lugar donde brota petróleo.

chapotear v. t. Remojar, humedecer repetidas veces una cosa. || — V. i. Agitar los pies o las manos en el agua, para que salpique.

chapoteo m. Acción y efecto de chapotear. || Ruido hecho al chapotear.

chapucear v. t. Hacer algo de prisa y mal.

chapucería f. Acción de hacer mal un trabajo. || Arreglo rápido. || Trabajo mal hecho.

chapucero, ra adj. Hecho de prisa y mal: *trabajo chapucero*. || — Adj. y s. Que trabaja de prisa y mal: *trabajador muy chapucero*.

chapulín m. *Méx.* Langosta, saltamontes.

chapurrar y **chapurrear** v. t. Hablar mal un idioma extranjero: *chapurrear el francés*.

chapurreo m. *Fam.* Modo de hablar mal un idioma extranjero.

chapuz m. y **chapuza** f. Chapucería. || Trabajo de poca importancia. || Zambullida, chapuzón.

chapuzar v. t. Meter a uno en el agua (ú. t. c. i. y pr.).

chapuzón m. Zambullida.

chaqué m. Chaqueta negra con faldones que se lleva con pantalones rayados y se usa en las ceremonias de etiqueta.

chaquense y **chaqueño, ña** adj. y s. Del Chaco.

chaqueta f. Prenda de vestir con mangas, abotonada por delante y que cubre el busto hasta las caderas. || *Fig. y fam. Cambiarse de chaqueta*, mudar de opinión.

chaquetear v. i. *Fig.* Cambiar de ideas. | Tener miedo. || *Fam.* Rajarse, no hacer algo arriesgado.

chaqueteo m. Cambio de ideas. || Acobardamiento.

chaquetilla f. Chaqueta corta. || La usada por los toreros. || Bolero de mujer.

chaquetón m. Pelliza, chaqueta larga de abrigo.

chara f. *Arg.* y *Chil.* Cría de avestruz o de ñandú.

charada f. Adivinanza que consiste en hallar una palabra mediante el previo encuentro de las sílabas que tienen un significado completo.

charamusca f. *Amér. C* y *Méx.* Dulce macizo en forma de tirabuzón elaborado con azúcar.

charanga f. Banda de música. || Baile familiar.

charango m. *Amer.* Bandurria pequeña.

charanguero, ra adj. y s. Chapucero.

charca adj. y s. Indio de la América Meridional sujeto al Imperio de los Incas. || — F. Charco grande.

charco m. Agua u otro líquido estancados en un hoyo del terreno. || *Fig. y fam. Pasar el charco*, atravesar uno el océano Atlántico.

charcutería f. Galicismo por *tienda de embutidos*, *salchichería*.

charla f. Conversación. || Conferencia breve, coloquio. || *Zool.* Cagaaceite.

charlador, ra adj. y s. *Fam.* Charlatán.

charlar v. i. *Fam.* Conversar por mero pasatiempo.

charlatán, ana adj. y s. Parlanchín, que habla mucho. || Curandero. || Vendedor ambulante.

charlatanear v. i. Charlar.

charlatanería f. Palabrería. || Calidad de charlatán.

charlatanismo m. Explotación de la credulidad pública.

charlestón m. Baile de moda en 1925.

charlista com. Persona que da charlas, conferenciante.

charloteo m. Charla.

charnela f. Bisagra. || Articulación de las dos valvas de los moluscos acéfalos.

charol m. Barniz muy brillante. || Cuero que tiene este barniz.

charola f. *Bol.*, *Hond.*, *Méx.* y *Per.* Bandeja.

charolar v. t. Barnizar con charol.

charque y **charqui** m. *Amer.* Cecina.

charrada f. Torpeza. || Baile propio de los charros. || *Fig. y fam.* Adorno tosco, de mal gusto.

charreada f. *Méx.* Entretenimiento con ejercicios propios de los charros.

charretera f. Adorno que llevan los militares en el hombro de la guerrera. || Jarretera, condecoración.

charro, rra adj. Nativo de la provincia de Salamanca (ú. t. c. s.). || *Fig.* Llamativo, chillón, muy recargado. | De mal gusto. || — M. Caballista mexicano que lleva un sombrero de grandes alas y un traje bordado. || Su sombrero.

charrúa adj. y s. Indio de alguna de las tribus que vivían en la parte septentrional del Río de la Plata, ya extinguidas.

charter m. (pal. ingl.). Avión fletado por una compañía de turismo o un grupo de personas, cuyas tarifas son menos elevadas que en las líneas regulares.

chartreuse [*chartrés*] f. (pal. fr.). Licor fabricado en distintos lugares por los monjes de la Cartuja.

chascar v. i. Dar chasquidos.

chascarrillo m. *Fam.* Chiste.

chasco m. Desilusión que causa un suceso contrario a lo que uno esperaba: *llevarse un chasco*. || Burla, engaño: *dar un chasco*.

chasis m. Armazón que sostiene el motor y la carrocería de un automóvil o un vehículo cualquiera. || Bastidor donde se colocan las placas fotográficas. || *Fig. y fam. Quedarse en el chasis*, quedarse en los huesos, muy delgado.

chasquear v. t. Dar chasquidos. || — V. i. Chascar. || *Fig.* Decepcionar. || V. pr. Sufrir un desengaño. || Fracasar.

chasqui m. *Amer.* Mensajero, correo.

chasquido m. Ruido del látigo, ruido al restallar o la lengua al moverse. || Ruido seco de la madera cuando se

abre. || Ruido de los disparos de la ametralladora.

chatarra f. Escoria del mineral de hierro. || Hierro viejo. || — Pl. *Fig.* y *fam.* Condecoraciones.

chatarrería f. Lugar donde se vende chatarra.

chatarrero, ra m. y f. Persona que coge y vende hierro viejo.

chatear v. i. *Fam.* Beber vino en chatos.

chato, ta adj. Poco prominente, aplastado: *nariz chata*. || *Fig.* De poca altura: *barco chato*. || *Fam. Dejar chato*, sorprender mucho. || — M. y f. Persona que tiene la nariz poco abultada. || — *Fam.* Expresión de cariño: ¡*chata mía*! || — M. Vaso pequeño, generalmente de vino.

¡**chau**! interj. ¡Chao!

chaucha f. *Arg.*, *Parag.* y *Urug.* Planta papilionácea de fruto comestible. || Fruto de esta planta en forma de vaina. || Vaina que contiene la semilla de algunas plantas: *una chaucha de algarrobo*. || — Pl. *Amér. M.* Monedas de poco valor.

chauvinismo m. Patriotería, nacionalismo exagerado.

chauvinista adj. y s. Patriotero.

chaval, la adj. y s. *Pop.* Niño.

chavalería f. *Fam.* Chiquillería.

chaveta f. Clavija o pasador que une dos piezas. || *Fam.* Chiflado. || *Cub.* y *Méx.* Cuchilla de hoja ancha usada en las tabaquerías. || *Fig. y fam. Perder la chaveta*, volverse loco.

chavo m. Ochavo.

chayote m. Fruto comestible de la chayotera, parecido a la calabaza. || Chayotera.

chayotera f. Planta cucurbitácea americana.

che f. Nombre de la letra *ch*.

¡**che**! interj. Se emplea para llamar la atención de una persona.

chécheres m. pl. *Amer.* Trebejos, trastos de que uno se sirve.

checo, ca adj. y s. De la República Checa. || De Bohemia y de Moravia, o de una parte de Silesia. || — M. Lengua eslava hablada en la República Checa.

checoslovaco, ca adj. y s. De Checoslovaquia.

chelín m. Moneda inglesa que valía hasta 1971 doce peniques y actualmente cinco nuevos peniques.

cheque m. *Com.* Documento en forma de orden de pago, para que una persona cobre la cantidad asignada de los fondos que el expedidor tiene en una cuenta bancaria. || — *Cheque cruzado*, el expedido al portador que tiene dos rayas paralelas y no puede ser cobrado sino por intermedio de un banco. || *Cheque de viaje*, emitido para los turistas, que se puede cobrar en bancos de diversos países. || *Cheque sin fondos*, el hecho sin que el expedidor tenga dinero en su cuenta para efectuar su pago. || *Dar un cheque* *en blanco*, autorizar a alguien a que se sirva de él como quiera.

chequear v. i. *Amér. C.* Hacer un cheque. || *Amer.* Controlar, verificar. | Confrontar, cotejar. || Hacer un reconocimiento médico.

chequeo m. *Amer.* Control. | Reconocimiento médico. | Cotejo.

chequero m. *Amer.* Talonario de cheques.

chévere adj. *Amér. C., Antill., Bol., Col., Ecuad., Per.* y *Venez.* Excelente, muy bueno. || Positivo, bueno, agradable. || De buen carácter, de trato agradable. || — Adv. *Col., Cub., Ecuad., Per.* y *Venez.* Magníficamente, muy bien.

cheviot m. (pal. ingl.). Lana de cordero de Escocia y tela que se hace con ella.

chía f. Manto negro de luto. || *Méx.* Semilla con la que se hace una especie de refresco.

chibcha adj. y s. Individuo de un ant. pueblo indio de América.

chic m. (pal. fr.). Distinción, elegancia, buen gusto: *vestir con chic; persona de chic*.

chica f. V. CHICO.

chicalote m. *Méx.* Arbusto espinoso que alcanza un metro de alto.

chicana f. *Amer.* Galicismo por *ardid, triquiñuela, argucia.*

chicanear v. t. e i. *Amer.* Galicismo por *tergiversar, trapacear, trapichear, trapisondear.*

chicar v. i. *Arg.* Mascar tabaco.

chicha f. Bebida alcohólica americana hecha con maíz fermentado. || *Fam.* Carne comestible. | Gracia: *persona de poca chicha.* || — *Calma chicha*, en el mar, calma completa. || *Fig.* y *fam. De chicha y nabo*, de poca importancia.

chícharo m. Guisante.

chicharra f. Cigarra, insecto. || Juguete que produce un ruido desagradable. || *Fig.* y *fam.* Cotorra, parlanchín: *hablar como una chicharra.*

chicharro m. Jurel, pez. || Chicharrón.

chicharrón m. Residuo muy frito de las pellas del cerdo. || Carne requemada.

chiche m. *Amer.* Pecho de la nodriza. || *Méx.* Nodriza. | *Chil.* y *Arg.* Chuchería. | *Arg.* Juguete de los niños pequeños.

chichería f. *Amer.* Establecimiento en el que se vende chicha.

chichero m. *Amer.* Fabricante de chicha.

chichicuilote m. *Méx.* Ave zancuda acuática.

chichimeca adj. y s. Individuo de un ant. pueblo indio de raza nahua que, procedente del N. de México, venció a los toltecas.

chichón m. Bulto producido por un golpe en la cabeza o frente.

chichonera f. Gorro o casco para proteger la cabeza de los golpes.

chiclayano, na adj. y s. De Chiclayo (Perú).

chicle m. Goma de mascar aromática: *pastilla de chicle.* || *Amer.* Gomorresina del chicozapote.

chiclear v. i. *Méx.* Mascar chicle o goma.

chicloso, sa adj. *Méx.* Dulce cuya consistencia es parecida a la del chicle.

chico, ca adj. Pequeño: *un libro muy chico.* || *Fam.* Perra chica, moneda de poco valor. || — Adj. y s. Niño, chiquillo. | Término de familiaridad: *oye, chico, ¿qué haces?* || *Fam.* Recadero o aprendiz joven. || — F. Niña. || Muchacha. | Criada, niñera.

chicoria f. Achicoria.

chicotazo m. Chorro. || *Amer.* Latigazo, azote.

chicote, ta m. y f. *Fam.* Chico robusto. || — M. *Mar.* Punta de un cabo. || *Amer.* Latigazo.

chicotear v. t. *Amer.* Pegar con un chicote: *chicoteó al caballo para que avanzara.*

chicozapote m. Árbol sapotáceo de fruto comestible, del cual se extrae el chicle.

chifla f. Silbido.

chiflado, da adj. *Fam.* Dícese de la persona que tiene algo perturbada la razón (ú. t. c. s.). | Muy enamorado, con el seso sorbido. | Apasionado, muy aficionado: *estar chiflado por el fútbol* (ú. t. c. s. m.).

chifladura f. Silbido. || *Fam.* Locura. | Manía. | Afición exagerada. | Enamoramiento grande.

chiflar v. i. *Fam.* Silbar. || — V. t. Mofar, hacer burla: *chiflar una obra de teatro.* || *Fam.* Beber mucho, zamparse. | Gustar mucho: *cazar es lo que le chifla.* || — V. pr. *Fam.* Gustar exageradamente, aficionarse mucho: *chiflarse por una mujer, por el cine.*

chifle m. Silbato.

chiflido m. Silbido.

chiflón m. *Amer.* Viento colado o corriente muy sutil de aire. || *Méx.* Canal por donde sale agua con fuerza. | Derrumbe que se produce en las minas.

chihuahuense adj. y s. De Chihuahua (México).

chiíta adj. y s. Dícese de la secta musulmana que defiende que sólo Alí y sus descendientes son los únicos califas legítimos.

chilaba f. Túnica con capucha que llevan los árabes.

chilacayote m. Calabaza, planta cucurbitácea de México.

chilango, ga adj. y s. Propio de la ciudad de México.

chilaquile m. *Méx.* Guiso de tortillas desmenuzadas.

chilar m. Plantío de chiles.

chilate m. *Amer.* Bebida hecha con chile, maíz tostado y cacao.

chilcano m. *Per.* Caldo de pescado.

chile m. *Amer.* Ají, pimiento.

chilenismo m. Vocablo, giro o modo de hablar de los chilenos.

chilenizar v. t. Dar carácter chileno.

chileno, na adj. y s. De Chile.

chilindrina f. *Fam.* Pequeñez.

chillar v. i. Gritar, dar chillidos. || Chirriar: *la puerta chilla.* || *Fam.* Alborotar, protestar. | Estar mal combinados los colores o no pegar o sentar bien dos cosas. || — V. pr. *Amer.* Irritarse.

chillido m. Grito o sonido muy agudo.

chillón, ona adj. *Fam.* Que grita mucho: *chico chillón.* || Dícese de todo sonido agudo y desagradable: *voz chillona.* || *Fig.* Llamativo, muy vivo o mal combinado: *colores chillones.*

chilmole m. Salsa de chile.

chilote, ta adj. y s. De Chiloé.

chilpayate com. *Méx.* Niño pequeño: *los chilpayates jugaban en el patio.*

chimacalli m. Entre los ant. aztecas, administrador de los poblados.

chimalteco, ca adj. y s. De Chimaltenango (Guatemala).

chimboracense adj. y s. De Chimborazo, prov. del Ecuador.

chimenea f. Conducto para dar salida al humo que resulta de la combustión. || Hogar para cocinar o calentarse: *chimenea de campana.*

chiminango m. Árbol corpulento de Colombia.

chimó o **chimojo** m. *Cub.* y *Venez.* Pasta de tabaco y sal de urao que mascan algunos indios.

chimolero, ra adj. y s. *Méx.* Persona chismosa.

chimpancé m. Mono antropomorfo domesticable de África con brazos muy largos.

chimú adj. y s. Individuo de un ant. pueblo indio de América en el litoral N. del Perú.

chimuelo, la adj. y s. *Méx.* Aplícase a las personas a las que les faltan dientes: *los niños que mudan dientes andan chimuelos.*

china f. Piedra pequeña: *tirar chinas al agua.* || Tela o porcelana de China. || — *Fig.* y *fam. Poner chinas*, poner obstáculos o dificultades. | *Tocarle a uno la china*, ser designado por la suerte.

china f. Femenino de *chino.* || *Amer.* Criada. | Dícese de la mujer guapa en algunos lugares, en otros, de la india soltera. | Compañera, amiga. | Querida, amante. | *Amér. C.* y *Arg.* Niñera. || *Arg.* y *Méx.* Criada mestiza. || *Col.* Peonza.

chinaco m. *Méx.* Hombre del pueblo que peleó en la guerra de la independencia de México y colaboró en la reforma del s. XIX.

chinampa f. Huertos, antiguamente flotantes, cerca de la c. de México (lago de Xochimilco).

chinandegano, na adj. y s. De Chinandega (Nicaragua).

chinateco, ca adj. y s. Grupo étnico del estado de Oaxaca, México. || Lengua de este grupo.

chinazo m. Pedrada.

chinchal m. *Méx.* Tenducho.

chinchano, na adj. y s. De Chincha (Perú).

chinchar v. t. *Pop.* Molestar. | Matar. || — V. pr. *Pop.* Fastidiarse, aguantarse.

chinche f. Insecto hemíptero de cuerpo elíptico, olor fétido, parásito del hombre. || Clavito metálico de cabeza grande y plana y punta corta y fina. || — Com. *Fig.* y *fam.* Persona exigente y pesada, latosa o cargante. | *Chismoso.* || *Fig.* y *fam. Morir como chinches,* morir en gran cantidad.

chincheta f. Chinche, clavo.

chinchilla f. Mamífero roedor de la América meridional parecido a la ardilla. | Su piel, de color gris perla.

chinchona f. *Amer.* Quina.

chinchorro m. Red parecida a la jábega. | Barca de remos pequeña.

chinchoso, sa adj. y s. *Fam.* Fastidioso, cargante, latoso, pesado.

chinchulines m. pl. *Arg.* Tripas de vacunos u ovinos que se comen generalmente asadas.

chincol m. *Amer.* Especie de gorrión. | Agua con aguardiente.

chinela f. Zapatilla sin talón.

chinelo m. *Méx.* Danzante que se caracteriza por llevar una máscara y un sombrero en forma de cono invertido y truncado.

chinesco, ca adj. Chino, de China: facciones chinescas. || *Sombras chinescas,* siluetas negras producidas por figurillas de cartón recortado o hechas con las manos que se proyectan sobre una pantalla.

chingadura f. *Fam.* Enojo, molestia. || *Amer.* Fracaso.

chingana f. *Amer.* Tabernucha. | *Arg.* Fiesta popularcha.

chingar v. t. *Pop.* Molestar, fastidiar, irritar. | Beber mucho. || *Amér. C.* Bromear. || — V. pr. *Pop.* Enfadarse. | Emborracharse. || *Chil.* Fracasar.

chinguerre m. *Méx.* Aguardiente común.

chino, na adj. De China (ú. t. c. s.). || *Fig.* Complicado, extraño: *eso es chino para mí.* || — M. Lengua hablada por los chinos. (El chino es monosilábico, las palabras son invariables, su fonética es pobre y se escribe con caracteres o ideogramas.) || — *Fig.* y *fam. Engañar como a un chino,* engañar completamente. | *Trabajar como un chino,* trabajar muchísimo.

chino, na adj. y s. *Amer.* Dícese del hijo de mulato y negra. | Dícese del hijo de indio y negra. | Sirviente, criado. || — M. China, piedra. || *Amer.* Enfado, irritación. | Hombre del pueblo. | Apelativo de cariño. || — F. Véase CHINA (segundo artículo).

chip m. Circuito integrado impreso en una placa de plástico.

chipá m. *Riopl.* Torta de maíz.

chipichipi m. *Méx.* Llovizna.

chipilín m. *Méx.* Tamal.

chipirón m. Calamar.

chipote m. *Méx.* Chichón.

chipriota adj. y s. De Chipre.

chiquear v. t. *Cub.* y *Méx.* Mimar, acariciar.

chiquero m. Toril.

chiquigüite o **chiquihuite** m. *Méx.* Cesto.

chiquilicuatre y **chiquilicuatro** m. *Fam.* Mequetrefe.

chiquilín m. *Fam.* Chiquillo.

chiquillada f. *Fam.* Niñería.

chiquillería f. *Fam.* Conjunto de chiquillos. || Chiquillada.

chiquillo, lla adj. y s. Chico.

chiquimole m. *Méx.* Pajarillo. || *Fig.* y *fam. Amer.* Charlatán.

chiquimulteco, ca adj. y s. De Chiquimula (Guatemala).

chiquirritillo, lla adj. *Fam.* Muy chico.

chiquirritín, ina adj. *Fam.* Chiquitín.

chiquirritito, ta adj. *Fam.* Muy chico.

chiquitín, ina adj. y s. Pequeñuelo.

chiquito, ta adj. y s. Muy pequeño. || *Riopl.* Un poco: *espérese un chiquito.* || — *Fig.* y *fam. Dejar chiquito,* superar en mucho. | *No andarse con chiquitas,* ir con mano dura; no dudar. || — M. Vaso de vino.

chiquito, ta adj. y s. Individuo de un pueblo indio de Bolivia y del Brasil.

chiribita f. Chispa. || — Pl. *Fam.* Chispas en los ojos. || *Fig. Echar chiribitas,* estar furioso.

chiribitil m. Cuchitril.

chiricano, na adj. y s. De Chiriquí (Panamá).

chirigota f. *Fam.* Cuchufleta, broma: *andarse con chirigotas.*

chirigotear v. i. *Fam.* Andar con chirigotas.

chirigotero, ra adj. y s. Bromista.

chiriguano, na adj. y s. Individuo de una ant. tribu india de América.

chirimbolo m. *Fam.* Trasto, bártulo, chisme.

chirimía f. *Mús.* Instrumento de viento semejante a la flauta.

chirimoya f. Fruto del chirimoyo, de sabor muy agradable y pepitas negras.

chirimoyo m. Árbol anonáceo.

chiripa f. En el billar, suerte que se gana por casualidad. || *Fig.* y *fam.* Casualidad favorable, chamba, suerte: *tener algo por chiripa.*

ehiripá m. *Chil.* y *Riopl.* Prenda de vestir que los campesinos consistente en un paño ancho, a modo de calzones, cubre el delantero de los muslos y se ata a la cintura.

chiripada f. *Méx.* Casualidad. || *De chiripada,* de milagro, por pura suerte.

chiripear v. i. *Amer.* Hacer algo por chiripa.

chirla f. Almeja pequeña.

chirlo m. Herida o cicatriz en la cara. | *Méx.* Desgarrón de ropa.

chirona f. *Fam.* Prisión.

chirriador, ra adj. Que chirría: *ruedas chirriadoras.*

chirriar v. i. Producir cierto sonido discordante.

chirrido m. Sonido estridente o desagradable: *el chirrido de un grillo, de una rueda.* || Grito de dolor.

chirrión m. *Amer.* Látigo de cuero.

chirrionazo m. *Méx.* Golpe dado con el chirrión.

chirriquitín, ina adj. *Fam.* Chiquitín.

chisgarabís m. *Fam.* Zascandil.

chisguete m. *Fam.* Trago de vino: *echar un chisguete.*

chisme m. Murmuración, habladuría, hablilla: *decir chismes.* || *Fam.* Bártulo, cosa, trasto, trebejo. || *El cuarto de los chismes,* el desván, el cuarto trasero.

chismear v. i. Chismorrear.

chismería f. Chisme.

chismero, ra adj. y s. Chismoso.

chismografía f. *Fam.* Gusto a los chismes. | Murmuración.

chismorrear v. i. Contar chismes, murmurar.

chismorreo m. Chismes.

chismosear v. i. Chismorrear.

chismoso, sa adj. y s. Que chismea o es dado a chismear.

chispa f. Partícula pequeña encendida que salta de la lumbre. || Fenómeno luminoso que acompaña una descarga eléctrica. || Diamante muy pequeño. || Gota de lluvia menuda. || *Fig.* Porción pequeña, pedazo: *no sobró ni una chispa de pan.* | Destello: *chispa de inteligencia.* | Agudeza, viveza de ingenio: *tiene mucha chispa.*

chisparse v. pr. *Fam.* Embriagarse.

chispazo m. Chispa. || Acción de saltar la chispa del fuego. || *Fig.* Momento brillante, muy logrado: *fue un chispazo de gracia.* | Fenómeno súbito y pasajero del desarrollo de algo: *los primeros chispazos de la conflagración.* | Chisme.

chispeante adj. Que chispea. || *Fig.* Agudo, ingenioso, brillante: *conversación chispeante.* | Que despide destellos: *ojos chispeantes.*

chispear v. i. Echar chispas. || Despedir destellos, brillar mucho: *ojos chispean de alegría.* || — V. impers. Lloviznar: *está chispeando.*

chispero m. Herrero. || Tipo popular del barrio de Maravillas de Madrid a principios del siglo XIX, llamado así porque había allí muchos herreros en esa época.

chisporrotear v. i. Despedir reiteradamente chispas al arder una cosa: *el fuego chisporrotea.* || Producir ruidos parásitos: *chisporrotear la radio.*

chisporroteo m. Proyección de chispas y ruido que hace algo que está ardiendo. || Ruidos parásitos en la radio.

chisquero m. Encendedor de yesca y de bolsillo.

¡chist! interj. Se emplea para imponer silencio.

chistar v. i. Hablar.

chiste m. Historieta burlesca y que hace reír: *siempre está contando chistes.* || Agudeza, dicho agudo. || Gracia: *esto no tiene chiste.* || Burla, broma.

chistera f. Sombrero de copa alta. || Cesta del pelotari. || Cesta de los pescadores.

chistoso, sa adj. Que cuenta chistes. || Gracioso: *anécdota chistosa.* || Bromista.

chistulari m. Músico que toca el chistu.

chita f. *Anat.* Astrágalo, hueso del pie. || Juego que consiste en colocar en el suelo una chita o taba y tirar a ella con tejos. || *Fam. A la chita callando,* chiticallando.

chitreano, na adj. y s. De Chitré (Panamá).

chiva f. Femenino de *chivo.* || *Amer.* Perilla, barba. || — Pl. *Fam. Méx.* Cosas.

chivar v. t. *Pop.* Fastidiar. || — V. pr. *Fam.* Delatar, acusar, soplar. || Aburrirse.

chivatazo m. *Fam.* Delación, soplo, acusación.

chivatear v. i. *Fam.* Chivar.

chivateo m. *Fam.* Chivatazo.

chivato m. Chivo de más de seis meses y de menos de un año. || *Fam.* Soplón, delator, acusón.

chivito m. *Urug.* Sándwich de carne, con huevo, panceta, tomate, lechuga y salsas.

chivo, va m. y f. Cría de la cabra desde que no mama hasta que llega a la edad de procrear.

chocante adj. Que choca. || Desagradable: *voz chocante.* || *Méx.* Fastidioso.

chocar v. i. Golpearse violentamente dos cuerpos o una cosa con otra: *chocar contra, o con, una muralla.* | *Fig.* Pelear, combatir. | Tener una pelea: *chocaron los dos en el despacho.* | Causar extrañeza, extrañar, sorprender: *su conducta me choca.* || — V. t. Entrechocar: *chocaron los vasos al brindar.* | Estrechar: *chocaron las manos.*

chocarrería f. Calidad de chocarrero. || Dicho o acción grosero.

chocarrero, ra adj. Soez, grosero (ú. t. c. s.).

chocha f. Ave zancuda de pico largo, becada.

chochear v. i. Repetir la misma cosa. || Volver a la infancia un viejo. || *Fig.* y *fam.* Perder el seso, querer o gustar mucho.

chochera y **chochez** f. Repetición de lo mismo. || Disminución de la inteligencia en los viejos. || *Fam.* Admiración, cariño, amor.

chocho, cha adj. Que chochea: *viejo chocho.* || *Fig.* y *fam.* Que está loco de puro cariño, que le gusta mucho. || — M. Altramuz.

choclo m. Chanclo. || *Amer.* Mazorca de maíz sin madurar.

choco, ca adj. *Amer.* Mutilado. || *Bol.* De color rojo oscuro. || *Col.* De tez muy morena. || *Chil.* De pelo ensortijado. || — M. Jibia pequeña. || *Amer.* Perro de aguas. || *Chil.* Muñón.

chocoano, na adj. y s. De Chocó (Colombia).

chocolate m. Pasta alimenticia sólida hecha con cacao y azúcar molido.

|| Bebida hecha con esta pasta desleída en agua o leche. || — Adj. inv. De color del chocolate: *un vestido chocolate.*

chocolatería f. Fábrica en la que se hace o tienda donde se vende chocolate.

chocolatero, ra m. y f. Persona que fabrica o vende chocolate. || — Adj. y s. Que le gusta mucho el chocolate. || — F. Recipiente para hacer chocolate. || *Fam.* Trasto, cacharro, cosa vieja.

chocolatín m. y **chocolatina** f. Tableta o bombón de chocolate.

chocolomo m. *Amer.* Cocido de carne, tomate y otros ingredientes: *les sirvieron un chocolomo.*

chocón, ona adj. *Méx.* Antipático.

chofer m. *Amer.* Chófer.

chófer m. Conductor de un automóvil.

chol adj. y s. Grupo étnico del estado de Chiapas, México. || Lengua de este grupo.

chola f. *Fam.* Cabeza.

cholada f. y **cholerío** m. *Amer.* Conjunto de cholos.

cholga f. *Arg.* y *Chil.* Molusco semejante al mejillón.

cholla f. *Fam.* Cabeza.

chollo m. *Fam.* Ganga. | Suerte.

cholo, la adj. y s. *Amer.* Mestizo de blanco e india. | Dícese del indio civilizado. | *Chil.* Indio puro. *Arg., Bol., Chil., Ecuad.* y *Per.* Gente de sangre mezclada.

cholulteco, ca adj. y s. De Cholula (México).

choluteca adj. y s. De Choluteca (Honduras).

cholutecano, na adj. y s. Choluteca, de Choluteca.

chompa o **chomba** f. *Amér. M.* Prenda de punto que llega hasta la cintura, con cuello, y con botones en la parte superior delantera.

chompipe m. *Amér. C.* y *Méx.* Pavo, ave gallinácea.

chongo m. *Méx.* Moño de pelo. || Postre de leche cuajada. || *Guat.* Rizo de pelo.

chono, na adj. y s. Indio alacalufe del S. de Chile.

chontal adj. y s. Individuo de una ant. tribu india de México (Tabasco) y de América Central.

chontaleño, ña adj. y s. De Chontales (Nicaragua).

chopera f. Plantío de chopos.

chopo m. Árbol de regiones templadas y húmedas. || *Fam.* Fusil.

choque m. Encuentro violento de un cuerpo con otro: *choque de coches.* || *Mil.* Combate, pelea: *un choque de tanques.* || *Fig.* Disputa, lucha, contienda. | Conflicto, oposición: *choque de dos ideas.* || *Med.* Conmoción: *choque nervioso.*

choricería f. Tienda de embutidos.

choricero, ra m. y f. Persona que hace o vende chorizos.

chorizo m. Embutido de cerdo, picada y adobada con pimentón. || Contrapeso. || Bala latineros. || *Pop.* Ratero.

chorlito m. Ave zancuda muy estimada. || *Fig.* y *fam. chorlito,* persona distraída.

choro, ra adj. *Chil.* Dícese de alguien o algo de cualidades sobresalientes. || — M. *Chil.* Mejillón.

chorotega adj. y s. Individuo de una ant. tribu india de América Central.

chorra f. *Pop.* Suerte.

chorrada f. *Pop.* Tontería.

chorreado, da adj. Aplícase a la res que tiene rayas verticales.

chorrear v. i. Caer o salir un líquido formando chorro. || Salir el líquido lentamente y goteando: *la ropa chorrea.* || *Fam.* Abundar: *el dinero chorrea en esta casa.* || — V. t. Derramar, vertir: *chorreando sudor.*

chorreo m. Salida de un líquido. || *Fig.* Afluencia: *un chorro de gente.* | Gasto continuo.

chorrera f. Lugar por donde chorrea un líquido. || Señal que deja. || Adorno de encajes que se ponía en la abertura de la camisa. || Adorno de que pendía la venera. || *Arg.* Serie, conjunto: *chorrera de disparates.*

chorrillo m. *Fig.* y *fam.* Chorro continuo.

chorro m. Salida de un líquido con fuerza: *un chorro de agua.* || Salida violenta de gas o vapor que sirve de fuerza propulsora. || Caída sucesiva de ciertas cosas: *un chorro de trigo.* | Gran cantidad: *un chorro de luz,* de dólares. || — *A chorros,* abundantemente. || *Avión de chorro,* avión de reacción. || *Fam. Como los chorros del oro,* muy limpio.

chotacabras m. Ave trepadora que destruye los insectos nocivos.

chotearse v. pr. *Fam.* Burlarse.

choteo m. *Fam.* Burla, pitorreo. || *Fam. Tomar a choteo,* tomar a broma.

chotis f. Baile por parejas típico de Madrid.

choto, ta m. y f. Cabrito. || Ternero. || *Fam. Estar como un choto,* estar medio loco.

choza f. Cabaña de estacas y ramas.

chozo m. Choza.

chuamico m. *Méx.* Ponche de sidra, preparado con frutas agridulces.

chubasco m. Chaparrón.

chubasquero m. Impermeable.

chubutense adj. y s. De Chubut (Argentina).

chuchería f. Baratija, fruslería. || Dulce, golosina.

chuchón m. *Méx.* Gallo de pelea, azuzador.

chuchumeco m. Mequetrefe.

chueco, ca adj. y s. *Amer.* Patizambo. || *Méx.* Torcido. || *Fam.* Ilegal, que obra mal.

chufa f. Planta ciperácea de cuyos tubérculos, comestibles, se hace una horchata.

...fla f. Cuchufleta.

...huflarse y chuflearse v. pr. Burlarse.

chufletear v. i. *Fam.* Bromear.

chufletero, ra adj. y s. *Fam.* Bromista. | Burlón.

chulada f. *Fam.* Desenfado, desfachatez: *obrar con chulada*. | Grosería. | Bravata, dicho o hecho jactancioso. | Agudeza.

chulear v. t. Burlar con gracia, bromear, reírse. || — V. pr. Burlarse. || *Fam.* Presumir.

chulería f. *Fam.* Gracia, donaire. | Desfachatez, descaro, desenfado. | Bravata.

chulesco, ca adj. y s. Relativo a los chulos. | Populachero.

chullo m. *Bol.* y *Per.* Shullo.

chullpa o chulpa f. Monumento funerario precolombino en Bolivia y Perú.

chuleta f. Costilla de cerdo, ternera, cordero, etc.: *almorzamos chuletas*. || Pieza de madera con la que los carpinteros rellenan algunas grietas. || Cuchillo, nesga de un vestido. || *Fig.* y *fam.* Guantazo, capón, bofetón. || Nota o papelito que llevan escondidamente los estudiantes a los exámenes y en el que están apuntadas fórmulas, resúmenes de temas, etc., que les van a preguntar. || — M. *Fam.* Chulo.

chulo, la adj. Chulesco, propio del pueblo de Madrid, picaresco: *andares chulos*. || Descarado, desenfadado, insolente: *no seas tan chulo* (ú. t. c. s.). || Bravucón, atrevido: *estuvo muy chulo con el director* (ú. t. c. s.). || Presumido, ufano: *se paseaba muy chulo con su novia al lado* (ú. t. c. s.). || Majo, de buen efecto: *¡qué coche tan chulo!* — M. y f. Persona del pueblo bajo de Madrid. || — M. Mozo que ayuda antiguamente a los toreros. || Rufián, que vive de las mujeres. || *Pop.* Tipejo, individuo.

chumacera f. *Mec.* Pieza en que descansa y gira un eje. || *Mar.* Tablita en la que se fija el tolete.

chumarse v. pr. *Arg.* Embriagarse.

chumbe m. *Amer.* Faja de los indios.

chumbera f. Higuera chumba.

chumbo, ba adj. Dícese del nopal y de su fruto: *higuera chumba, higo chumbo* (ú. t. c. m.).

chunga f. *Fam.* Burla o broma festiva: *habló en tono de chunga*.

chunguear v. i. *Fam. Méx.* Bromear. || — V. pr. *Fam.* Burlarse, guasearse. | Bromear.

chungueo m. *Fam.* Chunga.

chuño m. *Amér.* M. Harina de papa. || *Bol.* y *Per.* Papa deshidratada.

chupa f. Prenda de vestir con faldillas y mangas ajustadas. || *Fig.* y *fam.* Poner a uno como chupa de dómine, decirle cosas muy desagradables.

chupacirios m. *Fam.* Beato.

chupada f. Acción de chupar.

chupadero, ra adj. Que chupa. || — M. Chupete.

112 chupado, da adj. *Fig.* y *fam.* Muy flaco. || *Fam.* Está chupado, es muy fácil.

chupador, ra adj. y s. Que chupa. || — M. Chupete. | Tetina del biberón.

chupadura f. Acción y efecto de chupar o chuparse, succión.

chupamirto m. *Méx.* Colibrí.

chupar v. t. Extraer con los labios el jugo de una cosa o un fluido: *chupar un limón, un cigarrillo*. || Lamer: *chupar un caramelo*. || Embeber los vegetales u otra cosa un líquido, el agua o la humedad: *las raíces chupan la humedad del suelo*. || Mamar el niño. || *Fig.* y fam. Absorber. || Despojar los bienes de uno con astucia y engaño: *chuparle el dinero a uno*. || — V. pr. Pasar entre los labios y humedecer con saliva: *se chupa el dedo meñique*. || Enflaquecer, adelgazar. || *Fam.* Tirarse, soportar una cosa: *chuparse seis meses de prisión*. || Emplear en provecho propio: *se chupó todo el capital*. || *Amer.* Emborracharse. || *Fam.* Chuparse el dedo, tener poca experiencia. | *Chuparse los dedos*, deleitarse con una cosa. | *¡Chúpate ésa!*, ¡tómate ésa!

chuparrosa f. *Méx.* Colibrí.

chupatintas m. *Fam.* Oficinista de poca categoría.

chupe m. *Fam.* Chupete.

chupeta f. *Amer.* Chupete. | Chupón, caramelo.

chupete m. Objeto que se da a los niños de muy corta edad para que chupen. || Tetina del biberón.

chupetear v. i. Chupar mucho.

chupeteo m. Succión.

chupetón m. Chupada fuerte.

chupón, ona adj. y s. Que chupa. || *Fig.* y *fam.* Parásito, aprovechón. || — M. *Bot.* Vástago o brote inútil. || Pluma de las aves no enteramente formada. || Tetina de biberón. || Caramelo sostenido por un palo y que se lleva a la boca para chuparlo. || Beso chupado. || *Fís.* Émbolo de las bombas de desagüe. || Desatrancador neumático. || *Amer.* Biberón. | Chupete.

chuquisaqueño, ña adj. y s. De Chuquisaca (Bolivia).

churla f. y **churlo** m. *Amer.* Saco.

churrascado, da adj. Quemado.

churrasco m. *Arg.* Carne asada en las brasas.

churrasquear v. i. *Arg.* Comer un churrasco. | Asar.

churrasquería f. Tienda de asados.

churre m. *Fam.* Sustancia grasa. | Suciedad.

churrería f. Tienda de churros.

churrero, ra m. y f. Persona que hace o vende churros.

churrete m. Mancha en la cara.

churretón, ra Churrete.

churretoso, sa adj. Sucio.

churrigueresco, ca adj. *Arq.* Dícese del estilo derivado del barroco introducido en España a principios del siglo XVIII por Churriguera, Ribera y sus discípulos. || *Fig.* Recargado, rococó, complicado.

churriguerismo m. Estilo arquitectónico cuya característica principal fue la excesiva o recargada ornamentación.

churriguerista m. Adepto del churriguerismo.

churro, rra adj. Dícese de la lana basta y grosera. || — M. Masa de harina y agua que se fríe y tiene forma de bastoncito alargado o en rueda. || *Fig.* y *fam.* Obra mal hecha, mamarracho. | Fracaso: *salir un churro*. | Casualidad, suerte, chiripa: *ser un churro que no se hace dos veces*.

churruscarse v. pr. Tostarse.

churrusco m. Trozo de pan muy tostado.

chuscada f. Gracia.

chusco, ca adj. Gracioso, humorístico. || — M. *Fam.* Pieza de pan que se da al soldado para la tropa.

chusma f. Gentuza, populacho, gente soez. || *Fam.* Multitud, muchedumbre. || Conjunto de galeotes.

chusmaje m. *Amer.* Chusma.

chusmear v. t. *Fam. Arg.* y *Urug.* Chismorrear, andar con cuentos. || — V. i. *Fam. Arg.* y *Urug.* Husmear.

chusmerío m. *Fam. Arg.* y *Urug.* Acción y efecto de chusmear.

chuspa f. *Arg.* y *Per.* Bolsa.

chutar v. i. En fútbol, lanzar el balón de un puntapié. || — *Fam.* Esto va que chuta, esto va muy bien. | ¡Y va que chuta!, ya es suficiente.

chuza f. *Méx.* Lance en el boliche y el billar que consiste en derribar de una vez y con una bola todos los palos. || *Fig.* y *fam. Méx.* Hacer chuza, acabar con todo.

chuzo m. Bastón con un hierro en la punta, de los serenos. || *Amer.* Látigo. || *Fam.* Llover a chuzos o caer chuzos de punta, llover con mucha fuerza o ímpetu.

Ci, símbolo del *curie*, unidad de medida de actividad nuclear.

cía f. *Anat.* Hueso de la cadera.

C.I.A., sigla de *Central Intelligence Agency*, o sea servicios secretos de Estados Unidos.

cianamida f. Fertilizante.

cianhídrico, ca adj. *Quím.* Ácido prúsico, tóxico violentísimo.

cianosis f. *Med.* Coloración azul o negruzca o lívida de la piel.

cianuria f. *Med.* Emisión de orina de color azulado.

cianuro m. *Quím.* Sal del ácido cianhídrico: *cianuro de potasio*.

ciar v. i. *Mar.* Remar hacia atrás. || *Fig.* Cejar, ceder.

ciático, ca adj. Relativo a la cadera: *dolor ciático*. || — F. *Med.* Neuralgia del nervio ciático.

ciberespacio m. Espacio virtual de la informática, sobre todo el que contiene a la Internet.

cibernética f. Ciencia que estudia los mecanismos automáticos de comunicación y de control de los seres vivos y de las máquinas.

cíbolo m. Bisonte americano.

ciboney adj. y s. Individuo de un ant. pueblo de Cuba, Jamaica y parte de la isla de Haití o Santo Domingo.

ciborio m. Baldaquino que cubre un altar. || Copa para beber.

cicatear v. i. *Fam.* Escatimar, dar o gastar lo menos posible.

cicatería f. Calidad de cicatero o ruin.

cicatero, ra adj. y s. Tacaño, avaro, ruin.

cicatriz f. Señal que queda después de cerrarse una herida o llaga. || *Fig.* Huella que deja en el ánimo algún sentimiento pasado.

cicatrización f. Fenómeno que hace que una llaga o herida se cierre.

cicatrizante adj. y s. m. Dícese del remedio que hace cicatrizar.

cicatrizar v. t. e i. Completar la curación de una herida o llaga hasta quedar bien cerrada. || *Fig.* Calmar, hacer olvidar.

cícero m. *Impr.* Unidad de medida tipográfica que equivale a doce puntos (4,51 mm).

cicerón m. *Fig.* Hombre muy elocuente.

cicerone m. Persona que enseña y explica las curiosidades de una localidad, edificio, etc.

ciceroniano, na adj. y s. Propio de Cicerón: *estilo ciceroniano.*

ciclamen m. Pamporcino.

ciclamor m. Árbol de jardín de la familia de las papilionáceas, de flores rojas.

cíclico, ca adj. Relativo al ciclo: *cronología cíclica.* || Que forma parte de un ciclo literario épico: *un poema cíclico.* || *Quím.* Dícese de los compuestos orgánicos cuyas moléculas forman una cadena cerrada.

ciclismo m. Deporte y utilización de la bicicleta.

ciclista adj. Relativo al ciclismo: *corredor ciclista.* || — Com. Persona que practica el ciclismo.

ciclo m. Período de tiempo en que se cumple una serie de fenómenos realizados en un orden determinado: *el ciclo de las estaciones.* || Serie de acciones, modificaciones o fenómenos que sufre un cuerpo o sistema que pasa por diferentes fases hasta volver al estado inicial. || Conjunto de poemas, generalmente épicos, que tienen como tema un héroe, un personaje, un hecho: *el ciclo bretón, el ciclo del rey Artús.* || Serie de conferencias sobre cierto asunto. || Serie de operaciones destinadas al mismo fin: *ciclo de fabricación.* || *Astr.* Período de tiempo después del cual los mismos fenómenos astronómicos se reproducen en orden semejante: *ciclo solar, lunar.* || *Ciclo menstrual,* período que media entre una menstruación y otra: *el ciclo menstrual de una mujer es de aproximadamente 28 días.*

cicloidal y **cicloideo** adj. *Geom.* Relativo a la cicloide.

cicloide f. *Geom.* Curva descrita por un punto de una circunferencia que rueda sobre una recta.

ciclomotor m. Bicicleta con motor.

ciclón m. Huracán que gira a gran velocidad alrededor de un centro de baja presión.

ciclónico, ca adj. Relativo a los ciclones.

ciclópeo, a adj. Propio de los cíclopes. || Dícese de ciertas construcciones prehistóricas hechas con piedras enormes, unidas sin argamasa. || *Fig.* Gigantesco, enorme.

cíclopes m. pl. Gigantes monstruosos que poseían un solo ojo en medio de la frente. (*Mit.*)

ciclóstomos m. pl. Orden de peces de forma cilíndrica y oblonga con boca a modo de ventosa, como la lamprea (ú. t. c. adj.).

ciclotimia f. *Med.* Forma de perturbación mental caracterizada por alternativas de exaltación y depresión del ánimo.

ciclotrón m. Acelerador electromagnético de alta frecuencia que comunica a las partículas electrizadas gran velocidad para obtener de este modo transmutaciones y desintegraciones de átomos.

cicuta f. Planta umbelífera venenosa.

cid m. *Fig.* Hombre valiente.

cidra f. Fruto del cidro, semejante al limón. || *Cidra cayote,* variedad de calabaza.

cidro m. Árbol rutáceo de flores rojas que produce la cidra.

ciego, ga adj. y s. Que no ve, privado de la vista: *ser ciego de nacimiento.* || *Fig.* Obcecado, enloquecido por alguna pasión: *ciego de ira, de amor.* | Que no ve algo patente. | Obstruido, cegado: *una tubería ciega.* || Dícese del pan o queso que no tienen ojos. || — M. *Anat.* Parte del intestino grueso entre el íleon y el colon. || — *A ciegas,* ciegamente, sin ver; (fig.) sin reflexión. || *Dar palos de ciego,* darlos al aire. || *En tierra de ciegos, el tuerto es rey,* donde todos son ignorantes sobresale el que sabe un poco más.

cielito m. *Riopl.* Baile y canto popular.

cielo m. Espacio indefinido, azul de día y poblado de estrellas por la noche, en el cual se mueven los astros. || Parte del espacio que parece formar una bóveda encima de la Tierra: *levantar las manos al cielo.* || Aire, atmósfera: *cielo alegre, claro.* || Mansión de los bienaventurados: *ganarse el cielo.* || *Fig.* Dios, la Providencia: *rogar al Cielo.* || Nombre cariñoso dado a una persona amada: *¡cielo mío!* || Parte superior de un espacio cerrado: *el cielo de la boca, de un coche.* || *Arg.* y *Urug.* Cielito, baile popular. || — *A cielo abierto,* al raso, al descubierto. || *A cielo raso,* al aire libre. || *Fam.* Al cielo escupe en la cara le cae, es peligrosa la excesiva arrogancia. || *Fig.* y *fam. Bajado del cielo,* muy oportuno, inesperado.

|| *Cielo de la boca,* paladar. || *Cielo raso,* techo interior en el cual no s... las vigas. || *Fig. Estar en el séptimo cielo,* no caber en sí de gozo. | *Juntarse cielo con la tierra,* acongojarse, amilanarse ante una dificultad. | *Llovido del cielo,* muy oportuno. | *Mover cielo y tierra,* unir todos los esfuerzos para conseguir una cosa. | *Poner el grito en el cielo,* gritar mucho. | *Ser un cielo,* ser agradable, encantador. | *Ver el cielo abierto,* descubrir uno el medio de salir de apuros; alegrarse.

ciempiés m. Nombre vulgar de los miriápodos. || *Fig.* y *fam.* Cosa confusa, sin pies ni cabeza.

cien adj. Apócope de *ciento,* que se usa antes de un sustantivo: *cien años, cien pesetas.* || *Fig. Cien por cien,* completamente.

ciénaga f. Lugar lleno de cieno.

ciencia f. Conocimiento exacto y razonado de las cosas por sus principios y causas: *la ciencia del bien y del mal.* || Conjunto de los conocimientos humanos: *los adelantos de la ciencia.* || Conjunto de conocimientos relativos a un objeto determinado: *las ciencias humanas.* || *Fig.* Saber o erudición. | Conjunto de conocimientos: *la ciencia del vividor.* || — *A ciencia cierta,* con seguridad. || *Ciencia cristiana,* v. CHRISTIAN SCIENCE. || *Ciencia ficción,* género novelesco que recurre a los temas del viaje en el tiempo y los espacios supraterrestres. || *Ciencia infusa,* la comunicada directamente por Dios: *la ciencia infusa de los Apóstoles.* || *Ciencias exactas,* las matemáticas. || *Ciencias naturales,* las que estudian los reinos animal, vegetal y mineral. || *Ciencias ocultas,* la alquimia, la astrología, la cábala, la quiromancia, etc. || *Gaya ciencia,* poesía.

cienfueguero, ra adj. y s. De Cienfuegos (Cuba).

cienmilésimo, ma adj. Que está en lugar indicado por el número cien mil. || — M. Cada una de las cien mil partes iguales en que se divide un todo.

cienmilímetro m. Centésima parte de un milímetro (símb., *cmm*).

cieno m. Fango que se forma en las aguas estancadas. || *Fig.* Ignominia, deshonra.

cientificismo m. Tendencia a valorizar con exceso las nociones científicas.

cientificista adj. y s. Partidario del cientificismo o relativo a él.

científico, ca adj. Relativo a la ciencia: *principios, métodos científicos.* || Que investiga sobre alguna ciencia (ú. t. c. s.).

ciento adj. y s. m. Diez veces diez. || *Centésimo: número ciento.* || — M. Signo o conjunto de signos que expresan la cantidad de ciento: *en la numeración romana la letra C equivale a ciento.* || Centena: *un ciento de personas.* || *Darle ciento y raya a uno,* sobrepasarle.

cierne m. *Bot.* Acción de florecer la flor de ciertas plantas. || — *En cierne,*

113

e del trigo, de la vid, etc., en flor. *Fig.* Estar en cierne una cosa, estar en sus comienzos, en potencia.

cierre m. Acción y efecto de cerrar o cerrarse: *el cierre de la Bolsa.* || Mecanismo que sirve para cerrar: *cierre de un bolso.* || — *Cierre metálico,* cortina de hierro para cerrar las tiendas. || *Cierre patronal,* lock out.

cierto, ta adj. Verdadero, seguro, indubitable: *una noticia cierta.* || Determinado, fijo: *verse a cierto día.* || Alguno: *tenía ciertas sospechas.* || Un poco de, algo de: *siento cierta tristeza.* || Seguro, que no puede fallar: *promesa cierta.*

cierva f. Hembra del ciervo.

ciervo m. Género de mamíferos rumiantes, de color pardo rojizo y con varios cuernos ramificados. || *Ciervo volante,* insecto coleóptero.

cierzo m. Viento frío del Norte.

cifra f. Número, signo o signos con que se representa. || Escritura secreta, clave: *escrito en cifra.* || Monograma, letras enlazadas. || Abreviatura. || Galicismo por *cantidad y suma.*

cifrar v. t. Escribir en clave: *cifrar un telegrama.* || *Fig.* Compendiar. | Fijar, colocar: *cifrar la ambición en una cosa.* || — V. pr. Elevarse: *cifrarse en mil euros.*

cigala f. Crustáceo marino comestible.

cigarra f. Insecto hemíptero de color amarillo verdoso. (El abdomen del macho lleva un aparato con el cual produce un ruido estridente y monótono.)

cigarrera f. Mujer que hace cigarros. || Caja de cigarros puros.

cigarrero m. El que hace o vende cigarros.

cigarrillo m. Cigarro de papel: *cigarrillo con filtro.*

cigarro m. Rollo de hojas de tabaco que se fuma: *cigarro habano.* || Cigarrillo de papel.

cigarrón m. Saltamontes.

cigomático, ca adj. *Anat.* Relativo a la mejilla o al pómulo: *arco cigomático.*

cigoñuela f. *Méx.* Ave zancuda, menor que la cigüeña.

cigoto m. *Biol.* Óvulo fertilizado, huevo.

ciguata f. *Pop. Méx.* Mujer.

ciguatera f. *Méx.* Intoxicación causada por mariscos descompuestos.

ciguato, ta adj. y s. *Antill.* y *Méx.* Idiota. | Pálido.

cigüeña f. Ave zancuda migratoria, de cuello largo y pico rojo, que tiene más de dos metros de envergadura. || Manubrio, manivela.

cigüeñal m. *Mec.* Eje acodado de un motor en el que van ajustadas las bielas unidas a los pistones o émbolos transformando el movimiento rectilíneo de éstos en circular o rotativo.

cilantro m. Planta aromática que se emplea como condimento.

ciliado, da adj. Aplícase a las células o microorganismos provistos de cilios.

|| — M. pl. *Zool.* Clase de protozoos provistos de cilios.

ciliar adj. Relativo a las pestañas: *nervios ciliares.*

cilicio m. Vestidura o cinturón áspero o con pinchos que se llevan sobre la carne por penitencia.

cilindrada f. *Mec.* Capacidad de los cilindros de un motor de explosión.

cilindrar v. t. Prensar con un rodillo.

cilindrero, ra m. y f. *Méx.* Músico callejero que toca el cilindro u organillo.

cilíndrico, ca adj. Relativo al cilindro: *hélice cilíndrica.* || De forma de cilindro: *cañón, cuerpo cilíndrico.*

cilindro m. Cuerpo de sección circular, del mismo grosor en toda su longitud. || Cuerpo geométrico engendrado por una línea recta que se mueve siguiendo una curva cerrada y permaneciendo indicada por el eje. || Cámara tubular en la que se mueve en sentido alternativo el émbolo de un motor o bomba: *automóvil de cuatro cilindros.* || Pieza cilíndrica que al girar imprime el papel o el tejido. || Rodillo compresor para apisonar. || *Amer.* Sombrero de copa. | Organillo. || Cilindro de revolución, sólido engendrado por el movimiento circular de un rectángulo alrededor de uno de sus lados.

cilio m. *Biol.* Filamento del protoplasma que emerge de ciertos protozoos ciliados y de algunas otras células: *cilio vibrátil.*

cima f. Parte más alta, cumbre de una montaña, de un árbol, de la cresta de una ola, etc. || *Bot.* Inflorescencia cuyo eje principal termina en una flor, y en que salen otras flores en los extremos de ejes laterales o en ramificaciones que éstos tienen. || *Fig.* Apogeo, altura máxima: *llegó a la cima de los honores.* || *Dar cima a una cosa,* terminarla.

cimarrón, ona adj. *Amer.* Salvaje, montaraz: *animal cimarrón.* || Decíase del esclavo negro que huía al campo: *negro cimarrón.* || *Méx.* Especie de borrego del norte del país. || — Adj. y s. m. *Riopl.* Dícese del mate sin azúcar: *tomar un cimarrón.*

cimarronada f. *Amer.* Manada de animales salvajes.

cimarronear v. i. *Riopl.* Tomar mate cimarrón. || *Amer.* Huir.

cimbalero m. Músico que toca los címbalos o platillos.

címbalos m. pl. *Mús.* Platillos.

cimbel m. Ave que sirve de señuelo para cazar. || *Fig.* Señuelo, añagaza.

cimborrio m. *Arq.* Cuerpo cilíndrico que sirve de base a la cúpula. || Cúpula.

cimbra f. *Arq.* Armazón sobre la que se construye un arco o bóveda. || *Mar.* Curvatura de los tablones del casco de un barco.

cimbrado m. Paso de la danza española en que se mueve la cintura.

cimbrar v. t. Poner las cimbras en una bóveda o arco. || Cimbrear. || *Fig.* y *fam.* Golpear.

cimbreante adj. Delgado y flexible.

cimbrear v. t. Hacer vibrar una vara o un palo en el aire agarrándolos por un extremo. || Mover graciosamente y con garbo el cuerpo. || — V. pr. Vibrar un objeto flexible. || Moverse con garbo al caminar.

cimbreo m. Acción y efecto de cimbrear o cimbrearse.

cimbrio, bria adj. y s. Cimbro.

cimbro, bra adj. y s. Individuo de un ant. pueblo germánico que habitaba Jutlandia.

cimbrón m. *Amer.* Acción y efecto de vibrar una vara o cosa flexible. | Estremecimiento nervioso. || *Méx.* Cintarazo: *dar un cimbrón.*

cimentación f. Acción y efecto de cimentar.

***cimentar** v. t. Poner los cimientos. || Fijar con cemento: *cimentar una pared.* || *Fig.* Consolidar, afirmar, asentar: *cimentar la paz.*

cimera f. Adorno en la parte superior de la celada.

cimero, ra adj. Que está en la parte más alta. || *Fig.* Destacado, sobresaliente: *figura cimera.*

cimiento m. Parte del edificio que está debajo de la tierra y sobre la cual estriba toda la fábrica: *los cimientos de una casa.* || *Fig.* Origen de una cosa. || Base, fundamento: *los cimientos de una cooperación.*

cimitarra f. Especie de sable curvo usado por turcos y persas.

cinabrio m. Mineral compuesto de azufre y mercurio, muy pesado y de color rojo oscuro: *del cinabrio se extrae el mercurio o azogue.*

cinacina f. *Riopl.* Arbusto papilionáceo, de flor olorosa cuya semilla es medicinal.

cinamomo m. Árbol de la familia de las meliáceas, de madera dura y aromática.

cinc m. Cuerpo simple, metálico (Zn), de número atómico 30 y de color blanco azulado. (Pl. *cines.*)

cincel m. Herramienta para labrar maderas, piedras y metales.

cincelado m. Acción y efecto de cincelar.

cincelador m. El que cincela.

cinceladura f. Cincelado.

cincelar v. t. Labrar o grabar con el cincel en piedras, maderas o metales.

cincha f. Faja con que se asegura la silla o albarda a la caballería. || *Méx.* Acción de dar cintarazos.

cinchadura f. Acción de cinchar.

cinchar v. t. Poner la cincha a una caballería. || Asegurar con cinchos: *cinchar un tonel.* || *Méx.* Pegar con la cincha, dar cintarazos.

cincho m. Faja o cinturón de la gente del pueblo. || Aro de hierro con que se rodean algunas cosas: *cincho de tonel.* || *Arq.* Arco saliente en el intradós de una bóveda en cañón.

cinco adj. Cuatro y uno: *tiene cinco niños.* || Quinto: *libro cinco.* || — M. Signo con que se representa el número cinco: *un cinco bien escrito*. || *Méx.* Cinco centavos: *dame un cinco*. | Las nalgas: *azotar el cinco*. || *Fig.* y *fam. Decir a uno cuántas son cinco*, decirle las verdades. | *Esos cinco*, la mano (ú. con los verbos *venir, chocar*, etc.).

cincoenrama f. Planta rosácea de flores amarillas, cuya raíz es medicinal.

cincografía f. Arte de grabar láminas en cinc.

cincolite m. *Méx.* Especie de huacal para almacenar y conservar la cosecha de maíz.

cincuate m. *Méx.* Reptil ofidio.

cincuenta adj. y s. m. Cinco veces diez. || Quincuagésimo: *es el cincuenta en el orden*.

cincuentavo, va adj. y s. Dícese de cada una de las cincuenta partes en que se divide un todo.

cincuentenario m. Fecha en que se cumplen los cincuenta años de un hecho.

cincuenteno, na adj. Quincuagésimo. || — F. Conjunto de cincuenta unidades: *una cincuentena de pesetas*.

cincuentón, ona adj. y s. Que tiene más o menos cincuenta años: *hombre cincuentón*.

cine m. Cinematógrafo: *cine mudo, sonoro*.

cineasta m. Creador o actor de películas cinematográficas.

cineclub m. Asociación cuyo objeto es dar a sus miembros una cultura cinematográfica.

cinegético, ca adj. Relativo a la cinegética. || — F. Arte de cazar.

cinemascope m. Procedimiento cinematográfico de proyección en pantalla panorámica.

cinemateca f. Archivo de cintas cinematográficas notables.

cinemática f. *Fís.* Parte de la mecánica que estudia el movimiento en sus elementos de espacio y tiempo.

cinematografía f. Arte de representar imágenes en movimiento por medio del cinematógrafo.

cinematografiar v. t. Fotografiar una escena en movimiento destinada a ser reproducida en una pantalla.

cinematográfico, ca adj. Relativo al cinematógrafo.

cinematógrafo m. Aparato óptico que reproduce en proyección vistas animadas. || Local público en que se exhiben películas cinematográficas.

cinerama m. Procedimiento cinematográfico basado en la proyección yuxtapuesta de tres imágenes procedentes de tres proyectores para dar una impresión de relieve.

cineraria f. Planta de adorno.

cinerario, ria adj. Cinéreo. || *Urna cineraria*, la destinada a contener cenizas de cadáveres.

cinesiterapia f. Terapéutica a base de gimnasia y masaje.

cinético, ca adj. *Fís.* Relativo al movimiento: *energía cinética*. || — F. Par-

te de la física que estudia el movimiento.

cingalés, esa adj. y s. De Ceilán.

cíngaro, ra adj. y s. Gitano.

cingiberáceas f. pl. Familia de plantas monocotiledóneas, de rizoma rastrero, a que pertenecen el jengibre y el amomo (ú. t. c. adj.).

cínico, ca adj. y s. Aplícase al filósofo de la escuela cuyo principal representante fue Diógenes. || *Fig.* Impudente, desvergonzado: *discurso cínico*.

— La escuela filosófica de los *cínicos* fue fundada por el griego Antístenes. Despreciaba todas las convenciones sociales.

cínife m. Mosquito.

cinismo m. Doctrina de los filósofos cínicos. || Falta de escrúpulos, desvergüenza, procacidad: *tener mucho cinismo*.

cinocéfalo m. Mono grande de África, cuya cabeza es semejante a la de los perros: *el cinocéfalo fue adorado por los egipcios*.

cinódromo m. Canódromo.

cinta f. Tira o banda de tela: *una cinta azul*. || *Por ext.* Lo que tiene aspecto de cinta o tira: *cinta de máquina de escribir; metro de cinta*. || Hilera de baldosas de un suelo junto a la pared. || *Arq.* Filete, parte más fina de la moldura. || *Blas.* Divisa, faja. || *Bot.* Planta gramínea de adorno. || Película cinematográfica. || Tira de acero o tela dividida en metros y centímetros que sirve para medir distancias. || *Veter.* Corona del casco. || — *Cinta aisladora* o *aislante*, la empleada para cubrir los empalmes de cables eléctricos. || *Cinta magnetofónica*, la de materia plástica utilizada para grabar el sonido o la voz. || *Cinta transportadora*, cinta sin fin flexible para transportar materias a granel.

cintarazo m. Golpe dado de plano con la espada.

cintilar v. i. Centellear.

cinto m. Cinturón: *con la espada al cinto*. || Cintura, talle.

cintura f. Talle, parte más estrecha del cuerpo humano, por encima de las caderas: *tener poca cintura*. || *Fig.* y *fam. Meter en cintura*, hacer entrar en razón.

cinturón m. Cinto de cuero del que cuelga la espada o el sable. || Banda de cuero o de tela con que se sujetan los pantalones, las faldas o los vestidos. || *Arq.* Parte superior de la campana de la chimenea. || *Fig.* Fila o serie de cosas que rodean otra. || Cada una de las categorías en judo: *cinturón negro*. || *Fig. Apretarse el cinturón*, pasar privaciones.

cipayo m. Antiguo soldado indio al servicio de los ingleses. || Puertorriqueño o cubano que sirvió en el ejército español.

cipe adj. *C. Rica, Hond.* y *Salv.* Que no se ha criado o madurado bien.

ciperáceas f. pl. Familia de plantas monocotiledóneas que tiene por tipo la juncia (ú. t. c. adj.).

cipote m. *Amér. C.* Niño: *el viejo contaba cuentos a los cipotes*.

ciprés m. Árbol cupresáceo, de copa cónica y madera rojiza, olorosa e incorruptible. || *Fig. Méx.* Altar mayor de las catedrales, compuesto por cuatro altares reunidos. || *Méx. Ciprés de Moctezuma*, el ahuehuete.

cipresal m. Terreno poblado de cipreses.

circense adj. Del circo.

circo m. En la antigua Roma, gran espacio rectangular destinado a los juegos públicos, especialmente luchas, carreras de carros y caballos. || Local público de espectáculos, con gradas y pista circulares, donde se realizan ejercicios ecuestres y acrobáticos. || Espectáculo que allí se da: *me gusta el circo*. || *Geogr.* Espacio de forma arqueada rodeado de montañas: *circo glacial*.

circón m. Silicato de circonio, incoloro o de color amarillo rojizo.

circonio m. Metal gris (Zr), en forma de polvo negro, de número atómico 40 y densidad 6,53, semejante al titanio y al silicio.

*circuir v. t. Rodear.

circuito m. Contorno, límite exterior: *el circuito de París*. || Viaje organizado, periplo: *circuito de los lagos italianos*. || Itinerario cerrado de una prueba deportiva: *circuito automovilístico*. || Conjunto de conductores eléctricos por el que pasa una corriente: *cortar el circuito*. || Cada uno de los enlaces que une los mercados de servicios y de productos. || *Corto circuito*, accidente eléctrico que se produce cuando dos conductores entran en contacto. || *Electr. Circuito integrado*. Conjunto de conductores eléctricos miniaturizados que se alojan en un único soporte.

circulación f. Movimiento continuo: *circulación de la sangre por las venas*. || Tráfico, facilidad de desplazarse por medio de las vías de comunicación: *la circulación de los automóviles*. || Movimiento de las monedas, de los artículos de comercio o de los valores bancarios. || Transmisión, propagación: *circulación de principios anticonstitucionales*. || *Circulación fiduciaria* o *monetaria*, dinero existente en billetes de banco.

circulante adj. Que circula. || *Biblioteca circulante*, aquella cuyos libros pueden prestarse.

circular adj. De forma de círculo: *objeto circular*. || — F. Carta, comunicación o aviso, con el mismo contenido, que se envía simultáneamente a varias personas: *enviar una circular a los cuentacorrentistas*.

circular v. i. Moverse de forma continua para alcanzar de nuevo el punto de partida: *la sangre circula por las venas*. || Pasar: *el agua circula por los tubos*. || Ir por las vías de comunicación: *circular por una autopista* || Ir y venir, pasar: *circular por las calles*. || Pasar de mano en mano: *moneda que ya no

circula. || *Fig.* Propagarse, transmitirse: *circular falsas noticias.*

circulatorio, ria adj. Relativo a la circulación: *el aparato circulatorio de la sangre está compuesto por las arterias y las venas.*

círculo m. *Geom.* Superficie plana contenida dentro de la circunferencia. || Circunferencia. || Casino, club: *círculo de juego.* || *Fig.* Extensión: *ampliar el círculo de sus ocupaciones o estudios.* | Conjunto de amigos y de relaciones personales. || *Círculo vicioso*, razonamiento en que se toma como prueba lo que precisamente se debe demostrar. | — Pl. Medios: *en los círculos bien informados.* || *Círculos polares*, los menores de la esfera terrestre, tan distantes del polo como los trópicos del ecuador: *círculo polar ártico o antártico.*

circumpolar adj. *Geogr.* Que está alrededor del polo terrestre o celeste: *constelación circumpolar; mares circumpolares.*

circuncidar v. t. Cortar circularmente una porción del prepucio. || *Fig.* Cercenar, moderar.

circuncisión m. Acción y efecto de circuncidar. || *Circuncisión de Jesucristo*, fiesta que la Iglesia católica celebra el día 1 de enero.

circunciso adj. y s. m. Dícese de la persona a quien se le ha practicado la circuncisión.

circundante adj. Que circunda.

circundar v. t. Cercar, rodear.

circunferencia f. *Geom.* Línea curva cerrada, cuyos puntos están todos a la misma distancia de un punto interior llamado *centro*: *la longitud de una circunferencia se obtiene multiplicando el diámetro por 3,1416.* || *Fig.* Contorno, perímetro.

*circunferir v. t. Circunscribir.

circunflejo adj. Dícese de un acento (^) que ya ha desaparecido en castellano, pero que sigue existiendo en otras lenguas, como el francés, el portugués.

circunlocución f. y **circunloquio** m. Perífrasis, manera de hablar en la que se expresa el sentido de una palabra de una forma imprecisa e indirecta.

circunnavegación f. Acción y efecto de circunnavegar.

circunnavegar v. t. Navegar alrededor: *circunnavegar una isla.* — V. i. Dar un buque la vuelta al mundo.

circunscribir v. t. Limitar, mantener dentro de ciertos límites: *circunscribir una epidemia.* || *Geom.* Dibujar una figura cuyos lados tocan exteriormente al círculo. || — V. pr. Reducirse, limitarse, ceñirse: *circunscribirse a las órdenes recibidas.*

circunscripción adj. Acción y efecto de circunscribir o circunscribirse. || División administrativa, militar, electoral, eclesiástica, etc., de un territorio.

circunscrito, ta adj. *Geom.* Aplícase a la figura que circunscribe a otra.

circunspección f. Cordura, comedimiento, prudencia en los actos o palabras.

circunspecto, ta adj. Cuerdo, prudente, comedido en tomar una decisión. || Serio, grave, respetable.

circunstancia f. Accidente de tiempo, lugar, modo, etc. || *For.* Particularidad que acompaña un acto: *circunstancias atenuantes o agravantes.* | Situación: *circunstancia favorable.* || Calidad o requisito.

circunstanciado, da adj. Detallado: *informe circunstanciado.*

circunstancial adj. Que depende de una circunstancia, incidental. || *Gram.* Que expresa una circunstancia (causa, lugar, tiempo).

circunstanciar v. t. Determinar las circunstancias de algo.

circunvalación f. Acción de circunvalar. || *Mil.* Obras de defensa, línea de trincheras. || *Línea de circunvalación*, línea de transporte que recorre el perímetro de una ciudad.

circunvalar v. t. Ceñir, rodear: *circunvalar una ciudad con trincheras, reductos y otras obras.*

circunvecino, na adj. Próximo, cercano, vecino.

circunvolución f. Vuelta alrededor de un centro común: *describir circunvoluciones.* || Sinuosidad del cerebro.

cirílico, ca adj. Relativo al alfabeto, atribuido a San Cirilo (s. IX), usado en ruso y otras lenguas eslavas.

cirio m. Vela grande de las iglesias. || Planta cactácea de América. || *Méx.* Planta con tallos similares a columnas. || *Cirio pascual*, el grande que se bendice el Sábado Santo.

cirquero m. *Méx.* Acróbata, volatinero. | Empresario de circo.

cirrípedos y **cirrópodos** m. pl. Crustáceos marinos que viven adheridos a las rocas, como los percebes (ú. t. c. adj.).

cirro m. Zarcillo de la vid. || *Med.* Tumor duro e indoloro. || Nube alta y blanca de aspecto filamentoso. || *Zool.* Cada una de las patas de los cirrípedos.

cirrosis f. *Med.* Enfermedad del hígado, caracterizada por granulaciones de color rosado y por la destrucción de las células hepáticas.

cirrus m. Cirro, nube.

ciruela f. Fruto comestible del ciruelo. || *Ciruela claudia*, ciruela redonda, de color verde claro, muy dulce y jugosa.

ciruelo m. Árbol rosáceo que produce la ciruela.

cirugía f. Parte de la medicina cuyo fin es la curación de las enfermedades mediante operaciones hechas con instrumentos generalmente cortantes. || *Cirugía estética o plástica*, la que corrige defectos físicos con el objeto de embellecer.

ciruja com. *Arg.* Persona que busca en la basura objetos que puede vender.

cirujano m. Médico que se dedica a la cirugía, operador. || Ave de México.

cisalpino, na adj. Decíase de las regiones entre los Alpes y Roma.

cisandino, na adj. Del lado de acá de los Andes.

ciscar v. t. Ensuciar alguna cosa. || *Cub.* y *Méx.* Avergonzarse.

cisco m. Carbón menudo. || *Fig.* y *fam.* Bullicio, alboroto. || *Hacer cisco*, hacer trizas.

cisión f. Cisura, incisión.

cisma m. Separación entre los miembros de una religión o comunidad: *el cisma de Occidente.* || Discordia, desacuerdo.

cismático, ca adj. y s. Que se separa de la comunidad de fieles.

cismontano, na adj. De la parte de acá de los montes.

cisne m. Ave palmípeda, de cuello largo y flexible, comúnmente de plumaje blanco y, en una especie, negro. || *Fig.* Gran músico o poeta: *el cisne de Mantua* (Virgilio).

cisplatino, na adj. De este lado del Plata.

cistáceas f. pl. Familia de plantas dicotiledóneas de fruto en forma de cápsula (ú. t. c. adj.).

cisterciense adj. Del Cister.

cisterna f. Aljibe, depósito subterráneo para recoger el agua de lluvia. || Depósito de retención de agua: *la cisterna de un retrete.* || Recipiente que, en un vehículo, sirve para transportar líquidos.

cisticerco m. Larva de la tenia.

cisticercosis f. Enfermedad causada por la presencia de cisticercos en el cuerpo.

cistitis f. *Med.* Inflamación de la vejiga.

cistoscopio m. Endoscopio para explorar el interior de la vejiga.

cistotomía f. *Cir.* Incisión de la vejiga para operar en su interior.

cisura f. Hendidura o incisión muy fina. || Sangría que se hace en una vena. || Línea de unión.

cita f. Hora y lugar en que acuerdan verse dos personas. || Nota textual sacada de una obra: *una cita del Quijote.*

citación f. Acción de citar.

citar v. t. Señalar a uno día y lugar para encontrarse con él: *citar a uno en un café.* || Decir textualmente lo que otro ha dicho o escrito: *citar un pasaje de Rodó.* || Mencionar, aludir: *ni siquiera lo cita en sus Memorias.* || Provocar el torero al toro para que embista. || Emplazar a uno ante un juez: *citar ante un consejo de guerra.* || — V. pr. Darse cita dos personas.

cítara f. *Mús.* Instrumento de cuerdas algo parecido a la guitarra y que se toca con púas.

citerior adj. De la parte de acá: *la Tarraconense o España citerior de los romanos.*

cítiso m. *Bot.* Codeso.

citlalcuate m. *Méx.* Cincuate.

citocinesis f. División del citoplasma.

citogenética f. Parte de la biología que estudia los fenómenos de la herencia por medio de los cromosomas de las células.

citología f. Parte de la biología que estudia las células.

citoplasma m. Parte del protoplasma que en la célula rodea al núcleo.

citrato m. *Quím.* Sal formada por ácido cítrico.

cítrico, ca adj. *Quím.* Aplícase al ácido que se extrae del limón. || — Adj. y s. m. pl. Agrios: *producción de cítricos.*

ciudad f. Población grande: *la ciudad de Barcelona.* || — Ciudad obrera, conjunto de viviendas destinadas a los obreros. || Ciudad satélite, conjunto urbano que pertenece a una ciudad pero que está separado de ella por un espacio sin urbanizar. || Ciudad universitaria, conjunto de edificios universitarios y residencias para estudiantes y profesores. || *La Ciudad Eterna,* Roma. || *La Ciudad Santa,* Jerusalén, Roma, Medina, La Meca, etc., según las religiones.

ciudadanía f. Calidad y derecho de ciudadano. || Civismo, calidad de buen ciudadano.

ciudadano, na adj. De la ciudad. || — M. y f. Habitante o vecino de la ciudad. || Natural de un Estado, que tiene derechos y deberes políticos que le permiten tomar parte en el gobierno del mismo.

ciudadela f. Recinto fortificado en el interior de una ciudad.

cívico, ca adj. Relativo al civismo. || Civil, de la ciudad. || *Fig.* Patriótico, de buen ciudadano. || — M. *Amer.* Guardia.

civil adj. Relativo a los ciudadanos (dícese en oposición a *militar* y *eclesiástico*): *matrimonio civil.* || Concerniente a las relaciones privadas entre ciudadanos: *vida civil.* || *Fig.* Sociable, urbano. || — *Guerra civil,* la que se produce entre ciudadanos de un mismo país. || *Muerte civil,* privación de los derechos civiles y cívicos. || — M. *Fam.* Guardia civil. || *Fig.* Paisano, no militar.

civilidad f. Cortesía, sociabilidad. || Civismo.

civilismo m. *Amer.* Gobierno llevado por personas civiles.

civilista m. Persona versada en Derecho civil. || — Adj. y s. Abogado que defiende asuntos civiles. || *Amer.* Enemigo de la influencia religiosa o militar en política.

civilización f. Acción y efecto de civilizar o civilizarse. || Conjunto de caracteres propios de un pueblo o raza o de los pueblos desarrollados: *civilización griega.*

civilizado, da adj. Aplícase al que emplea el lenguaje y las costumbres de la gente culta (ú. t. c. s.). || Que tiene una civilización: *país civilizado.*

civilizador, ra adj. y s. Que desarrolla o favorece la civilización.

civilizar v. t. Sacar del estado de barbarie: *civilizar a un país.* || Educar, ilustrar (ú. t. c. pr.).

civismo m. Celo por la patria, virtud del buen ciudadano. || Cortesía, educación.

cizalla f. Tijeras grandes o máquina para cortar metal. || Recortes de metal.

cizallar v. t. Cortar con cizalla.

cizaña f. Planta gramínea que perjudica los sembrados. || *Fig.* Cosa mala o que echa a perder otra cosa: *separar la cizaña del buen grano.* | Motivo de discordia o enemistad: *meter o sembrar cizaña.*

cizañar v. t. Sembrar o meter discordia.

cizañero, ra adj. y s. Qué le gusta meter cizaña.

Cl, símbolo químico del *cloro.*

cla. V. TLA (para ciertas voces mexicanas).

claclauyo m. *Méx.* Empanada de maíz rellena de frijoles, carne, etc.

clamar v. t. Hablar con vehemencia: *clamar su indignación.* || Desear vivamente: *clamar venganza.* || — V. i. Quejarse implorando favor o socorro: *clamar a Dios, por la paz.* || Protestar: *clamar contra una injusticia.* || Tener necesidad de algo: *la tierra clama por agua.*

clámide f. Capa corta de los antiguos griegos y romanos.

clamor m. Grito: *los clamores de una muchedumbre.* || Aclamación.

clamorear v. t. Clamar. || Rogar con insistencia. || Quejarse. || — V. i. Doblar a muerto las campanas.

clamoreo m. Clamor repetido y continuado: *el clamoreo de los asistentes.* || Súplica importuna y repetida.

clamoroso, sa adj. Quejoso, lastimoso: *un rumor clamoroso.* || Rotundo: *éxito clamoroso.* || Vociglero.

clan m. En Escocia o Irlanda, tribu o familia. || *Por ext.* Grupo de personas unidas por un interés común: *los clanes políticos.*

clanchinchol m. *Méx.* Tendejón, pequeño comercio.

clancuino m. *Méx.* Persona a quien faltan los dientes.

clandestinidad f. Calidad de clandestino.

clandestino, na adj. Secreto, oculto: *matrimonio clandestino.* || A espaldas del Gobierno: *partido, periódico clandestino.*

claqueta f. Instrumento formado por dos tablillas articuladas que sirve, en cinematografía, para indicar el comienzo del rodaje. || — Pl. Tablillas.

clara f. Parte transparente y líquida que rodea a la yema en el huevo. || Claridad: *a las claras del día.* || Calvicie. || *Fam.* Cese momentáneo de la lluvia. || *Chil.* Clarisa, monja.

claraboya f. Ventana en el techo.

clarear v. t. Poner más claro: *clarear un color.* || Dar claridad o luz. || — V. i. Amanecer: *levantarse al clarear el día.*

|| Despejarse las nubes: *el cielo clarea.* || — V. pr. Transparentarse: *tu vestido se clarea.* || *Fig.* y *fam.* Descubrir uno sin proponérselo sus intenciones: *se ha clareado sin querer.* || Evidenciarse: *sus intenciones se clarean.*

***clarecer** v. imp. Amanecer.

clarete adj. y s. m. Vino tinto algo claro, rosado.

claridad f. Luz: *la claridad del amanecer.* || *Fam.* Palabra o frase con que se dice abiertamente algo desagradable, impertinencia. || *Fig.* Nitidez: *la claridad de su prosa.* | Lucidez: *claridad de juicio.* || *De una claridad meridiana,* muy claro.

claridoso, sa adj. *Méx.* Dícese de la persona que acostumbra a decir las cosas claras, sin rodeos.

clarificación f. Acción de clarificar.

clarificar v. t. Poner claro un líquido: *clarificar el vino.* || Purificar: *clarificar azúcar.* || Aclarar.

clarín m. Trompeta de sonido muy agudo: *toque de clarín.* || Músico que lo toca.

clarinete m. *Mús.* Instrumento de viento, formado por una boquilla de lengüeta de caña y un tubo de madera con agujeros, que se tapan con los dedos o con llaves. || Músico que lo toca.

clarinetista m. Músico que toca el clarinete.

clarisa f. Religiosa de la orden de Santa Clara.

clarividencia f. Lucidez, claridad de percepción.

clarividente adj. Que ve o percibe las cosas con claridad: *hombre clarividente.*

claro, ra adj. Que tiene mucha luz, luminoso: *una casa clara.* || Definido, preciso: *una fotografía clara.* || Transparente: *agua clara.* || Limpio, sin nubes: *cielo claro.* || Pálido, poco subido: *color verde claro.* || Poco consistente: *chocolate claro.* || Poco apretado o tupido: *pelo, tejido claro.* || Perceptible, inteligible: *prosa clara.* || Expresado sin rebozo: *lenguaje claro.* || Evidente, manifiesto: *verdad clara.* || *Fig.* Ilustre: *de claro linaje.* || ¡Claro! o ¡claro está!, expresión usada para manifestar conformidad. || — M. Abertura: *los claros de un edificio.* || Espacio, intervalo. || Claridad: *claro de luna.* || Calva en un bosque. || Interrupción, cese: *un claro de lluvia.* || *Pint.* Parte más luminosa de un dibujo o de una pintura: *cuadro con pocos claros.* || — Adv. Claramente: *explicarse claro.* || — A las claras, evidentemente. || *Pasar una noche en claro,* pasarla sin dormir. || *Poner* o *sacar en claro,* aclarar una cosa.

claroscuro m. *Pint.* Estilo que utiliza sólo la luz y sombra omitiendo los diversos colores. || Distribución de la luz y la sombra de manera que produzcan un efecto armonioso: *los claroscuros de Ribera.* || *Fig.* Situación no definida o contrapuesta.

clase f. Conjunto de personas que tienen la misma función, los mismos intereses o la misma condición en una sociedad: *la clase obrera, campesina.* || Conjunto de objetos que poseen uno o varios caracteres comunes. || Grupo de personas que tienen caracteres comunes: *esta explicación se dirige a toda clase de personas.* || Grado, categoría que tienen ciertas personas o cosas según sus funciones: *ciudadano de segunda clase.* || *Fam.* Distinción: *tiene mucha clase.* || Cada una de las grandes divisiones de los tipos de los seres vivientes, subdividida en órdenes. || Conjunto de alumnos que reciben la enseñanza de un profesor: *clase terminal.* || Enseñanza dada por un profesor: *clase de matemáticas.* || Sala, aula en que se dan los cursos: *las clases son muy espaciosas.* || Actividad docente: *en verano no hay clase en las universidades.* || — Pl. Individuos de tropa cuyo grado está entre los soldados rasos y los oficiales. || — *Clase media,* clase social formada por las personas que viven de un trabajo no manual. || *Clases pasivas,* la formada por las personas que reciben del Estado una pensión de jubilación, viudedad, orfandad. || *Lucha de clases,* oposición irreductible, según los principios marxistas, existente entre los trabajadores, que ponen en acción los medios de producción, y los capitalistas que poseen estos medios.

clasicismo m. Conjunto de caracteres propios a la Antigüedad grecolatina o al período de grandes realizaciones artísticas en un país. || Doctrina literaria y artística fundada en el respeto de la tradición clásica: *el clasicismo se opone al romanticismo.* || Carácter de lo que sigue la costumbre, el hábito.

clasicista adj. y s. Adicto al clasicismo.

clásico, ca adj. Perteneciente a la Antigüedad grecolatina o al período de mayor esplendor literario o artístico de un país: *las lenguas clásicas; el teatro clásico.* || Dícese de aquello que se considera modelo en su género: *obra actualmente clásica.* || Conforme a un ideal, a las normas o a las costumbres establecidas: *va siempre vestido de forma muy clásica.* || *Fam.* Habitual, común, corriente.

clasificación f. Distribución sistemática en diversas categorías, siguiendo criterios precisos.

clasificado, da adj. y s. Que ha obtenido una clasificación. || — S. Anuncio por palabras en el diario.

clasificador, ra adj. y s. Que clasifica. || — M. Mueble de oficina para guardar papeles o documentos. || — F. Máquina que clasifica rápidamente tarjetas perforadas.

clasificar v. t. Ordenar por clases: *clasificar fichas, plantas.*

claudicación f. Cojera. || *Fig.* Sometimiento. | Incumplimiento.

claudicador, ra adj. y s. Que claudica.

claudicar v. i. Cojear. || *Fig.* Faltar a sus deberes o a sus principios: *claudicar de su obligación.* | Ceder, someterse: *al fin claudicó.*

claustral adj. Del claustro.

claustro m. Galería que cerca el patio principal de una iglesia o convento: *un claustro románico.* || Junta de los profesores de una universidad o colegio. || *Fig.* Estado monástico: *se retiró al claustro.* || *Claustro materno,* matriz.

claustrofobia f. *Med.* Aversión morbosa y de angustia producida por la permanencia en lugares cerrados.

cláusula f. *For.* Cada una de las condiciones, disposiciones de un contrato, testamento, documento, etc. || *Gram.* Oración, período, frase: *cláusula simple o compuesta.*

clausura f. Aislamiento en que viven ciertos religiosos: *la clausura de los trapenses.* || Vida religiosa o encerrada en algún recinto. || Acto solemne con que se terminan las deliberaciones de un tribunal, asamblea o reunión, etc.: *sesión de clausura.* || *Amer.* Cierre: *clausura de feria.*

clausurar v. t. Cerrar una universidad, las cortes, una sesión, los tribunales, etc.: *clausurar el curso anual.* || Cerrar por orden gubernativa: *clausurar un centro político.* || Dar por terminada una exposición, una feria, etc.

clava f. Porra, maza.

clavado, da adj. Adornado con clavos. || *Fig.* Puntual, exacto: *llegó a las seis clavadas.* | Pintiparado: *este traje le está clavado.* | Parecido: *es clavado a su hermano.* || *Méx.* Salto al agua desde un trampolín o plataforma, zambullida.

clavar v. t. Poner clavos: *clavar un tablero.* || Fijar con clavos: *clavar un cuadro.* || *Fig.* Fijar: *clavar la mirada en una mujer.* || *Fig.* y *fam.* Dejar pasmado, sorprendido. | Cobrar muy caro. | Hacer bien: *clavó el problema.* || — V. pr. Hincarse una cosa puntiaguda: *clavarse una aguja.* || *Fig. Méx.* Clavarse mil pesos, engañar, embolsarse dinero de otro.

clave f. Explicación de los signos convenidos para escribir en cifra: *la clave de un mensaje cifrado.* || Explicación que necesitan algunos libros para ser comprendidos: *la clave de un método de francés.* || *Fig.* Explicación: *la clave de un misterio.* || *Arq.* Piedra en la parte superior con que se cierra un arco o bóveda: *una clave esculpida.* || *Mús.* Signo que indica la entonación: *clave de sol.* || — M. *Mús.* Clavicordio. || — Adj. Esencial, capital: *el argumento clave.*

clavecín m. *Mús.* Clavicordio.

clavel m. Planta cariofiliácea, de flores de hermosos colores.

clavelito m. Variedad de clavel con multitud de flores.

clavellón m. Aum. de *clavel.* || Planta herbácea mexicana de flores amarillas.

clavería f. *Méx.* Oficina que recauda y distribuye las rentas del cabildo de las catedrales.

claveteado m. Acción de clavetear.

clavetear v. t. Adornar con clavos: *clavetear una caja.* || Poner clavos. || Herretear la punta de las cintas, cordones, etc.

clavicembalista com. Músico que toca el clavicémbalo.

clavicémbalo m. *Mús.* Instrumento de cuerdas del s. XVIII, semejante al piano.

clavicordio m. *Mús.* Instrumento de cuerdas, semejante al piano, pero de sonido más agudo.

clavícula f. *Anat.* Cada uno de los dos huesos largos situados transversalmente en la parte superior del pecho y que unen el esternón con los omóplatos.

clavija f. Pieza de madera, metal u otra materia que se usa para ensamblajes o para tapar un agujero. || La que sirve, en los instrumentos músicos con astil, para asegurar o atirantar las cuerdas. || Parte macho de un enchufe: *clavija de dos contactos.* || *Fam.* Apretar las clavijas, exigir una obediencia completa a uno.

clavijero m. Pieza en que se ponen las clavijas de un instrumento músico.

clavo m. Piececilla metálica, con cabeza y punta, que se hinca en un cuerpo para sujetar alguna cosa. || Capullo seco de la flor del clavero: *el clavo se usa como especia.* || *Med.* Punto central de la masa de pus de un furúnculo o divieso. || Callo. || *Fig.* Dolor agudo. | Jaqueca. || *Pop.* Deuda. | Cosa muy cara. || *Min. Bol.* Bolsón de mineral de plata. || *Min. Hond.* y *Méx.* Parte de una veta muy rica en metales. || — *Fig. Agarrarse a un clavo ardiendo,* valerse de cualquier medio en un apuro. | *Dar en el claro, aceptar.* | *Dar una en el clavo y ciento en la herradura,* acertar por casualidad.

claxon m. Bocina de los automóviles accionada eléctricamente.

clearing [klirin] m. (pal. ingl.). Compensación en las operaciones financieras o comerciales.

clemátide f. Planta ranunculácea trepadora, de flores blancas.

clemencia f. Virtud que consiste en perdonar o moderar el rigor.

clemente adj. Que tiene clemencia: *un juez clemente.* || *Fig.* Poco riguroso: *invierno clemente.*

clementina f. Mandarina que no tiene huesos.

clepsidra f. Reloj de agua.

cleptomanía f. Propensión morbosa al robo.

cleptómano, na adj. y s. Persona que padece cleptomanía.

clerecía f. Conjunto de personas eclesiásticas que componen el clero. || Oficio y ocupación de los clérigos. (V. MESTER.)

clerical adj. Relativo al clérigo: *hábito, estado clerical.*

clericalismo m. Influencia excesiva del clero en la vida política.

clérigo m. Sacerdote. || En la Edad Media, hombre letrado y de estudios, aunque no tuviese orden alguna.

clero m. Conjunto de sacerdotes o eclesiásticos: *el clero argentino*. || Clero regular, el que se liga con los votos de pobreza, obediencia y castidad. || Clero secular, el que vive en el siglo sin estos votos.

cliché m. Plancha o grabado en metal para la impresión. || Imagen fotográfica negativa. || *Fig.* Tópico, frase hecha: *valerse de clichés*.

cliente, ta m. y f. Respecto de una persona que ejerce una profesión, la que utiliza sus servicios. || Respecto de un comerciante, el que compra en su establecimiento.

clientela f. Conjunto de clientes de una persona o un establecimiento.

clima m. Conjunto de fenómenos meteorológicos que caracterizan el estado atmosférico y su evolución en un lugar determinado. || *Fig.* Atmósfera moral: *clima político de un país*.

climatérico, ca adj. Cada séptimo o noveno año de la vida, que los antiguos consideraban como críticos. || *Fam.* Peligroso.

climaterio m. Período de la vida que precede y sigue al cese de la actividad sexual.

climático, ca adj. Del clima.

climatización f. Acondicionamiento del aire.

climatizar v. t. Acondicionar el aire: *climatizar una sala*.

climatología f. *Fís.* Tratado de los climas.

climatológico, ca adj. Del clima.

clímax m. Gradación. || Momento culminante de un poema o de una acción dramática o cinematográfica.

clínico, ca adj. Perteneciente o relativo a la enseñanza práctica de la medicina: *hospital clínico*. || *Fig. Tener ojo clínico*, ser perspicaz. || — M. Persona dedicada al ejercicio práctico de la medicina. || — F. Hospital privado, generalmente de carácter quirúrgico.

clip m. Sujetapapeles de alambre. || Broche de resorte. || Horquilla para el pelo.

clíper m. Barco de vela ligero. || Avión grande de pasajeros.

clisé m. Cliché.

clister m. Ayuda, lavativa.

clítoris m. *Anat.* Pequeño órgano eréctil situado en la parte superior de la vulva.

cloaca f. Conducto por donde van las aguas sucias de una ciudad. || *Fig.* Sitio sucio. || *Zool.* Porción final del intestino de las aves.

clon m. Resultado de la división celular realizada a partir de una sola célula.

clonación f. Acción de clonar.

clonar v. t. Crear clones.

cloquear v. i. Cacarear las gallinas.

cloqueo m. Cacareo sordo de la gallina clueca.

cloración f. Acción y efecto de clorar.

cloral m. *Quím.* Líquido producido por la acción del cloro sobre el alcohol anhidro, y que con el agua forma un hidrato sólido: *el cloral se usa como anestésico*.

clorar v. t. Tratar con cloro el agua para hacerla potable.

clorato m. *Quím.* Sal del ácido clórico.

clorhídrico adj. m. *Quím. Ácido clorhídrico*, combinación de cloro e hidrógeno obtenida haciendo obrar el ácido sulfúrico sobre la sal marina.

clórico adj. m. *Quím.* Relativo al cloro: *ácido clórico*.

clorita f. *Min.* Silicato y aluminio de magnesia y hierro, de color verdoso.

cloro m. *Quím.* Cuerpo simple (Cl), de número atómico 17, gaseoso a la temperatura ordinaria, de color amarillo verdoso, y olor fuerte.

clorofila f. *Bot.* Pigmento verde de los vegetales: *la clorofila se produce en células expuestas a la luz*.

clorofílico, ca adj. De la clorofila: *función clorofílica*.

cloroformización f. Anestesia por medio del cloroformo.

cloroformizar v. t. *Med.* Someter a la acción anestésica del cloroformo.

cloroformo m. *Quím.* Líquido incoloro, de olor etéreo, resultante de la acción del cloro sobre el alcohol, y que se emplea como poderoso anestésico.

cloromicetina f. Poderoso antibiótico.

cloroplasto m. Parte de la célula vegetal que contiene la clorofila.

clorosis f. *Med.* Anemia producida por la escasez de glóbulos rojos.

clorurar v. t. *Quím.* Transformar una sustancia en cloruro.

cloruro m. *Quím.* Combinación del cloro con un cuerpo simple o compuesto.

clóset m. *Amer.* Armario empotrado en la pared: *guardó su ropa en el clóset*.

clown [clun o klon] m. (pal. ingl.). Payaso.

club m. Asamblea política: *club revolucionario*. || Sociedad deportiva, literaria, de recreo, etc. (Pl. *clubs* o *clubes*.)

clueca adj. y s. f. Dícese del ave cuando empolla: *gallina clueca*.

cluniacense adj. y s. De la abadía y la congregación de Cluny.

Cm, símbolo químico del *curio*.

Co, símbolo químico del *cobalto*.

coa f. *Chil.* Jerga de los delincuentes. || *Méx.* Apero agrícola que se usa en lugar de la azada.

coacción f. Violencia con que se obliga a uno a hacer una cosa.

coaccionar v. t. Hacer coacción.

coactivo, va adj. *For.* Que tiene fuerza de apremiar u obligar: *usar de procedimientos coactivos*.

coacusado, da adj. y s. Acusado con otro.

coadjutor, ra m. y f. Persona que ayuda a otra en sus funciones, especialmente en la Iglesia.

coadjutoría f. Cargo o dignidad de coadjutor.

***coadquirir** v. t. Adquirir juntamente con otro.

coadquisición f. Adquisición con otro u otros.

coadyutorio, ria adj. Que ayuda.

coadyuvante adj. Que coadyuva.

coadyuvar v. t. e i. Contribuir o ayudar: *coadyuvar a una obra*.

coagulable adj. Que puede coagularse.

coagulación f. Acción y efecto de coagular o coagularse.

coagulador, ra adj. Que coagula o solidifica.

coagulante adj. y s. m. Que coagula.

coagular v. t. Cuajar, solidificar lo líquido. Ú. t. c. pr.: *la sangre se coagula al aire*.

coágulo m. Masa de sustancia cuajada. || Sangre coagulada.

coalición f. Confederación, liga, unión.

coalicionista m. Miembro de una coalición.

coaligar v. t. Galicismo por *coligar*.

coamil m. *Méx.* Tierra que se desmonta para sembrar.

coartada f. *For.* Prueba que hace el reo de haber estado ausente del sitio en el momento en que se cometió el delito: *presentar una coartada*.

coartar v. t. Limitar, restringir, no conceder enteramente alguna cosa: *coartar la voluntad, la jurisdicción*.

coastle m. *Méx.* Tejido burdo y grueso, de fibras de la cáscara de coco.

coate m. *Méx.* Leguminosa de propiedades colorantes y fosforescentes.

coatí m. Pequeño mamífero carnicero de América, de color pardo grisáceo y cola negra, llamado también *tejón, pizote, cuchuche, zorro guache, soncho*.

coautor, ra m. y f. Autor con otro u otros: *coautor de una obra, de un delito*.

coaxial adj. Que tiene el mismo eje que otro cuerpo: *cilindros coaxiales*. || *Cable coaxial*, el constituido por dos conductores concéntricos, separados por una sustancia dieléctrica.

coba f. *Fam.* Lisonja, halago: *dar coba*. || Embuste gracioso.

cobalto m. Metal blanco rojizo (Co), de número atómico 27, densidad 8,8 y punto de fusión a 1490 ºC. || *Bomba de cobalto*, generador de rayos gamma terapéuticos, emitidos por una carga de radiocobalto.

cobanero, ra adj. y s. De Cobán (Guatemala).

cobarde adj. y s. Miedoso: *actitud cobarde.*

cobardía f. Falta de ánimo y valor, miedo.

cobardón, ona adj. *Fam.* Especialmente cobarde.

cobaya f. y **cobayo** m. Conejillo de Indias.

cobear v. i. *Fam.* Adular.

cobertera f. Tapadera.

cobertizo m. Tejado saledizo para resguardarse de la lluvia, para dar sombra, etc.

cobertor m. Manta ligera.

cobertura f. Cubierta.

cobija f. Teja que abraza dos canales del tejado. || Cada una de las plumas pequeñas que cubren el arranque de las grandes del ave. || *Amer.* Ropa de cama.

cobijador, ra adj. y s. Que cobija.

cobijamiento m. Acción y efecto de cobijar o cobijarse.

cobijar v. t. Cubrir o tapar (ú. t. c. pr.). || Albergar (ú. t. c. pr.).

cobijeño, ña adj. y s. De Cobija (Bolivia).

cobijo m. Cobijamiento.

cobista adj. y s. *Fam.* Adulador.

cobra f. *Zool.* Serpiente venenosa de los países tropicales, del género naja. || Coyunda para los bueyes. || Tronco de yeguas enlazadas para la trilla.

cobrador, ra adj. Dícese del perro que sabe cobrar la caza. || — M. y f. Persona que se encarga de cobrar alguna cosa: *cobrador de autobuses, del teléfono.*

cobranza f. Acción y efecto de cobrar.

cobrar v. t. Percibir uno lo que se le debe: *cobrar el sueldo.* || Tomar o sentir cierto afecto: *cobrar cariño a un amigo.* || Coger, apoderarse. || Recuperar: *cobrar aliento, ánimo.* || Adquirir: *cobrar mala fama.* || Tirar de una soga. || *Fam.* Recibir castigo: *vas a cobrar una torta.* || Recoger el perro los animales matados por el cazador. || Cazar un cierto número de piezas. || — V. pr. Pagarse, resarcirse.

cobre m. Metal (Cu), de número atómico 29, de color pardo rojizo cuando está puro: *el cobre fue el primer metal descubierto por el hombre.* || *Amer.* Moneda de este metal, de escaso valor. || Batería de cocina cuando es de este metal. || — Pl. *Mús.* Conjunto de los instrumentos de viento de una orquesta. || — *Cobre amarillo,* el latón o azófar. || *Cobre rojo,* el puro. || *Fig. y fam. Batir el cobre,* trabajar mucho en negocios que producen utilidad. | *Batirse el cobre,* echar el resto.

cobrizo, za adj. Aplícase al metal que contiene cobre: *pirita cobriza.* || Parecido al cobre en el color: *raza cobriza.*

cobro m. Cobranza. || Pago: *día de cobro.*

coca f. Arbusto del Perú de cuyas hojas se extrae la cocaína. || Moño de pelo en forma de castaña.

cocaína f. *Farm.* Alcaloide que se extrae de la coca y que se utiliza como anestésico.

cocainismo m. Abuso de la cocaína.

cocainómano, na adj. y s. Que tiene el vicio de abusar de tomar cocaína.

coccidios m. pl. *Zool.* Protozoos esporádicos que viven parásitos dentro de células, especialmente epiteliales, de muchos animales (ú. t. c. adj.).

cóccidos m. pl. Insectos hemípteros.

coccígeo, a adj. Del cóccix.

coccinela f. Mariquita.

coccinélidos m. pl. *Zool.* Familia de insectos coleópteros, como la mariquita (ú. t. c. adj.).

cocción f. Acción de cocer.

cóccix m. *Anat.* Hueso pequeño que termina la columna vertebral: *el cóccix se articula por su base con el sacro.*

cocear v. i. Dar coces.

*****cocer** v. t. Preparar los alimentos por medio del fuego: *cocer legumbres.* || Someter una sustancia a la acción del fuego: *cocer ladrillos.* || — V. i. Hervir un líquido: *el agua cuece.* || Fermentar un líquido: *el mosto cuece.* || — V. pr. *Fig.* Tener mucho calor.

cochabambino, na adj. y s. De Cochabamba (Bolivia).

cochambre m. y f. *Fam.* Suciedad.

cochambroso, sa adj. y s. *Fam.* Lleno de mugre, de suciedad.

coche m. Carruaje, generalmente de cuatro ruedas: *un coche de caballos.* || Automóvil: *coche de carreras.* || Vagón de ferrocarril. || *Coche cama,* vagón de ferrocarril con camas para dormir. || *Coche celular,* furgoneta al servicio de las fuerzas de orden público. || *Coche de plaza o de punto,* el que se alquila para el servicio público. || *Méx. Coche de sitio,* coche de punto, taxi. || *Coche restaurante,* vagón de ferrocarril en que hay un comedor. || *Coche utilitario,* automóvil no lujoso que se emplea para los servicios que tiene que realizar una persona. || *Fig. y fam. Ir en el coche de San Fernando,* ir a pie.

cochera adj. f. Dícese de la puerta por donde pasan los vehículos. || — F. Lugar donde se guardan los coches. || Garaje.

cocheril adj. *Fam.* Propio de los cocheros.

cochero m. Hombre que por oficio conduce un coche.

cochevís f. *Zool.* Cogujada.

cochifrito m. Guiso de cabrito.

cochinería f. *Fig. y fam.* Porquería, grosería: *decir cochinerías.*

cochinilla f. Insecto hemíptero, oriundo de México, dañino a las plantas, de color rojo. || Materia colorante producida por este insecto. || Pequeño crustáceo isópodo terrestre, de color ceniciento, que vive en los lugares húmedos debajo de las piedras y que toma forma de bola cuando se le sorprende. || *Fig. y fam. Méx. Pintar en cochinilla,* mal negocio.

cochinillo m. Lechón.

cochino, na m. y f. Cerdo. || — Adj. y s. *Fig. y fam.* Sucio, puerco. | Cicatero, ruin. || Sucio, grosero. || — M. Cierto pez de los mares de Cuba. || *Méx. Cochino de monte,* jabalí. || — Adj. *Fam.* Asqueroso, desagradable, sin valor: *tiempo cochino.* | Maldito: *el cochino dinero.* || Repugnante, malo: *cochina comida.*

cochipilotl m. *Méx.* Capullo del gusano de seda.

cocho, cha adj. Cocido.

cochúa adj. y s. Indio maya. (Los cochúas vivían en el Yucatán antes de la Conquista.)

cochura f. Cocción. || Conjunto de panes, ladrillos, etc., que se cuecen de una vez.

cocido m. Plato muy popular en España que consiste en un guisado de carne, tocino y chorizo con garbanzos y algunas verduras.

cociente m. *Mat.* Resultado obtenido al dividir una cantidad por otra.

cocimiento m. Cocción, cochura. || Líquido cocido con sustancias medicinales.

cocina f. Habitación donde se guisa la comida. || Aparato para guisar: *una cocina de carbón.* || Arte de preparar los manjares: *cocina francesa, china.*

cocinar v. t. Guisar. || — V. i. *Fam.* Meterse uno en lo que no le importa.

cocinero, ra m. y f. Persona que guisa por oficio.

cocinilla f. Infiernillo. || — M. Hombre entremetido, cazoletero.

cock-tail [*cóctel*] m. (pal. ingl.). Cóctel.

coclesano, na adj. y s. De Coclé (Panamá).

coco m. Cocotero. || Fruto de este árbol. || *Bot.* Micrococo, bacteria de forma esférica. || *Fam.* Fantasma con que se mete miedo a los niños. | Cabeza. | Mueca. || Moño de pelo. || *Zool.* Gorgojo, insecto coleóptero cuyas larvas viven dentro de las lentejas y guisantes. || — *Fig. Hacer cocos,* hacer carantoñas, adular. || *Parecer un coco,* ser una persona muy fea. || *Méx. Pelar el coco,* afeitar la cabeza.

cocoa f. *Amer.* Harina de cacao.

cocodrilo m. Reptil anfibio, de cuatro a cinco metros de largo, cubierto de escamas, que vive en las regiones intertropicales. || *Fig. Lágrimas de cocodrilo,* las hipócritas.

cocotal m. Terreno plantado de cocoteros.

cocotazo m. *Méx.* Coscorrón.

cocotero m. Palmera de los países tropicales.

cóctel m. Combinación de bebidas alcohólicas y hielo. || Reunión donde se dan. || *Cóctel Molotov,* botella explosiva a base de gasolina.

coctelera f. Recipiente para hacer cócteles. || *Fig.* Mezcla.

cocuy m. Cocuyo. || *Amer.* Agave.

cocuyo m. Insecto coleóptero de la América tropical.

coda f. *Carp.* Cuña de madera con que se refuerza el ángulo entrante de dos tablas. || *Mús.* Período vivo y brillante al final de una pieza: *la coda de un rigodón.*

codadura f. Acodadura.

codazo m. Golpe con el codo.

codear v. i. Mover mucho los codos: *abrirse paso codeando.* || *Amer.* Pedir, sacar dinero. || — V. pr. Alternar, tener trato con otras personas: *se codea con la alta sociedad.*

codeína f. Alcaloide calmante sacado de la morfina o del opio.

codeo m. Acción y efecto de codear o codearse. || *Amer.* Sablazo.

codeso m. Arbusto papilionáceo de flores amarillas.

codeudor, ra m. y f. Deudor con otro u otros.

códice m. Libro manuscrito antiguo: *el códice del poema del Cid.*
— Los *códices* mexicanos son unos documentos jeroglíficos realizados por artistas mayas o aztecas en papel de fibras de maguey o piel de venado. Constituyen una fuente histórica preciosa para conocer la vida, los hábitos y la religión de los antiguos habitantes de México. Entre los códices mexicanos o aztecas merecen citarse el *Codex Vaticanus,* el *Telleriano Remensis* y el *Mendocinus* y, entre los mayas, el *Dresdense,* el *Peresiano* y el *Tro-Cortesiano.*

codicia f. Ambición, ansia exagerada de riquezas. | *Fig.* Deseo vehemente, violento: *codicia de saber.* | Avidez: *codicia de ganancia.* || *Taurom.* Acometividad del toro. || *La codicia rompe el saco,* muchas veces se pierde una ganancia segura por querer conseguir otra mayor.

codiciador, ra adj. y s. Que codicia.

codiciar v. t. Ambicionar, desear con vehemencia, ansiar.

codicilo m. *For.* Cláusula adicional que modifica un testamento. | (Ant.) Testamento.

codicioso, sa adj. y s. Que tiene codicia. | *Fig.* y *fam.* Laborioso, trabajador: *persona codiciosa.*

codificación f. Recopilación de leyes.

codificador, ra adj. y s. Que codifica.

codificar v. t. Unir en un cuerpo único textos legislativos que tratan de la misma materia.

código m. Cuerpo de leyes dispuestas según un plan metódico y sistemático. || Recopilación de las leyes y estatutos de un país: *código civil, penal, de comercio, etc.* || Reglamento: *código de la circulación.* || *Mar.* Código de señales, vocabulario convencional por medio de banderas que usan los buques.

codillera f. *Veter.* Tumor en el codillo de las caballerías.

codillo m. En los cuadrúpedos, articulación del brazo inmediata al codo. ||

Tubo acodado. || Parte del jamón que toca a la articulación.

codirección f. Dirección en común con otra u otras personas.

codirector, ra adj. y s. Director con otro u otros.

codo m. Parte posterior y prominente de la articulación del brazo con el antebrazo. || En los cuadrúpedos, codillo. || Tubo acodado. || Medida de unos 42 cm, que va desde el codo hasta los dedos. || — *Méx.* Tacaño, agarrado, cicatero. || — *Codo con* (o a) *codo,* al mismo nivel. || *Méx.* Doblar los codos,* ceder, transigir. || *Fig.* y *fam. Empinar el codo,* beber bebidas alcohólicas. | *Hablar por los codos,* hablar en demasía.

codorniz f. Ave gallinácea de paso, semejante a la perdiz.

coeducación f. Enseñanza mixta.

coeficiencia f. Cooperación.

coeficiente adj. Que juntamente con otra cosa produce un efecto. || — M. Índice, tasa: *coeficiente de incremento.* || Grado: *coeficiente de invalidez.* || Valor relativo que se atribuye a cada prueba de un examen. || *Mat.* Número que se coloca delante de una cantidad para multiplicarla: *2 (a + b).* || *Geom. Coeficiente angular* de una recta, número representativo de su inclinación sobre la horizontal. || *Coeficiente intelectual,* expresión numérica de la inteligencia relativa de una persona.

coendú m. *Amer.* Puerco espín de cola larga.

coercer v. t. Forzar. || Impedir. || Contener, reprimir. || Sujetar.

coerción f. Contención por la fuerza.

coercitivo, va adj. Que obliga.

coetáneo, a adj. y s. Contemporáneo: *coetáneo de Platón.*

coexistencia f. Existencia simultánea de varias cosas: *coexistencia pacífica.*

coexistente adj. Que coexiste.

coexistir v. i. Existir una persona o cosa a la vez que otra.

cofa f. *Mar.* Plataforma pequeña en un mastelero.

cofia f. Gorro de encaje o blonda que usaban las mujeres para abrigar y adornar la cabeza. || El que hoy usan las enfermeras, criadas, niñeras, etc. || Red para el pelo. || *Bot.* Cubierta que protege la extremidad de las raíces, pilorriza.

cofrade com. Miembro de una cofradía o hermandad.

cofradía f. Asociación o hermandad de personas devotas. || Grupo o asociación para un fin preciso.

cofre m. Caja a propósito para guardar: *cofre de alhajas.* || Baúl. || Pez plectognato con el cuerpo de escudetes óseos hexagonales.

cogedero, ra adj. Que puede cogerse. || — M. Mango o agarrador. || — F. Instrumento para coger.

cogedizo, za adj. Que fácilmente se puede coger.

cogedor, ra adj. y s. Que coge. || — M. Paleta de limpieza para coger el carbón, la ceniza, la basura, etc.

cogedura f. Acción de coger.

coger v. t. Asir, agarrar o tomar: *coger de o por la mano* (ú. t. c. pr.). || Apoderarse: *coger muchos peces.* || Tomar: *cogió el trabajo que le di.* || Recoger los frutos de la tierra: *coger la uva.* || Contener: *esta tinaja coge cien litros de aceite.* || Ocupar: *la alfombra coge toda la sala.* || Alcanzar, adelantar: *el coche cogió al camión.* || Apresar: *cogieron al asesino.* || Subirse: *cogí el tren.* || Encontrar: *coger a uno de buen humor.* || Sorprender: *le cogió la lluvia.* || Contraer enfermedad: *coger un resfriado.* || Experimentar, tener: *he cogido frío.* || Cubrir el macho a la hembra. || Adquirir: *cogió esa manía.* || Cobrar, tomar: *les he cogido cariño.* || Atropellar: *ser cogido por un automóvil.* || *Fig.* Entender: *no has cogido lo que te dije.* || Herir o enganchar el toro con los cuernos a uno: *le cogió la res.* || Captar: *coger Radio España.* || Tomar, recoger: *le cogí sus palabras en cinta magnetofónica.* || Elegir: *he cogido lo que me pareció mejor.* || — V. i. Tomar, dirigirse: *coger a la derecha.* || *Pop. Caber: el coche no coge en el garaje.* || Arraigar una planta.
— OBSERV. *Coger* tiene en algunos países de América un sentido poco correcto y sustituye este verbo por otros (*tomar, agarrar, alcanzar,* etc.).

cogestión f. Administración ejercida por varias personas.

cogida f. Cosecha de frutos: *la cogida de la aceituna.* || *Fam.* Cornada, acción de coger: *el torero sufrió una cogida.* || *Méx.* y *P. Rico.* Ardid, engaño. (Se dice tb. en algunos lugares de España.)

cogitabundo, da adj. Meditabundo.

cogitación f. Reflexión.

cogitar v. t. Pensar.

cognación f. Parentesco de consanguinidad, especialmente por la línea femenina.

cognado, da m. y f. Pariente por cognación.

cognición f. Conocimiento.

cogollo m. Parte interior de la lechuga, la col, etc. || Brote de un árbol y otras plantas. || *Fig.* Centro. | Lo mejor, élite. || *Arg.* Chicharra grande. | *Amer.* Punta de la caña de azúcar.

cogotazo m. Golpe en el cogote.

cogote m. Nuca, parte posterior de la cabeza.

cogotera f. Lo que cubre la nuca en una gorra.

cogujada f. Especie de alondra con un penacho.

cogulla f. Hábito de ciertos religiosos.

cogullada f. Papada del cerdo.

coh m. *Méx.* Tigre, jaguar.

cohabitación f. Estado de las personas que viven juntas.

cohabitar v. i. Vivir una persona con otra. || Vivir maritalmente un hombre y una mujer.

cohechador, ra adj. y s. Corruptor.

cohechar v. t. Sobornar, corromper: *cohechar a un funcionario, un juez.*

cohecho m. Soborno, corrupción.

coheredero, ra m. y f. Heredero con otro u otros.

coherencia f. Enlace, conexión, relación entre varias cosas. || *Fís.* Cohesión.

coherente adj. Que se compone de partes unidas y armónicas.

cohesión f. Adherencia, fuerza que une las moléculas de un cuerpo. || *Fig.* Unión: *la cohesión entre los países de Europa.* | Coherencia.

cohesivo, va adj. Que une.

cohesor m. En la telegrafía sin hilos primitiva, detector de ondas.

cohete m. Tubo cargado de pólvora que se eleva por sí solo y al estallar en el aire produce efectos luminosos diversos en forma y color: *los cohetes se usan como señales en la marina y en la defensa antiaérea.* || Artificio de uno o más cuerpos que se mueve en el aire por propulsión a chorro y se emplea con fines de guerra o científicos: *cohete espacial.* || *Méx.* Lonja de carne de muslo de ganado vacuno.

cohibición f. Acción y efecto de cohibir.

cohibir v. t. Coartar, contener, reprimir (ú. t. c. pr.). || Intimidar: *su presencia le cohíbe.* || Embarazar.

cohombro m. Variedad de pepino. || Churro. || *Cohombro de mar,* holoturia.

cohonestar v. t. Dar apariencia de buena a una acción que no lo es. || Armonizar, hacer compatibles dos cosas.

cohorte f. Unidad de infantería romana, décima parte de la legión: *la cohorte se componía de tres, cinco o seis manípulos o centurias.* || *Fig.* Serie. | Acompañamiento.

coima f. *Amér. M.* Soborno, dádiva corrupta para influir sobre otro.

coimbricense adj. y s. Conimbricense.

coimear v. t. *Amér. M.* Dar o recibir una coima, sobornar.

coimero, ra adj. y s. *Arg., Bol., Chil., Nicar., Pan., Per. y Urug.* Que recibe o acepta coimas.

coincidencia f. Concurso de circunstancias, concordancia.

coincidente adj. Que coincide.

coincidir v. i. Ajustarse una cosa con otra: *coincidir dos superficies, dos versiones, en los gustos.* || Suceder al mismo tiempo: *mi llegada coincidió con su salida.* || Encontrarse simultáneamente dos o más personas en un mismo lugar: *ayer coincidimos en el teatro.*

coipo y **coipu** m. *Arg. y Chil.* Especie de castor.

coito m. Cópula carnal.

cojear v. i. Caminar inclinando el cuerpo más de un lado que de otro. || No guardar el debido equilibrio un mueble en el suelo: *esta mesa cojea.* || *Fig. y fam.* No obrar como es debido. | No

ir bien: *negocio que cojea.* | Adolecer de algún defecto. || *Fig. El que no cojea, renquea,* proverbio con que se da a entender que nadie es perfecto.

cojedense adj. y s. De Cojedes (Venezuela).

cojera f. Defecto del cojo.

cojín m. Almohadón.

cojinete m. *Mec.* Pieza de acero o de fundición que se fija a las traviesas del ferrocarril y sujeta los rieles. | Pieza en que se apoya y gira un eje: *cojinete de bolas o de rodillos.*

cojo, ja adj. y s. Que cojea. || Falto de una pierna o pata. || — Adj. Que tiene las patas desiguales: *mesa coja.* || *Fig.* Mal asentado, incompleto: *razonamiento cojo.* || *Fig. y fam. No ser cojo, ni manco,* ser experimentado, saber mucho.

cojolite m. *Méx.* Especie de faisán.

cojutepequense adj. y s. De Cojutepeque (El Salvador).

cok m. Coque.

col f. Planta crucífera de huerta, de la que hay muchas variedades comestibles.

cola f. Rabo, región posterior del cuerpo de numerosos vertebrados, largo y flexible, cuyo esqueleto no es más que una prolongación de la columna vertebral. || Extremidad del cuerpo opuesta a la cabeza: *la cola del escorpión.* || Conjunto de plumas largas que tienen las aves al final del cuerpo: *la cola de un pavo.* || Apéndice de un objeto que sirve de agarrador: *la cola de una cacerola.* || Parte de un vestido que cuelga o arrastra por detrás: *la cola de un frac, de un traje de novia.* || Estela luminosa que acompaña el cuerpo de un cometa. || Cualquier apéndice que está en la parte de atrás de una cosa. || *Fig.* Final, último lugar: *en la cola de la lista.* | Último puesto: *está en la cola de la clase.* || Fila o serie de personas que esperan que les llegue su turno: *ponerse en cola.* || Consecuencias que se derivan de algo: *esto que has hecho traerá mucha cola.* || Parte posterior del avión. || Sustancia de gelatina que sirve para pegar. || *Mús.* Detención en la última sílaba de lo que se canta. || *Cola de milano,* espiga de ensamblaje en forma de trapecio y la ensambladura hecha de este modo.

colaboración f. Acción y efecto de colaborar.

colaboracionismo m. En tiempo de guerra, ayuda prestada al enemigo.

colaboracionista adj. y s. Aplícase al que apoya a un régimen político instaurado por los enemigos de su país.

colaborador, ra m. y f. Persona que trabaja con otra en una obra común: *los colaboradores de este diccionario.* || Persona que escribe habitualmente en un periódico o revista. || Colaboracionista.

colaborar v. i. Trabajar con otros en obras literarias, artísticas, científicas, etc. || Escribir habitualmente en un pe-

riódico o revista. || Ser colaboracionista en política.

colación f. Acto de conferir un beneficio eclesiástico, un grado universitario, etc. || Cotejo, confrontación, comparación: *una colación escrupulosa.* || Comida ligera.

colacionar v. t. Comparar.

colada f. Lavado de ropa con lejía: *hacer la colada.* || Lejía en que se lava la ropa. || Ropa lavada así. || *Min.* Piquera en los altos hornos para sacar el hierro en fusión. || *Fig. y fam.* Buena espada, por alusión al nombre de la del Cid. || *Taurom.* Acción de colarse el toro. || *Fig. y fam. Todo saldrá en la colada,* ya se sabrá todo.

coladera f. Filtro o colador. || *Amer.* Sumidero con agujeros.

coladero m. Cedazo para colar líquidos. || Camino o paso estrecho. || *Fam.* Sitio por donde pasa uno fácilmente. | Tribunal de examen muy benévolo.

colador m. Utensilio de cocina que sirve para filtrar el café, el té, las verduras, etc.

coladura f. Filtrado. || *Fig. y fam.* Metedura de pata, desacierto. | Equivocación.

colágena f. *Quím.* Prótido del tejido conjuntivo que se transforma en gelatina por efecto de cocción.

colágeno, na adj. *Biol.* Relativo a una proteína fibrosa de los cartílagos y de los huesos. || — M. Esta proteína.

colapso m. *Med.* Postración repentina de las fuerzas vitales y de presión arterial, sin síncope. || *Fig.* Paralización: *colapso de la economía.*

*****colar** v. t. Filtrar, pasar a través de un colador para separar las partículas sólidas que contiene: *colar el té.* || Hacer la colada de la ropa. || Colacionar. || Vaciar: *hierro colado.* || *Fig.* Pasar en fraude: *colar una moneda falsa.* || Engañar, hacer pasar como verdadero lo que no lo es: *colar una mentira.* || — V. i. Pasar. || *Fig.* Intentar dar apariencia de verdad a algo que no lo es: *esta noticia falsa no ha colado.* || Introducirse por un sitio estrecho. || — V. pr. Pasar una persona con disimulo, a escondidas: *colarse en los toros.* || Meterse sin respetar su turno: *se coló en la fila.* || Meterse el toro bajo el engaño. || *Fam.* Cometer un error, equivocarse. | Meter la pata. || *Fam. Colarse por alguien,* enamorarse de él.

colateral adj. Lateral, adyacente por un lado: *nave colateral.* || — Adj. y s. Pariente, que no lo es por línea recta: *los tíos y primos son parientes colaterales.*

colcha f. Cubierta de cama.

colchagüino, na adj. y s. De Colchagua (Chile).

colchón m. Saco o cojín grande, relleno de lana, pluma u otra materia esponjosa, como la goma, colocado encima de la cama para dormir. || *Colchón de aire,* sistema de sustentación de un vehículo o de un barco en movimiento mediante la insuflación de aire a poca presión debajo del chasis o de la embarcación.

colchonero, ra m. y f. Persona que hace o vende colchones.

colchoneta f. Colchón estrecho. || Cojín.

colear v. i. Mover la cola. || *Fig.* Colear un negocio, no haberse terminado todavía. || *Méx.* y *Venez.* Tirar de la cola a un toro.

colección f. Reunión de varias cosas que tienen entre sí cierta relación: *una colección de medallas.* || Compilación: *colección de cuentos.* || *Fig.* Gran número, abundancia: *colección de sandeces.*

coleccionar v. t. Hacer colección: *coleccionar sellos de correos.*

coleccionista com. Persona que colecciona: *coleccionista de sellos.*

colecistitis f. *Med.* Inflamación de la vesícula biliar.

colecta f. Recaudación de donativos o de un impuesto. || Oración de la misa.

colectar v. t. Recaudar.

colectivero, ra adj. *Arg.* Relativo al colectivo. || — M. *Arg., Bol., Chil., Ecuad., Parag.* y *Per.* Persona que conduce un autotransporte colectivo.

colectividad f. Comunidad de los miembros que forman una sociedad: *colectividad agrícola.* || El pueblo considerado en su conjunto. || Posesión en común: *colectividad de los instrumentos de trabajo.*

colectivismo m. Sistema político y económico que propugna la solución del problema social a través de la comunidad de los medios de producción en beneficio de la colectividad.

colectivista adj. Del colectivismo: *doctrina, programa colectivista.* || — M. Partidario de este sistema.

colectivización f. Conversión de una cosa en colectiva.

colectivizar v. t. Poner los medios de producción y de intercambio al servicio de la colectividad por la expropiación o la nacionalización.

colectivo, va adj. Relativo a cualquier agrupación de individuos: *los intereses colectivos.* || Realizado por varios: *una demanda colectiva.* || — M. *Gram.* Palabra que estando en singular presenta una idea de conjunto, como rebaño, grupo, asociación. || *Arg.* Autobús pequeño.

colector m. Recaudador: *colector de contribuciones.* || *Mec.* Pieza de una dinamo o de un motor eléctrico en cuya superficie rozan las escobillas para recoger la corriente. || Cañería general de una alcantarilla. || *Colector de basuras,* dispositivo que permite tirar directamente la basura de un piso superior a un recipiente común situado en la planta baja.

coledoco m. *Anat.* Canal del hígado que conduce la bilis al duodeno (ú. t. c. adj.).

colega m. Compañero en un colegio, iglesia, corporación, etc. || Persona que

tiene el mismo cargo: *su colega mexicano en el Ministerio de Relaciones Exteriores.*

colegiación f. Inscripción en una corporación oficial.

colegiado adj. Aplícase al individuo inscrito a un colegio de su profesión: *médico colegiado* (ú. t. c. s.). || Formado por varias personas: *tribunal colegiado.*

colegial adj. Relativo al colegio. || Que pertenece a un capítulo de canónigos: *iglesia colegial.* || — M. Estudiante en un colegio. || *Fig.* Inexperto en una cosa. || — F. Iglesia colegial.

colegiala f. Alumna en un colegio.

colegiarse v. pr. Inscribirse en colegio: *colegiarse los abogados, los médicos,* etc.

colegiatura f. *Méx.* Cuota que se paga para estudiar en las escuelas particulares.

colegio m. Establecimiento de enseñanza: *un colegio religioso.* || Corporación, asociación oficial formada por individuos que pertenecen a una misma profesión: *colegio de abogados.* || Conjunto de personas que tienen la misma función: *colegio cardenalicio.* || — *Colegio electoral,* conjunto de personas que tienen derecho a elegir a sus representantes. || *Colegio mayor,* residencia estatal o privada para los estudiantes universitarios.

colegir v. t. Juntar. || Deducir.

colegislador, ra adj. Aplícase a la asamblea que legisla junto con otra: *en el sistema bicameral, la Cámara de diputados y el Senado son los cuerpos colegisladores.*

colemia f. *Med.* Presencia de bilis en la sangre.

coleo m. Acción de colear.

coleóptero, ra adj. y s. Dícese de los insectos que tienen boca para masticar, caparazón consistente y dos élitros córneos que cubren dos alas membranosas, plegadas cuando el animal no vuela: *el escarabajo, el cocuyo, la cantárida y el gorgojo son coleópteros.* || — M. pl. Orden de estos insectos.

cólera f. Bilis. || *Fig.* Ira, enfado, irritación, enojo. (Dícese también de los animales y de los elementos.) || — M. *Med.* Enfermedad epidémica caracterizada por vómitos, diarreas y fuertes dolores intestinales. (Se le llama tb. *cólera morbo.*)

colérico, ca adj. Enojado, irritado, iracundo: *humor colérico.* || Relativo al cólera morbo: *síntomas coléricos.*

colesterol m. y **colesterina** f. *Med.* Sustancia grasa que se encuentra en todas las células, en la sangre, etc., en un 1,5 a 2 por mil, y en mayor cantidad en la bilis.

coleta f. Trenza de pelo en la parte posterior de la cabeza: *coleta de torero.* || *Fig.* y *fam.* Añadidura breve a un escrito. || *Cortarse la coleta,* retirarse el torero; (por ext.) retirarse de una actividad.

coletazo m. Golpe con la cola. || *Fig.* Última reacción o manifestación.

coletilla f. Adición breve a un escrito. || Repetición.

coleto m. Vestidura de piel que se ajustaba al cuerpo, semejante a una casaca. || *Fig.* y *fam.* Fuero interior: *dije para mi coleto.*

coletudo, da adj. *Col.* y *Venez.* Descarado, insolente. || *Méx.* Persona que lleva el pelo largo.

colgadizo, za adj. Destinado a colgar. || — M. Tejadillo saledizo de un edificio.

colgadura f. Tapices o cortinas con que se adorna una puerta, una ventana, una cama, una habitación, un balcón, etc.

colgajo m. Cosa que cuelga. || Uvas u otras frutas que se cuelgan.

colgandero, ra adj. Colgante.

colgante adj. Que cuelga: *puente colgante.* || — M. *Arq.* Festón: *adornar con colgantes.* || Cosa que se cuelga en una cadena, joya, etc.

*colgar v. t. Sujetar algo por su parte superior, pender, suspender: *colgar un cuadro.* || Ahorcar: *lo colgaron por criminal.* || Poner el microteléfono en su sitio e interrumpir la comunicación telefónica. || *Fig.* y *fam.* Suspender en un examen: *le colgaron dos asignaturas.* | Endilgar, cargar: *me colgó un trabajo molesto.* | Achacar, imputar, atribuir: *le colgaron ese sambenito.* | Abandonar: *colgó los libros, hábitos.* || — V. i. Estar suspendido: *frutas que cuelgan del árbol.* || Caer demasiado de un lado: *traje que cuelga por la izquierda.* || *Méx.* Retrasarse intencionalmente en un trabajo, con relación a los demás; rezagarse.

colibacilo m. Bacteria que se encuentra en el intestino del hombre y de los animales, pero que invade a veces ciertos tejidos y órganos y puede ser patógena.

colibacilosis f. Infección causada por los colibacilos.

colibrí m. Pájaro mosca.

cólico m. Trastorno orgánico que provoca contracciones espasmódicas en el colon y dolores violentos acompañados de diarrea. || *Cólico hepático,* dolor agudo en las vías biliares. || *Cólico miserere,* nombre que se daba antiguamente a los síndromes agudos abdominales de la peritonitis y a la oclusión intestinal. || *Cólico nefrítico* o *renal,* el causado por el paso de un cálculo por las vías urinarias.

coliflor f. Variedad de col comestible cuyos pedúnculos nacientes forman una masa blanca y grumosa.

coligado, da adj. y s. Aliado.

coligarse v. pr. Unirse, aliarse unos con otros para algún fin.

colilla f. Punta de cigarrillo.

colillero, ra m. y f. Persona que recoge las colillas.

colimador m. Aparato óptico que permite obtener un haz de rayos luminosos paralelos. || Aparato en un arma para apuntar.

colimense o **colimeño, ña** o **colimote, ta** adj. y s. De Colima.

colina f. Elevación de terreno menor que la montaña.

colinabo m. Variedad de col.

colindante adj. Limítrofe.

colindar v. i. Limitar entre sí dos o más terrenos.

colirio m. Medicamento líquido aplicado en la conjuntiva de los ojos.

coliseo m. Teatro destinado a la representación de dramas y comedias.

colisión f. Choque de dos cuerpos: *colisión de automóviles*. || Fig. Conflicto, lucha u oposición de ideas o intereses.

colista adj. y s. Último.

colita f. *Fig.* y *fam. Amer.* Persona que no se despega de otra.

colitis f. *Med.* Inflamación del colon.

colla adj. y s. Indio aimará.

collada f. *Amer.* Caravana, multitud. | Dicho o hecho propio de un indígena colla.

collado m. Colina.

collar m. Adorno que rodea el cuello: *un collar de perlas*. || Insignia de algunas órdenes: *el collar del Toisón de Oro*. || Plumas del cuello de algunas aves. || Aro que se ciñe al pescuezo de los animales domésticos. || Mec. Anillo, abrazadera circular.

collarín m. Collar pequeño.

collera f. Collar de cuero para caballerías y bueyes.

colmado m. Tasca, taberna.

colmar v. t. Llenar hasta el borde: *colmar un tarro*. || Llenar un hueco: *colmar un hoyo*. || Fig. Satisfacer por completo: *colmar sus deseos*. | Dar con abundancia: *colmar de mercedes*. || Fig. *Colmar la medida*, pasar los límites.

colmena f. Habitación artificial para las abejas. || Conjunto de las abejas que hay en ella. || Fig. Hormiguero, aglomeración de personas: *una colmena de pedigüeños*.

colmenar m. Lugar en el que están las colmenas.

colmenero, ra m. y f. Apicultor. || — M. Oso hormiguero.

colmillo m. Diente canino, colocado entre los incisivos y la primera muela. || Cada uno de los dos dientes largos del elefante. || — Fig. y fam. *Enseñar los colmillos*, mostrar enérgicamente lo que uno es capaz de hacer. | *Escupir por el colmillo*, echárselas de valiente.

colmo m. Lo que rebasa la medida. || Fig. Complemento o término de alguna cosa: *el colmo de una obra*. | Último extremo o grado máximo: *el colmo de la locura*.

colmoyote m. *Méx.* Mosquito de grandes extremidades.

colobo m. Mono catirrino de América, de cola muy larga.

colocación f. Acción y efecto de colocar o colocarse. || Situación de una

cosa: *la colocación de un cuadro*. || Empleo, puesto, destino: *conseguir una colocación del Estado*. || Inversión de dinero.

colocar v. t. Poner en un lugar: *colocar libros en el estante*. || Hacer tomar cierta posición: *colocar los brazos en alto*. || Emplear a uno, dar un empleo: *lo colocó en la imprenta*. || Encontrar trabajo. Ú. t. c. pr.: *me coloqué en Larousse*. || Invertir dinero. || Contar, endilgar: *colocó sus chistes de siempre*.

colocasia f. Planta arácea de hojas y raíz comestibles.

colodión m. Disolución de la celulosa nítrica en éter.

colofón m. *Impr.* Nota al final de un libro para indicar el nombre del impresor y la fecha en que se concluyó. | Viñeta puesta al final de un capítulo. || Fig. Colmo, lo mejor. | Remate, fin: *el brillante colofón de su carrera*.

cologaritmo m. *Mat.* Logaritmo del número inverso de otro.

coloidal adj. *Quím.* Propio a los coloides.

coloide m. *Quím.* Sustancias no dializables que tienen la apariencia de la cola de gelatina (ú. t. c. adj.).

colombianismo m. Voz o giro del castellano hablado en Colombia.

colombicultura f. Arte de criar palomas.

colombino, na adj. Relativo a Cristóbal Colón: *la empresa colombina*.

colombófilo, la adj. Aficionado a o relacionado con la cría de palomas: *sociedad colombófila*.

colon m. *Anat.* Parte del intestino grueso, entre el ciego y el recto. || *Gram.* Parte o miembro principal de la oración.

colón m. Unidad monetaria de Costa Rica y El Salvador.

colonato m. Explotación de las tierras por colonos.

colonense adj. y s. De Colón (Panamá).

coloneño, ña adj. y s. De Colón (Honduras).

colonia f. Grupo de gente que va de un país a otro para poblarlo y establecerse en él: *las colonias griegas*. || País donde se establece esta gente. || Establecimiento fundado por una nación en otro país y gobernado por la metrópoli: *las antiguas colonias británicas*. || Conjunto de extranjeros originarios del mismo país que viven en una ciudad: *la colonia española de Buenos Aires*. || Reunión de personas o animales que viven juntas: *una colonia de artistas; colonia de hormigas*. || Grupo de niños que pasan juntos las vacaciones: *colonia escolar*. || Agua de Colonia. || *Amer.* Época colonial. || *Méx.* Barrio.

coloniaje m. Período de la dominación española en América. || Época colonial de cualquier país.

colonial adj. De la colonia: *imperio colonial*. || Ultramarino, exótico: *productos coloniales*. || Estilo colonial, el

que une los elementos de los pueblos colonizadores con los autóctonos. (El *estilo colonial* es de gran significación en la América hispana.)

colonialismo m. Doctrina imperialista que sólo considera la colonización como medio de prosperidad de la nación colonizadora.

colonialista adj. y s. Perteneciente o relativo al colonialismo.

coloniense adj. y s. De Colonia (Uruguay).

colonización f. Acción y efecto de colonizar. || Movimiento de población de un país (metrópoli) a otro (colonia). || Transformación de un país en territorio dependiente de la metrópoli. || Repoblación y revalorización agrícola de un territorio poco desarrollado.

colonizador, ra adj. y s. Que coloniza.

colonizar v. t. Transformar en colonia una tierra extranjera. || Poblarla de colonos.

colono m. Habitante de una colonia. || Labrador arrendatario.

coloquial adj. Propio de la conversación: *estilo coloquial*.

coloquíntida f. Planta cucurbitácea cuyo fruto sirve de purgante.

coloquio m. Conversación entre dos o varias personas: *estaban en animado coloquio*. || Reunión cuyo objeto es el estudio de un problema científico o la discusión de asuntos diplomáticos, económicos, etc.

color m. Impresión producida en los ojos por la luz difundida por los cuerpos. || Lo que se opone al negro o al blanco. || Sustancia colorante. || Fig. Brillo, luminosidad: *relato lleno de color*. | Carácter propio de una opinión, de un partido político: *ideas de un color indefinido*. | Apariencia, aspecto: *describir la tragedia con colores trágicos*. | Colorido del rostro: *tienes mal color*. | Cada uno de los cuatro atributos que distinguen los palos de los naipes: *escalera de color*. || — Pl. Señal distintiva que distinguen las banderas nacionales: *los colores de Argentina*. || — *Color local*, puntualidad con que refleja un escritor o un pintor las costumbres de un país. || *Hombre de color*, el que no es de raza blanca, especialmente el negro y el mulato. || *Fam. Mudar de color*, mudar de semblante. | *Sacarle a uno los colores de la cara*, confundirlo, avergonzarlo. || *So color de*, con el pretexto de. || *Fam. Ver las cosas de color de rosa*, pensar en ellas de un modo muy optimista.

coloración f. Acción y efecto de colorear. || Color.

colorado, da adj. Que tiene color. || *Fig.* Libre, subido de tono, picante. | Verde. || — Adj. y s. m. Rojo. || — M. Miembro del Partido Liberal uruguayo. (Su contrario es el *Partido Blanco*.) || Miembro de un partido político paraguayo llamado *Asociación Nacional Republicana*, creado en 1887. || En la

Argentina, nombre que se daba a los seguidores de Rosas.

colorante adj. Que da color o tiñe. || — M. Sustancia natural o artificial que da un color determinado.

colorar v. t. Colorear.

colorear v. t. Dar color. || *Fig.* Dar a alguna cosa apariencia de verdad: *colorear un pretexto.* || — V. i. Tomar color rojo.

colorete m. Pintura de maquillaje, colorada, para el rostro.

colorido m. Arte de disponer el grado e intensidad de los colores de una pintura: *aprender el colorido.* || Efecto que resulta de la mezcla y el empleo de los colores. || *Fig.* Color: *el colorido de las mejillas.* | Brillo: *lleno de colorido.*

colorimetría f. *Quím.* Procedimiento de análisis basado en la intensidad del color de una disolución.

colorín m. Sarampión. || Jilguero. || *Méx.* Árbol con flores y semillas rojas. || — Pl. Colores chillones.

colorinche adj. *Méx.* De colores chillones.

*****colorir** v. t. Dar color. || *Fig.* Colorear.

colorismo m. Tendencia artística que abusa del colorido.

colorista adj. y s. Pintor que se distingue en el empleo de los colores.

colosal adj. De gran tamaño. || *Fig.* Inmenso. | Formidable, extraordinario.

coloso m. Estatua muy grande: *el coloso de Rodas.* || Hombre muy grande: *el coloso Sansón.* || *Fig.* Persona de gran importancia o que sobresale por sus cualidades.

coludo, da adj. y s. *Amer.* Animal que tiene la cola larga. || *Fig. Amer.* Persona que arrastra el vestido por el suelo.

colúmbidos m. pl. Orden de aves (palomas, etc.) [ú. t. c. adj.].

columbrar v. t. Divisar, ver de lejos, percibir. || *Fig.* Adivinar, prever, conjeturar.

columna f. *Arq.* Pilar cilíndrico con base y capitel, que sostiene un edificio: *columna corintia, salomónica.* || Monumento conmemorativo en forma de columna: *la columna de Trajano.* || *Fig.* Apoyo, sostén, pilar, puntal: *las columnas de la sociedad.* || *Fís.* Masa de fluido de forma cilíndrica: *la columna del termómetro.* || *Impr.* Parte de una página de libro o diario dividida verticalmente. || *Mil.* Masa de tropas dispuesta en formación de poco frente y mucho fondo: *caminar en columna.* || — *Columna vertebral,* espina dorsal, conjunto de huesos o vértebras soldadas que se extienden desde la base del cráneo hasta el nacimiento de los miembros inferiores. || *Quinta columna,* los partidarios que ayudan al enemigo dentro de un país en guerra. || — El n. de *Columnas de Hércules* designaba ant. los montes Calpe (Europa) y Abila (África), situados a la entrada del estrecho de Gibraltar.

columnario, ria adj. Con columnas: *templo columnario.*

columnata f. *Arq.* Serie de columnas que sostienen o adornan un edificio.

columpiar v. t. Mecer en el columpio. || — V. pr. Mecerse en el columpio. || *Fig. y fam.* Andar contoneándose. | Equivocarse.

columpio m. Asiento suspendido entre dos cuerdas para mecerse.

coluro m. *Astr.* Cada uno de los dos círculos máximos de la esfera celeste, los cuales pasan por los polos del mundo y cortan a la Eclíptica, el uno en los puntos equinocciales y el otro en los solsticiales.

colusión f. Acuerdo entre varios para perjudicar a un tercero.

colza f. Especie de col de flores amarillas y semillas oleaginosas.

coma f. Signo de puntuación en forma de trazo un poco curvado hacia la izquierda que sirve para separar los diferentes miembros de una frase. || El mismo signo que se utiliza para separar la parte entera de la decimal en un número. || Ménsula de las sillas de coro. || — M. Estado mórbido caracterizado por un sopor profundo, la pérdida total o parcial de la inteligencia, de la sensibilidad y del movimiento voluntario, sin perder las funciones respiratorias y la de circulación.

comadre f. Comadrona, partera. || Madrina de un niño respecto del padrino o los padres del niño. || La madre respecto de la madrina.

comadrear v. i. *Fam.* Criticar.

comadreja f. Mamífero carnicero mustélido.

comadreo m. Chismorreo.

comadrón m. Médico partero.

comadrona f. Partera.

comal m. *Méx.* y *Amér. C.* Disco delgado de barro o metal que se usa para cocer las tortillas de maíz.

comalería f. *Méx.* y *Amér. C.* Lugar donde se hacen o venden comales.

comanche adj. y s. Indio de América del Norte.

comandancia f. Grado de comandante. || División militar al mando de un comandante. || Edificio donde está.

comandante m. Oficial superior en los ejércitos de tierra y de aire, entre el capitán y el teniente coronel. || Militar con mando.

comandar v. t. *Mil.* Mandar.

comandita f. *Sociedad en comandita,* sociedad comercial en la que una parte de los socios aportan el capital sin participar en la gestión.

comanditario, ria adj. y s. m. Dícese del que aporta el capital.

comando m. *Mil.* Unidad militar de pocos elementos encargada de misiones especiales.

comarca f. Subdivisión territorial, región, país.

comarcal adj. De la comarca.

comatoso, sa adj. *Med.* Del coma: *en estado comatoso.*

comayagüense adj. y s. De Comayagua (Honduras).

comba f. Saltador, cuerda para saltar. || Juego de niñas en que se salta con una cuerda.

combadura f. Curva, alabeo.

combar v. t. Torcer: *combar un hierro* (ú. t. c. pr.).

combate m. Lucha, pelea: *combate armado, naval, de boxeo, de gallos.* || *Fig.* Oposición, lucha de fuerzas contrarias.

combatiente adj. y s. Que combate: *los ex combatientes.*

combatir v. i. Luchar, sostener un combate contra. || Golpear, batir el viento, las olas.

combatividad f. Inclinación a la lucha, al combate.

combativo, va adj. Luchador.

combinación f. Unión, arreglo, en cierto orden, de cosas semejantes o diversas: *combinación de tejidos.* || Unión de varios cuerpos químicos para formar otro nuevo. || Prenda de ropa interior de las mujeres debajo del vestido. || Bebida alcohólica hecha mezclando otras. || *Mat.* Cada una de las maneras de elegir *n* veces repetidas uno u otro de *m* objetos dados. || Clave que permite la abertura de un cierre. || Pase entre los varios compañeros de un equipo deportivo. || *Fig.* Medidas tomadas o cálculos para asegurar el éxito de una empresa. | Arreglo, intriga.

combinado m. Complejo industrial. || Combinación, bebida. || *Dep.* Equipo formado por una selección de jugadores de diversa procedencia: *un combinado catalán.*

combinar v. t. Unir varias cosas para conseguir cierto resultado: *combinar colores.* || Disponer en un orden determinado: *combinar fórmulas.* || *Quím.* Hacer una mezcla de: *combinar el oxígeno con el hidrógeno.* || *Fig.* Disponer de la manera conveniente para lograr un resultado: *ella lo combinó todo.*

combinatorio, ria adj. *Mat.* De las combinaciones o de la combinatoria. || — F. Parte de las matemáticas que trata de las combinaciones.

comburente adj. y s. m. Dícese de un cuerpo que, combinándose con otro, produce la combustión del último.

combustibilidad f. Propiedad de los cuerpos combustibles.

combustible adj. Que puede arder o quemarse. || — M. Materia cuya combustión produce energía calorífica.

combustión f. Acción de arder. || Conjunto de fenómenos producidos al mezclarse un cuerpo con oxígeno.

comedero, ra adj. Comible. || — M. Sitio donde se echa la comida a los animales. | Comedor.

comedia f. Obra dramática de tema ligero y desenlace feliz: *comedia de capa y espada, de costumbres, de enredo, de carácter o de figurón, del arte de magia.* || Cualquier obra dramática.

|| Género teatral compuesto de esta clase de piezas. || Teatro: *ir a la comedia*. || *Fig.* Ficción, farsa, engaño.

comediante, ta m. y f. Actor o actriz. || *Fig.* y *fam.* Farsante.

comedido, da adj. Mesurado.

comedimiento m. Circunspección, moderación, urbanidad.

comediógrafo, fa m. y s. Autor de comedias.

*comedirse v. pr. Moderarse.

comedor, ra adj. Que come mucho, comilón. || — M. Habitación para comer, y muebles que la adornan. || Casa de comidas.

comején m. Insecto arquíptero de los países cálidos que roe toda clase de sustancias, principalmente la madera.

comejenera f. Nido de comejenes. || *Fig.* y *fam. Méx.* Lugar donde se reúnen gentes de mal vivir.

comelón, na adj. *Méx.* Que come mucho.

comendador m. Caballero que tiene encomienda. || Dignidad entre caballero y gran cruz: *comendador de Calatrava*.

comendadora f. Superiora de un convento de las órdenes militares: *comendadora de Santiago*.

comensal com. Persona invitada a comer en una casa. || Cada una de las personas que comen en la misma mesa.

comentador, ra m. y f. Persona que comenta. || Persona que comenta una emisión de radio o de televisión.

comentar v. t. Hacer comentarios sobre una persona o cosa: *comentar la Biblia*.

comentario m. Observaciones acerca de un texto. || Exposición e interpretación oral o escrita de noticias, de informaciones o de un texto. || — Pl. Memorias históricas: *los "Comentarios de César"*. || *Fig.* Interpretación maligna de los actos o dichos de alguien: *los comentarios del vulgo*.

comentarista m. Comentador: *comentarista radiofónico*.

*comenzar v. t. e i. Empezar, principiar, tener principio: *comenzar el año*.

comer m. Comida, alimento. || *El comer y el rascar, todo es empezar*, prov. que significa que lo más difícil en ciertas tareas es empezarlas.

comer v. i. Masticar y desmenuzar los alimentos en la boca y pasarlos al estómago (ú. t. c. t. y pr.). || Tomar alimento: *comer de todo*. || Tomar la comida principal: *comer al mediodía*. || — V. t. Tomar como alimento: *comer carne*. || *Fig.* Desgastar: *el sol come los colores* (ú. t. c. pr.). || Corroer los metales. | Gastar, consumir: *comer el capital* (ú. t. c. pr.). || Sentir comezón. | Sentir desazón: *los celos te comen*. | En el ajedrez y juego de damas, ganar una pieza: *comer un peón, una ficha*. || — *Fig.* y *fam. Ser pan comido*, ser muy fácil. | *Sin comerlo ni beberlo*, sin saber cómo. || — V. pr. Comer. || *Fig.* Sal-

tar algo al hablar, al leer o al escribir: *comerse una línea*.

comercial adj. Relativo al comercio y a los comerciantes, mercantil. || Donde hay tiendas: *calle comercial*.

comercialidad f. Carácter comercial.

comercialismo m. Espíritu comercial excesivo, mercantilismo.

comercialización f. Mercantilización. || Mercadeo, estudio del mercado, marketing.

comercializar v. t. Dar carácter comercial. || Ordenar los ideales, hábitos y métodos de una persona, asociación o comunidad en el marco exclusivo del espíritu y maneras de la vida mercantil y del afán de lucro.

comerciante adj. Que comercia: *hombre comerciante*. || — M. y f. Persona que se dedica al comercio: *comerciante al por mayor, al por menor*. || *Fig.* Interesado, que sólo busca el lucro.

comerciar v. i. Negociar, comprar y vender con fin lucrativo: *comerciar en granos*. || *Fig.* Tratar unas personas con otras. | Especular con fines de lucro.

comercio m. Compra y venta o cambio de productos naturales e industriales. || Conjunto de comerciantes. || Establecimiento mercantil. || *Fig.* Comunicación y trato: *el comercio de las personas*.

comestible adj. Que se puede comer: *molusco, planta comestible*. || — M. Alimento, víveres.

cometa m. *Astr.* Astro generalmente formado por un núcleo poco denso y una atmósfera luminosa que le precede, le envuelve o le sigue según su posición respecto del Sol, y que describe una órbita muy excéntrica: *la cola o cabellera de un cometa*. || — F. Juguete hecho con un armazón de cañas y papel o tela que se mantiene en el aire sujeta con una cuerda y sirve de juguete.

cometer v. t. Incurrir en errores, culpas, delitos, etc.: *cometer un robo, un solecismo*. || Encargar a uno un asunto.

cometido m. Encargo, tarea, misión. || Deber, trabajo.

comezón f. Picazón, escozor. || *Fig.* Intranquilidad, desasosiego: *la comezón del remordimiento*.

comible adj. *Fam.* Comestible.

comicastro m. Mal actor.

comicidad f. Carácter cómico.

comicio m. Asamblea del pueblo romano para tratar de los asuntos públicos. || — Pl. Elecciones.

cómico, ca adj. Relativo a la comedia: *actor cómico*. || *Fig.* Divertido, gracioso. || — M. y f. Comediante, actor. || *Cómico de la legua*, el que anda representando de pueblo en pueblo.

comida f. Alimento del cuerpo. || Alimento que se toma a ciertas horas: *hacer tres comidas al día*. || Almuerzo. || Acción de comer.

comidilla f. *Fam.* Tema de conversación: *es la comidilla del barrio*. || Ocupación favorita.

comienzo m. Principio.

comillas f. pl. *Gram.* Signo ortográfico (" ") al principio y fin de las citas.

comilón, ona adj. y s. *Fam.* Que come mucho. || — F. *Fam.* Festín, banquete, comida muy abundante.

comino m. Planta umbelífera de semillas aromáticas de figura aovada usadas como condimento y en medicina. || *Fig.* y *fam.* Poco, insignificancia.

comisar v. t. Confiscar.

comisaría f. Función u oficina de comisario. || *Amer.* Territorio administrado por un comisario.

comisariato m. *Col., Ecuad., Hond., Nicar.* y *Pan.* Almacén donde se vende la mercancía barata: *sacaron los víveres del comisariato*.

comisario m. Jefe de policía. || Delegado de una comisión.

comisión f. Cometido: *la comisión de un delito*. || Delegación, orden y facultad que se da a una persona para que ejecute algún encargo. || Delegación, conjunto de personas delegadas por una corporación: *ir en comisión a visitar a una autoridad*. || Porcentaje que recibe alguien en un negocio de compraventa o por ocuparse de asuntos ajenos: *cobrar una comisión*.

comisionado, da adj. y s. Encargado.

comisionar v. t. Dar comisión o encargo a una o más personas.

comisionista com. Persona que vende y compra por cuenta de otra persona y cobra una comisión.

comiso m. Confiscación.

comisquear v. t. Comer poco y frecuentemente.

comisura f. *Anat.* Punto de unión de ciertas partes: *comisura de los labios*.

comité m. Comisión o junta.

comitiva f. Acompañamiento.

cómitre m. El que gobernaba a los galeotes.

como adv. Lo mismo que, del modo que: *haz como quieras*. || Tal como: *un hombre como él*. || En calidad de: *asistió a la ceremonia como testigo*. || Porque: *como recibí tarde tu invitación, no pude venir*. || Según: *como dice la Biblia*. || — Conj. Si: *como no lo hagas, te castigaré*.

cómo adv. De qué manera, de qué modo: *no sé cómo agradecerle*. || Por qué: *¿cómo no viniste?* || — M. El modo como se hace algo. || — Interj. Denota sorpresa o indignación. || *Amer. ¡Cómo no!*, ciertamente.

cómoda f. Mueble con varios cajones que sirve para guardar ropa, etc.

comodato m. Contrato de préstamo con la obligación de restitución de la misma cosa.

comodidad f. Calidad de lo que es cómodo, agradable. || Utilidad, interés.

comodín m. Lo que puede servir para todo. || Carta que tiene el valor que se le quiera dar.

cómodo, da adj. Fácil, manejable: *un trabajo cómodo*. || Acomodadizo:

carácter cómodo. || Agradable, que permite estar a gusto.

comodón, ona adj. y s. *Fam.* Que le gusta estar cómodo.

comodoro m. *Mar.* En Inglaterra, Estados Unidos, Argentina y México, jefe de marina inferior al contraalmirante.

comoquiera adj. De cualquier modo: *comoquiera que sea.*

compacidad f. Calidad de compacto.

compactar v. t. Hacer compacta una cosa.

compacto, ta adj. De textura apretada y poco porosa: *la caoba es una madera muy compacta.* || *Impr.* Dícese de la impresión que en poco espacio tiene mucha lectura: *texto compacto.* || *Fig.* Denso, apretado.

*compadecer v. t. Sentir compasión por el mal ajeno: *compadecer al pobre* (ú. t. c. pr.).

compadraje m. Amistad entre compadres. || *Fig.* Conchabamiento.

compadrar v. i. Contraer compadrazgo. || Hacerse compadre.

compadrazgo m. Parentesco entre el padrino de un niño y los padres de éste. || Compadraje.

compadre m. Padrino del niño respecto de los padres y la madrina de éste. || *Fam.* Amigo o conocido.

compaginación f. Reunión. || *Impr.* Ajuste. || *Fig.* Acuerdo.

compaginador m. *Impr.* Ajustador.

compaginar v. t. Poner en buen orden cosas que tienen alguna relación mutua. || Hacer compatible, combinar. || *Impr.* Ajustar: *compaginar un periódico.* || — V. pr. Corresponder, armonizarse.

compaña f. Compañía.

compañerismo m. Relación entre compañeros. || Armonía entre ellos.

compañero, ra m. y f. Persona que acompaña a otra para algún fin: *compañero de viaje.* || Persona que convive con otra. || Persona que hace alguna cosa con otra: *compañero de trabajo.* || *Fig.* Cosa que hace juego o forma pareja con otra.

compañía f. Efecto de acompañar: *hacer compañía.* || Persona que acompaña a otra. || Sociedad o junta de varias personas unidas para un mismo fin. || Reunión de personas que forman un cuerpo: *compañía teatral.* || Empresa industrial o comercial: *compañía ferroviaria, de seguros.* || *Mil.* Unidad de infantería mandada por un capitán.

comparación f. Acción y efecto de comparar, paralelo. || *Ret.* Símil, semejanza.

comparar v. t. Examinar las semejanzas y las diferencias que hay entre las personas y las cosas: *comparar una persona con otra.* || Cotejar, equiparar.

comparativo, va adj. Que expresa comparación. || — M. *Gram.* Segundo grado de comparación de los adjetivos. — Los *adjetivos comparativos* son muy escasos en castellano (*mayor, menor, mejor, peor, superior, inferior*). Su fal-

ta se sustituye por los adverbios *tan, más, menos,* antepuestos al positivo (*no hay hombre tan bueno como él*).

comparecencia f. *For.* Presentación de una persona ante el juez.

*comparecer v. i. *For.* Presentarse en un lugar en virtud de una orden. || Presentarse, aparecer.

compareciente adj. y s. *For.* Que comparece.

comparición f. *For.* Comparecencia. | Auto, orden de comparecencia.

comparsa f. Acompañamiento, grupo: *comparsa numerosa.* || Grupo de gente con máscaras. || — Com. *Teatr.* Figurante, extra (cine). || *Fig.* Persona que desempeña un papel sin importancia en algo.

compartimiento y **compartimiento** m. Acción y efecto de compartir. || Departamento de un vagón, de un casillero, etc.

compartir v. t. Repartir, dividir, distribuir las cosas en partes: *compartir las ganancias.* || Participar uno en alguna cosa: *compartir las alegrías o las penas con otro.*

compás m. Instrumento de dos brazos articulados para trazar circunferencias o medir. || Símbolo de la masonería. || *Fig.* Regla o medida de alguna cosa. | Ritmo. || *Mar.* Brújula. || *Mús.* División de la duración de los sonidos en partes iguales: *compás de dos por cuatro.* || *Fig. Compás de espera,* pausa.

compasillo m. Compás menor.

compasión f. Sentimiento de piedad por la desgracia ajena.

compasivo, va adj. Que siente compasión: *hombre compasivo.*

compatibilidad f. Calidad de compatible.

compatible adj. Que puede coexistir: *caracteres compatibles.*

compatriota com. i. Nacido en la misma patria.

compeler v. t. Forzar, obligar.

compendiar v. t. Abreviar, resumir: *compendiar una historia.* || *Fig.* Expresar brevemente, sintetizar: *compendia todas las características de la bondad.*

compendio m. Breve o corta exposición de una materia: *un compendio de geografía.* || *Fig.* Síntesis.

compenetración f. Penetración mutua.

compenetrarse v. pr. Penetrar las partículas de una sustancia entre las de otra, o recíprocamente. || *Fig.* Identificarse las personas en ideas y sentimientos.

compensación f. Acción de compensar. || Indemnización: *dar algo en compensación del daño.* || *For.* Modo de extinción de dos obligaciones recíprocas. || Operación financiera en la que las compras y ventas se saldan por medio de transferencias recíprocas, sin intervención del dinero. || Pago similar efectuado por las naciones respecto a los créditos del comercio internacional (llamado tb. *clearing*). ||

Med. Supresión de los efectos de una lesión por modificaciones secundarias que restablecen el equilibrio.

compensador, ra adj. Que compensa.

compensar v. t. Equilibrar un efecto con otro, neutralizar. || Indemnizar, resarcir los daños.

compensatorio, ria adj. Que establece una compensación.

competencia f. Rivalidad entre varias personas que persiguen el mismo objeto. || Conjunto de los que ejercen el mismo comercio, la misma industria: *competencia desleal.* || Atribución para juzgar: *la competencia de un tribunal.* || Incumbencia: *esto no cae en mi competencia.* || Capacidad, conocimiento profundo: *la competencia de un especialista.* || *Amer.* Justa deportiva.

competente adj. Que tiene aptitud para resolver un asunto: *juez competente.* || Que es capaz o conocedor de cierto asunto: *persona muy competente.* || Conveniente.

competer v. i. Ser de la competencia de, incumbir.

competición f. Prueba deportiva. || Competencia entre comerciantes.

competidor, ra adj. y s. Rival. || Concursante en una prueba deportiva.

*competir v. i. Rivalizar, oponerse dos o más personas para un puesto o a la superioridad en algo. || Rivalizar en el comercio.

competitivo, va adj. Capaz de competir con otros: *precio competitivo.* || Dícese donde la competencia comercial es posible: *mercado competitivo.*

compilación f. Colección de noticias, leyes o materias: *compilación jurídica.*

compilador, ra adj. y s. Que compila.

compilar v. t. Reunir en un solo cuerpo de obra extractos de otros libros o documentos.

compinche com. *Fam.* Amigote.

complacencia f. Satisfacción.

*complacer v. t. Ser agradable a una persona. || Dar satisfacción y placer: *me complace su éxito.* || — V. pr. Gustarle a uno algo: *complacerse en su desgracia.*

complacido, da adj. Satisfecho, contento.

complaciente adj. Solícito, amable. || Indulgente con las faltas: *marido complaciente.*

complejidad f. Calidad de complejo.

complejo, ja adj. Formado de elementos diferentes: *carácter complejo.* || Complicado: *asunto complejo.* || *Mat.* Número complejo, el formado por unidades de diferentes especies. || — M. Cuerpo químico obtenido por asociación de diferentes moléculas. || Conjunto o combinado de industrias que se dedican a cierta producción: *el complejo siderúrgico de Avilés.* || Tendencia independiente e inconsciente de la voluntad de uno que condiciona su conducta: *complejo de superioridad.*

complementar v. t. Completar.

complementario, ria adj. Que completa.

complemento m. Lo que completa una cosa: *esto sería el complemento de mi felicidad.* || *Geom.* Lo que falta añadir a un ángulo agudo para obtener un ángulo recto. || *Gram.* Palabra u oración que añade algo al sentido de otro vocablo o frase: *los complementos gramaticales se dividen en directos e indirectos.*

completar v. t. Hacer una cosa completa (ú. t. c. pr.).

completo, ta adj. Entero, íntegro, que tiene todos los elementos necesarios. || Acabado, perfecto: *un deportista completo.* || Lleno: *autobús completo.* || Absoluto: *un completo fracaso.* || *Por completo,* completamente. || — M. Lleno.

complexión f. *Fisiol.* Constitución física del individuo.

complicación f. Estado de lo que es complicado: *la complicación de las matemáticas.* || Dificultad. || *Med.* Síntoma distinto de los habituales de una enfermedad.

complicado, da adj. Compuesto de gran número de piezas: *una máquina muy complicada.* || *Fig.* Muy difícil: *asunto complicado.* || Difícil de comprender (persona). || Implicado: *complicado en un robo.*

complicar v. t. Hacer difícil de comprender. || Comprometer o mezclar en un asunto. || — V. pr. Hacerse difícil. || Presentarse dificultades. || Empeorarse, agravarse una enfermedad.

cómplice com. *For.* Copartícipe en un delito. || *Fig.* Que ayuda o favorece.

complicidad f. Participación a un crimen, a un delito. || *Fig.* Acuerdo, connivencia.

complot m. *Fam.* Conspiración, conjura. | Trama, intriga.

complotar v. t. e i. Conjurarse.

complutense adj. y s. De Alcalá de Henares.

componedor, ra m. y f. Mediador, árbitro.

componenda f. Combinación poco escrupulosa, chanchullo. || Reparación provisional.

componente adj. y s. Que forma parte de un todo. || *Componente electrónico,* circuito o placa que forma parte de un aparato electrónico.

*componer v. t. Constituir un todo con diferentes partes. || Hacer una obra literaria o música: *componer un concierto para piano.* || *Impr.* Reunir caracteres o tipos de letras: *componer en redondo.* || Adornar, ataviar. || Reconciliar: *componer a los enemistados.* || Arreglar: *componer un asunto.* || Reparar, arreglar una cosa rota: *componer un mueble.* || — V. i. Hacer versos o composiciones musicales. || — V. pr. Estar formado. || Arreglarse, ataviarse. || Ponerse de acuerdo. || *Fig.* y *fam. Componérselas,* manejárselas, arreglarse para salir de un apuro.

comportamiento m. Conducta.

comportar v. t. *Fig.* Sufrir, aguantar, sobrellevar. || Traer consigo, implicar, acarrear, causar. (Es galicismo en este sentido.) || — V. pr. Portarse, conducirse.

composición f. Acción y efecto de componer. || Manera como forman un todo diferentes partes. || Proporción de los elementos que forman parte de un cuerpo compuesto: *la composición del agua.* || Compostura, circunspección. || Obra científica, musical, literaria o artística. || Combinación musical de las formas melódicas. || Arte de agrupar las figuras y accesorios para conseguir el mejor efecto en pintura y escultura. || Ejercicio de redacción. || Acuerdo. || Comedimiento. || *Gram.* Modo de formar nuevas palabras. || *Impr.* Conjunto de líneas, galeradas y páginas antes de la imposición. || *Fig. Hacer composición de lugar,* pesar el pro y el contra.

compositor, ra adj. y s. Que compone, especialmente obras musicales.

compostelano, na adj. y s. De Santiago de Compostela.

compostura f. Arreglo, reparación: *compostura de un reloj.* || Aseo o arreglo de una persona. || Manera de comportarse. || Acuerdo, convenio. || Mesura, comedimiento. || Recato en las mujeres. || Composición.

compota f. Fruta cocida con azúcar. || *Fig.* y *fam. En compota,* hecho polvo o trizas.

compound adj. (pal. ingl.). *Motor compound,* motor de émbolos en el que la energía del gas de escape se recuperan parcialmente los álabes de una turbina.

compra f. Adquisición mediante pago. || Cosa comprada. || Conjunto de comestibles comprados para el consumo diario. || *Fig.* Soborno, corrupción.

comprador, ra adj. y s. Que compra.

comprar v. t. Adquirir por dinero. || *Fig.* Sobornar con dinero.

compraventa f. Contrato de compra y venta.

comprender v. t. Contener, constar de: *este diccionario lo comprende todo.* || Entender: *no comprendo bien.* || — V. pr. Avenirse dos personas.

comprensible adj. Inteligible.

comprensión f. Acción de comprender. || Facultad, capacidad para entender y penetrar las cosas. || *Lóg.* Conjunto de cualidades que integran una idea. || *Fig.* Indulgencia, carácter benévolo.

comprensivo, va adj. Que tiene facultad de comprender o entender. || Tolerante, indulgente: *hombre comprensivo.* || Que comprende, contiene o incluye.

compresa f. Lienzo que se aplica debajo del vendaje. || Paño higiénico de gasa.

compresibilidad f. Propiedad de los cuerpos que pueden ser comprimidos.

compresible adj. Comprimible.

compresión f. Acción y efecto de comprimir: *bomba de compresión.* || *Gram.* Sinéresis. || *Mec.* En un motor, presión alcanzada por la mezcla detonante en la cámara de explosión antes del encendido.

compresivo, va adj. Que comprime.

compresor adj. Que comprime: *músculo, cilindro, rodillo compresor.* || — M. Aparato para comprimir un gas.

comprimible adj. Que se puede comprimir.

comprimido, da adj. Disminuido de volumen: *aire comprimido.* || Aplastado. || — M. *Farm.* Pastilla.

comprimir v. t. Hacer presión sobre un cuerpo de modo que ocupe menos volumen: *comprimir una arteria.* || — V. pr. Retenerse.

comprobación f. Acción y efecto de comprobar.

comprobante adj. Que comprueba. || — M. Prueba, justificación. || Recibo.

*comprobar v. t. Confirmar una cosa: *comprobar algo con testigos.*

comprobatorio, ria adj. Que comprueba.

comprometedor, ra adj. Que compromete: *dicho comprometedor.*

comprometer v. t. Exponer, poner en peligro: *comprometer un negocio, una empresa.* || Perder la reputación de una persona. || Poner en un compromiso. || Poner de común acuerdo en manos de un tercero la resolución de una diferencia: *comprometer en jueces árbitros.* || Obligar a uno a una cosa. || Contratar, apalabrar. || — V. pr. Obligarse a una cosa: *comprometerse a pagar.* || Tomar posición: *este escritor no se ha comprometido.*

compromisario m. Árbitro. || Persona designada por otras en una elección para presentarse a una nueva elección.

compromiso m. Convenio entre litigantes para aceptar un fallo. || Obligación contraída, palabra dada: *cumplir sus compromisos.* || Dificultad, apuro: *poner en un compromiso.* || Esponsales: *compromiso matrimonial.* || Elección en que los electores se hacen representar por compromisarios.

compuerta f. Portón movible en presas y canales.

compuesto, ta adj. Constituido por varias partes. || Arreglado, acicalado. || Reparado. || *Arq.* Dícese del orden formado por la mezcla del jónico y el corintio: *capitel compuesto.* || *Gram.* Aplícase a los tiempos de un verbo que se conjugan con el participio pasivo precedido de un auxiliar: *he dado, había dado, habré dado.* || *Nombre compuesto,* el formado por la unión de palabras distintas, pero que representa un solo objeto: *cortaplumas, prototipo, sacacorchos, son nombres compuestos.* || — M. *Quím.* Sustancia química en cuya composición entran dos o más cuerpos simples. || — F. pl. Plantas dicotiledóneas gamopétalas cuyas flores forman una o más filas sobre el receptáculo, como la margarita, el crisantemo (ú. t. c. adj.). || *Hoja compuesta*, la dividida en folíolos.

compulsación f. Confrontación.

compulsar v. t. Cotejar, confrontar documentos. || *Amer.* Obligar, compeler.

compulsión f. *For.* Apremio.

compunción f. Tristeza.

compungirse v. pr. Entristecerse o dolerse.

computación f. Cómputo.

computador m. o **computadora** f. *Amer.* Ordenador. || *Computadora personal*, ordenador de tamaño compacto.

computar v. t. Calcular. || Contar.

cómputo m. Cuenta, cálculo. || *Cómputo electrónico*, el que se realiza por medio de un ordenador.

comulgar v. i. Recibir la comunión. || *Fig.* Coincidir, tener ideas comunes.

comulgatorio m. Sitio en las iglesias en que los fieles reciben la sagrada comunión.

común adj. Aplícase a las cosas que pertenecen a todos: *bienes, pastos comunes.* || Admitido por la mayor parte: *opinión común.* || Que se ejecuta con otros: *obra común.* || General, universal: *interés común.* || Ordinario, frecuente: *de uso común.* || Vulgar: *modales comunes.* || *Gram.* Nombre común, el que conviene a todos los seres de la misma especie. || — M. Todo el pueblo, todo el mundo: *el común de los mortales.* || Comunidad. || — *Cámara de los Comunes.* V. CÁMARA. || *En común,* conjuntamente. || *Por lo común,* generalmente.

comuna f. *Amer.* Municipio.

comunal adj. Del municipio.

comunero, ra adj. y s. Partidario de las comunidades.

comunicable adj. Que puede comunicarse. || *Fam.* Sociable.

comunicación f. Acción y efecto de comunicar: *la comunicación de un movimiento.* || Escrito: *una comunicación oficial.* || Enlace entre dos puntos: *comunicación telefónica.* || Trato entre personas. || Pl. Correspondencia postal, telegráfica, telefónica: *Palacio de comunicaciones.* || Medios de enlace: *barrio con malas comunicaciones.*

comunicado m. Aviso oficial que se transmite a la prensa. || Aviso, a cargo del remitente, que sale en un periódico, remitido.

comunicante adj. y s. Que comunica: *vasos comunicantes.*

comunicar v. t. Transmitir: *comunicar un virus.* || Hacer partícipe a otro de lo que uno conoce o tiene. || — V. i. Estar en relaciones: *comunicar con una persona* (ú. t. c. pr.). || Estar unidos por un paso común: *cuartos que comunican* (ú. t. c. pr.). || — V. pr. Propagarse.

comunicativo, va adj. Que se comunica: *risa comunicativa.* || Que le

gusta decir a los demás sus pensamientos, sus sentimientos.

comunidad f. Estado de lo que es común: *comunidad de bienes.* || Asociación de personas que tienen un interés común. || Sociedad religiosa sometida a una regla común. || — Pl. (Ant.) Levantamientos populares: *las comunidades de Castilla.*

comunión f. Unión en la misma fe: *comunión de los fieles.* || Ceremonia y recepción del sacramento de la Eucaristía. || Comunidad de ideas, de principios entre personas.

comunismo m. Teoría de la colectivización de los medios de producción y de la repartición de los bienes de consumo según las necesidades del individuo. || Aplicación política de esta teoría.

comunista adj. Relativo al comunismo. || Partidario o miembro de este partido (ú. t. c. s.).

con prep. Indica el medio o la manera de hacer alguna cosa: *comer con un tenedor.* || Juntamente: *salir con un amigo.* || Con un infinitivo equivale a un gerundio: *con pulsar este botón ya se encenderá la luz.* || Con un inf. ser tan inteligente no ha conseguido triunfar.

conato m. Tendencia, propósito. || *For.* Intento, tentativa: *intento de robo.* || Comienzo: *conato de incendio.* || Empeño, esfuerzo.

concadenar y **concatenar** v. t. Enlazar unas cosas con otras.

concatenación f. Encadenamiento, relación.

concavidad f. Calidad de cóncavo. || Parte cóncava, cavidad.

cóncavo, va adj. Que forma una cavidad: *lente cóncava.*

concebible adj. Comprensible.

*concebir v. i. y t. Quedar encinta la hembra. || *Fig.* Tener idea de una cosa, comprenderla: *concebir un proyecto.* | Pensar: *no lo puedo concebir.* | Sentir: *concibió enorme odio hacia sus congéneres.*

conceder v. t. Dar, otorgar: *conceder una gracia, una indemnización.* || Asentir, reconocer.

concejal m. Miembro de un ayuntamiento.

concejo m. Ayuntamiento.

concelebrar v. t. Celebrar ceremonias litúrgicas varios sacerdotes u obispos juntos.

concentrable adj. Que se puede concentrar.

concentración f. Acción y efecto de concentrar o concentrarse. || Reunión en público de personas para manifestarse. || Conjunto de relaciones entre empresas para limitar la competencia. || *Fig.* Abstracción. || *Concentración parcelaria,* agrupación de fincas pequeñas para facilitar su cultivo.

concentrado m. Producto en el que se ha hecho desaparecer el agua.

concentrar v. t. Reunir en un centro (ú. t. c. pr.). || Reunir en un mismo punto: *concentrar tropas* (ú. t. c. pr.). || Tender hacia un único objetivo: *concentrar las energías.* || Condensar: *concentrar leche.* || — V. pr. *Fig.* Reflexionar profundamente.

concéntrico, ca adj. *Geom.* Que tienen un mismo centro.

concepción f. Acción que hace que el niño o el animal exista. || Por antonomasia, la de la Virgen. || Su festividad (8 de diciembre). || Idea, concepto.

concepcionero, ra adj. y s. De Concepción (Paraguay).

conceptismo m. Estilo literario conceptuoso, propio de España en el s. XVII: *Quevedo es el mejor representante del conceptismo.*

conceptista adj. y s. Que abusa del estilo conceptuoso.

concepto m. Idea que concibe o forma el entendimiento: *concepto del espacio.* || Opinión: *tener un gran concepto de uno.* || Razón, motivo: *en su concepto.* || Cada una de las partes de una cuenta. || *En concepto de,* en calidad de.

conceptualista adj. Relativo al conceptualismo. || — Adj. y s. Partidario de este sistema.

conceptuar v. t. Tener formado juicio o concepto, juzgar.

conceptuoso, sa adj. Sentencioso, agudo: *escritor conceptuoso.*

concerniente adj. Relativo a.

*concernir v. i. Atañer, afectar.

*concertar v. t. Proyectar en común: *concertar un plan.* || Ponerse de acuerdo sobre el precio de algo. || Coordinar, hacer en común: *concertar esfuerzos.* || Pactar, tratar: *concertar la paz, un negocio.* || Concordar: *esto concierta con sus dichos.* || Armonizar voces o instrumentos músicos. || — V. i. *Gram.* Concordar: *concertar en género y número las palabras.* || — V. pr. Ponerse de acuerdo.

concertina f. Acordeón de forma hexagonal u octogonal.

concertino m. Primer violinista de una orquesta.

concertista com. *Mús.* Solista de un instrumento.

concesión f. Privilegio que da el Estado para explotar algo: *concesión minera.* || Cosa concedida. || *Fig.* Renuncia a sus derechos, a sus pretensiones: *hacer concesiones.*

concesionario, ria adj. y s. m. Que tiene una concesión: *sociedad concesionaria.* || Intermediario comercial que ha recibido de un productor el derecho exclusivo de venta en una región determinada.

concha f. Caparazón que cubre a los animales testáceos, como las tortugas, moluscos, crustáceos, etc. || Animal que vive en una concha. || *Fig.* Cosa en forma de concha: *la concha del apuntador en los teatros.* || Ensenada: *la concha de San Sebastián.*

conchabamiento m. y **conchaban-za** f. Asociación con malos fines.

conchabarse v. pr. *Fam.* Confabularse: *conchabarse con ladrones.*

conchero m. *Méx.* Músico y danzante que emplea una guitarra hecha con un caparazón de armadillo.

conchudo, da adj. y s. *Amer.* Sinvergüenza. || *Méx.* Flojo, indolente.

conciencia f. Conocimiento, noción: *tener conciencia de sus actos, de sus derechos.* || Sentimiento por el cual aprecia el hombre sus acciones: *escuchar la voz de la conciencia.* || Moralidad, rectitud, integridad: *hombre de conciencia.* || — *Fig.* Ancho de conciencia, indulgente, tolerante. | *Estrecho de conciencia,* poco tolerante. || *Libertad de conciencia,* libertad absoluta en materia religiosa.

concienzudo, da adj. Que hace todo con mucho cuidado.

concierto m. Ejecución musical, pública o privada. || Lugar donde se verifica. || Composición musical para orquesta y un instrumento solista: *concierto de piano y orquesta.* || Acuerdo: *llegar a un concierto.* || *De concierto,* comúnmente.

conciliable adj. Que puede ser conciliado.

conciliábulo m. Concilio ilegítimo. || *Fig.* Reunión secreta.

conciliación f. Acción y efecto de conciliar. || Acuerdo de dos litigantes realizado por el juez.

conciliador, ra adj. Que concilia o es propenso a conciliar.

conciliar adj. Del concilio: *decisión, decreto conciliar.* || Que asiste a un concilio (ú. t. c. s.).

conciliar v. t. Poner de acuerdo a los que estaban opuestos entre sí: *el juez concilió las partes.* || Conformar dos o más proposiciones o doctrinas. || Hacer compatibles. || *Conciliar el sueño,* conseguir dormirse. || — V. pr. Granjearse: *conciliarse la amistad de todos.*

concilio m. Junta o congreso. || Reunión de obispos y doctores en teología que tratan de cuestiones de doctrina y disciplina eclesiástica. || *Concilio ecuménico,* el que reúne los obispos de todos los países.

concisión adj. Brevedad.

conciso, sa adj. Breve.

concitar v. t. Incitar a uno contra otro.

conciudadano, na m. y f. Persona de la misma ciudad o nación.

cónclave y **conclave** m. Asamblea en que los cardenales eligen el Sumo Pontífice.

***concluir** v. t. Acabar, dar fin, finalizar, determinar: *ayer concluyó el año.* || Sacar como consecuencia: *concluí que era él el culpable.* || Deducir. || — V. i. Determinar, decidir: *concluyeron en pedir un armisticio* (ú. t. c. t.). || Acabar, terminar: *concluir en consonante.*

conclusión f. Término, fin: *la conclusión de nuestra obra.* || Idea que expresa un razonamiento, un libro. || Con-

secuencia: *conclusión mal entendida.* || Acuerdo, decisión: *no llegamos a ninguna conclusión.*

concluso, sa adj. Terminado.

concluyente adj. Categórico.

concomerse v. pr. Consumirse de impaciencia.

concomitancia f. Simultaneidad, relación entre las acciones que cooperan a un mismo efecto.

concomitante adj. Que se produce al mismo tiempo.

concordancia f. Conformidad. || *Gram.* Correspondencia entre dos o más palabras variables: *concordancia en género y número.*

***concordar** v. t. Poner de acuerdo. || — V. i. Estar de acuerdo. || *Gram.* Formar concordancia: *el verbo concuerda con el sujeto.*

concordato m. Tratado entre la Santa Sede y un Estado.

concorde adj. Conforme.

concordia f. Acuerdo, conformidad de pareceres. || Buena inteligencia.

concreción f. Acción y efecto de concretar. || Reunión de partículas en una masa sólida: *concreción salina.* || *Med.* Cálculo: *concreción renal.*

concretar v. t. Precisar, hacer concreto lo que era abstracto. || Reducir a lo más esencial: *concretar una idea.* || — V. pr. Limitarse, reducirse: *se concretó a hablar de su problema.* || Materializarse: *la solución parece concretarse.*

concreto, ta adj. Determinado, preciso. || Real, positivo, específico. || *En concreto,* concretamente. || *Mat.* Número concreto, aquel cuya unidad está determinada, como es *cien metros.* || — M. Concreción, cálculo. || *Amer.* Hormigón armado.

concubina f. Mujer que vive con un hombre sin estar casada con él.

concubinato m. Cohabitación de un hombre y de una mujer que no están casados.

conculcar v. t. Infringir, violar: *conculcar una ley.*

concuñado, da m. y f. Hermano o hermana del cuñado o cuñada.

concupiscencia f. Deseo excesivo de los bienes materiales, especialmente de los goces sensuales.

concupiscente adj. y s. Dominado por la concupiscencia.

concurrencia f. Asistencia, reunión en un sitio: *había gran concurrencia en el teatro.* || Simultaneidad de dos sucesos: *concurrencia de circunstancias favorables.* || Galicismo por *competencia, rivalidad.*

concurrente adj. y s. Asistente, que concurre. || Concursante.

concurrido, da adj. Que acude o va mucha gente: *espectáculo concurrido.* || De mucho tráfico: *calle concurrida.*

concurrir v. i. Asistir, ir o acudir al mismo lugar o tiempo: *concurrir a una fiesta.* || Influir, contribuir: *concurrir al éxito de una obra.* || Ser del mismo

parecer, estar de acuerdo. || Participar, tomar parte en un concurso: *concurrir a una oposición del Estado.* || Coincidir en el tiempo o en el lugar: *concurren en él todas las virtudes.*

concursante m. y f. Participante en un concurso.

concursar v. t. *Fam.* Ordenar que los bienes del deudor vayan a concurso de acreedores. || — V. i. Tomar parte en un concurso.

concurso m. Reunión simultánea de personas o sucesos: *concurso de espectadores, de circunstancias.* || Cooperación, contribución, ayuda: *prestar su concurso para una buena obra.* || Licitación para adjudicar algo: *concurso de Obras Públicas.* || Oposición, certamen: *concurso literario, de belleza.* || Prueba deportiva: *concursos hípicos.* || *Concurso de acreedores,* juicio para el pago de acreedores.

concusión f. Exacción cometida por un funcionario.

concusionario, ria adj. y s. Dícese del que comete concusión.

condado m. Dignidad o territorio de jurisdicción del conde: *el condado de Barcelona.*

condal adj. Relativo al conde: *Barcelona recibe el nombre de ciudad condal.*

conde m. Título de nobleza entre el marqués y el vizconde.

condecoración f. Acción y efecto de condecorar. || Cruz, insignia honorífica de una orden.

condecorar v. t. Otorgar una condecoración.

condena f. Decisión de un tribunal que impone a uno de los litigantes inclinarse ante las pretensiones de su adversario. || Decisión o sentencia de un tribunal criminal que pronuncia una pena contra el autor de un crimen, de un delito, etc. || Esta misma pena.

condenable adj. Que merece ser condenado o censurado.

condenación f. Condena. || Condena a las penas eternas.

condenado, da adj. y s. Sometido a una pena por un tribunal. || Que está en el infierno. || — *Fam.* adj. Malo, travieso: *estos condenados niños.* || Enfadoso, maldito: *¡condenados zapatos!*

condenar v. t. Declarar culpable: *condenar a presidio, a una multa.* || Censurar, reprobar una doctrina u opinión. || Reducir a; forzar a: *condenar al silencio.* || Desaprobar: *condenar una costumbre.* || Tabicar, enmurar: *condenar una puerta.* || Mandar al Infierno. || — V. pr. Confesar su culpa. || Incurrir en la pena eterna.

condenatorio, ria adj. Que condena: *sentencia condenatoria.*

condensación f. Paso de un vapor al estado líquido o al estado sólido. || *Fig.* Reducción.

condensado, da adj. En estado más denso. || — M. Resumen.

condensador, ra adj. Que condensa. || — *Electr.* Sistema de dos conductores o armaduras, separados por un medio aislante, que acumula cargas eléctricas de signos opuestos. || Aparato destinado a enfriar el gas para eliminar la mayor parte de los productos fácilmente condensables. || En general, aparato que sirve para condensar un vapor.

condensar v. t. Transformar un cuerpo en estado gaseoso en estado líquido. || *Fig.* Compendiar, resumir. | Expresar con concisión.

condesa f. Mujer del conde o que tiene este título.

condescendencia f. Complacencia. || Benevolencia, tolerancia.

condescender v. i. Dignarse consentir, deferir a los deseos de otro: *condescender a su voluntad.*

condescendiente adj. Que condesciende, complaciente.

condestable m. (Ant.). Jefe superior de la milicia. | En Francia, oficial mayor de la Corona.

condición f. Manera de ser, naturaleza, índole: *la condición humana; áspero de condición.* || Estado social: *de condición modesta.* || Circunstancia exterior de la que dependen las personas o las cosas. || Situación ventajosa o no: *en condiciones muy malas.* || Base fundamental, calidad requerida: *exijo esta condición.* || Cláusula, convenio: *condiciones de un pacto.* — Pl. Cualidades: *persona de excelentes condiciones.* || Estado: *carne en malas condiciones.*

condicionado, da adj. Que depende de una condición.

condicional adj. Dependiente de una condición. || *Gram.* Dícese de la oración, o de la conjunción que la introduce, que expresa una condición. || — M. Potencial, modo de verbo.

condicionar v. t. Depender de o someter a condiciones, supeditar.

cóndilo m. Parte prominente del hueso de una articulación.

condimentación f. Aderezo.

condimentar v. t. Sazonar.

condimento m. Aderezo para sazonar la comida.

condiscípulo, la m. y f. Compañero de estudios.

condolencia f. Pésame. || Pesar.

condolerse v. pr. Compadecerse.

condominio m. Propiedad de una cosa por varias personas en común. || Derecho de soberanía de varias naciones sobre un país.

condonar v. t. Perdonar.

cóndor m. Ave rapaz, especie de gran buitre, de América del Sur: *el cóndor es la mayor de las aves que vuelan.* || Moneda de oro de Ecuador, Colombia y Chile.

condotiero m. En Italia, antiguo jefe de mercenarios. || Soldado mercenario.

conducción f. Acción y efecto de conducir: *permiso de conducción.* || Transporte. || Conducto de tuberías, ca-

bles, etc., para el paso de un fluido. || Dirección: *la conducción de un negocio.*

conducente adj. Que conduce.

conducir v. t. Guiar: *conducir un coche* (ú. t. c. i.). || Llevar: *conducir al colegio.* || Dirigir, mandar: *conducir una empresa, tropas.* || Impulsar, llevar: *conducir a la desesperación.* || Ir un fluido por una tubería, cable, etc. || — V. i. Llevar: *carretera que conduce a París.* || Convenir. || — V. pr. Portarse, proceder: *conducirse bien.*

conducta f. Comportamiento, manera de portarse.

conductancia f. *Electr.* Valor inverso de la resistencia.

conductibilidad f. *Fís.* Propiedad natural que poseen los cuerpos de transmitir el calor o la electricidad.

conductividad f. Valor inverso de la resistividad. || Calidad de conductivo. || Conductibilidad.

conductivo, va adj. Conductor.

conducto m. Canal, tubo. || *Fig.* Camino: *por conducto jerárquico.* || *Anat.* Canal: *conducto lagrimal.*

conductor, ra adj. y s. Que conduce: *conductor de masas.* || Chófer, que conduce: *conductor de automóvil.* || *Fís.* Dícese de los cuerpos que transmiten el calor o la electricidad: *hilo conductor.*

condueño, ña m. y f. Copropietario.

condumio m. *Fam.* Comida.

conectador m. Aparato de conexión.

conectar v. t. *Electr.* Establecer la comunicación entre dos o más circuitos. || *Mec.* Comunicar el movimiento de una máquina a otro aparato. || *Fig.* Poner en relación o contacto.

coneja f. Hembra del conejo.

conejal y **conejar** m. Vivero de conejos.

conejera f. Madriguera de conejos.

conejillo m. Dim. de *conejo.* || *Conejillo de Indias,* pequeño mamífero roedor que se emplea para experimentos de laboratorio.

conejo m. Mamífero roedor del género liebre.

conexidad f. Relación.

conexión f. Enlace, relación, encadenamiento: *no hay conexión entre ambas cosas.* || *Electr.* Unión de un aparato eléctrico a un circuito. | Enchufe. || — Pl. amistades, mancomunidad de ideas o intereses.

conexionar v. t. Enlazar. || *Electr.* Enchufar. || — V. pr. Contraer conexiones.

conexo, xa adj. Relacionado.

confabulación f. Conjuración.

confabulador, ra m. y f. Que se confabula.

confabular v. i. Tratar una cosa entre dos o más personas. || — V. pr. Conjurarse, conspirar: *confabularse contra un régimen.*

confección f. Hechura de un traje. || Fabricación en serie de ropa de vestir: *sindicato de la confección.* || *Impr.* Compaginación.

confeccionado, da adj. Dícese de la ropa no hecha a medida.

confeccionador, ra m. y f. Persona que hace trajes. || Persona que realiza la compaginación.

confeccionar v. t. Hacer: *confeccionar una chaqueta, un plato.* || *Impr.* Compaginar.

confederación f. Unión de Estados que se someten a un gobierno o poder general conservando, sin embargo, su gobierno particular. || Organismo que agrupa diversas asociaciones o federaciones (sindicales, deportivas, etc.).

confederado, da adj. y s. Que forma parte de una confederación. || — M. Partidario de la esclavitud en la guerra de Secesión norteamericana. (Los *confederados,* llamados también *sudistas,* se opusieron a los federales o nordistas.)

confederar v. t. Reunir en confederación.

confer, pal. lat. que significa *compárese.* (Se utiliza para indicar una obra que se ha de consultar. Se suele abreviar *Cf., Cfr., Conf.* o *Cof.*)

conferencia f. Examen, discusión de un asunto. || Reunión de personas, especialmente de carácter político, que tratan de cuestiones internacionales: *conferencia entre los países aliados.* || Discurso destinado a un público y que trata de asuntos de índole literaria, artística, científica, etc. || Comunicación telefónica entre dos ciudades: *me llamaron en conferencia de Málaga.*

conferenciante com. Persona que pronuncia una conferencia.

conferenciar v. i. Entrevistarse, celebrar una conferencia.

conferir v. t. Dar, administrar: *conferir el bautismo.* || Otorgar, conceder: *conferir un honor.* || Atribuir: *le confirieron nuevas responsabilidades.* || Comparar, cotejar. || — V. i. Entrevistarse: *conferir con su abogado.*

confesar v. t. Decir sus pecados en la confesión (ú. t. c. pr.). || Oír en confesión: *confesar a un penitente.* || Proclamar: *confesar la fe.* || *Fig.* Declarar, reconocer: *confesar su incapacidad.*

confesión f. Declaración de los pecados propios a un confesor para obtener la absolución. || Afirmación pública de la fe, de una creencia, etc. || Resumen de los artículos que contienen la declaración de fe de una Iglesia, de una persona, etcétera: *la Confesión de Augsburgo.* || Declaración de una falta, etc.

confesional adj. Relativo a una confesión.

confesionario o **confesonario** m. Especie de garita donde el sacerdote oye las confesiones.

confeso, sa adj. Que ha confesado su delito. || Judío convertido.

confesor m. Sacerdote que confiesa a los penitentes.

confeti m. pl. Papelillos que se tiran en carnaval o en otras fiestas.

131

confiado, da adj. Crédulo, imprevisor. || Presumido, satisfecho de sí mismo.

confianza f. Sentimiento del que confía, esperanza en una persona o cosa: *él me da confianza.* || Actitud del que confía en sí mismo, seguridad: *tengo confianza en mí.* || Sentimiento de seguridad: *la confianza ha desaparecido.* || Apoyo dado al Gobierno por la mayoría del Parlamento. || Familiaridad: *tengo mucha confianza con él* (ú. t. c. pl.).

confiar v. t. Dejar al cuidado: *confiar su hijo a sus padres.* || Suponer: *confío en que no lloverá.* || Esperar: *confiaba en su apoyo.* || Fiar, fiarse: *yo confío en su probidad.* || Dejar: *confío en mi buena estrella.* || Tener confianza: *confío en mi memoria.* || Decir en confianza: *me confió sus infortunios* (ú. t. c. pr.).

confidencia f. Revelación de un secreto.

confidencial adj. Que se hace o dice reservadamente o en confianza: *noticia, carta confidencial.*

confidente adj. Fiel y seguro: *el amigo más confidente.* || — M. y f. Persona a quien se confían secretos íntimos.

configuración f. Forma exterior.

configurar v. t. Dar forma a.

confín adj. Limítrofe. || — M. pl. Límites. || El sitio más lejano: *en los confines del Universo.*

confinado, da adj. Desterrado.

confinamiento m. Destierro.

confinar v. i. Limitar: *México confina con los Estados Unidos.* || — V. t. Desterrar. || Meter en un campo de concentración. || — V. pr. Galicismo por *encerrarse, limitarse.*

confirmación f. Ratificación, corroboración: *confirmación de una noticia.* || Sacramento de la Iglesia que confirma la gracia adquirida por el bautismo.

confirmar v. t. Corroborar la verdad o certeza de una cosa: *confirmar un hecho.* || Ratificar. || Dar validez definitiva: *confirmar una sentencia.* || Dar mayor firmeza o seguridad: *esto confirmó mis dudas.* || Asegurar la habitación ya retenida en un hotel, una cita, etc. || *Teol.* Conferir la confirmación.

confiscación f. Acto de pasar al Estado los bienes o parte de ellos a causa de una condena penal, fiscal o gubernativa.

confiscar v. t. Apoderarse el Estado de bienes de una persona.

confitado, da adj. Impregnado con azúcar o cocido en ella.

confitar v. t. Cubrir las frutas con azúcar o cocerlas en almíbar.

confite m. Golosina pequeña.

confitería f. Tienda donde se hacen o venden dulces. || *Arg.* Cafetería.

confitero, ra m. y f. Persona que hace o vende dulces y confituras. || — F. Casa de confites.

conflagración f. Guerra, conflicto.

conflicto m. Choque, combate: *conflicto entre dos países.* || Lucha de sentimientos contrarios, antagonismo: *conflicto de intereses.* || *Fig.* Apuro, situación difícil.

confluencia f. Acción de confluir. || Paraje donde confluyen dos ríos, caminos, etc.

confluente adj. Que confluye.

***confluir** v. i. Unirse.

conformación f. Colocación, distribución de las partes de un todo: *la conformación del cráneo.*

conformar v. t. Poner de acuerdo: *conformar su vida a sus ingresos económicos.* || — V. i. Estar de acuerdo una persona con otra. || — V. pr. Resignarse, contentarse: *conformarse con su suerte.*

conforme adj. Igual: *conforme con el modelo.* || Que conviene: *conforme con sus ideales, la razón.* || De acuerdo: *estar conforme.* || *Fig.* Contento, resignado: *conforme con su suerte.* || — M. Aprobación puesta al pie de un escrito. || — Adv. Según, con arreglo a: *conforme a lo que dijiste.* || Tan pronto como: *conforme amanezca iré.* || A medida que: *colóquese conforme lleguen.* || Como, de la misma manera: *te lo cuento conforme lo vi.* || — Interj. ¡De acuerdo!

conformidad f. Analogía, igualdad, semejanza. || Acuerdo, concordancia. || Aprobación, asentimiento, consentimiento: *tienen mi conformidad.* || Resignación, paciencia: *aceptó con conformidad.*

conformismo m. Aceptación de todo lo establecido.

conformista adj. y s. En Inglaterra, el que está conforme con el anglicanismo. || De acuerdo con lo establecido.

confort m. (pal. fr.). Comodidad.

confortable adj. Cómodo.

confortar v. t. Reconfortar. || Animar, ver con satisfacción.

confraternidad f. Fraternidad.

confraternizar v. i. Fraternizar: *confraternizaron mucho.*

confrontación f. Careo entre dos o más personas: *confrontación de testigos.* || Cotejo: *confrontación de textos.*

confrontar v. t. Poner frente a frente, carear: *confrontar el reo con un testigo.* || Cotejar, comparar: *confrontar dos textos.*

confucianismo m. Doctrina de Confucio.

confundir v. t. Mezclar cosas diversas. || Reunir en un todo. || Equivocar: *confundir el camino.* || Tomar por: *confundir una cosa con otra.* || *Fig.* Abrumar, agobiar: *sus alabanzas me confunden.* || Humillar: *confundió a sus adversarios.* | Turbar, dejar confuso (ú. t. c. pr.). || — V. pr. Equivocarse: *me he confundido.* || Estar desdibujado, confuso: *su silueta se confundía en la oscuridad.*

confusión f. Reunión de cosas inconexas. || Desorden, falta de orden. || Falta de claridad: *confusión de ideas,*

de argumentos. || Acción de tomar una cosa por equivocación, error: *confusión de nombres.* || *Fig.* Vergüenza, turbación: *a mi gran confusión.*

confusionismo m. Confusión.

confuso, sa adj. Desordenado, revuelto. || Oscuro, poco claro, dudoso: *sentido confuso.* || Que no puede distinguirse: *luz confusa.* || Vago, incierto: *recuerdo confuso.* || *Fig.* Avergonzado.

confutar v. t. Refutar.

conga f. Cierto baile tropical originario de Cuba.

congelable adj. Que puede congelarse.

congelación f. Paso de un cuerpo del estado fluido al sólido. || Esta misma transformación. || Espesor de ciertos líquidos: *la congelación del aceite.* || Enfriamiento de ciertos alimentos para conservarlos durante mucho tiempo. || Bloqueo de los fondos monetarios.

congelador m. Parte más fría de una nevera.

congelamiento m. Congelación.

congelar v. t. Solidificar por el frío un líquido (ú. t. c. pr.). || Coagular, espesarse ciertos líquidos. || Enfriar ciertos alimentos para conservarlos: *carne congelada.* || Bloquear o inmovilizar el Estado ciertos fondos monetarios para que el propietario no pueda utilizarlos.

congénere adj. y s. Del mismo género, especie o clase.

congeniar v. i. Convenir en carácter, avenirse: *los dos congenian.*

congénito, ta adj. De nacimiento. || *Fig.* Innato.

congestión f. *Med.* Afluencia excesiva de sangre en algún órgano del cuerpo. || *Fig.* Aglomeración anormal del tráfico en una vía pública.

congestionar v. t. Producir congestión en una parte del cuerpo. || — V. pr. Acumularse la sangre en una parte del organismo. || *Fig.* Aglomerarse el tráfico de vehículos.

congestivo, va adj. Propio a la congestión: *fiebre congestiva.*

conglomeración f. Acción y efecto de conglomerar o conglomerarse.

conglomerado m. Roca compuesta por la aglomeración de fragmentos diversos reunidos por un cemento calcáreo o silíceo. || Masa compacta de materiales unidos artificialmente. || *Fig.* Mezcla, acumulación. || *Neol.* Asociación de empresas de producciones diversas.

conglomerar v. t. Reunir en una sola masa.

conglutinar v. t. Aglutinar.

congo, ga adj. y s. *Cub.* Negro. || *Cub.* y *Méx.* Hueso del fémur del cerdo.

congoja f. Angustia.

congoleño, ña y **congolés, esa** adj. y s. Del Congo.

congraciarse v. pr. Atraerse la benevolencia de uno: *congraciarse con su superior.* || Ganar: *se congració las voluntades.*

congratulación f. Felicitación.

congratular v. t. Manifestar satisfacción a otro por una cosa favorable, felicitar. || — V. pr. Felicitarse: *congratularse de o por una cosa.*

congregación f. Reunión de personas religiosas o seglares que viven regidas por los mismos estatutos. || Asamblea de prelados y cardenales que examinan ciertos asuntos en el Vaticano: *Congregación de Ritos.* || *Congregación de los fieles,* Iglesia católica.

congregante, ta m. y f. Miembro de una congregación.

congregar v. t. Reunir.

congresista com. Asistente a un congreso.

congreso m. Asamblea, reunión, junta de personas para deliberar sobre ciertos asuntos: *el Congreso de París de 1856; congreso de pediatría.* || Asamblea nacional.

congrio m. Anguila de mar.

congruencia f. Conveniencia, relación lógica, oportunidad. || *Mat.* Fórmula que expresa que dos números son congruentes con relación a un tercero.

congruente adj. Acorde, conveniente, oportuno: *lo que dices no es congruente.* || *Mat.* Dícese de la cantidad que dividida por otra da un residuo determinado o módulo.

congruo, grua adj. Congruente. || *Porción congrua,* renta del que el eclesiástico que tiene cura de almas.

cónico, ca adj. *Geom.* Relativo al cono. || De figura de cono: *techo cónico; cavidad cónica.*

conífero, ra adj. Dícese de las plantas y árboles gimnospermos de fruto cónico, como el pino, el ciprés, el abeto. || — F. pl. Clase de estas plantas.

conimbricense adj. y s. De Coimbra (Portugal).

conirrostro, tra adj. y s. m. Dícese del pájaro que tiene el pico de forma cónica (gorrión, pardillo).

conjetura f. Opinión basada en apariencias, en probabilidades.

conjeturar v. t. Formar juicio probable de una cosa por indicios y observaciones, presumir, suponer.

conjugable adj. Que se puede conjugar.

conjugación f. *Gram.* Acción y efecto de conjugar. | Modo de conjugar un verbo. | Clase de verbos: *en castellano hay tres conjugaciones terminadas respectivamente en infinitivo por* AR, ER e IR.

conjugado, da adj. *Mat.* Aplícase a las líneas o cantidades relacionadas por alguna ley: *valores conjugados de una función.* || *Anat.* Dícese de los nervios que realizan juntos la misma función: *nervios conjugados.* || *Mec.* Dícese de las máquinas cuyos funcionamientos están coordinados.

conjugar v. t. *Gram.* Poner un verbo en sus diferentes formas para expresar los accidentes de modo, tiempo, número y persona. || *Fig.* Reunir, juntar: *conjugar los esfuerzos.*

conjunción f. Reunión: *conjunción de hechos.* || *Astr.* Encuentro aparente de dos astros en la misma parte del cielo. || *Gram.* Palabra invariable que enlaza dos vocablos o dos oraciones: *conjunciones de coordinación, de subordinación; copulativa, adversativa, causal, final.*

conjuntado, da adj. Aplícase a la asociación de personas o cosas que constituyen un cuerpo bien unido para el fin a que se destina: *equipo muy bien conjuntado.*

conjuntar v. t. Reunir personas o cosas de modo armonioso.

conjuntiva f. *Anat.* Mucosa que cubre la parte anterior del ojo.

conjuntivitis f. *Med.* Inflamación de la conjuntiva.

conjuntivo, va adj. Que une. || *Gram.* Relativo a la conjunción.

conjunto, ta adj. Unido: *un trabajo conjunto.* || Mixto: *base conjunta de dos naciones.* || Mezclado con otra cosa. || — M. Reunión: *conjunto artístico, deportivo,* etcétera. || Reunión de cosas que se hacen al mismo tiempo: *movimiento de conjunto.* || Totalidad: *en su conjunto.* || Juego de prendas de vestir destinadas a llevarse al mismo tiempo: *un conjunto de sport.* || *Conjunto urbanístico,* agrupación de viviendas y servicios en la periferia de una población.

conjura y conjuración f. Conspiración contra el Estado, el príncipe, u otra autoridad.

conjurado, da adj. y s. Que participa en una conjuración: *la conjuración de Catilina.* || — Adj. Impedido, evitado: *peligro conjurado.*

conjurador m. El que conjura.

conjurar v. t. Rogar mucho. || Exorcizar. || *Fig.* Evitar un daño, alejar un peligro: *conjurar un incendio.* || — V. i. Conspirar: *Catilina conjuró contra la República.*

conllevar v. t. Ayudar a uno. || *Fig.* Sufrir, soportar.

conmemoración f. Ceremonia hecha en recuerdo de un acontecimiento importante. || *Fig.* Recuerdo. || *Liturg.* Mención, en el rezo, que se hace de un santo.

conmemorar v. t. Recordar un acontecimiento.

conmemorativo, va adj. Que conmemora: *lápida conmemorativa.*

conmensurable adj. Que es posible medir.

conmigo pron. pers. Junto a mí.

conminación f. Amenaza.

conminar v. t. Amenazar.

conminativo, va y **conminatorio, ria** adj. Que conmina.

conmiseración f. Compasión.

conmoción f. Perturbación violenta del cuerpo, choque. || Emoción fuerte. || Movimiento sísmico. || *Fig.* Trastorno, disturbio: *conmoción política.*

conmocionar v. t. *Neol.* Causar conmoción: *escena conmovedora.*

conmovedor, ra adj. Que emociona: *escena conmovedora.*

*conmover v. t. Perturbar, hacer vacilar. || Emocionar, turbar (ú. t. c. pr.). || Hacer temblar, estremecer.

conmutable adj. Cambiable.

conmutación f. Cambio o permuta. || *For.* Indulto parcial que altera la naturaleza del castigo en favor del reo: *conmutación de pena.*

conmutador, ra adj. Que conmuta. || — M. *Electr.* Dispositivo que sirve para invertir el sentido de la corriente o hacer pasar voluntariamente la corriente por diferentes aparatos. || *Arg. y Col.* Centralita telefónica.

conmutar v. t. Cambiar.

conmutativo, va adj. Dícese de la justicia basada en la igualdad de derechos y deberes.

conmutatriz f. *Electr.* Rectificadora.

connivencia f. Complicidad, acuerdo secreto.

connotado, da adj. *Amer.* Célebre, notable: *un connotado científico.*

cono m. Superficie engendrada por una recta, o *generatriz,* que pasa por un punto fijo, llamado *vértice* del cono, que se encuentra sobre una curva fija o *directriz.* || Cualquier cuerpo que tiene la forma de este sólido: *un cono de luz.* || Fruto de las coníferas. || *Astr.* Sombra proyectada por un planeta que intercepta los rayos solares. || Cúspide de un volcán por donde sale la lava.

conocedor, ra adj. y s. Entendido, que conoce bien algo. || — Adj. Informado de.

*conocer v. t. Saber. || Saber, tener en la cabeza: *conocer su apellido.* || Estar en relación: *lo conozco mucho.* || Haber visto: *lo conozco de vista.* || Tener experiencia de: *conocer a las gentes.* || Sufrir, soportar: *conocí la miseria en mis años mozos.* || Ser distinguido por los demás: *hacerse conocer.* || Reconocer: *conocer por la voz.* || Ser experto o perito: *conoce mucho de música.* || Distinguir: *está tan viejo que ya no conoce a nadie.* || Entender: *conoce mucho de vinos.* || Ser competente: *juez que conoce este asunto.* || — V. pr. Tener una idea cabal de uno mismo: *conócete a ti mismo.* || Tener trato: *se conocen de toda la vida.*

conocido, da adj. Que se conoce. || Evidente, claro, cierto: *cosa bien conocida.* || Descubierto, explorado: *el mundo conocido.* || Reputado, famoso: *pintor muy conocido.* || — M. y f. Persona con quien se ha tenido algún trato, pero no amistad: *era un conocido mío.*

conocimiento m. Noción, idea: *el conocimiento de las leyes.* || Información: *tengo conocimiento de eso.* || Sentido: *perdí el conocimiento.* || — Pl. Saber, erudición: *tiene muchos conocimientos.* || Personas con las que se tiene relación.

conopial adj. m. Dícese del arco cuya punta está formada por dos arcos de curvatura inversa a la de los que le sirven de arranque.

conque conj. Así pues, así que, por consiguiente: *conque ¿sigues convencido?*

conquense adj. y s. De Cuenca.

conquista f. Acción y efecto de conquistar. || Cosa conquistada. || *Fig.* Acción de ganarse el amor de una persona. | Esta misma persona.

conquistador, ra adj. y s. Que conquista. || Dícese particularmente de los españoles que llevaron a cabo la conquista de América. || *Fig.* Aplícase a la persona que enamora a muchas del otro sexo.

conquistar v. t. Ganar, apoderarse con las armas: *conquistar un país.* || *Fig.* Captar la voluntad de uno: *su simpatía nos ha conquistado.* | Enamorar. | Conseguir, lograr.

consabido, da adj. Conocido de antes. || Acostumbrado, repetido.

consagración f. Acción y efecto de consagrar a Dios. || En la misa, transformación por el sacerdote del pan y el vino en el cuerpo y sangre de Jesucristo. || *Fig.* Confirmación, ratificación. || Ceremonia por la que se consagra un rey.

consagrado, da adj. Que ha recibido la consagración religiosa. || *Fig.* Dedicado: *monumento consagrado a la Victoria.* | Destinado: *consagrado al arte.* | Sancionado, ratificado: *consagrado por el uso.*

consagrar v. t. Dar carácter, dedicar a Dios: *consagrar a un obispo, un templo.* || En la misa, transformar el sacerdote el pan y el vino en cuerpo y sangre de Jesucristo. || *Fig.* Emplear, dedicar: *consagrar las horas al estudio.* | Sancionar, ratificar: *consagrar una nueva palabra.* | Acreditar, confirmar: *ese trabajo lo ha consagrado como un gran lexicógrafo.* || — V. pr. *Fig.* Dedicarse: *consagrarse a la política, al arte.*

consanguíneo, a adj. y s. Dícese de los hermanos hijos de un mismo padre y madre diferente. || Dícese de las personas que tienen un antepasado común.

consanguinidad f. Ascendencia común. | Parentesco por el lado paterno.

consciente adj. Que tiene conciencia, noción de algo.

conscripción f. *Amer.* Reclutamiento.

conscripto adj. m. *Padre conscripto,* senador romano. || — M. *Amer.* Quinto, recluta.

consecución f. Obtención. || Realización. | Logro.

consecuencia f. Hecho que se deduce de otro. || Resultado que puede tener una cosa. || Firmeza, conducta de una persona que es fiel a los principios que profesa.

consecuente adj. Que sigue inmediatamente a otra cosa. || Aplícase a la persona que mantiene sus ideas o principios: *conducta consecuente.* || — M. *Lóg.* Proposición que se deduce de otra

principal o antecedente. || *Mat.* Segundo término de una razón.

consecutivo, va adj. Que sigue inmediatamente a otra cosa.

*****conseguir** v. t. Lograr, obtener.

conseja f. Cuento, leyenda.

consejero, ra m. y f. Persona que aconseja. || Miembro de un consejo: *consejero de Estado.*

consejo m. Parecer o dictamen: *consejo de persona competente.* || Asamblea, junta o reunión de personas que tiene como misión dirigir, guiar, administrar: *consejo provincial.* || Tribunal de jurisdicción superior: *Consejo de Castilla, de Aragón.* || Organismo consultivo: *Consejo Superior de Agricultura.* || Sesión que celebra. || *Consejo de Estado,* cuerpo consultivo que delibera de los asuntos más importantes del Estado. || *Consejo de familia,* reunión de personas que se ocupan de los asuntos de un menor o incapacitado. || *Consejo de guerra,* tribunal que entiende de las causas de jurisdicción militar. || *Consejo de ministros,* reunión de éstos.

consenso m. Consentimiento.

consensuar v. t. Tomar una decisión por consenso.

consentido, da adj. Mimado con exceso: *hijo consentido.* || Dícese del marido que tolera el adulterio de su mujer.

consentidor, ra adj. Tolerante.

consentimiento m. Permiso, autorización. || Acuerdo de un gran número de personas: *consentimiento universal.*

*****consentir** v. t. e i. Dejar, permitir, autorizar una cosa: *consentir un plazo.* || Tolerar, admitir. || — V. t. Mimar a un niño.

conserje m. Portero.

conserjería f. Cargo y habitación del conserje. || Recepción en un hotel.

conserva f. Confitura seca. || Sustancia alimenticia envasada que se puede guardar mucho tiempo: *conserva de carne, de legumbres.* || *Mar.* De conserva, juntos.

conservable adj. Que puede conservarse.

conservación f. Acción y efecto de conservar o conservarse. || Estado de lo que se conserva.

conservador, ra adj. Que conserva. || Poco amigo de cambios o reformas: *mente conservadora.* || — Adj. y s. En política, defensor de las instituciones tradicionales y enemigo de las innovaciones. || — M. Título de ciertos funcionarios: *conservador de museo.* || Sustancia que se añade a los alimentos para conservarlos por más tiempo en el mismo estado, conservante.

conservadurismo m. Actitud o tendencia de los que son contrarios a las innovaciones políticas y sociales.

conservante m. Conservador de alimentos.

conservar v. t. Mantener una cosa o cuidar de su permanencia: *conservar*

la juventud. || Guardar cuidadosamente: *conservar un secreto.* || No perder: *conservar las amistades.* || Retener: *conservar el calor.* || Hacer conservas. || *Fig. Bien conservado,* de aspecto joven. || — V. pr. Durar, permanecer.

conservatismo m. *Amer.* Conservadurismo.

conservatorio m. Escuela oficial de música o de teatro.

conservería f. Industria de conservas.

conservero, ra adj. De la conservería: *industria conservera.* || — M. y f. Fabricante de conservas. || — F. *Méx.* Dulcera.

considerable adj. Digno de tenerse en cuenta. || Importante, eminente: *figura considerable de la política.* || Grande, cuantioso: *suma considerable.*

consideración f. Examen atento: *digno de consideración.* || Pensamiento. || Estimación, aprecio: *me tiene gran consideración.* || Trato respetuoso. || Cortesía, educación, respeto: *tratar a uno con consideración.* || Cuidado: *no tiene consideración con los libros.* || *Fig.* Razón, motivos: *aguantar a uno en consideración a su edad.* || — Pl. Reflexiones. || Buen trato. || — *Amer. De mi consideración,* muy señor mío (cartas). || *Ser una cosa de consideración,* ser importante. || *Tomar en consideración,* tener en cuenta.

considerado, da adj. Examinado. || Apreciado, estimado. || Respetado. || Que se conduce con respeto con los demás. || Comedido.

considerando m. Fundamento, motivo que justifica un fallo o dictamen: *los considerandos de una sentencia, de un decreto.*

considerar v. t. Pensar, reflexionar con atención. || Juzgar, examinar: *considerar las ventajas y los inconvenientes.* || Tener en cuenta. || Creer: *lo considero fácil.* || Tratar a una persona con respeto o aprecio. || — V. pr. Pensar, creer.

consigna f. *Mil.* Órdenes que se dan al que manda o vigila un puesto: *la consigna del centinela.* || Órdenes recibidas: *observar la consigna.* || En las estaciones, lugar en el que los viajeros depositan su equipaje.

consignación f. Acción y efecto de consignar. || Cantidad consignada en un presupuesto: *consignación de créditos.* || *Méx.* Entrega de un detenido a la autoridad competente.

consignador m. *Com.* El que consigna mercaderías a un corresponsal.

consignar v. t. Entregar en depósito: *consignar dinero, una maleta.* || *Com.* Dirigir a un consignatario: *consignar una mercancía.* || Destinar el sitio en donde se ha de colocar o enviar algo. || Enviar, remitir algo. || Poner por escrito: *consignar lo ocurrido.* || Señalar una cantidad en un presupuesto. || *For.* Depositar judicialmente el precio de alguna cosa o alguna cantidad.

consignatario m. *Com.* Negociante al que se dirige una mercancía. || *For.*

El que recibe en depósito el dinero que otro consigna. || *Mar.* Representante de un armador en un puerto.

consigo, ablat. s. y pl. de la forma reflexiva se, *sí* del pron. *él o ella, ellos o ellas:* trajo *el dinero consigo.*

consiguiente adj. Natural, que depende o resulta de otra cosa. || *Por consiguiente,* por lo tanto.

consistencia f. Estado de un líquido que se solidifica: *salsa poco consistente.* || Cohesión de los cuerpos sólidos: *la consistencia de la cera.* || *Fig.* Estabilidad, solidez, firmeza: *la consistencia de su argumentación.*

consistente adj. Que consiste. || Que tiene consistencia, cohesión, dureza o solidez. || *Fig.* Fundado, con base.

consistir v. i. Residir, radicar, estribar. || Estar compuesto o formado. || Depender: *en ti consiste hacerlo.*

consistorial adj. Del consistorio. || Del ayuntamiento.

consistorio m. Junta de cardenales convocada por el Papa. || Asamblea de ministros protestantes o de rabinos. || Ayuntamiento.

consola f. Mesa de adorno puesta junto a la pared. || Ménsula.

consolación f. Consuelo. || *Premio de consolación,* el de poca importancia atribuido a veces a los que no han sido agraciados con los primeros premios. || *Prueba de consolación,* la disputada, en deportes, por los eliminados de las primeras plazas de un torneo.

consolador, ra adj. y s. Que consuela.

*consolar v. t. Aliviar la pena o dolor de uno. || — V. pr. Poner uno fin a su dolor, encontrar consuelo.

consolidación f. Fortalecimiento, aseguramiento, mayor solidez.

consolidar v. t. Dar firmeza y solidez a una cosa: *consolidar un edificio.* || *Fig.* Asegurar, hacer duradero: *consolidar una alianza.* || Convertir una deuda a largo plazo en una a corto plazo. || — V. pr. *For.* Reunirse el usufructo con la propiedad.

consomé m. (fr. *consommé*). Caldo.

consonancia f. *Mús.* Reunión de sonidos acordes. || Uniformidad de sonido en la terminación de dos palabras. || *Fig.* Armonía o conformidad de algunas cosas entre sí. || *En consonancia con,* según, de acuerdo con.

consonante adj. y s. f. Dícese de las letras que sólo pueden pronunciarse combinadas con una vocal.

consorcio m. Asociación de empresas para realizar operaciones comunes.

consorte com. Cónyuge.

conspicuo, cua adj. Eminente.

conspiración f. Conjura.

conspirador, ra m. y f. Persona que conspira.

conspirar v. i. Unirse varias personas para derribar a un gobierno. || Unirse contra un particular para hacerle daño.

constancia f. Paciencia, perseverancia. || Firmeza en las opiniones, ideas o sentimientos. || Reproducción ininterrumpida del mismo hecho. || Circunstancia de hacer constar o saber: *dejar constancia.*

constante adj. Que consta. || Que tiene constancia. || Durable. || — F. *Mat.* Cantidad que guarda valor fijo.

constar v. i. Ser cierto, evidente. || Componerse, estar formado de diferentes partes: *un libro que consta de dos partes.* || Estar, hallarse: *esto consta en el contrato.*

constatar v. t. Galicismo por *confirmar, comprobar, observar, darse cuenta, advertir, hacer constar.*

constelación f. *Astr.* Conjunto de estrellas fijas y vecinas que tienen una forma invariable que le ha valido un nombre determinado: *constelación de la Osa Mayor.* || *Fig.* Grupo de cosas o personas.

constelar v. t. Estrellar.

consternación f. Profundo abatimiento o aflicción, desolación.

consternar v. t. Causar un profundo abatimiento, aflicción, pena (ú. t. c. pr.).

constipado m. Resfriado.

constipar v. t. Resfriar.

constitución f. Acción y efecto de constituir: *la constitución de una nueva sociedad, de una renta.* || Esencia y calidades de una cosa: *la constitución del cuerpo humano, del aire, del agua.* || Forma o sistema de gobierno de cada Estado: *constitución monárquica, republicana.* || Ley fundamental de la organización de un Estado: *la Constitución española de 1876, de 1931.* || Cada una de las ordenanzas o estatutos con que se gobierna una corporación.

constitucional adj. y s. Perteneciente a la Constitución: *ley constitucional.* || Sujeto a una Constitución: *monarquía constitucional.* || De la constitución de un individuo: *enfermedad constitucional.*

constitucionalidad f. Calidad de constitucional: *la constitucionalidad de una medida de gobierno.*

constitucionalismo m. Régimen constitucional.

constitucionalizar v. t. Dar carácter constitucional.

*constituir v. t. Formar, componer: *constituir una familia, un gobierno.* Ser: *esto no constituye una falta.* || Hacer: *le constituyó heredero.* || Organizar: *constituir una sociedad.* || Establecer: *constituir una pensión.* || — V. pr. Asumir una obligación, un cargo o cuidado: *constituirse en fiador, en guardador.* || Personarse, presentarse: *se constituyó en el lugar.* || Entregarse: *me constituyó prisionero.*

constituyente adj. y s. m. Que entra en la composición de una cosa: *el hidrógeno es uno de los constituyentes del agua.* || — Adj. y s. f. Dícese de las asambleas convocadas para reformar la Constitución del Estado: *las Cortes Constituyentes* o *las Constituyentes.*

constreñimiento m. Coacción.

*constreñir v. t. Obligar, forzar. || *Fig.* Coartar, cohibir. || — V. pr. Limitarse, moderarse.

constrictor, ra adj. Que produce constricción: *músculos constrictores de la faringe.* || Adj. y s. m. *Med.* Dícese del medicamento que se emplea para constreñir. || *Boa constrictor* o *constrictor,* la especie más conocida y fuerte de las boas.

construcción f. Acción y efecto de construir. || Arte de construir. || Edificio construido: *construcciones modernas.* || *Gram.* Disposición de las palabras en una oración.

constructivo, va adj. Que crea: *mente constructiva.*

constructor, ra adj. y s. Que construye.

*construir v. t. Poner en orden los elementos diversos que forman un edificio, una máquina, un aparato: *construir una casa, un avión.* || Imaginar, idear: *construir una teoría.* || Hacer, dibujar: *construir una circunferencia.* || *Gram.* Colocar, en la oración, las palabras en cierto orden.

consubstanciación f. Consustanciación.

consubstancial adj. Consustancial.

consubstancialidad f. Consustancialidad.

consuegro, gra m. y f. Padre o madre de uno de los esposos respecto a los del otro.

consuelo m. Sentimiento de alivio. || Gozo, alegría.

consuetudinario, ria adj. Referente a las costumbres: *Derecho consuetudinario.*

cónsul m. Magistrado romano que compartía con otro durante un año la magistratura suprema de la República. || Cada uno de los tres magistrados que componían en Francia el Consulado (1799-1804). || Agente diplomático con misión de proteger a sus compatriotas en el extranjero.

consulado m. Dignidad de cónsul romano: *el consulado fue instituido a la caída de Tarquino el Soberbio.* || Su duración. || Hoy, cargo, oficina y jurisdicción del cónsul en un país.
— En Francia, el *Consulado* instituyóse como régimen después del derrocamiento del Directorio en 1799. En el Paraguay fue la forma de gobierno de 1813 a 1814 y de 1841 a 1844.

consular adj. Del cónsul o del consulado.

consulta f. Petición de un consejo, de un parecer, etc. || Examen de un enfermo por un médico. || Consultorio.

consultante adj. Que consulta.

consultar v. t. e i. Preguntar su parecer a alguien, asesorarse: *consultar con el médico, al abogado.* || Buscar una explicación, una aclaración: *consultar el diccionario.*

consultivo, va adj. Destinado para dar consejos, pareceres, etc.

consultor, ra adj. y s. Consultante. || Que da la consulta.

consultorio m. Establecimiento donde se informa o consulta: *consultorio médico, técnico, de informaciones.* || Sección en un periódico o emisora de radio que responde a las preguntas del público.

consumación f. Perpetración: *la consumación de un crimen.* || Fin: *la consumación de los siglos.*

consumado, da adj. Perfecto, acabado: *un consumado granuja.*

consumar v. t. Realizar, llevar a cabo: *consumar un acto.*

consumible adj. Que puede consumirse.

consumición f. Acción de consumir. || Bebida tomada en un bar, sala de fiestas, etc.

consumido, da adj. Agotado. || Delgado y débil.

consumidor, ra adj. y s. Dícese de la persona que compra en una tienda o utiliza los servicios de un restaurante, bar, etc.

consumir v. t. Destruir: *consumido por las llamas.* || Comer o beber: *consumir alimentos.* || Gastar: *coche que consume mucha gasolina.* || *Fig.* Agotar, corroer: *nos consumen las preocupaciones.* || Tomar alguna bebida o comida en un establecimiento (ú. t. c. i.). || Comulgar el sacerdote en la misa (ú. t. c. i.). || — V. pr. Quedarse seco y arrugado. || Afligir.

consumo m. Gasto que se hace de los productos naturales o industriales: *bienes de consumo.* || — Pl. Impuesto que gravaba los productos que entraban en una población.

consunción f. Acción y efecto de consumir o consumirse. || Extenuación, enflaquecimiento y demacración progresivos.

consuno (de) adv. De común acuerdo.

consustanciación f. En sentido luterano, presencia de Jesucristo en la Eucaristía, es decir, conservando el pan y el vino su propia sustancia y no una mera apariencia.

consustancial adj. Que es de la misma sustancia.

consustancialidad f. Calidad de consustancial. ·

contabilidad f. Ciencia y arte de llevar las cuentas. || Conjunto de las cuentas de una persona o de una colectividad. || Servicio encargado de llevar las cuentas.

contabilización f. Acción y efecto de contabilizar.

contabilizar v. t. Anotar en los libros de cuentas.

contable adj. Que se puede anotar en las cuentas. || — Com. Tenedor de libros de cuentas, persona que lleva las cuentas.

contacto m. Relación de los cuerpos que se tocan: *contagiar una enfermedad por contacto.* || Dispositivo que permite la abertura y el cierre de un circuito eléctrico. || Enlace: *contactos radiofónicos.* || Trato, relación: *ponerse en contacto con él.* || *Méx.* Enchufe.

contado, da adj. Raro, escaso. || Determinado, señalado. || — *Al contado,* con dinero contante. || *Por de contado,* por supuesto, de seguro.

contador m. Nombre dado a varios aparatos que miden las distancias recorridas, la velocidad o el número de movimientos efectuados en un espacio de tiempo. || Aparato que registra las cantidades de gas, agua, electricidad, etc., que se consumen en una casa. || *Amer.* Persona que lleva la contabilidad de una empresa, contable. || *Contador Geiger,* instrumento que sirve para descubrir y contar las partículas emitidas por un cuerpo radiactivo.

contaduría f. Oficio y oficina del contador. || Contabilidad: *estudiar contaduría.* || Nombre de ciertas administraciones: *Contaduría General del Estado.* || Taquilla en la que se venden los billetes de un espectáculo por anticipado.

contagiar v. t. Comunicar a otro una enfermedad. || *Fig.* Comunicar o pegar a otro costumbres, gustos, malas cualidades, etc. || — V. pr. Adquirir por contagio. || *Fig.* Transmitirse, pegarse.

contagio m. *Med.* Transmisión de una enfermedad específica por contacto: *el contagio del tifus.* | Germen de la enfermedad contagiosa. | La misma enfermedad. || *Fig.* Transmisión: *el contagio del vicio.* | Imitación involuntaria: *el contagio de la risa.*

contagioso, sa adj. Aplícase a la enfermedad que se comunica por contagio: *el tifus es contagioso.* || Que tiene una enfermedad que se pega. || *Fig.* Dícese de los vicios o costumbres que se transmiten o comunican: *risa contagiosa.*

container m. (pal. ingl.). Caja para transporte de mercancías. || Batea de ferrocarril.

contaminación f. Contagio.

contaminado, da adj. Que ha sufrido contaminación de algún tipo.

contaminar v. t. Penetrar la inmundicia un cuerpo. || Contagiar, infectar. || *Fig.* Viciar, alterar: *contaminar un texto.* | Pervertir, corromper: *contaminar las costumbres.* || Arrojar al ambiente basura y sustancias que degradan el aire, el agua y la tierra. || — V. pr. *Fig.* Corromperse.

contante adj. Efectivo: *dinero contante.*

*contar v. t. Calcular, computar: *cuenta lo que hemos dejado.* || Poner en el número de: *contar entre sus amistades.* || Tener: *contar poca edad.* || Poseer: *cuenta cinco millones de habitantes.* || Relatar, narrar: *contar sus aventuras.* || — V. i. Decir los números: *cuenta hasta cinco.* || Enumerar: *contar los niños.* || Hacer cálculos: *contar con los dedos.* || Hacer cuentas: *tengo que contar mucho para acabar el mes.* || Equivaler: *cuento por cinco.* ||

Tener en cuenta: *lo dicho no cuenta.* || Importar, interesar: *lo que cuenta es algo.* || Considerar, pensar: *cuenta que ya no sirvo para eso.* || Proponer, tener intención de: *cuento irme mañana.* || — *Contar con,* tener provisto: *el barco cuenta con un motor eléctrico;* tener; *cuenta con ingresos considerables;* tener en cuenta. | *Contar con alguien,* confiar en él.

contemplación f. Acción de contemplar. || — Pl. Miramientos: *tratar con contemplaciones.*

contemplador, ra adj. y s. Que contempla.

contemplar v. t. Mirar con atención: *contemplar la ciudad, el paisaje.* || Tratar con miramientos.

contemplativo, va adj. Que contempla. || *Teol.* Muy dado a la contemplación de Dios. || *Vida contemplativa,* la pasada en la meditación.

contemporáneo, a adj. y s. Que existe al mismo tiempo. || Del tiempo actual.

contemporización f. Acción y efecto de contemporizar.

contemporizador, ra adj. y s. Que contemporiza.

contemporizar v. i. Ser tolerante o acomodaticio, transigir.

contención f. Acción y efecto de contener: *muro de contención.* || Moderación. || *For.* Pleito.

contencioso, sa adj. Litigioso, en pleito. || — M. Administración contenciosa.

*contender v. i. Pelear. || *Fig.* Competir, rivalizar.

contendiente adj. y s. Que lucha, adversario.

contenedor m. Container.

*contener v. t. Llevar dentro de sí una cosa a otra. || Mantener en ciertos límites: *contener a la multitud.* || Encerrar, decir: *libro que contiene la verdad.* || *Fig.* Mantener en la sumisión: *contener un pueblo.* | Reprimir o moderar: *contener su ira.* || — V. pr. *Fig.* Dominarse.

contenido m. Cosa contenida. || Tema, asunto: *el contenido de una carta.*

contentadizo, za adj. Que se da por contento fácilmente.

contentamiento m. Contento.

contentar v. t. Poner contento o satisfecho: *contentar al hijo.* || — V. pr. Conformarse, darse por contento, estar satisfecho: *contentarse con poco.*

contento, ta adj. Alegre. || Satisfecho: *estoy contento y feliz.* || — M. Alegría, satisfacción.

contera f. Remate de metal con que se protege el extremo del bastón, del paraguas, del lapicero, la funda de la espada, etc.

contertulio, lia m. y f. Asistente, con respecto a otros, a una tertulia.

contesta f. *Fam. Amer.* Contestación, respuesta.

contestación f. Respuesta.

contestar v. t. Responder.

contexto m. Disposición de una obra literaria. || Su texto. || Enredo, trabazón. || *Fig.* Hilo de un relato, discurso, etc. | Conjunto de circunstancias que acompañan un suceso.

contextura f. Unión de las partes de un todo. || *Anat.* Constitución, naturaleza. || Estructura.

contienda f. Guerra. || Altercado, disputa, pelea.

contigo ablat. sing. del pron. pers. *tú*, en género m. y f.: *llévame contigo*.

contigüidad f. Vecindad.

contiguo, gua adj. Inmediato.

continencia f. Abstinencia de los deleites carnales.

continental adj. Relativo a los países de un continente.

continente adj. y s. m. Que contiene a otro: *el continente y el contenido.* || Que tiene continencia, casto. || — M. Aspecto exterior: *persona de continente elegante.* || Gran extensión de tierra que se puede recorrer sin atravesar el mar. || — *Nuevo Continente,* América. || *Viejo Continente,* Europa, Asia y África.

contingencia f. Posibilidad de que una cosa suceda o no. || Cosa que puede o no suceder.

contingente adj. Que puede o no suceder. || — M. Contingencia. || *Com.* Cupo, parte proporcional que se señala a un país o particular en el movimiento de mercancías: *contingente de importación, de exportación.* || *Mil.* Cupo anual de reclutas.

continuación f. Acción y efecto de continuar. || Prolongación. || *A continuación,* después o detrás.

continuador, ra adj. y s. Que continúa lo empezado por otro.

continuar v. t. Seguir lo comenzado: *continuar la lectura, el trabajo.* || — V. i. Durar, persistir, permanecer: *continuar el buen o mal tiempo.* || Proseguir: *la sesión continúa.* || — V. pr. Seguir, extenderse.

continuidad f. Carácter de continuo: *la continuidad de un ruido, de la fiebre.* || *Solución de continuidad,* interrupción.

continuismo m. *Amer.* Permanencia indefinida de un mandatario en un cargo público.

continuista adj. y s. Partidario de prolongar la duración de un cargo público, y tb. en un gobierno o sistema político.

continuo, nua adj. No dividido: *línea continua.* || Que dura sin interrupción: *lluvia continua.* || Incesante: *temor continuo.* || Perseverante: *estadista continuo en su política.* || Dícese de la corriente eléctrica de intensidad constante que circula siempre en el mismo sentido. || *De continuo,* continuamente.

contlapacharse v. pr. *Méx.* Asociarse, confabularse.

contlapache com. *Méx.* Compinche.

contonearse v. pr. Mover al andar los hombros y las caderas afectadamente.

contoneo m. Movimiento de la persona que se contonea.

contornear v. t. Seguir el contorno de algo. || *Pint.* Perfilar.

contorno m. Territorio que rodea un lugar. Ú. m. en pl.: *los contornos de una ciudad.* || Línea que limita una figura. || Canto de la moneda o medalla.

contorsión f. Movimiento violento de los miembros o facciones.

contorsionarse v. pr. Hacer contorsiones.

contorsionista com. Acróbata, persona que hace contorsiones.

contra prep. Indica: 1.º Contacto: *apretado contra su pecho;* 2.º Oposición: *obrar contra nuestras costumbres;* 3.º Hostilidad: *ir contra el enemigo;* 4.º Defensa: *remedio contra la tos;* 5.º Apoyo: *está contra el pretil.* || — M. Lo opuesto: *defender el pro y el contra.* || — F. Fam. Dificultad, inconveniente: *ahí está la contra.* || Parada circular en esgrima. || — *En contra,* contra. || *Fig. Hacer la contra,* llevar siempre la contraria.

contraalmirante m. Jefe de marina inferior al vicealmirante.

contraatacar v. t. Efectuar un contraataque.

contraataque m. *Mil.* Acción de pasar de la defensiva a la ofensiva: *contraataque nocturno.*

contrabajo m. *Mús.* El mayor y más grave de los instrumentos de cuerda y arco. | Persona que lo toca. | Voz más grave que la del bajo y persona que la tiene.

contrabalancear v. t. Equilibrar, compensar, contrapesar.

contrabandear v. i. Hacer contrabando.

contrabandista adj. y s. Que hace contrabando.

contrabando m. Introducción en un país, sin pagar los derechos de aduanas, mercancías u objetos prohibidos. || Estas mismas mercancías. || *Fig.* y *fam.* Cosa ilícita: *pasar algo de contrabando.*

contrabarrera f. Segunda fila en los tendidos de las plazas de toros.

contracción f. Disminución del volumen de un cuerpo. || Respuesta mecánica de un músculo provocada por una excitación que hace que éste disminuya la longitud y aumente de tamaño. || *Gram.* Unión de dos sílabas, dos vocales en una, como *doquier, al.*

contracepción f. Infecundidad causada por el empleo de métodos anticonceptivos.

contraceptivo, va adj. y s. m. Dícese de los métodos o productos que evitan la concepción.

contrachapado, da y **contrachapeado, da** adj. Dícese del tablero formado por capas de maderas encoladas entre sí (ú. t. c. s. m.).

contrachapar y **contrachapear** v. t. Poner chapas de madera.

contraclave f. *Arq.* Cada una de las dovelas inmediatas a la clave de un arco o bóveda.

contracorriente f. Corriente de dirección opuesta a la principal de que procede. || *Fig. Ir a contracorriente,* ir en sentido opuesto a la marcha normal.

contráctil adj. Que se contrae.

contractilidad f. Facultad que tienen ciertos cuerpos de contraerse. || Calidad de contráctil.

contractual adj. Procedente del contrato o derivado de él.

contradanza f. Baile de parejas. || Su música.

*contradecir v. t. Decir lo contrario de lo que otro afirma. || Estar en oposición: *sus actos contradicen sus palabras.* || — V. pr. Estar en contradicción.

contradicción f. Acción y efecto de contradecir o contradecirse. || Oposición, incompatibilidad. || *Espíritu de contradicción,* disposición a contradecir siempre o mucho.

contradictor, ra adj. y s. Que contradice.

contradictorio, ria adj. Que contradice. || *For.* Hecho ante los interesados: *juicio contradictorio.*

*contraer v. t. Disminuir de volumen. || *Fig.* Adquirir: *contraer una costumbre, un resfriado.* || — Contraer deudas, entramparse. || Contraer matrimonio, casarse. || — V. pr. Encogerse una cosa: *contraerse los músculos.* || Limitarse.

contraespionaje m. Servicio de seguridad encargado de descubrir la actividad de los agentes de información enemigos.

contrafagot m. Contrabajo.

contrafallar v. t. En algunos juegos de naipes, poner triunfo superior al jugado por el que falló antes.

contrafuero m. Lo que se opone al fuero.

contrafuerte m. *Arq.* Pilar que sostiene o refuerza un muro. || *Fort.* Fuerte que se hace enfrente de otro. || *Geogr.* Cadena secundaria de montañas: *los contrafuertes de los Andes.* || Pieza de cuero que refuerza la parte trasera del zapato.

contrafuga f. *Mús.* Repetición del tema en sentido inverso.

*contrahacer v. t. Falsificar, imitar: *contrahacer la letra de uno.* || *Fig.* Remedar: *contrahacer la voz del perro.* | Fingir: *contrahacer el dolor.*

contrahecho, cha adj. Deforme (ú. t. c. s.).

contraindicación f. *Med.* Peligro que implica la administración de un medicamento para determinado.

contraindicar v. t. *Med.* Hacer peligrosa la aplicación de un tratamiento que por otra parte parece conveniente. || *Fig.* Ser poco conveniente y perjudicial.

contralmirante m. Contraalmirante.

contralor m. Control. || *Amer.* Inspector de la contabilidad.

contraloría f. *Amer.* Organismo encargado de supervisar las cuentas de las oficinas públicas.

contralto m. *Mús.* Voz femenina entre tiple y tenor. | La que la tiene.

contraluz m. Iluminación de un objeto que recibe la luz del lado opuesto del que la mira.

contramaestre m. Encargado o jefe de los obreros en un taller. || Capataz en las minas. || *Mar.* Oficial que manda la marinería.

contramanifestación f. Manifestación opuesta a otra.

contramanifestar v. i. Manifestar en oposición a otros.

contramaniobra f. Maniobra contraria a otra.

contramano (a) m. adv. En dirección contraria a la indicada.

contraofensiva f. *Mil.* Operación ofensiva con la que se responde a una del enemigo.

contraorden f. Orden opuesta a la dada anteriormente.

contrapartida f. Asiento para corregir un error en una cuenta. || Lo que se da a cambio de otra cosa. || Compensación.

contrapelo (a) m. adv. En dirección opuesta a la del pelo. || *Fig. y fam.* En contra del sentido normal. | Inoportunamente.

contrapesar v. t. Hacer contrapeso. || *Fig.* Igualar, compensar una cosa con otra, contrarrestar.

contrapeso m. Peso que sirve para equilibrar otro: *el contrapeso de un ascensor.* || Añadido con que se completa un peso. || Balancín de los volatineros. || *Fig.* Fuerza que contrarresta otra.

*contraponer v. t. Oponer (ú. t. c. pr.). || Comparar, cotejar.

contraportada f. Cuarta página de la cubierta de un libro.

contraposición f. Oposición. || Comparación. || Contraste.

contraproducente adj. De efecto contrario al que se desea obtener.

contraproposición f. Proposición con que se contesta o se impugna otra ya formulada sobre determinada materia.

contrapropuesta f. Contraproposición.

contraproyecto m. Proyecto diferente de otro determinado.

contrapuerta f. Portón.

contrapuntista m. *Mús.* Compositor que utiliza el contrapunto.

contrapunto m. Disciplina musical que combina diferentes líneas melódicas.

contrariado, da adj. Molesto, disgustado.

contrariar v. t. Oponerse a las palabras, acciones o voluntad de otro: *con-*

trariar el deseo de alguien. || Disgustar, causar disgusto. || Poner obstáculo.

contrariedad f. Oposición de una cosa con otra. || Impedimento, dificultad: *tropezar con una contrariedad.* || Disgusto, enfado.

contrario, ria adj. Que se opone a, que difiere completamente: *contrario a los principios.* || De dirección opuesta: *vientos contrarios.* || Desfavorable, perjudicial, nocivo: *contrario a la salud.* || Adverso, hostil: *suerte contraria.* || En sentido diferente: *íbamos en dirección contraria.* || — M. y f. Adversario, enemigo. || Palabra que, por su significado, se opone a otra, antónimo: *orgullo y modestia son contrarios.* || — M. Lo que se opone a algo: *es lo contrario.*

contrarréplica f. Respuesta del demandado al demandante.

contrarrestar v. t. Hacer frente, oponerse, resistir. || Neutralizar una cosa los efectos de otra. || En tenis, devolver la pelota del saque.

contrarrevolución f. Movimiento político destinado a combatir una revolución o a anular sus resultados.

contrarrevolucionario, ria adj. y s. Favorable a la contrarrevolución.

contraseguro m. Seguro accesorio de otro contraído antes.

contrasentido m. Interpretación opuesta al verdadero sentido. || *Fig.* Lo que se opone a la realidad, a lo que debe ser.

contraseña f. Señal convenida para reconocerse. || *Mil.* Seña dada al centinela para ser reconocido, consigna. || Tarjeta que se da en los espectáculos a los espectadores que quieren salir en el entreacto para poder luego entrar: *contraseña de salida.*

contrastar v. i. Formar contraste. || Ser muy diferente, no parecerse en nada. || — V. t. Resistir, hacer frente: *contrastar el ataque.* || Someter a prueba la veracidad de algo. || Comprobar la ley de los metales preciosos, las monedas y la exactitud de las pesas y medidas. || Marcar con el contraste.

contraste m. Acción y efecto de contrastar. || Oposición: *contraste de sombra y luz.* || El que ejerce el oficio público de contrastar las pesas y medidas. || Su oficina. || Señal que se pone en los objetos de plata y oro para dar fe de su autenticidad.

contrata f. Escritura de un contrato. || Contrato, convenio. || Contrato para ejecutar una obra por precio determinado: *construcción por contrata.* || Ajuste de obreros.

contratación f. Contrato.

contratante adj. Que suscribe un contrato.

contratar v. t. Hacer un contrato con. || Tomar a su servicio para realizar un trabajo.

contraterrorismo m. Conjunto de acciones para responder al terrorismo.

contraterrorista adj. Relativo al contraterrorismo. || — Com. Persona que ejecuta actos de contraterrorismo.

contratiempo m. Suceso imprevisto. || Accidente desagradable.

contratista com. Persona que ejecuta una obra por contrata.

contrato m. Pacto entre dos o más personas: *contrato de venta.* || Documento en que consta.

contratorpedero m. *Mar.* Barco de guerra destinado a la persecución de torpederos.

contravalor m. Valor dado a cambio de otro.

contravención f. Infracción.

contraveneno m. Medicamento que obra contra el veneno, antídoto.

*contravenir v. i. Obrar en contra de lo que está mandado.

contraventana f. Postigo.

contraventor, ra adj. y s. Infractor.

contravisita f. Visita que sirve para comprobar otra anterior.

contrayente adj. Que contrae. || Aplícase sobre todo a la persona que contrae matrimonio (ú. t. c. s.).

contribución f. Acción de contribuir, parte realizada en una obra común. || Participación: *la contribución de las ciencias en el progreso.* || Carga que se aporta a un bien común, particularmente a los gastos del Estado o de una colectividad pública, impuesto.

contribuidor, ra adj. y s. Contribuyente.

*contribuir v. i. y t. Intervenir, cooperar en algo: *contribuir al éxito de una empresa.* || Dar, pagar una parte de una obra común. || Pagar impuestos.

contribuyente adj. y s. Que contribuye. || El que paga contribución al Estado.

contrición f. Pesar de haber ofendido a Dios: *acto de contrición.*

contrincante m. Competidor.

contristarse v. pr. Apenarse.

contrito, ta adj. Arrepentido.

control m. Verificación, comprobación, intervención, fiscalización. || Inspección. || Vigilancia. || Lugar donde se verifica esta inspección. || Contraste de pesas y medidas. || Autoridad: *territorio bajo el control de las Naciones Unidas.* || Revisión de entradas. || Regulación: *control de nacimientos.*

controlable adj. Que se puede controlar.

controlar v. t. Inspeccionar. || Verificar, comprobar. || Fiscalizar, intervenir. || Revisar en los ferrocarriles. || Contrastar pesas y medidas. || Regular los precios, las cuentas, la natalidad. || Vigilar. || Dominar: *controlar sus nervios.* || — V. pr. Dominarse, retenerse.

controversia f. Debate, discusión, polémica sobre algo.

controvertible adj. Discutible.

*controvertir v. i. Discutir, polemizar, debatir sobre una materia (ú. t. c. t.).

contubernio m. Cohabitación ilícita. || *Fig.* Alianza o unión vituperable.

contumacia f. Obstinación. || *For.* Rebeldía, no comparecencia.

contumaz adj. Obstinado. || *For.* Rebelde, que no comparece ante un tribunal.

contumelia f. Injuria.

contundencia f. Calidad de contundente.

contundente adj. Que causa contusión: *arma contundente.* || *Fig.* Categórico, terminante.

conturbar v. t. Turbar.

contusión f. Lesión por golpe sin herida exterior.

contuso, sa adj. Que ha recibido contusión: *herida contusa.*

conuco m. *Cub., Dom.* y *Venez.* Campo pequeño. || *Cub., Dom.* y *P. Rico.* Terreno en el que los indios taínos sembraban yuca.

conurbado, da adj. *Amer.* Zonas aledañas a una ciudad que son absorbidas por el crecimiento de ésta.

convalecencia f. Estado del convaleciente.

*convalecer v. i. Recobrar las fuerzas perdidas por enfermedad.

convaleciente adj. y s. Que se repone de una enfermedad.

convalidación f. Acción y efecto de convalidar.

convalidar v. t. Ratificar, confirmar. || Dar por válido.

convección f. *Fís.* Transmisión de calor de los cuerpos en movimiento.

convecino, na adj. Cercano, próximo, inmediato. || Vecino de un mismo pueblo o en la misma casa (ú. t. c. s.).

convencer v. t. Persuadir, conseguir que uno reconozca una cosa (ú. t. c. pr.). || Gustar: *no me convence ese automóvil.* || — V. pr. Adquirir la seguridad.

convencido, da adj. Persuadido, seguro.

convencimiento m. Certeza absoluta, creencia segura.

convención f. Acuerdo, pacto: *convención laboral.* || Asamblea de los representantes de un país. || Conveniencia, conformidad.

convencional adj. Relativo al convenio o convención. || Establecido en virtud de precedentes o de costumbres. || Consabido, según costumbres. || *Armas convencionales,* las no atómicas, bacteriológicas o químicas. || — M. Miembro de la Convención Nacional francesa.

convencionalismo m. Conjunto de prejuicios que, por comodidad o conveniencia social, no se modifican.

convenenciero, ra adj. y s. Aplícase a quien sólo atiende a su conveniencia, aprovechado.

conveniencia f. Calidad de lo que conviene o es apropiado a. || Acuerdo, afinidad recíproca: *conveniencia de humores.* || Lo que es favorable a alguien: *no mira más que a sus conveniencias.* || Oportunidad: *conveniencia de una gestión.* || Comodidad, gusto: a su conveniencia. || — Pl. Normas o reglas que siguen los hábitos de la sociedad.

conveniente adj. Que conviene.

convenio m. Pacto, acuerdo.

*convenir v. t. e i. Acordar, decidir algo entre varios: *convenimos irnos juntos.* || Decidir: *convenimos no decirle nada.* || Asentir: *convengo en que no tengo razón.* || Ser conveniente o apropiado: *no te conviene esa colocación.* || Venir bien: *no me conviene ese precio.* || — V. impers. Ser a propósito.

conventillo m. *Amér. M.* Casa de vecindad.

convento m. Casa de religiosos o religiosas.

conventual adj. Relativo al convento: *retiro conventual.*

convergencia f. Dirección común hacia un mismo punto. || Este punto. || *Fig.* Objetivo común.

convergente adj. Que converge.

converger y **convergir** v. i. Dirigirse a un mismo punto.

conversación f. Charla, plática.

conversador, ra adj. y s. Que conversa amenamente.

conversar v. i. Hablar.

conversión f. Acción y efecto de hacer creer: *la conversión de un ateo.* || Cambio de una creencia: *la conversión de un pagano.* || Cambio de opinión, de ideas. || Cambio de una moneda por otra.

converso, sa adj. Aplicado a los moros y judíos convertidos al catolicismo. || — M. y f. En algunas órdenes religiosas, lego o lega.

convertibilidad f. Calidad de convertible.

convertible adj. Que puede convertirse.

convertidor m. *Tecn.* Aparato para transformar el hierro fundido en acero: *el convertidor Bessemer.* | Transformador de corriente.

*convertir v. t. Cambiar una cosa en otra, transformarla: *convertir un palacio en escuela.* || Hacer cambiar de religión, parecer u opinión: *convertir a los ateos* (ú. t. c. pr.). || Hacer, transformar. Ú. t. c. pr.: *se convirtió en una persona odiosa.*

convexidad f. Curvatura.

convexo, xa adj. Esférico, curvado hacia el exterior.

convicción f. Convencimiento.

convicto, ta adj. *For.* Aplícase al reo a quien se ha probado el delito, aunque no lo haya confesado.

convidado, da m. y f. Invitado.

convidar v. t. Ofrecer una persona a otra que la acompañe a comer, a una fiesta, etc. || *Fig.* Mover, incitar: *los alimentos salados convidan a beber.*

convincente adj. Que convence.

convite m. Invitación.

convivencia f. Coexistencia. || Vida en común.

convivio m. Convite, invitación.

convivir v. i. Vivir con otra u otras personas, cohabitar. || Vivir en buena armonía. || Coexistir.

convocación f. Convocatoria.

convocar v. t. Citar, llamar a varias personas para que concurran a lugar o acto determinado: *convocar las Cortes.*

convocatorio, ria adj. Que convoca. || — F. Escrito o anuncio con que se convoca. || Examen: *la convocatoria de septiembre.*

convolvuláceas f. pl. Plantas angiospermas de fruto capsular, como la batata (ú. t. c. adj.).

convoy m. Escolta o guardia. || Grupo de naves, vehículos, etc., escoltados. || Vinagreras.

convulsión f. Contracción violenta e involuntaria de los músculos. || *Geol.* Sacudida de la tierra o del mar por efecto de los terremotos. || *Fig.* Trastorno, agitación: *convulsiones políticas o sociales.*

convulsionar v. t. *Med.* Causar convulsiones.

convulsivo, va adj. Relativo a la convulsión: *movimientos convulsivos.* || Dícese de lo que tiene convulsiones: *tos convulsiva.*

convulso, sa adj. Crispado de manera convulsiva: *rostro convulso.*

conyugal adj. De los cónyuges.

cónyuge com. Consorte, marido o mujer, respectivamente.

coñac m. Aguardiente envejecido en toneles de roble, según se hace en Cognac (Francia).

cooperación f. Participación a una obra común.

cooperador, ra adj. y s. Que coopera.

cooperar v. i. Obrar conjuntamente, con otra u otras personas, para un mismo fin.

cooperativa f. Sociedad formada por productores o consumidores para producir, vender o comprar en común: *cooperativa de trabajo, agrícola, de consumo,* etc. || Establecimiento de esta sociedad.

cooperativismo m. Doctrina económica de las sociedades cooperativas. || Movimiento favorable a las cooperativas.

cooperativista adj. Relativo a la cooperación. || — M. y f. Persona partidaria del cooperativismo.

cooperativo, va adj. Basado en la cooperación.

cooptación f. Elección de una persona como miembro de una sociedad o cuerpo mediante el voto de los asociados.

coordenadas f. pl. *Geom.* Líneas que determinan la posición de un punto en el espacio o en una superficie. (Las dos coordenadas de un punto en un plano son la *abscisa* y la *ordenada*.)

coordinación f. Acción y efecto de coordinar. || Estado de las cosas coordinadas.

coordinador adj. y s. Que coordina.

coordinar v. t. Disponer cosas metódicamente. || Reunir esfuerzos para un objetivo común.

copa f. Vaso con pie para beber. || Su contenido: *beber una copa de vino.* || Parte superior de las ramas de un árbol. || Parte hueca del sombrero en que entra la cabeza. || Premio que se concede en algunos certámenes deportivos: *copa de plata.* || — Pl. Uno de los palos de la baraja española.

copaiba f. Copayero.

copal m. Resina sacada de diversos árboles tropicales.

copalchi m. Árbol de América cuya corteza es amarga y medicinal.

copalí m. *Méx.* Resina que puede usarse como incienso.

copaneco, ca adj. y s. De Copán (Honduras).

copar v. t. En los juegos de azar, hacer una puesta equivalente a todo el dinero de la banca. || *Mil.* Cortar la retirada a una tropa y hacerla prisionera. || *Fig.* En unas elecciones, conseguir todos los puestos. | Acaparar.

coparticipación f. Acción de participar a la vez con otro u otros en alguna cosa.

copartícipe com. Que participa o comparte con otro en alguna cosa.

copayero m. Árbol de América de cuyo tronco se saca el bálsamo de copaiba.

copear v. i. Tomar copas.

copeck m. Moneda rusa equivalente a un céntimo de rublo.

copela f. Crisol hecho con huesos calcinados.

copelación f. Operación consistente en la separación por el calor de un metal precioso de sus impurezas.

copelar v. t. Fundir los metales preciosos en una copela.

copeo m. Acción de tomar o servir copas de vino, y tb. de irse de bar en bar para tomarlas.

copero m. Servidor encargado de las bebidas de un dios, de un rey, etc.

copete m. Tupé, mechón de pelo sobre la frente. || Moño de plumas de algunas aves: *el copete del pavo real.* || Colmo de un helado. || *Fig. De alto copete,* encopetado.

copetín m. *Arg., Chil., Hond., Parag., Per. y Urug.* Copa que a veces se acompaña con algunos platillos, que se bebe como aperitivo.

copia f. Abundancia de una cosa. || Reproducción de un escrito, de un texto musical u obra artística. || Retrato, persona muy parecida a otra: *es una copia de su padre.*

copiador, ra adj. y s. Que copia. || — M. Libro en el que se copian las cartas.

copiapeño, ña adj. y s. De Copiapó (Chile).

copiar v. t. Reproducir lo escrito, una obra de arte: || Escribir lo que dicta. || Imitar: *copiar a un autor, artista,* etc. || Remedar a una persona. || Plagiar el ejercicio de otro en un examen.

copihue m. *Arg. y Chil.* Arbusto trepador de flores rojas y blancas.

copiloto m. Piloto auxiliar.

copiosidad f. Abundancia.

copioso, sa adj. Abundante.

copista com. Copiador.

copla f. Canción popular. || Estrofa. || — Pl. *Fam.* Versos.

copo m. Mechón de cáñamo, lino, algodón, etc., dispuesto para el hilado. || Pequeña masa que cae al nevar. || Coágulo. || Grumo. || Acción de copar. || Bolsa que forman algunas redes de pescar.

copón m. Copa grande en que se guarda la Eucaristía.

coposesión f. Posesión con otro.

copra f. Médula del coco, de la palma, de la que se extrae el aceite.

coproducción f. Producción en común: *película en coproducción.*

copropiedad f. Propiedad en común: *edificio en copropiedad.*

copropietario, ria adj. y s. Que posee bienes con otras personas.

copto, ta adj. y s. Cristiano de Egipto. || — M. Lengua litúrgica de estos cristianos.

cópula f. Unión. || Atadura, ligamento. || Unión sexual.

copularse v. pr. Unirse sexualmente.

copulativo, va adj. Que une: *conjunción copulativa.*

copyright [-*rait*] m. (palabra ingl.). Derecho de propiedad literaria.

coque m. Carbón poroso, con pocas sustancias volátiles, que resulta de la calcinación de la hulla.

coquefacción f. Transformación de la hulla en coque.

coqueta adj. y s. Dícese de la mujer que desea gustar a los hombres. || — F. Tocador.

coquetear v. i. Tratar de agradar por mera vanidad. || Flirtear. || *Fig.* Tener trato superficial.

coqueteo m. Coquetería, flirteo.

coquetería f. Deseo de agradar a los hombres. || Afición a arreglarse y vestirse bien.

coquetón, ona adj. *Fam.* Atractivo, agradable. || Bastante grande: *una cantidad de dinero coquetona.* || — M. Hombre que desea agradar a las mujeres. || — F. Coqueta.

coquificar v. t. Transformar la hulla en coque.

coquimbano, na adj. De Coquimbo (Chile).

coquimbo m. En Honduras, liberal, rojo o colorado. (Los rivales de los *coquimbos* eran los *cachurecos* o conservadores.)

coquina f. Almeja pequeña.

cora adj. y s. Pueblo que vive en los estados de Nayarit y Jalisco, en México. || Lengua de ese pueblo.

coracero m. Soldado de caballería con coraza.

coraisquita o **coreisquita** adj. y s. Individuo de la tribu árabe de la que formaba parte Mahoma.

coraje m. Ánimo, valentía, valor. || Rabia, ira.

corajudo, da adj. Acometedor. || Colérico, irritable.

coral m. Celentéreo antozoo cuya estructura calcárea de color blanco, rosado o encarnado se emplea en joyería. || Arbusto de Cuba de cuyas semillas se hacen sartas para collares. || — F. Culebra venenosa de América del Sur, de color rojo y anillos negros.

coral adj. *Mús.* Relativo al coro. || — F. *Mús.* Composición para coro. | Masa coral.

coralífero, ra adj. Que tiene corales. || De coral.

coralillo m. Serpiente de la América tropical, muy venenosa.

coralino, na adj. De coral. || De color de coral. || — F. Zoófito que produce el coral. || Alga marina empleada como vermífugo.

coránico, ca adj. Del Corán.

coraza f. Armadura que protegía el pecho y la espalda. || *Mar.* Cubierta metálica de un buque. || *Zool.* Concha, caparazón: *la coraza de la tortuga.* || *Fig.* Lo que defiende o protege.

corazón m. Órgano hueco de forma ovoide, situado en el pecho del hombre, que constituye el elemento central de la circulación de la sangre. || Por ext. Parte anterior del pecho en la que se sienten los latidos de este órgano. || *Fig.* Figura en forma de corazón en los naipes franceses. | Parte central o esencial de una cosa: *corazón de alcachofa.* | Asiento de los sentimientos, de la sensibilidad; conjunto de las facultades afectivas y morales: *entristecer los corazones.* | Asiento de los sentimientos altruistas: *tener buen corazón.* | Valor, ánimo: *tener tanto corazón para hacer eso.* | Sentido moral, conciencia: *muchacha de corazón puro.* | Centro: *en el corazón de la población.* || Término afectuoso: *¡corazón mío!* || — *Fig. De corazón,* con franqueza; generoso. | *Llevar el corazón en la mano,* hablar y obrar sin disimulo, con toda sinceridad. | *No caberle a uno el corazón en el pecho,* ser extremadamente bueno y generoso; estar muy alegre. | *No tener corazón,* tener poca sensibilidad. | *No tener corazón para hacer algo,* no ser capaz de hacerlo.

corazonada f. Impulso instintivo. || Presentimiento: *tengo la corazonada de que vendrá.*

corbata f. Tira de tela que se anudan los hombres al cuello de la camisa para adorno. || Lazo adornado en el asta de una bandera. || Insignia de ciertas órdenes.

corbeta f. Barco de guerra ligero, más pequeño que la fragata.

corcel m. Caballo.

corchea f. *Mús.* Nota cuyo valor es la mitad de una negra. || *Doble corchea,* nota que vale la mitad de una corchea.

corchero, ra adj. Del corcho: *industria corchera.* || — M. Trabajador que descorcha los alcornoques. || — F. Recipiente de corcho para helar las bebidas. || Línea que delimita, en una carrera, las calles de una piscina.

corchete m. Broche compuesto de macho y hembra. || Macho en forma de gancho. || Signo de estas figuras ([ ]) utilizado a modo de paréntesis.

corcho m. Corteza del alcornoque. || Tapón de corcho.

corcholata f. *Méx.* Chapa de hojalata que cierra herméticamente las botellas de bebidas gaseosas.

¡córcholis! interj. ¡Caramba!

corcova f. Joroba.

corcovado, da adj. y s. Jorobado.

cordada f. Grupo de montañeros, unidos por una cuerda.

cordados m. pl. *Zool.* Tipo de metazoos que comprende los vertebrados y seres afines (ú. t. c. adj.).

cordaje m. *Mar.* Jarcia de una embarcación. || *Mús.* Conjunto de cuerdas de la guitarra.

cordel m. Cuerda delgada. || Cuerda. || Distancia de cinco pasos. || Camino de ganado trashumante. || — *A cordel,* en línea recta. || *Fig. Méx. Dar cordel a un negocio,* dar largas a su resolución.

cordelería f. Oficio, taller y tienda del cordelero.

cordelero, ra m. y f. Persona que hace o vende cordeles.

cordera f. Oveja que no pasa de un año. || *Fig.* Persona dócil.

corderillo m. Piel curtida de cordero.

cordero m. Cría de la oveja que no pasa de un año. || Piel curtida de cordero. || *Fig. y fam.* Hombre muy dócil. || *El Cordero de Dios* o *el Divino Cordero,* Jesucristo.

cordial adj. Afectuoso, amistoso. || — M. Bebida que tonifica.

cordialidad f. Calidad de cordial.

cordillera f. Serie de montañas enlazadas entre sí: *cordillera pirenaica, de los Andes.*

cordillerano, na adj. Relativo a la cordillera, especialmente a la de los Andes. || — Adj. y s. De Las Cordilleras (Paraguay).

córdoba m. Moneda de Nicaragua.

cordobán m. Piel de cabra curtida.

cordobense adj. y s. Cordobés, de Córdoba (Colombia).

cordobés, esa adj. y s. De Córdoba (España y Argentina). || Cordobense.

cordón m. Cuerda pequeña: *los cordones de los zapatos.* || Cable o hilo que conduce la electricidad. || Cuerda con que se ciñen al hábito algunos religiosos. || *Arq.* Bocel. || *Mar.* Cada una de las cuerdas que componen un cable. || Serie de personas o cosas destinadas a proteger o vigilar: *cordón sanitario, de policía, de tropa.* || *Zool.* Fibra: *cordón nervioso.* || *Riopl.* Bordillo de la acera. || — Pl. Divisa en el hombro de algunos militares. || *Cordón umbilical,* conjunto de vasos que unen la placenta materna con el vientre del feto.

cordon-bleu m. (pal. fr.). Cocinero o cocinera excelente.

cordoncillo m. Labor de ciertos tejidos. || Borde labrado de ciertas monedas.

cordura f. Juicio, sensatez. || Estado del que no está loco.

coreano, na adj. y s. De o relativo a Corea.

corear v. t. Componer música para ser cantada. || Repetir en coro, acompañar cantando a coro. || *Fig.* Repetir, unirse con otros para asentir a lo que ellos dicen.

coreo m. Pie de la poesía antigua compuesto de dos sílabas, una larga y otra breve. || Combinación de los coros en la música.

coreografía f. Arte de la danza. || Arte de componer bailes.

coreográfico, ca adj. De la coreografía.

coreógrafo m. El que dirige la ejecución de un ballet.

coriáceo, a adj. Relativo o semejante al cuero. || *Fig. y fam.* Duro como el cuero. | Obstinado.

coriano, na adj. y s. De Coro (Venezuela).

corifeo m. Hombre que guiaba el coro en las tragedias antiguas. || *Fig.* Portavoz, persona que habla por un conjunto de personas.

coriláceas f. pl. Familia de plantas que tienen por tipo el avellano (ú. t. c. adj.).

corimbo m. Grupo de flores o frutos nacidos en distintos puntos del tallo que terminan a la misma altura.

corindón m. Alúmina cristalizada de diferentes colores y casi tan dura como el diamante: *el corindón azul se llama zafiro.*

corintio, tia adj. y s. De Corinto. || *Orden corintio,* orden de arquitectura y columna cuyo capitel está adornado de una hoja de acanto.

corista m. Religioso que asiste al coro. || — Com. *Teatr.* Persona que canta en un coro. || — F. Artista femenina que forma parte del conjunto de una revista teatral.

coriza f. Catarro nasal.

cormorán m. Cuervo marino.

cornaca m. El que doma, conduce y cuida un elefante.

cornáceas f. pl. Familia de plantas dicotiledóneas de las regiones templadas y cálidas, como el cornejo (ú. t. c. adj.).

cornada f. Golpe dado por el toro con el cuerno. || Herida producida.

cornamenta f. Conjunto de los cuernos de un animal.

cornamusa f. Trompeta larga de metal que tiene el tubo vuelto por en medio. || Especie de gaita.

córnea f. Membrana transparente y abombada de la parte exterior del globo del ojo.

cornear v. t. Dar cornadas. || *Fig. Amer.* Faltar la mujer a la fidelidad conyugal.

corneja f. Especie de cuervo. || Especie de búho.

cornejo m. Arbusto cornáceo, de madera muy dura.

córneo, a adj. De cuerno o semejante a él. || — F. pl. Cornáceas.

córner m. En fútbol, saque de esquina: *tirar los córners.*

corneta f. *Mús.* Instrumento de viento parecido al clarín. || Trompa de caza. || Cuerno que usan los porqueros. || *Mil.* Especie de clarín para los toques reglamentarios. || Trompetilla acústica. || Especie de sombrero de algunas monjas. || — M. Músico que toca la corneta.

cornetín m. Instrumento músico de pistones o llaves. || Músico que lo toca.

cornezuelo m. Honguillo ascomicete parásito del centeno.

corniabierto, ta adj. Que tiene los cuernos muy separados.

cornisa f. *Arq.* Adorno compuesto de molduras saledizas que corona un entablamento. || Carretera escarpada y tortuosa al borde del mar o en una montaña.

cornucopia f. Espejo de marco tallado con varios brazos para colocar las velas. || Cuerno de la abundancia.

cornudo, da adj. Con cuernos.

cornúpeta y **cornúpeto** m. Toro de lidia.

coro m. Reunión de cantores para ejecutar una obra musical en común: *el Coro de Pamplona.* || Título dado a las piezas musicales compuestas para ser cantadas por un conjunto de voces. || Grupo de personas que ejecutan un baile reunidas. || Parte de una iglesia en la que están los religiosos. (En las iglesias españolas se encuentran en el centro de la nave y en las francesas entre el crucero y el ábside.) || Nombre dado a las jerarquías de ángeles y a ciertas categorías de santos: *coro celestial.* || *Fig.* Conjunto de personas que tienen la misma opinión.

coroides f. *Anat.* Segunda membrana del globo del ojo, entre la esclerótica y la retina.

corola f. *Bot.* Segunda envoltura de las flores que protege los estambres y el pistilo.

corolario m. Afirmación segura de una proposición que se ha demostrado anteriormente.

corona f. Guirnalda de flores o de otra cosa que rodea la cabeza como adorno o como signo de distinción. || Joya de metal que se pone en la cabeza como signo de dignidad, autoridad o potencia: *corona imperial, ducal, real.* || Monarquía: *decíase partidario de la corona.* || Adorno en forma de corona: *corona funeraria.* || Parte de un diente o muela junto a la encía. || Forro de oro o de otro metal para cubrir un diente o muela estropeado. || Tonsura de un monje. || Aureola o halo en la cabeza de un santo. || Círculo metálico que se pone a un objeto. || Parte superior de la pezuña. || Unidad monetaria de diversos países (Dinamarca, Noruega, Suecia, Islandia, República Checa) o pieza de moneda (Gran Bretaña). || Moneda antigua española y de otros países. || Trépano anular para perforaciones. || Rueda dentada que engrana con un piñón para transmitir el movimiento a las ruedas de un automóvil. || Pieza que permite dar cuerda a un reloj. || *Fig.* Cualquier cosa de forma circular: *corona de nubes.* || Gloria: *la corona del martirio.* || *Corona solar,* halo que rodea al Sol durante los eclipses totales.

coronación f. Acción de coronar o coronarse un soberano. || Ceremonia con que se celebra la posesión oficial del trono por un rey. || *Fig.* Remate, fin. | Colmo.

coronamiento m. *Fig.* Remate, final. || *Arq.* Adorno que remata un edificio.

coronar v. t. Colocar la corona en la cabeza: *coronar al vencedor.* || Elegir por soberano: *coronar al rey.* || Premiar: *coronar a un académico.* || *Fig.* Rematar, acabar, servir de remate: *este éxito coronó su vida.* || Completar una obra: *coronar un edificio.* | Dominar, servir de remate: *la cúpula que corona un palacio.* || Llevar a la cúspide de un monte. || — V. pr. *Fig.* Cubrirse. || Ponerse una corona.

coronario, ria adj. De forma de corona. || *Anat.* Dícese de cada uno de los vasos que conducen la sangre al corazón. || — F. Ruedecilla del reloj que mueve la aguja de los segundos.

coronel m. Oficial superior del ejército que manda un regimiento.

coronilla f. Parte superior de la cabeza. || Tonsura de los eclesiásticos. || *Fig.* y *fam. Estar hasta la coronilla,* estar harto.

corotos m. pl. *Col.* y *Venez.* Trastos, cosas: *llegaron con todos sus corotos a la casa.*

corpiño m. Blusa de mujer sin mangas. || *Amer.* Sostén.

corporación f. Asociación de personas que ejercen la misma profesión.

corporal adj. Del cuerpo.

corporativismo m. Doctrina económica y social que defiende la creación de instituciones profesionales corporativas dotadas de poderes económicos, sociales e incluso políticos.

corporativo, va adj. De una corporación.

corporeidad f. Calidad de corpóreo.

corpóreo, a adj. Corporal.

corpulencia f. Altura y carácter fornido de un cuerpo.

corpulento, ta adj. Alto y gordo. || Grande.

Corpus o **Corpus Christi** m. Jueves en que la Iglesia católica conmemora la institución de la Eucaristía.

corpúsculo m. Partícula pequeña, como la célula, la molécula, el electrón, etc.

corral m. Sitio cerrado y descubierto destinado a los animales domésticos.

|| Patio de una casa de vecinos. || Patio al aire libre donde antiguamente se representaban las obras teatrales: *el Corral de la Pacheca, el del Príncipe* (Madrid).

correa f. Tira de cuero o cosa que se le asemeja: *correa de un reloj.* || Cinturón de cuero. || — *Correa de transmisión,* correa sin fin que permite un movimiento circular. || *Fig.* y *fam. Tener mucha correa,* soportar pacientemente las bromas y burlas.

correaje m. Conjunto de correas: *correaje de un soldado.*

correcalles com. *Fam.* Persona a quien gusta mucho callejear.

correcaminos m. Ave que vive en los desiertos del norte de México y sur de los Estados Unidos.

corrección f. Acción de corregir, de enmendar: *corrección de erratas.* || Revisión, señalando las faltas, del ejercicio de un alumno, de los que sufren un examen. || Cambio hecho a una obra con el objeto de mejorarla. || Reprimenda, represión. || Comportamiento conforme a las normas de trato social. || *Impr.* Enmienda de los errores contenidos en el original de un escrito o de las planas compuestas.

correccional adj. Propio a las faltas cometidas y de los tribunales que juzgan los delitos. || — M. Establecimiento penitenciario destinado al cumplimiento de ciertas penas de prisión.

correctivo, va adj. Que corrige: *medicamento correctivo.* || — Castigo.

correcto, ta adj. Conforme a las normas. || Bien educado. || Decente: *llevar un traje correcto.*

corrector, ra adj. y s. Que corrige. || — M. *Impr.* El que corrige las pruebas tipográficas.

corredero, ra adj. Que se corre: *puerta corredera.* || — F. Ranura por donde resbala una pieza: *ventana de corredera.* || Muela superior del molino. || Cucaracha.

corredizo, za adj. Que se desliza con facilidad: *una puerta corrediza, un nudo corredizo.*

corredor, ra adj. Que corre. || — M. y f. Persona que participa en una carrera. || — M. Intermediario en compras y ventas: *corredor de fincas, de Bolsa,* etc. || Pasillo de una casa. || Soldado encargado de descubrir y observar al enemigo. || — F. pl. Orden de aves, como el avestruz (ú. t. c. adj.).

corregente adj. Que comparte la regencia con otro (ú. t. c. s.).

corregible adj. Que puede corregirse.

corregidor m. (Ant.) Oficial de justicia en algunas poblaciones. | Alcalde nombrado por el rey. || — F. Mujer del corregidor.

corregimiento m. Empleo, jurisdicción y oficina del corregidor.

***corregir** v. t. Quitar los errores: *corregir una prueba.* || Amonestar, castigar. || Encontrar remedio a un defecto físico: *corregir la desviación de la columna vertebral.* || — V. pr. Enmendarse.

correinado m. Gobierno simultáneo de dos reyes en una nación.

correlación f. Relación.

correlacionar v. t. Relacionar.

correlativo, va adj. Que tiene o indica relación. || Consecutivo.

correligionario, ria adj. y s. De la misma religión o ideas políticas que otro.

correntino, na adj. y s. De Corrientes (Argentina).

correo m. Encargado de llevar y traer la correspondencia. || Administración pública para el transporte de la correspondencia: *la administración de Correos* (ú. t. en pl.). [Institución antiquísima. Como servicio público, empezó en España en el siglo XI. Los sellos aparecieron en Inglaterra en 1840.] || Oficina de dicha administración (ú. t. en pl.). || Correspondencia que se recibe o expide. || Tren correo. || *Correo electrónico,* servicio de mensajería a través de Internet: *tengo que configurar mi cuenta de correo electrónico.* || Mensaje enviado por este medio. || Dirección que un usuario tiene en el mismo.

correoso, sa adj. Que es flexible y elástico: *sustancia correosa.* || *Fig.* Blando, flexible y difícil de masticar: *pan correoso.*

correr v. i. Ir muy rápidamente: *correr tras uno.* || Participar en una carrera. Ú. t. c. t.: *correr los mil metros.* || Fluir: *el río corre entre los árboles.* || Soplar: *correr el viento.* || Extenderse: *el camino corre de Norte a Sur.* || Transcurrir el tiempo: || Propagarse, difundirse: *corre la voz que...* || Devengar un sueldo. || Ser válido: *esta moneda ya no corre.* || Encargarse: *correr con los gastos.* || *A todo correr,* con gran velocidad. || — V. t. Perseguir, acosar: *correr un ciervo.* || Lidiar toros. || Recorrer: *correr el mundo.* || Deslizar: *corre un poco la mesa.* || Echar: *correr el pestillo.* || Tender o recoger: *correr las cortinas.* || Estar expuesto: *correr peligro.* || *Fig.* Avergonzar, confundir. || *Méx.* y *Nicar.* Despedir a uno de mala manera. || *Fam.* Correrla, divertirse; irse de juerga. || — V. pr. Apartarse, hacerse a un lado. || *Fam.* Ruborizarse.

correría f. Incursión armada en territorio enemigo.

correspondencia f. Relación, concordancia. || Comunicación entre dos localidades, dos vehículos públicos. || Intercambio de cartas: *mantener correspondencia con uno.* || Cartas recibidas y expedidas: *encargarse de la correspondencia.* || Significado de una palabra en otro idioma.

corresponder v. i. Pagar a alguien con una atención semejante a la que ha tenido antes: *corresponder al favor recibido.* || Estar en relación una cosa con otra: *a cada cuadro corresponde un espejo.* || Ser adecuado. || Pertenecer: *esta llave corresponde a mi reloj.* || Tocar: *corresponde a ti hacerlo.* || Concordar: *no corresponde a lo que imaginaba.* || Tener un sentimiento recíproco: *él la quiere y ella le corresponde.* || — V. pr. Escribirse: *corresponderse con un amigo.* || Tenerse estimación o cariño recíproco. || Comunicarse una habitación o dependencia con otra.

correspondiente adj. Que corresponde. || Que mantiene correspondencia con una persona (ú. t. c. s. m.). || Aplícase al académico que reside fuera del lugar donde está la Academia a la cual pertenece.

corresponsal adj. y s. Que mantiene correspondencia con una persona. || Persona con quien un comerciante tiene relaciones en otro país. || Periodista que envía noticias a su periódico desde otro país.

corresponsalía f. Cargo de corresponsal de periódico.

corretaje m. Profesión de corredor. || Comisión que éste cobra por su trabajo.

corretear v. i. *Fam.* Callejear. | Correr de un lado para otro jugando.

correteo m. Acción y efecto de corretear.

correveidile com. Chismoso.

corrida f. Carrera. || *Taurom.* Lidia de toros en plaza cerrada.

corrido, da adj. Que excede un poco lo justo: *un kilo corrido.* || Aplícase a la letra cursiva. || Contiguo, seguido: *balcón corrido.* || *Fig.* Avergonzado. | Experimentado. || — M. Cobertizo. || Música y baile mexicano: *De corrido, sin dificultad: traducir de corrido.*

corriente adj. Que corre: *agua corriente.* || Dícese del tiempo que transcurre: *el diez del corriente.* || Frecuente, habitual: *cosa corriente.* || Ordinario: *vino corriente.* || Fluido, suelto: *estilo corriente.* || — *Corriente y moliente,* nada extraordinario. || *Cuenta corriente,* la que se tiene en un banco. || *Moneda corriente,* la que tiene curso legal en un país. || — F. Movimiento de traslación de las aguas o del aire en dirección determinada: *corriente marina; la corriente de un río.* || *Fís.* Electricidad transmitida a lo largo de un conductor: *corriente alterna, continua, polifásica.* || *Fig.* Curso, dirección que llevan algunas cosas: *la corriente de la opinión.*

corrillo m. Grupo de personas reunido para hablar. || Espacio en la Bolsa donde se reúnen los agentes de cambio.

corrimiento m. Acción y efecto de correr o correrse. || Deslizamiento: *corrimiento de tierras.*

corro m. Grupo de personas alrededor de algo o de alguien. || Danza ejecutada por varias personas que forman un círculo, cogidas de las manos: *bailan en corro.* || — Grupo de cotizaciones de Bolsa: *el corro bancario.* || Corrillo en la Bolsa. || Espacio redondo.

corroboración f. Confirmación.

corroborar v. t. Confirmar: *corroborar con hechos.* || Vivificar, fortalecer al débil o desmayado.

corroborativo, va adj. Que corrobora.

*corroer v. t. Desgastar lentamente como royendo, carcomer. || *Fig.* Consumir, arruinar la salud una pena o el remordimiento: *las preocupaciones les corroen.*

corromper v. t. Alterar, dañar, podrir. || Echar a perder (ú. t. c. pr.). || *Fig.* Depravar: *corromper las costumbres.* | Pervertir: *corromper a una mujer.* | Cohechar, sobornar.

corrosión f. Acción y efecto de las sustancias corrosivas.

corrosivo, va adj. Que corroe (ú. t. c. s. m.). || *Fig.* Virulento, cáustico.

corrupción f. Putrefacción. || Alteración o tergiversación: *corrupción de un libro, de un escrito.* || *Fig.* Soborno, cohecho: *corrupción de un juez, de un funcionario.* | Vicio introducido en las cosas no materiales: *corrupción de la moral.*

corruptela f. Corrupción.

corruptibilidad f. Calidad de lo que puede ser corrompido.

corruptible adj. Que puede corromperse.

corruptivo, va adj. Que corrompe.

corrupto, ta adj. y s. Que da o recibe soborno.

corruptor, ra adj. y s. Que corrompe. || Depravador: *corruptor de menores.*

corsario, ria adj. y s. *Mar.* Aplícase al barco armado en corso y al que lo manda. || — M. Pirata.

corsé m. Prenda interior para ceñirse el cuerpo. (Pl. *Corsés.*)

corsetería f. Fábrica de corsés y tienda donde se venden.

corsetero, ra m. y f. Persona que hace o vende corsés.

corso m. *Mar.* Campaña que hacen por el mar los buques mercantes con patente de su gobierno para perseguir a los piratas o a las embarcaciones enemigas: *salir a corso; patente de corso.*

corso, sa adj. y s. De Córcega.

corta f. Tala de árboles.

cortacéspedes m. Máquina para cortar el césped.

cortacigarros m. Instrumento para cortar la punta de los puros.

cortacircuitos m. inv. *Electr.* Aparato que interrumpe automáticamente la corriente.

cortadillo m. Vaso pequeño. || *Azúcar de cortadillo,* el cortado en terrones.

cortado, da adj. Coagulado: *leche cortada.* || *Fig.* Turbado: *quedarse cortado.* || Aplícase al estilo cuyos períodos no están bien enlazados entre sí. || *Méx.* y *P. Rico.* Estado del cuerpo cuando se siente malestar o síntoma de enfermedad. || — M. Taza de café con muy poca leche.

cortador, ra adj. Que corta.

cortadura f. Incisión hecha en un cuerpo.

cortafrío m. Cincel para cortar metales en frío a golpes de martillo.

cortafuego m. *Agr.* Vereda ancha en los montes, campos y bosques para que no se propaguen los incendios. || *Arq.* Muro destinado a evitar que el incendio pase de un lado a otro de un edificio.

cortante adj. Que corta.

cortapisa f. *Fig.* Donaire. | Restricción, condición o traba: *poner cortapisas a una persona.*

cortar v. t. Separar por medio de un instrumento cortante: *cortó las ramas.* || Amputar un miembro: *le cortaron la pierna.* || Rajar: *estas tijeras cortan.* || Hacer una raja: *el filo de esta cartulina corta.* || Separar y dar la forma adecuada a las telas en confección: *cortar un traje.* || Dividir: *calle cortada en dos.* || Interceptar, interrumpir: *cortar las comunicaciones.* || Hacer una pausa en la frase: *estilo cortado.* || Atravesar: *la nave cortaba las olas.* || Hacer disminuir la graduación: *cortar el vino con agua.* || Suprimir: *cortó el capítulo incriminado.* || Causar una sensación comparable a la de un corte: *el frío corta la cara.* || Agrietar la piel del frío. || Separar los dobleces de un libro con una plegadera. || *Geom.* Dividir una línea a otra con un punto común o una superficie a otra con una línea común (ú. t. c. pr.). || Dividir la baraja de cartas en dos partes, poniendo una debajo de otra. || Aislar: *un foso cortaba la extensión del fuego.* || Impedir que continúe su proceso: *cortar los abusos desde un comienzo.* || Impedir la continuación: *le corté la palabra.* || Avergonzar, turbar, confundir. Ú. m. c. pr.: *me cortan las personas tan importantes.* || *Méx.* Separarse del grupo en una marcha o carrera. || — V. pr. Coagularse, cuajarse.

cortaúñas m. inv. Alicates o pinzas para cortarse las uñas.

corte m. Acción de cortar. || División de un tejido para la confección de un vestido: *traje de buen corte.* || Cantidad de tela necesaria para hacer un traje. || Manera de estar hecho un vestido: *chaqueta de corte elegante.* || *Fig.* Figura, forma, contorno: *el corte de su cara.* || Pausa, breve interrupción en una frase. || Representación o diseño de un edificio, de una máquina, etc., en el que se muestra la disposición de su interior. || Separación de las cartas de una baraja en dos partes. || Herida o raja efectuada con un instrumento cortante. || Interrupción: *corte del agua.* || Borde afilado de un instrumento o una herramienta. || El rey y sus servidores que habitan en el palacio. || Lugar donde de están establecidos: *la villa y corte.* || Séquito que acompaña a un rey. || *Amer.* Tribunal de justicia. || — *Corte celestial,* bienaventurados que gozan del cielo. || *Hacer la corte,* galantear a una dama. || — Pl. Asamblea legislativa o consultiva formada por el Senado y el Congreso.

cortedad f. Pequeñez, poca extensión. || *Fig.* Escasez o falta de talento, valor, instrucción, fortuna, etcétera. | Timidez, apocamiento.

cortejar v. t. Galantear a una mujer. || Agasajar, halagar.

cortejo m. Requiebro o galanteo. || Agasajo. || Séquito, comitiva. || *Fig.* Secuela, acompañamiento.

cortés adj. Que se conduce con gran educación.

cortesanía f. Cortesía.

cortesano, na adj. Relativo a la corte. || Cortés. || — M. Palaciego. || — F. Prostituta de alta categoría.

cortesía f. Demostración de respeto y educación, delicadeza. || Regalo. || Gracia, favor. || Tratamiento. || Prórroga de un plazo.

corteza f. Capa exterior y protectora de los troncos y ramas de los árboles. || Parte exterior y dura de algunas frutas, del pan, del queso, del tocino. || Zona superficial de la Tierra. || *Fig.* y *fam.* Rusticidad, grosería. | Apariencia.

cortical adj. Relativo a la corteza. || *Anat.* Dícese del tejido que rodea ciertos órganos.

cortijo m. Finca.

cortina f. Tela con que se cubre una puerta, ventana, etc.: *descorrer la cortina.* || *Fig.* Lo que oculta algo: *cortina de humo.*

cortinaje m. Conjunto de cortinas.

cortisona f. *Med.* Hormona de la corteza de las glándulas suprarrenales aplicada a la artritis y a ciertas enfermedades de la sangre.

corto, ta adj. De poca longitud o duración: *falda, lucha corta.* || Escaso: *corto de dinero.* || *Fig.* De poco talento: *corto de alcances.* | Tímido, timorato, vergonzoso.

cortocircuito m. Fenómeno eléctrico producido al conectar con un conductor de poca resistencia dos puntos entre los cuales hay un potencial diferente.

cortometraje m. Película cinematográfica de poca duración.

coruñés, esa adj. De La Coruña.

corva f. Parte de la pierna, detrás de la rodilla, por donde aquélla se dobla y encorva.

corvadura f. Curvatura. || *Arq.* Parte arqueada del arco o de la bóveda.

corvato m. Cría del cuervo.

corvejón m. Cuervo marino. || Parte de la caña del animal donde se dobla la pata.

corveta f. Movimiento del caballo que camina con los brazos o las patas en el aire.

corvetear v. i. Hacer corvetas.

córvidos m. pl. Pájaros dentirrostros de pico largo, necrófobos, como el cuervo (ú. t. c. adj.).

corvina f. Pez teleósteo marino, de carne comestible.

corzo, za m. y f. Cuadrúpedo rumiante cérvido con cuernos cortos, verrugosos y ahorquillados.

cosa f. Palabra indeterminada cuyo significado (materia, objetos, bienes,

palabras, acontecimientos, asuntos) se precisa por lo que la precede o la sigue: *se pueden decir muchas cosas en pocas palabras.* || Ser inanimado, por oposición a ser animado: *personas y cosas.* || Realidad, por oposición a apariencia: *estudiar el fondo de las cosas.* || Lo que se piensa, lo que se hace, lo que pasa: *hizo grandes cosas en su vida.* || Lo que depende de nosotros, lo que se posee: *estas cosas son suyas.* || Ocurrencia, agudeza. || — Pl. Hechos o dichos propios de alguien: *esas son cosas de Ramón.* || — *A cosa hecha,* adrede, de intento. || *Como quien no quiere la cosa,* sin darle mucha importancia o con disimulo. || *Como si tal cosa,* como si no hubiera ocurrido nada. || *Cosa de,* aproximadamente, cerca de. || *No haber tal cosa,* no ser verdadera. || *No ser cosa del otro jueves* o *del otro mundo,* no ser nada extraordinario. || *Ser algo cosa de uno,* ser de su aprecio. || *Será cosa de ver,* habría que verlo.

cosaco, ca adj. y s. Dícese del habitante de algunos distritos de Rusia. || — M. Soldado de un cuerpo de caballería ruso.

cosario m. Ordinario, recadero.

coscoja f. Árbol cupulífero, semejante a la encina.

coscolino, na adj. y s. *Méx.* Enamoradizo.

coscomate m. *Méx.* Troje cerrado para conservar el maíz.

coscorrón m. Golpe en la cabeza: *el niño se llevó un coscorrón.*

cosecante f. Secante del complemento de un ángulo o de un arco (símb., cosec.).

cosecha f. Conjunto de frutos que se recogen de la tierra: *cosecha de trigo, cebada, aceite, vino,* etc. || Tiempo y trabajo en que se recogen los frutos: *pagar a la cosecha.* || *Fig.* Abundancia de ciertas cosas: *cosecha de datos.*

cosechadora f. Máquina para segar y agavillar la cosecha de cereales.

cosechar v. i. Hacer la cosecha. || — V. t. Recoger los frutos del campo. || *Fig.* Obtener, ganar: *cosechó galardones.*

cosechero, ra m. y f. Persona que cosecha: *cosechero de trigo.*

coselete m. Coraza ligera.

coseno m. Seno del complemento de un ángulo (símb., cos.).

coser v. t. Unir con hilo, generalmente enhebrado en la aguja: *coser un botón.* || Hacer dobladillos, pespuntes y otras labores de aguja. || *Fig.* Unir una cosa a otra: *coser papeles.* | Atravesar: *coser a cuchilladas, a balazos.* || — Máquina de coser, máquina que hace el mismo trabajo que la costurera. || *Fig.* y *fam. Ser una cosa coser y cantar,* ser extremadamente fácil.

cosido m. Costura.

cosmético, ca adj. y s. m. Dícese de ciertos productos de belleza para el cutis o para fijar el pelo.

cósmico, ca adj. Relativo al universo: *espacios cósmicos.* || *Rayos cósmi-*

cos, radiaciones procedentes de los espacios intersiderales.

cosmogonía f. Ciencia o sistema de la formación del universo.

cosmogónico, ca adj. De la cosmogonía: *sistema cosmogónico.*

cosmografía f. Descripción de los sistemas astronómicos del mundo.

cosmográfico, ca adj. De la cosmografía.

cosmógrafo m. Especialista en cosmografía.

cosmología f. Ciencia de las leyes generales que rigen el mundo.

cosmológico, ca adj. Relativo a la cosmología.

cosmonauta com. Piloto o pasajero de un vehículo espacial.

cosmopolita adj. y s. Aplícase a la persona que ha vivido en muchos países y ha adquirido las costumbres de ellos. || — Adj. Dícese de los lugares donde hay muchos extranjeros al país y de las costumbres que son influidas por las del extranjero.

cosmopolitismo m. Carácter de lo que tiene influencia de muchos países.

cosmos m. El universo en su conjunto. || Espacio intersideral.

coso m. Plaza de toros. || Calle principal en algunas poblaciones: *el Coso de Zaragoza.*

cospel m. Disco de metal para acuñar monedas.

cosquillas f. pl. Excitación nerviosa que se experimenta en ciertas partes del cuerpo cuando son tocadas por otra persona y que provoca la risa y hasta convulsión: *hacer cosquillas.* || *Fig.* y *fam. Buscarle a uno las cosquillas,* hacer lo posible por irritarle.

cosquillear v. t. Hacer cosquillas. || *Fig.* Tener idea.

cosquilleo m. Sensación que producen las cosquillas. || *Fig.* Desasosiego.

cosquilloso, sa adj. Que siente mucho las cosquillas. || *Fig.* Quisquilloso, puntilloso, susceptible.

costa f. Orilla del mar y tierra que está cerca de ella: *la costa de Málaga.* || — Pl. *For.* Gastos judiciales: *condenado a pagar las costas del juicio.* || — *A costa de,* a expensas de. || *A toda costa,* cueste lo que cueste.

costado m. Cada una de las dos partes laterales del cuerpo humano. || Lado. || *Mar.* Cada uno de los lados de un buque, banda. || *Mil.* Lado derecho o izquierdo de un ejército. || *Méx.* Andén del ferrocarril. || — Pl. Línea de ascendientes: *noble por los cuatro costados.*

costal adj. Relativo a las costillas. || — M. Saco grande.

costalada f. y **costalazo** m. Caída y golpe que se da al caerse.

costanilla f. Calle corta y en pendiente.

***costar** v. i. Valer una determinada cosa cierto precio. || Causar gastos: *me costará caro.* || *Fig.* Ser penoso o difícil: *le cuesta mucho decirlo.* || Ocasionar molestias: *las promesas cuestan poco.* || — V. t. Causar, ocasionar: *me costó mucho trabajo hacerlo.* || Ocasionar una pérdida: *le costó la vida.* || Consumir tiempo: *le costó dos días realizarlo.* || — *Fig.* Costar los ojos de la cara o un riñón o un sentido, valer muy caro. || *Cueste lo que cueste,* a toda costa.

costarricense y **costarriqueño, ña** adj. y s. De Costa Rica.

costarriqueñismo m. Vocablo o giro propio de los costarriqueños.

coste m. Costa, precio en dinero: *el coste de una obra.*

costear v. t. Pagar el gasto: *costeó sus estudios* (ú. t. c. pr.). || *Mar.* Navegar cerca de la costa. || — V. pr. Cubrir los gastos: *este negocio no te costea lo que has invertido.*

costeño, ña adj. Costanero. || — Adj. y s. Zelayense, de Zelaya (Nicaragua). || *Costeño del Cabo,* de Cabo Gracias a Dios (Nicaragua).

costero, ra adj. De la costa: *pueblo costero; navegación costera.* || — M. Habitante de la costa. || *Min.* Hastial, sostén de una excavación. || — F. Cuesta, pendiente.

costilla f. *Anat.* Cada una de los huesos que forman la caja torácica: *costilla flotante.* || Cosa en forma de costilla: *las costillas de una silla.* || *Fig.* y *fam.* Esposa. || *Mar.* Cuaderna. || — Pl. *Fam.* Espalda.

costillar m. Conjunto de costillas. || Parte del cuerpo donde están (ú. t. en pl.).

costo m. Coste: *mercancía de poco costo; costo de la vida.* || Gasto.

costoso, sa adj. Que cuesta o vale mucho. || *Fig.* Que exige grandes sacrificios o de consecuencias desagradables: *triunfo costoso.*

costra f. Corteza exterior que se endurece o seca sobre una cosa húmeda o blanda: *la costra del pan, del queso.* || Postilla: *la costra de una llaga.*

costroso, sa adj. Con costras. || *Fig.* y *fam.* Sucio.

costumbre f. Hábito, uso: *la fuerza de la costumbre.* || Práctica que ha adquirido fuerza de ley: *regirse por la costumbre.* || — Pl. Conjunto de cualidades y usos que forman el carácter distintivo de un país o persona.

costumbrismo m. Género literario que describe las costumbres de un país o región determinada.

costumbrista m. Escritor o pintor que pinta las costumbres de un país. || — Adj. Relativo al costumbrismo.

costura f. Cosido. || Unión de dos piezas cosidas. || Oficio de confeccionar vestidos.

costurar v. t. *Méx.* Coser.

costurera f. Mujer que cose por oficio.

costurero m. Caja, mesita o cesto para la costura.

costurón m. Costura mal hecha. || *Fig.* Señal, cicatriz.

cota f. Armadura antigua: *cota de mallas.* || Número que indica la dimensión

en un diseño o plano, o una diferencia de nivel entre dos puntos. || Altura señalada en un mapa.

cotangente f. Tangente del complemento de un ángulo o de un arco (símb., *cot.*).

cotarro m. Albergue para peregrinos y vagabundos. || Ladera de un barranco. || — *Fig.* y *fam. Alborotar el cotarro,* sembrar disturbios. | *Dirigir el cotarro,* mangonear.

cotejar v. t. Comparar una cosa con otra: *cotejar las versiones.*

cotejo m. Comparación.

coterráneo, a adj. y s. Del mismo país.

cotidiano, na adj. Diario, de todos los días: *trabajo cotidiano.*

cotiledón m. *Bot.* Parte de la semilla que rodea al embrión.

cotiledóneo, a adj. *Bot.* Relativo al cotiledón: *cuerpo cotiledóneo.* || — Adj. y s. Que tiene cotiledones.

cotilla com. *Fam.* Persona chismosa.

cotillear v. i. *Fam.* Chismorrear.

cotilleo m. *Fam.* Chisme, chismorreo.

cotillero, ra m. y f. Cotilla.

cotillón m. Danza con figuras en la cual se distribuyen obsequios.

cotinga m. Pájaro dentirrostro de América, de hermoso plumaje.

cotizable adj. Que se cotiza.

cotización f. Valor de los títulos negociables en la Bolsa y cuadro que señala el precio de ciertas mercancías. || Cuota.

cotizar v. t. *Com.* Asignar precio en la Bolsa o mercado. || *Fig.* Estar cotizado, ser apreciado. || — V. i. Pagar o recaudar una cuota. || — V. pr. Pagar a determinado precio. || Dar un valor a algo.

coto m. Vedado, terreno acotado: *coto de pesca, de caza.* || *Fig.* Término, fin: *poner coto al vicio.*

cotopaxense adj. y s. De Cotopaxi (Ecuador).

cotorra f. Papagayo pequeño, de color verde. || Urraca. || *Fig.* y *fam.* Persona muy parlanchina.

cotorrear v. i. *Fig.* y *fam.* Hablar demasiado.

cotorreo m. *Fig.* y *fam.* Charla sin sustancia.

cotorrón, ona adj. y s. *Fam.* Carcamal, loro.

cotufa f. Tubérculo de la aguaturma. || Chufa.

coturno m. Entre los griegos y romanos, calzado.

cotutela f. Función de cotutor.

cotutor m. Tutor con otro.

covacha f. Cueva. || *Fam.* Zaquizamí.

covachuela f. *Fam.* Cualquiera de las antiguas secretarías del despacho universal en el real palacio de Madrid, hoy ministerios. || Oficina pública.

covachuelista m. *Fam.* Oficinista, chupatintas.

cow-boy [*kao-*] m. (voz ingl.). Vaquero norteamericano.

coxal adj. De la cadera.

coxalgia f. *Med.* Artritis muy dolorosa causada por infección en la cadera, generalmente de origen tuberculoso.

coxálgico, ca adj. y s. Que sufre coxalgia.

coxis m. *Anat.* Cóccix.

coy m. *Mar.* Lona que sirve de hamaca a bordo de los barcos.

coya f. Entre los ant. peruanos, mujer del emperador o princesa.

coyol m. *Amér. C.* y *Méx.* Palmera de cuyo tronco se extrae un jugo. || Su fruto.

coyote m. Lobo de México y América Central. || *Méx.* Individuo que actúa como abogado sin tener el título.

coyotero, ra adj. y s. *Amer.* Perro amaestrado para perseguir coyotes.

coyunda f. Correa del yugo de los bueyes. || *Fig.* Lazos matrimoniales. | Dominio.

coyuntura f. Articulación o juntura movible de un hueso con otro. || *Fig.* Oportunidad, ocasión, circunstancia. | Pronóstico, sobre la evolución próxima en el sector económico, social, político o demográfico, basado en una comparación de la situación presente con la pasada y en datos estadísticos. | Conjunto de elementos que constituye la situación presente.

coyuntural adj. Relativo a la coyuntura económica.

coz f. Golpe violento que dan las bestias con las patas traseras: *pegar coces.* || Golpe dado por una persona con el pie hacia atrás. || Culatazo del arma de fuego. || Culata de la escopeta. || *Fig.* y *fam.* Exabrupto, grosería, mal modo: *le trata a coces.*

Cr, símbolo químico del *cromo.*

crac m. Quiebra, bancarrota.

cracking m. (pal. inglesa). Transformación de los aceites pesados del petróleo en combustibles para motores.

crampón m. Gancho de los montañeros.

cran m. *Impr.* Muesca de los caracteres tipográficos.

craneal y **craneano, na** adj. *Anat.* Del cráneo: *fractura craneal; huesos craneanos.*

cráneo m. *Anat.* Caja ósea en que está el encéfalo. || *Fig.* y *fam.* Cabeza.

crápula f. Libertinaje. || — Adj. y s. Crapuloso.

crapuloso, sa adj. y s. m. Que lleva una vida de crápula.

craqueo m. Cracking.

craso, sa adj. Grueso, lleno de grasa. || *Fig.* Grande, muy grave: *ignorancia crasa.*

cráter m. Boca de volcán por la que sale la lava.

crátera f. Vasija grande con dos asas de los griegos.

crawl [*krol*] m. (pal. ingl.). Forma de nadar consistente en un movimiento rotatorio de los brazos y con los pies golpeando el agua.

creación f. Acto de crear. || El universo, conjunto de las cosas creadas. || Fundación, realización, establecimiento. || *Fig.* Obra literaria o artística. | Representación de un personaje en el teatro o en el cinematógrafo.

creacionismo m. Doctrina poética, reacción contra la técnica modernista, que defiende el verso libre: *el chileno Vicente Huidobro fue fundador del creacionismo.*

creacionista adj. y s. Partidario del creacionismo.

creador, ra adj. y s. Que crea. || *El Creador,* Dios.

crear v. t. Producir algo de la nada. || Engendrar. || Hacer Dios el mundo. || *Fig.* Inventar. | Fundar: *crear una academia.* || Establecer: *crear un premio.* || Instituir un cargo. || Designar: *creado Papa.*

creatividad f. Capacidad de creación: *la creatividad de Leonardo da Vinci es célebre.*

***crecer** v. i. Aumentar insensiblemente: *los días crecen.* || Desarrollarse: *el árbol ha crecido.* || Ponerse más alto: *crecer con la edad.* || Aumentar la parte iluminada de la Luna. || Aumentar, hacerse más grande: *creció su animosidad.* || Aumentar de caudal un río. || — V. pr. Envanecerse. || Ser más osado.

creces f. pl. Aumento. || *Fig.* Ventajas. | Intereses: *pagar con creces.* || *Con creces,* abundantemente, con exceso, en demasía.

crecida f. Aumento de caudal de una corriente de agua.

crecido, da adj. Grande, elevado: *una suma crecida.* || De edad: *hijos crecidos.* || — M. pl. Puntos que se aumentan en la labor de media, jersey, etc.

creciente adj. Que crece.

crecimiento m. Acción y efecto de crecer, aumento.

credencial adj. Que acredita.

credibilidad f. Calidad de creíble: *la credibilidad de un suceso.*

crédito m. Confianza, creencia otorgada a una cosa o a una persona digna de fe. || Influencia que se tiene a causa de la confianza que se inspira. || Reputación de ser solvente: *persona de crédito.* || Plazo concedido para un pago: *dos meses de crédito.* || Préstamo concedido por un banco. || Parte de la cuenta en que la figura el haber. || Cantidad que puede cobrar uno como acreedor.

credo m. Oración, símbolo de la fe. || *Fig.* Conjunto de principios que rigen la conducta o las opiniones de alguien o de una colectividad: *credo político.*

credulidad f. Facilidad en creerse todo.

crédulo, la adj. Que cree fácilmente lo que se le dice.

creencia f. Acción de creer en la verosimilitud o en la posibilidad de una cosa. || Fe religiosa. || Opinión, convicción completa: *creencias políticas.*

***creer** v. t. Tener por cierto, aceptar como verdad: *creo lo que me dices* (ú. t. c. pr.). || Dar por sincero, verídico: *no hay que creer a los embusteros* (ú. t. c. pr.). || Pensar, estimar, juzgar: *creo que vendrá* (ú. t. c. pr.). || Imaginar, suponer: *nunca lo hubiera creído* (ú. t. c. pr.). || — V. i. Dar por cierta su existencia: *creo en la vida eterna.* || Tener fe en la veracidad: *creer en sus palabras.* || Tener fe en su eficacia: *creo en la medicina.* || — V. pr. Tener muy buena opinión de sí mismo.

creíble adj. Digno de ser creído.

creído, da adj. Confiado. || Engreído, vanidoso (ú. t. c. s.).

crema f. Nata de la leche. || Dulce de leche, huevos, azúcar, etc. || Cosmético para el cutis. || Líquido extraído de ciertos frutos: *crema de cacao.* || Betún: *crema para el calzado.* || *Fig.* Lo mejor, la nata: *la crema de la sociedad.* || *Gram.* Diéresis. || — Adj. De color blanco amarillento.

cremación f. Incineración.

cremallera f. *Mec.* Barra con dientes que engranan con un piñón. || Cierre que consiste en dos tiras flexibles con dientes por las que se desliza una corredera. || Raíl dentado en el cual engrana una rueda motriz: *ferrocarril de cremallera.*

crematística f. Economía política. || Dinero.

crematorio, ria adj. De la cremación de los cadáveres.

cremoso, sa adj. Parecido a la crema.

crencha f. Raya del pelo.

creosota f. *Quím.* Sustancia oleaginosa extraída del alquitrán.

crepé m. (pal. fr.). Crespón, tela ligera y fina. || Caucho esponjoso empleado en las suelas del calzado. || Relleno que se pone en algunos peinados.

crepitación f. Acción y efecto de crepitar. || Ruido de una cosa que chisporrotea en el fuego.

crepitar v. i. Hacer ruido semejante a los chasquidos de la leña que arde.

crepuscular adj. Del crepúsculo.

crepúsculo m. Luz del amanecer y del anochecer: *crepúsculo matutino, vespertino.* || *Fig.* Decadencia: *el crepúsculo de los dioses.*

crescendo [creschendo] m. (pal. ital.). *Mús.* Aumento gradual de intensidad de los sonidos (ú. t. c. adv.).

creso m. *Fig.* Hombre muy rico.

crespo, pa adj. Aplícase al pelo muy rizado.

crespón m. Tela de seda de urdimbre muy retorcida.

cresta f. Carnosidad en la cabeza de algunas aves: *la cresta del gallo.* || Penacho de plumas. || *Fig.* Cumbre peñascosa de una montaña. | Cima de una ola generalmente coronada de espuma. || *Fig. Dar en la cresta,* humillar.

crestería f. *Arq.* Adorno de labores caladas que se usó en el estilo ojival.

creta f. Carbonato de cal.

cretáceo, a adj. Gredoso. || — M. Capa geológica posterior al jurásico.

cretense adj. y s. De Creta.

cretinismo m. *Med.* Idiotez.

cretino, na adj. y s. Que padece cretinismo. || *Fig.* Idiota.

cretona f. Tela de algodón con dibujos estampados.

creyente adj. y s. Que cree.

cría f. Acción y efecto de criar: *cría extensiva.* || Niño o animal mientras se está criando. || Conjunto de hijos que tienen los animales de una vez.

criadero m. Sitio donde se trasplantan los arbollos nacidos en el semillero. || Yacimiento, lugar donde abunda un mineral. || Lugar para criar animales.

criadilla f. Testículo de las reses. || Patata.

criado, da adj. Con los adverbios *bien* o *mal,* de buena o mala educación. || — M. y f. Persona que sirve a otra por dinero y se ocupa de las faenas domésticas.

criador, ra adj. Que nutre y alimenta. || — Adj. y s. Que cría animales domésticos: *criador de caballos, gallinas.* || Vinicultor: *criador de vinos.* || *El Criador,* Dios.

crianza f. Acción y efecto de criar. || Época de la lactancia. || Educación, cortesía: *buena o mala crianza.* || Crianza del vino, elaboración del vino.

criar v. t. Amamantar a las crías con su leche. || Alimentar a un niño: *criar con biberón.* || Cuidar animales: *criar toros.* || Producir: *criar piojos.* || Educar, cuidar en la niñez: *ella me crió.* || Someter el vino a los cuidados propios de su elaboración. || Cultivar plantas. || *Fig.* Crear, ocasionar, provocar: *no críes motivos para que te castiguen.* || — V. pr. Desarrollarse, crecer, hacerse hombres: *los niños se crían al aire libre.* || Hacerse: *criarse el vinagre.*

criatura f. Cosa creada. || Niño de pecho. || *Fig.* Niño. | Hechura: *él puede considerarse tu criatura.*

criba f. Tamiz para cribar.

cribado m. Operación de cribar.

cribar v. t. Pasar por la criba. || *Fig.* Limpiar de impurezas.

cricquet m. Juego de pelota, con palas de madera, entre dos equipos de once jugadores.

crimen m. Delito grave. || *Fig.* Falta muy grande.

criminal adj. Del crimen: *atentado criminal.* || Penal: *código criminal.* || — Adj. y s. Autor de un crimen.

criminalidad f. Calidad de criminal. || Estadística de los crímenes cometidos en un tiempo o lugar determinado.

criminalista adj. y s. Penalista, jurista especializado en derecho penal: *abogado criminalista.*

criminología f. Tratado acerca del delito, sus causas y la pena.

crin f. Pelos largos en el cuello de algunos animales: *crin de caballo.* || *Crin*

vegetal, filamento de algunas plantas (pita, palmera, etc.) que se emplea para rellenar colchones, etc.

crinolina f. Galicismo por *miriñaque.*

crío com. *Fam.* Niño.

criolita f. Fluoruro doble de aluminio y sodio.

criollismo m. Carácter criollo. || Afición a las cosas criollas.

criollo, lla adj. y s. Aplícase al blanco nacido en las colonias y a los españoles nacidos en América. || Dícese del negro nacido en América. || Aplícase en América a los animales, plantas, etc., que proceden del país, cuando hay que distinguirlos de los extranjeros: *caballo criollo, pan criollo.*

cripta f. Parte subterránea de una iglesia donde se enterraba a los muertos. || Capilla subterránea de una iglesia.

criptógamo, ma adj. y s. f. *Bot.* Dícese de las plantas que tienen ocultos los órganos reproductores, como los hongos, las algas y los helechos.

criptografía f. Arte de escribir con clave secreta.

criptograma m. Texto cifrado.

criptón m. *Quím.* Gas existente en el aire (símb., Kr), de número atómico 36.

criquet m. Cricquet.

crisálida f. *Zool.* Ninfa de un insecto entre el estado de oruga y el de mariposa.

crisantemo m. Planta perenne de la familia de las compuestas, de hermosas flores ornamentales.

crisis f. Cambio rápido que se produce en el transcurso de una enfermedad y que es síntoma de mejora. || Ataque: *crisis de rabia.* || Manifestación profunda de un sentimiento: *crisis de melancolía.* || *Fig.* Momento difícil, dificultad: *crisis financiera.* || Falta, penuria, escasez: *crisis de mano de obra.* || Ruptura del equilibrio entre la producción y el consumo caracterizada por la súbita baja de los precios, quiebras y paro. || Período intermedio entre la división de un gobierno y la formación de otro. || *Hacer crisis,* momento en que alcanza una enfermedad su punto crítico o agudo.

crisma m. Aceite consagrado. || — M. *Fam. Romperse la crisma:* romperse la cabeza.

crisoberilo m. Piedra preciosa de color verde amarillento.

crisol m. Recipiente empleado para fundir y purificar metales a gran temperatura. || Depósito inferior de los hornos que recoge el material fundido. || *Impr.* Depósito en las linotipias en el que está el plomo fundido. || *Fig.* Lugar en el que se mezclan o funden diversas cosas. | Medio de purificación, de ensayo o prueba, de análisis.

crispar v. t. Poner tensos o rígidos los músculos. || Poner nervioso, exasperar: *ese niño me crispa* (ú. t. c. pr.).

cristal m. *Min.* Cuerpo solidificado en forma poliédrica. || Vidrio incoloro y transparente: *cristal de Bohemia.* || Objeto de cristal: *cristales de Venecia.*

|| Hoja de vidrio que se pone en las ventanas. || *Cristal de roca,* cuarzo cristalizado, transparente y sin coloración.

cristalera f. Armario con cristales. || Puerta de cristales. || Techo de cristales.

cristalería f. Fábrica o tienda de objetos de cristal, de placas de vidrio para las ventanas. || Conjunto de vasos, copas, jarras, etc., para el servicio de mesa.

cristalero m. El que hace o pone cristales.

cristalino, na adj. De la naturaleza del cristal. || Semejante a él por la transparencia o sonoridad: *agua, voz cristalina.* || — M. Elemento constitutivo del ojo, de forma de lente biconvexa, que reproduce en la retina la imagen de los objetos.

cristalización f. Acción y efecto de cristalizar o cristalizarse. || Cosa cristalizada.

cristalizado, da adj. De forma de cristales: *azúcar cristalizado.*

cristalizar v. t. Tomar forma de cristales (ú. t. c. pr.). || *Fig.* Formar un conjunto de diferentes elementos dispersos: *cristalizar el descontento.* || — V. i. *Fig.* Concretarse, convertirse en realidad.

cristalografía f. Estudio de los cristales y conjunto de las leyes de su formación.

cristaloide m. *Quím.* Cuerpo disuelto que atraviesa los tabiques porosos.

cristero adj. y s. m. En México, durante el gobierno de P. Elías Calles, adversario de la aplicación de los artículos de la Constitución relativos a la cuestión religiosa.

cristianar v. t. *Fam.* Bautizar.

cristiandad f. Conjunto de los fieles cristianos. || Cristianismo.

cristianismo m. Religión cristiana. || Conjunto de los cristianos.

cristianización f. Acción y efecto de cristianizar.

cristianizar v. t. Convertir a la religión cristiana. || Dar carácter cristiano.

cristiano, na adj. Que está bautizado y profesa la religión de Cristo (ú. t. c. s.). || Propio de la religión de Cristo. || *Fig.* y *fam.* Hablar en cristiano, hablar claro. || — M. *Fam.* Individuo, persona.

cristo m. Crucifijo: *un cristo de marfil.*

cristobalense adj. y s. De San Cristóbal (Venezuela).

criterio m. Norma para juzgar, estimar o conocer la verdad. || Juicio, discernimiento: *persona de buen criterio.* || Opinión, parecer.

crítica f. V. CRÍTICO.

criticable adj. Que puede criticarse.

criticador, ra adj. y s. Que critica.

criticar v. t. Enjuiciar, analizar las cualidades o defectos de las obras literarias o artísticas. || Censurar, decir un juicio desfavorable de persona o cosa. || Murmurar.

criticismo m. Sistema filosófico de Kant basado en la crítica del conocimiento.

crítico, ca adj. Producido por una crisis, por un ataque: *época crítica.* || Decisivo: *momento crítico.* || Difícil, peligroso: *situación crítica.* || Preciso: *vino en aquella hora crítica.* || Oportuno, conveniente: *lo dijo en el momento crítico.* || Que juzga: *análisis crítico.* || *Fís.* Dícese de las condiciones bajo las cuales se inicia la reacción en cadena dentro de un reactor nuclear. || — Persona que estudia, analiza o juzga las obras artísticas o literarias: *crítico de un periódico.* || — F. Juicio que se hace sobre las obras literarias o artísticas. || Conjunto de personas que lo hacen: *la crítica es unánime.* || Actividad de los críticos: *ejerce crítica teatral.* || Ataque, censura, juicio desfavorable: *estoy harto de tus críticas.* || Murmuración, habladuría, chismes: *no hay que hacer caso de la crítica de las gentes.*

criticón, ona adj. y s. Que critica todo.

critiqueo m. *Fam.* Crítica.

croar v. i. Cantar las ranas.

croata adj. y s. De Croacia.

croché m. Crochet.

crochet m. (pal. fr.). Labor de ganchillo. || Gancho en boxeo.

crol m. Crawl.

cromado m. Acción de cromar.

cromar v. t. Cubrir con una capa de cromo.

cromático, ca adj. Relativo a los colores. || *Mús.* Dícese del sistema que procede por semitonos: *escala cromática.* || *Ópt.* Aplícase al cristal o instrumento que presenta los objetos contorneados con los colores del arco iris.

cromatina f. Sustancia protoplasmática del núcleo de la célula.

cromatismo m. Coloración.

crómlech m. Crónlech.

cromo m. Metal de color gris claro (Cr), de número atómico 24, duro e inoxidable. || Cromolitografía, estampa, grabado.

cromolitografía f. Impresión de imágenes, en varios colores superpuestos, por procedimientos litográficos. || Imagen obtenida.

cromosfera f. *Astr.* Capa media de la atmósfera del Sol, entre la fotosfera y la corona solar.

cromosoma m. Elemento que en forma de corpúsculos, filamentos o bastoncillos existe en el núcleo de las células en el momento de su división o mitosis.

crónica f. Relato de hechos históricos por el orden en que sucedieron: *las crónicas del Gran Capitán.* || Artículo de periódico en el que se relatan los hechos o las noticias de la actualidad.

cronicidad f. Calidad de crónico.

crónico, ca adj. Dícese de las enfermedades que aquejan sin tregua o al enfermo. || Relativo a un mal antiguo y constante: *paro crónico.*

cronicón m. Crónica breve.

cronista m. El que escribe crónicas en los periódicos.

crónlech m. Monumento megalítico, consistente en varios menhires que cercan un terreno pequeño.

cronógrafo m. Reloj de precisión que permite medir la duración de un fenómeno.

cronología f. Ciencia que tiene por objeto determinar el orden y las fechas de los sucesos históricos. || Orden y fecha de los acontecimientos históricos.

cronológico, ca adj. Referente al tiempo: *orden cronológico.*

cronometrador m. Persona que mide con precisión el tiempo en que se realiza una acción.

cronometraje m. Medición del tiempo con el cronómetro.

cronometrar v. t. Medir el tiempo en que se ejerce una acción.

cronométrico, ca adj. Exacto en la medida del tiempo. || Puntual.

cronómetro m. Reloj de precisión: *un cronómetro suizo.*

croquet m. Juego que consiste en hacer pasar bajo unos arcos una bola de madera impulsada con un mazo.

croqueta f. Fritura de carne, pescado u otro ingrediente, de forma ovalada, rebozada con huevo y pan rallado.

croquis m. Apunte, diseño.

cross-country [-*kontre*] m. (pal. ingl.). Carrera de obstáculos a campo traviesa.

crótalo m. Serpiente de cascabel. || - Pl. Castañuelas.

croupier m. (pal. fr.). Empleado que talla en una casa de juego.

cruce m. Acción de cruzar o de cruzarse. || Lugar donde se cortan mutuamente dos líneas: *el cruce de dos caminos.* || Paso de peatones. || Reproducción sexual a partir de dos seres de razas diferentes. || *Electr.* Cortocircuito. || Interferencia de comunicaciones telefónicas.

cruceño, ña adj. y s. De Santa Cruz (Bolivia).

crucería f. *Arq.* Adorno propio del estilo gótico compuesto de molduras que se cruzan: *bóveda de crucería.*

crucero m. Espacio de una iglesia en que se cruzan la nave mayor y la transversal. || El que lleva la cruz en ciertas ceremonias. || Encrucijada. || *Impr.* Doblez del pliego de papel. || *Mar.* Determinada extensión por la que cruzan barcos. || Viaje de turismo por mar o por aire. || Barco de guerra de reconocimiento, escolta o vigilancia. || *Min.* Dirección por la que resulta más fácil la división de las rocas. || *Velocidad de crucero,* la más rápida de un buque o avión.

cruceta f. Cada una de las intersecciones de dos series de líneas paralelas: *las crucetas de un enrejado.* || *Arq.* Crucero. || *Mar.* Meseta en la cabeza de los masteleros. || *Mec.* Pieza articulada entre el vástago del émbolo y la biela.

crucial adj. De figura de cruz: *incisión crucial.* || Cruciforme. || *Fig.* Culminante, decisivo, fundamental: *cuestión crucial.*

cruciar v. t. Atormentar, afligir, enojar.

crucífero, ra adj. *Poét.* Que lleva una cruz. || - M. Cruciferario. || - F. pl. Familia de plantas dicotiledóneas cuyas flores tienen cuatro pétalos en cruz, como la col, el nabo, etc. (ú. t. c. adj.).

crucificado, da adj. Clavado en cruz. || - M. *El Crucificado,* Jesucristo.

crucificar v. t. Clavar una persona en una cruz. || *Fig.* Atormentar, martirizar.

crucifijo m. Imagen de Jesús crucificado.

crucifixión f. Acción y efecto de crucificar: *la crucifixión de Jesús.*

cruciforme adj. De forma de cruz: *patio de trazado cruciforme.*

crucigrama m. Juego o pasatiempo que consiste en encontrar ciertas palabras, según una definición dada, y ponerlas en unos casilleros de tal modo que colocadas vertical y horizontalmente algunas de sus letras coincidan. || *Fig.* Adivinanza, acertijo.

cruda f. *Méx.* Resaca.

crudeza f. Calidad de riguroso, de severo: *la crudeza del tiempo.* || Realismo de una descripción. || Ausencia de atenuantes, franqueza: *se le dijo con toda crudeza.*

crudillo m. Tejido fuerte empleado para entretelas.

crudo, da adj. Que aún no se ha cocido: *carne cruda.* || Sin preparar: *seda, petróleo crudo.* || De color amarillento: *camisa cruda.* || Riguroso, duro: *clima crudo.* || Que contiene yeso en disolución: *agua cruda.* || Chocante, demasiado libre o realista: *chiste crudo.*

cruel adj. Aficionado a hacer sufrir o a ver sufrir: *persona cruel.* || Que indica crueldad: *sonrisa cruel.* || Implacable, riguroso: *destino cruel.* || Que causa gran sufrimiento: *dolor cruel.* || Riguroso: *clima cruel.* || Con mala idea o malignidad: *burla cruel.*

crueldad f. Placer o gozo que se siente haciendo sufrir o viendo sufrir. || Ferocidad: *la crueldad de un tigre.* || Rigor, dureza. || Sentimiento sin compasión, despiadado. || Acto maligno.

cruento, ta adj. Sangriento.

crujía f. Espacio entre los muros de contención. || Fila de habitaciones en el mismo lado de una casa. || Sala de hospital. || Espacio de una iglesia entre el coro y el santuario. || *Mar.* Espacio de popa a proa en medio de una nave.

crujido m. Sonido hecho por algo que cruje, por un látigo.

crujiente adj. Que cruje.

crujir v. i. Hacer un ruido: *crujir los dientes, la seda, una hoja.*

crustáceos m. pl. Clase de animales articulados, del orden de los artrópodos, acuáticos, de respiración branquial y con un caparazón de quitina y calcáreo, como los cangrejos, langostinos,

bogavantes, langostas, percebes, etc. (ú. t. c. adj.).

cruz f. Figura formada de dos líneas que se atraviesan o cortan perpendicularmente. || Instrumento de suplicio formado por un madero hincado verticalmente, atravesado por otro horizontal en la parte superior, del que se suspendían o clavaban los criminales. || Objeto que representa la cruz de Jesucristo. || Símbolo de cristiano en memoria de la crucifixión de Jesús. || Señal en forma de cruz. || Distintivo de ciertas órdenes y condecoraciones religiosas, militares o civiles: *la gran cruz de Isabel la Católica.* || Entrepierna de los pantalones. || Reverso de las medallas o monedas: *jugar a cara o cruz.* || Señal que hacen los que no saben firmar. || Parte más alta del espinazo de los animales. || Parte del árbol donde empiezan las ramas. || *Blas.* Pieza formada por el cruce del palo y de la banda. || *Fig.* Aflicción, pesar: *ser un hijo 'la cruz de sus padres.* || *Mar.* Unión de la caña del ancla con los brazos.

cruzada f. Expedición para reconquistar Tierra Santa: *la cruzada de Pedro el Ermitaño.* || Tropa que iba en ella. || *Por ext.* Expedición militar contra herejes. || *Fig.* Campaña en pro de algún fin: *cruzada antituberculosa.*

cruzadillo m. Tela de algodón.

cruzado, da adj. Atravesado. || En cruz: *líneas cruzadas.* || Dícese de una tela de hilos muy apretados: *tela cruzada.* || Rayado: *cheque cruzado.* || Dícese del animal nacido de padres de raza distinta: *perro, caballo cruzado.* || - M. Soldado que tomaba parte en una cruzada.

cruzamen m. *Mar.* Cruce del mastelero con las vergas.

cruzamiento m. Cruce.

cruzar v. t. Atravesar una cosa sobre otra en forma de cruz. || Atravesar: *cruzar la calle.* || Cortar: *camino que cruza la carretera.* || Acoplar hembras y machos de distintas razas o juntar plantas de variedad diferente. || Poner a una persona la cruz y el hábito de una orden. || Arar por segunda vez. || Pasar por un sitio dos personas o cosas que vienen de dirección opuesta (ú. t. c. pr.). || Trazar en una cuenta dos rayas paralelas para que éste sólo pueda ser cobrado por medio de una cuenta corriente. || - V. i. Estar en todas direcciones. || - V. pr. Tomar la cruz, alistarse en una cruzada. || Ingresar en una orden.

Cs, símbolo químico del *cesio.*

Cu, símbolo químico del *cobre.*

cuachalalate m. *Méx.* Árbol cuya corteza tiene propiedades medicinales.

cuache m. *Guat.* Conjunto de dos marimbas sencillas, una grande y una pequeña.

cuaco m. *Méx.* Caballo.

cuaderna f. *Mar.* Cada una de las piezas que arrancan de la quilla de un barco y forman la armadura del casco. || *Cuaderna vía*, estrofa monorrima de cuatro versos utilizada por los escritores del mester de clerecía.

cuadernillo m. Librillo. || *Impr.* Pliego.

cuaderno m. Conjunto de pliegos de papel cosidos en forma de libro. || Libro pequeño de apuntes. || *Cuaderno de bitácora*, libro de a bordo.

cuadra f. Lugar donde están las caballerías, caballeriza. || Conjunto de caballos o de automóviles de un mismo propietario. || Grupo de corredores de caballos del mismo equipo. || Sala grande, especialmente la de un cuartel u hospital. || *Fam.* Lugar muy sucio. || *Amer.* Manzana de casas y distancia entre las esquinas de dos calles.

cuadrada f. Nota musical.

cuadradillo m. Cuadrado, regla. || Barra de hierro de sección cuadrada. || Azúcar partida en terrones cuadrados.

cuadrado, da adj. De forma cuadrangular. || *Fig.* Rechoncho, gordo y bajo. || *Mat. Raíz cuadrada de un número*, el que, multiplicado por sí mismo, da un producto igual a aquel número: *la raíz cuadrada de 64 es 8 y se escribe* $\sqrt{64} = 8$. || — M. *Geom.* Cuadrilátero de lados y ángulos iguales. || *Mat.* Segunda potencia de un número: *el cuadrado de 6 es 36*. || Regla cuadrada para rayar el papel. || *Impr.* Cuadratín.

cuadragenario, ria adj. y s. De cuarenta años.

cuadragesimal adj. De la cuaresma.

cuadragésimo, ma adj. Que está en el lugar del número cuarenta. || — M. La cuadragésima parte de un todo. || — F. Cuaresma.

cuadrangular adj. Que posee cuatro ángulos.

cuadrante m. *Geom.* Cuarta parte del círculo limitada por dos radios. || Indicador para señalar las dimensiones de una magnitud. || Reloj solar trazado en un plano. || Cada una de las cuatro partes en que se divide el horizonte por el meridiano y el paralelo del punto de observación.

cuadrar v. t. Dar a una cosa forma de cuadro o cuadrada. || *Mat.* Elevar una cantidad al cuadrado o a la segunda potencia. || *Geom.* Determinar el cuadrado de una superficie equivalente a la otra figura. || *Carp.* Trabajar un madero en cuadro. || — V. i. Conformarse una cosa con otra: *su cuadrar no cuadra con el mío*. || Acomodar o convenir una cosa. || Casar, estar de acuerdo. || Salir exactas las cuentas. || — V. pr. Ponerse firme un militar delante de un superior: *me cuadré ante el coronel*. || Pararse el caballo o el toro con las cuatro patas en firme. || *Fig.* y *fam.* Mostrar uno firmeza o rigidez en una actitud.

cuadratín m. *Impr.* Espacio en blanco que se deja al principio de una línea. | En América, cícero.

cuadratura f. *Geom.* Acción y efecto de cuadrar una figura. || Situación relativa de dos astros cuando distan en-

tre sí un cuarto de círculo. || *Fig.* y *fam.* *La cuadratura del círculo*, dícese de un problema insoluble.

cuadriceps adj. y s. *Anat.* Dícese del músculo con cuatro inserciones que forma la parte anterior del muslo.

cuadrícula f. Líneas trazadas en una hoja de papel y que forman cuadros.

cuadriculado, da adj. Dividido en cuadrículas.

cuadricular v. t. Dividir en cuadrículas.

cuadrienal adj. Que ocurre cada cuatro años: *los Juegos Olímpicos son cuadrienales*. || Que dura cuatro años.

cuadrienio m. Espacio de tiempo de cuatro años.

cuadriga f. Tiro y carro de cuatro caballos enganchados de frente.

cuadrilátero, ra adj. Con cuatro lados. || — M. *Geom.* Polígono de cuatro lados.

cuadrilla f. Brigada, conjunto de personas que realizan juntas una misma obra: *cuadrilla de trabajadores*. || Conjunto de subalternos que ayudan y torean con el mismo matador. || Banda: *cuadrilla de malhechores*. || Cierto baile de salón: *cuadrilla de lanceros*.

cuadringentésimo, ma adj. Que está en el lugar del número cuatrocientos. || — M. Cada una de las cuatrocientas partes iguales en que se divide un todo.

cuadriplicar v. t. e i. Cuadruplicar, multiplicar algo por cuatro.

cuadrisílabo, ba adj. y s. m. Cuatrisílabo.

cuadrivio m. En la Edad Media, las cuatro artes liberales matemáticas (aritmética, música, geometría y astrología).

cuadro, dra adj. Cuadrado. || — M. Rectángulo. || Lienzo pintado: *un cuadro de Velázquez.* || Marco. || Dibujo en forma de cuadrícula en un tejido. || Armadura de la bicicleta. || Tablero en el que se hallan los dispositivos que hacen funcionar una instalación. || Parte de un jardín con plantas en forma de cuadro: *cuadro de flores.* || Parte de una obra de teatro. || Representación sinóptica. || *Fig.* Descripción de un suceso: *cuadro de costumbres.* || Escena, espectáculo: *cuadro horripilante.* | Equipo. || *Mil.* Formación en figura de cuadrilátero. | Conjunto de los jefes de un regimiento.

cuadrumano, na adj. y s. m. Aplícase a los animales que tienen cuatro manos, como el mono.

cuadrúpedo, da adj. y s. m. Dícese del animal con cuatro pies.

cuádruple adj. Cuatro veces mayor (ú. t. c. m.). || Dícese de la serie de cuatro cosas iguales o semejantes.

cuadruplicación f. Multiplicación por cuatro.

cuadruplicar v. t. e i. Hacer cuádruple una cosa; multiplicar por cuatro una cantidad.

cuajada f. Requesón.

cuajado, da adj. *Fig.* y *fam.* Asombrado, extrañado. | Dormido.

cuajar m. *Zool.* Última de las cuatro divisiones del estómago de los rumiantes.

cuajar v. t. Unir y trabar las partes de un líquido para convertirlo en sólido: *cuajar la leche con un ácido* (ú. t. c. pr.). || *Fig.* Adornar con profusión. || — V. i. *Fig.* y *fam.* Llegar a realizarse, lograrse: *no cuajó su negocio.* | Gustar: *no cuajó esta moda.* | Convertirse: *esa promesa ha cuajado en un gran artista.* | *Cuajado de*, lleno de. || — V. pr. Llenarse un espacio. || Ser poco activo. || *Fig.* Tener poca habilidad.

cuajarón m. Porción de líquido cuajado. || Coágulo de sangre.

cuajiote m. *Amer.* Planta que produce una goma medicinal.

cuajiotera f. *Amer.* Plantación de cuajiotes.

cuajo m. Cuajar de los rumiantes. || Materia que cuaja la leche. || Efecto de cuajar. || *Fig.* y *fam.* Calma, pachorra. || *De cuajo*, de raíz: *arrancar de cuajo.*

cual pron. Hace en pl. *cuales.* Precedido del artículo equivale al pron. *que.* || Carece de artículo cuando significa *como.* || Se usa con acento en frases interrogativas o dubitativas. (En este caso no lleva nunca artículo.) || Contrapónese a *tal* con igual sentido: *cual el padre, tal el hijo.* || Ú. c. pr. indeterminado, repetido, para designar personas o cosas sin nombrarlas. (En tal caso lleva acento: *todos contribuyeron, cuál más, cuál menos, a este éxito.*) || A *cual más*, en competencia cerrada: *los mozos cantaban a cual más, hasta enronquecer.* || — Adv. Como: *cual se lo cuento.* || En sentido ponderativo lleva acento y significa *de qué modo.*

cualesquier pron. Pl. de *cualquier.*

cualesquiera pron. Pl. de *cualquiera.*

cualidad f. Cada una de las circunstancias o caracteres que distinguen a las personas o cosas.

cualitativo, va adj. Que denota cualidad. || *Quím. Análisis cualitativo*, el que busca la naturaleza de los elementos de una mezcla o de un cuerpo compuesto.

cualquier pron. Cualquiera. (Solamente se emplea antepuesto al nombre.)

cualquiera pron. Uno o alguno. || *Ser un cualquiera*, ser persona de poca importancia.

cuamil m. *Méx.* Huerta con árboles.

cuan adv. Apócope de *cuanto.* (Lleva acento cuando es admirativo o interrogativo.) || Correlativo de *tan*, denota idea de igualdad.

cuando adv. En el mismo momento que: *en el momento en que tú ibas yo venía.* || En el momento en que: *¿cuándo lo dices será verdad?* || — Conj. Aunque: *cuando lo dijeras de rodillas.* || Puesto que: *cuando lo dices será verdad.* || En el momento en que: *cuando sea viejo.* || — *Cuando más*, todo lo más. || *De cuando en cuando,* algunas veces.

— OBSERV. *Cuando* lleva siempre acento ortográfico en las formas interrogativas o admirativas y al ser sustantivo (*el cómo y el cuándo*).

cuanta m. pl. *Fís.* Quanta.

cuantía f. Cantidad.

cuántico, ca adj. Relativo a los quanta o unidades de energía: *mecánica cuántica.*

cuantioso, sa adj. Abundante.

cuantitativo, va adj. De la cantidad. || *Quím. Análisis cuantitativo,* el que dosifica los elementos de una mezcla o de un cuerpo compuesto.

cuanto, ta adj. Qué cantidad: *¿cuántas manzanas quieres?* || Indica una cantidad indeterminada y se emplea al mismo tiempo que *tantos: cuantas personas, tantos pareceres.* || Qué: *¡cuánta gracia tiene!* || Todo: *se llevó cuantos objetos había sobre la mesa.* || Algún: *unos cuantos amigos.* || — Pron. Qué cantidad: *¿cuántos han muerto?* || Todo lo que: *¡si supieras cuánto me dijo!* || — Adv. De qué modo: *ya conoce cuánto le estimo.* || *¿Qué precio: ¿cuánto vale eso?* || Qué tiempo: *¿cuánto duró su discurso?* || — *Cuanto a* o *en cuanto a,* por lo tocante a, respecto de. || *Cuanto antes,* lo más pronto posible. || *Cuanto más,* todo lo más; con mayor razón. || *En cuanto,* tan pronto como que. || *Por cuanto,* puesto que.

— OBSERV. *Cuanto* lleva siempre acento ortográfico en las formas interrogativas y admirativas.

cuáquero, ra m. y f. Miembro de una secta religiosa creada en Inglaterra en el s. XVII por George Fox y extendida a Estados Unidos.

cuarcita f. Roca granular unida por un cemento silíceo.

cuarenta adj. Cuatro veces diez. || — M. Cuadragésimo. || Signos que representan el número cuarenta.

cuarentavo, va adj. y s. Cuadragésimo.

cuarentena f. Conjunto de cuarenta unidades. || Edad de cuarenta años. || Cuaresma. || Tiempo que están en observación los que llegan de lugares donde hay una epidemia. || Aislamiento impuesto a una persona.

cuarentón, ona adj. y s. Que tiene ya cuarenta años.

cuaresma f. Para los católicos, tiempo de penitencia entre el miércoles de Ceniza y la Pascua de Resurrección.

cuarta f. Cada una de las cuatro partes iguales de un todo. || Medida de un palmo. || *Mús.* Intervalo compuesto de dos tonos y un semitono mayor.

cuartana f. Fiebre palúdica e intermitente que dura cuatro días.

cuartear v. t. Dividir en cuatro. || *Por ext.* Dividir en más o menos partes. || Descuartizar. || — V. i. *Taurom.* Dar al toreo un salto lateral para poner las banderillas. || — V. pr. Agrietarse una pared. || *Fig.* Conmoverse las estructuras de algo.

cuartel m. Edificio destinado a la tropa. | Alojamiento del ejército en campaña: *cuartel de invierno.* || Cuarta parte. || *Blas.* Cualquier división del escudo. || Buen trato ofrecido por los vencedores a los vencidos. || — *Cuartel general,* lugar ocupado por el Estado Mayor de un ejército. || *Sin cuartel,* despiadado.

cuartelada f. Sublevación militar.

cuartelazo m. *Amer.* Cuartelada.

cuartelero, ra adj. Del cuartel.

cuartería f. *Cub.* y *Nicar.* Edificio en el que viven varias familias en habitaciones diferentes, pero con patio y baño compartidos.

cuarterón, ona adj. y s. Hijo de blanco y mestizo o viceversa. || — M. Cuarta parte. || Cuarta parte de la libra: *cuarterón de tabaco.* || Postigo alto de una ventana. || Panel o cuadrado de una puerta.

cuarteta f. Redondilla, combinación métrica de cuatro versos octosílabos.

cuarteto m. Combinación métrica de cuatro versos endecasílabos o de arte mayor. || Conjunto musical formado por cuatro voces o instrumentos. || Composición de música escrita para este conjunto.

cuartilla f. Hoja de papel, cuarta parte de un pliego. || En las caballerías, parte entre los menudillos y la corona del casco. || Cuarta parte de varias medidas de capacidad.

cuarto, ta adj. Que ocupa el cuarto lugar. || *Fam. Estar a la cuarta pregunta,* estar sin dinero. || — M. Cada una de las cuatro partes iguales de un todo: *un cuarto de hora.* || Habitación: *cuarto de dormir.* || Piso: *cuarto amueblado.* || Cuarto piso: *vive en el cuarto.* || Moneda de vellón española antigua (tres céntimos de peseta). || *Por ext.* Dinero: *no tener un cuarto* (ú. t. c. pl.). || Cada una de las cuatro partes del cuerpo de los animales: *cuarto trasero, delantero.* || *Astr.* Cuarta parte del tiempo que transcurre entre dos lunas nuevas: *cuarto menguante, cuarto creciente.* || *Mil.* Tiempo que está un soldado de centinela. || — *Cuarto de banderas,* en los cuarteles, sala donde se custodian éstas y donde se reúnen los oficiales. || *Cuarto de estar,* habitación en que se reúne la familia. || *Cuarto de final,* cada una de las cuatro antepenúltimas competiciones de un campeonato o concurso. || *Fig. y fam. Dar un cuarto al pregonero,* divulgar una cosa. | *De tres al cuarto,* de poco valor. | *Echar su cuarto a espadas,* meter una baza en la conversación.

cuarzo m. Sílice cristalizado que se encuentra en numerosas rocas (granito, arena, etc.).

cuasia f. Planta simarubácea de corteza y raíz medicinales.

cuasicontrato m. *For.* Acto que se ejecuta sin convenio previo.

cuasidelito m. *For.* Hecho ilícito, cometido sin intención de dañar que da

lugar a una acción judicial al resultar perjudicada una persona.

cuasontecomasúchil m. Planta de México cuya raíz medicinal suele emplearse para curar la inflamación de los ojos.

cuate, ta adj. y s. *Méx.* Gemelo. | Igual o semejante. | Compadre, amigo íntimo. | *Méx. No tiene cuate,* no tiene igual.

cuaternario, ria adj. Que consta de cuatro unidades, números o elementos. || *Geol.* Perteneciente al terreno sedimentario más moderno (3 millones de años) en el que hace su aparición el hombre. Ú. t. c. s. m.: *el cuaternario.*

cuatezonar v. t. Cortar los cuernos a un animal joven.

cuatreño, ña adj. De cuatro años: *novillo cuatreño.*

cuatrero, ra adj. y s. Ladrón de ganado.

cuatrienio m. Espacio de cuatro años.

cuatrillizo, za adj. y s. Dícese de cada uno de los cuatro hermanos nacidos en un mismo parto.

cuatrillón m. Millón de trillones.

cuatrimestral adj. Que sucede cada cuatro meses. || Que dura cuatro meses.

cuatrimestre m. Período de cuatro meses.

cuatrimotor m. Avión de cuatro motores (ú. t. c. adj.).

cuatrisílabo, ba adj. y s. m. Que tiene cuatro sílabas.

cuatro adj. Tres y uno. || Cuarto, número que sigue al tercero. || — M. Signo que representa el número cuatro. || Naipe de cuatro figuras: *cuatro de oros.*

cuatrocentista adj. y s. Dícese de los artistas y escritores italianos del siglo XV.

cuatrocientos, tas adj. Cuatro veces ciento. || Cuadrigentésimo. || — M. Signos que representan el número cuatrocientos.

cuba f. Recipiente de madera, cerrado por ambos extremos: *una cuba de vino, de aceite,* etc. || Tonel grande de madera, abierto por su cara superior: *cuba de fermentación.* || Todo el líquido que cabe en una cuba. || Parte del horno entre el vientre y el tragante. || *Fig. y fam.* Persona que bebe mucho vino. || — *Cuba libre,* bebida hecha con refresco de cola y ron. || *Fig. y fam. Estar hecho una cuba,* estar muy borracho.

cubanismo m. Voz o giro propio de Cuba.

cubanizar v. t. Dar carácter cubano a una cosa.

cubano, na adj. y s. De Cuba. || — F. Pescadora, camisa.

cubero m. El que hace o vende cubas. || *Fig. y fam. A ojo de buen cubero,* por un cálculo aproximado.

cubeta f. Cuba pequeña. || Depósito del barómetro. || Recipiente rectangular para operaciones químicas y fotográficas.

cubicación f. Estimación del volumen de un cuerpo en unidades cúbicas.

cubicar v. t. *Mat.* Elevar un número a la tercera potencia. || *Geom.* Medir el volumen de un cuerpo o la capacidad de un recipiente en unidades cúbicas.

cúbico, ca adj. *Geom.* Perteneciente al cubo. || De figura de cubo geométrico. || *Mat.* Dícese de una medida destinada a estimar el volumen de un cuerpo.

cubierta f. Lo que tapa o cubre una cosa: *cubierta de cama, de mesa.* || Tapa de libro. || Banda que protege las cámaras de los neumáticos. || Funda que cubre algo. || *Fig.* Simulación, pretexto. || *Mar.* Cada uno de los puentes del barco, especialmente el superior: *cubierta de popa y de proa.*

cubierto m. Servicio de mesa para cada persona. || Juego de cuchara, tenedor y cuchillo. || Comida de los restaurantes a precio fijo: *cubierto turístico.* || *Estar a cubierto,* estar protegido.

cubil m. Guarida de las fieras.

cubilete m. Vaso para diversos usos y especialmente para juegos de manos y para el de los dados.

cubismo m. Escuela artística que se caracteriza por la representación de los objetos bajo formas geométricas: *los españoles Gris y Picasso, y el francés Braque fueron los iniciadores del cubismo.*

cubista adj. Del cubismo. || Com. Artista que sigue el cubismo.

cubital adj. *Anat.* Del codo.

cúbito m. *Anat.* El mayor y más grueso de los dos huesos que forman el antebrazo.

cubo m. Recipiente de diversas formas y materias para contener líquidos. || Parte hueca de algunos objetos en la que se encaja otro: *cubo de bayoneta.* || Pieza central de la rueda donde encajan los radios. || *Fort.* Torreón circular en las fortalezas antiguas. || *Geom.* Sólido limitado por seis cuadrados iguales, hexaedro. || *Mat.* Tercera potencia de un número: *el cubo de 2 es 8.*

cuboides adj. y s. *Anat.* Dícese del hueso del tarso situado en el borde externo del pie.

cubrecadena m. Pieza que protege la cadena de las bicicletas.

cubrecama m. Colcha.

cubrir v. t. Poner una cosa encima o delante de otra para ocultarla, protegerla, adornarla, etc.: *cubrir la cara con las manos; cubrir de una capa de pintura.* || Tapar: *cubrió la olla.* || Poner muchas cosas encima de algo: *cubrir de flores.* || Acoplarse el macho con la hembra. || Extenderse: *la nieve cubría el camino.* || Recorrer una distancia: *cubrió muchos kilómetros.* || Compensar, ser equivalente: *lo recaudado no cubre los gastos.* || Llenar: *me cubrieron de elogios, de insultos, de besos.* || Ahogar, apagar, dominar: *el ruido de la calle cubría sus gritos.* || Pro-

teger de un riesgo: *la policía cubre sus espaldas.* || Simular, ocultar: *se cree que con esto cubre su mala acción.* || Ser suficiente, bastar: *lo que gana no cubre sus necesidades.* || Proteger con un dispositivo militar de seguridad. || *Cubrir carrera,* disponerse la tropa o policía en dos hileras para proteger a una personalidad. || — V. pr. Ponerse algo en la cabeza (sombrero, gorra, etc.). || Encapotarse el cielo. || Proveer: *se cubrieron todas las plazas.* || Adquirir: *se cubrió de gloria.* || Precaverse contra un riesgo: *se cubrió con un seguro de vida, contra incendios.*

cucalambé m. *P. Rico.* Baile popular de negros.

cucamonas f. pl. Carantoñas.

cucaña f. Palo alto enjabonado y resbaladizo por el que hay que subir para alcanzar un premio atado a su extremo.

cucaracha f. Insecto ortóptero nocturno de cuerpo aplastado. || *Méx.* Aire popular bailable.

cuchara f. Utensilio de mesa con mango y una palita cóncava para llevar a la boca alimentos líquidos. || Su contenido. || Instrumento precisado a la cuchara utilizado para pescar, para agarrar objetos con la pala mecánica, para tomar metales en fusión, etc.

cucharada f. Contenido de una cuchara.

cucharilla f. Cuchara pequeña.

cucharón m. Cuchara grande para servir o utilizada en la cocina.

cuché adj. Dícese de un papel de impresión recubierto de una capa de sulfato de bario.

cuchichear v. i. Hablar al oído.

cuchicheo m. Acción y efecto de cuchichear.

cuchilla f. Lámina cortante de una máquina. || Cuchillo de hoja ancha. || Hoja de arma blanca. || Hoja de afeitar. || *Amer.* Ceja de la sierra o cadena de una montaña. || *Fig.* y *fam.* Espada.

cuchillada f. Corte o herida hechos con un cuchillo.

cuchillazo m. Cuchillada.

cuchillería f. Oficio de cuchillero. || Taller donde se hacen y venden cuchillos.

cuchillero m. Fabricante o vendedor de cuchillos.

cuchillo m. Utensilio cortante compuesto de una hoja y un mango: *cuchillo de trinchar, de postre.* || Corriente de aire frío que pasa por una rendija. || Defensa inferior del jabalí. || *Arq.* Maderos verticales que sostienen la cubierta de un edificio. || *Mar.* Vela de figura triangular. || *Fig.* Añadidura triangular que se hace a una prenda para agrandar su vuelo.

cuchitril m. Zaquizamí.

cuchufleta f. *Fam.* Chanza.

cuchufletero, ra m. y f. *Fam.* Bromista.

cuclillas (en) adv. Acurrucado apoyándose en los talones.

cuclillo m. Cuco, ave.

cuco, ca adj. *Fig.* y *fam.* Bonito, mono. || — Adj. y s. *Fig.* y *fam.* Taimado, astuto. || — M. Oruga de una mariposa nocturna. || Ave trepadora.

cucucha f. *Méx.* Paloma enana.

cuculí m. *Amer.* Tórtola.

cucúrbita f. Retorta del alambique.

cucurbitáceas f. pl. Familia de plantas dicotiledóneas rastreras, como la calabaza, el melón y el pepino (ú. t. c. adj.).

cucurucho m. Papel arrollado en forma de cono que sirve de bolsa. || Capirote, gorro de esta forma.

cucuruquear v. i. *Méx.* Emitir el tecolote, búho, su voz característica.

cucuteño, ña adj. y s. De Cúcuta (Colombia).

cucuyo o **cocuyo** m. *Antill.* y *Méx.* Insecto luminoso tropical, del que hay más de cien especies.

cueca f. Baile popular de Chile, Bolivia y Perú.

cuello m. Parte del cuerpo que une la cabeza al tronco. || Gollete, parte alargada y estrecha que precede al orificio de ciertos recipientes: *el cuello de una botella.* || Parte de un traje o vestido que rodea el cuello: *cuello de la camisa.* || Número que señala la medida del cuello de las camisas. || Prenda de piel o de otra cosa que se pone en esta parte del cuerpo: *cuello de visón.* || Parte del diente entre la corona y la raíz.

cuenca f. Concavidad. || Cavidad en la que se encuentra cada uno de los ojos. || Territorio regado por un río y sus afluentes: *la cuenca del Guadalquivir.* || Importante yacimiento de hulla o de hierro que forma una unidad geográfica y geológica: *la cuenca del Sarre.*

cuencano, na adj. y s. De Cuenca (Ecuador).

cuenco m. Concavidad de algo. || Escudilla de barro.

cuenta f. Valoración de una cantidad: *llevar la cuenta de sus errores.* || Operación de sumar, restar, multiplicar y dividir: *no sabe hacer cuentas.* || Factura: *la cuenta del gas.* || Lo que se debe de cobrar o lo que se le debe a otra persona: *tengo muchas cuentas pendientes.* || Explicación, justificación de un hecho: *no hay por qué darle cuenta de tus actividades.* || Cosa, asunto: *eso es cuenta mía.* || Obligación, responsabilidad: *eso corre de su cuenta.* || Cuidado: *te lo dejo de tu cuenta.* || Bolita con un orificio para ensartar y formar collares o rosarios. || Provecho, beneficio: *trabajar por su cuenta.* || — *Abrir una cuenta,* depositar dinero en un establecimiento bancario. || *A cuenta,* en deuda. || *A cuenta de qué,* con qué motivo. || *A fin de cuentas,* en resumen. || *Ajustarse a uno las cuentas,* saldar con uno todas las quejas que se puedan tener con él. || *Caer en la cuenta,* comprender. || *Con su cuenta y razón,* con sus motivos. || *Cuenta atrás,*

151

la que se hace en orden decreciente: *tres, dos, uno*. || *Cuenta corriente*, depósito de dinero en una entidad bancaria. || *Fam. Cuenta de la vieja*, cálculo hecho con los dedos. || *Fig. Cuentas galanas* o *del Gran Capitán*, cuenta exagerada. || *Dar cuenta de*, dar a conocer; comunicar; acabar con. || *Darse cuenta de*, comprender. || *Estar fuera de cuenta*, haber pasado los nueve meses en una mujer que está embarazada. || *Llevar las cuentas*, llevar los libros en que se anotan los ingresos y los gastos. || *Más de la cuenta*, demasiado. || *No querer cuentas con uno*, no desear trato con él. || *Pedir cuentas a uno*, pedir explicaciones. || *Por mi cuenta*, a mi parecer. || *Tener cuenta de*, ocuparse de una cosa. || *Tener cuenta una cosa*, ser ventajosa. || *Tener en cuenta una cosa*, tenerla presente, tomarla en consideración. || *Fig. Tomar en cuenta*, recordar un favor.

cuentacorrentista com. Titular de una cuenta corriente.

cuentagotas m. inv. Aparato que se emplea para verter un líquido gota a gota.

cuentahílos m. inv. Aparato con una lupa para contar los hilos que entran en la trama de una tela.

cuentakilómetros m. inv. Aparato que registra el número de kilómetros recorridos por un vehículo.

cuentarrevoluciones m. inv. *Mec.* Aparato que mide el número de revoluciones de un eje móvil o de una máquina.

cuentista adj. y s. El que escribe cuentos. || *Fam.* Chismoso, mentiroso. | Soplón. | Persona poco seria, camelista.

cuento m. Relato, narración breve. || Fábula o relación de un suceso imaginario: *cuento de hadas*. || *Fam.* Chisme. | Mentira, camelo, infundio. | Pretexto, simulación. | Historieta, cosa sin interés. | Exageración, camelo. — *Fig. Cuento chino* o *tártaro*, patraña, relato inverosímil. | *Cuento de viejas*, leyenda. | *El cuento de la lechera*, cálculo demasiado optimista. | *Es el cuento de nunca acabar*, es algo interminable. | *Quitarse* o *dejarse de cuentos*, dejar de contar cosas que no son verdad. | *Sin cuento*, sin número. | *Traer a cuento*, referirse a algo. || *Fam. Venir a cuento*, venir al caso. | *Venir con cuentos*, contar bolas.

cuera f. *Amer.* Azote para arrear las bestias. || *Méx.* Saco de gamuza con flecos, típico del estado de Tamaulipas.

cuerazo m. *Amer.* Latigazo.

cuerda f. Unión de hilos de cáñamo, lino u otra materia flexible, que torcidos juntos forman un solo cuerpo. || Hilo de tripa, metal o nylon para ciertos instrumentos músicos. || Órgano de un reloj o de cualquier mecanismo que comunica el movimiento a toda la máquina: *dar cuerda al reloj*. || Conjunto de presos atados juntos. || *Geom.* Línea recta que une los dos extremos

de un arco. || *Fig.* Suplicio de la horca. || *Mús.* Cada una de las voces fundamentales, como la de bajo, tenor, contralto y tiple. || — Pl. *Mús.* Término genérico que designa los instrumentos de cuerda como el violín, contrabajo, violonchelo. || — *Fig. Aflojar la cuerda*, ceder en las pretensiones. | *Bailar en la cuerda floja*, no tomar partido entre bandos opuestos. || *Cuerda floja*, alambre poco tenso sobre el que los volatineros ejecutan sus ejercicios. || *Cuerdas vocales*, ligamentos de la laringe cuyas vibraciones producen la voz. || *Fig. Dar cuerda a uno*, hacerle hablar de lo que él desea. | *No ser de la misma cuerda*, no ser de la misma opinión. | *Por debajo de cuerda* o *bajo cuerda*, encubiertamente. | *Tener cuerda para rato*, quedarle por hablar mucho a una persona o durar mucho una cosa. | *Tirar de la cuerda*, abusar de alguien; restringir los gastos.

cuerdo, da adj. y s. Sano de juicio. || Sensato, juicioso.

cuerear v. t. *Amer.* Azotar, dar una paliza. | Desollar una res para sacarle la piel. || *Riopl.* Despellejar al prójimo.

cueriza f. *Fam. Amer.* Paliza.

cuerna f. Cornamenta.

cuernavaquense adj. y s. De Cuernavaca (México).

cuerno m. Prolongación ósea y cónica que tienen ciertos rumiantes en la región frontal. || Protuberancia dura y puntiaguda que el rinoceronte tiene sobre la mandíbula superior. || Antena de los insectos y crustáceos. || Materia que forma la capa exterior de los cuernos: *calzador de cuerno*. || Instrumento músico de viento, de forma corva: *cuerno de caza*. || *Fig.* Cada una de las puntas de la Luna creciente o menguante. || — *Fam. ¡Al cuerno!*, ¡al diablo! || *Cuerno de la abundancia*, figura decorativa en forma de cuerno, rebosante de frutos, símbolo de la abundancia. || *Fig. y fam. Levantar* o *poner a uno hasta los cuernos de la Luna*, ensalzarle mucho. | *Mandar al cuerno*, mandar a paseo. | *Poner en los cuernos del toro*, poner en peligro. | *Poner los cuernos*, faltar una mujer a la fidelidad conyugal.

cuero m. Piel de los animales. || Pellejo curtido y preparado. | Odre. || — *Cuero cabelludo*, piel del cráneo. || *En cueros* o *en cueros vivos*, desnudo.

cuerpo m. Toda sustancia material orgánica o inorgánica. || Parte material de un ser animado. || Tronco del cuerpo, a diferencia de las extremidades. || Figura o aspecto de una persona: *un joven de buen cuerpo*. || Parte del vestido que cubre hasta la cintura. || Cadáver. || Hablando de libros, volumen: *una librería con dos mil cuerpos*. || Colección de leyes. || Grueso, consistencia: *tela de mucho cuerpo*. || Espesura o densidad de un líquido. || Corporación, comunidad: *el Cuerpo diplomático*. || Cada una de las partes de un todo: *armario de tres cuerpos*.

|| Parte de una casa que forma una habitación distinta. || *Impr.* Tamaño de letra. || Unidad orgánica militar: *cuerpo de ejército*. || — *A cuerpo*, sin abrigo. || *A cuerpo de rey*, con toda comodidad. || *Cuerpo a cuerpo*, a brazo partido. || *Cuerpo de baile*, conjunto de bailarines y bailarinas de un teatro. | *Cuerpo de casa*, limpieza de la casa. | *Cuerpo del delito*, objeto que prueba su existencia. || *Cuerpo facultativo*, los médicos. || *Dar cuerpo*, espesar un líquido. || *De cuerpo presente*, dícese del cadáver expuesto al público. || *En cuerpo y alma*, por completo. || *Tomar cuerpo*, tomar consistencia.

cuervo m. Pájaro dentirrostro carnívoro, de pico fuerte y plumaje negro. || *Cuervo marino*, ave palmípeda que se alimenta de peces.

cuesta f. Terreno en pendiente. || — *A cuestas*, sobre los hombros. || *Fig. y fam. Hacérsele a uno cuesta arriba una cosa*, costarle trabajo.

cuestación f. Colecta, petición o demanda de donativos para un objeto piadoso o benéfico.

cuestión f. Pregunta o proposición para averiguar la verdad de una cosa. || Materia, objeto de discusión o controversia. || Cosa: *es cuestión de una hora*. || Asunto: *es cuestión de vida o muerte*. || Punto dudoso o discutible. || Disputa, pendencia. || *For.* Tormento. || *Mat.* Problema. || — *Fam. Cuestión batallona*, motivo de discusión permanente. || *Cuestión candente*, la que tiene gran actualidad. || *Cuestión de confianza*, la planteada por el Gobierno al Parlamento.

cuestionario m. Lista de asuntos de discusión. || Programa de los temas de un examen u oposición. || Impreso o formulario para recoger datos.

cuestor m. Magistrado romano encargado de la administración o de asuntos fiscales.

cuete m. *Méx.* Borracho. | Borrachera.

cueva f. Cavidad subterránea, caverna, antro.

cuévano m. Cesto que se lleva a la espalda.

cuí m. *Amer.* Cuy.

cuicacoche f. Ave canora de México y América Central.

cuicateca adj. y s. De Cuicatlán (México).

cuidado m. Esmero: *hacer las cosas con cuidado*. || Asunto a cargo de uno: *esto corre a su cuidado*. || Recelo, temor: *hay que tener cuidado con él*. || Preocupación. | Prudencia, precaución: *ten cuidado con lo que haces*. || Galicismo por atención, esfuerzo, afán. || — Pl. Medios usados para curar a un enfermo. || — Interj. Denota amenaza o advierte la proximidad de un peligro. || — *De cuidado*, peligroso: *hombre de cuidado*; grave: *enfermo de cuidado*. || *Salir de cuidado*, dar a luz; estar fuera de peligro un enfermo. || *Fam. Tenerle* o *traerle a uno sin cuidado*, no importarle nada.

cuidador, ra adj. Que cuida (ú. t. c. s.). || — M. Entrenador. || *Arg.* Enfermero. || — F. *Méx.* Niñera.

cuidadoso, sa adj. Esmerado.

cuidar v. t. Poner esmero en una cosa. || Asistir: *cuidar a un enfermo.* || Conservar: *cuidar la ropa, la casa.* (Ú. t. c. i. seguido de la prep. *de*: *cuidar de su salud.*) || — V. pr. Darse buena vida, mirar por su salud. || Atender, ocuparse. || Preocuparse.

cuido m. Cuidado.

cuilapeño, ña adj. y s. De Cuilapa (Guatemala).

cuita f. Pena, tristeza.

culantrillo m. Verdín que se cría en los sitios húmedos.

culata f. Parte posterior de la caja de un arma de fuego portátil que sirve para asir o afianzar esta arma: *la culata del fusil.* || Recámara del cañón de artillería. || Anca, parte posterior de las caballerías. || *Fig.* Parte posterior de una cosa. || *Mec.* Parte superior de los cilindros en los motores de explosión. || *Fig. Salir el tiro por la culata,* fracasar.

culatazo m. Golpe dado con la culata del arma. || Retroceso que da la escopeta u otra arma de fuego al dispararla.

culebra f. Reptil sin pies y de cuerpo casi cilíndrico. || Serpentín del alambique.

culebrear v. i. Zigzaguear.

culebrilla f. *Med.* Enfermedad cutánea, a modo de herpes, propia de los países tropicales. || Dragontea, planta.

culebrina f. Pieza de artillería antigua. || Relámpago en forma de línea ondulada.

culiacano, na adj. y s. De Culiacán (México).

culinario, ria adj. De la cocina: *recetas culinarias.*

culmen m. Cima.

culminación f. Acción y efecto de culminar. || *Astr.* Momento en que un astro ocupa el punto más alto a que puede llegar en el horizonte.

culminante adj. Dícese de lo más elevado de una cosa: *el punto culminante de los Andes.* || *Astr.* Aplícase a la mayor altura de un astro en el horizonte. || *Fig.* Superior, principal, sobresaliente.

culminar v. i. Llegar al punto más alto. || Pasar un astro por su punto culminante.

culo m. Parte posterior o asentaderas del hombre y de los animales. || Ano. || *Fig.* Fondo de una cosa: *el culo de la botella.* || — *Fig. Culo de mal asiento,* persona inquieta, bulliciosa, que no deja de moverse. || *Culo de vaso,* diamante falso y grande.

culombio m. Unidad de cantidad de electricidad (símb., C).

culpa f. Falta más o menos grave cometida a sabiendas: *confesar una culpa.* || Causa, responsabilidad: *tener alguien la culpa.*

culpabilidad f. Calidad de culpable.

culpable adj. y s. Aplícase a aquel a quien se puede echar la culpa. || Acusado. || — Adj. Que constituye una falta o delito.

culpación f. Acción de culpar o culparse.

culpado, da adj. y s. Culpable, que ha cometido o tiene culpa. || Acusado.

culpar v. t. Acusar, atribuir la culpa a alguien (ú. t. c. pr.).

culteranismo m. Estilo literario, existente a finales del siglo XVI y principios del XVII, que consistía en el empleo de giros rebuscados y de una sintaxis complicada, abundando las riquezas de imágenes: *la poesía lírica tuvo su más eximio representante en España en la persona de Góngora.*

culterano, na adj. Aplícase a lo influido por el culteranismo. || Que seguía este movimiento literario (ú. t. c. s.).

cultiparlar v. i. Emplear un lenguaje culto y afectado.

cultiparlista adj. y s. Que habla incurriendo en los vicios del culteranismo.

cultismo m. Palabra culta o erudita. || Culteranismo.

cultivable adj. Que se puede cultivar: *tierra cultivable.*

cultivador, ra adj. y s. Que cultiva. || — M. Máquina agrícola parecida al arado.

cultivar v. t. Dar a la tierra y a las plantas las labores necesarias para que fructifiquen: *cultivar un terreno, cultivar cereales, flores,* etc. || Criar, desarrollar microbios o gérmenes. || *Fig.* Dedicarse a: *cultivó la poesía.* | Mantener, cuidar de, conservar: *cultivar la amistad.* | Desarrollar, ejercitar facultades o aptitudes: *cultivar el talento.*

cultivo m. Acción y efecto de cultivar. || Desarrollo de los microbios: *caldo de cultivo.*

culto, ta adj. Dícese de las tierras y plantas cultivadas. || Que tiene cultura: *hombre culto.* || Empleado por personas instruidas: *palabra culta.* || — M. Homenaje religioso: *culto a los santos.* || Religión. || *Fig.* Veneración, admiración: *rendir culto a su valentía.*

cultura f. Conjunto de conocimientos adquiridos; saber: *hombre de gran cultura.* || Conjunto de estructuras sociales, religiosas, etc., de manifestaciones intelectuales, artísticas, etc., que caracteriza una sociedad: *la cultura helénica.* || Civilización: *historia de la cultura.* || Cultivo (p. us.). || *Cultura física,* gimnasia.

cultural adj. Relativo a la cultura: *acto cultural.*

cumanés, esa adj. y s. De Cumaná (Venezuela).

cumbamba f. *Col.* Barbilla; mentón: *unos sin narices, otros narizones, unos sin cumbamba, otros cumbambones.*

cumbancha m. Fiesta improvisada y muy agitada.

cumbanchar v. i. *Cub.* Bailar y divertirse en una fiesta.

cumbre f. Cima o parte superior de un monte. || *Fig.* Apogeo, punto culminante de una cosa.

cumbrera f. Caballete de tejado. || Dintel. || Cumbre.

cumpleaños m. Día en que se celebra el aniversario del nacimiento de una persona.

cumplido, da adj. Que ha sobrepasado una edad: *cuarenta años cumplidos.* || Realizado: *profecía cumplida.* || Completo, cabal, perfecto: un *cumplido caballero.* || Amplio, holgado: *abrigo demasiado cumplido.* || Bien educado, cortés: *persona muy cumplida.* || Que ha acabado su servicio en las armas: *soldado cumplido.* || — M. Cortesía, amabilidad: *basta de cumplidos.* || — Pl. Consideraciones, miramientos, respeto: *deshacerse en cumplidos.* || *De cumplido,* por compromiso.

cumplidor, ra adj. Serio, de fiar. || Que ejecuta sus compromisos u obligaciones.

cumplimentar v. t. Recibir, saludar cortésmente: *fue cumplimentado por las autoridades.* || Felicitar. || Ejecutar órdenes.

cumplimiento m. Ejecución, realización de una orden. || Aplicación de una ley, decreto, etc. || Acatamiento de los requisitos. || Educación, cortesía.

cumplir v. t. Realizar, ejecutar: *cumplir una orden.* || Hacer: *cumplir el servicio militar.* || Obedecer: *cumplir las leyes.* || Obrar en conformidad con: *cumplir un contrato.* || Llevar a cabo: *cumplir lo que se prometió.* || Tener: *ha cumplido cuarenta años.* || Purgar: *cumplir condena.* || — V. i. Respetar la palabra o una promesa. || Ejecutar su deber. || Respetar: *cumplir con los requisitos legales.* || Ser obligación de, estar a cargo de: *cumple a Ramón hacer esto.* || Vencer, llegar a su término: *el pagaré cumple dentro de ocho días.* || Haber servido un soldado en el ejército el tiempo normal. || Satisfacer los preceptos religiosos. || *Para cumplir o por cumplir,* por la forma, por educación o cortesía. || — V. pr. Realizarse: *se cumplieron tus predicciones.* || Tener lugar, verificarse: *ahora se cumple el cincuentenario de la fundación.* || Expirar un plazo.

cúmulo m. Acumulamiento, montón. || *Fig.* Serie, concurso, conjunto: *cúmulo de necedades.* || Nube blanca con forma de cúpula.

cuna f. Cama de niños que puede balancearse. || Inclusa. || *Fig.* Origen: *cuna de la civilización.* || Nacimiento, origen: *de ilustre cuna.* || Lugar de nacimiento de una persona. || Espacio que media entre los cuernos de un toro. || *Tecn.* Cavidad en la que reposa una pieza móvil.

cundinamarqués, esa adj. y s. De Cundinamarca (Colombia).

cundir v. i. Propagarse, extenderse: *cundió el pánico.* || Hacerse de sí, dar impresión de que hay más cantidad: *esta pierna de cordero cunde mucho.*

|| Hincharse, aumentar de volumen: *el arroz cunde mucho.* || Adelantar, progresar: *su trabajo cunde.* || Ocupar cada vez más extensión: *las manchas de aceite cunden rápidamente.* || Correr: *cunde la voz que no es cierto.*

cuneiforme adj. De forma de cuña. || Dícese especialmente de la escritura de los asirios, persas y medos.

cunero, ra adj. y s. Expósito, inclusero.

cuneta f. Zanja al lado de un camino o carretera para recoger las aguas de lluvia. || Arcén.

cunicultura f. Arte de criar conejos.

cuña f. Pieza terminada en ángulo diedro muy agudo, que sirve para hender cuerpos sólidos, para calzarlos o para rellenar un hueco. || Adoquín de figura de pirámide truncada. || *Anat.* Cada uno de los tres huesos del tarso. || *Fig.* Influencia, recomendación, apoyo: *tener mucha cuña.*

cuñado, da m. y f. Hermano o hermana de uno de los esposos respecto del otro, hermano político.

cuño m. Troquel con que se imprimen las monedas y las medallas. || Sello con que se imprime. || *Fig.* Huella, señal: *dejar el cuño de su personalidad.* || *Fig.* De nuevo cuño, moderno, reciente.

cuota f. Parte o cantidad fija o proporcionada. || Cantidad que aporta cada contribuyente. || Gastos: *la cuota de instalación de teléfono.* || *Amer.* Plazo: *venta por cuotas.*

cupé m. Berlina, coche.

cupido m. *Fig.* Hombre enamoradizo y galanteador.

cupla f. *Amer.* Par de fuerzas.

cuplé m. Copla, cancioncilla.

cupletista com. Cantor, cantora de cuplés.

cupo m. Parte que cada uno debe pagar o recibir en el reparto de una cantidad total. || Cantidad máxima de mercancías que pueden importarse en un período de tiempo determinado. || Cantidad de una cosa racionada que cada persona tiene derecho a recibir.

cupón m. Título de interés unido a una acción, a una obligación, y que se separa en el momento de su vencimiento. || Trozo de papel que se recorta de un documento o cartilla para utilizar el derecho conferido por él. || Vale: *cupón de pedido.* || Billete de la lotería de los ciegos.

cupresáceas f. pl. Plantas coníferas que tienen por tipo el ciprés (ú. t. c. adj.).

cúprico, ca adj. *Quím.* De cobre.

cuprífero, ra adj. Que contiene cobre: *mineral cuprífero.*

cuproníquel m. Aleación de cobre y níquel.

cuproso, sa adj. *Quím.* Dícese de ciertas sales de cobre.

cúpula f. *Arq.* Bóveda semiesférica de algunos edificios monumentales: *la cúpula de San Pedro.*

cupulíferas f. pl. Plantas cuyo fruto está cubierto por una cúpula (ú. t. c. adj.).

cuquería f. *Fam.* Astucia.

cura m. Sacerdote encargado de una feligresía. || *Fam.* Sacerdote católico. | Saliva que salta al hablar. || – *Cura de almas,* párroco. || *Cura de misa y olla,* el poco instruido. || *Fam. Este cura,* yo. || – F. Curación. || Tratamiento a que se somete un enfermo: *hacer una cura de aguas.* || Aplicación de apósitos y remedios. || – *Fig.* y fam. *No tener cura,* ser incorregible. || *Ponerse en cura,* empezar un tratamiento curativo. || *Tener cura,* poderse curar.

curable adj. Que se puede curar.

curación f. Cura médica.

curado, da adj. Seco: *jamón curado.* || *Fig.* Endurecido: *curado de espanto.*

curador, ra adj. y s. Dícese del tutor nombrado para cuidar de los bienes del menor o del incapaz. || – M. Curandero.

curalotodo m. Panacea, medicina que cura todo.

curandero, ra m. y f. Persona que cura sin ser médico.

curar v. i. Ponerse bien un enfermo, sanar (ú. t. c. pr.). || *Fig.* Quitarse un padecimiento moral. || Tener o poner cuidado: *curar de una cosa.* || – V. t. Aplicar al enfermo los remedios adecuados. || Cuidar las heridas. || Exponer al aire o al humo las carnes y pescados para conservarlos: *curar al humo.* || Curtir pieles, preparar para su uso la madera, el tabaco. || *Fig.* Quitar un mal moral. || – V. pr. Tratar: *se cura con antibióticos.* || *Amer.* Embriagarse. || *Méx.* Tomar licor después de una borrachera.

curare m. Veneno que los indios sudamericanos sacan de la raíz del maracure para emponzoñar sus flechas de caza o de guerra.

curasao o **curazao** m. Licor fabricado con cortezas de naranja.

curativo, va adj. Que cura.

curato m. Cargo de cura párroco. || Parroquia.

curbaril m. Árbol leguminoso de la América tropical cuya madera se usa en ebanistería.

curda f. *Fam.* Borrachera. || – Adj. *Fam.* Borracho.

curdo, da adj. y s. Del Curdistán o Kurdistán.

cureña f. Armazón sobre la que se monta el cañón.

cureta f. Legrador.

curia f. Subdivisión de la sociedad romana. || Lugar donde se reunía la curia. || Lugar donde se reunía el Senado. || Tribunal de lo contencioso. || Conjunto de abogados, jueces, escribanos, etc.: *gente de curia.* || Organismo gubernamental, administrativo y judicial de la Santa Sede: *la Curia romana.*

curial adj. Relativo a la curia. || – M. Oficial de la curia.

curiana f. Cucaracha.

curicano, na adj. y s. De Curicó (Chile).

curie m. Unidad de actividad nuclear (símb., Ci).

curio m. Elemento radiactivo (Cm), de número atómico 96.

curiosear v. i. *Fam.* Interesarse en averiguar lo que otros hacen. || – V. t. Ir a ver las cosas que no tienen ningún interés para la persona que lo hace.

curiosidad f. Deseo de ver, de conocer. || Deseo de conocer los secretos, los asuntos ajenos. || Aseo, limpieza. || Cosa curiosa, rareza: *ser aficionado a curiosidades.*

curioso, sa adj. Que tiene curiosidad (ú. t. c. s.). || Que excita curiosidad. || Extraño, raro, sorprendente, singular. || Limpio, aseado, cuidadoso.

curricán m. Aparejo de pesca.

curriculum vitae m. (pal. lat.). Conjunto de datos relativos al estado civil, a los estudios y a la capacidad profesional de una persona, de un candidato a un puesto; historial profesional.

curruca f. Pájaro cantor.

curruscar v. i. Crujir al mascar lo que se come.

currutaco, ca adj. y s. *Fam.* Elegante con afectación, petimetre.

curry m. Carry.

cursado, da adj. Versado.

cursar v. t. Estar estudiando: *cursar Derecho; cursa en Madrid.* || Dar curso, enviar, remitir: *cursé un cable.* || Dar, transmitir: *cursar órdenes.* || Dar curso, hacer que siga su tramitación: *cursar una petición.*

cursi adj. *Fam.* De mal gusto: *vestido cursi.* | Que presume de fino y elegante sin serlo (ú. t. c. s.). | Afectado, remilgado (ú. t. c. s.). || – Pl. Cursis.

cursilería y **cursilada** f. *Fam.* Calidad de cursi. | Mal gusto. | Cosa de mal gusto.

cursilón, ona adj. y s. Cursi.

cursillista com. Estudiante que sigue un cursillo.

cursillo m. Curso breve. || Serie de conferencias sobre determinada materia. || Período de prácticas: *cursillo de capacitación.*

cursivo, va adj. Letra bastardilla (ú. t. c. s.).

curso m. Corriente de agua por un cauce: *el curso del Amazonas.* || Camino recorrido por los astros. || Clase: *un curso de Derecho.* || Año escolar: *curso 1975-1976.* || Texto en que se estudia una asignatura determinada. || Serie o continuación: *el curso del tiempo.* || Desarrollo, período de tiempo: *en el curso de su existencia.* || Corriente: *moneda de curso legal.* || Circulación: *moneda de curso legal.* || Curso, dar rienda suelta; remitir, tramitar.

cursor m. Corredera de algunos aparatos (regla de cálculo, etc.). || *Inform.* Señal móvil que indica el punto activo en la pantalla de la computadora.

curtido m. Acción de curtir. || — Pl. Cueros o pieles curtidos.

curtidor m. El que curte pieles.

curtiduría f. Taller donde se curten y trabajan pieles, tenería.

curtir v. t. Adobar, aderezar las pieles. || *Fig.* Tostar, poner moreno el sol el cutis (ú. t. c. pr.). || *Fig.* Acostumbrar a uno a la vida dura, endurecer: *estar curtido contra el frío* (ú. t. c. pr.).

curul adj. Aplicábase en Roma al edil patricio y a la silla en que se sentaba.

curupay m. *Riopl.* Árbol leguminoso cuya corteza se emplea como curtiente.

curva f. *Geom.* Línea curva, línea cuya dirección cambia progresivamente sin formar ningún ángulo. || Representación gráfica de las fases de un fenómeno: *curva de temperatura, de natalidad.* || Vuelta, recodo: *las curvas de una carretera, de un río.* || Forma redondeada: *las curvas del cuerpo.* || *Topogr.* Línea imaginaria que se utiliza en los mapas, formada por la unión de los puntos que tienen igual altura: *curva de nivel.*

curvado, da adj. Curvo.

curvar v. t. Poner curvo lo que está derecho, encorvar (ú. t. c. pr.).

curvatura f. Forma curva.

curvilíneo, a adj. Dícese de una figura formada por líneas curvas.

curvo, va adj. Que constantemente se va apartando de la dirección recta sin formar ángulos.

cusca f. *Méx.* Cuzca, mujer ligera. || *Fam. Hacer la cusca,* fastidiar, molestar.

cuscurrear v. i. Crujir al mascar alguna cosa.

cuscurro m. Trozo de pan duro.

cuscuta f. Planta convolvulácea parásita que vive sobre el cáñamo, la alfalfa, etc.

cúspide f. Cima, cumbre, el punto más alto de un monte: *la cúspide del Everest.* || *Geom.* Punta del cono o de la pirámide, opuesta a la base. || *Fig.* Cima, cumbre: *la cúspide de los honores.*

custodia f. Vigilancia, guarda: *bajo la custodia de.* || Persona o escolta encargada de custodiar a un preso. || Vaso, generalmente de oro o plata, en el que se expone el Santísimo Sacramento. || Tabernáculo.

custodiar v. t. Guardar con cuidado y vigilancia. || Proteger.

custodio adj. y s. m. Que custodia: *ángel custodio.*

cusumbé y **cusumbo** m. *Amer.* Coatí.

cutáneo, a adj. Del cutis o de la piel: *erupción cutánea liviana.*

cuti f. Abrev. de *cutirreacción.*

cutí m. Tela de algodón.

cutirreacción f. *Med.* Prueba para descubrir ciertas enfermedades (tuberculosis) que consiste en poner en la piel determinadas sustancias (tuberculina) que provocan una reacción visible.

cutis m. Piel del cuerpo humano, especialmente de la cara.

cuy m. *Amer.* Conejillo de Indias.

cuyano, na adj. y s. De Cuyo (Argentina).

cuyo, ya pron. De quien: *el hombre cuya madre conocemos.* || A quien, en el que: *el amigo a cuya generosidad debo esto; el cuarto en cuyo fondo está la chimenea.* (Este pronombre tiene siempre carácter posesivo; precede inmediatamente al nombre y concierta con la cosa poseída y no con el poseedor.)

cuzca f. *Amér. C.* Coqueta. || *Méx.* Mujer ligera. | Prostituta.

cuzma f. Camisa sin mangas de los indios andinos.

cuzqueño, ña adj. y s. De Cuzco (Perú).

CV, abrev. de *caballo de vapor.*

d

d f. Cuarta letra del alfabeto castellano y tercera de sus consonantes. || – **D**, cifra romana que vale 500. || *Mat.* Símbolo de *diferencial*. || *Quím.* Símbolo del *deuterio*. || – **D.**, abrev. de *Don*.

daca, voz compuesta de *da* y *acá*. Da o dame, acá. || *Andar al daca y toma*, andar en dares y tomares.

dacha f. En Rusia, finca de recreo.

dacio, cia adj. y s. De Dacia.

dación f. *For.* Donación.

dactilar adj. Digital: *huellas dactilares*.

dactilografía f. Mecanografía.

dactilográfico, ca adj. Relativo a la dactilografía.

dactilógrafo, fa adj. y s. Mecanógrafo.

dactiloscopia f. Procedimiento que consiste en identificar a las personas por las huellas digitales.

dadaísmo m. Movimiento artístico de vanguardia iniciado en 1916, que tendía a suprimir toda relación entre el pensamiento y la expresión. (Formaron parte de este grupo Tristan Tzara, Picabia, Max Ernst, Paul Eluard.)

dadaísta adj. y s. Perteneciente al dadaísmo.

dádiva f. Don, regalo.

dadivoso, sa adj. y s. Liberal, generoso, propenso a dar.

dado m. Pieza de forma cúbica en cuyas caras hay señalados puntos desde uno hasta seis o figuras, y que sirve para varios juegos de azar.

dado, da adj. Inclinado: *dado a la bebida*. || – Conj. *Dado que*, siempre que; puesto que.

dador, ra adj. y s. Que da. || – M. Portador de una carta. || El que firma la letra de cambio.

daga f. Arma blanca antigua, de hoja corta.

daguerrotipar v. t. Fijar la imagen por medio del daguerrotipo.

daguerrotipia f. Arte de daguerrotipar.

daguerrotipo m. Procedimiento inventado por Daguerre que permitía fijar en una placa de metal las imágenes obtenidas con la cámara oscura. || Imagen obtenida. || Aparato para obtener esta clase de imágenes.

dahomeyano, na adj. y s. De Dahomey.

dalia f. Planta compuesta de flores sin olor. || Flor de esta planta.

dálmata adj. y s. De Dalmacia.

dalmático, ca adj. Dálmata. || – M. Lengua hablada en Dalmacia. || – F. Túnica blanca que llevaban los emperadores romanos. || Vestidura sagrada que se pone encima del alba. || Túnica que llevan los reyes de armas y maceros.

daltoniano, na adj. Relativo al daltonismo. || Que padece daltonismo.

daltonismo m. *Med.* Defecto de la vista que impide distinguir ciertos colores o que los confunde, especialmente el rojo y el verde.

dama f. Mujer noble o de calidad distinguida. || Mujer galanteada. || La que acompaña o sirve a la reina o a las princesas e infantas: *dama de honor, de palacio*. || Actriz que representa los papeles principales. || Manceba. || Pieza coronada en el juego de las damas. || Reina en el ajedrez y en los naipes. || – Pl. Juego que se hace con peones redondos negros y blancos en un tablero escaqueado (dos jugadores).

damajagua f. *Col.* y *Ecuad.* Árbol de tronco grueso, de cuya corteza interior se hacían telas.

damajuana f. Botellón grande y muy ancho.

damasceno, na adj. y s. De Damasco.

damasco m. Tela de seda con dibujos. || Variedad de albaricoque.

damasquillo m. Albaricoque.

damasquinado m. Ataujía o embutido de metales finos.

damasquinar v. t. Incrustar con hilos de oro o plata ciertos objetos.

damasquino, na adj. Damasceno, de Damasco.

damero m. Tablero del juego de damas.

damiana f. *Méx.* Planta herbácea de hojas olorosas.

damisela f. Moza que se las da de dama. || Mujer mundana.

damnación f. Condenación.

damnificado adj. y s. Perjudicado, dañado, siniestrado.

damnificar v. t. Dañar, perjudicar, lesionar.

dáncing m. (pal. ingl.). Sala de baile.

dandismo m. Elegancia de los dandíes.

dandy m. (pal. ingl.). Hombre elegante, a la moda. (Pl. *dandies*.)

danés, esa adj. y s. De Dinamarca.

danta f. *Zool.* Anta. || Tapir.

dantesco, ca adj. Propio de Dante o de su poesía. || Parecido a su estilo.

danto m. *Hond.* y *Nicar.* Tapir.

danubiano, na adj. Del Danubio: *puerto danubiano*.

danza f. Baile, serie de movimientos cadenciosos efectuados al son de la música cantada o tocada. || *Fig. y fam.* Negocio sucio o poco acertado. | Riña, pelea. || *Acción: meter (o entrar) en danza*.

danzador, ra adj. y s. Que danza.

danzante adj. Que danza. || – M. y f. Bailarín. || *Fig. y fam.* Persona informal, casquivana.

danzar v. t. e i. Bailar. || – V. i. Efectuar movimientos rápidos, bullir. || *Fig. y fam.* Entremeterse una persona en un asunto. | Pasar rápidamente de un sitio a otro: *ahora la tienen danzando de un servicio a otro*.

danzarín, ina m. y f. Bailarín.

dañado, da adj. Estropeado.

dañar v. t. Causar daño, perjudicar: *dañarla a uno en su honra*. || Echar a perder una cosa: *el granizo ha dañado las cosechas*. || – V. pr. Lastimarse, hacerse daño.

dañino, na adj. Que hace daño. || Nocivo.

daño m. Detrimento, perjuicio. || Estropicio: *los daños causados por la sequía*. || Dolor: *estos zapatos me hacen daño*. || *Daños y perjuicios*, lo que se reclama de indemnización para reparar un mal.

dañoso, sa adj. Que daña.

*dar v. t. Donar: *dar un regalo*. || Entregar. || Conferir: *dar un título*. || Otorgar, conceder: *dar permiso*. || Proponer: *dar una idea*. || Producir: *el rosal da rosas*. || Declarar, comunicar: *dar conocimiento, noticias*. || Causar: *dar mucho qué hacer*. || Ocasionar, provocar: *dar alegría*. || Sacrificar: *dar su existencia*. || Imponer: *dar leyes a un país*. || Asestar: *dar un puñetazo*. || Administrar: *dar un remedio*. || Proporcionar: *dar sustento*. || Untar: *dar con betún*. || Hacer: *dar los primeros pasos*. || Lanzar, exhalar: *dar voces, un suspiro*. || Sonar las campanadas: *el reloj da las diez* (ú. t. c. i.). || Echar una película o representar una obra de teatro. || Evaluar: *le doy veinte años*. || *Fam.* Fastidiar: *me dio la tarde*. || – ¡*Dale!*, interj. para ponderar la obstinación. || *Dar clases*, hacerlas el profesor o seguirlas el alumno. | *Dar que decir*, provocar la murmuración. || *Dar que hacer*, causar trabajo o molestia. || *Donde las dan las toman*, las malas acciones se pagan con la misma moneda. || *No dar golpe,* no hacer nada. || — V. i. Golpear: *darle fuerte a un niño malo.* || Importar: *da lo mismo.* || Caer: *dar de espaldas.* || Poner en movimiento: *darle a la máquina.* || Pulsar: *dar al botón.* || Empeñarse: *le dio en pintar.* || Tener, sobrevenir: *me dio un calambre.* || Acertar: *dar en el blanco.* || Estar orientado hacia: *la ventana da al patio.* || Ocurrir: *se da el caso.* || Fig. Presagiar: *me da el corazón que va a llover.* || — *Dar con una persona o cosa,* encontrarla. || *Dar de sí,* ensancharse. || *Dar en qué pensar,* despertar sospechas. || *Dar por,* considerar: *dar por acabado algo;* ocurrírsele a uno: *ahora le ha dado por beber.* || — V. pr. Entregarse. || Fig. Ocuparse: *darse a la música.* || Pegarse, topar: *darse contra la pared.* || Considerarse: *darse por contento.* || Producirse las plantas: *esta fruta se da bien aquí.* || — *Fam. Dársela a uno,* engañarle. | *Dárselas de,* presumir de lo que no es. | *Dársele bien a uno algo,* conseguirlo fácilmente.

dardo m. Arma pequeña arrojadiza. || Fig. Dicho satírico.

darienita adj. y s. De Darién (Panamá).

dársena f. Mar. Parte interior y resguardada de un puerto.

darviniano, na adj. Del darvinismo.

darvinismo m. Teoría de Darwin, que trata del origen de las especies por la transformación de unas en otras y la selección natural.

darvinista com. Partidario del darvinismo.

data f. Fecha. || — Com. Conjunto de partidas de descargo.

datar v. t. Poner la fecha: *datar un libro.* || — Com. Poner en las cuentas las partidas de descargo. || — V. i. Remontarse a tal o cual fecha: *nuestra amistad data de 1930.*

dátil m. Bot. Fruto comestible de la palmera. || Zool. Molusco bivalvo parecido a este fruto. || — Pl. Pop. Dedos.

datilera f. Palmera que da dátiles.

dativo m. Gram. En las lenguas declinables, caso que indica la atribución, la destinación. (En castellano se expresa con las preposiciones a y para.)

dato m. Antecedente necesario para el conocimiento de una cosa: *los datos de un problema.* || Documento, testimonio. || Noción, información: *datos estadísticos.*

daudá f. Chil. Planta con propiedades medicinales.

davideño, ña adj. y s. De David (Panamá).

dB, símbolo del *decibel* o *decibelio.*

D.D.T. m. Fuerte insecticida.

de f. Nombre de la letra *d.* || — Prep. Indica la posesión, el origen; la materia; la extracción; el modo de hacer una cosa; el contenido; la separación; las cualidades personales. || Por: *me lo dieron de regalo.* || Desde: *de enero a marzo.* || Durante: *de día, de noche.* || Con:

el señor de las gafas. || Para: *¿qué hay de postre?* || Como: *estuvo aquí de embajador.* || Entre: *tres de estos aviones.* || Restado: *dos de cuatro son dos.* || Se usa a veces para reforzar la expresión: *el bribón de mi hermano.* || Seguida del infinitivo, puede indicar suposición: *de saberlo antes, no venía.*

de jure loc. lat. De derecho.

de profundis m. Salmo penitencial rezado por los difuntos.

deambular v. i. Pasear, andar.

deambulatorio m. Nave que rodea la capilla mayor de una iglesia.

deán m. El que preside el cabildo después del prelado.

deanato m. Dignidad de deán.

debacle f. Catástrofe, desastre, ruina. (Es galicismo.)

debajo adv. En lugar inferior. || Cubierto por: *debajo de un paraguas.* || Galicismo por *bajo.*

debate m. Discusión, disputa.

debatir v. t. Discutir: *discutir una cuestión.* || Combatir, pelear por una cosa. || —V. pr. Galicismo por *luchar, forcejear, agitarse.*

debe m. Com. Parte que señala las partidas de cargo en las cuentas corrientes. (Se opone al *haber.*)

debelación f. Victoria armada.

debelador, ra adj. y s. Que debela.

debelar v. t. Vencer con las armas. || Reprimir una rebelión.

deber v. t. Tener la obligación de pagar: *me debe doscientos euros.* || Estar obligado a algo por precepto religioso o por ley natural o positiva: *debes cumplir las órdenes.* || *Deber de,* haber ocurrido o haber de ocurrir una cosa. || — V. pr. Tener obligación de dedicarse a algo o alguien: *deberse a la patria.* || Tener por motivo: *esto se debe a su ignorancia.* || — M. Lo que cada uno está obligado a hacer: *cumplir con sus deberes.* || Tarea, trabajo escolar: *el niño hace sus deberes.*

débil adj. y s. De poco vigor o fuerza. || Fig. Que transige fácilmente: *ser de carácter débil.* || *Débil mental,* atrasado. || — Adj. Escaso, deficiente: *luz débil.*

debilidad f. Falta de vigor, de fuerza física. || Fig. Falta de energía moral. | Galicismo por *flaqueza, punto flaco,* y por *afecto, cariño: tener una debilidad por uno.* || *Debilidad mental,* atraso intelectual, deficiencia.

debilitación f. Disminución de fuerzas, de actividad.

debilitador, ra y **debilitante** adj. y s. m. Que debilita.

debilitamiento m. Debilitación, debilidad.

debilitar v. t. Disminuir la fuerza (ú. t. c. pr.).

débito m. Deuda. || Deber.

debut m. Presentación o primera actuación de un artista. || Estreno de una obra. (Es galicismo.)

debutante com. Principiante. (Es galicismo.)

debutar v. i. Presentarse por primera vez una obra o un artista. (Es galicismo.)

década f. Decena. || Espacio de diez días o años. || Parte de una obra compuesta de diez capítulos: *"Las Décadas",* de Tito Livio. || Historia de diez personajes.

decadencia f. Declinación, principio de la ruina, de la degradación: *la decadencia de Bizancio, de las costumbres.*

decadente adj. Que decae. || — Adj. y s. Aplícase a los artistas y escritores que cultivan un refinamiento exagerado.

decadentismo m. Lit. Escuela de los decadentistas. | Estilo de un refinamiento excesivo.

decadentista adj. y s. Partidario del decadentismo: *el decadentista Oscar Wilde.*

decaedro m. Geom. Sólido o cuerpo geométrico de diez caras.

*****decaer** v. i. Ir a menos: *comercio que decae.* || Declinar: *fuerzas que decaen.* || Disminuir: *la animación decayó.*

decagonal adj. Del decágono.

decágono m. Geom. Polígono de diez lados.

decagramo m. Peso de diez gramos.

decaído, da adj. En decadencia. || Triste, desalentado. || Débil.

decaimiento m. Decadencia. || Desaliento. || Med. Postración, debilidad general.

decalitro m. Medida de capacidad equivalente a diez litros.

decálogo m. En la religión cristiana, los diez mandamientos de la ley de Dios.

decámetro m. Medida de longitud equivalente a diez metros.

decanato m. Cargo de decano. || Despacho del decano.

decano, na m. y f. Persona más antigua de una comunidad. || La nombrada para presidir una corporación o facultad: *el decano del Colegio de Abogados.*

decantación f. Acción y efecto de decantar.

decantar v. t. Ponderar, celebrar: *decantar las aventuras de un héroe.* || Trasegar un líquido para que caiga sin que salga el poso.

decapante adj. y s. m. Producto que sirve para decapar.

decapar v. t. Desoxidar la superficie de un metal.

decapitación f. Acción y efecto de decapitar.

decapitar v. t. Cortar la cabeza: *decapitaron a los comuneros.*

decápodos m. pl. Familia de crustáceos que tienen cinco pares de patas, como el cangrejo (ú. t. c. adj.). || Familia de moluscos cefalópodos que tienen diez tentáculos, como la jibia y el calamar (ú. t. c. adj.).

decapsular v. t. Quitar la cápsula a un proyectil.

decasílabo, ba adj. y s. De diez sílabas: *verso decasílabo.*

decatlón m. Competición atlética que consta de diez pruebas.

decena f. *Mat.* Conjunto de diez unidades.

decenal adj. Que se sucede o se repite cada decenio. || Que dura diez años.

decenario m. Decenio. || Rosario pequeño de diez cuentas y una más grande.

decencia f. Decoro, recato. || Dignidad en las palabras y los actos.

decenio m. Diez años.

deceno, na adj. Décimo.

decente adj. Conforme a la decencia. || Que obra con dignidad, honestidad o recato: *una mujer decente.* || Correcto: *un libro decente.* || Regular, suficiente: *un ingreso decente.* || Ni bueno ni malo: *un empleo decente.* || Limpio, aseado.

decenvirato m. Empleo y dignidad de los decenviros. || Tiempo que duraba.

decenviro m. Cada uno de los diez magistrados romanos que redactaron la ley de las Doce Tablas. || Antiguo magistrado romano que servía de consejero a los pretores.

decepción f. Desengaño, desilusión.

decepcionar v. t. Desilusionar, desengañar: *este amigo me ha decepcionado mucho.* || Contrariar: *me decepciona el que no vengas.*

deceso m. Muerte.

dechado m. Ejemplo, modelo.

deciárea f. Medida de superficie que equivale a 10 m².

decibel o **decibelio** m. Unidad de medida para expresar la intensidad de los sonidos (símb., dB), que equivale a la décima parte del *bel.*

decidido, da adj. Atrevido, resuelto: *adversario decidido.* || Firme: *apoyo decidido.*

decidir v. t. Pronunciar un juicio sobre una cosa discutida: *decidir una cuestión.* || Determinar, acordar: *decidieron salir.* || Convencer a alguien de hacer algo: *le decidió a que se fuera.* || — V. pr. Tomar una resolución.

decigramo m. Décima parte del gramo.

decilitro m. Décima parte del litro.

décima f. Cada una de las diez partes iguales de un todo. || Composición de diez versos octosílabos. || Décima parte de un grado del termómetro. || Diezmo.

decimal adj. Que tiene por base el número diez. || Aplícase a la fracción cuyo denominador es divisible por diez. || Relativo al diezmo. || — Cada una de las cifras colocadas después de la coma en un número decimal.

decímetro m. Décima parte del metro.

décimo, ma adj. y s. Que va después del noveno. || Aplícase a cada una de las diez partes iguales de un todo (ú. t. c. s. m.). || — M. Décima parte de un billete de lotería.

decimoctavo, va adj. Que va después del decimoséptimo.

decimocuarto, ta adj. Que va después del decimotercero.

decimonono, na adj. Que va después del decimoctavo.

decimoquinto, ta adj. Que va después del decimocuarto.

decimoséptimo, ma adj. Que va después del decimosexto.

decimosexto, ta adj. Que va después del decimoquinto.

decimotercero, ra adj. Que va después del duodécimo.

*****decir** v. t. Manifestar el pensamiento con palabras o por escrito: *decir la verdad.* || Hablar: *dicen muchas cosas de ti.* || Asegurar, sostener, afirmar. || Nombrar o llamar, dar un apodo. || Divulgar, descubrir. || Relatar: *me dijo lo que vio.* || Ordenar: *le dijo que viniera.* || Celebrar: *decir misa.* || Revelar, denotar: *su indumentaria dice su pobreza.* || Parecer familiar: *esto me dice algo.* || *Fam.* Como quien dice o como si dijéramos, expr. que se emplea para explicar lo que se ha dicho. | *Ello dirá,* se verá el resultado. | *Es decir,* esto es. || *Fam.* No haber más que decir, ser insuperable una cosa. | *¡No le digo nada!,* loc. de encarecimiento. | *¡No me digas!,* expr. que indica sorpresa. | Por decirlo así, o digamos, expr. explicativa. | *¡Y usted que lo diga!,* expr. de asentimiento. || — M. Dicho, palabra. || Lo que se dice: *según los decires de…* || Es un decir, es una manera de hablar.

decisión f. Acción de decidir, determinación: *la decisión del Gobierno.* || Ánimo, firmeza, denuedo, entereza. || Fallo de un tribunal.

decisivo, va adj. Que decide. || Que conduce a un resultado definitivo: *batalla decisiva.* || Tajante, categórico: *respuesta decisiva.*

decisorio, ria adj. Decisivo.

declamación f. Acción, arte o manera de declamar. || *Fig.* Empleo de expresiones enfáticas. || Arte de representar obras escénicas.

declamador, ra adj. y s. Que declama.

declamar v. t. e i. Hablar en público. || Expresarse con vehemencia y enfáticamente. || Recitar en voz alta con la entonación adecuada.

declamatorio, ria adj. Ampuloso, grandilocuente.

declaración f. Acción de declarar o declararse. || Enunciación. || *For.* Deposición hecha ante el juez: *declaración de los testigos.* || Confesión: *declaración amorosa.* || Declaración de guerra, acto por el cual una potencia entra en conflicto armado con otra.

declaradamente adv. Manifiestamente, claramente.

declarante adj. y s. Que declara.

declarar v. t. Dar a: *declarar una intención.* || Confesar, descubrir, conocer, manifestar. || Significar: *declarar la guerra.* || Decir de uno cómo se le considera: *declarar incompetente.* || *For.* Hacer una deposición los reos y testigos: *declarar ante el juez.* || Decir en la aduana lo que uno lleva consigo. || Dar conocimiento a la administración de sus ingresos. || — V. pr. Manifestarse una cosa: *se declaró un incendio.* || Hacer confesión de amor. || Determinar hacer algo: *declararse en huelga.*

declaratorio, ria adj. Que declara: *auto declaratorio.*

declinable adj. *Gram.* Que se declina: *palabra declinable.*

declinación f. Pendiente, declive. || *Fig.* Decadencia o menoscabo. || *Gram.* Serie ordenada de los casos gramaticales. || *Astr.* Distancia angular de un astro al ecuador celeste. || *Declinación magnética,* ángulo que forma la aguja magnética con relación al meridiano de un punto.

declinante adj. Que declina.

declinar v. i. Inclinarse. || Ir hacia su fin: *declinar el día.* || *Fig.* Decaer, menguar en salud, inteligencia, etc. || Alejarse del meridiano la aguja imantada. || *Astr.* Alejarse un astro del ecuador. || — V. t. Rehusar, rechazar. | *Gram.* Poner una palabra declinable en los distintos casos.

declive m. y **declividad** f. Inclinación del terreno o de una superficie. || Pendiente.

decocción f. Acción de cocer en agua sustancias vegetales o animales. || Lo que resulta.

decoloración f. Acción y efecto de descolorar o descolorarse.

decolorante m. Producto que sirve para decolorar.

decolorar v. t. Descolorar.

decomisar v. t. Confiscar, incautarse de.

decomiso m. Confiscación. || Cosa decomisada.

decoración f. Acción y efecto de decorar. || Cosa o conjunto de cosas que decoran: *la decoración de un piso.* || *Teatr.* Decorado.

decorado m. Conjunto de lienzos que representan el lugar en que ocurre la escena en una obra de teatro o película.

decorador, ra adj. y s. Que se dedica a decorar.

decorar v. t. Adornar una cosa o sitio con accesorios destinados a embellecerlo.

decorativo, va adj. Relativo a la decoración: *arte decorativo.* || Que adorna. || *Fig.* Que interesa sólo por su presencia.

decoro m. Respeto: *guardar el decoro a uno.* || Recato. || Dignidad: *persona sin decoro.* || *Arq.* Arte de adornar los edificios.

decoroso, sa adj. Que tiene decoro, respetable, recatado: *persona decorosa.* || Decente: *no es decoroso ir ahí.*

*decrecer v. i. Disminuir.

decreciente adj. Que decrece.

decrecimiento m. Disminución, mengua.

decrepitar v. i. Crepitar.

decrépito, ta adj. De edad muy avanzada y achacoso: *persona decrépita.*

decrepitud f. Suma vejez. || *Fig.* Gran decadencia.

decrescendo m. *Mús.* Disminución de la intensidad de una melodía o canto.

decretar v. t. Decidir con autoridad. || Ordenar por decreto: *decretar la movilización general.*

decreto m. Disposición tomada por el jefe de un Estado, el Papa o por alguna otra autoridad. || Resolución de carácter político o gubernativo. || *Decreto ley,* disposición promulgada por el Poder ejecutivo.

decúbito m. Posición del cuerpo tendido sobre un plano horizontal. || *Decúbito supino,* descansando sobre la espalda.

decuplicar v. t. Multiplicar por diez. || *Fig.* Aumentar mucho.

décuplo, pla adj. Diez veces mayor: *número décuplo de otro* (ú. t. c. s. m.).

decuria f. Entre los romanos, grupo de diez soldados y un cabo.

decurión m. Jefe de una decuria.

decurso m. Sucesión o continuación del tiempo.

dedal m. Estuche generalmente metálico que se pone en la extremidad del dedo que empuja la aguja de coser para protegerlo. || Dedil.

dédalo m. *Fig.* Laberinto. | Cosa confusa y enmarañada.

dedazo m. *Méx. Fam.* Designación de una persona para ejercer un puesto sin seguir los procedimientos establecidos. || *Salv.* Delación.

dedicación f. Acción y efecto de dedicar o dedicarse. || Solemnidad que recuerda dicha consagración. || *Trabajo de dedicación exclusiva,* o de *plena dedicación,* el que se hace en la jornada entera.

dedicar v. t. Consagrar al culto. || Dirigir a una persona, como homenaje, una obra: *dedicar un libro.* || Emplear, aplicar. || Destinar: *estas palabras le van dedicadas.* || — V. pr. Entregarse a: *dedicarse al estudio.* || Ocuparse.

dedicativo, va adj. Dedicatorio: *tarea dedicativa.*

dedicatorio, ria adj. Que supone dedicación: *inscripción dedicatoria.* || — F. Fórmula con que se dedica una obra.

dedil m. Funda que se pone en los dedos: *dedil de goma.*

dedillo m. Dedo pequeño. || *Fig. y fam. Saber una cosa al dedillo,* saberla perfectamente.

dedo m. Cada una de las extremidades móviles de la mano o el pie del hombre y de los animales vertebrados.

(Llámase *dedo anular,* al cuarto de la mano; *auricular* o *meñique,* al quinto y más pequeño; *cordial* o *del corazón,* al tercero y más largo; *índice,* al segundo; *gordo* o *pulgar,* al primero.) || Medida del ancho de un dedo. || — *Fig. y fam. A dos dedos de,* muy cerca de. | *Fam. Méx. Coger a uno con los dedos en la puerta,* descubrir la intención oculta, sorprender. | *Chuparse los dedos,* relamerse de gusto. | *Mamarse el dedo,* ser simple o tonto. | *Morderse los dedos,* arrepentirse de algo. | *No tener dos dedos de frente,* ser tonto. | *Poner el dedo en la llaga,* señalar el punto sensible. | *Señalar a uno con el dedo,* censurar en público. || *A dedo,* haciendo autoestop, de aventón: *viajaron a dedo por todo el país.*

deducción f. Acción y efecto de deducir. || Conclusión.

*deducir v. t. Sacar consecuencias de una proposición o supuesto, inferir. || Rebajar: *deducir cierta cantid[...] del sueldo.*

deductivo, va adj. Q[...] ducción: *método dedu[...]*

defalcar v. t. Desfalc[...]

defasaje m. *Electr.* Difere[...] entre dos fenómenos alternativ[...] igual frecuencia. || *Fig.* Diferencia.

defecación f. Heces.

defecar v. t. Quitar las heces o impurezas. || — V. i. Expeler los excrementos.

defección f. Abandono de una causa o motivo con deslealtad.

defectivo, va adj. Defectuoso. || *Gram.* Dícese del verbo que no se emplea en todos los tiempos, modos y personas (ú. t. c. s. m.).

defecto m. Carencia, falta de algo. || Imperfección moral, física o material: *esta madera tiene defectos.*

defectuosidad f. Carácter de defectuoso, imperfección, defecto.

defectuoso, sa adj. Imperfecto: *una edición defectuosa.*

*defender v. t. Luchar para proteger a uno o algo contra un ataque: *defender la ciudad,* a una persona, *sus privilegios.* || Proteger, amparar: *defender al desvalido.* || Abogar en favor de uno o de una idea. || — V. pr. Resistir un ataque.

defenestración f. Acción de arrojar a alguien por la ventana.

defensa f. Acción de defender o defenderse. || Resistencia: *la defensa de Numancia.* || Dispositivos usados para defenderse (ú. t. c. s. pl.). || Amparo, protección: *defensa del perseguido.* || Medio de justificación en un acusado: *en defensa de su honor.* || *For.* Abogado defensor. || En ciertos deportes, parte del equipo que protege la portería. || — Pl. Colmillos de los elefantes, morsas, etc. || Cuernos del toro. || — *Defensa nacional,* todo lo que emprende un país para salvaguardar su seguridad. || *Defensa pasiva,* protección de la población civil contra los ataques aéreos. || *Legítima defensa,* causa eximente de

culpabilidad. || — M. Jugador de la línea de defensa.

defensivo, va adj. Útil para defender: *línea defensiva.* || — F. Aptitud de defensa: *ponerse a la defensiva.*

defensor, ra adj. y s. Que defiende. || *For.* Que defiende a un acusado.

deferencia f. Condescendencia: *asentir por deferencia.* || Respeto: *deferencia a una persona mayor.*

deferente adj. Condescendiente, respetuoso. || *Anat.* Que lleva fuera: *conducto deferente.*

*deferir v. i. Adherirse al dictamen de uno por respeto o cortesía. || — V. t. Atribuir a una jurisdicción o poder: *deferir una causa a un tribunal.*

deficiencia f. Defecto, imperfección. || *Deficiencia mental,* debilidad mental.

deficiente adj. Que presenta una insuficiencia física o mental. || Mediocre: *alumno deficiente.*

[...] Com. Cantidad que falta [...] ingresos se equilibren con [...] (Pl. *déficits.*)

[...]rio, va adj. Que tiene déficit.

[...]ión f. Explicación clara y exac[...] [...]ñificado de una palabra. || De[...]ón de una duda. || Número [...] de puntos en que se divide [...] transmitida por la televisión.

definido, da adj. Explicado: *palabra mal definida.* || Que tiene límites precisos. || *Gram.* Determinado: *artículo definido.*

definidor, ra adj. y s. Que define o determina.

definir v. t. Fijar con precisión el significado de una palabra o la naturaleza de una cosa. || Determinar, resolver una duda. || Precisar: *definir su opinión.* || Acabar cuidadosamente una pintura.

definitivo, va adj. Fijado o resuelto para siempre: *solución definitiva.* || *En definitiva,* después de todo, finalmente.

deflación f. Reducción de la circulación fiduciaria.

deflacionista adj. Que practica la deflación.

deflagración f. Acción de deflagrar. || Explosión violenta.

deflagrador, ra adj. Que deflagra. || — M. Aparato eléctrico para encender los barrenos.

deflagrar v. i. Arder una sustancia súbitamente con llama y sin explosión.

deflector m. Aparato para desviar la dirección de un fluido.

defoliación f. Caída prematura de las hojas de los vegetales.

deforestación f. Acción y efecto de deforestar: *la deforestación arruina el suelo.*

deforestar v. t. Dejar sin árboles el terreno: *quieren deforestar buena parte del Amazonas.*

deformación f. Alteración de la forma normal. || *Deformación profesional,* apreciación errónea de los hechos o costumbres adquiridas por el ejercicio de una profesión.

DEF **deformador, ra** adj. y s. Que deforma.

deformar v. t. Alterar la forma de una cosa (ú.: t. c. pr.). || *Fig.* Alterar la verdad.

deforme adj. De forma anormal, desproporcionado.

deformidad f. Alteración persistente en la forma, en las posiciones. || *Fig.* Error.

defraudación f. Fraude.

defraudador, ra adj. y s. Que defrauda.

defraudar v. t. Usurpar a uno lo que le toca de derecho: *defraudar a sus acreedores.* || Eludir el pago de impuestos: *defraudar al fisco.* || *Fig.* Frustrar: *defraudar las ilusiones, las esperanzas.*

defunción f. Muerte, fallecimiento: *partida de defunción.*

degeneración f. Degradación. || Alteración de la estructura de una parte del cuerpo.

degenerado, da adj. y s. Que muestra degeneración física, intelectual o moral.

degenerante adj. Que degenera.

degenerar v. i. Decaer, degradarse, no corresponder a su origen una persona o cosa. || Perder el mérito, el valor físico o moral. || Cambiar empeorando: *el resfriado degeneró en bronconeumonía.* || — V. pr. Bastardear.

degollación f. Degüello.

degolladero m. Matadero de animales. || Cadalso.

degollamiento m. Degüello.

*degollar v. t. Cortar la garganta o la cabeza: *degollar una res, un reo.* || Escotar o sesgar el cuello de un vestido. || *Taurom.* Dar una estocada delantera al toro, haciéndole echar sangre por la boca. || *Teatr.* Representar mal una obra. || *Fig.* Desbaratar, arruinar.

degollina f. *Fam.* Matanza.

deglución f. Paso de los alimentos de la boca al estómago.

deglutir v. t. e i. Tragar.

degradación f. Acción y efecto de degradar o degradarse. || *Fig.* Envilecimiento. || Disminución gradual de la intensidad del color en una pintura.

degradante adj. Que degrada.

degradar v. t. Rebajar de grado o dignidad: *degradar a un militar.* || Envilecer: *degradado por la bebida.* || Disminuir progresivamente la intensidad de un color en una pintura.

degüello m. Acción de degollar. || Matanza: *entrar a degüello.* || *Fig.* y fam. *Tirar a degüello,* encarnizarse.

degustación f. Acción de degustar.

degustar v. t. Probar alimentos o bebidas para apreciar su calidad.

dehesa f. Campo de pastos. || *Fam. Soltar el pelo de la dehesa,* civilizarse.

dehiscencia f. Apertura de las anteras de una flor o de los frutos.

deicida adj. y s. Dícese de los que dieron muerte a Jesucristo.

deicidio m. Crimen del deicida.

deidad f. Divinidad. || Dios del paganismo.

deificación f. Acción y efecto de deificar.

deificar v. t. Divinizar.

deísmo m. Doctrina que reconoce la existencia de Dios pero que no admite la revelación y el culto externo.

deísta adj. y s. Partidario del deísmo.

dejación f. Abandono, cesión.

dejadez f. Pereza, falta de energía. || Descuido, negligencia.

dejado, da adj. Perezoso. || Negligente, descuidado (ú. t. c. s.). || Falto de ánimo. || — F. En tenis, pelota muy corta y sin fuerza. || Dejación. || *Méx.* Carrera (trayecto y precio) de un coche de punto.

dejante prep. *Chil.* y *Col.* Aparte de, además de.

dejar v. t. Soltar una cosa: *deja este libro.* || Poner algo que se había cogido en un sitio: *deja este florero aquí.* || Abandonar, apartarse: *dejar a su mujer, su país.* || Cesar: *dejar sus estudios.* || No quitar: *dejó el polvo en los muebles.* || Hacer que quede de cierto modo: *esta noticia lo dejó pasmado.* || Dar: *le dejó una carta para mí.* || Prestar: *te dejaré mi tocadiscos para unos días.* || Olvidar: *dejé el paraguas en casa* (ú. t. c. pr.). || Omitir: *dejar de hacer lo prometido.* || Permitir, no impedir: *deja a su hijo que salga.* || Producir: *los pasos dejan huellas;* el negocio le deja ganancia. || No molestar: *déjalo tranquilo.* || Despreocuparse: *déjalo que se las arregle.* || Aplazar: *deja este trabajo para mañana.* || Esperar: *deja que venga para decírselo.* || Entregar: *dejar al cuidado de uno.* || Designar, considerar: *dejar como heredero.* || Legar. || — *Fig. Dejar caer,* insinuar una cosa fingiendo no darle importancia. | *Dejar correr,* permitir. | *Dejar fresco,* no preocupar. || *No dejar de,* no cesar; forma que sirve para afirmar: *no deja de extrañarme su conducta.* || — V. pr. Descuidarse. || Abandonarse, entregarse: *dejarse llevar por la corriente.* || Cesar: *déjese de llorar; déjate de tonterías.* || *Fig.* y fam. *Dejarse caer,* presentarse inesperadamente.

deje m. Dejo, acento en el hablar. || *Deje de cuenta,* mercancía rechazada después de solicitada a un fabricante o proveedor.

dejo m. Deje. || Gustillo que queda de la comida o bebida. || *Fig.* Impresión que queda después de hecha una cosa.

del, contracción de la preposición *de* y el artículo *el.*

delación f. Denuncia, acusación.

delantal m. Prenda que sirve para proteger los vestidos, mandil.

delante adv. En la parte anterior: *ir delante.* || Enfrente: *hay un hotel delante de mi casa.* || En presencia de, a la vista de: *lo hizo delante de mí.*

delantero, ra adj. Que va delante. || Anterior, que está delante. || —M. Jugador que forma parte de la línea de ataque en un equipo deportivo. || F. Parte anterior de una cosa. || Primera fila de asientos en un local público. ||

Anticipación en el tiempo o el espacio: *llevar la delantera.* || Línea de ataque en un equipo deportivo. || *Coger* (o tomar) *la delantera,* adelantarse a uno o anticipársele.

delatar v. t. Revelar a la autoridad un delito y designar a su autor: *delatar a los cómplices.*

delator, ra adj. y s. Denunciador, acusador.

delco m. Distribuidor eléctrico que produce el encendido del motor de explosión.

dele y **deleátur** m. Signo de corrección que indica en las pruebas de imprenta que ha de quitarse una letra o palabra.

delectación f. Deleite.

delegación f. Acción y efecto de delegar. || Cargo y oficina del delegado. || Reunión de delegados: *la delegación española en la O. N .U.* || *Méx.* División política de una ciudad. || Comandancia de policía.

delegado, da adj. y s. Aplícase a la persona que actúa en nombre de otra.

delegar v. t. Dar autorización a uno para actuar en lugar de otro: *delegar en* [o a] *uno su poder.*

deleitable adj. Deleitoso.

deleitación f. Deleite.

deleitar v. t. Causar placer en el ánimo o los sentidos. Ú. t. c. pr.: *deleitarse en la lectura.*

deleite m. Placer: *leer con deleite.* || Placer sensual.

deleitoso, sa adj. Que causa deleite, sumamente agradable.

deletéreo, a adj. Venenoso.

deletrear v. t. Pronunciar las letras y las sílabas por separado.

deletreo m. Acción de deletrear.

deleznable adj. Que se disgrega fácilmente: *barro deleznable.* || Resbaladizo. || *Fig.* Poco durable. | Desagradable: *clima deleznable.*

delfín m. Cetáceo carnívoro que puede alcanzar tres metros de largo. || Título que se daba en Francia al príncipe heredero desde 1349.

delgadez f. Estado de delgado.

delgado, da adj. Poco grueso: *hilo delgado.* || Flaco: *quedarse delgado.*

deliberación f. Discusión sobre un asunto. || Reflexión.

deliberado, da adj. Voluntario.

deliberante adj. Que delibera: *asamblea deliberante.*

deliberar v. i. Examinar y discutir una cosa antes de tomar una decisión: *las Cortes deliberan.* || Reflexionar sobre un asunto.

deliberativa, va y **deliberatorio, ria** adj. De la deliberación.

delicadeza f. Finura: *delicadeza del gusto.* || Suavidad. || Miramiento, atención, amabilidad: *tener mil delicadezas con uno.* || Escrupulosidad. || Discreción.

delicado, da adj. Agradable al gusto, exquisito: *manjar delicado.* || Endeble, enfermizo: *delicado de salud.* || Frágil, quebradizo. || Escrupuloso, susceptible: *carácter delicado.* || Discreto, cuidadoso de no ofender. || Complicado: *un asunto delicado.* || Difícil de contentar. Ú. t. c. s.: *hacer el delicado.* || Sensible. || Ingenioso. || Fino: *facciones delicadas.* || Atento. || Primoroso, exquisito. || Hecho con gusto.

delicatessen f. pl. Comestibles y bebidas finos. || Comercio donde se venden.

delicia f. Placer extremo. || Encanto: *esta mujer es una delicia.*

delicioso, sa adj. Muy agradable. || Encantador: *mujer deliciosa.*

delictivo, va y **delictuoso, sa** adj. Relativo al delito.

delicuescente adj. Que absorbe la humedad del aire y se transforma lentamente en líquido.

delimitado, da adj. Acción y efecto de delimitar: *la zona de estacionamiento está delimitada por vallas.*

delimitar v. t. Limitar, deslindar. || Fijar los límites de algo.

delincuencia f. Calidad de delincuente. || Conjunto de actos delictivos en un país o época: *delincuencia juvenil.*

delincuente adj. y s. Que es culpable de un delito.

delineación f. Diseño.

delineamiento m. Delineación.

delineante m. y f. Dibujante que traza planos o proyectos.

delinear v. t. Trazar las líneas de una cosa: *delinear un plano.* || — V. pr. Perfilarse.

delinquir v. i. Cometer delito.

delirante adj. Que delira. || Excesivo, frenético: *ovaciones delirantes.*

delirar v. i. Desvariar: *el enfermo delira.* || Tener perturbada la razón. || *Fig.* Disparatar.

delirio m. Acción de delirar. || Perturbación mental causada por una enfermedad: *delirio de la persecución.* || *Fig.* Agitación grande originada por las pasiones, las emociones. || *Fig.* Disparate.

delírium tremens m. Delirio con agitación y temblor de miembros, frecuente en los alcohólicos.

delito m. Infracción a la ley, de menos gravedad que el crimen. || *Cuerpo del delito,* objeto que sirve para hacerlo constar.

delta f. Cuarta letra del alfabeto griego, que corresponde a la *d: la delta tiene la forma de un triángulo* (Δ). || — M. Terreno bajo triangular formado en la desembocadura de un río: *el delta del Ebro.*

deltoides adj. De forma de delta mayúscula. || *Anat.* Dícese del músculo triangular del hombro (ú. t. c. s. m.).

demacración f. Adelgazamiento por desnutrición o enfermedad.

demacrado, da adj. Sumamente delgado: *rostro demacrado.*

demacrarse v. pr. Adelgazar mucho.

demagogia f. Gobierno de la plebe. || Política que intenta agradar al pueblo.

demagógico, ca adj. De la demagogia.

demagogo, ga m. y f. Persona que intenta ganar influencia política halagando al pueblo.

demanda f. Petición. || *For.* Petición a un tribunal del reconocimiento de un derecho. | Acción que se ejercita en juicio. || *Com.* Pedido o encargo de mercancías. | Conjunto de los productos y servicios que los consumidores están dispuestos a adquirir: *la oferta y la demanda.* || Limosna para un fin benéfico. || Busca. || Pregunta. || Empresa o intento.

demandado, da m. y f. *For.* Persona acusada en un pleito civil.

demandante adj. y s. *For.* Que demanda: *abogado demandante.*

demandar v. t. *For.* Presentar querella ante un tribunal civil: *demandar en juicio.* || Pedir. || Desear, apetecer.

demarcación f. Limitación: *línea de demarcación.* || Territorio demarcado. || Jurisdicción.

demarcar v. t. Limitar.

demás adj. Precedido del artículo *lo, la, los, las* significa *lo otro, la otra, los otros, las otras.* || — Adv. Además. || — *Estar demás,* ser inútil. || *Por demás,* inútil; demasiado. || *Por lo demás,* aparte de esto. || *Y demás,* etcétera.

demasía f. Exceso: *cometer demasías.* || Atrevimiento, descaro. || *En demasía,* excesivamente.

demasiado, da adj. Más de lo necesario: *había demasiadas personas.* || Excesivo, sobrado: *tienen demasiada confianza.* || — Adv. En demasía, excesivamente.

demencia f. Locura.

demencial adj. Característico de la demencia.

demente adj. y s. Loco.

democracia f. Gobierno en que el pueblo ejerce la soberanía, eligiendo a sus dirigentes. || Nación gobernada por este sistema.

demócrata adj. y s. Partidario de la democracia.

democrático, ca adj. Conforme con la democracia: *régimen democrático.*

democratización f. Acción y efecto de democratizar.

democratizar v. t. Hacer demócratas a las personas y democráticas las instituciones. || Poner al alcance de todos: *democratizar la universidad.*

demografía f. Estudio estadístico de la población humana.

demográfico, ca adj. Referente a la demografía: *estudio, registro demográfico.*

demógrafo m. Especialista de demografía.

demoledor, ra adj. y s. Que demuele: *crítica demoledora.*

*demoler v. t. Deshacer, derribar, destruir.

demolición f. Derribo, destrucción: *la demolición del barrio.*

demoniaco, ca adj. Concerniente al demonio. || Endemoniado (ú. t. c. s.).

demonio m. Ángel rebelde, diablo. || *Mit.* Genio o ser sobrenatural. || *Fig.* Persona mala o traviesa.

demora f. Tardanza, retraso: *llegar algo con demora.* || Tiempo de espera para conseguir una conferencia telefónica internacional o interurbana. || Cada uno de los meses que debía trabajar obligatoriamente el indio americano en las minas.

demorar v. t. Retardar, diferir: *demorar el pago de una deuda.* || — V. i. Detenerse en un lugar. || Tardar: *me he demorado mucho.*

demoroso, sa adj. y s. *Arg., Bol.* y *Chil.* Lento, calmoso.

demostración f. Acción de demostrar. || Razonamiento por el cual se da pruebas de la exactitud de una proposición: *demostración matemática, de un teorema.* || Comprobación experimental de un principio. || Manifestación, prueba.

*demostrar v. t. Probar de un modo evidente: *demostrar una proposición.* || *Fig.* Atestiguar: *demostrar inteligencia.* | Dar pruebas: *demostrar buena voluntad.*

demostrativo, va adj. Que demuestra. || *Gram.* Dícese de los adjetivos y pronombres que señalan personas o cosas (ú. t. c. s. m.).

demudar v. t. Mudar, variar. || Alterar repentinamente el color, la expresión del semblante: *rostro demudado por la cólera.* || — V. pr. Inmutarse: *su cara se demudó.*

denario, ria adj. y s. Decimal. || — M. Moneda romana de plata.

dendrita f. Concreción mineral arborescente. || Árbol fósil. || *Anat.* Prolongación protoplasmática de una neurona.

dendrítico, ca adj. *Min.* De forma de dendrita.

denegación f. Negación.

*denegar v. t. Negar, rehusar, no conceder lo que se pide.

denegatorio, ria adj. Que incluye denegación.

dengue m. Melindre, remilgo (ú. m. en pl.). || Especie de chal de paño. || Enfermedad epidémica contagiosa de los países tropicales parecida a la gripe. || *Pop.* Demonio. || *Amer.* Contoneo.

denguear v. i. Hacer remilgos. || — V. pr. *Amer.* Contonearse.

denigración f. Difamación, desprecio.

denigrador, ra y **denigrante** adj. Que denigra, deshonroso: *palabras denigrantes.*

denigrar v. t. Desacreditar, atacar la fama de una persona: *denigrar por envidia el talento ajeno.* || Injuriar, insultar.

denigrativo, va adj. Que denigra, denigrante.

denodado, da adj. Valiente. || Esforzado, decidido.

denominación f. Nombre con que se designa una persona o cosa.

denominado adj. *Mat.* Dícese del número complejo.

denominador, ra adj. y s. Que denomina. || — M. *Mat.* Divisor en el quebrado.

denominar v. t. Nombrar, llamar, dar un nombre.

denominativo, va adj. Que implica denominación.

***denostar** v. t. Injuriar.

denotar v. t. Indicar, revelar.

densidad f. Calidad de denso. || *Fís.* Relación entre la masa de un cuerpo y la del agua o del aire que ocupa el mismo volumen. || *Densidad de población*, número de habitantes por kilómetro cuadrado.

densímetro m. *Fís.* Areómetro para medir la densidad de los líquidos.

denso, sa adj. Compacto, muy pesado en relación con su volumen. || *Fig.* Espeso: *neblina densa.* | Apiñado: *denso auditorio.* | Apretado: *bosque denso.* | Oscuro, confuso: *pensamiento denso.*

dentado, da adj. Que tiene dientes: *rueda dentada.* || — M. Borde semejante a los dientes de una sierra: *el dentado de los sellos.*

dentadura f. Conjunto de los dientes, de una persona o animal.

dental adj. Referente a los dientes: *arteria dental; crema dental.* || — Adj. y s. f. Dícese de las consonantes que se pronuncian tocando los dientes con la lengua (*d, n, t*).

***dentar** v. t. Formar dientes en algo: *dentar una sierra.* || — V. i. Echar dientes.

dentellada f. Mordisco.

dentellado, da adj. Que tiene dientes o muescas.

dentellar v. i. Castañetear los dientes: *dentellar de miedo.*

dentellear v. t. Morder.

dentera f. Sensación desagradable en los dientes al comer, ver ciertas cosas u oír ciertos ruidos desagradables. || *Fig.* y *fam.* Envidia.

dentición f. Acción y efecto de echar los dientes. || Tiempo en que se realiza.

denticulado, da adj. *Bot.* Que tiene dentículos o dientes: *hojas denticuladas.*

denticular adj. Que tiene forma de dientes.

dentífrico, ca adj. y s. m. Que sirve para limpiar los dientes: *pasta dentífrica.*

dentina f. Marfil de los dientes.

dentirrostros m. pl. Suborden de pájaros que tienen puntas y escotaduras en el pico a modo de dientes, como el mirlo (ú. t. c. adj.).

dentista com. Médico cirujano que se dedica a cuidar y arreglar los dientes, odontólogo.

dentistería f. *Col., C. Rica, Ecuad.* y *Venez.* Consultorio del dentista, clínica dental.

dentro adv. A o en el interior de un espacio de terreno o de tiempo: *dentro de la casa, de un año.*

dentudo, da adj. Que tiene dientes desproporcionados.

denudación f. Estado de un árbol sin corteza, de un hueso al desnudo, de un terreno sin vegetación, inculto.

denudar v. t. Provocar la denudación: *denudar un hueso.*

denuedo m. Valor.

denuesto m. Insulto.

denuncia f. Acusación, delación. || Anulación.

denunciación f. Denuncia.

denunciador, ra y **denunciante** adj. y s. Que denuncia.

denunciar v. t. *For.* Acusar ante la autoridad: *denunciar a uno como autor de un delito.* || Declarar el estado ilegal de algo. || Anular, cancelar: *denunciar un convenio.* || *Fig.* Revelar, descubrir: *denunciar un secreto.* || Indicar. | Pronosticar. || *Amer.* Solicitar la concesión de una mina.

deontología f. Ciencia o tratado de los deberes. || *Deontología médica,* reglas para las relaciones de los médicos entre sí o de los facultativos con los enfermos.

deparar v. t. Ofrecer, presentar: *deparar una oportunidad.* || Conceder, proporcionar.

departamental adj. Relativo al departamento.

departamento m. División territorial en ciertos países. || Ministerio o división administrativa: *el departamento de Guerra, de Marina, de Hacienda.* || Cada una de las partes en que se divide una caja, un edificio, un vagón de ferrocarril, etc. || Conjunto de los puestos de un almacén que venden la misma clase de géneros: *el departamento de las corbatas.* || *Piso,* apartamento.

departir v. i. Hablar.

depauperación f. Empobrecimiento. || *Med.* Debilitación del organismo.

depauperar v. t. Empobrecer. || *Med.* Debilitar.

dependencia f. Sujeción, subordinación: *la dependencia de los efectos a las causas.* || Oficina dependiente de otra superior. || Sucursal. || Relación de parentesco o amistad. || Conjunto de dependientes de una casa de comercio. || — Pl. Cosas accesorias de otra principal. || Habitaciones en un edificio grande. || Conjunto de edificios donde vive una servidumbre.

depender v. i. Estar bajo la dependencia de uno. || Ser consecuencia, estar determinado por algo: *mi decisión depende de la tuya.* || Estar sometido a las circunstancias.

dependienta f. Empleada.

dependiente adj. Que depende. || — M. o f. Empleado: *dependiente de una tienda de comestibles.*

depilación f. Acción y efecto de depilar o depilarse.

depilar v. t. Quitar los pelos o vello (ú. t. c. pr.).

depilatorio, ria adj. y s. m. Producto usado para depilar.

deplorable adj. Lamentable. || Que inspira compasión.

deplorar v. t. Lamentar profundamente: *deplorar un suceso.*

deponente adj. y s. m. *Gram.* Dícese de un verbo latino de forma pasiva y significación activa. || *For.* Testigo.

***deponer** v. t. Dejar, apartar de sí: *deponer un resentimiento; deponer las armas.* || Destituir de un empleo o dignidad: *deponer a una autoridad.* || Declarar ante el juez u otro magistrado. || — V. i. Evacuar el vientre.

deportación f. Destierro a un punto determinado. || Prisión en un campo de concentración en el extranjero.

deportar v. t. Condenar a deportación.

deporte m. Práctica metódica de ejercicios físicos.

deportismo m. Afición a los deportes. || Deporte.

deportista adj. y s. Que practica uno o varios deportes.

deportivamente adv. Lealmente: *reconocer deportivamente la derrota.*

deportividad f. Carácter deportivo. || Lealtad.

deportivo, va adj. Relativo al deporte: *diario, coche deportivo.*

deposición f. Privación de empleo o dignidad: *la deposición de un monarca.* || *For.* Declaración hecha ante el juez. || Evacuación del vientre.

depositador, ra y **depositante** adj. y s. Que deposita.

depositar v. t. Poner bienes o cosas de valor bajo la custodia de persona que responda de ellos: *depositar fondos en el Banco.* || Colocar en un lugar determinado. || Sedimentar un líquido. || *For.* Sacar el juez a una menor de su domicilio y colocarla en un sitio de puede expresar libremente su voluntad. || *Fig.* Fundar esperanzas, ilusiones, etc., en algo o alguien. || — V. pr. Sedimentarse.

depositaría f. Oficina en la que se efectúan los depósitos.

depositario, ria m. y f. Persona a quien se confía un depósito o algo material como un secreto, la confianza, etc.

depósito m. Acción y efecto de depositar. || Cosa depositada. || Recipiente para contener un líquido: *depósito de gasolina.* || Sedimento de un líquido. || Almacén, lugar donde se guardan mercancías. || *Depósito de cadáveres,* sitio donde se expone el cuerpo de las personas muertas en la vía pública o cuya identidad se desconoce.

depravación f. Acción de depravar o depravarse. || *Fig.* Corrupción, vicio, perversión.

depravado, da adj. Pervertido, desenfrenado en las costumbres (ú. t. c. s.).

depravador, ra adj. y s. Que deprava: *literatura depravadora.*

depravar v. t. Alterar. || *Fig.* Pervertir, corromper.

deprecación f. Ruego ferviente.

deprecar v. t. Suplicar.

deprecativo, va y **deprecatorio, ria** adj. En forma de ruego.

depreciación f. Disminución del valor o precio.

depreciar v. t. Hacer disminuir el precio o valor de una cosa.

depredación f. Pillaje, robo con violencia. || Malversación o exacción injusta por abuso de autoridad o de confianza.

depredador, ra adj. y s. Que depreda.

depredar v. t. Robar, saquear con violencia y destrozo.

depresión f. Hundimiento natural o accidental en un terreno o superficie. || Abatimiento del ánimo. || Debilitación. || *Fís.* Descenso de presión: *depresión barométrica*. || Disminución de actividad económica que precede o sigue a una crisis.

depresivo, va adj. Deprimente.

depresor, ra adj. Que deprime. || — M. Instrumento que sirve para bajar la lengua a un enfermo y examinarle la garganta.

deprimente adj. Que deprime.

deprimido, da adj. Que sufre depresión.

deprimir v. t. Reducir el volumen por presión. || *Fig.* Quitar las fuerzas, debilitar, abatir (ú. t. c. pr.). || — V. pr. Disminuir un cuerpo de volumen o cambiar de forma por efecto de algún hundimiento parcial.

deprisa adv. m. De prisa. (Debe escribirse separado.)

depuración f. Acción de depurar: *fábrica de depuración.*

depurador, ra adj. Que depura. || — M. Aparato para la depuración: *depurador de aire.*

depurar v. t. Limpiar. || Rehabilitar.

depurativo, va adj. y s. m. Dícese del medicamento que depura la sangre, el organismo.

depuratorio, ria adj. Que depura o purifica.

derby m. (pal. ingl.). Carrera anual de caballos en Epsom (Inglaterra).

derecha f. Lado derecho. || Mano derecha. || La parte más moderada o conservadora de una colectividad política. || — A la derecha, a mano derecha, por el lado derecho. || *No hacer nada a derechas,* hacer todo mal.

derechazo m. Golpe dado en la mano derecha. || *Taurom.* Muletazo con la mano derecha.

derechismo m. Doctrina política de derecha.

derechista com. Miembro de un partido político de derecha.

derecho m. Conjunto de las leyes y disposiciones a que está sometida toda la sociedad civil. || Su estudio: *cursar el primer año de Derecho.* || Facultad de hacer una cosa, de disponer de ella o de exigir algo de una persona: *tener derecho a cierta consideración.* || Tributo, tasa: *derechos de aduana.* || Anverso, lado mejor labrado en una tela.

|| — Pl. Honorarios. || — *Derecho canónico,* normas doctrinales de la Iglesia católica. || *Derecho civil,* el que determina las relaciones privadas de los ciudadanos entre sí. || *Derecho consuetudinario,* el que se funda en la costumbre. || *Derecho de gentes* o *internacional,* el que regula las relaciones entre los pueblos. || *Derecho natural,* conjunto de reglas morales que se fundan en el buen sentido y la equidad. || *Derecho positivo,* el establecido por las leyes. || *Derecho público,* el que regula el orden del Estado.

derecho, cha adj. Recto: *camino derecho.* || Vertical: *poner derecho un poste.* || Que no está encorvado. || Dícese de lo que está colocado en el cuerpo del hombre, del lado opuesto al del corazón: *mano derecha.* || Aplícase a las cosas que están del lado de la mano derecha de la persona que mira. || Justo, legítimo. || — Adv. Derechamente, directamente: *ir derecho.*

derechohabiente adj. y s. Aplícase a la persona cuyos derechos derivan de otra.

deriva f. Desvío del rumbo de un barco o una aeronave por efecto del viento o una corriente. || *Fig.* A la deriva, sin gobierno. || *Geol.* Deriva continental, desplazamiento lento de los continentes debido a que flotan sobre el magma del interior de la tierra.

derivación f. Acción de derivar. || Pérdida de fluido en una instalación eléctrica. || *Gram.* Procedimiento para formar vocablos mediante la adición de sufijos, etc. || *Tecn.* Canalización secundaria que arranca de otra principal.

derivado, da adj. *Gram.* Dícese de la palabra que procede de otra: *cuchillada, derivada de cuchillo* (ú. t. c. m.). || — M. *Quím.* Producto que se saca de otro. || — F. *Mat.* Derivada de una función, de una variable, límite hacia el cual tiende la relación entre el incremento de la función y el atribuido a la variable cuando este tiende a cero.

derivar v. i. Traer su origen de una cosa (ú. t. c. pr.). || Desviarse (ú. t. c. pr.). || — V. t. Dirigir, encaminar. || Cambiar la dirección o rumbo. || *Gram.* Traer una palabra de cierta raíz, como *marina, de mar.* || Llevar parte de una corriente o conducto en otra dirección. || *Mat.* Obtener una función derivada. || — V. pr. *Fig.* Proceder.

derivativo, va adj. Que indica derivación. || — M. *Med.* Medicamento que atrae a un punto la inflamación o los humores acumulados en otro.

dermatitis f. Inflamación cutánea o de la piel.

dermatoesqueleto m. Caparazón exterior y duro de los crustáceos y quelonios.

dermatología f. Estudio de las enfermedades de la piel.

dermatólogo m. Especialista en enfermedades de la piel.

dermatosis f. Cualquier enfermedad eruptiva de la piel.

dérmico, ca adj. De la piel.

dermis f. Capa inferior y más gruesa de la piel.

dermitis f. Dermatitis.

dermorreacción f. Cutirreacción o reacción cutánea.

derogación f. Abolición, anulación.

derogar v. t. Abolir, anular: *derogar una ley.*

derogatorio, ria adj. *For.* Que deroga: *cláusula derogatoria.*

derrama f. Repartimiento de un impuesto o gasto. || Contribución extraordinaria.

derramadero m. Vertedero.

derramamiento m. Acción y efecto de derramar o derramarse.

derramar v. t. Verter: *derramar agua en el suelo.* || Esparcir: *derramar arena.* || Repartir los impuestos. || *Fig.* Propagar, divulgar: *derramar una noticia.*

derrame m. Derramamiento. || Salida de un líquido. || Cantidad de líquido que se sale de un recipiente roto o estropeado. || Corte oblicuo del muro en una puerta o ventana. || Subdivisión de un valle. || Declive. || *Med.* Acumulación de humor en una cavidad o salida del mismo al exterior del cuerpo: *derrame sinovial.*

derrapar v. i. Galicismo por *resbalar* o *patinar un coche.*

derrelicto, ta adj. *Mar.* Embarcación u objeto que queda abandonado en el mar.

derrengado, da adj. Torcido. || *Fig.* Molino, baldado.

derrengar v. t. Descaderar, lastimar el espinazo. || Torcer, inclinar. || *Fig.* y *fam.* Cansar (ú. t. c. pr.).

derretimiento m. Acción de derretir o derretirse: *derretimiento de un metal, de la nieve.* || *Fig.* Afecto o amor apasionado.

*derretir v. t. Liquidar por medio del calor: *derretir sebo.* || *Fig.* Consumir, derrochar su fortuna. || — V. pr. Volverse líquido. || *Fig.* y *fam.* Enamorarse locamente. | Consumirse, estar lleno de impaciencia o inquietud.

derriba f. *Col., Hond., Méx., Nicar.* y *Pan.* Acción y efecto de desmontar, desmonte.

derribar v. t. Echar a tierra: *derribar una muralla, un edificio, una persona.* || Hacer caer: *derribar un avión.* || Echar abajo, a rodar: *derribar los bolos.* || Tirar al suelo las reses con la garrocha. || *Fig.* Derrocar: *derribar a un privado.* | Postrar, hacer caer de su posición, humillar. | Sujetar las pasiones. || — V. pr. Tirarse o caerse al suelo.

derribo m. Acción y efecto de derribar. || Materiales sacados de la demolición. || Sitio donde se derriba.

derrick m. (pal. ingl.). Torre de perforación en un pozo de petróleo.

derriscar v. t. y pr. *Esp., Cub.* y *P. Rico.* Despeñar.

derrocamiento m. Acción y efecto de derrocar.

derrocar v. t. Despeñar. || *Fig.* Derribar: *derrocar una casa.* | Destituir, deponer: *derrocar de un cargo.* | Echar abajo, hacer caer: *derrocar la monarquía.*

derrochador, ra adj. y s. Despilfarrador, que derrocha el dinero.

derrochar v. t. Malgastar, despilfarrar: *derrochar su fortuna.*

derroche m. Despilfarro, dilapidación. || *Fig.* Profusión: *un derroche de luces.*

derrota f. *Mil.* Fuga en desorden de un ejército. || *Fig.* Fracaso, revés: *las derrotas de la vida.* || *Mar.* Rumbo o ruta. || Camino, sendero, vereda.

derrotar v. t. *Mil.* Vencer al ejército contrario. || Batir, superar: *derrotar a un candidato en las elecciones.* || Derrochar, dilapidar su fortuna. || Dañar la salud. || *Mar.* Desviar un barco de su rumbo (ú. t. c. pr.). || Dar cornadas el toro.

derrotero m. *Mar.* Rumbo que lleva la nave. || *Fig.* Dirección, camino. | Modo de obrar, medio para llegar a un fin.

derrotismo m. Propensión a extender el desaliento y el pesimismo en tiempo de guerra.

derrotista adj. y s. Que está dominado por el derrotismo.

*****derruir** v. t. Derribar. || Destruir poco a poco.

derrumbamiento m. Desplome. || Desmoronamiento. || *Fig.* Derrocamiento. | Destrucción: *el derrumbamiento de un imperio.*

derrumbar v. t. Derribar, echar abajo (ú. t. c. pr.). || Arrojar, despeñar: *derrumbar por el barranco* (ú. t. c. pr.).

derrumbe m. Derrumbamiento. || Despeñadero.

derviche m. Religioso o monje musulmán.

desaborido, da adj. Insípido. || *Fig. y fam.* Soso, con poco ángel, sin gracia: *una chica desaborida* (ú. t. c. s.).

desabotonar v. t. Desabrochar.

desabrido, da adj. Insípido, con poco sabor. || Destemplado, desapacible: *clima desabrido.* || *Fig.* Áspero, brusco en el trato, huraño.

desabrigar v. t. Quitar el abrigo, descubrir (ú. t. c. pr.).

desabrimiento m. Insipidez. || Calidad de desapacible, hablando del tiempo. || *Fig.* Dureza o aspereza de genio. | Disgusto, desazón interior.

desabrir v. t. Volver soso. || *Fig.* Enfadar, disgustar. | Apenar. || — V. pr. Enfadarse.

desabrochar v. t. Abrir los broches, corchetes, botones, etc., a una cosa que estaba cerrada. Ú. t. c. pr.: *desabrocharse la chaqueta.*

desacatamiento m. Desacato.

desacatar v. t. Faltar al respeto: *desacatar a sus padres.* || Desobedecer, contravenir: *desacatar las órdenes.*

desacato m. Falta de respeto o consideración. || *For.* Ofensa a una autoridad. | Infracción, contravención, transgresión.

desacertado, da adj. Hecho sin acierto. || Inoportuno.

*****desacertar** v. i. No acertar, errar. || No tener tino.

desacierto m. Error: *fue un desacierto actuar así.* || Dicho o hecho desacertado, desatino.

desacomodado, da adj. Que no tiene medios económicos suficientes.

desacomodo m. Molestia.

desaconsejar v. t. Aconsejar no hacer.

desacoplar v. t. Desajustar.

desacordado, da adj. *Mús.* Desafinado. || Falto de unidad.

*****desacordar** v. t. Destemplar o desafinar un instrumento músico.

desacorde adj. *Mús.* Desafinado: *instrumento desacorde.*

desacostumbrado, da adj. Desusado, extraño, poco frecuente.

desacostumbrar v. t. Hacer perder la costumbre de algo.

desacreditado, da adj. Que no goza de buena fama o crédito.

desacreditar v. t. Disminuir el crédito de uno, desprestigiar.

desacuartelar v. t. *Mil.* Sacar la tropa del cuartel.

desacuerdo m. Disconformidad, falta de acuerdo: *estar en desacuerdo.* || Contradicción.

*****desadormecer** v. t. Despertar. || Quitar el entumecimiento.

desafección f. Desafecto.

desafectar v. t. Desvincular del servicio público.

desafecto, ta adj. Que muestra desapego. || Opuesto, contrario. || — M. Falta de afecto. || Frialdad.

desafiador, ra adj. y s. Que desafía.

desafiar v. t. Provocar, retar: *desafiar a un rival.* || Arrostrar, afrontar: *desafiar los peligros.*

desafición f. Desapego.

desafilar v. t. Embotar el filo.

desafinación f. Acción de desafinar o desafinarse.

desafinar v. i. *Mús.* Destemplarse un instrumento o la voz. || *Fig. y fam.* Desvariar. || —V. t. Destemplar un instrumento o la voz.

desafío m. Reto. || Duelo. || Rivalidad, competencia.

desaforadamente adv. Atropelladamente. || Con exceso: *comer desaforadamente.* || Con osadía. | Con furia.

desaforado, da adj. Excesivo, desmedido: *ambición desaforada.* || Violento, furioso: *dar voces desaforadas.* || Fuera de la ley. || *Gritar como un desaforado,* gritar muy fuerte, descomedidamente.

*****desaforar** v. t. Infringir los fueros y privilegios. || *For.* Privar a uno de sus fueros.

desafortunado, da adj. Que tiene mala suerte. || Desgraciado, adverso. || Inoportuno, desacertado: *una medida desafortunada.*

desafuero m. Acto violento, contra la ley o el fuero. || Acto arbitrario. || Hecho que priva de fuero al que lo tenía. || *Fig.* Desacato. | Abuso.

desagraciar v. t. Quitar la gracia, afear.

desagradable adj. Que no gusta: *una película desagradable.* || Molesto: *un trabajo desagradable.* || Antipático, poco tratable: *persona desagradable.*

desagradar v. i. Causar desagrado, disgustar: *su comportamiento me desagrada.* || Molestar: *el humo le desagrada.*

*****desagradecer** v. t. Mostrar ingratitud: *desagradecer el beneficio recibido.*

desagradecido, da adj. y s. Ingrato: *desagradecido con su bienhechor.*

desagradecimiento m. Ingratitud.

desagrado m. Disgusto, descontento: *su visita inoportuna me causó mucho desagrado.*

desagraviar v. t. Reparar un agravio, dando satisfacción al ofendido: *desagraviar a uno el mal que se le hizo* (ú. t. c. pr.).

desagravio m. Reparación de un agravio.

desagregación f. Acción y efecto de desagregar o desagregarse.

desagregar v. t. Descomponer las cosas que formaban un conjunto (ú. t. c. pr.).

desaguadero m. Conjunto o cañería de desagüe.

desaguador m. Canal o conducto de desagüe.

desaguar v. t. Extraer el agua de un sitio para desecarlo. || —V. i. Desembocar un río. || Verterse (ú. t. c. pr.). || — V. pr. *Fig.* Vomitar o evacuar el vientre.

desaguazar v. t. Quitar el agua encharcada de un lugar.

desagüe m. Acción y efecto de desaguar. || Desaguadero.

desaguisado, da adj. Hecho contra ley o razón. || — M. Ofensa, injusticia. || Desacierto, cosa mal hecha: *cometer un desaguisado.*

desahogado, da adj. Descarado, desvergonzado. || Aplícase al sitio espacioso: *habitación desahogada.* || Que vive con acomodo: *familia desahogada.*

desahogar v. t. Aliviar la pena o el trabajo a una persona. || Dar libre curso a un sentimiento o pasión: *desahogar su ira contra uno.* || — V. pr. Recobrarse del cansancio o el calor. || Librarse de deudas. || Confiarse, sincerarse con una persona: *desahogarse con o a un amigo.* || Decir lo que se piensa.

desahogo m. Alivio, descanso. || Desenvoltura: *contestar con desahogo.* || Comodidad, bienestar: *vivir con desahogo.* || Sitio espacioso donde se colocan las cosas que no se usan.

desahuciar v. t. Quitar toda esperanza: *desahuciar a un enfermo.* || Expulsar al inquilino o arrendatario.

desahucio m. Expulsión del arrendatario o inquilino.

desairado, da adj. Sin garbo. || *Fig.* Que queda mal: *el pretendiente se fue* muy desairado. | Desatendido, menospreciado.

desairar v. t. Hacer un feo. || Desestimar, despreciar una cosa.

desaire m. Falta de garbo. || Acción de desairar, afrenta: *dar un desaire*. || Desprecio.

desajustar v. t. Desacoplar, quitar el ajuste. || Desconcertar, desarreglar: *desajustar mis planes*.

desajuste m. Acción y efecto de desajustar o desajustarse.

desalabear v. t. Poner planas las tablas y demás cosas alabeadas.

desalar v. t. Quitar la sal.

desalentador, ra adj. Que desalienta: *noticia desalentadora*.

*****desalentar** v. t. Hacer dificultoso el aliento por el cansancio. || *Fig.* Desanimar: *la desgracia le ha desalentado* (ú. t. c. pr.).

desalfombrar v. t. Quitar las alfombras: *desalfombrar un piso*.

desaliento m. Desánimo.

desaliñado, da adj. Descuidado, desaseado: *persona desaliñada*.

desaliño m. Desaseo. || *Fig.* Negligencia, descuido. || — M. pl. Pendientes muy largos, arracadas.

desalmado, da adj. y s. Malvado, cruel. || Falto de conciencia.

desalojado, da m. y f. Persona que no tiene casa.

desalojamiento m. Expulsión. || Cambio de residencia.

desalojar v. t. Expulsar: *desalojar al enemigo del fortín*. || *Mar.* Desplazar: *barco que desaloja 100 toneladas*. || *Mil.* Abandonar: *desalojar una posición*. || — V. i. Mudarse, cambiar de residencia, irse a otra parte voluntariamente.

desalojo m. Desalojamiento.

desalquilar v. t. Dejar o hacer dejar lo alquilado. || — V. pr. Quedar desocupada una casa.

desalterar v. t. Sosegar.

desambientar v. t. Desorientar: *encontrarse desambientado en un país extranjero*. || Carecer de animación un sitio.

desambiguación m. Acción y efecto de desambiguar.

desambiguar v. t. En lingüística, eliminar la ambigüedad de una expresión.

desamontonar v. t. Deshacer el montón o lo amontonado.

desamor m. Desapego, falta de afecto. || Aborrecimiento, odio.

desamortizable adj. Que puede desamortizarse.

desamortización f. Acción y efecto de desamortizar.

desamortizar v. t. Liberar bienes amortizados. || Poner en venta los bienes amortizados.

desamparar v. t. Dejar sin amparo: *desamparar a un huérfano*. || Abandonar un lugar. || *For.* Dejar una cosa con renuncia de todo derecho a ella.

desamparo m. Acción y efecto de desamparar. || Abandono. || Aflicción, desesperación.

desamueblar v. t. Quitar los muebles: *desamueblar un piso*.

*****desandar** v. t. Volver atrás, retroceder: *desandar el camino*.

desangramiento m. Acción y efecto de desangrar o desangrarse.

desangrar v. t. Sacar la sangre. || *Fig.* Desaguar un lago, estanque, charca, etc. || *Fig.* Sacarle todo el dinero a uno. || — V. pr. Perder mucha sangre.

desanimado, da adj. Desalentado. || Que tiene poca animación: *calle desanimada*.

desanimar v. t. Quitar el ánimo, la energía, el valor (ú. t. c. pr.). || Quitar la animación.

desánimo m. Decaimiento del ánimo, abatimiento.

desanudar v. t. Desatar un nudo o una cosa anudada.

desapacible adj. Que causa disgusto, áspero, desabrido: *tono desapacible*. || Desagradable a los sentidos: *tiempo desapacible*.

desaparear v. t. Separar dos animales u objetos apareados.

*****desaparecer** v. i. Dejar de ser visible. || Ocultarse, quitarse de la vista: *el sol desapareció detrás de los montes*. || Irse: *desapareció muy discretamente de la fiesta*. || No encontrarse en su sitio: *ha desaparecido mi reloj*.

desaparecido, da adj. y s. Muerto o dado como tal.

desaparejar v. t. Quitar el aparejo: *desaparejar una caballería, una embarcación*.

desaparición f. Acción y efecto de desaparecer.

desapasionado, da adj. Falto de pasión, imparcial.

desapasionar v. t. Desinteresar, quitar la pasión que tenía (ú. t. c. pr.).

desapego m. *Fig.* Falta de cariño o interés, desvío, alejamiento: *desapego a su familia*.

desapercibido, da adj. Desprevenido: *coger desapercibido*. || Galicismo por *inadvertido*.

desapercibimiento m. Falta de lo necesario.

desapacible adj. Desagradable.

desaplicado, da adj. y s. Que no es aplicado.

desaporcar v. t. Quitar la tierra con que están aporcadas las plantas.

desaprensión f. Falta de aprensión o miramiento.

desaprensivo, va adj. Falta de escrúpulos (ú. t. c. s.).

*****desapretar** v. t. Aflojar, soltar.

desaprobación f. Falta de aprobación.

desaprobador, ra adj. Que desaprueba: *gritos desaprobadores*.

*****desaprobar** v. t. Censurar, encontrar algo mal hecho o poco aconsejado: *desaprobar un proyecto*.

desaprovechado, da adj. Aplícase al que pudiendo adelantar en algo no lo hace: *estudiante desaprovechado*. || Mal empleado, desperdiciado: *tiempo desaprovechado*. || Infructuoso.

desaprovechamiento m. Mal empleo.

desaprovechar v. t. Desperdiciar: *desaprovechar una oportunidad, sus dotes*. || Malgastar: *desaprovechar el dinero*.

desapuntalar v. t. Quitar los puntales: *desapuntalar un muro*.

desarbolar v. t. *Mar.* Cortar o tronchar los mástiles de un barco.

desarenar v. t. Quitar la arena.

desarmado, da adj. Sin armas.

desarmador m. *Hond., Méx.* y *Salv.* Destornillador.

desarmar v. t. Quitar las armas: *desarmar al enemigo*. || Desmontar las piezas de un artefacto: *desarmar una máquina, un mueble*. || *Mar.* Retirar a un buque la artillería o el aparejo. || *Mil.* Licenciar fuerzas de tierra, mar o aire (ú. t. c. i.). || *Fig.* Templar, apaciguar: *desarmar el enojo*. | Confundir, desconcertar: *su respuesta me desarmó*.

desarme m. Acción de desarmar un país. || Reducción o supresión de las fuerzas armadas. || Acción de desarmar un artefacto, aparato, etc.

desarmonía f. Falta o ausencia de armonía.

desarmonizar v. t. Destruir la armonía.

desarraigar v. t. Arrancar de raíz: *desarraigar un árbol*. || *Fig.* Extirpar una costumbre, vicio o pasión: *desarraigar una pasión*. || Echar a alguien del sitio donde vivía antes: *desarraigar un pueblo* (ú. t. c. pr.).

desarraigo m. Acción de desarraigar o desarraigarse.

desarrapado, da adj. Desharrapado.

desarreglado, da adj. Descompuesto. || Desordenado: *cuarto desarreglado*. || Desaseado. || No sujeto a regla: *vida desarreglada*.

desarreglar v. t. Desordenar. || Descomponer: *desarreglar una máquina*. || *Fig.* Trastornar: *esto ha desarreglado mis planes*.

desarreglo m. Falta de arreglo, desorden. || Descompostura. || Falta de orden en la vida que se lleva. || — Pl. Trastornos: *desarreglos intestinales*.

desarrimar v. t. Apartar.

desarrollar v. t. Extender, desplegar lo que está arrollado. || *Fig.* Ampliar, aumentar, acrecentar: *desarrollar el comercio*. | Perfeccionar, mejorar: *desarrollar la memoria*. | Explicar una teoría detalladamente. | Tener, realizar: *desarrollar actividades subversivas*. || *Mat.* Hacer operaciones para cambiar la forma de una expresión analítica. || *Quím.* Extender una fórmula. || — V. pr. Crecer, desenvolverse. || Tener lugar, transcurrir: *la semana pasada se desarrolló la conferencia episcopal*. || Progresar económica, social o culturalmente una comunidad.

desarrollista adj. Que propicia el desarrollo social.

desarrollo m. Acción y efecto de desarrollar o desarrollarse. || Crecimiento de un organismo. || Incremento: *industria en pleno desarrollo*. || Distancia que recorre la bicicleta por cada vuelta de pedal. || *Desarrollo social*, progreso económico, social y cultural de una comunidad.

desarropar v. t. Quitar la ropa (ú. t. c. pr.).

desarrugar v. t. Estirar, quitar las arrugas.

desarticulación f. Acción de desarticular o desarticularse.

desarticular v. t. Separar dos o más huesos o piezas articulados entre sí. || *Fig.* Descomponer: *desarticular un partido*.

desaseado, da adj. Sin aseo.

desasear v. t. Quitar el aseo.

desaseo m. Falta de aseo.

desasimilación f. *Biol.* Catabolismo.

desasimilar v. t. Producir la desasimilación. || Privar de los elementos asimilables.

*desasir v. t. Soltar o desprender lo asido. || — V. pr. *Fig.* Desprenderse de una cosa.

desasistencia f. Abandono.

desasistir v. t. Desamparar.

*desasosegar v. t. Privar de sosiego, inquietar (ú. t. c. pr.).

desasosiego m. Falta de sosiego, inquietud.

desastrado, da adj. y s. Sucio, desaliñado. || Harapiento. || Desgraciado, infeliz. || — Adj. Desordenado: *vida desastrada*.

desastre m. Calamidad, catástrofe. || *Fig.* Dicho de una persona, nulidad, incapaz. | Fracaso: *la función fue un desastre*.

desastroso, sa adj. Desafortunado, desdichado.

desatadura f. Acción y efecto de desatar o desatarse.

desatar v. t. Soltar lo atado: *desatar un fardo*. || *Fig.* Resolver, aclarar: *desatar un asunto*. || Destrabar: *desatar la lengua*. || — V. pr. Deshacerse. || *Fig.* Excederse en hablar. | Descomedirse: *desatarse en insultos*. | Encolerizarse. | Desencadenarse una fuerza física o moral: *se desató una tormenta*.

desatascar v. t. Sacar de un atolladero. || Desobstruir.

desatención f. Falta de atención, distracción. || Descortesía.

*desatender v. t. No prestar atención: *desatender lo que dice*. || No hacer caso de una persona o cosa. || No satisfacer una demanda.

desatento, ta adj. Que no presta la atención requerida. || Descortés, poco delicado.

desaterrar v. t. *Amér. C.* y *Méx.* Quitar los escombros.

desatinado, da adj. Sin juicio. || Insensato, disparatado, absurdo: *una empresa desatinada*.

desatinar v. t. Hacer perder el juicio. || — V. i. Cometer desatinos.

desatino m. Falta de tino. || Disparate, despropósito.

desatorar v. t. Desobstruir.

desatornillar v. t. Destornillar.

desatracar v. t. *Mar.* Soltar las amarras. || — V. i. *Mar.* Separarse el barco del sitio donde estaba atracado.

desautorización f. Desaprobación. || Descrédito.

desautorizar v. t. Quitar la autoridad: *desautorizar a un embajador*. || Desaprobar. || Desacreditar.

desavenencia f. Desacuerdo.

desavenido, da adj. Que está enemistado con otro: *familias desavenidas*.

*desavenir v. t. Enemistar (ú. t. c. pr.).

desaventajado, da adj. Poco ventajoso. || Que no tiene ventaja.

desaviar v. t. Apartar del camino, desviar. || Molestar: *eso me desvía*. || Desproveer: *se quedó desaviado sin servidumbre*.

desayunador m. *Méx.* Habitación cercana a la cocina donde se toman comidas ligeras.

desayunar v. i. y t. Tomar el desayuno (ú. t. c. pr.). || — V. pr. *Fig.* Acabar de enterarse de algo.

desayuno m. Primera comida del día.

desazolvar v. t. *Méx.* Retirar lo que obstruye un conducto. || *Ecuad., Guat., Hond.* y *Méx.* Quitar el azolve que obstruye los conductos de agua.

desazolve m. *Méx.* Acción y efecto de desazolvar.

desazón f. Falta de sabor, insipidez. || *Agr.* Falta de humedad en lo cultivado. || *Fig.* Disgusto. || Desasosiego, inquietud. | Malestar.

desazonado, da adj. Que siente desazón.

desazonar v. t. Volver insípido, soso. || *Fig.* Disgustar. | Molestar. || — V. pr. Enfadarse. || Preocuparse. || Sentirse indispuesto.

desbalagar v. t. *Méx.* Desparramar, dispersar.

desbancar v. t. En los juegos de azar, ganar al banquero todo el dinero. || *Fig.* Suplantar a uno.

desbandada f. Acción y efecto de desbandarse. || *A la desbandada*, sin orden ni concierto.

desbandarse v. pr. Huir en desorden. || Desertar. || Dispersarse.

desbarajuste m. Desorden, confusión.

desbaratado, da adj. Desordenado. || Roto, deshecho.

desbaratador, ra adj. y s. Que desbarata: *desbaratador de planes*.

desbaratar v. t. Descomponer: *desbaratar un reloj*. || Derrochar, malgastar: *desbaratar sus bienes*. || *Fig.* Frustrar, hacer fracasar: *desbaratar sus planes*. || *Mil.* Descomponer al enemigo. || — V. i. Disparatar. || — V. pr. Descomponerse.

desbarnizar v. t. Quitar el barniz.

desbarrancadero m. *Amer.* Despeñadero.

desbarrancar v. t. *Méx.* Hacer perder una buena posición política o social. || *C. Rica.* Desbancar a un rival.

desbarrar v. i. Escurrirse, deslizar. || *Fig.* Disparatar, decir despropósitos.

desbastar v. t. Quitar las partes más bastas a lo que se ha de labrar: *desbastar un madero, una piedra*. || *Fig.* Quitar la tosquedad, educar a una persona rústica: *desbastar a un palurdo*.

desbaste m. Acción y efecto de desbastar. || *Tecn.* Lingote grueso.

desbloquear v. t. *Com.* Levantar el bloqueo: *desbloquear un crédito*. || Aflojar toda pieza bloqueada.

desbloqueo m. Acción y efecto de desbloquear.

desbocado, da adj. Sin freno. || *Fig.* y *fam.* Desvergonzado, descarado (ú. t. c. s.).

desbocamiento m. Acción y efecto de desbocarse.

desbocar v. t. Romper o estropear la boca a una cosa: *desbocar un cántaro*. || — V. i. Desembocar. || — V. pr. Dejar una caballería de obedecer al freno y dispararse. || *Fig.* Prorrumpir en denuestos y desvergüenzas. | Pasarse de la raya.

desbordamiento m. Acción y efecto de desbordar o desbordarse: *el desbordamiento de un río*. || *Fig.* Exaltación.

desbordante adj. Que desborda. || Que sale de sus límites o de la medida: *alegría desbordante*.

desbordar v. t. Salir de los bordes, derramarse un líquido (ú. t. c. pr.). || Salir de su cauce un río (ú. t. c. pr.). || *Fig.* Rebosar. || V. pr. Exaltarse.

desborde m. Desbordamiento.

desbotonar v. t. *Amer.* Cortar los botones de las plantas, especialmente de tabaco, para que aumente el tamaño de las hojas.

desbravar v. t. Amansar el ganado cerril. || — V. i. y pr. Amansarse.

*desbravecer v. t. Desbravar, perder la braveza (ú. t. c. pr.). || Calmarse (ú. t. c. pr.).

desbridar v. t. Quitar la brida a una caballería.

desbrozar v. t. Quitar la broza, limpiar. || *Fig.* Aclarar: *desbrozar un tema*.

desbrozo m. Acción y efecto de desbrozar. || Broza.

descabalamiento m. Acción y efecto de descabalar.

descabalgadura f. Acción de descabalgar el que va montado.

descabalgar v. i. Apearse de una caballería. || — V. t. Desmontar de la cureña el cañón.

descabellado, da adj. *Fig.* Insensato, disparatado.

descabellar v. t. Despeinar. || *Taurom.* Matar al toro hiriéndolo en la cerviz con estoque acabado en cruz.

descabello m. Acción y efecto de descabellar al toro.

descabezado, da adj. y s. *Fig.* Que procede sin juicio.

descabezamiento m. Acción y efecto de descabezar o descabezarse.

descabezar v. t. Cortar la cabeza. || Fig. Cortar la parte superior o las puntas de algunas cosas: *descabezar árboles*. || Fig. y fam. Empezar a superar una dificultad. || Mil. Cambiar de dirección. || *Descabezar un sueño*, dormir poco tiempo.

descachalandrado, da adj. Col., Chil., Ecuad., Pan., Per. y Venez. Desaliñado, andrajoso.

descachalandrarse v. pr. Col., Chil., Ecuad., Pan., Per. y Venez. Descuidarse en el vestido y aseo personal.

descafeinar v. t. Suprimir la cafeína del café.

descalabrado, da adj. y s. Herido en la cabeza. || Fig. Mal parado.

descalabrar v. t. Herir en la cabeza y, por extensión, en otra parte del cuerpo (ú. t. c. pr.). || Fam. Causar daño o perjuicio. | Maltratar. | Vencer al enemigo.

descalabro m. Contratiempo. || Fracaso. || Derrota en la guerra.

descalcificación f. Acción y efecto de descalcificar.

descalcificar v. t. Provocar la disminución de sustancia calcárea en el organismo.

descalificación f. Acción y efecto de descalificar.

descalificar v. t. Desautorizar, incapacitar, inhabilitar: *descalificar a un contrincante, a un jugador*.

descalzar v. t. Quitar el calzado (ú. t. c. pr.). || Quitar un calzo o calce: *descalzar un mueble*. || Socavar: *descalzar un árbol*. || — V. pr. Perder sus herraduras las caballerías.

descalzo, za adj. Que trae descubiertos los pies: *andar descalzo*. || — Adj. y s. Fig. Falto de recursos. || Religioso que lleva sandalias: *carmelita descalzo*.

descamación f. Desprendimiento de la epidermis seca en forma de escamillas.

descamarse v. pr. Caerse la piel en forma de escamillas.

descambiar v. t. Volver a cambiar.

descaminar v. t. Apartar a uno del camino recto. || Disuadir a uno de su buen propósito, descarriar: *las malas compañías le descaminan*.

descamino m. Acción de descaminar. || Fig. Disparate.

descamisado, da adj. Fam. Sin camisa. || — Adj. y s. Muy pobre, desharrapado. || — M. pl. En la Argentina, partidarios de Perón; en España, liberales de la revolución de 1820.

descampado, da adj. y s. m. Dícese del terreno sin vegetación ni viviendas. || *En descampado*, a campo raso, al aire libre.

descansado, da adj. Tranquilo. || Reposado: *persona, cara descansada*. || Cómodo, fácil.

descansar v. i. Dejar de trabajar. || Reparar las fuerzas con reposo. || Por ext. Dormir: *el enfermo descansó to-*

da la noche. || Confiar en la ayuda de otro. || Fig. Tener algún alivio en los cuidados. | Tranquilizarse. | Apoyarse una cosa en otra: *la viga descansa en la pared*. || Estar enterrado: *descansar en el sepulcro*. || — V. t. Aliviar, ayudar. || Apoyar.

descansillo m. Rellano de una escalera.

descanso m. Quietud. || Pausa en el trabajo. || Cesación del trabajo por algún tiempo: *descanso por enfermedad*. || Alto en una marcha. || Descansillo. || Entreacto. || Pausa entre los dos partes de un partido de fútbol. || Asiento en que se apoya una cosa. || Fig. Alivio.

descañonar v. t. Quitar los cañones a las aves.

descapotable adj. y s. m. Dícese del automóvil de capota plegable.

descapotar v. t. Plegar o quitar la capota de los coches.

descarado, da adj. y s. Desvergonzado: *niño descarado*.

descarapelar v. t. y pr. Méx. Resquebrajar, levantar la costra exterior.

descararse v. pr. Hablar u obrar con desvergüenza.

descarburación f. Quím. Separación del carbono de los carburos de hierro.

descarburar v. t. Quím. Sacar el carbono contenido en algún cuerpo.

descarga f. Acción y efecto de descargar. || Arq. Aligeramiento que se da a una pared. || Mil. Fuego que se hace de una vez por una o más unidades. || Electr. Fenómeno producido cuando un cuerpo electrizado pierde su carga.

descargador m. El que por oficio descarga mercancías. || Sacatrapos de las armas de fuego.

descargar v. t. Quitar o aliviar la carga: *descargar un barco*. || Disparar las armas de fuego. || Extraer la carga a un arma de fuego o a un barreno. || Dar un golpe con violencia: *descargar un puntapié*. || Quitar la carga eléctrica: *descargar un acumulador*. || Fig. Exonerar a uno de una obligación. || Fig. Desahogarse (ú. t. c. pr.). || — V. i. Desembocar los ríos. || Deshacerse una nube y caer en lluvia o granizo. || — V. pr. Dejar a otro las obligaciones de un cargo. || For. Disculparse.

descargo m. Acción de descargar. || Com. En las cuentas, partidas de data o salida. || Satisfacción o excusa del cargo que se hace a uno. || Defensa: *testigo de descargo*.

descargue m. Descarga.

descarnadamente adv. Fig. Con franqueza, sin rodeos.

descarnado, da adj. Demacrado. | Desnudo. || Crudo, sin paliativos: *la verdad descarnada*.

descarnador m. Instrumento con que el dentista despega la muela de la encía.

descarnadura f. Acción y efecto de descarnar o descarnarse.

descarnar v. t. Quitar la carne al hueso, a los dientes (ú. t. c. pr.).

descaro m. Desvergüenza, de[?]tez: *hablar, obrar con descaro*. [?]

descarriar v. t. Apartar a uno [?]mino. || Apartar cierto número [?]ses de un rebaño. || Apartar a u[?] su deber. || — V. pr. Perderse. || [?] Apartarse de lo razonable.

descarrilamiento m. Acción y e[?] to de descarrilar. || Fig. Extravío, [?] carrío.

descarrilar v. i. Salir un vehículo [?] carril: *descarrilar un tren, un tranvía*[?]

descarrío m. Acción y efecto de des[?]carriar o descarriarse.

descartable adj. Amer. Que puede prescindirse de ello fácilmente.

descartar v. t. Fig. Desechar una cosa o apartarla de sí: *descartar todos los obstáculos*. || — V. pr. En algunos juegos, dejar las cartas inútiles.

descarte m. Acción de descartar. || En los juegos de naipes, cartas que se desechan o no se reparten. || Fig. Excusa, evasiva.

descasar v. t. Anular un matrimonio. || Descomponer cosas que casaban bien. || Impr. Cambiar la colocación de las planas para ordenarlas. || — V. pr. Divorciarse.

descascarar v. t. Quitar la cáscara de una cosa.

descascarillar v. t. Quitar la cascarilla. || Hacer saltar en escamas la superficie de un objeto. Ú. t. c. pr.: *se me ha descascarillado el esmalte de las uñas*.

descastado, da adj. y s. Que es poco cariñoso.

descastar v. t. Acabar con una casta de animales.

descebar v. t. Quitar el cebo a un arma.

descendencia f. Hijos y generaciones sucesivas. || Casta, linaje.

descendente adj. Que desciende: *movimiento, línea descendente*.

***descender** v. i. Bajar. || Proceder: *descender de una estirpe de músicos*. || Fig. Derivarse. || — V. t. Bajar, poner bajo.

descendiente adj. Descendente. || — Com. Persona que desciende de otra.

descendimiento m. Acción de descender o bajar. || Por antonomasia, el de Cristo de la Cruz.

descenso m. Acción y efecto de descender. || Bajada. || Fig. Acción de pasar de una dignidad o estado a otro inferior. | Decadencia. | Disminución.

descentrado, da adj. Dícese de lo que está fuera de su centro. || Fig. Desequilibrado.

descentralización f. Acción y efecto de descentralizar. || Sistema político que tiende a descentralizar: *descentralización administrativa*.

descentralizador, ra adj. Que descentraliza.

descentralizar v. t. Transferir a corporaciones locales o regionales servicios privativos del Estado. || Dispersar en todo el país administraciones, orga-

...s, etc., que estaban reunidos en ...ismo sitio.

...scentramiento m. Acción y efecto de descentrar.

...escentrar v. t. Sacar de su centro. || *Fig.* Desequilibrar.

descepar v. t. Arrancar de raíz.

descerrajar v. t. Abrir violentamente una cerradura o un cerrojo. || *Fig.* y *fam.* Disparar con armas de fuego: *descerrajar un tiro.* | Decir.

deschapar v. t. *Bol., Ecuad.* y *Per.* Romper una cerradura.

desconchado m. y **desconchadura** f. Parte en que una pared ha perdido el enlucido o revestimiento. || Trozo superficial que se desprende de la loza después de un choque.

desconchar v. t. Quitar a una pared, vasija, etc., parte de su enlucido o revestimiento (ú. t. c. pr.).

descifrable adj. Que se puede descifrar o explicar.

descifrado m. Desciframiento.

desciframiento m. Acción y efecto de descifrar.

descifrar v. t. Sacar el significado de lo que está escrito en cifra o clave. || *Fig.* Aclarar lo que está poco claro o difícil de entender.

descimbrar v. t. *Arq.* Quitar las cimbras de una obra.

desclavar v. t. Sacar clavos.

descoagular v. t. Convertir en líquido lo coagulado (ú. t. c. pr.).

descocado, da adj. Descarado, demasiado desenvuelto. || Poco juicioso, sin sensatez.

descocamiento m. Descaro, desenvoltura excesiva.

descocar v. t. *Agr.* Limpiar de bichos dañinos los árboles. || — V. pr. *Fam.* Mostrar descaro.

descoco m. *Fam.* Descocamiento.

descolar v. t. Cortar la cola.

*****descolgar** v. t. Bajar lo colgado: *descolgar una lámpara.* || Quitar las colgaduras. || — V. pr. Soltarse y caer. | Escurrirse: *descolgarse por una cuerda.* || *Fig.* Ir bajando rápidamente por una pendiente: *descolgarse de las montañas.* || *Fig.* y *fam.* Presentarse inesperadamente una persona.

*****descollar** v. i. Sobresalir.

descolonización f. Acción de poner término o la situación de un pueblo colonizado.

descolonizar v. t. Efectuar la descolonización.

descolorar v. t. Quitar el color.

descolorido, da adj. Pálido de color o bajo en su línea.

descolorimiento m. Acción y efecto de descolorir.

*****descolorir** v. t. Descolorar.

descombrar v. t. Limpiar de escombros.

descombro m. Escombro.

descomedido, da adj. Sin medida, excesivo. || Grosero, insolente.

descomedimiento m. Falta de respeto.

*****descomedirse** v. pr. Faltar al respeto. || Excederse, pasarse de la raya (de obra o de palabra).

descompaginar v. t. Descomponer. || Perturbar: *la huelga descompagina todos mis proyectos.*

descompasado, da adj. Descomedido, desproporcionado.

descompasarse v. pr. Descomedirse.

descomponedor m. Ser vivo que se alimenta de materia orgánica muerta.

*****descomponer** v. t. Desordenar. || Desbaratar, desarreglar un mecanismo: *descomponer un motor* (ú. t. c. pr.). || Podrir, corromper. || Separar las diversas partes que forman un compuesto: *descomponer el agua en hidrógeno y oxígeno.* || *Fig.* Irritar: *el miedo descompuso sus rasgos.* | Trastornar: *esto ha descompuesto mis proyectos.* || — V. pr. Corromperse: *descomponerse un cadáver.* || Sentirse indispuesto. || *Fig.* Perder la templanza. | Irritarse.

descomposición f. Separación de los elementos de un todo. || Putrefacción. || Alteración: *descomposición del rostro.* || Disgregación: *la descomposición del Imperio.*

descompostura f. Descomposición. || Desaliño. || *Fig.* Descaro.

descompresión f. Disminución de la presión.

descomprimir v. t. Suprimir o disminuir la compresión.

descompuesto, ta adj. Que ha sufrido descomposición. || *Fig.* Alterado: *rostro descompuesto.* | Atrevido, descarado. || *Amer.* Medio ebrio.

descomunal adj. Extraordinario, enorme: *escándalo descomunal.*

desconcertante adj. Qué desconcierta: *cinismo desconcertante.*

*****desconcertar** v. t. Desorientar, turbar: *mi pregunta le ha desconcertado.* || Dislocar un hueso (ú. t. c. pr.). || — V. pr. *Fig.* Descomedirse. | Turbarse.

desconchabar v. t. *Amér. C., Chil., Cub.* y *Méx.* Averiar, estropear.

desconcierto m. *Fig.* Desorden, desacuerdo. | Confusión. | Falta de medida en las acciones.

desconectar v. t. Interrumpir una conexión eléctrica. || *Fig.* Estar desconectado, haber perdido todo contacto.

desconfiado, da adj. y s. Que no se fía.

desconfianza f. Falta de confianza.

desconfiar v. i. No confiar, tener poca confianza. || No creer que algo sea posible.

descongelador m. Dispositivo para eliminar la capa de hielo que se forma en una nevera.

descongelar v. t. Deshelar.

descongestión f. Acción y efecto de descongestionar.

descongestionar v. t. Disminuir o quitar la congestión. || *Fig.* Despejar, dejar libre: *descongestionar una calle.*

descongestivo, va adj. Que quita o alivia la congestión. || — M. Medicamento para aliviar la congestión nasal: *un descongestivo nasal.*

desconocedor, ra adj. y s. Que desconoce.

*****desconocer** v. t. No conocer: *desconozco a esta persona.* || Ignorar: *desconozco su punto de vista.* || Afectar que se ignora una cosa. || Negar uno ser el autor de algo: *desconocer una obra.* || *Fig.* No reconocer: *tanto ha cambiado que lo desconocí.*

desconocido, da adj. y s. No conocido: *pintor, país desconocido.* || — Adj. Muy cambiado. || Mal apreciado: *méritos desconocidos.*

desconocimiento m. Acción y efecto de desconocer, ignorancia.

desconsideración f. Ausencia de consideración.

desconsiderado, da adj. Falto de consideración.

desconsiderar v. t. No tener la consideración debida.

desconsolado, da adj. Sin consuelo. || Afligido. || *Fig.* Triste.

desconsolador, ra adj. Que desconsuela: *carta desconsoladora.*

*****desconsolar** v. t. Entristecer.

desconsuelo m. Aflicción profunda, pena difícil de consolar.

descontaminación f. Acción y efecto de descontaminar.

descontaminar v. t. Quitar la contaminación a un cuerpo.

*****descontar** v. t. No contar con. || Deducir una cantidad al tiempo de hacer un pago. || *Com.* Pagar una letra de cambio antes de vencida, rebajándole la cantidad estipulada como interés del dinero anticipado. || *Fig.* Quitar mérito a alguien. || *Dar por descontado,* dar por cierto.

descontentadizo, za adj. y s. Que siempre está descontento.

descontentar v. t. Disgustar.

descontento, ta adj. y s. Disgustado. || — M. Disgusto.

descontón m. *Méx.* Golpe sorpresivo.

*****desconvenir** v. i. No convenir en opiniones, no estar de acuerdo. || No concordar entre sí dos personas o cosas.

descorazonamiento m. *Fig.* Desaliento, desánimo.

descorazonar v. t. Arrancar el corazón. || *Fig.* Desanimar, desalentar (ú. t. c. pr.).

descorchador m. El que descorcha. || Sacacorchos.

descorchar v. t. Arrancar el corcho al alcornoque. || Destapar una botella.

descorche m. Acción y efecto de descorchar el alcornoque.

*****descornar** v. t. Arrancar los cuernos a un animal. || — V. pr. *Fig.* y *fam.* Romperse los sesos. | Trabajar mucho.

descorrer v. t. Plegar lo que estaba estirado: *descorrer las cortinas.* || Abrir: *descorrer el pestillo.*

descortés adj. y s. Falto de cortesía, mal educado.

descortesía f. Falta de cortesía, grosería.

descortezamiento m. Acción de descortezar.

descortezar v. t. Quitar la corteza: *descortezar un árbol.* || *Fig.* y *fam.* Desbastar, pulir a alguien.

descoser v. t. Deshacer una costura o desprender algo cosido.

descosido, da adj. *Fig.* Que habla demasiado. | Desordenado: *discurso descosido.* | Desastrado. || — M. Parte descosida en una prenda. || *Fig.* y *fam. Como un descosido,* mucho.

descostrar v. t. Quitar o arrancar la costra.

descoyuntamiento m. Acción y efecto de descoyuntar o descoyuntarse: *descoyuntamiento de un hueso.* || *Fig.* Gran cansancio, derrengamiento, malestar.

descoyuntar v. t. Desencajar los huesos de su lugar. Ú. t. c. pr.: *descoyuntarse un brazo.* || *Fam. Descoyuntarse de risa,* reírse mucho.

descrédito m. Pérdida de consideración, de crédito.

descreído, da adj. y s. Incrédulo, falto de fe.

descreimiento m. Falta de fe.

describir v. t. Representar a personas o cosas por medio del lenguaje: *describir un paisaje.* || Relatar. || *Geom.* Trazar: *describir un arco de circunferencia.*

descripción f. Acción y efecto de describir.

descriptivo, va adj. Dícese de lo que describe: *narración descriptiva.* || — *Anatomía descriptiva,* descripción de las órganos del cuerpo humano. || *Geometría descriptiva,* la que representa los cuerpos por medio de proyecciones en planos adecuadamente escogidos.

descriptor, ra adj. y s. Que describe.

descristianizar v. t. Quitar el carácter de cristiano. || Apartar del cristianismo.

descuacharrangado, da adj. *Méx.* Desvencijado.

descuajar v. t. Poner líquido. || *Fig.* y *fam.* Desanimar. || *Agr.* Arrancar de raíz o de cuajo plantas o malezas.

descuajaringar v. t. *Fam.* Descomponer. || *Estar descuajaringado,* estar molido, extenuado.

descuajeringado, da adj. *Amer.* Mal vestido, con mal aspecto.

descuartizamiento m. Acción y efecto de descuartizar.

descuartizar v. t. Dividir un cuerpo en trozos o cuartos. || *Fam.* Hacer pedazos una cosa.

descubierta f. Reconocimiento, inspección.

descubiertamente adv. Claramente, abiertamente.

descubierto, ta adj. Sin sombrero. || — M. Déficit. || — *A la descubierta* o *al descubierto,* sin disfraz; sin protección. || *Com. Al* (o en) *descubierto,* en deuda.

descubridor, ra adj. y s. Que descubre o inventa algo. || El que ha descubierto un país desconocido: *el descubridor de América.*

descubrimiento m. Acto de descubrir un país ignorado o cosas científicas: *descubrimiento geográfico.* || Cosa descubierta: *los descubrimientos de la ciencia.* || Acto solemne de descubrir una estatua o lápida que estaban tapadas.

descubrir v. t. Hallar lo escondido o ignorado: *descubrir un tesoro, una tierra.* || Inventar: *descubrir la litografía.* || Destapar: *descubrir una estatua.* || *Fig.* Divisar: *descubrir el Guadarrama.* | Enterarse: *descubrir un complot.* | Revelar: *descubrir sus intenciones.* || — V. pr. Quitarse el sombrero, la gorra, etc. || *Fig.* Abrirse, sincerarse. | Manifestar admiración: *descubrirse ante un acto de valor.*

descuento m. Acción y efecto de descontar. || Lo que se descuenta.

descuerar v. t. Despellejar una res. || *Fig. Amer.* Desollar, criticar: *descuerar al vecino.*

descuidado, da adj. y s. Negligente. || Desaliñado. || Desprevenido: *coger descuidado.* || Despreocupado.

descuidar v. t. Desatender una cosa, no poner en ella la atención debida: *descuidar sus obligaciones* (ú. t. c. pr.). || No preocuparse: *descuida, que ya me encargaré de todo.* || Eximir, liberar de obligación. || — V. pr. *Fig.* No cuidar nada su arreglo personal o su salud.

descuido m. Falta de cuidado, negligencia. || Inadvertencia, distracción. | Desliz, falta. || *Al descuido,* con descuido afectado.

desde prep. Denota principio de tiempo o lugar y forma parte de muchos modismos adverbiales: *desde entonces; desde allí.* || — *Desde luego,* naturalmente, claro. || *Desde que,* a partir del momento o el tiempo en que.

*****desdecir** v. i. *Fig.* No estar una persona o cosa a la altura de su origen, educación o clase: *desdecir de su familia.* | No ir bien una cosa con otra: *dos colores que desdicen uno de otro.* | Contradecir. || — V. pr. Retractarse: *desdecirse de su palabra.*

desdén m. Desprecio, menosprecio. || *Al desdén,* con descuido, con desaliño afectado.

desdentado, da adj. Que no tiene dientes o que los ha perdido. || — M. pl. Animales que no tienen dientes incisivos, como el oso hormiguero (ú. t. c. adj.).

*****desdentar** v. t. Dejar sin dientes la boca.

desdeñable adj. Digno de desdén o desprecio.

desdeñador, ra adj. Que desdeña o desestima.

desdeñar v. t. Despreciar. || — V. pr. No dignarse a: *desdeñarse de hablar.*

desdeñoso, sa adj. y s. Que muestra desdén.

desdibujado, da adj. Que no está bien definido: *contornos desdibujados.*

desdibujarse v. pr. Borrarse, desvanecerse los contornos de algo.

desdicha f. Desgracia: *ocurrir muchas desdichas.* || *Ser el rigor de las desdichas,* ser muy desgraciado.

desdichado, da adj. y s. Desgraciado.

desdoblamiento m. Acción de desdoblar. || *Desdoblamiento de la personalidad,* perturbación mental caracterizada por la coexistencia en un mismo ser de dos personalidades, una normal y otra patológica.

desdoblar v. t. Extender una cosa que estaba doblada: *desdoblar un mantel.* || *Fig.* Dividir una cosa en dos o más iguales.

desdoro m. Deshonra, descrédito, mancilla en la virtud.

desear v. t. Tender a la posesión o realización de algo agradable o útil para sí mismo o para otro: *desear la felicidad, el éxito de un amigo.* || Formular algún voto: *le deseo unas felices Pascuas.* || — Hacerse desear, hacerse esperar. || *No dejar nada que desear,* ser perfecta una cosa.

desecación f. y **desecamiento** m. Acción y efecto de desecar o desecarse.

desecar v. t. Secar, extraer la humedad: *desecar un pantano.*

desechable adj. Descartable.

desechar v. t. Excluir, rechazar: *desechar los malos pensamientos.* || Menospreciar, desestimar: *desechar un consejo.* || Rechazar un empleo o una dignidad. || Apartar de sí una sospecha, temor, etc. || Dejar de lado una prenda de vestir u otra cosa, para no volver a usarla.

desecho m. Lo que se desecha. || Residuo. || *Fig.* Desprecio, desestimación. | Lo más despreciable: *el desecho de la sociedad.*

desembalar v. t. Deshacer el embalaje: *desembalar muebles.*

desembaldosar v. t. Quitar las baldosas.

desembarazado, da adj. Libre, despejado. || Desenvuelto, desenfadado. || Vivo.

desembarazar v. t. Quitar lo que estorba, despejar. || Evacuar, desocupar. || *Fig.* Sacar de apuro. || — V. pr. *Fig.* Quitarse de encima lo que estorba: *desembarazarse de un enemigo.*

desembarazo m. Acción de desembarazar. || Desenvoltura, desenfado. || *Amer.* Parto.

desembarcadero m. Lugar donde se desembarca.

desembarcar v. t. Sacar de la embarcación: *desembarcar mercancías.* || — V. i. Salir de la nave: *desembarcar los pasajeros.* || *Fig.* y *fam.* Llegar, salir de un carruaje.

desembarco m. Acción de desembarcar personas. || *Mar.* Operación militar que consiste en desembarcar: *el desembarco de tropas.*

desembargar v. t. Quitar estorbos. || *For.* Levantar el embargo.

desembargo m. *For.* Acción y efecto de desembargar. | Levantamiento del embargo.

desembarque m. Acción y efecto de desembarcar mercancías.

desembarrancar v. t. Desencallar, sacar a flote un barco.

desembocadura f. Lugar por donde un río desemboca en otro o en el mar, o una calle en otra.

desembocar v. i. Desaguar un río o canal en otro o en el mar: *el Amazonas desemboca en el Atlántico.* || Dar una calle en otra. || Salir de un lugar angosto: *desembocar en la llanura.* || *Fig.* Conducir a un resultado: *razonamientos que no desembocan en nada.*

desembolsar v. t. Gastar o pagar una cantidad de dinero.

desembolso m. Entrega que se hace de una cantidad de dinero. || Dispendio, gasto.

desembotar v. t. *Fig.* Avivar, despertar.

desembozar v. t. Quitar el embozo. || *Fig.* Revelar, descubrir.

desembragar v. t. *Mec.* Desconectar un mecanismo del eje de un motor.

desembrague m. *Mec.* Acción y efecto de desembragar.

*****desembravecer** v. t. Amansar (ú. t. c. pr.). || — V. pr. Calmarse.

desembriagar v. t. Quitar la embriaguez.

desembrollar v. t. *Fam.* Desenredar, aclarar.

desembuchar v. t. Vaciar las aves lo que tienen en el buche. || — V. i. *Fig.* y *fam.* Confesar.

desemejanza f. Diferencia.

desemejar v. i. Diferenciarse.

desempacar v. t. Desempaquetar, quitar de las pacas.

desempalagar v. t. Quitar el empalagamiento.

desempañar v. t. Quitar el vaho: *desempañar los cristales.* || Quitar al niño los pañales.

desempapelar v. t. Quitar el revestimiento de papel.

desempaque y desempaquetado m. Acción y efecto de desempacar o desempaquetar.

desempaquetar v. t. Desenvolver, sacar de su paquete: *desempaquetar un regalo.*

desemparejar v. t. Desigualar, descabalar.

desempatar v. t. Deshacer el empate, tratándose de una votación o en deportes. || *Méx.* y *P. Rico.* Desatar. | *Fig. Méx.* y *P. Rico.* Deshacer un enredo o una confusión.

desempate m. Acción y efecto de desempatar.

*****desempedrar** v. t. Levantar las piedras del pavimento.

desempeñar v. t. Liberar lo empeñado: *desempeñar sus alhajas.* || Dejar a uno sin deudas (ú. t. c. pr.). || Ejercer, tener a su cargo: *desempeñar unas funciones importantes.* || Realizar: *desempeñar una misión peligrosa.* || Sacar a uno airoso de un apuro (ú. t. c. pr.). || *Teatr.* Representar un papel.

desempeño m. Acción y efecto de desempeñar o desempeñarse.

desemperezar v. i. Sacudir la pereza (ú. t. c. pr.).

desempleo m. Paro forzoso: *el desempleo agrícola.* || Subempleo, paro encubierto.

desemplumar v. t. Quitar las plumas.

desempolvar v. t. Quitar el polvo. || Sacar del olvido: *desempolvar viejos recuerdos.*

desemponzoñar v. t. Quitar el veneno.

desempotrar v. t. Arrancar una cosa empotrada.

desencadenamiento m. Acción y efecto de desencadenar o desencadenarse.

desencadenar v. t. Soltar al que está amarrado con cadena: *desencadenar un perro.* || *Fig.* Provocar: *desencadenar una guerra.* || Romper la cadena o vínculo de las cosas inmateriales. || — V. pr. *Fig.* Desenfrenarse, desatarse: *desencadenarse las pasiones, el viento.*

desencajamiento m. Acción y efecto de desencajar o desencajarse.

desencajar v. t. Sacar de su encaje o trabazón. || Dislocar los huesos. || — V. pr. Demudarse, alterarse el semblante por enfermedad o por pasión del ánimo.

desencaje m. Desencajamiento.

desencajonamiento m. *Taurom.* Acción de desencajonar: *presenciar el desencajonamiento de los toros.* || *Tecn.* Desencofrado.

desencajonar v. t. Sacar lo que está dentro de un cajón. || *Taurom.* Hacer salir al toro del cajón en que está encerrado. || *Tecn.* Desencofrar.

desencallar v. t. *Mar.* Poner a flote una embarcación encallada.

desencantar v. t. Romper el encanto. || Desilusionar, decepcionar (ú. t. c. pr.).

desencanto m. Acción y efecto de desencantar. || *Fig.* Desilusión, decepción.

desencapotar v. t. Quitar el capote. || *Fig.* y *fam.* Manifestar, descubrir. || — V. pr. Despejarse: *desencapotarse el cielo.*

desencaprichar v. t. Quitar un capricho.

desencasquillar v. t. Desatascar el arma de fuego que tiene un cartucho encasquillado.

desenchufar v. t. Quitar el enchufe: *desenchufar la televisión.*

desencoger v. t. Extender lo encogido: *desencoger un tejido.* || — V. pr. *Fig.* Perder uno el encogimiento o timidez.

desencogimiento m. Acción de desencoger. || Desenfado, desparpajo, desenvoltura.

desencolar v. t. Despegar lo que estaba fijado con cola.

desencolerizar v. t. Apaciguar, calmar, serenar.

desenconar v. t. *Med.* Desinflamar, templar el encono o inflamación. || *Fig.* Apaciguar, moderar el encono: *desenconar los ánimos.*

desencono m. Acción y efecto de desenconar o desenconarse.

desencuadernar v. t. Quitar la encuadernación: *desencuadernar un libro.*

desendiosar v. t. Humillar al que se muestra altanero: *desendiosar al vanidoso.*

desenfadado, da adj. Desenvuelto, desahogado: *conducirse de modo desenfadado.* || Despreocupado.

desenfadar v. t. Desenojar, quitar o aplacar el enfado.

desenfado m. Franqueza. || Desenvoltura. || Desahogo del ánimo.

desenfardar v. t. Abrir y desatar los fardos.

desenfocar v. t. Perder el enfoque. || *Fig.* Enfocar mal.

desenfoque m. Enfoque defectuoso.

desenfrenado, da adj. Alocado: *baile desenfrenado.* || Inmoderado: *apetitos desenfrenados.*

desenfrenar v. t. Quitar el freno: *desenfrenar una caballería.* || — V. pr. *Fig.* Entregarse al libertinaje, desmandarse. | Desencadenarse alguna fuerza bruta o los elementos: *desenfrenarse el viento.*

desenfreno m. *Fig.* Acción y efecto de desenfrenarse. || Libertinaje, desvergüenza.

desenfundar v. t. Sacar de la funda: *desenfundar un arma.*

*****desenfurecer** v. t. Calmar el furor de una persona o cosa.

desenfurruñar v. t. Desenfadar, desenojar (ú. t. c. pr.).

desenganchar v. t. Soltar lo enganchado: *desenganchar dos vagones.* || Quitar de un carruaje las caballerías de tiro.

desengañado, da adj. Desilusionado por la experiencia: *una persona desengañada.* || Decepcionado: *estar desengañado por un amigo.*

desengañador, ra adj. y s. Que desengaña.

desengañar v. t. Hacer conocer el error. || Desilusionar, decepcionar. || Quitarle a uno las ilusiones.

desengaño m. Conocimiento del error. || Decepción: *llevarse un desengaño.* || — Pl. Desilusiones que se experimentan en la vida.

desengarzar v. t. Quitar el engarce.

desengastar v. t. Sacar una cosa de su engaste: *desengastar una piedra preciosa.*

desengranar v. t. *Mec.* Desacoplar un engranaje.

desengrasar v. t. Quitar la grasa. || Limpiar de grasa. || — V. i. *Fig.* Adelgazar mucho.

desenhebrar v. t. Sacar la hebra de la aguja.

desenjaezar v. t. Quitar los jaeces: *desenjaezar una caballería.*

desenjaular v. t. Sacar de la jaula: *desenjaular una fiera.*

desenlace m. Acción y efecto de desenlazar o desenlazarse. || *Lit.* Solución del nudo o enredo de un poema dramático, de una novela, etc.

desenladrillar v. t. Quitar los ladrillos: *desenladrillar el suelo.*

desenlazar v. t. Soltar lo que está atado. || *Fig.* Dar desenlace o solución a un asunto o problema. || *Lit.* Desatar el nudo o enredo de un drama o novela (ú. t. c. pr.).

desenlosar v. t. Quitar el enlosado.

desenlutar v. t. Quitar el luto (ú. t. c. pr.).

desenmarañar v. t. Desembrollar lo enmarañado. || *Fig.* Aclarar un asunto embrollado.

desenmascarar v. t. Quitar la máscara. || *Fig.* Descubrir lo que una persona o cosa es en realidad: *desenmascarar la hipocresía.*

*desenmohecer v. t. Quitar el moho: *desenmohecer el hierro.*

*desenmudecer v. i. Romper a hablar el que no lo había hecho desde hacía mucho tiempo. || *Fig.* Romper el silencio.

desenojar v. t. Quitar o calmar el enojo. || – V. pr. Distraerse.

desenojo m. Apaciguamiento, desaparición del enojo.

desenredar v. t. Desembrollar.

desenredo m. Acción y efecto de desenredar o desenredarse. || Desenlace.

desenrollar v. t. Desarrollar.

desenroscar v. t. Deshacer lo enroscado.

desensamblar v. t. Separar dos cosas que estaban ensambladas.

desensartar v. t. Soltar lo ensartado: *desensartar cuentas.*

desensibilizar v. t. Quitar la sensibilidad.

*desensoberbecer v. t. Humillar, hacer deponer la soberbia (ú. t. c. pr.).

desensortijado, da adj. Desrizado.

*desentenderse v. pr. No querer saber nada de un asunto.

desenterramiento m. Acción de desenterrar.

*desenterrar v. t. Sacar lo enterrado. || Exhumar. || *Fig. y fam.* Recordar cosas ya olvidadas.

desentonadamente adv. Con desentono: *cantar desentonadamente.*

desentonar v. i. *Mús.* Estar fuera de tono: *desentonar un instrumento, la voz.* || *Fig.* Salir del tono, chocar: *modales que desentonan.*

desentono m. Acción y efecto de desentonar. || *Fig.* Destemplanza, descompostura.

*desentorpecer v. t. Desentumecer: *desentorpecer las piernas.* || Quitarle la torpeza a alguien.

desentrampar v. t. *Fam.* Desempeñar. || – V. pr. Quedar libre de deudas.

desentrañar v. t. Sacar las entrañas. || *Fig.* Indagar, adivinar: *desentrañar un misterio.*

desentrenar v. t. No entrenar lo suficiente (ú. t. c. pr.).

desentumecer v. t. Hacer que un miembro entorpecido recobre su agilidad o soltura: *desentumecer el brazo* (ú. t. c. pr.).

desentumecimiento m. Acción y efecto de desentumecer o desentumecerse.

desenvainar v. t. Sacar de la vaina: *desenvainar la espada.*

desenvoltura f. *Fig.* Desembarazo, desenfado, soltura. || Facilidad de elocución. | Falta de recato en las mujeres.

desenvolvedor, ra adj. y s. *Fig.* Que desenvuelve o averigua.

*desenvolver v. t. Deshacer lo envuelto: *desenvolver un paquete.* || Extender lo arrollado. || *Fig.* Aclarar un asunto embrollado. | Desarrollar, exponer ampliamente una cuestión: *desenvolver una teoría.* || – V. pr. Desenvolverse. || *Fig.* Salir adelante, arreglárselas. | Salir de apuro.

desenvolvimiento m. Desarrollo, acción y efecto de desenvolver.

desenvuelto, ta adj. *Fig.* Que tiene desenvoltura: *aire desenvuelto.* | Listo, que sabe arreglárselas.

deseo m. Aspiración por el conocimiento o la posesión de algo: *según sus deseos.* || Lo que se desea: *tener muchos deseos.* || Voto: *deseos de felicidad.* || *A medida de sus deseos,* según su gusto.

deseoso, sa adj. Que desea.

desequilibrado, da adj. y s. Falto de equilibrio mental.

desequilibrar v. t. Hacer perder el equilibrio.

desequilibrio m. Falta de equilibrio.

deserción f. Acción de desertar.

desertar v. i. Abandonar el soldado sus banderas. || Pasarse al enemigo. || *For.* Desistir de la causa o apelación. || *Fig. y fam.* Dejar de frecuentar: *desertar de un círculo.*

desértico, ca adj. Desierto.

desertificación f. Acción y efecto de desertificar.

desertificar v. t. Convertir en desierto lo que no lo era.

desertor m. Soldado que deserta. || *Fig. y fam.* El que deja de frecuentar a la gente con quien se trataba.

desespañolizar v. t. Quitar el carácter español.

desesperación f. Pérdida total de esperanza. || *Fig.* Cólera, enojo: *causar desesperación.* | *Ser una desesperación,* ser sumamente molesto.

desesperado, da adj. Poseído de desesperación (ú. t. c. s.). || Que no tiene esperanzas, deshuciado: *enfermo en estado desesperado.* || *A la desesperada,* como último recurso.

desesperante adj. Que desespera o impacienta.

desesperanza f. Desesperación.

desesperanzar v. t. Quitar la esperanza. || – V. pr. Quedarse sin esperanza.

desesperar v. t. Quitar la esperanza. || *Fam.* Irritar, exasperar: *este niño me desespera* (ú. t. c. pr.). || – V. i. No tener esperanza: *desespero de que venga mi tío.* || – V. pr. Perder la esperanza. || Apesadumbrarse: *desesperarse por no recibir noticias.*

desestimación f. Acción y efecto de desestimar.

desestimar v. t. Tener en poco. || Despreciar. || Denegar, rechazar: *desestimar un permiso.*

desfacedor, ra adj. y s. El que deshace. || *Desfacedor de entuertos,* deshacedor de agravios.

desfachatez f. *Fam.* Descaro.

desfalcar v. i. Rebajar. || Malversar un caudal.

desfalco m. Acción y efecto de desfalcar.

*desfallecer v. t. Debilitar, causar desfallecimiento. || – V. i. Debilitarse mucho, quedar sin fuerzas. || Desmayarse.

desfallecimiento m. Debilidad. || Desmayo.

desfasado, da adj. Fuera de fase. || Descentrado, que no se halla en su centro.

desfasar v. t. *Electr.* Establecer una diferencia de fase entre dos fenómenos alternativos que tienen la misma frecuencia.

desfavorable adj. Contrario, poco favorable o ventajoso.

*desfavorecer v. t. Dejar de favorecer.

desfibradora f. *Tecn.* Máquina para desfibrar la madera.

desfibrar v. t. Eliminar las fibras: *desfibrar plantas textiles.*

desfiguración f. Acción y efecto de desfigurar o desfigurarse.

desfiguramiento m. Desfiguración, acción y efecto de desfigurar.

desfigurar v. t. Afear el semblante: *una cicatriz le desfigura.* || *Fig.* Alterar, falsear: *desfigurar la verdad.* | Disfrazar: *desfigurar la voz.* | Disimular, velar las formas. || *Fig.* Turbarse.

desfiguro m. *Méx.* Cosa, hecho o acción ridícula.

desfiladero m. Paso estrecho entre montañas.

desfilar v. i. Marchar en fila: *desfilar la tropa.* || Ir, pasar o salir uno tras otro: *desfilar en fila india.*

desfile m. Acción de desfilar. || Gente que desfila.

desfloración f. y **desfloramiento** m. Acción y efecto de desflorar.

desflorar v. t. Ajar, quitar la flor o el lustre. || Desvirgar. || *Fig.* Tratar un asunto sin profundizar.

desfogar v. t. Dar salida a. || *Fig.* Dar rienda suelta a una pasión: *desfogar la*

171

cólera (ú. t. c. pr.). || Apagar la cal. || — V. i. *Mar.* Estallar una tempestad que se estaba preparando.

desfondar v. t. Romper o quitar el fondo: *desfondar una caja.* || *Agr.* Arar profundamente. || *Mar.* Agujerear el fondo de un barco. || Labrar profundamente un terreno. || — V. pr. Quedarse sin fondo. || *Fig.* Estar agotado, sin fuerzas.

desfonde m. Acción y efecto de desfondar. || *Fig.* Agotamiento.

desforestación m. Acción y efecto de deforestar.

desforestar v. t. Dejar sin árboles el terreno.

desfruncir v. t. Desplegar, quitar los frunces.

desgaire m. Descuido, desaliño. || Desgarbo: *andar con desgaire.* || Ademán de desprecio.

desgajamiento m. Desprendimiento, ruptura.

desgajar v. t. Arrancar con violencia una rama del tronco. || Despedazar, romper. || — V. pr. Desprenderse, soltarse una cosa de otra. || *Fig.* Apartarse.

desgalichado, da adj. *Fam.* Desgarbado o desaliñado.

desgalillarse v. pr. *Amér. C.* Desgañitarse, gritar esforzándose.

desgana f. Falta de apetito. || *Fig.* Falta de gana, aversión: *trabajar con desgana, a desgana.*

desganado, da adj. Sin apetito o entusiasmo.

desganar v. t. Cortar el apetito, la gana. || — V. pr. Perder el apetito. || *Fig.* Sentir tedio. | Disgustarse.

desgañitarse v. pr. Gritar muy fuerte y por largo tiempo. || Ponerse ronco.

desgarbado, da adj. Que no tiene garbo.

desgarbo m. Ausencia de garbo.

desgarrador, ra adj. Que desgarra o puede desgarrar.

desgarramiento m. Rotura de una tela o de un músculo.

desgarrar v. t. Rasgar: *desgarrar un vestido.* || *Fig.* Destrozar: *desgarrar el corazón.* | Lastimar: *la tos le desgarraba el pecho.* || — V. pr. Apartarse.

desgarriate m. *Méx.* Confusión, barullo.

desgarro m. Desgarrón. || Rotura muscular. || *Fig.* Bravuconería. | Descaro. || *Amer.* Escupidura.

desgarrón m. Rotura grande en la ropa. | Jirón, colgajo.

desgastar v. t. Deteriorar poco a poco por el roce o el uso. || *Fig.* Pervertir. || — V. pr. *Fig.* Debilitarse, cansarse.

desgaste m. Deterioro progresivo. | Debilitación.

desglosar v. t. Quitar la glosa a un escrito. || Separar un escrito de otros, particularmente un documento de una pieza de autos judiciales. || Hacer el desglose de una película. || Distribuir ciertos gastos entre varias partidas.

desglose m. Acción y efecto de desglosar. || División de un guión de pe-

lícula en cierto número de planos. || Repartición de los gastos.

desgobierno m. Falta de gobierno u orden.

desgolletar v. t. Romper el gollete o cuello.

desgomar v. t. Quitar la goma.

desgracia f. Suerte desfavorable: *labrarse la propia desgracia.* || Revés, acontecimiento adverso: *sufrir muchas desgracias.* || Pérdida de valimiento: *caer en desgracia.* || Suceso en que hay muertos o heridos: *en esta casa ha ocurrido una desgracia.* || Falta de gracia, torpeza. || *Por desgracia,* desgraciadamente.

desgraciado, da adj. y s. Que no tiene suerte. || Funesto: *empresa desgraciada.* || Falto de gracia o atractivo. || Desagradable. || *Fig. Ser un desgraciado,* ser un don nadie, una persona insignificante.

desgraciar v. t. Estropear, echar a perder. || Lisiar, herir. || — V. pr. Enemistarse. || Salir mal, malograrse: *desgraciarse un plan.*

desgramar v. t. Quitar o arrancar la grama.

desgranador, ra adj. y s. Que desgrana. || — F. Máquina que sirve para desgranar.

desgranar v. t. Separar los granos: *desgranar una espiga.* || Pasar las cuentas de un rosario. || — V. pr. Soltarse lo ensartado: *desgranarse un collar.*

desgrane m. Acción y efecto de desgranar o desgranarse.

desgrasar v. t. Quitar la grasa: *desgrasar las lanas.*

desgrase m. Acción y efecto de desgrasar.

desgravación f. Rebaja, disminución.

desgravar v. t. Rebajar un impuesto o un derecho arancelario.

desgreñado, da adj. Despeinado, con el cabello en desorden.

desgreñar v. t. Enmarañar los cabellos. || — V. pr. Reñir, tirándose del pelo: *desgreñarse dos vecinas.*

desguace m. *Mar.* Acción y efecto de desguazar: *el desguace de un buque.*

desguarnecer v. t. Quitar la guarnición o adornos: *desguarnecer un salón.* || *Mil.* Retirar las fuerzas de una plaza: *desguarnecer un fuerte.* || Quitar los arreos a un caballo. || Desarmar un instrumento.

desguazar v. t. Desbastar la madera con hacha. || *Mar.* Deshacer un barco.

desguince m. Esguince.

deshabillé m. Galicismo por *bata, traje de casa.*

deshabitado, da adj. Donde no vive nadie: *paraje o edificio deshabitado.*

deshabitar v. t. Dejar un sitio. || Despoblar, dejar sin habitantes: *deshabitar un territorio.*

deshabituar v. t. Desacostumbrar (ú. t. c. pr.).

deshacedor, ra adj. y s. Que deshace. *Deshacedor de agravios,* el que los venga.

deshacer v. t. Destruir lo hecho: *deshacer la cama.* || Derrotar: *deshacer un ejército.* || Anular: *deshacer un contrato.* || Derretir: *deshacer el sol la nieve.* || Disolver: *deshacer un terrón de azúcar.* || Dividir. || *Fig.* Desbaratar: *deshacer una intriga, unos planes.* | Desandar el camino. || *Deshacer agravios,* vengarlos. || — V. pr. Descomponerse: *deshacerse las nubes en lluvia.* | *Fig.* Trabajar con ahínco: *deshacerse por conseguir algo.* | Hacer todo lo que se puede: *cuando vine aquí se deshizo por mí.* | Impacientarse. | Afligirse mucho. | Extenuarse. || — *Deshacerse de,* desembarazarse. || *Deshacerse en atenciones o cumplidos,* tener muchas atenciones, hacer muchos cumplidos, etc. || *Deshacerse por una cosa,* anhelarla.

desharrapado, da adj. Andrajoso, harapiento.

deshecho, cha adj. Dícese de la lluvia o de la tormenta violenta. || *Fig.* Molido, extenuado. | Abatido. | Sumamente preocupado.

deshelar v. t. Derretir lo que está helado (ú. t. c. pr.).

desherbar v. t. Arrancar las hierbas perjudiciales.

desheredado, da adj. y s. Que no tiene dones naturales ni tampoco bienes de fortuna.

desheredamiento m. Acción y efecto de desheredar.

desheredar v. t. Excluir de la herencia: *desheredar a sus hijos.*

deshermanar v. t. Destruir la igualdad o semejanza entre dos cosas. || — V. pr. No comportarse como buen hermano.

desherrar v. t. Quitar los hierros o prisiones: *desherrar a un penado.* || Quitar las herraduras: *desherrar un caballo* (ú. t. c. pr.).

desherrumbrar v. t. Limpiar de herrumbre.

deshidratación f. Acción y efecto de deshidratar.

deshidratar v. t. *Quím.* Quitar a un cuerpo el agua que contiene.

deshidrogenar v. t. *Quím.* Quitar a una sustancia el hidrógeno que contiene.

deshielo m. Acción y efecto de deshelar o deshelarse. || Ruptura de la capa de hielo que cubre los ríos y las aguas polares durante la primavera.

deshilachar v. t. Sacar hilachas. | Desflecar.

deshilado m. Especie de calado que se hace sacando algunos hilos de un tejido.

deshiladura f. Acción y efecto de deshilar o sacar hilos de un tejido.

deshilar v. t. Sacar los hilos de un tejido.

deshilvanado, da adj. *Fig.* Sin enlace ni trabazón: *pensamiento deshilvanado.*

deshilvanar v. t. Quitar hilvanes: *deshilvanar lo cosido.*

deshinchar v. t. Quitar la hinchazón. || Desinflar: *deshinchar un globo.*

deshipotecar v. t. Levantar la hipoteca: *deshipotecar una finca.*

deshojar v. t. Quitar las hojas a una planta o los pétalos a una flor. || — V. pr. Caerse las hojas.

deshoje m. Caída de las hojas de las plantas.

deshollinador, ra adj. y s. Que deshollina. || — M. Utensilio para deshollinar chimeneas. || Escobón para deshollinar.

deshollinar v. t. Limpiar de hollín las chimeneas.

deshonestidad f. Indecencia, inmoralidad. || Dicho o hecho deshonesto.

deshonesto, ta adj. Falto de honestidad, inmoral, indecente.

deshonor m. Pérdida del honor. || Afrenta, deshonra, baldón.

deshonra f. Pérdida de la honra. || Cosa deshonrosa.

deshonrador, ra adj. Que deshonra (ú. t. c. s.).

deshonrar v. t. Quitar la honra (ú. t. c. pr.). || Injuriar.

deshonroso, sa adj. Indecente, vergonzoso, afrentoso.

deshora f. Tiempo inoportuno.

deshuesar v. t. Quitar el hueso.

deshumanizar v. t. Quitar el carácter humano.

deshumano, na adj. Inhumano.

***deshumedecer** v. t. Quitar la humedad.

desiderátum m. Lo que falta o lo que más se desea. (Pl. *desiderata.*)

desidia f. Negligencia, dejadez.

desidioso, sa adj. y s. Negligente, despreocupado.

desierto, ta adj. Despoblado, deshabitado: *comarca desierta.* || Donde hay muy poca gente: *calle desierta.* || Solitario: *lugar desierto.* || Dícese del concurso o subasta en que nadie toma parte o en que no se concede el premio o la plaza. || — M. Lugar arenoso, árido y despoblado: *el desierto de Sáhara.*

designación f. Nombramiento: *designación de un sucesor.* || Nombre: *designación de un objeto.*

designar v. t. Nombrar, destinar para un fin determinado: *designar a un embajador.* || Denominar, llamar. || Fijar: *designar el lugar.*

designio m. Proyecto. || Propósito, intención.

desigual adj. No igual, diferente. || Escabroso, cubierto de aspereza. || *Fig.* Cambiadizo (dicho del carácter). || Inconstante, irregular: *tiempo, alumno desigual.*

desigualar v. t. Hacer desigual. || — V. pr. Aventajar a otro.

desigualdad f. Falta de igualdad, diferencia. || Aspereza de un terreno. || Expresión algebraica que indica la falta de igualdad entre dos cantidades: *la desigualdad se indica con los signos* (>) *y* (<): *a > b = a mayor que b; a < b = a menor que b.*

desilusión f. Pérdida de las ilusiones. || Desengaño.

desilusionar v. t. Hacer perder las ilusiones, desengañar. || Decepcionar. || — V. pr. Desengañarse.

desimanación y **desimantación** f. Pérdida de la imantación.

desimpresionar v. t. Desengañar, sacar del error (ú. t. c. pr.).

desincrustar v. t. Quitar las incrustaciones.

desinencia f. *Gram.* Terminación de una palabra.

desinencial adj. Perteneciente o relativo a la desinencia.

desinfección f. Acción y efecto de desinfectar.

desinfectado, da adj. Que ha pasado por el proceso de desinfección.

desinfectante adj. y s. m. Dícese del producto que sirve para desinfectar.

desinfectar v. t. Destruir los gérmenes nocivos en algún sitio o cosa. || Realizar los procesos necesarios para eliminar un virus de un sistema informático.

desinficionar v. t. Desinfectar.

desinflamar v. t. Hacer desaparecer la inflamación (ú. t. c. pr.).

desinflar v. t. Sacar el aire o gas de un cuerpo inflado (ú. t. c. pr.). || — V. pr. *Fam.* Acobardarse, rajarse.

desintegración f. Descomposición. || Disgregación. || Transformación espontánea del núcleo del átomo.

desintegrador m. Máquina para desintegrar o pulverizar.

desintegrar v. t. Separar los elementos que forman un todo. || — V. pr. Disgregarse. || Hablando del átomo radiactivo, transformarse espontáneamente el núcleo, dando origen a una radiación.

desinterés m. Falta de interés. || Desprendimiento.

desinteresado, da adj. Que no está movido por el interés. || Desprendido. || Liberal.

desinteresarse v. pr. No mostrar ningún interés por una cosa.

desintoxicación f. Acción y efecto de desintoxicar o desintoxicarse.

desintoxicar v. t. Curar de la intoxicación (ú. t. c. pr.).

desistimiento m. Acción y efecto de desistir.

desistir v. i. Renunciar a una empresa o intento. || *For.* Abandonar un derecho. || Cuando hay varias votaciones seguidas para un mismo puesto, no presentar su candidatura después de la primera.

deslastrar v. t. Quitar lastre.

deslavazado, da adj. *Fig.* Descosido, sin ilación.

deslavar v. t. Deslavar. || Quitar el sabor a un manjar.

deslave m. *Méx.* Porción de tierra que se desprende de un cerro a causa de la lluvia.

desleal adj. y s. Falto de lealtad: *un soldado desleal.*

deslealtad f. Falta de lealtad.

desleimiento m. Acción y efecto de desleír o desleírse.

***desleír** v. t. Disolver un cuerpo sólido en otro líquido. || *Fig.* Expresar las ideas muy prolijamente.

deslenguado, da adj. *Fig.* Mal hablado, grosero.

deslenguar v. t. Cortar la lengua. || — V. pr. *Fig.* y *fam.* Hablar con insolencia o groseramente.

desliar v. t. Deshacer un lío, desatar: *desliar un paquete.*

desligadura f. Acción y efecto de desligar o desligarse.

desligar v. t. Desatar, quitar las ligaduras. || *Fig.* Separar. | Eximir de una obligación (ú. t. c. pr.). | Aclarar un asunto. | Absolver de las censuras eclesiásticas. || *Mús.* Picar. || — V. pr. Desapegarse: *desligarse de su familia.*

deslindamiento m. Deslinde.

deslindar v. t. Limitar, poner los lindes a un lugar: *deslindar una heredad.* || *Fig.* Determinar: *deslindar un problema.* | Aclarar una cuestión.

deslinde m. Acción y efecto de deslindar.

desliz m. Acción y efecto de deslizar o deslizarse. || *Fig.* Falta, especialmente deshonesta, extravío.

deslizable adj. Que se puede deslizar.

deslizador m. Vehículo de diversas formas y materiales que se emplea para deslizarse en el agua o en el hielo.

deslizamiento m. Desliz.

deslizar v. i. Resbalar (ú. t. c. pr.). || — V. pr. Escurrirse. || Escaparse, evadirse. || *Fig.* Introducirse: *se ha deslizado una falta.* | Caer en una flaqueza: *deslizarse en el vicio.* || — V. t. Poner con suavidad o disimulo una cosa en un sitio: *deslizar una carta debajo de la puerta.* || *Fig.* Decir: *deslizar una palabra.*

deslomar v. t. Derrengar, moler. || — V. pr. *Fam.* Trabajar mucho.

deslucido, da adj. Falto de brillo. || *Fig.* Falto de lucimiento, poco brillante: *orador deslucido.*

deslucimiento m. Falta de lucimiento.

***deslucir** v. t. Quitar la gracia o belleza a una cosa: *deslucir el discurso, el estilo.* || *Fig.* Desacreditar.

deslumbrador, ra adj. Que deslumbra u ofusca.

deslumbramiento m. Ofuscación de la vista por exceso de luz. || *Fig.* Ceguera del entendimiento.

deslumbrante adj. Que deslumbra.

deslumbrar v. t. Ofuscar la vista un exceso de luz. || *Fig.* Causar mucha impresión algo que no tiene gran valor: *su discurso deslumbró a los oyentes.* | Confundir, engañar.

deslustrar v. t. Quitar el lustre. || Quitar la transparencia al vidrio. || *Fig.* Deslucir, desacreditar.

desmadejado, da adj. *Fig.* Sin energía. | Desgarbado.

desmadejamiento m. *Fig.* Flojedad, falta de energía. | Desgarbo.

desmadejar v. t. *Fig.* Debilitar mucho. || Desenredar, sacar el hilo de una madeja. || *Fig.* Desentrañar, esclarecer.

desmalezar v. t. Remover la maleza, desbrozar.

desmallar v. t. Deshacer las mallas: *desmallar una red, una media.*

desmán m. Exceso, abuso.

desmandado, da adj. Desobediente. || Indómito. || Desbandado.

desmandar v. t. Anular una orden. || — V. pr. Descomedirse, pasarse de la raya. || Desobedecer. || Apartarse de la compañía de los demás. || Desmandarse.

desmano (a) loc. adv. Fuera de alcance. || Fuera del camino seguido.

desmantelado, da adj. Dícese de la casa mal cuidada o desamueblada. || *Fig.* Desamparado.

desmantelamiento m. Acción y efecto de desmantelar. || *Fig.* Desamparo.

desmantelar v. t. Derribar las fortificaciones. || *Fig.* Desamueblar una casa. | Desorganizar: *desmantelar una organización.* || *Mar.* Desarbolar. | Desarmar y desaparejar un barco. | Abandonar.

desmañado, da adj. y s. Falto de maña y habilidad, torpe.

desmaquillador m. Producto para quitar el maquillaje.

desmarcar v. t. Borrar una marca. || — V. pr. En el fútbol y otros deportes, liberarse de la vigilancia del adversario (ú. t. c. t.).

desmayado, da adj. Dícese del color apagado. || *Fig.* Sin fuerzas. | Muy hambriento. | Desanimado.

desmayar v. t. Provocar desmayo. || Apagar un calor. || — V. i. *Fig.* Desanimarse. || — V. pr. Perder el sentido.

desmayo m. Pérdida del sentido. || Pérdida de las fuerzas físicas o morales. || Sauce llorón.

desmedido, da adj. Desproporcionado, falto de mesura.

desmedirse v. pr. Descomedirse, excederse.

desmedrado, da adj. Enclenque, flaco, débil.

desmedrar v. t. Deteriorar (ú. t. c. pr.). || — V. i. Decaer, declinar.

desmedro m. Acción y efecto de desmedrar o desmedrarse.

desmejoramiento m. Deterioro. || Empeoramiento de la salud.

desmejorar v. t. Hacer perder el lustre y perfección. || — V. i. y pr. Ir perdiendo la salud. || Empeorar: *todo ha desmejorado.*

desmelenar v. t. Desordenar el pelo, despeinar. || — V. pr. *Fig.* Dejarse llevar por una pasión.

desmembración f. y **desmembramiento** m. Acción y efecto de desmembrar.

*desmembrar v. t. Separar los miembros del cuerpo. || *Fig.* Dividir: *desmembrar un Estado.*

desmemoriado, da adj. y s. Olvidadizo, falto de memoria.

desmemoriarse v. pr. Olvidarse, faltar a uno la memoria.

desmentido m. *Arg.* Mentís.

*desmentir v. t. e i. Decir a uno que miente: *desmentir a un falso testigo.* || Negar: *desmentir una noticia.* || *Fig.* No corresponder: *desmentir el linaje.*

desmenuzador, ra adj. Que desmenuza.

desmenuzamiento m. Acción y efecto de desmenuzar.

desmenuzar v. t. Dividir en trozos pequeños: *desmenuzar el pan, la carne.* || *Fig.* Examinar minuciosamente: *desmenuzar un proyecto.*

desmerecedor, ra adj. Que desmerece.

*desmerecer v. t. No ser digno de algo: *desmerecer el cargo que se ocupa.* || — V. i. Perder el mérito o valor. || No valer tanto una cosa como otra.

desmerecimiento m. Demérito.

desmesura f. Falta de mesura.

desmesurado, da adj. Desproporcionado, excesivo: *ambición desmesurada.* || — Adj. y s. Insolente, descarado.

desmesurar v. t. Desordenar. || — V. pr. *Fig.* Descomedirse.

desmigajar y **desmigar** v. t. Hacer migajas (ú. t. c. pr.).

desmilitarización f. Acción de desmilitarizar.

desmilitarizar v. t. Quitar el carácter militar. || Prohibir toda instalación o actividad militar: *desmilitarizar un territorio.*

desmineralización f. *Med.* Pérdida anormal de los principios minerales necesarios al organismo, como fósforo, potasio, calcio, etc.

desmirriado, da adj. *Fam.* Flaco, enclenque.

desmochar v. t. Quitar la parte superior de una cosa: *desmochar árboles.* || *Fig.* Mutilar una obra.

desmoche m. Acción y efecto de desmochar.

desmocho m. Conjunto de las partes que se cortan al efectuar el desmoche.

desmonetización f. Acción y efecto de desmonetizar.

desmonetizar v. t. Quitar a la moneda o a un papel moneda su valor legal.

desmontable adj. Que se puede desmontar: *aparato desmontable.* || — M. *Autom.* Palanca usada para desmontar las neumáticos.

desmontaje m. Acción y efecto de desmontar: *el desmontaje de un arma de fuego.*

desmontar v. t. Deshacer: *desmontar un neumático.* || Desarmar: *desmontar una máquina.* || Rozar, talar el monte: *desmontar árboles, matas.* || Allanar un terreno. || Bajar del disparador la llave de un arma de fuego, o descargarla. || Echar a tierra al jinete

una caballería. || — V. i. y pr. Bajar del caballo, apearse.

desmonte m. Acción y efecto de desmontar. || Paraje desmontado.

desmoralización f. Desánimo.

desmoralizador, ra adj. y s. Que desmoraliza: *libro desmoralizador.*

desmoralizar v. t. Corromper las costumbres: *desmoralizar con el mal ejemplo.* || Desalentar, quitar el ánimo (ú. t. c. pr.).

desmoronamiento m. Acción y efecto de desmoronar o desmoronarse: *el desmoronamiento del muro.*

desmoronar v. t. Derrumbar un edificio (ú. t. c. pr.). || Disgregar lentamente una cosa. || *Fig.* Destruir poco a poco. || — V. pr. *Fig.* Ir decayendo hasta desaparecer: *desmoronarse un imperio, el crédito.*

desmotador, ra m. y f. Persona que desmota la lana o el paño. || — F. Máquina para desmotar.

desmotar v. t. Quitar las motas a la lana o al paño. || *Amer.* Sacar la semilla al algodón.

desmote m. Acción y efecto de desmotar.

desmovilización f. Acción y efecto de desmovilizar.

desmovilizar v. t. Licenciar tropas: *desmovilizar una quinta.*

desmultiplicar v. t. Reducir la velocidad por medio de un sistema de transmisión.

desnacionalización f. Acción de desnacionalizar.

desnacionalizar v. t. Quitar el carácter nacional.

desnarigado, da adj. Que no tiene narices. || Chato.

desnarigar v. t. Quitar a uno las narices.

desnatadora f. Máquina para desnatar.

desnatar v. t. Quitar la nata a la leche. || *Fig.* Coger lo mejor de una cosa.

desnaturalización f. Acción y efecto de desnaturalizar.

desnaturalizado, da adj. Que falta a los deberes impuestos por la naturaleza: *padre, hermano desnaturalizado.*

desnaturalizar v. t. Privar a uno del derecho de naturaleza y patria. || Alterar, desfigurar.

desnitrificación f. Acción y efecto de desnitrificar.

desnitrificar v. t. *Quím.* Extraer el nitrógeno de una sustancia: *desnitrificar el aire, una tierra.*

desnivel m. Diferencia de alturas entre dos o más puntos. || Elevación o depresión del terreno. || *Fig.* Desequilibrio.

desnivelación f. Acción y efecto de desnivelar o desnivelarse.

desnivelar v. t. Sacar de nivel (ú. t. c. pr.).

desnucar v. t. Dislocar o romper los huesos de la nuca (ú. t. c. pr.). || Causar la muerte por un golpe en la nuca (ú. t. c. pr.).

desnudar v. t. Quitar la ropa: *desnudar a un niño para lavarle* (ú. t. c. pr.). || *Fig.* Despojar una cosa de lo que la cubre. || — V. pr. *Fig.* Apartar de sí: *desnudarse de las pasiones.*

desnudez f. Calidad de desnudo: *la desnudez de una estatua.*

desnudismo m. Práctica que consiste en exponer el cuerpo desnudo a los agentes naturales.

desnudista adj. y s. Que practica el desnudismo.

desnudo, da adj. Sin ropa. || *Fig.* Sin adorno: *un local desnudo.* | Desprovisto de todo. | Falto de algo no material: *desnudo de talento.* | Sin rebozo, tal y como es: *la verdad desnuda.* || — M. *Esc.* y *Pint.* Figura humana desnuda.

desnutrición f. *Med.* Depauperación del organismo por trastornos nutritivos o por falta de alimentos.

desnutrirse v. pr. Padecer desnutrición.

*desobedecer v. t. No obedecer.

desobediencia f. Falta de obediencia.

desobediente adj. y s. Que desobedece. || Propenso a desobedecer.

desobligado, da adj. *Méx.* Irresponsable, indolente, que no cumple las obligaciones familiares.

desobligar v. t. Eximir de una obligación. || *Fig.* Causar disgusto.

*desobstruir v. t. Quitar lo que obstruye: *desobstruir un conducto.*

desocupación f. Falta de ocupación, ocio. || *Amer.* Desempleo, paro forzoso.

desocupado, da adj. y s. Ocioso. || Sin empleo. || — Adj. Vacío, sin nadie: *un piso desocupado.*

desocupar v. t. Desalojar, abandonar: *desocupar una casa.* || Desembarazar, vaciar: *desocupar una habitación.* || — V. pr. Liberarse de una ocupación.

desodorante adj. y s. m. Que destruye los olores molestos.

desodorizar v. t. Hacer desaparecer los olores.

*desoír v. t. Desatender, no hacer caso: *desoír un consejo.*

desolación f. Destrucción. || Aflicción, desconsuelo.

desolador, ra adj. Que desuela, asolador: *epidemia desoladora.* || *Fig.* Que aflige.

*desolar v. t. Asolar, devastar: *desolar la guerra una nación.* || — V. pr. *Fig.* Afligirse, entristecerse.

desolidarizarse v. pr. Dejar de ser solidario de alguien.

desolladero m. Lugar donde se desuellan las reses.

desollador, ra adj. y s. Que desuella.

desolladura f. Acción y efecto de desollar. || Rasguño, arañazo.

*desollar v. t. Despellejar: *desollar una res.* || *Fig.* y fam. Vender muy caro. | Sacarle a uno todo el dinero: *desollarle a uno vivo.* | Causar grave daño a una persona. | Murmurar de ella acerba o despiadadamente.

desollón m. *Fam.* Rasguño, arañazo.

desorbitado, da adj. *Fig.* Excesivo: *precios desorbitados.*

desorbitar v. t. Hacer que una cosa se salga de su órbita: *ojos desorbitados* (ú. m. c. pr.). || *Fig.* Exagerar: *este periódico desorbita los hechos.* || *Arg.* Enloquecer.

desorden m. Falta de orden: *un cuarto en desorden.* || Confusión: *desorden político, administrativo.* || Disturbio: *hay muchos desórdenes en el país.* || *Fig.* Desarreglo en la conducta: *vivir en el desorden.* || Trastorno físico: *desorden cerebral.* || Demasía, exceso.

desordenado, da adj. Que no tiene orden, descuidado: *persona desordenada.* || Desarreglado: *piso desordenado.* || *Fig.* Que no sigue regla alguna: *vida desordenada.*

desordenar v. t. Poner en desorden: *desordenar la vida privada, política, social.* || — V. pr. Salir de la regla, excederse.

desorganización f. Falta de organización.

desorganizador, ra adj. Que desorganiza.

desorganizar v. t. Desordenar en sumo grado, llenar de confusión y desorden: *desorganizar un servicio público* (ú. t. c. pr.). || Desarreglar.

desorientación f. Acción y efecto de desorientar.

desorientar v. t. Hacer perder la orientación. || *Fig.* Desconcertar, confundir: *esta pregunta le desorientó.*

desornamentar v. t. Quitar los ornamentos o adornos.

*desosar v. t. Quitar los huesos.

desovar v. t. *Zool.* Poner las huevas las hembras de los peces y de los anfibios.

desove m. Acción de desovar. || Época en que tiene lugar.

desoxidación f. Acción y efecto de desoxidar.

desoxidante adj. y s. m. Que desoxida.

desoxidar v. t. *Quím.* Quitar el oxígeno a una sustancia (ú. t. c. pr.). || Limpiar la superficie de un metal del óxido que se ha formado.

desoxigenación f. Acción y efecto de desoxigenar.

desoxigenar v. t. Desoxidar, quitar el oxígeno: *desoxigenar el aire, la sangre.*

despabilado, da adj. Despierto. || *Fig.* Espabilado, vivo, listo.

despabilar v. t. Quitar la extremidad del pabilo. || *Fig.* Espabilar, quitar la torpeza o timidez excesiva. | Terminar pronto algo: *despabilar un negocio.* | Robar, quitar. || — V. pr. Despertarse: *despabilarse temprano.* || *Fig.* Darse prisa.

despachaderas f. pl. *Fam.* Manera desagradable de responder.

despachar v. t. Hacer: *despachar el correo.* || Enviar: *despachar un paquete.* || Concluir un negocio. || Vender: *despachar vinos.* || Atender: *despachar a los clientes.* || Despedir: *despachar a un importuno.* || *Fig.* y fam. Acabar rápidamente: *despachar un discurso.* | Matar. | Tragarse: *despachar una botella de vino.* || — V. i. Darse prisa (ú. t. c. pr.). || Hablar francamente. Ú. t. c. pr.: *se despachó a sus anchas.* || Discutir de un asunto. || — V. pr. Desembarazarse.

despacho m. Acción de despachar. || Envío. || Venta. || Tienda donde se despachan mercancías: *despacho de vinos.* || Oficina: *despacho del director.* || Comunicación: *despacho diplomático.* || Título dado para desempeñar un empleo.

despachurramiento m. Aplastamiento.

despachurrar v. t. *Fam.* Aplastar, reventar: *despachurrar un tomate.* | Embrollar las cosas hablando. | Confundir, apabullar.

despacio adv. Lentamente: *andar despacio.* || *Amer.* En voz baja. || — Interj. Se emplea para aconsejar moderación o prudencia.

despacioso, sa adj. Lento.

despacito adv. *Fam.* Muy despacio, muy poco a poco. || — Interj. *Fam.* ¡Despacio!

despampanante adj. *Fam.* Sorprendente. | Muy divertido.

despampanar v. t. *Agr.* Cortar los pámpanos a las vides. | Quitar los brotes de las plantas. || *Fig.* y fam. Sorprender, dejar pasmado. || — V. pr. Lastimarse al caer: *despampanarse las rodillas.* | *Fig.* y fam. Desahogarse hablando sin miramiento. || *Despampanarse de risa,* reírse mucho.

despancar v. t. *Bol., Chil.* y *Per.* Separar la envoltura de la mazorca del maíz.

despanzurrar o **despanchurrar** v. t. *Fam.* Romper la panza o barriga. | *Despachurrar,* reventar (ú. t. c. pr.).

despapaye m. *Fam. Méx.* Confusión, desorden.

desparejar v. t. Quitar una de las cosas que formaban pareja: *desparejar los calcetines.*

desparejo, ja adj. Dispar. || Descabalado.

desparpajado, da adj. Desenvuelto, descarado.

desparpajar v. t. Desbaratar, descomponer una cosa. || Desparramar. || *Amer.* Dispersar, ahuyentar. || — V. i. Hablar mucho y sin concierto.

desparpajo m. *Fam.* Desembarazo, desenvoltura. || Descaro.

desparramado, da adj. Muy amplio, abierto. || Esparcido. || Derramado.

desparramar v. t. Esparcir, dispersar. || Derramar, verter. || *Fig.* Disipar, malgastar: *desparramar su caudal.* || — V. pr. Divertirse desordenadamente.

despatarrar v. t. *Fam.* Abrir mucho las piernas (ú. t. c. pr.). || *Fig.* Asombrar. || — V. pr. Caerse al suelo.

despavorido, da adj. Asustado, aterrado, lleno de pavor.

*despavorirse v. pr. Asustarse.

despechar v. t. Causar despecho. || *Fam.* Destetar a los niños.

despecho m. Descontento grande debido a un desengaño. || Desesperación. || *A despecho de*, a pesar de alguno, contra su gusto.

despechugar v. t. Quitar la pechuga a un ave. || — V. pr. *Fig.* y *fam.* Dejar al descubierto el pecho y la garganta por desaliño.

despectivo, va adj. Despreciativo: *mirada despectiva.* || *Gram.* Dícese de la palabra que incluye la idea de menosprecio, como *pajarraco, poetastro, villorrio, cafetucho.*

despedazador, ra adj. y s. Que despedaza.

despedazamiento m. Acción y efecto de despedazar.

despedazar v. t. Cortar en pedazos: *despedazar una res.* || *Fig.* Afligir mucho: *despedazar el alma.*

despedida f. Acción y efecto de despedir a uno o despedirse.

*despedir** v. t. Lanzar, arrojar: *el sol despide rayos de luz.* || Echar: *despedir a un empleado, a una persona molesta, a un inquilino.* || *Fig.* Difundir, desprender: *despedir luz, olor.* | Apartar de sí: *despedir un mal pensamiento.* || Acompañar al que se marcha: *fui a despedirlo al puerto.* || — V. pr. Saludar al irse: *se fue sin despedirse de nadie.* || Separarse: *nos despedimos en la estación.* || Emplear una expresión de afecto o de cortesía al final de una carta. || *Fig.* Dar algo por perdido: *puedes despedirte del libro que le has prestado.* || *Despedirse a la francesa,* irse sin decir adiós a nadie.

despegado, da adj. *Fig.* Poco afectuoso en el trato. | Indiferente.

despegar v. t. Separar lo pegado: *despegar varias hojas de un almanaque.* || — V. i. Dejar el suelo un avión: *despegar el avión de París-Madrid.* || — V. pr. Desapegarse, apartarse: *despegarse de sus amigos, de sus hermanos.*

despego m. Desapego.

despegue m. Acción y efecto de despegar el avión.

despeinar v. t. Desarreglar el peinado.

despejado, da adj. Que tiene soltura en el trato. || Sin nubes: *cielo despejado.* || Sin estorbos: *camino despejado.* || *Fig.* Claro: *entendimiento despejado.* | Espabilado, listo. | Espacioso, ancho: *plaza despejada.*

despejar v. t. Desocupar un sitio: *despejar el local.* || Desembarazar: *despejar la calle de los escombros.* || *Mat.* Separar la incógnita de la ecuación. || *Fig.* Aclarar, poner en claro: *despejar una situación.* || — V. pr. Adquirir soltura, espabilarse. || Aclararse, quedar sin nubes: *despejarse el cielo.* | Despedir: *despejar a los importunos.* || *Dep.* Disparar la pelota. || Esparcirse, distraerse. || Tomar el aire para reponerse.

despeje m. Disparo de la pelota en el fútbol.

despellejadura f. Desolladura.

despellejar v. t. Quitar el pellejo, desollar. || *Fig.* Murmurar maliciosamente, criticar.

despelucar v. t. *Chil., Col., Hond., Pan.* y *Méx.* Desarreglar el peinado. || *Fam. Arg., Chil., Cub., Méx.* y *Urug.* Robar, ganar en el juego a alguien todo el dinero.

despeluznante adj. Pavoroso, horrible: *relato despeluznante.*

despensa f. Lugar donde se guardan los alimentos en una casa. || Provisiones. || Oficio de despensero, administrador de la despensa.

despensería f. Cargo u ocupación del despensero.

despensero, ra m. y f. Persona encargada de la despensa.

despeñadero, ra adj. Abrupto. || — M. Precipicio.

despeñamiento m. Despeño.

despeñar v. t. Precipitar, arrojar desde una eminencia. || — V. pr. Precipitarse, caer: *despeñarse por una cuesta.* || *Fig.* Entregarse a pasiones o vicios: *despeñarse de un vicio a otro.*

despepitar v. t. Quitar las pepitas: *despepitar una naranja.* || *Méx.* y *P. Rico.* Quitar la cáscara al café. || *Fam. Amer.* Decir lo que uno tiene callado. || — V. pr. Desgañitarse. || Hablar sin concierto. || *Fig.* y *fam. Despepitarse por una cosa,* anhelarla.

desperdiciador, ra adj. y s. Que desperdicia.

desperdiciar v. t. Malgastar, derrochar: *desperdiciar el dinero.* || Emplear mal una cosa, no sacar provecho de ella: *desperdiciar la ocasión, el tiempo.*

desperdicio m. Malbaratamiento, derroche. || Residuo que no se puede aprovechar. || *No tener desperdicio,* ser enteramente aprovechable.

desperdigar v. t. Desparramar, dispersar.

desperezarse v. pr. Estirar los miembros para desentumecerse o sacudirse la pereza.

desperezo m. Acción de desperezarse.

desperfecto m. Ligero deterioro. || Defecto, imperfección.

despertador, ra adj. Que despierta. || — M. y f. Persona encargada de despertar a los demás. || — M. Reloj con timbre para despertar. || *Fig.* Estímulo.

*despertar** v. t. Cortar el sueño: *el ruido me despertó.* || *Fig.* Avivar, traer a la memoria: *despertar recuerdos.* | Suscitar: *despertar el interés.* | Excitar: *despertar el apetito.* || — V. i. y pr. Dejar de dormir. || *Fig.* Espabilarse, ser más listo que antes.

despertar m. Acción de salir de la inactividad: *el despertar de un pueblo.*

despiadado, da adj. Sin piedad ni compasión, cruel: *persona, crítica despiadada.*

despido m. Acción de despedir a un empleado.

despierto, ta adj. *Fig.* Espabilado, listo, avispado.

despilfarrado, da adj. y s. Derrochador.

despilfarrador, ra adj. y s. Derrochador, manirroto.

despilfarrar v. t. Derrochar, malgastar: *despilfarrar el dinero.* || — V. pr. *Fam.* Gastar profusamente en alguna ocasión.

despilfarro m. Derroche. || Gasto excesivo: *hacer un despilfarro.* || Abundancia.

despintar v. t. Borrar o quitar lo pintado: *la lluvia despintó la fachada.* || *Fig.* Desfigurar, alterar: *despintar un asunto.* || — V. i. *Fig.* Desdecir: *despintar de su casta.* || — V. pr. Borrarse fácilmente lo teñido o pintado. || *Fig.* y *fam. No despintársele a uno una persona o cosa,* no olvidarla.

despiojar v. t. Quitar los piojos.

despiole m. *Arg.* y *Urug.* Confusión, desorden.

despistado, da adj. Desorientado. || Distraído: *es tan despistado que siempre hace las cosas al revés* (ú. t. c. s.).

despistar v. t. Hacer perder la pista: *el ciervo despistó a sus perseguidores* (ú. t. c. pr.). || *Fig.* Desorientar. || — V. pr. Extraviarse. || Resbalar y desviarse un vehículo. || *Fam.* Desorientarse, desconcertarse.

despiste m. Acción de despistarse, desorientación. || Atolondramiento, distracción. || Movimiento brusco que desvía un vehículo de su dirección: *sufrir un despiste.*

*desplacer** v. t. Disgustar.

desplantador m. *Agr.* Instrumento para desplantar.

desplantar v. t. *Agr.* Desarraigar ciertos vegetales.

desplante m. Postura incorrecta. || *Fig.* Descaro, desfachatez, salida de tono.

desplatear v. t. *Amer.* Sacar la plata que cubre un objeto. | Sacar dinero a uno.

desplazamiento m. *Mar.* Espacio que ocupa en el agua un buque hasta su línea de flotación. || Traslado.

desplazar v. t. *Mar.* Desalojar el buque un volumen de agua igual al de la parte sumergida. || Trasladar. || — V. pr. Trasladarse.

desplegable m. Prospecto constituido por una sola hoja doblada en forma de pliegos.

*desplegar** v. t. Extender, desdoblar: *desplegar las banderas.* || *Fig.* Aclarar lo oscuro. | Dar muestras de una cualidad, hacer alarde de: *desplegar ingenio.* || *Mil.* Hacer pasar del orden compacto al abierto: *desplegar la tropa en guerrillas.*

despliegue m. Acción y efecto de desplegar.

desplomar v. t. Hacer perder la posición vertical. || — V. pr. Perder la posición vertical: *desplomarse un edificio.* || Derrumbarse. || Caer pesadamente. || *Fig.* Perder sin vida o sin sentido: *al oír aquellas palabras se desplomó.*

desplome m. Acción y efecto de desplomar o desplomarse.

desplomo m. Desviación de la posición vertical.

desplumar v. t. Quitar las plumas: *desplumar un pollo.* || *Fig.* Quitar a uno con engaño lo que tiene, particularmente el dinero.

despoblación f. Acción de despoblar. || Disminución parcial o total de habitantes en un lugar: *despoblación del campo.*

despoblado m. Sitio no poblado, deshabitado.

despoblamiento m. (Ant.). Despoblación.

despoblar v. t. Dejar sin habitantes: *la guerra ha despoblado este país.* || *Fig.* Despojar un sitio de lo que hay en él: *despoblar un campo de árboles, de plantas.* || — V. pr. Quedarse un lugar sin vecinos. || Clarear el pelo: *frente despoblada.*

despoetizar v. t. Quitar el carácter poético.

despojar v. t. Quitarle a uno lo que tiene: *despojar del mando.* || Quitar a una cosa lo que la cubre o adorna. || — V. pr. Desnudarse, quitarse: *despojarse de su abrigo.* || *Fig.* Desprenderse voluntariamente de algo.

despojo m. Acción y efecto de despojar. || Botín del vencedor. || — Pl. Vientre, asadura, cabeza y patas de las reses muertas. || Alones, patas, cabeza, pescuezo y molleja de un ave muerta. || Escombros, materiales de una casa derribada. || Restos mortales, cadáver.

despolarizar v. t. *Ópt.* y *Electr.* Quitar la polarización.

despopularizar v. t. Quitar la popularidad.

desportilladura f. Acción de desportillar.

desportillar v. t. Deteriorar el borde de una cosa, haciéndole una mella: *desportillar un jarro.*

desposado, da adj. Recién casado (ú. t. c. s.). || Aprisionado con esposas.

desposar v. t. Autorizar el párroco o el juez el matrimonio. || Casar. || — V. pr. Contraer esponsales. || Casarse.

desposeer v. t. Quitarle a uno lo que posee. || — V. pr. Desprenderse, renunciar a lo que se posee.

desposeimiento m. Privación de la posesión de algo.

desposorios m. pl. Promesa mutua de matrimonio, esponsales. || Matrimonio.

despostador m. *Arg., Chil., Ecuad.* y *Urug.* Persona encargada de despostar.

despostar v. tr. *Arg., Chil., Ecuad.* y *Urug.* Descuartizar una res o un ave.

despostillar v. t. *Méx.* Desportillar.

déspota m. Soberano absoluto. || *Fig.* Persona que impone su voluntad a otros.

despótico, ca adj. Tiránico, arbitrario: *poder despótico.*

despotismo m. Poder absoluto. || Tiranía. || Arbitrariedad. || *Despotismo ilustrado,* en el siglo XVIII, forma de gobierno cuya divisa era "todo para el pueblo, pero sin el pueblo"; se inspi-

raba en las teorías políticas de los filósofos franceses de aquella época.

despotricar v. i. *Fam.* Hablar sin reparo, sin ton ni son. | Decir barbaridades.

despreciable adj. Que merece desprecio. || De poca monta.

despreciar v. t. Desestimar, tener en poco, desdeñar: *despreciar las riquezas* (ú. t. c. pr.).

despreciativo, va adj. Que indica desprecio: *manifestarse con tono despreciativo.*

desprecio m. Falta de estimación, desdén, menosprecio. || Desaire: *hacer un desprecio.*

desprender v. t. Desunir, desatar, separar. || Galicismo por *despedir, emitir.* || — V. pr. Separarse, privarse de algo: *se desprendió de sus joyas.* || *Fig.* Deducirse, inferirse: *de todo ello se desprenden dos consecuencias.*

desprendido, da adj. Generoso, desinteresado.

desprendimiento m. Acción de desprenderse: *un desprendimiento de la retina.* || *Fig.* Desapego. | Generosidad. || Caída de tierra. || Representación del descendimiento del cuerpo de Cristo.

despreocupación f. Estado de ánimo libre de preocupaciones.

despreocupado, da adj. y s. Indiferente, que no se preocupa por nada, libre de preocupación.

despreocuparse v. pr. Librarse de una preocupación. || Desentenderse de algo.

desprestigiar v. t. Quitar el prestigio, desacreditar (ú. t. c. pr.).

desprestigio m. Pérdida de prestigio o de buena fama.

desprevenido, da adj. Desprovisto, falto de lo necesario: *coger desprevenido.* || Poco precavido.

desprolijo, ja adj. *Amer.* Falto de cuidado, sin prolijidad.

desproporción f. Falta de proporción.

desproporcionado, da adj. Que no tiene la proporción conveniente o necesaria.

desproporcionar v. t. Quitar la proporción a una cosa.

despropósito m. Dicho o hecho que no viene a cuento, falto de sentido: *decir muchos despropósitos.*

desprotegido, da adj. Que no tiene protección.

desproveer v. t. Quitar a uno lo necesario.

desprovisto, ta adj. Falto de lo necesario: *desprovisto de todo.*

después adv. Indica posterioridad de lugar, de tiempo, de jerarquía o preferencia: *después de mi casa, de la guerra, del café.*

despulmonarse v. pr. *Fam.* Desgañitarse.

despuntador m. *Méx.* Aparato para separar los minerales. || Martillo que se usa para romper minerales separados.

despuntar v. t. Quitar o gastar la punta: *despuntar unas tijeras.* || Cortar las celdas vacías de la colmena. || *Méx.* Cortar las puntas de los cuernos al ganado. || *Mar.* Doblar una punta o cabo. || — V. i. *Bot.* Empezar a brotar las plantas: *ya despunta el trigo.* || Manifestar inteligencia: *muchacho que despunta.* || *Fig.* Destacarse, sobresalir: *este niño despunta entre los demás.* || Empezar: *al despuntar la aurora.*

despunte m. Despuntadura. || *Arg.* y *Chil.* Desmocho, escamonda.

desquejar v. t. Sacar esquejes.

desquiciador, ra adj. y s. Que desquicia.

desquiciamiento m. Trastorno. || Desequilibrio. || Pérdida del favor.

desquiciar v. t. Desencajar o sacar de quicio: *desquiciar una puerta.* || Descomponer, trastornar. | Quitar el aplomo: *las instituciones están desquiciadas.* | Desequilibrar: *la guerra ha desquiciado a muchos hombres.* || Derribar de la privanza.

desquitar v. t. Recuperar. || Dar una compensación: *desquitar a uno por los estropicios producidos.* || — V. pr. Resarcirse: *desquitarse de una pérdida.* || *Fig.* Tomar satisfacción o venganza de un agravio.

desquite m. Satisfacción que se toma de una ofensa o desazón.

desratizar v. t. Matar las ratas.

desrielar v. t. *Amer.* Descarrilar, salir del carril.

desriñonar v. t. Derrengar.

desrizar v. t. Estirar lo rizado: *desrizar el pelo.* || *Mar.* Soltar los rizos de las velas.

desrodrigar v. t. *Agr.* Quitar los rodrigones de la vid.

destacamento m. *Mil.* Porción de tropa destacada.

destacar v. t. *Mil.* Separar de un cuerpo una porción de tropa: *el comandante destacó una compañía para ocupar la loma.* || *Fig.* Hacer resaltar una cosa de modo que sobresalga o se note (ú. t. c. pr.). | Recalcar, subrayar: *hay que destacar la importancia de tal decisión.* || — V. i. y pr. Descollar, sobresalir: *destacar por su saber.*

destajista com. Persona que trabaja a destajo.

destajo m. Trabajo que se contrata por un tanto alzado. || — *A destajo,* por un tanto. || *Fam.* Hablar a destajo, hablar demasiado.

destapar v. t. Quitar la tapa, tapadera o tapón: *destapar la olla, la botella.* || Desatorar. | Quitar lo que abriga. Ú. t. c. pr.: *destaparse en la cama.* || V. pr. *Fig.* Descubrir uno su verdadera manera de ser, sus pensamientos o sus intenciones.

destaponar v. t. Quitar el tapón.

destarar v. t. Rebajar la tara o el peso de la tara.

destartalado, da adj. Desproporcionado, mal dispuesto.

destechar v. t. Quitar el techo a un edificio.

177

destejer v. t. Deshacer lo tejido. || *Fig.* Desbaratar lo tramado: *destejer una conjuración.*

destellar v. t. e i. Despedir ráfagas de luz, rayos, etc.

destello m. Resplandor momentáneo, ráfaga de luz: *los destellos de un diamante.* || *Fig.* Manifestación inesperada y momentánea de talento: *destello de genio.*

destemplado, da adj. Falto de mesura. || Desconcertado. || Disonante, desafinado. || Poco armonioso. || *Med.* Calenturiento.

destemplanza f. Desigualdad del tiempo. || *Med.* Ligera elevación de la temperatura. || *Fig.* Falta de moderación: *destemplanza en el hablar, en el comer.* | Irritabilidad, impaciencia.

destemplar v. t. Alterar el orden o la armonía de una cosa. || Desafinar: *destemplar el violín.* || Quitar el temple: *destemplar el acero.* || — V. pr. *Med.* Tener un poco de fiebre. || *Fig.* Descomponerse, irritarse, perder la moderación en acciones o palabras.

destemple m. *Mús.* Desafinación de un instrumento. || *Med.* Ligera elevación de la temperatura. || *Fig.* Alteración. | Desorden. || Acción y efecto de destemplar o destemplarse el acero.

*desteñir v. t. Quitar el tinte o color. || — V. pr. Perder su color. || Manchar una cosa con el tinte quitado por acción del agua.

desternillarse v. pr. Romperse las ternillas. || *Desternillarse de risa,* reírse mucho.

desterrado, da adj. y s. Que sufre pena de destierro.

*desterrar v. t. Echar a uno de un lugar o territorio: *desterrar a uno por razones políticas.* || *Fig.* Apartar de sí: *desterrar la tristeza.* || *Agr.* Quitar la tierra a las raíces de las plantas. || — V. pr. Expatriarse.

destetar v. t. Hacer que deje de mamar.

destete m. Acción y efecto de destetar.

destiempo (a) expr. adv. Fuera de tiempo, en mal momento.

destierro m. Pena que consiste en echar a una persona de su lugar de nacimiento o residencia. || Situación del que está desterrado. || Lugar donde reside el desterrado.

destilación f. Acción de destilar. || Lo producido por esta operación. || Flujo de humores.

destilador, ra adj. Que destila. || — M. y f. Persona que destila agua o licores. || — M. Filtro. | Alambique.

destilar v. t. Evaporar una sustancia para separarla de otras y reducirla después a líquido: *destilar vino.* || Filtrar. || *Fig.* Contener algo que se va desprendiendo: *este libro destila amargura.* || — V. i. Correr gota a gota una cosa líquida. Ú. t. c. t.: *la llaga destila pus.*

...ría f. Lugar donde se destila.

destinación f. Acción y efecto de destinar.

destinar v. t. Determinar el empleo de una persona o cosa: *destinar a su hijo al foro; edificio destinado a oficinas.* || Asignar a una persona el sitio donde ha de servir un cargo, etc.: *militar destinado a Burgos.* || — V. pr. Tener pensado ya el empleo que se va a ocupar.

destinatario, ria m. y f. Persona a quien se dirige una cosa.

destino m. Hado, sino: *un destino desgraciado.* || Fin para el cual se designa una cosa: *este edificio ha cambiado de destino.* || Destinación, sitio a donde se dirige algo: *buque con destino a Buenos Aires.* || Empleo, colocación: *obtener un destino en Correos.*

destitución f. Acción y efecto de destituir.

*destituir v. t. Quitar a uno su cargo: *destituir a un funcionario.*

destocar v. t. Despeinar. || — V. pr. Quitarse el sombrero.

*destorcer v. t. Deshacer lo retorcido: *destorcer una cuerda.* || Enderezar lo torcido. || — V. pr. *Mar.* Perder el rumbo un barco.

destornillado, da adj. y s. *Fig.* Atolondrado. | Chiflado, loco.

destornillador m. Instrumento para atornillar y destornillar.

destornillar v. t. Dar vueltas a un tornillo para quitarlo: *destornillar una cerradura.* || — V. pr. *Fig.* Perder el juicio.

destrabar v. t. Quitar las trabas. || Desprender, soltar.

destramar v. t. Sacar la trama.

destrenzar v. t. Deshacer la trenza.

destreza f. Habilidad.

destripamiento m. Acción y efecto de destripar.

destripar v. t. Quitar o sacar las tripas: *el toro destripó un caballo.* || Abrir la tripa. || *Fig.* Reventar, sacar lo interior: *destripar un sillón.* | Despachurrar, apiasar. | Interrumpir al que habla anticipando el desenlace de un discurso, para estropear el efecto que quería producir.

destripaterrones m. *Fig.* y *fam.* Gañán, jornalero agrícola. | Paleto, campesino.

destronamiento m. Acción y efecto de destronar.

destronar v. t. Deponer, echar del trono. || *Fig.* Quitar a uno su preponderancia.

destroncamiento m. Acción y efecto de destroncar.

destroncar v. t. Cortar un árbol por el tronco. || *Fig.* Descoyuntar un miembro. | Embarazar a uno perjudicándole. | Rendir de cansancio. | Interrumpir: *destroncar un discurso.*

destronque m. Acción de destroncar. || *Chil.* y *Méx.* Descuaje.

destroyer m. (pal. ingl.). *Mar.* Destructor.

destrozador, ra adj. y s. Que destroza.

destrozar v. t. Hacer trozos, romper: *destrozar la ropa, un juguete.* || *Fig.* Arruinar: *destrozar la salud.* | Echar abajo, destruir: *destrozar los planes de uno.* | Causar quebranto moral: *destrozar el corazón.* | Abatir, dejar sin ánimo: *esta noticia le ha destrozado.* | Agotar: *este viaje me ha destrozado.* || *Mil.* Derrotar: *destrozar al ejército enemigo.*

destrozo m. Acción y efecto de destrozar.

destrozón, ona adj. y s. *Fig.* Que destroza o rompe mucho.

destrucción f. Acción y efecto de destruir. || Ruina, asolamiento, devastación: *sembrar la destrucción en el país.*

destructible adj. Destruible.

destructividad f. Instinto de destrucción.

destructivo, va adj. Que destruye o puede destruir.

destructor, ra adj. y s. Que destruye. || — M. *Mar.* Torpedero de alta mar, utilizado como escolta.

destruible adj. Que puede destruirse.

*destruir v. t. Echar abajo: *destruir una casa.* || Aniquilar, asolar: *destruir un país.* || Hacer desaparecer por varios medios: *destruir unos documentos.* || *Fig.* Deshacer una cosa inmaterial: *destruir un argumento.* | Desbaratar: *destruir unos proyectos.* || *V. t. Mat.* Anularse mutuamente dos cantidades iguales y de sentido contrario.

desuello m. Acción y efecto de desollar. || *Fig.* Desfachatez, descaro, osadía.

desulfuración f. Acción y efecto de desulfurar.

desulfurar v. t. Quitar el azufre a una sustancia: *desulfurar el hierro colado con cal.*

desuncir v. t. Quitar el yugo.

desunión f. Separación. || *Fig.* Desacuerdo, discordia, división: *la desunión de los países.*

desunir v. t. Separar. || Introducir la discordia.

desusado, da adj. Fuera de uso: *modos desusados.* || Poco usado o corriente. || Desacostumbrado: *hablar en tono desusado.*

desusar v. t. Desacostumbrar.

desuso m. Falta de uso: *caer en desuso.*

desustanciar v. t. Quitar la sustancia. || Debilitar.

desvaído, da adj. Descolorido, pálido: *color desvaído.* || Desgarbado. || *Fig.* Insignificante, soso.

desvainar v. t. Sacar los granos o semillas de la vaina: *desvainar guisantes.*

desvalido, da adj. y s. Desamparado, menesteroso.

desvalijador, ra m. y f. Persona que desvalija.

desvalijamiento y **desvalijo** m. Acción y efecto de desvalijar.

desvalijar v. t. Robar. || *Fig.* Despojar mediante robo, engaño, juego, etc.

desvalimiento m. Desamparo.

desvalorar v. t. Quitar valor a la moneda. || Depreciar.

desvalorización f. Acción y efecto de desvalorizar.

desvalorizar v. t. Hacer perder parte de su valor a una cosa.

desván m. Parte más alta de una casa inmediata al tejado.

desvanecedor m. Aparato para desvanecer parte de una fotografía al sacarla en papel.

*desvanecer v. t. Disipar, hacer desaparecer gradualmente: *el viento desvanece el humo* (ú. t. c. pr.). || Atenuar, borrar, esfumar los colores. || Fig. Hacer cesar: *desvanecer la sospecha, toda duda*. || — V. pr. Evaporarse, exhalarse: *desvanecerse el alcohol*. || Desmayarse. || Fig. Vanagloriarse: *se desvanece con sus éxitos*.

desvanecido, da adj. Desmayado.

desvanecimiento m. Desmayo, pérdida del conocimiento. || Disipación, desaparición. || Vanidad, presunción. || Disminución momentánea de la intensidad de las señales radioeléctricas.

desvariado, da adj. Que desvaría. || Desconcertado.

desvariar v. i. Delirar. || Fig. Desatinar, decir locuras o disparates.

desvarío m. Delirio. || Fig. Desatino: *los desvaríos de una imaginación enfermiza*. || Monstruosidad. | Capricho: *los desvaríos del azar*.

desvelar v. t. Impedir o quitar el sueño: *el café desvela*. || — V. pr. Fig. Desvivirse, afanarse: *desvelarse por el bien de la patria*.

desvelo m. Insomnio. || Preocupación. || Esfuerzo: *sus desvelos le resultaron inútiles*.

desvenar v. t. Min. Sacar de la vena el mineral. || Quitar las venas a la carne. || Quitar las fibras al tabaco.

desvencijar v. t. Descomponer: *desvencijar un reloj, una cama*.

desventaja f. Perjuicio: *llevar desventaja en un concurso*. || Inconveniente: *sus desventajas tiene*.

desventajoso, sa adj. Que no tiene ventaja alguna.

desventura f. Desgracia.

desventurado, da adj. y s. Desgraciado. || Avariento. || De corto entendimiento, inocente.

desvergonzado, da adj. y s. Descarado, sinvergüenza, fresco.

*desvergonzarse v. pr. Perder la vergüenza. || Descomedirse.

desvergüenza f. Falta de vergüenza, frescura. || Insolencia, grosería: *decir desvergüenzas*.

*desvestir v. t. Desnudar, quitar el vestido (ú. t. c. pr.).

desviación f. Acción y efecto de desviar o desviarse. || Cambio de dirección en un camino: *a veinte kilómetros de aquí hay una desviación*. || Separación de la aguja imantada de su posición normal por la atracción de una masa

de hierro. || Med. Paso de los humores fuera de su conducto natural: *desviación de la bilis*. | Cambio de la posición natural de los huesos: *desviación de la columna vertebral*.

desviacionismo m. Acción de apartarse de la doctrina del partido político, sindicato, etc., al cual pertenece.

desviacionista adj. y s. Que se aparta de la doctrina de su partido, sindicato, etc.

desviador, ra adj. Que desvía.

desviar v. t. Hacer cambiar de dirección: *desviar el curso de un río*. || Fig. Apartar: *desviar a uno de su deber*. || Disuadir: *desviar a uno de un proyecto*. || — V. pr. Cambiar de dirección.

desvinculación f. Acción y efecto de desvincular.

desvincular v. t. Suprimir un vínculo: *desvincular de un compromiso, de la familia*. || For. Liberar los bienes vinculados.

desvío m. Desviación. || Fig. Desapego, desafecto.

desvirgar v. t. Quitar la virginidad.

desvirtuar v. t. Quitar a una cosa su virtud o su fuerza. || Adulterar.

desvitalizar v. t. Quitar la pulpa de un diente.

desvitrificación f. Acción y efecto de desvitrificar.

desvitrificar v. t. Hacer que el vidrio pierda su transparencia por la acción prolongada del calor.

desvivirse v. pr. Afanarse, esforzarse: *desvivirse por hacer el bien*. || Desear mucho: *se desvive por ir al teatro*. || Estar enamorado: *desvivirse por una chica*.

desyemar v. t. Agr. Quitar las yemas de un árbol.

desyerbar v. t. Desherbar.

detallar v. t. Referir algo con todos sus pormenores.

detalle m. Pormenor, circunstancia: *contar algo con muchos detalles*. || Amer. Comercio de menudeo. || Fig. Amabilidad, atención: *tener miles de detalles por una persona*. || Parte de una obra de arte reproducida separadamente. || *Al detalle*, al menudeo.

detallista com. Comerciante que vende al por menor, minorista.

detección f. Acción y efecto de detectar.

detectar v. t. Descubrir, localizar: *detectar un avión*.

detective m. Persona encargada de investigaciones privadas.

detector m. Electr. Aparato destinado a detectar ondas hertzianas, radiaciones eléctricas, etc.

detención f. Parada, suspenso: *la detención de los negocios*. || Tardanza. || Prisión, arresto. || Sumo cuidado: *examinar con detención*.

*detener v. t. Parar: *detener un coche*. || Entretener: *no me detengas mucho*. || Arrestar, poner en prisión. || Retener, guardar: *detener una cantidad*.

|| — V. pr. Pararse. || Entretenerse: *detenerse mucho tiempo en una tienda*. || Fig. Pararse a examinar algo: *detenerse a revisar una cuenta*.

detenidamente adv. Con tiempo y cuidado.

detenido, da adj. Minucioso: *un estudio detenido*. || Apocado, irresoluto. || — Adj. y s. Arrestado.

detenimiento m. Detención.

detentación f. For. Posesión ilegal de algo.

detentador, ra m. y f. Persona que retiene lo que no es suyo.

detentar v. t. For. Atribuirse una la posesión de algo que no le pertenece.

detentor, ra m. y f. (P. us.). Detentador.

detergente adj. y s. m. Que sirve para limpiar.

deterger v. t. Med. Limpiar una herida. || Limpiar con detergente.

deterioración f. Acción y efecto de deteriorar o deteriorarse.

deteriorar v. t. Estropear: *deteriorar un objeto*. || Arruinar la salud. || — V. pr. Empeorar.

deterioro m. Deterioración.

determinación f. Fijación. || Decisión: *tomó la determinación de marcharse*. || Resolución: *dar pruebas de determinación*.

determinado, da adj. Resuelto, decidido. || Preciso: *una misión determinada*. || Gram. Artículo determinado, el que determina con precisión el nombre que acompaña: *el, la, lo, los, las*. || Verbo determinado, el que va regido por otro.

determinante adj. Que determina: *las causas determinantes*. || Gram. Verbo determinante, el que rige a otro. || — M. Mat. Expresión que se forma con arreglo a ciertas leyes a partir de cantidades colocadas en hileras y columnas.

determinar v. t. Fijar con precisión: *determinar el volumen de un cuerpo*. || Decidir: *determinaron firmar la paz* (ú. t. c. pr.). || Hacer tomar una decisión: *eso me determinó a hacerlo*. || Señalar: *determinar el día de una visita*. || Causar, provocar. || For. Sentenciar: *determinar la causa en favor de uno*.

determinativo, va adj. Que determina.

determinismo m. Fil. Sistema según el cual todos los hechos están determinados por causas precisas.

determinista adj. Relativo al determinismo: *escuela determinista*. || — Com. Su partidario.

detersión f. Limpieza: *detersión de una herida*.

detersivo, va y **detersorio, ria** adj. y s. Detergente.

detestable adj. Muy malo, execrable, odioso.

detestar v. t. Aborrecer, tener aversión por algo o alguien.

detonación f. Acción y efecto de detonar.

detonador m. Carga ultrasensible que provoca la explosión.

detonante adj. Que detona. || Sustancia que puede producir detonación.

detonar v. i. Dar estampido al explotar: *detonar un barreno.*

detorsión f. Extensión violenta: *detorsión de un músculo.*

detracción f. Murmuración. || Desvío.

detractar v. t. Detraer.

detractor, ra adj. y s. Infamador: *detractores del régimen.*

***detraer** v. t. Desviar. || *Fig.* Infamar, denigrar, desacreditar.

detrás adv. En la parte posterior. || *Fig. Por detrás,* a espaldas de una persona.

detrimento m. Daño, perjuicio: *hacer algo en su detrimento.*

detrito o **detritus** m. Resultado de la desagregación de una masa sólida en partículas.

deuda f. Lo que uno debe a otro. || Cantidad de dinero debida: *contraer deudas.* || Falta, pecado. || *Deuda pública,* obligaciones de un Estado.

deudo, da m. y f. Pariente.

deudor, ra adj. y s. Que debe.

deuterio m. *Quím.* Isótopo del hidrógeno pesado.

devaluación f. Acción y efecto de devaluar.

devaluar v. t. Disminuir el valor de una moneda.

devanadera f. Armazón giratoria para devanar las madejas.

devanado m. Acción y efecto de devanar.

devanador, ra adj. y s. Que devana. || — M. Carrete. || *Amer.* Devanadera.

devanar v. t. Arrollar hilo en ovillo o carrete. || — V. pr. *Fig.* y fam. *Devanarse los sesos,* cavilar mucho.

devaneo m. Delirio, disparate. || Pasatiempo vano. || Amorío pasajero.

devastación f. Acción y efecto de devastar.

devastador, ra adj. y s. Que devasta.

devastar v. t. Destruir, arrasar, asolar: *devastar la guerra un territorio, la inundación una comarca.*

devengar v. t. Tener derecho a retribución: *devengar salarios.*

devengo m. Suma devengada.

***devenir** v. i. Sobrevenir, suceder. || *Fil.* Llegar a ser.

deviación f. Desviación.

devoción f. Fervor religioso. || Práctica religiosa: *cumplir con sus devociones.* || *Fig.* Predilección, simpatía: *tenerle devoción a uno.* | Costumbre, veneración. || — *Estar a la devoción de uno,* estarle enteramente sometido. || *No ser santo de la devoción de uno,* no serle nada simpático.

devocionario m. Libro de oraciones para uso de los fieles.

devolución f. Restitución. || Reenvío: *devolución de una carta al remitente.* || Reembolso.

***devolver** v. t. Restituir: *devolver un libro prestado.* || Reenviar: *devolver un paquete.* || Volver una cosa a su estado primitivo. || Rechazar, no aceptar: *devolver un regalo.* || Volver a entregar una cosa comprada: *devolver un vestido.* || Corresponder a un favor o a un agravio: *devolver bien por mal.* || *Fam.* Vomitar.

devoniano, na y **devónico, ca** adj. *Geol.* Aplícase al terreno comprendido entre el siluriano y el carbonífero.

devorador, ra adj. y s. Que devora: *hambre devoradora.*

devorante adj. Devorador.

devorar v. t. Comer desgarrando con los dientes, hablando de las fieras. || Comer con ansia. || *Fig.* Consumir: *el fuego devoraba el bosque.* | Disipar, gastar: *devorar la hacienda.* | *Fig. Devorar un libro,* leerlo muy rápidamente y con avidez. | *Devorar sus lágrimas,* contener el llanto.

devoto, ta adj. Piadoso: *persona devota.* || De devoción: *imagen devota.* || Adicto a una persona o cosa.

dexteridad f. Destreza.

dextrina f. *Quím.* Sustancia sacada del almidón, empleada en tintorería y en dietética.

dextrógiro, ra adj. *Quím.* Dícese del cuerpo que desvía a la derecha la luz polarizada (ú. t. c. s. m.).

deyección f. *Geol.* Materias arrojadas por un volcán en erupción o desprendidas de una montaña. || *Med.* Evacuación de los excrementos. || Excrementos.

deyector m. Aparato que evita las incrustaciones en las calderas de vapor.

D. F., siglas de *Distrito Federal.*

día m. Tiempo que tarda la Tierra en girar sobre sí misma: *día solar.* || Tiempo que dura la claridad del Sol: *ya es de día.* || Tiempo atmosférico: *día despejado, lluvioso, cubierto.* || Fecha en que la Iglesia católica celebra la memoria de un santo: *día de San Juan.* || Aniversario o cumpleaños y fecha onomástica (ú. t. en pl.). || — Pl. Vida. || Época, tiempos: *nuestros días.* || — *A días,* a veces. || *Al día,* al corriente. || *A tantos días vista o fecha,* expresión comercial que indica el plazo en que se han de cobrar los pagarés, etc. || *Buenos días,* saludo familiar durante el día. || *Como del día a la noche,* completamente diferente. || *Cualquier día,* un día; nunca. || *De día en día,* a medida que pasan los días. || *Astr. Día astronómico,* tiempo transcurrido entre dos pasos consecutivos del Sol por el meridiano superior. || *Día civil,* tiempo comprendido entre dos medias noches consecutivas. || *Fam. Día de mucho, víspera de nada,* la fortuna puede cambiar de un momento a otro. || *Día de Reyes,* la Epifanía o el 6 de enero. || *Día del Juicio,* último de los tiempos en que Dios juzgará a los vivos y a los muertos; (fig. y fam.) muy tarde, nunca. || *Día por medio,* un día sí y otro no. || *El día de mañana,* en un tiempo venide-ro. || *En su día,* a su tiempo. || *Estar al día,* estar al corriente de una cosa. || *Fam. Hay más días que longanizas,* no corre prisa hacer o decir ciertas cosas. || *Hoy día* u *hoy en día,* actualmente. || *Romper el día,* amanecer. || *Tener días,* ser de un humor muy cambiadizo. || *Fam. Todo el santo día,* el día entero. || *Vivir al día,* vivir sin pensar en el porvenir, gastando todo lo que se tiene.

diabetes f. *Med.* Enfermedad caracterizada por la presencia de glucosa en la orina o sangre.

diabético, ca adj. *Med.* Relativo a la diabetes. || Que padece diabetes (ú. t. c. s.).

diabla f. *Fam.* Diablo hembra. || *Teatr.* Entre las bambalinas, batería de luces que cuelga del peine. || *Fam. A la diabla,* de cualquier modo, sin cuidado.

diablada f. Fiesta y danza tradicional religiosa boliviana que, con algunas diferencias, también se celebra en Chile.

diablear v. i. *Fam.* Hacer travesuras.

diablesco, ca adj. Del diablo.

diablillo m. El que se disfraza de diablo en procesiones y máscaras. || *Fig.* y fam. Persona traviesa.

diablo m. Ángel rebelde. || *Fig.* Persona mala o traviesa. | Persona muy fea. || Carro de dos ruedas para arrastrar troncos de árbol. || *Méx.* Conexión fraudulenta en una red eléctrica. || *Como el diablo,* mucho. || *Darse al diablo,* desesperarse. || *Fam. De todos los diablos,* muy grande. || *Diablo encarnado,* persona maligna. || *Fam. Mandar al diablo,* mandar a paseo. || *Más sabe el diablo por viejo que por diablo,* la larga experiencia es lo que más sirve. || *Pobre diablo,* pobre hombre; persona insignificante. || *Tener el diablo en el cuerpo o ser la piel del diablo,* ser muy malo o revoltoso. || — Interj. Denota admiración o extrañeza.

diablura f. Travesura. || Cosa extraordinaria: *este malabarista hace diabluras con sus aros.*

diabólico, ca adj. Del diablo. || *Fig.* y fam. Muy malo, muy perverso. || Como inspirado por el diablo: *idea diabólica.* | Muy difícil.

diábolo o **diávolo** m. Juguete de forma de carrete que se hace girar sobre un cordón y se arroja al aire, imprimiéndole un movimiento de rotación muy rápido.

diaconado m. Diaconato.

diaconal adj. Del diácono.

diaconato m. Segunda de las órdenes mayores.

diaconía f. Distrito de una iglesia al cargo de un diácono. || Casa del diácono.

diácono m. Ministro eclesiástico de grado inmediatamente inferior al sacerdocio.

diacrítico, ca adj. *Gram.* Dícese del signo ortográfico que diferencia categorías gramaticales: *el adverbio "más" y la conjunción "mas" se diferencian por llevar, el primero, acento diacrítico.*

diacronía f. Cualidad de lo diacrónico.

diacrónico, ca adj. Se dice de la consideración de los hechos con relación al transcurso del tiempo.

diadema f. Cinta blanca que antiguamente ceñía la cabeza de los reyes. || Corona. || Adorno femenino de cabeza en forma de media corona. || Aro abierto usado para sujetarse el pelo hacia atrás.

diadoco m. Título de los generales que se disputaron el imperio de Alejandro Magno. || Príncipe heredero de Grecia.

diafanidad f. Calidad de diáfano, transparencia.

diáfano, na adj. Transparente. || *Fig.* Claro.

diáfisis f. *Anat.* Parte media de los huesos largos.

diafragma m. Músculo ancho delgado que separa el pecho del abdomen. || Tabique, separación. || Lámina vibrátil del fonógrafo y del micrófono. || *Fot.* Disco para limitar la entrada de la luz.

diafragmar v. t. *Fot.* Disminuir la abertura del objetivo con el diafragma.

diagnosis f. *Bot.* Descripción abreviada de una planta. || *Med.* Conocimiento de los síntomas de las enfermedades.

diagnosticar v. t. *Med.* Determinar por los síntomas el carácter de una enfermedad.

diagnóstico, ca adj. *Med.* Relativo a la diagnosis. || — M. *Med.* Determinación de una enfermedad por los síntomas.

diagonal adj. y s. f. *Geom.* Dícese de la línea recta que va de un vértice a otro no inmediato. || *En diagonal*, oblicuamente. || *Leer en diagonal*, leer con suma rapidez.

diagrama m. Dibujo geométrico que representa gráficamente las variaciones de un fenómeno.

diaguita adj. y s. Individuo de un pueblo indio establecido en la región andina del NO. argentino.

dial m. Placa exterior de un receptor de radio, detrás de la cual se mueve una aguja que permite escoger la conexión deseada.

dialectal adj. De un dialecto: *giro, forma dialectal.*

dialectalismo m. Voz o giro dialectal. || Carácter dialectal.

dialéctica f. Arte de razonar.

dialéctico, ca adj. Propio del arte de razonar. || — F. *Log.* Arte de razonar metódicamente. || — M. El que profesa la dialéctica.

dialecto m. Variante regional de un idioma: *el dialecto leonés.*

dialectología f. Tratado de los dialectos.

diálisis f. *Quím.* Análisis fundado en la propiedad que tienen ciertos cuerpos de atravesar las membranas porosas.

dializador m. *Quím.* Instrumento que sirve para dializar.

dialogar v. i. Hablar o escribir en diálogo.

dialogístico, ca adj. Del diálogo. || Escrito en forma de diálogo.

diálogo m. Conversación entre dos o más personas. || Obra literaria escrita en forma de conversación o plática.

dialoguista m. Escritor que compone diálogos.

diamantado, da adj. Parecido al diamante.

diamantar v. t. Dar a una cosa el brillo del diamante.

diamante m. Piedra preciosa formada por carbono puro cristalizado. || Trebejo para cortar el vidrio.

diamantífero, ra adj. Que contiene diamante: *terreno, yacimiento diamantífero.*

diamantino, na adj. Del diamante. || Que tiene la dureza o el brillo del diamante.

diamantista com. Persona que labra o vende diamantes y otras piedras preciosas.

diametralmente adv. De extremo a extremo. || *Fig.* Del todo.

diámetro m. *Geom.* Línea recta que pasa por el centro del círculo y termina por ambos extremos en la circunferencia: *el diámetro equivale al doble del radio.* | Eje de la esfera. | Línea que divide en dos partes iguales un sistema de cuerdas paralelas a una curva.

diana f. *Mil.* Toque militar al amanecer. || Punto central de un blanco de tiro.

diapasón m. *Mús.* Instrumento de acero en forma de horquilla que sirve para dar la nota *la.* || *Fig. y fam. Bajar o subir el diapasón,* bajar o subir el tono a la voz.

diapositiva f. Imagen fotográfica positiva sobre soporte transparente para la proyección.

diario, ria adj. De todos los días: *uso diario.* || — M. Periódico que sale cada día. || Relación de acontecimientos hecha por días. || Gasto de un día en una casa. || Ganancia de un día. || *Com.* Libro en que el comerciante apunta día por día las operaciones que efectúa. || — *De (o a) diario,* diariamente. || *Diario hablado, televisado,* noticias de actualidad transmitidas por la radio, la televisión. || *Traje de diario,* el que se usa ordinariamente.

diarrea f. *Med.* Evacuación frecuente de excrementos líquidos.

diarreico, ca adj. *Med.* De la diarrea: *flujo diarreico.*

diartrosis f. *Anat.* Articulación movible: *diartrosis del húmero con el omóplato.*

diáspora f. Dispersión del pueblo hebreo a través del mundo.

diastasa f. *Quím.* Fermento soluble que transforma varias sustancias amiláceas.

diástole f. Movimiento de dilatación del corazón y de las arterias. || Licen-

cia poética para usar como larga una sílaba breve.

diatomeas f. pl. Familia de algas unicelulares (ú. t. c. adj.).

diatónico, ca adj. *Mús.* Que procede por intervalos de dos tonos y un semitono: *escala diatónica.*

diatriba f. Crítica violenta o insultante. || Libelo injurioso.

dibujante adj y s. Que dibuja.

dibujar v. t. Representar con el lápiz, la pluma, el pincel, etc., una cosa copiada al original. || *Fig.* Describir: *dibujar un carácter, una pasión.* || — V. pr. Manifestarse, aparecer: *una sonrisa se dibujó en sus labios.*

dibujo m. Cosa dibujada. || Arte que enseña la manera de dibujar: *una academia de dibujo.* || Conjunto de las líneas y contornos que forman una figura. || *Dibujos animados,* serie de dibujos que, una vez cinematografiados, producen la sensación de movimiento.

dicción f. Modo de pronunciar: *dicción clara.* || Palabra.

diccionario m. Reunión, por orden alfabético o ideológico, de todas las palabras de un idioma o de una ciencia, seguidas de su definición o de su traducción a otro idioma: *un diccionario de calidad.*

diccionarista m. Lexicógrafo.

dicha f. Felicidad. || Suerte feliz: *ser hombre de dicha.* || *Por dicha,* por casualidad, por fortuna.

dicharachero, ra adj. y s. *Fam.* Propenso a decir dicharachos, bromista, gracioso. || Parlanchín.

dicharacho m. Palabra inconveniente. || Broma, dicho gracioso.

dicho, cha p. p. irreg. de *decir.* || *Dicho y hecho,* expresión que indica prontitud. || — M. Frase o sentencia: *dicho agudo, oportuno.* || Ocurrencia, frase aguda: *tener buen dicho.* || Refrán.

dichoso, sa adj. Feliz. || Que induce o trae consigo dicha. || *Fam.* Enfadoso, molesto: *¡dichosa visita!, ¡dichoso niño!* || En sentido irónico, malhadado.

diciembre m. Duodécimo mes del año, que cuenta 31 días.

dicotiledóneas f. pl. Clase de plantas angiospermas cuyo embrión tiene dos cotiledones, como la judía y la malva (ú. t. c. adj.).

dicotomía f. *Bot.* Bifurcación, división en dos partes. || *Astr.* Fase de la Luna en la que sólo es visible la mitad de su disco.

dicromático, ca adj. De dos colores.

dictado m. Acción de dictar: *escribir al dictado.* || Lo que se dicta: *dictado ortográfico, musical.* || Título de dignidad o nobleza. || — Pl. *Fig.* Inspiraciones, preceptos de la razón o la conciencia.

dictador m. En Roma, magistrado investido de la autoridad suprema por el Senado en tiempos de peligro: *dictadores fueron Cincinato, Camilo, Sila y Julio César.* || En los Estados modernos, jefe supremo investido de todos los poderes.

dictadura f. Dignidad y gobierno de dictador. || Tiempo que dura: *la dictadura de Primo de Rivera.* || Gobierno que se ejerce al margen de las leyes constitucionales. || *Dictadura del proletariado,* principio marxista del ejercicio del poder del Estado por una minoría que actúa en nombre de la clase obrera y campesina.

dictáfono m. Aparato que graba la voz y sirve sobre todo para dictar el correo.

dictamen m. Opinión, parecer: *dar un dictamen desfavorable.* || Informe: *dictamen de los peritos.*

dictaminar v. t. Dar su opinión. || Dar consejo. || Recetar un médico. || Hacer un informe.

dictar v. t. Decir algo para que otro lo escriba: *dictar una carta.* || *For.* Pronunciar un fallo o sentencia. || *Fig.* Sugerir, inspirar.

dictatorial adj. Dictatorio: *poderes dictatoriales.* || *Fig.* Absoluto, arbitrario, despótico: *gobierno dictatorial.*

dictatorio, ria adj. Relativo al dictador.

dicterio m. Insulto.

didáctico, ca adj. Relativo a la enseñanza: *obra didáctica.* || Propio para enseñar: *método didáctico.* || — F. Arte de enseñar.

didelfos m. pl. Orden de mamíferos cuyas hembras tienen una bolsa donde permanecen encerradas las crías, como la zarigüeya y el canguro (ú. t. c. adj.).

diecinueveavo, va adj. y s. Dícese de cada una de las diecinueve partes iguales en que se divide un todo.

dieciochavo, va adj. y s. Dícese de cada una de las dieciocho partes iguales en que se divide un todo.

dieciocheno, na adj. Decimoctavo, dieciochavo.

dieciochesco, ca adj. Del siglo XVIII.

dieciseisavo, va adj. y s. Dícese de cada una de las dieciséis partes iguales en que se divide un todo.

dieciseiseno, na adj. Decimosexto.

diecisieteavo, va adj. y s. Dícese de cada una de las diecisiete partes iguales en que se divide un todo.

diedro adj. *Geom.* Dícese del ángulo formado por dos planos que se cortan (ú. t. c. m.).

diente m. Cada uno de los huesos visibles de las mandíbulas que sirven para masticar: *el hombre tiene treinta y dos dientes (ocho incisivos, cuatro colmillos y veinte muelas).* || Puntas de ciertas herramientas, instrumentos y otros objetos: *dientes de sierra, de rueda, de peine.* || *Arq.* Adaraja, piedra que se deja sobresaliendo en el muro de un edificio. || Cada una de las partes que constituyen la cabeza del ajo. || — *Fig.* y fam. *Alargársele a uno los dientes,* desear algo con ansia. | *Dar diente con diente,* temblar de frío o miedo. | *De dientes afuera,* sin sinceridad. | *Diente de leche,* cada uno de los de la pri-

mera dentición. || *Bot. Diente de león,* planta compuesta, de flores amarillas. || *Tecn. Diente de lobo,* bruñidor de ágata. || *Fig.* y fam. *Enseñar los dientes,* hacer cara a uno. | *Hablar uno entre dientes,* hablar bajo y sin que se le entienda lo que dice. | *Tener uno buen diente,* ser muy comedor.

diéresis f. *Gram.* Figura que consiste en separar las vocales que forman un diptongo, haciendo de una sílaba dos: *su-a-ve* por suave; *vi-o-le-ta* por violeta. || *Gram.* Signo ortográfico (¨) que se coloca sobre la *u* de las sílabas *gue, gui* para que se pronuncie: *vergüenza, argüir.*

diesel adj. y s. m. Motor de combustión interna por inyección y compresión de aceite pesado o gasoil.

diestro, tra adj. Derecho. || Hábil: *ser diestro en su oficio.* || Sagaz. || *A diestro y siniestro,* por todos lados; sin tino. || — M. Matador de toros. || — F. Mano derecha.

dieta f. Asamblea legislativa de ciertos Estados que forman confederación. || *Med.* Privación total o parcial de comer: *estar a dieta.* || — Pl. Honorarios de un funcionario mientras desempeña una misión fuera de su residencia. || Retribución de los diputados. || Indemnización dada a una persona por tener que trabajar fuera de su residencia.

dietario m. Agenda.

dietético, ca adj. Relativo a la dieta: *régimen dietético.* || — F. Parte de la terapéutica que estudia el régimen de nutrición.

diez adj. Nueve y uno. || Décimo: *Pío diez.* || — M. El número diez. || Cada una de las divisiones del rosario o cuenta gruesa que los separa.

diezmar v. t. *Fig.* Causar gran mortandad. || Pagar el diezmo a la Iglesia.

diezmilésimo, ma adj. y s. Aplícase a cada una de las diez mil partes iguales en que se divide un todo.

diezmilímetro m. Décima parte de un milímetro.

diezmo m. Décima parte de los frutos que daban como tributo los fieles a la Iglesia o al rey.

difamación f. Acción y efecto de difamar.

difamador, ra adj. Que difama.

difamar v. t. Desacreditar a uno oralmente o por escrito. || Despreciar.

difamatorio, ria adj. Que difama: *discurso difamatorio.*

diferencia f. Falta de similitud: *hay mucha diferencia entre tú y yo.* || Discrepancia, disensión. || *Mat.* Resto en una sustracción. || *A diferencia de,* contrariamente a.

diferenciación f. Acción y efecto de diferenciar. || *Mat.* Operación por la cual se determina la diferencial de una función.

diferencial adj. *Mat.* Dícese de la cantidad infinitamente pequeña. || — M. *Mec.* Mecanismo que permite que la velocidad de un móvil sea igual a la su-

ma o a la diferencia de otros dos. | En un automóvil, dispositivo mediante el cual en las curvas la rueda exterior puede girar más rápidamente que la anterior al recorrer ésta un arco más pequeño. || — F. *Mat.* Diferencia infinitamente pequeña de una variable.

diferenciar v. t. Hacer distinción: *no sabe diferenciar los colores.* || *Mat.* Calcular la diferencial de una cantidad variable. || — V. i. Estar en desacuerdo: *diferenciar en opiniones* (ú. t. c. pr.). || — V. pr. Distinguirse, descollar: *diferenciarse de sus compañeros.* || Diferir, ser diferente.

diferente adj. Diverso, distinto. || — Pl. Varios.

*diferir v. t. Dilatar, aplazar: *diferir un viaje, una visita.* || — V. i. Ser diferente: *diferir en costumbres.*

difícil adj. Que requiere mucho trabajo: *una labor difícil.* || Complicado: *una cuestión difícil de resolver.* || Descontentadizo: *una persona difícil.* || Dícese de la cara extraña y fea.

dificultad f. Calidad de difícil: *la dificultad de una multiplicación.* || Problema: *las dificultades de una empresa.* || Inconveniente. || Obstáculo, impedimento: *poner dificultades.* || Objeción.

dificultador, ra adj. Que pone o imagina dificultades (ú. t. c. s.).

dificultar v. t. Complicar. || Estorbar: *dificultar el paso.*

dificultoso, sa adj. Difícil. || *Fig.* y fam. Difícil, extraño y feo. || Dificultador.

difracción f. *Fís.* Desviación de las ondas luminosas, acústicas o radioeléctricas cuando rozan los bordes de un cuerpo opaco.

difractar v. t. *Fís.* Hacer sufrir difracción.

difrangente adj. *Fís.* Que produce la difracción.

difteria f. Enfermedad contagiosa caracterizada por la formación de falsas membranas en las mucosas.

diftérico, ca adj. *Med.* De la difteria: *angina diftérica.*

difumar y **difuminar** v. t. Frotar con difumino un dibujo.

difumino m. Papel arrollado para esfumar las sombras en los dibujos.

difundir v. t. Extender, derramar un fluido. || Divulgar: *difundir la instrucción, una noticia.* || Propagar: *difundir una epidemia.* || Transmitir: *difundir una emisión radiofónica.*

difunto, ta adj. y s. Fallecido.

difusión f. Acción y efecto de difundir o difundirse: *la difusión de la luz, de ondas sonoras.* || Propagación, divulgación: *difusión de la cultura.*

difuso, sa adj. Extenso. || Demasiado prolijo en palabras.

difusor, ra adj. Que difunde. || — M. Aparato para sacar el jugo sacarino de la remolacha. || Altavoz.

digerido, da Acción y efecto de digerir.

*digerir v. t. Hacer la digestión. || *Fig.* Sobrellevar: *digerir una pena.* | Asimilar: *no ha digerido la lección.*

digestión f. Transformación de los alimentos en el aparato digestivo. || *Quím.* Maceración de un cuerpo en un líquido a temperatura elevada.

digestivo, va adj. Que ayuda a la digestión. || *Zool.* Aparato digestivo, conjunto de órganos que concurren a la digestión. || — M. Licor que facilita la digestión.

digesto m. Colección de las decisiones del Derecho romano: *el "Digesto" de Justiniano*.

digestónico, ca adj. y s. m. Digestivo.

digitado, da adj. *Bot.* Recortado en forma de dedos: *hojas digitadas*. || *Zool.* Aplícase a los mamíferos que tienen sueltos los dedos de los cuatro pies.

digital adj. Relativo a los dedos. || Relativo a los dígitos. || — F. Planta herbácea usada en medicina. || Flor de esta planta. || *Reloj digital*, aquel que no tiene manecillas y expresa la hora a través del cambio de números.

digitalina f. *Quím.* Glucósido venenoso que se extrae de las hojas de la digital.

digitalización m. Acción y efecto de digitalizar.

digitalizar v. t. Presentar una información a través de dígitos, o de unidades discretas: *al digitalizar con el escáner transformo una foto en un mapa de bits*.

digitígrado, da adj. Aplícase a los mamíferos carniceros que sólo apoyan los dedos al andar: *el gato, el perro, etc.* (ú. t. c. m.).

dígito adj. y s. m. Dícese del número que puede expresarse con un solo guarismo: *1, 6*.

dignarse v. pr. Servirse por condescendencia a hacer una cosa: *dignarse escuchar al inferior*.

dignatario m. Persona investida de una dignidad: *dignatario del Vaticano*.

dignidad f. Calidad de digno. || Alto cargo o título eminente: *la dignidad cardenalicia*. || Nobleza, gravedad en los modales: *obrar con dignidad*. || Respeto que se merece uno: *compromete su dignidad*.

dignificante adj. Que dignifica: *gracia dignificante*.

dignificar v. t. Hacer digna.

digno, na adj. Que merece algo en sentido favorable o adverso: *digno de recompensa, de castigo*. || Correspondiente al mérito o condición: *hijo digno de su padre*. || Grave, mesurado: *respuesta digna*. || Que tiene respeto de sí mismo.

digresión f. Desviación en el hilo de un relato. || Relato.

dije m. Joyas, alhajas pequeñas que suelen llevarse por adorno: *una pulsera con muchos dijes*. || *Fig.* y *fam.* Persona que tiene muchas cualidades o gran habilidad.

dilaceración f. Acción y efecto de dilacerar o dilacerarse.

dilacerar v. t. Desgarrar. || *Fig.* Dañar.

dilación f. Retraso, demora. || *Sin dilación*, inmediatamente.

dilapidación f. Disipación, despilfarro.

dilapidador, ra adj. y s. Que dilapida.

dilapidar v. t. Malgastar, disipar, despilfarrar: *dilapidar la hacienda*.

dilatación f. Acción y efecto de aumentar el volumen o la longitud de un cuerpo, el calibre de un conducto. || *Fig.* Alivio.

dilatadamente adv. Anchamente. || Detalladamente: *hablar dilatadamente de algo*.

dilatador, ra adj. Que dilata o extiende. || — M. *Cir.* Aparato para dilatar un conducto o una cavidad.

dilatar v. t. Aumentar el volumen de un cuerpo mediante una elevación de su temperatura. || Ensanchar. || *Fig.* Diferir, aplazar: *dilatar un asunto*. || Propagar, extender: *dilatar la fama*. || — V. pr. *Fig.* Extenderse mucho en un discurso o escrito: *dilatarse en argumentos*. | Extenderse, ensancharse: *la llanura se dilata hasta el horizonte*. || *Amer.* Demorar, tardar: *su llegada se dilata mucho*.

dilatorio, ria adj. *For.* Que sirve para prolongar un pleito, para aplazar un fallo. || — F. Detención. Ú. m. en pl.: *andar con dilatorias*.

dilección f. Amor tierno y puro.

dilecto, ta adj. Muy estimado.

dilema m. Argumento de dos proposiciones contrarias que conducen a una misma conclusión. || *Por ext.* Obligación de escoger entre dos cosas.

dilettante y **diletante** m. (pal. ital.). Persona apasionada por un arte, especialmente el de la música. || El que tiene afición a cualquier actividad, pero sin profundizar en ella. || El que quiere vivir según su fantasía y sus gustos.

dilettantismo y **diletantismo** m. Carácter del dilettante. || Afición muy grande a un arte.

diligencia f. Cuidado en hacer una cosa. || Prisa, prontitud. || Coche grande para el transporte por carretera de viajeros y mercancías. || Trámite, gestión. || *For.* Ejecución de un auto o decreto judicial.

diligenciar v. t. Hacer los trámites necesarios para conseguir algo: *diligenciar un pasaporte*.

diligente adj. Cuidadoso y activo. || Pronto, ágil en el obrar.

dilucidación f. Aclaración.

dilucidador, ra adj. y s. Que dilucida.

dilucidar v. t. Aclarar y explicar un asunto, una cuestión.

*diluir v. t. Desleír, disolver un cuerpo en un líquido. || *Quím.* Añadir líquido en las disoluciones para aclararlas.

diluvial adj. Del diluvio.

diluviano, na adj. Relativo al diluvio universal.

diluviar v. impers. Llover mucho, a manera de diluvio.

diluvio m. Inundación universal de que habla la Biblia. || *Fig.* y *fam.* Lluvia torrencial. | Excesiva abundancia: *un diluvio de injurias*.

dimanar v. i. Venir el agua de sus manantiales. || *Fig.* Proceder, tener origen: *una medida que dimana de otra*.

dimensión f. Cada una de las tres direcciones en que se mide la extensión de un cuerpo (largo, ancho, altura o profundidad). || Tamaño: *un mueble de grandes dimensiones*. || *Fig.* Importancia, magnitud: *dimensiones del conflicto*.

dimes y diretes loc. fam. Discusiones, réplicas entre dos o más personas: *andar en dimes y diretes*.

diminutivo, va adj. y s. Que tiene cualidad de disminuir o reducir a menos una cosa. || — M. *Gram.* Aplícase a las palabras que disminuyen la significación de los positivos de que proceden: *hombrecito es diminutivo de hombre*.

diminuto, ta adj. Muy pequeño. || Incompleto.

dimisión f. Renuncia de algo que se tiene: *presentar la dimisión de un cargo*.

dimisionario, ria adj. y s. Que dimite: *alcalde dimisionario*.

dimitente adj. y s. Que dimite.

dimitir v. t. Renunciar a una cosa, presentar la dimisión: *dimitir un empleo*.

dimorfismo m. Calidad de dimorfo.

dimorfo, fa adj. Aplícase a lo que puede tener dos formas distintas. || *Min.* Aplícase al mineral que puede cristalizar de dos maneras distintas.

din m. Unidad práctica del grado de sensibilidad de las emulsiones fotográficas.

dina f. *Mec.* Unidad de fuerza C. G. S. que aplicada a la masa de un gramo le comunica velocidad de un centímetro por segundo.

dinamarqués, esa adj. y s. Danés, de Dinamarca.

dinámico, ca adj. Relativo a la fuerza cuando produce movimiento: *efecto dinámico*. || *Fig.* Activo, enérgico: *hombre dinámico*. || — F. Parte de la mecánica que estudia el movimiento en relación con las fuerzas que lo producen.

dinamismo m. *Fil.* Doctrina según la cual los elementos materiales no son sino combinaciones de fuerzas. || *Fig.* Energía, actividad: *el dinamismo de las juventudes*.

dinamita f. Explosivo compuesto por nitroglicerina, descubierto por A. Nóbel (1866).

dinamitar v. t. Hacer saltar con dinamita: *dinamitar un fuerte*.

dinamitero, ra m. y f. Obrero que en las minas u otros lugares efectúa destrucciones con dinamita. || Persona que comete atentados con dinamita: *los dinamiteros asturianos*.

dinamo m. *Fís.* Máquina destinada a transformar la energía mecánica (movimiento) en energía eléctrica (corriente) o viceversa por inducción electromagnética.

dinamómetro m. *Mec.* Instrumento para medir fuerzas.

dinar m. Unidad monetaria de Yugoslavia y Túnez. || Moneda del Irán.

dinastía f. Serie de soberanos de una misma familia: *dinastía borbónica, austriaca.* || Serie de hombres célebres de una misma familia: *la dinastía de los Couperin.* || Serie de personas que ejercen una misma influencia en un campo determinado.

dinástico, ca adj. De la dinastía. || Partidario de una dinastía.

dineral m. Cantidad grande de dinero: *gastarse un dineral.*

dinero m. Cualquier clase de moneda. || *Fig. y fam.* Riqueza, fortuna: *ser hombre de dinero.* || — *De dinero y calidad, la mitad de la mitad,* se suele exagerar la riqueza y linaje de las personas. || *Dinero de San Pedro,* limosna que los católicos dan al Papa.

dinosaurio m. Reptil fósil gigantesco.

dinoterio m. Proboscidio fósil gigantesco semejante a un elefante.

dintel m. *Arq.* Parte superior de las puertas y ventanas que carga sobre las jambas. || Barb. por *umbral.*

diocesano, na adj. y s. De la diócesis: *clero diocesano.*

diócesis f. Territorio en que ejerce jurisdicción espiritual un obispo o arzobispo: *la diócesis de Tarragona.*

diodo m. Válvula electrónica de dos electrodos, por la cual pasa la corriente en un solo sentido.

dionisiaco, ca adj. De Dionisio o Baco. || — F. pl. Fiestas en su honor.

dioptría f. Unidad de convergencia de las lentes y de potencia de los aparatos ópticos. (La *dioptría* es la convergencia de un sistema óptico que tiene una distancia focal de un metro.)

diorita f. *Min.* Anfibolita de textura granítica.

Dios m. Ser supremo y creador del universo. || *Mit.* Deidad: *los dioses del Olimpo.* || *Fig.* Persona o cosa que se venera por encima de todo. || — *¡A Dios!,* adiós (despedida). || *A Dios gracias,* felizmente. || *¡A Dios rogando y con el mazo dando,* debemos hacer todo lo que podemos en vez de esperar que los demás lo hagan por nosotros. || *A la buena de Dios,* de cualquier manera, sin mucho cuidado. || *Como Dios manda,* como es debido. || *Diga, que de Dios dijeron,* debemos despreciar la murmuración. || *¡Dios!, ¡por Dios!* o *¡válgame Dios!,* expr. de impaciencia o de sorpresa. || *Dios dirá,* expr. de confianza en el porvenir. || *Dios Hijo* o *Dios Hombre,* Jesucristo. || *Dios sabe,* expr. que indica duda. || *Fig. Méx. Está de Dios o de la ley,* magnífico. || *Pasar la de Dios es Cristo,* pasarlo muy mal. || *Si Dios quiere,* si nada se opone a lo que uno espera. || *Fam. Todo Dios,* todo el mundo. || — Según las mitologías griega y romana existieron doce *dioses* mayores (entre paréntesis los griegos): *Júpiter* (Zeus), *Febo* (Apolo), *Marte* (Ares), *Mercurio* (Hermes), *Vulcano* (Hefestos), *Vesta* (Hestia), *Juno* (Hera), *Ceres* (Deméter), *Diana* (Artemisa), *Venus* (Afrodita), *Minerva* (Atenea), *Neptuno* (Poseidón).

diosa f. Deidad del sexo femenino: *la diosa Minerva.*

diplodoco m. Especie de dinosaurio, reptil fósil de gran tamaño.

diploma m. Documento en que consta un título conferido por un cuerpo o facultad. || Documento oficial que establece un privilegio.

diplomacia f. Ciencia de las relaciones entre Estados soberanos. || Cuerpo o carrera diplomática. || *Fig. y fam.* Tacto, habilidad: *conducirse con diplomacia.*

diplomado, da adj. y s. Que ha obtenido un título o diploma: *profesor diplomado; un diplomado de Estado Mayor.*

diplomar v. t. Conferir un diploma. || — V. pr. Obtener un diploma, graduarse.

diplomática f. Arte que enseña las reglas para conocer y distinguir los diplomas u otros documentos oficiales. || Diplomacia.

diplomático, ca adj. De la diplomacia: *cuerpo diplomático.* || Concerniente a los diplomas. || *Fig. y fam.* Sagaz, circunspecto, que tiene tacto. || — M. Persona encargada de ciertas funciones diplomáticas: *un diplomático de valía.*

díptero, ra adj. y s. *Arq.* Aplícase al edificio de dos costados salientes y doble fila de columnas. || — M. pl. Orden de insectos con dos alas membranosas, como la mosca (ú. t. c. adj.).

díptico m. o **díptica** f. Cuadro o bajorrelieve compuesto de dos tableros articulados que se cierran lo mismo que un libro.

diptongación f. *Gram.* Acción y efecto de diptongar.

diptongar v. t. *Gram.* Unir dos vocales pronunciándolas en una sola sílaba: *cau-sa, cue-llo.* || — V. pr. Convertirse en diptongo una vocal, como la o de *poder* en *puedo.*

diptongo m. *Gram.* Reunión de dos vocales en una sola sílaba: *aire, puerta.*

diputación f. Conjunto de diputados: *diputación provincial, general, permanente.* || Cargo de diputado. || Duración de este cargo. || *Amer.* Casa consistorial.

diputado, da m. y f. Persona nombrada para representar a otras: *diputado a Cortes.*

diputar v. t. Destinar, comisionar. || Delegar, designar un cuerpo a uno de sus miembros para que los represente en una asamblea.

dique m. Muro para contener las aguas. || Parte de un puerto cerrada con obra de fábrica donde se puede reparar el casco de las naves. || *Fig.* Freno, obstáculo: *poner un dique al desorden.* || *Geol.* Filón estéril que asoma en forma de muro en la superficie del terreno.

diquelar v. t. *Pop.* Comprender. | Mirar.

dirección f. Acción y efecto de dirigir o dirigirse. || Rumbo que un cuerpo sigue en su movimiento: *la dirección del viento.* || Persona o conjunto de personas encargadas de dirigir: *la dirección de una sociedad, de un partido.* || Cargo de director. || Señas que se ponen a una carta o paquete. || Mecanismo para guiar un vehículo automóvil. || Realización escénica o cinematográfica de una obra: *la dirección de una película.*

directivo, va adj. Que dirige (ú. t. c. s.). || — F. Línea de conducta, instrucción. || Mesa o junta de dirección de una corporación, sociedad, etc.

directo, ta adj. Derecho, en línea recta: *carretera directa.* || Que va de una parte a otra sin pararse en los puntos intermedios: *tren directo de París a Marsella.* || *Fig.* Sin intermediario: *relaciones directas.* | Sin rodeos: *pregunta directa.* || Encaminado a un objeto por medios expeditivos: *acción directa.* || Que se sigue de padre a hijo: *un heredero en línea directa.* || *Gram.* Complemento directo, el que recibe la acción del verbo. || — M. Golpe dado por los boxeadores hacia adelante estirando el brazo. || *En directo,* no diferido.

director, ra adj. Que dirige. || — M. y f. Persona que dirige una administración, establecimiento, una película cinematográfica, una orquesta, etc. || *Director espiritual,* confesor habitual. || *Director general,* director de una empresa.

directoral adj. Del director.

directorio, ria adj. Destinado a dirigir. || — M. Conjunto de reglas e instrucciones: *directorio jurídico.* || Asamblea directiva. || Gobierno. || *Amer.* Lista de direcciones.

directriz adj. y s. f. *Geom.* Dícese de la línea o superficie que determina las condiciones de generación de otras. || — F. pl. Instrucciones, orientaciones.

dirigente adj. y s. Que dirige.

dirigible adj. Que puede dirigirse. || — M. Globo dirigible.

dirigir v. t. Encaminar hacia cierto punto: *dirigir la mirada, dirigir el coche hacia la derecha.* || Gobernar: *dirigir una empresa.* || Mandar, hacer ejecutar: *dirigir las operaciones.* || Poner las señas a la que se manda. || Aconsejar: *dirigir a uno en un asunto.* || Aplicar a una persona un dicho: *dirigir unos insultos a alguien.* || *Dirigir la palabra a uno,* hablarle. || — V. pr. Ir: *dirigirse a Barcelona.* || Destinar unas palabras oralmente o por escrito a alguien.

dirigismo m. Sistema en que el Gobierno ejerce un poder de orientación o de decisión en la actividad económica del país.

dirimente adj. Que anula.

dirimir v. t. Resolver: *dirimir una dificultad.* || Ajustar o terminar una controversia: *dirimir la discusión.* || Disolver, anular: *dirimir un matrimonio.*

discar v. t. *Amer.* Marcar un número telefónico.

discernidor, ra adj. Que discierne.

discernimiento m. Distinción. || Juicio recto: *proceder con discernimiento*. || *For.* Nombramiento judicial que habilita a una persona para ejercer un cargo.

*discernir v. t. Distinguir con acierto. || *For.* Encargar el juez a uno la tutela de un menor. || *Barb.* por *conceder, otorgar, adjudicar*.

disciplina f. Conjunto y observancia de las leyes o reglamentos que rigen ciertos cuerpos, como la Magistratura, la Iglesia, el Ejército, las escuelas. || Asignatura. || — Pl. Instrumento de penitencia para azotar.

disciplinado, da adj. Que observa la disciplina. || *Bot.* Jaspeado.

disciplinante adj. y s. Penitente, que se disciplina.

disciplinar v. t. Enseñar a uno su profesión. || Acostumbrar a la disciplina: *disciplinar al soldado*. || Azotar, someterse a disciplina (ú. t. c. pr.). || *Fig.* Contener, dominar: *disciplinar sus instintos*.

disciplinario, ria adj. Relativo a la disciplina. || Dícese de los cuerpos militares integrados por soldados condenados a alguna pena correccional: *batallón disciplinario*. || — M. Soldado de estos cuerpos.

discípulo, la m. y f. Persona que recibe la enseñanza de un maestro. || Persona que sigue la opinión de una escuela filosófica: *discípulo de Aristóteles*.

disco m. Objeto plano y circular. || Placa circular de materia plástica en la que se graba el sonido: *un disco microsurco*. || Señal que en los ferrocarriles indica si la vía está libre. || Señal luminosa para el tráfico: *disco rojo*. || Tejo que se utiliza en los juegos gimnásticos: *lanzamiento del disco*. || *Astr.* Figura circular y plana con que se presentan a nuestra vista el Sol, la Luna y los planetas. || *Fam.* Cosa pesada, aburrida o enojosa.

discóbolo m. Atleta que lanzaba el disco.

discófilo, la adj. y s. Aficionado a los discos fonográficos.

discografía f. Arte de impresionar discos fonográficos.

discoidal adj. Que tiene figura de disco.

díscolo, la adj. Travieso, indócil, perturbador: *niño díscolo*.

disconforme adj. No conforme.

disconformidad f. Desacuerdo. || Divergencia: *disconformidad de opiniones*.

discontinuar v. t. e i. Interrumpir la continuación de una cosa.

discontinuidad f. Falta de continuidad.

discontinuo, nua adj. Interrumpido, cortado. || *Mat.* No continuo.

*disconvenir v. i. Desconvenir.

discordancia f. Desacuerdo, disconformidad: *discordancia entre los dichos y los hechos*. || Divergencia: *discordancia de opiniones*.

discordante adj. Opuesto.

*discordar v. i. Ser opuestas o diferentes entre sí dos o más cosas. || Estar en desacuerdo dos personas. || *Mús.* No estar acordes las voces, los instrumentos. || Carecer de armonía: *colores que discuerdan*.

discorde adj. No conforme. || *Mús.* Disonante, sin consonancia.

discordia f. Desacuerdo, desavenencia: *sembrar la discordia*. || *Fig. Manzana de la discordia*, objeto de disputa.

discoteca f. Colección de discos fonográficos. || Local o mueble donde se guardan.

discreción f. Rectitud de juicio, cordura. || Moderación. || Capacidad para guardar los secretos. || Agudeza, ingenio. || *A discreción*, sin tasa ni limitación, al antojo o voluntad de uno.

discrecional adj. Que se hace libremente. || *Parada discrecional*, aquella en que el autobús, tranvía, etc., solamente se para si se avisa al conductor. || *Servicio discrecional*, servicio especial.

discrepancia f. Diferencia, desigualdad. || Disentimiento, desacuerdo: *discrepancia de ideas*.

discrepante adj. y s. Que discrepa o es distinto. || Que disiente.

discrepar v. i. Ser diferente: *mi opinión discrepa de la tuya*. || Disentir, no estar de acuerdo.

discretear v. i. Mostrar ingenio. (Es a veces despectivo.)

discreteo m. Acción y efecto de discretear.

discreto, ta adj. Dotado de discreción, cuerdo (ú. t. c. s.). || Que denota discreción: *conducta discreta*. || Reservado, moderado en sus palabras y acciones: *hombre discreto*. || Que sabe guardar un secreto. || Que no llama la atención: *un peinado discreto*. || Agudo, ingenioso. || *Mat.* Discontinuo.

discriminación f. Acción y efecto de discriminar. || *Discriminación racial*, separación de las personas de origen, raza o religión diferentes en un mismo país.

discriminante m. Relación entre los coeficientes de una ecuación de segundo grado, lo que permite saber si ésta tiene dos raíces, una raíz doble o ninguna raíz.

discriminar v. t. Separar, distinguir, diferenciar una cosa de otra. || Dar trato de inferioridad a una persona o colectividad.

disculpa f. Razón que se da para excusarse de una culpa.

disculpar v. t. Dar razones o pruebas que descargan de una culpa o delito. Ú. t. c. pr.: *se disculpó de su retraso*. || Perdonar.

discurrir v. i. Caminar, andar por un sitio: *discurrir de un punto a otro*. || Correr un líquido. || Pasar el tiempo.

|| *Fig.* Reflexionar: *discurrir sobre política*. || — V. t. Imaginar, idear. || Conjeturar.

discursar v. i. Discurrir sobre una materia.

discursear v. i. *Fam.* Pronunciar discursos.

discursivo, va adj. Dado a discurrir, meditabundo, reflexivo. || Propio del discurso.

discurso m. Exposición oral de alguna materia hecha generalmente con el fin de persuadir. || Escrito o tratado: *el "Discurso sobre las Ciencias y las Artes", de J. J. Rousseau*. || Pieza oratoria: *un discurso académico*. || Facultad de discurrir, raciocinio. || Transcurso del tiempo: *el discurso de los días*.

discusión f. Acción y efecto de discutir.

discutible adj. Que puede discutirse.

discutidor, ra adj. y s. Amante de disputas y discusiones.

discutir v. t. e i. Examinar minuciosamente una materia: *discutir sobre arte*. || Debatir: *discutir una cuestión*. || Poner en tela de juicio, controvertir: *libro muy discutido*.

disecación f. Disección.

disecador m. El que diseca. || Taxidermista.

disecar v. t. Cortar para examinar su estructura un cuerpo animal, un vegetal, etc.: *disecar una planta*. || Preparar animales muertos para su conservación. || *Fig.* Analizar minuciosamente.

disección f. Acción y efecto de disecar. || *Fig.* Análisis minucioso.

disector m. El que diseca. || Taxidermista.

diseminación f. Dispersión, esparcimiento. || *Fig.* Difusión.

diseminar v. t. Dispersar, esparcir. || *Fig.* Difundir: *diseminar ideas*.

disensión f. Desacuerdo, oposición de pareceres o de intereses. || *Fig.* Contienda, discordia.

disentería f. *Med.* Diarrea dolorosa con pujos y sangre.

disentérico, ca adj. De la disentería.

disentimiento m. Divergencia de opiniones, de pareceres.

*disentir v. i. No tener el mismo parecer: *disentir en política*. || Ser diferente: *ideas que disienten*.

diseñador m. El que diseña.

diseñar v. t. Hacer un diseño: *diseñar un edificio, una figura*.

diseño m. Dibujo. || Descripción o bosquejo de alguna cosa.

disertación f. Examen crítico y detallado de una cuestión. || Ejercicio escolar sobre un tema literario o filosófico. || Discurso, conferencia.

disertador, ra y **disertante** adj. y s. Aficionado a disertar. || Conferenciante.

disertar v. i. Razonar sobre una materia.

diserto, ta adj. Elocuente.

disfagia f. *Med.* Dificultad para deglutir.

disfasia f. *Med.* Perturbación del lenguaje por una lesión cerebral.

disforme adj. Deforme.

disfraz m. Artificio para ocultar o disimular. || Vestido de máscara: *baile de disfraces.* || *Fig.* Fingimiento, disimulo.

disfrazar v. t. Desfigurar la forma natural de una persona o cosa para que no se la conozca. || Vestir de máscara (ú. t. c. pr.). || *Fig.* Cambiar, alterar: *disfrazar la voz.* | Disimular los sentimientos. | Maquillar, encubrir: *disfrazar en suicidio un crimen.*

disfrutar v. t. Poseer. || Aprovechar: *disfrutar sus vacaciones.* || — V. i. Gozar, tener algo de lo cual se sacan ventajas: *disfrutar de buena salud, del favor de uno.* || Sentir placer: *disfrutar ante el paisaje.*

disfrute m. Acción y efecto de disfrutar.

disfumar v. t. Difuminar.

disfumino m. Difumino.

disgregación f. Separación de las partes de un todo.

disgregar v. t. Separar las partes que forman un todo (ú. t. c. pr.).

disgustado, da adj. Descontento, enfadado: *disgustado con uno.* || Decepcionado: *disgustado por la actitud de un amigo.* | Pesaroso, entristecido.

disgustar v. t. Causar disgusto. || — V. pr. Enfadarse.

disgusto m. Contrariedad: *llevarse un gran disgusto.* || Decepción. || Pesadumbre: *esta muerte le dio un gran disgusto.* || Revés, desgracia. || Desavenencia, disputa: *tener un disgusto con uno.* | Tedio, repulsión. || *A disgusto,* contra la voluntad de uno; incómodo.

disidencia f. Separación de una doctrina, creencia u opinión.

disidente adj. y s. Que diside.

disidir v. i. Separarse de una comunidad, doctrina, creencia u opinión política o filosófica.

disilábico, ca y **disílabo, ba** adj. Bisílabo.

disímbolo, la adj. *Méx.* Dispar, diverso: *un público disímbolo; responsabilidades muy disímbolas.*

disimetría f. Falta de simetría.

disimétrico, ca adj. Falto de simetría.

disímil adj. Desemejante.

disimilar v. t. Alterar un sonido o fonema por influencia de otro próximo, igual o parecido.

disimilitud f. Desemejanza.

disimulable adj. Que se puede disimular.

disimulación f. Ocultación, encubrimiento. || Disimulo.

disimulado, da adj. Que disimula lo que siente, hipócrita.

disimulador, ra adj. y s. Que disimula o finge.

disimular v. t. Ocultar, esconder. || Encubrir algo que uno siente o padece: *disimular su alegría.* || Disfrazar: *disimular una enfermedad.* || Perdonar:

disimular la falta del amigo. || — V. i. Fingir que no se ve o se siente algo.

disimulo m. Arte con que se oculta lo que se siente o sabe. || Hipocresía, encubrimiento. || Indulgencia, tolerancia.

disipación f. Despilfarro, gasto completo: *disipación de sus bienes.* || Evaporación: *disipación del alcohol.* || Vida disoluta.

disipado, da adj. y s. Disipador. || Entregado a diversiones.

disipador, ra adj. y s. Malgastador, despilfarrador.

disipar v. t. Desvanecer: *el sol disipa las nieblas.* || Derrochar: *disipar la hacienda.* || *Fig.* Hacer desaparecer: *los años disipan las ilusiones.* || — V. pr. Evaporarse: *disiparse el alcohol.* || *Fig.* Desvanecerse: *disiparse las sospechas.*

dislalia f. *Med.* Dificultad de articular las palabras.

dislate m. Disparate, desatino.

dislocación y **dislocadura** f. Acción y efecto de dislocar o dislocarse. (Dícese, por lo común, de los huesos.)

dislocar v. t. Sacar una cosa de su lugar. Ú. m. c. pr.: *dislocarse un brazo.* || *Fig.* Dispersar: *dislocar un cortejo.* | Desmembrar: *dislocar un ejército.*

disloque m. *Fam.* El colmo.

disminución f. Acción y efecto de disminuir.

***disminuir** v. t. Hacer menor (ú. t. c. i. y pr.).

dismnesia f. *Med.* Debilidad de la memoria.

disnea f. *Med.* Dificultad de respirar.

disociación f. Acción y efecto de disociar o disociarse.

disociar v. t. Separar, desunir (ú. t. c. pr.). || *Quím.* Descomponer una sustancia (ú. t. c. pr.).

disolución f. *Fís.* Descomposición de los cuerpos por la acción de un agente que se une íntimamente a ellos. | Solución así formada. || Solución viscosa de caucho para reparar cámaras de neumáticos. || *Fig.* Relajación de las costumbres. | Rompimiento de vínculos: *disolución del matrimonio.* | Acción de suprimir o de hacer cesar: *disolución de las Cortes.*

disoluto, ta adj. Relajado: *vida disoluta.* || Licencioso, libertino.

disolvente adj. y s. m. Dícese del líquido propio para disolver. || *Fig.* Que causa corrupción.

***disolver** v. t. Descomponer un cuerpo por medio de un líquido, formando una mezcla. || Suprimir: *disolver un partido.* | Anular: *disolver un contrato.* || Poner fin al mandato de una asamblea antes de tiempo. || Relajar: *disolver las costumbres.*

disonancia f. Asociación de sonidos desagradables.

disonante adj. Que disuena.

***disonar** v. i. Formar una armonía desagradable para el oído. || *Fig.* No ir bien una cosa con otra. | Ser repugnante.

dispar adj. Desigual.

disparador m. El que dispara. || Pieza de las armas de fuego que se suelta para disparar. || Pieza del obturador automático de una cámara fotográfica. || Escape del reloj.

disparar v. t. Arrojar, lanzar con violencia. || Lanzar un proyectil con un arma: *disparar un cañón* (ú. t. c. pr.). || Enviar con fuerza el balón hacia la meta. || — V. i. Apretar el disparador de un mecanismo. || Decir o hacer tonterías. || *Salir disparado,* salir corriendo. || — V. pr. Partir con gran rapidez: *dispararse un caballo.* || *Fig.* Dejarse llevar por un sentimiento violento. || *Méx.* Invitar.

disparatadamente adv. Fuera de razón.

disparatado, da adj. Que disparata. || Absurdo, loco: *idea disparatada.* || *Fam.* Excesivo.

disparatar v. i. Decir o hacer tonterías o barbaridades.

disparate m. Cosa absurda o tonta: *hacer, decir disparates.* || Barbaridad, insulto: *soltar un disparate.* || *Fam.* Un disparate, mucho.

disparejo m. *Méx.* Juego que se realiza lanzando dos o más monedas para que gane el que caiga con cara distinta.

disparejo, ja adj. Dispar.

disparidad f. Desemejanza. || *Disparidad de cultos,* diferencia de religión.

disparo m. Acción de disparar. || Tiro. || Tiro, chut, en fútbol. || *Fig.* Disparate. | Ataque.

dispendio m. Gasto excesivo.

dispendioso, sa adj. Costoso.

dispensa f. Excepción y papel en que consta.

dispensable adj. Que puede ser objeto de una dispensa.

dispensación f. Acción y efecto de dispensar o dispensarse. || Dispensa.

dispensador, ra adj. y s. Que dispensa.

dispensar v. t. Dar, conceder, distribuir: *dispensar mercedes.* || Proporcionar: *dispensar ayuda.* || Eximir de una obligación: *dispensar la asistencia a un acto* (ú. t. c. i.). || Perdonar, excusar: *dispénseme por llegar tan tarde.*

dispensario m. Centro gratuito o poco costoso de asistencia médica y farmacéutica.

dispepsia f. Mala digestión.

dispéptico, ca adj. De la dispepsia. || — Adj. y s. Enfermo de dispepsia.

dispersar v. t. Diseminar, esparcir (ú. t. c. pr.). || Poner en fuga. || *Fig.* Repartir entre muchas cosas: *dispersar sus esfuerzos.*

dispersión f. Acción y efecto de dispersar o dispersarse. || *Fís.* Separación de los diversos colores espectrales de un rayo de luz por medio de un prisma.

disperso, sa adj. Que está disgregado. || *Mil.* Incomunicado del cuerpo a que pertenece: *en orden disperso.* | Que no está asignado a ningún cuerpo.

dispersor, ra adj. Que dispersa.

displicencia f. Frialdad, indiferencia en el trato. || Desaliento. || Descuido, negligencia.

displicente adj. Que desagrada y disgusta: *tono displicente*. || Desabrido, de mal humor. || Descuidado, negligente.

*disponer v. t. Colocar en cierto orden: *disponer las naves en orden de batalla*. || Preparar a alguien a una cosa. || Preparar algo: *disponer el salón para una fiesta*. || Decidir, determinar. || – V. i. Tener, poseer: *disponer de mucho dinero*. || Valerse de: *disponer de alguien, de sus bienes*. || – V. pr. Prepararse: *disponerse a (o para) salir*.

disponibilidad f. Calidad de disponible. || Situación de excedencia. || Galicismo por *cesantía*. || – Pl. Reservas, cosas de las que se puede disponer.

disponible adj. Dícese de todo aquello de que se puede disponer libremente. || Aplícase al militar o funcionario que no está en servicio activo.

disposición f. Distribución, colocación: *la disposición de las piezas de una casa*. || Posibilidad de disponer de algo: *tener la libre disposición de su fortuna*. || *Fig.* Aptitud: *tener disposición para la pintura*. || Estado de salud o de ánimo: *estar en buena disposición para emprender la marcha*. || *Ret.* Arreglo de las partes de un discurso. || Precepto legal o reglamentario. || Medida. || – *Hallarse en disposición de hacer una cosa*, estar dispuesto a hacerla. || *Poner algo a la disposición de alguien*, ponerlo en condiciones de que pueda utilizarlo cuando quiera. || *Última disposición*, testamento.

dispositivo, va adj. Que dispone: *parte dispositiva de un decreto*. || – M. Mecanismo, aparato, máquina: *dispositivo automático*.

dispuesto, ta adj. Listo, preparado. || Servicial: *una mujer siempre dispuesta*. || *Bien o mal dispuesto con uno*, con ánimo favorable o no.

disputa f. Discusión, debate. || Altercado. || *Sin disputa*, sin duda.

disputar v. t. Debatir, discutir. || Contender, pretender lo mismo que otro: *disputar el primer puesto a uno* (ú. t. c. pr.).

disquete m. En computación, disco portátil de relativamente poca capacidad de almacenamiento para grabación y lectura.

disquisición f. Exposición rigurosa y detenida de una cosa. || Digresión.

distancia f. Intervalo que separa dos puntos del espacio o del tiempo. || *Fig.* Diferencia entre unos órganos y otros.

distanciar v. t. Alejar: *el acompañarte me distanciaría de mi casa*. || Separar, apartar (ú. t. c. pr.). || Dejar atrás: *un corredor que distancia a su rival*.

distante adj. Apartado, lejano.

distar v. i. Estar una cosa apartada de otra en el espacio o el tiempo: *distar diez kilómetros de París*. || *Fig.* Ser muy diferente: *el niño de Fulano dista mucho de ser bueno*.

*distender v. t. Aflojar.

distensión f. *Med.* Lesión producida por la tensión demasiado violenta de un músculo o de una articulación.

dístico, ca adj. *Bot.* Aplícase a las hojas, flores y espigas dispuestas de modo que unas miran a un lado y otras a otro. || – M. *Poét.* Composición de dos versos.

distinción f. División, separación. || Diferencia: *no hacer distinción entre dos cosas*. || Dignidad, prerrogativa, honor. || Elegancia, buenas maneras. || Consideración: *tratar a un superior con distinción*. || *A distinción de*, a diferencia de.

distingo m. Distinción.

distinguido, da adj. Notable: *autor distinguido*. || Elegante, que tiene buenos modales.

distinguir v. t. Discernir, divisar. || Saber hacer la diferencia entre dos o más cosas. || Separar, diferenciar: *distinguir varios grupos en una clase*. || Caracterizar: *la razón distingue al hombre*. || Mostrar preferencia por una persona. || Otorgar una prerrogativa, dignidad, etc. || – V. pr. Descollar: *distinguirse por su aplicación*.

distintivo, va adj. Que distingue. || – M. Insignia, señal. || Cualidad que distingue esencialmente una cosa.

distinto, ta adj. Diferente, no semejante: *estas dos fotos son distintas*. || Inteligible, claro.

distorsión f. Torsión. || *Fís.* Deformación de una onda luminosa o sonora. || *Med.* Esguince.

distracción f. Diversión, entretenimiento. || Falta de atención o aplicación: *cometer una falta por distracción*.

*distraer v. t. Divertir, recrear, entretener. Ú. t. c. pr.: *distraerse con cualquier cosa*. || Atraer la atención de uno para que no la fije en otra cosa: *distraer a las tropas enemigas*. || Quitar una idea: *distraer a uno de un proyecto*. || Sustraer: *distraer sumas importantes*. || – V. pr. No prestar la atención debida.

distraído, da adj. Que se divierte o entretiene: *película distraída*. || – Adj. y s. Poco atento a lo que se hace o dice.

distraimiento m. Distracción.

distribución f. Reparto. || Disposición: *la distribución de una casa*. || Reparto de papeles a los actores. || Difusión de películas. || Conjunto de las operaciones por las cuales las mercancías están encaminadas del productor al consumidor. || *Autom.* Arrastre por el motor de ciertos órganos auxiliares.

distribuidor, ra adj. y s. Que distribuye. || – M. Aparato que sirve para distribuir: *distribuidor de gasolina*. || En los motores de explosión, aparato que distribuye la corriente a las bujías.

*distribuir v. t. Repartir una cosa entre varios. || Disponer: *distribuir los muebles de un cuarto*. || *Impr.* Deshacer los moldes, repartiendo las letras en los cajetines.

distributivo, va adj. De la distribución. || *Justicia distributiva*, la que da a cada cual lo que merece.

distrito m. División administrativa o judicial de una provincia, territorio o población. || División administrativa de la enseñanza.

distrofia f. *Med.* Lesión orgánica producida por un trastorno parcial o total de la nutrición.

disturbar v. t. Perturbar.

disturbio m. Perturbación del orden: *la adopción de estas medidas ha suscitado disturbios*.

disuadir v. t. Convencer a uno con razones para cambiar de propósito, alejar de una idea.

disuasión f. Acción y efecto de disuadir. || *Fuerza (o poder) de disuasión*, conjunto de los medios militares modernos destinados a dar un golpe decisivo al enemigo.

disuasivo, va adj. Que disuade.

disyunción f. Separación.

disyuntivo, va adj. Que desune o separa. || *Gram.* Conjunción disyuntiva, la que une dos palabras, separa las ideas, como *o, ni*. || – F. Alternativa entre dos cosas por una de las cuales hay que optar.

disyuntor m. *Electr.* Interruptor automático.

ditirámbico, ca adj. Relativo al ditirambo. || *Fam.* Excesivamente elogioso o laudatorio.

ditirambo m. *Poét.* Composición en honor de Baco. | Composición de tono arrebatado. || *Fig.* Alabanza exagerada.

diurético, ca adj. *Med.* Que facilita la secreción de orina.

diurno, na adj. Concerniente al día. || Que dura un día.

diva f. V. DIVO.

divagación f. Acción y efecto de divagar.

divagador, ra adj. y s. Que divaga.

divagar v. i. Andar sin rumbo fijo. || Hablar o escribir sin concierto, desatinar.

diván m. Supremo Consejo del sultán de Turquía y sala donde se reunía. || Especie de sofá con o sin respaldo.

divergencia f. Situación de dos líneas o rayos que se van apartando uno de otro. || *Fig.* Desacuerdo, diferencia: *divergencia de opiniones*.

divergente adj. Que diverge.

divergir v. i. Irse apartando progresivamente una de otra dos líneas o rayos. || *Fig.* Disentir, diferenciarse.

diversidad f. Variedad.

diversificación f. Variación.

diversificar v. t. Variar, hacer diverso.

diversión f. Pasatiempo, recreo. || *Mil.* Operación o estratagema para divertir al enemigo.

diverso, sa adj. Diferente: *hablaron sobre los temas más diversos*. || – Pl. Varios: *diversas personas*.

divertículo m. *Anat.* Apéndice hueco y terminado en fondo de saco que aparece en el trayecto del esófago o del intestino por malformación congénita.

divertido, da adj. Que divierte, gracioso: *persona divertida.* || Alegre, de buen humor.

divertimento m. *Mús.* Composición ligera.

divertimiento m. Diversión.

*divertir v. t. Recrear, entretener (ú. t. c. pr.). || Provocar la risa: *este chiste me ha divertido mucho.* || Apartar, desviar. || *Mil.* Desviar la atención del enemigo para alejarle del sitio donde se le quiere atacar.

dividendo m. Cantidad que ha de dividirse por otra. || *Com.* Parte de interés que corresponde a cada acción.

dividir v. t. Partir, separar en partes: *el río divide la ciudad en dos partes.* || Repartir: *dividir entre cuatro.* || *Fig.* Desunir, sembrar la discordia: *este asunto dividió a la familia.* || *Mat.* Averiguar cuántas veces el divisor está contenido en el dividendo.

divieso m. *Med.* Forúnculo.

divinamente adv. *Fig.* Admirablemente, maravillosamente.

divinidad f. Esencia, naturaleza divina. || *Fig.* Persona o cosa dotada de gran belleza. || — Pl. Dioses o diosas de la mitología: *las divinidades del Olimpo.*

divinizar v. t. Considerar como un dios: *divinizar a un héroe.* || *Fig.* Ensalzar con exceso.

divino, na adj. De Dios o de un dios. || Místico: *poeta divino.* || *Fig.* Muy excelente, maravilloso.

divisa f. Señal exterior para distinguir personas, grados u otras cosas. || Lazo que permite distinguir los toros de varias ganaderías. || *Blas.* Lema debajo del escudo. || *For.* Parte de la herencia paterna que se transmitía a los descendientes de grado ulterior. || Dinero en moneda extranjera.

divisar v. t. Ver de una manera imprecisa: *divisar un buque lejos.*

divisibilidad f. Calidad de divisible.

divisible adj. Que puede dividirse: *número divisible por dos.*

división f. Acción y efecto de dividir, separar o repartir. || Corte. || Parte de un todo dividido. || *Mat.* Operación de dividir. || *Fig.* Desavenencia, desunión, discordia: *sembrar la división en una familia.* || *Mar.* Parte de una escuadra. || *Mil.* Parte de un cuerpo de ejército.

divisor adj. y s. m. *Mat.* Submúltiplo. | Número que divide a otro llamado *dividendo.* || — *Común divisor,* el que divide exactamente a varios otros. || *Máximo común divisor,* el mayor de los divisores comunes de varios números.

divisorio, ria adj. y s. Que divide. || *Geogr. Línea divisoria de las aguas,* la que se considera en un terreno como separación de dos cuencas hidrográficas.

divo, va adj. *Poét.* Divino. || — M. y f. Cantante famoso. || *Fig.* Figura principal, estrella.

divorciar v. t. Separar judicialmente a dos casados. || *Fig.* Separar, desunir. || — V. pr. Separarse de su consorte, disolviendo el matrimonio. (Es galicismo usar este verbo como intransitivo.)

divorcio m. Disolución del matrimonio. || *Fig.* Desacuerdo.

divulgación f. Acción y efecto de divulgar o hacer público. || Acción de poner al alcance de todos lo que antes no lo estaba.

divulgador, ra adj. y s. Que divulga.

divulgar v. t. Difundir, propagar: *divulgar una noticia.* || Revelar, hacer público: *divulgar un secreto.* || Poner al alcance de todos algo reservado antes a unos pocos.

do m. Primera nota de la escala musical. || *Do de pecho,* nota muy aguda en la voz del tenor. || *Fig. Dar el do de pecho,* sobrepasarse a sí mismo, hacer un gran esfuerzo. || — Adv. *Poét.* Donde.

dobladillo m. Pliegue en el borde de una tela.

doblado, da adj. Plegado.

dobladura f. Parte por donde está doblada una cosa.

doblaje m. Acción y efecto de doblar una película.

doblar v. t. Aumentar una cosa para que sea el doble: *doblar el precio* (ú. t. c. i.). || Aplicar una sobre otra dos partes de una cosa flexible: *doblar un mantel.* || Torcer, curvar, cimbrar: *doblar una barra de hierro.* || Torcer. Ú. t. c. i.: *doblar a la izquierda.* || Pasar al otro lado: *doblar la esquina* (ú. t. c. i.). || Franquear: *doblar el cabo de Hornos.* || *Fig.* Convencer a uno para que haga lo contrario de lo que pensaba. || Sustituir la voz del actor de una película o reemplazarle en las escenas peligrosas. || Grabar en otro idioma las voces de los actores de una película. || — V. i. *Fig.* Ceder. || Tocar a muerto: *doblar las campanas.* || *Méx.* Derribar a uno de un balazo. || *Taurom.* Desplomarse o caer agonizando el toro después de la estocada. || *Amer.* Doblar el petate, morir.

doble adj. Duplo, dos veces mayor. || Que vale, pesa, contiene dos veces la cosa designada: *doble decalitro.* || Que se repite dos veces: *consonante doble.* || Dícese de la cosa que va acompañada de otra idéntica: *doble fondo.* || Dícese de las flores de más hojas que las sencillas: *rosa doble.* || *Fig.* Disimulado, hipócrita. || — M. Cantidad dos veces más grande. || Vaso de cerveza de gran tamaño. || Doblez: *hacer tres dobles a una tela.* || Toque de difuntos. || Copia, reproducción: *el doble de un acta.* || Actor parecido a la estrella de una película a quien sustituye en las escenas peligrosas. || En el tenis, partido jugado dos contra dos. || *Ver doble,* ver dos cosas cuando sólo hay una. || — Adv. Doblemente.

doblegable adj. Fácil de doblegar.

doblegar v. t. Doblar, torcer. || *Fig.* Blandear, ceder: *doblegar la voluntad*

de uno. || — V. pr. *Fig.* Someterse, ceder: *doblegarse ante la razón, la fuerza.*

doblemente adv. Con duplicación. || *Fig.* Con doblez o falsedad.

doblete m. En el juego del billar, suerte consistente en dar a la bola con que se juega varias trayectorias perpendiculares a las bandas que toca.

doblez m. Parte de una cosa que se dobla. || — F. *Fig.* Falsedad, hipocresía: *obrar con doblez.*

doblón m. Moneda antigua de oro. || *Doblón de vaca,* callos de vaca.

doce adj. y s. m. Diez y dos. || Duodécimo: *Pío XII.*

doceno, na adj. Duodécimo. || — F. Conjunto de doce cosas: *una docena de pañuelos.*

docencia f. Enseñanza.

docente adj. De la enseñanza: *centro docente.* || Que enseña. || *El cuerpo docente,* conjunto de profesores y maestros. || — M. y f. Profesor.

dócil adj. Fácil de dirigir, obediente.

docilidad f. Calidad de dócil.

dock m. (pal. ingl.). *Mar.* Dársena, muelle rodeado de almacenes. | Depósito de mercancías.

docker m. Descargador, trabajador portuario.

docto, ta adj. y s. Erudito, que posee muchos conocimientos.

doctor, ra m. y f. Persona que ha obtenido el último grado universitario. || Teólogo de gran autoridad: *los doctores de la Iglesia.* || Médico. || — F. *Fam.* Mujer del médico. || *Doctor honoris causa,* título honorífico que las universidades conceden a personalidades eminentes.

doctorado m. Grado de doctor y estudios seguidos para obtenerlo.

doctoral adj. Del doctor o doctorado. || *Fam.* Pedantesco, solemne.

doctorando, da m. y f. Persona que va a recibir el grado de doctor.

doctorar v. t. Graduar de doctor en una universidad (ú. t. c. pr.).

doctrina f. Lo que es objeto de enseñanza. || Conjunto de las ideas de una escuela literaria o filosófica, de un partido político o de los dogmas de una religión. || *Por ext.* Doctrina cristiana. || Predicación religiosa.

doctrinal adj. Relativo a la doctrina. || — M. Libro que contiene reglas y preceptos.

doctrinar v. t. Enseñar, dar instrucción. || *Fig.* Aleccionar, convencer.

doctrinario, ria adj. y s. Consagrado a una doctrina determinada. || — M. pl. Durante la Restauración francesa, nombre dado a los partidarios de una política a igual distancia de la soberanía del pueblo y del derecho divino.

doctrinarismo m. Sistema de los doctrinarios.

documentación f. Acción y efecto de documentar. || Conjunto de documentos, particularmente los de identidad.

documentado, da adj. Dícese del memorial acompañado de los documentos necesarios o de la persona bien informada.

documental adj. Fundado en documentos: *prueba documental.* || — M. Película cinematográfica tomada con fines instructivos o de información.

documentalista com. Persona encargada de buscar, seleccionar, clasificar y difundir documentos.

documentar v. t. Probar, justificar con documentos. || Informar sobre un asunto (ú. t. c. pr.).

documento m. Escrito con que se prueba o hace constar una cosa: *un documento oficial.* || *Fig.* Testimonio de algún hecho, cosa que sirve de prueba: *documento histórico.* || — Pl. Carnet de identidad. (El término oficial, en España, es *Documento Nacional de Identidad.*)

dodecaedro m. *Geom.* Sólido de doce caras.

dodecafonía f. Dodecafonismo.

dodecafónico, ca adj. *Mús.* Relativo al dodecafonismo.

dodecafonismo m. *Mús.* Forma atonal fundada en el empleo sistemático de los doce sonidos de la gama cromática, con exclusión de otra escala sonora.

dodecágono m. *Geom.* Polígono de doce ángulos y doce lados.

dodecasílabo, ba adj. De doce sílabas.

dodo m. Ave no voladora del tamaño de un pavo, cabeza grande, pico en forma de gancho y patas macizas: *el dodo es hoy un ave extinta que habitó en islas del Océano Índico.*

dogal m. Cuerda para atar las caballerías. || Cuerda para ahorcar a un reo. || *Fig. Estar con el dogal al cuello,* estar muy apurado.

dogma m. Punto fundamental de una doctrina religiosa o filosófica. || Conjunto de estos puntos capitales: *el dogma católico.*

dogmático, ca adj. Relativo al dogma. || *Fig.* Intransigente en sus convicciones, sentencioso. || — Adj. y s. m. Dícese del autor que trata de los dogmas. || — F. Conjunto de los dogmas.

dogmatismo m. Doctrina según la cual el espíritu humano puede conocer la verdad. || Tendencia a creer y afirmar sin discutir.

dogmatista m. Partidario del dogmatismo.

dogmatizador, ra y **dogmatizante** adj. Persona que dogmatiza (ú. t. c. s.).

dogmatizar v. t. Enseñar dogmas. || Afirmar categóricamente principios contradictorios.

dogo, ga m. y f. Perro guardián, de cabeza grande y hocico chato, de singular fuerza y valor.

dogon adj. y s. Etnia que habita en Malí.

doladera f. *Tecn.* Herramienta cortante de los toneleros.

dolar v. t. Desbastar con la doladera.

dólar m. Unidad monetaria de los Estados Unidos y Canadá (símb., $). [Pl. *dólares.*]

dolencia f. Indisposición, achaque, enfermedad.

*doler v. i. Sufrir dolor: *doler los ojos, la cabeza.* || Sentir disgusto o pesar: *me duele ver tanta injusticia.* || — V. pr. Arrepentirse: *dolerse de su conducta.* || Afligirse, lamentarse: *dolerse de las desgracias que ocurren.* || Compadecer. || Quejarse: *dolerse con o sin razón.*

dolicocefalia f. Cualidad de dolicocéfalo.

dolicocéfalo, la adj. De cráneo muy oval o más largo que ancho.

doliente adj. Enfermo (ú. t. c. s.). || Dolorido, que hace sufrir.

dolina f. Depresión del terreno de forma circular originada por la filtración de una corriente de agua en suelo calizo.

dolmen m. Monumento megalítico en forma de mesa.

dolo m. Engaño, fraude.

dolor m. Sufrimiento, padecimiento físico: *dolor de cabeza.* || Aflicción, pena: *dolor por la pérdida de un ser querido.* || Arrepentimiento.

dolorido, da adj. Que se resiente de un dolor anterior: *pierna dolorida.* || Apenado, triste, lleno de dolor y de angustia.

doloroso, sa adj. Que causa dolor: *una herida dolorosa.* || Lamentable, que da pena. || — F. La Virgen de los Dolores.

doloso, sa adj. Engañoso, fraudulento.

doma f. Acción de domar.

domador, ra m. y f. Persona que doma. || Persona que exhibe y maneja fieras domadas.

domar v. t. Amansar a un animal: *domar potros.* || Amaestrarlo. || *Fig.* Sujetar, reprimir: *domar sus inclinaciones.* | Someter. || Hacer que una cosa dura se vuelva más flexible: *domar zapatos nuevos.*

domeñar v. t. Someter: *domeñar la resistencia de uno.* || Sujetar, dominar: *domeñar sus pasiones.*

domesticación f. Acción y efecto de domesticar.

domesticar v. t. Acostumbrar a un animal a la vista y compañía del hombre: *domesticar un potro.* || *Fig.* Volver a una persona más tratable.

domesticidad f. Calidad de doméstico.

doméstico, ca adj. Relativo al hogar: *artes domésticas.* || Dícese del animal que se cría en la compañía del hombre. || — M. y f. Criado.

domiciliar v. t. Asignar un domicilio. || *Méx.* Poner sobrescrito a una carta. || — V. pr. Establecer su domicilio.

domiciliario, ria adj. Referente al domicilio. || — M. y f. Vecino, domiciliado en un lugar.

domicilio m. Casa en que uno habita o se hospeda. || Población donde

se considera legalmente que reside una persona. || *Domicilio social,* sitio donde está establecida una entidad.

dominación f. Señorío, soberanía. || *Fig.* Influencia. || *Mil.* Monte, colina o lugar elevado desde el cual se domina una plaza. || — Pl. *Teol.* Ángeles del cuarto coro.

dominador, ra adj. y s. Que domina.

dominante adj. Que domina. || Que quiere imponer su voluntad: *de carácter dominante.* || *Fig.* Sobresaliente, característico: *la modestia es su cualidad dominante.* || — F. Rasgo característico. || *Mús.* Quinta nota de la escala.

dominar v. t. Tener bajo su dominio: *Roma dominó todo el Mediterráneo.* || Sujetar, contener, reprimir, controlar: *dominar las pasiones.* || Contener: *dominar un incendio, una rebelión, el balón.* || Predominar, sobresalir. || *Fig.* Conocer perfectamente: *dominar el inglés.* || Ocupar una posición más alta: *la loma que domina la ciudad* (ú. t. c. i.). || — V. pr. Reprimirse, contenerse, controlarse.

dominatriz adj. f. (P. us.). Dominadora (ú. t. c. s.).

dómine m. *Fam.* Maestro de latín. || *Despect.* Pedante.

domingo m. Primer día de la semana dedicado al descanso.

dominguero, ra adj. *Fam.* Que se usa o hace en domingo: *vestido dominguero.*

dominguillo m. Muñeco con un contrapeso en la base que siempre vuelve a ponerse derecho si se le tumba.

dominica adj. y s. Raza de gallinas de América. || Pájaro de Cuba, de plumaje negro con manchas blancas.

dominical adj. Del domingo.

dominicano, na adj. y s. Dominico. || De la República Dominicana.

dominico, ca adj. y s. Aplícase a los religiosos de la orden de Santo Domingo. || *Cub.* y *Amér.* C. Especie de plátano de tamaño pequeño. || *Cub.* Pajarillo de plumaje negruzco y manchas blancas.

dominio m. Libre disposición de lo que es suyo: *dominio de sus bienes.* || Superioridad legítima sobre las personas. || Autoridad: *tener dominio sobre sus alumnos.* || Territorio sujeto a un Estado o soberano (ú. m. en pl.). || Nombre de varios Estados de la Comunidad Británica, políticamente independientes, pero ligados a la Corona de Inglaterra. Tiende a sustituir este término el de Estado miembro del Commonwealth. (V. COMMONWEALTH.) || *Fig.* Conocimiento perfecto: *dominio de un idioma.* | Represión de las pasiones. | *Dominio de sí mismo,* poder que tiene uno sobre sus propias pasiones o reacciones. | *Ser del dominio público una cosa,* ser sabida de todos.

dominó m. Juego que se hace con veintiocho fichas rectangulares, blancas y marcadas con puntos. || Traje con

DOM

DI

189

capucha, que se usa en los bailes de máscara.

domo m. *Arq.* Cúpula.

don m. Dádiva, regalo. || Talento: *el don de la palabra.* || Habilidad especial para algo: *don de mando.* || Tratamiento que hoy se usa por lo común antepuesto al nombre de pila: *Don Pedro.* || *Tener don de gente,* saber tratar a todos con afabilidad y simpatía.

dona f. *Méx.* Rosquilla.

donación f. Acción y efecto de donar: *solicitaron una donación para equipar la escuela.*

donador, ra adj. y s. Que da. || Que hace un don o presente. || *Donador de sangre,* el que da sangre suya para que se utilice en transfusiones.

donaire m. Prestancia, garbo: *hablar con mucho donaire.* || Gracia en el hablar o en el estilo. || Chiste, dicho agudo.

donante adj. y s. Donador.

donar v. t. Dar.

donatario, ria m. y f. Persona a quien se hace una donación.

donativo m. Regalo.

doncel m. Joven noble que aún no estaba armado caballero. || Paje: *el doncel de Sigüenza.* || Hombre que no ha conocido mujer. || — Adj. Suave: *pimiento doncel.*

doncella f. Mujer virgen. || Soltera. || Criada que se ocupa de todo menos de la cocina.

doncellez f. Estado de doncella.

donde adv. En un lugar: *allí es donde vivo.* || Cuando es interrogativo o dubitativo se acentúa: *¿Dónde está?* || Adonde. || Actúa a veces como pron. relativo con el sentido de *en que, lo cual,* etc. || En algunas partes se emplea con el sentido de *a* o *en casa de: voy donde Juan.*

dondequiera adv. En cualquier sitio.

dondiego m. Planta nictaginácea cuyas flores sólo se abren al anochecer. También se llama *dondiego de noche.*

donjuanesco, ca adj. Propio de un don Juan Tenorio.

donjuanismo m. Comportamiento o carácter que recuerdan el de don Juan Tenorio.

donosamente adv. Con donosura, graciosamente.

donosidad f. Donosura, gracia. || Chiste.

donoso, sa adj. *Fam.* Gracioso. || Antepuesto al sustantivo, ú. en sentido irónico: *¡donosa ocurrencia!*

donostiarra adj. y s. De San Sebastián.

donosura f. Donaire, gracia.

doña f. Tratamiento dado a las mujeres, antepuesto al nombre de pila. || (Ant.). Dueña.

dopar v. t. Dar un doping, drogar (ú. t. c. pr.).

doping m. (pal. ingl.). Estimulante que se da a un hombre o a un animal antes de una prueba deportiva.

doquier y **doquiera** adv. Dondequiera.

dorada f. Pez marino, común en las costas de España, de carne muy apreciada.

dorado, da adj. De color de oro: *un marco dorado.* || *Fig.* Esplendoroso: *siglos dorados.* || — M. Pez del Mediterráneo, de colores vivos con reflejos dorados, que suele seguir a los barcos. || Doradura. || *Méx.* Especie de colibrí.

dorador m. El que tiene por oficio dorar.

doradura f. Acción y efecto de dorar.

dorar v. t. Cubrir con oro: *dorar una cadena.* || *Fig.* Asar o freír ligeramente: *dorar un alimento.* || *Fig.* y *fam. Dorar la píldora,* decir o hacer aceptar con palabras amables una cosa desagradable. || — V. pr. Tomar color dorado.

dórico, ca adj. Dorio. || *Arq.* Orden dórico, el caracterizado por su sobriedad. || — M. Dialecto de los dorios.

dorífera y **dorífora** f. Insecto parásito de la patata.

dorio, ria adj. y s. De la Dóride o Dórida.

dormida f. Acción de dormir: *echar una dormida.* || Sitio donde pasan la noche los animales.

dormidera f. *Bot.* Adormidera. || — Pl. *Fam.* Facilidad para dormir: *tener buenas dormideras.*

dormilón, ona adj. y s. *Fam.* Que duerme fácilmente y mucho. || — F. Tumbona, hamaca. || *Méx.* Cojín que se coloca en la parte superior de los sillones para descansar la cabeza.

*****dormir** v. i. Descansar con el sueño (ú. t. c. t.): *dormir la siesta.* || Pernoctar: *dormimos en Madrid antes de salir para Galicia.* || *Fig.* Obrar con poca diligencia (ú. t. c. pr.). || *Fig. Dejar dormir un asunto,* no ocuparse de él. || — V. t. Hacer dormir: *dormir a un niño.* || *Dormir el último sueño,* estar muerto. || — V. pr. Entregarse al sueño. || Entumecerse un miembro: *se me ha dormido la pierna.* | *Dormirse sobre los laureles,* abandonarse después de haber triunfado.

dormitar v. i. Estar medio dormido, dormir poco profundamente.

dormitivo, va adj. y s. m. Soporífero.

dormitorio m. Cuarto o pieza de dormir.

dorsal adj. Del dorso, espalda o lomo: *región dorsal.* || *Gram.* Aplícase a la consonante que se articula con el dorso de la lengua, es decir, *ch, ñ* y *k* (ú. t. c. s. f.). || — M. Número que se suele coser en la camiseta de los atletas, ciclistas, futbolistas, etc., para distinguirlos. || *Dorsal oceánica,* cadena montañosa submarina.

dorso m. Espalda, lomo. || Revés: *el dorso de un escrito.* || *Anat.* Parte superior de ciertos órganos: *dorso de la nariz, de la lengua.*

dos adj. Uno y uno. || Segundo: *año dos.* || — M. Guarismo que representa el número dos. || Segundo día del mes: *el dos de mayo.* || Naipe que tiene dos figuras: *el dos de oros.* || — *Cada dos*

por tres, muy a menudo. || *De dos en dos,* apareado. | *En un dos por tres,* en un instante.

doscientos, tas adj. pl. Dos veces ciento. || Ducentésimo.

dosel m. Colgadura que cubre el sitial o el altar y cae por detrás. || Techo de madera cubierto de tela y sostenido por columnas que se apoya encima de ciertas camas. || Parte superior de la selva tropical.

dosificación f. Acción de dosificar. || *Quím.* Relación entre la masa del cuerpo disuelto y la de la solución.

dosificar v. t. Graduar la dosis de un medicamento. || *Quím.* Determinar la cantidad proporcional de una solución.

dosis f. inv. Cantidad de medicina que se toma de una vez. || *Fig.* Porción de una cosa cualquiera.

dotación f. Acción y efecto de dotar. || *Mar.* Tripulación de un buque de guerra. || Personal de un taller, oficina, finca, etc. || Dote.

dotar v. t. Constituir dote a la mujer que va a casarse. || Asignar una dotación a una fundación: *dotar un hospital.* || Asignar a una oficina, barco, etc., el número de personas necesarias. || Dar, proveer. || *Fig.* Adornar la naturaleza a uno con particulares dones: *dotar de hermosura.*

dote f. Caudal que aporta la mujer al matrimonio o que entrega la monja al convento. || — M. En el juego, número de tantos que se reparte a cada uno para saber luego lo que gana o pierde. || — F. pl. Prendas, cualidades o aptitudes excepcionales: *tener dotes de mando.*

dovela f. *Arq.* Piedra labrada en forma de cuña con que se forman los arcos o bóvedas.

dovelar v. t. Labrar la piedra dándole forma de dovela.

dozavo, va adj. Duodécimo.

dracma f. Moneda griega que valía cuatro sestercios. || Antigua unidad monetaria de Grecia. || *Farm.* Octava parte de una onza.

draconiano, na adj. Relativo a Dracón. || *Fig.* Excesivamente severo: *medidas draconianas.*

draga f. Máquina para dragar. || Barco provisto de esta máquina.

dragado m. Acción y efecto de dragar.

dragaminas m. inv. Barco para limpiar de minas los mares.

dragar v. t. Ahondar y limpiar de fango y arena los puertos, los ríos, los canales, etc. || Limpiar de minas los mares.

dragón m. Monstruo fabuloso en forma de serpiente con pies y alas. || Reptil de la familia de los lagartos. || Planta fam. escrofulariácea. || *Veter.* Mancha opaca en las niñas de los ojos de los caballos. || *Mil.* Soldado que combatía a pie y a caballo. || *Tecn.* Tragante de un horno.

dragontea f. Planta herbácea de la familia de las aráceas.

drama m. *Teatr.* Obra escénica. | Pieza cuyo asunto suele ser serio o incluso triste. | Obra cuyo argumento puede ser a la vez cómico y trágico. || *Fig.* Suceso trágico, catástrofe: *el drama de Hiroshima.* || Drama lírico, ópera.

dramático, ca adj. Relativo al drama: *estilo dramático.* || *Fig.* Emocionante, capaz de conmover: *asunto dramático.* | Crítico, peligroso: *situación dramática.* | Afectado, teatral: *una mujer muy dramática.* || — Adj. y s. Que hace obras dramáticas: *autor dramático; un dramático.* || — F. Arte de componer obras dramáticas.

dramatismo m. Cualidad de dramático.

dramatización f. Acción de hacer que algo tome las formas del drama. || Hecho de presentar algo de manera exagerada.

dramatizar v. t. Dar forma dramática a una cosa. || Exagerar la gravedad de algo.

dramaturgia f. Dramática.

dramaturgo m. Escritor de obras dramáticas.

dramón m. *Fam.* Drama malo.

drástico, ca adj. Draconiano, muy severo.

drávida adj. y s. Individuo de un pueblo establecido en la India y Anam antes de la llegada de los indoeuropeos.

drenaje m. Avenamiento. || *Med.* Procedimiento para facilitar la salida de humores de una herida.

drenar v. t. Avenar, encañar. || *Med.* Hacer un drenaje: *drenar una llaga.*

dríade f. Ninfa de los bosques.

driblar v. i. (ingl. *to dribble*). En el fútbol, engañar al adversario sin perder el balón, regatear.

dril m. Tela fuerte de hilo o algodón crudos. || Mono cinocéfalo africano.

drive m. (pal. ingl.). En tenis, bala rasante.

driza f. *Mar.* Cuerda para arriar las velas, vergas, banderas, etc.

drizar v. t. *Mar.* Izar o arriar las vergas.

droga f. Cualquier sustancia medicamentosa natural o sintética de efecto estimulante, deprimente o narcótico. || Cualquier producto para pintar, limpiar, etc. || *Fig.* Embuste, mentira. | Trampa. | Cosa fastidiosa o molesta. | *Chil., Méx.* y *Per.* Deuda. || *Amer.* Medicamento.

drogadicto adj. y s. Enviciado en administrarse drogas.

drogado m. Acción y efecto de drogar o drogarse.

drogar v. t. Dar drogas a un enfermo. || Dar un estimulante a un deportista. || — V. pr. Administrarse una persona narcóticos o estimulantes.

droguería f. Comercio en drogas y tienda en que se venden. || *Amer.* Farmacia.

droguero, ra m. y f. Persona que vende drogas. || *Amer.* Tramposo; dícese del que contrae deudas y no las paga.

droguista com. Droguero.

dromedario m. Rumiante de África parecido al camello, pero con una sola giba.

druida m. Sacerdote celta.

druidesa f. Sacerdotisa celta.

druidismo m. Religión de los druidas.

drupa f. *Bot.* Fruta carnosa que contiene un hueso, como la cereza.

druso, sa adj. y s. Habitante de las cercanías del Líbano. (Los *drusos* profesan una religión derivada de la mahometana.)

dualidad f. Condición de reunir dos caracteres un mismo sujeto.

dualismo m. Doctrina filosófica que explica el universo por la acción de dos principios opuestos. || Reunión de dos Estados autónomos bajo un mismo cetro.

dubitación f. Duda.

dubitativo, va adj. Dudoso.

ducado m. Título y territorio de duque. || Antigua moneda de oro de España y otros países.

ducal adj. Del duque.

ducas f. pl. Penas.

duce m. (pal. ital.). Jefe, guía. || Título que tomó Mussolini de 1922 a 1945.

ducentésimo, ma adj. Que ocupa el lugar doscientos. || — M. Cada una de las 200 partes iguales en que se divide un todo.

ducha f. Dispositivo por el cual el agua sale a chorro y puede ser utilizada para fines higiénicos o curativos. || El chorro mismo: *tomar una ducha.* || *Fig.* y *fam.* Ducha de agua fría, cosa que apaga el entusiasmo, la alegría o ilusión.

duchar v. t. Dar una ducha. || — V. pr. Tomarla.

ducho, cha adj. Experimentado, hábil, experto, diestro: *ducho en política.*

dúctil adj. Que puede alargarse, estirarse y adelgazarse sin romperse. || *Fig.* Acomodadizo, que se aviene a todo.

ductilidad f. Carácter de dúctil: *la ductilidad del hierro.*

duda f. Incertidumbre: *no cabe duda.* || Sospecha. || — Duda filosófica, escepticismo voluntario. || *Sin duda,* seguramente; tal vez.

dudar v. i. No estar seguro de algo: *dudar de la sinceridad de uno.* || Vacilar: *dudo en salir.* | Tener sospechas acerca de uno. || — V. t. No creer alguna cosa: *dudo lo que dice.*

dudoso, sa adj. Poco cierto: *éxito dudoso.* || Vacilante: *estoy dudoso.* || Sospechoso: *honradez dudosa; amor dudoso.*

duela f. Cada una de las tablas curvadas que forman la cuba o el tonel. || *Méx.* Tira de madera que se usa para armar el piso de una habitación.

duelo m. Combate entre dos, a consecuencia de un desafío. || Dolor, pena. || Sentimiento por la muerte de una persona. || Cortejo fúnebre: *presidir el duelo.* || — Pl. Fatigas, trabajos.

duende m. Espíritu travieso, diablillo familiar. || *And.* Encanto.

dueña f. Propietaria de una cosa. || Antiguamente, ama de llaves, dama de compañía. || *Fig.* Señora, mujer principal.

dueño m. Posesor de una cosa, propietario, amo. || — *Hacerse dueño de una cosa,* apoderarse de ella. || *Ser dueño de sí mismo,* saber dominarse. || *Ser muy dueño de hacer una cosa,* ser perfectamente libre de hacerla.

duetista cóm. Persona que canta o toca un instrumento en un dúo.

dueto m. *Mús.* Dúo.

dulce adj. De sabor agradable. || De sabor azucarado: *el café está muy dulce.* || Que produce una impresión agradable: *música dulce.* || *Fig.* Amable, benevolente: *carácter dulce.* | Cariñoso: *mirada dulce.* || Dúctil: *hierro dulce.* || *Agua dulce,* la que no contiene sal. || — M. Manjar compuesto con azúcar: *dulce de membrillo.* || Fruta o cosa confitada: *dulce de almíbar,* fruta en almíbar. || — Pl. Golosinas.

dulcera f. Recipiente para dulce de almíbar.

dulcería f. Confitería.

dulcificación f. Acción y efecto de dulcificar.

dulcificar v. t. Volver dulce: *dulcificar una poción.* || *Fig.* Suavizar: *dulcificar el enojo.*

dulcinea f. *Fam.* Mujer amada. || *Fig.* Objeto ideal, aspiración.

dulzaina f. *Mús.* Instrumento de viento parecido a la chirimía.

dulzarrón, ona y **dulzón, ona** adj. *Fam.* Empalagoso.

dulzura f. Calidad de dulce. || *Fig.* Afabilidad, bondad en el trato.

dumping m. (pal. ingl.). Venta de mercancías en el mercado exterior a un precio inferior al que se paga en el mismo país exportador.

duna f. Amontonamiento de arena formado por la acción del viento en los desiertos y playas.

dúo m. *Mús.* Composición escrita para dos voces o instrumentos.

duodecimal adj. Duodécimo. || *Mat.* Dícese de todo sistema aritmético cuya base es el número doce.

duodécimo, ma adj. Que ocupa el lugar doce. || — M. Cada una de las 12 partes iguales en que se divide un todo.

duodenal adj. Del duodeno.

duodeno, na adj. *Mat.* Duodécimo. || — M. *Anat.* Primera sección del intestino delgado que va desde el estómago hasta el yeyuno.

dúplex m. *Tecn.* Sistema de transmisión que expide simultáneamente por un solo hilo despachos en dos sentidos. || En radiodifusión y televisión, sistema que permite oír o ver programas emitidos a partir de dos estaciones diferentes. || Piso de dos plantas que comunican una con otra.

duplicación f. Acción y efecto de duplicar o duplicarse.

duplicado, da adj. Doblado. || Reproducido. || Dícese de un número repetido: *calle Luchana, número 5 duplicado.* || *Por duplicado,* en dos ejemplares. || — M. Copia, reproducción de un documento: *el duplicado de un acta.*

duplicador, ra adj. y s. Que duplica. || — M. Máquina para sacar copias: *duplicador eléctrico.*

duplicar v. t. Hacer doble: *duplicar la producción.* || Multiplicar por dos (ú. t. c. pr.). || Reproducir, sacar copia.

duplicata m. Duplicado, copia de un documento.

duplicativo, va adj. Que duplica o dobla.

duplicidad f. Doblez, falsedad.

duplo, pla adj. Que contiene un número dos veces exactamente. Ú. t. c. s. m.: *veinte es el duplo de diez.*

duque m. Título nobiliario que viene inmediatamente después del de príncipe.

duquesa f. Esposa del duque o mujer que posee un título ducal.

durabilidad f. Calidad de durable.

durable adj. Duradero.

duración f. Espacio de tiempo que dura algo.

duradero, ra adj. Que dura.

duraluminio m. Aleación ligera y muy resistente de aluminio, cobre, magnesio, manganeso y silicio: *el duraluminio se emplea en la construcción aeronáutica.*

duramadre y **duramáter** f. Membrana fibrosa que envuelve el encéfalo y la médula espinal.

duramen m. Parte más seca y compacta del tronco y de las ramas gruesas de un árbol.

durangués, esa adj. y s. De Durango.

durante prep. Mientras.

durar v. i. Continuar siendo u ocurriendo: *la conferencia duró cuatro días.* || Subsistir.

duraznense adj. y s. De Durazno (Uruguay).

duraznero m. Variedad de melocotón, pero de fruto más pequeño.

duraznillo m. *Méx.* Especie de nopal.

durazno m. Duraznero, y su fruto. || *Amer.* Melocotonero, y su fruto.

dureza f. Calidad de duro. || *Fig.* Insensibilidad. || *Med.* Tumor o callosidad.

durmiente adj. y s. Que duerme. || — M. Travesa.

duro, ra adj. Dícese del cuerpo sólido, difícil de cortar, romper o doblar. || *Fig.* Fuerte, resistente: *muchacho duro a la fatiga.* | Violento, cruel. || Penoso: *trabajo duro.* || Aplícase al agua cuando el grado hidrométrico es elevado. || *Fig.* Áspero, rígido: *estilo duro.* || — *Fam.* Ser duro de casco, comprender difícilmente o ser testarudo. || *Ser duro de oído,* oír con dificultad. || — M. Antigua moneda de cinco pesetas. || — Adv. Con fuerza: *dale duro al trabajo.*

duunviro m. Nombre de varios magistrados de la Roma antigua.

dux m. Magistrado supremo en Venecia y Génova.

e

e f. Quinta letra del alfabeto castellano y segunda de sus vocales. || — Conj. Se usa en vez de la y para evitar el hiato antes de las palabras que empiezan por *i* o *hi*.

ebanista m. El que tiene por oficio trabajar en ébano y otras maderas finas. || Carpintero que fabrica muebles.

ebanistería f. Arte o taller del ebanista. || Conjunto de muebles y otras obras de ebanista.

ébano m. Árbol ebenáceo africano cuya madera, dura y negra, se usa para la fabricación de muebles. || Madera de este árbol.

ebenáceas f. pl. Familia de plantas angiospermas dicotiledóneas intertropicales que tiene por tipo el ébano (ú. t. c. adj.).

ebonita f. Caucho endurecido por vulcanización, utilizado por sus propiedades aisladoras.

ebriedad f. Embriaguez.

ebrio, a adj. y s. Embriagado, borracho. || *Fig.* Loco, ofuscado.

ebullición f. Hervir: *entrar en ebullición.* || *Fig.* Efervescencia, gran agitación: *los ánimos están en ebullición.*

ebullómetro y **ebulioscopio** m. *Fís.* Aparato para medir la temperatura a la cual hierve un cuerpo.

ebúrneo, a adj. De marfil o parecido a él: *piel ebúrnea.*

ecacoate m. Culebra de México, larga y de varios colores.

ecapacle m. Leguminosa medicinal de México, que se usa como febrífugo.

eccema amb. *Med.* Eczema.

echada f. *Méx.* Bravuconería.

echado, da adj. *Méx.* Tumbado, acostado.

echador m. *Méx.* Bravucón.

echar v. t. Lanzar: *échame la pelota.* || Arrojar, tirar: *echar mercancías al mar.* || Tender: *echar las redes.* || Despedir: *echar olor, chispas.* || Dejar caer: *echar dinero en un saco.* || Verter: *echar agua en un vaso.* || Poner: *echar un remedio.* || Poner en el buzón: *echar una carta.* || Expulsar: *echar del Poder a un tirano.* (Ú. t. c. i.). || Salirle a una persona o animal cualquier complemento natural de su cuerpo: *echar los dientes, el bigote.* || Acostar: *echar un niño en la cama.* || Inclinar: *echar el cuerpo hacia atrás.* || Correr: *echar el pestillo a la puerta.* || Imponer: *echar una multa.* || Atribuir:

echar la culpa a otro. || Dar: *echar la comida a las bestias.* || Repartir: *echar cartas.* || Hacer: *echar cálculos, una partida de cartas.* || Decir: *echar la buenaventura, echar pestes de uno.* || Pronunciar: *echar un discurso.* || Dirigir una reprimenda: *echar un rapapolvo, una bronca.* || Conjeturar, suponer: *¿cuántos años me echas?* || Tardar: *echar una hora de Madrid a Aranjuez.* || Ir: *echar por la derecha.* || Proyectar o representar: *echar una película, una obra de teatro.* || Presentar: *echar una instancia.* || Publicar: *echar un bando.* || *Fam.* Tomar: *echar una copa, un cigarrillo.* || Jugar, apostar. Ú. t. c. i.: *echar a la lotería.* || — *Echar a,* seguido de un sustantivo indica la manera de tomar una cosa: *echar a broma, a risa.* || *Echar (o echarse) a,* significa empezar cuando va seguido de un infinitivo: *echar a correr, a llorar.* || *Echar abajo,* destruir, derribar. || *Echar a perder,* estropear; malograr. || *Echar de menos,* sentir la falta de una cosa o la ausencia de una persona. || *Echar de ver,* notar, percatarse. || *Fam. Echarla* (o *echárselas*) *de,* jactarse de: *echarlo todo a rodar,* mandarlo todo a paseo. || *Fig.* y *fam. Méx. Echar perico,* hablar más de la cuenta. | *Echar toros,* hacer preguntas difíciles. || — V. pr. Arrojarse: *echarse al agua.* || Tumbarse, acostarse: *echarse en la cama.* || Hacerse a un lado, apartarse. || Dedicarse: *echarse a la vida.* || Empezar a tener: *echarse novio.* || Calmarse el viento. || — *Echarse a perder,* estropearse una cosa; corromperse una persona.

echarpe m. Galicismo por *chal, mantón.* || Tela más larga que ancha que se lleva al cuello como abrigo o adorno.

echón m. *Méx.* Bravucón.

eclecticismo m. Método que consiste en reunir lo que parece más valedero en varios sistemas filosóficos para formar una doctrina. || *Fig.* Modo de juzgar que procura evitar las soluciones extremas.

ecléctico, ca adj. Relativo al eclecticismo: *escuela ecléctica.* || *Fig.* Compuesto de elementos muy diversos. || — Adj. y s. Partidario de esta doctrina: *filósofo ecléctico.* || *Fig.* Que coge de cada una lo que mejor le parece. || Que tiene opiniones o gustos muy variados.

eclesiástico, ca adj. De la Iglesia. || — M. Clérigo.

eclipsar v. t. Causar un astro el eclipse de otro: *la Luna eclipsa al Sol cuan-*

do se interpone entre este astro y la Tierra. || *Fig.* Oscurecer, deslucir: *eclipsar por su belleza a las demás mujeres.* || — V. pr. Ocurrir el eclipse de un astro. || *Fig.* Ausentarse discretamente, desaparecer.

eclipse m. Ocultación total o parcial de un astro por la interposición de otro cuerpo celeste. || *Fam.* Ausencia, desaparición transitoria.

eclíptico, ca adj. *Astr.* Relativo a la eclíptica: *camino, término eclíptico.* || — F. *Astr.* Círculo máximo de la esfera celeste que señala el curso aparente del Sol durante el año. || Órbita descrita por la Tierra en su movimiento anual alrededor del Sol.

eclosión f. Galicismo por *brote, nacimiento, aparición.*

eco m. Repetición de un sonido por reflexión de las ondas sonoras: *el eco de las campanas.* || Sonido lejano y débil: *eco de gritería, de lucha.* || Onda electromagnética emitida por un radar que vuelve a él después de haber sido reflejada por un obstáculo. || Composición poética en que se repite la última sílaba de algunos versos en forma de eco. || *Fig.* Resonancia: *sus palabras no tuvieron eco alguno.* | Persona que repite lo que otra dice. | Rumor, noticia imprecisa. || — *Ecos de sociedad,* noticias referentes a la alta sociedad. || *Fig. Hacer eco,* tener efecto. | *Hacerse eco de,* repetir, difundir.

ecocardiografía f. *Med.* Ecografía del corazón.

ecocardiograma m. *Med.* Ecografía del corazón.

ecografía f. *Med.* Técnica usada en medicina para estudiar el interior de un cuerpo mediante ondas electromagnéticas o acústicas. || Imagen obtenida por esta técnica.

ecolocación f. *Zool.* Determinación de la posición de los objetos en el espacio mediante la emisión y recepción de sonidos: *el murciélago se orienta por ecolocación.*

ecología f. *Biol.* Estudio de las relaciones que establecen entre sí los seres vivos y entre éstos y el ambiente que les rodea.

ecológico, ca adj. Relativo a la ecología.

ecologista com. Persona que se preocupa por el ambiente y lo defiende.

ecólogo, ga m. y f. Persona que se dedica a estudiar la ecología.

economato m. Cargo de ecónomo. || Establecimiento en forma de cooperativa que depende de una sociedad industrial o comercial y donde su personal puede adquirir o comprar los productos más baratos que en otro sitio. || *Chil.* y *Méx.* Oficina del ecónomo.

economía f. Arte de administrar y ordenar los gastos e ingresos de una casa: *economía doméstica*. || Riqueza pública, conjunto de los recursos de un país: *la economía nacional*. || Moderación en los gastos. || Ahorro: *economía de dinero, de trabajo, de tiempo*, etc. || Armonía entre las diferentes partes de un cuerpo organizado: *economía animal*. || — Pl. Lo que se economiza, ahorros. || — *Economía dirigida*, la intervenida por el Estado. || *Economía política*, ciencia que estudia los mecanismos que regulan la producción, repartición y consumo de las riquezas.

económico, ca adj. Relativo a la economía: *ciencias, doctrinas económicas*. || Parco en el gasto: *persona económica*. || Poco costoso: *pensión económica*. || *Bloque económico*.

economista m. Especialista en estudios de fenómenos económicos.

economizar v. t. Ahorrar. || *Fig.* No prodigar, escatimar: *economizar esfuerzos*.

ecónomo, ma m. y f. Persona encargada de administrar los gastos de un establecimiento: *el ecónomo de un convento, de un colegio*.

ecosistema m. Conjunto de relaciones entre los seres vivos y su entorno que da como resultado un tipo específico de medio ambiente.

ectoparásito, ta adj. *Biol.* Dícese del parásito que no vive en el interior de otro organismo: *el mosquito y la pulga son ectoparásitos*.

ectoplasma m. *Biol.* Parte exterior del citoplasma.

ectropión m. *Med.* Inversión hacia fuera del párpado, principalmente del inferior.

ecuación f. *Mat.* Igualdad que contiene una o más incógnitas: *ecuación de segundo grado*. || *Astr.* Diferencia entre el lugar o movimiento medio y el verdadero o aparente de un astro.

ecuador m. *Astr.* Círculo máximo que se considera en la esfera celeste perpendicular al eje de la Tierra. || *Geom.* Paralelo de mayor radio de una superficie de revolución. || — *Ecuador magnético*, línea trazada en la Tierra por todos los puntos donde es nula la inclinación de la aguja imantada. || *Ecuador terrestre*, círculo máximo de la Tierra perpendicular a la línea de los polos. || *Paso del ecuador*, momento en que se cruza la línea ecuatorial; mitad de la carrera de un estudiante.

ecuánime adj. Que da pruebas de ecuanimidad: *persona ecuánime*.

ecuanimidad f. Igualdad y constancia de ánimo. || Imparcialidad: *juzgar con ecuanimidad*.

ecuatorial adj. Relativo al ecuador: *clima ecuatorial; plantas ecuatoriales*.

|| — M. *Astr.* Anteojo móvil provisto de un eje paralelo al eje de la Tierra, que permite medir la ascensión recta y la declinación de los astros.

ecuatorianismo m. Voz o giro propios del Ecuador.

ecuatoriano, na adj. y s. Del Ecuador.

ecuestre adj. Relativo al caballero, al caballo o a la orden y ejercicio de la caballería. || *Pint.* y *esc.* Dícese de la figura a caballo: *estatua ecuestre*.

ecumene m. Universo.

ecumenicidad f. Universalidad.

ecuménico, ca adj. Universal. || Dícese de los concilios generales cuando en ellos está representada la Iglesia católica oriental y la occidental: *el concilio ecuménico convocado por Juan XXIII*.

eczema m. *Med.* Inflamación local de la piel caracterizada por vesículas, acompañada de escozor.

edad f. Tiempo transcurrido desde el nacimiento: *un hombre de cuarenta años de edad*. || Duración de la vida: *la flor de la edad*. || Vejez: *persona de edad*. || Tiempo transcurrido desde la creación de una cosa material: *la edad de un monumento*. || Período de la vida: *las cuatro edades del hombre son la infancia, la juventud, la madurez y la vejez*. || Período histórico: *la Edad Moderna*. || Época: *en la edad de nuestros padres*. || *Edad adulta*, la de la persona llegada a su completo desarrollo. || *Edad crítica*, en la mujer, la menopausia. || *Edad del juicio* o *de razón*, momento en que los niños empiezan a tener realmente conciencia de sus actos. || *Edad del pavo*, principio de la adolescencia en que los niños suelen ser pesados y tontos. || *Edad de Oro*, en la mitología, tiempo de inocencia y de felicidad; período de mayor esplendor. || *Edad Media*, tiempo que va del siglo V a la mitad del xv. || *Mayor edad*, la requerida por la ley para tener derecho a ejercer sus derechos. || *Menor edad*, la de la persona que no puede todavía disponer completamente de sus bienes y persona.

edecán m. Ayudante de campo. || — *Com. Amér. C., Antill.* y *Méx.* Persona que atiende a los participantes de una reunión, un congreso, etc.

edelweiss m. (pal. alem.). Flor compuesta de los Alpes y Pirineos.

edema m. *Med.* Hinchazón de una parte del cuerpo producida por infiltración de serosidad en el tejido celular.

edén m. Paraíso terrenal. (Según la Biblia, lugar donde vivieron Adán y Eva antes del pecado.) || *Fig.* Lugar delicioso: *tu jardín es un edén*.

edición f. Impresión, publicación y difusión de una obra. || Conjunto de los ejemplares de una obra o periódico impresos de una vez: *primera edición de un diccionario*. || *Edición príncipe* o *prínceps*, la primera de todas.

edicto m. Ley u ordenanza: *el edicto real*.

edificación f. Construcción: *edificación de una casa*. || *Fig.* Incitación a la piedad y a la virtud por el buen ejemplo.

edificador, ra adj. y s. Constructor. || *Fig.* Edificante.

edificante adj. Que edifica o incita a la virtud: *conducta edificante; libros edificantes*.

edificar v. t. Construir. || *Fig.* Crear: *edificar una teoría*. | Incitar a la piedad o a la virtud con el buen ejemplo.

edificativo, va adj. Edificante.

edificio m. Construcción que suele ser de grandes dimensiones. || *Fig.* Institución: *edificio social*.

edil m. Magistrado romano de la inspección y conservación de los monumentos públicos. || Concejal de un ayuntamiento.

edilicio, cia adj. Del edil.

editar v. t. Imprimir, publicar y difundir la obra de un escritor, compositor o grabador: *editar un libro, un periódico, un mapa*, etc.

editor, ra m. y f. Persona que se dedica a la edición de una obra literaria, musical o artística. || — Adj. Que edita: *casa, sociedad editora*. || — F. Editorial.

editorial adj. Del editor o de la edición: *casa editorial*. || — M. Artículo de fondo en un periódico. || — F. Casa editora: *la Editorial Larousse*.

editorialista m. El que escribe el editorial en un periódico.

edredón m. Plumón muy fino de ciertas aves. || Cubierta de cama rellena de plumón: *taparse con el edredón*.

educación f. Acción y efecto de educar. || Instrucción, enseñanza: *educación primaria*. || Conocimiento de las normas de cortesía: *tener educación*. || — *Educación física*, gimnasia. || *Educación nacional*, instrucción pública.

educacional adj. *Amer.* Educativo.

educacionista com. Educador.

educado, da adj. Correcto. || *Mal educado*, grosero.

educador, ra adj. y s. Que educa: *educadores laicos, religiosos*.

educando, da adj. y s. Que recibe educación en un colegio.

educar v. t. Desarrollar las facultades intelectuales y morales del niño o del joven (ú. t. c. pr.). || Enseñar la urbanidad. || Perfeccionar, afinar los sentidos: *educar el gusto, el ojo* (o *la vista*). || Acostumbrar a un miembro a realizar cierta función por medio del ejercicio apropiado.

educativo, va adj. De la educación: *método educativo*.

edulcoración f. Acción y efecto de edulcorar.

edulcorar v. t. *Farm.* Endulzar con azúcar, miel o jarabe: *edulcorar una sustancia insípida*.

efe f. Nombre de la letra *f*.

efebo m. Adolescente.

efectismo m. Procedimiento destinado a impresionar, a producir un efecto en el ánimo.

efectista adj. Que busca ante todo producir efecto o impresión sobre el ánimo: *un pintor efectista.*

efectividad f. Calidad de efectivo. || *Mil.* Posesión del cargo de que sólo se tenía el grado.

efectivo, va adj. Real, verdadero: *ayuda efectiva.* || Aplícase al empleo o cargo de plantilla, por oposición al interino. || Contante: *dinero efectivo.* || — M. Número exacto de los componentes de una colectividad (ú. m. en pl.). || Dinero en metálico. || — M. pl. Fuerzas militares. || *En efectivo,* en numerario.

efecto m. Resultado de una acción: *la relación de causa a efecto.* || Impresión hecha en el ánimo: *sus palabras hicieron efecto en mi corazón; causar buen efecto.* || Fin por el que se hace una cosa: *lo destinado al efecto.* || Artículo de comercio. || Documento o valor mercantil: *efecto nominativo, endosable, al portador.* || Movimiento giratorio que toman una bola de billar o una pelota al picarla lateralmente. || — Pl. Bienes, enseres. || — *Efectos públicos,* documentos de crédito emitidos por una corporación oficial. || *En efecto,* efectivamente. || *Llevar a efecto,* realizar. || *Surtir efecto,* dar una cosa el resultado esperado; entrar en vigor una ley, etc. || *Efecto invernadero,* acumulación de gases provocados por la contaminación y que afectan al clima.

efectuar v. t. Hacer, ejecutar: *efectuar un registro.* || — V. pr. Cumplirse, realizarse: *efectuarse el escrutinio.*

efedrina f. Alcaloide análogo a la adrenalina, que dilata la pupila.

efemérides f. pl. Escrito en que se refieren los acontecimientos de cada día. || *Astr.* Tablas que indican para cada día del año la situación de los planetas. || Hechos notables ocurridos el mismo día en diferentes épocas.

eferente adj. *Anat.* Que lleva hacia fuera: *vasos eferentes.*

efervescencia f. Desprendimiento de burbujas gaseosas a través de un líquido. || *Fig.* Agitación muy viva: *el Gobierno calmó la efervescencia del país.*

efervescente adj. Que está o puede estar en efervescencia: *bebida efervescente.*

eficacia f. Carácter de lo que produce el efecto deseado: *la eficacia de un medicamento.*

eficaz adj. Que produce el efecto deseado: *medicamento eficaz.*

eficiencia f. Facultad para lograr un efecto determinado. || Acción con que se logra este efecto.

eficiente adj. Que tiene eficiencia: *causa eficiente; acción eficiente del calor.* || Capaz, competente: *un empleado eficiente.*

efigie f. Representación pictórica o escultórica de una persona. || Representación de un personaje importante en una moneda o medalla: *la efigie del rey, de un santo.* || *Fig.* Personificación, imagen viva: *ser una persona la efigie del dolor.*

efímero, ra adj. Que dura un solo día. || Pasajero, de poca duración: *ilusión, fiebre efímera.*

eflorescencia f. *Quím.* Transformación en polvo de ciertas sales: *eflorescencias de nitrato de calcio.* || *Med.* Erupción cutánea. || Polvo que cubre ciertas frutas.

efluvio m. Emanación que se desprende de un cuerpo. || *Fig.* Irradiación: *efluvios de simpatía.*

efracción f. Galicismo por *fractura: robo con efracción.*

efusión f. Derramamiento de un líquido: *efusión de sangre.* || *Fig.* Manifestación de un sentimiento muy vivo: *efusión de ternura; abrazar con efusión.*

efusivo, va adj. Que manifiesta sus sentimientos afectuosos: *recibimiento efusivo.*

égida f. Coraza de Júpiter y de Minerva. || *Fig.* Protección, apoyo: *bajo la égida de uno.*

egipcio, cia adj. y s. De Egipto. || — M. Lengua egipcia.

egiptología f. Estudio del antiguo Egipto.

egiptólogo, ga m. y f. Especialista en egiptología.

egira f. Hégira.

égloga f. Composición poética del género bucólico: *las églogas de Garcilaso de la Vega.*

ego m. *Fil.* Ser individual. | Parte consciente del individuo.

egocéntrico, ca adj. Que se cree el centro del universo.

egocentrismo m. Exagerada exaltación de la propia personalidad, hasta considerarse como centro del universo.

egoísmo m. Inmoderado amor de sí mismo que antepone a todo la conveniencia y el interés propio, incluso en perjuicio de los demás.

egoísta adj. y s. Que da muestras de egoísmo.

egoistón, ona adj. y s. Muy egoísta.

ególatra adj. y s. Afectado de egolatría.

egolatría f. Culto, adoración, amor excesivo de sí mismo.

egolátrico, ca adj. Ególatra.

egregio, gia adj. Insigne.

egresado, da adj. y s. *Amer.* Graduado de una escuela, colegio o universidad: *egresado de la Universidad de Charcas.*

egresar v. i. *Amer.* Graduarse en una escuela, colegio o universidad (ú. t. c. pr.).

egreso m. *Com.* Salida. || *Amer.* Acción de egresar.

¡eh! interj. Sirve para llamar la atención.

eirá m. *Arg.* y *Parag.* Pequeño gato montés.

eje m. Varilla que atraviesa un cuerpo giratorio. || Barra horizontal dispuesta perpendicularmente a la línea de tracción en un carruaje y que entra por sus extremos en los bujes de las rue-

das. || Línea que divide por mitad el ancho de una calle u otra cosa semejante. || *Geom.* Línea alrededor de la cual se supone que gira una figura: *eje de un cilindro, de un cono.* || *Mat.* Línea a la cual se da un valor especial: *eje de correderas.* || *Fig.* Idea fundamental: *el eje de una política.* | Tema central de una obra o empresa: *el eje de un discurso, de una tesis.*

ejecución f. Realización: *ejecución de un plan.* || Cumplimiento: *ejecución de una orden.* || Modo de interpretar una obra artística: *la ejecución de una ópera.* || Suplicio de un condenado a muerte: *ejecución de un asesino.* || *For.* Embargo y venta de los bienes de un deudor: *ejecución judicial.*

ejecutante com. Persona que ejecuta una pieza musical. || — Adj. y s. *For.* Que efectúa una ejecución judicial.

ejecutar v. t. Realizar, llevar a cabo: *ejecutar un proyecto.* || Cumplir: *ejecutar una orden* (ú. t. c. i.). || *For.* Obligar a una persona a que pague sus deudas: *ejecutar a un deudor.* | Ajusticiar: *ejecutar a un reo de muerte.* || *Mús.* Tocar, cantar: *ejecutar un trozo de Beethoven.* || Pintar, esculpir: *ejecutar un cuadro, una escultura.*

ejecutivo, va adj. Encargado de la aplicación de las leyes: *poder ejecutivo.* || Encargado de aplicar un mandato: *consejo ejecutivo.* || Urgente. || — M. Poder ejecutivo.

ejecutor, ra adj. y s. Que ejecuta: *ejecutor de un plan.* || — *Ejecutor de la justicia,* verdugo. || *Ejecutor testamentario,* albacea.

ejecutoria f. Título o carta de nobleza. || *Fig.* Mérito, timbre, acción que ennoblece. || *For.* Acto que confirma un juicio.

ejecutoriar v. t. Dar firmeza de cosa juzgada a un fallo judicial (ú. t. c. pr.). || *Fig.* Comprobar la certeza de una cosa.

ejecutorio, ria adj. *For.* Firme: *sentencia ejecutoria.*

¡ejem! interj. Expresa duda o ironía.

ejemplar adj. Que puede servir de ejemplo: *vida ejemplar.* || Lo que debe servir de escarmiento: *castigo ejemplar.* || — M. Cada objeto sacado de un mismo modelo: *un ejemplar de la Biblia.* || Número suelto de una revista. || Objeto de una colección: *un ejemplar magnífico de escarabajo.* || *Fig.* Individuo: *¡menudo ejemplar!*

ejemplaridad f. Calidad de ejemplar: *la ejemplaridad de su conducta.*

ejemplarizar v. t. Servir de ejemplo.

ejemplificar v. t. Demostrar o explicar con ejemplos.

ejemplo m. Caso o hecho que se propone y cita para que se imite o para que se evite, según los casos: *seguir los buenos ejemplos y no los malos.* || Persona cuyo comportamiento puede servir de modelo: *este muchacho es un ejemplo de buen alumno.* || Hecho, texto o cláusula que se cita para ilustrar o autorizar un aserto: *los ejemplos de este diccionario.* || Desgracia o castigo que puede servir de escarmiento. || — *Dar ejemplo*, excitar la imitación de los demás. || *Sin ejemplo*, sin precedente.

ejercer v. t. e i. Practicar los actos propios de una profesión: *ejercer una carrera*. || — V. t. Hacer uso de: *ejercer sus derechos; ejercer influencia sobre alguien*.

ejercicio m. Acción y efecto de ejercer: *el ejercicio de la abogacía, de las virtudes*. || Trabajo que se hace para el aprendizaje de una cosa: *ejercicios de piano, de matemáticas*. || Paseo u otro esfuerzo corporal: *ejercicio pedestre, gimnástico*. || Prueba en un examen o en una oposición: *ejercicio oral, escrito*. || Mil. Movimientos y evoluciones con que se adiestra al ejército. || Período al final del cual se establece el balance del presupuesto: *ejercicio económico*. || — *Ejercicios espirituales*, período de retiro dedicado a la meditación y a las prácticas piadosas. || *En ejercicio*, en activo.

ejercitación f. Entrenamiento, ejercicio.

ejercitador, ra adj. Que ejerce un ministerio u oficio (ú. t. c. s.).

ejercitante adj. Que ejercita. || — Com. Persona que hace algunos ejercicios, particularmente los ejercicios espirituales.

ejercitar v. t. Enseñar con la práctica: *ejercitar a uno en el manejo de las armas*. || — V. pr. Adiestrarse: *ejercitarse en la equitación*.

ejército m. Conjunto de las fuerzas militares en un país o que operan juntas en un conflicto. || Fig. Gran número, multitud: *un ejército de acreedores*. || *Ejército de Salvación*. v. SALVACIÓN.

ejidatario, ria m. y f. *Méx*. Persona que cultiva un terreno comunal.

ejido m. Campo común situado en las afueras de un pueblo y donde suelen reunirse los ganados o establecerse las eras. || En México, parcela o unidad agrícola establecida por la Ley, no menor de diez hectáreas.

ejote m. *Amer*. Vaina del frijol verde.

el art. determ. en gén. m. y núm. sing.

él pron. pers. de 3.ª pers. en gén. m. y núm. sing.

elaboración f. Fabricación: *elaboración del tabaco*. || Preparación: *elaboración del presupuesto*.

elaborador, ra adj. y s. Que elabora.

elaborar v. t. Transformar en producto una materia prima: *elaborar un producto químico*. || Idear, preparar un largo trabajo: *elaborar un reglamento, una ley*. || Transformar en sustancia asimilable: *el hígado elabora bilis*.

elan m. (pal. fr.). Impulso. || Fil. *Elan vital*, ímpetu de vida, impulso continuo de la vida que, según Bergson, produce la evolución de los seres.

elasticidad f. Calidad de elástico: *la elasticidad de los gases*. || Fig. Flexibilidad: *la elasticidad de un miembro*. | Flexibilidad, falta de rigor.

elástico, ca adj. Que recobra su forma inicial después de haber sido estirado o deformado: *los gases son sumamente elásticos*. || Fig. Flexible, no estricto: *conciencia elástica; reglamento elástico*. || *Goma elástica*, caucho. || — M. Tejido que tiene elasticidad. || Cinta o cordón elástico. || Parte superior de un calcetín, de punto elástico. || — Pl. Tirantes. || — F. Camiseta de punto.

ele f. Nombre de la letra *l*.

eleático, ca adj. De la escuela filosófica de Elea. || — M. Filósofo eleático.

elección f. Designación por votación: *elección de un diputado*. || Acción y efecto de escoger: *acto electoral, un oficio*. || Posibilidad de escoger: *ser de su libre elección*.

electivo, va adj. Que se designa o se da por elección: *presidente electivo; cargo electivo*.

electo, ta adj. Elegido: *presidente electo de la República*. || — M. El elegido o nombrado mientras no toma posesión.

elector, ra adj. y s. Que vota o tiene derecho a hacerlo en unas elecciones. || — M. Cada uno de los príncipes germánicos a quienes correspondía la elección y nombramiento de emperador.

electorado m. Estado soberano germánico cuyo príncipe tenía voto para elegir emperador. || Conjunto de electores.

electoral adj. Del elector o de las elecciones: *derechos electorales*.

electoralismo m. Intervención de consideraciones puramente electorales en la política de un partido.

electricidad f. Fís. Forma de energía que se manifiesta por fenómenos mecánicos, luminosos, térmicos, fisiológicos y químicos.

electricista adj. Que se dedica al estudio y las aplicaciones de la electricidad: *ingeniero electricista*. || Que se ocupa de las instalaciones eléctricas. Ú. t. c. s. m.: *el electricista arregló el timbre*.

eléctrico, ca adj. Relativo a la electricidad: *corriente, luz eléctrica*. || Que funciona con electricidad: *horno eléctrico*.

electrificación f. Utilización de la electricidad para hacer funcionar una máquina o una explotación: *la electrificación de los ferrocarriles*. || Producción y suministro de energía eléctrica en un sitio desprovisto anteriormente de ella: *la electrificación de un valle, de una región*.

electrificar v. t. Dotar de instalación eléctrica a un país. || Adaptar a una instalación un equipo eléctrico: *electrificar el ferrocarril*.

electrizable adj. Que puede electrizarse: *cuerpos electrizables*.

electrización f. Acción y efecto de electrizar o electrizarse.

electrizador, ra y **electrizante** adj. Que electriza.

electrizar v. t. Comunicar o producir energía eléctrica: *electrizar un cuerpo por frotación*. || Fig. Entusiasmar, exaltar: *el orador electrizó al auditorio*.

electroacústica f. Fís. Técnica de la producción, transmisión, grabación y reproducción de los fenómenos acústicos por medios eléctricos.

electrocardiografía f. Parte de la medicina que estudia la obtención e interpretación de los electrocardiogramas.

electrocardiógrafo m. Dispositivo que registra en electrocardiogramas la variación de la tensión producida por la actividad cardiaca.

electrocardiograma m. Gráfico producido por el electrocardiógrafo.

electrochoque m. *Med*. Tratamiento de algunas enfermedades mentales por aplicación al encéfalo de una corriente eléctrica de corta duración.

electrocinética f. Parte de la física que se ocupa de los fenómenos de la electricidad en movimiento.

electrocución f. Muerte producida por una descarga eléctrica.

electrocutar v. t. Matar por una descarga eléctrica (ú. t. c. pr.).

electrodinámico, ca adj. De la electrodinámica. || — F. Parte de la física que estudia la acción dinámica de las corrientes eléctricas.

electrodo m. Cada uno de los polos de una corriente eléctrica que se ponen en un líquido o un gas para que la electricidad pase a través de éstos.

electrodoméstico, ca adj. y s. m. pl. Aplícase a los aparatos eléctricos destinados al uso doméstico (plancha eléctrica, aspirador, nevera, etc.).

electroencefalografía f. Parte de la medicina que trata de la obtención e interpretación de los electroencefalogramas.

electroencefalógrafo m. Aparato que registra gráficamente las corrientes eléctricas producidas por la actividad del encéfalo.

electroencefalograma m. Gráfico producido por el electroencefalógrafo.

electróforo m. Instrumento para producir y multiplicar pequeñas cantidades de electricidad estática.

electrógeno, na adj. Que produce electricidad: *grupo electrógeno*. || — M. Generador eléctrico.

electroimán m. Fís. Barra de hierro dulce imantado artificialmente por la acción de una corriente eléctrica.

electrólisis f. Quím. Descomposición de un cuerpo haciendo pasar por su masa una corriente eléctrica.

electrolítico, ca adj. Producido por electrólisis: *descomposición electrolítica*. || De la electrólisis.

electrolito m. Fís. y Quím. Cuerpo que en estado líquido puede ser descompuesto por la electricidad.

electrolización f. Electrólisis.

electrolizador, ra adj. Que electroliza. || — M. Fís. Aparato para efectuar la electrólisis.

electrolizar v. t. Efectuar la electrólisis.

electromagnético, ca adj. De electromagnetismo.

electromagnetismo m. Parte de la física que estudia las acciones y reacciones de las corrientes eléctricas sobre los campos magnéticos.

electromecánico, ca adj. Aplícase al dispositivo mecánico que funciona por medio de la electricidad. || — F. Ciencia de las aplicaciones de la electricidad y de la mecánica.

electrometalurgia f. Aplicación de procedimientos eléctricos a la metalurgia.

electrometría f. Parte de la física que estudia la medida de la intensidad eléctrica.

electrómetro m. *Fís.* Aparato para medir la carga o el potencial eléctrico de un cuerpo.

electromotor, ra adj. *Fís.* Aplícase a todo aparato o máquina en que se transforma la energía eléctrica en trabajo mecánico: *aparato electromotor; máquina electromotora* (ú. t. c. s. m.). || Que produce electricidad bajo la influencia de agentes químicos o mecánicos.

electromotriz adj. f. *Fís.* Aplícase a la fuerza de la electricidad que se mueve a lo largo de un circuito.

electrón m. *Fís.* Partícula elemental dotada de una carga de electricidad negativa, uno de los constituyentes del átomo: *la carga del electrón es 1,60 × 10⁻¹⁹ culombios.* || *Electrón positivo,* el positrón.

electronegativo, va adj. *Quím.* Aplícase al cuerpo que en la electrólisis se dirige al ánodo o polo positivo.

electrónico, ca adj. *Fís.* De los electrones o de la electrónica: *microscopio electrónico; calefacción electrónica.* || — F. Parte de la física que estudia los fenómenos en que intervienen los electrones libres. || Aplicación industrial de estos conocimientos. || *Música electrónica,* la que utiliza las oscilaciones eléctricas para crear, valiéndose de altavoces, sonidos musicales grabados.

electronvoltio m. *Fís.* Unidad de energía utilizada en física nuclear (símb., eV) equivalente a la energía adquirida por un electrón acelerado con una diferencia de potencial de un voltio.

electropositivo, va adj. *Quím.* Aplícase al cuerpo que en la electrólisis se dirige al cátodo o polo negativo.

electroquímico, ca adj. De la electroquímica. || — F. Parte de la física que estudia las transformaciones mutuas de las energías eléctrica y química. || Aplicación industrial de estos conocimientos.

electroscopio m. *Fís.* Instrumento que indica la existencia de electricidad en un cuerpo y su signo.

electrostático, ca adj. Relativo a la electricidad estática: *inducción electrostática.* || — F. Parte de la física que estudia la electricidad en equilibrio.

electrotecnia f. Estudio de las aplicaciones técnicas de la electricidad.

electrotécnico, ca adj. De la electrotecnia.

electroterapia f. *Med.* Aplicación de la electricidad en el tratamiento de las enfermedades.

electroterápico, ca adj. De la electroterapia.

electrotermia f. Estudio de las transformaciones de la energía eléctrica en calor. || Utilización de la electricidad para elevar la temperatura de la materia en la electrometalurgia.

elefante m. Mamífero proboscidio herbívoro, que tiene trompa prensil, piel rugosa y dos incisivos prolongados o colmillos que dan el marfil. || — *Fig. y fam. Méx. Elefante blanco,* objeto, finca o negocio de mucho costo y poca utilidad. || *Elefante marino,* morsa.

elefantiásico, ca adj. *Med.* Relativo a la elefantiasis. || — Adj. y s. Que padece este mal.

elefantiasis f. *Med.* Enfermedad de los países tropicales caracterizada por el desarrollo excesivo de algunas partes del cuerpo, especialmente de las extremidades y por la rugosidad de la piel.

elegancia f. Gracia y distinción en el porte, el vestido y los modales. || Buen gusto en la elección de las palabras.

elegante adj. Distinguido, de buen gusto: *hombre, traje, estilo elegante.* || Que se ajusta mucho a la moda (ú. t. c. s.). || Fino, sin mezquindad: *una acción elegante.*

elegantón, ona adj. *Fam.* Muy elegante.

elegía f. Composición lírica de asunto triste: *las elegías de Ovidio.*

elegiaco, ca adj. De la elegía.

elegibilidad f. Calidad de elegible.

elegible adj. Que puede ser elegido.

elegido, da adj. y s. Que ha sido destinado por elección. || — M. Predestinado.

*elegir v. t. Escoger, dar su preferencia: *elegir un libro entre varios.* || Designar por elección: *elegir diputado.*

elemental adj. Fundamental, primordial: *principio elemental.* || Que contiene los elementos de una ciencia: *química elemental.* || Muy sencillo: *nociones elementales de matemáticas.* || Evidente: *no vale la pena decir algo tan elemental.*

elemento m. Componente de un cuerpo: *el cuarzo es uno de los elementos del granito.* || Cuerpo simple: *elemento químico.* || Parte integrante de un todo: *los elementos de una obra; la agricultura, elemento de riqueza de un país.* || Motivo: *un elemento de descontento.* || Medio en que se desenvuelve un ser: *el aire es el elemento de los pájaros.* || Medio favorito o habitual: *estar uno en su elemento.* || Persona que pertenece a un grupo: *elemento activo de un partido.* || *Fam.* Individuo. || *Fís.* Par de una pila eléctrica, de un acumulador. || — Pl. Funda-

mentos, primeras nociones: *elementos de geometría, de dibujo.* || Fuerzas naturales: *luchar contra los elementos desencadenados.* || *Fig.* Medios: *poseer elementos de subsistencia.*

elenco m. Catálogo, índice. || Conjunto de actores en una compañía de teatro. || Reparto de una obra teatral.

elevación f. Acción y efecto de elevar o elevarse. || Eminencia. || *Fig.* Distinción, nobleza: *elevación de los sentimientos, del estilo.* || Ascensión a un cargo muy elevado. || El alzar en el sacrificio de la misa. || *Tirar por elevación,* tirar de manera que describa el proyectil una curva muy elevada.

elevado, da adj. Alto: *cumbres elevadas.* || *Fig.* Sublime.

elevador, ra adj. Que eleva: *músculo elevador; bomba elevadora.* || — M. Aparato para subir mercancías, montacargas. || *Amer.* Ascensor.

elevadorista com. *Méx.* Persona que opera un ascensor.

elevamiento m. Elevación.

elevar v. t. Levantar, alzar: *elevar un peso* (ú. t. c. pr.). || Construir: *elevar un monumento.* || *Fig.* Colocar en un cargo elevado. || *Mat.* Hacer un número en una potencia: *elevar al cuadrado.* || *Elevar protestas,* suscitarlas. || — V. pr. Ascender, alcanzar: *los gastos se elevan a tres millones.* | Alcanzar una posición social elevada. | Enajenarse: *elevarse en éxtasis.* | Engreírse, envanecerse.

elidir v. t. *Gram.* Quitar la vocal con que acaba una palabra cuando la que sigue empieza por otra vocal, v. gr.: *del por de el, al por a el.*

eliminación f. Supresión.

eliminador, ra adj. y s. Que elimina.

eliminar v. t. Suprimir, quitar: *eliminar dificultades.* || Apartar, excluir: *eliminar a un concursante.* || *Mat.* Expeler del organismo: *eliminar un cálculo.*

eliminatorio, ria adj. Que sirve para eliminar: *composición eliminatoria.* || — F. Prueba para eliminar a los concursantes más débiles.

elinvar m. Aleación formada con hierro, níquel, cromo y tungsteno cuya elasticidad es insensible a las variaciones de temperatura.

elipse f. *Geom.* Curva plana convexa y cerrada, con dos ejes de simetría que se cortan perpendicularmente.

elipsis f. Supresión de palabras cuyo sentido se sobreentiende: *¿algo tal por ¿qué tal le parece? o ¿qué tal está?*

elipsoidal adj. *Geom.* De forma de elipsoide.

elipsoide m. *Geom.* Cuerpo engendrado por la revolución de una elipse alrededor de uno de sus ejes: *la Tierra es un elipsoide achatado.*

elíptico, ca adj. *Geom.* De la elipse: *órbita elíptica.* || De forma de elipse. || *Gram.* De la elipsis: *frase elíptica.*

elisión f. Supresión de una vocal al final de una palabra cuando la siguiente empieza por otra.

élite f. Galicismo por *lo más selecto, lo mejor: la élite de la nación.*

élitro m. Cada una de las dos alas anteriores córneas de algunos insectos que cubren las posteriores.

elixir m. Medicamento líquido. || *Fig.* Remedio maravilloso.

ella pron. personal de 3.ª pers. en género f. núm. sing.

elle f. Nombre de la letra *ll*.

ello pron. pers. de 3.ª pers. en género neutro.

ellos, ellas pron. pers. de 3.ª pers. en género m. y f. núm. pl. || *¡A ellos!*, expresión con que se incita a atacar.

elocución f. Modo de expresarse: *facilidad de elocución.*

elocuencia f. Facultad de hablar bien y de modo convincente: *la elocuencia de un orador.* || *Fig.* Fuerza expresiva: *la elocuencia del gesto, de los hechos.*

elocuente adj. Que tiene elocuencia: *orador elocuente.* || Significativo, expresivo: *cifras muy elocuentes.*

elogiable adj. Que merece elogio: *una publicación elogiable.*

elogiador, ra adj. y s. Que elogia.

elogiar v. t. Alabar, ponderar: *elogiar la conducta de una joven.*

elogio m. Alabanza: *el elogio de la virtud.* || Discurso laudatorio: *elogio académico.*

elogioso, sa adj. Que celebra o alaba: *palabras elogiosas.*

elongación f. *Med.* Alargamiento accidental o terapéutico de un miembro o un nervio. || *Astr.* Distancia angular de un astro al Sol, con referencia a la Tierra.

elosúchil m. Planta de México cuya flor tiene forma de mazorca de maíz verde.

elotada f. *Amer.* Merienda de elotes. | Conjunto de elotes.

elote m. *Amér. C. y Méx.* Mazorca tierna de maíz, que se come cocida o asada, en guisos diversos.

elotear v. t. *Amer.* Coger elotes en la milpa. || — V. i. *Amer.* Comenzar a brotar los elotes.

elotera f. *Amer.* Mujer que vende elotes.

elucidar v. t. Aclarar, dilucidar: *elucidar una cuestión.*

elucubración f. Lucubración.

elucubrar v. t. Lucubrar.

eludir v. t. Evitar, librarse de una dificultad o una cosa molesta: *eludir un compromiso.*

emaciación f. Demacración.

emaciado, da adj. Demacrado.

emanación f. Olor o exhalación que se desprende de algunos cuerpos. || *Fig.* Manifestación.

emanante adj. Que emana.

emanar v. i. Desprenderse, exhalarse: *el olor que emana de una sustancia.* || *Fig.* Proceder, derivar: *el gobierno emana del pueblo.*

emancipación f. Acción y efecto de emancipar o emanciparse.

emancipador, ra adj. y s. Que emancipa.

emancipar v. t. Libertar de la patria potestad, de la tutela o de la servidumbre: *emancipar a un esclavo.* || Librar de alguna dependencia o tiranía. || — V. pr. Librarse de las obligaciones y convencionalismos sociales. | Permitirse toda clase de libertad.

embadurnador, ra adj. y s. Que embadurna.

embadurnar v. t. Untar. || Manchar. Ú. t. c. pr.: *embadurnarse de grasa.* || Pintarrajear.

embajada f. Cargo de embajador. || Su residencia. || Sus empleados. || *Fig.* Mensaje. | Proposición desagradable o molesta: *¡vaya embajada!*

embajador m. Representante de un Estado cerca de otro: *embajador cerca de la Santa Sede.* || *Fig.* Emisario, mensajero.

embajadora f. Mujer que dirige una embajada. || Mujer del embajador. || Emisaria, mensajera.

embalador, ra m. y f. Persona que hace los embalajes.

embalaje m. Acción de embalar: *él hizo el embalaje.* || Envoltura que sirve para embalar: *embalaje de cartón.* | Coste de esta operación.

embalar v. t. Envolver, empaquetar, poner en cajas. || Acelerar un motor (ú. t. c. pr.). || — V. pr. Hablar deprisa. || Ir o correr más deprisa. || *Fig.* Entusiasmarse.

embaldosado m. Suelo cubierto de baldosas. || Trabajo u operación de embaldosar.

embaldosar v. t. Cubrir un suelo con baldosas.

embalsadero m. Terreno hondo y pantanoso donde se encharcan las aguas de lluvia.

embalsamador, ra adj. y s. Que embalsama.

embalsamamiento m. Acción y efecto de embalsamar.

embalsamar v. t. Llenar de aromas un cadáver para evitar su putrefacción. || Perfumar: *las flores embalsaman el aire.*

embalsar v. t. Recoger en una balsa. || — V. pr. Detenerse el agua, encharcarse.

embalse m. Acción y efecto de embalsar. || Retención artificial de las aguas de un río para utilizarlas en la producción de energía o en el riego de los campos: *el embalse de Asuán.*

embanastar v. t. Poner en una banasta: *embanastar fruta.*

embancarse v. pr. *Mar.* Encallarse.

embanquetar v. t. *Méx.* Colocar las aceras de una calle.

embarazado, da adj. Cohibido, molesto. || — Adj. y s. Dícese de la mujer que ha concebido: *embarazada de siete meses.*

embarazador, ra adj. Molesto.

embarazar v. t. Impedir, estorbar, dificultar: *embarazar el paso.* || Poner encinta a una mujer. || *Fig.* Molestar, confundir. || — V. pr. Estar molesto por cualquier embarazo: *embarazarse con* (o *por*) *la ropa.*

embarazo m. Estorbo, dificultad, obstáculo. || Encogimiento, falta de soltura. || Preñez.

embarazoso, sa adj. Que estorba: *paquete embarazoso.* || Molesto: *pregunta embarazosa.*

embarbillar v. t. Ensamblar a muesca y barbilla (ú. t. c. i.).

embarcación f. Barco. || Embarco. || Tiempo que dura una travesía.

embarcadero m. Sitio destinado para embarcar.

embarcar v. t. Meter a personas, mercancías, etc., en una embarcación. || *Fig.* Meter a uno en un negocio: *le embarcaron en un pleito.* || — V. pr. Subir a un barco: *embarcarse de pasajero para Buenos Aires.* || *Fig.* Meterse, emprender: *embarcarse en un asunto.*

embarco m. Acción de embarcar o embarcarse personas.

embargador m. El que efectúa el embargo.

embargar v. t. Embarazar, estorbar, impedir. || *Fig.* Paralizar: *el dolor embargó mis sentidos.* | Absorber, llenar totalmente: *la felicidad le embargaba.* || *For.* Retener una cosa judicialmente: *le embargaron todos sus bienes.*

embargo m. *For.* Retención de bienes por mandamiento judicial. || *Mar.* Prohibición de salir un barco del puerto. || Empacho, indigestión. || *Sin embargo*, no obstante.

embarque m. Carga de mercancías en un barco o en un tren.

embarrada f. *Méx.* Acción y efecto de embarrar. || Poca cantidad de algo.

embarradilla f. *Méx.* Empanada de dulce.

embarrancar v. i. *Mar.* Varar, encallarse (ú. t. c. t.). || — V. pr. Atascarse: *embarrancarse el carro.*

embarrar v. t. Untar, embadurnar. || *Amér. C., Cub., Ecuad. y Méx.* Inmiscuir a alguien en un asunto turbio.

embarrilado y **embarrilamiento** m. Colocación en un barril.

embarrilar v. t. Poner en barriles: *embarrilar arenques, vino.*

embarullar v. t. *Fam.* Mezclar desordenadamente unas cosas con otras. | Hacer las cosas muy de prisa, chapucear.

embastar v. t. Hilvanar. || Poner bastas a los colchones.

embaste m. Acción y efecto de embastar. || Hilván.

***embastecer** v. i. Engrosar, engordar. || — V. pr. Volverse basto.

embate m. Golpe impetuoso de mar: *los embates de las olas.* || Acometida impetuosa: *embate del viento.*

embaucador, ra adj. y s. Que embauca.

embaucamiento m. Engaño. || Seducción.

embaucar v. t. Engañar: *embaucar a uno con muchas promesas.* || Seducir.

embaular v. t. Meter cosas en un baúl: *embaular sus cosas.*

***embebecer** v. t. Entretener. || Embelesar. || — V. pr. Embelesarse.

embebecimiento m. Embelesamiento, embeleso.

embeber v. t. Absorber un cuerpo un líquido: *la esponja embebe el agua.* || Empapar: *embeber en agua* (ú. t. c. pr.). || Contener, encerrar. || Recoger los bordes de una costura para achicar un vestido. || — V. i. Encoger: *los trajes de lana embeben* (ú. t. c. pr.). || — V. pr. Quedarse extasiado, embelesado o pasmado. || *Fig.* Empaparse, impregnarse bien: *embeberse en el espíritu de Voltaire.* || Ensimismarse, quedar absorto: *embeberse en la lectura.*

embejucar v. t. *Antill., Col.* y *Venez.* Cubrir, envolver con bejucos. || *Col.* Desorientar. || — V. pr. *Col.* y *Venez.* Enredarse. || *Col.* Enojarse, airarse.

embelecador, ra adj. y s. Embaucador.

embelecamiento m. Embeleco.

embelecar v. t. Engañar, embaucar.

embeleco m. y **embelequería** f. *Antill.* y *Méx.* Engaño.

embelesar, ra adj. Encantador. || Hechicero (ú. t. c. s.).

embelesamiento m. Embeleso.

embelesar v. t. Cautivar los sentidos, encantar: *embelesar al público con su voz.* Ú. t. c. pr.: *embelesarse con un espectáculo.*

embeleso m. Encanto: *esta escena es un embeleso.* || Arrebato, arrobamiento.

embellecedor, ra adj. Que embellece. || — M. Moldura cromada de los coches. || Tapacubos.

***embellecer** v. t. Dar belleza (ú. t. c. i. y pr.).

embellecimiento m. Acción y efecto de embellecer o embellecerse.

emberrenchinarse y **emberrincharse** v. pr. *Fam.* Coger un berrinche, encolerizarse: *emberrenchinarse los niños.*

embestida f. Ataque, acometida: *la embestida de un toro.*

***embestir** v. t. Arrojarse con ímpetu sobre una persona, animal o cosa: *embestir (o contra) una fiera;* *el toro embistió al matador.* || — V. i. *Fig.* y *fam.* Arremeter, atacar, acometer.

embetunar v. t. Cubrir con betún: *embetunar el calzado.*

***emblanquecer** v. t. Blanquear.

emblema m. Figura simbólica con una sentencia o lema. || Representación simbólica: *la perla es el emblema del pudor.* || Atributo: *los emblemas de la república.*

embobado, da adj. Pasmado, admirado, maravillado.

embobamiento m. Admiración injustificada. || Alelamiento, atontamiento.

embobar v. t. Tener suspenso y admirado. || Embaucar: *embobar a uno con buenas palabras.* || Atontar, alelar. || — V. pr. Quedarse absorto y admirado.

***embobecer** v. t. Volver bobo.

embocadura f. Acción de embocar. || Desembocadura de un río. || Sitio por donde se entra en un canal o en un paso estrecho. || *Mús.* Boquilla de un instrumento de viento. || Bocado del freno del caballo. || Sabor: *vino de buena embocadura.* || *Teatr.* Boca del escenario.

embocar v. t. Meter por la boca. || Meterse por un sitio angosto. Ú. t. c. pr.: *se embocó por una callejuela.* || Hacer entrar por un espacio estrecho. || *Fig.* Hacer creer: *le embocaron una noticia falsa.* || *Fam.* Comer mucho, engullir.

embodegar v. t. Meter en la bodega: *embodegar vino, aceite.*

embojar v. t. Colocar ramas para que hilen los gusanos de seda su capullo.

embojo m. Acción de embojar. || Enramada que se pone a los gusanos de seda para que hilen.

embolada f. Movimiento de vaivén del émbolo en un motor.

embolado m. *Fig.* En el teatro, papel corto y desairado. || *Fam.* Engaño. | Engorro, pega: *¡pues vaya un embolado!*

embolar v. t. Poner bolas de madera en los cuernos del toro de lidia. || Dar bola o betún a los zapatos.

embolatar v. tr. *Col.* Engañar, enredar con cuentos. || — V. pr. *Col.* Estar absorto, entretenerse. || *Col.* Perderse, extraviarse. || *Col.* Alborotarse. || *Pan.* Darse a la diversión.

embolia f. *Med.* Obstrucción de un vaso sanguíneo por un coágulo.

émbolo m. *Mec.* Disco cilíndrico que se desplaza alternativamente en el cuerpo de una bomba o en el cilindro de una máquina de vapor.

embolsar v. t. Poner en una bolsa: *embolsar dinero.* || Cobrar. Ú. t. c. pr.: *se embolsó mucho dinero en aquel negocio.*

embonar v. t. *Cub.* y *Méx.* Encajar bien una cosa con otra. | Convenir, ensamblar, empalmar.

emboque m. Paso de algo por un aro o una meta: *evadió a los contrarios y logró el emboque de un tanto para su equipo.*

emboquillado adj. m. Con boquilla de filtro: *cigarrillo emboquillado.*

emboquillar v. t. Poner boquilla de filtro a los cigarrillos.

emborrachador, ra adj. Que emborracha, embriagador.

emborrachar v. t. Poner borracho: *el vino blanco le emborracha.* || Atontar, perturbar, adormecer: *emborrachar a uno con ciertos olores* (ú. t. c. pr.). || — V. pr. Beber más de la cuenta, ponerse borracho: *emborracharse con (o de) aguardiente.*

emborrascarse v. pr. Irritarse. || Hacerse borrascoso.

emborrizar v. t. Bañar en huevo y harina lo que ha de freírse.

emborronar v. t. Llenar de borrones y garrapatos: *emborronar un papel.* ||

Fig. Escribir de prisa y mal o con poca meditación.

emborucado, da adj. *Méx.* Confundido.

emborucar v. pr. *Méx.* Confundirse.

emboscada f. Ataque por sorpresa. || *Fig.* Asechanza, trampa preparada contra alguien: *tender una emboscada.*

emboscar v. t. *Mil.* Poner oculta una tropa para atacar por sorpresa al enemigo. || — V. pr. Esconderse entre el ramaje. || *Fig.* Escudarse en una ocupación cómoda para no hacer otra.

embotadura f. y **embotamiento** m. Acción y efecto de embotar o embotarse: *embotamiento de los sentidos, de un cuchillo.*

embotar v. t. Volver menos cortante o menos aguda la hoja de un arma, de un cuchillo o de una herramienta (ú. t. c. pr.). || *Fig.* Debilitar: *el ocio embota el ánimo* (ú. t. c. pr.). || Poner en un bote.

embotellado, da adj. En botella. | *Fig.* Dícese del discurso preparado de antemano. || — M. Acción de embotellar: *el embotellado de vinos.*

embotellador, ra m. y f. Persona encargada de embotellar. || — F. Máquina para embotellar.

embotellamiento m. Embotellado. || *Fig.* Atasco de la circulación: *los embotellamientos dominicales.*

embotellar v. t. Meter en botellas: *embotellar champaña.* || *Fig.* Obstruir, estorbar: *embotellar la circulación.* | Aprender de memoria. Ú. t. c. pr.: *se embotelló todo el Código Civil.* || *Méx.* Encarcelar.

embovedar v. t. Abovedar.

embozadamente adv. Encubiertamente.

embozar v. t. Cubrir la parte inferior del rostro. Ú. m. c. pr.: *se embozó en la capa.* || Poner el bozal a un animal. || *Fig.* Disfrazar, encubrir: *embozar sus intenciones.*

embozo m. Parte de la capa o prenda que sirve para embozarse. || Parte doblada de la sábana de encima que toca el rostro. || *Fig.* Disimulo: *hablar con embozo.*

embragar v. t. *Mec.* Establecer conexión entre el motor y los órganos que debe poner en movimiento. Ú. t. c. i.: *el coche hace ruido al embragar.*

embrague m. Acción de embragar. || Dispositivo que permite poner una máquina en movimiento uniéndola al motor: *embrague automático.*

***embravecer** v. t. Irritar, poner furioso. || — V. pr. Enfurecerse: *embravecerse el mar.*

embravecimiento m. Furor.

embrear v. t. Untar con brea.

embriagador, ra y **embriagante** adj. Que embriaga: *perfume embriagador.*

embriagar v. t. Poner ebrio, hacer perder el uso de la razón. Ú. pr. *embriagarse con anís.* || *Fig.* Enajenar: *embriagado por la gloria* (ú. t. c. pr.).

embriaguez f. Pérdida de la razón por el abuso del alcohol.

embridar v. t. Poner la brida.

embrión m. *Biol.* Organismo en vías de desarrollo desde la fecundación del óvulo hasta el momento en que puede llevar una vida autónoma. || *Fig.* Origen: *esto fue el embrión de la revolución.* || Principio, estado incipiente de una cosa.

embrionario, ria adj. Del embrión. || *Fig.* En sus comienzos, en gestación: *proyecto embrionario.*

embrocación f. *Med.* Acción de derramar lentamente un líquido en la parte enferma. | Este líquido.

embrollador, ra adj. y s. Que embrolla.

embrollar v. t. Enredar, enmarañar: *embrollar un asunto.* || — V. pr. *Fig.* Hacerse un lío, mezclarlo todo.

embrollo m. Enredo, maraña: *un embrollo de hilos.* || *Fig.* Lío, situación confusa o difícil de resolver: *¡en menudo embrollo se ha metido!* | Chisme, mentira.

embrollón, ona adj. y s. *Fam.* Que lo embrolla todo.

embrolloso, sa adj. *Fam.* Que provoca o causa embrollo.

embromador, ra adj. y s. Bromista.

embromar v. t. Dar bromas. || Engañar, chasquear. || *Méx.* Retardar el despacho de un asunto, entretenerla.

embroncarse v. pr. *Fam. Arg.* y *Urug.* Enojarse, enfadarse.

embrujador, ra adj. y s. Que embruja.

embrujamiento m. Acción y efecto de embrujar.

embrujar v. t. Hechizar.

embrujo m. Hechizo: *el embrujo de Sevilla.*

embrutecedor, ra adj. Que embrutece: *trabajo embrutecedor.*

*embrutecer v. t. Volver bruto. Ú. t. c. pr.: *el trato con esta gente te ha embrutecido.*

embrutecimiento m. Acción y efecto de embrutecer: *embrutecimiento causado por el alcohol.*

embuchado m. Embutido de carne picada. || *Fig.* Introducción fraudulenta de votos en una urna electoral. | Añadidura que introduce un cómico en su papel.

embuchar v. t. Meter comida en el buche de un ave.

embudo m. Utensilio hueco de forma cónica para trasegar líquidos. || Hueco producido en la tierra a causa de una explosión. || *Fig.* Trampa, enredo: *se metió en un embudo.* || *Fig. Ley del embudo,* la que no aplica el mismo criterio para juzgar a varias personas.

embullo m. *Amer.* Bulla, broma, entusiasmo.

emburujar v. t. y pr. *Fam.* Hacer que se formen borujos. || — V. t. *Fig.* Amontonar y mezclar desordenadamente cosas. || *Cub.* Embarullar a alguien. || — V. pr. *Col., Cub., Hond., Méx.* y *P. Rico.* Cubrirse bien el cuerpo. || *Dom.* Pelearse.

embuste m. Mentira.

embustero, ra adj. y s. Mentiroso.

embutido m. Intestino de animal rellenado con carne picada y condimentos. || Operación que consiste en embutir metales. || Obra de marquetería. || Entredós.

embutir v. t. Meter en un material trozo de otro: *embutir un metal en otro.* || *Tecn.* Dar formas adecuadas a las chapas de metal por compresión o martilleo. || Hacer embutidos. || Meter una cosa apretada en otra: *embutir lana en una almohada.* || *Fig.* Incluir: *embutir toda la asignatura en pocas lecciones.* || *Fam.* Embocar, engullir (ú. t. c. pr.).

eme f. Nombre de la letra *m.*

emergencia f. Acción y efecto de emerger. || *Fig.* Circunstancia imprevista: *en caso de emergencia.* || — *Estado de emergencia,* estado de excepción o de urgencia. || *Punto de emergencia,* punto por donde sale un rayo luminoso del medio que atraviesa. || *Salida de emergencia,* la que se utiliza en caso de peligro.

emergente adj. Que emerge.

emerger v. i. Salir de un líquido: *en medio del lago emerge una roca.* || Salir de otro medio. || *Fig.* Resultar, proceder.

emeritense adj. y s. De Mérida (España).

emérito, ta adj. Dícese del que se ha retirado de un cargo y disfruta de un premio por sus servicios: *profesor emérito.*

emético, ca adj. y s. Vomitivo.

emidosaurios m. pl. Reptiles parecidos a los saurios que viven en los ríos de países cálidos, como el caimán y el cocodrilo (ú. t. c. adj.).

emigración f. Acción de emigrar. || Conjunto de habitantes de un país que se establecen en otro. (Desde el punto de vista del país de destino se llama *inmigración.*) || *Fig.* Salida de un país: *emigración de capitales.*

emigrado, da adj. y s. Que reside fuera de su patria por motivos políticos o económicos.

emigrante adj. y s. Que emigra. || — Com. Persona que va a residir a otro país sin que medien razones políticas.

emigrar v. i. Salir de un país para ir a establecerse en otro: *emigrar a América.* | Ausentarse temporalmente. || Cambiar periódicamente de clima ciertos animales: *las golondrinas emigran.*

emigratorio, ria adj. Referente a la emigración.

eminencia f. Parte del terreno más elevada que la circundante. | *Por ext.* Cualquier cosa que sobresale. || Tratamiento dado a los cardenales. || Persona eminente. || *Fig. Eminencia gris,* persona que aconseja a otra secretamente.

eminente adj. Elevado: *edificado en lugar eminente.* || *Fig.* Distinguido, de mucho valor: *artista eminente.*

eminentísimo, ma adj. Muy eminente. || Tratamiento que se da a los cardenales.

emir m. Príncipe o jefe árabe: *el emir Abderramán I.*

emisario m. Mensajero. || Desaguadero.

emisión f. Acción y efecto de emitir. || Difusión por radio o televisión. || Programa difundido por radio o televisión. || Puesta en circulación de monedas o valores.

emisor, ra adj. y s. Que emite: *centro emisor.* || — M. Aparato de emisión radiofónica. || — F. Estación emisora de radio.

emitir v. t. Despedir, producir: *emitir radiaciones, sonidos.* || Poner en circulación: *emitir moneda.* || Manifestar, expresar: *emitir un juicio.* || — V. i. Difundir emisiones de radio o televisión: *emitir en onda corta* (ú. t. c. pr.).

emoción f. Alteración del ánimo provocada por la alegría, la sorpresa, el miedo, etc. || Expectación.

emocional adj. Referente a la emoción: *choque emocional.*

emocionante adj. Que causa emoción. || Conmovedor: *emocionantes pruebas de simpatía.* || Apasionante: *un libro emocionante.*

emocionar v. t. Conmover, causar emoción: *le emociona ver sangre.* || — V. pr. Conmoverse: *emocionarse ante una desgracia.*

emoliente adj. y s. m. Que ablanda: *cataplasma emoliente.*

emolumento m. Retribución correspondiente a un cargo o empleo (ú. m. en pl.).

emotividad f. Sensibilidad a las emociones.

emotivo, va adj. Que produce emoción. || De la emoción. || Que se emociona fácilmente: *persona emotiva* (ú. t. c. s.).

empacador, ra adj. Que empaca. || — F. Máquina para empacar.

empacamiento m. *Amer.* Acción y efecto de empacar o empacarse.

empacar v. t. Poner en pacas, paquetes o cajas. || — V. pr. Emperrarse, obstinarse. || Avergonzarse, turbarse, quedarse cortado. || *Amer.* Plantarse una bestia.

empachado, da adj. Apocado, torpe. || Que tiene una indigestión.

empachar v. t. Causar indigestión: *lo empachó la cena.* || Estorbar, embarazar. || — V. pr. Avergonzarse, turbarse. || Tener una indigestión. || — V. pr. *Méx.* Echarse a perder el aguamiel, en la fabricación del pulque, por no fermentar debidamente.

empacho m. Indigestión: *tener empacho de estómago.* || Turbación, vergüenza: *hablar con empacho.* || Estorbo: *¡qué empacho de niño!*

empachoso, sa adj. Que causa empacho: *comida empachosa.* || Vergonzoso. || Molesto.

empadrarse v. pr. Encariñarse demasiado el niño con sus padres.

empadronador m. El que empadrona.

empadronamiento m. Inscripción en el padrón.

empadronar v. t. Inscribir en un padrón: *empadronar a los vecinos de un pueblo* (ú. t. c. pr.).

empajar v. t. Cubrir o rellenar con paja. || *Amer.* Techar con paja.

empalagamiento m. Empalago, hartura.

empalagar v. t. Empachar un alimento por ser muy dulce. Ú. t. c. pr.: *empalagarse de almíbar.* || *Fig.* Fastidiar, cansar.

empalago m. Hartura. || *Fig.* Fastidio, aburrimiento.

empalagoso, sa adj. Que empalaga. || *Fig.* Fastidioso, pesado. | Dulzón, meloso: *voz empalagosa.* | Afectadamente suave o amable: *chica empalagosa.* | Excesivamente sentimental: *novela empalagosa.*

empalamiento m. Suplicio que consistía en empalar a un reo.

empalar v. t. Atravesar a un reo en un palo puntiagudo.

empalizada f. Cerca, vallado.

empalizar v. t. Poner empalizadas, cercar o rodear de empalizadas.

empalmadura f. Empalme.

empalmar v. t. Unir dos cosas por sus extremos: *empalmar un tubo con otro.* || *Fig.* Ligar, enlazar: *empalmar planes, ideas, acciones,* etc. || — V. i. Juntarse una cosa con otra. || Unirse dos carreteras. || Combinarse adecuadamente la hora de llegada de un tren u otro vehículo público con la de salida de otro: *el autocar empalma con el tren.*

empalme m. Acción y efecto de empalmar. || Punto en que empalman dos cosas. || Cosa que empalma con otra. || Tramo de carretera que permite pasar de una vía pública a otra.

empanada f. Manjar que consiste en una vianda emborrizada en masa y cocida al horno o frita. || *Fig.* Maniobra secreta.

empanadilla f. Pastel pequeño y relleno con carne o dulce.

empanar v. t. Poner algo en una empanada. || Rebozar con pan rallado: *empanar una chuleta.* || *Agr.* Sembrar las tierras con trigo. || — V. pr. *Agr.* Sofocarse los sembrados.

empanizar v. t. *Méx.* Empanar.

empantanar v. t. Inundar un terreno. Ú. t. c. pr.: *la carretera se empantanó.* || Meter en un pantano o barrizal. Ú. t. c. pr.: *el carro se empantanó.* || *Fig.* Detener, no hacer progresar un asunto. Ú. t. c. pr.: *este expediente se empantana en el ministerio.* || *Amer.* Enlodar, embarrar, ensuciar.

empanturrarse v. pr. *Méx.* Hartarse.

empañar v. t. Envolver a una criatura en pañales. || Quitar la tersura, el brillo o la transparencia: *empañar un espejo.* || *Fig.* Manchar, deslucir: *empañar el honor, el mérito* (ú. t. c. pr.).

empañado, da adj. Sin brillo. || *Voz empañada,* aquella cuyo timbre no es puro.

empapamiento m. Acción y efecto de empapar o empaparse.

empapar v. t. Mojar, humedecer: *empapar una sopa en vino.* || Absorber: *la tierra empapa la lluvia.* || Penetrar un líquido en un cuerpo: *el agua empapa la esponja.* || Enjugar: *empapar el agua con un trapo.* || Empapado en sudor, muy sudoroso. || — V. pr. Penetrar: *la lluvia se empapa en el suelo.* || Calarse, mojarse mucho: *mi traje se ha empapado.* || *Fig.* Meterse en la cabeza: *empaparse unas ideas, un discurso.*

empapelado m. Revestimiento de las paredes con papel pintado. || Papel empleado.

empapelador, ra m. y f. Persona que empapela.

empapelar v. t. Envolver en papel. || Cubrir de papel: *empapelar una habitación.* || *Fig.* y *fam.* Formar un proceso a uno.

empaque m. Empaquetado. || Envoltura del paracaídas. || *Fam.* Distinción, aspecto señorial: *traje de mucho empaque.* | Afectación: *hablar con empaque.*

empaquetado m. Acción de empaquetar.

empaquetador, ra m. y f. Persona que empaqueta.

empaquetar v. t. Poner en paquetes. || *Fig.* Amontonar, embanastar: *empaquetar a la gente en un sitio reducido.* | Enviar. || — V. pr. Ponerse paquete, vestirse con lujo.

emparedado, da adj. y s. Recluso, encerrado por castigo o penitencia. || — M. Manjar que consiste en dos rebanadas de pan de molde que encierran alguna vianda como jamón, queso, etc.

emparedamiento m. Acción y efecto de emparedar.

emparedar v. t. Encerrar a una persona sin comunicación alguna (ú. t. c. pr.). || Encerrar u ocultar alguna cosa entre paredes.

emparejamiento m. Formación de una pareja.

emparejar v. t. Formar una pareja: *emparejar guantes.* || Combinar: *emparejar una cosa con otra.* || Juntar la puerta o la ventana sin cerrarlas. || Poner al mismo nivel. || — V. i. Alcanzar: *tuve que correr para emparejar con él.* || Ser igual una cosa que otra (ú. t. c. pr.). || — V. pr. Formar pareja con una persona.

emparentado, da adj. Que mantiene relación de parentesco. || Que guarda relación: *estos dos libros están emparentados por el tema.*

***emparentar** v. i. Contraer parentesco por vía de casamiento.

emparrado m. Cobertizo formado por vástagos y hojas de parra. || Armazón que sostiene la parra u otra planta trepadora.

emparrandarse v. pr. *Amer.* Darse a la parranda.

emparrar v. t. Hacer o formar un emparrado.

emparrillado m. *Arq.* Enrejado puesto como base para los cimientos. | Zampeado. || Asado en la parrilla.

emparrillar v. t. Asar en la parrilla.

emparvar v. t. Disponer en parva las mieses.

empastador, ra adj. Que empasta. || — M. *Chil.* y *Méx.* Encuadernador de libros.

empastar v. t. Cubrir con pasta. || Encuadernar en pasta. || Aplicar suficiente color en las pinturas para evitar el lienzo. || Llenar con pasta o metal el hueco de un diente cariado.

empaste m. Acción y efecto de empastar. || Unión perfecta de los colores. || Pasta o metal con que se llena un diente cariado.

empatar v. i. Obtener el mismo número de votos: *los dos candidatos salieron empatados.* || Tener el mismo número de tantos dos equipos deportivos contrarios: *empataron a cuatro tantos.* || Sacar el mismo número de puntos en un concurso. || Detener el curso de un asunto. || — V. pr. Anularse la votación por no haber conseguido el número de votos requeridos ninguno de los candidatos. || — V. t. *Amer.* Unir o empalmar dos cosas.

empate m. Igual número de puntos. || Votación que se tiene que repetir por no haber alcanzado la mayoría requerida ninguno de los candidatos. || Partido que no ha sido ganado por ninguno de los contrincantes.

empavesado, da adj. Armado o provisto de pavés. || Cubierto con un lienzo. || — M. *Mar.* Conjunto de adornos con que se engalanan los barcos.

empavesar v. t. *Mar.* Engalanar un buque. || Adornar, engalanar. || Ocultar un monumento hasta su inauguración oficial.

empavonado m. *Tecn.* Acción y efecto de empavonar.

empavonar v. t. *Tecn.* Dar pavón al hierro o al acero.

empecinado, da adj. Obstinado, pertinaz, terco.

empecinamiento m. Obstinación, terquedad.

empecinar v. t. Untar con pez. || — V. pr. Obstinarse.

empedernido, da adj. *Fig.* Insensible, duro: *corazón empedernido.* || Incorregible, impenitente: *bebedor, jugador empedernido.*

***empedernir** v. t. Endurecer. || — V. pr. *Fig.* Hacerse insensible o duro de corazón.

empedrado m. Pavimento de piedra. || Empedramiento. || Guiso de patatas con carne.

empedramiento m. Acción y efecto de empedrar.

***empedrar** v. t. Pavimentar el suelo con piedras o adoquines. || *Fig.* Llenar, plagar: *empedrar de citas un libro.*

empeine m. Parte superior del pie. || Parte del calzado que la cubre. || Parte inferior del vientre entre las ingles. || *Med.* Enfermedad del cutis, herpes.

empellón m. Empujón. || *Fig.* y *fam.* A empellones, a empujones.

empelotarse v. pr. *Bol., Chil., Col., Dom., Ecuad., Esp., Méx.* y *Nicar.* Desnudarse, quitarse la ropa. || *Arg.* y *Urug.* Enojarse, molestarse. || *Arg.* y *Urug.* Aburrirse. || *Venez.* Complicarse, dificultarse un asunto.

empenachado, da adj. Que lleva penacho.

empenaje m. Planos de estabilización de un avión.

empeñar v. t. Dejar un objeto de valor en garantía de un préstamo: empeñar una joya en mil euros. || Comprometer: empeñar su palabra (ú. t. c. pr.). || Utilizar a uno como mediador. || — V. pr. Obstinarse: empeñarse en hacer algo. || Esforzarse: se empeña en trabajar lo mejor posible. || Insistir: si te empeñas tanto lo haré. || Endeudarse. || Trabarse en una lucha o disputa.

empeño m. Acción de empeñar un objeto. || Afán: tener empeño en conseguir algo. || Obstinación, tesón, constancia: trabajar con empeño. || Esfuerzo: empeño constante para mejorarse. || Casa de empeños, Monte de Piedad.

empeñoso, sa adj. *Amer.* Obstinado.

empeoramiento m. Acción y efecto de empeorar o empeorarse.

empeorar v. t. Poner peor. || — V. i. Ponerse peor: el enfermo empeora, la situación ha empeorado mucho (ú. t. c. pr.).

*empequeñecer v. t. Hacer una cosa más pequeña. || Disminuir la importancia de algo.

empequeñecimiento m. Acción y efecto de empequeñecer.

emperador m. Jefe supremo de un imperio: el emperador Alfonso VII. || Pez espada.

emperadora f. Emperatriz.

emperatriz f. Mujer del emperador. || Soberana de un imperio: la emperatriz Catalina II de Rusia.

emperejilar v. t. *Fam.* Arreglar, acicalar (ú. t. c. pr.).

emperezarse v. pr. Dejarse dominar por la pereza.

empergaminar v. t. Cubrir o forrar con pergamino.

emperifollar v. t. *Fam.* Emperejilar (ú. t. c. pr.).

empero conj. Pero. || Sin embargo.

emperramiento m. *Fam.* Obstinación. | Rabia.

emperrarse v. pr. *Fam.* Obstinarse en no ceder. | Encapricharse. | Irritarse.

empestillarse v. pr. *Arg.* Obstinarse.

empetacar v. t. *Amer.* Guardar en petaca.

empetatar v. t. *Amer.* Cubrir el piso con petate. | Envolver con petate.

*empezar v. t. Comenzar, dar principio: empezar una obra. || Empezar la casa por el tejado, empezar una cosa por donde se debía acabar. || — V. i. Tener principio: el año 1968 empezó en lunes. || Hacer algo por primera vez: hace unos meses que empezó a trabajar. || Hacer algo antes de cualquier otra cosa: ¡empieza por callarte!

empicarse v. pr. Aficionarse demasiado: empicarse en el juego.

empiece y **empiezo** m. *Arg. Fam.* Comienzo, principio.

empilchar v. tr. y pr. *Arg., Bol.* y *Urug.* Vestir, en particular esmeradamente.

empiluchar v. t. y pr. *Chil.* Desnudar, quitar la ropa.

empinado, da adj. Erguido. || Muy alto. || En pendiente: camino empinado. || *Fig.* Orgulloso.

empinamiento m. Pendiente.

empinar v. t. Enderezar, levantar. || Poner en alto. || Inclinar una botella para beber. || *Fig.* y *fam. Empinar el codo*, beber mucho. || — V. pr. Ponerse de puntillas: empinarse para ver mejor.

empingorotado, da adj. *Fam.* De alto copete. | Engreído.

empingorotar v. t. *Fam.* Levantar una cosa poniéndola sobre otra. || — V. pr. Subirse: empingorotarse en un taburete. || *Fam.* Engreírse, envanecerse.

empipada f. *Chil., Ecuad.* y *P. Rico.* Atracón, panzada.

empíreo, a adj. Dícese del cielo de los bienaventurados. || *Fig.* Celestial, supremo, divino. || — M. Parte más elevada de los cielos habitada por los dioses.

empírico, ca adj. Relativo al empirismo: método empírico. || Que aplica el sistema del empirismo: filósofo empírico (ú. t. c. s.).

empirismo m. Procedimiento fundado en la observación y la experiencia. || Sistema filosófico que considera la experiencia como única fuente del conocimiento.

empitonar v. t. Coger el toro al torero con los cuernos.

empizarrado m. Tejado de pizarras.

empizarrar v. t. Cubrir con pizarras: empizarrar un tejado.

emplastar v. t. Poner emplastos. || *Fig.* Poner afeites u adornos postizos (ú. t. c. pr.). || — V. pr. Embadurnarse, ensuciarse.

*emplastecer v. t. Igualar las asperezas de la superficie sobre la cual se va a pintar.

emplasto m. *Farm.* Ungüento extendido en un lienzo utilizado para curar las afecciones cutáneas. || *Fig.* y *fam.* Componenda.

emplazamiento m. *For.* Citación judicial. || Situación, colocación, ubicación. || Sitio.

emplazar v. t. *For.* Citar ante un tribunal. || Colocar, situar.

empleado, da m. y f. Persona que trabaja a sueldo en una empresa pública o privada.

empleador, ra adj. Que emplea. || — M. y f. Persona que tiene empleados.

emplear v. t. Utilizar: emplear un instrumento, una palabra (ú. t. c. pr.). || Ocupar, dar trabajo: emplear a un trabajador. || Invertir dinero: emplear la fortuna en fincas. || Gastar: emplear bien (o mal) el tiempo. || *Lo tiene bien empleado*, se lo ha merecido.

emplebeyecer v. t. Dar carácter plebeyo.

empleo m. Uso: el buen empleo de una palabra. || Colocación, ocupación: tener un buen empleo. || *Pleno empleo*, situación que se produce cuando hay suficiente trabajo para ocupar toda la mano de obra disponible.

empleomanía f. *Fam.* Afán con que se codician los empleos públicos retribuidos.

emplomadura f. Acción y efecto de emplomar. || Cantidad de plomo con la que se realiza. || *Arg., Parag.* y *Urug.* Empaste dental.

emplomar v. t. Fijar o soldar con plomo: emplomar las vidrieras. || Poner sellos o precintos de plomo: emplomar un fardo. || *Amer.* Empastar: emplomar un diente.

emplumar v. t. Poner plumas: emplumar un dardo. || — V. i. Emplumecer. || *Amer.* Huir.

*emplumecer v. i. Echar plumas las aves.

*empobrecer v. t. Volver pobre: empobrecer a un pueblo con la guerra. || — V. i. Venir a pobre una persona (ú. t. c. pr.). || Decaer, venir a menos (ú. t. c. pr.).

empobrecido, da adj. Pobre.

empobrecimiento m. Pobreza.

empollado, da adj. y s. *Fam.* Instruido en una materia: empollado en matemáticas.

empollar v. t. Calentar el ave los huevos para que nazcan los pollos (ú. t. c. i.). || *Fig.* y *fam.* Meditar profundamente. | Estudiar mucho. Ú. t. c. pr.: empollarse una lección.

empolvar v. t. Echar polvo o polvos. || Llenar de polvo. || — V. pr. Cubrirse de polvo. || Ponerse polvos en la cara. || *Fig. Méx.* Perder el conocimiento o la pericia en una profesión por haber abandonado su ejercicio.

empolvoramiento m. Empolvamiento.

emponzoñamiento m. Envenenamiento. || *Fig.* Corrupción.

emponzoñar v. t. Envenenar. || *Fig.* Inficionar, envilecer: la envidia le emponzoñaba el alma. | Enconar, exacerbar.

emporio m. Gran centro comercial. || *Fig.* Lugar famoso por su riqueza material, cultural o artística. || *Amer.* Almacén.

empotramiento m. Acción y efecto de empotrar.

empotrar v. t. Fijar una cosa en un muro o en el suelo con fábrica: empotrar vigas, armarios.

emprendedor, ra adj. Que toma iniciativas y las lleva a cabo. || Atrevido, resuelto.

emprender v. t. Comenzar una obra o empresa: emprender un trabajo. || *Fam. Emprenderla con uno*, meterse con él.

empreñar v. t. Fecundar.

empresa f. Acción dificultosa que se acomete con resolución: *empresa atrevida*. || Sociedad comercial o industrial: *empresa privada*. || Símbolo, emblema.

empresariado m. Conjunto de los empresarios de sociedades.

empresarial adj. Relativo a la empresa: *clase empresarial*.

empresario m. Persona que explota una empresa: *empresario de obras públicas*. || Persona que se ocupa de los intereses de un actor o de un deportista.

emprestar v. t. Tomar préstamo. || Prestar.

empréstito m. Acción de pedir un préstamo: *hacer un empréstito*. || Préstamo que toma el Estado o una corporación o empresa, especialmente cuando está representado por títulos negociables o al portador: *empréstito al seis por ciento*. || Cantidad así prestada.

empujar v. t. Impulsar, hacer fuerza contra una persona o cosa para moverla: *empujar la puerta*. || Fig. Hacer que uno deje su puesto o empleo. Incitar: *le empujaron a actuar de esta manera*.

empuje m. Acción y efecto de empujar, empujón. || Arq. Fuerza ejercida por un elemento de construcción sobre otro. || Fís. Fuerza vertical que se ejerce hacia arriba sobre todo cuerpo sumergido en un fluido. || Fuerza propulsiva de los motores de reacción. || Fig. Energía, brío, eficacia: *persona de mucho empuje*.

empujón m. Golpe brusco que se da con fuerza para apartar o mover a una persona o cosa. || Avance notable y rápido: *dar un empujón a un trabajo*. || Fig. y fam. A empujones, bruscamente, sin cuidado; con dificultad; con intermitencia.

empuntar v. t. Méx. Hacer los flecos o puntas de los rebozos.

empuñadura f. Puño de la espada, daga, bastón, etc.

empuñar v. t. Coger fuertemente por el puño: *empuñar la espada*. || Asir con la mano: *empuñar el tenedor*. || Fig. Conseguir un empleo: *empuñar una sinecura*.

emú m. Ave corredora de Australia.

emulación f. Deseo de igualar o superar las acciones de otro.

emulador, ra adj. y s. Que compite con otro.

emular v. t. Competir con uno intentando imitarle o superarle.

émulo, la m. y f. Competidor, persona que procura aventajar a otra. (No se suele usar en el sentido de rivalidad.)

emulsión f. Líquido constituido por dos sustancias no miscibles, una de las cuales se halla dispersa en la otra en forma de gotas pequeñísimas. || *Emulsión fotográfica*, preparación sensible a la luz que cubre la película.

emulsionar v. t. Convertir un líquido en emulsión.

emulsivo, va adj. y s. m. Aplícase al medicamento que sirve para hacer emulsiones.

emulsor m. Aparato para preparar emulsiones.

emuntorio m. Med. Cualquier conducto, canal u órgano natural o artificial que sirve para evacuar los humores superfluos del cuerpo.

en prep. Sirve para indicar el lugar, la situación, el tiempo, el modo: *estar en casa*; *el libro está en la mesa*; *sucedió en domingo*; *lento en obrar*. || Con un gerundio significa en cuanto, luego que o si: *en saliendo a la calle lo compro*; *en haciendo lo que te digo triunfarás*. || Seguido de infinitivo equivale a *por*: *le conocí en el andar*. || Se usa a veces antes de un precio: *vender algo en veinte euros*. || *En esto*, en aquel momento.

enaceitar v. t. Lubricar. || — V. pr. Ponerse rancia una cosa.

enagua f. Prenda interior femenina que se lleva debajo de la falda (ú. t. en pl.).

enaguachar v. t. Empapar, llenar de agua. || Empachar el estómago por exceso de agua o un jugo (ú. t. c. pr.).

enagüilla f. Dim. de *enagua*. || — Pl. Enaguas cortas. || Falda del traje nacional masculino griego.

enajenable adj. Que se puede enajenar.

enajenación f. Cesión. || Fig. Turbación. || Embelesamiento, éxtasis. || *Enajenación mental*, locura.

enajenador, ra adj. y s. Que enajena.

enajenamiento m. Enajenación. || Acción de enajenar.

enajenar v. t. Transmitir a otro la propiedad de una cosa. || Fig. Trastornar, hacer perder el juicio: *el miedo lo enajenó*. || Embelesar, arrobar: *la música lo enajena*. || — V. pr. Desprenderse de algo. || Perder: *enajenarse la amistad de uno*. || Fig. Volverse loco. || Extasiarse.

enaltecedor, ra adj. Que enaltece.

***enaltecer** v. t. Ensalzar (ú. t. c. pr.).

enaltecimiento m. Ensalzamiento, exaltación.

enamoradizo, za adj. Propenso a enamorarse.

enamorado, da adj. y s. Dícese de la persona que siente amor por otra o por una cosa: *una mujer enamorada*; *estar enamorado de un país*.

enamorador, ra adj. y s. Que enamora.

enamoramiento m. Acción y efecto de enamorar o enamorarse.

enamorar v. t. Despertar amor: *le enamoró con su garbo*. || Cortejar, galantear. || — V. pr. Sentir amor por una persona. || Aficionarse mucho a una cosa: *enamorarse de una cosa*.

enamoricarse y enamoriscarse v. pr. Fam. Enamorarse superficialmente.

enanismo m. Med. Trastorno del crecimiento caracterizado por una talla inferior a la media propia de los individuos de la misma edad y especie.

enano, na adj. Fig. Muy pequeño: *persona, planta enana*. || — M. y f. Persona de estatura inferior a la normal. || Fig. y fam. *Trabajar como un enano*, trabajar mucho.

enarbolar v. t. Levantar: *enarbolar la bandera*. || Esgrimir un arma.

enarcar v. t. Arquear: *enarcar las cejas*.

enardecedor, ra adj. Que enardece: *espectáculo enardecedor*.

***enardecer** v. t. Fig. Excitar: *enardecer los ánimos*. | Avivar, enconar: *enardecer una discusión*. | Animar. || — V. pr. Encenderse una parte del cuerpo por congestión o inflamación.

enardecido, da adj. Entusiasmado, enloquecido: *el público enardecido ovacionó a su ídolo*.

enardecimiento m. Excitación del ánimo.

enarenar v. t. Echar arena o cubrir con ella.

enartrosis f. Med. Articulación de un hueso que encaja en una cavidad donde se mueve.

encabalgar v. i. Montar, apoyarse una cosa sobre otra.

encaballar v. t. Poner unas cosas sobre otras de manera que las cubran parcialmente. || Impr. Desarreglar un molde de modo que las letras de una línea de un impreso pasen a otra.

encabestrar v. t. Poner el cabestro a los animales. || Hacer las reses bravas sigan a los cabestros. || — V. pr. Enredarse la caballería la mano en el cabestro.

encabezado m. Arg., Ecuad., Guat., Hond., Méx. y Urug. Titular de un diario.

encabezamiento m. Fórmula con que se empieza una carta o un escrito. || Palabras dirigidas a la persona a quien va dirigido un libro o escrito. || Titulares de un periódico. || Padrón.

encabezar v. t. Poner el encabezamiento a un libro o escrito. || Comenzar: *encabezó su libro con la frase siguiente*. || Estar al principio, iniciar: *encabezar una suscripción, una lista*. || Estar en la cabeza o al frente: *encabezar una rebelión*. || Empadronar. || Aumentar la graduación de un vino.

encabritarse v. pr. Levantarse el caballo sobre los pies. || Fig. Levantarse la parte delantera de un vehículo.

encachado m. Empedrado en el cauce de un río entre los estribos de un puente.

encachar v. t. Hacer un encachado.

encachorrarse v. pr. Amer. Enojarse, emperrarse.

encadenado m. Armazón de maderos. || Unión de dos escenas de una película.

encadenamiento m. Sujeción con cadena. || Enlace, trabazón.

encadenar v. t. Sujetar con cadena. || Fig. Trabar, enlazar unas cosas con otras. Ú. t. c. pr.: *se encadenaron las desgracias*. || Sujetar a uno a quedarse en un sitio. || Impedir a uno que actúe libremente. || Unir dos escenas de una película.

encajador m. Persona que encaja. || Instrumento que sirve para encajar una cosa en otra.

encajadura f. Acción de encajar. || Hueco donde encaja una cosa.

encajar v. t. Meter una cosa en otra de modo que ajuste: *encajar una pieza en otra.* | Poner en su sitio: *encajar un hueso.* || *Fig.* Hacer soportar una cosa molesta: *le encajó una arenga.* | Soportar, aguantar: *encajar un golpe;* encajar críticas (ú. t. c. i.). | Dar: *encajar un billete falso.* | Asestar: *le encajó un puñetazo.* || — V. i. Quedar bien ajustado: *la ventana no encaja* (ú. t. c. pr.). || *Fig.* Convenir, estar de acuerdo: *este cuadro encaja bien en la habitación.* | Ir bien: *esto encaja en mis proyectos.* || — V. pr. Meterse en un sitio de donde no se puede salir: *la rueda se encajó entre dos piedras.* || *Fig.* y *fam.* Ponerse una prenda: *se encajó el gabán.* | Adaptarse: *ya está encajado en su nueva colocación.* | Ir, hacer un desplazamiento: *me encajé a su casa.* | Introducirse: *encajarse uno donde no le llaman.* | Llevar una vida ordenada. | *Arg.* Atascarse.

encaje m. Ajuste de dos piezas que se adaptan. || Tejido de mallas que se obtiene entrelazando hilos manual o mecánicamente: *encaje de bolillos.* || *Amer.* Dinero o valores en caja.

encajero, ra m. y f. Persona que hace encajes o los vende.

encajonado m. Acción y efecto de encajonar en construcción.

encajonamiento m. Acción y efecto de encajonar: *encajonamiento de los toros.*

encajonar v. t. Meter algo dentro de un cajón: *encajonar naranjas para el transporte.* || Meter en un sitio angosto: *río encajonado entre rocas.* || Construir cimientos en cajones abiertos. | Reforzar un muro con machones. || Poner los toros en cajones para transportarlos. || *Fig.* Arrinconar, poner en situación difícil. || — V. pr. Correr el río por una angostura.

encajoso, sa adj. *Méx.* Molesto, abusivo.

encalado m. Blanqueo con cal.

encalador, ra adj. y s. Blanqueador.

encaladura f. Encalado.

encalambrarse v. pr. *Amer.* Agarrotarse un músculo.

encalamocar v. t. *Amer.* Atontar, alelar, confundir.

encalar v. t. Dar de cal, blanquear con cal. || Cubrir con cal.

encalladero m. Sitio donde pueden encallar las naves.

encalladura f. y **encallamiento** m. Acción y efecto de encallar.

encallar v. i. Varar, quedarse inmovilizado un barco en arena o rocas. || *Fig.* Quedarse detenido, no poder salir adelante en un negocio. || — V. pr. Encallecerse.

*encallecer v. i. Criar callos (ú. t. c. pr.). || — V. pr. Endurecerse. || *Fig.* Endurecerse, curtirse con la costumbre. | Acostumbrarse demasiado a un vicio.

encallecido, da adj. Avezado, curtido, endurecido.

*encalvecer v. i. Quedarse calvo.

encamarse v. pr. Meterse en la cama el enfermo: *estuvo encamado tres días.* || Tumbarse las mieses.

encaminamiento m. Acción y efecto de encaminar o encaminarse.

encaminar v. t. Indicar el camino o poner en camino: *se encaminó a la población* (ú. t. c. pr.). || Dirigir, orientar: *medidas encaminadas a suprimir los abusos.*

encamisar v. t. Poner la camisa. || Enfundar: *encamisar las sillas.* || Envolver. || *Tecn.* Poner camisas a los cilindros de un motor.

encampanar v. t. Dar forma de campana.

encanallamiento m. Envilecimiento. || Encanallar o encanallarse.

encanallar v. t. Corromper, envilecer. || — V. pr. Hacerse canalla una persona.

encanastar v. t. Poner en canasta.

*encandecer v. t. Poner candente.

encandilamiento m. Brillo de los ojos.

encandilar v. t. Deslumbrar con el candil u otra luz intensa. || *Fig.* Deslumbrar con apariencias falsas. || — V. pr. Ponerse muy brillantes los ojos.

*encanecer v. i. Volverse cano. || *Fig.* Envejecer. | *Encanecer en el oficio,* adquirir veteranía por haber trabajado muchos años. || — V. t. Volver cano, envejecer.

encanijamiento m. Enflaquecimiento excesivo.

encanijar v. t. Poner flaco y enfermizo. || — V. pr. Ponerse canijo y flaco.

encantado, da adj. Muy contento: *encantado de conocerle.* || Distraído, embobado. || Que parece habitado por fantasmas: *casa encantada.*

encantador, ra adj. Muy agradable: *voz encantadora.* || Sumamente simpático: *persona encantadora.* || — M. y f. Hechicero.

encantamiento m. Acción y efecto de encantar.

encantar v. t. *Fig.* Gustar mucho: *me encanta su gracia, el teatro.* || Ejercitar artes de magia sobre cosas o personas.

encanto m. Cualidad de lo que agrada o atrae: *¡qué encanto tiene esta mujer!* || *Fig.* Persona muy simpática: *este niño es un encanto.* | Cosa muy agradable: *la playa es un encanto.* || — Pl. Atractivos. || *Como por encanto,* por arte de magia.

encanutar v. t. Dar forma de canuto.

encañada f. Cañada.

encañado m. Conducto para el agua. || Enrejado de cañas.

encañar v. t. Conducir el agua por cañerías. || Desecar un terreno húmedo con encañados. || Poner cañas para sostener las plantas: *encañar las judías.*

encañizada f. Armazón de cañas para la pesca. || *Agr.* Enrejado de cañas.

encañonado m. Planchado en forma de cañones o pliegues.

encañonar v. t. Hacer pasar por un conducto estrecho, encajonar (ú. t. c. pr.). || Apuntar con un arma. || Planchar en forma de cañones. || — V. i. Echar cañones las aves al mudar de pluma.

encapillar v. t. *Mar.* Enganchar un cabo. || *Min.* Formar un ensanchamiento una galería. || Poner al reo de muerte en capilla.

encapirotar v. t. Poner un capirote.

encapotamiento m. Oscurecimiento del cielo.

encapotar v. t. Cubrir con el capote. || — V. pr. Nublarse mucho el cielo. || *Fig.* Fruncir el ceño. || Bajar la cabeza demasiado el caballo.

encaprichamiento m. Capricho, obstinación.

encapricharse v. pr. Obstinarse, empeñarse uno en un capricho. || Enamorarse, aficionarse mucho por una persona o cosa.

encapuchar v. t. Poner una capucha (ú. t. c. pr.).

encarado, da adj. Con los adv. *bien* o *mal,* de buen o mal aspecto, hablando de una persona.

encaramador, ra adj. *Amer.* Que se encarama. || *Fig. Méx.* Licor que embriaga fácilmente.

encaramar v. t. Levantar o subir. | *Fig.* y *fam.* Elevar, colocar en puestos altos (ú. t. c. pr.). || — V. pr. Trepar: *encaramarse a* (o *en*) *una rama.* || *Méx.* Subirse a la bebida.

encaramiento m. Careo, confrontación. || Afrontamiento.

encarar v. t. Poner dos cosas cara a cara. || Apuntar: *encarar el fusil.* || Mirar cara a cara. || *Fig.* Afrontar, hacer frente. Ú. t. c. pr.: *encararse con las dificultades.* || — V. pr. Ponerse cara a cara. || Oponerse, tener o manifestar actitudes contrarias.

encarcelación f. y **encarcelamiento** m. Acción y efecto de encarcelar.

encarcelar v. t. Meter en la cárcel: *encarcelar a un delincuente.* || Empotrar: *encarcelar una reja.* || Sujetar dos piezas recién encoladas en la cárcel para que se peguen.

*encarecer v. t. Aumentar, subir el precio de alguna cosa. Ú. t. c. i.: *la vida ha encarecido.* || Ponderar, alabar. | Recomendar: *le encareció mucho que trabajase.* | Insistir, instar: *yo lo encarezco.*

encarecimiento m. Subida de precio, aumento: *el encarecimiento de la vida.* || Recomendación. || Insistencia: *pedir algo con encarecimiento.*

encargado, da adj. Que recibe el encargo de hacer algo. || — M. y f. Persona que se ocupa de un trabajo determinado: *el encargado del vestuario.* || *Encargado de negocios,* agente diplomático inferior al embajador y al ministro.

encargar v. t. Confiar a uno la realización de una cosa: *encargar la administración de un negocio.* || Dar el cuidado de algo: *encargar a alguien del teléfono.* || Ordenar, pedir: *encargar un vestido, la comida.* || Aconsejar: *me encargó mucho que tratase de conseguirlo.* || — V. pr. Tomar a su cuidado, tomar la responsabilidad de algo: *encargarse de dirigir la hacienda.* || Mandar hacer: *acabo de encargarme un traje.*

encargo m. Acción y efecto de encargar. || Mandado, recado, compra: *hacer sus encargos.* || *Com.* Pedido: *pedir un encargo.* || Empleo. || — *Como hecho de encargo,* hecho de la manera más adecuada. || *De encargo,* a la medida; a petición del cliente.

encariñar v. t. Despertar o suscitar el cariño. || — V. pr. Aficionarse, tomar cariño: *encariñarse con un niño, con un objeto.*

encarnaceno, na adj. y s. De Encarnación (Paraguay).

encarnación f. Acción de tomar carne. || Dícese especialmente de la de Jesucristo. || *Fig.* Personificación: *ser la encarnación de la avaricia.* || Color de la carne en pintura y escultura.

encarnado, da adj. Rojo (ú. t. c. s. m.). || Personificado: *el diablo encarnado.*

encarnadura f. Disposición de la carne viva para cicatrizar: *tener buena (o mala) encarnadura.*

encarnamiento m. Efecto de encarnar bien o mal una herida.

encarnar v. i. Haberse hecho hombre el Verbo Divino. || Cicatrizarse una herida. || Entrar en la carne: *uña encarnada.* || Introducirse en la carne un arma blanca. || — V. t. *Fig.* Ser la personificación de una cosa: *encarnar la justicia.* || Cebar el perro en la caza (ú. t. c. pr.). || — V. pr. Unirse, incorporarse una cosa con otra.

*****encarnecer** v. i. Engordar, tomar carnes.

encarnizado, da adj. Encendido, ensangrentado: *ojos encarnizados.* || Muy porfiado y violento: *batalla encarnizada.*

encarnizamiento m. Acción de encarnizarse. || *Fig.* Crueldad, ensañamiento: *encarnizamiento en la lucha.*

encarnizar v. t. Cebar el perro en la carne de otro animal para que se haga fiero. || *Fig.* Enfurecer: *la guerra encarniza a los hombres.* || — V. pr. Cebarse un animal en su presa. || *Fig.* Ensañarse: *el invasor se encarnizó con los vencidos; encarnizarse en la lucha.*

encarpetar v. t. Guardar en carpetas. || *Fig.* Dar carpetazo, dejar detenido un expediente.

encarrerar v. t. Señalar el camino. || — V. pr. *Méx.* Tomar vuelo.

encarrilar v. t. Encaminar, dirigir. || Colocar sobre carriles un vehículo descarrilado. || *Fig.* Poner en buen camino: *encarrilar un negocio.* | Encauzar, orientar: *encarrilar su vida.* || — V. pr. Encarrillarse. || *Fig.* Llevar una vida formal y estable: *ahora su hermano está encarrilado.*

encarrillarse v. pr. Salirse la rueda de una polea.

encartar v. t. *For.* Condenar en rebeldía a un reo. || Incluir a uno en los padrones. || Insertar: *encartar un prospecto.* || Implicar en un asunto. || — V. i. *Fig.* y fam. Ir bien: *esto no encarta*

con mis proyectos. || Echar carta de un palo que el otro tiene que seguir. || — V. pr. En los juegos de naipes, tomar cartas o quedarse con ellas. || *Si se encarta,* si la ocasión se presenta.

encarte m. Acción y efecto de encartar o encartarse en los juegos de naipes. || *Impr.* Hoja o cuaderno que se inserta en un libro, revista, etc.

encartonador m. El encargado de encartonar libros para encuadernarlos.

encartonar v. t. Cubrir con cartones. || Encuadernar sólo con cartones.

encasillable adj. Que se puede encasillar.

encasillado m. Conjunto de casillas: *el encasillado de un crucigrama.*

encasillar v. t. Poner en casillas. || Clasificar personas o cosas. || *Fig.* Encerrar: *encasillado en un egoísmo monstruoso.*

encasquetar v. t. Calarse bien el sombrero (ú. t. c. pr.). || Meter en la cabeza: *encasquetar a uno una idea.* | Hacer aguantar algo molesto: *nos encasquetó un discurso muy largo.* || — V. pr. Meterse en la cabeza, empeñarse en algo: *se le encasquetó la idea de ir a América.*

encasquillarse v. pr. Quedarse la bala en el cañón de un arma de fuego atascándolo.

encastillado, da adj. *Fig.* Altivo, soberbio.

encastillamiento m. *Fig.* Aislamiento, retiro. | Obstinación, testarudez.

encastillar v. t. Fortificar con castillos. || Apilar. || — V. pr. Resguardarse en un castillo o en un sitio de difícil acceso. || *Fig.* Obstinarse, empeñarse: *encastillarse en su opinión.* | Abstraerse.

encastrar v. t. *Mec.* Encajar dos piezas, engranar. || Empotrar.

encauchado, da adj. y s. *Col., Ecuad.* y *Venez.* Se dice de la tela impermeabilizada con caucho. || — M. *Col., Ecuad.* y *Venez.* Ruana o poncho impermeabilizados.

encausticar v. t. Encerar.

encáustico, ca adj. Aplícase a la pintura hecha al encausto. || — M. Preparado de cera y aguarrás que sirve para dar brillo a los muebles, entarimados, etc.

encauzamiento m. Canalización. || *Fig.* Orientación, dirección.

encauzar v. t. Abrir cauce o conducir por un cauce: *encauzar una corriente.* || *Fig.* Dirigir, orientar: *encauzar una discusión.*

encebollado m. Guisado de carne, cortada en trozos, mezclada con cebollas y sazonada con especias.

encebollar v. t. Echar mucha cebolla a un manjar.

encefálico, ca adj. Del encéfalo: *masa encefálica.*

encefalitis f. *Med.* Inflamación del encéfalo.

encéfalo m. *Anat.* Conjunto de los órganos nerviosos (cerebro, cerebelo, bulbo raquídeo) encerrados en el cráneo.

encefalografía f. Radiografía del encéfalo.

encefalograma m. Electroencefalograma.

encelamiento m. Celo.

encelar v. t. Dar celos. || — V. pr. Tener celos. || Estar en celo un animal.

encenagado, da adj. Cubierto de cieno. || Atascado. || *Fig.* Entregado al vicio, envilecido.

encenagamiento m. Acción y efecto de encenagarse.

encenagarse v. pr. Revolcarse en el cieno. || Cubrirse de cieno o de lodo. || Atascarse. || *Fig.* Entregarse a los vicios: *encenagarse en la corrupción.* | Sumirse: *encenagarse en la ignorancia.*

encendedor, ra adj. y s. Que enciende. || — Utensilio para encender los cigarrillos y otras cosas: *encendedor de gas.*

*****encender** v. t. Prender fuego: *encender un cigarrillo.* || Hacer funcionar: *encender la luz, la calefacción.* || *Fig.* Causar ardor: *la pimienta enciende la lengua.* | Avivar, excitar: *encender una pasión.* | Provocar, ocasionar: *encender un conflicto.* | Poner muy colorado: *la fiebre encendía sus mejillas.* || — V. pr. *Fig.* Ponerse muy brillantes los ojos. | Ruborizarse. || *Encenderse en (o de) ira,* ponerse furioso.

encendido, da adj. Muy colorado: *tener la cara encendida.* || Hecho ascua. || — M. Acción de encender: *el encendido de los faroles.* || En los motores de explosión, inflamación, por medio de una chispa eléctrica, de la mezcla carburante. || Conjunto de la instalación eléctrica y aparatos destinados a producirla.

encendimiento m. Abrasamiento. || *Fig.* Inflamación: *el encendimiento de la sangre, del rostro.* | Viveza, agudizamiento de las pasiones.

encerado, da adj. De color de cera. || Untado con cera. || Espeso: *argamasa encerada.* || — M. Tablero o lienzo pintado de color negro u oscuro utilizado en las escuelas para escribir con tiza. || Tela impermeabilizada. || Capa de cera que se da a los muebles y entarimados. || Emplasto de cera.

encerador, ra m. y f. Persona que encera. || — F. Máquina eléctrica para dar cera y lustre al entarimado.

enceramiento m. Acción y efecto de encerar.

encerar v. t. Aplicar cera: *encerar el piso.* || Manchar con cera. || — V. i. Tomar color de cera o amarillear las mieses (ú. t. c. pr.).

encerramiento m. Encierro.

*****encerrar** v. t. Meter en un sitio cerrado: *encerrar a una persona en un cuarto, unos papeles en un cajón.* || En los juegos de damas o ajedrez, inmovilizar las fichas o peones del contrario. || *Fig.* Incluir, contener: *una pregunta que encierra misterio.* || — V. pr. Apartarse del mundo entrando en un convento o clausura.

encerrona f. *Fam.* Retiro voluntario: *hacer la encerrona.* || Celada: *prepararle a uno la encerrona.* || Lidia de toros en privado.

encestar v. t. Meter en un cesto. || Marcar un tanto en el juego de baloncesto.

enceste m. Tanto en el juego de baloncesto.

enchalecar v. t. *Pop.* Embolsar (ú. t. c. pr.).

enchamarrado, da m. y f. *Pop. Méx.* Persona de mala catadura.

enchapado m. Chapa.

enchapar v. t. Cubrir con chapas, chapar.

enchaquetar v. t. *Méx.* y *P. Rico.* Ponerse la chaqueta.

encharcamiento m. Formación de charcos. || Inundación. || *Med.* Hemorragia interna de los pulmones.

encharcar v. t. Cubrir de agua, formar charcos (ú. t. c. pr.). || — V. pr. *Med.* Tener una hemorragia interna en los pulmones.

enchastrar v. t. y pr. *Arg.* y *Urug.* Ensuciar, embadurnar.

enchastre m. *Arg.* y *Urug.* Acción y efecto de enchastrar o enchastrarse.

enchichicastarse v. i. *Amér. C.* y *Méx.* Sentir la molestia del chichicaste.

enchiladera f. *Méx.* Enchiladera.

enchilado, da adj. *Méx.* De color de chile, bermejo: *toro enchilado.* | Rabioso, emberrenchinado. || — M. *Cub.* y *Méx.* Guisado de mariscos con salsa de chile. || — F. *Méx.* Tortilla de maíz enrollada o doblada, rellena con alguna vianda y aderezada con chile.

enchiladora f. *Méx.* Mujer que hace y vende enchiladas.

enchilar v. t. *Amer.* Untar o sazonar con chile. || *Méx.* Irritar, enfadar (ú. t. c. pr.).

enchinar v. t. *Méx.* Rizar. || — V. pr. Ponerse la carne de gallina.

enchinchar v. t. *Arg., Guat.* y *Méx.* Molestar.

enchiqueramiento m. Encierro en el chiquero. || *Fig.* y *fam.* Encarcelamiento.

enchiquerar v. t. Encerrar el toro en el chiquero. || *Fig.* y *fam.* Encarcelar.

enchironar v. t. *Fam.* Encarcelar, meter en chirona.

enchuecar v. t. *Amer.* Torcer.

enchufado, da adj. y s. *Fam.* Que tiene un puesto o cargo obtenido por influencia. | Que acumula otro cargo o influjo.

enchufar v. t. Empalmar tubos. || Establecer una conexión eléctrica por medio de un enchufe: *enchufar una lámpara.* || *Fig.* Valerse de su influencia para favorecer a uno. | Enlazar, unir. || — V. pr. *Fam.* Obtener un enchufe.

enchufe m. Acción y efecto de enchufar. || Dispositivo para conectar un aparato con la red eléctrica. || Parte de un tubo que entra en otro. || *Fam.* Influencia: *tener mucho enchufe.* | Re-

comendación. | Puesto, generalmente muy bueno, obtenido por influencia.

enchufismo m. *Fam.* Corruptela que favorece a los enchufados.

encía f. Carne que cubre la raíz de los dientes.

encíclica f. Carta solemne dirigida por el Sumo Pontífice a los obispos del orbe católico: *la encíclica "Pacem in Terris".*

enciclopedia f. Conjunto de todos los conocimientos humanos. || Obra que trata metódicamente de todas las ciencias y artes: *enciclopedia metódica.* || *Fig.* Persona que posee muchos conocimientos sobre materias muy variadas.

enciclopédico, ca adj. De la enciclopedia: *diccionario enciclopédico.* || De erudición universal: *saber enciclopédico.*

enciclopedismo m. Doctrinas filosóficas profesadas por los autores de la *Enciclopedia* y sus seguidores en el s. XVIII.

enciclopedista adj. y s. Adicto al enciclopedismo. || Autor de una enciclopedia.

encierro m. Acción y efecto de encerrar o encerrarse. || Sitio donde se encierra. || Retiro, recogimiento. || Prisión estrecha. || Acto de conducir los toros al toril: *los encierros de Pamplona.* || Toril.

encima adv. En lugar o situación superior. || Sobre sí: *llevar encima un abrigo.* || Además: *le insultaron y encima le pegaron.* || — *Por encima,* de paso, superficialmente: *leyó el libro muy por encima.* | *Por encima de todo,* a pesar de todo; más que cualquier otra cosa: *esto me interesa por encima de todo.*

encimero, ra adj. Que está encima: *la sábana encimera.* || — F. *Arg.* Parte superior de la silla de montar.

encimoso, sa adj. *Méx.* Molesto.

encina f. Árbol de la familia de las fagáceas, de madera muy dura, cuyo fruto es la bellota. || Su madera.

encinar m. Sitio poblado de encinas.

encino m. Encina. || *Méx.* Nombre de varias especies de fagáceas: *encino blanco, amarillo.*

encinta adj. Embarazada.

encintado m. Fila de piedras que forma el borde de la acera de una calle.

encintar v. t. Adornar con cintas. || Poner el encintado de la acera.

enclaustrar v. t. Meter en un claustro. || *Fig.* Esconder, encerrar.

enclavado, da adj. y s. m. Dícese del sitio incluido dentro del área de otro.

enclave m. Territorio perteneciente a un país situado en otro: *el enclave de Llivia.*

enclavijar v. t. Unir con clavijas. || Poner clavijas a un instrumento: *enclavijar un violín.*

enclenque adj. y s. Enfermizo.

enclisis f. Unión de una palabra enclítica con la anterior.

enclítico, ca adj. y s. f. Dícese de la palabra que se une con la que la prece-

de, formando con ella un solo vocablo, como los pronombres pospuestos al verbo (*aconséjame, aplícase,* etc.).

enclocar y ***encloquecer*** v. i. Ponerse clueca un ave de corral.

encobrar v. t. Cubrir con cobre.

encofrado m. Revestimiento de madera en las minas para evitar los desprendimientos de tierra. || Armazón que se pone para que se fragüe el cemento.

encofrar v. t. Poner un encofrado.

encoger v. t. Contraer: *encoger el brazo, la pierna* (ú. t. c. pr.). || Disminuir, reducir: *el lavado encoge ciertos tejidos* (ú. t. c. i.). || — V. pr. *Fig.* Apocarse, acobardarse. || — *Encogerse de hombros,* alzarlos en signo de indiferencia o de desprecio. || *Fig. Encogérsele a uno el corazón,* tener el corazón oprimido.

encogido, da adj. y s. *Fig.* Vergonzoso, cohibido, tímido. | Pusilánime.

encogimiento m. Acción y efecto de encoger o encogerse. || *Fig.* Vergüenza, cohibimiento, timidez, pusilanimidad.

encolamiento m. Acción y efecto de encolar.

encolar v. t. Pegar con cola: *encolar una silla.* || Clarificar vino con clara de huevo.

encolerizar v. t. Poner colérico, enfurecer (ú. t. c. pr.).

encomendado m. Dependiente del comendador.

encomendamiento m. Encargo, encomienda.

encomendar v. t. Confiar, encargar: *le encomiendo a usted a mi hijo.* || — V. pr. Entregarse, confiarse a la protección de otro: *encomendarse a Dios.*

encomendero m. Recadero. || En América, el que tenía indios en encomienda.

encomiador, ra adj. y s. Que encomia.

encomiar v. t. Alabar, celebrar.

encomiasta m. Panegirista.

encomiástico, ca adj. Laudatorio: *palabras encomiásticas.*

encomienda f. Encargo. || Dignidad en las órdenes militares y civiles. || Cruz de los caballeros de las órdenes militares. || Renta vitalicia. || Recomendación, elogio. || Amparo, protección. || Pueblo de indios que estaba a cargo de un encomendero. || *Amer.* Paquete.

encomio m. Alabanza, elogio: *acción digna de los mayores encomios.*

encomioso, sa adj. *Arg., Bol., Chil., Col.* y *Guat.* Encomiástico, laudatorio, elogioso.

enconado, da adj. Apasionado: *partidario enconado.* || Reñido: *lucha enconada.*

enconamiento m. Inflamación de una herida. || *Fig.* Encono.

enconar v. t. Inflamar una herida (ú. m. c. pr.). || *Fig.* Intensificar, agudizar: *enconar la discusión, la lucha* (ú. m. c. pr.). | Irritar.

encono m. Animadversión, rencor. || Ensañamiento: *luchar con encono.*

encontradizo, za adj. Que se encuentra. || *Hacerse el encontradizo,* simular encontrar por casualidad a uno cuando en realidad se le buscaba.

encontrado, da adj. Opuesto, contrario: *pareceres encontrados.*

encontrar v. t. Tropezar con uno: *le encontró en el teatro.* || Hallar una cosa: *encontrar un objeto, una solución.* || Enfrentar: *encontrar muchos obstáculos.* || Juzgar: *¿cómo encuentras este libro?* | Ver: *te encuentro mala cara.* || — V. i. Tropezar. || — V. pr. Coincidir en un sitio: *se encontraron en la playa.* || Chocar: *encontrarse dos vehículos.* || Reunirse: *se encuentran en este bar.* || Hallarse, estar: *encontrarse en el extranjero sin un céntimo.* || Fig. Sentirse: *encontrarse mal de salud.* || Ser contrarias dos cosas. || Coincidir, èstar de acuerdo: *no encontrarse en las opiniones.* | Oponerse, enemistarse.

encontronazo m. Choque.

encopetado, da adj. *Fig.* De alto copete. | Presumido, engreído.

encopetar v. t. Elevar, alzar. || Formar copete. || — V. pr. *Fig.* Envanecerse, engreírse.

encorajar v. t. *Fam.* Encolerizar, enrabietar (ú. t. c. pr.). | Dar ánimo (ú. t. c. pr.).

encorajinarse v. pr. Tomar una corajina, encolerizarse.

encorazar v. t. Revestir con una coraza. || *Méx.* Rellenar con escombros el vano entre las vigas en los suelos divisorios de los pisos.

encorchadora f. Máquina para taponar botellas.

encorchar v. t. Hacer entrar abejas en la colmena. || Poner tapones de corcho: *encorchar botellas.*

encorchetar v. t. Poner corchetes. || Fijar con corchetes.

encordar v. t. Poner cuerdas a un instrumento de música. || — V. pr. Hablando de montañistas, unirse unos a otros con una cuerda.

encordonar v. t. Poner cordones: *encordonar los borceguíes.*

encornado, da adj. Con los adv. *bien* o *mal,* que tiene buena o mala encornadura: *vaca bien encornada.*

encornadura f. Disposición de los cuernos de un animal. | Cornamenta: *la encornadura del toro.*

encorralar v. t. Meter en el corral.

encorselar y **encorsetar** v. t. Poner el corsé (ú. m. c. pr.).

encortinar v. t. Poner cortinas.

encorvado, da adj. Arqueado, doblado: *el anciano caminaba encorvado.*

encorvadura f. y **encorvamiento** m. Curva.

encorvar v. t. Dar forma curva: *encorvar la espalda.* || — V. pr. Inclinarse: *encorvarse por la edad, por el peso de una carga.* || *Tecn.* Doblarse, ladearse.

encrasar v. t. Espesar un líquido (ú. t. c. pr.). || Fertilizar las tierras con abonos (ú. t. c. pr.).

encrespar v. t. Ensortijar, rizar el pelo. || Poner el pelo de punta. || *Fig.* Irritar. || — V. pr. Agitarse mucho el mar con el viento. || *Fig.* Excitarse las pasiones. | Acalorarse una discusión. | Enredarse un asunto.

encrestarse v. pr. Levantar la cresta las aves.

encristalar v. t. Poner cristales en una ventana, puerta, etc.

encrucijada f. Cruce, sitio donde se cruzan varias calles, caminos o carreteras. || *Fig.* Situación difícil en la cual no se sabe qué solución escoger.

encrudecer v. t. Poner crudo. || *Fig.* Crispar, irritar. || — V. i. Ponerse crudo el tiempo.

encuadernación f. Acción y efecto de encuadernar. || Tapa o cubierta de un libro: *encuadernación en rústica.*

encuadernador, ra m. y f. Persona que tiene por oficio encuadernar. || — M. Clavillo que sirve para sujetar hojas de papel.

encuadernar v. t. Reunir varios pliegos y ponerles cubierta: *encuadernar de fino, en pasta.*

encuadramiento m. Encuadre.

encuadrar v. t. Colocar en un marco o cuadro: *encuadrar una fotografía.* || Servir de marco. || Enfocar bien la imagen en foto y cine. || *Fig.* Encajar, ajustar una cosa dentro de otra. | Encerrar. || *Mil.* Incorporar soldados bisoños. | Colocar una unidad entre otras.

encuadre m. *Fot.* y *Cin.* Enfoque de la imagen. || En los televisores, sistema regular que permite centrar la imagen en la pantalla. || *Fig.* Límite. || *Mil.* Conjunto de los cuadros de una tropa.

encuartelar v. t. Acuartelar.

encubar v. t. Meter en cubas.

encubierto, ta adj. Tapado. || *Palabras encubiertas,* medias palabras. || — Fraude, ocultación.

encubridor, ra adj. y s. Que encubre un delito o una falta: *madre encubridora de las fechorías de su hijo.* || Que encubre a un delincuente.

encubrimiento m. Ocultación.

encubrir v. t. Ocultar o disimular una cosa: *encubrir sus intenciones.* || *For.* Hacerse indirectamente partícipe de un delito ocultando una cosa o persona para que no sean descubiertas.

encuentro m. Acción de encontrarse: *encuentro casual.* || Choque: *encuentro de dos automóviles.* || Combate imprevisto: *encuentro de las tropas enemigas.* || Hallazgo: *un encuentro interesante.* || Competición deportiva. || Oposición, contradicción. || — Pl. En las aves, parte del ala pegada al cuerpo. || *Salir al encuentro,* ir hacia alguien o algo; anticiparse; oponerse.

encuerado, da adj. *Amer.* Desnudo. || *Méx.* Dícese de la mujer vestida con poca ropa.

encuerar v. t. *Cub.* y *Méx.* Desnudar. || *Amer.* Enchalecar.

encuesta f. Averiguación, investigación: *proceder a una encuesta policial.*

|| Averiguación de la opinión dominante sobre una materia por medio de unas preguntas hechas a muchas personas.

encuestado, da adj. y s. Que responde a las preguntas de una encuesta.

encuestador, ra m. y f. Persona que interroga para una encuesta.

encuetar v. t. *Amer.* Fajar a los niños de pecho. || — V. pr. *Méx.* Embriagarse.

encumbrado, da adj. Elevado.

encumbramiento m. Acción y efecto de encumbrar o encumbrarse. || Posición encumbrada. || *Fig.* Ensalzamiento, exaltación. | Progreso.

encumbrar v. t. Poner en alto. || *Fig.* Ensalzar. || — V. pr. Llegar a gran altura: *las peñas se encumbran hasta hacerse inaccesibles.* || *Fig.* Envanecerse, engreírse. | Progresar, adquirir elevada posición social o económica.

encunar v. t. Poner al niño en la cuna. || *Taurom.* Coger el toro al lidiador entre las astas. || — V. pr. Coger el toro al lidiador entre los cuernos.

encurtido m. Fruto o legumbre en vinagre, como los pepinillos, alcaparras, etc.

encurtir v. t. Conservar frutos o legumbres en vinagre.

ende (por) adv. Por tanto.

endeble adj. Poco resistente, débil: *niña endeble.* || *Fig.* De poco valor o fuerza: *versos endebles.*

endeblez f. Calidad.

endécada f. Espacio o período de once años.

endecágono adj. y s. m. *Geom.* Dícese del polígono que tiene once ángulos y lados.

endecasílabo, ba adj. y s. m. Aplícase al verso de once sílabas.

endecha f. Canción melancólica y de lamento. || Combinación métrica de cuatro versos de seis o siete sílabas, generalmente asonantados: *endecha en loor de un difunto.*

endemia f. *Med.* Enfermedad que existe habitualmente en un sitio.

endémico, ca adj. *Med.* Relativo a la endemia: *enfermedad endémica.* || *Fig.* Que se repite con frecuencia en un sitio: *desorden endémico; crisis económica endémica.*

endemoniado, da adj. *Fig.* y *fam.* Muy perverso: *niño endemoniado.* || Infernal, diabólico: *invento endemoniado.* | Malísimo: *tiempo endemoniado.* | Maldito, muy difícil: *traducción endemoniada.* || — Adj. y s. Poseído del demonio.

endemoniar v. t. Meter los demonios en el cuerpo. || *Fig.* Enfurecer, encolerizar: *capaz de endemoniar al más pacífico* (ú. m. c. pr.).

endentar v. t. *Mec.* Encajar una cosa en otra. | Poner dientes a una pieza: *endentar una rueda.*

enderezador, ra adj. y s. Que endereza.

enderezamiento m. Acción de enderezar.

enderezar v. t. Poner derecho lo que está torcido: *enderezar una viga.* || Poner vertical: *enderezar un poste.* || *Fig.* Corregir, enmendar: *enderezar entuertos.* | Arreglar: *enderezar una situación.* | Dirigir o gobernar bien. | Orientar, encaminar: *enderezar sus esfuerzos a un propósito noble.* || — V. i. Dirigirse: *enderezó hacia donde salía el humo.* || — V. pr. *Fig.* Tender hacia cierto objetivo: *sus palabras se enderezaban a lograr el indulto.*

endeudarse v. pr. Contraer deudas. || Reconocerse obligado.

endiablado, da adj. *Fig.* Endemoniado. | Muy feo. | Muy animado: *música endiablada.*

endiablar v. t. Endemoniar. || — V. pr. Encolerizarse.

endibia f. Especie de achicoria cultivada.

endilgar v. t. *Fam.* Dirigir, enviar. | Hacer aguantar algo desagradable: *le endilgó un discurso inacabable, un trabajo molesto.*

endino, na adj. *Fam.* Malo, maldito.

endiosamiento m. *Fig.* Orgullo, soberbia. | Suspensión o abstracción de los sentidos.

endiosar v. t. Divinizar. || — V. pr. *Fig.* Engreírse, ensoberbecerse. | Embebecerse: *endiosarse en la lectura.*

endocardio m. Membrana que cubre el interior del corazón.

endocarditis f. *Med.* Inflamación del endocardio.

endocrino, na adj. Aplícase a las glándulas de secreción interna, como la tiroides.

endocrinología f. Estudio de las glándulas endocrinas.

endodermo m. *Biol.* Capa interna del blastodermo.

endógeno, na adj. *Biol.* Que se forma en el interior, como la célula que se forma dentro de otra.

endomingar v. t. Poner la ropa de fiesta: *iba muy endomingado* (ú. t. c. pr.).

endoparásito adj. y s. m. Aplícase al parásito que vive en el interior de otro animal o planta.

endosable adj. *Com.* Que se puede endosar.

endosante adj. y s. *Com.* Que endosa.

endosar v. t. *Com.* Traspasar a otro un documento de crédito, haciéndolo constar al dorso. || *Fig.* y *fam.* Encargar a alguien una cosa molesta: *le endosó la copia de todos los documentos.*

endosatario, ria m. y f. Persona a cuyo favor se endosa un documento de crédito.

endoscopio m. Aparato destinado al examen visual de la uretra y de la vejiga urinaria.

endosmómetro m. *Fís.* Aparato para apreciar la endósmosis.

endósmosis f. *Fís.* Corriente de fuera adentro que se establece cuando están separados por un tabique membranoso muy fino.

endoso m. *Com.* Acción y efecto de endosar un documento de crédito. | Lo que se escribe al dorso de este documento.

endotelio m. *Anat.* Tejido que cubre los vasos y las cavidades serosas.

endotérmico, ca adj. *Quím.* Que se verifica con absorción de calor.

endrino, na adj. De color negro azulado, parecido al de la endrina. || — M. Ciruelo silvestre. || — F. Fruto del endrino.

endrogarse v. pr. *Méx.* Contraer deudas.

endulzar v. t. Poner dulce: *endulzar algo con miel.* || *Fig.* Suavizar: *el cariño endulza las penas.*

*endurecer v. t. Poner duro: *la sequía endurece la tierra* (ú. t. c. pr.). || *Fig.* Hacer a uno resistente: *el ejercicio endurece al hombre.* | Volver insensible: *la vida lo ha endurecido* (ú. t. c. pr.).

endurecimiento m. Dureza. || Aumento de la dureza. || *Fig.* Resistencia. | Obstinación, tenacidad.

ene f. Nombre de la letra *n.* || Un número indeterminado: *la cosa costará ene* (o *n*) *euros.*

enea f. *Bot.* Anea.

eneágono, na adj. y s. m. *Geom.* Aplícase al polígono que tiene nueve ángulos y lados.

eneasílabo, ba adj. Que tiene nueve sílabas: *verso eneasílabo.*

enebro m. Arbusto cupresáceo, de fruto aromático.

enema f. *Med.* Lavativa (ú. t. c. s. m.). || — M. *Farm.* Medicamento sencillo que se aplicaba sobre las heridas sangrientas.

enemigo, ga adj. y s. Contrario: *países enemigos.* || Que odia y procura hacer daño: *es mi enemigo personal.* || Que aborrece: *enemigo de trasnochar.* || — M. El contrario en la guerra: *el enemigo fue rechazado.* || F. Enemistad, mala voluntad: *tenerle enemiga a una persona.* || *Al enemigo que huye, puente de plata,* hay que alegrarse de la desaparición de una persona que quería perjudicar a uno.

enemistad f. Aversión, odio. || Hostilidad.

enemistar v. t. Hacer perder la amistad. Ú. t. c. pr.: *me he enemistado con todos.*

eneolítico m. Período prehistórico en el cual se empezó a utilizar el cobre.

energético, ca adj. De la energía. || — F. Ciencia que se ocupa de la energía.

energía f. Fuerza: *la energía muscular.* || Virtud, eficacia: *la energía de un medicamento.* || *Fig.* Fuerza de carácter, firmeza. || *Fís.* Capacidad que tiene un cuerpo de producir un trabajo: *energía calorífica, eléctrica, hidráulica.*

enérgico, ca adj. Que tiene o implica energía: *hombre enérgico.*

energúmeno, na m. y f. (Ant.). Endemoniado. || *Fig.* Persona muy exaltada: *gritar como un energúmeno.*

enero m. Primer mes del año civil. || *Pop. Méx. Enero y febrero desviejadero,* expr. que alude al tiempo frío de estos meses, mortal para los viejos.

enervación f. y **enervamiento** m. Debilitación, abatimiento.

enervador, ra adj. Que debilita las fuerzas.

enervante adj. y s. Que provoca nerviosismo o causa ansiedad. || *Méx.* Droga, sustancia que altera el sistema nervioso.

enervar v. t. Debilitar; quitar energía física o moral (ú. t. c. pr.).

enésimo, ma adj. Aplícase al número indeterminado de veces que se repite una cosa: *decir por enésima vez.* || *Mat.* Aplícase a la cosa que ocupa el número ene en una serie (escríbese n°).

enfadadizo, za adj. Propenso a enfadarse: *madre enfadadiza.*

enfadar v. t. Disgustar, enojar. Ú. t. c. pr.: *enfadarse por algo.*

enfado m. Enojo, disgusto, descontento: *causar enfado.*

enfadoso, sa adj. Enojoso.

enfaldado, da adj. Dícese del niño muy apegado a las mujeres.

enfangar v. t. Cubrir o ensuciar con fango (ú. t. c. pr.). || — V. pr. *Fig.* y *fam.* Entregarse a los placeres sensuales. | Meterse en negocios vergonzosos.

enfardar v. t. Hacer fardos. || Embalar, empaquetar.

énfasis m. Exageración en la manera de expresarse que implica cierta afectación.

enfático, ca adj. Que denota énfasis: *lenguaje enfático.*

enfermar v. i. Ponerse enfermo: *enfermar del pecho.* || — V. t. Causar enfermedad. || *Fig.* Debilitar. | Poner enfermo, irritar: *las injusticias me enferman.* || — V. pr. *Fam. Méx.* Dar a luz la mujer y tb. estar en su período.

enfermedad f. Alteración en la salud: *enfermedad infecciosa, mental.* || *Fig.* Pasión dañosa: *sufrir la enfermedad de la envidia, de la ambición.* || *Enfermedad de las vacas locas,* alteración neurológica propia de los bovinos que da al cerebro un aspecto esponjoso: *el hombre puede contagiarse con la enfermedad de las vacas locas.*

enfermería f. Departamento de algún establecimiento donde se cura a los enfermos y heridos: *la enfermería de un colegio.* | Conjunto de enfermos.

enfermero, ra m. y f. Persona que tiene por oficio atender a los enfermos.

enfermizo, za adj. Que tiene poca salud: *niño enfermizo.* || Que puede causar enfermedad: *alimento, clima enfermizo.* || Propio de un enfermo: *pasión enfermiza.*

enfermo, ma adj. y s. Que sufre una enfermedad. || *Fig.* Poner enfermo, causar mucho desagrado.

enfermucho, cha adj. *Fam.* Algo enfermo.

enfervorizar v. t. Animar.

enfeudación f. Acción de enfeudar. || Título en que se contiene este acto.

enfeudar v. t. Dar en feudo.

enfilada f. *Mil.* Acción de enfilar al enemigo.

enfilar v. t. Colocar en fila. || Ensartar: *enfilar perlas.* | *Mil.* Batir de flanco. | Apuntar. || Dirigirse: *enfilar hacia la plaza.* || Seguir una dirección: *el viento enfilaba la calle.*

enfisema m. *Med.* Hinchazón producida por la presencia de aire o gas en el tejido celular. || *Enfisema pulmonar,* dilatación anormal de los alveolos pulmonares.

enfistolarse v. pr. *Med.* Transformarse una llaga en fístula.

enfiteusis f. *For.* Cesión por largo tiempo del dominio útil de un inmueble o finca mediante el pago anual de un canon.

enfiteuta com. *For.* Persona que tiene el dominio útil en el censo enfitéutico.

enfitéutico, ca adj. Relativo a la enfiteusis o dado en enfiteusis.

*enflaquecer v. t. Poner flaco: *las penas le enflaquecen.* || *Fig.* Debilitar, enervar. || — V. i. Adelgazar mucho: *enflaquecer por falta de nutrición.* || *Fig.* Desanimarse.

enflaquecimiento m. Adelgazamiento excesivo. || Debilitación.

enfocar v. t. *Fot.* Hacer que la imagen de un objeto producida por un lente coincida con un punto determinado. || Dirigir: *enfocar los gemelos hacia cierto punto.* || *Fig.* Considerar, analizar: *enfocar un asunto desde el punto de vista religioso.*

enfoque m. Acción y efecto de enfocar: *el enfoque de la imagen.* || *Fig.* Manera de considerar y tratar un asunto.

enfrascamiento m. Acción y efecto de enfrascarse.

enfrascar v. t. Meter en frascos. || — V. pr. Internarse en una espesura. || *Fig.* Dedicarse por completo, entregarse: *enfrascarse en la política.*

enfrentar v. t. Afrontar, arrostrar: *enfrentar el peligro* (ú. t. c. pr.). || Poner frente a frente. || Oponer. || — V. pr. Tener ante sí: *enfrentarse con una dificultad.* || Hacer frente: *enfrentarse con una persona importante.* || Oponerse: *se enfrenta con todos.* || Encontrarse dos equipos o jugadores.

enfrente adv. Delante, en el lugar opuesto: *la escuela está enfrente.* || En contra: *todos se pusieron enfrente del proyecto.*

enfriadero m. Sitio donde se enfrían las cosas.

enfriador, ra adj. Que enfría. || — M. Enfriador.

enfriamiento m. Acción y efecto de enfriar o enfriarse. || *Med.* Catarro, resfriado.

enfriar v. t. Poner fría una cosa: *enfriar un líquido.* || *Fig.* Moderar las pasiones: *enfriar el entusiasmo.* || *Fig.* y *fam.* Matar. || — V. pr. Acatarrarse, resfriarse.

enfrijolada f. Comida típica mexicana hecha de tortilla de maíz, puré de frijoles y queso.

enfrijolarse v. pr. *Méx.* Enredarse una cosa, un negocio.

enfundar v. t. Poner en una funda: *enfundar un arma.*

*enfurecer v. t. Poner furioso, encolerizar: *esta observación le enfureció.* || — V. pr. *Fig.* Embravecerse el mar.

enfurecimiento m. Irritación.

enfurruñamiento m. Enfado.

enfurruñarse v. pr. *Fam.* Enfadarse, gruñir. | Nublarse el cielo.

engalanar v. t. Adornar. || Ataviar. || — V. pr. Acicalarse, ataviarse: *engalanarse con las mejores prendas.*

engallado, da adj. *Fig.* Arrogante, envalentonado.

engallarse v. pr. *Fig.* Engreírse, envalentonarse, crecerse.

enganchador, ra adj. Que engancha. || — M. Reclutador.

enganchamiento m. Enganche.

enganchar v. t. Agarrar con un gancho. || Colgar de un gancho. || Sujetar las caballerías a un carruaje o los vagones entre sí. || *Fig.* y *fam.* Atraer a uno con arte: *lo engancharon para que les ayudase.* | Coger, pescar: *enganchar una borrachera, un marido, una colocación.* || Alistar a alguien como soldado. || *Mec.* Engranar. || *Taurom.* Coger el toro al bulto y levantarlo con los pitones. || — V. pr. Quedarse prendido en un gancho o algo semejante: *se me enganchó la falda en un clavo.* || Sentar plaza de soldado: *engancharse por cinco años.*

enganche m. Acción y efecto de enganchar o engancharse. || Pieza para enganchar. || *Mil.* Reclutamiento: *banderín de enganche.*

enganchón m. Enganche. || Desgarrón. || Deterioro en una prenda de punto o en una media.

engañabobos m. inv. *Fam.* Engaño falaz. | Embaucador.

engañadizo, za adj. Fácil de ser engañado.

engañador, ra adj. Que engaña. || *Fig.* Que atrae el cariño.

engañar v. t. Hacer creer algo que es falso: *me engañó con sus promesas; la vista engaña.* || Estafar: *engañar a un cliente.* || Hacer más llevadero: *engañar el tiempo, el sueño, el hambre.* || Ser infiel a su cónyuge. || — V. pr. Equivocarse: *engañarse en la cuenta.* || No querer ver la verdad.

engañifa f. *Fam.* Engaño.

engaño m. Acción y efecto de engañar. || Error. || Cualquier arte de pescar. || *Taurom.* Capa o muleta con que se engaña al toro. || *Llamarse a engaño,* lamentarse por haberse dejado engañar.

engañoso, sa adj. Que engaña.

engarce m. Acción y efecto de engarzar. || Metal en que se engarza una piedra preciosa. || *Fig.* Enlace, trabazón, unión.

engarrotar v. t. Agarrotar.

engarzador, ra adj. y s. Que engarza.

engarzadura f. Engarce.

engarzar v. t. Reunir formando cadena: *engarzar perlas.* || Rizar el pelo. || Engastar: *engarzar un brillante en platino.* || *Fig.* Trabar, encadenar, enlazar.

engastador, ra adj. y s. m. Que engasta.

engastadura f. Engaste.

engastar v. t. Embutir una cosa en otra: *engastar un rubí en oro.*

engaste m. Acción y efecto de engastar. || Cerco de metal que abraza lo que se engasta. || Perla que es llana por un lado y redonda por el otro.

engatusador, ra adj. y s. *Fam.* Que engatusa, embaucador.

engatusamiento m. Acción y efecto de engatusar, embaucamiento.

engatusar v. t. *Fam.* Ganar la voluntad de uno con atenciones y halagos: *engatusar a los acreedores.*

engendrador, ra adj. y s. Que engendra.

engendramiento m. Acción y efecto de engendrar.

engendrar v. t. Procrear. || *Fig.* Causar, ocasionar, originar: *malestar que engendra disturbios.*

engendro m. Engendramiento. || Feto. || Criatura deforme, monstruo. || *Fig.* Producción intelectual muy mala: *esta obra es un engendro.* || *Fig.* y *fam.* Mal engendro, muchacho perverso.

engentar v. pr. *Méx.* Sufrir aturdimiento a causa de la presencia excesiva de personas.

englobar v. t. Reunir en un conjunto.

engolado, da adj. Que tiene gola. || *Fig.* Presuntuoso, enfático.

engolfar v. i. *Mar.* Entrar un barco muy lejos en el mar (ú. t. c. pr.). || — V. pr. *Fig.* Sumirse, entregarse por completo: *engolfarse en una meditación.*

engolillado, da adj. Que andaba siempre con golilla puesta. || *Fig.* y *fam.* Anticuado, chapado a la antigua.

engollamiento m. *Fig.* Presunción, envanecimiento.

engolletado, da adj. Altivo.

engolletarse v. pr. *Fam.* Engreírse, envanecerse.

engolosinador, ra adj. Tentador, atrayente.

engolosinar v. t. Excitar el deseo. || — V. pr. Aficionarse: *engolosinarse con el juego.*

engomado, da adj. Acicalado, gomoso, peripuesto. || — M. Pegamento. || Apresto de los tejidos.

engomar v. t. Poner goma de pegar o apresto a los tejidos: *engomar un sobre, un cuello.*

engorda f. *Amer.* Ganado que se engorda. | Engorde.

engordadero m. Sitio donde se engordan los animales. || Tiempo en que se engordan.

engordador, ra adj. y s. m. Que se dedica a engordar los animales.

engordar v. t. Cebar: *engordar cerdos para la matanza*. || — V. i. Ponerse gordo: *engorda de día en día*.

engorde m. Acción y efecto de engordar o cebar animales.

engorro m. Molestia, fastidio, pesadez. || Pega, dificultad: *asunto lleno de engorros*.

engorroso, sa adj. Fastidioso, molesto: *trabajo engorroso*. || Difícil, delicado: *asunto engorroso*.

engranaje m. Mec. Acción y efecto de engranar. | Piezas que engranan. Conjunto de los dientes de una máquina. || Fig. Enlace, conexión de ideas, circunstancias o hechos: *el engranaje burocrático*.

engranar v. t. e i. Mec. Introducir unos en otros los dientes de dos piezas: *engranar dos ruedas*. || Fig. Enlazar, trabar.

*engrandecer v. t. Aumentar, hacer mayor: *engrandecer la fama de uno*. || Fig. Alabar, celebrar. | Enaltecer, elevar: *la lectura engrandece el espíritu* (ú. t. c. pr.). | Exaltar.

engrandecimiento m. Dilatación, aumento. || Fig. Ponderación, elogio. | Acción de elevar o elevarse uno a una dignidad superior.

engrane m. Méx. Rueda dentada.

engranujarse v. pr. Llenarse de granos una persona o cosa. || Hacerse granuja, apicararse.

engrapadora f. Máquina utilizada para fijar papeles con grapas.

engrapar v. t. Fijar con grapas.

engrasado m. Engrase.

engrasador, ra adj. y s. Que engrasa.

engrasamiento m. Engrase.

engrasar v. t. Untar o ensuciar con grasa. Ú. t. c. pr.: *las bujías se han engrasado*. || Lubrificar. || — V. pr. Méx. Contraer la enfermedad del saturnismo, por envenenamiento con sales de plomo.

engrase m. Acción y efecto de engrasar. || Materia lubricante.

engreído, da adj. Creído de sí mismo. || Antill., Col. y Méx. Encariñado.

engreimiento m. Vanidad, orgullo, envanecimiento.

*engreír v. t. Llenar de vanidad. || — V. pr. Envanecerse: *engreírse de su fortuna*.

engrescar v. t. Provocar la disputa o riña: *engrescar a dos rivales*. || — V. pr. Disputarse.

engrifar v. t. Méx. Enojarse, irritarse. || — V. pr. Trastornarse por efecto de drogas.

engringarse v. pr. Amer. Adoptar las maneras de los gringos.

engrosamiento m. Acción y efecto de engrosar.

*engrosar v. t. Poner grueso. || Fig. Aumentar: *engrosar las filas del ejército* (ú. t. c. i.). || — V. i. Engordar: *engrosar con la buena vida* (ú. t. c. pr.).

engrudar v. t. Poner engrudo. || — V. pr. Espesarse, tomando consistencia de engrudo.

engrudo m. Masa de harina o almidón cocidos en agua que sirve para pegar.

*engrumecerse v. pr. Formar grumos: *engrumecerse una masa*.

enguachinar v. t. Enaguachar.

enguantarse v. pr. Cubrirse las manos con guantes.

enguaraparse v. pr. Cub., Méx. y P. Rico. Tomar guarapo en exceso.

enguatar v. t. Poner guata.

enguijarrar v. t. Empedrar con guijarros: *enguijarrar un camino*.

enguirnaldar v. t. Adornar con guirnaldas: *enguirnaldar un patio*.

engullidor, ra adj. y s. Que engulle.

*engullir v. t. Tragar precipitadamente. || Comer mucho.

engurruñar v. t. Encoger, arrugar (ú. t. c. pr.).

enharinar v. t. Cubrir con harina (ú. t. c. pr.).

enhebrar v. t. Pasar la hebra por el ojo de la aguja. || Ensartar: *enhebrar perlas*. || Fig. y fam. Decir muchas cosas seguidas: *enhebrar una mentira tras otra*.

enhestar v. t. Alzar, erguir: *enhestar la bandera*.

enhiesto, ta adj. Alzado, erguido, derecho: *bandera enhiesta*.

enhilar v. t. Enhebrar: *enhilar la aguja*. || Fig. Ordenar.

enhorabuena f. Felicitación: *dar la enhorabuena*. || — Adv. Felizmente, en hora buena.

enhoramala adv. Poco a propósito, en hora mala.

enhornar v. t. Meter en el horno.

enigma m. Adivinanza. || Dicho de interpretación difícil. || Fig. Cosa incomprensible: *su comportamiento es un enigma*.

enigmático, ca adj. Que encierra enigma: *palabras enigmáticas*. || Misterioso, difícil de comprender: *personaje enigmático*.

enjabonado, da adj. Con jabón. || — M. Jabonadura.

enjabonadura f. Jabonadura.

enjabonar v. t. Jabonar, dar jabón. || Fig. y fam. Lisonjear, adular. | Reprender.

enjaezar v. t. Poner los jaeces a las caballerías.

enjalbegadura f. Encalado.

enjalbegar v. t. Encalar, blanquear con cal, yeso, etc.: *enjalbegar un patio*.

enjalma f. Albarda.

enjalmar v. t. Poner la enjalma: *enjalmar una mula*. || — V. i. Cub. Armar algo con poca gracia.

enjambre m. Conjunto de abejas con su reina que forman una colonia. || Fig. Gran cantidad de hombres o animales. || Astr. Conjunto de numerosas estrellas que pertenecen al mismo sistema.

enjarciar v. t. Poner la jarcia.

enjaretado m. Enrejado de listones.

enjaretar v. t. Hacer pasar por una jareta una cinta, etc. || Fig. y fam. Hacer o decir algo atropelladamente: *enjaretar unos versos*. | Endilgar, hacer aguantar algo molesto.

enjaular v. t. Encerrar en una jaula: *enjaular un tigre*. || Fig. y fam. Encarcelar.

enjoyar v. t. Adornar con joyas. || Engastar piedras preciosas. || Fig. Hermosear, enriquecer.

enjuagadura f. Acción de enjuagar o enjuagarse. || Líquido con que se ha enjuagado una cosa.

enjuagar v. t. Limpiar la boca con agua u otro líquido (ú. m. c. pr.). || Aclarar con agua limpia.

enjuagatorio y **enjuague** m. Acción de enjuagar. | Recipiente para enjuagarse la boca o las manos. || Fig. Intriga, tejemaneje.

enjugar v. t. Secar: *enjugar el sudor, las lágrimas* (ú. t. c. pr.). || Fig. Liquidar una deuda o hacer desaparecer un déficit.

enjuiciamiento m. Acción y efecto de enjuiciar. || For. Instrucción de una causa.

enjuiciar v. t. Fig. Someter una cuestión a examen, discusión y juicio. || For. Instruir una causa. | Juzgar. | Sujetar a uno a juicio, procesar.

enjundia f. Grasa en la oreja de las aves. || Gordura de otros animales. || Fig. Sustancia, importancia: *libro de mucha enjundia; argumento de enjundia*. | Talla: *hombre de enjundia*. | Vigor.

enjundioso, sa adj. Que tiene enjundia.

enjuto, ta adj. Seco. || Fig. Muy delgado, flaco.

enlace m. Encadenamiento. || Unión, conexión, relación: *enlace entre las ideas*. || Dicho de los trenes: *enlace ferroviario*. || Fig. Intermediario: *enlace sindical*. | Casamiento. || Quím. Unión de dos átomos en una combinación.

enladrillado m. Suelo o pavimento hecho de ladrillos.

enladrillador m. Solador.

enladrillar v. t. Pavimentar con ladrillos: *enladrillar un piso*.

enlardar v. t. Lardar, lardear.

enlatado, da adj. Que se guarda en una lata. || — M. Acción y efecto de enlatar.

enlatar v. t. Envasar conservas en botes de lata.

enlazador, ra adj. Que enlaza (ú. t. c. s.).

enlazadura f. y **enlazamiento** m. Enlace.

enlazar v. t. Sujetar con lazos. || Unir, trabajar, relacionar: *enlazar una idea con otra*. || Hablando de los medios de comunicación, unir varios sitios. || — V. pr. Fig. Casarse. | Unirse dos familias por casamiento.

enlistar v. t. Amer. Alistar, inscribir en una lista. | Amer. Reclutar.

*enlobreguecer v. t. Oscurecer.

enlodadura f. y **enlodamiento** m. Acción y efecto de enlodar o enlodarse.

enlodar y **enlodazar** v. t. Ensuciar con lodo. || *Fig.* Manchar, deslucir, desacreditar.

enloquecedor, ra adj. Que enloquece.

*enloquecer v. t. Hacer perder el juicio, volver loco. || Trastornar, hacer perder la sensatez. || — V. i. Volverse loco.

enloquecimiento m. Locura.

enlosado m. Pavimento de losas o baldosas.

enlosador m. Obrero que tiene por oficio enlosar.

enlosar v. t. Pavimentar el suelo con losas o baldosas.

enlucido, da adj. Blanqueado con yeso. || — M. Capa de yeso o estuco que se da a los muros.

enlucidor m. El que enluce.

*enlucir v. t. Poner una capa de yeso en los muros, techos, etc. || Dar brillo a los metales.

enlutado, da adj. De luto.

enlutar v. t. Cubrir o vestir de luto. || *Fig.* Entristecer, afligir (ú. t. c. pr.). || — V. pr. Vestirse de luto. || *Fig.* Oscurecerse.

enmadejar v. t. *Arg., Bol., Chil.* y *Méx.* Hacer madeja, enrollar.

enmaderado y **enmaderamiento** m. Acción de enmaderar. || Revestimiento de madera.

enmaderar v. t. Cubrir con madera: *enmaderar un techo, una pared.* || Construir el maderamen.

enmadrarse v. pr. Encariñarse demasiado el niño con su madre.

enmaizarse v. pr. *Méx.* Enfermar el ganado por comer maíz en grano y en seguida beber agua.

enmaniguarse v. pr. *Cub.* Convertirse un terreno en manigua. | Acostumbrarse a la vida del campo.

enmarañamiento m. Confusión, mezcla. || Embrollo.

enmarañar v. t. Mezclar, poner en desorden: *enmarañar una madeja* (ú. t. c. pr.). || Complicar, embrollar: *enmarañar un pleito* (ú. t. c. pr.). || — V. pr. Confundirse.

enmarcar v. t. Encuadrar: *unos cabellos negros enmarcaban su cara.*

enmaromar v. t. Atar con maroma: *enmaromar una res brava.*

enmascarado, da adj. Disfrazado, cubierto el rostro. || — M. y f. Máscara.

enmascaramiento m. *Mil.* Acción y efecto de enmascarar.

enmascarar v. t. Cubrir el rostro con máscara o carátula. || *Fig.* Encubrir, disimular. || *Mil.* Disimular o encubrir las tropas o el material de guerra para que no advierta el enemigo su presencia.

enmasillar v. t. Sujetar con masilla: *enmasillar los cristales.*

*enmelar v. t. Untar con miel.

enmendable adj. Que puede enmendarse.

enmendador, ra adj. y s. Que enmienda o corrige.

*enmendar v. t. Corregir, quitar defectos o errores. || Resarcir, compen-

sar. || *For.* Rectificar una sentencia. || — V. pr. Corregirse: *enmendarse de una equivocación.* || *Taurom.* Moverse el torero.

enmicado, da adj. *Méx.* Que se halla entre dos capas de plástico sellado. || — M. Acción y efecto de enmicar.

enmicar v. t. *Méx.* Colocar algo, por lo general un papel o documento, entre dos capas de plástico transparente y sellado: *enmicó su identificación para que no se maltratara.*

enmienda f. Corrección. || Rectificación en un escrito. || Propuesta de un cambio en un texto oficial: *esta ley ha tenido varias enmiendas.* || Sustancia con que se abona la tierra para hacerla más productiva. || Compensación. || *Fig. No tener enmienda,* ser incorregible.

*enmohecer v. t. Cubrir de moho (ú. t. c. pr.). || — V. pr. *Fig.* Volverse inutilizable.

enmohecimiento m. Moho.

*enmudecer v. t. Hacer callar: *el remordimiento le enmudece.* || — V. i. Perder el habla: *enmudeció de espanto.* || *Fig.* Callarse.

enmudecimiento m. Silencio.

*ennegrecer v. t. Poner negro (ú. t. c. pr.). || — V. pr. *Fig.* Ponerse muy oscuro, nublarse: *ennegrecerse el cielo.*

ennegrecimiento m. Negrura.

*ennoblecer v. t. Conceder un título de nobleza: *ennoblecer a un servidor de la monarquía.* || *Fig.* Dar nobleza: *la virtud ennoblece al hombre; ennoblecer un arte.*

ennoblecimiento m. Acción y efecto de ennoblecer.

enojada f. *Méx.* y *P. Rico.* Acción y efecto de enojarse.

enojadizo, za adj. Que se enoja fácilmente, enfadadizo.

enojamiento m. *Amer.* Enojo.

enojar v. t. Causar enojo, disgustar, irritar. || — V. pr. Irritarse, encolerizarse: *enojarse con* (o *contra*) *el maldiciente.* || Enfadarse: *enojarse con un amigo.* || *Fig.* Enfurecerse el mar, los vientos.

enojo m. Ira, cólera. || Enfado, disgusto.

enojón, ona adj. y s. *Bol., Chil.* y *Méx.* Enojadizo.

enojoso, sa adj. Molesto, fastidioso. || Violento, muy desagradable, que contraría: *asunto enojoso.*

enología f. Conjunto de conocimientos relativos al vino.

enólogo m. Persona entendida en enología.

*enorgullecer v. t. Llenar de orgullo. Ú. t. c. pr.: *enorgullecerse de* (o *con*) *sus éxitos.*

enorme adj. Muy grande o muy gordo: *una casa enorme.* || *Fig.* Grave, importante: *error enorme.*

enormidad f. Tamaño descomunal. || *Fig.* Desatino, despropósito. | Barbaridad, atrocidad.

enquistado, da adj. De aspecto de quiste. || *Fig.* Metido dentro, encajado.

enquistarse v. pr. *Med.* Formarse un quiste. || *Fig.* Meterse dentro de una organización, etc.

enrabiar v. t. Encolerizar, poner furioso (ú. t. c. pr.).

enraizar v. i. Arraigar, echar raíces.

enramada f. Ramaje. || Cobertizo hecho con ramas. || Adorno de ramas.

enramado m. *Mar.* Cuadernas de un buque.

*enrarecer v. t. Hacer menos denso un cuerpo gaseoso (ú. t. c. i. y pr.). || Hacer que escasee una cosa (ú. t. c. i. y pr.).

enrarecimiento m. Rarefacción. || Escasez.

enrasar v. t. Poner de nivel: *enrasar los muros de un piso.* || Hacer que quede plana y lisa la superficie de una obra.

enrase m. Nivelación.

enredadera adj. Dícese de las plantas que se enredan en varas, cuerdas, etc. || — F. Planta de la familia de las convolvuláceas, de flores acampanadas.

enredador, ra adj. y s. Que enreda. || *Fam.* Chismoso, lioso.

enredar v. t. Enmarañar, mezclar desordenadamente: *enredar hilos* (ú. t. c. pr.). || Prender con red. || *Fig.* Meter cizaña, enemistar. | Meter en un mal negocio, liar (ú. t. c. pr.). | Complicar: *enredar un asunto* (ú. t. c. pr.). || — V. i. Travesear: *este niño está siempre enredando.* || — V. pr. Trepar las plantas enredaderas. || *Fam.* Amancebarse: *se enredó con una vecina.*

enredo m. Maraña, lío. || *Fig.* Situación inextricable, lío. | Confusión. | Travesura de niños. | Engaño, mentira. | Relaciones amorosas ilícitas. | Trama de una obra de teatro o una novela. || — Pl. Cosas, trastos.

enredoso, sa adj. Complicado. || *Fig.* Que enreda: *niño enredoso.*

enrejado m. Conjunto de rejas: *el enrejado de un jardín.* || Celosía de cañas. || Emparrillado.

enrejar v. t. Cercar con rejas o verjas: *enrejar un parque.* || Poner la reja al arado. || *Méx.* Zurcir la ropa.

enrevesado, da adj. Intrincado, complicado de hacer o de comprender.

enrielar v. tr. *Bol., Chil., Hond.* y *Méx.* Meter en el riel, encarrilar. || *Fig. Bol., Chil., Hond.* y *Méx.* Encarrilar, encauzar un asunto, etc.

enriquecedor, ra adj. Que enriquece.

*enriquecer v. t. Hacer rico: *enriquecer a una persona, una comarca.* || *Fig.* Adornar, embellecer: *enriquecer el estilo.* || — V. i. y pr. Hacerse rico. || Prosperar un país, una empresa.

enriquecimiento m. Acción y efecto de enriquecer o enriquecerse.

enriscado, da adj. Con muchos riscos. || Escarpado.

enriscar v. t. *Fig.* Elevar, alzar. || — V. pr. Guarecerse entre riscos.

enristrar v. t. Hacer ristras: *enristrar cebollas.* || Poner la lanza en ristre.

*enrocar v. t. En el ajedrez, mover el rey al mismo tiempo que una de las torres.

*enrojecer v. t. Poner rojo.

enrojecimiento m. Acción y efecto de ponerse rojo. || Rubor, sonrojo.

enrolar v. t. Mar. Inscribir en la lista de tripulantes de un buque. || Alistar.

enrollamiento m. Acción de enrollar.

enrollar v. t. Arrollar, poner en forma de rollo.

enronchar v. t. Chil., Méx. y Nicar. Cubrir de ronchas (ú. t. c. pr.).

*enronquecer v. t. Poner ronco: la niebla le enronqueció (ú. m. c. pr.).

enronquecimiento m. Ronquera, afección de la laringe.

enroque m. Acción y efecto de enrocar en el ajedrez.

enroscadura f. y **enroscamiento** m. Acción y efecto de enroscar o enroscarse.

enroscar v. t. Dar forma de rosca o espiral. || Introducir a vuelta de rosca, atornillar.

ensacar v. t. Meter en un saco: ensacar granos, harina.

ensaimada f. Bollo de pasta hojaldrada en forma de espiral.

ensalada f. Hortaliza aderezada con vinagreta: ensalada de tomate. || Fig. y fam. Mezcla de cosas inconexas : Lío, confusión: armar una ensalada. || Fig. Pieza musical formada por la reunión de varias canciones famosas. || — Ensalada de fruta, mezcla de trozos de diferentes frutas con azúcar y a veces un licor. || Ensalada rusa, la compuesta de varias legumbres frías, con salsa mayonesa.

ensaladera f. Recipiente donde se sirve la ensalada.

ensaladilla f. Especie de ensalada rusa. || Fig. Conjunto de distintas piedras preciosas engastadas en una misma joya. || Fig. y fam. Lío.

ensalmador, ra m. y f. Algebrista, persona que compone los huesos rotos y dislocados. || Curandero, persona que cura con ensalmos.

ensalmar v. t. Componer los huesos dislocados o rotos. || Curar con ensalmos.

ensalmo m. Modo supersticioso de curar con palabras mágicas y aplicación empírica de medicinas. || Hacer una cosa como por ensalmo, hacerla con mucha prontitud y por arte de magia.

ensalzador, ra adj. y s. Que ensalza.

ensalzamiento m. Exaltación.

ensalzar v. t. Enaltecer, exaltar: ensalzar la fe. || Alabar, celebrar: ensalzar al virtuoso (ú. t. c. pr.).

ensamblado m. Ensambladura.

ensamblador, ora m. y f. Persona u objeto que ensambla.

ensamblaje m. Acción y efecto de ensamblar.

ensamblar v. t. Unir dos piezas haciendo encajar la parte saliente de una en la parte entrante de la otra: ensamblar las tablas del piso.

ensamble m. Ensambladura.

ensanchador, ra adj. Que ensancha. || — M. Utensilio para ensanchar los guantes.

ensanchamiento m. Aumento de la anchura de: ensanchamiento de una carretera.

ensanchar v. t. Poner más ancho: ensanchar un tubo. || Extender: ensanchar una ciudad. || — V. pr. Fig. Engreírse, hincharse.

ensanche m. Extensión: ensanche del firme; ensanche de una ciudad. || Tela que se mete en las costuras del traje para poder ensancharlo. || Terreno dedicado a nuevas edificaciones en las afueras de una población: el ensanche de Barcelona.

*ensangrentar v. t. Manchar con sangre. Ú. t. c. pr.: ensangrentarse las manos. || Fig. Provocar derramamiento de sangre: la guerra ensangrentó el país.

ensañamiento m. Encarnizamiento, saña.

ensañar v. t. Irritar, encolerizar, poner furioso. || — V. pr. Mostrarse cruel, encarnizarse: ensañarse en el enemigo, con su víctima, con el vencido.

ensartar v. t. Pasar por un hilo, alambre, etc.: ensartar perlas, cuentas. || Enhebrar: ensartar una aguja. || Atravesar: el toro le ensartó el cuerno en el muslo. || Fig. Decir una serie de cosas seguidas: ensartar mentiras, sandeces.

ensayador m. El que ensaya: ensayador de metales preciosos.

ensayar v. t. Poner a prueba: ensayar un prototipo, un metal precioso. || Hacer el ensayo de un espectáculo (ú. t. c. i.). || Amaestrar, adiestrar. || Galicismo por intentar. || — V. pr. Probar hacer una cosa: ensayarse en la declamación.

ensayismo m. Género literario constituido por los ensayos.

ensayista com. Autor, escritor de ensayos.

ensayo m. Prueba a que se somete una cosa: ensayo de una máquina. || Análisis rápido de un producto químico. || Obra literaria que consiste en la reunión de algunas reflexiones hechas sobre un tema determinado: Unamuno es autor de numerosos ensayos. || Representación preliminar y preparatoria de un espectáculo antes de presentarlo al público: ensayo general. || En rugby, acción de colocar el balón detrás de la línea de meta adversaria.

ensebar v. t. Untar con sebo.

enseguida adv. En seguida.

ensenada f. Pequeña bahía.

enseña f. Insignia.

enseñanza f. Instrucción, acción de enseñar los conocimientos humanos de una materia: la enseñanza de las matemáticas. || Método empleado para ello. || — Pl. Ideas, preceptos: seguir las enseñanzas de un maestro. || — Enseñanza laboral o técnica, la que da la formación necesaria para seguir una carrera industrial. || Enseñanza superior, la dada en la universidad y en las escuelas especiales de ingenieros, etc. || Primera enseñanza o enseñanza primaria, la que se da en el colegio a los niños. || Segunda enseñanza o enseñanza media, la que corresponde al bachillerato.

enseñar v. t. Instruir, hacer que alguien aprenda algo: enseñar las primeras letras, a bailar. || Dar clases: enseñar latín en la universidad. || Indicar: enseñar el camino. || Mostrar: enseñar un libro. || Dejar ver involuntariamente: enseñar los pies por tener rotos los zapatos. || Aleccionar: ¡ya te enseñaré a portarse como Dios manda! || — V. pr. Aprender.

enseñoramiento m. Apoderamiento.

enseñorearse v. pr. Hacerse dueño, apoderarse de: enseñorearse de un territorio.

enseres m. pl. Efectos, muebles o utensilios necesarios en una casa o para una profesión: enseres domésticos, de pintor.

ensiladora f. Máquina para ensilar forraje.

ensilaje y **ensilamiento** m. Acción y efecto de ensilar.

ensilar v. t. Guardar en un silo.

ensillado, da adj. Con montura.

ensilladura f. Acción y efecto de ensillar. || Parte del cuerpo del caballo donde se pone la silla.

ensillar v. t. Poner la silla.

ensimismado, da adj. Pensativo: quedarse ensimismado. || Absorto, sumido: ensimismado en un libro.

ensimismamiento m. Reflexión o meditación profunda.

ensimismarse v. pr. Abstraerse, concentrarse. || Reflexionar profundamente. || Amer. Envanecerse, engreírse.

*ensoberbecer v. t. Causar o excitar soberbia (ú. t. c. pr.).

*ensombrecer v. t. Oscurecer: ensombrecer un paisaje. || Fig. Hacer más negro: ensombrecer la situación. || Entristecer. Ú. t. c. pr.: cuando se enteró de lo ocurrido su cara se ensombreció.

ensoñador, ra adj. y s. Soñador, que tiene ensueños.

ensordecedor, ra adj. Que ensordece: ruido ensordecedor.

*ensordecer v. t. Causar sordera. || Dejar momentáneamente sordo: nos ensordecía con sus gritos. || Hacer menos fuerte un sonido. || — V. i. Quedarse sordo.

ensordecimiento m. Acción de ensordecer. || Sordera.

ensortijamiento m. Acción de ensortijar. || Sortijas o rizos formados en el cabello.

ensortijar v. t. Rizar, retorcer el cabello, el hilo, etc. || Enrollar.

ensuciamiento m. Suciedad.

ensuciar v. t. Manchar, poner sucia una cosa. Ú. t. c. pr.: ensuciarse con lodo. || Fig. Manchar, deslucir: ensuciar su nombre, su fama. || — V. pr. Fam. Hacer las necesidades corporales manchándose. || Fig. y fam. Meterse en negocios sucios: ensuciarse por dinero.

ensueño m. Cosa que se sueña: *un país de ensueño*. || Ilusión.

entablado m. Suelo formado de tablas. || Armazón de tablas.

entablamento m. *Arq.* Cornisamento.

entablar v. t. Cubrir, asegurar o cercar con tablas. || Emprender, iniciar: *entablar negociaciones, un combate*. || Trabar: *entablar relaciones, amistad.* || Entablillar un miembro. || Disponer en su escaque las piezas del ajedrez o de las damas. || — V. i. *Amer.* Hacer tablas, empatar. || — V. pr. Resistirse el caballo a torcer la cabeza. || Fijarse el viento en una dirección.

entablillar v. t. *Med.* Sujetar con tablillas y vendaje un miembro, o para unir un hueso roto: *entablillar un brazo*.

entalladura f. y **entallamiento** m. Corte que se hace en los pinos para extraer la resina o en las maderas para ensamblarlas. || Acción y efecto de entallar o esculpir.

entallar v. t. Cortar la corteza de ciertos árboles para extraer la resina. || Hacer cortes en una pieza de madera para ensamblarla con otra. || Esculpir. || Ajustar un vestido. || — V. i. Estar ajustado al talle: *este traje entalla bien.*

*entallecer v. i. Echar tallos.

entarimado m. Suelo de tablas ensambladas.

entarimador m. El que tiene por oficio entarimar.

entarimar v. t. Cubrir el suelo con tablas o parquet.

entarquinar v. t. Inundar un terreno, rellenarlo o sanearlo por sedimentación para dedicarlo al cultivo.

entarugar v. t. Pavimentar con tarugos de madera.

ente m. Ser: *ente racional.* || Sociedad comercial, organismo. || *Fam.* Persona extraña o ridícula.

entechar v. t. *Amer.* Techar.

enteco, ca adj. Enclenque.

entejar v. t. *Amer.* Tejar.

entelequia f. *Fil.* Realidad que tiende a la perfección o la ha alcanzado ya.

entelerido, da adj. Pasmado de frío o de miedo. || *Esp., Hond.* y *Venez.* Enclenque, flaco, achacoso.

entendederas f. pl. *Fam.* Comprensión: *ser duro de entendederas.*

entendedor, ra adj. y s. Que entiende. || *Al buen entendedor pocas palabras,* las personas inteligentes comprenden fácilmente.

*entender v. t. Comprender: *entender bien una lección, el inglés; no entiendo cómo te gusta este libro.* || Querer decir: *¿qué entiendes por esta palabra?* || Creer: *entiendo que será mejor obrar así.* || Imaginar: *yo no entiendo las cosas así.* || Querer, exigir: *yo entiendo que se me obedezca.* || Dar a entender, insinuar. || — V. i. Conocer muy bien: *entender de (o en) pintura.* || — V. pr. Comprenderse: *entenderse por señas.* || Llevarse bien dos o más personas. || Ponerse de acuerdo: *entenderse con sus socios.* || Estar de acuer-

do. || Saber lo que se hace: *cada uno se entiende.* || Tener alguna relación amorosa: *José se entiende con María.*

entender m. Opinión, manera de pensar: *a mi entender.*

*entendido, da adj. Conocedor, que tiene buenos conocimientos en una materia: *entendido en electricidad, en historia* (ú. t. c. s.). || *No darse por entendido,* hacerse el sordo. || — Interj. De acuerdo.

entendimiento m. Capacidad de comprensión. || Inteligencia, juicio. || Comprensión, acuerdo.

*entenebrecer v. t. Oscurecer. Ú. t. c. pr.: *entenebrecerse el cielo.*

enterado, da adj. Informado. || Entendido (ú. t. c. s.).

enteralgia f. *Med.* Dolor intestinal agudo.

enterar v. t. Notificar, informar: *enterar de un asunto.* || — V. pr. Informarse: *entérate de todo lo que pasa.* || Saber, adquirir cierto conocimiento: *enterarse de la muerte de un amigo.* || Darse cuenta: *cuando me enteré de su maldad reñí con él.*

entereza f. Integridad. || *Fig.* Firmeza, fortaleza: *entereza de carácter.* | Energía. | Observancia perfecta de la disciplina.

enteritis f. Inflamación del intestino, especialmente del intestino delgado.

enterizo, za adj. Entero.

enternecedor, ra adj. Que enternece: *cuadro enternecedor.*

*enternecer v. t. Ablandar. || *Fig.* Conmover, mover a compasión o ternura. Ú. t. c. pr.: *enternecerse ante el dolor ajeno.*

enternecimiento m. Acción y efecto de enternecer o enternecerse. || Compasión o ternura.

entero, ra adj. Completo: *la casa entera.* || Aplícase al animal no castrado. || *Fig.* Que tiene entereza o firmeza de carácter: *hombre entero.* | Fuerte, robusto. | Recto, justo. || — *Número entero,* el que no contiene fracciones de unidad. || *Por entero,* enteramente. || — M. Punto en la cotización de la Bolsa: *acciones que han perdido muchos enteros.*

enterocolitis f. *Med.* Inflamación del intestino delgado, del ciego y del colon.

enterrador m. Sepulturero.

enterramiento m. Entierro. || Sepulcro. || Sepultura.

*enterrar v. t. Poner debajo de tierra: *enterrar un tesoro.* || Sepultar, dar sepultura: *enterrar a una persona.* || Poner debajo de algo que lo tapa todo: *el libro estaba enterrado debajo de otros muchos.* || Dejar de lado, olvidar: *enterrar un asunto.* || Desechar, abandonar: *enterrar las ilusiones.* | Sobrevivir: *enterrar a todos sus deudos.* | Clavar. || — V. pr. *Fig.* Apartarse del mundo: *enterrarse en un convento.*

entibación f. y **entibado** m. *Min.* Colocación de maderos o tablas destinadas a sostener la tierra en las exca-

vaciones. | Forro interior de un pozo de mina.

entibador m. Obrero que entiba: *los entibadores de Asturias.*

entibar v. t. *Min.* Hacer un entibado. || — V. i. Estribar.

entibiar v. t. Poner tibio. || *Fig.* Enfriar, templar, moderar: *entibiar el entusiasmo* (ú. t. c. pr.).

entidad f. *Fil.* Lo que constituye la esencia de una cosa. | Ente, ser. || Colectividad, sociedad, empresa: *entidad privada.* || *Fig.* Importancia: *asunto de entidad.* || *Méx. Entidad Federativa,* estado integrante de los Estados Unidos Mexicanos.

entierro m. Acción de enterrar.

entintado m. Acción y efecto de entintar.

entintador, ra adj. Que entinta: *rodillo entintador.*

entintar v. t. Manchar o empapar con tinta. || *Fig.* Teñir con tinta.

entoldado m. Acción de entoldar. || Conjunto de toldos para dar sombra.

entoldar v. t. Cubrir con toldos: *entoldar el patio para que no entre el sol.* || Cubrir con tapices o colgaduras. || — V. pr. Nublarse: *entoldarse el cielo.* || *Fig.* Engreírse, desvanecerse.

entomófago, ga adj. y s. m. Insectívoro: *animal entomófago.*

entomología f. Parte de la zoología que se dedica al estudio de los insectos.

entomológico, ca adj. De la entomología.

entomólogo m. El que se dedica a la entomología.

entompeatar v. t. *Fam. Méx.* Embaucar, engañar.

entonación f. Manera de entonar. || Tono. || *Fig.* Arrogancia, orgullo.

entonado, da adj. *Amer.* Vanidoso, arrogante.

entonamiento m. Entonación.

entonar v. t. Empezar a cantar: *entonar una canción.* || Dar cierto tono a la voz. || Fortalecer, tonificar: *esta medicina me ha entonado.* || Armonizar los colores (ú. t. c. i.). || Dar aire a los tonos (ú. t. c. i.). || Dar aire a voz. || — V. i. Cantar ajustado al tono, afinar la voz. || — V. pr. *Fig.* Engreírse. | Reponerse, recuperarse.

entonces adv. En aquel tiempo: *entonces llegué yo.* || En este caso: *entonces vete.*

entongador m. *Cub.* y *Méx.* Que entonga.

entongadura f. *Cub.* y *Méx.* Acción y efecto de entongar.

entongar v. t. *Cub.* y *Méx.* Apilar, formar tongas. (Es muy común en el corte de caña.)

entonelar v. t. Poner algo en toneles.

entontar v. t. *Amer.* Atontar.

*entontecer v. t. Volver tonto (ú. t. c. i. y pr.).

entontecimiento m. Atontamiento.

entorchado m. Cuerda o hilo de seda cubierto de metal. || Bordado en oro o plata de ciertos uniformes. || *Fig.* Título, calificación

ENT

entorchar v. t. Cubrir un hilo o cuerda con otro de plata u oro. || Retorcer varias velas para formar una antorcha.

entornar v. t. Cerrar a medias la puerta, la ventana o los ojos.

entorno m. V. AMBIENTE.

entorpecedor, ra adj. y s. Que entorpece.

*entorpecer v. t. Poner torpe: *el frío entorpece los miembros.* || *Fig.* Embotar, debilitar: *el alcohol entorpece la inteligencia.* | Dificultar, estorbar: *entorpecer la marcha.*

entorpecimiento m. Acción y efecto de entorpecer o entorpecerse.

entozoario m. Parásito de las cavidades internas.

entrada f. Acción de entrar: *entrada triunfal; discurso de entrada.* || Sitio por donde se entra: *el parque tiene dos entradas.* || Vestíbulo, antesala. || Billete: *sacar entradas para ir al cine.* || Cantidad de personas que asisten a un espectáculo: *haber gran entrada en el circo.* || Lo recaudado en la venta de billetes. || Caudal que ingresa en una caja: *mes de buenas entradas.* || Desembolso inicial: *pagar una entrada de cien mil euros para un piso.* || Principio: *la entrada del invierno.* || Plato que se sirve al principio de la comida. || Amistad: *tener entrada en una familia.*

entrador, ra adj. *Amér. M., C. Rica, Nicar. y Salv.* Simpático, de trato agradable. || *Bol., Méx. y Per.* Que emprende acciones arriesgadas. || *Col.* Entrometido, intruso.

entramado m. Armazón de maderas para una pared, el suelo, etc.

entramar v. t. Hacer un entramado. || *Amer.* Tramar.

entrambos, bas adj. y pron. det. pl. Ambos, los dos.

entrampar v. t. Hacer caer en la trampa: *entrampar un animal* (ú. t. c. pr.). || *Fig.* Engañar. | Enredar un asunto. || — V. pr. *Fig. y fam.* Contraer deudas.

entrante adj. Que entra: *año entrante.* || — M. Persona que entra.

entraña f. Víscera (ú. m. en pl.). || — Pl. *Fig.* Parte más oculta: *las entrañas de la Tierra, de los montes.* | Lo más íntimo o esencial de una cosa: *las entrañas de un conflicto.* | Índole, carácter: *hombre de buenas entrañas.* | Corazón, sensibilidad: *no tener entrañas.*

entrañable adj. Íntimo, muy querido: *amigo entrañable, mis deseos más entrañables.* || Profundo: *entrañable amistad.*

entrañar v. t. Llevar en sí, implicar: *este negocio entraña graves dificultades.* || Introducir en lo más profundo. || — V. pr. Unirse con íntima amistad.

entrar v. i. Pasar adentro: *entrar en una casa.* || Encajar, caber: *entrar bien en la cabeza el sombrero; el libro no entra en el cajón.* || Penetrar: *el clavo entra en la pared.* || *Fig.* Ser admitido: *entrar en la Academia.* || Incorporarse: *entrar en la milicia, en una sociedad.* | Empezar a desempeñar una función:

entrar de criada en una casa. | Estar incluido: *esto no entra en mis atribuciones.* | Haber: *en la paella entran arroz y carne.* | Empezar: *el verano entra el 21 de junio.* | Hacerse sentir: *le entraron ganas de hablar.* | Tener un ataque de: *entrar en cólera.* || *Fig. y fam.* Ser asimilable: *no me entra la geometría.* || *Mec.* Engranar: *no entra la tercera velocidad.* || *Mús.* Empezar a tocar o a cantar. || *Taurom.* Arremeter el toro. || — *Entrado en años,* de edad avanzada. || *Entrar a matar,* prepararse el matador a dar la estocada. || — V. t. Introducir: *entrar la ropa en el armario.* || Meter tela en una costura o dobladillo. || — V. pr. Introducirse: *se entra a golpetazos.*

entre prep. En medio de: *ciudad que está entre Madrid y Málaga; conducir entre la niebla.* || En el intervalo: *entre las dos y las tres.* || En: *coger algo entre sus manos.* || En el número de: *contar a alguien entre sus amigos.* || En una colectividad: *entre los sastres.* || Contando: *entre chicos y chicas serán unos veinte.* || Indica cooperación: *hacer un trabajo entre dos.* || Significa estado intermedio: *sabor entre dulce y agrio.* || En sus adentros: *así pensaba entre mí.* || Unida a otra palabra debilita el significado de ésta. v. gr.: *entreabrir, entrever.*

entreabrir v. t. Abrir a medias: *entreabrir la ventana.*

entreacto m. Intermedio en un espectáculo.

entreayudarse v. pr. Ayudarse mutuamente.

entrecano, na adj. A medio encanecer: *cabello entrecano.*

entrecejo m. Espacio entre ceja y ceja. || *Fig.* Ceño: *mirar con entrecejo.*

*entrecerrar v. t. Entornar.

entrecomillar v. t. Poner entre comillas.

entrecortar v. t. Cortar una cosa sin acabar de dividirla. || Interrumpir a trechos: *voz entrecortada.*

entrecote [*entrecot*] m. (voz fr.). Galicismo por *lomo.*

entrecruzar v. t. Cruzar cosas entre sí (ú. t. c. pr.).

entrecubierta f. *Mar.* Espacio entre las cubiertas de un barco (ú. t. en pl.).

entredicho m. Prohibición. || Privación eclesiástica de la asistencia a los oficios y de algunos sacramentos. || — *Fig. Poner en entredicho,* estar en duda. | *Poner en entredicho,* poner en tela de juicio.

entredós m. Tira de bordado o de encaje que se cose entre dos telas.

entrefilete m. Suelto, recuadro en un periódico.

entrefino, na adj. Entre fino y grueso o entre fino y basto: *tela entrefina.*

entreforro m. Entretela.

entrega f. Acción y efecto de entregar: *entrega de las llaves, de los premios, de un pedido.* || Rendición: *la entrega de una ciudad.* || Cada uno de los cuadernillos de un libro que se ven-

de a medida que se imprime: *novela por entregas.* || Devoción: *entrega a una causa.*

entregamiento m. Entrega.

entregar v. t. Dar algo a la persona a quien corresponde: *entregar una carta, un pedido.* || Hacer que uno caiga entre las manos de otro: *entregar a uno a la policía.* || Abandonar. || Rendir: *entregar la ciudad.* || *Entregar el alma,* expirar. || — V. pr. Ponerse a la disposición de uno: *entregarse al enemigo.* || Declararse vencido. || Dedicarse por entero: *entregarse al estudio.* || *Fig.* Dejarse dominar: *entregarse a una pasión, un vicio,* etc. | Confiarse.

entrelazado m. Acción y efecto de entrelazar. || Ornamento compuesto por elementos que se entrelazan.

entrelazamiento m. Enlace.

entrelazar v. t. Enlazar, unir en una trama elementos que se entrecruzan.

entrelínea f. Espacio entre dos líneas. || Lo escrito entre dos líneas.

entrelinear v. t. Escribir algo que se intercala entre dos líneas.

entrelistado, da adj. Con listas de varios colores: *tela entrelistada.*

entremedias adv. En medio.

entremés m. Obra de teatro jocosa en un acto que solía servir de entreacto. || Manjares que se sirven en una comida antes de los platos fuertes.

entremeter v. t. Meter una cosa entre otras. || — V. pr. Meterse, inmiscuirse: *entremeterse en la conversación; entremeterse en todo.*

entremetido, da adj. y s. Que se quiere meter en todo: *hombre entremetido.*

entremetimiento m. Acción y efecto de entremeterse o entremetimiento.

entremezclar v. t. Mezclar.

entrenador m. El que se dedica al entrenamiento de deportistas: *entrenador ciclista.*

entrenamiento m. Acción y efecto de entrenar o entrenarse.

entrenar v. t. Preparar adecuadamente para la práctica de un deporte o a la utilización de algo: *entrenar a un equipo de fútbol; entrenar en el manejo de las armas.*

*entreoír v. t. Oír a medias.

entrepaño m. Tabla de una estantería. || *Arq.* Lienzo de pared entre dos columnas o dos ventanas. || Tablero de puerta o ventana.

entrepiernas f. pl. Parte interior de los muslos (ú. t. en sing.). || Parte correspondiente del pantalón. || Piezas cosidas en esta parte como refuerzo o remiendo.

entrepuente m. *Mar.* Entrecubierta (ú. t. en pl.).

entrerrenglonar v. t. Escribir entre renglones.

entrerriano, na adj. y s. De la prov. argentina de Entre Ríos.

entresacar v. t. Sacar una cosa de entre otras, seleccionándola. || Aclarar

214

o hacer menos espeso el pelo o un bosque.

entresijo m. Mesenterio, redaño. || *Fig.* Cosa oculta: *conocer todos los entresijos.* || *Fig. y fam. Tener muchos entresijos,* contener muchas dificultades una cosa; ser una persona muy cautelosa.

entresuelo m. Piso entre la planta baja y el principal. || Piso principal en un teatro.

entresurco m. *Agr.* Espacio entre surco y surco.

entretallar v. t. Tallar en bajorrelieve o media talla. || Grabar, esculpir.

entretanto adv. Mientras tanto. || — M. Intervalo: *en el entretanto.*

entretecho m. *Amer.* Desván.

entretejer v. t. Meter en la tela que se teje hilos diferentes para formar un dibujo. || Entrecruzar, enlazar: *entretejer ramas.*

entretela f. Tela rígida que se pone entre el tejido y el forro de un traje. || *Impr.* Satinado. || — Pl. *Fig. y fam.* Lo más íntimo del corazón.

***entretener** v. t. Detener a uno: *me ha entretenido media hora en la calle* (ú. t. c. pr.). || Divertir, distraer: *esta película me ha entretenido mucho* (ú. t. c. pr.). || *Fig.* Hacer olvidar momentáneamente algo desagradable: *entretener el dolor, el hambre.* | Hacer más soportable. | Embaucar: *entretener a uno con promesas.* | Dar largas a un asunto. | Ocupar, tomar: *estas gestiones me han entretenido toda la mañana.* | Mantener, conservar. || — V. pr. Retrasarse: *entretenerse en casa.*

entretenido, da adj. Que distrae: *una lectura entretenida.* || Que toma mucho tiempo: *un trabajo entretenido.* || *Blas.* Enlazado.

entretenimiento m. Recreo, distracción. || Pasatiempo. || Conservación, cuidado: *el entretenimiento de una máquina.*

entretiempo m. Tiempo de primavera y otoño: *traje de entretiempo.*

entreventana f. Lienzo de pared entre dos ventanas.

***entrever** v. t. Ver confusamente, vislumbrar: *sólo pude entrever su casa.* || *Fig.* Conjeturar, prever: *entrever una desgracia.* | Adivinar: *entreveo sus intenciones.*

entreverado, da adj. Con una cosa distinta intercalada. || *Tocino entreverado,* el que tiene algo de magro.

entreverar v. t. Intercalar en una cosa otra diferente.

entrevía f. Espacio entre los rieles de una vía férrea.

entrevista f. Encuentro concertado entre dos o más personas para tratar de un asunto. || Conversación que tiene un periodista a una persona importante para interrogarla sobre sus ideas, proyectos, etc.: *hacer una entrevista a un artista, a un político.*

entrevistador, ra m. y f. Persona que hace una entrevista.

entrevistar v. t. Hacer una entrevista a una persona. || — V. pr. Tener una entrevista con alguien.

entripado m. Relleno de un asiento. || *Fig.* Resentimiento.

***entristecer** v. t. Causar tristeza: *su desgracia entristeció a todos sus amigos.* || Dar aspecto triste: *la lluvia entristece el paisaje.* || — V. pr. Ponerse triste.

entristecimiento m. Tristeza.

entrojar v. t. Guardar en la troj: *entrojar cereales.*

entrometer y *sus deriv.* V. ENTREMETER.

entrompar v. pr. *Amer.* Enfadarse. || *Fam.* Emborracharse.

entrón, na adj. *Méx.* Que no se arredra, audaz.

entroncamiento m. Parentesco. || Unión. || Empalme.

entroncar v. i. Tener parentesco con una familia o persona. || Contraer parentesco: *sus familias entroncaron en el siglo XVII.* || *Amer.* Empalmar (ú. t. c. pr.). || — V. t. Unir. || *Méx.* Aparear caballos o yeguas del mismo pelo.

entronización f. m. Acción y efecto de entronizar.

entronizar v. t. Colocar en el trono. || *Fig.* Ensalzar. || — V. pr. *Fig.* Engreírse, envanecerse.

entronque m. Parentesco. || *Amer.* Empalme de dos vías férreas.

entruchada f. y **entruchado** m. *Fam.* Trampa, intriga, conspiración: *armar una entruchada.*

entruchar v. t. *Fam.* Atraer a uno con engaños para hacerle intervenir en un negocio. || — V. pr. *Méx.* Entremeterse, mezclarse en negocios ajenos.

entubación f. o **entubado** m. Colocación de un tubo.

entubar v. t. Poner un tubo.

entuerto m. Agravio, daño: *enderezar entuertos.* || — Pl. Dolores después del parto.

***entumecer** v. t. Impedir, entorpecer el movimiento de un miembro: *entumecer la pierna* (ú. t. c. pr.). || Hinchar: *labios entumecidos.* || — V. pr. *Fig.* Alterarse, hincharse: *entumecerse el río.*

entumecimiento m. Entorpecimiento de un miembro. || Hinchazón.

entumirse v. pr. Entumecerse.

enturbiar v. t. Poner turbio: *el ganado enturbió el agua.* || *Fig.* Oscurecer, enredar. || — V. pr. Ponerse turbio: *se enturbió la alegría, el tiempo.*

entusiasmar v. t. Provocar entusiasmo: *el orador entusiasmó al público.* || Encantar, gustar mucho: *el teatro me entusiasma.* || — V. pr. Sentir entusiasmo: *entusiasmarse por la victoria obtenida, por el teatro.*

entusiasmo m. Excitación que impulsa a actuar: *entusiasmo religioso.* || Admiración apasionada: *la representación despertó el entusiasmo.* || Adhesión fervorosa: *acoger una reforma con entusiasmo.* || Fervor, ardor: *hablar con entusiasmo de un proyecto.*

|| Inspiración divina: *el entusiasmo de los profetas.*

entusiasta adj. Que siente entusiasmo (ú. t. c. s.). || Entusiástico: *público entusiasta.*

entusiástico, ca adj. Que revela: *un recibimiento entusiástico.*

enucleación f. *Med.* Extirpación de un órgano, de un tumor.

enumeración f. Enunciación sucesiva de las partes de un todo. || Cómputo, cuenta: *la enumeración de la población de un país.* || *Ret.* Resumen de las ideas expresadas en un discurso.

enumerar v. t. Enunciar sucesivamente: *enumerar las ventajas y desventajas.*

enumerativo, va adj. Que supone enumeración: *lista enumerativa de artículos.*

enunciación f. y **enunciado** m. Exposición, formulación.

enunciante m. Persona o personaje que enuncia.

enunciar v. t. Exponer, formular de una manera concisa y sencilla: *enunciar un principio.*

enunciativo, va adj. Que sirve para enunciar.

envainador, ra adj. *Bot.* Aplícase a las hojas cuya base envuelve el tallo de las plantas.

envainar v. t. Meter en la vaina: *envainar el sable.* || Envolver una cosa a otra ciñéndola a manera de vaina.

envalentonamiento m. Acción y efecto de envalentonar o envalentonarse.

envalentonar v. t. Dar valor. || Estimular. || — V. pr. Cobrar valentía. || Animarse: *se envalentonó con aquellas palabras elogiosas.* || Enorgullecerse: *envalentonarse con un pequeño éxito.* || Ponerse atrevido.

envanecedor, ra adj. Que envanece.

***envanecer** v. t. Poner vanidoso: *el éxito le envaneció.* || — V. pr. Engreírse, enorgullecerse: *envanecerse con* (o *de* o *en* o *por*) *la victoria.* || Sentirse orgulloso: *puedes envanecerte de tus padres.*

envanecimiento m. Orgullo, vanidad.

envaramiento m. Entumecimiento. || Tiesura.

envarar v. t. Entorpecer, entumecer un miembro. || — V. pr. Entumecerse. || Marchar muy tieso.

envasable adj. *Amer.* Que puede ser envasado.

envasado m. Acción de poner en un envase.

envasador, ra adj. y s. Que envasa. || — M. Embudo para envasar.

envasar v. t. Poner un líquido en una vasija: *envasar vino.* || Poner en costales: *envasar trigo.* || Poner en un recipiente o en un envoltorio: *envasar mercancías.* || Beber mucho.

envase m. Acción y efecto de envasar. || Recipiente: *envase de gas butano.* || Envoltorio: *envase de cartón, de materia plástica.*

*envejecer v. t. Hacer viejo: *los disgustos le envejecieron antes de tiempo.* || Hacer parecer más viejo de lo que uno es: *este traje te envejece.* || — V. i. Hacerse viejo: *envejecer de pena* (ú. t. c. pr.).

envejecido, da adj. Que se ha vuelto viejo. || *Fig.* Acostumbrado, experimentado.

envejecimiento m. Acción y efecto de envejecer.

envenenador, ra adj. y s. Que envenena.

envenenamiento m. Acción y efecto de envenenar o envenenarse.

envenenar v. t. Provocar la muerte o enfermedad por la ingestión de veneno: *el traidor envenenó al rey.* || Inficionar con veneno: *envenenar un alimento, una flecha.* || *Fig.* Amargar: *este hijo me envenena la existencia.* | Enconar, agriar: *envenenar una discusión.*

*enverdecer v. i. Reverdecer.

envergadura f. *Mar.* Ancho de una vela. | Ancho de las alas extendidas de las aves. || Ancho de las alas de un avión. || *Fig.* Importancia: *asunto de mucha envergadura.*

envergar v. t. *Mar.* Sujetar las velas a las vergas.

envergue m. *Mar.* Cabo con que se sujeta la vela a la verga.

envés m. Revés. | *Fam.* Espalda.

enviado m. Persona enviada a un sitio para cumplir una misión. || Mensajero. || *Enviado especial de prensa o radio,* encargado de un reportaje especial. || *Enviado extraordinario,* ministro plenipotenciario.

enviar v. t. Mandar, hacer que llegue algo o alguien a cierta parte: *enviar a su hijo a Inglaterra.* || *Fam. Enviar a paseo,* despedir de muy mala manera.

enviciar v. t. Corromper con un vicio. Ú. t. c. pr.: *enviciarse con el contacto de las malas compañías.* || — V. i. Echar las plantas demasiadas hojas y poco fruto. || — V. pr. Aficionarse con exceso: *enviciarse con (o en) la lectura.*

envidar v. t. Hacer envite.

envidia f. Deseo del bien ajeno, celos: *tener envidia a uno.*

envidiable adj. Digno de ser deseado: *salud, suerte envidiable.*

envidiar v. t. Tener envidia. || *Fig.* Desear algo lícito: *envidiar la serenidad de otro.*

envidioso, sa adj. y s. Que tiene envidia.

envigar v. t. Colocar vigas.

envilecedor, ra adj. Que envilece.

*envilecer v. t. Hacer vil y despreciable: *la cobardía envilece al hombre.* || Quitar la honra y estimación a uno: *esta acción le ha envilecido.* || — V. pr. Degradarse, perder su dignidad.

envilecimiento m. Bajeza. || Deshonra. || Degradación.

envinagrar v. t. Echar o poner vinagre a una cosa.

envío m. Acción de enviar. || Cosa enviada. || *Com.* Remesa.

envite m. Apuesta que se añade a la ordinaria en ciertos juegos de naipes.

enviudar v. i. Quedar viudo.

envoltorio m. Lío, paquete mal hecho. || Cosa para envolver.

envoltura f. Lo que envuelve una cosa.

envolvedor m. Cualquier cosa que sirve para envolver.

envolvente adj. Que envuelve.

*envolver v. t. Cubrir completamente: *envolver un paquete en un papel* (ú. t. c. pr.). || Recubrir: *envolver un medicamento con chocolate.* || *Fig.* Ocultar, disimular. | Complicar en un asunto (ú. t. c. pr.). | Rodear: *envolver algo en el misterio.* || Vestir al niño con pañales. || Enrollar: *envolver hilo en un carrete.* || *Mil.* Rebasar las líneas del enemigo para atacar por todos los lados.

envuelto m. *Méx.* Tortilla de maíz guisada y arrollada.

enyerbar v. t. *Méx.* Hechizar, dar chamico. || — V. i. *Amer.* Envenenarse un animal por comer hierba. || — V. pr. *Amer.* Llenarse de malezas.

enyesado m. Escayolado.

enyesar v. t. Cubrir con yeso. || Aplicar un vendaje cubierto con yeso: *enyesar una pierna rota.*

enzarzar v. t. Cubrir con zarzas. || Poner zarzos para los gusanos de seda. || *Fig.* Malquistar. || — V. pr. Enredarse en las zarzas, matorrales, etc. || *Fig.* Meterse en malos negocios. | Enredarse: *enzarzarse en una disputa, en una conversación.* | Pelearse.

enzima f. *Quím.* Sustancia orgánica que actúa como catalizador en los procesos de metabolismo.

enzootia f. *Veter.* Epidemia local que ataca una o más especies.

eñe f. Nombre de la letra ñ.

eoceno m. *Geol.* Primer período de la era terciaria. || — Adj. Relativo a los terrenos de aquella época.

eólico, ca adj. Eolio. || — M. Uno de los dialectos griegos.

eolio, lia adj. Relativo a Eolo. || — Adj. y s. De la Eólida.

eolito m. Sílex terciario que servía de instrumento al hombre primitivo.

epazote m. Planta herbácea de México que se usa como condimento. || Pazote.

epeira f. Género de arañas.

epéntesis f. *Gram.* Introducción de una letra en medio de un vocablo, v. gr.: *corónica* por *crónica, Ingalaterra* por *Inglaterra.*

épica f. Poesía épica.

epicardio m. Membrana serosa que cubre el corazón.

epicarpio m. Película que cubre el fruto de las plantas.

epiceno adj. *Gram.* Dícese del género de las palabras que tienen una sola forma para el macho y la hembra, v. gr.: *águila, lince, ardilla, perdiz, milano.*

epicentro m. *Geol.* Punto de la superficie terrestre a partir del cual se propagan los movimientos sísmicos: *el epicentro de un terremoto.*

epiciclo m. *Astr.* Círculo que se suponía descrito por un planeta alrededor de un centro que se movía en otro círculo mayor.

épico, ca adj. Que relata epopeyas: *poesía épica.* | Propio de la epopeya: *estilo épico.* | Cultivador del género épico: *poeta épico.* || Heroico: *combate épico.*

epicureísmo m. Filosofía de Epicuro. || *Fig.* Búsqueda del placer exento de todo dolor.

epicúreo, a adj. De Epicuro: *filosofía epicúrea.* || — Adj. y s. Seguidor de la filosofía de Epicuro. || *Fig.* Que sólo busca el placer.

epidemia f. Enfermedad que afecta transitoriamente a muchas personas en un sitio determinado: *epidemia de gripe.* || *Fig.* Cosa que se produce al mismo tiempo en muchos sitios: *epidemia de suicidios.*

epidémico, ca adj. De la epidemia: *enfermedad epidémica.* || *Fig.* Contagioso, que se propaga como una epidemia.

epidemiología f. *Med.* Estudio de las epidemias.

epidérmico, ca adj. De la epidermis: *tejido epidérmico.*

epidermis f. *Anat.* Membrana epitelial que envuelve el cuerpo.

epifanía f. Festividad de la adoración de los Reyes Magos (6 de enero).

epífisis f. *Anat.* Parte terminal de un hueso largo. | Pequeño órgano nervioso y glandular situado en el encéfalo, entre los hemisferios cerebrales y el cerebelo.

epigástrico, ca adj. Del epigastrio.

epigastrio m. *Anat.* Parte superior del abdomen.

epiglosis f. Parte de la boca de los himenópteros.

epiglotis f. *Anat.* Cartílago que tapa la glotis.

epígono m. El que sigue las huellas o enseñanzas de alguien.

epígrafe m. Cita o sentencia a la cabeza de una obra o capítulo. || Resumen que se pone a veces al principio de un capítulo. || Título, rótulo. || Inscripción sobre un edificio.

epigrafía f. Ciencia que estudia las inscripciones.

epigrama m. Composición poética satírica. || *Fig.* Pensamiento mordaz o satírico expresado con concisión y agudeza.

epigramático, ca adj. Parecido al epigrama.

epigramatista m. Autor de epigramas.

epilepsia f. *Med.* Enfermedad crónica caracterizada por desvanecimiento y convulsiones.

epiléptico, ca adj. *Med.* Que padece epilepsia (ú. t. c. s.). | De la epilepsia: *convulsiones epilépticas.*

epilogar v. t. Resumir, compendiar. || Recapitular.

epílogo m. Conclusión de una obra literaria. || Resumen, compendio. || Recapitulación. || *Fig.* Final.

episcopado m. Dignidad de obispo. || Época y duración del gobierno de un obispo. || Conjunto de los obispos.

episcopal adj. Del obispo: *palacio episcopal.* || — M. Ritual de los obispos. || *Iglesia episcopal,* iglesia anglicana que conserva el episcopado.

episcopalismo m. Doctrina de los canonistas favorable a la potestad episcopal y no pontificia.

episódico, ca adj. Que sólo constituye un episodio.

episodio m. Acción secundaria relacionada con la principal en una composición literaria. || Circunstancia que forma parte de una serie de acontecimientos que constituyen un todo: *un episodio de la guerra mundial.* || División de la acción dramática: *película de episodios.*

epistemología f. Estudio filosófico de la ciencia que abarca la metodología, el problema de la verdad científica y el de las relaciones entre la ciencia y la filosofía.

epístola f. Carta. || Discurso escrito: *las epístolas de los apóstoles.* || Composición poética en forma de carta: *las epístolas de Horacio.* || *Liturg.* Parte de la misa, antes del gradual.

epistolar adj. Relativo a las cartas: *correspondencia epistolar.*

epistolario m. Colección de cartas de un autor. || Libro litúrgico que contiene las epístolas de la misa.

epitafio m. Inscripción o lámina funeraria.

epitalámico, ca adj. Del epitalamio: *canto, himno epitalámico.*

epitalamio m. Poema en loor de una boda.

epitelial adj. Del epitelio.

epitelio m. *Anat.* Tejido tenue que cubre el cuerpo, las cavidades internas y los órganos.

epitelioma m. *Med.* Tumor canceroso de origen epitelial.

epíteto m. Adjetivo o participio que indica una cualidad natural del nombre así calificado o considerada como tal. || Adjetivo que forma un grupo con el nombre que califica. || *Fig.* Calificativo.

epítome m. Resumen o compendio de una obra extensa: *epítome de filosofía, de química.*

epizoario m. Animal parásito de otro.

epizootia f. Epidemia entre los animales.

época f. Momento determinado en el tiempo: *la época de la Primera Cruzada, del reinado de Felipe II, de la siembra.* || Período geológico: *la época terciaria.* || *Fig. Hacer época,* dejar un recuerdo duradero.

epodo m. y **epoda** f. En la poesía griega, tercera parte del poema lírico, que se cantaba después de la estrofa y la antístrofa. || Último verso de la estancia.

epónimo, ma adj. Que da su nombre a un pueblo, a una época (ú. t. c. s. m.).

epopeya f. Poema extenso que relata hechos heroicos, como *La Ilíada, La Eneida, Los Lusiadas, La Cristiada.* || *Fig.* Serie de sucesos heroicos: *la epopeya americana.* | Empresa difícil.

épsilon f. Nombre de la e breve griega.

equiángulo, la adj. *Geom.* Dícese de figuras y sólidos cuyos ángulos son iguales entre sí: *un triángulo equilátero es también equiángulo.*

equidad f. Justicia: *tratar a dos personas con equidad.* || Justicia natural, por oposición a la legal. || Templanza.

equidistancia f. Igualdad de distancia entre varios puntos u objetos.

equidistante adj. Situado a igual distancia: *las líneas paralelas son equidistantes unas de otras.*

equidistar v. i. *Geom.* Estar a igual distancia de una o más cosas determinadas.

équidos adj. Aplícase a los animales de la raza de los caballos, asnos, cebras: *los équidos tienen las patas terminada por un solo dedo con pezuña* (ú. t. c. s. m. pl.).

equilátero, ra adj. *Geom.* Aplícase a las figuras cuyos lados son todos iguales entre sí: *polígono equilátero.*

equilibrado, da adj. *Fig.* Sensato, ecuánime.

equilibrar v. t. Poner en equilibrio: *equilibrar un peso, dos fuerzas opuestas.* || *Fig.* Armonizar, proporcionar: *equilibrar las partes de un discurso.*

equilibrio m. Estado de reposo de un cuerpo sometido a dos fuerzas que se contrarrestan: *el equilibrio de la balanza.* || *Fig.* Armonía, proporción: *el equilibrio de las fuerzas militares.* | Combinación ajustada de los varios elementos de un todo: *equilibrio político.* | Moderación. | Ponderación, sensatez. || *Hacer equilibrios,* hacer con maña algo muy difícil. || *Perder el equilibrio,* caer o estar a punto de hacerlo.

equilibrismo m. Arte del equilibrista.

equilibrista com. Artista que hace ejercicios acrobáticos consistentes en mantenerse en equilibrio.

equimosis f. Cardenal, mancha producida en la piel por un golpe.

equino, na adj. Relativo al caballo. || — M. Erizo marino. || *Arq.* Moldura convexa.

equinoccial adj. Del equinoccio: *línea equinoccial.*

equinoccio m. *Astr.* Momento del año en que el día y la noche tienen la misma duración.

equinodermo adj. Dícese de los animales marinos radiados de piel espinosa, como el erizo de mar (ú. t. c. s. m.).

equipaje m. Conjunto de maletas y demás objetos que se llevan en los viajes. || *Mar.* Tripulación.

equipal m. *Méx.* Sillón fabricado con un armazón de varas entretejidas y cuero en el asiento y respaldo.

equipar v. t. Proveer de todo lo necesario: *equipar de ropa a un colegial, al soldado.*

equiparable adj. Comparable.

equiparación f. Comparación.

equiparar v. t. Comparar dos cosas o personas, considerándolas iguales o equivalentes: *equiparar Alejandro con (o a) César.*

equipo m. Acción y efecto de equipar. || Lo que sirve para equipar, accesorios necesarios para determinado fin: *equipo eléctrico, quirúrgico.* || Conjunto de ropas y otras cosas para uso personal: *equipo de novia, de colegial, de soldado.* || Conjunto de personas que efectúan un mismo trabajo: *equipo de colaboradores.* || Grupo de jugadores que compiten siempre juntos contra otros: *un equipo de fútbol.*

equiponderar v. i. Tener una cosa igual peso que otra.

equis f. Nombre de la letra x. || Representación de la incógnita en los cálculos. || Cantidad desconocida o indiferente: *hace x años que le conozco.*

equisetáceas f. pl. Plantas equisetíneas, de la familia de la cola de caballo (ú. t. c. adj.).

equisetíneas f. pl. Plantas criptógamas pteridófitas, con rizoma feculento y fruto en ramillete terminal (ú. t. c. adj.).

equitación f. Arte de montar a caballo.

equitativo, va adj. Con equidad; justo: *reparto equitativo.*

equivalencia f. Igualdad en el valor o la naturaleza: *la equivalencia de dos diplomas.*

equivalente adj. Igual, que tiene el mismo valor. || *Geom.* Aplícase a las figuras y sólidos que tienen igual área o volumen y distinta forma. || — M. Lo que equivale a otra cosa. || Término o expresión que se sustituye a otro de sentido parecido. || *Quím.* Peso mínimo de un cuerpo necesario para formar con otro una combinación y número que indica dicha proporción. || *Equivalente mecánico del calor,* relación constante entre un trabajo y la cantidad de calor que produce.

*equivaler v. i. Tener el mismo valor una cosa que otra: *en música una blanca equivale a dos negras.* || *Fig.* Significar: *esta contestación equivale a una provocación.*

equivocación f. Error.

equivocar v. t. Tomar, decir o hacer una cosa por otra. Ú. m. c. pr.: *equivocarse de nombre.* || Incurrir en error. Ú. m. c. pr.: *equivocarse en un cálculo.* || Barb. por engañar.

equívoco, ca adj. De doble sentido. || *Fig.* Sospechoso: *individuo equívoco.* || — M. Palabra que se aplica a varias cosas, como *cáncer* (signo zodiacal y también enfermedad). || Confusión, mala interpretación.

Er, símbolo químico del *erbio.*

era f. Fecha determinada a partir c' cual se cuentan los años: *era cris*

|| *Fig.* Época, período: *una era de prosperidad.* || Lugar descubierto donde se trillan las mieses. || Sitio donde se aparta el carbón en las minas. || — *Era cristiana,* la que empieza con el nacimiento de Cristo. || *Era de la hégira o musulmana,* la comenzada en 622. || *Era geológica,* cada una de las cuatro grandes divisiones de la historia de la Tierra (*era primaria, secundaria, terciaria y cuaternaria*).

eral, la m. y f. Res vacuna entre uno y dos años: *toro eral.*

erario m. Tesoro público.

erasmismo m. Doctrina filosófica de Erasmo.

erasmista adj. Partidario del erasmismo.

erbio m. Metal raro de número atómico 68 (Er).

ere f. Nombre de la letra *r* suave.

erección f. Construcción: *erección de un templo.* || Fundación, institución: *la erección de un tribunal.* || Hinchazón de un órgano causada por la afluencia de sangre.

eréctil adj. Que tiene la facultad de erguirse o de ponerse tieso.

erectilidad f. Calidad de eréctil, rigidez.

erecto, ta adj. Erguido.

eremita m. Ermitaño.

eremítico, ca adj. Del eremita.

erg m. Ergio, en la nomenclatura internacional.

ergio m. Unidad de trabajo en el sistema cegesimal.

ergotina f. Alcaloide extraído del cornezuelo de centeno y empleado contra las hemorragias.

ergotizar v. i. Abusar de la argumentación silogística.

erguido, da adj. Derecho, alzado: *el joven caminaba erguido; una torre erguida sobre la roca.*

erguimiento m. Acción y efecto de erguir o erguirse.

***erguir** v. t. Levantar y poner derecha una cosa: *erguir la cabeza, el cuello.* || — V. pr. Erguirse. || Ponerse de pie. || Alzarse: *la montaña se yergue a lo lejos.* || *Fig.* Engreírse, ensoberbecerse.

erial adj. Aplícase a la tierra sin labrar. || — M. Terreno sin cultivar.

ericáceas f. pl. Familia de dicotiledóneas cuyo tipo es el brezo común (ú. t. c. adj.).

erigir v. t. Construir, levantar: *erigir un edificio.* || Instituir. || Dar a algo o alguien un carácter que antes no tenía: *erigir un territorio en provincia.* || — V. pr. Atribuirse una función: *erigirse en dictador, en juez.*

...inela f. *Med.* Enfermedad infec-...ada por una inflama-...perficial.

...led. Inflamación super-...caracterizada por man-

... Glóbulo rojo.

erizado, da adj. Rígido, tieso. || Cubierto de púas o espinas, como el espín. || *Fig.* Lleno: *problema erizado de dificultades.*

erizamiento m. Acción y efecto de erizar o erizarse.

erizar v. t. Poner rígido. Ú. m. c. pr.: *erizarse el pelo de miedo.* || Armar de púas o pinchos. || *Fig.* Poner obstáculos: *erizar un negocio de dificultades.* || — V. pr. *P. Rico.* Acobardarse.

erizo m. Mamífero roedor cuyo cuerpo está cubierto de púas. || Planta papilionácea muy espinosa. || Envoltura espinosa de la castaña. || *Fig. y fam.* Persona huraña y arisca. || Puntas de hierro que se ponen como defensa en las tapias y murallas. || *Erizo de mar,* equinodermo globoso, de caparazón cubierto de púas.

ermita f. Santuario o capilla fuera de una población.

ermitaño m. Persona que vive en la ermita y cuida de ella. || Religioso que vive solitario. || *Fig.* Persona que vive aislada de todos.

erogar v. t. Distribuir.

erosión f. Desgaste producido en un cuerpo por el roce de otro. || Destrucción lenta causada por algún agente físico: *erosión fluvial.* || Herida producida por el roce continuo de algo.

erosivo, va adj. Que provoca la erosión: *acción erosiva de los ríos, los torrentes.*

erótico, ca adj. Relativo al amor carnal. || De asunto amoroso: *poesías eróticas.* || Licencioso: *literatura erótica.* || — F. Poesía erótica.

erotismo m. Amor sensual. || Calidad de erótico.

erotomanía f. *Med.* Enajenación mental caracterizada por un delirio erótico.

erotómano, na adj. y s. Que sufre de erotomanía.

errabundo, da adj. Vagabundo: *imaginación errabunda.*

erradicación f. Extirpación.

erradicar v. t. Arrancar de raíz: *erradicar un árbol, un mal.*

errado, da adj. Equivocado. || Que no alcanza su meta: *tiro, proyectil errado.*

errante adj. Vagabundo.

***errar** v. t. No acertar: *errar el tiro, el golpe.* || Equivocarse: *errar la vocación.* || — V. i. Vagar. || *Fig.* Divagar el pensamiento, la imaginación, la atención. || Equivocarse: *errar es humano.*

errata f. Falta que se ha dejado en un impreso. || Fe de erratas, lista de las faltas cometidas en la impresión de una obra.

errático, ca adj. Errante. || *Geol.* Aplícase a las rocas arrastradas por los heleros: *bloques erráticos.* || *Med.* Que se desplaza: *dolor errático.*

errátil adj. Errante.

erre f. Nombre de la letra *r.*

erróneo, a adj. Equivocado.

error m. Idea falsa o equivocada: *incurrir en error.* || Conducta reprobable: *perseverar en el error.* || Desacier-

to: *fue un error actuar de esta manera.* || Falta: *error de cálculo, de imprenta.* || Doctrina falsa.

eructar v. i. Expeler con ruido por la boca los gases del estómago.

eructo m. Acción y efecto de eructar.

erudición f. Conocimientos amplios adquiridos por el estudio en una o varias materias.

erudito, ta adj. y s. Que tiene amplios conocimientos, que demuestra erudición. || *Fam.* Erudito a la violeta, el que tiene unos conocimientos muy superficiales.

erupción f. Salida repentina y violenta de alguna materia contenida en las profundidades de la Tierra: *la erupción de un volcán.* || *Med.* Aparición de granos, manchas, etc., en la piel.

eruptivo, va adj. Producido por la erupción volcánica: *rocas eruptivas.* || Que va acompañado de erupción: *fiebre eruptiva.*

esbeltez f. Cualidad de esbelto.

esbelto, ta adj. Alto, delgado y de buen porte.

esbirro m. Alguacil. || El que hace ejecutar las órdenes de una autoridad por fuerza. || *Fig.* Individuo encargado de proteger de cualquier manera la vida del que le paga.

esbozar v. t. Bosquejar: *esbozar al lápiz.* || Empezar a hacer: *esbozó una sonrisa.*

esbozo m. Bosquejo, boceto.

escabechar v. t. Poner en escabeche. || *Fig. y fam.* Matar: *le escabechó al volver la esquina.* | Suspender en un examen: *le escabecharon en matemáticas.*

escabeche m. Salsa de vinagre, aceite, sal, laurel y otros ingredientes en que se conservan pescados o carnes: *atún en escabeche.* || Carne o pescado escabechado.

escabechina f. *Fig.* Destrozo, estrago: *hacer una escabechina.*

escabel m. Asiento sin respaldo. || Taburete para los pies.

escabrosidad f. Desigualdad, aspereza. | Lo que es escabroso.

escabroso, sa adj. Desigual, lleno de asperezas: *terreno escabroso.* || *Fig.* Difícil: *asunto escabroso.* | Peligroso, resbaladizo: *conversación escabrosa.* | Al borde de lo obsceno: *novela escabrosa.* | Áspero, intratable.

***escabullirse** v. pr. Escaparse de entre las manos. || Marcharse disimuladamente. || Desaparecer entre personas o cosas.

escacharrar v. t. Romper un cacharro. || Estropear, destrozar. || *Fig.* Hacer fracasar.

escafandra f. Aparato hermético de los buzos provisto de un dispositivo para renovar el aire.

escafoides adj. *Anat.* Aplícase a uno de los huesos del carpo y del tarso (ú. t. c. s. m.).

escagüil m. *Méx.* Escagüite.

escagüite m. Planta euforbiácea de México.

escajocote m. Árbol de América Central, corpulento, de fruta agridulce.

escala f. Escalera de mano. || Serie de cosas ordenadas según cierto criterio: *escala de colores, de los seres.* || Puerto o aeropuerto donde toca una embarcación o un avión: *hacer escala en Buenos Aires.* || *Fís.* Graduación de un instrumento de medida: *escala barométrica, termométrica.* || Relación que existe entre una dimensión y su representación en un plano o mapa. || Línea dividida en partes iguales que representa esta relación. || *Mil.* Escalafón: *escala cerrada, de reserva.* || *Mús.* Sucesión de las siete notas: *escala musical.* || *Fig.* Orden de magnitud: *problema que se plantea a escala internacional.* || — En gran escala, de mucha importancia. || *Escala móvil,* sistema de fijación de los salarios en función de los precios. || *Escala de Richter,* tabla de magnitudes para medir la intensidad de los temblores de tierra a partir de la energía liberada (sus unidades crecen de manera exponencial).

escalada f. Acción y efecto de escalar. || *Mil.* Progresión en el empleo de armas estratégicas que motiva la agravación de un conflicto bélico.

escalador, ra adj. y s. Que escala. || — M. Ciclista que sube bien las pendientes de una montaña.

escalafón m. Lista de los individuos de un cuerpo, clasificados según su categoría, antigüedad, etc. || Grado.

escalamiento m. Acción y efecto de escalar.

escalar v. t. Subir y pasar por encima de algo: *escalar un muro.* || Trepar, ascender: *escalar una montaña.* || Entrar en un sitio valiéndose de escalas. || Introducirse con violencia en una parte: *escalar una casa.* || Entrar en una plaza. || *Fig.* Alcanzar una posición elevada: *escalar el mando.*

escaldado, da adj. *Fig.* y *fam.* Escarmentado. | Libre, deshonesto.

escaldadura f. Acción y efecto de escaldar.

escaldar v. t. Sumergir o limpiar en agua hirviendo: *escaldar la verdura antes de cocerla.* || Poner al rojo: *escaldar el hierro.* || *Fig.* Hacer sufrir un chasco y escarmentar. || — V. pr. Escocerse la piel: *escaldarse la mano.*

escaleno adj. m. *Geom.* Aplícase al triángulo que tiene sus tres lados desiguales. || *Anat.* Dícese de cada uno de los tres músculos situados a la altura de las vértebras cervicales.

escalera f. Serie de escalones que unen dos pisos situados a dos niveles distintos. || Sucesión de cartas de valor correlativo: *escalera al rey, de color, máxima.* || — *Fig.* Escalera abajo, de situación inferior. || *Escalera de mano,* utensilio portátil formado por dos largueros unidos por travesaños paralelos entre sí que sirve para subir a un sitio elevado. || *Escalera de tijera,* la compuesta de dos de mano unidas por bisagras. || *Escalera mecánica o au-* tomática, la de peldaños movidos por un mecanismo eléctrico, utilizada en estaciones, almacenes y otros lugares.

escalerilla f. Escalera de pocos escalones. || Pasarela de un avión. || Serie de tres cartas seguidas en algunos juegos.

escalfador m. Jarro de metal en que calientan el agua los barberos. || Braserillo para calentar la comida. || Utensilio para escalfar los huevos.

escalfar v. t. Echar en agua hirviendo los huevos sin cáscara.

escalinata f. Escalera amplia de piedra situada ante la entrada de un edificio.

escalo m. Acción de escalar: *robo con escalo.*

escalofrío m. Estremecimiento con sensación de frío.

escalón m. Peldaño. || *Fig.* Grado de un empleo o dignidad.

escalonado, da En forma de escalones sucesivos. || Progresivo, sucesivo, de intensidad o valor variable: *paros escalonados, amortizaciones escalonadas.*

escalonamiento m. Distribución en el tiempo: *escalonamiento de las vacaciones.*

escalonar v. t. Situar de trecho en trecho: *escalonar las tropas* (ú. t. c. pr.). || Distribuir en el tiempo: *escalonar los pagos.* || Graduar: *escalonar las dificultades.*

escalope m. Filete delgado de carne, generalmente de ternera.

escalpar v. t. Separar la piel del cráneo con un instrumento cortante.

escalpe y **escalpo** m. Cabellera arrancada con la piel que los pieles rojas conservaban como trofeo de guerra.

escalpelo m. Bisturí para disecciones anatómicas y autopsias.

escama f. Cada una de las laminillas que cubren la piel de los peces y ciertos reptiles. || Lo que tiene forma parecida: *las escamas de la loriga; jabón de escamas.* || Laminilla que se desprende de la piel. || *Fig.* Recelo, desconfianza. | Disimulo, reserva.

escamado, da adj. *Fam.* Desconfiado, receloso. || — M. Obra labrada en figura de escamas. || — F. Una labor de bordado.

escamar v. t. Quitar las escamas a los peces. || Labrar en figura de escamas. || *Fig.* y *fam.* Volver desconfiado. | Parecer sospechoso: *tanta solicitud me escama.* || — V. pr. *Fam.* Desconfiar.

escamol m. *Méx.* Ninfa de ciertas especies de hormigas que comen los indígenas. | Guiso que se hace con estas ninfas.

escamón, ona adj. y s. Escamado, desconfiado.

escamondar v. t. Limpiar los árboles de las ramas inútiles. || *Fig.* Quitar a una cosa lo superfluo. | Lavar, limpiar.

escamoso, sa adj. Que tiene escamas. || — Adj. y s. *Zool.* Dícese de los reptiles cuyo cuerpo está cubierto de escamas. || — M. Pl. *Zool.* Orden de estos animales: *los lagartos y las víboras pertenecen al orden de los Escamosos.*

escamotable adj. Que puede escamotearse.

escamotar y **escamotear** v. t. Hacer desaparecer un objeto sin que nadie se dé cuenta. || *Fig.* Robar sutilmente. | Eludir: *escamotear la resolución de un asunto.*

escamoteo m. Acción y efecto de escamotear.

escampada f. Momento corto en que deja de llover.

escampar v. impers. Dejar de llover.

escampavía f. Barco pequeño y ligero que sirve de explorador o para vigilar las costas.

escanciador, ra adj. Persona encargada de escanciar en las mesas y convites (ú. t. c. s.).

escanciar v. t. Servir el vino. || — V. i. Beber vino.

escandalera f. *Fam.* Escándalo.

escandalizar v. t. Indignar, causar escándalo: *su conducta me escandaliza.* || Armar escándalo. || — V. pr. Mostrar indignación: *me escandalicé al verlo actuar así.* || Encolerizarse, irritarse.

escándalo m. Acción que ofende a la moral. || Indignación provocada por una mala acción. || Alboroto, jaleo: *escándalo nocturno.*

escandalosa f. *Mar.* Vela pequeña que se coloca sobre la cangreja. || *Fig.* y *fam.* Echar la escandalosa, reprender violentamente.

escandaloso, sa adj. Que causa escándalo: *injusticia escandalosa; traje escandaloso.* || Revoltoso, ruidoso (ú. t. c. s.).

escandinavo, va adj. y s. De Escandinavia.

escandio m. Cuerpo simple metálico (Sc), de número atómico 21. (Su densidad es de 3,00.)

escandir v. t. Medir el verso.

escanear v. t. Aplicar un escáner a un objeto: *me falta escanear una foto para mandarla a mi amigo.*

escáner m. *Electr.* Instrumento que explora un espacio o una superficie, y reproduce la información obtenida en señales que pueden ser tratadas por una computadora. || *Med.* Instrumento que produce una representación visual de secciones del cuerpo.

escantillar v. t. *Arq.* Tomar una medida o plantilla desde una línea fija.

escantillón m. Regla o plantilla para trazar las líneas y fijar las dimensiones según las cuales se han de labrar las piezas.

escaño m. Banco con respaldo. || Asiento en el Parlamento.

escapada f. Acción de escapar o escaparse. || Escapatoria.

escapar v. i. Huir, salir de un sitio donde se estaba encerrado. Ú. t. c. pr.: *se escapó por la azotea.* || *Fig.* Librarse de un peligro: *escapar de la muerte por milagro.* || Irse apresuradamente. || — V.

pr. Salirse un líquido o gas por algún resquicio. || Dejar salir un líquido o gas: *la cacerola se sale.* || Adelantar mucho un ciclista a los demás en una carrera. || — *Escaparse de las manos,* escurrirse. || *Escapársele a uno una cosa,* no advertirla; decirla por descuido.

escaparate m. Parte delantera de una tienda cerrada con cristales donde se exponen las mercancías: *un decorador de escaparates.*

escaparatista com. Decorador de escaparates.

escapatoria f. Acción y efecto de escaparse. || *Fam.* Evasiva, pretexto, salida para eludir algo: *no me venga usted con escapatorias.*

escape m. Pérdida: *un escape de gas.* || *Mec.* Pieza que detiene la marcha de una máquina: *el escape de un reloj.* | Válvula que abre o cierra la salida de los gases en los automóviles. || *Fig.* Salida, solución: *no tenemos escape.* || Acción de escaparse. || *A escape,* a todo correr, a toda prisa.

escápula f. *Anat.* Omóplato.

escapulario m. Objeto de piedad, compuesto de dos trozos de tela, reunidos con cintas, que se lleva sobre el pecho y la espalda.

escaque m. Casillas del tablero de ajedrez o damas. || — Pl. Ajedrez: *partida de escaques.*

escaqueado, da adj. Que forma escaques.

escara f. Costra en las llagas.

escarabajo m. Insecto coleóptero, de élitros lisos y cuerpo ovalado que se alimenta de estiércol. || Cualquier coleóptero de cuerpo ovalado y cabeza corta.

escaramujo m. Rosal silvestre. || Percebe, molusco.

escaramuza f. *Mil.* Combate de poca importancia. || *Fig.* Riña, disputa ligera.

escarapela f. Divisa compuesta de cintas de varios colores, lazadas alrededor de un punto: *la escarapela del morrión del soldado.* || Riña entre mujeres.

escarbadero m. Sitio donde escarban los animales.

escarbadientes m. inv. Mondadientes.

escarbador, ra adj. Que escarba. || — M. Instrumento para escarbar la lumbre.

escarbaorejas m. Instrumento para limpiar los oídos.

escarbar v. t. Remover la tierra ahondando algo: *escarbar el toro la tierra.* || Limpiar los dientes u oídos. || Remover la lumbre. || *Fig.* Investigar, intentar averiguar lo oculto. | Registrar.

escarcela f. Bolsa que pendía de la cintura. || Mochila del cazador. | Cofia.

escarceo m. Formación de pequeñas olas en los sitios donde hay corriente. || — Pl. *Equit.* Vueltas y caracoles que da al caballo. || *Fig.* Rodeos. | Divagaciones. | Primeros pasos: *escarceos amorosos.*

escarcha f. Rocío helado: *prados cubiertos de escarcha.*

escarchado, da adj. Cubierto de escarcha. || Cubierto con azúcar cristali-

zada: *fruta escarchada.* || Dícese del aguardiente cuando se hace cristalizar azúcar en un ramo de anís dentro de la botella. || — M. Bordado de oro o plata.

escarchar v. impers. Formarse escarcha en las noches frías. || — V. t. Preparar frutas y pasteles de manera que queden cubiertos de azúcar cristalizada. || Poner en el aguardiente un ramo de anís con azúcar.

escarda f. Azada pequeña para escardar. || Acción de escardar.

escardador, ra m. y f. Persona que escarda.

escardadura f. Escarda.

escardar v. t. Arrancar las malas hierbas de los campos cultivados. || *Fig.* Separar lo malo de lo bueno: *escardar una obra de los errores que contiene.*

escardilla f. Almocafre.

escardillar v. t. Escardar.

escariador m. Herramienta para ensanchar o redondear taladros.

escariar v. t. Ensanchar y redondear un agujero con el escariador.

escarificación f. *Med.* Incisión poco profunda hecha en la piel.

escarificador m. Instrumento para mullir la tierra sin volverla. || Instrumento con puntas aceradas para escarificar la piel.

escarificar v. t. Mullir la tierra con el escarificador. || *Med.* Hacer incisiones superficiales: *escarificar la piel para poner una vacuna.*

escarlata f. Color rojo subido (ú. t. c. adj.).

escarlatina f. Enfermedad infecciosa, contagiosa y epidémica, que se manifiesta por la aparición de manchas rojas difusas en la piel.

escarmentado, da adj. y s. Que escarmienta.

*escarmentar v. t. Castigar con severidad. || — V. i. Enmendarse con la experiencia propia o ajena: *escarmentar con la desgracia.*

escarmiento m. Lección, experiencia que hace escarmentar: *esto le servirá de escarmiento.* || Castigo, multa, pena.

escarnecedor, ra adj. y s. Que escarnece.

*escarnecer v. t. Ofender a uno burlándose de él, zaherir.

escarnecimiento y escarnio m. Burla que ofende, mofa tenaz.

escarola f. Achicoria.

escarpa f. Cuesta empinada. || Plano inclinado que forma el muro de una fortificación.

escarpado, da adj. Muy empinado, abrupto y escabroso.

escarpadura f. Declive, cuesta empinada.

escarpar v. t. Cortar a pico.

escarpelo m. Escalpelo. || Instrumento parecido a la escofina usado por los carpinteros y escultores.

escarpia f. Alcayata.

escarpidor m. Peine de púas largas, gruesas y ralas.

escarpín m. Zapato descubierto y de suela muy fina.

escasear v. i. Faltar: *el carbón escasea este invierno.* || — V. t. Escatimar, ahorrar. || Cortar la cara de un sillar oblicuamente a las otras.

escasez f. Insuficiente: *escasez de agua, de mano de obra.* || Falta de productos alimenticios: *año de escasez.* || Tacañería, mezquindad: *proveer a los gastos con escasez.* || Pobreza: *vivir con escasez.*

escaso, sa adj. Insuficiente: *la cena resultó escasa.* || Poco abundante: *escasa vegetación; escasos recursos.* || No completo, falto de algo: *un metro escaso de paño.* || Poco: *tiene escasas posibilidades de triunfar.* || Tacaño. || Andar escaso de, estar falto de.

escatimar v. t. Dar con parsimonia, ser parco en: *escatimar la comida, los elogios.* || Reducir: *le ha escatimado el sueldo.* || *Fig.* Ahorrar: *escatimar sus energías.*

escatófago, ga adj. Aplícase a los animales que comen excrementos: *el escarabajo es escatófago.*

escatología f. Conjunto de creencias y doctrinas relativas a la vida de ultratumba. || Tratado de cosas excrementicias. || Literatura o broma relacionada con cosas sucias.

escatológico, ca adj. Relativo a las postrimerías de la muerte. || Referente a los excrementos y suciedades. || Indecente, grosero.

escayola f. Yeso calcinado. || Estuco.

escayolar v. t. Inmovilizar un miembro roto con un vendaje endurecido con escayola.

escayolista m. Persona especializada en hacer molduras y otros adornos con escayola.

escena f. Escenario, parte del teatro donde se representa el espectáculo. || Conjunto de los decorados: *cambio de escena.* || Subdivisión de un acto: *tercera escena del primer acto.* || *Fig.* Arte dramático: *tener vocación para la escena.* | Suceso considerado como un espectáculo digno de atención: *una escena conmovedora.* | Lugar de un suceso: *la escena del asesinato.* || — *Fam. Hacer una escena,* armar un escándalo. || *Llevar a la escena,* escoger como tema de una obra de teatro.

escenario m. Parte del teatro donde se representa el espectáculo: *el escenario de la Ópera.* || Sitio donde se ruedan los interiores de una película. || Lugar donde se desarrolla una película. || *Fig.* Lugar de un suceso: *el escenario de un crimen.* | Ambiente, medio, circunstancias que rodean algo o a alguien.

escénico, ca adj. De la escena: *representaciones escénicas.*

escenificación f. Disposición de la escena para representar una obra teatral o rodar una película.

escenificar v. t. Dar forma dramática a una obra o a un asunto para representarlo.

escenografía f. Arte de realizar los decorados. || Arte de poner en perspectiva un objeto.

escenográfico, ca adj. De la escenografía.

escenógrafo m. Pintor de decorados escénicos.

escepticismo m. Doctrina filosófica que sostiene que el hombre es incapaz de alcanzar la verdad. || Duda, tendencia a no creer nada de lo que los demás reconocen como real o verdadero.

escéptico, ca adj. y s. Que profesa el escepticismo: *filosofía escéptica*. || Que duda de todo: *hombre escéptico*.

escindible adj. Que puede escindirse.

escindir v. t. Dividir, separar. || Fís. Romper un núcleo atómico en dos porciones iguales, con liberación de energía.

escisión f. División: *la escisión del átomo, de una asamblea*.

escita adj. y s. De Escitia.

esciúridos m. pl. Familia de mamíferos roedores a la que pertenece la ardilla (ú. t. c. adj.).

*****esclarecer** v. t. Iluminar, poner clara y luciente una cosa. || Fig. Aclarar, dilucidar, poner en claro: *esclarecer una cosa dudosa*. | Hacer famoso a uno: *varón esclarecido*. || — V. i. Empezar a amanecer.

esclarecido, da adj. Insigne.

esclarecimiento m. Aclaración.

esclavina f. Prenda de vestir de forma de capa muy corta.

esclavista adj. y s. Partidario de la esclavitud.

esclavitud f. Condición de esclavo: *la abolición de la esclavitud*. || Sumisión a las pasiones.

esclavizar v. t. Someter a esclavitud. || Fig. Oprimir, tiranizar: *esclavizar a cuantos lo rodean*. | Dominar: *esta pasión le esclaviza*. | No dejar un momento libre: *su trabajo la esclaviza*.

esclavo, va adj. y s. Que está bajo la dependencia absoluta del que le compra o hace prisionero. || Fig. Completamente dominado por una persona o cosa: *esclavo del tabaco*. | Enteramente sometido a una obligación: *esclavo de su deber*. | A la disposición de uno: *esclavo de sus amigos*. || — F. Pulsera sin ningún adorno.

esclerosar v. t. Producir esclerosis.

esclerosis f. Med. Endurecimiento patológico de los tejidos o de los órganos.

esclerótica f. Anat. Membrana dura y blanca que cubre el globo del ojo, salvo la córnea transparente.

esclusa f. Recinto en un canal de navegación con puertas movibles de entrada y salida que se pueden cerrar y abrir según se quiera contener las aguas o dejarlas correr.

escoba f. Utensilio para barrer constituido por un cepillo empalmado con un mango o por un manojo de palmas, de crin o de otra cosa atado a un palo.

escobajo m. Escoba vieja. || Raspa del racimo sin uvas.

escobar v. t. Cub. y Méx. Sostener, apuntalar. || — V. pr. Cub. y Méx. Vivir a costa de otro.

escobazo m. Golpe de escoba. || Barrido ligero. || Fam. Echar a escobazos, despedir a alguien de mala manera.

escobero, ra m. y f. Persona que hace escobas o las vende.

escobeta f. Méx. Escobilla corta que se emplea para lavar loza.

escobilla f. Escoba pequeña. || Cepillo para la ropa. || Bot. Especie de brezo usado para hacer escobas. || Electr. Pieza conductora, generalmente de cobre o de carbón aglomerado, en la cual se establece el contacto entre un órgano fijo y otro móvil en los motores eléctricos.

escobillón m. Cepillo cilíndrico sujeto a un mango para limpiar los cañones.

escobina f. Serrín o limadura de metal que hace la barrena.

escobón m. Escoba de mango largo para deshollinar o limpiar el techo de una casa. || Escoba de palo muy corto.

escocedura f. Inflamación o irritación de la piel. || Sensación de quemadura, escozor.

*****escocer** v. i. Causar una sensación parecida a una quemadura: *la guinda escuece en la lengua*. || Fig. Herir, doler: *la reprimenda le escoció de veras*. || — V. pr. Irritarse o inflamarse una parte del cuerpo. || Tener escocedura. || Fig. Picarse, sentirse, dolerse.

escocés, esa adj. y s. De Escocia. || — Adj. Aplícase a las telas de cuadros de distintos colores. || — M. Dialecto céltico hablado en Escocia.

escofina f. Lima de dientes gruesos y triangulares que se usa para desbastar.

escofinar v. t. Limar o desbastar con escofina.

escoger v. t. Tomar entre varias personas o cosas la que mejor parece: *escoger como (o por) mujer; escoger un disco*. || Cub. Separar las distintas clases de tabaco.

escogido, da adj. Seleccionado: *trozos escogidos de un libro*. || Excelente: *un artículo escogido*.

escolapio m. Religioso o alumno de las Escuelas Pías.

escolar adj. De la escuela: *libro escolar*. || — M. Estudiante, alumno de una escuela.

escolaridad f. Duración de los estudios en un centro docente.

escolarizar v. t. Crear escuelas. || Dar instrucción.

escolástica f. y **escolasticismo** m. Filosofía de la Edad Media, ligada a la teología y basada en los libros de Aristóteles. || Espíritu exclusivista de escuela en filosofía, ciencia, etc.

escolástico, ca adj. Concerniente al escolasticismo. || Aplícase al que enseña o profesa el escolasticismo (ú. t. c. s.). || Relativo a las escuelas. || — F. Escolasticismo: *el espíritu de la escolástica*.

escólex m. Cabeza de los gusanos cestodos provista de ventosas.

escolio m. Nota, observación o comentario que se pone a un texto para explicarlo.

escoliosis f. Med. Desviación lateral de la columna vertebral.

escollera f. Dique de defensa contra el oleaje en un puerto.

escollo m. Peñasco a flor de agua. || Fig. Peligro, dificultad: *tropezar en un escollo*.

escolopendra f. Zool. Ciempiés. || Bot. Lengua de ciervo.

escolta f. Conjunto de soldados, barcos o vehículos que escoltan algo o a alguien. || Barco que protege los buques mercantes. || Personas que acompañan a otra.

escoltar v. t. Acompañar para proteger o vigilar: *los guardaespaldas escoltan al presidente*. || Acompañar por cortesía y respeto a un personaje importante: *los cortesanos escoltaban al rey*.

escombrar v. t. Quitar los escombros. || Fig. Desembarazar, despejar, limpiar.

escombrera f. Vertedero de escombros.

escombro m. Material de desecho de un edificio derribado, de la explotación de una mina, de una cantera o de una fábrica.

esconder v. t. Ocultar. Ú. t. c. pr.: *esconderse detrás de un árbol*. || Fig. Encerrar, llevar en sí.

escondidillas f. pl. Méx. Juego del escondite.

escondido, da adj. Oculto. || — M. Riopl. Baile popular. || — F. pl. Amer. Escondite. | A escondidas, ocultamente. (Se dice tb. a escondidillas.)

escondimiento m. Ocultación y encubrimiento de una cosa.

escondite m. Escondrijo. || Juego de muchachos en que todos se esconden menos uno que tiene que buscarlos.

escondrijo m. Lugar oculto.

escopeta f. Arma de fuego para cazar, con uno o dos cañones. || Fig. y fam. ¡Aquí te quiero ver, escopeta!, quiero ver cómo te las arreglas en este caso.

escopetazo m. Disparo de escopeta. || Herida producida. || Fig. Noticia o hecho inesperado y desagradable: *al abrir el periódico recibió un escopetazo*.

escopetero m. Soldado armado con escopeta. || Fabricante o vendedor de escopetas. || Zool. Insecto coleóptero.

escopladura y **escopleadura** f. Corte, muesca o agujero hecho en la madera con el escoplo.

escoplo m. Herramienta de carpintero o escultor parecida al cincel.

escora f. Mar. Inclinación accidental del barco. || Cada uno de los puntales que sostienen el barco en construcción o en reparación.

escoraje m. Acción de escorar.

escorar v. t. Mar. Apuntalar un barco con escoras. || — V. i. Mar. Inclinarse el barco. | Llegar la marea a su nivel más bajo.

escorbuto m. Enfermedad producida por la carencia de vitaminas C que se manifiesta por hemorragias, caída de los dientes y alteración en las articulaciones.

escoria f. Sustancia vítrea que sobrenada en el crisol de los hornos de fundición. || Óxido que salta del hierro candente. || Residuo, sustancia de desecho. || Lava esponjosa de los volcanes. || *Fig.* Lo más vil, desecho: *la escoria de la sociedad.*

escoriación f. Irritación o desolladura superficial producida por el roce continuo de algo.

escorial m. Sitio donde se arrojan las escorias de las fábricas. || Montón de escorias.

escoriar v. t. Desollar superficialmente la piel.

escorpión m. Alacrán, arácnido. | *Mil.* Máquina antigua para lanzar piedras. || Instrumento de tormento consistente en unas cadenas terminadas por garfios que recordaban la cola del escorpión.

escorzado m. Escorzo.

escorzar v. t. Representar una figura pictórica según las reglas de la perspectiva.

escorzo m. Acción y efecto de escorzar. || Figura o parte de figura escorzada.

escota f. *Mar.* Cabo que sirve para atiesar las velas.

escotado m. Escote.

escotadura f. Escote.

escotar v. t. Hacer escote.

escote m. Corte que forma en una prenda la abertura del cuello. || Abertura grande de una prenda que deja al descubierto la garganta y parte de la espalda. || *Fam.* Parte que toca pagar a cada uno en un gasto común.

escotilla f. *Mar.* Abertura que permite pasar de un piso del barco a otro. || Puerta de acceso a un carro de combate, avión, etc.

escotillón m. Trampa. || Abertura en el escenario por donde se pueden subir y bajar objetos y tb. entrar o desaparecer los actores.

escozor m. Sensación dolorosa parecida a la de una quemadura. || *Fig.* Dolor, aflicción. | Remordimiento profundo.

escriba m. Doctor e intérprete de la ley judaica. || *Fam.* Escribano.

escribanía f. Profesión de escribano. || Despacho del escribano. | Escritorio, mueble para guardar documentos. || Recado de escribir.

escribano m. El que por oficio público está autorizado para dar fe de las escrituras que pasan ante él. (Hoy sólo se ocupa de las escrituras judiciales.) || Secretario. || Pendolista.

escribiente m. Oficinista que copia o pone en limpio escritos ajenos, y tb. escribe al dictado.

escribir v. t. Representar palabras, ideas o sonidos por signos convencionales. || Redactar: *escribir libros, discursos, etc.* || Componer: *escribir música.* || Comunicar por escrito: *escribir una noticia.* || Ortografiar: *escribir "hombre" con "h" y "jilguero" con "j".* || *Fig.* Marcar, señalar: *la ignominia escrita en su cara.*

escrito, ta p. p. irreg. de *escribir.* || *Fig. Estaba escrito, así tenía que ocurrir.* || — M. Cualquier cosa escrita. || Obra literaria: *los escritos de Platón.* || Conjunto de pruebas escritas en un examen. || *For.* Alegato, solicitud. || *Por escrito,* escribiendo en un papel: *declarar por escrito.*

escritor, ra m. y f. Persona que escribe. || Autor de libros.

escritorio m. Mueble para guardar documentos. || Mesa de despacho. || Cuarto donde tiene su despacho una persona. || Pequeño mueble de cajones para guardar joyas.

escritura f. Acción y efecto de escribir. || Arte de escribir, letra. || Escrito. || Caracteres con que se escribe: *escritura griega.* || *For.* Documento público de que da fe el notario: *escritura de venta.* (Dícese también *escritura pública.*) || *La Sagrada Escritura,* la Biblia.

escriturar v. t. *For.* Hacer constar en escritura pública: *escriturar una venta.* || Contratar a un artista.

escrófula f. *Med.* Inflamación de los ganglios del cuello causada por una debilidad general.

escrofulariáceas f. pl. Familia de plantas angiospermas dicotiledóneas (ú. t. c. adj.).

escrofuloso, sa adj. *Med.* Relativo a la escrófula. || — Adj. y s. Que padece escrófula.

escroto m. *Anat.* Bolsa de piel que cubre los testículos.

escrúpulo m. Duda, aprensión de hacer algo malo: *un hombre sin escrúpulos.* || Aprensión, temor de tomar o usar algo malo: *le da escrúpulo comer en este plato.* || Escrupulosidad: *hacer algo con escrúpulo.*

escrupulosidad f. Minuciosidad, sumo cuidado. || Exactitud en el cumplimiento de las cosas.

escrupuloso, sa adj. Que tiene escrúpulos. | Concienzudo. || *Fig.* Exacto, minucioso: *cuentas escrupulosas.* | Delicado: *no se puede invitar a gente tan escrupulosa.*

escrutador, ra adj. Escudriñador. || — M. El que hace el recuento de votos en las elecciones.

escrutar v. t. Hacer el recuento de votos. || Mirar con mucha atención, escudriñar: *escrutar el horizonte.*

escrutinio m. Recuento de los votos en una elección. || Examen minucioso.

escrutiñador, ra m. y f. Escudriñador.

escuadra f. Utensilio de dibujo para trazar ángulos rectos. || Pieza de hierro, de forma de L o de T, para asegurar una ensambladura. || Escuadría. || Cuadrilla de obreros. || *Mar.* Conjunto de barcos de guerra que maniobran juntos: *la sexta escuadra estadounidense.* || *Mil.* Cierto número de soldados con su cabo. | Cargo de cabo de estos soldados.

escuadrar v. t. Labrar o formar a escuadra: *escuadrar un madero.*

escuadrilla f. Escuadra de buques pequeños. || Conjunto de aviones que vuelan juntos.

escuadrón m. *Mil.* Compañía de un regimiento de caballería.

escualidez f. Flaqueza.

escuálido, da adj. Muy flaco.

escualo m. Cualquiera de los peces selacios con cuerpo fusiforme y boca grande como el tiburón.

escucha f. Acción de escuchar: *ponerse a la escucha.* || En los conventos y colegios de religiosas, la que presencia las visitas en el locutorio para oír lo que allí se dice. || Centinela avanzado. || *Estación de escucha,* la que controla las conversaciones radiotelefónicas.

escuchar v. t. Estar atento para oír algo: *escuchar tras la puerta; escuchar un discurso.* || *Fig.* Hacer caso, tomar en cuenta: *escuchar los consejos.* | Obedecer: *escuchar la voz del deber.* || — V. pr. Hablar con pausa y afectación, con cierta satisfacción de sí mismo: *hablar escuchándose.*

escuchimizado, da adj. Enclenque.

escudar v. t. Proteger con el escudo. || *Fig.* Resguardar y defender de algún peligro. || — V. pr. Ampararse, valerse de algo como excusa: *escudarse con el ejemplo de sus antepasados.*

escudería f. Servicio u oficio de escudero. || Conjunto de coches de carrera que corren por una misma marca.

escudero m. Paje que llevaba el escudo del señor. || Hidalgo. || El que recibía retribución de su señor por asistirle.

escudete m. Escudo pequeño. || Escudo de una cerradura. || Trozo de tela triangular que sirve como refuerzo. || Nenúfar, planta. || Trozo de corteza con una yema, que se injerta en otro árbol: *injerto de escudete.*

escudilla f. Vasija semiesférica.

escudo m. Arma para cubrirse el cuerpo que se llevaba en el brazo izquierdo. || Chapa de acero que llevan los cañones para protección de sus sirvientes. || *Blas.* Figura en forma de escudo donde se pintan los blasones de un estado, ciudad o familia. (En este sentido se llama tb. *escudo de armas.*) || *Fig.* Protección, defensa. || *Mar.* Espejo de popa. || Antigua moneda de oro. || Moneda antigua en algunos países, como Chile y Portugal.

escudriñador, ra adj. y s. Que escudriña. | Curioso.

escudriñamiento m. Acción de escudriñar.

escudriñar v. t. Examinar minuciosamente. || Otear, mirar intensamente de lejos: *escudriñar el horizonte.*

escuela f. Establecimiento donde se da la primera enseñanza: *escuela municipal.* || Establecimiento donde se da cualquier género de instrucción: *escuela de ingenieros.* || Instrucción: *tener* buena escuela. || Conjunto de los seguidores de un maestro o doctrina: *escuela estoica.* || Conjunto de los pintores que han dado fama a un sitio o han seguido a un maestro: *la escuela española, la escuela de David.* || Lo que da experiencia: *la escuela de la vida.*

escuerzo m. Sapo. || *Fam.* Persona flaca o escuchimizada.

escueto, ta adj. Sobrio: *estilo escueto.* || Sin ambages, simple: *la verdad escueta.* || Conciso, sucinto: *un informe escueto.*

escuimpacle m. Hierba medicinal de México.

escuincle m. *Méx.* Escuintle.

escuintle m. *Méx.* Perro callejero. || *Fig. Méx.* Muchacho, rapaz.

escuintleco, ca adj. y s. De Escuintla (Guatemala).

esculapio m. *Fam.* Médico.

esculpidor m. Escultor.

esculpir v. t. Labrar con el cincel: *esculpir en mármol.*

escultor, ra m. y f. Artista que se dedica a la escultura.

escultórico, ca adj. Escultural: *grupo escultórico.*

escultura f. Arte de labrar figuras de bulto. || Obra así hecha.

escultural adj. De la escultura: *arte escultural.* || Digno de ser esculpido por su belleza: *formas esculturales.*

escupidera f. Recipiente para escupir. || *And.* y *Amer.* Orinal.

escupir v. i. Arrojar saliva por la boca: *escupir en el suelo.* || — V. t. Arrojar de la boca: *escupir sangre.* || *Fig.* Soltar: *el metal escupe la escoria.* | Arrojar con violencia: *los cañones escupían balas.* | Despreciar: *escupir a uno.*

escupitajo y escupitanajo m. Saliva que se escupe de una vez.

escurialense adj. De El Escorial: *el monasterio escurialense.*

escurrebotellas m. Utensilio para escurrir las botellas.

escurreplatos m. Utensilio para escurrir los platos.

escurridizo, za adj. Que se escurre o desliza fácilmente.

escurridor m. Colador para escurrir. || En la máquina de lavar, parte que sirve para escurrir la ropa. || Escurreplatos.

escurriduras f. pl. Últimas gotas de un licor que quedan en el fondo de un recipiente. || Marcas que deja la pintura al escurrirse.

escurrimiento m. Acción y efecto de escurrir o escurrirse. || *Fig.* Desliz.

escurrir v. t. Verter las últimas gotas de un líquido fuera del recipiente donde estaban: *escurrir vino.* || Hacer que una cosa mojada suelte el líquido que contiene: *escurrir la ropa.* || *Fig.* y *fam. Escurrir el bulto,* esquivarse. || — V. i. Caer o dejar el líquido contenido. || Resbalar: *el suelo escurre.* || — V. pr. Deslizarse: *escurrirse por la pendiente.* || Escaparse: *el plato se le escurrió de las manos.* || *Fam.* Escaparse, escabullirse: *se escurrió sin dejar rastro.* | Equivocarse.

esdrújulo, la adj. y s. Aplícase al vocablo acentuado en la antepenúltima sílaba, como *carátula, fenómeno, gramática.*

ese f. Nombre de la letra *s.* || Eslabón de cadena en forma de *s.* || Zigzag: *carretera con eses.* || *Fam.* Andar haciendo eses, titubear por estar borracho.

ese, esa, esos, esas adj. dem. Sirven para designar lo que está cerca de la persona con quien se habla: *ese libro; esa mesa.* || — Pron. dem. Se escriben con acento y se aplican a la persona que está cerca de aquella con quien se habla: *ése quiero; vendrán ésas.* || — ¡A ése!, grito para incitar a detener al que huye. || *Ni por ésas,* de ninguna manera.

esencia f. Ser y naturaleza propia de las cosas. || *Quím.* Sustancia volátil y olorosa: *esencia de rosas.* || Perfume: *un frasco de esencia.* || Extracto concentrado: *esencia de café.* || Lo esencial, lo principal: *la esencia de una materia.* || — *Quinta esencia,* entre los alquimistas, principio fundamental de la materia; (fig.) lo más puro y acendrado de una cosa.

esencial adj. Lo que constituye la esencia de algo: *la inteligencia es esencial en el hombre.* || Primordial, fundamental, principal: *Aceite esencial, esencia.*

esfenoides adj. y s. m. Aplícase al hueso que ocupa la parte anterior y mediana del cráneo.

esfera f. Globo, sólido limitado por una superficie curva cuyos puntos equidistan todos de otro interior llamado *centro: el volumen de una esfera.* || Círculo en que giran las manecillas del reloj. || *Fig.* Clase social: *hombre de alta esfera.* | Círculo, medio, ambiente: *salirse de su esfera.* | Campo, terreno: *esfera de actividad.* || *Esfera celeste,* esfera ideal que rodea nuestro globo, y donde parecen estar situados los astros.

esfericidad f. *Geom.* Calidad de esférico.

esférico, ca adj. De la esfera: *superficie esférica; casco esférico.* || De forma de esfera: *figura esférica.* || — M. *Fam.* Balón.

esferográfico m. o **esferográfica** f. *Col.* y *Ecuad.* Bolígrafo.

esferoide m. Cuerpo de forma casi esférica.

esfinge f. amb. Animal fabuloso de los egipcios con cabeza y pecho de mujer, cuerpo y pies de león, que personificaba al Sol.

esfínter m. *Anat.* Anillo muscular que abre y cierra un orificio natural: *esfínter del ano.*

esforzado, da adj. Valiente.

*esforzar v. t. Obligar a hacer un esfuerzo. || Infundir ánimo o valor. || — V. pr. Hacer esfuerzos física o moralmente con algún fin: *me esforzaré en darle satisfacción.*

esfuerzo m. Empleo enérgico de la fuerza física o de la actividad del ánimo: *hay que hacer muchos esfuerzos*

para sacar el diploma. || Sacrificios: *hace un esfuerzo para dar instrucción a sus hijos.*

esfumar v. t. Extender el lápiz con el difumino. || — V. pr. *Fig.* Desvanecerse, desaparecer.

esfumino m. Difumino.

esgrima f. Arte de manejar la espada, el florete y otras armas blancas.

esgrimidor, ra m. y f. Persona que sabe esgrimir.

esgrimir v. t. Manejar un arma blanca como la espada. || Blandir: *esgrimía un palo.* || *Fig.* Valerse de algo para defenderse o lograr un objetivo: *esgrimir un argumento.* | Amenazar con algo: *esgrimir el peligro de una revolución.*

esgrimista com. *Arg., Chil.* y *Per.* Esgrimidor.

esguince m. Movimiento del cuerpo para evitar el golpe o la caída. || Distensión de una articulación: *producir un esguince en el tobillo.* || Gesto de desagrado o desdén.

eslabón m. Pieza en forma de anillo o de *s* que, engarzada con otras, forma una cadena. || Hierro con que se sacan chispas del pedernal. || Chaira para afilar.

eslabonamiento m. Acción y efecto de eslabonar.

eslabonar v. t. Trabar eslabones. || *Fig.* Enlazar, encadenar.

eslavismo m. Estudio de todo lo relacionado con los eslavos.

eslavizar v. t. Dar carácter eslavo a algo o a alguien.

eslavo, va adj. Relativo a los eslavos. || De raza eslava. || — M. Lengua eslava.

eslinga f. *Mar.* Maroma con ganchos para levantar pesos.

eslora f. *Mar.* Longitud interior de la nave desde el codaste hasta la roda. || — Pl. *Mar.* Maderos endentados en los baos para reforzar las cubiertas.

eslovaco, ca adj. y s. De Eslovaquia.

esloveno, na adj. y s. De Eslovenia.

esmaltador, ra m. y f. Persona que esmalta.

esmaltar v. t. Aplicar esmalte. || *Fig.* Adornar de varios colores: *las florecillas esmaltan el prado de mil colores.*

esmalte m. Barniz vítreo, opaco o transparente, que se aplica en caliente sobre la loza, la porcelana o los metales. || Objeto esmaltado. || Materia dura que cubre la superficie de los dientes. || Barniz que sirve para adornar las uñas. || *Blas.* Color. || Vidrio coloreado de azul por el óxido de cobalto. || *Fig.* Lustre, esplendor.

esmerado, da adj. Hecho con sumo cuidado: *trabajo esmerado.* || Que se esmera: *una persona esmerada.* || Aseado, pulcro.

esmeralda f. Piedra fina, silicato de berilio y aluminio, de un hermoso color verde.

esmeraldeño, ña adj. y s. De Esmeraldas (Ecuador).

esmeraldino, na adj. De color de esmeralda.

esmerar v. t. Pulir, limpiar. || — V. pr. Poner sumo cuidado en lo que se hace: *esmerarse en su trabajo.* || Lucirse.

esmeril m. Roca negruzca compuesta de corindón granoso, mica y óxido de hierro que, reducida a polvo, sirve para pulir. || *Papel de esmeril*, lija.

esmerilado m. Pulido con esmeril.

esmerilador m. Obrero que esmerila. || Rectificación de una pieza.

esmerilar v. t. Pulir con esmeril. || Rectificar una pieza: *esmerilar las válvulas de un motor.* || *Papel esmerilado*, lija.

esmero m. Sumo cuidado: *trabajar con esmero.* || Aseo, pulcritud.

esmirriado, da adj. Encanijado, raquítico, desmirriado.

esmoquin m. Smoking.

esnob adj. y s. Snob.

esnobismo m. Snobismo.

eso pron. dem. Forma neutra que sirve para designar lo que está más cerca de la persona con quien se habla. || — *A eso de*, hacia, aproximadamente: *llegó a eso de las ocho.* || *¡Eso!* o *¡eso es!*, exactamente.

esofágico, ca adj. Del esófago.

esófago m. Anat. Primera parte del tubo digestivo que va de la faringe al estómago.

esotérico, ca adj. Oculto, secreto. || Aplícase a la doctrina que los filósofos de la Antigüedad no comunicaban sino a algunos de sus discípulos: *la doctrina esotérica de Aristóteles.*

esoterismo m. Calidad de esotérico. || Doctrina esotérica.

esotro, tra pron. Ese otro, esa otra (ú. t. c. adj.).

espabilar v. t. Despabilar.

espachurrar v. t. Despachurrar.

espaciador m. En la máquina de escribir, tecla que deja un espacio en blanco.

espacial adj. Del espacio: *vehículo espacial.*

espaciar v. t. Separar las cosas en el espacio o en el tiempo: *espaciar las comidas, los pagos.* || Divulgar (ú. t. c. pr.). || Separar las palabras, letras o renglones en un impreso o en lo escrito con máquina. || — V. pr. Extenderse, dilatarse: *espaciarse escribiendo.* || Esparcirse, distraerse: *salir a espaciarse al sol.*

espacio m. Extensión indefinida que contiene todo lo existente: *el espacio es indivisible al infinito.* || Extensión limitada: *hay un gran espacio delante de la casa.* || Sitio: *este armario no deja espacio para la cómoda.* || Transcurso de tiempo: *un espacio de dos años.* || Fig. Tardanza, lentitud: *hacer algo con mucho espacio.* || Blanco dejado entre las líneas. || Impr. Pieza de metal que sirve para separar las palabras y a veces las mismas letras. || Mús. Separación entre cada dos rayas del pentagrama. || Emisión de televisión o de radio. || — *Espacio vital*, territorio que una nación juzga indispensable adquirir para su desarrollo demográfico y económico. || *Geometría del espacio*,

la que estudia las figuras de tres dimensiones.

espacioso, sa adj. Muy ancho: *un local espacioso.* || Lento, calmoso: *hombre espacioso.*

espada f. Arma blanca, recta, aguda y cortante con empuñadura y guarnición. || Persona diestra en su manejo: *excelente espada.* || Fig. Autoridad, figura: *es una de las primeras espadas en su profesión.* || Torero que mata al toro con espada (ú. más c. m.). || Pez espada. || — Pl. En el juego de naipes, palo que representa una o más espadas: *rey, as de espadas.* || — Fig. *Su cuarto a espadas*, intervenir en una conversación. || *Entre la espada y la pared*, en trance apurado. | *Espada de Damocles*, peligro que está constantemente amenazando a uno. | *Espada de dos filos*, lo que puede producir un efecto opuesto al que se busca.

espadaña f. Hierba tifácea acuática. || Campanario formado por un muro con huecos para las campanas.

espadín m. Espada delgada.

espagueti m. Spaghetti.

espalda f. Parte posterior del cuerpo humano, desde los hombros hasta la cintura (ú. t. en pl.). || Parte semejante de los animales. || Parte posterior del vestido. || Parte de atrás. Ú. t. en pl.: *las espaldas del edificio.* || Estilo de natación en el que se nada boca arriba. || — *Cargado de espaldas*, algo jorobado. || Fig. *Echarse una cosa sobre las espaldas*, encargarse voluntariamente de ella. || *Hablar de uno a sus espaldas*, hablar mal de él en su ausencia. | *Medirle a uno las espaldas*, pegarle. | *Tener buenas espaldas*, tener mucho aguante. | *Tener guardadas las espaldas*, tener suficiente protección. | *Tirar de espaldas*, causar una gran sorpresa. | *Volver la espalda*, retirarse mostrando desprecio; huir o marcharse.

espaldar m. Parte de la coraza que servía para defender la espalda. || Respaldo: *el espaldar de un banco.* || Espaldera. || Espalda.

espaldarazo m. Golpe dado de plano con la espada, o con la mano en las espaldas. || — Fig. *Dar el espaldarazo*, reconocer como ya completamente apto para algo.

espaldera f. Enrejado para que trepen ciertas plantas. || Serie de barras paralelas adosadas a una pared para ejecutar ejercicios gimnásticos.

espaldilla f. Omóplato. || Cuarto delantero de algunas reses.

espantable adj. Espantoso.

espantada f. Huida repentina de un animal. || Desistimiento súbito motivado por el miedo.

espantadizo, za adj. Que se espanta fácilmente.

espantador, ra adj. Que espanta, que hace huir.

espantajo m. Lo que se pone espantar. || Espantapájaros. || Fig. Cosa con que se amenaza a alguien. | Persona fea o ridícula. | Persona que se desprecia.

espantapájaros m. Objeto grotesco que figura un hombre y sirve para ahuyentar los pájaros.

espantar v. t. Causar espanto, asustar. || Ahuyentar a un animal: *espantar las gallinas.* || — V. pr. Asustarse, tener mucho miedo: *espantarse con el estruendo.* || Maravillarse, asombrarse: *se espanta de verte tan solícito.*

espantavenado m. Tipo de ave rapaz de México.

espanto m. Terror, miedo intenso. || Horror. || Fantasma, espectro, aparecido (ú. más en pl.). || Fam. *Estar curado de espanto*, ver algo con impasibilidad por la experiencia que se tiene.

espantoso, sa adj. Que causa espanto o terror. || Horrible. || Fig. Muy grande: *tener una sed espantosa.* | Muy feo.

español, la adj. y s. De España. || — M. Lengua neolatina nacida en Castilla y oficial en España y gran parte de América, hablada en Filipinas y comunidades judías de Oriente y del Norte de África.

españolada f. Dicho o hecho propio de españoles. || Acción, obra literaria o espectáculo que exagera y deforma las cosas típicas de España o el carácter español.

españolismo m. Admiración o apego a las cosas españolas. || Hispanismo. || Carácter español.

españolización f. Acción y efecto de españolizar.

españolizar v. t. Castellanizar, dar forma española. || — V. pr. Adoptar costumbres españolas.

esparadrapo m. Tela adherente que sirve para sujetar vendajes o como apósito si se le ha agregado algún antiséptico.

esparaván m. Gavilán.

esparavel m. Red redonda para la pesca fluvial. || Tabla de madera con mango para tener la mezcla que se ha de aplicar con la llana.

esparceta f. Bot. Pipirigallo.

esparciata adj. y s. Espartano.

esparcimiento m. Acción y efecto de esparcir o esparcirse. || Diversión: *tomarse unas horas de esparcimiento.*

esparcir v. t. Echar, derramar: *esparcir el grano, la arena.* || Desparramar: *esparcir flores.* || Divulgar, difundir: *esparcir una noticia.* || — V. pr. Divertirse, distraerse: *esparcirse el ánimo.*

espárrago m. Planta liliácea cuyos tallos son comestibles: *puntas de espárragos.* || Palo largo que sostiene un entoldado. || Fig. Persona alta y delgaducha. || Madero atravesado por estacas a modo de escalera. || Fig. y fam. *Mandar a freír espárragos*, despedir a uno de mala manera.

esparraguera f. Espárrago. || Plantación de espárragos. || Plato en que se sirven los espárragos.

esparraguina f. Fosfato de calcio cristalizado, de color verdoso.

esparrancarse v. pr. Fam. Ponerse con las piernas muy abiertas.

espartano, na adj. De Esparta (ú. t. c. s.). || *Fig.* Severo, disciplinado.

espartero, ra m. y f. Fabricante o vendedor de obras de esparto.

esparto m. Planta gramínea cuya fibra se usa para hacer sogas, esteras, papel y otras cosas.

espasmo m. Contracción convulsiva involuntaria de los músculos.

espasmódico, ca adj. Relativo al espasmo o parecido a él: *tos espasmódica.*

espatarrarse v. pr. Abrirse de piernas, despatarrarse.

espato m. *Min.* Mineral de estructura laminosa. || *Espato de Islandia*, carbonato de calcio muy puro.

espátula f. Paleta pequeña de farmacéuticos, pintores, etc.

especia f. Sustancia aromática usada como condimento, como el comino, nuez moscada, clavo, pimienta, azafrán, chile.

especial adj. Particular: *servicio especial.* || Fuera de lo corriente: *una comida especial.* || Extraño: *tener un gusto especial.* || *En especial*, especialmente.

especialidad f. Particularidad. || Parte de una ciencia o arte a que se dedica una persona: *los retratos son la especialidad de este pintor.* || Cosa que alguien conoce o hace particularmente bien: *los pasteles son su especialidad.*

especialista adj. y s. Que se dedica a una especialidad: *un especialista en física nuclear.* || Aplícase en particular a los médicos.

especialización f. Acción y efecto de especializar o especializarse.

especializado, da adj. Dícese del que efectúa un trabajo que necesita cierta formación profesional: *obrero especializado.*

especializar v. t. Destinar algo o alguien para un fin determinado. || — V. pr. Adquirir conocimientos especiales para dedicarse a una ciencia o arte en particular.

especie f. Subdivisión del género: *la especie se subdivide en variedades y razas.* || Conjunto de seres o cosas que tienen uno o varios caracteres comunes: *especie humana.* || Género humano: *la propagación de la especie.* || Variedad: *la toronja es una especie de cidra.* || Género, clase: *allí había gente de toda especie.* || Asunto: *se trató de aquella especie.* || Noticia: *una especie falsa.* || *Teol.* Apariencia de pan y vino después de la consagración: *las especies sacramentales.* || *En especie*, en mercancías o productos naturales y no en metálico: *pagar en especie.*

especiería f. Tienda de especias. || Conjunto de especias.

especificación f. Acción y efecto de especificar.

especificar v. t. Determinar con todo detalle: *es difícil especificar todos los casos.* || Precisar: *no me ha especificado lo que quería.*

especificativo, va adj. Que especifica.

especificidad f. Carácter específico.

específico, ca adj. Que caracteriza y distingue una especie de otra: *caracteres específicos del caballo, de una droga.* || *Fís.* Peso específico, relación entre la masa o peso de un cuerpo y su volumen. || — M. *Med.* Medicamento apropiado para tratar una enfermedad determinada. | Medicamento preparado en laboratorios y no en la misma farmacia.

especimen m. Muestra, modelo. || Ejemplar. (Pl. *especímenes.*)

espectacular adj. Que tiene caracteres de espectáculo público. || Impresionante: *un accidente espectacular.*

espectacularidad f. Calidad de espectacular.

espectáculo m. Función o diversión pública: *ver un espectáculo en el teatro.* || Lo que atrae la atención: *el espectáculo de la naturaleza.* || *Fig. Dar el espectáculo*, armar un escándalo; llamar mucho la atención.

espectador, ra adj. y s. Dícese de la persona que presencia cualquier acontecimiento y más particularmente un espectáculo público. || — M. pl. Público.

espectral adj. Del espectro: *análisis espectral.* || *Fig.* Misterioso: *luz espectral.*

espectro m. Figura fantástica y horrible, aparecido, fantasma. || *Fig.* y fam. Hombre de aspecto cadavérico. || *Fís.* Resultado de la descomposición de la luz a través de un prisma. (La luz solar produce el espectro solar, constituido por los siete colores del arco iris.)

espectrografía f. Estudio de los espectros con el espectrógrafo.

espectrógrafo m. *Fís.* Espectroscopio para registrar los espectros en forma de espectrogramas.

espectroscopia f. *Fís.* Ciencia que se ocupa de la producción y estudio de los espectros y de sus aplicaciones.

espectroscópico, ca adj. *Fís.* De la espectroscopia o del espectroscopio.

espectroscopio m. *Fís.* Instrumento que sirve para observar un espectro luminoso.

especulación f. Reflexión: *especulación filosófica.* || *Com.* Operación consistente en comprar algo con la idea de venderlo sacando un beneficio: *especulación bancaria.*

especulador, ra adj. y s. Que especula: *especuladores de la Bolsa.*

especular adj. (Ant.). Transparente, diáfano.

especular v. i. Reflexionar, meditar, raciocinar: *especular sobre la esencia de las cosas.* || Hacer operaciones comerciales o financieras de las cuales se espera sacar provecho gracias a las variaciones de los precios o de las cotizaciones. || Comerciar, negociar: *especular en carbones.* || Utilizar algo para obtener provecho o ganancia: *especular con su cargo.*

especulativo, va adj. *Com.* Relativo a la especulación. || Teórico: *conocimientos especulativos.* || Pensativo y

dado a la especulación. || — F. Inteligencia, facultad de especular.

espéculo m. Instrumento para examinar por la reflexión luminosa ciertas cavidades del cuerpo.

espejear v. i. Reflejar la luz de manera intermitente. || Brillar como un espejo.

espejeo m. Espejismo. || Brillo intermitente: *el espejeo de las olas.*

espejería f. Tienda en que se venden espejos.

espejero m. Fabricante o vendedor de espejos.

espejismo m. Ilusión óptica característica de los países cálidos, particularmente de los desiertos, por la cual los objetos lejanos producen una imagen invertida como si se reflejasen en una superficie líquida. || *Fig.* Ilusión engañosa.

espejo m. Lámina de cristal azogada por la parte posterior para reflejar los objetos: *mirarse en el espejo.* || Superficie que refleja los objetos: *el espejo del mar.* || *Fig.* Imagen, reflejo: *los ojos son el espejo del alma.* | Modelo, ejemplo: *espejo de ciudadanía.* || — *Espejo de cuerpo entero*, el muy alto para poder verse completamente. || *Mar. Espejo de popa*, superficie exterior de la popa.

espejuelo m. Yeso cristalizado de estructura hojosa. || Hoja de talco. || Instrumento de madera con espejos que se hacen girar al sol para atraer a las alondras y cazarlas. || *Por ext.* Cosa atractiva que se muestra a alguien para seducirle. || — Pl. Gafas, anteojos.

espeleología f. Estudio y exploración de las grutas o cavernas.

espeleólogo m. El que se dedica a la espeleología.

espeluznante adj. Espantoso, que hace erizarse el cabello.

espeluznar v. t. Hacer erizarse el cabello. || Espantar, horrorizar.

espera f. Acción y efecto de esperar: *estar en espera de un acontecimiento.* || Tiempo durante el cual se espera: *una espera muy larga.* || Plazo concedido para la ejecución de una cosa.

esperantista adj. Relativo al esperanto: *congreso esperantista.* || — Adj. y s. Partidario y defensor del esperanto.

esperanto m. Lengua internacional creada en 1887 por el médico polaco Zamenhof, basada en la internacionalidad máxima de las raíces y en la invariabilidad de los elementos lexicológicos.

esperanza f. Confianza en lograr una cosa o en que ocurra algo deseado: *tengo la esperanza de que mi madre venga.* || Objeto de esta confianza: *vivir de esperanzas.* || Una de las tres virtudes teologales.

esperanzador, ra adj. Alentador: *resultados esperanzadores.*

esperanzano, na adj. y s. De la Esperanza (Honduras).

esperanzar v. t. Dar esperanzas, animar.

esperar v. t. e i. Confiar en que vaya a ocurrir algo que se desea: *esperar tener éxito.* || Desear: *espero que todo te vaya bien.* || Contar con la llegada de una persona o cosa: *esperar una carta; le esperamos esta noche para cenar.* || Permanecer en un sitio hasta que llegue una persona o cosa que ha de venir: *esperar el metro; esperar a su madre* (ú. t. c. pr.). || Dejar pasar cierto tiempo: *esperaremos tres días antes de emprender este trabajo.* || Prever, suponer. Ú. t. c. pr.: *no me esperaba tal cosa de ti.* || Suponer que va a ocurrir algo: *buena noche nos espera; muchas dificultades le esperan.* || Tener confianza: *esperar en Dios.* || — *Fam. ¡Espérate sentado!,* expr. que indica que lo deseado puede tardar mucho en ocurrir o no ocurrir nunca. || *Quien espera desespera, no hay cosa peor que la esperanza de algo poco seguro.*

esperma amb. *Anat.* Líquido seminal. || *Esperma de ballena,* sustancia grasa del cráneo del cachalote usada para fabricar velas.

espermático, ca adj. Del o de la esperma: *canal espermático.*

espermatozoide m. *Anat.* Célula reproductora masculina.

esperpento m. *Fam.* Persona fea o ridícula por su desaliño.

espesamiento m. Acción y efecto de espesar.

espesar v. t. Volver más espeso: *espesar el chocolate* (ú. t. c. pr.). || Poner tupido: *espesar el punto de las medias.*

espeso, sa adj. Poco fluido: *salsa espesa.* || Denso: *humo espeso.* || Tupido: *bosque, tejido espeso.* || Grueso: *muros espesos.*

espesor m. Grueso.

espesura f. Calidad de espeso. || Sitio muy poblado de árboles y arbustos: *internarse en la espesura de un bosque.*

espetar v. t. Poner en el asador: *espetar un pollo, unas sardinas.* || Traspasar: *le espetó una cuchillada.* || *Fig. y fam.* Soltar: *le espetó un sermón, una pregunta.*

espeto m. Espetón, asador.

espetón m. Varilla de hierro para asar carne o pescado. || Hurgón. || Alfiler grande. || Aguja, pez.

espía com. Persona encargada de recoger informaciones secretas sobre una potencia extranjera. || Persona que observa con disimulo las acciones de otra o intenta conocer sus secretos. || *Mar.* Calabrote para espiar. || *Espía doble,* persona que sirve simultáneamente a las dos partes contrarias.

espiar v. t. Observar con disimulo lo que pasa o se dice generalmente para contárselo a otra persona.

espichar v. t. Pinchar. || — V. i. *Fam.* Morirse.

espiche m. Estaquilla para tapar un agujero.

espiga f. Conjunto de flores o frutos situados a lo largo de un tallo común:

la espiga del trigo. || Parte superior de la espada en donde se asegura la guarnición. || Espoleta. || Extremidad de un madero o eje, adelgazada para entrar en un hueco de otro. || Clavija. || Dibujo parecido a la espiga del trigo: *tela de espiga.*

espigadera f. Espigadora.

espigado, da adj. Aplícase a las plantas crecidas hasta la completa madurez de su semilla. || Dícese del árbol nuevo de tronco muy elevado. || *Fig.* Alto, crecido de cuerpo: *joven espigado.*

espigar v. t. Recoger las espigas que quedan en el rastrojo. || *Fig.* Recoger: *espigar datos en los libros.* || Hacer espiga en los maderos. || — V. i. Empezar las plantas a echar espiga. || — V. pr. Crecer algunas hortalizas más de lo debido: *espigarse las lechugas.* || *Fig.* Crecer mucho una persona: *este chico se ha espigado mucho.*

espigón m. Malecón que protege la orilla de un río. || Aguijón. || Punta de una cosa: *el espigón del cuchillo.* || Mazorca o panoja. || Cerro alto, pelado y puntiagudo.

espiguilla f. Cada una de las espigas secundarias cuya reunión forma la espiga principal. || Planta gramínea. || Dibujo parecido a la espiga: *tela de espiguillas.* || Cinta estrecha con picos.

espín m. Puerco espín. || *Fís.* Momento cinético del electrón.

espina f. Púa que tienen algunas plantas: *el rosal y la chumbera tienen espinas.* || Astilla pequeña: *clavarse una espina en el pie.* || *Anat.* Espinazo: *espina dorsal.* || Hueso de pez: *el arenque tiene muchas espinas.* || *Fig.* Pena muy grande y duradera: *tener o llevar clavada una espina en el corazón.* || Dificultad: *la vida está llena de espinas.* || *Fig. y fam. Eso me da mala espina,* eso me parece raro o me preocupa. | *Sacarse la espina,* desquitarse de algo; salir de un apuro.

espinaca f. Hortaliza de la familia de las quenopodiáceas cuyas hojas son comestibles.

espinal adj. Relativo al espinazo: *médula espinal.*

espinapez m. Disposición de un entarimado con las tablas formando zigzag en direcciones diagonales y endentando las testas.

espinar m. Sitio lleno de espinos. || *Fig.* Enredo.

espinazo m. *Anat.* Columna vertebral. || *Arq.* Clave de una bóveda o de un arco. || *Fig. y fam. Doblar el espinazo,* humillarse, someterse.

espinel m. *Mar.* Palangre de ramales cortos y cordel grueso.

espinela f. Décima, combinación métrica de diez versos octosílabos debida al escritor Espinel. || Piedra preciosa que se asemeja al rubí.

espineta f. *Mús.* Clavicordio pequeño.

espinilla f. Parte anterior de la canilla de la pierna. || Grano, tumorcillo de la piel.

espinillera f. Pieza de la armadura que cubría la espinilla. || Pieza que protege la espinilla.

espino m. Arbusto espinoso rosáceo de flores blancas. || *Espino artificial,* alambre con pinchos.

espinosismo m. Doctrina filosófica de Baruch Spinoza, según la cual todos los seres son modos y formas de una sustancia única.

espinoso, sa adj. Que tiene espinas. || *Fig.* Difícil, delicado: *una cuestión espinosa.*

espionaje m. Trabajo de espía. || *Fig.* Vigilancia secreta.

espiración f. Segundo tiempo de la respiración consistente en expeler el aire.

espirador, ra adj. De la espiración o que sirve para producirla: *músculo espirador.*

espiral adj. De forma de espiral: *línea, escalera espiral.* || — F. Curva que se desarrolla alrededor de un punto del cual se aleja progresivamente. || Muelle del volante de un reloj.

espirar v. i. Expulsar el aire aspirado (ú. t. c. t.). || Respirar. || — V. t. Exhalar: *espirar un olor.*

espiritismo m. Doctrina según la cual por ciertos procedimientos los vivos pueden entrar en comunicación con el alma de los difuntos.

espiritista adj. Relativo al espiritismo. || Que cree en el espiritismo y lo practica (ú. t. c. s.).

espiritoso, sa adj. Vivo, animoso. || Que contiene alcohol: *bebida espiritosa.*

espíritu m. Alma: *el espíritu humano.* || Ser inmaterial: *los ángeles son espíritus.* || Aparecido o ser sobrenatural como los genios y gnomos: *creer en los espíritus.* || Don sobrenatural: *espíritu de profecía.* || Tendencia natural: *espíritu de sacrificio.* || Sentido profundo: *el espíritu de una ley, de una corporación.* || Manera de pensar propia a un grupo de personas: *espíritu militar, de clase.* || *Fig.* Ánimo, valor: *ser de mucho espíritu.* | Vivacidad del ingenio. || Virtud, ciencia mística. || *Gram.* Cada uno de los dos signos ortográficos, uno suave y otro áspero o rudo, que se escriben sobre algunas palabras griegas. || *Quím.* Sustancia extraída: *espíritu de vino.* || — Pl. *Demonios.* || — *Espíritu de sal,* ácido clorhídrico. | *Espíritu maligno,* el demonio. | *Espíritu Santo,* tercera persona de la Santísima Trinidad.

espiritual adj. Del espíritu: *vida espiritual.* || Formado sólo por el espíritu, inmaterial. || Religioso: *poder espiritual.* || Galicismo por *ingenioso, gracioso.*

espiritualidad f. Calidad de espiritual: *la espiritualidad del alma.* || Obra espiritual.

espiritualismo m. *Fil.* Doctrina opuesta al materialismo que admite la existencia del espíritu como realidad sustancial: *el espiritualismo de Leibniz.* || Tendencia a llevar una vida espiritual.

espiritualización f. Acción y efecto de espiritualizar.

espiritualizar v. t. Hacer espiritual a una persona. || Dar carácter espiritual: *espiritualizar el amor, una obra.*

espirituoso, sa adj. Espiritoso.

espiroqueta f. Animal protozoario de forma espiral.

espita f. Canilla de cuba.

esplender v. i. Resplandecer.

esplendidez f. Belleza. || Magnificencia: *la esplendidez de una recepción.* || Generosidad, liberalidad: *hombre de gran esplendidez.*

espléndido, da adj. Magnífico: *un día espléndido; una casa espléndida.* || Generoso, liberal: *un hombre espléndido.* || Resplandeciente.

esplendor m. Resplandor, brillo. || Esplendidez, magnificencia. || *Fig.* Lustre, nobleza: *el esplendor de una familia.* | Apogeo: *período de esplendor de la literatura.*

esplendoroso, sa adj. Resplandeciente: *un sol esplendoroso.* || Espléndido, magnífico.

esplenio m. *Anat.* Músculo largo y aplanado que une las vértebras cervicales con la cabeza y contribuye al movimiento de ésta.

espliego m. Planta labiada cuya semilla se emplea como sahumerio y de cuyas flores azules se extrae una esencia.

esplín m. Hastío, humor que produce tedio de la vida.

espolear v. t. Picar con la espuela a la caballería. || *Fig.* Incitar, estimular.

espoleta f. Dispositivo que provoca la explosión de los proyectiles: *la espoleta de una granada.*

espoliador, ra adj. y s. Que espolia.

espoliar v. t. Despojar.

espolio m. Bienes que deja a su muerte un eclesiástico. || (Ant.). Entierro.

espolón m. Protuberancia ósea en el tarso de varias aves gallináceas. || *Arq.* Contrafuerte. || Tajamar de un puente y de un barco. || Malecón para contener las aguas de un río o del mar.

espolonazo m. Golpe dado con el espolón.

espolvorear v. t. Quitar el polvo. || Echar polvo a algo.

espongiarios m. pl. *Zool.* Animales acuáticos fijos cuyo cuerpo está compuesto de alveolos y de un esqueleto calcáreo (ú. t. c. adj.).

esponja f. *Zool.* Cualquier animal espongiario. || Esqueleto de estos animales empleado para diversos usos, sobre todo para la limpieza. || Imitación artificial de este esqueleto: *esponja de plástico.* || *Quím.* Masa esponjosa. || *Fig.* y *fam.* Persona que se aprovecha de los bienes de otra. || — *Fig. Beber como una esponja,* beber mucho. | *Pasar la esponja,* decidir olvidar algo enojoso.

esponjar v. t. Ahuecar, volver esponjoso. || Dar volumen: *esponjar el pelo.* || — V. pr. Engreírse, enorgullecerse.

esponjera f. Recipiente donde se pone la esponja.

esponjosidad f. Calidad de esponjoso.

esponjoso, sa adj. Muy poroso, de características parecidas a las de la esponja.

esponsales m. pl. Promesa mutua de matrimonio.

esponsalicio, cia adj. De los esponsales: *contrato esponsalicio.*

espontaneidad f. Calidad de espontáneo.

espontáneo, a adj. Voluntario, sin influencia externa: *ayuda, declaración espontánea.* || Natural: *carácter espontáneo.* || Que crece sin cultivo. || *Generación espontánea,* aparición espontánea de los seres vivos a partir de la materia inerte. || — M. Taurom. Espectador que se lanza al ruedo para torear.

espora f. Célula reproductora de las plantas criptógamas y algunos protozoos.

esporádico, ca adj. *Med.* Aplícase a las enfermedades que no tienen carácter epidémico ni endémico. || *Fig.* Aislado.

esporangio m. *Bot.* Cápsula donde están las esporas.

esporidio m. *Bot.* Espora de segunda generación.

esporo m. *Bot.* Espora.

esporofito, ta adj. *Bot.* Aplícase a las plantas que se reproducen por esporas.

esporozoarios y **esporozoos** m. pl. *Zool.* Protozoarios parásitos que se reproducen por medio de esporas (ú. t. c. adj.).

esportilla f. Espuerta pequeña.

esportillo m. Capazo de esparto o de palma.

esporulación f. *Bot.* Reproducción por esporas. | Formación y emisión de las esporas.

esposado, da adj. y s. Desposado, casado.

esposar v. t. Ponerle a uno esposas: *llevarle a uno esposado.*

esposo, sa m. y f. Persona que ha contraído matrimonio. || En relación con una persona, la que está casada con ella. || — F. pl. Manillas unidas por una cadena con las cuales se sujetan las muñecas de los presos.

esprint m. Sprint.

espuela f. Espiga de metal terminada en una rodajita con puntas ajustada al talón para picar a la cabalgadura. || *Fig.* Estímulo, aliciente: *la espuela del deseo.* | Última copa. || *Amer.* Espolón del gallo, espoleta de las espuelas.

espuelero adj. *Amer.* Gallo de pelea que usa bien sus espuelas.

espuerta f. Cesta de esparto, palma o incluso materia plástica usada sobre todo para transportar materiales y escombros. || *A espuertas,* en abundancia.

espulgar v. t. Quitar las pulgas o piojos. || *Fig.* Examinar de muy cerca para quitar lo malo: *espulgar un escrito.*

espulgo m. Eliminación de las pulgas o piojos. || *Fig.* Examen detenido.

espuma f. Conjunto de burbujas que se forman en la superficie de un líqui-

do: *la espuma del mar.* || Parte del jugo o de las impurezas que suben a la superficie de algunos líquidos cuando hierven: *la espuma de la leche.* || *Fig.* Nata, lo más estimado. || — *Fig. Crecer como la espuma,* crecer muy rápidamente. || *Espuma de mar,* silicato natural de magnesia hidratado, blanco y poroso que sirve para hacer pipas. | *Espuma de nylon,* nylon de gran elasticidad.

espumadera f. Cuchara grande y algo cóncava con agujeros que sirve para espumar.

espumajear v. i. Echar espumarajos.

espumante adj. Espumoso.

espumar v. t. Quitar la espuma: *espumar un licor, el caldo.* || — V. i. Formar espuma: *la olla espuma.* || *Fig.* Crecer, aumentar rápidamente.

espumarajo m. Saliva espumosa arrojada en abundancia por la boca.

espumilla f. Tejido de crespón muy fino. || *Amer.* Merengue.

espumoso, sa adj. Que tiene o forma espuma: *ola espumosa; vino espumoso; jabón espumoso.*

espúreo adj. Barb. por *espurio.*

espurio, ria adj. Bastardo: *hijo espurio.* || *Fig.* Adulterado, falto de legitimidad o autenticidad.

esputar v. t. Expectorar.

esputo m. Lo que se escupe.

esqueje m. Tallo joven de una planta que se echa en tierra para que forme una planta nueva.

esquela f. Carta breve: *esquela amorosa.* || Carta para comunicar una invitación o ciertas noticias. || *Esquela de defunción,* notificación de la muerte de alguien por medio de una carta especial o de un artículo en el periódico con recuadro negro.

esquelético, ca adj. Del esqueleto. || *Fam.* Muy flaco.

esqueleto m. Armazón ósea de los vertebrados o partes duras de los artrópodos. || *Fig.* Armazón, armadura: *el esqueleto de una construcción.* | Bosquejo, plan. | Persona muy flaca: *hecho un esqueleto.* || Col., Guat., Méx. y Nicar. Hoja impresa en que han dejado espacios para completar los datos: *llenó el esqueleto de la solicitud de empleo.*

esquema m. Representación de una figura sin entrar en detalles, indicando solamente sus relaciones y funcionamiento. || Plan, bosquejo. || *Fil.* Representación que se sitúa entre el concepto y la percepción.

esquemático, ca adj. Representado por o perteneciente a un esquema. || Sin detalles.

esquematismo m. Procedimiento esquemático.

esquematizar v. t. Representar una cosa en forma esquemática.

esquí m. Plancha de madera o de metal, larga, estrecha y algo encorvada en la punta para patinar sobre nieve o agua. (Pl. *esquíes* o *esquís.*) || Deporte practicado sobre estos utensilios.

esquiador, ra m. y f. Persona que esquía.

esquiar v. i. Patinar con esquíes.

esquife m. Barco pequeño que se lleva en la nave para saltar a tierra. || Barco muy estrecho y alargado utilizado en competiciones deportivas. || *Arq.* Bóveda de cañón.

esquila f. Cencerro. || Campanilla. || Esquileo del ganado.

esquilador, ra m. y f. Persona que se dedica al esquileo. || — F. Maquinilla para esquilar.

esquilar v. t. Cortar con las tijeras o una maquinilla la lana o el pelo de los animales.

esquileo m. Operación consistente en esquilar los animales. || Temporada en que se esquila.

esquilmar v. t. Recoger los frutos de la tierra, heredades y ganado. || *Agr.* Agotar, empobrecer la tierra. || *Fig.* Agotar. | Empobrecer. | Despojar: *esquilmar a uno.*

esquilmo m. Frutos que se sacan de la tierra y del ganado.

esquimal adj. y s. Que pertenece a los pueblos de las regiones polares.

esquina f. Ángulo exterior formado por dos superficies unidas por uno de sus lados.

esquinado, da adj. Que hace esquina o forma ángulos. || *Fig.* De trato difícil, huraño: *hombre muy esquinado.*

esquinar v. t. e i. Formar esquina. || Poner en una esquina: *esquinar un armario.* || Escuadrar un madero. || *Fig.* Enfadar, enemistar. Ú. t. c. pr.: *esquinarse con uno.*

esquinazo m. *Fam.* Esquina. || *Fam. Dar esquinazo a uno,* dejarle plantado, darle un plantón.

esquirla f. Fragmento pequeño de un hueso roto.

esquirol m. *Fam.* Obrero que sustituye a un huelguista o que acude al trabajo cuando hay huelga.

esquisto m. Roca de estructura hojosa, pizarra.

esquistoso, sa adj. De estructura hojosa o laminar como el esquisto.

esquisúchil m. *Amer.* Flor semejante al grano de maíz tostado. || *Amér. C.* y *Méx.* Árbol que la produce.

esquite o **esquites** m. *Méx.* y *Nicar.* Maíz cocinado al que se le agrega jugo de limón, sal y picante.

esquivar v. t. Evitar con habilidad, rehuir algo molesto: *esquivar un encuentro.* || — V. pr. Evitar hacer algo.

esquivo, va adj. Arisco, desdeñoso, poco propenso a las demostraciones de amistad o cariño.

esquizofrenia f. Enfermedad mental caracterizada por la disociación de las funciones psíquicas.

esquizofrénico, ca adj. y s. Que padece esquizofrenia.

esquizomicetos m. pl. Bacterias (ú. t. c. adj.).

estabilidad f. Equilibrio: *la estabilidad de un avión.* || Firmeza, resistencia: *la estabilidad de un puente.* || Permanencia, duración: *la estabilidad del poder.* || Seguridad: *la estabilidad de una situación.* || *Quím.* Resistencia a la descomposición: *la estabilidad de un cuerpo.* || *Fig.* Equilibrio: *recuperar su estabilidad.*

estabilización f. Acción y efecto de estabilizar: *política de estabilización.* || *Planos de estabilización de un avión,* dispositivo para dar estabilidad al avión.

estabilizador m. Planos de estabilización.

estabilizar v. t. Dar estabilidad. || Fijar oficialmente el valor de una moneda o el precio de las mercancías: *estabilizar los precios.*

estable adj. Que no está en peligro de caerse, bien equilibrado: *coche estable.* || Seguro, duradero: *posición estable; paz estable.* || Constante: *carácter estable.* || *Quím.* Que resiste a la descomposición.

establecedor, ra adj. Que establece (ú. t. c. s.).

*establecer v. t. Instalar: *establecer un campamento.* || Fundar, instituir: *establecer la república.* || Fijar: *establecer una regla; hay que conformarse con lo establecido por la ley.* || — V. pr. Instalarse: *establecerse en París.*

establecimiento m. Fundación, institución: *establecimiento de un nuevo régimen; de un colegio.* || Fijación: *establecimiento de una regla.* || Local donde se desarrolla una actividad de enseñanza o de beneficencia: *establecimiento docente, asistencial.* || Lugar donde se ejerce una actividad comercial o industrial. || Colonia fundada en un país por habitantes de otro.

establo m. Lugar cubierto donde se encierra el ganado.

estabulación f. Permanencia del ganado en el establo.

estaca f. Palo terminado por una punta que se clava en el suelo. || Rama verde que se planta para que arraigue. || Palo grueso: *apalear con una estaca.* || Clavo largo de hierro para fijar vigas y maderas.

estacada f. Valla hecha con estacas. || Palenque, campo de un desafío. || Plantío de estacas. || *Amer.* Punzada, pinchazo de estaca. || — F. y fam. *Dejar en la estacada,* abandonar en una situación apurada. | *Quedar en la estacada,* ser vencido; perecer; fracasar.

estacar v. t. Atar una bestia a una estaca. || Deslindar o señalar con estacas: *estacar el perímetro de una mina, el eje de un camino.* || *Amer.* Fijar con estaquillas. || — V. pr. *Fig.* Quedarse inmóvil y tieso como una estaca.

estacazo m. Golpe dado con estaca. || *Fig.* Fracaso, quebranto.

estación f. Cada una de las cuatro épocas en que se divide el año y que son: la primavera, el verano, el otoño y el invierno. || Temporada, período: *la estación de las lluvias, de las siem-*

bras. || Lugar donde se pasa una temporada: *estación balnearia.* || Lugar donde paran los trenes y edificios administrativos allí instalados: *estación de ferrocarril, de metro.* || Establecimiento donde se efectúan investigaciones científicas: *estación meteorológica.* || *Rel.* Visita que se hace a las iglesias para rezar ante el Santísimo en determinadas ocasiones: *las estaciones de Semana Santa.* || Oraciones rezadas en estas ocasiones. || Estado, posición: *estación vertical.* || *Astr.* Detención aparente de los planetas en su órbita. || — *Estación de radio,* emisora. || *Estación de servicio,* puesto donde se alimentan los vehículos de gasolina, aceite, agua, etc.

estacional adj. Propio y peculiar de una estación del año: *calenturas estacionales.* || *Astr.* Estacionario: *planeta estacional.* || *Obrero estacional,* el que sólo trabaja durante ciertas estaciones.

estacionamiento m. Aparcamiento: *estacionamiento de automóviles.* || Lugar donde se estaciona.

estacionar v. t. Aparcar un coche (ú. t. c. pr.). || Dejar algo parado. || — V. pr. Quedarse estacionario, dejar de progresar.

estacionario, ria adj. Que no sufre ningún cambio: *estado estacionario.* || *Astr.* Aplícase al planeta que parece detenido en su órbita: *planeta estacionario.* || Temporal: *el paro estacionario.*

estada f. Estancia.

estadía f. Estancia.

estadio m. Lugar público con graderías para competiciones deportivas. || Fase, período relativamente corto.

estadista m. Hombre que participa en la dirección del Estado, que se ocupa de política. || Estadístico, especialista en estadística.

estadístico, ca adj. De la estadística: *informaciones estadísticas.* || — M. Especialista en estadística. || — F. Ciencia que se ocupa de la reunión de todos los hechos que se pueden valorar numéricamente para hacer comparaciones entre las cifras y sacar conclusiones aplicando la teoría de las probabilidades. || — Pl. Conjunto de los hechos así reunidos.

estado m. Manera de ser: *estado de salud.* || Forma en que se presenta una cosa: *estado sólido, líquido, gaseoso.* || Condición: *máquina en estado de funcionamiento.* || Situación: *el estado de los negocios.* || Condición social: *estado de casado.* || Clase: *estado noble.* || Nación o grupo de territorios autónomos que forman una nación: *Estado unitario.* || Gobierno, administración superior: *conflicto entre la Iglesia y el Estado.* || Forma de gobierno: *Estado monárquico, republicano, socialista.* || Inventario: *estado del personal, de los gastos.* || — *Estado civil,* condición de cada individuo en relación con los derechos y obligaciones civiles. || *Estado de alarma,* situación considerada oficialmente grave para el orden público. || *Estado de alma* o *de ánimo,* estado moral. || *Estado de cosas,* circunstancias. || *Estado de sitio,* aquel en que las libertades individuales son casi totalmente suprimidas. || *Fam. Estado interesante,* embarazo. || *Estado llano,* antigua clase formada por el pueblo. || *Estado mayor,* el cuadro técnico de un ejército. || *Golpe de Estado,* acción de apoderarse violenta e ilegalmente del poder. || *Razón de Estado,* justificación de un acto injusto por el interés nacional. || *Tomar estado,* casarse; entrar en una orden religiosa.

estadounidense adj. y s. De Estados Unidos de Norteamérica.

estafa f. Timo.

estafador, ra m. y f. Persona que estafa.

estafar v. t. Sacar dinero o cosas de valor con engaño: *le estafó mil euros.* || Cobrar más de lo justo. || Pagar menos de lo debido.

estafeta f. Correo ordinario que iba de un lugar a otro. || Oficina del correo, especialmente la que depende de la central en una ciudad. || Correo especial diplomático.

estafilococia f. *Med.* Infección causada por estafilococos.

estafilococo m. Microbio redondeado que se agrupa en racimos y produce el furúnculo, el ántrax, etc.

estagirita adj. y s. De Estagira. || *El Estagirita,* Aristóteles.

estalactita f. *Geol.* Concreción calcárea formada en la bóveda de las cuevas por el agua.

estalagmita f. *Geol.* Concreción calcárea formada en el suelo de las cuevas por las gotas que caen de la bóveda y se evaporan.

estallar v. i. Reventar violentamente y con ruido: *estallar una bomba, un petardo, un neumático.* || *Fig.* Suceder de repente: *estalló un conflicto, un incendio.* | Manifestarse bruscamente: *estalló su cólera; estalló una ovación general.* | Irritarse: *eso lo hizo estallar.*

estallido m. Acción y efecto de estallar. || Ruido producido.

estambre m. Hebra larga del vellón de lana. || Tela de baja calidad hecha con estas hebras. || Urdimbre. || Órgano sexual masculino de las plantas fanerógamas.

estameña f. Tejido de lana con urdimbre de estambre.

estampa f. Imagen, grabado impreso: *un libro con estampas.* || *Fig.* Aspecto, traza, figura: *hombre, toro de buena estampa.* | Huella: *aquí se ve la estampa de sus pasos; la estampa del genio.* | Símbolo: *ser la estampa de la caballerosidad.* || Imprenta o impresión: *dar una obra a la estampa.* || *Fam.* Tener mala estampa, ser feo; tener mala suerte; parecer antipático.

estampación f. Impresión.

estampado, da adj. Aplícase a las telas en que se estampan dibujos. || — M. Estampación. || Operación para estampar los metales.

estampador m. El que estampa.

estampar v. t. Imprimir: *estampar letras, grabados.* || Dejar huella: *estampar el pie en la arena.* || *Fam.* Arrojar, hacer chocar contra algo: *estampó la botella contra la pared.* | Asestar, dar: *le estampó una bofetada.* || Producir una forma en relieve en una chapa metálica.

estampería f. Sitio donde se estampan láminas. || Tienda donde se venden las estampas: *estampería religiosa.*

estampía (de) m. adv. De repente, de prisa: *salir de estampía.*

estampida f. Estampido. || *Amer.* Carrera precipitada.

estampido m. Ruido fuerte como el producido por una cosa que estalla o explota.

estampilla f. Sello en que están dibujadas la firma y rúbrica de una persona. || Sello que se imprime en los documentos para atestiguar su autenticidad o para indicar que cierto derecho ha sido pagado. || *Amer.* Sello de correos o fiscal.

estampillado m. Acción y efecto de estampillar. || Matasellos.

estampillar v. t. Imprimir una estampilla: *estampillar documentos.*

estancación f. y **estancamiento** m. Detención: *estancación de la sangre, del agua.* || Embalse. || *Fig.* Situación en que parece imposible seguir adelante: *el estancamiento de las negociaciones.* | Monopolización de las mercancías.

estancar v. t. Detener, parar: *estancar la sangre.* || Embalsar: *estancar las aguas del riego* (ú. t. c. pr.). || Monopolizar la venta de ciertas mercancías: *estancar el tabaco.* || *Fig.* Detener, dejar en suspenso: *estancar un negocio.* || — V. pr. Quedar en suspenso o parado: *las negociaciones se han estancado desde hace mucho tiempo.*

estancia f. Permanencia en un sitio: *una estancia de cinco días en Madrid.* || Precio que se paga por alojarse cierto tiempo en un sitio. || Tiempo que se queda un enfermo en un hospital y cantidad que por ello paga. || Morada. || Habitación de una vivienda. || Estrofa. || *Amer.* Hacienda de campo. || *Chil.* y *Riopl.* Finca de ganadería.

estanciero m. *Amer.* Dueño o encargado de una estancia.

estanco, ca adj. Que no deja filtrar el agua: *departamento estanco.* || — M. Prohibición de la venta libre de una mercancía, monopolio: *el estanco del tabaco.* || Sitio donde se despachan los géneros estancados. || Tienda donde se venden tabaco, cerillas y sellos.

estandardización f. V. STANDARDIZACIÓN.

estandarte m. Insignia, bandera: *el estandarte de la hermandad.*

estannato m. *Quím.* Sal del ácido estánnico.

estánnico, ca adj. *Quím.* Dícese de los compuestos en que el estaño es cuadrivalente: *sales estánnicas.* || Aplícase a un ácido oxigenado del estaño.

estannífero, ra adj. Que contiene estaño: *mineral estannífero.*

estanque m. Balsa de agua artificial para el riego o el adorno: *el estanque de un jardín.*

estanquero, ra m. y f. Persona encargada de un estanco. || — M. *Chil.* En el s. XIX, afiliado o simpatizante del partido dirigido por Diego Portales.

estanquillero, ra m. y f. Estanquero, que tiene a su cargo un estanco.

estanquillo m. *Méx.* Tienda pequeña. || *Cub.* Quiosco de venta de publicaciones. || *Ecuad.* Taberna.

estante adj. Fijo y permanente en un sitio: *estar estante en París.* || — M. Anaquel, tabla que sirve para colocar objetos. || Mueble formado por un conjunto de anaqueles. || Cada uno de los cuatro pies que sirven de soporte para ciertas máquinas: *los estantes de un trono, de un batán.* || *Amer.* Madero incorruptible que, en la zona tropical, se hinca en el suelo para sostén de las casas.

estantería f. Conjunto de estantes o anaqueles.

estañado m. y **estañadura** f. Baño o soldadura con estaño. || Aleación para estañar.

estañador m. El que se dedica a estañar.

estañar v. t. Cubrir o soldar con estaño: *estañar una cacerola.*

estaño m. Metal blanco, relativamente ligero, muy maleable e inalterable al aire, usado para soldar y para proteger otros metales.

estaquear v. t. *Amer.* Hincar estacas en el suelo para hacer un cercado.

***estar** v. i. Hallarse con cierta permanencia en un lugar: *estar en casa.* || Indica un estado momentáneo: *estar malo; estar de rodillas.* || Indica la fecha: *hoy estamos a martes.* || Sentar bien o mal: *este traje le está ancho.* || Ir vestido: *estar de paisano.* | Tener como actividad: *estar de embajador.* || Entender: *¿estás en ello?* || Costar: *el pan está a tres euros.* || Junto con el gerundio, indica la duración de la acción: *estar durmiendo.* || — *Fam. Estar a la que salta,* estar dispuesto a aprovechar todas las ocasiones que se presenten. | *Estar al caer,* hablando de horas, estar a punto de sonar; estar a punto de ocurrir un suceso. | *Estar al tanto,* estar al corriente. | *Estar a matar,* estar muy enemistados. | *Estar a oscuras,* estar ignorante de algo. | *Estar bien,* gozar de buena salud, situación, comodidades, etc. | *Estar bien con uno,* llevarse bien. | *Estar de más,* sobrar. | *Estar en sí,* saber lo que se hace. | *Estar en todo,* ocuparse de todo. | *Fig. Estarle bien una cosa a uno,* ser merecida. | *Estar para,* estar a punto de hacer algo; estar de cierto humor: *hoy no estoy para bromas.* || *Estar por,* quedar por hacer una cosa; estar uno a favor de otro. | *Fam. Estar uno que bota,* estar muy indignado. || — V. pr. Permanecer: *estarse quieto; estarse mucho tiempo en un sitio.*

estarcir v. t. Pasar una brocha o cisquero por un dibujo previamente recortado para reproducirlo.

estatal adj. Del Estado.

estático, ca adj. Relativo al equilibrio de las fuerzas: *energía, presión estática.* || Que no se mueve, que permanece en el mismo sitio o estado. || *Fig.* Que se queda parado de asombro o de emoción. || — F. Parte de la mecánica que estudia el equilibrio de los sistemas de fuerzas.

estatificar v. t. Nacionalizar.

estatismo m. Sistema político en el cual el Estado interviene directamente en el terreno económico. || Inmovilidad.

estator m. Parte fija de un motor o generador eléctrico.

estatorreactor m. Propulsor de reacción sin órgano móvil, constituido por una tobera de propulsión térmica.

estatua f. Escultura labrada a bulto que representa a un ser animado. || *Fig. y fam. Quedarse hecho una estatua,* quedarse paralizado por el espanto o la sorpresa.

estatuario, ria adj. Relativo a las estatuas o que sirve para hacerlas. || — M. Escultor que hace estatuas. || — F. Arte de hacer estatuas.

*estatuir v. t. e i. Establecer, disponer lo que hay que hacer: *según lo estatuido.*

estatura m. Altura de una persona: *mozo de poca estatura.*

estatutario, ria adj. Conforme a los estatutos o designado por ellos.

estatuto m. *For.* Reglamento que rige el funcionamiento de una comunidad, asociación o sociedad. | Régimen jurídico. || Ley básica por la cual un Estado concede autonomía a una de sus regiones. || *Estatuto real,* ley fundamental del Estado español que estuvo vigente de 1834 a 1836.

este m. Parte del horizonte por donde sale el Sol, oriente. || Uno de los cuatro puntos cardinales. || Parte oriental de un país o región.

este, esta, estos, estas adj. dem. Designan lo que se halla más cerca de la persona que habla o lo que se acaba de mencionar: *este periódico; estas mujeres; este objetivo.* || Expresa el tiempo actual o inmediatamente pasado: *este año.* || — Cuando son pronombres llevan un acento: *veo a éstos; conozco a éstas.* || *Ésta,* ciudad en que está el que escribe.

estearato m. Sal o éster del ácido esteárico.

esteárico, ca adj. De estearina: *ácido esteárico.*

estearina f. Cuerpo graso, principal constituyente de las grasas animales.

estegosaurio m. Especie de dinosaurio acorazado, con placas en el lomo y púas en la punta de la cola.

estela f. Huella o rastro momentáneo que deja el barco en la superficie del agua, un cuerpo luminoso en el cielo o cualquier cuerpo en movimiento en el espacio. || *Fig.* Rastro que queda de una cosa: *dejar una estela de descontento.* || Monumento en forma de lápida, pedestal o cipo destinado a llevar una inscripción conmemorativa.

estelar adj. De las estrellas. || *Fig.* De más importancia: *combate estelar.*

estelionato m. *For.* Ocultación en la venta de una finca de una carga que recae sobre ella.

estenio m. Unidad de fuerza en el sistema M. T. S., equivalente a 103 newtons (símb., sn).

estenografía f. Taquigrafía.

estenografiar v. t. Taquigrafiar: *estenografiar un discurso.*

estenógrafo, fa m. y f. Taquígrafo.

estenotipia f. Transcripción rápida de la palabra por medio de un estenotipo.

estenotipista com. Persona que se dedica a la estenotipia.

estenotipo m. Máquina de escribir con un número reducido de teclas, que sirve para reemplazar la taquigrafía manual.

estentóreo, a adj. Muy fuerte, sonoro: *voz estentórea.*

estepa f. Llanura extensa caracterizada por una vegetación discontinua. || Planta cistácea, jara.

éster m. *Quím.* Cuerpo derivado de la acción de un ácido sobre un alcohol.

estera f. Tejido de esparto, juncos u otros tallos entrelazados. || Felpudo.

esterar v. t. Cubrir el suelo con esteras.

estercoladura f. y **estercolamiento** m. Abono de las tierras con estiércol.

estercolar v. t. Abonar las tierras con estiércol. || — V. i. Expeler el estiércol o excremento los animales.

estercolero m. Lugar donde se amontona el estiércol. || *Fig.* Sitio muy sucio. || Mozo que recoge el estiércol.

estéreo m. Unidad de medida para leña que equivale a un m³.

estereofonía f. Reproducción de los sonidos destinada a dar la impresión del relieve acústico.

estereofónico, ca adj. De la estereofonía.

estereofotografía f. Fotografía estereoscópica.

estereoscópico, ca adj. Relativo al estereoscopio.

estereoscopio m. Instrumento óptico que da la ilusión del relieve.

estereotipar v. t. *Impr.* Fundir en planchas o clichés una composición tipográfica. | Imprimir con estas planchas. || *Fig.* Fijar, hacer inmutable: *expresión estereotipada.*

estereotipia f. Reproducción por medio de estereotipos. || Taller donde se estereotipa. || Máquina de estereotipar. || *Med.* Repetición involuntaria e intempestiva de un gesto, acción o palabra, propio de ciertos dementes.

estereotípico, ca adj. Relativo a la estereotipia.

estereotipo m. Plancha o cliché de imprenta. || *Fig.* Imagen o idea adoptada por un grupo, concepción muy simplificada de algo o de alguien.

esterero, ra m. y f. Persona que fabrica o vende esteras. || Persona que cubre los suelos con esteras.

esterificar v. t. *Quím.* Transformar en éster.

estéril adj. Que nada produce: *terreno estéril; ingenio estéril.* || Que no puede tener hijos: *mujer estéril.* || *Fig.* Inútil, sin resultado: *conversaciones estériles.* || Que no contiene ningún fermento o microbio.

esterilidad f. Condición de estéril.

esterilización f. Acción y efecto de esterilizar.

esterilizador, ra adj. Que esteriliza. || — M. Aparato empleado para esterilizar.

esterilizar v. t. Volver estéril. || *Med.* Destruir los fermentos o microbios: *esterilizar la leche.*

esterilla f. Galón estrecho de oro o plata. || Trenza poco ancha de paja. || Rejilla para asientos.

esterlina adj. f. V. LIBRA *esterlina.*

esternón m. *Anat.* Hueso plano situado en la parte anterior de la caja torácica, al cual están unidas las costillas verdaderas.

estero m. Estuario, terreno anegadizo situado a la orilla de una ría. || Acción de esterar. || *Arg.* Terreno pantanoso.

estertor m. Respiración anhelosa de los moribundos. || Ruido producido por el paso del aire a través de las mucosidades. || *Estar en los últimos estertores,* próximo a morir.

esteta com. Persona amante de la belleza.

estético, ca adj. De la estética. || De la belleza. || Artístico, bello: *postura estética.* || *Cirugía estética,* la que corrige las alteraciones no patológicas del cuerpo humano. || — M. El que se dedica a la estética. || — F. Ciencia que trata de la belleza en general y de los sentimientos que suscita en el hombre.

estetismo m. Escuela literaria y artística de origen anglosajón que quería hacer volver las artes a sus formas primitivas.

estetoscopia f. *Med.* Auscultación por medio del estetoscopio.

estetoscopio m. *Med.* Instrumento para auscultar el pecho.

esteva f. Pieza curva por donde se empuña el arado.

estiaje m. Caudal mínimo de un río en verano. || Período en que ocurre el descenso de nivel del río.

estiba f. *Mar.* Carga en la bodega de los barcos. | Colocación de esta carga. | Apilado.

estibador m. El que estiba las mercancías en un barco.

estibar v. t. Apretar las cosas para que quepan más en un mismo sitio. || *Mar.* Colocar convenientemente la carga en un barco.

estiércol m. Excrementos de los animales. || Materias vegetales descompuestas y excrementos que se usan como abono.

estigarribeño, ña adj. y s. De Mariscal Estigarribia (Paraguay).

estigma m. Huella que deja en el cuerpo una enfermedad o lesión. || Marca que se imponía con hierro candente como pena infamante. || *Fig.* Huella vergonzosa: *los estigmas del vicio.* || *Bot.* Parte superior del pistilo de la flor que recibe el polen. || *Med.* Lesión orgánica o trastorno funcional. || *Zool.* Orificio respiratorio de los insectos. || — M. pl. *Teol.* Huellas parecidas a las de las cinco llagas de Jesucristo que aparecieron en el cuerpo de algunos santos.

estigmatización f. Acción y efecto de estigmatizar.

estigmatizar v. t. Marcar con hierro candente: *estigmatizar a un criminal.* || *Fig.* Infamar, || Censurar, condenar: *estigmatizar el vicio.* || *Teol.* Imprimir milagrosamente las llagas de Cristo.

estilar v. t. Acostumbrar. || Redactar una escritura o despacho conforme al estilo establecido. || — V. pr. Usarse, ser costumbre hacer, llevar o utilizar algo: *los jubones ya no se estilan.*

estilete m. Pieza en forma de aguja: *el estilete de un aparato grabador.* || Punzón de escribir. || Pequeño puñal.

estiliano, na adj. y s. De Estelí (Nicaragua).

estilismo m. Tendencia a cuidar con exceso el estilo.

estilista com. Escritor de estilo muy elegante y pulcro.

estilístico, ca adj. Del estilo. || — F. Estudio científico de los recursos que ofrece el estilo.

estilización f. Acción y efecto de estilizar.

estilizado, da adj. Que se encuentra representado de manera que resalta o disimula algunos aspectos. || Elegante.

estilizar v. t. Representar artísticamente un objeto por sus rasgos característicos: *estilizar una flor, un monumento.*

estilo m. Punzón con que escribían los antiguos en sus tablillas. || Varilla del reloj de sol. || Manera de expresarse: *el estilo de Cervantes.* || Modo de escribir o hablar propio de los varios géneros literarios: *estilo oratorio.* || Carácter original de un artista, arte, época, escuela, nación, etc.: *el estilo colonial, gótico, de Picasso.* || Manera de comportarse: *no me gusta el estilo de esta chica.* || Manera de hacer algo: *tiene un estilo muy particular para peinarse.* || Clase, categoría: *esta mujer tiene mucho estilo.* || Manera de practicar un deporte: *estilo mariposa.* || *Bot.* Prolongación del ovario que sostiene el estigma. || *Col.* Aparato con que se hace lejía. || *Por el estilo,* parecido.

estilóbato m. *Arq.* Pedestal o zócalo en que se apoya una serie de columnas.

estilográfico, ca adj. Que sirve para la estilográfica: *tinta estilográfica.* || — Adj. y s. f. Pluma que almacena tinta en el mango.

estima f. Aprecio, opinión favorable: *tener a uno en alta estima.* || *Mar.* Concepto que se forma el marino de la situación del buque por la corriente y la deriva.

estimable adj. Que se puede valorar. || Digno de estimación.

estimación f. Evaluación, valoración: *estimación presupuestaria.* || Estima, aprecio, consideración: *merece la estimación del público.* || *For.* Aceptación y estudio de una demanda.

estimador, ra adj. y s. Que estima o valora.

estimar v. t. Evaluar, valorar: *estimar una joya en cinco mil dólares.* || Juzgar, creer, considerar: *estimo que no merecía este castigo.* || Apreciar: *todos le estiman por sus cualidades.* || *For.* Aceptar y examinar una demanda. || — V. pr. Tener dignidad: *ninguna persona que se estime obraría así.*

estimulante adj. y s. m. Dícese de lo que estimula.

estimular v. t. Aguijonear, animar: *el éxito le va a estimular.* || *Fig.* Incitar: *le estimulé a que hablase.* || Fomentar, desarrollar: *estimular la industria.* || Activar las funciones de un órgano.

estímulo m. Incitación para obrar, aguijón, acicate. || Breve excitación de un órgano que provoca una reacción.

estío m. Verano.

estipendiar v. t. Dar estipendio, retribuir.

estipendiario m. El que recibe un estipendio.

estipendio m. Pago.

estípite m. *Arq.* Soporte en forma de pirámide truncada invertida.

estipulación f. *For.* Cláusula. | Acuerdo verbal.

estipulante adj. y s. Que estipula: *cláusula estipulante.*

estipular v. t. *For.* Formular muy claramente una cláusula en un contrato: *estipular una garantía.* || Convenir, decidir.

estirado, da adj. *Fig.* Arrogante. | Mezquino. | Tieso: *andar estirado.* | Muy esmerado en el vestir, acicalado. || — M. *Tecn.* Acción de estirar. || — F. En fútbol, salto que da el guardameta para detener el balón.

estiramiento m. Acción y efecto de estirar o estirarse.

estirar v. t. Alargar una cosa tirando de sus extremos. || Desarrugar la ropa cogiéndola con las manos por un extremo: *estirar las medias.* || *Tecn.* Hacer pasar una barra o un tubo de metal por una hilera. || Extender verticalmente la masa de cristal fundida en el crisol. || *Fig.* Hacer durar: *estirar el dinero.* || — V. i. *Fig.* Crecer una persona (ú. t. c. pr.). || *Amer. Matar.* || — V. pr. Desperezarse.

estirón m. Sacudida brusca, tirón. || Crecimiento brusco o rápido: *este niño ha dado un estirón.*

estirpe f. Linaje, origen de una familia: *ser de buena estirpe.*

estivación f. Adaptación al calor y sequedad del verano.

estival adj. Del estío.

esto pron. dem. Forma neutra. Sirve para designar lo que está más cerca de la persona que habla o lo que se acaba de mencionar. || *En esto,* en este momento.

estocada f. Golpe dado con la punta de la espada o estoque. || Herida producida.

estofa f. Tela labrada. || *Fig.* Calidad, clase: *de buena estofa.*

estofado, da adj. Aliñado, adornado. || — M. Acción de estofar: *el estofado de una tela, de una pintura.* || Guisado de carne cocida a fuego lento en un recipiente tapado: *estofado de vaca.*

estofar v. t. Bordar de realce una tela acolchada. || *Tecn.* Pintar sobre dorado. | Pintar de blanco la madera que se ha de dorar. || Guisar carne en estofado.

estoicismo m. Doctrina filosófica de Zenón de Citio, llamada también *doctrina del Pórtico,* según la cual el bien supremo reside en el esfuerzo que obedece a la razón y queda indiferente ante las circunstancias exteriores. || *Fig.* Entereza ante la adversidad.

estoico, ca adj. Del estoicismo. || Seguidor del estoicismo: *filósofo estoico* (ú. t. c. s.). || *Fig.* Firme, que no se deja impresionar por las circunstancias adversas.

estola f. Vestidura grecorromana de forma de túnica. || Ornamento litúrgico que el sacerdote se pone en el cuello. || Banda larga, generalmente de piel, que usan las mujeres para abrigarse.

estólido, da adj. y s. Estúpido.

estolón m. *Bot.* Tallo rastrero que echa raíces y nuevas plantas.

estomacal adj. Del estómago. || Para la digestión: *licor estomacal.* || — M. Digestivo: *tomar un estomacal.*

estomagar v. t. Empachar, indigestar. || *Fam.* Fastidiar, empalagar: *esa mujer me estomaga.*

estómago m. *Anat.* Parte del aparato digestivo que forma una bolsa y está situada entre el esófago y el duodeno. || — *Fam. Tener el estómago en los pies,* tener mucha hambre. | *Tener un estómago de piedra,* poder tragar cualquier cosa.

estomatología f. *Med.* Estudio y tratamiento de las enfermedades de la boca.

estonio, nia adj. y s. De Estonia. || — M. Lengua hablada por los estonios.

estopa f. Parte basta del lino o del cáñamo. || Tela gruesa fabricada con esta parte. || *Mar.* Jarcia vieja que sirve para calafatear.

estoque m. Espada estrecha y sin filo. || Bastón con esta clase de espada en el interior. || Espada de torero. || *Bot.* Planta iridácea de flores rojas en espiga.

estoquear v. t. Herir o matar al toro con el estoque.

estoqueo m. Acción de tirar estocadas.

estoraque m. Árbol del que se saca un bálsamo muy oloroso. || Este bálsamo.

estorbar v. t. Embarazar: *este paquete me estorba.* || Dificultar, obstaculizar: *estorbar el paso, las negociaciones.* || Molestar: *el ruido me estorba.*

estorbo m. Molestia. || Obstáculo.

estornino m. Pájaro de cabeza pequeña y plumaje negro.

estornudar v. i. Expeler violenta y ruidosamente aire por la boca y la nariz.

estornudo m. Expulsión violenta y ruidosa de aire por la boca y la nariz.

estrabismo m. *Med.* Defecto de la vista por el cual el eje óptico derecho se dirige en sentido opuesto al izquierdo.

estrada f. Camino.

estrado m. Tarima sobre la que se coloca el trono real o la mesa presidencial en actos solemnes. || Sala donde recibían las visitas las mujeres. || Mobiliario de esta sala. || — Pl. Salas de los tribunales de justicia.

estrafalario, ria adj. y s. *Fam.* Extravagante y algo ridículo.

estragar v. t. Viciar, pervertir (ú. t. c. pr.). || Causar estrago, deteriorar. || *Tener el gusto estragado,* tener muy mal gusto.

estrago m. Daño, destrucción, destrozo: *las guerras hacen muchos estragos; el terremoto causó muchos estragos.* || Matanza de gente. || Daño moral: *ciertas películas causan estragos en la juventud.*

estragón m. Planta compuesta usada como condimento.

estrambote m. Versos que se añaden al final del soneto o de otra composición poética.

estrambótico, ca adj. *Fam.* Extravagante, extraño, irregular.

estramonio m. Planta solanácea, tóxica, de flores grandes.

estrangulación f. Ahogo por opresión del cuello.

estrangulado, da adj. *Med.* Muy oprimido, apretado: *hernia estrangulada.*

estrangulador, ra adj. y s. Que estrangula. || — M. Starter.

estrangular v. t. Ahogar oprimiendo el cuello (ú. t. c. pr.). || Impedir la respiración: *la bufanda le estrangula.* || Interceptar el paso de la sangre: *estrangular una vena.*

estraperlear v. i. *Fam.* Vender de estraperlo.

estraperlista adj. y s. *Fam.* Que se dedica a negocios de estraperlo.

estraperlo m. *Fam.* Comercio clandestino o fraudulento de mercancías: *venta de estraperlo.*

estratagema f. *Mil.* Ardid de guerra. || *Fig.* Treta, artimaña.

estratega m. Experto en estrategia.

estrategia f. *Mil.* Arte de dirigir y coordinar las operaciones militares. || *Fig.* Arte de coordinar las acciones y de obrar para alcanzar un objetivo: *la estrategia femenina.*

estratégico, ca adj. Relativo a la estrategia. || — Adj. y s. Especialista en estrategia.

estratificación f. *Geol.* Disposición de las rocas en capas paralelas superpuestas.

estratificar v. t. *Geol.* Formar estratos (ú. t. c. pr.).

estratigrafía f. *Geol.* Parte de la geología que estudia la disposición y la estructura de los terrenos en el transcurso de los siglos.

estrato m. *Geol.* Capa formada por rocas sedimentarias: *estratos calcáreos, cristalinos.* || Nube que se presenta en forma de banda paralela al horizonte: *estratos crepusculares.* || Capa en un órgano: *estrato granuloso.* || *Fig.* Capa o clase de la sociedad. || Capa del terreno en que se encuentran restos arqueológicos.

estratosfera f. Parte de la atmósfera de unos treinta kilómetros entre la troposfera y la mesosfera, donde la temperatura es casi constante.

estratosférico, ca adj. De la estratosfera o que la atraviesa: *globo estratosférico.*

estraza f. Trapo. || Papel áspero que se emplea para envolver.

estrechamiento m. Disminución de la anchura: *estrechamiento de una calle.* || Encogimiento: *estrechamiento de un vestido.* || *Fig.* Fortalecimiento, unión más fuerte: *estrechamiento de las relaciones.*

estrechar v. t. Volver más estrecho: *estrechar un vestido, un cinturón; estrechar los lazos de amistad* (ú. t. c. pr.). || *Fig.* Apretar: *estrechar las manos, entre los brazos.* || Arrinconar a uno, acosarle. || — V. pr. Apretarse: *estrecharse en un banco para dejar sitio.* || *Fig.* Reducir los gastos. | Trabar estrecha intimidad: *parentesco que se ha estrechado.*

estrechez f. Falta de anchura. || Falta de espacio o de tiempo. || *Fig.* Apuro, escasez de dinero: *vivir en la estrechez.* | Dificultad: *pasar estrecheces.* | Austeridad. || *Estrechez de miras,* incapacidad de tener una visión amplia de las cosas.

estrecho, cha adj. De poca anchura: *camino estrecho.* || Justo, apretado: *vestido estrecho.* || *Fig.* Apocado, de cortos alcances: *espíritu estrecho.* | Íntimo: *amistad estrecha.* | Muy próximo: *parentesco estrecho.* | Muy unido o fuerte: *lazos estrechos.* | Riguroso: *persona de moral estrecha.* | Tacaño. || — M. *Geogr.* Brazo de mar entre dos tierras: *el estrecho de Magallanes.*

estrechura f. Estrechez.

*estregar v. t. Frotar con fuerza una cosa sobre otra (ú. t. c. pr.).

estrella f. Astro brillante que aparece en el cielo como un punto luminoso. || Figura convencional y estilizada con que se representa. || Objeto de forma parecida. || Hado, suerte, destino: *nacer con buena estrella.* || *Impr.* Asterisco. || Moneda cubana de plata. || Lunar de pelo blanco en la frente de algunas caballerías. || *Fig.* Artista de mucha fama: *estrella cinematográfica.* || — *Estrella de mar,* estrellamar. || *Estrella doble o triple,* conjunto de varias estrellas que gravitan alrededor de un mismo centro de gravedad. || *Estrella errante o errática,* planeta. || *Estrella polar,* la que está más cerca del Polo Norte. || *Tener estrella,* ser afortunado. | *Ver las estrellas,* sentir un dolor físico muy fuerte. || *Estrella fugaz,* cuerpo luminoso que se mueve con gran velocidad por el cielo y se desvanece prontamente.

estrellado, da adj. De figura de estrella. || Salpicado de estrellas. || Aplícase al caballo que lleva una estrella en la frente. || *Huevo estrellado,* el frito.

estrellar v. t. *Fam.* Arrojar con violencia una cosa contra otra haciéndola pedazos o aplastándola: *estrellar un vaso contra la pared* (ú. t. c. pr.). || Dicho de los huevos, freírlos. || *Constelar.* || — V. pr. Caer brutalmente: *estrellarse contra el suelo.* || Chocar violentamente contra algo: *las olas se estrellaban contra las rocas.* || Lisiarse o matarse a consecuencia de un choque: *estrellarse contra un poste.* || *Fig.* Fracasar: *mis proyectos se han estrellado.* | Chocar con uno. | Tropezar con una dificultad insuperable.

estrellato m. *Neol.* Condición de estrella de cine, teatro, etc.: *lanzar al estrellato.*

estremecedor, ra adj. Violento: *choque estremecedor.*

*estremecer v. t. Hacer temblar, sacudir: *el ruido del cañonazo estremeció las casas.* || *Fig.* Sobresaltar. | Impresionar, emocionar. || — V. pr. Temblar: *estremecerse de frío, al oír un ruido.*

estremecimiento m. Sacudida. || Temblor, escalofrío. || *Fig.* Sobresalto. | Conmoción.

estrenar v. t. Usar por primera vez: *estrenar unos zapatos.* || Representar por primera vez: *estrenar una comedia, una película* (ú. t. c. pr.). || Ser el primero en hacer un papel: *este actor estrenó muchas comedias.* || — V. pr. Empezar a desempeñar un cargo o darse a conocer por primera vez en un arte: *estrenarse como orador, cómico.*

estreno m. Primera representación. || Primer uso de una cosa. || Comienzos en un empleo o arte. || *Cine de estreno,* aquel en el que sólo se representan películas nuevas.

estreñido, da adj. Que padece estreñimiento.

estreñimiento m. Dificultad o imposibilidad de evacuar el vientre: *padecer estreñimiento.*

*estreñir v. t. Dificultar o imposibilitar la evacuación del vientre.

estrépito m. Ruido muy grande, estruendo: *el estrépito de los cañones.* || *Fig.* Ostentación en la realización de una cosa.

estrepitoso, sa adj. Que hace mucho ruido: *aplausos estrepitosos; fracaso estrepitoso.* || *Fig.* Muy grande, espectacular.

estreptococia f. *Med.* Infección producida por los estreptococos.

estreptococo m. Bacteria del grupo de los cocos, redondeada, que forma colonias en cadenas que pueden producir infecciones graves.

estreptomicina f. *Med.* Antibiótico contra el bacilo de la tuberculosis y otros microbios.

estrés m. *Med.* Tensión ocasionada por situaciones agobiantes: *el estrés puede provocar numerosos trastornos físicos y mentales.*

estría f. Acanaladura, raya profunda. || *Arq.* Mediacaña hueca, labrada en la columna.

estriación f. Formación de estrías.

estriar v. t. Formar estrías.

estribación f. *Geogr.* Ramal lateral corto de una cordillera.

estribar v. i. Apoyarse una cosa de peso en otra que la sostiene: *el depósito estriba en cuatro vigas.* || *Fig.* Fundarse, residir, proceder: *mi fortuna estriba en mi trabajo.*

estribillo m. Verso o versos que se repiten al fin de cada estrofa. || *Fig.* y *fam.* Lo que repite constantemente una persona.

estribo m. Pieza de metal en que el jinete apoya el pie. || Especie de escalón para subir o bajar del coche. || *Anat.* Uno de los tres huesecillos del oído medio y que está articulado con la apófisis lenticular del yunque. || *Arq.* Contrafuerte: *el estribo de un puente.* || *Fig.* Fundamento. || *Geogr.* Estribación.

estribor m. Costado derecho del barco mirando de popa a proa.

estricnina f. Veneno que se extrae de la nuez vómica y el haba de San Ignacio.

estricto, ta adj. Riguroso: *estricto cumplimiento de la ley.*

estridencia f. Calidad de estridente. || *Fig.* Extravagancia. | Violencia de la expresión o de la acción.

estridente adj. Agudo, desapacible y chirriante: *voz estridente.* || *Poét.* Que causa ruido y estruendo.

estro m. Inspiración.

estrofa f. Grupo de versos que forma un conjunto y tiene correspondencia métrica con otro u otros parecidos: *la estrofa de un poema.*

estrógeno m. *Biol.* Sustancia que ocasiona el período de celo de los mamíferos.

estroncio m. Metal blanco (Sr) de número atómico 38, análogo al calcio.

estropajo m. Manojo de esparto para fregar. || *Fig.* Desecho, cosa inútil. || *Amer.* Esponja vegetal.

estropajoso, sa adj. *Fig.* y *fam.* Que pronuncia con dificultad: *tener la len-*

gua estropajosa. | Desaseado y andrajoso. | Fibroso y difícil de mascar: *carne estropajosa.*

estropear v. t. Dejar en mal estado: *una máquina le estropeó la mano.* || Lisiar. || Deteriorar: *el granizo estropeó la cosecha.* || *Fig.* Echar a perder: *el vicio la estropeó la salud; has estropeado el negocio.* || Volver inservible: *los niños han estropeado el ascensor.*

estropicio m. Ruido de cosas que se rompen. || *Fam.* Destrozo. || *Por ext.* Trastorno ruidoso, jaleo: *armar un estropicio.*

estructura f. Disposición de las distintas partes de un todo: *la estructura de un edificio.* || Armazón que sostiene un conjunto.

estructuración f. Acción y efecto de estructurar.

estructural adj. Relativo a la estructura.

estructuralismo m. Teoría común a ciertas ciencias humanas, como la lingüística, la antropología social, la psicología, etc., que concibe cualquier objeto de estudio como un todo cuyos miembros se determinan entre sí, tanto en su naturaleza como en sus funciones, en virtud de leyes generales.

estructurar v. t. Dar una estructura.

estruendo m. Ruido grande: *el estruendo del trueno.* || *Fig.* Confusión, alboroto. | Pompa, fausto.

estruendoso, sa adj. Ruidoso, muy fuerte: *voz estruendosa.*

estrujar v. t. Apretar una cosa para sacarle el zumo: *estrujar un limón, las uvas.* || Exprimir el agua: *estrujar la ropa.* || Apretar algo arrugándolo: *estrujar un papel.* || Apretar y dejar magullado: *le estrujó el pie de un pisotón.* || *Fig.* y *fam.* Sacar todo el partido posible: *estrujar al pueblo con tributos.* || — V. pr. *Fig.* Apretujarse.

estrujón m. Acción y efecto de estrujar.

estuario m. Entrada del mar en la desembocadura de un río.

estucado m. Revestimiento con estuco.

estucador m. Obrero que cubre las paredes con estuco.

estucar v. t. Cubrir con estuco.

estuche m. Caja o funda: *estuche para joyas, para gafas.* || Conjunto de utensilios que se guardan en esta caja: *un estuche de aseo.*

estuco m. Masa de yeso blanco y agua de cola. || Masa de cal y mármol pulverizado para enlucir las paredes.

estudiado, da adj. *Fig.* Rebuscado, falto de naturaleza: *postura estudiada.*

estudiantado m. Conjunto de alumnos o estudiantes.

estudiante m. y f. Persona que cursa estudios en una universidad u otro centro de enseñanza, sobre todo media: *estudiante de medicina.*

estudiantil adj. *Fam.* De los estudiantes.

estudiantina f. Conjunto musical de estudiantes.

estudiar v. t. Ejercitar el entendimiento para comprender o aprender una cosa: *estudiar el francés.* || Seguir un curso. Ú. t. c. i.: *estudiar para médico.* || Aprender de memoria: *estudiar la lección.* || Examinar, observar con detenimiento: *estudiar un problema.* || *Pint.* Dibujar de modelo o del natural. || — V. pr. Observarse.

estudio m. Aplicación del espíritu para aprender o comprender algo: *dedicarse al estudio de un asunto, de las matemáticas.* || Obra en que un autor examina y aclara una cuestión: *estudio sobre la Edad Media.* || Cuarto donde trabajan los pintores, escultores, arquitectos, fotógrafos, etc. || Apartamento que consta de una habitación, una cocina y un cuarto de aseo. || Local donde se hacen las tomas de vista o de sonido para las películas o donde se transmiten programas radiofónicos o de televisión (ú. m. en pl.). || *Pint.* Dibujo o pintura de tanteo: *estudio del natural.* || *Mús.* Composición de ejercicios. || Trabajos preparatorios: *el estudio de un metropolitano.* || *Fig.* Aplicación, interés: *trabajar con estudio.* || *Riopl.* Bufete de abogado. || — M. pl. Serie completa de cursos seguidos para hacer una carrera.

estudiosidad f. Aplicación en el estudio.

estudioso, sa adj. Aplicado, que se dedica al estudio. || — M. Especialista: *un estudioso de Cervantes.* || Investigador.

estufa f. Aparato para la calefacción de las habitaciones. || Utensilio para secar o desinfectar. || En los baños termales, sitio destinado para sudar.

estufilla f. Manguito para las manos. || Braserillo para calentarse los pies.

estulticia f. Necedad, sandez.

estulto, ta adj. Necio.

estupefacción f. Asombro, pasmo: *causó gran estupefacción.*

estupefaciente adj. Que causa estupefacción. || — M. Sustancia narcótica, como la morfina, la cocaína, etc.

estupefacto, ta adj. Atónito, pasmado.

estupendo, da adj. Magnífico, maravilloso, muy bueno.

estupidez f. Tontería, necedad.

estúpido, da adj. y s. Tonto, necio.

estupor m. *Med.* Disminución o paralización de las funciones intelectuales. || *Fig.* Pasmo, asombro: *esa noticia produjo estupor.*

estupro m. Violación de una mujer virgen.

estuquista m. Obrero que hace obras de estuco.

esturión m. Pez ganoideo con cuyas huevas se prepara el caviar.

etalaje m. Parte del alto horno entre la obra y el vientre.

etano m. Carburo de hidrógeno saturado.

etapa f. Sitio donde se para un viajero, un ciclista, un soldado para descansar. || Distancia que hay que recorrer para llegar a este sitio. || Período que media entre dos puntos importantes de una acción o proceso: *las etapas de la vida, del progreso*. || *Mil.* Ración dada a la tropa en campaña o marcha. | Lugar en que hace noche la tropa. || *Quemar etapas*, no pararse en ellas.

etcétera loc. adv. Y lo demás (ú. t. c. s. m.). [Se escribe con la abreviatura *etc.*]

éter m. *Fís.* Fluido sutil, invisible, imponderable y elástico que, según cierta hipótesis antigua y caduca, llena todo el espacio, y, por su movimiento vibratorio, transmite la luz y otras formas de energía. || *Quím.* Óxido de etilo, líquido muy volátil e inflamable, de olor muy fuerte, llamado también *éter sulfúrico*, que se emplea como anestésico. || *Poét.* Espacio celeste.

etéreo, a adj. Del éter: *vapores etéreos; solución etérea*. || *Poét.* Celeste: *regiones etéreas*.

eternidad f. Tiempo que no tiene principio ni tendrá fin. || *Fig.* Tiempo muy largo: *hace una eternidad que no le vemos*. || *Teol.* Vida eterna.

eternizar v. t. Hacer durar o prolongar demasiado alguna cosa (ú. t. c. pr.). || Perpetuar la duración de una cosa.

eterno, na adj. Que no tiene principio ni tendrá fin: *un ser eterno*. || *Fig.* Que dura o parece durar mucho tiempo: *el discurso se me hizo eterno*. || Que no tiene fin, perpetuo: *la vida eterna; gratitud eterna*. || *Padre Eterno*, Dios.

ético, ca adj. Relativo a los principios de la moral. || — M. Moralista. || — F. Moral.

etileno m. *Quím.* Hidrocarburo gaseoso incoloro que se obtiene deshidratando el alcohol por el ácido sulfúrico.

etílico, ca adj. *Quím.* Aplícase a los cuerpos derivados del etano: *alcohol etílico*.

etilismo m. Intoxicación causada por el alcohol etílico.

etilo m. *Quím.* Radical univalente derivado del alcohol etílico por supresión del hidroxilo.

etimología f. Origen y derivación de las palabras. || Ciencia que lo estudia.

etimológico, ca adj. Referente a la etimología.

etimologista com. Filólogo que se dedica a la etimología.

etimologizar v. i. Buscar la etimología de las palabras.

etimólogo m. Etimologista.

etiología f. *Fil.* Estudio de las causas de las cosas. || Estudio de las causas de las enfermedades.

etíope adj. y s. De Etiopía.

etiópico, ca adj. De Etiopía.

etiqueta f. Ceremonial observado en actos públicos solemnes. || Trato ceremonioso: *recibir sin etiqueta*. || Marbete, rótulo, inscripción: *poner una* etiqueta en una maleta, un paquete. || *De etiqueta*, solemne: *fiesta de etiqueta*; para los actos solemnes: *traje de etiqueta*; de cumplido: *visita de etiqueta*.

etiquetar v. t. Poner etiquetas.

etiquetero, ra adj. Muy ceremonioso.

etmoidal adj. Perteneciente al hueso etmoides.

etmoides adj. y s. m. *Anat.* Dícese de un hueso pequeño encajado en la escotadura del hueso frontal y que concurre a formar las cavidades nasales y las órbitas.

etnarca m. Jefe de una etnarquía: *el etnarca de Judea*.

etnarquía f. Provincia vasalla de los romanos. || Dignidad de etnarca.

etnia f. Agrupación natural de individuos que tienen la misma cultura.

étnico, ca adj. Gentil. || Relativo a la etnia: *caracteres étnicos*.

etnografía f. Parte de las ciencias humanas que se dedica a la descripción y clasificación de las razas.

etnógrafo, fa m. y f. Persona que se dedica a la etnografía.

etnología f. Parte de las ciencias humanas que estudia los distintos caracteres de las razas.

etnológico, ca adj. De la etnología.

etnólogo, ga m. y f. Persona que se dedica a la etnología.

etolio, lia adj. y s. De Etolia.

etrusco, ca adj. y s. De Etruria. || — M. Lengua etrusca.

etzaquahitl m. Planta euforbiácea de México.

etzemo m. Planta liliácea del SE. de México: *el etzemo es venenoso*.

Eu, símbolo químico del *europio*.

eucalipto m. Árbol de la familia de las mirtáceas que puede alcanzar cien metros de alto, de hojas olorosas utilizadas en productos farmacéuticos.

eucaristía f. Sacramento instituido por Jesucristo que consiste en la transformación del pan y el vino en el cuerpo y sangre de Cristo por la consagración.

eucarístico, ca adj. De la Eucaristía: *congreso eucarístico*.

euclidiano, na adj. Relativo al método matemático de Euclides: *geometría euclidiana*.

eudiómetro m. *Fís.* Tubo de vidrio empleado para el análisis y síntesis de los cuerpos gaseosos.

eufemismo m. Expresión que sustituye a otra que sería demasiado fuerte o malsonante.

eufonía f. Sonoridad agradable que resulta de la acertada combinación de los elementos fonéticos de la palabra.

eufónico, ca adj. Que tiene eufonía. || De la eufonía.

euforbiáceas f. pl. Familia de plantas angiospermas dicotiledóneas que suelen contener látex, como el ricino (ú. t. c. adj.).

euforia f. Sensación de confianza, satisfacción y bienestar debida general-mente a una buena salud o al uso de estupefacientes.

eufórico, ca adj. En estado de euforia: *persona eufórica*.

eugenesia f. Aplicación de las leyes biológicas de la herencia al perfeccionamiento de la especie humana.

eugenésico, ca adj. Relativo a la eugenesia.

eugenismo m. Estudio teórico y práctico de todos los medios capaces de proteger, desarrollar y perfeccionar los elementos más robustos y mejor dotados de las razas humanas.

eunuco m. Hombre castrado que custodiaba un serrallo.

eurasiático, ca adj. y s. Mestizo de europeo y asiático.

¡eureka! interj. Voz griega que significa *¡he hallado!* (Es la exclamación de alegría atribuida a Arquímedes al descubrir el medio de determinar el peso específico de los cuerpos.)

euritmia f. Combinación armoniosa de las líneas, los sonidos y las proporciones.

eurítmico, ca adj. Armonioso.

euro m. Unidad monetaria de los países miembros de la Unión Europea.

euroafricano, na adj. Relativo a la vez a Europa y África.

europeísmo m. Doctrina favorable a la unión europea.

europeísta adj. Relativo a la unión europea: *política europeísta*. || *Com.* Partidario de la unión europea.

europeización f. Introducción de las costumbres europeas.

europeizar v. t. Introducir en el pueblo las costumbres y la cultura europeas (ú. t. c. pr.).

europeo, a adj. y s. De Europa: *la guerra europea*.

europio m. Cuerpo simple (Eu), de número atómico 63 y de peso atómico 152, que se encuentra en las tierras raras.

euscalduna adj. y s. f. Perteneciente a la lengua vascuence.

éuscaro, ra adj. y s. Vasco. || — M. Lengua vascuence.

eusquero, ra adj. y s. Éuscaro.

euskalduna adj. y s. f. Euscalduna.

eutanasia f. *Med.* Muerte sin dolor. || Teoría según la cual se podría acortar la vida de un enfermo incurable para que no sufra.

eV, símbolo del *electrón-voltio*.

evacuación f. Expulsión.

evacuante adj. y s. m. *Med.* Evacuativo.

evacuar v. t. Hacer salir de un sitio: *evacuar a los damnificados*. || Desocupar, marcharse de un sitio: *evacuar una sala, un país*. || Expeler del cuerpo humores o excrementos: *evacuar el vientre*. || *Med.* Sacar, extraer los humores viciados del cuerpo humano. || *For.* Realizar, efectuar: *evacuar un traslado, una diligencia*.

evadido, da adj. y s. Que se ha escapado.

evadir v. t. Evitar un peligro. || Eludir, esquivar: *evadir una dificultad.* || — V. pr. Fugarse, escaparse.

evaluación f. Valoración.

evaluar v. t. Valorar, fijar valor: *evaluar algo en cien euros.*

evanescente adj. Que se desvanece o esfuma.

evangélico, ca adj. Relativo al Evangelio. || Conforme al Evangelio. || Protestante: *iglesia evangélica; templo evangélico.*

evangelio m. Historia de la vida, doctrina y milagros de Jesucristo. Ú. t. c. pl.: *los "Evangelios" contienen los cuatro relatos de San Mateo, San Marcos, San Lucas y San Juan.* || Parte de estos relatos que se lee o canta en la misa. || Fig. Doctrina cristiana: *abrazar el evangelio; convertirse al Evangelio.* || Fig. y fam. Ley sagrada. | Cosa certera: *palabras de Evangelio.*

evangelismo m. Sistema consistente en fundarlo todo en el Evangelio. || Doctrinas de la Iglesia evangélica.

evangelista m. Cada uno de los cuatro apóstoles que escribieron el Evangelio: San Mateo, San Marcos, San Lucas y San Juan. || Clérigo que canta el Evangelio en la misa.

evangelización f. Acción y efecto de evangelizar.

evangelizador, ra adj. y s. Que evangeliza.

evangelizar v. t. Predicar el Evangelio y la doctrina de Jesucristo: *evangelizar a los infieles.*

evaporable adj. Capaz de evaporarse.

evaporación f. Lenta transformación de un líquido en vapor.

evaporar v. t. Transformar en vapor: *el calor del sol evapora el agua.* || — V. pr. Transformarse en vapor. || Fig. Disiparse, desaparecer: *evaporarse el entusiasmo.* | Marcharse, desaparecer sin ser visto: *el preso se evaporó de su encierro.* || Perder su aroma: *el vino se ha evaporado.*

evaporizar v. t. Vaporizar.

evasión f. Fuga: *la evasión de un ladrón.* || Fig. Evasiva, escapatoria.

evasivo, va adj. Vago, impreciso: *una respuesta evasiva.* || — F. Recurso para no comprometerse con una respuesta o una promesa: *salir con evasivas.*

evento m. Acontecimiento.

eventual adj. Que depende de las circunstancias.

eventualidad f. Posibilidad: *no querer pensar en la eventualidad de una guerra.* || Cosa que puede ocurrir: *no haber previsto todas las eventualidades.*

evicción f. For. Pérdida de un derecho por sentencia firme y en virtud de derecho anterior ajeno.

evidencia f. Calidad de evidente: *la evidencia de una demostración.* || Cosa evidente.

evidenciar v. t. Hacer patente, demostrar la evidencia de algo. || — V. pr. Ser evidente: *se evidencia la necesidad de una reforma.*

evidente adj. Tan claro que no deja lugar a dudas: *superioridad evidente.*

evitable adj. Que se puede evitar o debe evitarse.

evitación f. Acción y efecto de precaver, evitar que suceda una cosa.

evitar v. t. Escapar de algo peligroso o molesto: *evitar el contagio, las visitas.* || Huir, procurar no encontrar: *evitar a un conocido.*

evocación f. Acción y efecto de evocar. || Recuerdo, rememoración.

evocador, ra adj. Que hace recordar cosas pasadas.

evocar v. t. Hacer aparecer por sortilegios a los espíritus y a los muertos. || Fig. Traer alguna cosa a la memoria, recordar: *evocar un nombre querido, un recuerdo.* | Mencionar, citar: *evocar una cuestión.*

evocativo, va adj. Evocador.

evolución f. Transformación progresiva: *la evolución de un país, de unas ideas, del carácter.* || Biol. Serie de transformaciones sucesivas, particularmente las que han sufrido los seres vivos durante los tiempos geológicos. || Med. Curso de una enfermedad: *la evolución de un cáncer.* || — Pl. Mil. Movimiento, especialmente de tropas, buques y aviones: *evoluciones de un ejército.*

evolucionar v. i. Transformarse progresivamente: *la humanidad está evolucionando.* || Hacer evoluciones. || Mudar de parecer. || Desarrollarse, alcanzar cierto grado de civilización.

evolucionismo m. Doctrina fundada en la evolución de las especies: *el evolucionismo de Lamark.*

evolucionista adj. Del evolucionismo: *doctrina evolucionista.* || — Adj. y s. Partidario del evolucionismo.

evolutivo, va adj. Susceptible de evolución o que la produce.

ex, prefijo que significa *fuera* o *más allá de.* Ante un sustantivo o un adjetivo indica lo que se ha tenido una persona: *ex presidente.* || — *Ex abrupto,* bruscamente, sin que sea previsto. || *Ex aequo,* de igual mérito, en el mismo lugar. (Es inv.: *dos ex aequo.*) || *Ex cátedra,* desde la cátedra de San Pedro: el Papa habla ex cátedra (fig. y fam.) en tono doctoral y terminante: *parece que está siempre hablando ex cátedra.* || *Ex libris,* etiqueta con una inscripción que se pega en el reverso de la tapa de los libros para indicar el nombre de su propietario. || *Ex profeso,* de propósito, expresamente.

exabrupto m. Salida de tono, contestación brusca e inesperada.

exacción f. Acción y efecto de exigir impuestos, multas, etc. || Cobro ilegal, injusto, violento.

exacerbación f. Irritación. || Agravación de una enfermedad.

exacerbar v. t. Exasperar, irritar: *exacerbar los ánimos* (ú. t. c. pr.). || Avivar, agudizar: *exacerbar un dolor, una pasión* (ú. t. c. pr.).

EXA

exactitud f. Puntualidad y fidelidad en la ejecución de una cosa.

exacto, ta adj. Conforme a la realidad: *descripción exacta.* || Justo: *un cálculo exacto, una balanza exacta.* || Fiel: *exacto cumplimiento de la ley.* || Puntual. || Ciencias exactas, las matemáticas. || — Interj. Expresión de asentimiento.

exageración f. Acción de propasarse en cualquier cosa. || Abuso.

exagerado, da adj. Que exagera las cosas (ú. t. c. s.). || Que rebasa los límites de lo justo: *precio exagerado.*

exagerar v. t. e i. Deformar las cosas dándoles proporciones mayores de las que tienen en realidad: *exagerar las cualidades de alguien.* || Abusar, pasarse de la raya, propasarse.

exaltación f. Elevación a una dignidad o a un cargo importante: *exaltación a la jefatura del Estado.* || Ponderación, enaltecimiento. || Intensificación: *exaltación de un sentimiento.* || Sobreexcitación del ánimo. || Acaloramiento, apasionamiento: *la exaltación de un debate.* || Exaltación de la Santa Cruz, fiesta celebrada el 14 de septiembre en recuerdo de la llegada de la verdadera cruz a Jerusalén (628).

exaltado, da adj. y s. Que se exalta fácilmente.

exaltador, ra adj. Que exalta.

exaltamiento m. Exaltación.

exaltar v. t. Elevar a una dignidad o a un cargo importante: *exaltar al pontificado.* || Ponderar, enaltecer: *exaltar las hazañas de uno.* || Entusiasmar, excitar. || — V. pr. Excitarse, apasionarse: *exaltarse con la discusión.* || Avivarse: *pasión que se exalta.*

examen m. Acción de observar algo con mucho cuidado: *examen de un asunto.* || Prueba a que se somete a un candidato para conocer sus conocimientos o capacidades: *pasar un examen de matemáticas.* || — *Examen de conciencia,* meditación sobre la propia conducta. || *Examen médico,* reconocimiento médico. || *Libre examen,* acción de someter los dogmas al juicio de la razón.

exámetro m. Hexámetro.

examinador, ra m. y f. Persona que examina.

examinando, da m. y f. Persona que sufre un examen.

examinante adj. Que examina.

examinar v. t. Observar atentamente, someter a examen: *examinar un mineral, la conducta de uno.* || Hacer sufrir un examen: *examinar de gramática a un alumno.* || — V. pr. Sufrir un examen.

exangüe adj. Desangrado. || Fig. Agotado. | Muerto.

exánime adj. Inanimado, muerto. || Sin señal de vida. || Fig. Agotado.

exantema m. Med. Erupción cutánea que acompaña algunas enfermedades como el sarampión, la escarlatina, etc.

ET

exantemático, ca adj. *Med.* Relativo al exantema o que va acompañado de esta erupción. || *Tifus exantemático,* infección tífica, epidémica, transmitida generalmente por el piojo, caracterizada por las manchas punteadas en la piel.

exarca m. Gobernador bizantino de las provincias de Ravena (Italia) y Cartago (África). || Dignidad que sigue inmediatamente a la de patriarca en la Iglesia griega.

exarcado m. Dignidad de exarca y territorio que administra.

exasperación f. Irritación, sumo enojo. || Agravación, intensificación: *la exasperación de un dolor.*

exasperador, ra y **exasperante** adj. Que exaspera.

exasperar v. t. Hacer más intenso: *exasperar un mal* (ú. t. c. pr.). || Irritar, poner muy nervioso: *la injusticia le exaspera.*

excavación f. Acción de excavar: *excavación de zanjas.* || Hoyo, parte excavada. || Acción de quitar la tierra, las rocas, etc., para encontrar restos arqueológicos.

excavador, ra adj. y s. Que excava. || — F. Máquina para excavar o para evacuar materiales: *excavadora mecánica.*

excavar v. t. Cavar: *excavar un pozo.* || *Agr.* Quitar la tierra alrededor del pie de una planta. || Hacer excavaciones arqueológicas.

excedencia f. Condición de excedente. || Sueldo que se da al empleado excedente.

excedente adj. Dícese del empleado que durante cierto tiempo deja de prestar un servicio. || Sobrante: *sumas excedentes.* || — Adj. y s. m. Lo que sobra.

exceder v. t. Sobrepasar: *los ingresos exceden los gastos.* || Superar: *exceder en inteligencia a uno.* || — V. pr. Propasarse, pasarse de la raya. || *Excederse a sí mismo,* superarse.

excelencia f. Suma perfección. || Título honorífico dado a los ministros, embajadores, académicos, etc. || *Por excelencia,* en sumo grado: por antonomasia.

excelente adj. Que sobresale en lo que hace: *obrero excelente.* || Muy bueno, perfecto: *comida excelente; una excelente persona.*

excelentísimo, ma adj. Tratamiento con que se dirige a la persona a quien se da el título de excelencia: *excelentísimo señor.*

excelso, sa adj. Muy elevado.

excentricidad f. Rareza, extravagancia. || Estado de lo que se halla lejos de su centro.

excentricismo m. Calidad de excéntrico.

excéntrico, ca adj. Muy raro, extravagante: *hombre excéntrico* (ú. t. c. s.). || Muy alejado del centro: *barriada excéntrica.* || *Geom.* Que está fuera del centro o que tiene un centro diferente: *dos círculos excéntricos.*

excepción f. Derogación a lo normal: *hacer una excepción.* || Lo que se aparta de la regla general: *no hay regla sin excepción.* || *For.* Motivo que el demandado alega para hacer ineficaz la acción del demandante: *excepción dilatoria, perentoria.* || *A excepción de,* o *con excepción de,* excepto.

excepcional adj. Que forma excepción: *circunstancias excepcionales.* || Extraordinario: *artista excepcional.*

excepto prep. Menos, excluyendo, salvo.

exceptuar v. t. Excluir, no comprender (ú. t. c. pr.). || Hacer salvedad: *exceptuar a uno de su deber.*

excesivo, va adj. Demasiado grande o que sale de lo normal: *trabajo excesivo.* || Exagerado.

exceso m. Lo que sobra: *exceso de carga, de peso, de equipaje.* || Lo que pasa de los límites: *exceso de velocidad.* || Lo que sobrepasa una cantidad: *exceso de natalidad sobre la mortalidad.* || Abuso: *cometer excesos; exceso de poder.* || *Con exceso,* demasiado. || *En exceso,* excesivamente, demasiado.

excipiente m. Sustancia para incorporar o disolver medicamentos.

excitabilidad f. Calidad de excitable.

excitable adj. Capaz de ser excitado. || Que se excita fácilmente.

excitación f. Provocación, incitación. || Estado de agitación. || *Biol.* Efecto que produce un excitante al actuar sobre una célula, un órgano u organismo.

excitador, ra adj. Que excita (ú. t. c. s.). || — M. *Fís.* Especie de tenacilla, con dos mangos de materia aislante, con la que conectan dos polos de potencial eléctrico diferente.

excitante adj. y s. m. Que puede excitar el organismo: *el café es un excitante.*

excitar v. t. Suscitar, causar: *excitar la sed.* || Activar la energía: *el café excita el sistema nervioso.* || Provocar: *excitar la envidia.* || Estimular, animar: *excitar los ánimos; excitar a la rebelión.* || Poner en estado de agitación moral o física (ú. t. c. pr.).

exclamación f. Frase o expresión provocada por una alegría, indignación o sorpresa súbitas. || Signo ortográfico de admiración (¡!).

exclamar v. i. Proferir exclamaciones. || Decir algo gritando.

exclamativo, va y **exclamatorio, ria** adj. Que denota exclamación: *tono exclamatorio; expresión exclamatoria.*

exclaustración f. Acción y efecto de exclaustrar.

exclaustrado, da m. y f. Religioso a quien se ha hecho abandonar el claustro.

exclaustrar v. t. Dar permiso u orden a un religioso para que abandone el claustro.

*****excluir** v. t. Echar a una persona del lugar que ocupaba: *excluir a uno de un partido, de la sociedad.* || *For.* Excluir de una herencia. || No hacer entrar, eliminar: *esta clasificación ex-*

cluye a todos los insectos. || Rechazar, descartar: *excluir una hipótesis.* || Hacer imposible: *la generosidad excluye el egoísmo.*

exclusión f. Acción y efecto de excluir.

exclusiva f. Privilegio: *dar la exclusiva a un editor.* || Repulsa, no admisión.

exclusive adv. Únicamente. || Con exclusión: *hasta el 15 de agosto exclusive.*

exclusividad f. Exclusiva.

exclusivismo m. Obstinada adhesión a una persona, una cosa o una idea, excluyendo a las demás.

exclusivista adj. y s. Que demuestra exclusivismo.

exclusivo, va adj. Que excluye. || Único, solo.

excombatiente adj. y s. Que luchó en una guerra.

excomulgado, da m. y f. Persona excomulgada.

excomulgar v. t. Apartar la Iglesia católica a una persona de la comunión de los fieles y del uso de los sacramentos. || *Fig. y fam.* Excluir a una persona del trato de otra u otras.

excomunión f. Censura por la cual se aparta a uno de la comunión de los fieles. || Carta o edicto con que se intima.

excoriación f. Escoriación.

excoriar v. t. Escoriar (ú. m. c. pr.).

excrecencia f. Tumor o parte superflua que se cría en ciertos tejidos animales y vegetales (verrugas, pólipos, agallas, etc.).

excreción f. Expulsión de los excrementos o de las sustancias secretadas por una glándula.

excrementar v. i. Deponer los excrementos.

excrementicio, cia adj. De los excrementos: *materia excrementicia.*

excremento m. Materia que expele el cuerpo por las vías naturales.

excrementoso, sa adj. Aplícase al alimento que nutre poco y se convierte más que otros en excremento. || Excrementicio.

excrecencia f. Excrecencia.

excretar v. i. Expeler el excremento. || Expeler las glándulas las sustancias que secretan.

excretor, ra y **excretorio, ria** adj. Aplícase a lo que sirve para excretar o que se relaciona con la excreción: *conducto excretorio.*

exculpar v. t. Declarar que una persona no es culpable, disculpar (ú. t. c. pr.).

excursión f. Paseo o viaje corto a algún sitio por motivos de recreo, turismo o estudio: *ir de excursión.*

excursionismo m. Práctica de las excursiones como deporte.

excursionista com. Persona que hace excursiones o es aficionada a las excursiones: *ir de excursión.*

excusa f. Razón dada para disculparse o evitar algo molesto: *buscar excusas; presentar sus excusas.*

excusable adj. Que puede ser excusado.

excusado, da adj. Superfluo, inútil: *excusado es decirlo*. || Que por privilegio está libre de pagar tributos. || Secreto: *puerta excusada*. || — M. Retrete.

excusar v. t. Disculpar. || Evitar: *excusar pleitos, discordias*. || Rechazar, no aceptar: *excusar responsabilidades*. || — V. pr. Disculparse.

execrable adj. Abominable.

execración f. Profunda aversión. || Maldición, imprecación.

execrar v. t. Aborrecer, detestar: *execrar el vicio*. || Maldecir, condenar: *execrar a los traidores*.

exégesis f. Explicación, interpretación: *exégesis de la Sagrada Escritura*.

exégeta m. Intérprete o expositor de la Sagrada Escritura.

exegético, ca adj. De la exégesis: *método exegético*.

exención f. Efecto de eximir o eximirse. || Privilegio que exime de un cargo u obligación: *exención fiscal*.

exento, ta adj. Libre: *exento de cuidados, de temor; producto exento de aduanas*. || Descubierto por todas partes: *paraje, edificio exento*. || Aislado: *columna exenta*.

exequátur m. (pal. lat.). Pase dado por la autoridad civil a las bulas y breves pontificios. || Autorización del jefe de un Estado a los representantes extranjeros para que puedan desempeñar sus funciones.

exequias f. pl. Honras fúnebres: *exequias nacionales*.

exfoliación f. División en laminillas. || Caída de la corteza de un árbol. || Med. Caída de la epidermis en forma de escamas.

exfoliador m. Amer. Calendario de taco del que se arranca una hoja diariamente.

exfoliar v. t. Dividir en láminas o escamas. Ú. t. c. pr.: *exfoliarse un mineral*.

exhalación f. Emanación de gases, vapores u olores. || Estrella fugaz. || Rayo. || Centella.

exhalador, ra adj. Que exhala.

exhalar v. t. Despedir gases, vapores, olores: *exhalar miasmas el pantano, perfume las flores*. || Fig. Lanzar: *exhalar suspiros*. || Proferir: *exhalar quejas*. || *Exhalar el último suspiro*, morir. || — V. pr. Correr precipitadamente.

exhaustivo, va adj. Que agota o apura por completo: *investigación exhaustiva; estudio exhaustivo*.

exhausto, ta adj. Agotado, rendido, extenuado: *quedar exhausto*. || Apurado, completamente desprovisto: *exhausto de dinero*.

exhibición f. Demostración. || Presentación: *exhibición de modelos de alta costura*. || Exposición. || Proyección cinematográfica. || Méx. Pago de una cantidad a cuenta de una acción, póliza, etc.

exhibicionismo m. Prurito de exhibirse. || Impulso mórbido que lleva a desnudarse en público.

exhibicionista com. Persona que procura siempre exhibirse.

exhibir v. t. Presentar, mostrar: *exhibir una prueba, modelos de alta costura*. || Exponer: *exhibir cuadros*. || Proyectar una película. || Lucir, mostrar con orgullo. || Méx. Pagar, entregar una cantidad de dinero. || — V. pr. Mostrarse en público: *exhibirse un acróbata*. || Procurar llamar la atención.

exhortación f. Incitación: *exhortación a la piedad*. || Sermón breve.

exhortador, ra adj. y s. Que exhorta.

exhortar v. t. Aconsejar encarecidamente, incitar con razones o ruegos: *exhortar a cumplir un deber*.

exhorto m. For. Despacho que manda un juez a otro para rogarle que lleve a cabo lo que le pide.

exhumación f. Desenterramiento: *proceder a una exhumación*.

exhumar v. t. Desenterrar: *exhumar un cadáver*. || Fig. Sacar a luz lo perdido u olvidado: *exhumar el pasado*.

exigencia f. Lo que uno exige de otro: *persona que tiene muchas exigencias*. || Obligación: *esta profesión tiene sus exigencias*.

exigente adj. y s. Difícil de contentar o pedir demasiado.

exigible adj. Que puede ser exigido: *rendimiento exigible*.

exigir v. t. Instar u obligar a alguien a que haga o dé algo en virtud de un derecho o por fuerza: *exigir explicaciones, los tributos*. || Fig. Demandar imperiosamente, reclamar: *el crimen exige venganza*. || Necesitar, requerir: *las circunstancias exigen mucha decisión*.

exigüidad f. Pequeñez: *la exigüidad de un cuarto*. || Escasez, insuficiencia: *la exigüidad de sus recursos*.

exiguo, gua adj. Muy pequeño. || Escaso, insuficiente: *un salario exiguo*.

exilado, da adj. y s. Exiliado.

exilar v. t. Exiliar.

exiliado, da adj. y s. Desterrado, que vive en exilio.

exiliar v. t. Desterrar, expatriar (ú. t. c. pr.). (Se dice particularmente del que abandona su patria por razones políticas.)

exilio m. Destierro, expatriación: *permanecer en el exilio*.

eximente adj. Que exime. || For. Circunstancia eximente, la que libra de responsabilidad criminal.

eximio, mia adj. Ilustre, eminente: *el eximio poeta*.

eximir v. t. Liberar de una obligación, cargo, culpa, etc.: *eximir de un trabajo, del servicio militar* (ú. t. c. pr.).

existencia f. Hecho de existir: *la existencia de Dios para el creyente*. || Vida: *la existencia humana*. || — Pl. Mercancías que no han sido aún vendidas: *liquidación de las existencias*.

existencial adj. De la existencia: *filosofía existencial*.

existencialismo m. Fil. Filosofía según la cual el hombre crea y escoge su propia personalidad por sus actos: *el existencialismo de Heidegger, de Sartre*.

existencialista adj. Del existencialismo: *doctrina, filósofo existencialista*. || — M. y f. Seguidor de esta doctrina.

existente adj. Que existe.

existir v. i. Tener ser real: *los duendes no existen*. || Tener vida, vivir: *esta sociedad existe desde hace muchos años*. || Durar, permanecer: *un Estado no puede existir sin leyes*.

éxito m. Resultado feliz de un negocio, actuación, etc.: *ser coronado por el éxito*. || Aprecio: *esta obra de teatro ha tenido mucho éxito*. || Cosa muy conseguida y apreciada: *su recital ha sido un éxito*. || Resultado: *mal éxito*.

exitoso, sa adj. Con éxito.

exlibris m. V. EX libris.

exocrina adj. Aplícase a las glándulas de secreción externa.

éxodo m. Fig. Emigración de un grupo de gente: *el éxodo de un pueblo ante su invasor*.

exoneración f. Acción y efecto de exonerar.

exonerar v. t. Liberar de una carga u obligación: *exonerar de impuestos*. || Quitar un cargo o dignidad: *exonerar a uno de su empleo*. || Evacuar: *exonerar el vientre*.

exorbitante adj. Excesivo, que sale de los límites de lo razonable: *precio exorbitante*.

exorcismo m. Conjuro ordenado por la Iglesia católica contra el espíritu maligno.

exorcista m. El que tiene potestad para exorcizar. || Eclesiástico que ha recibido la tercera orden menor.

exorcizar v. t. Usar de exorcismos contra el espíritu maligno: *exorcizar al demonio*. || Librar del demonio por medio de exorcismos.

exordio m. Introducción.

exósmosis m. Fís. Corriente de dentro afuera cuando los líquidos de distinta concentración están separados por una membrana.

exotérico, ca adj. Accesible para el vulgo (opuesto a *esotérico*).

exotérmico, ca adj. Quím. Que despide calor: *reacción exotérmica*.

exótico, ca adj. Procedente de un país extranjero: *planta exótica*. || Extraño, raro: *moda exótica*.

exotismo m. Calidad de exótico. || Tendencia, inclinación a lo exótico.

expandirse v. pr. Extenderse.

expansibilidad f. Fís. Tendencia a la expansión de un gas.

expansible adj. Que tiende a expandirse.

expansión f. Fís. Dilatación, aumento de la superficie: *la expansión de un gas o vapor*. || Fig. Propagación, difusión: *la expansión del socialismo*. | Desarrollo: *la expansión de la producción*. | Dilatación: *la expansión del espíritu*. | Desahogo, exteriorización: *expansión de alegría*. | Recreo, diversión. | Tendencia a incrementar sus posesiones, la influencia política, etc.

expansionarse v. pr. Desahogarse, sincerarse. || Recrearse.

expansionismo m. Tendencia a la expansión territorial. || Tendencia de los poderes políticos a fomentar el incremento de la renta nacional.

expansionista adj. Que tiende al expansionismo: *política expansionista*. || — Adj. y s. Partidario del expansionismo.

expansivo, va adj. Que tiene tendencia a dilatarse: *cemento expansivo*. || *Fig.* Abierto, comunicativo: *carácter expansivo*.

expatriación f. Salida de su patria para instalarse en otro país.

expatriar v. t. Obligar a uno a que abandone su patria. || — V. pr. Abandonar su patria.

expectación f. Interés e impaciencia con que se espera algo: *esperar con expectación la llegada de un héroe*.

expectante adj. Que espera antes de actuar: *política expectante*. || Que espera algún acontecimiento: *madre expectante*. || *Medicina expectante*, la que deja obrar la naturaleza antes de intervenir.

expectativa f. Espera de algo que ha de suceder: *estar a la expectativa de un negocio*.

expectoración f. Expulsión de las secreciones de las vías respiratorias. || Lo que se expectora: *expectoración sanguínea*.

expectorante adj. y s. m. *Med.* Que facilita la expectoración.

expectorar v. i. Expeler por la boca las secreciones de las mucosas de la tráquea, los bronquios y los pulmones.

expedición f. Envío o remesa: *expedición de mercancías*. || Viaje de exploración: *expedición al Polo Norte*. || Viaje para cumplir una misión particular: *expedición militar, de salvamento*. || Personas que participan en estos viajes. || Rapidez con que se despacha algo.

expedicionario, ria adj. y s. Que participa en una expedición: *tropas expedicionarias*.

expedidor, ra m. y f. Persona que expide o manda algo.

expedientar v. t. Instruir un expediente.

expediente m. Recurso para conseguir algún fin: *hallar un expediente para desentenderse de un asunto*. || Habilidad: *tener expediente en el manejo de un negocio*. || Investigación oficial sobre la conducta de un empleado: *le abrieron expediente por prevaricación*. || Conjunto de documentos relativos a un asunto. || Documentos que dan fe de la actuación de una persona: *tener un expediente cargado en la policía*. For. Negocio sin juicio contradictorio en un tribunal: *instruir un expediente*. || — Pl. Trámites. || — Fig. y fam. Cubrir el expediente, hacer sólo lo indispensable de lo que se tiene que hacer.

*expedir v. t. Enviar: *expedir una carta, un pedido*. || Resolver un asunto. || Extender un documento: *expedir un pasaporte*. || Dar copia legalizada de un documento: *expedir un contrato*. || Despachar, hacer algo rápidamente.

expeditar v. t. *Méx.* Despachar un asunto con celeridad. || *Amer.* Acelerar. | Facilitar.

expeditivo, va adj. Que despacha o permite despachar las cosas con rapidez: *métodos expeditivos*.

expedito, ta adj. Desembarazado, libre: *camino expedito*. || Pronto para obrar.

expelente adj. Que expele.

expeler v. t. Arrojar, echar, expulsar: *expeler humo por la boca*; *expeler del país a un indeseable*.

expendedor, ra adj. y s. Que gasta o expende. || — M. y f. Persona que vende al por menor objetos propios o de otro: *expendedor de tabaco, de sellos, de billetes de lotería*. || Persona que pone en circulación moneda falsa.

expendeduría f. Tienda o puesto en que se venden al por menor ciertos objetos estancados: *expendeduría de tabaco*.

expender v. t Gastar, hacer expensas: *expender el caudal*. || Vender al por menor: *expender tabaco*. || Dar salida a la moneda falsa.

expendio m. *Arg., Méx. y Per.* Tienda de ventas al por menor.

expensas f. pl. Gastos, costas. || *A expensas*, a costa, a cargo.

experiencia f. Enseñanza sacada de lo que uno ha hecho: *una persona de experiencia*. || Conocimientos adquiridos por la práctica: *un piloto sin experiencia*. || Hecho de haber experimentado o presenciado algo: *conocer una cosa por experiencia*. || Suceso con el cual se adquiere conocimiento de la vida: *una experiencia desagradable pero aleccionadora*. || Experimento: *una experiencia de física*.

experimentación f. Acción de someter a experimentos.

experimentado, da adj. Que tiene experiencia: *persona experimentada*.

experimentador, ra adj. y s. Que hace experimentos.

experimental adj. Basado en la experiencia: *método, conocimiento experimental*.

experimentar v. t. Someter a experimentos, poner a prueba: *experimentar con nuevos productos*. || Conocer por experiencia: *ha experimentado lo que representa la soledad*. || Sentir: *experimentar una gran satisfacción*. || Sufrir: *experimentar una derrota*.

experimento m. Operación que consiste en observar las reacciones de un cuerpo u objeto cuando se le somete a ciertos fenómenos: *un experimento de química*.

experto, ta adj. Que conoce perfectamente algo, muy hábil: *piloto experto*. || — M. Perito: *experto electricista, químico*.

expiable adj. Que puede ser expiado.

expiación f. Castigo, sufrimiento padecido para reparar una falta o un delito.

expiar v. t. Sufrir un castigo por una falta o delito cometido: *expiar por medio del sacrificio; expiar los desvaríos del pasado*.

expiatorio, ria adj. Que sirve para la expiación: *sacrificio expiatorio*.

expiración f. Término, vencimiento de un plazo: *la expiración de una pena*.

expirar v. i. Morir. || *Fig.* Acabar, llegar a su término: *expirar el mes, el plazo*.

explanación f. Allanamiento, nivelación. || *Fig.* Aclaración, explicación: *explanación de una doctrina*.

explanada f. Terreno de cierta extensión llano y descubierto, situado delante de una fortificación o un edificio. || Parte más elevada de la muralla.

explanar v. t. Allanar, nivelar: *explanar una carrera*. || *Fig.* Aclarar, explicar.

explayar v. t. Extender (ú. t. c. pr.). || — V. pr. *Fig.* Extenderse al hablar: *explayarse en una peroración*. | Desahogarse, confiarse: *explayarse contando sus cuitas*.

explicación f. Palabras que permiten hacer comprender algo: *explicación del sentido de una frase*. || Razón por la cual ocurre algo: *la explicación de un fenómeno*. || Justificación: *dar, pedir una explicación*. || Tener una explicación con alguien, pedirle cuenta de su conducta.

explicar v. t. Hacer comprender: *explicar una frase oscura, una lección*. | Enseñar: *explicar geología en la Universidad*. || Justificar, motivar: *explicar su actuación en un asunto*. || Dar a conocer: *me ha explicado lo que quiere hacer*. || — V. pr. Comprender: *ahora me lo explico*. || Expresarse: *no sabe explicarse*.

explicativo, va adj. Que explica: *nota explicativa*.

explícito, ta adj. Claro y formal: *respuesta explícita*.

exploración f. Reconocimiento, observación de un país o sitio: *viaje de exploración*. || *Med.* Examen de una herida u órgano interno. || *Rad.* Descomposición de las imágenes televisadas en líneas que se transmiten separadamente. || *Min.* Reconocimiento y prospección de los yacimientos.

explorador, ra adj. y s. Que se dedica a la exploración. || — M. Muchacho afiliado a cierta asociación educativa y deportiva.

explorar v. t. Recorrer un país o un sitio poco conocidos o desconocidos observándolos detenidamente: *explorar las orillas del río Amazonas, el fondo del mar*. || Examinar atentamente una herida o una parte interna del organismo. || *Fig.* Registrar: *explorar una biblioteca*. | Sondear, tantear. | Empezar a estudiar un asunto. || *Min.* Reconocer y prospectar las minas.

exploratorio, ria adj. Utilizado para explorar.

explosión f. Acción de estallar violentamente y con estruendo un cuerpo o recipiente: *explosión de un mortero*. || Dilatación repentina de un gas en el interior de un cuerpo hueco, sin que éste estalle: *motor de explosión*. || Tercer tiempo en el funcionamiento de un motor de explosión. || *Fig.* Manifestación viva y repentina: *explosión de entusiasmo*. || En fonología, expulsión del aire al pronunciar ciertas consonantes.

explosionar v. t. Hacer estallar. || — V. i. Estallar, explotar: *explosionar una bomba*.

explosivo, va adj. Que hace explosión o puede producirla: *fuerza, materia explosiva*. || *Gram.* Que se articula con explosión: *la "p" es una consonante explosiva*. || — M. *Quím.* Agente o cuerpo que puede producir explosión.

explotable adj. Que puede ser explotado: *terreno explotable*.

explotación f. Aprovechamiento. || Sitio donde se explota alguna riqueza y elementos que sirven para ello: *explotación minera, agrícola*.

explotador, ra adj. y s. Que explota.

explotar v. t. Aprovechar una riqueza natural: *explotar una mina, un terreno*. || *Fig.* Sacar provecho abusivo de alguien o de algo: *explotar a un obrero; explotar la generosidad de uno*. || — V. i. Estallar: *explotar un petardo*.

expoliación f. Despojo violento o injusto.

expoliador, ra adj. y s. Que expolia.

expoliar v. t. Despojar con violencia o injusticia.

exponencial adj. y s. f. *Mat.* Dícese de la cantidad que está elevada a una potencia cuyo exponente es variable o desconocido: *función exponencial*.

exponente adj. y s. Que expone. || — M. *Mat.* Número que indica la potencia a que se ha de elevar otro número u otra expresión. || *Fig.* Expresión, ejemplo: *Cervantes es el máximo exponente de la literatura española*.

*exponer v. t. Dar a conocer: *exponer una teoría, un programa*. || Mostrar, poner a la vista: *exponer al Santísimo*. || Presentar en una exposición: *exponer una obra de arte*. || Arriesgar, hacer peligrar: *exponer la vida* (ú. t. c. pr.). || Abandonar: *exponer un niño*. || Someter: *un sitio expuesto a las intemperies*. || *Fot.* Impresionar una placa por la acción de la luz: *exponer un cliché*.

exportable adj. Que puede ser exportado: *género exportable*.

exportación f. Envío de un producto a otro país: *comercio de exportación*. || Conjunto de mercancías que se exportan. || Envío de capitales al extranjero.

exportador, ra adj. y s. Que exporta: *país exportador*.

exportar v. t. Mandar mercancías a otro país: *España exporta vinos, naranjas, aceite, etc.* || Enviar capitales al extranjero.

exposición f. Acción y efecto de poner algo a la vista. || Exhibición pública de artículos de la industria, ciencias o artes: *la exposición de Montreal de 1967*. || Narración hecha verbalmente o por escrito. || Instancia: *exposición para la rebaja de aranceles*. || Parte de la obra literaria en que se da a conocer el asunto que se va a desarrollar: *exposición de los antecedentes de la acción*. || *Mús.* Parte donde se presenta el tema. || Orientación: *exposición de una casa al Este*. || *Fot.* Tiempo durante el cual una placa recibe la luz. || Riesgo.

exposímetro m. *Fot.* Aparato que permite calcular el tiempo de exposición que requiere un cliché.

expósito, ta adj. y s. Aplícase al recién nacido abandonado en un sitio público.

expositor, ra adj. y s. Que expone: *el expositor de un texto, de un tema*. || — M. y f. Persona que participa en una exposición pública: *los expositores premiados*. || — M. El que interpreta la Biblia o un texto jurídico.

exprés m. Anglicismo por *tren expreso*. || Manera de preparar el café. || — Adj. Anglicismo por *rápido: olla exprés*.

expresado, da adj. Anteriormente mencionado.

expresar v. t. Manifestar lo que se piensa, siente o quiere: *expresar su afecto con palabra emocionada; expresar sus sentimientos con la música* (ú. t. c. pr.).

expresión f. Manifestación de un pensamiento, sentimiento o deseo: *estas palabras son la expresión de su modo de pensar*. || Manera de expresarse verbalmente. || Palabra, frase, giro: *expresión impertinente*. || Aspecto del semblante que traduce un sentimiento: *una expresión de bondad*. || Capacidad de manifestar intensamente sus sentimientos: *una cara llena de expresión*. || *Farm.* Zumo o sustancia exprimida. || *Mat.* Representación de una cantidad: *expresión algebraica*. || — Pl. Recuerdos, saludos: *dale a tu madre expresiones de mi parte*. || *Fig.* Reducir a la mínima expresión, disminuir hasta el máximo.

expresionismo m. Tendencia artística y literaria iniciada a principios del siglo XX, marcada por un intento de representar la sensación interna y subjetiva que las cosas y seres producen.

expresionista adj. y s. Que sigue el expresionismo: *Orozco, Segall y Rouault son pintores expresionistas*.

expresivo, va adj. Que expresa perfectamente lo que piensa, quiere o siente: *palabra expresiva*. || Que tiene expresión: *mirada expresiva*. || Cariñoso: *hombre expresivo*. || Vivo: *expresivos agradecimientos*.

expreso, sa adj. Especificado, explícito: *por orden expresa*. || — Adj. y s. m. Aplícase a los trenes de viajeros muy rápidos. || — M. Correo extraordinario.

exprimelimones m. inv. Exprimidor de limones.

exprimidera f., **exprimidero** m. y **exprimidor** m. Utensilio para sacar el zumo de una sustancia, y particularmente de la fruta.

exprimir v. t. Sacar el zumo: *exprimir una naranja*. || *Fig.* Estrujar, sacar todo lo que se puede de una persona o cosa. || *Fig.* y *fam. Méx.* Exprimir un arma de fuego, disparar todos los cartuchos del depósito.

expropiación f. Desposeimiento legal de una propiedad. || Cosa expropiada.

expropiador, ra adj. y s. Que expropia.

expropiar v. t. Desposeer legalmente a alguien de su propiedad con indemnización y por motivos de utilidad pública.

expuesto, ta adj. Que no está protegido: *casa expuesta a todos los vientos*. || Peligroso, arriesgado: *acción expuesta*.

expugnación f. Acción y efecto de expugnar.

expugnar v. t. Tomar por asalto: *expugnar una trinchera*.

expulsar v. t. Despedir, echar: *expulsar a un revoltoso de un local*. || Hacer salir: *expulsar mucosidades de los bronquios*.

expulsión f. Acción y efecto de expulsar.

expulsivo, va adj. Que favorece la expulsión: *medicamento expulsivo*.

expurgación f. Supresión de las cosas malas contenidas en algo.

expurgar v. t. Quitar de algo lo malo que contiene: *expurgar un texto, la sociedad*.

expurgatorio, ria adj. Que expurga.

expurgo m. Expurgación.

exquisitez f. Calidad de exquisito.

exquisito, ta adj. De muy buen gusto: *un espectáculo exquisito; un detalle exquisito*. || Muy fino: *manjar exquisito*. || Muy agradable: *casa, persona exquisita*. || Delicado, elegante: *poeta exquisito; cortesía exquisita*.

extasiarse v. pr. Arrobarse, enajenarse. || Maravillarse: *extasiarse contemplando el paisaje*.

éxtasis m. Estado de admiración o alegría intensa que hace desaparecer cualquier otro sentimiento: *caer en éxtasis ante un cuadro*. || *Teol.* Estado del alma, que se siente transportada fuera del mundo sensible: *los éxtasis de San Juan de la Cruz, de Santa Teresa*. || *Med.* Estado mental pasajero en el cual el enfermo se crea un mundo feliz completamente ajeno al que lo rodea.

extemporáneo, a adj. Impropio del tiempo en que ocurre. || Inoportuno, inadecuado: *discurso extemporáneo*.

*extender v. t. Hacer que una cosa ocupe más espacio que antes. || Abrir: *extender las alas*. || Aumentar: *extender su influencia*. || Esparcir: *extender la hierba segada para que se seque*. || Desdoblar, desplegar: *extender una mapa*. || Hacer llegar: *extender a más perso-*

nas un derecho. || Escribir y entregar documentos: *extender una fe de vida.* || Redactar: *extender un cheque.* || — V. pr. Ocupar cierto espacio de tiempo o terreno: *la llanura se extiende hasta muy lejos.* || Alcanzar: *su venganza se extendió a toda su familia.* || *Fig.* Propagarse: *extenderse una epidemia.* | Hablar dilatadamente.

extensibilidad f. Capacidad de aumentar de extensión.

extensible adj. Que puede aumentar de extensión: *mesa extensible.*

extensión f. Dimensiones, espacio ocupado por una cosa: *la extensión de un país.* || Acción y efecto de extender o extenderse: *la extensión de un miembro.* || Duración: *la extensión de un fenómeno, de un discurso.* || Propagación: *la extensión de un conflicto.* || Amplitud: *la extensión de un suceso.* || Significación: *en toda la extensión de la palabra.* || *Amer.* Línea telefónica suplementaria conectada con la principal. || *Por extensión,* aplícase al significado de una palabra derivado del propio.

extensivo, va adj. Que se extiende o se puede extender. || *Cultivo extensivo,* el que se practica en superficies muy grandes de escasa población y poco rendimiento.

extenso, sa adj. Extendido: *brazo extenso.* || Amplio, muy grande: *un extenso país.* || Largo: *un discurso extenso.* || *Por extenso,* con todo detalle.

extensor, ra adj. Que sirve para extender: *músculo extensor.* || — M. Aparato de gimnasia formado por cables de caucho y usado para desarrollar los músculos.

extenuación f. Debilitación, agotamiento. || Enflaquecimiento.

extenuar v. t. Debilitar, agotar (ú. t. c. pr.).

exterior adj. Que está por la parte de fuera: *el mundo exterior; la capa exterior de un árbol.* || Que da a la calle: *ventana exterior.* || Relativo a otros países: *las relaciones exteriores; comercio exterior.* || — M. Superficie externa de los cuerpos: *el exterior de una esfera.* || Lo que está fuera: *el exterior de una casa.* || Espacio que rodea una casa: *no quiso entrar, se quedó al exterior.* || Aspecto, porte, modales de una persona. || Países extranjeros. || — M. pl. *Cin.* Escenas rodadas fuera de un estudio.

exterioridad f. Calidad de exterior. || — Pl. Apariencias.

exteriorización f. Manifestación ante los demás de una idea o sentimiento.

exteriorizar v. t. Manifestar ante los demás lo que se piensa o siente: *exteriorizar su alegría.*

exterminación f. Exterminio.

exterminador, ra adj. y s. Que extermina. || *Ángel exterminador,* en la Biblia, el encargado de matar a los egipcios que perseguían a los hebreos.

exterminar v. t. Acabar por completo con una cosa: *exterminar una pla-*

ga de insectos. || Aniquilar: *exterminar un pueblo.* || Devastar.

exterminio m. Destrucción completa o casi completa, aniquilación: *el exterminio de un pueblo.*

externado m. Centro de enseñanza para alumnos externos.

externo, na adj. Que se manifiesta al exterior o viene de fuera: *signos externos de riqueza; influencia externa.* || Que se pone fuera: *medicina de uso externo.* || — Adj. y s. Aplícase al alumno que toma clases en una escuela sin dormir y comer en ella.

extinción f. Acción de apagar o apagarse. || Cesación o desaparición progresiva. || Desaparición de especies animales o vegetales.

extinguible adj. Que se puede extinguir.

extinguir v. t. Hacer que cese el fuego o la luz, apagar: *extinguir un incendio* (ú. t. c. pr.). || *Fig.* Hacer cesar o desaparecer gradualmente: *extinguir el sonido, un afecto, la vida* (ú. t. c. pr.). || — V. pr. Morirse.

extintivo, va adj. *For.* Que sirve para hacer cesar una acción: *prescripción extintiva.*

extinto, ta adj. Apagado. || *Arg.* y *Chil.* Muerto, difunto.

extintor v. t. Que extingue. || — M. Aparato para extinguir incendios.

extirpación f. Supresión completa y definitiva.

extirpador, ra adj. y s. Que extirpa. || — M. *Agr.* Instrumento para arrancar las malas hierbas y labrar superficialmente la tierra.

extirpar v. t. Arrancar de cuajo o de raíz: *extirpar las malas hierbas.* || *Fig.* Acabar definitivamente con algo: *extirpar un vicio.*

extorsión f. Despojo o usurpación violenta. || *Fig.* Perturbación, trastorno, molestia.

extorsionar v. t. Usurpar con violencia. || Causar extorsión.

extra prep. Significa fuera de, como en *extramuros, extraoficial.* || *Fam.* Aislada, significa además: *extra del sueldo, tiene otras ganancias.* || — Adj. Extraordinario, de calidad superior. || Suplementario: *horas extras.* || — M. *Fam.* Beneficio accesorio: *cobrar extras.* || *Cin.* Comparsa. || Persona que presta accidentalmente un servicio. || Gasto o comida especial.

extracción f. Acción y efecto de extraer: *la extracción de carbón, de una muela, de un preso.* || *Mat.* Operación consistente en sacar la raíz de una cantidad: *extracción de una raíz cuadrada.* || Origen, estirpe: *de extracción noble, campesina.*

extractar v. t. Resumir, hacer un extracto: *extractar un documento, un discurso.*

extractivo, va adj. Que se dedica a la extracción: *industrias extractivas.*

extracto m. Resumen, compendio: *extracto de una novela; un extracto de*

cuentas. || Perfume concentrado: *extracto de rosas.* || Sustancia que se extrae de otro cuerpo: *extracto de quinina.*

extractor, ra m. y f. Persona que extrae. || — M. Aparato que sirve para extraer. || Instrumento para sacar los cuerpos extraños del organismo.

extradición f. Entrega del reo refugiado en un país al gobierno de otro que lo reclama.

*extraer v. t. Sacar, arrancar: *extraer una muela; extraer carbón de una mina.* || Sacar, tomar parte de algo: *extraer una cita de un libro.* || Hacer salir: *extraer de la prisión.* || *Mat.* Sacar la raíz de un número. || Separar una sustancia del cuerpo en que está contenida: *extraer la esencia de una hierba.*

extrafino, na adj. Sumamente fino: *comestibles extrafinos.*

extrajudicial adj. Que se hace o trata fuera de la vía judicial: *procedimiento extrajudicial.*

extralegal adj. Que se hace fuera de la legalidad: *medios extralegales.*

extralimitación f. Acción y efecto de extralimitarse, abuso.

extralimitarse v. pr. *Fig.* Propasarse, ir demasiado lejos, pasar los límites en la conducta o las atribuciones que uno se toma.

extramuros adv. Fuera del recinto de una población.

extranjería f. Calidad y condición de extranjero.

extranjerismo m. Afición desmedida a todo lo extranjero. || Palabra, giro extranjero.

extranjerizar v. t. Introducir en un país las costumbres de otro (ú. t. c. pr.).

extranjero, ra adj. y s. De otro país. || — M. Toda nación que no es la propia: *viajar por el extranjero.*

extrañamiento m. Destierro. || Asombro, sorpresa.

extrañar v. t. Sorprender: *me extrañó verte allí.* || Encontrar una cosa extraña por ser nueva: *no durmió por extrañarle la cama del hotel.* || Ser muy tímido un niño con los desconocidos. || Desterrar: *extrañar de la patria* (ú. t. c. pr.). || Dejar de tratar a uno. || *Amer.* Echar de menos. || — V. pr. Sorprenderse, maravillarse.

extrañeza f. Admiración, asombro. || Calidad de extraño. || Cosa rara.

extraño, ña adj. Que pertenece a una nación, familia, grupo u oficio distintos (ú. t. c. s.). || Raro, extravagante: *extraño humor; extraña idea.* || Sorprendente: *es extraño que no haya venido.* || Ajeno a una cosa: *ser extraño a un hecho.* || *Med.* Cuerpo extraño, el que se encuentra en un organismo sin formar parte de él normalmente. || — M. Espantada del caballo.

extraoficial adj. No oficial, oficioso.

extraordinario, ria adj. Fuera de lo corriente: *medida extraordinaria.* || Singular: *proyecto extraordinario.* || Magnífico, admirable: *un hombre extraor-*

dinario. || Muy grande: *un talento extraordinario*. || Suplementario: *horas extraordinarias*. || Imprevisto: *gastos extraordinarios*. || — M. Plato añadido a la comida de todos los días. || Número especial de un periódico: *un extraordinario de "La Nación"*. || Embajador extraordinario, el enviado para tratar un asunto particular o para presenciar una ceremonia solemne.

extrapolación f. *Mat.* Procedimiento que consiste en llevar la aplicación de una ley o el conocimiento de una función más allá de los límites en que han sido averiguados. || Operación consistente en hacer previsiones a partir de los datos estadísticos disponibles. || *Fig.* Deducción y generalización.

extrapolar v. t. *Mat.* Hacer una extrapolación. || *Fig.* Generalizar.

extrarradio m. Circunscripción administrativa en las afueras de una población: *el extrarradio de Madrid*.

extrasístole f. *Med.* Contracción suplementaria del corazón entre dos contracciones normales.

extraterritorial adj. Que está o se considera fuera del territorio de la propia jurisdicción: *aguas extraterritoriales*.

extraterritorialidad f. Inmunidad que exime a los agentes diplomáticos, los buques de guerra, etc., de la jurisdicción del Estado en que se encuentran.

extravagancia f. Calidad de extravagante: *la extravagancia de un proyecto, de una persona*. || Excentricidad, acción o cosa extravagante: *hacer extravagancias*.

extravagante adj. Fuera del sentido común, raro, extraño, excéntrico: *tener ideas extravagantes* (ú. t. c. s.).

extravasación f. Acción y efecto de extravasarse.

extravasarse v. pr. Salirse un líquido de su conducto natural: *extravasarse la sangre, la savia*.

extravenarse v. pr. Extravasarse la sangre de las venas.

extraversión f. Carácter de la persona siempre dirigida hacia el mundo exterior.

extraviado, da adj. Que ha perdido su camino: *res extraviada*. || Aislado, retirado: *calle extraviada*. || Perdido: *objeto extraviado*. || De vida airada: *muchacho extraviado*. || Con la mirada perdida y llena de asombro: *ojos extraviados*.

extraviar v. t. Desorientar (ú. t. c. pr.). || Perder, no acordarse de dónde se puso una cosa: *extravió su libro* (ú. t. c. pr.). || – V. pr. *Fig.* Pervertirse, dedicarse a la mala vida: *este muchacho se ha extraviado*.

extravío m. Acción y efecto de extraviar o extraviarse. || *Fig.* Desorden en las costumbres. | Error, equivocación, desvarío: *los extravíos de la juventud*.

extremar v. t. Llevar hacia la más alto grado: *extremar la vigilancia, las precauciones*. || – V. pr. Esmerarse: *extremarse en la limpieza*.

extremaunción f. *Relig.* Sacramento que se administra a los moribundos.

extremeño, ña adj. y s. De Extremadura.

extremidad f. Punta, cabo: *la extremidad de una lanza*. || Último momento. || – Pl. Pies y manos del hombre. || Cabeza, manos, pies y cola de los animales.

extremismo m. Tendencia a adoptar ideas o actitudes extremas, exageradas, especialmente en política: *extremismo revolucionario*.

extremista adj. y s. Partidario del extremismo.

extremo, ma adj. Que llega al mayor grado: *bondad extrema; calor extremo*. || Más alejado de un sitio: *la punta extrema de una península*. || *Fig.* Excesivo; falto de moderación: *opiniones extremas; la extrema derecha en el Parlamento*. || Distante, diferente. || – M. Extremidad: *el extremo de un palo*. || Situación extremada: *llegó al extremo que quiso matarse*. || Punto, tema: *se trataron varios extremos durante la sesión*. || *Mat.* El primero y el último término en una proporción. || En fútbol, cada uno de los delanteros exteriores. || – *Con extremo* o *en*

extremo, *mucho: beber en extremo*. || *Pasar de un extremo a otro, cambiar radicalmente*.

extremoso, sa adj. Excesivo. || *Clima extremoso*, clima que oscila entre las temperaturas muy altas y muy bajas: *en los desiertos hay un clima extremoso*.

extrínseco, ca adj. Externo, que viene de fuera: *causas extrínsecas*. || *Valor extrínseco de una moneda*, valor legal, convencional.

extroversión f. Extraversión.

exuberancia f. Gran abundancia: *la exuberancia de la vegetación tropical*. || *Fig.* Temperamento muy vivo y demostrativo.

exuberante adj. Muy abundante: *vegetación exuberante; imaginación exuberante*. || Que manifiesta sus sentimientos con demostraciones excesivas: *mujer exuberante*.

exudación f. *Med.* Acción y efecto de exudar.

exudar v. i. *Med.* Salir un líquido fuera de sus vasos o conductos propios. || Rezumar.

exultación f. Manifestación muy viva de alegría.

exultar v. i. Sentir y mostrar viva alegría.

exutorio m. *Med.* Úlcera mantenida abierta para un fin curativo.

exvoto m. Ofrenda hecha en agradecimiento de un beneficio obtenido, que se cuelga en los muros de las capillas.

eyaculación f. Expulsión violenta del líquido contenido en un órgano o cavidad.

eyacular v. t. Lanzar con fuerza el contenido de un órgano o cavidad. || Expeler el semen.

eyección f. Extracción. || Deyección.

eyectable adj. Que puede ser proyectado o expulsado en el aire: *asiento eyectable*.

eyector m. Dispositivo para extraer los cartuchos vacíos de algunas armas.

eyrá m. Pequeño puma de América del Sur.

f

f f. Sexta letra del alfabeto castellano y cuarta de sus consonantes. || — **F**, símbolo del *faradio* y del *flúor*. || °**F**, símbolo del *grado* en la escala de Fahrenheit.

fa m. Cuarta nota de la escala musical. || Signo que la representa. || — *Clave de fa*, la que se representa con el signo 𝄢 seguido de dos puntos, y en que la nota colocada sobre la línea que pasa entre dichos puntos se llama *fa*.

fabada f. En Asturias, potaje de alubias y tocino.

fábrica f. Establecimiento industrial en el que se transforman los productos semimanufacturados o materias primas para la creación de objetos destinados al consumo: *fábrica siderúrgica*. || Fabricación. || Edificio, construcción hecha por los albañiles. || *Fig.* Trama de historias, de mentiras, etc. || *Precio de fábrica*, el que pide el fabricante al comercio.

fabricación f. Acción o manera de fabricar.

fabricante m. Persona que fabrica productos para venderlos.

fabricar v. t. Transformar materias en productos industriales: *fabricar automóviles*. || Edificar, construir: *fabricar un puente*. || *Fig.* Inventar, forjar: *fabricar un tejido de mentiras*. | Hacer: *fabricar uno su fortuna*.

fabril adj. Industrial, manufacturero: *centro fabril*.

fábula f. Apólogo, relato alegórico, generalmente en verso, del que se saca una moraleja: *las fábulas de Iriarte y de Samaniego*. || Mentira, historia inventada: *lo que dices es una fábula*. || Relato mitológico. || Tema que provoca la burla: *la fábula de todo el barrio*.

fabulista com. Autor de fábulas.

fabuloso, sa adj. Imaginario, creado por la mente: *personaje fabuloso*. || Enorme, extraordinario, fuera de lo corriente.

faca f. Cuchillo grande con la punta corva.

facción f. Rasgos del rostro. || Conjunto de gentes unidas para llevar a cabo una acción política violenta. || *Mil.* Servicio de guardia que hace un soldado.

faccioso, sa adj. y s. Sedicioso, rebelde.

faceta f. Cada una de las caras de un poliedro: *las facetas de un brillante*. || *Fig.* Aspecto, lado: *hombre de múltiples facetas*.

facha f. *Fam.* Presencia, figura, aspecto: *tener mala facha*. | Adefesio (ú. t. c. m.).

fachada f. Aspecto exterior que ofrece un edificio, un buque, etc., por cada uno de sus lados. || Portada en los libros. || *Fam.* Presencia, apariencia: *fulano no tiene más que fachada*.

fachenda f. *Fam.* Jactancia. || — M. *Fam.* Fachendoso.

fachendoso, sa adj. *Fam.* Vanidoso. | Presumido.

fachoso, sa adj. De mal aspecto. || *Méx.* Que viste de manera poco adecuada. || *Per.* Que se ve muy vistoso.

facial adj. De la cara.

facies f. Semblante.

fácil adj. Que cuesta poco trabajo, sencillo: *una tarea fácil de resolver*. || Cómodo: *llevar una vida fácil*. || Que parece hecho sin esfuerzo: *estilo fácil*. || Dócil, manejable: *temperamento fácil*. || Probable: *es fácil que lo haga pronto*. || Liviana, poco recatada: *mujer fácil*. || — Adv. Con facilidad.

facilidad f. Calidad de fácil: *la facilidad de un problema*. || Disposición, capacidad para ejecutar algo sin esfuerzo: *tiene facilidad de palabra*. || Poca dificultad: *tiene gran facilidad para que se le contagie cualquier enfermedad*. || — Pl. Comodidades: *facilidades de comunicaciones*. || Plazos para pagar: *obtener facilidades*.

facilitación f. Acción de facilitar una cosa.

facilitar v. t. Hacer fácil, sencilla o posible una cosa: *facilitar el trabajo*. || Proporcionar, dar: *facilitar los documentos*.

facilón, ona adj. Muy fácil.

facineroso, sa adj. y s. Malhechor.

facón m. *Riopl.* Daga o puñal grande, de punta aguda.

facsímil y **facsímile** m. Reproducción perfecta de una firma, escrito, dibujo, etc.

factible adj. Hacedero.

facticio, cia adj. Que no es natural.

factor m. Cada uno de los términos de un producto: *el orden de los factores no altera el producto*. || Elemento, con causa: *los factores de una desgracia*. || Agente causal hereditario que determina un cierto carácter en la descendencia: *factor Rhesus*.

factoría f. Empleo y oficina del factor. || Establecimiento de comercio en un país colonial. || Manufactura, fábrica.

factorial f. *Mat.* Producto obtenido al multiplicar un número dado por todos los enteros sucesivos inferiores: *la factorial de 5 es* $5! = 5 \times 4 \times 3 \times 2 \times 1 = 120$.

factótum m. Persona subalterna que se encarga de todo por cuenta de otra.

factura f. Cuenta detallada de las mercancías compradas o vendidas. || Hechura: *versos de buena factura*. || *Arg.* y *Urug.* Panecillo o bizcocho que se vende en las panaderías.

facturación f. Acción y efecto de facturar. || Volumen de ventas de un negocio.

facturar v. t. Extender una factura de las mercancías vendidas. || En los ferrocarriles, hacer registrar el depósito de las mercancías o equipajes que se envían.

facultad f. Aptitud, capacidad, potencia física o moral: *facultad de pensar, de sentir, de querer*. || Poder, derecho para hacer alguna cosa: *la ley da facultad para disponer de nuestros bienes*. || Virtud, propiedad: *el imán tiene la facultad de atraer el hierro*. || En la universidad, sección de la enseñanza superior: *la Facultad de Derecho, de Filosofía y Letras*. || Edificio en que está. || — Pl. Disposiciones, aptitudes.

facultar v. t. Autorizar.

facultativo, va adj. Perteneciente a una facultad: *dictamen facultativo*. || Potestativo, que puede hacerse o no: *aplicación facultativa de una ley, de una regla*. || Propio del médico: *orden facultativa; parte facultativo*. || *El cuerpo facultativo*, los médicos. || — M. Médico.

facundia f. Locuacidad.

facundo, da adj. Hablador.

fado m. Canción portuguesa.

faena f. Trabajo corporal, labor: *las faenas de la recolección*. || Trabajo mental: *las faenas del ingenio*. || Quehacer, tarea: *dedicarse a sus faenas cotidianas*. || Cada una de las operaciones que se hacen con el toro en el campo: *faena de acoso*. || Trabajo del torero con la muleta. || *Fig.* Mala jugada: *hacer una faena a un amigo*.

faenar v. t. Matar reses y prepararlas para el consumo.

faenero, ra m. y f. Jornalero.

faetón m. Coche de caballos, alto y descubierto, con cuatro ruedas.

fagáceas f. pl. Familia de árboles angiospermos dicotiledóneos, como la encina (ú. t. c. adj.).

fagocito m. Glóbulo blanco de la sangre capaz de absorber y asimilar las células que lo rodean.

fagocitosis f. Función que desempeñan los fagocitos en el organismo: *la fagocitosis fue descubierta por Metchnikov.*

fagot m. Instrumento músico de viento. || El que lo toca.

fagotista m. Fagot, músico.

fainá f. *Arg.* y *Urug.* Masa delgada y horneada de harina de garbanzo: *dos pizzas y una fainá.*

faisán m. Ave gallinácea comestible y de hermosas plumas.

faja f. Lista: *las fajas de un escudo.* || Tira de lienzo o tejido elástico para ceñir el cuerpo por la cintura: *faja abdominal.* || Porción de terreno. || Banda de papel con que se rodean los periódicos o impresos enviados por correo o las que tienen algunos libros con ciertas indicaciones sobre el tema tratado o con el premio recibido. || Insignia de algunos cargos militares o civiles. || Vitola de un puro. || Banda de tela que se lleva a la cintura. || Prenda elástica que, con fines estéticos o médicos, ajusta la cintura y las caderas.

fajado, da adj. *Blas.* Dícese del escudo que lleva fajas. || — *Min.* Madero para entibar.

fajamiento m. Acción y efecto de fajar o fajarse.

fajar v. t. Rodear o envolver con faja o venda: *fajar un brazo herido, a un niño de pecho.* || *Amer.* Pegar a uno: *le fajó dos bofetadas.*

fajín m. Insignia o faja de un militar.

fajina f. Montón de haces de mies. || Hacecillo de leña menuda. || *Méx.* Comida del mediodía, en el trabajo del campo. || *Mil.* Antiguo toque para retirarse la tropa a su alojamiento, y hoy toque de llamada para la comida.

fajo m. Haz o atado: *fajo de leña.* || Paquete: *un fajo de billetes.* || — Pl. Mantillas de los recién nacidos.

fakir m. V. FAQUIR.

falacia f. Engaño o mentira.

falange f. (Ant.). Cuerpo de infantería de Macedonia. || *Poét.* Ejército. || *Anat.* Cada uno de los huesos de los dedos.

falangeta f. *Anat.* Tercera y última falange de los dedos.

falangina f. *Anat.* Segunda falange de las tres que componen los dedos.

falansterio m. Asociación de personas, dentro de la cual los trabajadores viven en comunidad, según el sistema de Charles Fourier.

falaz adj. Engañoso, mentiroso, falso: *falaces promesas.*

falconés, esa adj. y s. De Falcón (Venezuela).

falcónidos m. pl. Familia de aves de rapiña que comprende los halcones, buitres, etc. (ú. t. c. adj.).

falda f. Parte del vestido de las mujeres que cubre de la cintura hasta las rodillas: *una falda con vuelo* (ú. m. en pl.). || Vertiente, ladera de una montaña. || Carne de la res que cuelga de las agujas. || Regazo: *con su hijo en la falda.* || Tela que va del tablero al suelo en una mesa camilla. || Hombrera de armadura. || Parte de la armadura desde la cintura hacia abajo. || — Pl. *Fam.* Mujeres: *cuestión de faldas.*

faldear v. i. Andar por la falda de un monte. || *Fam.* Ir un hombre detrás de las mujeres.

faldellín m. Falda corta. || *Amer.* Traje de cristianar.

faldeo m. *Arg.* y *Chil.* Falda de un monte.

faldero, ra adj. Mujeriego.

faldillas f. pl. Faldón.

faldón m. Parte trasera de algunos trajes que empieza en la cintura y acaba en las corvas: *los faldones de un frac.* || Parte inferior de una prenda de vestir, especialmente de la camisa. || *Arq.* Vertiente triangular de un tejado. || *Fam.* Estar colgado o agarrado a los faldones de uno, acogerse a su valimiento o patrocinio, no dejarle ni a sol ni a sombra.

faldriquera f. Faltriquera.

falena f. Mariposa nocturna.

falencia f. Error. || *Arg.* y *Chil.* Quiebra comercial.

falibilidad f. Posibilidad de equivocarse.

falible adj. Que puede equivocarse: *toda persona es falible.*

falla f. Quiebra del terreno provocada por movimientos geológicos y acompañada de un corrimiento de los bordes de la grieta. || Falta, defecto, fallo. || Prenda que las mujeres se colocaban en la cabeza a modo de mantilla. || Monumento de cartón con figuras grotescas que se quema en las calles de Valencia (España) la noche de San José. || — Pl. Fiestas de Valencia.

fallar v. t. Sentenciar, pronunciar una sentencia. || Otorgar, atribuir: *fallar un premio literario.* || — V. i. Flaquear, dar signos de debilidad: *le ha fallado el corazón; le falló la memoria.* || Faltar: *le fallaron las fuerzas.* || No rendir lo esperado: *falló en el examen oral.* || Fracasar: *fallaron sus intentos de pacificación.* || No dar en el blanco: *falló el tiro.* || Tener fallos un motor. || Ceder, no cumplir su cometido: *fallaron los frenos del automóvil.* || Resultar completamente distinto de lo que se esperaba: *fallaron nuestros pronósticos, cálculos.* || Perder una cosa su resistencia: *falló la cuerda y se cayó.* || Jugar triunfo en los naipes por carecer de cartas del palo que echa el contrincante. || *Sin fallar,* sin falta.

falleba f. Barra de metal, en el borde de una de las hojas de puertas y ventanas, que sirve para cerrarlas.

*fallecer v. i. Morir.

fallecimiento m. Muerte.

fallido, da adj. Que no da el resultado esperado.

fallo m. Sentencia de un juez o árbitro. || Falta de carta del palo que se juega en los naipes o al jugar triunfo. || Falta: *fallo de la naturaleza.* || Error, equivocación: *cometiste un fallo.* || Detonación débil que se produce en el escape de un motor de explosión que funciona mal. || *Fallos de memoria,* olvidos.

falluto, ta adj. *Arg., Bol., Chil.* y *Urug.* Dícese de la persona que es falsa, desleal. || *Arg.* y *Chil.* Dícese de las herramientas que suelen fallar.

falsa f. *Mús.* Disonancia.

falsario, ria adj. y s. Que falsea o falsifica una cosa. || Mentiroso, embustero.

falseador, ra adj. Falsificador.

falseamiento m. Desfiguramiento o alteración de una cosa.

falsear v. t. Adulterar o contrahacer una cosa: *falsear la moneda, la escritura, la doctrina, el pensamiento.* || Romper una cerradura abriéndola con falsa llave.

falsedad f. Falta de verdad o autenticidad: *la falsedad de un sentimiento, de una acusación.* || Duplicidad, hipocresía. || Cosa falsa.

falsete m. *Mús.* Voz más aguda que la natural. || Corcho o tarugo para taponar en los toneles el orificio de la canilla.

falsificación f. Imitación fraudulenta de un cuadro, de un acta o documentos, de una firma, etc.

falsificador, ra adj. y s. Que falsifica o falsea.

falsificar v. t. Imitar fraudulentamente, contrahacer.

falsilla f. Hoja de papel rayado utilizado para guiar la escritura.

falso, sa adj. Que no es verdadero, contrario a la verdad: *rumor falso; falsa amistad.* || Contrario a la realidad: *creencia falsa.* || Falto de ponderación, de rectitud: *carácter falso.* || Hipócrita, ficticio. || Que engaña, disimulado: *persona falsa.* || Inexacto, que no es exacto: *cálculo falso.* || Equívoco: *situación falsa.* || Falsificado: *billete falso.* || Que es parecido pero no real: *falsa pulmonía.* || *Tecn.* Añadido de refuerzo: *el falso forro de un barco.* || — M. Lo que está en contra de la verdad: *distinguir lo falso de lo verdadero.* || Refuerzo que tienen en el interior ciertas partes del vestido. || Forro un vestido. || *En falso,* sin el correcto ajuste o seguridad: *el tornillo está girando en falso.*

falta f. Ausencia, carencia, penuria: *falta de soldados.* || Ausencia: *falta de asistencia.* || Anotación de esta ausencia: *no ha marcado las faltas.* || Carencia: *falta de formalidad.* || Ausencia: *falta de compañía.* || Defecto: *tu traje tiene muchas faltas.* || Cosa censurable: *falta de respeto.* || Error: *falta de ortografía.* || Incumplimiento del deber, inobservancia de la moral: *caer en falta.* || Infracción de la ley: *juicio de faltas.* || Acción en contra de las reglas de un juego: *falta castigada por un golpe franco.* || — *A falta de,* sólo queda: *estar a falta de la traída de agua.* || *A falta de pan buenas son tortas,* la carencia de algo siempre puede sustituirse con otra cosa. || *Echar en falta,* echar de menos.

faltar v. i. No haber, carecer: *faltaban los víveres.* || Morir, desaparecer: *el día que faltó su padre cayeron en la ruina.* || Estar ausente: *faltan muchos alumnos.* || No tener, carecer: *le faltan las fuerzas.* || Incumplir, no cumplir: *faltó a su obligación, a su palabra.* || No acudir, no ir, no estar presente, no asistir: *faltó a la sesión inaugural.* || No respetar: *faltó a sus superiores.* || No tener la cantidad necesaria: *le faltan medios económicos.* || Quedar: *faltan tres días para la fiesta.* || Haber sido sustraído o robado: *me falta dinero en mi cartera.* || Dejar de haber: *jamás faltan las distracciones.* || Estar por ejecutar: *faltan todavía unos cuantos detalles en la decoración.* || Defraudar: *faltó a la confianza que teníamos en él.* || Ser infiel: *nunca falté a mi mujer.*

falto, ta adj. Carente, privado: *falto de recursos.*

faltriquera f. Bolsillo de las prendas de vestir.

falucho m. Embarcación pequeña. || *Arg.* Sombrero de dos picos.

fama f. Renombre, reputación: *buena, mala fama.* || — *Cría o cobra fama y échate a dormir,* el que goza de buena fama no le es muy difícil conservarla. || *Es fama,* se dice. || *Unos tienen fama y otros cardan la lana,* refrán que significa que no son siempre los que merecerían la celebridad aquellos que cosechan los laureles.

famélico, ca adj. Hambriento.

familia f. Conjunto compuesto por un matrimonio y sus hijos, y, en un sentido amplio, todas las personas unidas por un parentesco, y, vivan bajo el mismo techo o en lugares diferentes. || Los hijos solamente: *tengo mucha familia.* || Grupo de seres o de cosas que tienen caracteres comunes: *familia espiritual.* || Cada una de las divisiones de un orden de seres vivientes: *familia de plantas, de animales.* || *Fig.* Linaje: *de familia aristocrática.* || — *Cabeza de familia,* el jefe de ella. || *En familia,* con carácter íntimo. || *Familia política,* la contraída por alianza.

familiar adj. De la familia: *reunión familiar.* || Que ve a menudo a alguien y es íntimo de él. || Que tiene maneras libres, que se permite demasiada confianza: *familiar con sus superiores.* || Que se sabe, que se conoce, que se hace por costumbre: *este problema le es muy familiar.* || Natural, sencillo: *estilo familiar.* || De la conversación sin protocolo: *vocablo familiar.* || — M. Pariente. || Íntimo. || Furgoneta automóvil.

familiaridad f. Gran intimidad, confianza. || — Pl. Confianza excesiva.

familiarizar v. t. Hacer familiar; acostumbrar, habituar. || — V. pr. Hacerse familiar o conocida una cosa por el uso o práctica.

famoso, sa adj. Que tiene fama, reputado: *comedia famosa; médico famoso.* || *Fam.* Bueno, excelente: *un vino famoso.* | Que llama la atención, notable: *famoso holgazán.*

fámula f. *Fam.* Criada.

fámulo m. Sirviente.

fanal m. Farol grande: *fanal de barco.* || Campana de cristal que preserva del polvo. || — Pl. Ojos muy grandes.

fanático, ca adj. y s. Que defiende con apasionamiento creencias u opiniones religiosas: *creyente fanático.* | Entusiasmado ciegamente por algo: *un fanático de la música, de los toros.*

fanatismo m. Apasionamiento exaltado de los fanáticos.

fanatizar v. t. Provocar el fanatismo.

fandango m. Baile alegre, muy común en España, y música que le acompaña. || *Fam.* Lío, jaleo.

fandanguero, ra adj. y s. Persona dada a bailes y diversiones.

fandanguillo m. Baile, canción y música del cante flamenco.

fanega f. Medida de capacidad para áridos (55 litros y medio). || Medida agraria, variable en cada región, y que en Castilla equivale a 6 600 m².

fanegada f. Fanega de tierra.

fanerógamo, ma adj. Dícese de los vegetales que se reproducen por semillas formadas en flores (ú. t. c. s. f.).

fanfarria f. *Fam.* Jactancia, fanfarronería. || Charanga.

fanfarrón, ona adj. y s. Que exagera o hace alarde de lo que no es, jactancioso. || Clase de trigo.

fanfarronada f. Dicho o hecho propio de fanfarrón: *proferir fanfarronadas.*

fanfarronear v. i. Hablar con arrogancia, echando fanfarronadas.

fanfarronería f. Modo de hablar y de portarse el fanfarrón.

fangal o **fangar** m. Sitio lleno de fango, lodazal, cenagal, barrizal.

fango m. Lodo glutinoso.

fangoso, sa adj. Lleno de fango: *el terreno está fangoso.*

fantaseador, ra adj. y s. Fantasioso.

fantasear v. i. Dejar correr la fantasía o imaginación: *estás siempre fantaseando.* || — V. t. Imaginar algo fantástico: *fantasear grandezas.*

fantaseo m. Fantasía, ficción.

fantasía f. Imaginación: *dejar correr la fantasía.* || Imagen creada por la imaginación: *forjarse fantasías.* || Cosa sin fundamento. || Ficción, cuento: *las fantasías de los poetas.* || *Mús.* Paráfrasis de un motivo de ópera. || — *De fantasía,* que sale de lo corriente, de mero adorno: *chaleco de fantasía.*

fantasioso, sa adj. Que tiene mucha imaginación. || Presuntuoso. || *Amer.* Valentón, bravucón.

fantasista com. Artista de variedades.

fantasma m. Espectro, visión. || Ilusión, apariencia: *ver fantasmas.* || *Fig.* Persona vanidosa, jactanciosa.

fantasmagoría f. Representación de fantasmas por medio de ilusión óptica. || Abuso de efectos producidos por medios extraordinarios en arte o literatura.

fantasmagórico, ca adj. De fantasmagoría.

fantasmal adj. De los fantasmas. || *Fig.* Irreal, impreciso.

fantástico, ca adj. Quimérico, imaginario, creado por la imaginación: *relato fantástico.* || Sensacional, magnífico, estupendo: *casa fantástica.*

fantochada f. Locura, invención, acción poco seria.

fantoche m. (pal. fr.). Títere, muñeco. || Persona informal. || Cuentista. || Presumido. || Persona muy dócil o manejable. || Mamarracho, ridículo.

F.A.O., siglas de *Food and Agriculture Organization* (Organización para la Alimentación y la Agricultura).

faquir o **fakir** m. Asceta musulmán. || *Por ext.* Nombre dado en Europa a los ascetas de la India.

farad o **faradio** m. *Fís.* Unidad electromagnética de capacidad eléctrica (símb., F).

faramalla f. Farfolla. || Hojarasca, cosa sin importancia.

faramallear v. i. *Amer.* Farolear, fanfarronear.

faramallero, ra adj. *Fam. Amer.* Fanfarrón.

farándula f. Profesión de los artistas de teatro. || Compañía antigua de cómicos ambulantes: *la farándula era un conjunto de siete hombres y dos mujeres.* || *Fig. y fam.* Charla.

farandulear v. i. *Fam.* Darse excesiva importancia, farolear.

farandulero, ra m. y f. Actor. || — Adj. *Fig. y fam.* Charlatán, camelista.

faraón m. Rey del antiguo Egipto. || — Com. *Fig.* Rey, el primero: *la faraona del cante jondo.*

faraónico, ca adj. Relativo a los faraones: *dinastías faraónicas.*

fardo m. Lío, paquete, bulto.

farfolla f. Espata del maíz. || *Fig.* Oropel, hojarasca, bambolla.

farfulla f. *Fam.* Habla confusa. || — Adj. y s. Farfullador.

farfullador, ra adj. y s. *Fam.* Que habla confusamente.

farfullar v. t. *Fam.* Hablar de prisa, confusa y atropelladamente. || *Fig. y fam.* Chapucear.

farfullero, ra adj. y s. Farfullador. || Chapucero.

farináceo, a adj. Harinoso.

faringe f. Conducto muscular y membranoso situado en el fondo de la boca y unido al esófago.

faríngeo, a adj. De la faringe: *músculo faríngeo.*

faringitis f. *Med.* Inflamación de la faringe.

faringoscopio m. Aparato para observar la faringe.

fariña f. *Arg., Bol., Col., Parag., Per.* y *Urug.* Harina gruesa de mandioca.

farisaico, ca adj. Propio de los fariseos. || *Fig.* Hipócrita, orgulloso: *vanidad farisaica.*

farisaísmo y **fariseísmo** m. Secta, costumbres o espíritu de los fariseos. || *Fig.* Hipocresía, orgullo.

fariseo m. Entre los judíos, miembro de una secta que se distinguía por una observancia estricta de las normas de la ley de Moisés. || *Fig.* Hipócrita, orgulloso.

farmacéutico, ca adj. De la farmacia: *preparación farmacéutica.* || — M. y f. Persona que ha hecho la carrera de farmacia o la que está al frente de un establecimiento de esta clase.

farmacia f. Ciencia que tiene por objeto la preparación de medicamentos. || Carrera o estudios en que se adquieren estos conocimientos. || Establecimiento que vende y prepara medicamentos.

fármaco m. Medicamento.

farmacología f. Estudio de los medicamentos y de su empleo.

farmacólogo, ga m. y f. Especialista en farmacología.

farmacopea f. Libro en el que se encuentran las recetas o fórmulas para preparar los medicamentos.

faro m. Torre en las costas con una luz que sirve para guiar a los navegantes durante la noche. || Luz potente que llevan en la parte delantera los automóviles. || *Fig.* Persona o cosa que guía, orienta o dirige.

farol m. Linterna, faro. || Luz que ilumina las calles. || En el juego, falso envite para desorientar a los adversarios. || *Fig.* y *fam.* Mentira, exageración: *este chico se echa muchos faroles.* || Lance del toreo, echando el capote al toro y pasándoselo por la espalda al recogerlo. || *Arg.* Mirador cerrado.

farola f. Farol grande.

farolazo m. *Méx.* Trago de bebida alcohólica.

farolear v. i. *Fam.* Tirarse faroles, exagerar.

faroleo m. *Fam.* Mentira dicha para lucirse.

farolería f. Taller donde se hacen faroles o tienda que los vende. || *Fam.* Faroleo.

farolero, ra adj. *Fam.* Que dice mentiras para lucirse (ú. t. c. s.). || El que fabrica o vende faroles. || El que cuida de ellos.

farolillo m. Farol.

farra f. *Amer.* Juerga, jarana.

fárrago m. Aglomeración confusa de cosas.

farragoso, sa adj. Confuso y prolijo.

farrear v. i. *Amer.* Ir de juerga.

farrero, ra y **farrista** adj. y s. *Amer.* Juerguista.

farsa f. Comedia burlesca. || Compañía de teatro. || Teatro. || *Fig.* Pantomima, comedia, engaño.

farsante m. Actor, comediante. || — Adj. y com. *Fig.* y *fam.* Comediante, hipócrita, simulador.

farsear v. i. *Amér. C.* y *Chil.* Bromear.

fasces f. pl. Segur o hacha sostenido por un haz de varillas que llevaban los lictores romanos como signo de su autoridad.

fasciculado, da adj. Reunido en haces.

fascículo m. Cada una de las entregas de una obra publicada en partes sucesivas. || Cuadernillo.

fascinación adj. Embrujo, ojo. || *Fig.* Atracción, seducción fuerte: *la fascinación del poder.*

fascinador, ra adj. y s. Que fascina.

fascinante adj. Que fascina.

fascinar v. t. Atraer a sí con la fuerza de la mirada: *la leyenda atribuye a las serpientes la facultad de fascinar a su presa.* || *Fig.* Hechizar, deslumbrar, cautivar, seducir: *Cicerón fascinaba con su elocuencia.*

fascismo m. Régimen implantado por Mussolini en Italia de 1922 a 1945. || Doctrina fundada en el ejercicio del poder mediante un partido único, la exaltación nacionalista y la organización corporativa. | *Por ext.* Régimen dictatorial.

fascista adj. Del fascismo. || Partidario del fascismo (ú. t. c. s.).

fase f. *Astr.* Cada una de las diversas apariencias o figuras con que se dejan ver la Luna y algunos planetas, según los plazos del Sol: *las fases de la Luna.* || Conjunto de labores efectuadas en un puesto de trabajo para la misma unidad de producción. || *Fís.* y *Quím.* Cualquier parte homogénea de un sistema de un cuerpo en equilibrio. || Cada uno de los estados sucesivos por el que pasan los insectos. || *Electr.* Cada una de las corrientes alternativas que componen una corriente polifásica. | Intensidad de una corriente en un momento determinado. || *Fig.* Cada uno de los cambios, de los aspectos sucesivos de un fenómeno en evolución: *las fases de una guerra, de la vida.*

fastidiar v. t. Molestar, causar asco o hastío una cosa (ú. t. c. pr.).

fastidio m. Disgusto: *un olor que causa fastidio.* || *Fig.* Enfado, cansancio. | Aburrimiento, molestia: *este espectáculo es un fastidio.*

fastidioso, sa adj. Que causa fastidio.

fasto, ta adj. En la Roma antigua, decíase del día en que era lícito tratar los negocios públicos y administrar justicia. || *Por ext.* Feliz, venturoso: *día, año fasto.* || — M. Fausto. || — Pl. Calendario romano. || Relato histórico.

fastuosidad f. Fausto.

fastuoso, sa adj. Ostentoso.

fatal adj. Fijado por el destino: *el fin fatal de nuestra vida.* || Funesto, aciago: *fatal resolución.* || Inevitable, que debe suceder: *consecuencia fatal.* || Muy malo, lamentable: *película fatal.* || Que trae malas consecuencias: *error fatal.* || Mortal: *accidente fatal.* || Que

seduce: *mujer fatal.* || *Fam.* Estar fatal, no encontrarse en buen estado de salud. || — Adv. Muy mal: *canta fatal.*

fatalidad f. Destino ineludible: *la inexorable fatalidad.* || Acontecimiento inevitable: *la fatalidad de la muerte.* || Desgracia.

fatalismo m. Doctrina que considera todo cuanto ocurre como determinado de antemano por el hado o el destino.

fatalista adj. y s. Que admite el fatalismo. || Que se somete sin reacción a los acontecimientos.

fatídico, ca adj. Que anuncia el porvenir, por lo general nefasto.

fatiga f. Cansancio. || Penalidad, cualquier trabajo penoso. || Ahogo en la respiración: *la fatiga de los asmáticos.* || Náusea. || Vergüenza, confusión: *me da fatiga decírselo.*

fatigador, ra adj. Que fatiga.

fatigante adj. Fatigoso.

fatigar v. t. Causar fatiga, cansar. Ú. t. c. pr.: *esta tarea fatiga mucho.* || Molestar: *fatigar a uno con su conversación.*

fatigoso, sa adj. Cansado.

fatimí y **fatimita** adj. y s. Descendiente de Fátima, hija única de Mahoma.

fatuidad f. Necedad. || Vanidad ridícula.

fatuo, a adj. y s. Necio. || Tonto. || Engreído, presuntuoso.

fauces f. pl. Faringe, parte posterior de la boca de los mamíferos.

fauna f. Conjunto de los animales de una región determinada.

fauno m. *Mit.* Divinidad campestre de los antiguos romanos.

fausto, ta adj. Feliz, venturoso, afortunado: *fausto acontecimiento.* || Suceso. || — M. Boato, gran lujo, magnificencia, pompa.

fauvismo m. Escuela pictórica francesa de la primera mitad del s. xx, opuesta al impresionismo (Matisse, Braque, Derain, Rouault, Dufy, Marquet, Vlaminck, etc.).

favela f. Barrio de viviendas precarias en los suburbios brasileños.

favor m. Ayuda, asistencia: *me hizo muchos favores.* || Protección, valimiento: *implorar el favor de alguien.* || Señal excepcional de privilegio: *colmar de favores.* || Gracia, decisión indulgente: *solicitar un favor.* || Crédito, confianza que se tiene con alguien, con el público: *gozar del favor de las multitudes.* || — Pl. Señales de amor que una mujer da a un hombre. || — *A favor de,* gracias a; en el activo o haber de; en provecho de; en beneficio de. || *En favor de,* en beneficio de. || *Por favor,* expresión de cortesía utilizada para pedir algo. || *Tener a (o en) su favor,* gozar de su apoyo.

favorable adj. Conveniente.

favorecedor, ra adj. y s. Que favorece. || Que sienta bien o embellece. || — M. y f. Protector.

***favorecer** v. t. Ayudar, tratar con favor, socorrer: *favorecer a los desvalidos.* || Servir, secundar: *las circunstancias* me han favorecido. || Embellecer, agraciar, sentar bien: *ese traje te favorece.* || Agraciar: *favorecido con el premio gordo.*

favoritismo m. Abuso de los favores o preferencias.

favorito, ta adj. Que se estima preferido, que goza de la predilección: *la lectura favorita.* || — M. y f. Persona privada y predilecta de un príncipe o magnate. || Competidor que tiene muchas posibilidades de ser el vencedor.

fax m. Sistema de transmisión de gráficos a través del teléfono. || Documento recibido por ese medio.

faya f. Tejido de seda negra.

fayuca f. *Méx.* Contrabando: *en el comercio callejero venden mercancía de fayuca.*

fayuquero, ra m. y f. Contrabandista.

faz f. Rostro o cara: *una faz alegre.* || Anverso de una cosa: *la faz de una moneda, de una medalla.* || *La Santa Faz,* imagen del rostro de Jesús.

fe f. Fidelidad en cumplir los compromisos, lealtad, garantía: *tengo fe en su palabra.* || Confianza en alguien o en algo: *testigo digno de fe.* || Creencia en los dogmas de una religión; esta misma religión: *tener fe; la propagación de la fe.* || Creencia fervorosa: *fe patriótica.* || Fidelidad: *fe conyugal.* || Confianza en el valor de algo: *tiene fe en ese tratamiento.* || Acta, certificado, documento: *fe de-bautismo.* || — *A fe,* realmente. || *A fe mía,* lo digo con toda seguridad. || *De buena fe,* con buena intención. || *Dar fe de,* atestiguar, certificar. || *Fe de erratas,* lista que se pone al final de un libro para señalar los errores que hay en él.

fealdad f. Calidad de feo.

febrero m. Segundo mes del año: *febrero es el mes más corto.*

febrífugo, ga adj. y s. m. Que hace descender la fiebre.

febril adj. De la fiebre: *ataque febril.* || Que tiene fiebre. || *Fig.* Intenso, vivo: *actividad febril.*

fecal adj. De los excrementos.

fecha f. Indicación del tiempo en que se hace una cosa. || Momento actual: *a estas fechas ya habrá llegado.* || Días transcurridos: *la carta tardó seis fechas.*

fechador m. Sello usado para fechar. || Matasellos de Correos.

fechar v. t. Poner fecha: *fechar una carta, un documento,* etc.

fechoría f. Mala acción.

fécula f. Sustancia blanca convertible en harina obtenida de los tubérculos de ciertas plantas: *fécula de patata.*

feculento, ta adj. Que contiene fécula.

fecundación f. Acto de fecundar.

fecundador, ra adj. y s. Que fecunda.

fecundar v. t. Hacer fecundo o productivo: *la lluvia fecunda la tierra.* || Unirse los elementos reproductores masculino y femenino para originar un nuevo ser.

fecundidad f. Capacidad de ser fecundado. || Fertilidad: *la fecundidad de*

unas tierras. || Virtud y facultad de producir: *la fecundidad de Lope de Vega.*

fecundización f. Fecundidad.

fecundizar v. t. Hacer fecundo.

fecundo, da adj. Capaz de fecundar o de ser fecundado.

federación f. Alianza entre pueblos o unión de Estados formando un solo Estado soberano: *Suiza, los Estados Unidos y México son federaciones.* || Asociación de clubes deportivos: *Federación Española de Fútbol.* || Unión de sociedades que tienen un fin común: *las federaciones de sindicatos obreros.*

federal adj. De una federación: *Estado federal.* || — Adj. y s. Federalista.

federalismo m. Principio fundado en la autonomía de sus componentes (Estados, regiones, etc.): *el federalismo argentino, mexicano.* || El mismo principio, aplicado a las corporaciones: *el federalismo sindical.*

federalista adj. y s. Relativo al federalismo o su partidario.

federalizar y **federar** v. t. Organizar en federación o hacer pacto entre varios (ú. t. c. pr.).

federativo, va adj. Constituido en federación. || Que forma parte de una asociación deportiva federada (ú. t. c. s.).

féferes m. pl. *Amer.* Trastos.

fehaciente adj. Que da fe, indudable, fidedigno: *prueba fehaciente.*

feldespato m. Silicato de alúmina y potasio, sodio, calcio o bario que forma parte de muchas rocas eruptivas.

felicidad f. Estado del ánimo que se complace en la posesión de un bien. || Satisfacción, placer, contento: *llegar, viajar con felicidad.* || Buena suerte, circunstancia favorable: *¡qué felicidad la mía!* || — Pl. interj. Fórmula de felicitación.

felicitación f. Acción de felicitar: *enviar una tarjeta de felicitación.* || — Pl. Deseos de felicidad: *felicitaciones por Año Nuevo.*

felicitar v. t. Expresar a uno la satisfacción que le produce un acontecimiento feliz que le atañe, dar la enhorabuena: *le felicito por su éxito; felicitar el cumpleaños.* || Expresar el deseo de que una persona sea feliz: *felicitar el día de Año Nuevo.* || — V. pr. Congratularse.

félidos m. pl. Familia de mamíferos carnívoros, como el tigre, el gato, el lince, etc. (ú. t. c. adj.).

feligrés, esa m. y f. Persona que pertenece a una parroquia.

feligresía f. Conjunto de los feligreses de una parroquia. || Jurisdicción de una parroquia.

felino, na adj. Relativo al gato. | Que parece de gato: *astucia, gracia felina; movimientos felinos.* || — M. pl. V. FÉLIDOS.

feliz adj. Que goza felicidad, satisfecho, dichoso: *persona feliz.* || Oportuno, acertado: *intervención feliz.* || Que ocurre con felicidad: *campaña feliz.* || Favorecido por la suerte. || Que anuncia felicidad: *presagio feliz.*

felógeno m. *Bot.* Capa cortical externa que engendra el corcho.

felón, ona adj. y s. Traidor.

felonía f. Traición.

felpa f. Tejido de seda o algodón esponjoso, de pelo largo: *oso de felpa, toalla de felpa.* || *Fig.* y fam. Paliza. | Represión: *echar una felpa.*

felpilla f. Cordón afelpado.

felposo, sa adj. Esponjoso.

felpudo m. Limpiabarros, esterilla a la entrada de las casas.

femenino, na adj. De la mujer: *ternura femenina.* || Hembra: *flores femeninas.* || Característico de la mujer: *voz femenina.* || *Gram.* Dícese del género a que pertenecen las hembras y de lo relativo al género femenino: *un nombre femenino* (ú. t. c. m.).

fementido, da adj. Falto de fe y palabra. || Falso, engañoso.

femineidad f. Feminidad.

femíneo, a adj. Femenino.

feminidad f. Carácter femenino. || Aspecto femenino del varón.

feminismo m. Doctrina que concede a la mujer los mismos derechos sociales y políticos que los del varón.

feminista adj. Relativo al feminismo. || — Com. Partidario del feminismo: *revista feminista.*

feminización f. Acción de dar forma femenina a un nombre que no la tiene.

feminoide adj. y s. m. Aplícase al hombre que tiene rasgos femeninos.

femoral adj. *Anat.* Del fémur: *arteria femoral* (ú. t. c. s. f.).

fémur m. *Anat.* Hueso del muslo, el más grueso y largo del cuerpo.

*fenecer v. i. Fallecer.

fenicio, cia adj. y s. De Fenicia: *Cartago fue fundada por los fenicios.* || — M. Lengua de los fenicios.

fenilo m. Radical del benceno.

fénix m. inv. Ave mitológica que los antiguos creían que, una vez quemada, renacía de sus cenizas. || *Fig.* Persona única en su clase. || *El Fénix de los Ingenios,* Lope de Vega.

fenol m. *Quím.* Derivado oxigenado del benceno extraído por destilación de los aceites de alquitrán. (Se usa como antiséptico.) || — Pl. Nombre genérico de varios compuestos análogos al fenol y derivados de otros hidrocarburos del benceno.

fenomenal adj. Relativo al fenómeno. || *Fam.* Extraordinario: *un éxito fenomenal.* | Sensacional, magnífico. | Monumental, enorme.

fenomenismo m. *Fil.* Teoría que no admite otra realidad que la de los fenómenos.

fenómeno m. Hecho científico que se puede observar: *los fenómenos de la naturaleza.* || Lo que es percibido por los sentidos. || Persona o cosa que tiene algo de anormal o de sorprendente: *fenómeno de barraca de feria.* || *Fam.* Persona muy original o notable por sus cualidades: *es un fenómeno* de memoria. || Suceso, hecho: *es un fenómeno bastante corriente.* || — Adj. inv. *Fam.* Sensacional, magnífico, formidable: *fiesta fenómeno.*

fenotipo f. Conjunto de caracteres hereditarios.

feo, a adj. Desagradable a la vista: *mujer fea* (ú. t. c. s.). || Contrario al deber, a la que habría que hacer: *es feo faltar a la palabra.* || Que carece de belleza: *espectáculo feo.* || Poco delicado, mal hecho: *acción fea.* || Amenazador: *el tiempo se pone feo.* || Malo: *la cosa se pone fea.* || — M. Afrenta, desaire, grosería: *me hizo un feo intolerable.* || Fealdad: *es de un feo que impresiona.* || — Adv. Mal: *oler feo.*

feracidad f. Fertilidad.

feraz adj. Fértil.

féretro m. Ataúd.

feria f. Mercado de más importancia que el común: *feria de ganado.* || Fiesta popular en fecha fija: *la feria de Sevilla.* || Exposición comercial anual: *feria del libro.* || Cualquier día de la semana, excepto el sábado y el domingo. || *Méx.* Dinero menudo, cambio. || — Pl. Agasajos. || *Feria de muestras,* exposición periódica de productos industriales o agrícolas.

feriado, da adj. Dícese del día de descanso.

ferial adj. Relativo a la feria: *recinto ferial.* || — M. Lugar donde se celebra la feria.

feriante adj. y s. Concurrente a la feria para vender o comprar. || Expositor en una feria de muestras.

feriar v. t. Comprar en la feria (ú. t. c. pr.). || — V. i. No trabajar. || *Méx.* Cambiar moneda.

fermentación f. Cambio químico sufrido por ciertas sustancias orgánicas a causa de enzimas microbianas, generalmente con desprendimiento de gases. (*La fermentación alcohólica* transforma el mosto en vino; *la fermentación acética* hace que el vino se vuelva vinagre; *la fermentación láctica* trae consigo la coagulación de la leche.) || *Fig.* Agitación, efervescencia de los ánimos.

fermentar v. i. Estar en fermentación. || *Fig.* Estar en un estado de agitación moral. || — V. t. Hacer que se produzca la fermentación: *fermentar el vino.*

fermento m. Agente que produce la fermentación de una sustancia. || *Fig.* Lo que excita o mantiene: *fermento de discordias.*

fermio m. Elemento químico artificial, de número atómico 100 (símb., Fm).

ferocidad f. Carácter sanguinario. || Barbarie, inhumanidad. || Atrocidad, dicho o hecho insensato, enormidad.

ferodo m. Forro de fibras de amianto e hilos metálicos que se pone a las zapatas de los frenos.

feroz adj. Salvaje y sanguinario: *bestia feroz.* || *Fig.* Cruel, bárbaro: *hombre feroz.* | Que causa mucho miedo o mucho daño: *un feroz padecimiento.* | Que indica intensidad: *mirada feroz.* | Enorme, tremendo: *resistencia feroz.*

férreo, a adj. De hierro. || *Fig.* Duro, tenaz: *voluntad férrea.* || *Vía férrea,* vía de ferrocarril.

ferrería f. Forja.

ferretería f. Tienda donde se venden herramientas, clavos, alambres, vasijas, etc., quincalla.

ferretero, ra m. y f. Quincallero.

ferricianuro m. Compuesto de hierro, de cianógeno y de otro metal.

férrico, ca adj. De hierro.

ferrita m. Óxido de hierro natural hidratado, de color rojo pardo.

ferrobús m. Automotor, autovía.

ferrocarril m. Camino con dos vías o rieles paralelos sobre los cuales ruedan los vagones de un tren arrastrados por una locomotora de vapor o eléctrica. || Empresa, explotación y administración de este medio de transporte. || *Ferrocarril urbano o metropolitano,* el que circula dentro del casco de una población, generalmente bajo tierra.

ferrocarrilero, ra adj. *Amer.* Ferroviario.

ferrocianuro m. *Quím.* Sal compuesta del cianuro ferroso y un cianuro alcalino.

ferromanganeso m. Aleación de hierro y gran cantidad de manganeso.

ferroníquel m. Aleación de hierro con níquel.

ferroso, sa adj. *Quím.* Dícese de los compuestos en los cuales el hierro tiene dos átomos de valencia.

ferroviario, ria adj. De los ferrocarriles. || — M. Empleado de ferrocarriles.

ferruginoso, sa adj. Que contiene hierro: *mineral ferruginoso.* || — M. Medicamento ferruginoso.

fértil adj. Fecundo, productivo: *huerta fértil.* || *Fig.* Abundante, rico: *año fértil en acontecimientos.*

fertilidad f. Calidad de fértil.

fertilización f. Acción de fertilizar.

fertilizante adj. Que fertiliza. || — M. Abono: *fertilizantes nitrogenados.*

fertilizar v. t. Abonar para hacer más fértil.

férula f. *Cir.* Tablilla o armazón que se empleaba en el tratamiento de fracturas. || Palmeta para dar golpes en las manos: *la férula del maestro de escuela.* || — *Estar uno bajo la férula de otro,* estar bajo su dominación.

férvido, da adj. Ardiente.

ferviente adj. Ardiente.

fervor m. Devoción intensa. || Entusiasmo, ardor, afán.

fervoroso, sa adj. Ardiente.

festejar v. t. Hacer festejos, agasajar, obsequiar: *festejar a un invitado.* || Galantear, cortejar. || *Méx.* Azotar. || — V. pr. Celebrarse, conmemorarse.

festejo m. Acción y efecto de festejar. || Fiesta. || Galanteo. || — Pl. Actos públicos de diversión.

festín m. Banquete.

festival m. Gran fiesta, especialmente musical: *el festival de Wagner.* || Serie de representaciones consagradas

a un arte o a un artista: *festival de cine en Venecia.*

festividad f. Fiesta o solemnidad con que se celebra una cosa: *las festividades de Navidad.*

festivo, va adj. Chismoso, agudo. || Alegre: *niño festivo.* || Que no se trabaja, de fiesta: *día festivo.*

festón m. Guirnalda. || Adorno de flores, frutas y hojas. || Bordado que se pone en los ribetes de una prenda. | *Arq.* Adorno en forma de guirnalda.

festonear o **festonar** v. t. Adornar con festones.

feta f. *Arg. y Urug.* Loncha delgada de jamón o de fiambre.

fetal adj. *Med.* Del feto.

fetiche m. Objeto material venerado como un ídolo. || Objeto de superstición.

fetichismo m. Culto de los fetiches.

fetichista adj. y s. Relativo al fetichismo. || Que profesa este culto (ú. t. c. s.).

feticidio m. Muerte dada a un feto: *cometer un feticidio.*

fetidez f. Mal olor, hedor.

fétido, da adj. Hediondo.

feto m. Producto de la concepción desde el período embrionario hasta el parto. || *Fig.* Engendro, muy feo.

feudal adj. Relativo al feudo.

feudalismo m. Régimen feudal u organización política y social fundada en los feudos, que estuvo en vigor en la Edad Media.

feudatario, ria adj. y s. Sujeto a feudo. || Posesor de un feudo.

feudo m. Contrato por el cual cedía el rey o el señor a su vasallo una tierra, con la obligación de que le jurase fidelidad. || Tierra dada en feudo. || *Fig.* Zona en la que se ejerce gran influencia.

fez m. Gorro rojo de los moros.

fi f. Letra griega.

fiaca adj. y s. *Arg.* Dícese de la persona perezosa. || *Arg. y Chil.* Pereza, flojera.

fiado, da adj. A crédito.

fiador, ra m. y f. Persona que fía. || Garantizador: *salir fiador por su hermano.* || — M. Presilla para abrochar. || Pieza para que no se mueva una cosa.

fiambre adj. Dícese de la comida que se deja enfriar para comerla más tarde sin calentar: *los embutidos son fiambres* (ú. t. c. m.). || *Fig.* Sin actualidad: *noticia fiambre.* || *Fam. Pop.* Cadáver.

fiambrera f. Cacerola en que se lleva la comida fuera de casa. || *Arg.* Fresquera.

fiambrería f. *Arg.* Tienda de fiambres.

fianza f. Obligación que uno contrae de hacer lo que otro promete, si éste no lo cumple. || Garantía que se da como seguridad del cumplimiento de un compromiso: *depositar una fianza.* || Fiador.

fiar v. t. Garantizar que otro hará lo que promete, obligándose a hacerlo en caso contrario. || Vender a crédito.

|| — V. i. Confiar: *fiar en él.* || Tener confianza (ú. t. c. pr.): *fiarse de una persona seria.*

fiasco m. Fracaso completo.

fibra f. Filamento o célula alargada que constituyen ciertos tejidos animales y vegetales o algunas sustancias minerales: *fibras textiles, musculares, de amianto.* || *Fig.* Nervio, energía, vigor.

fibracel m. Lámina fabricada a partir de madera reducida a sus elementos fibrosos y reconstituida hasta integrar un material homogéneo.

fibrina f. Materia albuminoidea, blanca, insípida e inodora que se forma en la sangre para coagularla.

fibroma m. Tumor.

fibroso, sa adj. Con fibras.

ficción f. Creación de la imaginación: *tu relato es una ficción.* || Simulación.

ficha f. Pieza para marcar los tantos en el juego: *una ficha de madera.* || Pieza del dominó o de otro juego. || Tarjeta de cartulina o papel fuerte que suele clasificarse, papeleta: *ficha antropométrica, electrónica.* || Pieza que hace funcionar un mecanismo automático: *ficha de teléfono.* || Contrato de un jugador deportivo profesional. || Chapa o tarjeta para indicar la presencia en un sitio.

fichaje m. Acción de fichar a un jugador de un equipo deportivo.

fichar v. t. Anotar en una ficha. || Contar con fichas los géneros que el camarero recibe para servirlos. || Controlar en un reloj especial las horas de entrada y salida de los obreros (ú. t. c. i.). || *Neol.* Contratar los servicios de un jugador en un equipo de fútbol u otro deporte. Ú. t. c. i.: *fichar por un club deportivo.* || *Fig.* y *fam.* Poner a una persona en el número de las que se miran con sospecha y desconfianza. Ú. t. c. i.: *fichado por la policía.*

fichero m. Colección de fichas o papeletas. || Mueble con cajones para guardarlas ordenadamente.

ficoideas f. pl. Familia de plantas dicotiledóneas de frutos parecidos al higo (ú. t. c. adj.).

ficticio, cia adj. Imaginario, no real: *nombre ficticio.* || Aparente.

ficus m. Nombre de ciertas plantas tropicales.

fidedigno, na adj. Digno de fe.

fideicomiso m. *For.* Donación testamentaria hecha a una persona encargada de restituirla a otra o para que realice alguna voluntad del testador. || Mandato o tutela de un territorio.

fidelidad f. Exactitud en cumplir con sus compromisos. || Constancia en el afecto: *la fidelidad a un amigo.* || Obligación recíproca de los cónyuges de no cometer adulterio. || Exactitud, veracidad: *fidelidad de una narración.* || Calidad en la reproducción de sonidos: *magnetófono de alta fidelidad.*

fideo m. Pasta alimenticia. || *Fam.* Persona muy delgada.

fiduciario, ria adj. Dícese de los valores ficticios que dependen del crédito y la confianza: *moneda fiduciaria.*

fiebre f. Fenómeno patológico que ordinariamente se manifiesta por aumento de la temperatura normal del cuerpo y frecuencia del pulso y de la respiración: *tener mucha fiebre.* || *Fig.* Actividad viva y desordenada: *fiebre electoral.* || *Fiebre amarilla,* enfermedad antes endémica en las Antillas y América Central, caracterizada por vómitos negruzcos.

fiel adj. Que cumple sus compromisos: *fiel a mis promesas.* || Constante, perseverante: *un amigo fiel.* || Exacto, verídico: *cronista, relato fiel.* || Seguro: *guía fiel.* || Honrado: *empleado fiel.* || Que retiene lo que se le confía: *memoria fiel.* || — M. Persona que pertenece a una Iglesia. || Partidario, seguidor. || Aguja de la balanza.

fieltro m. Tela hecha con lana o pelo abatanados. || Sombrero hecho con esta tela.

fiera f. Animal feroz. || Toro. || *Fig.* Persona muy encolerizada o cruel: *estaba hecho una fiera.*

fiereza f. Carácter feroz.

fiero, ra adj. Feroz: *animal fiero.* || Duro, cruel: *corazón fiero.* || Grande, enorme: *gigante fiero.* || *Fig.* Horroroso, espantoso: *fiera tempestad.*

fierro m. (Ant.) *Amer.* Hierro.

fiesta f. Solemnidad religiosa o civil en conmemoración de un hecho histórico: *la fiesta nacional.* || Día consagrado a actos de religión: *santificar las fiestas.* || Día consagrado a la memoria de un santo: *la fiesta de San Jaime.* || Reunión de gente con fines de diversión. || Alegría, regocijo, placer: *estar de fiesta.* || Día en que no se trabaja: *hoy es fiesta.* || Caricia, agasajo, carantoña: *hacerle fiestas al niño.* || — *Fig.* y *fam.* Aguar la fiesta, estropear un regocijo. || *No estar para fiestas,* estar de mal humor.

fiestear v. i. Estar de fiesta.

fifiriche m. *Fam. Amer.* Mequetrefe.

fígaro m. Barbero.

figón m. Tasca.

figonero, ra m. y f. Persona que tiene un figón.

figura f. Forma exterior de un cuerpo por la cual se distingue de otro, silueta. || Cara, rostro: *el Caballero de la Triste Figura.* || Tipo, facha: *tiene buena figura.* || Escultura, pintura o dibujo que representa el cuerpo humano, el de un animal, etc.: *una figura de frente, de perfil.* || Símbolo: *el esqueleto, figura de la muerte.* || Personaje, persona notable: *las grandes figuras del pasado.* || *Geom.* Conjunto de puntos, de líneas o superficies: *trazar figuras en el encerado.* || Ejercicio de patinaje, esquí, saltos de trampolín, etc., que se exige en el programa de ciertas competiciones. || Cualquiera de los naipes que representan un personaje, como la sota, el caballo y el rey. || Ficha del ajedrez. || Nota musi-

cal. || Personaje principal de una obra de teatro y actor que lo representa. || Movimiento en el baile. || *Gram.* Modificación en el empleo de las palabras: *figura de construcción, de dicción, retórica.*

figuración f. Acción y efecto de figurar o figurarse una cosa. || Idea, fantasía: *esas son meras figuraciones.*

figurado, da adj. Dícese del sentido en que se toman las palabras para que denoten idea diversa de la que recta y literalmente significan: *el libro alimenta el espíritu* (sentido figurado); *el pan alimenta el cuerpo* (sentido propio). || Que usa de figuras retóricas: *lenguaje, estilo figurado.*

figurante, ta m. y f. *Teatr.* Comparsa, personaje poco importante en una comedia o baile. || *Fig.* Persona cuyo papel no es más que decorativo.

figurar v. t. Delinear y formar la figura de una cosa: *figurar una casa, una montaña.* || Representar alegóricamente: *figurar la fuerza por medio del león.* || Aparentar, suponer, simular, fingir: *figuró una retirada.* || — V. i. Formar parte de un número determinado de personas o cosas: *figurar entre los vocales de un consejo o junta.* || Hacer, representar cierto papel. || Ser tenido como persona importante: *figura mucho en la sociedad de Buenos Aires.* || — V. pr. Creer, imaginarse: *no te figures que harás según tus deseos.*

figurativo, va adj. Que es representación de una cosa. || *Arte figurativo,* el que representa figuras concretas por oposición al arte abstracto.

figurín m. Dibujo o patrón de modas. || Revista de modas. || *Fig.* Petimetre, lechuguino.

figurita f. *Arg., Bol., Chil., Nicar., Per.* y *Urug.* Pequeña estampa con la que juegan los niños.

figurón m. *Fig.* y *fam.* Hombre extravagante y presumido. || Hombre que le gusta figurar. || *Comedia de figurón,* pase de comedia del s. XVII en la que el protagonista era un tipo ridículo o extravagante.

fijación f. Acción de fijar o establecer: *la fijación de un deber.* || *Biol.* Operación por la que un tejido vivo pierde su vida para poder examinarlo con el microscopio. || *Quím.* Operación por la cual se convierte en fijo un cuerpo volátil. || Operación por medio de la cual se fija una imagen fotográfica.

fijador, ra adj. Que fija. || — M. Líquido que sirve para fijar el pelo, las fotografías, los dibujos, etc. || *Biol.* Líquido que coagula las proteínas de las células sin variar por ello las estructuras de éstas.

fijar v. t. Poner algo en un sitio de manera segura: *fijar un sello, carteles.* || Clavar, hincar: *fijar una chinche.* || Asegurar, sujetar: *fijar con cuñas.* || Dirigir: *fijar la mirada, la atención.* || Determinar, precisar: *fijar una fecha, el significado de un vocablo.* || Decidir:

aún no me han fijado mis honorarios. || Establecer: *fijó su domicilio en París.* || Aplicar fijador a las fotografías, dibujos, etc. || — V. pr. Localizarse en un sitio: *el dolor se me fijó en el pecho.* || Asegurarse: *fijarse el tiempo.* || Prestar atención: *se fijó en los detalles.* || Darse cuenta: *no me fijé en sus facciones.* || Mirar, observar: *me fijé en su elegancia.*

fijeza f. Seguridad, firmeza. || Atención, persistencia: *miraba con fijeza.*

fijo, ja adj. Sujeto, que no se mueve: *punto fijo.* || Inmóvil: *con los ojos fijos.* || Que vive permanentemente en un lugar: *domicilio fijo.* || Que no cambia, invariable: *Navidad es una fiesta fija.* || Definitivo: *sueldo fijo.* || Que no se volatiza: *el platino es un cuerpo fijo.* || Idea fija, idea que siempre está presente en la mente. || — M. Sueldo o cantidad que uno recibe invariablemente cada cierto tiempo. || — Adv. Con fijeza: *mirar fijo.* || *De fijo,* seguramente.

fila f. Hilera de personas o cosas puestas unas detrás de otras: *la primera fila de una formación militar.* || Línea horizontal en un cuadro. || *Fig. y fam.* Antipatía, tirria: *le tenía fila.* || *En fila o en fila india,* uno detrás de otro. || *En filas,* en el servicio militar. || *Mil. Romper filas,* deshacer una formación.

filamento m. Elemento fino y alargado de un órgano animal o vegetal. || Hilo muy delgado. || En una bombilla o lámpara, hilo metálico conductor que se pone incandescente al pasar la corriente.

filantropía f. Amor a la humanidad.

filantrópico, ca adj. Relativo a la filantropía. || Inspirado en la filantropía: *hombre filantrópico.*

filantropismo m. Carácter filantrópico.

filántropo, pa m. y f. Persona que se distingue por su amor al prójimo.

filarmónico, ca adj. Apasionado por la música.

filatelia f. Arte que trata del conocimiento de los sellos, principalmente los de correos.

filatélico, ca adj. Relativo a la filatelia: *exposición filatélica.*

filatelista com. Coleccionista de sellos de correos.

filete m. Moldura estrecha. || Solomillo: *filete a la parrilla.* || Lonja de carne magra o de pescado sin espinas: *filete de lenguado.* || Freno pequeño para los potros. || *Impr.* Rayita que sirve para separar dos partes de un impreso. || *Anat.* Última ramificación de los nervios.

fileteado m. Roscas de un tornillo o tuerca.

filetear v. t. Adornar con filetes. || Hacer las roscas de un tornillo o tuerca.

filiación f. Línea directa que va de los antepasados a uno de éstos a los antepasados || Enlace que tienen unas cosas con otras: *filiación de palabras.* || Señas personales de un individuo. || Ficha donde están estos datos. || *Mil.* Enrolamiento en un regimiento. || Acción de estar afiliado: *de filiación izquierdista.*

filial adj. De hijo: *respeto filial.* || — F. Sucursal: *la filial de Madrid.*

filibusterismo m. Piratería.

filibustero m. Pirata en los mares de América en los s. XVII y XVIII. || El que trabajaba por la emancipación de las posesiones españolas de ultramar, y en particular de Cuba.

filicíneas f. pl. Familia de plantas que comprende los helechos (ú. t. c. adj.).

filiforme adj. Como un hilo.

filigrana f. Labor de orfebrería, en forma de encajes, en el oro y la plata. || Marca de fábrica del papel que se ve por transparencia. || Dibujo que tienen los billetes de bancos y que se ve por transparencia. || *Fig.* Cosa finamente trabajada.

filipense adj. y s. De San Felipe (Venezuela). || De Filipos (Macedonia). || — M. Miembro de la congregación de San Felipe Neri.

filípica f. Discurso violento. || *Fig.* Reprensión severa.

filipino, na adj. y s. De las islas Filipinas. || *Fam. Punto filipino,* dícese de alguien de cuidado.

filisteo, a adj. y s. Individuo de un ant. pueblo de Asia establecido en el S. de Fenicia.

film o **filme** m. Película.

filmación f. Rodaje.

filmar v. t. Cinematografiar.

fílmico, ca adj. De la película o film.

filmografía f. Descripción o conocimiento de filmes o microfilmes.

filmología f. Estudio científico del cine y su influencia en la vida social.

filmoteca f. Colección de cintas cinematográficas.

filo m. Arista o borde agudo de un instrumento cortante: *el filo de la espada, de una navaja.* || *Al filo de,* hacia. || *Fig. De dos filos,* de resultado contrario al deseado.

filología f. Estudio de una lengua basándose en los textos y documentos que nos la hacen conocer. || Estudio de textos.

filológico, ca adj. De la filología: *ensayo filológico.*

filólogo, ga m. y f. Especialista en filología.

filón m. Yacimiento, masa de metal entre dos capas de terreno diferentes. || *Fig. y fam.* Ganga, cosa de la que se saca mucho provecho o rendimiento.

filosofador, ra adj. y s. Que filosofa o le gusta filosofar.

filosofal adj. f. *Piedra filosofal,* aquella que los alquimistas creían que podía transformar todos los metales en oro; (fig.) cosa que no es posible hallar.

filosofar v. i. Reflexionar acerca de una cosa apoyándose en razones filosóficas. || *Fam.* Pensar.

filosofastro m. Filósofo de poca monta.

filosofía f. Ciencia general de los seres, de los principios y de las causas y efectos de las cosas naturales. || Sistema particular de un filósofo, de una escuela o de una época: *la filosofía de Platón.* || Sistema de principios que se establecen para explicar o agrupar ciertos hechos: *filosofía del Derecho.* || Resignación del que sabe soportar con tranquilidad todas las contrariedades de la vida: *aceptar una desgracia con filosofía.*

filosófico, ca adj. De la filosofía: *estudio filosófico.*

filósofo, fa m. y f. Persona que estudia filosofía. || *Fig.* Persona que lleva una vida tranquila y retirada o que soporta con resignación las contrariedades de la vida.

filoxera f. Plaga de la vid producida por unos insectos hemípteros. || Estos insectos.

filtración f. Paso de un líquido a través de un filtro que retiene las partículas sólidas. || Paso del agua a través de la tierra, la arena. || *Fig.* Indiscreción.

filtrador, m. Filtro.

filtrante adj. Que filtra o se filtra.

filtrar v. t. Hacer pasar un líquido por un filtro: *filtrar agua.* || — V. i. y pr. Penetrar un líquido a través de otro cuerpo sólido: *el agua se filtraba por la pared.* || *Fig.* Desaparecer el dinero. || Ser revelada una noticia por indiscreción o descuido.

filtro m. Cuerpo poroso o aparato a través de los cuales se hace pasar un líquido o un gas para eliminar las partículas sólidas en suspensión. || Extremo de un cigarrillo en el que hay una materia porosa que retiene el paso de la nicotina. || Dispositivo para eliminar los parásitos en un receptor de radio. || Pantalla que se coloca en un objetivo fotográfico para eliminar ciertos rayos del espectro. || Bebida a la cual se atribuía la propiedad de provocar el amor de una persona.

fimosis f. Estrechez en el prepucio.

fin m. Término, remate o consumación de una cosa: *el fin del año.* || Muerte: *acercarse uno a su fin.* || Finalidad, objeto: *perseguir un fin honesto.* || Destino: *el fin del hombre.* || — *A fin de,* con objeto de, para: *a fin de averiguar la verdad.* || *A fines de,* al final de: *a fines de la semana próxima.* || *Al fin o al fin y al cabo, por fin.* || *Dar o poner fin a una cosa,* acabarla. || *En o por fin,* finalmente. || *Fin de fiesta,* espectáculo extraordinario hecho al final de una función de teatro para rendir un homenaje. || *Fin de semana,* el sábado y el domingo (aunque éste, en realidad, sea el primer día de la semana). || *Un sin fin,* una gran cantidad.

finado, da m. y f. Difunto.

final adj. Que termina o acaba: *punto final.* || *Fil.* Causa final, motivo principal, razón última de un ser, de una cosa. || — M. Fin, término de una cosa. || Extremidad: *al final de la calle.* || — F. Última prueba de una competición deportiva por eliminatorias.

finalidad f. Propósito con que o por qué se hace una cosa. || Utilidad, razón de ser.

finalista m. Partidario de la doctrina de las causas finales. || — Adj. y s. En una competición deportiva o en concurso, equipo o persona que llega a la prueba o votación final.

finalización f. Término, fin.

finalizar v. t. Concluir, dar fin: *finalizar una tarea.* || — V. i. Extinguirse, terminarse o acabarse.

financiación f. y **financiamiento** m. Aportación de capitales.

financiar v. t. Aportar, adelantar dinero: *financiar una empresa.* || — V. i. Dar dinero o capital.

financiero, ra adj. Relativo a las finanzas: *sistema financiero.* || — M. Hacendista. || Capitalista, banquero, bolsista.

finanzas f. pl. Galicismo por *hacienda, caudal, dinero, banca, mundo financiero.* (Empleado sobre todo en América.)

finar v. i. Fallecer.

finca f. Propiedad rústica o urbana. (Se emplea generalmente en el primer sentido.)

fincar v. i. Adquirir fincas (ú. t. c. pr.). || Establecerse, domiciliarse. || *Amer.* Estribar, consistir: *en esto finca su influencia.* || — V. t. *Méx.* Construir un inmueble.

finés, esa adj. y s. Finlandés.

fineza f. Finura.

fingido, da adj. Que finge, engañoso. || Ficticio: *nombre fingido.*

fingidor, ra adj. y s. Que finge.

fingimiento m. Ficción, simulación.

fingir v. t. e i. Dar a entender lo que no es cierto: *fingir alegría* (ú. t. c. pr.). || Afectar, simular: *fingir una enfermedad* (ú. t. c. pr.).

finiquitar v. t. Liquidar una cuenta. || Acabar. || *Fig.* Matar.

finiquito m. Liquidación, saldo de una cuenta: *dar finiquito a una cuenta.*

finisecular adj. Del fin de siglo.

finlandés, esa adj. y s. De Finlandia.

fino, na adj. Menudo, sutil: *lluvia fina.* || Puntiagudo: *extremidad fina.* || Delgado: *papel, talle fino.* || Delicado: *gusto fino.* || Agudo: *oído fino.* || De buena calidad, excelente: *turrón fino.* || Ligero: *tejido fino.* || Precioso: *piedra fina.* || Dícese de las perlas y de las piedras naturales empleadas en joyería. || Puro: *oro fino.* || Muy cortés o educado: *un joven muy fino.* || Astuto: *fino como un zorro.* || Muy seco: *jerez fino.*

finolis adj. y s. *Fam.* Aplícase a la persona fina y algo pedante.

finta f. Ademán o amago con la espada. || Ademán hecho con la intención de engañar a uno. || Regate en fútbol.

fintar v. t. e i. Hacer fintas.

finura f. Primor, delicadeza. || Atención, detalle. || Cortesía: *hablar con mucha finura.*

fiord o **fiordo** m. Golfo estrecho y profundo de Noruega.

firma f. Nombre de una persona, con rúbrica, que se pone al pie de un escrito para demostrar que se es el autor o que se aprueba lo contenido en él. || Conjunto de documentos que se presentan a una persona para que los firme, y acto de firmarlos: *la firma del presidente del Consejo de ministros.* || Empresa, casa de comercio, razón social: *una firma muy acreditada.*

firmamento m. Cielo.

firmante adj. y s. Que firma: *los firmantes de un tratado.*

firmar v. t. Poner uno su firma.

firme adj. Estable, fuerte: *la mesa está firme.* || *Fig.* Entero, inconmovible, constante, que no se vuelve atrás: *un carácter firme.* || Dícese de las operaciones financieras o comerciales que tienen carácter definitivo. || Definitivo: *decisión firme.* || — M. Capa sólida en la que se cimenta una carretera, etc. || Pavimento de una carretera. || — Adv. Con firmeza.

firmeza f. Estabilidad, fortaleza: *la firmeza de unos cimientos.* || *Fig.* Entereza: *responder con firmeza.* || Perseverancia. || *Arg.* Antiguo baile popular.

firulete m. *Amér.* M. Adorno recargado hecho con líneas que se entrelazan. || *Arg.* y *Urug.* Movimiento, en particular del tango, que recuerda esa figura.

fiscal adj. Relativo al fisco o al oficio de fiscal: *derechos fiscales; ministerio fiscal.* || — M. Agente del fisco. || En los tribunales, el que representa al interés público: *el fiscal del Reino, de la República.*

fiscalía f. Cargo y oficina del fiscal. || *Fiscalía de tasas,* servicio y control del racionamiento.

fiscalización f. Examen, control.

fiscalizador, ra adj. y s. Que fiscaliza.

fiscalizar v. t. Hacer las funciones del fiscal. || *Fig.* Controlar, inspeccionar. || *Fig.* Averiguar o criticar las acciones de otro: *fiscalizar la vida de uno.*

fisco m. Tesoro o erario del Estado. || Administración encargada de calcular y recaudar los impuestos públicos: *las cajas del fisco.*

fisgar v. t. Husmear, curiosear, atisbar: *no hace más que fisgar.*

fisgón, ona adj. y s. Curiosón.

fisgonear v. t. Fisgar.

fisgoneo m. Curiosidad. || Indiscreción.

fisible adj. Escindible.

física f. Ciencia que tiene por objeto el estudio de los cuerpos y sus leyes y propiedades, mientras no cambia su composición, así como el de los agentes naturales con los fenómenos que en los cuerpos produce su influencia: *física nuclear.*

físico, ca adj. Perteneciente a la física: *ciencias físicas.* || Relativo al cuerpo del hombre: *educación física.* || Efectivo, material: *imposibilidad física.* || —

M. y f. Especialista en física. || (Ant.). Médico. || — M. Fisonomía, exterior de una persona: *un físico poco agraciado.* || Constitución natural del hombre: *lo físico influye en lo moral.*

fisicomatemático, ca adj. Relativo a la física y a las matemáticas.

fisicoquímico, ca adj. Relativo a la física y a la química. || — F. Ciencia que estudia los fenómenos físicos y químicos.

físil adj. Escindible.

fisiocracia f. Doctrina económica que sostenía que la agricultura era la única fuente de riqueza.

fisiócrata adj. y s. Partidario de la fisiocracia.

fisiología f. Ciencia que tiene por objeto el estudio de las funciones de los seres orgánicos. || Funcionamiento de un organismo.

fisiológico, ca adj. De la fisiología.

fisiólogo, ga m. y f. Especialista en fisiología.

fisión f. *Fís.* Escisión del núcleo de un átomo, a causa de un bombardeo de neutrones, que provoca la liberación de energía: *la fisión del uranio.*

fisonomía f. Fisonomía.

fisioterapia f. *Med.* Método curativo por medio de los agentes naturales (calor, frío, electricidad, ejercicios, etc.).

fisonomía f. Cara, rostro, semblante. || Carácter o aspecto que distingue una cosa de otra.

fisonómico, ca adj. De la fisonomía: *rasgos fisonómicos.*

fisonomista y **fisónomo** adj. y s. Dícese de la persona que recuerda las caras de aquellos a quien ha visto o encontrado.

fístula f. *Med.* Conducto accidental y ulceroso que se abre en la piel o en las membranas mucosas.

fisura f. Grieta, hendidura. || *Cir.* Grieta longitudinal de un hueso o del ano. || Hendedura en una masa mineral. || *Fig.* Ruptura, fallo, falta.

fitófago, ga adj. Que se nutre de materias vegetales.

fitografía f. Estudio de las plantas.

fitología f. Botánica.

fitoplancton m. Organismos microscópicos vegetales del medio acuático.

flaccidez o **flacidez** f. Blandura, flojedad.

fláccido, da o **flácido, da** adj. Falto de tersura, blando, fofo.

flaco, ca adj. Muy delgado: *niño flaco.* || *Fig.* Flojo, endeble, sin fuerza: *argumento, espíritu flaco.* || Débil: *la carne es flaca.* || *Memoria flaca,* mala, poco fiel. || *Punto flaco,* debilidad. || — M. Debilidad moral: *es su flaco.*

flacucho, cha adj. Muy flaco.

flacura f. Delgadez. || Debilidad, flojedad.

flagelación f. Azotamiento.

flagelado, da adj. Que tiene flagelos. || — M. pl. Clase de protozoos provistos de flagelos.

flagelador, ra adj. y s. Que flagela.

flagelar v. t. Azotar. || *Fig.* Criticar, fustigar, censurar severamente: *flagelar la sociedad.*

flagelo m. Azote. || Calamidad. || Filamento móvil, órgano locomotor de ciertos protozoos y de los espermatozoides. || *Fig.* Azote, calamidad, plaga.

flagrancia f. Estado o calidad de flagrante.

flagrante adj. Evidente, indiscutible: *injusticia flagrante.* || Que se realiza en el momento en que se habla: *delito flagrante.* || *En flagrante,* en el mismo momento de hacer, de cometer un delito.

flama f. Llama, fuego.

flamante adj. Brillante, resplandeciente. || Nuevo, reciente: *nos recibió espléndidamente en su flamante casa de campo.*

flameado m. Acción de pasar por el fuego.

flamear v. i. Llamear, echar llamas. || Ondear al viento una vela o una bandera. || — V. t. Quemar alcohol para esterilizar algo. || Pasar por una llama: *flamear plátanos, una gallina.*

flamenco, ca adj. De Flandes (en Francia y Bélgica) [ú. t. c. s.]. || *Fam.* Achulado: *ponerse flamenco* (ú. t. c. s.). || Dícese de la música, el baile y del cante folklórico andaluz (ú. t. c. m.). || Que tiende a hacerse agitanado: *aire, tipo flamenco* (ú. t. c. s.). || *Amér. C.* Delgado, flaco. || — M. Ave palmípeda zancuda de plumaje blanco en el pecho y rojo en la espalda. || *Arg.* Facón.

flamígero, ra adj. Que arroja llamas. || Aplícase al último período (s. XV) del estilo gótico cuando los contornos lanceolados recuerdan las llamas.

flan m. Plato de dulce hecho con yemas de huevo, leche y azúcar. || *Flan de arena,* montoncito de arena que hacen los niños en la playa con moldes.

flanco m. Cada una de las dos partes laterales de un cuerpo considerado de frente. || Cada una de las dos murallas del baluarte que forman ángulo entrante con la cortina, y saliente con el frente.

flanquear v. t. *Mil.* Defender por medio de baluartes edificados en la costa. || Apoyar o defender el flanco de una formación militar o de una posición con tropas o fuego de armas. || Estar colocado a los lados de algo: *flanqueado por dos inmensos edificios.* || Acompañar: *flanqueado por dos guardaespaldas.*

flanqueo m. Colocación de un cuerpo de ejército de modo que pueda batir al enemigo por sus flancos.

flaquear v. i. Fallar, mostrarse débil: *me flaquea bastante la memoria.* || Estar a punto de ceder: *la viga flaquea.* || *Fig.* Debilitarse: *le flaquea la voluntad.* || Tener poca resistencia o solidez: *me flaquean las piernas.* | Fallar, mostrar menos conocimientos: *flaqueó en matemáticas.*

flaquedad f. *Amer.* Flacura.

flaqueza f. Debilidad, poca resistencia: *las flaquezas del género humano.* || Debilidad, punto flaco: *esa es una de sus flaquezas.* || Delgadez, carácter flaco.

flash m. Luz relámpago empleada para hacer una fotografía en un lugar donde hay poca iluminación. || Información concisa transmitida en primer lugar. || Fogonazo.

flato m. Acumulación molesta de gases en el tubo digestivo. || Emisión de estos gases por la boca. || *Amer.* Tristeza, melancolía.

flauta f. Instrumento músico de viento formado por un tubo con varios agujeros que producen el sonido según se tapan o destapan con los dedos. || Flautista. || *Fam. Y sonó la flauta por casualidad,* indica que un acierto ha sido casual.

flautín m. Flauta aguda y pequeña. || Músico que lo toca.

flautista com. Músico que toca la flauta.

flebitis f. *Med.* Inflamación de una vena que puede provocar la formación de un coágulo.

flebotomía f. Sangría.

flecha f. Arma arrojadiza consistente en un asta con punta afilada, que se dispara con el arco. || *Geom.* Sagita. || Punta de un campanario.

flechar v. t. Asaetear, acribillar de flechas. || Estirar la cuerda del arco para lanzar la flecha. || *Fig. y fam.* Seducir, inspirar amor. | *Méx.* Apostar en los juegos sin miedo. || *Fam. Ir flechado,* muy rápido. || — V. pr. Enamorarse rápidamente y mucho.

flechazo m. Disparo de flecha o herida causada por él. || *Fig. y fam.* Amor repentino: *la vio y sintió el flechazo.*

fleco m. Hilos, borlas o cordoncillos que cuelgan y sirven de ornamento a vestidos, cortinas, muebles, etc. || Flequillo de pelo. || Borde de una tela deshilachada.

fleje m. Tira o banda de hierro o acero: *los flejes de las camas antiguas.* || Ballesta, muelle.

flema f. Mucosidad que se arroja por la boca. || *Fig.* Cachaza, pachorra, tranquilidad exagerada.

flemático, ca adj. Impasible.

flemón m. *Med.* Inflamación del tejido celular o conjuntivo: *un flemón en la encía.*

flequillo m. Pelo recortado que cae sobre la frente.

fletamento y **fletamiento** m. Contrato de transportes por mar. || Alquiler de un barco o avión.

fletar v. t. Alquilar un barco o avión o parte de él para conducir personas o mercancías. || Alquilar una caballería, un vehículo de transporte, etc. || Embarcar mercancías o personas. || *Amer.* Soltar, espetar. || — V. pr. *Cub.* y *Méx.* Largarse. | *Arg.* Colarse.

flete m. Precio de alquiler de una nave o un avión. || Carga de un barco o avión. || *Col.* y *Méx.* Carga transportada por tierra. || *Arg.* y *Urug.* Caballo, en particular si es rápido y resistente. || *Arg.* y *Urug.* Vehículo de alquiler para transportar paquetes o mercancías.

fletero m. *Méx.* Transportista.

flexibilidad f. Calidad de flexible: *la flexibilidad del junco.* || *Fig.* Disposición del ánimo para ceder y acomodarse a un dictamen.

flexible adj. Que se dobla fácilmente, que cede: *alambre, colchón flexible.* || *Fig.* Que se acomoda sin dificultad: *carácter flexible.* || — M. Sombrero flexible. || Cordón o cable eléctrico.

flexión f. Acción y efecto de doblar o doblarse: *flexión del brazo, de la pierna.* || — Pl. *Gram.* Modificación que experimentan las voces conjugables y las declinaciones en el cambio de desinencias: *las flexiones del verbo.*

flexor, ra adj. y s. m. Que dobla o hace que una cosa se doble con movimientos de flexión: *músculo flexor del brazo.*

flirt [flert] m. (pal. ingl.). Flirteo.

flirtear v. i. Coquetear.

flirteo m. Coqueteo. || Persona con quien se coquetea.

flit m. *Pop.* Líquido insecticida.

flogisto m. Principio que suponían los antiguos desprenderse de los cuerpos en combustión.

flojear v. i. Obrar con pereza. || Flaquear: *los clientes flojean.* || Disminuir: *la calefacción floja.*

flojedad f. Debilidad. || Flaqueza en alguna cosa. || *Fig.* Pereza, holgazanería.

flojera f. Flojedad, pereza.

flojo, ja adj. Mal atado, poco apretado o poco tirante: *nudo flojo.* || Sin fuerza: *cerveza floja.* || *Fig.* Sin intensidad: *sonido flojo.* | Regular, no muy bueno: *película floja.* | Que le faltan conocimientos suficientes: *flojo en matemáticas.* | Mediocre: *razonamiento flojo.* | Perezoso, holgazán. | Poco activo: *mercado flojo.* | *Amer.* Cobarde.

flor f. Parte de un vegetal que contiene los órganos de la reproducción: *la flor del almendro.* || Planta con flores. || Polvillo blanco que cubre ciertos frutos recién cortados. || *Fig.* Lo más escogido de una cosa: *la flor de la sociedad, de la harina; pan de flor.* || Nata que hace el vino. || Adorno poético: *flor retórica.* || Productos ligeros obtenidos por medio de la sublimación o la descomposición: *flor de azufre.* || *Fig.* Novedad, frescor: *la flor de la juventud.* | Piropo, requiebro: *decir o echar flores a una mujer* (ú. m. en pl.). || Parte exterior de las pieles adobadas. || — *Flor artificial o flor de mano,* imitación de una flor, hecha con papel, tela, plástico, etc. || *Méx. Flor del corazón,* cualquiera de las magnoliáceas de flores aromáticas. || *La flor y nata,* lo mejor. || *Flor de lis,* forma heráldica de la flor de lirio. || *Flores de maíz,* rosetas.

flora f. Conjunto de las plantas de un país o región: *la flora tropical.* || Obra que las enumera y describe.

floración f. Aparición de las flores. || Su época.

floral adj. De la flor: *verticilo floral.* (V. JUEGOS FLORALES.)

floreado, da adj. Cubierto de flores. || Con dibujos de flores. || De flor de harina. || *Fig.* Ornado.

floreal m. Octavo mes del calendario republicano francés (20 de abril a 19 de mayo).

florear v. t. Adornar con flores. || Sacar la flor de la harina. || Adornar, ornamentar: *estilo muy floreado.* || — V. i. Vibrar la punta de la espada. || *Mús.* Hacer arpegios con la guitarra. || *Fam.* Decir flores: *florear a una joven.* || Ampliar un relato añadiendo cosas ingeniosas pero falsas. || *Méx.* Hacer filigranas los charros en el manejo del lazo.

*florecer v. t. Echar flor o cubrirse de flores: *los almendros florecen temprano.* || *Fig.* Prosperar: *la industria florece en estos momentos.* || Existir: *los mejores escritores españoles florecieron en el Siglo de Oro.* || — V. pr. Ponerse mohoso el queso, pan, etc.

floreciente adj. Que florece: *terreno floreciente.* || *Fig.* Próspero: *negocio floreciente.*

florense adj. y s. De Flores (Uruguay). | Floreño.

florentino, na adj. y s. De Florencia.

floreño, ña adj. y s. De Flores (Guatemala).

floreo m. *Fig.* Conversación vana y de pasatiempo para hacer alarde de ingenio. | Dicho vano y superfluo: *perder el tiempo en floreos.*

florería f. Tienda de flores.

florero m. Vasija para las flores.

florescencia f. Floración.

floresta f. Espesura. || Lugar campestre.

florete m. Espada fina sin filo cortante, utilizada en esgrima, acabada en un botón.

floricultor adj. Cultivador de flores.

floricultura f. Cultivo de las flores. | Arte de cultivarlas.

floridano, na adj. y s. De la Florida (Estados Unidos).

floridense adj. y s. De Florida (Uruguay).

florido, da adj. Que tiene flores: *árbol florido.* || *Arq.* Flamígero: *gótico florido.* || *Fig.* Escogido, selecto: *está lo más florido.* | Aplícase al lenguaje o estilo, elegante y adornado: || — *Letra florida,* la muy adornada. || *Pascua florida,* Pascua de Resurrección.

florilegio m. Colección de trozos selectos de obras literarias.

florín m. Antigua unidad monetaria de Holanda.

floripondio m. Arbusto solanáceo del Perú, de flores blancas en forma de embudo. || Flor grande en un tejido, tapia. || *Fig.* Adorno rebuscado y de mal gusto.

florista com. Persona que vende flores.

floritura f. Adorno en el canto. || *Fig.* Adorno accesorio, arabesco.

florón m. Adorno en forma de flor que se utiliza en pintura y arquitectura. || *Blas.* Flor que se pone como adorno en algunas coronas. || *Fig.* Hecho que honra o da lustre.

flota f. Gran número de barcos que navegan juntos. || Conjunto de las fuerzas navales de un país o de una compañía marítima: *la flota española.* || Conjunto de aviones que operan juntos.

flotabilidad f. Calidad que poseen algunos cuerpos de no sumergirse.

flotable adj. Capaz de flotar: *objeto flotable.* || Dícese del río por donde se pueden conducir armadías, aunque no sea navegable.

flotación f. Estado de un objeto que flota. || Estado de una moneda cuya paridad respecto al patrón establecido cambia constantemente. || — *Línea de flotación,* la que separa la parte sumergida de un barco de la que no lo está.

flotador, ra adj. Que flota en un líquido. || — M. Cuerpo destinado a flotar en un líquido: *el flotador de una caña de pescar.* || Órgano de flotación de un hidroavión. || Banda formada por pedazos de corcho o aparato de goma hinchada que sirve para hacer flotar a las personas que no saben nadar.

flotante adj. Que flota. || — *Deuda flotante,* parte de la deuda pública sujeta a cambios diarios. || *Población flotante,* la de paso en una ciudad.

flotar v. i. Sostenerse un cuerpo en la superficie de un líquido: *el corcho flota en el agua.* || Ondear en el aire: *la bandera flotaba.* || *Fig.* Oscilar, variar.

flote m. Flotación. || — *A flote,* sobrenadando: *poner una embarcación a flote.* || *Fig. Salir a flote,* salir adelante de dificultades.

flotilla f. Flota de pequeños barcos o aviones.

fluctuación f. Cambio, variación: *las fluctuaciones de los precios.* || *Fig.* Irresolución.

fluctuante adj. Que fluctúa.

fluctuar v. i. Vacilar un cuerpo sobre las aguas. || Ondear, ser llevado por las olas: *la barca fluctúa.* || *Fig.* Oscilar, crecer y disminuir alternativamente: *fluctuar los valores en Bolsa.* | Vacilar, dudar: *fluctuar en la resolución de algo.*

fluidez f. Calidad de fluido.

fluidificar v. t. Hacer o volver fluido.

fluido, da adj. Aplícase al cuerpo cuyas moléculas tienen entre sí poca o ninguna coherencia, y toma siempre la forma del recipiente que lo contiene: *sustancia fluida* (ú. t. c. s. m.). || *Fig.* Corriente, suelto, fácil: *prosa fluida.* | Dícese del tráfico automovilístico cuando éste se efectúa a una velocidad normal, sin paradas debidas a embotellamientos. || — M. Nombre de algunos agentes de naturaleza desconocida que intervienen en ciertos fenómenos: *fluido nervioso.*

*fluir v. i. Correr un líquido. || *Fig.* Surgir, salir: *idea que fluyó de su mente.*

flujo m. Movimiento de los fluidos. || Movimiento regular de ascenso de la marea a ciertas horas. || *Fig.* Abundancia excesiva: *flujo de risa, de palabras.* || — *Flujo de sangre,* hemorragia violenta. || *Flujo de vientre,* diarrea.

fluminense adj. y s. De Río de Janeiro. || De Los Ríos (Ecuador).

flúor m. *Quím.* Cuerpo simple gaseoso, de color verde amarillento, de número atómico 3, que es corrosivo y sofocante (símb., F). || *Espato flúor,* fluorina.

fluorescencia f. *Fís.* Propiedad de ciertos cuerpos de emitir luz cuando reciben ciertas radiaciones.

fluorescente adj. Que tiene fluorescencia. || Producido por la fluorescencia.

fluorhídrico, ca adj. Aplícase a un ácido formado por el flúor y el hidrógeno.

fluorina y fluorita f. Fluoruro natural de calcio.

fluoruro m. Cualquier compuesto formado por el flúor y un metal.

fluvial adj. Relativo a los ríos.

flux m. *Amer.* Traje de hombre completo. || *Fig. y fam. Méx. Estar a flux,* no tener nada. | *Amer. Tener flux,* tener suerte.

f. o. b., abrev. del inglés *free on board,* franco a bordo.

fobia f. Miedo angustioso que algunos enfermos experimentan en determinadas circunstancias. (Sirve también como sufijo a algunas palabras como *claustrofobia, xenofobia, agorafobia, hidrofobia.*)

foca f. Mamífero carnicero pinnípedo que vive principalmente en los mares polares. || Piel que tiene.

focal adj. Del foco: *lente focal.*

foco m. *Fís.* Punto donde convergen los rayos luminosos reflejados por un espejo esférico o refractados por una lente de cristal. || *Geom.* Punto cuya distancia a cualquier otro de ciertas curvas (elipse, parábola, hipérbola) se puede expresar en función de las coordenadas de dichos puntos. || *Fig.* Centro activo de ciertas cosas: *un foco de ilustración.* | Punto donde se reúnen cosas de distintas procedencias. || Proyector de donde salen potentes rayos luminosos o caloríficos: *iluminado por un foco.* || *Méx.* Lámpara eléctrica, bombilla.

fodongo, ga adj. y s. *Méx.* Perezoso, desaliñado.

fofo, fa adj. Blando.

fogata f. Fuego que levanta llama.

fogón m. Lugar donde se hace lumbre en las cocinas. || Cocina. || Hogar de las máquinas de vapor. || Oído de las armas de fuego. || *Amer.* Fogata. || *Arg.* Reunión en torno al fuego.

fogonadura f. *Mar.* Orificio en la cubierta de la embarcación por donde pasan los palos.

fogonazo m. Llama que levanta la pólvora o el magnesio cuando explota o se inflama. || *Fig.* Flash: *los fogonazos de la actualidad.* || *Méx.* Cualquier bebida con licores.

fogonero m. El que cuida del fogón en las máquinas de vapor: *el fogonero de una locomotora.*

fogosidad f. Ardor, ímpetu.

fogoso, sa adj. Ardiente, impetuoso, muy vivo: *caballo fogoso.*

fogueado, da adj. Experimentado, ducho.

foguear v. t. Limpiar con fuego una escopeta. || Acostumbrar a los soldados al fuego. || Poner al toro banderillas de fuego. || *Fig.* Acostumbrar a alguien a ciertos trabajos, adquirir cierto hábito: *foguear a un novicio* (ú. t. c. pr.).

foliación f. Acción y efecto de foliar y serie numerada de los folios de un libro. || Momento en que echan sus hojas las plantas. || Colocación de las hojas en las plantas.

foliado, da adj. Con hojas.

foliar v. t. Numerar los folios de un libro.

folículo m. *Bot.* Pericarpio membranoso, con una valva o ventalla. || *Zool.* Glándula sencilla situada en el espesor de la piel o de las mucosas: *folículo sebáceo.*

folio m. Hoja del libro o cuaderno. || Titulillo o encabezado de las páginas de un libro.

foliolo m. Cada una de las partes que forman una hoja compuesta.

folklore m. Ciencia o conjunto de las tradiciones, costumbres y leyendas de un país.

folklórico, ca adj. Del folklore. || *Fig.* Pintoresco, pero desprovisto de seriedad.

folklorista m. Especialista en folklore.

follaje m. Conjunto de las hojas de los árboles: *el follaje del abeto.* || *Arq.* Adorno de hojas y ramas. || *Fig.* Adorno superfluo, hojarasca.

folletín m. Fragmento de novela que se inserta en un periódico: *folletín policiaco.* || Novela mala. || *Fig.* Suceso o acontecimiento melodramático.

folletinesco, ca adj. Propio del folletín.

folletinista com. Escritor de folletines.

folleto m. Impreso menos voluminoso que un libro y que no suele encuadernarse: *folleto turístico.*

follón, ona adj. Vil, canalla. || *Fam.* Pesado, latoso. || — M. *Fam.* Lío, enredo: *¡vaya follón!* | Desorden, confusión: *estaba metido en un follón.* | Escándalo: *forma un follón por naderías.* | Alboroto, discusión, riña: *allí siempre hay follones.* | Pesado, latoso: *ese amigo tuyo es un follón.* || *Pop.* Ventosidad.

fomentador, ra adj. y s. Que fomenta.

fomentar v. t. Excitar, activar, enardecer: *fomentó la sublevación.* || Favorecer, estimular, alentar: *fomentar la exportación.* || Animar: *fomentar las pasiones.*

fomento m. Ayuda, protección: *sociedad de fomento.* || Estímulo: *fomento de la producción.* || Promoción: *fomento de las ventas.* || Desarrollo: *Banco de Fomento.* || Paño o compresa caliente para ablandar los furúnculos. || Calor. || *Ministerio de Fomento,* antiguo ministerio de Obras Públicas en España.

fon m. Unidad de potencia sonora.

fonación f. Conjunto de fenómenos que participan en la formación de la voz.

fonda f. Pensión, hotel modesto. || Cantina en las estaciones.

fondeadero m. *Mar.* Sitio donde anclan los barcos.

fondear v. t. Reconocer el fondo del agua. || Registrar el fisco una embarcación. || *Fig.* Examinar, sondear: *fondear a un candidato.* | Profundizar, examinar profundamente. || — V. i. *Mar.* Echar el ancla, anclar: *fondear en la ensenada.* | Llegar a un puerto. || — V. pr. *Amer.* Enriquecerse.

fondeo m. Anclaje, llegada a un puerto.

fondillos m. pl. Parte trasera del pantalón.

fondo m. Parte inferior de una cosa hueca: *el fondo de un vaso.* || Parte sólida en la que descansa el agua del mar o de un río. || Profundidad: *con poco fondo.* || Lo que queda en el fondo: *el fondo de la botella.* || Parte que se encuentra más lejos de la entrada: *el fondo de una habitación.* || En las telas, tejido en el cual se hacen las labores. || Segundo plano de una pintura. || Catálogo de una biblioteca o editorial. || Capital, caudal: *fondo social.* || *Fig.* Índole: *chica de buen (o mal) fondo.* | Ambiente, medio. | Tema, idea: *el fondo de su comedia.* | Resistencia física. | Lo esencial de una cosa: *el fondo de un problema.* | Lo más oculto o íntimo: *en el fondo del corazón.* || — Pl. Dinero: *tener fondos disponibles.* || Parte sumergida del barco. || — *A fondo,* enteramente. || *Bajos fondos,* el hampa. | *Carrera de fondo,* la de largo recorrido (más de 5 000 m en atletismo y más de 800 en natación). || *Mar. Dar fondo,* echar el ancla al fondo. || *Fondos públicos,* los del Estado. || *Méx.* Pieza de ropa interior femenina que se usa debajo de la indumentaria exterior.

fonema m. Cada uno de los sonidos simples del lenguaje hablado (sonido y articulación).

fonendoscopio m. Aparato para calibrar el sentido del oído.

fonético, ca adj. Relativo al sonido. || — F. Estudio de los sonidos y las articulaciones del lenguaje hablado.

fonetista com. Especialista en fonética.

foniatra com. Médico que trata los trastornos de la voz.

fono y **fonio** m. Unidad de potencia sonora para medir la intensidad de los sonidos.

fonocaptor m. Aparato que reproduce los sonidos de un disco fonográfico.

fonográfico, ca adj. Del fonógrafo: *disco fonográfico.*

fonógrafo m. Gramófono.

fonología f. Ciencia que estudia los fonemas.

fonómetro m. Aparato para medir el sonido.

fonoteca f. Lugar donde se guardan los documentos sonoros.

fontana f. *Poét.* Fuente.

fontanela f. *Anat.* Cada uno de los espacios membranosos que presenta el cráneo de los recién nacidos antes de osificarse.

fontanería f. Oficio de fontanero. || Conjunto de tubos.

fontanero m. Obrero que pone y repara las instalaciones y cañerías o conductos domésticos de agua y gas.

football m. (pal. ingl.). Fútbol.

footing [*fúting*] m. (pal. ingl.). Marcha a pie.

foque m. *Mar.* Nombre común a todas las velas triangulares.

forajido, da adj. y s. Malhechor, facineroso.

foral adj. Relativo al fuero.

foraminíferos m. pl. Orden de protozoarios marinos cubiertos de una concha caliza horadada y de forma y composición química muy diversas (ú. t. c. adj.).

foráneo, a adj. Forastero. || Extraño, extranjero.

forastero, ra adj. y s. Dícese de la persona que no tiene su domicilio en la localidad donde se encuentra.

forcejear v. i. Esforzarse.

forcejeo m. Esfuerzo.

fórceps m. *Cir.* Instrumento que se usa para la extracción de las criaturas en los partos difíciles.

forense adj. Jurídico, relativo al foro: *práctica forense.* || Dícese del médico que efectúa los reconocimientos por orden judicial. Ú. t. c. s.: *en presencia del forense.*

forestal adj. De los bosques.

forja f. Fragua de los metales.

forjador adj. y s. m. Que forja.

forjar v. t. Dar la primera forma con el martillo a cualquier metal. || Construir los albañiles. || *Fig.* Crear. | Inventar, imaginar: *forjar planes.* || — V. pr. *Fig.* Labrarse: *se ha forjado una buena reputación.* | Imaginarse.

forma f. Figura exterior o disposición de los cuerpos u objetos: *la forma de una casa.* || Apariencia, aspecto: *de forma extraña.* || Modo de obrar o proceder: *obrar en la forma debida.* || Molde: *la forma de un sombrero.* || Formato de un libro, grabado, etc.: *forma apaisada.* || Modo, manera: *no hay forma de ir.* || Modales, comportamiento: *guardar las formas.* || Carácter de un gobierno, de una nación, según la Constitución: *forma monárquica, republicana.* || Estilo de una obra literaria o artística: *la for-*

ma de una obra es tan importante como el fondo. || Hostia. || Palabras de un sacramento. || *Fil.* Principio activo que constituye la esencia de las cuerpos. || *For.* Requisitos externos en los actos jurídicos: *vicio de forma*. || Buena condición física: *estar en forma*. || *Impr.* Molde con las páginas de un pliego. || Pl. Configuración femenina.

formación f. Acción y efecto de formar o formarse: *la formación de un tumor.* || Educación, instrucción: *formación de la juventud; formación profesional.* || Desarrollo de los órganos, de un cuerpo en la pubertad. || Rocas o piedras que constituyen un suelo: *formación terciaria.* || *Mil.* Conjunto de los elementos que constituyen un cuerpo de tropas: *formación naval, aérea.* | Disposición de la tropa: *formación en columnas de a tres.*

formador, ra adj. y s. Que forma.

formal adj. Relativo a la forma. || Relativo a la apariencia y no al fondo. || Que tiene formalidad, serio: *un negociante muy formal.* || Con todos los requisitos: *renuncia formal.* || Preciso, categórico.

formaldehído m. Formol.

formalidad f. Exactitud, puntualidad. || Seriedad: *chica de mucha formalidad.* || Requisito, condición necesaria para la validez de un acto civil, judicial: *cumplir las formalidades exigidas.* || Ceremonia, regla, norma.

formalismo m. Rigurosa observancia en las formas o normas puramente externas.

formalista m. Persona muy cuidadosa de las formas.

formalizar v. t. Hacer formal o serio: *formalizó su situación.* || Legalizar: *formalizar un expediente.* || Regularizar. || Concretar, || Dar forma legal o reglamentaria: *formalizar un acuerdo.*

formar v. t. Dar el ser y la forma (ú. t. c. pr.). || Dar forma: *formar letras, números.* || Componer: *colinas que forman un anfiteatro.* || Concebir: *formar uno planes* (ú. t. c. pr.). || Constituir: *formar una sociedad* (ú. t. c. pr.). || Integrar: *ellos forman el consejo.* || Adiestrar, educar: *formar a los discípulos.* || Instruir: *estas lecturas le formaron.* || Reunirse en: *formaron un corro.* || *Mil.* Poner en filas: *formar el batallón* (ú. t. c. i.). || — V. pr. Tomar forma. || Hacerse: *formarse una idea errónea.* || Desarrollarse una persona. || Criarse.

formativo, va adj. Que forma.

formato m. Tamaño, especialmente el de los impresos. || *Inform.* Estructura básica que torna operativo un disco de almacenamiento: *antes de instalar los programas tienes que dar formato al disco rígido.* || *Inform.* En un archivo electrónico, estructura de salida que da un determinado programa: *el formato de este documento no es compatible con tu procesador de textos.*

fórmico adj. *Quím.* Dícese de un ácido que se encuentra en las hormigas.

formidable adj. Muy temible: *enemigo formidable.* || Muy grande, muy fuerte: *lluvia formidable.* || Extraordinario, magnífico: *nota formidable.* || Asombroso.

formol m. Desinfectante sacado de la oxidación del ácido metílico.

formón m. Escoplo más ancho y menos grueso que el común.

formoseño, ña adj. y s. De Formosa (Argentina).

fórmula f. Modelo que contiene los términos en que debe redactarse un documento: *fórmula legal.* || Modo de expresarse según las buenas costumbres: *fórmulas de cortesía.* || Resultado de un cálculo; expresión de una ley física. || *Quím.* Representación por medio de símbolos de la composición de un cuerpo compuesto. || *Fig.* Conjunto de indicaciones o de elementos que dan una solución entre varias posiciones distintas.

formulación f. Acción y efecto de formular.

formular v. t. Expresar de manera precisa, exponer: *formular una objeción.* || Recetar conforme a una fórmula: *formular una receta.* || Expresar, manifestar: *formular votos por el éxito de alguien.* || — V. i. *Quím.* Poner la fórmula de un cuerpo.

formulario, ria adj. Hecho por cumplir: *una visita formularia.* || — M. Colección de fórmulas, recetario.

formulismo m. Sujeción excesiva a las fórmulas.

formulista adj. Muy dado a las fórmulas.

fornicación f. Acción de fornicar, pecado de lujuria.

fornicar v. i. Tener ayuntamiento o cópula carnal fuera del matrimonio (ú. t. c. t.).

fornido, da adj. Robusto.

foro m. Plaza en Roma en la que se celebraban las reuniones públicas. || *Por ext.* Sitio donde los tribunales juzgan las causas. || Ejercicio de la abogacía o de la magistratura. || *Teatr.* Fondo del escenario.

forraje m. Hierba, heno o paja que sirven de pienso.

forrajero, ra adj. Aplícase a las plantas que sirven de forraje.

forrar v. t. Poner un forro: *forrar un libro con* (o de) *plástico.* || Poner una tela en el reverso de una prenda de vestir: *forrar una gabardina.* || Poner o recubrir con una materia protectora: *forrar un cable, un sillón.* || *Fig.* y *fam.* Estar forrado de oro o estar forrado, ser muy rico. || — V. pr. *Pop.* Enriquecerse, ganar mucho. | Comer mucho.

forro m. Tela con la se forra un vestido. || Cubierta protectora con la que se cubre un libro, un sillón, un cable, etc. || Material de fricción que protege el embrague, los frenos de un automóvil.

fortalecedor, ra adj. Que fortalece.

***fortalecer** v. t. Fortificar.

fortalecimiento m. Acción y efecto de fortalecer o fortalecerse.

fortaleza f. Fuerza. || Entereza, firmeza de ánimo. || Una de las virtudes cardinales. || Recinto fortificado para defender una ciudad, una región, etc. || *Fortaleza volante,* bombardero pesado.

fortificación f. Acción de fortificar. || Obra o conjunto de obras con que se fortifica un sitio.

fortificante adj. y s. m. Dícese de sustancias que dan fuerzas: *las vitaminas son fortificantes.*

fortificar v. t. Dar vigor y fuerza: *fortificar una idea.* || Fortalecer, vigorizar (ú. t. c. pr.). || *Mil.* Poner fortificaciones (ú. t. c. pr.).

fortín m. Fuerte pequeño.

fortuito, ta adj. Casual.

fortuna f. Hado, destino, azar, suerte: *la fortuna es ciega.* || Destino: *la fortuna de un libro.* || Situación buena: *es el autor de su fortuna.* || Bienes, riqueza, caudal, hacienda: *tener una gran fortuna.*

forzado, da adj. Ocupado por fuerza. || Forzoso: *trabajos forzados.* || Que no es natural: *llanto forzado; alegría forzada.* || — M. Galeote, presidiario.

forzamiento m. Acción de forzar o hacer fuerza.

***forzar** v. t. Romper, violentar: *forzar una cerradura.* || Entrar por violencia: *forzar una morada.* || Gozar a una mujer contra su voluntad. || Hacer un esfuerzo excesivo: *forzar la voz.* || *Fig.* Obligar.

forzoso, sa adj. Inevitable. || Obligado.

forzudo, da adj. Muy fuerte.

fosa f. Sepultura: *fosa común.* || Depresión: *fosa submarina.* || *Anat.* Cavidad natural del cuerpo: *las fosas nasales, orbitarias.* || *Fosa séptica,* pozo que recibe las aguas residuales.

fosfatado, da adj. Que tiene fosfato: *harina, creta fosfatada.* || — M. Acción de fosfatar.

fosfatar v. t. Fertilizar con fosfato o agregar fosfato.

fosfato m. Sal formada por el ácido fosfórico.

fosfeno m. Sensación visual que resulta de la compresión del ojo cuando los párpados están cerrados.

***fosforecer** y **fosforescer** v. i. Ser fosforescente.

fosforescencia f. Propiedad que poseen algunos cuerpos de volverse luminosos en la oscuridad.

fosforescente adj. Que fosforece: *pintura fosforescente.*

fosfórico, ca adj. Relativo al fósforo: *ácido fosfórico.*

fosforita f. Fosfato natural de calcio.

fósforo m. Cuerpo simple (P), de número atómico 15, transparente, incoloro o ligeramente amarillento, muy inflamable y luminoso en la oscuridad. || Cerilla.

fosfuro m. Combinación del fósforo con un cuerpo simple.

fósil adj. Aplícase a los fragmentos de animales o plantas petrificados que se encuentran en diversos terrenos geológicos antiguos: *concha, carbón fósil; plantas fósiles* (ú. t. c. s. m.). || *Fig.* y *fam.* Viejo, anticuado. Ú. t. c. s.: *ese hombre es un verdadero fósil.*

fosilización f. Paso de un cuerpo al estado fósil.

fosilizarse v. pr. Convertirse en fósil un cuerpo orgánico. || *Fig.* Estancarse uno en sus ideas.

foso m. Hoyo. || Excavación profunda que rodea una fortaleza. || *Teatr.* Piso inferior del escenario. || Espacio con arena o colchones de materia plástica donde llega el atleta después del salto. || En los garajes, excavación que permite arreglar los coches desde abajo. || *Fig.* Distancia que separa: *entre ambos hermanos hay un foso.*

foto pref. Significa *luz* y entra en la composición de voces científicas: *fotoquímico, fotoeléctrico, etc.* || – F. Apócope familiar de *fotografía.* || – M. *Fís.* Unidad de iluminación (Ph), equivalente a 10 000 lux.

fotocelda o **fotocélula** f. Dispositivo que capta la energía luminosa y la convierte en energía eléctrica.

fotocomposición f. Sistema de impresión en el que la composición se realiza sobre una película sensible a la luz.

fotocopia f. Procedimiento rápido de reproducción de un documento mediante el revelado instantáneo de un negativo fotográfico. || Prueba obtenida.

fotocopiadora f. Máquina para hacer fotocopias.

fotocopiar v. t. Hacer fotocopias: *fotocopiar un libro.*

fotoelectricidad f. Producción de electricidad por acción de la luz.

fotoeléctrico, ca adj. Dícese de cualquier fenómeno eléctrico provocado por la intervención de radiaciones luminosas. || *Célula fotoeléctrica,* ampolla sometida al vacío y provista de dos electrodos entre los cuales puede establecerse una corriente eléctrica cuando la hiere la luz. (Se emplea en fotografía, televisión, telemecánica, etc.)

fotofobia f. Aversión a la luz.

fotogenia f. Calidad de fotogénico.

fotogénico, ca adj. Que promueve o favorece la acción química de la luz sobre ciertos cuerpos. || Que impresiona la placa fotográfica. || Aplícase a las personas que salen muy bien en las fotografías.

fotograbado m. Arte de grabar planchas por acción química de la luz. || Lámina grabada o estampada por este procedimiento: *fotograbado en cinc, en cobre.*

fotograbador m. Persona que hace fotograbados: *taller de fotograbador.*

fotograbar v. t. Grabar valiéndose del fotograbado.

fotografía f. Procedimiento de fijar en una placa o película, impresiona-

ble a la luz, las imágenes obtenidas con ayuda de una cámara oscura. || Reproducción obtenida: *fotografía en color.*

fotografiar v. t. Obtener una imagen por medio de la fotografía.

fotográfico, ca adj. De la fotografía: *máquina fotográfica.*

fotógrafo, fa m. y f. Persona que hace fotografías.

fotograma m. Imagen de una película cinematográfica.

fotolitografía f. Procedimiento de impresión litográfica en el cual el dibujo se traslada a la piedra por medio de la fotografía.

fotomecánico, ca adj. Aplícase a los procedimientos de impresión tipográfica con clichés obtenidos mediante la fotografía.

fotometría f. Parte de la física que mide la intensidad de la luz.

fotómetro m. Instrumento para medir la intensidad de la luz.

fotomontaje m. Montaje de una serie de fotos.

fotón m. *Fís.* Partícula de energía luminosa, en la teoría de los quanta.

fotoquímica f. Parte de la química que estudia los efectos químicos producidos por la luz.

fotosensible adj. Que es muy sensible a la luz.

fotosfera f. Zona luminosa y más interior de la envoltura gaseosa del Sol.

fotosíntesis f. Síntesis de un cuerpo químico en presencia de la energía luminosa por la acción de la clorofila.

fototeca f. Archivo fotográfico.

fototipia f. Procedimiento de impresión de grabados sobre una placa de cristal o cobre recubierta con una capa de gelatina con bicromato. || Lámina así impresa.

fototipo m. Imagen fotográfica obtenida directamente en la cámara oscura.

fototropismo m. Acción que tiene en el crecimiento de una planta: *el tallo posee fototropismo positivo.*

fotuto, ta adj. *Fam. Antill.* Arruinado. || – M. *Cub.* Caracol, molusco marino usado como bocina.

fox terrier m. Perro pequeño de caza, de gran bravura.

fox trot m. Baile de cuatro tiempos.

foyer [*foaié*] m. (pal. fr.). Sala de descanso.

Fr, símbolo químico del *francio.*

frac m. Traje de hombre que tiene en la parte trasera dos faldones estrechos y largos. (Pl. *fraques* o *fracs.*)

fracasado, da m. y f. Persona que no ha conseguido triunfar en la vida, ni en sus aspiraciones.

fracasar v. i. No conseguir lo intentado. || Fallar, frustrarse, tener resultado adverso: *fracasar un proyecto, una empresa.*

fracaso m. Falta de éxito, mal resultado: *fracasó en sus gestiones.*

fracción f. División de una cosa en partes: *la fracción del pan.* || Parte, por-

ción. || *Mat.* Quebrado, número que expresa una o varias partes de la unidad dividida en cierto número de partes iguales: $\frac{1}{3}, \frac{2}{4}$. || – *Fracción decimal,* la que el denominador es una potencia de 10: $\frac{50}{100}$ ó 0,54.

fraccionamiento m. División en partes. || *Méx.* Terreno para uso residencial dividido en partes.

fraccionar v. t. Dividir una cosa en partes o fracciones.

fraccionario, ria adj. Que representa determinada parte o fracción de alguna cosa: *moneda fraccionaria.*

fractura f. Rotura hecha con esfuerzo: *robo con fractura.* || Rotura de un hueso: *fractura del brazo.* || *Geol.* Falla.

fracturar v. t. Romper o quebrantar con esfuerzo una cosa: *fracturar un cofre.* || – V. pr. Romperse: *fracturarse una pierna.*

fragancia f. Aroma, perfume.

fragante adj. Que huele bien.

fraganti (in) adv. En flagrante delito.

fragata f. Barco de tres palos con cofas y vergas en los tres.

frágil adj. Que se rompe o quiebra fácilmente: *el cristal es muy frágil.* || Que se estropea con facilidad. || *Fig.* Que cae fácilmente en el pecado, débil: *el hombre es frágil ante la tentación.* || Débil: *memoria frágil.*

fragilidad f. Calidad de frágil.

fragmentación f. División en fragmentos.

fragmentar v. t. Fraccionar, dividir en partes (ú. t. c. pr.).

fragmentario, ria adj. Compuesto de fragmentos. || Incompleto, no acabado, parcial.

fragmento m. Trozo.

fragor m. Ruido, estruendo: *el fragor del trueno.*

fragoroso, sa adj. Ruidoso.

fragosidad f. Espesura de los montes: *la fragosidad de la selva.* || Bosque espeso.

fragoso, sa adj. Abrupto, accidentado: *camino fragoso.*

fragua f. Fogón grande del herrero. || Forja, herrería.

fraguado m. Acción y efecto de fraguar o endurecerse la cal, el yeso, el cemento y otros materiales.

fraguar v. t. Forjar el hierro. || *Fig.* Idear y discurrir: *siempre fraguando enredos.* || – V. i. Endurecerse la masa de cal, yeso o cemento.

fraile m. Monje de ciertas órdenes: *fraile dominico.*

frailero, ra y **frailesco, ca** adj. *Fam.* Propio de frailes.

frailuno, na adj. *Fam.* Frailero.

frambován y **flambován** m. *Cub.* y *Méx.* Árbol de flores rojas anaranjadas.

frambuesa f. Fruto comestible del frambueso, de color rojo.

frambueso m. Arbusto rosáceo, cuyo fruto es la frambuesa.

francachela f. *Fam.* Comilona. | Juerga, jarana.

francés, esa adj. y s. De Francia. || — M. Lengua francesa: *hablar francés.* || — A la francesa, al uso de Francia. || *Fam.* Marcharse o despedirse a la francesa, hacerlo bruscamente, sin despedirse.

francesada f. Dicho o hecho propio de los franceses.

francesilla f. Planta ranunculácea, de flores grandes, muy variadas de color. || Especie de ciruela. || Pan de forma alargada.

franchute, ta m. y f. *Despect.* Francés.

francio m. Metal alcalino radiactivo (Fr) de número atómico 87.

franciscano, na adj. y s. Religioso de la orden fundada por San Francisco de Asís en 1209.

francmasón m. Masón.

francmasonería f. Masonería: *la francmasonería perseguida.*

francmasónico, ca adj. Masónico: *signos francmasónicos.*

franco, ca adj. Leal, sincero: *carácter muy franco.* || Abierto, comunicativo: *mirada franca.* || Exento, que no paga: *franco de porte; puerto franco.* || Libre, expedito: *paso franco.* || Evidente, claro, cierto: *franco empeoramiento.* || *Tener mesa franca,* acoger a todos en su casa. || — Adj. y s. Nombre que se da a los pueblos antiguos de la Germania Inferior. (Los *francos* conquistaron las Galias [s. v.] y dieron su nombre a Francia.) || En palabras compuestas significa francés: *el comercio franco-español.* || — M. Antigua unidad monetaria de Francia y Bélgica, actual en Luxemburgo y Suiza.

francófobo, ba adj. y s. Enemigo de Francia.

francofonía f. Conjunto de países en los que se habla francés.

francófono, na adj. y s. Que habla francés.

francotirador m. Guerrillero.

franela f. Tejido fino de lana.

frangollar v. t. *Fam.* Chapucear, hacer algo de prisa y mal.

frangollo m. Trigo cocido. || *Fig.* y *fam.* Chapuza. || *Cub.* Dulce seco de plátano y azúcar. || *Arg.* Maíz pelado y molido grueso. || Locro de maíz molido. || *Chil.* Trigo o maíz machacado. || *Amer.* Guiso mal hecho.

frangollón, ona adj. y s. Chapucero.

franja f. Guarnición o fleco que sirve para adornar vestidos y otras cosas. || Borde, lista, faja.

franklinio m. *Fís.* Unidad de carga eléctrica.

franqueadora adj. f. Dícese de la máquina que pone los sellos.

franqueamiento m. Franqueo.

franquear v. t. Libertar, exceptuar a uno de un pago o tributo. || Conceder, dar: *franquear la entrada.* || Desembarazar: *franquear el camino.* || Pagar previamente en sellos el porte de lo que se remite por correo: *franquear una carta para Argentina.* || Dar libertad: *franquear un esclavo.* || Galicismo muy empleado por salvar: *franquear un obs-*

táculo. || — V. pr. Descubrir sus intenciones, hablar francamente: *franquearse con un amigo.*

franqueo m. Acción y efecto de franquear. || Pago, imposición del precio de porte: *franqueo postal.*

franqueza f. Sinceridad, llaneza: *me lo dijo con gran franqueza.* || Confianza, familiaridad.

franquicia f. Exención de derechos de aduana, de los sellos de correo, etc.

fraque m. Frac.

frasco m. Botella alta y estrecha. || Su contenido: *un frasco de jarabe.* || Vaso de cuerno para la pólvora.

frase f. Conjunto de palabras que tienen sentido. || Locución, expresión. || — *Frase hecha* o acuñada o estereotipada, la de uso corriente, tópico. || *Frase musical,* serie de sonidos armónicos bien definidos.

frasear v. i. Formar frases.

fraseo m. Arte de puntuar y graduar el discurso musical.

fraseología f. Modo de ordenar las frases, peculiar a cada escritor. || Palabrería, verbosidad, verborrea.

frasquera f. Caja para guardar o transportar frascos. || Licorera.

fraternal adj. Propio de hermanos: *sentimientos fraternales.*

fraternidad f. Unión y buena correspondencia entre hermanos o entre los que se tratan como tales.

fraternización f. Fraternidad.

fraternizar v. t. Tratarse como hermanos.

fraterno, na adj. De hermanos: *un abrazo fraterno.*

fratricida adj. y s. Que mata a su hermano: *Caín fue el primer fratricida.*

fratricidio m. Crimen del que mata a un hermano.

fraude m. Engaño, acto de mala fe: *cometer un fraude.* || Contrabando.

fraudulento, ta adj. Que contiene fraude.

fray m. Apócope de *fraile,* que se emplea delante de los nombres de religiosos: *fray Luis de León.*

fraybentino, na adj. y s. De o relativo a Fray Bentos (Uruguay).

frazada f. Manta de cama.

frecuencia f. Repetición a menudo de un acto o suceso. || Número de ondulaciones por segundo de un movimiento vibratorio. || — *Alta frecuencia,* la de varios millones de períodos por segundo. || *Baja frecuencia,* la que corresponde a un sonido audible. || *Corriente de alta frecuencia,* corriente eléctrica cuyo sentido cambia un gran número de veces por segundo. || *Frecuencia modulada* o *modulación de frecuencia,* la que consiste en mantener constante la amplitud de las ondas portadoras y hacer variar su frecuencia. (Permite una recepción casi perfecta.) || *Frecuencia cardíaca* o *cardíaca,* ritmo con el que el corazón realiza su ciclo de sístole y diástole.

frecuencímetro m. Aparato para medir la frecuencia de una corriente alterna.

frecuentación f. Acción de ir a menudo a un lugar. || Compañía: *buenas* (o *malas*) *frecuentaciones.*

frecuentado, da adj. Concurrido, muy visitado.

frecuentar v. t. Concurrir o hacer con frecuencia: *frecuentar los museos.* || Tratar, tener relación con alguien. || — V. t. En sentido absoluto, practicar los sacramentos.

frecuente adj. Que se repite a menudo: *visitas frecuentes.*

fregadazo m. *Fam. Méx.* Golpe de gran fuerza.

fregadera f. *Fam. Méx.* Mala jugada. || Cosa insignificante.

fregadero m. Pila donde se friega la vajilla, los utensilios de cocina.

fregado, da adj. *Amer.* Majadero. | Perverso. || — M. Lavado. || *Fig.* y *fam.* Enredo, lío, jaleo: *se metió en un fregado.* | Escándalo; discusión. || — F. *Amér. C.* y *Méx.* Suceso adverso. || — Adj. *Méx.* Averiado.

*****fregar** v. t. Estregar con fuerza: *fregar el suelo.* || Lavar los platos, cubiertos y cacerolas. || *Amer.* Fastidiar.

fregón, na adj. y s. *Méx.* Muy bueno. || Persona fastidiosa.

fregona f. Mujer que friega los platos y los suelos. || Criada. || *Fam.* Mujer ordinaria. || Cubo y escoba que se moja para limpiar los suelos.

fregotear v. t. Fregar mal.

fregoteo m. Lavado a la ligera.

freidor, ra m. y f. Vendedor de pescado frito. || — F. Recipiente para freír patatas.

freiduría f. Establecimiento donde se venden cosas fritas.

*****freír** v. t. Guisar en una sartén con aceite o manteca: *freír patatas.* || *Fam.* Fastidiar, desesperar, molestar: *me frieron a preguntas.* | Matar, liquidar a tiros. || — *Fig. Al freír será el reír,* no se puede dar una causa por ganada hasta el último momento. || *Estar frito,* estar harto. || *Fam. Mandar a freír espárragos,* mandar con viento fresco. || — V. pr. Guisarse en una sartén. || *Fig.* y *fam.* Cocerse, asarse de calor.

fréjol m. V. FRÍJOL.

frenada f. *Amer.* Acción y efecto de frenar súbita y violentamente, frenazo. || *Arg., Bol., Cub.* y *Urug.* Reprimenda, llamada de atención.

frenado y **frenaje** m. Detención con el freno. || Sistema de frenos.

frenar v. t. e i. Disminuir o detener la marcha de una máquina con un freno. || — V. t. *Fig.* Contener, reprimir, retener: *frenar las pasiones.* | Detener el desarrollo: *frenar las importaciones.*

frenazo m. Detención o parada brusca con el freno.

frenesí m. Delirio furioso. || *Fig.* Violenta exaltación del ánimo: *lo atacó con frenesí.*

frenético, ca adj. Poseído de frenesí. || Furioso, rabioso: *esta historia me pone frenético.*

frenillo m. Membrana que sujeta la lengua por la línea media de la parte inferior.

freno m. Bocado, pieza de la brida que llevan los caballos en la boca para gobernarlos. || Órgano en las máquinas destinado a disminuir o parar el movimiento: *freno de mano, asistido.* || *Fig.* Lo que retiene u obstaculiza: *ambiciones sin freno.* || — Pl. Sistema de frenos.

frente f. Región anterior de la cabeza de los vertebrados que, en el hombre, va desde el nacimiento del pelo hasta las cejas. || Por ext. Cara, rostro, semblante. | Cabeza: *bajar la frente.* || — M. Parte delantera de algo. || Línea exterior de una tropa en orden de batalla. || Límite antes de la zona de combate. || Esta misma zona. || Separación entre dos zonas de la atmósfera cuyas temperaturas son distintas. || Parte superior de una cosa: *al frente de su misiva.* || Agrupación política compuesta de diversos partidos o concordancia de las tendencias de la opinión para resolver una serie de problemas determinados: *frente nacional.* || — *Estar al frente de,* dirigir. || *Frente a (o con) frente,* cara a cara. || *Frente de batalla,* línea de la tropa en orden de combate. || *Frente por frente,* enfrente. || *Hacer frente,* afrontar.

fresa f. Planta rosácea, de fruto rojo sabroso y fragante. | Su fruto. || *Tecn.* Avellanador, herramienta que gira empleada para horadar o labrar los metales. || Instrumento usado por los dentistas para limar o agujerear los dientes o muelas.

fresado m. Avellanado.

fresador, ra m. y f. Persona que fresa. || — F. Máquina para fresar.

fresal m. Plantío de fresas.

fresar v. t. Trabajar con la herramienta llamada fresa.

fresca f. V. FRESCO.

frescachón, ona adj. De color sano. || *Fam.* Descarado, caradura (ú. t. c. s.).

frescales com. inv. *Fam.* Desvergonzado, caradura.

fresco, ca adj. Ligeramente frío: *viento fresco* (ú. t. c. adv.). || Ligero, que da la sensación de frescor: *traje fresco.* || Que no está marchito, que conserva el brillo de la juventud: *tez fresca.* || Que no está cansado: *tropas frescas.* || Dícese de las cosas que, pudiéndose estropear por el paso del tiempo, no han sufrido alteración: *pescado fresco; flores frescas.* || Que no experimenta el cansancio: *después de tal esfuerzo estaba tan fresco.* || Húmedo, sin secar: *la pintura está fresca.* | *Fig.* Acabado de suceder, reciente: *noticias frescas.* | Tranquilo, sin perder la calma: *y se quedó tan fresco.* | Descarado, aprovechado, caradura. Ú. t. c. s.: *es un fresco.* | Que trata a los demás sin contemplaciones (ú. t. c. s.). | Dícese de la mujer libre en su trato con los hombres (ú. t. c. f.). || — M. Frescor, ligeramente frío: *el fresco del atardecer.* || Viento frío. || Mural, pintura hecha en una pared: *los frescos de la pintura mexicana.* || *Amer.* Bebida fresca. || — F. Fresco, frescor: *salir con la fresca.* || *Fig.* Inconveniencia, dicho molesto: *le soltó cuatro frescas.*

frescor m. Fresco.

frescote, ta adj. *Fig.* y *fam.* Frescachón (ú. t. c. s.).

frescura f. Calidad de fresco: *la frescura del agua, del rostro.* || Fertilidad y amenidad de un paraje. || *Fam.* Desvergüenza, caradura, desenfado, descaro: *¡vaya frescura!* || *Fig.* Fresca, dicho molesto. | Descuido, negligencia.

fresera f. Fresa, planta.

fresneda f. Terreno con fresnos.

fresno m. Árbol oleáceo de madera estimada.

fresón m. Fresa grande.

fresquera f. Alambrera para conservar los comestibles. || *Arg.* Fiambrera.

fresquería f. *Amer.* Quiosco de bebidas.

fresquista m. Pintor al fresco.

freudiano, na adj. Relativo a Freud o al freudismo.

freudismo m. Doctrina psicológica que interpreta la neurosis por el pensamiento, los sueños.

freza f. Desove de los peces y tiempo en que se verifica. || Huevos y cría de los peces. || Tiempo entre cada dos mudas del gusano de seda.

frialdad f. Sensación que proviene de la falta de calor: *la frialdad del tiempo.* || Frigidez. || *Fig.* Falta de ardor, indiferencia, falta de animación: *frialdad de carácter.*

fricativo, va adj. Aplícase a las letras consonantes, como *f, j, s, z,* cuya articulación hace salir el aire con cierta fricción o roce en los órganos bucales.

fricción f. Acción y efecto de friccionar: *dar una fricción en la rodilla.* || Limpieza de la cabeza con una loción aromática. || Resistencia o roce de dos superficies en contacto. || *Fig.* Desavenencia, choque, pequeña disputa.

friccionar v. t. Dar fricciones.

friega f. Fricción.

frigider amb. (de nombre comercial) *Arg., Chil., Per.* y *Urug.* Refrigerador.

frigidez f. Frialdad. || Ausencia de deseo sexual.

frígido, da adj. *Poét.* Frío. || Carente de deseo sexual.

frigio, gia adj. y s. De Frigia. || Gorro frigio, v. GORRO.

frigoría f. Unidad calorífica (símb., fg), equivalente a una kilocaloría negativa.

frigorífico, ca adj. Que produce frío. || Dícese de los lugares donde se conservan los productos por medio del frío: *armario frigorífico* (ú. t. c. s. m.).

frigorizar v. t. Congelar.

fríjol y frijol m. Judía. || — Pl. *Fam. Méx.* La comida: *trabajar para los frijoles.* || *Fig. Méx.* Fanfarronadas, bravatas.

fringílidos m. pl. Pájaros conirrostros como el gorrión, el jilguero, el canario, el pardillo, el pinzón, etc. (ú. t. c. adj.).

frío, a adj. Dícese de la temperatura de los cuerpos inferior a la ordinaria del ambiente: *aire frío.* || Que no da calor: *la gabardina es más fría que un abrigo.* || Que ha perdido el calor: *comida fría.* || *Fig.* Reservado, falto de afecto: *hombre frío.* | Insensible: *mujer fría.* | Desapasionado: *mediador frío.* | Tranquilo, sereno: *su enemistad me deja frío.* | Menos entusiasmado, indiferente: *estoy más frío con sus proposiciones.* | Carente de calor, de sensibilidad: *música fría.* | Que carece de interés sexual. || — M. Baja temperatura. || Sensación que produce la carencia, la pérdida o la disminución de calor: *frío riguroso.* || *Fig.* Ausencia de cordialidad.

friolento, ta adj. y s. Friolero.

friolera f. Pequeñez, nadería, cosa de poca importancia. || *Fig.* e irón. Nada menos: *cuesta la friolera de dos millones.*

friolero, ra adj. Sensible al frío (ú. t. c. s.).

frisar v. t. Levantar y retorcer el pelo de un tejido. || *Fig.* Acercarse: *frisaba la edad de cincuenta años* (ú. t. c. i.).

frisio, sia adj. y s. Frisón.

friso m. *Arq.* Parte del cornisamento que media entre el alquitrabe y la cornisa. || Zócalo, cenefa de una pared.

frísol y frisol m. *Amer.* Fríjol.

frisón, ona adj. y s. De Frisia.

fritada o fritanga f. Manjar frito: *fritada de sesos.*

fritar v. t. *Arg., Bol., Col., Parag.* y *Urug.* Freír.

frito, ta p. p. irreg. de *freír: huevos fritos con jamón.* || *Fam.* Estar frito, estar fastidiado o dormido. | Estar frito por hacer algo, desearlo ardientemente. | Tener frito a uno, tenerlo desesperado. || — M. Fritada, fritura. || *Amer.* Estar frito, hallarse en una situación sin salida, estar perdido.

fritura f. Cosa frita.

frivolidad f. Ligereza, superficialidad, falta de seriedad, futilidad.

frívolo, la adj. Ligero, veleidoso; superficial, poco serio.

frondosidad f. Abundancia de hojas y ramas, follaje.

frondoso, sa adj. Abundante en hojas: *una rama frondosa.* || Abundante en árboles: *paraje frondoso.*

frontal adj. De la frente: *hueso frontal.* || — M. *Anat.* Hueso de la frente. || Decoración de la parte delantera del altar. || *Fig.* Límite: *estar en la frontera de lo ridículo.*

frontera f. Límite que separa dos Estados: *la cordillera de los Andes es la frontera natural entre Argentina y Chile.* || *Fig.* Límite: *estar en la frontera de lo ridículo.*

fronterizo, za adj. Que está en la frontera: *pueblo fronterizo.* || Que vive cerca de una frontera (ú. t. c. s.). | Limítrofe, confinante. || Que está enfrente.

frontero, ra adj. Enfrente.

frontis m. Frontispicio.

frontispicio m. Fachada: *el frontispicio de un edificio.* || Portada de un libro. || *Arq.* Frontón remate de una fachada.

frontón m. Pared contra la cual se lanza la pelota en el juego. || Edificio o cancha para jugar a la pelota. || *Arq.* Remate generalmente triangular: *el frontón de un pórtico, de una fachada.*

frotación f. Frotamiento.

frotador, ra adj. y s. Que frota. || — M. Rascador.

frotadura f. y **frotamiento** m. Acción de dos cuerpos en contacto, uno de los cuales al menos está en movimiento.

frotar v. t. Pasar muchas veces una cosa sobre otra con fuerza (ú. t. c. pr.).

frote m. Frotamiento.

fructidor m. Duodécimo mes del calendario republicano francés (18 de agosto a 16 de septiembre).

fructífero, ra adj. Que da frutos: *árboles fructíferos.* || *Fig.* Productivo, provechoso.

fructificación f. Formación del fruto. || Tiempo en que se produce.

fructificar v. i. Dar fruto: *la planta fructifica.* || *Fig.* Ser productivo, dar utilidad: *fructificar el capital.*

fructuosa f. Azúcar de frutas.

fructuoso, sa adj. Fructífero.

frugal adj. Sobrio en el comer y beber: *hombre muy frugal.* || Poco abundante: *cena frugal.*

frugalidad f. Sobriedad.

frugívoro, ra adj. Dícese del animal que se alimenta de frutos.

fruición f. Placer, gozo.

frumentario, ria y **frumenticio, cia** adj. Relativo al trigo.

frunce m. Pliegue, doblez.

fruncido m. Frunce.

fruncimiento m. Fruncido.

fruncir v. t. Arrugar la frente, la boca: *fruncir el entrecejo.* || Hacer en una tela fruncos o arrugas pequeñas. || *Fig.* Estrechar y recoger una cosa: *fruncir la boca.*

fruslería f. Insignificancia, pequeñez, nadería.

frustración f. Malogro de un deseo.

frustrar v. t. Privar a uno de lo que esperaba: *frustrar deseos, esperanzas.* || Malograr un intento o pretensión: *frustrar un robo, un crimen* (ú. t. c. pr.).

fruta f. Fruto comestible de ciertas plantas, como los duraznos, plátanos o bananas, etc. || Cada especie de ellos. || — *Fruta de sartén,* masa frita. || *Fruta escarchada o confitada,* la cocida y recubierta en almíbar. || *Frutas secas,* las que se comen secas (pasas, almendras, nueces, avellanas, etc.).

frutal adj. Que da frutas.

frutería f. Establecimiento en el que se venden frutas.

frutero, ra adj. Que lleva fruta: *barco frutero.* || De la fruta: *industria frutera.* || Que sirve para poner la fruta: *plato frutero.* || — M. Vendedor de fruta. || Recipiente donde se coloca la fruta: *un frutero de plata.* || Lavafrutas, enjuague.

fruticultura f. Cultivo de los árboles frutales.

frutilla f. *Chil.* Fresa.

frutillar m. *Amér. M.* Terreno en el que se cultivan o abundan las frutillas.

frutillero, ra adj. *Amér. M.* Perteneciente o relativo a la frutilla. || — S. *Amér. M.* Productor o vendedor de frutilla.

fruto m. Órgano de la planta que contiene las semillas y nace del ovario de la flor. || *Fig.* Producto, resultado, provecho: *fruto de sus afanes.* | Utilidad: *influencia que no da ningún fruto.* || — Pl. Productos dados por la tierra. || — *Dar fruto,* producir un beneficio. || *Sacar fruto,* sacar provecho.

fu, onomatopeya con que se imita el bufido del gato. || — ¡Fu!, interjección de desprecio. || *Fig.* y *fam.* Hacer fu, huir de alguien. || *Ni fu ni fa,* ni una cosa ni otra, regular.

fuco m. Alga de color verde.

fucsia f. Arbusto de flores rojas y colgantes.

fuego m. Desprendimiento simultáneo de calor, luz y llama producido por la combustión de ciertos cuerpos. || Conjunto de cuerpos en combustión: *sentado junto al fuego.* || Hogar, lugar donde se enciende fuego, lumbre. || Lo que se necesita para alumbrar: *¿tiene fuego?* || Incendio: *los bomberos combaten el fuego.* || Suplicio en que se quemaba al condenado, hoguera. || Calor interior: *su cuerpo es puro fuego.* || Tiro, disparo: *el fuego del enemigo.* || Combate: *bautismo de fuego.* || *Mar.* Nombre genérico de cualquier señal luminosa: *fuego sagrado.* || *Fig.* Pasión, entusiasmo: *fuego sagrado.* | Ardor, vehemencia: *en el fuego de la discusión.* || — A (o con) fuego lento, poco a poco. || *Arma de fuego,* la que dispara balas u obuses. || *Fig. Atizar el fuego,* avivar una disputa. | *Echar fuego por los ojos,* estar furioso. | *Echar leña al fuego,* proporcionar motivos para que continúe una pelea o disputa. | *Estar entre dos fuegos,* estar entre la espada y la pared. || ¡*Fuego!,* voz de mando para disparar. || *Fuego fatuo,* llamas pequeñas que se desprenden de las sustancias animales y vegetales en descomposición (lugares pantanosos, cementerios). || *Fuegos artificiales o de artificio,* conjunto de cohetes luminosos lanzados con fines de diversión.

fueguino, na adj. De la Tierra del Fuego: *Andes Fueguinos.*

fuel y **fuel-oil** [*fueloil*] m. (voz ingl.). Derivado del petróleo natural, obtenido por refinación y destilación, destinado a la calefacción.

fuelle m. Instrumento que recoge aire y lo lanza en una dirección determinada: *fuelle para la chimenea; fuelle de órgano.* || Pliegue en un vestido. || Capota plegable de carruaje. || Cualquier parte que se puede plegar o doblar en las máquinas de fotografía, los bolsos, la galita, etc. || Pasillo flexible que comunica dos vagones de un tren. || *Fig.* y *fam.* Resistencia, aliento: *tiene mucho fuelle.*

fuente f. Lugar donde brota agua de la tierra. || Construcción destinada a la salida y distribución de aguas. || Monumento en los sitios públicos con caños y surtidores de agua. || Pila de bautismo. || Plato grande en el que se sirve la comida. || *Fig.* Origen, causa: *el turismo es una fuente de divisas.* || Documento original: *fuentes de la historia.* || Fundamento, base: *aquello fue fuente de discordias.* || *De fuente fidedigna,* de alguien digno de fe. || *Méx.* Fuente de sodas, comercio donde se venden bebidas gaseosas.

fuer m. Forma apocopada de *fuero.* || *A fuer de,* en calidad de, como: *a fuer de hombre de ley.*

fuera adv. En la parte exterior: *estaba fuera.* || — *De fuera,* de otro sitio, población o país. || *Estar fuera de sí,* estar muy encolerizado. || *Fuera de,* excepto, salvo, además de. || *Fuera de combate,* sin que pueda continuar combatiendo. || *Fuera de concurso,* dícese de la persona que no puede tomar parte en un concurso a causa de su superioridad. || *Fuera de juego,* en fútbol y en rugby, posición irregular de un jugador, situado detrás de la defensa del equipo contrario, que le impide participar en el juego sin que se le señale una falta. (Se usa tb. la expr. inglesa *off side.*)

fuera borda m. Embarcación pequeña, tipo canoa, dotada de un motor situado fuera del casco y en la parte posterior. || Este motor.

fuerano, na o **fuereño, ña** o **fuerero, ra** adj. y s. *Amer.* Forastero.

fuero m. Privilegio o ley especial que gozaba antiguamente alguna región, ciudad o persona en España: *el Fuero de Navarra.* || Compilación de leyes: *el Fuero de los Españoles, del Trabajo.* || Competencia jurisdiccional: *sometido al fuero militar.* || *Fig.* Orgullo, presunción: *tiene muchos fueros.* || — *En mi fuero interno,* en mi intimidad, pensando interiormente. || *Fig. Volver por los fueros de algo,* defender sus derechos.

fuerte adj. Que tiene buena salud o mucha fuerza: *es el más fuerte de todos.* || Resistente: *tejido muy fuerte.* || Que posee mucho poder, poderoso: *empresa, nación muy fuerte.* || Grande: *un fuerte capital.* || Que tiene gran intensidad, energía o violencia: *calor fuerte; voz fuerte; fiebre fuerte.* || Que causa viva impresión en el gusto, en el olfato: *licor, perfume fuerte.* || Copioso, abundante: *fuerte diarrea.* || Intenso, vivo: *rojo fuerte.* || Acre, picante: *pimiento fuerte.* || Considerable, grande: *impresión fuerte.* || Con gran fuerza: *le dio un fuerte garrotazo.* || Duro, penoso: *es bastante fuerte mendigar.* || Irritable: *carácter fuerte.* || Verde, picante: *chiste fuerte.* || Aplícase a la moneda de un valor superior al que tenía: *euro fuerte.* || Conocer bien una materia: *está muy fuerte en matemáticas.* || Fortificado: *plaza fuerte.* || Muy sujeto: *el clavo está muy fuerte.* || Apretado: *nudo fuerte.* || *Gram.* Dícese de las vocales que son más perceptibles como *a, e, o.* || — M. Hombre poderoso, con medios o recursos: *proteger a los débiles contra los fuertes.* || Obra de fortificación. || *Fig.* Aquello en que una persona sobresale: *la historia es su fuerte.* | Tiempo en que algo alcanza su punto máximo, apogeo: *en el fuerte de la discusión.* || — Adv. Con intensidad: *hablar, dar fuerte.* || Con abundancia, mucho: *en Inglaterra desayunan fuerte.* || Mucho: *trabajar, jugar fuerte.*

fuerza f. Cualquier causa capaz de obrar, de producir un efecto: *las fuerzas naturales.* || *Fís.* Cualquier acción que modifica el estado de reposo o movimiento de un cuerpo: *fuerza centrífuga.* || Poder, capacidad o vigor físico: *tiene mucha fuerza.* || Intensidad, eficacia: *fuerza de un medicamento.* || Energía: *la fuerza de un ácido.* || Violencia, carácter de obligación, coacción: *ceder por fuerza.* || Capacidad de dar un impulso, presión: *fuerza de una máquina.* || Autoridad: *la fuerza de la ley.* || Influencia: *tiene gran fuerza en las altas esferas.* || Esfuerzo: *agárralo con fuerza.* || Resistencia, solidez: *no tiene fuerza para aguantar sus embates del mar.* || Electricidad, energía eléctrica: *no hay fuerza para que se enciendan las luces.* || Momento en que es más intenso algo: *en la fuerza de sus años mozos.* || Condición, estado, potencia para hacer algo: *fuerza de ánimo.* || — Pl. Conjunto de las formaciones militares de un Estado: *las fuerzas de Tierra, Mar y Aire.* || — *A fuerza de,* perseverantemente y con trabajo: *a fuerza de voluntad;* con abundancia, a base: *a fuerza de dinero;* con exageración: *a fuerza de explicaciones despertó sus sospechas en mí.* || *A la fuerza,* por obligación; necesariamente. || *A la fuerza ahorcan,* nunca se hace lo que uno quiere. || *Fuerza de disuación o disuasoria,* la que consta de las armas más modernas (atómicas generalmente) que se utilizan con la mayor rapidez y eficacia. || *Fuerza mayor,* la que es necesario emplear ineludiblemente. || *Fuerza pública,* agentes de la autoridad. || *Fuerzas de choque,* unidades militares selectas, empleadas preferentemente en la ofensiva. || *Por fuerza,* por obligación, por necesidad. || *Por la fuerza,* de manera violenta.

fuetazo m. *Amer.* Golpe dado con el fuete.

fuete m. *Amer.* Látigo.

fuga f. Huida, evasión: *delito de fuga.* || Escape de un fluido. || *Cierta* composición musical. || *Fig.* Evasión: *fuga de capitales.* | Ardor: *la fuga de la juventud.*

fugacidad f. Calidad de breve.

fugarse v. pr. Escaparse, huir.

fugaz adj. Que con velocidad huye y desaparece: *deseo fugaz.* || *Fig.* De muy corta duración. || Aplícase a la estrella que cambia de posición.

fugitivo, va adj. Que huye: *detener a un fugitivo* (ú. t. c. s.). || Que apenas dura: *dicha fugitiva.*

führer m. (voz alem.). El jefe.

fulano, na m. y f. Palabra con que se designa a una persona indeterminada: *Fulano de Tal.* || — F. *Fam.* Mujer de mala vida.

fulcro m. Punto de apoyo de la palanca.

fulero, ra adj. y s. *Fam.* Cuentista, farsante. | Chapucero.

fulgente y **fúlgido, da** adj. Brillante.

fulgir v. i. Brillar.

fulgor m. Resplandor, brillo.

fulguración f. Acción y efecto de fulgurar. || Relámpago sin trueno. || Accidente que causa el rayo.

fulgurante adj. Que fulgura: *rayo fulgurante.* || *Med.* Aplícase al dolor muy vivo y súbito. || *Fig.* Rápido; incisivo: *una respuesta fulgurante.*

fulgurar v. i. Brillar.

fúlica f. Ave zancuda.

full m. En el póquer, reunión de tres cartas iguales y una pareja.

fullear v. i. Hacer trampas.

fullería f. Trampa.

fullero, ra adj. y s. Tramposo.

fulminación f. Acción de fulminar.

fulminador, ra adj. y s. Que fulmina.

fulminante adj. Que fulmina: *ataque de gota fulminante.* || Muy grave: *enfermedad fulminante.* || *Fig.* Amenazador: *mirada fulminante.* || Que estalla con explosión: *pólvora fulminante.* || — M. Pistón del arma de fuego.

fulminar v. t. Arrojar rayos. || *Fig.* Arrojar bombas y balas. | Herir o matar un rayo. | Dictar, imponer con cierta solemnidad: *fulminar excomuniones, sentencias, censuras.* | Matar: *fulminado por la enfermedad.* | Mirar irritado.

fumadero m. Sitio que se destina para fumar: *fumadero de opio.*

fumador, ra adj. y s. Que tiene costumbre de fumar.

fumar v. i. Aspirar y despedir humo de tabaco, de opio, etc. (ú. t. c. t. y pr.). || — V. pr. *Fam.* Tirarse, gastar por completo: *fumarse la paga.* | Faltar, dejar de acudir: *fumarse la clase, la oficina.*

fumarola f. Desprendimiento de gases de un volcán.

fumigación f. Acción de fumigar para purificar el aire.

fumigador m. Aparato que sirve para fumigar.

fumigar v. t. Desinfectar por medio de humo, gas, etc.

fumígeno, na adj. y s. m. Que produce humo.

fumista m. Reparador de chimeneas y estufas.

funámbulo, la m. y f. Acróbata, volatinero.

funche m. *Antill.* y *Venez.* Plato elaborado con harina gruesa de maíz.

función f. Desempeño de un cargo: *entrar en funciones.* || Cargo; obligaciones impuestas por este cargo: *cumplir uno sus funciones.* || Papel: *desempeñar una función.* || Actividad ejecutada por un elemento vivo, órgano o célula en el campo de la fisiología: *funciones de reproducción.* || *Quím.* Conjunto de propiedades propio de un grupo de cuerpos: *función ácida.* || *Gram.* Actividad de una palabra en una oración: *función de complemento.* || *Mat.* Magnitud que depende de una o varias variables. || Fiesta, solemnidad religiosa. || Representación teatral: *fui a la función.*

funcional adj. Relativo a las funciones orgánicas o matemáticas: *trastornos, ecuaciones funcionales.* || Dícese de todo aquello en que la función predomina sobre cualquier otro elemento decorativo o artístico.

funcionalismo m. Tendencia en arquitectura y mobiliario en que la belleza de la forma está supeditada al fin utilitario. || Doctrina antropológica que tiende a explicar el funcionamiento de las actividades de un grupo como conjuntos estructurados y jerarquizados entre ellos.

funcionamiento m. Manera como funciona una cosa.

funcionar v. i. Desempeñar su función. || Ponerse en marcha.

funcionario, ria m. y f. Empleado al servicio de la administración pública. ||*Amer.* Empleado jerárquico, particularmente el estatal.

funcionarismo m. Tendencia al aumento de funcionarios.

funda f. Cubierta que protege algo: *funda de almohada.*

fundación f. Creación, establecimiento: *fundación de un hospital.* || Creación, por donación o legado, de un establecimiento de interés general. || Este establecimiento.

fundacional adj. De la fundación: *acta fundacional.*

fundador, ra adj. y s. Que crea o funda: *socios fundadores.*

fundamentación f. Fundamento, base.

fundamental adj. Que sirve de fundamento o base. || *Fig.* Que tiene un carácter esencial, muy importante: *condición fundamental.* || Que se manifiesta en los principios mismos del hombre, de las cosas.

fundamentar v. t. Tomar como base. || Sentar las bases, echar los cimientos. || — V. pr. Descansar, apoyarse: *esto se fundamenta en principios sólidos.*

fundamento m. Principal apoyo, base, soporte: *fundamento de un Estado.* || Causa: *noticias sin fundamento.* || Formalidad, seriedad. || — Pl. Rudimentos de una ciencia o arte. || Cimientos.

fundar v. t. Establecer, crear: *fundar una empresa.* || Instituir: *fundar un co-*

259

legio. || Dar el capital necesario para el establecimiento de algo: *fundar un premio literario.* || *Fig.* Apoyar, basar (ú. t. c. pr.).

fundente adj. Que funde. || — M. Sustancia que se mezcla con otra para facilitar la fusión.

fundición f. Acción y efecto de fundir o fundirse. || Extracción de un metal del mineral por medio del calor. || Hierro colado; arrabio. || Lugar donde se funde.

fundido m. Procedimiento cinematográfico que consiste en hacer aparecer o desaparecer lentamente una imagen.

fundidor m. Obrero de una fundición.

fundidora f. Máquina para fundir metales.

fundir v. t. Convertir un sólido en líquido, derretir. Ú. t. c. pr.: *fundir plomo.* || Vaciar en un molde: *fundir una estatua.* || — V. pr. Fusionar, unirse: *sus intereses se fundieron.* || Estropearse un órgano en movimiento por falta de engrase: *se fundió la biela.* || Dejar de funcionar por un cortocircuito o un exceso de tensión: *fundirse todas las bombillas de la casa.*

fundo m. Finca rústica.

fúnebre adj. De los difuntos: *carroza fúnebre; honras fúnebres.* || *Fig.* Triste: *lamento fúnebre.*

funeral m. Solemnidad de un entierro. || Misa del aniversario de una muerte. || — Pl. Exequias: *le hicieron solemnes funerales.*

funerala (a la) m. adv. Modo de llevar las armas los militares en señal de duelo, con las bocas de los fusiles y las puntas de los sables hacia abajo. || *Fam.* Ojo a la funerala, ojo amoratado por un golpe o un puñetazo.

funerario, ria adj. Funeral. || — F. Agencia de pompas fúnebres.

funesto, ta adj. Aciago, desgraciado: *batalla funesta.*

fungible adj. Consumible.

fungir v. i. Desempeñarse, ocupar un cargo. || Servir, valer un objeto: *el tótem funge como símbolo de identificación tribal.*

funicular adj. y s. m. Ferrocarril en el cual la tracción se hace por medio de una cuerda, cable, cadena o cremallera y que se utiliza en recorridos muy pendientes. || Teleférico.

furcia f. *Fam.* Ramera.

furgón m. Automóvil cerrado que se utiliza para transportes. || Vagón de equipajes en un tren.

furgoneta f. Pequeño vehículo comercial que tiene una puerta en la parte posterior para sacar los géneros transportados.

furia f. Cólera o irritación muy violenta. || Movimiento impetuoso de las cosas: *la furia de las olas.* || Coraje, valor, ímpetu: *luchar con furia.* || Momento culminante: *en la furia del calor.* || — M. y f. *Fam.* Persona mala y violenta.

furibundo, da adj. Furioso.

fúrico, ca adj. *Méx.* Furioso.

furioso, sa adj. Irritado, colérico, enfurecido. || *Fig.* Violento, impetuoso: *viento furioso.*

furor m. Cólera, ira exaltada. || Locura momentánea. || *Fig.* Pasión: *el furor del juego.* | Violencia: *el furor de la lluvia.* | Arrebatamiento del poeta, estro. || Hacer furor, estar en boga. || *Furor uterino*, ninfomanía, impulso sexual exagerado en la mujer, de carácter patológico.

furtivo, va adj. Hecho a escondidas y como a hurto: *mirada furtiva.* || *Cazador furtivo*, el que caza sin permiso.

furúnculo m. Divieso.

furunculosis f. Erupción de diviesos.

fusa f. *Mús.* Nota que dura media semicorchea.

fusca f. *Méx.* Revólver, pistola.

fuselaje m. Cuerpo de un avión al que se le añadirán las alas.

fusible adj. Que puede fundirse: *el estaño es muy fusible.* || — M. Hilo o chapa metálica que, colocada en un circuito eléctrico, se funde e interrumpe la corriente si ésta es excesiva.

fusiforme adj. De forma o figura de huso.

fusil m. Arma de fuego portátil que consta de un tubo metálico (cañón) de pequeño calibre montado en un armazón de madera y de un mecanismo que permite el disparo. || *Por ext.* El tirador. || *Fusil ametrallador*, arma automática ligera que puede disparar las balas separadamente o por ráfagas.

fusilamiento m. Ejecución con una descarga de fusilería. || *Fig.* y *fam.* Plagio, copia.

fusilar v. t. Ejecutar a una persona con una descarga de fusilería. || *Fig.* Plagiar, copiar, imitar.

fusilería f. Conjunto de fusiles o de fusileros.

fusilero m. Soldado con fusil.

fusión f. Paso de un cuerpo sólido al estado líquido por medio del calor. || Unión de varios núcleos de átomos ligeros a elevada temperatura en un solo núcleo de masa más elevada (por ej., hidrógeno y litio en la bomba de hidrógeno). || *Fig.* Unión, combinación: *la fusión de dos partidos.* | Unión de varias sociedades, por absorción en beneficio de una, o por creación de una nueva sociedad que sustituye a otras existentes.

fusionar v. t. Reunir en una sola sociedad, en una sola asociación, en un solo partido, etc. (ú. t. c. pr.).

fusta f. Látigo.

fuste m. Madera o vara: *el fuste de una lanza.* || Cada una de las dos piezas de madera que forman la silla del caballo. || *Fig.* Fundamento, sustancia. | Importancia: *asunto de mucho fuste.* || *Arq.* Parte de la columna entre el capitel y la basa.

fustigación f. Azotamiento.

fustigador, ra adj. y s. Que fustiga.

fustigar v. t. Azotar, dar azotes. || *Fig.* Censurar con dureza.

fútbol o **futbol** m. Deporte practicado por dos equipos de 11 jugadores cada uno en el que éstos intentan con los pies enviar un balón hacia la portería o meta contraria sin intervención de las manos y siguiendo determinadas reglas.

futbolín m. Juego de mesa que figura un campo de fútbol.

futbolista m. Jugador de fútbol.

futbolístico, ca adj. Del fútbol.

fútil adj. De escasa importancia: *argumentos fútiles.*

futileza f. *Amer.* Futilidad.

futilidad f. Poca o ninguna importancia de una cosa. || Cosa fútil.

futuridad f. Condición o calidad de futuro.

futuro, ra adj. Que está por venir, venidero: *sucesos futuros.* || — M. Porvenir: *veo el futuro pesimista.* || *Gram.* Tiempo verbal que expresa una acción que ha de venir: *futuro imperfecto* (diré, comeré) y *futuro perfecto* (habré ido, habrá venido). || *Fam.* Novio, prometido.

g

g f. Séptima letra del alfabeto castellano y quinta de sus consonantes. || — **g**, abreviatura de gramo. | Forma abreviada con que se representa la aceleración de la gravedad. || — **G**, símbolo del *gauss*.

Ga, símbolo químico del *galio*.

gabacho, cha adj. y s. Dícese de los naturales de algunos pueblos de las faldas de los Pirineos. || *Fam.* Francés. || — M. *Fam.* Lleno de galicismos.

gabán m. Abrigo.

gabardina f. Tejido ligero empleado en trajes de verano. || Impermeable.

gabarra f. Embarcación pequeña y chata para la carga y descarga en los puertos.

gabela f. Tributo, impuesto.

gabinete m. Sala pequeña de recibir. || Conjunto de muebles para este aposento. || Conjunto de ministros de un Estado, Gobierno. || Sala que contiene colecciones u objetos y aparatos para estudiar o enseñar una ciencia o arte: *gabinete de Física, de Historia Natural*.

gacela f. Antílope de las estepas de África y Asia.

gaceta f. Papel periódico en que se dan noticias de algún ramo especial: *gaceta de los tribunales, médica, literaria*. || En España, antiguamente, boletín oficial. || Fam. Correveidile: *ser una gaceta*. || *Tecn.* Caja refractaria para cocer en el horno piezas de porcelana.

gacetero m. Periodista de una gaceta o vendedor de ellas.

gacetilla f. Parte de un periódico donde se insertan noticias cortas. || Esta noticia. || *Fig.* y *fam.* Persona que por hábito lleva y trae noticias de una parte a otra.

gacetillero m. Redactor de gacetillas. || Periodista. || *Fig.* Correveidile.

gacha f. Masa muy blanda y medio líquida. || *Amer.* Escudilla.

gacheta f. Engrudo. || Palanquita que sujeta el pestillo de algunas cerraduras.

gacho, cha adj. Doblado, encorvado hacia abajo: *cuernos gachos*. || *Méx.* De mala calidad, feo.

gachumbo m. *Amer.* Cubierta leñosa de la almendra del coco, de la calabaza.

gachupín m. *Amer.* Español establecido en la América de lengua española.

gádidos m. pl. Familia de peces de mar (merluzas, bacalaos, etc.) y de río (lota) [u. t. c. adj.].

gaditano, na adj. y s. De Cádiz, ant. Gades.

gadolinio m. Metal raro de número atómico 64 (símb., Gd).

gael o **goidel** adj. y s. Individuo de un pueblo celta. (Los *gaeles* o *goidels* se establecieron en el NO. de las Islas Británicas durante el primer milenio a. de J. C.).

gaélico, ca adj. Relativo a los gaeles. || — M. Dialecto celta de Irlanda y del País de Gales.

gafa f. Gancho para sujetar algo. || Grapa. || Gancho para armar la ballesta. || — Pl. Lentes: *ponerse las gafas*.

gafe m. *Fam.* Mala suerte. | Pájaro de mal agüero. | Persona que trae mala suerte.

gag m. (pal. ingl.). Situación, episodio o golpe de efecto cómico.

gagá adj. y s. Galicismo por *chocho, lelo*.

gaguear v. i. *Amer.* Tartamudear.

gaguera f. *Amer.* Tartamudez.

gaita f. *Mús.* Instrumento de viento formado de una bolsa de cuero a la cual están unidos canutos, uno para soplar el aire y otros con agujeros, como una flauta, por donde sale la música. | Zanfonía, especie de chirimía. || *Fig.* y *fam.* Pescuezo: *alargar la gaita*. | Cosa engorrosa o pesada, lata: *¡qué gaita hacer esto!* | *Templar gaitas*, usar miramientos para que nadie se disguste.

gaitero, ra adj. *Fam.* Dícese de la persona ridículamente alegre, bufo. || Excéntrico, extravagante: *lleva un vestido gaitero*. || — M. Músico que toca la gaita.

gajes m. pl. Emolumento, salario de un empleado. || *Fam. Gajes del oficio*, las molestias o inconvenientes inherentes a un empleo.

gajo m. Rama de árbol sobre todo cuando está desprendida del tronco. || Racimo pequeño: *gajo de uvas, de cerezas*. || División interior de varias frutas: *un gajo de naranja*.

gala f. Vestido suntuoso. || Gracia, garbo y donaire. || Lo más selecto: *ser una muchacha la gala del lugar*. || Adorno, ornato. || Fiesta o espectáculo de carácter extraordinario. || — Pl. Trajes, joyas de lujo: *las galas de la novia*. || — *De gala*, de lujo: *uniforme de gala*. || *Fig. Hacer gala* o *tener a gala*, enorgullecerse de algo.

galáctico, ca adj. *Astr.* De la Galaxia o Vía Láctea.

galactosa f. *Quím.* Azúcar obtenida mediante hidrólisis de la lactosa.

galaico, ca adj. Gallego.

galaicoportugués, esa adj. y s. m. Dícese de la lengua romance hablada en Galicia y Portugal, y de las obras literarias medievales de ambos territorios. (V. GALLEGO.)

galán m. Hombre apuesto, bien parecido. || Hombre que corteja a una mujer. || Actor que representa los papeles de tipo amoroso.

galanía f. Galanura.

galano, na adj. Que viste bien. || *Fig.* Brillante, elegante, ameno: *estilo galano*. || *Fam. Cuentas galanas*, cálculos ilusorios.

galante adj. Atento, obsequioso, fino: *hombre galante*. || Picante: *historia galante*.

galanteador adj. m. y s. m. Que galantea a las mujeres.

galantear v. t. Cortejar.

galanteo m. Flirteo.

galantería f. Acción o expresión obsequiosa, amabilidad. || Caballerosidad. || Liberalidad.

galantina f. Manjar compuesto de carne picada que se sirve frío y con gelatina. || Ave de México.

galanura f. Elegancia, gallardía: *vestir, actuar con galanura*.

galapagar m. Lugar en el que abundan los galápagos.

galápago m. Reptil quelonio parecido a la tortuga. || Lingote corto. || Madero de la reja del arado. || Molde para hacer ladrillos o tejas. || *Arq.* Cimbra pequeña. || Silla de montar para mujer.

galapaguino, na adj. y s. Del Archipiélago de Colón (Ecuador).

galardón m. Premio, recompensa de los méritos o servicios.

galardonado, da adj. y s. Premiado: *libro galardonado*.

galardonar v. t. Recompensar, premiar: *galardonar a un poeta*.

galaxia f. *Astr.* Vía Láctea. || Agrupación de estrellas análogas.

galdosiano, na adj. Propio del escritor Pérez Galdós.

galena f. Sulfuro natural de plomo, mineral de color gris azulino. (Es la mejor mena del plomo.)

261

galeno, na adj. *Mar.* Dícese del viento suave. || — M. *Fam.* Médico.

galeón m. Gran nave de guerra semejante a la galera. (Los españoles solían transportar en *galeones* las riquezas extraídas de sus colonias de América durante los s. XVII y XVIII.)

galeote m. Forzado que remaba en la galera.

galera f. Antigua nave de guerra o de transporte movida por remos o velas. || Carro grande de cuatro ruedas. || Cárcel de mujeres. || Sala de un hospital. || Garlopa larga. || *Impr.* Tabla en que se ponen las líneas para formar luego la galerada. | Galerada. || *Amer.* Chistera, sombrero de copa. || — Pl. Antigua pena de remar: *echar* o *condenar a galeras.*

galerada f. *Impr.* Trozo de composición que se pone en una galera o en un galerín. | Prueba que se saca para corregirla. || En América, galera.

galería f. Pieza larga y cubierta. || Pasillo o corredor con vidriera. || Local para exposiciones: *una galería de pinturas.* || Camino subterráneo en las minas. || *Mar.* Crujía en medio de la cubierta del buque. || Cada uno de los balcones de la popa del navío. || *Teatr.* Paraíso, y público que lo ocupa. || Armazón de madera que sostiene las cortinas de una ventana. || *Fig.* Opinión pública: *trabajar para la galería.*

galerna f. Viento del Noroeste que sopla en el mar Cantábrico.

galés, esa adj. y s. De Gales. || — M. Lengua céltica hablada por los galeses.

galgo, ga m. y f. Variedad de perro muy ligero y buen cazador. || *Fam.* *¡Échale un galgo!*, es imposible alcanzar, recobrar o comprender algo.

galicado, da adj. Con muchos galicismos: *estilo galicado.*

galicanismo m. Doctrina religiosa aparecida en Francia durante el cisma de Occidente.

galicano, na adj. Dícese de la Iglesia de Francia y de su liturgia: *la Iglesia galicana.* || Partidario de los principios y franquicias de la Iglesia galicana (ú. t. c. s.). || Galicado, viciado de galicismo.

galicismo m. Palabra francesa utilizada en castellano. || Giro, idiotismo o construcción propio de la lengua francesa.

galicista m. Persona que emplea muchos galicismos (ú. t. c. adj.).

gálico, ca adj. Perteneciente a las Galias. || *Ácido gálico*, el extraído del tanino. || — M. Sífilis.

galileo, a adj. y s. De Galilea. || Cristiano. || *El Galileo*, Cristo.

galillo m. Campanilla, úvula.

galimatías m. Jerga, jerigonza, lenguaje oscuro y confuso.

galión m. Hierba rubiácea usada para cuajar la leche. || *Quím.* Metal (Ga), de número atómico 31, parecido al aluminio.

galladura f. Coágulo sanguinolento que hay en la yema del huevo de la gallina cubierta por el gallo, indicio de la fecundación del huevo.

gallardear v. i. Vanagloriarse.

gallardete m. Bandera pequeña y triangular que se pone en los barcos y como adorno o señal en las decoraciones.

gallardía f. Gracia, buen aire, prestancia. || Ánimo, valor.

gallardo, da adj. Airoso, con prestancia, bien parecido: *jóvenes gallardos.* || Valiente, apuesto, bizarro: *gallardo militar.* || *Fig.* Grande, excelente: *gallarda idea.*

gallareta f. Ave zancuda de plumaje negro.

gallear v. t. Cubrir el gallo a las gallinas. || — V. i. *Fam.* Fanfarronear, pavonearse. | Alzar la voz. | Ser el que lleva la voz cantante y se impone a los demás.

gallegada f. Cosa propia de gallegos. || Cierto baile gallego.

gallego, ga adj. y s. De Galicia. || *Pop. Amer.* Español. || — M. Lengua hablada en Galicia.

galleguismo m. Palabra o expresión propia de los gallegos cuando hablan castellano.

gallera y **gallería** f. Sitio donde se efectúan las peleas de gallos.

gallero, ra m. y f. Criador de gallos de pelea. || Aficionado a las riñas de gallos.

galleta f. Bizcocho de mar. || Pasta, bizcocho seco. || Carbón mineral de cierto tamaño. || Disco en que rematan los palos y las astas de banderas. || *Fam.* Bofetada. || *Arg.* Vasija hecha de calabaza, chata, redonda y sin asa que se usa para tomar mate.

galletería f. Fábrica de galletas o tienda donde se venden.

gallina f. Ave doméstica, con poca cresta, hembra del gallo. || — *Com. Fig.* y *fam.* Persona cobarde: *son unos gallinas.* || — *Estar como gallina en corral ajeno*, encontrarse cohibido y molesto en un lugar. || *Gallina ciega*, cierto juego de niños en que uno de los participantes tiene los ojos vendados. || *Fig. Matar la gallina de los huevos de oro*, hacer desaparecer una fuente productiva de ganancia. | *Tener carne de gallina*, tener la piel como la de las gallinas a causa del frío o del miedo.

gallináceo, a adj. De la gallina. || — F. pl. Orden de aves que disponen por tipo el gallo, la perdiz, el pavo, etc.

gallinaza f. Gallinazo, ave. || Estiércol de gallina y demás aves de corral.

gallinazo m. Aura, ave rapaz.

gallinero, ra m. y f. Vendedor de aves de corral. || — M. Sitio en el que se recogen las gallinas. || *Fig.* Lugar donde hay mucho jaleo o gritos. | Paraíso, localidad más alta de un teatro.

gallineta f. Fúlica. || Chocha. || *Amer.* Pintada.

gallito m. *Fig.* Gallo, persona.

gallo m. Ave gallinácea doméstica con pico corto, cresta roja, abundante plumaje y patas provistas de espolones.

|| Platija, acedía, pez. || *Fig.* y *fam.* Hombre que todo lo manda o quiere mandar. || Hombre que quiere ser el más importante y admirado de un lugar: *gallo del pueblo.* | Hombre bravucón, matón. || Categoría en la que se clasifican los boxeadores que pesan de 53,524 a 57,125 kg. || *Pop.* Gargajo, esputo. || *Amer.* Hombre fuerte y muy valiente. || — *Fam. Alzar el gallo*, mostrarse arrogante. | *En menos que canta un gallo*, en un instante. || *Gallo de pelea*, el que se cría para reñir. (En América, las *peleas de gallos* constituyen un espectáculo en el que se cruzan apuestas.) || *Fam. Méx. Haber comido gallo*, estar enojado.

galo, la adj. y s. De la Galia.

galón m. Cinta de tejido grueso, de hilo de oro, plata, seda, etc., utilizada como adorno en ribetes. || *Mil.* Distintivo de los grados inferiores: *galón de cabo, de sargento.* || Medida británica de capacidad equivalente a 4,546 litros y de Estados Unidos igual a 3,785 litros.

galonear v. t. Adornar, ribetear con galones: *galonear un chaleco.*

galopada f. Carrera a galope.

galopante adj. Que galopa. || *Fig. Tisis galopante*, la fulminante, de evolución muy rápida.

galopar v. i. Ir a galope. || *Fig.* y *fam.* Ir muy rápido.

galope m. La marcha más veloz del caballo. || *Fig. A galope tendido*, muy de prisa.

galopear v. i. Galopar.

galorromano, na adj. Relativo a la vez a los galos y a los romanos: *arquitectura galorromana.* || — M. y f. Habitante de la Galia romana.

galpón m. *Amer.* Cobertizo. | Departamento destinado ant. a los esclavos en las haciendas.

galvánico, ca adj. *Fís.* Del galvanismo.

galvanismo f. *Fís.* Acción que ejercen las corrientes eléctricas continuas en los órganos vivos. | Electricidad dinámica producida por una acción química.

galvanización f. *Fís.* Procedimiento que consiste en cubrir una pieza metálica con una capa de cinc para protegerla contra la corrosión.

galvanizar v. t. *Fís.* Electrizar por medio de una pila. | Dar movimientos convulsivos a un cadáver por la acción de una pila. | Cubrir una pieza metálica de una capa de cinc por galvanización. || *Fig.* Entusiasmar, exaltar: *orador que galvaniza a las multitudes.*

galvano m. *Impr.* Galvanotipo.

galvanómetro m. *Fís.* Aparato para medir la intensidad y el sentido de una corriente eléctrica.

galvanoplastia f. Operación de cubrir un cuerpo sólido con capas metálicas mediante electrólisis.

galvanoplástico, ca adj. De la galvanoplastia o producido por ella. || — F. Galvanoplastia.

galvanoterapia f. *Med.* Tratamiento de las enfermedades por corrientes galvánicas.

galvanotipia f. Galvanoplastia aplicada especialmente a la obtención de clichés tipográficos.

galvanotipo m. Cliché en relieve, en la impresión tipográfica, obtenido por electrólisis o galvanotipia.

gama f. *Mús.* Escala musical: *hacer gamas en el piano.* || Escala de colores en pintura. || *Fig.* Serie, sucesión de cosas, escala.

gamada adj. f. Dícese de una cruz cuyos brazos tienen forma de la letra gamma mayúscula. (Fue la insignia del partido nacionalsocialista alemán.)

gamarra f. Correa que va de la muserola del freno a la cincha.

gamba f. Crustáceo comestible parecido al langostino.

gambado, da adj. *Amer.* Patituerto.

gambadura f. *Amer.* Acción y efecto de gambarse.

gamberrada f. *Fam.* Acción de vandalismo o grosería.

gamberrismo m. Conjunto de gamberros. || Gamberrada, vandalismo, grosería.

gamberro, rra adj. y s. Grosero, mal educado, golfo que escandaliza en los sitios públicos.

gambeta f. Movimiento consistente en cruzar las piernas en la danza. || Corveta del caballo.

gambetear v. i. Hacer corvetas el caballo. || En algunos deportes, regatear.

gambeteo m. Corveta. || Regate.

gambiano, na adj. y s. De Gambia.

gambito m. Apertura en ajedrez que consiste en adelantar dos casillas al peón del rey de la reina y lo mismo con los peones respectivos del alfil.

gambusino m. *Méx.* Buscador de oro.

gameto m. *Biol.* Célula reproductora, masculina o femenina, cuyo núcleo sólo contiene *n* cromosomas. (Las otras células del cuerpo tienen 2 *n*.)

gamma f. Tercera letra del alfabeto griego (γ), correspondiente a nuestra *ge*. || Unidad internacional de peso que vale una millonésima de gramo. || *Rayos gamma*, radiaciones análogas a los rayos X, pero más fuertes pese a su menor longitud de onda y de una acción fisiológica poderosa.

gamo m. Mamífero rumiante de la familia de los cérvidos dotado de cuernos en forma de pala.

gamón m. *Bot.* Asfódelo.

gamonal m. Lugar plantado de gamones. || *Amer.* Cacique.

gamopétalo, la adj. *Bot.* Aplícase a las corolas cuyos pétalos están soldados entre sí y las flores que tienen esta clase de corolas.

gamosépalo, la adj. *Bot.* Aplícase a los cálices cuyos sépalos están soldados entre sí y de las flores que tienen esta clase de cálices.

gamuza f. Rumiante bóvido, con cuernos curvados, de las montañas de Europa. || Piel delgada y curtida de este animal. || Tejido de lana del mismo co-

lor que esta piel y que sirve para quitar el polvo.

gana f. Ansia, deseo, apetito: *gana de comer, de dormir,* etc. (ú. t. en pl.). || — *De buena gana,* con gusto. || *De mala gana,* a disgusto. || *Darle la gana,* querer hacer uno algo. || *Tenerle ganas a uno,* tenerle animadversión. || *Amér. C. y Méx.* Ser malo con ganas, ser malo de veras.

ganadería f. Cría o crianza de ganado: *ganadería de toros bravos.* || Conjunto de ganado de un país o de parte de él.

ganadero, ra adj. De ganado: *provincia ganadera.* || — M. y f. Persona que cría ganado.

ganado m. Nombre colectivo de los animales de pasto en una finca, hacienda o granja: *ganado vacuno, bovino, caprino, ovino, de cerda o porcino, caballar, lanar.* || Rebaño, reses que se llevan juntas a pastar. || *Fig. y fam.* Gentes.

ganador, ra adj. y s. Que gana.

ganancia f. Beneficio, provecho, lo que se gana: *ha obtenido muchas ganancias.* || *Amer.* Gratificación. || — *Fig. y fam. No le arriendo la ganancia,* no quisiera estar en su lugar.

ganancial adj. De las ganancias. || *Bienes gananciales,* bienes adquiridos a título oneroso durante el matrimonio por cualquiera de los dos esposos.

ganancioso, sa adj. Lucrativo. || Beneficiado en comparación con otra cosa.

ganapán m. El que hace portes. || Recadero. || *Fig.* Buscavidas.

ganar v. t. Adquirir una ganancia, un provecho: *ganar dinero.* || Recibir como sueldo, etc.: *ganaba un salario miserable.* || Conseguir ventaja: *ganar un premio, un pleito.* || Conquistar: *ganó numerosas tierras a sus enemigos.* || Obtener el aprecio, la fama, etc.: *ganó su amistad, la gloria.* || Extenderse, propagarse: *el fuego gana la casa vecina.* || Lograr éxito en un examen: *ganó las oposiciones.* || Salir vencedor: *el equipo ganó el campeonato.* || Obtener en el juego: *ganaron jugando a las cartas todo su capital.* || Llegar a un lugar: *ganaron la cumbre del Aconcagua.* || Adelantar: *ganar tiempo.* || *Fig. No se ganó Zamora en una hora,* las cosas importantes necesitan tiempo para ejecutarse o lograrse. || — V. i. Ser vencedor: *nunca gano en los juegos de azar.* || Superar, ser superior: *me ganas en destreza pero no en perseverancia.* || Atraer: *le ganó para nuestro bando.* || Mejorar: *ganamos con el cambio; esta persona gana con el trato.* || Ser mayor: *la casa ha ganado en altura.* || Vencer: *las tropas enemigas ganaron.* || — V. pr. Adquirir una ganancia: *se ganó con sólo ir mucho dinero.* || Granjearse, atraerse: *con su carita de ángel se ga-*

na todos los corazones. || Merecer: *se ganó grandes ovaciones; te ganaste con tu interés lo que te dieron; se ganó una bofetada.* || *Ganarse la vida,* conseguir los medios necesarios para vivir.

ganchillo m. Aguja para hacer gancho, crochet. || Labor que se hace con ella. || Horquilla de pelo.

gancho m. Garfio, lo que encorvado por la punta sirve para colgar, sujetar, etc. || Aguja para hacer labor o bordar. || Horquilla de pelo. || *Fig.* Atractivo: *tiene mucho gancho.* | Facilidad para conseguir novio o marido. | El que atrae a los clientes. || En boxeo, puñetazo en la cara dado con el brazo en forma horizontal y doblado.

gandul, la adj. y s. *Fam.* Perezoso.

gandulear v. i. Holgazanear.

gandulería f. Holgazanería.

ganga f. Ave gallinácea semejante a la perdiz. || *Fig.* Cosa que se adquiere a poca costa: *este mueble fue una ganga.* | Ocasión, ventaja a poca costa; inesperado: *aprovechar una ganga.* || *Min.* Materia inútil que se separa de los minerales.

ganglio m. *Anat.* Masa de células nerviosas. | Abultamiento en los vasos linfáticos. | Tumor pequeño que se forma en los tendones y en las aponeurosis.

ganglionar adj. De los ganglios: *sistema ganglionar.*

gangosear v. i. Hablar gangoso, con sonido nasal.

gangosidad f. Habla gangosa.

gangoso, sa adj. Que habla con la boca casi cerrada y con sonido nasal.

gangrena f. Destrucción de un tejido por falta de riego sanguíneo, infección de una herida, etc. || *Fig.* Cáncer, perturbación moral: *la gangrena carcome las costumbres.*

gangrenado, da adj. Que padece gangrena (ú. t. c. s.).

gangrenarse v. pr. Ser atacado por la gangrena.

gángster m. (voz norteamer.). Atracador, bandido, malhechor.

gangsterismo m. Acción, conducta propia de los gángsters; bandolerismo.

ganguear v. i. Hablar na nariz, con la boca tapada o como si lo estuviera.

ganoideos m. pl. Orden de peces, de esqueleto cartilaginoso, como el esturión (ú. t. c. adj.).

ganón, na adj. *Méx.* Que sale bien parado, que se lleva los beneficios.

gansada f. *Fam.* Necedad.

gansear v. i. *Fam.* Decir o hacer tonterías o necedades.

ganso, sa m. y f. Ave palmípeda doméstica, algo menor que el ánsar. || — Adj. y s. *Fig.* Persona poco inteligente. | Patoso; soso. | Bromista. | Persona poco seria. || — *Fig. Hablar por boca de ganso,* repetir lo que otro dice. | *Hacer el ganso,* hacer el tonto.

gantés, esa adj. y s. De Gante.

ganzúa f. Alambre o garfio con que pueden abrirse sin llave las cerraduras.

gañán m. Mozo de labranza. || *Fig.* Patán, hombre basto.

gañanía f. Conjunto de gañanes. | Casa de los gañanes. || *Fig.* Patanería.

gañido m. Aullido.

*gañir v. i. Aullar. || Graznar las aves. || *Fam.* Chillar, resollar.

gañote m. *Fam.* Garguero o gaznate. || *Fam.* Gorrón, parásito. || — *Fam. De gañote*, de balde.

garabatear v. i. Echar un gancho o garabato para agarrar una cosa. || Garrapatear, hacer garabatos, escribir mal (ú. t. c. t.).

garabateo m. Escritura mal hecha.

garabato m. Gancho de hierro: *colgar del garabato*. || Escritura mal formada: *página llena de garabatos*. || *Fig.* y *fam.* Garbo, gracia de una mujer: *moza de mucho garabato*. || — Pl. Gestos descompasados con dedos y manos.

garabito m. Puesto en el mercado. || *Arg.* Atorrante.

garage m. *Méx.* Garaje.

garaje m. Local en que se guardan automóviles, bicicletas u otros vehículos.

garajista m. Propietario o encargado de un garaje.

garambullo m. *Méx.* Cacto cuyo fruto es una tuna roja. || Fruto de ese cacto.

garante adj. y s. Fiador.

garantía f. Responsabilidad asumida por uno de los que han hecho un contrato: *garantía del transportista*. || Obligación legal que tiene el vendedor o el arrendador de entregar al comprador o al arrendatario una cosa exenta de vicios ocultos. || Comprobación legal, y hecha por un servicio público especializado, de la ley de los metales preciosos. || Compromiso hecho por un constructor de asumir total o parcialmente los gastos y reparaciones necesarios por defectos de construcción: *certificado de garantía*. || Contrato por el que una persona se compromete con un acreedor a reemplazar al deudor en caso de que éste no pueda cumplir sus obligaciones. || Seguridad: *la autoridad ha dado garantías de que el orden público no será alterado*. || Lo que proporciona esta seguridad: *la presentación del libro constituye una garantía de éxito*. || — Confianza: *es una marca de garantía*. || — Pl. Derechos que da un Estado a todos sus ciudadanos: *garantías constitucionales*.

*garantir v. t. Garantizar.

garantizado, da adj. Con garantía: *garantizado por un año*.

garantizador, ra adj. y s. Que garantiza.

garantizar v. t. Responder del valor o de la calidad de una cosa. || Comprometerse en mantener el funcionamiento de un aparato vendido: *garantizar un reloj por un año*. || Afirmar, certificar: *le garantizo que es la pura verdad*. || Asegurar: *un régimen sano garantiza una salud envidiable*. || Hacerse responsable de los compromisos de otro si éste no los cumple.

garañón m. Asno reproductor.

garapiña f. Estado del líquido solidificado formando grumos. || *Cub.* y *Méx.* Bebida hecha de la corteza de la piña con agua y azúcar.

garapiñar v. t. Congelar formando grumos. || Recubrir las almendras de almíbar solidificada.

garapullo m. Rehilete. || *Méx.* Robar cosas de poco valor.

garbanzal m. Campo sembrado de garbanzos.

garbanzo m. Planta leguminosa cuyas semillas son comestibles. || — *Fam. Garbanzo negro*, individuo que no goza de consideración y cuyo trato es poco recomendable. | *En toda tierra de garbanzos*, en todas partes.

garbear v. i. Afectar garbo. || — V. pr. *Fam.* Componérselas: *se las garbea muy bien*. || *Fam.* Pasearse, dar una vuelta.

garbeo m. *Fam.* Paseo.

garbo m. Prestancia, buena facha, buen porte: *tener garbo*. || Elegancia, gracia: *vestirse, andar con garbo*. || Donaire, gracejo.

garboso, sa adj. Airoso, de buena facha: *mujer garbosa*. || Generoso. || Gracioso, con donaire.

garceta f. Ave zancuda de plumaje blanco y penacho corto.

gardenia f. Planta rubiácea de adorno con flores blancas y olorosas.

garduña f. Mamífero carnicero grisáceo que ataca a las aves de corral.

garete m. *Mar. Ir al garete*, ir sin rumbo o a la deriva un barco; (fig.) irse al diablo.

garfio m. Gancho.

gargajo m. Gran esputo.

gargajoso, sa adj. y s. Que escupe gargajos frecuentemente.

garganta f. Parte de delante del cuello, tanto exterior como interiormente: *me duele la garganta*. || Empeine del pie. || Parte más estrecha de algunas cosas. || *Arq.* Especie de moldura cóncava. || *Geogr.* Valle estrecho y encajonado, desfiladero. || *Tecn.* Ranura o hendidura: *la garganta de una polea*.

gargantilla f. Collar.

gárgara f. Medicamento líquido con que se enjuaga la garganta. || *Fig.* y *fam. Mandar a hacer gárgaras*, mandar a paseo.

gargarismo m. Gárgara.

gargarizar v. i. Hacer gárgaras.

gárgola f. Caño, con forma de animal fantástico, por donde se vierte a distancia el agua de los tejados. || Baga del lino.

garguero m. Garganta.

garita f. Casilla pequeña de madera. || Abrigo del centinela.

garitero m. El que tiene un garito. || *Méx.* Empleado de consumos o arbitrios.

garito m. Casa de juego clandestina, timba.

garlito m. Red de pesca. || *Fig.* y *fam.* Trampa, celada, ratonera.

garlopa f. Cepillo grande de carpintero.

garlopín m. Garlopa pequeña.

garra f. Mano o pie de un animal cuando tiene uñas encorvadas y fuertes: *garras del tigre, del cóndor*. || *Fig.* y *fam.* Mano del hombre. || *Fig.* Nervio, empuje, vigor. || *Mar.* Garfio, gancho. || — Pl. Dominio, férula: *cayó en sus garras*. || Pieles de menor calidad, sacadas de las patas: *garras de astracán*.

garrafa f. Recipiente de vidrio ancho y redondo y de largo cuello.

garrafal adj. De grandes frutos: *cerezas garrafales*. || *Fig.* Enorme, monumental, mayúsculo.

garrafón m. Gran garrafa.

garrapata f. Parásito que vive en otros animales, a los chupa la sangre.

garrapatear v. i. Garabatear.

garrapato m. Garabato.

garrido, da adj. Apuesto.

garrocha f. Vara con una pica en la punta para picar toros. || Pértiga: *salto con garrocha*.

garrochazo m. Picar a los toros con la garrocha.

garrochista m. Picador con garrocha.

garronear v. t. *Arg.* y *Urug.* Pedir prestado con importunidad o insistencia.

garronero, ra adj. y s. *Arg.* y *Urug.* Que acostumbra garronear.

garrotazo m. Golpe de garrote.

garrote m. Palo grueso que puede manejarse a modo de bastón. || Estaca, rama de árbol que se planta para que arraigue. || Ligadura fuerte que se retuerce con un palo para detener una hemorragia. || Instrumento con que en España se estrangula a los condenados a muerte.

garrotear v. t. *Amer.* Apalear.

garrotero, ra adj. *Chil.* Apaleador. || *Fig. Chil.* Mezquino (ú. t. c. s.). || — M. *Méx.* Guardafrenos.

garrotillo m. Difteria.

garrucha f. Polea.

garrulería f. Charla.

garúa f. *Amer.* Llovizna.

garuar v. impers. *Amer.* Lloviznar.

garufa f. *Arg.* Farra.

garza f. Ave zancuda, de largo pico y con cabeza pequeña con moño gris.

garzo, za adj. De color azulado: *ojos garzos*. || — M. Agárico, hongo.

garzota f. Ave zancuda.

gas m. Cualquier fluido aeriforme. || Uno de los tres estados de la materia, caracterizado por su poder de compresión y de expansión. || Gas del alumbrado. || Residuos gaseosos que se forman en el tubo digestivo con los productos volátiles de la fermentación. || Gasolina, nafta, esencia. || — *Fig. A todo gas*, con gran rapidez. | *Gas butano*, butano. || *Gas de combate* o asfixiante, sustancia química gaseosa, líquida o sólida, que, a causa de sus propiedades, se emplea como arma de guerra. || *Gas del alumbrado* o de *ciudad*, el obtenido por destilación de la hulla y empleado para el alumbrado, para la calefacción y como combustible. || *Gas de los pantanos*, el metano. || *Gas hilarante*, óxido nitroso utilizado en anestesias. || *Gas lacrimógeno*, gas tóxico empleado para provocar la secreción de lágrimas. || *Gas noble o raro*, nombre dado al helio, neón, argón, criptón y xenón.

gasa f. Tejido ligero y transparente de seda o algodón. || Tejido de algodón muy claro que se emplea en la curación de las heridas.

gascón, ona adj. y s. De Gascuña (Francia).

gaseiforme adj. Que está en estado de gas.

gaseoducto m. Barb. por *gasoducto*.

gaseoso, sa adj. Que tiene las propiedades del gas. || Aplícase al líquido de que se desprenden gases. || — F. Bebida azucarada, efervescente y sin alcohol: *un vaso de gaseosa helada.*

gásfiter o **gásfíter** m. *Chil.*, *Ecuad.* y *Per.* Fontanero, plomero.

gasfitería f. *Chil.*, *Ecuad.* y *Per.* Fontanería, conjunto de instalaciones. || *Chil.*, *Ecuad.* y *Per.* Oficio del fontanero.

gasífero, ra adj. Perteneciente o relativo al gas: *yacimientos gasíferos.*

gasificación f. Transformación en gas combustible de productos líquidos o sólidos que tienen carbono.

gasificar v. t. Transformar en un producto gaseoso. || Disolver ácido carbónico en un líquido.

gasoducto m. Tubería para conducir gases combustibles a larga distancia.

gasógeno m. Aparato destinado para obtener gases combustibles. (En algunos vehículos automóviles sirve para producir carburo de hidrógeno que se emplea como carburante.)

gas-oil o **gasoil** m. Líquido amarillento y viscoso extraído del petróleo y utilizado como carburante y como combustible.

gasóleo m. Gas-oil.

gasolina f. Mezcla de hidrocarburos, líquida, muy volátil, fácilmente inflamable. (La *gasolina*, producto del primer período de la destilación del petróleo, se emplea como carburante de los motores de explosión.)

gasolinera f. Lancha automóvil con motor de gasolina. || Surtidor público de gasolina.

gasómetro m. Instrumento para medir el gas. || Depósito de gas que hace que éste se distribuya con una presión constante.

gastado, da adj. Debilitado, cansado: *hombre gastado por el vicio, por los años.* || Usado, desgastado, borrado: *medalla gastada.*

gastador, ra adj. y s. Que gasta mucho dinero. || — M. *Mil.* Soldado empleado en abrir trincheras. | Soldado de escuadra que abre la marcha.

gastar v. t. Utilizar el dinero para comprar algo. || Consumir: *gasta mucha gasolina.* || Emplear: *gastar el tiempo en tonterías.* || Estropear, desgastar: *esos frenazos gastan las zapatillas.* || Llevar: *gasta bigotes.* || Tener: *¿has visto el coche que gasta?* || Ponerse: *gasta vestidos muy estrafalarios.* || Dar: *te gastaron una broma*

muy graciosa. || Estar de: *gastar mal humor.* || Desgastar, estropear las energías o la salud: *tanto trabajo gasta.* || *Fam.* Gastarlas, obrar, conducirse. || — V. pr. Deteriorarse, desgastarse. || Emplear dinero: *se gastó una fortuna en su educación.* || *Fam.* Llevarse, estilarse: *ese peinado ya no se gasta.*

gasteromicetos m. pl. Cierta clase de hongos (ú. t. c. adj.).

gasterópodos m. pl. Clase de moluscos, generalmente cubiertos duna concha, como el caracol, la babosa, la lapa (ú. t. c. adj.).

gasto m. Utilización del dinero con fines que no sean los de inversión: *hay infinidad de gastos en la vid.* || Cantidad que se gasta: *hoy he hecho muchos gastos.* || Consumo: *gasto de electricidad, de agua.* || Empleo, desgaste: *gasto de fuerzas.* || *Méx.* Coger a uno para el gasto, fastidiar con pertinacia. || Cubrir gastos, recuperar, sin ganancia, lo que había empleado en un negocio. || *Gastos de representación*, dinero empleado para asumir con decoro ciertos cargos. || *Gastos e ingresos*, entradas y salidas del dinero. || *Gastos generales*, los hechos en una empresa que no son imputables a la fabricación de algo, pero que intervienen en el precio de costo. || *Gastos menudos*, dinero de bolsillo. || *Fam.* Hacer el gasto de la conversación, ser la persona que más habla.

gastoso, sa adj. Que gasta mucho dinero.

gastralgia f. Dolor de estómago.

gastrectomía f. Ablación o disminución del estómago.

gástrico, ca adj. Del estómago.

gastritis f. Inflamación de la mucosa del estómago.

gastroenteritis f. Inflamación de la mucosa gástrica e intestinal.

gastroenterología f. Parte de la medicina que estudia las enfermedades del tubo digestivo.

gastroenterólogo m. Médico especialista en gastroenterología.

gastrointestinal adj. Del estómago y de los intestinos.

gastronomía f. Conjunto de conocimientos y actividades en relación con comer bien.

gastronómico, ca adj. Relativo a la gastronomía.

gastrónomo, ma m. y f. Persona aficionada a comer bien.

gata f. Hembra del gato. || Gatuña, planta. || *Fig.* y *fam.* Madrileña. || *Méx.* Criada.

gatas (a) m. adv. A cuatro pies, con las manos y pies: *andar a gatas.*

gatear v. i. Trepar por los árboles, etc. || *Fam.* Andar a gatas.

gatillazo m. Golpe del gatillo.

gatillero m. *Méx.* Matón a sueldo.

gatillo m. Disparador de las armas de fuego.

gato m. Género de mamíferos félidos y carnívoros: *gato callejero.* || Aparato

para levantar grandes pesos a poca altura: *gato hidráulico.* || *Fig.* y *fam.* Ratero. | *Madrileño.* | *Hombre astuto.* | *Arg.* Baile popular. || *Méx.* Criado. || — *Fig.* y *fam. Méx. Gato de azotea*, persona muy flaca. || *Gato montés*, especie de gato salvaje. || *Gato de algalia*, mamífero carnívoro de Asia, que tiene cerca del ano una bolsa donde segrega la algalia || *Gato pampeano*, el salvaje de la Argentina y el Uruguay. || *Fam.* Haber cuatro gatos, haber poca gente. | Haber gato encerrado, haber algo oculto. | No haber ni un gato, no haber nadie. || *Méx.* Juego, tres en raya.

gatuno, na adj. Del gato.

gatuña f. Planta herbácea, muy común en los sembrados.

gatuperio m. Mezcla de cosas inconexas. || *Fig.* y *fam.* Chanchullo, intriga, tapujo. || Engaño.

gauchada f. Acción propia de un gaucho. || *Arg.* Cuento, chiste. || Verso improvisado. || *Fig. Arg.* Servicio o favor.

gauchaje m. *Arg.* y *Chil.* Conjunto de gauchos. || El populacho.

gauchear v. i. *Arg.* Conducirse como un gaucho.

gauchesco, ca adj. Relativo al gaucho. || Dícese de la literatura que describe la vida y las costumbres de los gauchos en la pampa argentina: *Hilario Ascasubi, Estanislao del Campo, José Hernández y Domingo Faustino Sarmiento son escritores gauchescos.*

gauchismo m. Movimiento literario y musical rioplatense, en la segunda mitad del s. XIX, inspirado en la vida pampera del gaucho.

gaucho, cha adj. *Amer.* Dícese del natural de las pampas del Río de la Plata en la Argentina, Uruguay y Río Grande del Sul: *un paraguayo gaucho* (ú. m. c. s.). | Relativo a esos gauchos: *un apero gaucho.* | Buen jinete. || *Arg.* Grosero, zafio. || *Arg.* y *Chil.* Ducho en tretas, malevo, astuto.

gauss y **gausio** m. *Fís.* Unidad de inducción magnética (símb., G.).

gaveta f. Cajón.

gavia f. *Mar.* Vela del mastelero mayor. | Cofa de las galeras.

gavilán m. Ave rapaz diurna, parecida al halcón. | Rasgo al final de una letra. | Cada una de las puntas de la plumilla de escribir. || Cada uno de los hierros que forman la cruz de la guarnición de la espada.

gavilla f. Paquete de sarmientos, mies. || *Fig.* Banda de malhechores: *gavilla de ladrones.*

gavión m. Recipiente lleno de tierra y defensa hecha con ellos.

gaviota f. Ave palmípeda que vive en las costas.

gavota f. Antiguo baile de origen francés. | Su música.

gayo, ya adj. Alegre, vistoso. || *Gaya ciencia*, poesía.

gayola f. *Méx.* Sillería en el piso alto de cines y teatros.

gazapera f. Madriguera de los conejos.

gazapo m. Conejo joven. || *Fig.* y *fam.* Hombre astuto. | Disparate: *se le escapó un gazapo monumental.* | Yerro del que habla o escribe. || *Impr.* Error en una composición tipográfica.

gazmoñería f. Modestia o devoción fingida. || Mojigatería.

gazmoño, ña adj. y s. Que finge mucha devoción. || Mojigato.

gaznápiro, ra adj. y s. Necio.

gaznate m. Garganta.

gazpacho m. Sopa fría de pan, aceite, vinagre, ajo, pepino, etc.

gazpachuelo m. Sopa caliente hecha con huevos, aceite y vinagre.

gazuza f. *Fam.* Hambre.

Gd, símbolo químico del *gadolinio.*

ge f. Nombre de la letra *g.*

Ge, símbolo del *germanio.*

géiser m. Géyser.

geisha [*guei–cha*] f. Bailarina y cantora japonesa.

gel m. *Quím.* Sustancia viscosa formada por la mezcla de una materia coloidal y un líquido.

gelatina f. *Quím.* Proteína incolora y transparente que funde a los 25 °C, obtenida por efecto de cocción de la colágena del tejido conjuntivo y de los huesos y cartílagos. (Se emplea en microbiología como medio de cultivo y en la industria [placas fotográficas, barnices], y tb. en cocina.)

gelatinoso, sa adj. Abundante en gelatina o parecido a ella. || Viscoso.

gélido, da adj. Muy frío.

gema f. Nombre genérico de las piedras preciosas. || Yema o botón en los vegetales. | *Sal gema,* sal mineral.

gemación f. *Bot.* Desarrollo de las yemas.

gemebundo, da adj. Gimiente.

gemelo, la adj. y s. Aplícase a cada uno de dos o más hermanos nacidos de un mismo parto. || Aplícase a dos músculos de la pantorrilla y a dos de la región glútea. || Dícese de dos objetos o elementos iguales o que forman parejas. || — M. Pasador o sujetador en cada puño de camisa o en los cuellos postizos, etc. || — Pl. Anteojos dobles para mirar de lejos: *gemelos de teatro.*

gemido m. Quejido lastimero.

gemiqueo m. Gimoteo.

*gemir v. i. Expresar con sonido y voz lastimera la pena y dolor que aflige el corazón. || *Fig.* Aullar algunos animales, o sonar algunas cosas inanimadas, como el gemido del hombre.

gen m. Elemento del cromosoma de la célula que condiciona la transmisión de los caracteres hereditarios. (Pl. *genes.*) || *Biol. Gen dominante,* aquel que tiende a imponer las características de las que es portador. || *Biol. Gen recesivo,* aquel que, en relación con un gen dominante, tiene menos posibilidades de transmitir información biológica.

genciana f. Planta medicinal, de flores amarillas, que se emplea como tónica.

gendarme m. En Francia y en otros países, militar destinado a mantener el orden y la seguridad pública.

gendarmería f. Cuerpo de tropa y cuartel de los gendarmes.

gene m. Gen.

genealogía f. Conjunto de los antepasados de un individuo. || Cuadro que lo contiene.

genealógico, ca adj. Relativo a la genealogía. || *Árbol genealógico,* representación gráfica de la genealogía de una familia por medio de un árbol cuyo tronco es un antepasado y las ramificaciones sus descendientes.

genealogista m. Especialista en el estudio de genealogías.

generación f. Función por la que los seres se reproducen. || Serie de seres orgánicos semejantes que proceden unos de otros. || Grado de filiación de padre a hijo: *hay dos generaciones entre el abuelo y el nieto.* || Período de tiempo que separa cada uno de los grados de filiación: *hay unas tres generaciones en un siglo.* || Conjunto de seres coetáneos y de aproximadamente la misma edad: *las personas de mi generación.* || Conjunto de las personas que viven en la misma época: *las generaciones venideras.* || *Generación espontánea,* la que admite que la materia inerte puede originar animales de orden inferior.

generador, ra adj. Relativo a la generación, que engendra: *fuerza generadora.* || *Fig.* Que es causa eficiente: *principio generador de luchas.* || *Geom.* Aplícase a la línea y a la figura que por su movimiento engendran respectivamente una figura o un sólido geométrico: *punto generador de una línea.* (El f. de estas acep es *generatriz.*) || — M. Aparato que transforma cualquier energía en energía eléctrica.

general adj. Que se aplica a un conjunto de personas o de cosas: *poder general.* || Considerado en su conjunto, sin tener en cuenta los detalles: *ésa es mi impresión general.* || Que es el resultado de una generalización: *ideas generales.* || Vago, indeterminado: *en términos generales.* || Referente al conjunto de un servicio, de una jerarquía: *inspector general.* || *Mil.* Dícese del grado superior de la jerarquía de oficiales o de los organismos que conciernen a la totalidad de un ejército: *cuartel general.* || Común, usual, corriente: *creencia general.* || — M. Jefe superior de los ejércitos de tierra o del aire: *general de división, de brigada.* || Superior en ciertas órdenes religiosas: *el general de los jesuitas.*

generala f. Mujer del general. || *Mil.* Toque para que las fuerzas de una guarnición se preparen con las armas.

generalato m. Grado, dignidad de general. || Cargo de superior general en ciertas órdenes religiosas. || Conjunto de los generales de un ejército, de un país.

generalidad f. Calidad de lo que es general. || El mayor número: *la gene-*

ralidad de los hombres. || (Ant.). Las Cortes catalanas o el organismo encargado de cumplir sus acuerdos. (Adoptó el n. de *Generalidad* el Gobierno autónomo de Cataluña durante la Segunda República Española [1931-1939].) || — Pl. Ideas generales más o menos indeterminadas.

generalísimo m. Jefe que tiene mando superior sobre todos los generales del ejército de un Estado o de una coalición.

generalización f. Acción de hacer general o corriente una cosa. || Aplicación con carácter general de lo que solamente puede decirse de algunas personas o cosas. || *Med.* Propagación de una enfermedad o mal a todo el organismo.

generalizador, ra adj. Que generaliza.

generalizar v. t. e i. Hacer común; hacer aplicable a un conjunto: *generalizar un método.* || Sacar conclusiones generales de algo particular. || — V. pr. Extenderse, volverse corriente. || *Med.* Propagarse una enfermedad o mal a todo el organismo.

generar v. t. Engendrar, producir: *generar un nuevo ser.*

generatriz adj. f. y s. f. V. GENERADOR.

genérico, ca adj. Relativo a un género. || Del género gramatical.

género m. Grupo formado por seres u objetos que tienen entre ellos caracteres comunes. || Manera, clase, modo: *género de vida.* || Clase de obras literarias emparentadas por ciertos caracteres semejantes: *género dramático.* || En historia natural, subdivisión de la familia que se descompone a su vez en especies. || *Gram.* Forma que reciben las palabras para indicar el sexo de los seres animados o para diferenciar el nombre de las cosas: *género masculino, femenino, neutro.* || Costumbre: *pintor de género.* || Artículo, mercancía: *en la tienda hay toda clase de géneros.* || Tejido: *género de punto.* || — *Género chico,* obras teatrales cortas y musicales. || *Género humano,* conjunto de los hombres.

generosidad f. Inclinación a dar con liberalidad. || Calidad de lo que es benevolente, indulgente.

generoso, sa adj. Que se sacrifica en bien de otros, dotado de sentimientos nobles o magnánimos. || Desinteresado, liberal que da a los demás lo que tiene. || Que da gran rendimiento: *tierra generosa.* || De muy buena calidad y reconfortante: *vino generoso.*

genes m. pl. De *gen* o *gene.*

genesiaco, ca adj. Relativo a la génesis.

genésico, ca adj. De la generación.

génesis m. Sistema cosmogónico. || F. Conjunto de hechos que concurren en la formación de una cosa: *la génesis de las ideas.*

genético, ca adj. De la genética. || — F. Teoría de la herencia de los caracteres anatómicos, citológicos y funcionales formulada por Mendel en 1865.

genial adj. Que tiene genio: *escritor genial.* || *Fig.* y *fam.* Ocurrente, agudo, gracioso: *es un tipo genial.* | Sobresaliente, notable: *descubrimiento genial.* | Magnífico, formidable: *película genial.*

genialidad f. Calidad de genio. || *Fig.* y *fam.* Originalidad, singularidad, extravagancia.

geniecillo m. Ser fantástico de los cuentos.

genio m. Carácter: *tiene mal genio.* || Humor: *estar de mal genio.* || Poder o facultad de creación: *el genio de Pasteur.* || Persona que tiene este poder: *Cervantes fue un genio.* || Ánimo: *una persona sin genio.* || Habilidad muy grande: *es un genio en mecánica.* || Carácter propio y distintivo de una persona, de una cosa: *el genio de la lengua castellana.* || Ser sobrenatural a quien se atribuye un poder mágico. || Geniecillo de los cuentos.

genioso, sa adj. *Chil.* y *Méx.* Con el adv. *mal,* colérico, violento.

genital adj. Que sirve para la reproducción.

genitivo m. Caso, en una lengua con declinaciones, que indica la dependencia, la posesión, y que se expresa en castellano anteponiendo al nombre la preposición *de*: *el libro de Ramón.*

genitor, ra adj. y s. Que engendra.

genitourinario, ria adj. Relativo a las vías y órganos genitales y urinarios.

genízaro, ra m. y f. Jenízaro.

genocidio m. Crimen cometido con el propósito de exterminar un grupo étnico o social.

genoma m. *Biol.* Conjunto de genes que definen los caracteres propios de una especie.

genotipo m. *Biol.* Conjunto de genes que contienen la información total heredada (expresa o latente) por un organismo.

genovés, esa adj. y s. De Génova.

gente f. Pluralidad de personas: *la gente de la calle.* || Personas en general: *buena* (o *mala*) *gente.* || Tropa de soldados: *gente de armas.* || *Fam.* Conjunto de personas que trabajan en un mismo lugar: *la gente del taller, de la fábrica.* || Familia: *una casa de mucha gente.* || Nación: *derecho de gentes.* || — Pl. (Ant.). Gentiles: *Pablo, apóstol de las gentes.* || — *Fam.* Gente menuda, los niños. | *Gente de medio pelo,* la de la clase media.

gentecilla y **gentezuela** f. Gente de poca importancia.

gentil adj. Airoso, galán: *gentil mozo.* || Amable; simpático. || *Fam.* Notable: *gentil desvergüenza, gentil disparate.* || Pagano: *predicar el Evangelio a los gentiles.*

gentileza f. Gracia, garbo. || Cortesía, buenas maneras. || Amabilidad: *tuvo la gentileza de venir.*

gentilhombre m. Servidor de los reyes: *gentilhombre de cámara.*

gentilicio, cia adj. Relativo a una nación. || Perteneciente al linaje o familia: *nombre, adjetivo gentilicio.* || — M. Nombre que indica la nación o la ciudad o población: *francés, alemán, bonaerense, malagueño, mexicano* son gentilicios.

gentío m. Reunión de gente.

gentualla y **gentuza** f. Gente la más despreciable.

genuflexión f. Arrodillamiento.

genuino, na adj. Puro, auténtico, verdadero.

geoda f. Hueco en una roca cuya pared está cubierta por materia cristalina.

geodesia f. Ciencia matemática que tiene por objeto determinar la figura y magnitud del globo terrestre y construir los mapas correspondientes.

geodésico, ca adj. Relativo a la geodesia: *operación geodésica.*

geofísica f. Parte de la geología que estudia la física terrestre.

geografía f. Ciencia que estudia la descripción y la explicación del aspecto actual, natural y humano de la superficie de la Tierra: *geografía física, económica, política, histórica.* || Libro que trata de esta materia.

geográfico, ca adj. De la geografía: *estudio geográfico; expedición, misión, sociedad geográfica.*

geógrafo, fa m. y f. Especialista en geografía.

geoide m. Forma teórica de la Tierra determinada por la geodesia.

geología f. Ciencia que trata de la forma exterior e interior del globo terrestre; de la naturaleza de las materias que lo componen y de su formación, así como de su situación actual y las causas que la han determinado.

geológico, ca adj. Relativo a la geología: *fenómeno geológico.*

geólogo, ga m. y f. Especialista en geología.

geomagnético, ca adj. Del geomagnetismo: *prospección geomagnética del petróleo.*

geomagnetismo m. Magnetismo terrestre.

geómetra m. Especialista en geometría.

geometría f. Disciplina matemática que estudia el espacio y las figuras o cuerpos que se pueden formar. || Obra que trata de esta materia. || — *Geometría analítica,* estudio de las figuras por medio del álgebra y valiéndose de coordenadas. || *Geometría del espacio,* geometría que corresponde a la representación intuitiva que podemos hacernos del espacio y que tiene tres dimensiones. || *Geometría descriptiva,* estudio de las figuras del espacio considerándolas en sus proyecciones ortogonales sobre dos planos perpendiculares. || *Geometría plana,* estudio de las figuras situadas en un plano.

geométrico, ca adj. De la geometría. || *Fig.* Exacto, preciso.

geomorfía o **geomorfología** f. Parte de la geografía física que trata de la descripción y explicación del relieve terrestre actual.

geoplano m. Lámina cuadrada de madera o plástico con clavos o postes en los que se colocan cordeles o bandas elásticas para estudiar superficies geométricas: *en la clase de hoy estudiamos los polígonos con un geoplano.*

geopolítica f. Estudio de las relaciones que existen entre los Estados y la política que llevan y las causas que determinan ésta.

georgiano, na adj. y s. De Georgia.

geórgico, ca adj. Agrícola. || — F. pl. Poema sobre la agricultura: *las «Geórgicas» de Virgilio.*

geosinclinal m. Depresión de la corteza terrestre en la que se acumulan sedimentos de detritos.

geotermia f. *Fís.* Calor interno de la Tierra.

geotropismo m. Crecimiento de un órgano vegetal orientado con relación a la Tierra y debido a la fuerza de gravedad.

geoturístico, ca adj. Que participa a la vez de lo geográfico y de lo turístico: *«Costa del Sol» es una denominación geoturística.*

geraniáceas f. pl. Familia de plantas dicotiledóneas con cinco pétalos, como el geranio y el pelargonio (ú. t. c. adj.).

geranio m. Planta geraniácea de flores de colores vivos.

gerencia f. Función del gerente. || Tiempo que dura. || Su oficina.

gerente m. Encargado, por los otros interesados, de la dirección de un establecimiento comercial o de una sociedad.

geriatra m. Médico especializado en geriatría.

geriatría f. Parte de la medicina que estudia las enfermedades de la vejez y su tratamiento.

gerifalte m. Ave rapaz parecida al halcón. || *Fig.* Persona que manda o muy importante.

germanía f. Lenguaje de gitanos y rufianes. || Hermandad de los gremios de Valencia y de Mallorca.

germánico, ca adj. Relativo a Germania o los germanos. || Alemán. || — M. Lengua indoeuropea que hablaron los pueblos germanos y de la que se derivaron el alemán, el inglés y las lenguas escandinavas.

germanio m. Metal raro (Ge), de número atómico 32, parecido al silicio, que se encuentra en los minerales de cinc.

germanismo m. Giro propio de la lengua alemana. || Voz germánica. || Empleo de palabras o giros alemanes en otro idioma.

germanista m. y f. Especialista en estudios germánicos.

germanización f. Acción y efecto de germanizar.

germanizar v. t. Dar o hacer tomar carácter germánico.

germano, na adj. y s. De Germania.

germanofilia f. Simpatía por lo germánico o alemán.

germanofobia f. Aversión a los germanos o alemanes.

germen m. Primera fase de cualquier ser organizado, vegetal o animal. || Término general que designa el huevo fecundado. || Microbio (bacteria, virus) capaz de engendrar una enfermedad. || Fig. Principio, fuente, causa original: *el germen de una revolución.*

germicida adj. y s. Que destruye los gérmenes patógenos.

germinación f. Desarrollo del germen contenido en la semilla.

germinador, ra adj. Que tiene la facultad de germinar.

germinal adj. Del germen. || — M. Séptimo mes del calendario republicano francés (del 21 ó 22 de marzo al 18 ó 19 de abril).

germinar v. i. Salir el germen en la semilla. || Fig. Empezar a desarrollarse: *idea que germinó en todo el mundo.* | Brotar, aparecer.

gerontocracia f. Gobierno confiado a los ancianos.

gerontología f. Estudio de los fenómenos que producen la vejez. || Estudio de la vejez en sus diversos aspectos: morfológicos, fisiopatológicos (geriatría), psicológicos, sociales, etc.

gerontólogo m. Especialista en gerontología.

gerundense adj. y s. De Gerona: *la resistencia gerundense.*

gerundio m. Gram. Forma verbal invariable que expresa la acción del verbo como ejecutándose en el tiempo en que se habla: *estaban durmiendo, vino corriendo.* || Empléase a veces como ablativo absoluto: *reinando Alfonso XIII se proclamó la República.* || — El gerundio, cuyas terminaciones regulares son *ando*, en la primera conjugación, y *iendo*, en la segunda y tercera, constituye, como el infinitivo y el participio, una forma verbal no personal. El gerundio puede ser simple (*escribiendo*) y compuesto (*habiendo escrito*) y en ambos casos modifica la significación verbal y le añade una función adverbial o adjetiva. (Es censurable el empleo de dos gerundios seguidos.)

gesta f. Poema épico o heroico de la Edad Media: *cantares de gesta.* || Conjunto de hazañas o hechos memorables de alguien.

gestación f. Estado en que se encuentra una hembra embarazada. || Tiempo que dura este estado, que puede ser de 21 días en los ratones y 640 en el elefante. || Fig. Período de elaboración de una obra de la inteligencia: *la gestación de un libro.*

gestar v. t. Llevar y sustentar la madre en sus entrañas a su futuro hijo. || — V. pr. Desarrollarse, hacerse, crecer.

gestatorio, ria adj. Que ha de llevarse a brazos.

gestear v. i. Hacer gestos.

gestero, ra adj. y s. Que tiene el hábito de hacer gestos.

gesticulación f. Movimiento de las facciones que indica afecto o pasión. || Ademán.

gesticulador, ra adj. Gestero.

gesticulante adj. Que gesticula.

gesticular v. i. Hacer gestos.

gestión f. Administración: *gestión de un negocio.* || Trámite, diligencia, paso: *hacer gestiones inútiles para obtener el pasaporte.*

gestionar v. t. Hacer gestiones.

gesto m. Movimiento de las facciones que expresa un estado de ánimo: *torcer el gesto de dolor.* || Semblante, aspecto: *un gesto desagradable.* || Ademán. || Rasgo: *realizó un gesto de bondad.* || Fruncir el gesto, poner mala cara.

gestor, ra adj. y s. Que gestiona. || — M. y f. Gerente de una empresa o sociedad, administrador.

gestoría f. Agencia que gestiona los asuntos de los demás.

géyser m. Fuente intermitente de agua caliente.

ghanés, esa adj. y s. De Ghana.

ghetto [*gueto*] m. Judería. || Fig. Lugar donde vive una minoría separada del resto de la sociedad.

giba f. Joroba.

gibar v. t. Corcovar.

gibelino, na adj. y s. V. GÜELFO.

gibón m. Género de monos asiáticos de brazos muy largos.

gibosidad f. Cualquier protuberancia en forma de giba.

giboso, sa adj. y s. Jorobado.

gibraltareño, ña adj. y s. De Gibraltar.

giga f. Cierto baile antiguo. || Su música.

giganta f. Mujer de gran estatura. || Girasol, planta.

gigante adj. Gigantesco, muy grande: *árboles gigantes.* || — M. Hombre muy alto. || Personaje de cartón que, junto a los cabezudos, figura en ciertos festejos populares. || Fig. Coloso, persona que sobresale en algo: *un gigante de la literatura.*

gigantesco, ca adj. Propio de los gigantes. || Fig. Enorme, colosal, descomunal, excesivo o sobresaliente en su línea: *edificio gigantesco; fuerzas gigantescas.*

gigantismo m. Desarrollo o crecimiento excesivo del cuerpo o de algunas de sus partes.

gigolo [*yigoló*] m. (pal. fr.). Hombre joven que saca beneficio de su trato con mujeres de mayor edad que él.

gijonense y **gijonés, esa** adj. y s. De Gijón.

gil, la adj. Arg., Bol., Chil., Ecuad. y Urug. Tonto, ingenuo.

gimnasia f. Arte de desarrollar y dar agilidad al cuerpo por medio de ciertos ejercicios. || Estos ejercicios. || Fig. Práctica o ejercicio que adiestra en cualquier actividad. || Fam. Confundir la gimnasia con la magnesia, equivocarse del todo en una apreciación.

gimnasio m. Local destinado a ejercicios gimnásticos. || Instituto en Alemania y Suiza. || (Ant.). Establecimiento de educación.

gimnasta com. Persona que hace gimnasia o ejercicios gimnásticos.

gimnástico, ca adj. De la gimnasia. || *Paso gimnástico,* paso ligero en las carreras.

gimnospermas f. pl. Grupo de plantas fanerógamas que no tienen encerradas las semillas en un óvulo (ú. t. c. adj.).

gimnoto m. Pez de los ríos de América del Sur, con forma de anguila, que produce descargas eléctricas.

gimoteador, ra adj. y s. Llorón, que gimotea.

gimotear v. i. Fam. Lloriquear.

gimoteo m. Fam. Lloriqueo.

ginebra f. Bebida alcohólica aromatizada con bayas de enebro.

ginebrés, esa y **ginebrino, na** adj. y s. De Ginebra (Suiza).

gineceo m. Habitación retirada que destinaban los griegos a las mujeres. || Bot. Parte femenina de la flor compuesta por los pistilos.

ginecología f. Ciencia de la morfología, la fisiología, la patología y la psicología de la mujer. || Especialidad médica que trata de las enfermedades de la mujer.

ginecólogo, ga m. y f. Médico especialista en ginecología.

gingival adj. Relativo a las encías: *afección gingival.*

gingivitis f. Med. Inflamación de las encías.

gira f. Excursión de recreo. || Viaje de un artista, un escritor, etc., por varios sitios. || Amer. Viaje de propaganda política. || Méx. Cortar el maguey maduro para elaborar el tequila.

girado m. Com. Aquel contra quien se gira la letra de cambio.

girador m. Com. El que gira la letra de cambio.

giralda f. Veleta.

girar v. i. Moverse en redondo, dar vueltas: *la rueda gira en su eje.* || Fig. Versar, tener por tema: *la conversación giraba en torno a la política.* || Com. Expedir letras u órdenes de pago. Ú. t. c. t.: *girar una letra.* | Transferir una cantidad. | Remitir por correo o por telégrafo dinero (ú. t. c. t.). || Torcer, desviarse de la dirección: *la calle gira a la derecha.* || V. t. Hacer vueltas: *girar la peonza.* | Hacer, ir: *girar una visita oficial.*

girasol m. Planta compuesta de grandes flores amarillas que siempre miran al sol.

giratorio, ria adj. Que gira o se mueve alrededor de: *placa giratoria.*

giro m. Movimiento circular. || Dirección o aspecto que toma una conversación, un asunto, etc.: *tomar mal giro.* || Construcción de la frase: *un giro elegante.* || Transferencia o envío de fondos por medio de letras, libranzas o a través de las oficinas de Correos (*postal*) o Telégrafos (*telegráfico*). || *Derechos de giro*, cantidad de divisas que el Fondo Monetario Internacional puede poner a disposición de sus miembros para que éstos salden el déficit de su balanza de pagos respecto a otras naciones.

girón m. Jirón.

girondino, na adj. y s. De Gironde (Francia). || Relativo al partido político de los girondinos. (Durante la Revolución francesa de 1789, los *girondinos* constituían el ala moderada de la Convención.)

giroscópico, ca adj. Relativo al giroscopio o que está equipado de un giroscopio.

giroscopio m. Aparato que, efectuando un movimiento de rotación alrededor de uno de sus ejes, se puede modificar su posición de cualquier modo sin que la dirección del eje de rotación experimente ningún cambio.

giróstato m. Cualquier sólido que gire a gran velocidad alrededor del eje que posee.

gis m. *Méx.* Tiza.

gitanada f. Acción propia de gitanos. || *Fig.* Caricia interesada.

gitanear v. i. *Fig.* Halagar, adular con gitanería para conseguir lo que se desea. | Andarse con engaños.

gitanería f. Mimo interesado hecho con zalamería y gracia. || Engaño. || Reunión de gitanos. || Dicho o hecho propio de gitanos.

gitanismo m. Costumbres y maneras de los gitanos. || Vocablo o giro de la lengua de los gitanos. || Gitanería.

gitano, na adj. y s. Dícese de un pueblo nómada que parece proceder del N. de la India. || — Adj. Propio de los gitanos. || *Fig.* Zalamero, adulador.

°Gl, símbolo del *grado alcohométrico centesimal*.

glaciación f. Transformación en hielo. || Período glaciar.

glacial adj. Que hiela; de frío intenso: *viento glacial*. || De hielo: *océano Glacial*. || *Fig.* Frío, muy poco caluroso.

glaciar m. Masa de hielo formada en las altas montañas que se desliza lentamente hacia los valles. || — Adj. Del glaciar: *período glaciar*.

gladiador m. Luchador que en Roma combatía, en los juegos del circo, contra un hombre o fiera.

gladiolo y **gladíolo** m. Planta iridácea de flores ornamentales.

glande m. Bálano, cabeza del miembro viril.

glándula f. Órgano de origen epitelial cuya función es la de segregar ciertas sustancias fuera del organismo.

glandular adj. De las glándulas: *sistema glandular*.

glasé m. Tela de seda brillante.

glaseado, da adj. Que imita o se parece al glasé. || Abrillantado, satinado. || — M. Acción y efecto de glasear.

glasear v. t. Dar brillo a la superficie de algo: *glasear papel*.

glaseo m. Glaseado.

glaucoma m. *Med.* Endurecimiento del globo ocular, debido al aumento de la presión interna, que acarrea disminución de la vista.

gleba f. Terrón de tierra. || *Siervos de la gleba*, los que dependían de la tierra que cultivaban y eran enajenados con ella.

glicéridos m. pl. Nombre genérico de los ésteres de la glicerina (ú. t. c. adj.).

glicerina f. Sustancia orgánica líquida, incolora y viscosa extraída de los cuerpos grasos por saponificación.

glicina f. Planta papilionácea de jardín, de flores azuladas.

glicógeno y derivados, v. GLUCÓGENO.

glicol m. *Quím.* Alcohol orgánico biatómico.

glioma m. *Med.* Tumor en un órgano del sistema nervioso.

gliptodonte m. Gigantesco mamífero fósil desdentado provisto de un caparazón dividido en piezas hexagonales.

gliptoteca f. Museo de escultura: *la Gliptoteca de Munich*.

global adj. Tomado en su conjunto, total: *visión global*.

globalizar v. t. Dar carácter global a los hechos sociales y económicos: *globalizar los derechos humanos*.

globero, ra m. y f. *Méx.* Persona que vende globos de juguete.

globo m. Esfera. || La Tierra. || Cubierta de cristal esférica que se pone sobre una bombilla eléctrica u otro foco de luz para protegerlos. || Aeróstato, bolsa que se hincha con un gas menos pesado que el aire y que se eleva en la atmósfera. || Objeto de goma, de forma parecida, lleno también de un gas ligero, que se usa como juguete o como adorno en las fiestas. || *— Globo del ojo*, órgano de la vista. || *Globo sonda*, aeróstato sin tripulación lanzado para observaciones meteorológicas. || *Globo terráqueo* o *terrestre*, la Tierra.

globular adj. De forma de glóbulo. || Compuesto de glóbulos.

globulina f. Elemento de la sangre, de dos a cuatro micras, que interviene en la coagulación.

glóbulo m. Pequeño cuerpo esférico. || Nombre de las células de la sangre y de la linfa: *glóbulos rojos* (hematíes, eritrocitos) y *glóbulos blancos* (leucocitos).

gloria f. Fama grande: *desprecio las glorias terrestres*. || Motivo de orgullo: *los cuadros de Velázquez son las glorias del museo del Prado*. || Persona que ha alcanzado gran fama o renombre: *las glorias nacionales*. || Esplendor de la majestad divina: *gloria a Dios en las alturas*. || Bienaventuranza celeste que gozan los elegidos después de su muerte. || Aureola luminosa que rodea el cuerpo de Cristo o de un santo. || *Fig.* Lo que proporciona gran satisfacción:

es una gloria ver a los niños tan sanos. || *— Fig. Estar en la gloria*, encontrarse muy satisfecho o muy bien. | *Oler a gloria*, oler muy bien. | *Saber a gloria*, ser exquisito. | *Trabajar por la gloria*, trabajar por nada, gratis. || *— M.* Rezo dicho en la misa después del *Kirie eleison* y que comienza por las palabras *Gloria in excelsis Deo*.

gloriar v. t. Glorificar.

glorieta f. Armazón de madera o hierro recubierto de plantas que abriga en un jardín un lugar cerrado, cenador. || Plazoleta en un jardín. || Plazoleta con jardines en una población. || Plaza en una encrucijada de calles o alamedas.

glorificación f. Ensalzamiento.

glorificador, ra adj. y s. Persona o cosa que glorifica.

glorificar v. t. Honrar, celebrar, ensalzar, alabar. || Llamar a gozar de las bienaventuranzas celestiales: *Dios glorifica los santos*. || — V. pr. Honrarse, gloriarse.

glorioso, sa adj. Que ha adquirido gloria o fama: *personaje glorioso*. || Que proporciona gloria: *muerte, combate glorioso*. || Dícese de las cosas del cielo o de los seres celestiales: *la gloriosa Virgen*.

glosa f. Explicación de algunas palabras poco claras de una lengua por otras más comprensibles: *las glosas de las Escrituras*. || Comentario o nota que aclara la comprensión de un texto. || Comentario: *glosas de la actualidad*. || *Hacer una glosa de*, hacer el panegírico de.

glosador, ra adj. y s. Comentador: *glosadores clásicos*.

glosar v. t. Comentar.

glosario m. Diccionario o léxico en el que se da la explicación de las palabras poco claras. || Léxico de un autor al final de una edición clásica.

glositis f. *Med.* Inflamación de la lengua.

glosofaríngeo, a adj. De la faringe o de la lengua.

glosopeda f. Enfermedad epizoótica del ganado.

glotis f. Orificio superior de la laringe, entre las dos cuerdas vocales inferiores.

glotón, ona adj. y s. Que come mucho y con ansia.

glotonear v. i. Comer con glotonería.

glotonería f. Vicio del glotón.

glucemia f. Presencia de azúcar en la sangre.

glúcido m. Componente de la materia viva que contiene carbono, hidrógeno y oxígeno. (Son llamados también *hidratos de carbono*.)

glucinio m. *Quím.* Berilio.

glucogénesis y **glucogenia** f. Formación de glucosa por hidrólisis del glucógeno.

glucógeno m. Hidrato de carbono existente en el hígado, y que, por hidrólisis, se transforma en azúcar.

glucosa f. Azúcar que se encuentra en ciertas frutas (uvas) y en la composición de casi todos los glúcidos.

glucósido m. *Quím.* Cualquiera de los compuestos de la glucosa existentes en los vegetales.

glucosuria f. Presencia de glucosa en la orina.

gluten m. Materia albuminoidea que se encuentra juntamente con el almidón en la harina de los cereales.

glúteo, a adj. De la nalga: *músculo glúteo* (ú. t. c. s. m.).

G.M.T., abrev. de la expresión inglesa *Greenwich mean time*, hora media del meridiano de Greenwich.

gneis m. Roca de estructura pizarrosa.

gnomo m. Enano.

gnosticismo m. Sistema religioso y filosófico cuyos partidarios pretendían tener un conocimiento completo y trascendente de todo.

gnóstico, ca adj. Del gnosticismo. || Su partidario (ú. t. c. s.).

gnu m. Especie de antílope de África del Sur.

gobernación f. Gobierno, acción y efecto de gobernar o gobernarse. || Ejercicio del gobierno. || En ciertos países, territorio que depende del gobierno nacional. || *Ministerio de la Gobernación,* el del Interior, encargado de la administración local y del mantenimiento del orden en un país.

gobernador, ra adj. y s. Que gobierna. || — M. Persona que gobierna un territorio por delegación del Poder central. || Autoridad que en España gobierna una provincia o una división administrativa (*gobernador civil, militar*). || En América, jefe del Poder ejecutivo de un Estado federado. || Director de un gran establecimiento financiero público: *el gobernador del Banco de España.* || — F. Méx. Arbusto de poca altura que se emplea por sus propiedades medicinales.

gobernalle m. *Mar.* Timón.

gobernante adj. y s. Que gobierna.

gobernar v. t. Dirigir la política de: *gobernar un Estado.* || Dirigir la conducta de, tener autoridad sobre: *gobernar una comunidad.* || *Fig.* Tener poder o fuerza para regir: *gobernar su imaginación.* || Dominar, manejar: *gobernado por deseos inconfesables.* || Dirigir un barco con el gobernalle o timón. || — V. i. Seguir las direcciones señaladas por el timón.

gobierno m. Dirección: *el gobierno de una familia.* || Dirección de la política de un país. || Forma política que tiene un Estado: *gobierno democrático.* || Conjunto de los órganos de un Estado que determinan la orientación de la política del país. || Conjunto de los ministros que llevan a cabo la política interior o exterior de un Estado. || Circunscripción administrativa en algunos países. || Dirección de una provincia o de una división administrativa: *gobierno civil, militar.* || Edificio donde está instalado este gobierno. || *Mar.* Timón,

gobernalle. || *Fig.* Lo que debe servir de dirección, de regla de conducta en un asunto: *esto se lo digo para su gobierno.* | Información: *para su buen gobierno.*

gobio m. Pez de las aguas litorales. || Pez acantopterigio de agua dulce, comestible.

goce m. Sensación de placer.

godo, da adj. De los godos. || (Ant.). Rico y poderoso. || — M. Individuo de un pueblo germánico que se estableció en Italia y España. || *Amer.* Español en la guerra de Independencia.

gofio m. *Arg., Bol., Cub., Ecuad., Esp., P. Rico y Urug.* Golosina de harina de maíz, trigo o cebada tostada con azúcar. || *C. Rica, Nicar.* y *Venez.* Masa dulce hecha con harina de maíz o de cazabe y papelona.

gol m. En el fútbol y en otros deportes, suerte de entrar un equipo el balón en la portería contraria. || *Gol average,* cociente de goles en favor y en contra.

gola f. Garganta. || Pieza de la armadura que cubre la garganta. || Gorguera del cuello. || *Arq.* Moldura en forma de S: *gola inversa.*

goleada f. Tanteo excesivo en un encuentro deportivo.

goleador m. En deportes, jugador que marca goles.

golear v. t. Marcar muchos goles en un partido deportivo.

goleta f. Barco pequeño de dos palos y un cangrejo en cada uno.

golf m. Juego que consiste en introducir una pelota, por medio de palos (*clubs*), en una serie de agujeros abiertos en terreno accidentado y cubierto de césped.

golfa f. Ramera.

golfante m. Golfo.

golfear v. i. *Fam.* Pillear.

golfería f. Conjunto de golfos. || Granujada de un golfo.

golfista com. Jugador de golf.

golfo, fa adj. y s. Pilluelo. || Sinvergüenza. || — M. *Geogr.* Parte del mar que penetra en la tierra entre dos cabos: *el golfo de Venecia.*

goliardesco, ca adj. Relativo al goliardo. || De tema erótico.

goliardo, da adj. Libertino. || — M. Clérigo o estudiante de vida irregular.

golilla f. Cuello de tela blanca y rizada de los togados. || *Tecn.* Tubo para empalmar. || — M. *Fam.* Togado, curial.

gollería f. Cosa superflua, superfluidad. || Cosa demasiado buena e innecesaria. || *Fig.* Pedir gollerías, pedir la Luna.

golletazo m. Golpe dado en el cuello de una botella que no se puede descorchar.

gollete m. Cuello.

golondrina f. Pájaro emigrante de cola ahorquillada y alas largas. || Pez teleósteo marino. || Barco de paseo en algunos puertos.

golondrino m. Cría de la golondrina. || Golondrina, pez. || Forúnculo en el sobaco.

golosina f. Dulce, manjar delicado, como caramelos, bombones, etc. || *Fig.* Cosa más agradable que útil.

golosinear v. i. Andar comiendo o buscando golosinas.

goloso, sa adj. y s. Aficionado a golosinas. || — Adj. Dominado por el apetito de una cosa. || Apetitoso.

golpazo m. Golpe violento.

golpe m. Choque que resulta del movimiento de un cuerpo que se junta con otro de manera violenta: *dio un golpe en la puerta.* || Sonido que hacen ciertos cuerpos cuando se les golpea. || Acción de pegarse: *llegaron a darse golpes.* || Vez: *consiguió todo lo que quería de golpe.* || Gran cantidad de gente, gentío, multitud. || Abundancia: *un golpe de sangre.* || Latido: *siento los golpes de mi corazón.* || Pieza de una cerradura que entra en la parte hembra de ésta e inmoviliza la puerta. || Cartera o carterilla de un bolsillo, franja de tela que cierra la entrada de un bolsillo. || *Fig.* Admiración, sorpresa: *dio el golpe con su traje.* | Agudeza, chiste, gracia: *¡tiene cada golpe!* | Salida. | Azar en el juego: *tres golpes como éste y ganas una fortuna.* | Acto o acción que afecta a alguien moralmente, desgracia, contratiempo: *sufrió un golpe con la muerte de su mujer.* | Disgusto, molestia: *recibió muchos golpes en su vida.* | Acceso, ataque: *le dio un golpe de tos.* | Ataque brusco y osado: *proyectaron un golpe para asaltar al cajero.* || *Amer.* Solapa. | Mazo. || — *A golpes,* a porrazos; con intermitencia. || *Darse golpes de pecho,* darse con los puños en esta parte del cuerpo en señal de arrepentimiento. || *De golpe,* súbitamente. || *De golpe y porrazo,* de improviso, sin avisar; bruscamente. || *De un golpe,* en una sola vez. || *Errar o fallar el golpe,* no conseguir el efecto deseado. || *Golpe bajo,* el dado por el boxeador más abajo de la cintura; (fig.) acción desleal, poco limpia. || *Golpe de efecto,* el que causa gran sorpresa o impresión. || *Golpe de Estado,* acción de una autoridad que viola las formas constitucionales; acción de apoderarse del poder político valiéndose de medios ilegales. || *Golpe de fortuna o de suerte,* acontecimiento favorable. || *Golpe de gracia,* tiro con que se remata a un herido; (fig.) el que consuma la ruina de alguien.

golpeador adj. y s. Que golpea. || — M. *Amer.* Aldaba.

golpeadura f. Golpe.

golpear v. t. e i. Dar golpes.

golpeo m. Golpe.

golpetear v. t. e i. Golpear frecuentemente. || Dar pequeños golpes. || Hacer un ruido repetido la lluvia.

golpeteo m. Golpes frecuentes.

golpiza f. *Amer.* Paliza.

goma f. Sustancia más o menos viscosa, pegajosa, que fluye de ciertos árboles o plantas de modo natural o después de haber efectuado una incisión. || Sustancia elástica y resistente que se extrae de ciertos árboles de países tropicales, de la familia de los heveas, originado por la coagulación del látex. || Caucho: *suela de goma*. || Grupo de sustancias análogas obtenido sintéticamente por polimerización. || Cámara de un neumático. || Trozo de caucho que sirve para borrar lo escrito con lápiz o pluma. || Cinta o elástico que se utiliza para sujetar cosas o fajos. || Med. Tumor de origen infeccioso provocado por la sífilis terciaria, lepra, tuberculosis, micosis. || Tecn. Residuo que queda en las válvulas de los motores de explosión. || *Goma arábiga,* la extraída de algunas especies de acacias. || *Goma espuma,* caucho de poca densidad con alveolos. || *Goma laca,* la laca.

gomera f. *Arg.* y *Urug.* Arma hecha con una horquilla y una banda elástica con la que se lanzan piedras, perdigones, etc.

gomería f. *Arg., Bol., Chil., Parag.* y *Urug.* Establecimiento donde se venden o reparan neumáticos.

gomero adj. m. Relativo a la goma. || — M. *Amer.* Recolector de caucho. | Frasco para la goma de pegar.

gomero m. *Arg., Bol., Parag.* y *Urug.* Persona que tiene por oficio reparar o vender cámaras o cubiertas de automóviles.

gomespuma f. Goma espuma.

gomina f. Fijador del pelo.

gomita f. *Arg., Parag.* y *Urug.* Banda elástica.

gomoso, sa adj. Con goma o parecido a ella. || — M. Pisaverde.

gónada f. Glándula sexual que produce los gametos y segrega hormonas.

góndola f. Embarcación de un remo como las empleadas en los canales de Venecia.

gondolero m. Batelero de una góndola.

gong o **gongo** m. Batintín.

gongorino, na adj. Culterano.

gongorismo m. Culteranismo. — El *gongorismo* fue un movimiento literario de principios del s. XVII, creado por Góngora y sus discípulos. Se caracteriza por el abuso de latinismos y la acumulación de metáforas.

gongorista adj. y s. Culterano.

gongorizar v. i. Escribir o hablar en el estilo de Góngora.

goniometría f. *Fís.* Medida de los ángulos.

goniómetro m. Instrumento de topografía utilizado para levantar planos y medir los ángulos de un terreno.

gonococo m. Microbio patógeno, productor de la blenorragia.

gonorrea f. Blenorragia.

gordal adj. Muy grande: *dedo gordal; aceituna gordal.*

gordiano adj. Nudo gordiano.

gordiflón, ona y **gordinflón, ona** adj. y s. Gordo.

gordita f. *Méx.* Tortilla de maíz pequeña y gruesa.

gordo, da adj. Voluminoso, que supera el volumen corriente: *hombre gordo.* || Graso: *tocino gordo.* || Dícese del agua que contiene ciertos compuestos minerales y no hace espuma con el jabón. || *Fig.* y *fam.* Importante, de peso: *tratar con gente gorda.* | Importante, enorme: *un error gordo.* | Grande: *piedra gorda.* || Espeso, grueso: *un hilo gordo.* || Burdo, basto: *gracia gorda.* || — M. y f. Persona corpulenta. || — M. Parte grasa de la carne. || Premio mayor en una lotería. || — F. Antigua moneda de diez céntimos en España. || — Fam. Armar la gorda, dar un escándalo. | Estar sin gorda, sin dinero.

gordolobo m. Planta escrofuliácea de flores amarillas.

gordura f. Grasa del cuerpo. || Corpulencia.

gorgojo m. Insecto coleóptero que ataca las semillas de los cereales y legumbres.

gorgonzola m. Queso italiano.

gorgorito m. Quiebro que se hace con la voz en la garganta, especialmente al cantar.

gorguera f. Cuello alechugado.

gorila m. Género de monos antropomorfo de África ecuatorial. (Tiene una estatura de unos dos metros y puede pesar hasta 250 kg.)

gorjear v. i. Hacer quiebros con la voz: *los pájaros gorjean.* || *Amer.* Burlarse.

gorjeo m. Quiebro de la voz al cantar. || Cantan los pájaros. || Articulaciones imperfectas de los niños.

gorra f. Prenda con visera para cubrir la cabeza. || — M. *Fig.* y *fam.* Gorrón, parásito. | *Fam.* De gorra, sin pagar. || *Gorra de plato,* la compuesta de una parte cilíndrica de poca altura sobre la que hay otra más ancha y plana.

gorrinada y **gorrinería** f. Cochinada.

gorrino, na m. y f. Cerdo pequeño que aún no llega a cuatro meses. || *Fig.* y *fam.* Cerdo, marrano.

gorrión m. Pájaro pequeño de plumaje pardo, con manchas negras, de la familia de los fringílidos, muy abundante en Europa.

gorriona f. Hembra del gorrión.

gorro m. Prenda usada para cubrirse y abrigarse la cabeza: *gorra de dormir.* || — *Gorro catalán,* barretina. || *Gorro frigio,* gorro encarnado que llevaban los revolucionarios franceses.

gorrón, ona adj. y s. Parásito, aprovechado, dícese de las personas que nunca pagan y se hacen siempre invitar. || — M. Canto rodado. || *Mec.* Espiga que tiene un eje en un extremo y que le hace girar al estar introducida en el soporte que le imprime el movimiento.

gorronear v. i. No pagar nunca lo que se consume y vivir a costa de los demás.

gorronería f. Acción del gorrón.

gota f. Pequeña cantidad de líquido que se desprende en forma de glóbu-

lo: *gota de agua.* || *Fig.* Pequeñez, cosa de poca importancia o insignificante: *no tiene una gota de sensatez.* | Un poco: *me dio una gota de vino.* || *Med.* Cantidad de medicamento dado con cuentagotas. | Enfermedad del metabolismo caracterizada por trastornos viscerales y, especialmente, por la hinchazón dolorosa de algunas articulaciones. || *Arq.* Adorno en forma de lágrima en el entablamento de orden dórico. || — *Fam. No ver ni gota,* no ver nada. | *Parecerse como dos gotas de agua,* parecerse mucho. | *Sudar la gota gorda,* hacer un esfuerzo muy grande. || *Med. Transfusión gota a gota,* la efectuada muy lentamente por medio de un aparato especial.

gotear v. i. Caer gota a gota: *el agua gotea del tejado.* || *Fig.* Dar o recibir poco a poco, dar con cuentagotas. || — V. impers. Lloviznar poco.

goteo m. Acción y efecto de gotear. || *Fig.* Gasto lento y continuo.

gotera f. Filtración de gotas de agua en el techo. || Mancha que deja. || Canalón del tejado. || *Fig.* Achaque. || — Pl. *Amer.* Arrabales.

goterano, na adj. y s. De Gotera (El Salvador).

gotero m. *Amer.* Cuentagotas.

goterón m. Gota grande. || *Arq.* Canalón.

gótico, ca adj. De los godos. || Dícese de una forma de arte que se desarrolló en Europa durante el s. XII hasta el Renacimiento. || Aplícase a las características de imprenta que se emplearon en las primeras pruebas tipográficas. || — M. Lengua germánica oriental hablada por los godos. || *Arq.* Arte gótico.

gotoso, sa adj. y s. Enfermo de gota.

gourmet [gurmé] m. (pal. fr.). Gastrónomo, aficionado a comer bien.

goyesco, ca adj. Propio y característico de Goya.

gozar v. t. Poseer alguna cosa: *gozar buena salud, un clima templado.* | — V. i. Tener gusto en algo, disfrutar: *gozar con su visita.* || — V. pr. Complacerse, recrearse: *gozarse en hacer daño.*

gozo m. Placer extremo proporcionado por la posesión de algo. || Placer de los sentidos. || — Pl. Composición poética en honor de la Virgen o de los santos. || *Mi gozo en un pozo,* expresión usada al verse frustrada una esperanza.

gozoso, sa adj. Que tiene alegría o que la produce.

gr, símbolo de *grado centesimal.* || Abrev. de *gramo.*

grabación f. Registro de sonidos en un disco fonográfico, una cinta magnetofónica.

grabado m. Arte o manera de grabar: *grabado en madera.* || Estampa obtenida en una plancha grabada o litografiada. || Grabación de discos, de cintas magnetofónicas.

grabador, ra adj. Que imprime discos, etc. || — M. y f. Persona que se dedica al grabado. || *Grabador de cinta,* magnetófono.

grabar v. t. Trazar una figura, caracteres, en metal, madera, mármol o piedra por medio de una herramienta o de un ácido: *grabar una inscripción.* || Trazar en una plancha de metal o madera la copia de un cuadro, etc., para reproducirlo después por impresión. || Registrar un sonido en un disco, una cinta magnetofónica, etc.: *grabar su voz.* || *Fig.* Fijar, dejar fijo en el recuerdo de alguien: *aquella escena se quedó grabada en mi mente* (ú. t. c. pr.).

gracejada f. *Amér. C.* y *Méx.* Payasada, bufonada vulgar.

gracejo m. Gracia, desenvoltura. || *Amer.* Payaso de mal gusto.

gracia f. Favor hecho a alguien para serle agradable. || Suspensión o perdón de una condena: *pedir gracia al jefe del Estado.* || Encanto: *la gracia de sus facciones.* || Atractivo: *adornado con mucha gracia.* || Título dado antiguamente a los reyes de Inglaterra y hoy a los arzobispos. || Don o ayuda sobrenatural que Dios concede a los hombres, en vista a su salvación: *en estado de gracia.* || Cosa que hace reír: *tiene más gracia que nadie.* || Broma, chiste: *siempre está diciendo gracias.* || Mala jugada, mala pasada: *me hizo una gracia que me costó cara.* || Disposición amistosa hacia alguien: *gozaba de la gracia del rey.* || Habilidad, arte: *tiene gracia para conquistarse a los clientes.* || Lo que asombra por su falta de lógica: *¡qué gracia tiene que, después de haberme despreciado, ahora me busque con tanto afán!* || Cosa que fastidia: *esta es una de sus gracias.* || *A la gracia de Dios,* sin otra ayuda que la de Dios. || *Caer en gracia,* gustar. || *Dar las gracias,* agradecer. || *En estado de gracia,* limpio de pecado. || *Hacer gracia,* ser simpático; agradar; divertir, hacer reír. || *Por obra y gracia de,* debido a. || *Tener toda la gracia,* ser muy chistoso. || *Y gracia si,* nos podemos dar por contentos si. || — Pl. Agradecimiento: *me dio miles de gracias.* || Nombre de tres divinidades mitológicas, hijas de Venus. || — *Acción de gracias,* testimonio de agradecimiento. || *Gracias a,* por causa de. || *Gracias por,* agradecer por. || — Interj. Expresa el agradecimiento a cualquier amabilidad: *¡muchas gracias!*

graciable adj. Que se puede otorgar. || Digno de perdón.

graciano, na adj. y s. De Gracias (Honduras).

grácil adj. Sutil, muy delgado, menudo, flexible y gracioso.

gracilidad f. Carácter de grácil.

gracioso, sa adj. Cómico, humorístico, chistoso. || Divertido. || Encantador. || Gratuito: *concesión graciosa.* || Dícese de los reyes de Inglaterra: *Su Graciosa Majestad.* || — M. y f. Persona que tiene gracia o comicidad. || — M. Papel cómico en una comedia y actor que lo representa.

grada f. Escalón, peldaño. || Graderío (ú. t. en pl.). || *Agr.* Rastra, rastrilla. || *Mar.* Astillero.

gradación f. Paso de un estado a otro por grados sucesivos. || Escala. || *Mús.* Aumento progresivo de la sonoridad.

gradería f. Graderío.

graderío m. Conjunto de escalones en un anfiteatro, campo de fútbol, plaza de toros, etc.

gradilla f. Escalera portátil. || Molde para ladrillos. || Escalafón.

grado m. Cada una de las divisiones de una escala de medida adaptada a un aparato. || Unidad de arco que tiene un valor de 360° de la circunferencia. || Unidad de ángulo (símb., °) que equivale al ángulo formado en el centro de arco de un grado. || Unidad de medida de la temperatura, la presión o la densidad: *diez grados bajo cero.* || Unidad de medida alcoholométrica. || Proximidad más o menos grande que existe en el parentesco: *primo en tercer grado.* || Escalón, peldaño. || Índice: *grado de invalidez.* || Clase: *un gran grado de amistad.* || Fase, estadio: *los diferentes grados de una evolución.* || Título universitario o militar. || Curso, año: *alumno del quinto grado.* || Situación considerada en relación con una serie de otras superiores o inferiores: *subir un grado en la escala social.* || Gusto, voluntad: *hacerlo de buen grado.* || *Gram.* Manera de significar la intensidad de los adjetivos (positivo, comparativo y superlativo).

graduable adj. Que se puede graduar: *tirantes graduables.*

graduación f. Acción de graduar. || División en grados. || Proporción de alcohol o número de grados que tiene una cosa. || Cada uno de los grados de una jerarquía.

graduado, da adj. Dícese de la escala dividida en grados. || Que ha obtenido un título universitario (ú. t. c. s.).

graduador m. Tornillo que sirve para graduar.

gradual adj. Que va por grados.

graduando, da m. y f. Persona que sufre los exámenes para obtener un título universitario.

graduar v. t. Dividir en grados. || Medir los grados: *graduar la vista.* || Regular: *graduar las entradas y salidas.* || Escalonar, someter a una graduación: *graduar los efectos.* || Ascender de un grado: *graduar de capitán.* || Conceder un título universitario. || Calificar: *lo gradué bastante bien.* || — V. pr. *Mil.* Ser ascendido a. || Recibir un título universitario: *se graduó de licenciado en Derecho.*

graffito m. (pal. ital.). Dibujo o inscripción en las paredes. (Pl. *graffiti*.)

grafía f. Modo de escribir o representar los sonidos, y, en especial, empleo de tal letra o tal signo gráfico para representar un sonido dado.

gráfico, ca adj. De la escritura. || Representado por signos o dibujos. || *Fig.*

Rico de imágenes sugerentes o metáforas, expresivo: *cuenta las cosas de manera muy gráfica.* || *Artes gráficas,* conjunto de los procedimientos para imprimir textos, dibujos, grabados, etc. || — M. Representación del dibujo o cualquier otro método análogo de los grados o estados de un fenómeno que se estudia y que sirve en estadística para relacionar las relaciones esenciales de los datos y señalar sus relaciones esenciales: *gráfico de producción petrolera en el mundo.* || — F. Gráfico.

grafismo m. Manera de escribir las palabras de una lengua. || Manera de escribir una persona en cuanto refleja el carácter de ésta.

grafito m. Carbono natural o artificial cristalizado que sirve para fabricar minas de lápices, crisoles refractarios, etc.

grafología f. Estudio de las constantes normales y sobre todo patológicas de la personalidad de un individuo según el examen de su escritura.

grafólogo, ga adj. y s. Especialista en grafología.

grafómetro m. Instrumento compuesto de un semicírculo graduado, que se emplea para medir los ángulos en topografía.

gragea f. Píldora medicinal recubierta de una capa dura. || Confite cubierto de azúcar dura.

grajear v. i. Graznar.

grajo m. Pájaro semejante al cuervo, de pico y pies rojos. || *Amer.* Mal olor de la transpiración.

gralaria f. *Amer.* Ave tropical.

grama f. Planta silvestre gramínea, de raíz medicinal.

gramal m. Lugar plantado de gramas.

gramática f. Ciencia de las reglas de una lengua hablada o escrita. (Las dos partes principales de la *gramática* son la morfología y la sintaxis.) || Estudio sistemático de los elementos constitutivos de una lengua: *gramática histórica, comparada, estructural.* || Libro que trata de esta materia.

gramatical adj. Relativo a la gramática. || Conforme a las normas de la gramática.

***gramático, ca** adj. Gramatical. || — M. y f. Especialista de la gramática.

gramatiquería f. *Fam.* Sutilidades de la gramática.

gramil m. Instrumento empleado en mecánica y en carpintería para trazar líneas paralelas a una superficie dada.

gramilla f. *Arg.* Planta gramínea que sirve de pasto.

gramíneas y **gramináceas** f. pl. Familia de plantas monocotiledóneas en la que se encuentran los cereales (ú. t. c. adj.).

gramo m. Unidad de masa (símb., g o gr) del sistema C.G.S., equivalente a la milésima parte del kilogramo.

gramófono m. Aparato que reproduce las vibraciones del sonido grabadas en un disco fonográfico.

gramola f. Cualquier aparato reproductor de discos fonográficos.

gran adj. Apócope de *grande* utilizado delante de un sustantivo singular: *un gran sombrero*. || Jefe, principal: *gran maestre*.

grana f. *Bot.* Formación del grano. || Cochinilla. || Quermes. || Encarnado, granate (ú. t. c. adj.).

granada f. Fruta del granado que contiene numerosos granos encarnados de sabor agridulce. || Proyectil ligero (explosivo, incendiario, fumígeno o lacrimógeno), que se lanza con la mano. || Bala de cañón.

granadero m. *Mil.* Soldado que llevaba granadas. | Nombre que se daba a ciertas tropas formadas por soldados de elevada estatura.

granadilla f. Flor de la pasionaria. || Pasionaria, pasiflora.

granadillo m. Árbol papilionáceo de América cuya madera se usa en ebanistería.

granadino, na adj. y s. De Granada. || (Ant.). De Nueva Granada o Colombia. || — F. Jarabe de zumo de granada. || Cierta tonada andaluza.

granado, da adj. *Fig.* Notable y principal. | Escogido. | Maduro, experto. || Alto, espigado, crecido: *jóvenes granados.* || — M. Árbol de la familia de las mirtáceas, cuyo fruto es la granada.

granalla f. Metal reducido a trozos menudos.

granar v. i. Formarse y crecer el grano de los frutos en algunas plantas: *granar la mieses.* || *Fig.* Desarrollarse los jóvenes.

granate m. Piedra fina compuesta de silicato doble de alúmina y de hierro. || — Adj. y s. m. Color rojo u oscuro.

granazón f. Formación del grano. || *Fig.* Maduración, desarrollo.

grancilla f. Carbón mineral entre 12 y 15 milímetros.

grancolombiano, na adj. De la Gran Colombia.

grande adj. Dícese de las cosas que sobrepasan las dimensiones corrientes: *ciudad grande.* || Aplícase a las personas que han pasado la primera juventud, mayor. || Superior al promedio, hablando de objetos o cosas que no se pueden medir: *reputación, ruido grande.* || Que sobresale por la potencia, la autoridad, la influencia: *los grandes constructores de automóviles.* || Que se distingue por las cualidades morales, por el genio: *grandes pintores.* || Importante: *se anuncian grandes acontecimientos.* || Intenso, fuerte: *dolor grande.* || *Fig.* Enojoso, sorprendente: *es grande que tenga yo que cumplir sus obligaciones.* || — A lo grande, con mucho lujo. || *En grande,* en conjunto. || *Fam.* Pasarlo en grande, divertirse mucho. || — M. Persona ya en edad adulta: *los grandes y los pequeños.* || Título nobiliario que llevan algunas personas en España. || Nombre que se da a algunos jefes de Estado de las principales potencias: *los cuatro grandes.*

grandeza f. Importancia, magnitud: *la grandeza de un proyecto.* || Nobleza de sentimientos, elevación moral: *grandeza de alma.* || Superioridad procedente del poder: *grandeza y servidumbre de las armas.* || Dignidad de grande de España y conjunto de éstos.

grandilocuencia f. Elocuencia afectada o enfática.

grandilocuente y **grandílocuo, cua** adj. Que habla o escribe de manera enfática.

grandiosidad f. Admirable grandeza, magnificencia.

grandioso, sa adj. Que impresiona por su belleza, significado o majestad.

grandísimo, ma adj. Muy grande.

grandísono, na adj. Altísono.

grandor m. Tamaño.

grandulón, na adj. y s. *Amer.* Niño muy crecido para su edad. || *Méx.* Niño abusivo con los más pequeños.

graneado, da adj. Granulado, reducido a grano: *pólvora graneada.* || Salpicado de pintas. || *Mil. Fuego graneado,* el hecho sin cesar.

granear v. t. Esparcir las semillas en un terreno.

granel (a) m. adv. Sin orden, en montón: *cargar a granel.* || Sin envase: *agua de colonia a granel.* || Al detalle. || *Fig.* En abundancia, copiosamente.

granero m. Almacén en que se guardan los cereales. || *Fig.* Territorio que produce muchos cereales.

granillo m. Grano pequeño.

granítico, ca adj. Relativo o parecido al granito: *roca granítica.*

granito m. Roca cristalina muy dura formada por feldespato, cuarzo y mica. (Llámase tb. *piedra berroqueña.*)

granívoro, ra adj. Dícese del animal que se alimenta de granos.

granizada f. Precipitación de granizo. || Conjunto de granizo que cae de una vez. || *Fig.* Multitud de cosas que caen o se manifiestan al mismo tiempo: *una granizada de golpes.* || Bebida refrescante con hielo machacado.

granizado m. *Arg.* Granizada, refresco.

granizar v. impers. Caer granizo. || — V. i. *Fig.* Caer algo con fuerza (ú. t. c. t.).

granizo m. Lluvia helada que cae formando granos. || Estos granos. || Especie de nube que se forma en los ojos. || — Adj. y s. *Méx.* Caballería de pelaje oscuro y pequeñas manchas blancas.

granja f. Explotación agrícola dedicada al cultivo o a la cría de ganado. || Granja modelo, la creada para formar agricultores y difundir sistemas de explotación modernos.

granjearse v. pr. Adquirir, ganarse: *se granjeó su admiración.*

granjero, ra m. y f. Persona encargada de una granja.

grano m. Semilla de los cereales, de las especies, de otras plantas: *grano de trigo, de pimienta, de café.* || Partícula, porción: *grano de arena.* || Conjunto de pequeñas asperidades que hacen rugosa una superficie. || Forúnculo en la piel. || *Fot.* Partícula de sal de plata, de estructura cristalina, recubierta por una gelatina sensible. | Conjunto de pequeñas partículas que, al revelarse, forma la imagen fotográfica. || — *Fig. Grano de arena,* pequeña contribución a algo. | *Ir al grano,* no andarse por las ramas, hablar de algo sin entretenerse en lo accesorio. | *No ser grano de anís,* ser un asunto importante.

granuja f. Uva desgranada. || — Com. *Fam.* Pillo. | Canalla.

granujada y **granujería** f. Conjunto de pillos o de canallas. || Canallada.

granujiento, ta adj. Que tiene granos. || Con espinillas.

granulación f. Fragmentación en granos. || Conjunto de granos de una cosa.

granulado, da adj. Convertido en granos. || — M. Granulación.

granular adj. Que tiene granulaciones o granos.

granular v. t. Convertir en granos. || — V. pr. Cubrirse de granos.

gránulo m. Grano pequeño.

granuloso, sa adj. De estructura granular.

granza f. Rubia, planta. || — Pl. Restos de paja, semilla, grano, etc., que quedan de las semillas al levantarlas. || Escorias de un metal.

grapa f. Gancho de hierro para reunir varios papeles. || Laña. || Laminilla de metal con dos puntas que sirve para suturar las heridas.

grasa f. Sustancia untuosa de origen animal o vegetal. || Lubricante de origen mineral. || Suciedad, mugre.

grasera f. Recipiente para guardar la grasa o para recogerla.

grasiento, ta adj. Untado de grasa. || Sucio de grasa.

graso, sa adj. Que tiene grasa.

grasoso, sa adj. Grasiento.

gratén m. Pan rallado que se pone sobre ciertos manjares que se guisan al horno: *lenguado al gratén.*

gratificación f. Recompensa pecuniaria por algún servicio eventual o remuneración fija que se añade al sueldo. || Propina.

gratificador, ra adj. y s. Que gratifica.

gratificar v. t. Recompensar con dinero un servicio.

gratín [gratán] m. (pal. fr.). V. GRATÉN.

gratinar v. t. Poner en el horno con gratén.

gratis adv. Sin pagar: *viajar gratis.* || Sin cobrar: *hacerlo gratis.*

gratitud f. Agradecimiento.

grato, ta adj. Agradable.

gratuidad f. Calidad de gratuito.

gratuito, ta adj. Sin pagar o sin cobrar: *consulta gratuita.* || Sin fundamento, sin motivo, arbitrario: *suposición gratuita.*

grava f. Piedra machacada utilizada en la construcción de caminos.

gravamen m. Obligación que pesa sobre alguien. || Impuesto o tributo, censo, etc., que tiene una propiedad.

gravar v. t. Imponer una contribución o tributo: *gravar las importaciones.* || Cargar, obligar a cierto gasto: *tener un automóvil grava mucho un presupuesto.*

grave adj. Que puede tener consecuencias importantes; que acarrea cierto peligro: *situación, enfermedad grave.* || Austero, serio: *un semblante grave.* || Dícese del sonido producido por ondas de poca frecuencia o vibraciones. || *Fís.* Atraído por la fuerza de la gravedad. || Elevado: *estilo grave.* || *Gram.* Que tiene el acento en la penúltima sílaba como *mañana, casa.* | Dícese del acento, empleado antiguamente en castellano y hoy en francés, cuya tilde va de izquierda a derecha (`).

gravedad f. Acción que hace que los cuerpos materiales sean atraídos hacia la Tierra: *principio de gravedad.* || Carácter peligroso: *la gravedad del incendio.* | Importancia, carácter grave: *la gravedad de los sucesos.* || Seriedad, austeridad: *la gravedad de sus palabras.* || *Med.* Carácter de las afecciones de salud que ponen en peligro la vida o que son de gran importancia. || *Centro de gravedad,* punto de un cuerpo que constituye la resultante de las acciones de la gravedad en todas las partes de él.

grávido, da adj. Pesado, lleno.

gravilla f. Grava.

gravitación f. *Fís.* Fuerza en virtud de la cual todos los cuerpos se atraen mutuamente en razón directa de sus masas y en razón inversa de los cuadrados de las distancias a que se encuentran.

gravitar v. i. *Fís.* Moverse según las leyes de la gravedad. || *Fig.* Apoyarse: *gravita sobre unas columnas.* | Pesar una obligación. | Girar en torno a: *gravita en el mismo círculo.* | Pender: *la amenaza gravita sobre su cabeza.*

gravoso, sa adj. Costoso, oneroso, que es una carga. || Pesado.

graznador, ra adj. Que grazna.

graznar v. i. Dar graznidos.

graznido m. Voz del cuervo, el grajo, el ganso, etc. || *Fig.* Canto o grito desagradable o inarmónico.

greca f. Adorno en el que se repiten los mismos elementos decorativos. || *Antill., Col. y Venez.* Aparato para preparar café.

grecismo m. Helenismo.

grecizar v. t. Dar forma griega a voces de otra lengua. || — V. i. Usar afectadamente voces griegas.

greco, ca adj. y s. Griego.

grecolatino, na adj. Relativo a griegos y latinos, especialmente a lo escrito en griego y latín.

grecorromano, na adj. Común a los griegos y a los romanos: *arquitectura grecorromana.* || Aplícase a una forma de lucha entre dos personas.

greda f. Arcilla.

gredal m. Lugar donde hay greda.

gredoso, sa adj. Relativo a la greda: *tierra gredosa.* || Con greda.

gregarismo m. Tendencia a seguir las iniciativas ajenas.

gregario, ria adj. Que vive en rebaño. || *Fig.* Que sigue servilmente las iniciativas o ideas ajenas: *instinto gregario.*

gregoriano, na adj. Dícese del canto llano y del rito reformado en el s. VII por el papa Gregorio I. || Dícese del año, calendario, cómputo y era reformados por el papa Gregorio XIII en 1582.

greguería f. Gritería confusa. || Imagen en prosa a modo de aforismo, creada por Ramón Gómez de la Serna en 1912.

gregüescos m. pl. Calzones.

gremial adj. De los gremios. || Sindical. || — M. Miembro de un gremio.

gremio m. Corporación o asociación de las personas que practican el mismo oficio. (Los *gremios* tuvieron gran importancia en la Edad Media.) || Conjunto de personas que se dedican a la misma profesión u oficio: *gremio de la hostelería, de zapateros.* || *Fig. y fam.* Conjunto de personas que llevan el mismo género de vida: *son del gremio de los incasables.*

greña f. Cabellera despeinada. || *Fig.* Cosa enredada. || — *Fam. Andar a la greña,* reñir, pelear.

greñudo, da adj. Mal peinado.

gres m. Pasta cerámica parcialmente vitrificada que sirve para fabricar recipientes: *vasija de gres.* || Arenisca.

gresca f. Riña, pelea: *armar gresca con uno.* || Ruido, jaleo.

grey f. Rebaño. || *Fig.* Congregación de los fieles cristianos bajo la autoridad de su pastor. | Conjunto de individuos que tienen algún carácter común.

griego, ga adj. y s. De Grecia. || — M. Idioma griego. || *Fam.* Cosa ininteligible: *esto es griego.*

grieta f. Quiebra en el suelo, el hielo, el de un glaciar, en una pared, etc. || Hendedura o resquebrajadura pequeña en la piel.

grietarse o **grietearse** v. pr. Agrietarse.

grifa f. Marihuana, estupefaciente. || *Amer.* Garra.

grifería f. Conjunto de grifos. || Fabricación de grifos.

grifero, ra m. y f. *Per.* Persona que tiene por oficio expender gasolina.

grifo m. Llave que permite la salida o la interrupción voluntaria del paso de un líquido contenido en un depósito. || *Amer.* Surtidor de gasolina.

grilla f. *Méx.* Tejemaneje político.

grillaje m. *Arg. y Col.* Galicismo por enrejado.

grillar v. t. e i. *Méx.* Perjudicar a alguien con intrigas. || Participar en la grilla.

grillera f. Agujero o jaula de los grillos. || *Fig. y fam.* Leonera.

grillete m. Anilla que sujeta una cadena. || — Pl. Cadena que se pone a los presos.

grillo m. Insecto ortóptero de color negro rojizo que produce con sus élitros un sonido agudo y monótono. || *Bot.* Brote de las semillas. || — Pl. Grilletes. || *Méx.* Político intrigante.

grima f. Desazón, disgusto: *me da grima ver esto.*

grímpola f. Gallardete.

gringada f. *Amer.* Acción propia de gringos.

gringo, ga adj. y s. *Despect.* Extranjero, especialmente inglés. || *Amer.* Yanqui, estadounidense, norteamericano. || — *Fam. Hablar en gringo,* hablar chino.

gringuerío m. *Amer.* Grupo de gringos. (Es despectivo.)

gripa f. *Méx.* Gripe.

gripal adj. Relativo a la gripe.

griparse v. pr. *Mec.* Galicismo por agarrotarse un motor. || Contraer la gripe.

gripe f. Enfermedad contagiosa, debida a un virus, caracterizada por un estado febril y catarro.

griposo, sa adj. Que tiene gripe.

gris adj. Color entre blanco y negro (ú. t. c. s. m.). || *Fig.* Sombrío, triste: *tiempo gris.* | Deslucido, apagado: *hombre gris.* || — M. Ardilla de Siberia. || *Fam.* Viento frío.

grisáceo, a adj. Que tira a gris, algo gris.

grisú m. Metano que se desprende de las minas de carbón, y es inflamable y explosivo al mezclarse con el aire.

gritadera f. *Méx.* Gritería.

gritar v. i. Dar gritos: *gritar de dolor.* || Hablar en voz muy alta: *gritar a voz en cuello* (ú. t. c. t.). || — V. t. Abuchear en señal de protesta: *gritar a un actor, una zarzuela.* | Reñir en tono enojado: *a mí no me grites.*

gritería f. y **griterío** m. Vocerío, gritos.

grito m. Sonido de la voz, fuerte y violento: *dar gritos.* || Gemido, queja: *gritos de dolor.* || Sonido inarticulado emitido por los animales. || Llamada: *grito de angustia.* || — *Fam. A grito herido* o *limpio* o *pelado* o *a voz en grito,* con toda la fuerza de los pulmones. | *Asparse a gritos,* desgañitarse. | *Estar en un grito,* no poder más de dolor. || *Pedir a gritos,* reclamar con insistencia. || *Fam. Pegarle a uno cuatro gritos,* reñirle fuerte. || *Fig. Poner el grito en el cielo,* manifestar violentamente la indignación.

gritón, ona adj. y s. *Fam.* Que grita mucho.

groenlandés, esa adj. y s. De Groenlandia.

grog m. (pal. ingl.). Bebida caliente hecha con ron, agua, limón y azúcar.

groggy [*grogui*] adj. (pal. ingl.). Dícese del boxeador que pierde momentáneamente el conocimiento por estar K.O. || *Fig.* Aturdido, atontado por un choque físico o moral.

grogui adj. Groggy.

grosella f. Fruto del grosellero, constituido por bayas rojas o blancas, de sabor agridulce, usado en bebidas y jaleas.

grosellero m. Arbusto de la familia de las saxifragáceas, cuyo fruto es la grosella.

grosería f. Carácter de lo que es grosero, basto, falto de pulimento. || *Fig.* Falta de educación, de cortesía. || Palabra o acción inconveniente.

grosero, ra adj. Basto, poco fino. || Falto de delicadeza, común, vulgar. || Carente de educación, de cortesía (ú. t. c. s.). || Mal hecho, de figura mal trazada: *dibujo grosero, estatua grosera.*

grosor m. Grueso.

grosso modo loc. adv. lat. Sin entrar en detalles, en términos generales, sin puntualizar.

grosura f. Sustancia grasa.

grosz m. Moneda polaca equivalente a la centésima parte del zloty. (Pl. *groszy.*)

grotesco, ca adj. Que provoca risa por su extravagancia. || Ridículo, absurdo: *idea grotesca.*

grúa f. Aparato con un brazo giratorio y una o más poleas para levantar, cargar y transportar pesos: *grúa de pórtico.*

grueso, sa adj. De gran dimensión o corpulencia: *un palo grueso.* || Grande: *granos de arroz gruesos.* || Espeso: *tela gruesa.* || Gordo: *hombre grueso.* || Poco fino: *líneas gruesas.* || *Fig.* No muy inteligente, obtuso. || *Mar.* Con grandes olas, alborotado: *mar gruesa.* || — M. Volumen, dimensión. || La mayor parte: *el grueso del ejército.* || Espesor: *el grueso de un papel.* || Parte más grande de los trazos de la escritura. || — F. Doce docenas. || *Préstamo a la gruesa,* inversión de una gran cantidad de dinero, con grandes intereses, en un barco mercante con riesgo de perder todo si naufraga. || — Adv. Con caracteres grandes: *escribir grueso.* || *En grueso,* al por mayor.

grulla f. Ave zancuda, de alto vuelo, y que suele mantenerse sobre un pie cuando está en tierra.

grumete m. Aprendiz de marinero o marinero de clase inferior.

grumo m. Parte de un líquido que se coagula: *grumo de sangre.*

grumoso, sa adj. Con grumos.

gruñido m. Voz del cerdo. || Voz ronca del perro u otros animales cuando amenazan. || *Fig.* Voz de mal humor o desaprobación.

gruñidor, ra adj. Gruñón.

***gruñir** v. i. Dar gruñidos. || *Fig.* Murmurar entre dientes, refunfuñar.

gruñón, ona adj. *Fam.* Que gruñe con frecuencia, refunfuñador.

grupa f. Anca de una caballería: *montada a la grupa.*

grupera f. Almohadilla de la silla de montar. || Baticola.

grupo m. Pluralidad de personas o cosas que forman un conjunto: *un grupo de niños, de árboles.* || Conjunto de personas que tienen opiniones o inte-

reses idénticos: *un grupo político, profesional.* || Conjunto de figuras pintadas o esculpidas: *un grupo escultórico.* || *Mil.* Unidad táctica de artillería o aviación, bajo las órdenes de un jefe superior. || — *Grupo de presión,* asociación de personas que están unidas por un interés común político o económico y reúne una cantidad de dinero importante para llevar a cabo una acción simultánea en la opinión pública, en los partidos políticos, en la administración o en los gobernantes. || *Grupo electrógeno,* aparato generador de electricidad. || *Grupo sanguíneo,* clasificación de la sangre en la que se pueden verificar transfusiones sin que haya peligro de que se aglutinen los hematíes.

grupúsculo m. *Despect.* Grupo pequeño, sin relieve.

gruta f. Cueva o cavidad natural abierta en las rocas.

gruyère [*gruier*] m. (pal. fr.). Especie de queso de leche de vaca cocida, a la manera del fabricado en Gruyère (Suiza).

¡gua! o **¡guau!** interj. Indica sorpresa o asombro.

guabairo m. *Cub.* Ave nocturna de plumaje rojo y negro.

guabán m. Árbol silvestre de Cuba, cuya madera es muy dura.

guabina f. *Col.* Pez de río, de carne apreciada. || *Col.* Aire popular de la montaña.

guabirá f. *Arg.* Árbol grande de tronco blanco y liso y fruto amarillo en forma de guinda.

guabiyú m. Árbol mirtáceo de fruto comestible en forma de baya negra del tamaño de una guinda.

guaca f. *Amer.* Sepultura de los antiguos indios, principalmente de Bolivia y Perú. || *Amer.* Tesoro escondido. || *C. Rica, Cub., Méx. y Venez.* Hucha, alcancía. || *C. Rica y Cub.* Hoyo donde se ponen las frutas para su maduración. || *Méx.* Escopeta de dos cañones.

guacal m. *Antill., Col., Méx. y Venez.* Cesta portátil para llevar a la espalda. || *Amér. C.* Árbol bignoniáceo, de fruto parecido a la calabaza. || Recipiente hecho con el fruto de este árbol. || *Fig. y fam. Amér. C. y Méx.* Salirse del guacal.

guacalote m. *Cub.* Planta papilionácea trepadora, con fruto en una vaina.

guacamayo, ya m. y f. Especie de papagayo. || Nombre de diversas plantas de América.

guacamole m. *Amér. C., Cub. y Méx.* Ensalada de aguacate, cebolla, chile y tomate picados.

guacamote m. *Méx.* Yuca.

guachafita f. *Col. y Venez.* Alboroto, bullicio.

guachafo, fa adj. *Bol., Ecuad. y Per.* Vulgar, de mal gusto.

guachamaca f. *Amer.* Arbusto venenoso.

guachapear v. t. *Fam.* Batir el agua con los pies. || *Fig. y fam.* Hacer algo

de modo chapucero. || *Chil.* Hurtar. || — V. i. Hacer ruido una chapa de hierro por estar mal clavada.

guachapelí m. *C. Rica, Ecuad. y Venez.* Árbol mimosáceo parecido a la acacia, cuya madera se emplea en construcciones navales.

guachimán m. *C. Rica, Guat., Hond., Nicar., Pan., Per. y Dom.* Guardián. || *Chil.* Vigilante portuario.

guachinango, ga adj. *Méx.* Se dice en la costa oriental del habitante del Interior. || — M. *Méx.* Pez pargo.

guácharo m. Polluelo. || Guacho, pollo de gorrión.

guache m. *Col. y Venez.* Hombre de pueblo. || *Col.* Instrumento músico popular en forma de canuto con semillas secas en el interior.

guacho, cha adj. *Amer.* Huérfano, sin padres. || — M. *Pollo.*

guácimo m. *Amer.* Árbol que se emplea para diversos fines: forraje, trenzado de cuerdas, construcción.

guaco m. Planta compuesta americana de propiedades medicinales. || Ave gallinácea americana de carne apreciada. || *Per.* Objeto que se saca de una guaca o túmulo.

guadal m. *Riopl.* Ciénaga.

guadalajarense adj. y s. De Guadalajara (México).

guadalajareño, ña adj. y s. De Guadalajara (España).

guadaloso, sa adj. *Riopl.* Arenoso, lleno de dunas.

guadaña f. Instrumento para segar a ras de tierra consistente en una cuchilla corva enastada en un mango largo.

guadañador, ra m. y f. Que guadaña. || — F. Segadora, máquina para guadañar.

guadañar v. t. Segar la hierba con la guadaña.

guadañero m. Persona que siega la hierba con guadaña.

guadijeño, ña adj. y s. De Guadix.

guadua f. Especie de bambú con púas que se cría en América y se utiliza para la construcción.

guagua f. Cosa baladí. || *Amer.* Nene, niño de teta. || Autobús, en las islas Canarias y en las Antillas. || *De guagua,* de balde, gratis.

guagüero m. *Antill.* Conductor de guagua.

guaico m. *Amer.* Hondonada.

guaicurú m. *Arg.* Planta de tallo estriado y flores moradas, que tiene propiedades medicinales.

guaipíu m. *Amer.* Capote que cubre el cuello y los hombros.

guaira f. *Amér. C.* Especie de flauta de varios tubos que usan los indios. || *Mar.* Vela triangular. || *Per.* Crisol de barro para fundir los minerales de plata.

guaireño, ña adj. y s. Del dep. de Guairá (Paraguay). || De La Guaira (Venezuela).

guairo m. *Amer.* Barco pequeño utilizado para el pequeño cabotaje.

guajá f. *Amer.* Garza.

guajal m. *Méx.* Terreno plantado de guajes.

guájaras f. pl. Fragosidad, lo más áspero de una sierra.

guaje m. *Méx.* Árbol leguminoso de fruto en forma de calabaza. || – Adj. y s. *Méx.* Bobo. || *Méx. Hacerse guaje,* hacerse el tonto.

guajiro, ra adj. y s. De La Guajira (Colombia). || Pueblo amerindio que vive en Venezuela. || *Cub.* Rústico, campesino. || – F. Canción popular en Cuba.

guajolote m. *Méx.* Pavo común. || – Adj. y s. *Fam. Méx.* Tonto.

gualdado, da adj. Teñido con el color de gualda.

gualdo, da adj. De color de gualda o amarillo.

gualdrapa f. Cobertura larga que cubre las ancas de la caballería. || *Fam.* Andrajo.

gualdrapazo m. *Mar.* Golpe que dan las velas contra los árboles y jarcias.

gualicho o **gualichú** m. Entre los gauchos, genio del mal. || *Arg.* Talismán.

guama f. *Col.* y *Venez.* Fruto del guamo, en forma de legumbre.

guamazo m. *Méx.* Golpe.

guamo m. Árbol de la familia de las mimosáceas cuyo fruto es la guama, y que se planta en los cafetales para dar sombra.

guamúchil m. Árbol espinoso de México, de flores amarillentas o verdosas y legumbres comestibles.

guanabá m. Ave zancuda de Cuba: *el guanabá come mariscos.*

guanábana f. Fruta del guanábano.

guanabanada f. Refresco hecho con guanábana.

guanábano m. Árbol americano de la familia de las anonáceas, con fruto de sabor muy agradable.

guanacaste m. Árbol de Centroamérica.

guanaco m. Mamífero rumiante parecido a la llama, que habita en los Andes meridionales y sirve de animal de carga. || *Fam. Amer.* Necio, tonto.

guanajo adj. y s. *Amer.* Tonto, bobo. || *Antill.* Pavo.

guanal m. *Amer.* Palmeral.

guanarense adj. y s. De Guanare (Venezuela).

guanche adj. y s. Individuo de la raza que poblaba las islas Canarias en el momento de su conquista (s. XV).

guandú m. *Amér. C.* y *Cub.* Arbusto papilionáceo.

guanear v. t. *Per.* Abonar el terreno con guano. || – V. i. *Amer.* Defecar, dicho de animales.

guanero, ra adj. y s. Relativo al guano. || – M. Buque para transportar el guano. || – F. Yacimiento de guano.

guango m. *Amer.* Trenza de las indias del Ecuador. || *Guat.* y *Méx.* Ancho, holgado, flojo.

guano m. Materia excrementicia de aves marinas que se encuentra acumulada en gran cantidad en las costas y en varias islas del Perú y del norte de Chile, así como en las costas del sudoeste de África: *el guano se utiliza como abono en la agricultura.* || Abono mineral sucedáneo del guano natural.

guantada f. y **guantazo** m. *Fam.* Manotazo, bofetón.

guante m. Prenda que se adapta a la mano para abrigarla: *un par de guantes de cuero.* || Objeto análogo para diferentes usos: *guante de cirujano, de boxeo.* || *Fig.* y *fam.* Gratificación. || *Fig. Arrojar el guante a uno,* desafiarle. || *Fam. De guante blanco,* con gran corrección. | *Echarle el guante a una cosa,* apoderarse de ella. | *Recoger el guante,* aceptar un reto. | *Ser más suave que un guante,* ser dócil.

guantear v. t. Dar guantazos.

guantelete m. Pieza metálica en forma de guante que era parte de la armadura y protegía la mano.

guantería f. Taller donde se hacen y tienda donde se venden guantes. || Oficio de guantero.

guantero, ra m. y f. Persona que fabrica o vende guantes. || – F. Caja para guardarlos.

guantón m. *Amer.* Guantazo.

guañil m. *Chil.* Arbusto de la familia de las compuestas.

guao m. Arbusto anacardiáceo.

guaparra f. *Méx.* Machete.

guapear v. i. *Fam.* Ostentar mucho ánimo. | Hacer alarde de buen gusto. || *Amer.* Fanfarronear.

guapería f. *Fam.* Bravata.

guapetón, ona adj. *Fam.* Muy guapo y arrogante.

guapeza f. *Fam.* Ánimo, bizarría. | Ostentación en el vestir. | Fanfarronería.

guapo, pa adj. Bien parecido: *una mujer guapa.* || Animoso, valiente. || *Fam.* Apelativo cariñoso: *anda guapo, no te enfades así.* || – M. Hombre pendenciero: *el guapo del pueblo.* || *Fam.* Galán.

guapura f. Calidad de guapo.

guaquear v. i. *Amer.* Buscar guacas o tesoros.

guará m. *Amer.* Lobo que vive en las pampas.

guaraca f. *Amer.* Honda para lanzar piedras.

guaracaro m. *Venez.* Planta leguminosa trepadora.

guaracha f. Aire y danza popular antillanos.

guarache m. *Méx.* Sandalia.

guarachear v. t. *Antill.* Parrandear. || *Méx.* Andar con guaraches.

guaragua f. *Chil.* y *Per.* Conteo. | Rodeo para decir algo, circunloquio. || – Pl. *Chil.* Perifollos.

guarandeño, ña adj. y s. De Guaranda (Ecuador).

guarandinga f. *Venez.* Persona o cosa indeterminada: *¿qué guarandinga será eso?*

guaranducha f. Baile popular de la región de Campeche, en México.

guaranga f. Fruto del guarango.

guarangada f. *Riopl.* Acción propia del guarango, grosería.

guarango, ga adj. y s. *Riopl.* Mal educado, grosero. || – M. *Bot.* Especie de acacia del Perú y Ecuador.

guaraní adj. y s. Relativo a un pueblo indio de la familia cultural tupí-guaraní. || – M. Idioma de los guaraníes. | Unidad monetaria paraguaya.

guaranismo m. Voz propia del guaraní.

guaraña f. Baile popular venezolano.

guarapeta f. *Méx.* Borrachera.

guarapo m. Jugo de la caña dulce. || Bebida fermentada a base del guarapo.

guarapón m. *Chil.* y *Per.* Sombrero de ala ancha.

guarda com. Persona que tiene a su cargo cuidar o vigilar algo: *guarda de un museo, guarda de caza.* || – F. Acción de guardar, conservar o defender. || Tutela. || Observancia y cumplimiento de un mandato o ley. || Cada una de las varillas exteriores del abanico (ú. m. en pl.). || Hoja de papel blanco de color al principio y al fin de los libros (ú. m. en pl.). || Guarnición en el puño de la espada. || – Pl. Hierros de la cerradura que corresponden a los huecos de la llave.

guardabarrera m. y f. Persona que vigila un paso a nivel.

guardabarros m. inv. Alero del coche, de la bicicleta o motocicleta, etc., para protegerse de la proyección de barro.

guardabosque m. Guarda que vigila en un bosque.

guardacadena m. Cubrecadena de la bicicleta.

guardacantón m. Poste de piedra que se pone en las esquinas de las casas, o a los lados de los paseos o caminos, para protegerlos de los vehículos.

guardacoches m. inv. Guarda de un aparcamiento.

guardacostas m. inv. *Mar.* Barco de guerra cuya misión es defender las costas y perseguir el contrabando.

guardador, ra adj. y s. Que guarda. || Que observa una ley.

guardaespaldas m. inv. Persona destinada a proteger a otra.

guardafango m. *Amer.* Guardabarros.

guardafrenos m. inv. Empleado de ferrocarril cuya misión es manejar los frenos de los trenes.

guardaganado m. *Riopl.* Foso cubierto de una serie de travesaños paralelos, en forma de parrilla, que se coloca a la entrada de las estancias para permitir el paso de los vehículos e impedir el del ganado.

guardagujas m. inv. Empleado que en los cambios de vía de los ferrocarriles cuida del manejo de las agujas.

guardainfante m. Especie de faldellín emballenado que llevaban antigua mente las mujeres debajo de la falda para ahuecarla.

guardameta m. Portero, en ciertos deportes de equipo (fútbol, balonmano, water–polo, etc.).

guardamonte m. En las armas de fuego, pieza clavada en la caja, que protege el disparador. || Capote de monte. || *Arg.* Guarnición de cuero para las piernas del jinete.

guardamuebles m. inv. Almacén donde se guardan muebles.

guardapelo m. Medallón para llevar un rizo de cabello.

guardapolvo m. Cubierta para proteger del polvo. || Bata de tela ligera que se pone encima del traje para preservarlo de la suciedad.

guardar v. t. Cuidar, vigilar, custodiar: *guardar un campo; guardar bajo llave.* || Preservar una persona o cosa de cualquier daño. || Conservar, retener para sí: *guardo un buen recuerdo de Barcelona.* || Vigilar animales: *guardar un rebaño de ovejas.* || Cumplir lo que se debe: *guardar el secreto, la palabra.* || Tener un sentimiento: *guardar rencor a alguien.* || Estar en, abandonar: *guardar cama.* || Poner en su sitio: *guardar un libro en la biblioteca.* || Reservar y conservar: *guardar dinero* (ú. t. c. pr.). || *Fig.* Mantener, observar: *guardar silencio, las formas.* || — V. pr. Evitar algo, precaverse de un riesgo: *guardarse del agua mansa.* || Poner cuidado en no hacer algo: *me guardaré de trasnochar.* || Quedarse con, conservar para sí.

guardarropa m. Local donde se deposita el abrigo y otros objetos que no se pueden conservar en teatros u otros establecimientos públicos. || Persona que vigila este local. || Armario ropero y su contenido.

guardarropía f. *Teatr.* Conjunto de trajes y accesorios para las representaciones escénicas. | Local donde se guardan.

guardavalla m. En algunos deportes, portero, arquero.

guardavía m. Empleado que vigila una sección de línea férrea.

guardería f. Ocupación y empleo del guarda. || Establecimiento donde se atiende y cuida a los niños pequeños mientras sus padres trabajan.

guardesa f. Guardiana. || Mujer del guarda.

guardia f. Conjunto de soldados o gente armada encargada de la custodia de una persona: *la guardia del emperador.* || Defensa, amparo, custodia. || Posición de defensa en boxeo, esgrima, lucha, etc. || Cuerpo de tropa especial: *guardia de corps, republicana.* || — *En guardia,* prevenido, sobre aviso: *ponerse en guardia.* || — *Guardia Civil,* cuerpo armado español creado en 1833 para perseguir a los malhechores, luego empleado para el mantenimiento del orden público. || *Guardia Municipal,* cuerpo perteneciente a un ayuntamiento y a las órdenes del alcalde, cuya misión es velar por el cumplimiento de los reglamentos de policía urbana. || — M. Individuo perteneciente a ciertos cuerpos armados: *un guardia civil, municipal.* || *Guardia marina,* guardiamarina.

guardiamarina m. Alumno de la Escuela Naval.

guardián, ana m. y f. Persona que custodia a una persona o cosa.

guardilla f. Buhardilla.

***guarecer** v. t. Guardar, acoger, dar asilo. || — V. pr. Refugiarse, ampararse en alguna parte.

guarida f. Cueva o espesura donde se guarecen los animales. || *Fig.* Refugio, amparo.

guarimán m. Árbol magnoliáceo.

guariqueño, ña adj. y s. De Guárico (Venezuela).

guarismo m. Cada uno de los signos o cifras arábigas que expresan una cantidad.

guarnecedor, ra adj. y s. Que guarnece.

***guarnecer** v. t. Poner guarnición a alguna cosa: *guarnecer una joya, una espada,* etc. || Proveer, suministrar. || *Albañilería.* Revocar las paredes. || Estar de guarnición un regimiento. || Revestir el cilindro de una máquina con una camisa.

guarnición f. Lo que se pone para adornar algunas cosas: *la guarnición de un vestido.* || Engaste de las piedras preciosas. || Parte de la espada que protege la mano. || *Mil.* Tropa que guarnece una plaza, castillo o buque de guerra. || Arreos de las caballerías (ú. m. en pl.). || Plato de verdura, pastas, etc., que se suele servir con la carne o pescado para acompañarlos.

guarnicionería f. Local donde se hacen o venden guarniciones para las caballerías.

guarnicionero m. Persona que fabrica o vende guarniciones para caballerías.

guaro m. Especie de loro pequeño. || *Amér. C.* Aguardiente de caña, tafia.

guarrada f. *Fam.* Guarrería.

guarrazo m. *Fam.* Porrazo, caída: *darse un guarrazo.*

guarrería f. Porquería, suciedad. || *Fig.* Acción sucia, mala jugada, cochinada: *hacer una guarrería a alguien.* | Indecencia.

guarro, rra m. y f. Cochino.

guarura m. *Méx.* Guardaespaldas.

guasa f. *Fam.* Pesadez, falta de gracia. | Burla, broma, chanza. | Gracia, chiste: *la guasa andaluza.* || — *En guasa,* en broma. || *Estar de guasa,* estar de broma. || *Tener algo o alguien mucha guasa,* ser fastidioso.

guasca f. *Arg., Bol., Chil., Col., Ecuad., Per.* y *Urug.* Cuerda o tira de cuero que sirve de rienda o de látigo.

guasearse v. pr. *Fam.* Chancearse, tomar a broma.

guaso, sa m. y f. Campesino chileno. || — Adj. *Amer.* Rústico.

guasón, ona adj. y s. Que tiene guasa. || Bromista, que gasta bromas, chancero.

guastatoyano, na adj. y s. De El Progreso (Guatemala).

guata f. Algodón en rama que se coloca dentro del forro de los vestidos o de la ropa de cama. || *Amer.* Pandeo, alabeo. | Vientre, panza.

guateado, da adj. Acolchado con guata. || *Fig.* Temperado.

guatear v. t. Acolchar, poner guata: *guatear un abrigo.*

guatemalense adj. y s. Guatemalteco.

guatemaltecanismo m. Guatemaltequismo.

guatemaltecanista adj. y s. Que estudia y es especialista del habla o de la cultura de Guatemala.

guatemalteco, ca adj. y s. De Guatemala.

guatemaltequismo m. Palabra o giro propios del español hablado en Guatemala.

guatepín m. *Méx.* Puñetazo.

guateque m. Fiesta que se da en una casa con baile: *todos los jóvenes asistían constantemente a guateques, dejando de lado los estudios.* || *Fam.* Comida. | *Cub.* Reunión de gente de poca categoría.

guatequimame adj. y s. Indígena mexicano.

guatero, ra m. y f. *Chil.* Mondonguero, tripero, tripicallero.

guatiao adj. *Cub.* Amigo; hermano. || — M. *Cub.* Nombre que dieron los españoles al indio sometido a las leyes de los conquistadores.

guatíbere m. Cierto pez del mar de las Antillas.

guatiguati m. *Venez.* Cierta ave canora cuyo canto tiene un tono lastimero o triste.

guatín m. *Col.* Agutí.

guatusa o **guatuza** f. Roedor americano, parecido a la paca, de carne apreciada.

guatuso adj. y s. Dícese de un pueblo indígena que habita al norte de Costa Rica. || — Adj. Relativo a ese pueblo. || — M. Lengua hablada por los guatusos.

guau, onomatopeya que imita el ladrido del perro.

guayaba f. Fruto del guayabo. || Conserva y jalea de esta fruta. || *Amer.* Mentira.

guayabal m. Plantío de guayabos.

guayabate m. Dulce hecho con guayaba.

guayabera f. Chaquetilla corta de tela ligera.

guayabo m. Árbol mirtáceo de América, que tiene por fruto la guayaba. || *Fam.* Muchacha joven y atractiva.

guayaca f. *Arg.* y *Chil.* Bolsa o taleguilla para el tabaco o dinero. || *Fig.* Amuleto.

guayacán m. Árbol de tronco grande con corteza pardusca gruesa, propio de América tropical. || Madera de este árbol, muy dura.

guayaco m. Árbol cigofiláceo de la América tropical cuya madera se emplea en ebanistería.

guayacol m. Principio medicinal del guayaco.

guayanés, esa adj. y s. De la Guayana.

guayaquileño, ña adj. y s. De Guayaquil (Ecuador).

guayar v. t. *Dom.* y *P. Rico.* Rallar, desmenuzar una cosa con el rallador.

guayasense adj. y s. De Guayas (Ecuador).

guaycurú adj. y s. Individuo de una de las tribus indígenas establecidas en el Chaco y a orillas del río Paraguay. (Pl. *guaycurúes.*)

guayule m. Árbol propio de México que produce el hule.

guayusa f. *Ecuad.* Especie de mate: *infusiones de guayusa.*

guazubirá m. Venado de las regiones platenses.

gubernamental adj. Relativo al Gobierno del Estado: *política gubernamental.* || Respetuoso para con el Gobierno o favorecedor del principio de autoridad: *radio gubernamental* (ú. t. c. s.).

gubernativo, va adj. Relativo al Gobierno: *policía gubernativa.*

gubernista adj. y s. *Amer.* Partidario de la política del Gobierno.

gubia f. Formón de media caña para labrar superficies curvas.

güecho m. *Amér. C.* Bocio.

guedeja f. Cabellera larga.

güegüenche m. *Méx.* Cada uno de los viejos que dirigen las danzas de los indios en las romerías.

güelfo, fa adj. y s. Del s. XII al XV, partidario de los papas en Italia contra los gibelinos, defensores de los emperadores germánicos.

güero, ra adj. *Méx.* Rubio (ú. t. c. s.).

guerra f. Lucha armada entre dos o más países o entre ciudadanos de un mismo territorio: *declarar la guerra.* || Pugna, disidencia, discordia entre dos o más personas: *guerra entre parientes.* || *Fig.* Oposición de una cosa con otra: *guerra de ideas, de intereses.* || Cierto juego de billar. || — *Consejo de guerra,* tribunal militar. || *Fam. Dar guerra,* molestar, fastidiar. || *Fig.* y *fam. Estar pidiendo guerra algo,* ser muy apetitoso: *esta paella está pidiendo guerra.* || *Guerra civil,* la que tiene lugar entre ciudadanos de una misma nación. || *Guerra florida,* la convenida por los aztecas con otros pueblos con el fin de hacer prisioneros para sacrificarlos a sus dioses. || *Guerra fría o de nervios,* dícese de las relaciones internacionales caracterizadas por una política constante de hostilidad sin que se llegue al conflicto armado.

guerreador, ra adj. y s. Que guerrea o es aficionado a guerrear.

guerrear v. i. Hacer guerra.

guerrero, ra adj. Relativo a la guerra: *valor guerrero.* || Marcial, belicoso, que tiene afición a la guerra: *pueblo guerrero.* || *Fig.* y *fam.* Travieso, molesto: *chico guerrero.* || — M. Soldado: *un guerrero troyano.* || — F. Chaqueta ajustada y generalmente abrochada hasta el cuello, que forma parte del uniforme militar.

guerrilla f. *Mil.* Orden de batalla que se hace dividiendo la tropa en pequeñas partidas de tiradores para hostilizar al enemigo. || Partida de paisanos que, independientemente del ejército regular, acosa al enemigo. || Cierto juego de naipes.

guerrillear v. i. Practicar la guerra de guerrillas.

guerrillero m. Individuo que pelea en las guerrillas: *el guerrillero Mina el Mozo.*

guía com. Persona que acompaña a otra para enseñarle el camino o para explicarle una visita: *un guía de montaña, de museo.* || — M. *Mil.* Soldado que se coloca en la posición conveniente para el correcto alineamiento de la tropa. || Manillar de una bicicleta. || *Fig.* Persona que da instrucciones y consejos y son seguidos por las gentes: *los héroes son los guías de la juventud.* || — F. Libro de indicaciones: *guía de ferrocarril, de teléfonos.* || Documento que lleva consigo el que transporta ciertas mercancías, para tener libre paso: *guía de circulación.* || Sarmiento o vara que se deja al podar. || Caballería que va delante fuera del tronco. || Pieza mecánica que sirve para dirigir el movimiento en una máquina: *las guías de una rotativa.* || — Pl. Riendas para conducir los caballos de guías. || Puntas del bigote cuando están retorcidas.

guiar v. t. Ir delante mostrando el camino: *guiar a los excursionistas.* || Conducir: *guiar un vehículo.* || Hacer que una pieza de una máquina siga un movimiento determinado. || *Fig.* Aconsejar a uno en algún negocio: *guiar en un estudio científico.* || Hacer obrar: *le guía sólo el interés.* || — V. pr. Dejarse uno dirigir o llevar: *se guió del consejo del amigo.*

guija f. Piedra pequeña.

guijarral m. Terreno donde abundan los guijarros.

guijarreño, ña y **guijarroso** adj. Abundante en guijarros.

guijarro m. Canto rodado.

guijo m. Conjunto de guijas para consolidar y rellenar los caminos. || *Mec.* Gorrón, extremo de un eje giratorio.

guilda f. Asociación medieval de obreros, comerciantes y artesanos para proteger sus mutuos intereses: *la guilda es de origen germánico.* (Se da hoy este n. a algunas asociaciones de carácter cultural o comercial.)

guillotina f. Máquina que sirve para decapitar a los condenados a muerte.

|| Pena de muerte. || *Impr.* Máquina para cortar papel, constituida esencialmente por una cuchilla que corre por un bastidor de hierro. || *Ventana de guillotina,* la que se abre y cierra de arriba abajo.

guillotinar v. t. Dar muerte con guillotina. || *Impr.* Cortar papel con la guillotina.

güilo, la adj. y s. *Méx.* Tullido, débil, enclenque.

güinchar v. i. *Amer.* Trabajar con la grúa.

güinche m. *Amer.* Grúa, cabrestante, malacate.

guinda f. Fruto del guindo. || *Mar.* Altura total de los masteleros.

guindado m. *Arg., Bol., Chil.* y *Urug.* Bebida alcohólica elaborada con guindas.

guindalera f. Lugar plantado de guindos.

guindar v. t. Subir una cosa que ha de colocarse en alto. || *Fam.* Robar: *Pedro guindó la novia a Juan.* | Lograr una cosa en concurrencia de otros: *guindar a uno un empleo.* | Ahorcar, colgar.

guindaste m. *Mar.* Cabria formada por tres maderos en forma de horca. | Armazón en forma de horca para colgar algo.

guindilla f. Fruto del guindillo de Indias. || Pimiento pequeño, encarnado y muy picante. || *Fam.* En España, guardia municipal.

guindillo m. *Guindillo de Indias,* planta solanácea de fruto encarnado del tamaño de una guinda y muy picante.

guindo m. Árbol rosáceo, parecido al cerezo, de fruto más ácido.

guineo, a adj. y s. De Guinea. || *Gallina guinea,* la pintada. || — F. Moneda inglesa antigua, equivalente a veintiún chelines.

guiñada f. Señal que se hace guiñando un ojo. || *Mar.* Desvío brusco del buque hacia un lado.

guiñapo m. Andrajo, trapo viejo y roto. || *Fig.* Persona andrajosa y sucia: *ir hecho un guiñapo.* | Persona degradada: *el vicio lo convirtió en un guiñapo.*

guiñaposo, sa adj. Lleno de guiñapos: *vestido guiñaposo.*

guiñar v. t. e i. Cerrar un ojo momentáneamente, lo que suele hacerse a modo de advertencia disimulada: *guiñar a alguien* (ú. t. c. pr.). || *Mar.* Dar guiñadas el barco.

guiño m. Guiñada.

guiñol m. Títere, muñeco que se puede mover introduciendo la mano por debajo. || Teatro realizado con estos muñecos o títeres.

guión m. Cruz que va delante del prelado o de la comunidad. || Estandarte real. || Bandera arrollada de una cofradía en algunas procesiones. || *Fig.* El que sirve de guía. || Esquema director para la redacción de un texto o para pronunciar un discurso. || Texto en el que figura el diálogo de una película, con todos los detalles relativos al rodaje, tales como planos, luces, decorados, efectos especiales, etc. || *Gram.* Signo ortográfico (–) que se pone al fin del renglón que termina con parte de una palabra cuya otra parte, por no caber en él, se ha de escribir en el siguiente. (Sirve también para separar en varios casos los miembros de una palabra compuesta: *germano–soviético*.)

guionista com. Autor de un guión cinematográfico.

güipil m. *Méx.* Camisa sin mangas que usan los indígenas de Yucatán y Tehuantepec.

guipuzcoano, na adj. y s. De Guipúzcoa.

güira f. Árbol americano de la familia de las bignoniáceas, de cuyo fruto, parecido a la calabaza, se hacen platos y tazas. || Fruto de este árbol con cuya pulpa se hace una especie de miel. || *Fam. Amer.* Cabeza, calabaza.

guirigay m. *Fam.* Lenguaje oscuro e ininteligible. || Gritería y confusión producida por hablar todos al mismo tiempo. (Pl. *guirigays* o *guirigayes*.)

guirnalda f. Corona o cordón de ramas, flores o papel que se cuelgan como adorno.

güiro m. *Bol.* y *Per.* Tallo del maíz verde. || *Antill.*, *Méx.* y *Venez.* Instrumento músico hecho con una calabaza vacía que se frota con una varilla.

guisa f. Manera, modo.

guisado m. Guiso de carne, con salsa y generalmente con patatas: *guisado de carnero.* || Cualquier guiso con salsa.

guisador, ra adj. y s. Que guisa la comida.

guisante m. Planta papilionácea trepadora cuya semilla es comestible. || Semilla de esta planta.

guisar v. t. e i. Someter los alimentos a diversas manipulaciones utilizando el fuego, con objeto de hacerlos aptos para la consumición: *guisar las lentejas; Pepita guisa bien.* || *Fig.* Arreglar, componer o disponer una cosa.

guiso m. Manjar guisado. || Guisado, carne con salsa y patatas.

guisote m. Guiso mal preparado.

guisotear v. t. e i. Guisar de cualquier manera.

güisquelite m. *Méx.* Especie de alcachofa.

guita f. Cuerda delgada, bramante. || *Fam.* Dinero.

guitarra f. Instrumento músico de cuerda compuesto de una caja de madera de forma ovalada, con un estrechamiento en el centro, un mástil con varios trastes y seis clavijas para templar otras tantas cuerdas. || Instrumento para machacar el yeso, consistente en una tabla con mango. || *Fig. Tener bien* o *mal templada la guitarra*, estar de buen o mal humor.

guitarrazo m. Golpe dado con la guitarra.

guitarrear v. i. Tocar la guitarra.

guitarreo m. Rasgueo de guitarra de modo repetido y monótono.

guitarrería f. Taller donde se fabrican guitarras y otros instrumentos de cuerda. || Tienda en la que se venden.

guitarrero, ra m. y f. Fabricante de guitarras.

guitarrillo o **guitarro** m. Guitarra pequeña de cuatro cuerdas.

guitarrista com. Tocador de guitarra.

gul m. *Amer.* Maíz de mazorca de granos arrugados.

gula f. Exceso en la comida o la bebida, y apetito desordenado en el comer y beber: *pecado de gula.*

gules m. pl. *Blas.* Color rojo vivo: *castillo de oro en campo de gules.*

gumía f. Daga morisca de hoja algo corva.

gumífero, ra adj. Que produce goma: *árbol gumífero.*

gurdo m. Unidad monetaria de Haití.

gurí, sa s. *Arg.* y *Urug.* Niño, muchacho.

gurriato y **gurripato** m. Pollo de gorrión. || *Pop.* Chiquillo.

gurrumino, na adj. *Fam.* Desmedrado, enclenque. || — M. y f. Niño pequeño. || — M. *Fam.* Marido que adora a su mujer. || — *Fam.* Contemplación excesiva por un marido de la mujer propia.

gusanear v. i. Hormiguear.

gusanera f. Sitio donde se crían gusanos.

gusanillo m. Cierta labor menuda de las telas. || — *Fam. El gusanillo de la conciencia*, el remordimiento. | *Matar el gusanillo*, beber aguardiente en ayunas.

gusano m. Nombre vulgar de varios animales invertebrados de cuerpo blando, alargado y segmentado, que carecen de extremidades y se mueven mediante contracciones. || — *Gusano blanco*, larva del abejorro. || *Gusano de luz*, la luciérnaga. || *Gusano de seda*, larva de un insecto lepidóptero que produce un capullo de seda, dentro del cual pasa al estado de crisálida y luego al de mariposa.

gusanoso, sa adj. Que está lleno de gusanos.

gusarapiento, ta adj. Que tiene gusarapos. || *Fig.* Inmundo.

gusarapo, pa m. y f. *Despect.* Cualquiera de los animales de forma de gusanos que se crían en los líquidos.

gustación f. Acción y efecto de gustar.

gustar v. t. Probar, sentir y percibir en el paladar el sabor de las cosas. || Experimentar. || — V. i. Agradar una cosa, parecer bien: *me gustan las novelas policíacas.* || Desear, querer, tener gusto en algo: *gustar de correr, de jugar, de leer.* || *¿Usted gusta?*, expresión de cortesía usada cuando alguien empieza a comer delante de otros.

— En América es muy frecuente con este verbo la omisión de la preposición *de: ¿no gustan tomar algo?*

gustativo, va adj. Relativo al gusto. || *Nervio gustativo*, el que transmite de la lengua al encéfalo las sensaciones del paladar.

gustazo m. *Fam.* Gusto grande.

gustillo m. Dejo o saborcillo que percibe el paladar: *esta sopa tiene un gustillo extraño.*

gusto m. Uno de los cinco sentidos corporales, con que se percibe y distingue el sabor de las cosas. (El *órgano del gusto* se encuentra en el hombre en la lengua y en el paladar.) || Sabor: *comida de gusto dulce.* || Placer, agrado: *lo haré con gusto.* || Facultad de apreciar lo bello: *tener buen (o mal) gusto.* || Gracia, elegancia: *vestir con gusto.* || Manera de expresar una obra artística: *obra de gusto helénico.* || Modo de apreciar las cosas: *el gusto peculiar de cada uno.* || Inclinación, afición: *tener gustos diferentes.* || Capricho, antojo: *por su gusto nunca saldríamos de paseo.* || Gustazo: *me di el gusto de verle arruinado.* || — *A gusto*, con gusto, con agrado o placer. || *Con mucho gusto*, expresión de cortesía con la que se acepta algo. || *Dar gusto a uno*, complacerle. || *Fam. Despacharse a su gusto*, hacer o decir algo sin traba de ninguna clase. || *Hay gustos que merecen palos*, hay gente con el gusto extraviado. || *Mucho gusto o tanto gusto*, encantado de conocerle (en una presentación). || *Tomar gusto a algo*, aficionarse a ello.

gustoso, sa adj. Sabroso: *plato gustoso.* || Que hace con gusto una cosa: *iré gustoso a verle.* || Agradable, placentero.

gutagamba f. Árbol de la India, de la familia de las gutíferas, de cuyo tronco fluye una gomorresina usada en farmacia y pintura. || Gomorresina de este árbol.

gutapercha f. Sustancia gomosa, más blanda que el caucho, que se obtiene de un árbol grande de Indonesia de la familia de las sapotáceas. || Tela barnizada con esta sustancia.

gutiámbar f. Goma de color amarillo, empleada en pintura.

gutíferas f. pl. Familia de plantas y árboles angiospermos dicotiledóneos que segregan productos resinosos, como la gutagamba y la gutapercha (ú. t. c. adj.).

gutural adj. Relativo a la garganta: *grito gutural.* || *Gram.* Dícese de las consonantes cuyos sonidos se producen aplicando la lengua contra el velo del paladar (la *g*, la *j* y la *k* son *consonantes guturales*) [ú. t. c. f.].

gymkhana f. (pal. india). Conjunto de pruebas deportivas en automóvil, motocicletas o caballos en el cual los participantes han de vencer obstáculos variados.

h

h f. Octava letra del alfabeto castellano y sexta de sus consonantes. || — **H**, símbolo del *hidrógeno*, y del *henrio* o *henry*. || *Mús.* La nota *si* en alemán. || — **h**, símbolo de la *hora*. || — *La hora H*, momento fijado para una operación. || *Por h o por b*, por cualquier causa.

— La *hache* no representa ningún sonido. Antiguamente se aspiraba y aún hoy suelen pronunciarse así algunas palabras en Andalucía y Extremadura.

ha, abreviatura de *hectárea*.

haba f. Planta de la familia de las papilionáceas, de semilla comestible. || Su semilla. || Nombre de la bolita blanca o negra con que se vota en algunas congregaciones. || Figurita encerada que se pone en el roscón de Reyes. || Roncha. || En algunas provincias, habichuela, judía. || *Min.* Nódulo de mineral redondeado y envuelto por la ganga. || *Veter.* Tumor de las caballerías en el paladar. || *Fam. En todas partes cuecen habas*, lo mismo ocurre en todas partes.

habado adj. *Cub., Méx.* y *Venez.* Dícese del gallo blanquirrojo.

habanero, ra adj. y s. De La Habana. || — F. Danza originaria de La Habana.

habano, na adj. De La Habana y, por ext. de Cuba: *cigarro habano*. || Del color de tabaco claro: *un vestido de color habano*. || — M. Cigarro puro de Cuba.

habar m. Plantío de habas.

hábeas corpus m. Institución de Derecho que garantiza la libertad individual y protege de las detenciones arbitrarias.

haber m. Hacienda, caudal (ú. t. en pl.). || Parte de la cuenta de una persona donde se apuntan las cantidades que se le deben. | — Pl. Retribución: *los haberes de un empleado*. || *Fig. Tener alguna cualidad o mérito en su haber*, poseerla de tal modo que compense otros aspectos poco o menos favorables.

*haber v. t. Poseer, tener una cosa (en este sentido se suele usar *tener*). || Detener, alcanzar: *el malhechor no pudo ser habido*. || — V. auxiliar. Sirve para conjugar los tiempos compuestos de los verbos: *he amado; habrás leído*. || — V. impers. Suceder, ocurrir, acaecer, sobrevenir: *hubo una hecatombe*. || Verificarse, efectuarse, cele-brarse: *ayer hubo conferencia*. || Dicho del tiempo, hacer: *habrá diez años que ocurrió*. || Hallarse: *había mucha gente en el mercado*. || — *Algo habrá*, debe de existir algún motivo para que haya ocurrido cierta cosa. || *Haber de, tener que, ser necesario*. || *Habérselas con uno*, enfrentarse con él. || *Hay que, es preciso*. || *Fam. ¿Qué hay?*, fórmula de saludo.

habichuela f. Judía.

habiente adj. *For.* Que tiene.

hábil adj. Capaz, diestro: *un cirujano hábil*. || Inteligente: *una hábil maniobra*. || *For.* Apto: *hábil para contratar*. || *Días hábiles*, días laborables.

habilidad f. Capacidad y disposición para una cosa. || Destreza: *la habilidad de un operario*. || Inteligencia, talento: *la habilidad de un político*. || Acción que demuestra la destreza o inteligencia: *la niña tuvo que hacer todas sus habilidades delante de la familia*. || Cualidad de hábil: *habilidad para testar*.

habilidoso, sa adj. y s. Que tiene habilidad, mañoso.

habilitación f. Acción y efecto de habilitar. || Cargo del habilitado.

habilitado m. Persona encargada de pagar los haberes de militares y funcionarios.

habilitador, ra adj. y s. Que habilita.

habilitar v. t. Hacer a una persona hábil o apta desde el punto de vista legal: *habilitar para suceder*. || Proveer de: *habilitar un millón de euros*. || Comanditar. || Disponer, arreglar, acondicionar: *habilitar una casa*.

habitabilidad f. Calidad de habitable.

habitable adj. Aplícase al sitio donde puede habitarse.

habitación f. Acción y efecto de habitar. || Cualquiera de los aposentos de la casa o morada: *piso con cinco habitaciones*. || Edificio o parte de él que se destina para habitarlo, domicilio. || Cuarto de dormir.

habitáculo m. *Poét.* Habitación.

habitante adj. Que habita. || — M. Cada una de las personas que constituyen la población de un lugar: *habitante de una nación*.

habitar v. t. Vivir, morar.

hábitat m. (pal. fr.). Conjunto de hechos geográficos relativo a la residencia del hombre: *el hábitat rural, urbano*.

hábito m. Traje o vestido. || Vestido que se lleva en cumplimiento de un voto: *hábito del Carmen*. || Vestidura de los religiosos: *hábito de San Francisco*. || Costumbre: *tener malos hábitos*. || — Pl. Vestido talar de los sacerdotes. || — *Ahorcar* (o *colgar*) *los hábitos*, abandonar la vida eclesiástica.

habituación f. Costumbre.

habitual adj. De siempre: *ocupación, paseo habitual*.

habituar v. t. Acostumbrar.

habla f. Facultad o acción de hablar: *perder el habla*. || Idioma, lenguaje: *países de habla española*. || Manera de hablar: *el habla de los niños*.

hablada f. *Méx.* Chisme, fanfarronada.

hablado, da adj. Con los adverbios *bien* o *mal*, comedido o descomedido en el hablar.

hablador, ra adj. Que habla mucho, parlanchín. || Aficionado a contar todo lo que ve y oye. || — M. y f. *Méx.* Mentiroso, fanfarrón.

habladuría f. Dicho o expresión inoportuna y desagradable. || Rumor.

hablante adj. y s. Que habla.

hablar v. i. Articular, proferir palabras para darse a entender: *el niño empieza a hablar al año o año y medio*. || Articular palabras ciertas aves: *el papagayo puede hablar*. || Expresarse de un modo cualquiera: *hablar elocuentemente, como el pueblo*. || Conversar (ú. t. c. pr.). || Perorar: *hablar en un mitin*. || Razonar, tratar: *hablar de literatura, de ciencias*. || Dirigir la palabra: *le tengo que hablar para discutir de un asunto*. || Tratar: *hablar de tú a un amigo*. || Murmurar: *hablar mal del vecino*. || Rogar, interceder: *hablar en favor de un amigo*. || *Fig.* Tener relaciones amorosas: *Fernando habló tres años con Victoria* (ú. t. c. pr.). || Sonar un instrumento con expresión: *hablar el violín*. || Darse a entender por medio distinto de la palabra: *el Partenón nos habla de la grandeza de Grecia*. || — *Fig. Hablando en plata*, hablando claramente. || *Fam. Hablar como una cotorra*, más que un papagayo, por los codos, hablar mucho y muy de prisa. || — *¡Ni hablar!*, de ninguna manera. || — V. t. Conocer, emplear un idioma: *hablar inglés*. || Decir: *hablar disparates*. || — V. pr. *Fig.* Tratarse: *desde aquella discusión no se hablan a pesar de su antigua amistad*.

hablilla f. Habladuría.

hablista com. Persona que habla con pureza y propiedad.

habón m. Roncha grande, haba.

hacedero, ra adj. Factible.

hacedor, ra adj. y s. Que hace una cosa. || Por antonomasia, Dios: *el Sumo Hacedor.*

hacendado, da adj. y s. Que tiene hacienda en bienes raíces. || *Fig.* Rico, adinerado. || *Amer.* Dueño de una estancia.

*hacendar v. t. Dar o conferir la propiedad de bienes raíces. || – V. pr. Adquirir bienes para establecerse: *hacendarse en Argentina.*

hacendista m. Hombre experto en la administración de la hacienda pública.

hacendístico, ca adj. Relativo a la hacienda pública.

hacendoso, sa adj. Aplícase a la persona que realiza concienzudamente los trabajos domésticos.

*hacer v. t. Producir una cosa, darle el primer ser. || Fabricar, componer: *hacer un mueble, un poema.* || Disponer, arreglar: *hacer la comida, las maletas.* || Causar, ocasionar: *hacer humo, sombra, daño; hacer feliz.* || Caber, contener: *esta bota hace cien litros de vino.* || Efectuar: *hacer un milagro.* || Ejercitar los miembros para procurar su desarrollo: *hacer piernas.* || Representar un papel de cómico. || Ocuparse en algo: *tener mucho qué hacer.* || Ser: *cuatro y cuatro hacen ocho.* || Convertir: *hacer trizas una cosa.* || Dar cierta impresión: *este vestido me hace más gorda.* || Convenir: *este trabajo no me hace.* || Creer, suponer: *hacía a Ramón en Málaga* (ú. t. c. pr.). || Expeler del cuerpo: *hacer de vientre.* || Obligar: *hacer salir del local.* || Aparentar: *hacer el rico, el muerto* (ú. t. c. pr.). || Proferir o producir cierto sonido: *el reloj hace tic tac.* || *Fam.* Hacerla, hacer una fechoría o una jugada. || *Hacer las delicias,* causar placer. || *Hacer las veces de,* reemplazar; servir para. || *Hacer saber,* o *hacer presente,* poner en conocimiento. || *Hacer tiempo,* dejar pasar el tiempo. || *Hacer uso,* usar, utilizar. || – V. i. Importar, convenir: *lo que hace al caso.* || Corresponder, concordar: *llave que hace a ambas cerraduras.* || – *Hacer como,* aparentar. || *Hacer de,* desempeñar el oficio de. || *Hacer para o por,* procurar. || – V. pr. Proveerse: *hacerse con dinero.* || Volverse: *hacerse viejo.* || Resultar: *este viaje se hace muy largo.* || Crecer, irse formando: *hacerse los árboles.* || Convertirse en, llegar a ser. || Apartarse: *se hizo a un lado.* | *Fam.* Acostumbrarse: *me hice a esa clase de vida.* | Ganar: *todos los días se hace con una buena cantidad de dinero.* || – *Hacerse con* (o *de*) *una cosa,* quedarse con ella, apropiársela. || *Hacerse a la mar,* embarcarse. || – V. impers. Hablando del tiempo, hacerlo bueno o malo: *hace calor, frío,*

buen día, etc. || Haber transcurrido cierto tiempo: *hace tres días, diez años.*

hacha f. Vela de cera grande y gruesa con cuatro pabilos. || Tea de esparto y alquitrán. || Herramienta cortante provista de un mango, utilizada para cortar leña o labrar toscamente la madera. || Cada uno de los cuernos del toro. || Arma antigua de guerra en forma de hacha.

hache f. Nombre de la letra *h.*

hachemita adj. y s. Perteneciente a una dinastía árabe: *el Reino Hachemita de Jordania.*

hachís m. Composición narcótica extraída del cáñamo, usada por los orientales.

hacia prep. Indica la dirección del movimiento: *hacia la derecha, la izquierda.* || Alrededor de, cerca de: *hacia las cuatro de la tarde.*

hacienda f. Finca agrícola o rural. || Fortuna. || Labor, faena casera (ú. m. en pl.). || *Amer.* Ganado. || *Méx. Hacienda de beneficio,* lugar en que se benefician los minerales de plata. || *Hacienda pública,* tesoro público, rentas del Estado. || *Ministerio de Hacienda,* el que se ocupa de la recaudación fiscal y de proveer los gastos públicos.

hacina f. Conjunto de haces apilados. || *Fig.* Montón.

hacinado, da adj. Dicho de objetos, amontonado. || Dicho de personas, que vive donde hay sobrepoblación.

hacinamiento m. Amontonamiento.

hacinar v. t. Poner los haces unos sobre otros formando hacina. || *Fig.* Amontonar, acumular: *hacinar las pruebas contra un procesado.* || – V. pr. Amontonarse: *hacinarse en un tranvía.*

hada f. Ser fantástico de sexo femenino al cual se atribuía el don de adivinar lo futuro.

hado m. Destino.

hafnio m. Metal blanco (símb., Hf), de número atómico 72, que funde a 2 500 °C, y pertenece al grupo de las tierras raras.

hagiografía f. Historia de las vidas de los santos.

hagiógrafo m. Autor de cualquiera de los libros de la Biblia. || Escritor de vidas de santos.

haitiano, na adj. y s. De Haití.

¡hala! interj. Se usa para animar, incitar.

halagador, ra adj. Que halaga.

halagar v. t. Dar a uno muestras de afecto. || Dar motivo de satisfacción o envanecimiento: *me halaga lo que dices.* || Adular. || *Fig.* Agradar, deleitar.

halago m. Alabanza, lisonja.

halagüeño, ña adj. Que halaga. || Que lisonjea o adula. || Que atrae con dulzura y suavidad.

halar v. t. *Mar.* Tirar de un cabo, de una lona o un remo. | Remar hacia adelante. || *Amer.* Jalar.

halcón m. Ave rapaz diurna, de plumaje variado, pico fuerte y corvo.

halconera f. Sitio donde se guardaban los halcones.

halconería f. Caza que se hacía con halcones.

halconero m. Persona que cuidaba de los halcones.

¡hale! interj. Se usa para animar o meter prisa.

haleche m. Boquerón.

hálito m. Aliento que sale por la boca del animal. || Vapor que una cosa arroja. || *Poét.* Soplo suave y apacible del aire.

hall [jol] m. (pal. ingl.). Recibimiento, entrada, zaguán.

hallar v. t. Dar con una persona o cosa sin buscarla. || Encontrar lo que se busca: *hallar un documento histórico.* || Inventar: *hallar un procedimiento químico.* || Observar, notar: *hallar errores de imprenta.* || Averiguar: *hallar el paradero de una persona.* || – V. pr. Encontrarse: *se hallaba en Barcelona.* || Estar: *hallarse perdido, enfermo, alegre.* || Estar presente: *hallarse fuera de su patria, en París, en un local.* || – *Hallarse uno en todo,* ser entrometido. || *No hallarse en un sitio,* no sentirse en su elemento.

hallazgo m. Acción y efecto de hallar. || Cosa hallada.

halo m. Cerco luminoso que rodea a veces el Sol y la Luna. || *Fot.* Aureola que rodea la imagen de un punto brillante. || Cerco brillante que se pone sobre la cabeza de las imágenes de los santos. || *Fig.* Atmósfera que rodea a una persona.

halógeno, na adj. y s. *Quím.* Aplícase a los elementos de la familia del cloro (flúor, bromo, yodo, etc.).

halografía f. *Quím.* Descripción de las sales.

haloideo, a adj. y s. m. *Quím.* Aplícase a las sales formadas por la combinación de un metal con un haloideo.

haltera f. Instrumento de gimnasia formado por dos bolas o discos metálicos unidos por una barra.

halterofilia f. Deporte consistente en el levantamiento de pesos y halteras.

hamaca f. Red o lona que se cuelga horizontalmente y sirve de cama y columpio. || Tumbona. || *Arg.* Columpio.

hamaquear v. t. *Amer.* Mecer. || *Fig. Amer.* Marear a uno. || Dar largas a un negocio.

hambre f. Gana y necesidad de comer. || *Fig.* Apetito o deseo ardiente: *hambre de libertad, de justicia.* || *Fig.* A buen hambre no hay pan duro, cuando aprieta la necesidad no repara uno en ninguna delicadeza. || *Hambre calagurritana,* la muy violenta. || *Fig.* y *fam.* Hambre canina, gana de comer excesiva. || Ser más listo que el hambre, ser muy avispado.

hambriento, ta adj. y s. Que tiene hambre. || *Fig.* Deseoso: *hambriento de triunfos.*

hambruna f. *Amer.* Hambre.

hamburgués, esa adj. y s. De Hamburgo. || — F. Especie de albóndiga de carne, de forma plana.

hampa f. Género de vida de los pícaros y maleantes y su conjunto: *el hampa de una gran ciudad.*

hampesco, ca adj. Relativo al hampa: *la vida hampesca.*

hámster m. Género de roedores pequeños de Europa Oriental.

hand ball [*janbol*] m. (pal. ingl.). Balonmano.

handicap m. (pal. ingl.). Prueba deportiva en la que se da ventaja a ciertos competidores para igualar las posibilidades. || *Fig.* Cualquier desventaja.

hangar m. Cobertizo, en particular el destinado a guarecer los aviones.

haragán, ana adj. y s. Holgazán, que rehúye el trabajo.

haraganear v. i. Holgazanear.

haraganería f. Aversión al trabajo, ociosidad.

harakiri [*jara-*] m. y **haraquiri** m. En el Japón, suicidio ritual que consiste en abrirse el vientre.

harapiento, ta adj. Haraposo.

harapo m. Andrajo, guiñapo.

haraposo, sa adj. Andrajoso.

hardware m. (pal. ingl.). Conjunto de los elementos que forman un ordenador electrónico desde el punto de vista de su realización.

harén m. Entre los musulmanes, departamento de la casa donde viven las concubinas. || Conjunto de estas mujeres.

harina f. Polvo resultante de la molienda de diversos granos: *harina de maíz, de trigo, de mandioca.* || *Fig.* Polvo menudo. || — *Harina de flor,* harina de calidad superior. || *Harina de pescado,* polvo elaborado a partir de desechos del pescado. || *Fig.* y fam. *Ser harina de otro costal,* ser muy diferente una cosa de otra. | *Metido en harina,* empeñado en una empresa.

harinero, ra adj. Relativo a la harina: *molinos harineros.* || — M. Persona que comercia en harina o la fabrica. || Lugar donde se guarda la harina.

harinoso, sa adj. Que tiene mucha harina. || Farináceo.

harmonía y sus derivados, v. ARMONÍA.

harnero m. Especie de criba.

harpa f. Arpa.

harpía f. Arpía.

harpillera f. Arpillera.

hartada f. Hartazgo.

hartar v. t. Saciar el apetito de comer (ú. t. c. i. y pr.). || *Fig.* Satisfacer el deseo de una cosa. Ú. t. c. pr.: *hartarse de dormir.* || Fastidiar, cansar. Ú. t. c. pr.: *hartarse de esperar.* | Dar en gran cantidad: *hartar a uno de palos.*

hartazgo m. Repleción incómoda que resulta de hartarse: *hartazgo de fruta.* || *Fig.* y fam. *Darse un hartazgo*

de una cosa, hacerla con exceso hasta la saciedad.

hartón m. Hartazgo.

hartura f. Hartazgo.

hasta prep. Sirve para expresar el término de lugares, acciones y cantidades continuas o discretas: *desde aquí hasta allí; llegaremos hasta Barcelona; ahorramos hasta cien mil euros.* || — Conj. y adv. Equivalente a *incluso, aun, también*: *en la casa podrá caber hasta el coche; le indiqué hasta pegado.* || — *Hasta la vista, hasta luego, hasta pronto, hasta otra,* expresiones de despedida. || *Hasta más no poder,* sumamente: *es tonto hasta más no poder.*

hastial m. Parte superior triangular de la fachada de un edificio formada por las dos vertientes del tejado o cubierta. || *Min.* Cara lateral de una excavación. || *Fig.* Hombrón rústico y grosero. (Suele aspirarse la *h*.)

hastiar v. t. Asquear (ú. t. c. pr.). || Fastidiar (ú. t. c. pr.).

hastío m. Asco a la comida. || *Fig.* Disgusto, fastidio, tedio: *sentir hastío de un trabajo.*

hatajador m. *Méx.* El que guía la recua.

hatajo m. Pequeño hato de ganado. || *Fig.* y fam. Conjunto, abundancia: *un hatajo de disparates.*

hatería f. Ajuar y repuesto de víveres de los pastores, mineros y jornaleros.

hatillo m. Hato pequeño de ganado. || Pequeño lío de ropa: *el maletilla se iba con su hatillo.*

hato m. Porción de ganado: *un hato de bueyes, de ovejas.* || Sitio en despoblado donde paran los pastores con el ganado. || Hatería, comida de los pastores. || *Fig.* Junta de gente de mal vivir: *un hato de pícaros.* | Hatajo, montón. || *Fam.* Junta, corrillo: *un hato de chiquillos, de comadres.* || Lío de ropa y efectos que lleva uno consigo cuando va de un sitio para otro.

hawaiano, na adj. y s. De Hawai.

haya f. Árbol de la familia de las fagáceas, de tronco liso, corteza gris y madera blanca, cuyo fruto es el hayuco.

hayal m. Sitio poblado de hayas.

hayense adj. y s. De Presidente Hayes (Paraguay).

hayo m. Coca, arbusto.

hayuco m. Fruto del haya.

haz m. Porción atada de mieses, lino, leña, etc. || *Fís.* Conjunto de rayos luminosos emitidos por un foco. || — F. Cara o rostro. || Cara una hoja, de cualquier tela, etc., opuesta al envés. || *El o la haz de la Tierra,* la superficie de ella. || *Pl.* Fasces de los lictores.

haza f. Porción de tierra de labor. || (Ant.). Montón o rimero.

hazaña f. Hecho ilustre y heroico: *las hazañas de Hércules.*

hazmerreír m. *Fam.* Persona objeto de burlas.

he adv. Con los adverbios *aquí* y *allí* o los pronombres enclíticos *me, te, la, le, lo, las, los* sirve para señalar una persona o cosa: *heme aquí; hela allí; he aquí el dilema.*

He, símbolo del helio.

hebdomadario, ria adj. Semanal: *periódico hebdomadario.*

hebijón m. Clavillo de hebilla.

hebilla f. Broche para ajustar correas, cintas, etc.

hebra f. Porción de hilo que se pone en una aguja. || Fibra de la carne. || Filamento de las materias textiles: *hebra de lino, de cáñamo.* || Dirección de las vetas de la madera: *aserrar a hebra.* || Hilo de cualquier materia viscosa concentrada: *hebras de sangre.* || *Min.* Vena o filón: *hebra argentífera.* || *Fig.* Hilo del discurso. || *Pl. Poét.* Los cabellos. || *Fig.* y fam. *Pegar la hebra,* charlar.

hebraico, ca adj. Hebreo.

hebraísmo m. Profesión de la ley de Moisés, ley judía. || Giro propio de la lengua hebrea.

hebraísta m. Persona que cultiva la lengua y la literatura hebreas.

hebraizante m. Hebraísta.

hebreo, a adj. y s. Aplícase al pueblo semítico que conquistó y habitó Palestina, también llamado *israelita* y *judío.* (Los *hebreos* son descendientes del patriarca Heber, antepasado de Abrahán.) || — M. Lengua de los hebreos.

hecatombe f. Sacrificio solemne de cien bueyes y, por ext., de otras víctimas, que hacían los paganos a sus dioses. || *Fig.* Matanza, mortandad: *la hecatombe de Hiroshima.* | Acontecimiento con sus muchos infortunios para otros: *el examen de ingreso fue una verdadera hecatombe.*

hechicería f. Profesión y acto del hechicero. || Hechizo, maleficio.

hechicero, ra adj. y s. Persona que el vulgo creía estar en relación con el diablo para producir maleficios. || En los cuentos, brujo. || *Fig.* Que, por su belleza, cautiva y atrae: *niña hechicera.*

hechizar v. t. Emplear prácticas supersticiosas para someter a uno a influencias maléficas. || *Fig.* Despertar una persona o cosa admiración, cautivar.

hechizo m. Cosa supersticiosa de que se vale el hechicero para lograr su objetivo. || *Fig.* Persona o cosa que cautiva el ánimo.

hecho, cha adj. Perfecto, acabado: *hombre hecho; vino hecho.* || *Fig.* Semejante a: *estaba hecho un hombre, una fiera.* || Con los adv. *bien* o *mal, bien* o mal proporcionado: *mujer muy bien hecha.* || — M. Acción, obra. || Acontecimiento, suceso: *un hecho histórico.* || — A *lo hecho, pecho,* hay que sufrir las consecuencias de lo que se hace. || *De hecho,* en realidad. || *¡Hecho!, ¡de acuerdo!, ¡aceptad!* ¿vienes con nosotros? ¡Hecho! || Hecho consumado, aquel que, una vez realizado, es irreversible.

hechura f. Ejecución, confección: *la hechura de un traje.* || Criatura, respecto de su creador: *somos hechuras de Dios.* || Cualquier cosa respecto del que la ha hecho. || Forma exterior. || Fig. Persona que debe a otra cuanto tiene: *ser la hechura de su protector.*

hectárea f. Medida de superficie de cien áreas equivalente a diez mil metros cuadrados (símb., *ha*).

héctico, ca adj. Hético, tísico. || — Adj. y s. Med. Dícese de la fiebre prolongada, con fuertes oscilaciones de temperatura, característica de las enfermedades consuntivas: *fiebre héctica.*

hectogramo m. Medida de peso, que tiene 100 g (símb., *hg*).

hectolitro m. Medida de capacidad, que tiene 100 l (símb., *hl*).

hectómetro m. Medida de longitud, que tiene 100 m (símb., *hm*).

*heder v. i. Despedir mal olor.

hediondez f. Cosa hedionda. || Hedor, mal olor.

hediondo, da adj. Que despide hedor, pestilente: *un hediondo calabozo.* || Fig. Sucio, repugnante.

hedonismo m. Doctrina moral que considera el placer como único fin de la vida.

hedonista adj. y s. Relativo al hedonismo o partidario de él.

hedor m. Mal olor.

hegelianismo m. Sistema filosófico fundado en la primera mitad del siglo XIX por el alemán Hegel.

hegeliano, na adj. y s. Relativo al hegelianismo.

hegemonía f. Supremacía de un Estado sobre otros: *la hegemonía de Macedonia sobre Grecia.* || Fig. Superioridad en cualquier grado.

hégira o **héjira** f. Punto de arranque de la cronología musulmana, situado el 16 de julio de 622, día de la huida de Mahoma de La Meca a Medina.

héjira V. HÉGIRA.

helada f. Congelación de los líquidos producida por la frialdad del tiempo. || Congelamiento del rocío nocturno: *la helada arrasó los cultivos.*

heladera f. Máquina para hacer helados. || Amer. Nevera, refrigerador.

heladería f. Tienda donde se fabrican o venden helados.

heladero m. Fabricante de helados. || Vendedor de helados.

helado, da adj. De consistencia sólida a causa del frío: *lago helado.* || Fig. Muy frío: *tener los pies helados.* | Atónito, suspenso: *quedarse helado del susto.* | Frío, desdeñoso: *hombre de temperamento helado.* || — M. Crema azucarada, que a veces con zumo de frutas o licor, se congela en un molde y constituye un manjar refrescante: *helado de vainilla.*

helador, ra adj. Que hiela. || — F. Utensilio para hacer helados.

*helar v. t. Solidificar un líquido por medio del frío: *el frío hiela el agua de los ríos.* || Fig. Dejar a uno suspenso: *helar a uno con una mala noticia.* | Desanimar, amilanar: *helar el entusiasmo a uno.* || — V. pr. Ponerse helada una cosa: *helarse el aceite por la baja temperatura.* || Quedarse muy frío. || Echarse a perder los vegetales por causa de la congelación. || Fig. Pasar mucho frío. || — Helársele a uno la sangre en las venas, quedarse paralizado por miedo o sorpresa. || — V. impers. Formarse hielo: *ayer heló.*

helecho m. Género de plantas criptógamas de la clase de las filicíneas, que crecen en los lugares húmedos y sombríos. || Helecho arborescente, especie de gran tamaño, común en México.

helénico, ca adj. Griego, relativo a Grecia.

helenio m. Género de plantas de la familia de las compuestas.

helenismo m. Giro propio de la lengua griega. || Influencia de la civilización griega en las culturas posteriores.

helenista com. Persona versada en la lengua y literatura griegas.

helenístico, ca adj. Relativo a los helenistas. || Aplícase al griego alejandrino, y particularmente al de los Setenta, y que es dialecto macedónico mezclado con el de Fenicia y el de Egipto.

helenización f. Adopción de la lengua y cultura griegas.

helenizar v. t. Dar carácter griego. || — V. pr. Adoptar las costumbres, lengua y civilización griegas.

heleno, na adj. y s. Griego.

helera f. Granillo de las aves. || Amer. Heladera.

helero m. Masa de hielo debajo del límite de las nieves perpetuas en las altas montañas.

hélice f. Anat. Parte más externa y periférica del pabellón auditivo. || Arq. Voluta. || Curva de longitud indefinida que forma ángulos iguales con las generatrices de un cilindro. | Espiral. || Tecn. Sistema de propulsión, tracción o sustentación, constituido por palas helicoidales que giran sobre un eje: *la hélice de un avión.* || Zool. Caracol, molusco.

helicoidal adj. De figura de hélice: *estría helicoidal.*

helicoide m. Geom. Superficie o volumen engendrado por una curva (o una superficie) animada de un movimiento helicoidal.

helicóptero m. Aeronave cuya sustentación y propulsión se deben a hélices horizontales que le permiten ascender y descender en sentido vertical.

helio m. Quím. Cuerpo simple gaseoso (He), de densidad 0,18 y número atómico 2. Descubierto en la atmósfera solar, se encuentra también en el aire.

heliocéntrico, ca adj. Astr. Aplícase a los lugares y medidas referidos al centro del Sol.

heliograbado m. Impr. Procedimiento fotomecánico para obtener grabados en hueco mediante el aguafuerte. || Estampa así obtenida.

heliografía f. Descripción o fotografía del Sol. || Sistema de transmisiones de señales por medio del heliógrafo.

heliógrafo m. Aparato telegráfico óptico que se basa en los destellos emitidos por espejos planos que reflejan los rayos solares. || Instrumento para medir la cantidad de calor irradiada por el Sol.

helión m. Quím. Núcleo del átomo del helio.

helioterapia f. Med. Tratamiento basado en la luz solar, activa por sus rayos ultravioleta. (La *helioterapia* es eficaz contra el raquitismo, la tuberculosis ósea y algunas enfermedades de la piel.)

heliotropismo m. Fenómeno que ofrecen ciertas plantas de dirigir sus flores, sus tallos y sus hojas hacia el Sol.

heliotropo m. Género de plantas borragináceas de flores olorosas, originarias del Perú.

helipuerto m. Aeropuerto para uso de los helicópteros.

helmíntico, ca adj. Relativo a los helmintos.

helminto m. Gusano parásito intestinal.

helvecio, cia adj. y s. De Helvecia o Suiza.

helvético, ca adj. y s. Helvecio: *Confederación Helvética.*

hematíe m. Glóbulo rojo de la sangre.

hematina f. Pigmento ferruginoso de la hemoglobina.

hematites f. Min. Óxido natural de hierro, rojo y a veces pardo.

hematología f. Estudio de la estructura histológica, la composición química y las propiedades físicas de la sangre.

hematoma m. Med. Derrame de sangre en una cavidad natural o en un tejido debido a la ruptura de algún vaso.

hematosis f. Conversión de la sangre venosa en arterial, realizada en el aparato respiratorio.

hematozoario m. Protozoario parásito de la sangre, agente del paludismo.

hematuria f. Med. Enfermedad que consiste en orinar sangre.

hembra f. Animal del sexo femenino. || Niño del sexo femenino: *tiene dos hijos, un varón y una hembra.* || Mujer. || En las plantas que tienen sexos distintos en pies diversos, individuo que da frutos. || Fig. Pieza con un hueco o agujero por donde otra se introduce y encaja. | El mismo hueco.

hembraje m. Amer. Conjunto de hembras de una ganadería o una especie de ganado.

hembrilla f. Armella. || Pieza pequeña donde encaja otra.

hemerográfico, ca adj. Relativo a las publicaciones periódicas: *fuentes orales, hemerográficas, bibliográficas.*

hemeroteca f. Biblioteca de diarios y periódicos al servicio del público. || Edificio donde se halla.

hemiciclo m. Semicírculo. || Salón de forma semicircular, con gradas: *el hemiciclo del Congreso.*

hemiedría f. Ley conforme a la cual ciertos cristales sólo presentan modificaciones en la mitad de las aristas y los ángulos correspondientes.

hemiedro, dra adj. Que presenta los caracteres de la hemiedría: *cristal hemiedro.*

hemiplejía f. *Med.* Parálisis de todo un lado del cuerpo.

hemipléjico, ca adj. y s. Relativo a la hemiplejía o que padece de esta parálisis.

hemíptero, ra adj. y s. Dícese de los insectos de cuatro alas, provistos de trompa chupadora y pico articulado.

hemisférico, ca adj. Relativo al hemisferio o que tiene su forma.

hemisferio m. Mitad de una esfera. || *Astr.* Cada una de las dos partes iguales en que se divide el globo terrestre o la esfera celeste: *hemisferio austral, boreal, occidental, oriental.*

hemistiquio m. Parte del verso cortado por una cesura.

hemofilia f. *Med.* Hemopatía hereditaria, caracterizada por la excesiva fluidez y dificultad de coagulación de la sangre.

hemofílico, ca adj. De la hemofilia. || Que la padece (ú. t. c. s.).

hemoglobina f. Materia colorante del glóbulo rojo de la sangre.

hemopatía f. *Med.* Enfermedad de la sangre en general.

hemoptisis f. *Med.* Hemorragia de la membrana mucosa pulmonar, caracterizada por la expectoración de sangre.

hemorragia f. *Med.* Flujo de sangre de cualquier parte del cuerpo: *hemorragia nasal, cerebral, en los pulmones.*

hemorrágico, ca adj. Relativo a la hemorragia: *derrame, flujo hemorrágico.*

hemorroidal adj. *Med.* Relativo a las hemorroides o almorranas.

hemorroide f. *Med.* Almorrana.

hemostasis f. *Med.* Detención de una hemorragia por cualquier procedimiento.

hemotórax m. *Med.* Derrame de sangre en la pleura.

henar m. Sitio abundante en heno. || Henil.

henchidura f. o **henchimiento** m. Acción y efecto de henchir.

*henchir v. t. Llenar, hinchar.

hendedura f. Hendidura.

*hender v. t. Hacer o causar una hendidura. || *Fig.* Atravesar un fluido o líquido: *hender una flecha el aire, un buque el agua.* | Abrirse paso entre la muchedumbre.

hendidura f. Abertura estrecha y larga en un cuerpo sólido, cuando no llega a dividirlo del todo: *hendidura en la pared.*

*hendir v. t. Hender.

henequén m. *Amér. C., Col. y Méx.* Variedad de agave o sisal, de cuya fibra textil se fabrican cuerdas.

henequero, ra adj. *Amér. C., Col. y Méx.* Relativo al henequén. || — S. Persona que cultiva o participa en la producción del henequén.

henificar v. t. Segar plantas forrajeras y secarlas al sol.

henil m. Lugar donde se apila el heno.

heno m. Planta gramínea de los prados. || Hierba segada y seca para alimento del ganado.

henrio o **henry** m. *Fís.* Unidad de inductancia eléctrica (símb., H), equivalente a la inductancia que se produce en un circuito cerrado cuando al variar la corriente en un amperio por segundo induce una tensión de un voltio.

hepático, ca adj. Relativo al hígado: *arteria hepática.* || *Cólico hepático,* crisis dolorosa de los canales biliares. || — M. y f. Persona que padece del hígado. || — F. Planta ranunculácea que se usó en medicina.

hepatismo m. *Med.* Afección del hígado.

hepatitis f. *Med.* Inflamación del hígado, de origen tóxico o infeccioso.

heptacordio o **heptacordo** m. *Mús.* Escala compuesta de las siete notas *do, re, mi, fa, sol, la, si.* | Intervalo de séptima.

heptaedro m. *Geom.* Poliedro de siete caras.

heptagonal adj. Relativo al heptágono.

heptágono, na adj. y s. *Geom.* Polígono de siete lados.

heptámetro adj. y s. Aplícase al verso de siete pies.

heptarquía f. Gobierno de siete personas. || País dividido u organizado en siete reinos.

heptasílabo, ba adj. y s. De siete sílabas: *verso heptasílabo.*

heráldico, ca adj. Relativo al blasón. || — M. Heraldista. || — F. Ciencia del blasón.

heraldista com. Persona versada en heráldica.

heraldo m. Oficial cuya misión era anunciar las declaraciones de guerra, llevar mensajes, etc. || Mensajero, portavoz.

herbáceo, a adj. Que tiene el aspecto de la hierba.

herbaje m. Conjunto de hierbas. || Cantidad pagada por arrendar pastos y dehesas.

herbajero m. Arrendatario o arrendador de un prado o dehesa.

*herbar v. t. Preparar, adobar con hierbas las pieles o cueros.

herbario, ria adj. Relativo a las plantas. || — M. Conjunto clasificado de plantas que se usa para el estudio de la botánica.

herbazal m. Sitio poblado de hierbas.

*herbecer v. i. Empezar a brotar la hierba.

herbecida adj. y s. m. Aplícase al producto que destruye las malas hierbas.

herbicida adj. y s. m. Producto químico con que se elimina la maleza.

herbívoro, ra adj. y s. m. Aplícase al animal que se alimenta de hierbas.

herbolario m. Persona que vende hierbas medicinales. || Tienda donde se venden estas hierbas.

herborización f. Acción y efecto de herborizar.

herborizar v. i. Recoger plantas para estudiarlas.

herboso, sa adj. Lleno de hierba: *terreno herboso.*

herciniano, na adj. *Geol.* Aplícase al último plegamiento del primario (ú. t. c. s. m.).

hercio m. V. HERTZ.

hercúleo, a adj. Propio o digno de Hércules: *fuerza hercúlea.*

hércules m. *Fig.* Hombre muy fuerte.

heredad f. Finca o hacienda de campo.

heredar v. t. Suceder por disposición testamentaria o legal los bienes y acciones que tenía uno al tiempo de su muerte (ú. t. c. i.). || Darle a uno heredades, posesiones o bienes raíces. || *Biol.* Recibir los seres vivos los caracteres físicos y morales que tienen sus padres.

heredero, ra adj. y s. Dícese de la persona que por testamento o por ley sucede a título universal en todo o parte de una herencia: *heredero universal, legítimo.* || Dueño de una heredad o heredades. || *Fig.* Que tiene alguno de los caracteres propios de sus padres.

herediano, na adj. y s. De Heredia (Costa Rica).

hereditario, ria adj. Transmisible por herencia: *bienes hereditarios.* || Que va de padres a hijos: *cargo, título hereditario.*

hereje com. Persona que profesa o defiende una herejía.

herejía f. Doctrina que, dentro del cristianismo, es contraria a la fe católica: *la herejía arriana.* || *Fig.* Sentencia errónea contra los principios de una ciencia o arte: *una herejía en literatura.* | Palabra muy injuriosa. | Opinión no aceptada por la autoridad: *herejía política.* | Fechoría. | Acción desatinada.

herencia f. Derecho de heredar. || Bienes que se transmiten por sucesión. || *Biol.* Transmisión de los caracteres normales o patológicos de una generación a otra.

heresiarca m. Autor de una herejía o jefe de una secta herética.

herético, ca adj. Relativo a la herejía: *una doctrina herética.*

herida f. Rotura hecha en las carnes con un instrumento o por efecto de fuerte choque con un cuerpo duro: *hacer una herida a alguien; curar una herida.* || Fig. Lo que ofende el amor propio o el honor: *la herida del desprecio, de una injuria.* | Dolor profundo.

herido, da adj. y s. Que ha recibido una herida: *herido de un balazo.* || Fig. Afligido, ofendido.

***herir** v. t. Dar un golpe que produzca llaga, fractura o contusión (ú. t. c. pr.): *herir de una pedrada.* || Fig. Ofender: *herir el amor propio de una persona.* | Caer los rayos del Sol sobre una cosa: *la luz solar hiere la vista.* | Pulsar o tañer un instrumento músico: *herir las cuerdas de la guitarra.* | Producir una impresión desagradable: *sonido que hiere el oído.*

hermafrodita adj. Dícese de los animales o plantas que reúnen los dos sexos en un mismo individuo. || — M. Individuo de la especie humana que aparentemente reúne los órganos reproductores de ambos sexos.

hermafroditismo m. Yuxtaposición en un mismo animal o planta de los dos sexos.

hermanado, da adj. Aparejado: *calcetines hermanados.* || Fig. Igual y uniforme en todo a una cosa. || Dícese de los órganos gemelos en las plantas. || Asociado: *ciudades hermanadas.*

hermanamiento m. Acción y efecto de hermanar o hermanarse. || Convenio de hermandad entre dos ciudades de diferentes países.

hermanar v. t. Aparear objetos de la misma índole: *hermanar calcetines de varios colores.* || Unir, juntar, armonizar: *hermanar colores, esfuerzos.* || Hacer a uno hermano de otro espiritualmente: *la desgracia nos hermanó* (ú. t. c. pr.). || Asociar dos ciudades de distintos países para desarrollar sus intercambios.

hermanastro, tra m. y f. Hijo de uno de los dos consortes con respecto al hijo del otro.

hermandad f. Relación de parentesco que hay entre hermanos. || Fig. Amistad íntima, fraternidad. | Analogía y correspondencia entre dos cosas. | Cofradía. | Liga o confederación.

hermano, na m. y f. Persona que con respecto a otra tiene unos mismos padres o por lo menos uno de ellos: *en esta familia son seis hermanos.* || Lego o donado: *hermano portero.* || Fig. Aplícase a todos los hombres, considerados como hijos de un mismo padre: *hermanos en Jesucristo.* | Dícese de las personas que están unidas por algún motivo afectivo: *hermanos en el dolor.* | Individuo de una hermandad, cofradía, etc.: *hermano de la cofradía de la Sangre; hermanos francmasones.* | Religioso de ciertas órdenes: *hermana de la Caridad.* || — Hermano bastardo, el habido fuera de matrimonio respecto del legítimo: *Don Juan*

de Austria, hermano bastardo de Felipe II de España. || Hermano carnal, el del mismo padre y madre. || Hermano consanguíneo, el de padre solamente. || Hermano de leche, hijo de una nodriza respecto del ajeno que ésta crió, o viceversa. || Hermano político, cuñado. || Hermano uterino, el que sólo lo es de madre: *el duque de Morny, hermano uterino de Napoleón III.* || Hermanos siameses, gemelos procedentes de un solo óvulo, unidos por alguna parte del cuerpo. || Medio hermano, hermanastro. || — Adj. Dícese de las cosas que, por su común origen, tienen caracteres análogos: *lenguas hermanas, países hermanos.*

hermenéutico, ca adj. Relativo a la hermenéutica. || — F. Arte de interpretar los textos antiguos.

hermeticidad f. y **hermetismo** m. Calidad de hermético.

hermético, ca adj. Dícese de los libros de alquimia atribuidos a Hermes y de los partidarios de este filósofo egipcio. || Que no deja pasar nada ni hacia fuera ni hacia dentro: *tapa hermética.* || Fig. Difícil de entender: *poesía hermética.* | Impenetrable: *persona hermética.*

hermoseamiento m. Embellecimiento.

hermosear v. t. Hacer o poner hermosa a una persona o una cosa (ú. t. c. pr.).

hermoso, sa adj. Dotado de hermosura: *mujer hermosa.* || Grandioso, excelente y perfecto en su línea: *edificio hermoso.* || Despejado, espléndido: *hermoso día.* || Fig. Sano y robusto: *niño hermoso.*

hermosura f. Belleza grande. || Persona o cosa hermosa: *¡qué hermosura de niño!*

hernandeño, ña adj. y s. De Hernandarias (Paraguay).

hernia f. Tumor blando producido por la salida total o parcial de una víscera u otra parte blanda de la cavidad que la encerraba: *hernia inguinal, umbilical.*

herniado, da y **hernioso, sa** adj. y s. Que padece hernia.

herniario, ria adj. Relativo a la hernia: *anillo, tumor herniario.*

herniarse v. pr. Sufrir una hernia. || Fig. y fam. Cansarse, hacer muchos esfuerzos: *no se ha herniado para efectuar ese trabajo.*

héroe m. Entre los griegos, el que creían nacido de un dios o diosa y de una persona humana, por lo que le reputaban más que hombre y menos que dios: *los héroes Hércules, Aquiles, Eneas, etc.* || Varón famoso. || El que ejecuta una acción heroica: *Bernardo del Carpio, el héroe de Roncesvalles.* || Fig. Personaje principal de una obra literaria, de una aventura, de una película: *Ulises, héroe de "La Odisea".* || Persona que realiza una acción que requiere valor.

heroicidad f. Calidad de heroico. || Acción heroica.

heroico, ca adj. Propio del héroe: *acción heroica.* || Que requiere valor: *una decisión heroica.* || Muy poderoso y eficiente: *remedio heroico.* || — Poesía heroica, la noble y elevada, que canta las acciones de los héroes. || Tiempos heroicos, época lejana en la que se confunde la historia con la leyenda; (fig.) época en que se inicia una nueva actividad cuyo desarrollo es todavía escaso: *Blériot vivió los tiempos heroicos de la aviación.*

heroida f. Composición poética en que el autor hace hablar o figurar algún héroe o personaje célebre: *"Las Heroidas", de Ovidio.*

heroína f. Mujer ilustre y famosa por sus grandes hechos. || La que lleva a cabo un hecho heroico: *la heroína María Pita.* || Fig. La protagonista de una obra literaria o de una aventura: *Emma, la heroína de "Madame Bovary".* || Alcaloide derivado de la morfina, analgésico y sedante.

heroísmo m. Virtud propia de los héroes. || Acción heroica.

herpe amb. Erupción cutánea acompañada de escozor (ú. m. en pl.).

herpético, ca adj. y s. Med. Relativo a la herpe o persona que la padece.

herrada f. Cuba de madera, con aros de hierro, y más ancha por la base que por la boca.

herradero m. Acción y efecto de marcar con hierro los ganados, y sitio en que se realiza.

herrador m. Persona cuyo oficio es herrar las caballerías.

herradura f. Semicírculo de hierro que se pone para protección en el casco de las caballerías. || — Arq. Arco de herradura, el mayor que una semicircunferencia. || Camino de herradura, sendero apto sólo para el paso de caballerías.

herraje m. Conjunto de piezas de hierro con que se guarnece o asegura un artefacto: *el herraje de una puerta.* || Conjunto de herraduras y clavos con que éstas se aseguran. || Arg. Herradura.

herramental adj. y s. Dícese de la caja o bolsa en que se guardan y llevan las herramientas. || — M. Conjunto de herramientas de un oficio.

herramienta f. Instrumento con el que se realiza un trabajo manual o mecánico: *las herramientas de un fontanero.* || Fig. y fam. Cornamenta del toro.

***herrar** v. t. Ajustar y clavar las herraduras a una caballería o los callos a los bueyes. || Marcar con hierro candente: *herrar los ganados.* || Guarnecer con hierro.

herrerano, na adj. y s. De Herrera (Panamá).

herrería f. Oficio de herrero. || Taller o tienda del herrero. || Fábrica en que se forja el hierro.

herrerillo m. Pájaro insectívoro, común en Europa.

herrero m. Operario que forja el hierro a mano. || *En casa del herrero cuchillo de palo*, las personas que fabrican ciertos objetos suelen carecer de ellos en su propia casa.

herreruelo m. Pájaro pequeño, negro por el lomo y blanco por el pecho y alas.

herrete m. Cabo metálico en los extremos de los cordones, cintas, etc., para que puedan entrar fácilmente en los ojetes.

herretear v. t. Echar, poner o colocar herretes.

herrín m. Herrumbre.

herrumbre f. Orín que cubre el hierro. || Gusto o sabor que algunas cosas toman del hierro. || Roya, honguillo parásito.

herrumbroso, sa adj. Que cría herrumbre o está atacado por ella: *espada herrumbrosa*.

hertz o **hertzio** o **hercio** m. *Fís.* Unidad de frecuencia (símb., Hz), igual a un período por segundo.

hertziano, na adj. *Fís.* Dícese de las ondas radioeléctricas.

hervidero m. Movimiento y ruido que hacen los líquidos cuando hierven. || Manantial de donde brota agua con desprendimiento de burbujas. | Ruido que producen los humores en los pulmones al respirar. || Muchedumbre de personas o de animales: *hervidero de gente*.

hervido m. *Amer.* Cocido u olla.

hervidor m. Recipiente metálico para hervir líquidos. || Cilindro metálico donde circula el agua y que recibe la acción del fuego en las calderas.

*hervir v. i. Agitarse un líquido por la acción del calor o por la fermentación (ú. t. c. t.). || *Fig.* Agitarse mucho el mar. | *Abundar: hervir en deseos, de gente.* || *Fig. Hervir en cólera, estar furioso.*

hervor m. Ebullición. || *Fig.* Fogosidad, entusiasmo.

hespérides f. pl. *Mit.* Ninfas que guardaban el jardín de las manzanas de oro.

hesperio, ria adj. y s. Natural de las Hesperias (España o Italia).

hetera o **hetaira** f. Cortesana griega de elevada condición. || Mujer pública.

heteróclito, ta adj. *Gram.* Que se aparta de las reglas ordinarias de la analogía: *nombre heteróclito.* || *Fig.* Que resulta de la mezcla de cosas inconexas. | Extraño, irregular: *amalgama heteróclita.*

heterodino m. *Electr.* Pequeño generador de ondas dentro de los circuitos de ciertos radiorreceptores.

heterodoxia f. Disconformidad con la doctrina fundamental.

heterodoxo adj. y s. No conforme con el dogma católico. || *Por ext.* No conforme con la doctrina fundamental.

heterogamia f. *Biol.* Fusión de dos gametos distintos.

heterogeneidad f. Calidad de heterogéneo. || Mezcla de partes de diversa naturaleza en un todo.

heterogéneo, a adj. Compuesto de partes de diversa naturaleza.

heterómero, ra adj. Dícese de los insectos coleópteros que tienen cuatro artejos en los tarsos de las patas del último par y cinco en los demás, como la carraleja.

heteromorfo, fa adj. Que presenta formas muy diferentes dentro de una misma especie.

heteróptero m. Insecto hemíptero con cuatro alas, de las que las dos posteriores son membranosas y las anteriores coriáceas en su base.

hético, ca adj. y s. Tísico.

hevea m. Árbol euforbiáceo de cuyo látex se deriva el caucho.

hexaédrico, ca adj. Relativo al hexaedro.

hexaedro m. *Geom.* Poliedro de seis caras planas: *el hexaedro regular es llamado "cubo".*

hexagonal adj. Relativo al hexágono o de forma de hexágono.

hexágono, na adj. y s. m. *Geom.* Polígono de seis lados y seis ángulos. (La ortografía *exágono* [sin h] es la más frecuente.)

hexámetro adj. y s. *Poét.* Dícese del verso de seis pies, empleado en la métrica griega y latina.

hexasílabo, ba adj. y s. Que tiene seis sílabas: *verso hexasílabo.*

hez f. Poso o sedimento de un líquido (ú. m. en pl.). || *Fig.* Lo más despreciable: *la hez de la sociedad.* || — Pl. Excrementos.

Hf, símbolo del *hafnio.*

Hg, símbolo del *mercurio.*

hialino, na adj. *Fís.* Diáfano como el vidrio o parecido a él: *cuarzo hialino.*

hialoideo, a adj. Transparente como el vidrio. || — *Anat. Humor hialoideo*, humor vítreo del ojo.

hiato m. *Gram.* Sonido desagradable que se produce al chocar dos vocales no diptongadas; por ejemplo: *va a América; de este a oeste.*

hibernación f. *Med.* Terapéutica que consiste en enfriar al enfermo a temperaturas vecinas a los –30 °C para facilitar ciertas intervenciones quirúrgicas o para tratar las quemaduras graves. || Estado letárgico invernal de ciertos animales, entre ellos la marmota, el murciélago, etc.

hibernal adj. Invernal. || Que tiene lugar durante el invierno: *sueño hibernal.*

hibernés, esa adj. y s. De Hibernia, hoy Irlanda.

hibridación f. Producción de seres híbridos.

hibridez f. o **hibridismo** m. Calidad de híbrido.

híbrido, da adj. y s. Aplícase al animal o al vegetal que procede de dos

individuos de distinta especie: *el mulo es un animal híbrido.* || *Fig.* Constituido por elementos de distinto origen: *voces o palabras híbridas.* | Mal definido.

hicaco m. Arbusto de las Antillas, de fruto parecido a la ciruela.

hicotea f. *Amer.* Especie de tortuga de agua dulce.

hidalgo, ga m. y f. Persona que pertenece a la clase noble: *un hidalgo de sangre.* || — M. *Méx.* Moneda de oro de diez pesos. || — Adj. Noble: *origen hidalgo.* || *Fig.* Generoso: *hombre hidalgo.*

hidalguía f. Calidad de hidalgo, nobleza. || *Fig.* Generosidad y nobleza de ánimo.

hidra f. Culebra acuática venenosa que vive en las costas del Pacífico y del mar de las Indias. || *Fig.* Peligro que renace constantemente: *la hidra de la revolución.*

hidrácido, ca adj. *Quím.* Ácido formado por la combinación del hidrógeno con un metaloide.

hidrargiro m. *Quím.* Mercurio.

hidratación f. Transformación de un cuerpo en hidrato.

hidratado, da adj. Combinado con el agua: *cal hidratada.*

hidratante adj. Dícese de una loción utilizada en cosmética para el cuidado de la piel.

hidratar v. t. Combinar un cuerpo con el agua: *hidratar la cal.*

hidrato m. *Quím.* Combinación de un cuerpo simple o compuesto con una o varias moléculas de agua: *hidrato de cloro.* || *Hidratos de carbono*, los azúcares y almidones, la celulosa, etc.

hidráulico, ca adj. Relativo a la hidráulica. || Que se mueve o funciona por medio del agua: *rueda, prensa, máquina hidráulica.* || *Cal hidráulica*, silicato de cal con el que se fabrica el hormigón hidráulico. || — F. Parte de la mecánica de los fluidos que trata de las leyes que rigen los movimientos de los líquidos. || Ingeniería que se ocupa de la conducción y aprovechamiento de las aguas.

hídrico, ca adj. Dícese del régimen o dieta en el que solamente se bebe agua.

hidroavión m. Avión que puede posarse en el agua y despegar de ella: *hidroavión militar, civil.*

hidrocarbonato m. *Quím.* Carbonato hidratado.

hidrocarburo m. *Quím.* Carburo de hidrógeno.

hidrocefalia f. *Med.* Hidropesía del encéfalo por aumento del volumen del líquido cefalorraquídeo.

hidrodinámico, ca adj. Relativo a la hidrodinámica. || — F. Parte de la física que estudia las leyes que rigen el movimiento de los líquidos.

hidroeléctrico, ca adj. Relativo a la electricidad obtenida por hulla blanca: *central hidroeléctrica.*

hidrófilo, la adj. Que absorbe el agua: *algodón hidrófilo*.

hidrofobia f. Horror al agua que suelen tener los que han sido mordidos de animales rabiosos. || *Med.* Rabia de los animales.

hidrófobo, ba adj. y s. Que padece hidrofobia: *perro hidrófobo*.

hidrogenación f. Combinación con hidrógeno.

hidrogenado, da adj. Que contiene hidrógeno.

hidrogenar v. t. *Quím.* Combinar con el hidrógeno.

hidrógeno m. *Quím.* Cuerpo simple (símb., H) de número atómico 1, peso atómico 1,008, gaseoso, que entra en la composición del agua.

hidrografía f. Parte de la geografía física que describe los mares y las corrientes de agua.

hidrográfico, ca adj. De la hidrografía: *mapa hidrográfico*.

hidrólisis f. *Quím.* Descomposición de ciertos compuestos orgánicos por la acción del agua.

hidrología f. Parte de las ciencias naturales que trata de las aguas.

hidromel o **hidromiel** m. Bebida hecha con agua y miel.

hidrometría f. Parte de la hidrodinámica que estudia los líquidos en movimiento.

hidromiel m. Hidromel.

hidroneumático, ca adj. Aplícase a los dispositivos que funcionan mediante un líquido y un gas comprimido.

hidropesía f. *Med.* Derrame o acumulación anómala del humor seroso en cualquier cavidad del cuerpo animal, o su infiltración en el tejido celular.

hidroplano m. Embarcación de casco plano provista de unos patines inclinados que, al aumentar la velocidad, tienden a levantarla del agua. || Hidroavión.

hidrosfera f. Conjunto de las partes líquidas del globo terráqueo.

hidrosoluble adj. Que es soluble en el agua.

hidrostático, ca adj. Relativo al equilibrio de los líquidos. || *Balanza hidrostática*, balanza para determinar el peso específico de los cuerpos. || — F. Parte de la mecánica que estudia las condiciones de equilibrio de los líquidos y la repartición de las presiones que éstos ejercen.

hidroterapia f. Tratamiento médico basado en las propiedades del agua.

hidroterápico, ca adj. Relativo a hidroterapia.

hidróxido m. *Quím.* Combinación del agua con un óxido metálico.

hidruro m. *Quím.* Combinación del hidrógeno con un cuerpo simple.

hiedra f. Planta trepadora.

hiel f. Bilis. || *Fig.* Amargura.

hielera f. *Amer.* Recipiente para contener los cubos de hielo que se llevan a la mesa. || *Amer.* Refrigerador portátil.

hielo m. Agua solidificada por el frío. || Acción de helar o helarse. || *Fig.* Frialdad en los afectos.

hiena f. Género de mamíferos carniceros nocturnos de Asia y de África que se alimentan de carroña. || *Fig.* Persona muy cruel y cobarde.

hierático, ca adj. Relativo a las cosas sagradas o a los sacerdotes. || Que reproduce las formas tradicionales: *pintura hierática*. || *Fig.* Que afecta gran austeridad y solemnidad: *actitud hierática*. || *Escritura hierática*, variante de la escritura jeroglífica de los egipcios.

hieratismo m. Calidad de hierático.

hierba f. Planta pequeña de tallo tierno cuyas partes aéreas mueren cada año. || Espacio de terreno cubierto por estas plantas: *un partido de hockey sobre hierba*. || Nombre de diferentes plantas. || — Pl. Pastos. || Años: *este toro tiene tres hierbas*. || — *En hierba*, verde: *trigo en hierba*; (fig.) en potencia: *autor en hierba*. || *Hierbas marinas*, las algas. || *Hierbas medicinales*, las empleadas en farmacia.

hierbabuena f. Planta herbácea, aromática, usada en algunos condimentos.

hierbatero, ra m. y f. *Chil.* y *Méx.* Curandero que usa hierbas.

hierbero, ra m. y f. *Amér. C., Cub.* y *Méx.* Persona que vende hierbas. || *Amér. C., Cub.* y *Méx.* Curandero, persona que conoce las propiedades de las plantas medicinales.

hieroglífico, ca adj. y s. m. Jeroglífico.

hierosolimitano, na adj. De Jerusalén.

hierro m. Metal de color gris azulado de gran utilización en la industria y en las artes. || Punta de metal de un arma. || *Poét.* Arma. || Marca que con hierro candente se pone a las ganados y se ponía a los delincuentes. || — Pl. Grillos o cadenas que se ponían a los presos. || — *Fig. De hierro*, robusto, resistente: *salud de hierro*; inflexible: *disciplina de hierro*. || *Edad de hierro*, período prehistórico, en que el hombre comenzó a usar el hierro. || — *Hierro colado* o *fundido*, el que sale de los altos hornos. || *Hierro de T, doble T*, en *U*, el forjado en la forma de estas letras. || *Hierro dulce*, hierro recocido utilizado en los circuitos magnéticos. || *Hierro electrolítico*, el muy puro, obtenido por electrólisis de una sal de hierro. || *Hierro galvanizado*, el revestido de cinc por galvanización.

higa f. Amuleto en forma de puño que se ponía a los niños. || Burla que se hace con la mano. || *Fam. No me importa una higa*, me da igual.

higadillo m. Hígado de los animales pequeños, particularmente de las aves.

hígado m. *Anat.* Víscera que segrega la bilis. || — Pl. *Fig. Valor: hay que tener hígados para emprender tal expedición.* || *Fig.* y *fam. Echar los hígados*, trabajar duramente, con exceso.

higiene f. Parte de la medicina que estudia la manera de conservar la salud, mediante la adecuada adaptación del hombre al medio en que vive, y contrarrestando las influencias nocivas que puedan existir en este medio. || *Fig.* Limpieza, aseo en viviendas y poblaciones. || *Higiene mental*, la que atiende al estado psíquico del individuo.

higiénico, ca adj. Relativo a la higiene: *métodos higiénicos*.

higienista com. Persona dedicada al estudio de la higiene.

higienizar v. t. Hacer higiénico, dotar de condiciones higiénicas.

higo m. Fruto que da la higuera después de la breva. || — *Fam. De higos a brevas*, de tarde en tarde. || *Higo chumbo*, de pala o de tuna, el fruto del nopal. || *Fam. No dársele a uno un higo de una cosa*, no importarle nada.

higroma m. Inflamación de las bolsas serosas.

higrometría f. Parte de la física que estudia las causas de la humedad atmosférica y la medida de sus variaciones.

higrométrico, ca adj. Relativo a la higrometría: *estado higrométrico del aire*.

higrómetro m. Instrumento para apreciar el grado de humedad del aire atmosférico.

higroscopia f. Higrometría.

higroscopicidad f. *Fís.* Propiedad de algunos cuerpos inorgánicos, y de todos los orgánicos, de absorber la humedad atmosférica.

higroscópico, ca adj. Que tiene higroscopicidad.

higroscopio m. Higrómetro.

higuera f. Árbol de la familia de las moráceas, propio de las tierras cálidas cuyos frutos son primero la breva y luego el higo. || — *Higuera de Indias*, de pala o de tuna, el nopal. || *Higuera infernal*, el ricino. || *Fig.* y *fam. Estar en la higuera*, estar siempre distraído.

hijastro, tra m. y f. Hijo o hija de uno de los cónyuges respecto del otro que no los procreó.

hijo, ja m. y f. Persona o animal respecto de su padre o de su madre. || Nombre que se suele dar al yerno o a la nuera, respecto de los suegros. || Expresión de cariño: *ven aquí, hijo, que te abrace*. || *Fig.* Cualquiera persona, respecto del país, provincia o pueblo de que es natural: *hijo de España, de Barcelona*. || Religioso con relación al fundador de su orden: *hijo de San Ignacio*. || Obra o producción del ingenio: *hijo de su talento*. || — Pl. *Fig.* Descendientes: *hijos de Israel, de los incas, de Mahoma*. || — *Hijo adulterino*, el nacido de adulterio. || *Hijo bastardo* o *espurio*, el nacido de padres que no pueden contraer matrimonio. || *Hijo natural*, el nacido de padres solteros.

HIJ

HE

287

hijodalgo m. Hidalgo. (Pl. *hijosdal-go*.)

hijuela f. Cosa aneja o subordinada a otra principal. || Añadido que se echa a un vestido para ensancharlo. || Colchón estrecho que se agrega a los demás. || Reguero que desagua en la acequia principal. || Camino o vereda derivado de otro principal. || Documento donde se reseña lo que corresponde a cada uno en la participación. || Conjunto de los bienes que forman la herencia. || Semilla de las palmas.

hijuelo m. *Bot.* Retoño.

hila f. Acción de hilar: *ya viene el tiempo de la hila*. || Hilera, fila: *una hila de plantas*. || Hebra que se saca del lienzo usado y sirve para curar llagas y heridas (ú. m. en pl.). || Tripa delgada.

hilacha f. Trozo de hila que se saca o cuelga de una tela.

hilacho m. *Méx.* Guiñapo.

hilada f. Hilera, serie de cosas en fila: *una hila de cajas*. || *Arq.* Serie horizontal de ladrillos o piedras que se van poniendo en un edificio. || Cosa hilada.

hiladillo m. Hilo que se saca de la maraña de la seda. || Cinta de seda o hilo.

hilado m. Acción y efecto de hilar. || Porción de lino, cáñamo, etc., transformada en hilo: *fábrica de hilados*.

hilador, ra m. y f. Persona que hila: *hilador de sedas*.

hilandería f. Arte de hilar. || Fábrica de hilados.

hilandero, ra m. y f. Persona que hila por oficio. || — M. Hilandería (fábrica).

hilar v. t. Convertir en hilo: *hilar lana, algodón*. || Elaborar su hilo el gusano de seda y los insectos: *el gusano hila su capullo, la araña su tela*. || *Fig.* Inferir unas cosas de otras. | Tramar: *hilar una intriga*. | *Fig.* y *fam.* *Hilar delgado o muy fino*, proceder cautelosamente, discurrir con sutileza.

hilarante adj. Que mueve a risa: *gas hilarante*.

hilaridad f. Explosión incontenible de risa: *provocó la hilaridad de todos los asistentes*.

hilatura f. Arte de hilar la lana, el algodón y otras materias análogas.

hilaza f. Hilado. || Hilo basto o desigual. || Hilo de una tela. || *Fig.* y *fam.* *Descubrir la hilaza*, poner de manifiesto su verdadero carácter, sus defectos, etc.

hilera f. Formación en línea recta: *una hilera de espectadores, de cipreses.* || Instrumento para reducir a hilo los metales. || *Arq.* Madero que forma el lomo de la armadura, parhilera.

hilo m. Hebra larga y delgada que se forma retorciendo cualquier materia textil: *hilo de lana, de seda, de lino, de algodón*. || Tela de fibra de lino: *un pañuelo de hilo*. || Ropa blanca de lino o cáñamo. || Alambre muy delgado.

|| Hebra que producen las arañas y el gusano de seda. || Filo. || *Fig.* Chorro muy delgado: *hilo de agua, de sangre.* | Desarrollo de un discurso, de un relato, de un pensamiento: *el hilo de la exposición.* || — Al hilo, según la dirección de los hilos. || *Fig.* *Cortar el hilo*, interrumpir. | *Estar colgado o pendiente de un hilo*, estar en constante peligro. | *Estar con el alma en un hilo*, estar lleno de inquietud. | *Hilo de voz*, voz muy débil. | *Mover los hilos*, dirigir algo sin hacerse ver. | *Perder el hilo*, olvidar lo que se decía. | *Por el hilo se saca el ovillo*, por el conocimiento de una cosa se puede deducir lo demás. | *Seguir el hilo*, proseguir, continuar.

hilván m. Costura a grandes puntadas con que se une provisionalmente lo que se ha de coser. || Cada una de estas puntadas.

hilvanado m. Acción y efecto de hilvanar.

hilvanar v. t. Coser con hilvanes: *hilvanar una falda antes de probarla.* || *Fig.* y *fam.* Hacer algo con precipitación. | Trazar, forjar: *hilvanar una historia.*

himen m. *Anat.* Membrana que, en la mujer virgen, reduce el orificio externo de la vagina.

himeneo m. Casamiento. || Epitalamio, composición poética con motivo de un casamiento.

himenóptero, ra adj. y s. Dícese de los insectos que tienen cuatro alas membranosas, con pocos nervios y grandes celdillas, como las avispas, las hormigas, etc.

himno m. Cántico en honor de Dios, de la Virgen o de los santos. || Entre los antiguos, poemas en honor de los dioses o de los héroes: *himnos homéricos.* || Canto nacional o popular: *himno a la patria.*

himplar v. i. Rugir la onza o la pantera.

hincapié m. Acción de hincar el pie para sostenerse o hacer fuerza. || *Fig.* *Hacer hincapié*, insistir con fuerza.

hincar v. t. Introducir una cosa en otra. Ú. t. c. pr.: *se me ha hincado una astilla en la mano.* || Apoyar una cosa en otra como para clavarla. || *Pop. Hincar el pico*, morir. || — V. pr. *Hincarse de rodillas*, arrodillarse.

hincha f. *Fam.* Antipatía, encono: *tener hincha a uno.* || — M. *Fam.* Fanático, defensor: *Fulano es un hincha del fútbol.*

hinchado, da adj. Lleno: *globo hinchado.* || *Fig.* Vanidoso, presumido: *una persona hinchada.* | Hiperbólico y afectado: *estilo hinchado.* || *Fig.* *Hinchado de orgullo*, sumamente orgulloso. || — F. *Fig.* Conjunto de hinchas: *la hinchada del fútbol.*

hinchamiento m. Hinchazón.

hinchar v. t. Hacer que aumente el volumen de un cuerpo: *hinchar un balón.* || *Fig.* Exagerar: *hinchar una noticia.* || — V. pr. Aumentar de volumen:

hincharse una mano, una pierna, un ojo. || *Fig.* Envanecerse: *hincharse de orgullo.* | Comer con exceso: *me hinché de caviar.* | Hartarse: *hincharse de correr.* || *Fam.* Ganar mucho dinero: *hincharse en un negocio.* || *Fam.* *Hinchársele a uno las narices*, enfadarse. || — V. i. *Arg., Chil., Col., Ecuad., Per.* y *Urug.* Alentar, apoyar a un equipo deportivo: *el público hinchaba por el equipo local.*

hinchazón f. Efecto de hincharse: *hinchazón de la cara, del vientre.* || *Fig.* Vanidad, engreimiento. | Afectación del estilo: *la hinchazón de un orador es insoportable.*

hindi m. Idioma de la India, derivado del sánscrito.

hindú adj. y s. V. INDIO.

hinduismo m. Religión brahmánica, la más difundida en la India.

hinojal m. Terreno plantado de hinojos.

hinojo m. Planta de la familia de las umbelíferas, muy aromática. || — Pl. Rodillas: *está de hinojos.*

hioideo, a adj. Relativo al hueso hioides.

hioides adj. y s. *Anat.* Dícese del hueso flotante situado a raíz de la lengua y encima de la laringe.

hipar v. i. Tener hipo.

hipérbaton m. *Gram.* Figura de construcción que consiste en invertir el orden habitual de las palabras en el discurso.

hipérbola f. *Geom.* Curva simétrica respecto de dos ejes perpendiculares entre sí, con dos focos.

hipérbole f. Figura retórica que consiste en exagerar aquello de que se habla.

hiperbólico, ca adj. Relativo a la hipérbola o de figura de tal: *curvas hiperbólicas.* || Perteneciente a la hipérbole o que la encierra: *lenguaje hiperbólico.*

hiperboloide adj. y s. m. *Geom.* Superficie cuyas secciones planas son elipses, círculos o hipérbolas, y se extiende indefinidamente en dos sentidos opuestos.

hiperbóreo, a adj. Aplícase a las regiones muy septentrionales y a cuanto vive en ellas: *pueblos, animales y plantas hiperbóreos.* || Ártico.

hiperclorhidria f. Exceso de ácido clorhídrico en el jugo gástrico. || Acidez de estómago.

hiperclorhídrico, ca adj. y s. Relativo a la hiperclorhidria o que la padece.

hiperfocal adj. *Fot.* Dícese de la distancia a partir de la cual todo objeto proporciona una imagen neta al ser fotografiado con un objetivo enfocado al infinito.

hipermétrope adj. y s. Que padece hipermetropía.

hipermetropía f. *Med.* Anormalidad del ojo en que los rayos luminosos forman el foco detrás de la retina, y que se corrige por medio de lentes convexas.

hipersecreción f. Secreción excesiva.

hipersensibilidad f. Sensibilidad excesiva.

hipersensible adj. y s. De suma sensibilidad.

hipertensión f. Med. Tensión excesivamente alta de la sangre, en el aparato circulatorio.

hipertenso, sa adj. y s. Med. Que sufre de tensión elevada en el aparato circulatorio.

hipertexto m. Texto informático que contiene elementos desde los que se puede acceder a otra información visual o sonora.

hipertrofia f. Med. Aumento excesivo del volumen de un órgano: *hipertrofia del corazón*. || Fig. Desarrollo excesivo: *la hipertrofia de la administración*.

hipertrofiar v. t. Med. Aumentar con exceso el volumen de un órgano: *el alcohol hipertrofia el hígado* (ú. t. c. pr.). || — V. pr. Fig. Desarrollarse excesivamente.

hipertrófico, ca adj. Med. Relativo a la hipertrofia o que presenta sus caracteres.

hípico, ca adj. Relativo al caballo y a la equitación. || *Concurso hípico*, prueba deportiva que consiste en saltar obstáculos a caballo.

hípido [*jípido*] m. Acción y efecto de hipar o gimotear (la *h* es aspirada).

hipismo m. Deporte hípico.

hipnosis f. Med. Sueño producido por el hipnotismo.

hipnótico, ca adj. Relativo a la hipnosis: *sueño hipnótico*. || — M. Medicamento narcótico.

hipnotismo m. Med. Procedimiento empleado para producir el sueño llamado magnético, por fascinación, mediante influjo personal o por aparatos adecuados. || Ciencia que trata de éstos fenómenos.

hipnotización f. Acción de hipnotizar.

hipnotizador, ra adj. y s. Que hipnotiza.

hipnotizar v. t. Dormir a alguien por el procedimiento del hipnotismo. || Fig. Atraer de modo irresistible: *hipnotizar con un gesto al auditorio*.

hipo m. Movimiento convulsivo del diafragma que produce una respiración interrumpida y violenta que causa algún ruido. || Fig. *Quitar el hipo*, asombrar.

hipocampo m. Caballo marino.

hipocastáneas f. pl. Familia de plantas angiospermas dicotiledóneas cuyo tipo es el castaño de Indias (ú. t. c. adj.).

hipocentro m. Geol. Punto subterráneo, debajo del epicentro, donde se ha originado el seísmo.

hipoclorhidria f. Med. Escasez de ácido clorhídrico en el jugo gástrico.

hipoclorito m. Quím. Sal del ácido hipocloroso.

hipocloroso, sa adj. Quím. Dícese de un ácido compuesto de cloro, oxígeno e hidrógeno.

hipocondría f. Med. Depresión morbosa del ánimo.

hipocondriaco, ca adj. y s. Med. Que padece hipocondría.

hipocondrio m. Anat. Cada una de las dos partes laterales de la región epigástrica, situada debajo de las costillas falsas (ú. m. en pl.).

hipocresía f. Fingimiento de cualidades o sentimientos contrarios a los que verdaderamente se tienen. || Acción hipócrita.

hipócrita adj. Que finge cualidades o sentimientos que no tiene (ú. t. c. s.). || Fingido, falso: *devoción hipócrita*.

hipodérmico, ca adj. Que está o se pone debajo de la piel: *inyección hipodérmica*.

hipodermis f. Parte profunda de la piel, debajo de la dermis.

hipódromo m. Campo de carreras de caballos.

hipofagia f. Hábito de comer carne de caballo.

hipofágico, ca adj. Relativo a la hipofagia: *carnicería hipofágica*.

hipófago, ga adj. Que come carne de caballo.

hipófisis f. Anat. Glándula endocrina bajo el encéfalo, llamada *silla turca*.

hipogástrico, ca adj. Relativo al hipogastrio.

hipogastrio m. Anat. Parte inferior del vientre.

hipogeo m. Sepulcro subterráneo en la Antigüedad.

hipogloso adj. Que está debajo de la lengua: *nervios hipoglosos*.

hipoglucemia f. Med. Disminución del índice de azúcar en la sangre.

hipopótamo m. Mamífero paquidermo de labios monstruosos y patas cortas que vive en los grandes ríos de África. || Fig. y fam. Persona enorme.

hiposecreción f. Med. Secreción inferior a la normal.

hipóstasis f. Teol. Persona distinta (referente a las tres personas de la Santísima Trinidad) . || Fil. Principios y realidades divinas en la doctrina de Plotino.

hiposulfato m. Quím. Sal del ácido hiposulfúrico con una base.

hiposulfito m. Quím. Sal del ácido hiposulfuroso con una base.

hiposulfúrico adj. Quím. Dícese de un ácido obtenido por combinación del azufre con el oxígeno.

hiposulfuroso adj. Quím. Dícese de un ácido compuesto de azufre, oxígeno e hidrógeno.

hipotálamo m. Anat. Región del encéfalo situada en la base cerebral, unida por un tallo nervioso a la hipó-

fisis, y en la que residen centros importantes de la vida vegetativa.

hipoteca f. Finca que garantiza el pago de un empréstito. || For. Derecho real que grava bienes inmuebles para responder del pago de una deuda: *levantar una hipoteca*.

hipotecable adj. Que se puede hipotecar.

hipotecar v. t. Garantizar un crédito mediante hipoteca: *hipotecar una deuda*. || Fig. Comprometer: *hipotecar una casa*. || Fig. Comprometer: *hipotecar el futuro*.

hipotecario, ria adj. Relativo a la hipoteca: *banco hipotecario*. || Garantizado por una hipoteca: *crédito hipotecario*.

hipotensión f. Tensión baja.

hipotenusa f. Geom. Lado opuesto al ángulo recto en un triángulo rectángulo: *el cuadrado de la hipotenusa es igual a la suma de los cuadrados de los catetos*.

hipótesis f. Suposición que se admite provisionalmente para sacar de ella una consecuencia.

hipotético, ca adj. Relativo o fundado en la hipótesis: *causa, proposición hipotética*. || Dudoso, incierto: *éxito hipotético*.

hippie adj. y s. (pal. ingl., pl. *hippies*). Término aparecido en la segunda mitad del s. xx que se aplica a las personas, generalmente jóvenes, que reaccionan contra los valores de la sociedad en que viven, son amantes de la paz y buscan todos los medios posibles de evasión, en algunos casos incluso la droga.

hiriente adj. Que hiere.

hirsuto, ta adj. Dícese del pelo erizado y duro.

hirudíneas f. pl. Familia de anélidos cuyo tipo es la sanguijuela (ú. t. c. adj.).

hirviente adj. Que está hirviendo: *agua hirviente*.

hisopada f. o **hisopazo** m. Aspersión hecha con el hisopo.

hisopear v. t. Rociar o echar agua con el hisopo.

hisopo m. Planta muy olorosa de la familia de las labiadas. || Utensilio con el cual se echa el agua bendita.

hispalense adj. y s. Sevillano.

hispánico, ca adj. y s. Relativo a España. || Español.

hispanidad f. Conjunto y comunidad de los pueblos hispanos. || Hispanismo, amor a lo hispano.

hispanismo m. Giro o vocablo propio de la lengua castellana. || Voz de esta lengua introducida en otra. || Afición a las lenguas, literaturas y cosas de España.

hispanista com. Persona que se dedica a los estudios hispánicos.

hispanizar v. t. Españolizar, dar carácter español.

hispano, na adj. y s. Hispánico. || Español.

hispanoamericanismo m. Doctrina que tiende a la unión espiritual de todos los pueblos hispanoamericanos.

hispanoamericanista adj. y s. Relativo al hispanoamericanismo o partidario a él. || — Com. Persona versada en la lengua y cultura hispanoamericana.

hispanoamericano, na adj. y s. Relativo a los españoles y americanos. || De Hispanoamérica.

hispanoárabe adj. Dícese del arte y la civilización árabe en España (ú. t. c. s.).

hispanofilia f. Amor a España.

hispanófilo, la adj. y s. Aficionado a la cultura, historia y costumbres de España.

hispanofobia f. Odio a España.

hispanófobo adj. y s. Que tiene odio a España.

hispanohablante adj. y s. Dícese de la persona que tiene el español como lengua materna.

hispanojudío adj. Dícese del judío español: *Sem Tob fue un poeta hispanojudío* (ú. t. c. s.).

hispanomusulmán, ana adj. Relativo a la época de dominación musulmana en España (ú. t. c. s.).

histamina f. Quím. Sustancia que se libera en el organismo durante las alergias.

histeria f. o **histerismo** m. Med. Neurosis caracterizada por ataques convulsivos, parálisis, sofocaciones, etc., más frecuente en la mujer que en el hombre.

histérico, ca adj. Relativo a la histeria. || — Adj. y s. Que padece histeria. || Fig. Que manifiesta sus reacciones afectivas de una manera exagerada.

histólisis f. Biol. Destrucción o disolución de los tejidos orgánicos.

histología f. Parte de la anatomía que trata del estudio de los tejidos orgánicos.

histológico, ca adj. Relativo a la histología.

histólogo m. Persona entendida o versada en histología.

historia f. Desarrollo de la vida de la humanidad: *las enseñanzas de la historia.* || Narración verdadera y ordenada de los acontecimientos pasados y de las cosas memorables de la actividad humana: *historia sagrada, de España, de la literatura.* || Parte de los tiempos pasados conocida por documentos escritos. || Descripción de los seres: *historia natural.* || Obra histórica: *la "Historia de la América Española", de Pereyra.* || Relato: *contar una historia.* || Fig. Fábula, cuento: *no me vengas con historias.* | Chisme, enredo: *historias de comadres.* | Fig. Pasar una cosa a la historia, perder su actualidad e interés; tener época. — La *historia* se divide en varios períodos: la *Antigüedad*, desde los orígenes hasta el año 395 (muerte de Teodosio); la *Edad Media*, de 395 hasta 1453 o hasta 1492 (caída de Cons-

tantinopla o descubrimiento de América); la *Edad Moderna*, de 1453 hasta 1789 (Revolución Francesa); la *Edad Contemporánea*, desde 1789 hasta la actualidad.

historiado, da adj. Adornado: *letra historiada.*

historiador, ra m. y f. Persona que escribe historia. || Especialista en estudios históricos.

historial adj. Relativo a la historia. || — M. Reseña detallada de los antecedentes de un asunto, de los servicios de un funcionario: *historial profesional.* || Breve reseña sobre la actividad de un deportista, de un club, etc.

historiar v. t. Contar o escribir historias. || Exponer las vicisitudes por que ha pasado una persona o cosa. || Fam. Amer. Complicar, confundir.

historicidad f. Carácter de lo que es realmente histórico: *la historicidad de un hecho.*

historicismo m. Doctrina según la cual la historia por sí sola es capaz de establecer ciertas verdades morales o religiosas.

historicista adj. y s. Relativo al historicismo o partidario del mismo.

histórico, ca adj. Perteneciente a la historia: *edificio histórico.* || Digno de figurar en el historia: *acontecimiento histórico.* || Fig. Muy importante: *una entrevista histórica.* || Gram. Presente histórico, tiempo usado a menudo en los relatos.

historieta f. Cuento breve, generalmente de carácter jocoso.

historiografía f. Arte de escribir la historia. || Estudio crítico de la historia.

historiográfico, ca adj. Relativo a la historiografía.

historiógrafo m. Persona que cultiva la historiografía.

histrión m. Bufón, actor.

hitita adj. y s. De un pueblo de la Antigüedad en Asia Menor.

hitleriano, na adj. y s. Relativo a la doctrina de Hitler o partidario de la misma, nazi.

hitlerismo m. Doctrina política de Hitler, nacionalsocialismo, nazismo. (El *hitlerismo* se fundaba en el racismo, el espacio vital y la reforma corporativa bajo el signo del partido único.)

hito, ta adj. Unido, inmediato: *calle, cosa hita.* || Fijo, firme. || — M. Mojón de piedra: *hito kilométrico.* || Fig. Blanco adonde se dirige la puntería. || Cosa importante que sirve de punto de referencia: *acontecimiento que es un hito en la historia.* || *Mirar de hito en hito,* mirar fijamente.

hoazín m. Especie de faisán de México.

hobby m. (pal. ingl.). Ocupación secundaria a modo de pasatiempo, que sirve para distraerse de las ocupaciones habituales: *el hobby de Churchill era la pintura.*

hocicada f. Golpe dado con el hocico.

hocicar v. t. Hozar, picar con el hocico. || — V. i. Dar de hocicos: *hocicar en el suelo, contra la pared.* || Fig. y fam. Tropezar con un obstáculo o dificultad. || Mar. Hundir la proa el barco.

hocicazo m. Fam. Caída.

hocico m. Parte saliente más o menos alargada de la cabeza de ciertos animales: *el hocico del jabalí.* || Boca del hombre cuando tiene los labios muy abultados. || Fig. y fam. Cara. Ú. m. en pl.: *caer de hocicos.* | Gesto que denota enojo o desagrado. || — Fam. *Estar de hocicos,* estar enfadados. || Fig. y fam. *Meter el hocico en todo,* ser muy curioso.

hocicudo, da adj. Que tiene mucho hocico.

hocino m. Hoz para cortar leña. || Instrumento que usan los hortelanos para trasplantar.

hociquear v. i. Hocicar, hozar.

hockey m. (pal. ingl.). Juego de pelota sobre terreno de hierba en el que se utiliza un bastón (*stick*) y cuyas reglas recuerdan las del fútbol. || *Hockey sobre hielo,* juego análogo practicado sobre pista de hielo.

hogaño adv. Este año. || Hoy, en la actualidad.

hogar m. Sitio donde se enciende lumbre: *el hogar de un horno, de una chimenea.* || Fig. Casa o domicilio de uno: *encontrar su hogar desierto.* | Familia: *fundar un hogar.* | Vida de familia: *gustarle a uno el hogar.* | Centro de reunión de personas unidas por algún lazo profesional o regional: *hogar de estudiantes, del soldado.*

hogareño, na adj. Amante del hogar. || De la familia: *tradición hogareña.*

hogaza f. Pan grande. || Pan de salvado o de harina mal cernida.

hoguera f. Porción de materias combustibles que, encendidas, levantan mucha llama. || Montón de leña en el que se quemaba a los condenados al suplicio del fuego.

hoitziltototl m. Méx. Colibrí.

hoja f. Cada una de las partes, generalmente verdes, planas y delgadas que nacen en la extremidad de los tallos y ramas de los vegetales. || Pétalo. || Lámina delgada de cualquier materia: *hoja de papel, de metal.* || Folio de un libro o cuaderno. || Cuchilla de ciertas armas o herramientas: *hoja de afeitar.* || Cada una de las partes de la puerta o ventana que se cierra. || Parte de un tríptico. || Loncha de tocino. || Fig. Espada: *una hoja de Toledo.* | Diario: *Hoja oficial.* || Defecto de la moneda que le hace perder su sonido claro: *esta peseta tiene hoja.* || — *Hoja de lata,* hojalata. || *Hoja de ruta,* documento en el que constan la carga de un vehículo, el destino, etc. || *Hoja de servicios,* historial profesional de un funcionario o deportista. || Fam. *Sin vuelta de hoja,* sin discusión.

hojalata f. Lámina de hierro o acero estañada por las dos caras: *un bote de hojalata.*

hojalatear v. t. *Méx.* Trabajar la hojalata, reparar la carrocería de un auto.

hojalatería f. Tienda o taller de objetos de hojalata. || *Méx.* Local donde se repara la carrocería de un auto.

hojalatero m. Operario que trabaja en hojalata.

hojaldrar v. t. Dar a la masa forma de hojaldre.

hojaldre m. Masa que, al cocerse, hace muchas hojas delgadas superpuestas unas a otras: *pastel de hojaldre.*

hojarasca f. Hojas secas que caen de los árboles. || Excesiva frondosidad. || *Fig.* Cosas inútiles: *texto de mucha hojarasca.*

hojear v. t. Pasar las hojas de un libro. || *Fig.* Leer un libro superficialmente.

hojuela f. Hoja pequeña.

¡hola! interj. Se emplea como saludo, o para expresar sorpresa.

holán m. Lienzo fino. || *Méx.* Volante, adorno de tela.

holandés, esa adj. y s. De Holanda. || — M. Idioma hablado en este país. || — F. Hoja de papel de escribir del tamaño 21 × 27 cm. || *A la holandesa,* al modo de Holanda; encuadernación en que las tapas están forradas de papel y el lomo de piel o tela.

holding m. (pal. ingl.). Organización financiera que participa en varias empresas de la misma naturaleza, entre las cuales crea una verdadera comunidad de intereses.

holgado, da adj. Ancho: *traje holgado.* || No apretado: *ir holgados en un coche.* || Desocupado, ocioso. || *Fig.* Que vive con bienestar: *siempre llevó una existencia holgada.*

holganza f. Descanso, quietud, reposo. || Ociosidad, pereza. || Placer, diversión.

***holgar** v. i. Descansar. || No trabajar: *holgar sábados y domingos.* || Divertirse. || Ser inútil: *huelgan las explicaciones.* || — V. pr. Divertirse, entretenerse. || Alegrarse: *se holgó al verle.*

holgazán, ana adj. y s. Perezoso, ocioso.

holgazanear v. i. Estar voluntariamente ocioso, hacer poco o nada.

holgazanería f. Pereza, aversión al trabajo.

holgorio m. Jolgorio, bulla.

holgura f. Anchura, amplitud. || Bienestar, comodidad: *una familia que vive con holgura.* || Ajuste amplio entre piezas mecánicas. || Regocijo, diversión.

holladura f. Pisoteo.

***hollar** v. t. Pisar.

hollejo m. Piel delgada de algunas frutas o legumbres.

hollín m. Materia crasa y negra del humo que se pega a las chimeneas. || *Fam.* Jollín, disputa.

holmio m. *Quím.* Cuerpo simple metálico, de número atómico 67 (símb., Ho), que pertenece al grupo de las tierras raras.

holocausto m. Entre los judíos, sacrificio en que se quemaba enteramente a la víctima. || La víctima así sacrificada. || *Fig.* Acto de abnegación, sacrificio, ofrenda generosa.

holoceno m. *Geol.* Período más reciente de la era cuaternaria.

holoturia f. Equinodermo marino de cuerpo blando y alargado, llamado también *cohombro de mar.*

hombrada f. Acción propia de un hombre, gesto viril.

hombradía f. Calidad de hombre. || Entereza.

hombre m. Mamífero bimano del orden de los primates, dotado de razón y de lenguaje articulado: *existen varias razas de hombres.* || Ser humano del sexo masculino: *el hombre y la mujer.* || El que ha llegado a la edad viril, adulto: *Juan está ya hecho un hombre.* || Especie humana, en general: *el hombre fue creado por Dios a su imagen.* || *Fam.* Marido. || Persona: *un hombre de bien.* || Soldado: *una tropa de mil hombres.* || Juego de naipes. || — *Buen hombre,* hombre sencillo y cándido. || *De hombre a hombre,* de poder a poder. || *El Hijo del Hombre,* Jesucristo. || *Gran* o *gran de hombre,* el ilustre y eminente en su línea. || *¡Hombre!,* interj. de sorpresa, cariño, admiración, duda. || *Hombre de bien,* persona honrada. || *Hombre de guerra,* militar. || *Hombre de la calle,* el ciudadano medio. || *Hombre de letras,* literato. || *Hombre del día,* el que está de actualidad. || *Hombre de mundo,* el que trata con toda clase de gente y tiene mucha experiencia. || *Fig. Hombre de paja,* persona que presta su nombre en un negocio que en realidad pertenece a otro, testaferro. || *Fig. y fam. Hombre de pelo en pecho,* el fuerte y osado. || *Hombre público,* el que toma una parte activa en la política. || *Hombre rana,* buceador provisto de una escafandra autónoma. || *Pobre hombre,* infeliz.

hombrera f. Pieza de la armadura que defendía los hombros. || Adorno de algunos vestidos y uniformes en el hombro. || Relleno de guata que los sastres colocan en las chaquetas para armar el hombro. || *Amer.* Refuerzo que se pone a la camisa por el hombro.

hombría f. Hombradía. || *Hombría de bien,* honradez.

hombro m. Parte superior y lateral del tronco, de hombre y de los cuadrúmanos, de donde nace el brazo. || Parte correspondiente del vestido. || — *Fig. Arrimar el hombro,* trabajar fuerte; ayudar. || *Mirar por encima del hombro,* mirar con desprecio.

hombruno, na adj. *Fam.* Que se parece al hombre o parece de hombre: *mujer, voz hombruna.*

homenaje m. Juramento de fidelidad: *rendir homenaje al soberano.* || Acto que se celebra en honor a una persona: *presidir un homenaje.* || *Fig.* Sumisión, respeto. || *Torre del homenaje,* v. TORRE.

homenajeado, da m. y f. Persona que recibe un homenaje.

homenajear v. t. Rendir homenaje.

homeópata adj. y s. Dícese del médico que cura por medio de la homeopatía.

homeopatía f. *Med.* Sistema curativo que aplica a las enfermedades, en dosis mínimas, las mismas sustancias que en mayores cantidades producirían síntomas iguales a los que se trata de combatir.

homeopático, ca adj. Relativo a la homeopatía: *medicamento homeopático.* || *Fig.* Muy pequeño.

homérico, ca adj. Relativo al poeta Homero: *himno homérico.*

homicida adj. Que ocasiona la muerte de una persona: *puñal homicida.* || — M. y f. Asesino.

homicidio m. Muerte causada a una persona por otra: *homicidio por imprudencia.* || Por lo común, la ejecutada ilegítimamente y con violencia: *cometer un homicidio.*

homilía f. Plática religiosa, generalmente sobre un punto del Evangelio.

homínido, da adj. *Zool.* Relativo al orden de los primates superiores, cuya especie supeviviente es el hombre: *variedades homínidas.* || — M. Individuo perteneciente a este orden: encuentran fósiles de un homínido de 900 000 años de antigüedad.

homocéntrico, ca adj. *Geom.* Concéntrico. || *Fig.* Aplícase al haz luminoso cuyos rayos pasan por un mismo punto.

homocentro m. *Geom.* Centro común a varias circunferencias.

homofonía f. Calidad de homófono. || *Mús.* Conjunto de voces que cantan al unísono.

homófono, na adj. *Gram.* Aplícase a las voces de distinto significado pero de igual sonido, como *solar,* sustantivo; *solar,* adjetivo, y *solar,* verbo; *errar* y *herrar,* etc. || *Mús.* Dícese del canto o música en que todas las voces tienen el mismo sonido.

homogeneidad f. Calidad de homogéneo.

homogeneización f. Acción de homogeneizar. || Tratamiento que sufre la leche para impedir la separación de sus elementos.

homogeneizar v. t. Volver homogéneo.

homogéneo, a adj. Perteneciente a un mismo género. || Dícese del compuesto cuyos elementos son de igual naturaleza: *roca homogénea.* || *Fig.* Muy unido: *un grupo homogéneo.*

homógrafo, fa adj. *Gram.* Aplícase a las palabras de distinta significación que se escriben de igual manera, como *haya, árbol, haya,* acción verbal.

homologación f. *For.* Acción y efecto de homologar. || Inscripción oficial de un récord deportivo.

homologar v. t. *For.* Dar firmeza las partes al fallo de los árbitros, en virtud de consentimiento tácito. || Registrar y confirmar oficialmente el resultado de una prueba deportiva realizada de acuerdo con las normas federativas: *homologar el récord de los 100 m libres.*

homología f. Calidad de homólogo. || *Geom.* Carácter de las figuras homólogas.

homólogo, ga adj. *Geom.* Dícese de los lados que en cada una de dos o más figuras semejantes están colocados en el mismo orden: *los lados homólogos de dos triángulos semejantes.* || *Quím.* Dícese de las sustancias orgánicas que desempeñan iguales funciones y sufren idénticas metamorfosis.

homonimia f. Calidad de homónimo.

homónimo, ma adj. y s. Dícese de dos o más personas o cosas que llevan el mismo nombre: *dos personas, dos ciudades homónimas.* || *Gram.* Dícese de las palabras que siendo iguales por su forma tienen distinta significación, como *Tarifa,* ciudad y *tarifa* de precios.

homoplastia f. Implantación de injertos de órganos para restaurar partes lesionadas del organismo por otras procedentes de otro individuo de la misma especie.

homópteros m. pl. Insectos hemípteros, de cuatro alas más o menos membranosas.

homosexual adj. y s. Dícese de la persona que tiene afinidad sexual con las de su mismo sexo.

homosexualidad f. *Med.* Estado de los individuos que sólo son atraídos sexualmente por personas de su propio sexo.

honda f. Tira de cuero o trenza de esparto para lanzar piedras.

hondero m. Soldado que tiraba con la honda.

hondo, da adj. Que tiene profundidad. || Dícese de la parte más baja de un terreno. || *Fig.* Recóndito: *en lo más hondo de mi alma.* | Intenso: *hondo pesar.* | Aplícase al cante andaluz o flamenco. (Se dice tb. *cante jondo.*) || — M. Fondo.

hondonada f. Espacio de terreno hondo, depresión.

hondura f. Profundidad. || *Fig. Meterse en honduras,* querer hablar de cosas profundas sin preparación adecuada.

hondureñismo m. Vocablo o giro propio de los hondureños.

hondureño, ña adj. y s. Natural de Honduras. || Perteneciente a esta nación de América.

honestamente adv. Con honestidad, decencia y moderación. || Con modestia o cortesía.

honestidad f. Pudor, decencia, recato en la conducta. || Urbanidad. || Decoro.

honesto, ta adj. Decente, pudoroso, recatado. || Razonable, justo. || *Estado honesto,* el de soltera.

hongo m. Cualquier planta talofita, sin clorofila que vive como saprofita, parásita o en simbiosis. || Sombrero de fieltro de copa redonda. || *Mar.* Terminal en cubierta de un tubo de ventilación, con una tapa o sombrerete para evitar la entrada de agua. || — *Fig. y fam. Crecer como hongos,* crecer en abundancia y rápidamente. | *Hongo atómico,* nube, de forma parecida a la de esta planta, que aparece después de una explosión atómica.

honor m. Sentimiento profundo de la propia dignidad moral: *un hombre de honor.* || Honestidad, recato en la mujer. || Buena fama, consideración: *defender el honor de alguien.* | Cosa que honra: *su invitación es un honor para mí.* | Prestigio. || — Pl. Dignidades, empleos elevados: *aspirar a los honores de la república.* || Ceremonial que se tributa a una persona: *rendir honores militares.* || Concesión por la que se usa un título o privilegio sin estar en posesión de los mismos: *el jefe de una región militar tiene honores de capitán general.* || — *En honor a la verdad,* para decir verdad. || *En honor de una persona,* para honrarla. || *Hacer honor a su firma, a su palabra,* cumplir sus compromisos o sus promesas. || *Hacer los honores de la casa,* recibir los convidados conforme a las reglas de la cortesía.

honorabilidad f. Cualidad de la persona honorable.

honorable adj. Digno de ser honrado o acatado: *persona, magistrado honorable.*

honorar v. t. Honrar.

honorario, ria adj. Que sirve para honrar a uno. || Que sólo tiene los honores del cargo: *presidente honorario.* || — M. pl. Emolumentos en las profesiones liberales.

honorífico, ca adj. Que da honor y no provecho material: *título honorífico.*

honoris causa loc. lat. A título honorífico: *doctor honoris causa.*

honra f. Estima y respeto de la dignidad propia. || Buena fama. || Pudor y recato en las mujeres. || *Fig.* Cosa o persona de la cual se puede uno sentir orgulloso: *este hombre es la honra de su país.* || — Pl. Exequias, funerales. || *Tener a mucha honra una cosa,* gloriarse, mostrarse orgulloso de ella.

honradez f. Cualidad de honrado. || Manera de obrar con rectitud e integridad.

honrado, da adj. Que procede con rectitud e integridad: *hombre honrado.* || Digno de consideración: *conducta honrada.*

honrar v. t. Respetar, venerar: *honrar a los padres.* || Enaltecer o premiar el mérito: *honrar al sabio, al justo.* ||

Ser motivo de orgullo: *este militar ha honrado su patria.* || Conceder algo que se considera honorífico: *honrar con su amistad, con su presencia.* || — V. pr. Tener a honra ser o hacer una cosa: *honrarse defendiendo al perseguido.*

honrilla f. Puntillo o pundonor.

honroso, sa adj. Que da honra.

hontanar m. Terreno donde nacen manantiales.

hoplita m. Soldado griego provisto de armas pesadas.

hora f. Cada una de las veinticuatro partes en que se divide el día solar: *a la hora de comer.* || *Astr.* Vigésimocuarta parte de la línea equinoccial. || *Fig.* Cita: *pedir hora a un médico.* | Momento de la muerte: *a cada uno le llega su hora.* || — Pl. Libro que contiene varios rezos. || — *A buena hora* o (fam.) *a buena hora mangas verdes,* demasiado tarde. || A la hora, puntualmente. || *Dar la hora,* sonar el reloj; (fig.) ser una persona puntual. || *Hora H,* véase H. || *Hora punta* o, pico, momento de mayor afluencia (transportes) o de mayor consumo (energía). || *Horas canónicas,* diversas partes del rezo divino. || *Horas extraordinarias,* las que se trabajan de más. || *Fig. La última hora,* la de la muerte. | *Tener las horas contadas,* estar próximo a la muerte.

horaciano, na adj. Propio del poeta Horacio.

horadación f. Perforación.

horadador, ra adj. y s. Que horada.

horadar v. t. Agujerear, perforar una cosa atravesándola de parte a parte: *horadar una pared.*

horario, ria adj. Relativo a las horas: *media horaria.* || — *Círculos horarios,* círculos máximos que pasan por los polos, señalan las horas del tiempo verdadero y dividen el globo en *husos horarios* que abarcan las regiones que tienen la misma hora oficial. || — M. Aguja del reloj que señala las horas. || Cuadro indicador de las horas de salida y llegada: *horario de trenes.* || Repartición de las horas del trabajo: *horario escolar.*

horca f. Conjunto de dos maderas hincados en el suelo y otro que les une por encima, sobre el cual se colgaba a los ajusticiados. || Suplicio de los así condenados: *morir en la horca.* || *Agr.* Palo rematado en dos puntos para diversos usos. || Ristra: *horca de ajos.*

horcadura f. Punto del tronco del árbol de donde salen las ramas. || Horquilla que hacen dos ramas.

horcajadas (a) m. adv. Echando una pierna por cada lado tal como el que va a caballo.

horcajadura f. Ángulo que forman los dos muslos o las dos piernas en su nacimiento.

horcajo m. Horca de madera que se pone al pescuezo de las mulas para trabajar. || Confluencia de dos ríos. || Nudo de montañas.

horchata f. Bebida refrescante a base de almendras o chufas machacadas en agua y azúcar. || *Fig.* Tener sangre de horchata, ser flemático o excesivamente tranquilo.

horchatería f. Establecimiento donde se vende horchata.

horchatero, ra m. y f. Persona que hace o vende horchata.

horcón m. *Agr.* Horca, bieldo.

horda f. Tropa salvaje.

horizontal adj. Paralelo al horizonte: *línea, plano horizontal.* || — F. Línea horizontal.

horizontalidad f. Calidad o carácter de horizontal.

horizonte m. Línea aparente que separa la tierra del cielo. || Espacio circular de la superficie del globo, encerrado en dicha línea. || Espacio a que puede extenderse la vista: *tener un horizonte limitado.* || *Fig.* Extensión de una actividad: *el horizonte de los conocimientos humanos.* | Perspectiva: *se despeja el horizonte político de Europa.*

horma f. Molde para dar forma a algo: *horma de zapatero, de sombrerero.* || Ballestilla para conservar la forma del zapato. || *Fig. y fam.* Hallar uno la horma de su zapato, encontrar lo que le conviene; encontrar a alguien con quien medirse.

hormiga f. Género de insectos del orden de los himenópteros que viven bajo tierra en hormigueros formando colonias en las que hay hembras fecundas, machos y hembras estériles u obreras, éstas carentes de alas. || — *Hormiga blanca*, comején. || *Hormiga león*, insecto neuróptero que se alimenta de hormigas. || *Fig.* Ser una hormiga, ser muy trabajador o ahorrador.

hormigón m. Mezcla de arena, grava y mortero amasada con agua. || — *Hormigón armado*, el que tiene entre su masa un armazón de alambres y barras de hierro que le dan consistencia. || *Hormigón hidráulico*, el hormigón hecho a base de cal hidráulica.

hormigonado m. Trabajo hecho con hormigón.

hormigonera f. Máquina para la preparación del hormigón.

hormiguear v. i. Experimentar en una parte del cuerpo la sensación de picor: *me hormiguean las piernas.* || *Fig.* Bullir de gente: *los niños hormiguean en la plaza.* || Galicismo por *abundar.*

hormigueo m. Acción y efecto de hormiguear: *el hormigueo de la muchedumbre.* || Comezón, picor, cosquilleo: *hormigueo en las manos.*

hormiguero m. Lugar donde se crían las hormigas. || Torcuello, ave trepadora. || *Fig.* Sitio donde hay muchas personas: *un hormiguero de chiquillos.* || *Agr.* Montón de hierba seca que se

quema para beneficiar la tierra. || — Adj. V. OSO hormiguero.

hormiguilla f. *Fam.* Hormigueo. || *Fig. y fam.* Remordimiento, reconcomio.

hormiguillo m. Enfermedad que padecen los caballos en el casco. || Hormiguilla, cosquilleo.

hormiguita f. *Fam.* Persona trabajadora o ahorradora.

hormona f. *Biol.* Producto de secreción interna de ciertos órganos.

hormonal adj. De las hormonas.

hormonoterapia f. *Med.* Tratamiento por hormonas.

hornablenda f. Mineral negro o verde oscuro del grupo de los anfíboles que se encuentra en las rocas eruptivas.

hornacina f. *Arq.* Hueco o nicho en forma de arco que se deja en un muro.

hornada f. Lo que se cuece de una vez en un horno. || *Fig.* Conjunto de individuos de una misma promoción: *hornada de empleados del Estado.*

hornero, ra m. y f. Persona cuyo oficio es cocer pan en el horno. || — F. Solera del horno.

hornija f. Leña menuda.

hornilla f. Hornillo.

hornillo m. Horno manual: *hornillo de gas, eléctrico.* || Parte de la mina donde se introduce la carga. || *Mil.* Mina.

horno m. Obra abovedada de fábrica que sirve para someter a la acción del calor diversas sustancias: *horno de panadero, de arco, eléctrico.* || Compartimiento en el interior de una cocina donde se asan las viandas. || *Fig.* Lugar muy caliente: *esta habitación es un horno.* || — *Alto horno*, el de cuba muy prolongada para fundir mena de hierro. || *Fig. y fam.* No estar el horno para bollos, no ser el momento oportuno.

horóscopo m. Conjunto de presagios basados en el estado del firmamento al nacer una persona. || *Por ext.* Predicción. | Adivino, agorero, augur.

horqueta f. Horcón, bieldo.

horquilla f. *Agr.* Horca, bieldo. || Alfiler doblado para sujetar el cabello. || Pieza de la bicicleta o motocicleta en que entra la rueda delantera: *horquilla telescópica.*

horrendo, da adj. Espantoso.

hórreo m. Granero, troj. || Granero de madera sostenido en el aire por pilares, propio de Asturias y Galicia.

horrible adj. Horrendo.

hórrido, da adj. Horrendo.

horrificar v. t. Horrorizar.

horrífico, ca adj. Horrendo.

horripilación f. Acción de horripilar u horripilarse.

horripilante y **horripilativo, va** adj. Que horripila.

horripilar v. t. Hacer que se ericen los cabellos. || Hacer tiritar: *el frío nos horripila.* || Causar horror y espanto.

horrísono, na adj. Que causa horror con su sonido.

horror m. Temor causado por algo espantoso: *estremecerse de horror.* || Repulsión, odio, aversión: *tener horror al tabaco, al vicio.* || *Fig.* Atrocidad, monstruosidad. Ú. m. en pl.: *los horrores de la guerra.* || — Pl. *Fig. y fam.* Cosas extraordinarias, maravillas: *Santana hace horrores con la raqueta.* || — Adv. *Fam.* Mucho: *eso me gusta horrores.*

horrorizar v. t. Causar horror. || — V. pr. Tener horror.

horroroso, sa adj. Que produce horror. || *Fam.* Muy feo: *pintura horrorosa.* | Muy malo: *un tiempo horroroso.*

hortaliza f. Verduras y demás plantas comestibles que se cultivan en las huertas.

hortelano, na adj. Relativo a las huertas. || — M. El que por oficio cultiva huertas. || Pájaro de la familia de los fringílidos, común en Europa.

hortense adj. Relativo a la huerta: *cultivo hortense.*

hortensia f. Arbusto de la familia de las saxifragáceas, de hermosas flores en corimbos.

hortera f. Escudilla o cazuela de madera. || — M. *Fam.* En Madrid, dependiente de ciertos comercios. || *Fig. y fam.* Individuo de clase social inferior que, por su vestimenta y modales falsamente elegantes, pretende situarse socialmente donde no le corresponde.

hortícola adj. Relativo al huerto, a la horticultura.

horticultor, ra m. y f. Persona que se dedica a la horticultura.

horticultura f. Cultivo de los huertos o huertas. || Ciencia que trata del cultivo de los huertos.

hosco, ca adj. Severo, áspero.

hospedaje u **hospedamiento** m. Alojamiento y asistencia: *tomar hospedaje en un hotel.* || Lo que se paga por ello: *pagar poco hospedaje.*

hospedar v. t. Recibir huéspedes en su casa; darles alojamiento: *hospedar a unos viajeros.* || — V. pr. Alojarse.

hospedería f. Habitación reservada en los conventos para los huéspedes. || Hospedaje, alojamiento. || Casa destinada al alojamiento de visitantes o viandantes, hotel.

hospedero, ra m. y f. Persona que aloja huéspedes, hotelero.

hospiciano, na m. y f. Persona acogida en un hospicio.

hospicio m. Casa para albergar peregrinos y pobres. || Asilo en el que se aloja y educa a niños pobres, expósitos o huérfanos.

hospital m. Establecimiento público o privado donde pueden ser admitidos todos los enfermos para ser tratados u operados: *hospital general, militar, de beneficencia.* || Casa donde se recogen pobres y peregrinos por tiempo limitado. || *Mil.* Hospital de sangre, centro de primera cura para los heridos en campaña.

hospitalario, ria adj. Aplícase a las órdenes religiosas que tienen por regla el hospedaje y la asistencia de los enfermos: *orden hospitalaria de San Juan de Dios* (ú. t. c. s.). || Que auxilia y alberga a los extranjeros y necesitados. || Acogedor: *casa muy hospitalaria*.

hospitalidad f. Acción de recibir y albergar a uno gratuitamente por caridad o cortesía: *dar hospitalidad a un amigo*. || Estancia o mansión de los enfermos en el hospital.

hospitalización f. Admisión y estancia en un hospital.

hospitalizar v. t. Llevar a uno al hospital.

hosquedad f. Mal humor.

hostelería f. Conjunto de la profesión hotelera.

hostelero, ra m. y f. Persona dueña de una hostería o encargada de ella.

hostería f. Establecimiento hotelero. || Restaurante, generalmente de lujo y decorado a la antigua.

hostia f. Disco de pan ázimo que el sacerdote consagra en el sacrificio de la misa.

hostiario m. Caja para guardar hostias. || Molde para hacer hostias.

hostigador, ra adj. y s. Que hostiga.

hostigamiento m. Acción de hostigar: *tiro de hostigamiento*.

hostigar v. t. Azotar, castigar con látigo, vara o cosa semejante: *hostigar las caballerías*. || *Fig.* Acosar, perseguir, molestar: *hostigar al adversario*.

hostil adj. Contrario, enemigo.

hostilidad f. Enemistad. || Oposición. || — Pl. Estado de guerra. || *Romper las hostilidades*, empezar la guerra atacando al enemigo.

hostilizar v. t. Hostigar, molestar al enemigo.

hotel m. Establecimiento donde los viajeros pueden comer y albergarse mediante pago: *hotel de lujo, de primera*. || Edificio separado de los otros, generalmente con jardín, destinado a la habitación de una sola familia.

hotelero, ra adj. Relativo al hotel: *industria, cadena hotelera*. || — M. y f. Propietario de un hotel o encargado del mismo.

hotentote, ta adj. y s. Individuo de una raza negra del SO. de África, al N. del río Orange.

hoy adv. En este día, en el día presente: *hoy he visto a Juan*. || En el tiempo presente, actualmente.

hoya f. Hoyo grande en la tierra. || Sepultura: *tener un pie en la hoya*. || Llano extenso entre montañas: *la hoya de Málaga*.

hoyar v. t. *Amér. C., Col., Cub., Méx.* y *Venez.* Hacer hoyos en la tierra.

hoyo m. Agujero en la tierra o en cualquier superficie. || Sepultura, hoya.

hoyuelo m. Hoyo pequeño. || Hoyo en el centro de la barba o en las mejillas. || Juego de niños con bolas.

hoz f. Instrumento de hoja corva y mango corto para segar mieses y hierbas. || Angostura, estrechura de un valle profundo, o la que forma un río que corre por entre dos sierras.

hozadero m. Terreno donde hozan puercos o jabalíes.

hozadura f. Hoyo o señal que deja el animal que hoza.

hozar v. t. Escarbar la tierra con el hocico.

HP, abrev. de *horse-power*.

huaca f. *Amer.* Guaca.

huacal m. *Amer.* Guacal.

huacamole m. *Amer.* Ensalada de aguacate, guacamole.

huachafería f. *Per.* Cursilería, actitud pretensiosa y vana. || *Bol.* Conjunto de personas vulgares.

huachafo, fa adj. y s. *Bol., Ecuad.* y *Per.* Cursi, de mal gusto.

huachafoso, sa adj. *Per.* Cursi, de mal gusto.

huachano, na adj. y s. De Huacho (Perú).

huachinango m. *Méx.* Pez comestible marino de color rojizo.

huachipairi adj. y s. Indígena del Perú.

huacho m. Guacho.

huaco m. *Chil.* y *Per.* Guaco, figura de cerámica precolombina.

huaico m. *Per.* Masa de peñas desprendida por las lluvias.

huaino o huyano m. *Arg., Bol., Chil.* y *Per.* Baile grupal de ritmo vivaz. || Música que lo acompaña.

huancaíno, na adj. y s. De Huancayo (Perú).

huancavelicano, na adj. y s. De Huancavelica (Perú).

huanuqueño, ña adj. y s. De Huánuco (Perú).

huapango m. *Méx.* Fiesta popular, típica de Veracruz. | Música, baile y cantos de esta fiesta.

huarasino, na adj. y s. De Huarás (Perú).

huáscar m. *Chil.* Camión policial que arroja chorros de agua.

huasipungo m. *Ecuad.* Tierra que reciben los jornaleros del campo además de su jornal.

huaso, sa adj. y s. *Amer.* Guaso.

huasteca, huaxteca o huazteca adj. y s. Individuo de un pueblo indígena del ant. México, de raza maya. (Los huastecas vivían en la región costera del Atlántico.)

huauzontle m. *Méx.* Planta comestible que se caracteriza por sus pequeñas flores.

huayco m. *Per.* Alud de piedras y lodo.

hucha f. Arca grande. || Alcancía. || *Fig.* Ahorros.

hueco, ca adj. Vacío, que tiene una cavidad interior: *pared hueca*. || *Fig.*

Orgulloso, presumido: *hombre hueco*. || De sonido retumbante y profundo: *sonido hueco; voz hueca*. | Vacío, sin ideas: *cabeza hueca; discurso hueco*. | Afectado: *estilo hueco*. || Mullido, esponjoso: *tierra, lana hueca*. || — M. Cavidad: *aquí hay un hueco*. || Intervalo de tiempo o lugar: *encontrar un hueco en sus ocupaciones*. || *Fig.* y *fam.* Empleo o puesto vacante: *en la oficina hay varios huecos*. || *Arq.* Abertura en una pared. || Grabado en hueco o (fam.) hueco, huecograbado.

huecograbado m. *Impr.* Heliograbado en hueco sobre cilindros de cobre para reproducirlo en máquina rotativa. || Este grabado.

huehuenches m. pl. *Méx.* Güegüenches.

huehueteco, ca adj. y s. De Huehuetenango (Guatemala).

huehuetl m. Instrumento músico de percusión de los indígenas mexicanos.

huelga f. Interrupción concertada del trabajo que hacen los obreros para obligar a los patronos a ceder ante sus reivindicaciones: *declararse en huelga*. || Recreación, juerga. || — *Huelga de brazos caídos o de brazos cruzados*, la realizada sin abandonar el lugar de trabajo. || *Huelga del hambre*, la que consiste en privarse de alimento para así llamar la atención de las autoridades sobre lo que se reivindica. || *Huelga escalonada o alternativa*, la que afecta sucesivamente a cada uno de los departamentos de una empresa, pero nunca a todos juntos. || *Huelga general*, la que se extiende a todos los ramos de la producción. || *Huelga revolucionaria*, la violenta y declarada con fines políticos. || *Huelga salvaje*, la efectuada bruscamente en el lugar de trabajo.

huelguista m. Persona que toma parte en una huelga.

huelguístico, ca adj. Relativo a la huelga.

huelveño, ña adj. y s. De Huelva. (Relativo a la c. se dice tb. *onubense*.)

huella f. Señal que deja el pie: *se ven huellas en la nieve*. || *Fig.* Marca, vestigio: *huella de una herida*. || — *Huella digital o dactilar*, marca dejada por la yema de los dedos, utilizada para identificar a las personas. || *Fig. Seguir las huellas de uno*, imitarle.

huembé m. *Amer.* Bejuco muy resistente.

huemul m. *Arg.* y *Chil.* Ciervo que vive en los Andes.

huérfano, na adj. Dícese del niño que se ha quedado sin padre o sin madre o que ha perdido a los dos: *quedó huérfano a los nueve años*. Ú. t. c. s.: *un huérfano de guerra*. || *Fig.* Falto de alguna cosa: *quedar huérfano de amparo*.

huero, ra adj. Que no produce cría: *huevo huero*. || *Fig.* Vacío: *mentalidad huera*. || *Guat.* y *Méx.* Güero, rubio. || — *Fig. Salir huera una cosa*, fracasar, salir mal.

huerta f. Huerto grande. || Llanura bien irrigada donde se practica el cultivo intensivo: *la huerta de Murcia.*

huertano, na adj. y s. Dícese del habitante de las comarcas de regadío, como Murcia, Valencia, etc., llamadas *huertas.*

huerto m. Terreno de poca extensión donde se cultivan verduras, legumbres y frutales: *una casa con un pequeño huerto detrás.*

huesa f. Sepultura.

hueso m. Cada una de las piezas duras que forman el esqueleto de los vertebrados. || Materia que las constituye. || Parte dura interior que contiene la semilla de ciertos frutos: *hueso de cereza, de melocotón.* || Fig. y fam. Cosa trabajosa: *este trabajo es un hueso.* | Persona de carácter desagradable y trato difícil: *este capitán es un hueso.* | Asignatura muy difícil. || — Pl. *Fam.* Manos: *toca esos huesos.* || — Fig. Estar en los huesos, estar sumamente flaco. || *Fam.* Estar por los huesos de alguien, estar muy enamorado. || *Hueso de santo,* rollito de pasta de almendra relleno de yema. || *Fam.* La sin hueso, la lengua. | *No dejar a uno hueso sano,* murmurar de alguien. | *Soltar la sin hueso,* hablar sin parar.

huésped, da m. y f. Persona que se hospeda en casa ajena o en un establecimiento hotelero. || Animal o planta en cuyo cuerpo se aloja un parásito: *el hombre es el huésped de la lombriz solitaria.* || Casa de huéspedes, establecimiento hotelero de categoría modesta, utilizado generalmente por clientes estables.

hueste f. Ejército en campaña: *las huestes del Cid.* || Fig. Grupo de seguidores.

huesudo, da adj. Que tiene mucho hueso.

hueva f. Masa de huevecillos de ciertos peces.

huevar v. i. Empezar las aves a poner huevos.

huevera f. Vendedora de huevos. || Conducto membranoso que tienen las aves, desde el ovario hasta cerca del ano, y en el cual se forman los huevos. || Huevero.

huevería f. Tienda del huevero.

huevero m. Comerciante en huevos. || Recipiente pequeño donde se coloca el huevo pasado por agua para comerlo.

huevo m. Biol. Célula resultante de la unión del gameto masculino y el femenino y que por división producirá un nuevo ser, animal o vegetal. | Cuerpo orgánico que contiene el germen o embrión del nuevo individuo, producido por las hembras de muchos animales: *huevos de reptiles, insectos y peces.* | El de las aves domésticas: *huevos de gallina, de paloma.* || Trozo de madera de forma ovoide que se utiliza para zurcir medias y calcetines. || — Fig. *Andar pisando huevos,* andar con mucho cuidado, apenas pasando el pie en el suelo.

huevonear v. i. *Col., Guat., Hond., Méx., Salv. y Venez.* Holgazanear.

hugonote adj. y s. Calvinista.

huichol adj. y s. Indígena mexicano que vive en Jalisco y Nayarit.

huida f. Acción de huir, de escaparse: *la huida de Egipto.* || Fig. Pretexto, escapatoria. || *Équit.* Movimiento brusco del caballo apartándose de la dirección correcta.

huidizo, za adj. Que tiende a huir: *animal huidizo.*

huilacapitztli m. Pequeña flauta de hueso o barro usada por los indígenas mexicanos.

huilense adj. y s. De Huila.

huilota f. *Méx.* Ave silvestre parecida a la paloma.

huincha f. *Amer.* Cinta.

huinche m. *Amer.* Güinche.

huipil m. *Amer.* Güipil.

*huir v. i. Alejarse rápidamente: *los vecinos huyeron del fuego.* || Escaparse de un sitio donde se estaba encerrado. || Evitar: *huir de alguno; huir de ir a hacer visitas.* || Fig. Huir el cuerpo, hurtarlo.

huira f. *Amer.* Güira.

huistacluache m. Puerco espín americano.

huitlacoche m. *Méx.* Hongo parásito del maíz, negruzco y comestible.

huitznahua adj. y s. Miembro de uno de los seis clanes superiores de los aztecas.

huizache m. *Méx. y Salv.* Árbol espinoso con cuyo fruto se fabrica tinta.

hujier m. Ujier.

hule m. Caucho o goma elástica. || Tela impermeable, pintada y barnizada: *los tricornios de los guardias civiles son de hule.* || *Fam.* Mesa de operaciones.

hulero m. *Amer.* Trabajador que recoge el caucho o hule.

hulla f. *Min.* Carbón fósil procedente de vegetales que han sufrido una transformación a través de las eras geológicas; se le llama también *carbón de piedra.* || *Hulla blanca,* energía obtenida a partir de los saltos de agua.

hullero, ra adj. Relativo a la hulla: *cuenca hullera.*

humaiteño, ña adj. y s. De Humaitá (Paraguay).

humanar v. t. Humanizar (ú. t. c. pr.). || — V. pr. Hacerse hombre el Verbo divino.

humanidad f. Naturaleza humana. || Género humano: *benefactor de la humanidad.* || Bondad, compasión, benevolencia: *tratar a todos con humanidad.* || *Fam.* Corpulencia: *hombre de fuerte humanidad.* | Muchedumbre: *este cuarto huele a humanidad.* || — Pl. Letras humanas: *estudiar humanidades.*

humanismo m. Conjunto de tendencias intelectuales y filosóficas cuyo objetivo es el desarrollo de las cualidades esenciales del hombre. || Movimiento intelectual que se desarrolló en Europa durante el s. XVI para renovar el estudio de la lengua, literatura y civilización clásicas.

humanista com. Filósofo que funda su doctrina en el desarrollo de las cualidades esenciales del hombre. || Persona versada en las letras humanas. || Escritor perteneciente al movimiento llamado *humanismo: Erasmo fue un humanista.* || — Adj. Relativo al humanismo: *doctrina humanista.*

humanístico, ca adj. Del humanismo o de las humanidades.

humanitario, ria adj. Que mira o se refiere al bien del género humano: *tomar medidas humanitarias.* || Humano, compasivo: *un juez humanitario.*

humanitarismo m. Humanidad, sensibilidad para los males ajenos.

humanización f. Acción de humanizar.

humanizar v. t. Volver más humano (ú. t. c. pr.).

humano, na adj. Del hombre: *el cuerpo humano.* || Propio de los hombres: *es una reacción humana.* || Compasivo, caritativo: *mostrarse humano con los demás.* || — El género humano, el conjunto de los hombres. || *Letras humanas,* literatura, particularmente la griega y romana.

humarada y **humarasca** f. *Amér. C.* Humareda.

humarazo m. Humazo.

humareda f. Humo.

humazo m. Humo espeso. || Fig. y fam. *Darle humazo a uno,* ahuyentarlo del lugar donde va.

humeante adj. Que humea.

humear v. i. Exhalar, echar de sí humo: *carbón que humea.* || Arrojar una cosa vapor parecido al humo: *humear la sangre.* || Fig. Quedar restos de algo pasado. || Vanagloriarse, enorgullecerse.

humectación f. Humedecimiento.

humectador m. Aparato que satura de humedad la atmósfera. || Cualquier aparato que sirve para humedecer.

humectar v. t. Humedecer.

humedad f. Estado de lo que es húmedo. || Agua de que está impregnado un cuerpo: *la humedad del ambiente.*

*humedecer v. t. Volver húmedo (ú. t. c. pr.).

humedecimiento m. Acción y efecto de humedecer.

húmedo, da adj. Impregnado de un líquido o de vapor: *aire húmedo; ropa húmeda.* || Con mucha lluvia: *clima húmedo.*

humera f. *Fam.* Borrachera. (Se suele aspirar la *h.*)

humeral adj. *Anat.* Relativo al húmero: *arteria humeral.* || — M. Paño blanco que reviste el sacerdote y en cuyos extremos envuelve las manos, para tomar la custodia o copón.

húmero m. *Anat.* Hueso del brazo que se articula en la escápula y el codo.

humildad f. Virtud opuesta al orgullo. || Modestia. || Sumisión: *solicitar algo con humildad.*

humilde adj. Que da muestra de humildad: *un humilde siervo de Dios.* || De muy modesta condición: *ser de humilde cuna.* Ú. t. c. s.: *favorecer a los humildes.*

humillación f. Acción y efecto de humillar o de humillarse. || Afrenta: *sufrir una humillación.*

humilladero m. Cruz o imagen religiosa que hay a la entrada de algunos pueblos.

humillador, ra adj. Que humilla.

humillante adj. Degradante: *acción humillante.*

humillar v. t. Bajar, abatir: *humillar el orgullo.* || Bajar, doblar una parte del cuerpo en señal de reverencia o sumisión: *humillar la frente, la cabeza.* || Avergonzar, rebajar a alguien en su dignidad: *humillar al insolente.* || — V. pr. Rebajarse voluntariamente: *humillarse ante los poderosos.*

humillo m. Vanidad, orgullo.

humita f. *Arg., Chil.* y *Per.* Pasta a base de maíz tierno rallado, pimientos y tomates o grasa y azúcar, que se cuece en agua hirviendo envuelta en la hoja verde de la mazorca, recalentándolo después de frío en el rescoldo.

humitero, ra m. y f. Persona que fabrica o vende humitas.

humo m. Mezcla de gases, de vapor de agua y de partículas tenues de carbón que se desprende de los cuerpos en combustión. || Vapor que se desprende de un líquido caliente o cualquier cosa que fermenta. || — Pl. Hogares: *aldea de cien humos.* || *Fig.* Vanidad, presunción: *¡cuántos humos tiene!* || — *Fig.* y *fam. A humo de pajas,* sin reflexión, con ligereza. | *Bajarle a uno los humos,* humillarle. | *Subirle a uno el humo a las narices,* enfadarse, irritarse. | *Subírsele a uno los humos a la cabeza,* volverse muy presumido.

humor m. Cualquiera de los líquidos del cuerpo del animal, como la sangre, la bilis. || *Fam.* Pus, materia, etc. || *Fig.* Estado de ánimo: *tener buen* (o *mal*) *humor.* | Gracia, agudeza: *hombres de humor.* || *Humor ácueo,* líquido incoloro y transparente entre la córnea y el cristalino del ojo. || *Humor negro,* gracia que se basa en presentar como jocosos asuntos que por su naturaleza son muy serios. || *Humor vítreo,* masa gelatinosa y transparente en la membrana hialoidea de detrás

del cristalino. || *Seguirle el humor a uno,* fingir estar de acuerdo con lo que dice.

humorado, da adj. *Bien, mal humorado,* de buen, de mal humor. || — F. Chiste: *decir humoradas.* || Capricho: *le ha dado la humorada al coronel de tocar diana a las 5.*

humoral adj. Relativo a los humores del cuerpo.

humorismo m. Estilo literario en que se hermanan la gracia con la ironía y lo alegre con lo triste.

humorista adj. Dícese del autor en cuyos escritos predomina el humorismo. || — M. Autor de canciones satíricas.

humorístico, ca adj. Relativo al humorismo en literatura. || Satírico y gracioso: *caricatura humorística.*

humus m. *Agr.* Sustancia coloidal de aspecto negruzco que resulta de la descomposición parcial de los desechos vegetales y animales; se llama también *mantillo.*

hundimiento m. Acción y efecto de hundir o hundirse. || Depresión: *hundimiento del terreno.*

hundir v. t. Meter en lo hondo: *hundir un puñal en el pecho.* || Hacer bajar el nivel de algo: *las lluvias han hundido el terreno.* || Echar a pique: *hundir un barco* (ú. t. c. pr.). || *Fig.* Abrumar, abatir: *la muerte de su padre le hundió.* || Arruinar: *hundir un negocio* (ú. t. c. pr.). || Perjudicar mucho: *su mala actuación le hundió.* || Enflaquecer: *hundir las mejillas* (ú. t. c. pr.). || — V. pr. Sucumbir: *hundirse un imperio.* || Derrumbarse, desplomarse: *la techumbre se ha hundido.*

húngaro, ra adj. y s. De Hungría. || — M. Lengua hablada por los húngaros. || Magiar.

huno, na adj. y s. Individuo de un pueblo bárbaro de raza mongólica establecido en Asia Central.

huracán m. Viento violento e impetuoso que, a modo de torbellino, gira en grandes círculos. || *Fig.* Vendaval, viento fuerte.

huracanado, da adj. Violento como el huracán.

huraño, ña adj. Que huye de las gentes, poco sociable: *tiene un carácter muy huraño.*

hurgador, ra adj. Que hurga. || — M. Hurgón.

hurgar v. t. Menear o remover: *hurgar la lumbre.* || Tocar: *hurgar un mecanismo.* || Fisgar: *hurgar en los papeles de uno.* || *Fig.* Picar, azuzar.

hurgón m. Instrumento de hierro para atizar la lumbre.

hurgonear v. t. Revolver con el hurgón.

hurí f. Beldad del paraíso de Mahoma. (Pl. *huríes.*)

hurón m. Mamífero carnívoro del género de la comadreja, que se emplea para cazar conejos. || *Fig.* y *fam.* Persona curiosa que todo lo averigua. | Persona muy huraña.

hurón, ona adj. y s. Indio de América del Norte (Ontario).

huronear v. i. Cazar con hurón. || *Fig.* y *fam.* Meterse a escudriñar vidas ajenas.

huronera f. Lugar en que se mete el hurón. || *Fig.* y *fam.* Guarida, madriguera, escondrijo.

huroniano, na adj. *Geol.* Aplícase a la parte superior del terreno primitivo en el Canadá y en Escandinavia.

hurtadillas (a) adv. Furtivamente, sin que nadie lo note: *se marchó a hurtadillas.*

hurtar v. t. Robar sin intimidación ni violencia: *hurtar fruta.* || *Fig.* Apartar, esquivar, alejar: *hurtar el cuerpo.* || — V. pr. *Fig.* Desviarse, ocultarse: *hurtarse a los ojos de la policía.* | Zafarse, librarse.

hurto m. Robo sin violencia. || Cosa hurtada.

husada f. Porción de lino, de lana o de cáñamo que, ya hilada, cabe en el huso.

húsar m. Soldado de un antiguo cuerpo de caballería ligera vestido a la húngara: *húsar de Pavía.*

husillo m. Tornillo de una prensa. || Conducto para desaguar un terreno inundado.

husmeador, ra adj. y s. Que husmea.

husmear v. t. Oler, olfatear. || *Fig.* y *fam.* Indagar, curiosear: *esta mujer siempre está husmeando.* | Presentir: *husmear el peligro.* || — V. i. Empezar a oler mal las carnes a causa de la descomposición.

husmeo m. Acción de husmear.

huso m. Palo para hilar. || Instrumento para devanar la seda. || *Blas.* Losange largo y estrecho. || Cilindro de un torno de mano. || — *Geom.* Huso esférico, parte de la superficie de una esfera comprendida entre dos mitades de círculo máximo de diámetro común. || *Huso horario,* cada uno de los veinticuatro husos geométricos de una amplitud de 15° en que se divide convencionalmente la esfera terrestre y en los cuales la hora legal es la misma.

hutia f. Jutía.

Hz, símbolo internacional del *hertz,* unidad que mide la frecuencia.

i

i f. Novena letra del alfabeto castellano y tercera de sus vocales. || — **I**, cifra romana que vale uno. || Símbolo químico del *yodo*. || *Fam. Poner los puntos sobre las íes*, hablar de manera muy clara, sin lugar a dudas.

ibaguereño, ña adj. y s. De Ibagué (Colombia).

ibarreño, ña adj. y s. De Ibarra (Ecuador).

ibérico, ca adj. Ibero, relativo a Iberia: *arte ibérico.*

ibero, ra adj. y s. De Iberia. (El *ibero* era un pueblo que habitó en España, la Galia meridional o del S. y las costas de Italia del Norte.)

iberoamericano, na adj. y s. De Iberoamérica.

ibicenco, ca adj. y s. De Ibiza.

ibis f. Ave zancuda de pico largo.

iceberg m. (pal. ingl.). Masa de hielo flotante en los mares polares, desprendida de un glaciar.

icho o **ichu** m. Planta gramínea de América, común en los páramos de los Andes.

icono m. En la Iglesia ortodoxa, imagen sagrada.

iconoclasta adj. y s. Dícese de los miembros de una secta que proscribía el culto a las imágenes. || *Fig.* Que no respeta los valores tradicionales: *escritor iconoclasta.*

iconografía f. Estudio de las obras de arte, de sus orígenes y significado. || Álbum de imágenes o reproducciones artísticas.

iconográfico, ca adj. Relativo a la iconografía.

iconoscopio m. Tubo electrónico para la toma de vistas, que forma parte de las cámaras de televisión.

icosaedro m. *Geom.* Sólido limitado por veinte caras. || *Icosaedro regular,* aquel cuyas caras son triángulos equiláteros iguales.

ictericia f. *Med.* Enfermedad producida por la presencia en la sangre de pigmentos biliarios y caracterizada por el amarillez de la piel y de las conjuntivas.

ictérico, ca adj. y s. *Med.* Relativo a la ictericia o que la padece.

ictiología f. Parte de la zoología que estudia los peces.

ictiólogo m. Especialista en ictiología.

ictiosauro m. Reptil fósil con aspecto de tiburón de unos 10 m de largo, que vivió en la era secundaria.

ida f. Acción de ir de un lugar a otro: *billete de ida y vuelta.*

idea f. Representación mental de una cosa real o imaginaria: *tener una idea clara de algo.* || Modo de ver: *ideas políticas, filosóficas.* || Intención: *tener idea de casarse.* || Impresión, creencia: *tengo la idea de que no va a venir.* || Opinión: *te haces una idea falsa de este chico.* || Conocimiento: *no tengo la menor idea de lo que quiere.* || Inspiración literaria o artística: *un autor de mucha idea.* || Primera concepción: *a este técnico se le debe la idea de una máquina.* || Imagen, recuerdo: *tengo su idea grabada en la mente.* || Esquema, exposición superficial: *dame una idea de tus intenciones.* || Aptitud: *tienes mucha idea para la decoración.* || *Fam. Manía,* imaginación extravagante: *perseguirle a uno una idea.* || — *Idea fija,* la que obsesiona a uno. || *No tener idea de nada,* ser completamente ignorante.

ideal adj. Relativo a la idea. || Que existe sólo en la imaginación, irreal: *tipo ideal.* || Perfecto: *mujer ideal; es el sitio ideal para descansar.* || Maravilloso. — M. Perfección suprema: *ideal de belleza.* || Prototipo, modelo o ejemplar de perfección. || Objetivo al que uno aspira: *tener un ideal.*

idealidad f. Calidad de ideal.

idealismo m. Sistema filosófico que considera la idea como principio del ser y del conocer. || Persecución de un ideal. || Tendencia a idealizar las cosas.

idealista adj. y s. Que profesa el idealismo. || Que persigue un ideal que puede ser quimérico: *Don Quijote era un idealista.*

idealización f. Creación de una forma imaginaria de algo.

idealizador, ra adj. y s. Que idealiza.

idealizar v. t. Dar sobre la realidad un carácter ideal a las personas o cosas, adornándolas con todas las perfecciones: *idealizar a la mujer amada.*

idear v. t. Imaginar o pensar.

ideario m. Repertorio de ideas: *el ideario político de un partido.*

ideático, ca adj. y s. *Amer.* Maniático, aprensivo.

ídem adv. lat. El mismo, lo mismo.

idéntico, ca adj. Exactamente igual: *copia idéntica al original.*

identidad f. Calidad de idéntico, similitud: *identidad de pareceres.* || Con-

junto de caracteres que diferencian a las personas entre sí: *averiguar la identidad de una persona; documento de identidad.* || *Mat.* Igualdad cuyos dos miembros son idénticos: $(a + b)^2 = a^2 + 2ab + b^2$.

identificación f. Acción de identificar: *la identificación de un culpable.* || Compenetración: *la identificación de un actor con su papel.*

identificar v. t. Hacer que dos o varias cosas distintas aparezcan como idénticas (ú. m. c. pr.). || *For.* Reconocer si una persona es la que se busca: *identificar a un delincuente.* || — V. pr. Llegar a tener las mismas ideas, voluntad, deseo, etc.: *actor que se identifica con su papel.*

ideografía f. Representación de las ideas por imágenes o símbolos.

ideograma m. Símbolo que representa un concepto. || En algunas lenguas, símbolo que equivale a una palabra, elemento gramatical o frase sin importar los elementos fonéticos.

ideología f. Ciencia del origen y clasificación de las ideas. || Conjunto de ideas propias de un grupo: *la ideología marxista.*

ideológico, ca adj. Relativo a la ideología.

ideólogo, ga m. y f. Persona que profesa la ciencia de la ideología. || Persona que conoce a fondo los principios de una doctrina política: *un ideólogo nazi.*

idílico, ca adj. Maravilloso: *descripción idílica.*

idilio m. Pequeño poema de asunto bucólico y amoroso: *los idilios de Teócrito.* || *Fig.* Coloquio amoroso, amor tierno.

idioma m. Lengua de un país o nación. || Modo particular de hablar un grupo de personas: *en idioma de la corte.*

idiomático, ca adj. Característico de una lengua determinada.

idiosincrasia f. Manera de ser propia de una persona.

idiosincrásico, ca adj. Relativo a la idiosincrasia.

idiota adj. y s. Que padece de idiotez. || *Fig.* Falto de entendimiento.

idiotez f. Insuficiencia de desarrollo mental debida a lesiones o malformaciones cerebrales. || *Fig.* Imbecilidad: *decir idioteces.*

idiotismo m. *Gram.* Expresión o construcción particular de una lengua. || Ignorancia, idiotez.

idiotizar v. t. Volver idiota.

ido, da p. p. de *ir*. || — Adj. *Fam.* Ebrio. | Chiflado, mal de la cabeza: *está un poco ido.*

idólatra adj. y s. Que adora ídolos.

idolatrar v. t. Adorar ídolos. || *Fig.* Amar o admirar vehementemente a una persona o cosa.

idolatría f. Adoración de los ídolos. || *Fig.* Amor o admiración vehemente.

idolátrico, ca adj. Relativo a la idolatría: *culto idolátrico.*

ídolo m. Figura de una divinidad a la que se da adoración. || *Fig.* Persona amada o admirada.

idoneidad f. Aptitud o buena disposición para algo.

idóneo, a adj. Adecuado, apropiado: *ser idóneo para un cargo.*

idumeo, a adj. y s. De Idumea.

iglesia f. Templo cristiano. || Sociedad religiosa fundada por Jesucristo. || Cualquier comunión cristiana: *la Iglesia protestante.* || Conjunto de las creencias, ministros y fieles de la religión católica: *la Iglesia española.* || Clero. || Inmunidad de que gozaba quien se refugiaba en un templo. || *Cumplir con la Iglesia,* confesar y comulgar por Pascua florida.

iglú o **igloo** m. Vivienda esquimal hecha con bloques de nieve en forma de cúpula.

ignaro, ra adj. Ignorante.

ígneo, a adj. De fuego.

ignición f. Estado de los cuerpos en combustión.

ignífugo, ga adj. y s. m. Que protege contra el incendio.

ignominia f. Infamia.

ignominioso, sa adj. Que es causa de ignominia, infame.

ignorancia f. Carencia de instrucción: *ignorancia crasa.* || Falta de conocimiento de algo: *ignorancia de lenguas extranjeras.*

ignorante adj. y s. Que no tiene instrucción. || Que no tiene noticia de las cosas: *ignorante de un hecho, de un suceso.*

ignorar v. t. No saber.

ignoto, ta adj. No conocido.

igual adj. De la misma naturaleza, calidad o cantidad: *dos distancias iguales.* || Semejante: *no he visto cosa igual.* || Muy parecido: *es tu hija es igual que ella.* || De la misma clase o condición. Ú. t. c. s.: *es mi igual.* || Que no varía, no mudable: *clima siempre igual.* || Liso: *terreno, superficie igual.* || Indiferente: *me es igual.* || *Geom.* Dícese de las figuras que se pueden superponer de modo que se confundan en su totalidad: *triángulos iguales.* || M. Signo de la igualdad (=). || — *Al igual* o *por igual,* igualmente, lo mismo. || *Sin igual,* sin par. || — Adv. De la misma manera: *baila igual que canta.* || *Fam.* Con toda probabilidad: *igual te mata-*

bas por el camino. || *Dar* (o *ser*) *igual,* no importar.

iguala f. Ajuste o pacto en los tratos. || Estipendio o cosa que se da en virtud de ajuste.

igualación f. o **igualamiento** m. Acción y efecto de igualar o igualarse. || *Fig.* Arreglo, convenio.

igualado, da adj. y s. *Méx.* Irrespetuoso, que se pone al tú por tú.

igualador, ra adj. y s. Que iguala.

igualar v. t. Hacer igual o poner al igual. || Allanar, alisar: *igualar los caminos, los terrenos.* || Ajustar, convenir por un contrato: *igualar una venta* (ú. t. c. pr.). || *Fig.* Juzgar con imparcialidad. || — V. i. Ser una cosa igual a otra. Ú. t. c. pr.: *igualarse dos cantidades.* || En deporte, tener un tanteo igual al de la parte adversa.

igualatorio m. Establecimiento médico que presta servicio a sus asociados mediante determinada cuota periódica.

igualdad f. Conformidad de una cosa con otra en naturaleza, forma, calidad o cantidad. || Identidad: *igualdad de opiniones.* || *Mat.* Expresión de equivalencia de dos cantidades. || Llanura: *la igualdad de un terreno.*

igualitario, ria adj. Que entraña o tiende a la igualdad. || — M. Partidario de la igualdad civil, política y social.

iguana f. Reptil saurio de América Central y Meridional.

iguánidos m. pl. Familia de reptiles saurios cuyo tipo es la iguana (ú. t. c. adj.).

iguanodonte m. Reptil dinosaurio de la época cretácea.

ijada f. o **ijar** m. Cada una de las cavidades situadas entre las costillas falsas y las caderas. || Dolor que se padece en esa parte.

ilación f. Acción y efecto de deducir una cosa de otra. || Conexión lógica entre antecedente y consecuente. || Enlace normal de las partes del discurso.

ilativo, va adj. Que se infiere o puede inferirse de algo. || *Conjunción ilativa,* la que expresa ilación o consecuencia, como *conque.*

ilegal adj. Que va contra la ley. || *Méx.* Inmigrante que carece de documentos.

ilegalidad f. Falta de legalidad: *la ilegalidad de un tratado.* || Acción ilegal.

ilegible adj. Que no puede leerse: *firma ilegible.*

ilegitimar v. t. Privar de la legitimidad.

ilegitimidad f. Falta de legitimidad.

ilegítimo, ma adj. No legítimo: *unión ilegítima.* || Nacido de padres que no están casados.

íleo m. *Med.* Enfermedad que origina oclusión intestinal y cólico miserere.

ileocecal adj. *Anat.* Perteneciente a los intestinos íleon y ciego: *válvula ileocecal.*

íleon m. *Anat.* Tercera porción del intestino delgado que empieza en el ye-

yuno y termina en el ciego. || Porción lateral del hueso innominado que forma la cadera.

ilerdense adj. y s. De Lérida.

ilergete adj. y s. De una región de la España Tarraconense (Huesca, Zaragoza, Lérida).

ileso, sa adj. Que no ha sufrido lesión: *salir ileso de un accidente.*

iletrado, da adj. y s. Falto de instrucción. || Analfabeto.

iliaco, ca o **ilíaco, ca** adj. *Anat.* Relativo al íleon: *hueso ilíaco.* || — Adj. y s. De Ilión o Troya.

iliberitano, na adj. y s. De Ilíberis, granadino.

ilicitano, na adj. y s. De Elche (Alicante).

ilícito, ta adj. No permitido legal ni moralmente: *negocio ilícito.*

ilicitud f. Calidad de ilícito.

ilimitado, da adj. Sin límites.

ilion m. *Anat.* Hueso de la cadera que unido al isquion y al pubis forma el hueso innominado.

iliquidez f. En economía, falta de dinero o de activos fácilmente vendibles: *la actual iliquidez mantiene bajo el precio de las divisas extranjeras.*

ilirio, ria adj. y s. De Iliria.

ilógico, ca adj. Sin lógica.

ilota com. En Esparta, esclavo originario de la ciudad de Helos. || El que se halla desposeído de los derechos de ciudadano.

iluminación f. Acción y efecto de iluminar. || Alumbrado especial para realizar ciertos edificios, monumentos, etc. || En la Edad Media, pintura al temple sobre vitela: *manuscrito con iluminaciones.*

iluminado, da adj. Alumbrado.

iluminador, ra adj. y s. Que ilumina. || — M. y f. Persona que da color a libros, estampas, etc.

iluminancia f. *Fís.* Cantidad de luz que recibe por segundo una unidad de superficie.

iluminar v. t. Alumbrar, dar luz: *el Sol ilumina los planetas.* || Adornar con muchas luces: *iluminar un templo, un teatro, etc.* || Dar color a las letras o dibujos de un libro, estampa, etc.: *iluminar un manuscrito.* || *Fig.* Ilustrar el entendimiento.

ilusión f. Error de los sentidos o del entendimiento, que nos hace tomar las apariencias por realidades: *una ilusión óptica.* || Esperanza quimérica: *forjarse ilusiones.* || *Fig.* Alegría muy grande.

ilusionar v. t. Hacer concebir ilusiones. || Causar gran alegría: *me ilusiona este viaje.* || — V. pr. Forjarse ilusiones. || *Fig.* Estar muy contento, entusiasmarse.

ilusionismo m. Tendencia a forjarse ilusiones. || Arte de producir fenómenos que parecen estar en contradicción con las leyes naturales, prestidigitación.

ilusionista m. Prestidigitador.

iluso, sa adj. y s. Engañado. || Propenso a ilusionarse, soñador.

ilusorio, ria adj. Capaz de engañar. || Que no se ha de realizar.

ilustración f. Instrucción: *persona de mucha ilustración*. || Grabado, estampa o fotografía que adorna un texto. || Revista ilustrada. || Movimiento filosófico del siglo XIII en pro de la amplia difusión del saber. (Alcanzó su apogeo en Francia, con los enciclopedistas, y en Alemania.)

ilustrado, da adj. Instruido: *hombre ilustrado*. || Que tiene dibujos: *libro ilustrado*. || *Despotismo ilustrado*, v. DESPOTISMO.

ilustrador, ra adj. y s. Persona que se ocupa de los grabados en un libro.

ilustrar v. t. Aclarar: *ilustrar un punto dudoso con comentario*. || Explicar una materia: *ilustrar una definición con ejemplos*. || *Fig*. Instruir, civilizar: *ilustrar a un pueblo*. || Adornar con grabados: *ilustrar con texto*. || — V. pr. Llegar a ser ilustre.

ilustrativo, va adj. Que ilustra.

ilustre adj. De fama o mérito notables: *pintor ilustre*. || Título de dignidad: *al ilustre señor…*

ilustrísimo, ma adj. Muy ilustre. || — F. Título que se da a los obispos y a otras personas importantes.

imagen f. Representación en pintura o escultura de una persona o cosa. || Representación de la divinidad, de los santos, etc.: *imagen de la Virgen; imágenes votivas*. || Semejanza: *a imagen de Dios*. || Símbolo, figura: *imagen del arte, de la industria*. || Representación de las personas y objetos en la mente: *conservar la imagen del desaparecido*. || Reproducción de la figura de un objeto formado por la reflexión o refracción de los rayos de luz. || *Ret*. Representación viva y sugestiva de una cosa por medio del lenguaje: *acompañar el discurso con imágenes*. || *Fig. y fam. Quedarse una mujer para vestir imágenes*, quedarse soltera.

imaginable adj. Que puede imaginarse: *escena imaginable*.

imaginación f. Facultad de poder imaginar: *imaginación creadora*. || Cosa imaginada. || *Fig*. Idea sin fundamento: *son imaginaciones tuyas*.

imaginar v. t. Representar idealmente una cosa, crearla en la mente. || Crear, inventar: *imaginar un sistema de propulsión*. || Pensar, suponer: *imaginar lo que uno habrá dicho*. || — V. pr. Figurarse: *se imaginó que era un sabio*.

imaginaria f. *Mil*. Guardia que no presta servicio sino en caso necesario.

imaginario, ria adj. Que no tiene realidad.

imaginativo, va adj. Que imagina fácilmente: *un escritor imaginativo*. || — F. Facultad de imaginar: *la imaginativa de un novelista*. || Sentido común.

imaginería f. Bordado de aves, flores y figuras que imita la pintura. || Talla o pintura de imágenes sagradas.

imaginero m. Estatuario o pintor de imágenes.

imán m. Óxido de hierro que atrae el hierro, el acero y otros metales: *imán natural*. || Barra o aguja imantada. || *Fig*. Atractivo.

imán m. Entre los musulmanes, el encargado de dirigir la oración. | Título de ciertos soberanos musulmanes: *el imán de Mascate*.

imanación o **imantación** f. Magnetización.

imanar o **imantar** v. t. Magnetizar un cuerpo: *imanar el hierro* (ú. t. c. pr.).

imanato m. Dignidad de imán. || Territorio gobernado por un imán.

imantación f. Imanación.

imantar v. t. Imanar.

imbabureño, ña adj. y s. De Imbabura (Ecuador).

imbatible adj. Invencible.

imbécil adj. y s. Alelado, escaso de razón. || *Fam*. Tonto.

imbecilidad f. Alelamiento, escasez de razón, perturbación del sentido. || *Fam*. Tontería.

imberbe adj. Que no tiene aún barba: *joven imberbe*.

imborrable adj. Indeleble.

imbricación f. Estado de las cosas imbricadas. || *Arq*. Adorno que imita las escamas del pez.

imbricado, da adj. Dícese de las cosas que están sobrepuestas, como las tejas en los tejados y las escamas de los peces.

*imbuir v. t. Infundir, inculcar.

imitable adj. Que se puede o debe imitar: *ejemplo imitable*.

imitación f. Acción y efecto de imitar: *la imitación de un estilo*. || Cosa imitada. || Materia elaborada que imita a otra de superior calidad: *imitación de cocodrilo*.

imitador, ra adj. y s. Que imita.

imitar v. t. Hacer una cosa a ejemplo o semejanza de otra: *imitar a la naturaleza*. || Actuar de la misma manera: *imita a su hermano incluso en la manera de andar*. || Tomar por modelo: *imitar el arte griego*. || Procurar copiar el estilo de un autor, de un artista, etc.: *imitar a los clásicos*. || Producir un efecto parecido: *pedazo de vidrio que imita el diamante*.

imitativo, va adj. Relativo a la imitación: *artes imitativas*.

impaciencia f. Falta de paciencia.

impacientar v. t. Hacer que uno pierda la paciencia. || — V. pr. Perder la paciencia.

impaciente adj. y s. Que no tiene paciencia. || Ansioso, deseoso.

impacto m. Choque de un proyectil en el blanco. || Huella que deja en él. || *Fig*. Repercusión, efecto.

impagado, da adj. y s. m. Que no ha sido pagado.

impalpable adj. Muy tenue.

impar adj. *Mat*. Que no es divisible por dos: *número impar*. || Que no tiene igual, único.

imparable adj. Que no se puede parar: *un gol imparable*.

imparcial adj. Que no sacrifica la justicia a consideraciones personales: *juez, escritor imparcial*. || Justo, objetivo.

imparcialidad f. Carácter del que es justo.

impartir v. t. Conceder.

impasibilidad f. Falta de reacción ante el dolor o las emociones.

impasible adj. Insensible.

impavidez f. Valor, denuedo, entereza ante el peligro. || Impasibilidad.

impávido, da adj. Imperturbable, valeroso. || Impasible.

impecable adj. Incapaz de pecar. || *Fig*. Perfecto, exento de tacha: *trabajo, obra impecable*.

impedido, da adj. y s. Baldado, inválido, tullido.

impedidor, ra adj. y s. Que impide o estorba.

impedimenta f. *Mil*: Bagaje de la tropa.

impedimento m. Obstáculo, estorbo. || *For*. Circunstancia que anula o hace ilícito el matrimonio.

*impedir v. t. Dificultar: *impedir los movimientos*. || Hacer imposible: *la lluvia le impidió que saliera a la hora prevista*.

impeditivo, va adj. Que impide o embaraza.

impelente adj. Que impele.

impeler v. t. Dar empuje. || *Fig*. Estimular, incitar: *impeler a una buena (o mala) acción*.

impenetrabilidad f. Propiedad de los cuerpos que impide que uno esté en el lugar que ocupa otro: *la impenetrabilidad de la materia*. || *Fig*. Carácter de lo que no se deja adivinar.

impenetrable adj. Que no se puede penetrar: *recinto impenetrable*. || *Fig*. Oscuro, que no puede descubrirse: *secreto impenetrable*. || Dícese del hombre que no deja traslucir sus sentimientos.

impenitencia f. Obstinación en el pecado.

impenitente adj. y s. Que se obstina en el pecado. || *Fam*. Incorregible, que persiste en su error o manía: *un bebedor impenitente*.

imperante adj. Que impera.

imperar v. i. Ejercer el imperio. || Gobernar. || *Fig*. Dominar: *aquí impera una atmósfera de pesimismo*.

imperativo, va adj. Que impera o manda: *un deber imperativo; persona imperativa*. || — M. *Gram*. Modo y tiempo del verbo que expresa la orden, la exhortación o la súplica. || Principio que tiene carácter de orden: *los imperativos de la política*.

imperceptibilidad f. Calidad de imperceptible.

imperceptible adj. Que escapa a nuestros sentidos.

imperdible adj. Que no puede perderse. || — M. Alfiler de seguridad que se abrocha.

imperdonable adj. Que no se puede perdonar: *error imperdonable*.

imperecedero, ra adj. Que no perece.

imperfección f. Carencia de perfección. || Defecto ligero.

imperfecto, ta adj. No perfecto. || Incompleto, inacabado. || *Gram.* V. FUTURO y PRETÉRITO.

imperforación f. *Med.* Oclusión de un órgano o conducto que por su naturaleza debe estar abierto para ejercer sus funciones: *imperforación del ano.*

imperial adj. Relativo al emperador o al imperio: *dignidad imperial; dominios imperiales.* || — F. Parte superior de algunos vehículos, con asientos: *la imperial de un autobús.*

imperialismo m. Política de un Estado tendente a someter a otros Estados bajo su dependencia política o económica.

imperialista adj. y s. Favorable al imperialismo.

impericia f. Falta de pericia.

imperio m. Acción de mandar con autoridad. || Tiempo durante el cual hubo emperadores en determinado país: *el Imperio de Bizancio.* || Estado gobernado por un emperador: *el Imperio del Japón.* || Países o Estados sujetos a la misma autoridad: *el antiguo Imperio Británico.* || *Fig.* Orgullo, altanería. | Dominación, poder. || Estilo imperio, el decorativo que se desarrolló en tiempos de Napoleón I.

imperioso, sa adj. Autoritario: *carácter imperioso.* || Apremiante: *necesidad imperiosa.*

impermeabilidad f. Calidad de impermeable.

impermeabilización f. Operación de impermeabilizar un tejido.

impermeabilizar v. t. Hacer impermeable alguna cosa.

impermeable adj. Impenetrable al agua o a otro fluido: *el hule es impermeable.* || — M. Abrigo impermeable.

impersonal adj. Carente de personalidad: *una escritura impersonal.* || Que no se aplica a nadie personalmente: *crítica, alusión impersonal.* || *Gram.* Dícese del verbo que sólo se usa en infinitivo y en la tercera persona del sing., como *llover, nevar, alborear.*

impertérrito, ta adj. Dícese de la persona que no es fácil de asustar o intimidar.

impertinencia f. Palabra o acción fuera de propósito.

impertinente adj. Que no es oportuno y resulta molesto: *una respuesta impertinente.* || Enfadoso, insolente: *un niño impertinente.* Ú. t. c. s.: *no soporto a los impertinentes.* || Pesado, cargante. || — M. pl. Anteojos plegables con manija que suelen usar las mujeres.

imperturbable adj. Impasible.

impétigo m. *Med.* Erupción cutánea, caracterizada por la aparición de pústulas.

impetración f. Acción y efecto de impetrar.

impetrante adj. y s. Que impetra.

impetrar v. t. Pedir algo con encarecimiento.

ímpetu m. Violencia, vivacidad: *atacar con ímpetu.* || Energía: *iniciar una empresa con ímpetu.* || Fogosidad.

impetuosidad f. Ímpetu.

impetuoso, sa adj. Violento, vivo: *un viento impetuoso.* || *Fig.* Fogoso: *un hombre impetuoso.*

impiedad f. Falta de piedad.

impío, a adj. Falto de religión o piedad (ú. t. c. s.). || Irreverente: *acción impía.*

implacable adj. Que no se puede aplacar o templar.

implantación f. Establecimiento, acción y efecto de implantar.

implantar v. t. Establecer, instaurar: *implantar instituciones, costumbres o modas nuevas.* || — V. pr. Establecerse.

implicación f. Participación en un delito. || Cosa implicada.

implicancia f. *Amer.* Resultante, consecuencia. || *Chil.* Incompatibilidad moral o legal.

implicar v. t. Envolver, enredar: *estar implicado en un asunto.* || *Fig.* Llevar en sí, significar.

implícito, ta adj. Dícese de lo que va incluido en algo sin necesidad de expresarlo.

imploración f. Ruego, súplica.

implorar v. t. Suplicar, rogar.

implosión f. Irrupción brusca del aire en un recinto que se halla a presión muy inferior a la de la atmósfera. || *Gram.* Modo de articular las consonantes implosivas.

implosivo, va adj. *Gram.* Dícese de la consonante oclusiva que está al final de sílaba, como la *p* de *apto,* la *c* de *néctar.*

impoluto, ta adj. Inmaculado.

imponderabilidad f. Cualidad de imponderable.

imponderable adj. Que no puede pesarse: *un fluido imponderable.* || *Fig.* Que excede a toda ponderación, inapreciable. | Imprevisible. || — M. Circunstancia difícil de prever: *los imponderables de la política, de la guerra.*

imponencia f. *Amer.* Cualidad de imponente, grandeza.

imponente adj. Que impone: *ceremonia imponente.* || *Fam.* Magnífico, impresionante: *un coche imponente.* || — M. y f. Persona que impone dinero a interés.

*imponer v. t. Poner una carga u obligación: *imponer un gravamen.* || Hacer prevalecer: *imponer una moda; imponer su voluntad.* || Atribuir falsamente, calumniar. || Infundir respeto o miedo. Ú. t. c. i.: *un espectáculo que impone.* || Ingresar dinero en un establecimiento bancario. || *Impr.* Disponer las planas de composición con sus márgenes correspondientes. || Poner encima: *imponer las manos.* || Poner al corriente (ú. t. c. pr.). || — V. pr. Mostrar superioridad: *imponerse a todos los adversarios.*

imponible adj. Que se puede someter a impuesto: *base imponible.*

impopular adj. Que no es grato al pueblo o a la mayoría de la gente: *medida, gobierno impopular.*

impopularidad f. Desafecto, mal concepto público.

importable adj. Que se puede importar.

importación f. *Com.* Acción de importar o introducir géneros extranjeros: *comercio de importación.* || Mercancías importadas.

importador, ra adj. y s. Que se dedica al comercio de importación: *importador de carbón.*

importancia f. Calidad de lo que es de mucho valor: *la importancia de la técnica.* || Carácter de lo que es considerable o puede tener consecuencias: *la importancia de las exportaciones, de una decisión.* || Autoridad, influencia: *una persona de importancia social.*

importante adj. Que importa, considerable: *ocasión importante.* || Que tiene autoridad o importancia: *un cargo importante.* || Esencial, principal.

importar v. t. e i. Convenir, interesar: *importa mucho hacerlo bien.* || Valer, costar: *la póliza importa treinta euros.* || — ¿*Le importa…?,* seguido de verbo en infinitivo, fórmula de cortesía para pedir un favor: *¿le importa llevar esta maleta?* || *Fam.* *Me importa un bledo o un comino o un pito o tres pepinos,* me da absolutamente igual. || — V. t. Introducir en un país mercancías procedentes del extranjero: *España importa petróleo.*

importe m. Valor a que asciende una cosa: *mercancía cuyo importe es de cien mil pesos.*

importunar v. t. Incomodar, molestar.

importunidad f. Falta de oportunidad. || Incomodidad, molestia.

importuno, na adj. Inoportuno: *una llegada importuna.* || Molesto, enfadoso.

imposibilidad f. Carácter de lo que es imposible.

imposibilitado, da adj. y s. Tullido, inválido.

imposibilitar v. t. Hacer imposible: *imposibilitar un negocio.*

imposible adj. No posible. || Intratable, inaguantable: *persona imposible.* || *Fig.* Sucio. || — M. Lo que no se puede realizar: *pedir eso es pedir un imposible.*

imposición f. Acción de imponer o imponerse.

impostor, ra adj. y s. Que atribuye falsamente a uno alguna cosa. || Que engaña fingiendo lo que no es.

impostura f. Engaño con apariencia de verdad. || Imputación falsa y maliciosa.

impotencia f. Falta de poder o de fuerza para hacer una cosa. || Incapacidad de un individuo para realizar el coito.

impotente adj. y s. Que no tiene potencia o fuerza: *impotente por la edad.* || Incapaz de realizar el coito.

impracticable adj. Irrealizable: *operación impracticable.* || Intransitable: *veredas impracticables.*

imprecación f. Acción de imprecar.

imprecar v. t. Proferir palabras con las que se pide o desea un daño a alguien.

imprecatorio, ria adj. Que implica o denota imprecación: *fórmula, exclamación imprecatoria.*

imprecisión f. Poca precisión.

impreciso, sa adj. Falto de precisión, vago, indefinido: *retrato impreciso.*

impregnación f. Acción y efecto de impregnar o impregnarse.

impregnar v. t. Hacer penetrar una sustancia en otro cuerpo.

impremeditación f. Falta de premeditación.

impremeditado, da adj. No premeditado.

imprenta f. Arte de imprimir. || Establecimiento donde se imprime: *la imprenta Larousse.*

imprescindible adj. Indispensable, necesario.

imprescriptible adj. Que no puede prescribir.

impresentable adj. No presentable: *un trabajo impresentable.*

impresión f. Acción de imprimir: *la impresión de un diccionario.* || Obra impresa. || Calidad o forma de letra con que está impresa una obra. || Huella que deja una cosa que se aprieta contra otra: *la impresión del pie en el barro.* || Grabación de un disco o de una cinta magnetofónica. || Efecto producido sobre los sentidos o el ánimo: *impresión de frío, de calor; el orador hizo mucha impresión en el público.* || Punto de vista, opinión.

impresionable adj. Que se puede impresionar.

impresionado, da adj. Conmovido, estremecido, asombrado.

impresionante adj. Que impresiona, que produce emoción.

impresionar v. t. Producir alguna impresión material: *impresionar una placa fotográfica, un disco fonográfico.* || *Fig.* Producir una impresión moral: *impresionar por su belleza, su maldad* (ú. t. c. pr.).

impresionismo m. Sistema estético que consiste en tomar las impresiones como principio de creación artística.

impresionista adj. y s. Partidario del impresionismo o que lo practica: *la escuela impresionista.*

impreso m. Papel impreso.

impresor m. Propietario o director de una imprenta. || Obrero que trabaja en una imprenta.

imprevisible adj. Que no puede preverse.

imprevisión f. Falta de previsión, inadvertencia.

imprevisor, ra adj. Que no prevé: *persona imprevisora.*

imprevisto, ta adj. No previsto: *acontecimiento imprevisto.* || — M. Cosa no prevista: *hacer frente al imprevisto.* || M. pl. Gastos no previstos.

imprimir v. t. Señalar en el papel, tela, etc., las letras u otros caracteres de las formas, apretándolas en la prensa: *imprimir un periódico; imprimir tejidos.* || Dejar una huella sobre una cosa: *imprimir los pasos en el barro.* || *Fig.* Fijar en el ánimo algún afecto: *imprimir nobleza.* | *Marcar: la virtud estaba impresa en su rostro.* | Dar, comunicar: *imprimir movimiento a un volante.*

improbable adj. Poco probable.

ímprobo, ba adj. Falto de probidad, malvado: *funcionario ímprobo.* || Muy duro, penoso: *trabajo ímprobo.*

improcedencia f. Falta de fundamento, de oportunidad o de derecho.

improcedente adj. *For.* Que no es conforme a derecho: *fallo improcedente.* || Inadecuado, inoportuno: *acción improcedente.*

improductividad f. Calidad de lo que no produce.

improductivo, va adj. Que no produce: *terreno improductivo.*

impromptu m. *Mús.* Composición de forma libre: *los impromptus de Schubert.*

impronta f. Reproducción de un sello o medalla en yeso, lacre, cera, etc. || *Fig.* Huella, marca.

improperio m. Injuria.

impropiedad f. Falta de propiedad en el uso de las palabras.

impropio, pia adj. Ajeno, extraño: *lenguaje impropio de una persona culta.* || Que no es adecuado: *expresión impropia.*

improrrogable adj. Que no se puede prorrogar.

improvisación f. Acción y efecto de improvisar.

improvisado, da adj. Impensado, imprevisto.

improvisador, ra adj. y s. Que improvisa: *improvisador de versos.*

improvisar v. t. Hacer una cosa de pronto, sin preparación alguna: *improvisar un discurso.*

improviso, sa adj. Que no se prevé. || *Al* (o de) *improviso,* improvisadamente.

improvisto, ta adj. Improviso.

imprudencia f. Falta de prudencia: *obrar con imprudencia.*

imprudente adj. y s. Que no tiene prudencia: *joven imprudente.*

impúber o **impúbero, ra** adj. Que no ha llegado aún a la pubertad (ú. t. c. s.).

impudencia f. Descaro.

impudente adj. Desvergonzado.

impudicia o **impudicicia** f. Deshonestidad.

impúdico, ca adj. y s. Deshonesto, falto de pudor.

impudor m. Falta de pudor y honestidad. || Cinismo.

impuesto m. Tributo.

impugnación f. Ataque, contestación, refutación.

impugnador, ra adj. y s. Que impugna.

impugnar v. t. Combatir, atacar, refutar.

impulsar v. t. Impeler, dar impulso: *impulsar una pelota.* || *Fig.* Estimular, incitar.

impulsión f. Impulso, fuerza.

impulsividad f. Condición de impulsivo.

impulsivo, va adj. Que impele o puede impeler: *fuerza impulsiva.* || — Adj. y s. *Fig.* Que actúa sin reflexionar: *persona impulsiva.*

impulso m. Fuerza que pone algo en movimiento: *el impulso del émbolo.* || Movimiento así producido. || *Fig.* Fuerza: *dar impulso a la industria.* | Fuerza interior que lleva las personas a actuar.

impune adj. Que queda sin castigo: *delito impune.*

impunidad f. Falta de castigo.

impureza f. Calidad de impuro.

impurificar v. t. Hacer impura a una persona o cosa.

impuro, ra adj. No puro: *agua impura.* || *Fig.* Impúdico, deshonesto: *pensamiento impuro.*

imputable adj. Que se puede imputar.

imputación f. Acción de imputar. || Cosa imputada.

imputador, ra adj. Que imputa (ú. t. c. s.).

imputar v. t. Atribuir a otro una culpa, delito o acción censurable. || *Com.* Abonar una partida en cuenta.

imputrescible adj. Dícese de lo que no puede pudrirse.

In, símbolo químico del *indio.*

in albis m. adv. *Fam.* En blanco. || *Quedarse in albis,* no enterarse o no comprender.

in fraganti m. adv. En flagrante: *sorprender al ladrón "in fraganti".*

inabarcable adj. Que no se puede abarcar.

inabordable adj. Inaccesible.

inacabable adj. Que no se puede acabar. || Que tarda mucho: *guerra inacabable.*

inacabado, da adj. Sin acabar.

inaccesibilidad f. Calidad de inaccesible.

inaccesible adj. No accesible.

inacción f. Falta de acción.

inaceptable adj. No aceptable.

inactividad f. Falta de actividad: *período de inactividad.*

inactivo, va adj. Sin acción o movimiento: *puerto inactivo.*

inactual adj. No actual.

inadaptable adj. No adaptable.

inadaptación f. Falta de adaptación.

inadaptado, da adj. y s. Dícese del que no se adapta o aviene a ciertas condiciones o circunstancias.

inadecuación f. Falta de adecuación.

inadecuado, da adj. No adecuado.

inadmisible adj. No admisible.

inadoptable adj. No adoptable.

inadvertencia f. Descuido: *hacer algo por inadvertencia*. || Hecho de no notar alguna cosa.

inadvertido, da adj. Distraído, descuidado. || No advertido.

inagotable adj. Que no se puede agotar: *mina inagotable*.

inaguantable adj. Que no se puede aguantar o sufrir.

inajenable adj. Inalienable.

inalcanzable adj. Que no se puede alcanzar.

inalienable adj. Que no se puede enajenar.

inalienado, da adj. No enajenado, sin enajenar.

inalterabilidad f. Calidad de inalterable.

inalterable adj. Que no se puede alterar.

inamistoso, sa adj. Poco amistoso: *gesto inamistoso*.

inamovible adj. Fijo.

inamovilidad f. Calidad de inamovible.

inane adj. Vano, fútil, inútil.

inanición f. *Med*. Debilidad causada generalmente por la falta de alimento.

inanimado, da adj. Que no tiene vida o parece no tenerla.

inapagable adj. Que no puede apagarse.

inapelable adj. Que no se puede apelar: *sentencia inapelable*.

inaplazable adj. Que no se puede aplazar.

inaplicable adj. Que no se puede aplicar: *reglamento inaplicable*.

inapreciable adj. Muy pequeño: *diferencia inapreciable*. || De mucho valor: *ayuda inapreciable*.

inapropiado, da adj. Poco adecuado.

inaptitud f. Falta de aptitud.

inarrugable adj. Que no se arruga: *tela inarrugable*.

inarticulado, da adj. No articulado: *sonidos inarticulados*.

inasequible adj. No asequible.

inasible adj. Que no se puede asir, escurridizo.

inastillable adj. Que no puede astillarse: *cristal inastillable*.

inatacable adj. Que no puede ser atacado.

inaudito, ta adj. Nunca oído. || *Fig*. Extraordinario, increíble.

inauguración f. Acto de inaugurar.

inaugurador, ra adj. y s. Que inaugura.

inaugural adj. De la inauguración: *discurso inaugural*.

inaugurar v. t. Dar principio a una cosa con solemnidad: *inaugurar el curso académico*. || Abrir un establecimiento, un templo, etc. || Poner en servicio: *inaugurar una carretera, una*

central eléctrica. || Celebrar el estreno de una obra, monumento, edificio, etc. || *Fig*. Iniciar: *inaugurar un régimen*.

inca m. Rey, príncipe o varón de estirpe regia entre los antiguos peruanos. || *Por ext*. Habitante del Imperio de los Incas. || Moneda de oro de Perú.

incaico, ca o **incásico, ca** adj. Relativo a los incas.

incalculable adj. Que no puede calcularse.

incalificable adj. Que no se puede calificar. || Muy censurable: *crimen incalificable*.

incandescencia f. Estado de un cuerpo que, a causa de una temperatura elevada, se ha vuelto luminoso.

incandescente adj. Candente.

incansable adj. Incapaz o muy difícil de cansar.

incapacidad f. Falta de capacidad, de aptitud.

incapacitado, da adj. *For*. Dícese de los locos, pródigos, iletrados, sordomudos y reos, que sufren la pena de interdicción.

incapacitar v. t. Inhabilitar.

incapaz adj. Que no es capaz: *incapaz de hacer una mala jugada*. || Que no tiene capacidad para una cosa: *ser incapaz para desempeñar un cargo*. || *Fig*. Falto de talento (ú. t. c. s.). || For. Que no tiene cumplida personalidad para actos civiles.

incásico, ca adj. Incaico.

incautación f. Embargo, confiscación.

incautarse v. pr. Tomar posesión de algo un tribunal u otra autoridad competente, confiscar.

incauto, ta adj. Que no tiene cautela, imprudente. || Inocente, crédulo.

incendiar v. t. Poner fuego.

incendiario, ria adj. y s. Que causa maliciosamente un incendio. || — Adj. Que provoca incendio: *bomba incendiaria*. || *Fig*. Subversivo: *artículo, libro incendiario*.

incendio m. Fuego grande que abrasa total o parcialmente lo que no está destinado a arder: *incendio de un buque*. || *Fig*. Ardor vehemente, ímpetu: *el incendio de una pasión*.

*incensar v. t. Agitar el incensario ardiendo delante del altar. || *Fig*. Lisonjear, adular.

incensario m. Braserillo suspendido por unas cadenitas donde arde el incienso.

incentivo m. Lo que incita o mueve a una cosa.

incertidumbre f. Falta de certidumbre, duda.

incesante adj. Que no cesa.

incesto m. Unión sexual entre parientes dentro de los grados en que está prohibido el matrimonio.

incestuoso, sa adj. y s. Que comete incesto. || Relativo al incesto: *amor incestuoso*.

incidencia f. Lo que sobreviene en el curso de un asunto o negocio y tiene

con éste algún enlace. || Dirección según la cual un cuerpo choca con otro.

incidental adj. Fortuito.

incidente adj. Que cae sobre una superficie: *luz incidente*. || Que sobreviene en el curso de un asunto. || — M. Acontecimiento imprevisto: *un incidente parlamentario*.

incidir v. i. Incurrir en una falta, error, etc. || *Fís*. Caer un rayo luminoso o un cuerpo sobre una superficie reflectora. || *Med*. Hacer una incisión o cortadura.

incienso m. Gomorresina aromática que se quema en ciertas ceremonias del culto. || *Fig*. Adulación: *dar incienso a uno*.

incierto, ta adj. Que no es cierto, dudoso. || Que no es fijo: *rumbo incierto*. || Impreciso: *la fecha de nacimiento de Colón es incierta*.

incineración f. Reducción a cenizas.

incinerar v. t. Reducir a cenizas: *incinerar un cadáver*.

incipiente adj. Que empieza.

incisión f. Hendidura hecha con instrumento cortante. || Cesura.

incisivo, va adj. Cortante. || Dícese de cada uno de los dientes delanteros que sirven para cortar: *dientes incisivos* (ú. t. c. s. m.). || *Fig*. Punzante, mordaz: *escritor incisivo*.

inciso, sa adj. Cortado: *estilo inciso*. || — M. *Gram*. Cada uno de los miembros que, en los períodos, encierra un sentido parcial. | Coma, signo ortográfico.

incitación f. Impulsión, instigación: *incitación al crimen*.

incitador, ra adj. y s. Que incita: *incitador a la lucha*.

incitante adj. Que incita.

incitar v. t. Estimular, instigar: *incitar a la violencia*.

incitativo, va adj. y s. Que incita o tiene virtud de incitar.

inclemencia f. Falta de clemencia: *la inclemencia de ciertos jueces*. || *Fig*. Rigor del tiempo.

inclemente adj. Falto de clemencia.

inclinación f. Acción de inclinar o inclinarse. || Reverencia en señal de respeto: *inclinación de cabeza*. || *Fig*. Afición, propensión: *tener inclinación a la música*. | Afecto, cariño: *tener inclinación por los niños*. | Tendencia. || Estado de lo que está inclinado: *la inclinación de la torre de Pisa*. || *Astr*. Ángulo formado por el plano de la órbita de un planeta con el de la eclíptica. || *Geom*. Oblicuidad de dos líneas, o de dos superficies.

inclinar v. t. Apartar una cosa de su posición vertical: *inclinar la cabeza en señal de respeto* (ú. t. c. pr.). || *Fig*. Dar propensión a hacer o hacer algo: *inclinar a la benevolencia*. || — V. i. Parecerse (ú. t. c. pr.). || — V. pr. Tener tendencia a algo: *inclinarse a creer una cosa*.

ínclito, ta adj. Ilustre.

*incluir v. i. Poner una cosa dentro de otra: *incluir un cheque en una carta.* ‖ Contener una cosa a otra, o llevarla implícita. ‖ Comprender un número menor en otro mayor o una parte en su todo.

inclusa f. Asilo de niños expósitos.

inclusero, ra adj. y s. *Fam.* Dícese de la persona que se ha criado o que se cría en la inclusa.

inclusión f. Acción y efecto de incluir.

inclusivamente o **inclusive** adv. Con inclusión de.

inclusivo, va adj. Que incluye.

incluso, sa adj. Encerrado, contenido: *factura inclusa.* ‖ — Adv. Con inclusión de. ‖ Hasta: *en nuestro viaje llegamos incluso a Suiza.*

incoación f. Acción de incoar.

incoar v. t. Comenzar, empezar una cosa, esp. una actuación oficial: *incoar un pleito, un proceso.*

incoercibilidad f. Calidad de incoercible.

incoercible adj. Que no puede ser coercido, irrefrenable.

incógnito, ta adj. y s. m. No conocido: *territorio, escritor incógnito.* ‖ *De incógnito,* sin ser conocido. ‖ *Mat.* Cantidad desconocida de una ecuación o de un problema: *aislar una incógnita.* ‖ *Fig.* Misterio, cosa desconocida que se quiere averiguar: *su actuación en este asunto es una incógnita.*

incognoscible adj. Que no se puede conocer.

incoherencia f. Falta de coherencia.

incoherente adj. No coherente, falto de lógica: *ideas incoherentes.*

incoloro, ra adj. Que no tiene color: *un gas incoloro.*

incólume adj. Sin daño, sin lesión ni menoscabo, ileso.

incombustibilidad f. Calidad de incombustible.

incombustible adj. Aplícase a lo que no puede quemarse.

incomible adj. Que no puede comerse.

incomodar v. t. Causar incomodidad. ‖ Molestar, fastidiar: *su visita me incomoda.* ‖ — V. pr. Enfadarse.

incomodidad f. Falta de comodidad. ‖ Achaque, malestar. ‖ Disgusto, enfado.

incómodo, da adj. Que carece de comodidad: *butaca incómoda.* ‖ Que incomoda.

incomparable adj. Que no tiene o no admite comparación.

incompatibilidad f. Imposibilidad de coexistir o de armonizar dos personas o cosas: *incompatibilidad de carácter.* ‖ *For.* Imposibilidad legal de ejercer dos o más cargos a la vez.

incompatible adj. No compatible: *dos cargos incompatibles.* ‖ Que hace imposible el acuerdo entre dos personas: *caracteres incompatibles.*

incompetencia f. Falta de competencia o jurisdicción: *la incompetencia de un tribunal.* ‖ Falta de conocimientos suficientes.

incompetente adj. *For.* No competente: *tribunal incompetente.* ‖ Que carece de los conocimientos requeridos para algo.

incompleto, ta adj. No completo: *obra incompleta.*

incomprendido, da adj. No comprendido.

incomprensible adj. Que no se puede comprender.

incomprensión f. Falta de comprensión.

incompresible adj. Que no se puede comprimir o reducir.

incomunicable adj. No comunicable: *herencia incomunicable.*

incomunicación f. Acción y efecto de incomunicar o incomunicarse. ‖ *For.* Aislamiento temporal de procesados.

incomunicado, da adj. Que no tiene comunicación: *preso incomunicado.* ‖ Aislado, privado de comunicaciones: *aldea incomunicada.*

incomunicar v. t. Privar de comunicación: *incomunicar a un detenido.* ‖ — V. pr. Aislarse, apartarse una persona del trato de la gente por temor, melancolía, etc.

inconcebible adj. Que no puede concebirse.

inconciliable adj. Que no puede conciliarse.

inconcluso, sa adj. Inacabado.

inconcuso, sa adj. Cierto.

incondicional adj. Absoluto, sin restricción. ‖ — Adj. y s. Que sigue ciegamente a una persona o idea: *partidario incondicional.*

inconducta f. Comportamiento reprobable.

inconexo, xa adj. Que no tiene ninguna relación.

inconfesable adj. Que no puede confesarse.

inconfeso, sa adj. *For.* Que no confiesa el delito de que le acusan.

inconfortable adj. No confortable: *vivienda inconfortable.*

inconfundible adj. No confundible, característico.

incongruencia f. Falta de congruencia.

incongruente adj. No congruente, inoportuno o inconveniente.

inconmensurabilidad f. Calidad de inconmensurable.

inconmensurable adj. No conmensurable.

inconmovible adj. Que no se puede conmover o alterar, perenne.

inconmutable adj. Inmutable. No conmutable.

inconquistable adj. Que no se puede conquistar: *fortaleza inconquistable.* ‖ *Fig.* Inflexible.

inconsciencia f. Estado en que el individuo no se da cuenta exacta del alcance de sus palabras o acciones. ‖ *Por ext.* Falta de juicio.

inconsciente adj. y s. No consciente. ‖ *Por ext.* Irreflexivo. ‖ — M. Conjunto de procesos dinámicos que actúan sobre la conducta pero escapan a la conciencia.

inconsecuencia f. Falta de consecuencia.

inconsecuente adj. y s. Que no actúa de conformidad con su conducta previa o sus ideas. ‖ Que cambia fácilmente de ideas.

inconsideración f. Falta de consideración y reflexión.

inconsiderado, da adj. Que actúa sin reflexionar (ú. t. c. s.).

inconsistencia f. Falta de consistencia.

inconsistente adj. Falto de consistencia.

inconsolable adj. Que no puede ser consolado.

inconstancia f. Falta de constancia.

inconstante adj. No constante.

inconstitucional adj. Contrario a la Constitución: *decreto inconstitucional.*

incontable adj. Que no puede contarse.

incontaminado adj. No contaminado.

incontenible adj. Que no se puede contener.

incontestable adj. Que no se puede impugnar o negar.

incontinencia f. Vicio opuesto a la continencia. ‖ *Med.* Emisión involuntaria de la orina, de las materias fecales, etc.

incontinente adj. Que no es casto. ‖ *Fig.* Que no se contiene. ‖ Que padece incontinencia.

incontrolable adj. Que no se puede controlar.

incontrovertible adj. Indiscutible: *argumento incontrovertible.*

inconveniencia f. Inoportunidad. ‖ Inconveniente. ‖ Inverosimilitud de una cosa. ‖ Despropósito: *decir inconveniencias.*

inconveniente adj. No conveniente, inoportuno. ‖ Desatento, descortés. ‖ — M. Aspecto desfavorable de una cosa: *este proyecto presenta muchos inconvenientes.*

inconvertible adj. No convertible: *moneda inconvertible.*

incordiar v. t. *Fam.* Fastidiar.

incordio m. *Med.* Bubón, tumor. ‖ *Fam.* Persona enojosa y molesta. ‖ Molestia.

incorporación f. Acción y efecto de incorporar o incorporarse.

incorporar v. t. Unir dos o más cosas para formar un todo: *incorporar una sustancia a otra.* ‖ Anexar: *Fernando el Católico incorporó Navarra a España* (ú. t. c. pr.). ‖ Sentar el cuerpo que estaba echado: *incorporar al enfermo en la cama* (ú. t. c. pr.). ‖ — V. pr. Entrar una persona a formar parte de un cuerpo: *incorporarse a filas.*

incorporeidad f. Calidad de incorpóreo.

incorpóreo, a adj. No corpóreo.

incorrección f. Calidad de incorrecto. || Descortesía.

incorrecto, ta adj. No correcto: *texto incorrecto*.

incorregible adj. No corregible: *una criatura incorregible*.

incorrupción f. Estado de lo que no se corrompe. || *Fig*. Pureza de vida y costumbres.

incorruptibilidad f. Calidad de incorruptible.

incorruptible adj. No corruptible: *incorruptible como el cedro*. || *Fig*. Que no se püede corromper: *funcionario incorruptible*.

incorrupto, ta adj. Que está sin corromperse.

incredulidad f. Dificultad para creer una cosa. || Falta de fe y de creencia religiosa.

incrédulo, la adj. y s. Dícese del que no cree en los dogmas religiosos. || Que se deja difícilmente convencer.

increíble adj. Que no puede creerse. || *Fig*. Extraordinario.

incrementar v. t. Aumentar.

incremento m. Aumento.

increpación f. Represión.

increpar v. t. Reprender con dureza y severidad.

incriminación f. Acusación.

incriminar v. t. Acusar.

incruento, ta adj. No sangriento: *el sacrificio incruento de la misa o del altar*.

incrustación f. Acción de incrustar. || Madera, marfil, etc., que se incrusta en una superficie dura y lisa, formando dibujos. || Capa calcárea que se forma sobre ciertos cuerpos que permanecen en el agua. || Depósito de carbonato de cal que se forma en las paredes de las calderas de vapor y otros recipientes.

incrustador, ra adj. y s. Que incrusta.

incrustar v. t. Embutir en una superficie lisa y dura piedras, metales, maderas, etc., formando dibujos: *incrustar figuras de nácar en un mueble*. || Cubrir una superficie con una costra calcárea. || — V. pr. Adherirse fuertemente. || *Fig*. Grabarse en la memoria.

incubación f. Acción de empollar las aves los huevos. || *Med*. Desarrollo de una enfermedad desde que empieza a obrar la causa morbosa hasta que se manifiestan sus efectos: *período de incubación*. || *Incubación artificial*, acción de empollar los huevos por medio del calor artificial.

incubadora f. Aparato o local para la incubación artificial. || Urna de cristal para mantener a los nacidos prematuramente en condiciones adecuadas de temperatura, humedad y oxigenación.

incubar v. i. Encobar. || — V. t. Empollar el ave los huevos. || Tener una enfermedad en estado de incubación.

incuestionable adj. Indiscutible: *verdad incuestionable*.

inculcación f. Acción y efecto de inculcar.

inculcador adj. y s. Que inculca o infunde.

inculcar v. t. Apretar una cosa contra otra. || *Fig*. Repetir una cosa a uno para que la aprenda: *inculcar las primeras letras*. | Imprimir algo en el espíritu: *inculcar la verdad*.

inculpabilidad f. Exención de culpa: *veredicto de inculpabilidad*.

inculpación f. Acusación.

inculpado, da adj. y s. Culpado, acusado de algo.

inculpar v. t. Acusar a uno de un delito, culpar.

incultivable adj. Que no puede cultivarse.

inculto, ta adj. No cultivado.

incultura f. Falta de cultivo o de cultura.

incumbencia f. Función que debe estar desempeñada por determinada persona: *este trabajo no es de mi incumbencia*.

incumbir v. i. Estar a cargo de uno una cosa: *esto me incumbe*.

incumplimiento m. Falta de cumplimiento.

incumplir v. t. No llevar a efecto, dejar de cumplir.

incunable adj. y s. m. Aplícase a las ediciones hechas desde la invención de la imprenta hasta principios del s. XVI.

incurable adj. y s. Que no se puede curar: *un enfermo incurable*. || *Fig*. Sin enmienda.

incuria f. Descuido, negligencia.

incurrir v. i. Cometer error, delito, etc.: *incurrir en falta*. || Ocasionar, atraerse: *incurrir en la desgracia de uno, en odio*.

incursión f. Acción de incurrir. || *Mil*. Correría.

indagación f. Averiguación, investigación.

indagador, ra adj. y s. Que indaga o averigua.

indagar v. t. Averiguar, investigar, inquirir una cosa.

indebido, da adj. Que no es obligatorio ni exigible. || Ilícito, falto de equidad.

indecencia f. Falta de decencia o de modestia. || Acto vergonzoso, obscenidad.

indecente adj. Contrario a la decencia: *acto indecente*. || *Fig*. Muy malo: *comida indecente*. || Asqueroso, muy sucio.

indecible adj. Indescriptible.

indecisión f. Irresolución. || Falta de decisión.

indeciso, sa adj. Pendiente de resolución: *encuentro, combate indeciso*. || Irresoluto, dudoso: *estar indeciso sobre lo que ha de hacer*. || Vago, impreciso: *contornos indecisos; formas indecisas*.

indecoroso, sa adj. Que carece de decoro o lo ofende.

indefectibilidad f. Calidad de indefectible.

indefectible adj. Que no puede faltar o dejar de ser.

indefendible adj. Que no puede ser defendido: *tesis indefendible*.

indefenso, sa adj. Que carece de defensa: *animal indefenso*.

indefinible adj. Que no se puede definir: *emoción indefinible*.

indefinido, da adj. No definido: *tristeza indefinida*. || Que no tiene límites, ilimitado: *espacio indefinido*. || Indeterminado: *proposición indefinida*. || *Gram*. Dícese de las palabras que determinan o representan los nombres de una manera vaga, general: *artículo, adjetivo, pronombre indefinido*. || *Pretérito indefinido*, tiempo verbal que indica la acción pasada con independencia de otra, como *escribí, llegué*, etc.

indeleble adj. Que no se puede borrar o quitar: *tinta indeleble*.

indeliberado, da adj. Hecho sin deliberación.

indelicadeza f. Falta de delicadeza.

indelicado, da adj. Falto de delicadeza.

indemne adj. Ileso.

indemnización f. Reparación legal de un daño o perjuicio causado. || Cosa con que se indemniza.

indemnizar v. t. Resarcir de un daño o perjuicio.

indemostrable adj. No demostrable.

independencia f. Estado de una persona o cosa independiente: *para mayor independencia se levantó una valla entre los dos jardines*. || Libertad, autonomía y especialmente la de un Estado que no es tributario ni depende de otro: *la independencia de los países americanos*. || Entereza, firmeza de carácter.

independentismo m. Movimiento que reclama la independencia en un país.

independentista adj. Partidario del independentismo (ú. t. c. s.).

independiente adj. Que no depende de otro: *país independiente*. || Aislado, separado: *una entrada independiente*. || *Fig*. Dícese de la persona que no quiere depender de nadie: *hombre, carácter independiente*. | Sin relación con otra cosa.

independista adj. y s. Independentista.

independizarse v. pr. Hacerse independiente, emanciparse.

indescifrable adj. Que no se puede descifrar.

indescriptible adj. Que no se puede describir.

indeseable adj. y s. Dícese de la persona que, debido a sus pésimos antecedentes, no es aceptada normalmente en sociedad.

indestructible adj. Que no se puede destruir.

indeterminación f. Falta de determinación.

indeterminado, da adj. No determinado: *por tiempo indeterminado; artículo indeterminado.* || Indeciso: *persona indeterminada.*

indiada f. *Amer.* Muchedumbre de indios.

indiana f. Tela estampada por un solo lado.

indianismo m. Modismo de las lenguas de la India. || Estudio de la lengua y civilización indias.

indianista com. Especialista en indianismo.

indiano, na adj. y s. De las Indias Occidentales o América. || *Fam.* Dícese del que vuelve rico de América.

indicación f. Acción y efecto de indicar. || Dato, informe: *las indicaciones de un agente de tráfico.* || *Med.* Oportunidad en un tratamiento.

indicador, ra adj. Que indica: *poste indicador.* || — M. Aparato que sirve para indicar la presión de un gas, el nivel de un líquido, etc. || *Quím.* Sustancia que señala el final de una reacción química por un cambio de color.

indicar v. t. Dar a entender o significar una cosa con indicios y señales. || Enseñar a uno lo que busca: *indicar el camino.* || Ordenar, mandar: *el médico ha indicado reposo.*

indicativo, va adj. Que indica o sirve para indicar: *flecha indicativa.* || — M. *Gram.* Uno de los modos del verbo, con el que se expresa una afirmación sencilla y absoluta.

índice m. Lista de los capítulos de una obra. || Catálogo de una biblioteca: *índice general.* || Indicio, señal. || Dedo segundo de la mano. || Manecilla del reloj. || *Mat.* Número que indica el grado de una raíz. | Relación entre dos cantidades que muestra la evolución de un fenómeno: *índice de natalidad; índice de alcohol.* || *Quím.* Número que indica la proporción de una sustancia: *índice de alcohol.* || — *Fís.* Índice de refracción, relación entre el seno del ángulo de incidencia y el de refracción. || *Índice expurgatorio,* catálogo de libros proscritos por la Iglesia católica (el *Índice* fue suprimido en 1966). || *Fig.* Meter o poner a una persona o cosa en el *Índice,* excluirla, señalarla como peligrosa.

indiciar v. t. Dar indicios. || Sospechar. || Indicar.

indicio m. Signo aparente que informa sobre la existencia de algo: *hay indicios de petróleo en esta comarca.*

índico, ca adj. Relativo a las Indias Orientales: *océano Índico.*

indiferencia f. Estado del ánimo en que no se siente inclinación ni repugnancia por una cosa. || Estado de un cuerpo que no está afectado por nada: *la indiferencia de la materia.* || *Indiferencia religiosa,* no creencia en ninguna religión.

indiferente adj. Que no tiene preferencia por una cosa: *me deja indiferente que vengas o no.* || Que no atrae ni repugna: *esta persona me resulta indiferente.* || Que causa poca impresión: *la noticia le dejó indiferente.* || Sin interés: *su estima me es indiferente.* || Que no se conmueve: *indiferente al dolor ajeno.* || No creyente, sin fe. || Que no se inclina más a un lado que a otro: *equilibrio indiferente.*

indiferentismo m. Indiferencia en materia religiosa o política.

indígena adj. y s. Originario del país, nativo.

indigencia f. Falta de recursos para alimentarse, vestirse, etc.

indigenismo m. Tendencia o escuela literaria que se inclina a estudiar especialmente los tipos y asuntos indígenas. || Movimiento politicosocial americano que trata de revalorizar todo lo referente al mundo indígena. || Vocablo de origen indígena adaptado al castellano.

indigenista adj. Relativo al indigenismo: *política indigenista.* || — M. y f. Partidario del indigenismo.

indigente adj. y s. Falto de recursos.

indigestarse v. pr. No sentar bien una comida. || *Fig.* y *fam.* No poder soportar a alguien.

indigestión f. Trastorno del organismo causado por una mala digestión. || *Fig.* Saciedad, hartura: *tener una indigestión de novelas.*

indigesto, ta adj. Que no se digiere bien: *comida indigesta.* || *Fig.* Confuso: *libro indigesto.*

indigete adj. y s. De una región de la España Tarraconense (Gerona).

indignación f. Enojo, enfado, provocado por alguna ofensa o injusticia.

indignado, da adj. Encolerizado, irritado.

indignar v. t. Irritar, enfadar vehementemente a uno. || — V. pr. Sentir indignación.

indignidad f. Falta de mérito o disposición para una cosa. || Acción reprobable: *esto es una indignidad.*

indigno, na adj. Que no tiene méritos suficientes para una cosa: *indigno de ocupar el cargo que ocupa.* || Que no se merece algo: *es indigno de mi aprecio.* || Vil, ruin: *persona indigna.* || Que deshonra: *conducta indigna.* || Que no corresponde a la condición o categoría de uno: *esta acción es indigna de una persona mayor.*

índigo m. Añil.

indino, na adj. *Fam.* Travieso. | Descarado. | Malo.

indio, dia adj. y s. De la India o Indias Orientales. || Nombre dado por Colón a los indígenas de América o Indias Occidentales y aplicado después a sus descendientes. || Relativo a los indios: *costumbres indias.* || *Fig.* Hacer el indio, hacer el tonto. || — M. *Min.* Metal blanco parecido al estaño (In), de número atómico 49, que fun-

de a 156 °C y se obtiene de ciertas blendas.

indiófilo, la adj. y s. Amigo de los indios.

indirecto, ta adj. Que no es directo. || *Gram.* Dícese del complemento o frase que expresa fin, daño o provecho de la acción verbal. || — F. Frase indirecta para dar a entender algo sin expresarlo claramente: *usar de indirectas.* || Ofensa hecha de esta manera: *tirarle indirectas a una persona.*

indisciplina f. Falta de disciplina, desobediencia.

indisciplinable adj. Incapaz de disciplinarse, indócil.

indisciplinado, da adj. Falto de disciplina, desobediente.

indisciplinarse v. pr. Quebrantar la disciplina.

indiscreción f. Falta de discreción. || Acción o palabra indiscreta.

indiscreto, ta adj. Que obra sin discreción: *un hombre indiscreto* (ú. t. c. s.). || Hecho sin discreción.

indisculpable adj. Que no tiene disculpa.

indiscutible adj. Evidente.

indisolubilidad f. Calidad de indisoluble.

indisoluble adj. Que no se puede deshacer: *lazo indisoluble.*

indispensable adj. Que no se puede dispensar o excusar: *asistencia indispensable.* || Necesario o inevitable: *labor indispensable.*

*indisponer v. t. Causar indisposición o alteración de la salud. || *Fig.* Malquistar, enemistar. || — V. pr. Ponerse enfermo. || *Fig.* Malquistarse, enemistarse.

indisponibilidad f. Calidad de indisponible.

indisponible adj. Que no puede disponerse.

indisposición f. Alteración leve de la salud. || Falta de disposición para algo.

indispuesto, ta adj. Ligeramente enfermo. || *Estar indispuesto con alguien,* estar enfadado.

indistinto, ta adj. Que no se distingue de otra cosa. || Que no se percibe claramente: *masa indistinta y confusa.* || Dícese de la cuenta corriente a nombre de dos o más personas, de la cual puede disponer cualquiera de ellas.

individual adj. Relativo al individuo: *cualidades individuales.* || Particular, propio, característico de una cosa. || — M. *Arg., Chil.* y *Parag.* Mantel individual.

individualidad f. Lo que caracteriza a una persona diferenciándola de otra.

individualismo m. Aislamiento y egoísmo de cada cual en los afectos, en los intereses, en los estudios, etc. || Existencia individual.

individualista adj. Relativo al individualismo: *teorías individualistas.* || — Adj. y s. Partidario del individualismo. || *Por ext.* Que no cuida más que de sí mismo.

individualización o **individuación** f. Conjunto de características o elementos que diferencia una persona de las demás.

individualizar o **individuar** v. t. Especificar una cosa. || Clasificar individuos comprendidos en una misma especie.

individuo, a adj. Individual. || Indivisible. || — M. Ser organizado, respecto de su especie: *individuo animal, vegetal.* || Persona indeterminada: *se acercó un individuo* (el f. es familiar). || Miembro de una clase o corporación: *individuo de la Academia Española, del Consejo de Estado.* || Fam. La propia persona con abstracción de los demás: *cuidar bien de su individuo.*

indivisibilidad f. Calidad de indivisible.

indivisible adj. Que no puede dividirse.

indivisión f. Carencia de división. || For. Estado de condominio.

indiviso, sa adj. y s. No dividido en partes: *propiedad indivisa.*

indoamericano, na adj. y s. Amerindio.

indochino, na adj. y s. De Indochina.

indócil adj. Que no tiene docilidad.

indocilidad f. Falta de docilidad: *mostrar indocilidad.*

indocto, ta adj. Ignorante, inculto, falto de instrucción.

indocumentado, da adj. y s. Dícese de la persona que no lleva consigo documento de identidad. || *Fig.* Ignorante. || *Méx.* Inmigrante que carece de documentos.

indoeuropeo, a adj. Dícese de la familia lingüística que comprende la mayor parte de las lenguas europeas (latinas, germánicas, eslavas, griego, etc.), junto con el indoiranio y otros idiomas de Asia. || — M. y f. Individuo de los pueblos que hablan cada una de estas lenguas y tienen por antepasados a los arios. (Son *indoeuropeos* los indios, iranios, griegos, italiotas, celtas, germanos y eslavos.)

indogermánico, ca adj. Indoeuropeo.

índole f. Inclinación natural propia de cada uno: *ser de buena índole.* || Naturaleza, condición, clase de las cosas.

indolencia f. Calidad de indolente, pereza.

indolente adj. Perezoso, apático: *persona indolente.* || Indoloro.

indoloro, ra adj. Que no causa dolor: *tumor indoloro.*

indomable adj. Que no puede domar.

indomado, da adj. Que está sin domar: *fiera indomada; caballo indomado.*

indomesticable adj. No domesticable.

indómito, ta adj. No domado: *animal indómito.* || *Fig.* Difícil de sujetar: *pueblo indómito.*

indonésico, ca adj. Indonesio.

indonesio, sia adj. y s. De Indonesia.

indostanés, esa o **indostano, na** adj. y s. Del Indostán.

indostaní m. Una de las lenguas de la India.

indostánico, ca adj. Del Indostán.

indubitable adj. Indudable.

inducción f. Acción y efecto de inducir. || Razonamiento que va de lo particular a lo general. || *Fís.* Producción de corrientes en un circuito cuando éste se encuentra en un campo magnético variable.

inducido m. *Fís.* Circuito que gira en el campo magnético de una dinamo, y en el cual se desarrolla una corriente por efecto de su rotación.

inducidor, ra adj. y s. Que induce a una cosa.

*inducir v. t. Incitar, instigar, mover a uno: *inducir al mal.* || Ascender el entendimiento desde los fenómenos hasta la ley que los rige. || Inferir, deducir. || *Fís.* Producir fenómenos eléctricos de inducción.

inductancia f. *Electr.* Relación entre la inducción total de un circuito y la corriente que la produce.

inductivo, va adj. Que se hace por inducción: *método inductivo.* || *Electr.* Que posee inductancia.

inductor, ra adj. Que induce: *corriente inductora.* || — M. Órgano de las máquinas eléctricas destinado a producir la inducción magnética.

indudable adj. Cierto, seguro.

indulgencia f. Facilidad de perdonar. || Remisión hecha por la Iglesia de las penas debidas por los pecados: *indulgencia de cien días, parcial, plenaria.*

indulgenciar v. t. Conceder la Iglesia una indulgencia.

indulgente adj. Fácil en perdonar o disimular los yerros.

indultar v. t. Perdonar a uno el todo o parte de la pena que tiene impuesta, o conmutarla por otra. || Eximirle de una ley u obligación.

indulto m. Gracia o privilegio concedido a uno para que pueda hacer lo que sin él no podría. || Remisión de la totalidad o parte de una pena.

indumentario, ria adj. Relativo al vestido. || — F. Estudio histórico del traje. || Vestido, conjunto de prendas de vestir.

indumento m. Vestidura.

induración f. *Med.* Endurecimiento anormal: *induración de un tejido orgánico.*

industria f. Destreza o artificio para hacer una cosa. || Conjunto de operaciones para la obtención y transformación de productos: *la industria algodonera, química.* || Conjunto de industrias: *la industria catalana.* || *Industria pesada,* la gran industria metalúrgica.

industrial adj. Relativo a la industria: *el progreso industrial de España.* || — M. El que ejerce una industria: *un industrial metalúrgico, algodonero.*

industrialismo m. Predominio de la industria sobre todas las otras actividades. || Espíritu industrial.

industrialista adj. Partidario del industrialismo.

industrialización f. Desarrollo de la industria: *la industrialización de un país.* || Aplicación de procedimientos industriales a una actividad.

industrializar v. t. Dar carácter industrial: *industrializar un país.* || — V. pr. Tomar un carácter industrial.

industriarse v. pr. Arreglarse, amañarse, ingeniarse.

industrioso, sa adj. Que tiene industria o maña. || Trabajador.

inédito, ta adj. No publicado.

ineducación f. Falta o carencia de educación.

ineducado, da adj. Falto de educación.

inefable adj. Indecible, que no puede expresarse con palabras.

ineficacia f. Falta de eficacia.

ineficaz adj. No eficaz.

inejecución f. Falta de ejecución o de cumplimiento.

inelegancia f. Falta de elegancia: *dio pruebas de inelegancia.*

inelegante adj. No elegante.

ineluctable adj. Inevitable.

ineludible adj. Que no se puede eludir.

inembargable adj. Que no se puede embargar.

inenarrable adj. Indecible.

inepcia f. Necedad.

ineptitud f. Inhabilidad, falta de aptitud, de capacidad.

inepto, ta adj. y s. Que carece de aptitud para una cosa. || Necio o incapaz.

inequívoco, ca adj. Que no admite duda: *señal inequívoca.*

inercia f. Flojedad, desidia, falta de energía. || *Fuerza de inercia,* incapacidad de los cuerpos para modificar su estado de reposo o de movimiento.

inerte adj. Sin movimiento: *masa inerte.* || Falto de vida: *cuerpo inerte.* || *Fig.* Inactivo, desidioso.

inervación f. Acción del sistema nervioso en las funciones de los demás órganos del cuerpo animal.

inervar v. t. Actuar un nervio sobre un órgano.

inescrutable adj. Que no se puede saber ni averiguar.

inesperado, da adj. Imprevisto.

inestabilidad f. Falta de estabilidad.

inestable adj. No estable.

inestético, ca adj. Feo.

inestimable adj. Imposible de ser estimado como corresponde.

inestimado, da adj. No estimado en su justo valor. || Que está sin tasar.

inevitable adj. Que no se puede evitar: *un choque inevitable.*

inexactitud f. Falta de exactitud: *decir inexactitudes.*

inexacto, ta adj. Que carece de exactitud: *datos inexactos.* || Falto de puntualidad: *hombre inexacto.*

inexcusable adj. Que no puede excusarse: *proceder inexcusable.*

inexhausto, ta adj. Que no se agota ni se acaba.

inexigible adj. Que no se puede exigir.

inexistencia f. Falta de existencia: *inexistencia de medios.*

inexistente adj. Que carece de existencia: *planeta inexistente.* || Fig. Nulo, sin valor.

inexorable adj. Duro, inflexible: *juez inexorable.*

inexperiencia f. Falta de experiencia.

inexperto, ta o **inexperimentado, da** adj. y s. Falto de experiencia: *trabajador inexperto.*

inexpiable adj. Que no se puede expiar: *guerra inexpiable.*

inexplicable adj. Incomprensible, que no puede explicarse.

inexplorado, da adj. No explorado: *tierras inexploradas.*

inexplotable adj. Que no se puede explotar. ·

inexpresable adj. Que no se puede expresar, indecible.

inexpresivo, va adj. Que carece de expresión.

inexpugnable adj. Inconquistable: *fortaleza inexpugnable.*

inextensible adj. Que no se puede extender.

inextenso, sa adj. Que carece de extensión.

inextinguible adj. No extinguible: *fuego inextinguible.*

inextirpable adj. Que no puede ser extirpado: *tumor inextirpable.*

inextricable adj. Difícil de desenredar, enmarañado, confuso.

infalibilidad f. Calidad de infalible. || *Infalibilidad pontificia,* dogma proclamado por el Concilio Vaticano de 1870, según el cual el Papa, cuando habla ex cáthedra sobre materia de fe, no puede equivocarse.

infalible adj. Que no puede engañar ni equivocarse. || Seguro: *remedio infalible.* || Inevitable: *victoria infalible.*

infamador, ra adj. y s. Que infama.

infamante adj. Que infama.

infamar v. t. Causar infamia, deshonrar: *infamar al adversario.*

infamatorio, ria adj. Dícese de lo que infama: *libelo infamatorio.*

infame adj. Que carece de honra: *hombre infame* (ú. t. c. s.). || Envilecedor: *acción, hecho infame.* || Fig. Muy malo.

infamia f. Descrédito, deshonra, vergüenza pública: *caer en infamia.* || Maldad, vileza: *cometer infamias.*

infancia f. Primer período de la vida del hombre, desde su nacimiento hasta la pubertad. || Fig. Conjunto de niños: *proteger a la infancia.* || El principio de una cosa: *la infancia del mundo.*

infante, ta m. y f. Niño hasta la edad de siete años. || Hijo o hija del rey, nacido después del príncipe o de la princesa. || — M. Mil. Soldado de infantería.

infantería f. Mil. Conjunto de la tropa que lucha a pie y está encargada de la ocupación y defensa del terreno.

infanticida adj. y s. Dícese de la persona que mata a un niño.

infanticidio m. Muerte dada violentamente a un niño, sobre todo si es recién nacido o está próximo a nacer.

infantil adj. Relativo a la infancia o a los niños: *jardín infantil.* || Fig. Propio de niño.

infantilidad f. Carácter infantil: *la infantilidad de sus acciones.*

infantilismo m. Calidad de infantil. || Med. Anomalía consistente en la persistencia de caracteres de la infancia en la edad adulta y en la no aparición de ciertos caracteres propios de esta edad.

infartar v. t. Causar un infarto (ú. t. c. pr.).

infarto m. Med. Aumento de tamaño de un órgano enfermo: *infarto de un ganglio, del hígado,* etc. || Lesión necrótica de un tejido por obstrucción de la circulación sanguínea: *infarto del miocardio.*

infatigable adj. Incansable.

infatuación f. Engreimiento.

infatuar v. t. Volver a uno fatuo, envanecerle (ú. t. c. pr.).

infausto, ta adj. Desgraciado.

infección f. Penetración y desarrollo en el organismo de gérmenes patógenos.

infeccionar v. t. Inficionar.

infeccioso, sa adj. Causa de infección, que provoca infección: *foco infeccioso.* || Aplícase a lo que resulta de la infección: *enfermedad infecciosa.*

infectar v. t. Inficionar, contagiar (ú. t. c. pr.).

infecto, ta adj. Inficionado, contagiado, corrompido.

infecundidad f. Falta de fecundidad.

infecundo, da adj. Estéril.

infelicidad f. Falta de felicidad, desgracia.

infeliz adj. y s. Desgraciado: *ha sido siempre muy infeliz.* || Fam. Bondadoso, ingenuo, simple: *Fulano es un infeliz.*

inferior adj. Que está debajo de otra cosa o más bajo que ella: *la mandíbula inferior.* || Fig. Menor, menos importante: *de categoría inferior.* || adj. y s. Subordinado, subalterno: *saludar a los inferiores.*

inferioridad f. Calidad de inferior: *inferioridad de nivel, de posición.* || Situación de una cosa que está más baja que otra. || *Complejo de inferioridad,* sentimiento de ser inferior a los demás, que se traduce por una actitud de hostilidad, provocación, desconfianza o apatía.

*inferir v. t. Sacar una consecuencia de una cosa: *de estos indicios se puede inferir que el reo es culpable.* || Llevar consigo, ocasionar: *inferir ofensas, heridas.*

infernal adj. Del infierno: *las potencias infernales.* || Fig. Malo, perverso. || Fig. y fam. Que causa sumo disgusto o enfado: *un ruido, un escándalo infernal.*

infernillo m. Infiernillo.

infestación f. Acción y efecto de infestar o infestarse.

infestar v. t. Inficionar, apestar. || Causar estragos con correrías u hostilidades: *los piratas infestaban el Mediterráneo.* || Abundar ciertos animales dañinos: *las ratas infestan los graneros.* || Fig. Llenar de un gran número de cosas.

infesto, ta adj. Dañino.

infición f. Méx. Infección.

inficionar v. t. Corromper, contagiar: *inficionar las aguas.* || Fig. Pervertir con malas doctrinas o ejemplos: *inficionar a la juventud.*

infidelidad f. Falta de fidelidad: *infidelidad conyugal.* || Deslealtad: *infidelidad a la patria.* || Carencia de fe católica. || Conjunto de los infieles.

infiel adj. y s. Falto de fidelidad: *marido, esposa infiel.* || Que no profesa la fe católica: *convertir a los infieles.* || Falto de exactitud: *historiador infiel.*

infiernillo m. Cocinilla portátil: *infiernillo de alcohol.*

infierno m. Lugar del eterno castigo y este mismo castigo. || Una de las cuatro postrimerías del hombre. || Limbo o seno de Abrahán. || Mit. Estancia de las almas. || Fig. Demonio: *las tentaciones del infierno.* || Lugar donde se sufre mucho. | Lugar donde hay mucho desorden y discordia: *ser la casa un infierno.* || Suplicio moral: *su vida un infierno.* || Fig. En el quinto infierno o en los quintos infiernos, muy lejos.

infiltración f. Paso de un líquido a través de los poros de un sólido. || Med. Derrame de humores a través de una parte sólida del cuerpo.

infiltrado m. Med. Penetración en el pulmón de leucocitos como consecuencia de una inflamación.

infiltrar v. t. Introducir lentamente un líquido entre los poros de un sólido (ú. t. c. pr.). || Fig. Infundir en el ánimo ideas o doctrinas (ú. t. c. pr.).

ínfimo, ma adj. Muy bajo.

infinidad f. Calidad de infinito: *la infinidad del universo.* || Fig. Gran número.

infinitesimal adj. Infinitamente pequeño: *dosis en cantidad infinitesimal.* || *Cálculo infinitesimal,* parte de las matemáticas que estudia el cálculo diferencial y el integral.

infinitésimo, ma adj. Infinitamente pequeño.

infinitivo, va adj. Gram. De la naturaleza del infinitivo: *proposición infinitiva.* || — M. Gram. Modo del verbo que no expresa por sí mismo número ni persona ni tiempo determinado, como *amar, querer, venir,* etc.

infinito, ta adj. Que no tiene ni puede tener fin ni término: *espacio infinito.* || Muy extenso, muy largo: *un deserto infinito.* || — M. Mat. Signo (∞) para significar un valor mayor que cualquier otra cantidad. || Zona que comprende todos los objetos que dan una imagen clara en el plano focal. || — Adv. Excesivamente, muchísimo.

infirmar v. t. For. Invalidar.

inflación f. Acción y efecto de inflar. || Fig. Engreimiento. || Desequilibrio económico caracterizado por una subida general de los precios y provocado por una excesiva emisión de billetes de banco, un déficit presupuestario o una falta de adecuación entre la oferta y la demanda.

inflacionario, ria adj. Relativo a la inflación monetaria.

inflacionismo m. Inflación.

inflacionista adj. y s. Partidario de la inflación. || — Adj. Que tiende a la inflación o es causa de ella: *medida inflacionista.*

inflado m. Acción y efecto de inflar.

inflamabilidad f. Capacidad de inflamarse fácilmente.

inflamable adj. Que se inflama.

inflamación f. Acción y efecto de inflamar o inflamarse. || Med. Alteración patológica en una parte cualquiera del cuerpo, caracterizada por trastornos de la circulación de la sangre, y enrojecimiento, calor, hinchazón y dolor.

inflamar v. t. Encender algo levantando llama: *inflamar la pólvora de una mina.* || Fig. Enardecer las pasiones y afectos del ánimo. || — V. pr. Encenderse. || Med. Producirse una inflamación. || Fig. Enardecerse.

inflamatorio, ria adj. Med. Que causa inflamación, o procede de ella: *fiebre inflamatoria.*

inflamiento m. Hinchamiento.

inflar v. t. Hinchar un objeto con aire o gas: *inflar un globo.* || Fig. Envanecer, engreír. Ú. t. c. pr.: *inflarse con un éxito.* | Exagerar: *inflar un suceso.*

inflexibilidad f. Calidad de inflexible o rígido. || Fig. Firmeza.

inflexible adj. Rígido, que no puede torcer o doblar. || Fig. que no se conmueve ni se doblega, ni desiste de su propósito.

inflexión f. Torcimiento o comba de una cosa que estaba recta o plana. || Cambio de tono o de acento en la voz. || Fís. Desviación: *la inflexión de un rayo de luz.* | Geom. Punto en que una curva cambia de sentido. || Gram. Cada una de las terminaciones que toman las palabras variables en su flexión.

infligir v. t. Hablando de castigos y penas, imponerla.

inflorescencia f. Orden o forma con que aparecen colocadas las flores al brotar en las plantas.

influencia f. Efecto que produce una cosa sobre otra o fuerza moral que se ejerce sobre una persona: *la marea se debe a la influencia de la luna.* || Fuerza moral ejercida por una persona sobre otra: *la influencia de Aristóteles sobre Sto. Tomás de Aquino.* || Fig. Poder, importancia: *persona de mucha influencia.* | Autoridad: *tener influencia sobre una persona.* || — Pl. Fig. Amistades con poder o importancia: *valerse de sus influencias.*

influenciar v. i. Influir.

influenza f. Med. Gripe.

***influir** v. i. Producir una cosa cierto efecto sobre otra o ejercer fuerza moral sobre las personas: *la calidad influye en el precio.* || Ejercer una persona fuerza moral sobre otra: *Aristóteles influyó en Sto. Tomás de Aquino.*

influjo m. Influencia.

influyente adj. Que influye.

infolio m. Libro en folio.

información f. Conocimiento que se tiene de algo: *estar falto de información.* || Noticia dada por cualquier medio de comunicación. Ú. m. en pl.: *informaciones meteorológicas.* || For. Averiguación de un hecho: *abrir una información.*

informado, da adj. p. p. de *informar.* || Con referencias: *se necesita criada bien informada.*

informador adj. y s. Que informa: *un informador imparcial.*

informal adj. y s. No formal, poco serio o poco exacto.

informalidad f. Calidad de informal. || Cosa informal.

informar v. t. Dar noticia de una cosa. || Avisar, decir: *le informo que su petición no ha sido satisfecha.* || — V. i. For. Hacer una información. || — V. pr. Enterarse.

informática f. Ciencia del tratamiento automático de la información.

informativo, va adj. Que informa: *diario informativo.*

informe adj. Que no tiene forma: *una masa informe.* || De forma vaga e indeterminada.

informe m. Noticia sobre un asunto o persona. || For. Exposición oral que hace el letrado o el fiscal ante el tribunal. || Exposición de las conclusiones sacadas de una investigación. || — Pl. Noticias que se dan acerca de una persona en cuanto a su trabajo o a su comportamiento.

infortunado, da adj. y s. Desgraciado, infeliz.

infortunio m. Suerte o fortuna adversa. || Hecho desgraciado.

infracción f. Violación de una ley, orden, pacto, etc.

infraccionar v. t. Arg., Chil. y Méx. Multar.

infractor, ra adj. y s. Transgresor.

infraestructura f. Arq. Conjunto de obras subterráneas de una construcción. || Aviac. Conjunto de instalaciones en un aeródromo para el servicio de vuelo. || Por ext. Conjunto de instalaciones para fuerzas militares. || Base material sobre la que se asienta algo: *la infraestructura económica.*

infrahumano, na adj. Inferior al nivel propio de los humanos: *condiciones infrahumanas.*

inframundo m. En algunas cosmogonías, como la Maya, mundo inferior donde habitan los muertos.

infranqueable adj. Que no puede franquearse.

infraoctava f. El período de seis días comprendido entre el primero y el último de la octava de una festividad de la Iglesia católica.

infrarrojo, ja adj. y s. m. Fís. Dícese de las radiaciones oscuras menos refrangibles que el rojo.

infrascrito, ta adj. Que va dicho abajo o después en un escrito. || Adj. y s. Persona que firma en un escrito.

infrasonido m. Fís. Vibración de la misma naturaleza que el sonido pero no audible.

infrecuente adj. No frecuente.

infringir v. t. Quebrantar.

infructífero, ra adj. Que no produce fruto. || Fig. Inútil para algún fin.

infructuoso, sa adj. Inútil.

ínfulas f. pl. Bandas de lana blanca que adornaban la frente de los sacerdotes gentiles. || Cintas que cuelgan de la mitra episcopal. || Fig. Presunción, vanidad: *gastar muchas ínfulas.*

infundado, da adj. Que carece de fundamento: *temor infundado.*

infundio m. Mentira.

infundir v. t. Comunicar un sentimiento, un impulso moral: *infundir miedo, cariño, fe.* || Comunicar Dios un don o gracia: *Dios infundió la ciencia a los apóstoles.*

infusión f. Extracción de los principios medicinales o aromáticos de una planta por medio del agua caliente. || Brebaje así obtenido: *una infusión de manzanilla, de tila.* || Acción de echar el agua bautismal sobre el neófito.

infuso, sa adj. Dícese de los dones y gracias que infunde Dios: *ciencia infusa.*

infusorios m. pl. Microorganismos que viven en los líquidos.

ingeniar v. t. Imaginar, inventar. || — V. pr. Buscar la manera de conseguir lo que uno quiere: *ingeniarse para vivir decentemente.* || Ingeniárselas, arreglárselas.

ingeniería f. Aplicación de los conocimientos científicos a la invención, perfeccionamiento y utilización de la técnica industrial en todas sus ramas.

ingeniero m. Persona que profesa la ingeniería: *ingeniero industrial, de minas.* || — Ingeniero agrónomo, el especializado en la práctica de la agricultura. || Ingeniero del sonido, técnico responsable de la grabación sonora de una película.

ingenio m. Habilidad para inventar o resolver dificultades: *un hombre de* ingenio. || Talento, facultades poéticas y creadoras. || Persona dotada de dicha facultad: *Lope, el fénix de los ingenios*. || Agudeza, gracia. || Máquina o artificio: *ingenio espacial*. || Instrumento de encuadernador para cortar los cantos de los libros. || — *Fig*. Afilar *el ingenio*, aplicar la inteligencia para algo difícil. || *Ingenio de azúcar*, fábrica de azúcar.

ingeniosidad f. Calidad de ingenioso: *la ingeniosidad de un autor*. || Cosa o idea ingeniosa.

ingenioso, sa adj. Lleno de ingenio: *hombre ingenioso*.

ingénito, ta adj. No engendrado. || Connatural y como nacido con uno: *inclinación ingénita de la naturaleza humana*.

ingente adj. Muy grande.

ingenuidad f. Inocencia, candor. || Palabra o acción ingenua.

ingenuo, nua adj. y s. Inocente, candoroso.

*ingerir** v. t. Introducir algo en el estómago pasando por la boca.

ingesta f. Conjunto de lo que se ingiere: *una ingesta baja en grasas reduce el riesgo de enfermedades cardíacas*.

ingestión f. Acción de ingerir.

ingle f. *Anat*. Parte del cuerpo en que se juntan los muslos con el vientre.

inglés, esa adj. y s. De Inglaterra. || — M. Lengua indoeuropea, hablada principalmente en Gran Bretaña, Estados Unidos, Canadá, Australia y África del Sur. || — F. Letra cursiva inclinada a la derecha.

inglete m. Ángulo de cuarenta y cinco grados que forma el corte de dos piezas que se han de ensamblar. || *Caja de ingletes*, instrumento para cortar molduras.

ingobernable adj. Que no se puede gobernar.

ingratitud f. Desagradecimiento, olvido de los beneficios recibidos. || Acción ingrata.

ingrato, ta adj. Desagradecido (ú. t. c. s.). || Desabrido, desagradable: *tiempo, día ingrato*. || Que no corresponde al trabajo que cuesta: *labor ingrata*.

ingravidez f. Estado del cuerpo que no se halla sometido a ninguna fuerza de gravedad o cuya pesantez es contrarrestada por alguna fuerza antagónica.

ingrávido, da adj. Sin peso, ligero. || Que no se halla sometido a la fuerza de la gravedad.

ingrediente m. Cualquier cosa que entra en la composición de una mezcla.

ingresar v. i. Dicho del dinero, entrar: *hoy han ingresado en mi cuenta mil euros*. || Entrar: *ingresar en una escuela o academia*. || — V. t. Depositar, colocar: *ingresar dinero en el banco*.

ingreso m. Acción de ingresar. || Entrada: *examen de ingreso*. || Cargo en una cuenta. || — M. pl. Emolumentos, rentas: *los ingresos de un abogado*.

íngrimo, ma adj. *Amér. C., Col., Dom., Ecuad. y Venez*. Solitario, sin compañía.

ingurgitar v. t. Tragar.

inhábil adj. Falto de habilidad, de instrucción: *una costurera inhábil*. || Que no puede desempeñar un cargo o un empleo. || Festivo, feriado: *día inhábil*.

inhabilidad f. Falta de habilidad, torpeza. || Defecto o impedimento para ejercer u obtener un empleo o cargo.

inhabilitación f. Declaración de inhabilidad.

inhabilitar v. t. Declarar a una persona inhábil para ejercer cargos públicos, o para ejercer derechos civiles o políticos. || Imposibilitar para algo (ú. t. c. pr.).

inhabitable adj. No habitable.

inhabitado, da adj. No habitado, deshabitado.

inhalación f. Acción de inhalar: *inhalaciones de oxígeno*.

inhalador m. Aparato para hacer inhalaciones.

inhalar v. t. *Med*. Aspirar ciertos gases o líquidos pulverizados: *inhalar oxígeno*.

inherencia f. Calidad de inherente.

inherente adj. Que por su naturaleza está íntimamente unido a otra cosa.

inhibición f. Acción y efecto de inhibir o inhibirse. || Disminución de la actividad de una neurona, de una fibra muscular o de una célula secretora por la acción de una corriente nerviosa o de una hormona. || En psicoanálisis, oposición inconsciente a la realización de tendencias consideradas como condenables, las cuales permanecen luego latentes en el espíritu.

inhibir v. t. *For*. Impedir que un juez prosiga el conocimiento de una causa. || Suspender transitoriamente un proceso fisiológico o psicológico (ú. t. c. pr.). || — V. pr. Abstenerse.

inhibitorio, ria adj. Que inhibe. || *For*. Aplícase al despacho, decreto o letras que inhiben al juez.

inhospitalario, ria adj. Falto de hospitalidad, poco acogedor.

inhóspito, ta adj. Inhospitalario, peligroso: *playa inhóspita*.

inhumación f. Enterramiento de un cadáver.

inhumanidad f. Falta de humanidad.

inhumano, na adj. Falto de humanidad, cruel.

inhumar v. t. Enterrar un cadáver.

iniciación f. Enseñanza de los primeros conocimientos: *iniciación a la filosofía*. || Principio: *iniciación de intercambios comerciales*.

iniciado, da adj. y s. Que conoce algún secreto o está instruido en algún arte.

iniciador, ra adj. y s. Que inicia algo.

inicial adj. Que se verifica al principio: *velocidad inicial de un proyectil*. || Dícese de la primera letra de una palabra o de un nombre (ú. t. c. s. f.).

iniciar v. t. Empezar, comenzar: *iniciar una obra*. || Admitir a uno a la participación de ciertos misterios de las religiones o de las sociedades secretas: *iniciar a uno en la francmasonería*. || Instruir a uno en los conocimientos de una ciencia, arte o deporte: *iniciar a uno en matemáticas* (ú. t. c. pr.).

iniciativa f. Idea inicial para emprender algo: *tener la iniciativa de una medida*. || Cualidad del que suele tener estas ideas: *hombre de iniciativa*. || Derecho de hacer una propuesta. || Acto de ejercerlo.

inicio m. Principio, comienzo.

inicuo, cua adj. Injusto: *una sentencia inicua*. || Malvado, perverso: *acción inicua; hecho inicuo*.

inimaginable adj. No imaginable, increíble.

inimitable adj. No imitable.

ininflamable adj. Que no puede inflamarse.

ininteligible adj. No inteligible: *escrito ininteligible*.

ininterrumpido, da adj. No interrumpido, continuo.

iniquidad f. Injusticia grande. || Maldad.

injerencia f. Acción y efecto de injerirse.

*injerir** v. t. Incluir una cosa en otra. || — V. pr. Entrometerse.

injertador m. Persona que injerta.

injertar v. t. Aplicar un injerto a un árbol. || *Med*. Implantar sobre una zona del cuerpo humano partes tomadas de otra región del mismo individuo o de otro distinto.

injerto m. Acción de injertar. || Rama con una o más yemas que se separa de un vegetal para adherirla a otro: *injerto de canutillo, de corona, de escudete*. || Planta injertada. || Operación quirúrgica consistente en implantar en el cuerpo de una persona fragmentos sacados de otro individuo o de otra parte de su cuerpo.

injuria f. Ofensa, agravio. || Daño que produce una cosa.

injuriar v. t. Ofender, inferir injuria. || Hacer daño.

injurioso, sa adj. Que injuria.

injusticia f. Acción injusta.

injustificable adj. Que no se puede justificar.

injustificado, da adj. No justificado.

injusto, ta adj. y s. No justo.

inmaculado, da adj. Sin mancha. || — F. La Purísima, la Virgen María.

inmadurez f. Falta de madurez.

inmanejable adj. No manejable, poco manejable.

inmanencia f. Calidad de inmanente.

inmanente adj. Dícese de lo que es inherente a algún ser o va unido de un modo inseparable a su esencia.

inmarcesible o inmarchitable adj. Que no se puede marchitar: *fama, gloria inmarcesible*.

inmaterial adj. No material.

inmaterialidad f. Calidad de inmaterial.

inmaterialismo m. Sistema filosófico que niega la existencia de la materia.

inmaterializar v. t. Tornar inmaterial.

inmediación f. Calidad de inmediato. || — Pl. Territorio que rodea una población.

inmediato, ta adj. Contiguo, próximo: *terreno inmediato*. || Que no tiene intermediario: *heredero inmediato*. || Instantáneo: *reacción inmediata; efecto inmediato*.

inmejorable adj. Que no se puede mejorar.

inmemorial adj. Tan antiguo que no se recuerda cuándo empezó.

inmensidad f. Gran extensión: *la inmensidad del universo*. || Muchedumbre: *inmensidad de gente*.

inmenso, sa adj. Que no tiene medida, infinito, ilimitado: *los inmensos atributos de Dios*. || Fig. Muy grande: *tener una fortuna inmensa; inmenso placer*. || Fam. Formidable, extraordinario.

inmerecido, da adj. No merecido: *castigo inmerecido*.

inmergir v. t. Sumergir.

inmersión f. Acción de introducir o introducirse una cosa en un líquido. || Astr. Entrada de un planeta en el cono de sombra de otro.

inmerso, sa adj. Sumergido.

inmigración f. Llegada de personas a un país para establecerse.

inmigrado, da adj. y s. Inmigrante.

inmigrante adj. y s. Dícese de la persona que ha llegado a un país para establecerse.

inmigrar v. i. Llegar a un país para establecerse.

inmigratorio, ria adj. Relativo a la inmigración: *corriente inmigratoria*.

inminencia f. Calidad de inminente: *la inminencia de la ruina*.

inminente adj. Que está próximo a suceder: *peligro inminente*.

inmiscuir v. t. Mezclar. || — V. pr. Injerirse, entremeterse.

inmobiliario, ria adj. Relativo a los inmuebles: *riqueza inmobiliaria; crédito inmobiliario*. || — F. Sociedad inmobiliaria.

inmoderado, da adj. Falto de moderación, desmedido.

inmodestia f. Falta de modestia. || Falta de recato.

inmodesto, ta adj. No modesto. || Falto de recato.

inmolación f. Sacrificio.

inmolado, da adj. Sacrificado.

inmolador, ra adj. y s. Que inmola: *inmolador del sacrificio*.

inmolar v. t. Sacrificar una víctima. || — V. pr. Sacrificarse por el bien ajeno.

inmoral adj. Que se opone a la moral: *hombre, libro inmoral*.

inmoralidad f. Falta de moralidad, desarreglo en las costumbres. || Acción inmoral, cosa inmoral.

inmortal adj. No mortal. || Fig. Imperecedero: *recuerdo inmortal*.

inmortalidad f. Calidad de inmortal: *la inmortalidad del alma*. || Fig. Duración indefinida en la memoria de los hombres: *la inmortalidad de un gran escritor*.

inmortalizar v. t. Hacer perpetua una cosa en la memoria de los hombres: *inmortalizar a los héroes* (ú. t. c. pr.).

inmóvil adj. Que carece de movimiento: *permanecer inmóvil*.

inmovilidad f. Calidad de inmóvil.

inmovilismo m. Conservadurismo, hostilidad a las innovaciones políticas o sociales.

inmovilización f. Acción y efecto de inmovilizar o inmovilizarse.

inmovilizar v. t. Privar de movimiento a algo o alguien: *inmovilizar un vehículo* (ú. t. c. pr.). || Invertir un capital en bienes de lenta realización.

inmueble adj. Dícese de los bienes raíces por oposición a los muebles. || — M. Edificio.

inmundicia f. Suciedad, basura.

inmundo, da adj. Repugnante, asqueroso: *un estercolero inmundo*.

inmune adj. Libre, exento: *inmune de gravámenes*. || No atacable por ciertas enfermedades.

inmunidad f. Calidad de inmune. || Resistencia natural o adquirida de un organismo vivo a la agresión de agentes infecciosos o tóxicos: *inmunidad contra la viruela*. || Privilegio que exime a determinadas personas de obligaciones y penalidades a las cuales están sujetos todos los demás: *inmunidad parlamentaria, diplomática*.

inmunización f. Protección contra ciertas enfermedades.

inmunizador, ra adj. Med. Dícese de lo que inmuniza.

inmunizar v. t. Hacer inmune.

inmunodeficiencia f. Med. Estado patológico provocado por el malfuncionamiento de las defensas del organismo.

inmunología f. Biol. y Med. Disciplina que estudia la inmunidad de los seres vivos.

inmunológico adj. Relativo a la inmunología.

inmutabilidad f. Calidad de inmutable.

inmutable adj. No mudable.

inmutación f. Alteración.

inmutar v. t. Alterar.

innato, ta adj. Connatural y como nacido con el mismo individuo: *bondad innata*.

innecesario, ria adj. No necesario, superfluo.

innegable adj. Que no se puede negar: *hecho innegable*.

innoble adj. Que no es noble. || Dícese de lo que es vil y abyecto: *sentimientos, palabras innobles*.

innocuidad f. Inocuidad.

innocuo, cua adj. Inocuo.

innominado, da adj. Que no tiene nombre. || Anat. Hueso innominado, el iliaco.

innovación f. Introducción de alguna novedad en algo: *las innovaciones de la moda*.

innovador, ra adj. y s. Que innova: *espíritu innovador*.

innovar v. t. e i. Introducir novedades, alterar las cosas.

innumerable adj. Que no se puede numerar, muy considerable: *ejército innumerable*.

inobservable adj. Que no se puede observar.

inobservado, da adj. Que no ha sido observado.

inobservancia f. Falta de observancia: *la inobservancia de la ley*.

inocencia f. Estado del alma que está limpia de culpa. || Exención de toda culpabilidad: *la inocencia del acusado*. || Candor, sencillez: *la inocencia de un niño*.

inocentada f. Fam. Dicho o hecho candoroso o simple. || Engaño ridículo en que uno cae por falta de malicia. || Broma del día de los Inocentes.

inocente adj. y s. Libre de pecado, que ignora el mal: *alma inocente*. || Sencillo, sin malicia. || Inocuo, que no hace daño: *un ataque inocente*. || Fam. Tonto, fácil de engañar: *es tan inocente que se lo cree todo*. || *Día de los Santos Inocentes*, el 28 de diciembre.

inocuidad f. Calidad de inocuo.

inoculación f. Introducción en el organismo de un virus, vacuna, suero o veneno. || Fig. Transmisión de una doctrina.

inoculador m. El que inocula.

inocular v. t. Med. Comunicar un virus, vacuna, etc., por medio de la inoculación: *inocular la rabia a un perro* (ú. t. c. pr.). || Fig. Transmitir una doctrina (ú. t. c. pr.). | Pervertir o contaminar con el mal ejemplo (ú. t. c. pr.).

inocuo, cua adj. Que no hace daño: *bebida inocua*.

inodoro, ra adj. Que no tiene olor, que no huele: *gas inodoro*. || — M. Tubo en forma de S que se coloca en los retretes y que al retener el agua impide el paso de los malos olores, sifón. || Amer. Retrete.

inofensivo, va adj. No peligroso.

inolvidable adj. Que no puede olvidarse, memorable.

inoperante adj. Ineficaz.

inopia f. Gran pobreza. || *Estar en la inopia*, estar distraído.

inopinado, da adj. Inesperado.

inoportunidad f. Falta de oportunidad.

inoportuno, na adj. No oportuno: *enfermedad inoportuna*.

inorgánico, ca adj. Dícese de cualquier cuerpo sin órganos para la vida, como son todos los minerales.

inoxidable adj. Que no se puede oxidar: *un metal inoxidable.*

inquebrantable adj. Que persiste sin quebranto o no puede quebrantarse: *voluntad inquebrantable.*

inquietante adj. Que inquieta.

inquietar v. t. Quitar el sosiego. || Acosar: *inquietar al adversario.* || *For.* Despojar de la quieta y pacífica posesión de una cosa. || — V. pr. Preocuparse.

inquieto, ta adj. Agitado, que se mueve mucho: *mar inquieto; hombre inquieto.* || *Fig.* Desasosegado, preocupado.

inquietud f. Falta de quietud, desasosiego, desazón. || Alboroto, conmoción. || — Pl. Preocupaciones morales, espirituales, etc.

inquilinaje m. *Chil.* Relación de trabajo mediante la cual el campesino, a cambio de vivienda, cultivaba una parcela en beneficio del patrón: *finalmente se prohibió el inquilinaje.* || *Chil.* Conjunto de campesinos de esa relación laboral.

inquilinato m. Arriendo, alquiler. || Derecho del inquilino.

inquilino, na m. y f. El que alquila una casa o parte de ella para habitarla. || *For.* Arrendatario, sobre todo el de finca urbana.

inquina f. Aversión, tirria.

inquiridor, ra adj. y s. Que inquiere.

*inquirir v. t. Indagar, averiguar, investigar.

inquisición f. Averiguación, indagación. || Tribunal eclesiástico establecido para inquirir y castigar lo considerado delito contra la fe católica. || Local donde se reunía este tribunal. || Cárcel destinada para los reos de dicho tribunal.

inquisidor, ra adj. Inquiridor: *mirada inquisidora.* || — M. Juez de la Inquisición.

inquisitivo, va adj. Que inquiere y averigua.

inquisitorial adj. Relativo al inquisidor o a la Inquisición.

inquisitorio, ria adj. Inquisitivo: *diligencias inquisitorias.*

insaciabilidad f. Calidad de insaciable.

insaciable adj. Que no se puede saciar o hartar: *hambre, ambición insaciable.*

insalivación f. Impregnación de los alimentos con la saliva.

insalivar v. t. Mezclar e impregnar los alimentos con la saliva.

insalubre adj. Malsano.

insalubridad f. Falta de salubridad.

insania f. Locura, demencia.

insatisfacción f. Falta de satisfacción.

insatisfecho, cha adj. No satisfecho.

inscribir v. t. Grabar letras en metal, piedra u otra materia. || Tomar razón de nombres, documentos, declaraciones. || *Geom.* Trazar una figura dentro de otra. || Apuntar el nombre de una persona entre los de otras. Ú. t. c. pr.: *inscribirse en las listas electorales.*

inscripción f. Acción de inscribir o inscribirse. || Letras grabadas en el mármol, la piedra, las monedas, etc.: *una inscripción latina.*

inscrito, ta adj. *Geom.* Dícese del ángulo que tiene su vértice en la circunferencia y cuyos lados pasan por dos cuerdas o una cuerda y una tangente. | Dícese del polígono que resulta de la unión de varios puntos de la circunferencia por medio de cuerdas.

insecticida adj. y s. m. Aplícase al producto que sirve para matar insectos.

insectívoro, ra adj. Dícese de los animales que se alimentan de insectos: *pájaro insectívoro.* || Dícese también de algunas plantas que los aprisionan entre sus hojas, y los digieren. || — M. pl. *Zool.* Orden de mamíferos de cierto tamaño provistos de molares con los que mastican los insectos de que se alimentan; pertenecen a este orden el topo y el erizo.

insecto m. Animal artrópodo, de respiración traqueal, cabeza provista de antenas y tres pares de patas.

inseguridad f. Falta de seguridad: *situación de inseguridad.*

inseguro, ra adj. Falto de seguridad: *un refugio inseguro.*

inseminación f. Introducción de esperma en las vías genitales de la mujer o de las hembras de los animales, por un procedimiento artificial.

insensatez f. Calidad de insensato. || *Fig.* Dicho o hecho insensato, necedad.

insensato, ta adj. y s. Necio, falto de sentido: *plan insensato.*

insensibilidad f. Falta de sensibilidad. || Dureza de corazón.

insensibilización f. Acción de insensibilizar.

insensibilizador, ra adj. y s. m. Que suprime la sensibilidad.

insensibilizar v. t. Quitar la sensibilidad o privar a uno de ella: *insensibilizar al enfermo que se va a operar* (ú. t. c. pr.).

insensible adj. Falto de sensibilidad: *ser insensible al frío.* || *Fig.* Que no se deja afectar por nada: *corazón duro e insensible.* || Imperceptible: *vibración casi insensible.* || Privado de sentido por dolencia o síncope.

inseparable adj. Que no se puede separar.

insepulto, ta adj. No sepultado: *cadáver insepulto.*

inserción f. Acción y efecto de insertar.

insertar v. t. Incluir una cosa en otra.

inserto, ta adj. Insertado, incluido.

inservible adj. Que no sirve.

insidia f. Asechanza.

insidiar v. t. Poner asechanzas.

insidioso, sa adj. Que utiliza la insidia: *juez insidioso* (ú. t. c. s.). || Que

se hace con insidias: *procedimiento insidioso.* || Malicioso con apariencias inofensivas. || *Med.* Dícese de ciertas enfermedades graves a pesar de su benignidad aparente al comienzo.

insigne adj. Célebre, famoso.

insignia f. Señal honorífica. || Pendón, estandarte. || Bandera de una legión romana. || Signo distintivo de los miembros de una asociación. || *Mar.* Bandera que indica la graduación del jefe que manda el buque.

insignificancia f. Pequeñez.

insignificante adj. Baladí, pequeño. || Sin importancia: *un hecho insignificante.* || De poca personalidad: *un hombre insignificante.*

insincero, ra adj. No sincero.

insinuación f. Manera sutil de decir algo, sin expresarlo claramente: *abusar de la insinuación.* || Cosa que se insinúa.

insinuante o **insinuativo, va** adj. Que insinúa: *voz insinuante.*

insinuar v. t. Dar a entender algo sin expresarlo claramente: *me insinuó que le pagara.* || — V. pr. Introducirse insensiblemente en el ánimo de uno. || Ganar el afecto o el favor de uno. || Mostrar el interés que se tiene en conquistar el amor de otra persona.

insipidez f. Falta de sabor.

insípido, da adj. Falto de sabor: *fruta, bebida insípida.* || *Fig.* Falto de gracia o de interés.

insistencia f. Permanencia, reiteración y porfía acerca de una cosa.

insistente adj. Que insiste.

insistir v. t. Pedir o decir algo reiteradas veces: *insistir sobre un punto.* || Repetir varias veces un acto para conseguir algún fin.

insobornable adj. Que no puede ser sobornado.

insociable o **insocial** adj. Intratable, que rehúye a la gente.

insolación f. Acción de insolar: *insolación de un cliché fotográfico.* || *Med.* Enfermedad causada por la exposición excesiva al sol.

insolar v. t. Poner plantas al sol para secarlas. || — V. pr. Enfermarse por haber estado demasiado tiempo al sol.

insolencia f. Dicho o hecho ofensivo e insultante. || Atrevimiento, falta de respeto.

insolentar v. t. Hacer insolente y osado. || — V. pr. Mostrarse insolente: *se insolentó con su padre.*

insolente adj. y s. Descarado.

insólito, ta adj. No común.

insolubilidad f. Calidad de insoluble.

insolubilizar v. t. Volver insoluble.

insoluble adj. Que no puede disolverse: *una sustancia insoluble en el agua.* || Sin solución: *problema insoluble.*

insolvencia f. Incapacidad de pagar una deuda.

insolvente adj. Incapaz de pagar sus deudas.

insomne adj. Que no duerme.

insomnio m. Falta de sueño.

insondable adj. Que no se puede sondear: *abismo insondable*. || *Fig.* Que no se puede averiguar, impenetrable: *secreto insondable*.

insonorización f. Protección de un edificio o vehículo contra los ruidos del exterior.

insonorizar v. t. Tornar insonoro: *insonorizar una habitación*.

insonoro, ra adj. Protegido del ruido por cualquier procedimiento.

insoportable adj. Insufrible, intolerable: *carácter insoportable*. || *Fig.* Muy incómodo, molesto.

insospechado, da adj. No sospechado.

insostenible adj. Que no se puede sostener: *situación insostenible*. || *Fig.* Que no se puede defender con razones.

inspección f. Acción y efecto de inspeccionar. || Cargo o despacho del inspector. || *For.* Examen que hace un juez de un lugar o de una cosa.

inspeccionar v. t. Examinar, reconocer atentamente una cosa.

inspector, ra adj. Encargado de la inspección: *comisión inspectora*. || — M. y f. Funcionario que tiene por oficio vigilar y examinar una actividad: *inspector de policía, de correos, de aduanas*.

inspectoría f. *Chil.* Inspección. | Cargo y oficina de inspector.

inspiración f. Acción de inspirar o atraer el aire exterior a los pulmones. || *Fig.* Capacidad creadora: *músico, poeta, escritor de gran inspiración*. | Cosa inspirada. || Estado del alma sometida a la influencia de una fuerza sobrenatural: *la inspiración de los profetas*.

inspirado, da adj. Que está bajo la influencia de la inspiración.

inspirador, ra adj. y s. Que inspira: *el inspirador de una reforma*. || *Zool.* Aplícase a los músculos que sirven para la inspiración.

inspirar v. t. Aspirar, atraer el aire exterior hacia los pulmones: *inspirar profundamente*. || Soplar el viento. || Hacer surgir ideas creadoras: *el amor inspiró al poeta*. || Suscitar un sentimiento: *su comportamiento inspira admiración*. || Iluminar Dios el entendimiento. || — V. pr. Servirse de las ideas, de las obras de otro: *inspirarse en los clásicos*.

instalación f. Acción y efecto de instalar o instalarse. || Operación que consiste en colocar en orden de funcionamiento: *la instalación de una fábrica*. || Conjunto de cosas instaladas: *instalación frigorífica*.

instalador, ra m. y f. Persona encargada de la instalación de algún aparato.

instalar v. t. Dar posesión de un empleo o dignidad: *instalar una autoridad en su puesto de gobierno*. || Establecer: *instalar colonos en una región*

en vías de desarrollo. || Colocar en condiciones de funcionamiento: *instalar una fábrica, una máquina*. || — V. pr. Establecerse, tomar posesión: *instalarse en una nueva casa, en su cargo*.

instancia f. Acción y efecto de instar. || Solicitud: *elevar una instancia al gobernador*. || *For.* Serie de actos de un juicio, desde la contestación hasta la sentencia.

instantáneo, a adj. Que sólo dura un instante: *un fulgor instantáneo*. || Que se produce rápidamente: *muerte instantánea*. || — F. *Fot.* Imagen obtenida rápidamente: *sacar una instantánea*.

instante m. Tiempo brevísimo.

instar v. t. Rogar encarecidamente, insistir con ahínco: *instar a uno para que pague*. || — V. i. Apremiar, ser urgente.

instauración f. Establecimiento, fundación.

instaurador, ra adj. y s. Que instaura.

instaurar v. t. Establecer, fundar, instituir.

instigación f. Inducción o incitación a hacer algo.

instigador, ra adj. y s. Que instiga o impulsa.

instigar v. t. Inducir o incitar.

instilación f. Acción y efecto de instilar.

instilar v. t. Echar gota a gota un licor en otra cosa.

instintivo, va adj. Hecho por instinto: *movimiento instintivo*.

instinto m. Estímulo interior que determina los impulsos de los animales, como el de conservación y el de reproducción. || En el hombre, impulso interior independiente de la reflexión.

institución f. Establecimiento o fundación de una cosa: *la institución de una orden religiosa*. || Cosa instituida o fundada. || Establecimiento de educación o instrucción. || *For.* Nombramiento que se hace de la persona que ha de heredar: *institución de heredero*. || — Pl. Colección metódica de los principios o elementos de una ciencia, arte, etc.: *instituciones de derecho civil*. || Leyes fundamentales de un Estado, nación o sociedad: *no respetar las instituciones*.

institucional adj. Relativo a la institución.

institucionalizar v. t. Dar a una cosa carácter institucional.

*instituir v. t. Fundar, establecer: *instituir un gobierno, un premio*. || Nombrar, designar: *instituir heredero a su sobrino*.

instituto m. Corporación científica, literaria o artística: *Instituto de Cultura Hispánica*. || En España, establecimiento oficial de segunda enseñanza. || Organismo administrativo: *Instituto de la Vivienda*. || Orden religiosa. || — *Instituto armado*, cuerpo militar. || *Instituto de belleza*, salón donde se dan tratamientos de belleza.

institutriz f. Mujer encargada de la educación e instrucción de los niños en el domicilio de éstos.

instrucción f. Acción de instruir o instruirse. || Caudal de conocimientos adquiridos: *hombre de mediana instrucción*. || Precepto, orden: *dar instrucciones*. || *For.* Curso de un proceso. || — Pl. Órdenes dadas a los agentes diplomáticos. || Informaciones dadas para el manejo de una cosa: *instrucciones para el uso y conservación*.

instructivo, va adj. Que instruye: *juguete instructivo*.

instructor, ra adj. y s. Que instruye.

instruido, da adj. Que tiene instrucción: *un hombre instruido*.

*instruir v. t. Enseñar, doctrinar, comunicar sistemáticamente conocimientos: *instruir a los niños*. || Informar de una cosa (ú. t. c. pr.). || *For.* Formalizar un proceso.

instrumentación f. *Mús.* Adaptación de una composición para varios instrumentos.

instrumental adj. Relativo a los instrumentos músicos: *música instrumental*. || *For.* Concerniente a los instrumentos públicos: *prueba instrumental*. || — M. Conjunto de instrumentos músicos o de los que utiliza el médico o cirujano.

instrumentar v. t. *Mús.* Arreglar una composición para varios instrumentos: *instrumentar una sonata*. || *Fig.* Dar, propinar: *el torero instrumentó varios naturales*.

instrumentista m. y f. Persona que toca un instrumento músico.

instrumento m. Aparato, utensilio o herramienta para realizar trabajo: *instrumento de agricultura, de física, de cirugía*. || Aparato para producir sonidos musicales: *instrumento de viento, de cuerda*. || Escritura con que se justifica una cosa: *instrumento auténtico*. || *Fig.* Lo que se emplea para alcanzar un resultado: *servirse de una persona como instrumento*. || Objeto empleado para la comisión de un delito.

insubordinación f. Falta de subordinación, desobediencia.

insubordinado, da adj. y s. Que falta a la subordinación, indisciplinado, desobediente.

insubordinar v. t. Introducir la insubordinación: *insubordinar una clase, una tropa*. || — V. pr. Rebelarse, sublevarse.

insubstancial adj. Insustancial.

insubstituible adj. Insustituible, que no se puede sustituir.

insuficiencia f. Calidad de insuficiente. || Incapacidad: *reconocer su insuficiencia*. || Cortedad, escasez de una cosa: *insuficiencia de provisiones*. || *Med.* Disminución cualitativa o cuantitativa del funcionamiento de un órgano.

insuficiente adj. No suficiente.

insuflar v. t. *Med.* Introducir soplando en una cavidad del cuerpo un gas, un vapor o una sustancia pulverulenta.

insufrible adj. Que no se puede sufrir.

ínsula f. Isla.

insular adj. y s. Isleño, de una isla: *territorio insular*.

insulina f. *Med.* Hormona segregada por el páncreas que regula la cantidad de glucosa contenida en la sangre. (Sus preparados farmacológicos sirven contra la diabetes.)

insulinoterapia f. *Med.* Tratamiento a base de insulina.

insulsez f. Calidad de insulso.

insulso, sa adj. Insípido, soso.

insultada f. *Amér. C., Chil., Col., Cub., Ecuad., Méx., Per.* y *P. Rico.* Serie de insultos.

insultante adj. Que insulta: *palabra insultante.*

insultar v. t. Ofender, ultrajar de palabra u obra.

insulto m. Ultraje cometido de palabra u obra.

insumergible adj. No sumergible.

insumisión f. Falta de sumisión, rebeldía.

insumiso, sa adj. y s. Rebelde. || No sometido.

insumo m. Bien empleado en la producción de otro bien: *el petróleo, el carbón y la madera son insumos básicos.*

insuperable adj. No superable.

insurgente adj. y s. Insurrecto, levantado o sublevado.

insurrección f. Sublevación o rebelión de un pueblo, nación, etc.

insurreccional adj. Relativo a la insurrección.

insurreccionar v. t. Sublevar.

insurrecto, ta adj. y s. Rebelde, insurrecto, ta adj. y s. Rebelde, sublevado.

insustancial adj. De poca sustancia: *caldo insustancial.* || *Fig.* Simple, vacío: *espíritu insustancial.* | Sin gracia o sin interés alguno.

insustituible adj. Que no se puede sustituir.

intachable adj. Sin tacha.

intacto, ta adj. No tocado: *flor intacta.* || *Fig.* Íntegro, indemne. | Puro: *reputación intacta.*

intangibilidad f. Calidad de intangible.

intangible adj. Que debe permanecer intacto.

integrable adj. *Mat.* Que puede integrarse: *una función integrable.*

integración f. Acción y efecto de integrar. || Fusión: *integraciones bancarias.* || *Mat.* Cálculo integral.

integrado m. *Electr.* Circuito integrado: *este integrado realiza las funciones de módem.*

integral adj. Completo: *pan integral.* || *Fil.* Dícese de las partes que componen un todo. || *Mat.* Cálculo de lo que tiene por objeto determinar las cantidades variables, conociendo sus diferencias infinitamente pequeñas. | Dícese del signo con que se indica la

integración (∫). || — F. Dicha cantidad variable.

integrante adj. Que integra.

integrar v. t. Componer un todo con sus partes integrantes: *asamblea integrada por 200 personas.* || Hacer entrar en un conjunto. || Reintegrar. || *Mat.* Determinar la integral de una diferencial.

integridad f. Calidad de íntegro: *la integridad de un territorio.* || *Fig.* Entereza, probidad.

íntegro, gra adj. Completo: *suma, paga íntegra.* || *Fig.* Probo, honrado: *persona íntegra.*

intelección f. Entendimiento.

intelectivo, va adj. Que tiene virtud de entender: *potencia intelectiva.* || — F. Facultad de entender.

intelecto m. Entendimiento.

intelectual adj. Relativo al entendimiento: *las facultades intelectuales.* | Espiritual, incorpóreo. || — M. y f. Persona dedicada al cultivo de las ciencias y letras.

intelectualidad f. Entendimiento. || Conjunto de los intelectuales o personas cultas de un país.

intelectualismo m. Doctrina filosófica que afirma la preeminencia de la inteligencia sobre los sentimientos y la voluntad.

intelectualista adj. y s. Relativo al intelectualismo o partidario del mismo.

inteligencia f. Facultad de concebir, conocer y comprender las cosas: *inteligencia despierta, privilegiada.* || Comprensión. || Habilidad, destreza: *hacer las cosas con inteligencia.* || Trato y correspondencia secreta: *tener inteligencia con el enemigo.* || — *Inteligencia artificial,* reproducción de aspectos de la inteligencia humana mediante computadoras.

inteligente adj. y s. Dotado de inteligencia: *hombre inteligente.* || Que comprende fácilmente: *un alumno inteligente.* || Hábil: *obrero inteligente.* || Que denota inteligencia: *contestación inteligente.*

inteligibilidad f. Calidad de inteligible.

inteligible adj. Que se puede comprender: *texto inteligible.* || *Fil.* Que sólo existe en la idea sin intervención de los sentidos. || Que se oye clara y distintamente: *sonido inteligible.*

intelligentsia f. (pal. rusa). Intelectualidad, conjunto de los intelectuales de un país.

intemperancia f. Falta de templanza.

intemperante adj. Falto de templanza.

intemperie f. Destemplanza del tiempo. || *A la intemperie,* a cielo descubierto, al raso.

intempestivo, va adj. Inoportuno: *pregunta intempestiva.*

intemporal adj. No temporal.

intención f. Determinación de hacer algo: *tener intención de salir.* || Deseo: *las últimas intenciones de un moribundo.* || *Fig.* Instinto dañino de los ani-

males: *caballo, toro de intención.* || — *Curar de primera intención,* hacer la cura provisional a un herido. || *Fam. Segunda intención,* doblez.

intencionado, da adj. Que tiene ciertas intenciones buenas o malas: *bien* (o *mal*) *intencionado.*

intencional adj. Deliberado.

intencionalidad f. Carácter de intencional.

intendencia f. Dirección y gobierno de una cosa. || Cargo, jurisdicción y oficina del intendente. || *Intendencia militar,* la encargada de proveer a las necesidades elementales de la tropa y a la administración del ejército.

intendente m. Jefe superior económico. || Jefe de los servicios de administración militar.

intensidad f. Grado de energía de un agente natural o mecánico. || *Electr.* Cantidad de electricidad de una corriente continua en la unidad de tiempo. || *Fig.* Fuerza: *la intensidad de una pasión.*

intensificación f. Aumento de la intensidad.

intensificador, ra adj. Que intensifica.

intensificar v. t. Hacer que una cosa tenga mayor intensidad: *intensificar el comercio* (ú. t. c. pr.).

intensivo, va adj. Que tiene el carácter de intenso: *producción intensiva.* || — *Cultivo intensivo,* aprovechamiento máximo del terreno para darle un cultivo de gran rendimiento. || *Jornada intensiva,* horario continuo implantado en ciertos establecimientos.

intenso, sa adj. Que tiene intensidad, muy fuerte.

intentar v. t. Esforzarse por hacer algo: *intentar escalar un cargo público.* || Preparar, iniciar la ejecución de una cosa: *intentar un proceso.*

intento m. Propósito, intención. || Cosa intentada, tentativa: *un intento de sublevación.* || *De intento,* a propósito, adrede.

intentona f. *Fam.* Tentativa.

ínter adv. Ínterin.

interacción f. Influencia recíproca.

interaccionar v. i. Llevar a cabo acciones recíprocas.

interactivo, va adj. Que exige acción recíproca. || *Inform.* Que permite el diálogo entre un sistema informático y el usuario.

interactuar v. i. Llevar a cabo acciones recíprocas.

interaliado, da adj. Común a varios aliados: *comité interaliado.*

interamericano, na adj. Relativo a las naciones de América.

interandino, na adj. Relativo a los Estados o naciones que están a uno y otro lado de los Andes.

intercalación f. Agregación de una cosa entre otras.

intercalado, da adj. Alternado, combinado con otro.

intercalar adj. Que está interpuesto o añadido.

intercalar v. t. Interponer o poner una cosa entre otras.

intercambiable adj. Dícese de las cosas que pueden sustituirse una por otra: *piezas intercambiables.*

intercambiar v. t. Cambiar mutuamente.

intercambio m. Reciprocidad de servicios entre una persona o una entidad y otra: *intercambio cultural, comercial,* etc. || *Biol.* Comunicación entre distintas células para cambiar entre sí algún elemento. || *Intercambio de opiniones,* conversación.

interceder v. i. Pedir algo por otro: *interceder por un preso.*

intercelular adj. Situado entre las células: *sustancia intercelular.*

intercepción f. Interrupción, detención. || Ataque por cazas o cohetes contra aviones enemigos.

interceptar v. t. Apoderarse de algo antes de llegar a su destino: *interceptar la correspondencia.* || Detener una cosa en su camino: *interceptar un tren.* || Interrumpir, obstruir: *interceptar una calle.*

intercesión f. Petición en nombre de otro.

intercesor, ra adj. y s. Que intercede.

intercomunicación f. Comunicación recíproca. || Comunicación telefónica entre varios servicios.

interconexión f. Conexión entre dos o más centrales eléctricas con varios centros receptores.

intercontinental adj. Común a dos o más continentes.

intercostal adj. Que está entre las costillas: *espacio intercostal.*

intercurrente adj. *Med.* Dícese de la enfermedad que sobreviene en el curso de otra.

interdental adj. Dícese de la consonante que se pronuncia poniendo la punta de la lengua entre los incisivos superiores (ú. t. c. s. f.).

interdependencia f. Dependencia recíproca.

interdicción f. *For.* Privación de los derechos de una persona a causa de un delito (*interdicción penal*) o por ser menor de edad, loco u otro defecto previsto por la ley (*interdicción civil*). || *For. Interdicción de residencia o de lugar,* pena que prohíbe a ciertas personas la entrada en un país.

interdicto m. Entredicho.

interdigital adj. Que se halla entre los dedos.

interés m. Provecho, utilidad, ganancia, lucro: *dejarse guiar por el interés.* || Rédito, beneficio producido por el dinero prestado. || Dinero invertido en alguna empresa y que proporciona una renta. Ú. m. en pl.: *tener intereses en una compañía.* || Valor intrínseco que tiene algo: *descubrimiento de gran interés.* || *Fig.* Inclinación hacia alguna

persona o cosa: *tomarse interés por uno; mostrar interés por las ciencias.* | Curiosidad y atención: *escuchar una conferencia con mucho interés.* | Deseo: *tengo interés en adquirir este libro.* || — *Com. Interés simple,* el devengado por un capital sin tener en cuenta los intereses anteriores. | *Interés compuesto,* el devengado por el capital aumentado con los intereses anteriores.

interesado, da adj. y s. Que tiene interés en una cosa: *empleado interesado.* || Llevado por el interés: *ser muy interesado.*

interesante adj. Que interesa: *película interesante.* || Atractivo: *mujer interesante.* || Ventajoso: *oferta interesante.* || *Estado interesante,* estado de una mujer embarazada.

interesar v. t. Dar parte a uno en un negocio: *interesar a los obreros en los beneficios de una empresa.* || Importar: *me interesa saberlo.* || Captar la atención: *esta lectura me interesa.* || Inspirar interés a una persona. || Afectar: *la herida le interesa un pulmón.* || — V. pr. Tener interés por una persona o cosa: *interesarse por un empleo, por un asunto.*

interestelar adj. Que se encuentra ente los astros: *espacio interestelar.*

interfase f. Forma híbrida, que debe evitarse, por **interfaz.**

interfaz f. Elemento que posibilita la comunicación entre dos sistemas: *el módem es una interfaz que comunica computadoras a través de líneas telefónicas.*

interfecto, ta adj. y s. *For.* Dícese de la persona muerta violentamente. || *Fam.* Persona de quien se habla.

interferencia f. *Fís.* Fenómeno que resulta de la superposición de dos o más movimientos vibratorios de la misma frecuencia. | Perturbación en las emisiones de radio o televisión causadas por este fenómeno. || *Fig.* Coincidencia en la actuación de personas u organismos que perturba el normal funcionamiento de algo.

interferente adj. *Fís.* Que presenta el fenómeno de interferencia.

interferir v. i. *Fís.* Producir interferencias. || *Fig.* Interponerse.

intergaláctico, ca adj. Relativo al espacio que existe entre las galaxias.

ínterin m. Intervalo entre dos acontecimientos. || Interinidad. || — Adv. Entretanto, mientras.

interinar v. t. Ocupar interinamente un puesto o cargo.

interinato m. *Amer.* Cargo, empleo interino.

interinidad f. Calidad de interino. || Situación interina.

interino, na adj. y s. Que ocupa provisionalmente un puesto o cargo en sustitución de otro: *juez interino.* || — F. *Fam.* Asistenta, criada pagada por horas.

interior adj. Que está en la parte de dentro: *patio, jardín interior.* || Propio

de la nación y no del extranjero: *comercio, política interior.* || Del espíritu: *vida interior.* || Que se lleva directamente encima del cuerpo: *ropa interior.* || *Fig.* Que se siente en el alma: *una voz interior.* || — M. La parte de dentro: *el interior de una casa.* | Parte de un país alejada del mar. (En la cap. de México se dice de cualquier lugar del territ. nacional.) || Habitación sin vistas a la calle. || En el fútbol, delantero situado entre el extremo y el delantero centro. || — Pl. Entrañas.

interioridad f. Calidad de interior. || — Pl. Cosas privadas de una persona o grupo. || Aspectos secretos: *las interioridades de un asunto.*

interjección f. *Gram.* Parte de la oración que comprende las exclamaciones con que se expresan de manera enérgica las emociones, los sentimientos o las órdenes, por ejemplo: *¡ah!, ¡ay!, ¡arre!*

interlínea f. Espacio o escritura entre dos líneas.

interlinear v. t. Escribir entre dos líneas o renglones.

interlocutor, ra m. y f. Cada una de las personas que participan en una conversación.

interlocutorio, ria adj. y s. m. *For.* Dícese del auto o sentencia que se da antes de la definitiva.

interludio m. Breve composición musical que se ejecuta como intermedio.

intermaxilar adj. Que se halla entre los huesos maxilares.

intermediar v. i. Mediar.

intermediario, ria adj. Que media entre dos o más personas: *agente intermediario* (ú. t. c. s.). || — M. *Com.* Mediador entre el productor y el consumidor.

intermedio, dia adj. Que está en medio de los extremos de lugar o tiempo: *cuerpo intermedio.* || — M. Espacio, intervalo. | *Teatr.* Entreacto. | Divertimiento musical ejecutado en el entreacto. || *Por intermedio,* por conducto.

interminable adj. Que no tiene fin. || *Fig.* Muy largo: *discurso interminable.*

interministerial adj. Relativo a varios ministerios o que los relaciona entre sí: *comisión interministerial.*

intermisión f. Interrupción momentánea, suspensión.

intermitencia f. Calidad de intermitente. || *Med.* Intervalo entre dos accesos de fiebre.

intermitente adj. Que se interrumpe y vuelve a empezar de modo alternativo: *corriente, luz, fiebre intermitente.* || — M. Luz intermitente situada en los lados de los automóviles que sirve para avisar a los demás vehículos que el conductor va a cambiar de dirección.

intermolecular adj. Situado entre las moléculas: *espacio intermolecular.*

intermuscular adj. Situado entre los músculos: *aponeurosis intermuscular.*

internacional adj. Que se verifica entre varias naciones: *match, concurso, feria, exposición internacional.* || Relativo a varias naciones: *conferencia a nivel internacional.* || *Derecho internacional,* el que rige las relaciones entre los diferentes países. || — M. y f. Deportista que ha intervenido en pruebas internacionales. || — F. *La Internacional,* asociación de trabajadores de diversos países para la defensa de sus intereses.

internacionalidad f. Calidad de internacional.

internacionalismo m. Doctrina que afirma los intereses supranacionales sobre los nacionales. || Identidad de objetivos comunes propia de ciertas clases sociales o de ciertos grupos políticos de las diversas naciones.

internacionalista adj. y s. Partidario del internacionalismo. || *For.* Especialista en Derecho internacional.

internacionalización f. Intervención de varios Estados o de un organismo internacional en el gobierno de una región.

internacionalizar v. t. Someter al régimen de internacionalización: *internacionalizar una ciudad.* || Convertir en internacional lo que era nacional: *internacionalizar un conflicto.*

internado, da adj. y s. Encerrado en un manicomio, asilo, campo de concentración, etc. || — M. Estado del alumno interno. || Conjunto de alumnos internos y lugar donde habitan. || — F. En fútbol, penetración de un jugador por entre las líneas adversarias.

internamiento m. Reclusión de un enfermo en un hospital o asilo. || Encierro de adversarios políticos o de soldados enemigos en un lugar seguro.

internar v. t. Conducir tierra adentro a una persona o cosa. || Encerrar: *internar en un campo de concentración.* || Poner a un niño en un internado. || — V. pr. Penetrar: *internarse en un bosque.* || *Fig.* Introducirse en la intimidad de alguno. | Profundizar en una materia. || En fútbol, penetrar por líneas adversarias.

internet m. y f. *Inform.* Red internacional de computación en la que se coloca e intercambia información.

internista adj. y s. Dícese del médico que trata las enfermedades de los órganos internos y que no interviene quirúrgicamente.

interno, na adj. Que está dentro, interior: *hemorragia interna.* || — *Geom.* Ángulos internos, los que forman una secante a dos rectas paralelas y que se encuentran situados entre estas rectas. || *Medicina interna,* la que trata de las enfermedades de los órganos internos. || — M. y f. Alumno que está a pensión completa en un colegio || Médico que se inicia en la práctica de la medicina dentro de un hospital, a las órdenes de un jefe de servicio.

interoceánico, ca adj. Que pone en comunicación dos océanos: *canal interoceánico.*

interpelación f. Acción de interpelar.

interpelante adj. y s. Que interpela.

interpelar v. t. Recurrir a alguien para solicitar algo. || Exigir a uno explicaciones sobre un hecho. || En el Parlamento, suscitar una discusión ajena a los proyectos de ley: *interpelar a un ministro.*

interpenetración f. Penetración mutua.

interplanetario, ria adj. Situado entre los planetas: *espacio interplanetario.* | Que puede alcanzar esta zona del cosmos: *cohete interplanetario.*

interpolación f. Acción y efecto de interpolar.

interpolador, ra adj. y s. Que interpola.

interpolar v. t. Interponer, intercalar una cosa entre otras. || Introducir en una obra capítulos o pasajes que no le pertenecen: *interpolar una glosa en un texto.* || *Mat.* Asignar a una cantidad un valor intermedio entre otros dos determinados por el cálculo.

*interponer v. t. Poner una cosa entre otras. || *For.* Entablar algún recurso legal, de nulidad, de apelación, etc. || *Fig.* Hacer intervenir: *interponer su autoridad.* || — V. pr. *Fig.* Interferir como mediador o constituyendo un obstáculo o barrera.

interposición f. Acción y efecto de interponer o interponerse.

interpretación f. Acción y efecto de interpretar.

interpretador, ra adj. y s. Que interpreta.

interpretar v. t. Explicar el sentido de algo que no está expresado claramente: *interpretar un texto.* || Dar a algo una determinada significación: *interpreto esta actitud como ofensiva.* || Traducir oralmente de una lengua a otra. || Representar un papel en una obra. || Ejecutar un trozo de música.

interpretariado m. Profesión de intérprete.

interpretativo, va adj. Que interpreta o explica.

intérprete com. Persona que traduce de viva voz de una lengua a otra. || Artista que representa un papel o ejecuta una obra musical: *un excelente intérprete de Mozart.*

interpuesto, ta adj. Puesto entre otras cosas.

interregno m. Período durante el cual un país está sin soberano.

interrelación f. Correspondencia recíproca entre individuos, objetos o fenómenos.

interrogación f. Pregunta: *responder a una interrogación.* || *Gram.* Signo ortográfico (¿?) que se pone al principio y al fin de una palabra o frase interrogativa.

interrogador, ra adj. y s. Que interroga.

interrogante adj. Que interroga. || — M. Pregunta, cosa pendiente de solución.

interrogar v. t. Preguntar, hacer una o más preguntas: *interrogar al acusado, a los candidatos.*

interrogativo, va adj. Que denota interrogación: *frase interrogativa.* || Que sirve para expresar la interrogación: *un pronombre interrogativo.*

interrogatorio m. Serie de preguntas que se dirigen a una persona. || Acto de dirigir estas preguntas: *someter a interrogatorio.* || Papel en el que están consignadas estas preguntas.

interrumpir v. t. Suspender la continuación de una cosa. || Cortar la palabra a uno: *le interrumpió con una pregunta.* || Interceptar: *interrumpir el paso.* || — V. pr. Cesar de hacer una cosa.

interrupción f. Detención o suspensión de algo.

interruptor m. *Electr.* Dispositivo para interrumpir o establecer una corriente en un circuito.

intersección f. *Geom.* Encuentro de dos líneas, dos superficies o dos sólidos que se cortan.

intersexual adj. Con caracteres no típicos de hombre o mujer.

intersideral adj. *Astr.* Que se encuentra situado entre los astros.

intersticio m. Espacio pequeño entre dos cuerpos o entre las partes de un mismo cuerpo. || Intervalo.

intertropical adj. Relativo a la zona situada entre los trópicos y a sus habitantes: *país intertropical.*

interurbano, na adj. Dícese de las relaciones y servicios de comunicación entre distintos barrios de una misma ciudad o entre dos poblaciones: *teléfono interurbano.*

intervalo m. Distancia que hay entre un tiempo a otro o de un lugar a otro: *entre sus dos visitas hubo un intervalo de un mes.* || Espacio de tiempo: *le he visto tres veces en un intervalo de cuatro días.* || *Mús.* Diferencia de tono entre los sonidos de dos notas. || *A intervalos,* de tiempo en tiempo.

intervención f. Acción y efecto de intervenir. || Oficina del interventor. || Operación quirúrgica.

intervencionismo m. Doctrina política que preconiza la intervención del Estado en los asuntos privados o de una nación en los conflictos entre otros países.

intervencionista adj. y s. Partidario del intervencionismo.

*intervenir v. i. Participar en un asunto: *intervenir en una negociación.* || Mediar: *intervenir en una disputa.* || Entremeterse: *intervenir en los asuntos de los demás.* || Actuar, entrar en juego. || Ocurrir, suceder. || — V. t. Examinar cuentas. || Realizar una operación quirúrgica.

interventor, ra adj. y s. Que interviene. || — M. Empleado que autoriza y fiscaliza ciertas operaciones a fin de que se hagan con regularidad.

intestado, da adj. *For.* Que muere sin hacer testamento.

intestinal adj. *Anat.* Relativo a los intestinos: *conducto intestinal.*

intestino, na adj. Interno, interior. || Civil, doméstico: *discordias intestinas.* || — M. *Anat.* y *Zool.* Tubo membranoso plegado en numerosas vueltas y que va desde el estómago hasta el ano.

intibucano, na adj. y s. De Intibucá (Honduras).

intimación f. Notificación, advertencia severa.

intimar v. t. e i. Notificar con autoridad: *intimar una orden, a un pago.* || — V. i. Trabar profunda amistad con alguien.

intimatorio, ria adj. Que intima, que implica intimación.

intimidación f. Acción y efecto de intimidar.

intimidad f. Amistad íntima. || Carácter de lo que es íntimo. || Sentimientos y pensamientos más profundos de una persona. || *En la intimidad,* entre íntimos.

intimidar v. t. Infundir miedo, asustar: *intimidar a uno con amenazas.*

intimista adj. y s. Dícese de la poesía que expresa los sentimientos más íntimos.

íntimo, ma adj. Interior: *convicción íntima.* || Privado: *la vida íntima.* || Muy estrecho: *amistad íntima.* || Hecho en la intimidad: *reunión íntima.* || — M. Amigo muy querido y de confianza: *consultar con sus íntimos.*

intocable adj. Que no puede tocarse. || — Pl. Miembros de ciertas castas inferiores en la India.

intolerable adj. Que no se puede tolerar.

intolerancia f. Actitud agresiva contra las personas que profesan diferentes ideas religiosas o políticas. || *Med.* Repugnancia del organismo para ciertos alimentos o medicinas.

intolerante adj. y s. Que tiene el defecto de la intolerancia.

intoxicación f. Introducción de un veneno en el organismo.

intoxicar v. t. Envenenar, emponzoñar (ú. t. c. pr.).

intraatómico, ca adj. Contenido en el átomo.

intracelular adj. Intercelular.

intradérmico, ca adj. En el interior de la piel.

intraducible adj. Que no se puede traducir: *expresión intraducible; texto intraducible.*

intramuros adv. En el recinto interior de una ciudad.

intramuscular adj. *Anat.* En el interior de los músculos.

intranquilidad f. Falta de tranquilidad, desasosiego.

intranquilizar v. t. Quitar la tranquilidad, desasosegar.

intranquilo, la adj. Falto de tranquilidad, inquieto.

intranscendencia f. Calidad de intranscendente.

intranscendental adj. No transcendental.

intranscendente adj. No transcendente.

intransferible adj. No transferible: *cuenta, cargo intransferible.*

intransigencia f. Carácter de la persona intransigente.

intransigente adj. y s. Que no transige: *política intransigente.*

intransitable adj. Lugar por el cual se transita difícilmente.

intransitivo, va adj. En gramática, que no pasa del sujeto a un objeto: *acción intransitiva.* || *Verbo intransitivo,* el que no admite complemento directo, como *nacer, morir, ir, venir.*

intransmisible adj. Que no puede ser transmitido.

intratable adj. Con el cual es difícil tratar por Insociable.

intravenoso, sa adj. En el interior de las venas.

intrepidez f. Valor, valentía.

intrépido, da adj. Valiente.

intriga f. Maquinación, manejo cauteloso para un fin: *intrigas políticas.* || Enredo: *intriga amorosa; la intriga de una novela.*

intrigado, da adj. Curioso por saber algo.

intrigante adj. y s. Que intriga.

intrigar v. i. Tramar maquinaciones. || — V. t. e i. Excitar la curiosidad: *su conducta me intriga.*

intrincado, da adj. Enmarañado.

intrincamiento m. Embrollo.

intrincar v. t. Embrollar.

intríngulis m. *Fam.* Razón oculta. | Dificultad, nudo, quid: *el intríngulis de la cuestión.*

intrínseco, ca adj. Íntimo, esencial: *mérito, valor intrínseco.*

introducción f. Acción y efecto de introducir o introducirse: *la introducción del aire en los pulmones.* || Preámbulo de un libro. || Preparación al conocimiento de una cosa: *introducción al estudio de la física.* || *Mús.* Parte inicial de una composición instrumental.

*introducir v. t. Hacer entrar: *la doncella le introdujo en la sala; introducir la llave en el ojo de la cerradura; introducir contrabando en un país.* || *Fig.* Hacer adoptar: *introducir una costumbre o moda.* | Hacer que uno sea recibido en un lugar o sociedad: *introducir a uno en la corte.* | Hacer aparecer: *introducir el desorden, el pánico.* | Hacer figurar un personaje en una obra literaria. || — V. pr. Meterse.

introductor, ra adj. y s. Que introduce. || *Introductor de embajadores,* funcionario encargado de presentar los embajadores al jefe del Estado.

intromisión f. Acción y efecto de entrometer o entrometerse.

introspección f. Examen que la conciencia hace de sí misma.

introspectivo, va adj. Relativo a la introspección.

introversión f. Repliegue del alma sobre sí misma.

introvertido, da o **introverso, sa** adj. Que presenta introversión (ú. t. c. s.).

intrusión f. Acción de introducirse sin derecho en un sitio.

intruso, sa adj. y s. Que se introduce sin derecho en alguna parte. || Que ocupa sin derecho algún puesto.

intubación f. *Med.* Introducción de un tubo en la laringe para impedir la asfixia.

intuición f. Acción de intuir. || Facultad de intuir, de adivinar; presentimiento.

*intuir v. t. Percibir clara o instantáneamente una idea o verdad sin ayuda de la razón.

intuitivo, va adj. Relativo a la intuición: *potencia intuitiva.* || — Adj. y s. Que obra guiado por la intuición: *carácter intuitivo.*

intumescencia f. Hinchazón.

intumescente adj. Que comienza a hincharse.

inundación f. Acción y efecto de inundar o inundarse. || *Fig.* Abundancia excesiva.

inundar v. t. Cubrir de agua un terreno, un río o lago que se ha salido de madre (ú. t. c. pr.). || Cubrir un sitio de agua. Ú. t. c. pr.: *se ha inundado el cuarto de baño.* || *Fig.* Llenar por completo.

inusitado adj. No usado.

inútil adj. Que no es útil. || — Adj. y s. Dícese del que es incapaz de hacer algo de provecho.

inutilidad f. Calidad de inútil.

inutilizar v. t. Hacer inútil una cosa (ú. t. c. pr.). || Destruir, poner fuera de funcionamiento: *los guerrilleros inutilizaron un puente.* || Impedir la buena utilización de una cosa: *este piano de cola nos inutiliza el salón.*

invadir v. t. Acometer, entrar por fuerza en una parte: *los árabes invadieron la Península Ibérica en 711.* || *Fig.* Llenar un sitio alguna cosa muy numerosa: *los turistas invaden el país.* | Apoderarse del ánimo un sentimiento.

invalidación f. Acción y efecto de invalidar.

invalidar v. t. Hacer inválida o de ningún valor y efecto una cosa: *invalidar un matrimonio.*

invalidez f. Falta de validez: *la invalidez de un documento.* || Calidad de inválido.

inválido, da adj. y s. Que no puede desplazarse o ejercer alguna actividad por tener algún miembro tullido o cortado: *trabajador, soldado inválido.* || *Fig.* Que no tiene las condiciones fijadas por la ley: *donación inválida; matrimonio inválido.* || — M. *Mil.* Soldado herido o viejo.

invariabilidad f. Calidad de invariable.

invariable adj. Que no padece ni puede padecer variación. || Inmutable: *cli-*

ma invariable. || *Gram.* Dícese de las palabras que no sufren modificación.

invasión f. Irrupción en un país de fuerzas militares extranjeras. || Presencia masiva de personas en algún sitio: *una invasión de turistas.*

invasor, ra adj. y s. Que invade.

invectiva f. Discurso violento, ofensivo y mordaz: *me apostrofó con invectivas muy desagradables.*

invencible adj. Que no puede ser vencido.

invención f. Acción y efecto de inventar: *la invención del telégrafo.* || Invento. || Ficción, engaño: *todo lo que cuenta es pura invención.* || Hallazgo, descubrimiento.

invendible adj. Que no se puede vender.

inventar v. t. Hallar una cosa nueva. || Crear por medio de la imaginación: *inventar cuentos de hadas.* || Fingir, fantasear.

inventariar v. t. Hacer el inventario.

inventario m. Relación ordenada de los bienes de una persona o comunidad. | Documento en que se hace esta relación. || *Com.* Estimación de las mercancías en almacén y de los diversos valores que componen la fortuna del comerciante. || *Fig. A beneficio de inventario,* con prudencia y reservas.

inventivo, va adj. Capaz de inventar. || — F. Facultad de inventar: *tener inventiva.*

invento m. Cosa inventada.

inventor, ra adj. y s. Que inventa.

invernáculo m. Invernadero.

invernada f. Invierno. || *Amer.* Tiempo del engorde del ganado y campo destinado para dicho engorde. | Invernadero.

invernadero m. Sitio para pasar el invierno. || Paraje donde pastan los ganados en invierno. || Cobertizo acondicionado donde se ponen ciertas plantas durante el invierno.

invernal adj. Relativo al invierno: *refugio invernal.*

*invernar v. i. Pasar el invierno en una parte: *invernar en Canarias.*

invernazo m. *Dom.* y *P. Rico.* Período de lluvias. | *P. Rico.* Período de inactividad en los ingenios azucareros a causa de estas lluvias.

inverosímil adj. Que no tiene apariencia de verdad.

inverosimilitud f. Calidad de inverosímil.

inversión f. Acción y efecto de invertir: *la inversión de los términos de una proposición.* || Colocación de dinero en una empresa: *una inversión rentable.* || *Med.* Desviación de un órgano. || *Inversión térmica,* aumento de la temperatura atmosférica a causa de una capa de aire caliente, lo que provoca el aumento de la contaminación.

inversionista com. Persona que invierte un capital en una empresa.

inverso, sa adj. Opuesto a la dirección natural de las cosas. || *A la inversa,* al contrario.

inversor m. *Electr.* Dispositivo para invertir el sentido de una corriente.

invertebrado, da adj. y s. m. Dícese de los animales que carecen de columna vertebral, como los insectos y los crustáceos.

invertido m. Homosexual.

*invertir v. t. Cambiar completamente el sentido u orden de las cosas. || Cambiar simétricamente: *el espejo invierte los objetos.* || Colocar un capital en una empresa. || Emplear el tiempo: *invertir dos horas en un recorrido.* || *Mat.* Cambiar de lugar los dos términos de cada razón o proporción.

investidura f. Acción y efecto de investir: *la investidura de un obispo.* || Carácter que confiere la toma de posesión de ciertos cargos o dignidades.

investigación f. Acción y efecto de investigar: *investigación geográfica.* || Búsqueda, indagación: *una investigación de la policía.* || *Investigación científica,* conjunto de trabajos destinados al descubrimiento de nuevas técnicas en el campo de las ciencias.

investigador, ra adj. y s. Que investiga o registra.

investigar v. t. Indagar, hacer diligencias para descubrir una cosa: *investigar la causa de un fenómeno.* || — V. i. Hacer investigaciones científicas.

*investir v. t. Conferir una dignidad: *investir de cardenal.*

inveterado, da adj. Arraigado.

invicto, ta adj. No vencido.

invierno m. Estación fría que en el hemisferio norte va desde el 22 de diciembre al 22 de marzo y en el hemisferio sur desde el 22 de junio al 22 de septiembre.

inviolabilidad f. Calidad de inviolable.

inviolable adj. Que no se debe o no se puede violar: *secreto inviolable.* || Que goza de inviolabilidad.

inviolado, da adj. Que no ha sido violado o ultrajado.

invisible adj. Que no se ve: *costura invisible.*

invitación f. Acción y efecto de invitar: *invitación a una cena.* || Tarjeta con que se invita.

invitado, da m. y f. Persona que ha sido invitada.

invitar v. t. Convidar: *invitar a una cena, a una copa.* || — *Fig.* Incitar: *el tiempo invita a quedarse en casa, sin salir.*

invocación f. Oración o ruego a una persona.

invocar v. t. Pedir la ayuda de Dios o de los santos: *invocar a la Virgen.* || Llamar a uno en su favor. || *Fig.* Citar en defensa propia: *invocar una ley, un testigo.*

involucrado, da adj. Envuelto, implicado, liado.

involucrar v. t. Mezclar en un discurso o escrito asuntos ajenos.

involuntario, ria adj. No voluntario: *falta involuntaria.*

invulnerable adj. Que no puede ser herido.

inyección f. Introducción a presión de una sustancia líquida o semilíquida dentro de un cuerpo. | *Med.* Administración de un medicamento en las cavidades orgánicas por este sistema. | Sustancia contenida en una ampolla que se introduce con jeringuilla: *una inyección de penicilina.* || Motor de inyección, motor de explosión que carece de carburador y en el que el carburante se introduce directamente en los cilindros.

inyectable adj. y s. m. *Med.* Dícese de las sustancias preparadas para inyectar.

inyectado, da adj. Rojo, encendido: *ojos inyectados de sangre.*

inyectar v. t. Introducir a presión una sustancia dentro de otra: *inyectar creosota en la madera.* || *Med.* Introducir un medicamento en el organismo mediante una aguja o jeringa: *inyectar morfina.* || — V. pr. Enrojecer por el aflujo de sangre: *se le inyectaron los ojos.*

inyector m. Aparato para introducir a presión un fluido en un mecanismo. | Aparato para alimentar en agua las calderas de vapor.

iñame m. Ñame.

ion m. *Quím.* Partícula dotada de una carga eléctrica que está formada por un átomo o grupo de átomos que ha ganado o perdido uno o varios electrones.

ionización f. *Quím.* Formación de iones en un gas o en un electrólito.

ionizar v. t. Producir la ionización.

ionosfera f. Capa ionizada de la atmósfera situada entre los 60 y los 600 km de altura, en la cual se reflejan las ondas hertzianas.

iota f. Novena letra del alfabeto griego (ι), que corresponde a la *i* vocal castellana.

ipecacuana f. Planta rubiácea de América del Sur. | Su raíz, empleada como emético.

iperita f. *Quím.* Líquido oleaginoso que se utilizó como gas asfixiante en 1917.

ípsilon f. Vigésima letra del alfabeto griego (υ) que corresponde a nuestra *i griega* o ye.

ipso facto loc. lat. Inmediatamente, en el acto.

iqueño, ña adj. y s. De Ica.

iquiqueño, ña adj. y s. De Iquique (Chile).

iquiteño, ña adj. y s. De Iquitos (Perú).

*ir v. i. Moverse hacia cierto sitio: *fueron al campo en coche.* || Presenciar algún espectáculo: *no le gusta ir a los toros.* || Dar clases: *todavía va al colegio.* || Convenir: *te irá bien una temporadita en el campo.* || Venir, acomodar una cosa con otra, sentar: *esto va a maravilla.* || Extenderse: *la calle va del bulevar a la avenida.* || Haber diferencia: *¡lo que va del padre al hijo!* || Obrar, proceder: *ir con cautela.* || Marchar, dar ciertos resultados: *su nueva empresa va muy bien.* || Ser: *lo que te he dicho*

IR *va en serio.* || Apostar. || Con un gerundio, empezar a efectuarse la acción del verbo: *va clareando, anocheciendo.* || Con el participio pasivo de algunos verbos, estar: *ir rendido.* || Con la prep. *con,* llevar, tener: *ir con cuidado.* | Con la prep. *a* y un infinitivo, estar a punto de empezar la acción del verbo: *iba a gritar cuando sonó un disparo.* | Con la prep. *en,* importar, interesar: *en eso le va la vida* o *la honra.* | Con la prep. *para,* acercarse a cierta edad: *va para doce años.* | Con la prep. *por,* seguir una carrera: *ir por la Iglesia, por la milicia, la toga;* también significa *ir a,* buscar: *ir por carbón;* y llegar a cierto número: *ya voy por el tercer bocadillo.* || — Fam. *¿Cómo le va?,* expresión familiar de saludo. || *¿Cuánto va?,* fórmula de apuesta. || *Fig. Ir adelante,* desenvolverse bien en la vida. || *Fam. No me va ni me viene, no me importa.* || *¡Qué va!,* interj. que se emplea para expresar incredulidad. || *¡Vaya!,* interj. que se usa para expresar impaciencia, desagrado, incredulidad o indignación. || — V. pr. Marcharse. || Morirse: *irse de este mundo.* || Salirse un líquido o rezumarse un recipiente: *este botijo se va.* || Deslizarse: *se le fueron los pies.* || Gastarse o perderse una cosa: *el dinero se va muy rápidamente.* || Desaparecer: *esta mancha no se va; su nombre se me ha ido de la cabeza.* || Escaparse: *írsele a uno la mano.* || — *Irse abajo,* derrumbarse; (fig.) fracasar. || *Irse de la lengua,* hablar demasiado.

Ir, símbolo químico del *iridio.*

ira f. Cólera, enojo. || Deseo de venganza. || *Fig.* Furia de los elementos: *la ira del mar.*

iraca f. *Col.* Palma con la que se tejen sombreros.

iracaba f. Árbol americano de la familia de las moráceas.

iracundia f. Propensión a la ira. || Cólera o enojo.

iracundo, da adj. y s. Colérico, lleno de ira.

iraní adj. y s. Del Irán moderno.

iranio, nia adj. y s. De Irán.

iraqués, esa adj. y s. Iraquí.

iraquí adj. y s. De Irak.

irascibilidad f. Propensión a irritarse.

irascible adj. Colérico.

iribú m. *Amer.* Zopilote.

iridáceas f. pl. Familia de plantas monocotiledóneas de flores decorativas y raíces tuberculosas, como el lirio cárdeno (ú. t. c. adj.).

iridiado, da adj. Combinado con iridio: *platino iridiado.*

iridio m. Metal blanco (símb., Ir), de número atómico 77, muy resistente a los agentes químicos.

iridiscente adj. Que tiene los colores del iris.

irire m. *Amer.* Calabaza con la que se toma chicha.

irirear v. i. *Bol.* Tomar chicha en el irire.

iris m. Arco que aparece en el cielo cuando la luz del Sol atraviesa unas partículas de agua en suspensión y que presenta los siete colores del espectro (rojo, anaranjado, amarillo, verde, azul, añil y violado). Se le llama también *arco iris.* || *Anat.* Membrana del ojo, situada detrás de la córnea y delante del cristalino, que está atravesada por la pupila.

irisación f. Reflejos que presenta un cuerpo como el arco iris.

irisar v. i. Presentar los colores del arco iris (ú. t. c. t.).

irlandés, esa adj. y s. De Irlanda. || — M. Lengua irlandesa.

ironía f. Burla fina y disimulada. || Figura consistente en dar a entender lo contrario de lo que se dice.

irónico, ca adj. Lleno de ironía: *palabras irónicas.*

ironizar v. t. Hablar o escribir con ironía.

iroqués, esa adj. y s. Dícese de una raza indígena de la América septentrional.

irracional adj. Que carece de razón: *animal irracional.* || Insensato, irrazonable: *conducta irracional.* || *Mat.* Aplícase a las raíces de los números que no son potencias perfectas, como la raíz cuadrada de 5. || — M. Animal.

irracionalidad f. Calidad de irracional.

irracionalismo m. *Fil.* Sistema que da preferencia a lo irracional sobre lo racional.

irracionalista adj. y s. Relativo al irracionalismo o partidario del mismo.

irradiación f. Acción y efecto de irradiar. || *Fig.* Influencia, difusión: *la irradiación de la cultura.*

irradiar v. t. e i. Despedir un cuerpo rayos de luz, calor u otra energía en todas direcciones. || Someter un cuerpo a varias radiaciones. || *Fig.* Difundirse, tener influencia.

irrazonable adj. No razonable.

irreal adj. No real.

irrealizable adj. Que no se puede realizar.

irrebatible adj. Indiscutible.

irreconciliable adj. Que no quiere reconciliarse.

irrecuperable adj. Que no se puede recuperar.

irrecusable adj. Que no se puede recusar.

irredentismo m. Acción política de los que aspiran a liberar de la dominación extranjera una provincia o comarca.

irredento, ta adj. Dícese del territorio reivindicado por una nación por razones históricas o étnicas.

irreducible o **irreductible** adj. Que no se puede reducir.

irreemplazable o **irremplazable** adj. No reemplazable.

irreflexión f. Falta de reflexión.

irreflexivo, va adj. Que no reflexiona: *hombre irreflexivo.* || Hecho o dicho sin reflexionar.

irrefrenable adj. Que no se puede refrenar.

irrefutable adj. Incontrovertible, que no se puede refutar.

irregular adj. Que no es simétrico: *polígono irregular.* || Que no obra o funciona de un modo regular. || No conforme con las reglas de la moral: *vida, conducta irregular.* || Que no es exacto: *empleado irregular.* || Raro. || *Gram.* Relativo a las palabras cuya declinación o conjugación se apartan del modelo normal: *verbo irregular.*

irregularidad f. Calidad de irregular. || Cosa irregular.

irreligioso, sa adj. y s. Falto de religión. || Antirreligioso.

irremediable adj. No remediable: *catástrofe irremediable.*

irremisible adj. Que no se puede perdonar: *crimen irremisible.*

irreparable adj. Que no se puede reparar o enmendar: *falta, olvido irreparable.* || Que no se puede compensar: *pérdida irreparable.*

irrepetible adj. Que no se puede repetir: *ese viaje fue una experiencia irrepetible.*

irreprensible adj. Que no merece represión.

irrepresentable adj. Que no se puede representar.

irreprimible adj. Que no puede reprimirse: *odio irreprimible.*

irreprochable adj. Perfecto, que no tiene ninguna falta.

irresistible adj. Que no se puede resistir o vencer: *fuerza, ataque irresistible.* || Que no se puede reprimir: *un ataque de risa irresistible.* || Inaguantable.

irresolución f. Indecisión.

irresoluto, ta adj. y s. Indeciso, que carece de resolución.

irrespetuoso, sa adj. No respetuoso.

irrespirable adj. Que no se puede respirar.

irresponsabilidad f. Calidad de irresponsable.

irresponsable adj. No responsable. || — Adj. y s. Inconsciente.

irretroactividad f. Carencia de retroactividad.

irreverencia f. Falta de reverencia o de respeto.

irreverente adj. y s. Irrespetuoso: *acto, palabra irreverente.*

irreversible adj. Que no puede ser repetido en sentido inverso.

irrevocabilidad f. Calidad de irrevocable.

irrevocable adj. Que no se puede revocar: *sentencia irrevocable.*

irrigable adj. Que se puede irrigar.

irrigación f. Técnica de llevar el agua a las tierras secas para mejorar el cultivo. || *Med.* Riego por inyección de una cavidad orgánica.

irrigador m. *Med.* Instrumento para dar irrigaciones.

irrigar v. t. *Med.* Rociar con un líquido alguna parte del cuerpo. || Regar: *irrigar un terreno.*

irrisión f. Mofa: *hacer irrisión de todo.* || Persona o cosa que la motiva, objeto de risa.

irrisorio, ria adj. Ridículo, risible. || Insignificante.

irritabilidad f. Propensión a irritarse.

irritable adj. Que se irrita.

irritación f. Acción y efecto de irritar o irritarse. || Inflamación, dolor: *irritación cutánea.*

irritado, da adj. Colérico.

irritante adj. Que irrita.

irritar v. t. Hacer sentir ira: *irritar a uno.* || Excitar vivamente otros afectos: *irritar los celos, el apetito.* || *For.* Anular o invalidar. || *Med.* Causar dolor o inflamación: *el viento irrita la piel.* || — V. pr. Enfadarse: *irritarse con (o contra) una persona.*

irrogación f. Acción y efecto de irrogar.

irrogar v. t. Causar.

irrompible adj. Que no se rompe: *vaso irrompible.*

irrumpir v. i. Entrar violentamente en un lugar.

irrupción f. Entrada violenta. || Invasión.

irunés, esa adj. y s. De Irún.

isabelino, na adj. Relativo a cualquiera de las reinas Isabel: *época isabelina; reinado isabelino.* || Dícese de la moneda con la efigie de Isabel II de España. || Aplícase también a los partidarios de su causa (ú. t. c. s.). || Dícese del estilo decorativo de moda en España durante el reinado de Isabel II.

isidro, dra m. y f. *Fam.* En Madrid, campesino, paleto o forastero.

isla f. Porción de tierra rodeada de agua por todas partes: *la isla de Cuba.* || Manzana de casas.

islam m. Islamismo. || Religión y civilización de los musulmanes. || El mundo musulmán.

islámico, ca adj. Relativo al Islam: *religión, culto islámicos.*

islamismo m. Religión de Mahoma o de los creyentes musulmanes.

islamita adj. y s. Persona que profesa el islamismo.

islamizar v. t. Adoptar la religión, usos y costumbres islámicos (ú. t. c. pr.).

islandés, esa adj. y s. De Islandia. || — M. Lengua hablada en Islandia.

isleño, ña adj. y s. Natural de una isla. || Natural de las Islas Canarias, o de las de la Bahía (Honduras) y San Andrés y Provincia (Colombia).

isleta f. Pequeña acera en medio de una calzada o plaza que sirve de refugio a los peatones o para señalar el tránsito rodado.

islote m. Isla pequeña, peñascosa y despoblada.

ismaelita adj. y s. Descendiente de Ismael. || Dícese de los árabes miembros de una secta de musulmanes chiítas. (Los ismaelitas tienen adeptos en Siria, Irán y, sobre todo, en la India, donde su jefe es Karim Aga Kan.)

isobara f. Línea isobárica.

isobárico, ca adj. De igual presión atmosférica: *líneas isobáricas.*

isobata adj. De igual profundidad. || — F. Línea que en un mapa batimétrico une los puntos de igual profundidad marina.

isoca f. *Arg.* y *Urug.* Larva de mariposas perjudicial para la agricultura.

isócrono, na adj. *Fís.* Aplícase a los movimientos que se efectúan en tiempos de igual duración: *oscilaciones isócronas.*

isomería f. Calidad de isómero.

isómero, ra adj. y s. m. Aplícase a los cuerpos de igual composición química y distintas propiedades físicas.

isomorfismo m. Calidad de isomorfo.

isomorfo, fa adj. *Min.* Dícese de los cuerpos de diferente composición química e igual forma cristalina.

isópodo, da adj. *Zool.* Que tiene todas las patas iguales.

isósceles adj. Dícese del triángulo que tiene dos lados iguales.

isotérmico, ca adj. Que se mantiene a temperatura constante.

isotermo, ma adj. *Fís.* De igual temperatura.

isotopía f. Calidad de isótopo.

isótopo m. adj. y s. m. Dícese de los elementos químicos idénticos con masas atómicas distintas.

isotropía f. Calidad de isótropo.

isótropo adj. y s. m. *Fís.* Dícese de los cuerpos cuyas propiedades físicas son idénticas en todas las direcciones.

isquion m. *Anat.* Hueso que, junto al ilion y al pubis, constituye el hueso innominado.

israelí adj. y s. De Israel.

israelita adj. y s. De la religión judía. || — M. y f. Descendiente de Israel o Jacob, llamado tb. *judío* o *hebreo.*

israelítico, ca adj. Israelita.

ístmico, ca adj. Relativo al istmo. || *Juegos ístmicos,* juegos en honor de Poseidón que se celebraban en el istmo de Corinto.

istmo m. Lengua de tierra que une dos continentes o una península con un continente: *el istmo de Panamá.* || *Zool.* Parte o paso estrecho entre dos órganos o cavidades: *istmo del encéfalo, de las fauces.*

itacate m. *Méx.* Paquete de comida que se lleva para consumir en el camino.

italianismo m. Vocablo o giro del italiano. || Amor por lo italiano.

italianización f. Acción y efecto de italianizar.

italianizar v. t. Dar carácter italiano: *italianizar un vocablo francés.* Ú. t. c.

pr.: *se italianizó con su prolongada estancia en Roma.*

italiano, na adj. y s. De Italia. || — M. Lengua neolatina hablada en Italia.

itálico, ca adj. y s. De la Italia antigua: *pueblos itálicos.* || Letra itálica, la cursiva introducida por Aldo Manucio (s. XVI).

italiota adj. y s. Individuo de origen griego que habitaba en la Magna Grecia (sur de Italia y Sicilia, antes del Imperio Romano).

itapuense adj. y s. De Itapúa (Paraguay).

ítem adv. lat. que significa *además.* || — M. Párrafo, artículo.

iteración f. Repetición.

iterar v. t. Repetir.

iterativo, va adj. Que repite.

iterbio m. Elemento simple (símb., Yb), de número atómico 70, del grupo de las tierras raras.

itinerante adj. Que recorre varios sitios para desempeñar sus funciones: *embajador itinerante.*

itinerario, ria adj. Concerniente a los caminos: *medida itineraria.* || — M. Recorrido, trayecto: *el itinerario de una procesión.* || Dibujo del recorrido.

itrio m. Elemento simple (símb., Y) de número atómico 39, perteneciente al grupo de las tierras raras.

itzá adj. y s. Indio centroamericano de la familia maya.

itzamate m. *Méx.* Ceiba.

itzcuintli m. *Méx.* Especie de perro sin pelo.

ixtle m. *Méx.* Cualquier amarilidácea textil del género agave, así como la fibra que proporciona.

izabaleño, ña o **izabalino, na** adj. y s. De Izabal (Guatemala.)

izar v. t. Levantar las velas, la bandera.

izote m. *Amér. C.* y *Méx.* Árbol liliáceo, especie de palma con hojas punzantes y flores muy olorosas de color blanco o verdoso.

izquierda f. Mano izquierda. || Lado izquierdo: *torcer a la izquierda.* || Colectividad política partidaria del cambio y que se opone a la acción conservadora de la derecha: *grupo de izquierda en la cámara parlamentaria.*

izquierdismo m. Conjunto de corrientes políticas de extrema izquierda que preconiza la realización de acciones revolucionarias inmediatas y radicales.

izquierdista adj. y s. Relativo a la izquierda política o partidario de la misma. || Revolucionario, extremista.

izquierdo, da adj. Dícese de lo que en el hombre está del lado en que late el corazón: *mano izquierda.* || En un edificio, monumento, etc., dícese de lo que corresponde a este lado con relación a una persona que da su espalda a la fachada: *el ala izquierda del palacio.* || *Fig.* Torcido. || — M. y f. Zurdo.

j

j f. Décima letra del alfabeto castellano y séptima de sus consonantes. || — **J**, abrev. de *julio* o *joule*.

jabalí m. Mamífero paquidermo, considerado como un cerdo salvaje, común en Europa. (Pl. *jabalíes.*)

jabalina f. Hembra del jabalí. || Arma arrojadiza a manera de venablo. || Instrumento para lanzar en forma de pica, empleado en atletismo.

jabato m. Cría del jabalí. || *Fig.* y *fam.* Joven valiente y atrevido: *¡es un jabato!*

jábega f. Red de más de cien brazas que se tira desde tierra. || Embarcación de pesca.

jabeguero, ra adj. Relativo a la jábega. || — M. Jabegote.

jabí m. Árbol americano de la familia de las leguminosas, de madera muy dura e incorruptible.

jabillo m. Árbol euforbiáceo americano.

jabirú o **yabirú** m. Ave zancuda de Sudamérica.

jabón m. Producto obtenido por la acción de un álcali en un cuerpo graso que sirve para lavar: *jabón de tocador, en escamas.* || Pastilla de esta materia. || *Por ext.* Lavado con jabón. || *Fig.* y *fam.* Reprensión severa: *le dio un buen jabón.* || — *Fig.* y *fam. Dar jabón,* adular, dar coba. || *Jabón de olor,* jabón de tocador. || *Jabón de sastre,* la esteatita para marcar la tela.

jabonado m. Lavado con jabón. || Ropa que se lava. || *Fam.* Reprensión.

jabonadura f. Lavado con jabón. || — Pl. Agua jabonosa. || Espuma de jabón.

jabonar v. t. Dar jabón: *jabonar la ropa.* || Humedecer la barba con agua jabonosa para afeitarse. || *Fig.* y *fam.* Reprender.

jaboncillo m. Pastilla de jabón de olor. || Árbol americano de la familia de las sapindáceas, de cuyo fruto se extrae saponina. || Jabón de sastre.

jabonería f. Fábrica o tienda de jabón.

jabonero, ra adj. Relativo al jabón: *industria jabonera.* || Dícese del toro de color blanco sucio. || — M. y f. Fabricante o vendedor de jabón. || — F. Mujer que hace o vende jabón. || — F. Caja para el jabón. || Planta herbácea de la familia de las cariofiláceas.

jabonoso, sa adj. Que contiene jabón o tiene su naturaleza.

jaborandi m. Árbol de la familia de las rutáceas, originario del Brasil y del Paraguay, de flores en racimos delgados y con cuyas hojas se hace una infusión.

jabutí m. *Arg.* y *Col.* Variedad de tortuga.

jaca f. Caballo pequeño.

jacal m. *Méx.* Choza de adobes.

jacalón m. *Méx.* Cobertizo.

jacamar m. o **jacamara** f. Ave trepadora de América tropical.

jacana f. Ave zancuda de América del Sur.

jacapucayo m. Planta mirtácea de América tropical.

jácara f. Romance festivo: *una jácara de Quevedo.* || Ronda nocturna de gente alegre. || Especie de danza. || *Fig.* y *fam.* Molestia.

jacarandá m. Árbol bignoniáceo de América tropical, de flores azules, cuya madera es muy apreciada en ebanistería.

jacarandoso, sa adj. Garboso, alegre y desenvuelto.

jacaré m. *Amer.* Yacaré.

jacarear v. i. Cantar jácaras. || *Fig.* y *fam.* Dar una serenata. | Alborotar. | Molestar.

jacarero m. Persona que da una serenata por las calles. || *Fig.* y *fam.* Persona alegre, festiva.

jachalí m. Árbol americano de la familia de las anonáceas, de flores blancas y cuya madera es muy apreciada en ebanistería.

jacinto m. Planta de la familia de las liliáceas, de hermosas flores. || Circón, piedra preciosa.

jaco m. Caballo pequeño. || Caballo malo.

jacobinismo m. Doctrina democrática y centralista profesada en la Revolución Francesa por los jacobinos.

jacobino, na adj. y s. Durante la Revolución Francesa, miembros del partido radical de Danton y Robespierre: *el Club de los jacobinos.* || Partidario de la democracia. || *Fig.* Revolucionario, exaltado.

jactancia f. Alabanza presuntuosa de sí mismo.

jactancioso, sa adj. y s. Que se jacta, vanidoso.

jactarse v. pr. Alabarse presuntuosamente, vanagloriarse, alardear.

jaculatorio, ria adj. Breve y ferviente: *oración jaculatoria.* || — F. Oración breve.

jade m. Piedra fina muy dura y de color verdoso.

jadeante adj. Que jadea: *llegó sudoroso y jadeante.*

jadear v. i. Respirar anhelosamente por efecto de algún trabajo o ejercicio impetuoso.

jadeo m. Respiración jadeante.

jaenés, esa adj. y s. De Jaén.

jaez m. Adorno de las caballerías (ú. t. en pl.). || *Fig.* Calidad, carácter: *hombre de buen (o mal) jaez.* | Clase, género.

jagua f. Árbol rubiáceo de la América intertropical.

jagual m. *Amer.* Terreno plantado de jaguas.

jaguar m. Mamífero félido de gran tamaño, especie de pantera de América del Sur.

jaguareté m. Yaguareté.

jaguarundi m. *Amér. C., Arg., Bol., Ecuad., Méx., Parag.* y *Per.* Pequeño felino americano de pelaje uniforme color rojizo o negro.

jagüey m. Bejuco moráceo de Cuba. || *Amer.* Balsa, pozo, zanja llena de agua.

jai alai m. Juego de pelota.

jaiba f. *Amer.* Cangrejo.

jalado, da adj. *Amer.* Ebrio.

jalapa f. Planta convolvulácea americana. || Su raíz. || — Adj. y s. Jalapeño, de Jalapa (Guatemala).

jalapeño, ña adj. y s. De Jalapa (Guatemala y México).

jalar v. t. *Fam.* Tirar, halar. || *Pop.* Comer. || — V. pr. *Amer.* Embriagarse.

jalatocle m. *Méx.* Tierra arenosa que queda después de fuerte lluvia.

jalca f. *Per.* Región elevada de la meseta andina.

jalea f. Zumo gelatinoso y transparente de frutas. || Salsa de carne clarificada y solidificada. || Cualquier medicamento de tipo gelatinoso y azucarado: *jalea real.*

jalear v. t. Llamar a voces a los perros. || Aclarar con palmas y exclamaciones a los que bailan o cantan. || Alentar, animar.

jaleo m. Gritos, aplausos. || Cierto baile popular andaluz. || *Fam.* Ruido, alboroto: *armar jaleo.* | Juerga: *estar* de jaleo. | Confusión, agitación. | Lío: se ha formado un jaleo tremendo.

jaleoso, sa adj. y s. Ruidoso.

jalifa m. Autoridad suprema, representante del sultán, en la ant. zona del protectorado español de Marruecos.

jalifato m. Dignidad de jalifa y territorio gobernado por él.

jalisciense adj. y s. De Jalisco (México).

jalón m. Palo que se clava en tierra para determinar puntos fijos en topografía. || Méx. Tirón.

jalonamiento m. Colocación de jalones.

jalonar v. t. Alinear por medio de jalones. || Poner jalones. || Fig. Determinar, fijar.

jalonear v. t. Méx. Dar tirones.

jamaicano, na adj. y s. De Jamaica.

jamancia f. Pop. Comida.

jamar v. t. Pop. Comer.

jamás adv. Nunca, en ninguna ocasión. || — Jamás de los jamases, nunca. || Por siempre jamás, para siempre.

jamba f. Arq. Cada una de las dos piezas verticales que sostienen el dintel de las puertas o ventanas.

jamelgo m. Fam. Caballo flaco.

jamón m. Carne curada de la pierna del cerdo: jamón serrano. || — Jamón en dulce, el que se cuece con vino blanco. || Fam. ¡Y un jamón!, ¡ni hablar!

jamona adj. Regordeta. || — Adj. y s. f. Fam. Dícese de la mujer que ya ha pasado de la juventud y es algo gorda.

jamoncillo m. Méx. Dulce de leche.

jangada f. Fam. Tontería, despropósito. | Trastada. || Mar. Balsa. || Arg. Armadía de maderos. | Balsa ligera de los pescadores del noreste del Brasil.

jansenismo m. Doctrina herética por Cornelio Jansen, que tendía a limitar la libertad humana, partiendo de que la gracia se concede a ciertos seres por su nacimiento y se niega a otros. || Por ext. Piedad y virtud austera.

jansenista adj. y s. Partidario del jansenismo. || Relativo al jansenismo: clérigo jansenista.

japonés, esa adj. y s. Del Japón. || — M. Lengua japonesa.

japuta f. Pez teleósteo comestible.

jaque m. Jugada en el ajedrez en que el rey o la reina están amenazados por una pieza adversaria. || Palabra con que se avisa este lance: jaque al rey. || Jaque mate, jaque que, al no poder evitarse, pone fin a la partida. || Fig. Tener en jaque a uno, tenerle en gran desasosiego.

jaqueca f. Dolor de cabeza.

jáquima f. Cabezal, cabestro. || Amer. Embriaguez.

jara f. Arbusto siempre verde de la familia de las cistáceas, de flores grandes y blancas. || Palo que se empleaba como arma arrojadiza.

jarabe m. Bebida hecha con azúcar en solución concentrada y sustancias aromáticas o medicinales. || Fig. Bebida dulce. || Méx. Baile popular parecido al zapateado. || — Fam. Dar jarabe a uno, adularle. | Dar jarabe de palo a uno, darle una paliza. | Jarabe de pico, palabrería, labia.

jaral m. Lugar poblado de jaras. || Fig. Maraña, revoltijo.

jaramago m. Planta crucífera de flores amarillas en espigas.

jarana f. Fam. Diversión, bulla, juerga: andar de jarana. | Ruido, alboroto, tumulto: armar jarana. | Trampa, engaño.

jaranear v. i. Fam. Andar de jarana o bulla.

jaranero, ra y **jaranista** adj. y s. Aficionado a las jaranas.

jarcia f. Mar. Aparejos y cuerdas de un buque (ú. m. en pl.). | Conjunto de instrumentos y aparejos de pesca. || Mar. Jarcia muerta, la que está fija y mantiene la arboladura.

jarcería f. Méx. Comercio en que se venden escobas y otros implementos de limpieza.

jarciero, ra m. y f. Méx. Persona dedicada a la venta de artículos de jarciería.

jardín m. Terreno en una casa en el que se cultivan flores, árboles de sombra o adorno, etc. || Mar. Retrete en los buques. || Mancha en las esmeraldas o en otras piedras preciosas. || Jardín de la infancia (en América jardín de infantes), escuela de párvulos. || Jardín botánico, espacio para estudio y recreación, se conservan árboles y plantas.

jardinera f. La que cuida de un jardín. || Mujer del jardinero. || Mueble para colocar las macetas con plantas. || Coche abierto de verano en los tranvías.

jardinería f. Arte de cultivar los jardines.

jardinero m. El que cuida los jardines.

jardinista com. Persona entendida en jardinería artística.

jareta f. Dobladillo por donde se puede pasar una cinta o cordón. || Mar. Cordaje. || Fig. y fam. Dar jareta, hablar mucho, charlar.

jaretón m. Dobladillo grande.

jaripeada f. Méx. Acción y efecto de jaripear.

jaripear v. i. Méx. Participar en un jaripeo.

jaripeo m. Lidia taurina a la mexicana, con suertes a caballo. | Fiesta charra en la que se montan potros cerriles, con suertes de lazo y canciones rancheras.

jarocho, cha adj. y s. Del Estado mexicano de Veracruz.

jarope m. Jarabe. || Fam. Bebistrajo.

jarra f. Vasija de barro, loza o cristal, con cuello y boca anchos y una o más asas. || De (o en) jarras, con los brazos arqueados y las manos en las caderas.

jarrero m. Fabricante o vendedor de jarras.

jarrete m. Corva, corvejón.

jarretera f. Liga con hebilla.

jarro m. Vasija de boca más estrecha que la jarra y con un asa. || Cantidad de líquido que cabe en ella: un jarro de vino, de agua. || — Fig. y fam. A jarros, a cántaros. | Echarle a uno un jarro de agua o de agua fría, causarle una desilusión.

jarrón m. Jarro grande artístico. || Adorno que presenta la figura de un jarro.

jaspe m. Min. Piedra silícea, dura y opaca, de la naturaleza del ágata y diversamente coloreada, empleada en joyería. || Mármol veteado.

jaspeado, da adj. Veteado como el jaspe: mármol jaspeado. || — M. Acción de jaspear.

jaspear v. t. Pintar con diversos colores para imitar las vetas del jaspe: jaspear de verde.

jato m. Guat. y Méx. Porción de ganado, hato.

jaula f. Armazón hecho de madera, mimbres o alambres para encerrar aves. || Armazón de madera o barras de hierro, para encerrar animales pequeños, fieras, locos o presos. || Cuadrilátero, generalmente de madera, para echar a los niños de corta edad. || Min. Aparato para bajar o subir en las minas. || Compartimiento de un garaje. || Cabina del ascensor.

jauría f. Conjunto de perros que cazan juntos. || Fig. Conjunto de personas que van en contra de otro: jauría de acreedores.

javanés, esa adj. y s. De Java.

jayán, ana m. y f. Persona de gran estatura y fuerza, gigante.

jazmín m. Arbusto oleáceo, de flores blancas olorosas. || Su flor. || Perfume extraído de ella.

jazmíneas f. pl. Familia de plantas dicotiledóneas que tiene por tipo el jazmín (ú. t. c. adj.).

jazz m. Música de danza de origen afroamericano. (El jazz se caracteriza por una melodía sincopada que contrasta con la permanencia rítmica de la batería.)

jebe m. Alumbre. || Amer. Caucho, goma elástica.

jedive m. Título que utilizaba el virrey de Egipto.

jeep [yip] m. (pal. ingl.). Vehículo automóvil descubierto para terrenos desiguales, llamado tb. coche todo terreno o campero. (El jeep se utilizó primeramente como vehículo militar en el ejército norteamericano a partir de 1942.)

jefa f. Superiora. || Mujer del jefe.

jefatura f. Dignidad, oficina y funciones de jefe.

jefazo m. Fam. Jefe máximo.

jefe m. Superior o principal de un cuerpo o asociación. || En el escalafón militar, categoría superior a capitán e inferior a general. || *Blas.* Parte superior del escudo. || *Méx.* Señor, caballero. || *En jefe,* como jefe, como cabeza principal de un cuerpo: *general en jefe.*

jején m. *Amer.* Mosquito.

jengibre m. Planta cingiberácea. (El *jengibre* tiene flores purpúreas y rizoma nudoso aromático que se usa como especia.)

jeniquén m. Henequén.

jenízaro, ra adj. Mezclado, híbrido. || — Adj. y s. *Méx.* Mestizo de cambujo y china, o viceversa. || — M. Soldado de la antigua guardia turca.

jeque m. Jefe árabe que gobierna un territorio o provincia.

jerarca m. Superior en la jerarquía eclesiástica. || Alto dignatario.

jerarquía f. Orden, gradación: *jerarquía social.* || Dignatario, personaje.

jerárquico, ca adj. Relativo a la jerarquía: *orden jerárquico.*

jerarquización f. Orden conforme a la jerarquía.

jerarquizar v. t. Establecer un orden de acuerdo con la jerarquía.

jerbo m. Pequeño roedor con patas traseras largas y cuya cola, larga también, termina en un mechón de pelos: *el jerbo es propio de África del Norte.*

jeremiada f. Lamentación exagerada de dolor.

jeremías com. inv. *Fam.* Persona que se lamenta constantemente.

jeremiquear o **jerimiquear** v. i. *Amer.* Llorar, gimotear.

jerez m. Vino blanco de fina calidad que se cría en Jerez de la Frontera.

jerezano, na adj. y s. De Jerez.

jerga f. Tela gruesa basta. || Jergón, colchón. || Lenguaje especial de ciertas profesiones o círculos: *la jerga estudiantil.*

jergal adj. Relativo a la jerga.

jergón m. Colchón de paja.

jerguilla f. Tela parecida a la jerga.

jerifalte m. Gerifalte.

jerife m. Descendiente de Mahoma por su hija Fátima. || Individuo de la dinastía reinante en Marruecos. || Antiguo jefe superior de la ciudad de La Meca.

jerifiano, na adj. Relativo al jerife y especialmente al rey de Marruecos: *Estado jerifiano.*

jerigonza f. Galimatías, algarabía. || Jerga de algunas personas.

jeringa f. Instrumento que sirve para aspirar o inyectar ciertos líquidos. || *Fam.* Molestia, fastidio.

jeringar v. t. Arrojar o inyectar un líquido con la jeringa. || *Fig.* y *fam.* Molestar, fastidiar.

jeringazo m. Acción de arrojar el líquido introducido en la jeringa. || Líquido así arrojado.

jeringón, ona adj. *Amer.* Fastidioso.

jeringuear v. t. *Amer.* Jeringar.

jeringuilla f. Jeringa pequeña para inyectar. || Arbusto saxifragáceo de flores blancas muy fragantes.

jeroglífico, ca adj. Aplícase a la escritura usada por los egipcios y algunos pueblos aborígenes americanos con símbolos o figuras: *escritura jeroglífica.* || — M. Cada uno de los caracteres de esta escritura. || Pasatiempo consistente en sustituir una palabra o frase con signos o figuras.

jerónimo, ma adj. y s. Religioso de la orden de San Jerónimo.

jerosolimitano, na adj. y s. De Jerusalén.

jersey m. Prenda de abrigo de tejido de punto elástico, que se introduce por la cabeza. (Pl. *jerseys* o *jerseis.*)

jesuita m. Religioso de la Compañía de Jesús.

jesuítico, ca adj. Relativo a los jesuitas: *moral jesuítica.*

jesuitismo m. Sistema moral y religioso de los jesuitas. || *Fig.* Conducta precavida y astuta.

jet [yet] m. (pal. ingl.). Avión de reacción.

jeta f. Boca saliente o de labios muy abultados. || Hocico del cerdo. || *Pop.* Cara. || *Pop. Poner jeta,* poner cara de enfado.

jetón, na adj. y s. Se aplica a quien tiene jeta o la pone.

jettatore [yetatore] m. (pal. ital.). Persona que tiene mal de ojo.

ji f. Vigésima segunda letra del alfabeto griego (χ).

jíbaro, ra adj. y s. Indio americano de origen caribe. (Los *jíbaros* viven en la región oriental del Ecuador; sus antepasados reducían las cabezas humanas.) | *Amer.* Campesino, rústico: *sombrero jíbaro.*

jibarada f. *Amer.* Dicho propio del jíbaro.

jibia f. Molusco cefalópodo semejante al calamar. || Hueso de jibia.

jibión m. Hueso de la jibia.

jicalcoate m. *Méx.* Culebra acuática. || Cincuate.

jícama f. *Amér. C.* y *Méx.* Planta tuberosa y alimenticia. | Raíz de esta planta.

jícara f. Taza pequeña de loza o porcelana: *una jícara de chocolate.* || *Amer.* Vasija hecha de la corteza del fruto de la güira.

jicarada f. *Amer.* Capacidad de una jícara.

jicarazo m. Golpe que se da con una güira. || Acción de dar veneno a una persona: *dar jicarazo.*

jicarear v. t. *Méx.* Despachar pulque midiéndolo por jícaras.

jícaro m. *Amer.* Güira.

jicote m. Avispa gruesa de Honduras.

jicotea f. *Cub.* Tortuga de agua dulce.

jiennense adj. y s. De Jaén (España).

¡ji, ji, ji! interj. Denota la risa.

jilguero m. Pájaro de plumaje pardo con una mancha roja en la cara y un collar blanco.

jilote m. *Amér. C.* y *Méx.* Mazorca de maíz en la que los granos están sin cuajar.

jilotear v. i. *Amér. C.* y *Méx.* Empezar a cuajar el maíz.

jineta f. Cierto modo de montar a caballo, que consiste en llevar los estribos cortos y las piernas dobladas: *montar a la jineta.* || Mujer que monta a caballo. || Lanza corta de los capitanes de la antigua infantería. || Charretera y hombrera de seda de los sargentos. || Mamífero carnicero de Berbería.

jinete m. Soldado de a caballo. || Caballista, persona diestra en la equitación.

jinetear v. t. *Amer.* Domar caballos cerriles. || *Fig. Méx.* Lucrar.

jinotegano, na adj. y s. De Jinotega (Nicaragua).

jinotepino, na adj. y s. De Jinotepe (Nicaragua).

jiote m. *Méx.* Empeine, enfermedad cutánea.

jipar v. i. *Amer.* Hipar. || Jadear.

jipi m. *Fam.* Jipijapa.

jipido m. Hipido.

jipijapa m. Sombrero de palma.

jipío m. Lamento en el cante andaluz.

jira f. Merienda campestre. || Tira de tela o jirón.

jirafa f. Mamífero rumiante de África, de cuello largo y esbelto, y extremidades abdominales bastante más cortas que las torácicas. || *Cin.* Brazo articulado que sostiene un micrófono.

jirasal f. Fruto de la yaca o anona de la India, parecido a la chirimoya y erizado de púas blandas.

jirón m. Desgarrón: *vestido hecho jirones.* || *Fig.* Porción pequeña de un todo. || *Per.* Calle.

jitomate m. *Méx.* Tomate.

jiu-jitsu m. Lucha japonesa que sirve de entrenamiento físico y arte de defensa sin armas.

jobo m. Árbol americano anacardiáceo.

jockey [yoki] m. (pal. ingl.). Jinete que monta los caballos de carrera.

jocoatle m. *Méx.* Bebida ácida de atole.

jocoque m. *Méx.* Leche cortada.

jocoserio, ria adj. Que es a la vez serio y jocoso.

jocosidad f. Calidad de jocoso. || Chiste, donaire.

jocoso, sa adj. Gracioso, festivo, chistoso: *libro jocoso.*

jocote m. Jobo.

jocotear v. i. *Amér. C.* Cortar o comer jocotes. || — V. t. y pr. *Amér. C.* Molestar, importunar.

jocotero, ra adj. *Amer.* Relativo al jocote o jobo.

jocundidad f. Alegría, placer.

jocundo, da adj. Plácido, alegre y agradable.

jofaina f. Palangana para lavarse la cara y las manos.

jojoba f. Arbusto de cuya semilla se obtiene un aceite de uso industrial.

jojoto, ta adj. *Venez.* Dícese del fruto verde, que no está maduro. || — M. *Venez.* Maíz tierno.

joker [yoke] m. (pal. ingl.). En los juegos de cartas, comodín.

jolgorio m. Regocijo, diversión con ruido y bullicio.

jolón adj. *Méx.* Sin cola.

jolote m. *Méx.* Guajolote, pavo.

joma f. *Méx.* Joroba.

jónico, ca adj. y s. De Jonia. || — Dialecto jónico, uno de los cuatro dialectos de la Grecia antigua. || Orden jónico, uno de los cinco órdenes de arquitectura.

jonio, nia adj. y s. Jónico.

jonote m. Género de árboles tiliáceos mexicanos.

jonuco m. *Méx.* Cuarto oscuro debajo de la escalera. || Covacha.

jopo m. Hopo, rabo. || — Interj. ¡Largo!, ¡fuera!

joquilete m. Planta leguminosa mexicana de la que se obtiene añil.

jordano, na adj. y s. De Jordania.

jornada f. Camino que se anda en un día: *viajar por pequeñas jornadas.* || Todo el camino o todo el viaje. || Expedición militar. || *Fig.* Tiempo que dura la vida de una persona. || Acto, en los dramas antiguos. || Episodio de una película o novela. || *Impr.* Tirada que se hacía en un día. || Día de trabajo.

jornal m. Lo que gana el trabajador en un día: *trabajar a jornal.*

jornalero, ra m. y f. Persona que trabaja a jornal.

joroba f. Corcova, jiba. || *Fig.* y *fam.* Molestia, fastidio.

jorobado, da adj. Corcovado, gibado (ú. t. c. s.). || *Fig.* y *fam.* Molesto, fastidiado.

jorobar v. t. *Fig.* y *fam.* Molestar, fastidiar (ú. t. c. pr.).

jorobeta m. *Fam.* Jorobado.

jorongo m. Poncho o capote que usan los campesinos mexicanos.

joropear v. i. *Col.* y *Venez.* Bailar el joropo. || *Col.* y *Venez.* Divertirse.

joropo m. *Col.* y *Venez.* Baile de los llaneros.

josefino, na adj. y s. De San José (Costa Rica y Uruguay). || Aplícase al individuo de la congregación devota de San José. || En España, partidario del rey José Bonaparte.

jota f. Nombre de la letra *j.* || Baile popular de Aragón, Navarra y Valencia. || Su música y copla. || Sota en la baraja francesa. || *Fig.* Cosa muy pequeña. || — *Fig.* y *fam. No saber una jota,* no saber nada. | *No ver una jota,* no ver nada.

joto adj. y s. m. *Méx.* Dícese del hombre afeminado.

joule m. *Fís.* Julio. || *Efecto Joule,* desprendimiento de calor en un conductor homogéneo, recorrido por una corriente eléctrica.

joven adj. De poca edad (ú. t. c. s.). || Que tiene los caracteres de la juventud: *naciones jóvenes.*

jovenzuelo, la adj. y s. Dim. de *joven.*

jovial adj. *Mit.* Relativo a Jove o Júpiter. || Alegre, festivo.

jovialidad f. Alegría, carácter festivo.

joya f. Objeto de metal precioso guarnecido de piedras finas o perlas, que sirve para adorno. || Agasajo o regalo. || *Arq.* y *Art.* Astrágalo. || *Fig.* Cosa o persona de mucho valor: *esta hija es una joya.* || — Pl. Ropa y alhajas que lleva una mujer al casarse.

joyel m. Joya pequeña.

joyería f. Comercio de joyas.

joyero m. Comerciante en joyas. || Estuche para joyas.

juanés, esa adj. y s. De San Juan de los Morros (Venezuela).

juanete m. Pómulo muy abultado. || Hueso del dedo grueso del pie cuando sobresale demasiado. || *Veter.* Sobrehueso en el casco de las caballerías.

juarista adj. y s. Partidario de Benito Juárez.

jubilación f. Retiro. | Pensión de la persona jubilada.

jubilado, da adj. y s. Dícese de la persona que se ha retirado del ejercicio de sus funciones y forma parte de la clase pasiva: *jubilado del Estado.*

jubilar adj. Relativo al jubileo: *indulgencia jubilar.*

jubilar v. t. Eximir del servicio a un empleado o funcionario por motivo de antigüedad o enfermedad. || *Fig.* y *fam.* Desechar por inútil una cosa. — V. i. Alegrarse: *jubilar por el triunfo* (ú. t. c. pr.). || — V. pr. Dejar el trabajo activo a causa de la jubilación.

jubileo m. Año consagrado a Dios y al descanso cada cuarenta años en la religión hebrea. || Entre los católicos, indulgencia plenaria concedida por el Papa. || *Fam.* Entrada y salida frecuente de gente en una casa.

júbilo m. Viva alegría demostrada exteriormente: *mostrar júbilo.*

jubiloso, sa adj. Lleno de júbilo o alegría.

jubón m. Especie de chaleco ajustado al cuerpo.

juchicopal m. Planta americana apreciada por su resina.

judaico, ca adj. Relativo a los judíos: *ley judaica.*

judaísmo m. Hebraísmo o profesión de la ley de los judíos.

judaizante adj. y s. Que judaíza.

judaizar v. i. Abrazar la religión judía. || Practicar los ritos de la ley judaica.

judas m. *Fig.* Traidor. || Muñeco de paja que en algunas partes queman públicamente en Semana Santa. || Beso de Judas, beso traidor; demostraciones de cariño engañosas.

judeocristianismo m. Doctrina de los primeros tiempos del cristianismo, según la cual era necesaria la iniciación al judaísmo para entrar en la Iglesia de Cristo.

judeocristiano, na adj. y s. Relativo al judeocristianismo: *doctrina judeocristiana.*

judeoespañol adj. y s. Dícese de los judíos expulsados de España en 1492, que conservan en Oriente la lengua y costumbres españolas.

judería f. Barrio de judíos. || Impuesto que pagaban los judíos.

judía f. Planta papilionácea de fruto comestible. || Su fruto.

judiar m. Plantío de judías.

judicatura f. Ejercicio de juzgar. || Cargo de juez y tiempo que dura. || Dignidad de juez en Israel. || Cuerpo de jueces de una nación.

judicial adj. Relativo al juicio, a la administración de justicia o a la judicatura: *procedimiento judicial; carrera judicial.*

judío, a adj. y s. Hebreo. || De Judea.

judo m. Método japonés de lucha y de educación física derivado del jiu-jitsu.

judogui m. Traje para practicar el judo.

judoka com. Luchador de judo.

juego m. Acción y efecto de jugar: *juegos infantiles.* || Lo que sirve para jugar: *juego de bolos.* || Ejercicio recreativo sometido a reglas, y en el cual se gana o se pierde: *juego de ajedrez, de billar, de pelota.* || En sentido absoluto, juego de naipes. || Conjunto de cartas de un jugador: *tener buen juego.* || *Por ext.* Juego de azar, de la lotería: *una sala de juego en el casino.* || Ejercicio público deportivo: *juegos olímpicos.* || División de un set en tenis. || Lugar donde se practican ciertos juegos: *reunirse en el juego de pelota.* || Disposición de dos cosas articuladas: *juego de goznes.* || Funcionamiento de una pieza mecánica. || Serie completa de objetos de una misma especie: *un juego de llaves.* || Servicio: *juego de té, de café.* || Visos o cambiantes: *juego de aguas, de luces.* || *Fig.* Habilidad y arte para conseguir una cosa o para estorbarla: *descubrir el juego de uno.* | Funcionamiento adecuado: *el juego de las instituciones.* || — A juego, adaptada una cosa a otra: *corbata y pañuelo a juego.* || Hacer juego, armonizarse, casarse, corresponder una cosa con otra. || *Juego de bolas, cojinetes.* || *Juego de manos,* prestidigitación. || *Juego de palabras,* equívoco. || *Juego de rol,* aquel en que cada uno de los participantes interpreta el personaje de una aventura, por lo común de carácter fantástico. || *Juegos de ingenio,* adivinanzas, acertijos. || *Juegos florales,* certamen poético en el que se recompensan las mejores composiciones con una flor de oro, de plata o natural. ||

Juegos malabares, ejercicio de equilibrio hecho con cosas; (fig.) cosa hecha con gran habilidad y destreza.

juerga f. *Fam.* Fiesta, holgorio.

juerguearse v. pr. *Fam.* Irse de juerga. | Divertirse. | Burlarse, reírse, no tomar en serio.

juergueo m. *Fam.* Juerga.

juerguista adj. *Fam.* Aficionado a juerguearse.

jueves m. Quinto día de la semana. || — *Jueves gordo o lardero*, el inmediato a las carnestolendas. || *Jueves Santo*, el de la Semana Santa. || *Fam. No ser cosa del otro jueves*, no ser nada extraordinario.

juez m. Magistrado encargado de juzgar y sentenciar: *juez de tribunal correccional*. || Magistrado supremo de Israel. || Persona que se toma como árbitro en una discusión. || En las competiciones deportivas, árbitro: *juez de línea, de banda*. || Que aprecia el mérito de una cosa. || — *El juez soberano*, Dios. || *Juez de instrucción*, el ordinario que conoce en primera instancia de los asuntos civiles y en lo criminal dirige la instrucción de los sumarios por delitos cometidos en su jurisdicción. || *Juez de paz*, en algunos países, el encargado de resolver los pleitos menores.

jugada f. Acción de jugar: *una buena jugada*. || Lance de juego || *Fig.* Treta, jugarreta: *hacer una mala jugada*.

jugador, ra adj. y s. Persona que juega. | Persona que tiene el vicio de jugar. | Hábil en un juego. || — *Jugador de manos*, prestidigitador. || *Jugador de ventaja*, fullero.

***jugar** v. t. e i. Entretenerse, divertirse: *jugar al ajedrez, a las damas; jugar una partida de dominó*. || Tomar parte en juegos de azar: *jugar a la lotería, a las carreras de caballos*. || Tomar parte en los juegos de equipo: *jugar en el Real Madrid; jugar un partido de fútbol*. || *Fig.* No dar la importancia debida: *no hay que jugar con la salud*. || Moverse ciertas cosas: *una puerta que juega*. || Hacer juego: *un mueble que juega con otro*. || Intervenir: *jugar en un asunto*. || — *Jugar a la Bolsa*, efectuar operaciones bursátiles. || *Jugar del vocablo*, manejar las palabras para conseguir un efecto verbal. || *Jugar limpio*, jugar sin engaños ni trampas. || — V. t. Manejar un arma: *jugar el sable*. || Arriesgar: *jugar diez euros a la lotería*. || Echar una carta: *mejor no jugar el as de bastos ahora*. || — V. pr. Sortearse. || Arriesgar: *jugarse la vida*. || Estar en juego: *lo que se juega es el porvenir del país*. || *Fam. Jugársela a uno*, hacerle una mala pasada.

jugarreta f. *Fig. y fam.* Vileza, mala jugada: *hacer una jugarreta a uno*.

juglar m. En la Edad Media, trovador, el que se ganaba la vida recitando versos y tocando música.

juglaresco, ca adj. Relativo al juglar: *poesía juglaresca*.

juglaría y **juglería** f. Arte o cosa propia de los juglares.

jugo m. Zumo de una sustancia animal o vegetal: *jugo de naranja, de carne*. || Líquido orgánico: *jugo gástrico, pancreático*. || *Fig.* Lo más sustancial de una cosa: *sacar el jugo de un libro*.

jugosidad f. Calidad de jugoso.

jugoso, sa adj. Que tiene jugo. || *Fig.* Sustancioso. | Sabroso: *prosa jugosa*.

juguete m. Objeto con que se entretienen los niños: *un juguete mecánico*. || *Fig.* Lo que se abandona a la acción de una fuerza: *la barca era juguete de las olas*. || Obra musical o teatral ligera: *juguete lírico*.

juguetear v. i. Divertirse jugando.

jugueteo m. Acción de juguetear.

juguetería f. Comercio de juguetes. || Tienda donde se venden.

juguetón, ona adj. Aficionado a juguetear.

juicio m. Acción de juzgar. || Facultad de distinguir el bien del mal y lo verdadero de lo falso: *tener el juicio recto*. || Operación mental que compara dos ideas. || Opinión: *a mi, a su juicio*. || Sana razón: *estar (o no) en su juicio*. || *Fig.* Sentido común, cordura: *buen juicio*. || Decisión o sentencia de un tribunal: *juicio sin apelación*. || — *Juicio de Dios*, uno de las pruebas a que se sometía a los acusados cuando faltaban pruebas materiales. || *Juicio Final*, el que, según la religión católica, ha de pronunciar Dios al fin del mundo. || *Perder el juicio*, volverse loco. || *Poner en tela de juicio*, juzgar, someter a examen.

juicioso, sa adj. Que tiene juicio. || Hecho con juicio, sensato: *acción juiciosa*. || Atinado, acertado.

juilón, ona adj. *Méx.* Cobardón, pusilánime.

jujeño, ña adj. y s. De Jujuy (Argentina).

julepe m. Cierto juego de naipes. || *Fig. y fam.* Reprimenda. | Ajetreo, trabajo. || *Amer.* Miedo.

julepear v. t. *Amer.* Asustar. | Fatigar.

juliana f. Sopa hecha con legumbres y hierbas picadas.

juliano, na adj. Relativo a Julio César. || — *Año juliano*, el de 365 días y seis horas. || *Era juliana*, la que empieza con la reforma del calendario por Julio César.

julias adj. y s. f. pl. *Arg.* Dícese de las fiestas conmemorativas de la Independencia argentina (9 de julio de 1816).

julio m. Séptimo mes del año. || *Fís.* Unidad de trabajo, de energía o de cantidad de calor equivalente al trabajo producido por una fuerza de 1 newton, cuyo punto de aplicación se traslada un metro en la dirección de la fuerza. (V. JOULE.)

jumento, ta m. y f. Asno.

jumera f. *Fam.* Borrachera.

jumil m. *Méx.* Nombre de varios insectos hemípteros.

jumo, ma adj. *Amer.* Borracho.

juncáceas f. pl. Familia de plantas monocotiledóneas, cuyo tipo es el junco (ú. t. c. adj.).

juncal m. Sitio poblado de juncos. || — Adj. Esbelto: *talle, mozo juncal*.

juncar m. Juncal.

juncia f. Planta herbácea de la familia de las ciperáceas, medicinal y olorosa.

junco m. Planta de la familia de las juncáceas, de tallos rectos, lisos y flexibles que se cría en parajes húmedos. || Varilla que sirve para enmarcar un cuadro. || Bastón delgado. || Embarcación pequeña usada en Extremo Oriente.

jungla f. Sabana muy espesa y exuberante en la India.

juniense adj. y s. De Junín (Perú).

junino, na adj. y s. De Junín (Argentina).

junio m. Sexto mes del año.

júnior m. Religioso novicio. || Deportista comprendido entre las edades de 17 a 21 años. || El más joven entre dos del mismo apellido: *Ramírez, júnior*.

junquera f. Junco. || Juncal.

junqueral m. Juncal.

junquillo m. Narciso. || Bastón delgado. || Junco de Indias. || Varilla. || *Arq.* Moldura.

junta m. Reunión de varias personas para tratar un asunto: *junta directiva*. || Cada una de las reuniones que celebran: *junta semanal*. || Unión de dos o más cosas. || Juntura: *junta de culata*. || *Mar.* Empalme, costura. || Nombre que se da a ciertos gobiernos de origen insurreccional. || Órgano administrativo: *Junta de Asistencia Técnica*.

juntar v. t. Unir unas cosas con otras. || Acopiar, amontonar: *juntar dinero*. || Reunir: *juntar amigos en su casa*. || Entornar: *juntar las puertas o las ventanas*. || — V. pr. Reunirse. || Arrimarse.

junto, ta adj. Unido, cercano: *vivían juntos; puesto junto*. || — Adv. Cerca: *junto al pueblo*. || Al lado. || A la vez: *lo hicieron juntos*.

juntura f. Parte en que se juntan dos o más cosas. || *Anat.* Punto donde se unen dos huesos.

jupiteriano, na o **jupiterino, na** adj. Propio de Júpiter.

jura f. Solemnidad en que se jura fidelidad.

jurado, da adj. Que ha prestado juramento: *guarda jurado*. || Que ha hecho promesa de hacer algo. || — M. Tribunal cuyo cargo es juzgar el hecho, quedando al cuidado de los magistrados la designación de la pena: *jurado popular*. || Individuo de dicho tribunal. || Conjunto de examinadores de un certamen o competición deportiva: *jurado calificador*. || Jurado de empresa, organismo encargado de las cuestiones sociales en una empresa.

juramentado, da adj. Que ha prestado juramento: *traductor juramentado.*

juramentar v. t. Tomar juramento. || — V. pr. Comprometerse con juramento.

juramento m. Afirmación o negación de una cosa poniendo por testigo a Dios. || Voto, reniego: *soltar juramentos.*

jurar v. t. Afirmar con juramento: *jurar por Dios o los santos.* || Reconocer solemnemente la soberanía de un príncipe o jefe: *jurar acatamiento.* || Obligarse con juramento a los preceptos constitucionales de un país, estatutos de órdenes religiosas, deberes de determinados cargos, etc. || — V. i. Echar votos, renegar. || — V. pr. *Fam.* Jurársela a uno, asegurar que se vengará de él.

jurásico, ca adj. y s. m. *Geol.* Aplícase al terreno sedimentario que sigue cronológicamente al triásico y precede al cretácico.

jure (de) loc. lat. De derecho: *reconocer de jure a un gobierno.*

jurel m. Pez marino.

jurero, ra m. y f. *Chil.* y *Ecuad.* Persona que presta falso testimonio.

juridicidad f. Tendencia al predominio de las soluciones jurídicas en los asuntos políticos y sociales.

jurídico, ca adj. Que atañe al Derecho, o se ajusta a él.

jurisconsulto m. Jurista.

jurisdicción f. Autoridad para gobernar. || Término, extensión de un lugar: *jurisdicción municipal, provincial.* || Territorio en que un juez ejerce su autoridad. || Autoridad o dominio sobre otro: *caer bajo la jurisdicción de uno.*

jurisdiccional adj. Relativo a la jurisdicción: *mar jurisdiccional.*

jurispericia f. Jurisprudencia.

jurisperito m. Versado en jurisprudencia.

jurisprudencia f. Ciencia del Derecho. || Conjunto de las decisiones de los tribunales sobre una materia. ||

Hecho que sirve de punto de referencia en el caso en que hay que fallar en una materia que no está cubierta o determinada por ninguna ley escrita.

jurista com. El que estudia o profesa la ciencia del Derecho.

justa f. Combate singular a caballo y con lanza. || Torneo. || *Fig.* Certamen: *justa poética.*

justicia f. Virtud que nos hace dar a cada cual lo que le pertenece. || Derecho, equidad: *obrar con justicia.* || Calidad de justo: *la justicia de una decisión.* || *For.* Derecho de pronunciar sentencias y de castigar los delitos: *administrar justicia.* | Conjunto de los tribunales y magistrados. || *Fam.* Pena de muerte. || *Teol.* Una de las cuatro virtudes cardinales. || — M. *Justicia mayor,* en Aragón, magistrado supremo que dependía directamente del Rey. (Fue suprimido por Felipe V en 1707.) || *Tomarse uno la justicia por su mano,* vengarse.

justiciable adj. Sujeto a ley o castigo.

justicialismo m. En la Argentina, política social durante el régimen del general Perón.

justicialista adj. Relativo al justicialismo. || — M. y f. Su partidario.

justiciero, ra adj. y s. Que observa estrictamente la justicia. || Severo en el castigo de los delitos.

justificable adj. Que puede justificarse.

justificación f. Motivo que justifica una acción. || Conformidad con lo justo. || Prueba de una cosa. || *Impr.* Anchura de una línea o columna.

justificado, da adj. Conforme a justicia y razón.

justificante adj. y s. m. Dícese de lo que justifica o prueba.

justificar v. t. Demostrar la inocencia: *justificar sus actos* (ú. t. c. pr.). || Hacer que una cosa sea conforme con la justicia. || Probar el fundamento de algo: *justificó las esperanzas que habían puesto en él.* || *Impr.* Igualar el largo de las líneas compuestas.

justificativo, va adj. Que justifica o prueba.

justillo m. Prenda de vestir interior, sin mangas, que ciñe el cuerpo y no baja de la cintura.

justinianeo, a adj. Relativo a Justiniano.

justipreciación f. Evaluación.

justipreciar v. t. Estimar o tasar una cosa.

justiprecio m. Evaluación.

justo, ta adj. Que juzga y obra con justicia y equidad: *persona justa.* || Conforme con la justicia y la equidad: *recompensa justa.* || Legítimo, fundado: *reclamaciones justas.* || Exacto: *medida justa; hora justa.* || Conforme a la razón y a la verdad: *razonamiento justo.* || Apretado, estrecho: *ahora este traje me está justo.* || Que es fiel a la ley de Dios y de la moral (ú. t. c. s. m.). || — Adv. Exactamente, precisamente: *eso es justo lo que te dije.* || Con estrechez: *vivir justo.*

jutia f. Mamífero roedor de las Antillas.

jutiapaneco, ca adj. y s. De Jutiapa (Guatemala).

juvenil adj. Relativo a la juventud: *entusiasmo juvenil.* || — Com. En deportes, júnior.

juventud f. Edad que media entre la niñez y la edad madura. || Conjunto de jóvenes.

juzgado m. Conjunto de los jueces que concurren a dar sentencia. || Tribunal de un solo juez. || Sitio donde se juzga. || Sitio o territorio de su jurisdicción. || Judicatura. || *Juzgado municipal,* el que tiene jurisdicción en materia civil o criminal en asuntos menores.

juzgador m. El que juzga.

juzgar v. t. *For.* Deliberar y sentenciar acerca de la culpabilidad de uno: *juzgar a un reo.* || Resolver una cuestión como juez o árbitro. || Estimar, creer: *juzgar oportuno hacer algo.* || Emitir un juicio sobre una persona o cosa: *no hay que juzgar al prójimo.*

k

k f. Undécima letra del alfabeto castellano y octava de sus consonantes. || — **k**, símbolo de *kilo*.

K, símbolo químico del *potasio*.

ka f. Nombre de la letra *k*.

kabila adj. y s. Tribu de beduinos.

kabuki m. Género teatral japonés con intermedios de cantos y danzas.

káiser m. (pal. alem.). Emperador: *el káiser Guillermo II.*

kakemono m. Pintura japonesa, sobre papel o tela de seda, que se cuelga en las habitaciones.

kaki adj. y s. m. Caqui.

kala-azar m. Enfermedad producida por un parásito protozoario.

kaleidoscopio m. Calidoscopio.

kali m. Planta salsolácea, de hojas espinosas, rica en sosa.

kamichí m. Género de aves zancudas que viven en América del Sur.

kamikase m. Avión suicida japonés.

kan m. Título de príncipe turco-mongol.

kanato m. Cargo o funciones del Kan: *el kanato de Bujara.* || Territorio bajo su jurisdicción.

kantiano, na adj. Relativo a Kant: escuela *kantiana.*

kantismo m. Doctrina filosófica de Kant que se funda en el idealismo crítico.

kaolín m. Caolín.

kappa f. Décima letra del alfabeto griego (κ), que corresponde a la *k* o *c* dura castellana.

karakul m. Caracul.

karate m. Arte marcial japonés basado en el empleo de golpes.

karateca com. Persona que practica karate.

kart m. Pequeño vehículo automóvil de competición que carece de carrocería, embrague, caja de cambios y suspensión, con una cilindrada máxima de 100 cm^3.

katún m. *Méx.* Período de 20 años en el calendario maya.

kayac m. Canoa de pesca de Groenlandia hecha con piel de foca. || Canoa de paseo o deportiva.

kc, símbolo del *kilociclo.*

kcal, símbolo de *kilocaloría.*

kéfir m. Bebida gaseosa fermentada hecha por los montañeses del Cáucaso con suero agriado.

keniata adj. y s. De Kenia.

kenotrón m. Aparato electrónico para rectificar corrientes alternas de poca intensidad y alta tensión.

kepis m. Quepis, gorro militar.

keratina f. Queratina.

keratitis f. Queratitis.

kermes m. Quermes.

kermesse f. Nombre dado en Holanda a las fiestas parroquiales celebradas con motivo de las ferias. || Fiesta de caridad, feria, verbena.

kerosén m. Queroseno.

kg, símbolo del *kilogramo masa.*

kgf, símbolo del *kilogramo fuerza.*

kgm, símbolo del *kilográmetro.*

khan m. Kan.

khedive m. Galicismo por *jedive.*

khmer adj. y s. V. KMER.

kibutz m. Granja colectiva en Israel. (Pl. *kibutzim.*)

kief m. Descanso absoluto entre los orientales.

kieserita f. *Quím.* Sulfato natural de magnesio, de color blanco.

kif m. Cáñamo indio mezclado al tabaco.

kikapú adj. y s. Grupo étnico que vive en el norte de México.

kilo, prefijo que significa *mil*: *kilómetro, kilogramo.* || — M. Kilogramo.

kilocaloría f. Gran caloría (símb., *kcal*), igual a mil calorías.

kilociclo m. Unidad eléctrica de frecuencia (1 000 oscilaciones por segundo) [símb., *kc*].

kilográmetro m. Ant. unidad de trabajo (símb., *kgm*) que equivale al esfuerzo hecho para levantar un peso de un kilogramo a la altura de un metro.

kilogramo m. Peso de mil gramos y unidad principal de masa (símb., *kg*).

kilojulio m. Unidad legal de trabajo en el sistema M. T. S. (símb., *kJ*).

kilolitro m. Medida de capacidad que contiene mil litros.

kilometraje m. Medida en kilómetros.

kilometrar v. t. Medir en kilómetros.

kilométrico, ca adj. Relativo al kilómetro. || *Fig.* y *fam.* Muy largo, interminable: *distancia kilométrica.* || *Billete kilométrico,* el de ferrocarril, dividido en cupones, que permite recorrer un determinado número de kilómetros en un plazo dado.

kilómetro m. Medida de mil metros (símb., *km*). || *Kilómetro cuadrado,* unidad de superficie equivalente al área de un cuadrado cuyos lados miden un kilómetro (símb., *km^2*).

kilovatio m. Unidad de potencia equivalente a 1 000 vatios (símb., *kW*). || *Kilovatio hora,* unidad de trabajo o de energía equivalente al trabajo ejecutado durante una hora por una máquina cuya potencia es de un kilovatio (símb., *kWh*).

kilovoltio m. Unidad de tensión eléctrica equivalente a 1 000 voltios (símb., *kV*).

kilt m. Faldilla de los escoceses.

kimono m. Especie de bata larga y amplia usada por los japoneses.

kindergarten m. (pal. alem.). Jardín de la infancia.

kinesiterapeuta com. Masajista.

kinesiterapia f. Curación por medio de masajes.

kiosco m. Quiosco.

kiwi m. Pájaro corredor de Nueva Zelanda. || Arbusto que se cultiva por su fruto de carne verde y agridulce.

kJ, símbolo del *kilojulio.*

klaxon m. Claxon.

km, símbolo del *kilómetro.* | — *Km^2,* símbolo del *kilómetro cuadrado.*

kmer adj. y s. Individuo de un pueblo indochino, cuyo imperio, en el centro de la actual Camboya, alcanzó una cultura floreciente (templo de Angkor).

knock-down [*nocdaon*] adv. y s. m. inv. (pal. ingl.). Estado de un boxeador derribado a la lona pero sin estar fuera de combate.

knock-out [*nokaut*] adv. y s. m. inv. (pal. ingl.). Fuera de combate. (Se suele abreviar K. O.)

K. O. V. KNOCK-OUT.

koala m. Mamífero marsupial trepador de Australia.

kola f. Género de malváceas de África, cuyos frutos o nueces se usan como excitantes del corazón y del sistema muscular.

kopek m. Copeck.

Kr, símbolo químico del *criptón.*

kraft m. (pal. alem.). Papel para embalajes.

krameria f. Género de arbustos de América del Sur, como la ratania.

krausismo m. Doctrina filosófica de Krause que trata de conciliar el teísmo y el panteísmo.

krausista adj. Relativo al krausismo. || — Com. Partidario de esta doctrina.

krill m. Grupo de crustáceos que forman parte del zooplancton.

kriptón m. Criptón.

kumis m. Leche fermentada de yegua, hecha en Asia central.

kummel m. Licor alcohólico aromático con cominos y fabricado en Alemania y Rusia.

kuna adj. y s. Nombre de un pueblo que habita en Panamá.

kurdo, da adj. y s. Curdo.

kuwaití adj. y s. De Kuwait.

kV, abreviatura de *kilovoltio.*

kW, abreviatura de *kilovatio.*

kwas o **kvask** m. (pal. rusa). Bebida hecha en los países eslavos con harina de cebada fermentada.

KWA

K

I

I f. Duodécima letra del alfabeto castellano y novena de sus consonantes. || — **I**, símbolo de *litro*. || — **L**, letra que tiene el valor de cincuenta en la numeración romana.

la art. determinado femenino singular: *la silla*. || Acusativo del pronombre personal femenino singular de tercera pers.

la m. *Mús.* Nota de música: *la sostenido*. | Sexta voz de la escala musical en *do*. | Signo que la representa.

La, símbolo químico del *lantano*.

label m. (pal. ingl.). Etiqueta.

labelo m. Pétalo superior de la corola de las orquídeas.

laberíntico, ca adj. Relativo al laberinto. || *Fig.* Enmarañado, confuso.

laberinto m. Lugar artificiosamente formado de intrincados caminos y rodeos en el que es muy difícil encontrar la salida: *el laberinto de Creta*. || *Fig.* Cosa confusa y enredada: *un laberinto de papeleos*. || *Anat.* Oído interno.

labia f. *Fam.* Gran facilidad de palabra: *hombre de labia*.

labiadas f. pl. Familia de plantas dicotiledóneas gamopétalas con la corola dividida en dos lóbulos (ú. t. c. adj.).

labial adj. Relativo a los labios: *músculos labiales*. || Dícese de la consonante que se pronuncia con los labios, como *b*, *p* (ú. t. c. s. f.).

labializar v. t. Dar sonido labial.

labiérnago m. Arbusto oleáceo de ramas mimbreñas.

labihendido, da adj. Que tiene hendido o partido el labio superior.

labio m. Cada una de las partes exteriores de la boca que cubren la dentadura: *labios abultados*. || Borde de una cosa: *los labios de una herida, de un vaso*. || Órgano del habla: *su labio enmudeció; nunca le ofendieron mis labios*. || Lóbulo de ciertas flores. || — *Fig. Cerrar los labios,* callar. | *Estar pendiente de los labios de uno,* estar muy atento a lo que dice. | *No despegar o descoser los labios,* no hablar. | *No morderse los labios,* decir claramente lo que se está pensando.

labiodental adj. y s. f. *Gram.* Aplícase a las consonantes que se pronuncian con los dientes y los labios, como *f* y *v*.

labor f. Trabajo: *las labores de la casa*. || Adorno tejido o ejecutado en una tela: *una blusa con labores*. || Obra de

costura o bordado: *labores de aguja*. || Escuela donde se enseñan labores a las niñas: *escuela de labor*. || Vuelta de arado que se da a la tierra, labranza: *dar dos labores al trigal*. || Tabaco manufacturado. || *Min.* Excavación. || *Sus labores,* sin profesión.

laborable adj. Que se dedica al trabajo: *día laborable*. || Que se puede labrar.

laboral adj. Relativo al trabajo: *accidente laboral; agregado laboral*. || Dedicado a la enseñanza de ciertos oficios especializados: *universidad laboral*.

laborar v. t. Labrar. || — V. i. Trabajar, obrar con algún designio: *laborar por el bien*.

laboratorio m. Local dispuesto para hacer investigaciones científicas: *laboratorio químico*. || Sitio donde se efectúan trabajos fotográficos, como el revelado, etc. || En una farmacia, cuarto donde se preparan los medicamentos y se hacen los análisis.

laborear v. t. Trabajar una cosa. || Hacer excavaciones: *laborear una mina*.

laboreo m. Labranza del campo. || Explotación de una mina y los trabajos que son necesarios.

laborero m. *Bol., Chil.* y *Per.* Capataz, persona que dirige una labor.

laboriosidad f. Aplicación al trabajo.

laborioso, sa adj. Trabajador: *un joven muy laborioso*.

laborismo m. Partido político socialista británico.

laborista adj. y s. Perteneciente o relativo al *Labour Party* o Partido Laborista.

labra f. Tallado de piedras, madera, etc.

labradero, ra y **labradío, a** adj. Laborable.

labrado, da adj. Dícese de las telas o géneros que tienen alguna labor en contraposición a los lisos. || — M. Campo labrado.

labrador, ra adj. y s. Que labra la tierra. || — M. y f. Cultivador, agricultor.

labradorita f. *Min.* Feldespato laminar iridiscente.

labrantío, a adj. Aplícase al campo de labor: *tierras labrantías*.

labranza f. Cultivo de la tierra.

labrar v. t. Trabajar una materia: *labrar piedra, madera, metales* (ú. t. c. i.). || Dar una forma: *labrar un bloque de mármol*. || Cultivar la tierra. || Arar.

|| Llevar una tierra en arrendamiento. || Coser, bordar. || *Fig.* Causar, hacer: *labrar la felicidad*.

labriego, ga m. y f. Agricultor.

labro m. Labio superior de la boca de algunos insectos.

laburar v. i. *Arg., Bol., Chil., Parag., Per.* y *Urug.* Trabajar (ú. t. c. t.).

laburo m. *Arg., Bol., Chil., Parag., Per.* y *Urug.* Trabajo: *hoy tengo mucho laburo*.

laca f. Resina de color encarnado oscuro extraída de ciertas plantas de Oriente. || Sustancia aluminosa de color, que se emplea en pintura: *laca amarilla*. || Barniz de China muy hermoso, de color rojo o negro. || Objeto pintado de laca o maque. || Sustancia incolora que se aplica al pelo para fijarlo. || Barniz para colorear las uñas.

lacandón adj. y s. Dícese del individuo de una tribu maya casi extinguida de la cuenca del río Usumacinta.

lacayo m. Criado de librea. || *Fig.* Persona servil.

laceador m. *Amer.* Peón que lacea las reses.

lacedemonio, nia adj. y s. De Lacedemonia.

laceración f. Acción y efecto de lacerar o lastimar.

lacerado, da adj. Infeliz.

lacerante adj. Hiriente. || Agudo: *dolor lacerante*. || Desgarrador: *grito lacerante*.

lacerar v. t. Lastimar, magullar, herir (ú. t. c. pr.). || *Fig.* Dañar, perjudicar: *lacerar la honra, la reputación*. | Herir. | Desgarrar: *lacerar el corazón*.

lacero m. Cazador de animales con lazo. || Empleado municipal que recoge los perros vagabundos.

lacértidos m. pl. Orden de reptiles como los lagartos, camaleones, chacones, etc. (ú. t. c. adj.).

lacetano, na adj. y s. De Lacetania.

lacha f. Haleche, boquerón. || *Fig.* Vergüenza, pundonor. | Gracia: *¡qué mala lacha tienes!*

lacio, cia adj. Marchito, mustio. || Dícese del cabello liso, sin ondular. || *Fig.* Abatido, flojo.

lacón m. Brazuelo del cerdo.

lacónico, ca adj. Breve, conciso, compendioso.

laconismo m. Concisión.

lacra f. Señal dejada por una enfermedad o achaque. || *Fig.* Defecto, tara, vicio: *las lacras de la sociedad.* | Plaga, miseria.

lacrado m. Sellado de una carta con lacre.

lacrar v. t. Cerrar con lacre.

lacre m. Barra de goma laca que sirve para cerrar y sellar cartas. || — Adj. Rojo.

lacrimal adj. De las lágrimas.

lacrimógeno, na adj. Que hace llorar: *gas lacrimógeno.*

lacrimoso, sa adj. Que tiene lágrimas. || Que mueve a llanto.

lactación f. Amamantamiento.

lactancia f. Lactación. || Período de la vida en que la criatura mama. || Secreción de la leche.

lactante adj. y s. m. Dícese del niño que mama.

lactar v. t. Amamantar: *lactar a una criatura.* || Criar con leche. || — V. i. Mamar la leche.

lactasa m. Diastasa que convierte la lactosa en glucosa y galactosa.

lacteado, da adj. Que contiene leche: *harina lacteada.*

lácteo, a adj. Relativo o parecido a la leche: *producto lácteo.* || Que consiste en leche: *dieta láctea.*

láctico, ca adj. *Quím.* Aplícase a un ácido orgánico que se encuentra en el suero de la leche.

lactífero, ra adj. Que conduce la leche: *vasos lactíferos.*

lactosa f. Azúcar de la leche compuesta de glucosa y galactosa.

lacustre adj. Relativo a los lagos: *plantas, viviendas lacustres.*

ladear v. t. Inclinar y torcer una cosa hacia un lado: *ladear un clavo.* || *Fig.* Soslayar, esquivar: *ladear una dificultad.* || — V. i. Inclinarse (ú. t. c. pr.). || Andar por las laderas. || *Fig.* Desviarse del camino recto. || — V. pr. Inclinarse a algo. || Doblarse.

ladeo m. Torcimiento; desviación: *el ladeo de un carruaje.*

ladera f. Vertiente de un monte.

ladierno m. *Bot.* Aladierna.

ladilla f. Piojo del pubis.

ladillo m. *Impr.* Título breve colocado al margen de la plana.

ladino, na adj. Aplícase al romance o castellano antiguo, retorromano. || Que habla una o varias lenguas extranjeras. || *Fig.* Astuto. || — Adj. y s. *Amer.* Dícese del indio o negro que habla bien el español. || — M. Retorromano. || Judeo-español.

lado m. Parte del cuerpo de la persona o del animal, comprendida entre el brazo y el hueso de la cadera. || Lo que está a la derecha e izquierda de un todo. || Cualquiera de los parajes que están alrededor de un cuerpo: *por el lado del río.* || Sitio, lugar: *déjame un lado.* || *Geom.* Cada una de las líneas que forman el contorno de una figura. || Anverso o reverso de una medalla o

moneda. || Cada una de las dos caras de una cosa. || Línea genealógica: *lado paterno, materno.* || Opinión, punto de vista, partido: *estoy a su lado.* || *Fig.* Aspecto: *tiene un lado bueno.* | Camino: *se fueron cada uno por su lado.* || — *Fig. Al lado,* muy cerca. || *Al lado de,* en comparación con. | *Dar de lado a uno,* evitar su compañía. | *Dejar a un lado o de lado,* hacer caso omiso de. || *De un lado para otro,* de un sitio a otro; por todas partes.

ladrador, ra adj. Que ladra.

ladrar v. i. Dar ladridos: *el perro ladra.* || *Fig.* y *fam.* Amenazar, enseñar los dientes. | No armonizar dos o varios colores.

ladrido m. Voz del perro. || *Fig.* y *fam.* Murmuración. | Grito o respuesta áspera.

ladrillado m. Solería.

ladrillal y **ladrillar** m. Fábrica de ladrillos, tejas, etc.

ladrillar v. t. Enladrillar.

ladrillazo m. Golpe con un ladrillo. || *Fig.* y *fam.* Cosa pesada.

ladrillera f. Molde para hacer ladrillos. || Fábrica de ladrillos.

ladrillero m. Fabricante o vendedor de ladrillos.

ladrillo m. Arcilla cocida, en forma de paralelepípedo rectangular utilizada para construir paredes. || Baldosín para solar habitaciones, etc. || *Fig.* Lo que tiene forma parecida a la de estos paralelepípedos: *ladrillo de chocolate.* || *Fam.* Cosa muy pesada.

ladrón, ona adj. y s. Dícese de la persona que hurta o roba. || — M. Portillo hecho en una presa para robar agua. || Casquillo de bombilla con enchufes para conectar con la instalación eléctrica. | Pavesa que se pega a la vela.

ladronera f. Guarida de ladrones.

ladronería f. Latrocinio.

ladronzuelo, la m. y f. Ratero.

lagaña f. Legaña.

lagar m. Sitio donde se pisa la uva o se prensa la aceituna.

lagarejo m. Lagar pequeño.

lagarta f. Hembra del lagarto. || *Fig.* y *fam.* Mujer astuta. | Mujer mala.

lagartear v. i. *Fam.* Andar con rodeos.

lagartija f. Lagarto pequeño.

lagarto m. Reptil saurio insectívoro. || Bíceps, músculo del brazo. || *Fig.* y *fam.* Hombre astuto. || Espada roja de la orden de Santiago. || — Interj. ¡Toquemos madera! (se dice contra la mala suerte).

lagartón, na m. y f. *Fam.* Persona astuta o mala.

lago m. Gran masa de agua depositada en hondonadas del terreno.

lágrima f. Líquido salado, segregado por dos glándulas situadas debajo de los párpados y encima de los globos oculares que humedece la conjuntiva y penetra en las fosas nasales por las carúnculas lacrimales: *con los ojos arrasados de lágrimas.* || *Fig.* Pequeña can-

tidad de vino o de licor. | Humor destilado por ciertas plantas. || — Pl. *Fig.* Adversidades, penas, dolores: ¡cuántas *lágrimas me costó mi vida aventurera!* || — *Con la voz empapada en lágrimas,* con voz triste, plañidera. || *Deshacerse en lágrimas* o *llorar a lágrima viva,* llorar mucho. || *Hacer saltar las lágrimas,* provocar el llanto. || *Fig. Lágrimas de cocodrilo,* aquellas que son fingidas. | *Méx. Lágrimas de Job,* el acacoyol. || *Fig. Lo que no va en lágrimas va en suspiros,* se pasa la vida quejándose. | *Llorar lágrimas de sangre,* arrepentirse. | *Ser el paño de lágrimas de alguien,* ser su consuelo y su confidente.

lagrimal adj. Dícese de los órganos de secreción y excreción de las lágrimas: *conductos lagrimales.* || — M. Extremidad del ojo próxima a la nariz.

lagrimear v. i. Llorar.

lagrimeo m. Acción de lagrimear || Flujo de lágrimas involuntario.

lagrimoso, sa adj. Dícese de los ojos húmedos de lágrimas. || Que mueve a llanto. || Lloroso.

laguna f. Lago pequeño. || *Fig.* Interrupción en el texto de un escrito. | Lo que falta para que una cosa sea completa: *las lagunas de una educación.* | Olvido: *lagunas de memoria.*

lagunero, ra adj. y s. De La Laguna (Tenerife).

lagunoso, sa adj. Pantanoso.

laicismo m. Doctrina que defiende la independencia del Estado de toda influencia eclesiástica.

laicista com. Partidario del laicismo.

laicización f. Acción y efecto de laicizar.

laicizar v. t. Eliminar el carácter religioso de una cosa.

laico, ca adj. Que no pertenece a la Iglesia o al clero.

laísmo m. Empleo defectuoso de *la, las* en lugar de *le, les* en el dativo del pronombre personal femenino *ella* como en *la dijeron* en vez de *le dijeron* o *las sucedió* por *les sucedió.*

laísta adj. y s. Que emplea *la* o *las* en lugar de *le* o *les.* (V. LAÍSMO.)

laja f. Piedra lisa.

lakismo m. Escuela poética de los lakistas.

lakista adj. y s. Aplícase a los poetas ingleses Wordsworth, Coleridge, Southey y otros que utilizaron como tema de sus composiciones la descripción de los lagos del NO. de su país.

lama m. Cieno, lodo. || Ova, alga. || Tela de oro o plata muy brillante. || Arena muy menuda de ríos y arroyos. || Sacerdote budista del Tíbet y Mongolia. || *Dalai lama,* jefe supremo de la religión budista.

lamaísmo m. Forma particular del budismo en el Tíbet y Mongolia.

lamaísta adj. Adepto del lamaísmo.

lambareño, ña adj. y s. De Lambaré (Paraguay).

lambda f. Undécima letra del alfabeto griego λ equivalente a la *l* castellana.

L

lambetear v. t. *Arg., Col., Cub., Méx., Nicar.* y *Urug.* Lamer. || *Méx.* y *Urug.* Adular.

lambiche adj. y s. *Méx.* Servil, adulador.

lambiscón adj. y s. *Méx.* Adulador, lambriche.

lambriche adj. y s. *Méx.* Adulador, zalamero, lambiscón.

lamé m. Galicismo por *lama*, tejido.

lamedor, ra adj. y s. Que lame.

lamedura f. Lamido.

lamelibranquios m. pl. Clase de moluscos que tienen una concha de dos valvas (mejillones, ostras, almejas, etc.) [ú. t. c. adj.].

lamelicornios m. pl. Suborden de insectos coleópteros del tipo de los abejorros, escarabajos, etc. (ú. t. c. adj.).

lamelirrostros m. pl. Grupo de aves que tienen el pico provisto de laminillas, como los patos (ú. t. c. adj.).

lamentable adj. Digno de compasión: *situación lamentable.* || Lastimoso: *estar en un estado lamentable.* || Que infunde tristeza y horror: *voz, rostro lamentable.* || Malo: *espectáculo lamentable.*

lamentación f. Queja con llanto, suspiro u otra muestra de dolor.

lamentador, ra adj. y s. Que lamenta o se lamenta.

lamentar v. t. Sentir, deplorar: *lamentó este accidente.* || – V. pr. Quejarse.

lamento m. Lamentación, queja.

lameplatos com. inv. *Fig.* y *fam.* Goloso. | Persona que se alimenta de sobras por ser muy pobre.

lamer v. t. Pasar repetidas veces la lengua por algo (ú. t. c. pr.). || *Fig.* Pasar suavemente por un sitio: *las olas lamen las rocas.*

lamero m. *Méx.* Parte del tren de lavado de minerales.

lameteo m. *Fam.* Adulación interesada.

lametón m. Lengüetada.

lamido, da adj. *Fig.* Flaco, macilento. | Muy aseado. | Relamido, muy pulcro. | Hablando de un cuadro, demasiado retocado. || – M. Acción de lamer.

lámina f. Plancha delgada de un metal: *lámina de plata, de oro.* || Plancha grabada: *láminas al agua fuerte.* || Grabado: *las láminas de un libro.* || Chapa, plancha delgada de una materia. || Limbo, parte más ancha de las hojas, pétalos y sépalos. || Parte delgada y plana de los huesos, cartílagos, tejidos y membranas. || *Fig.* Aspecto, figura: *toro de buena lámina.*

laminación f. Laminado.

laminado, da adj. Reducido a láminas. || Cubierto de láminas de metal. || – M. Reducción a chapa, a plancha: *tren de laminado.* || Producto reducido a láminas.

laminador m. Máquina provista de dos cilindros que giran en sentido contrario para reducir el metal a láminas. || Operario que lamina el metal.

laminar adj. De forma de lámina. || Hojoso, foliáceo.

laminar v. t. Deformar un producto por compresión entre dos cilindros para modificar su constitución interna y su forma al alargarlo y disminuir su espesor: *laminar el hierro.* || Cubrir con láminas.

laminoso, sa adj. Aplícase al cuerpo de textura laminar.

lampa f. *Bol., Chil., Ecuad.* y *Per.* Azada.

lampalagua f. Anaconda.

lámpara f. Aparato, provisto de una o varias bombillas, que da luz artificial: *lámpara de mesa, de pie.* || Bombilla eléctrica. || Tubo en el que se ha hecho el vacío, con varios electrodos, utilizado en radio y en televisión para emitir, captar, amplificar o rectificar corrientes oscilantes: *lámpara diodo, triodo.* || Mancha de aceite o grasa. || – *Lámpara Davy, de seguridad o de minero,* la empleada para evitar los peligros de explosiones de grisú. || *Lámpara de arco,* la que utiliza la diferencia de potencial de dos electrodos de carbón para producir energía luminosa.

lamparería f. Taller, tienda o almacén del lamparero.

lamparero, ra m. y f. Fabricante o vendedor de lámparas. || Encargado de las lámparas o faroles.

lamparilla f. Lámpara pequeña.

lamparista com. Lamparero.

lamparón m. Mancha de aceite. || *Med.* Escrófula en el cuello. || *Veter.* Enfermedad de los solípedos.

lampazo m. Planta compuesta de flores purpúreas. || *Mar.* Estropajo de filástica para secar la humedad de las cubiertas y costados de las embarcaciones.

lampear v. t. *Bol., Chil., Ecuad.* y *Per.* Remover la tierra con la lampa. || *Chil.* Encuadrar o desbastar los troncos.

lampiño, ña adj. Sin barba.

lamprea f. Pez ciclóstomo de mar y de río, de cuerpo cilíndrico y liso, apreciado por su carne.

lana f. Pelo de las ovejas, de los carneros o de otros rumiantes. || Tejido e hilo hecho con este pelo. || – *Fig.* y *fam. Cardarle a uno la lana,* reñirle severamente. || *Fig. Ir por lana y volver trasquilado,* sufrir pérdida en una cosa en que se creía uno que iba a ganar o sacar provecho. || *Lana de vidrio,* fibra de vidrio que se emplea como aislante térmico.

lanar adj. Que tiene lana.

lance m. Lanzamiento. || Acción de arrojar la red para pescar. || Acontecimiento, circunstancia, ocasión. || Trance, situación crítica: *un lance apretado.* || Aventura: *lance de amor.* || Jugada de naipes. || Riña: *lance de honor.* || Pericia en una obra de teatro. || Arma que arroja la ballesta. || Suerte de capa en el toreo. || – *De lance,* de ocasión, de segunda mano. || *Lance de fortuna,* golpe de suerte.

lancear v. t. Herir con lanza. || *Taurom.* Dar lances a un toro.

lanceolado, da adj. *Bot.* Que tiene forma de lanza.

lancero m. Soldado que peleaba con lanza.

lanceta f. *Cir.* Instrumento quirúrgico para abrir tumores, una vena, poner una vacuna, etc.

lancetada f. y **lancetazo** m. Herida hecha con la lanceta.

lancetear v. t. *Amer.* Herir con lanceta.

lancha f. Barca: *lancha salvavidas.* || Piedra plana, laja.

lanchón m. Barcaza.

lancinante adj. Punzante.

lancinar v. i. Punzar un dolor. || *Fig.* Obsesionar, atormentar.

landa f. Páramo arenoso.

landés, esa adj. y s. De Las Landas, región, o de Landes, dep. de Francia.

landó m. Coche hipomóvil de cuatro ruedas y doble capota.

landrecilla f. Trozo de carne redondo en la parte superior de la pierna de la ternera.

lanero, ra adj. De la lana: *industria lanera.* || – M. Comerciante en lanas. || Almacén de lana.

lángara com. *Méx.* Persona que procede con doblez.

langosta f. Insecto ortóptero con patas posteriores saltadoras. || Crustáceo marino de gran tamaño, con cinco pares de patas, pero sin boca, cuya carne es muy estimada. || *Fig.* y *fam.* Lo que destruye una cosa, plaga.

langostero m. Barco para pescar langostas.

langostino m. Crustáceo marino de unos 15 cm de largo, de carne muy apreciada.

languedociano, na adj. y s. De Languedoc.

*languidecer v. i. Estar en un estado de debilidad física o de abatimiento moral. || Carecer de animación: *la conversación languidece.* || Consumirse.

languidez f. Flaqueza, debilidad enfermiza y prolongada de las fuerzas. || Falta de ánimo o vigor.

lánguido, da adj. Falto de fuerzas, débil: *enfermo lánguido.* || Abatido, sin energía: *miradas lánguidas.*

lanífero, ra y **lanígero, ra** adj. Que contiene lana.

lanilla f. Pelillo que queda en el paño. || Lana o tejido de lana finos: *vestido de lanilla.*

lanolina f. Grasa de consistencia sólida hecha con la lana del carnero.

lanoso, sa adj. Que tiene lana. || Parecido a la lana.

lansquenete m. Soldado mercenario alemán (s. XV y XVI).

lantánidos m. pl. *Quím.* Nombre genérico de 15 elementos de tierras raras (ú. t. c. adj.).

lantano m. Metal (La) del grupo de las tierras raras, de número atómico 57.

lanudo, da adj. Lanoso.

lanza f. Arma ofensiva de asta larga y hierro en punta. || Lancero. || Extremidad de una manga de riego. || Palo largo, unido al tiro delantero de un carruaje. || — *Correr lanzas*, participar en torneos. || *Fig. Lanza en ristre*, dispuesto, preparado. | *Romper lanzas por*, salir a la defensa de, defender a alguien.

lanzabombas m. inv. *Mil.* Aparato para lanzar bombas.

lanzacohetes m. inv. *Mil.* Aparato para lanzar cohetes.

lanzada f. Golpe dado o herida hecha con una lanza.

lanzadera f. Instrumento que usan los tejedores para tramar. || En las máquinas de coser antiguas, instrumento que encerraba la canilla. || Sortija cuya piedra tiene la forma de este instrumento.

lanzado m. Manera de pescar con caña y molinete.

lanzador, ra adj. y s. Que lanza: *lanzador de jabalina.*

lanzagranadas m. inv. *Mil.* Aparato para lanzar granadas.

lanzallamas m. inv. *Mil.* Aparato para lanzar líquidos inflamados.

lanzamiento m. Acción de lanzar: *lanzamiento del disco, de un paracaidista.* || Acción de dar a conocer: *el lanzamiento de un producto comercial, de un artista.*

lanzaminas m. inv. *Mil.* Aparato para lanzar minas o torpedos.

lanzaplatos m. inv. Máquina utilizada para lanzar el blanco en el tiro al plato.

lanzar v. t. Arrojar con fuerza: *lanzar una pelota, el disco, la jabalina.* || Decir en voz alta: *lanzar gritos.* || Dar a conocer al público: *lanzar un diario, una actriz.* || Hacer correr un rumor, etc.: *lanzar una acusación.* || Dejar caer, soltar: *lanzar paracaidistas.* || *For.* Despojar de una posesión. || Echar, dirigir: *me lanzaba miradas afectuosas.* || — V. pr. Ir precipitándose en pos de, precipitarse: *lanzarse en persecución de alguien.* || Abalanzarse: *lanzarse al agua.* || *Fig.* Meterse: *lanzarse en el gran mundo, en los negocios.* | Emprender bruscamente o con decisión una acción.

lanzatorpedos m. inv. *Mil.* Aparato para lanzar torpedos.

lanzazo m. Lanzada.

laociano, na adj. y s. De Laos.

laosiano, na adj. y s. De Laos.

lapa f. Molusco gasterópodo de concha cónica aplastada. || Telilla formada en la superficie de un líquido. || *Fig. y fam.* Persona pegajosa y pesada.

lapacho m. Árbol de América del Sur, de la familia de las bignoniáceas, de madera fuerte.

lapicera f. *Amer.* y **lapicero** m. Instrumento en que se pone el lápiz. || Lápiz.

lápida f. Piedra que lleva una inscripción: *lápida mortuoria.*

lapidación f. Acción de apedrear o matar a pedradas.

lapidar v. t. Apedrear, matar a pedradaś. || *Fig. Lapidar con la mirada*, fulminar.

lapidario, ria adj. Relativo a las piedras preciosas o a las lápidas. || *Fig.* Muy conciso: *estilo lapidario.* || — M. El que labra piedras preciosas y comercia en ellas. || Marmolista.

lapidificar v. t. Convertir en piedra.

lapilli m. pl. (pal. ital.). Pequeños trozos de proyección volcánica.

lapislázuli m. Piedra fina azul compuesta de silicato de aluminio, de sodio y azufre.

lapita adj. y s. Habitante de un pueblo mitológico de Tesalia que luchó contra los centauros en la boda de Piritoo.

lápiz m. Barrita de grafito dentro de una funda de madera con que se escribe o dibuja: *escribir a (o con) lápiz.* || Barrita cilíndrica empleada para maquillarse o como medicamento: *lápiz de labios.*

lapón, ona adj. y s. De Laponia. || — M. Lengua que hablan los lapones.

lapso, sa (Ant.). Que ha incurrido en un error o delito. || — M. Espacio de tiempo. || Lapsus.

lapsus m. (pal. lat.). Error, desliz, equivocación. || — *Lapsus cálami*, error cometido al escribir. || *Lapsus linguae*, error cometido al hablar.

laque m. *Amer.* Boleadoras.

laquear v. t. Barnizar con laca.

lar m. Hogar (fuego). [V. tb. LARES.]

lardáceo, a adj. Parecido al tocino.

lardar y **lardear** v. t. Poner tocino. || Mechar.

lardo m. Tocino. || Grasa.

larense adj. y s. De Lara (Venezuela).

lares m. pl. Entre los romanos, dioses protectores del hogar. || *Fig.* Hogar, casa propia.

larga f. El más largo de los tacos de billar. || *Taurom.* Pase hecho con la capa extendida. || — Pl. Dilación, retraso: *dar largas a un asunto.* || *A la larga*, después de mucho tiempo.

largar v. t. Aflojar, ir soltando poco a poco. || *Mar.* Hacerse a la mar. || *Fam.* Decir: *largar una palabrota, un discurso.* | Dar: *largar un bofetón, una multa, una buena propina.* || Tirar, deshacerse de algo: *largar un coche viejo.* || Arrojar. || — V. pr. *Fam.* Marcharse, irse.

larghetto [*largueto*] adv. (pal. ital.). *Mús.* Movimiento menos lento que el largo. || — M. Música tocada con este compás.

largo, ga adj. Que tiene longitud considerable: *un camino muy largo.* || Que dura mucho tiempo: *una conferencia muy larga.* || Dícese de la persona muy alta. || Muchos: *largos años.* || Más de la cuenta: *dos millones largos.* || *Fig.* Astuto. | Generoso, dadivoso, liberal. | Dilatado. || *Sílaba o vocal larga*, la que lleva acento. || — M. Largor, longitud: *tener dos metros de largo.* || En deportes, ventaja en la llegada equivalente a la longitud de un caballo, de una bicicleta, etc. || *Mús.* Movimiento pausado

o lento. || Composición escrita en este ritmo. || — *A lo largo de*, en todo el espacio; durante. || *¡Largo de aquí!*, expresión con que se echa a uno. || *Largo y tendido*, extensamente. || *Pasar de largo*, pasar sin prestar atención.

largometraje m. Película larga.

larguero m. Travesaño. || Almohada larga. || Tabla que permite alargar una mesa. || Pieza de la estructura de una máquina.

largueza f. Longitud. || Generosidad.

larguirucho, cha adj. *Fam.* Muy alto y flaco.

largura f. Longitud.

laringe f. Parte superior de la tráquea cuyos cartílagos sostienen las cuerdas vocales.

laringectomía f. Ablación quirúrgica de la laringe.

laríngeo, a adj. Relativo a la laringe.

laringitis f. Inflamación de la laringe.

laringología f. *Med.* Estudio de la laringe y de las afecciones que ésta padece.

laringólogo m. Especialista en laringología.

laringoscopia f. *Med.* Estudio y observación del interior de la laringe.

laringoscopio m. *Med.* Aparato para examinar el interior de la laringe.

laringotomía f. Incisión quirúrgica en la laringe.

larva f. Primera forma de ciertos animales (batracios, insectos, crustáceos, etc.) que, en virtud de metamorfosis, difiere de la que tendrán en estado adulto.

larvado, da adj. *Med.* Dícese de las enfermedades sin síntomas característicos.

las art. determinado de género femenino y número plural: *las manos.* || Acusativo del pronombre personal femenino plural de tercera persona: *las encontró en la calle.*

lasaña f. Plato hecho con capas de pasta intercaladas con carne picada, verdura y otros ingredientes que se acompaña con salsa.

lasca f. Trozo o salta de una piedra. || Lonja de jamón. || *Amer. Fig.* Ventaja, utilidad.

lascadura f. *Méx.* Contusión.

lascar v. t. *Amer.* Descascarar. | *Méx.* Lastimar, magullar.

lascivia f. Propensión a los deleites carnales.

lascivo, va adj. Propenso a la lujuria. || Que excita la lujuria.

láser m. (pal. ingl.). Fuente luminosa que produce una luz coherente muy intensa y se utiliza en biología, telecomunicaciones, etc.

lastex m. Hilado de látex cubierto de fibras textiles (algodón, nylon, etc.), empleado en la confección de fajas, trajes de baño, etc.

lástima f. Compasión que excitan los males de otros: *tener lástima de alguien.* || Objeto que excita la compasión. || Queja, lamentación. || *Fig.* Cosa que causa pena: *es una lástima que no vengas.* || — *Dar lástima*, provocarla. || *De lástima*, lamentable. || *Estar hecho una lástima*, estar destrozado o maltrecho.

lastimadura f. Acción y efecto de lastimar: *se hizo una lastimadura en la rodilla.*

lastimar v. t. Herir, dañar: *estos zapatos me lastiman.* || Compadecer. || *Fig.* Herir, ofender: *lastimado por su conducta.* || *Lastimar los oídos*, ser desagradable de oír. || — V. pr. Hacerse daño: *me lastimé el brazo.*

lastimero, ra adj. Que provoca lástima o compasión: *tono lastimero.*

lastimoso, sa adj. Que da lástima. || Lamentable.

lastra f. Piedra plana.

lastrado m. Colocación de lastre.

lastrar v. t. Poner lastre.

lastre m. Peso que se pone en el fondo de una embarcación o vehículo para facilitar su conducción. || Arena que llevan los globos libres para arrojarla y aliviar su peso cuando convenga: *largar lastre.* | *Fig.* Juicio: *cabeza con lastre.* | Cosa que impide el buen funcionamiento o causa dificultades: *soltar lastre para sacar el negocio adelante.*

lata f. Hoja de lata. || Envase hecho de hoja de lata: *una lata de sardinas.* || Bidón: *lata de aceite.* || Madero en rollo, de menor tamaño que el cuartón. || Tabla delgada sobre la cual se aseguran las tejas. || *Fig. y fam.* Cosa pesada o fastidiosa. | Persona pesada, pelmazo (ú. t. c. m.). || — *Fig. y fam. Dar la lata*, fastidiar. || *¡Qué lata!*, ¡qué molestia!; ¡qué aburrimiento! | *Sin una lata*, sin un céntimo, sin dinero.

latacungueño, ña adj. y s. De Latacunga (Ecuador).

latazo m. *Fig. y fam.* Persona o cosa pesada y molesta.

latente adj. Que no se manifiesta exteriormente, sin síntomas aparentes: *enfermedad latente.*

lateral adj. Que está en un lado: *paredes laterales del cráneo, de un edificio.* || *Fig.* Que no viene por línea recta: *sucesión, línea lateral.* || — M. Costado.

lateranense adj. De San Juan de Letrán.

latería f. Latas de conserva o de productos así envasados.

latero m. Hojalatero.

látex m. Líquido de aspecto lechoso que producen ciertos vegetales: *el caucho es un látex coagulado.*

laticífero, ra adj. y s. m. Que contiene látex: *planta laticífera.*

latido m. Movimiento alternativo de contracción y dilatación del corazón y de las arterias. || Golpe producido por este movimiento.

latiente adj. Que late.

latifundio m. Finca rústica de gran extensión.

latifundista m. Persona que posee uno o varios latifundios.

latigazo m. Golpe con el látigo. || Chasquido del látigo.

látigo m. Azote para pegar y avivar a las caballerías.

latiguear v. i. Dar chasquidos con el látigo. || *Amer.* Azotar.

latigueo m. Chasquido del látigo. || Acción de latiguear.

latiguillo m. Vástago o rama que nace de la base del tallo. || *Fig. y fam.* En el teatro, efecto forzado del actor. | Estribillo, frase o palabra que se repite constantemente. | Triquiñuela, artificio.

latín m. Lengua del antiguo Lacio. || — Pl. *Fam.* Latinajos: *echar latines.* || — *Bajo latín*, el escrito después de la caída del Imperio Romano y durante la Edad Media. || *Latín clásico o sermo urbanus*, el empleado por los escritores del Siglo de Oro de la literatura latina (Caro, Catulo, Virgilio, Horacio, Ovidio, César, Salustio, Tito Livio, Cicerón, etc.). || *Fam. Latín de cocina o macarrónico*, lenguaje formado por palabras castellanas con desinencias latinas. || *Latín vulgar o rústico o sermo rusticus*, lengua popular, usada por la gente de clase media y baja, que la enseñaron a los habitantes de los territorios invadidos dando nacimiento a las lenguas llamadas neolatinas (castellano, portugués, gallego, catalán, francés, italiano, provenzal, valaco, rumano): *Fig. y fam. Saber mucho latín*, estar muy enterado de todo, ser muy astuto.

latinajo m. *Fam. y despect.* Latín macarrónico. | Cita latina.

latinear v. i. Hablar o escribir latín. || *Fam.* Emplear con frecuencia latines o latinajos.

latinidad f. Latín. || Conjunto de pueblos latinos. || *Baja latinidad*, el bajo latín.

latiniparla f. Abuso de latinismos.

latinismo m. Giro propio de una lengua latina. || Su utilización en otras lenguas.

latinista com. Especialista en lengua y literatura latinas.

latinización f. Acción y efecto de latinizar un vocablo, un pueblo.

latinizar v. t. Dar forma o terminación latina a palabras de otra lengua. || Dar carácter, aspecto latino. || — V. i. *Fam.* Latinear.

latino, na adj. y s. Perteneciente al Lacio o a sus habitantes (ú. t. c. s.). || Relativo al latín: *gramática latina.* || Aplícase a la Iglesia de Occidente, en contraposición a la griega. || — *Naciones latinas*, aquellas cuya lengua deriva del latín (España, Portugal, Francia, Italia) y los países latinoamericanos. || *Vela latina*, la de forma triangular.

latinoamericano, na adj. y s. Dícese de los países, personas o cosas de América Latina.

latir v. i. Dar latidos el corazón, el pulso o las arterias. || Punzar una herida.

latitud f. Anchura. || Extensión de un territorio. || *Geogr.* Distancia en el globo al ecuador de la Tierra; clima en relación con la temperatura.

lato, ta adj. Ancho. || Grande. || *Fig.* Dícese del sentido que se da a una palabra fuera del literal.

latón m. Aleación de cobre y cinc (hasta 46 por ciento).

latoso, sa adj. *Fam.* Pesado, fastidioso.

latría f. Adoración.

latrocinio m. Hurto, robo.

laucha f. *Arg. y Chil.* Ratón. | *Fig.* Persona lista. | Persona delgada (ú. t. c. m.). || *Chil.* Alambre de acero.

laúd m. *Mús.* Instrumento de cuerdas, de caja de forma de media pera. || *Mar.* Embarcación pequeña, de vela latina. || Especie de tortuga marina.

laudable adj. Elogiable.

láudano m. Medicamento líquido a base de opio.

laudar v. t. *For.* Fallar el juez árbitro.

laudatorio, ria adj. Elogioso: *frase laudatoria.* || — F. Escrito de alabanza, panegírico.

laudo m. Arbitraje, sentencia de los árbitros o amigables componedores.

lauráceo, a adj. Semejante al laurel. || — F. pl. Familia de plantas dicotiledóneas dialipétalas, como el laurel, el alcanforero, el canelo (ú. t. c. adj.).

laureado, da adj. Coronado de laureles: *efigie laureada.* || Premiado, galardonado: *escritor laureado* (ú. t. c. s.). || Recompensado con la cruz de San Fernando: *general laureado.* || — F. Cruz laureada de San Fernando: *poseer la laureada.* (Es la condecoración más importante en España.)

laurear v. t. Coronar con laureles. || Premiar, galardonar. || Condecorar con la cruz laureada de San Fernando.

laurel m. Árbol de la familia de las lauráceas, de hojas aromáticas, utilizado como condimento. || Nombre de varios árboles americanos. || — Pl. *Fig.* Recompensa, galardón, premio, triunfo: *cosechar laureles.* || — *Fig. Dormirse en los laureles*, no continuar una carrera comenzada con mucho brillo. || *Laurel cerezo o real*, lauroceraso. || *Laurel rosa*, adelfa.

laurencio o **lawrencio** m. Elemento químico transuránico (Lw), de número atómico 103.

láureo, a adj. Del laurel.

lauro m. Laurel. || *Fig.* Alabanza, elogio. | Gloria, triunfo.

lauroceraso m. Árbol rosáceo, de fruto parecido a la cereza.

lava f. Materia en fusión y viscosa que expulsan los volcanes. || *Min.* Lavado de los metales.

lavable adj. Que puede lavarse.

lavabo m. Lavamanos. || Cuarto de aseo. || *Rel.* Lavatorio.

lavacoches m. inv. El que lava los coches.

lavacristales m. inv. El que lava los cristales de una casa.

lavadero m. Lugar donde se lava la ropa. || Sitio donde se lava la arena de un río aurífero o cualquier otro mineral.

lavado m. Acción y efecto de lavar o lavarse. || Aseo de una persona. || *Fam.*

Riña, reprimenda. || Med. Irrigación de una cavidad del cuerpo. || Pintura a la aguada, con un solo color. || *Lavado de cerebro*, procedimiento de interrogación que tiene por objeto hacer confesar al acusado su culpabilidad.

lavador, ra adj. y s. Que lava. || — M. Aparato para lavar o limpiar ciertos productos industriales. || *Amer.* Oso hormiguero. || — F. Máquina de lavar ropa.

lavafrutas m. inv. Recipiente con agua que se pone en la mesa para lavar algunas frutas y enjuagarse los dedos.

lavamanos m. inv. Pila para lavarse las manos.

lavanda f. Espliego.

lavandería f. Establecimiento industrial para lavar la ropa.

lavandero, ra m. y f. Persona que lava la ropa por oficio.

lavandina f. *Arg., Bol., Parag. y Urug.* Líquido clorado que se usa para limpiar y desinfectar ropa, vajilla y suelos.

lavaojos m. inv. Copita llena de un líquido desinfectante, utilizada para dar baños a los ojos.

lavaparabrisas m. inv. Varillas automáticas que sirven para limpiar los parabrisas de los coches cuando llueve.

lavaplatos com. inv. Persona que lava los platos. || — m. inv. *Amer.* Fregadero. || — Adj. inv. Que sirve para fregar los platos: *máquina lavaplatos*.

lavar v. t. Quitar con líquido lo sucio, limpiar con agua u otro líquido: *lavar a fondo*. Ú. t. c. pr.: *lavarse la cara*. || Colorear o dar sombras a un dibujo con aguada. || *Fig.* Hacer desaparecer una mancha, purificar: *lavar del pecado*.

lavativa f. Inyección de un líquido en el intestino grueso por medio de una cánula, ayuda. || Jeringa con que se pone. || *Fig. Fam.* Molestia, fastidio.

lavatorio m. Lavado. || Ceremonia de lavar los pies a los pobres el Jueves Santo, en recuerdo de Jesús que hizo lo mismo con los apóstoles la víspera de la crucifixión. || Ceremonia de rezo que el sacerdote recita en la misa mientras se lava los dedos. || *Amer.* Lavamanos.

lavazas f. pl. Agua sucia después de lavar.

lavotear v. t. *Fam.* Lavar mal (ú. t. c. pr.).

lavoteo m. Acción de lavotear o lavotearse.

laxación f. y **laxamiento** m. Acción y efecto de laxar.

laxante adj. Que laxa o ablanda. || — M. Medicamento purgante contra el estreñimiento.

laxar v. t. Aflojar, soltar. || Tomar un laxante, purgar.

laxativo, va adj. Que laxa. || — M. Laxante.

laxitud f. Aflojamiento.

laxo, xa adj. Flojo, que no está tenso o tirante. || *Fig.* Relajado, libre, amplio.

lay m. Pequeño poema narrativo o lírico, de versos cortos, en la literatura provenzal.

laya f. Calidad, naturaleza, especie: *dos tunantes de la misma laya*. || Pala fuerte para remover la tierra.

layar v. t. Labrar con la laya.

layetano, na adj. y s. De Layetania.

lazada f. Nudo, lazo.

lazar v. t. Apresar, coger o sujetar con lazo.

lazareto m. Establecimiento sanitario donde guardan cuarentena las personas procedentes de países en los que hay enfermedades contagiosas. || Leprosería.

lazarillo m. Guía de un ciego.

lazo m. Nudo apretado hecho con un hilo, cinta, cuerda, etc.; *hacer un lazo*. || Cuerda con un nudo corredizo, utilizada para cazar animales o apresar cualquier otra cosa: *derribó a la res con un lazo*. || Gran curva que se describe en patinaje. || *Fig.* Vínculo: *unidos por los lazos del matrimonio*. | Enlace, unión: *España sirve de lazo entre Europa y América del Sur*. | Trampa: *caer en el lazo*. || *Arq.* Adorno hecho con motivos compuestos sin interrupción.

lazulita f. Lapislázuli.

le dativo del pron. de tercera persona en singular en los dos géneros: *le dije la verdad*. || Acusativo del pron. masculino de tercera persona en singular: *ya le veo*. || Acusativo del pron. masculino de segunda persona en singular cuando se habla de usted: *le vi ayer en la calle, en el café*.

leal adj. Que sigue las reglas del honor, de la probidad, de la rectitud y de la fidelidad: *hombre leal*. || Inspirado por la honradez, la probidad o la rectitud: *servicios leales*. || — Adj. y s. Fiel a un régimen político, a una dinastía: *los leales a la monarquía*.

lebrato m. Cría de liebre.

lebrel adj. y s. m. Dícese de un perro utilizado para cazar liebres.

lebrero, ra adj. y s. Aplícase al perro que caza liebres.

lebrijano, na adj. y s. De Lebrija (Sevilla).

lebrillo m. Barreño ancho.

lección f. Enseñanza dada en una clase a una o varias personas: *una lección de matemáticas*. || Conferencia sobre un tema determinado. || Lo qué un profesor da a sus discípulos para que lo sepan en su clase siguiente: *aprender la lección de memoria*. || Capítulo en que se halla dividido un texto de enseñanza. || *Fig.* Advertencia, consejo dado a alguien para orientar su conducta: *recibir lecciones de moderación*. | Advertencia que, recibida de una persona o sacada de la experiencia, sirve en el futuro de enseñanza: *he recibido muchas lecciones de la vida*. || (P. us.) Lectura. || Cualquier lectura litúrgica y más corrientemente las lecturas del oficio. || — F. Dar a uno una lección, mostrarle con el ejemplo lo que debía haber hecho. || *Lección de cosas*, método de enseñanza elemental consistente en mostrar a los discípulos los objetos usuales o su representación en

dibujos o imágenes. || *Fig. Servir de lección*, servir de advertencia.

lechada f. Cal para blanquear. || Argamasa. || Masa de trapo molido para fabricar papel.

lechal adj. Aplícase al animal que aún mama: *cordero lechal*.

lechar v. t. *Méx.* Blanquear.

leche f. Líquido blanco, opaco, de sabor dulce, segregado por las glándulas mamarias de la mujer y por las de las hembras de los mamíferos: *la leche es un alimento completo y equilibrado*. || Cualquier líquido que tiene alguna semejanza con la leche: *leche de coco*. || *Bot.* Líquido de apariencia lechosa que se encuentra en numerosas plantas. || Cosmético líquido o semifluido que suaviza y refresca la epidermis y sirve también para quitar el maquillaje. || *Fig.* Primer alimento de la mente: *bebió la leche sagrada de las antiguas doctrinas*. || Bebida obtenida con semillas machacadas y maceradas en agua: *leche de almendras*. || — De leche, que se amamanta todavía; que da leche; dícese de dos niños que han sido amamantados por una misma madre. || *Fig. Estar con la leche en los labios*, estar aún en la primera infancia. || *Pop. Estar de mala leche*, estar de muy mal humor. || *Leche condensada*, leche obtenida al quitar un 65 por ciento del agua y a la que se añade azúcar. || *Leche en polvo*, aquella en que se ha quitado toda el agua que contenía. || *Leche esterilizada*, aquella en que se ha destruido toda la flora microbiana y patógena por medio del calor. || *Leche homogeneizada*, aquella en que se han reducido los glóbulos grasos pasándola por un homogeneizador. || *Amer. Leche malteada*, batido de leche. || *Leche pasterizada o pasteurizada*, aquella en la que se han eliminado todos los gérmenes patógenos al hervirla.

lechecillas f. pl. Mollejas de ternera o de cordero. || Asadura.

lechería f. Establecimiento en que se despacha leche.

lechero, ra adj. Que tiene leche: *vaca lechera*. || Relativo a la leche y a sus derivados: *central, cooperativa lechera*. || — M. y f. Comerciante en leche. || — F. Recipiente grande para trasladar la leche y el pequeño en que se conserva. || *Fig. El cuento de la lechera*, fábula en que se hace uno muchas ilusiones sin fundamento y que la realidad deshace.

lechetrezna f. Planta euforbiácea de jugo lechoso y acre.

lechigada f. Cría, camada.

lecho m. Cama: *en el lecho de la muerte*. || Cauce, madre: *el lecho de un río*. | Fondo del mar, de un lago. || Capa: *lecho de arena*. || *Arq.* Superficie de un sillar. || *Geol.* Estrato. || *Fig. Un lecho de rosas*, dícese de una cosa o situación agradable.

lechón m. Cochinillo de leche.

lechoso, sa adj. Semejante a la leche: *líquido, color lechoso*. || Aplícase a las plantas que tienen un jugo semejante a la leche. || — M. Papayo, árbol. || — F. Papaya, fruto.

lechuga f. Planta compuesta cuyas hojas son comestibles: *ensalada de lechuga*. || Lechuguilla del cuello. || Pliegue de una tela. || — *Fam. Como una lechuga*, fresco y lozano. | *Más fresco, que una lechuga*, con mucha caradura.

lechuguilla f. Lechuga silvestre. || Cuello o puño de camisa almidonado con adornos en forma de hojas de lechuga.

lechuguino m. Lechuga pequeña. || *Fig.* y *fam.* Muchacho que se las da de hombre. | Gomoso, dandy.

lechuza f. Ave rapaz nocturna. || *Fig.* Mujer fea y perversa.

lectivo, va adj. Escolar: *año lectivo*. || De clase: *día lectivo*.

lector, ra m. y f. Persona que lee: *los lectores de un periódico*. || Persona que lee en alta voz. || Profesor extranjero, auxiliar en la enseñanza de idiomas: *lector en un instituto*. || Colaborador que lee los manuscritos enviados a un editor. || — M. Una de las cuatro órdenes menores.

lector, ra adj. y s. Dícese del aparato electrónico capaz de transformar señales visuales o sonoras en impulsos magnéticos para procesarlas o reproducirlas, o a la inversa.

lectura f. Acción de leer: *una hora de lectura*. || Cosa leída: *lectura instructiva*. || Arte de leer: *enseñar la lectura a los niños*. || Cultura, erudición. || *Impr.* Cícero.

leer v. t. Conocer y saber juntar las letras: *leer ruso; aprender a leer*. || Comprender lo que está escrito o impreso en una lengua extranjera: *leer alemán*. || Decir en voz alta o pasar la vista por lo que está escrito o impreso: *leer el periódico*. || Enterarse de lo que contiene este texto escrito. || Verificar la lectura: *leer las obras de Cervantes*. || Adoptar cierta versión de: *trozo latino que se lee de tres maneras*. || Darse cuenta del significado de algo, de un sentimiento oculto, interpretando ciertos signos: *leyó en la mirada su profunda desgracia*. || Enseñar el profesor una materia, interpretar un texto. || *Impr.* Corregir: *leer pruebas*. || *Mús.* Comprender el valor de las notas o signos. || — *Leer de corrido*, hacerlo sin dificultad. || *Fig. Leer entre renglones*, adivinar el pensamiento del que escribe sin haberlo éste manifestado claramente.

legacía f. Legación, cargo.

legación f. Cargo y oficio del legado. || Ejercicio de las funciones de un legado. || Misión diplomática de un gobierno en un país en donde no tiene embajada. || Edificio en el que se encuentra esta misión.

legado m. *For.* Disposición testamentaria hecha en beneficio de una persona física o moral. || *Fig.* Lo que una generación transmite a las generaciones que le siguen, herencia. || Cargo diplomático equivalente al de minis-

tro plenipotenciario. || Representante del Papa: *legado pontificio*. || Representante del Senado romano encargado de vigilar la administración de las provincias. || Funcionario romano que administraba las provincias imperiales en nombre del emperador.

legajo m. Carpeta o atado de documentos relacionados con un asunto.

legal adj. Conforme a la ley.

legalidad f. Calidad de legal: *legalidad de una disposición*. || Conjunto de las cosas prescritas por la ley: *la legalidad de un acto*.

legalista adj. y s. Que da primacía al cumplimiento de las leyes.

legalizable adj. Que se puede legalizar.

legalización f. Acción de legalizar. || Certificado o nota con firma y sello que prueba la autenticidad de un documento o firma.

legalizar v. t. Dar estado legal. || Certificar la autenticidad de un documento o firma.

légamo m. Cieno, lodo.

legamoso, sa adj. Cenagoso.

legaña f. Humor viscoso procedente de la mucosa y glándulas de los párpados.

legañoso, sa adj. y s. Que tiene muchas legañas.

legar v. t. Dejar una persona a otra algo en su testamento: *legar sus cuadros a un museo*. || Enviar en legación. || *Fig.* Dejar en herencia, transmitir a sus sucesores: *legar su cultura*.

legatario, ria m. y f. Persona beneficiaria de un legado.

legendario, ria adj. Que pertenece a la leyenda o tiene sus características: *narración legendaria*. || Popularizado por la tradición: *un personaje legendario*.

leghorn f. (pal. ingl.). Raza de gallinas muy ponedoras.

legible adj. Que se puede leer.

legión f. Cuerpo de tropa romana de 6 000 hombres, dividido en diez cohortes. || Cuerpo de tropa en Francia y España, compuesto de soldados voluntarios, generalmente extranjeros. || *Fig.* Gran número de personas. || *Legión de Honor*, orden nacional francesa, creada en 1802 por Bonaparte para recompensar servicios militares y civiles.

legionario, ria adj. De la legión. || — M. Soldado de la legión.

legislación f. Conjunto de leyes por las que se gobierna un Estado. || Ciencia de las leyes. || Cuerpo de leyes que regulan una materia: *legislación mercantil*.

legislador, ra adj. y s. Que legisla: *el legislador Licurgo*.

legislar v. i. Dar o establecer una ley o leyes.

legislativo, va adj. Aplícase al derecho de hacer leyes: *asamblea legislativa*. || Relativo a las leyes. || Dícese del código o cuerpo de las leyes. || Autorizado por una ley: *medidas legislativas*.

legislatura f. Tiempo durante el cual funcionan los cuerpos legislativos. || Cuerpo de leyes. || Período de sesiones de las Cortes o Asambleas deliberantes.

legisperito m. Jurisperito.

legista com. Jurisconsulto. || El que estudia jurisprudencia o leyes.

legítima f. *For.* Parte de la herencia que la ley asigna obligatoriamente a determinados herederos.

legitimación f. Acción y efecto de legitimar. || Acto por el que se legitima un hijo natural.

legitimador, ra adj. Que legitima: *testimonio legitimador*.

legitimar v. t. Probar la legitimidad de algo. || Hacer legítimo al hijo natural. || Habilitar a una persona que es de por sí inhábil. || Justificar.

legitimidad f. Calidad de legítimo: *la legitimidad republicana*.

legitimista adj. y s. Dícese del partidario de una dinastía que considera legítima.

legítimo, ma adj. Que reúne los requisitos ordenados por las leyes. || Dícese de la unión matrimonial consagrada por la ley: *legítima esposa*. || Genuino, verdadero en cualquier línea: *cuero, oro legítimo*. || Justo, equitable: *deseos legítimos*. || *Legítima defensa*, estado de aquel que por defenderse comete un acto prohibido por la ley.

lego, ga adj. Seglar, laico, que no tiene órdenes clericales. || Sin instrucción, ignorante. || Profano, no iniciado: *lego en la materia*. || — M. Religioso que no recibe las órdenes sagradas.

legra f. *Cir.* Raedera.

legración f. y **legrado** m. Raspado: *legración de matriz*.

legrar v. t. *Cir.* Raspar la superficie de un hueso. | Raspar la mucosa del útero.

legua f. Medida itineraria de 5 572 metros. || — *Fig. A la legua*, desde muy lejos. || *Legua de posta*, distancia de cuatro kilómetros. || *Legua marina*, la de 5 555 metros.

leguleyo m. Mal abogado.

legumbre f. Fruto o semilla que se cría en vaina. || *Por ext.* Hortaliza.

leguminosas f. pl. Familia de plantas angiospermas dicotiledóneas cuyo fruto está en una vaina, como la lenteja, el guisante, el garbanzo (ú. t. c. adj.).

lei m. Pl. de *leu*, moneda rumana.

leído, da adj. Aplícase a la persona que ha leído mucho.

leísmo m. *Gram.* Empleo de la forma *le* del pronombre como única en el acusativo masculino singular, por ej.: *aquel juguete no te* LE *doy por no te* LO *doy*.

leísta adj. y s. Partidario del empleo del pronombre *le* como único acusativo masculino.

leitmotiv m. (pal. alem.). *Mús.* Tema conductor. || *Fig.* Frase, fórmula o motivo central que se repite en la obra de un escritor o en un discurso, etc.

lejanía f. Distancia grande. || Paraje lejano: *se ve en la lejanía*.

lejano, na adj. Que está lejos.

lejía f. Disolución de álcalis o carbonatos alcalinos en agua. || Producto detergente. || *Fig.* y *fam.* Represión.

lejos adv. A gran distancia. || En tiempo o lugar remoto. || *Lejos de*, ausente de; (fig.) muy al contrario de.

lelo, la adj. y s. Tonto.

lema m. Divisa que se pone en los emblemas, armas, empresas, etc. || Palabra o frase de contraseña con que se firma el trabajo presentado en algunos concursos. || Argumento que precede ciertas composiciones literarias. || Tema.

lemming m. Género de mamíferos roedores escandinavos, semejantes al ratón campestre.

lemnáceas f. pl. Familia de plantas acuáticas monocotiledóneas en forma de disco, como la lenteja de agua (ú. t. c. adj.).

lempira m. Unidad monetaria de Honduras.

lempirense adj. y s. De Lempira (Honduras).

lémur m. Mamífero cuadrumano, propio de Madagascar.

lemúridos m. pl. Suborden de mamíferos primates de Madagascar, África y Malasia, como el lémur, el maki (ú. t. c. adj.).

lenca adj. y s. Individuo de un pueblo indio centroamericano (El Salvador y Honduras).

lencería f. Conjunto de ropa blanca y comercio que se hace con ella. || Tienda de ropa blanca, manteles, etc. || Lugar donde se guarda la ropa blanca.

lencero, ra m. y f. Persona que vende ropa blanca.

lengua f. Órgano, constituido por numerosos músculos cubiertos de una mucosa, movible, situado en la cavidad bucal, que interviene en la percepción del gusto, en la masticación, deglución y articulación de los sonidos. || Lenguaje propio de un pueblo o de una comunidad de pueblos: *la lengua castellana*. || Conjunto del vocabulario y de la sintaxis propias a determinadas épocas, a ciertos escritores, a algunas profesiones, etc. || Badajo de la campana. || Lengüeta de la balanza. || Cosa con forma de lengua: *lengua de fuego*. || — *Fig. Andar en lenguas*, estar en boca de todos. | *Hacerse lenguas de una cosa*, hablar muy bien de ella. | *Írsele a uno la lengua*, hablar más de la cuenta, decir lo que se debería callar. | *Largo de lengua*, que habla más de lo conveniente. || *Lengua de ciervo*, helecho que se cría en lugares sombríos. || *Lengua de gato*, bizcocho alargado y muy ligero. || *Lengua de oc*, la que antiguamente se hablaba en el Mediodía de Francia y cultivaron los trovadores. || *Lengua de oil*, la hablada antiguamente en Francia al norte del Loira y empleada por los troveros, origen del francés. || *Lengua de tierra*, pedazo de tierra que entra en el mar. || *Fig. Lengua de víbora* o *viperina* o *mala lengua*

o *lengua de escorpión*, persona maldiciente. || *Lengua madre*, aquella de donde se derivan otras. || *Lengua materna*, la del país donde se ha nacido. || *Lengua muerta*, aquella que ya no se habla. || *Lenguas arias* o *indoeuropeas*, el griego, el latín, el germánico, etc. || *Lengua viva*, la que se habla actualmente. || *Media lengua*, manera de hablar de los niños pequeños.

lenguado m. Pez marino de forma aplanada, de carne estimada.

lenguaje m. Conjunto de sonidos articulados con que el hombre manifiesta lo que piensa o siente. || Facultad de expresarse por medio de estos sonidos. || Idioma hablado por un pueblo o nación. || Manera de expresarse: *lenguaje culto, incorrecto*. || *Fig.* Conjunto de señales que dan a entender una cosa: *el lenguaje de su sonrisa, del campo*. || Estilo de cada uno: *escrito en un lenguaje preciso*. || *Lenguaje cifrado*, el formado por una clave para guardar el secreto. || *Lenguaje de máquina*, en informática, sistema de órdenes codificadas que una computadora puede ejecutar directamente.

lenguaraz adj. y s. Deslenguado, mal hablado. || Hablador, charlatán. || — M. *Arg.* y *Chil.* Persona que actuaba de intérprete entre indios y criollos.

lengüeta f. Lengua pequeña. || Epiglotis. || Tirilla del zapato. || Fiel de la balanza. || Laminilla vibrátil en algunos instrumentos músicos de viento. || Barrena de abocardar. || Espiga de una tabla.

lengüetada f. y **lengüetazo** m. Acción de tomar o de lamer una cosa con la lengua.

lengüetear v. i. Lamer.

lengüetería f. Registros con lengüeta de un órgano.

lengüilargo, ga y **lengüón, ona** adj. y s. *Fam.* Deslenguado, charlatán, hablador.

lenidad f. Indulgencia.

lenificación f. Dulcificación.

lenificar v. t. Suavizar, dulcificar.

lenificativo, va adj. Lenitivo.

leninismo m. Doctrina de Lenin, en su aportación original al marxismo.

leninista adj. y s. Relativo o partidario de la doctrina de Lenin.

lenitivo, va adj. Que calma y suaviza. || — M. Medicamento para calmar. || *Fig.* Lo que alivia o dulcifica.

lenocinio m. Alcahuetería. || *Casa de lenocinio*, casa de prostitución, burdel.

lente amb. Cristal refringente de superficie esférica con caras cóncavas o convexas que se emplea en varios instrumentos ópticos. || Dispositivo electromagnético que reemplaza los cristales ópticos en el microscopio electrónico. || Cristal de gafas. || Lupa. || Monóculo. || — Pl. Gafas. || Quevedos. || *Lente de contacto*, disco pequeño, cóncavo de un lado, convexo del otro, que se aplica directamente sobre la córnea para corregir los vicios de refracción del ojo.

— OBSERV. Aunque esta palabra es ambigua, se suele usar como masculino plural cuando significa gafas y como femenino en el sentido de cristal refringente.

lenteja f. Planta de la familia de las papilionáceas, de semillas alimenticias. || Semilla de esta planta. || Peso en que remata el péndulo de reloj.

lentejar m. Campo sembrado de lentejas.

lentejuela f. Laminilla redonda de metal o de cristal que se pone en el tejido de un vestido para hacerlo brillar.

lenticular adj. De forma de lenteja. || — M. Hueso pequeño del oído medio. ú. t. c. adj.: *hueso lenticular*.

lentigo m. Lunar. || Peca.

lentilla f. Lente de contacto.

lentisco m. Arbusto anacardiáceo, de flor amarillenta o rojiza y fruto en drupa. || Resina del terebinto.

lentitud f. Falta de rapidez, de actividad, de viveza en los movimientos. || *Fig.* Torpeza de entendimiento.

lento, ta adj. Tardo o pausado en el movimiento o en la operación: *trabajador lento*. || Aplícase al movimiento poco veloz: *caminar lento*. || Poco enérgico: *a fuego lento*. || Poco vigoroso y eficaz: *respiración lenta*. || Que tiene efecto progresivo: *veneno lento*. || — Adv. *Mús.* Lentamente y con gravedad.

leña f. Madera utilizada para quemar. || *Fig.* y *fam.* Castigo. | Paliza. || — *Fam. Dar leña*, pegar; jugar duro en deportes. || *Fig. Echar leña al fuego*, contribuir a que se acreciente un mal.

leñador, ra m. y f. Persona que corta o vende leña.

leñazo m. *Fam.* Garrotazo. | Golpe.

leñera f. Lugar o mueble para guardar leña.

leñero m. Vendedor de leña. || Leñera. || — Adj. m. *Fig.* y *fam.* Duro, que juega fuerte en deportes.

leño m. Trozo de árbol cortado y sin ramas. || Madera. || *Fig.* y *fam.* Persona inhábil o de poco talento. || *Fam. Dormir como un leño*, dormir profundamente.

leñoso, sa adj. De leña. || De la misma naturaleza que la madera.

león, ona m. y f. Gran mamífero carnicero de la familia de los félidos, de color entre amarillo y rojo, cuyo macho tiene una abundante melena, que vive ahora en la sabana de África después de haber existido en el Cercano Oriente e incluso en Europa. (Ataca por la noche a las cebras, a los antílopes y a las jirafas. Mide unos 2 m de longitud y vive poco más o menos 40 años.) || — M. Hormiga león. || *Fig.* Persona valiente y atrevida: *como un león*. || *Amer.* Puma. || — *León marino*, especie de foca grande. || *Fig. No es tan fiero el león como lo pintan*, no es mala una persona ni tan difícil un asunto como se creía. || — F. Mujer de carácter enérgico o furioso.

leonera f. Jaula o foso de leones. || *Fig.* y *fam.* Casa de juego. | Cuarto desarreglado.

leonés, esa adj. y s. De León.

leonino, na adj. Relativo o semejante al león: *facies leonina*. || *For.* Aplícase al contrato poco equitativo: *condiciones leoninas*. || — F. Especie de lepra.

leontina f. Cadena del reloj que se lleva en el chaleco.

leopardo m. Mamífero carnicero, de piel rojiza con manchas negras redondas. || Su piel.

leotardo m. Traje sin mangas muy ajustado al cuerpo, usado por gimnastas y trapecistas. || Prenda muy ajustada, generalmente de punto, que cubre desde el pie hasta la cintura.

leperada f. *Amér. C.* y *Méx.* Acción realizada por un lépero. || Expresión vulgar y grosera.

lépero, ra adj. *Amer.* Persona ordinaria. || *Cub.* Astuto.

lepidolita f. Mica litinífera, principal mineral del que se extrae el litio.

lepidóptero, ra adj. y s. m. Aplícase a los insectos que tienen dos pares de alas cubiertas de escamas muy tenues y boca chupadora, como las mariposas.

lepidosirena adj. y s. f. Dícese de un género de grandes peces dipnoos del río Amazonas.

lepórido m. Animal híbrido hipotético de conejo y liebre. || — Pl. Familia de mamíferos roedores que comprenden de las liebres y los conejos (ú. t. c. adj.).

leporino, na adj. Relativo a la liebre. || *Labio leporino*, deformidad congénita caracterizada por la división del labio superior.

lepra f. *Med.* Infección crónica de la piel, debida a la presencia del bacilo Hansen, que cubre la piel de pústulas y escamas. || *Fig.* Vicio que se extiende como la lepra.

leprosería f. Hospital de leprosos.

leproso, sa adj. y s. Que padece lepra.

leptorrinos m. pl. Animales que tienen el pico o el hocico delgado y muy saliente (ú. t. c. adj.).

lerdo, da adj. y s. Torpe.

leridano, na adj. y s. De Lérida.

les dativo del pronombre personal de tercera persona en ambos géneros y números (*les propuse venir conmigo*) y de segunda cuando se habla de usted (*les digo que no*).

lesbiano, na adj. y s. Lesbio. || — F. Dícese de la mujer homosexual.

lesbio, bia adj. y s. De Lesbos.

lesear v. i. *Chil.* Hacer o decir leseras.

lesera f. *Chil.* Tontería, estupidez.

lesión f. Daño corporal: *lesión interna*. || Herida: *lesión en la pierna*. || *Fig.* Perjuicio. || *For.* Daño causado en un contrato.

lesionar v. t. Causar lesión (ú. t. c. pr.). || Causar perjuicio: *lesionar intereses ajenos*. || Dañar.

lesivo, va adj. Perjudicial.

leso, sa adj. f. Palabra que se pone delante de ciertos sustantivos femeninos para indicar que la idea expresada por el nombre ha sido atacada, violada: *crimen de lesa majestad, de lesa humanidad*.

letal adj. Mortífero: *sueño letal*.

letanía f. Oración formada por una larga serie de breves invocaciones (ú. m. en pl.). || Procesión de rogativa en que se cantan letanías (u. m. en pl.). || *Fig.* y *fam.* Enumeración larga, lista interminable, sarta.

letárgico, ca adj. Que sufre letargo: *estado letárgico*. || Relativo a esta enfermedad. || Indolente.

letargo m. *Med.* Estado de somnolencia enfermiza, profunda y prolongada, sin fiebre ni infección. || Estado de sopor de algunos animales en ciertas épocas. || *Fig.* Modorra.

leticiano, na adj. y s. De Leticia (Colombia).

letífero, ra adj. Mortal.

letón, ona adj. y s. De Letonia. || — M. Lengua hablada por los letones.

letra f. Cada uno de los signos del alfabeto por los que se indican los sonidos de una lengua: *el alfabeto castellano consta de 27 letras*. || Carácter tipográfico que representa una de los signos del alfabeto. || Cada uno de los estilos de escritura: *letra itálica*. || Manera de escribir: *tiene una letra muy bonita*. || Texto de una canción: *la letra del himno nacional*. || Lema, divisa. || Sentido riguroso de un texto: *atenerse a la letra de un escrito*. || *Fig.* Astucia. || — Pl. Carta: *me envió dos letras para anunciarme su venida*. || Literatura (por oposición a ciencias): *licenciado en Letras; Facultad de Letras*. || Conocimientos: *es un hombre de letras*. || *A la letra o al pie de la letra*, literalmente. || *Bellas Letras*, literatura. || *Con todas sus letras*, sin omitir nada. || *De su puño y letra*, con su propia mano. || *Letra bastardilla*, la itálica. || *Letra de cambio*, documento de giro mediante el cual el firmante ordena a una persona que pague, en una época determinada, cierta cantidad a otra. || *Letra de imprenta o de molde*, caracteres impresos. || *Letra florida*, mayúscula decorativa. || *Fig. Letra muerta*, dícese de lo que no tiene ningún valor real. || *Primeras letras*, iniciación de la enseñanza. || *Protestar una letra*, requerir ante notario a la persona que no paga una letra de cambio. || *Fig. Tener mucha letra menuda*, ser muy astuto.

letrado, da adj. Instruido. || *Fam.* Presumido. || — M. Abogado. || — F. Mujer del letrado.

letrero m. Escrito o enseña para indicar una cosa: *letrero luminoso*.

letrilla f. Composición poética de versos cortos o en estrofas que tienen el mismo estribillo.

letrina f. Retrete.

leu m. Unidad monetaria rumana. (Pl. *lei*.)

leucemia f. *Med.* Enfermedad que se caracteriza por un aumento del número de glóbulos blancos (leucocitos) en la sangre (hasta 500 000 por mm³).

leucémico, ca adj. y s. Relativo a la leucemia o que la padece.

leucocito m. Glóbulo blanco de la sangre y de la linfa, que asegura la defensa contra los microbios (cada mm³ de sangre contiene 7 000).

leucoma m. Mancha blanca que sale en la córnea.

leucorrea f. *Med.* Flujo blanquecino en las vías genitales de la mujer.

leudar v. t. Echar levadura a la masa del pan. || — V. pr. Fermentar la masa del pan.

lev m. Unidad monetaria búlgara. (Pl. *leva*.)

leva f. Salida de un barco del puerto. || Reclutamiento de gente para el servicio militar. || *Mec.* Rueda con muescas que transmite o dirige el movimiento de una máquina: *árbol de levas*. | Álabe.

levadizo, za adj. Que se puede levantar: *puente levadizo*.

levadura f. Hongo unicelular empleado para obtener una fermentación industrial. || Masa, con la que se hace el pan, que se aparta y se deja agriar para añadirla después a la masa fresca y provocar su esponjamiento.

levantamiento m. Acción y efecto de levantar. || Erección: *levantamiento de una estatua*. || Construcción: *levantamiento de un edificio*. || Subida: *levantamiento de las cejas*. || Alzamiento, rebelión, sublevación: *levantamiento militar*. || Conjunto de operaciones efectuadas para levantar un plano topográfico de un terreno. || *Levantamiento de la veda*, suspensión de la prohibición de cazar o pescar.

levantar v. t. Mover de abajo hacia arriba: *levantó la cabeza*. || Colocar derecho lo que estaba inclinado: *levantar la barrera de un paso a nivel*. || Alzar, dirigir hacia arriba: *levantó la vista*. || Destapar, retirar: *levantar la cubierta*. || Hacer, provocar: *levantar una polvareda*. || Construir, edificar, erigir: *levantar una torre*. || Quitar: *levantar el mantel*. || Salir, hacer: *le levantó ampollas*. || Trazar: *levantó un plano topográfico*. || Poner: *siempre levanta obstáculos*. || Hacer constar, tomar por escrito: *levantaron un acta, o atestado*. || Retirar: *levantar el ancla del fondo*. || Subir: *levantar el telón*. || Abandonar, cesar: *levantar el asedio*. || Hacer salir de donde está oculto: *el perro levanta la caza*. || *Fig.* Trastornar, remover: *eso levanta el estómago*. | Sublevar: *levantar al hijo contra el padre*. | Restablecer la prosperidad de: *levantar la economía nacional*. | Señalar: *levantar errores*. | Suscitar, provocar: *problemas levantados por su política*. | Hacer: *levantar falso testimonio*. | Suprimir, hacer cesar: *levantar un castigo*. | Suspender: *levantar la excomunión*. | Dar por terminado: *levantar una sesión, la veda*. | Irse de: *levantó el campo*. | Alistar, reclutar: *levantar un ejército de mercenarios*. | Alzar: *no levantes la voz*. | Animar, hacer más animoso: *¡levanta tu moral!* | Causar, ocasionar: *su dis-*

curso levantó gritos de aprobación. || — V. pr. Comenzar a aparecer: *el Sol se levanta temprano.* || Empezar a formarse, a extenderse, a soplar: *se levantó un gran viento.* || Ponerse borrascoso: *el mar se levanta.* || Ponerse mejor: *el tiempo se levanta.* || Ponerse de pie: *se levantó al llegar las señoras.* || Abandonar o dejar la cama: *levantarse tarde.* || Rebelarse, sublevarse: *el pueblo se levantó en armas.* || Subir en el aire: *el avión se levantó majestuosamente.* || Alzarse, erguirse: *a lo lejos se levanta un campanario.* || Estallar, desencadenarse: *se levantó un escándalo.*

levante m. Punto donde parece salir el Sol. || Viento que sopla del Este.

levantino, na adj. y s. De Levante.

levantisco, ca adj. y s. Turbulento, sedicioso.

levar v. t. Levantar las anclas. || — V. pr. Hacerse a la vela.

leve adj. Ligero. || *Fig.* Poco grave, de no mucha importancia: *herida leve.*

levedad f. Ligereza.

levita m. Sacerdote de la tribu de Leví. || Diácono. || — F. Traje de hombre con faldones largos.

levitación f. Acto de levantar un cuerpo por la sola fuerza de la voluntad.

léxico, ca adj. Relativo al léxico. || — M. Diccionario abreviado. || Conjunto de las palabras de una lengua o las utilizadas por un escritor. || Diccionario griego.

lexicografía f. Arte de componer léxicos o diccionarios.

lexicográfico, ca adj. Relativo a la lexicografía.

lexicógrafo, fa m. y f. Autor de un léxico o diccionario. || Especialista en lexicografía.

lexicología f. Estudio científico de las palabras desde el punto de vista histórico, semántico, etimológico, etc.

lexicológico, ca adj. Relativo a la lexicología.

lexicólogo, ga m. y f. Especialista en lexicología.

lexicón m. Léxico.

ley f. Expresión de la relación necesaria que une entre sí dos fenómenos naturales; regla constante que expresa esta relación: *leyes de la atracción de la Tierra.* || Destino ineludible: *eso es ley de vida.* || Cariño, afecto: *le he cobrado mucha ley.* || Proporción que un metal precioso debe tener en una aleación: *oro de ley.* || Calidad, peso o medida reglamentaria que han de tener algunos géneros. || Conjunto de reglas dictadas por el legislador: *ley de enjuiciamiento civil.* || Cualquier regla general y obligatoria a la que ha de someterse una sociedad: *leyes fundamentales.* || Poder, autoridad, dominio: *la ley del más fuerte.* || Religión: *la ley de los mahometanos.* || — Pl. Derecho: *estudió leyes en Madrid.* || — *Al margen de la ley o fuera de la ley,* fuera de las reglas por las que se rige una sociedad. || *Fig. Con todas las de la ley,* siguien-

do el conducto marcado por la ley. | *De buena ley,* bueno, honrado. | *Hecha la ley, hecha la trampa,* cuando se promulga una ley siempre hay alguien que intenta soslayarla usando artificios. || *Ley de bases,* la que determina los fundamentos de una nueva ley. || *Fam. Ley del embudo,* dícese cuando uno aplica la ley estrictamente para los demás y es transigente con sí mismo. || *Ley divina,* conjunto de reglas reveladas por Dios a los hombres. || *Ley natural,* conjunto de reglas de conducta basadas en la naturaleza misma del hombre y de la sociedad. || *Ley nueva,* religión de Jesucristo. || *Ley orgánica,* ley, sin carácter constitucional, concerniente a la organización de los poderes públicos. || *Ley sálica,* la que no permitía que reinasen las mujeres. || *Ley seca,* la que prohíbe el consumo de bebidas alcohólicas.

leyenda f. Relato de la vida de un santo: *la leyenda de San Millán.* || Relato de hechos imaginario en el que los hechos históricos están deformados por la mente popular o la invención poética: *leyendas de la Edad Media; leyenda de Rolando.* || Invención fabulosa. || Texto que se coloca al pie o al lado de fotografías, ilustraciones o gráficas. || *Leyenda negra,* relato de la conquista de América hostil a los españoles.

lezna f. Instrumento de zapatero para ra agujerear el cuero.

Li, símbolo del *litio.*

liana f. Galicismo por *bejuco.*

liar v. t. Envolver: *liar un pitillo; liar en una manta.* || *Fig. y fam.* Engatusar. | Meter en un compromiso: *no me líes en este asunto* (ú. t. c. pr.). || — V. pr. *Pop.* Amancebarse. || *Fig.* Trabucarse.

lias m. *Geol.* Conjunto de las capas inferiores del terreno jurásico.

libación f. Acción de libar. || Efusión de vino o de otro licor que hacían los antiguos en honor de los dioses. || Acción de beber.

libamen m. Ofrenda en el sacrificio.

libanés, esa adj. y s. Del Líbano.

libar v. t. Chupar el jugo de una cosa: *la abeja liba las flores.* || Hacer la libación para el sacrificio. || Probar un líquido.

libelo m. Escrito satírico o difamatorio.

libélula f. Insecto con cuatro alas membranosas, llamado también *caballito del diablo.*

liber m. Tejido vegetal provisto de conductos por los que pasa la savia en el interior de la corteza y ramas de los árboles.

liberación f. Acción de poner en libertad: *la liberación de un preso.* || Cancelación de una hipoteca. || Término no puesto a la ocupación del enemigo.

liberador, ra adj. y s. Libertador.

liberal adj. Favorable a las libertades individuales. || Indulgente, tolerante: *reglas muy liberales.* || Generoso. || — *Artes liberales,* las que eran antiguamente

realizadas por personas de condición libre, como la pintura y la escultura. || *Profesión liberal,* profesión intelectual en la que no existe ninguna subordinación entre el que la efectúa y el que acude a sus servicios (notarios, procuradores, abogados, médicos, consejeros, etc.). || — M. Partidario de la libertad individual en política y en economía.

liberalidad f. Disposición de dar, generosidad.

liberalismo m. Doctrina política o económica que defiende la aplicación de la libertad en la sociedad. || *Fig.* Amplitud de miras: *persona de gran liberalismo.*

liberalización f. Acción de liberalizar. || Tendencia a promover una mayor libertad en los intercambios comerciales entre naciones.

liberalizar v. t. Hacer más liberal.

liberar v. t. Libertar. || Eximir a uno de una obligación: *liberar de una promesa.* || Librar un país de la ocupación extranjera. || — V. pr. Eximirse de una deuda, de una obligación.

liberatorio, ria adj. Que libera a uno de una obligación.

liberiano, na adj. y s. De Liberia.

liberoleñoso, sa adj. *Bot.* Compuesto de líber y leña.

libérrimo, ma adj. Muy libre.

libertad f. Ausencia de obligación. || Estado de un pueblo que no está dominado por un poder tiránico o por una potencia extranjera. || Estado de una persona que no está prisionera o no depende de nadie. || Poder de hacer lo que no está prohibido, de obrar a su antojo. || Libre arbitrio, facultad de actuar como queremos sin obligación alguna. || Modo de hablar, de obrar, demasiado atrevido, sin tener en cuenta nuestros deberes. Ú. t. en pl.: *este chico se toma libertades con todo el mundo.* || Facilidad, falta de impedimento: *libertad de movimientos.* || Familiaridad: *tratarle con mucha libertad.* || Derecho que se otorga: *me tomo la libertad de contradecirle.* || *Libertad condicional,* medida por la que el condenado a una pena privativa de libertad es liberado antes de la expiración de su castigo. || *Libertad de conciencia,* derecho de tener o no una creencia religiosa. || *Libertad de cultos,* derecho de practicar la religión que se escoja. || *Libertad de imprenta o prensa,* derecho a manifestar su opinión en los periódicos y los libros sin previa censura. || *Libertad individual,* la que tienen todos los ciudadanos de no verse privados de ella sino en ciertos casos determinados por la ley. || *Libertad provisional,* la que goza un procesado no sometido a prisión preventiva.

libertador, ra adj. y s. Que liberta: *Bolívar y San Martín, libertadores de América.*

libertar v. t. Poner en libertad. || Librar de un mal. || Eximir de una deuda u obligación (ú. t. c. pr.). || Preservar.

libertario, ria adj. y s. Defensor de la libertad absoluta, anarquista, ácrata.

libertense adj. y s. De La Libertad (El Salvador).

libertinaje m. Manera de vivir disoluta.

libertino, na adj. y s. Que lleva una vida disoluta.

liberto, ta m. y f. Esclavo que recobraba la libertad.

libidinosidad f. Lujuria.

libidinoso, sa adj. y s. Lujurioso, lascivo.

libido f. Forma de energía vital, origen de las manifestaciones del instinto sexual.

libio, bia adj. y s. De Libia.

libra f. Antigua medida de peso, de valor variable en diferentes lugares, que oscilaba entre 400 y 460 gramos. || Moneda imaginaria cuyo valor varía en los diversos países. || Unidad monetaria inglesa (*libra esterlina*), dividida hasta 1971 en 20 chelines o 240 peniques y ahora en 100 nuevos peniques. || Unidad de moneda de Egipto, Israel, Turquía, Líbano, Nigeria, Gambia, Sierra Leona, Rodesia y Siria. || Unidad monetaria del Perú, que contiene 10 soles.

librado, da m. y f. *Com.* Persona contra la que se gira una letra de cambio.

librador, ra adj. y s. Que libra. || — M. y f. Persona que gira una letra de cambio.

libramiento m. Acción y efecto de librar. || Orden de pago.

libranza f. Orden de pago.

librar v. t. Sacar a uno de un peligro o aprieto: *librar de la tiranía*. || Confiar en una persona o cosa: *librar su esperanza en Dios*. || Empeñar, entablar, trabar: *librar batalla para obtener la emancipación de la mujer*. || *Com.* Girar: || *Dicho de una sentencia, pronunciarla, y de un decreto, promulgarlo.* || Eximir de una obligación. || — V. i. Parir la mujer. || Disfrutar los empleados y obreros del día de descanso semanal. || — V. pr. Evitar: *librarse de un golpe*. || Eximirse de una obligación. || Deshacerse de un prejuicio.

libre adj. Que posee la facultad de obrar como quiere: *el hombre se siente*. || Que no está sujeta a la dominación extranjera, independiente: *nación libre*. || Que no depende de nadie: *persona que es completamente libre*. || Que no experimenta ninguna molestia, que hace lo que quiere: *me encuentro muy libre en tu casa*. || Que ha pasado el peor momento: *libre de cuidados*. || Sin ninguna sujeción o traba: *comercio libre*. || Que no tiene obstáculos: *la vía está libre*. || Desocupado: *queda todavía un piso libre*. || Que no está preso: *lo dejaron pronto libre*. || Que no tiene ocupación: *en mis ratos libres*. || Atrevido, osado: *muy libre en sus actos*. || Exento: *libre de franqueo*. || Dispensado: *libre de toda obligación*. || *Fig.* Sin novio o novia. || — *Estudiar por libre*, estudiar sin asistir a las clases

para presentarse luego a los exámenes. || *Libre albedrío* o *libre arbitrio*, libertad absoluta que tienen los seres racionales para obrar según les parezca. || *Libre cambio*, librecambio.

librea f. Uniforme de ciertos criados.

librecambio m. Comercio entre naciones, sin prohibiciones o derechos de aduana.

librecambismo m. Doctrina que defiende el librecambio.

librecambista adj. y s. Partidario del librecambio.

librepensador, ra adj. Dícese de la persona que se considera libre de cualquier dogma religioso (ú. t. c. s.).

librepensamiento m. Doctrina que defiende la independencia absoluta de la razón individual de cualquier dogma religioso.

librería f. Tienda de libros. || Comercio del librero: *librería de lance*. || Armario para libros, biblioteca.

librero, ra m. y f. Persona que vende libros. || — M. *Cub.*, *Ecuad.*, *Hond.* y *Méx.* Armario donde se colocan libros. || — F. *Guat.* y *Pan.* Armario donde se colocan libros.

libresco, ca adj. Relativo al libro. || Procedente principalmente de los libros.

libreta f. Cuaderno.

libretista com. Autor de un libreto.

libreto m. Obra de teatro a que se pone música: *fue el autor del libreto de la ópera*.

librillo m. Cuadernillo de papel de fumar. || Libro, estómago de los rumiantes.

libro m. Conjunto de hojas de papel escritas o impresas reunidas en un volumen cosido o encuadernado: *libro de texto; libro de señas*. | Obra en prosa o verso de cierta extensión. || División de una obra. || Libreto. || Tercera de las cuatro cavidades del estómago de los rumiantes. || — *Fig.* y fam. *Ahorcar los libros*, abandonar los estudios. || *Libro amarillo, azul, blanco, rojo, verde*, el que contiene documentos diplomáticos y que publican en determinados casos los gobiernos. || *Libro de caballerías*, relato en prosa o en verso de las aventuras heroicas y amorosas de los caballeros andantes (*El Caballero Cifar, Amadís de Gaula*, etc.). || *Libro de caja*, aquel en que se consignan las entradas y salidas de dinero. || *Libro de comercio*, cada uno de los que debe tener todo comerciante para asentar cotidianamente sus operaciones. || *Libro de oro*, aquel donde se inscribían en ciertas ciudades de Italia los nombres de las familias más ilustres; (fig.) el utilizado para poner los nombres y firmas de las personas célebres que visitan un lugar. || *Libro de texto*, aquel en que se estudia una asignatura. || *Libro escolar*, libro en que se están señaladas las notas de un alumno.

licencia f. Permiso: *con licencia de sus jefes*. || Grado universitario: *licencia en Derecho*. || Libertad dada por

los poderes públicos para el ejercicio de ciertas profesiones y también para la importación o exportación de ciertos productos. || Certificado de inscripción de una persona o de una entidad que le autoriza a participar en una competición deportiva. || Documento que autoriza a quien lo posee la práctica de la caza o la pesca. || Terminación del servicio militar: *licencia de la quinta*. || Libertad demasiado grande y contraria al respeto y a la buena educación. || *Gram.* Infracción de la sintaxis permitida en ciertos casos.

licenciado, da adj. Que ha hecho los estudios universitarios de una licencia (ú. t. c. s.). || Despedido, expulsado. || Que ha acabado el servicio militar (ú. t. c. s.).

licenciamiento m. Despido: *licenciamiento de empleados*. || *Mil.* Licencia.

licenciar v. t. Despedir, echar. || Dar el título universitario de licenciado. || Autorizar, dar permiso. || Dar por terminado el servicio militar. || — V. pr. Obtener el grado, el título de licenciado universitario: *licenciarse en ciencias*.

licenciatura f. Licencia universitaria.

licencioso, sa adj. Contrario a la decencia, al pudor.

liceo m. Uno de los tres gimnasios de Atenas, donde enseñaba Aristóteles. || Sociedad literaria o recreativa. || En algunos países, establecimiento de segunda enseñanza: *el liceo francés de Madrid*.

licitación f. Venta en subasta.

licitador m. El que licita.

licitante adj. Que licita.

licitar v. t. *For.* Ofrecer precio por una cosa en subasta. || *Amer.* Vender en pública subasta.

lícito, ta adj. Que es justo. || Permitido por la ley.

licitud f. Calidad de lícito.

licopodio m. Planta criptógama que crece en lugares húmedos.

licor m. Cualquier cuerpo líquido. || Bebida alcohólica.

licorera f. Utensilio de mesa donde se colocan las botellas de licor o las copas en que se sirve.

lictor m. Oficial que precedía con las fasces a los cónsules y magistrados romanos.

licuación f. Acción y efecto de licuar o licuarse.

licuadora f. Aparato eléctrico para licuar alimentos como fruta o verdura.

licuar v. t. Convertir en líquido.

*licuefacer v. t. Licuar.

licuefacción f. Paso de un gas al estado líquido.

lid f. Combate, pelea, lucha. || *Fig.* Contienda, disputa, riña. || *En buena lid*, valiéndose de medios legítimos.

líder m. Jefe, dirigente: *el líder de un partido*. || El primero en una clasificación.

liderato y **liderazgo** m. Jefatura: *el liderato estudiantil*.

lidia f. Acción de lidiar: *toros de lidia*. || *Amer.* Tarea fatigosa, trabajo pesado.

lidiar v. i. Combatir, luchar, pelear. || *Fig.* Tratar con una persona. | Hacer frente a uno. || *Fig. Harto de lidiar*, cansado de luchar. || — V. t. Torear.

lidio, dia adj. y s. De Lidia.

liebre f. Mamífero parecido al conejo, muy corredor y de orejas largas. || *Fig. y fam.* Hombre tímido. || — *Fam.* Coger una liebre, caerse. || *Fig.* Correr como una liebre, correr mucho. | *Donde se piensa, salta la liebre*, muy a menudo las cosas ocurren cuando menos se esperan. | *Levantar la liebre*, descubrir algo que estaba oculto. | *Liebre de la Pampa*, mará. || *Liebre marina*, molusco gasterópodo.

liechtensteinse adj. y s. De Liechtenstein.

lied m. (pal. alem.). Canción popular o melodía romántica. (Pl. *lieder.*)

liejés, esa adj. y s. De Lieja.

liendre f. Huevo del piojo.

lienzo m. Tela en general. || Tela en un bastidor en la que se pinta. || Cuadro pintado. || Pared de un edificio, panel. || Trozo de muralla de una fortificación.

liga f. Cinta elástica con que se sujetan las medias o calcetines. || Muérdago. || Materia pegajosa que se saca del muérdago. || Mezcla, aleación. || Confederación, alianza. || Acuerdo de personas o colectividades. || En deportes, campeonato. || *Méx.* Banda de caucho pequeña, gomita. || *Hacer buena liga*, llevarse bien.

ligación f. Enlace. || Mezcla.

ligado m. Enlace de las letras en la escritura. || *Mús.* Unión de dos notas iguales.

ligadura f. Acción y efecto de ligar o unir. || Vuelta que se da a una cosa con cinta o soga. || *Cir.* Venda con que se agarrota. | Atadura de una vena o arteria. || *Fig.* Sujeción: *las ligaduras del matrimonio*. || *Mús.* Artificio con que se liga la disonancia y la consonancia.

ligamento m. Ligación. || *Anat.* Conjunto de haces fibrosos que une los huesos entre sí en las articulaciones o mantiene los órganos en la debida posición. || Entrelazamiento de un tejido.

ligar v. t. Atar. || Alear metales. || Unir, enlazar. || Obligar: *estar ligado por una promesa*. || Trabar: *ligar amistad*. || — V. i. Trabar amistad, entenderse. || Reunir dos o varios naipes del mismo color. || *Fam.* Hacer la conquista de una mujer. || — V. pr. Confederarse, unirse. || Comprometerse.

ligazón f. Unión, trabazón.

ligereza f. Calidad de ligero. || Prontitud, agilidad. || *Fig.* Inconstancia. | Hecho o dicho irreflexivo.

ligero, ra adj. Que pesa poco: *metal ligero*. | Ágil. || Rápido: *ligero de pies*. || Fácil de digerir. || Que tiene poca fuerza: *café ligero*. || Frugal: *comida ligera*. || Desconsiderado: *pecar de ligero*. | Atolondrado. || Superficial: *sueño ligero*. || Inconstante, voluble: *una mujer ligera*. || Poco grave: *falta ligera*. || — Adv.

De prisa. || — *A la ligera*, ligeramente. || *De ligero*, sin reflexión. || *Fig. y fam.* *Ligero de cascos*, un poco loco. || *Peso ligero*, una de las categorías de boxeo, de 61,235 a 66,678 kg de peso.

lignificación f. Transformación en madera.

lignificarse v. pr. Transformarse en madera.

lignina f. Sustancia orgánica que impregna los tejidos o los elementos de la madera.

lignito m. Carbón fósil que tiene un gran porcentaje de carbono.

lignoso, sa adj. Leñoso.

liguero, ra adj. Relativo a la liga. || — M. Prenda de mujer que sirve para sujetar las ligas.

ligur adj. y s. Individuo de un pueblo ant. establecido entre el SE. de la Galia y Lombardía.

lija f. Pez marino del orden de los selacios. || Piel de este pez o de otros parecidos. || Papel esmerilado. || *Papel de lija*, v. PAPEL.

lijadora f. Máquina para lijar.

lijar v. t. Pulir con lija.

lila f. Arbusto de la familia de las oleáceas, muy común en los jardines. | Su flor. || — M. Color morado claro. || — Adj. inv. y s. *Fam.* Tonto, bobo, necio.

liliáceas f. pl. Familia de plantas monocotiledóneas, como la azucena, el tulipán, el ajo, la cebolla, etc. (ú. t. c. adj.).

liliputiense adj. y s. *Fig.* Muy pequeño, diminuto, enano.

lima f. Instrumento de acero templado, con la superficie estriada, que sirve para desgastar y alisar metales. || *Arq.* Madero del ángulo de las dos vertientes de un tejado en el cual estriban los pares cortos de la armadura. || *Bot.* Limero. | Su fruto, comestible y jugoso. || *Fig.* Corrección y enmienda de las obras del entendimiento. | Lo que consume imperceptiblemente una cosa.

limado m. Pulimento con la lima. || Limadura.

limador, ra adj. y s. Que lima.

limadura f. Acción y efecto de limar. || — Pl. Partículas que caen al limar.

limalla f. Limaduras.

limar v. t. Alisar con la lima. || *Fig.* Pulir, perfeccionar una obra: *limar el estilo*. | Debilitar: *limar las asperezas*.

limaza f. Babosa.

limbo m. Lugar donde se detenían las almas de los santos y patriarcas, esperando la redención del género humano. || Lugar a donde van las almas de los niños que mueren sin bautizar. || Borde de una cosa. || *Astr.* Contorno aparente de un astro. || *Bot.* Parte plana de una hoja o pétalo. || *Fig.* Distracción. || *Estar en el limbo*, estar en las nubes, distraído.

limeño, ña adj. y s. De Lima (Perú).

limero m. y f. Persona que vende limas. || — M. Árbol rutáceo, parecido al limonero, cuyo fruto es la lima.

liminar adj. Que está al principio: *advertencia liminar*.

limitable adj. Que puede limitarse.

limitación f. Fijación, restricción: *sin limitación de velocidad*. || Término.

limitado, da adj. *Fig.* De poca inteligencia.

limitar v. t. Poner límites: *limitar un terreno*. || Reducir a ciertos límites (ú. t. c. pr.). || — V. i. Lindar, ser fronterizo.

limitativo, va adj. Que limita.

límite m. Línea común que divide dos Estados, dos posesiones, etc. || Línea, punto o momento que señala el final de una cosa material o no: *una fuerza sin límites*. || *Fig.* El límite presupuestario. || *Mat.* Término del cual no puede pasar el valor de una cantidad. || — Adj. Que no se puede sobrepasar: *precio, velocidad límite*.

limítrofe adj. Que está en los límites, colindante.

limnología f. Ciencia que estudia todos los fenómenos físicos y biológicos referentes a los lagos.

limo m. Cieno, légamo.

limón m. Fruto del limonero, de color amarillo y pulpa ácida. || Limonero, árbol. || Limonera. || — Adj. De color de limón: *amarillo limón*.

limonada f. Bebida compuesta de agua, azúcar y zumo de limón. || — *Limonada purgante*, citrato de magnesia disuelta en agua con azúcar. || *Ni chicha ni limonada*, dícese de lo indeciso, de la persona sin carácter.

limonar m. Sitio plantado de limoneros.

limonense adj. y s. De Limón.

limonero, ra adj. y s. Aplícase a la caballería que va enganchada en los varales del coche. || — F. Nombre que se da a los dos varales de un carruaje. || — M. y f. Persona que vende limones. || — M. Árbol de la familia de las rutáceas cuyo fruto es el limón.

limonita f. Óxido hidratado de hierro.

limosna f. Lo que se da por caridad para socorrer una necesidad.

limosnear v. i. Mendigar.

limosneo m. Mendicidad.

limosnero, ra adj. Caritativo. || — M. El que recoge y reparte las limosnas. || *Amer.* Pordiosero.

limousine [*limusín*] f. (pal. fr.). Coche automóvil cerrado, parecido al cupé, pero con cristales laterales.

limpeño, ña adj. y s. De Limpio (Paraguay).

limpia f. Limpieza: *la limpia de un pozo*. || *Méx.* Ceremonia supersticiosa que se realiza para obtener una curación o quitar la mala suerte. || — M. *Fam.* Limpiabotas.

limpiabotas m. inv. El que limpia y lustra el calzado.

limpiachimeneas m. inv. El que deshollina las chimeneas.

limpiado m. Limpieza, lavado.

limpiador, ra adj. y s. Que limpia: *limpiador de cristales*.

limpiadura f. Limpieza. || — Pl. Basuras.

limpiaparabrisas m. inv. Dispositivo mecánico para mantener limpio el parabrisas de un automóvil.

limpiar v. t. Quitar la suciedad de una cosa: *limpiar un vestido*. || Quitar las partes malas de un conjunto: *limpiar las lentejas*. || *Fig.* Purificar. | Desembarazar: *limpiar un sitio de mosquitos*. | Podar. || *Fig.* y *fam.* Hurtar: *me limpiaron el reloj*. | Ganar en el juego.

limpiaúñas m. inv. Instrumento para limpiarse las uñas.

limpidez f. Calidad de límpido.

límpido, da adj. Claro, puro.

limpieza f. Calidad de limpio. || Acción y efecto de limpiar o limpiarse. || *Fig.* Castidad, pureza. | Honradez, integridad. | Destreza, habilidad. | En los juegos, observación estricta de la regla.

limpio, pia adj. Que no tiene mancha o suciedad: *platos limpios*. || Puro. || Aseado, pulcro: *un niño muy limpio*. || *Fig.* Exento: *limpio de toda sospecha*. | Que lo ha perdido todo en el juego. | Sin dinero. | Dícese de la fotografía clara. | Decente. | Claro: *motivos poco limpios*. || — Adv. Limpiamente. | *En limpio*, en resumen, en sustancia; neto: *ganar un millón en limpio*; sin enmiendas: *poner un escrito en limpio*.

limpión m. *Col.*, *C. Rica*, *Ecuad.*, *Pan.*, *Parag.* y *Venez.* Paño para secar y limpiar los platos.

lináceas f. pl. Familia de plantas dicotiledóneas que tiene por tipo el lino (ú. t. c. adj.).

linaje m. Ascendencia o descendencia de cualquier familia. || Raza, familia. || *Fig.* Clase o calidad de una cosa.

linajudo, da adj. y s. Que es o presume de ser noble.

linarense adj. y s. De Linares (Chile y España).

linaza f. Simiente del lino.

lince m. Mamífero carnicero parecido al gato cerval, al que los antiguos atribuían una vista muy penetrante. || *Fig.* Persona muy perspicaz. || *Ojos de lince* u *ojos linces*, los muy agudos.

linchamiento m. Acción de linchar: *linchamiento de un criminal*.

linchar v. t. Ejecutar a un supuesto delincuente basándose en la ley de Lynch. || *Por ext.* Maltratar la multitud a alguien.

lindante adj. Que linda.

lindar v. i. Estar contiguos.

linde amb. Límite: *la linde del bosque*. | Línea divisoria.

— OBSERV. Aunque esta palabra es ambigua, suele emplearse más en femenino.

lindero, ra adj. Que linda, limítrofe. || — M. Linde.

lindeza f. Calidad de lindo o bonito. || Hecho o dicho agudo. || — Pl. *Fam.* Insultos, injurias: *le soltó unas cuantas lindezas*.

lindo, da adj. Hermoso, bonito, agradable a la vista. || *Fig.* Perfecto, exquisito. || — M. *Fig.* y *fam.* Hombre presumido: *el lindo don Diego*. || — *De lo lindo*, con gran primor; mucho: *nos aburrimos de lo lindo*. || *¡Lindo amigo!*, *¡vaya amigo!* || *Fig. Por su linda cara*, porque sí.

lindura f. Lindeza.

línea f. Trazo continuo, visible o imaginario, que separa dos cosas contiguas: *línea de frontera*, *del horizonte*. || Trazo que limita un objeto, perímetro: *las líneas que marcan su finca*. || Raya: *trazar líneas en un papel*. || Renglón. || Corte de los trajes, silueta señalada por la moda: *la línea del año 1975*. || Silueta de una persona: *guardar la línea adelgazando*. || Serie de puntos unidos entre ellos de manera que formen un conjunto: *línea de fortificaciones*. || Conjunto de puntos comunicados por el mismo medio de transporte; este servicio de comunicación: *línea de autobús, de metro, aérea*. || *Fig.* Dirección que se da al comportamiento; regla de conducta: *línea de conducta opuesta a la mía*. | Manera de pensar o de obrar conforme a la ortodoxia: *tradición en la línea del cristianismo*. | Orden de valores, puesto: *escritores que no pueden situarse en la misma línea*. || Conjunto de conductores destinado a llevar la energía eléctrica o los medios de telecomunicación. || Filiación, sucesión de generaciones de la misma familia: *por la línea paterna*. || *Mar.* Formación de los buques: *la escuadra se dispuso en línea*. || *Mat.* Conjunto de puntos que dependen continuamente de un mismo parámetro: *la intersección de dos superficies es una línea*. || *Mil.* Dispositivo formado por hombres o por medios de combate unos al lado de otros: *línea de batalla*. | Frente de combate. || En televisión, superficie de análisis de la imagen que hay que transmitir o de la que se recibe, constituida por la yuxtaposición de los puntos elementales. || — *En líneas generales*, generalmente. || *En toda la línea*, en todos los aspectos, completamente.

lineal adj. Relativo a las líneas. || Dícese del dibujo compuesto solamente por líneas y hecho con regla y compás.

linfa f. Líquido, fuera de los vasos sanguíneos, que baña constantemente células y tejidos.

linfático, ca adj. Referente a la linfa: *ganglios, vasos linfáticos*. || *Fig.* Apático, que tiene pocos nervios, indolente: *temperamento linfático* (ú. t. c. s.).

linfatismo m. Estado de distrofia infantil caracterizado por el aumento del grosor de las amígdalas y de los ganglios linfáticos.

linfocito m. Leucocito.

linfocitosis f. Aumento del número de linfocitos en la sangre.

lingote m. Barra de metal en bruto: *lingote de oro, plata*.

lingotera f. Molde para vaciar lingotes.

lingual adj. Relativo a la lengua.

lingüista com. Especialista en lingüística.

lingüístico, ca adj. Relativo al estudio científico de la lingüística. || — F. Ciencia del lenguaje humano. || Estudio científico de las lenguas, especialmente estudio de los fenómenos de sus evoluciones y desarrollo, localización en el mundo, relaciones entre ellas, etc.

linimento m. Medicamento graso con el que se dan masajes.

lino m. Planta herbácea linácea cuya corteza está formada de fibras textiles. || Tejido hecho de esta planta.

linóleo m. Revestimiento del suelo hecho con un hule grueso e impermeable.

linotipia f. *Impr.* Máquina de componer provista de matrices, de la que sale la línea en una sola pieza. || Composición hecha con esta máquina.

linotipista com. Persona que trabaja en la linotipia.

linotipo f. *Impr.* Máquina para componer textos.

linterna f. Farol de mano en el que la luz está protegida del viento por paredes transparentes. || Aparato manual, provisto de una pila eléctrica, que sirve para alumbrar. || Construcción circular con ventanales que se pone en la parte superior de un edificio o cúpula para que deje pasar la luz al interior. || *Méx.* Piñón de forma cilíndrica cuyos dientes son barrotes. || *Mar.* Faro.

linternilla f. *Arq.* Linterna pequeña en una cúpula o hueco de escalera.

linternón m. Linterna grande. || *Mar.* Farol.

linyera f. *Arg.* Atado en que el vagabundo guarda la ropa y otros efectos personales. || — Com. *Arg.* y *Urug.* Vagabundo, persona sin trabajo fijo.

lío m. Cualquier cosa atada, paquete. || *Fig.* y *fam.* Embrollo, enredo, cosa complicada: *tiene líos con todo el mundo*. | Jaleo, desorden: *formar un lío*. | Amancebamiento. || — *Fig.* y *fam. Armar un lío*, embrollar. | *Hacerse un lío*, embrollarse.

lionés, esa adj. y s. de Lyon.

lioso, sa adj. *Fam.* Complicado, enmarañado: *explicación muy liosa*. || Enredoso, aficionado a armar líos (ú. t. c. s.).

lipasa f. Diastasa contenida en los jugos digestivos que hidroliza los lípidos.

lípido m. Sustancia orgánica llamada comúnmente grasa, insoluble en agua, soluble en benceno y en éter, y formada de ácidos grasos unidos a otros cuerpos.

lipoide y **lipoideo** adj. Que se asemeja a la grasa.

lipoma m. *Med.* Tumor benigno del tejido adiposo.

lipotimia f. Breve pérdida del conocimiento sin que se detengan la respiración ni el funcionamiento del corazón.

licuefacción f. Licuefacción.

liquen m. Planta criptógama constituida por la reunión de un alga y un hongo, que crece sobre rocas y paredes.

liquidable adj. Que puede liquidarse o licuarse.

liquidación f. Acción y efecto de liquidar o licuefacer. || *Com.* Pago de una cuenta. | Venta a bajo precio de géneros por cesación, quiebra, reforma o traslado de una casa de comercio. || Solución, terminación. || *Liquidación judicial*, determinación judicial del estado de cuentas de un comerciante en suspensión de pagos.

liquidador, ra adj. y s. Que liquida un negocio.

liquidámbar m. *Bot.* Género de plantas de América y de Asia Menor de las que se extraen diversas resinas.

liquidar v. t. Licuar, convertir en líquido. || *Com.* Saldar, vender en liquidación. | Hacer el ajuste final de cuentas en un negocio. || *Fig.* Hacer el estado final de una cuenta. | Pagar: *le liquidé mi deuda.* | Poner fin, acabar: *liquidar un asunto enredado.* | *Fig. y fam.* Quitarse de encima: *liquidar una visita.* | Matar: *lo liquidaron sus enemigos.*

liquidez f. Estado de líquido. || En economía, carácter de lo que es inmediatamente disponible: *liquidez monetaria.*

líquido, da adj. Que fluye o puede fluir: *el mercurio es el único metal líquido.* || Que tiene poca densidad: *tinta poco líquida.* || Aplícase al dinero del que se puede disponer inmediatamente. || Limpio, neto: *ganancia líquida.* || — Adj. f. Dícese de las letras *l* y *r* que tienen la propiedad de fundirse con otras formando una especie de diptongo, como en *atleta, flor, atrás, cobre* (ú. t. c. s. f.). || — M. Sustancia líquida. || Bebida o alimento líquido. || Cantidad sujeta a gravamen: *líquido imponible.* || *Med.* Humor: *líquido pleural.*

lira f. Instrumento de música, cuyo origen se sitúa en la más remota antigüedad, que posee varias cuerdas, dispuestas en una armazón con una resonancia hueca en un extremo, que son tañidas con ambas manos como el arpa. || Ant. unidad monetaria de Italia. || Composición poética cuyas estrofas tienen cinco o seis versos. || *Ave lira* o *lira*, ave paseriforme de Australia.

lírico, ca adj. Dícese de la poesía en la que se expresan con ardor y emoción sentimientos colectivos o la vida interior del alma: *las composiciones líricas de Bécquer.* || — *Artista lírico*, dícese del que canta por oposición a artista dramático. || *Drama lírico*, drama acompañado de música y cantos. || *Teatro lírico*, teatro en el que se representan obras musicales. || — M. Poeta lírico. || — F. Género de la poesía lírica.

lirio m. Planta iridácea, de hermosas flores de seis pétalos. || — *Lirio blanco*, azucena. || — *Lirio de los valles*, muguete. || *Méx. Lirio acuático*, planta tropical que flota en las aguas dulces.

lirismo m. Conjunto de la poesía lírica. || Inspiración lírica. || Entusiasmo, exaltación en la expresión de los sentimientos personales.

lirón m. Mamífero roedor semejante al ratón que desde octubre a abril se encuentra en estado de invernación. || *Bot.* Alisma. || *Fig.* Dormilón, que duerme mucho.

lis f. Lirio. || *Flor de lis*, v. FLOR.

lisa f. Pez de río parecido a la locha. || Mújol, pez.

lisboense, lisboeta, lisbonense y **lisbonés, esa** adj. y s. De Lisboa.

lisiado, da adj. y s. Baldado. || *Fam.* Cansado.

lisiadura f. Lesión.

lisiar v. t. Producir lesión en una parte del cuerpo. || Baldar.

liso, sa adj. Igual, llano, sin aspereza: *superficie lisa.* || Exento de obstáculos: *cien metros lisos.* || Sin adornos, sin realces: *tejido liso.* || *Liso y llano*, que no presenta dificultad. || — M. *Geol.* Cara plana de una roca.

lisonja f. Alabanza, adulación.

lisonjeador, ra adj. y s. Adulador, lisonjero.

lisonjear v. t. Adular, alabar. || *Fig.* Agradar, encantar.

lisonjero, ra adj. y s. Adulador, que agrada, grato.

lista f. Raya de color en una tela o tejido: *una camisa con listas verdes.* || Serie de nombres: *la lista de los afiliados.* || Papel en que se encuentra: *no he hecho aún la lista.* || Recuento a viva voz: *pasar lista.* || Enumeración: *la lista de platos en un restaurante.* || *Lista de correos*, mención que indica que una carta debe quedar en la oficina de correos durante cierto plazo para que el destinatario pase a recogerla. | *Lista de precios*, tarifa. || *Lista negra*, relación secreta de personas o grupos comerciales con las que se recomienda interrumpir las relaciones.

listado, da adj. Con listas, rayado: *tejido listado.*

listar v. t. Alistar. || Hacer rayas en un tejido.

listear v. t. Rayar con listas.

listeza f. Inteligencia. || Sagacidad. || Prontitud.

listín m. Lista pequeña. || Cuaderno con notas: *listín telefónico.*

listo, ta adj. Vivo: *listo como una ardilla.* || Inteligente: *es un chico muy listo.* || Sagaz, astuto: *es más listo que Cardona.* || Preparado: *estar listo para salir.* || — *Andar listo*, tener cuidado. || *Echárselas o dárselas de listo*, creerse muy astuto. || *¡Estamos listos!*, ¡estamos arreglados! || *Pasarse de listo*, pretender ser muy sagaz.

listón m. Tabla estrecha y larga usada en carpintería. || *Arq.* Listel.

lisura f. Igualdad en un terreno. || Superficie plana. || Tersura. || *Fig.* Sinceridad, franqueza.

litargirio m. Protóxido de plomo, fundido en hojas o escamas muy pequeñas.

lite f. *For.* Pleito, proceso.

litera f. Vehículo sin ruedas y con varales llevado por hombres o por caballerías. || Cama superpuesta en otra: *dormir en literas.* || Cada una de las camas superpuestas en los camarotes de un barco o en los vagones de ferrocarril.

literal adj. Conforme al sentido estricto del texto: *copia literal.* || Dícese de la traducción en que se respeta a la letra el original. || Aplícase a la reproducción escrita de lo dicho: *actas literales de una conferencia.*

literario, ria adj. Relativo a la literatura: *concurso literario.*

literato, ta m. y f. Escritor. || — Adj. Culto, instruido.

literatura f. Arte cuyo modo de expresión es generalmente la palabra escrita y en algunos casos la hablada: *la literatura oral transmite las leyendas y tradiciones folklóricas.* || Conjunto de las obras literarias de un país, de una época: *la literatura española de la Edad de Oro.* || Su estudio. || *Fig. y fam.* Charloteo, palabras huecas: *todo lo que me dices es sólo literatura.*

litiasis f. *Med.* Formación de cálculos en la vejiga.

litigación f. Pleito. || Alegato.

litigante adj. Que litiga, pleiteante (ú. t. c. s.).

litigar v. t. Pleitear, discutir en juicio una cosa. || — V. i. Estar en litigio. || Altercar, disputar.

litigio m. Pleito, proceso judicial. || *Fig.* Discusión, disputa.

litigioso, sa adj. Que está en pleito o en discusión.

litio m. *Quím.* Metal alcalino (Li), de número atómico 3, muy ligero, de densidad 0,55 y que funde a 180 ºC.

litis f. *For.* Lite, pleito.

litisconsorte com. *For.* Interesado en la misma causa judicial que otra persona.

litofotografía f. Fotolitografía.

litografía f. Arte de reproducir mediante impresión los dibujos trazados con una tinta grasa sobre una piedra caliza. || Grabado hecho de este modo. || Taller de litógrafo.

litografiar v. t. Imprimir por medio de la litografía.

litográfico, ca adj. Relativo a la litografía: *piedra litográfica.*

litógrafo m. Impresor que utiliza la litografía.

litoral adj. Relativo a la costa del mar. || — M. Costa.

litosfera f. *Geol.* Parte sólida de la corteza terrestre.

lítote f. Expresión que no significa todo lo que se quiere dar a entender negando generalmente lo que se desea afirmar, como en *no es fea su novia.*

litro m. Medida de capacidad del sistema métrico decimal, que equivale a un decímetro cúbico (símb., *l*). || Cantidad de líquido o de áridos que cabe en tal medida. || Su contenido.

lituano, na adj. y s. De Lituania. || — M. Lengua hablada por los lituanos.

liturgia f. Orden y forma establecidas por la Iglesia para la celebración de los oficios divinos.

litúrgico, ca adj. Relativo a la liturgia.

liviandad f. Ligereza.

liviano, na adj. Ligero, que pesa poco. || *Fig.* Inconstante, ligero.

*lividecer v. i. Ponerse lívido.

lividez f. Palidez. || Amoratamiento.

lívido, da adj. Pálido. || Amoratado.

living-room [-*rum*] m. (pal. ingl.). Cuarto de estar.

liza f. Campo dispuesto para la lucha o lid. || Lid, combate, lucha.

lizo m. Hilo grueso que forma la urdimbre de ciertos tejidos. || Pieza del telar que divide los hilos de la urdimbre para que pase la lanzadera.

ll, antigua letra del alfabeto español.

llaga f. Úlcera. || *Fig.* Cualquier cosa que causa pesadumbre. || Junta entre dos ladrillos. || *Fig. Poner el dedo en la llaga,* encontrar el punto donde está el mal.

llagar v. t. Hacer llagas.

llama f. Gas incandescente producido por una sustancia en combustión. || Mamífero rumiante doméstico de América del Sur donde se aprovecha la carne y la lana y es utilizado como bestia de carga. || *Fig.* Pasión vehemente. || Suplicio de la hoguera: *condenado a las llamas.* || — Pl. *Las llamas eternas,* las torturas del infierno.

llamada f. Llamamiento. || Invitación urgente para que alguien venga: *se oían llamadas plañideras.* || Excitación, invitación a una acción: *llamada a la sublevación.* || Remisión en un libro: *hay que hacer todas las llamadas.* || Comunicación: *llamada telefónica.* || Acción de traer a la mente: *llamada de atención.* || Oferta de emigración: *recibir una carta de llamada.* || *Mil.* Toque para tomar las armas o formarse: *batir llamada.* || *Fig.* Atracción: *siento en mí la llamada de mi sangre negra.*

llamado m. Llamamiento.

llamador, ra m. y f. Persona que llama. || — M. Aldaba de puerta. || Botón del timbre.

llamamiento m. Acción y efecto de llamar. || Convocatoria. || *Mil.* Acción de llamar a los soldados de una quinta: *llamamiento a filas.*

llamar v. t. Invitar a alguien para que venga o preste atención por medio de una palabra, de un grito o de cualquier otro signo: *llamar a voces.* || Dar un nombre a alguien, a algo: *llamar las cosas con la palabra adecuada.* || Dar un calificativo: *le llamaron ladrón.* || Convocar, citar: *lo llamaron ante los tribunales de justicia.* || Atraer: *eso llama la atención.* || Destinar: *está llamado a desempeñar un gran papel.* || — V. i. Tocar, pulsar: *llamar con el timbre.* || Golpear: *llamó a la puerta con los puños.* || Comunicar: *llamar por teléfono.* || — V. pr. Tener como nombre o apellido: *¿cómo se llama esa ciudad?* || Tener cierto título una obra.

llamarada f. Llama intensa y breve. || *Fig.* Enrojecimiento del rostro, rubor. | Pasión pasajera. | Arrebato del ánimo: *sentir una llamarada de ira.*

llamarón m. *Chil., Col.* y *Ecuad.* Llamarada.

llamativo, va adj. Vistoso: *colores llamativos.* || Que llama la atención: *un título llamativo que le llena de orgullo.*

llameante adj. Que llamea.

llamear v. i. Echar llamas.

llampo m. Parte menuda de mineral.

llana f. Paleta para extraer la mezcla o argamasa, el yeso. || Plana de un papel. || Llanura.

llanca f. *Chil.* Mineral de cobre de color verde azulado. || *Chil.* Pequeño trozo de este mineral con que se hacen adornos los mapuches.

llanero, ra m. y f. Habitante de las llanuras. || Habitante de Los Llanos de Venezuela.

llaneza f. *Fig.* Modestia. | Familiaridad: *llaneza en el trato.* | Sencillez: *llaneza en el estilo.*

llanito, ta adj. y s. Gibraltareño: *los llanitos del Peñón.*

llano, na adj. Liso, igual, plano: *superficie llana.* || *Fig.* Que no tiene adornos, sencillo. | Claro, que no admite duda. | Simple, afable: *persona llana.* | Que no goza de fuero: *el fiador ha de ser lego, llano y abonado.* || *Gram.* Que carga el acento en la penúltima sílaba: *palabra llana.* || — A la llana, sin ceremonia. || *De llano,* claramente. || *Estado llano,* la clase común.

llanque m. *Per.* Sandalia rústica.

llanta f. Cerco de hierro o de goma que rodea las ruedas del coche. || Corona de la rueda sobre la que se aplica el neumático.

llantén m. Planta herbácea.

llantera y **llantina** f. *Fam.* Ataque de llanto.

llanto m. Efusión de lágrimas.

llanura f. Superficie de terreno llano.

llapa f. Yapa.

llapango, ga adj. y s. *Ecuad.* Dícese de la persona que no usa calzado.

llapar v. i. *Min.* Yapar. || *Amer.* Añadir algo gratuitamente al peso de lo que se vende.

llareta f. *Arg., Bol., Chil.* y *Per.* Planta herbácea que posee uso medicinal.

llave f. Pieza metálica con la que se abre una cerradura. || Nombre dado a diversas herramientas utilizadas para apretar o aflojar tuercas o tornillos, los muelles de un mecanismo, las cuerdas de un instrumento de música, etc. || Grifo: *llave de paso.* || Tecla móvil de los instrumentos de música de viento. || Pieza con que se le da cuerda a un reloj. || Disparador de arma de fuego. || Interruptor de electricidad. || Corchete en que se encierra una enumeración de puntos. || Presa, manera de agarrar al adversario en la lucha. || *Fig.* Posición, punto estratégico: *Gibraltar era la llave del Mediterráneo.* | Medio de acceder a: *cree poseer las llaves del Paraíso.* || — *Fig. Cerrar con siete llaves,* guardar con gran cuidado. || *Llave maestra,* la que puede abrir todas las cerraduras.

llavero, ra m. y f. Persona que tiene las llaves. || — M. Carcelero. || Anillo de metal o especie de carterita de piel en que se ponen las llaves.

llavín m. Llave pequeña y plana.

llegada f. Acción de llegar; momento preciso en que llega una persona o cosa: *la llegada del presidente, de la primavera.* || Final de una carrera deportiva: *la llegada de los corredores.*

llegar v. i. Alcanzar el sitio a donde se quería ir: *llegó a la ciudad.* || Acercarse: *al llegar la noche.* || Alcanzar su destino: *llegó el correo.* || Alcanzar: *llegar a la vejez.* || Tocar: *le llegó su vez.* || Subir: *el precio no llega a tanto.* || Suceder, ocurrir: *llegó lo que esperaba.* || Conseguir, obtener: *llegó a ser presidente.* || Venir: *ya llegó el verano.* || Alcanzar una cosa a otra: *el abrigo le llega a las rodillas.* || — *Llegar a las manos,* reñir, pelearse. || *Llegar a ser,* convertirse en. || — V. pr. Ir: *llégate a su casa cuanto antes.*

llenado m. Acción de llenar. || Embotellado.

llenador, ra adj. *Méx.* Dicho de alimentos, que satisface con poca cantidad.

llenar v. t. Ocupar con algo lo que estaba vacío: *llenar un vaso.* || Ejercer, desempeñar: *llenar un cargo.* || Ocupar: *llenar el teatro.* || *Fig.* Colmar: *la noticia me llena de alegría.* || Emplear: *lo hago para llenar el tiempo.* | Satisfacer: *esta persona no me llena.* | Cubrir: *llenar de injurias.* | Poner las indicaciones necesarias, rellenar un formulario. || Fecundar el macho a la hembra. || — V. i. Llegar la Luna al plenilunio. || — V. pr. No dejar sitio libre. || Cubrirse: *llenarse los dedos de tinta.* || *Fam.* Hartarse.

llenazo m. Gran concurrencia en un espectáculo.

lleno, na adj. Ocupado completamente por algo: *una botella llena.* || Que contiene algo en gran cantidad: *con el estómago lleno.* || Que tiene abundancia: *lleno de orgullo.* || Redondo: *mejillas llenas.* || *Fig.* y *fam.* Nada flaco sin llegar a ser realmente gordo. || *Dar de lleno,* dar completamente. || — M. Plenilunio. || Gran concurrencia: *lleno en la plaza de toros.*

llepu m. *Chil.* Cesto que se usa a veces como medida.

lleudar v. t. Leudar.

lleuque m. *Chil.* Árbol maderable, de fruto comestible.

llevadero, ra adj. Soportable, tolerable: *una vida llevadera.* || Que se puede de poner: *traje llevadero.*

llevar v. t. Estar cargado de un peso (persona o cosa): *llevar un saco en las espaldas.* || Impulsar: *llevado por el entusiasmo.* || Arrastrar: *el viento lo llevó todo.* || Transportar: *el camión lleva arena.* | *Llevame en coche.* || Conducir, dirigir, manejar: *no sabes llevar el coche.* || Traer: *lo llevé a mi opinión.* || Vestir: *llevaba una chaqueta raída.* || Tener de cierta manera: *llevar la cabeza muy alta.* || Producir: *tierra que lleva* *trigo.* || Coger consigo y depositar en un sitio: *lleva esta carta al buzón.* || Dirigir, mover hacia: *llevó la copa a los labios.* || Introducir, meter: *llevó la mano al bolsillo.* || Tener: *la vida que yo llevaba.* || Poseer, estar caracterizado por: *lleva un nombre ilustre.* || Nombrar, elegir: *lo llevaron al Poder.* || Incitar, impulsar a algo: *esto me lleva a decir.* || Someter a una jurisdicción: *lo llevaron a los tribunales.* || Causar, provocar: *esto te llevará a la ruina.* || Manifestar, presentar: *lleva la crueldad en su rostro.* || Soportar: *llevar sus males con resignación.* || Ir, conducir: *este camino lleva a mi casa.* || Tener: *no llevo ningún dinero.* || Durar: *me llevó un día este artículo.* || Estar desde hace: *lleva un mes en la cama.* || Contener: *este vino lleva mucha agua.* || Pedir, cobrar: *me ha llevado muy caro el sastre.* || Encargarse: *lleva los negocios de la familia.* || Ocuparse: *llevar las relaciones exteriores.* || Anotar: *llevar las cuentas en un libro.* || Presentar, encerrar: *asunto que lleva muchas dificultades.* || Conducir: *¿adónde nos lleva la guerra?* || Acompañar: *llevó a sus hermanitos al cine.* || Retener: *veintitrés, pongo tres y llevo dos.* || Haber: *llevar estudiado.* || Tener de más: *le llevo trece años.* || Tener un adelanto: *su coche lleva diez kilómetros.* || Arrancar: *la bala le llevó el brazo.* || Tener, gastar: *lleva una barba espesa.* || Acomodarse al carácter de una persona: *sabe llevar muy bien a su marido.* || Dejarse llevar, dejarse influir. || — V. pr. Tomar consigo: *se llevó todos mis libros.* || Ganar: *me llevé un premio.* || Obtener, lograr, ganar: *en ese negocio se llevó un millón de pesos.* || Estilarse: *esos sombreros ya no se llevan.* || Tener: *llevarse un susto.* || Recibir: *se llevó un bofetón.* || Entenderse: *estas dos chicas se llevan muy bien.*

lliclla f. Ecuad. y Per. Mantilla de lana que llevan las mujeres indias en los hombros.

llicta f. Arg. y Bol. Masa semiblanda de papas.

lloraduelos com. *Fig.* y *fam.* Persona quejumbrosa.

llorar v. i. Derramar lágrimas. || *Fig.* Caer un líquido gota a gota. || *El que no llora ni mama,* hay que solicitar sin cansarse lo que se quiere obtener. || — V. t. Sentir vivamente la pérdida de alguien. || Sentir mucho: *llorar sus desgracias.*

llorera f. *Fam.* Llanto prolongado y sin motivo.

llorica y **lloricón, ona** adj. y s. Que lloriquea.

lloriquear v. i. Gimotear.

lloriqueo m. Gimoteo.

lloro m. Llanto, lágrimas.

llorón, ona adj. y s. Que llora mucho. || — M. *Mil.* Penacho de plumas. || — F. Plañidera.

lloroso, sa adj. Que parece haber llorado o a punto de llorar. || Triste.

llovedizo, za adj. Que deja pasar la lluvia. || *Agua llovediza,* agua de lluvia.

llover v. impers. Caer agua de las nubes: llueve a cántaros. || — V. i. *Fig.* Caer una cosa sobre uno con abundancia. || — *Fig. Como llovido* (o *llovido del cielo*), inesperadamente. | *Llover sobre mojado,* venir una cosa molesta tras otra. || — V. pr. Calarse con las lluvias.

llovizna f. Lluvia menuda.

lloviznar v. impers. Caer llovizna.

llueca adj. f. Clueca.

lluvia f. Precipitación de agua de la atmósfera en forma de gotas: *temporada de las lluvias.* || *Fig.* Caída de objetos como si fuesen gotas de lluvia: *lluvia de balas, de serpentinas.* | Gran abundancia o cantidad: *lluvia de injurias, de palos.* || *Amer.* Ducha. || *Lluvia ácida,* precipitación que contiene desechos ácidos provenientes de la contaminación atmosférica provocada por la industria. || *Lluvia radiactiva,* la que cae después de una explosión nuclear.

lluvioso, sa adj. Abundante en lluvias: *clima lluvioso.*

lm, símbolo del *lumen.*

lo art. determinado, del género neutro: *lo triste del caso.* || Acusativo del pronombre personal de tercera persona en género masculino o neutro singular: *lo veo.* || — *Fam. Lo que,* cuánto: *¡lo que nos vamos a divertir!* | *Lo que,* en cuanto a.

loa f. Prólogo de algunas obras dramáticas antiguas. || Poema en honor de alguien. || Obra de teatro corta representada al principio de una función. || Alabanza, elogio: *hacer loa de sus capacidades.*

loar v. t. Alabar, hacer elogios.

lobanillo m. Tumor producido por la hipertrofia de una glándula sebácea.

lobato m. Cría del lobo.

lobby m. (pal. ingl.). V. GRUPO de presión.

lobectomía f. Ablación quirúrgica de un lóbulo del pulmón o del cerebro.

lobero, ra adj. Del lobo.

lobezno m. Lobato.

lobo m. Mamífero carnicero de la familia de los cánidos, de pelaje gris amarillento, que vive en los bosques de Europa, Asia y América. || *Fig.* Persona mala, cruel. || *Amer.* Zorro, coyote. || — *Fig. Coger el lobo por las orejas,* estar en una situación muy crítica. | *Del lobo un pelo,* más vale lo que se ofrecen a uno que nada. | *Estar como boca de lobo,* estar muy oscuro. | *Estar en la boca del lobo,* estar en gran peligro. | *Lobo de mar,* foca; (fig.), marino con mucha experiencia. || *Fig. Meterse en la boca del lobo,* arrostrar un gran peligro. | *Muda el lobo los dientes, y no las mientes,* es muy difícil que una persona cambie su carácter en la vida. | *Ser un lobo con piel de oveja,* esconder la maldad bajo una apariencia de bondad. | *Son lobos de una misma camada,* son gente de la misma índole. | *Un lobo a otro no se muerden,* las personas de la misma condición no se hacen mal entre ellas.

lóbrego, ga adj. Oscuro, tenebroso: *habitación lóbrega.*

*lobreguecer v. t. e i. Oscurecer.

lobreguez f. Oscuridad.

lobulado, da y **lobular** adj. *Bot.* y *Zool.* Con forma de lóbulo o que tiene lóbulos: *hoja lobulada.*

lóbulo m. Parte redonda y saliente de una cosa. || Parte redondeada y recortada de ciertos órganos vegetales: *los lóbulos de una hoja.* || Perilla de la oreja. || Porción redondeada y saliente del pulmón, del cerebro, del hígado, etc.

local adj. Relativo al lugar: *costumbre local.* || De cierta parte determinada: *una enfermedad local.* || Municipal o provincial, por oposición a nacional: *administración local.* || — M. Sitio cerrado y cubierto: *local privado, público.* || Domicilio de una administración o de un organismo.

localidad f. Lugar o población. || Local. || Cada uno de los asientos de un sitio destinado a espectáculos. || Billete de entrada a un espectáculo.

localismo m. Regionalismo. || Carácter local. || Vocablo o locución de uso en determinada población o localidad.

localista adj. De interés local.

localización f. Acción y efecto de localizar.

localizar v. t. Fijar, encerrar en límites determinados: *localizar una epidemia, un incendio.* || Determinar el lugar en que se halla una persona o cosa, encontrar: *no pude localizarte en todo el día.*

locativo, va adj. Relativo al arrendamiento.

loción f. Lavadura, acción de lavar. || Agua perfumada de tocador, ligeramente alcoholizada, para el aseo y la higiene del cuero cabelludo.

loco, ca adj. Que ha perdido la razón (ú. t. c. s.). || *Fig.* De poco juicio (ú. t. c. s.). || Trastornado: *la discusión que tuvo con su novio le volvió loca.* | Fuera de sí: *loco de dolor.* | Imprudente, desatinado: *decisión loca.* | Muy grande, extraordinario: *precio loco; suerte loca.* || — *A lo loco,* sin reflexionar. | *Brújula loca,* la que por cualquier motivo deja de señalar el Norte. || *Fig. Estar loco de, por* o *con,* estar entusiasmado; estar muy enamorado. || *Fig.* y *fam. Hacerse el loco,* disimular, fingir uno que está distraído. | *Loco de atar* o *de remate,* excesivamente loco.

locomoción f. Traslado de un punto a otro.

locomotor, ra adj. Propio para la locomoción. || — F. Máquina de vapor, eléctrica, etc., montada sobre ruedas, que remolca los vagones de ferrocarril.

locomotriz adj. f. Locomotora.

locro m. *Amer.* Guisado de carne con choclos o zapallos, patatas, ají, etc.

locuacidad f. Propensión a hablar mucho.

locuaz adj. Que habla mucho.

locución f. Expresión, forma particular idiomática. || Conjunto de dos o más palabras que no forman en sí una oración completa: *"en vano" es una locución adverbial.*

locura f. Demencia, alienación de la razón: *ataque de locura.* || Cualquier enfermedad mental considerada con independencia de su causa (conocida o desconocida) o de sus efectos (delirio, demencia, excitación o abatimiento, perversión, etc.). || Extravagancia, imprudencia: *hacer una locura.* || Conducta poco sensata: *locuras de juventud.* || *Fig. Gastar una locura,* gastar mucho y sin tino.

locutor, ra m. y f. Presentador de una emisión de radio o de televisión.

locutorio m. Departamento dividido, generalmente por una reja donde reciben visitas las monjas o los presos. || Cabina telefónica pública.

lodazal m. Cenagal.

lodo m. Barro, fango.

loess m. Limo muy fino sin estratificaciones y rico en cal.

logarítmico, ca adj. Referente a los logaritmos.

logaritmo m. *Mat.* Exponente a que es necesario elevar una cantidad positiva para que resulte un número determinado.

logia f. Local donde se reúnen los masones. || Reunión de masones.

lógica f. Ciencia que expone las leyes, modos y formas del conocimiento científico. || Obra que enseña esta ciencia: *un tratado de lógica.* || *Por ext.* Método en las ideas, razonamiento: *exponer una opinión con lógica.*

logicismo m. Filosofía fundada en el predominio de la lógica.

lógico, ca adj. Conforme a la lógica: *consecuencia, argumentación lógica.* || Normal, aplícase a toda consecuencia natural y legítima: *es lógico que se haya ido.* || — M. y f. Que estudia la lógica.

logística f. *Fil.* Lógica matemática. || *Mil.* Técnica del movimiento de las tropas y de su transporte y avituallamiento.

logógrafo m. Entre los griegos, prosista o historiador u orador que escribía las defensas de las causas ajenas en los tribunales de justicia.

logogrifo m. Enigma en verso en el que se compone, con las letras de una palabra, otras palabras que hay que adivinar, lo mismo que la palabra principal. || *Fig.* Jeroglífico, cosa difícil de comprender.

logomaquia f. Discusión en la que los interlocutores emplean las mismas palabras con sentidos diferentes.

lograr v. t. Llegar a conseguir lo que se intenta o desea: *lograr la victoria* (ú. t. c. pr.).

logrero, ra m. y f. Usurero. || *Fam.* Aprovechado.

logro m. Obtención. || Éxito: *los logros técnicos conseguidos.* || Lucro, ganancia. || Usura: *prestar a logro.*

logroñés, esa adj. y s. De Logroño (España).

loísmo m. Defecto gramatical que consiste en el empleo de *lo* en lugar de *le* en el dativo del pronombre personal *él* (*lo doy en vez de le doy*). || Tendencia a emplear *lo* en lugar de *le* en el acusativo (*lo miro en vez de le miro*).

loísta adj. y s. *Gram.* Partidario del empleo de *lo* para el acusativo y dativo masculinos del pronombre *él.*

lojano, na adj. y s. De Loja (Ecuador).

lojeño, ña adj. y s. De Loja (España).

loma f. Altura pequeña.

lomada f. *Arg., Chil., Parag., Per.* y *Urug.* Loma.

lomaje m. *Arg.* y *Chil.* Terreno formado por lomas.

lombarda f. *Bot.* Col de color morado. || *Mil.* Bombarda.

lombardo, da adj. y s. Dícese del individuo de un ant. pueblo germánico que habitó entre el Elba y el Oder. (Los *lombardos* o *longobardos* invadieron Italia en el s. VI y se establecieron en el N. de este país.) || De Lombardía.

lombriz f. Gusano anélido que vive enterrado en los sitios húmedos. || — *Lombriz intestinal,* animal parásito en forma de lombriz que vive en los intestinos del hombre y los animales. || *Lombriz solitaria,* tenia.

lomerío m. *Amer.* Conjunto de lomas.

lomo m. Espalda de un animal. || Carne sacada de este sitio. || Parte posterior de un libro en que suele ir escrito el título. || *Agr.* Caballón. || — *A lomo de,* montado en (caballo, etc.). || *Fig.* y *fam. Pasar la mano por el lomo,* adular.

lona f. Tela fuerte que se emplea para hacer velas, toldos, zapatos de verano, etc.

lonch o **lonche** m. *Méx.* Comida ligera.

loncha f. Tajada, lonja.

lonchar v. i. *Amer.* Comida ligera durante el trabajo.

lonchería f. *Amer.* Restaurante en que se dan comidas ligeras.

londinense adj. y s. De Londres.

longanimidad f. Magnanimidad, liberalidad.

longánimo, ma adj. Magnánimo: *persona longánima.*

longaniza f. Cierto embutido de carne de cerdo.

longevidad f. Larga duración de la vida.

longevo, va adj. Muy viejo, con mucha edad.

longilíneo, a adj. Dícese de la persona delgada que tiene los miembros alargados.

longitud f. Dimensión de una cosa de un extremo a otro. || La mayor de las dos dimensiones de una superficie. || *Astr.* Arco de la Eclíptica. || *Geogr.* Distancia de un lugar al primer meridiano. || *Fís. Longitud de onda,* distancia entre dos puntos correspondientes a una misma fase en dos ondas consecutivas.

longitudinal adj. Relativo a la longitud: *sección longitudinal.* || En el sentido de la longitud.

longobardo, da adj. y s. Lombardo.

lonja f. Tira larga y poco gruesa: *una lonja de jamón.* || Centro de contratación o bolsa de comercio: *la Lonja de Barcelona.* || Atrio a la entrada de un edificio: *la lonja de una iglesia.*

lontananza f. En un cuadro, los términos más lejanos del principal. || *En lontananza,* a lo lejos.

loor m. Alabanza: *entonaban cánticos en loor suyo.*

lopista com. Especialista en la vida y obras de Lope de Vega.

loquear v. i. Hacer locuras.

loquera f. Jaula de locos.

loquero m. Empleado de un manicomio.

loran m. Procedimiento de radionavegación que permite que un aviador o un navegante fije la posición en que se halla por medio de tres estaciones radioeléctricas.

lordosis f. *Med.* Desviación de la columna vertebral lumbar.

lorenés, esa adj. y s. De Lorena.

loretano, na adj. y s. De Loreto (Perú).

loriga f. Coraza de mallas. || Armadura del caballo.

loro m. Papagayo. || *Bot.* Lauroceraso. || *Fig.* y *fam.* Mujer fea o vieja.

los, las art. determinado plural de ambos géneros. || Acusativo del pron. personal de tercera persona en número plural.

losa f. Piedra plana y de poco grueso: *losa sepulcral.* || Baldosa. || *Fig.* Cosa que constituye una pesadumbre.

loseta f. Losa pequeña.

lota f. Pez de los ríos y lagos de Europa, de la familia de los gádidos.

lote m. Parte en que se divide un todo para su distribución. || Premio de lotería. || Grupo de objetos que se venden juntos.

lotería f. Juego de azar en el que se venden una serie de billetes numerados que, después de verificado el sorteo, resultarán premiados o no: *tocarle a uno el premio gordo en la lotería.* || Juego de azar en el que los participantes poseen uno o varios cartones numerados que cubren a medida que se sacan bolas con los números correspondientes. || *Fig.* y *fam.* Cosa o asunto en manos del azar: *la vida es una lotería.*

lotero, ra m. y f. Persona que posee un despacho de lotería.

loto m. Planta acuática ninfeácea, de flores de color blanco azulado. | Su flor o fruto. | Árbol de África parecido al azufaifo.

lovaniense adj. y s. De Lovaina (Bélgica).

loza f. Barro fino cocido y barnizado con que se hacen platos, tazas, jarros, etc. || Conjunto de estos objetos en el ajuar doméstico.

lozanía f. Frondosidad de las plantas. || Vigor, robustez. || Frescura, juventud.

ANATOMÍA: esqueleto, vértebra y hueso

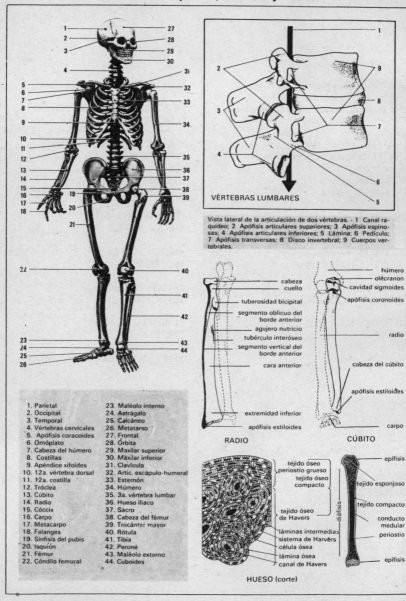

VÉRTEBRAS LUMBARES

Vista lateral de la articulación de dos vértebras. - 1 Canal raquídeo; 2 Apófisis articulares superiores; 3 Apófisis espinosas; 4 Apófisis articulares inferiores; 5 Lámina; 6 Pedículo; 7 Apófisis transversas; 8 Disco invertebral; 9 Cuerpos vertebrales.

RADIO

- cabeza
- cuello
- tuberosidad bicipital
- segmento oblicuo del borde anterior
- agujero nutricio
- tubérculo interóseo
- segmento vertical del borde anterior
- cara anterior
- extremidad inferior
- apófisis estiloides

CÚBITO

- húmero
- olécranon
- cavidad sigmoides
- apófisis coronoides
- radio
- cabeza del cúbito
- apófisis estiloides
- carpo

1. Parietal
2. Occipital
3. Temporal
4. Vértebras cervicales
5. Apófisis coracoides
6. Omóplato
7. Cabeza del húmero
8. Costillas
9. Apéndice xifoides
10. 12a. vértebra dorsal
11. 12a. costilla
12. Tróclea
13. Cúbito
14. Radio
15. Cóccix
16. Carpo
17. Metacarpo
18. Falanges
19. Sínfisis del pubis
20. Isquión
21. Fémur
22. Cóndilo femoral

23. Maléolo interno
24. Astrágalo
25. Calcáneo
26. Metatarso
27. Frontal
28. Órbita
29. Maxilar superior
30. Maxilar inferior
31. Clavícula
32. Artic. escápulo-humeral
33. Esternón
34. Húmero
35. 3a. vértebra lumbar
36. Hueso ilíaco
37. Sacro
38. Cabeza del fémur
39. Trocánter mayor
40. Rótula
41. Tibia
42. Peroné
43. Maléolo externo
44. Cuboides

HUESO (corte)

- tejido óseo periostio grueso
- tejido óseo compacto
- tejido óseo de Havers
- láminas intermedias
- sistema de Havers
- célula ósea
- lámina ósea
- canal de Havers
- epífisis
- tejido esponjoso
- tejido compacto
- conducto medular
- periostio
- epífisis
- diáfisis

ANATOMÍA: nervios, médula espinal, neurona

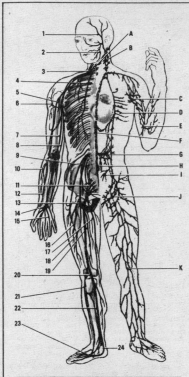

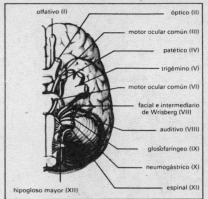

olfativo (I)
óptico (II)
motor ocular común. (III)
patético (IV)
trigémino (V)
motor ocular común (VI)
facial e intermediario de Wrisberg (VII)
auditivo (VIII)
glosofaríngeo (IX)
neumogástrico (X)
hipogloso mayor (XII)
espinal (XI)

NERVIOS DEL CRÁNEO

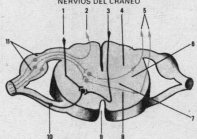

MÉDULA ESPINAL (corte)

1. Vía piramidal entrecruzada; 2. Fascículos de Goll y Burdach; 3. Vía piramidal directa; 4. Cuerno posterior; 5. Estría medular del tálamo; 6. Sustancia blanca; 7. Sustancia gris; 8. Cuerno anterior; 9. Surco anterior; 10. Raíz anterior; 11. Raíz posterior y ganglio.

SISTEMA NERVIOSO

1. Rama frontal del nervio facial
2. Rama maxilar del nervio facial
3. Plexo braquial
4. Nervio neumogástrico
5. Nervio braquial cutáneo interno
6. Nervio circunflejo
7. Nervio mediano
8. Nervio cubital
9. Plexo lumbar
10. Nervio radial
11. Plexo sacro
12. Nervio musculocutáneo
13. Ciático mayor
14. Nervio mediano
15. Nervio colateral
16. Nervio del bíceps
17. Nervio safeno interno
18. Nervio femorocutáneo
19. Nervio isquiático
20. Nervio ciático poplíteo interno
21. Nervio ciático poplíteo externo
22. Nervio tibial posterior
23. Nervios del pie
24. Nervio plantar externo

SISTEMA LINFÁTICO

A. Ganglios del cuello
B. Ganglios cervicales
C. Ganglios axilares
D. Ganglios viscerales del tórax
E. Ganglio epitroclear
F. Conducto torácico
G. Ganglios abdominales
H. Cisterna de Pecquet
I. Ganglios ilíacos
J. Ganglios inguinales
K. Ganglio poplíteo

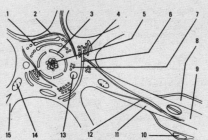

ESTRUCTURA DE LA NEURONA

1. Aparato de Golgi; 2. Neurotúbulos; 3. Núcleo; 4. Cuerpo de Nissl; 5. Nucléolo; 6. Ergastoplasma; 7. Cromosomas suplementarios; 8. Mielina; 9. Axón; 10. Célula de Schwann; 11. Cono de emergencia del axón; 12. Neurofibrillas; 13. Lisosoma; 14. Mitocondria; 15. Dendrita.

ANATOMÍA: circulación

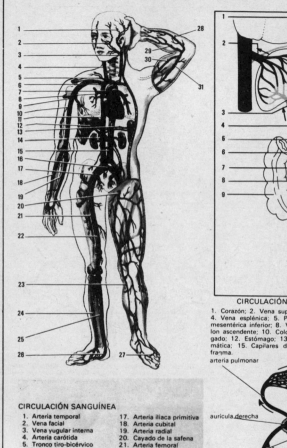

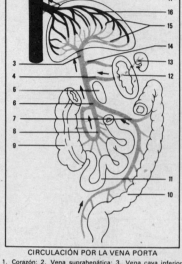

CIRCULACIÓN POR LA VENA PORTA

1. Corazón; 2. Vena suprahepática; 3. Vena cava inferior; 4. Vena esplénica; 5. Páncreas; 6. Vena porta; 7. Vena mesentérica inferior; 8. Vena mesentérica superior; 9. Colon ascendente; 10. Colon descendente; 11. Intestino delgado; 12. Estómago; 13. Bazo; 14. Vena coronaria estomática; 15. Capilares del hígado; 16. Hígado; 17. Diafragma.

CIRCULACIÓN SANGUÍNEA

1. Arteria temporal	17. Arteria iliaca primitiva
2. Vena facial	18. Arteria cubital
3. Vena yugular interna	19. Arteria radial
4. Arteria carótida	20. Cayado de la safena
5. Tronco tiro-bicérvico escapular	21. Arteria femoral
6. Tronco venoso braquiocefálico	22. Vena femoral
	23. Vena safena interna
7. Cayado de la aorta	24. Arteria peronea
8. Arteria pulmonar	25. Arteria tibial posterior
9. Arteria y vena axilares	26. Arteria plantar interna
10. Arteria humeral	27. Red venosa dorsal del pie
11. Vena cava inferior	28. Vena cubital superficial
12. Vena porta	29. Vena radial superficial
13. Arteria y vena esplénicas	30. Vena cefálica
14. Vena renal	31. Vena basílica
15. Aorta	
16. Vena iliaca primitiva	

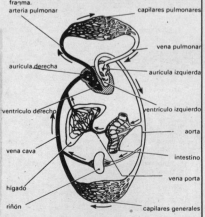

arteria pulmonar — capilares pulmonares — vena pulmonar — aurícula derecha — aurícula izquierda — ventrículo derecho — ventrículo izquierdo — aorta — vena cava — intestino — vena porta — hígado — riñón — capilares generales

CIRCULACIÓN MENOR Y MAYOR

ANATOMÍA: corazón, pulmón

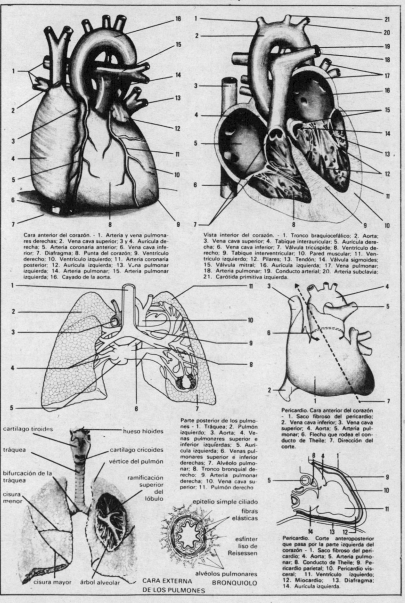

Cara anterior del corazón. - 1. Arteria y vena pulmonares derechas; 2. Vena cava superior; 3 y 4. Aurícula derecha; 5. Arteria coronaria anterior; 6. Vena cava inferior; 7. Diafragma; 8. Punta del corazón; 9. Ventrículo derecho; 10. Ventrículo izquierdo; 11. Arteria coronaria posterior; 12. Aurícula izquierda; 13. Vena pulmonar izquierda; 14. Arteria pulmonar; 15. Arteria pulmonar izquierda; 16. Cayado de la aorta.

Vista interior del corazón. - 1. Tronco braquiocefálico; 2. Aorta; 3. Vena cava superior; 4. Tabique interauricular; 5. Aurícula derecha; 6. Vena cava inferior; 7. Válvula tricúspide; 8. Ventrículo derecho; 9. Tabique interventricular; 10. Pared muscular; 11. Ventrículo izquierdo; 12. Pilares; 13. Tendón; 14. Válvula sigmoides; 15. Válvula mitral; 16. Aurícula izquierda; 17. Vena pulmonar; 18. Arteria pulmonar; 19. Conducto arterial; 20. Arteria subclavia; 21. Carótida primitiva izquierda.

Parte posterior de los pulmones - 1. Tráquea; 2. Pulmón izquierdo; 3. Aorta; 4. Venas pulmonares superior e inferior izquierdas; 5. Aurícula izquierda; 6. Venas pulmonares superior e inferior derechas; 7. Alvéolo pulmonar; 8. Tronco bronquial derecho; 9. Arteria pulmonar derecha; 10. Vena cava superior; 11. Pulmón derecho

Pericardio. Cara anterior del corazón - 1. Saco fibroso del pericardio; 2. Vena cava inferior; 3. Vena cava superior; 4. Aorta; 5. Arteria pulmonar; 6. Flecha que rodea el conducto de Theile; 7. Dirección del corte.

cartílago tiroides

hueso hioides

tráquea

cartílago cricoides

vértice del pulmón

bifurcación de la tráquea

ramificación superior del lóbulo

cisura menor

epitelio simple ciliado

fibras elásticas

esfínter liso de Reisessen

cisura mayor   árbol alveolar

alvéolos pulmonares

CARA EXTERNA DE LOS PULMONES

BRONQUIOLO

Pericardio. Corte anteroposterior que pasa por la parte izquierda del corazón - 1. Saco fibroso del pericardio; 4. Aorta; 5. Arteria pulmonar; 8. Conducto de Theile; 9. Pericardio parietal; 10. Pericardio visceral; 11. Ventrículo izquierdo; 12. Miocardio; 13. Diafragma; 14. Aurícula izquierda.

ANIMALES: aves

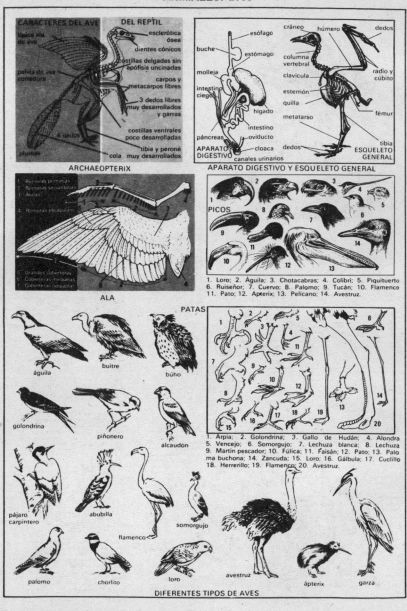

CARACTERES DEL AVE
- esclerótica ósea
- típica ala de ave
- dientes cónicos
- costillas delgadas sin apófisis uncinadas
- pelvis de ave corredora
- carpos y metacarpos libres
- 3 dedos libres muy desarrollados y garras
- 4 dedos
- costillas ventrales poco desarrolladas
- tibia y peroné muy desarrollados
- cola muy desarrollados
- plumas

DEL REPTIL

ARCHAEOPTERIX

APARATO DIGESTIVO
- esófago
- buche
- estómago
- molleja
- intestino ciego
- hígado
- intestino
- páncreas
- oviducto
- cloaca
- canales urinarios

ESQUELETO GENERAL
- cráneo
- húmero
- dedos
- columna vertebral
- clavícula
- radio y cúbito
- esternón
- quilla
- metatarso
- fémur
- tibia
- dedos

APARATO DIGESTIVO Y ESQUELETO GENERAL

ALA
1. Remeras primeras
2. Remeras secundarias
3. Alulas
4. Remeras escapulares
5. Grandes cobierteras
6. Cobierteras medianas
7. Cobierteras pequeñas

PICOS

1. Loro; 2. Águila; 3. Chotacabras; 4. Colibrí; 5. Piquituerto
6. Ruiseñor; 7. Cuervo; 8. Palomo; 9. Tucán; 10. Flamenco
11. Pato; 12. Apterix; 13. Pelícano; 14. Avestruz.

PATAS

1. Arpía; 2. Golondrina; 3. Gallo de Hudán; 4. Alondra
5. Vencejo; 6. Somorgujo; 7. Lechuza blanca; 8. Lechuza
9. Martín pescador; 10. Fúlica; 11. Faisán; 12. Pato; 13. Palo
ma buchona; 14. Zancuda; 15. Loro; 16. Gálbula; 17. Cuclillo
18. Herrerillo; 19. Flamenco; 20. Avestruz.

águila — buitre — búho

golondrina — piñonero — alcaudón

pájaro carpintero — abubilla — somorgujo

flamenco — avestruz — ápterix — garza

palomo — chorlito — loro

DIFERENTES TIPOS DE AVES

ANIMALES: insectos

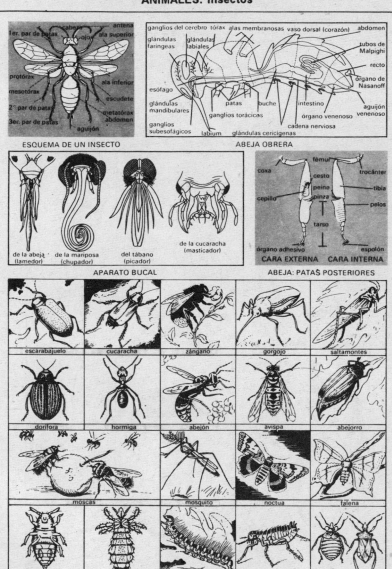

ESQUEMA DE UN INSECTO

1er. par de patas · cabeza · antena · ojo · ala superior

protórax · mesotórax · ala inferior · escudete · 2° par de patas · metatórax · abdomen · 3er. par de patas · aguijón

ABEJA OBRERA

ganglios del cerebro · tórax · alas membranosas · vaso dorsal (corazón) · abdomen

glándulas faríngeas · glándulas labiales · tubos de Malpighi · recto · órgano de Nasanoff

esófago · glándulas mandibulares · patas · buche · intestino · aguijón · órgano venenoso · aguijón venenoso

ganglios subesofágicos · labium · glándulas cericígenas · ganglios torácicos · órgano venenoso · cadena nerviosa

APARATO BUCAL

de la abeja (lamedor) · de la mariposa (chupador) · del tábano (picador) · de la cucaracha (masticador)

ABEJA: PATAS POSTERIORES

coxa · fémur · trocánter · cesto · tibia · cepillo · peine · pinza · pelos · tarso · órgano adhesivo · espolón

CARA EXTERNA · CARA INTERNA

DIFERENTES CLASES DE INSECTOS

escarabajuelo · cucaracha · zángano · gorgojo · saltamontes

dorífora · hormiga · abejón · avispa · abejorro

moscas · mosquito · noctua · falena

filoxera · piojo · procesionaria · pulga · chinches

ANIMALES: mamíferos

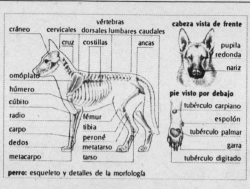

vértebras
cráneo cervicales dorsales lumbares caudales

cruz costillas ancas

omóplato
húmero
cúbito
radio
carpo
dedos
metacarpo

fémur
tibia
peroné
metatarso
tarso

cabeza vista de frente

pupila
redonda

nariz

pie visto por debajo

tubérculo carpiano
espolón
tubérculo palmar
garra
tubérculo digitado

perro: esqueleto y detalles de la morfología

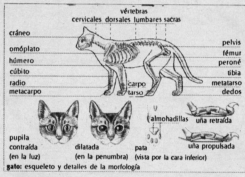

vértebras
cervicales dorsales lumbares sacras

cráneo
omóplato
húmero
cúbito
radio
metacarpo

carpo
tarso

pelvis
fémur
peroné
tibia
metatarso
dedos

almohadillas uña retraída

pupila
contraída
(en la luz)

dilatada
(en la penumbra)

pata
(vista por la cara inferior)

uña propulsada

gato: esqueleto y detalles de la morfología

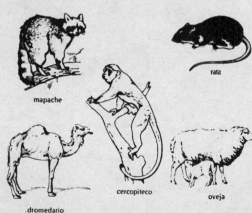

mapache

rata

cercopiteco

oveja

dromedario

manatí

DIFERENTES TIPOS DE MAMÍFEROS

DEFENSAS

de narval

de babirusa

de rinoceronte

de morsa

de elefante

ANIMALES: peces

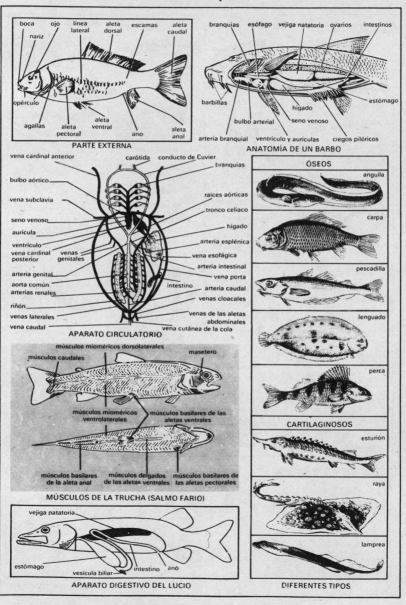

PARTE EXTERNA

boca · ojo · línea lateral · aleta dorsal · escamas · aleta caudal · nariz · opérculo · agallas · aleta pectoral · aleta ventral · ano · aleta anal

ANATOMÍA DE UN BARBO

branquias · esófago · vejiga natatoria · ovarios · intestinos · barbillas · hígado · estómago · bulbo arterial · seno venoso · arteria branquial · ventrículo y aurículas · ciegos pilóricos

APARATO CIRCULATORIO

vena cardinal anterior · carótida · conducto de Cuvier · branquias · bulbo aórtico · raíces aórticas · vena subclavia · tronco celíaco · seno venoso · hígado · aurícula · arteria esplénica · ventrículo · vena esofágica · vena cardinal posterior · venas genitales · arteria intestinal · arteria genital · vena porta · aorta común · intestino · arteria caudal · arterias renales · venas cloacales · riñón · venas de las aletas abdominales · venas laterales · vena cutánea de la cola · vena caudal

MÚSCULOS DE LA TRUCHA (SALMO FARIO)

músculos mioméricos dorsolaterales · músculos caudales · masetero · músculos mioméricos ventrolaterales · músculos basilares de las aletas ventrales · músculos basilares de la aleta anal · músculos delgados de las aletas ventrales · músculos basilares de las aletas pectorales

APARATO DIGESTIVO DEL LUCIO

vejiga natatoria · estómago · vesícula biliar · intestino · año

ÓSEOS

anguila · carpa · pescadilla · lenguado · perca

CARTILAGINOSOS

esturión · raya · lamprea

DIFERENTES TIPOS

ANIMALES: reptiles

COLÚBRIDOS

inofensivos para el hombre

dasypeltis devorando un huevo

cuatro serpientes aglifas

cabeza de serpiente acuática

vipera amodytes

chrysopeles o serpiente volante

langaha ensifera

culebra nariguda

BOÍDOS

serpiente pitón en un árbol

TIFLÓPIDOS

ofidio de esta familia

culebra de Montpellier y corte que muestra los dientes venenosos

venenosos

corte de una víbora nocturna en que se ve la glándula venenosa

mamba negra

coralillo

cobra

serpientes acuáticas:

hidrófido

pelamydrus

VIPÉRIDOS

víbora común

víbora áspid

perfil dorsal de una cabeza de víbora

víbora cornuda

víbora del Gabón

crótalo

cascabel del crótalo

colmillo

glándula venenosa

VÍBORA

colmillo

glándula venenosa

CULEBRA

tortuga laúd

salamanquesa (1)

tendones

flexor   extensor

falanges sedas laminillas

falange terminal

CORTE DE UN DEDO DE (1)

ARQUITECTURA: casa

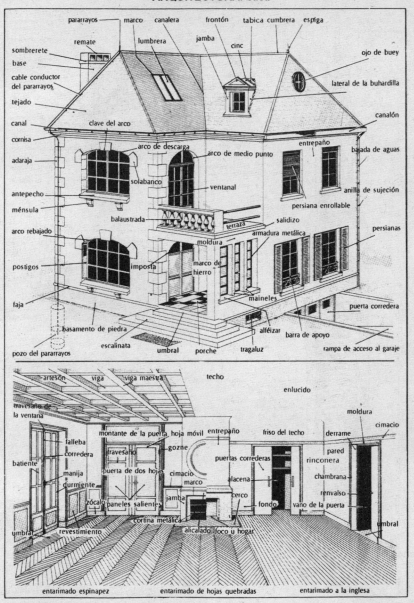

pararrayos · marco · canalera · frontón · tabica cumbrera · espiga · remate · lumbrera · jamba · cinc · sombrerete · base · cable conductor del pararrayos · ojo de buey · tejado · lateral de la buhardilla · canal · clave del arco · canalón · cornisa · arco de descarga · arco de medio punto · entrepaño · bajada de aguas · adaraja · solabanco · ventanal · antepecho · anilla de sujeción · ménsula · persiana enrollable · balaustrada · terraza · salidizo · arco rebajado · moldura · armadura metálica · persianas · postigos · imposta · marco de hierro · faja · maineles · puerta corredera · basamento de piedra · alféizar · barra de apoyo · pozo del pararrayos · escalinata · umbral · porche · tragaluz · rampa de acceso al garaje

artesón · viga · viga maestra · techo · enlucido · travesaño de la ventana · moldura · cimacio · falleba · montante de la puerta hoja móvil · entrepaño · friso del techo · derrame · corredera · travesaño · gozne · puertas correderas · rinconera · pared · batiente · manija · puerta de dos hojas · cimacio · alacena · chambrana · durmiente · marco · cerco · renvalso · zócalo · paneles salientes · jamba · fondo · vano de la puerta · umbral · revestimiento · cortina metálica · alicatado · foco u hogar · umbral

entarimado espinapez · entarimado de hojas quebradas · entarimado a la inglesa

ASTRONÁUTICA

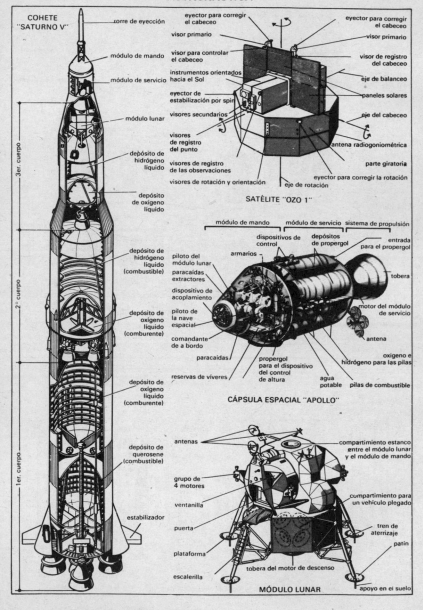

COHETE "SATURNO V"

- torre de eyección
- módulo de mando
- módulo de servicio
- módulo lunar
- depósito de hidrógeno líquido
- depósito de oxígeno líquido
- depósito de hidrógeno líquido (combustible)
- depósito de oxígeno líquido (comburente)
- depósito de oxígeno líquido (comburente)
- depósito de querosene (combustible)
- estabilizador

3er. cuerpo

2° cuerpo

1er. cuerpo

SATÉLITE "OZO 1"

- eyector para corregir el cabeceo
- visor primario
- visor para controlar el cabeceo
- instrumentos orientados hacia el Sol
- eyector de estabilización por spin
- visores secundarios
- visores de registro del punto
- visores de registro de las observaciones
- visores de rotación y orientación
- eyector para corregir el cabeceo
- visor primario
- visor de registro del cabeceo
- eje de balanceo
- paneles solares
- eje del cabeceo
- antena radiogoniométrica
- parte giratoria
- eyector para corregir la rotación
- eje de rotación

CÁPSULA ESPACIAL "APOLLO"

- módulo de mando
- módulo de servicio
- sistema de propulsión
- dispositivos de control
- depósitos de propergol
- entrada para el propergol
- armarios
- piloto del módulo lunar
- paracaídas extractores
- dispositivo de acoplamiento
- piloto de la nave espacial
- comandante de a bordo
- paracaídas
- reservas de víveres
- propergol para el dispositivo del control de altura
- agua potable
- tobera
- motor del módulo de servicio
- antena
- oxígeno e hidrógeno para las pilas
- pilas de combustible

MÓDULO LUNAR

- antenas
- grupo de 4 motores
- ventanilla
- puerta
- plataforma
- escalerilla
- compartimiento estanco entre el módulo lunar y el módulo de mando
- compartimiento para un vehículo plegado
- tren de aterrizaje
- patín
- tobera del motor de descenso
- apoyo en el suelo

ÁTOMO Y MOLÉCULA

LAS TRES PARTÍCULAS ELEMENTALES

el protón (positivo)

el neutrón (neutro) — *ambos constituyen el núcleo*

En un átomo hay normalmente el mismo número de electrones y de protones, y un número igual, o superior, de neutrones.

el electrón (negativo) *gira alrededor del núcleo*

EL ÁTOMO MÁS SIMPLE Y SUS TRES ISÓTOPOS

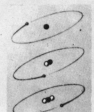

El hidrógeno (H) está constituido por una mezcla de tres isótopos:

99,98 p. 100 de hidrógeno ligero

$^1_1$ H (1 protón) (1 electrón)

0,02 p. 100 de hidrógeno pesado, o deuterio

$^2_1$ H (1 protón, 1 neutrón) (1 electrón)

0,000 000 1 p. 100 de triterio

$^3_1$ H (1 protón, 2 neutrones) (1 electrón)

Los isótopos difieren solamente por el número de neutrones del átomo.

ÁTOMO DE URANIO...

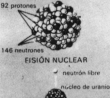

92 electrones

...Y SU NÚCLEO

92 protones

146 neutrones

FISIÓN NUCLEAR

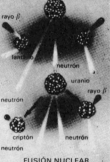

neutrón libre

núcleo de uranio

rayo β

lantano

neutrón

uranio

rayo β

neutrón

criptón

neutrón

neutrón

FUSIÓN NUCLEAR

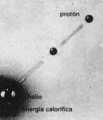

protón

helio

energía calorífica

ESQUEMA DEL REACTOR EL4

1. Gasómetro de helio; 2. Tubos de almacenamiento; 3. Manipulación de las barras de control; 4. Mando del circuito de gas carbónico; 5. Torres de los cambiadores; 6. 7. Depuración del helio; 8. Detección de defectos en la funda; 9. Depósito de las barras de control; 10. Barras de control; 11. Lugar para la cámara de televisión; 12. Separador del recuperador de agua pesada; 13. Colector caliente; 14. 15. Servicio de agua pesada; 16. Circuito del agua pesada; 17. Cortina lateral de agua; 18. Abrazadera de acero; 19. Inyector de aire; 20. Tubos calientes; 21. Tubos fríos; 22. Carga; 23. Circuito de agua pesada; 24. Cortina de agua axial; 25. Manipulación del combustible; 26. Cambiador del circuito principal de agua pesada; 27. Compuerta de entrada 28. Bomba del circuito principal de agua pesada; 29. Circuito de agua y vapor 30. Ventilación; 31. Cambiador; 32. Paneles desmontables; 33. Depósito de agua pesada; 34. Galería de evacuación del combustible irradiado; 35. Ventilación de los cambiadores de gas carbónico; 36. Evacuación de los efluentes.

AUTOMÓVIL

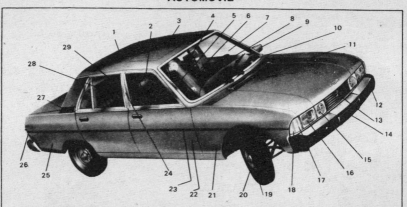

1. Techo; 2. Reposacabeza amovible; 3. Techo corredizo; 4. Retrovisor; 5. Asiento; 6. Cinturón de seguridad; 7. Parabrisas; 8. Volante; 9. Retrovisor exterior; 10. Limpiaparabrisas; 11. Toma de aire; 12. Parachoques; 13. Calandria o rejilla del radiador; 14. Matrícula; 15. Faro; 16. Luz de cruce; 17. Luz de población; 18. Intermitente; 19. Llanta; 20. Tapacubos o embellecedor; 21. Aleta delantera; 22. Puerta; 23. Moldura cromada; 24. Montante; 25. Aleta trasera; 26. Intermitente; 27. Apertura para la ventilación; 28. Asiento trasero con reposacabeza; 29. Brazo del asiento.

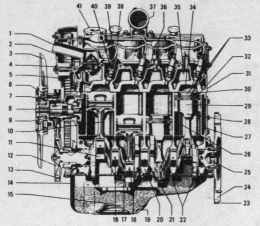

MOTOR DE 4 CILINDROS

1. Tubo de desagüe; 2. Rueda dentada del árbol de levas; 3. Paleta del ventilador; 4. Termostato; 5. Correa con muescas; 6. Electroimán de arrastre del ventilador; 7. Bomba de agua; 8. Eje del pistón o émbolo; 9. Pie de la biela; 10. Cuerpo; 11. Cabeza; 12. Garganta de polea; 13. Correa trapezoidal; 14. Cárter de aceite; 15. Tapón de descarga del aceite; 16. Muñón giratorio; 17. Manivela; 18. Brazo de la manivela; 19. Tapón para vaciar el aceite; 20. Cojinete o palier; 21. Cojinete; 22. Contrapesos para equilibrar el cigüeñal; 23. Corona dentada del arranque; 24. Volante; 25. Cojinete de bolas del embrague; 26. Cámara; 27. Cilindro; 28. Faldón del pistón; 29. Pistón o émbolo; 30. Junta de culata; 31. Culata; 32. Segmento rascador; 33. Segmentos; 34. Culata en L; 35. Cámara de agua; 36. Termostato; 37. Colector de admisión de gases; 38. Cable de la bujía; 39. Junta de la bujía; 40. Bujía; 41. Tapón de la bomba de aceite.

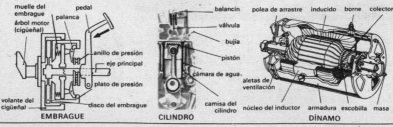

EMBRAGUE   CILINDRO   DÍNAMO

AVIÓN

1. Tubo para el abastecimiento en vuelo; 2. Detector de incidencia; 3. Sonda anemobarométrica; 4. Cubiertas de cristal y asientos eyectables hacia arriba; 5. Entrada de aire supersónico de geometría variable; 6. Depósitos pendulares eyectables; 7. Lanzabombas; 8. Luz roja; 9. Acelerador de despegue; 10. Depósito; 11. Luz blanco-amarillenta; 12. Antena empotrada VHF; 13. Timón de dirección con corrector automático de cabeceo; 14. Paracaídas de frenado; 15. Toberas; 16. Turborreactor de postcombustión; 17. Depósito; 18. Aletas y estabilizador; 19. Luz verde; 20. Tren de aterrizaje principal con frenos; 21. Aerofrenos; 22. Carga ventral; 23. Radar panorámico; 24. Tren de aterrizaje delantero; 25. Radar de navegación; 26. Visor periscópico; 27. Faro de aterrizaje.

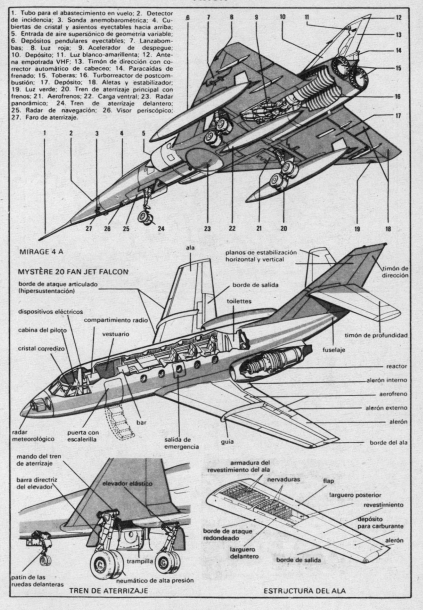

MIRAGE 4 A

MYSTÈRE 20 FAN JET FALCON

- ala
- borde de ataque articulado (hipersustentación)
- dispositivos eléctricos
- compartimiento radio
- cabina del piloto
- vestuario
- cristal corredizo
- planos de estabilización horizontal y vertical
- borde de salida
- toilettes
- timón de dirección
- timón de profundidad
- fuselaje
- reactor
- alerón interno
- aerofreno
- alerón externo
- alerón
- borde del ala
- radar meteorológico
- puerta con escalerilla
- bar
- salida de emergencia
- guía

- mando del tren de aterrizaje
- barra directriz del elevador
- elevador elástico
- patín de las ruedas delanteras
- trampilla
- neumático de alta presión

TREN DE ATERRIZAJE

- armadura del revestimiento del ala
- nervaduras
- flap
- larguero posterior
- revestimiento
- depósito para carburante
- alerón
- borde de ataque redondeado
- larguero delantero
- borde de salida

ESTRUCTURA DEL ALA

BARCOS: velero

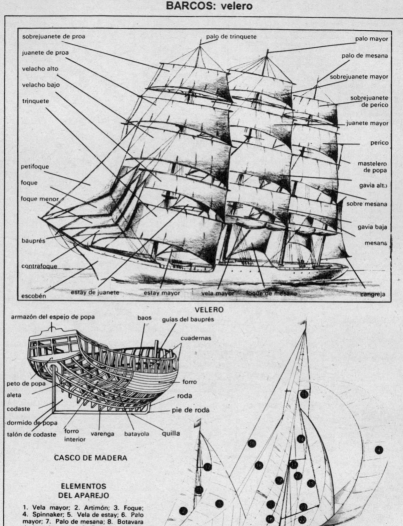

sobrejuanete de proa · juanete de proa · velacho alto · velacho bajo · trinquete · petifoque · foque · foque menor · bauprés · contrafoque · escobén · estay de juanete · estay mayor · vela mayor · foque de mesana · palo de trinquete · palo mayor · palo de mesana · sobrejuanete mayor · sobrejuanete de perico · juanete mayor · perico · mastelero de popa · gavia alta · sobre mesana · gavia baja · mesana · cangreja

VELERO

armazón del espejo de popa · baos · guías del bauprés · cuadernas · peto de popa · aleta · codaste · dormido de popa · talón de codaste · forro interior · varenga · batayola · quilla · forro · roda · pie de roda

CASCO DE MADERA

ELEMENTOS DEL APAREJO

1. Vela mayor; 2. Artimón; 3. Foque; 4. Spinnaker; 5. Vela de estay; 6. Palo mayor; 7. Palo de mesana; 8. Botavara de la vela mayor; 9. Botavara de mesana; 10. Botalón del spinnaker; 11. Espiga; 12. Cruceta; 13. Obenque bajo; 14. Burda; 15. Nervio del foque; 16. Patarráez; 17. Amantillo; 18. Cables; 19. Escota de la vela mayor; 20. Escota de mesana; 21. Escota del spinnaker; 22. Braza del spinnaker; 23. Cables para izar el spinnaker; 24. Escota del foque.

DEPORTES: atletismo y fútbol

ATLETISMO

1. Salto de altura; 2. Salto de longitud; 3. Salto con pértiga; 4. Carrera de 100 m lisos;
5. Carrera de 100 m vallas; 6. Entrega de testigo en una carrera de relevos 4 x 100 m;
7. Carrera de 5 000 m.

FÚTBOL

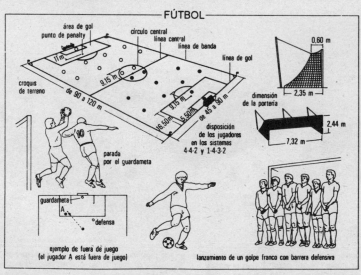

Esquema de un campo de fútbol con dos sistemas de disposición oficial de los jugadores, detalles de la portería y algunas jugadas

DEPORTES: baloncesto y tenis

BALONCESTO

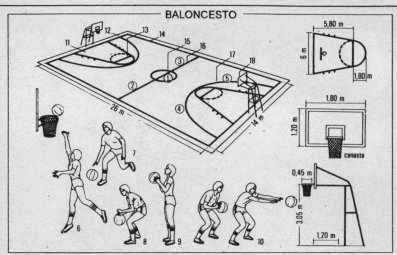

Croquis de una cancha de **baloncesto**, disposición de los jugadores al iniciarse el partido, algunas figuras del juego y detalles de la zona de tiro y de la canasta. 1. Pivot; 2. Alero izquierda; 3. Alero derecha; 4. Base izquierda; 5. Base derecha; 6. Tiro en extensión; 7. Avance con el balón; 8. Posición básica para driblar; 9. Tiro libre; 10. Pase con las dos manos; 11. Zona de tiro libre; 12. Línea de fondo; 13. Línea de tiros libres; 14. Línea de banda; 15. Círculo central; 16. Línea mediana; 17. Línea de canastas de tres puntos; 18. Tablero.

TENIS

Esquema de una pista de **tenis**: 1. Línea lateral de saque para el juego individual y doble; 2. Línea de saque o servicio; 3. Línea central; 4. Línea de fondo; 5. Línea lateral de juego individual o simple; 6. Línea lateral para jugar partidos de dobles; 7. Red; 8. Poste. Detalle de la red y algunas jugadas diferentes.

ELECTRICIDAD

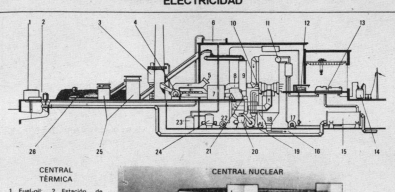

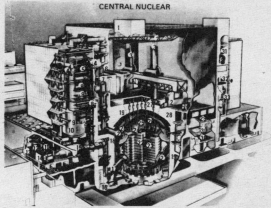

CENTRAL TÉRMICA

1. Fuel-oil; 2. Estación de bombeo; 3. Depósito de cenizas; 4. Ventiladores; 5. Aire; 6. Depósito de agua; 7. Calentador; 8. Humos; 9. Silo; 10. Entrada del carbón en polvo; 11. Caldera; 12. Sala de mando; 13. Turboalternador; 14. Transformador trifásico; 15. Condensador; 16. Evacuación de cenizas; 17. Bomba; 18. Compresor; 19. Ventilador; 20. Triturador; 21. Mesa vibratoria; 22. Bomba; 23. Dispositivo de desmineralización; 24. Hervidor; 25. Torres de. mando; 26. Carbón.

CENTRAL NUCLEAR

1. Ventilación del reactor; 2. Puente móvil; 3. Máquinas para la carga y descarga de las barras; 4. Calderas de alta y baja presión; 5. Recalentador; 6. Sala de mando del reactor; 7. Conducto de ventilación por aspiración; 8. Vaporizadores de alta y baja presión; 9. Economizador de alta y baja presión; 10. Cambiadores de calor; 11. Bombas de las calderas de alta y baja presión; 12. Depósito de combustible para el inyector de aire; 13. Mando de las bombas de las calderas; 14. Mandos del inyector de aire y de las calderas; 15. Inyector de gas carbónico; 16. Vía de acceso al reactor; 17. Entrada del gas carbónico; 18. Orificio anular de ventilación; 19. Pantalla térmica; 20. Ladrillos del reflector; 21. Salida del gas carbónico; 22. Elementos combustibles; 23. Ladrillos del moderador; 24. Carga; 25. Barras de regulación; 26. Turbos de carga; 27. Plataforma móvil; 28. Pantalla de protección biológica; 29. Preparación del combustible; 30. Reservas de combustible; 31. Inyector de aire para refrigerar la pantalla; 32. Filtros del refrigerador de la pantalla; 33. Ascensor; 34. Sala de los turboalternadores.

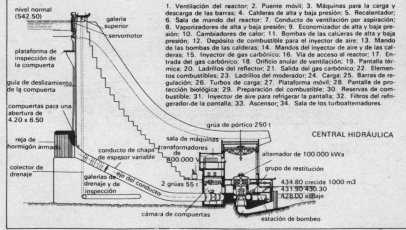

nivel normal (542.50)

galería superior

servomotor

plataforma de inspección de la compuerta

guía de deslizamiento de la compuerta

compuertas para una abertura de 4.20 x 6.50

reja de hormigón armado

colector de drenaje

galerías de drenaje y de inspección

conducto de chapa de espesor variable

eje del conducto

grúa de pórtico 250 t

sala de máquinas

transformadores de 400.000 V

CENTRAL HIDRÁULICA

alternador de 100.000 kWa

grupo de restitución

2 grúas 55 t

434.80 crecida 1000 m3
431.90 430.30
428.00 estiaje

cámara de compuertas

estación de bombeo

FERROCARRIL: locomotora

1829   1854   1910   1928   1930

LOCOMOTORA DE VAPOR

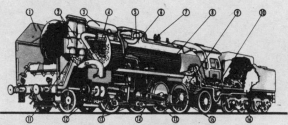

1 Pantalla para desviar el humo; 2. Chimenea para escape doble de humo y vapor; 3. Recalentador de agua; 4. Calentador; 5. Regulador; 6. Domo de vapor; 7. Válvula de seguridad; 8. Caldera tubular; 9. Hogar; 10. Carga automática de carbón; 11. Salida de vapor; 12. Cilindro; 13. Rueda motriz; 14. Biela de acoplamiento; 15. Biela motriz; 16. Depósito de agua.

LOCOMOTORA ELÉCTRICA

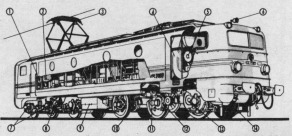

1. Compresor; 2. Disyuntor; 3. Trole pantógrafo; 4. Conducto de ventilación; 5. Ventilador; 6. Silbato 7. Ejes; 8. Cilindro de freno neumático; 9. Acumuladores; 10. Motor de tracción; 11. Gorrón oscilante 12. Rueda dentada elástica; 13. Piñón motor; 14. Arenero.

FOTOGRAFÍA

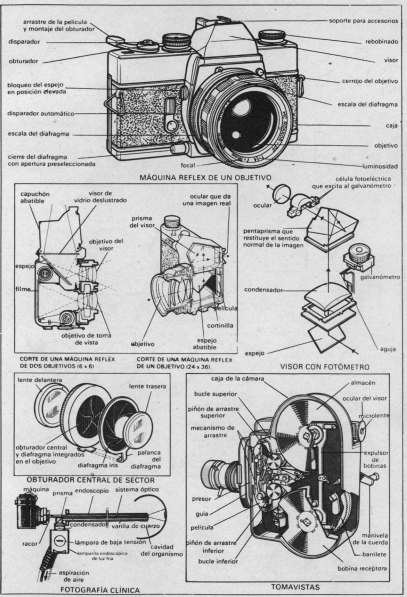

arrastre de la película y montaje del obturador

disparador

obturador

bloqueo del espejo en posición elevada

disparador automático

escala del diafragma

cierre del diafragma con apertura preseleccionada

soporte para accesorios

rebobinado

visor

cerrojo del objetivo

escala del diafragma

caja

objetivo

focal

luminosidad

MÁQUINA REFLEX DE UN OBJETIVO

capuchón abatible

visor de vidrio deslustrado

ocular que da una imagen real

prisma del visor

objetivo del visor

espejo

filme

objetivo de toma de vista

objetivo

espejo abatible

película

cortinilla

célula fotoeléctrica que excita al galvanómetro

ocular

pentaprisma que restituye el sentido normal de la imagen

condensador

galvanómetro

espejo

aguja

CORTE DE UNA MÁQUINA REFLEX DE DOS OBJETIVOS (6 x 6)

CORTE DE UNA MÁQUINA REFLEX DE UN OBJETIVO (24 x 36)

VISOR CON FOTÓMETRO

lente delantera

lente trasera

obturador central y diafragma integrados en el objetivo

diafragma iris

palanca del diafragma

OBTURADOR CENTRAL DE SECTOR

máquina

prisma

endoscopio

sistema óptico

condensador

varilla de cuarzo

racor

lámpara de baja tensión

lamparita endoscópica de luz fría

cavidad del organismo

aspiración de aire

FOTOGRAFÍA CLÍNICA

caja de la cámara

bucle superior

piñón de arrastre superior

mecanismo de arrastre

presor

guía

película

piñón de arrastre inferior

bucle inferior

almacén

ocular del visor

microlente

expulsor de bobinas

manivela de la cuerda

barrilete

bobina receptora

TOMAVISTAS

GEOMETRÍA: superficies

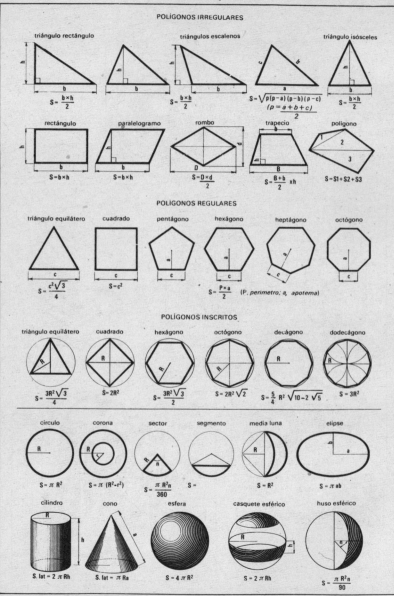

POLÍGONOS IRREGULARES

triángulo rectángulo

$$S = \frac{b \times h}{2}$$

triángulos escalenos

$$S = \frac{b \times h}{2}$$

$$S = \sqrt{p(p-a)(p-b)(p-c)}$$
$$(p = \frac{a+b+c}{2})$$

triángulo isósceles

$$S = \frac{b \times h}{2}$$

rectángulo

$$S = b \times h$$

paralelogramo

$$S = b \times h$$

rombo

$$S = \frac{D \times d}{2}$$

trapecio

$$S = \frac{B+b}{2} \times h$$

polígono

$$S = S1 + S2 + S3$$

POLÍGONOS REGULARES

triángulo equilátero

$$S = \frac{c^2 \sqrt{3}}{4}$$

cuadrado

$$S = c^2$$

pentágono

hexágono

heptágono

octógono

$$S = \frac{P \times a}{2} \quad (P, \text{perímetro}; a, \text{apotema})$$

POLÍGONOS INSCRITOS

triángulo equilátero

$$S = \frac{3R^2 \sqrt{3}}{4}$$

cuadrado

$$S = 2R^2$$

hexágono

$$S = \frac{3R^2 \sqrt{3}}{2}$$

octógono

$$S = 2R^2 \sqrt{2}$$

decágono

$$S = \frac{5}{4} R^2 \sqrt{10 - 2\sqrt{5}}$$

dodecágono

$$S = 3R^2$$

círculo

$$S = \pi R^2$$

corona

$$S = \pi (R^2 + r^2)$$

sector

$$S = \frac{\pi R^2 n}{360}$$

segmento

$$S =$$

media luna

$$S = R^2$$

elipse

$$S = \pi ab$$

cilindro

$$S. \text{lat} = 2 \pi Rh$$

cono

$$S. \text{lat} = \pi Ra$$

esfera

$$S = 4 \pi R^2$$

casquete esférico

$$S = 2 \pi Rh$$

huso esférico

$$S = \frac{\pi R^2 n}{90}$$

GEOMETRÍA: volúmenes y ángulos

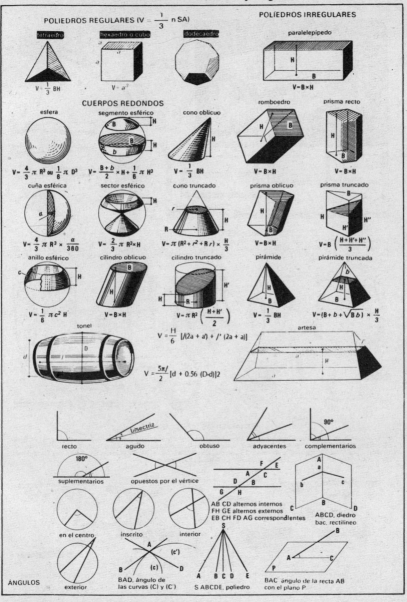

POLIEDROS REGULARES $(V = \frac{1}{3} n SA)$

tetraedro

$V = \frac{1}{3} BH$

hexaedro o cubo

$V = a^3$

dodecaedro

POLIEDROS IRREGULARES

paralelepípedo

$V = B \times H$

CUERPOS REDONDOS

esfera

$V = \frac{4}{3} \pi R^3$ ou $\frac{1}{6} \pi D^3$

segmento esférico

$V = \frac{B+b}{2} \times H + \frac{1}{6} \pi H^3$

cono oblicuo

$V = \frac{1}{3} BH$

romboedro

$V = B \times H$

prisma recto

$V = B \times H$

cuña esférica

$V = \frac{4}{3} \pi R^3 \times \frac{\alpha}{360}$

sector esférico

$V = \frac{2}{3} \pi R^2 \times H$

cono truncado

$V = \pi (R^2 + r^2 + R r) \times \frac{H}{3}$

prisma oblicuo

$V = B \times H$

prisma truncado

$V = B \left(\frac{H + H' + H''}{3} \right)$

anillo esférico

$V = \frac{1}{6} \pi c^2 H$

cilindro oblicuo

$V = B \times H$

cilindro truncado

$V = \pi R^2 \left(\frac{H + H'}{2} \right)$

pirámide

$V = \frac{1}{3} BH$

pirámide truncada

$V = (B + b + \sqrt{Bb}) \times \frac{H}{3}$

tonel

$V = \frac{5\pi l}{2} [d + 0.56 (D-d)]2$

$V = \frac{H}{6} [l(2a + a') + l'(2a + a)]$

artesa

ÁNGULOS

recto

bisectriz

agudo

obtuso

adyacentes

90° complementarios

180° suplementarios

opuestos por el vértice

F E
A C
D B
G H
AB CD alternos internos
FH GE alternos externos
EB CH FD AG correspondientes

A
a
b
c
B
C
D
ABCD, diedro
bac, rectilíneo

en el centro

inscrito

interior

S
A B C D E
S ABCDE, poliedro

B
A
C
P
BAC ángulo de la recta AB con el plano P

exterior

A
(c')
B (c) D
BAD, ángulo de las curvas (C) y (C')

HERRAMIENTAS

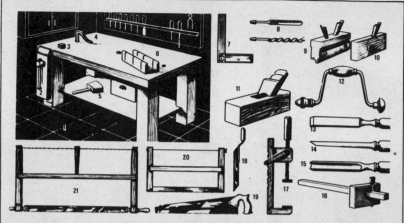

HERRAMIENTAS DE CARPINTERO

1. Banco, 2. Tornillo de banco; 3. Tope del banco; 4. Barrilete; 5. Mazo; 6. Caja de ingletes; 7. Escuadra; 8. Barrena; 9. Acanalador; 10. Guillame o cepillo de moldear; 11. Cepillo; 12. Berbiquí; 13. Escoplo; 14. Escoplo de fijas, formón, bédano; 15. Gubia; 16. Gramil; 17. Cárcel; 18. Serrucho de punta; 19. Serrucho; 20. Sierra de espigar; 21. Sierra de largos.

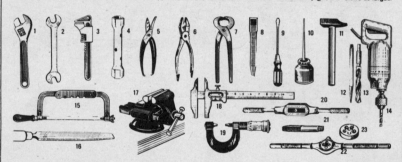

HERRAMIENTAS DE MECÁNICO

1. Llave inglesa; 2. Llave fiha de dos bocas; 3. Llave inglesa de cremallera; 4. Llave de tubo recta; 5. Cizallas; 6. Alicates universales; 7. Tenazas; 8 Buril, cincel plano, cortafrío; 9. Destornillador; 10. Aceitera; 11. Martillo; 12. Punzón; 13. Broca; 14. Taladradora: taladro de mano; 15. Sierra para metales; 16. Lima; 17. Torno; 18. Pie de rey; 19. Palmer; 20. Llave de tubo; 21. Macho de aterrajar o roscar; 22. Terraja; 23. Matriz de terraja.

HERRAMIENTAS DE ALBAÑIL

1. Nivel de burbuja de aire; 2. Llana o palustre; 3. Llana o palustre triangular; 4. Esparavel; 5. Pala; 6. Cuña; 7. Artesa o cuezo; 8. Plomada; 9. Brocha de blanquear; 10. Cedazo o tamiz para la arena; 11. Escoplo de cantería.

METALURGIA

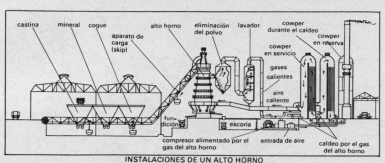

castina mineral coque aparato de carga (skip) alto horno eliminación del polvo lavador cowper durante el caldeo cowper en reserva cowper en servicio gases calientes aire caliente fundición escoria compresor alimentado por el gas del alto horno entrada de aire caldeo por el gas del alto horno

INSTALACIONES DE UN ALTO HORNO

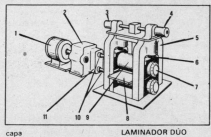

LAMINADOR DÚO

1. Motor que acciona el laminador; 2. Reductor de velocidad; 3. Motor de ajuste; 4. Motor de ajuste; 5. Caja; 6. Tornillo de ajuste; 7. Muñón; 8. Metal que se va a laminar; 9. Cilindro; 10. Piñones; 11. Caja de los piñones.

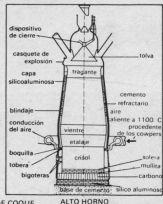

dispositivo de cierre casquete de explosión capa silicoaluminosa tragante tolva cemento refractario aire caliente a 1100. C procedente de los cowpers blindaje conducción del aire vientre etalaje boquilla crisol tobera bigoteras solera mullita carbono base de cemento silico aluminoso

HORNO DE COQUE   **ALTO HORNO**

capa refractaria chapa de acero escoria acero toberas refrigeración por aire aire comprimido

CONVERTIDOR

electrodo colada de la escoria colada del metal

HORNO DE ARCO

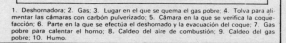

1. Deshornadora; 2. Gas; 3. Lugar en el que se quema el gas pobre; 4. Tolva para alimentar las cámaras con carbón pulverizado; 5. Cámara en la que se verifica la coquefacción; 6. Parte en la que se efectúa el deshornado y la evacuación del coque; 7. Gas pobre para calentar el horno; 8. Caldeo del aire de combustión; 9. Caldeo del gas pobre; 10. Humo.

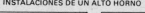

MOTOCICLETA

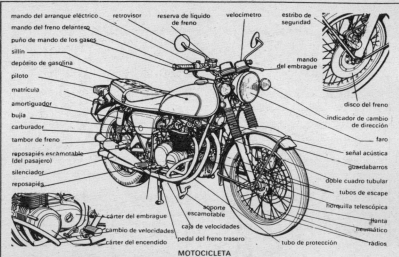

mando del arranque eléctrico
retrovisor
reserva de líquido de freno
velocímetro
estribo de seguridad
mando del freno delantero
puño de mando de los gases
sillín
depósito de gasolina
piloto
matrícula
amortiguador
bujía
carburador
tambor de freno
reposapiés escamotable (del pasajero)
silenciador
reposapiés

mando del embrague
disco del freno
indicador de cambio de dirección
faro
señal acústica
guardabarros
doble cuadro tubular
tubos de escape
horquilla telescópica
llanta
neumático
radios

cárter del embrague
soporte escamotable
cambio de velocidades
caja de velocidades
cárter del encendido
pedal del freno trasero
tubo de protección

MOTOCICLETA

BICICLETA DE PASEO

1. Sillín; 2. Portaequipajes; 3. Bolsa de herramientas; 4. Piloto; 5. Guardabarros; 6. Piñón de tres velocidades; 7. Cambio de velocidades; 8. Llanta; 9. Cadena; 10. Pedal; 11. Biela; 12. Plato; 13. Cubrecadena; 14. Cuadro; 15. Bomba; 16. Palanca del cambio de velocidades; 17. Muelle del sillín; 18. Manillar; 19. Palanca del freno; 20. Faro; 21. Freno; 22. Dínamo; 23. Horquilla; 24. Cubo; 25. Palomilla; 26. Radio.

BICICLETA DE CARRERA

A Parte delantera. B Parte media. C Parte trasera - 1. Balancín; 2. Tubo de manillar; 3. Tubo de dirección; 4. Horquilla; 5. Rueda; 6. Tubo horizontal; 7. Cambio de velocidades; 8. Barra del sillín; 9. Tubo trasero del cuadro; 10. Horquilla oblicua; 11. Biela; 12. Horquilla horizontal.

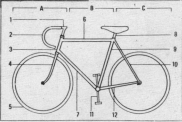

MOTORES

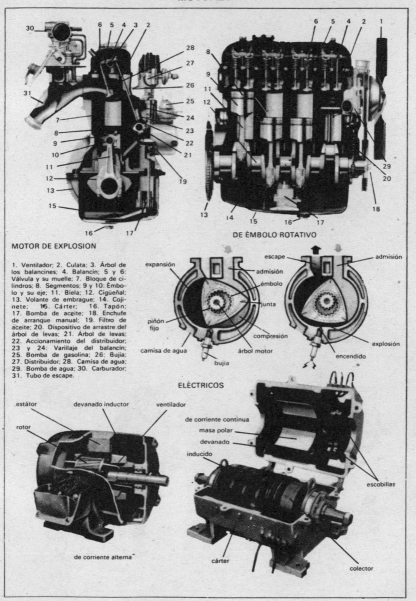

MOTOR DE EXPLOSION

1. Ventilador; 2. Culata; 3. Árbol de los balancines; 4. Balancín; 5 y 6: Válvula y su muelle; 7. Bloque de cilindros; 8. Segmentos; 9 y 10: Émbolo y su eje; 11. Biela; 12. Cigüeñal; 13. Volante de embrague; 14. Cojinete; 15. Cárter; 16. Tapón; 17. Bomba de aceite; 18. Enchufe de arranque manual; 19. Filtro de aceite; 20. Dispositivo de arrastre del árbol de levas; 21. Árbol de levas; 22. Accionamiento del distribuidor; 23 y 24: Varillaje del balancín; 25. Bomba de gasolina; 26. Bujía; 27. Distribuidor; 28. Camisa de agua; 29. Bomba de agua; 30. Carburador; 31. Tubo de escape.

DE ÉMBOLO ROTATIVO

expansión — escape — admisión
admisión — émbolo
piñón fijo — junta
camisa de agua — compresión — explosión
árbol motor — encendido
bujía

ELÉCTRICOS

estátor — devanado inductor — ventilador
rotor
de corriente continua
masa polar
devanado
inducido
escobillas
de corriente alterna
cárter
colector

PALEONTOLOGÍA

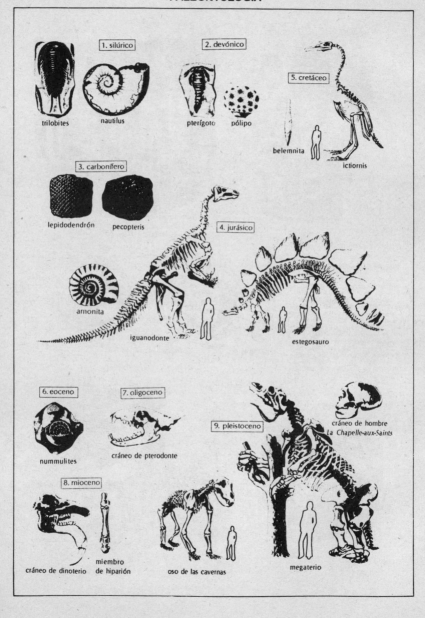

1. silúrico

trilobites   nautilus

2. devónico

pterígota   pólipo

5. cretáceo

belemnita

ictiornis

3. carbonífero

lepidodendrón   pecopteris

4. jurásico

amonita

iguanodonte

estegosauro

6. eoceno

nummulites

7. oligoceno

cráneo de pterodonte

9. pleistoceno

cráneo de hombre
La Chapelle-aux-Saints

8. mioceno

cráneo de dinoterio   miembro de hiparión   oso de las cavernas

megaterio

PETRÓLEO

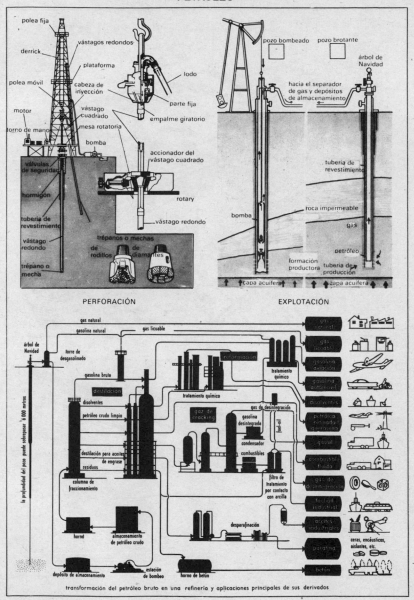

PERFORACIÓN — polea fija, derrick, polea móvil, motor, torno de mano, válvulas de seguridad, hormigón, tubería de revestimiento, vástago redondo, trépano o mecha, vástagos redondos, plataforma, cabeza de inyección, vástago cuadrado, mesa rotatoria, bomba, accionador del vástago cuadrado, rotary, vástago redondo, trépanos o mechas de rodillos, de diamantes, lodo, parte fija, empalme giratorio

EXPLOTACIÓN — pozo bombeado, pozo brotante, árbol de Navidad, hacia el separador de gas y depósitos de almacenamiento, tubería de revestimiento, roca impermeable, gas, petróleo, bomba, formación productora, tubería de producción, capa acuífera

Transformación del petróleo bruto en una refinería y aplicaciones principales de sus derivados — gas natural, gasolina natural, gas licuable, árbol de Navidad, torre de desgasolinado, gasolina bruta, destilación, disolventes, petróleo crudo limpio, destilación para aceites de engrase, residuos, columna de fraccionamiento, horno, almacenamiento de petróleo crudo, depósito de almacenamiento, estación de bombeo, reformación, tratamiento químico, gas de cracking, gasolina desintegrada, condensador, combustibles, filtro de tratamiento por contacto con arcilla, desparafinación, horno de betún, gas natural, gas licuable, gasolina aviación, gasolina automóvil, disolventes, petróleo lampante, gasoil, combustible fluido, gas de desintegración, fuel-oil industrial, aceites industriales, parafina, betún, ceras, encáusticos, aislantes, etc. — la profundidad del pozo puede sobrepasar 6 000 metros

PUERTO - ESCLUSA

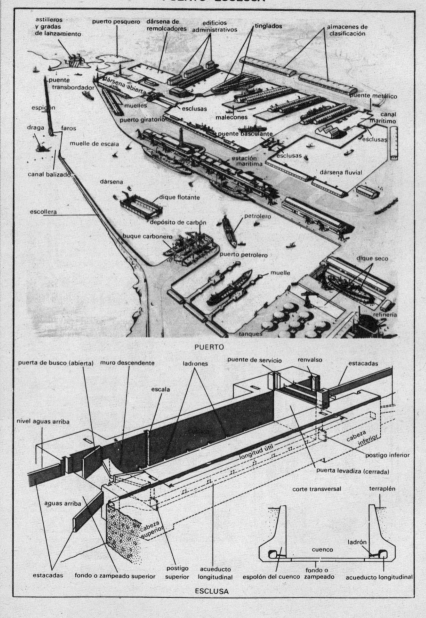

astilleros y gradas de lanzamiento · puerto pesquero · dársena de remolcadores · edificios administrativos · tinglados · almacenes de clasificación · puente transbordador · dársena abierta · muelles · esclusas · puente metálico · espigón · malecones · canal marítimo · draga · faros · puerto giratorio · puente basculante · esclusas · muelle de escala · estación marítima · esclusas · canal balizado · dársena · estación marítima · dársena fluvial · escollera · dique flotante · depósito de carbón · petrolero · buque carbonero · puerto petrolero · dique seco · muelle · refinería · tanques

PUERTO

puerta de busco (abierta) · muro descendente · ladrones · puente de servicio · renvalso · estacadas · escala · nivel aguas arriba · cabeza inferior · postigo inferior · longitud útil · puerta levadiza (cerrada) · corte transversal · terraplén · aguas arriba · cabeza superior · ladrón · cuenco · estacadas · fondo o zampeado superior · postigo superior · acueducto longitudinal · espolón del cuenco · fondo o zampeado · acueducto longitudinal

ESCLUSA

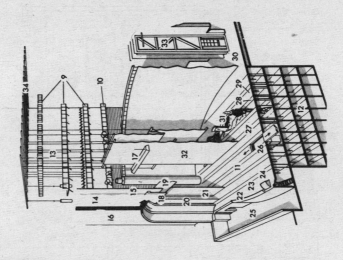

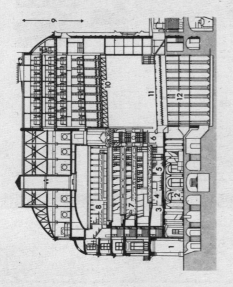

1. Entrada; 2. Vestíbulo; 3. Platea; 4. Palcos; 5. Patio de butacas; 6. Palcos de proscenio; 7. Palcos de entresuelo; 8. Anfiteatro; 9. Telares; 10. Diablas or luces; 11. Escenario; 12. Fosos y contrafosos; 13. Cuerdas de mando; 14. Telón metálico; 15. Telón de boca; 16. Embocadura; 17. Varal para iluminar; 18. Bambalinón; 19. Bambalina de ropa; 20. Alcahuete; 21. Bastidor; 22. Candilejas, batería; 23. Corbata; 24. Concha del apuntador; 25. Foso de orquesta; 26. Escotillón; 27. Trampillas; 28. Carro; 29. Tablero; 30. Tablas del escenario; 31. Trasto, decorado móvil; 32. Telón de foro; 33. Chácena, reserva de decorados; 34. Peine.

TELEVISIÓN - RADIODIFUSIÓN

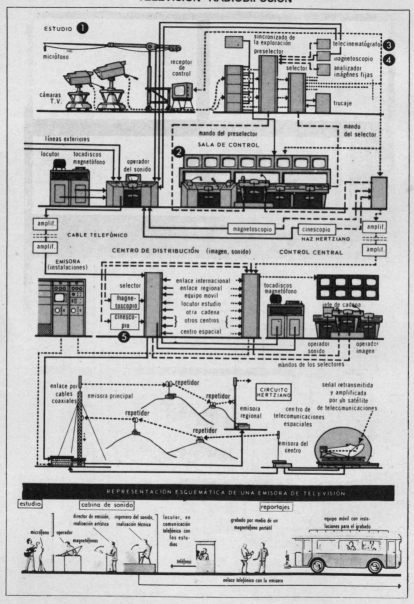

ESTUDIO ❶

micrófono

receptor de control

cámaras T.V.

sincronizado de la exploración
preselector

telecinematógrafo ❸
magnetoscopio ❹
analizador imágenes fijas

selector

trucaje

mando del preselector

SALA DE CONTROL ❷

mando del selector

líneas exteriores

locutor tocadiscos magnetófono

operador del sonido

amplif.

CABLE TELEFÓNICO

magnetoscopio

cinescopio

HAZ HERTZIANO

amplif.

amplif.

amplif.

EMISORA (instalaciones)

CENTRO DE DISTRIBUCIÓN (imagen, sonido)

CONTROL CENTRAL

selector

magnetoscopio

cinescopio ❺

enlace internacional
enlace regional
equipo móvil
locutor estudio
otra cadena
otros centros
centro espacial

tocadiscos
magnetófono

jefe de cadena

operador sonido

operador imagen

mandos de los selectores

enlace por cables coaxiales

emisora principal

repetidor

repetidor

repetidor

repetidor

CIRCUITO HERTZIANO

emisora regional

centro de telecomunicaciones espaciales

emisora del centro

señal retransmitida y amplificada por un satélite de telecomunicaciones

REPRESENTACIÓN ESQUEMÁTICA DE UNA EMISORA DE TELEVISIÓN

estudio

cabina de sonido

reportajes

micrófono operador

magnetófonos

director de emisión, realización artística

ingeniero del sonido, realización técnica

locutor, en comunicación telefónica con los estudios

teléfono

grabado por medio de un magnetófono portátil

equipo móvil con instalaciones para el grabado

enlace telefónico con la emisora

lozano, na adj. Con lozanía.

ltd., abreviatura del inglés *limited*, empleada por las compañías de responsabilidad limitada.

Lu, símbolo químico del *lutecio*.

lubina f. Robalo, pez marino.

lubricado, da adj. Que está engrasado. || — F. *Méx.* Acción y efecto de lubricar.

lubricante adj. y s. m. Lubrificante.

lubricar v. t. Lubrificar.

lubricidad f. Lujuria.

lúbrico, ca adj. Lujurioso.

lubrificación f. Acción y efecto de lubrificar.

lubrificador, ra adj. Que lubrifica.

lubrificante adj. y s. m. Dícese de toda sustancia que lubrifica.

lubrificar v. t. Engrasar, untar con lubrificante una superficie para que se deslice mejor sobre otra.

lucero m. Astro brillante, estrella grande. || El planeta Venus. || Lunar blanco que tienen en la frente algunos animales. || *Fig.* Lustre, esplendor, brillo. || — Pl. *Fig.* Los ojos.

lucha f. Combate cuerpo a cuerpo entre dos personas: *lucha libre, grecorromana.* || Pelea, contienda. || *Méx. Hacer la lucha,* trabajar para conseguir algo.

luchador, ra m. y f. Persona que lucha. || Persona que practica o tiene por oficio la lucha.

luchar v. i. Combatir, pelear: *luchar cuerpo a cuerpo.*

luchón, ona adj. *Méx.* Que se esfuerza en ganar dinero.

lucidez f. Clarividencia.

lucido, da adj. Que tiene gracia. || *Fig.* Brillante: *una situación lucida.* | Bien ejecutado: *una faena muy lucida.* | Elegante. | Liberal, generoso.

lúcido, da adj. Claro en el estilo. || Clarividente, capaz de ver las cosas como son. || En estado mental normal: *los que deliran no están lúcidos.* || Que brilla.

luciérnaga f. Insecto coleóptero, cuya hembra, que carece de alas, despide por la noche una luz fosforescente de color verdoso.

lucifer m. Lucífero, Venus. || Demonio. || *Fig.* Hombre perverso.

lucífero, ra adj. Brillante. || — M. El lucero del alba, Venus.

lucimiento m. Brillantez. || Gloria: *hacer algo con lucimiento.*

lucio m. Pez de río muy voraz.

*lucir v. i. Brillar, resplandecer. || *Fig.* Sobresalir en algo: *lucir en el foro, en literatura* (ú. t. c. pr.). | Ser de provecho: *le luce lo que come.* | Hacer buen tiempo: *este reloj chapado de oro luce mucho.* || — V. t. Iluminar (ú. t. c. i.). || *Fig.* Hacer ver, mostrar: *lucir su voz.* | Exhibir: *lucir sus piernas.* | Llevar: *luce una bonita corbata.* || — V. pr. Salir brillante de una empresa, quedar bien. || *Fig.* y *fam.* Quedar mal, hacer mal papel: *¡pues sí que nos hemos lucido!*

lucrar v. t. Lograr. || — V. pr. Aprovecharse. || Enriquecerse.

lucrativo, va adj. Que hace ganar dinero.

lucro m. Ganancia, provecho.

luctuoso, sa adj. Triste.

lucubración f. Divagación, imaginación.

lucubrar v. t. Trabajar con ahínco en obras de ingenio. || Divagar, imaginar.

lúcuma f. *Chil.* y *Per.* Fruto del lúcumo, muy usado en repostería.

lúcumo m. *Chil.* y *Per.* Árbol de la familia de las sapotáceas de hojas duras y fruto comestible.

ludibrio m. Burla, irrisión: *ser el ludibrio del pueblo.* || Desprecio.

lúdicro, cra adj. Del juego.

luego adv. Pronto, prontamente: *vuelvo luego.* || Después: *iré luego al cine.* || — Conj. Que denota deducción o consecuencia: *pienso, luego existo.* || — *Desde luego,* naturalmente. || *Hasta luego,* expresión de despedida que se emplea con las personas que uno deja por muy poco tiempo. || *Luego de,* después de. || *Luego que,* en seguida que.

luengo, ga adj. Largo: *luengos años, siglos.*

lugar m. Parte determinada del espacio: *dos cuerpos no pueden ocupar el mismo lugar.* || Sitio de una persona o cosa: *no está en su lugar habitual.* || Sitio no material que ocupa uno: *ha dejado el lugar que ocupaba en la empresa.* || Localidad, población, pueblo, aldea: *en un lugar de La Mancha de cuyo nombre no quiero acordarme.* || Sitio, tiempo conveniente para decir o hacer algo: *no hay lugar para portarse de tal modo.* || Pasaje de un libro: *lo verás en un lugar de tu texto.* || Puesto: *ocupa un buen lugar en la empresa.* || Motivo, causa, origen: *dar lugar a críticas.* || — *En lugar de,* en vez de. || *En primer lugar,* primeramente. || *Mil. En su lugar ¡descanso!,* voz con la que se ordena no estar firme. || *En tiempo y lugar oportunos,* en el momento más conveniente. || *Fuera de lugar,* en un momento poco oportuno. || *Lugar común,* tópico. || *Lugar geométrico,* conjunto de puntos que tiene, con exclusión de cualquier otro, una propiedad determinada y característica. || *No ha lugar,* no es el momento. || *Tener lugar,* suceder, ocurrir; tener sitio o cabida; tener tiempo; hacer las veces de, servir de.

lugareño, ña adj. y s. Vecino de un lugar o pueblo. || De un pueblo o aldea.

lugartenencia f. Cargo de lugarteniente.

lugarteniente m. El segundo que puede sustituir al jefe.

lugdunense adj. y s. De Lyon.

lúgubre adj. Triste, fúnebre: *aspecto, espectáculo lúgubre.*

lugués, esa adj. y s. Lucense.

lujo m. Suntuosidad, fausto, boato. || *Fig.* Abundancia, profusión: *con gran lujo de detalles.* || — *Lujo asiático,* muy grande. || *Permitirse el lujo de,* darse el gusto de.

lujoso, sa adj. Ostentoso, con mucho lujo.

lujuria f. Vicio de los placeres de la carne. || *Fig.* Demasía.

lujuriante adj. Muy frondoso: *naturaleza lujuriante.*

lujurioso, sa adj. Lascivo.

lulú m. Perro pequeño y lanudo.

lumaquela f. Roca calcárea que contiene numerosas conchas de moluscos.

lumbago m. Dolor en la espalda debido a una afección de las articulaciones de las vértebras lumbares a causa de traumatismo (directo o indirecto) o reumatismo (artritis o artrosis).

lumbar adj. *Anat.* Relativo a la parte posterior de la cintura: *porción lumbar.*

lumbre f. Cualquier combustible encendido. || Luz. || Fuego: *dame lumbre para encender mi cigarrillo.* || Pieza de las armas de fuego que hiere el pedernal. || Parte anterior de la herradura de las caballerías. || Ventana, abertura en un edificio. || *Fig.* Brillo, resplandor. || — Pl. Conjunto de eslabón, pedernal y yesca.

lumbrera f. Abertura en un techo. || Claraboya en un barco. || En las máquinas, orificio de entrada o salida del vapor. || Hueco central del cepillo, la garlopa, etc. || *Fig.* Persona muy sabia o inteligente: *una lumbrera de la política.*

lumen m. *Fís.* Unidad de flujo luminoso (símb., *lm*).

luminiscencia o **luminescencia** f. Emisión de luz a baja temperatura.

luminiscente o **luminescente** adj. Que emite rayos luminosos sin que haya incandescencia.

luminosidad f. Calidad de luminoso.

luminoso, sa adj. Que despide luz. || *Fig.* Brillante, muy atinado: *idea luminosa.*

luminotecnia f. Técnica del alumbrado.

luminotécnico, ca adj. Relativo o perteneciente a la luminotecnia. || — M. y f. Persona que se dedica a la iluminación con propósitos artísticos.

lumitipia f. *Impr.* Máquina de componer por procedimiento fotográfico.

luna f. Cuerpo celeste que gira alrededor de la Tierra y recibe la luz del Sol, que refleja en nuestro planeta. || Esta misma luz. || Cada fase que presenta este cuerpo celeste: *Luna nueva, creciente, llena, menguante.* || Espejo: *armario de luna.* || Cristal: *la luna de un escaparate.* || *Fig.* Capricho, extravagancia, humor caprichoso. || — *Fig. De buena* (o *mala*) *luna,* de buen (o mal) humor. | *Estar en la Luna,* estar en Babia. | *Luna de miel,* primeros tiempos de casado. || *Media luna,* figura de cuarto de Luna creciente o menguante; el Imperio Turco; cuchilla redonda. || *Fig. Pedir la Luna,* solicitar algo imposible de obtener. | *Quedarse a la luna de Valencia,* quedar defraudado.

lunación f. *Astr.* Tiempo que media entre dos nuevas lunas.

lunar adj. Relativo a la Luna: *ciclo lunar*. || — M. Mancha pequeña y negra o parda en la piel. || Dibujo redondo: *tejido de lunares*. || *Fig.* Defecto o mancha que tiene una persona o cosa.

lunático, ca adj. y s. Loco. || Que tiene manías.

lunch [*lanch*] m. (pal. ingl.). Almuerzo ligero que se toma de pie.

lunes m. Segundo día de la semana. || — *Cada lunes y cada martes*, constantemente. || *Fam. Méx. Hacer San Lunes*, holgar el lunes.

luneta f. Cristal de las gafas. || Butaca de patio en los teatros. || *Arq.* Bocateja. || Apoyo intermedio entre las puntas de un torno que se coloca cuando las piezas que hay que tornear son muy largas y de poco diámetro.

lunetario m. *Méx.* Patio de butacas en un teatro.

lunfardismo m. Voz o giro propio del lunfardo.

lunfardo m. Germanía argentina. || *Arg.* Rufián, chulo.

lúnula f. Mancha blanca en la raíz de las uñas.

lupa f. Lente de aumento con un mango.

lupanar m. Casa de prostitución, mancebía.

lupercales f. pl. Fiestas que celebraban los romanos el 15 de febrero en honor del dios Pan.

lúpulo m. Planta trepadora cuyo fruto se emplea para aromatizar la cerveza.

lusitanismo m. Giro propio de la lengua portuguesa.

lusitano, na y **luso, sa** adj. y s. De Lusitania. || Portugués.

lustrabotas m. inv. *Amer.* Limpiabotas.

lustración f. Pulimento.

lustrador m. *Arg., Bol., Chil., Per. y Urug.* Persona que tiene por oficio lustrar muebles. || *Amér. C., Arg., Bol., Chil., Per. y Urug.* Persona que tiene por oficio limpiar el calzado.

lustrar v. t. Dar lustre o brillo. || Limpiar los zapatos.

lustre m. Brillo. || Betún para el calzado: *dar lustre a los zapatos*. || *Fig.* Gloria, fama: *para mi mayor lustre*.

lustrín m. *Chil.* Persona que tiene por oficio limpiar el calzado.

lustro m. Período de cinco años.

lustroso, sa adj. Brillante.

lutecio m. Metal del grupo de las tierras raras (símb., Lu), de número atómico 71.

luteína f. Progesterona.

luteranismo m. Doctrina y conjunto de los sectarios de Lutero.

luterano, na adj. Relativo a la doctrina de Lutero. || — M. y f. Partidario de la doctrina de Lutero.

luto m. Situación producida por la muerte de un pariente cercano, de un gran personaje, etc.: *un luto oficial de diez días*. || Conjunto de signos exteriores de duelo, en vestidos, adornos, etc.: *vestirse o ponerse de luto*. || Dolor, pena. || — *Aliviar el luto*, llevarlo menos riguroso. || *Medio luto*, el que no es riguroso.

lux m. Unidad de iluminancia (símb., *lx*).

luxación f. Dislocación de un hueso de su articulación.

luxemburgués, esa adj. y s. De Luxemburgo.

luz f. Lo que ilumina los objetos y les hace visibles. (La *luz* está constituida por ondas electromagnéticas y su velocidad de propagación en el vacío es de unos 300 000 km por segundo.) || Cualquier objeto que ilumina: *tráeme una luz*. || Claridad que este objeto da: *apaga la luz*. || Electricidad: *pagar la luz*. || Claridad del día, dada por el Sol: *hoy hay poca luz*. || Faro de un automóvil: *luces muy potentes*. || Destello de una piedra preciosa. || Parte de un cuadro de pintura en la que hay más claridad. || *Fig.* Aclaración, claridad: *esta información no arroja ninguna luz sobre ese lastimoso acontecimiento*. || *Arq.* Ventana o tronera: *casa de muchas luces*. | Tramo, arco de un puente. || — Pl. Cultura, ilustración: *el siglo de las luces*. || Inteligencia: *hombre de pocas luces*. || — *A todas luces*, claramente, evidentemente. || *Dar a luz*, parir la mujer, publicar una obra. || *Entre dos luces*, al amanecer o al anochecer; (fig. y fam.) medio borracho. || *Fig. Hacer la luz*, descubrir algo que estaba oculto. || *Luces de tráfico*, semáforos para regular la circulación. || *Luz cenital*, la que entra por el techo; la que está en el interior del coche. || *Luz de Bengala*, fuego artificial que produce una llama de color. || *Luz de carretera, de cruce*, la de los automóviles cuando están en una carretera y es larga o más baja para no deslumbrar a otro coche que viene en sentido contrario. || *Luz de población*, la utilizada por los automóviles en la ciudad. || *Luz de posición o de situación*, las que se colocan en automóviles, barcos y aviones para distinguirlos en la noche. || *Luz negra*, la producida por rayos ultravioleta que proyecta la fluorescencia de ciertos cuerpos. || *Fig. Sacar a luz*, publicar; descubrir. || *Salir a luz*, imprimirse un libro; descubrirse, aparecer lo que estaba oculto. || *Ver la luz*, nacer.

lx, símbolo del *lux*.

lycra f. (marca registr.). Fibra sintética muy elástica.

m

m f. Decimotercera letra del alfabeto castellano y décima de sus consonantes. || — M, letra numeral que tiene valor de mil en la numeración romana. || Símbolo del prefijo *mega*, empleado en el sistema de pesos y medidas, que equivale a *un millón de veces*. || Símbolo del *maxwell*. || — m, símbolo del *metro*, de *minuto* y del prefijo *mili*.

mA, símbolo del *miliamperio*.

mabí m. Bebida embriagante de las Antillas.

mabinga f. *Cub.* y *Méx.* Estiércol.

maca f. Mancha de la fruta por un golpe u otro motivo. || Pequeño deterioro que tienen algunas cosas. || *Fig.* Defecto moral.

macabeo, a adj. y s. De Macas.

macabro, bra adj. Relativo a la muerte: *descubrimiento macabro*. || Tétrico, lúgubre: *broma macabra*. || *Danza macabra*, la de la muerte.

macaco, ca adj. *Fam.* Feo, mal hecho. || — M. Mono de Asia de 50 a 60 cm parecido a los cercopitecos. || *Fig.* y *fam.* Hombre muy feo.

macadam m. Macadán.

macadán m. Pavimento hecho con piedra machacada y arena aglomeradas con una apisonadora.

macagua f. Ave rapaz diurna de América. || Árbol silvestre de Cuba. || Serpiente venenosa de Venezuela.

macal m. *Méx.* Aráceas de rizoma comestible.

macana f. *Amer.* Arma contundente, parecida al machete, usada antiguamente por los indios. | Garrote, porra. | Disparate, tontería. | Mentira, bola. || *Fig.* Objeto invendible. | Cosa deteriorada o anticuada. | Chisme, cosa.

macanada f. *Arg.* Disparate, tontería.

macanazo m. *Amer.* Golpe dado con la macana. | *Fam.* Disparate enorme.

macaneador, ra adj. *Arg.* Amigo de macanear, embustero.

macanear v. i. *Amer.* Meter bolas.

macaneo m. *Arg.* Acción de macanear.

macanero, ra adj. *Arg.* Macaneador.

macanudo, da adj. *Fam.* Magnífico, estupendo, formidable, extraordinario: *una película macanuda*.

macarrón m. Pastel crujiente redondo de pasta de almendra y azúcar. || *Mar.* Extremo de las cuadernas que sobresale de las bordas del barco. ||

Pl. Pasta de harina de trigo, recortada en canutos largos.

macarrónico, ca adj. *Fam.* Aplícase al lenguaje burlesco que se forma poniendo terminaciones latinas a palabras de la lengua vulgar o mezclando voces latinas con términos vulgares.

macarse v. pr. Empezar a pudrirse las frutas por los golpes recibidos.

macaurel f. Serpiente de Venezuela no venenosa.

macazúchil o **mecaxóchitl** m. *Méx.* Planta piperácea, cuyo fruto se emplea para perfumar el chocolate.

macear v. t. Golpear con mazo.

macedón, ona adj. y s. Macedonio.

macedonia f. Ensalada de frutas o de verduras.

macedonio, nia adj. y s. De Macedonia.

macehual m. *Méx.* Sirviente, peón.

maceo m. Golpes dados con un mazo.

maceración f. Operación consistente en dejar remojar cuerpos en un líquido para sacar los productos solubles que contienen o, si se trata de alimentos, para aromatizarlos o conservarlos. || *Fig.* Mortificación.

maceramiento m. Maceración.

macerar v. t. Poner a remojar una cosa en un líquido: *macerar frutas en alcohol*. || — V. pr. Mortificarse el cuerpo por penitencia.

macero m. El que lleva la maza en algunas ceremonias.

maceta f. Tiesto donde se crían plantas. || Pie o vaso donde se ponen flores artificiales. || Mango de herramienta. || Martillo de escultor o de cantero. || Mazo pequeño.

macetero m. Mueble para poner macetas de flores.

macetón m. Maceta grande.

machaca f. *Méx.* Carne seca de res.

machacador, ra adj. y s. Que machaca o muele. || — F. Máquina trituradora de materias duras.

machacante m. *Fam.* Antigua moneda española que valía cinco pesetas.

machacar v. t. Quebrantar o reducir a polvo una cosa golpeándola. || *Fig.* Repetir insistentemente. || *Mil.* Bombardear un objetivo con proyectiles de artillería o de aviación hasta destruirlo. || — V. i. *Fig.* Importunar, fastidiar. | Insistir, repetir. | Estudiar con ahínco. | — *Fig. Machacar en hierro frío*, hacer

esfuerzos vanos. | *Machacar los oídos*, repetir insistentemente.

machacón, ona adj. y s. Pesado, que repite mucho las cosas.

machaconería f. Insistencia, repetición pesada.

machada f. Hato de machos de cabrío. || *Fig.* y *fam.* Necedad, estupidez. | Acción propia de un hombre, hombrada.

machaleño, ña adj. y s. De Machala (Ecuador).

machamartillo (a) m. adv. Sólidamente. || Firmemente: *creer a machamartillo*. || Insistentemente: *repetir a machamartillo*.

machango, ga adj. *Cub.* Grosero. || — F. *Cub.* Mujer hombruna.

machaquear v. t. Machacar.

machaqueo m. Trituración. || Molido. || *Fig.* Repetición.

machaquería f. Machaconería.

machear v. i. Engendrar los animales más machos que hembras. || *Fig.* Dárselas de hombre.

machetazo m. Golpe de machete: *se abría paso a machetazos*.

machete m. Sable bastante corto, de mucho peso y de un solo filo. || Cuchillo grande usado para varios usos. || *Arg.* y *Col.* Papelito que llevan los estudiantes escondido para resolver un examen. | *Urug.* Tacaño.

machetear v. t. Dar machetazos. || Golpear con el machete. || *Méx.* Trabajar con tesón: *macheteó toda la noche y terminó el informe*.

machetero m. Hombre que desmonta con el machete los bosques. || Hombre que corta la caña con el machete. || *Méx.* El que trabaja en la carga y descarga de mercancías. || *Méx.* Estudiante muy aplicado.

machiega adj. f. Aplícase a la abeja reina.

machigua f. *Amér. C.* Agua con residuos triturados de maíz.

machihembrado m. Ensamblaje a caja y espiga o a ranura y lengüeta.

machihembrar v. t. Ensamblar dos piezas de madera a caja y espiga o a ranura y lengüeta.

machincuepa f. *Méx.* Voltereta, maroma.

macho adj. m. Que pertenece al sexo masculino. || *Fig.* Fuerte, vigoroso. | Varonil, viril. || — M. Animal del sexo

masculino: *macho y hembra.* || Mulo. || Parte del corchete que engancha en otra llamada hembra. || Pieza que penetra en otra. || Pilar de fábrica. || Martillo grande de herrero. || Banco del yunque. || Yunque cuadrado. || *Fig.* Hombre necio, borrico. || Borlas en el traje de los toreros. || — *Macho cabrío,* cabrón. || *Macho de aterrajar* o *de roscar,* instrumento que sirve para labrar la rosca de las tuercas.

machorra f. Hembra estéril. || *Fam.* Marimacho.

machote adj. *Fam.* Muy hombre, viril. || *Dárselas de machote,* echárselas de hombre.

machucadura y **machucamiento** m. Golpe, magulladura.

machucar v. t. Golpear, magullar, dañar: *machucar una fruta.*

machucón m. Machucadura.

macilento, ta adj. Pálido, descolorido: *rostro macilento.*

macillo m. *Mús.* Pieza del piano que golpea la cuerda.

macizo, za adj. Grueso: *mueble macizo.* || Ni chapado ni hueco: *pulsera de oro macizo.* || *Fig.* De peso: *argumentos macizos.* || — M. *Arq.* Lienzo de pared entre dos vanos. || Grupo de alturas generalmente montañosas. || Conjunto de edificios apiñados. || Combinación de plantas que decoran los cuadros de los jardines.

macla f. Asociación de dos o más cristales homogéneos en un mismo cuerpo cristalino según leyes geométricas precisas.

macolla f. *Bot.* Conjunto de tallos que nacen de un mismo pie.

macondo m. *Col.* Árbol de gran porte.

macrocéfalo, la adj. y s. De cabeza voluminosa.

macrocosmo m. El universo considerado con relación al hombre, que representa el microcosmo.

macrofotografía f. Fotografía de objetos pequeños que es directamente ampliada por el objetivo de la cámara.

macromolécula f. Molécula muy grande, generalmente formada por polimerización.

macromolecular adj. Aplícase a una sustancia química de masa molecular elevada.

macrópodo adj. m. De pies grandes. || — M. Pez muy coloreado de los ríos de Indochina. | — Pl. Suborden de marsupiales al cual pertenecen los canguros.

macroscópico, ca adj. *Biol.* Que puede verse sin auxilio del microscopio.

macruro, ra adj. Aplícase al crustáceo del abdomen alargado a modo de cola, como el cangrejo de río. | — M. pl. Suborden de estos animales.

macuache m. En México, indio y analfabeto.

macuco, ca y **macucón, ona** adj. *Arg., Chil.* y *Per.* Macanudo. || *Fam.*

Chil. Astuto, taimado. || *Arg., Bol.* y *Col.* Grandullón.

macular v. t. Manchar.

macuquero m. El que saca sin autorización metales de las minas abandonadas.

macuto m. Mochila.

made, pal. ingl. empleada en la expresión *made in,* fabricado en.

madeja f. Hilo de seda o de lana recogido en varias vueltas iguales. || *Fig.* Mata de pelo. | Hombre sin vigor.

madera f. Sustancia dura de los árboles debajo de la corteza. || Trozo de esta sustancia labrado: *madera blanca, en rollo.* || Parte dura del casco de las caballerías. || *Fig.* y *fam.* Disposición natural, valor personal: *tener madera de pintor.* || — M. Vino de la isla de Madera.

maderable adj. Que da madera útil para construcciones.

maderada f. Conjunto de maderos que se transportan flotando por un río formando armadías.

maderaje f. y **maderamen** m. Conjunto de las piezas de madera que sostienen una construcción.

maderero, ra adj. De la madera. || — M. Comerciante en maderas. || Hombre que conduce las maderadas || Carpintero.

madero m. Pieza larga de madera en rollo o escuadrada. || *Fig.* Necio, zoquete.

madona f. Nombre que se da a las representaciones de la Virgen: *las madonas de Fra Angélico.*

madrastra f. Mujer del padre respecto de los hijos que éste tiene de un matrimonio anterior. || *Fig.* Madre mala.

madre f. Mujer que ha tenido hijos: *madre de familia.* || Hembra de un animal que ha tenido crías: *perra madre.* || Tratamiento que se da a ciertas religiosas: *madre superiora.* || *Fam.* Mujer de edad avanzada. || *Fig.* Cuna, lugar de donde procede una cosa: *Grecia, madre de las artes.* | Causa, origen: *la ociosidad es madre de todos los vicios.* | Matriz. | Cauce de un río: *salir de madre.* | Acequia principal. || Cloaca maestra. || Heces del mosto. || Película formada en la superficie del vinagre. || Zurrapa del café. || Árbol del timón o del cabrestante. || — *Lengua madre,* la de la cual se han derivado otras lenguas. || *Fig. Madre del cordero,* causa principal de algo complicado. || *Madre de leche,* nodriza. | *Madre patria,* país que ha fundado una colonia. | *Madre política,* suegra; madrastra. || *Fig. Sacar de madre,* exasperar, irritar.

madreperla f. Concha bivalva donde se suelen encontrar las perlas: *son pescadores de madreperlas.*

madrépora f. Pólipo de los mares intertropicales que forma un polipero calcáreo y arborescente. || Este polipero, que llega a formar en algunas partes escollos y atolones: *las madréporas del Pacífico.*

madrepórico, ca adj. De la madrépora.

madreselva f. Planta trepadora caprifoliácea muy olorosa.

madrigal m. Composición poética corta, delicada y galante.

madrigalesco, ca adj. Del madrigal. || *Fig.* Delicado, fino.

madriguera f. Guarida de ciertos animales: *la madriguera de la liebre.* || *Fig.* Refugio.

madrileñismo m. Carácter madrileño.

madrileñista adj. y s. De carácter madrileño.

madrileñizar v. t. Dar carácter madrileño.

madrileño, ña adj. y s. De Madrid.

madrina f. Mujer que asiste a uno en el sacramento del bautismo, de la confirmación, de la boda, etc. || *Fig.* Protectora, mujer que presenta a una persona en una sociedad. || Puntal de madera, poste. || Correa que une las bocados de las caballerías de un tiro. || Mula que guía la recua, cabestro.

madrinazgo m. Condición de madrina.

madroñal m. y **madroñera** f. Terreno plantado de madroños.

madroño m. Arbusto ericáceo, de fruto parecido a una cereza: *Madrid es la villa del oso y del madroño.* || Su fruto. || Borlita redonda.

madrugada f. Alba, amanecer. || Acción de levantarse temprano.

madrugador, ra adj. y s. Que acostumbra madrugar.

madrugar v. i. Levantarse temprano. || *Fig.* Ganar tiempo. || *No por mucho madrugar amanece más temprano,* significa que las cosas hay que hacerlas en su debido tiempo.

madrugón, ona adj. Madrugador. || — M. *Fam.* Madrugada muy temprana: *darse un madrugón.*

maduración f. Conjunto de fenómenos que se producen hasta que una fruta esté madura.

maduradero m. Lugar donde se ponen a madurar las frutas.

madurar v. t. Dar sazón a las frutas: *el sol madura las mieses.* || Reflexionar detenidamente: *madurar un proyecto.* || Acelerar la supuración de los tumores. || *Fig.* Volver experimentado: *la vida le ha madurado.* || — V. i. Ir sazonándose una fruta. || *Cir.* Empezar a supurar un tumor. || Adquirir experiencia y madurez: *maduró con los años.*

madurez f. Sazón de los frutos. || Edad adulta. || Estado del desarrollo completo de una persona o cosa: *la madurez del juicio.* || *Fig.* Juicio, cordura adquirida por la experiencia.

maduro, ra adj. Que está en sazón: *fruta madura.* || Sentado, reflexivo: *juicio maduro.* || Entrado en años, ni joven ni viejo.

maelstrom m. Gran remolino de agua.

maese, sa m. y f. (Ant.). Maestro: *maese Pedro.*

maestoso adv. Voz italiana que indica un movimiento musical majestuoso, lento y solemne.

maestra f. Mujer que enseña un arte o ciencia: *maestra de piano.* || Profesora de primera enseñanza: *maestra primaria.* || Esposa del maestro. || Escuela de niñas. || *Fig.* Cosa aleccionadora. || Listón que sirve de guía a los albañiles. || *Abeja maestra*, la reina.

maestranza f. Sociedad de equitación. || *Mil.* Talleres donde se componen y construyen los montajes de las piezas de artillería. | Conjunto de empleados que trabajan en esos talleres.

maestrazgo m. Dignidad de maestre de una orden militar y territorio de su jurisdicción.

maestre m. Superior de las órdenes militares.

maestría f. Arte, destreza: *pintar con maestría.* || Título o dignidad de maestro.

maestril m. Celdilla donde termina su metamorfosis la abeja reina.

maestro, tra adj. Muy bien hecho, perfecto: *obra maestra.* || Aplícase al animal amaestrado. || — M. Hombre que enseña un arte o ciencia: *maestro de armas, de inglés.* || Profesor de primera enseñanza: *maestro de escuela.* || Artesano de cierto grado: *maestro sastre.* || El que tiene más conocimientos en una materia que la mayoría de la gente: *inspirarse en los maestros.* || El que dirige el personal y las operaciones de un servicio: *maestro de obras.* || Compositor de música. || *Fam.* En algunos sitios, tratamiento familiar dado a personas de respeto o ancianas. || *Mar.* Palo mayor de una arboladura. || *Fig.* Persona muy diestra: *ser maestro consumado en un arte.* || — *Maestro de capilla*, músico que dirige los coros de una iglesia. || *Maestro de ceremonias*, el que dirige el ceremonial de un palacio.

mafia f. Asociación u organización secreta de malhechores.

mafioso, sa adj. y s. Relativo o perteneciente a la mafia.

magallánico, ca adj. Del estrecho de Magallanes. || De Magallanes, prov. de Chile (ú. t. c. s.).

magaya f. *Amér. C.* Colilla.

magazine m. (pal. ingl.). Revista destinada al gran público.

magdalena f. Bollo pequeño de forma ligeramente ovalada. || *Fig.* Mujer arrepentida.

magdalenense adj. y s. De Magdalena (Colombia).

magdaleniense adj. y s. m. Aplícase al último período del paleolítico (frescos de las cuevas de Altamira y Lascaux).

maghrebí, ina o **maghrebino, na** adj. y s. Del Maghreb.

magia f. Ciencia oculta que pretende realizar prodigios. || Atractivo poderoso, encanto: *la magia de las palabras.* || — *Magia blanca*, la que por medio de causas naturales produce efectos que parecen sobrenaturales. || *Magia negra*, la que tenía por objeto la evocación del demonio. || *Por arte de magia*, por encanto, por milagro.

magiar adj. y s. Húngaro. || — M. Pueblo uraloaltaico que se estableció en Hungría en el s. IX.

mágico, ca adj. Relativo a la magia: *poder mágico.* || Que debe producir efectos sobrenaturales: *varita mágica.* || *Fig.* Maravilloso, que sorprende mucho.

magín m. *Fam.* Imaginación: *se lo ha sacado de su magín.* | Buen sentido: *duro de magín.*

magister m. *Fam.* Maestro.

magisterio m. Enseñanza dada por el maestro. || Profesión de maestro. || Título o grado de maestro. || Conjunto de maestros. || *Fig.* Gravedad afectada.

magistrado m. Superior en el orden civil. || Dignidad o empleo de juez. || Miembro de un tribunal de justicia.

magistral adj. Relativo al maestro o al magisterio. || Hecho con maestría: *un discurso magistral.* || Imperioso: *tono magistral.*

magistratura f. Dignidad o cargo de magistrado. || Tiempo durante el cual se ejerce este cargo. || Corporación de los magistrados. || *Magistratura del Trabajo*, en España, tribunal integrado por representantes de los asalariados y los empresarios, encargado de resolver los litigios de tipo profesional.

magma m. Masa pastosa espesa y viscosa. || *Geol.* Masa de materias en fusión que, al solidificarse, forma una roca.

magnanimidad f. Grandeza de ánimo, generosidad.

magnánimo, ma adj. Generoso, que perdona fácilmente: *mostrarse magnánimo.* || Noble, elevado: *corazón magnánimo.*

magnate m. En Polonia y Hungría, antiguo grande del reino. || Persona importante: *un magnate de la industria.*

magnesia f. Óxido de magnesio, sustancia blanca empleada como antiácido, laxante y purgante.

magnésico, ca adj. *Quím.* Relativo al magnesio.

magnesio m. Metal blanco sólido (símb., Mg), de número atómico 12, de densidad 1,74, que arde con luz intensa.

magnesita f. Espuma de mar.

magnético, ca adj. Relativo al imán. || De propiedades análogas a las del imán. || Referente al magnetismo animal. || *Fig.* Que tiene un poder de atracción y una influencia misteriosos.

magnetismo m. Fuerza atractiva del imán. || Parte de la física que estudia las propiedades de los imanes. || *Fig.* Poder de atracción que tiene una persona sobre otra. || — *Magnetismo animal*, influencia que puede ejercer una persona sobre otra mediante ciertas prácticas (hipnotismo). || *Magnetismo terrestre*, conjunto de los fenómenos magnéticos que se producen en el globo terráqueo.

magnetita f. *Min.* Óxido natural de hierro magnético.

magnetización f. Acción y efecto de magnetizar.

magnetizador, ra adj. y s. Que magnetiza.

magnetizar v. t. Comunicar a un cuerpo las propiedades del imán. || Comunicar a una persona magnetismo animal. || Hipnotizar. || *Fig.* Ejercer una atracción muy fuerte y misteriosa.

magneto f. Generador eléctrico en el cual la inducción es producida por un imán permanente.

magnetoeléctrico, ca adj. *Fís.* Relativo al magnetismo y a la electricidad: *máquina magnetoeléctrica.*

magnetofónico, ca adj. Relativo al magnetófono.

magnetófono m. Aparato que registra los sonidos por imantación, de un hilo o una cinta magnéticos y que dispone también de circuitos amplificadores para restituirlos.

magnetómetro m. *Fís.* Aparato para comparar la intensidad de los campos y de los momentos magnéticos.

magnicida adj. y s. Que comete magnicidio.

magnicidio m. Muerte dada a una persona que ocupa el Poder.

magnificar v. t. Engrandecer, celebrar.

magnificencia f. Liberalidad en los gastos. || Esplendor, lujo.

magnífico, ca adj. Espléndido, muy hermoso: *piso magnífico.* || Excelente: *libro magnífico.* || Título de honor: *rector magnífico.* || Muy generoso.

magnitud f. Tamaño de un cuerpo. || *Astr.* Cantidad que caracteriza el brillo aparente de las estrellas. || *Fig.* Importancia: *potencia nuclear de primera magnitud.* || *Mat.* Cantidad.

magno, na adj. Grande: *Alejandro Magno; aula magna.* || Grandioso, espléndido, magnífico.

magnolia f. Árbol de la familia de las magnoliáceas, de flores aromáticas, originario de Asia y América. || Flor de este árbol.

magnoliáceas f. pl. Familia de plantas dicotiledóneas angiospermas, como la magnolia (ú. t. c. adj.).

mago, ga adj. y s. Que ejerce la magia. || Aplícase a los tres reyes que adoraron a Jesús recién nacido.

magrear v. t. *Pop.* Sobar a una persona.

magrebí, ina o **magrebino, na** adj. y s. Maghrebí, maghrebino.

magro, gra adj. Delgado, flaco. || — M. Carne sin grasa. || *Fam.* Lomo de cerdo.

maguer y **magüer** conj. Aunque. || (Ant.). A pesar.

maguey m. Pita, agave.

magueyero m. *Méx.* Pájaro de la familia de los fringílidos.

magulladura f. y **magullamiento** m. Contusión o cardenal producido en

MAG

MA

349

la piel por un golpe. || Parte dañada de una fruta producida por un choque.

magullar v. t. Producir contusión o cardenal en la piel por un golpe. || Dañar la fruta golpeándola contra algo.

magullón m. *Arg., Chil., Cub., Ecuad., Méx., Nicar., Per.* y *Urug.* Magulladura.

maguntino, na adj. y s. De Maguncia.

magyar adj. y s. Magiar.

maharajá m. Título que significa *gran rey* y se aplica hoy a los príncipes feudatarios de la India. (Su fem. es *maharaní.*)

mahatma m. Personalidad espiritual de gran importancia en la India: *el mahatma Gandhi.*

mahometano, na adj. y s. Seguidor de la religión de Mahoma.

mahometismo m. Religión de Mahoma, islamismo.

mahón m. Tela fuerte de algodón: *unos uniformes de mahón.*

mahonés, esa adj. y s. De Mahón. || — F. Mayonesa.

maicena f. Harina fina de maíz.

maicería f. *Amer.* Casa que vende maíz.

maicero, ra adj. *Amer.* Relativo al maíz.

maimón m. Mico, mono. || — Pl. Especie de sopa con aceite y trozos de pan que se hace en Andalucía.

maître [metr] m. (pal. fr.). Jefe de comedor de un hotel o un restaurante. || Jefe de los camareros en una sala de fiestas.

maíz m. Cereal de la familia de las gramíneas originario de América, que produce mazorcas de grandes granos amarillos. || Su grano.

maizal m. Campo de maíz.

maja f. Mano de almirez. || Mujer joven y apuesta.

majá m. Serpiente no venenosa de Cuba.

majada f. Aprisco, lugar donde se recoge de noche el ganado. || Estiércol de los animales. || *Arg., Chil.* y *Urug.* Manada de ganado lanar.

majadal m. Sitio de pasto para el ganado menor. || Majada.

majaderear v. t. *Amer.* Importunar, molestar (ú. t. c. i.).

majadería f. Necedad, tontería.

majadero, ra adj. y s. Necio. || — M. Maza para moler.

majado m. Lo que se ha molido o machacado.

majagua f. Árbol americano de la familia de las malváceas.

majal m. Banco de peces.

majar v. t. Machacar, moler: *majar pimienta.* || *Fig.* y *fam.* Molestar, importunar. | Pegar: *majar a palos.* | Aplastar, destruir: *majar un ejército.*

majareta adj. y s. *Fam.* Loco.

maje m. *C. Rica, Hond., Méx., Nic.* y *Salv.* Tonto: *no seas maje, te cobrarón de más.* || Hacerse maje, hacerse tonto.

majestad f. Título que se da a Dios y a los soberanos. || Suma grandeza: *la majestad de su porte.*

majestuosidad f. Belleza llena de grandeza.

majeza f. Calidad de majo.

majo, ja adj. Que ostenta elegancia y guapeza propia de la gente del pueblo. Ú. t. c. s.: *los majos fueron representados por Goya.* || *Fam.* Compuesto: *ir muy majo.* | Bonito, mono, hermoso: *¡qué majo es este niño!* | Simpático.

majolar m. Plantío de majuelos.

majoleta f. Marjoleta.

majuelo m. Espino blanco. || Viña o cepa nueva.

maki m. Género de lemúridos de Madagascar, de cola muy larga.

mal adj. Apócope de *malo: mal día; mal humor.* || — M. Lo opuesto al bien o a la moral: *hay que procurar no hacer nunca el mal.* || Daño: *hacer mucho mal a uno.* || Desgracia, calamidad: *los males de la guerra.* || Enfermedad, dolencia: *curó su mal.* || Inconveniente: *la severidad de ciertos reglamentos es un mal necesario.* || — Echar a mal, despreciar. || Llevar a mal, quejarse, resentirse. || Mal caduco, epilepsia. || *Mal de la tierra,* nostalgia de la patria. || *Mal de montaña,* malestar producido por la altitud. || *Mal de ojo,* maleficio. || *Mal de piedra,* dolencia que resulta de la formación de cálculos en las vías urinarias. || *¡Mal hayá!,* maldición, imprecación contra uno. | *No hay mal que por bien no venga,* a veces los acontecimientos no parecen mal venidos y tienen consecuencias afortunadas. || *Tomar a mal,* tomar en mala parte. || *Mal de las vacas locas,* enfermedad de las vacas locas.

mal adv. De manera muy imperfecta: *cantar mal; dormir mal.* | Contrariamente a lo que se esperaba: *el negocio ha salido mal.* || Difícilmente: *mal puede ayudarme.* || — De mal en peor, cada vez peor. || *Mal que bien,* ni bien ni mal; de buena o mala gana. || *¡Menos mal!,* afortunadamente.

malabar adj. y s. De la costa de Malabar. || *Juegos malabares,* ejercicios de destreza, agilidad y equilibrio. || — M. Lengua de los malabares.

malabárico, ca adj. y s. Malabar.

malabarismo m. Juegos malabares. || *Fig.* Habilidad, destreza.

malabarista com. Persona que se dedica a hacer juegos malabares, equilibrista. || *Fig.* Persona muy hábil.

malacate m. Eje vertical provisto de una o varias palancas en el extremo de las cuales se enganchaban las caballerías: *la noria es un malacate.* || *Hond.* y *Méx.* Huso.

malacitano, na adj. y s. Malagueño.

malaconsejado, da adj. y s. Que obra desatinadamente, dejándose guiar por malos consejos.

malacopterigio, gia adj. y s. Aplícase a los peces de aletas blandas o flexibles y con el esqueleto óseo, como el salmón, el congrio y el bacalao. || — Pl. Orden de estos peces.

malacostumbrado, da adj. De malas costumbres. || Mal criado. || Muy mimado.

malagueño, ña adj. y s. De Málaga. || — F. Aire popular y baile de la prov. española de Málaga, parecido al fandango.

malambo m. *Riopl.* Baile típico del gaucho.

malanga f. *Amér. C.* y *Antill.* Tubérculo comestible.

malangar m. Plantío de malangas.

malapata com. *Fam.* Persona de mala suerte. || — F. *Fam.* Mala suerte: *tener muy mala pata.*

malaquita f. Carbonato hidratado natural de cobre, de color verde, que se utiliza en joyería.

malar adj. *Anat.* De la mejilla: *hueso malar.* || — M. Pómulo.

malaria f. *Med.* Paludismo.

malasangre adj. Que tiene malas intenciones (ú. t. c. s.).

malasio, sia adj. y s. De Malasia.

malasombra com. *Fam.* Persona con poca gracia. || — F. *Fam.* Mala suerte. || Falta de gracia.

malatería f. Leprosería.

malavenido, da adj. En desacuerdo.

malaventura f. Desventura.

malaventurado, da adj. Desgraciado, desafortunado.

malaventuranza f. Desgracia.

malaxación f. Amasado.

malaxar v. t. Amasar una sustancia para ablandarla o una parte del cuerpo.

malaxador, ra adj. y s. Que malaxa. || — M. Amasadora.

malayo, ya adj. y s. De Malasia o Insulindia. || — M. Lengua malaya.

malbaratar v. t. Vender por debajo de su precio real. || *Fig.* Malgastar, despilfarrar.

malcarado, da adj. De mala cara, hosco.

malcasado, da adj. Que falta a los deberes del matrimonio. || Casado con una persona de clase o condición inferior.

malcasar v. t. Casar a uno con una persona mal escogida o de condición inferior (ú. t. c. pr.).

malcomer v. i. Comer poco y no muy bien.

malcomido, da adj. Poco o mal alimentado.

malconsiderado, da adj. Desconsiderado, despreciado.

malcontento, ta adj. Descontento, que no está satisfecho.

malcriadeza f. *Amer.* Mala educación.

malcriado, da adj. y s. Grosero, descortés, mal educado.

malcriar v. t. Educar mal. || Mimar.

maldad f. Propensión a obrar mal: *¡hay que ver la maldad de este niño!* || Acción mala: *cometer maldades.* || *Méx.* Travesura.

maldecido, da adj. y s. Malo. || Maldito.

maldecidor, ra adj. y s. Calumniador.

*maldecir v. t. Echar maldiciones: *maldijo a su hijo.* || — V. i. Hablar mal, calumniar.

maldiciente adj. y s. Que habla mal de la gente.

maldición f. Imprecación contra una persona o cosa.

maldispuesto, ta adj. Indispuesto. || Poco dispuesto o sin ánimo para hacer algo.

maldito, ta adj. Muy malo: ¡*maldito clima!* || Odioso: ¡*maldito embustero!* || Condenado por la justicia divina (ú. t. c. s.). || *Fam.* Ninguno, nada: *no saber maldita la cosa.*

maldivo, va adj. y s. De las Islas Maldivas.

maldonadense adj. y s. De Maldonado (Uruguay).

maldoso, sa adj. *C. Rica, Cub., Méx. y Nicar.* Que gusta de hacer maldades o travesuras.

maleabilidad f. Calidad de maleable.

maleable adj. Que puede batirse o aplastarse en láminas sin romperse. || Que se puede modelar o labrar fácilmente: *la cera es muy maleable.* || *Fig.* Dócil, flexible.

maleado, da adj. Viciado, pervertido, corrompido.

maleador, ra adj. y s. Que malea a los otros (ú. t. c. s.).

maleante adj. Que malea. || Perverso, malo. || Maligno. || — M. Malhechor.

malear v. t. Echar a perder (ú. t. c. pr.). || *Fig.* Pervertir, corromper (ú. t. c. pr.).

malecón m. Dique, obra de fábrica que protege la entrada de un puerto.

maledicencia f. Acción de maldecir, murmuración, denigración.

maldiciente adj. y s. Maldiciente.

maleficiar v. t. Causar daño. || Estropear una cosa. || Hechizar.

maleficio m. Sortilegio por el cual se pretende perjudicar a los hombres, animales, etc.

maléfico, ca adj. Que perjudica con maleficios. || Que tiene una influencia sobrenatural mala: *un poder maléfico.* || — M. y f. Hechicero.

malentendido m. Equívoco, quid pro quo, mal entendimiento.

maleolar adj. De los maléolos.

maléolo m. *Anat.* Cada una de las dos protuberancias huesudas que forman el tobillo.

malestar m. Sensación de incomodidad causada por un ligero trastorno fisiológico. || *Fig.* Inquietud moral, desasosiego. | Desazón.

maleta f. Especie de cofre pequeño y ligero que uno lleva de viaje para transportar ropa u otros enseres. || Portaequipaje de un coche. || — M. *Fam.* El que es muy torpe en la práctica de su profesión. | Hombre despreciable.

maletero m. Fabricante o vendedor de maletas. || Mozo de equipajes. || Portaequipaje de un coche.

maletilla m. *Fam.* Aprendiz de torero.

maletín m. Maleta pequeña.

maletón m. Maleta grande.

malevo, va adj. y s. *Arg.* y *Bol.* De hábitos vulgares, arrabalero. || *Arg., Bol.,*

Parag. y Urug. Persona pendenciera, de mal vivir.

malevolencia f. Mala voluntad.

malévolo, la adj. y s. Inclinado a hacer mal.

maleza f. Abundancia de malas hierbas en los sembrados. || Espesura de arbustos silvestres y de zarzas.

malezal m. *Amer.* Tierra cubierta de maleza.

malformación f. *Med.* Deformación congénita.

malgache adj. y s. De Madagascar: *República Malgache.*

malgastador, ra adj. y s. Que malgasta.

malgastar v. t. Despilfarrar.

malgenioso, sa adj. *Amer.* Iracundo.

malhablado, da adj. y s. Grosero, soez en el hablar.

malhadado, da adj. Desdichado, desafortunado.

malhaya adj. *Fam.* Maldito: *malhaya el que mal piense.* Ú. t. con el pl.: *malhaya sean tus descendientes.* || — Interj. *Riopl.* ¡Ojalá!

malhechor, ra adj. y s. Que comete un delito.

***malherir** v. t. Herir gravemente: *malhirió a su adversario.*

malhora o **malora** com. *Fam. Méx.* Persona que acostumbra hacer travesuras o maldades.

malhumor m. Mal humor.

malhumorado, da adj. De mal humor, disgustado, enojado.

malhumorar v. t. Poner de mal humor.

malí adj. y s. De Malí.

malicia f. Maldad, inclinación a lo malo: *tener malicia.* || Afición a gastar bromas más o menos pesadas. || Perversidad. || Agudeza, astucia, sutileza: *niño de mucha malicia.* || *Fam.* Sospecha, recelo: *tener malicia de algo.*

maliciable adj. Que puede maliciarse.

maliciar v. t. Sospechar, recelar. Ú. t. c. pr.: *maliciarse de algo.* || Malear, pervertir, corromper.

malicioso, sa adj. y s. Que tiene malicia o perversidad. || Astuto, ingenioso.

malignidad f. Calidad de maligno.

maligno, na adj. Propenso a lo malo y perverso: *gente maligna.* || Pernicioso: *tumor maligno.*

malinchismo m. *Méx.* Inclinación favorable a lo extranjero, en particular lo español.

malinchista adj. y s. *Méx.* Que prefiere lo extranjero.

malintencionado, da adj. y s. Que tiene mala intención, malévolo.

malla f. Cada uno de los cuadriláteros que forman el tejido de la red. || Tejido de anillos de hierro o acero con que se hacían las cotas y otras armaduras y cada uno de estos anillos. || *Amer.* Bañador. | Camiseta de deportista.

mallorquín, ina adj. y s. De Mallorca. || — M. Dialecto que se habla en las islas Baleares.

malmaridada adj. y s. f. Aplícase a la mujer que falta a los deberes conyugales.

malmirado, da adj. Mal considerado. || Descortés, grosero.

malnutrición f. *Med.* Estado físico provocado por una dieta inadecuada o por una mala asimilación de los alimentos.

malnutrido, da adj. *Med.* Que sufre malnutrición.

malo, la adj. Que no es bueno: *comida mala; mala acción.* || Inclinado al mal: *ser malo con su familia.* || Perjudicial: *el alcohol es malo para la salud.* || Sin talento o habilidad: *cómico malo; ser malo para las matemáticas.* || Desagradable: *sabor malo; pasar un momento muy malo.* || Difícil: *malo de entender.* || Peligroso: *una carretera muy mala; las malas compañías.* || Enfermo: *estar malo.* || Muy travieso o desobediente: *niños malos.* || Funesto: *hoy ha sido un día muy malo para él.* || Insuficiente: *una mala cosecha.* || — Interj. Denota disgusto. || — *A malas,* enemistado. || *De malas,* que no tiene suerte; de mal humor; de mala intención. || *Lo malo,* la dificultad, el inconveniente. || *Más vale malo conocido que bueno por conocer,* suele ser preferible conservar una cosa medianamente buena que cambiarla por otra desconocida. || — M. *El malo,* el demonio; el malhechor de un relato, de una película, etc.

maloca f. Malón. || *Amer.* Incursión de blancos efectuada en tierra de indios.

malogrado, da adj. Aplícase al escritor, artista, etc., muerto antes de haber dado de sí todo lo que podía esperarse.

malograr v. t. No aprovechar, perder: *malograr la oportunidad.* || — V. pr. Frustrarse, fracasar: *se malograron sus deseos.* || No llegar una persona o cosa a su completo desarrollo.

maloja m. *Amer.* Planta de maíz que sólo sirve para pastos.

maloliente adj. Que huele mal.

malón m. *Amer.* Correría de indios. || Mala jugada.

malpaís m. *Geol.* Paisaje accidentado de suelo calcáreo con grietas y picos agudos.

malparado, da adj. En mala situación o estado: *salir malparado.*

malparar v. t. Maltratar.

malparir v. i. Abortar.

malparto m. Aborto.

malpensado, da adj. y s. Que tiene un espíritu avieso.

malquerencia f. Mala voluntad, malevolencia. || Antipatía.

***malquerer** v. t. Tener mala voluntad.

malquistar v. t. Enemistar o poner en desacuerdo una persona con otra u otras (ú. t. c. pr.).

malquisto, ta adj. Enemistado, enfadado.

malsano, na adj. Nocivo para la salud. || Enfermizo.

malsonante adj. Que suena mal. || Contrario al decoro y a la decencia: *frases malsonantes.*

malta f. Cebada germinada para fabricar cerveza y, a veces, para hacer café.

maltasa f. Diastasa del jugo intestinal que convierte la maltosa en glucosa.

malteado, da adj. Mezclado con malta.

maltear v. t. Transformar la cebada en malta.

maltés, esa adj. y s. De Malta.

maltosa f. *Quím.* Azúcar obtenido por sacarificación incompleta del almidón con malta.

*maltraer v. t. Maltratar.

maltratamiento m. Acción y efecto de maltratar.

maltratar v. t. Tratar duramente, con violencia.

maltrato m. Maltratamiento.

maltrecho, cha adj. En mal estado, malparado: *dejar maltrecho.*

maltusianismo m. Limitación voluntaria de la natalidad. || Disminución voluntaria de la producción: *maltusianismo económico.*

maltusiano, na adj. y s. Partidario de las teorías del inglés Malthus. || Que está opuesto a la expansión económica.

malva f. Planta de la familia de las malváceas, de flores moradas. || — *Pop.* Criar malvas, estar muerto. || *Malva loca,* la que es más alta que la común y se cultiva en los jardines. || *Fig. Ser como una malva,* ser sumamente dócil y bueno. || — Adj. inv. Violeta pálido. || — M. Color malva.

malváceo, a adj. y s. Dícese de las plantas angiospermas dicotiledóneas, como la malva, el algodonero y la majagua. || — F. pl. Familia que forman estas plantas.

malvado, da adj. y s. Perverso.

malvarrosa f. Malva loca.

malvasía f. Uva muy dulce y vino que se hace con ella.

malvavisco m. Planta malvácea, cuya raíz es un emoliente. || *Méx.* Golosina esponjosa hecha de la raíz de la planta de ese nombre.

malvender v. t. Vender con pérdida.

malversación f. Utilización fraudulenta de los caudales ajenos que uno tiene a su cargo.

malversador, ra adj. y s. Que malversa.

malversar v. t. Hacer malversaciones.

malvinero, ra adj. y s. De las islas Malvinas.

malvivir v. i. Vivir mal.

malvón m. *Arg., Méx., Parag.* y *Urug.* Planta ornamental con hojas afelpadas y flores rojas o blancas.

mama f. Teta, pecho. || *Fam.* Madre, en lenguaje infantil.

mamá f. *Fam.* Madre.

mamacona f. *Amer.* Virgen anciana que estaba al servicio de los templos incaicos.

mamada f. Acción de mamar. || Cantidad de leche que mama la criatura cada vez que se pone al pecho. || *Fam.* Ganga, ventaja conseguida con poco esfuerzo. || *Arg. Fam.* Borrachera.

mamadera f. *Amer.* Biberón. || *Cub.* y *P. Rico.* Tetilla del biberón.

mamado, da adj. *Pop.* Ebrio.

mamandurria f. *Amer.* Sinecura, ganga permanente.

mamar v. t. Chupar con los labios y lengua la leche de los pechos. || *Fam.* Tragar, engullir. || *Fig.* Aprender algo desde la infancia: *mamar la piedad; haber mamado un idioma.* || *Fig.* y *fam.* Conseguir: *mamar un buen empleo.* || — V. pr. *Fam.* Emborracharse. || *Fam. Amer. Mamarse a uno,* matarle; sacarle ventaja engañándole.

mamario, ria adj. De las mamas: *glándulas mamarias.*

mamarrachada f. *Fam.* Conjunto de mamarrachos. | Tontería.

mamarracho m. *Fam.* Imbécil, tonto. | Fantoche. | Obra artística sin valor: *esta película es un mamarracho.*

mambí o **mambís, isa** adj. y s. Dícese del cubano que se rebeló contra la dominación española en 1868. (Pl. *mambises.*)

mambiseño, ña adj. De los mambises: *rebelión mambiseña.*

mambo m. Baile cubano.

mamboretá m. *Riopl.* Insecto de color verde claro que se alimenta de otros insectos, santateresa.

mamelón m. Eminencia de forma redondeada. || *Anat.* Pezón.

mameluco m. Antiguo soldado de una milicia egipcia. || *Fam.* Hombre torpe. || *Amer.* Prenda de vestir de una sola pieza, especialmente de niños.

mamey m. Árbol gutífero originario de América. || Su fruto.

mamífero adj. y s. m. Dícese de los animales vertebrados cuyas hembras alimentan a sus crías con la leche de sus mamas.

mamila f. *Méx.* Biberón.

mamón, ona adj. y s. Que sigue mamando. || Que mama demasiado. || *Diente mamón,* el de leche. || — M. Chupón, rama estéril de un árbol. || *Amer.* Árbol de la familia de las sapindáceas. | Fruto de este árbol.

mamotreto m. Librito de apuntes. || *Fam.* Libro o legajo muy voluminoso. | Cosa que abulta mucho.

mampara f. Tabique movible y plegable que sirve para proteger del frío u ocultar una cosa.

mamparo m. *Mar.* Tabique que divide el interior de un barco.

mamporro m. *Fam.* Porrazo.

mampostería f. Obra hecha de piedras pequeñas unidas con argamasa: *tapia de mampostería.*

mamúa f. *Vulg. Arg.* y *Urug.* Borrachera.

mamut m. Elefante fósil de la época cuaternaria que vivió en Europa y África. (Tenía grandes colmillos y medía unos 3,50 m de alt.)

mana m. Poder sobrenatural y misterioso en ciertas religiones primitivas.

maná m. Alimento milagroso que envió Dios a los israelitas en el desierto. || *Fig.* Alimento abundante y poco costoso.

manabita adj. y s. De Manabí.

manada f. Hato o rebaño. || Bandada de animales: *manada de gallinas.* || Puñado: *una manada de trigo.* || *Fig.* y *fam.* Grupo de personas. || *A manadas,* en tropel; en gran cantidad.

manager [*máneyer*] m. (pal. ingl.). El que dirige una empresa. || El que se ocupa de los intereses de un campeón deportivo profesional: *el manager de un boxeador.*

managua adj. y s. Managüense.

managüense adj. y s. De Managua (Nicaragua).

manantial adj. Que mana: *agua manantial.* || — M. Sitio donde las aguas salen de la tierra.

manar v. i. Brotar.

manatí y **manato** m. Mamífero sirenio herbívoro, de unos tres metros de largo, propio de África y de América tropical.

manaza f. Mano grande.

mancar v. t. Lisiar, estropear las manos u otros miembros.

manceba f. Concubina.

mancebía f. Prostíbulo.

mancebo m. Chico joven. || Hombre soltero. || Dependiente, empleado en una tienda. || Auxiliar de farmacia.

mancha f. Marca dejada en una cosa por un cuerpo sucio: *tener una mancha de vino en la falda.* || Parte de una cosa de distinto color que el resto de ella: *un animal de pelo negro con manchas blancas.* || *Fig.* Lo que empaña la reputación, desdoro: *hacer una mancha en su honra.*

manchar v. t. Ensuciar, hacer una o varias manchas en una cosa: *manchar algo de tinta* (ú. t. c. pr.). || *Fig.* Desacreditar.

manchego, ga adj. y s. De La Mancha. || — M. Queso muy apreciado fabricado en La Mancha.

manchú, úa adj. y s. De Manchuria.

mancilla f. *Fig.* Mancha.

mancillar v. t. Manchar.

manco, ca adj. y s. Que ha perdido un brazo o una mano o tiene lisiados estos miembros. || *Fig.* Imperfecto, incompleto: *texto manco.* || *Fig.* y *fam. No ser manco,* ser muy hábil.

mancomunar v. t. Unir: *mancomunar fuerzas, capitales,* etc. || *For.* Obligar a varias personas de mancomún a la ejecución de una cosa. || — V. pr. Asociarse, aliarse: *mancomunarse dos partidos.*

mancomunidad f. Unión, asociación. || Corporación constituida por la agrupación de municipios o provincias.

mancorna f. *Chil.* y *Col.* Pasador que se usa para cerrar el cuello de la camisa.

mancuernillas f. pl. *Méx.* Broches para los puños de las camisas.

manda f. Legado que se hace por testamento o codicilo. || *Amer.* Voto hecho a la divinidad a cambio de un favor.

mandadero, ra m. y f. Recadero: *le envió el mandadero.*

mandado m. Orden. || Encargo, mandato. || Compra, recado.

mandamás m. inv. *Fam.* Jefe: *ser el mandamás de una rebelión.* | Personaje influyente y poderoso: *el mandamás del pueblo.* | Personaje importante, sobre todo en la esfera intelectual: *es uno de los mandamás de la universidad.*

mandamiento m. Cada uno de los preceptos del Decálogo y de la Iglesia católica. || Orden judicial: *mandamiento de arresto.*

mandanga f. *Fam.* Pachorra. | Cocaína.

mandar v. t. Ordenar: *me mandó que lo limpiase todo.* || Enviar: *mandar una carta.* || Legar por testamento. || Encargar. || Confiar. || *Fam. Mandar a paseo, o mandar con viento fresco,* despedir de mala manera. || — V. t. e i. Gobernar, dirigir: *mandar un ejército.* || Ejercer su autoridad: *aquí no manda más que él.* || *Amer.* ¡*Mande!,* interjección usada para hacer repetir algo que no se ha oído.

mandarín m. Título que daban los europeos a los altos funcionarios chinos. || *Fig.* Persona muy influyente. | Autoridad intelectual arbitraria e insoportable. || Dialecto mayoritario e idioma oficial de la República Popular China.

mandarina adj. y s. f. *Dícese de la lengua sabia de China.* || — F. Variedad de naranja pequeña y muy dulce.

mandarinato m. Dignidad de mandarín.

mandarino y **mandarinero** m. Árbol que da las mandarinas.

mandatario m. *For.* El que tiene mandato o poderes para actuar en nombre de otro. || *Amer.* Gobernante, el que manda.

mandato m. Orden. || *For.* Poderes que da una persona a otra para que actúe en su nombre. || Funciones delegadas por el pueblo o por una clase de ciudadanos: *mandato de diputado.* || Soberanía temporal ejercida por un país en un territorio en nombre de la Sociedad de Naciones y que la O. N. U. ha sustituido por la *tutela.*

mandíbula f. Cada una de las dos piezas que limitan la boca de los animales vertebrados y en las cuales están los dientes.

mandibular adj. De las mandíbulas.

mandil m. Delantal grande.

mandinga m. adj. y s. Aplícase al individuo de una raza negra del Sudán occidental. || — M. *Fam.* El diablo. | *Arg.* Encantamiento, hechizo, brujería. || *Venez.* Persona muy inquieta y turbulenta.

mandioca f. Arbusto euforbiáceo de América de cuya raíz se extrae la tapioca. || Tapioca.

mando m. Autoridad, poder: *estar al mando de un superior.* || Empleado de alto rango: *los mandos de un país.* || Dispositivo que sirve para poner en marcha, regular, gobernar y parar un aparato, una máquina, un vehículo, etc. || *Mando a distancia,* accionamiento a distancia de un mecanismo, máquina, vehículo, etc.

mandoble m. Golpe dado esgrimiendo la espada con ambas manos. || Espada grande que se esgrimía con ambas manos. || *Fig.* Reprensión muy severa. | Golpe, porrazo.

mandolina f. *Mús.* Instrumento de cuerdas punteadas, de dorso abombado como el laúd.

mandón, ona adj. y s. Que manda más de lo que le toca, autoritario. || — M. Mandamás.

mandrágora f. Planta solanácea cuya raíz se asemeja algo al cuerpo humano, y acerca de la cual corrieron en la Antigüedad muchas fábulas.

mandril m. Mono cinocéfalo muy peligroso de África occidental. || Vástago metálico que se introduce en ciertos instrumentos quirúrgicos huecos. || Dispositivo con que se asegura en una máquina herramienta la pieza que se ha de labrar.

mandriladora f. Máquina de calibrar.

mandrilar v. t. Calibrar un tubo, un agujero, etc.

manduca f. *Fam.* Comida.

manducación f. *Fam.* Comida, alimento.

manducar v. t. e i. *Fam.* Comer.

manducatoria f. *Fam.* Comida.

manecilla f. Broche para cerrar libros y otros objetos. || Signo en forma de mano puesto en los escritos para llamar la atención. || Aguja del reloj. || Palanquilla, llave de ciertos mecanismos.

manejable adj. Fácil de manejar: *aparato manejable.*

manejar v. t. Manipular, tocar con las manos: *manejar un tejido.* || Servirse de una cosa: *manejar una herramienta.* || Gobernar los caballos. || *Fig.* Dirigir: *manejar una industria; manejar a uno a su antojo.* || *Amer.* Conducir un automóvil. || — V. pr. Moverse. | Saberse conducir. || Arreglárselas.

manejo m. Acción de manejar, de servir de algo. || Arte de gobernar los caballos. || Funcionamiento: *instrucciones de manejo.* || *Fig.* Dirección de un negocio. | Maquinación, intriga. || *Amer.* Conducción de un automóvil.

manera f. Modo particular de ser o de hacer algo. || Porte y modales de una persona. Ú. m. en pl.: *maneras finas, groseras.* || Abertura lateral en las faldas de las mujeres. || *A la manera de,* a imitación de. || *A manera de,* como. || *De manera que,* de modo o de suerte que. || *En gran manera,* mucho. || *Manera de ver,* juicio, parecer, opinión. || *No hay manera,* es imposible. || *Sobre manera,* excesivamente.

manes m. pl. *Mit.* Dioses infernales. || Entre los romanos, almas de los muertos considerados como divinidades. || *Fig.* Sombras o almas de los difuntos.

manezuela f. Mano pequeña.

manflora y **manflorita** adj. y s. m. *Amer.* Afeminado.

manga f. Parte del vestido que cubre el brazo. || Tubo largo de lona o de cuero que se adapta a las bombas o bocas de riego: *manga de riego.* || Parte del eje del carruaje que entra en el cubo de la rueda. || Pequeña red en forma de bolsa para pescar o cazar. || Adorno cilíndrico de tela que cubre la vara de la cruz parroquial. || Bolsa de fieltro, de forma cónica que sirve para colar. || *Bot.* Variedad del mango y su fruto. || *Mar.* Tubo de ventilación de un barco. | Ancho del buque. || Partida de gente armada. || En los juegos, una de las pruebas que se ha convenido jugar. || Tubo de tela que sirve para indicar la dirección del viento: *manga de aire o veleta.* || — *Andar manga por hombro,* haber gran desorden. || *Fig.* y *fam. Hacer mangas y capirotes,* no hacer caso. || *Manga de agua,* turbión. || *Manga de viento,* torbellino. || *Ser de manga ancha* o *tener manga ancha,* ser demasiado indulgente.

manganato m. *Quím.* Sal del ácido mangánico.

manganesa f. Peróxido de manganeso natural.

manganeso m. Metal de color gris (Mn), de número atómico 25, duro y quebradizo, oxidable, que se obtiene de la manganesa y se emplea en la fabricación del acero.

manganoso adj. y m. *Quím.* Dícese del óxido de manganeso.

manglar m. Terreno poblado de mangles.

mangle m. Arbusto rizoforáceo de América tropical. | Su rizoma.

mango m. Asidero de un instrumento o utensilio: *mango de la sartén.* || Árbol anacardiáceo de Asia y América. | Su fruto comestible. || *Fam. Arg., Bol., Chil., Parag. y Urug.* Dinero, plata.

mangonear v. i. *Fam.* Entremeterse uno donde le llaman. | Mandar.

mangoneo m. *Fam.* Acción y efecto de mangonear.

mangosta f. Mamífero carnívoro de Asia y África, parecido a la civeta, que ataca a los reptiles. (La especie europea es el *icneumón*.)

manguera f. Manga de riego.

manguito m. Rollo de piel para abrigar las manos. || Media manga de punto. || Bizcocho grande. || Mangote de oficinista. || *Tecn.* Tubo hueco para empalmar dos piezas cilíndricas unidas al tope: *manguito roscado, de acoplamiento.* || Manopla para lavarse.

maní m. Cacahuete.

manía f. Forma de locura, dominada por una idea fija: *lleno de manías.* || Extravagancia, capricho, ridiculez. || Afecto o deseo desordenado: *tener manía por las modas.* || *Fam.* Ojeriza: *tenerle manía a uno.* || *Manía persecutoria,* obsesión de ser objeto de la mala voluntad de los demás.

maniabierto, ta adj. y s. Generoso, dadivoso.

maniaco, ca adj. Enajenado, que padece manía (ú. t. c. s.). || Propio de la manía.

maniatar v. t. Atar de manos.

maniático, ca adj. Que tiene manías (ú. t. c. s.).

manicomio m. Hospital para enfermos mentales. || Casa de locos.

manicurista com. Persona especializada en el arreglo y cuidado de las manos.

manicuro, ra m. y f. Persona que se dedica a cuidar las manos, uñas, etc. || — F. Cuidado de las manos, uñas, etc.

manido, da adj. Aplícase a la carne o pescado que empieza a oler: *atún manido*. || *Fig.* Sobado, manoseado: *tema manido.*

manierismo m. Forma del arte que se manifestó en Italia en el siglo XVI, caracterizada por su falta de naturalidad y su afectación.

manifestación f. Acción de manifestar o manifestarse: *manifestación de alegría.* || Expresión pública de un sentimiento o de una opinión política: *hacer una manifestación.*

manifestante com. Persona que toma parte en una manifestación.

*manifestar v. t. Declarar, dar a conocer: *manifestar su opinión, sus deseos.* || Descubrir, poner a la vista. || Exponer públicamente el Santísimo Sacramento. || — V. i. Hacer una demostración colectiva pública. || — V. pr. Darse a conocer. || Tomar parte en una manifestación.

manifiesto, ta adj. Claro, patente. || — Adj. y s. m. Dícese del Santísimo Sacramento expuesto a la adoración de los fieles. || — M. Escrito dirigido a la opinión pública: *un manifiesto electoral.*

manigua f. *Cub.* Terreno cubierto de malezas. | Selva. || *Fig.* Desorden, confusión.

manigüero, ra adj. *Antill.* Mambí, habitante de la manigua.

manija f. Mango, puño o manubrio. || Maniota, traba. || Abrazadera de metal. || Trenza o cordón para atar el látigo a la muñeca.

manilargo, ga adj. De manos largas. || *Fig.* Largo de manos. | Liberal, dadivoso.

manileño, ña adj. y s. De Manila: *el pueblo manileño.*

manilla f. Pulsera o brazalete. || Aro para aprisionar la muñeca. || Manija. | Manecilla del reloj.

manillar m. Barra provista de puños en sus extremos con que se orienta la horquilla para guiar las bicicletas o motocicletas.

maniobra f. Cualquier operación material que se ejecuta con las manos. || *Fig.* Artificio, manejo, intriga. | *Mar.* Arte de gobernar la embarcación. | Conjunto de cabos y aparejos. | *Mil.* Evolución o ejercicio de la tropa: *campo de maniobra.* || — Pl. Operaciones

que se hacen en las estaciones para la formación de los trenes. || Operaciones hechas con otros vehículos para cambiar su rumbo.

maniobrar v. i. Ejecutar maniobras.

maniobrero, ra adj. Que maniobra: *tropa maniobrera.*

maniota f. Cuerda o cadena para atar las manos de un animal.

manipulación f. Acción y efecto de manipular.

manipulado m. Manipulación.

manipulador, ora adj. y s. Que manipula. || — M. Aparato empleado en telegrafía para transmitir señales con arreglo al alfabeto Morse.

manipular v. t. Operar con las manos. || Manejar mercancías para su empaquetado y transporte. || *Fig.* y *fam.* Manejar un negocio.

maniqueísmo m. Doctrina de Manes o Maniqueo que admitía dos principios creadores, uno para el bien y el otro para el mal.

maniqueo, a adj. y s. Que profesa la doctrina predicada por Manes o Maniqueo.

maniquí m. Figura de madera articulada, para uso de pintores y escultores. || Armazón de madera o de mimbre que sirve a los sastres y costureras para probar los vestidos. || Mujer que presenta los modelos de una casa de costura. || *Fig.* Hombre sin carácter.

*manir v. t. Dejar ablandarse y sazonarse las carnes antes de guisarlas. || Sobar.

manirroto, ta adj. y s. Muy dadivoso, despilfarrador.

manis m. *Fam. Méx.* Mano, amigo, compañero.

manisero, ra m. y f. Vendedor de maní.

manito, ta m. y f. *Méx.* Hermano, amigo. | Tratamiento de confianza. || — F. *Amer.* Manecita.

manitú m. Divinidad de los indios de América del Norte. || *Fig.* y *fam.* Personaje poderoso.

manivela f. *Mec.* Palanca acodada que sirve para imprimir un movimiento de rotación continua al árbol giratorio al que se halla fijado. || Órgano mecánico destinado a transformar un movimiento rectilíneo alternativo en movimiento giratorio continuo.

manizaleño, ña adj. y s. De Manizales (Colombia).

manjar m. Cualquier comestible. || *Fig.* Recreo, deleite.

mano f. Parte del cuerpo humano que va de la muñeca a la extremidad de los dedos: *mano derecha, izquierda.* || Extremidad de algunos animales de carnicería: *mano de cerdo.* || En los cuadrúpedos, cualquiera de los dos pies delanteros. || Trompa del elefante. | Lado: *a mano derecha, izquierda.* || Manecilla del reloj. || Majadero de almirez. || Rodillo de piedra para quebrantar o moler. || Capa de pintura, barniz, etc. || Conjunto de cinco cuadernillos de

papel o vigésima parte de la resma. || En varios juegos, partida o uno de los lances en que se divide: *una mano de cartas.* || *Fig.* Serie: *dar una mano de azotes.* | Represión. | Destreza: *tener buena mano.* | Poder, que ejecuta una cosa: *faltan manos en la agricultura.* | Ayuda, auxilio: *echar una mano.* || Prioridad, preferencia de paso en la carretera. | *Mús.* Escala. || — Com. En el juego, el primero de los que juegan. || — *Fig. Abrir la mano,* mostrarse más tolerante. | *A mano,* cerca. | *Méx. A mano,* en condición de igualdad. || *A manos llenas,* con gran abundancia. || *Fig. Atarse la mano,* quitarse la posibilidad de actuar. | *Bajo mano,* ocultamente. | *Caer en manos de uno,* caer en su poder. | *Calentársele a uno las manos,* tener ganas de pegar. | *Cargar la mano,* insistir demasiado; tener rigor; exagerar. | *Con las manos en la masa,* en el momento mismo de hacer una cosa mala. | *Dar de mano,* dejar de trabajar. | *Dar la última mano,* acabar. | *Dejado de la mano de Dios,* totalmente desamparado. | *Dejar de la mano,* abandonar. | *De mano a mano,* directamente, sin intermediario. | *De primera mano,* nuevo: *coche de primera mano;* directamente, sin intermediarios, de la misma fuente: *saber de primera mano.* | *De segunda mano,* usado, de lance; por un intermediario. | *Echar mano de una cosa,* recurrir a ella. | *Estar en mano de uno,* depender enteramente de él: *está en tu mano conseguirlo.* | *Estar mano sobre mano,* no hacer nada. | *Ganar por la mano a uno,* anticiparse ligeramente a él. | *Írsele a uno la mano,* pegar o echar más de la cuenta; exagerar. | *Llevarse las manos a la cabeza,* horrorizarse. || *Mano a mano,* competición entre dos contendientes; entrevista entre dos personas; corrida en la que sólo participan dos matadores. || *Mano de obra,* trabajo manual que se emplea para hacer una obra; conjunto de obreros necesarios para efectuar un trabajo dado. || *Fig. Mano de santo,* remedio muy eficaz. || *Manos muertas,* estado de los bienes inalienables de las comunidades religiosas, hospitales, etc. || *Fig. Meter mano a una cosa,* apropiársela indebidamente. | *Pedir la mano a una mujer,* solicitarla por esposa. | *Sentar la mano a uno,* pegarle. | *Ser la mano derecha de uno,* ser su principal ayuda. | *Si a mano viene,* si se presenta el caso. | *Tener buena o mala mano,* tener o no tener suerte. | *Tener las manos largas,* ser muy propenso a pegar. | *Tener mano en un asunto,* intervenir en él. | *Tener mano izquierda,* saber arreglárselas. | *Tener manos de trapo,* ser muy torpe. | *Traerse entre manos una cosa,* ocuparse de ella.

mano m. *Fam. Amer.* Amigo, compañero.

manojo m. Conjunto de objetos que se pueden coger con la mano: *manojo de rabanitos.* || *Amer.* Manojos, en abundancia. || *Fig.* Estar hecho un manojo de nervios, ser muy nervioso.

manómetro m. *Fís.* Instrumento utilizado para medir la presión de un fluido.

manopla f. Guante con una sola separación para el pulgar. || Guante para lavarse: *manopla de felpa*. || Guante que utilizan ciertos obreros, como los zapateros, para protegerse las manos. || Pieza de la armadura que cubría la mano. || Látigo corto. || Arma contundente para dar puñetazos violentos.

manoseador, ra adj. y s. Que manosea.

manosear v. t. Tocar constantemente con la mano, por lo general sin mucho cuidado: *manosear un libro*. || *Tema manoseado*, tema trillado, muy sabido.

manoseo m. Acción y efecto de manosear.

manotada f. y **manotazo** m. Golpe dado con la mano.

manotear v. t. Pegar con las manos. || — V. i. Mover mucho las manos al hablar.

manoteo m. Acción y efecto de manotear.

manquedad y **manquera** f. Falta de mano o brazo.

mansalva (a) m. adv. Sin riesgo, con toda tranquilidad.

mansarda f. Galicismo por *buhardilla*.

mansedumbre f. Apacibilidad, dulzura. || *Fig.* Suavidad, benignidad: *la mansedumbre del tiempo*.

mansión f. Morada, sitio donde vive uno: *mansión señorial*.

manso, sa adj. Apacible, muy bueno: *ser manso como un cordero*. || Domesticado, que no es salvaje: *toro manso*. || Tranquilo: *aguas mansas*. || — M. En un rebaño, macho que sirve de guía.

mansurrón, ona adj. Extremadamente manso.

manta f. Pieza, por lo común de lana o algodón, que sirve de abrigo en la cama: *manta termógena*. || Capa, abrigo. || Cubierta de mantón. || Capa, abrigo. || Cubierta para las caballerías. || *Fam.* Paliza. || *Mil.* Mantelete. || *Méx.* Tela de algodón. || *Méx.* Mantarraya, pez. | — *A manta* o *a manta de Dios*, abundantemente. | *Fig. y fam. Liarse uno la manta a la cabeza*, hacer lo que a uno le da la gana sin hacer caso de las conveniencias. | *Tirar de la manta*, descubrir algo oculto.

mantarraya f. Especie de pez de México.

manteada f. *Méx.* Juego de papalotes.

manteador, ra adj. Que mantea (ú. t. c. s.).

manteamiento m. Acción y efecto de mantear.

mantear v. t. Hacer saltar a uno en una manta para mofarse de él o humillarle.

manteca f. Grasa de los animales, especialmente la del cerdo. || Sustancia grasa de la leche. || Mantequilla: *untar manteca en el pan*. || Sustancia grasa vegetal: *manteca de cacao*. || — Pl. *Fam.* Gordura, carnes: *tener buenas mantecas*.

mantecado m. Bollo amasado con manteca de cerdo. || Helado de leche, huevos y azúcar.

mantecoso, sa adj. Que tiene manteca. || Untuoso como la manteca: *chocolate mantecoso*.

mantel m. Paño que se pone encima de la mesa para comer. || Lienzo que cubre el altar. || *Mantel individual*, el de tela o papel que se coloca para el uso de una sola persona.

mantelería f. Conjunto de manteles y servilletas.

mantelete m. Manto corto y sin mangas que llevan los prelados encima del roquete.

mantelito m. *Chil., Esp., Méx.* y *Venez.* Mantel individual.

mantenedor m. El encargado de mantener un torneo, justa, juegos florales, etc. || Hombre que mantiene a una o varias personas: *mantenedor de familia*.

mantenencia f. Acción y efecto de mantener o de sostener. || Cuidado. || Alimento, sustento.

*mantener v. t. Proveer a uno del alimento. || Proveer de todo lo necesario: *mantener a su familia*. || Sostener: *los puntales mantienen el muro*. || Proseguir lo que se está haciendo: *mantener la conversación, el juego*. || Sostener un torneo, justa, juegos florales, etc. || *Fig.* Afirmar, sostener, defender: *mantener una opinión, una tesis*. || Conservar, guardar: *mantener su rango*. || Hacer durar: *mantener la paz*. || Conservar en buen estado. || No renunciar a algo: *mantener su conducta*. || Tener, celebrar: *mantener un cambio de impresiones, una entrevista*. || *For.* Amparar en la posesión de algo. || *Mantener a distancia* o *a raya*, guardar las distancias, impedir toda confianza. || — V. pr. Alimentarse. || Satisfacer sus necesidades: *se mantiene con su trabajo*. || Perseverar en una opinión. || Permanecer en el mismo estado: *mantenerse derecho*. || Durar: *nuestro trato se mantendrá*. || *Fig. y fam. Mantenerse en sus trece*, no renunciar a una idea u opinión.

mantenimiento m. Subsistencia. || Alimento, sustento. || Conservación, cuidado: *el mantenimiento de una carretera*. || Conservación: *el mantenimiento del orden*.

manteo m. Capa larga de los eclesiásticos y en otro tiempo de los estudiantes. || Especie de falda antigua. || Manteamiento.

mantequera f. La que hace o vende mantequilla. || Recipiente en que se hace o sirve la mantequilla.

mantequería f. Fábrica de mantequilla. || Tienda donde se vende manteca o mantequilla.

mantequero, ra adj. Relativo a la manteca o mantequilla. || — M. Que hace o vende mantequilla. || Mantequera, recipiente.

mantequilla f. Sustancia grasa y pastosa obtenida de la leche de vaca al batir la nata.

mantequillera f. *Amer.* Mantequera.

mantequillero m. *Amer.* Mantequero.

mantilla f. Prenda de encaje que usan las mujeres para cubrirse la cabeza. || Pieza de lana en que se envuelve al niño. || Paño que se cubre el lomo de las caballerías. || *Impr.* En las prensas de mano, pedazo de bayeta que se pone sobre el tímpano, debajo del papel, para facilitar la impresión. || — *Fig. En mantillas*, en sus principios.

mantillo m. Capa superior del terreno, formada por la descomposición de materias orgánicas. || Abono que resulta de la descomposición del estiércol.

mantisa f. *Mat.* Parte decimal siempre positiva de un logaritmo decimal.

manto m. Ropa suelta a modo de capa que llevan las mujeres encima del vestido. || Mantilla grande, chal. || Capa que llevan algunos religiosos. || Ropa talar para ciertas ceremonias. || Revestimiento del frente de una chimenea. || Repliegue cutáneo que envuelve el cuerpo de los moluscos y de algunos gusanos. || *Fig.* Lo que encubre una cosa: *el manto de la indiferencia*. || Veta mineral delgada y horizontal.

mantón m. Pañuelo grande que abriga los hombros y la espalda.

mantuano, na adj. y s. De Mantua (Italia).

manual adj. Que se ejecuta con las manos: *trabajos manuales*. || Manejable. || — M. Libro que contiene las nociones esenciales de un arte o ciencia: *un manual de literatura castellana*. || *Com.* Libro en que se inscriben las operaciones a medida que se van haciendo.

manualidad f. Labor que se realiza con las manos. || — Pl. Trabajos que llevan a cabo los escolares.

manubrio m. Manivela.

manuelino, na adj. *Arq.* Aplícase al estilo portugués del reinado de Manuel I (1469-1521).

manufactura f. Establecimiento industrial. || Fabricación en gran cantidad de un producto industrial. || Este producto.

manufacturado, da adj. Fabricado, producido.

manufacturar v. t. Fabricar.

manufacturero, ra adj. Relativo a la fabricación: *industria manufacturera*. || Que se dedica a la manufactura.

manumisión f. Liberación legal de un esclavo.

manumiso, sa adj. Libre.

manumitir v. t. Dar libertad a un esclavo.

manuscrito, ta adj. Escrito a mano. || — M. Cualquiera obra escrita a mano. || Original de un libro: *mandar el manuscrito*.

manutención f. Manipulación de mercancías. || Mantenimiento y cuidado. || Conservación.

manzana f. Fruto del manzano. || Grupo de casas delimitado por calles. || Pomo de espada. || *Amer.* Nuez de la garganta.

manzanar m. Terreno plantado de manzanos.

manzanilla f. Planta compuesta, cuyas flores amarillas se usan en infusión como estomacal. || Esta infusión. || Fruto del manzanillo. || Vino blanco andaluz. || Especie de aceituna pequeña.

manzanillo m. Árbol euforbiáceo de América ecuatorial, cuyo jugo y fruto son venenosos. || Olivo cuyo fruto es la manzanilla.

manzano m. Árbol rosáceo cuyo fruto es la manzana.

maña f. Destreza, habilidad: *tener mucha maña para arreglar los objetos.* || Artificio o astucia. || Costumbre.

mañana f. Tiempo que media entre el amanecer y el mediodía: *trabajar por la mañana.* || Espacio de tiempo desde la medianoche hasta el mediodía: *a las tres de la mañana.* || — M. Tiempo futuro: *pensar en el mañana.* || — Adv. El día después del de hoy: *mañana será domingo.* || En tiempo futuro: *el mundo de mañana.* || — De mañana o muy de mañana, muy temprano. || Pasado mañana, el día después del de mañana.

mañanero, ra adj. Madrugador.

mañoco m. Tapioca.

mañoso, sa adj. Que tiene maña, hábil, diestro. || Astuto.

maoísmo m. Movimiento marxista inspirado en la doctrina de Mao Tsetung.

maoísta adj. y s. Partidario de la doctrina de Mao Tse-tung.

maorí adj. y s. Indígena de Nueva Zelanda.

mapa m. Representación convencional de alguna parte de la Tierra o del cielo: *el mapa de Europa, de Venus.* || — *Mapa mudo,* el que no lleva escritos los nombres. || *Fig.* y *fam. No estar en el mapa,* ser desconocido.

mapache y **mapachín** m. Mamífero carnicero de América del Norte y Central parecido al tejón.

mapamundi m. Mapa que representa la superficie entera de la Tierra. || *Fam.* Posaderas, nalgas.

mapanare f. Culebra de Venezuela, muy venenosa.

mapasúchil m. *Méx.* Planta de la familia de las esterculiáceas.

mapuche adj. y s. Araucano.

mapuey m. Name, planta.

maque m. Laca. || Charol.

maquear v. t. Dar laca o barniz. || — V. pr. *Fam.* Arreglarse.

maqueta f. Representación a escala reducida de una construcción, máquina, decoración de teatro, etc. || Boceto de ilustración y presentación de un libro que permite hacer la compaginación.

maquetista com. Persona que se dedica a hacer maquetas.

maquiavélico, ca adj. Relativo al maquiavelismo. || Maquiavélico.

maquiavelismo m. Doctrina política de Maquiavelo. || *Fig.* Política falta de lealtad. | Perfidia y falta de escrúpulos.

maquila f. Porción de grano, harina o aceite que percibe el molinero por cada molienda. || *Amér. C.* y *Méx.* Acción y efecto de maquilar.

maquiladora f. *Amér. C.* y *Méx.* Empresa en la que se lleva a cabo trabajo de maquila.

maquilar v. t. *Amér. C.* y *Méx.* Producción de manufacturas textiles, electrónicas y de algún otro tipo que compañías multinacionales realizan en algunos países.

maquillador, ra adj. y s. Que maquilla.

maquillaje m. Acción y efecto de maquillar o maquillarse.

maquillar v. t. Pintar la cara con productos de belleza para hacer resaltar sus cualidades estéticas o tapar sus imperfecciones (ú. t. c. pr.). || *Fig.* Alterar, falsificar.

máquina f. Conjunto de mecanismos combinados para aprovechar, dirigir, regular o transformar una energía o para producir cierto efecto. || Artefacto cualquiera: *máquina fotográfica.* || Cualquier vehículo provisto de un mecanismo, como bicicleta, automóvil y locomotora. || *Fig.* Conjunto de órganos que concurren a un mismo fin: *la máquina del Estado.* | Proyecto, idea. | Edificio grande, palacio. | Hombre que obedece ciegamente a otro: *el esclavo no era más que una máquina.* || *Teatr.* Tramoya. || — *Entrar en máquina,* dicho de una publicación, estar a punto de imprimirse. || *Máquina de calcular,* la que efectúa operaciones aritméticas. || *Máquina de coser,* la que permite hacer mecánicamente la mayoría de los puntos de costura y bordado. || *Máquina de escribir,* la que permite escribir muy rápidamente por medio de un teclado. || *Máquina de vapor,* aquella en que se utiliza la fuerza de expansión del vapor. || *Máquina eléctrica,* la que transforma un trabajo mecánico en energía eléctrica. || *Máquina herramienta,* la que efectúa cualquier trabajo habitualmente manual. || *Máquina hidráulica,* la que es accionada por la fuerza del agua. || *Máquina neumática,* la que produce el vacío en un recipiente.

maquinación f. Intrigas secretas para realizar malos designios.

maquinador, ra adj. y s. Que trama maquinaciones.

maquinal adj. Instintivo.

maquinar v. t. Preparar en secreto alguna cosa mala.

maquinaria f. Mecanismo que da movimiento a un artefacto: *la maquinaria de un coche.* || Conjunto de máquinas: *maquinaria agrícola.* || *Fig.* Conjunto de órganos destinados a un mismo fin: *la máquina administrativa.*

maquinilla f. Artefacto pequeño: *maquinilla de afeitar.*

maquinismo m. Predominio de las máquinas en la industria.

maquinista m. El que vigila o dirige o conduce una máquina. || El que mon-

ta y desmonta los decorados de teatro y cine.

maquinizar v. t. Emplear en la producción máquinas que sustituyen o mejoran el trabajo del hombre.

mar amb. Gran extensión de agua salada que ocupa la mayor parte de la Tierra. || Porción determinada de esta extensión: *el mar Cantábrico.* || Extensión de agua tierras adentro: *mar Caspio, mar Muerto.* || *Fig.* Gran cantidad de agua o de cualquier líquido: *un mar de sangre.* | Gran extensión: *un mar de arena.* | Lo que sufre fluctuaciones: *el mar de las pasiones.* || — *Alta mar,* parte del mar alejada de la tierra. || *A mares,* en gran abundancia. || *Fig. Arar en el mar,* esforzarse vanamente. || *Brazo de mar,* parte del mar que corre entre dos tierras cercanas una de otra; (fig.) dícese de la persona que va muy bien vestida. || *Hacerse a la mar,* alejarse el barco de la costa. || *La Mar, mucho: la mar de gente, de trabajo; muy: es la mar de simpático.* || *Mar de fondo,* ola grande que se alza súbitamente del fondo del mar; agitación profunda y latente. || *Mar patrimonial,* el que se extiende hasta las 200 millas marinas desde la costa, sobre el cual se reconoce a los Estados costeros derechos de explotación y conservación de los recursos naturales. || *Mar territorial,* el que se extiende hasta las 12 millas marinas de la costa, sobre el cual los Estados ejercen su soberanía. — OBSERV. La palabra *mar* se usa en género masculino en el habla corriente (el mar Rojo, el mar Caspio), pero es empleada en género femenino por la gente de mar y en las locuciones como *la alta mar, la mar de cosas,* etc.

marabú m. Ave zancuda de África y Asia, con pico fuerte y cuello desnudo. || Plumas de marabú usadas como adorno.

marabunta f. Plaga de hormigas. || *Fig.* Muchedumbre.

maraca f. *Mús.* Instrumento formado por una calabaza hueca con granos o piedrecitas dentro. | Instrumento semejante al anterior, utilizado en las orquestas modernas.

maracaibero, ra adj. y s. De Maracaibo (Venezuela).

maracayero, ra adj. y s. De Maracaibo (Venezuela).

maracucho, cha adj. y s. De Maracay (Venezuela).

maracure m. Bejuco de Venezuela, del cual se extrae el curare.

maranta f. Planta marantácea de América del Sur, de cuyo tubérculo se saca el arrurruz.

marantáceo, cea adj. y s. Dícese de la familia de plantas angiospermas monocotiledóneas cuyo tipo es la maranta.

maraña f. Maleza, zarzales. || Coscoja, especie de encina. || *Fig.* Cosa enmarañada: *una maraña de pelos, de hilos.* | Asunto complicado: *¡qué maraña!*

maraquero, ra adj. y s. *Amer.* Persona que toca las maracas.

marasmo m. *Med.* Extremado enflaquecimiento del cuerpo humano: *marasmo senil.* || *Fig.* Apatía. | Disminución de la actividad económica o comercial que produce un malestar: *estar los negocios en el mayor marasmo.*

maratón m. Carrera pedestre de los Juegos Olímpicos sobre un recorrido de 42,195 km.

maravedí m. Antigua moneda española de diferentes valores.

maravilla f. Cosa que suscita la admiración: *este coche es una maravilla.* || Admiración, asombro: *causar maravilla.* || Planta compuesta con flores anaranjadas. || Especie de enredadera de América. || Dondiego de noche. || — *A las mil maravillas* o *de maravilla,* muy bien, maravillosamente. || *Maravilla del mundo,* cada una de las siete obras de arte más famosas de la Antigüedad. — Las *siete maravillas del mundo son:* las pirámides de Egipto, los jardines colgantes de Semíramis y las murallas de Babilonia, la estatua de Júpiter Olímpico (por Fidias), el coloso de Rodas, el templo de Artemisa en Éfeso, el mausoleo de Halicarnaso y el gran faro de Alejandría.

maravillar v. t. Asombrar, sorprender: *me maravilla su fracaso.* || Provocar la admiración: *este cuadro me maravilla.* || — V. pr. Asombrarse. || Admirarse.

maravilloso, sa adj. Sorprendente y admirable.

marbete m. Etiqueta, cédula que se pega a las mercancías para indicar su contenido, precio, marca de fábrica, etc. || Orilla, filete.

marca f. Señal que se pone a una cosa para reconocerla: *marca hecha a una res con un hierro candente.* || Acción de marcar: *la marca del ganado.* || Distintivo de un fabricante o comerciante. || Casa productora: *las grandes marcas de coñac.* || Instrumento para medir la estatura de las personas o la alzada de los caballos. || En deportes, récord y resultado: *vencer una marca.* || *Mar.* Punto fijo de la costa que sirve de orientación para los marinos. || Provincia o distrito fronterizo: *la Marca Hispánica, de Brandeburgo.* || Galicismo por *cicatriz.* || — *De marca,* excelente, sobresaliente. || *Fig.* y *fam. De marca mayor,* muy excelente; muy grande: *una tontería de marca mayor.* || *Marca de agua,* marca transparente que llevan algunos papeles, billetes, acciones, etc. || *Marca de fábrica,* distintivo que el fabricante pone a sus productos. || *Marca registrada,* la reconocida legalmente para su uso exclusivo.

marcado m. Operación consistente en ondular el cabello, después de lavarlo. || Acción y efecto de poner una marca.

marcador, ra adj. Que marca. || — M. *Impr.* Obrero que coloca los pliegos en la máquina. || Tablero para anotar los puntos de un jugador o un equipo. || Tablero para apuntar el número de votos en una elección. || Instrumento que usan los sastres para marcar la ropa.

marcaje m. En deportes, acción de marcar.

marcar v. t. Poner una marca: *marcar la ropa, el ganado.* || *Dep.* Conseguir un gol, un tanto, un ensayo (ú. t. c. pr.). || Contrarrestar un jugador el juego de su contrario por medio de una gran vigilancia (ú. t. c. i.). || *Fig.* Dejar una señal. || *Impr.* Ajustar el pliego a los tacones. || Apuntar, tomar nota: *marcar una dirección.* || Señalar el reloj la hora o indicar cualquier otro aparato un número, precio, peso, etc. || Formar un número de teléfono. || Ondular el cabello.

marcasita f. Sulfuro de hierro brillante de color de oro.

marcescible adj. Que se puede marchitar.

marcha f. Acción de andar. || Movimiento regular de un mecanismo, de un móvil; funcionamiento: *la marcha del reloj; poner en marcha.* || Grado de velocidad media: *la marcha de un motor.* || Salida. || *Fig.* Curso: *la marcha del tiempo, de un negocio.* || *Mil.* Toque de clarín para que marchen los soldados. || *Mús.* Pieza para regularizar el desfile de una tropa o comitiva: *marcha fúnebre.* || Ejercicio atlético. || — *A toda marcha,* rápidamente. || *Marcha forzada,* jornada más larga que las normales. || *Marcha Real,* himno nacional español adoptado en 1870. (Fue compuesto según parece por Federico II el Grande, rey de Prusia, y ofrecido por éste a Carlos III de España en 1770 como marcha militar.) || *Sobre la marcha,* en el acto.

marchador m. Deportista que practica mucho la marcha, andarín.

marchamar v. t. Poner marchamo: *marchamar un género.*

marchamo m. Señal, sello, precinto que los aduaneros ponen en las mercancías. || *Fig.* Marca distintiva: *un marchamo de elegancia.*

marchante, ta m. y f. Vendedor. || *And.* y *Amer.* Cliente de una tienda.

marchar v. i. Caminar, ir de un sitio a otro andando. || Funcionar: *este reloj no marcha bien.* || *Fig.* Progresar: *el negocio marcha regularmente.* || Desenvolverse, desarrollarse. || — V. pr. Irse.

marchitamiento m. Ajamiento.

marchitar v. t. Ajar, mustiar las plantas. Ú. t. c. pr.: *las flores se marchitan con el sol.* || *Fig.* Hacer perder lozanía (ú. t. c. pr.).

marchito, ta adj. Ajado.

marcial adj. Del dios Marte. || Relativo a la guerra: *ley marcial.* || De aspecto bélico o muy varonil: *porte marcial.* || Que contiene hierro: *pirita, medicamento marcial.*

marcialidad f. Aspecto marcial.

marciano, na adj. Del planeta Marte. || — M. y f. Supuesto habitante del planeta Marte.

marco m. Cerco de madera u otro material que rodea algunas cosas: *el marco de un cuadro, de una puerta, ventana,* etc. || Antigua unidad monetaria alemana. || Peso de 230 g que se usaba para el oro y la plata. || Patrón para las pesas y medidas. || *Fig.* Ámbito: *en el marco de la economía.*

marcomano, na adj. y s. Individuo de un ant. pueblo germano establecido en Bohemia.

marea f. Movimiento periódico y alternativo de ascenso y descenso de las aguas del mar debido a la combinación de las atracciones lunar y solar. || Viento suave del mar. || *Fig.* Cantidad considerable: *marea humana.* || *Marea negra,* llegada a la costa de capas de petróleo procedentes de un navío.

marear v. t. Gobernar o dirigir una embarcación. || *Fig.* y *fam.* Molestar, fastidiar: *marear a preguntas.* || Causar mareo: *el movimiento de este barco me marea.* || — V. pr. Tener náuseas.

marejada f. Agitación de las olas. || *Fig.* Agitación, efervescencia. | Rumor, murmuración.

maremagno o **mare mágnum** m. *Fig.* y *fam.* Gran cantidad confusa de cosas. || Muchedumbre, multitud, abundancia de personas.

maremare m. *Venez.* Música y baile de los indígenas del Oeste.

maremoto m. Agitación violenta y brusca del mar provocada por un terremoto o una erupción volcánica submarina.

marengo adj. Aplícase al color gris oscuro.

mareo m. Turbación de la cabeza y del estómago producida a consecuencia del movimiento de ciertos vehículos, como el barco, el avión, el automóvil, etc. || *Fig.* y *fam.* Molestia, fastidio: *¡qué mareo este niño!*

mareógrafo m. Aparato para registrar la altura de las mareas.

mareomotor, triz adj. Accionado por la fuerza de las mareas: *central eléctrica mareomotriz.*

marfil m. Materia dura, rica en sales de calcio, de que están principalmente formados los dientes de los vertebrados, en particular los colmillos de los elefantes. || Objeto esculpido en esta materia. || Suma blancura. || *Marfil vegetal,* corojo.

marfileño, ña adj. De marfil.

marga f. Roca compuesta de carbonato de cal y arcilla.

margal m. Terreno donde abunda la marga.

margarina f. Sustancia grasa comestible, parecida a la mantequilla, que se fabrica generalmente con aceites vegetales.

margarita f. Planta compuesta de flores blancas con corazón amarillo. || Caracol marino pequeño. || Perla de las conchas.

margay m. Felino sudamericano.

margen amb. Linde u orilla: *la margen del río, del campo.* || Espacio blanco que se deja alrededor de un escrito: *el margen de una página.* || Apostilla, nota marginal. || *Com.* Cuantía del beneficio que puede sacarse en un negocio:

margen de ganancias. || *Fig.* Facilidad, libertad: *margen de movimiento.* || Oportunidad: *dar margen.* || Al margen, fuera: *vivir al margen de la sociedad.*
— OBSERV. El género de este sustantivo suele variar según su significado. Generalmente es masculino cuando designa el espacio en blanco de una página, y femenino cuando se trata de la orilla de un río, de un lago, etc.

margesí m. *Per.* Inventario de los bienes del Estado, de las sociedades oficiales o de la Iglesia.

marginador, ra adj. y s. Que sirve para marginar.

marginal adj. Colocado en el margen: *nota marginal.* || Que está al margen: *camino marginal.* || *Fig.* Secundario: *empleo marginal.* || *Tecla marginal,* marginador en una máquina de escribir.

marginalismo m. Teoría económica según la cual el valor de cambio de un producto está determinado por la utilidad de la última unidad disponible de este producto.

marginalista adj. y s. Adepto del marginalismo.

marginar v. t. Dejar márgenes en el papel al escribir o imprimir. || Anotar al margen. || Apostillar.

margoso, sa adj. Que contiene marga: *terreno margoso.*

margrave m. Título de los jefes de las provincias fronterizas en el antiguo Imperio germánico.

margraviato m. Dignidad de margrave y territorio de su jurisdicción.

mariachi m. Música popular procedente del Estado de Jalisco (México) y orquesta que la interpreta.

marianismo m. Culto o devoción a la Virgen María.

marianista adj. y s. Aplícase al religioso de la Compañía de María, fundada en 1817 en Burdeos por el padre Guillaume Joseph Chaminade.

mariano, na adj. De la Virgen María: *culto mariano.*

marica f. Urraca, ave. || — M. *Fig.* y *fam.* Hombre afeminado.

maricastaña f. *En tiempos de Maricastaña,* en tiempos lejanos.

maricón m. *Fam.* Marica.

mariconada f. Acción propia del maricón. || *Fig.* y *fam.* Acción malintencionada, mala pasada.

maridaje m. Unión y conformidad de los casados. || *Fig.* Unión, armonía con que unas cosas se enlazan o corresponden entre sí: *maridaje de dos colores.*

maridar v. i. Casarse. || Hacer vida de matrimonio. || — V. t. *Fig.* Armonizar.

marido m. Hombre unido a una mujer por los lazos del matrimonio.

mariguana, marihuana o **marijuana** f. Cáñamo cuyas hojas producen efecto narcótico al que las fuma.

marimacho m. *Fam.* Mujer de aspecto o modales masculinos.

marimandona f. Mujer autoritaria, que impone su voluntad.

marimba f. Tambor de ciertos negros de África. || *Amer.* Instrumento músico parecido al xilofón. || *Arg.* Paliza.

marimorena f. *Fam.* Riña, pelea. | Tumulto.

marina f. Arte de la navegación marítima. || Conjunto de los buques de una nación. || Servicio de los barcos: *entrar en la marina del Estado.* || Conjunto de las personas que sirven en la armada. || Cuadro que representa una vista marítima. || — *Marina de guerra,* fuerzas navales de un Estado, armada. || *Marina mercante,* conjunto de buques de comercio.

marinar v. t. Poner en escabeche el pescado. || *Mar.* Tripular.

marine m. Anglicismo por *soldado de infantería de marina.*

marinear v. i. Desempeñar el oficio de marinero.

marinera f. Especie de blusa que llevan los marineros y que han imitado las modistas para las mujeres y niños. || En el Perú, Ecuador y Chile, baile popular.

marinería f. Oficio de marinero. || Tripulación de un barco, de una escuadra.

marinero, ra adj. Que navega bien: *barco marinero.* || De la marina o los marineros. || — M. El que se ocupa del servicio de los barcos.

marinismo m. Tendencia a la afectación en el estilo a imitación del poeta italiano Marini.

marino, na adj. Relativo o perteneciente al mar: *animal marino; planta marina.* || — M. El que sirve en la marina.

marioneta f. Títere movido por medio de hilos.

mariposa f. Insecto lepidóptero, diurno o nocturno, provisto de cuatro alas cubiertas de escamas microscópicas. || Pájaro de Cuba. || Llave de cañería. || Lamparilla flotante en un vaso con aceite. || Tuerca para ajustar tornillos. || *Braza mariposa,* estilo de natación en el que los brazos se mueven simultáneamente hacia adelante por encima del agua.

mariposeador, ra adj. y s. Inconstante.

mariposear v. i. *Fig.* Pasar de una cosa o de una persona a otra, ser muy versátil.

mariposón m. Acción de mariposear.

mariposón m. *Fam.* Hombre muy galanteador e inconstante.

mariquita f. Insecto coleóptero pequeño, con élitros de color encarnado punteado de negro. || Insecto hemíptero de cuerpo aplastado, de color encarnado con tres manchitas negras. || Perico, ave trepadora. || *Arg.* Danza popular. || — M. *Fam.* Hombre afeminado.

marisabidilla f. *Fam.* Mujer que se las da de muy sabia o entendida.

mariscador m. Pescador de mariscos.

mariscal m. General francés a quien se le ha concedido la dignidad de este título por sus victorias militares. || *Mariscal de campo,* oficial general llamado hoy general de división.

mariscalía f. Dignidad o cargo de mariscal.

marisco m. Animal marino invertebrado, especialmente el crustáceo y molusco comestible.

marisma f. Terreno bajo anegadizo situado a orillas del mar o de los ríos.

marismeño, ña adj. De las marismas.

marisquero, ra m. y f. Persona que pesca o vende mariscos.

marista m. Religioso de las congregaciones de María. || — Adj. Relativo a estas congregaciones.

marital adj. Del marido.

marítimo, ma adj. Relativo al mar: *derecho marítimo.* || Que está a orillas del mar: *paseo marítimo.*

marjal m. Terreno pantanoso.

marjoleto m. Espino arbóreo de fruto aovado.

marketing m. (pal. ingl.). Estudio de mercado, comercialización.

marmita f. Olla de metal con tapadera.

marmitón m. Pinche de cocina.

mármol m. Piedra caliza metamórfica, de textura compacta y cristalina, susceptible de buen pulimento. || *Fig.* Obra artística de mármol. || *Tecn.* Tabla de fundición rigurosamente plana que sirve para comprobar lo plano de una superficie. | En artes gráficas, mesa de fundición sobre la cual se efectúan el casado de la forma y las correcciones de la misma. || *Fig. De mármol,* frío, insensible: *mujer que tenía un temperamento de mármol.*

marmolería f. Conjunto de mármoles que hay en un edificio. | Taller de marmolista.

marmolista m. El que labra o vende obras de mármol.

marmóreo, a adj. De mármol.

marmota f. Mamífero roedor del tamaño de un gato, que pasa el invierno durmiendo. || *Fig.* Persona que duerme mucho. || *Fam.* Criada.

maro m. Planta labiada, de olor muy fuerte y sabor amargo.

marojal m. Plantío de marojos.

maroma f. Cuerda gruesa. || *Amer.* Ejercicio acrobático.

maromear v. i. *Amer.* Ejecutar acrobacias en la maroma.

maromero, ra adj. *Amer.* Versátil. || — M. y f. *Amer.* Volatinero, acróbata. || — M. *Amer.* Político astuto que varía de opinión según como sean las circunstancias.

marometa f. *Méx.* Voltereta, maroma.

maronita adj. y s. En el Líbano, católico de rito sirio.

marplatense adj. y s. De Mar del Plata.

marquense adj. y s. De San Marcos (Guatemala).

marqués m. Título nobiliario, intermedio entre los de conde y duque.

marquesa f. Mujer o viuda del marqués, o la que tiene un marquesado. || Marquesina. || Sillón bajo y amplio para dos personas.

marquesado m. Dignidad de marqués.

marquesina f. Cobertizo, generalmente de cristal, que avanza sobre una puerta, escalinata, etc., para resguardar de la lluvia.

marquesote m. *Amér. C.* y *Méx.* Pan elaborado con harina de arroz o de maíz, con huevo, azúcar, anís, etc.

marquetería f. Obra de taracea. || Ebanistería.

marquilla f. Tamaño de papel (43,5 × 63 cm).

marrajo, ja adj. Taimado, malicioso (ú. t. c. s.). || *Fig.* Hipócrita, astuto. || — M. Tiburón.

marrana f. Hembra del marrano o cerdo. || *Fig.* y *fam.* Mujer sucia, deaseada e indecente. || Eje de la rueda de la noria.

marranada y **marranería** f. *Fig.* y *fam.* Cochinada, acción indecente o ruin.

marrano m. Puerco, cerdo. || *Fig.* y *fam.* Hombre sucio y desaseado o que se porta mal. || Pieza de madera muy resistente que se usa en ciertos armazones. || Converso que conservaba las prácticas de los judíos de manera disimulada.

marrar v. t. e i. Faltar, errar.

marras adv. Antaño, en tiempo antiguo. || *De marras*, consabido: *el individuo de marras.*

marrasquino m. Licor hecho con cerezas amargas y azúcar.

marro m. *Méx.* Mazo.

marrón adj. De color de castaña. || En deportes, dícese de la persona que, bajo la calificación de aficionado, cobra o lleva una vida de jugador profesional. || — M. Color castaño.

marroquí adj. y s. De Marruecos. (Pl. *marroquíes.*) || — M. Tafilete.

marroquinería f. Tafiletería.

marroquinero m. Tafiletero.

marrullería f. Astucia con que, halagando a uno, se pretende engañarle.

marrullero, ra adj. y s. Astuto, taimado.

marsellés, esa adj. y s. De Marsella.

marsopa y **marsopla** f. Cetáceo parecido al delfín.

marsupial adj. y s. m. Didelfo.

marsupio m. o **marsupia** f. Bolsa de las hembras de los marsupiales donde las crías completan su desarrollo.

marta f. Mamífero carnicero, de pelaje espeso y suave muy estimado. || *Marta cebellina*, especie de marta algo menor que la común, de piel muy apreciada.

martajar v. t. *Amér. C.* y *Méx.* Triturar maíz.

martes m. Tercer día de la semana.

martiano, na adj. Relativo al patriota cubano José Martí.

martillar v. t. Dar martillazos: *martillar el hierro.* || *Fig.* Oprimir, atormentar.

martillazo m. Golpe de martillo.

martillear v. t. Martillar.

martilleo m. Acción y efecto de martillear. || *Fig.* Ruido parecido al de los martillazos. | Bombardeo intenso. | Repetición monótona de una asonancia.

martillo m. Herramienta de percusión, compuesta de una cabeza de acero duro templado y un mango: *hincar un clavo con el martillo.* || Utensilio de forma parecida a esta herramienta que usa el presidente de una sesión o el subastador. || Templador de algunos instrumentos de cuerda. || Especie de tiburón de cabeza ensanchada lateralmente. || *Anat.* Primer huesecillo del oído interno. || *Fig.* Establecimiento donde se subastan cosas. || Esfera metálica con un cable de acero y una empuñadura, que lanzan los atletas. || Pieza que da las horas en un reloj. || — *Martillo de fragua*, martinete. || *Martillo neumático*, herramienta de percusión que funciona con aire comprimido. || *Martillo pilón*, máquina que se eleva por medio de aire comprimido, vapor, etc., y golpea las piezas que se han colocado encima del martillo.

martín m. *Martín del río*, martinete, ave zancuda. || *Martín pescador*, ave de plumaje muy brillante que vive a orillas de los ríos.

martinete m. Ave zancuda parecida a la garza con un penacho blanco en la cabeza, y este penacho. || Macillo del piano. || Martillo mecánico de potencia inferior a la del martillo pilón. || Cante flamenco acompañado sólo por los golpes de un martillo en un yunque.

martingala f. Lance del juego del monte. || Combinación para ganar en los juegos de azar. || *Fig.* Artimaña, astucia para engañar.

mártir adj. y s. Que prefiere morir que renunciar a su fe. || *Fig.* Que ha padecido grandes sufrimientos e incluso la muerte por defender sus opiniones. | Que sufre mucho.

martirio m. Tormento o muerte padecidos por la fe o un ideal: *el martirio de San Bartolomé, de Caupolicán.* || *Fig.* Sufrimiento muy grande y largo.

martirizador, ra adj. y s. Que martiriza.

martirizar v. t. Hacer sufrir el martirio. || *Fig.* Afligir; hacer padecer grandes sufrimientos.

martirologio m. Lista de mártires. || Lista de víctimas.

marxismo m. Conjunto de las teorías socialistas de Karl Marx y sus seguidores fundadas en la doctrina del materialismo dialéctico e histórico. || *Marxismo-leninismo*, doctrina política inspirada en Marx y Lenin, base teórica de los partidos comunistas.

marxista adj. y s. Partidario del marxismo.

marzo m. Tercer mes del año.

mas conj. Pero: *mas no irás.*

más adv. Indica superioridad en la calidad, cantidad, distancia y valor: *más simpático; tengo más paciencia que tú; está más cerca; este libro vale más que el otro.* || Mejor: *más vale olvidar todo eso.* || Muy: *¡es más tonto!* || Durante más tiempo: *no te detengas más.* || — M. La mayor cosa: *el más y el menos.* || *Mat.* Signo de la adición (+). || — *A lo más*, como máximo, a lo sumo. || *A más y mejor*, abundante e intensamente. || *En más*, en mayor grado. || *Lo más*, la mayor cantidad, el mayor número. || *Más allá*, galicismo en el sentido de la otra vida, el otro mundo. || *Más bien*, mejor dicho. || *Más de*, indica una cantidad ligeramente superior a la expresada. || *Más que*, sino. || *Poco más o menos*, aproximadamente. || *Por más que*, a pesar de que. || *Sin más ni más*, simplemente. || *Tener sus más y sus menos*, tener sus buenos y malos momentos.

masa f. Totalidad de una cosa cuyas partes son de la misma naturaleza: *la masa de la sangre.* || Cuerpo sólido y compacto: *una masa de hierro.* || Conjunto de cosas que forman un todo: *masa de bienes.* || Cantidad de un cuerpo: *una masa de agua.* || Harina u otra sustancia pulverizada amasada con un líquido. || *Amér. C.* y *Méx.* Producto que resulta de moler maíz cocido con cal, previamente escurrido. || *Fig.* Gran cantidad de gente: *manifestación en masa.* | Pueblo: *la rebelión de las masas.* || *Mec.* Cociente de la intensidad de una fuerza constante por la aceleración del movimiento que produce cuando se aplica al cuerpo considerado: *la unidad principal de masa es el kilogramo.* || *Electr.* Conjunto de las piezas metálicas que se hallan en contacto con el suelo. || — *Con las manos en la masa*, en flagrante delito. || *En masa*, galicismo por en conjunto o todos a la vez. || *Masa crítica*, cantidad mínima de una sustancia fisible para que una reacción en cadena pueda producirse espontáneamente y mantenerse por sí sola.

masacoate m. *Méx.* Boa.

masacote m. *Amer.* Mazacote.

masacre f. Galicismo por *matanza.*

masaje m. Fricción del cuerpo, con fines terapéuticos: *dar masajes.*

masajista com. Persona que da masajes.

masayense o **masaya** adj. y s. De Masaya.

mascabado, da adj. Aplícase al azúcar de segunda producción.

mascada f. *Méx.* Pañuelo de seda que se lleva al cuello.

mascadura f. Acción de mascar.

mascar v. t. Desmenuzar los alimentos con los dientes. || Masticar: *mascar tabaco.* || *Fig.* y *fam.* Mascullar.

máscara f. Figura de cartón pintado o de otra materia con que se tapa uno el rostro para disfrazarse. || Traje extravagante para disfrazarse. || Careta de protección contra los productos tóxicos: *máscara de gas.* || Aparato de protección que usan los colmeneros, los esgrimidores, los pescadores submarinos, etc. || Mascarilla. || *Fig.* Apariencia engañosa. || *Fig. Quitarse la máscara, dejar de disimular.* || — Com. Persona enmascarada. || — F. pl. Mojiganga, fiesta de personas enmascaradas.

mascarada f. Fiesta de personas enmascaradas. || Comparsa de máscaras. || *Fig.* Cosa falsa.

mascarilla f. Máscara que sólo tapa la parte superior de la cara. || Vaciado de yeso sacado sobre el rostro de una persona o escultura, particularmente de un cadáver. || Producto utilizado para los cuidados estéticos del rostro. || Aparato utilizado por los anestesistas que se aplica sobre la nariz o la boca del paciente.

mascarón m. Máscara grande. || Máscara esculpida de carácter fantástico o grotesco que sirve de adorno en cerraduras, fuentes, muebles, etc. || *Mascarón de proa*, figura de adorno en el tajamar de los barcos.

mascota f. Fetiche, objeto, persona o animal que da suerte.

masculinidad f. Carácter o calidad de masculino.

masculinización f. Aparición en la mujer de algunas características secundarias del varón.

masculinizar v. t. Dar carácter masculino.

masculino, na adj. Perteneciente o relativo al macho: *sexo masculino.* || *Fig.* Viril: *voz masculina.* || Aplícase al género gramatical que corresponde a los varones o a las cosas consideradas como tales (ú. t. c. s. m.).

mascullar v. t. *Fam.* Hablar entre dientes, de manera poco clara.

masería f. Masada, cortijo.

masetero adj. m. y s. m. *Anat.* Aplícase al músculo que sirve para accionar la mandíbula inferior.

masía f. Masada, finca.

masilla f. Mezcla de yeso y aceite de linaza usada para sujetar los cristales en los bastidores de las ventanas o para tapar agujeros.

masita f. Cantidad que se retiene de la paga de los militares para gastos de ropa. || *Arg., Bol., Dom., Parag. y Urug.* Pastelito.

masivo, va adj. *Med.* Aplícase a la dosis inmediatamente inferior al límite máximo de tolerancia. || Que reúne gran número de personas: *manifestación masiva.* || Que se refiere a gran cantidad de cosas: *producción masiva.*

masón m. Perteneciente a la masonería: *asamblea de masones.*

masonería f. Asociación secreta cuyos miembros profesan la fraternidad y se reconocen entre ellos por medio de signos y emblemas particulares.

masónico, ca adj. De la masonería: *signos masónicos.*

masonite m. (marca registr.). Lámina de pequeños fragmentos de madera fuertemente unidos.

masoquismo m. Perversión sexual del que busca el placer en el dolor.

masoquista adj. Relativo al masoquismo. || Que padece masoquismo (ú. t. c. s.).

masora f. Examen crítico del texto de la Biblia, hecho por los exégetas judíos.

mastaba f. Tumba egipcia de forma trapezoidal.

mastelero m. *Mar.* Palo menor que se coloca sobre cada uno de los palos mayores.

masticación f. Acción de triturar los alimentos sólidos.

masticador, ra adj. Que sirve para la masticación. || — M. Masticador. || Utensilio para triturar los alimentos.

masticar v. t. Triturar los alimentos sólidos con los dientes. || *Fig.* Pensar profunda y repetidamente una cosa.

masticatorio adj. y s. m. Sustancia que se masca para excitar la secreción de la saliva.

mástil m. *Mar.* Palo de una embarcación. | Mastelero. || Palo derecho para mantener una cosa. || Astil de la pluma del ave. || Tallo de una planta. || Mango de la guitarra y otros instrumentos de cuerda.

mastín m. Perro grande que se utiliza para guardar los ganados.

mastodonte m. Mamífero paquidermo fósil de fines de la era terciaria y principios de la cuaternaria que tenía cuatro colmillos. || *Fam.* Persona o cosa enorme.

mastoideo, a adj. Relativo a la apófisis mastoides.

mastoides adj. De forma de pezón. || Dícese de la apófisis del hueso temporal de los mamíferos, situada detrás del pabellón de la oreja (ú. t. c. s. m.).

mastoiditis f. *Med.* Inflamación de la apófisis mastoides.

mastuerzo m. Planta crucífera, de sabor picante, que se come en ensalada. || *Fig. y fam.* Bobo, majadero, estúpido (ú. t. c. adj. m.).

masurio m. *Quím.* Tecnecio.

mata f. Planta perenne de tallo bajo, leñoso y ramificado. || Pie de algunas plantas: *una mata de hierba.* || Campo de árboles frutales de la misma especie: *una mata de olivos.* || Lentisco. || Sustancia metálica sulfurosa, producto de una primera fusión. || — *Fig. y fam. A salto de mata*, al día, de manera insegura: *vivir a salto de mata.* || *Mata de pelo*, gran parte o conjunto del cabello de una persona.

matacán m. *Fort.* Obra voladiza con parapeto y suelo aspillerado.

mataco m. *Arg.* Armadillo. | Persona terca.

matachín m. Jifero. || *Fig. y fam.* Hombre pendenciero.

matadero m. Sitio donde se sacrifica el ganado para el consumo. || *Fig. y fam.* Trabajo muy difícil y cansado: *esto es un matadero.*

matado, da adj. y s. *Méx.* Dícese de las personas que trabajan o estudian mucho.

matador, ra adj. Que mata (ú. t. c. s.). || *Fig. y fam.* Difícil y cansado: *una labor matadora.* | Agotador, muy pesado: *un niño matador.* || — M. *Taurom.* Espada, torero que mata al toro.

matadura f. Llaga que se hacen las bestias con el aparejo.

matagalpino, na adj. y s. De Matagalpa (Nicaragua).

matalón, ona adj. y s. m. Aplícase al caballo muy flaco y cubierto de mataduras.

matalotaje m. *Mar.* Provisión de víveres de un barco.

matamata f. Tortuga de América del Sur.

matamba f. Palmácea de las selvas tropicales americanas.

matambre m. *Arg., Bol., Parag. y Urug.* Lonja de carne que se saca de entre el cuero y el costillar del ganado vacuno. || *Arg., Bol., Parag. y Urug.* Fiambre hecho con esa capa de carne.

matamoros m. inv. Bravucón.

matamoscas m. inv. Instrumento para matar moscas. || — Adj. Usado para matar moscas: *papel matamoscas.*

matancero, ra adj. y s. De Matanzas (Cuba).

matanza f. Acción de matar a una o varias personas. || Exterminio, hecatombe. || Operación que consiste en matar los cerdos y preparar su carne. || Época en que se hace.

matapalo m. Árbol americano cauchero de corteza fibrosa.

matapolillas m. inv. Producto para destruir la polilla.

matar v. t. Quitar la vida de manera violenta (ú. t. c. pr.). || Provocar la muerte: *el alcoholismo le mató.* || Destruir: *el hielo mata las plantas.* || *Fig.* Apagar: *matar la luz, la sed, el brillo de los metales.* | Echar agua a la cal o al yeso. | Achaflanar, redondear: *matar una arista.* | Poner el matasellos: *matar un sobre.* | Arruinar la salud: *esta vida me mata.* | Echar abajo: *matar un negocio.* | Fastidiar, importunar: *matar a preguntas.* | Cansar mucho física o moralmente: *el ruido me mata.* | Hacer más llevadero, distraer: *matar el tiempo.* | Rebajar un color. | En el juego, echar una carta superior a la del contrario: *matar un as.* || — *Fig. Estar a matar con uno*, estar muy enemistado con él. | *Matarlas callando*, llevar a cabo el propósito perseguido con disimulo, sin el menor ruido. || *Fig. y fam. ¡No me mates!*, ¡no me fastidies! || — V. i. Hacer la matanza del cerdo. || — V. pr. *Fig.* Fatigarse mucho: *matarse trabajando.* | Desvivirse: *se mata por complacer a sus amigos.*

matarife m. El que por oficio mata las reses.

matarratas m. inv. Raticida. || *Fam.* Aguardiente muy fuerte.

matasanos m. inv. *Fig.* Médico malo.

matasellar v. t. Poner el matasellos.

matasellos m. inv. Marca hecha en los sobres para el servicio de correos para inutilizar los sellos.

matasiete m. *Fig. y fam.* Espadachín, valentón, fanfarrón.

matasuegras m. inv. Broma usada en carnaval consistente en un tubo de papel arrollado en espiral que se extiende al soplar por un extremo.

matazón f. *Amer.* Gran mortandad.

match m. (pal. ingl.). Encuentro deportivo.

mate adj. Que no tiene brillo: *color mate*. || Amortiguado, apagado: *voz mate*. || — M. Lance final del ajedrez.

mate m. *Amer.* Calabaza que, seca y vaciada, tiene numerosos usos domésticos. | Planta parecida al acebo con cuyas hojas se hace una infusión como la del té. | Infusión de hojas de mate tostadas. (Suele dársele el nombre de té del Paraguay, té de jesuitas y yerba.) Vasija en que se bebe esta infusión. | *Fam.* Cabeza.

mateada f. *Arg., Bol., Chil., Parag.* y *Urug.* Acción de matear. || *Arg., Chil., Parag.* y *Urug.* Reunión donde se toma mate.

matear v. i. Ramificarse o macollar las matas de trigo. || Registrar las matas el perro para descubrir la caza. || Tomar una infusión de mate.

matemático, ca adj. Relativo a las matemáticas: *ciencias matemáticas*. || *Fig.* Riguroso, preciso: *exactitud matemática*. || — M. y f. Persona que es especialista en matemáticas. || — F. Ciencia que estudia por razonamiento deductivo las propiedades de los seres abstractos (números, figuras geométricas, etc.) y las relaciones entre sí.

materia f. Sustancia extensa, divisible y pesada que puede tomar cualquier forma: *las propiedades de la materia*. || Sustancia con la cual está hecha una cosa: *un cuadro hecho con mucha materia*. || *Med.* Pus. || *Fig.* Tema, punto de que se trata. | Motivo, causa: *esto no debe ser materia a que se enemisten*. || *— En materia de*, tratándose de. || *Entrar en materia*, empezar a tratar un tema. || *Materia gris*, parte del sistema nervioso formado por el cuerpo de las neuronas. || *Materia prima* o *primera materia*, producto natural que tiene que ser transformado antes de ser vendido a los consumidores; principal elemento de una industria: *el petróleo es una materia prima*.

material adj. Formado por materia: *sustancia material*. || Que no es espiritual: *bienes materiales*. || *Fig.* Grosero, sin ingenio ni agudeza. | Demasiado apegado a las cosas materiales: *espíritu material*. || — M. Conjunto de instrumentos, herramientas o máquinas necesarios para la explotación de una finca, de una industria, etc.: *material agrícola, escolar* (ú. m. en pl.). || Materia con que se hace una cosa: *material de construcción*. | Cuero.

materialidad f. Calidad de material: *la materialidad del cuerpo*. || Apariencia de las cosas. || Realidad.

materialismo m. *Fil.* Doctrina que considera la materia como la única realidad. || Manera de comportarse de los que sólo se preocupan por las satisfacciones corporales.

materialista adj. Del materialismo: *doctrina materialista*. || — Adj. y s. Partidario del materialismo.

materialización f. Acción y efecto de materializar.

materializar v. t. Considerar como material una cosa que no lo es: *materializar el alma*. || Volver material, sensible: *el pintor materializa sus sueños*. || Concretar, dar realidad.

maternidad f. Estado o calidad de madre. || Establecimiento hospitalario donde se efectúan los partos.

materno, na adj. Relativo a la madre o propio de ella: *amor materno; línea materna*. || Nativo: *el castellano es mi lengua materna*.

matero, ra adj. y s. *Amer.* Aficionado a tomar mate.

matinal adj. De la mañana.

matinée f. Función que se da por la mañana o a primeras horas de la tarde.

matiz m. Cada una de las gradaciones que puede tomar un color. || *Fig.* Pequeña diferencia que existe entre cosas parecidas: *hay muchos matices en este partido*. | Aspecto: *este texto tiene cierto matiz poético*. | Rasgo: *no hay genio sin un matiz de locura*.

matización f. Acción y efecto de matizar.

matizar v. t. Juntar o casar con armonía diversos colores. || Dar a un color un matiz determinado. || *Fig.* Graduar con cuidado sonidos, expresiones, conceptos, afectos, etc.

matlazinca adj. y s. Grupo indígena que habitaba el Valle de Toluca, en México.

matojo m. Matorral.

matón m. *Fig.* y *fam.* Pendenciero, bravucón.

matonear v. i. Chulear.

matonería f. Fanfarronería.

matorral m. Campo inculto lleno de matas y maleza. || Grupo de arbustos bajos y ramosos.

matraca f. Carraca, rueda de tablas con badajos de madera entre las paletas, que se usa en Semana Santa en lugar de campanas. || *Fig.* y *fam.* Burla, chasco. | Molestia, lata: *dar la matraca*.

matraquear v. i. Hacer ruido continuado con la matraca. || *Fig.* y *fam.* Ser pesado, importunar.

matraqueo m. Ruido hecho con la matraca. || *Fig.* y *fam.* Molestia. | Porfía, insistencia.

matraz m. Frasco de cuello largo que se utiliza en los laboratorios de química.

matrerear v. i. *Arg.* y *Urug.* Llevar vida de matrero. || *Fam. Arg.* y *Urug.* Jugar los niños libremente.

matrería f. Astucia, suspicacia.

matrero, ra adj. Astuto. || *Amer.* Suspicaz, receloso. || *Arg., Bol., Chil., Per.* y *Urug.* Dícese del individuo que anda por los montes huyendo de la justicia.

matriarcado m. Sistema social propio de algunos pueblos basado en la primacía del parentesco por línea materna.

matriarcal adj. Del matriarcado: *sociedad matriarcal*.

matricida com. Asesino de su madre: *Nerón fue un matricida*.

matricidio m. Delito de matar uno a su madre.

matrícula f. Inscripción en algún registro de una persona o cosa con el número que se le atribuye para facilitar su identificación: *la matrícula de un soldado, de un coche*. || Documento o registro en que se acredita esta inscripción. || Inscripción en un centro de enseñanza. || Placa metálica en los vehículos automóviles que indica el número de inscripción. || Este número. || *Mar.* Tripulación. || *— Matrícula*.

matriculación f. Matrícula.

matricular v. t. Inscribir en algún registro o matrícula. || — V. pr. Inscribirse en la matrícula: *matricularse en la facultad*.

matrimonial adj. Del matrimonio: *promesa matrimonial*.

matrimoniar v. i. Casarse.

matrimonio m. Unión legítima de hombre y mujer: *contraer matrimonio*. || Celebración de esta unión: *matrimonio civil, religioso*. || Sacramento indisoluble que establece esta unión. || *Fam.* Marido y mujer: *un matrimonio joven*.

matritense adj. y s. Madrileño, de Madrid.

matriz f. Víscera de los mamíferos en que se desarrolla el embrión y el feto en la madre. || Molde para fundir ciertos objetos: *matriz para caracteres de imprenta, botones, etc.*. || Tuerca. || Parte del talonario que queda después de cortar los talones. || *Mat.* Cuadro compuesto por números reales y complejos ordenados en líneas y columnas. || — Adj. *Fig.* Madre, principal: *casa, iglesia matriz*. || Dícese del original de una escritura con el cual se cotejan los traslados.

matrona f. Madre de familia, respetable y de cierta edad. || Partera. || Empleada de las aduanas que registra a las mujeres.

maturín, ina adj. y s. De Maturín (Venezuela).

maturrango, ga adj. y s. *Amer.* Mal jinete. | Torpe.

matusalén m. Hombre de mucha edad.

matute m. Contrabando.

matutear v. i. Contrabandear.

matutero, ra m. y f. Contrabandista.

matutino, na adj. Que aparece por la mañana: *estrella matutina*. || Que ocurre o se hace por la mañana: *la prensa matutina*.

maula f. Cosa inútil. || *Retal.* || Engaño. || — Com. *Fam.* Mal pagador. | Persona perezosa. | Persona astuta y tramposa.

maulería f. Tienda del maulero. || Astucia, trapacería.

maulero, ra m. y f. Vendedor de retales de tela. || Embustero, trapacero.

maullar v. i. Dar maullidos.

maullido m. Voz del gato.

mauritano, na adj. y s. De Mauritania.

máuser m. Fusil de repetición inventado por W. Mauser en 1872.

mausoleo m. Sepulcro magnífico y suntuoso.

maxilar adj. y s. m. Relativo a la mandíbula: *hueso maxilar.*

máxima f. Sentencia o proposición general que sirve de precepto. || Temperatura más alta en un sitio y tiempo determinado.

maximalista adj. y s. Bolchevique.

máxime adv. Principalmente.

máximo, ma adj. Aplícase a lo más grande en su género, mayor: *el círculo máximo de una esfera.* || — M. Límite superior de una cosa. || Valor mayor de una cantidad variable entre ciertos límites. || — Hacer el máximo, hacer todo lo posible. || *Máximo común divisor* (m. c. d.), el mayor de los divisores comunes de varios números.

máximum m. Máximo.

maxwell o **maxvelio** m. Unidad C.G.S. de flujo magnético (símb., M).

maya f. Planta compuesta, de flores blancas.

maya adj. y s. Individuo de una de las tribus indias que hoy habitan en Yucatán. || — M. Lengua hablada por estos indios.

mayagüezano, na adj. y s. De Mayagüez.

mayate m. Insecto coleóptero mexicano.

mayestático, ca adj. De la majestad.

mayo m. Quinto mes del año: *el 2 de mayo.* || Árbol que se adorna en el mes de mayo y al pie del cual vienen a bailar los chicos y chicas. || Ramos y flores que ponen los chicos a las puertas de sus novias. || — Adj. f. Dícese de las fiestas conmemorativas de la Independencia de la Argentina.

mayólica f. Loza cubierta por una capa vidriada metálica.

mayonesa f. Salsa fría y muy trabada hecha con aceite, yema de huevo y sal.

mayor adj. Que excede a una cosa en cantidad o calidad: *esta casa es mayor que la tuya; su inteligencia es mayor que la mía.* || De más edad. Ú. t. c. s.: *el mayor de los hijos.* || Que es mayor de edad: *sus hijos ya son mayores.* || Entrado en años: *una señora mayor.* || Calificativo de ciertos grados y dignidades: *oficial mayor del Congreso.* || — Al por mayor, en grandes cantidades. || *Mayor edad,* edad a partir de la cual, según la ley, una persona tiene la plena capacidad de ejercer sus derechos y es responsable de todos sus actos. || — M. Oficial superior o jefe. || *Mat.* Entre dos cantidades, signo (>) que indica que la primera es superior a la segunda. || — Pl. Abuelos y demás progenitores. || Antepasados. || — F. Primera proposición de un silogismo.

mayoral m. Encargado que cuida de los rebaños o de las manadas de toros. || En las diligencias, el que conducía el tiro de mulas. || Capataz de trabajadores del campo. || (Ant.). Mampostero. || *Amer.* Cobrador de tranvía.

mayorazgo m. Institución destinada a perpetuar en una familia la posesión de ciertos bienes transmitiéndolos al hijo mayor. || Estos bienes. || Posesor de un mayorazgo. || *Fam.* Primogenitura.

mayordomía f. Empleo y oficina del mayordomo.

mayordomo m. Criado principal en una casa grande. || Oficial de ciertas cofradías. || El encargado de administrar los bienes de una parroquia. || *Mayordomo de palacio,* en Francia, alto dignatario en la corte de los merovingios con influencia política muy grande.

mayoría f. Mayor edad. || La mayor parte: *la mayoría de los asistentes.* || Partido más numeroso de una asamblea: *la mayoría parlamentaria.* || En unas elecciones, número de votos que permite a un candidato vencer a los demás. || Condición de mayor. || Oficina del mayor. || — *Mayoría absoluta,* la mitad más uno de los votos. | *Mayoría relativa,* la del candidato que obtiene mayor número de votos.

mayorista m. Comerciante al por mayor. || Estudiante que estudia en la clase de mayores. || — Adj. Al por mayor.

mayoritario, ria adj. Perteneciente a la mayoría o que se apoya sobre ella.

mayúsculo, la adj. Dícese de la letra de mayor tamaño que se usa en principio de frase, nombre propio, en títulos, etc. (ú. t. c. s. f.).

maza f. Arma contundente antigua. || Insignia de los maceros. || Instrumento para machacar el cáñamo. || Pieza que en el martinete sirve para golpear. || Palillo con una pelota de cuero en una extremidad que sirve para tocar el bombo. || Extremo más grueso del taco, en el juego de billar.

mazacote m. Sosa. || Hormigón. || Mortero, argamasa. || *Fig.* y *fam.* Plato mal guisado, seco y espeso. | Persona pesada. | Obra de arte pesada, poco elegante.

mazahua adj. y s. Grupo indígena que habita en el Estado de México y Michoacán, México.

mazamorra f. Gachas de harina de maíz con leche y azúcar o sal.

mazapán m. Pasta de almendra y azúcar cocida al horno.

mazateca adj. y s. Indígena mexicano del NO. del Estado de Oaxaca.

mazateco, ca adj. y s. De Mazatenango (Guatemala).

mazazo m. Golpe dado con una maza o mazo.

mazdeísmo m. Religión del antiguo Irán basada en dos principios, el Bien y el Mal, entre los cuales el hombre tiene que escoger.

mazmorra f. Calabozo subterráneo.

mazo m. Martillo grande de madera. || Manojo, puñado. || Maza para tocar el bombo.

mazorca f. Panoja del maíz, del cacao. || *Fig. Chil.* Grupo de personas que forman un gobierno dictatorial. | Nombre dado en Buenos Aires a la Sociedad Popular Restauradora durante la dictadura de Rosas.

mazorquero m. *Fig. Chil.* Miembro de una mazorca. | Partidario de la violencia.

mazurca f. Baile y música de tres tiempos de origen polaco.

mazut m. Fuel.

mb, símbolo de *milibar.*

mbuyapeyense adj. y s. De Mbuyapey (Paraguay).

me, dativo y acusativo del pronombre personal *yo: me lo prometió; me llevó a mi casa.*

mea culpa, pal. lat. que significa *por culpa mía* (ú. t. s. m.). || *Decir su mea culpa,* arrepentirse, confesar una falta.

meada f. *Vulg.* Emisión de orina. | Orina evacuada de una vez.

meadero m. *Vulg.* Urinario.

meados m. pl. *Vulg.* Orines.

meandro m. Curva o sinuosidad de un río o camino.

mear v. i. *Vulg.* Orinar.

meato m. Intersticio entre ciertas células vegetales. || *Anat.* Orificio o conducto: *meato urinario.*

¡mecachis! interj. *Fam.* ¡Caramba!, ¡caray!

mecánica f. Ciencia que estudia las fuerzas y sus acciones. || Obra que trata de esta ciencia. || Estudio de las máquinas, de su construcción y de su funcionamiento. || Combinación de órganos propios para producir un movimiento: *la mecánica de un aparato.* || *Mil.* Faenas interiores del cuartel. || — *Mecánica celeste,* estudio de las leyes que rigen los movimientos de los astros. || *Mecánica ondulatoria,* teoría concebida en 1924 por L. de Broglie, según la cual la materia y la luz contienen corpúsculos que van asociados a unas ondas.

mecanicismo m. Sistema que explica los fenómenos vitales por las leyes de la mecánica.

mecánico, ca adj. De la mecánica: *principios mecánicos.* || Perteneciente a los oficios manuales: *artes mecánicas.* || Efectuado con una máquina: *lavado mecánico.* || Maquinal: *un ademán mecánico.* || Que obra con arreglo a las leyes del movimiento y de las fuerzas, que no tiene efecto químico: *acción mecánica de los vientos.* || — M. y f. Persona que maneja y arregla máquinas. || — M. Conductor de vehículos automóviles.

mecanismo m. Combinación de piezas para producir un movimiento. || *Fig.* Conjunto de varios órganos que concurren a una misma tarea: *mecanismo administrativo.* | Funcionamiento, modo de obrar: *el mecanismo de un razonamiento.*

mecanización f. Utilización de las máquinas para sustituir al hombre: *la mecanización de la agricultura.* || Transformación en una cosa mecánica. || *Mecanización contable,* utilización de máquinas contables para establecer documentos administrativos y comerciales.

mecanizar v. t. Dotar de aparatos mecánicos. || Conferir las características de una máquina: *mecanizar al obrero.* || *Mil.* Dotar una unidad de vehículos para el transporte y combate.

mecano m. Juguete que consiste en diferentes piezas metálicas que pueden sujetarse con tornillos y con el que se arman diferentes construcciones y máquinas.

mecanografía f. Arte de escribir con máquina.

mecanografiar v. t. Escribir con máquina.

mecanográfico, ca adj. Referente a la mecanografía.

mecanógrafo, fa m. y f. Persona que escribe con máquina.

mecapal m. *Méx.* Trozo de cuero que se ponen los mozos de cordel en la frente para llevar cargas.

mecapalero m. *Méx.* Mozo de cordel.

mecatazo m. *Méx.* Latigazo dado con el mecate. | Trago: *darse un mecatazo.*

mecate m. *Amér. C.* y *Méx.* Cuerda fibrosa, generalmente de pita. || Bramante o cordel. || *Fig.* Persona inculta y tosca.

mecatear v. t. *Méx.* Golpear con un mecate.

mecatero m. *Méx.* Persona que hace mecates.

mecatona f. *Fam. Méx.* Comida: *trabajar por la mecatona.*

mecedor, ra adj. Que mece. || — M. Columpio. || Paleta de madera para agitar el vino, el jabón, etc., en las cubas. || — F. Silla de brazos para mecerse.

mecenas m. Protector de literatos, científicos y artistas.

mecenazgo m. Protección dispensada por una persona a un escritor, un científico o un artista.

mecer v. t. Mover, menear, balancear acompasadamente: *mecer a un niño.* || Agitar, remover un líquido. || — V. pr. Balancearse.

mecha f. Conjunto de hilos torcidos de una lámpara o vela al cual se prende fuego. || Cuerda combustible para prender fuego a cohetes, minas, barrenos, etc. || Tela de algodón para encender cigarros. || Gasa retorcida que se emplea en cirugía para facilitar la salida del exudado de una herida. || Lonjilla de tocino para mechar la carne. || Manojillo de pelo. || *Mar.* Espiga, parte central de un palo de barco. || — *Fam. Aguantar mecha,* sufrir con resignación. | *A toda mecha,* rápidamente.

mechar v. t. Poner mechas o lonjillas de tocino en la carne.

mechera adj. Dícese de la aguja grande y hueca que sirve para mechar (ú. t. c. s. f.). || — F. *Pop.* Ladrona de tiendas que oculta entre las faldas lo hurtado.

mechero m. Encendedor: *mechero de gas.* || Dispositivo simple en el cual el combustible arde en una mecha o en un manguito.

mechón m. Mecha grande. || Manojillo de pelos, de lana.

mechudo, da adj. y s. *Méx.* Que tiene el pelo largo y disparejo. || — M. Utensilio para fregar el piso que tiene un mango largo y flecos de cordel o tela.

mecida f. y **mecimiento** m. Balanceo.

meclascal m. *Méx.* Tortilla hecha con la sustancia blanda del maguey.

meco, ca adj. *Méx.* De color bermejo con mezcla de negro. || — M. y f. *Méx.* Indio salvaje.

mecual m. *Méx.* Raíz del maguey.

medalla f. Pieza de metal, de forma redonda, acuñada con alguna figura o emblema: *medalla milagrosa.* || Pieza de metal que se concede como recompensa en exposiciones y certámenes, por algún mérito, etc. || *Arq.* Motivo decorativo circular o elíptico que suele encerrar un bajorrelieve.

medallista m. Grabador de medallas.

medallón m. Medalla grande. || Joya circular u ovalada en la cual se guardan retratos, rizos u otros recuerdos. || *Arq.* Medalla.

médano m. Duna en las costas. || Banco o montón de arena casi a flor de agua.

medellinense adj. y s. De Medellín (Colombia).

media f. Prenda de punto o de mallas que cubre el pie y la pierna. || *Hacer media,* hacer punto.

media f. Cantidad que representa el promedio de varias otras: *media horaria.* || Media hora: *tocar la media.* || En los deportes de equipo, línea de jugadores que ocupa el centro del terreno. || *Media horaria,* la que resulta de la división del espacio recorrido por el tiempo empleado.

mediacaña f. Moldura cóncava de perfil semicircular. || Listón de madera con molduras. || Formón de boca arqueada. || Lima de sección semicircular. || Tenacillas de rizar.

mediación f. Intervención destinada a producir un arbitraje o un acuerdo. || *For.* Procedimiento que consiste en proponer a las partes litigantes una solución sin imponérsela.

mediado, da adj. Medio lleno: *vasija mediada.* || *A mediados de,* hacia la mitad.

mediador, ra adj. y s. Que media. || Intermediario.

mediagua f. *Amer.* Tejado inclinado en una sola dirección y construcción con este tejado.

medialuna f. Instrumento para desjarretar toros o vacas. || *Fort.* Obra delante de los baluartes, de forma de semicírculo. || Símbolo de los musulmanes, especialmente de los turcos. || Panecillo, de forma semicircular, llamado también "croissant" como en francés.

mediana f. *Geom.* En un triángulo, línea que une un vértice con el punto medio del lado opuesto.

medianería f. Pared común a dos casas o fincas contiguas.

medianero, ra adj. Dícese de la cosa que está en medio de otras dos: *pared medianera.* || — Adj. y s. Intercesor. || — M. El que vive en una casa que tiene medianería con otra o que tiene un campo medianero con otro. || Aparcero, labrador que trabaja a medias con otro en una finca.

medianía f. Término medio entre dos extremos. || Situación económica modesta: *vivir en la medianía.* || *Fig.* Persona corriente, que carece de prendas relevantes.

mediano, na adj. De calidad intermedia: *inteligencia mediana.* || Ni muy grande ni muy pequeño: *mediano de cuerpo.* || Ni bueno ni malo, regular. || Que divide una cosa en dos partes iguales: *línea mediana.*

medianoche f. Hora en que el Sol está en el punto opuesto al de mediodía. || Las doce de la noche. || *Fig.* Emparedado de jamón.

mediante adj. Que media o intercede: *lo conseguiremos Dios mediante.* || — F. *Mús.* Tercer grado de la escala. || — Prep. Gracias a: *mediante esta ayuda.*

mediar v. i. Llegar a la mitad de una cosa concreta o no: *mediar la semana.* || Estar en medio: *entre las dos casas media un jardín.* || Interponerse entre personas que están en desacuerdo. | Interceder: *mediar en favor de uno.* || Transcurrir el tiempo: *entre estos acontecimientos mediaron tres años.*

mediatinta f. Tono medio entre lo claro y lo oscuro.

mediatizar v. t. Reducir un país a la dependencia de otro dejándole sólo la soberanía nominal. || *Fig.* Influir, dominar.

mediatriz f. *Geom.* Perpendicular levantada en el punto medio de un segmento de recta.

médica f. Mujer que ejerce la medicina. || Esposa del médico.

medicación f. *Med.* Empleo de medicamentos con fin terapéutico determinado: *la medicación de la gripe.* || Conjunto de medicamentos.

medicamentar v. t. Medicinar.

medicamento m. Sustancia empleada para curar una enfermedad.

medicamentoso, sa adj. Que tiene propiedades análogas a las de un medicamento.

medicar v. t. Dar un medicamento.

medicastro m. Médico ignorante. || Curandero.

medicina f. Ciencia que se ocupa de precaver y curar las enfermedades. || Profesión de médico. || Sistema empleado para curar: *la medicina homeopática, alopática.* || Medicamento: *tomar muchas medicinas.* || *Medicina legal o forense,* la aplicada a dar informaciones de carácter médico a los tribunales de justicia para ayudarles en su trabajo.

MED

MA

363

medicinal adj. Que sirve de medicina: *aguas medicinales*. || Balón medicinal, el lleno y pesado utilizado para ejercicios gimnásticos.

medicinar v. t. Administrar o dar medicamentos al enfermo. || — V. pr. Tomar medicamentos.

medición f. Determinación de las dimensiones de una cosa.

médico, ca adj. Relativo a la medicina: *receta médica; reconocimiento médico*. || Hist. Medo. || — M. y f. Persona que ejerce la medicina. || — *Médico de apelación*, consultor o de consulta, aquel a quien llama un colega para consultarle en los casos graves. || *Médico de cabecera o de familia*, el que asiste generalmente a una familia. || *Médico espiritual*, director de conciencia. || *Médico forense*, el encargado de hacer todos los exámenes que necesitan las autoridades administrativas o judiciales.

medida f. Evaluación de una magnitud según su relación con otra magnitud de la misma especie adoptada como unidad. || Medición: *medida de las tierras*. || Recipiente empleado para evaluar los volúmenes y cantidad representada por estos volúmenes: *dos medidas de vino*. || Cantidad de sílabas que debe tener un verso. || Proporción: *se paga el jornal a medida del trabajo*. || Disposición, recurso tomado con algún fin: *tomar medidas enérgicas*. || Moderación: *hablar con medida*. || — Pl. Dimensiones de una persona que se evalúan con objeto de hacerle un traje, etc. || *A la medida*, dícese de la ropa hecha especialmente para una persona tomando sus dimensiones. || *A medida que*, al mismo tiempo que.

medidor, ra adj. y s. Que mide. || — M. *Amer.* Contador de gas, de agua o de electricidad.

mediero, ra m. y f. Persona que hace o vende medias. || Persona que va a medias con otra. || Aparcero.

medieval adj. De la Edad Media: *estudios medievales*.

medievalismo m. Estudio de la Edad Media.

medievalista com. Persona que se dedica al estudio de lo medieval.

medievo m. Edad Media.

medina f. Ciudad árabe.

medio m. Parte que en una cosa equidista de sus extremos, centro. || Mitad. || Procedimiento, lo que sirve para conseguir una cosa: *el fin justifica los medios*. || Medio: *tomar los medios necesarios*. || Elemento físico en que vive un ser: *el medio líquido, atmosférico*. || Ambiente, esfera intelectual, social y moral en que vivimos: *la influencia del medio*. || Grupo social o profesional: *en los medios bien informados*. || Tercer dedo de la mano. || Medium. || *Mat.* Quebrado que tiene por denominador el número 2. || *Biol.* Cualquiera de las sustancias nutritivas artificiales utilizadas para el cultivo de bacterias u otros organismos. || *Dep.* Jugador que ocupa el centro del terre-

no. || Término de un silogismo que enlaza el término mayor con el menor (se llama tb. *término medio*). || — Pl. Caudal, recursos: *estar corto de medios*. || Elementos: *medios de existencia, de producción*. || *Mat.* Miembros de una proposición situados entre los dos extremos. || *For.* Razones alegadas en un pleito: *medios de descargo*. || *Taurom.* Centro del redondel. || — *De medio a medio*, completamente. || *Echar por en medio*, tomar una resolución enérgica. || *El justo medio*, cosa convenientemente alejada de los extremos. || *En medio de*, en un lugar igualmente distante de los extremos, entre dos cosas; entre: *vivir en medio de los hombres*; a pesar de: *en medio de eso*. || *Estar de por medio*, estar entre los dos. || *Medios de transporte*, modos de locomoción que permiten desplazarse en una ciudad o en un país. || *Meterse o ponerse de por medio*, interponerse en una pelea o un asunto. || *Fig. Poner tierra de por medio*, alejarse, largarse. || *Por medio de*, en medio de; gracias a, mediante. || *Fam. Quitar de en medio a uno*, apartarlo de delante alejándolo o matándolo. || *Quitarse de en medio*.

medio, dia adj. Exactamente igual a la mitad de una cosa: *medio pan; media naranja*. || Que es tan distante de un extremo como de otro: *un hombre de estatura media*. || Que divide en dos partes iguales: *línea media*. || *Fig.* Mediocre, ni bueno ni malo. || Corriente; de una posición económica, social o intelectual mediana: *el español medio*. || Calculado haciendo un promedio: *temperatura media*. || — Adv. No completamente: *una botella medio llena* (con el inf. va precedido de *a*: *a medio terminar*). || *A medias*, no del todo: *satisfecho a medias*; por mitad: *ir a medias en un negocio*.

mediocre adj. Mediano.

mediocridad f. Medianía.

mediodía m. Mitad del día: *vendré al mediodía*. || Sur: *se fue al mediodía de Francia*.

medioeval adj. Medieval.

medioevo m. Medievo.

***medir** v. t. Determinar la longitud, extensión, volumen o capacidad de una cosa: *medir una casa*. || Tomar las dimensiones de una persona. || Tener cierta dimensión: *su barco mide cinco metros*. || Ver si tienen los versos la medida adecuada. || *Fig.* Comparar una cosa con otra: *medir el ingenio, las fuerzas*. || Examinar detenidamente: *medir las consecuencias de un acto*. || Moderar: *medir las palabras*. || *Fig. Medir sus pasos*, ir con tiento. || — V. pr. Moderarse. || *Fig.* Luchar, pelearse: *medirse con uno*.

meditabundo, da adj. Pensativo. || Que medita en silencio.

meditación f. Reflexión.

meditador, ra adj. Que medita.

meditar v. t. Someter a una profunda reflexión: *meditar sobre el pasado*. || Proyectar, planear.

meditativo, va adj. Que medita: *joven meditativo*.

mediterráneo, a adj. Rodeado de tierras: *mar Mediterráneo*. || Relativo a este mar o a las tierras que baña: *clima mediterráneo*.

medium m. Entre los espiritistas, persona que pretende comunicar con los espíritus.

medo, da adj. y s. De Media.

medrar v. i. Crecer los animales y plantas. || *Fig.* Progresar: *empresa que ha medrado*. || Enriquecerse: *este hombre ha medrado mucho*. || *Fam.* ¡*Medrados estamos!*, en mala situación nos encontramos.

medroso, sa adj. y s. Miedoso, tímido. || Horroroso.

médula o **medula** f. Sustancia grasa, blanquecina o amarillenta, que se halla dentro de los huesos. || Sustancia esponjosa de los troncos y tallos de diversas plantas: *médula de saúco*. || *Fig.* Sustancia principal de una cosa no material. || — *Médula espinal*, parte del sistema cerebroespinal que ocupa la cavidad de la columna vertebral. || *Médula oblonga*, bulbo raquídeo.

medular adj. De la médula.

medusa f. Celentéreo de cuerpo gelatinoso en forma de campana y provisto de tentáculos.

mefistofélico, ca adj. De Mefistófeles. || Diabólico: *risa mefistofélica*.

mefítico, ca adj. Fétido.

megaciclo m. Unidad de frecuencia en ondas de radiodifusión, equivalente a un millón de ciclos.

megáfono m. Bocina para reforzar la voz.

megalítico, ca adj. Dícese de las construcciones prehistóricas hechas con grandes bloques de piedra: *los dólmenes y los menhires son monumentos megalíticos* (ú. t. c. s. m.).

megalito m. Piedra monumental levantada por los hombres de la edad del cobre o del bronce.

megalocéfalo, la adj. De cabeza muy grande.

megalomanía f. Delirio de grandezas, manía de poder.

megalómano, na adj. y s. Persona que padece megalomanía.

megaterio m. Mamífero desdentado fósil que vivía en América del Sur durante la era cuaternaria.

megatón m. *Fís.* Unidad de potencia de los proyectiles y bombas nucleares, equivalente a un millón de toneladas de trinitrotolueno.

megohmio m. *Electr.* Unidad de resistencia, equivalente a un millón de ohmios (símb., $M\Omega$).

meiosis f. *Biol.* División celular en la cual las células hijas tienen cada una la mitad del número de cromosomas de la célula madre.

mejicanismo m. Mexicanismo.

mejicano, na adj. y s. Mexicano.
— OBSERV. En España se escribe esta palabra y sus derivados con j. En Mé-

xico se ha preferido conservar la ortografía antigua, pronunciando, sin embargo, la x con sonido de j.

mejilla f. Cada una de las dos partes laterales que hay en el rostro humano debajo de los ojos.

mejillón m. Molusco acéfalo lamelibranquio, de color negro azulado por fuera, comestible.

mejor adj. Más bueno. Ú. t. c. s.: éste es el mejor de todos los hermanos. || — Adv. Más bien: mejor dicho. || Antes: escogería mejor este abrigo. || — A lo mejor, quizá, tal vez. || Estar mejor, haber mejorado de salud. || Mejor que mejor, mucho mejor. || Tanto mejor, mejor todavía.

mejora f. Cambio hacia algo mejor: ha habido mejora en mi situación. || Progreso, adelanto: las mejoras derivadas de la civilización. || Aumento: mejora del sueldo. || Puja. || For. Porción de bienes que puede dejar el testador a uno de sus herederos además de la legítima.

mejoramiento m. Mejora. || Acción de volverse la temperatura más templada.

mejorana f. Planta aromática de la familia de las labiadas.

mejorar v. t. Volver mejor: mejorar la situación, un terreno. || Hacer recobrar la salud a un enfermo: la cura le ha mejorado mucho. || Aumentar: mejorar el sueldo. || Traer ventaja: la nueva ley mejora a los funcionarios. || Pujar los licitadores. || For. Dejar mejora al testador a uno de sus herederos. || — V. t. Irse reponiendo el enfermo. Ponerse el tiempo más benigno: mejorar el día. || Prosperar. || Volverse mejor: este niño ha mejorado.

mejoría f. Cambio favorable, mejora. || Alivio de una enfermedad. || Ventaja.

mejunje m. Medicina generalmente mala que resulta de la mezcla de varios productos. || Fig. Bebida mala, bebistrajo.

melancolía f. Tristeza profunda cuyo motivo es impreciso. || Gran depresión moral y física.

melancólico, ca adj. y s. Que padece melancolía: carácter melancólico. || — Adj. Que infunde melancolía o está impregnado de ella: canto melancólico.

melancolizar v. t. Volver melancólico, entristecer.

melanesio, sia adj. y s. De Melanesia: los melanesios son negros.

melanina f. Pigmento negro que produce la coloración de la piel, del pelo y de la coroides.

*__melar__ v. t. Cocer por segunda vez el zumo de la caña para darle consistencia de miel.

melaza f. Residuo de la cristalización del azúcar.

melcocha f. Miel caliente que se echa en agua fría y adquiere una consistencia muy correosa. || Pasta comestible hecha con esa miel. || Méx. Producto del jugo cocido de las tunas.

melena f. Cabello largo y colgante. || Crin del león. || Fig. Cabello muy abundante.

melense adj. y s. De Melo.

melenudo, da adj. Que tiene cabello muy abundante y largo.

melgar m. Campo de mielgas.

melífero, ra adj. Que produce o lleva miel: insecto melífero.

melificación f. Elaboración de la miel por las abejas.

melificar v. t. Hacer las abejas la miel.

melifluidad f. Fig. Calidad de melifluo.

melifluo, flua adj. Que tiene o destila miel. || Fig. Dulce y tierno en el trato o en el modo de hablar: voz meliflua.

melillense adj. y s. De o relativo a Melilla.

melindre m. Buñuelo de miel. || Pastelito de mazapán bañado en azúcar blanco. || Fig. Delicadeza afectada: hacer o gastar melindres.

melindrería f. Afectación.

melindroso, sa adj. y s. De una delicadeza afectada y ridícula.

melinita f. Explosivo a base de ácido pícrico.

mella f. Rotura en el filo de un arma, en el borde de un objeto, etc., y hueco que resulta de ella. || Hueco que hay cuando se caen los dientes. || Fig. Menoscabo. || Fam. Hacer mella, causar efecto, impresionar: las críticas no hacen mella en él; perjudicar, mermar: hacer mella en su fortuna.

mellado, da adj. Que tiene el borde estropeado: plato mellado. || Falto de algún diente: con la boca mellada (ú. t. c. s.).

melladura f. Mella.

mellar v. t. Hacer mellas a una cosa: mellar la espada, el plato. || Fig. Menoscabar: mellar la fama. || — V. pr. Perder dientes.

mellizo, za adj. y s. Gemelo: hermanos mellizos.

melocotón m. Melocotonero. | Su fruto, de sabor agradable y pulpa jugosa.

melocotonar m. Terreno plantado de melocotoneros.

melocotonero m. Árbol rosáceo, variedad del pérsico.

melodía f. Sucesión de sonidos que forman una frase musical. || Composición vocal o instrumental con acompañamiento o sin él. || Sucesión de sonidos que halagan al oído. || Serie de palabras o frases agradables al oído.

melódico, ca adj. Relativo a la melodía: frase melódica.

melodioso, sa adj. Dulce y agradable al oído: verso melodioso.

melodrama m. Drama de carácter popular, de acción complicada con situaciones patéticas. || Drama con acompañamiento de música. || Fig. Situación patética.

melodramático, ca adj. Relativo al melodrama. || Enfático y exagerado: tono melodramático.

melojo m. Árbol fagáceo, semejante al roble.

melomanía f. Amor excesivo a la música.

melómano, na adj. y s. Aficionado a la música de una manera a veces exagerada.

melón m. Planta cucurbitácea, de fruto esferoidal u ovalado, de carne dulce y olorosa. || Fruto de esta planta. || Fig. y fam. Calabaza, tonto. || Zool. Meloncillo.

melonada f. Fam. Sandez.

melonar m. Terreno plantado de melones.

meloncillo m. Melón pequeño.

melonero, ra m. y f. Persona que vende o cultiva melones.

melonzapote m. Amer. Melón zapote.

melopea f. Melopeya. || Fam. Borrachera.

melopeya f. Canto rítmico que acompaña la declamación. || Arte de la melodía.

melosidad f. Dulzura, suavidad.

meloso, sa adj. Dulce como la miel: voz melosa. || Fig. De una dulzura afectada.

memada f. Fam. Memez.

membrana f. Tejido fino y elástico que forma, cubre o tapiza algunos órganos: membrana mucosa, serosa. || Fís. Lámina delgada: membrana semipermeable.

membranoso, sa adj. Compuesto de membranas: tejido membranoso. || Parecido a la membrana.

membrete m. Inscripción estampada en la parte superior del papel de escribir que indica el nombre y señas de una persona, oficina, etc. || Nota o apunte.

membrillar m. Terreno plantado de membrillos.

membrillero m. Membrillo.

membrillo m. Arbusto rosáceo de fruto amarillo, de carne áspera y granujienta. | Su fruto. || Carne de membrillo, dulce de membrillo.

membrudo, da adj. Robusto.

memela f. Méx. Tortilla gruesa de maíz.

memez f. Necedad, idiotez.

memo, ma adj. y s. Simple, tonto, bobo, necio.

memorable adj. Digno de ser recordado: suceso memorable.

memorando y **memorándum** m. Librito de apuntes. || Comunicación diplomática para exponer brevemente la situación de un asunto. || Com. Nota de pedido.

memoria f. Facultad de recordar algo vivido o aprendido: tener mala memoria. || Recuerdo: guardar memoria de un acontecimiento. || Reputación buena o mala que queda de uno después de su muerte. || Lista de gastos, factura. || Disertación científica o literaria. || Estudio breve sobre alguna materia. || Informe de una asamblea. || Órgano esencial de las calculadoras electrónicas capaz de almacenar datos y de restituirlos en el momento oportuno: *memoria de discos*. || —Pl. Relación escrita de ciertos acontecimientos públicos o privados. || Recuerdos, saludo a un ausente por escrito o por tercera persona: *dele memorias a su padre*. || — *De memoria*, conservando una cosa en la memoria. || *Flaco de memoria*, olvidadizo. || *Hacer memoria*, recordar voluntariamente.

memorial m. Petición escrita en que se solicita un favor o gracia. || Libro donde se apuntan hechos memorables. || Boletín, publicación.

memorialista m. El que escribe memoriales u otros documentos por cuenta ajena.

memorión m. Memoria muy grande. || Persona que lo aprende todo de memoria o no se fía más que de su memoria.

memorioso, sa y **memorista** adj. y s. Que tiene memoria.

memorización f. Acción de fijar metódicamente algo en la memoria, por medio de repeticiones sistemáticas.

memorizar v. i. Aprender de memoria.

mena f. Mineral metalífero.

menaje m. Mobiliario de una casa. || Ajuar. || Utensilios de cocina. || Material pedagógico.

mención f. Acción de referir un hecho o nombrar una persona. || *Mención honorífica*, recompensa inferior al premio y al accésit.

mencionar v. t. Hacer mención, hablar de una cosa o persona: *en su novela menciona a sus padres*.

menchevique adj. y s. Que pertenecía a la fracción minoritaria (por oposición a *bolchevique* o *mayoritario*) del partido socialdemócrata ruso.

menda pron. pers. de 1.ª persona. *Pop.* y *fam.* El que habla (úsase con el verbo en 3.ª persona). || *Pop. Mi menda, yo: mi menda se levanta a las seis de la mañana*.

mendaz adj. y s. Mentiroso.

mendelevio m. *Quím.* Elemento transuránico (Mv), de número atómico 101.

mendeliano, na adj. Relativo al mendelismo.

mendelismo m. Concepción de J. G. Mendel sobre la transmisión de ciertos caracteres hereditarios, que condujo a la teoría cromosómica y a la noción de los genes.

mendicante adj. y s. Que mendiga. || Aplícase a las órdenes religiosas fundadas o reorganizadas en el s. XIII, que tienen por instituto vivir de limosna.

mendicidad f. Acción de mendigar. || Condición de mendigo.

mendigante adj. y s. Mendicante.

mendigar v. t. Pedir limosna (ú. t. c. i.). || *Fig.* Pedir con insistencia y bajeza: *mendigar aprobaciones*.

mendigo, ga m. y f. Persona que pide limosna. || —M. pl. Patriotas de los

Países Bajos sublevados contra la dominación de Felipe II de España en 1566.

mendocino, na adj. y s. De Mendoza (Argentina).

mendrugo m. Trozo de pan duro. || *Fig. Por un mendrugo de pan*, por muy poco dinero.

menear v. t. Agitar, mover: *menear la mano, el café*. || *Fig.* Manejar, dirigir: *menear un negocio*. || *Fig.* y *fam. Peor es menearlo o meneallo*, es preferible no volver a tratar de algo que causó disgustos o desavenencias o que podría causarlos. || — V. pr. Moverse. || *Fig.* y *fam.* Hacer todas las diligencias o esfuerzos necesarios para conseguir algo.

meneo m. Movimiento, agitación. || Contoneo al andar. || *Fig.* y *fam.* Dificultad, obstáculo: *los meneos de la vida*. | Paliza: *darle un meneo a uno*. | Abucheo: *a ese actor le dieron un meneo en su última función*.

menester m. Necesidad de una cosa. || Ocupación, empleo o ministerio: *atender a sus menesteres*. || —Pl. Necesidades corporales. || *Fam.* Instrumentos de trabajo, enseres. || — *Haber menester una cosa*, necesitarla. || *Ser menester una cosa*, ser necesaria.

menesteroso, sa adj. y s. Indigente.

menestra f. Guisado de carnes acompañada de varias hortalizas. || Legumbres secas.

menestral m. Artesano, obrero que hace un trabajo manual.

menfita adj. y s. De Menfis.

mengano, na m. y f. Nombre indeterminado que se usa después de Fulano y antes de Zutano para designar una persona sin nombrarla.

mengua f. Reducción, disminución. || Falta. || Pobreza. || Descrédito. || *En mengua de*, en perjuicio de: *en mengua de sus derechos*.

menguado, da adj. y s. Cobarde, tímido, pusilánime. || Estúpido, tonto. || Ruin, avaro. || —Adj. Reducido: *obtuvo menguados éxitos*. || — M. Cada uno de los puntos que van embebidos de las mujeres al hacer media para reducir la anchura de su labor.

menguante adj. Que mengua. || —F. Disminución del caudal de un río. || Marea saliente. || Última fase de la Luna. || *Fig.* Decadencia.

menguar v. i. Disminuir, bajar: *el calor ha menguado*. || Reducirse la parte visible de la Luna. || Hacer los menguados en una labor de punto. || *Fig.* Decaer, venir a menos. || — V. t. Reducir, disminuir. || Rebajar: *esto no mengua en nada su fama*.

mengue m. *Fam.* Diablo.

menhir m. Megalito formado por una piedra larga fijada en el suelo: *los menhires de Bretaña*.

menina f. Mujer que desde niña servía a la reina o a las infantas.

meninge f. Cada una de las tres membranas que cubren el encéfalo y la médula espinal, llamadas *duramadre, aracnoides* y *piamadre*.

meníngeo, a adj. De las meninges.

meningitis f. Inflamación de las meninges.

meningococo m. *Med.* Microbio causante de la meningitis y otras enfermedades.

menisco m. Lente convexo por una cara y cóncavo por la otra. || *Fís.* Superficie cóncava o convexa, del líquido contenido en un tubo estrecho. || Cartílago situado entre los huesos, en algunas articulaciones: *el menisco de la rodilla*.

mennonita o **menonita** m. Miembro de una secta anabaptista fundada en el s. XVI por el holandés Mennon.

menopausia f. Cesación natural y definitiva de la menstruación en la mujer. || Época en que ésta se produce.

menor adj. Más pequeño: *el menor ruido*. || Que no ha llegado a la mayor edad legal. Ú. t. c. s.: *tribunal de menores*. || Más joven: *soy menor que tú* (ú. t. c. s.). || *Mús.* Aplícase a una de las dos escalas predominantes en el sistema de tonos. || Dícese de las cuatro primeras órdenes de la jerarquía eclesiástica, que son: portero, lector, exorcista y acólito. || — *Al por menor*, en pequeñas cantidades. || *Menor que*, signo matemático (<) que, colocado entre dos cantidades, indica ser menor la primera que la segunda. || *Por menor*, por extenso, con todo detalle; al por menor. || — M. Religioso franciscano. || — Pl. En los colegios, clase de los pequeños. || — F. Segunda proposición de un silogismo.

menorquín, ina adj. y s. De Menorca.

menorragia f. Menstruación excesiva.

menos adv. Indica inferioridad en la calidad, cantidad, distancia y valor: *menos inteligente; menos dinero; menos lejos; menos caro*. || — *Al menos, a lo menos, lo menos, por lo menos, tanto o más*. || *A menos que*, a no ser que. || *De menos*, indica falta: *tener cien euros de menos*. || *Echar de menos*, notar la ausencia de una cosa o persona, generalmente con pesar. || *En menos*, en menor cantidad o grado. || *Menos de*, indica un número ligeramente inferior al expresado: *pueblo de menos de mil habitantes*. || *No ser para menos*, ser bastante importante. || *Poco más o menos*, aproximadamente. || *Ser lo de menos*, no importar. || *Tener en menos*, despreciar. || *Venir a menos*, perder categoría, decaer. || — Prep. Excepto: *fueron todos menos yo*. || — Pron. Una cantidad menor: *hoy vinieron menos*. || — M. Mat. Signo de sustracción o resta y de las cantidades negativas (–). || La más mínima cosa: *el más y el menos*.

menoscabar v. t. Disminuir, reducir, mermar. || *Fig.* Desacreditar, desprestigiar, deslustrar.

menoscabo m. Mengua, disminución: *ha sufrido menoscabo en su fortuna*. || Daño, perjuicio: *hacer algo en menoscabo de otra cosa*. || *Fig.* Descrédito.

menospreciable adj. Despreciable, que se puede despreciar.

menospreciador, ra adj. Que desprecia.

menospreciar v. t. Apreciar en menos de lo que realmente vale una cosa o a una persona. || Despreciar, desdeñar.

menospreciativo, va adj. Que implica o revela menosprecio.

menosprecio m. Poco aprecio, poca estimación: *hacer menosprecio de un regalo.* || Desprecio, desdén.

mensaje m. Recado de palabra que envía una persona a otra. || Comunicación oficial entre poderes públicos. || Comunicación importante que se considera como una revelación: *el Evangelio es el mensaje de Cristo.* || Significado o aportación de una obra o de un escritor o artista: *el mensaje de un poeta.*

mensajería f. Servicio de transporte para viajeros y mercancías. || Su oficina. || Transporte rápido de mercaderías por ferrocarril, camiones o mar.

mensajero, ra adj. y s. Que transmite mensajes. || *Paloma mensajera,* la que por volver fácilmente a su nido se emplea para llevar mensajes.

menso, sa adj. y s. *Méx.* Tonto.

menstruación f. Eliminación periódica, con hemorragia, de la mucosa uterina cuando no ha habido fecundación. || Menstruo.

menstrual adj. Relativo al menstruo: *flujo menstrual.*

menstruar v. i. Evacuar o eliminar el menstruo.

menstruo m. Flujo de líquido sangriento que evacuan periódicamente las mujeres.

mensual adj. Que sucede o se repite cada mes: *publicación, sueldo mensual.* || Que dura un mes.

mensualidad f. Sueldo o salario de un mes. || Cantidad abonada cada mes.

mensualización f. Pago mensual de los salarios precedentemente pagados por hora.

mensualizar v. t. Efectuar la mensualización de los salarios.

ménsula f. *Arq.* Adorno que sobresale de un plano vertical y sirve de soporte: *ménsula de un tejado.*

mensurable adj. Que se puede medir.

mensuración f. Dimensión.

mensurar v. t. Medir.

menta f. Hierbabuena.

mentado, da adj. Famoso, célebre. || Mencionado.

mental adj. Relativo a la mente: *facultades mentales.* || Que se hace en la mente: *oración mental.* || — *Enajenación mental,* locura, demencia. || *Higiene mental,* conjunto de medidas adecuadas para mantener inalteradas las funciones psíquicas. || *Restricción mental,* reserva tácita, omisión voluntaria.

mentalidad f. Modo de pensar.

*mentar v. t. Mencionar.

mente f. Pensamiento, potencia intelectual: *tener algo en la mente.* || Intención, propósito.

mentecatada, mentecatería y **mentecatez** f. Simpleza, necedad, tontería.

mentecato, ta adj. y s. Necio.

mentidero m. *Fam.* Lugar donde se reúne la gente ociosa para conversar y criticar.

*mentir v. i. Afirmar lo que se sabe que es falso o negar la verdad: *mentir como un sacamuelas.* || *Fig.* Inducir a error, engañar.

mentira f. Declaración intencionadamente falsa. || Cuento, historia falsa: *siempre está contando mentiras.* || *Fig. y fam.* Manchita blanca en las uñas.

mentirijillas (de) y **de mentirillas** adv. En broma.

mentiroso, sa adj. Que tiene costumbre de mentir (ú. t. c. s.). || Engañoso, falaz.

mentís m. Negación de lo que otra persona afirma: *el presidente dio un mentís a la prensa.*

mentol m. Alcohol sólido antineurálgico sacado de la esencia de la menta.

mentolado, da adj. Que contiene mentol.

mentón m. Barbilla.

mentor m. *Fig.* Persona que otro toma como guía o consejero.

menú m. (pal. fr.). Minuta.

menudear v. t. Hacer una cosa repetidas veces. || Contar algo detalladamente. || Contar menudencias. || — V. i. Acaecer algo con frecuencia: *menudean las averías.*

menudencia f. Pequeñez. || Esmero, exactitud. || Cosa de poca importancia.

menudeo m. Acción de menudear, frecuencia. || *Venta al menudeo,* venta al por menor.

menudillo m. En los cuadrúpedos, articulación entre la caña y la cuartilla. || — Pl. Sangre, higadillo, molleja, madrecilla y otras vísceras de las aves.

menudo, da adj. Pequeño, delgado. || Despreciable, de poca importancia. || Aplícase al dinero en monedas pequeñas: *plata o moneda menuda.* || Exacto, minucioso. || Usado irónica y enfáticamente significa enorme, difícil, grave, increíble: *menuda catástrofe; en menudo estado estaba.* || — M. pl. Entrañas y sangre de las reses. || Pescuezo, alones, patas y menudillos de las aves. || — *A menudo,* frecuentemente. || *La gente menuda,* los niños.

meñique adj. Aplícase al dedo quinto y más pequeño de la mano (ú. t. c. s. m.).

meollo m. Seso, masa nerviosa de la capacidad del cráneo. || Médula. || *Fig.* Sustancia, lo principal de una cosa: *el meollo de la cuestión.* | Entendimiento, juicio.

mequetrefe m. *Fam.* Hombre de poca entidad, muy bullicioso y entrometido.

mercadear v. i. Comerciar.

mercader m. Comerciante.

mercadería f. Mercancía.

mercado m. Lugar público cubierto o al aire libre donde se venden y se compran mercancías: *mercado de pescado.* || Comerciantes que se reúnen en cierto sitio y fecha para vender sus productos: *aquí hay mercado cada domingo.* || Concurrencia de gente en estos sitios: *el mercado se alborotó.* || Salida económica: *el mercado de ultramar.* || Situación de la oferta y la demanda: *mercado en retroceso.* || — *Mercado negro,* comercio ilícito y clandestino a precio elevado de mercancías cuya venta está regulada.

mercancía f. Todo lo que se vende o compra.

mercante adj. Mercantil.

mercantil adj. Relativo al comercio: *especulación mercantil.* || *Fig.* Que tiene afán de lucro.

mercantilismo m. Espíritu mercantil aplicado a cualquier cosa. || Doctrina económica de los siglos XVI y XVII, según la cual la riqueza de los Estados descansaba en la posesión de metales preciosos.

mercantilista adj. Del mercantilismo. || — M. y f. Partidario del mercantilismo. || Experto en materia de Derecho mercantil.

mercantilizar v. t. Valorar todo en función del dinero que representa. || Comercializar.

mercar v. t. Comprar.

merced f. Favor, gracia. || Voluntad, arbitrio: *estar a la merced de alguien.* || Tratamiento de cortesía: *vuestra merced.* || Orden real y militar instituida por Jaime el Conquistador. (La orden de la Merced fue fundada en Barcelona [1218] por San Pedro Nolasco y San Raimundo de Peñafort. Su objeto era el rescate de cautivos cristianos.) || *Merced a,* gracias a.

mercedario, ria adj. y s. De la orden de la Merced: *fraile mercedario.* || De Mercedes (Uruguay).

mercenario, ria adj. Que se hace sólo por dinero. || Aplícase al soldado o tropa que presta sus servicios a un gobierno extranjero que le paga (ú. t. c. s. m.).

mercería f. Comercio de objetos menudos que se utilizan para la costura y otras labores femeninas, como alfileres, botones, cintas, etc.

mercerizar v. t. Tratar los hilos y tejidos de algodón con sosa cáustica para aumentar en resistencia y darles un aspecto brillante.

mercero, ra m. y f. Persona que comercia en mercería.

MERCOSUR, siglas de Mercado Común del Sur.

mercurial adj. Del mercurio.

mercurialismo m. *Med.* Intoxicación por el mercurio.

mercúrico, ca adj. Relativo al mercurio: *óxido, cianuro mercúrico.*

mercurio m. Cuerpo metálico de número atómico 80, conocido vulgarmente por *azogue.*

merecedor, ra adj. Que merece: *merecedor de elogios.*

*merecer v. t. Ser o hacerse digno de algo: *merecer un premio; el castillo merece una visita* (ú. t. c. pr.). ‖ Presentar los requisitos necesarios para una cosa: *documento que merece aprobación.* ‖ Tener suficiente importancia: *esta noticia merece ser comprobada.*

merecido m. Castigo que merece uno: *llevó su merecido.*

merecimiento m. Mérito.

*merendar v. i. Tomar la merienda: *merendar a las cuatro de la tarde.* ‖ V. t. Comer en la merienda: *merendar una manzana.* ‖ V. pr. *Fig.* y *fam. Merendarse una cosa,* lograrla fácilmente.

merendero m. Sitio, establecimiento donde se pueden tomar consumiciones y a veces bailar.

merengue m. Dulce hecho con claras de huevo y azúcar, y cocido al horno. ‖ *Fig.* Persona enclenque. ‖ Baile típico dominicano.

meretriz f. Prostituta.

mergo m. Cuervo marino.

meridano, na adj. y s. De Mérida (México).

meridense adj. y s. De Mérida (c. de Venezuela).

merideño, ña adj. y s. De Mérida (España). ‖ De Mérida, estado de Venezuela.

meridiano, na adj. Relativo al mediodía: *exposición meridiana.* ‖ Dícese del plano que, en un lugar dado, contiene la vertical del mismo y el eje de rotación del globo (ú. t. c. s. m.). ‖ Aplícase a los instrumentos que sirven para observar el paso de los astros por el meridiano local. ‖ *Fig.* Luminosísimo, clarísimo: *luz meridiana.* ‖ *Con claridad meridiana,* bien claro, sin rodeos. ‖ *De una claridad meridiana,* muy comprensible. ‖ — M. Círculo máximo de la esfera celeste que pasa por los polos. ‖ *Geogr.* Cualquier semicírculo de la esfera terrestre que va de polo a polo. ‖ *Astr.* Intersección del plano meridiano y del horizontal en un lugar determinado. ‖ — *Meridiano magnético,* plano vertical que contiene la dirección de equilibrio de la aguja imantada. ‖ *Geogr. Primer meridiano,* aquel desde el cual se miden arbitrariamente los grados de longitud. (El *primer meridiano* internacional pasa por el observatorio de Greenwich, cerca de Londres.)

meridiem (**ante** y **post**) adv. Antes o después de mediodía. (Se escribe generalmente en abreviatura: *a. m.* y *p. m.*)

meridional adj. Del Sur o Mediodía: *América meridional.*

merienda f. Comida ligera que se toma por la tarde. ‖ Comida fría que se lleva para irse de excursión o viaje: *llevarse la merienda en el tren.* ‖ — *Fig.* y *fam. Juntar meriendas,* unir intereses. ‖ *Merienda de negros,* confusión grande.

merino, na adj. y s. Dícese de los carneros y ovejas de lana muy fina, corta y rizada.

mérito m. Acción que hace al hombre digno de premio o estima: *tratar a cada uno según sus méritos.* ‖ Calidad apreciable de una persona o cosa: *el mérito de una persona; este chico tiene mucho mérito.* ‖ — *De mérito,* de valor. ‖ *Hacer méritos,* esmerarse o dar pruebas de sus aptitudes.

meritorio, ria adj. Digno de elogio, premio o galardón. ‖ — M. Aprendiz de un despacho.

merluza f. Pez teleósteo marino de carne blanca muy sabrosa. ‖ *Pop.* Borrachera.

merma f. Disminución. ‖ Pérdida, desgaste.

mermar v. i. Disminuir. ‖ — V. t. Reducir: *mermar la paga, la ración.* ‖ Empezar a gastar: *mermar un capital.* ‖ *Fig.* Rebajar: *mermar la reputación.*

mermelada f. Dulce de fruta triturada, cocida y mezclada con azúcar o miel.

mero, ra adj. Puro, simple, solo: *por una mera casualidad.* ‖ — M. Pez marino acantopterigio, de carne muy apreciada.

merodeador, ra adj. y s. Que merodea, vagabundo.

merodear v. t. Andar por los campos robando frutas y legumbres.

merodeo m. Robo de frutas y legumbres en los campos.

merolico m. *Méx.* Vendedor ambulante que vocea de manera muy llamativa su mercancía.

merovingio, gia adj. Relativo a Meroveo, rey de Francia. (La dinastía *merovingia,* primera de los reyes de Francia, se extinguió a la muerte de Childerico III en 751.)

mes m. Cada una de las doce divisiones del año. ‖ Espacio de treinta días. ‖ Mensualidad, salario mensual: *cobrar el mes.* ‖ Menstruo de la mujer.

mesa f. Mueble compuesto de una tabla lisa sostenido por uno o varios pies y que sirve para comer, escribir, etc. ‖ *Fig.* Utensilios que se ponen en este mueble para comer: *poner la mesa.* ‖ Comida: *mesa suculenta, abundante.* ‖ Conjunto de personas que presiden una asamblea: *la Mesa del Congreso, del Senado.* ‖ *Geogr.* Parte más alta y poco extendida de una llanura elevada. ‖ Meseta. ‖ Descansillo de una escalera. ‖ Parte superior plana de una piedra preciosa labrada. ‖ — *Mesa de altar,* sitio donde se pone la piedra consagrada. ‖ *Mesa de batalla,* en el correo, aquélla donde se reúne y ordena la correspondencia. ‖ *Mesa de noche,* mueble pequeño junto a la cama. ‖ *Mesa de operaciones,* aquella articulada sobre la que se acuesta el enfermo para efectuar operaciones quirúrgicas. ‖ *Mesa electoral,* sitio donde votan los electores. ‖ *Mesa redonda,* en las fondas,

aquella en que todos comen lo mismo, a hora y precio fijos; reunión de personalidades políticas, diplomáticas, etc., en un plan de igualdad y sin presidente, para intentar ponerse de acuerdo sobre un asunto. ‖ *Mesas de nido,* las que no son del mismo tamaño y por lo tanto pueden ponerse una debajo de otra.

mesalina f. *Fig.* Mujer disoluta.

mesana f. *Mar.* Mástil de popa. ‖ Vela que se coloca en este palo.

mesar v. t. Arrancar o estrujar el cabello o la barba con las manos (ú. t. c. pr.).

mescal m. Mezcal.

mescolanza f. Mezcolanza.

mesenterio m. *Anat.* Pliegue del peritoneo, formado con tejido conjuntivo, que une el intestino delgado con la pared posterior del abdomen.

mesero, ra m. y f. *Méx.* Camarero.

meseta f. Descansillo de una escalera. ‖ *Geogr.* Llanura extensa en la cumbre de una altura: *la meseta castellana.*

mesiánico, ca adj. Del Mesías o del mesianismo.

mesianismo m. Creencia en la existencia y venida del Mesías. ‖ *Fig.* Esperanza inmotivada en la solución de problemas políticos o sociales por una sola persona.

mesías m. Futuro redentor y libertador de Israel. ‖ Para los cristianos, Cristo. ‖ *Por ext.* Aquel a quien se espera impacientemente para que resuelva todos los males.

mesilla f. Mesa pequeña.

mesinés, esa adj. y s. De Mesina (Italia).

mesiote m. *Méx.* Fina capa exterior del maguey, empleada por los aztecas como papel.

mesnada f. Antigua compañía de soldados u hombres de armas. ‖ *Fig.* Grupo, junta, congregación.

mesoamericano, na adj. y s. De Mesoamérica, que comprende la parte de México y de América Central donde se asentaron culturas precolombinas.

mesocarpio m. Parte intermedia situada entre la epidermis y el hueso en los frutos carnosos.

mesocéfalo adj. Dícese de la persona cuyo cráneo tiene las proporciones intermedias entre la braquicefalia y la dolicocefalia.

mesocracia f. Gobierno de la clase media. ‖ *Fig.* Burguesía.

mesodermo m. *Anat.* Capa u hoja embrionaria situada entre el endodermo y el ectodermo.

mesolítico adj. Dícese del período comprendido entre el paleolítico y el neolítico (ú. t. c. s. m.).

mesolote m. *Méx.* Especie de maguey doble.

mesón m. Posada, venta, establecimiento donde se da albergue. ‖ Restaurante generalmente decorado a la usanza antigua. ‖ *Fís.* Masa intermedia entre el protón y el electrón, producida por el bombardeo de los rayos cósmicos.

mesonero, ra adj. Relativo al mesón. || — M. y f. Propietario o encargado de un mesón.

mesopotámico, ca adj. y s. De Mesopotamia.

mesosfera f. Capa atmosférica superior a la estratosfera.

mesotórax m. Segmento medio del coselete de los insectos.

mesozoico, ca adj. Geol. Aplícase a los terrenos de la época secundaria (ú. t. c. s. m.).

mesta f. Antigua asociación española de propietarios de ganado transhumante: *la Mesta fue abolida en 1836.*

mester m. (Ant.). Oficio, arte: *mester de clerecía, de juglaría.*

— En la Edad Media, el *mester de clerecía* era un género cultivado por clérigos o por personas doctas (obras de G. de Berceo, *Libro de Alexandre, Poema de Fernán González* y *Libro de Apolonio*). Sus últimos representantes fueron el Arcipreste de Hita y el canciller Pero López de Ayala. En cuanto al de *juglaría*, era la poesía de los cantores populares de la Edad Media, que la recitaban de memoria (*Poema del Cid*).

mestizaje m. Cruce de dos razas. || Conjunto de mestizos.

mestizar v. t. Cruzar dos razas.

mestizo, za adj. y s. Nacido de padres de raza diferente, particularmente de indio y blanco.

mesura f. Gravedad y compostura, en la actitud y semblante. || Moderación, comedimiento.

mesurado, da adj. Moderado.

mesurar v. t. Infundir mesura, moderar. || — V. pr. Contenerse, moderarse o comedirse.

meta f. Final de una carrera. || En fútbol, portería y guardameta. || *Fig.* Finalidad, objetivo.

metabolismo m. Biol. Conjunto de transformaciones materiales que se efectúa constantemente en las células del organismo vivo y que se manifiestan en dos fases diferentes: una de carácter destructor, anabólico, y otra de carácter destructor, catabólico.

metacarpiano adj. m. Dícese de cada uno de los cinco huesos del metacarpo.

metacarpo m. Parte de la mano, comprendida entre el carpo y los dedos.

metafase f. Segunda fase de la división celular por mitosis.

metafísica f. Ciencia de los principios primeros y de las primeras causas: *la metafísica aristotélica.* || Filosofía, teoría general y abstracta: *metafísica del lenguaje.*

metafísico, ca adj. Relativo a la metafísica: *pruebas metafísicas de la existencia divina.* || *Fig.* Demasiado abstracto.

metáfora f. Traslación del sentido recto de una palabra a otro figurado: *se llama león a un hombre valiente por metáfora.*

metafórico, ca adj. Relativo a la metáfora.

metaforizar v. t. Usar metáforas o alegorías.

metagoge f. Tropo que consiste en aplicar a cosas inanimadas voces o cualidades que son propias de los sentidos.

metal m. Cuerpo simple sólido a la temperatura ordinaria, a excepción del mercurio, conductor del calor y de la electricidad, y que se distingue de los demás sólidos por su brillo especial. || *Blas.* Oro o plata. || *Fig.* Calidad o condición: *eso es de otro metal.* | Dinero: *el vil metal.* | Timbre de la voz. || Calidad del sonido de una campana. || *Mús.* Término genérico con el que se designan los instrumentos de viento de una orquesta (trompeta, trombones, bugles, trompas).

metaldehído m. *Quím.* Cuerpo sólido, blanco, polímero del aldehído acético, usado como combustible.

metálico, ca adj. De metal o parecido a él: *objeto metálico; ruido metálico.* || Que contiene metal: *sustancia metálica.* || Relativo a las medallas: *historia metálica.* || — M. Dinero en monedas o billetes, por oposición a cheques: *pagar en metálico.*

metalífero, ra adj. Que contiene metal: *yacimiento metalífero.*

metalistería f. Técnica del trabajo con metales.

metalización f. Acción y efecto de metalizar.

metalizar v. t. Dar un brillo metálico. || Cubrir con una capa de metal o de aleación. || — V. pr. *Fig.* Tener un interés desmesurado por el dinero.

metaloide m. *Quím.* Cuerpo simple, mal conductor del calor y de la electricidad, que combinado con el oxígeno produce compuestos ácidos o neutros.

— Los *metaloides* son: flúor, cloro, bromo, yodo, oxígeno, azufre, selenio, teluro; nitrógeno, fósforo, arsénico, carbono, silicio y boro.

metalurgia f. Arte de extraer, elaborar y tratar los metales.

metalúrgico, ca adj. Relativo a la metalurgia: *la industria metalúrgica de Vizcaya.* || — M. El que se dedica a la metalurgia.

metalurgista m. Metalúrgico.

metamorfismo m. *Geol.* Profunda transformación física y química que sufre un mineral o roca bajo la influencia de acciones internas (calor y presión).

metamorfosear v. t. Transformar profundamente.

metamorfosis f. Transformación de un ser en otro. || Mudanza de forma y de modo de vida que experimentan los insectos y otros animales. || *Fig.* Cambio completo en la condición o carácter.

metano m. Gas incoloro, de densidad 0,554, producido por la descomposición de ciertos materiales orgánicos.

metaplasmo m. Cambio fonético que consiste en la alteración de una palabra por la supresión, adición o transposición de algunas letras.

metástasis f. Reproducción de un padecimiento por aparición de nuevos focos en una enfermedad.

metatarso m. Parte del pie comprendida entre el tarso y los dedos.

metate m. Piedra cuadrada usada en México para moler maíz y en España para labrar el chocolate.

metátesis f. *Gram.* Alteración del orden de las letras o sílabas de una palabra, v. gr.: *perlado* por *prelado, dejalde* por *dejadle.*

metatórax m. Parte posterior del tórax de los insectos, situada entre el mesotórax y el abdomen.

metazoo m. Animal constituido por células diferentes.

meteco m. En la ant. Grecia, extranjero que se establecía en Atenas. || Advenedizo. || Forastero.

metedor m. Pañal que se pone a los niños debajo del principal.

metedura f. *Fam.* Acción de meter algo. || *Fam. Metedura de pata,* dicho o hecho poco adecuado.

metempsicosis f. Supuesta reencarnación de las almas de un cuerpo a otro.

metense adj. y s. De Meta.

meteórico, ca adj. Perteneciente o relativo a los meteoros.

meteorito m. Fragmento de piedra o metálico que viene de los espacios interplanetarios.

meteorización f. Conjunto de modificaciones causadas en las rocas por los agentes atmosféricos.

meteorizar v. t. Causar meteorismo. || — V. pr. Padecerlo.

meteoro m. Cualquier fenómeno atmosférico: acuoso, como la *lluvia,* la *nieve,* el *granizo;* aéreo, como los *vientos;* luminoso, como el *arcoiris,* el *parhelio,* la *paraselene;* eléctrico, como el *rayo,* la *aurora boreal.* || *Fig.* Persona o cosa que brilla con resplandor fugaz.

meteorología f. Estudio de los fenómenos atmosféricos, especialmente para la previsión del tiempo.

meteorológico, ca adj. Perteneciente a la meteorología: *observación meteorológica; parte meteorológico.*

meteorologista com. y **meteorólogo** m. Especialista en meteorología.

meter v. t. Introducir: *meter la llave en la cerradura.* || Encerrar: *meter en la cárcel.* || Hacer entrar: *meter a un niño en el colegio.* || Introducir de contrabando: *meter tabaco.* || Hacer participar a una persona: *meter a uno en un negocio.* || Causar, producir: *meter ruido, escándalo, enredos.* || En costura, hacer una costura. || En el juego o la lotería, poner el dinero que se ha de jugar. || *Fam.* Dar, asestar: *meter un bofetón.* || — *Fig. A todo meter,* a toda velocidad. | *Tener metido en un puño,* dominar. || — V. pr. Introducirse: *meterse en la cama, por una calle.* || Enredarse en una cosa: *meterse en un mal negocio.* || Abrazar una profesión, seguir un oficio o estado: *meterse a soldado, a fraile.* || *Fig.* Frecuentar, tratar: *anda siempre metido con unos calaveras.* | Sumirse, abstraerse: *estar metido en un problema.* || Empezar: *meterse a escribir.* || Ocuparse: *¡métete en tus cosas y no en las mías!* || — *Fam.* Meterse con uno, fastidiarle, armarle camorra o atacarle. | Meterse en todo, inmiscuirse en cualquier asunto.

metiche adj. y s. *Méx.* Entremetido.

meticulosidad f. Carácter meticuloso.

meticuloso, sa adj. Minucioso, muy concienzudo, muy escrupuloso. || Miedoso. || Muy delicado, que requiere mucho cuidado.

metido, da adj. Abundante en ciertas cosas: *metido en carnes.* || — M. Empujón. || Puñetazo: *le dio un metido.* || Metedor, pañal. || Tela embebida en una costura.

metileno m. Radical químico formado por carbono e hidrógeno.

metílico, ca adj. *Quím.* Aplícase a ciertos cuerpos derivados del metano, especialmente el alcohol.

metilo m. *Quím.* Radical monovalente, derivado del metano.

metlapil m. *Méx.* Rodillo para moler el maíz en el metate.

metódico, ca adj. Hecho con método: *Enciclopedia Metódica.* || Que obra con método: *persona metódica.*

metodismo m. Doctrina de la comunidad protestante fundada en 1729 en Oxford por John Wesley, de gran rigidez de principios.

metodizar v. t. Poner método.

método m. Modo de decir o hacer una cosa con orden y según ciertos principios: *obrar con método.* || Modo de obrar: *cambiar de método.* || *Fil.* Procedimiento racional para llegar al conocimiento de la verdad y enseñarla: *método analítico, sintético.* || Obra que reúne según un sistema lógico los principales elementos de un arte o ciencia: *un método de lectura.*

metodología f. Parte de una ciencia que estudia los métodos que ella emplea.

metomentodo com. *Fam.* Persona entremetida.

metonimia f. Procedimiento estilístico que consiste en designar una cosa con el nombre de otra con la cual tiene cierta relación, v. gr.: *el laurel por la gloria, las canas por la vejez.*

metopa f. *Arq.* Espacio que hay entre los triglifos del friso dórico.

metraje m. Longitud de una cinta cinematográfica: *corto, largo metraje.*

metralla f. Pedazos de hierro y clavos con que se cargaban los cañones. || Fragmento en que se divide un proyectil al estallar.

metrallazo m. Disparo de metralla por una pieza de artillería.

metralleta f. Pistola ametralladora.

métrica f. Ciencia que estudia la estructura de los versos.

métrico, ca adj. Relativo al metro y a las medidas: *sistema métrico.* || Relativo a la medida de los versos: *arte métrica.* || — *Cinta métrica,* la dividida en metros y centímetros que sirve para medir. || *Quintal métrico,* peso de cien kilogramos (símb., q). || *Tonelada métrica,* peso de mil kilogramos (símb., t).

metrificación f. Versificación.

metrificar v. i. y t. Versificar.

metritis f. *Med.* Inflamación de la matriz o del útero.

metro m. Verso, con relación a la medida que a cada especie de versos corresponde: *comedia en variedad de metros.* || Unidad de longitud adoptada en casi todos los países y que sirve de base a todo un sistema de pesas y medidas (símb., m). || Objeto de medida que tiene la longitud de un metro. || Grupo determinado de sílabas largas o breves en una composición poética. || Forma rítmica de una obra poética, verso. || *Metro cuadrado,* unidad de superficie equivalente a la de un cuadrado de un metro de lado (símb., m^2). || *Metro cúbico,* unidad de volumen que equivale al de un cubo de un metro de lado (símb., m^3). || *Metro por segundo,* unidad de velocidad (símb., m/s).

metro m. *Fam.* Metropolitano.

metrónomo m. Instrumento para medir el tiempo y marcar el compás de las composiciones musicales.

metrópoli f. Ciudad principal, cabeza de provincia o Estado. || Iglesia arzobispal que tiene dependientes otras sufragáneas. || La nación, respecto a sus colonias o territorios exteriores.

metropolitano, na adj. Relativo a la metrópoli. || Arzobispal. || — M. Arzobispo. || Ferrocarril subterráneo o aéreo urbano: *el metropolitano de París.*

mexica adj. y s. Azteca.

mexicanismo m. Voz o giro propio de los mexicanos.

mexicano, na adj. y s. De México. || — M. Lengua azteca.

meyolote m. *Méx.* Cogollo fresco del maguey (es palabra azteca).

mezale m. *Méx.* Viruta de maguey raspado.

mezcal m. Variedad de pita. || Aguardiente que se saca de esta planta.

mezcalina f. Alcaloide extraído del mezcal.

mezcalismo m. *Méx.* Hábito de ingerir botones de mezcal (peyote), que producen alucinaciones.

mezcla f. Acción y efecto de mezclar o mezclarse. || Agregación de varias sustancias: *una mezcla de licores.* || Reunión de cosas diversas: *la vida es una mezcla de acontecimientos felices e infelices.* || Reunión de personas muy diferentes. || Tejido hecho con hilos de diferentes clases y colores. || Argamasa. || *Quím.* Asociación de varios cuerpos sin que exista combinación de los mismos. || Grabación simultánea en la cinta sonora cinematográfica de todos los sonidos necesarios (palabras, música, etc.).

mezclable adj. Que puede ser mezclado.

mezcladamente adv. Unidamente, de manera conjunta.

mezclador, ra m. y f. Persona que mezcla, une e incorpora una cosa con otra. || (Ant.). *Fig.* Persona chismosa, cuentista, cizañera. || — F. Máquina o aparato que se utiliza para mezclar diferentes cosas. || — M. Horno grande que se emplea como depósito del hierro colado en los altos hornos.

mezclar v. t. Juntar, incorporar una cosa con otra: *mezclar licores, colores.* || Reunir personas o cosas distintas. || Desordenar, revolver: *mezclar papeles.* || — V. pr. Introducirse, meterse uno entre otros. || Intervenir, participar en una cosa: *se mezcló en mis asuntos.*

mezclilla f. Tejido en que hay fibras de varias materias textiles.

mezcolanza f. *Fam.* Mezcla confusa. | Batiburrillo.

mezontete m. *Méx.* Tronco hueco de maguey, raspado y seco.

mezote m. Maguey seco.

mezquicopal m. *Méx.* Goma del mezquite.

mezquinar v. t. Dar poco de algo, obrar con mezquindad: *le mezquinó un plato de sopa.*

mezquindad f. Calidad de mezquino, avaricia. || Cosa mezquina.

mezquino, na adj. Avaro, tacaño. || Falto de nobleza y de magnanimidad: *procedimiento mezquino.* || Escaso: *sueldo mezquino.*

mezquita f. Edificio religioso musulmán: *la mezquita de Córdoba.*

mezquitamal m. Pan de semillas de mezquite molidas, que preparan los indígenas de México.

mezquitatol m. Bebida fermentada que preparan los indígenas de México con semillas de mezquite.

mezquite m. Árbol americano parecido a la acacia.

mezzo soprano m. Voz de mujer entre soprano y contralto.

mg, abrev. de *miligramo.*

Mg, símbolo químico del *magnesio.*

mi adj. pos. Apócope de *mío, mía: mi casa.* || *Mús.* Tercera nota de la escala musical.

mí, pron. pers. de primera persona: *me lo dijo a mí.*

miaja f. Migaja.

miasma m. Emanación perniciosa de las sustancias pútridas.

miau m. Onomatopeya del maullido del gato.

mica f. Mineral hojoso de brillo metálico, compuesto de silicato de aluminio y de potasio, que forma parte integrante de varias rocas.

micado m. Emperador del Japón.

micción f. Acción de orinar.

micelio m. Aparato de nutrición de los hongos.

micenio, nia y micénico, ca adj. y s. De Micenas.

michoacano, na adj. y s. De Michoacán (México).

micifuz m. *Fam.* Gato.

mico m. Mono pequeño de cola larga. || *Fig.* y *fam.* Persona muy fea. | Persona presumida o coqueta. | Mequetrefe. | Hombre pequeño. | Hombre lujurioso. || — *Fig.* y *fam. Dar el mico*, dar el chasco. | *Quedarse hecho un mico*, quedarse confuso, avergonzado. | *Ser el último mico*, ser una persona de la cual no se hace caso alguno.

micoate m. *Méx.* Culebra que se lanza desde los árboles sobre su presa.

micología f. Parte de la botánica que trata de los hongos.

micosis f. Enfermedad causada por un hongo.

micra f. Millonésima parte de un metro (símb., µ).

micro m. *Fam.* Apócope de *micrófono* y de *microbús*.

microamperio m. Millonésima parte del amperio (símb., µA).

microbiano, na adj. Relativo a los microbios: *enfermedad microbiana*.

microbio m. Ser unicelular infinitamente pequeño, sólo visible al microscopio.

microbiología f. Ciencia que estudia los microbios.

microbús m. Pequeño autobús.

microcefalia f. Tamaño de la cabeza inferior a lo normal.

microcéfalo, la adj. y s. De cabeza más pequeña que la normal.

microchip m. Circuito integrado que se halla impreso en una pequeña placa de plástico.

micrococo m. Microbio inmóvil de forma esférica.

microcosmo m. *Fil.* El hombre considerado como reflejo y resumen del universo o macrocosmo. || Mundo pequeño.

microfaradio m. Millonésima parte de un faradio (símb., µF).

microfilm y **microfilme** m. Película constituida por fotografías muy pequeñas para la reproducción de documentos.

microfísica f. Física del átomo y de los electrones.

micrófono m. Aparato eléctrico que recoge y transmite los sonidos aumentando su intensidad.

microhmio m. Millonésima parte del ohmio (símb., µΩ).

micrométrico, ca adj. Relativo al micrómetro.

micrómetro m. Instrumento para medir cantidades lineales o angulares muy pequeñas.

micrón m. Micra.

micronesio, sia adj. y s. De Micronesia.

microómnibus m. inv. Autobús de pequeñas dimensiones.

microonda f. Onda electromagnética cuya longitud está situada entre un mm y un m. || *Horno de microondas*, horno que produce calor gracias a una emisión de microondas.

microorganismo m. Microbio.

microscópico, ca adj. Hecho con el microscopio: *observaciones, vistas microscópicas*. || Que sólo puede verse con el microscopio: *ser microscópico*. || *Fig.* Muy pequeño.

microscopio m. Instrumento óptico para observar de cerca objetos extremadamente pequeños. || *Microscopio electrónico*, aquel en que los rayos luminosos son sustituidos por un flujo de electrones y que permite un aumento muy grande.

microsegundo m. Millonésima parte de un segundo (símb., Ms).

microsurco m. Ranura muy fina de algunos discos fonográficos que permite una larga audición. || Disco con estas ranuras (ú. t. c. adj.).

miedo m. Sentimiento de gran inquietud suscitado por un peligro real o imaginario: *tener miedo a los fantasmas*. || — *Fam. De miedo*, extraordinario, estupendo. | *De un feo que da miedo*, muy feo. | *Meter miedo*, asustar. || *Miedo cerval*, el muy grande. | *Fig. Morirse de miedo*, padecer gran miedo.

miedoso, sa adj. *Fam.* Que se asusta por todo (ú. t. c. s.).

miel f. Sustancia dulce, perfumada, espesa y viscosa, que preparan ciertos insectos con el néctar de las flores, principalmente las abejas. || Jugo o jarabe de la caña de azúcar. || *Fig.* Dulzura. || — *Fig. Luna de miel*, los primeros tiempos del matrimonio. | *Miel sobre hojuelas*, cosa que viene muy bien después de otra que y era buena.

mielga f. Planta leguminosa usada como forraje.

mielina f. Sustancia que envuelve las fibras nerviosas.

mielitis f. Inflamación de la médula espinal.

miembro m. Cualquiera de las extremidades del hombre y de los animales, articuladas con el tronco: *miembros superiores, inferiores*. || Órgano de la generación en el hombre y algunos animales: *el miembro viril*. || Individuo que forma parte de una comunidad, sociedad o cuerpo: *miembro del Instituto, de la Academia.* || *Arq.* Cada una de las partes principales de un edificio. || *Mat.* Cada una de las dos expresiones de una igualdad o desigualdad. || Cada división de un período o de una frase. || *Estado miembro*, el que forma parte integrante en un imperio, federación, comunidad internacional, etc.

miente f. Pensamiento. || — *Parar mientes*, reflexionar. || *Traer a las mientes*, recordar.

mientras adv. y conj. Durante el tiempo en que: *mientras yo trabajo, él juega*. || — *Mientras más*, cuanto más. || *Mientras tanto*, durante ese tiempo. || *Mientras que*, indica la oposición entre dos cosas.

miércoles m. Cuarto día de la semana. || *Miércoles de ceniza*, primer día de cuaresma.

mierda f. *Vulg.* Excremento. || *Fig.* Suciedad. | Cosa sin valor.

mies f. Cereal maduro. || Tiempo de la siega y cosecha. || — Pl. Los sembrados.

miga f. Migaja, trozo de una cosa. || Parte más blanda del pan. || *Fig.* Sustancia, enjundia. || Colegio de párvulos: *ir a la miga*. || — Pl. Pan desmenuzado y frito. || — *Fig.* y *fam. Hacer buenas* (o *malas*) *migas*, llevarse bien (o mal) dos o más personas. | *Hacerse migas*, destrozarse. | *Tener miga*, no ser nada fácil.

migaja f. Parte pequeña y menuda del pan que salta al romperlo. || Trozo pequeño de cualquier cosa. || — Pl. Desperdicios, sobras, cosa sin valor.

migajón m. Migaja grande.

migar v. t. Desmenuzar el pan. || Echar migajas de pan en un líquido: *migar la leche*.

migración f. Desplazamiento de individuos de un sitio a otro por razones económicas, sociales o políticas: *migraciones internacionales*. || Viaje periódico de ciertos animales, en particular de las aves de paso.

migratorio, ria adj. Relativo a las migraciones: *el movimiento migratorio de las aves*. || Que efectúa migraciones: *aves migratorias*.

migueleño, ña adj. y s. De San Miguel (El Salvador).

miguelete m. Antiguo fusilero de montaña en Cataluña. Soldado de la milicia foral en Guipúzcoa.

mijo m. Planta gramínea originaria de la India. || Su semilla.

mikado m. Micado.

mil adj. Diez veces ciento. || Milésimo: *el año mil*. || *Fig.* Gran número: *pasar mil angustias.* || — M. Signo o conjunto de signos con que se representa el número mil. || Millar: *gastar miles de pesetas.* || *Fig.* y *fam. A las mil y quinientas*, demasiado tarde, a deshora.

milagro m. Hecho sobrenatural: *los milagros de Jesucristo.* || Cosa extraordinaria que la razón no puede explicar: *todo es milagro en la naturaleza.* || Cosa magnífica: *los milagros de la ciencia.* || Drama religioso de la Edad Media. || — *Fig. La vida y milagros de uno*, todo lo que ha hecho. || *Fig.* y *fam. Vivir uno de milagro*, vivir con mucha dificultad; haber escapado de un gran peligro.

milagroso, sa adj. Debido a un milagro: *curación milagrosa.* || Que hace milagros: *imagen milagrosa.* || *Fig.* Maravilloso.

milanés, esa adj. y s. De Milán.

milano m. Ave rapaz diurna de plumaje rojizo. || Azor.

mildiu m. Enfermedad de la vid producida por un hongo microscópico que se desarrolla en las hojas.

milenario, ria adj. Que contiene mil unidades. || Que tiene mil años: *edificio milenario.* || *Fig.* Muy antiguo. || — M. Período de mil años. || Milésimo aniversario.

milenio m. Período de mil años.

milenrama f. Planta compuesta.

milésimo, ma adj. Que ocupa el lugar indicado por el número mil: *el milésimo año* (ú. t. c. s. m.). || — M. Cada una de las mil partes iguales de un todo.

milhojas m. inv. Pastel de hojaldre y merengue. || Milenrama.

mili f. *Fam.* Servicio militar.

miliamperímetro m. Amperímetro para medir los miliamperios.

miliamperio m. Milésima parte del amperio (símb., mA).

miliar adj. Parecido a un grano de mijo. || Dícese de una fiebre caracterizada por la erupción de vejiguillas semejantes a granos de mijo (ú. t. c. s. f.). || Aplícase a la columna o mojón que se colocaba en las vías romanas para marcar cada mil pasos.

milibar m. Milésima parte del bar (símb., mb).

milicia f. Gente armada que no forma parte del ejército activo y es una fuerza auxiliar. || Cuerpo de organización militar nacional. || Profesión militar. || Servicio militar. || Grupo de personas que defienden un ideal: *las milicias de la paz*. || *Milicias universitarias*, servicio militar especial hecho en España por los estudiantes.

miliciano, na adj. Relativo a la milicia. || — M. y f. Persona perteneciente a una milicia.

milico m. *Amér.* M. Militar, soldado o policía.

miligramo m. Milésima parte de un gramo (símb., mg).

mililitro m. Milésima parte de un litro (símb., ml).

milimétrico, ca adj. Relativo al milímetro. || Graduado en milímetros.

milímetro m. Milésima parte de un metro (símb., mm).

milimicra f. Milésima parte de la micra (símb., mμ).

militante adj. y s. Que milita, que lucha para el triunfo de una idea o partido: *político militante*. || *Iglesia militante*, reunión de los fieles que viven en la fe católica.

militar adj. Relativo a la milicia, al ejército o a la guerra: *servicio militar; tribunal militar*. || — M. El que forma parte del ejército: *un militar de carrera*.

militar v. i. Servir como soldado. || Tener una actividad política o religiosa: *militar en el partido socialista*. | Obrar a favor o en contra de uno: *esto milita contra usted*.

militarada f. Golpe de Estado llevado a cabo por los militares. || Acción propia de los militares.

militarismo m. Influencia de los militares en el gobierno del Estado. || Doctrina que lo defiende. || Actitud militarista.

militarista adj. Favorable al militarismo: *política militarista*. || — M. y f. Partidario del militarismo.

militarización f. Organización militar. || Sumisión a la disciplina y al espíritu militar.

militarizar v. t. Infundir la disciplina o el espíritu militar. || Dar una organización militar. || Someter a la disciplina a personas o agrupaciones civiles.

militermia f. Milésima parte de la termia.

milivatio m. Milésima parte del vatio (símb., mW).

milivoltio m. Milésima parte del voltio (símb., mV).

milla f. Medida itineraria marina (1 852 m). || Medida itineraria inglesa (1 609 m). || Medida itineraria romana (1 375 m).

millar m. Conjunto de mil unidades. || *Fig.* Número grande indeterminado: *acudieron millares de personas*.

millón m. Mil millares. || *Fig.* Número muy grande, indeterminado: *se lo he dicho millones de veces*. | *Mucho dinero: tiene millones*.

millonada f. Cantidad aproximada de un millón. | *Fig.* Cantidad muy grande: *gastó una millonada*.

millonario, ria adj. y s. Muy rico, que posee varios millones.

millonésimo, ma adj. y s. Dícese de cada una del millón de partes iguales en que se divide un todo. || Que ocupa el lugar indicado por el número un millón.

milonga f. Canción y baile popular de la Argentina.

milonguero, ra m. y f. Persona que canta o baila milongas.

milord m. Tratamiento que se da a los lores. (Pl. *milores*.)

milpa f. *Amér. C.* y *Méx.* Tierra en que se cultiva maíz y otras semillas.

milpear v. i. *Méx.* Trabajar la tierra.

milpiés m. Cochinilla.

miltomate m. *Guat.* y *Méx.* Tomate verde.

mimar v. t. Tratar con mucho cariño o demasiada indulgencia: *mimar a sus nietos*. || Expresar algo con gestos o ademanes.

mimbre m. Mimbrera, arbusto. || Rama de la mimbrera.

mimbrear v. i. Moverse o agitarse con flexibilidad, como el mimbre (ú. m. c. pr.).

mimbreño, ña adj. De la naturaleza del mimbre.

mimbrera f. Arbusto salicáceo, cuyas ramas largas, delgadas y flexibles se utilizan en cestería.

mimbreral m. Sitio poblado de mimbreras.

mimeografiar v. t. Reproducir en copias con el mimeógrafo.

mimeógrafo m. Multicopista para reproducir textos o figuras.

mimetismo m. Parecido que llegan a tener o que tienen ya algunas especies animales o vegetales con lo que les rodea o con otras especies con las cuales están en contacto. || Reproducción maquinal de gestos o ademanes.

mimetizar v. i. y pr. Adoptar un ser vivo el aspecto y los colores que le hacen confundirse con el entorno.

mímico, ca adj. Relativo al mimo o a la mímica. || Que expresa una acción con gestos o ademanes: *lenguaje mímico*. || — F. Arte de imitar o de darse a entender por medio de gestos y ademanes.

mimo m. Entre griegos y romanos, farsante del género bufo y comedia de estilo realista en la que se imitaba la vida y las costumbres de la época. || Representación en la que el actor manifiesta con gestos y ademanes la acción o los sentimientos. || Este actor. || Cariño, demostración excesiva de ternura. || Indulgencia exagerada que se manifiesta a un niño.

mimosa f. Planta originaria del Brasil de la familia de las mimosáceas, llamada también *sensitiva*.

mimosáceas f. pl. Familia de plantas leguminosas que comprende la acacia y la mimosa (ú. t. c. adj.).

mimoso, sa adj. Melindroso. || Muy cariñoso: *las niñas suelen ser mimosas*. || Delicado, regalón. || Mimado, consentido.

mina f. Yacimiento de minerales: *una mina de plomo*. || Excavación para extraer un mineral: *mina de carbón*. || Conjunto de las excavaciones e instalaciones que sirven para la explotación de un yacimiento de minerales. || Paso subterráneo para la conducción de aguas, alumbrado, etc. || Carga explosiva que se deja a flor de tierra, se entierra o se sumerge y que estalla por presión, choque, magnetismo, etc. || *Fig.* Lo que abunda en cosas útiles o curiosas: *una mina de noticias*. | Empleo o negocio que, sin mucho trabajo, produce grandes ganancias: *este comercio es una mina*. || Moneda que pesaba cien dracmas en Atenas. || *Chil.* y *Riopl. Vulg.* Mujer. || *Mina de lápiz*, barrita de grafito mezclado con arcilla.

minador, ra adj. Que mina. || — M. *Mar.* Barco para colocar minas. || Ingeniero que abre minas. || Soldado especializado en la instalación y manejo de minas, también llamado *zapador*.

minar v. t. Cavar lentamente por debajo: *el agua mina las piedras*. || *Fig.* Ir consumiendo poco a poco: *la tuberculosis le minaba el organismo*. || *Mil.* Colocar minas: *minar un puerto*.

minarete m. Galicismo por *alminar*.

mineral adj. Relativo a los cuerpos inorgánicos: *reino mineral; sustancias minerales*. || — M. Cuerpo inorgánico, sólido a la temperatura normal, que constituye las rocas de la corteza terrestre. || Elemento del terreno que contiene metales o metaloides aprovechables: *mineral de hierro, de plomo*.

mineralización f. Transformación de un metal en mineral al combinarse con otro cuerpo. || Estado del agua que contiene sustancias minerales disueltas.

mineralizar v. t. Comunicar a una sustancia las propiedades de mineral:

en este filón el azufre mineraliza el hierro. || — V. pr. Convertirse en mineral. || Cargarse el agua de sustancias minerales.

mineralogía f. Ciencia que trata de los minerales.

mineralógico, ca adj. Relativo a la mineralogía.

mineralogista m. Especialista en mineralogía.

minería f. Arte de explotar las minas. || Conjunto de individuos que se dedican a este trabajo. || Conjunto de las minas e industria minera de un país.

minero, ra adj. Relativo a las minas: *riqueza, producción minera.* || Referente a la explotación de las minas: *la industria minera.* || — M. El que trabaja en las minas.

minga f. *Arg., Bol., Chil., Col., Ecuad., Parag.* y *Per.* Reunión de amigos para trabajar en común, a cambio de una comida que ofrece quien solicita el trabajo.

mingitorio m. Urinario.

mingo m. Bola que, al comenzar el juego de billar, se coloca a la cabecera de la mesa. || — *Fam.* Poner el mingo, sobresalir, distinguirse.

miniatura f. Letra o dibujo de color rojo que encabezaba los manuscritos antiguos. || Pintura de pequeñas dimensiones, por lo común hecha sobre vitela o marfil. || Reproducción de un objeto en tamaño reducido. || *Fig.* Objeto diminuto y frágil. || *En miniatura,* en pequeño.

miniaturista com. Artista que pinta miniaturas.

minibús m. Pequeño autobús urbano.

minifalda f. Falda que llega encima de la rodilla.

minifundio m. Finca rústica de poca extensión.

mínima f. Cosa muy pequeña. || *Mús.* Nota equivalente a la mitad de la semibreve. || Temperatura más baja en un tiempo y lugar dados.

minimizar v. t. Reducir algo al mínimo. || *Fig.* Quitar importancia a algo: *minimizar un incidente.*

mínimo, ma adj. Muy pequeño: *cantidad mínima.* || Minucioso. || Que ha llegado al mínimo: *temperatura mínima.* || — M. Religioso de la orden fundada en Italia por San Francisco de Paula (1435). || Mínimum. || — *Mat. Mínimo común múltiplo* (ú. c. m.), el menor de los múltiplos comunes de dos o más números. || *Mínimo vital,* lo imprescindible para la subsistencia de una persona o familia.

mínimum m. Límite inferior de una cosa. || Cantidad más pequeña necesaria para hacer algo: *ser imprescindible un mínimum de gastos.*

minino, na m. y f. Gato.

minio m. Óxido de plomo de color rojo anaranjado, utilizado para proteger el hierro contra el orín.

ministerial adj. Relativo al ministerio o al ministro: *decreto ministerial.*

ministerio m. Misión, función: *el ministerio del sacerdocio, de la justicia.* || Conjunto de los ministros de un gobierno: *ministerio liberal, conservador.* || Empleo de ministro. || Cada uno de los departamentos en que se divide el gobierno de un Estado: *ministerio de la Gobernación, de la Guerra.* || Edificio donde se encuentra la oficina del ministro: *ir al ministerio.* || *Ministerio público,* el fiscal.

ministro m. Hombre de Estado encargado de un ministerio: *ministro de Marina, de Defensa.* || Oficial inferior de justicia. || Pastor en la Iglesia reformada. || — *Ministro de Dios,* sacerdote. || *Ministro plenipotenciario,* agente diplomático inferior al embajador. || *Ministro sin cartera,* agente que ayuda al Gobierno en su trabajo sin regentar ningún departamento ministerial. || *Primer ministro,* jefe del Gobierno.

minoico, ca adj. Cretense.

minoración f. Disminución.

minorar v. t. Disminuir.

minoría f. El número menor en una nación, población o asamblea, en oposición con *mayoría.* || Conjunto de votos dados en contra de lo que opina el mayor número de los votantes. || Condición de una persona que, a causa de su poca edad, no está considerada por la ley como responsable de sus actos o no es plenamente capaz jurídicamente: *minoría de edad.* || Tiempo durante el cual una persona es menor. || Período durante el cual un soberano no puede reinar a causa de su corta edad: *la minoría de Alfonso XIII.*

minorista m. Clérigo de menores. || Comerciante al por menor. || — Adj. Al por menor.

minoritario, ria adj. y s. Que pertenece a la minoría: *partido minoritario.* || Que se apoya sobre una minoría: *grupo minoritario.*

minuano, na adj. y s. De Lavalleja, dep. del Uruguay, y en particular de su cap. Minas.

minucia f. Menudencia, esmero con que se hace algo. || Pequeño detalle; cosa fútil.

minuciosidad f. Minucia, esmero, primor.

minucioso, sa adj. Que requiere o está hecho con mucho esmero: *trabajo minucioso.* || Que se para en los más pequeños detalles, detallista.

minué m. Baile francés del s. XVII ejecutado por dos personas. || Su música.

minuendo m. *Mat.* En una resta, cantidad de la que ha de sustraerse otra.

minúsculo, la adj. Diminuto, muy pequeño. || — F. Letra ordinaria de menor tamaño que la mayúscula.

minuta f. Lista de los platos de una comida. || Borrador de una escritura, acta, contrato, etc. || Honorarios de un abogado. || Lista, catálogo.

minutería f. Interruptor eléctrico automático.

minutero m. Aguja que señala los minutos en el reloj.

minuto m. Cada una de las sesenta partes iguales en que se divide una hora. || Sexagésima parte de un grado de círculo (símb., m o ').

mío, mía adj. y pron. pos. De mí: *este libro es mío.* || — *Fig.* y *fam. Ésta es la mía,* significa que ha llegado el momento de lograr lo que se pretende. || *Los míos,* mi familia.

miocardio m. Parte musculosa del corazón de los vertebrados, situada entre el pericardio y el endocardio.

miocarditis f. Inflamación del miocardio.

mioceno adj. m. *Geol.* Aplícase al período de la era terciaria que sigue al oligoceno (ú. t. c. s.).

miope adj. y s. Corto de vista. || *Fig.* Que no ve las cosas por muy patentes que estén.

miopía f. Defecto de la vista que sólo permite ver los objetos próximos al ojo. || *Fig.* Incapacidad de la inteligencia para ver con perspicacia.

miosota y **miosotis** f. *Bot.* Raspilla.

miquelete m. Miguelete.

mira f. Pieza de las armas de fuego para asegurar la puntería. || Regla graduada que se coloca verticalmente en los puntos del terreno que se quiere nivelar. || Obra elevada de fortificación que servía de atalaya. || *Fig.* Intención, objetivo: *tener miras altas.* || — *Con miras a,* con la idea de. || *Fig.* Poner la mira en una cosa, hacer la elección de ella o desearla.

mirabel m. Planta ornamental quenopodiácea. || Planta de girasol.

mirada f. Acción y manera de mirar, vista: *una mirada aguda.* || Ojos: *tener la mirada azul.* || Ojeada: *echar una mirada a un libro.*

mirado, da adj. Circunspecto, cauto, prudente: *hombre muy mirado.* || Cuidadoso: *ser muy mirado con las cosas personales.* || Tenido en buena o mala estima: *persona bien (o mal) mirada.*

mirador, ra adj. y s. Que mira. || — M. Lugar desde donde se contempla un paisaje. || Balcón cubierto cerrado con cristales.

miraguano m. Palmera de América y Oceanía cuyo fruto se usa para rellenar almohadas. || *Fig.* Parecer una persona, o cosa, de miraguano, ser muy delicada.

miramiento m. Acción de mirar. || Consideración, circunspección, reparo, prudencia: *proceder con miramiento.* || — Pl. Respeto, deferencia, consideración: *tener miramientos con las personas de edad.*

mirandense adj. y s. De Miranda (Venezuela).

mirandés, esa adj. y s. De Miranda de Ebro (España).

mirar v. t. Fijar atentamente la mirada en: *mirar de cerca, de lejos* (ú. t. c. pr.). || Estar orientado hacia: *la casa mira al Sur.* || Buscar, considerar, interesarse por: *sólo mira a su provecho.* || *Fig.* Juzgar, estimar: *mirar bien a uno.*

Examinar, reflexionar, considerar: *bien mirado todo.* | Cuidar, ocuparse de: *mirar por sus negocios; mire a que no le falte nada.* | Averiguar, inquirir, informarse: *mire usted si ha llegado.* || — *Fig. y fam. De mírame y no me toques,* dícese de las personas delicadas de salud o de las cosas frágiles. || *¡Mira!,* interjección que indica la sorpresa o sirve para llamar la atención. || *Mirar de arriba abajo,* hacerlo con aire impertinente y cierto desprecio. || *Mirar por una cosa,* tener cuidado de ella.

mirasol m. *Bot.* Girasol.

miríada f. Cantidad muy grande, pero indefinida: *miríada de insectos, de estrellas.*

miriámetro m. Medida de diez mil metros (símb., Mm).

miriápodo m. Animal articulado que tiene uno o dos pares de patas en cada uno de sus numerosos artejos. || — M. pl. Clase de estos animales.

mirífico, ca adj. Que parece demasiado maravilloso para poder realizarse: *proyectos miríficos.*

mirilla · f. Abertura muy discreta en una puerta para ver quién llama sin ser visto. || Abertura pequeña que sirve para observar el interior de una caldera, máquina, etc.

miriñaque m. Armadura de alambre o ballenas que llevaban las mujeres para ahuecar las faldas.

mirlo m. Pájaro de plumaje oscuro, parecido al tordo. || *Fig. y fam. Ser un mirlo blanco,* ser una persona muy difícil de encontrar por sus cualidades excepcionales.

mirón, ona adj. Curioso.

mirra f. Gomorresina aromática empleada para hacer incienso y fabricar perfumes.

mirtáceas f. pl. Familia de plantas angiospermas dicotiledóneas.

mirto m. Arrayán.

misa f. Ceremonia religiosa en la que el sacerdote católico, ante el altar, ofrece a Dios Padre el sacrificio del cuerpo y la sangre de Jesucristo bajo las especies de pan y vino. || — *Cantar misa,* decirla por vez primera el sacerdote recién ordenado. || *Fig. y fam. Como en misa,* con gran silencio y respeto. || *Decir misa,* celebrarla el sacerdote. || *Fig. y fam. De misa y olla,* dícese del sacerdote, o de cualquier otra persona, de cortos estudios y escasa autoridad. || *Misa cantada,* la celebrada con canto. || *Misa del gallo,* la celebrada la víspera de Navidad a las doce de la noche. || *Misa de réquiem,* la celebrada por los difuntos. || *Misa mayor,* la cantada y solemne. || *Misa negra,* la dicha en honor del diablo. || *Misa rezada,* la ordinaria sin canto.

misal m. Devocionario, libro que leen los fieles cuando se celebra la misa. || Libro que lee el sacerdote durante la misa.

misantropía f. Odio a los hombres y a la sociedad.

misantrópico, ca adj. Propio de los misántropos.

misántropo m. Hombre huraño que huye del trato humano.

miscelánea f. Mezcla de cosas diversas. || *Méx.* Tienda pequeña: *ve por un kilo de harina a la miscelánea.*

miscible adj. Que puede formar con otro cuerpo una mezcla homogénea. || Mezclable.

miserable adj. y s. Malvado, infame: *acción miserable.* || Tacaño, mezquino. || — Adj. Pobre, de pocos recursos: *una familia miserable.* || Ínfimo, escaso: *sueldo miserable.* || Mísero: *¡miserable de mí!* || Lastimoso: *estaba en un estado miserable.*

miseria f. Desgracia, infortunio: *sufrir muchas miserias.* || Pobreza extremada: *vivir en la miseria.* || Avaricia, mezquindad. || Piojos que cría una persona. || *Fig. y fam.* Cosa de muy poco valor: *pagar con una miseria.*

misericordia f. Virtud que nos inclina a ser compasivos. || Perdón: *pedir misericordia.* || Ménsula en los asientos movibles del coro de las iglesias para descansar medio sentado en ella.

misericordioso, sa adj. y s. Inclinado a la compasión y al perdón: *hombre misericordioso.*

mísero, ra adj. y s. Desgraciado. || Tacaño.

misia o **misiá** f. En algunos sitios, particularmente en América, tratamiento de su ama y de amistosa y familiarmente a las señoras casadas o viudas.

misil m. Cohete, proyectil balístico.

misión f. Facultad que se otorga a una persona para que desempeñe algún cometido: *cumplir una misión.* || Comisión temporal otorgada por el Gobierno a un agente especial: *misión diplomática, científica.* || Conjunto de las personas que han recibido este cometido. || Serie de predicaciones para la instrucción de los fieles y la conversión de los pecadores. || Establecimiento de misioneros o región en que predican: *país de misión.* || Labor a que está obligada una persona en razón de su cargo o condición: *la misión del profesor.* — En América, las más célebres fueron las *Misiones del Paraguay,* organización de los jesuitas destinada a catequizar a los indios. Éstos fueron agrupados en *reducciones,* y se establecieron a principios del s. XVII en el S. del actual Paraguay, NE. de la Argentina, S. del Brasil y el Uruguay. Se extinguieron después de la expulsión de sus fundadores en 1767.

misionero, ra adj. Relativo a la misión evangélica. || — M. y f. Persona que predica la religión cristiana en las misiones. || — Adj. y s. De Misiones (Argentina y Paraguay).

misiva f. Carta, mensaje.

mismo, ma adj. Denota identidad, similitud o paridad: *su mismo padre lo ha hecho; del mismo color, de la misma edad.* || Se agrega a los pronombres personales y a algunos adverbios

para darles más fuerza: *yo mismo; hoy mismo.* || Hasta, incluso: *sus mismos hermanos le odian.* || — *Ahora mismo,* en el acto. || *Así mismo,* también; de la misma manera. || *Estar en las mismas,* no haber ocurrido ningún cambio. || *Lo mismo,* la misma cosa. || *Lo mismo da,* no importa. || *Por lo mismo,* por esta razón, a causa de ello. || *Volver a las mismas,* caer uno en los mismos errores que antes.

misoginia f. Aversión u odio a las mujeres.

misógino adj. y s. Que rehúye el trato con las mujeres.

misterio m. Conjunto de doctrinas y prácticas religiosas que sólo deben conocer los iniciados: *misterio eleusino.* || En la religión cristiana, dogma inaccesible a la razón y que debe ser objeto de fe: *el misterio de la Santísima Trinidad.* || *Fig.* Cosa incomprensible: *el corazón tiene sus misterios.* | Lo que sólo puede ser comprendido por unos pocos iniciados: *los misterios de la poesía.* | Cosa secreta: *andar siempre con misterios.* || Obra teatral de la Edad Media de asunto religioso, que trataba principalmente de la Pasión de Jesucristo.

misterioso, sa adj. Que encierra en sí misterio: *crimen misterioso.* || Que anda siempre con misterios: *hombre misterioso.*

mística f. Parte de la teología que trata de la vida espiritual y contemplativa. || Literatura mística.

misticismo m. Estado de la persona que se dedica a la contemplación de Dios o de las cosas espirituales. || *Teol.* Unión inefable, entre el alma y Dios por medio del amor, que puede ir acompañada de éxtasis y revelaciones. || Doctrina filosófica y religiosa, según la cual se puede comunicar directamente con Dios en la visión intuitiva o el éxtasis. || Corriente literaria cuyos principales representantes son San Juan de la Cruz y Santa Teresa de Jesús, caracterizada por la adoración y contemplación de Dios.

místico, ca adj. Que se refiere a los misterios cristianos y a las realidades invisibles: *teología mística.* || Que pertenece al misticismo: *autor místico* (ú. t. c. s.). || De sentido oculto, figurado o alegórico.

mistificación f. Falseamiento.

mistificar v. t. Falsear, falsificar. || Burlarse, engañar.

mistol m. *Arg., Bol.* y *Parag.* Planta espinosa con cuyo fruto se elabora arrope.

mistral m. Viento frío y seco que sopla del Norte en las costas del Mediterráneo.

mita f. Trabajo pagado al que estaba obligado durante cierto tiempo el indio americano. || Tributo que pagaban los indios del Perú.

mitad f. Cada una de las dos partes iguales en que se divide un todo: *un hemisferio es la mitad de una esfera.* || Medio: *llegar a la mitad del camino.* || *Fig.* La mayor parte: *la mitad del* *tiempo no está en su casa.* || *Fam.* Cónyuge. || — *Mitad y mitad,* a partes iguales. || *Partir por la mitad,* cortar por partes iguales; (fam.) molestar. || *Méx. Fam.* Poner a uno en mitad del arroyo, sacar al que molesta. || — *Adv.* En parte: *mitad hombre, mitad animal.*

mitayo m. En América, indio sorteado para el trabajo. || Indio que llevaba lo recaudado en la mita.

mítico, ca adj. Relativo a los mitos o parecido a ellos.

mitigación f. Acción y efecto de mitigar o mitigarse.

mitigar v. t. Aplacar, disminuir, calmar: *mitigar el hambre, el dolor.* || Suavizar una cosa áspera: *mitigar la acidez de un líquido* (ú. t. c. pr.). || Hacer menos riguroso: *mitigar una pena, una ley.* || Moderar: *mitigar el paro.*

mitimaes m. pl. *Per.* Colonias de indios que mandaban los incas a las regiones recién conquistadas. || Indios que servían en las filas españolas.

mitin m. Reunión pública de asuntos políticos o sociales: *mitin electoral.* || *Fig. y fam. Dar el mitin,* llamar mucho la atención.

mito m. Relato de los tiempos fabulosos y heroicos, de sentido generalmente simbólico: *los mitos griegos.* || Relato alegórico basado en una generalidad histórica, filosófica o física: *el mito solar.* || *Fig.* Cosa que no tiene realidad concreta: *el mito de la Atlántida.*

mitocondria f. Parte de las células que se encarga de la producción de energía.

mitología f. Historia fabulosa de los dioses, semidioses y héroes de la Antigüedad: *la mitología grecorromana, escandinava.* || Ciencia e interpretación de los mitos.

mitológico, ca adj. Relativo a la mitología.

mitomanía f. Tendencia patológica a mentir o a relatar cosas fabulosas.

mitómano, na adj. y s. Que sufre de mitomanía.

mitón m. Guante de punto o de malla sin dedos.

mitosis f. *Biol.* División de la célula en que el núcleo conserva el mismo número de cromosomas. (Las cuatro fases de la *mitosis* son profase, metafase, anafase y telofase.)

mitote m. *Méx.* Baile de los aztecas. || *Amer.* Fiesta casera. || — *Fig.* Melindre, aspaviento. || Bulla, pendencia, alboroto.

mitotear v. i. *Amer. Fig.* Hacer melindres.

mitotero, ra adj. y s. *Amer. Fig.* Melindroso. || Bullanguero. || Chismoso.

mitra f. Toca puntiaguda de los antiguos persas. || Toca alta y en punta que llevan los prelados en las solemnidades. || *Fig.* Dignidad de arzobispo u obispo.

mitrado, da adj. Que usa o puede usar mitra: *abad mitrado.* || — M. Arzobispo u obispo.

mitral adj. En forma de mitra. || *Anat.* Dícese de la válvula que existe entre la aurícula y el ventrículo izquierdos del corazón.

mituano, na o **mituense** adj. y s. De Mitú (Colombia).

mixcoacalli m. Entre los aztecas, escuela de música y baile.

mixe adj. y s. Grupo étnico de los estados de Oaxaca, Veracruz y Chiapas, México.

mixiote m. Membrana de la penca del maguey. (Los aztecas la usaron para su escritura.)

mixomatosis f. Enfermedad infecciosa del conejo.

mixomicetos m. pl. Orden de hongos.

mixteca adj. y s. Indígena mexicano, en el S. del país (Oaxaca, Guerrero y Puebla).

mixtificación f. Mistificación.

mixtificar v. t. Mistificar.

mixto, ta adj. Mezclado e incorporado con una cosa. || Compuesto de elementos de distinta naturaleza: *cuerpo mixto.* || Híbrido, mestizo. || Que sirve de transición entre las cosas. || Que comprende personas de ambos sexos o pertenecientes a grupos distintos: *escuela mixta.* || *Tren mixto,* que transporta viajeros y mercancías. || — M. Fósforo, cerilla. || Sustancia inflamable empleada en la guerra, en pirotecnia, etc. || Fulminante.

mixtura f. Mezcla.

mízcalo m. Hongo comestible.

ml, abreviatura del *mililitro.*

mm, abreviatura del *milímetro.*

Mm, abreviatura de *miriámetro.*

Mn, símbolo químico del *manganeso.*

mnemónico, ca adj. Mnemotécnico. || — F. Mnemotecnia.

mnemotecnia f. Arte de cultivar la memoria mediante ejercicios apropiados. || Empleo de procedimientos científicos para fijar en la memoria datos difíciles de recordar.

mnemotécnico, ca adj. Relativo a la mnemotecnia: *método mnemotécnico.* || — F. Mnemotecnia.

Mo, símbolo químico del *molibdeno.*

moaré m. Muaré.

mobiliario, ria adj. Mueble. || *Com.* Transmisible: *valores mobiliarios.* || — M. Conjunto de los muebles.

moblaje m. Mobiliario.

moca m. Café de la ciudad de Moka (Arabia).

mocasín m. Calzado de los indios de América del Norte. || Zapato muy flexible de una sola pieza y casi cerrado.

mocedad f. Juventud, edad comprendida entre la niñez y la edad adulta.

mocerío m. Conjunto de mozos.

mocetón, ona m. y f. Persona joven, alta y fuerte.

moche m. V. TROCHEMOCHE.

mochica adj. y s. Individuo de un pueblo indígena de la costa N. del ant. Perú.

mocho, cha adj. Romo, sin punta, sin cuernos, sin coronamiento, sin ramas. || *Méx.* Aplícase al conservador, reaccionario (ú. t. c. s.).

mochuelo m. Ave rapaz nocturna que se alimenta principalmente de roedores y reptiles. || *Fig. y fam.* Cualquier cosa difícil o molesta: *le cargaron el mochuelo.* || *Fig. Cada mochuelo a su olivo,* ha llegado el momento de ir a su casa o de ocuparse cada uno de sus asuntos.

moción f. Proposición que se hace en una asamblea: *presentar una moción de censura.*

moco m. Sustancia pegajosa y viscosa segregada por las glándulas mucosas, especialmente la que fluye de las narices. || Extremo del pabilo de una vela encendida. || Escoria que sale al batir el hierro. || *Mar.* Palo corto situado verticalmente debajo del bauprés. || — *Fig. y fam. Caérsele el moco a uno,* ser muy estúpido. || *Llorar a moco tendido,* llorar sin parar.

mocoano, na adj. y s. De Mocoa.

mocoso, sa adj. Que tiene las narices llenas de mocos. || — Adj. y s. *Fig.* Aplícase a los niños mal educados o demasiado presumidos.

moda f. Gusto que predomina en cierta época y determina el uso de vestidos, muebles, etc.: *seguir la moda.* || Manera de vestirse: *la moda parisiense.* || Pasión colectiva: *la moda de las novelas policiacas.*

modal adj. Que comprende o incluye modo o determinación particular. || *Gram.* Relativo a los modos verbales. || — M. pl. Manera de portarse en sociedad: *persona con modales finos.*

modalidad f. Modo de ser o de manifestarse una cosa. || Categoría.

modelado m. Acción de modelar. || Relieve de las formas en escultura y pintura.

modelador, ra adj. Que modela. || — M. y f. Artista que modela, escultor.

modelar v. t. Formar con barro, cera, etc., una figura o adorno. || Pintar una figura con relieve por medio de claroscuro. || *Fig.* Adaptar: *modelar su conducta.* || — V. pr. *Fig.* Ajustarse a un modelo.

modelista m. y f. Operario encargado de los moldes para el vaciado de piezas de metal, cemento, etc. || Persona que dibuja modelos de costura.

modelo m. Objeto que se reproduce o se imita: *esta casa me ha servido de modelo para la mía.* || Representación de alguna cosa en pequeña escala: *modelo reducido; un modelo de fabricación.* || Persona, animal u objeto que reproduce el pintor o escultor: *un modelo clásico.* || Obra de arte de barro o cera que se reproduce luego en forma de escultura. || Persona o cosa digna de ser imitada: *un modelo de virtudes.* || Vestido original en una colección de alta costura. || *Tecn.* Construcción de una o varias piezas para hacer el molde en el cual se vaciarán los objetos. || — F.

Mujer que en las casas de modas exhibe los nuevos modelos de costura: *desfile de modelos.* || — Adj. inv. Perfecto en su género, digno de ser imitado: *una escuela modelo.* || *Modelo para armar,* pasatiempo que consiste en un modelo a escala que viene en piezas que deben pegarse para construirlo.

módem m. Aparato que permite que las computadoras se conecten entre sí por medio de las líneas telefónicas.

moderación f. Virtud que consiste en permanecer igualmente alejado de ambos extremos: *ejercer el poder con moderación.* || Cordura, sensatez.

moderado, da adj. Que tiene moderación: *ser moderado en sus ambiciones.* || Que no es excesivo: *precio moderado.* || En política, alejado de los partidos radicales o extremistas (ú. t. c. s.).

moderador, ra adj. y s. Que modera. || Aplícase a la sustancia o al mecanismo que frena, regula o atenúa las acciones demasiado enérgicas: *moderador de grafito.*

moderar v. t. Templar, reducir la intensidad: *moderar el calor, la velocidad.* || Contener en unos límites razonables, fuera de todo exceso: *moderar las pasiones.* || — V. pr. Contenerse: *moderarse en los actos.*

moderato adv. *Mús.* Con movimiento moderado.

modernidad f. Modernismo.

modernismo m. Calidad de moderno. || Afición a las cosas modernas, especialmente en literatura, arte y religión. || Movimiento religioso de fines del s. XIX que pretendía adaptar el catolicismo a la vida moderna. || Movimiento literario de renovación que surgió a fines del s. XIX en España e Hispanoamérica y orientó la poesía hacia una estética sincera y refinada. (Sus principales representantes fueron Rubén Darío, Santos Chocano, Leopoldo Lugones y Amado Nervo.)

modernista adj. Relativo al modernismo. || — Adj. y s. Partidario del modernismo.

modernización f. Acción y efecto de modernizar.

modernizar v. t. Dar forma o aspecto moderno a las cosas antiguas (ú. t. c. pr.).

moderno, na adj. Que pertenece a la época actual o existe desde hace poco tiempo: *un descubrimiento moderno.* || Que representa el gusto actual: *muebles modernos.* || *Edad Moderna,* tiempo posterior a la Edad Media, que va desde la toma de Constantinopla (1453) o desde el descubrimiento de América (1492) hasta fines del siglo XVIII. || — M. Lo que es moderno, actual.

modestia f. Virtud por la cual uno no habla ni piensa con orgullo de sí mismo. || Sencillez. || Pudor.

modesto, ta adj. y s. Que da pruebas de modestia.

modicidad f. Calidad de módico o moderado.

módico, ca adj. Limitado, reducido, escaso, de poca importancia.

modificación f. Cambio.

modificador, ra adj. y s. Que modifica.

modificar v. t. Cambiar una cosa sin alterar su naturaleza misma: *modificar una propuesta.* || *Gram.* Determinar o cambiar el sentido: *el adverbio se usa para modificar el verbo.* || — V. pr. Cambiar.

modismo m. *Gram.* Expresión o giro propio de un idioma.

modista com. Persona que hace prendas de vestir para señoras. || — F. Mujer que tiene una tienda de modas.

modistería f. *Amer.* Tienda de modas.

modisto m. *Barb.* por *modista,* sastre para señoras.

modo m. Manera de ser, de manifestarse o de hacer una cosa: *modo de obrar.* || Cada una de las formas del silogismo. || *Gram.* Manera de expresar el estado o la acción del verbo. (Los modos del verbo castellano son cinco: *infinitivo, indicativo, imperativo, potencial* y *subjuntivo.*) || *Mús.* Disposición de los intervalos de una escala musical: *modo mayor y menor.* || — Pl. Modales: *buenos, malos modos.* || Cortesía, urbanidad. || *Al o a modo de,* como. || *A mi modo,* según mi costumbre. || *De modo que,* de suerte que. || *De todos modos,* sea lo que fuere. || *En cierto modo,* por una parte. || *Modo adverbial,* locución invariable equivalente a un adverbio como *a sabiendas, con todo, en efecto,* etc. || *Modo de ver,* punto de vista, parecer. || *Méx. Ni modo,* dícese de lo que es irreversible, que ya no tiene solución.

modorra f. Sueño pesado, sopor. || Enfermedad parasitaria del ganado lanar.

modosidad f. Calidad de modoso. || Recato.

modoso, sa adj. Que tiene buenos modales, formal. || Recatado.

modulación f. Acción de modular la voz o el tono. || Variación en el tiempo de una de las características de una onda (amplitud, frecuencia, fase) con arreglo a una ley determinada.

modulador, ra adj. y s. m. Que modula.

modular v. t. e i. Ejecutar algo por medio de inflexiones diversas de la voz. || *Mús.* Pasar de un tono a otro en una composición. || *Electr.* Modificar la amplitud, frecuencia o fase de una onda portadora.

módulo m. Medida comparativa de las partes del cuerpo humano en los tipos étnicos de cada raza. || *Arq.* Unidad convencional que sirve para determinar las proporciones de una construcción. | Semidiámetro de una columna. || Media anual del caudal de un río o canal. || *Mat.* Cantidad que sirve de comparación para medir otras. || Coeficiente que sirve para caracterizar una propiedad mecánica: *módulo de elasticidad.* || *Mús.* Modulación.

modus vivendi m. Transacción entre dos partes en litigio sin que haya arreglo verdadero.

mofa f. Burla, befa.

mofador, ra adj. y s. Que se mofa o burla.

mofar v. i. Burlarse.

mofeta f. Gas irrespirable que se desprende de las minas y canteras. || Gas carbónico que emana en las regiones volcánicas después de las erupciones. || Mamífero carnicero de América parecido a la comadreja, que cuando se ve perseguido lanza un líquido hediondo.

moflete m. *Fam.* Carrillo.

moghrebino, na adj. y s. Maghrebino.

mogol, la adj. y s. Mongol. || *Gran Mogol,* título de los soberanos de una dinastía mahometana en la India. (V. MONGOL.)

mogólico, ca adj. Mongólico, de Mongolia.

mogollón m. Entremetimiento. || *Fam. De mogollón,* por casualidad, sin méritos, gratuitamente.

mogón, ona adj. Dícese de la res vacuna descornada.

mogrevino, na adj. y s. Maghrebino.

mohair m. Pelo de cabra de Angora. || Tejido hecho con este pelo.

mohawk m. Pueblo indígena norteamericano.

mohicano adj. y s. Dícese del individuo de una tribu india de Estados Unidos (Connecticut).

mohín m. Mueca o gesto de desagrado o mal humor.

mohíno, na adj. Enfadado, de mal humor. || Triste. || Dícese del macho o mulo nacidos de caballo y burra. || Aplícase a las caballerías que tienen el pelo, sobre todo el hocico, de color muy negro. || — F. Enfado, disgusto, enojo.

moho m. Hongo muy pequeño que se cría en la superficie de ciertos cuerpos orgánicos. || Capa de óxido que se forma en la superficie de algunos metales, como el hierro y el cobre.

mohoso, sa adj. Cubierto de moho o herrumbre.

moiré [*muaré*] m. (pal. fr.). Muaré.

moisés m. Cuna de mimbre.

mojada f. Mojadura.

mojado, da adj. *Gram.* Aplícase al sonido que se pronuncia apoyando el dorso de la lengua contra el paladar. || *Fig. Ser papel mojado,* carecer de valor y eficacia.

mojador, ra adj. Que moja. || — M. Cosa que sirve para mojar. || *Impr.* Depósito en que se mojan las hojas de papel antes de la impresión. || Cepillo o esponja usado para mojar la ropa.

mojadura f. Acción y efecto de mojar o mojarse.

mojama f. Cecina de atún.

mojar v. t. Humedecer una cosa con agua u otro líquido: *mojar la ropa* (ú.

t. c. pr.). || *Fig.* y *fam.* Celebrar con vino un acontecimiento feliz: *mojar una victoria.* || – V. i. *Fig.* Introducirse o tener parte en un negocio (ú. t. c. pr.).

mojarra f. Pez marino acantopterigio, pequeño y comestible.

mojasellos m. Utensilio en que se mojan los sellos para pegarlos.

mojicón m. Bizcocho de mazapán bañado. || Bollo para tomar chocolate. || *Fam.* Puñetazo.

mojiganga f. Fiesta pública de máscaras. || Obrilla dramática muy breve parecida a la farsa. || *Fig.* Burla, broma.

mojigatería f. Hipocresía. || Beatería.

mojigato, ta adj. y s. Hipócrita. || Santurrón, beato. || Gazmoño.

mojo, ja adj. y s. Indio boliviano de la familia de los arawakos.

mojón m. Hito, poste o señal para indicar los límites. || *Por ext.* Señal que sirve de guía en un camino. || Excremento humano.

moka m. Moca.

mol m. Molécula gramo.

mola f. Harina de cebada tostada y mezclada con sal que usaban los gentiles en sus sacrificios.

molar adj. Relativo a la muela. || *Diente molar,* dícese de cada uno de los dientes posteriores a los caninos. Ú. m. c. s. m.: *el molar; los molares.*

molcajete m. *Méx.* Morterillo de piedra.

molcajetear v. t. *Méx.* Moler o machacar una cosa en el molcajete.

moldar v. t. Amoldar. || Moldurar, hacer molduras.

moldavo, va adj. y s. De Moldavia.

molde m. Pieza en la que se hace en hueco la figura del objeto que se quiere estampar o reproducir. || Instrumento que sirve para dar forma a una cosa: *molde de hacer media, encaje.* || *Fig.* Modelo. || – *De molde,* a propósito, oportunamente; perfectamente. || – *Letra de molde,* la impresa.

moldeable adj. Que se puede moldear.

moldeado m. Operación que consiste en moldear un objeto.

moldeador, ra adj. y s. m. Que moldea o sirve para moldear.

moldear v. t. Sacar el molde de un objeto. || Vaciar en un molde. || *Fig.* Dar cierta forma o carácter: *la vida nos moldea* (ú. t. c. pr.).

moldura f. Parte saliente, de perfil uniforme, que sirve para adornar obras de arquitectura, carpintería, etc.

moldurar v. t. Hacer molduras.

mole adj. Muelle. || – F. Cosa voluminosa y mal delimitada: *apenas se veía la mole de las nuevas construcciones.* || – M. *Méx.* Guiso que se prepara con salsa de chile y de ajonjolí.

molécula f. Partícula formada de átomos que representa la cantidad más pequeña de un cuerpo que pueda existir en estado libre: *una molécula de hidrógeno.* || *Molécula gramo,* masa re-

presentada por la fórmula de un cuerpo químico.

molecular adj. Relativo a las moléculas: *agrupación molecular.*

*moler v. t. Triturar, reducir un cuerpo a partes menudísimas o a polvo: *moler grano.* || *Fig.* Fatigar, cansar: *moler a uno con el trabajo.* | Maltratar: *moler a palos, a golpes.*

molestar v. t. Causar molestia, incomodar: *¿le molesta el humo?* || Fastidiar, importunar: *es molesta hacer visitas.* || Ofender, herir: *lo que le dije le molestó.* || Hacer daño: *me molestan estos zapatos.* || – V. pr. Tomarse la molestia de hacer algo: *no se ha molestado en ayudarme.* || Picarse, ofenderse: *se molesta por cualquier cosa.*

molestia f. Contrariedad, disgusto: *su carácter le acarreó muchas molestias.* || Fastidio: *es una molestia ir a este sitio ahora.* || Trabajo: *tomarse la molestia de ir a hacer un recado.* || – Pl. Achaques de salud: *tener molestias en una pierna.*

molesto, ta adj. Que causa molestia: *una pregunta molesta.* || *Fig.* Que la siente, incómodo: *estar molesto en un sillón.* | Enfadado, enojado: *estoy molesto con ellos.*

moleta f. Piedra o guijarro para moler drogas, colores, etc. || Instrumento que sirve para machacar materias duras.

molibdenita f. Sulfuro natural de molibdeno.

molibdeno m. Metal muy duro, de color y brillo plomizos y número atómico 42 (símb., Mo).

molicie f. Blandura. || *Fig.* Mucha comodidad, regalo: *vivir con molicie.*

molido, da adj. *Fig.* Muy cansado: *estoy molido de tanto trabajar.* | Maltrecho: *molido a golpes.*

molienda f. Acción de moler. || Cantidad molida de una vez. || Tiempo que dura la acción de moler, especialmente la caña.

molinar m. Sitio donde están reunidos varios molinos.

molinería f. Conjunto de molinos. || Industria que transforma en harina los granos.

molinero, ra adj. Relativo al molino o a la molinería: *industria molinera.* || – M. y f. Persona que tiene un molino o trabaja en él. || – F. Mujer del molinero.

molinete m. Ruedecilla de aspas colocada en las vidrieras para que se renueve el aire. || Juguete de papel u otro material que gira a impulsos del viento. || Figura de baile. || Movimiento circular que se hace con el bastón o espada para defenderse. || Galicismo por *torniquete.*

molinillo m. Utensilio pequeño para moler: *molinillo de café.* || Palillo para batir el chocolate.

molino m. Máquina para moler o estrujar: *molino de aceite, de harina.* || Edificio donde está instalada esta má-

quina: *molino de agua, de viento.* || *Fig.* Persona bulliciosa o muy molesta. || *Fig. Molinos de viento,* enemigos fantásticos o imaginarios.

molla f. Parte carnosa del cuerpo. || – Pl. Gordura, exceso de carne.

mollar adj. Blando y fácil de partir o quebrantar: *tierra mollar.* || Aplícase a ciertos frutos blandos: *guisante mollar.*

molle m. Nombre vulgar de un árbol terebintáceo de América, llamado también *árbol del Perú.*

molleja f. Estómago muscular de las aves. || *Apéndice carnoso formado las más de las veces por infarto de las glándulas.

mollendino, na adj. y s. De Mollendo (Perú).

mollera f. *Anat.* Parte más alta del casco de la cabeza. | Fontanela. || *Fig.* Caletre, juicio, seso.

mollete m. Panecillo esponjoso de forma ovalada.

moloc m. Saurio de Australia cubierto de púas, de unos 20 cm.

molón, ona adj. *Fam. Méx.* Fastidioso, molesto.

molonquear v. t. *Méx.* Golpear a otro.

molote m. *Amér. C.* y *Méx.* Motín, asonada, alboroto. || *Méx.* Lío, enredo.

molto adv. *Mús.* Mucho: *allegro molto.*

molturación f. Molienda.

molturar v. t. Moler.

moluscos m. pl. Tipo de animales metazoos invertebrados, de cuerpo blando protegido a menudo por una concha, como el caracol, la ostra, el pulpo, la jibia, etc.

momentáneo, a adj. Que sólo dura un momento: *esfuerzo momentáneo.* || Provisional: *solución momentánea.*

momento m. Espacio de tiempo muy corto: *lo haré dentro de un momento.* || Período de tiempo indeterminado: *hemos tenido momentos felices.* || Ocasión, circunstancia: *escoger el momento oportuno.* || Tiempo presente, actualidad: *la moda del momento.* || *Mec.* Producto de la intensidad de una fuerza por la distancia a un punto. || – *A cada momento,* continuamente. || *Al momento,* en seguida. || *A momentos, por momentos,* a veces. || *De un momento a otro,* dentro de muy poco tiempo.

momia f. Cadáver conservado por medio de sustancias balsámicas. || Cadáver que no entra en putrefacción. || *Fig.* Persona muy seca y delgada.

momificación f. Acción y efecto de momificar o momificarse.

momificar v. t. Convertir en momia un cadáver (ú. m. c. pr.).

momio m. *Fig.* Ganga.

monacal adj. De los monjes.

monacato m. Estado de monje. || Institución monástica.

monada f. Cosa o persona pequeña, delicada y muy bonita: *¡qué monada de pulsera!* || Amabilidad. || Gesto o ademán gracioso. || Melindre, carantoña. || Halago.

mónada f. *Fil.* En el sistema de Leibniz, sustancia simple, activa e indivisible de que se componen todos los seres.

monaguense adj. y s. De Monagas (Venezuela).

monaguillo m. Niño que ayuda al sacerdote en las ceremonias religiosas.

monarca m. Rey, jefe soberano de un Estado, elegido o hereditario.

monarquía f. Estado regido por un monarca. || Forma de gobierno en que el poder supremo está entre las manos de una sola persona. || Régimen político en que el jefe del Estado es un rey o un emperador hereditario. || *Fig.* Tiempo durante el cual ha perdurado este régimen político en un país.

monárquico, ca adj. Del monarca o de la monarquía. || — Adj. y s. Partidario de la monarquía.

monarquismo m. Adhesión a la monarquía.

monasterio m. Convento.

monástico, ca adj. De los monjes o del monasterio.

monda f. Operación consistente en mondar árboles, frutas o legumbres. || Mondadura, desperdicio: *mondas de patatas.* || Limpia: *la monda de un pozo.* || Exhumación de huesos que de vez en cuando se hace en los cementerios. || *Pop.* Ser la monda, ser el colmo; ser muy divertido.

mondadientes m. Palillo para limpiarse los dientes.

mondadura f. Monda, acción de mondar. || Desperdicio que queda al mondar las frutas y legumbres (ú. m. en pl.).

mondante adj. *Fam.* Muy divertido.

mondaoídos m. Escarbaorejas.

mondar v. t. Limpiar una cosa quitando lo inútil. || Pelar las frutas y las legumbres: *mondar una naranja, patatas.* || Podar, escamondar los árboles. || Limpiar el cauce de un río o canal o el fondo de un pozo. || Cortar el pelo. || *Fig.* y *fam.* Quitarle a uno lo que tiene: *le mondaron en el juego.* || *Mondar a palos,* pegar muy fuerte. || — V. pr. *Fam. Mondarse de risa,* partirse de risa.

mondo, da adj. Limpio y libre de otras cosas: *el sueldo mondo.* || Pelado: *con la cabeza monda.* || Sin dinero: *estoy mondo después de pagarle.* || *Fam. Mondo y lirondo,* limpio, sin añadidura alguna.

mondongo m. Tripas de las reses, especialmente las del vientre.

mondonguero, ra m. y f. Persona que vende, compone o guisa mondongos.

moneda f. Instrumento legal de los pagos: *moneda de papel.* || Pieza de metal acuñada por cuenta del Estado que facilita las transacciones comerciales. || Billete de banco. || *Fig.* y *fam.* Dinero, caudal. || Casa de la moneda. || — *Moneda corriente,* la legal, usual. || *Moneda divisionaria* o *fraccionaria,* la que equivale a una fracción exacta de la unidad monetaria. || *Moneda fiduciaria,* la que representa un valor que intrínsecamente no tiene. || *Moneda imagina-*

ria, la que no tiene realidad material y sólo se usa en las cuentas. || *Moneda menuda* o *suelta,* piezas de escaso valor. || *Fig.* y *fam. Pagar en la misma moneda,* corresponder a una mala acción con otra semejante. || *Ser moneda corriente,* ser muy frecuente.

monedero m. Hombre que acuña moneda. || Bolsa pequeña donde se guardan las monedas.

monegasco, ca adj. y s. De Mónaco.

monería f. Monada.

monetario, ria adj. Relativo a la moneda: *sistema monetario.*

monetización f. Acción y efecto de monetizar.

monetizar v. t. Dar curso legal a los billetes de banco u otros signos pecuniarios. || Convertir en moneda.

mongol, la adj. y s. De Mongolia. || — M. Lengua hablada por los mongoles.

mongólico, ca adj. y s. Mongol. || Que padece mongolismo.

mongolismo m. Enfermedad caracterizada por la deformación congénita del rostro, que suele ser redondo con los ojos hendidos, y por retraso mental.

mongoloide adj. De tipo mongólico.

monigote m. Lego de convento. || *Fig.* Muñeco ridículo. | Pintura o dibujo mal hecho. || *Fam.* Persona despreciable y sin personalidad.

monín, ina y **monino, na** adj. *Fam.* Mono, gracioso.

monismo m. *Fil.* Doctrina que considera que en ser está hecho de una sustancia única.

monista adj. Relativo al monismo. || — M. Partidario de la teoría del monismo.

monitor m. El que amonesta o avisa. || El que enseña gimnasia y algunos deportes como la esgrima, el esquí, etc. || *Inform.* Dispositivo en cuya pantalla se observan las imágenes generadas o enviadas por una computadora, una cámara de vigilancia o un equipo de medición. || *Mar.* Buque de guerra con espolón de acero a proa.

monitos m. pl. *Méx.* Historieta, tebeo: *se la pasa leyendo monitos.*

monja f. Mujer que pertenece a una orden religiosa.

monje m. Fraile. || Solitario o anacoreta. || Paro carbonero, ave.

monjil adj. Propio de monje o monja. || *Fig.* Muy recatado.

mono, na adj. *Fig.* y *fam.* Bonito, delicado o gracioso: *un niño muy mono.* || — M. Mamífero del orden de los primates. || *Fig.* Persona que hace gestos parecidos a los de este mamífero. | Persona muy fea. | Dibujo tosco, monigote. | Joven presumido. | Traje de faena, de tela fuerte y por lo común azul. | Comodín en los juegos de naipes. || — *Mono sabio,* el adiestrado que se exhibe en los circos; (fig.) monosabio. || *Fig. Ser el último mono,* ser la persona de menor importancia o consideración.

monoatómico, ca adj. *Quím.* Que sólo contiene un átomo.

monobase f. Cuerpo que solamente posee una función básica.

monobásico, ca adj. *Quím.* Dícese de los cuerpos que sólo tienen una función básica.

monobloque adj. De una sola pieza o bloque.

monocamerismo m. Sistema parlamentario que tiene sólo una asamblea legislativa.

monocarril adj. Que se desplaza por un solo carril (ú. t. c. s. m.).

monoclínico adj. Aplícase al sistema cristalino cuyas formas se caracterizan por tener un eje de simetría binario.

monocorde adj. *Mús.* De una sola cuerda. || Monótono.

monocotiledóneo, a adj. Dícese de las plantas angiospermas de un solo cotiledón (ú. t. c. s. f.).

monocromático, ca adj. *Fís.* Dícese de una radiación compuesta de vibraciones de igual frecuencia.

monocromo, ma adj. De sólo un color.

monóculo, la adj. Que tiene un solo ojo. || — M. Lente para un solo ojo.

monocultivo m. *Agr.* Cultivo en un terreno de un solo producto.

monodia f. *Mús.* Canto para una sola voz y sin acompañamiento.

monofásico, ca adj. Aplícase a las tensiones o a las corrientes alternas simples, así como a los aparatos que producen o utilizan estas corrientes.

monogamia f. Calidad de monógamo. || Sistema según el cual una persona sólo puede tener un cónyuge legal a la vez.

monógamo, ma adj. Que practica la monogamia. || Que sólo se ha casado una vez.

monografía f. Estudio particular sobre un tema determinado de una ciencia, historia, etc., o acerca de una persona.

monográfico, ca adj. Relativo a la monografía.

monograma m. Cifra formada con las principales letras de un nombre. || Señal o firma abreviada.

monolingüe adj. Que habla una lengua. || Escrito en un solo idioma.

monolítico, ca adj. Relativo al monolito. || Hecho de un solo bloque: *monumento monolítico.*

monolito m. Monumento de piedra de una sola pieza.

monólogo m. Escena dramática en que sólo habla un personaje. || Discurso que se hace uno a sí mismo. || En una reunión, discurso de una persona que no deja hablar a las demás.

monomanía f. Trastorno mental en el que una sola idea parece absorber todas las facultades intelectuales.

monomaniaco, ca adj. y s. Que sufre monomanía.

monómero adj. m. y s. m. *Quím.* Dícese del compuesto constituido por moléculas simples.

monometalismo m. Sistema monetario en que rige un patrón metálico único, el oro o la plata.

monometalista adj. Del monometalismo. || — Adj. y s. Partidario del monometalismo.

monomio m. Expresión algebraica que consta de un solo término.

monomotor adj. y s. m. Aplícase al vehículo movido por un solo motor.

monopétalo, la adj. De un solo pétalo: *flor monopétala* (ú. t. c. s.).

monoplaza adj. y s. m. Aplícase al vehículo de una sola plaza.

monopolio m. Privilegio exclusivo para la venta, la fabricación o explotación de una cosa: *monopolio de tabacos, de petróleos*. || *Fig.* Posesión exclusiva: *atribuirse el monopolio de la verdad*.

monopolista com. Que ejerce monopolio: *capital monopolista*.

monopolización f. Acción de monopolizar.

monopolizador, ra adj. y s. Que monopoliza.

monopolizar v. t. Adquirir o atribuirse un monopolio. || *Fig.* Acaparar, reservarse: *monopoliza la atención de todos*.

monóptero, ra adj. *Arq.* Aplícase al templo, u otro edificio redondo, que tiene, en vez de muros, un círculo de columnas que sustentan el techo.

monosacáridos m. pl. Azúcares como la glucosa, etc.

monosépalo, la adj. De un solo sépalo (ú. t. c. s.).

monosilábico, ca adj. Que sólo consta de una sílaba: *palabra monosilábica*. || Que está constituido sólo por palabras monosilábas.

monosilabismo m. Carácter de las palabras que constan de una sola sílaba y de las lenguas formadas exclusivamente con estas voces. || Manía de hablar con monosílabos.

monosílabo, ba adj. y s. m. Dícese de la palabra que consta de una sola sílaba.

monospermo, ma adj. Aplícase al fruto que sólo contiene una semilla.

monoteísmo m. Doctrina teológica que reconoce a un solo Dios.

monoteísta adj. Relativo al monoteísmo. || Que profesa el monoteísmo (ú. t. c. s.).

monotipia f. Procedimiento de composición tipográfica por medio del monotipo.

monotipista com. Persona que compone con el monotipo.

monotipo m. Máquina de componer en imprenta que funde los tipos por separado a medida que son necesarios.

monotonía f. Uniformidad de tono o de entonación. || Falta de variedad.

monótono, na adj. Que está casi siempre en el mismo tono: *canción monótona*. || Demasiado uniforme: *paisaje monótono*.

monovalente adj. *Quím.* De una sola valencia (ú. t. c. s. m.).

monroísmo m. Doctrina de Monroe que se oponía a la intervención de Europa en los países americanos (*América para los americanos*) y de Estados Unidos en los países europeos.

monseñor m. Tratamiento que se da en Italia a los prelados y en Francia a los obispos y a otras personas de alta dignidad.

monserga f. *Fam.* Discurso pesado. | Tostón, pesadez: *no me vengas con monsergas*. | Cuento, mentira: *todo eso no son más que monsergas*.

monstruo m. Ser que presenta una malformación importante. (La ciencia de los monstruos es la teratología.) | Ser fantástico de la mitología o la leyenda. || *Fig.* Persona perversa y cruel. | Persona o cosa muy fea: *casarse con un monstruo*. | Animal u objeto enorme: *los monstruos marinos*. || — Adj. *Fig.* Enorme, colosal, prodigioso: *mitin monstruo*.

monstruosidad f. Calidad de monstruoso. || *Fig.* Acción sumamente cruel: *cometer monstruosidades*. | Fealdad muy grande.

monstruoso, sa adj. Que es contra el orden de la naturaleza: *cabeza monstruosa*. || *Fig.* Extraordinario: *animal monstruoso*. | Excesivo: | Espantoso: *crimen monstruoso*. | Muy feo.

monta f. Acción y efecto de montar. || Arte de montar a caballo. || Acaballadero. || Suma, total de varias partidas. || *Mil.* Toque de clarín para ordenar que monte la caballería. || *Fig.* Importancia, valor: *negocio, persona de poca monta*.

montacargas m. Ascensor destinado a elevar bultos o mercancías.

montado, da adj. Que va a caballo: *soldado montado*. || Dícese del caballo dispuesto para poder montarlo. | Puesto, instalado: *montado con gran lujo*.

montador, ra m. y f. Persona que monta. || Operario, operaria que monta máquinas, aparatos, etc. || Especialista en el montaje de películas cinematográficas.

montadura f. Acción de montar.

montaje m. Operación que consiste en unir las distintas piezas de un objeto, particularmente de una máquina. || Organización. | Selección y unión en una banda definitiva de las secuencias cinematográficas que se han rodado. || *Mil.* Cureña.

montanera f. Pasto de bellotas del ganado de cerda. || Tiempo en que este ganado está pastando.

montante m. Madero que en los edificios y máquinas se pone verticalmente para servir de apoyo. || Ventana pequeña, fija o no, encima de una puerta o de otra ventana. || *Arq.* Listón que divide el vano de una ventana. || Espadón que se esgrime con ambas manos. || Galicismo por *importe*. || — F. *Mar.* Marea que sube, flujo.

montaña f. Gran elevación natural del terreno: *cadena de montañas*. || *Fig.*

Amontonamiento, gran cantidad: *una montaña de papeles, de libros*. || — *Fig.* Hacerse una montaña de algo, preocuparse demasiado por ello. || *Montaña rusa*, en un parque de atracciones, camino ondulado por el cual, gracias al declive, un carrito se desliza sobre rieles.

montañero, ra m. y f. Persona que practica el montañismo.

montañés, esa adj. y s. Natural o habitante de una Montaña. || Que ha nacido o vive en la Montaña de Santander.

montañismo m. Práctica de las ascensiones de montaña.

montañoso, sa adj. Relativo a las montañas: *superficie montañosa*. || Cubierto de montañas: *terreno montañoso*.

montar v. i. Instalarse en un vehículo para viajar en él: *montar en bicicleta, en avión*. || Subir en un caballo o cabalgar en él. Ú. t. c. t.: *montar un alazán*. || Ser de importancia: *este negocio monta poco*. || Importar una cantidad: *la factura monta a mil euros*. || *Montar en cólera*, ponerse furioso. || *Tanto monta, tanto vale*. || — V. t. Armar, efectuar un montaje: *montar una máquina*. || *Fig.* Organizar, instalar: *montar una fábrica*. || Engastar: *montar un rubí en una sortija*. || Armar un arma de fuego. || Acaballar, cubrir. || *Cin.* Realizar el montaje: *montar una película*. || Poner en escena una obra de teatro.

montaraz adj. Que se cría o anda por los montes: *animal montaraz*. || Salvaje.

montazgo m. Tributo pagado por el paso del ganado por un monte.

monte m. Gran elevación natural de terreno: *los Montes Cantábricos*. || Tierra inculta cubierta de árboles, arbustos o matas. | Cierto juego de naipes, de envite y azar. || Naipes que quedan por robar después del reparto. || — *Monte alto*, el de árboles grandes, como pinos, encinas, etc. || *Monte bajo*, el poblado de arbustos, matas o hierbas. || *Monte de piedad*, establecimiento público que hace préstamos sobre ropa o alhajas.

montenegrino, na adj. y s. De Montenegro.

montepío m. Establecimiento de socorros mutuos público o privado. || *Amer.* Monte de piedad.

montera f. Tocado, gorro. | Gorro de los toreros. | Cubierta de cristales en un patio. | Parte superior del alambique. || *Fam. Ponerse el mundo por montera*, obrar a su antojo sin preocuparse de nada.

montería f. Caza mayor. || Arte de cazar.

monteriano, na adj. y s. De Montería (Colombia).

monterilla m. Alcalde de pueblo. || *Mar.* Vela triangular.

montero m. El que busca, ojea y persigue la caza en el monte.

montés, esa adj. Que anda, vive o se cría en el monte, salvaje.

montevideano, na adj. y s. De Montevideo.

montículo m. Monte pequeño.

monto m. Monta, suma.

montón m. Conjunto de cosas puestas sin orden unas encima de otras: *en su mesa hay un montón de papeles.* || *Fig.* y *fam.* Gran cantidad: *un montón de años, de gente; tener montones de dinero.* || — *Fig.* y *fam.* A montones, con abundancia. | *De* o *en montón,* juntamente. | *Del montón,* corriente.

montonera f. En América Meridional, tropa irregular de caballería durante la guerra de Independencia. || *Arg.* y *Urug.* Luego de la Independencia y hasta la consolidación del Estado Nacional, caballería irregular al mando de un caudillo.

montonero, ra m. y f. *Amér.* M. Persona que combatía en una montonera. || — M. El que no se atreve a pelear más que cuando está rodeado por sus compañeros. || Individuo de una montonera.

montubio, bia m. y f. *Ecuad.* y *Per.* Campesino de la costa.

montuno, na adj. Del monte. || *Amer.* Montaraz.

montuoso, sa adj. De los montes. || Cubierto de montes.

montura f. Cabalgadura. || Conjunto de arreos de una caballería. || Silla para montar a caballo. || Montaje de una máquina. || Armadura, soporte: *la montura de las gafas.*

monumental adj. Relativo al monumento: *plano monumental.* || *Fig.* Excelente, extraordinario: *una obra monumental.* | Gigantesco, descomunal: *estatua monumental.* || *Fam.* Enorme. | Estupendo: *una chica monumental.*

monumento m. Obra arquitectónica o escultórica destinada a recordar un acontecimiento o a un personaje ilustre: *un monumento a Bolívar.* || Edificio público considerable: *el Partenón es el monumento más hermoso de Atenas.* || Construcción que cubre una sepultura: *monumento funerario.* || Altar en que se guarda la Eucaristía el Jueves Santo. || *Fig.* Obra digna de perdurar por su gran valor: *el Quijote, monumento de la literatura universal.* || *Fam.* Cosa o persona magnífica: *esta chica es un monumento.*

monzón m. Nombre dado a unos vientos que soplan, sobre todo en la parte sureste de Asia, alternativamente hacia el mar y hacia la tierra durante varios meses.

moña f. Lazo que las mujeres se ponen en el tocado. || Moño. || Cintas de colores que se colocan en la divisa de los toros o se atan a la guitarra. || Lazo de la coleta de los toreros. || Muñeca, juguete. || *Fig.* y *fam.* Borrachera.

moño m. Pelo recogido de diversas formas detrás o encima de la cabeza. || Lazo de cintas. || Penacho de algunos pájaros. || — *Fig.* y *fam. Agarrarse del moño,* pegarse, sobre todo las mujeres. | *Ponerse moños,* presumir, alardear.

moqueguano, na adj. y s. De Moquegua (Perú).

moqueo m. *Fam.* Secreción nasal abundante.

moquero m. Pañuelo.

moqueta f. Tela fuerte aterciopelada de lana o algodón para alfombrar.

moquillo m. Catarro de los perros y gatos. || Pepita de las aves. || *Fam. Pasar el moquillo,* padecer mucho.

mor (por) loc. adv. Por culpa de.

mora f. Fruto del moral o de la morera. || Zarzamora. || *For.* Demora, tardanza.

morabito m. Ermitaño mahometano. || Ermita donde vive.

moráceas f. pl. Familia de plantas dicotiledóneas de las regiones calientes entre las cuales se encuentran el moral, la morera, la higuera, etc. (ú. t. c. adj.).

morada f. Casa, sitio donde se vive. || Estancia en un lugar.

morado, da adj. De color violeta (ú. t. c. s. m.). || — *Fig.* y *fam. Estar morado,* estar borracho. | *Pasarlas moradas,* pasarlo muy mal, sufrir mucho. | *Ponerse morado,* comer o beber hasta hartarse.

morador, ra adj. y s. Que vive en un sitio: *el morador de una casa, de un lugar.*

moral adj. Relativo a la moral o a la moralidad: *el progreso moral.* | Conforme con la moral: *vida moral.* | Que tiene buenas costumbres: *hombre moral.* || Propio para favorecer las buenas costumbres: *un libro moral.* | Relativo al espíritu, intelectual: *las ciencias morales; facultades morales.* || — F. Parte de la filosofía que enseña las reglas que deben gobernar la actividad libre del hombre. || Conjunto de las facultades del espíritu. || Estado de ánimo: *levantar la moral de uno, de un pueblo.* || — M. Árbol de la familia de las moráceas, cuyo fruto es la mora.

moraleja f. Enseñanza que se saca de un cuento, fábula, etc.

moralidad f. Conformidad con los preceptos de la moral: *la moralidad de una novela.* || Buenas costumbres: *persona de reconocida moralidad.* || Moraleja.

moralista adj. y s. Filósofo que se dedica a la moral. || Autor de obras que tienden a moralizar.

moralización f. Acción de moralizar.

moralizador, ra adj. y s. Que moraliza.

moralizar v. t. Volver conforme a la moral. || Reformar las malas costumbres enseñando las buenas. || — V. i. Hacer reflexiones morales.

morar v. i. Residir, vivir.

moratoria f. *For.* Suspensión de la exigibilidad de los créditos y del curso de las acciones judiciales.

moravo, va adj. y s. De Moravia. || Perteneciente a una secta fundada en Bohemia en el s. XV.

morazanense adj. y s. De Morazán (El Salvador).

morazaneño, ña adj. y s. De Francisco Morazán (Honduras).

morbidez f. Calidad o estado de mórbido.

morbidibad f. Morbilidad.

mórbido, da adj. Relativo a la enfermedad: *estado mórbido.* || Moralmente desequilibrado. || Malsano: *literatura mórbida.* || Blando, suave, delicado.

morbilidad f. Porcentaje de enfermos con relación a la cifra de población. || Calidad de mórbido.

morbo m. *Med.* Enfermedad.

morbosidad f. Calidad o condición de morboso.

morboso, sa adj. Enfermo, enfermizo. || Mórbido. || Que causa enfermedad.

morcilla f. Embutido de sangre y manteca de cerdo cocidas. || *Fig.* y *fam.* Añadido que hace un actor a su papel. || *Fam. ¡Que te den morcilla!,* ¡vete a paseo!

morcillero, ra m. y f. Persona que hace o vende morcillas. || *Fig.* y *fam.* Actor que mete morcillas en el papel que interpreta.

mordacidad f. Calidad de mordaz: *la mordacidad de sus palabras.*

mordaz adj. Corrosivo. || Áspero, picante al paladar. || *Fig.* Cáustico, sarcástico: *crítica mordaz.*

mordaza f. Pañuelo o cualquier objeto que se aplica a la boca de una persona para que no pueda gritar. || *Mar.* Aparato para detener la cadena del ancla. || *Tecn.* Nombre de diversos aparatos usados para apretar: *mordaza de torno.*

mordedor, ra adj. Que muerde.

mordedura f. Acción de morder. || Herida hecha al morder.

mordente m. Mordiente.

*morder v. t. Clavar los dientes en una cosa: *morder una manzana, el perro le ha mordido* (ú. t. c. i.). || Coger con la boca: *el pez ha mordido el anzuelo.* || Hacer presa en algo. || Gastar poco a poco: *la lima muerde el acero.* || Someter una plancha grabada a la acción del agua fuerte. || *Fig.* Atacar, criticar mucho. || *Fig.* y *fam. Morder el polvo,* ser vencido en un combate. || — V. i. Atacar una plancha grabada el agua fuerte. || *Méx.* Exigir indebidamente un funcionario dinero para prestar un servicio. || — V. pr. *Fig. Morderse los dedos o los puños,* arrepentirse.

mordido, da adj. *Fig.* Menoscabado, desfalcado. || — F. Pez que ha picado el anzuelo. || *Méx.* Cantidad que pide un funcionario para dejarse sobornar.

mordiente adj. Que muerde. || — M. Agua fuerte que usan los grabadores. || Sustancia que en tintorería sirve para fijar los colores. || Barniz que permite fijar en los metales panes de oro.

mordiscar y **mordisquear** v. t. Morder frecuente y ligeramente.

mordisco m. Acción de mordiscar. || Mordedura ligera. || Bocado que se saca de una cosa mordiéndola.

mordisqueo m. Acción de mordisquear.

moreliana f. *Méx.* Dulce de leche quemada entre dos hojas de oblea.

moreliano, na adj. y s. De Morelia (México).

morena f. Pez teleósteo parecido a la anguila, muy voraz y de carne estimada. || Hogaza o pan moreno. || Montón de mieses segadas. || *Geol.* Morrena.

moreno, na adj. y s. De color oscuro tirando a negro. || De tez muy tostada por el sol. || De pelo negro o castaño. || De tez muy oscura y pelo negro o castaño. || *Fig.* y *fam.* Negro, mulato. || *Pan moreno,* el que contiene mucho salvado.

morera f. Árbol moráceo, pero distinto al moral por el fruto blanco y cuya hoja sirve de alimento al gusano de seda.

morería f. Barrio moro. || País de moros.

morete o **moretón** m. *Méx.* Cardenal: *con el golpe le salió un moretón tremendo.*

morfina f. Medicamento narcótico y estupefaciente derivado del opio, muy venenoso.

morfinomanía f. Hábito morboso de tomar morfina u opio para conseguir un estado eufórico.

morfinómano, na adj. y s. Que tiene el hábito de abusar de la morfina o del opio.

morfología f. Parte de la biología que trata de la forma y estructura de los seres orgánicos. | *Gram.* Estudio de las formas de las palabras consideradas aisladamente.

morfológico, ca adj. Relativo a la morfología.

morganático, ca adj. Dícese del matrimonio de un príncipe con una mujer que no pertenece a la nobleza. || Aplícase al que contrae este matrimonio.

morgue f. (pal. fr.). Voz innecesaria por *depósito de cadáveres.*

moribundo, da adj. y s. Que se está muriendo.

moriche m. Árbol de la América intertropical de la familia de las palmas. || Pájaro americano parecido al turpial, de canto agradable.

morigeración f. Templanza o moderación en las costumbres.

morigerado, da adj. De buenas costumbres.

morigerar v. t. Templar, refrenar los excesos.

morilla f. *Bot.* Cagarria.

morillo m. Soporte para poner la leña en el hogar.

*morir v. i. Perder la vida: *morir de muerte natural.* || *Fig.* Dejar de existir: *los imperios nacen y mueren; las flores mueren muy pronto* (ú. t. c. pr.). | Desaparecer: *la envidia es algo que no muere.* | Sentir muchísimo alguna pasión: *morir de pena, de amor* (ú. t. c. pr.). | Sufrir mucho: *morir de frío, de hambre* (ú. t. c. pr.). | Hablando del fuego o de la luz, apagarse. || — *Fig. Morir con las botas puestas o vestido,*

morir violentamente. || *¡Muera!,* interjección para manifestar el deseo de que desaparezca alguna persona o cosa. || — V. pr. Dejar de vivir: *morirse de viejo.* || Querer mucho: *este chico se muere por ti.* || — *Fig. Morirse de miedo,* tener mucho miedo. | *Morirse de risa,* desternillarse de risa.

morisco, ca adj. Aplícase a los moros bautizados que permanecieron en España después de la Reconquista (ú. t. c. s.). || Relativo a ellos. (V. MUDÉJAR.)

morisma f. *Méx.* Cierta danza folklórica en la que varias personas son moros.

morisqueta f. Mueca. || Ardid.

morlaco, ca adj. y s. Taimado. || — M. *Fam.* Toro de lidia. || *Amer.* Peso, moneda. | Dinero.

mormado, da adj. Dícese de la persona que tiene la nariz tapada y respira con dificultad.

mormarse v. i. Taparse la nariz y respirar con dificultad debido a ello.

mormón, ona m. y f. Persona que profesa el mormonismo.

mormónico, ca adj. De los mormones.

mormonismo m. Secta religiosa fundada en los Estados Unidos por Joseph Smith en 1830, que constituye la "Iglesia de Cristo de los Santos de los últimos días" y profesó la poligamia hasta 1890. || Doctrina de los mormones.

moro, ra adj. y s. De la antigua Mauritania. || *Por ext.* Musulmán. || Dícese de los árabes que invadieron España. || Indígena mahometano de Mindanao y de otras islas de Malasia. || — Adj. Aplícase al que no ha sido bautizado.

morocho, cha adj. *Amer.* Aplícase a una variedad de maíz (ú. t. c. s. m.). | *Fig.* y *fam.* Tratándose de personas, robusto, fuerte. | *Arg.* Moreno, trigueño.

moronga f. *Méx.* Morcilla.

morosidad f. Lentitud, dilación, demora. || Falta de puntualidad. || Pereza, desidia, inacción. || Retraso en el pago.

moroso, sa adj. Tardo, lento. || Perezoso. || Que tarda en pagar sus deudas: *moroso en el pago.*

morral m. Saco o talego que usan los cazadores, pastores, soldados y vagabundos. || Saco para el pienso de una caballería que se cuelga del cuello.

morralla f. Pescado menudo. || *Fig.* Conjunto de personas o cosas de poco valor: *la morralla de la profesión trabaja en esa empresa.* || *Méx.* Moneda fraccionaria, monedas de poco valor, cambio: *con la morralla que traía no le alcanzaba para nada.*

morrena f. Montón de piedras arrastradas y depositadas por los glaciares.

morrillo m. Porción carnosa que tienen las reses en la parte superior y anterior del cuello. || *Fig.* Cogote muy grueso. || Canto rodado.

morriña f. *Veter.* Comalia. || *Fig.* y *fam.* Tristeza, melancolía. | Nostalgia.

morrión m. Casco de bordes levantados usado en el s. XVI.

morro m. Extremidad redonda de una cosa. || Montículo redondo. || Extremo de un malecón. || Guijarro redondo. || *Fig.* Hocico de un animal. || *Fam.* Labio abultado de una persona. || Parte anterior de un coche, avión o cohete. || — *Fam.* Estar de morros, estar enfadados. | *Romper los morros,* romper la cara.

morrocotudo, da adj. *Fam.* Imponente. | Muy grande: *llevarse un susto morrocotudo.*

morrocoy o **morrocoyo** m. Galápago grande de Cuba.

morrón adj. Aplícase al pimiento de punta roma.

morsa f. Mamífero pinnípedo anfibio de los mares árticos.

morse m. Sistema telegráfico que utiliza un alfabeto convencional de puntos y rayas. || Este alfabeto.

mortadela f. Embutido hecho con carne de cerdo, de ternera y tocino.

mortaja f. Sábana o lienzo en que se envuelve el cadáver antes de enterrarlo. || *Tecn.* Muesca.

mortal adj. Que ha de morir: *el hombre es mortal.* || Que puede provocar la muerte: *caída mortal.* || Que hace perder la gracia de Dios: *pecado mortal.* || *Fig.* Que llega hasta desear la muerte, encarnizado: *enemistad, odio mortal.* | Excesivo, penoso: *dolor mortal.* | Aburrido, abrumado: *un trabajo mortal.* | *Fig.* Que llega hasta desear la muerte, encarnizado: *enemistad, odio mortal.* | Excesivo, penoso: *dolor mortal.* | Aburrido, abrumado: *un trabajo mortal.* || — M. y f. Ser humano: *un mortal feliz.*

mortalidad f. Condición de mortal. || Número proporcional o estadística de defunciones en una población o tiempo determinados.

mortandad f. Gran número de muertes causadas por epidemia, guerra, cataclismo, etc.

mortar v. t. *Méx.* Descascarar granos, esp. de arroz y café.

mortecino, na adj. Dícese del animal muerto naturalmente. || *Fig.* Apagado y sin vigor: *luz, mirada mortecina.* | Que está apagándose: *fuego mortecino.*

mortero m. Recipiente que sirve para machacar en él especias, semillas, drogas, etc. || Pieza de artillería de cañón corto, destinado a tirar proyectiles por elevación. || Muela fija de un molino. || Argamasa de yeso, arena y agua.

mortífero, ra adj. Que ocasiona o puede ocasionar la muerte.

mortificación f. Acción de mortificar o mortificarse. || *Fig.* Lo que mortifica, humillación.

mortificador, ra y **mortificante** adj. Que mortifica.

mortificar v. t. Castigar el cuerpo con ayunos y austeridades (ú. t. c. pr.). || Dominar o reprimir por privaciones voluntarias (ú. t. c. pr.). || *Med.* Privar de vitalidad alguna parte del cuerpo (ú. t. c. pr.). || *Fig.* Atormentar, molestar mucho: *siempre me está mortificando.* | Afligir, humillar, causar pesadumbre. || — V. pr. *Méx.* Avergonzarse.

mortinatalidad f. Proporción de niños nacidos muertos.

mortinato, ta adj. Que nació muerto (ú. t. c. s.).

mortuorio, ria adj. Relativo al muerto o a los funerales: *casa mortuoria; cortejo mortuorio.*

morucho, cha adj. *Fam.* Moreno. || — M. Novillo embolado.

morueco m. Carnero padre.

moruno, na adj. Moro.

mosaico, ca adj. De Moisés. || — Adj. y s. m. Aplícase a la obra taraceada de piedras, vidrios, baldosas, generalmente de varios colores.

mosca f. Nombre dado a varios insectos dípteros, como la *mosca doméstica,* la *mosca de la carne* o *moscarda,* la *mosca verde,* con reflejos metálicos, la *mosca tse-tsé,* transmisora de la enfermedad del sueño. || Pelo que se deja crecer entre el labio inferior y la barba. || Cebo para pescar que imita a un insecto. || Un indio de Colombia (V. CHIBCHA.) || *Méx.* Persona que viaja sin pagar. || *Fig.* y *fam.* Dinero. | Persona molesta y pesada. | Desazón, disgusto. || — Pl. Chispas que saltan de la lumbre. || — *Fig.* y *fam.* Aflojar o soltar la mosca, pagar. | *Cazar* o *papar moscas,* entretenerse en cosas inútiles. | *Estar con* (o *tener*) *la mosca en la oreja* o *estar mosca,* estar receloso. || *Más moscas se cazan con miel que con vinagre,* la dulzura es la mejor manera de atraer a la gente. || *Fig. Mosca muerta,* persona hipócrita que aparenta ser lo que no es en realidad. || *Med. Moscas volantes,* enfermedad de la vista en que se ven pasar delante de los ojos puntitos brillantes o manchas oscuras. || *Fig. No se oye ni mosca,* no hay ningún ruido. | *Patas de mosca,* garabatos. | *Fam. Por si las moscas,* por si acaso. | *¿Qué mosca le picó?,* ¿por qué se enfada?

moscarda f. Mosca mayor que la común que se alimenta de carne muerta. || Huevecillos de las abejas.

moscardear v. i. Poner la reina de las abejas sus huevos. || *Fig.* y *fam.* Ser curioso.

moscardón m. Mosca parásita de los rumiantes y solípedos. || Moscón. || Avispón. | Abejón, zángano. || *Fig.* y *fam.* Hombre pesado, impertinente.

moscardoneo m. Zumbido.

moscareta f. Pájaro insectívoro, de canto agradable.

moscatel adj. Aplícase a una uva muy delicada, al viñedo que la produce y al vino que se hace con ella (ú. t. c. s. m.).

moscón m. Mosca de la carne.

mosconear v. i. Zumbar como el moscón. || *Fig.* Porfiar, ser obstinado. || — V. t. Molestar con pesadez, importunar.

mosconeo m. Zumbido. || *Fig.* Insistencia, porfía.

moscovita adj. y s. De Moscú. || De Moscovia. || Ruso.

moscovítico, ca adj. De los moscovitas.

mosén m. Título que se daba a ciertos nobles en Cataluña y Aragón, reser-vado hoy a los clérigos: *mosén Jacinto Verdaguer.*

mosqueado, da adj. Sembrado de pintas. || *Fig.* Receloso. | Enfadado.

mosqueador m. Instrumento a modo de abanico para espantar las moscas. || *Fig.* y *fam.* Cola de caballo o de vaca.

mosquear v. t. Espantar las moscas (ú. t. c. pr.). || — V. pr. *Fig.* Sospechar. | Resentirse, enfadarse, picarse, enojarse mucho.

mosqueo m. Acción de mosquear. || *Fig.* Irritación, despecho.

mosquero m. *Méx.* Gran cantidad de moscas: *con el calor siempre aparece un mosquero terrible.*

mosquetazo m. Disparo de mosquete. || Herida que hace.

mosquete m. Arma de fuego portátil antigua, parecida al fusil.

mosquetero m. Soldado armado de mosquete. || En los antiguos corrales de comedias, espectador que se quedaba de pie en la parte posterior del patio.

mosquetón m. Arma de fuego individual parecida a la carabina, pero más corta. || Anilla que se abre y cierra con un muelle.

mosquita f. Pájaro parecido a la curruca. || *Fig.* y *fam. Mosquita muerta,* persona hipócrita que aparenta ser lo que no es en realidad.

mosquitero m. Cortina de gasa o tul con que se cubre la cama para impedir que entren los mosquitos.

mosquito m. Insecto díptero, de cuerpo cilíndrico, patas largas y finas y alas transparentes, cuya hembra pica la piel de las personas y de los animales para chupar la sangre. || Mosca pequeña. || Larva de la langosta.

mostacho m. Bigote.

mostachón m. Bollo pequeño de almendras, canela y azúcar.

mostacilla f. Perdigón o munición pequeña para la caza menor.

mostaza f. Planta crucífera, cuya semilla tiene sabor picante y se emplea como condimento. || Condimento hecho con esta semilla. || Mostacilla, munición.

mostillo m. Mosto cocido con harina y especias.

mosto m. Zumo de la uva antes de fermentar. || Zumo de otros frutos, empleado para la fabricación del alcohol, sidra, etc. || *Fam.* Vino.

mostrador, ra adj. y s. Que muestra o enseña alguna cosa. || — M. Mesa larga para presentar los géneros en las tiendas o servir las consumiciones en los bares.

*mostrar v. t. Exponer a la vista, enseñar: *mostrar unas joyas.* || Demostrar: *su contestación muestra que es inteligente.* || Manifestar, dejar ver algo inmaterial: *mostrar valor, liberalidad.* || — V. pr. Portarse de cierta manera: *mostrarse amigo, generoso.* || Exponerse a la vista: *mostrarse en público.*

mostrenco, ca adj. Dícese de los bienes sin propietario conocido. || *Fig.* y *fam.* Aplícase al que no tiene casa ni hogar. | Ignorante, rudo (ú. t. c. s.).

mota f. Nudillo que se forma en el paño. || Hilacha que se pega a la ropa. || *Fig.* Defecto ligero. | Eminencia de terreno. || *Méx.* Mariguana.

mote m. Apodo.

moteado m. Motas de un tejido.

motear v. t. Dibujar o poner motas.

motejador, ra adj. y s. Que moteja.

motejar v. t. Acusar, tachar.

motel m. Hotel en la carretera destinado a albergar a los automovilistas de paso.

motete m. Breve composición musical que se suele cantar en las iglesias con o sin acompañamiento.

motilidad f. Movilidad.

motilón, ona adj. y s. Indio de Colombia y Venezuela.

motín m. Movimiento sedicioso del pueblo o de las tropas.

motivación f. Acción y efecto de motivar. || Conjunto de motivos que nos hacen actuar.

motivador, ra adj. Que provoca.

motivar v. t. Dar motivo, provocar. || Explicar la razón o motivo que se ha tenido para actuar de cierta manera.

motivo m. Causa o razón que mueve a actuar de cierta manera. || Tema de una composición musical o pictórica. || Dibujo ornamental repetido: *motivo decorativo.*

moto f. Apócope de *motocicleta.*

motobomba f. Bomba accionada por un motor.

motocarro m. Vehículo de tres ruedas con motor.

motocicleta f. Vehículo de dos ruedas dotado de un motor de explosión de una cilindrada superior a 125 cm³.

motociclismo m. Afición a la motocicleta y deporte efectuado con este vehículo.

motociclista com. Motorista. || — Adj. Relativo a la motocicleta.

motociclo m. Nombre genérico de los vehículos automóviles de dos ruedas.

motocross m. Carrera de motocicletas en un terreno accidentado.

motocultivador f. y **motocultor** m. Arado pequeño provisto de un motor de arrastre.

motocultivo m. Cultivo con máquinas agrícolas, especialmente las movidas por motores o tractores.

motonáutico, ca adj. Relativo a la motonáutica. || — F. Deporte de la navegación en pequeñas embarcaciones de vapor.

motonave f. Barco de motor.

motopropulsión f. Propulsión por motor.

motor, ra adj. Que produce movimiento o lo transmite: *árbol motor, nervio motor.* || — M. Lo que comunica movimiento, como el viento, el agua, el vapor. || Sistema material que permite transformar cualquier forma de energía en energía mecánica. || *Fig.* Instigador: *ser el motor de una rebelión.* | Causa. || *— Motor de explosión,* el que toma su energía de la explosión de una mezcla gaseosa. || *Motor de reacción,* aquel en el que la acción mecánica está producida por la proyección hacia fuera a gran velocidad de chorros de gases.

motora f. Lancha de motor.

motorismo m. Motociclismo. || Deporte de los aficionados al automóvil.

motorista com. Persona que conduce una motocicleta.

motorización f. Generalización del empleo de vehículos automóviles de transporte en el ejército, industria. || Colocación de un motor en un vehículo.

motorizado, da adj. Provisto de motor.

motorizar v. t. Generalizar el empleo de vehículos automóviles de transporte en el ejército, industria, etc. || Dotar de un motor: *motorizar una lancha.* || — V. pr. *Fig.* y *fam.* Tener un vehículo automóvil.

motorreactor m. Tipo de motor de reacción.

motosierra f. Sierra para madera provista de motor.

motovelero m. Embarcación de vela con motor auxiliar.

motovolquete m. Dispositivo mecánico para descargar de una sola vez un vagón, etc.

motozintleca adj. y s. Individuo de una tribu de la familia maya.

motricidad f. Conjunto de las funciones desempeñadas por el esqueleto, los músculos y el sistema nervioso que permiten los movimientos y el desplazamiento.

motriz adj. f. Motora: *causa, fuerza motriz.*

motu proprio adv. Por propia y libre voluntad.

motudo, da adj. *Chil.* y *Riopl.* Dícese del pelo con motas, muy ensortijado. || *Chil.* y *Riopl.* Dícese de la persona que tiene ese tipo de pelo (ú. t. c. s.).

movedizo, za adj. Fácil de ser movido. || Inseguro, que no está firme: *arenas movedizas.* || *Fig.* Inconstante, cambiadizo.

movedor, ra adj. y s. Que mueve.

***mover** v. t. Poner en movimiento: *el émbolo mueve la máquina.* || Cambiar de sitio o de posición: *mueve un poco el sillón.* || Menear, agitar: *mover el brazo.* || *Fig.* Incitar: *mover a la rebelión.* | Excitar, picar: *mover la curiosidad.* | Dar motivo para alguna cosa, causar: *mover a risa, a piedad.* | Provocar, ocasionar: *mover discordia.* | Hacer obrar: *mover las masas, el pueblo.* | Conmover. || — V. i. *Arq.* Arrancar un arco o bóveda. || — V. pr. Ponerse en movimiento: *no te muevas.* || Agitarse: *este niño se mueve mucho en la cama.* || Cambiar de sitio, trasladarse: *el enfermo se mueve con dificultad.* || *Fam.* Hacer todo lo posible para conse-

guir algo: *en la vida hay que moverse.* | Darse prisa.

movible adj. Que puede moverse. || *Fig.* Variable, poco constante.

movido, da adj. *Fig.* Activo, inquieto: *persona muy movida.* | Agitado: *torneo, debate movido.* || Aplícase a la fotografía muy borrosa o confusa. || — F. *Esp.* Jaleo. || *Méx.* Asunto, maniobra: *¿entendiste cómo es la movida?* || *Méx.* Amante: *los jueves nunca está porque sale con su movida.*

móvil adj. Movible. || *Fiesta móvil,* aquella cuyo día de celebración cambia cada año. || — Adj. y s. m. Dícese de los sellos y timbres impresos que se pegan en el papel. || — M. Impulso, causa, motivo: *el móvil de un crimen.* || Cuerpo en movimiento. || Teléfono móvil.

movilidad f. Capacidad de moverse. || *Fig.* Variable, inconstante.

movilización f. Conjunto de las disposiciones que ponen a las fuerzas armadas en pie de guerra y adaptan la estructura económica y administrativa del país a las necesidades de la guerra.

movilizar v. t. Efectuar la movilización, poner en pie de guerra: *movilizar reservas.* || *Fig.* Reunir fuerzas: *los sindicatos han movilizado a todos sus afiliados.*

movimiento m. Estado de un cuerpo cuya posición cambia continuamente respecto de un punto fijo: *el movimiento del péndulo.* || Acción o manera de moverse: *tener unos movimientos llenos de gracia.* || Animación, vida: *el movimiento de la calle.* || Corriente de opinión o tendencia artística de una época determinada. || Vivacidad en el estilo. || Variedad de las líneas en una composición pictórica o escultórica. || Variación numérica en las estadísticas, cuentas, precios, etc. || Curso real o aparente de los astros. || *Fig.* Sublevación. | Sentimiento fuerte y pasajero: *un movimiento de cólera.* || *Mús.* Velocidad del compás. | Parte de una composición musical. || *— Movimiento acelerado,* aquel en que la aceleración no es nula. | *Movimiento de rotación,* aquel en que un cuerpo se mueve alrededor de un eje. | *Movimiento de tierras,* excavación. | *Movimiento perpetuo,* el que debería continuarse perpetuamente sin ayuda exterior. | *Movimiento uniforme,* aquel en que la velocidad es constante.

moxo, xa adj. y s. V. MOJO.

moyuelo m. Salvado muy fino.

moza f. Muchacha joven. || Soltera. || Criada. || Concubina. || Pala de las lavanderas. || Pieza de las trébedes para asegurar el rabo de la sartén. || Última mano en algunos juegos de naipes.

mozambiqueño, ña adj. y s. De Mozambique.

mozárabe adj. Cristiano de España que vivía entre los árabes (ú. t. c. s.). || Relativo a los mozárabes y a su arte y literatura (s. x y principios del xi).

mozo, za adj. y s. Joven. || Soltero. || — M. Criado. | Camarero: *mozo de*

comedor, de café. || Joven alistado para el servicio militar. || Maletero en una estación. || Percha para colgar la ropa. || *Agr.* Rodrigón. || Tentemozo de un carro. || *— Buen mozo,* hombre de buena estatura y presencia. || *Mozo de cordel o de cuerda,* el que lleva bultos. || *Mozo de estación,* maletero. || *Mozo de estoques,* el que está al servicio de un torero y le da los trastos de matar.

mozuelo, la m. y f. Chico o chica joven.

M. T. S. (*Sistema*), sistema de medidas cuyas tres unidades fundamentales son el *metro* (longitud), la *tonelada* (masa) y el *segundo* (tiempo).

mu m. Mugido.

muaré m. Tejido que forma aguas o visos.

mucamo, ma m. y f. *Amer.* Sirviente, criado.

muchachada f. Acción propia de los muchachos. || Grupo o bandada de jóvenes.

muchachería f. Muchachada.

muchacho, cha m. y f. Niño o niña. || Joven. || — F. Sirvienta en una casa.

muchedumbre f. Multitud, gran cantidad de gente o cosas.

mucho, cha adj. Abundante, numeroso: *mucho trabajo; mucha gente.* || — Pron. Gran cantidad de personas: *muchos piensan que tienes razón.* || Muchas cosas: *tener mucho que contar.* || — Adv. Con abundancia: *trabaja mucho.* || Con gran intensidad: *divertirse mucho.* || Con un adverbio de comparación indica una gran diferencia: *llegó mucho más tarde.* || Equivale a veces a *sí,* ciertamente. || Largo tiempo: *hace mucho que no le he visto.* || *— Con mucho,* con gran diferencia: *es con mucho el más simpático.* || *¡Mucho!,* ¡muy bien! || *Ni con mucho* (o *mucho menos*), indica que hay una gran diferencia de una cosa a otra. || *Por mucho que,* por más que. || *Tener en mucho,* estimar.

mucílago m. Sustancia viscosa que se encuentra en ciertos vegetales y tiene la propiedad de hincharse al entrar en contacto con el agua.

mucosidad f. Humor espeso secretado por las membranas mucosas.

mucoso, sa adj. Parecido al moco. || Relativo a las mucosidades.

múcura o **mucura** f. *Bol., Col.* y *Venez.* Ánfora de barro.

mucus m. Mucosidad, moco.

mucuyita f. *Méx.* Ave parecida a la tórtola.

muda f. Acción de mudar una cosa. || Conjunto de ropa blanca que se muda de una vez. || Época en que mudan las plumas las aves o la piel otros animales. || Nido del ave de rapiña. || Cambio de voz de los muchachos en la pubertad. || Traslado de domicilio, mudanza.

mudable adj. Cambiadizo.

mudanza f. Cambio. || Traslado de domicilio: *estar de mudanza.* || Movimiento del baile. || Variación en los afectos o en las ideas.

mudar v. t. e i. Transformar, cambiar, variar de aspecto o de naturaleza: *mudar el agua en vino.* || Sustituir una cosa por otra: *mudar de casa, de vestido.* || Cambiar los pañales a un niño. || Remover de destino o empleo. || Efectuar la muda los animales. || Estar de muda un muchacho: *mudar la voz.* || *Fig.* Cambiar, variar: *mudar de dictamen, de parecer.* || — V. pr. Cambiarse: *mudarse de ropa interior.* || Cambiarse de domicilio: *me mudé de casa hace ya tiempo.*

mudéjar adj. y s. m. Dícese del mahometano que se quedó en España después de la Reconquista sin cambiar de religión, vasallo de los reyes cristianos. || *Arq.* Aplícase al estilo que floreció desde el siglo XII al XVI, caracterizado por el empleo de elementos del arte cristiano y de la ornamentación árabe.

mudez f. Imposibilidad física de hablar. || *Fig.* Silencio.

mudo, da adj. Privado de la facultad de hablar (ú. t. c. s.). || Que no quiere hablar: *se quedó mudo durante toda la reunión.* || Que pierde momentáneamente el uso de la palabra: *el miedo lo dejó mudo.* || Callado, silencioso: *dolor mudo.* || Aplícase a los mapas que no llevan ningún nombre escrito. || Dícese de las películas cinematográficas que no van acompañadas de sonido. || *Gram. Letra muda,* la que no se pronuncia.

mueblaje m. Mobiliario.

mueble adj. Dícese de los bienes que se pueden trasladar. || — M. Cualquier objeto que sirve para la comodidad o el adorno de una casa: *tener muebles de caoba.*

mueblería f. Fábrica o tienda de muebles.

mueblista m. El que fabrica muebles o los vende.

mueca f. Contorsión del rostro, generalmente burlesca o de dolor.

muecín m. Almuédano.

muela f. Piedra superior en los molinos con la que se tritura el grano, etc. || Piedra de asperón para afilar. || Diente, particularmente cada uno de los grandes situados detrás de los caninos. || Diente, en sentido general: *tengo dolor de muelas.* || Cerro con la cima plana. || *Bot.* Almorta. || *Fig. y fam. Estar alguien que echa las muelas,* estar furioso. || *Fig.* Haberle salido a uno la muela del juicio, haber alcanzado ya la edad de ser sensato. || *Muela del juicio* o *cordal,* cada una de las cuatro que salen en el fondo de la boca en edad adulta.

muelle adj. Suave, blando, delicado. || Elástico: *un colchón muelle.* || Voluptuoso: *vida muelle.* || — M. Pared de fábrica edificada en la orilla del mar o de un río para consolidarla, permitir el atraque de los barcos y efectuar su carga y descarga. || Andén de ferrocarril. || Pieza elástica capaz de soportar deformaciones muy grandes y que, después de haber sido comprimida,

distendida o doblada, tiende a recobrar su forma: *muelle de reloj; los muelles del sofá.*

muera f. Sal.

muérdago m. Planta que vive como parásita en las ramas de los árboles.

muerte f. Cesación completa de la vida: *muerte repentina.* || Acción de matar. || Pena capital: *condenar a muerte.* || *Fig.* Dolor profundo: *sufrir mil muertes; con la muerte en el alma.* || Desaparición, aniquilamiento: *la muerte de un imperio.* | Causa de ruina: *el monopolio es la muerte de la pequeña industria.* || Esqueleto humano considerado como símbolo de la muerte. || — *A muerte,* hasta la muerte: *duelo a muerte; guerra a muerte.* || *Fam. De mala muerte,* de poco valor. || *Fig. De muerte,* muy grande: *un susto de muerte.* || *En el artículo de la muerte,* a punto de morir.

muerto, ta adj. Que está sin vida (ú. t. c. s.). || *Fam.* Matado: *muerto en la guerra.* || *Fig.* Poco activo: *ciudad muerta.* | Apagado, desvaído: *color muerto.* | Que ya no se habla: *lengua muerta.* | Dícese del yeso o de la cal apagados con agua. || — M. En el juego del bridge, el que pone sus cartas boca arriba. || — *Fig. y fam. Cargar con el muerto,* tener que cargar con la responsabilidad de un asunto desagradable. | *Echarle a uno el muerto,* echarle toda la responsabilidad o culpa. | *El muerto al hoyo y el vivo al bollo,* a pesar de nuestra pesadumbre ante la muerte de las personas más amadas, volvemos muy pronto a los afanes de la vida. | *Fig. Estar uno muerto,* estar agotado. || *Hacer el muerto,* quedarse inmóvil en la superficie del agua flotando boca arriba. | *Hacerse el muerto,* no manifestarse de manera alguna para pasar inadvertido. | *Más muerto que vivo,* muy asustado. | *No tener donde caerse muerto,* ser muy pobre.

muesca f. Entalladura que hay o se hace en una cosa para que encaje otra. || Corte que se hace al ganado en la oreja como señal.

muestra f. Letrero en la fachada de una tienda que anuncia la naturaleza del comercio o el nombre del comerciante. || Pequeña cantidad de una mercancía o de un producto para darla a conocer o estudiarla. || Exposición de los productos de un comercio. || Modelo: *visitar un piso de muestra.* || *Fig.* Señal: *muestra de cansancio.* | Prueba: *muestra de simpatía, de inteligencia.* | Ejemplo: *nos dio una muestra de su saber.* || *Mil.* Revista: *pasar muestra.* || Parada que hace el perro para levantar la caza. || Esfera del reloj. || En los juegos de naipes, carta que se vuelve para indicar el palo. || — *Feria de muestras,* exposición periódica de productos industriales o agrícolas.

muestrario m. Colección de muestras.

muestreo m. Selección de muestras.

mufla f. Hornillo donde se someten los cuerpos a la acción del calor sin

que los toque la llama. || Horno para cocer porcelana.

mugido m. Voz del toro y de la vaca. || *Fig.* Bramido del viento o de dolor.

mugir v. i. Dar mugidos.

mugre f. Suciedad grasienta.

mugriento, ta adj. Lleno de mugre o suciedad.

mugrón m. Tallo de la vid que se entierra parcialmente para que arraigue. || Vástago de otras plantas. || Brote.

muguete m. Planta liliácea, con florecitas blancas globosas.

muina f. *Méx.* Enojo, rabieta.

muisca o **mosca** adj. y s. Otro n. de los indios *chibchas.*

mujer f. Persona del sexo femenino. || La que ha llegado a la edad de la pubertad. || Esposa: *tomar mujer.* || — *Mujer de vida airada,* de mal vivir, perdida, pública, prostituta. || *Mujer de su casa,* la que cuida con eficacia el gobierno de la casa. || *Mujer fatal,* la que tiene un atractivo irresistible.

mujeriego, ga adj. Mujeril. || Dícese del hombre a quien le gustan mucho las mujeres (ú. t. c. s. m.).

mujeril adj. Relativo a la mujer. || Afeminado.

mujerío m. Conjunto de mujeres: *el mujerío del pueblo.*

mujic m. Campesino ruso.

mújol m. Pez marino acantopterigio, de carne muy apreciada.

mula f. Hembra del mulo. || Calzado de los papas. || Zapatilla sin talón. || *Fam.* Bruto, idiota. | Testarudo. || *Méx.* Ficha de dominó con el mismo número en ambos lados. || — *Com. Méx.* Persona malintencionada que busca perjudicar a los demás.

mulada f. *Fig. y fam.* Tontería, enormidad.

muladar m. Sitio donde se echa el estiércol o las basuras. || *Fig.* Cosa que ensucia o inficiona moral y materialmente.

muladí adj. y s. Cristiano español que durante la dominación árabe se hacía musulmán.

mulato, ta adj. y s. Nacido de negra y blanco o viceversa. || De color moreno.

muleta f. Palo con un travesaño en el extremo superior que se coloca debajo del sobaco para apoyarse al andar. || *Fig.* Cosa que sostiene otra. || *Taurom.* Palo de cuyo cuelga un paño encarnado con el cual el matador cansa al toro antes de matarle.

muletilla f. Muleta de torero. || Botón de pasamanería. || Bastón que sirve de muleta. || *Fig.* Voz o frase que una persona repite por hábito vicioso en la conversación. | Palabra o fórmula inútil y ajena al asunto de que se trata.

muletón m. Tela gruesa de lana o algodón muy tupida.

mullido, da adj. Blando y cómodo: *cama mullida.*

*****mullir** v. t. Batir una cosa para que esté blanda y suave. || Cavar la tierra para que sea más ligera.

mulo m. Cuadrúpedo híbrido nacido de burro y yegua o de caballo y burra. || *Fam.* Bruto, animal. | Testarudo. | Idiota. || *Trabajar como un mulo*, trabajar mucho.

multa f. Pena pecuniaria: *poner (o echar) una multa.*

multar v. t. Imponer una multa.

multicelular adj. Formado de varias células.

multicolor adj. De muchos colores: *tela multicolor.*

multicopia f. Reproducción de un escrito.

multicopiar v. t. Reproducir un escrito con la multicopista.

multicopista f. Máquina para sacar varias copias de un escrito.

multifamiliar m. *Méx.* Edificio grande y con muchos departamentos destinado a la vivienda.

multiforme adj. Que tiene o puede tomar varias formas.

multígrafo m. *Venez.* Multicopista.

multilateral adj. Concertado entre varias partes. || Que atañe a varios Estados o grupos sociales: *un acuerdo multilateral.*

multimillonario, ria adj. y s. Que posee muchos millones.

multinacional adj. Relativo a varias naciones.

multípara adj. f. Que tiene varias crías de una vez: *la jabalina es multípara.* || Aplícase a la mujer que ha dado a luz varias veces.

múltiple adj. Vario, que no es simple: *eco, contacto múltiple.* || — Pl. Diversos, muchos, varios.

múltiplex adj. Dícese del dispositivo telegráfico que transmite simultáneamente varios telegramas por la misma línea.

multiplicable adj. Que se puede multiplicar.

multiplicación f. Aumento en número. || *Mat.* Operación que consiste en multiplicar dos cantidades. || *Mec.* Aumento de velocidad de una rueda dentada arrastrada por otra de mayor tamaño.

multiplicador, ra adj. Que multiplica. || — M. *Mat.* Número o cantidad que multiplica.

multiplicando adj. y s. m. *Mat.* Número o cantidad que se multiplica.

multiplicar v. t. Aumentar en número: *multiplicar los trámites.* || *Mat.* Repetir una cantidad llamada *multiplicando* tantas veces como unidades contiene otra llamada *multiplicador* para obtener una cantidad llamada *producto.* || — V. i. Engendrar. || — V. pr. Afanarse, ser muy activo: *multiplicarse en su trabajo.* || Reproducirse.

multiplicidad f. Variedad, diversidad. || Número considerable.

múltiplo, pla adj. y s. m. *Mat.* Aplícase al número que contiene a otro un número exacto de veces: *quince es un múltiplo de tres y de cinco.*

multisecular adj. Muy viejo.

multitud f. Número considerable de personas o cosas. || *Fig.* Muchedumbre.

multitudinario, ria adj. Relativo a la multitud.

mundanal adj. Mundano: *el mundanal ruido.*

mundano, na adj. Relativo al mundo. || Relativo a la vida de sociedad: *fiesta mundana.* || Muy aficionado a las cosas del mundo. || Que alterna mucho con la alta sociedad. || *Mujer mundana,* prostituta.

mundial adj. Universal, relativo al mundo entero: *política mundial.* || — M. Campeonato mundial.

mundillo m. Arbusto de la familia de las caprifoliáceas con flores blancas agrupadas en forma de globos. || Enjugador. || Almohadilla para hacer encaje. || *Fig.* Mundo, grupo determinado: *el mundillo de la política, del arte.*

mundo m. Universo, todo lo que existe. || Tierra, el planeta en que vivimos: *dar la vuelta al mundo.* || Parte de la Tierra: *el Nuevo Mundo.* || *Fig.* Conjunto de los hombres: *reírse del mundo entero.* | Sociedad humana: *el mundo libre.* | Humanidad: *la evolución del mundo.* | Conjunto de individuos que se dedican a la misma clase de actividades: *el mundo de las letras.* | Conjunto de cosas que forman un todo: *el mundo exterior.* || *Teol.* Uno de los enemigos del alma. || Vida seglar: *dejar el mundo.* || Baúl: *guardar la ropa en un mundo.* || Mundillo, arbusto. || *Fig.* Diferencia muy grande: *hay un mundo de entre las dos versiones.* || — *Fig. Al fin del mundo,* muy lejos; dentro de mucho tiempo. | *Andar el mundo al revés,* estar las cosas de manera diferente a lo normal. | *Dar un mundo por,* dar cualquier cosa por obtener algo muy deseado. | *Desde que el mundo es mundo,* desde siempre. | *Echar al mundo,* dar a luz. | *Echarse al mundo,* prostituirse la mujer. | *El gran mundo,* la alta sociedad. | *El Mundo Antiguo,* Asia, Europa y África. || *El Nuevo Mundo,* América y Oceanía. || *Fig. El otro mundo,* la otra vida. | *Entrar en el mundo,* entrar en sociedad. | *Hacerse un mundo de algo,* darle demasiada importancia. | *Hombre (o mujer) de mundo,* persona que alterna con la alta sociedad. | *Irse al otro mundo,* morir. | *Medio mundo,* haber mucha gente. | *No ser de este mundo,* no preocuparse por las cosas terrenas. | *No ser cosa o nada del otro mundo,* no ser difícil o extraordinario. | *Ponerse el mundo por montera,* no importarle a uno la opinión ajena. | *Tener mundo,* tener experiencia y saber desenvolverse entre la gente. | *Todo el mundo,* la mayor parte de la gente. | *Valer un mundo,* valer mucho. | *Venir al mundo,* nacer. | *Ver mundo,* viajar mucho. | *Vivir en el otro mundo,* vivir muy lejos.

mundología f. Experiencia y conocimiento del mundo y de los hombres. || Reglas mundanas, usos sociales.

munición f. *Mil.* Todo lo necesario para el abastecimiento de un ejército

o de una plaza fuerte. || Carga de las armas de guerra. || Perdigones, carga para la escopeta de caza.

municionar v. t. *Mil.* Aprovisionar de municiones.

municipal adj. Relativo al municipio: *administración municipal.* || — M. Guardia municipal.

municipalidad f. Municipio, ayuntamiento de una población.

municipalización f. Acción y efecto de municipalizar.

municipalizar v. t. Hacer depender del municipio: *municipalizar los transportes urbanos.*

municipio m. División territorial administrada por un alcalde y un concejo. || Conjunto de habitantes de este territorio. || Ayuntamiento, alcaldía. || Concejo. || Entre los romanos, ciudad libre que se gobernaba por sus propias leyes y cuyos vecinos podían obtener los privilegios y derechos de la c. de Roma.

munificencia f. Generosidad, largueza, liberalidad: *debemos todo a su gran munificencia.*

munificente o **munífico, ca** adj. Muy liberal o generoso.

muniqués, esa adj. y s. De Munich.

muñeca f. Articulación que une la mano con el antebrazo. || Figurilla que representa una niña o una mujer y sirve de juguete. || Maniquí para vestidos de mujer. || Lío o pelotilla de trapo que se embebe de un líquido para barnizar, estarcir u otros usos. || *Fig. y fam.* Muchacha preciosa y delicada. | Chica presumida. | *Arg.* Maqueta.

muñeco m. Figurilla de niño que sirve de juguete. || Figurilla humana hecha de pasta, trapo, etc. || *Fig. y fam.* Joven afeminado. | Persona que se deja llevar por otra. | Dibujo mal hecho.

muñequera f. Manilla o correa ancha para apretar la muñeca. || Correa del reloj de pulsera.

muñequilla f. Muñeca para barnizar.

muñón m. Parte que queda de un miembro amputado. || *Mec.* Espiga o gorrón con que un órgano mecánico se fija en un soporte, conservando la libertad de movimiento de rotación sobre sí mismo: *los dos muñones de la cureña sostienen el cañón.*

mural adj. Que se aplica o coloca sobre el muro: *mapa mural.* || — M. *Pint.* Fresco: *los murales de Orozco.*

muralla f. Muro muy grueso y elevado que rodea una plaza fuerte para protegerla: *las murallas de la ciudad de Ávila.*

murar v. t. Rodear con muros.

murcianismo m. Palabra o giro propios del castellano hablado en la región de Murcia. || Amor o apego a las cosas de Murcia.

murciano, na adj. y s. De Murcia: *huerta murciana.*

murciélago m. Mamífero nocturno de alas membranosas, cuyo cuerpo es parecido al del ratón.

murena f. Morena, pez.

murga f. Banda de músicos callejeros. || *Fam.* Lata, cosa pesada: *dar la murga.* | Persona muy pesada (ú. t. c. s. m.).

múrice m. Molusco gasterópodo marino del que se sacaba la púrpura. || *Poét.* Color de púrpura.

múridos m. pl. Familia de mamíferos que comprende ratas, ratones, etc. (ú. t. c. adj.).

murmullo m. Ruido sordo que se hace hablando bajo. || Rumor del agua que corre, del viento, etc. || Zumbido.

murmuración f. Conversación en que se critica a un ausente.

murmurador, ra adj. y s. Que murmura, maldiciente.

murmurar v. i. Hacer un ruido sordo y apacible. || *Fig.* Hablar o quejarse entre dientes (ú. t. c. t.). || *Fig. y fam.* Criticar.

murmurio m. Murmullo. || *Fig. y fam.* Crítica.

muro m. Pared o tapia hecha de fábrica, especialmente la que sirve para sostener o soportar cargas. || Muralla. || *Muro del calor,* conjunto de los fenómenos caloríficos que se producen con las grandes velocidades y pueden limitar la rapidez de los vehículos aéreos. || *Muro del sonido,* conjunto de fenómenos aerodinámicos que se producen cuando un cuerpo se mueve en la atmósfera a una velocidad próxima a la del sonido (340 m por segundo) y que dificultan el aumento de esta velocidad.

murria f. *Fam.* Tristeza, melancolía, morriña: *tener murria.*

murucuyá f. Granadilla.

mus m. Juego de naipes.

musa f. *Mit.* Cada una de las nueve deidades que habitaban el Parnaso y presidían las artes liberales y las ciencias. || *Fig.* Numen, inspiración de un poeta: *la musa de Píndaro, de Virgilio.* | Poesía: *la musa latina.*

musáceas f. pl. Familia de plantas monocotiledóneas parecidas a las palmas, a la que pertenecen el plátano y el abacá (ú. t. c. adj.).

musaraña f. Pequeño mamífero insectívoro, parecido a un ratón, con el hocico puntiagudo. || Bicho, sabandija, animalejo. || — *Fig. y fam.* Mirar uno *a las musarañas,* estar distraído. | *Pensar en las musarañas,* no atender a lo que se hace o dice.

musculación f. Conjunto de ejercicios para desarrollar los músculos. || *Amer.* Musculatura.

muscular adj. De los músculos.

musculatura f. Conjunto de los músculos. || Desarrollo de los músculos: *tiene una gran musculatura.*

músculo m. Órgano fibroso que al contraerse o distenderse produce los movimientos en un ser vivo.

musculoso, sa adj. Que tiene músculos.

muselina f. Tejido muy ligero y medio transparente.

museo m. Colección pública de objetos de arte o científicos: *museo de escultura, de historia natural.* || Edificio en que se guardan estas colecciones: *el museo del Prado.*

musgo m. Planta briofita formada por varios tallos menudos y apiñados que crece en lugares sombríos. || — Pl. Familia de estas plantas.

musgoso, sa adj. Cubierto de musgo: *piedra musgosa.*

música f. Arte de combinar los sonidos conforme a las normas de la melodía, armonía y ritmo. || Teoría de este arte: *clases de música.* || Concierto de instrumentos o voces o de ambas cosas a la vez. || Conjunto de músicos, banda: *la música municipal.* || Papeles en que está escrita la música. || — Pl. *Fam.* Monsergas, latas: *déjame de músicas.* || — *Fam.* Irse con la música a otra parte, marcharse. | *Mandar con la música a otra parte,* mandar a paseo. || *Música de cámara,* la escrita para un número pequeño de instrumentos. || *Fig. y fam.* Música celestial, palabras vanas. || *Música instrumental,* la escrita para instrumentos. || *Música ligera,* la melodiosa, fácil y sin pretensiones. || *Música vocal,* la escrita expresamente para ser cantada.

musical adj. Relativo a la música: *arte musical.* || En que se hace música: *velada musical.* || Armonioso.

musicalidad f. Calidad de lo que es musical.

music-hall [*miúsic jol*] m. (pal. ingl.). Espectáculo de variedades. || Teatro donde se da esta clase de espectáculos.

músico, ca adj. Relativo a la música: *instrumento músico; composición música.* || — M. y f. Persona que compone o ejecuta obras de música. || — M. *Amer.* Ave canora de canto agradable.

musicógrafo, fa m. y f. Persona que escribe sobre música.

musicología f. Estudio científico de la teoría y de la historia de la música.

musicólogo, ga m. y f. Especialista en musicología.

musicomanía f. Afición muy grande por la música, melomanía.

musicómano, na adj. y s. Melómano.

musiquilla f. *Fam.* Música fácil, sin valor artístico.

musitar v. t. e i. Susurrar o hablar entre dientes.

muslo m. Parte de la pierna, desde la juntura de la cadera hasta la rodilla.

mustango m. Caballo que vive en estado de semilibertad en las pampas de América del Sur.

mustela f. Tiburón muy parecido al cazón, de carne comestible y cuya piel se usa como lija. || Comadreja.

mustélidos m. pl. Familia de mamíferos carniceros como la comadreja, el armiño, la nutria, el visón, etc. (ú. t. c. adj.).

musteriense adj. Aplícase al período del paleolítico medio, asociado al hombre de Neandertal y caracteriza-

do por el uso del sílex y del hueso (ú. t. c. s. m.).

mustiarse v. pr. Marchitarse.

mustio, tia adj. Melancólico, triste. || Ajado, marchito. || *Méx.* Hipócrita.

musulmán, ana adj. y s. Mahometano.

mutabilidad f. Capacidad de sufrir mutaciones.

mutable adj. Que puede sufrir mutaciones.

mutación f. Cambio. || *Teatr.* Cambio escénico. || Variación atmosférica brusca. || *Biol.* Cambio brusco y hereditario que aparece en el fenotipo de los seres vivos y ocasiona una nueva especie.

mutacionismo m. *Biol.* Teoría de la evolución que considera que las mutaciones tienen un papel esencial en la aparición de especies nuevas.

mutatis mutandis loc. lat. Haciendo los cambios necesarios.

mutilación f. Corte o supresión de una parte de una cosa: *este soldado sufrió varias mutilaciones.*

mutilado, da adj. y s. Aplícase al que ha sufrido mutilación.

mutilador, ra adj. y s. Que mutila.

mutilar v. t. Cortar un miembro u otra parte de un cuerpo vivo. || Destruir parcialmente: *mutilar una estatua.* || Cortar parte de una cosa, deformar: *mutilar un texto.*

mutis m. Voz que emplea el apuntador para decir a un actor que se retire de la escena. || Salida de escena. || Hacer mutis, marcharse; callar.

mutismo m. Silencio voluntario u obligatorio. || Incapacidad patológica de hablar.

mutro, tra adj. y s. *Chil.* Dícese de la persona muda o tartamuda. || *Chil.* Tonto, bobo.

mutual adj. Mutuo, recíproco. || — F. Mutualidad.

mutualidad f. Sistema de prestaciones mutuas que sirve de base a algunas asociaciones del mismo nombre: *mutualidad obrera, escolar.*

mutualismo m. Conjunto de asociaciones basadas en la mutualidad. || Doctrina según la cual la humanidad se considera como una asociación de servicios mutuos.

mutualista adj. Relativo a la mutualidad: *sociedad mutualista.* || — Com. Miembro o socio de una mutualidad.

mutuamente adv. Con reciproca correspondencia: *las dos personas se ayudaron mutuamente.*

mutuo, tua adj. Recíproco: *amor mutuo; ayuda mutua.* || *Seguro mutuo,* sociedad cuyos miembros se aseguran mutuamente. || — F. Mutualidad.

muy adj. En grado sumo: *muy inteligente; muy lejos.*

mV, abreviatura de *milivoltio.*

Mv, símbolo químico del *mendelevio.*

mW, abreviatura de *milivatio.*

my f. Duodécima letra del alfabeto griego (μ) que corresponde a la *m* castellana.

n

n f. Decimocuarta letra del alfabeto castellano y undécima de sus consonantes. || Signo con que se nombra a alguien indeterminado. || Mat. Exponente de una potencia determinada || — **N**, símbolo del *nitrógeno* y del *newton*. || — **N.**, abreviatura de *norte*.

Na, símbolo químico del *sodio*.

nabab m. Gobernador de una provincia en la India. || *Fig.* Hombre muy rico.

nabo m. Planta crucífera cuya raíz, carnosa y de color blanco, es comestible.

naborí com. Criado indio en la América colonial.

naboría f. Repartimiento de indios para el servicio doméstico en la América colonial.

nacaomense adj. y s. De Nacaome (Honduras).

nácar m. Sustancia dura, brillante, irisada, que se forma en la concha de algunos moluscos: *botón de nácar*.

nacarado, da y **nacarino, na** adj. Que tiene aspecto de nácar.

nacatamal m. *Amér. C.* y *Méx.* Tamal relleno de carne y salsa de chile.

nacatamalera f. *Amér. C.* y *Méx.* Vendedora de nacatamales.

*nacer v. i. Venir al mundo: *Cervantes nació en Alcalá.* || Brotar, salir: *el trigo nace en primavera.* || Empezar su curso, brotar: *el Ebro nace en Fontibre.* || Salir (un astro). || Originarse: *el vicio nace del ocio.* || Descender de una familia o linaje: *Goya nació de familia humilde.* || Tener condiciones innatas, estar destinado a: *Lope de Vega nació (para) escritor.* || *Fig.* Surgir, aparecer: *el tango nació en Buenos Aires.* || — *Fam. Haber nacido de pie*, tener mucha suerte. | *Hoy he vuelto a nacer*, de buena me he librado.

nacianceno, na adj. y s. De Nacianzo (Asia Menor).

nacido, da adj. Connatural y propio de una cosa. || Apto y a propósito para algo. || — Adj. y s. Humano, hombre.

nacimiento m. Acción y efecto de nacer. || Extracción: *de ilustre (o humilde) nacimiento.* || Principio de una cosa. || Origen de un río: *el nacimiento de un río.* || Manantial: *un nacimiento de agua.* || Representación por medio de figuras del nacimiento de Jesús, belén. || — *De nacimiento*, desde el momento de nacimiento o antes de él: *mudo de nacimiento.*

nación f. Comunidad humana, generalmente establecida en un mismo te-

rritorio, unida por lazos históricos, lingüísticos, religiosos, económicos en mayor o menor grado. || Entidad jurídica formada por el conjunto de habitantes de un país, regidos por una misma Constitución y titular de la soberanía. || Territorio de ese mismo país.

nacional adj. Relativo a la nación o natural de ella: *bandera, lengua nacional.* || — M. pl. Totalidad de los individuos de una nación. || Conciudadanos.

nacionalidad f. Condición y carácter peculiar de los pueblos e individuos de una nación. || Grupo de individuos que tienen idéntico origen o por lo menos historia y tradiciones comunes. || Estado de la persona nacida o naturalizada en una nación: *nacionalidad española.*

nacionalismo m. Apego a la propia nación, a su unidad e independencia: *el nacionalismo irlandés.*

nacionalista adj. y s. Del nacionalismo: *doctrina nacionalista.* || Partidario del nacionalismo.

nacionalización f. Acción y efecto de nacionalizar. || Transferencia a la colectividad de la propiedad de ciertos medios de producción pertenecientes a particulares, ya para servir mejor el interés público, ya para asegurar mejor la independencia del Estado o para castigar la falta de civismo de sus propietarios.

nacionalizar v. t. Dar carácter nacional: *nacionalizar las minas, la banca.* || Naturalizar o dar la ciudadanía: *nacionalizar a ciertos residentes extranjeros* (ú. t. c. pr.).

nacionalsocialismo m. Doctrina política y económica fundada por Hitler en 1923.

nacionalsocialista adj. y s. Relativo al nacionalsocialismo o su partidario.

nacom m. Sacerdote maya vitalicio, encargado de sacar el corazón a los sacrificados.

nada f. El no ser o carencia absoluta de todo ser. || Cosa mínima: *por nada se asusta.* || — *Sacar de la nada*, crear. || *Reducir a nada*, anular. || — Pron. indef. Ninguna cosa: *no decir nada.* || — Adv. Poco: *no hace nada que salió.* || — ¡*Nada!*, ¡no! || *Nada de nada*, absolutamente, ninguna cosa. || *Nada más*, no más: *no quiero nada más*; se usa precediendo a un verbo en infinitivo con la idea de "tan pronto como": *nada más venir se acostó.*

nadador, ra adj. y s. Que nada: *ave nadadora.* || — M. y f. Persona que practica la natación.

nadar v. i. Sostenerse flotando y moverse en el agua: *nadar de espalda.* || Flotar en un líquido cualquiera. || *Fig.* Estar una cosa muy holgada: *nadar en su abrigo.* | Abundar en una cosa: *está nadando en dinero.* || — *Fig. Nadar en la opulencia*, ser muy rico. | *Nadar entre dos aguas*, procurar agradar a dos partidos adversos. | *Nadar y guardar la ropa*, proceder con cautela. || — V. t. Practicar un estilo de natación: *nadar la braza.* || Participar en una prueba de natación: *nadar los 400 metros.*

nadería f. Cosa sin importancia, pequeñez.

nadie pron. indef. Ninguna persona: *no ha venido nadie.* || — M. *Fig.* Persona insignificante, de ninguna importancia. || — *Fam. No ser nadie*, no tener importancia. | *Un don nadie*, una persona insignificante.

nadir m. *Astr.* Punto de la esfera celeste diametralmente opuesto al cenit.

nado (a) m. adv. Nadando.

nafta f. Carburo de hidrógeno obtenido del petróleo. || *Amer.* Gasolina.

naftaleno m. Hidrocarburo bencénico sólido, blanco, aromático y cristalino, usado en la fabricación de perfumes, colorantes y plásticos.

naftalina f. Preparado comercial de naftaleno.

naftol m. Fenol derivado del naftaleno.

nagual m. *Méx.* Hechicero. || — F. *Méx.* Mentira.

nagualear v. i. *Méx.* Contar mentiras.

naguas f. pl. *Méx.* Enaguas.

nahoa adj. y s. V. NAHUA.

nahua adj. y s. Individuo de un pueblo indio americano que se subdividió en siete grupos: xochimilcas, chalcas, tecpanecas, acolhúas, tlahuicas, tlaxcaltecas y mexicas.

náhuatl adj. y s. m. Lengua de los indígenas (nahuas) de México.

nahuatlaca adj. y s. Nahua.

nahuatlano adj. y s. m. Grupo lingüístico de la familia yutoazteca.

nahuatlismo m. Voz náhuatl introducida en el castellano.

nahuatlista com. Persona especializada en la lengua náhuatl.

nailon m. Nylon.

naipe m. Cada una de las cartulinas rectangulares que sirve para jugar a las cartas. || — Pl. Baraja. || *Fig. y fam. Castillo de naipes,* proyecto quimérico.

naja f. Género de serpientes venenosas al que pertenecen la cobra y el áspid.

nalga f. Cada una de las dos partes carnosas y posteriores del muslo que constituyen el trasero.

nalgada f. Golpe dado en las nalgas.

nalguear v. t. *C. Rica, Guat., Hond. y Méx.* Dar nalgadas a alguien.

nana f. *Fam.* Abuela. || Canción de cuna. || Nodriza. || *Fam. En el año de la nana,* en tiempos de Maricastaña, hace mucho tiempo.

nananché m. Arbusto malpigiáceo. || Su fruto, con el cual se hace chicha.

¡nanay! interj. *Fam.* ¡Naranjas!, ¡ni hablar!, ¡nada de eso!

nance m. *C. Rica, Hond., Méx., Nic. y Salv.* Arbusto de fruto comestible. || Fruto de ese arbusto.

nanche m. *Méx.* Nance.

nanismo m. *Med.* Enfermedad de los enanos, generalmente de origen endocrino.

nao f. Nave, barco.

napalm m. Gasolina gelificada con palmitato de sodio o de aluminio, con la que se cargan las bombas incendiarias: *bomba de napalm.*

napias f. pl. *Fam.* Narices.

napoleónico, ca adj. Relativo a Napoleón: *imperio napoleónico.*

napolitano, na adj. y s. De Nápoles.

naranja f. Fruto del naranjo: *naranja de Valencia.* || — *Naranja mandarina o tangerina,* la aplastada y pequeña. || *Fig. y fam. Media naranja,* la esposa. || *Pop. ¡Naranjas! o ¡naranjas de la China!,* ¡ni hablar!, ¡nada de eso! || — Adj. inv. y s. m. Anaranjado (color).

naranjado, da adj. De color anaranjado. || — F. Zumo de naranja con agua y azúcar.

naranjal m. Sitio plantado de naranjos.

naranjero, ra adj. De la naranja: *exportación naranjera.* || — *Dícese del arma de fuego de calibre grande y cañón de forma acampanada: un trabuco naranjero.* || — M. y f. Cultivador o vendedor de naranjas.

naranjilla f. *Amer.* Fruto del naranjillo.

naranjillo m. *Amér. C.* y *Méx.* Nombre de algunas ulmáceas, solanáceas y ramnáceas.

naranjo m. Árbol rutáceo cuyo fruto esférico y azucarado es la naranja. || Madera de este árbol.

narbonense y **narbonés, esa** adj. y s. De Narbona.

narcisismo m. Amor excesivo y patológico de sí mismo o de lo hecho por uno.

narcisista adj. Relativo al narcisismo. || — Com. Narciso.

narciso m. Planta amarilidácea ornamental, de flores blancas o amarillas con corona dorada. || *Fig.* Hombre enamorado de sí mismo y que cuida excesivamente su persona.

narcoanálisis m. Procedimiento de investigación del subconsciente de una persona mediante la inyección de un narcótico.

narcosis f. Sueño producido por un narcótico.

narcótico, ca adj. y s. m. *Med.* Dícese de la droga que produce sueño, como el opio, la belladona, los barbitúricos, etc.

narcotina f. Alcaloide extraído del opio, de acción sedativa.

narcotismo m. Estado de adormecimiento, que procede del uso de los narcóticos. || *Med.* Conjunto de efectos causados en el organismo por los narcóticos.

narcotización f. Adormecimiento mediante la administración de narcóticos.

narcotizador, ra adj. Que narcotiza.

narcotizante adj. y s. m. Que narcotiza.

narcotizar v. t. Adormecer por medio de un narcótico. || Producir narcotismo por el uso excesivo de narcóticos.

nardo m. Planta liliácea de flores blancas aromáticas, dispuestas en espiga.

narguile m. Pipa oriental formada por un tubo flexible que atraviesa un frasco lleno de agua perfumada.

narigón, ona adj. y s. Narigudo. || — M. Nariz grande.

narigudo, da adj. De narices muy grandes (ú. t. c. s.). || De figura de nariz.

nariguera f. Pendiente que se cuelgan de la ternilla de la nariz algunos indios.

nariñense adj. y s. De Nariño.

nariz f. Órgano saliente de la cara, entre la frente y la boca, con dos orificios que comunican con la membrana pituitaria y el aparato de la respiración (ú. t. en pl.). || Cada uno de los orificios o ventanas de la nariz. || *Fig.* Sentido del olfato. | Perspicacia. | Olor, aroma de un vino. | Extremidad aguda de algunas cosas. | Cuello del alambique o de la retorta. || — *Fig. Dar en la nariz,* sospechar. | *Dar en las narices,* deslumbrar a los demás con algo extraordinario. | *Darse de narices,* tropezar. | *Dejar a uno con un palmo de narices,* dejar a uno burlado. | *Estar hasta las narices,* estar harto. | *Hinchársele a uno las narices,* enfadarse. | *Meter las narices en todo,* curiosear, entrometerse. | *¡Narices!, ¡nada!, ¡no!, ¡ni hablar!* || *Nariz aguileña,* la afilada y algo corva. || *Nariz respingona,* la que tiene la punta dirigida hacia arriba. || *Fig. y fam. No ver más allá de sus narices,* no ver más lejos que lo que tiene delante, ser poco perspicaz. | *¡Qué narices!, ¡qué diablo!* | *Romper las narices,* romper la cara. | *Romperse las narices,* caerse.

narizón, ona adj. *Fam.* Narigudo, con mucha nariz.

narizota f. *Fam.* Nariz grande y fea. || — M. *Fam.* Hombre con mucha nariz, narigudo.

narración f. Relato, exposición detallada de una serie de hechos.

narrador, ra adj. Que narra. || — M. y f. Persona que narra: *Homero fue un gran narrador.*

narrar v. t. Relatar, referir, contar: *narrar un combate.*

narrativo, va adj. Relativo a la narración: *género, estilo narrativo.* || — F. Habilidad para narrar. || Narración.

narria f. Carrito fuerte y bajo para arrastrar grandes pesos.

nasa f. Arte de pesca consistente en una manga de red. || Cesta en que echan los pescadores los peces.

nasal adj. Relativo a la nariz: *huesos nasales.* || — Adj. y s. f. *Gram.* Dícese del sonido modificado por la vibración del aire en las narices: *pronunciación nasal.*

nasalidad f. Calidad de nasal.

nasalización f. Pronunciación nasal de un sonido.

nasalizar v. t. Hacer nasal, o pronunciar de esta manera un sonido o letra.

násico m. Mono de nariz larga y blanda de Borneo.

nasofaringe f. *Anat.* Parte de la faringe situada encima del velo del paladar y detrás de las fosas nasales.

nasofaríngeo, a adj. De la nasofaringe.

nata f. Materia grasa de la leche con que se hace la mantequilla. || Nata de leche batida con azúcar. || *Fig.* Lo mejor: *la nata de la sociedad.* || *Amer.* Escoria de la copelación. || — Pl. Natillas.

natación f. Acción de nadar considerada como ejercicio: *la natación es un deporte muy completo.*

natal adj. Del nacimiento.

natalicio m. Nacimiento. || Cumpleaños.

natalidad f. Relación entre el número de nacimientos y el de habitantes de una región en un momento determinado.

natatorio, ria adj. De la natación. || Que sirve para nadar: *aletas natatorias.*

natillas f. pl. Dulce de huevo, leche y azúcar.

natividad f. Fiesta que conmemora el nacimiento de Jesucristo, de la Virgen María o de San Juan Bautista. || Navidad.

nativismo m. Innatismo. || *Amer.* Indigenismo.

nativista adj. y s. Relativo al nativismo o su partidario. || *Amer.* Indigenista.

nativo, va adj. Natural, en estado puro: *plata nativa.* || Natal: *país nativo.* || De origen: *profesor nativo; lengua nativa.* || Innato, natural, propio: *cualidades nativas.* || — M. y f. Indígena, nacido de un país. || Nativo de, natural de, nacido en.

nato, ta adj. Que va anejo a un cargo o persona: *presidente nato de una junta.* || *Fig.* De nacimiento: *español nato.*

natura f. Naturaleza. || — *A (o de) natura,* naturalmente. || *Contra natura,* contra el orden natural.

natural adj. Conforme al orden de la naturaleza: *ley natural.* || Que aparece en la naturaleza: *gas natural.* || Fresco: *fruta natural.* || Que se trae al nacer: *simpatía natural.* || Inherente, propio: *el escándalo es natural en él.* || Instintivo: *repulsa natural.* || Conforme con la razón o el uso: *es natural pagar a quien trabaja.* || Que no está cohibido: *estuvo muy natural.* || Que carece de afectación, sencillo: *modales naturales.* || Nativo: *natural de Málaga.* || Nacido fuera del matrimonio, ilegítimo: *hijo natural.* || — *Ciencias naturales,* las derivadas del estudio de la naturaleza (física, química, geología). || *Historia natural,* ciencia que describe y clasifica los seres vivos. || *Muerte natural,* la que no es debida a accidente. || *Tono natural,* en música, el que no está modificado por ningún signo. || — M. Cosa que se toma por modelo en pintura o escultura: *tomado del natural.* || Índole, carácter, condición: *es de un natural agresivo.* || *Taurom.* Pase de muleta dado con la mano izquierda y sin ayuda del estoque. || — Pl. Habitantes originarios de un país. || — Adv. Naturalmente. || *Al natural,* sin artificio; dícese de los frutos en conserva enteros.

naturaleza f. Esencia y propiedad de cada ser: *naturaleza divina, humana.* || Mundo físico: *las maravillas de la naturaleza.* || Orden y disposición de todos los elementos del Universo: *la naturaleza de las aves es volar.* || Clase: *objetos de diferente naturaleza.* || Índole, carácter, condición: *ser de naturaleza fría.* || Privilegio que concede un soberano a un extranjero para que goce de los mismos derechos que los nacionales: *carta de naturaleza.* || *Naturaleza muerta,* bodegón.

naturalidad f. Calidad natural. || Ausencia de afectación, sencillez: *comportarse con naturalidad.* || Conformidad de las cosas con las leyes naturales. || Derecho inherente a los naturales de una nación.

naturalismo m. Sistema de los que atribuyen todo a la naturaleza como primer principio. || Escuela literaria de fines del s. XIX, opuesta al romanticismo: *Zola fue el creador del naturalismo.* || Escuela filosófica que niega la existencia de una causa creadora trascendente y afirma que la naturaleza existe por sí misma.

naturalista adj. Relativo al naturalismo: *escritor, filósofo naturalista.* || — Com. Persona que estudia la historia natural. || Escritor o filósofo adepto al naturalismo.

naturalización f. Acción y efecto de naturalizar o naturalizarse.

naturalizar v. t. Dar a un extranjero los derechos de ciudadanía en una nación que no es la suya. Ú. t. c. pr.: *naturalizarse español.* || Aclimatar animales o vegetales. || Introducir en una lengua voces extranjeras. || Introducir y hacer que arraiguen en un país las costumbres o usos de otro.

naturalmente adv. Probablemente. || De un modo natural. || Por natura-

leza. || Con naturalidad. || Fácilmente, sencillamente.

naturismo m. Doctrina higiénica y deportiva que propugna la vida al aire libre. || Desnudismo.

naturista adj. Del naturismo: *revista naturista.* || — M. y f. Partidario del naturismo, que lo practica. || Desnudista.

naufragar v. i. Hundirse una embarcación o las personas que van en ella. || *Fig.* Fracasar.

naufragio m. Hundimiento de un barco. || *Fig.* Fracaso.

náufrago, ga adj. y s. Dícese del barco o de las personas que han padecido naufragio.

náusea f. Ansia, ganas de vomitar. || — Pl. *Fig.* Repugnancia grande, aversión.

nauseabundo, da adj. Que produce náuseas: *hedor nauseabundo.*

náutica f. Ciencia o arte de navegar: *escuela de náutica.*

náutico, ca adj. Relativo a la navegación: *arte náutico.*

nautilo m. Argonauta, molusco cefalópodo con concha espiral.

nauyaca f. Ofidio venenoso de México, que recibe también el nombre de *cuatro narices.*

navaja f. Cuchillo cuya hoja articulada en el mango se guarda entre dos cachas. || Molusco lamelibranquio, comestible. || Colmillo de los jabalíes. || *Navaja de afeitar,* la de filo agudísimo que sirve para afeitarse.

navajada f. o **navajazo** m. Cuchillada con la navaja. || Herida que produce.

navajo adj. y s. Indígena norteamericano de Nuevo México y Arizona.

naval adj. Relativo a las naves y a la navegación: *agregado, arquitecto, ingeniero naval; táctica, combate naval.* || *Escuela naval,* la de formación de los oficiales de la marina militar.

navarro, rra adj. y s. De Navarra.

nave f. Barco, embarcación: *nave mercante, de guerra.* || *Arq.* Parte de una iglesia comprendida entre dos muros o dos filas de arcadas. || Sala muy grande y ampliamente ventilada: *la nave de una fábrica.* || — *Nave del espacio,* astronave. || *Fig. Quemar las naves,* tomar una determinación extrema y decisiva.

navegable adj. Aplícase al río, lago, canal, etc., donde pueden circular barcos.

navegación f. Viaje en una nave: *navegación marítima, fluvial, aérea.* || Arte del navegante. || — *Navegación costera o de cabotaje,* la que se efectúa sin alejarse de la costa. || *Navegación de altura,* la de alta mar.

navegador m. Programa informático que permite ver y actuar dentro de un sitio de Internet.

navegante adj. Que navega: *personal navegante.* || — Com. Persona que navega.

navegar v. i. Viajar en una nave por el mar, los lagos, los ríos o los aires. || Hacer seguir a una nave o a un avión una ruta determinada. || *Fig.* Andar de

una parte a otra, transitar, trajinar. || *Navegar en conserva,* ir varios barcos juntos. || — V. t. *Mar.* Marchar: *el barco navega doce millas por hora.*

naveta f. Nave pequeña. || Vaso para guardar incienso. || Gaveta, cajón. || Cada uno de los monumentos funerarios que se encuentran en la isla de Menorca, en forma de nave.

navidad f. Nacimiento de Jesucristo y día en que se celebra. || Época de esta fiesta (ú. m. en pl.).

navideño, ña adj. Relativo a la Navidad: *fiestas navideñas.*

naviero, ra adj. Relativo a las naves o a la navegación: *compañía, empresa naviera.* || — M. Propietario de uno o más barcos, armador. || — F. Compañía de navegación.

navío m. Antiguo bajel de guerra, de tres palos, con dos o tres puentes y otras tantas baterías de cañones. || Hoy, buque grande de guerra. || Barco de alta mar.

náyade f. *Mit.* Divinidad que presidía los ríos y fuentes.

nazareno, na adj. y s. De Nazaret. || Dícese del que entre los hebreos se consagraba al culto de Dios. || *Fig.* Nombre que daban los judíos a los primeros cristianos. || — M. Penitente en las procesiones de Semana Santa. || Árbol ramnáceo americano usado en tintorería. || *El Nazareno,* Jesucristo. || — F. Espuela de rodaje grande que se ponen los gauchos.

nazi adj. y s. Nacionalsocialista.

nazismo m. Nacionalsocialismo.

Nb, símbolo químico del *niobio.*

Nd, símbolo químico del *neodimio.*

Ne, símbolo químico del *neón.*

neblina f. Niebla espesa y baja.

neblinear v. imp. *Chil.* Llovizar.

neblinoso, sa adj. Con neblina.

nebrisense adj. y s. Lebrijano, de Nebrija, hoy Lebrija.

nebulosidad f. Pequeña oscuridad, sombra. || Proporción de nubes en el cielo, nubosidad. || *Fig.* Falta de claridad.

nebuloso, sa adj. Oscurecido por las nubes o la niebla: *cielo, día nebuloso.* || *Fig.* Sombrío. || Difícil de comprender: *doctrina nebulosa.* || Falto de claridad: *estilo nebuloso.* || — F. Materia cósmica que aparece en el firmamento como una nube difusa y luminosa.

necedad f. Calidad de necio. || Tontería, acción o palabra necia.

necesario, ria adj. Indispensable, que hace absolutamente falta: *el aire es necesario a la vida.* || Que sucede o ha de suceder inevitablemente: *la consecuencia necesaria de un principio.* || Que no puede dejar de ser: *verdad necesaria.*

neceser m. Estuche o maletín con varios objetos útiles para un fin determinado: *neceser de viaje.*

necesidad f. Calidad de necesario. || Lo que no puede evitarse: *necesidad ineludible.* || Fuerza, obligación: *necesidad de trabajar para vivir.* || Pobreza, carencia: *estar en la necesidad.* || Falta de alimento, inanición. || — Pl. Evacuación del vientre. || — *De necesidad* o *por necesidad,* necesariamente.

necesitado, da adj. y s. Pobre, que carece de lo necesario.

necesitar v. t. e i. Haber menester de una persona o cosa: *necesito dinero; necesitamos de usted.*

necio, cia adj. y s. Ignorante. || Tonto.

necrófago, ga adj. y s. Que se alimenta de cadáveres.

necrología f. Escrito o discurso consagrado a un difunto. || Notificación de las muertes en una sección de un periódico.

necrológico, ca adj. Relativo a la necrología: *nota necrológica.*

necromancia f. Nigromancia.

necrópolis f. Subterráneo donde los antiguos enterraban a los muertos. || Cementerio.

necropsia f. *Med.* Examen de un cadáver.

necrosis f. *Med.* Muerte o gangrena de un tejido en una zona anatómica.

néctar m. Bebida de los dioses mitológicos. || *Fig.* Licor delicioso, exquisito. || Líquido azucarado segregado por los nectarios de las flores.

nectáreo, a adj. Que destila néctar o sabe a él.

nectario m. Glándula de las flores de ciertas plantas que segrega néctar.

necton m. *Biol.* Conjunto de organismos acuáticos que pueden desplazarse por sí mismos: *a diferencia del plancton, los peces y otros componentes del necton tienen movilidad.*

necuazcual m. Especie de hormiga de México.

neerlandés, esa adj. y s. Holandés. || — M. Lengua germánica hablada en Holanda y el norte de Bélgica.

nefando, da adj. Indigno, execrable.

nefasto, ta adj. Triste, funesto, desgraciado: *nefasto influjo.*

nefrítico, ca adj. Relativo a los riñones: *absceso nefrítico.* || — Adj. y s. Que padece de nefritis.

nefrectomía f. Ablación quirúrgica de un riñón.

nefritis f. *Med.* Inflamación de los riñones.

negable adj. Que se puede negar o desmentir.

negación f. Acción y efecto de negar. || Carencia o falta total de una cosa: *es la negación del arte.* || *Gram.* Partícula o voz que sirve para negar, como *no, ni.*

negado, da adj. y s. Incapaz o inepto para una cosa.

*negar v. t. Decir que una cosa no es cierta, desmentir: *negar un hecho.* || Dejar de reconocer una cosa, no admitir su existencia: *negar a Dios.* || Denegar: *negar una gracia.* || Prohibir, vedar: *negar un permiso.* || No confesar una falta, un delito: *negar ante el juez.* || — V. pr. Rehusar a hacer una cosa: *negarse a comer.*

negativo, va adj. Que incluye o supone negación o contradicción: *contestación negativa.* || — *Mat.* Cantidad negativa, la precedida del signo menos (–). || *Electricidad negativa,* una de las dos formas de electricidad estática. || *Prueba negativa,* cliché fotográfico en el que los blancos y negros están invertidos. || — M. Cliché fotográfico. || — F. Respuesta negativa, negación: *contestar con la negativa.* || No concesión de lo que se pide.

negatón m. *Fís.* Electrón negativo.

negligencia f. Abandono.

negligente adj. y s. Descuidado.

negociable adj. Que se puede negociar: *giro negociable.*

negociación f. Acción y efecto de negociar.

negociado m. Cada una de las dependencias en que se divide una oficina: *jefe de negociado.* || *Amér.* M. Negocio de importancia, ilícito e indecente.

negociador, ra adj. y s. Que negocia: *negociador de la paz.*

negociante com. Persona que negocia. || Comerciante. || *Fig.* Interesado. || — M. Hombre de negocios: *un negociante en vinos.*

negociar v. i. Dedicarse a negocios, comerciar: *negociar en granos, en harina, en valores.* || — V. t. Tratar dos o más personas para la resolución de un asunto. || Tratar de resolver asuntos internacionales: *negociar dos gobiernos la paz.* || Efectuar una operación con un valor bancario o de Bolsa. || Descontar una letra. || Gestionar, tramitar: *tá negociando su cambio de empleo.*

negocio m. Establecimiento comercial: *tiene un buen negocio.* || Cualquier cosa de la que se saca ganancia o ventaja: *has hecho un buen negocio.* || Cualquier ocupación, trabajo o empleo, asunto.

negrada f. *Amer.* Multitud de negros. || *Cub.* Conjunto de esclavos negros de que disponía una finca o plantación. || *Arg.* y *Urug.* Cosa o hecho de mal gusto.

negrear v. i. Ponerse negro. || Tirar a negro.

*negrecer v. i. Ponerse negro.

negrero, ra adj. y s. Que se dedicaba a la trata de negros: *barco negrero.* || — M. *Fig.* Cruel, inhumano, duro con sus subordinados. | Explotador.

negrilla f. *Impr.* Letra más gruesa y entintada que la usual.

negritud f. Condición de las personas de raza negra. || Conjunto de valores culturales de los pueblos negros: *ensalzar la negritud.*

negrito m. Individuo de una raza del archipiélago malayo.

negro, gra adj. De color totalmente oscuro: *cabellos negros.* || Oscuro, sombrío: *cielo negro.* || Bronceado, moreno: *se puso negra en la playa.* || *Fig.* Magullado, lívido: *lo puso negro a palos.* | Triste, melancólico: *negro de pena.* |

Furioso, indignado: *estar negro por algo.* | Apurado: *verse negro para resolver una cosa.* | Desgraciado, infeliz: *tener una suerte negra.* | Borracho, ebrio: *todos, en la taberna se pusieron negros.* || — Adj. s. Dícese del individuo perteneciente a la raza negra: *un negro de África; una mujer negra.* || — M. Color negro: *un negro intenso.* || Bronceado: *el negro de la playa.* || *Negro de humo,* pigmento industrial negro formado por partículas finas de carbono. || — F. *Mús.* Nota equivalente a un cuarto de la redonda y que se representa por la cifra 4. || — *Fam. La negra,* la mala suerte: *caerle a uno la negra.* | *Pasarlas negras,* pasarlo muy mal.

negroide com. Propio de la raza negra o que se semeja mucho a ella.

negrura f. Calidad de negro.

negruzco, ca adj. Que tira a negro.

neguamel m. *Méx.* Cierta especie de maguey.

neguilla f. Planta cariofilácea. || Semilla de esta planta.

negus m. Título dado al emperador de Etiopía.

neivano, na adj. y s. De Neiva (Colombia).

nematelmintos m. pl. Clase de gusanos de cuerpo fusiforme sin apéndices locomotores, como la lombriz intestinal (ú. t. c. adj.).

nematodo adj. y s. m. Dícese de los gusanos nematelmintos provistos de tubo digestivo, casi todos parásitos. || — M. pl. Orden que forman.

nemeo adj. De Nemea. || — Pl. *Juegos nemeos,* los que se celebran en Nemea cada dos años en honor de Heracles.

nemoroso, sa adj. *Poét.* Relativo o perteneciente al bosque.

nemotecnia f. Mnemotecnia.

nemotécnico, ca adj. Mnemotécnico.

nene, na m. y f. *Fam.* Niño pequeño. | Apelativo de cariño, empleado sobre todo en femenino: *a Victoria sus padres la llaman nena.*

neñúfar m. Planta acuática ornamental de la familia de las ninfeáceas, que se cultiva en los estanques de los jardines.

neocelandés, esa adj. y s. De Nueva Zelanda.

neoclasicismo m. Corriente literaria y artística inspirada en la Antigüedad clásica.

neoclásico, ca adj. y s. Propio del neoclasicismo o su partidario.

neocolonialismo m. Forma moderna de colonialismo cuyo objetivo es dominar económicamente a los países que han accedido a la independencia.

neocolonialista adj. y s. Propio del neocolonialismo o partidario del mismo.

neodarwinismo m. Teoría de la evolución basada en las mutaciones y en la selección natural.

neodimio m. Elemento químico de número atómico 60 (símb., Nd), metal del grupo de las tierras raras.

neoescolasticismo m. Movimiento filosófico del s. XIX, renovador de la escolástica.

neoespartano, na adj. y s. De Nueva Esparta (Venezuela).

neófito, ta m. y f. Persona recién convertida a una religión. || Persona que ha adoptado recientemente una opinión o partido. || *Fig.* Principiante en cualquier actividad: *carrera de neófitos.*

neógeno m. *Geol.* Período final de la era terciaria, subdividido en mioceno y plioceno.

neogongorismo m. Movimiento literario surgido en 1927 en España con motivo del tercer centenario de Góngora, y que se inspiró en este poeta.

neogótico, ca adj. y s. Aplícase a un estilo arquitectónico del s. XIX que se inspiró en el gótico.

neogranadino, na adj. y s. De Nueva Granada, hoy Colombia.

neoimpresionismo m. Último período del impresionismo, llamado tb. puntillismo.

neokantismo m. Movimiento filosófico derivado del kantismo, nacido a mediados del s. XIX.

neolatino, na adj. Procedente o derivado de los latinos. || Aplícase especialmente a las lenguas derivadas del latín, como el castellano, el catalán, el francés, el portugués, el italiano, el rumano, etc.

neoliberalismo m. Doctrina económica que pretende renovar el liberalismo mediante la intervención limitada del Estado en lo jurídico y en lo económico.

neolítico, ca adj. y s. m. Aplícase al período de la era cuaternaria, que va del año 5000 al 2500 a. de J. C., entre el mesolítico y la edad de los metales. — Durante el *neolítico*, el hombre pule la piedra, se dedica al trabajo agrícola y construye poblaciones lacustres.

neológico, ca adj. Relativo al neologismo: *expresión neológica.*

neologismo m. Vocablo, acepción o giro nuevo que se introduce en una lengua.

neomaltusianismo m. Teoría derivada de la de Malthus que defiende la utilización de todos los medios anticonceptivos.

neón m. Elemento químico de la familia de los gases raros, de número atómico 10 (símb., Ne), que se emplea en tubos luminosos para el alumbrado.

neoplatónico, ca adj. Relativo al neoplatonicismo. || — Adj. y s. Que sigue esta doctrina.

neoplatonicismo m. Escuela filosófica de Alejandría (s. III y IV), cuyo principal representante fue Plotino.

neopositivismo m. Sistema filosófico derivado del de Auguste Comte, que insiste en la crítica de la ciencia y en la búsqueda del análisis lógico.

neosegoviano, na adj. y s. De Nueva Segovia (Nicaragua).

neotoma f. Mamífero roedor americano.

neotomismo m. Doctrina filosófica moderna cuyo origen está en la de Santo Tomás de Aquino.

neoyorquino, na adj. y s. De Nueva York.

neozelandés, esa adj. y s. Neocelandés.

neozoico, ca adj. *Geol.* Aplícase a la era terciaria (ú. t. c. s. m.).

nepalés, esa adj. y s. Del Nepal.

neperiano, na adj. Aplícase a los logaritmos inventados por el matemático John Neper.

nepote m. Pariente y privado del Papa.

nepotismo m. Favor que disfrutaban, con ciertos papas, sus sobrinos y allegados. || *Fig.* Abuso de poder en favor de parientes o amigos: *el nepotismo de un alcalde.*

neptunio m. Elemento químico transuránico (símb., Np), radiactivo, de número atómico 93, que se obtiene en los reactores nucleares.

nereida f. *Mit.* Cualquiera de las ninfas del mar que personificaban el movimiento de las olas. (V. DORIS.)

neroniano, na adj. Propio de Nerón. || *Fig.* Cruel, sanguinario.

nervadura f. *Arq.* Moldura saliente de una bóveda. || *Bot.* Conjunto de los nervios de una hoja.

nervio m. *Anat.* Cada uno de los cordones fibrosos blanquecinos que, partiendo del cerebro y de la médula espinal u otros centros, se distribuyen por todas las partes del cuerpo, y son los órganos de la sensibilidad y del movimiento. | Aponeurosis, o cualquier tendón o tejido blanco, duro y resistente. || *Arq.* Nervadura. || Cuerda de un instrumento músico. || Filamento en las hojas de las plantas. || Cordón que une los cuadernillos en el lomo de un libro encuadernado. || *Fig.* Fuerza, vigor, energía: *un hombre de mucho nervio.* | Ánimo, brío. | Alma: *es el nervio de la empresa.* || *Nervio de buey,* vergajo. || *Nervio óptico,* el que desde el ojo transmite al cerebro las impresiones luminosas. || *Fig. Ser un manojo de nervios,* ser muy nervioso. | *Tener los nervios de punta,* estar muy nervioso.

nerviosidad f. Inquietud, excitación, falta de calma o aplomo.

nerviosismo m. Nerviosidad. || Debilidad nerviosa, irritabilidad.

nervioso, sa adj. Que tiene nervios: *tejido nervioso.* || Relativo a los nervios: *dolor nervioso.* || De nervios irritables. || Irritado. || *Fig.* Que tiene vivacidad, inquieto: *niño nervioso.* || — *Centros nerviosos,* el encéfalo y la médula. || *Sistema nervioso,* conjunto de nervios, ganglios y centros nerviosos que recogen las excitaciones sensoriales y coordinan los actos vitales.

nervosidad f. Carácter o estado de la persona nerviosa. || Fuerza y actividad nerviosa. || *Fig.* Fuerza de un razonamiento.

nervudo, da adj. De nervios robustos y bien templados.

nesga f. Pieza triangular que se añade a un vestido para ensancharlo o darle mayor vuelo.

nesgar v. t. Poner nesgas. || Cortar una tela al bies en la dirección de los hilos.

nestorianismo m. Herejía de Nestorio, que sostenía la división de la unidad de Jesucristo en dos personas: divina y humana.

nestoriano, na adj. y s. Del nestorianismo.

neto, ta adj. Claro, sin disfraz: *afirmación neta.* || Dícese de un ingreso del que ya se han hecho los descuentos correspondientes: *sueldo neto.* || Dícese del beneficio o ganancia de un comerciante una vez hechos los descuentos en concepto de cargas o gravámenes. || Aplícase al peso de una mercancía después de quitar el de los embalajes, envases o todo lo que no sea la misma mercancía. || — M. Pedestal de la columna.

neumático, ca adj. *Fís.* Dícese de la máquina que sirve para extraer el aire de un recipiente: *máquina neumática.* || — M. Cubierta de caucho vulcanizado que se fija a las ruedas de los vehículos y en cuyo interior va una cámara de aire. || — F. Parte de la física que estudia las propiedades mecánicas de los gases.

neumococo m. *Med.* Microbio diplococo que produce la pulmonía y otras infecciones.

neumogástrico, ca adj. y s. m. Dícese del nervio que se extiende por los bronquios, el corazón y el aparato digestivo.

neumonía f. *Med.* Pulmonía.

neumotórax m. *Med.* Enfermedad producida por la entrada del aire en la cavidad de la pleura. || *Neumotórax artificial,* método de tratamiento de la tuberculosis pulmonar mediante la inyección de nitrógeno o aire en la cavidad de la pleura.

neuquino, na adj. y s. De Neuquén (Argentina).

neuralgia f. *Med.* Dolor en un nervio y sus ramificaciones, sin inflamación.

neurálgico, ca adj. Relativo a la neuralgia: *dolor neurálgico.* || *Fig.* Sensible: *punto neurálgico.*

neurastenia f. *Med.* Enfermedad producida por debilidad del sistema nervioso.

neurasténico, ca adj. Relativo a la neurastenia. || — Adj. y s. Que padece neurastenia.

neurita f. Fibra nerviosa.

neuritis f. *Med.* Inflamación de un nervio.

neurocirujano m. Cirujano del sistema nervioso o del nervio.

neurocirugía f. Cirugía del sistema nervioso.

neurología f. Parte de la anatomía que trata del sistema nervioso.

neurólogo, ga m. y f. Especialista en neurología.

neuroma m. Tumor que se forma en el tejido de los nervios.

neurona f. Célula nerviosa.

neurópata adj. y s. Que padece una enfermedad nerviosa.

neuropatía f. *Med.* Afección nerviosa.

neuropatología f. Ciencia que estudia las enfermedades del sistema nervioso.

neuróptero adj. y s. m. Dícese del orden de insectos que tienen dos pares de alas membranosas y reticulares, como el comején.

neurosis f. *Med.* Enfermedad nerviosa que se manifiesta por trastornos psíquicos, sin que aparezca lesión orgánica.

neurótico, ca adj. Relativo a la neurosis. || — Adj. y s. Que padece neurosis.

neurovegetativo, va adj. Aplícase al sistema nervioso que regula la vida vegetativa.

neutonio m. *Fís.* Newton.

neutral adj. Que no está a favor de uno ni de otro: *hombre neutral* (ú. t. c. s. m.). || Que no interviene en la guerra promovida por otros: *país neutral*.

neutralidad f. Calidad de neutral. || Situación de un Estado que permanece al margen de un conflicto armado entre dos o más potencias.

neutralismo m. Doctrina que no admite la adhesión a una alianza militar.

neutralista adj. Relativo al neutralismo. || — Adj. y s. Partidario del neutralismo.

neutralización f. Acción y efecto de neutralizar o neutralizarse. || Concesión de un estatuto de no beligerancia a un territorio, una ciudad, etc.

neutralizante adj. y s. m. Que neutraliza.

neutralizar v. t. Hacer neutral. || *Quím.* Hacer neutra una sustancia: *neutralizar un ácido con una base.* || *Fig.* Anular el efecto de una causa mediante una acción contraria: *neutralizar un ataque.* || — V. pr. Anularse, hacer equilibrio.

neutrino m. *Fís.* Partícula eléctricamente neutra.

neutro, tra adj. *Gram.* Relativo al género que no es masculino ni femenino y del vocablo que puede llevar el atributo *lo* (ú. t. c. s. m.). || Dícese del verbo que no puede tener complemento directo: *verbo neutro o intransitivo.* || *Quím.* Aplícase al compuesto que no es básico ni ácido: *sal neutra.* || Relativo a los cuerpos que no presentan ninguna electrización. || Aplícase a los animales que no tienen sexo. || Indiferente en política, neutral.

neutrón m. *Fís.* Partícula eléctricamente neutra que, junto con los protones, constituye uno de los núcleos de los átomos.

nevada f. Acción y efecto de nevar. || Nieve caída.

nevado, da adj. Cubierto de nieve. || *Fig.* Blanco como la nieve: *cabeza nevada.* || — M. *Amer.* Alta cumbre cubierta de nieve: *el nevado de Sajama.*

***nevar** v. impers. Caer nieve.

nevasca f. Nevada. || Ventisca, borrasca de viento y nieve.

nevatilla f. Aguzanieve.

nevazón f. *Arg.* y *Chil.* Temporal de nieve.

nevera f. Refrigerador, armario frigorífico. || Sitio donde se guarda nieve. || *Fig.* Habitación muy fría.

nevería f. *Méx.* Heladería.

nevero m. *Geol.* Ventisquero.

nevero, ra m. y f. *Méx.* Persona que vende helados.

nevisca f. Nevada ligera.

neviscar v. impers. Nevar poco.

nevoso, sa adj. Que tiene nieve. || Que va a nevar: *tiempo nevoso.*

newton o **neutonio** m. *Fís.* Unidad de fuerza (símb., N), equivalente a la fuerza que comunica a una masa de un kg una aceleración de un m/s por segundo.

newtoniano, na adj. Relativo al sistema de Newton.

nexmel m. *Méx.* Cierta clase de maguey que tiene color de ceniza.

nexo m. Lazo, vínculo, unión. || Relación: *palabras sin nexo.*

ni conj. Enlaza vocablos u oraciones expresando negación: *ni pobre ni rico.* || Incluso: *ni lo dijo a sus amigos.* || *Ni que*, como si: *ni que fuera tonto.*

Ni, símbolo químico del *níquel.*

nibelungo m. En la mitología germánica, hijo de la Niebla.

nicaragüeño, ña o **nicaragüense** adj. Natural de Nicaragua. Ú. t. c. s.: *los nicaragüenses son centroamericanos.* || Perteneciente a esta República de América Central: *política nicaragüense.*

nicarao adj. y s. Aplícase a una tribu indígena existente en Nicaragua antes de que el país fuese descubierto por los españoles.

niceno, na adj. Natural de Nicea (ú. t. c. s.). || Relativo o perteneciente a esta antigua ciudad de Bitinia (Anatolia).

nicho m. Hueco en un muro que al tapiarlo sirve de sepultura. || Concavidad en el espesor de un muro para poner una imagen, estatua, jarrón, etc. || En comercio, segmento del mercado de perfil bien definido, donde no entran en competencia productos genéricos y de amplia distribución.

nicotina f. *Quím.* Alcaloide del tabaco muy venenoso.

nicotinismo o **nicotismo** m. Conjunto de trastornos morbosos causados por el abuso del tabaco.

nictagináceas f. pl. Familia de plantas tropicales cuyo tipo es el dondiego (ú. t. c. adj.).

nictálope adj. y s. Que padece nictalopía.

nictalopía f. Anomalía de los ojos por la cual la visión es débil durante el día y aumenta de grado por la noche.

nictabac m. Ciervo o venado de México (Yucatán).

nidada f. Nido. || Conjunto de los huevos o de la cría en el nido.

nidal m. Ponedero de gallinas u otras aves domésticas.

nidificar v. t. Hacer un nido.

nido m. Especie de lecho que forman las aves, ciertos insectos y algunos peces para depositar sus huevos. || Cavidad en que viven ciertos animales: *nido de ratas.* || *Por ext.* Lugar donde procrean otros animales: *nido de abejas.* || *Fig.* Lugar donde se agrupan ciertas cosas: *nido de ametralladoras.* | Lugar originario de ciertas cosas inmateriales: *nido de herejías, de disputas, de difamaciones.* | Casa, patria, morada de uno: *nido patrio.* | Guarida, madriguera: *un nido de malhechores, de bribones.* || — *Fig.* y *fam. Caído de un nido,* aplícase al demasiado crédulo. || *Mesa de nido,* aplícase a aquella debajo de la cual se encajan otras menores.

niebla f. Nube en contacto con la Tierra. || *Fig.* Confusión u oscuridad en las cosas o negocios. || Opacidad en la córnea. || Añublo.

nieto, ta m. y f. Hijo o hija del hijo o de la hija, con relación al abuelo o abuela. || *Por ext.* Descendiente de una línea en las terceras, cuartas y demás generaciones.

nietzscheano, na adj. Relativo a Nietzsche o a su doctrina. || Partidario de esta doctrina (ú. t. c. s.).

nieve f. Agua helada que se desprende de las nubes en forma de copos blancos. || *Méx.* y *P. Rico.* Helado. || *Fig.* Blancura extremada: *blanco como la nieve.* || — Pl. Nevada: *cayeron las primeras nieves.*

nife m. *Geol.* Núcleo hipotético de la Tierra formado por una materia pesada a base de níquel y hierro.

nigeriano, na adj. y s. De Nigeria.

nigerio, ria adj. y s. De la Rep. del Níger.

nigromancia f. Adivinación supersticiosa del futuro por medio de la evocación de los muertos. || *Fam.* Magia negra o diabólica.

nigromante m. y f. Persona que ejerce la nigromancia.

nigromántico, ca adj. Relativo a la nigromancia. || — M. Nigromante.

nigua f. Insecto díptero americano semejante a la pulga.

niguatero o **nigüero** m. *Amer.* Lugar donde hay niguas.

nihilismo m. *Fil.* Negación de toda creencia o de todo principio político y social.

nihilista adj. y s. Partidario del nihilismo.

nilón m. Nylon.

nimbo m. Aureola, círculo luminoso que se suele poner sobre la cabeza de las imágenes de santos. || Nube baja formada por la aglomeración de cúmulos. || Círculo que rodea a veces un astro.

nimiedad f. Pequeñez, insignificancia, fruslería. || Minuciosidad.

nimio, mia adj. Pequeño, insignificante. || Minucioso.

ninfa f. *Mit.* Divinidad femenina que vivía en las fuentes, los bosques, los montes y los ríos. || *Fig.* Joven hermosa. | Prostituta. || Insecto que ha pasado del estado de larva. || *Fig. Ninfa Egeria,* persona que discreta o sigilosamente aconseja a otra.

ninfea f. Nenúfar.

ninfeáceas f. pl. Familia de dicotiledóneas dialipétalas acuáticas a la que pertenecen el nenúfar y el loto (ú. t. c. adj.).

ninfomanía f. Deseo sexual violento en la mujer o en las hembras de los animales.

ningún adj. Apócope de *ninguno*, empleado delante de los nombres masculinos.

ninguno, na adj. Ni uno. || Nulo: *no posee interés ninguno.* || — Pron. indef. Ni uno: *no hay ninguno.* || Nadie: *ninguno lo sabrá.*

niña f. Pupila del ojo. || — *Fig.* y *fam. Niña de los ojos*, persona o cosa a la que se le tiene gran cariño.

niñada o **niñería** f. Acción de niños o propia de ellos.

niñear v. i. Hacer niñerías.

niñero, ra adj. Que gusta de la compañía de niños. || — F. Criada de niños.

niñez f. Primer período de la vida humana.

niño, ña adj. y s. Que se halla en la niñez: *es muy niño aún; una niña mimada.* || Joven. || *Fig.* Sin experiencia. || — *Fig. Estar como niño con zapatos nuevos*, muy contento. || *Fam. Ni qué niño muerto*, expresión empleada para desmentir o negar rotundamente.

niobio m. Metal blanco (Nb), de número atómico 41. (Puro, se emplea en reactores nucleares, pero su principal empleo es en las aleaciones, a las que da mayor resistencia.)

nipón, ona adj. y s. Japonés.

níquel m. Metal (Ni) de color blanco agrisado, brillante y consistencia fibrosa, de número atómico 28. || Moneda de níquel.

niquelado m. Acción y efecto de niquelar.

niquelar v. t. Cubrir un metal con un baño de níquel.

nirvana m. En el budismo, última etapa de la contemplación, caracterizada por la ausencia de dolor y la posesión de la verdad.

níspero m. Árbol de la familia de las rosáceas. || Su fruto.

nistamal m. *Méx.* Nixtamal.

nitidez f. Limpieza, claridad.

nítido, da adj. Limpio, claro.

nitración f. Tratamiento químico por el ácido nítrico.

nitratación f. Acción de nitrificar. || Transformación del ácido nitroso en ácido nítrico o de los nitritos en nitratos.

nitrato m. *Quím.* Sal que resulta de la combinación del ácido nítrico con un radical: *nitrato de plata.*

nítrico, ca adj. Relativo al nitro o al nitrógeno. || *Ácido nítrico*, líquido ácido formado por nitrógeno, oxígeno e hidrógeno.

nitrificación f. Conversión del amoniaco y de sus sales en nitratos.

nitrificador, ra adj. Que produce la nitrificación.

nitrificar v. t. Transformar en nitrato. || — V. pr. Cubrirse de nitro.

nitrilo m. *Quím.* Compuesto orgánico que tiene el radical — CN.

nitrito m. Sal de ácido nitroso.

nitro m. Salitre o nitrato de potasio: *yacimientos de nitro.*

nitrobenceno m. *Quím.* Derivado nitrado del benceno.

nitrocelulosa f. *Quím.* Éster nítrico de la celulosa empleado en la fabricación de sustancias explosivas y de materias plásticas.

nitrogenado, da adj. Que tiene nitrógeno: *abonos nitrogenados.*

nitrógeno m. *Quím.* Gas incoloro, insípido e inodoro (símb.), de número atómico 7, y densidad 0,967.

nitroglicerina f. *Quím.* Cuerpo oleaginoso formado por la acción del ácido nítrico sobre la glicerina. (Es un explosivo muy potente.)

nitroso, sa adj. Que tiene nitro o salitre. || *Quím.* Dícese de los compuestos oxidados del nitrógeno con menos proporción de éste que el ácido nítrico.

nitrotolueno m. *Quím.* Derivado nitrado del tolueno utilizado en la preparación de colorantes sintéticos y de explosivos.

nivel m. Instrumento para averiguar la horizontalidad de un plano o la diferencia de altura entre dos puntos. || Horizontal: *estar a nivel.* || Altura: *al nivel de mis hombros.* || Altura a que llega la superficie de un líquido o gas: *el nivel de la pleamar.* || *Fig.* Igualdad, equivalencia. | Grado: *nivel económico.* || — *Nivel de agua*, instrumento formado por dos tubitos de cristal llenos de agua que comunican entre sí por medio de otro tubo de cobre. || *Nivel de aire o de burbuja*, tubo de cristal lleno de un líquido (alcohol o éter) con una burbuja de aire que ocupa el centro del tubo cuando éste está horizontal. || *Nivel de vida*, valoración cuantitativa y objetiva de los medios de existencia de un grupo social. || *Nivel mental*, grado de evolución intelectual.

nivelación f. Acción y efecto de nivelar.

nivelador, ra adj. y s. Que nivela. || — F. Máquina niveladora.

nivelar v. t. Comprobar con el nivel la horizontalidad de una cosa. || Allanar, poner un plano en posición horizontal: *nivelar un camino.* || Hallar la diferencia de altura entre dos puntos de un terreno. || *Fig.* Igualar una cosa con otra material o inmaterial: *nivelar las exportaciones con las importaciones.* | Corregir: *nivelar el desequilibrio de la balanza comercial.*

níveo, a adj. *Poét.* De nieve.

nivoso, sa adj. Níveo. || — M. Cuarto mes del calendario republicano francés (del 21, 22 ó 23 de diciembre al 19, 20 ó 21 de enero).

nixcómil m. *Méx.* Olla en que se prepara el maíz para tortillas.

nixtamal m. *Méx.* Harina de maíz ablandada con agua de cal para hacer tortillas.

no, adv. de negación que se emplea para contestar preguntas: *¿no vienes al cine? No, no voy.* || — *¿A que no?*, desafío que se dirige a uno. || *¿Cómo no?*, forma amable de contestar afirmativamente. || *No bien*, tan luego como, en seguida que. || *No más*, solamente. || *No ya*, no solamente. || *Pues no, que no o eso sí que no*, formas enfáticas para negar algo de plano. || — M. Negación: *contestar con un no.*

— OBSERV. En varios puntos de América *no* más tiene significados diferentes que en Castilla, tales como *pues, nada más, pero, sólo* y, a veces, añade un sentido enfático.

nobelio m. *Quím.* Elemento transuránico (No), de número atómico 102, descubierto en 1957, que se obtiene bombardeando curio con átomos de carbono.

nobiliario, ria adj. Relativo a la nobleza: *título nobiliario.* || — M. Libro que trata de la nobleza de un país.

noble adj. Preclaro, ilustre. || Generoso, magnánimo: *corazón noble.* || Que tiene algún título de nobleza (ú. t. c. s.). || Honroso, estimable: *propósito noble.* || De calidad muy fina: *metal noble.* || Aplícase al estilo armonioso, grave y digno: *construcción noble.* || Dícese de los animales, como el perro y el caballo, muy amigos del hombre.

nobleza f. Calidad de noble: *nobleza de una acción.* || Conjunto de nobles de un país o Estado: *Richelieu abatió a la nobleza.* || Elevación, grandeza: *tener nobleza de miras.*

noche f. Tiempo en que falta sobre el horizonte la claridad del Sol. || Tiempo que hace durante la noche: *noche cubierta, despejada, lluviosa.* || Oscuridad que reina durante este tiempo: *es de noche.* || *Fig.* Oscuridad, tristeza: *no he tenido más que noche en mi vida.* || — *A la noche*, al atardecer. || *Ayer noche*, anoche. || *Cerrar la noche*, hacerse completamente de noche. || *De la noche a la mañana*, de pronto, de golpe y porrazo. || *Hacer noche*, dormir en cierto sitio. || *Hacerse de noche*, anochecer. || *Fig. La noche de los tiempos*, en tiempos muy remotos. || *Noche Buena*, nochebuena. || *Fig. Noche toledana*, la que se pasa sin dormir. || *Noche Triste*, la del 30 de junio de 1520 en que Hernán Cortés, derrotado por los aztecas, vertió lágrimas de dolor, al pie de un ahuehuete en Popotla, por la muerte de sus compañeros. (Se conservó como reliquia hasta 1969.) || *Noche Vieja*, nochevieja. || *Fig. Pasar la noche en claro*, pasarla sin dormir. | *Ser la noche y el día*, ser del todo distinto.

nochebuena f. La de la víspera de Navidad (24 de diciembre).

nochecita f. *Amer.* Crepúsculo vespertino.

nochero, ra m. y f. *Amer.* Vigilante nocturno, sereno.

nochevieja f. La última del año.

noción f. Conocimiento que se tiene de una cosa. || Conocimiento elemental (ú. m. en pl.): *tener nociones de álgebra.* || Concepto.

nocividad f. Calidad de dañoso o nocivo.

nocivo, va adj. Dañoso, perjudicial: *nocivo para la vista.*

noctambulismo m. Cualidad de noctámbulo.

noctámbulo, la adj. y s. Que le gusta andar de noche.

noctiluca f. Luciérnaga. || Infusorio que produce fosforescencia en el agua del mar.

nocturnidad f. For. Circunstancia agravante que resulta de ejecutarse un delito por la noche.

nocturno, na adj. Relativo a la noche: *horas nocturnas.* || Que se hace o sucede durante la noche: *trabajo nocturno.* || Aplícase a las plantas cuyas flores se abren sólo de noche y a los animales que de día están ocultos. || M. Cada una de las tres partes del oficio de maitines. || Pieza musical de carácter melancólico: *los nocturnos de Chopin.*

nodal adj. Relativo al nodo acústico: *línea nodal Ψ.*

nodo m. *Astr.* Cada uno de los dos puntos opuestos en que la órbita de un astro corta la eclíptica: *nodo ascendente, descendente.* || *Fís.* Punto de intersección de dos ondulaciones sonoras u ópticas. || *Med.* Tumor óseo.

nodriza f. Ama de cría: *una nodriza pasiega.* || Depósito suplementario para alimentar una caldera o un motor. || *Avión nodriza,* el encargado de abastecer de combustible en vuelo a otros aviones.

nódulo m. Concreción de poco volumen.

nogal m. Árbol juglandáceo de madera dura y apreciada, cuyo fruto es la nuez. || — Adj. y s. m. Color ocre de la madera de este árbol.

nogalina f. Sustancia sacada de la cáscara de la nuez que se usa para barnizar maderas o muebles.

noguera f. Nogal.

nogueral m. Plantío de nogales.

nómada adj. y s. Que vive errante, sin domicilio fijo.

nomadismo m. Vida de los nómadas.

nomás adv. *Amér. C., C. Rica, Hond., Méx.* y *Nicar.* Solamente, nada más. || *Arg., Bol., Col., Nicar., Salv.* y *Urug.* Apenas.

nombradía f. Fama.

nombrado, da adj. Célebre, famoso. || Citado.

nombramiento m. Designación. || Cédula, despacho o título en que se designa a uno para algún cargo, empleo u oficio.

nombrar v. t. Decir el nombre de una persona o cosa. || Designar a uno para un cargo. || Poner nombre a algo o alguien, llamar: *el Cid fue nombrado Campeador.*

nombre m. Palabra con la que se designa una persona o cosa: *mi nombre es Alfonso; Nevada es el nombre de*

esta sierra. || Título de una cosa: *el nombre de este libro es "Camino".* || Fama, reputación: *hacerse un nombre en la literatura.* || *Gram.* Parte de la oración con la que se designan las personas o cosas. || *— De nombre,* llamado: *se levantó un individuo de nombre Juan que protestó enérgicamente.* || *— Esto no tiene nombre,* esto es incalificable. || *Nombre colectivo,* el que designa una colección o conjunto de cosas de la misma especie. || *Nombre común,* el que conviene a las personas o cosas de una misma clase. || *Nombre de pila,* el que se recibe en el bautismo. || *Nombre propio,* el que se da a la persona o cosa para distinguirla de las demás de su especie.

nomenclátor m. Lista de nombres sobre un tema determinado (calles, pueblos, etc.).

nomenclatura f. Conjunto de palabras empleadas en una materia determinada.

nomeolvides m. Flor de la raspilla, miosotis.

nómina f. Lista o catálogo de nombres de personas o cosas. || Relación nominal de empleados que tienen sueldo en una empresa. || Importe de estos pagos: *cobrar la nómina; la nómina de esta empresa pasa del millón de euros mensuales.* || Lista o catálogo de nombres. || *Estar en nómina,* formar parte del personal fijo de una empresa o administración.

nominación f. Nombramiento.

nominal adj. Relativo al nombre: *lista, votación nominal; predicado nominal.* || Que sólo tiene el título de algo: *autoridad nominal.* || *Valor nominal,* el inscrito en una moneda, en un efecto de comercio o en un título, y que no coincide con el real.

nominativo, va adj. *Com.* Aplícase a los títulos o valores bancarios que llevan el nombre de su propietario. || M. *Gram.* Caso de la declinación que designa el sujeto de la oración.

non adj. (P. us.). Impar: *jugar a pares y nones.*

non plus ultra expr. lat. No más allá. || *Fig. Ser algo o alguien el non plus ultra,* ser el colmo.

nonada f. Poco o muy poco. || Fruslería, pequeñez.

nonagenario, ria adj. y s. Que ha cumplido la edad de noventa años.

nonagésimo, ma adj. Que ocupa el lugar noventa. || — M. Cada una de las noventa partes iguales en que se divide un todo.

nonato, ta adj. No nacido.

noningentésimo, ma adj. Que ocupa el lugar novecientos. || — M. Cada una de las 900 partes iguales en que se divide un todo.

nonio m. Reglilla graduada móvil para medir calibres muy pequeños y exactos.

nono, na adj. Noveno: *Pío Nono.*

nono, na s. *Chil.* y *Riopl.* Abuelo.

nopal m. Planta cactácea, cuyo fruto es el higo chumbo.

nopalera f. Terreno sembrado de nopales.

noquear v. t. En boxeo o lucha, dejar al contrario fuera de combate o K.O. (*knock out*).

norabuena f. Enhorabuena.

noramala adv. Enhoramala.

nordeste m. Punto del horizonte entre el norte y el este. || Viento que sopla de esta parte.

nórdico, ca adj. y s. Del Norte. || Aplícase especialmente a los pueblos escandinavos y a sus lenguas: *los pueblos nórdicos.*

noreste m. Nordeste.

noria f. Máquina para sacar agua de un pozo, formada por una rueda vertical con cangilones y otra horizontal, movida por una caballería, que engrana con aquélla. || Pozo donde se coloca esta máquina. || Recreo de feria que consiste en varias vagonetas colocadas a manera de cangilones que giran sobre un eje horizontal.

norma f. Regla que se debe seguir: *normas de corrección.* || Modelo a que se ajusta un trabajo.

normal adj. Natural: *en su estado normal.* || Aplícase a las escuelas para preparar maestros: *escuela normal* (ú. t. c. s. f.). || *Geom.* Perpendicular (ú. t. c. s. f.).

normalidad f. Calidad o condición de normal: *entrar (o volver) a la normalidad.*

normalización f. Acción y efecto de normalizar. || Conjunto de normas técnicas adoptadas por acuerdo entre productores y consumidores cuyo fin es unificar y simplificar el uso de determinados productos y facilitar la fabricación.

normalizar v. t. Hacer normal. || Regularizar, poner en buen orden lo que no lo estaba. || *Tecn.* Estandarizar, aplicar normas internacionalmente y nacionalmente adaptadas a la industria.

normando, da adj. y s. De Normandía. || De ciertos pueblos del norte de Europa.

normativo, va adj. Que da normas, reglas.

nornordeste m. Punto del horizonte que se halla situado entre el norte y el nordeste. || Viento que sopla de esta parte.

nornoroeste o **nornorueste** m. Punto del horizonte situado entre el norte y el noroeste. || Viento que sopla de esta parte.

noroeste m. Punto del horizonte entre el norte y el oeste. || Viento que sopla de esta parte.

norsantandereano, na adj. y s. De Norte de Santander (Colombia).

norte m. Polo ártico. || Uno de los puntos cardinales hacia donde está la estrella Polar. || Viento que sopla de esta parte. || *Fig.* Objetivo, meta, dirección: *perder el norte.*

norteado, da adj. *Méx.* Desorientado, perdido.

norteamericano, na adj. Relativo a América del Norte: *continente norteamericano.* || — Adj. y s. Estadounidense: *las tropas norteamericanas.*

nortear v. pr. *Méx.* Perder la orientación: *al caer la noche se norteó y se salió del camino.*

norteño, ña adj. y s. Del Norte: *la flora y fauna de la región norteña.*

nortesantandereano, na y **nortesantanderino, na** adj. y s. Norsantandereano.

nortino adj. y s. *Chil.* y *Per.* Norteño.

noruego, ga adj. y s. De Noruega. || — M. Lengua noruega.

nos, pron. pers. de primera pers. en masculino o femenino y número pl. en dativo y acusativo: *nos da, háblanos.* (Ú. también en ciertos casos en lugar de *nosotros: ruega por nos.* En nominativo se usa el llamado *nos mayestático: Nos os bendecimos.*)

nosotros, tras, pron. pers. de primera persona en número pl.

nostalgia f. Pena de verse ausente de personas o cosas queridas: *nostalgia de la patria, de los amigos.* || Sentimiento de pena causado por el recuerdo de un bien perdido: *la nostalgia del pasado glorioso.*

nostálgico, ca adj. Relativo a la nostalgia. || — Adj. y s. Que padece nostalgia.

nota f. Señal, breve indicación que se hace para recordar algo: *tomo nota de lo que ha dicho.* || Comentario breve que se pone al margen de un escrito: *libro lleno de notas manuscritas.* || Calificación, valoración, apreciación: *tener buena nota en matemáticas, en conducta.* || Noticia de periódico: *notas necrológicas.* || Comunicación hecha en forma de carta: *nota diplomática.* || Detalle: *hay una nota discordante en su proceder.* || Signo de música que representa un sonido y su duración. || — *Fig.* Dar la nota, singularizarse, dar el tono. || *De mala nota,* de mala fama. || *Fig.* Forzar la nota, exagerar, ir demasiado lejos. || *Nota bene,* observación puesta al pie de un escrito (abrev. N. B.).

notabilidad f. Calidad de notable: *notabilidad del arte.* || Persona ilustre o notable.

notable adj. Digno de nota, reparo, atención o cuidado: *una obra notable.* || Grande, excesivo. || — M. Persona principal: *reunión de notables.* || Calificación de los exámenes, inferior al sobresaliente.

notación f. Acción de indicar por medio de signos convencionales: *notación musical, química,* etc.

notar v. t. Reparar, observar, advertir, darse cuenta: *notar la diferencia.* || Experimentar una sensación: *no noto la fiebre.* || Poner notas a un libro o escrito. || — V. pr. Verse: *se nota el cambio.*

notaría f. Empleo y oficina de notario.

notariado, da adj. Legalizado ante notario. || — M. Carrera, profesión o ejercicio de notario. || Conjunto formado por los notarios.

notarial adj. Relativo al notario: *bufete notarial.* || Autorizado por notario: *tenía un acta notarial.*

notario m. Funcionario público que da fe de los contratos, escrituras de compra y venta, testamentos y otros actos extrajudiciales.

noticia f. Noción, conocimiento elemental. || Anuncio de un suceso reciente: *noticias de la guerra.*

noticiar v. t. Dar noticia o hacer saber una cosa.

noticiario m. Película cinematográfica con noticias de actualidad. || Diario hablado en la radio o televisión. || Sección de un periódico dedicada a una especialidad: *noticiario deportivo.*

noticiero, ra adj. Que da noticias: *diario noticiero.* || — M. y f. Persona que por oficio da noticias o las escribe.

noticioso, sa adj. Conocedor. || — M. *Amer.* Programa de radio o de televisión que emite noticias.

notificación f. *For.* Acción y efecto de notificar: *notificación judicial.* || Documento en que consta.

notificar v. t. *For.* Hacer saber oficialmente una resolución. || Dar noticia de algo.

notoriedad f. Calidad de notorio. || Nombradía, fama.

notorio, ria adj. Conocido por todos. || Evidente, patente.

novación f. Sustitución de un título de crédito por otro nuevo que anula el anterior.

novador, ra adj. Que innova.

novatada f. Broma o vejamen hecho en colegios, academias y cuarteles a los individuos de nuevo ingreso. || Acción propia de un novato. || *Pagar la novatada,* sufrir por inexperiencia.

novato, ta adj. y s. *Fam.* Principiante: *novato en los negocios.*

novecientos, tas adj. Nueve veces ciento. || Noningentésimo.

novedad f. Calidad de nuevo. || Cambio inesperado: *hubo una gran novedad.* || Noticia o suceso reciente: *novedades de la guerra.* || — Pl. Géneros de moda: *almacén de novedades.* || *Sin novedad,* normalmente: *el avión, el tren llegó sin novedad.*

novedoso, sa adj. *Amer.* Nuevo.

novel adj. y s. Nuevo, principiante: *escritor novel.*

novela f. Obra literaria extensa, en prosa, en la que se describen y narran acciones fingidas, caracteres, costumbres, etc.: *las novelas de Balzac.* || Género literario constituido por estos relatos: *la novela rusa.* || *Fig.* Ficción, mentira.

novelador, ra m. y f. Novelista.

novelar v. i. Componer o escribir novelas. || *Fig.* Referir cuentos y patrañas. || — V. t. Dar forma de novela: *novelar una revolución.*

novelería f. Acción o inclinación a novedades. || Afición a las novelas. || Cuentos, chismes, habladurías.

novelero, ra adj. Amigo de ficciones, imaginativo. || Aficionado a leer novelas y cuentos.

novelesco, ca adj. Propio de las novelas: *lance novelesco.* || De pura ficción: *historia novelesca.*

novelista com. Escritor de novelas: *Galdós fue un gran novelista.*

novelístico, ca adj. Relativo a la novela. || — F. Tratado histórico o preceptivo de la novela. || Género de las novelas.

novelón m. Novela extensa, muy dramática y mal escrita.

novena f. Ejercicio devoto que se practica durante nueve días. || Libro donde constan las oraciones de una novena.

novenario m. Espacio de nueve días. || Novena en honor de algún santo, con sermones. || Los nueve primeros días del luto. || Funeral celebrado el noveno día después de la muerte.

noveno, na adj. Que sigue en orden a lo octavo. || — M. Cada una de las nueve partes iguales en que se divide un todo.

noventa adj. y s. m. Nueve veces diez. || Nonagésimo.

noventavo, va adj. y s. Nonagésimo.

noventayochista adj. y s. Relativo a la generación literaria española del 98: *los escritores noventayochistas.* (V. GENERACIÓN.)

noventón, ona adj. y s. *Fam.* Nonagenario.

noviazgo m. Estado de novio o novia. || Tiempo que dura: *un noviazgo de dos años.*

noviciado m. Estado de los novicios antes de profesar. | Tiempo que dura este estado. || Casa en que residen los novicios: *el noviciado de los jesuitas.* || *Fig.* Aprendizaje: *el noviciado de la tauromaquia.*

novicio, cia adj. y s. Religioso que aún no ha tomado el hábito. || Principiante en un arte u oficio.

noviembre m. Undécimo mes del año.

novillada f. Conjunto de novillos. || Corrida en que sólo se torean novillos: *la novillada de feria.*

novillero m. El que cuida de los novillos. || Torero de novillos. || *Fam.* Muchacho que hace novillos.

novillo, lla m. y f. Res vacuna de dos o tres años. || — Pl. Novillada. || *Fam. Hacer novillos,* faltar sin motivo al colegio.

nuvilunio m. Luna nueva.

novio, via m. y f. Persona que tiene relaciones amorosas con propósito de contraer matrimonio. || Contrayente en la ceremonia del matrimonio: *la novia llevaba un traje blanco de tul.* || Recién casado: *viaje de novios.* || *Fam. Compuesta y sin novio,* sin algo que se esperaba.

novísimo, ma adj. Último en orden: *la Novísima Recopilación.* || — M. pl. *Teol.* Cada una de las cuatro postrimerías del hombre.

novocaína f. Producto derivado de la cocaína, de propiedades analgésicas.

NOV

NO

395

novohispano, na adj. De la Nueva España.

Np, símb. químico del *neptunio.*

nubada y **nubarrada** f. Aguacero. || *Fig.* Abundancia de algo.

nubarrón m. Nube grande.

nube f. Masa de vapor acuoso en suspensión en la atmósfera. || Polvareda, humo u otra cosa que enturbia la atmósfera. || Multitud: *una nube de fotógrafos.* || *Fig.* Cosa que oscurece: *no hay una nube en mi felicidad.* || Mancha en las piedras preciosas. || *Med.* Mancha en la córnea del ojo. || *— Fig. Andar por* (o *estar en*) *las nubes,* estar distraído, ser muy ignorante; ser muy caro. | *Caído de las nubes,* de forma imprevista. || *Nube de verano,* tormenta de corta duración; (fig.) disgusto o enfado breve. || *Fig. Poner por las nubes,* elogiar mucho a una persona o cosa.

núbil adj. Que tiene edad de contraer matrimonio: *mujer núbil.*

nubilidad f. Calidad de núbil.

nublado m. Ocultación del cielo por las nubes. || *Fig.* Multitud.

nublar v. t. Anublar. || Ocultar. || — V. pr. Cubrirse el cielo de nubes. || Volverse poco claro: *nublarse la vista.*

nublazón f. *Amer.* Nublado.

nubloso, sa adj. Con nubes.

nubosidad f. Estado o condición de nuboso.

nuboso, sa adj. Cubierto de nubes. || Nubloso.

nuca f. Parte posterior del cuello en que la columna vertebral se une con la cabeza.

nuclear adj. Relativo al núcleo de los átomos: *física nuclear.* — La fisión de los elementos pesados (uranio), así como la fusión de los ligeros (hidrógeno), acompañados de una pérdida de masa, desarrollan la llamada *energía nuclear,* aplicable en la producción de electricidad, en los motores marinos, en terapéutica y procedimientos industriales.

núcleo m. Almendra o parte mollar de frutos con cáscara. || Hueso de la fruta. || Parte central del globo terrestre. || *Astr.* Parte más luminosa y más densa de un planeta. || *Biol.* Corpúsculo esencial de la célula. || *Electr.* Pieza magnética sobre la que se devana el hilo de las bobinas. || *Fís.* Parte central del átomo formada por protones y neutrones. || *Fig.* Elemento primordial de una cosa: *el núcleo de una colonia.*

nucleoeléctrico, ca adj. Relacionado con la generación de electricidad por medio de procesos nucleares: *central nucleoeléctrica, energía nucleoeléctrica.*

nucleólo m. Cuerpo esférico en el interior del núcleo de la célula.

nucleón m. *Fís.* Corpúsculo que constituye el núcleo de un átomo. (Hay nucleones positivos o protones, y nucleones neutros o neutrones.)

nucleónico, ca adj. Relativo a los nucleones. || — F. Parte de la física que estudia las trasmutaciones de los núcleos atómicos.

nudillo m. Articulación de los dedos.

nudismo m. Desnudismo.

nudo m. Lazo muy apretado. || En los árboles y plantas, parte del tronco de donde salen las ramas. || Lugar donde se cruzan dos o más sistemas montañosos: *nudo de montañas.* || Cruce: *nudo de carreteras, ferroviarios.* || *Fig.* Unión, vínculo: *el nudo matrimonial.* | Principal dificultad o duda: *el nudo de la cuestión.* || *Mar.* Unidad de velocidad equivalente a una milla (1 852 m por hora). || En los poemas o en la novela, parte en que está en su punto culminante el interés de la acción y que precede al desenlace. || *Fig. Nudo gordiano,* dificultad insoluble.

nudosidad f. *Med.* Concreción pequeña que se forma en el cuerpo.

nudoso, sa adj. Que tiene nudos: *juntura nudosa.*

nuececilla f. *Bot.* Cualquier pequeño fruto o semilla semejante a una nuez.

nuera f. Hija política, esposa del hijo propio.

nuestro, tra adj. y pron. pos. De nosotros. || *Los nuestros,* los de nuestro partido, profesión, etc.

nueva f. Noticia: *una nueva satisfactoria.* || *Cogerle a uno de nuevas algo,* saberlo inopinadamente.

nueve adj. Ocho y uno. || Noveno día del mes. || — M. Cifra que representa el número nueve. || Naipe con nueve figuras: *el nueve de copas.*

nuevo, va adj. Que se ve u oye por primera vez: *un nuevo sistema.* || Que sucede a otra cosa en el orden natural: *el nuevo parlamento.* || Novicio, inexperto: *ser nuevo en natación.* || Recién llegado: *nuevo en esta plaza.* || *Fig.* Poco usado: *un traje nuevo.* || — *Año nuevo,* primer día del año. || *De nuevo,* nuevamente. || *El Nuevo Mundo,* América. || *El Nuevo Testamento,* los libros sagrados posteriores a Jesucristo. || *Fig. Quedar como nuevo,* quedar muy bien, perfectamente.

nuez f. Fruto del nogal. || Fruto de otros árboles: *nuez de coco, nuez moscada.* || Prominencia de la laringe en el varón adulto.

nulidad f. Calidad de nulo. || Vicio que anula un acto jurídico. || *Fam.* Persona inútil: *es una nulidad.*

nulo, la adj. Que carece de efecto legal: *fallo nulo.* || Incapaz, inútil, inepto: *hombre nulo.* || Combate nulo, tablas, empate.

numantino, na adj. y s. De Numancia.

numen m. Inspiración: *numen poético.* || *Mit.* Divinidad fabulosa de los gentiles.

numeración f. Acción de numerar. || *Mat.* Sistema empleado para expresar todos los números. || *Numeración arábiga* o *decimal,* la que emplea los diez signos árabes que por su valor absoluto combinado con su posición

relativa puede expresar cualquier cantidad. || *Numeración romana,* la que expresa los números por medio de siete letras del alfabeto latino.

numerado, da adj. Que tiene número: *son entradas numeradas.*

numerador m. *Mat.* Término que indica cuántas partes de la unidad contiene un quebrado. || Aparato para numerar correlativamente.

Numeración romana

I	1	XII	12	C	100
II	2	XIV	14	CXC	190
III	3	XIX	19	CC	200
IV	4	XX	20	CCC	300
V	5	XXX	30	CD	400
VI	6	XL	40	D	500
VII	7	L	50	DC	600
VIII	8	LX	60	DCC	700
IX	9	LXX	70	DCCC	800
X	10	LXXX	80	CM	900
XI	11	XC	90	M	1 000

numeral adj. Relativo al número: *letra, adjetivo numeral.*

numerar v. t. Contar por el orden de los números. || Poner número a una cosa: *numerar los folios, las páginas.* || Expresar numéricamente la cantidad.

numerario, ria adj. Numeral, relativo al número. || Dícese del valor legal de la moneda. || — M. Dinero efectivo.

numérico, ca adj. Relativo a los números: *valor numérico; ecuación numérica.* || Compuesto de números: *cálculo numérico.*

número m. *Mat.* Expresión de la cantidad computada con relación a una unidad. || Cifra o guarismo: *el número 7.* || Parte del programa de un espectáculo. || Tamaño de ciertas cosas: *¿qué número de zapatos tienes?* || *Gram.* Accidente que expresa si una palabra se refiere a una persona o cosa o a más de una. || *Fig.* Clase: *no está en el número de sus admiradores.* || *Mil.* Soldado sin graduación. || *Mús.* y *Lit.* Armonía y cadencia del período. || Billete de lotería: *Cada una de las publicaciones periódicas: lo leí en un número de ABC.* || *— De número,* titular: *miembro, académico de número.* || *Hacer números,* calcular. || *Número abstracto,* el que no se refiere a unidad de especie determinada. || *Número arábigo,* el que pertenece a la numeración digital. || *Número atómico,* el de un elemento en la clasificación periódica. || *Número cardinal,* cada uno de los números enteros en abstracto. || *Número concreto,* el que designa cantidad de especie determinada. || *Número de Mach,* relación entre la velocidad de un móvil (proyectil o avión) y la del sonido en la atmósfera en que se mueve. || *Número dígito,* el que se puede expresar en una sola cifra. || *Número entero,* el que consta de un número exacto de unidades. || *Número fraccionario* o *quebrado,* fracción. || *Número imaginario,* el que se produce al extraer la raíz cuadrada de un número negativo:

la unidad imaginaria está precedida por el signo i. || *Número impar*, el no divisible por dos. || *Número irracional*, el real, que no es racional: π *(pi) es un número irracional*. || *Número mixto*, el que se compone de entero y quebrado. || *Número ordinal*, el que expresa orden o sucesión: 1.º, 2.º, 3.º. || *Número par*, el divisible por dos. || *Número primo*, el que no admite más divisor exacto que él mismo y la unidad, como 7, 11. || *Número racional*, el que resulta cociente de dos números enteros. || *Número real*, el que se expresa por un número entero o decimal. || *Número romano*, el que se representa con letras del alfabeto latino: *I (uno), V (cinco), X (diez)* son números romanos. || *Fig. Sin número*, en gran cantidad.

numeroso, sa adj. Que incluye gran número de cosas: *público numeroso*. || *Armonioso: versos numerosos*. || — Pl. Muchos: *son muy numerosos los que así piensan y los que de este modo obran*.

númida adj. y s. De Numidia.

numismática f. Ciencia que trata de las monedas y medallas.

numismático, ca adj. Relativo a la numismática. || — M. Persona que se dedica a esta ciencia.

numulita o **nummulites** f. Protozoo fósil de la era terciaria, de forma lenticular.

nunca adv. En ningún tiempo: *nunca ocurrió tal cosa*. || Ninguna vez: *nunca volveré allí por mucho que me lo ruegues*.

nunciatura f. Cargo de nuncio. || Palacio del nuncio. || Tribunal de la Rota, en España.

nuncio m. Mensajero. || Representante diplomático del Papa: *nuncio apostólico*. || *Fam.* Personaje imaginario a quien se refiere por burla: *aunque lo diga el nuncio no me iré del puesto que ocupo*. || *Fig.* Anuncio o señal: *la cigüeña es nuncio de la primavera*.

nuncupativo adj. *For.* Aplícase al testamento en que el testador declara formalmente que lo testado corresponde exactamente a su última voluntad.

nupcial adj. Relativo a las bodas: *ceremonia nupcial*.

nupcias f. pl. Boda.

nutación f. Oscilación periódica del eje de la Tierra causada principalmente por la atracción lunar.

nutria f. Mamífero carnívoro de la familia de los mustélidos de color pardo rojizo que vive a orillas de los ríos y arroyos. (Su piel es muy apreciada en peletería.)

nutricio, cia adj. Nutritivo. || Que nutre o procura alimento para otra persona.

nutrición f. Conjunto de funciones orgánicas por las que los alimentos son transformados y hechos aptos para el crecimiento y la actividad de un ser viviente, animal o vegetal.

nutricionista com. Especialista en nutrición: *para bajar de peso, es más seguro consultar con el nutricionista*.

nutrido, da adj. *Fig.* Lleno, abundante: *estudio nutrido de datos*.

nutriente adj. y s. Que nutre: *la sobreexplotación agrícola eliminó los nutrientes naturales*.

nutrimento m. Alimento, sustento.

nutrir v. t. Alimentar: *la sangre nutre el cuerpo* (ú. t. c. pr.). || *Fig.* Fortalecer, consolidar: *nutrir el espíritu con la lectura de los clásicos de la Edad de Oro*.

nutritivo, va adj. Que nutre, alimenticio.

ny f. Decimotercera letra del alfabeto griego que equivale a la *n* castellana.

nylon m. (n. registr.). Fibra textil sintética a base de resina poliamida.

ñ

ñ f. Decimoquinta letra del alfabeto castellano y duodécima de sus consonantes.

ña f. *Amer.* Tratamiento que se da a ciertas mujeres.

ñacaniná f. *Arg.* Víbora grande y venenosa.

ñacundá m. *Arg.* Ave nocturna de color pardo.

ñacurutú m. *Amer.* Búho.

ñame m. Planta comestible dioscorácea, parecida a la batata.

ñamera f. *Bot.* Planta del ñame.

ñancu m. *Chil.* Ave falcónida.

ñandú m. Ave corredora de América, semejante al avestruz, de plumaje gris. (Pl. *ñandúes.*)

ñandubay m. Árbol mimosáceo de América, cuya madera, rojiza y dura, se emplea en obras públicas.

ñandutí m. *Riopl.* Encaje muy fino, de origen paraguayo, que dio fama a la c. de Itauguá.

ñango, ga adj. *Amer.* Desgarbado. | Débil, anémico.

ñangué m. *Cub.* Túnica de Cristo. || *Fam. Cub. Lo mismo es ñangá que ñangué,* lo mismo da una cosa que otra, es exactamente igual.

ñañigo, ga adj. y s. *Cub.* Dícese de los miembros de una sociedad secreta de negros.

ñaño, ña adj. *Col.* Consentido, mimado. || *Per.* Íntimo amigo. || — F. *Arg.* y *Chil.* Hermana mayor. || *Fam. Chil.* y *P. Rico.* Niñera.

ñapa f. *Amer.* Adehala, propina.

ñapango, ga adj. y s. *Col.* Mestizo, mulato.

ñapindá m. *Riopl.* Arbusto, parecido a la acacia, de flores amarillas.

ñapo m. *Chil.* Junco.

ñato, ta adj. y s. *Amer.* Que tiene la nariz pequeña o roma. || — F. *Fam. Arg., Bol., Chil., Cub., Ecuad., Hond., Nicar., Parag., Per.* y *Urug.* Nariz.

ñeembucuense adj. y s. De Ñeembucú (Paraguay).

ñeque m. *Amer.* Fuerza, vigor. || *Méx.* Bofetada. || — Adj. *Amer.* Fuerte, vigoroso.

ñilbo m. *Chil.* Andrajo.

ñizca f. *Per.* Pequeña cantidad de algo.

ñoclo m. Especie de melindre o bizcocho.

ñoco, ca adj. y s. *Col., Dom., P. Rico* y *Venez.* Dícese de la persona manca de una mano o sin alguno de sus dedos.

ñoñería y **ñoñez** f. Acción o dicho propio de una persona ñoña.

ñoño, ña adj. y s. *Fam.* Apocado, tímido, de poco ingenio, beato. | Melindroso. | Soso, de poca gracia: *estilo ñoño.*

ñoqui m. Plato de pastas dispuestas en masitas irregulares aderezadas de varias maneras.

ñorbo m. *Ecuad.* y *Per.* Planta de adorno. | Su flor.

ñu m. Género de antílope del África del Sur.

ñublense adj. y s. De Ñuble.

ñuco, ca adj. y s. *Amer.* Dícese de la persona que perdió los dedos o parte de ellos.

ñudo m. (Ant.) Nudo.

ñufla f. *Chil.* Cosa sin valor.

ñutir v. t. *Col.* Refunfuñar.

ñuto adj. *Ecuad.* Triturado.

O

o f. Decimosexta letra del alfabeto castellano y cuarta de sus vocales. || — **O**, símbolo químico del *oxígeno*. || **O.**, abreviatura de *Oeste*.

o conj. Denota alternativa o diferencia: *ir o venir.* || Denota también idea de equivalencia significando *o sea, esto es.* — OBSERV. Se acentúa *o* cuando está entre dos guarismos para que no pueda confundirse con *cero: vale 50 ó 60 pesos.* En lugar de *o* se pone *u* cuando la palabra siguiente empieza por *o* u *ho: setecientos u ochocientos empleados; Nicaragua u Honduras.*

oasis m. Lugar con vegetación y con agua en medio del desierto. || *Fig.* Sitio de reposo y bienestar en medio de otro agitado.

oaxaqueño, ña adj. y s. De Oaxaca (México).

obcecación f. y **obcecamiento** m. Ofuscación tenaz.

obcecar v. t. Cegar, ofuscar.

*****obedecer** v. t. Hacer lo que otro manda: *obedecer a un superior.* || Ejecutar lo que ordenan las leyes. || Ceder con docilidad a la dirección que el hombre da: *el caballo obedece al freno, a la mano.* || Tener un motivo: *mi acción obedece a razones humanitarias.* || *Fig.* Estar sometido a una fuerza, a un impulso: *la embarcación obedece al timón.*

obediencia f. Acción o hábito de obedecer. || Sumisión.

obediente adj. Que obedece.

obelisco m. Monumento cuadrangular en forma de aguja y terminado en pirámide: *el obelisco de Luxor.*

obenque m. *Mar.* Cada uno de los cabos que sujetan la cabeza de los palos.

obertura f. Trozo de música instrumental con que se da principio a una ópera, oratorio u otra composición.

obesidad f. Calidad de obeso.

obeso, sa adj. y s. Excesivamente grueso: *un hombre obeso.*

óbice m. Obstáculo.

obispado m. Dignidad y cargo del obispo. || Diócesis.

obispal adj. Episcopal.

obispo m. Prelado que gobierna una diócesis.

óbito m. Defunción.

obituario m. Libro parroquial donde se registran las defunciones y entierros.

objeción f. Réplica, argumento con que se impugna algo.

objetante adj. y s. m. Aplícase al que objeta (ú. t. c. s.).

objetar v. t. Impugnar.

objetivación f. Acción de objetivar.

objetivar v. t. Hacer objetivo. || Hacer independiente del sujeto: *objetivar una situación.*

objetividad f. Calidad de objetivo. || Imparcialidad.

objetivismo m. Objetividad. || Creencia en la existencia de una realidad objetiva.

objetivo, va adj. Relativo al objeto en sí y no a nuestro modo de pensar o de sentir. (En este sentido, su contrario es *subjetivo*.) || *Fil.* Aplícase a lo que existe realmente fuera del sujeto que lo conoce. || Desapasionado, imparcial: *explicación objetiva.* || — M. Lente de un aparato de óptica o máquina fotográfica dirigida hacia el objeto que se observa. || Finalidad, meta, designio: *perseguir un objetivo.*

objeto m. Todo lo que puede ser materia de conocimiento intelectual o sensible: *las imágenes de los objetos.* || Propósito, intención: *tener por objeto.* || Asunto, motivo: *ser objeto de admiración.* || Con objeto de, a fin de, para.

objetor adj. y s. Que se opone a algo. || *Objetor de conciencia,* el que se niega a hacer el servicio militar por razones de orden político o religioso.

oblación f. Ofrenda hecha a Dios. || Sacrificio.

oblea f. Hoja muy delgada de harina y agua, cocida en un molde, y con la que se hacen las hostias. || Sello para tomar medicinas.

oblicuar v. t. Dar a una cosa dirección oblicua.

oblicuidad f. Calidad de oblicuo. || Dirección al sesgo, al través, con inclinación.

oblicuo, cua adj. Sesgado, inclinado al través o desviado de la horizontal. || *Geom.* Dícese del plano o línea que se encuentra con otro u otra y forma con él o ella un ángulo que no es recto. || — M. Nombre de diferentes músculos del hombre y de los animales: *el oblicuo mayor del abdomen.*

obligación f. Imposición o exigencia moral que limita el libre albedrío. || Vínculo que sujeta a hacer o no hacer una cosa. || Gratitud: *tenerle obligación a uno.* || Título negociable de interés fijo, que representa una suma

prestada a favor de una sociedad o colectividad pública.

obligacionista m. Poseedor de obligaciones negociables.

obligar v. t. Hacer que alguien realice algo por la fuerza o autoridad. || Tener fuerza y autoridad para forzar: *la ley obliga a todos.* || Afectar: *norma que obliga a todos los menores de edad.* || Hacer fuerza en una cosa para colocarla de cierta manera. || — V. pr. Comprometerse a cumplir una cosa.

obligatoriedad f. Calidad de obligatorio.

obligatorio, ria adj. Que obliga a su cumplimiento: *servicio militar obligatorio.* || Exigido por las convenciones sociales: *traje de etiqueta obligatorio.*

obliterar v. t. *Med.* Obstruir o cerrar un conducto o cavidad.

oblongo, ga adj. Que es más largo que ancho.

obnubilación f. Ofuscamiento.

oboe m. Instrumento músico de viento semejante a la dulzaina, provisto de doble lengüeta. || Oboísta.

oboísta m. El que toca el oboe.

óbolo m. Contribución pequeña a algo: *dar su óbolo.*

obra f. Cosa hecha o producida por un agente. || Producción artística o literaria: *publicar sus obras.* || Conjunto de las obras de un artista: *la obra musical de Wagner.* || Medio, poder: *por obra de la Divina Providencia.* || Acción moral. || Edificio en construcción. || Parte estrecha de un alto horno encima del crisol.

obrador, ra adj. y s. Que obra. || — M. Taller: *obrador de costura.*

obraje m. Fabricación. || Lugar en que se labran paños y otros materiales. || Prestación de trabajo que se exigía a los indios de América.

obrar v. t. Hacer una cosa: *obrar bien.* || Edificar, construir una obra. || — V. i. Causar efecto: *el remedio comienza a obrar.* || Exonerar el vientre. || Estar en poder de: *obra en mi poder su atenta carta.*

obrerismo m. Conjunto de los obreros de un país. || Régimen económico fundado en el predominio de la clase obrera.

obrerista adj. Partidario del obrerismo.

obrero, ra adj. Que trabaja: *abeja obrera, clase obrera.* || — M. y f. Traba-

399

jador manual asalariado: *los obreros de la fábrica.*

obscenidad f. Calidad de obsceno. || Cosa obscena.

obsceno, na adj. Deshonesto, contrario al pudor: *acto obsceno.*

obscuro, ra adj. y s. Sus derivados. V. OSCURO.

obseder v. t. Provocar obsesión.

obsequiador, ra y **obsequiante** adj. y s. Que obsequia.

obsequiar v. t. Agasajar con atenciones o regalos: *obsequiar con un vino de honor.* || Galantear.

obsequio m. Agasajo. || Regalo. || Deferencia, afabilidad: *deshacerse en obsequios.*

obsequiosidad f. Atención, cortesía. || Amabilidad excesiva.

obsequioso, sa adj. Cortés, amable, complaciente.

observación f. Acción y efecto de observar. || Atención dada a algo: *la observación de las costumbres.* || Advertencia: *le hice algunas observaciones.* || Objeción. || Nota explicativa en un libro.

observador, ra adj. Que observa o cumple un precepto (ú. t. c. s.): *observador de la ley.* || Que sabe observar: *hombre, espíritu observador.*

observancia f. Cumplimiento de lo mandado o convenido.

observante adj. Que observa.

observar v. t. Examinar con atención: *observar los síntomas de una enfermedad.* || Acatar, cumplir lo que se manda y ordena: *observar una regla, la ley.* || Advertir, darse cuenta, notar: *observar un error.* || Vigilar, espiar: *observar la conducta ajena.* || Contemplar los astros: *observar las estrellas.* || — V. pr. Notarse: *se observa una mejoría.*

observatorio m. Lugar para hacer observaciones, especialmente observaciones astronómicas o meteorológicas: *el observatorio del Ebro.*

obsesión f. Idea fija que se apodera del espíritu.

obsesionar v. t. Causar obsesión: *le obsesiona la muerte.*

obsesivo, va adj. Que obsesiona.

obseso, sa adj. y s. Dominado por una obsesión.

obsidiana f. Mineral volcánico vítreo, de color negro o verde muy oscuro.

obsoleto, ta adj. Anticuado.

obstaculizar v. t. Poner obstáculos. || Obstruir.

obstáculo m. Impedimento, estorbo, inconveniente: *asunto lleno de obstáculos.* || Lo que estorba el paso: *saltar un obstáculo.* || Cada una de las vallas en la pista de algunas carreras: *carrera de obstáculos.*

obstante adj. Que obsta. || *No obstante,* sin embargo, sin que estorbe ni perjudique que una cosa.

obstar v. i. Impedir, estorbar. || — V. impers. Oponerse o ser contraria una cosa a otra: *eso no obsta.*

obstetricia f. Parte de la medicina que trata del embarazo, el parto y el puerperio.

obstinación f. Porfía, terquedad, empeño.

obstinado, da adj. Porfiado.

obstinarse v. pr. Empeñarse.

obstrucción f. Acción de obstruir. || *Med.* Atascamiento en un conducto natural. || En una asamblea, táctica que retarda o impide los acuerdos: *la oposición acordó hacer obstrucción al proyecto.*

obstruccionismo m. Práctica de la obstrucción en una asamblea.

obstruccionista adj. y s. Que practica el obstruccionismo.

*obstruir v. t. Estorbar el paso, cerrar un camino o conducto. || *Fig.* Impedir la acción, dificultar, obstaculizar. || — V. pr. Cerrarse, taparse un agujero, caño, etc.

obtemperar v. t. Asentir.

obtención f. Consecución.

*obtener v. t. Alcanzar, conseguir, lograr lo que se quiere: *obtener un premio, un cargo.* || Llegar a un resultado.

obturación f. Obstrucción.

obturador, ra adj. Que sirve para obturar. || — M. *Fot.* Aparato que cierra el objetivo y puede abrirse durante el tiempo determinado para dar paso a la luz.

obturar v. t. Tapar, cerrar, obstruir una abertura o conducto.

obtusángulo adj. m. *Geom.* Aplícase al triángulo que tiene un ángulo obtuso.

obtuso, sa adj. Sin punta. || *Fig.* Tardo en comprender, torpe: *obtuso de entendimiento* (ú. t. c. s.). || *Ángulo obtuso,* el mayor o más abierto que el recto.

obús m. Cañón corto adecuado para el tiro vertical o el tiro oblicuo. || Proyectil de artillería.

obviar v. t. Sortear, quitar obstáculos: *obviar un inconveniente.*

obvio, via adj. *Fig.* Muy claro, manifiesto, evidente.

oc, partícula del lat. *hoc,* que significa *esto.* || Afirmación o *sí* en provenzal. (V. LENGUA *de oc.*)

oca f. Ánsar. || Juego que se practica con los dados y un cartón sobre el cual van pintadas casillas que representan objetos diversos y un ganso u oca cada nueve de ellas.

ocarina f. Instrumento músico de viento de forma ovoide, con ocho agujeros.

ocasión f. Oportunidad: *aprovechar la ocasión.* || Causa, motivo: *ocasión de lamentarse.* || Momento, circunstancia: *en aquella ocasión.* || Peligro, riesgo. || Mercancía de lance: *Coger la ocasión por los cabellos,* aprovecharla. || *Dar ocasión,* dar lugar. || *De ocasión,* de lance. || *En cierta ocasión,* una vez. || *En ocasiones,* algunas veces.

ocasional adj. Accidental.

ocasionar v. t. Ser causa o motivo para que suceda una cosa: *su decisión ocasionó grandes males.*

ocaso m. Puesta del Sol tras el horizonte. || Occidente. || *Fig.* Decadencia: *el ocaso de un régimen.*

occidental adj. Relativo al Occidente: *cultura occidental.* || *Astr.* Dícese del planeta que se pone después de puesto el Sol. || — Adj. y s. m. Dícese de los pueblos de Occidente, por oposición a los del Este de Europa.

occidentalismo m. Calidad de occidental.

occidente m. Punto cardinal por donde se oculta el Sol, oeste. || Parte del hemisferio Norte situada hacia donde se pone el Sol. || Conjunto de los Estados del O. de Europa, por oposición a los del E. y a los de Asia.

occipital adj. Relativo al occipucio: *hueso, lóbulo occipital.*

occipucio m. Parte de la cabeza en que ésta se une a las vértebras del cuello.

occisión f. Muerte violenta.

occiso, sa adj. y s. Muerto violentamente.

oceánico, ca adj. Relativo al océano: *clima oceánico.* || De Oceanía: *islas oceánicas.*

océano m. Masa total de agua que cubre las tres cuartas partes de la Tierra. || Cada una de sus cinco grandes divisiones: *océano Glacial del Norte o Ártico; océano Glacial del Sur o Antártico; océano Atlántico; océano Pacífico y océano Índico.* || *Fig.* Inmensidad, infinitud: *un océano de amargura.*

oceanografía f. Descripción y cartografía de los mares.

oceanográfico, ca adj. Relativo a la oceanografía.

oceanógrafo, fa m. y f. Especialista en oceanografía.

ocelado, da adj. Que tiene en la piel manchas en forma de ojos.

ocelo m. Ojo sencillo de los insectos. || Mancha en las alas de las mariposas redonda y de dos colores.

ocelote m. Mamífero felino que vive en las selvas de América del Sur, de piel muy apreciada.

ochenta adj. y s. Ocho veces diez. || Octogésimo.

ochentón, ona adj. y s. *Fam.* Octogenario.

ocho adj. Siete y uno, o dos veces cuatro. || Octavo: *el año ocho.* || — M. Aplícase a los días del mes: *el ocho de marzo.* || La cifra del número ocho.

ochocientos, tas adj. y s. m. Ocho veces ciento. || Octingentésimo. || — M. Conjunto de signos que representan el número ochocientos.

ocio m. Condición del que no trabaja. || Tiempo libre: *en sus momentos de ocio.*

ociosidad f. Estado de una persona ociosa: *vivir en la ociosidad.*

ocioso, sa adj. y s. Que está sin trabajar. || Inactivo. || — Adj. Innecesario, inútil, insubstancial: *palabras ociosas.*

*ocluir v. t. Cerrar un conducto u orificio natural: *ocluir un intestino, los párpados*.

oclusión f. Cierre accidental de un conducto natural.

ocotal m. *Méx.* Lugar plantado de ocotes.

ocotalano, na adj. y s. De Ocotal (Nicaragua).

ocote m. *Méx.* Especie de pino.

ocotepecano, na adj. y s. De Ocotepeque.

ocotlán adj. y s. Dícese del individuo de una tribu zapoteca.

ocozoal m. *Méx.* Serpiente de cascabel.

ocozol m. *Méx.* Árbol cuyo tronco y ramas exudan el liquidámbar.

ocre m. Tierra arcillosa amarilla que contiene un óxido férreo hidratado y se emplea en pintura. || *Ocre rojo*, el almagre. || — Adj. y s. m. Dícese del color amarillo oscuro: *papel ocre*.

octaédrico, ca adj. De forma de octaedro.

octaedro m. *Geom.* Sólido de ocho caras que son triángulos.

octagonal adj. Del octágono.

octágono, na adj. y s. m. *Geom.* Octógono.

octano m. Hidrocarburo saturado que existe en el petróleo. || *Índice de octano*, índice para expresar el poder antidetonante de un carburante.

octante m. *Astr.* y *Mar.* Instrumento de la especie del quintante y del sextante cuyo sector comprende sólo la octava parte del círculo.

octava f. Los ocho días que siguen a ciertas fiestas religiosas. || Último día de estos ocho: *octava de Corpus*. || Combinación métrica de ocho versos. || *Mús.* Intervalo de ocho grados.

octavilla f. Octava parte de un pliego de papel. || Hoja de propaganda. || Estrofa de ocho versos cortos, por lo común octosílabos.

octavo, va adj. Que sigue en orden a lo séptimo. || — M. Cada una de las ocho partes iguales en que se divide un todo. || *En octavo*, dícese del libro de igual tamaño a la octava parte de un pliego.

octeto m. *Mús.* Composición para ocho instrumentos o voces. | Conjunto de estos instrumentos o voces.

octingentésimo, ma adj. Que ocupa el lugar ochocientos. || — M. Cada una de las 800 partes iguales en que se divide un todo.

octogenario, ria adj. y s. Que ha cumplido la edad de ochenta años y no llega a la de noventa.

octogésimo, ma adj. Que ocupa el lugar ochenta. || — M. Cada una de las 80 partes iguales en que se divide un todo.

octogonal adj. Del octógono.

octógono, na adj. y s. m. *Geom.* Dícese del polígono de ocho lados y ángulos.

octosílabo, ba adj. De ocho sílabas. || — M. Verso de ocho sílabas.

octubre m. Décimo mes del año.

oculteca adj. y s. Dícese del individuo de una tribu otomí, llamado tb. *manilalca*.

ocular adj. Relativo a los ojos o a la vista. || *Testigo ocular*, que ha presenciado lo que refiere. || — M. En los aparatos ópticos, lente a que aplica el ojo el observador.

oculista adj. y s. Médico especialista de los ojos.

ocultación f. Acción de ocultar u ocultarse.

ocultador, ra adj. Que oculta. || — M. y f. Encubridor.

ocultar v. t. Impedir que sea vista una persona o cosa. || Esconder: *ocultar el dinero* (ú. t. c. pr.). || Encubrir, disfrazar: *ocultar un delito*. || Callar: *ocultar la verdad*.

ocultismo m. Supuesta ciencia espiritista de lo oculto y misterioso en la naturaleza.

ocultista com. Persona que practica el ocultismo.

oculto, ta adj. Escondido. || Misterioso: *influencia oculta*. || — *Ciencias ocultas*, la alquimia, la magia, la nigromancia, la astrología, la cábala, etc. || *En oculto*, en secreto, sin publicidad.

ocume m. Okume.

ocumo m. *Venez.* Planta comestible de tallo corto y flores amarillas.

ocupación f. Acción y efecto de ocupar: *la ocupación de una ciudad*. || Trabajo que impide emplear el tiempo en otra cosa. || Empleo, oficio, dignidad: *dedicarse a sus ocupaciones*. || *Ocupación militar*, permanencia en un territorio del ejército de otro Estado, que interviene y dirige su vida pública.

ocupador, ra adj. y s. Que ocupa o toma una cosa.

ocupante adj. y s. Que ocupa.

ocupar v. t. Tomar posesión, apoderarse de una cosa: *ocupar un país*. || Llenar un espacio: *ocupar un local*. || Habitar: *ocupar un piso*. || Desempeñar un cargo: *ocupar una secretaría, la presidencia*. || Llevar: *su encargo me ocupó el día*. || Dar en qué trabajar: *ocupar a los obreros*. || — V. pr. Emplearse en algo: *ocuparse en el cultivo de la música*.

ocurrencia f. Idea de hacer algo que tiene una persona. || Gracia, agudeza, ingenio.

ocurrente adj. Que ocurre. || Que tiene ocurrencias ingeniosas.

ocurrir v. i. Acontecer, acaecer, suceder, pasar: *esto ocurre todos los años*. || — V. pr. Venir a la imaginación: *se le ocurrió salir*.

oda f. Entre los antiguos, todo poema destinado a ser cantado: *las odas de Horacio*. || Composición lírica dividida en estrofas propias.

odalisca f. Esclava dedicada al servicio del harén del sultán. || Mujer del harén.

odeón m. (Ant.). Teatro de espectáculos musicales en Atenas. || Nombre de ciertos teatros modernos.

odiar v. t. Sentir odio, aborrecer: *odiar de muerte*.

odio m. Aversión hacia una persona o cosa cuyo mal se desea.

odiosidad f. Calidad de odioso. || Odio, antipatía.

odioso, sa adj. Digno de odio: *hombre odioso; conducta odiosa*. || Abominable, desagradable: *hace un tiempo odioso*. || *Amer.* Fastidioso.

odisea f. Conjunto de penalidades, trabajos y dificultades que pasa alguien.

odontalgia f. Dolor de muelas.

odontología f. Estudio y tratamiento de los dientes.

odontólogo m. Especialista en odontología, dentista.

odorífero, ra adj. Que huele bien, oloroso.

odre m. Piel cosida para contener vino, aceite, etc. || *Fam.* Borracho.

O.E.A., siglas de Organización de los Estados Americanos.

oersted u **oerstedio** m. *Electr.* Unidad de intensidad del campo magnético en el sistema C.G.S.

oesnorueste m. Punto del horizonte entre el oeste y el noroeste.

oessudueste m. Punto del horizonte entre el oeste y el sudeste.

oeste m. Occidente, poniente. || Viento que sopla de esta parte. || Punto cardinal situado donde se pone el Sol. || *Por ext.* País situado al Oeste. || *Película del Oeste*, la que relata la colonización de América del Norte.

ofender v. t. Injuriar, agraviar a uno. || — V. pr. Picarse o enfadarse por un dicho o hecho. || Reñir: *ofenderse con un amigo*.

ofendido, da adj. y s. Que ha recibido una ofensa.

ofensa f. Palabra o hecho que agravia a uno, injuria.

ofensivo, va adj. Que ofende o puede ofender. || Que sirve para atacar: *arma ofensiva*. || — F. Actitud o estado del que trata de ofender o atacar. || *Pasar a la ofensiva*, atacar al enemigo.

ofensor, ra adj. y s. Que ofende. || Causante de un daño.

oferente adj. y s. Que ofrece.

oferta f. Proposición de un contrato a otra persona: *oferta de empleo*. || Ofrecimiento de un bien o de un servicio que puede ser vendido a un precio determinado: *la ley de la oferta y la demanda*. || La cosa ofrecida: *me hizo una oferta interesante*. || Promesa de regalar o de ejecutar algo. || Mercancía a costo rebajado.

offset m. (pal. ingl.). *Impr.* Procedimiento de impresión en el cual la plancha entintada imprime un cilindro de caucho que traslada la impresión al papel. || — Adj. Dícese de la máquina que aplica este procedimiento.

offside [*ofsaid*] m. (pal. ingl.). En fútbol, rugby, etc., falta del delantero que se sitúa entre el portero y los defensas contrarios, fuera de juego.

OFF

OB

401

OFI **oficial** adj. Que proviene de una autoridad: *boletín, diario oficial.* || Formal, serio: *novia oficial.* || — M. Obrero. || Oficinista. || Aquel que en un oficio no es todavía maestro: *oficial de peluquero.* || Militar desde alférez a capitán. || **Oficial público,** persona que tiene un cargo oficial en el Estado o que realiza una función en éste.

oficiala f. Obrera.

oficialidad f. Conjunto de oficiales del ejército o de parte de él. || Calidad de oficial.

oficializar v. t. Hacer oficial.

oficiante m. El que oficia en el altar.

oficiar v. t. Celebrar los oficios religiosos. || Comunicar oficialmente por escrito. || Obrar, hacer el papel de: *oficiar de mediador.*

oficina f. Despacho, departamento donde trabajan hombres de negocios, los empleados de una administración o de una empresa, etc. || Establecimiento público: *oficina de Correos.*

oficinesco, ca adj. Propio de las oficinas o de las oficinistas.

oficinista com. Persona empleada en una oficina.

oficio m. Profesión manual o mecánica. || Función, papel: *desempeñar su oficio.* || Comunicación escrita de carácter oficial. || Función propia de una cosa. || Rezo diario a que están obligados los eclesiásticos. || Conjunto de plegarias y ceremonias litúrgicas: *oficio de difuntos.* || Antecocina, office. || — *Buenos oficios,* diligencias en favor de alguien. || *De oficio,* automáticamente, sin necesidad de una orden especial: *gratificación concedida de oficio a todos los empleados.*

oficiosidad f. Calidad de oficioso.

oficioso, sa adj. Hecho o dicho por una autoridad, pero sin carácter oficial: *comunicación oficiosa.*

ofidios m. pl. Orden de reptiles que comprende las culebras y las serpientes (ú. t. c. adj.).

*ofrecer v. t. Prometer, asegurar: *ofrecer ayuda.* || Proponer o dar voluntariamente una cosa: *le ofrecí un cigarrillo.* || Tener, mostrar, presentar ventajas: *esto ofrece muchas ventajas.* || Decir lo que uno está dispuesto a pagar por algo. || — V. pr. Proponerse: *ofrecerse para hacer un trabajo.* || Ocurrir: *¿qué se te ofrece?*

ofrecido, da adj. *Méx.* Que se presta voluntariamente para realizar algún trabajo para quedar bien con un superior.

ofrecimiento m. Acción y efecto de ofrecer u ofrecerse.

ofrenda f. Don que se ofrece a Dios o a los santos. || Lo que se ofrece para una obra de caridad. || Presente o regalo.

ofrendar v. t. Hacer una ofrenda: *ofrendar a Dios o a los santos.* || Sacrificar: *ofrendó su vida por su patria.* || Contribuir con dinero u otros dones a un fin.

oftalmía f. *Med.* Inflamación de los ojos.

oftálmico, ca adj. De los ojos.

oftalmología f. Parte de la medicina que estudia las enfermedades de los ojos.

oftalmólogo m. Especialista en oftalmología, oculista.

ofuscación f. y **ofuscamiento** m. Turbación de la vista por deslumbramiento. || *Fig.* Ceguera, oscuridad de la razón.

ofuscado, da adj. Preso de la ofuscación.

ofuscar v. t. Deslumbrar, turbar la vista: *el sol me ofusca.* || *Fig.* Obcecar, trastornar el entendimiento: *la pasión le ofusca* (ú. t. c. pr.).

ogro m. *Mit.* Gigante que devoraba a las personas. || *Fig.* Persona muy cruel o muy fea o muy poco sociable.

¡oh! interj. Indica asombro, admiración, dolor, pena o alegría.

ohm m. *Fís.* Ohmio.

ohmio m. Unidad de medida de la resistencia eléctrica (símb., Ω).

oída f. Acción y efecto de oír. || *De* (o *por*) *oídas,* por haber oído hablar de una cosa.

oídio m. Hongo microscópico y parásito que ataca la vid.

oído m. Sentido del oír: *tener el oído fino.* || Aparato de la audición, especialmente su parte interna: *me duelen los oídos.* || Agujero de la recámara de algunas armas de fuego. || Orificio del barreno por donde pasa la mecha. || — *Fig. Abrir los oídos,* escuchar con atención. || *Al oído* o *de oído,* sin más auxilio que la memoria auditiva: *tocar el piano de oído.* || *Dar oídos,* dar crédito a lo que se dice. || *Fig. Hacer oídos de mercader* u *oídos sordos,* hacer como quien no oye. || *Ser todo oídos,* escuchar atentamente. || *Tener oído* o *buen oído,* tener disposición para la música.

oidor, ra adj. y s. Que oye. || — M. Ministro o juez togado que sentenciaba las causas y pleitos.

oidoría f. Cargo de oidor.

oíl adv. Sí. (V. LENGUA de *oíl.*)

*oír v. t. Percibir los sonidos: *oír un ruido.* || Acceder a los ruegos de uno: *oír sus súplicas.* || Darse por enterado. || Asistir a misa. || — *Fig. y fam. Como quien oye llover,* sin hacer caso.

ojal m. Abertura en una tela por donde entra un botón. || Agujero en ciertas cosas. || *Pop.* Herida.

¡ojalá! Interj. Expresa vivo deseo de que ocurra una cosa.

ojeada f. Mirada rápida: *echar una ojeada a un libro.*

ojeador m. El que ojea la caza.

ojear v. t. Mirar a determinada parte. || Aojar. || Espantar la caza con voces para que vaya al sitio donde están los cazadores.

ojeo m. Acción y efecto de ojear la caza.

ojera f. Círculo amoratado que rodea a veces el ojo (ú. m. en pl.).

ojeriza f. Odio, inquina, tirria.

ojeroso, sa adj. Que tiene ojeras: *ojeroso de poco dormir.*

ojete m. Ojal redondo y reforzado por donde pasa un cordón. || Agujero redondo en ciertos bordados. || *Fam.* Ano.

ojetear v. t. Poner ojetes.

ojiva f. *Arq.* Figura formada por dos arcos de círculo iguales cruzados en ángulo. || Arco de esta forma. || Parte frontal de los proyectiles de perfil cónico.

ojival adj. Que tiene figura de ojiva: *arco ojival.* || *Arquitectura ojival,* la gótica.

ojo m. Órgano de la vista: *tener algo ante los ojos.* || Agujero de ciertos objetos: *ojo de la aguja, de la cerradura,* etc. || Aplícase al agujero de las herramientas por donde pasa el mango o a los de las tijeras por donde se meten los dedos. || Dícese de los agujeros del pan, del queso, de las gotas redondas de grasa que hay en el caldo, etc. || Abertura de un arco de puente: *puente de cuatro ojos.* || Mano de jabón cuando se lava: *dar un ojo a la ropa.* || *Fig.* Atención, cuidado: *tenga mucho ojo para no ofenderle.* || Perspicacia, acierto: *tiene mucho ojo en los negocios.* || *Impr.* Grueso de un carácter tipográfico. || Relieve de los tipos. || Palabra que se dice o pone como señal al margen de un escrito para llamar la atención de algo. || — *Fig. Abrir el ojo,* estar sobre aviso. | *A (los) ojos de,* según. | *A ojo,* a bulto, sin medir ni contar. || *Fam. A ojo de buen cubero,* aproximadamente. || *Fig. A ojos cerrados,* sin reflexionar. | *A ojos vistas,* claramente. | *Bailarle a uno los ojos,* ser uno muy alegre y vivo. | *Cerrarle los ojos a uno,* asistirle en la muerte. | *Clavar los ojos,* mirar fijamente. | *Fam. Comerse con los ojos,* mirar con amor, codicia, etc. | *Fig. Con mucho ojo,* con cuidado. | *Fam. Costar un ojo de la cara,* costar muy caro. | *Dichosos los ojos que te ven,* expresión de sorpresa y alegría cuando se ve a una persona después de mucho tiempo. | *Fig. Echar el ojo a algo,* mirarlo con deseo de tenerlo. | *En un abrir y cerrar de ojos,* con gran rapidez. | *Entrar por el ojo derecho* o *por los ojos,* gustar a uno mucho una cosa. | *Estar ojo alerta* o *avizor,* estar sobre aviso. | *Hablar con los ojos,* tenerlos muy expresivos. | *Írsele los ojos por* o *tras,* desear ardientemente. | *Meter algo por los ojos,* elogiar, celebrar mucho una cosa. | *Mirar con buenos* (o *malos*) *ojos,* mirar con simpatía o enemistad. | *No pegar* (el) *ojo,* no poder dormir. | *No quitar los ojos de encima,* no apartarlos de una persona o cosa. | *¡Ojo!* o *¡mucho ojo!,* ¡cuidado! || *Fam. Ojo de besugo, ojo saltón.* || *Ojo de buey,* planta de la familia de las compuestas; (fig.) ventana o claraboya circular. | *Ojo de gato,* ágata de diversos colores. | *Ojo de perdiz,* tela con dibujos en forma del ojo de este ave. || *Ojo de pollo* o *de gallo,* callo redondo en los dedos de los pies. || *Fig. Ojos de gato,* los azules o de color in-

402

cierto. || *Ojos rasgados*, los que tienen muy prolongada la comisura de los párpados. || *Fig. Ojos que no ven corazón que no siente*, aquello que no se ve no causa pena ni disgusto. || *Ojos reventones* o *saltones*, los que tienen los globos muy abultados. || *Fig. Poner los ojos en alguien*, escogerle para algún designio. || *Poner los ojos en blanco*, volverlos dejando ver lo blanco. || *Fig. Saltar a los ojos*, ser evidente. || *Saltar un ojo*, herirlo, cegarlo. || *Fig. Ser el ojo derecho de uno*, ser el de su mayor confianza y el preferido. | *Ser todo ojos*, mirar muy atentamente. | *Tener buen ojo*, ser perspicaz. | *Tener entre ojos a uno*, odiarle.

ojolote m. *Méx.* Planta de cuya fibra se saca el hilo de este nombre.

ojota f. *Amer.* Sandalia hecha de cuero o de filamento vegetal.

O.K. [*okey*], expresión familiar norteamericana que significa *bien, de acuerdo.*

okapí m. Antílope africano que forma la transición entre la jirafa y la cebra.

okume m. Árbol africano con cuya madera de color rosa se hacen contrachapados.

ola f. Onda de gran amplitud en la superficie de las aguas. || Fenómeno atmosférico que produce variación repentina de la temperatura de un lugar: *ola de frío, de calor*. || *Fig.* Multitud, oleada: *ola de gente*. || *Fig. La nueva ola*, la joven generación vanguardista.

OLADE, siglas de Organización Latinoamericana de Energía.

olán m. *Méx.* Volante que llevan como adorno algunas prendas femeninas.

olanchano, na adj. y s. De Olancho (Honduras).

¡ole! y **¡olé!** interj. Se emplea para animar o aplaudir. || — M. Cierto baile andaluz.

oleáceo, a adj. y s. f. Dícese de las plantas dicotiledóneas a que pertenecen el olivo, el fresno, el jazmín, la lila. || — F. pl. Familia de estas plantas.

oleada f. Ola grande. || Embate, golpe que da la ola. || *Fig.* Movimiento impetuoso de la gente. | Abundancia repentina: *oleada de suicidios*.

oleaginosidad f. Calidad de oleaginoso.

oleaginoso, sa adj. Aceitoso.

oleaje m. Sucesión continuada de olas.

oleicultura f. Cultivo del olivo o producción de aceite.

oleína f. Sustancia líquida que se encuentra en las grasas de animales y vegetales.

óleo m. Aceite de oliva. || Por antonomasia, el que usa la Iglesia en los sacramentos y otras ceremonias: *los santos óleos*. || — *Pintura al óleo*, la que se hace con colores disueltos en aceite secante. || *Santo óleo*, el de la extremaunción.

oleoducto m. Tubería para la conducción de petróleo.

*oler v. t. Percibir los olores: *oler mal*. || *Fig.* Figurarse, imaginarse, sospechar una cosa. Ú. t. c. pr.: *olerse un*

peligro. | Curiosear. || — V. i. Exhalar olor: *oler a tabaco*. || *Fig.* Tener aspecto de una cosa: *eso huele a mentira*.

olfatear v. t. Oler mucho. || *Fig.* y *fam.* Sospechar. || Ventear los perros.

olfateo m. Acción y efecto de olfatear.

olfativo, va adj. Relativo al sentido del olfato: *nervio olfativo*.

olfato m. Sentido corporal con que se perciben los olores. || *Fig.* Sagacidad, perspicacia: *tener uno mucho olfato*.

oligarca m. Cada uno de los individuos de una oligarquía.

oligarquía f. Gobierno en que unas cuantas personas de una misma clase asumen todos los poderes del Estado. || Estado gobernado así. || *Fig.* Conjunto de negociantes poderosos que imponen su monopolio.

oligárquico, ca adj. Relativo a la oligarquía: *gobierno oligárquico*.

oligisto m. Óxido natural de hierro. || *Oligisto rojo*, hematites.

oligoceno adj. y s. m. *Geol.* Dícese del período y del terreno de la era terciaria entre el eoceno y el mioceno.

oligofrenia f. Desarrollo mental defectuoso de origen congénito.

oligopolio m. Mercado en el que hay pocos vendedores y muchos compradores.

olimpeño, ña adj. y s. De Olimpo (Paraguay).

olimpiada u **olimpíada** f. Entre los griegos, fiesta o juego que se celebraba cada cuatro años en la ciudad de Olimpia. || Período de cuatro años entre estas fiestas. || Juegos olímpicos.

olímpico, ca adj. Relativo al Olimpo o a Olimpia. || Propio de los Juegos olímpicos. || *Fig.* Altanero, orgulloso: *olímpico desdén*.

— El barón Pierre de Coubertin restauró los *Juegos olímpicos* en 1896 en la ciudad de Atenas con la participación de unas competiciones deportivas internacionales y desde entonces se verifican cada cuatro años con la participación de atletas aficionados de todos los países.

olimpo m. Residencia de los dioses.

oliscar v. t. Olfatear.

olisquear v. t. *Fam.* Oliscar. || *Fig.* Indagar, husmear, curiosear.

olisqueo m. Olor. | Curioseo.

oliva f. Aceituna: *aceite de oliva*. || Lechuza.

oliváceo, a adj. Aceitunado.

olivar m. Terreno poblado de olivos.

olivarero, ra adj. Relativo al cultivo y aprovechamiento del olivo: *cultivo olivarero; industria olivarera*. || Que se dedica a este cultivo: *provincia olivarera* (ú. t. c. s.).

olivino m. *Min.* Peridoto.

olivo m. Árbol oleáceo propio de la región mediterránea, cuyo fruto es la aceituna. || *Olivo silvestre*, acebuche.

olla f. Vasija redonda de barro o metal, con dos asas, que sirve para cocer. || Guisado de carne, hortalizas y legumbres secas. || — *Fam. Olla de grillos*,

lugar donde hay mucho desorden y confusión. || *Olla de presión* o *exprés*, recipiente hermético para cocer con rapidez los alimentos a más de cien grados. || *Olla podrida*, cocido. || *Arg.* y *Urug. Olla popular*, comida que realizan grupos sociales con grandes carencias económicas, a veces como acto de protesta.

ollar m. Orificio de la nariz de las caballerías.

olmeca adj. y s. Individuo de un pueblo mexicano establecido en los actuales Estados de Veracruz, Tabasco y Oaxaca.

olmeda f. y **olmedo** m. Sitio poblado de olmos.

olmo m. Árbol ulmáceo que crece hasta veinte o treinta metros y da excelente madera.

ológrafo, fa adj. Aplícase al testamento de puño y letra del testador (ú. t. c. s. m.). || Autógrafo.

olomina f. *Amér. C.* Pez pequeño de río, no comestible.

olor m. Emanación transmitida por un fluido (aire, agua) y percibida por el olfato. || Sensación producida por esta emanación: *olor agradable.* || — *Fig. Al olor de*, atraído por. || *Morir en olor de santidad*, morir en estado de perfección cristiana.

oloroso, sa adj. Que despide buen olor.

olote m. *Méx.* Hueso de la mazorca del maíz. || *Fam. Amer. Ser el olote*, ser uno el hazmerreír.

olotera f. *Amer.* Montón de olotes.

olvidadizo, za adj. Desmemoriado, que olvida con facilidad. || *Fig.* Ingrato. || *Hacer el olvidadizo*, aparentar no acordarse.

olvidar v. t. Perder el recuerdo de una cosa: *olvidar su nombre* (ú. t. c. pr.). || Dejar por inadvertencia: *olvidar el paraguas* (ú. t. c. pr.). || Dejar el cariño que antes se tenía: *olvidar a su novia*. || No agradecer: *olvidó todos mis favores*. || No pensar en una cosa: *olvidemos el pasado*.

olvido m. Falta de memoria: *el olvido de un hecho*. || Cesación del cariño que se tenía, desapego. || — *Dar* (o *echar*) *al olvido* o *en olvido*, olvidar. | *Fig. Enterrar en el olvido*, olvidar para siempre.

ombligo m. Cicatriz redonda y arrugada que se forma en el vientre después de secarse el cordón umbilical. || *Fig.* Medio o centro de una cosa: *el ombligo del mundo*. || — *Fig.* y *fam. Encogérsele el ombligo a uno*, amedrentarse.

ombliguero m. Venda que se pone a los recién nacidos para mantener el ombligo.

ombú m. Árbol de la América meridional, de la familia de las fitolacáceas, de madera fofa y corteza blanda y gruesa.

omega f. Última letra del abecedario griego (ω) correspondiente a la *o* larga. (La mayúscula [Ω] es el símbolo

del *ohmio* y la minúscula [ω], el de la *velocidad angular*.) || *Alfa y omega,* el principio y el fin.

omento m. Redaño.

omeya adj. Aplícase a los descendientes del jefe árabe de este nombre. || Relativo a este linaje: *la dinastía omeya.* || — M. Individuo de la dinastía omeya. — Los omeyas u ommiadas reinaron en Damasco de 661 a 750. Destronados por los abasidas, pasaron a España y fundaron el emirato de Córdoba (756), elevado a califato de 929 a 1031.

ómicron f. O breve del alfabeto griego.

ominoso, sa adj. Abominable.

omisión f. Abstención de hacer o decir. || Lo omitido: *omisión voluntaria, involuntaria.* || Olvido.

omiso, sa adj. Flojo y descuidado. || *Hacer caso omiso,* no hacer caso; prescindir.

omitir v. t. Dejar de hacer una cosa. || Pasar en silencio una cosa; excluirla de lo que se habla o escribe: *omitir un párrafo, un detalle.*

ómnibus m. Vehículo para el transporte público de viajeros. || *Tren ómnibus,* el que se detiene en todas las estaciones.

omnímodo, da adj. Total, absoluto, que abraza y comprende todo.

omnipotencia f. Poder omnímodo: *la omnipotencia divina.*

omnipotente adj. Todopoderoso. || Cuya autoridad es absoluta: *monarca omnipotente.*

omnipresencia f. Presencia constante. || Ubicuidad.

omnipresente adj. Que está siempre presente en cualquier lugar.

omnisapiente adj. Omnisciente.

omnisciencia f. Conocimiento de todas las cosas.

omnisciente adj. Que todo lo sabe. || Que tiene conocimiento de muchas cosas.

omnívoro, ra adj. y s. Aplícase a los animales que se nutren con toda clase de sustancias orgánicas.

omóplato y **omoplato** m. *Anat.* Cada uno de los dos huesos anchos y casi planos y triangulares situados a uno y otro lado de la espalda, donde se articulan los húmeros y las clavículas.

O.M.S., siglas de Organización Mundial de la Salud.

onagro m. Asno silvestre.

onanismo m. Masturbación.

once adj. Diez y uno: *once niños.* || Undécimo: *Alfonso XI (once).* || — M. Equipo de once jugadores de fútbol. || Cifra que representa el número once.

onceavo, va adj. Undécimo.

onda f. Cada una de las elevaciones producidas en la superficie del agua. || Ola. || Ondulación. || *Fig.* Curva que forma el pelo, una tela, etc. || *Fís.* Modificación de un medio físico que, como consecuencia de una perturbación inicial, se propaga por el mismo en forma de oscilaciones periódicas. || *Méx.* Asiento de cuerda de pita para bajar los mineros a la mina. || — *Onda corta,* en radio, la que tiene una longitud comprendida entre 10 y 50 m. | *Onda de choque,* la que acompaña a los proyectiles más rápidos que el sonido y que al pasar cerca de un observador, producen un chasquido. || *Fís.* Onda eléctrica o hertziana, la generada por una corriente oscilatoria. || *Onda larga,* en radio, la de 1 000 m o menos. || *Onda luminosa,* la que se origina de un cuerpo luminoso y que transmite su luz. || *Onda normal,* en radio, la de 200 y 500 m. || *Onda sonora,* la que se origina en un cuerpo elástico y transmite el sonido. || *Méx.* Asunto: *de inmediato entendió cómo resolver esa onda.* || *Méx.* ¿*Qué onda?, ¿qué pasa?*

ondeante adj. Que ondea.

ondear v. i. Hacer ondas el agua impelida del aire. || Ondular: *ondear al viento.* || *Fig.* Formar ondas una cosa: *ondear el pelo.*

ondeo m. Acción de ondear.

ondina f. Según las mitologías germánica y escandinava, ninfa de las Aguas.

ondulación f. Movimiento oscilatorio que se produce en un líquido: *las ondulaciones de las olas.* || Cualquier otro movimiento parecido al de las ondas. || Forma sinuosa que se da al pelo.

ondulado, da adj. Que forma ondas pequeñas.

ondulante adj. Que ondula.

ondular v. i. Moverse una cosa formando giros en figura de eses. || — V. t. Hacer ondas en el pelo.

ondulatorio, ria adj. Que se extiende en forma de ondulaciones: *movimiento ondulatorio.*

oneroso, sa adj. Que cuesta dinero, gravoso.

ónice m. o f. Ágata veteada que suele emplearse para hacer camafeos.

onírico, ca adj. De los sueños.

onirismo m. Delirio onírico.

ónix m. o f. Ónice.

onomástico, ca adj. Relativo a los nombres propios. || *Día onomástico,* el del santo de uno (ú. t. c. s.). || — F. Estudio de los nombres propios.

onomatopeya f. Palabra que imita el sonido de la cosa: *paf, guagua, runrún, tarará, rechinar,* etc. || Empleo de estas palabras.

onomatopéyico, ca adj. Relativo a la onomatopeya.

ontología f. Parte de la metafísica que trata del ser en general.

ontológico, ca adj. Relativo a la ontología.

ontologismo m. *Fil.* Razonamiento basado en la ontología.

O.N.U., siglas de Organización de las Naciones Unidas.

onubense adj. y s. De Huelva.

onza f. Peso que consta de 16 adarmes y equivale a 287 decigramos. || Duodécima parte del as o libra romana. || Cada una de las porciones en que está dividida la tableta de chocolate. || *Onza de oro,* moneda española antigua.

onza f. Mamífero carnicero semejante a la pantera, propio de Asia y África. || Bol. y Bras. Jaguar.

onzavo, va adj. y s. Undécimo.

oosfera f. *Bot.* Célula sexual femenina correspondiente en el reino vegetal al óvulo de los animales.

oospóro m. Huevo de las algas y hongos.

op. cit., abreviatura de *opere citato,* en la obra citada.

opa adj. y s. *Arg., Bol., Parag., Per.* y *Urug.* Tonto, retrasado mental.

opacar v. t. y pr. *Amer.* Oscurecer. || *Cub., Méx.* y *Urug.* Demostrar ser mejor que alguien.

opacidad f. Calidad de opaco.

opacle m. *Méx.* Hierba que suele usarse en la fermentación del pulque.

opaco, ca adj. No transparente, que no deja pasar la luz. || *Fig.* Poco lucido o brillante.

opal m. Tejido fino de algodón parecido a la batista.

opalescencia f. Brillo del ópalo.

opalescente adj. Parecido al ópalo o irisado como él.

opalino, na adj. Relativo al ópalo. || De color entre blanco y azulado con irisaciones. || — F. Labor de vidrio cuya materia imita la del ópalo verdadero.

ópalo m. Piedra preciosa tornasolada, variedad de sílice hidratada.

opata adj. y s. m. Dícese del individuo de una tribu de México del grupo sonora. || Dícese de una lengua indígena de América Central y México.

opción f. Libertad o facultad para elegir. || Derecho que se tiene: *esto me da opción a lo que me plazca.*

O.P.E.P., siglas de Organización de Países Exportadores de Petróleo.

ópera f. Obra teatral cantada. || Su letra. || Su música. || Teatro donde se representan óperas: *la ópera del Liceo de Barcelona.* || — *Ópera bufa,* la de carácter humorístico, parecida a la opereta y muy de moda en el siglo XVIII. || *Ópera cómica,* la que alterna el canto con el diálogo hablado.

operación f. Acción o labor necesarias para hacer una cosa. || *Com.* Negociación o contrato sobre valores o mercaderías: *operación de bolsa.* || *Mat.* Ejecución de un cálculo determinado sobre una o varias entidades matemáticas con objeto de hallar otra entidad llamada *resultado.* || *Med.* Intervención quirúrgica. || *Mil.* Conjunto de maniobras, combates, etc., en una región determinada encaminada al logro de una finalidad precisa. || *Operación cesárea,* v. CESÁREA.

operacional adj. Relativo a las operaciones militares. || *Investigación operacional,* método de análisis científico cuyo objeto es determinar las decisiones más convenientes para obtener el mejor resultado.

operado, da adj. y s. Aplícase a la persona que ha sufrido una operación quirúrgica.

operador, ra m. y f. Cirujano. || Persona encargada de la parte fotográfica del rodaje de una película. || Persona encargada de hacer funcionar correctamente aparatos técnicos: *el operador de la cabina de radio ajustó los tonos agudos.*

operante adj. Que produce un efecto.

operar v. t. Someter a una intervención quirúrgica: *operar a un enfermo.* || Efectuar una operación de cálculo, de química. || *Fig.* Producir. || — V. i. Obrar, producir su efecto: *el medicamento empieza a operar.* || *Com.* Negociar. || — V. pr. Realizarse, producirse. || Someterse a una operación quirúrgica.

operario, ria m. y f. Obrero, trabajador manual: *operario electricista.*

operatorio, ria adj. Relativo a las operaciones quirúrgicas.

opérculo m. Pieza generalmente redonda, que tapa o cierra la celdillas de los panales de miel, la cápsula de varios frutos y algunos musgos, la concha de ciertos moluscos, las agallas de los peces, etc.

opereta f. Obra musical de teatro de carácter frívolo y alegre: *una opereta de Franz Lehar.*

opimo, ma adj. Abundante.

opinable adj. Que se pueden tener distintas opiniones: *materia opinable.*

opinante adj. y s. Que opina.

opinar v. i. Pensar, formar o tener opinión. || Expresarla: *opinar sobre política.* || Hacer conjeturas.

opinión f. Parecer, concepto, manera de pensar: *dar su opinión.* || Concepto que se forma de una cosa. || Fama en que se tiene a una persona o cosa: *esta chica no me merece buena opinión.* || *Opinión pública,* parecer compartido por la mayoría de la gente.

opio m. Droga narcótica que se obtiene del jugo desecado de las cabezas de adormideras.

opiómano m. El que tiene el hábito de tomar opio.

opiomanía f. Afición enfermiza a tomar opio.

opíparo, ra adj. Abundante, espléndido, copioso: *cena opípara.*

oponente adj. y s. Que se opone.

*oponer v. t. Poner una cosa contra otra para estorbarla o impedirle su efecto. || Poner enfrente. || *Fig.* Objetar, opugnar: *oponer buenos argumentos.* || — V. pr. Ser una cosa contraria a otra. || Estar una cosa enfrente de otra. || Mostrarse contrario: *oponerse a una decisión.*

oponible adj. Que se puede oponer.

oporto m. Vino de color oscuro y algo dulce fabricado en Oporto.

oportunidad f. Ocasión, casualidad: *aprovechar la oportunidad.* || Conveniencia, calidad de oportuno o apropiado: *la oportunidad de una gestión.*

oportunismo m. Sistema político o económico que atiende más a las circunstancias de tiempo y lugar que a los principios o doctrinas.

oportunista adj. y s. Partidario del oportunismo.

oportuno, na adj. Que se hace o sucede en tiempo a propósito y cuando conviene: *tomar las medidas oportunas.* || Indicado: *sería oportuno decírselo.* || Ocurrente en la conversación, ingenioso.

oposición f. Obstáculo, impedimento. || Contraste. || Disconformidad, desacuerdo. || Concurso para la obtención de ciertos empleos: *oposición a una cátedra, a notario.* || Minoría que en los cuerpos legislativos impugna los actos del Gobierno: *la oposición socialista.*

opositar v. i. Hacer oposiciones para un empleo.

opositor, ra m. y f. El que se opone a otro. || Candidato que toma parte en las oposiciones a un empleo o cargo.

opossum m. Mamífero de América, del orden de los marsupiales, de piel muy estimada.

opresión f. Acción y efecto de oprimir. || *Fig.* Dominación por abuso de autoridad. || *Opresión de pecho,* dificultad de respirar, ahogo.

opresivo, va adj. Que oprime: *Estado opresivo.*

opresor, ra adj. y s. Que oprime o tiraniza: *gobierno opresor.*

oprimido, da adj. y s. Que sufre opresión: *pueblo oprimido por el tirano dictador.*

oprimir v. t. Ejercer presión sobre una cosa: *oprimir un botón.* || Apretar: *me oprimen los zapatos.* || *Fig.* Sujetar demasiado: *Gobernar tiránicamente a alguno, dominarlo: oprimir al pueblo.* | Afligir: *la emoción oprimía al espectador.*

oprobio m. Ignominia, infamia, descrédito: *cubierto de oprobio.* || Deshonra: *ser el oprobio de su familia.*

optación f. Deseo vehemente.

optar v. i. Elegir entre varias cosas: *optar por lo más fácil o remunerativo.* || Aspirar a algo: *puede optar a ese cargo.*

optativo, va adj. Que admite opción. || — M. Modo verbal que expresa el deseo. || — F. pl. Oraciones que expresan deseo.

óptico, ca adj. Relativo a la óptica. || — M. Comerciante en instrumentos de óptica. | *Nervio óptico,* el que une el ojo al encéfalo. || — F. Parte de la física que estudia las leyes y los fenómenos de la luz. || Aparato óptico. || Arte de hacer microscopios, lentes e instrumentos de óptica. || Tienda de aparatos de óptica. || *Fig.* Punto de vista, enfoque: *según la óptica con que se mire.*

optimar v. t. Buscar la mejor manera de ejecutar una actividad.

optimismo m. *Fil.* Sistema de Leibniz y otros filósofos que afirma que nuestro mundo es el mejor de los mundos posibles. || Propensión a ver en las cosas el aspecto más favorable.

optimista adj. y s. Partidario del optimismo. || Que tiende a ver las cosas bajo el aspecto más favorable.

óptimo, ma adj. Muy bueno.

opuesto, ta adj. Que está colocado enfrente. || Enemigo o contrario: *intereses opuestos.*

opugnación f. Oposición.

opugnador m. El que opugna.

opugnar v. t. Hacer oposición con fuerza y violencia. || *Fig.* Rebatir, impugnar, contradecir.

opulencia f. Gran riqueza.

opulento, ta adj. Que vive en la opulencia, muy rico. || Abundante: *opulenta cabellera.*

opus m. *Mús.* Número de cada una de las obras de un compositor.

opúsculo m. Obra de poca extensión, folleto.

oquedad f. Hueco.

oquedal m. Monte de árboles.

ora conj. Aféresis de *ahora: ora sabio ora ignorante.*

oración f. Rezo, plegaria, ruego a Dios o a los santos: *rezar sus oraciones.* || Discurso. || *Gram.* Frase, conjunto de palabras.

oráculo m. Respuesta que, según creían los paganos, hacían los dioses a las preguntas que les dirigían las pitonisas: *interpretar un oráculo.* || La propia divinidad: *consultar al oráculo.* || *Fig.* Persona considerada como sabia y de gran autoridad: *el oráculo de un partido, de un movimiento político.*

orador, ra m. y f. Persona que pronuncia un discurso en público. || *Orador sagrado,* predicador.

oral adj. Expresado verbalmente: *examen, tradición oral.* || — M. Examen o parte de un examen que solamente consta de preguntas de viva voz.

orangután m. Mono antropomorfo de Sumatra y Borneo, que llega a unos dos metros de altura y tiene los brazos muy largos. || *Fig.* y *fam.* Hombre feo y peludo.

orante adj. Que ora.

orar v. i. Rezar: *orar por los difuntos.* || — V. t. Rogar, pedir.

orate com. Loco.

oratoria f. Arte de hablar con elocuencia.

oratoriano m. Miembro de la congregación del Oratorio.

oratorio m. Lugar destinado a la oración. || Capilla privada. || Drama musical de tema religioso. || Congregación de sacerdotes que San Felipe Neri fundó en Roma en 1564: *congregación del Oratorio.*

oratorio, ria Adj. Relativo a la oratoria o al orador: *estilo oratorio.*

orbe m. Mundo, universo.

órbita f. Curva elíptica que describe un astro o un satélite o cohete alrededor de un planeta: *la órbita de la Tierra, de la Luna; cohete en órbita.* || Cavidad o cuenca del ojo. || *Fig.* Ámbito, esfera, espacio: *una reducida órbita de relaciones.*

orbital adj. Relativo a la órbita: *curso orbital de un astro; vuelo orbital.*

orca f. Cetáceo de los mares del Norte, muy voraz.

orchilla f. *Chil.*, *Ecuad.* y *Per.* Cierto liquen tintóreo que vive a orillas del mar.

órdago m. Envite del resto, en el mus. || *De órdago*, excelente, magnífico. Ú. a menudo en sentido irónico: *dio a su hijo una paliza de órdago.*

ordalías f. pl. Juicio de Dios.

orden m. Colocación de las cosas en el lugar que les corresponde: *poner documentos en orden.* || Conjunto de reglas, leyes, estructuras que constituyen una sociedad: *orden público.* || Paz, tranquilidad: *asegurar el orden.* || Clase, categoría: *son problemas de orden financiero.* || Sexto de los siete sacramentos de la Iglesia católica. || *Arq.* Cierta disposición y proporción de los cuerpos principales que componen un edificio. (Hay tres órdenes griegos: *orden dórico, jónico y corintio,* a los cuales los romanos añadieron el *orden compuesto* y el *toscano.*) || *Hist. nat.* División o grupo en la clasificación de las plantas y animales intermedio entre la clase y la familia: *el orden de los coleópteros.* || *Mil.* Disposición de un ejército: *orden de combate.* || — *El orden del día,* lista de asuntos que tratará una asamblea. || *Sin orden ni concierto,* desarregladamente. || — F. Mandato: *obedecer una orden; orden de detención.* || Decisión: *orden ministerial.* || Sociedad religiosa cuyos miembros hacen el voto de seguir una regla: *orden benedictina.* || Instituto civil o militar: *la orden de Carlos III.* || Título con un valor comercial: *billete a la orden.* || — *Orden del día,* la dada diariamente a los cuerpos de un ejército. || *Orden de pago,* documento en el que se dispone que sea pagada una cantidad al portador o nominalmente. || *Órdenes mayores,* subdiaconado, diaconado y presbiterado.

ordenación f. Disposición, arreglo. || Ceremonia en que se confieren las sagradas órdenes: *ordenación de presbíteros.* || Mandato, orden: *ordenación de pagos.* || Aprovechamiento de los recursos naturales: *ordenación rural.*

ordenado, da adj. Que tiene orden y método: *persona ordenada.* || Que ha recibido las órdenes sagradas (ú. t. c. s.). || Encaminado, dirigido. || — F. *Geom.* Recta tirada desde un punto perpendicularmente al eje de las abscisas.

ordenador, ra adj. y s. Que ordena. || — M. Calculador electrónico, constituido por un conjunto de máquinas especializadas dependientes de un programa común, que permite, sin intervención del hombre, operaciones complejas de aritmética y lógicas.

ordenamiento m. Acción y efecto de ordenar. || Ley, ordenanza que da el superior para que se observe una cosa. || Conjunto de leyes dictadas al mismo tiempo o sobre la misma materia: *el Ordenamiento de Alcalá fue hecho en 1348, bajo el reinado de Alfonso XI.*

ordenando m. El que va a recibir las órdenes sagradas.

ordenanza f. Conjunto de disposiciones referentes a una materia: *ordenanzas municipales.* || Reglamento militar. || — M. *Mil.* Soldado puesto a la disposición de un oficial. || Empleado subalterno en ciertas oficinas.

ordenar v. t. Poner en orden: *ordenar unos papeles, un armario.* || Mandar: *ordenar que venga.* || Destinar y dirigir a un fin. || — *Mat.* Disponer los términos de un polinomio de manera que sus grados vayan decreciendo o aumentando constantemente. || Conferir las sagradas órdenes: *ordenar un presbítero.* || — V. pr. Recibir las órdenes sagradas: *ordenarse de sacerdote.*

ordeña f. *Méx.* y *Nicar.* Ordeño, acción y efecto de ordeñar.

ordeñador, ra adj. y s. Que ordeña. || — F. Máquina que ordeña.

ordeñar v. t. Extraer la leche de la ubre de los animales. || Coger la aceituna. || *Fig.* Explotar.

ordeñe m. *Arg.*, *Parag.* y *Urug.* Acción y efecto de ordeñar.

ordeño m. Acción y efecto de ordeñar.

ordinal adj. Del orden. || Dícese del adjetivo numeral que expresa orden o sucesión.

ordinariez f. *Fam.* Grosería, vulgaridad.

ordinario, ria adj. Común, corriente, usual. || Basto, vulgar: *gente ordinaria.* || Que no se distingue por ninguna calidad: *de paño ordinario.* || Diario: *gasto ordinario.* || — M. Recadero, cosario. || Obispo que posee la jurisdicción ordinaria en su diócesis.

orear v. t. Ventilar o poner una cosa al aire. || — V. pr. *Fig.* Salir uno a tomar el aire, airearse.

orégano m. Planta aromática de la familia de las labiadas.

oreja f. Oído en su parte externa. (V. OÍDO.) || Parte lateral de ciertos objetos. || Apéndice que tienen a veces en la punta las herramientas. || Orejera de la gorra. || Parte del zapato que se ponen los cordones. || Saliente, al lado del respaldo, que tienen algunos sillones para apoyar la cabeza. || Asa de una vasija. || — *Aguzar las orejas,* levantar las caballerías; (fig.) prestar mucha atención. || *Fig. Apearse por las orejas,* obrar con desacierto. | *Asomar, enseñar o descubrir la oreja,* poner de manifiesto la verdadera naturaleza de uno. | *Bajar las orejas,* darse por vencido humildemente. | *Calentarle a uno las orejas,* reprimir o pegar fuerte; amostazar a uno. | *Con las orejas gachas,* avergonzado o desilusionado. | *Haberle visto las orejas al lobo,* haber escapado de un gran peligro. | *Oreja de abad,* dulce de masa frita; ombligo de Venus. | *Fig. Verle a uno la oreja,* adivinar sus intenciones. || *Cub.*, *Hond.*, *Méx.*, *Nicar.* y *Salv.* Espía. || *Amér. M.*, *Guat.* y *Méx.* Parar la oreja, prestar atención, atender.

orejear v. i. *Méx.* y *P. Rico.* Desconfiar.

orejera f. Pieza de la gorra que cubre las orejas. || Laterales del respaldo de algunos sillones, oreja. || Cada una de las dos piezas encajadas lateralmente en el dental del arado para ensanchar el surco. || Rodaja llevada por algunos indios en la oreja.

orejón m. Pulpa del melocotón u otra fruta secada al aire. || Tirón de orejas. || Nombre dado a los nobles incas por los españoles por los grandes discos con que adornaban el lóbulo de las orejas. || Nombre que se dio a varias tribus indias de América, entre otras, la del Alto Amazonas, a orillas del Napo. || *Fort.* Cuerpo que sale del flanco de un baluarte. || *Fam.* Persona orejuda. || *Amer.* Orejudo, murciélago.

orejudo, da adj. Que tiene orejas grandes. || — M. Especie de murciélago, caracterizado por sus grandes orejas.

orensano, na adj. y s. de Orense.

orense adj. y s. De El Oro (Ecuador).

oreo m. Soplo ligero de aire. || Ventilación. || Salida a airearse.

orfanato m. Asilo de huérfanos.

orfanatorio m. *Méx.* Orfanato.

orfandad f. Estado de huérfano. || Pensión que reciben algunos huérfanos. || *Fig.* Desamparo, falta de protección.

orfebre m. El que hace o vende objetos de orfebrería.

orfebrería f. Obra de oro o de plata. || Oficio de orfebre.

orfelinato m. Galicismo por orfanato.

orfeón m. Agrupación coral.

orfeonista m. y f. Miembro de un orfeón.

organdí m. Tejido de algodón ligero y transparente. (Pl. *organdís* u *organdíes.*)

orgánico, ca adj. Relativo a los órganos o a los organismos animales o vegetales: *la vida orgánica.* || Dícese de las sustancias cuyo componente constante es el carbono. || *Fig.* Aplícase a la constitución de las entidades colectivas o a sus funciones: *reglamentos, estatutos orgánicos.* || *Enfermedad orgánica,* aquella en que la alteración funcional acarrea una lesión de los órganos. || *Funciones orgánicas,* las de la nutrición. || *Ley orgánica,* la destinada a desarrollar los principios expuestos en otra. || *Química orgánica,* parte de la química dedicada al estudio del carbono y sus compuestos.

organigrama m. Gráfico de la estructura de una organización compleja (empresa, administración, servicio, etc.).

organillero, ra m. y f. Persona que toca el organillo.

organillo m. Órgano pequeño que se suele tocar con manubrio.

organismo m. Ser vivo. || Conjunto de órganos y funciones del cuerpo animal o vegetal: *el organismo humano, el de las plantas.* || *Fig.* Conjunto de oficinas, dependencias o empleos que forman un cuerpo o institución: *organismo estatal, internacional.*

organista com. Persona que toca el órgano.

organización f. Acción de organizar, preparación: *la organización de un banquete.* || Disposición de los órganos de un cuerpo animal o vegetal. ‖ Orden, arreglo. ‖ Apelación de ciertas instituciones internacionales: *Organización Internacional del Trabajo.*

organizado, da adj. Orgánico, con aptitud para la vida. ‖ Que tiene la estructura y composición de los seres vivos: *ser organizado.* ‖ *Fig.* Que ha recibido una organización: *sociedad bien organizada.* ‖ Constituido, dispuesto.

organizador, ra adj. y s. Que organiza o es apto para organizar.

organizar v. i. Fundar, establecer: *organizar una escuela.* ‖ Preparar: *organizar una fiesta.* ‖ — V. pr. Tomar una forma regular. ‖ Arreglarse: *yo sé organizarme.* ‖ Formarse: *se organizó un desfile.* ‖ *Fig.* Armarse: *se organizó una pelea, una lucha.*

órgano m. *Mús.* Instrumento de viento de grandes dimensiones, con tubos donde se produce el sonido y un teclado, que se emplea sobre todo en las iglesias. ‖ Parte del cuerpo animal o vegetal que ejerce una función: *los órganos de la nutrición, de la reproducción.* ‖ En las máquinas, aparato elemental que transmite o guía un movimiento: *órgano transmisor.* ‖ *Fig.* Medio, conducto. ‖ Periódico portavoz de un grupo: *el órgano del partido republicano.* ‖ *Méx.* Nombre de varias plantas cactáceas.

orgasmo m. Culminación del placer sexual.

orgía f. Festín en que se come y bebe sin moderación. ‖ *Fig.* Desenfreno en la satisfacción de apetitos y pasiones. ‖ Exceso.

orgiástico, ca adj. De la orgía.

orgullo m. Exceso de estimación propia, presunción, vanidad. ‖ *Fig.* Sentimiento elevado de la dignidad personal. ‖ Cosa o persona de la cual la gente está muy ufana: *ser el orgullo de la familia.*

orgulloso, sa adj. y s. Que tiene orgullo.

orientación f. Acción de orientar u orientarse. ‖ Situación: *orientación al Sur.* ‖ Orientación profesional, sistema que permite ayudar a los niños a que escojan una profesión u oficio.

orientador, ra adj. y s. Que orienta.

oriental adj. De Oriente: *países orientales.* ‖ — Adj. y s. Natural de Oriente. ‖ De Morona-Santiago, Zamora- Chinchipe, Napo y Pastaza (Ecuador); de Oriente (Cuba) o de la República Oriental del Uruguay. ‖ — M. pl. Los pueblos de Oriente.

orientalismo m. Conocimiento de las civilizaciones y costumbres de los pueblos orientales. ‖ Predilección por las cosas de Oriente. ‖ Carácter oriental.

orientalista com. Especialista en cosas de Oriente.

orientar v. t. Situar una cosa en posición determinada respecto a los puntos cardinales: *orientar un edificio.* ‖ Dirigir: *orientar la salida de un público.* ‖ *Mar.* Disponer las velas de modo que reciban bien el viento. ‖ Informar:

orientar a los turistas. ‖ — V. pr. Reconocer los puntos cardinales, especialmente el Oriente: *orientarse en el campo, en el mar.* ‖ *Fig.* Estudiar bien las circunstancias: *orientarse en un asunto, en un negocio.* ‖ Dirigirse hacia un lugar.

oriente m. Punto cardinal del horizonte por donde sale el Sol. ‖ Nombre dado a Asia y las regiones inmediatas de África y Europa. ‖ Brillo de las perlas. ‖ Nombre que dan los masones a las logias de provincias. ‖ — *Extremo* o *Lejano Oriente,* los países de Asia Central y Oriental. ‖ *Gran Oriente,* logia central masónica de un país.

orificio m. Agujero.

oriflama f. Estandarte.

origen m. Principio de una cosa: *el origen del mundo.* ‖ Causa, motivo: *el origen de un mal.* ‖ Procedencia: *el origen de nuestras ideas.* ‖ Ascendencia, clase social de donde procede una persona: *de origen humilde.* ‖ Patria: *de origen español, francés.* ‖ Etimología: *el origen de una palabra.*

original adj. Relativo al origen. ‖ Que no es copia o imitación: *escritura, cuadro original.* ‖ Que parece haberse producido por primera vez: *una idea original.* ‖ Que escribe o compone de un modo nuevo: *escritor, músico original.* ‖ Singular, extraño, raro: *un hombre muy original* (ú. t. c. s.). ‖ — M. Manuscrito primitivo por el que se sacan copias. ‖ Texto primitivo, a diferencia de la traducción. ‖ Manuscrito que se da a la imprenta: *el original de un libro.*

originalidad f. Calidad de original. ‖ Extravagancia, rareza.

originar v. t. Dar origen o lugar, ser causa una cosa. ‖ — V. pr. Traer una cosa su principio u origen de otra.

originario, ria adj. Del comienzo: *forma originaria.* ‖ Que da origen a una persona o cosa. ‖ Que trae su origen de algún lugar, persona o cosa: *originario de América.*

orilla f. Borde de una superficie. ‖ Parte de la tierra contigua a un río, mar, etc.: *vivir a orillas del mar.* ‖ Acera de las calles. ‖ Orillo. ‖ *Fam. A orilla de,* al lado.

orillar v. t. *Fig.* Arreglar un asunto: *orillar una diferencia.* ‖ Evitar, sortear una dificultad. ‖ Reforzar el borde de una tela con una faja estrecha.

orillero, ra adj. y s. *Arg., Cub., Hond., Nicar., Parag., Urug.* y *Venez.* Arrabalero.

orillo m. Faja estrecha con que se refuerza el borde de una tela.

orín m. Herrumbre. ‖ — Pl. Orina.

orina f. Secreción de los riñones que se acumula en la vejiga y se expele por la uretra.

orinal m. Recipiente para recoger la orina o los excrementos.

orinar v. i. y t. Expeler naturalmente la orina.

oriolano, na adj. y s. De Orihuela.

oriundez f. Procedencia.

oriundo, da adj. Originario, procedente: *oriundo de España.*

órix m. Antílope de África y el Cercano Oriente que se caracteriza por unos largos cuernos rectos.

orla f. Franja de adorno de ciertas telas y vestidos. ‖ Adorno que rodea una cosa. ‖ *Blas.* Ornamento a modo de ribete puesto dentro del escudo.

orlar v. t. Adornar con orla: *retrato orlado.* ‖ Bordear: *orlado con árboles.*

ornamentación f. Adorno.

ornamental adj. Relativo a la ornamentación o adorno: *planta ornamental.*

ornamentar v. t. Adornar.

ornamento m. Adorno. ‖ *Arq.* y esc. Conjunto de piezas accesorias que sirven para decorar. ‖ *Fig.* Calidades y prendas morales. ‖ — Pl. Vestiduras sagradas de los sacerdotes y adornos del altar.

ornar v. t. Adornar.

ornato m. Adorno.

ornitología f. Parte de la zoología que trata de las aves.

ornitólogo m. Especialista en ornitología.

ornitomancia f. Predicción por el vuelo o el canto de las aves.

ornitorrinco m. Mamífero monotrema de Australia, cuya boca parece el pico de un pato.

oro m. Metal precioso de color amarillo brillante. ‖ Moneda de este metal. ‖ Joyas y adornos de esta especie. ‖ Color amarillo. ‖ Cualquiera de los naipes del palo de oros: *echar un oro.* ‖ — Pl. Palo de la baraja española, en cuyos naipes aparecen una o varias monedas de oro. ‖ — *Fig. Apalear oro,* ser muy rico. ‖ *Corazón de oro,* persona buena y generosa. ‖ *Guardar una cosa como oro en paño,* guardarla con sumo cuidado. ‖ *No es oro todo lo que reluce,* no hay que fiarse de las apariencias. ‖ *Pagar a peso de oro,* muy caro. ‖ *Fig.* y *fam.* Pedir el oro y el moro, pedir cosas exageradas.

orogénesis f. Proceso de formación de las montañas.

orogenia f. Parte de la geología que estudia la formación de las montañas.

orogénico, ca adj. Relativo a la orogenia.

orografía f. Parte de la geografía física que trata de la descripción de las montañas.

orográfico, ca adj. Relativo a la orografía.

orondo, da adj. *Fig.* y *fam.* Lleno de vanidad, engreído, ufano.

oropel m. Lámina de latón que imita al oro. ‖ *Fig.* Cosa de mucha apariencia y escaso valor.

oropéndola f. Pájaro dentirrostro de plumaje amarillo, con alas y cola negras.

oroya f. Cesta de cuero utilizada para cruzar algunos ríos de América.

orozuz m. Planta papilionácea, de rizomas que contienen un jugo usado como pectoral y emoliente.

orquesta f. Conjunto de músicos que ejecutan una obra instrumental. ‖ En los teatros, espacio entre el escenario y los espectadores, destinado para estos músicos. ‖ *Orquesta de cámara,* la integrada por solamente unos quince instrumentistas (generalmente instrumentos de cuerda y de viento).

orquestación f. Acción y efecto de orquestar.

orquestar v. t. Instrumentar para orquesta: *orquestar una partitura.*

orquestina f. Pequeña orquesta con instrumentos variados que suele ejecutar música de baile.

orquidáceo, a adj. y s. f. Dícese de las plantas monocotiledóneas con hermosas flores de forma y coloración muy raras. ‖ — F. pl. Familia que forman.

orquídea f. Planta de la familia de las orquidáceas. ‖ Su flor.

orquitis f. Inflamación de los testículos.

ortega f. Ave gallinácea, algo mayor que la perdiz, de plumaje rojizo.

ortiga f. Planta urticácea, cuyas hojas segregan un líquido que pica.

ortigal m. Terreno con ortigas.

orto m. Salida del Sol o de otro astro en el horizonte.

ortodoxia f. Calidad de ortodoxo.

ortodoxo, xa adj. y s. Conforme con el dogma católico. ‖ *Por ext.* Conforme con la doctrina de cualquier religión o escuela. ‖ — Adj. Conforme con cualquier doctrina considerada como la única verdadera: *opinión poco ortodoxa.* ‖ *Iglesia ortodoxa,* nombre de las Iglesias cristianas orientales separadas de Roma desde 1054.

ortoedro m. *Geom.* Paralelepípedo recto rectangular.

ortogonal adj. Dícese de lo que está en ángulo recto.

ortografía f. Parte de la gramática que enseña a escribir correctamente.

ortografiar v. t. Escribir una palabra según su ortografía.

ortográfico, ca adj. Relativo a la ortografía: *signo ortográfico.*

ortología f. Arte de pronunciar bien y hablar con propiedad.

ortopedia f. Arte de corregir o de evitar las deformaciones del cuerpo humano por medio de ciertos aparatos o de ejercicios corporales.

ortopédico, ca adj. Relativo a la ortopedia: *aparato ortopédico.* ‖ — M. y f. Persona que se dedica a la ortopedia.

ortopedista com. Ortopédico.

ortópteros m. pl. Orden de insectos masticadores como la langosta, el grillo, etc. (ú. t. c. adj.).

ortosa f. Silicato blanco o gris de alúmina y potasa.

oruga f. Larva de los insectos lepidópteros, que se alimenta de vegetales. ‖ Planta crucífera usada como condimento. ‖ Banda sin fin compuesta de placas metálicas articuladas e interpuesta entre el suelo y las ruedas de un vehículo para que éste pueda avanzar por cualquier terreno (ú. t. c. adj.).

orujo m. Residuo de la uva o el aceitune una vez exprimidas.

orureño, ña adj. y s. De Oruro.

orvallo m. Llovizna.

orza f. Vasija de barro. ‖ *Mar.* Acción y efecto de orzar. ‖ Especie de quilla retráctil para limitar la deriva de una embarcación.

orzar v. i. *Mar.* Dirigir la proa por donde viene el viento.

orzuelo m. Pequeño divieso en el borde de los párpados.

os, dativo y acusativo del pronombre de segunda persona en ambos géneros y número plural: *os amé; amaos.*

Os, símbolo químico del *osmio.*

osa f. Hembra del oso.

osadía f. Atrevimiento, valor. ‖ Descaro, desfachatez.

osado, da adj. y s. Atrevido, audaz. ‖ Descarado, insolente.

osamenta f. Esqueleto. ‖ Conjunto de huesos de que se compone el esqueleto.

osar v. i. Atreverse a algo.

osario m. En los cementerios, lugar destinado para enterrar los huesos sacados de las sepulturas.

oscar m. Recompensa cinematográfica anual dada en Hollywood.

oscense adj. y s. De Huesca.

oscilación f. Acción y efecto de oscilar, balanceo. ‖ Espacio recorrido por un cuerpo que oscila entre las dos posiciones extremas.

oscilante adj. Que oscila.

oscilar v. i. Moverse alternativamente un cuerpo de un lado a otro. ‖ *Fig.* Variar, vacilar: *los precios oscilan.* ‖ Crecer y disminuir alternativamente la intensidad de algunas manifestaciones o fenómenos. ‖ Vacilar, titubear.

oscilatorio, ria adj. Aplícase al movimiento de oscilación y a las corrientes eléctricas alternas.

oscilógrafo m. Instrumento que registra las variaciones de una corriente en función del tiempo.

osco, ca adj. y s. Dícese del individuo y de la lengua de un pueblo de Italia central.

ósculo m. Beso.

oscurantismo m. Oposición a que se difunda la instrucción entre el pueblo.

oscurantista adj. y s. Partidario del oscurantismo.

*oscurecer v. t. Privar de luz y claridad. ‖ Debilitar el brillo de una cosa. ‖ *Fig.* Quitar claridad a la mente. ‖ Dar mucha sombra a una parte de una pintura para hacer resaltar el resto. ‖ — V. i. Anochecer. ‖ — V. pr. Nublarse el cielo, la vista.

oscurecimiento m. Acción y efecto de oscurecer u oscurecerse.

oscuridad f. Falta de luz o de claridad. ‖ Sitio sin luz. ‖ *Fig.* Humildad, bajeza en la condición social. ‖ Falta de claridad en lo que se escribe o habla.

oscuro, ra adj. Que no tiene luz o claridad. ‖ De color casi negro: *color oscuro.* ‖ Que carece de brillo. ‖ Nublado: *día oscuro.* ‖ De noche: *llegamos ya oscuro.* ‖ *Fig.* Poco conocido, humilde. ‖ Confuso, incomprensible: *estilo oscuro.* ‖ Turbio: *proyectos oscuros.* ‖ Incierto: *el porvenir es muy oscuro.* ‖ *A oscuras,* sin luz, sin ver; (fig.) sin entender.

óseo, a adj. Del hueso. ‖ De la naturaleza del hueso: *materia ósea.*

osezno m. Cachorro del oso.

osificación f. Acción y efecto de osificarse.

osificarse v. pr. Convertirse en hueso o adquirir la consistencia de tal una materia orgánica.

osmanlí adj. y s. Turco.

osmio m. Metal raro (Os), parecido al platino, de número atómico 76.

ósmosis f. *Fís.* Paso recíproco de líquidos de distinta densidad a través de una membrana porosa que los separa.

osmótico, ca adj. Relativo a la ósmosis: *presión osmótica.*

oso m. Mamífero carnicero plantígrado, de cuerpo pesado, espeso pelaje, patas recias con grandes uñas ganchudas, que vive en los países fríos. ‖ *Fig.* Hombre peludo y feo. ‖ Hombre poco sociable. ‖ *Fig.* y *fam. Hacer el oso,* hacer el idiota.

— Entre las diferentes especies de osos que existen se distinguen el *oso blanco,* de las regiones árticas, el mayor de los carniceros; el *oso de América del Norte o grizzli,* el *oso negro,* el *oso pardo de Europa,* y el *oso colmenero.* En los Andes se encuentran el *oso negro* y el *oso frontino.* Existen además el *oso hormiguero u oso bandera,* cuadrúpedo desdentado muy grande de América del Sur; el *oso palmero* y el *oso melero,* otros dos hormigueros desdentados, también de América.

osornino, na adj. y s. De Osorno.

ostealgia f. Dolor de huesos.

osteína f. Oseína.

osteítis f. Inflamación de un hueso.

ostensible adj. Que puede manifestarse. ‖ Manifiesto, visible.

ostensivo, va adj. Que muestra: *antipatía ostensiva.*

ostentación f. Acción de ostentar. ‖ Jactancia y vanagloria: *hacer ostentación de sus riquezas.* ‖ Magnificencia exterior y visible.

ostentador, ra adj. Que ostenta. ‖ — M. y f. Presumido.

ostentar v. i. Mostrar o hacer patente una cosa: *ostentar sus joyas.* ‖ Hacer gala de grandeza, lucimiento y boato. ‖ Manifestar: *ostentar ideas revolucionarias.* ‖ Poseer, tener: *ostenta un título aristocrático.*

ostentoso, sa adj. Magnífico, lujoso: *coche ostentoso.* ‖ Claro, manifiesto, patente: *simpatía ostentosa.*

osteoblasto m. Célula embrionaria del tejido óseo.

osteocito m. Célula madura del tejido óseo.

osteoclasto m. Célula formadora del tejido óseo.

osteología f. Parte de la anatomía que trata de los huesos.

osteólogo, ga m. y f. Especialista en enfermedades de los huesos.

osteoma m. *Med.* Tumor de naturaleza ósea.

osteoplastia f. Sustitución de un hueso o parte de él con otro hueso.

ostión m. Especie de ostra de tamaño mayor.

ostionería f. *Méx.* Restaurante especializado en ostiones y otros moluscos.

ostra f. Molusco lamelibranquio comestible que vive adherido a las rocas por una valva de su concha. || *Fig.* y *fam.* Aburrirse como una ostra, aburrirse mucho.

ostracismo m. Destierro político. || Apartamiento de alguien de la vida pública.

ostral m. Criadero de ostras.

ostrero, ra adj. Relativo a las ostras. || — M. y f. Persona que vende ostras. || — M. Ostral.

ostrícola adj. De la cría y conservación de las ostras.

ostricultura f. Cría de ostras.

ostrogodo, da adj. y s. De un pueblo de la Gotia oriental.

osuno, na adj. Del oso.

otalgia f. Dolor de oído.

O.T.A.N., siglas de Organización del Tratado del Atlántico Norte.

otaria f. Mamífero pinnípedo del Pacífico, parecido a la foca, pero con orejas cortas y miembros más desarrollados.

otario, ria adj. *Fam. Arg.* Tonto, infeliz.

otate m. *Méx.* Planta gramínea de corpulencia arbórea, cuyos tallos sirven para fabricar bastones.

otear v. t. Dominar desde un lugar alto: *otear el horizonte* (ú. t. c. i.). || *Fig.* Escudriñar, registrar.

otero m. Cerro aislado.

otitis f. Inflamación del oído.

otólogo m. Médico de las enfermedades del oído.

otomano, na adj. y s. Turco. || — F. Especie de sofá o canapé.

otomí adj. y s. m. Dícese de una de las lenguas de México, la más importante después del náhuatl. || — M. Indio de México establecido en los Est. de Querétaro y Guanajuato.

otoñada f. Tiempo de otoño. || Otoño.

otoñal adj. Relativo al otoño.

otoñar v. i. Pasar el otoño.

otoño m. Estación del año que dura en Europa del 23 de septiembre al 21 de diciembre. || *Fig.* Edad madura: *el otoño de la vida.*

otorgamiento m. Permiso, concesión, licencia.

otorgante adj. y s. Que otorga.

otorgar v. t. Consentir, conceder una cosa que se pide: *otorgar un indulto.*

|| Dar, atribuir: *otorgar un premio, poderes.* || *For.* Disponer ante notario: *otorgar una persona testamento.*

otorrinolaringología f. Parte de la medicina que trata de las enfermedades del oído, nariz y laringe.

otorrinolaringólogo m. Médico especialista en otorrinolaringología.

otro, tra adj. Distinto: *otra máquina.* || Igual, semejante: *es otro Cid.* || Anterior: *otro día, año.* || — Fam. ésa es otra, indica que se oye un nuevo disparate o se presenta una nueva dificultad. || *Por otra parte, además.* || — Pron. Persona distinta: *unos no sabían, otros no querían.*

otrora adv. En otro tiempo.

otrosí adv. Además.

ovación f. Aplauso ruidoso del público.

ovacionar v. t. Aclamar, aplaudir ruidosamente.

oval y **ovalado, da** adj. Con forma de óvalo.

ovalar v. t. Dar a una cosa forma de óvalo.

óvalo m. Curva cerrada convexa y simétrica parecida a la elipse. || Cualquier figura plana, oblonga y curvilínea. || *Arq.* Ovo.

ovario m. Glándula genital femenina en que se forman los óvulos y segregan varias hormonas. || *Arq.* Moldura adornada con óvalos. || *Bot.* Parte inferior del pistilo que contiene el embrión de la semilla.

oveja f. Hembra del carnero. || *Amer.* Llama, mamífero. || — *Fig. Oveja descarriada,* persona que no sigue el buen ejemplo. | *Oveja negra,* persona que en una familia o colectividad desdice de las demás.

overo, ra adj. y s. *Amer.* Dícese del animal blanco con manchas extensas de otro color.

overol m. *Amer.* Ropa de trabajo, mono.

ovetense adj. y s. De Oviedo (España) y de Coronel Oviedo (Paraguay).

óvidos m. pl. Familia de mamíferos rumiantes, que comprende los carneros, cabras, etc.

oviducto m. Canal por donde salen los huevos del ovario fuera del cuerpo del animal. || En la especie humana, trompa de Falopio.

ovillar v. t. Hacer ovillos. || — V. pr. *Fig.* Encogerse, hacerse un ovillo.

ovillo m. Bola de hilo que se forma al devanar una fibra textil. || *Fig.* y *fam.* Hacerse uno un ovillo, encogerse, acurrucarse; embarullarse, confundirse.

ovino, na adj. y s. m. Aplícase al ganado lanar.

ovíparo, ra adj. y s. Aplícase a las especies animales cuyas hembras ponen huevos.

ovovivíparo, ra adj. y s. Dícese de los animales que conservan sus huevos fecundados en el interior de sus cuerpos durante algún tiempo.

ovulación f. Desprendimiento natural de un óvulo en el ovario para que pueda recorrer su camino y ser fecundado.

óvulo m. Célula sexual femenina destinada a ser fecundada. || *Bot.* Pequeño órgano contenido en el ovario, en cuyo interior se encierra la oosfera y que está destinado a convertirse en semilla después de la fecundación.

oxalato m. *Quím.* Combinación del ácido oxálico con un radical.

oxálico, ca adj. Relativo a las acederas. || *Quím.* Ácido oxálico, ácido orgánico que da a la acedera su gusto particular.

oxalidáceo, a adj. y s. f. Dícese de una familia de plantas dicotiledóneas y herbáceas. || — F. pl. Familia que forman.

oxhídrico, ca adj. Compuesto de oxígeno e hidrógeno: *soplete oxhídrico.*

oxiacetilénico, ca adj. Relativo a la mezcla de oxígeno y acetileno.

oxidrilo m. *Quím.* Hidroxilo.

oxidable adj. Que se oxida.

oxidación f. Formación de óxido. || Estado de oxidación.

oxidar v. t. Transformar un cuerpo por la acción del oxígeno o de un oxidante (ú. t. c. pr.). || Poner mohoso (ú. t. c. pr.).

óxido m. Combinación del oxígeno con un radical. || Orín.

oxigenación f. Acción y efecto de oxigenar u oxigenarse: *una cura de oxigenación.*

oxigenado, da adj. Que contiene oxígeno: *agua oxigenada.* || Rubio con agua oxigenada: *pelo oxigenado.*

oxigenar v. t. Combinar el oxígeno formando óxidos. || Decolorar el pelo con oxígeno (ú. t. c. pr.). || — V. pr. *Fig.* Airearse, respirar al aire libre.

oxígeno m. Metaloide gaseoso, elemento principal del aire y esencial a la respiración.

oxigenoterapia f. Tratamiento medicinal mediante inhalaciones de oxígeno.

oxihemoglobina f. Combinación inestable de una molécula de hemoglobina y otra de oxígeno que da el color rojo vivo a la sangre que sale del aparato respiratorio.

oxoniense adj. y s. De Oxford.

oyamel m. *Méx.* Conífera empleada en la industria.

oyente adj. Que oye. || — Adj. y s. Dícese del alumno asistente a una clase sin estar matriculado. || — Pl. Auditores.

ozonar v. t. Ozonizar.

ozonificación f. Ozonización.

ozonización f. Transformación en ozono. || Esterilización de las aguas por el ozono.

ozonizar v. t. Convertir, transformar en ozono.

ozono m. Estado alotrópico del oxígeno. || *Capa de ozono,* franja de la atmósfera donde se concentra el ozono y sirve de filtro para los rayos ultravioleta.

p

p f. Decimoséptima letra del alfabeto castellano y decimotercera de sus consonantes. || — **P**, símbolo químico del fósforo. || — **P.**, en religión, abrev. de padre: el P. Superior.

Pa, símbolo químico del protactinio. || Símbolo del pascal.

pabellón m. Edificio secundario generalmente aislado del principal. || Edificio construido para un fin determinado: el pabellón español en la feria de X. || Vivienda para militares, funcionarios, etc. || Tienda de campaña en forma de cono. || Colgadura que cobija y adorna una cama, un trono, altar, etc. || Bandera nacional: izar el pabellón argentino. || Fig. Nación a la que pertenece un barco mercante: navegar bajo pabellón chileno. || Ensanche cónico de algunos instrumentos músicos de viento. || Grupo de fusiles enlazados por las bayonetas en forma piramidal. || Parte exterior y cartilaginosa de la oreja.

pabilo m. Torcida o mecha de una vela o antorcha. || Parte carbonizada de esta mecha.

pábulo m. Pasto, comida. || Fig. Lo que sustenta una cosa inmaterial: dar pábulo a las críticas.

paca f. Mamífero roedor americano, del tamaño de una liebre, de carne estimada. || Fardo de lana o algodón en rama.

pacana f. Árbol yuglandáceo propio de América del Norte.

pacato, ta adj. y s. De condición pacífica, tranquila y moderada.

pacaya f. Amér. C. Palmera cuyos cogollos se toman como legumbre: rellenos de pacaya. || Fig. Guat. Trabajo difícil, complicado.

paceño, ña adj. y s. De La Paz (Bolivia, Honduras y El Salvador).

*pacer v. i. Comer hierba el ganado en prados o campos.

pacha f. Hond., Méx. y Nicar. Petaca para llevar bebidas alcohólicas. || Guat., Hond., Nicar. y Salv. Biberón.

pachá m. Barb. por bajá: vivir como un pachá.

pachamanca f. Amer. Carne asada entre piedras caldeadas.

pachanga f. Méx. Diversión ruidosa. | Desorden, borrachera. | Dícese de todo lo que degenera: esto ya no es política, es pachanga. | Cierto baile.

pachón, ona adj. y s. Dícese de un perro de caza parecido al perdiguero. || Amer. Peludo.

pachorra f. Fam. Flema.

pachorrudo, da adj. Fam. Flemático, cachazudo, indolente.

pachiche adj. Méx. Viejo.

pachucho, cha adj. Muy maduro: fruta pachucha. || Fig. Malucho, ligeramente enfermo.

pachulí m. Planta labiada aromática de Asia y Oceanía. || Su perfume. || Fam. Perfume malo.

paciencia f. Virtud del que sabe sufrir con resignación: con paciencia se gana el cielo. || Capacidad para esperar con tranquilidad las cosas: ten paciencia que ya llegará tu turno. || Capacidad para soportar cosas pesadas: no tiene suficiente paciencia para hacer rompecabezas. || Lentitud, tardanza.

paciente adj. Que tiene paciencia. || Sufrido. || — M. Fil. Sujeto que padece la acción del agente. || — Com. Enfermo: el médico y el paciente.

pacificación f. Obtención de la paz. || Fig. Apaciguamiento.

pacificador, ra adj. y s. Que pacifica.

pacificar v. t. Apaciguar, obtener la paz: pacificar los ánimos, el país. || — V. pr. Sosegarse, calmarse: los vientos se pacificaron.

pacífico, ca adj. Quieto, tranquilo, amigo de la paz: persona pacífica. || Apacible: temperamento pacífico. || Que transcurre en paz: reinado, período pacífico.

pacifismo m. Doctrina y acción de los que condenan por completo la guerra cualquiera que sea su motivo.

pacifista adj. y s. Partidario del pacifismo.

paco m. Alpaca, rumiante. || Fig. Guerrillero, sobre todo el rifeño. || Amer. Mineral de plata de ganga ferruginosa. | Policía.

pacota f. Méx. Pacotilla.

pacotilla f. Mar. Porción de mercancías que la gente de mar puede embarcar por su cuenta libre de flete. || Por ext. Mercancía de poca calidad: muebles de pacotilla.

pacotillero m. El que comercia con pacotilla. || Amer. Buhonero.

pactar v. t. e i. Acordar, comprometerse a cumplir algo varias partes: pactar la paz. || Contemporizar, transigir una autoridad: pactar con los rebeldes.

pacto m. Convenio o concierto entre dos o más personas o entidades: con-

cluir, romper un pacto. || Tratado: un pacto de no agresión. || Fig. Acuerdo: pacto con el diablo.

pacuache adj. y s. Dícese del individuo de una tribu de México (Coahuila).

*padecer v. t. e i. Sentir física y moralmente un daño o dolor: padecer una enfermedad, una pena, un castigo. || Ser víctima de una cosa: padecer la opresión de la tiranía; padeció un grave error. || Soportar: padecer penas, injusticias. || Sufrir: hay que ver lo que ha padecido en su vida.

padecimiento m. Acción de padecer o sufrir daño, injuria, enfermedad, etc.

padrastro m. Marido de la madre respecto de los hijos llevados en matrimonio. || Fig. Mal padre. || Pedazo de pellejo que se levanta junto a las uñas.

padrazo m. Padre indulgente.

padre m. El que tiene uno o varios hijos. || Cabeza de una descendencia: Abrahán, padre de los creyentes. || Teol. Primera persona de la Santísima Trinidad. || Nombre que se da a ciertos religiosos y a los sacerdotes: el padre Bartolomé de Las Casas. || Animal macho destinado a la procreación. || Fig. Origen, principio: el ocio es padre de todos los vicios. | Creador: Esquilo, el padre de la Tragedia. || — Pl. El padre y la madre: mañana iré a ver a mis padres. || — Fam. De padre y muy señor mío, muy grande, extraordinario. || Nuestros padres, nuestros antepasados. || Padre espiritual, confesor. || Padre eterno, Dios. || Padre de familia, cabeza de una casa o familia. || Padre nuestro, la oración dominical. || Padre político, suegro. || Padres conscriptos, los senadores romanos. || Padres de la patria, los diputados a Cortes. || Santo padre, el soberano Pontífice. || Santos padres, los primeros doctores de la Iglesia. || — Adj. Fam. Muy grande, extraordinario: llevarse un susto padre. || — Adj. Méx. Muy bueno, lindo, extraordinario.

padrear v. i. Procrear.

padrenuestro m. Padre nuestro. || Fig. y fam. En un padrenuestro, en un instante.

padrinazgo m. Acción de asistir como padrino a un bautizo o a una función pública. || Cargo de padrino. || Fig. Protección que uno dispensa a otro.

padrino m. Hombre que asiste a otro a quien se administra un sacramento: padrino de pila, de boda. || El que presenta y acompaña a otro que recibe algún honor, grado, etc. || El que asiste a otro en un certamen, torneo, desafío, etc. || *Fig.* El que ayuda a otro en la vida, protector. || — *Pl.* El padrino y la madrina. || *Fig.* Influencias.

padrón m. Lista de vecinos de una población, censo: *padrón de habitantes.* || Patrón, modelo o dechado: *padrón de virtudes.* || *Fig.* Nota pública de infamia: *padrón de ignominia.* || *Amer.* Caballo semental.

padrote m. *Méx.* Alcahuete.

paduano, na adj. y s. De Padua (Italia).

paella f. Plato de arroz con carne y pescado, mariscos, legumbres, etc.: *paella valenciana.*

¡paf!, onomatopeya que imita el ruido que hace una persona o cosa al caer.

paga f. Acción de pagar: *la paga tiene lugar al final de cada mes.* || Cantidad de dinero que se da en pago del sueldo. || Entre empleados o militares, sueldo de un mes. || *Fig.* Correspondencia al amor, cariño u otro sentimiento. | Expiación de una culpa. | Pena sufrida por esta culpa. | *Hoja de paga,* pieza justificativa del pago del salario o sueldo.

pagable adj. Pagadero.

pagadero, ra adj. Que se ha de pagar en cierta fecha: *letra pagadera a los noventa días.* || Que puede pagarse fácilmente.

pagado, da p. p. de *pagar.* || *Fig.* Pagado de sí mismo, engreído.

pagador, ra adj. y s. Dícese del que paga.

pagaduría f. Oficina donde se paga: *pagaduría del Estado.*

paganismo m. Gentilidad. || Estado de los que no son cristianos.

paganizar v. i. Profesar el paganismo. || — V. t. Volver pagano.

pagano, na adj. y s. Aplícase a los pueblos politeístas antiguos, especialmente a los griegos y romanos, y por ext. a todos los pueblos no cristianos. || *Fam.* Impío. | El que paga. | El que padece daño por culpa ajena.

pagar v. t. e i. Dar uno a otro lo que le debe: *pagar el sueldo a los obreros.* || Dar cierta cantidad por lo que se compra o disfruta: *paga cinco mil euros al mes por su piso.* || Satisfacer una deuda, un derecho, impuesto, etc. || Costear: *sus padres no pueden pagarle los estudios.* || *Fig.* Corresponder: *pagar los favores recibidos; pagar una visita; un amor mal pagado.* | Expiar: *pagar un crimen.* || — *Fam.* El que la hace la paga, el que causa daño sufre siempre el castigo correspondiente. || *¡Me las pagarás!,* ya me vengaré del mal que me has hecho. || *Pagar a escote,* pagar cada uno su parte. || *Pagar al contado,* a crédito o a plazos, pagar inmediatamente, poco a poco. || *Pagar el pato o los vidrios rotos* o *los platos rotos,* sufrir las consecuencias de un acto ajeno. | *Pagarla* o *pagarlas,* sufrir el castigo merecido o las consecuencias inevitables de una acción. || — V. pr. Comprar.

pagaré m. Obligación escrita de pagar una cantidad en tiempo determinado: *un pagaré a sesenta días.*

pagaya f. Remo corto.

página f. Cada una de las dos planas de la hoja de un libro o cuaderno: *un libro de quinientas páginas.* || Lo escrito o impreso en cada una de ellas: *una nota al pie de la página.* || *Fig.* Obra literaria o musical: *una página muy inspirada.* | Suceso, lance o episodio en el curso de una vida o de una empresa: *página gloriosa de nuestra juventud.*

paginación f. Numeración de las páginas.

paginar v. t. Numerar páginas.

pago m. Acción de pagar: *pago al contado.* || Cantidad que se da para pagar algo: *un pago de diez mil euros.* || *Fig.* Satisfacción, recompensa o lo que uno se merece: *el pago de la gloria.* || Finca o heredad, especialmente de olivares o viñas. || *Amer.* País o pueblo.

pagoda f. En algunos países de Oriente, templo.

pagro m. Pez parecido al pagel.

pagua f. *Méx.* Fruto de una variedad de aguacate.

paila f. Vasija redonda y grande de metal a modo de sartén. || *Amer.* Machete para cortar la caña de azúcar.

pailero, ra m. y f. *Amer.* Fabricante o vendedor de pailas. | Persona que trabaja con la paila.

paipai m. Abanico de palma.

pairar v. i. *Mar.* Estar quieta la nave con las velas tendidas.

pairo m. *Mar.* Acción de pairar. || *Al pairo,* quieta la nave y con las velas tendidas.

país m. Territorio que forma una entidad geográfica o política: *España es su país natal; los países fríos.* || Patria: *abandonar su país.*

paisaje m. Porción de terreno considerada en su aspecto artístico. || Pintura o dibujo que representa el campo, un río, bosque, etc.

paisajista adj. y s. Aplícase al pintor de paisajes.

paisanaje m. Conjunto de paisanos. || Circunstancia de ser de un mismo país.

paisano, na adj. y s. Del mismo país, provincia o lugar que otro. || *Méx.* Español. || — M. y f. *Provinc.* y *Amer.* Campesino. || — M. El que no es militar. || *Traje de paisano,* el que no es un uniforme.

paja f. Caña de las gramíneas después de seca y separada del grano. || Pajilla para sorber líquidos. || *Fig.* Cosa de poca entidad. | Lo inútil y desechable de una cosa: *su artículo hay mucha paja.* || *Amér. C.* Paja de agua, conducto de agua que llega a una edificación. || *Amér. C.* Grifo.

pajar m. Almacén de paja.

pájara f. Pájaro, ave pequeña. || Cometa, juguete. || *Fig.* Pajarita de papel. | *Fig.* Mujer astuta o mala.

pajarear v. i. Cazar pájaros. || *Fam.* Holgazanear. || *Amer.* Espantarse una

caballería. | Ahuyentar a pedradas a los pájaros en los sembrados. | Estar distraído. || *Méx.* Oír con disimulo.

pajarera f. Jaula de pájaros.

pajarería f. Banda de pájaros. || Tienda donde se venden pájaros.

pajarero, ra adj. Relativo a los pájaros. || *Fam.* Alegre, chancero. || *Fig.* Dícese de las telas o pinturas de colores mal casados o vistosos. || *Amer.* Dícese de las caballerías asustadizas. || — M. El que caza o vende pájaros.

pajarilla f. Pájara, cometa. || Bazo del cerdo. || *Fig.* y *fam. Alegrársele a uno las pajarillas,* ponerse muy alegre.

pajarita f. Pájara, cometa. || Figura de papel doblado que representa un pajarito. || — *Corbata de pajarita,* la que tiene forma de mariposa. | *Cuello de pajarita,* el de palomita.

pájaro m. Cualquiera de las aves terrestres, voladoras, de tamaño pequeño, como el tordo, el gorrión y la golondrina. || Esta voz entra en la formación de varios nombres de aves: *pájaro arañero,* ave trepadora: *pájaro bobo,* ave palmípeda del Antártico, semejante al pingüino; *pájaro burro,* el rabihorcado; *pájaro carpintero* o *picamaderos,* ave trepadora que anida en los agujeros que labra en los troncos de los árboles con el pico; *pájaro diablo,* petrel, ave palmípeda muy voladora; *pájaro mosca,* colibrí, especie muy diminuta de América, de plumaje de hermosos colores; *pájaro niño,* palmípeda de los mares polares. || *Fig.* Persona que sobresale o es muy astuta o muy mala. || — *Más vale pájaro en mano que ciento volando,* más vale una cosa pequeña segura que una grande insegura. | *Matar dos pájaros de un tiro,* hacer o lograr dos cosas con una sola diligencia. || *Fig. Pájaro de cuenta* o *de cuidado,* persona muy astuta, capaz de hacer cualquier cosa y que se ha de tratar con cuidado. | *Pájaro gordo,* persona importante. || *Fam.* Tener pájaros en la cabeza, no ser nada sensato; ser distraído.

pajarraco m. Pájaro grande y feo. || *Fam.* Pájaro de cuenta.

pajaza f. Desecho de la paja que deja el caballo.

paje m. Joven noble que servía a un caballero, un príncipe, etc.

pajero, ra adj. y s. *Arg., Bol., Per., Salv.* y *Urug.* Que se masturba.

pajilla f. Cigarro liado con hoja de maíz. || Caña de gramínea o tubo artificial utilizado para sorber refrescos.

pajizo, za adj. De paja.

pajolero, ra adj. *Fam.* Maldito, molesto, despreciable: *un pajolero oficio.* | Puntilloso.

pajonal m. *Amér. M.* Paraje poblado por alta vegetación herbácea.

pajuela f. Paja o varilla, bañada en azufre, que se emplea para encender.

pajuerano, na adj. y s. *Arg., Bol.* y *Urug.* Procedente del campo y que se comporta torpemente en la ciudad.

pakistaní adj. y s. Paquistaní.

pala f. Instrumento compuesto de una plancha de hierro, más o menos combada, prolongada por un mango. || Contenido de este instrumento. || Hoja metálica de la azada, del azadón, etc. || Tabla con mango para jugar a la pelota vasca, al béisbol. || Raqueta: *pala de ping pong.* || Parte plana del remo. || Parte ancha del timón. || Cada uno de los elementos propulsores de una hélice. || Parte del calzado que abraza el pie por encima. || Parte puntiaguda del cuello de una camisa. || Cuchilla de los curtidores. || Lo ancho y plano de los dientes. || — *Fam. A punta de pala,* en abundancia. || *Pala mecánica,* máquina de gran potencia para excavar y recoger materiales y cascotes.

palabra f. Sonido o conjunto de sonidos que designan una cosa o idea: *una palabra de varias sílabas.* || Representación gráfica de estos sonidos. || Facultad de hablar: *perder la palabra.* || Aptitud oratoria: *político de palabra fácil.* || Promesa: *dar, cumplir su palabra; palabra de matrimonio.* || *Teol.* Verbo: *la palabra divina.* || Derecho para hablar en las asambleas: *hacer uso de la palabra.* || — Pl. Texto de un autor. || — *Fig. Coger la palabra a uno,* valerse de lo que dijo para obligarle a hacer algo. | *Comprender con medias palabras,* captar sin que sea necesaria una explicación larga. | *Decir con medias palabras,* insinuar. | *Dejar a uno con la palabra en la boca,* volverle la espalda sin escucharle. | *De palabra,* verbalmente. || *Fig. Empeñar la palabra,* dar su palabra de honor. | *En cuatro palabras,* muy brevemente. | *Medir las palabras,* hablar con prudencia. | *No tener más que una palabra,* mantener lo dicho. | *No tener palabra,* faltar uno a sus promesas. | *¡Palabra!,* se lo aseguro. || *Palabra de Dios o divina,* el Evangelio. || *Palabra de honor,* promesa verbal y formal. || *Palabra por palabra,* literalmente. || *Palabras cruzadas,* crucigrama. || *Palabras encubiertas,* aquellas que no dicen claramente lo que se quiere anunciar. || *Palabras mayores,* las injuriosas. || *Fig. Tener unas palabras con alguien,* pelearse con él. | *Tratar mal de palabra a uno,* injuriarle. | *Última palabra,* lo que está más de moda.

palabrear v. t. *Bol.* y *Chil.* Insultar. || *Bol., Chil., Col., Cub., Ecuad.* y *Per.* Tratar algún asunto verbalmente.

palabreo m. Acción de hablar mucho y en vano: *me molesta su palabreo de hombre de mundo.*

palabrería f. *Fam.* Exceso de palabras, verborrea.

palabrero, ra adj. y s. Que habla mucho. || Que promete mucho y no cumple nada.

palabrita f. Palabra que lleva segunda intención: *le dijo cuatro palabritas al oído.*

palabrota f. Palabra injuriosa o grosera. || Término difícil de entender.

palacete m. Casa particular lujosa. || Pequeño palacio.

palaciego, ga adj. Relativo a palacio: *estilo palaciego; ceremonias palaciegas.* || — Adj. y s. Cortesano.

palacio m. Casa suntuosa, especialmente la que sirve de residencia a los reyes y nobles: *Palacio Real.* || Residencia de ciertas asambleas, tribunales, etc.: *palacio de las Cortes, del Senado.*

palada f. Lo que la pala coge de una vez: *una palada de mortero.*

paladar m. Parte interior y superior de la boca. || *Fig.* Capacidad para apreciar el sabor de lo que se come: *tener buen paladar.*

paladear v. t. Tomar poco a poco el gusto de una cosa, saborear.

paladeo m. Saboreo.

paladial adj. y s. f. Palatal.

paladín m. Caballero distinguido por sus hazañas. || *Fig.* Defensor acérrimo.

paladino, na adj. Público; claro y patente. || — M. Paladín.

paladio m. Metal blanco (Pd), de número atómico 46, muy dúctil y duro, de densidad entre 11 y 12 y que funde hacia 1500°, notable por la propiedad que tiene de absorber el hidrógeno.

palafito m. Vivienda primitiva lacustre, construida sobre zampas.

palafrén m. Caballo manso en que solían montar las damas, los reyes y los príncipes. || Caballo en que monta el criado o lacayo de un jinete.

palafrenero m. Criado que lleva del freno el caballo. || Mozo de caballos.

palanca f. Barra rígida, móvil alrededor de un punto de apoyo, que sirve para transmitir un movimiento, para levantar grandes pesos. || Pértiga para llevar una carga entre dos. || Plataforma flexible colocada a cierta altura al borde de una piscina, para efectuar saltos. || *Fig.* y *fam.* Apoyo, influencia. || Fortín construido con estacas y tierra. || *Palanca de mando,* barra para manejar un avión.

palangana f. Recipiente ancho y poco profundo usado para lavar o lavarse: *fregar los platos en una palangana.* || *Amer.* Fanfarrón.

palanganero m. Mueble donde se coloca la palangana.

palangre m. Cordel con varios anzuelos para pescar.

palanquera f. Valla de madera.

palanqueta f. Palanca pequeña. || Barra de hierro para forzar puertas y cerraduras. || *Méx.* Dulce que se elabora con azúcar quemada y cacahuates, pepitas de calabaza o nueces.

palapa f. *Méx.* Cobertizo con techo de hojas de palmera, frecuente en la playa.

palatal adj. Del paladar: *bóveda palatal.* || Dícese de las vocales o consonantes cuya articulación se forma en cualquier punto del paladar, como la *i,* la *e,* la *ll,* la *ñ* (ú. t. c. s. f.).

palatalización f. Modificación de un fonema cuya articulación se hace aplicando el dorso de la lengua al paladar duro.

palatalizar v. t. Dar a un fonema sonido palatal.

palatinado m. En Alemania, antigua dignidad de elector palatino. || Territorio de los príncipes palatinos.

palatino, na adj. Del paladar: *huesos palatinos.* || Perteneciente a palacio: *la etiqueta palatina.*

palco m. En los teatros y plazas de toros, especie de departamento con balcón donde hay varios asientos. || Tabladillo en que se pone la gente para asistir a un espectáculo. || *Palco de platea,* el que está en la planta baja de un teatro.

palear v. t. Apalear, aventar el grano con la pala.

palenque m. Estacada de madera. || Sitio cercado donde se celebra una función pública, torneo, etc. || *Riopl.* Estaca para atar los animales. || *Fig.* Sitio donde se combate: *el palenque político.*

palentino, na adj. y s. De Palencia.

paleogeografía f. Ciencia que se dedica a reconstruir hipotéticamente la distribución de los mares y continentes en el curso de las épocas geológicas.

paleografía f. Arte de leer la escritura y signos de los libros y documentos antiguos.

paleográfico, ca adj. Relativo a la paleografía: *examen paleográfico.*

paleógrafo m. Especialista en paleografía.

paleolítico, ca adj. y s. m. Aplícase al primer período de la edad de piedra, o sea el de la piedra tallada.

paleología f. Ciencia que estudia la historia primitiva del lenguaje.

paleólogo, ga adj. y s. Que conoce las lenguas antiguas.

paleontografía f. Descripción de los seres orgánicos que vivieron en la Tierra y cuyos restos o vestigios se encuentran fósiles.

paleontográfico, ca adj. De la paleontografía.

paleontología f. Tratado de los seres orgánicos cuyos restos o vestigios se encuentran fósiles.

paleontológico, ca adj. Relativo a la paleontología.

paleontólogo m. Especialista en paleontología.

paleoterio m. Mamífero perisodáctilo fósil.

paleozoico adj. y s. m. Aplícase al segundo período de la historia de la Tierra.

palero m. *Amer.* Jugador que, de acuerdo con el banquero, sirve de gancho. || *Méx.* Persona que ayuda a poner una trampa.

palestino, na adj. y s. De Palestina.

palestra f. Sitio donde se lidia o lucha. || *Fig. Poét.* Lucha, competición. | Sitio donde se celebran certámenes literarios o reuniones públicas. | *Fig. Salir a la palestra,* entrar en liza.

paleta f. Tabla pequeña con un agujero por donde se introduce el pulgar y en la cual el pintor tiene preparados los colores que usa.

|| **Espátula**. || Utensilio de cocina a modo de pala. || Badil para revolver la lumbre. || Llana de albañil. || Raqueta de ping pong. || *Anat.* Paletilla. || Álabe de la rueda hidráulica. || Pala de hélice, ventilador, etc. || *Méx.* Polo helado. || *Amér. C., Dom., Méx.* y *P. Rico* Caramelo o helado hincado en un palito que sirve como mango.

paletilla f. *Anat.* Omóplato, hueso del hombre. | Ternilla en que termina el esternón y que corresponde a la región de la boca del estómago.

paleto, ta adj. y s. *Fig.* Palurdo, rústico, cateto.

paletón m. Parte de la llave en que están los dientes y guardas. || Diente grande de la mandíbula superior.

pali m. Lengua sagrada de Ceilán, derivada del sánscrito.

paliacate m. *Méx.* Pañuelo grande, de colores vivos.

paliar v. t. Encubrir, disimular. || Disculpar: *paliar una falta*. | Atenuar la violencia de una enfermedad. || *Fig.* Mitigar, atenuar.

paliativo, va adj. y s. m. Dícese de lo que puede paliar. || *Fig.* Capaz de disimular.

*palidecer v. i. Ponerse pálido: *palidecer de emoción*. || *Fig.* Perder una cosa su importancia: *palidecer la fama de un artista, de un héroe*.

palidez f. Amarillez, descaecimiento del color natural.

pálido, da adj. Amarillo, macilento o descaecido de su color natural. || *Fig.* Falto de colorido o expresión: *estilo pálido*.

paliducho, cha adj. *Fam.* Algo pálido: *persona paliducha*.

palier m. En algunos vehículos automóviles, cada una de las dos mitades en que se divide el eje de las ruedas motrices.

palillero, ra m. y f. Persona que hace o vende palillos. || — M. Canuto donde se guardan los mondadientes. || Paltapumas.

palillo m. Varilla en que se encaja la aguja de hacer media. || Mondadientes de madera. || Bolillo para hacer encaje. || Cada una de las dos varitas para tocar el tambor. || Vena gruesa de la hoja del tabaco. || Raspa del racimo de pasas. || *Fig.* Palique, charla. || — Pl. Varitas que usan los asiáticos para comer. || Bolillos que se ponen en ciertas partidas de billar. || Espátulas que usan los escultores. || Castañuelas. || *Fam.* Banderillas de torear.

palimpsesto m. Manuscrito antiguo en que se ven huellas de una escritura anterior.

palíndromo m. Palabra o frase que se lee igual de izquierda a derecha que de derecha a izquierda.

palingenesia f. Regeneración, resurrección de los seres.

palinodia f. Retractación pública de lo que se había dicho.

palio m. Amplio manto griego copiado por los romanos. || Faja de lana blanca con cruces negros que llevan el Papa y ciertos obispos encima de la casulla. || Dosel portátil: *recibido o acompañado bajo palio*.

palique m. *Fam.* Conversación sin importancia: *estar de palique*.

paliquear v. i. *Fam.* Charlar.

palisandro m. Madera del guayabo, compacta y de color rojo oscuro, empleada en la fabricación de muebles de lujo.

palito m. Palo pequeño. || *Arg. Pisar el palito*, caer en la trampa.

palitroque m. Palo pequeño. || Palote, en escritura. || Banderilla.

paliza f. Conjunto de golpes: *el padre pegó una paliza a su hijo por haberle insultado*. || *Fig.* y *fam.* Trabajo o esfuerzo muy cansado. | Derrota: *ha dado una paliza al equipo contrario*.

palizada f. Valla hecha de estacas. || Sitio cercado de estacas.

palla f. *Amer.* Entre los incas, mujer de sangre real.

palma f. Palmera. || Hoja de este árbol. || Datilera. || Palmito. || Parte interna de la mano desde la muñeca hasta los dedos. || Parte inferior del casco de las caballerías. || — Pl. Palmadas, aplausos: *batir las palmas*. || Palmáceas. || — *Fig.* Conocer como la palma de la mano, conocer muy bien. | *La palma del martirio*, muerte sufrida por la fe. | *Llevarse la palma*, sobresalir, ser el mejor en alguna cosa.

palmáceo, a adj. y s. f. Dícese de ciertas plantas monocotiledóneas, de tallo simple, llamado estipe, con grandes hojas en forma de penacho, características de los países tropicales. || — F. pl. Familia que forman.

palmada f. Golpe que se da con la palma de la mano: *le abrazó dándole palmadas en la espalda*. || Ruido que se hace golpeando las manos abiertas: *dar palmadas para aplaudir, para llamar al sereno*.

palmar adj. Relativo a la palma de la mano y a la del casco de las caballerías. || *Fig.* Claro, manifiesto. || — M. Sitio donde se crían palmas. || Cardencha. || *Fam.* Más viejo que un palmar, muy viejo.

palmar v. i. *Fam.* Morir.

palmarés m. (pal. fr.). Historial, hoja de servicios: *el palmarés de un atleta*.

palmario, ria adj. Patente.

palmatoria f. Especie de candelero bajo.

palmeado, da adj. De figura de palma: *hojas palmeadas*.

palmear v. i. Aplaudir batiendo palmas: *palmear a un cantante*.

palmeño, ña adj. y s. De La Palma (Panamá).

palmer m. Instrumento de precisión con tornillo micrométrico para medir objetos de poco grueso.

palmera f. Árbol palmáceo cuyo fruto es el dátil. (Llámase también *palmera datilera*.) || Cualquier árbol de la familia de las palmáceas. || Especie de galleta.

palmeral m. Plantío de palmas.

PAL

palmesano, na adj. y s. De Palma de Mallorca.

palmeta f. Especie de regla con que los maestros de escuela castigaban a los alumnos. || Palmetazo.

palmetazo m. Golpe dado con la palmeta. || Palmada.

palmiche m. Palma real. || Su fruto.

palmípedo, da adj. y s. f. Dícese de las aves que tienen las patas palmeadas, como el ganso. || — F. pl. Orden que forman.

palmireño, ña adj. y s. De Palmira (Colombia).

palmista f. *Antill.* Persona que adivina el porvenir.

palmita f. Médula dulce de las palmeras. || *Fam. Llevar o traer en palmitas a uno*, tratarle con miramiento.

palmito m. Planta palmácea con cuyas hojas se hacen escobas y esteras. || Tallo blanco y comestible de esta planta. || *Fig.* y *fam.* Cara bonita o figura esbelta de la mujer: *tener un buen palmito*.

palmo m. Medida de longitud, cuarta parte de la vara (21 cm), equivalente aproximadamente al largo de la mano entre el pulgar y el meñique extendida. || — *Fig. Conocer algo a palmos*, conocerlo bien. | *Crecer a palmos*, crecer muy rápidamente. || *Fam. Dejar con un palmo de narices*, dejar burlado. || *Fig. Palmo a palmo*, poco a poco; minuciosamente. || *Fam. Quedarse con dos palmos de narices*, no conseguir lo que se esperaba.

palmotear v. i. Aplaudir.

palmoteo m. Acción de palmotear. || Acción de dar o pegar la palmeta.

palo m. Trozo de madera cilíndrico: *en vez de bastón llevaba un palo*. || Golpe dado con este objeto: *matar a palos*. || Madera: *cuchara de palo*. || Estaca, mango: *el palo de la escoba*. || *Taurom.* Banderilla. || *Mar.* Mástil del barco: *embarcación de tres palos*. || Suplicio ejecutado con instrumento de madera, como la horca: *morir en el palo*. || Cada una de las cuatro series de naipes de la baraja: *palo de oros, de bastos, de copas, de espadas*. || Trazo grueso de algunas letras como la *b* y la *d*. | *Blas.* Pieza en forma de faja vertical. || *Bot.* Voz que entra en el nombre de varios vegetales (*palo áloe, palo bañón o de bañón, palo brasil o del Brasil, palo campeche o de Campeche, palo corteza, palo de jabón*). || — *Fam. Amer. A medio palo*, medio borracho. || *Fig. A palo seco*, sin adornos. | *Caérsele a uno los palos del sombrajo*, desanimarse. | *Dar palos de ciego*, dar golpes sin reflexionar; tantear. | *Dar un palo*, criticar; cobrar muy caro. | *De tal palo tal astilla*, de tal padre, tal hijo.

paloduz m. Orozuz.

palofierro m. *Méx.* Nombre que se da a un árbol cuya madera es de una dureza excepcional.

paloma f. Ave domesticada que provino de la paloma silvestre, de la que existen infinidad de variedades. || *Fig.*

PA

Persona muy bondadosa o pura. || *Fam.* Aguardiente anisado con agua. || *Arg.* Cierto baile popular. || *Méx.* Canción típica del país. || *Méx.* Signo de aprobación (✓).

palomar m. Edificio donde se crían las palomas.

palomear v. t. *Méx.* Poner signo de aprobación.

palometa f. Pez comestible, parecido al jurel. || Tuerca que tiene forma de mariposa.

palomilla f. Mariposa pequeña, especialmente la que causa estragos en los graneros. || Fumaria, planta papaverácea. || Onoquiles, planta borraginácea. || Parte anterior de la grupa de un caballo. || Especie de soporte de madera para mantener tablas, estantes, etc. || Chumacera, pieza en que entra el eje de una máquina. || Palometa, tuerca. || *Guat., Méx.* y *Per.* Grupo de personas que se reúnen para divertirse. || *Méx.* Palomilla de la ropa, polilla.

palomina f. Excremento de paloma. || Fumaria.

palomino m. Pollo de paloma. || *Fig.* Joven inexperto, ingenuo. || *Fam.* Mancha de excremento en los calzoncillos.

palomita f. Roseta de maíz tostado. || Anís con agua.

palomo m. Macho de la paloma. || *Varetazo.*

palotazo m. *Varetazo.*

palote m. Palo pequeño. || Trazo recto que hacen los niños en el colegio para aprender a escribir. || *Méx.* Horcajo de madera para la caballería de tiro.

palpable adj. Que puede palparse. || *Fig.* Manifiesto, evidente: *hecho, verdad palpable.*

palpar v. t. Tocar una cosa con las manos para reconocerla. || *Fig.* Conocer realmente: *palpar los resultados de una reforma.* | Percibir, notar: *palpar el descontento.*

palpitación f. Latido. || Pulsación rápida.

palpitante adj. Que palpita. || *Fig.* y *fam.* Interesante, emocionante: *cuestión palpitante.*

palpitar v. i. Contraerse y dilatarse alternativamente: *el corazón palpita.* || Latir muy rápidamente. || *Fig.* Manifestarse algún sentimiento en las palabras o actos.

pálpito m. Corazonada.

palqui m. Arbusto americano de la familia de las solanáceas.

palta f. *Amer.* Aguacate, fruto.

palto m. *Amer.* Aguacate, árbol.

palúdico, ca adj. Relativo a los lagos y pantanos. || Dícese de la fiebre causada por el microbio procedente de los terrenos pantanosos y transmitido por el anofeles. || Que padece paludismo (ú. t. c. s.).

paludismo m. Enfermedad del que padece fiebres palúdicas.

palurdo, da adj. y s. *Fam.* Paleto, cateto.

palustre adj. Relativo a los pantanos. || — M. Paleta o llana de albañil.

pamba f. *Méx.* Tunda, felpa, paliza.

pame adj. y s. Dícese del individuo de una tribu otomí de México, llamado tb. *chichimeca.* || Uno de los dialectos del otomí.

pamela f. Sombrero flexible femenino de ala ancha.

pampa f. Llanura extensa de América Meridional desprovista de vegetación arbórea: *la pampa argentina.* || *Chil.* Pradera más o menos llana entre los cerros. || — Adj. y s. *Arg.* Indio de origen araucano de la Pampa. (V. PUELCHE.)

pámpana f. Hoja de la vid.

pámpano m. Sarmiento tierno o pimpollo de la vid. || Pámpana. || Pez comestible del Golfo de México.

pampeano, na adj. y s. Pampero, relativo a la pampa.

pampear v. i. *Amer.* Recorrer la pampa.

pampeño, ña adj. *Col.* De la pampa.

pamperada f. *Riopl.* Viento pampero que dura mucho.

pampero, ra adj. Relativo a las pampas. || Dícese del habitante de las pampas (ú. t. c. s.). || Aplícase al viento impetuoso y frío que viene de las pampas (ú. t. c. s. m.).

pampino, na adj. y s. *Chil.* Relativo a la pampa. || Habitante de la pampa salitrera.

pamplina f. Álsine, planta cariofilácea. || Planta de la familia de las papaveráceas. || *Fig.* y *fam.* Simpleza, tontería: *eso es una pamplina.* | Cosa sin importancia.

pamplinada f. *Fam.* Pamplina, tontería, bobería.

pamplinero, ra y **pamplinoso, sa** adj. y s. Tonto, necio, bobo.

pamplonés, esa y **pamplonica** adj. y s. De Pamplona.

pamporcino m. Planta herbácea de la familia de las primuláceas cuyo rizoma comen los cerdos y se usa en medicina. || Su fruto.

pan m. Alimento hecho de harina amasada, fermentada y cocida en el horno: *pan blanco, moreno.* || Alimento en general: *ganarse el pan de cada día.* || Masa para pasteles y empanadas. || Masa de otras cosas a las cuales se da una forma en un molde: *pan de higos, de jabón, de sal.* || Trigo: *año de mucho pan.* || Hoja de oro o plata muy batida. || — *Fig.* A falta de pan buenas son tortas, hay que conformarse con lo que se tiene. | A pan y agua, con muy poco alimento. | Con su pan se lo coma, que se las arregle como pueda. | Llamar al pan pan y al vino vino, decir las cosas claramente. || *Pan ázimo,* el que no tiene levadura. || *Pan bendito,* el que suele repartirse en la misa; (fig. y fam.) cosa muy buena. || *Pan candeal,* el hecho con harina de este trigo. || *Fig. Pan comido,* cosa fácil de resolver. || *Pan de azúcar,* montaña de granito a la cual la erosión ha dado una forma cónica. || *Amér. C.* y *Méx. Pan de caja,* pan de elaboración industrial, por lo común

de miga, cortado y envasado. || *Pan de molde,* el que tiene mucha miga y poca corteza. || *Pan de munición,* el que se da a los soldados, penados, presos, etc. || *Pan de yuca,* cazabe. || *Arg. Pan lactal* (marca registr.), pan blanco de elaboración industrial enriquecido con leche. || *Fig.* y *fam. Ser un pedazo de pan* o *más bueno que el pan,* ser muy bondadoso.

pana f. Tela de algodón fuerte parecida al terciopelo que suele estar acanalada: *llevaba unos pantalones de pana y una chaqueta de cuero de color pardo.* || *Fam. Ecuad., P. Rico* y *Venez.* Amigo, compañero.

panacea f. Medicamento que se creía podía curar todas las enfermedades. || *Panacea universal,* remedio que buscaban los antiguos alquimistas contra todos los males físicos o morales.

panadería f. Establecimiento donde se hace o vende el pan. || Oficio del panadero.

panadero, ra m. y f. Persona que hace o vende pan.

panadizo m. Inflamación aguda del tejido celular de los dedos, principalmente junto a la uña.

panafricanismo m. Doctrina encaminada a promover la unión y la solidaridad entre todos los países de África.

panafricano, na adj. Relativo a los países del continente africano.

panal m. Conjunto de celdillas prismáticas hexagonales de cera que forman las abejas para depositar en ellas la miel.

panamá m. Sombrero de paja muy flexible, jipijapa. || *Amer.* Negocio fraudulento, generalmente el hecho en perjuicio del Estado.

panameño, ña adj. y s. De Panamá (ciudad y país).

panamericanismo m. Doctrina que preconiza el desarrollo de las relaciones entre todos los países americanos.

panamericanista com. Persona que defiende el panamericanismo. || — Adj. Relativo al panamericanismo.

panamericano, na adj. Relativo a toda América: *Unión Panamericana.*

panana adj. *Chil.* Pesado, torpe, lento.

panarabismo m. Doctrina que preconiza la unión de todos los países de lengua y civilización árabes.

panca f. *Bol.* y *Per.* Hoja que envuelve la mazorca de maíz.

pancarta f. Cartel, letrero.

pancho, cha adj. *Fam.* Tranquilo, que no se conmueve por nada. || — M. Cría del besugo. || *Fam.* Panza.

pancista adj. y s. *Fam.* Aplícase a la persona que, por interés propio, procura siempre estar en buenas relaciones con aquellos que mandan o gobiernan para medrar.

pancita f. *Méx.* y *Per.* Guiso que se elabora con el estómago de los rumiantes en un caldo condimentado con ajo, comino y picante.

páncreas m. Glándula abdominal localizada detrás del estómago cuyo jugo contribuye a la digestión, y que produce también una secreción hormonal interna (insulina).

pancreático, ca adj. Relativo al páncreas: arteria pancreática; jugo pancreático.

pancreatitis f. Inflamación del páncreas que produce un gran dolor repentino en el abdomen, vómitos y su resultado es casi siempre mortal.

pancromático, ca adj. Aplícase a las películas o placas fotográficas cuya sensibilidad es casi igual para todos los colores.

panda m. Mamífero parecido al oso, que vive en el Himalaya. || Cada una de las galerías de un claustro. || Fam. Pandilla, grupo: una panda de redomados bribones.

pandear v. i. y pr. Torcerse una cosa encorvándose.

pandectas f. pl. Recopilación de leyes hecha por orden de Justiniano. || Conjunto del Digesto y del Código. || Cuaderno con abecedario que sirve de repertorio.

pandemia f. Med. Enfermedad epidémica que se extiende a varios países.

pandemónium m. Capital imaginaria del Infierno. || Fig. Sitio donde hay mucho ruido y agitación.

pandeo m. Alabeo, combadura.

pandereta f. Pandero: tocar la pandereta. || — La España de pandereta, la considerada solamente desde el punto de vista folklórico. || Fig. y fam. Zumbar la pandereta, pegar una buena paliza.

panderete m. Tabique hecho con ladrillos puestos de canto.

pandero m. Instrumento de percusión formado por un redondel de piel sujeto a un aro con sonajas.

pandilla f. Conjunto de personas, generalmente jóvenes, que se reúnen para divertirse juntas: una pandilla de chicos y chicas. || Unión de varias personas formada generalmente con mala intención.

pandillaje m. Influjo de personas reunidas en pandillas para fines poco lícitos.

pandillista m. El que fomenta una pandilla o forma parte de ella.

pandit m. Título dado en la India a los brahmanes eruditos.

pandino, na adj. y s. De Pando o natural de Pando.

panecillo m. Pan pequeño. || Venderse como panecillos, venderse en gran cantidad.

panegírico adj. Hecho en alabanza de una persona: discurso panegírico. || — M. Discurso de alabanza: "Panegírico de Trajano", por Plinio el Joven. || Fig. Grandes elogios.

panegirista m. El que pronun[cia] panegírico. || Fig. El que hace [...] elogios de una persona.

panegirizar v. t. Hace[r ...] rico.

panel m. Cada uno de los compartimientos en que se dividen los lienzos de pared, las hojas de puertas, etc. || Tabla de madera en que se pinta.

panera f. Granero. || Cesta para llevar pan o donde se pone el pan en la mesa. || Nasa.

paneslavismo m. Sistema político que tiende a la agrupación de todos los pueblos de origen eslavo.

paneslavista adj. y s. Relativo al paneslavismo o su partidario.

panetela f. Especie de sopa espesa con pan rallado. || Cigarro puro largo y delgado.

paneuropeo, a adj. Relativo a toda Europa: unión paneuropea.

panfilismo m. Simpleza o bondad extremada.

pánfilo, la adj. y s. Muy calmoso. || Tonto, bobo.

panfletista m. Anglicismo por libelista.

panfleto m. Anglicismo por libelo.

pangermanismo m. Doctrina que propugna la unión de todos los pueblos de origen germánico.

pangermanista adj. y s. Partidario del pangermanismo o relativo a esta doctrina.

pangolín m. Mamífero desdentado de África y Asia, con piel cubierta de escamas.

panhelenismo m. Doctrina que propugna la unión de todos los griegos de los Balcanes, del mar Egeo y de Asia Menor en una sola nación.

pánico, ca adj. Relativo a Pan: fiestas pánicas. || Aplícase al terror grande, sin causa justificada. || — M. Miedo súbito y excesivo: sembrar el pánico entre la muchedumbre.

panícula f. Panoja o espiga de las flores.

panículo m. Capa de tejido adiposo situada debajo de la piel de los vertebrados.

paniego, ga adj. Que come mucho pan. || Aplícase al terreno que produce trigo.

panificable adj. Que se pued[a pa]nificar.

panificación f. Transform[ación ...] harina en pan.

panificadora f. Insta[lación ...] destinada a la elab[oración ...]

panificar v. t. [...] pan.

panislami[smo] [...] pugna la [...] musul[mana ...]

cuya parte central se coloca el espectador. || Por ext. Vista de un horizonte muy extenso. || Fig. Estudio rápido, vista de conjunto: el panorama del estado económico.

panorámico, ca adj. Relativo al panorama: vista panorámica. || — F. Procedimiento cinematográfico que consiste en hacer girar la cámara sobre un eje horizontal o vertical durante la toma de vistas.

panormitano, na adj. y s. De Palermo.

panqué o **panqueque** m. Cub. Especie de bizcocho. || Amer. Tortilla hecha con harina y azúcar.

pantagruélico, ca adj. Dícese de las comidas en que hay excesiva abundancia de manjares: festín pantagruélico.

pantaletas f. pl. Amer. Pantalón interior de mujer.

pantalla f. Lámina de diversas formas que se coloca delante o alrededor de la luz. || Mampara que se pone delante de la lumbre. || Telón blanco sobre el cual se proyectan imágenes cinematográficas o diapositivas, o parte delantera de los televisores donde aparecen las imágenes. || Por ext. Cinematógrafo: actriz de la pantalla. || Fig. Persona que se pone delante de otra tapándola. | Persona que encubre a otra: servir de pantalla. || La pantalla pequeña, la televisión.

pantalón m. Prenda de vestir dividida en dos piernas que cubre desde la cintura hasta los tobillos. || Prenda de ropa interior femenina.

pantalonera f. Cost[...] pantalones. || Méx. [...] charro.

pantano m. H[...] de se acum[...] Embalse. [...]

pantar [...] nos. [...]

recurrir a la palabra. || Representación teatral sin palabras. || *Arg.* Zanco.

pantorrilla f. Parte carnosa y abultada de la pierna por debajo de la corva.

pantufla f. y **pantuflo** m. Calzado casero sin orejas ni talón.

panucho m. *Méx.* Pan formado por dos tortillas rellenas con frijoles y carne picada.

panza f. Barriga. || Parte más saliente y abultada de ciertas vasijas o de otras cosas. || Primera de las cavidades en que se divide el estómago de los rumiantes.

panzada f. y **panzazo** m. Golpe dado con la panza: *al tirarse de cabeza se dio un panzazo en el agua.* || *Fam.* Hartazgo: *una panzada de arroz.* || *Fam. Darse una panzada de reír,* partirse de risa.

pañal m. Trozo de tela de varias formas en que se envuelve a los recién nacidos. || Faldón de la camisa del hombre. || — Pl. Envoltura de los niños pequeños. || *Fig.* Niñez. || Principios de una cosa: *una cultura aún en pañales.* || — *Fam. Dejar en pañales,* dejar muy atrás. || *Estar en pañales,* tener uno poco o ningún conocimiento de una cosa.

pañalera f. *Méx.* Bolso en el que se guardan los pañales del bebé.

pañería f. Comercio o tienda de paños. || Conjunto de estos paños.

pañero, ra adj. De los paños: *la industria pañera.* || — M. y f. Persona que vende paños.

paño m. Tejido de lana muy tupida. || Tela. || Ancho de una tela. || Tapiz o colgadura. || Trapo para limpiar. || Cada una de las divisiones de una mesa de juego. || Mancha oscura en la piel, [es]pecialmente del rostro. || Lienzo de [pare]d. || Enlucido. || Impureza que em[paña el] brillo de una cosa. || Mar. Ve[las. ||]Vestiduras y ropas que caen [e]n retratos y estatuas. || [p]ara varios usos médi[cos.]Conocer el paño, [...]te. | Haber paño [...]tar, haber ma[...]de lágrimas, [...]o de ma[...]tes, re[...]

papacla f. *Méx.* Hoja ancha del maíz.

papada f. Abultamiento anormal de carne que se desarrolla debajo de la barba. || Pliegue cutáneo del cuello de ciertos animales.

papado m. Pontificado.

papafigo m. Ave de plumaje pardo verdoso.

papagaya f. Hembra del papagayo.

papagayo m. Ave prensora tropical, de plumaje amarillento verde y encarnado, fácilmente domesticable.

papaína f. *Quím.* Diastasa del látex del papayo.

papal adj. Relativo al papa: *corte papal.* || — M. *Amer.* Terreno plantado de papas.

papalote m. *Antill.* y *Méx.* Cometa que se lanza al aire. || *Méx.* Mariposa.

papamoscas m. inv. Pájaro pequeño insectívoro. || *Fig.* y *fam.* Papanatas.

papanatas m. inv. *Fam.* Hombre necio y crédulo. || Mirón.

papar v. t. Comer cosas blandas sin masticarlas: *papar sopas.* || *Fig.* y *fam. Papar moscas,* quedarse con la boca abierta, no hacer nada.

paparrucha f. *Fam.* Noticia falsa, mentira: *contar paparruchas.* | Obra sin valor: *este libro es una paparrucha.*

papaveráceo, a adj. y s. f. Dícese de las plantas dicotiledóneas y herbáceas como la adormidera. || — F. pl. Familia que éstas forman.

papaverina f. Alcaloide del opio, usado como estupefaciente y antiespasmódico.

papaya f. Fruta comestible del papayo.

papayo m. Arbolillo caricáceo propio de las regiones tropicales cuyo fruto es la papaya.

papel m. Hoja delgada fabricada con toda clase de sustancias vegetales molidas que sirve para escribir, imprimir, envolver, etc. || Pliego, hoja, escrito o impreso. || Parte de la obra que representa cada actor de cine o teatro: *desempeñar un papel.* || Personaje de la obra dramática: *primero, segundo papel.* || *Fig.* Función, empleo: *tu papel es obedecer.* || *Com.* Dinero en billetes de banco. | Conjunto de valores mobiliarios. || *Fam.* Periódico. || — Pl. Documentación, lo que acredita la identidad de una persona: *tener los papeles en regla.* || — *Papel biblia,* el muy fino. || [Pap]el carbón, el usado para sacar co[...] | *Papel cebolla,* el de seda muy [...] | *Papel comercial,* el de tamaño [...]rayado. || *Papel cuché,* el muy [...]arnizado. || *Papel de bar[...] [...]o cortado en los bor[...] [...]ina, de Holanda, del [...] [...], papeles de lujo [...]mir. || [...] de este me[...] [...]conser[...] [...]raza, [...]

to de crédito emitido por el Gobierno. || *Papel de lija,* el fuerte con polvos de esmeril, de. vidrio, etc., para pulir. || *Papel de marca,* el de tina de 43,5 × 51,5 cm. || *Papel de marca mayor,* el de tina de 87 cm × 63. || *Papel de música,* el pautado para escribir música. || *Papel de pagos,* hoja timbrada para hacer pagos al Estado. || *Papel de tina,* el que se hace en el molde, hoja por hoja. || *Fig.* y *fam. Papel mojado,* lo que no tiene valor ni eficacia. || *Papel moneda,* el creado por un gobierno para reemplazar la moneda metálica. || *Papel pergamino,* el que adquiere la propiedad del pergamino en un baño de ácido sulfúrico. || *Papel secante,* el esponjoso y sin cola para secar lo escrito. || *Papel sellado,* el sellado con las armas de la nación para los documentos oficiales. || *Papel tela,* el que tiene cierta semejanza con un tejido. || *Papel vegetal,* el sulfurizado transparente usado por los dibujantes.

papelear v. i. Revolver papeles: *papelear para hallar un dato.* || *Fig.* y *fam.* Querer aparentar, presumir.

papeleo m. Acción de papelear o revolver papeles. || Gran cantidad de papeles de escrituras inútiles: *el papeleo administrativo.* || Trámites para resolver un asunto.

papelera f. Mueble donde se guardan papeles. || Fábrica de papel. || Cesto para arrojar los papeles: *lo tiró a la papelera.*

papelería f. Conjunto de papeles. || Tienda en que se vende papel y objetos de escritorio.

papelero, ra adj. Relativo al papel: *molino papelero.* || — M. Que fabrica o vende papel. || *Fig.* y *fam.* Ostentoso, farolero.

papeleta f. Cédula: *papeleta del monte, de empeño.* || Cucurucho de papel. || Papel pequeño que lleva algo escrito: *papeleta bibliográfica; papeleta de voto.* || Papel donde se da una calificación: *papeleta de examen.* || Pregunta, sacada por sorteo, a la que el candidato a un examen debe responder. || *Fig.* y *fam.* Asunto difícil: *se me presentó una papeleta difícil de arreglar.* | Cosa molesta, pesada.

papelillo m. Cigarro de papel. || Confeti.

papelón m. Papel inútil. || Cartón delgado. || Cucurucho de papel. || *Amer.* Meladura cuajada en forma cónica que contiene melaza. || *Arg. Fam.* Plancha, metedura de pata. | Papel desairado o ridículo.

papera f. Bocio. || — Pl. Parotiditis. || Escrófulas, lamparones.

papi m. *Fam.* Papá.

papiamento m. Lengua criolla hablada en Curazao.

papila f. Prominencia más o menos saliente de la piel y las membranas mucosas: *las papilas gustativas.* || Prominencia formada por el nervio óptico en el fondo del ojo y desde donde [s]e extiende a la retina. || Prominencia [de c]iertos órganos vegetales.

papilar adj. De las papilas.

papilionáceo, a adj. Amariposado. || Aplícase a las plantas leguminosas caracterizadas por su corola amariposada (ú. t. c. s. f.). || — F. pl. Familia que forman.

papiloma m. *Med.* Variedad de epitelioma. | Tumor pediculado en forma de botón. | Excrecencia de la piel.

papilla f. Papas que se dan a los niños. || *Fig.* Astucia, cautela. || — *Fig.* y *fam. Echar la primera papilla,* vomitar mucho. | *Hecho papilla,* destrozado; muy cansado.

papiro m. Planta ciperácea de Oriente, cuya médula empleaban los antiguos para escribir. || Hoja de papiro escrita: *un papiro sánscrito.*

papiroflexia f. Arte de elaborar figuras doblando el papel.

papirotazo m. Capirotazo.

papirusa f. *Arg.* Muchacha hermosa, linda.

papisa f. Voz que significa *mujer papa,* y se usa para designar al personaje fabuloso llamado la *papisa Juana.*

papismo m. Nombre dado por los protestantes y cismáticos a la Iglesia católica.

papista adj. y s. Entre los protestantes y cismáticos, aplícase al católico romano. || *Fam. Ser uno más papista que el papa,* mostrar más celo en un asunto que el mismo interesado.

papo m. Parte abultada del cuello del animal entre la barba y el cuello. || Buche de las aves. || Bocio.

paprika f. Especie de pimentón picante húngaro usado como condimento.

papú adj. inv. y s. De Papuasia. (Pl. *papúes* o *papúas.*)

pápula f. Tumor eruptivo que se forma en la piel.

paquear v. i. Disparar o hacer fuego un "paco".

paquebote m. Transatlántico.

paquete m. Lío o envoltorio: *paquete de cigarrillos.* || Paquebote. || Persona que va en el sidecar de una moto. || *Pop.* Mentira, embuste: *dar un paquete.* | Cosa pesada y fastidiosa: *¡vaya un paquete!* || Trozo de composición tipográfica en que entran unas mil letras. || — *Guat.* y *Méx. Darse paquete,* darse tono. | *Fam.* y *Mil. Meter un paquete,* dar un jabón, reprender. || *Paquete postal,* conjunto de cartas, papeles, etc., cuyo peso no excede de cinco kilos.

paquetero, ra adj. y s. Aplícase a la persona que hace paquetes.

paquidermo adj. y s. m. Aplícase a los animales de piel muy gruesa y dura, como el elefante, el rinoceronte y el hipopótamo. || — M. pl. Suborden de estos animales.

paquistaní adj. y s. Del Paquistán.

par adj. Igual, semejante en todo. || *Mat.* Exactamente divisible por dos: *seis es un número par.* || *Anat.* Aplícase al órgano que corresponde simétricamente a otro igual. || — M. Conjunto de dos personas o cosas de la misma

clase: *un par de zapatos.* || Objeto compuesto de dos piezas idénticas: *un par de tijeras.* || Título de alta dignidad en ciertos países: *par de Francia de 1515 a 1848; Cámara de los pares en Inglaterra.* || *Arq.* Cada uno de los maderos oblicuos que forman un cuchillo de armadura. || *Fís.* Conjunto de dos elementos heterogéneos que producen una corriente eléctrica. || *Mec.* Conjunto de dos fuerzas iguales, paralelas y de sentido contrario. || Igualdad del cambio de monedas entre dos países. || — F. pl. Placenta. || — *A la par, a la vez: cantaba a la par que bailaba;* a la misma altura: *ir a la par de otro.* || *De par en par,* aplícase a la puerta o ventana que tiene las dos hojas abiertas. || *Sin par,* sin igual, único.

para prep. Indica varias relaciones: Término en un movimiento: *salió para Madrid.* || Término de un transcurso de tiempo: *tendrás tu nuevo traje para Navidad; tres días para mi cumpleaños.* || Duración: *alquilar un coche para una semana.* || Destino o fin de una acción: *este regalo es para tu madre; trabajar para ganarse la vida.* || Aptitud o competencia: *ser capaz para los negocios.* || Comparación o contraposición: *es un buen piso para el alquiler que paga.* || Motivo suficiente: *lo que ha hecho es para pegarle.* || Estado físico o de ánimo: *hoy no estoy para bromas; este pobre anciano ya no está para estos viajes.* || Inminencia de una acción: *estoy para marchar al extranjero.* || Intención: *está para dimitir.*

parabellum m. Pistola automática de gran calibre.

parabién m. Felicitación.

parábola f. Narración de la que se deduce una enseñanza moral: *la parábola del samaritano.* || Línea curva cuyos puntos son todos equidistantes de un punto fijo llamado *foco,* y de una recta igualmente fija llamada *directriz.* || Curva descrita por un proyectil.

parabólico, ca adj. Relativo a la parábola: *movimiento parabólico.* || Que tiene forma de parábola: *faro parabólico.*

parabolizar v. t. Representar con parábolas.

parabrisas m. inv. Cristal que se pone al frente de los automóviles para proteger a los pasajeros del viento.

paraca f. *Amer.* Viento fuerte del Pacífico.

paracaídas m. inv. Saco de tela que se abre automáticamente o por la acción de hombre cuando un cuerpo cae desde gran altura.

paracaidismo m. Arte de lanzarse de un avión en vuelo o de utilizar el paracaídas.

paracaidista com. Persona que se dedica al descenso en paracaídas. || — Adj. y s. m. Aplícase a los soldados que descienden en terreno enemigo en paracaídas.

paracumbé m. *Cub.* Baile popular (s. XVII y XVIII).

parachoques m. inv. Artefacto protector contra los choques, que se monta delante y detrás en un vehículo.

parada f. Acción de parar o detenerse. || Sitio donde se para un vehículo para dejar y recoger viajeros: *parada de autobuses.* || Lugar donde se estacionan los taxis. || Sitio donde se cambiaban las caballerías de las diligencias. || Fin del movimiento de una cosa. || *Mús.* Pausa. || Escena burlesca representada a las puertas de un teatro para anunciar una comedia. || Lugar donde se recogen las reses. || Acaballadero. || En los juegos de azar y las subastas, puesta: *hacer una parada.* || *Esgr.* Quite. || *Mil.* Revista de tropas: *parada militar.* || En ciertos deportes, detención del balón por el guardameta.

paradero m. Lugar de parada. || Morada: *no conozco el paradero de mi amigo.* || *Amer.* Apeadero de ferrocarril. || *Fig.* Fin, término.

paradigma m. Ejemplo, modelo.

paradisíaco, ca adj. Relativo al Paraíso: *felicidad paradisíaca.*

parado, da adj. Que no se mueve, inmóvil. || Poco activo. || Desocupado, sin empleo (ú. t. c. s. m.). || Confuso, sin saber qué hacer o contestar. || (Ant.). *Amer.* De pie, en pie. || *Provinc.* y *Chil.* Orgulloso. || *Dejar mal parado,* dejar en mal estado.

paradoja f. Idea extraña u opuesta a la opinión común. || Aserción inverosímil o absurda, que se presenta con apariencias de verdadera. || *Fil.* Contradicción a la que llega, en ciertos casos, el razonamiento abstracto: *las paradojas de Zenón de Elea.* || Figura que consiste en emplear expresiones o frases que encierran una contradicción.

paradójico, ca adj. Que incluye paradoja o usa de ella: *razonamiento paradójico.*

parador, ra adj. Que para o se para. || Aplícase al caballo que se para con facilidad. || — M. Posada, mesón. || Hoy, hotel de lujo, administrado por el Estado y generalmente instalado en un viejo castillo.

paraestatal adj. Aplícase a las entidades que cooperan con el Estado sin formar realmente parte de él: *empresa paraestatal.*

parafernales adj. pl. Aplícase a los bienes de la mujer que no están comprendidos en la dote, y los obtenidos más tarde por herencia o donación.

parafernalia f. Usos y objetos que se emplean en una ceremonia.

parafina f. *Quím.* Sustancia sólida, blanca, inodora, insoluble en el agua, resistente a los agentes químicos, que se extrae de los aceites del petróleo.

parafinado m. Acción y efecto de cubrir con parafina.

parafinar v. t. Impregnar de parafina.

parafrasear v. t. Hacer la paráfrasis de un texto o de un escrito.

paráfrasis f. Explicación o interpretación amplia de un texto. || Traducción libre en verso.

paragoge f. *Gram.* Metaplasmo que consiste en añadir una letra al final de un vocablo, como *huéspede* por *huésped.*

paragógico, ca adj. Que se añade por paragoge.

paragolpe o **paragolpes** m. Parachoques.

parágrafo m. Párrafo.

paraguariense adj. y s. De Paraguarí.

paraguas m. inv. Utensilio portátil compuesto de un bastón y un varillaje flexible cubierto de tela para protegerse de la lluvia.

paraguayano, na adj. y s. Paraguayo.

paraguayo, ya adj. y s. De Paraguay. || — F. Fruta parecida al pérsico.

paragüera f. *Amer.* Paragüero.

paragüería f. Tienda o comercio de paraguas.

paragüero, ra m. y f. Persona que hace o vende paraguas. || — M. Mueble para colocarlos.

paragüey m. *Venez.* Yugo que se pone a los bueyes de labranza.

parahipnosis f. inv. *Med.* Sueño anormal.

parahúso m. Instrumento para taladrar consistente en una barrena cilíndrica movida por dos correas que se arrollan y desenrollan al subir y bajar alternativamente un travesaño al cual están atadas.

paraiseño, ña adj. y s. De El Paraíso (Honduras).

paraíso m. En el Antiguo Testamento, jardín de las delicias donde colocó Dios a Adán y Eva. || En el Nuevo Testamento, cielo. || *Fig.* Lugar sumamente ameno y agradable. || *Teatr.* Localidades del piso más alto. || *Ave del Paraíso,* pájaro de Nueva Guinea, cuyo macho lleva un plumaje de colores vistosos.

paraje m. Lugar, sitio o estancia: *paraje solitario.* || Estado de una cosa: *encontrar en buen o mal paraje.*

paralaje f. Diferencia entre las posiciones aparentes de un astro según el punto desde donde se observa.

paralelepípedo m. *Geom.* Sólido de seis caras iguales y paralelas de dos en dos, y cuya base es un paralelogramo.

paralelismo m. Calidad de paralelo.

paralelo, la adj. *Geom.* Aplícase a las líneas o a los planos que se mantienen, cualquiera que sea su prolongación, equidistantes entre sí. || Correspondiente, correlativo, semejante: *acción paralela.* || Aplícase al mercado que, contrariamente a lo legislado, mantiene unos precios más elevados que los oficiales. || — F. Línea paralela a otra: *trazar paralelas.* || — F. pl. En gimnasia, utensilio compuesto de dos barras paralelas: *ejercitarse en las paralelas.* || — M. *Geogr.* Círculo del globo terrestre paralelo al ecuador: *los paralelos de la Tierra.* || Comparación, parangón: *hacer un paralelo entre dos autores.* || *Geom.* Cada una de las secciones de una superficie de revolución al ser ésta cortada por planos perpendiculares a su eje: *paralelos de revolución.*

paralelogramo m. Cuadrilátero de lados opuestos de paralelos.

parálisis f. inv. Privación o disminución muy grande del movimiento de una parte del cuerpo: *ataque de parálisis.* || *Fig.* Paralización: *parálisis de trabajo.*

paralítico, ca adj. y s. Enfermo de parálisis.

paralización f. *Fig.* Detención que experimenta una cosa dotada normalmente de movimiento: *la paralización del tráfico.*

paralizador, ra y **paralizante** adj. Que paraliza.

paralizar v. t. Causar parálisis. || *Fig.* Detener, impedir la acción y movimiento de una cosa o persona: *paralizar el comercio.*

paramagnético, ca adj. *Fís.* Dícese de una sustancia que se imana en el mismo sentido que el hierro, pero que posee mucho menos intensidad.

paramento m. Adorno con que se cubre una cosa. || Mantillas o sobrecubiertas del caballo. || Cualquiera de las dos caras de una pared o muro. || Cara de un sillar labrado. || — Pl. Vestiduras sacerdotales y adornos del altar.

paramera f. Región donde abundan los páramos.

parámetro m. *Geom.* Cantidad distinta de la variable a la cual se puede fijar un valor numérico y que entra en la ecuación de algunas curvas, especialmente en la parábola. || *Fig.* Dato que se considera fijo en el estudio de una cuestión.

paramilitar adj. Que imita la organización y la disciplina militar: *formación paramilitar.*

páramo m. Terreno yermo, raso y desabrigado. || *Fig.* Lugar solitario, frío.

paranaense adj. y s. Del o relativo al Paraná.

parangón m. Comparación. || Modelo, dechado.

parangonar v. t. Comparar una cosa con otra. || *Impr.* Justificar en una línea las letras de cuerpos desiguales.

paraninfo m. Padrino de las bodas. || En las universidades, el que hacía el discurso de apertura del año escolar. || Salón de actos académicos en algunas universidades.

paranoia f. Psicosis que se caracteriza por un orgullo exagerado, egoísmo, recelo.

paranoico, ca adj. y s. Relativo a la paranoia. || Que la padece.

paranomasia f. Paronomasia.

parapetarse v. pr. Resguardarse con parapetos. || *Fig.* Precaverse de un riesgo por algún medio de defensa, protegerse.

parapeto m. Barandilla o antepecho: *parapeto de un puente, de una escalera.* || Terraplén para protegerse de los golpes del enemigo.

paraplejía f. Parálisis de la mitad inferior del cuerpo.

parapléjico, ca adj. Relativo a la paraplejía. || Adj. y s. Afectado de esta enfermedad.

parar v. i. Cesar en el movimiento o en la acción: *parar en medio de la calle; ha parado la lluvia.* || Detenerse un vehículo público en un sitio determinado: *el autobús para cerca de mi casa.* || Acabar, ir a dar: *el camino va a parar en un bosque.* || Recaer una cosa en propiedad de uno: *la herencia vino a parar a sus manos.* || Hospedarse: *parar en un mesón.* || Convertirse una cosa en otra diferente de la que se esperaba. || No trabajar. || Decidir: *paramos en que nos iríamos al día siguiente.* || — *Fam.* ¡Dónde va a parar!, expresión empleada para subrayar la gran diferencia existente entre dos cosas. || *Ir a parar,* llegar. || *No parar,* trabajar mucho. || *Parar de,* cesar o dejar de. || *Sin parar,* sin sosiego, sin descanso. || — V. t. Detener, impedir el movimiento o acción: *parar una máquina, un vehículo.* || Prevenir o precaver. || Apostar dinero: *parar sobre una carta.* || Mostrar el perro la caza deteniéndose ante ella. || En deportes, detener el balón. || *Esgr.* Quitar el golpe del contrario: *parar la estocada.* || *Taurom.* Resistir, sin moverse, una embestida: *parar al toro.* || *Fig. y fam.* Parar los pies a uno, detenerle antes de que se propase. || — V. pr. Detenerse. || *Fig.* Reparar: *pararse en tonterías.* || *Amer.* Ponerse de pie. || *Méx.* Levantarse después de dormir. || — *Fig. No pararse en barras,* no detenerse ante ningún obstáculo. || *Pararse a pensar,* reflexionar.

pararrayos m. inv. Aparato para proteger los edificios o los buques contra el rayo.

parasimpático adj. *Anat.* Aplícase al sistema nervioso antagónico al simpático (ú. t. c. s. m.).

parasitario, ria adj. Relativo a los parásitos. || Provocado por parásitos: *enfermedad parasitaria.*

parasitismo m. Condición de parásito. || *Fig.* Costumbre o vida de los parásitos.

parásito, ta adj. y s. m. Aplícase al animal o planta que se alimenta o crece con sustancias producidas por otro a quien vive asido. || *Fig.* Dícese de la persona que vive a expensas de los demás. || — Pl. *Fís.* Dícese de las interferencias que perturban una transmisión radioeléctrica.

parasol m. Quitasol.

paratífico, ca adj. Relativo a la paratifoidea. || — Adj. y s. Que padece esta enfermedad.

paratifoidea f. Infección intestinal que ofrece los síntomas de la fiebre tifoidea, pero de carácter menos grave.

paratiroides adj. inv. Dícese de las glándulas de secreción interna situadas alrededor del tiroides, cuya principal función es regular el metabolismo del calcio (ú. t. c. s. f.).

parcela f. Superficie pequeña que resulta de la división de un terreno. || En el catastro, nombre de cada una de las tierras de distinto dueño que forman un pago o término. || Partícula, porción pequeña, átomo.

parcelable adj. Que puede parcelarse.

parcelación f. División en parcelas: *parcelación de tierras.*

parcelar v. t. Dividir un terreno en parcelas.

parcelario, ria adj. Relativo a las parcelas del catastro. || V. CONCENTRACIÓN PARCELARIA.

parchar v. t. Poner parche a alguna cosa.

parche m. Sustancia medicamentosa pegada a un lienzo que se aplica a la parte enferma. || Pedazo de tela, papel, etc., que se pega sobre una cosa para arreglarla. || Pedazo de goma para componer un neumático que se ha pinchado. || *Fig.* Piel del tambor o el mismo tambor. | Cosa añadida a otra y que desentona. | Retoque mal hecho en pintura. || *Fam. Pegar un parche a uno,* dejarle burlado o engañarle sacándole dinero.

parchís o **parchesí** m. Juego que se hace sobre un tablero dividido en cuatro casillas y varios espacios por donde han de pasar las fichas de los jugadores.

parcial adj. Relativo a una parte de un todo. || No completo: *eclipse parcial.* || Que procede o juzga con parcialidad, sin ecuanimidad: *autor parcial.* || Partidario, seguidor (ú. t. c. s.).

parcialidad f. Facción, bando. || Preferencia injusta, falta de ecuanimidad.

parcimonia f. Parsimonia.

parco, ca adj. Sobrio, frugal: *parco en el comer.* || Mezquino, roñoso. || Moderado: *parco en confidencias.* || Muy pequeño: *parca remuneración.*

pardal m. Nombre antiguo del *leopardo.* || Gorrión. | Pardillo.

¡pardiez! interj. ¡Por Dios!

pardillo, lla adj. y s. Campesino, paleto. || — M. Pájaro de color pardo rojizo, con el pecho y cabeza rojos, granívoro y de canto agradable.

pardo, da adj. De color moreno más o menos oscuro: *oso pardo.* || Dícese del cielo oscuro o nublado. || Aplícase a la voz que no tiene timbre claro. || *Amer.* Mulato.

pardusco, ca adj. De color que tira a pardo.

pareado m. Estrofa consonante compuesta por dos versos que riman entre sí.

parear v. t. Juntar dos cosas iguales. || Formar pares. || *Taurom.* Banderillear.

parecer m. Opinión, juicio, dictamen: *a nuestro parecer.* || Aspecto, facciones: *tener buen parecer.*

*****parecer** v. i. Aparecer, mostrarse: *pareció el Sol.* || Encontrarse lo que estaba perdido: *pareció el libro.* || Suscitar cierta opinión: *¿qué te parece esta novela?* || Tener cierta apariencia: *parece cansado.* || Convenir: *allá iremos si le parece.* || Existir cierta posibilidad: *parece que va a nevar.* || *Al parecer,* según lo que se puede ver o juzgar. || —

V. pr. Tener alguna semejanza: *se parece mucho a su madre; parecerse en el carácter.*

parecido, da adj. Algo semejante: *parecido a su padre.* || Que tiene cierto aspecto: *persona bien* (o *mal*) *parecida.* || — M. Semejanza, similitud: *tener parecido con uno, con una cosa.*

pared f. Obra de fábrica levantada a plomo para cerrar un espacio: *las paredes de una habitación.* || Superficie lateral de un cuerpo: *la pared de un vaso.* || — *Fig. y fam. Estar pegado a la pared,* estar sin un cuarto. | *Las paredes oyen,* hay que tener cuidado de que alguien oiga lo que se quiere mantener secreto. || *Pared maestra,* cada una de las que mantienen la techumbre. || *Pared por medio,* contiguo.

paredón m. Pared muy grande o muy gruesa. || Pared que queda en pie, en un edificio en ruinas. || *¡Al paredón!, ¡que lo fusilen!, ¡que lo maten!*

pareja f. Conjunto de dos personas o cosas semejantes: *una pareja de amigos.* || En particular, dos guardias. || Dos animales, macho y hembra: *una pareja de palomas.* || Dos cosas que siempre van juntas: *este guante no hace pareja con ningún otro.* || Compañera o compañera de baile. || Matrimonio o novios. || Compañero en el juego. || — Pl. En los dados o naipes, dos cartas o puntos iguales. || — *Correr parejas,* ser iguales dos cosas. || *Por parejas,* de dos en dos.

parejo, ja adj. Semejante. || Igual, regular. || Llano.

paremiología f. Tratado de refranes.

paremiólogo m. El que se dedica a la paremiología.

parénquima m. Tejido celular esponjoso que se encuentra en los vegetales lleno el espacio comprendido entre las partes fibrosas. || *Anat.* Tejido de los órganos glandulares.

parentela f. Conjunto de los parientes.

parentesco m. Vínculo y relación que existen entre los parientes. || Conjunto de los parientes o aliados. || *Fig.* Unión, vínculo, conexión. || *Parentesco espiritual,* el que une a los padrinos con sus ahijados y con los padres de éstos.

paréntesis m. *Gram.* Palabra o frase incidental que se intercala en el período formando sentido por sí sola. | Signo ortográfico ( ) en que suele encerrarse una oración o frase: *abrir paréntesis.* || *Fig.* Suspensión o interrupción. | Digresión. || *Entre paréntesis,* incidentalmente.

pareo m. Acción y efecto de parear. || Prenda de tela que se usa en Tahití y que cubre desde la cintura hasta las pantorrillas. || Bañador semejante.

pargo m. Pagro, pez.

parhelio m. Aparición simultánea de varias imágenes del Sol reflejadas en las nubes.

paria com. En la India, individuo que no pertenece a ninguna casta y está excluido de la sociedad. || *Por ext.* Hombre despreciado y rechazado por los demás.

parida adj. y s. Aplícase a la hembra que acaba de parir.

paridad f. Igualdad o semejanza. || Comparación de una cosa con otra por ejemplo o símil. || Relación existente entre una unidad monetaria y su equivalencia en peso de metal.

pariente, ta m. y f. Persona unida con otra por lazos de consanguinidad o afinidad. || — M. *Fam.* El marido. || — F. *Fam.* La mujer, respecto del marido.

parietal adj. y s. m. Aplícase a cada uno de los dos huesos situados en las partes medias o laterales del cráneo: *huesos parietales.*

parietaria f. Planta urticácea que suele crecer junto a las paredes.

parigual adj. Igual.

parihuelas f. pl. Angarillas, utensilio para transportar, entre dos, pesos o cargas, enfermos, etc.

parir v. i. y t. En las especies vivíparas, expeler la cría que ha concebido la hembra. || *Fig.* Salir a luz lo que estaba oculto. || — V. t. *Fig.* Producir una cosa.

parisién adj. y s. Galicismo por *parisiense.*

parisiense y **parisino, na** adj. y s. De París.

parisílabo, ba adj. De igual número de sílabas: *verso parisílabo.*

paritario, ria adj. Aplícase a los organismos compuestos de igual número de patronos y obreros: *comité paritario.*

parlamentar v. i. Conversar unos con otros. || Discutir para ajustar algo. || Negociar el vencido la rendición de una plaza o fuerza militar.

parlamentario, ria adj. Relativo al Parlamento. || *Régimen parlamentario,* régimen político en el que los ministros son responsables ante el Parlamento. || — M. Miembro de un Parlamento.

parlamentarismo m. Doctrina o sistema parlamentario.

parlamento m. En Francia, nombre de ciertas asambleas antiguas provistas de extensos poderes. (Hoy, reunión del Senado y de la Cámara de Diputados.) || En Inglaterra, la Cámara de los Lores y la de los Comunes. || *Por ext.* Nombre aplicado a las asambleas que ejercen el Poder legislativo. || Entre actores, relación larga en verso o prosa. || *Fam.* Charla.

parlanchín, ina adj. y s. *Fam.* Hablador.

parlante adj. Que parla o habla.

parlar v. i. Hablar.

parlería f. Verbosidad. || Chisme, habladuría.

parlotear v. i. *Fam.* Hablar mucho y de cosas sin interés.

parloteo m. Charloteo.

parmesano, na adj. y s. De Parma. || *Queso parmesano,* queso fabricado cerca de Parma con leche desnatada y azafrán.

parnasianismo m. Movimiento literario de los parnasianos.

parnasiano, na adj. Relativo al Parnaso. || Dícese en Francia de los poetas que, como Théophile Gautier, Leconte de Lisle, Baudelaire y José María de Heredia, reaccionaron desde 1850 contra el lirismo romántico y propugnaron "el arte por el arte", reflejado por la perfección de la forma (ú. t. c. s.).

parnaso m. *Fig.* Reino simbólico de los poetas. | La poesía.

paro m. Nombre genérico de varios pájaros, como el *herrerillo* y el *pájaro moscón*. || *Paro carbonero*, ave insectívora.

paro m. *Fam.* Suspensión en el trabajo. || Interrupción en un ejercicio o de una explotación industrial o agrícola por parte de los patronos, en contraposición a la huelga de operarios. || *Paro forzoso*, carencia de trabajo por causa ajena a la voluntad del obrero y del patrono. || *Paro laboral*, huelga.

parodia f. Imitación burlesca de una obra literaria o de cualquier otra cosa. || Representación teatral festiva y satírica en la que se ridiculiza algo serio.

parodiar v. t. Hacer una imitación burlesca.

paródico, ca adj. Relativo a la parodia.

parodista com. Autor o autora de parodias.

parónimo, ma adj. Aplícase a los vocablos que tienen entre sí semejanza por su etimología, su forma o su sonido, como *honda* y *onda* (ú. t. c. s. m.).

paronomasia f. Semejanza fonética entre vocablos que tienen todas las letras iguales, salvo alguna vocal, como *lago* o *lego*. || Conjunto de vocablos que tienen esta semejanza o parecido.

parótida f. Glándula salival situada debajo del oído y detrás de la mandíbula inferior.

parotiditis f. inv. Inflamación de la parótida, paperas.

paroxismo m. *Med.* Exacerbación o acceso violento de una enfermedad. || *Fig.* Exaltación extrema.

parpadear v. t. Abrir y cerrar los párpados muchas veces seguidas.

parpadeo m. Acción de parpadear. || *Fig.* Centelleo.

párpado m. Cada una de las membranas movibles que sirven para resguardar el ojo.

parque m. Lugar arbolado, de cierta extensión, para caza o para recreo. || Lugar en el que estacionan los vehículos transitoriamente. || *Mil.* Recinto donde se custodian cañones, municiones, automóviles, etc. || Cuadrilátero formado por una barandilla donde se ponen los niños muy pequeños.

parqué o **parquet** m. Entarimado hecho de trozos de madera con forma de figuras geométricas.

parqueadero m. *Chil., Col., Ecuad., Guat., Per.* y *Venez.* Lugar de estacionamiento.

parquear v. t. *Amer.* Estacionar.

parquedad f. Moderación en el uso de algo. || Parsimonia, ahorro.

parqueo m. *Amér. C., Bol., Chil., Col., Ecuad.* y *Per.* Acción y efecto de estacionar. || *Amér. C., Bol., Chil., Col., Ecuad.* y *Per.* Lugar de estacionamiento.

parquet m. (pal. fr.). Parqué.

parquímetro m. Máquina que regula el tiempo para el pago del estacionamiento.

parra f. Vid, viña trepadora. || *Fam. Subirse uno a la parra*, encolerizarse, enfadarse; ser exigente.

parrafada f. *Fam.* Conversación.

parrafear v. i. Hablar sin gran necesidad y confidencialmente.

párrafo m. Cada una de las divisiones de un capítulo o de cualquier escrito. || *Gram.* Signo ortográfico (§) con que se señalan estas divisiones. || *Fam.* Conversación corta: *echar un párrafo*.

parral m. Parra sostenida con un armazón.

parranda f. *Fam.* Jolgorio, juerga, jarana: *andar de parranda*. || Grupo de personas que salen por la noche tocando instrumentos músicos o cantando para divertirse.

parrandear v. i. Andar de parranda.

parrandeo m. Juerga.

parricida com. Persona que mata a su ascendiente, descendiente, cónyuge o a persona considerada como padre o pariente.

parricidio m. Acción criminal del parricida.

parrilla f. Rejilla de horno o fogón. || Sala de restaurante donde se asan carne o pescado delante de los consumidores. || Botija ancha de asiento y estrecha boca. || Útil de cocina de figura de rejilla que sirve para asar o tostar: *bistec a la parrilla* (ú. t. en pl.).

párroco m. Cura, sacerdote encargado de una feligresía. Ú. t. c. adj.: *cura párroco*.

parroquia f. Territorio que está bajo la jurisdicción espiritual de un cura párroco. || Conjunto de feligreses y clero de dicho territorio. || Su iglesia: *la parroquia madrileña de Atocha*. || Conjunto de los clientes de una persona, tienda o empresa: *la parroquia de una tienda, de un médico*.

parroquial adj. Relativo a la parroquia: *clero, iglesia parroquial*.

parroquiano, na m. y f. Cliente: *una tienda que tiene muchos parroquianos*.

parsec m. *Astr.* Unidad de distancia correspondiente a 3,26 años luz, o sea 30,84 billones de kilómetros.

parsimonia f. Moderación extrema en los gastos. || Circunspección, templanza.

parsimonioso, sa adj. Ahorrativo, cicatero.

parte f. Porción indeterminada de un todo: *una parte de la casa está todavía sin amueblar*. || Lo que toca a uno en el reparto de algo: *parte proporcional*. || Lugar: *vivir en la parte norte de México*. || Cada una de las divisiones de una obra: *la segunda parte del Quijote*. || Cada una de las personas que participan en un negocio o en un pleito: *las partes contratantes de un acuerdo; constituirse parte*. || Lado, partido: *ponerse de parte de los insurrectos*. || Papel representado por el actor en una obra dramática, y este mismo actor. || Rama de una familia: *primos por parte de madre*. || — Pl. Facción o partido. || *Anat.* Órganos de la generación. || *— De parte a parte*, de un lado al otro. || *De parte de*, en nombre de. || *Echar a buena, a mala parte*, interpretar con buen o mal sentido. || *En parte*, parcialmente. || *Ir a la parte con alguien*, estar asociado con él. || *Gram. Parte de la oración*, cada una de las palabras que tienen diferente oficio en la oración y son nueve: artículo, sustantivo, adjetivo, pronombre, verbo, adverbio, preposición, conjunción e interjección. || *Parte por parte*, sistemáticamente.

parte m. Escrito breve que se envía a una persona para informarla de algo. || Comunicación telefónica, telegráfica o radiofónica. || Informe o comunicado breve: *parte meteorológico*. || *— Dar parte*, comunicar, avisar, informar. || *Parte de boda*, tarjeta en la que se comunica un matrimonio. || *Parte de guerra*, boletín oficial sobre las operaciones militares en una jornada. || *Parte facultativo*, informe periódico sobre el estado de salud de un enfermo.

parteluz m. Columnita o mainel que divide en dos el hueco de una ventana.

partenogénesis f. Reproducción de la especie por medio de un óvulo no fecundado, como la de ciertos insectos y de algunos vegetales.

partenogenético, ca adj. Dícese de la reproducción por partenogénesis.

partenueces m. inv. Cascanueces.

partera f. Mujer que asiste a la parturienta.

partero m. Cirujano especializado en asistir a los partos.

parterre [*parter*] m. (pal. fr.). Cuadro de jardín adornado con flores y césped. || En teatros y cines, patio de butacas.

partición f. División. || Reparto. || *Mat.* División.

participación f. Acción de participar y su resultado. || Parte: *participación de boda*. || Aviso, notificación. || Sistema mediante el cual los empleados de una empresa son asociados a sus beneficios y eventualmente a su gestión.

participante adj. y s. Dícese del que participa en algo: *los participantes en un concurso*.

participar v. t. Dar parte, notificar, comunicar: *participar una buena noticia*. || — V. i. Intervenir: *participar en un trabajo*. || Compartir: *participar de la misma opinión*. || Recibir parte de algo: *participar de una herencia*. || Tener algunas de las características de algo: *el mulo participa del burro y del caballo*.

partícipe adj. y s. Que tiene parte o interés en una cosa.

participio m. Forma del verbo que se usa a veces como adjetivo y otras como verbo propiamente dicho.

— Hay dos clases de *participios*, el *activo* o de *presente*, y el *pasivo* o de *pretérito*. Los participios activos regulares acaban en *ante*, *ente* o *iente*. Los participios pasivos regulares de la primera conjugación terminan en *ado*, y en *ido* los de la segunda y tercera. Algunos verbos tienen un participio pasivo regular y otro irregular, como, por ejemplo, *freír (freído* y *frito).*

partícula f. Porción pequeña de algo. || *Fig.* Cada uno de los elementos que constituyen el átomo (electrón, protón, neutrón). || Parte invariable de la oración como los adverbios, sufijos, etc. || *Partícula alfa*, la emitida por los cuerpos radiactivos y que consta de dos protones y un neutrón.

particular m. Propio y privativo de una cosa, característico: *planta particular de un país.* || Especial, opuesto a general: *el interés particular.* || Especial, extraordinario: *tener una habilidad particular.* || Determinado: *en ciertos casos particulares.* || Privado, no público: *domicilio particular; correspondencia particular.* || Separado, distinto: *habitación particular.* || *En particular*, especialmente; separadamente. || — M. Individuo que no tiene ningún título especial. || Asunto, cuestión de que se trata: *no sé nada de este particular.*

particularidad f. Carácter particular. || Circunstancia particular.

particularismo m. Preferencia excesiva que se da al interés particular sobre el general. || Individualismo.

particularizar v. t. Expresar una cosa con todas sus circunstancias y detalles. || Caracterizar, dar carácter particular. || Referirse a un caso determinado. || — V. pr. Distinguirse, singularizarse en una cosa: *particularizarse por sus modos.*

partida f. Marcha, salida: *tuvimos que aplazar la partida.* || Asiento en los libros del registro civil o de las parroquias, o su copia certificada: *partida de nacimiento, de matrimonio, de defunción.* || Cada uno de los artículos o cantidades parciales que contiene una cuenta o presupuesto. || Cantidad de mercancía entregada de una vez: *una partida de papel.* || Expedición, excursión: *partida de caza.* || Guerrilla, bando, parcialidad: *partida carlista.* || Grupo de gente armada: *partida facciosa.* || Pandilla: *partida de niños.* || Mano de juego: *una partida de ajedrez.* || — *Fig. Mala partida*, mala jugada. || *Partida serrana*, jugarreta, vileza. || *Partida simple, doble*, métodos de contabilidad. || *Las Siete Partidas*, las leyes compiladas por Alfonso X el Sabio.

partidario, ria adj. y s. Adicto, que sigue o se muestra a favor de una partido, sistema, régimen, persona, etc.: *partidario de la República.* || — M. Guerrillero.

partidismo m. Inclinación y celo exagerados a favor de un partido, tendencia u opinión que puede conducir a la parcialidad.

partidista adj. Relativo a un partido político: *luchas partidistas.*

partido, da adj. Dividido. || Dícese del escudo dividido de arriba abajo en dos partes iguales. || — M. Parcialidad, grupo de personas unidas por la misma opinión o los mismos intereses: *un partido político.* || Provecho: *sacar partido.* || Amparo, apoyo, influencia. || Medio, proceder. || Resolución, decisión: *tomar el partido de marcharse.* || Equipo, conjunto de varios jugadores que juegan contra otros tantos: *el partido contrario.* || Prueba deportiva entre dos competidores o dos equipos: *un partido de pelota, de fútbol.* || Distrito de una administración o jurisdicción que tiene por cabeza un pueblo principal: *partido judicial.* || Novio, futuro marido: *un buen partido.*

partidor m. El que divide o reparte una cosa. || El que rompe algo: *partidor de leña.* || Instrumento para romper ciertas cosas: *partidor de nueces.* || *Mat.* Divisor.

partir v. t. Dividir en dos o más partes: *partir una manzana por la mitad; partir leña.* || Romper, cascar: *partir nueces.* || Repartir, fraccionar: *partir un pastel entre cuatro.* || *Mat.* Dividir. || — *Fig. Partir el corazón*, causar gran aflicción. || *Partir la diferencia*, dividir; transigir. || *Fig. Partir por el eje* (o por en medio o por la mitad) a uno, fastidiarle. || — V. i. Empezar a caminar, marcharse: *partir para la India.* || *Fig.* Asentar una cosa para deducir otra: *partiendo de este supuesto.* || Contar desde: *a partir de mañana.* || — V. pr. Irse, marcharse. || Romperse. || Dividirse. || — *Fam. Partirse de risa*, reír mucho. || *Partirse el pecho*, deshacerse por una persona o por conseguir algo.

partitivo, va adj. Que puede dividirse. || Dícese del nombre y del adjetivo numeral que expresan división de un todo en partes, como *mitad, medio, tercia, cuarta* (ú. t. c. s. m.).

partitura f. *Mús.* Texto completo de una obra.

parto m. Acción de parir, alumbramiento. || *Fig.* Obra del ingenio. || *Fig.* Es el parto de los montes, dícese cuando de se esperaba una cosa importante y sólo aparece una fútil.

parto, ta adj. De Partia. || — M. Individuo de un ant. pueblo escita, en el S. de Hircania, que creó en 250 a. de J. C. un poderoso imperio que duró hasta 226 de nuestra era, año en que se incorporó al Imperio persa de los Sasánidas.

parturienta adj. y s. f. Dícese de la mujer que está de parto o recién parida.

parva f. Mies tendida en la era para la trilla.

parvada f. *Méx.* y *Salv.* Bandada, conjunto de aves.

parvedad f. Pequeñez.

parvo, va adj. Pequeño.

párvulo, la adj. y s. Niño pequeño: *colegio de párvulos.*

pasa f. Uva secada al sol.

pasable adj. Galicismo por *pasadero, mediano, aceptable.*

pasacalle m. Marcha popular de compás muy vivo.

pasada f. Paso, acción de pasar de una parte a otra. || Cada aplicación de una operación a una cosa. || Congrua suficiente para mantenerse. || Sitio por donde se puede pasar. || — *De pasada*, de paso. || *Fam. Mala pasada*, mal comportamiento, jugarreta.

pasadero, ra adj. Transitable. || Mediano. || Medianamente bueno de salud. || Aguantable.

pasadizo m. Paso estrecho, pasillo. || Calle estrecha y corta.

pasado, da adj. Aplícase a la fruta y la carne estropeadas por ser ya viejas, al guisado demasiado cocido, etc. || Dícese del tiempo anterior: *el día, el mes, el año pasado.* || Anticuado. || Descolorido. || — M. Tiempo anterior al presente y cosas que sucedieron: *un pasado glorioso.*

pasador m. Barra pequeña de hierro que se corre para cerrar puertas, ventanas, etc. || Varilla de metal que sirve de eje para el movimiento de las bisagras. || Horquilla grande con la cual las mujeres se sujetan el pelo. || Sortija que se pone a ciertas corbatas. || Imperdible para colgar condecoraciones y medallas. || Colador. || Especie de punzón. || — Pl. Gemelos, botones de camisa.

pasaje m. Acción de pasar de una parte a otra. || Derecho que se paga por pasar en un paraje. || Sitio por donde se pasa. || Precio de un viaje marítimo o aéreo. || Totalidad de los viajeros que van en un mismo barco o avión. || Trozo o lugar de un escrito: *un pasaje emocionante.* || Paso entre dos calles: *el barcelonés pasaje del Reloj.* || *Mús.* Paso de un tono a otro. || *Amer.* Billete para un viaje.

pasajero, ra adj. Aplícase al sitio por donde pasa mucha gente: *calle pasajera.* || Que dura poco: *capricho pasajero.* || Que utiliza un medio de transporte, viajero (ú. t. c. s.). || *Ave pasajera*, ave de paso.

pasamanería f. Obra, oficio y taller del pasamanero.

pasamanero, ra m. y f. Persona que hace pasamanos o los vende.

pasamano m. Especie de galón o trencilla de oro, seda, etc., que se usa como adorno. || Barandilla: *el pasamano de una escalera.*

pasamontañas m. inv. Gorra que cubre el cuello y las orejas.

pasante adj. Que pasa. || — M. En los colegios, profesor auxiliar. || El que asiste a un abogado, profesor, etc., para adquirir práctica en la profesión.

pasantía f. Ejercicio de pasante. || Tiempo que dura este ejercicio, aprendizaje.

pasaportar v. t. Dar o expedir pasaporte. || *Fam.* Matar. | Despachar: *pa-*

saportar un trabajo, un expediente. | Expedir.

pasaporte m. Documento para pasar de un país a otro en que consta la identidad del que lo tiene. || Documento, con indicación de un itinerario, de que se provee a los militares. || *Fig.* Licencia franca o libertad de ejecutar una cosa.

pasapuré m. Utensilio usado para hacer puré con las patatas y otras verduras.

pasar v. t. Llevar, conducir, trasladar de un lugar a otro. || Atravesar, cruzar: *pasar un río.* || Enviar, transmitir: *pasar un recado.* || Introducir géneros prohibidos: *pasar contrabando.* || Poner en circulación: *pasar moneda falsa.* || Contagiar una enfermedad: *le he pasado mi gripe.* || Cerner, tamizar. || Colar un líquido. || Adelantar: *pasar un coche.* || Aprobar un examen (ú. t. c. i.). || Volver: *pasar las hojas de una revista.* || *Fig.* Rebasar, ir más allá: *pasar los límites.* | Superar, aventajar. | Padecer: *pasar angustias, frío.* | Ocupar el tiempo: *pasé la noche desvelado.* | Omitir, silenciar. || Tolerar, consentir: *no es bueno pasar tantas cosas a los hijos.* || Secar una cosa al sol. || *Taurom.* Dar pases de muleta. || — *Pasar en blanco* (o *en silencio* o *por alto*) *una cosa,* omitirla. || *Pasarlo bien,* divertirse. || *Pasarlo mal,* aburrirse; tener dificultades. || — V. i. Ir: *dígale que pase.* || Moverse una cosa de una parte a otra: *pasó el tren.* || Poder entrar: *este sobre no pasa por debajo de la puerta.* || Transcurrir: *el tiempo pasa muy rápido.* || Ocurrir, suceder: *¿qué pasó?* || Divulgarse, propagarse. || Cesar: *todo pasa.* || Morir: *pasar a mejor vida.* || Volverse: *el joven pasó de pronto a hombre.* || Dejar alguna actividad para comenzar otra: *ahora vamos a pasar al estudio del último punto.* || Ser considerado: *su hermano pasa por ser muy listo.* || Conformarse: *puedo pasar sin coche, pero no sin casa.* || Ser creído: *esta bola conmigo no pasa.* En algunos juegos, no jugar por no tener naipe o ficha conveniente. || — *Ir pasando,* vivir con estrechez. || *Pasar de largo,* atravesar por un sitio sin detenerse; no reparar en lo que se trata. || *Pasar de moda,* quedarse anticuado. || *Pasar por algo,* sufrirlo; tolerarlo. || *Pasar sin algo,* no necesitarlo. || — V. pr. Cambiar de partido: *pasarse al bando contrario.* || Olvidarse, borrarse de la memoria: *se me ha pasado lo que me dijiste.* || Ser visto: *a este niño no se le pasa nada.* || Acabarse. || Excederse uno: *pasarse de listo.* || Echarse a perder las frutas, carnes, etc. || Marchitarse las flores. || Filtrarse un líquido por los poros de una vasija. || Ir a un sitio por poco tiempo: *me pasaré por tu casa.*

pasarela f. Puente pequeño o provisional. || En los barcos, puentecillo ligero delante de la chimenea. || En los teatros, pequeña prolongación del escenario en forma más o menos circular

para mostrarse las artistas, especialmente las bailarinas.

pasatiempo m. Distracción, entretenimiento.

pascal m. Unidad de presión (símb., Pa).

pascola f. Danza ritual de los grupos indígenas del noroeste de México. || Máscara de madera con crines largas que se utiliza en esta danza.

pascua f. Fiesta más solemne de los hebreos para conmemorar su salida de Egipto. || Fiesta de la Iglesia católica, en memoria de la resurrección de Cristo. || Cualquiera de las fiestas de Navidad, de la Epifanía y de Pentecostés. || — Pl. Tiempo que media entre Navidad y los Reyes inclusive. || — *Dar las pascuas,* felicitar por Año Nuevo. || *De pascuas a Ramos,* de tarde en tarde. || *Fig. y fam.* Estar como unas pascuas, estar muy alegre. | *Hacer la pascua,* fastidiar. || *Pascua del Espíritu Santo,* Pentecostés. || *Pascua florida,* la de la Resurrección. || *Fam. Y santas pascuas,* se acabó, expresión con que se da a entender que no hay que discutir más del asunto.

pascual adj. Relativo a la Pascua: *fiestas pascuales.*

pase m. Permiso para que se use de un privilegio: *tener un pase para entrar todos los días en el museo.* || Salvoconducto: *pase de favor.* || *Esgr.* Finta. || *Taurom.* Cada uno de los lances en que el matador cita al toro con la muleta y le deja pasar. || Movimiento que hace con las manos el hipnotizador. || En ciertos deportes, envío del balón a un jugador. || Acción y efecto de pasar en el juego.

paseante adj. y s. Que pasea o se pasea. || *Fam. Paseante en corte,* ocioso.

pasear v. i. Andar a pie, en coche, etc., por diversión o para tomar el aire. Ú. t. c. pr.: *pasearse por el campo.* || — V. t. Llevar de una parte a otra, hacer pasear: *pasear a un niño.*

paseo m. Acción de pasear o pasearse: *dar un paseo.* || Sitio por donde suele pasearse la gente: *el paseo de la Castellana.* || Distancia corta. || — *Fig. Dar el paseo a uno,* ejecutarle. | *Mandar a paseo a uno,* despedirle con severidad o enfado.

pasiego, ga adj. y s. De Pas (Santander). || — F. *Fam.* Nodriza, ama de cría.

pasiflora f. *Bot.* Pasionaria.

pasifloráceo, a adj. y s. f. Dícese de ciertas plantas tropicales a las que pertenece la pasionaria. || — F. Pl. Familia que forman.

pasillo m. Corredor, pieza alargada por donde se pasa para ir a las distintas habitaciones de un edificio. || *Teatr.* Paso breve: *la representación de un pasillo.*

pasión f. Perturbación o efecto violento y desordenado del ánimo: *dominado por la pasión.* || Inclinación muy viva y su objeto: *su hija es su pasión.* || Afición vehemente y su objeto: *pasión por el canto; su pasión es la lectura.* || Prevención a favor o en contra de

una persona o cosa: *hay que juzgar sin pasión.* || *Relig.* En el Evangelio, relato de la condenación, agonía y muerte de Jesucristo: *La Pasión, según San Mateo.*

pasional adj. Relativo a la pasión, especialmente amorosa.

pasionaria f. Planta pasiflorácea, originaria del Brasil, así llamada por la semejanza que existe entre las distintas partes de la flor y los atributos de la Pasión de Jesucristo. || Granadilla.

pasividad f. Estado del que no reacciona de ninguna manera cuando es objeto de una acción.

pasivo, va adj. Aplícase al que es objeto de una acción: *sujeto pasivo.* || Que permanece inactivo y deja actuar a los demás. || Dícese del haber o pensión que se disfruta por jubilación, viudedad, etc. | *Com.* Importe total de las deudas y cargas de un comerciante (ú. t. c. s. m.). || — *Clases pasivas,* conjunto de las personas que disfrutan pensiones. || *Verbo pasivo,* el que expresa una acción sufrida por el sujeto.

pasmado, da adj. Estupefacto.

pasmar v. t. Enfriar mucho o bruscamente. || *Fig.* Asombrar mucho, dejar estupefacto: *tan descarada contestación le pasmó.* || — V. pr. Enfriarse mucho. | *Méx.* Lastimar la silla el lomo del caballo. | *Fig.* Quedarse asombrado o estupefacto. | Helarse las plantas. | Contraer el pasmo o tétanos.

pasmarote m. *Fam.* Bobo, tonto.

pasmo m. Efecto de un enfriamiento que se manifiesta por resfriado, dolor de huesos, etc. || *Med.* Tétanos. || *Fig.* Asombro, estupefacción muy grande.

pasmoso, sa adj. *Fig.* Asombroso, que causa pasmo.

paso m. Movimiento de cada uno de los pies para andar: *dar un paso adelante.* || Espacio recorrido al avanzar el pie. || Manera de andar: *avanzar con paso poco seguro.* || Movimiento regular con que camina una caballería: *paso de ambladura.* || Acción de pasar: *el paso del mar Rojo por los judíos.* || Lugar por donde se pasa: *paso protegido.* || Huella impresa al andar: *se veían pasos en la arena.* || Licencia para poder pasar sin estorbo: *dar (el) paso a uno.* || Acontecimiento notable. || Distancia entre dos filetes contiguos de un tornillo. || Situación difícil, apuro: *salir de un mal paso.* || Grupo escultórico que representa una escena de la Pasión de Jesucristo y se saca en procesión por la Semana Santa. || Puntada larga en costura. || Pieza corta dramática: *un paso de Lope de Rueda.* || Cada mudanza que se hace en el baile. || Conducta del hombre. || Gestión, trámite. || Progreso, adelanto: *las negociaciones han dado un paso adelante.* || Estrecho de mar: *el paso de Calais.* || Sitio por donde pasa la caza. | Peldaño. || *Amer.* Vado de un río. || — *A buen paso,* rápidamente. || *A cada paso,* continuamente. || *A dos pasos,* muy cerca. || *A ese paso,* de esta manera; andando con esta velocidad. || *Al paso,* al pasar, sin detenerse, pausadamente. || *Al paso que*, al tiempo que. || *Abrir paso*, abrir camino. || *Ceder el paso*, dejar pasar. || *De paso*, para poco tiempo: *estar sólo de paso en un sitio*; al tratar de otro asunto, incidentalmente. || *Mal paso*, dificultad, apuro. || *Marcar el paso*, figurarlo en su compás. || *Más que a paso*, muy de prisa. || *Paso a nivel*, sitio en que un ferrocarril cruza un camino o una carretera al mismo nivel que él. || *Paso a paso*, poco a poco. || *Paso castellano*, paso largo y sentado de una caballería. || *Mil. Paso de ataque o de carga*, el muy rápido. || *Paso de garganta*, inflexión de la voz, trino. || *Paso doble*, pasodoble. || *Paso en falso*, acción contraproducente. || *Paso largo*, el de 75 cm de largo (5,4 km por hora). || *Paso ligero*, el rápido de 83 cm de largo (9 km por hora). || *Paso redoblado*, el ordinario (4,7 km por hora). || *Fig. Por sus pasos contados*, por su orden natural. || *Salir al paso de*, adelantarse a, en: *salir al paso de las críticas*. || *Salir del paso*, librarse de un compromiso. || *Salirle a uno al paso*, ir a su encuentro; (fig.) adelantarle en una conversación o acción.

pasodoble m. Música de marcha de compás 4/4. || Baile de movimiento muy vivo.

paspadura f. *Arg., Bol., Parag.* y *Urug.* Grieta en la piel.

paspar v. pr. *Arg., Bol., Parag.* y *Urug.* Agrietarse la piel a causa del frío, el roce o la sequedad.

pasqueño, ña adj. y s. De Cerro de Pasco (Perú).

pasquín m. Cartel o escrito anónimo de contenido satírico o informativo. || Letrero anunciador. || Octavilla, cartel o escrito de propaganda, generalmente política, que se reparte clandestinamente.

pasta f. Masa hecha de una o diversas cosas machacadas: *pasta de anchoas; pasta de papel.* || Masa de harina y manteca o aceite, que se emplea para hacer pasteles, hojaldres, etc. || Cartón cubierto de tela o piel para encuadernar: *encuadernación en pasta.* || *Pop.* Dinero. || — Pl. Masa de harina de trigo y agua que se presenta en forma de fideos, tallarines, etc.: *pastas alimenticias.* || Galletas pequeñas, pastelillos: *tomar el té con pastas.* || *Media pasta*, encuadernación a la holandesa. || *Pasta de dientes*, dentífrico. || *Fam. Ser de buena pasta*, ser bondadoso.

pastaflora f. Masa muy delicada de harina, azúcar y huevo.

pastal m. *Amer.* Pastizal.

pastar v. t. Llevar el ganado al pasto. || — V. i. Pacer el ganado en el campo.

pastel m. Masa de harina y manteca en que se envuelve crema o dulce, fruta, carne o pescado, cociéndose después al horno: *pastel de almendras.* || Lápiz compuesto de una materia colorante amasada con agua de goma. || Dibujo hecho con este lápiz. || Trampa. || *Fig.* y *fam.* Convenio secreto. |

Lío. || *Impr.* Conjunto de líneas o planas desordenadas. || *Fam. Descubrir el pastel*, adivinar o revelar una cosa secreta u oculta.

pastelería f. Establecimiento en que se hacen o venden pasteles. || Arte de fabricar pasteles.

pastelero, ra m. y f. Persona que hace o vende pasteles.

pastelista m. Pintor al pastel.

pastense adj. y s. De Pasto (Colombia).

pasterización o **pasteurización** f. Operación que consiste en calentar entre 75° y 85° ciertas sustancias alimenticias (leche, cerveza), para destruir los microbios sin alterar el gusto.

pasterizar o **pasteurizar** v. t. Esterilizar los alimentos por pasterización.

pastiche m. (pal. fr.). Imitación servil.

pastilla f. Porción pequeña de pasta, generalmente cuadrada o redonda: *pastilla de jabón, de chocolate.* || Trozo pequeño de pasta compuesta de azúcar y alguna sustancia medicinal o meramente agradable: *pastilla de menta.*

pastizal m. Terreno abundante en pastos.

pasto m. Acción de pastar. || Hierba que pace el ganado. || Prado o campo en pasta. || *Fig.* Hecho, noticia u ocasión que sirve para fomentar algo: *ser pasto de la crítica.* | Alimento: *su pasto son las novelas.* | Enseñanza espiritual. || — *Fam. A todo pasto*, copiosamente; frecuentemente. || *Ser pasto de las llamas*, ser destruido por un incendio.

pastor, ra m. y f. Persona que guarda y apacienta el ganado. || — M. Prelado, sacerdote. || — *El Buen Pastor*, el Salvador. || *Pastor protestante*, sacerdote o ministro de esta Iglesia.

pastoral adj. Pastoril: *costumbres pastorales.* || De los prelados: *visita pastoral.* || Relativo a la poesía pastoril: *poema pastoral.* || *Carta pastoral*, comunicación de un obispo a su diócesis. || — F. Especie de drama bucólico.

pastorear v. t. Apacentar el ganado. || *Fig.* Cuidar los prelados de sus feligreses.

pastorela f. Música y canto a modo del que usan los pastores. || *Poét.* Especie de égloga o idilio.

pastoreo m. Acción de pastorear el ganado.

pastoría f. Oficio de los pastores. || Conjunto de pastores.

pastoril adj. Propio o característico de los pastores: *música, novela pastoril.*

pastosidad f. Calidad de pastoso o blando.

pastoso, sa adj. Blando, suave y suficientemente espeso: *sustancia pastosa.* || Dícese de la voz de timbre suave: *voz pastosa.* || Dícese de la boca o lengua secas.

pastuso, sa adj. y s. De Pasto (Colombia).

pastura f. Pasto.

pata f. Pie y pierna de los animales. || *Fam.* Pie o pierna del hombre. || Cada una de las piezas que sostienen un mueble. || Hembra del pato. || En las prendas de vestir, cartera, tira de paño. || — *Fam. A cuatro patas*, a gatas. || *A la pata coja*, modo de andar saltando en un solo pie y llevando el otro encogido. || *A la pata la llana*, con sencillez, sin afectación. || *Fam. A pata*, a pie; descalzo. || *Fig. y fam. Enseñar la pata*, enseñar la punta de la oreja. || *Estirar la pata*, morir. | *Meter la pata*, intervenir inoportunamente, cometer un desacierto. | *Pata de banco*, despropósito. | *Pata de cabra*, instrumento de zapatero. || *Pata de gallina*, enfermedad de los árboles. || *Pata de gallo*, planta graminea; tela de textura cruzada que forma cuadros de varios colores; arruga que se forma en el ángulo externo de cada ojo; despropósito. || *Fig. y fam. Patas arriba*, en desorden. | *Poner a uno de patas en la calle*, echarle. | *Tener mala pata*, tener mala suerte.

pataca f. Aguaturma y su fruto.

patada f. Golpe dado con la pata o con el pie. || *Fam.* Paso, gestión: *dar muchas patadas para lograr algo.* || — *Fig. A patadas*, con excesiva abundancia; muy mal, sin cuidado. | *Darse (de) patadas*, no ir o bien dos cosas juntas. | *En dos patadas*, muy rápidamente.

patagón, ona adj. y s. De Patagonia.

patagónico, ca adj. Relativo a la Patagonia o a los patagones.

patagua f. Árbol de Chile, de madera ligera usada en carpintería.

patajú m. *Amer.* Planta herbácea cuyas anchas hojas recogen el agua de lluvia.

patalear v. i. Agitar violentamente las piernas: *el niño pataleaba en la cuna.* || Dar patadas en el suelo por enfado o pesar.

pataleo m. Acción de patalear. || Ruido que se hace de esa manera. || *Fig. y fam. El derecho de pataleo*, el de quejarse y desahogarse.

pataleta f. *Fam.* Convulsión fingida, ataque de nervios exagerado: *le dio una pataleta.*

patán m. *Fam.* Campesino, rústico. | Hombre zafio y grosero.

patanería f. *Fam.* Zafiedad, rustiquez, ignorancia.

¡pataplún! interj. ¡Cataplún!

patata f. Planta solanácea cuyos tubérculos, carnosos y feculentos, son uno de los alimentos más útiles para el hombre. (Originaria de Chile y Perú, la patata, papa en América, fue introducida en España hacia 1534.) || Cada uno de esos tubérculos.

patatal y **patatar** m. Campo plantado de patatas.

patatero, ra adj. Relativo a la patata. || — M. y f. Vendedor de patatas. || — M. *Pop.* Oficial que antes fue soldado.

patatús m. *Fam.* Desmayo.

patay m. *Amer.* Pan de algarroba negra.

patear v. t. *Fam.* Dar golpes con los pies. || *Fig.* y fam. Tratar ruda y desconsideradamente. | Abuchear dando patadas. | Reprender. || — V. i. *Fam.* Dar patadas en señal de dolor, cólera, impaciencia. || *Fig.* y fam. Andar mucho para conseguir algo.

patena f. Platillo de oro o plata en el cual se pone la hostia.

patentado, da adj. Que tiene una patente.

patentar v. t. Conceder y expedir patentes: *patentar un invento.* || Obtener patentes.

patente adj. Manifiesto, evidente: *una injusticia patente.* || — F. Documento por el cual se confiere un derecho o privilegio. || Documento que acredita haberse satisfecho el impuesto para el ejercicio de algunas profesiones o industrias: *patente industrial, profesional.* || *Amér. M.* Matrícula de un vehículo. || — *Patente de corso,* autorización dada a un barco para hacer el corso contra el enemigo. || *Patente de invención,* certificado por el cual un gobierno da a un autor el derecho exclusivo de explotar industrialmente su invento. || *Mar. Patente de navegación,* certificado que se entrega al buque que sale de un puerto para acreditar su nacionalidad.

patentizar v. t. Hacer patente o manifiesta una cosa.

pateo m. Pataleo.

paterfamilias m. (pal. lat.). En la antigua Roma, el jefe de la familia.

paternal adj. Aplícase al afecto, cariño o solicitud propios de los padres: *amor paternal.* || Como de padre: *cuidados paternales.*

paternalismo m. Carácter paternal. || Doctrina social según la cual las relaciones entre el patrono y sus empleados deben ser parecidas a las que existen entre los miembros de una misma familia.

paternalista adj. Que tiene las características del paternalismo.

paternidad f. Calidad de padre: *los deberes de la paternidad.* || *Fig.* Creación: *la paternidad de un libro.* || Lazo jurídico que une al padre con sus hijos.

paterno, na adj. Del padre.

patético, ca adj. Que conmueve o impresiona mucho.

patetismo m. Cualidad de patético.

patiabierto, ta adj. *Fam.* De piernas muy abiertas y torcidas.

patibulario, ria adj. Que por su aspecto o condición produce horror o recelo, haciendo pensar en los criminales: *cara patibularia.* || Relativo al patíbulo o cadalso: *drama patibulario.*

patíbulo m. Tablado o lugar en que se ejecuta la pena de muerte.

paticojo, ja adj. y s. Cojo.

patidifuso, sa adj. *Fig.* y fam. Patitieso, boquiabierto.

patilla f. Porción de barba que se deja crecer delante de las orejas. || Mechón de pelo que las mujeres colocan en

ese mismo sitio. || Una de las dos varillas con que se afianzan las gafas detrás de la oreja.

patín m. Plancha de metal provista de una cuchilla que se adapta a la suela del zapato para deslizarse sobre el hielo (con ruedas permite patinar sobre pavimento duro). || Aparato con flotadores paralelos para deslizarse sobre el agua. || Parte del tren de aterrizaje de un avión. || Ave palmípeda marina. || Calzado de niños pequeños. || Juguete de niño que se compone de una plancha montada sobre dos ruedas y de un manillar.

pátina f. Especie de barniz verdoso que se forma en los objetos antiguos de bronce u otros metales. || Tono sentado y suave que toman con el tiempo las pinturas.

patinador, ra adj. y s. Que patina.

patinaje m. Acción de patinar.

patinar v. i. Deslizarse por el hielo o el suelo con patines. || Resbalar las ruedas de un vehículo. || Deslizarse intempestivamente un órgano mecánico. || — V. t. Dar pátina a un objeto.

patinazo m. Acción y efecto de patinar bruscamente la rueda de un coche. || *Fig.* y fam. Planchazo, desliz.

patineta f. Patín, juguete.

patinillo m. Patio pequeño.

patio m. Espacio descubierto en el interior de un edificio: *el patio de la escuela, de un cuartel.* || Piso bajo de teatro: *patio de butacas.*

patitieso, sa adj. Con las piernas tiesas o paralizadas. || *Fig.* Que anda muy erguido y tieso. || *Fig.* y fam. Pasmado, muy sorprendido.

patizambo, ba adj. y s. Aplícase al que tiene las piernas torcidas hacia fuera y muy juntas las rodillas.

pato m. Ave acuática palmípeda, de pico ancho en la punta y tarsos muy cortos, que puede ser domesticada. || — *Pop. Pagar el pato,* llevar un castigo injusto.

patochada f. *Fam.* Disparate.

patógeno, na adj. Dícese de lo que causa las enfermedades: *gérmenes patógenos.*

patojo, ja adj. Que tiene las piernas o pies torcidos. || — M. y f. *Col., Guat.* y *Hond.* Niño, muchacho.

patología f. Parte de la medicina que trata del estudio de las enfermedades. || *Patología vegetal,* parte de la botánica que trata de las enfermedades de las plantas.

patológico, ca adj. Relativo a la patología: *un caso patológico.*

patólogo, ga m. Especialista que se dedica a la patología.

patoso, sa adj. *Fam.* Rústico, que presume de gracioso sin serlo. | Cargante, latoso.

patota f. *Amér. M.* Pandilla de personas violentas. || *Fam. Arg., Chil., Per., Urug.* y *Venez.* Grupo de amigos. || *Amér. M. En patota,* en grupo.

patotear v. t. *Arg., Parag.* y *Urug.* Adoptar una actitud agresiva y provocativa.

patotero, ra adj. y s. *Arg., Bol., Chil., Parag., Per., Urug.* y *Venez.* Que es propio o pertenece a la patota.

patraña f. *Fam.* Embuste.

patria f. País en que se ha nacido: *defender su patria.* || — *Madre patria,* país de origen. || *Patria celestial,* el cielo o gloria. || *Patria chica,* pueblo o ciudad de nacimiento.

patriarca m. En el Antiguo Testamento, nombre de los primeros jefes de familia. || *Fig.* Anciano respetable. || Título de dignidad de algunos prelados sin ejercicio ni jurisdicción: *el patriarca de las Indias.* || Título de ciertos obispos y de los jefes de la Iglesia griega. || Nombre que se da a los fundadores de algunas órdenes religiosas.

patriarcado m. Dignidad de patriarca y territorio de su jurisdicción. || Organización social caracterizada por la supremacía del padre sobre los otros miembros de la tribu.

patriarcal adj. Relativo al patriarca: *iglesia patriarcal.* || *Fig.* Ejercido con sencillez y benevolencia: *gobierno, autoridad patriarcal.* || — F. Iglesia del patriarca. || Patriarcado.

patriciado m. Dignidad o condición de patricio. || En Roma, conjunto o clase de los patricios.

patricio, cia adj. y s. En Roma, descendiente de los primeros senadores instituidos por Rómulo. || Noble. || — Adj. Relativo a los patricios: *dignidad, clase patricia.* || — M. Individuo que descuella por sus virtudes o talento.

patrimonial adj. Relativo al patrimonio: *bienes patrimoniales.*

patrimonio m. Hacienda que se hereda del padre o de la madre: *patrimonio familiar.* || *Fig.* Bienes propios adquiridos por cualquier motivo. || Lo que es privativo de un grupo de gente: *la vitalidad es el patrimonio de la juventud.* || *Patrimonio nacional,* totalidad de los bienes de una nación.

patrio, tria adj. Relativo a la patria: *el territorio patrio; independencia patria.* || Perteneciente al padre. || *Patria potestad,* autoridad de los padres sobre los hijos menores no emancipados.

patriota adj. y s. Que tiene amor a su patria y procura su bien.

patriotería f. *Fam.* Alarde propio del patriotero.

patriotero, ra adj. y s. *Fam.* Que presume de modo excesivo e inoportuno de patriotismo.

patriótico, ca adj. Relativo al patriota o a la patria.

patriotismo m. Amor a la patria: *de acendrado patriotismo.*

patrística f. Ciencia que tiene por objeto el conocimiento de la doctrina, obras y vidas de los Padres de la Iglesia.

patrístico, ca adj. Relativo a la patrística: *estudio patrístico.*

patrocinador, ra adj. y s. Que patrocina.

patrocinar v. t. Defender, proteger, amparar, favorecer: *patrocinar una empresa, una candidatura.*

patrocinio m. Amparo, protección, auxilio.

patrón, ona m. y f. Dueño de una casa de huéspedes. || Santo titular de una iglesia. || Protector escogido por un pueblo o cofradía. || — M. Jefe de un barco mercante o de pesca. || Modelo: *el patrón de un vestido.* || Planta en la que se hace el injerto. || Metal adoptado como tipo de moneda: *el patrón oro.* || *Fig.* Cortado con el mismo patrón, muy parecido.

patronal adj. Relativo al patrono o al patronato: *sindicatos patronales* (ú. t. c. s. f.).

patronato m. Derecho, poder o facultad que tiene el patrono o patronos. || Corporación que forman los patronos. || Fundación de una obra pía: *patronato parroquial.*

patronazgo m. Patrocinio.

patronímico, ca adj. Entre los griegos y romanos, decíase del nombre derivado del perteneciente al padre o a otro antecesor. || Aplícase al apellido que se daba a los hijos, sacado del nombre de sus padres, como *González de Gonzalo, López de Lope,* etc. || — M. Nombre común a todos los descendientes de una raza, como *merovingio, carolingio,* etc.

patrono, na m. y f. Persona que tiene empleados trabajando por su cuenta. || Santo titular de una iglesia o pueblo. || Patrón, protector de una iglesia o corporación.

patrulla f. *Mil.* Partida de soldados, en corto número, que ronda para mantener el orden y seguridad en las plazas y campamentos. || Escuadrilla de buques o aviones de vigilancia. || *Amer.* Auto que emplea la policía para realizar labores de vigilancia. || *Fig.* Grupo o cuadrilla de personas.

patrullar v. i. Rondar una patrulla. || Hacer servicio de patrulla.

patrullero, ra adj. Que patrulla. || Aplícase al buque o avión destinado a patrullar (ú. t. c. s. m.). || — M. *Arg., Bol., Cub., Ecuad., Nicar.* y *Urug.* Auto que emplea la policía para realizar labores de vigilancia. || *Col., C. Rica, Méx., Salv., Urug.* y *Venez.* Agente de la policía que realiza sus labores en auto.

paují o **paujil** m. Ave del Perú, especie de pavo silvestre, de carne parecida a la del faisán.

paulatino, na adj. Que procede u obra progresivamente.

paulista adj. y s. De São Paulo.

pauperismo m. Fenómeno social caracterizado por la gran pobreza de un país o población. || Existencia de gran número de pobres en un país.

pauperización f. Empobrecimiento de una población o de una clase social.

paupérrimo, ma adj. Muy pobre, escaso de recursos.

pausa f. Breve interrupción. || Tardanza, lentitud. || *Mús.* Breve intervalo en

que se deja de cantar o tocar. | Signo que lo indica.

pausado, da adj. Hecho con lentitud: *ser pausado en el hablar.*

pauta f. Cada una de las rayas trazadas en el papel en que se escribe o se hace la notación musical o conjunto de ellas. || Regla para rayar el papel en que aprenden los niños a escribir. || *Fig.* Lo que sirve de regla o norma para hacer una cosa. | Dechado, modelo.

pautar v. t. Rayar papel con la pauta. | *Fig.* Dar reglas para la ejecución de algo.

pava f. Hembra del pavo. || *Fig.* y *fam.* Mujer sosa y desgarbada. || *Fig. Pelar la pava,* conversar de noche los chicos con las chicas por la reja o balcón.

pava f. Fuelle grande usado en ciertos hornos metalúrgicos. || *Fam.* Colilla. || *Arg.* Tetera que se emplea para el mate. || *Arg., Chil.* y *Parag.* Recipiente de metal con pico que se usa para calentar y servir el agua. || *Chil.* Orinal.

pavada f. Manada de pavos. || *Fig.* y *fam.* Sosería.

pavana f. Danza española antigua de sociedad, lenta y grave. || Su música. || Especie de esclavina.

pavear v. i. *Arg., Chil.* y *Urug.* Decir o hacer pavadas.

pavero, ra adj. *Fig.* Presumido, vanidoso. || — M. y f. Persona que cría o vende pavos. || — M. *Pop.* Sombrero andaluz de ala ancha.

pavesa f. Partícula que se desprende de un cuerpo en combustión.

pavimentación f. Acción de pavimentar. || Pavimento, revestimiento del suelo.

pavimentar v. t. Revestir el suelo con baldosas, adoquines, cemento u otros materiales: *aún no han pavimentado la calle.*

pavimento m. Firme de las carreteras.

pavipollo m. Pollo del pavo. || *Fam.* Que carece de gracia, bobo.

pavo m. Ave gallinácea oriunda de América, de plumaje negro verdoso, cabeza desnuda cubierta de carúnculas rojas y cresta eréctil. || *Fig.* y *fam.* Hombre necio e ingenuo. || — *Fam.* Comer pavo, en un baile, quedarse sin bailar una mujer. || *Pavo real,* gallinácea oriunda de Asia, cuyo macho posee una hermosa cola de plumas verdes oceladas que extiende en círculo para hacer la rueda. || *Fam. Subírsele a uno el pavo,* ruborizarse.

pavón m. Pavo real. || Mariposa. || *Tecn.* Color azul con que se cubren objetos de hierro o acero para protegerlos contra la oxidación.

pavonado, da adj. De color azulado oscuro. || — M. *Tecn.* Pavón.

pavonar v. t. Dar pavón a los objetos de hierro o acero.

pavonear v. i. Hacer ostentación, presumir, vanagloriarse (ú. m. c. pr.). || *Fig.* Engañar.

pavoneo m. Ostentación.

pavor m. Temor muy grande.

pavoroso, sa adj. Que da pavor.

paya f. *Arg.* y *Chil.* Composición poética dialogada que improvisan los payadores.

payacate m. *Méx.* Paliacate.

payada f. *Amer.* Canto del payador. | Justa poética y musical de dos payadores.

payador m. *Arg.* y *Chil.* Gaucho que canta acompañándose con la guitarra.

payaguaes m. pl. Indios aborígenes del Paraguay, establecidos en Asunción.

payanar v. t. *Méx.* Ablandar algo, quebrar el maíz.

payanés, esa adj. y s. Popayanense.

payar v. i. *Arg.* y *Chil.* Cantar payadas.

payasada f. Bufonada, farsa.

payasear v. i. Hacer payasadas.

payaso m. Artista que hace de gracioso en las ferias o circos. || *Fig.* Persona poco seria.

payo, ya adj. y s. Aldeano, campesino ignorante y rudo. || *Pop.* Tonto, mentecato. || Para los gitanos aplícase a cualquier persona que no es de su raza.

paz f. Situación de un país que no sostiene guerra con ningún otro. || Unión, concordia entre los miembros de un grupo o de una familia: *vivir en paz con sus vecinos.* || Convenio o tratado que pone fin a una guerra: *firmar la paz.* || Sosiego, tranquilidad: *la paz de un monasterio.* || Descanso: *dejar dormir en paz.* || Reconciliación. Ú. t. en pl.: *hacer las paces los reñidos.* || Sosiego o tranquilidad del alma: *tener la conciencia en paz.* || Reliquia que besan los fieles. || *Dar paz,* dar tranquilidad. || *Dejar en paz,* no inquietar ni molestar. | *Fig. Descansar en paz,* estar muerto. | *Estar en paz,* no deberse nada.

pazguatería f. Tontería, simpleza, candidez.

pazguato, ta adj. y s. Simple, bobo, mentecato.

pazo m. En Galicia, casa solariega y especialmente la edificada en el campo.

pazote m. Planta americana quenopodiácea cuyas hojas y flores se toman en infusión.

Pb, símbolo químico del *plomo.*

¡pche! o **¡pchs!** interj. Denota indiferencia o reserva.

Pd, símbolo químico del *paladio.*

pe f. Nombre de la letra *p.* || *Fig. De pe a pa,* desde el principio hasta el final.

peaje m. Derecho de tránsito que se paga en ciertas autopistas, carreteras o puentes.

peana f. Plataforma o zócalo para colocar encima una estatua u otra cosa. || Tarima delante del altar, arrimada a él.

peatón m. El que camina a pie, transeúnte. || Cartero, valijero o correo de a pie.

pebeta f. *Arg.* y *Urug.* Muchacha, chica joven.

pebete m. Pasta hecha con polvos aromáticos que se quema para perfumar las habitaciones. || Varita de materia combustible para encender los fuegos artificiales, cohetes, etc. || *Arg.* y *Urug.* Niño.

pebetero m. Perfumador, recipiente donde se queman perfumes.

pebre com. Salsa de vinagre con pimienta, ajo, perejil. || Pimienta.

peca f. Mancha de color pardo en el cutis, particularmente en el rostro.

pecado m. Hecho, dicho, deseo, pensamiento u omisión contra la ley divina: *pecado venial, mortal.* || Defecto en una cosa. || — *Pecado contra natura* o *nefando,* sodomía o cualquier otro acto contrario a la generación. || *Pecado original,* el de Adán y Eva transmitido a todos los hombres.

pecador, ra adj. y s. Que peca o puede pecar. || — F. *Fam.* Prostituta, ramera.

pecaminoso, sa adj. Relativo al pecado o al pecador: *pensamiento pecaminoso; vida pecaminosa.*

pecar v. i. Incurrir en pecado. || Cometer una falta. || Dejarse llevar de una afición o pasión: *pecar de goloso, de severo.* || Exponerse a un castigo por tener en grado elevado una defecto o incluso una cualidad. || *Pecar de confiado,* ser demasiado confiado.

pecarí o **pécari** m. *Amer.* Saíno, especie de cerdo.

pecblenda f. Óxido natural de uranio, el más importante y rico de los minerales de uranio (del 40 al 90%), del que también se extrae el radio.

peccata minuta expr. fam. Error, falta poco grave.

pecera f. Recipiente de cristal lleno de agua donde se tienen peces vivos, sobre todo los de colores.

pechar v. t. Pagar pecho o tributo. || — V. i. *Fam.* Asumir una carga: *él pechó con el trabajo.*

pechblenda f. Pecblenda.

pechera f. Parte de la camisa que cubre el pecho. || Chorrera de camisa. || Petral de las caballerías de tiro. || *Fam.* Pecho de la mujer.

pechina f. Venera, concha. || *Arq.* Triángulo curvilíneo que forma el anillo de la cúpula con los arcos torales.

pechirrojo m. Pardillo, pájaro.

pecho m. Parte interna y externa del cuerpo humano que se extiende desde el cuello hasta el vientre. || Parte anterior del tronco de los cuadrúpedos entre el cuello y las patas anteriores. || Cada una de las mamas de la mujer: *dar el pecho al hijo.* || Repecho, cuesta. || *Fig.* Corazón. | Valor, ánimo: *hombre de mucho pecho.* | Calidad o duración de la voz: *voz de pecho; dar el do de pecho.* || — *Abrir su pecho a alguien,* sincerarse con él, descubrirle algún secreto propio. | *A lo hecho, pecho,* hay que arrostrar las consecuencias de una acción y no pensar más en ella. || *A pecho descubierto,* indefenso. || *Dar el pecho,* dar de mamar; (fig.) afrontar un peligro. || *Fig. De pecho,* recién nacido o niño que mama. | *Echarse* o *tomarse algo a pecho,* tomarlo con gran interés; ofenderse por ello. || *Fam.*

Entre pecho y espalda, en el estómago. || *Pecho amarillo, pecho colorado,* etc., nombre de diversos pájaros. || *Fig. Pecho arriba,* cuesta arriba. || *Tomar el pecho,* mamar el niño.

pecho m. Tributo que pagaban al señor sus vasallos plebeyos.

pechuga f. Pecho de las aves: *comer pechuga de pollo.* || *Fig.* y *fam.* Pecho del hombre o de la mujer.

pechugón, ona adj. *Fam.* Que tiene mucho pecho.

pecíolo o **peciolo** m. Rabillo de la hoja.

pécora f. Res de ganado lanar. || *Fig.* y *fam. Mala pécora,* mujer astuta y mala.

pecoso, sa adj. Que tiene pecas.

pectina f. *Quím.* Sustancia gelatinosa que se encuentra en el zumo de muchos frutos maduros.

pectoral adj. Relativo al pecho: *cavidad pectoral.* || Bueno para el pecho. Ú. t. c. s. m.: *tomar un pectoral.* || — M. Adorno suspendido o fijado en el pecho. | Cruz que llevan sobre el pecho los obispos y prelados. || Ornamento sagrado que llevaba en el pecho el sumo sacerdote judío.

pectosa f. *Quím.* Sustancia sacada de los frutos antes de su maduración.

pecuario, ria adj. Relativo al ganado.

peculado m. Hurto de caudales públicos cometido por el que los administra.

peculiar adj. Propio o privativo de cada persona o cosa.

peculiaridad f. Condición de peculiar.

peculio m. Bienes que el padre dejaba al hijo para su uso. || *Fig.* Dinero particular de cada uno.

pecuniario, ria adj. Relativo al dinero: *el aspecto pecuniario de un asunto.* || Que consiste en dinero: *pena pecuniaria.*

pedagogía f. Ciencia de la educación. || Arte de enseñar o educar a los niños. || Método de enseñanza.

pedagógico, ca adj. Relativo a la pedagogía: *método pedagógico.*

pedagogo m. Ayo. || Maestro de escuela. || Educador.

pedal m. Palanca que se mueve con el pie: *los pedales de la bicicleta, del piano, del arpa.* || Cada uno de los juegos del órgano, que se mueven con el pie.

pedalear v. i. Accionar los pedales.

pedaleo m. Acción de pedalear.

pedáneo adj. Aplícase al alcalde o juez de limitada jurisdicción.

pedanía f. *Amer.* Distrito.

pedante adj. y s. Aplícase a la persona que hace alarde de sus conocimientos.

pedantear v. i. Hacerse el pedante. || Hacer alarde de erudición.

pedantería f. Afectación propia del pedante.

pedantesco, ca adj. Relativo a los pedantes o a su estilo.

pedantismo m. Pedantería.

pedazo m. Parte o porción de una cosa separada del todo. || — *A pedazos,* por partes. || *Fig.* y *fam. Caerse a pedazos,* andar de manera muy desgabada; estar muy cansado físicamente. | *Comprar una cosa por un pedazo de pan,* comprarla muy barato.

pederasta m. El que comete pederastia.

pederastia f. Abuso deshonesto con un niño. || Sodomía.

pedernal m. Variedad de cuarzo de color amarillento, que da chispas al ser golpeado con el eslabón. || *Fig.* Cosa muy dura.

pedestal m. Cuerpo compuesto de base y cornisa que sostiene una columna, estatua, etc. || *Fig.* Lo que permite encumbrarse, apoyo: *le sirvió de pedestal para entrar en la vida política de su país.*

pedestre adj. Que anda a pie. || Dícese del deporte que consiste en andar o correr: *carrera pedestre.* || *Fig.* Llano, sin relieve. | Vulgar, ramplón, sin valor: *sus versos no pueden ser más pedestres.*

pedestrismo m. Deporte de las carreras a pie.

pediatra m. Médico especialista de las enfermedades infantiles.

pediatría f. Parte de la medicina relativa a las enfermedades infantiles.

pedicurista m. *Méx.* y *Salv.* Pedicuro, callista.

pedicuro, ra m. y f. Callista.

pedido m. *Com.* Encargo de géneros hecho a un fabricante o vendedor: *hacer un pedido.* || Petición.

pedidor, ra adj. y s. Dícese de la persona que pide.

pedigrí o **pedigree** m. (pal. ingl.). Genealogía de un animal. || Documento en que consta.

pedigüeño, ña adj. Que pide con frecuencia e importunidad.

pedimento m. Petición, demanda. || *For.* Documento que se presenta ante un juez o tribunal reclamando una cosa.

pedinche adj. y s. *Méx.* Pedigüeño.

*****pedir** v. t. Rogar a uno que dé o haga una cosa: *pedir protección.* || Por antonomasia, pedir limosna. || Exigir: *pedir reparación, justicia.* || Encargar: *pedir un café.* || Solicitar uno su derecho ante el juez: *pedir en justicia.* || Requerir: *las plantas piden agua.* || Fijar precio a una mercancía al que la vende: *este sastre pide muy caro.* || Rogar a los padres de una mujer para que la concedan en matrimonio: *pedir la mano.* || — *Fig.* y *fam. A pedir de boca,* a medida del deseo. | *Pedir la Luna* o *pedir peras al olmo* o *pedir cosas imposibles de conseguir.* || *Venir a pedir de boca,* ser una cosa la mejor o lo más oportuna que se podía esperar.

pedo m. Ventosidad que se expulsa por el ano.

pedorrera f. *Fam.* Abundancia de ventosidades expelidas por el ano.

pedrada f. Acción de arrojar una piedra. || Golpe dado con ella y herida producida: *recibió una pedrada en la cabeza.* || *Fig.* Cosa que se dice con intención de molestar. || *Fig.* y *fam.* Caer como pedrada en ojo de boticario, venir una cosa muy oportunamente.

pedrea f. Acción de apedrear. || Lucha a pedradas. || Granizo. || *Fig.* y *fam.* Conjunto de los premios de muy poco valor en la lotería.

pedregal m. Lugar pedregoso.

pedregoso, sa adj. Lleno de piedras.

pedregullo m. Conjunto de piedras menudas.

pedrera f. Cantera, lugar de donde se sacan las piedras.

pedrería f. Conjunto de piedras preciosas.

pedrisca f. Granizo.

pedrisco m. Granizo grueso que cae en abundancia. || Pedrea, piedras arrojadas en abundancia. || Multitud de piedras sueltas.

pedrojuancaballerense adj. y s. De Pedro Juan Caballero (Paraguay).

pedrusco m. *Fam.* Piedra tosca.

pedunculado, da adj. Que tiene pedúnculo.

pedúnculo m. Pezón, rabillo en las plantas.

peer v. i. *Pop.* Echar pedos, ventosear (ú. t. c. pr.).

pega f. Pegadura. || Baño que se da con la pez a las vasijas, odres, pellejos, etc. || *Fam.* Chasco, engaño: *dar una pega.* | Zurra: *le dio una pega de patatas.* | Pregunta difícil en los exámenes: *poner una pega a un alumno.* | Dificultad: *no me vengas con pegas.* || Urraca, ave. || Rémora, pez. || *Pop.* De pega, falso, fingido, para engañar.

pegada f. En deportes, manera de pegar a la pelota.

pegadizo, za adj. Que se pega fácilmente. || Pegajoso. || *Fig.* Cargante, parásito. | Contagioso: *risa pegadiza.* | Que se retiene fácilmente: *música pegadiza.*

pegado m. Parche, emplasto. || Lo que se pega de un guisado.

pegado, da adj. *Fig.* y *fam.* Sin saber qué decir o qué hacer. | Ignorante: *estar pegado en matemáticas.*

pegador m. El que en las minas y canteras pega fuerte a las mechas de los barrenos. || Boxeador que tiene buena pegada.

pegadura f. Acción de pegar. || Unión de las cosas que se han pegado.

pegajosidad f. Viscosidad.

pegajoso, sa adj. Que se pega con facilidad. || Viscoso: *manos pegajosas.* || Contagioso: *enfermedad pegajosa; vicio pegajoso.* || *Fig.* y *fam.* Meloso, empalagoso. | Cargante, pesado: *amigo pegajoso.*

pegamento m. Producto para pegar.

pegamiento m. Pegadura, encoladura.

pegar v. t. Adherir, unir dos cosas con cola o producto semejante: *pegar un sello, un sobre.* || Atar, coser: *pegar un botón.* | Fijar, unir una cosa con otra (ú. t. c. pr.). || *Fig.* Comunicar, contagiar: *pegar la escarlatina* (ú. t. c. pr.). | Golpear: *pegar a un niño* (ú. t. c. pr.). | Dar: *pegar un bofetón, un puntapié, un tiro, un salto, un susto.* | Lanzar, dar: *pegar un grito.* | Arrimar, acercar mucho: *pegar el piano a la pared* (ú. t. c. pr.). || *Fam.* Hacer sufrir: ¡*menudo rollo nos ha pegado!* || — *Fig.* No pegar ojo, no dormir. | Pegar fuego, prender, incendiar algo. || — V. i. Sentar o ir bien: *dos colores que pegan uno con otro.* || Venir a propósito, caer bien. || Estar una cosa contigua a otra. || Dar: *aquí el sol pega muy fuerte.* || — V. pr. Unirse con alguna sustancia glutinosa. || Quemarse y adherirse los guisos a las vasijas en que se cuecen: *pegarse el arroz.* || *Fig.* Entrometerse. | Aficionarse mucho a una cosa. | Ser pesado. || — *Fig.* y *fam. Pegársela a uno,* engañarle. | *Pegársele a uno las sábanas,* dormir hasta muy entrada la mañana. | *Pegarse una buena vida,* llevar una vida muy agradable, pasarlo muy bien. || *Fig. Pegarse un tiro,* suicidarse.

pegaso m. Pez del océano Índico, de aletas pectorales muy desarrolladas y en forma de alas.

pegote m. Emplasto. || *Fig.* y *fam.* Guiso apelmazado por haber sido mal preparado. | Parásito, gorrón. | Cosa que no va con otra a la cual ha sido añadida.

peguntoso, sa adj. Pegajoso.

pehuén m. *Arg.* y *Chil.* Araucaria.

peinado, da adj. *Fam.* Dícese del hombre que se adorna con esmero mujeril. || *Fig.* Aplícase al estilo muy retocado. || — M. Arreglo del pelo: *un peinado complicado.* | Acción de peinar los textiles.

peinador, ra m. y f. Persona que peina: *voy a la peinadora.* || — M. Prenda que usan las mujeres para protegerse los hombros cuando se peinan. || Prenda parecida empleada por los hombres al peinarse o afeitarse. || — F. Máquina para peinar la lana.

peinar v. t. Desenredar o componer el cabello (ú. t. c. pr.). || Desenredar o limpiar la lana. || Rozar ligeramente. || *Fig.* y *fam. Peinar canas,* ser ya viejo.

peinazo m. Travesaño horizontal en las puertas y ventanas.

peine m. Utensilio de concha, plástico, hueso, etc., con púas para desenredar, limpiar o componer el cabello. || Carda para la lana. || Pieza del telar por cuyas púas pasan los hilos de la urdimbre. || *Fig.* y *fam.* Persona astuta: ¡*menudo peine eres!* || Enrejado de poleas situado en el telar de los escenarios de teatro en el que se cuelgan las decoraciones.

peineta f. Peine de adorno, alto y encorvado, que usan las mujeres.

peinilla f. *Col., Ecuad., Pan.* y *Urug.* Peine. || *Col., Ecuad., Pan.* y *Venez.* Machete corto.

pejelagarto m. Pez de agua dulce que vive en los ríos de la vertiente del Golfo de México.

pejerrey m. Pez marino del orden de los acantopterigios. || Pez de agua dulce de la Argentina, cuya carne es muy apreciada.

pejesapo m. Pez marino acantopterigio, comestible, de cabeza muy grande.

pejiguera f. *Fam.* Cosa molesta, engorrosa.

pekinés, esa adj. y s. Pequinés.

peladez f. *Méx.* Hecho o dicho propio de un pelado.

peladilla f. Almendra confitada.

pelado, da adj. Que se ha quedado sin pelo: *hombre de cabeza pelada.* || Que no tiene piel: *fruta pelada.* || Que no tiene carne: *hueso pelado.* || *Fig.* Descubierto, desnudo de vegetación: *monte, campo, peñasco pelado.* | Escueto: *discurso pelado.* || Aplícase al número que tiene decenas, centenas o millares justos: *el veinte pelado.* || *Fam. Estar pelado,* estar sin dinero. || — M. Corte de pelo. || Operación que consiste en pelar las frutas industriales. || *Arg., Bol., Cub., Ecuad.* y *Urug.* Calvo. || *Hond., Méx.* y *Salv.* Grosero, mal educado, persona de clase social baja.

peladura f. Acción de pelar frutas o descortezar árboles. || Mondadura: *peladuras de patatas.*

pelafustán m. *Fam.* Perezoso.

pelagatos m. inv. *Fig.* y *fam.* Hombre sin posición social ni económica.

pelágico, ca adj. Relativo al mar. || Dícese de los animales y plantas que viven en alta mar pero no a grandes profundidades.

pelagra f. Enfermedad grave, producida por carencia de vitaminas y caracterizada por lesiones cutáneas y trastornos digestivos y nerviosos.

pelaje m. Pelo de un animal. || *Fig.* y *fam.* Trazas, aspecto, apariencia: *persona de mal pelaje.* || Índole, categoría.

pelambre m. Porción de pieles que se apelambran. || Mezcla de agua y cal con que se apelambran las pieles. || Conjunto de pelo en todo o parte del cuerpo. || Alopecia. (En el uso corriente esta palabra se emplea frecuentemente en género femenino.)

pelambrera f. Sitio donde se apelambran las pieles. || Porción de pelo o vello espeso y crecido. || Cabellera: *tener una pelambrera abundante.* || Alopecia.

pelanas m. inv. *Fam.* Persona de muy poca importancia.

pelandusca f. *Pop.* Prostituta.

pelar v. t. Cortar o quitar el pelo. || Mondar una fruta: *pelar una manzana.* || Desplumar: *pelar un ave.* || Quitar la concha de los mariscos. || *Fig.* y *fam.* Ganar a otro todo el dinero en el juego: *pelarle el sueldo.* || Quitar a uno sus bienes con engaño o violencia: *dejarle pelado.* || Criticar, despellejar a uno. | Quitar parte de la piel el sol o una enfermedad. Ú. t. c. pr.: *no hay que tomar demasiado sol para no pelarse.* || — *Fig.* y *fam. Duro de pelar,* difícil de hacer o de convencer. | *Pelar la pava,*

427

V. PAVA. | *Un frío que pela*, mucho frío. || — V. pr. *Fam*. Hacerse cortar el pelo. || *Amer*. Confundirse. || — *Fam*. *Pelárselas*, correr mucho. | *Pelárselas por una cosa*, hacer todo lo posible para conseguirla.

pelásgico, ca adj. Relativo a los pelasgos. || *Lenguas pelásgicas*, grupo de idiomas indoeuropeos.

pelasgo, ga adj. y s. Aplícase a un pueblo de oscuro origen que se estableció en Asia Menor, Grecia e Italia.

peldaño m. Cada uno de los travesaños o escalones de una escalera.

pelea f. Combate, batalla, contienda. || Riña de animales: *una pelea de gallos*.

peleador, ra adj. Que pelea. || Aficionado a pelear.

pelear v. i. Batallar, combatir, contender. || Reñir de palabra. || *Fig*. Combatir entre sí u oponerse unas cosas a otras. || Luchar para vencer las pasiones y apetitos: *pelear por conseguir una cosa*. || — V. pr. Reñir dos o más personas: *pelearse a puñetazos*. || *Fig*. Desavenirse, enemistarse: *pelearse dos amigos*.

pelechar v. i. Echar o mudar el pelo o plumas los animales. || *Fig*. Empezar a recobrar la salud: *ya va el enfermo pelechando*.

pelele m. Muñeco de paja y trapos que se mantea en carnaval. || *Fig*. y *fam*. Persona sin carácter que se deja manejar por otra: *ser un pelele en las manos de otro*. || Traje de punto de una pieza que llevan los niños para dormir.

peleón, ona adj. Aficionado a pelear. || *Vino peleón*, el ordinario y barato.

peleonero, ra adj. y s. *Col*., *Méx*. y *Salv*. Pendenciero.

pelerina f. Especie de esclavina. || *Méx*. Capa militar de gala.

peletería f. Oficio y tienda del peletero. || Arte de preparar las pieles. || Conjunto de pieles finas.

peletero m. El que tiene por oficio trabajar en pieles finas o venderlas.

peliagudo, da adj. Dícese del animal de pelo largo y delgado. || *Fig*. y *fam*. Muy difícil, arduo, intrincado: *asunto peliagudo*.

pelícano o **pelicano** m. Ave acuática palmípeda, de pico muy largo y ancho que lleva en la mandíbula inferior una membrana a modo de bolsa donde deposita los peces de que se alimenta. || Instrumento para sacar muelas.

pelicano, na adj. Canoso.

pelicorto, ta adj. De pelo corto.

película f. Piel muy delgada y delicada. || Hollejo de la uva. || Cinta delgada de acetato de celulosa, revestida de una emulsión sensible de gelatinobromuro de plata que se emplea en fotografía y cinematografía. || Cinta cinematográfica: *película sonora*. || — *Fam*. *De película*, extraordinario, sensacional. || *Película del Oeste*, la que cuenta las aventuras de los pioneros en los Estados Unidos en el siglo XIX.

peliculero m. *Fam*. Hombre del cine. | Aficionado al cine. | Cuentista, mentiroso.

peligrar v. i. Estar en peligro.

peligro m. Riesgo inminente de que suceda algún mal. || *Correr peligro*, estar expuesto a él.

peligrosidad f. Condición de lo que es peligroso.

peligroso, sa adj. Que ofrece peligro: *viaje peligroso*. || *Fig*. Arriesgado, poco seguro: *empresa peligrosa*.

pelilargo, ga adj. De pelo muy largo.

pelillo m. *Fig*. y *fam*. Motivo muy leve de disgusto. || — *Fam*. *Echar pelillos a la mar*, reconciliarse. | *No tener pelillos en la lengua*, hablar sin rodeos. | *Pararse en pelillos*, resentirse por cosas muy leves o insignificantes.

pelinegro, gra adj. De pelo negro.

pelirrojo, ja adj. De pelo rojo.

pella f. Masa que se une y aprieta, regularmente en forma redonda: *pella de mantequilla*. || Conjunto de los tallitos de la coliflor y otras plantas semejantes antes de florecer. || Manteca de cerdo, tal como se saca del animal. || — *Fig*. y *fam*. *Hacer pella*, hacer novillos, no asistir a clase. | *Tener una pella de dinero*, tener mucho dinero.

pellada f. Porción de yeso o cal que cabe en la llana del albañil.

pelleja f. Piel de un animal. || *Fam*. Ramera. | *Fig*. y *fam*. *Salvar la pelleja*, salvar la vida.

pellejero, ra m. y f. Persona que tiene por oficio adobar o vender pieles.

pellejo m. Piel. || Odre: *un pellejo de aceite*. || *Fig*. y *fam*. Persona borracha. | *Vida*: *jugarse, salvar el pellejo*.

pellín m. *Arg*. y *Chil*. Haya de madera muy dura. || *Fig*. *Chil*. Persona o cosa muy fuerte.

pelliza f. Prenda de abrigo hecha o forrada de pieles finas.

pellizcar v. t. Apretar la piel con los dedos. || Tomar una pequeña cantidad de una cosa: *pellizcar uvas, un pastel*.

pellizco m. Acción de pellizcar y señal en la piel que resulta de ello. || Porción pequeña que se coge de una cosa. || *Fig*. Pena fugaz por aguda: *pellizco en el corazón*. || *Pellizco de monja*, el dado con las uñas y retorciéndolo.

pelma y **pelmazo** adj. y s. m. *Fig*. y *fam*. Dícese de una persona muy pesada.

pelo m. Filamento cilíndrico, sutil, de naturaleza córnea, que nace y crece en diversos puntos de la piel del hombre y de los animales. || Filamento parecido que crece en los vegetales: *pelos del maíz*. || Conjunto de estos filamentos. || Cabello: *cortarse el pelo*. || Plumón de las aves. || Hebra delgada de seda, lana, etc. || Color de la piel de los caballos. || Defecto en un diamante o en una pieza. || *Fig*. Cosa de muy poca importancia. || — *A contra pelo*, en dirección contraria a la del pelo. || *Fig*. *Agarrarse a un pelo*, aprovechar la más

mínima oportunidad para conseguir lo que se quiere. || *Al pelo*, según el lado del pelo en las telas; (fig.) muy bien; muy oportunamente. || *Fig*. y *fam*. *A medios pelos*, medio borracho. || *A pelo*, sin aparejo ni silla; sin sombrero. || *Fig*. *Con pelos y señales*, con muchos detalles. | *Dar para el pelo*, pegar una buena paliza. | *De medio pelo*, poco fino, de poca categoría. | *Echar pelos a la mar*, olvidar. | *Estar hasta los pelos o hasta la punta de los pelos*, estar harto. | *Hombre de pelo en pecho*, el muy valiente. | *Lucirle el pelo*, estar uno gordo y saludable. | *No tener pelo de tonto*, no ser nada tonto. | *No tener pelos en la lengua*, decir sin rodeos lo que uno piensa. | *No verle el pelo a uno*, no verlo. | *Pelo de la dehesa*, tosquedad que queda de lo que uno era anteriormente. | *Ponérsele a uno los pelos de punta*, sentir mucho miedo. | *Por los pelos*, por muy poco. | *Tomar el pelo a uno*, burlarse de él. | *Un pelo*, muy poco: faltó un pelo para que se cayera.

pelón, ona adj. y s. Calvo o con poco pelo en la cabeza. || Con el pelo cortado al rape.

pelota f. Bola hecha con distintos materiales, generalmente elástica y redonda, que sirve para jugar. || Juego que se hace con ella. || *Fam*. Balón. || Bola de cualquier materia blanda: *hacer una pelota con un papel*. || *Pop*. Cabeza. || — *Fam*. *En pelota*, desnudo. || *Pelota vasca*, juego originario del país vasco, en que el jugador (*pelotari*) lanza una pelota contra una pared (*frontón*) con la mano, con una raqueta (*pala*) o con una cesta especial (*chistera*).

pelotari m. Jugador de pelota vasca.

pelotear v. t. Repasar las partidas de una cuenta. || — V. i. Jugar a la pelota por diversión o entrenamiento sin hacer partido: *los dos jugadores de tenis peloteaban*. || *Fig*. Reñir, disputar.

peloteo m. En el tenis, acción de jugar a la pelota sin hacer partido. || *Fig*. Intercambio: *peloteo de notas diplomáticas*.

pelotera f. *Fam*. Pelea: *armar una pelotera*.

pelotero adj. m. Dícese del escarabajo que hace bolas de estiércol: *escarabajo pelotero*. || — M. *Amér. C.*, *Antill., Col., Ecuad., Méx.* y *Venez.* Jugador de pelota, especialmente de béisbol.

pelotilla f. *Pop*. Adulación.

pelotilleo m. *Pop*. Adulación.

pelotillero m. *Pop*. Adulón.

pelotón m. Conjunto de pelos o hilos enmarañados. || *Mil*. Grupo pequeño de soldados. || *Fig*. Aglomeración de personas. || Grupo de participantes en una carrera. || *Pelotón de ejecución*, grupo de soldados encargados de ejecutar a un condenado.

pelotudo, da adj. y s. *Fam*. *Arg.*, *Bol.*, *Chil.*, *Parag.*, *Per.* y *Urug.* Estúpido, imbécil.

peluca f. Cabellera postiza.

peluche m. Felpa.

pelucón, na adj. y s. *Chil.* Aplícase a los miembros del Partido Conservador en el s. XIX.

peludo, da adj. Que tiene mucho pelo. || — M. *Arg., Chil., Per.* y *Urug.* Especie de armadillo. || *Fam. Arg.* y *Urug.* Borrachera.

peluquear v. t. *Méx.* Cortar el pelo.

peluquería f. Tienda u oficio del peluquero.

peluquero, ra m. y f. Persona que tiene por oficio cortar o arreglar el pelo, hacer pelucas, etc. || Dueño de una peluquería.

peluquín m. Peluca pequeña.

pelusa f. Vello muy fino de las plantas. || Pelo menudo que se desprende de las telas. || *Pop.* Envidia, celos.

pelusilla f. Vellosilla, planta. || *Fam.* Celos, envidia.

pelvi adj. y s. m. Dícese de una lengua derivada del antiguo persa.

pelviano, na adj. Relativo a la pelvis: *cavidad pelviana.*

pelvis f. Cavidad del cuerpo humano en la parte inferior del tronco, determinada por los dos coxales, el sacro y el cóccix.

pena f. Castigo impuesto por un delito o falta: *pena correccional.* || Pesadumbre, tristeza, aflicción: *la muerte de su amigo le dio mucha pena.* || Dificultad, trabajo: *lo ha hecho con mucha pena.* || Lástima, pena que *no hayas podido venir.* || Cinta que llevaban al cuello las mujeres como adorno. || Pluma mayor del ave. || *Mar.* Extremo superior de la antena. || *Amer.* Timidez. || — *A duras penas,* con mucha dificultad. || *No valer* (o *merecer) la pena,* no merecer una cosa el trabajo que cuesta. || *Fig. Pasar la pena negra,* pasar muchas dificultades. || *Pena capital,* la de muerte. || *Pena del talión,* la que era idéntica a la ofensa. || *Sin pena ni gloria,* medianamente.

penacho m. Grupo de plumas que tienen en la parte superior de la cabeza ciertas aves. || Adorno de plumas de un casco, morrión, etc. || *Fig.* Cosa en forma de plumas: *penacho de humo, de vapor.* || *Fig.* y *fam.* Vanidad, orgullo.

penado, da adj. Penoso. || Dícese de una vasija antigua muy estrecha de boca. || — M. y f. Delincuente condenado a una pena.

penal adj. Relativo a la pena o que la incluye: *derecho, código penal.* || — M. Lugar en que los penados cumplen condenas mayores que las del arresto: *penal de Ocaña.*

penalidad f. Trabajo, dificultad: *sufrir penalidades.* || *For.* Sanción impuesta por la ley penal, las ordenanzas, etc. || En deportes, penalización.

penalista m. y f. Especialista en Derecho penal. || Abogado en asuntos que implican delito.

penalización f. Sanción. || En deportes, desventaja que sufre un jugador por haber cometido falta.

penalizar v. t. Infligir penalización.

penalty m. (pal. ingl.). En el fútbol, sanción contra un equipo que ha cometido una falta dentro del área de gol.

penar v. t. Infligir una pena a uno: *penar a un delincuente.* || — V. i. Padecer, sufrir. || Sufrir las almas del Purgatorio. || *Fig. Penar uno por una cosa,* desearla con ansia.

penates m. pl. Dioses domésticos de los etruscos y romanos. || *Fig.* Hogar: *volver a los penates.*

penca f. Hoja carnosa de algunas plantas: *penca de nopal.* || Parte carnosa de ciertas hojas: *penca de la hoja de berza.* || Tira de cuero con que se castigaba a los delincuentes. || *Amer.* Racimo de plátanos. || *Arg.* Chumbera.

penco m. *Fam.* Jamelgo.

pendejo m. Pelo que nace en el pubis y en las ingles. || *Fam.* Hombre cobarde o pusilánime. || *Méx.* Insulto despectivo.

pendencia f. Contienda, disputa, pelea: *armar una pendencia.*

pendenciar v. i. Reñir.

pendenciero, ra adj. y s. Aficionado a pendencias.

pender v. i. Colgar: *las peras penden de las ramas.* || Depender: *esto pende de tu decisión.* || *Fig.* Estar por resolverse un pleito o negocio o asunto.

pendiente adj. Que cuelga. || *Fig.* Que está sin resolver: *problemas pendientes.* || Que depende de algo: *estoy pendiente de sus decisiones.* || *Méx.* Preocupación, aprensión. || *Fig.* Estar *pendiente de los labios de alguien,* prestar suma atención a lo que dice. || — M. Arete para adornar las orejas, la nariz, etc. || *Min.* Cara superior de un criadero. || — F. Cuesta o declive de un terreno. || Inclinación de un tejado. || *Fig.* Inclinación, tendencia, propensión: *estar en la pendiente del vicio.*

péndola f. Péndulo de los relojes. || Madero de la armadura del tejado que va de la solera a la lima tesa. || Cada una de las varillas verticales que sostienen el piso de un puente colgante u otra obra parecida. || *Poét.* y *fam.* Pluma de escribir.

pendolista com. Persona que escribe con buena letra, calígrafo. || *Fig.* Chupatintas.

pendón m. Insignia militar que consistía en una bandera más larga que ancha. || Bandera, estandarte pequeño. || Estandarte de una iglesia o cofradía, usado en las procesiones. || Vástago que sale del tronco principal del árbol. || *Fig.* y *fam.* Persona muy alta, desaseada y de mal aspecto. || Mujer de mala vida, ramera.

pendonear v. i. *Fam.* Vagabundear, callejear.

pendular adj. Del péndulo o relativo a él: *movimiento pendular.*

péndulo, la adj. Pendiente, colgante. || — M. Cuerpo pesado que oscila por la acción de la gravedad alrededor de un punto fijo del cual está suspendido por un hilo o varilla.

pene m. Miembro viril.

peneque adj. *Fam.* Borracho. || *Méx.* Tortilla guisada rellena de queso.

penetrabilidad f. Calidad de lo penetrable.

penetrable adj. Que se puede penetrar. || *Fig.* Que puede comprenderse, adivinarse.

penetración f. Acción de penetrar. || *Fig.* Perspicacia, sagacidad, clarividencia.

penetrador, ra adj. *Fig.* Agudo, perspicaz, sagaz.

penetrante adj. Que penetra: *bala penetrante.* || *Fig.* Profundo, agudo: *inteligencia penetrante.* || Hablando de un sonido, agudo: *voz penetrante.* || Que ve muy bien: *ojos penetrantes.*

penetrar v. t. *Fig.* Causar un dolor profundo: *su quejido me penetra el alma* (ú. t. c. i.). || Llegar a comprender o adivinar. || Llegar más a fondo en el conocimiento de una cuestión: *penetrar una cuestión difícil* (ú. t. c. i.). || — V. i. Entrar en un sitio con cierta dificultad: *penetrar en la selva tropical.* || Llegar una cosa a entrar dentro de otra: *hacer penetrar un clavo en un madero; la humedad ha penetrado en la casa* (ú. t. c. t.). || — V. pr. Adivinarse mutuamente las intenciones. || Darse perfecta cuenta: *penetrarse del sentido de un texto.*

penicilina f. *Med.* Sustancia extraída de los cultivos del moho *Penicillium notatum,* cuyas propiedades antibióticas fueron descubiertas en 1929 por Fleming.

penicillium m. Moho verde que se desarrolla en los quesos, frutos agrios y en otros medios nutritivos, una de cuyas especies es el *Penicillium notatum* que produce la penicilina.

penillanura f. Meseta que resulta de la erosión de una región montañosa.

península f. Tierra rodeada de agua excepto por una parte que comunica con otra tierra de extensión mayor: *la península Ibérica, del Labrador, de Yucatán,* etc.

peninsular adj. Relativo a una península. || Natural o habitante de una península (ú. t. c. s.). || *Amer.* Español.

penique m. *Amer.* Antigua moneda inglesa, duodécima parte del chelín. (A partir de 1971, el *penique* representaba la centésima parte de una libra esterlina en vez de la doscientas cuarentava parte.)

penitencia f. Sacramento en el cual, por la absolución del sacerdote, se perdonan los pecados. || Pena impuesta por el confesor al penitente: *dar la penitencia.* || Castigo público que imponía la Inquisición. || Mortificaciones que se impone uno a sí mismo: *hacer penitencia.* || Arrepentimiento por haber ofendido a Dios. || *Fig.* Castigo.

penitenciar v. t. Imponer una penitencia.

penitenciaría f. Tribunal eclesiástico de la curia romana. || Dignidad, oficio o cargo de penitenciario. || *Penal,* prisión correccional.

penitenciario, ria adj. Encargado de confesar en una iglesia (ú. t. c. s. m.). || Relativo a las cárceles: *establecimiento penitenciario*. || — M. Cardenal presidente del tribunal de la penitenciaría en Roma: *penitenciario mayor*.

penitente adj. Relativo a la penitencia. || Que hace penitencia (ú. t. c. s.). || — M. y f. Persona que se confiesa. || En las procesiones, persona que viste cierta túnica en señal de penitencia.

penonomeño, ña adj. y s. De Penonomé.

penoso, sa adj. Trabajoso, difícil: *tarea penosa*. || Que causa pena: *una impresión penosa*. || Triste, afligido: *viudo penoso*.

penquisto, ta adj. y s. De Concepción (Chile).

pensado, da adj. Con el adverbio *mal*, que tiene tendencia a interpretar en mal sentido las palabras o acciones ajenas.

pensador adj. Que piensa. || Que reflexiona o medita con intensidad. | — M. Hombre dedicado a estudiar y meditar profundamente sobre problemas trascendentales. || *Libre pensador*, librepensador, libre de toda creencia religiosa.

pensamiento m. Facultad de pensar. || Cosa que se piensa: *nunca se pueden conocer los pensamientos ajenos*. || Idea. || Sentencia, máxima: *los "Pensamientos" de Pascal*. || Mente: *una idea extraña la vino al pensamiento*. || Intención: *tenía el pensamiento de salir esta tarde*. || *Fig*. Sospecha, recelo. || *Bot*. Trinitaria.

pensante adj. Que piensa.

*pensar v. t. e i. Formar conceptos en la mente: *pienso, luego existo*. || Reflexionar: *piensa bien este problema*. || Imaginar: *con sólo pensarlo me entra miedo*. || Tener intención, proyectar: *pienso marcharme para América*. || Creer, juzgar: *pienso que mejor sería no hacerlo*. || Recordar: *pensar en los ausentes; no pensó en avisarnos*.

pensativo, va adj. Absorto, reflexivo, meditabundo.

pensilvano, na adj. y s. De Pensilvania.

pensión f. Cantidad anual o mensual asignada a uno por servicios prestados anteriormente: *pensión civil, militar*. || Dinero percibido por una renta impuesta sobre una finca. || Cantidad que se da a una persona para que realice estudios. || Casa de huéspedes. || Cantidad que se paga por albergarse en ella. || *Fig*. Gravamen. || *Media pensión*, en un hotel, régimen del cliente que paga la habitación, el desayuno y una sola comida; en un colegio, régimen del alumno que come al mediodía.

pensionado, da adj. y s. Que goza de una pensión: *pensionado del Estado*. || — M. Colegio de alumnos internos.

pensionar v. t. Conceder una pensión: *pensionar a un estudiante*. || Imponer una pensión o un gravamen: *pensionar una hacienda*.

pensionista com. Persona que goza de una pensión. || Persona que paga pensión en un colegio, casa de huéspedes, etc. || *Medio pensionista*, alumno que paga media pensión.

pentadáctilo adj. Que tiene cinco dedos en la mano o en el pie.

pentaedro m. *Geom*. Sólido de cinco caras.

pentagonal adj. *Geom*. Pentágono.

pentágono, na adj. *Geom*. Dícese del polígono de cinco ángulos y cinco lados (ú. t. c. s. m.).

pentagrama o **pentágrama** m. Rayado de cinco líneas paralelas en las cuales se escribe la música.

pentámero, ra adj. Dícese de un insecto cuyo tarso se divide en cinco partes (ú. t. c. s. m.). || Aplícase a los seres u órganos de simetría radiada en cinco partes o elementos: *la flor de la prímula es pentámera*.

pentámetro m. Verso de cinco pies en la poesía griega y latina. Ú. t. c. adj.: *verso pentámetro*.

pentano m. *Quím*. Hidrocarburo saturado.

pentápolis f. (Ant.) Reunión de cinco ciudades con su territorio.

pentarquía f. Gobierno de cinco personas.

pentasílabo, ba adj. De cinco sílabas: *versos pentasílabos*.

pentatlón m. Conjunto de cinco ejercicios atléticos que son actualmente: 200 y·1 500 m lisos, salto de longitud y lanzamientos del disco y jabalina.

Pentecostés m. Fiesta de los judíos que conmemora el día en que entregó Dios a Moisés las Tablas de la Ley en el monte Sinaí. || Fiesta celebrada por la Iglesia católica en memoria de la venida del Espíritu Santo cincuenta días después de la Pascua de Resurrección (entre el 10 de mayo y el 13 de junio).

pentedecágono m. Polígono de quince ángulos y quince lados.

pentodo m. *Fís*. Válvula electrónica de cinco electrodos. •

pentotal m. Hipnótico barbitúrico que impide al paciente darse cuenta de lo que dice.

penúltimo, ma adj. y s. Inmediatamente anterior a lo último.

penumbra f. Falta de luz sin llegar a la completa oscuridad.

penumbroso, sa adj. Sombrío.

penuria f. Escasez.

peña f. Roca. || Monte o cerro peñascoso. || Grupo, círculo, reunión: *una peña literaria de café*.

peñascal m. Lugar donde abundan los peñascos.

peñasco m. Peña grande. || Múrice, molusco del cual se saca la púrpura. || Porción del hueso temporal que encierra el oído interno.

peñascoso, sa adj. Cubierto de peñascos: *monte peñascoso*.

péñola f. Pluma de ave utilizada para escribir.

peñón m. Peña grande: *el peñón de Ifach*. || Monte peñascoso.

peón m. *Mil*. Soldado de a pie. || Jornalero que ayuda al oficial: *peón de albañil*. || En el ajedrez y en las damas, cada una de las piezas de menos valor. || Árbol de la noria, eje de una máquina, etc. || Colmena. || Peatón. || Peonza, trompo. || *Amer*. El que trabaja en una hacienda bajo las órdenes de un capataz. || — *Peón caminero*, el encargado del cuidado de las carreteras. || *Peón de brega*, torero que ayuda al matador.

peonada f. Trabajo que hace un peón en un día. || Jornal del peón. || *Amer*. Conjunto de peones.

peonaje m. Conjunto de peones.

peonería f. Lo que labra un peón en un día.

peonía f. *Bot*. Saltaojos. || *Amer*. Planta leguminosa medicinal.

peonza f. Juguete de madera de forma cónica, con una púa de hierro que se hace girar con una cuerda, trompo. || *Fig*. y *fam*. Persona pequeña que se agita mucho: *ser una peonza*.

peor adj. Más malo: *le tocó el peor pedazo*. || — Adv. Más mal: *cada día escribe peor*. || *Peor que peor* o *tanto peor*, peor todavía.

pepena f. *Méx*. Acción de pepenar.

pepenador, ra m. y f. *Méx*. Persona que recoge desperdicios.

pepenar v. t. *Méx*. Recoger. || *Amer*. En las minas, separar el metal del cascajo.

pepinar m. Plantío de pepinos.

pepinazo m. *Fam*. Explosión de un proyectil. | En fútbol, chut, tiro muy fuerte.

pepinillo m. Pepino pequeño que se conserva en vinagre y se come como condimento.

pepino m. Planta cucurbitácea, de fruto comestible cilíndrico y alargado. || *Fam*. Obús. || — *Fig*. y *fam*. *No importar un pepino*, no tener ninguna importancia.

pepita f. Simiente de algunas frutas: *pepitas de melón, de pera, de tomate*. || Tumorcillo que se forma en la lengua de las gallinas. || *Min*. Trozo rodado de metal nativo, particularmente de oro. || *Amer*. Almendra de cacao.

pepito m. Pequeño bocadillo de carne. || *Amer*. Lechuguino, pisaverde.

pepitoria f. Guisado de carne de pollo o gallina con salsa a base de yema de huevo. || *Fam*. Conjunto de cosas mezcladas con poco orden.

peplo m. En Grecia y Roma túnica de mujer sin mangas, abrochada en el hombro.

pepona f. Muñeca de cartón.

pepsina f. Una de las diastasas del jugo gástrico.

péptico, ca adj. Relativo a la digestión o que ayuda a ella.

peptona f. Sustancia producida por la transformación de los albuminoides mediante la acción de la pepsina del jugo gástrico.

pequeñez f. Calidad de pequeño. || Infancia, corta edad. || *Fig.* Bajeza, mezquindad. | Cosa insignificante: *no pararse en pequeñeces.*

pequeño, ña adj. De tamaño reducido: *un piso pequeño.* || De corta edad. Ú. t. c. s. m.: *estar en la clase de los pequeños.* || *Fig.* De poca importancia: *una pequeña molestia.* | Bajo, mezquino. || *Fig. Dejar pequeño a uno,* superarle.

pequinés, esa adj. y s. De Pequín. || — M. Perrito de pelo largo y hocico chato.

per cápita, expresión que se aplica a lo que corresponde a cada persona: *renta per cápita.*

pera f. Fruto del peral, comestible. || *Fig.* Pequeña barba en punta que se deja crecer en la barbilla. | Empleo lucrativo y descansado. || Objeto de forma parecida a este fruto, como ciertos interruptores eléctricos, el dispositivo adaptado a los pulverizadores, etc. || *Fig. y fam. Pedir peras al olmo,* pedir a uno cosas que no puede dar. | *Ponerle a uno las peras a cuarto,* reprenderle.

peral m. Árbol rosáceo cuyo fruto es la pera.

peraleda f. Terreno poblado de perales.

peraltar v. t. *Arq.* Levantar la curva de un arco, bóveda o armadura más de lo que corresponde al semicírculo. || Levantar el carril exterior en las curvas de ferrocarriles. || Hacer el peralte en las carreteras: *curva peraltada.*

peralte m. *Arq.* Lo que excede del semicírculo en la altura de un arco, bóveda o armadura. || En las carreteras, vías férreas, etc., elevación de la parte exterior de una curva superior a la interior.

perborato m. Sal que se produce mediante la oxidación del borato.

perca f. Pez acantopterigio de río, de carne comestible.

percal m. Tela corriente de algodón.

percalina f. Percal ligero y aprestado utilizado como forro.

percance m. Gaje eventual sobre el sueldo o salario. || Contratiempo, ligero accidente que sirve de estorbo: *sufrir un percance.*

percatarse v. pr. Advertir, reparar, darse cuenta. || Enterarse.

percebe m. Crustáceo cirrópodo que vive adherido a las rocas y es comestible. || *Fam.* Torpe, ignorante.

percepción f. Acción de percibir el mundo exterior por los sentidos. || Idea. || Recaudación, cobro de dinero.

perceptibilidad f. Cualidad de lo que puede ser percibido.

perceptible adj. Que se puede percibir: *un sonido débil, pero perceptible.* || Que puede ser cobrado o recibido.

perceptivo, va adj. Que tiene virtud de percibir: *facultades perceptivas.*

perceptor adj. y s. Dícese del o de lo que percibe.

percha f. Soporte de forma adecuada, provisto de un gancho, que sirve para colgar trajes. | Perchero. || Utensilio con varios ganchos de los que se cuelgan cosas. || Alcándara de las aves. | Lazo para cazar aves. || Perca, pez.

perchero m. Soporte, con uno o varios brazos que sirve para colgar abrigos, sombreros, etc.

percherón, na adj. Aplícase al caballo y yegua de raza corpulenta y robusta que se emplea para el tiro.

percibir v. t. Apreciar la realidad exterior por los sentidos: *percibir un sonido.* || Recibir o cobrar: *percibir el dinero, la renta.*

perclorato m. Sal del ácido perclórico y una base.

percloruro m. Cloruro que contiene la cantidad máxima de cloro.

percolador m. Cafetera muy grande de vapor.

percusión f. Golpe dado por un cuerpo que choca contra otro. | En medicina, método de examen clínico que permite conocer el estado de un órgano al escuchar el sonido producido por los golpes leves dados en la superficie del cuerpo. || — *Arma de percusión,* la de fuego que emplea percusor y fulminante. | *Instrumentos de percusión,* los que se tocan dándoles golpes (tambor, triángulo, platillos, etc.).

percusor m. En las armas de fuego, pieza que hace estallar el fulminante. || Pieza que golpea en cualquier máquina.

percutiente adj. Que produce percusión.

percutir v. i. Golpear, chocar. || *Med.* Auscultar dando leves golpes en la espalda y el pecho de la persona enferma.

percutor m. Percusor.

perdedor, ra adj. y s. Aplícase al que pierde.

***perder** v. t. Verse privado de una cosa que se poseía o de una cualidad física o moral: *perder su empleo; perder el juicio.* || Estar separado por la muerte: *perder a sus padres.* || Extraviar: *perder las llaves* (ú. t. c. pr.). || No poder seguir: *perder las huellas de uno; perder el hilo de un razonamiento.* || Disminuir de peso o dimensiones: *ha perdido cinco kilos en un mes.* || Ser vencido: *perder la batalla* (ú. t. c. i.). || *Fig.* Desaprovechar: *perder una oportunidad.* | Malgastar, desperdiciar: *perder su tiempo* (ú. t. c. pr.). | No poder alcanzar o coger: *perder el tren.* | No poder disfrutar de algo por llegar tarde: *hemos dejado pasar el tiempo y hemos perdido la exposición.* | Faltar a una obligación: *perder el respeto.* | Deslucir, deteriorar, ocasionar un daño. | Arruinar: *Ú. t. c. i.: en todos los negocios salgo perdiendo.* | Perjudicar: *su excesiva bondad le pierde.* || — *Echar a perder,* estropear, deteriorar. | *Perder de vista,* dejar de ver; (fig.) olvidar. | *Perder el aliento,* respirar con ansia. | *Fig. Perder la cabeza,* desatinar; volverse loco. || *Perder*

pie, dejar de alcanzar el fondo del agua con los pies. || *Perder terreno,* retroceder. || — V. i. Desinflarse. || Sufrir una desventaja: *hemos perdido mucho con la marcha de este profesor.* || Decaer de la estimación en que se estaba: *para mí ha perdido mucho esta persona después de la grosería que me ha hecho.* || — V. pr. Errar el camino, extraviarse: *perderse en la selva.* || *Fig.* Naufragar, irse a pique. | Estropearse: *este guiso se va a perder.* || No percibirse claramente: *su voz se pierde entre las de sus compañeros.* || *Fig.* Corromperse. | Conturbarse. | Entregarse completamente a los vicios. | Amar con pasión ciega. | No seguir la idea en un discurso: *perderse en consideraciones.*

perdición f. Pérdida. || *Fig.* Ruina: *ir uno a su perdición.* | Lo que perjudica a uno: *esta mujer será su perdición.* | Condenación eterna. | Costumbres desarregladas: *esta ciudad es un lugar de perdición.* | Desdoro, deshonra. | Pérdida de la honradez.

pérdida f. Privación de lo que se poseía. | Lo que se pierde: *tener grandes pérdidas.* | Muerte: *sentir la pérdida de un amigo.* | Menoscabo, daño. || Diferencia desventajosa entre el costo de una operación comercial o financiera y la ganancia: *vender con pérdida.* || Mal empleo: *pérdida de tiempo.* || — Pl. *Mil.* Bajas, conjunto de los militares puestos fuera de combate como consecuencia de una batalla.

perdido, da adj. Extraviado. || *Fam.* Muy sucio: *ponerse perdido de barro.* | Consumado, rematado: *tonto perdido.* | Licencioso (ú. t. c. s. m.). || — *Fig. Estar perdido,* estar en un trance tan difícil que se tienen pocas posibilidades de superarlo. | *Estar perdido por una persona,* estar muy enamorado de ella. || — M. *Fam.* Golfo, calavera.

perdigón m. Pollo de la perdiz. || Perdiz joven. || Perdiz macho que usan los cazadores como reclamo. || Cada uno de los granos de plomo que forman la munición de caza. | *Fam.* Perdedor. | Derrochador. | Partícula de saliva que se despide al hablar.

perdigonada f. Tiro de perdigones. || Herida que provoca.

perdiguero, ra adj. Dícese del animal que caza perdices: *perro perdiguero* (ú. t. c. s. m.). || El que vende caza (ú. t. c. s. m.).

perdiz f. Ave gallinácea, con cuerpo grueso y plumaje ceniciento rojizo, de carne estimada.

perdón m. Remisión de pena o deuda. || Indulgencia, misericordia, remisión de los pecados.

perdonable adj. Que se puede perdonar: *falta perdonable.*

perdonador, ra adj. y s. Que perdona.

perdonar v. t. Remitir una deuda, ofensa, falta, delito, etc.: *perdonar a uno el daño que nos ha hecho.* || Autorizar a uno para que no cumpla una obligación: *perdonar el pago de un aran-*

cel, de una carga. || — Enfermedad que no perdona, enfermedad mortal. || No perdonar alguna cosa, no omitirla: no perdonar un detalle; no perdonar medio de enriquecerse. Perdonar la vida a uno, indultarle.

perdonavidas m. inv. Fig. y fam. Bravucón.

perdurable adj. Perpetuo o que dura siempre: una obra perdurable.

perdurar v. i. Durar mucho, subsistir: perdurar el buen tiempo.

perecedero, ra adj. Poco duradero: productos perecederos.

***perecer** v. i. Morir una persona o animal: en el terremoto pereció la mitad de la población. || Desaparecer una cosa. || Fig. Sufrir grave ruina moral o espiritual. | Padecer mucho.

perecuación f. Reparto equitativo de las cargas entre los que las soportan.

peregrinación f. Viaje por tierras extranjeras: peregrinación a América. || Viaje a un santuario: peregrinación a Montserrat. || Fig. La vida humana considerada como paso para la eterna.

peregrinaje m. Peregrinación.

peregrinar v. i. Ir a un santuario por devoción o por voto. || Andar por tierras extrañas, de pueblo en pueblo. || Fig. Estar en esta vida camino de la eterna.

peregrino, na adj. Aplícase a las aves de paso. || Que viaja por tierras extrañas. || Fig. Extraño, singular, raro: una idea peregrina. | Extraordinario: peregrina belleza. || — M. y f. Persona que por devoción visita algún santuario: peregrinos a Fátima.

pereirano, na adj. y s. De Pereira (Colombia).

perejil m. Planta umbelífera, cuya hoja de color lustrosa se utiliza mucho de condimento.

perendengue m. Adorno de escaso valor. | Arete, pendiente.

perengano, na m. y f. Palabra con que se llama a una persona cuyo nombre se desconoce o no se quiere decir. (Se utiliza sobre todo después de haber empleado Fulano, Mengano y Zutano.)

perenne adj. Continuo, perpetuo. || Eterno: su recuerdo será perenne. || Bot. Vivaz, que vive más de dos años: plantas perennes.

perennidad f. Perpetuidad.

perentoriedad f. Calidad de perentorio.

perentorio, ria adj. Aplícase al último plazo concedido: un plazo perentorio de diez días. || Apremiante, urgente. || Terminante, tajante: tono perentorio.

pereza f. Repugnancia al trabajo, al esfuerzo, a cumplir las obligaciones del cargo de cada uno. || Flojedad, falta de ánimo para hacer algo. | Lentitud. || Sacudir la pereza, vencerla.

perezoso, sa adj. y s. Que tiene pereza: perezoso para levantarse. || Que huye de cualquier trabajo o actividad: es demasiado perezoso para este cargo. || Fig. Tardo, lento. || — M. Mamí-

fero desdentado de América tropical, de movimientos muy lentos.

perfección f. Calidad de perfecto: aspirar a la perfección. || Cosa perfecta. || A la perfección, perfectamente: este tenor canta a la perfección.

perfeccionamiento m. Mejora para intentar alcanzar la perfección.

perfeccionar v. t. Mejorar una cosa tratando de alcanzar la perfección: perfeccionar una máquina. || Pulir, refinar, dar los últimos toques: perfeccionar una obra de arte.

perfectamente adv. De modo perfecto. || ¡Perfectamente!, expresión de asentimiento.

perfectible adj. Que puede perfeccionarse.

perfectivo, va adj. Que perfecciona. || Gram. Se aplica al aspecto verbal que implica la terminación de una acción.

perfecto, ta adj. Que tiene el mayor grado posible de las cualidades requeridas: obra perfecta. || Excelente, muy bueno: ejecución perfecta. || For. De plena eficacia jurídica: acuerdo, contrato perfecto. || — Gram. Futuro perfecto, el que indica que una acción futura es anterior a otra también venidera. || Pretérito perfecto, aplícase al tiempo que denota que una acción pasada está completamente terminada.

perfidia f. Falta de lealtad.

pérfido, da adj. Desleal, infiel o traidor. || Que implica perfidia: una propuesta pérfida.

perfil m. Contorno aparente de una persona o cosa puesta de lado: retratar a una persona de perfil. || Silueta, contorno: el perfil del campanario se destacaba en el cielo. || Geol. Corte que permite conocer la disposición y la naturaleza de las capas de un terreno. | Geom. Figura que presenta un cuerpo cortado por un plano vertical. | Corte o sección. || Adorno delicado en el borde de algunas cosas. || Línea delgada de una letra manuscrita. || Fig. Retrato moral de una persona. || Barra de acero laminada. || — Pl. Fig. Miramientos en el trato social. || — De perfil, de lado. || Medio perfil, postura del cuerpo en que se ve el perfil y parte de la frente.

perfilado, da adj. Aplícase al rostro delgado y alargado. || Bien proporcionado.

perfilar v. t. Pint. Sacar y retocar el perfil de una cosa. || Fig. Perfeccionar, rematar con esmero una cosa. || — V. pr. Ponerse de perfil. || Fam. Destacarse: el campanario se perfila en el cielo. | Empezar a tomar forma: se perfila el resultado final.

perforación f. Acción de perforar: la perforación de un túnel. || Taladro. | Rotura de las paredes de algunos órganos o partes del cuerpo: perforación intestinal.

perforado m. Acción de perforar o taladrar.

perforador, ra adj. Que perfora u horada. || — F. Herramienta de barrena rotativa, generalmente accionada

por aire comprimido, que sirve para taladrar las rocas. || Instrumento para perforar el papel. || Máquina que, en las tarjetas perforadas, traduce los datos en forma de taladros.

perforar v. t. Horadar, taladrar: perforar papel, una roca.

performance [-mans] f. (pal. ingl.). Resultado conseguido por un campeón. || Por ext. Hazaña.

perfumador m. Recipiente para quemar perfumes. || Pulverizador para perfumes.

perfumar v. t. Impregnar una cosa con materias olorosas (ú. t. c. pr.). || — V. i. Exhalar perfume.

perfume m. Composición química que exhala un olor agradable: un frasco de perfume. || Este mismo olor: el perfume del jazmín. || Fig. Lo que despierta un recuerdo o una idea agradable: un perfume de dulzura.

perfumería f. Fábrica o tienda de perfumes.

perfumero, ra m. y f. o **perfumista** com. Persona que fabrica o vende perfumes.

perfusión f. Med. Introducción lenta y continua de una sustancia medicamentosa o de sangre en un organismo o un órgano.

pergamino m. Piel de cabra o de carnero preparada especialmente para que se pueda escribir en ella. || Documento escrito en esta piel. || Pl. Fig. y fam. Títulos de nobleza. | Diplomas universitarios: estar orgulloso de sus pergaminos.

pergeñar v. t. Esbozar.

pérgola f. Galería formada por columnas en las que se apoyan maderas o tiras de emparrado.

periantio m. Bot. Perigonio.

periastro m. Punto de la órbita de un astro más próximo de otro alrededor del cual gira.

pericardio m. Tejido membranoso que envuelve el corazón.

pericarditis f. Inflamación del pericardio.

pericarpio m. Parte exterior del fruto de las plantas, que cubre las semillas.

pericia f. Habilidad en una ciencia o arte adquirida por la experiencia.

pericial adj. Relativo al perito.

periclitar v. i. Decaer, declinar: periclitar un régimen. || Peligrar, estar en peligro: periclitar una civilización.

perico m. Especie de papagayo de Cuba y la América Meridional, fácilmente domesticable. || Mar. Juanete del palo de mesana, y vela que se larga en él. || Tupé postizo.

pericón m. Abanico grande. || Arg. Baile criollo en cuadrilla.

peridoto m. Silicato de magnesia y hierro, de color verdoso, que abunda en las rocas eruptivas.

periferia f. Circunferencia. || Contorno de una figura curvilínea. || Fig. Alrededores de una población: la periferia de Buenos Aires.

periférico, ca adj. Relativo a la periferia: *paseo periférico.*

perifollo m. Planta umbelífera usada como condimento. || — Pl. *Fam.* Adornos femeninos excesivos y generalmente de mal gusto.

perifrasear v. i. Usar perífrasis o circunloquios.

perífrasis f. Circunlocución, circunloquio.

perifrástico, ca adj. Relativo a la perífrasis.

perigeo m. Punto de la órbita de la Luna o de un satélite artificial más cerca de la Tierra.

perigonio m. Envoltura de los órganos sexuales de una planta.

perihelio m. Punto en que un planeta se halla más cerca del Sol.

perilla f. Adorno en figura de pera. || Porción de pelo que se deja crecer en la punta de la barba. || Parte inferior no cartilaginosa de la oreja. || Interruptor eléctrico. || *Fam. De perilla,* o *de perillas,* muy bien: *me vino de perillas la propuesta que recibí.*

perimétrico, ca adj. Relativo al perímetro.

perímetro m. *Geom.* Línea que limita una figura: *la circunferencia es el perímetro del círculo.* || Su dimensión: *calcular el perímetro de un rectángulo.* || Contorno: *el perímetro de una ciudad.*

periné o **perineo** m. Parte del cuerpo situada entre el ano y las partes sexuales.

periodicidad f. Condición de lo que es periódico: *la periodicidad de los cometas.*

periódico, ca adj. Que se repite a intervalos determinados: *movimiento periódico.* || Que se edita en época fija: *publicación periódica* (ú. t. c. s. m.). || *Mat.* Dícese de la función que tiene el mismo valor cada vez que su variable aumenta en una cantidad fija llamada *período* o de un múltiplo de éste. | Aplícase a la fracción decimal en la cual una misma cifra o grupo de cifras se repite indefinidamente. || — M. Diario.

periodismo m. Profesión de periodista. || Conjunto de periodistas. || Prensa periódica.

periodista m. El que tiene por oficio el escribir en periódicos.

periodístico, ca adj. Relativo a periódicos y periodistas.

período o **periodo** m. Espacio de tiempo después del cual se reproduce alguna cosa. || Tiempo de revolución de un astro: *período lunar.* || Espacio de tiempo, época: *período histórico.* || *Mat.* En las divisiones inexactas, cifras repetidas indefinidamente, después del cociente entero. || Conjunto de oraciones que enlazadas entre sí forman un sentido cabal: *período gramatical.* | Fase de una enfermedad. || Menstruación.

periostio m. Membrana fibrosa adherida a los huesos y que sirve para su nutrición.

periostitis f. *Med.* Inflamación del periostio.

peripatético, ca adj. Que se refiere a o que sigue la filosofía de Aristóteles.

peripatetismo m. Sistema filosófico de Aristóteles.

peripecia f. En el drama o en otras composiciones literarias, mudanza repentina de situación. | *Fig.* Acontecimiento imprevisto en la vida real: *las peripecias de un viaje.*

periplo m. Circunnavegación. || Obra antigua que relata un viaje de circunnavegación. || *Por ext.* Viaje turístico.

peripuesto, ta adj. *Fam.* Ataviado con gran esmero y elegancia.

periquete m. *Fam.* Corto espacio de tiempo, instante.

periscópico, ca adj. Relativo al periscopio.

periscopio m. Aparato óptico instalado en la parte superior de un tubo que usan para ver lo que pasa en el exterior los barcos submarinos y los soldados en las trincheras.

perisístole f. Intervalo que media entre la sístole y la diástole.

perisodáctilos m. pl. Suborden de los mamíferos ungulados imparidigitos, como el caballo y el rinoceronte (ú. t. c. adj.).

peristáltico, ca adj. Aplícase a los movimientos de contracción del tubo digestivo que permiten impulsar los materiales de la digestión.

peristilo m. *Arq.* Galería de columnas aisladas alrededor de un edificio o de un patio. | Conjunto de las columnas de un edificio.

peritación y **peritaje** m. Trabajo o informe que hace un perito. || Estudios o carrera de perito.

perito, ta adj. Experimentado, competente en un arte o ciencia. || — M. Persona autorizada legalmente por sus conocimientos para dar su opinión acerca de una materia. || Grado inferior en las carreras técnicas o mercantiles.

peritoneo m. Membrana serosa que cubre la superficie interior del vientre.

peritonitis f. *Med.* Inflamación del peritoneo.

perjudicado, da adj. Víctima de un daño.

perjudicar v. t. Causar perjuicio moral o material.

perjudicial adj. Que perjudica.

perjuicio m. Daño material o moral: *causar perjuicio a uno.* || *Sin perjuicio de* o *que,* sin descartar la posibilidad de.

perjurar v. i. Jurar en falso (ú. t. c. pr.). || No cumplir un juramento (ú. t. c. pr.) || — V. i. Jurar mucho.

perjurio m. Juramento en falso.

perjuro, ra adj. y s. Dícese del que jura en falso o no cumple un juramento.

perla f. Concreción esferoidal nacarada, de reflejos brillantes, que suele formarse en el interior de las conchas de diversos moluscos, particularmente de las madreperlas. || Objeto pareci-

do fabricado artificialmente. || Carácter de letra de imprenta de cuatro puntos. || *Fig.* Persona o cosa excelente: *esta niña es una perla.* || *De perlas,* muy bien: *hablar de perlas; venir de perlas.*

perlero, ra adj. Relativo a la perla: *industria perlera.*

***permanecer** v. i. Estarse cierto tiempo en un mismo sitio, estado o calidad: *permanecer inmóvil; Juan permaneció un año en Málaga.* || Seguir en el mismo estado: *permaneció despierto toda la noche.*

permanencia f. Inmutabilidad, duración constante: *la permanencia de las leyes.* || Estancia en un mismo lugar: *no ha aprovechado su permanencia en el extranjero.* || Perseverancia.

permanente adj. Que permanece. || — F. Ondulación del cabello: *hacerse la permanente.* || — M. *Méx.* Ondulado permanente.

permanganato m. Sal formada por la combinación del ácido derivado del manganeso con una base.

permeabilidad f. Calidad de permeable: *la permeabilidad del terreno.* || *Permeabilidad magnética,* propiedad de un cuerpo que se deja atravesar por un flujo magnético.

permeable adj. Que puede ser atravesado por el agua u otro fluido, las radiaciones, etc. || *Fig.* Influenciable.

pérmico, ca adj. y s. m. *Geol.* Aplícase al último período de la era primaria, que siguió inmediatamente al carbonífero.

permisible adj. Que se puede permitir.

permisivo, va adj. Que incluye la facultad o licencia de hacer una cosa, sin preceptuarla.

permiso m. Autorización: *pedir permiso para salir.* | Licencia, documento: *permiso de conducir, de caza.* | Autorización escrita que se concede a un militar o a otra persona para ausentarse de su cuerpo o empleo por tiempo limitado.

permitido, da adj. Lícito, autorizado.

permitir v. t. Dar su consentimiento a una persona para que haga algo: *no permite a su hija que salga por la noche.* || Tolerar: *¿cómo permite a sus hijos que se porten tan mal?* || Dar cierta posibilidad: *esto permite vivir bien.* || — V. pr. Tomarse la libertad de hacer algo.

permuta f. Cambio.

permutable adj. Que se puede permutar.

permutación f. Cambio, trueque. || *Mat.* Transformación que consiste en sustituir el orden de cierto número de objetos por otro, sin que cambien su naturaleza ni su número: *el número de permutaciones posibles de n objetos (Pn) es n!* (factorial de n).

permutar v. t. Cambiar.

pernear v. i. Agitar violentamente las piernas.

pernera f. Pernil, parte del pantalón.

pernicioso, sa adj. Perjudicial.

pernil m. Anca y muslo de un animal. || Parte del pantalón en que se meten las piernas. || Pata del cerdo preparada para el consumo.

*perniquebrar v. t. Romper, quebrar una pierna (ú. t. c. pr.).

perno m. Clavo corto con cabeza redonda por un extremo y que por el otro se asegura con una tuerca.

pernoctar v. i. Pasar la noche en un sitio fuera de su casa.

pero m. Variedad de manzana. | Su fruto.

pero m. Fam. Inconveniente, reparo: *poner peros a todo*. | Defecto. || — Conj. Sirve para indicar la oposición, la restricción, la objeción, etc.: *el piso es bonito pero caro; lo haré pero cuando tenga tiempo; pero yo no lo había visto.*

perogrullada f. Fam. Verdad de Perogrullo.

perogrullesco, ca adj. Tan evidente como una perogrullada.

Perogrullo n. pr. Se emplea en la loc. *verdad de Perogrullo,* la que es tan evidente que resulta ridícula decirla.

perol m. Vasija semiesférica de metal. || Cacerola.

peroné m. Hueso largo y delgado de la pierna, detrás de la tibia, con la cual se articula.

peroración f. Última parte o conclusión del discurso.

perorar v. i. Pronunciar un discurso. || Fam. Hablar en tono oratorio y pomposo.

perorata f. Discurso largo.

peróxido m. En la serie de los óxidos de un cuerpo, el que tiene la mayor cantidad de oxígeno.

perpendicular adj. Geom. Aplícase a la línea o el plano que forma ángulo recto con otro. || — F. Línea perpendicular.

perpetración f. Cumplimiento, ejecución.

perpetrador, ra adj. y s. Que perpetra: *perpetrador de un crimen.*

perpetrar v. t. Cometer.

perpetuación f. Acción de perpetuar o perpetuarse una cosa.

perpetua f. Planta amarantácea, cuyas flores se conservan mucho tiempo. | Flor de esta planta.

perpetuar v. t. Hacer perpetua.

perpetuidad f. Duración sin fin. | *A perpetuidad,* para siempre.

perpetuo, tua adj. Que permanece para siempre: *las nieves perpetuas del Aconcagua.* || Que dura toda la vida: *cadena perpetua.* || Constante: *un sinvivir perpetuo.* || Dícese de ciertos cargos vitalicios: *secretario perpetuo.*

perplejidad f. Irresolución, estado de una persona que no sabe qué partido tomar.

perplejo, ja adj. Vacilante, irresoluto.

perra f. Hembra del perro. || Fig. y fam. Dinero: *estar sin una perra.* | Rabieta: *coger una perra.* | Obstinación, deseo vehemente.

perrera f. Lugar donde se guardan o encierran los perros. | Coche que recoge los perros errantes.

perrería f. Conjunto de perros. || Fig. Grupo de gente malvada. || Fam. Mala jugada.

perrero m. El que cuida perros de caza. || El que recoge los perros errantes.

perritos m. pl. Méx. Plantas escrofulariáceas leguminosas y ornamentales.

perro m. Mamífero doméstico carnicero de la familia de los cánidos, de tamaño, forma y pelaje muy diversos, según las razas: *perro de lanas, pachón, podenco.* || Fig. Nombre dado antiguamente por afrenta a moros y judíos. || Pop. Moneda. || — Fig. *A otro perro con ese hueso,* dícese para indicar que no se cree lo que otra persona acaba de decir. | *Allí no atan los perros con longanizas,* allí la vida no es tan fácil como parece. | *Andar como perros y gatos,* llevarse muy mal varias personas. | *De perros,* muy malo: *hoy hace un tiempo de perros.* | *Estar como los perros una comida,* estar muy salada. | *Humor de perros,* muy mal humor. | *Morir como un perro,* morir abandonado y miserable. | *Perro caliente,* bocadillo de salchichas calientes. || Fig. *Perro ladrador, poco mordedor,* en general, no hay que temer a las personas que más gritan, sino a las otras. | *Ser perro viejo,* haber adquirido astucia por la experiencia.

perro, rra adj. Fam. Muy malo: *¡qué vida más perra llevamos!*

perruno, na adj. Relativo al perro: *raza perruna.*

persa adj. y s. De o relativo a Persia, hoy Irán.

persecución f. Tormentos, especialmente los que sufrieron los primeros cristianos: *las persecuciones de Nerón.* || Acosamiento: *ir en persecución de uno.*

persecutorio, ria adj. Relativo a la persecución. | *Manía persecutoria,* la que padecen las personas que creen que todo el mundo les quiere hacer daño.

perseguidor, ra adj. y s. Aplícase al que persigue.

perseguimiento m. Persecución, acoso.

*perseguir v. t. Seguir al que huye, intentando alcanzarle: *perseguir al adversario.* || Atormentar con medidas tiránicas y crueles: *perseguir a los cristianos.* || Fig. Acosar, estar siempre detrás de una persona: *perseguirle a todas horas, en todas partes.* | Atormentar, no dejar en paz: *el recuerdo de sus faltas le persigue.* | Importunar: *perseguir con sus demandas.* | Intentar porfiadamente conseguir: *perseguir un puesto en el ministerio; perseguir el bienestar del pueblo.* | Ocurrir varias veces seguidas: *le persiguen las desgracias.* || For. Proceder judicialmente contra uno: *perseguir al moroso, al delincuente.*

perseverancia f. Firmeza y constancia en seguir lo que se ha empezado:

perseverancia en el trabajo. | Firmeza en la fe y las opiniones.

perseverante adj. y s. Que persevera.

perseverar v. i. Mantenerse constante en un propósito o en la prosecución de lo comenzado: *perseverar en el estudio, en el trabajo.*

persiana f. Especie de celosía formada de tablillas movibles por entre las cuales pueden entrar la luz y el aire, pero no el sol.

pérsico, ca adj. Persa, de Persia: *el golfo Pérsico.* || — M. Árbol frutal rosáceo. || Su fruto, comestible.

persignarse v. pr. Santiguarse.

persistencia f. Constancia en un propósito o acción: *persistencia en el error, en los estudios.* || Larga duración de una cosa.

persistente adj. Muy duradero.

persistir v. i. Mantenerse firme o constante: *persistir en sus trabajos.* || Perdurar: *persistir la fiebre.*

persona f. Individuo de la especie humana, hombre o mujer: *su familia se compone de cinco personas.* | Personaje de una obra literaria. || For. Entidad física o moral que tiene derechos y obligaciones: *persona jurídica.* || Gram. Accidente gramatical que indica quién es el agente o paciente de la oración (*primera persona,* la que habla; *segunda persona,* aquella a quien se habla; *tercera persona,* aquella de quien se habla). || Teol. El Padre, el Hijo o el Espíritu Santo. || — *En persona,* personalmente: *vino el ministro en persona;* personificado: *este niño es el demonio en persona.*

personaje m. Persona notable: *un personaje ilustre.* || Ser humano o simbólico que se representa en una obra literaria: *el personaje principal de una novela.*

personal adj. Propio de una persona: *calidades personales.* || Presentado o hecho por la persona misma de que se trata: *no le quiso conceder una entrevista personal.* || Subjetivo: *es un juicio muy personal.* || *Pronombres personales,* los que designan a las tres personas del verbo. (V. Compendio de gramática.) || — M. Conjunto de personas que trabajan en un sitio: *hay mucho personal en esta empresa.* || Pop. Gente: *¡qué de personal había en los almacenes!*

personalidad f. Individualidad consciente. || Carácter original que distingue a una persona de las demás: *tener una gran personalidad.* || Fil. Conjunto de cualidades que constituyen el supuesto inteligente. || For. Aptitud legal: *personalidad jurídica.* | Persona notable por sus funciones o actividad: *en la ceremonia había muchas personalidades.*

personalizar v. t. Dar carácter personal a una cosa: *personalizar la virtud, el vicio.* || Dirigir lo expresado particularmente a una persona determinada. || Gram. Usar como personal un verbo impersonal.

personarse v. pr. Presentarse personalmente en una parte: *se personó en la oficina.* || Reunirse. || *For.* Comparecer: *se personó ante el juez de instrucción.*

personificación f. Acción y efecto de personificar. || Símbolo, representación viva: *es la personificación de la bondad.*

personificar v. t. Atribuir sentimientos o acciones de personas a los irracionales o a las cosas: *personificar los animales, los elementos.* || Simbolizar, representar perfectamente: *Nerón personifica a la crueldad.* || Aludir a personas determinadas en un escrito o discurso.

perspectiva f. Arte de representar en una superficie los objetos en la forma, tamaño y disposición con que aparecen a la vista. || Conjunto de cosas que se presentan ante la vista en la lejanía: *mirando por aquí se tiene una bonita perspectiva.* || *Fig.* Contingencia previsible: *buenas perspectivas económicas.* | Distancia: *no tenemos suficiente perspectiva para juzgar.*

perspicacia f. Agudeza y penetración de la vista. || *Fig.* Penetración del entendimiento, sagacidad, clarividencia: *las mujeres suelen tener mucha perspicacia.*

perspicaz adj. Agudo, penetrante: *vista perspicaz.* || *Fig.* Sagaz, clarividente.

persuadir v. t. Inducir a uno a creer o hacer algo: *le persuadí de mi sinceridad.* || — V. pr. Convencerse de una cosa.

persuasión f. Acción de persuadir. || Convicción, certeza.

persuasivo, va adj. Que persuade. || — F. Aptitud para persuadir.

persuasor, ra adj. y s. Que sabe persuadir a los demás.

*****pertenecer** v. i. Ser una cosa de la propiedad de uno: *esta hacienda pertenece a mi padre.* || Formar parte de: *estas plantas pertenecen a la familia de las solanáceas.* || Ser una cosa del cargo u obligación de uno: *la facultad de sumariar pertenece al juez.*

pertenencia f. Propiedad: *reivindicar la pertenencia de algo.* || Espacio o territorio que toca a uno por jurisdicción o propiedad. || Cosa accesoria de otra: *las pertenencias de un palacio.* || Concesión minera de una hectárea cuadrada. || Adhesión: *la pertenencia a un partido.*

pértiga f. Vara larga. || *Salto de pértiga,* prueba atlética en la que hay que pasar un listón situado a cierta altura con la ayuda de una pértiga.

pertiguero m. Empleado encargado de las cuestiones materiales de una iglesia.

pertinacia f. Obstinación, tenacidad, terquedad. || *Fig.* Larga duración, persistencia.

pertinaz adj. Obstinado, tenaz: *pertinaz en su opinión, en sus propósitos.*

|| *Fig.* Persistente, incesante: *enfermedad pertinaz.*

pertinencia f. Condición de pertinente.

pertinente adj. Oportuno, que viene a propósito: *razón, respuesta pertinente.* || Referente, relativo.

pertrechar v. t. Abastecer de pertrechos o municiones: *pertrechar a una tropa.* || *Fig.* Preparar lo necesario para la ejecución de una cosa (ú. t. c. pr.).

pertrechos m. pl. Municiones, armas y demás cosas necesarias para los soldados o las plazas fuertes: *pertrechos de guerra.* || Utensilios propios para determinada cosa: *pertrechos de labranza, de pescar.*

perturbación f. Desorden: *sembrar la perturbación.* || Disturbio: *perturbaciones sociales.* || Emoción.

perturbador, ra adj. Que perturba, trastorna, desasosiega. || Conmovedor. || — M. y f. Agitador, amotinador.

perturbar v. t. Trastornar: *perturbar el orden público.* || Quitar el sosiego: *perturbar los ánimos.* || Alterar, modificar: *perturbar el tiempo, los proyectos.*

perú o **pirú** m. *Méx.* Planta anacardiácea peruana aclimatada en México.

peruanismo m. Voz o giro propios del Perú.

peruano, na adj. Natural del Perú (ú. t. c. s.). || Relativo o perteneciente a este país de América: *las cimas de los Andes peruanos.*

peruétano, na adj. *Col., Cub. y Méx.* Mequetrefe.

perulero, ra adj. y s. Peruano. || — M. y f. Persona que regresa a España del Perú tras de haber hecho fortuna.

peruviano, na adj. y s. Peruano.

perversidad f. Suma maldad, depravación: *hombre de perversidad diabólica.* || Acción perversa.

perversión f. Corrupción: *perversión de la juventud.* || *Med.* Alteración de una función normal. || Anormalidad que se manifiesta en ciertas tendencias: *el sadismo es una perversión sexual.*

perverso, sa adj. y s. Depravado: *gustos perversos.*

pervertidor, ra adj. y s. Que pervierte: *literatura pervertidora.*

pervertimiento m. Perversión.

*****pervertir** v. t. Viciar con malas doctrinas o ejemplos: *pervertir las costumbres, el gusto.* || Desnaturalizar, alterar: *pervertir un texto literario.* || — V. pr. Corromperse: *pervertirse en el vicio.*

pervinca f. Planta herbácea de la familia de las apocináceas.

pervivencia f. Supervivencia.

pervivir v. i. Sobrevivir.

pesa f. Pieza de determinado peso, que sirve para evaluar en una balanza el que tienen las cosas que se pesan. || Pieza de determinado peso que sirve para dar movimiento a ciertos relojes, o de contrapeso para subir y bajar lámparas, etc. || Aparato de teléfono que permite hablar mientras se escucha. || — Pl. Haltera.

pesabebés m. inv. Balanza para pesar niños pequeños.

pesacartas m. inv. Balanza para pesar cartas.

pesada f. Cantidad que se pesa de una vez. || *Arg.* Unidad para pesar cueros en los saladeros (75 libras) y en las barracas de cueros secos (35 a 40 libras).

pesadez f. Peso: *la pesadez de un paquete.* || Gravedad: *la pesadez de los cuerpos.* || *Fig.* Obesidad. | Obstinación, terquedad. | Cachaza, lentitud. | Sensación de peso: *pesadez de estómago, de cabeza.* | Molestia: *¡qué pesadez este trabajo!* | Aburrimiento: *¡qué pesadez de novela!*

pesadilla f. Opresión del corazón y dificultad de respirar durante el sueño. || Ensueño angustioso y tenaz. || Preocupación intensa y continua. || *Fam.* Persona o cosa fastidiosa.

pesado, da adj. De mucho peso: *un paquete pesado.* || *Fig.* Obeso. | Intenso, profundo: *sueño pesado.* | Difícil de digerir: *comida pesada.* | Aplícase a los órganos en que se siente malestar: *tener la cabeza pesada.* | Caluroso y cargado: *tiempo pesado.* | Tardo, lento: *animal pesado.* | Molesto, cargante: *un amigo pesado* (ú. t. c. s.). | Aburrido: *una película pesada.* | Molesto por ser de mal gusto: *broma pesada.*

pesador, ra adj. y s. Aplícase al que pesa.

pesadumbre f. Pesadez, calidad de pesado. || *Fig.* Tristeza, pesar.

pesaje m. Galicismo por *peso.*

pesaleche m. Areómetro para medir la densidad de la leche.

pésame m. Expresión del sentimiento que se tiene por la aflicción de otro: *dar su sentido pésame.*

pesantez f. Gravedad, fuerza que atrae los cuerpos hacia el centro de la Tierra.

pesar m. Sentimiento o dolor interior: *me contó todos sus pesares.* || Arrepentimiento: *tener pesar por haber actuado mal.* || — A pesar de, contra la voluntad de: *a pesar mío;* haciendo caso omiso de: *a pesar de los obstáculos existentes.* || A pesar de que, aunque.

pesar v. t. Determinar el peso de una cosa o persona por medio de un aparato adecuado. || *Fig.* Examinar cuidadosamente: *pesar el pro y el contra.* | *Fig. Pesar sus palabras,* hablar con circunspección. || — V. i. Tener peso. Ú. t. c. t.: *esta maleta pesa diez kilos.* | Tener mucho peso: *este diccionario pesa.* || Hacer sentir su peso: *este abrigo de pieles me pesa.* | *Fig.* Ser sentido como una carga: *le pesa la educación de sus hijos.* | Recaer: *todas las responsabilidades pesan sobre él.* | Tener influencia: *en su decisión han pesado mis argumentos.* | Causar tristeza o arrepentimiento: *me pesa que no haya venido.* || — Pese a, a pesar de. | *Pese a quien pese,* a todo trance.

pesario m. Aparato para mantener la matriz en posición normal. || Dispositivo contraceptivo que cierra el cuello de la matriz.

pesaroso, sa adj. Que se arrepiente de una cosa. || Que tiene pesadumbre, afligido, triste.

pesca f. Arte, acción de pescar: *ir de pesca.* || Lo que se pesca: *aquí hay mucha pesca.* || Lo pescado: *buena pesca.*

pescada f. Merluza, pez.

pescadera f. *Amér. C.* y *Méx.* Pecera.

pescadería f. Establecimiento en que se vende pescado.

pescadero, ra m. y f. Persona que vende pescado al por menor.

pescadilla f. Especie de merluza pequeña.

pescado m. Pez comestible sacado del agua (ú. t. c. s. colectivo).

pescador, ra adj. y s. Dícese de la persona que pesca.

pescante m. En algunos carruajes antiguos, asiento del cochero. || Tabla o repisa utilizada para sostener algo en la pared. || En los teatros, tramoya para hacer bajar o subir en el escenario personas o figuras. || En los buques, pieza saliente de madera o hierro para bajar o izar los botes.

pescar v. t. Coger con redes, cañas u otros instrumentos, peces, mariscos, etc.: *pescar gambas.* || *Fig.* y *fam.* Encontrar por suerte: *pesqué un buen puesto.* | Sorprender a alguno o agarrarle: *pescar a un ladronzuelo.* | Pillar, pillar: *pescar un resfriado.* | Lograr algo ansiado: *pescar un marido.* | Coger en falta: *estudiante difícil de pescar en geografía.*

pescozón m. Manotazo en el pescuezo o en la cabeza.

pescozudo, da adj. Que tiene muy grueso el pescuezo.

pescuezo m. Parte del cuerpo desde la nuca hasta el tronco.

pesebre m. Especie de cajón donde se pone la comida para las bestias.

pesero m. *Méx.* Sistema de taxis que cobraba un peso por persona.

peseta f. Antigua unidad monetaria en España: *la peseta fue declarada moneda nacional en 1868.* || *Méx.* Veinticinco centavos. || *Fig.* y *fam. Cambiar la peseta,* vomitar.

pesimismo m. Propensión a ver siempre el lado malo de las cosas.

pesimista adj. y s. Que tiende a ver las cosas con pesimismo.

pésimo, ma adj. Muy malo: *hizo un tiempo pésimo.*

peso m. Efecto de la gravedad sobre las moléculas de un cuerpo. || Su medida tomando como punto de comparación unidades determinadas: *la cama tiene un peso de diez quilos.* || Balanza. || Acción de pesar: *proceder al peso de los boxeadores.* || Unidad monetaria de varios países americanos dividida en cien centavos: *el peso argentino, mexicano, cubano, colombiano, dominicano, uruguayo.* || Unidad monetaria de Filipinas, dividida en centavos. || Nombre de diversas monedas españolas antiguas: *peso duro, peso fuerte, peso sencillo.* || Esfera metálica de 7,257 kg que se lanza con una mano en los juegos atléticos. || *Fig.* Carga: *el peso de los años.* | Importancia o eficacia: *argumento de peso.* || — *Fig.* A peso de oro, muy caro. | *Caerse de su peso,* ser evidente. || *En peso,* en el aire. || *Peso atómico,* el del átomogramo de un elemento. || *Peso bruto,* el total sin descontar la tara. || *Peso específico de un cuerpo,* gramos que pesa un cm^3 de este cuerpo. || *Peso molecular,* el de una molécula-gramo de un cuerpo. || *Peso muerto,* carga inútil. || *Peso pluma, gallo, ligero, mosca, semipesado, pesado,* categorías en el boxeo y otros deportes.

pespita f. *Ave de México.* || *Guat.* Mucoqueta.

pespuntar v. t. Pespuntear.

pespunte m. Cierta costura en la cual se pone la aguja por el sitio mismo por donde se han sacado dos puntadas antes.

pespuntear v. t. Coser con pespuntes.

pesquería f. Actividades relacionadas con la pesca. || Sitio donde se pesca en gran cantidad. Ú. t. en pl.: *pesquerías de sardina.*

pesquero, ra adj. Referente a la pesca: *embarcación, industria pesquera.* || — M. Barco de pesca.

pesquisa f. Averiguación.

pesquisidor, ra adj. y s. Dícese de la persona que pesquisa.

pestaña f. Cada uno de los pelos del borde de los párpados. || Parte que sobresale al borde de ciertas cosas. || Ceja del libro encuadernado. || Reborde que tienen las ruedas de las locomotoras y de los vagones para que no puedan salirse de los carriles. || — *Fig. No mover pestaña,* no pestañear. | *No pegar pestaña,* no poder dormir. | *Quemarse las pestañas,* estudiar mucho, especialmente por la noche. || — Pl. *Bot.* Cilios.

pestañear v. i. Mover los párpados. || *Sin pestañear,* quedándose impasible.

pestañeo m. Movimiento rápido y repetido de los párpados.

pestazo m. *Fam.* Hedor.

peste f. Enfermedad infecciosa y contagiosa causada por el bacilo de Yersin que transmiten las ratas y las pulgas. || *Fig.* y *fam.* Mal olor, fetidez. | Depravación, corrupción. | Persona malvada: *esta niña es una peste.* | Cosa mala. | Plaga, cosa demasiado abundante. || — Pl. Palabras de crítica: *echar pestes contra uno.* || *Fig.* y *fam. Decir o hablar pestes de uno,* hablar muy mal de él.

pestífero, ra adj. Que puede causar peste. || Que tiene muy mal olor. || Enfermo de la peste (ú. t. c. s.).

pestilencia f. Hedor.

pestilente adj. Pestífero.

pestillo m. Pasador con que se asegura una puerta, corriéndolo a modo de cerrojo. || Pieza prismática de la cerradura que entra en el cerradero.

pestiño m. Especie de buñuelo.

pestorejo m. Cogote.

pestoso, sa adj. Que huele mal.

petaca f. Estuche para el tabaco o los cigarrillos. || Arca o baúl. || *Méx.* Maleta. || — Pl. *Méx.* Nalgas. || *Fig. Hacer la petaca,* poner las sábanas de tal manera que no se pueda uno meter en la cama.

petacoate m. *Méx.* Nudo de culebras cuando están en celo.

pétalo m. Cada una de las hojas que componen la corola de la flor.

petanca f. Juego de bolos.

petardear v. t. *Mil.* Derribar una puerta con petardos. || *Fig.* Pedir prestado, dar sablazos: *petardear a un incauto.*

petardista com. *Fam.* Sablista.

petardo m. Morterete para batir o hacer saltar puertas. || Cohete cargado de pólvora que explota con ruido. || *Fig.* Estafa que consiste en pedir dinero prestado con la intención de no devolverlo: *pegar un petardo.* || *Fig.* y *fam.* Mujer muy fea.

petate m. Estera de palma para dormir. || Lío de la cama y ropa de un marinero, soldado o presidiario. || *Méx.* Equipaje de cualquiera de las personas que van a bordo. | Embustero o estafador. | Hombre insignificante, sin valor. || *Fig.* y *fam. Liar el petate,* marcharse de un sitio: morir.

petatearse v. pr. *Méx.* Morir.

petatillo m. *Amer.* Tejido fino de esparto.

petazol o **petasol** m. *Méx.* Petate gastado.

petenera f. Cante popular andaluz. || *Fam. Salir por peteneras,* decir algo que no tiene nada que ver con la cosa de que se trata.

petenero, ra adj. y s. De El Petén (Guatemala).

petición f. Acción de pedir, demanda, ruego: *hacer una petición.* || Solicitud, escrito en que se pide algo a una autoridad: *elevar una petición al Gobierno.* || *For.* Pedimento: *presentar una petición al juez.* || *Lóg.* Petición de principio, razonamiento vicioso que consiste en dar como seguro precisamente lo que se tiene que demostrar.

peticionario, ria adj. y s. Aplícase al que pide oficialmente algo.

petimetre, tra m. y f. Persona joven, presumida y demasiado preocupada por ir siempre vestida a la última moda.

petirrojo m. Pájaro de color aceitunado cuyo cuello, frente, garganta y pecho son de color rojo.

petiso, sa o **petizo, za** adj. y s. *Arg., Bol., Chil., Ecuad., Parag., Per.* y *Urug.* Que es de baja estatura. || — M. *Arg., Chil., Parag.* y *Urug.* Caballo de poca alzada.

petitorio, ria adj. De la petición. || — M. *Fam.* Petición repetida e impertinente. || *Farm.* Lista de los medicamentos de que debe haber surtido en las farmacias.

peto m. Armadura del pecho. || Parte superior de un delantal, mono o prenda parecida. || *Taurom.* Protección almohadillada con que se cubre a los caballos de los picadores.

petrarquesco, ca adj. Relativo a Petrarca.

petrarquismo m. Estilo poético de Petrarca.

petrarquista m. Admirador o imitador de Petrarca.

petrel m. Ave palmípeda marina de los mares fríos.

pétreo, a adj. De piedra.

petrificación f. Transformación en piedra.

petrificante adj. Que petrifica.

petrificar v. t. Transformar en piedra. || *Fig.* Dejar inmóvil de sorpresa o asombro.

petroglifo m. Grabado sobre piedra hecho por algún pueblo primitivo.

petrografía f. Estudio de la formación y composición de las rocas.

petróleo m. Líquido oleoso negro, constituido por una mezcla de hidrocarburos y otros compuestos orgánicos que se encuentra nativo en el interior de la Tierra.

petroleoquímico, ca adj. Que utiliza el petróleo como materia prima para obtener productos químicos.

petrolero, ra adj. Relativo al petróleo: *industria, producción petrolera.* || — Adj. y s. m. Dícese del barco dedicado a transportar petróleo. || — M. y f. Vendedor de petróleo al por menor. || Persona que incendia con petróleo.

petrolífero, ra adj. Que contiene petróleo: *terreno petrolífero; zona petrolífera.*

petroquímica f. Rama del conocimiento especializada en los usos del petróleo.

petulancia f. Presunción vana y ridícula.

petulante adj. y s. Vanidoso, presumido: *palabras muy petulantes.*

petunia f. Planta solanácea, de hermosas flores olorosas.

peul adj. y s. Individuo de un pueblo de África establecido en la cuenca del Níger. Pl. *fulbe.*

peyorativo, va adj. Despectivo.

peyote m. Planta cactácea de México de la cual se saca una droga tóxica.

pez m. Animal acuático, vertebrado de cuerpo alargado cubierto de escamas, respiración branquial, generación ovípara y con extremidades en forma de aletas aptas para la natación. || Pescado de río. || — Pl. *Astr.* Piscis. || Clase de los peces. || — *Fam.* Estar como el pez en el agua, estar muy a gusto. | *Estar pez,* no saber nada. | *Fig. Pez de cuidado,* persona que no es de fiar. || *Pez espada,* pescado espadón marino, cuya mandíbula superior tiene forma de espada que puede alcanzar un metro. || *Fam. Pez gordo,* persona importante.

pez f. Sustancia pegajosa y resinosa que se saca de pinos y abetos.

pezón m. Rabillo que sostiene la hoja, la flor o el fruto en las plantas. || Extremidad de la mama o teta. || Extremo: *el pezón de un eje.* || Protuberancia por donde se agarran algunas cosas.

pezonera f. Chaveta que atraviesa la punta del eje de los carruajes. || Pieza de goma que algunas mujeres tienen que ponerse en los pezones cuando crían.

pezuña f. En los animales de pata hendida, conjunto de los pesuños de una misma pata.

ph, símbolo de *foto,* unidad de iluminación.

pH m. *Quím.* Coeficiente que indica el grado de acidez de un medio.

phi [fí] f. Fi, letra griega (φ) correspondiente a la *f* castellana.

pi f. Letra griega (π) que corresponde a la *p* castellana. || *Mat.* Símbolo que representa la relación constante que existe entre la circunferencia y el diámetro del círculo (aproximadamente 3,1416).

piadoso, sa adj. Que tiene o muestra piedad, devoto, religioso: *alma piadosa.* || Compasivo, misericordioso. || Que mueve a compasión.

piafar v. i. Golpear violentamente y repetidas veces el caballo el suelo con las manos.

piamadre o **piamáter** f. Membrana serosa intermedia de las tres que envuelven el encéfalo y la médula espinal.

piamontés, esa adj. y s. Del Piamonte. || — M. Dialecto hablado en el Piamonte.

pianísimo adv. *Mús.* Piano.

pianista com. Persona que se dedica a tocar el piano. || — M. Fabricante de pianos.

pianístico, ca adj. Aplícase a las composiciones musicales escritas para piano.

piano m. Instrumento musical de teclado y cuerdas: *piano recto o vertical, de cola, de media cola, diagonal,* etc. || *Piano de manubrio, organillo.* || — Adv. Suavemente: *cantar, tocar piano.* || *Fam.* Despacio, poco a poco: *ir piano piano.*

pianoforte m. (Ant.). Piano.

pianola f. Piano mecánico.

piar v. i. Emitir su voz los pollos y algunas aves. || *Fam.* Llamar o pedir con insistencia: *siempre estaba piando.*

piara f. Manada de cerdos o de otros animales.

piastra f. Unidad monetaria y subdivisión de ella en varios países.

pibe, ba m. y f. *Riopl. Fam.* Chiquillo, niño.

piberío m. *Arg.* Chiquillada.

pibil adj. *Méx.* Se dice de lo asado en el horno. (Se antepone al nombre: *pibilpollo.*)

pica f. Arma antigua compuesta de una vara larga terminada en una pun-

ta de metal. || Soldado que llevaba esta arma. || Garrocha del picador de toros. || Acción y efecto de picar a los toros.

PIC

picacho m. Cumbre puntiaguda y escarpada de algunos montes.

picada f. Picotazo. || Picadura, punzada. || Acto de picar el pez. || *Arg., Bol., Parag. y Urug.* Senda que se abre en un bosque o en un monte. || *Arg., Bol., Chil., Parag. y Urug.* Carrera ilegal de automotores en la vía pública. || *Arg., Bol., Chil., Col., Parag. y Urug.* Pequeña cantidad de comida que acompaña una bebida.

picadero m. Sitio donde adiestran los picadores los caballos, o las personas aprenden a montar. || Hoyo que hace escarbando el venado. || *Fam.* Cuarto de soltero. || Cada uno de los maderos en que descansa el buque en construcción o en carena.

picadillo m. Guiso de carne cruda picada con tocino, verdura y ajos u otros aderezos. || Lomo de cerdo picado para hacer embutidos. || *Fig. Hacer picadillo,* hacer trizas, destrozar.

picado m. Picadillo, guiso. || Acción y efecto de picar. || *Mús.* Modo de tocar separando muy claramente el sonido de cada nota. || Descenso casi vertical del avión: *descender en picado.* || Martilleo anormal de los pistones en un motor de explosión.

picador m. Torero a caballo que hiere al toro con la garrocha. || El que doma caballos. || Minero que arranca el mineral por medio del pico. || Tajo de la cocina.

picadura f. Acción de picar una cosa. || Pinchazo. || Mordedura: *la picadura de una avispa.* || Caries en la dentadura. || Hoyuelo en la piel dejado por la viruela. || Tabaco picado: *picadura al cuadrado.*

picafigo m. Papafigo, ave.

picaflor m. Pájaro mosca.

picamaderos m. inv. Pájaro carpintero, ave trepadora.

picana f. *Amer.* Aguijón o aguijada del boyero.

picante adj. Que pica: *bicho picante.* || *Fig.* Mordaz: *palabras picantes.* | Gracioso: *chiste picante.* || — M. Sabor de lo que pica. || *Fig.* Acrimonia o mordacidad en el decir. || Pimiento. || *Méx. Chile* o salsa hecha con chile.

picapedrero m. Cantero, el que labra las piedras.

picapica f. Planta cuya fruta produce escozor. || Nombre que se da a varias sustancias que producen picazón: *echar polvos de picapica.*

picapleitos m. inv. *Fam.* Pleitista. || Abogado sin pleitos.

picaporte m. Barrita movible que sirve para cerrar de golpe las puertas. || Llave o tirador con que se abre dicha barrita. || Aldaba.

picar v. t. Herir levemente con un instrumento punzante: *picar con un alfiler.* || Morder con el pico o la boca ciertos animales: *picar la araña, una*

437

serpiente, los pájaros, etc. || Herir el picador al toro con la garrocha. || Morder el pez en el anzuelo. || Enardecer el paladar ciertas cosas excitantes como la pimienta, guindilla, etc. (ú. t. c. i.). || Escocer: esta herida me pica (ú. t. c. i.). || Cortar en trozos menudos: picar tabaco. || Comer cosas una por una: picar aceitunas. || Comer las aves. || Espolear o adiestrar el caballo. || Hacer agujeritos en un dibujo para estarcirlo: picar patrones. || Hacer un agujero en un billete de metro, etc. || Herir con la punta del taco la bola de billar para que tome determinado movimiento. || Dar con el pie a la pelota para darle efecto: picar el balón. || Golpear la piedra con un pico o piqueta. || Fig. Irritar, enojar: le ha picado lo que le dije. | Herir: picarle a uno el amor propio. | Excitar, mover: picar la curiosidad. | Estimular, aguijonear: el aprobado de su amigo le picó. || Mar. Acelerar la boga. || Mús. Hacer sonar una nota muy desligada de la siguiente. || — V. i. Lanzarse en vuelo de arriba abajo las aves de rapiña o los aviones para atacar. || Calentar mucho el sol. || Llamar a la puerta con el picaporte. || Abrir un libro al azar. || Fig. y fam. Dejarse engañar: picar en la trampa. | Dejarse atraer: está tan bien hecha la propaganda que mucha gente pica. || Rayar en algo, acercarse a: picar en poeta, en valiente. || Registrar las horas de entrada y salida en una fábrica u oficina. || Fig. Picar muy alto, tener muchas pretensiones. || — V. pr. Agujerearse algo con la polilla: picarse una manta. || Echarse a perder: picarse el vino, una muela. || Agitarse la superficie del mar, formando olas pequeñas. || Fig. Irritarse, ofenderse, resentirse: se pica por cualquier cosa. || Fig. Presumir de algo: picarse de literato, de gracioso. || Picarse con uno, rivalizar con él.

picaraza f. Urraca, ave.

picardear v. t. Corromper, pervertir. || — V. i. Decir o hacer picardías. || — V. pr. Resabiarse, adquirir algún vicio o mala costumbre.

picardía f. Acción baja, ruindad, vileza. || Malicia, astucia. || Travesura. || Acción o palabra atrevida o licenciosa. || Gavilla o reunión de pícaros.

picardo, da adj. y s. De Picardía. || — M. Dialecto de la lengua de oíl.

picaresca f. Pandilla de pícaros. || Vida de pícaro. || Género de la novela española que se desarrolló en el Siglo de Oro y satirizaba violentamente la sociedad de aquel entonces por medio del pícaro. (La obra más típica es El Lazarillo de Tormes.)

picaresco, ca adj. Relativo a los pícaros: novela picaresca.

pícaro, ra adj. y s. Bajo, ruin. || Taimado, astuto. || Bribón. || Fig. Sinvergüenza, pillo (tómase en buen sentido). || — M. Individuo vagabundo, travieso, astuto y de mal vivir, pero generalmente simpático, que figura en varias obras de la literatura española: el pícaro Lazarillo de Tormes.

picarón, ona adj. Fam. Pícaro, pillo (en buen sentido).

picatoste m. Trozo alargado de pan frito.

picaza f. Urraca, ave.

picazón f. Desazón y molestia que causa algo que pica en una parte del cuerpo. || Fig. y fam. Enojo, enfado producido por una vejación.

picea f. Árbol parecido al abeto.

piche m. Amer. Armadillo. || Arg. y Cub. Miedo.

pichí m. Fam. Arg., Chil. y Urug. En el lenguaje que se habla a los niños, orina.

pichicatear v. i. Hond. y Méx. Escatimar.

pichicato, ta adj. y s. Hond. y Méx. Escatimador, mezquino.

pichichi m. Pato de los lagos de México.

pichinchense adj. y s. De Pichincha (Ecuador).

pichón m. Pollo de la paloma.

pichona f. Fam. Nombre cariñoso que se da a las mujeres.

picnic m. Anglicismo por partida de campo y comida campestre.

pícnico adj. m. Aplícase al tipo constitucional humano de cuerpo rechoncho y miembros cortos.

pico m. Punta, parte saliente en la superficie de algunas cosas: la mesa tiene cuatro picos, sombrero de tres picos. || En el borde de una falda, parte más larga que el resto. || Zapapico, herramienta de cantero y cavador: trabajar de pico y pala. || Parte saliente de la cabeza de las aves, con dos piezas córneas en punta para tomar el alimento. || Parte de algunas vasijas por donde se vierte el líquido. || Punta del candil. || Paño de forma triangular que se pone a los niños entre las piernas. || Cumbre aguda de una montaña: el pico de la Maladeta. || Montaña de cumbre puntiaguda: el pico de Teide. || Parte pequeña que excede de un número redondo: dos mil euros y pico. || Extremo del pan. || Panecillo de forma alargada. || Fam. Facundia, facilidad en el hablar: tener buen pico. || —Pl. Uno de los palos de la baraja francesa. || Fam. Andar a (o de) picos pardos, estar de juerga o andar a la brida. | Cerrar el pico, no hablar; acallar. | Costar un pico, costar mucho. | Hincar el pico, morir. | Irse del pico, hablar demasiado, descubrir lo que se debía mantener secreto. || Pico carpintero, pájaro carpintero. || Pico de cigüeña, geranio. || Pico de frasco o de canoa, tucán, ave americana. || Pico de plata, pajarillo cantor de Venezuela y Perú. || Pico verde, ave trepadora de plumaje verdoso. || Fig. Pico de oro, persona elocuente.

picón, ona adj. Fam. Que se pica u ofende fácilmente (ú. t. c. s.). || — M. Carbón muy menudo para los braseros.

picor m. Escozor, picazón. || Fig. Enojo, desabrimiento.

picoso, sa adj. Méx. Picante. || Fig. Vivaracho, mordaz.

picota f. Poste o columna donde se exponían las cabezas de los ajusticiados o los reos a la vergüenza pública. || Juego de muchachos. || Mar. Barra ahorquillada donde descansa el perno sobre el cual gira el guimbalete. || Clase de cereza.

picotada f. o **picotazo** m. Golpe dado por las aves con el pico. || Señal que deja.

picotear v. t. Picar o herir con el pico las aves. || Fig. Picar: picotear almendras, avellanas, aceitunas. || — V. i. Mover la cabeza el caballo de arriba abajo. || Fig. y fam. Hablar mucho y sin sustancia. || — V. pr. Reñir las mujeres.

picoteo m. Acción de picotear.

picotero, ra adj. y s. Fam. Que habla mucho, parlanchín.

picto, a adj. y s. Dícese del indígena de la ant. Escocia.

pictografía f. Escritura ideográfica.

pictográfico, ca adj. Relativo a la pictografía.

pictograma m. Elemento de escritura pictográfica.

pictórico, ca adj. Relativo a la pintura: ornamentos pictóricos.

picudilla f. Ave zancuda que vive en los parajes húmedos.

picudo, da adj. En forma de pico. || Fam. Dícese de la persona que habla mucho y sin sustancia. || Méx. Astuto.

pie m. Extremidad de cada una de las piernas del hombre o de las patas del animal que sirve para sostener el cuerpo y andar: tener los pies planos. || Pata, cada una de las piezas en que se apoyan los muebles o cosas semejantes: los pies de la mesa. || Base, parte inferior: el pie de la montaña. || Tronco de los árboles o tallo de las plantas. || Planta: un pie de clavel. || Parte de las medias, calcetas, etc., que cubre el pie. || Geom. Punto de encuentro de una perpendicular a una recta o plano. || Cada una de las partes en que se divide un verso para su medición. || Metro de la poesía castellana. || Medida de longitud usada en varios países, con distintas dimensiones. || Parte que está al final de un escrito: pie de página; al pie de la carta. || Explicación que se pone debajo de una foto, grabado, etc. || Fig. Fundamento, origen o base de una cosa. || Modo: tratar en un pie de igualdad. || Nombre de varias plantas: pie de becerro; pie de león, planta rosácea; pie de liebre, especie de trébol. || Chil. Parte del precio que se paga en el momento de convenir una compra. || — Pl. Parte opuesta a la cabecera: estar a los pies de la cama. || Fig. Agilidad para andar: tener buenos pies. || — A cuatro pies, a gatas. || Fig. Al pie de la letra, textualmente, exactamente. || A pie, andando. | A pie enjuto, sin mojarse. | A pie firme, sin moverse. || A pie juntillas; con los pies juntos: saltar a pie juntillas; firmemente, sin la menor duda: creer algo a pie juntillas. || *Fig. Buscarle tres pies al gato*, buscar dificultades donde no las hay. | *Con buen pie*, con suerte, bien. | *Con los pies*, muy mal: *hacer algo con los pies.* | *Con pies de plomo*, con mucha prudencia. | *Dar pie*, dar ocasión para algo. | *De a pie*, que no va a caballo ni montando en un vehículo. | *De pies a cabeza*, enteramente, completamente. || *Echar pie en tierra*, descabalgar o bajar de un vehículo. || *Fig. En pie de guerra*, dícese del ejército preparado para entrar en campaña. | *Entrar con buen pie en un negocio*, iniciarlo con acierto. | *Estar en pie un problema*, plantearse. | *Faltarle a uno los pies*, perder el equilibrio. | *Hacer pie*, no estar cubierta por el agua una persona. | *Írsele los pies a uno*, ser muy sensible a la música de baile; resbalar. | *Levantarse con el pie izquierdo*, levantarse de muy mal humor. | *Nacer de pie*, tener buena suerte. | *No dar pie con bola*, hacerlo todo desacertadamente. | *No tener pies ni cabeza*, no tener sentido alguno. | *Pararle los pies a uno*, ponerlo en su sitio, reprenderle. || *Pie de atleta*, infección del pie causada por un hongo. || *Fam. Pie de banco*, despropósito, necedad. || *Pie de cabra*, palanqueta de extremo hendido. || *Pie de imprenta*, indicación, en una obra, del nombre del impresor, de la fecha y lugar de impresión. || *Pie de rey*, instrumento para medir el diámetro o el espesor de diversos objetos. || *Pie prensatelas*, pieza de la máquina de coser que sirve para guiar la tela. || *Pie quebrado*, verso corto que alterna con otros más largos. || *Fig. Poner pies en polvorosa*, huir. | *Saber de qué pie cojea uno*, conocer sus defectos. || *Sacar los pies del plato*, dejar de ser tímido y empezar a tomarse ciertas libertades. | *Tener un pie en el sepulcro*, estar próximo a la muerte. | *Volver pie atrás*, retroceder.

piedad f. Devoción a las cosas santas: *prácticas de piedad*. || *Amor respetuoso a los padres: *piedad filial*. || Lástima, compasión: *piedad por el prójimo*. || Representación artística de la Virgen de las Angustias: *la "Piedad", de Miguel Ángel*.

piedra f. Sustancia mineral, más o menos dura y compacta: *una estatua, un edificio de piedra*. | Pedazo de esta sustancia: *tirar una piedra*. || *Med.* Cálculo, piedrecilla que se forma en la vejiga o en la vesícula biliar. || Granizo: *el mes pasado cayó mucha piedra*. || Pedernal de las armas o de los instrumentos de chispa: *la piedra de un mechero*. || Muela de molino. || Sitio donde se dejaba a los niños expósitos. || — *Fig. Cerrar a piedra y lodo*, cerrar herméticamente. | *Corazón de piedra*, corazón insensible. | *Menos da una piedra*, expresión irónica empleada cuando el resultado obtenido es muy reducido. | *No dejar piedra por mover*, hacer todas las diligencias posibles para conseguir algo. | *No dejar piedra sobre piedra*, destruirlo todo. | *Piedra angular*, sillar que forma esquina; (fig.) base, fundamento. || *Piedra*

berroqueña, granito. || *Fig. Piedra de escándalo*, lo que puede provocar escándalo o murmuración. || *Piedra de sillería o sillar*, la que, una vez labrada, sirve para la construcción. || *Piedra de toque*, la que usan los ensayadores de oro; (fig.) lo que permite conocer el valor de algo o alguien. || *Piedra filosofal*, v. FILOSOFAL. || *Piedra litográfica*, mármol arcilloso de grano fino, en que se puede grabar. || *Piedra meteórica*, aerolito. || *Piedra pómez*, piedra volcánica, muy ligera y dura, que sirve como abrasivo. || *Piedra preciosa*, la dura, transparente y rara que, tallada, se usa en joyería. || *Fig. Tirar la piedra y esconder la mano*, obrar disimuladamente.

piel f. Membrana que cubre el cuerpo del hombre y de los animales: *hombre de piel blanca*. || Cuero curtido: *artículos de piel*. || Parte exterior que cubre la pulpa de las frutas y algunas partes de las plantas: *la piel de las ciruelas*. || — Pl. Piel de animal con su pelo para hacer prendas de abrigo. || *Piel roja*, n. dado al indio de América del N. || *Fig. y fam. Ser la piel del diablo*, ser muy agitado y perverso.

piélago m. Parte de los océanos muy distante de la tierra. || *Poét.* Océano, mar.

pienso m. Alimento que se da al ganado.

piéride f. Mariposa de alas blancas con varias manchas negras.

pierna f. Cada uno de los miembros inferiores del hombre. || Pata de los animales. || Muslo de los cuadrúpedos y aves. || Cada una de las partes de una cosa que gira alrededor de un eje o de un centro: *las piernas de un compás*. || Trazo fuerte, vertical o ligeramente inclinado, de algunas letras: *pierna de la p*.

pieza f. Cada parte en que se divide una cosa, particularmente una máquina: *las piezas de un motor*. || Moneda: *pieza de cuproníquel*. || Alhaja u obra de arte trabajada con esmero: *una maravillosa pieza de joyería*. || Cada unidad de una serie: *en su colección tiene magníficas piezas*. || Trozo de tela para hacer un remiendo: *poner una pieza a un pantalón*. || Habitación, cuarto: *piso de cuatro piezas*. || Animal de caza o pesca. || Nombre genérico de las fichas o figurillas que se utilizan en ciertos juegos: *piezas de ajedrez*. || Obra dramática: *una pieza en tres actos*. || Composición musical: *pieza para orquesta*. || *Blas.* Figura del escudo que no representa un emblema determinado. || Unidad de presión (símb., *pz*), equivalente a la presión que, aplicada uniformemente en una superficie plana de 1 m³, produce una fuerza total de un newton. || — *Fig. y fam. Buena pieza*, persona maliciosa. || *Pieza de artillería*, arma de fuego no portátil. || *Pieza de recambio o de repuesto*, pieza suelta que puede sustituir en un mecanismo otra semejante que ha sido estropeada. || *Fam. Quedarse de una pieza*, quedarse estupefacto. || *Un dos*

piezas, traje compuesto de dos partes separadas.

piezoelectricidad f. Conjunto de los fenómenos eléctricos que se manifiestan en un cuerpo sometido a presión o a deformación.

pífano m. Flautín de tono muy agudo. || Persona que lo toca.

pifia f. Golpe dado en la bola de billar. || *Fig. y fam.* Error, metedura de pata: *cometer una pifia.*

pifiar v. t. Soplar demasiado el que toca la flauta travesera. || — V. t. Hacer una pifia en el billar o en los trucos. || *Fam.* Cometer una pifia, meter la pata.

pigargo m. Especie de águila de cola blanca: *el pigargo figura en el escudo de los Estados Unidos.*

pigmentación f. Formación y acumulación del pigmento en un tejido, especialmente en la piel.

pigmentar v. t. Colorar con un pigmento.

pigmentario, ria adj. Relativo al pigmento.

pigmento m. Materia colorante que se encuentra en el protoplasma de muchas células vegetales y animales. || Sustancia pulverizable con la cual se da color a las pinturas.

pigmeo, a m. y f. Individuo de una raza de pequeña estatura que habita el África central y meridional. || — M. *Fig.* Hombre muy pequeño.

pignoración f. Acción y efecto de pignorar.

pignorar v. t. Empeñar, dar una cosa en prenda: *pignorar alhajas, títulos del Estado.*

pignoraticio, cia adj. Relativo a la pignoración o al empeño: *contrato pignoraticio.*

pijama m. y f. Pantalón bombacho de tela muy ligera que se lleva en la India. || Traje ancho y ligero compuesto de chaqueta y pantalón usado para dormir.

pijota f. Merluza pequeña. || *Hacer pijotas*, hacer botar una pequeña piedra plana varias veces seguidas en la superficie del agua.

pijotada f. *Fam.* Pijotería.

pijotería f. *Fam.* Menudencia molesta. | Tontería.

pijotero, ra adj. y s. m. *Fam.* Pesado, maldito: *este pijotero niño.*

pila f. Recipiente donde cae o se echa el agua para varios usos: *la pila de la cocina, de una fuente*. || En las iglesias, sitio donde se administra el sacramento del bautismo. || Recipiente donde se guarda el agua bendita. || Montón, rimero: *una pila de leña*. || *Fam.* Gran cantidad: *tener una pila de niños*. || *Arq.* Machón que sostiene los arcos de un puente. || *Fís.* Generador de electricidad que convierte la energía química en energía eléctrica. || — *Nombre de pila*, el que precede a los apellidos: *su nombre de pila es Carmen*. || *Pila atómica*, reactor nuclear, generador de energía que utiliza la fisión nuclear. || *Sacar de pila*, ser padrino de un niño el día de su bautismo.

pilar m. Elemento vertical macizo que sirve de soporte a una construcción. || Pilón de una fuente. || Hito o mojón. || Pila de puente. || *Fig.* Apoyo. || En el rugby, uno de los delanteros de primera fila que sostiene al talonador en una melée.

pilarense adj. y s. De Pilar (Paraguay).

pilastra f. Columna cuadrada, generalmente adosada a una pared.

pilca f. *Amer.* Tapia de piedras y barro.

pilcha f. *Arg., Bol., Chil., Parag., Per.* y *Urug.* Prenda de vestir (suele usarse en plural). || *Arg.* y *Urug.* Prenda del recado de montar.

píldora f. Medicamento de forma de bolita: *píldora purgante.* || — *Fig.* y *fam. Dorar la píldora,* presentar una mala noticia bajo un aspecto agradable. | *Tragar la píldora,* creer un embuste.

pileta f. Pila o fuente pequeña. || *Amer.* Piscina.

pilífero, ra adj. Que lleva pelos.

pilgüije adj. *Méx.* Miserable.

pillada f. *Fam.* Pillería.

pillaje m. Robo. | Saqueo que hacen los soldados en país conquistado: *someter a pillaje.*

pillapilla m. Juego de niños.

pillar v. t. Saquear. || *Fig.* y *fam.* Alcanzar, coger: *pillar a un ladrón.* | Atropellar: *cuidado que no te pille un coche.* | Coger: *el engranaje le pilló un dedo.* | Descubrir: *pilló a su hijo fumando.* || Coger, agarrar: *pillar un resfriado.*

pillastre m. *Fam.* Pillo.

pillear v. i. *Fam.* Hacer pillerías. | Llevar una vida de pillo.

pillería f. *Fam.* Conjunto de pillos. | Acción propia de pillo.

pillo, lla adj. y s. *Fam.* Pícaro.

pilluelo, la adj. y s. *Fam.* Pícaro.

pilmama f. *Méx.* Niñera.

pilocarpo m. Planta rutácea de América del Sur. || Nombre que se da a las hojas del jaborandi.

pilón m. Pila grande. || Receptáculo de piedra o de fábrica que se coloca debajo del caño de una fuente: *el pilón del abrevadero.* || Mortero de madera o metal. || Pan de azúcar cónico. || Pesa móvil de la romana. || *Arq.* Gran portada de cuatro caras en los monumentos del antiguo Egipto. || *Méx.* Propina.

piloncillo m. *Méx.* Azúcar morena que se suele vender en panes.

pilongo, ga adj. Flaco. || *Castaña pilonga,* la secada al humo.

pilórico, ca adj. Relativo al píloro: *glándulas pilóricas.*

píloro m. Abertura inferior del estómago por la cual entran los alimentos en los intestinos.

piloso, sa adj. Relativo al pelo.

pilotaje m. Acción de pilotar: *pilotaje sin visibilidad.* || Derecho pagado por los servicios del piloto en los puertos donde se necesitan.

pilotar v. t. Dirigir un buque. || Guiar un automóvil, un avión.

pilote m. Madero puntiagudo que se hinca en tierra para consolidar cimientos, servir de soporte a una construcción, etc.: *casa construida sobre pilotes.*

pilotear v. t. Pilotar.

piloto m. El que dirige un buque o guía un automóvil, un avión, etc. || El segundo en un buque mercante. || *Fig.* Luz roja en la parte posterior de un vehículo: *dejar el piloto encendido al aparcar.* || Pequeña lámpara que sirve para indicar que funciona un aparato. | Llama que sirve para encenderlos: *el piloto del calentador de agua.* || — *Piloto automático,* conjunto de mecanismos (giroscopios, servomotores, etc.) que desempeñan las funciones del piloto en un avión o vehículo espacial. || *Piloto de pruebas,* el que está encargado de comprobar el resultado y la resistencia de un avión nuevo. || — Adj. Aplícase al que sirve de modelo: *granja, fábrica piloto.*

piltra f. *Pop.* Cama.

piltrafa f. *Fam.* Trozo de carne que casi no tiene más que pellejo.

pima adj. y s. Grupo indígena que vive en el norte de México.

pimental m. Plantío de pimientos: *extensos pimentales.*

pimentero m. Arbusto trepador piperáceo, cuyo fruto es la pimienta. || Recipiente en que se pone la pimienta molida.

pimentón m. Polvo de pimientos secos encarnados. || En algunas partes, pimiento.

pimienta f. Fruto del pimentero, de gusto picante, usado como condimento. || *Fig.* Gracia, agudeza.

pimiento m. Planta solanácea cuyo fruto es una baya hueca, generalmente cónica, al principio verde y después roja. || Fruto de esta planta, picante en algunas variedades, muy usado como alimento. || Pimentero. || Pimentón, pimiento molido. || — *Fig.* y *fam. Me importa un pimiento,* me da igual. || *Pimiento morrón,* el más grueso y dulce de todos.

pimpante adj. Vestido con elegancia, peripuesto.

pimpinela f. Planta rosácea de sabor aromático y flores purpurinas.

pimpollo m. Vástago que echan las plantas. || Árbol nuevo. || Capullo de rosa. || *Fig.* y *fam.* Niño o niña, muchacho o muchacha que se distinguen por su belleza.

pinacoteca f. Galería o museo de pintura: *la pinacoteca de Munich.*

pináculo m. Parte más elevada de un edificio monumental o templo. || *Fig.* Cumbre, cima, auge. || Juego de naipes. || *Fig. Poner a uno en el pináculo,* ensalzarlo.

pinar m. Bosque de pinos.

pincel m. Instrumento hecho con pelos atados a un mango y con que el pintor asienta los colores. || Instrumento parecido con el cual se untan otras cosas, como el alquitrán. || *Fig.* Estilo de

un pintor: *el pincel de Goya, de Picasso.* | Pintor, el que pinta.

pincelada f. Trazo o toque que se da con el pincel. || *Fig.* Expresión concisa de una idea o de un rasgo muy característico. || *Fig. Dar la última pincelada,* perfeccionar o concluir una obra.

pincelar v. t. Pintar.

pincelazo m. Pincelada.

pinchadura f. Pinchazo.

pinchar v. t. Picar, punzar con una cosa aguda o punzante: *pinchar con un alfiler* (ú. t. c. pr.). || *Fig.* Irritar, provocar. | Enojar, picar. || — V. i. Perforarse una cámara de aire. || *Fig. Ni pincha ni corta,* no tiene ninguna autoridad en el asunto.

pinchazo m. Punzadura o herida que se hace con un objeto que pincha. || Perforación que provoca la salida del aire de un neumático, balón, etc.

pinche m. Mozo de cocina. || — Adj. y s. *Méx.* De calidad inferior, despreciable.

pincho m. Aguijón, espina, púa de planta o animal. || Varilla con que los consumidores reconocen las cargas. || Nombre que se aplica a los manjares que se sirven en los bares como tapa, ensartados en un mondadientes. || *Pincho moruno,* brocheta de carne de borrego fuertemente sazonada.

pindonga f. *Fam.* Mujer callejera o azotacalles.

pindonguear v. i. *Fam.* Callejear la mujer.

pineal adj. Dícese de una glándula pequeña, de forma ovalada, situada encima del cerebro medio.

pineda f. Pinar.

pínfano m. *Barb.* por *tímpano,* instrumento músico.

pingajo m. *Fam.* Harapo.

pingo m. *Fam.* Pingajo. || *Pop.* Persona de mala vida. || *Arg., Chil., Parag.* y *Urug.* Caballo. || *Méx.* Muchacho travieso. || — Pl. *Fam.* Vestidos de mujer de muy poco valor. || *Fig.* y *fam. Andar de pingo,* callejear las mujeres.

pingorotudo, da adj. *Fam.* Empinado, alto o elevado, erguido. || Encopetado.

ping-pong m. Juego de tenis sobre una mesa.

pingüe adj. Grasoso, mantecoso. || Abundante: *pingües ganancias.* || Fértil.

pingüino m. Ave palmípeda blanca y negra, de alas muy cortas.

pinitos m. pl. Primeros pasos del niño. || *Fig.* Principios.

pinnípedo, da adj. Dícese de los mamíferos marinos de patas palmeadas, como la foca, el otario, la morsa (ú. t. c. s.). || — M. pl. Orden formado por estos animales.

pino m. Árbol conífero con tronco de madera resinosa, hojas siempre verdes, y cuyo fruto es la piña con su semilla. (Existen numerosas especies de *pinos:* el *pino albar,* el *blanco,* el *negro,* el *negral,* el *rodeno* o *marítimo,* el *piñonero,* de piñas aovadas con piñones comestibles, etc.) || *Chil.* Relleno de la empanada. || — *Fig.* y *fam. En el quinto pino,* muy lejos. || *Fig. Hacer el pino,* mantenerse en postura vertical, apoyándose en las manos y con la cabeza hacia abajo.

pino, na adj. Empinado.

pinol y **pinole** m. *Amer.* Harina de maíz tostado.

pinolate m. *Méx.* Bebida de pinole, azúcar y cacao, con agua.

pinolero, ra adj. y s. *Fam. Amer.* Nicaragüense.

pinolillo m. *Méx.* Larva de una especie de garrapata.

pinsapar m. Plantío poblado de pinsapos.

pinsapo m. Árbol conífero parecido al abeto.

pinta f. Adorno en forma de mancha redonda. || Mancha. || *Fig.* Aspecto: *tiene muy buena pinta.* || Medida de capacidad equivalente a 0,658 litros en Inglaterra y 0,473 en los Estados Unidos. || En ciertos juegos de cartas, triunfo. || Señal que tienen los naipes por un extremo. || *Arg.* Color de los animales. || — M. *Fam.* Golfo, persona poco seria. || *Méx. Fig. Hacer pinta,* faltar los niños a la escuela. || *Méx. Hacer una pinta,* dibujar o escribir un letrero en una pared.

pintada f. Gallina de Guinea.

pintado, da adj. Naturalmente matizado de diversos colores. || *Fig.* Exacto: *es su padre pintado.* || — *Fig. El más pintado,* el más listo. || *Venir como pintado,* venir muy bien. || — M. Acción de pintar. || Acción y efecto de pintar en las paredes expresiones, por lo común políticas. || *Arg., Cub., Hond., Nicar., Parag., Per., Urug.* y *Venez. Estar alguien pintado* (en las paredes), no tener presencia ni autoridad real.

pintamonas com. *Fig.* y *fam.* Mal pintor.

pintar v. t. Representar cosas o seres vivos con líneas y pinturas: *pintar un paisaje.* || Cubrir con pintura: *pintó su coche de rojo.* || *Fam.* Dibujar: *pintar monigotes.* || Escribir: *pintar el acento, una escena.* || *Fig.* y *fam.* Tener importancia o influencia: *tú aquí no pintas nada.* || — V. i. Empezar a tomar color y madurar ciertos frutos. || *Fam.* Mostrarse la calidad de algunas cosas. || — V. pr. Darse colores y cosméticos: *pintarse los labios, las mejillas.* || *Fig.* Manifestarse, dejarse ver: *la felicidad se pintaba en su rostro.*

pintarrajar o **pintarrajear** v. t. *Fam.* Pintorrear.

pintarroja f. Lija, pez selacio.

pintiparado, da adj. Muy parecido: *es su madre pintiparada.* || Muy adecuado u oportuno: *esto me viene pintiparado.* || Adornado, emperejilado: *iba muy pintiparado.*

pintiparar v. t. Comparar una cosa con otra.

pinto, ta adj. Pintado.

pintor, ra m. y f. Persona que se dedica a la pintura. || *Pintor de brocha gorda,* el de puertas y ventanas; (fig.) mal pintor.

pintoresco, ca adj. Que atrae la vista por su belleza o particularidad: *un pueblo pintoresco.* || *Fig.* Vivo, muy gráfico y expresivo: *lenguaje, estilo pintoresco.* | Original: *un traje pintoresco.*

pintoresquismo m. Calidad de pintoresco.

pintorrear v. t. Pintar sin arte.

pintura f. Arte de pintar: *pintura al óleo, al fresco, al temple, a la aguada.* || *Obra pintada: una pintura de Fra Angélico.* || Sustancia colorada con que se pinta: *pintura verde.* || *Fig.* Descripción: *hacer la pintura de las costumbres de un pueblo.* | *No poder ver a uno ni en pintura,* no poder aguantarlo. || *Pintura rupestre,* la prehistórica, que se encuentra en cavernas o sobre rocas: *son famosas las pinturas rupestres de Altamira (España).*

pinturero, ra adj. y s. *Fam.* Dícese del que presume de bien parecido o elegante: *joven pinturera.*

pinzas f. pl. Instrumento de metal a modo de tenacillas para coger o sujetar cosas pequeñas: *pinzas de relojero, de cirugía.* || Órgano prensil de los crustáceos, insectos y otros animales: *las pinzas del cangrejo, del alacrán.* || Pliegue hecho en el interior de la ropa para estrecharla o como adorno.

pinzón m. Pájaro insectívoro y cantor, del tamaño de un gorrión.

piña f. Fruto del pino y otros árboles, de forma aovada. || Ananás. || *Fam.* Puñetazo. || *Fig.* Conjunto de personas o cosas estrechamente unidas. || *Arg., Bol., Chil., Cub., Parag.* y *Urug.* Golpe, puñetazo, piñazo.

piñal m. *Amer.* Terreno plantado de piñas o ananás.

piñata f. Olla llena de dulces que en los bailes de máscaras suele colgarse del techo y se tiene que romper con los ojos vendados.

piñazo m. *Méx.* Modalidad delictiva de asalto a la salida de un banco.

piñón m. Simiente del pino, dulce y comestible en el pino piñonero. || Esta simiente por su belleza o particularidad: *un pueblo pintoresco.* || Último burro de la recua. || Arbusto americano euforbiáceo. || Pieza del disparador de las armas de fuego. || Huesecillo terminal del ala de las aves. || La menor de las dos ruedas dentadas de un engranaje. || *Fig.* y *fam. Estar uno a partir un piñón con otro,* estar los dos en muy buenos términos.

piñonata f. y **piñonate** m. Dulce a base de piñones y azúcar.

piñonero adj. *Aplícase a una variedad de pino de gran altura y de piñones comestibles.* || M. Pinzón real.

pío m. Voz del pollo de cualquier ave. || *Fig.* y *fam. No decir ni pío,* no decir nada.

pío, a adj. Devoto, inclinado a la piedad. || Compasivo. || *Aplícase a la caba-*

llería que tiene la piel de varios colores. || *Obra pía,* obra de beneficencia.

piocha f. Zapapico. || *Méx.* Barba, perilla. || — Adj. *Méx.* Excelente, agradable.

piojillo m. Insecto parásito de las aves.

piojo m. Género de insectos hemípteros, anopluros, parásitos en el hombre y en los animales.

piojoso, sa adj. Que tiene muchos piojos. || *Fig.* Mezquino, avaro. | Sucio y harapiento.

piola f. *Mar.* Pequeño cabo formado de dos o tres filásticas. || Juego en el que los jugadores saltan, alternativamente, unos por encima de otros: *jugar a la piola.* || — Adj. y s. *Fam. Arg., Parag.* y *Urug.* Agradable, simpático. | *Arg.* y *Urug.* Astuto, pícaro.

piolet m. Bastón de montañero.

piolín m. *Arg., Bol., Chil., Méx., Parag.* y *Urug.* Cordel delgado de cáñamo, algodón u otra fibra.

pión, ona adj. y s. Que pía mucho.

pionero m. Persona que abre el camino a otras, adelantado.

piorrea f. Flujo de pus, especialmente en las encías.

pipa f. Barrica, tonel o cuba. || Utensilio para fumar consistente en un cañón y una cazoleta. || Lengüeta de las chirimías. | *Pipiritaña, flautilla.* || *Espoleta: la pipa de una bomba.* || Pepita o semilla del girasol que se come como golosina. || *Cub.* y *Méx.* Remolque especial para vehículos automotores que sirve para transportar grandes cantidades de líquido o gas.

piperáceo, a adj. y s. f. *Aplícase a las plantas dicotiledóneas a que pertenece el pimentero.* || — F. pl. Familia que forman.

pipermín m. Bebida alcohólica de menta.

pipeta f. Tubo de cristal ensanchado en su parte media, que sirve para transvasar pequeñas porciones de líquidos: *pipeta de laboratorio.*

pipí m. *Pitpit,* pájaro. || *Fam.* Orina, en el lenguaje infantil.

pipián m. *Méx.* Salsa espesa de pepitas de calabaza y picante: *pollo en pipián.*

pipil adj. y s. Individuo de un antiguo pueblo nahua de El Salvador y Guatemala.

pípila m. *Méx.* Guajolote, pavo.

pipiolo m. Miembro del Partido Liberal chileno de 1823 a 1829. || *Fam.* Novato, inexperto.

pipirigallo m. Planta papilionácea.

pipirigaña f. Pizpirigaña.

pique m. Resentimiento, enfado. || Sentimiento de emulación o rivalidad. || Amor propio. || *Mar.* Varenga en forma de horquilla. || *Amer.* Nigua, insecto. | Senda estrecha. || — *A pique,* a punto de, próximo a; a plomo, perpendicularmente. || *Echar a pique,* hundir una embarcación; (fig.) destruir una empresa. || *Irse a pique,* hundirse una embarcación; (fig.) fracasar una empresa, arruinarse, gastarse completamente la fortuna.

piqué m. Tela de algodón que forma dibujos en relieve, especialmente en forma de canutillos, y que se emplea en prendas o ropa de vestir.

piquera f. Agujero de los toneles y alambiques. || En los altos hornos, agujero por donde sale el metal fundido. || Mechero de una lámpara. || Agujero en uno de los dos frentes de las colmenas. || *Cub.* Parada de taxis. || *Méx.* Taberna de inferior calidad.

piquero m. Soldado armado de pica. || *Chil.* y *Per.* Ave palmípeda de la cual procede el guano de las islas Chinchas.

piqueta f. Zapapico.

piquete m. Picadura, pinchazo. || Agujero pequeño que se hace en las ropas u otras cosas. || Jalón pequeño. || Número reducido de soldados empleados para ciertos servicios: *piquete de ejecución.* || *Piquete de huelga,* grupo de huelguistas que se colocan a la entrada de un lugar de trabajo y cuidan de la buena ejecución de las consignas de huelga.

pira f. Hoguera.

piragua f. Embarcación larga y estrecha, en general de una pieza, usada en América y Oceanía. || Canoa o kayac: *carrera de piraguas.*

piragüero m. El que conduce una piragua.

piramidal adj. De figura de pirámide. || Dícese de cada uno de dos músculos pares que producen la abducción del fémur.

pirámide f. Sólido que tiene por base un polígono y cuyas caras son triángulos que se reúnen en un mismo punto llamado vértice. || Monumento que tiene la forma de este sólido: *las pirámides de Gizeh, de Cholula.* || Montón de objetos que tiene la misma forma. || — *Pirámide regular,* la que tiene como base un polígono regular y como caras triángulos isósceles iguales. || *Pirámide truncada,* la que no tiene vértice y cuya parte superior es paralela a su base.

piraña f. Pez muy voraz, propio de los ríos de Amazonia.

pirarse v. pr. *Fam.* Marcharse.

pirata adj. Clandestino: *emisora pirata.* || — M. El que se hace a la mar para asaltar y robar barcos. || *Fig.* Hombre cruel y despiadado. || *Pirata del aire,* persona que, valiéndose de amenazas, desvía un avión en vuelo para hacerlo aterrizar en otro sitio que el señalado como destino.

piratear v. i. Apresar y robar embarcaciones. || *Fig.* Robar. | Copiar y atribuirse textos ajenos.

piratería f. Actividad de los piratas. || Acción cometida por los piratas.

pirausta f. Mariposilla que, según los antiguos, vivía en el fuego.

piraya f. *Amer.* Piraña.

pirenaico, ca adj. Relativo a los Pirineos: *cordillera pirenaica.*

pirex m. Cristal poco fusible y muy resistente al calor.

pirexia f. *Med.* Estado febril.

pirindola f. Perinola.

pirindolo m. Adorno de remate en forma de bola. || *Fig.* y *fam.* Cosa, chisme.

pirinola f. *Méx.* Perinola.

pirita f. *Min.* Sulfuro natural de hierro o de cobre (calcopirita) que se obtiene en forma de cristales con reflejos dorados.

piroelectricidad f. Electricidad engendrada en un cuerpo por variaciones de temperatura.

pirofosfato m. *Quím.* Sal del ácido pirofosfórico.

pirofosfórico adj. m. Aplícase a un ácido que se obtiene al calentar el ácido fosfórico.

pirograbado m. Procedimiento de grabar en la madera o el cuero por medio de una punta de platino incandescente.

pirolisis f. *Quím.* Descomposición producida por el calor.

piromancia o **piromancía** f. Adivinación por el color y la forma de la llama.

pirómano, na adj. y s. Que tiene la manía de provocar incendios.

piropear v. t. *Fam.* Echar piropos: *todos la piropean.*

piropo m. *Fam.* Requiebro, galantería: *decir o echar piropos muy graciosos.* || *Min.* Carbúnculo.

pirosfera f. Masa candente que se suponía que ocupaba el centro de la Tierra.

pirosis f. Sensación de ardor desde el estómago hasta la faringe.

pirotecnia f. Arte de preparar explosivos y fuegos artificiales.

pirotécnico, ca adj. Relativo a la pirotecnia. || — M. El que se dedica a la pirotecnia.

piroxena f. o **piroxeno** m. Silicato de hierro, cal y magnesia, que forma parte de varias rocas volcánicas.

pirrarse v. t. *Fam.* Tener mucha afición o ganas: *pirrarse por la música, por ir.*

pírrico, ca adj. y s. Aplícase a una danza militar de la antigua Grecia. || *Victoria pírrica,* la que se logra con muchos sacrificios; éxito obtenido con excesivas pérdidas.

pirrónico, ca adj. y s. Escéptico: *escuela pirrónica.*

pirronismo m. Escepticismo.

pirú m. *Méx.* Planta anacardiácea.

pirueta f. Voltereta. || Vuelta rápida que da el caballo girando sobre los pies.

pirul m. *Méx.* Pirú.

pirulero adj. Voz de un juego infantil hispanoamericano: *Juan pirulero.*

pirulí m. Caramelo montado sobre un palito. (Pl. *pirulís.*)

pirulo m. Botijo.

pis m. *Fam.* Pipí, orina.

pisa f. Acción de pisar. || Cantidad de aceituna o uva que se pisa de una vez. || *Fam.* Zurra, paliza.

pisada f. Huella que deja el pie en la tierra. || Ruido que hace una persona al andar: *se oían sus pisadas.* || Aplastamiento. || *Fig.* Seguir las pisadas de uno, imitarle.

pisador, ra adj. Que pisa. || Aplícase al caballo que pisa con fuerza y estrépito. || — M. El que pisa la uva.

pisadura f. Pisada, huella de pasos.

pisano, na adj. y s. De Pisa.

pisapapeles m. Objeto pesado que se pone sobre los papeles para que no se muevan.

pisar v. t. Poner el pie sobre algo: *me has pisado el pie.* || Apretar o estrujar con el pie, o con un instrumento: *pisar la uva, los paños, la tierra.* || Entre las aves, cubrir el macho a la hembra: *pisar el palomo la paloma.* || Cubrir una cosa parte de otra. || *Mús.* Pulsar las teclas o cuerdas de un instrumento. || *Fig.* Pisotear: *pisar la Constitución, las leyes.* | Aprovechar una cosa anticipándose a otra persona: *pisarle el puesto a uno.*

pisaverde m. *Fam.* Joven muy presumido y coqueto.

piscícola adj. Relativo a la piscicultura.

piscicultor, ra m. y f. Persona dedicada a la piscicultura.

piscicultura f. Arte de criar y fomentar la reproducción de los peces en los ríos y estanques.

piscifactoría f. Establecimiento piscícola.

pisciforme adj. Que tiene forma de pez.

piscina f. Estanque artificial para nadar y bañarse.

piscle m. *Méx.* Caballo malo.

pisco m. *Amer.* Aguardiente de Pisco. | Tinajuela en que se vende. || *Col.* Pavo. || *Venez.* Borracho.

piscolabis m. *Fam.* Comida o merienda ligera.

piso m. Suelo de un edificio, habitación o terreno: *piso de baldosines; el piso de una carretera.* || Cada una de las plantas de una casa: *primer, último piso.* || Vivienda: *un piso de cinco habitaciones.* || *Geol.* Cada una de las capas que se distinguen en un terreno.

pisón m. Instrumento pesado con el cual se golpea el suelo para apretar la tierra o el hormigón para igualar los adoquines, etc.

pisotear v. t. Pisar repetidamente: *este periódico ha sido pisoteado en el suelo.* || *Fig.* Humillar, maltratar de palabra: *pisotear al vencido.* | Hacer caso omiso de, infringir: *pisotear las leyes.*

pisoteo m. Acción de pisotear.

pisotón m. *Fam.* Pisada muy fuerte sobre el pie de otro.

pisqueño, ña adj. y s. De Pisco.

pista f. Rastro o huellas de los animales en la tierra por donde han pasado: *la pista del jabalí.* || Sitio destinado a las carreras y otros ejercicios: *la pista de un hipódromo, de un circo.* || Sitio adecuadamente allanado para ciertas cosas: *pista de baile.* || Terreno destinado al despegue y aterrizaje de los aviones. || Camino carretero provisional: *pista militar.* || *Fig.* Conjunto de indicios que puede conducir a la averiguación de un hecho. || *Tecn.* Parte de la cinta magnética en que se graban los sonidos.

pistache m. *Méx.* Pistachero. || *Méx.* Pistacho.

pistachero m. Alfóncigo, árbol.

pistacho m. Fruto del alfóncigo.

pistilo m. Órgano femenino de la flor, que consta de ovario y estigma, y a veces de estilo.

pisto m. Jugo de carne. || Fritada de pimientos, tomates, cebolla y varias hortalizas más. || *Amér. C.* Dinero. || *Fig. y fam.* Darse pisto, darse importancia.

pistola f. Arma de fuego pequeña, de cañón corto y que se dispara con una sola mano. || Pulverizador para pintar. || — *Pistola ametralladora,* la de dimensiones mayores que la común y cuyo tiro es automático. || *Pop. Méx.* Por pistolas, a la fuerza.

pistolera f. Estuche de cuero para guardar la pistola.

pistolero m. Bandido armado de pistola. || Asesino al servicio de otra persona.

pistoletazo m. Tiro de pistola. || Herida producida.

pistón m. Émbolo. || Cápsula, mixto para escopeta o para hacer el efecto de explosión en las pistolas de juguete. || *Mús. Llave en forma de émbolo* que tienen ciertos instrumentos: *corneta de pistón.* || Corneta de llaves.

pistonudo, da adj. *Pop.* Excelente, magnífico, estupendo.

pistují m. *Méx.* Ave de la familia de los tiránidos.

pita f. Planta amarilidácea, oriunda de México, de hojas grandes y carnosas, una de cuyas variedades produce un líquido azucarado con el cual se hace el pulque. (V. MAGUEY.) || Hilo que se hace con las flores de esta planta. || Canica, bolita. || Acción de pitar, abucheo: *al entrar recibió una pita.*

pitada f. Sonido del pito. || *Fig.* Pita, silbido, abucheo. || *Arg., Bol., Chil., Ecuad., Parag., Per. y Urug.* Acción de inhalar y exhalar el humo de un cigarro.

pitagórico, ca adj. Relativo a Pitágoras, a su filosofía o a su escuela. || *Tabla pitagórica,* la de multiplicar.

pitagorismo m. Doctrina de Pitágoras.

pitahaya f. *Amer.* Planta cactácea trepadora, de hermosas flores.

pitanza f. Reparto diario de alimento en las comunidades. || *Fam.* Alimento cotidiano. || Sueldo.

pitar v. i. Tocar el pito. || *Fig. y fam.* Ir algo a medida de los deseos de uno: *mi negocio pita.* || *Fam.* Salir pitando, irse a todo correr. || — V. t. Manifestar

desaprobación o descontento mediante silbidos: *pitar a un torero.* || Distribuir la pitanza. || *Amer. Fam.* Fumar.

pitazo m. *Méx.* Aviso, soplo: *lo arrestaron gracias a un pitazo.*

pitecántropo m. Nombre de un primate fósil con muchos rasgos humanos del cual se encontraron restos en Java.

pitia f. Pitonisa.

pítico, ca adj. Pítio.

pitido m. Silbido.

pitillera f. Cigarrera que hace pitillos. || Estuche donde se guardan los cigarrillos.

pitillo m. Cigarrillo.

pitiminí m. Rosal de flor pequeña.

pitio, tia adj. Relativo a Apolo o a Pitia. || *Juegos pitios,* los celebrados en Delfos en honor de Apolo.

pitirrojo m. Petirrojo.

pito m. Pequeño instrumento parecido al silbato, de sonido agudo. || Dispositivo que silba por acción del vapor o del aire comprimido: *se oía el pito de la locomotora.* || *Fam.* Cigarrillo. || Pico de vasija. || Taba, juego. || Garrapata de América del Sur. || — *Fig. No importar un pito,* no importar nada. | *No tocar pito en un asunto,* no tener nada que ver. | *No valer un pito o tres pitos,* no valer nada. | *Por donde te flautas,* por una razón o por otra. | *Ser el pito del sereno,* ser una persona de la cual no se hace ningún caso.

pitón m. Cuerno que empieza a salir a ciertos animales: *el pitón del toro, del cordero, del cabrito.* || Pitorro de las vasijas. || *Fig.* Pequeño bulto que sale en la superficie de alguna cosa. || Renuevo del árbol. || Especie de clavo utilizado en montañismo. || Reptil de Asia y África no venenoso, que alcanza hasta diez metros de longitud.

pitonazo m. Cornada.

pitonisa f. Sacerdotisa de Apolo.

pitorrearse v. pr. *Pop.* Guasearse, burlarse, reírse.

pitorreo m. *Pop.* Guasa, burla.

pitorro m. En los botijos y porrones, tubo para la salida del líquido.

pitpit m. Pájaro insectívoro, de plumaje pardo.

pituco, ca adj. *Arg., Bol., Chil., Ecuad., Parag., Per. y Urug.* Petimetre, que cuida demasiado su aspecto personal. || *Arg., Chil., Parag., Per. y Urug.* Elegante.

pituita f. Mucosidad que segregan las membranas de la nariz y los bronquios.

pituitario, ria adj. Que segrega pituita. || *Membrana pituitaria,* la mucosa de la nariz.

pituso, sa adj. Dicho de un niño, gracioso, lindo. || — M. y f. Niño.

piurano, na adj. y s. De Piura.

piure m. *Chil.* Primitivo animal marino comestible que vive en colonias junto a la costa.

pivotante adj. Aplícase a la raíz central de ciertas plantas que profundiza

verticalmente en la tierra: *la raíz pivotante del nabo.*

pivote m. *Tecn.* Pieza cilíndrica que gira sobre un soporte. | Soporte en el que puede girar algo. || En baloncesto, delantero centro.

piyama m. Pijama.

— OBSERV. En América se emplea frecuentemente en femenino.

pizarra f. Roca homogénea, de color negro azulado, que se divide fácilmente en hojas planas y delgadas. || Trozo de esta piedra o de otra materia parecida que sirve para escribir o dibujar.

pizarral m. Sitio donde hay pizarras.

pizarreño, ña adj. Relativo a la pizarra o parecido a ella.

pizarrín m. Lápiz para escribir en la pizarra.

pizarroso, sa adj. Que contiene pizarra o es parecido a ella.

pizca f. *Fam.* Porción muy pequeña de una cosa: *comer una pizca de pan.* || *Méx.* Recolección de frutos: *la pizca del maíz.* || *Fam. Ni pizca,* nada: *este cuadro no me gusta ni pizca.*

pizote m. *Amér. C.* Tejón, coatí.

pizpereta y **pizpireta** adj. f. *Fam.* Aplícase a la mujer vivaracha, alegre y simpática.

pizza f. Tarta de origen italiano rellena de tomates, anchoas, aceitunas, etc.

pizzicato m. (pal. ital.). *Mús.* Modo de ejecución en los instrumentos de arco que consiste en pellizcar las cuerdas con los dedos. | Trozo ejecutado de esta manera.

Pl. símbolo del *poiseuille*.

placa f. Lámina, plancha u hoja delgada y rígida. || Lámina de cristal o de metal sensibilizada que sirve para obtener una prueba fotográfica negativa. || Electrodo de un tubo electrónico. || *Med.* Mancha en la piel o en una mucosa provocada por una dolencia. || Insignia de ciertas órdenes y profesiones: *placa de Isabel la Católica, de los policías.* || Rótulo. || *Méx.* Matrícula de un auto. || *Placa giratoria,* en los ferrocarriles, plataforma circular con carriles que sirve para hacer que cambien de vía los vagones y las locomotoras. || *Geogr. Placa tectónica,* sección de gran tamaño de la corteza terrestre que flota sobre el manto.

placard m. (pal. fr.). *Arg., Chil., Parag. y Urug.* Armario empotrado, clóset.

placear v. t. Vender géneros comestibles al por menor. || *Fig.* Ejercitarse el torero en plazas. || Ejercitarse cualquier persona para adquirir experiencia.

pláceme m. Felicitación.

placenta f. Órgano ovalado y aplastado que une al feto con la superficie del útero. || Parte vascular del fruto de las plantas a la que están unidas las semillas.

placentario, ria adj. Relativo a la placenta. || — M. pl. Mamíferos que están provistos de placenta.

placentero, ra adj. Agradable.

placer m. Sentimiento experimentado a causa de algo que agrada: *la música le causa mucho placer.* || Gusto: *le ayudaré con sumo placer.* || Diversión, entretenimiento: *los placeres de la vida.* || Voluntad: *tal es mi placer.* || Banco de arena en el mar. || Yacimiento superficial aurífero. || Pesquería de perlas en América. || *A placer,* a medida de sus deseos; lentamente, poco a poco.

*placer v. i. Agradar.

placero, ra adj. Relativo a la plaza. || — Adj. y s. Aplícase a la persona que vende comestibles en la plaza. || *Fig.* Ocioso, callejero.

plácet m. (pal. lat.). Asentimiento de un gobierno al nombramiento de un agente diplomático extranjero.

placidez f. Calma, apacibilidad.

plácido, da adj. Tranquilo, apacible: *un hombre plácido.* || Sosegado y agradable: *llevar una vida plácida.*

plafón m. *Arq.* Sofito.

plaga f. Calamidad grande que aflige a un pueblo: *las plagas de Egipto.* || *Fig.* Abundancia de una cosa nociva o dañina: *plaga de moscas, de frutas.* | Azote que daña a la agricultura: *plaga de langosta, de la filoxera.* | Infortunio, desgracia. | Enfermedad.

plagar v. t. Cubrir de algo perjudicial: *plagar de heridas, de pústulas* (ú. t. c. pr.). || Llenar: *texto plagado de errores.* || *Plagado de deudas,* abrumado, lleno de deudas.

plagiar v. t. Copiar o imitar obras ajenas dándolas como propias: *plagiar a Cervantes.*

plagiario, ria adj. y s. Dícese de la persona que plagia.

plagio m. Copia o imitación de una obra ajena. || *Amer.* Secuestro.

plagióstomos m. pl. Orden de peces selacios que tienen la boca en la parte inferior de la cabeza, como el tiburón (ú. t. c. adj.).

plaguicida adj. y s. Que se emplea para combatir las plagas.

plan m. Estructura general de una obra: *el plan de una novela.* || Intención, proyecto: *no tengo ningún plan para esta tarde.* || Programa, detalle de las cosas que hay hacer para la ejecución de un proyecto: *plan de trabajo.* || Conjunto de medidas gubernamentales o intergubernamentales tomadas para organizar y desarrollar la actividad económica: *plan quinquenal.* || Altitud o nivel. || *Mar.* Parte inferior y más ancha de la bodega de un barco. || *Med.* Régimen y tratamiento: *estar a plan.* || *Min.* Piso de una mina. || *Fam.* Chico o chica con quien uno sale: *Pedro tiene un plan estupendo el domingo.* || *En plan de,* en concepto de.

plana f. Cara de una hoja de papel. || Página de escritura hecha por los niños. || Extensión llana, llanura: *la plana del Ampurdán.* || Llana de albañil. || *Impr.* Página de composición. || *Méx.* Compromiso político de carácter revolucionario: *el Plan de Iguala.* || *Fig.*

Enmendar la plana, encontrar correcciones que hacer en lo que otro ha realizado. || *Plana mayor de un regimiento,* los oficiales y demás personas que no pertenecen a ninguna compañía. || *Titular a toda plana,* en un periódico, titular que ocupa toda la anchura de la página.

planchá f. Lámina o placa de metal. || Utensilio consistente en una superficie metálica calentada generalmente por una resistencia eléctrica y una asa que sirve para planchar la ropa. || Conjunto de ropa planchada. || *Impr.* Reproducción estereotípica o galvanoplástica lista para la impresión. || *Mar.* Pasarela que se tiende de una embarcación al muelle. || En el fútbol, calzo. || Modo de nadar, flotando en el agua de espaldas: *hacer la plancha.* || *Fig.* Metedura de pata, equivocación molesta: *tirarse una plancha.*

planchado m. Acción de planchar. || Ropa planchada o que se ha de planchar.

planchador, ra m. y f. Persona cuyo oficio consiste en planchar ropa blanca o vestidos.

planchar v. t. Desarrugar la ropa con la plancha caliente o una máquina especial. || *Amer.* Dejar a uno esperando. || *Amer.* Adular.

planchazo m. Planchado rápido. || En el fútbol, calzo. || *Fam.* Metedura de pata: *tirarse un planchazo.*

plancton m. Conjunto de los organismos microscópicos que viven en suspensión en las aguas marinas o dulces.

planeador m. Avión sin motor que vuela aprovechando las corrientes atmosféricas.

planeamiento m. Acción y efecto de planear.

planear v. t. Trazar el plan de una obra. || Proyectar: *planear un viaje, una reforma.* || Preparar, organizar: *planear una conspiración.* — V. i. Cernerse en el aire como las aves. || Hacer planes o proyectos. || *Vuelo planeado,* el de un avión que vuela sin motor o con el motor parado.

planeo m. Vuelo planeado.

planeta m. Cuerpo celeste opaco que gira alrededor del Sol. || *Planetas externos,* los planetas del sistema solar que se hallan más alejados del Sol que de la Tierra. || *Planetas internos,* los planetas del sistema solar que se encuentran entre la Tierra y el Sol.

planetario, ria adj. Relativo a los planetas: *sistema planetario.* || Relativo a todo el mundo: *a escala planetaria.* || — M. Aparato mecánico con el cual se imita el movimiento de los planetas. || Planetarium. || En un mecanismo diferencial, engranaje montado directamente en los árboles mandados por los satélites de la corona: *engranaje planetario.*

planetarium m. Dispositivo para reproducir los movimientos de los cuerpos celestes en una bóveda que figura el firmamento.

planicie f. Llanura. || Meseta.

planificación f. Establecimiento de programas detallados para el buen desarrollo de una actividad: *la planificación del trabajo.*

planificador m. El que se ocupa de la planificación.

planificar v. t. Establecer un plan o programa para organizar una actividad: *planificar la economía.*

planilla f. *Amer.* Lista, nómina.

planimetría f. Representación en un plano de una porción de la Tierra.

planímetro m. Instrumento para medir áreas de figuras planas.

planisferio m. Mapa en que están representadas la esfera celeste o la terrestre.

plano, na adj. Llano, de superficie lisa. || *Geom.* Relativo al plano: *geometría plana.* || Aplícase al ángulo que es igual a dos rectos. || — M. *Geom.* Superficie plana limitada. || Representación gráfica de las diferentes partes de una ciudad, un edificio, una máquina, etc.: *un plano de Barcelona, del museo del Prado.* || Distancia relativa de los objetos representados en un cuadro o fotografía: *plano de fondo.* || Elemento de una película fotografiado en una sola toma de vistas: *primer plano, plano general, medio.* || *Fig.* Esfera, terreno. || — *De plano,* claramente, sin rodeos; cuan largo es uno: *caer de plano, de lleno.* || *Levantar un plano,* representar un terreno reducido proporcionalmente sus dimensiones. || *Plano de sustentación,* ala y cola del avión. || *Plano inclinado,* superficie oblicua utilizada para facilitar la elevación de ciertos pesos.

planta f. Nombre genérico de todo lo que vive adherido al suelo por medio de raíces: *planta herbácea, textil, de adorno.* || Plantío. || Parte del pie o de la pata que se apoya en el suelo. || Plano: *la planta de un templo.* || Proyecto, plan. || Piso: *vivir en la primera planta.* || Pie de una perpendicular. || Plantilla de una empresa. || Fábrica, instalación: *planta embotelladora; planta eléctrica.* || *Fam.* Presencia: *tener buena planta.* || *Planta baja,* piso de una casa situado al nivel del suelo.

plantación f. Acción de plantar. || Conjunto de lo plantado. || Explotación agrícola generalmente de un solo cultivo: *plantación de tabaco, plátanos.*

plantador, ra adj. y s. Aplícase al que se dedica a la plantación. || — M. Instrumento para plantar. || — F. Máquina para plantar.

plantagináceo, a adj. y s. f. Dícese de las plantas dicotiledóneas a las que pertenece el llantén. || — F. pl. Familia que forman.

plantaina f. Llantén.

plantar adj. De la planta del pie: *músculo plantar.*

plantar v. i. Meter en tierra una planta o un vástago para que arraigue: *plantar vides, patatas.* || *Fig.* Clavar en tierra: *plantar postes.* | Colocar: *plantar su tienda en un campo.* | Establecer, fundar.

|| *Fig.* y *fam.* Asestar un golpe: *plantar un bofetón.* | Poner con violencia: *le plantaron en la calle, en la cárcel.* | Dejar a uno burlado. | Abandonar: *le plantó la novia.* | Dejar callado; acallar. || *Fam.* Dejar plantado, abandonar. || — V. pr. *Fig.* Ponerse de pie firme en un sitio: *plantarse ante la puerta.* || *Fig.* y *fam.* Llegar a un sitio sin tardar mucho: *en una hora me plantaré en tu casa.* | Pararse un animal sin querer seguir adelante: *plantarse el caballo.* | Quedarse parado: *se plantó en medio de la calzada.* | En ciertos juegos, no querer un jugador pedir más cartas. | No querer confesar una persona su verdadera edad: *plantarse en los treinta y cinco.*

plante m. Confabulación entre varios que están en la misma situación para rechazar o exigir algo: *un plante de presos, de empleados.*

planteamiento m. Acción de plantear: *el planteamiento de un problema.*

plantear v. t. Proponer, exponer un tema o cuestión para que se examine y discuta: *plantear la cuestión de confianza* (ú. t. c. pr.). || Idear un proyecto, madurarlo. || *Fig.* Establecer, instituir: *plantear un sistema, una reforma.*

plantel m. Criadero, lugar para la cría de plantas. || *Fig.* Establecimiento de enseñanza: *plantel de maestros.* | Conjunto: *un plantel de artistas.*

planteo m. Planteamiento.

plantificación f. Establecimiento.

plantificar v. t. Establecer, implantar. || *Fig.* Meter. | Dejar plantado. || — V. pr. *Fig.* y *fam.* Llegar pronto a un lugar: *plantificarse en dos horas en Málaga.*

plantígrado, da adj. y s. m. Dícese de los cuadrúpedos que al andar apoyan toda la planta de los pies y las manos, como el oso, el tejón, etc.

plantilla f. Suela interior del zapato. || Soleta con que se remiendan las medias y calcetines rotos. || Conjunto de los empleados y trabajadores de una empresa o de un servicio público. || Lista de estos empleados: *estar en plantilla.* || Cartón o chapa recortada que sirve de modelo para reproducir ciertas piezas o dibujos con arreglo a la forma del recorte. || Plano reducido de una obra. || Impreso o formulario con espacios en blanco para llenar con la información pertinente. || *Méx.* Farsa, fingimiento. || *De plantilla,* fijo, permanente.

plantío, a adj. Aplícase al terreno plantado o que puede serlo. || — M. Acción de plantar. || Terreno plantado de vegetales: *plantío de alcachofas.*

plantón m. Pimpollo o arbolito nuevo que ha de ser trasplantado. || Estaca o rama plantada para que arraigue. || Soldado que hace guardia en un punto. || Persona que guarda la puerta de una casa u oficina. || — *Fig.* y *fam. Dar un plantón,* no acudir a una cita. | *Estar de (o tener) plantón,* estar parado en un sitio esperando algo.

plañidera f. Mujer contratada para llorar en los entierros.

plañidero, ra adj. Lloroso: *voz plañidera.*

plañido o **plañimiento** m. Lamento, queja lastimera.

*plañir v. i. Gemir y llorar sollozando o quejándose.

plaqué m. Chapa delgada de oro o plata con que se cubre otro metal de menos valor.

plaqueta f. Placa pequeña. || Elemento celular de la sangre.

plasenciano, na adj. y s. De Plasencia.

plasma m. Líquido claro donde están los glóbulos de la sangre y de la linfa.

plasmar v. t. Dar forma: *plasmar un jarrón.* || *Fig.* Dar forma concreta. || — V. pr. *Fig.* Concretarse.

plasta f. Masa blanda. || Cosa aplastada. || *Fig.* y *fam.* Cosa desacertada o mal hecha: *aquel discurso fue una plasta.*

plástica f. Arte de modelar una sustancia blanda, como la arcilla, la cera, etc. || Aspecto de una persona o cosa desde el punto de vista de la estética.

plasticidad f. Calidad de plástico, moldeable.

plasticina f. *Chil., C. Rica* y *Urug.* Plastilina.

plástico, ca adj. Relativo a la plástica: *artes plásticas.* | Moldeable: *materia plástica.* | Expresivo: *fuerza plástica.* || — M. Materia sintética, consistente, por lo general, en resina artificial, susceptible de ser modelada o moldeada en caliente o a presión. || Explosivo amasado con plastificantes que tiene la consistencia de la masilla.

plastificación f. y **plastificado** m. Acción y efecto de plastificar.

plastificadora f. Máquina utilizada para plastificar.

plastificante m. Producto que se agrega a una materia para aumentar su plasticidad.

plastificar v. t. Recubrir un papel u otra cosa entre dos capas de plástico: *plastificar una tarjeta.*

plastilina f. (marca registr.). Sustancia moldeable, de colores, que se emplea con fines artísticos y didácticos.

plata f. Metal precioso, de color blanco brillante, inalterable y muy dúctil (símb., Ag), de número atómico 17. || Vajilla u otros objetos de este metal: *limpiar la plata.* || *Fig.* Moneda o monedas de este metal: *cobrar, pagar en plata.* || *Amer.* Dinero: *tiene mucha plata.*

platabanda f. Porción alargada de terreno en que se plantan flores. | *Arq.* Moldura plana y lisa.

plataforma f. Tablero horizontal más elevado que lo que le rodea. || Parte de un tranvía o de un autobús en la que se viaja de pie. || Tablón descubierto y con bordes de poca altura. || Suelo o azotea de ciertas construcciones. || *Fort.* Obra de tierra donde se coloca una batería. || Conjunto de ideas, programa: *plataforma electoral.* || *Fig.* Lo que sirve para conseguir algún fin: *esto le servirá de plataforma para alcanzar*

los máximos honores. || *Plataforma continental,* zona marina que bordea los continentes y alcanza una profundidad generalmente inferior a 200 m. || *Plataforma petrolera,* construcción de gran tamaño para buscar y extraer petróleo del subsuelo marítimo.

platanáceo, a adj. y s. f. Dícese de las plantas angiospermas dicotiledóneas, como el plátano. || — F. pl. Familia que forman.

platanal y **platanar** m. Terreno plantado de plátanos.

platanera f. Platanar. || Vendedora de plátanos.

platanero m. Plátano, árbol.

platanillo m. *Méx.* Nombre genérico que reciben varias plantas similares al plátano.

plátano m. Planta musácea, cultivada en los países tropicales cuyos frutos, agrupados en racimos, tienen un sabor dulce y agradable. || Fruto de esta planta. || Árbol de adorno de la familia de las platanáceas cuya corteza se cae en placas irregulares.

platea f. Patio del teatro. || *Palco de platea.* V. PALCO.

plateado, da adj. De color de plata: *bronce plateado.* || — M. Acción de platear.

plateadura f. Plateado.

platear v. t. Cubrir con plata.

platelminto adj. m. Dícese de un grupo de gusanos que tienen el cuerpo en forma de cinta, como la tenia. || — M. pl. Este grupo.

platense adj. y s. *Arg.* Del Plata o de La Plata.

plateresco, ca adj. Aplícase al estilo español de ornamentación de los plateros del s. XVI con elementos clásicos y ojivales. || Dícese del estilo arquitectónico en que se emplean estos adornos.

platería f. Oficio y taller del platero o del joyero. || Tienda donde se venden obras de plata u oro.

platero m. El que labra la plata o el oro. || El que vende objetos de oro y plata.

plática f. Conversación, charla. || Conferencia o charla sobre un tema religioso.

platicar v. i. Conversar, hablar: *platicamos gustosamente la tarde entera de todo lo divino y humano.* || *Amer.* Decir.

platija f. Pez marino comestible parecido al lenguado pero con escamas más fuertes y de color pardo.

platillo m. Plato pequeño: *comprar una taza con el platillo correspondiente.* || Disco que tienen las balanzas sobre el cual se pone lo que se ha de pesar o las pesas. || *Méx.* Plato, porción de alimento que se sirve en un plato. || *Méx.* Preparación especial de algún alimento: *los platillos.* || *Mús.* Instrumento de percusión (ú. m. en pl.). || *Platillo volante,* objeto que se da a ciertos artefactos que algunos dicen haber visto aparecer y desaparecer en la atmósfera terrestre sin que haya podido probarse su realidad.

platina f. *Fís.* Mesa donde se pone la campana en la máquina neumática. || En el microscopio, sitio donde se coloca el objeto que se observa. || *Impr.* Mesa de hierro utilizada para ajustar las formas. | Superficie plana de la máquina de imprimir donde se coloca la forma.

platinado m. Operación consistente en cubrir metales con una capa de platino.

platinar v. t. Cubrir con una capa de platino. || Dar a una cosa el color del platino.

platino m. Metal precioso de número atómico 78. || — Pl. En los motores de automóvil, bornes de tungsteno que establecen el contacto en el ruptor. || *Pelo rubio platino*, dícese del pelo de un rubio muy claro.

platirrinos m. pl. División de los monos que tienen la nariz muy aplastada (ú. t. c. adj.).

plato m. Recipiente generalmente redondo donde se echa la comida: *plato llano, sopero*. || Manjar, guiso: *poner carne como plato fuerte.* || Objeto en forma de disco: *plato de la bicicleta.* || Platillo de la balanza. || Objeto circular móvil con que se ejercita la puntería. || *Arq.* Ornato que se pone en el friso dórico sobre la metopa. || *Fig.* Tema de murmuración. || — *Fig. Comer en el mismo plato*, ser muy íntimas dos personas. | *Parece que no ha roto un plato en su vida*, parece que es incapaz de hacer una cosa mala. | *Plato de segunda mesa*, aplícase a una cosa ya conocida o usada. | *Ser plato del gusto de uno*, serle grata una persona o cosa.

plató m. Escenario de un estudio cinematográfico.

platónico, ca adj. Relativo a Platón: *filosofía, escuela platónica.* || Ideal, puramente espiritual: *amor platónico.* || Que carece de efecto: *protesta platónica.*

platonismo m. Escuela y doctrina filosófica de Platón y sus discípulos. || Calidad de platónico.

platudo, da adj. *Amer.* Rico.

plausible adj. Que se puede admitir o aprobar: *motivos plausibles.*

playa f. Extensión llana, cubierta de arena o guijarros, a orillas del mar o de un río.

playera f. Camisa ancha de verano que se lleva sin chaqueta. || — Pl. Aire popular andaluz. || Sandalias para la playa.

playo, ya adj. *Riopl.* De poco fondo: *un plato playo, una fuente playa.*

plaza f. Lugar espacioso rodeado de casas en el interior de un poblado: *la plaza de la Cibeles en Madrid.* || Sitio parecido en un parque, etc. || Mercado: *ir a la plaza a hacer las compras.* || Ciudad fortificada: *plaza fuerte.* || Inscripción en un libro del que quedar ser soldado: *sentar plaza.* || Población donde se hacen operaciones de comercio de cierta importancia: *la Bolsa de la plaza de París.* || Oficio, puesto o empleo: *tener una buena plaza.* || Sitio: *un aparcamiento de quinientas plazas.* || Suelo del horno. || — *Plaza de armas*, aquella donde se hacen ejercicios militares. || *Plaza de toros*, circo donde se verifican las corridas de toros. || *Fig. Sentar plaza de*, ser considerado como.

plazo m. Tiempo máximo concedido para pagar una suma o hacer una cosa: *en un plazo de un año.* || Vencimiento del término. || Cada parte de una cantidad pagadera en varias veces. || *A plazos*, pagando en dos o más veces y en fechas sucesivas.

plazoleta o **plazuela** f. Plaza pequeña.

pleamar f. *Mar.* Marea alta.

plebe f. En la antigua Roma, la multitud de los ciudadanos, por oposición a los patricios. || Pueblo bajo, populacho.

plebeyez f. Calidad de plebeyo.

plebeyo, ya adj. Propio de la plebe. || Que no es noble ni hidalgo: *hombre plebeyo* (ú. t. c. s.). || *Fig.* Grosero, ordinario, popular: *gustos plebeyos.*

plebiscitar v. t. Someter a plebiscito: *plebiscitar un régimen político, una ley.* || Ratificar por un plebiscito.

plebiscitario, ria adj. Del plebiscito.

plebiscito m. Ley establecida por la plebe de Roma a propuesta de su tribuno. || Resolución tomada por todos los habitantes de un país a pluralidad de votos: *los plebiscitos de la Confederación helvética.* || Votación de todos los ciudadanos para legitimar algo.

plectognatos m. pl. Orden de peces teleósteos con la mandíbula superior fija, como el orbe y el pez luna (ú. t. c. adj.).

plectro m. Púa con que los antiguos tocaban ciertos instrumentos músicos de cuerda.

plegable adj. Que puede plegarse: *cama plegable.* || Flexible.

plegadera f. Cortapapeles, utensilio para plegar o cortar papel.

plegadizo, za adj. Fácil de plegar o doblar.

plegado m. Acción de plegar. || Tableado de una tela.

plegador, ra adj. y s. Aplícase al que pliega. || — M. Utensilio para plegar. || — F. *Impr.* Máquina para plegar papel.

plegadura f. Plegado.

plegamiento m. *Geol.* Deformación de las capas de la corteza terrestre.

*****plegar** v. t. Hacer pliegues en una cosa: *plegar una falda.* || Doblar especialmente los pliegos: *plegar un libro.* || — V. pr. Cederse, someterse: *plegarse a la voluntad ajena.*

plegaria f. Súplica ferviente, oración. || Toque de campanas a mediodía, para llamar a oración.

pleistoceno, na adj. y s. m. *Geol.* Dícese del primer período de la era cuaternaria que quedan restos humanos y obras del hombre y que corresponde al paleolítico.

pleita f. Trenza de esparto.

pleiteante adj. y s. Que pleitea.

pleitear v. i. Litigar o contender judicialmente sobre una cosa.

pleitesía f. (Ant.). Pacto, convenio. || Muestra de acatamiento: *rendir pleitesía.*

pleito *For.* Contienda, diferencia, litigio judicial entre dos partes: *armar un pleito.* || Proceso: *pleito civil, criminal.* || Contienda o lid que se resuelve por las armas. || Disputa o riña doméstica o privada.

plenario, ria adj. Completo, en que participan todos los miembros: *asamblea plenaria* (ú. t. c. s. f.). || *Indulgencia plenaria*, remisión total de las penas debidas a los pecados.

plenilunio m. Luna llena.

plenipotenciario, ria adj. y s. Aplícase a la persona enviada por su gobierno a otro con plenos poderes para tratar.

plenitud f. Totalidad. || Abundancia. || *Fig.* Completo desarrollo.

pleno, na adj. Lleno, completo: *respirar a pleno pulmón.* || — *En pleno verano*, en medio del verano. || *Pleno empleo*, v. EMPLEO. || *Plenos poderes*, delegación temporal del poder legislativo por el Parlamento a un gobierno; capacidad para negociar o concertar un acuerdo. || — M. Reunión plenaria: *el pleno del Congreso, de una corporación.*

pleonasmo m. Repetición de palabras de sentido equivalente, lo cual a veces da más fuerza a la expresión y otras resulta redundante: *entrar adentro, subir arriba.*

pleonástico, ca adj. Que encierra pleonasmo.

plesiosauro m. Reptil marino fósil de la era secundaria.

pletina f. Placa de hierro muy aplastada.

plétora f. *Med.* Abundancia de sangre o humores en el cuerpo. || *Fig.* Superabundancia: *plétora de vino, de trigo.*

pletórico, ca adj. *Med.* Que tiene plétora: *constitución pletórica.* || *Fig.* Lleno, rebosante.

pleura f. Cada una de las membranas serosas que en ambos lados del pecho cubren las paredes de la cavidad torácica y la superficie de los pulmones.

pleural adj. Pleurítico.

pleuresía f. Inflamación de la pleura, cuyo principal síntoma es el dolor de costado al respirar y toser.

pleurítico, ca adj. y s. *Med.* Que padece pleuresía. || Relativo a la pleura: *derrames pleuríticos.*

pleuritis f. *Med.* Inflamación de la pleura.

pleuronectos m. pl. Género de peces planos que nadan de costado, como el lenguado (ú. t. c. adj.).

pleuroneumonía f. *Med.* Inflamación simultánea de la pleura y del pulmón.

plexiglás m. Resina sintética transparente, incolora y flexible que se emplea principalmente como vidrio de seguridad.

plexo m. *Anat.* Red de filamentos nerviosos o vasculares, entrelazados: *el plexo solar está situado detrás del estómago.*

plica f. Sobre cerrado y sellado que no ha de abrirse hasta fecha u ocasión determinada: *las plicas de un concurso.*

pliego m. Papel doblado por la mitad. || *Por ext.* Hoja de papel. || Carta o documento que se manda cerrado. || Parte de una hoja de papel doblada 16 ó 32 veces en los impresos. || Memorial, resumen. || *Pliego de condiciones,* documento en que constan las condiciones que rigen un contrato, servicio, subasta, etc.

pliegue m. Doblez en una cosa normalmente lisa o plana. || Tabla: *los pliegues de una falda.* || *Geol.* Ondulación del terreno: *pliegue anticlinal* (convexo); *pliegue sinclinal* (cóncavo).

plinto m. *Arq.* Cuadrado sobre el que descansa la columna. | Base cuadrada de poca altura. | Especie de taburete alargado de superficie almohadillada para ejercicios gimnásticos.

plioceno, na adj. y s. m. *Geol.* Aplícase al último período de la era terciaria, que sucede al mioceno.

plisado m. Acción y efecto de plisar.

plisadora f. Máquina de plisar tejidos.

plisar v. t. Hacer pliegues regulares: *plisar una falda.*

plomada f. Pesa de plomo colgada de un hilo que sirve para determinar la línea vertical. || *Mar.* Sonda. || Plomos que se ponen en la red de pescar.

plomar v. t. Sellar con plomo un documento o diploma.

plomazo m. Herida de perdigón. || *Méx.* Balazo.

plombagina f. Grafito.

plomería f. Cubierta de plomo de los edificios. || Taller y oficio del plomero. || *Arg., Cub.* y *Méx.* Fontanería. || *Méx.* y *Venez.* Establecimiento donde se realizan trabajos de fontanería.

plomero m. El que trabaja o fabrica cosas de plomo. || *Amer.* Fontanero.

plomífero, ra adj. Que contiene plomo: *terreno plomífero.* || *Fig.* Pesado, fastidioso.

plomizo, za adj. Que contiene plomo. || De color de plomo o que se le parece: *cielo plomizo.*

plomo m. Metal pesado de color gris azulado. || Trozo de este metal empleado para dar peso a varias cosas: *los plomos de una red.* || Bala. || Plomada para determinar las líneas verticales. || *Electr.* Fusible. || *Fam.* Supercarburante. || *Fig.* y *fam.* Persona pesada, cargante: *ser un plomo.* || — *A plomo,* verticalmente. || *Fig.* y *fam. Sueño de plomo,* el muy profundo.

pluma f. Órgano producido por la epidermis de las aves, formado de una especie de tubo o cañón cubierto de barbillas, que sirve para el vuelo, la protección y el mantenimiento de una tem-

peratura constante. || Conjunto de estas plumas: *colchón de plumas.* || Pluma de ave recortada que servía para escribir. || Chapita de metal con un extremo puntiagudo que se usa para escribir con tinta: *pluma de acero, de oro.* || *Fig.* Estilo o manera de escribir: *escribir con pluma mordaz.* | Escritor. | Oficio de escritor. || *Tecn.* Percha articulada por su extremo inferior al palo de un barco y provista de una polea en el otro extremo que sirve para cargar y descargar mercancías. | Parte de la grúa de donde cuelga la polea para levantar cargas. || — *Fig. Al correr de la pluma* o *a vuela pluma,* muy rápidamente, sin fijarse en el estilo. | *Dejar correr la pluma,* escribir sin mucho cuidado o con demasiada extensión. || *Pluma estilográfica,* la que contiene un depósito para la tinta en el interior del mango.

plumada f. Plumazo.

plumado, da adj. Con plumas.

plumaje m. Conjunto de las plumas del ave. || Penacho de plumas en un casco o sombrero.

plumajería f. Cúmulo o agregado de plumajes de adorno.

plumajero, ra m. y f. Persona que hace o vende plumajes de adorno.

plumaria adj. f. Dícese del arte de bordar representando aves y plumajes o de hacer objetos con plumas.

plumazo m. Colchón o almohada grande llena de pluma. || Trazo de pluma en el papel: *tachar de un plumazo.* || *Fig.* y *fam. De un plumazo,* de modo expeditivo.

plumazón m. Plumajería. || Plumaje.

plúmbeo, a adj. De plomo. || *Fig.* Pesado como el plomo. | Pesado, cargante. | Dicho del sueño, el profundo.

plumeado m. Conjunto de rayas paralelas o cruzadas en un dibujo o pintura para sombrearlos.

plumear v. t. Sombrear con trazos de pluma.

plumería f. Conjunto o abundancia de plumas.

plumero m. Conjunto de plumas reunidas y atadas a un mango que sirve para quitar el polvo. || Estuche para lápices y plumas. | Penacho de plumas. || *Amer.* Pluma, portaplumas. || *Fig.* y *fam. Vérsele a uno el plumero,* adivinársele las intenciones que quiere ocultar.

plumífero, ra adj. *Poét.* Que tiene plumas. || — M. *Pop.* Escribiente, chupatintas. | Persona que se gana la vida escribiendo.

plumilla f. Pluma, parte de la estilográfica que sirve para escribir.

plumón m. Plumaje muy fino que tienen las aves entre las plumas mayores. || Colchón lleno de este plumaje.

plural adj. y s. m. *Gram.* Dícese del número que se refiere a dos o más personas o cosas.

pluralidad f. Gran número, multitud: *pluralidad de pareceres.* || Hecho de existir más de uno: *la pluralidad de los mundos.* || *A pluralidad de votos,* por mayoría.

pluralismo m. Multiplicidad. || Sistema político que se basa en la coexistencia de grupos u organismos diferentes e independientes. || Doctrina filosófica que sólo reconoce la existencia de seres múltiples e individuales.

pluralización f. Acción de pluralizar.

pluralizar v. t. *Gram.* Dar el número plural a palabras que ordinariamente no lo tienen, como *los ciros, los héctores.* || Aplicar a varios sujetos lo que sólo es propio de uno: *no hay que pluralizar.*

pluricelular adj. Que está formado por varias células: *animal, planta pluricelular.*

pluricultural adj. Relativo a varias culturas: *vivimos en un mundo pluricultural.*

pluriempleado adj. y s. Dícese de las personas que trabajan en más de un empleo.

pluriempleo m. Trabajo de una persona en varios empleos o lugares diferentes.

plus m. Gratificación o sobresueldo: *cobrar un plus.* || *Plus petición,* reclamación excesiva.

pluscuamperfecto m. *Gram.* Tiempo que expresa una acción pasada anterior a otra también pretérita.

plusmarca f. Récord.

plusmarquista m. y f. Persona que tiene un récord o plusmarca.

plusvalía f. Aumento de valor. || En la ideología marxista, diferencia entre el valor de los bienes producidos y el salario percibido por el trabajador.

plutocracia f. Gobierno en que el poder está en manos de la clase de los ricos.

plutócrata m. Persona que tiene poder o influencia por su riqueza.

plutocrático, ca adj. Relativo a la plutocracia: *gobierno, régimen plutocrático.*

plutonio m. Metal (Pu), de número atómico 94, obtenido en las pilas de uranio y empleado a veces en las bombas atómicas.

pluvial adj. Relativo a la lluvia: *agua, régimen pluvial.*

pluviometría f. Medición de la cantidad de lluvia caída en un sitio durante cierto período de tiempo.

pluviométrico, ca adj. Relativo a la pluviometría.

pluviómetro m. Aparato para medir la cantidad de lluvia.

pluviosidad f. Abundancia de lluvia. || Cantidad de lluvia caída en lugar y tiempo determinados.

pluvioso, sa adj. Lluvioso. || — M. Quinto mes del calendario republicano francés (del 20, 21 ó 22 de enero al 19, 20 ó 21 de febrero).

p. m., abrev. de *Post-meridiem,* que significa *después de mediodía: a las 4 p. m.*

Pm, símbolo químico del *prometeo.*

Po, símbolo químico del *polonio.* || Símbolo del *poise.*

poblacho m. Pueblo de poca categoría.

población f. Conjunto de los habitantes de un país, región o ciudad: *Madrid tiene una población de más de tres millones de habitantes.* || Conjunto de los individuos de una misma categoría: *población rural.* || Aglomeración, agrupación de casas que puede llegar a formar un lugar o una ciudad: *vive en la población.* || Acción de poblar.

poblado, da adj. Habitado: *barrio muy poblado.* || Arbolado: *monte poblado.* || Espeso: *barba poblada.* || — M. Población.

poblador, ra adj. y s. Que puebla, habita: *los pobladores de una isla.* || Aplícase al que funda una colonia.

poblano, na adj. y s. De Puebla (México). || *Amer.* Campesino.

*poblar v. t. Establecer hombres, animales o vegetales en un lugar donde no los había: *poblar un río de peces, un monte de árboles.* || Ocupar un sitio y asentarse en él: *los íberos poblaron España.* || — V. pr. Llenarse de hombres, animales, vegetales o cosas. || Crecer, desarrollarse mucho. || Cubrirse los árboles de hojas por la primavera.

pobre adj. Que no tiene lo necesario para vivir: *hombre, pueblo pobre* (ú. t. c. s.). || *Fig.* Que tiene algo en muy poca cantidad: *pobre en vitaminas.* | Estéril: *un terreno pobre.* | De poco valor o entidad: *libro pobre de contenido.* | Desdichado: *el pobre de tu padre.* | Más pobre que Carracuca o que una rata, sumamente pobre. || — M. y f. Mendigo: *dar limosna a un pobre.*

pobretear v. i. Comportarse como un pobre.

pobreza f. Condición del que no tiene lo necesario para vivir. || Falta, escasez: *pobreza de medios, de recursos.* || Abandono voluntario de todos los bienes propios: *voto de pobreza.* || *Fig.* Falta de magnanimidad: *pobreza de ánimo, de sentimientos.* | Falta de entidad o de valor: *la pobreza de un tema.* | Esterilidad de un terreno.

pocchile m. *Méx.* Chile seco, ahumado, que se come con tortillas.

pocero m. El que hace o limpia pozos. || Alcantarillero.

pochismo m. *Amer.* Calidad de pocho.

pocho, cha adj. Descolorido, pálido. || Pasado, demasiado maduro: *fruta pocha.* || *Fig.* Estropeado. | Pachucho, algo enfermo. || *Amer.* y s. *Méx.* Dícese de los estadounidenses de ascendencia mexicana, que entremezclan bárbaramente el inglés y el castellano.

pochoclo m. *Arg.* y *Urug.* Maíz inflado.

pochote m. *Amér. C.* y *Méx.* Árbol de tronco con espinas cuya madera se usa en construcción. || *Amér. C.* y *Méx.* Fibra blancuzca, semejante al algodón, que poseen sus frutos.

pocilga f. Establo para los cerdos. || *Fig.* y *fam.* Lugar muy sucio.

pocillo m. Vasija pequeña.

pócima f. Medicamento preparado para ser bebido. || *Fig.* Bebida de mal sabor.

poción f. Bebida medicinal. || Cocimiento de hierbas medicinales.

poco, ca adj. Limitado en cantidad: *poco pan; pocos árboles.* || Ser poca cosa, tener poca importancia. || — M. Cantidad pequeña: *un poco de vino.* || — Adv. En pequeña cantidad: *beber poco.* || Indica también corta duración: *se quedó poco aquí.* || Insuficientemente: *este guiso está poco salado.* || — A poco, poco tiempo después. || *Poco más o menos,* de poca entidad, insignificante. || *Dentro de poco,* pronto. || *Poco a poco,* progresivamente, despacio. || *Poco más o menos,* aproximadamente. || *Por poco,* casi. || *Tener en poco,* tener en poca estima, despreciar.

poda f. Acción y efecto de podar. || Época en que se poda.

podadera f. Instrumento para podar.

podador, ra adj. y s. Que poda.

podagra f. *Med.* Gota en el pie.

podar v. t. Cortar las ramas inútiles de los árboles y arbustos. || *Fig.* Quitar de una cosa lo inútil: *podar el texto de lo innecesario.*

podenco, ca adj. y s. Dícese de una variedad de perros de caza de pelo largo y orejas gachas.

poder m. Autoridad: *tiene el poder de nombrar a los ministros.* || Dominio: *estar bajo el poder de un país extranjero.* || Gobierno de un Estado: *el poder político.* || Fuerzas armadas de un Estado. || Facultad, capacidad: *tiene en poder de trabajo.* || Posesión: *la carta llegó a poder del destinatario.* || Documento notarial por el que se da autorización a uno para que haga cierta cosa. || — Pl. *Fig.* Autorización para actuar en nombre de otra persona: *revestir a uno de plenos poderes; casarse por poderes* (ú. t. en sing.). || — *Dar poder,* autorizar. || *De poder a poder,* con las mismas capacidades. || *Hacer un poder,* hacer un esfuerzo muy grande. || *Poder absoluto o arbitrario,* autoridad absoluta de un monarca; despotismo. || *Poder disuasivo,* conjunto de las armas más modernas que permiten responder a una agresión. || *Poder ejecutivo,* el que se dedica a hacer ejecutar las leyes. || *Poder judicial,* el que ejerce la administración de la justicia. || *Poder legislativo,* el que en los gobiernos constitucionales, el que se ocupa de la preparación y modificación de las leyes.

*poder v. t. Tener facultad o autoridad para hacer algo: *puedo pagarme el viaje.* || Tener permiso o autorización: *no puedo salir por la noche.* || Tener facilidad o lugar: *con tanta gente en medio no puedo estudiar.* || *Amér. C.* y *Méx.* no puedo dejarle solo en tan triste circunstancia. || Tener cierta probabilidad: *puedes encontrártelo a cada paso.* || — V. impers. Ser contingente o posible una cosa: *puede que llueva.* || A más no poder, en sumo grado: *avaro a más no poder.* || Hasta más no poder, has-

ta la saciedad. || *No poder con uno,* no conseguir hacerle obedecer o entrar en razón: *no puedo con este niño;* no aguantar. || *No poder más,* estar muy cansado. || *No poder menos,* ser necesario, forzoso. || *No poder tragar* (o *ver*) *a uno,* tenerle aversión, aborrecerle. || *Poder con,* ser capaz de llevar algo: *ella no puede con toda la casa.* || *¿Se puede?,* frase que se emplea para saber si se puede entrar en un cuarto.

poderdante com. Persona que faculta a otra para que lo represente, dándole poderes.

poderhabiente com. Persona que recibe los poderes de otra para representarla.

poderío m. Poder, capacidad de hacer o impedir una cosa. || Dominio. || Hacienda, bienes y riquezas. || *Taurom.* Fuerza y vigor del toro.

poderoso, sa adj. Que tiene mucho poder: *Estado poderoso.* || Muy rico: *un poderoso industrial.* || Influyente: *este ministro es muy poderoso.* || Muy eficaz o activo: *remedio poderoso.* | Muy fuerte: *un argumento poderoso.* || — M. pl. Gente rica o de mucha influencia.

podio m. En el circo, sitio donde ponían los senadores y los principales magistrados romanos. || *Arq.* Pedestal en que descansan varias columnas. | Pequeña plataforma de dos niveles a donde se suben los tres primeros vencedores en una prueba deportiva.

podredumbre f. Putrefacción, estado de un cuerpo podrido. || Cosa podrida. || Pus, humor.

podredura f. Putrefacción.

podrido, da adj. Echado a perder. || *Fig.* Viciado, corrompido.

podzol m. Terreno característico de las regiones frías y húmedas.

poema m. Obra en verso de alguna extensión: *poema lírico, épico.* || Obra en prosa de tema poético: *los poemas en prosa de Baudelaire.* || *Mús.* Poema sinfónico, composición para orquesta escrita sobre un tema poético.

poemario m. Serie de poemas.

poemático, ca adj. Relativo al poema.

poesía f. Arte de componer versos: *dedicarse a la poesía.* || Cada uno de los géneros de este arte: *poesía lírica, épica, dramática.* || Composición en verso, generalmente corta. || Carácter de lo que produce una emoción afectiva o estética: *la poesía de un paisaje.* || Conjunto de las obras poéticas y de sus autores en un tiempo determinado: *la poesía de la Edad Media.*

poeta m. El que compone obras poéticas. (Fem. *poetisa.*)

poetrasto m. *Fam.* Mal poeta.

poético, ca adj. Relativo a la poesía: *composición poética.* || Propio de la poesía: *lenguaje poético.* || Que podría inspirar a un poeta: *un asunto poético.* || Que produce una emoción afectiva o estética. || — F. Tratado sobre los principios y reglas de la poesía.

poetisa f. Mujer que compone obras poéticas.

poetizar v. t. Dar carácter poético, embellecer.

pogrom m. (pal. rusa). Movimiento dirigido por las autoridades zaristas para la exterminación de los judíos. (Se dice tb. *pogromo*.)

poise m. Décima parte del poiseuille (símb., Po).

poiseuille m. Unidad de viscosidad dinámica (símb., Pl) en el sistema C. G. S.

póker m. Juego de cartas de envite, de origen norteamericano. || Juego de dados. || Conjunto de cuatro cartas o dados del mismo valor: *póker de ases*.

polaco, ca adj. De Polonia. || — M. Lengua eslava hablada por los polacos. || — F. Prenda de vestir militar. | Danza.

polaina f. Prenda que cubre la parte superior del pie o la pierna hasta la rodilla: *polaina de paño, de cuero*.

polar adj. Relativo a los polos: *mar polar; círculos polares*. || *Fís.* Relativo a los polos de un imán o pila eléctrica. || *Estrella polar*, estrella cuya posición en el cielo se encuentra muy cercana al Polo Norte de la Tierra.

polaridad f. *Fís.* Calidad que permite distinguir cada uno de los polos de un imán o de un generador eléctrico.

polarímetro m. *Fís.* Aparato destinado a medir la rotación del plano de polarización de la luz.

polariscopio m. Instrumento que sirve para comprobar si una luz se halla o no polarizada.

polarización f. Propiedad que presenta un rayo luminoso, después de sufrir la reflexión o la refracción, de producir vibraciones localizadas desigualmente alrededor de este rayo. || *Electr.* Establecimiento de una diferencia de potencial entre dos conductores.

polarizador adj. y s. m. Dícese de lo que polariza la luz.

polarizar v. t. *Fís.* Someter al fenómeno de la polarización. || *Fig.* Atraer toda la atención.

polaroid m. (marca registr.). Materia plástica transparente que polariza la luz.

polca o **polka** f. Danza y música originaria de Bohemia.

pólder m. En Holanda, región recuperada por el hombre en el mar a lo largo de las costas o constituida por terrenos pantanosos desecados.

polea f. Rueda de madera o metal, de canto acanalado, móvil sobre su eje, por la que corre una cuerda. || Rueda de llanta plana por la que pasa una correa.

polémico, ca adj. Relativo a la polémica: *una crítica polémica*. || — F. Controversia, discusión.

polemista com. Persona que sostiene polémica.

polemizar v. i. Sostener o entablar una polémica.

polen m. Polvillo fecundante de los estambres de las flores.

polenta f. Gachas de harina de maíz.

poli m. *Fam.* Agente de policía. || — F. *Fam.* Cuerpo de policía.

poliandria f. Estado de la mujer casada simultáneamente con varios hombres. || Condición de la flor que tiene varios estambres.

poliarquía f. Gobierno ejercido por muchos.

polichinela m. Personaje cómico de las farsas italianas y del teatro de marionetas. || *Fig.* Hombre muy cambiadizo.

policía f. Conjunto de las reglas cuya observancia garantiza el mantenimiento del orden y la seguridad de los ciudadanos: *una ordenanza de policía*. || Cuerpo encargado de mantener este orden: *cuerpo de policía*. || Conjunto de los agentes de este cuerpo: *han llamado a la policía*. || Cortesía, urbanidad: *persona de mucha policía*. || Limpieza, aseo. || — *Policía secreta*, aquella cuyos individuos no llevan uniforme. || *Policía urbana*, la encargada de la vía pública dentro del municipio. || — M. Agente de policía.

policiaco, ca y **policíaco, ca** adj. Relativo a la policía: *servicio policiaco; novela policiaca*.

policial adj. Relativo a la policía: *investigación policial*.

policlínica f. Consultorio donde están reunidas varias especialidades médicas.

policroísmo m. Característica de algunos minerales de presentar diferentes colores según la dirección de la luz.

policromía f. Mezcla de varios colores.

policromo, ma y **polícromo, ma** adj. De varios colores.

policultivo m. Cultivo simultáneo de varias especies.

poliédrico, ca adj. *Geom.* Relativo al poliedro.

poliedro adj. m. *Geom.* Dícese de un sólido de caras planas y de los ángulos formados por estas caras. || — M. Sólido limitado por caras planas.

poliéster m. Materia que se obtiene mediante la condensación de poliácidos con polialcoholes o glicoles.

polifacético, ca adj. De varios aspectos. || Aplícase a la persona que tiene aptitudes muy variadas.

polifonía f. Conjunto simultáneo de voces o instrumentos musicales independientes sujetos a leyes armónicas.

polifónico, ca adj. Relativo a la polifonía.

poligamia f. Condición del hombre casado simultáneamente con varias mujeres: *la poligamia es un delito en la mayoría de los países del mundo*. || Condición de las plantas polígamas.

polígamo, ma adj. Dícese del hombre casado simultáneamente con varias mujeres (ú. t. c. s. m.). || Aplícase a las plantas que tienen en la misma mata flores masculinas, femeninas y

hermafroditas, como la parietaria, el fresno y el almez.

poliglotía f. Conocimiento de varios idiomas.

polígloto, ta adj. Escrito en varias lenguas: *Biblia políglota*. || Dícese de la persona que conoce y habla varios idiomas (ú. t. c. s.).

poligonal adj. *Geom.* Relativo al polígono. | Dícese del prisma o pirámide cuyas bases son polígonos.

polígono, na adj. *Geom.* Poligonal. || — M. Figura plana de varios ángulos limitada por líneas rectas o curvas: *un polígono regular*. || Campo de tiro y de maniobras de la artillería. || *Polígono industrial*, zona industrial.

poligrafía f. Ciencia del polígrafo. || Arte de escribir y descifrar los escritos secretos.

polígrafo m. Autor que ha escrito sobre muy diversas materias.

polilla f. Mariposa nocturna cuya larva destruye los tejidos. || *Fig.* Lo que destruye progresiva e insensiblemente algo.

polimerización f. Unión de varias moléculas idénticas para formar otra mayor.

polimerizar v. t. *Quím.* Efectuar la polimerización.

polímero, ra adj. y s. m. Dícese de un cuerpo químico obtenido por polimerización.

polimetría f. Variedad de metros usados en una misma composición poética.

polimorfismo m. *Quím.* Propiedad de los cuerpos que pueden cambiar de forma sin variar su naturaleza. || Facultad de adquirir diversas formas que tienen algunos organismos o especies.

polimorfo, fa adj. *Quím.* Que puede tener varias formas.

polinesio, sia adj. y s. De Polinesia.

polinización f. *Bot.* Transporte del polen de un estambre hasta el estigma para fecundar una flor.

polinomio m. Expresión algebraica que consta de varios términos.

polio f. *Fam.* Poliomielitis.

poliomielítico, ca adj. Relativo a la poliomielitis. || — Adj. y s. Que padece poliomielitis.

poliomielitis f. Enfermedad contagiosa del hombre, producida por un virus fijado en los centros nerviosos, en particular en la médula espinal, y que provoca parálisis mortal si alcanza los músculos respiratorios: *Poliomielitis aguda*, parálisis que ataca a los niños.

polipasto m. Aparejo formado por dos o más poleas.

polipero m. Formación calcárea arborescente producida por colonias de pólipos.

pólipo m. Celentéreo. || Pulpo, molusco. || *Med.* Tumor blando, fibroso, debido a la hipertrofia de las membranas mucosas: *pólipo nasal, del útero*, etc.

políptico m. Pintura con más tableros plegables que el tríptico.

polis f. Ciudad-Estado de la antigua Grecia. || Estado.

polisacárido m. Glúcido formado por la unión de varias moléculas de azúcar, como el almidón, la celulosa, etc.

polisílabo, ba adj. Aplícase a la palabra que tiene varias sílabas: *voz polisílaba* (ú. t. c. s. m.).

polisón m. Miriñaque.

polispasto m. Polipasto.

polista com. Jugador de polo.

polistilo, la adj. *Arq.* Que tiene muchas columnas: *pórtico polistilo.* || *Bot.* De muchos estilos: *flor polistila.*

politécnico, ca adj. Que comprende muchas ciencias o artes: *escuela politécnica.* || — M. Alumno de esta escuela.

politeísmo m. Doctrina de los que creen en la existencia de varios dioses.

politeísta adj. Dícese del que adora a muchos dioses (ú. t. c. s.). || Relativo al politeísmo.

político, ca adj. Relativo a la organización y al gobierno de los asuntos públicos. || Relativo a un concepto particular del gobierno de un país: *credos políticos.* || Dícese de la persona que se ocupa de los asuntos públicos, del gobierno de un Estado (ú. t. c. m.). || Sensato, juicioso: *su actuación ha sido poco política.* || Educado, cortés, urbano. || Dícese del parentesco por afinidad: *tío, hermano político.* || — F. Arte de gobernar que tienen los Estados. || Conjunto de los asuntos que interesan al Estado: *política interior, exterior.* || Manera de dirigir los asuntos de un Estado: *una política liberal.* || *Fig.* Manera de obrar, de llevar un asunto: *llevar una buena política.* | Prudencia, sensatez. | Cortesía, urbanidad.

politiquear v. i. *Fam.* Intervenir en política y bastardear los fines de ésta o envolver sus modos.

politiqueo m. y **politiquería** f. Intervención en política con propósitos turbios.

politización f. Acción de dar carácter político.

politizar v. t. Dar carácter u orientación política.

poliuretano m. Resina sintética y de baja densidad.

poliuria f. Secreción y excreción excesiva de orina.

polivalente adj. Eficaz en varios casos diferentes: *suero polivalente.* || *Fig.* Polifacético.

póliza f. Documento en que consta un contrato de seguros. || Sello que hay que poner en ciertos documentos, solicitudes, anuncios públicos, etc., para satisfacer un impuesto.

polizón m. El que se embarca clandestinamente en un buque o avión. || El ocioso que anda de corrillo en corrillo.

polizonte m. *Fam.* Policía.

poljé m. (pal. eslava). En las regiones de relieve calcáreo, vasta depresión de forma ovalada debida a la presencia de una fosa tectónica.

polla f. Gallina joven. || Puesta, en algunos juegos de naipes. || Apuesta en carreras. || *Fam.* Mocita. || *Arg.* Carrera de dos o más jinetes en un hipódromo.

pollada f. Conjunto de pollos que de una vez sacan las aves, especialmente la gallina.

pollastre m. *Fam.* Pollastro.

pollastro, tra m. y f. Pollo crecido. || *Fam.* Astuto. | Jovenzuelo.

pollear v. Empezar los muchachos y muchachas a salir unos con otros.

pollera f. Sitio donde se crían pollos. || Andador, cesto de mimbres o de otro material sin fondo donde se pone a los niños para que aprendan a andar. || Falda interior. || *Amer.* Falda exterior del vestido femenino.

pollería f. Sitio donde se venden gallinas, pollos u otras aves comestibles. || *Fam.* Conjunto de jóvenes.

pollerío m. Mocerío.

pollero, ra m. y f. Persona que tiene por oficio criar o vender pollos.

pollerón m. *Arg.* Falda de amazona, para montar a caballo.

pollito, ta m. y f. *Fig.* y *fam.* Muchacho o muchacha de corta edad. || — M. Pollo chico.

pollo m. Cría de las aves: *pollo de gallina, de águila.* || Gallo joven. || *Fam.* Muchacho joven. || *Pop.* Esputo. || *Fam.* Pollo pera, muchacho presumido y atildado, lechuguino.

pollona f. *Amer.* Polla que todavía no es gallina.

polluelo, la m. y f. Cría pequeña de las aves.

polo m. Cada uno de los dos extremos de un eje imaginario alrededor del cual gira la esfera celeste en veinticuatro horas. || Cada uno de los extremos del eje de la Tierra: *polo Norte, polo Sur.* || Cada uno de los extremos de un generador o receptor eléctrico, utilizado para las conexiones con el circuito exterior. || Cada uno de los extremos de un imán donde se encuentra la fuerza magnética. || *Fig.* Lo que atrae, centro: *polo de atención.* | Término en completa oposición con otro: *el error y la verdad están en dos polos diferentes.* || Zona de desarrollo agrícola e industrial. || Camisa de sport de punto y con mangas largas. || Juego practicado a caballo y en el que los jinetes impulsan la pelota con una maza. (Tb. existe otro juego de polo, llamado *acuático,* en que participan dos equipos de siete nadadores.) || Bloque de helado que se sostiene con un palo para chuparlo. || Variedad de cante flamenco.

pololear v. i. *Bol.* y *Chil.* Galantear, coquetear.

pololo, la m. y f. *Bol.* y *Chil.* Pretendiente amoroso.

polonesa f. Danza de Polonia. || Composición musical que acompaña a esta danza.

polonio m. Metal (Po) radiactivo, de número atómico 84, que acompaña a menudo al radio. (Fue descubierto por los esposos Curie en 1898 en la pecblenda.)

poltrón, ona adj. Perezoso. || — F. Silla baja y cómoda, con brazos.

poltronear v. i. Haraganear.

poltronería f. Pereza, haraganería, aversión al trabajo.

polución f. Derrame del semen. || Contaminación: *la polución atmosférica.* (Galicismo innecesario aunque muy difundido y admitido por la Academia Española de la Lengua.)

poluto, ta adj. Manchado.

polvareda f. Cantidad de polvo que se levanta de la tierra, agitada por el viento o por otra causa. || *Fig.* Perturbación, efecto provocado entre las gentes por dichos o hechos que apasionan: *aquel discurso levantó gran polvareda.*

polvera f. Caja o estuche de las mujeres para guardar polvos de tocador.

polvo m. Conjunto de partículas de tierra fina que se levanta en el aire: *una nube de polvo.* || Materia dividida en partículas muy pequeñas: *polvo de carbón; polvos dentífricos.* || Cantidad de una sustancia pulverizada que se toma con los dedos: *polvo de rapé.* || *Fig.* Restos del hombre después de su muerte: *eres polvo y en polvo te convertirás.* || — Pl. Mezcla de productos minerales destinados a la protección y al embellecimiento del rostro de las mujeres. || — *Fig.* Hacer polvo, hacer trizas, destrozar. | Hacer polvo a alguien, cansarle mucho; fastidiarle enormemente; derrotarle. | Limpio de polvo y paja, dícese de una cantidad exenta de cualquier deducción. | Morder el polvo, quedar derrotado o humillado. | Polvos de la madre Celestina, remedio milagroso. || Polvo cósmico, partículas de hielo y piedra que se hallan en el espacio y son un elemento fundamental para la formación de cuerpos celestes. || Polvos de pica pica, polvos que producen picazón. || *Fig.* y *fam.* Sacudir el polvo a uno, darle una paliza.

pólvora f. Sustancia explosiva que se emplea para impulsar un proyectil en las armas de fuego o propulsar un cohete. || Conjunto de fuegos artificiales. || *Fig.* Polvorilla. | Viveza, actividad. || — *Fig.* Gastar la pólvora en salvas, valerse de medios inútiles para un fin. | No haber inventado la pólvora, ser poco listo. || Pólvora negra, pólvora compuesta de salitre, carbón y azufre. || Pólvora sin humo, pólvora a base de nitrocelulosa.

polvoriento, ta adj. Cubierto o lleno de polvo: *senda polvorienta.*

polvorín m. Almacén de explosivos. || Pólvora fina.

polvorón m. Dulce que se deshace en polvo al comerlo.

pomáceo, a adj. y s. Planta rosácea, de fruto en pomo, como el peral y el manzano. || — F. pl. Familia de estas plantas.

pomada f. Producto graso y pastoso que se emplea en medicina para uso externo o como cosmético.

pomelo m. Fruto comestible de sabor ácido, un poco mayor que una naranja y de color amarillo. || Árbol que lo produce.

pómez adj. f. Piedra pómez, roca volcánica muy porosa y ligera, variedad del feldespato.

pomo m. Fruto con mesocarpio y endocarpio carnosos, como la manzana y la pera. || Remate redondeado de algunas cosas. || Tirador de una puerta, cajón, etc., que sirve para abrirlos. || Frasco de perfume. || Extremo del puño de la espada, de un bastón.

pompa f. Acompañamiento suntuoso y de gran aparato: *función, casamiento, entierro con gran pompa.* || Esplendor, magnificencia: *la pompa real.* || Burbuja de aire que se forma con un líquido: *pompa de jabón.* || —Pl. Vanidades, vanos placeres del mundo: *renunciar a Satanás, a sus pompas y a sus obras.* || *Pompas fúnebres,* ceremonias celebradas en honor de un difunto.

pompeyano, na adj. y s. De Pompeya (ú. t. c. s.). || Referente a Pompeyo o a sus hijos: *dinastía pompeyana.* || Aplícase al estilo o gusto artístico de los objetos encontrados en las ruinas de Pompeya: *vaso pompeyano.*

pomponearse v. pr. Presumir.

pompón m. Borla.

pomposidad f. Calidad de pomposo u ostentoso.

pomposo, sa adj. Con mucha magnificencia, suntuoso, esplendoroso: *fiesta pomposa.* || De una solemnidad excesiva que presupone cierta vanidad: *el aspecto pomposo de su vestimenta.* || Que emplea términos enfáticos y exagerados: *lenguaje pomposo.* || Altisonante: *nombre muy pomposo.*

pómulo m. Hueso de cada una de las mejillas. || Saliente que forma en el rostro este hueso.

ponchar v. t. Picar, punzar. || *Cub.* y *Méx.* Pinchar las ruedas de los automóviles.

ponchazo m. *Cub.* y *Méx.* Pinchazo.

ponche m. Bebida hecha con una mezcla de ron u otro licor con agua caliente, limón y azúcar y alguna especia.

ponchera f. Recipiente grande en que se prepara y sirve el ponche.

poncho m. *Amer.* Prenda de lana sin mangas que consiste en una pieza rectangular con abertura en el centro para pasar la cabeza.

ponderable adj. Que puede pesarse. || Alabable, elogiable.

ponderación f. Prudencia, moderación, reflexión: *hablar con ponderación.* || Exageración, encarecimiento.

ponderado, da adj. Mesurado, que procede con tacto y prudencia.

ponderador, ra adj. y s. Que pondera.

ponderar v. t. Considerar, examinar detenidamente una cosa. || Celebrar mucho, alabar.

ponderativo, va adj. Que pondera o encarece una cosa. || Reflexivo: *persona ponderativa.*

ponedero, ra adj. Que se puede poner. || —Adj. f. Aplícase a las aves que ya ponen huevos. || —M. Sitio donde las gallinas ponen sus huevos.

ponedor, ra adj. f. Ponedera.

ponencia f. Cargo de ponente. || Informe o proyecto presentado por el ponente. || Comisión ponente.

ponente adj. y s. m. Aplícase al magistrado, funcionario o miembro de un cuerpo colegiado o a la comisión designada por éste para que redacte un informe o presente una propuesta o proyecto para que sea discutido.

*****poner** v. t. Colocar en un lugar determinado a una persona o cosa: *pon este libro en el estante.* || Adoptar: *poner cara de mal genio.* || Preparar, disponer: *poner la mesa.* || Pensar, suponer: *pongamos que sucedió así.* || Vestir: *no tengo qué ponerle.* || Apostar: *pongo cien pesos a que no lo haces.* || Tardar: *puso dos horas en venir.* || Instalar: *poner un piso, el gas.* || Montar: *puse una tienda.* || Hacer que funcione: *poner la radio.* || Colocar en un empleo: *a Juan le han puesto de secretario.* || Representar: *poner una comedia clásica, una película de miedo.* || Causar un efecto: *el sol pone moreno.* || Exponer: *poner en un peligro.* || Calificar, tratar de: *poner a alguien de mentiroso.* || Asignar, establecer: *poner precio.* || Dar: *poner un nombre.* || Contribuir: *poner en la suscripción mucho dinero.* || Invertir: *poner su capital en el negocio.* || Hacer: *no pone nada de su parte.* || Escribir o enviar: *le pondré dos letras.* || Presentar: *poner por testigo.* || Enunciar: *poner sus condiciones.* || Soltar el huevo las aves. || —Poner bien a uno, encomiarle. || Poner casa, instalarse. || Poner ceño, fruncir el ceño. || Poner de su parte o de su lado, contribuir personalmente al buen éxito de una empresa. || Poner en claro (o en limpio) un asunto, aclararlo. || Poner en duda, dudar. || Poner mal a uno, dejarlo en mal lugar o hablar mal de él. || —V. pr. Colocarse, situarse: *ponerse de pie.* || Volver: *ponerse enfermo.* || Vestirse: *ponerse el abrigo.* || Mancharse: *ponerse de grasa hasta los pelos.* || Ocultarse los astros tras el horizonte: *ponerse el sol.* || Posarse las aves. || Llegar a un lugar determinado: *en diez minutos me pongo en tu casa.* || —Ponerse a, empezar. || Ponerse al corriente, enterarse, informarse. || Fig. Ponerse colorado, avergonzarse. || *Amer.* Ponérsela, emborracharse.

poney [*poni*] m. (pal. ingl.). Caballo pequeño y con el pelo largo.

pongo m. Orangután. || *Amer.* Criado o doméstico indio. | Paso estrecho de un río.

poniente m. Occidente, oeste. || Viento procedente del Oeste.

pontazgo m. Peaje que se paga por pasar algunos puentes.

pontevedrés, esa adj. y s. De Pontevedra.

pontificado m. Dignidad y ejercicio de pontífice. || Tiempo que dura: *el pontificado de Juan XXIII.*

pontifical adj. Relativo al sumo pontífice: *ornamentos pontificales.* || —M. Ritual del Papa.

pontificar v. i. Ser pontífice u obtener la dignidad pontificia. || *Fam.* Obrar, hablar con solemnidad, enfáticamente.

pontífice m. Papa, jefe supremo de la Iglesia católica romana. || Magistrado sacerdotal que presidía los ritos y ceremonias religiosas en la antigua Roma.

pontificio, cia adj. Relativo al pontífice: *dignidad pontificia.*

pontón m. Barco chato para pasar los ríos o construir puentes. || Puente flotante.

pontonero m. El que construye pontones o el que los conduce.

ponzoña f. Veneno. || *Fig.* Lo que es dañino, nocivo.

ponzoñoso, sa adj. Venenoso. || *Fig.* Nocivo, dañino, perjudicial.

pool [*pul*] m. (pal. ingl.). Agrupación o sindicato de productores. || Organismo internacional encargado de la organización de un mercado común entre los países asociados: *el pool del carbón, del acero.* || Servicio: *el pool mecanográfico.*

popa f. Parte posterior de una embarcación. || *Fig.* y *fam.* Trasero, nalgas. || *Fig.* De popa a proa, entera o totalmente.

popayanejo, ja y **popayanense** adj. y s. De Popayán.

pope m. Sacerdote de rito oriental entre rusos, serbios y búlgaros.

popelín m. o **popelina** f. Tejido de algodón, seda, etc., hecho con hilos finos, lisos y muy apretados, empleado para camisas, pijamas, vestidos.

popote m. *Méx.* Paja utilizada para tomar refrescos. || *Fig. Hecho un popote,* muy delgado.

populachería f. Fácil popularidad alcanzada entre el vulgo.

populachero, ra adj. Relativo al populacho: *demostraciones populacheras.* || Propio para halagar al populacho: *discurso populachero.*

populacho m. Lo ínfimo de la plebe o bajo pueblo.

popular adj. Relativo al pueblo: *escuela popular.* || Propio del pueblo: *la voz popular.* || Grato al pueblo: *persona, autor muy popular.* || Muy extendido: *deporte, fiesta popular.*

popularidad f. Aceptación y aplauso que uno tiene en el pueblo. || Fama, renombre: *gozar de popularidad.*

popularización f. Acción y efecto de popularizar.

popularizar v. t. Propagar entre el pueblo, hacer popular: *popularizar una canción.* || Hacer grato al pueblo: *popularizar una obra, una institución, un programa.* || —V. pr. Adquirir popularidad.

populista adj. Relativo al pueblo: *partido populista.*

pópulo m. *Fam.* Pueblo.

populoso, sa adj. Muy poblado.

popurrí m. *Mús.* Sucesión de diversas melodías. || Revoltillo, miscelánea, mesa revuelta.

popusa f. *Bol., Guat., Hond., Nicar. y Salv.* Tortilla de maíz con queso o trocitos de carne.

poquedad f. Escasez, cortedad: *la poquedad de sus recursos.* || Timidez, apocamiento. || Cosa de ningún valor, pequeñez.

póquer m. Póker.

por prep. Indica la causa de una cosa: *trabajar por necesidad.* || A través: *ir por las calles.* || Indica el medio, el instrumento: *avejentado por los sufrimientos.* || Indica el destino: *lo hice por ti, por ayudarte.* || En favor de: *interceder por uno.* || Como: *dar por hecho; tener un tugurio por casa.* || Denota la manera de hacer una cosa: *por señas, por escrito.* || Indica trueque o venta: *lo compré por diez mil pesos.* || En lugar de: *tiene a sus padres por maestros.* || Indica multiplicación: *tres por dos son seis.* || Lugar aproximado: *esta calle se encuentra por el centro.* || Tiempo aproximado: *iré por Navidad.* || Durante: *vendré por tres días.* || Porque: *no viene por tener mucho trabajo.* || Para: *se calló por no equivocarse.* || Seguida de infinitivo, indica perspectiva futura o necesidad: *la solución está por encontrar.* || Aunque: *por mucho que te esfuerces, no la conseguirás.* || — Por donde, por lo cual. || Por qué, por cuál razón o motivo: *no sé por qué no nos escribe.* || Por tanto, por consiguiente.

porcelana f. Producto cerámico de masa vitrificada muy compacta, blanca y translúcida, por lo general revestida con un esmalte fino, incoloro y transparente. || Objeto hecho con esta loza.

porcentaje m. Tanto por ciento: *porcentaje de natalidad, de mortalidad.* || Índice.

porcentual adj. Calculado en tantos por ciento.

porche m. Soportal, cobertizo.

porcino, na adj. Relativo al cerdo: *el ganado porcino.* || — M. Cerdo pequeño.

porción f. Cantidad separada de otra mayor. || Cantidad de un alimento o de otra cosa que corresponde en un reparto: *dar o tocar a uno su porción.* || Parte con la que contribuye alguien a algo. || *Fam.* Una porción de, un gran número de personas o cosas.

porcuno, na adj. Relativo al cerdo: *carne porcuna.* || — M. pl. Ganado porcino.

pordiosear v. i. Mendigar, pedir limosna. || *Fig.* Pedir una cosa con insistencia.

pordiosero m. o **pordiosería** f. Mendicidad.

pordiosero, ra adj. y s. Mendigo, mendicante: *llevó siempre una vida pordiosera.*

porfía f. Empeño, insistencia: *porfía inútil.* || Disputa insistente. || A porfía, con emulación, en competencia.

porfiado, da adj. y s. Obstinado, terco.

porfiar v. i. Disputarse con obstinación. || Insistir mucho para lograr algo. || Empeñarse en hacer una cosa: *porfiar en abrir la puerta.*

pórfido m. Roca compacta y dura, formada por una sustancia amorfa, con grandes cristales de feldespato y cuarzo, a la que se da las mismas aplicaciones decorativas que el mármol.

porfiriano o **porfirista** adj. *Méx.* Aplícase a lo relacionado con la época de gobierno de Porfirio Díaz.

pormenor m. Detalle, conjunto de circunstancias menudas: *los pormenores del caso.* || Cosa secundaria en un asunto.

pormenorizar v. t. Detallar.

pornografía f. Obscenidad.

pornográfico, ca adj. Obsceno.

pornógrafo m. Escritor de obras pornográficas.

poro m. Espacio hueco en las moléculas de los cuerpos. || Intersticio entre las partículas de los sólidos. || Cada uno de los orificios que hay en la piel. || *Méx.* Planta comestible de la familia del ajo.

porongo m. *Amer.* Calabacino para contener líquidos.

pororó m. *Riopl.* Rosetas de maíz tostado.

pororoca f. Fenómeno que se presenta en ciertos ríos de América cuando se produce el choque de la marea ascendente con la corriente del río.

porosidad f. Calidad, naturaleza de un cuerpo poroso.

poroso, sa adj. Que tiene poros: *una piedra porosa.*

poroto m. *Amer.* Judía, alubia, fríjol: *un plato de porotos.*

porque conj. Por la razón de que: *porque es rico no quiere estudiar.* || Para que: *trabajamos porque no nos falte nada.*

porqué m. *Fam.* Causa, motivo: *el porqué de las cosas.*

porquería f. *Fam.* Suciedad, basura: *quita esta porquería de en medio.* || Acción sucia o indecente. || *Fam.* Indecencia: *siempre cuenta porquerías.* || Mala jugada: *me hizo una porquería.* | Cosa insignificante, de poco valor o mala: *este reloj es una porquería.*

porqueriza f. Pocilga.

porquerizo y **porquero** m. El que cuida cerdos.

porra f. Clava, maza, cachiporra. || Martillo grande de herrero. || Especie de churro grande. || *Fig. y fam.* Persona pesada. | El último en un juego. || *Méx.* Claque. | Conjunto de partidarios de un equipo deportivo, de un torero, un político, etc. || *Guardia de la porra,* guar-

dia o policía armado con ella. || *Fam.* Mandar a la porra, mandar a paseo.

porrada f. Porrazo; golpe dado con la porra. || *Fig. y fam.* Idiotez. || Abundancia, montón de cosas.

porrazo m. Golpe que se da con una porra o con otra cosa. || *Fig.* Golpe que se recibe al caer o tropezar.

porretada f. Porrada, cantidad.

porrillo m. Maza de cantero. || *A porrillo,* en gran cantidad.

porrista com. *Méx.* Hincha: *los porristas del equipo local hicieron mucha bulla.*

porrón, ona adj. *Fam.* Necio, pesado. || — M. Vasija de vidrio con pitón largo para beber vino a chorro: *porrón catalán.*

porta adj. f. *Anat.* Vena porta, la que lleva la sangre al hígado.

portaaviones m. inv. Portaviones.

portabandera f. Especie de tahalí con un seno o bolsa en que se encaja el asta de la bandera para llevarla con comodidad.

portada f. *Arq.* Obra de ornamentación en la puerta de un edificio. || *Fig.* Frontispicio de una cosa. || Primera página de un libro impreso en la cual figura el título de la obra, el nombre del autor, etc.

portadilla f. Anteportada.

portador, ra adj. Dícese de la persona que lleva consigo una cosa o está en posesión de algo (ú. t. c. s.). || Dícese de la persona encargada de entregar una carta, un mensaje. Ú. t. c. s.: *portador de malas noticias.* || — M. Persona en favor de quien se ha suscrito o girado un efecto de comercio: *cheque al portador.* || Persona o cosa que lleva con ella los agentes contagiosos de una infección: *portador de gérmenes.*

portaequipajes m. inv. Parte de un vehículo en que se ponen los equipajes.

portaestandarte m. Persona que lleva la bandera de un regimiento, de una asociación, etc. || *Fig.* Abanderado.

portafolio m. *Amer.* Cartera de documentos.

portaherramientas m. inv. Pieza que sirve para sujetar la herramienta en una máquina.

portal m. Zaguán o vestíbulo a la puerta de entrada de una casa. || Belén, nacimiento: *portal del Niño Jesús.* || *Inform.* Sitio genérico de Internet que vincula con otros lugares de información más detallada.

portalámparas m. inv. Pieza hueca en la cual penetra el casquillo de las bombillas eléctricas.

portalápiz m. Estuche o tubo de metal para resguardar la punta de los lápices o para cogerlo mejor.

portallaves m. Utensilio para guardar las llaves: *el portallaves estaba junto a la puerta.*

portalón m. Puerta grande. || *Mar.* Abertura a manera de puerta en el costado del buque.

portamaletas m. inv. Maletero de un coche.

portamantas m. inv. Conjunto de dos correas con asa para llevar a mano las mantas de viaje.

portaminas m. inv. Lápiz en que se puede cambiar la mina.

portamonedas m. inv. Bolsa o cartera en la que se guarda el dinero, monedero.

portañica f. Portañuela.

portañola f. *Mar.* Cañonera, tronera.

portañuela f. Tira de tela que oculta la bragueta de los pantalones. || *Col.* y *Méx.* Puerta de carruaje.

portaobjeto m. Placa de cristal en los microscopios en la que se coloca el objeto que se va a observar.

portaplumas m. inv. Palillero, mango para colocar la pluma.

portar v. t. Traer el perro la pieza de caza cobrada. || — V. pr. Conducirse, obrar: *portarse bien.* || Distinguirse, quedar airoso: *portarse con lucimiento.*

portarretrato m. Marco en que se colocan retratos.

portátil adj. Que se puede transportar: *máquina de escribir portátil.*

portaviandas m. inv. Fiambrera.

portaviones m. inv. Barco de guerra que transporta aviones, que despegan y aterrizan en su cubierta.

portavoz m. El que representa o lleva la voz de una colectividad: *el portavoz de un gobierno, de un partido.* || Bocina, megáfono.

portazgo m. Derechos pagados por pasar por ciertos caminos.

portazo m. Golpe fuerte dado por la puerta al cerrarse. || Acción de cerrar la puerta para desairar a uno o despreciarle.

porte m. Transporte, traslado: *porte de mercancías.* || Cantidad pagada por el transporte de una cosa de un lugar a otro: *franco de porte.* || Facha, aspecto: *porte distinguido.* || Conducta, modo de proceder: *persona de buen* (o *mal*) *porte.* || Capacidad de transporte de un buque mercante o de otra cosa. || Dimensión, tamaño.

porteador adj. y s. Transportista, que se dedica a portear.

portear v. t. Transportar.

portento m. Prodigio, persona, cosa o acción extraordinaria: *un portento de inteligencia.*

portentoso, sa adj. Prodigioso, que causa admiración o terror: *talento portentoso; maldad portentosa.*

porteño, ña m. adj. y s. Del Puerto de Santa María (España), de Cortés (Honduras) y de Valparaíso (Chile). || Bonaerense, de Buenos Aires. || Barrioporteño, de Puerto Barrios (Guatemala).

porteo m. Transporte, porte.

portería f. Cuarto en el que está el portero o portera de una casa. || En algunos deportes, como el fútbol, meta, espacio limitado por dos postes provistos de una red por donde hay que hacer pasar el balón.

portero, ra m. y f. Persona encargada del cuidado de una casa. || — M. Jugador que defiende la meta o portería.

portezuela f. Puerta de un coche. || Puerta pequeña.

pórtico m. Lugar cubierto y con columnas que se construye delante de la puerta de un edificio: *el pórtico de una catedral.* || Galería con arcadas o columnas a lo largo de una fachada, patio, etc.

portilla f. *Mar.* Cada una de las aberturas pequeñas que sirven de ventanas en los costados del buque.

portillo m. Abertura en una pared, muralla o tapia. || Derivación de un río para tomar agua. || Postigo en una puerta o ventana. || Puerta pequeña en ciertas poblaciones amuralladas. || Paso estrecho entre dos alturas. || Mella: *el portillo de una taza, de un diente.* || *Fig.* Resquicio, lugar de entrada.

pórtland m. Cierto cemento hidráulico obtenido por calcinación de una mezcla artificial de arcilla y caliza: *piso de pórtland.*

portobaquericense adj. y s. De Puerto Baquerizo (Ecuador).

portón m. Puerta grande.

portorriqueño, ña adj. y s. Puertorriqueño.

portovejense adj. y s. De la ciudad de Portoviejo (Ecuador).

portuario, ria adj. Referente a los puertos: *obras portuarias.*

portuense adj. y s. De cualquiera de las ciudades llamadas *Puerto: Puerto Cabello, Puerto Montt, Puerto Príncipe, Puerto de Santa María,* etc. || De Ostia (Italia).

portuguense adj. y s. De Portuguesa (Venezuela).

portugués, esa adj. y s. De Portugal. || — M. Lengua que se habla en este país.

portuguesismo m. Lusitanismo.

portulano m. Atlas marítimo.

porvenir m. Suceso o tiempo futuro.

pos (en) m. adv. Tras, detrás: *ir en pos de algo.*

posada f. Hospedería, fonda. || Hospedaje: *dar posada.* || *Méx.* Fiesta popular que se celebra nueve días antes de Navidad.

posadeño, ña adj. y s. De Posadas (Argentina).

posaderas f. pl. *Fam.* Trasero, región glútea.

posadero, ra m. y f. Persona que tiene casa de huéspedes.

posar v. t. Colocar, poner: *posó la mano sobre mis hombros.* || Dirigir: *posó su vista en mi automóvil.* || Dejar, poner: *pósalo aquí.* || — V. i. Detenerse los pájaros para descansar (ú. t. c. pr.). || Ponerse una persona delante del pintor o escultor para servirle de modelo. || Colocarse una persona en postura para que sea fotografiada. || Darse tono, presumir (es galicismo). || — V. pr. Depositarse en el fondo las sustan-

cias que están en suspensión en un líquido o en un objeto las partículas que están en el aire. || Aterrizar aeronaves o astronaves.

posbélico, ca adj. Que sigue a la guerra.

poscomunión f. Oración de la misa después de la comunión.

posdata f. Lo que se añade a una carta ya firmada.

pose f. *Fot.* Exposición. || Actitud afectada. || Sesión de un modelo. || *Fig.* Afectación, poca naturalidad. (Esta palabra es galicismo.)

poseedor, ra adj. y s. Que posee.

poseer v. t. Ser propietario: *posee muchos bienes.* || Tener en su poder: *él posee la llave.* || Tener: *posee un carácter endiablado.* || Contar con, disponer de: *poseer excelentes comunicaciones.* || Conocer a fondo: *poseo tres idiomas.* || Gozar de los favores de una mujer: *nunca llegó a poseerla.* || Detentar: *poseer un récord.* || — V. pr. Ser dueño de sí mismo.

poseído, da adj. y s. Poseso. || *Fig.* Furioso, dominado por la ira. | Engreído, creído de sí mismo: *es una persona muy poseída.*

posesión f. Acto de poseer una cosa, facultad de disponer de un bien. || La cosa poseída. || Colonia de un Estado. || Disfrute de un bien no fundamentado en un título de plena propiedad. || Estado de la persona sobre cuyo espíritu ejerce perniciosa influencia un espíritu malo. || Ayuntamiento carnal con una mujer. || *Amer.* Finca rústica. || — *Dar posesión* de un cargo a uno, conferirle el cargo. || *Tomar uno posesión* de un cargo, empezar a ejercerlo.

posesionar v. t. Dar posesión de una cosa. || — V. pr. Tomar posesión de una cosa: *posesionarse de los bienes heredados.*

posesivo, va adj. Que denota posesión. || Posesorio. || — *Gram. Adjetivo posesivo,* el que determina el sustantivo añadiendo una idea de posesión. | *Pronombres posesivos,* los que van en lugar del nombre y denotan posesión o pertenencia (ú. t. c. s. m.).

poseso, sa adj. y s. Endemoniado: *poseso del demonio.*

posesor, ra adj. y s. Poseedor.

posesorio, ria adj. *For.* Relativo o perteneciente a la posesión.

posguerra f. Tiempo posterior a la guerra.

posibilidad f. Calidad de posible. || Aptitud, potencia u ocasión para ser o existir las cosas. || Facultad para hacer o no una cosa. || Probabilidad: *calcular las posibilidades de éxito.* || — Pl. Aquello que se puede esperar de alguien o de algo: *contar con posibilidades de ganancia.*

posibilitar v. t. Hacer posible. || Permitir.

posible adj. Que puede ser o suceder; que se puede ejecutar || — M. Posibilidad, facultad. || *Hacer todo lo posible,* no omitir diligencia alguna. || —

M. pl. Bienes, rentas, fortuna: *una persona de muchos posibles.*

posiblemente adv. Con gran posibilidad: *posiblemente iré.* || Es posible.

posición f. Lugar preciso en que está colocada una cosa: *la casa de Blanca, dada su posición, tiene una vista magnífica.* || Postura, manera de estar situada una persona: *posición tendida.* || Mil. Zona de terreno ocupada por una unidad encargada de su defensa: *posición de combate.* || Fig. Situación relativa a un objetivo, a circunstancias particulares: *posición difícil.* || Condición económica o social de una persona: *Álvaro tiene una buena posición.* | Opinión, partido que se adopta en una situación determinada o ante un problema preciso.

posicional adj. Relativo a la posición: *luz posicional; negociaciones posicionales.*

positivado m. Acción de sacar copias positivas de un negativo.

positivismo m. Calidad de positivista. || Gran aprecio que se tiene por el valor y utilidad prácticos de las cosas. || Teoría filosófica de Auguste Comte que defiende como única fuente de conocimiento la experiencia sacada de los fenómenos.

positivista adj. y s. Realista, que da gran valor a la utilidad práctica de las cosas. || Partidario del positivismo.

positivo, va adj. Que se basa en hechos ciertos, reales: *hecho positivo; mejoría positiva.* || Que se funda en la experiencia: *ciencias positivas.* || Fundado en la afirmación de un hecho: *prueba positiva.* || Que está escrito, prescrito: *derecho positivo.* || Que existe de hecho, (por oposición a *negativo*): *la existencia positiva de obligaciones.* || Aplícase a la prueba fotográfica sacada de un negativo (ú. t. c. m.). || Dícese de la electricidad que se obtiene frotando el vidrio con un paño y que lleva el signo + . || — M. Lo que es real, incontestable. || Lo que no es imaginario: *él solamente ve lo positivo de las cosas.* | Gram. Grado de comparación expresado por el adjetivo solo o por el adverbio.

positón y **positrón** m. Electrón positivo.

posma f. Pesadez, lentitud. || — Adj. y s. Pesado, engorroso.

poso m. Sedimento de un líquido. || Fig. Huella, resto.

posología f. Estudio de la dosis en que deben administrarse los medicamentos.

*posponer v. t. Colocar una persona o cosa después de otra: *posponer el sujeto al verbo.* || Fig. Estimar a una persona o cosa menos que a otra. | Diferir, aplazar.

posposición f. Colocación después. || Acción de posponer.

pospretérito m. Gram. En la terminología de A. Bello, condicional simple.

posromanticismo m. Movimiento literario de transición entre el romanticismo y el realismo.

posromántico, ca adj. y s. Posterior al romanticismo: *escuela posromántica.*

post prep. Pos. || — *Post scriptum,* posdata, postscriptum. || *Post meridiem,* posterior al mediodía, postmeridiano (abrev. *p. m.*).

posta f. Conjunto de caballerías que se apostaban en los caminos a cierta distancia para mudar los tiros, especialmente de los correos. || Lugar donde estaban las postas. || Distancia de una posta a otra. || Bala pequeña de plomo. || *A posta,* expresamente, adrede.

postal adj. Relativo al correo: *servicio, tren, avión postal.* || — F. Tarjeta postal: *enviar una postal como recuerdo.*

postbalance m. Estado después de haber hecho el balance: *venta postbalance.*

postdata f. Posdata.

postdiluviano, na adj. Sucedido después del diluvio universal.

postdorsal adj. Aplícase al sonido que se forma con la parte posterior del dorso de la lengua y a las letras que lo tienen como la *h* (ú. t. c. s. f.).

poste m. Madero, pilar de hierro o de hormigón colocado verticalmente para servir de apoyo o señal: *poste telegráfico, indicador.*

poste restante f. (pal. fr.). Amer. Lista de correos.

postema f. Absceso que supura.

póster m. (pal. ingl.). Cartel.

postergación f. Retraso. || Relegación. || Olvido.

postergar v. t. Hacer sufrir atraso, dejar atrasada una cosa: *postergar un asunto.* || Perjudicar a un empleado dando a otro más moderno el ascenso. || Dejar de lado.

posteridad f. Descendencia de aquellos que tienen un mismo origen. || Conjunto de las generaciones futuras. || Fama póstuma.

posterior adj. Que viene después en orden al tiempo: *acto posterior.* || Que está detrás: *la parte posterior.* || — M. Fam. Trasero.

posterioridad f. Estado de una cosa posterior a otra.

postguerra f. Posguerra.

postigo m. Puerta falsa. || Puerta pequeña abierta en otra mayor. || Tablero de madera o de metal con que se cierran las ventanas o puertaventanas. || Puerta de una sola hoja. || Portillo de ciudad.

postilla f. Costra que se cría en las llagas o granos cuando se van secando.

postillón m. Mozo que iba a caballo guiando a los que corrían la posta, o montando en uno de los delanteros de una diligencia.

postín m. Presunción: *se da mucho postín.* || Elegancia: *un traje de mucho postín.*

postinero, ra adj. Presumido, que se da postín. || Elegante.

postizo, za adj. Que no es natural, sino agregado, sobrepuesto: *diente, moño postizo.* || Fig. Falso: *cortesía postiza.* || — M. Pelos artificiales en forma de moño o de mechones que se pueden añadir a la cabellera natural.

postmeridiano adj. Relativo a la tarde.

postmodernismo m. Movimiento literario surgido como una reacción conservadora dentro del modernismo y que aconseja la sencillez lírica.

postónico, ca adj. Situado después del acento: *sílaba postónica.*

postoperatorio, ria adj. Que se verifica después de una operación: *tratamiento postoperatorio.*

postor m. Licitador. || *Mejor postor,* el que hace la oferta más ventajosa.

postpalatal adj. Aplícase a la consonante para cuya pronunciación choca la base de la lengua contra el velo del paladar y a las letras que la poseen (ú. t. c. s. f.).

postración f. Abatimiento por enfermedad o aflicción: *hallábase en un grado extremo de postración.*

postrador, ra adj. Que postra.

postrar v. t. Debilitar, abatir, quitar el vigor a uno: *postrado por la calentura, la desgracia* (ú. m. c. pr.). || — V. pr. Hincarse de rodillas: *postrarse al pie del altar.* || Humillarse.

postre m. Fruta o dulce que se toma al fin de la comida. || — A la postre, en definitiva. || Para postre, para colmo.

postremo, ma adj. Último.

postrer adj. Apócope de *postrero:* el *postrer aliento.*

postrero, ra adj. y s. Último en orden: *el año postrero del siglo.* | Que está o viene detrás.

postrimería f. Último período o últimos años de la vida. || Teol. La muerte o cada una de las tres últimas cosas que esperan al alma del hombre después de muerto (*juicio, infierno y gloria*). || — Pl. Final, término: *en las postrimerías del siglo pasado.*

postrimero, ra adj. Postrero.

postromanticismo m. Posromanticismo.

postromántico, ca adj. Posromántico.

postscriptum m. Posdata.

postsincronización f. Grabación del sonido de una película después de la toma de vistas.

postsincronizar v. t. Grabar el sonido de una película cinematográfica después de la toma de vistas.

postulación f. Acción y efecto de postular. || Colecta.

postulado m. Proposición que hay que admitir sin pruebas para establecer una demostración: *el postulado de Euclides.* || Principio muy claro y evidente.

postulador m. Encargado en la curia romana de la beatificación o canonización de alguien.

postulante, ta adj. y s. Que postula, pretendiente. || Que aspira a ingresar en una comunidad religiosa. || Que hace una colecta.

postular v. t. Pretender, pedir. || Encomiar, aconsejar: *postular medidas.* || — V. i. Pedir públicamente para una obra, hacer una colecta.

póstumo, ma adj. Nacido o publicado después de la muerte del padre o del autor: *hija póstuma, composiciones póstumas.*

postura f. Posición, actitud, disposición de una persona, animal o cosa: *una postura incómoda.* || Opinión, comportamiento: *su postura no es muy clara.* || Precio que se pone a una cosa. || Precio ofrecido por el comprador en una subasta. || Puesta, cantidad que se juega en una apuesta. || Función de poner huevos las gallinas. || Planta o arbolillo que se transplanta. || Fig. Condición, situación: *estar en mala postura.* | Actitud, posición: *postura elegante.*

postventa adj. Dícese del servicio comercial que asegura el cuidado de las máquinas vendidas.

potable adj. Que puede beberse. || *Fam.* Admisible, más o menos bueno, regular.

potaje m. Caldo del cocido. || Guiso hecho con legumbres secas y verduras. || El que lleva una especie de bastón que lanza al aire y recoge al frente la banda en algunos desfiles militares. || La función que realiza y el mismo bastón. || *Fig.* Mezcolanza, batiburrillo.

potasa f. *Quím.* Hidróxido de potasio, denominado también *potasa cáustica,* cuerpo blanco, muy soluble en el agua. || Nombre dado al cloruro de potasio, utilizado como abono, y al carbonato de potasio.

potásico, ca adj. *Quím.* Relativo al potasio: *sales potásicas.*

potasio m. Metal alcalino (K), de número atómico 19, extraído de la potasa, más blando que la cera, fusible y que arde en contacto con el agua.

pote m. Vasija redonda. || Recipiente que se emplea en las farmacias para poner ciertas sustancias. || Cocido de alubias, verdura y tocino que se hace en Galicia y Asturias. || Maceta, tiesto. || *Fig.* y fam. Postín, presunción: *darse pote.*

potencia f. Fuerza capaz de producir un efecto: *la potencia del viento.* | Poder, fuerza de un Estado: *potencia militar.* || Estado soberano: *las grandes potencias.* || Virtud generativa, virilidad. || *Fil.* Posibilidad, virtualidad: *pasar de la potencia al acto.* || *Fís.* Cociente del trabajo hecho por una máquina dividido por el tiempo que ha tardado en efectuarlo. || *Mat.* Cada uno de los productos que resultan de multiplicar una cantidad por sí misma tantas veces como su exponente indica: *elevar un número a la potencia cuatro* (ú. t. c. s.). || *Mec.* Lo que produce movimiento. || *Min.* Espesor de una capa o filón de mineral. || — *En potencia,* de modo potencial. || *Potencias del alma,* la memoria, la inteligencia y la voluntad.

potenciación f. *Mat.* Operación que tiene por objeto el cálculo de la potencia de un número.

potencial adj. Que tiene en sí potencia: *energía potencial.* || Posible, que puede suceder o existir: *enemigo potencial.* || *Gram.* Que enuncia la acción como posible: *modo potencial* (ú. t. c. s. m.). || — *M. Electr.* Grado de electrización de un conductor: *la diferencia de potencial engendra una corriente eléctrica.* || *Fig.* Poder, fuerza disponible: *el potencial militar de un país.* || — *Potencial eléctrico,* voltaje. || *Potencial industrial,* capacidad de producción de una industria o país.

potencialidad f. Capacidad de la potencia, independiente del acto. || Potencia, poderío.

potenciar v. t. Dar potencia. || Hacer posible. || Dar más posibilidades, facilitar, fomentar.

potenciómetro m. Instrumento empleado para medir las diferencias de potencial.

potentado m. Príncipe soberano, pero que depende de otro superior. || Persona importante de gran influencia. || Muy rico o acaudalado.

potente adj. Que tiene poder o potencia: *un estado potente; una máquina potente.* || Capaz de engendrar. || *Fam.* Grande, desmesurado: *voz potente.*

potestad f. Facultad de mandar, poder, autoridad. || Espíritu celestial del sexto coro de los ángeles. || *Patria potestad,* autoridad que los padres tienen sobre los hijos no emancipados.

potestativo, va adj. Facultativo, que puede hacerse o no.

potingue m. *Fam.* Cualquier preparado de botica o bebida de sabor desagradable.

poto m. *Arg., Bol., Chil., Ecuad., Parag.* y *Per.* Nalgas. || *Per.* Pequeño recipiente de barro.

potosí m. *Fig.* Riqueza extraordinaria: *valer un potosí.*

potosino, na adj. De Potosí (Bolivia) o de San Luis Potosí (México).

potpurrí m. Popurrí.

potra f. Yegua joven. || *Fam.* Hernia. || *Fig.* y fam. Suerte.

potrada f. Reunión de potros de una yeguada o de un dueño.

potranca f. Yegua que no pasa de tres años de edad.

potranco m. Potro.

potrero, ra adj. Relativo a los potros. || — *M.* El que cuida potros. || Sitio para la cría de ganado caballar. || *Amer.* Dehesa cerrada para la cría de ganado. || *Fam.* Hernista.

potrillo m. Potro de menos de tres años de edad.

potro m. Caballo joven de menos de cuatro años y medio de edad. || Aparato de gimnasia para ejecutar diferentes saltos. || Aparato de madera con el que se daba tormento. || Máquina de madera donde se sujetan los animales para herrarlos o curarlos.

potroso, sa adj. y s. Herniado. || *Fam.* Afortunado, con suerte.

poyal m. *P. Rico.* Manglar.

poyete y **poyo** m. Banco de piedra contra la pared y junto a las puertas de las casas. || *Fig.* y fam. *Quedarse en el poyete,* no ser invitada a bailar o quedarse soltera una muchacha.

poza f. Charca.

pozo m. Hoyo profundo, generalmente circular y recubierto de mampostería, abierto en la tierra para llegar a la capa acuífera procedente de manantiales subterráneos. || Sitio en que un río tiene más profundidad. || Hoyo profundo por donde se baja a una mina. || *Mar.* Sentina. || *Fig.* Manantial abundante: *pozo de sabiduría, de maldades.* | Compartimiento en que tiene que permanecer un jugador, en el juego de la oca, hasta que caiga otro que lo libere. || Bote en los juegos de naipes. || — *Pozo artesiano,* aquel en el que el agua sube naturalmente hasta la superficie. || *Pozo de petróleo,* el excavado para extraer este mineral. || *Pozo negro,* hoyo en que se recogen las inmundicias en los lugares donde no existe el alcantarillado. || *Fig. Pozo sin fondo,* aplícase a la persona o cosa en la que se está siempre gastando dinero y recaban cada vez más.

pozole m. *Méx.* Bebida compuesta de masa de nixtamal batida en agua. | Guisado de cabeza de puerco.

pozongo m. *Arg.* y *Méx.* Especie de maraca.

Pr, símbolo del *praseodimio.*

práctica f. Aplicación, ejecución de las reglas, de los principios de una ciencia, de una técnica, de un arte, etc.: *poner en práctica un método.* || Cumplimiento de un deber moral, social: *la práctica de la caridad.* || Observación de los deberes del culto: *práctica religiosa.* || Experiencia creada por la repetición de actos: *tiene mucha práctica en hacer diccionarios.* || Realización de un ejercicio: *la práctica de un deporte.* || Costumbre, uso: *prácticas funerarias.* || — Pl. Clases en que los alumnos hacen aplicación de los conocimientos adquiridos teóricamente. || — *En la práctica,* en la realidad. || *Llevar a la o poner en práctica,* hacer lo que se tiene pensado. || *Período de prácticas,* tiempo durante el cual una persona adquiere experiencia en el ramo en que trabajará más tarde.

practicable adj. Que puede ser realizado. || Transitable: *un camino practicable.* || — *M.* Decorado teatral que consiste en objetos reales y no de imitación.

practicante adj. y s. Que lleva a cabo las obligaciones impuestas por su religión. || Dícese de la persona que hace las curas, pone inyecciones y realiza otras intervenciones de cirugía menor. (En este sentido se emplea a veces el femenino *practicanta.*) || Auxiliar de farmacia.

practicar v. t. Aplicar, ejecutar, poner en práctica: *practica todas las virtudes.* || Ejercer: *practicar la medicina.* || Observar los deberes del culto: *practicar la* *religión* (ú. t. c. i.). || Ejercitarse: *practicar un idioma.* || Realizar por costumbre: *practica los deportes.* || Abrir, hacer: *practica una ventana en la pared.*

práctico, ca adj. Relativo a la acción, a la aplicación (por oposición a *teórico*): *medicina práctica.* || Que es adecuado para conseguir un fin; de aplicación o de uso cómodo o fácil: *un horario muy práctico.* || Dícese de la persona que tiene un gran sentido de la realidad. || Diestro, experto en una actividad. || — M. Marino que conoce muy bien los peligros de la navegación en cierto sitio y dirige el rumbo de un barco para entrar en un puerto, costear, etc. || *Práctico facultativo,* médico.

pradera f. Prado extenso. || Sitio que sirve de paseo.

pradial adj. Relativo a los prados. || — M. Noveno mes del calendario republicano francés (del 20 de mayo al 18 de junio).

prado m. Terreno en que se deja crecer hierba para pasto de los ganados.

pragmático, ca adj. Que está fundado o que funda las teorías en el estudio de los textos: *historia pragmática.* || Referente a la acción (por oposición a especulativo, teórico). || Que utiliza el valor práctico como criterio de veracidad: *una política pragmática.* || — F. Edicto de un soberano que regula definitivamente una materia fundamental del país (sucesión, relaciones de la Iglesia y el Estado, etc.).

pragmatismo m. Empirismo agnóstico que defiende el valor práctico como criterio de la verdad.

pragmatista adj. y s. Relativo al pragmatismo o partidario de él.

praseodimio m. Metal del grupo de las tierras raras (Pr), de número atómico 59.

preámbulo m. Prefacio, introducción, prólogo: *el preámbulo de un libro.* || Rodeo, digresión: *dímelo sin preámbulos.*

preaviso m. Aviso obligatorio antes de la realización de un acto.

prebenda f. Renta aneja a ciertas dignidades eclesiásticas. || *Fig. y fam.* Empleo muy ventajoso.

prebendado adj. y s. Aplícase al que disfruta una prebenda.

preboste m. Jefe de una asociación.

precámbrico, ca adj. y s. Dícese del período geológico más antiguo.

precario, ria adj. De poca estabilidad o duración.

precarización f. Acción y efecto de precarizar: *la precarización profesional atenta contra la seguridad social.*

precarizar v. t. Hacer que algo, como el empleo, se vuelva inseguro o de baja calidad.

precaución f. Prudencia, cautela, prevención: *tomar precauciones.*

precaucionarse v. pr. Precaverse, prevenirse.

precaver v. t. Prevenir un riesgo o evitar un daño o un peligro. || — V. pr. Protegerse: *precaverse contra la miseria.*

precavido, da adj. Que evita o sabe precaver los peligros: *persona precavida.* || Sagaz, astuto.

precedencia f. Anterioridad en el tiempo o en el espacio. || Preferencia, en el lugar o asiento. || Primacía, superioridad.

precedente adj. Que precede: *el día precedente a éste.* || — M. Antecedente: *sentar un precedente.*

preceder v. t. Ir delante en tiempo, orden o lugar: *la banda municipal precedía el desfile.* || *Fig.* Tener una persona o cosa más importancia que otra u otras.

preceptista adj. Que da o enseña preceptos y reglas. || Dícese del profesor de preceptiva literaria (ú. t. c. s.).

preceptivo, va adj. Obligatorio. || Que incluye o encierra en sí preceptos: *la parte preceptiva de la Biblia.* || — F. Conjunto de preceptos aplicables a determinada materia: *la preceptiva literaria trata de los preceptos relativos a retórica y poética.*

precepto m. Disposición, orden, mandato: *los preceptos de la ley constitucional.* || Regla, método. || *De precepto,* dícese del día en que hay que oír misa.

preceptor, ra m. y f. Maestro o maestra; persona que se encarga de la educación de los niños.

preceptuar v. t. Ordenar.

preces f. pl. Oraciones. || Súplicas, ruegos.

precesión f. Reticencia.

preciado, da adj. Valioso, de gran estimación, apreciado: *el preciado líquido.*

preciar v. t. Apreciar, estimar. || — V. pr. Presumir, dárselas, estar orgulloso: *preciarse de orador.* || Considerarse, estimarse: *como todo español que se precie.*

precintado m. Colocación de un precinto.

precintar v. t. Poner un sello de plomo, banda pegada o cualquier otra cosa que se rompe cuando se intenta abrir lo que debía mantenerse cerrado.

precinto m. Plomo sellado, banda pegada o cualquier otra cosa parecida con que se cierran los cajones, baúles, paquetes, puertas, etc., para que no se abran: *precinto de garantía.*

precio m. Valor venal de una cosa respecto a su venta o su compra; valoración en dinero o en algo similar a éste: *precio de una mercancía.* || *Fig.* Lo que cuesta obtener una ventaja cualquiera: *¡qué precio pagó por su libertad!* || Valor, importancia: *hombre de gran precio.* || — *Fig. Al precio de,* a costa de. | *No tener precio algo,* tener un gran valor. | *Precio alambicado o estudiado,* el que se ha establecido cuidadosamente para que no sea muy elevado. || *Precio alzado,* el establecido por el total de un trabajo sin entrar en el coste de los diferentes conceptos. || *Precio de fábrica o de coste,* aquel en el que no hay ningún margen de be-

neficio. || *Precio prohibitivo,* el que es muy elevado. || *Precio tope,* el máximo que se puede poner.

preciosidad f. Condición de precioso. || Cosa preciosa o muy bonita: *esta pulsera es una preciosidad.* || Afectación en el estilo.

preciosismo m. Afectación extremada en el estilo.

preciosista adj. y s. Afectado.

precioso, sa adj. De mucho valor, valioso: *piedra preciosa.* || Muy bonito: *jardín precioso.* || Guapo: *su hija es preciosa.*

preciosura f. *Fam.* Preciosidad.

precipicio m. Lugar hondo y escarpado: *caer al precipicio.* || *Fig.* Peligro muy grande, abismo: *estar al borde del precipicio.*

precipitación f. Acción y efecto de precipitar o precipitarse. || Acción química en la cual el cuerpo que se encuentra en una solución se deposita en el fondo. || *Meteor.* Agua atmosférica que, en forma de lluvia, nieve o granizo, se deposita sobre la tierra: *las grandes precipitaciones arrastraron el puente.*

precipitado, da adj. Que obra con mucha prisa o que sucede rápidamente. || — M. Sedimento que se deposita en el fondo del recipiente a causa de una reacción química.

precipitar v. t. Hacer caer una cosa desde un lugar elevado. || Hacer caer, tirar: *lo precipitó por tierra.* || *Fig.* Apresurar, acelerar: *precipitar los acontecimientos.* | Llevar: *precipitó el país a la ruina.* | *Quím.* Aislar del líquido en que estaba disuelta una sustancia y hacer que ésta se sedimente en el fondo del recipiente. || — V. pr. Caer impetuosamente desde un lugar elevado. || Evolucionar con rapidez, tender a su fin: *los acontecimientos se precipitan.* || Lanzarse, arrojarse: *precipitarse contra el enemigo.* || Decir o hacer algo con apresuramiento, con irreflexión.

precisar v. t. Determinar, fijar, expresar de modo preciso: *precisar una fecha.* || Obligar, forzar: *verse precisado a irse.* || Necesitar: *precisa un diccionario.* || Aclarar: *precisa tu idea.* || — V. impers. Ser necesario: *precisa que vayas a verle.*

precisión f. Carácter de lo que es claro, preciso. || Exactitud: *tener precisión en el trabajo.* || Limitación estricta de un tema; exactitud grande en la expresión. || Necesidad absoluta de algo: *tengo precisión de tu ayuda.* || Instrumento de precisión, el que es muy exacto.

preciso, sa adj. Necesario, indispensable: *es preciso que vengas.* || Fijo, determinado: *órdenes precisas; llegar a una fecha precisa.* || Puntual, exacto: *definición precisa.* || Claro, conciso, que dice lo esencial: *estilo preciso.* || Justo: *un lugar preciso.* || Mismo: *llegaron en aquel preciso momento.*

precitado, da adj. Antedicho.

preclaro, ra adj. Insigne.

precocidad f. Condición de precoz.

precolombino, na adj. Anterior a Cristóbal Colón o a sus descubrimientos en el Nuevo Mundo.

preconcebido, da adj. Pensado o meditado de antemano.

*preconcebir v. t. Establecer previamente y con sus pormenores algún pensamiento o proyecto que ha de ejecutarse.

preconizador, ra adj. y s. Que preconiza.

preconizar v. t. Recomendar, aconsejar: *preconizar una reforma.*

precortesiano, na adj. Relativo a épocas anteriores a la conquista de México por Hernán Cortés.

precoz adj. Dícese del fruto que madura temprano, inmaduro. || *Fig.* Que muestra más talento o habilidad de lo que corresponde a sus años: *niño precoz.* | Que sucede antes de lo acostumbrado.

precursor, ra adj. y s. Que precede o va adelante: *signos precursores de la tormenta.* || *Fig.* Que enseña doctrinas adelantándose a su época: *los precursores del socialismo.*

predador, ra adj. y s. Dícese del animal que caza a otros animales para alimentarse.

predecesor, ra m. y f. Antecesor: *mi predecesor en el cargo.*

predecible adj. Que se puede predecir: *tus respuestas son siempre predecibles.*

*predecir v. t. Anunciar algo que ha de suceder.

predestinación f. Destinación anterior de algo. || *Teol.* Por antonomasia, ordenación de la voluntad divina con que desde la eternidad tiene elegidos a los que han de lograr la gloria. || Determinación que tendrán los hechos futuros: *predestinación al vicio.*

predestinado, da adj. y s. *Teol.* Destinado por Dios desde la eternidad para lograr la gloria. || Que tiene que acabar en algo ya sabido: *predestinado a ser sacrificado, glorificado,* etc.

predestinar v. t. Destinar anticipadamente para un fin: *estaba predestinado para obispo.* || *Teol.* Destinar y elegir Dios desde la eternidad a los que han de alcanzar la salvación.

predeterminación f. Acción y efecto de predeterminar.

predeterminar v. t. Determinar con anticipación una cosa.

prédica f. Sermón.

predicación f. Acción de predicar, sermón.

predicaderas f. pl. *Fam.* Dotes para predicar.

predicado m. Lo que se afirma del sujeto en una proposición filosófica. || *Gram.* Aquello que se dice del sujeto en una oración.

predicador, ra adj. y s. Que predica. | — M. Santateresa.

predicamento m. Autoridad, influencia, prestigio.

predicar v. t. e i. Pronunciar un sermón. || *Fig.* Reprender agriamente o amonestar. || *Fig. Predicar con el ejemplo,* hacer uno mismo lo que se aconseja a los demás que hagan. || *Predicar en el desierto,* decir algo de lo cual nadie hace el menor caso.

predicativo, va adj. *Gram.* Relativo al predicado o que tiene este carácter.

predicción f. Presagio.

predilección f. Preferencia.

predilecto, ta adj. Preferido.

predio m. Heredad o finca: *predio rústico.* || Edificio destinado a vivienda: *predio urbano.*

*predisponer v. t. Disponer anticipadamente algunas cosas o preparar el ánimo para un fin. || Inclinar a favor o en contra de algo o alguien (ú. t. c. i.).

predisposición f. Inclinación, propensión, aptitud: *predisposiciones para la música.* || Tendencia a adquirir ciertas enfermedades.

predominante adj. Que predomina, que sobresale.

predominar v. t. e i. Prevalecer, dominar, sobresalir.

predominio m. Imperio, superioridad, poder, ascendiente, influjo: *el predominio de la ciencia.* || Dominio, preponderancia: *predominio de la tendencia moderada.*

predorsal adj. Situado en la parte anterior de la columna vertebral. || En fonética, dícese del sonido que se articula aplicando contra el paladar la parte anterior del dorso de la lengua.

preeminencia f. Privilegio, prerrogativa: *preeminencias sociales.* || Superioridad, supremacía: *la preeminencia del espíritu.*

preeminente adj. Superior, destacado: *lugar preeminente.*

preestablecido, da adj. Establecido de antemano.

preexistencia f. Existencia anterior.

preexistente adj. Que existe anteriormente.

preexistir v. i. Existir antes.

prefabricación f. Sistema de construcción que permite ejecutar ciertas obras valiéndose de elementos hechos de antemano que se unen entre sí siguiendo un plan establecido: *prefabricación de viviendas.*

prefabricado, da adj. Dícese de un elemento de construcción que no se fabrica en la obra y que se monta después en ella: *bloques de hormigón prefabricados.* || Dícese de una construcción realizada exclusivamente con elementos hechos anteriormente: *casa prefabricada.*

prefacio m. Texto que se pone al principio de un libro para presentarlo a los lectores. || Parte de la misa que precede inmediatamente al canon. || *Fig.* Lo que precede, prepara: *prefacio de las fiestas.* | Lo que es causa de: *prefacio del despotismo es el prefacio de las revoluciones.*

prefecto m. Entre los romanos, título de varios jefes militares o civiles. ||

Nombre de dignidades militares o políticas en diversos países. || Inspector, vigilante: *prefecto de estudios.*

prefectoral adj. Del prefecto o de la prefectura.

prefectura f. Dignidad, cargo, territorio y oficina del prefecto.

preferencia f. Predilección, hecho de ser preferido o de preferir: *tiene preferencia por artículos extranjeros.* || Circunstancia de poseer más derechos: *los inválidos tienen preferencia para ocupar estos cargos o empleos.*

preferente adj. Que establece una preferencia en beneficio de alguien o algo: *tarifa preferente.*

preferible adj. Más ventajoso, mejor: *es preferible que te calles.*

preferido, da adj. y s. Que goza de preferencia: *es el preferido de su padre.*

*preferir v. t. Gustar más: *prefiero la playa a la montaña.* || Querer, estimar más: *prefiero al mayor de mis hijos.* || Dar primacía: *preferir a la gente joven para trabajar.*

prefigurar v. t. Dar a conocer anticipadamente algo. || — V. pr. Figurarse.

prefijar v. t. Determinar previamente.

prefijo m. Partícula antepuesta a ciertas palabras para modificar su sentido añadiendo una idea secundaria: *"in" en inconsciente es un prefijo que indica «falta de».*

pregón m. Anuncio que se hace de una mercancía en la calle y a gritos. || Anuncio que se hace todavía en ciertos pueblos, por medio de los pregoneros, de una orden o comunicación del ayuntamiento. || Discurso literario pronunciado por alguien para inaugurar ciertas fiestas: *pregón de Semana Santa.*

pregonar v. t. Anunciar algo por medio de un pregón. || *Fig.* Decir algo para que lo sepa todo el mundo: *pregonar una noticia.* | Poner de manifiesto: *sus actos pregonan su bondad.* || *Fig.* y *fam. Pregonar a alguien,* insultarlo públicamente.

pregonero, ra adj. y s. Divulgador indiscreto de noticias. || — M. Empleado del ayuntamiento que anuncia los pregones. || *Fig.* y *fam. Dar un cuarto al pregonero,* difundir por todas partes.

preguerra f. Período anterior a una guerra.

pregunta f. Proposición que uno formula para que otro la responda: *hacer una pregunta.* || Interrogatorio. || *Fig.* y *fam. Andar, estar, quedar a la cuarta pregunta,* estar escaso de dinero.

preguntar v. t. Hacer una preguntas. || Exponer en forma de interrogación una duda. || Examinar, interrogar: *preguntar a un candidato.* || — V. pr. Dudar de algo.

preguntón, ona adj. y s. Que pregunta mucho: *niño preguntón.*

prehelénico, ca adj. Anterior a la Grecia clásica.

prehispánico, ca adj. Anterior a la Conquista, en los países que estuvieron bajo dominio español.

prehistoria f. Parte de la historia de la humanidad que estudia el período anterior a la existencia de documentos escritos.

prehistoriador, ra m. y f. Persona especializada en prehistoria.

prehistórico, ca adj. Anterior a los tiempos históricos: *hombre prehistórico, época prehistórica*.

prehomínidos m. pl. Grupo de primates de principios de la era cuaternaria, intermediarios entre el mono antropoideo y el hombre.

preincaico, ca adj. Anterior a la dominación incaica.

preindustrial adj. Que es anterior a la sociedad industrial.

prejuicio m. Actitud discriminatoria hacia personas de otra clase social o de otra raza: *prejuicio racial*. || Opinión preconcebida.

prejuzgar v. t. Juzgar de las cosas antes del tiempo oportuno o sin tener cabal conocimiento de ellas (ú. t. c. i.).

prelación f. Anterioridad, preferencia: *orden de prelación*.

prelado m. Superior eclesiástico, como abad, obispo, arzobispo, etc. || Superior de un convento.

prelatura f. Dignidad y oficio de prelado.

preliminar adj. Que sirve de antecedente, preámbulo o proemio para tratar una materia: *palabras preliminares*. || — M. pl. En Derecho internacional, artículos generales que sirven de fundamento para un tratado de paz.

preludiar v. i. *Mús.* Ejecutar preludios. || — V. t. *Fig.* Preparar o iniciar algo.

preludio m. Lo que precede o sirve de entrada o preparación a alguna cosa: *preludio de la guerra.* || *Mús.* Composición musical que sirve de introducción a una composición vocal o instrumental. | Pieza independiente, de forma libre: *un preludio de Chopin*.

prematuro, ra adj. Que no está maduro. || *Fig.* Hecho antes de tiempo: *decisión prematura.* | Que ocurre antes de tiempo: *lluvia prematura.* || Dícese del niño que nace, viable, antes del término del embarazo (ú. t. c. s. m.).

premeditación f. Acción de premeditar. || *For.* Una de las circunstancias agravantes de la responsabilidad criminal de los delincuentes: *cometer un crimen con premeditación*.

premeditado, da adj. Realizado con premeditación: *crimen premeditado*.

premeditar v. t. Pensar reflexivamente, planear una cosa antes de ejecutarla.

premiación f. *Amer.* Acción y efecto de distribuir premios: *el acto de premiación tuvo lugar en el auditorio*.

premiado, da adj. y s. Que ha ganado un premio: *premiado en la lotería, en un certamen*.

premiar v. t. Galardonar, recompensar: *premiar a un artista, a un escritor*.

premier m. (pal. ingl.). Primer ministro inglés.

premio m. Recompensa o galardón por algún mérito: *conceder un premio al buen alumno; premio de honor.* || Cantidad que se añade al precio por vía de compensación o de incentivo. || Aumento de valor que se da a algunas monedas. || Lote sorteado en la lotería: *ganar el primer premio.* || *Com.* Bonificación. || *Fam.* Premio gordo, premio mayor de la lotería nacional.

premiosidad f. Molestia, dificultad. | Falta de soltura al hablar o escribir. || Calma, lentitud.

premioso, sa adj. Molesto, incómodo, gravoso. || Que apremia; urgente: *orden premiosa.* || Calmoso, lento. || Que habla o escribe sin soltura.

premisa f. Cada una de las dos primeras proposiciones del silogismo, de donde se saca la conclusión. || *Fig.* Fundamento, base.

premolar adj. y s. m. Dícese de cada uno de los dientes molares situados entre los caninos y los molares en la dentición definitiva.

premonición f. Señal premonitoria, presentimiento.

premonitorio, ria adj. *Med.* Dícese del síntoma precursor de ciertas enfermedades.

premura f. Apremio, urgencia: *pedir algo con premura.* || Escasez: *premura de espacio*.

prenatal adj. Antes del nacimiento.

prenda f. Lo que se da en garantía de una obligación. || Cualquiera de las alhajas, muebles o enseres de uso doméstico. || Cualquiera de las partes que componen el vestido y calzado: *prenda interior, de abrigo.* || *Fig.* Cosa que sirve de prueba de una cosa: *en prenda de fidelidad.* | Lo que se ama intensamente, como mujer, hijos, etc. | Cualidad, virtud, perfección moral de una persona: *mujer de muchas prendas.* || *En prenda, en fianza, en señal.* || *Juego de prendas, juego casero en que tiene que dar una prenda todo el que se equivoca.* || *Fig. No doler prendas, no escatimar esfuerzos; no escatimar los elogios.*

prendar v. t. Enamorar: *estaba muy prendado de sus cualidades* (ú. t. c. pr.).

prendedero m. Broche o alfiler. || Cinta con que se aseguraba el pelo.

prendedor m. Broche. || Prendedero: *prendedor de estilográfica.*

prender v. t. Asir, agarrar, sujetar una cosa. || Apresar a una persona, metiéndola en la cárcel: *prender a un ladrón.* || Enganchar: *prender un clavel en el pelo.* || *Prender fuego, incendiar.* || *Amer.* Encender. || — V. i. Arraigar una planta. || Empezar a arder la lumbre. || Comunicarse el fuego. || Surtir efecto la vacuna. || *Fig.* Propagarse: *doctrina que prendió en la juventud.* || — V. pr. Encenderse, ser presa del fuego.

prendería f. Tienda en que se adquieren y venden alhajas o muebles usados.

prendero, ra m. y f. Dueño de una prendería.

prendimiento m. Prisión, captura: *el prendimiento de Cristo.*

prensa f. Máquina que sirve para comprimir, y cuya forma varía según los usos a que se aplica: *prensa para estrujar frutos, estampar, imprimir papel o telas, hidráulica.* || *Fig.* Imprenta. | Conjunto de las publicaciones periódicas, especialmente diarias: *prensa de información.*

prensado m. Acción y efecto de prensar.

prensar v. t. Apretar en la prensa. || Estrujar la uva, las aceitunas, etc.

prensil adj. Que sirve para asir.

prensor, ra adj. Aplícase a ciertas aves con pico robusto, el superior encorvado desde la base, como el guacamayo, el loro. || — F. pl. Orden de estas aves.

prenupcial adj. Anterior al matrimonio.

preñado, da adj. Dícese de la mujer o hembra fecundada (ú. t. c. s. f.). || *Fig.* Aplícase a la pared que forma panza. | Lleno, cargado: *nube preñada de agua.*

preñar v. t. *Fam.* Fecundar a una hembra. | Embarazar a una mujer. || *Fig.* Llenar, henchir.

preñez f. Estado de la mujer o hembra preñada.

preocupación f. Cuidado, desasosiego, desvelo.

preocupado, da adj. Inquieto.

preocupar v. t. *Fig.* Ocupar el ánimo de uno algún temor, sospecha, etc.: *la salud de su hijo lo preocupa.* | Dar importancia: *no le preocupa lo que digan los demás.* || — V. pr. Estar prevenido en favor o en contra de una persona o cosa. || Inquietarse: *no preocuparse por nada.* || Tener cuidado, prestar atención: *no me preocupo más del asunto.* || Encargarse: *preocúpese de que cumplan las órdenes.*

preparación f. Acción de preparar o prepararse. || Cosa preparada. || Conjunto de conocimientos: *tiene una buena preparación científica.* || Aquello que se examina en el microscopio. || Preparado farmacéutico.

preparado m. Medicamento.

preparador, ra adj. y s. Persona que prepara: *asistente preparador.* || — M. y f. Entrenador deportivo.

preparar v. t. Prevenir, disponer algo para un fin: *preparar la cena, un medicamento, una sorpresa.* || Prevenir a uno para una acción: *preparar los ánimos.* || Poner en estado: *preparar un piso.* || Estudiar una materia: *preparar el bachillerato.* || Dar clase: *me preparó para la oposición.* || Tramar, organizar: *preparar un complot.* || *Quím.* Hacer las operaciones necesarias para obtener un producto: *preparar un medicamento.* || — V. pr. Disponerse para ejecutar una cosa: *prepararse para un examen, para un viaje.* || Existir síntomas: *se prepara una tormenta.*

preparativo, va adj. Preparatorio. || — M. Cosa dispuesta y preparada: *preparativos de guerra.*

preparatorio, ria adj. Que prepara o dispone: *escuela preparatoria de ingenieros.* || — M. Curso escolar que existe antes de ingresar en ciertas carreras.

preponderancia f. Importancia mayor de una cosa respecto de otra.

preponderante adj. Que tiene más importancia, más autoridad.

preponderar v. i. Predominar, pesar una cosa más que otra. || *Fig.* Prevalecer una opinión: *preponderar la razón, la cordura.* || Ejercer un influjo decisivo o un crédito superior: *preponderar en el ánimo del pueblo.*

preposición f. *Gram.* Parte invariable de la oración que indica la relación entre dos palabras.

prepositivo, va adj. Relativo a la preposición.

prepotencia f. Mayor poder.

prepotente adj. Muy poderoso.

prepucio m. *Anat.* Piel móvil que cubre el bálano.

prerrafaelismo m. Arte y estilo pictóricos anteriores a Rafael de Urbino. || Escuela que imita este arte y que surgió en Inglaterra en la segunda mitad del siglo XIX.

prerrafaelista adj. Aplícase al arte y estilo pictórico anteriores a Rafael de Urbino. || — M. Partidario del prerrafaelismo.

prerrogativa f. Privilegio anexo a una dignidad o cargo: *las prerrogativas de la magistratura.*

prerromanticismo m. Movimiento literario de transición entre el neoclasicismo y el romanticismo.

prerromántico, ca adj. Dícese del autor o estilo anteriores al romanticismo. (ú. t. c. s.).

presa f. Acción de prender o tomar una cosa. || Cosa apresada, botín: *presa de guerra; presa de caza.* || Muro o dique construido a través de un río con objeto de regular su caudal o embalsar agua para aprovecharla para el riego o la producción de fuerza hidráulica. || Conducto por donde se lleva el agua a los molinos. || — *De presa,* rapaz (ave). || *Fig. Hacer presa,* agarrar. | *Ser presa de la calumnia,* ser víctima de ella. | *Ser presa de las llamas,* ser destruido por ellas.

presagiar v. t. Predecir, prever.

presagio m. Anuncio de un suceso favorable o contrario. || Presentimiento, conjetura.

presagioso, sa adj. Que presagia o contiene presagio.

presbicia f. Debilitación del poder de acomodación del cristalino que conduce a una visión confusa de cerca. (La presbicia se corrige con lentes convergentes.)

présbita adj. y s. Que adolece de presbicia.

presbiterado m. Sacerdocio.

presbiteral adj. Del presbítero.

presbiterianismo m. Doctrina de los presbiterianos.

presbiteriano, na adj. Dícese del protestante ortodoxo que en Inglaterra, Escocia y América sólo reconoce la autoridad eclesiástica a un sínodo o presbiterio. || Concerniente a esta doctrina.

presbiterio m. Área del altar mayor hasta el pie de las gradas. || Reunión de presbíteros y laicos en la Iglesia presbiteriana.

presbítero m. Sacerdote.

prescindir v. i. Hacer caso omiso de una persona o cosa; pasarla en silencio, omitirla. || Renunciar a ella, privarse: *ya no puedo prescindir de su ayuda.* || *Prescindiendo de,* sin tener en cuenta a, independientemente de.

prescribir v. t. Preceptuar, ordenar, mandar una cosa. || Recetar el médico. || *For.* Adquirir la propiedad de una cosa por prescripción. || Caducar un derecho por haber transcurrido el tiempo señalado por la ley.

prescripción f. Acción y efecto de prescribir: *las prescripciones de la ley, de la moral.* || *For.* Modo de adquirir la propiedad de una cosa por haberla poseído durante el tiempo fijado por las leyes. || *Prescripción facultativa,* receta del médico.

prescrito adj. Señalado, ordenado: *prescrito por las ordenanzas.*

preselección f. Selección previa: *preselección de un equipo.*

presencia f. Acción de estar presente. || Asistencia personal: *hacer acto de presencia.* || Aspecto exterior: *persona de buena (o mala) presencia.* || — *En presencia de, delante de.* | *Presencia de ánimo,* serenidad, entereza.

presencial adj. Relativo a la presencia: *testigos presenciales.*

presenciar v. t. Estar presente en un acontecimiento, espectáculo, etc.: *presenciar un accidente.*

presentable adj. Que está en condiciones de presentarse o ser presentado: *niño presentable.*

presentación f. Acción de presentar, exhibición. || Aspecto: *su presentación es siempre impecable.* || Acción de trabar conocimiento, por medio de alguien, con otra persona. || Conmemoración del día en que la Virgen fue presentada a Dios en el templo (21 de noviembre). || Arte de representar con propiedad y perfección: *presentación de una comedia, una ópera.* || *Amer.* Demanda, memorial, súplica. || *Carta de presentación,* la de introducción.

presentador, ra adj. y s. Dícese de la persona que presenta: *el presentador de un espectáculo.*

presentar v. t. Mostrar, poner algo para que sea visto: *presentar los modelos de la colección.* || Exhibir ante el público: *presentar una película.* || Hacer conocer una persona a otra: *le presenté a mi hermana.* || Proponer para un cargo: *presentaron su candidatura.* || Dar: *le presentó sus disculpas.* || Ofrecer a la vista: *presentaba un aspecto poco agradable.* || Explicar, hacer ver:

presenta sus doctrinas de modo hábil. || *Mil.* Poner las armas para rendir honores. || Tener: *el problema presenta muchas dificultades.* || Tener cierto aspecto: *presenta mal sus deberes escolares; la llaga presentaba pocos síntomas de cicatrización.* || Poner ante alguien: *le presentó una bandeja con diferentes licores.* || Hacer: *presentó una solicitud.* || Librar: *el ejército presentó batalla en el llano.* || — V. pr. Llegar a un lugar: *se presentaron en mi casa.* || Aparecer: *presentarse un obstáculo difícil de salvar.* || Tener cierto aspecto: *el porvenir se presenta amenazador.* || Comparecer: *presentarse ante sus jefes.* || Acudir: *se presentó ante el tribunal de justicia.* || Sufrir: *no se presentó al examen.* || Visitar: *preséntate a él de mi parte.* || *Presentarse en sociedad,* comenzar una joven a hacer vida mundana asistiendo a su primer baile de sociedad.

presente adj. Que se encuentra en persona en un lugar: *presente en una reunión* (ú. t. c. s.). || Actual: *el día presente.* || Que está ante la vista: *la presente carta.* || Que está constantemente en la memoria: *siempre está presente en mi pensamiento.* || *Gram.* Dícese del tiempo en que la acción del verbo ocurre en el momento actual (ú. t. c. s. m.). || — *Hacer presente,* informar, dar conocimiento. || *¡Presente!,* contestación al pasar lista. || *Tener presente,* acordarse. || — M. Época actual: *pensar en el presente.* || Regalo: *recibir muchos presentes.* || *Mejorando lo presente,* expresión empleada cuando, delante de otras, se elogia a una persona.

presentemente adv. Actualmente, por ahora.

presentimiento m. Presagio.

*****presentir** v. t. Prever por cierto movimiento interior del ánimo lo que ha de suceder.

preservación f. Acción de preservar.

preservador, ra adj. y s. Que preserva.

preservar v. t. Poner a cubierto anticipadamente a una persona o cosa de algún daño o peligro: *preservar una planta del frío, del calor* (ú. t. c. pr.).

preservativo, va adj. y s. m. Que sirve para preservar.

presidario m. Presidiario.

presidencia f. Dignidad o cargo de presidente: *la presidencia de la República.* || Acción de presidir: *ejercer la presidencia.* || Sitio que ocupa el presidente: *la presidencia del Gobierno.* || Tiempo que dura el cargo.

presidenciable adj. Con posibilidades de ser presidente.

presidencial adj. Relativo a la presidencia: *palacio presidencial.*

presidencialismo m. Sistema de gobierno en que el presidente de la República es también el jefe del Gobierno o del Poder ejecutivo.

presidencialista adj. Relativo al presidencialismo.

presidenta f. La que preside. || Mujer del presidente.

presidente m. El que preside: *el presidente de la asamblea.* || Cabeza o superior de un consejo, tribunal, junta, etc. || En las repúblicas, jefe electivo del Estado.

presidiario m. Condenado a presidio.

presidio m. Cárcel, prisión, establecimiento penitenciario. || Conjunto de presidiarios. || Pena de prisión. || Guarnición militar en un castillo o plaza fuerte.

presidir v. t. Ocupar el primer puesto en una junta, asamblea, consejo o tribunal. || Predominar, tener una cosa principal influjo: *la tolerancia preside la conducta del verdadero demócrata.*

presidium m. Presidencia del Consejo Supremo de los Soviets en la ex U.R.S.S.

presilla f. Cordón que sirve de ojal. || Entre sastres, punto de ojal. || *Amer.* Charretera.

presión f. Acción de apretar o comprimir. || *Fig.* Coacción o violencia que se ejerce sobre una persona. || *Fís.* Cociente de la fuerza ejercida por un fluido sobre determinada superficie y esta misma superficie. || — *Presión atmosférica,* la que el aire ejerce al nivel del suelo y que se mide con el barómetro. || *Presión o tensión arterial,* la producida por la sangre en la pared de las arterias.

presionar v. t. Apretar, oprimir: *presione el botón.* || *Fig.* Hacer presión, coaccionar.

preso, sa adj. y s. Aplícase a la persona que está en la cárcel o prisión.

prestación f. Acción de prestar. || Renta o tributo: *prestación por maternidad.* || Servicio exigible por la ley. || Obligación de hacer algo: *prestación de juramento.* || *Prestación personal,* la obligatoria para la utilidad pública.

prestamista com. Persona que presta dinero.

préstamo m. Acto de prestar o tomar prestado. || Lo prestado.

prestancia f. Compostura distinguida.

prestar v. t. Entregar algo a uno con obligación de restituirlo: *le presté diez mil euros.* || Contribuir al logro de una cosa: *prestar ayuda.* || Dar: *prestar alegría.* || — *Prestar atención,* estar muy atento. || *Prestar auxilio o socorro,* auxiliar, socorrer. || *Prestar oídos,* escuchar con atención. || *Tomar prestado,* obtener en concepto de préstamo. || — V. pr. Avenirse a algo. || Acceder, consentir. || Dar lugar a: *esto se presta a errores.*

prestatario, ria adj. y s. Que recibe dinero a préstamo.

presteza f. Prontitud.

prestidigitación f. Arte de hacer juego de manos.

prestidigitador, ra m. y f. Persona que hace juegos de manos.

prestigiar v. t. Dar prestigio.

prestigio m. Buena fama.

prestigioso, sa adj. Que tiene prestigio.

presto, ta adj. Pronto, diligente: *presto en el trabajo.* || Dispuesto a ejecutar una cosa para un fin: *presto para la lucha.* || — Adv. En seguida, pronto: *ir presto.*

presumible adj. Probable.

presumido, da adj. y s. Que presume.

presumir v. t. Suponer, figurarse algo: *presumí que vendría.* || — V. i. Vanagloriarse, alardear, jactarse: *presumir de enterado, de valiente.* || Ser vanidoso. || Vestir o arreglarse con elegancia exagerada o muy llamativa.

presunción f. Fatuidad, engreimiento, vanagloria. || Suposición. || *For.* Cosa que por ley se tiene como verdad.

presuntivo, va adj. Apoyado en presunciones, supuesto.

presunto, ta adj. Supuesto: *presunto autor de un crimen.* || Aplícase al heredero probable de un trono: *presunto heredero.*

presuntuosidad f. Presunción.

presuntuoso, sa adj. Lleno de presunción y orgullo (ú. t. c. s.). || Pretencioso.

*presuponer v. t. Dar por supuesta una cosa.

presuposición f. Suposición.

presupuestar v. t. Hacer un presupuesto.

presupuestario, ria adj. Relativo al presupuesto.

presupuesto m. Cálculo anticipado del gasto o del coste de una obra. || Cálculo de los gastos e ingresos de una colectividad o Estado.

presurización f. Acción de presurizar.

presurizar v. t. Mantener una presión normal en el interior de un avión que vuela a mucha altura, en una atmósfera rarificada.

presuroso, sa adj. Que tiene prisa. || Ligero, veloz.

pretencioso, sa adj. Presumido, presuntuoso (ú. t. c. s.). || Que pretende ser lujoso o elegante.

pretender v. t. Solicitar una cosa: *pretender un cargo.* || Procurar, intentar, tratar de: *pretendía engañarme.* || Asegurar algo que no es demasiado cierto: *pretender haber sido el primero.* || Cortejar a una mujer para casarse con ella.

pretendido, da adj. Presunto.

pretendiente adj. y s. Aspirante, persona que pretende o solicita algo: *pretendiente a un cargo.* || Aplícase al hombre que corteja a una mujer con idea de casarse con ella. || Dícese del príncipe que pretende tener algunos derechos para ocupar un trono.

pretensión f. Reclamación de un derecho, reivindicación. || Precio pedido por un trabajo, por una cosa en venta. || Intención, designio: *no tengo la pretensión de convencerle.* || Afirmación carente de verdad: *tiene la pretensión de haber sido mejor que los otros.* || Aspiración desmedida por algo.

*preterir v. t. Prescindir, excluir a una persona o cosa. || Omitir a un heredero forzoso en un testamento.

pretérito, ta adj. Pasado: *acontecimiento pretérito.* || — M. *Gram.* Tiempo verbal que indica una acción se verificó en el pasado. || — *Pretérito anterior,* el que enuncia una acción inmediatamente anterior a otra pasada (*se fue cuando hubo terminado*). || *Pretérito imperfecto,* el que expresa que una acción pasada y no terminada se realiza al mismo tiempo que otra igualmente pasada (*el día que me marché, llovía; te lo hubiera dado si hubieses querido*). || *Pretérito indefinido,* el que indica que la acción enunciada es anterior al momento presente sin precisar si está o no acabada (*ayer recorrí toda la ciudad*). [Es un error bastante corriente añadir una s a la terminación de la segunda persona del singular (*amastes, vinistes,* por *amaste, viniste*).] || *Pretérito perfecto,* el que expresa que una acción acaba de verificarse en el momento en que se habla (*no me lo ha dicho; no creo que lo haya visto*). || *Pretérito pluscuamperfecto,* el que indica que una acción ya se había verificado cuando se efectuó otra (*había terminado mi trabajo cuando me llamaste*).

pretextar v. t. Utilizar un pretexto: *pretextar una dolencia.*

pretexto m. Motivo o causa simulada para excusarse de hacer algo: *buscar, hallar un pretexto.*

pretil m. Antepecho a los lados de un puente y otros sitios semejantes para impedir que se caigan los transeúntes. || *Amer.* Atrio delante de un templo o monumento.

pretina f. Correa con hebilla para ceñir una prenda a la cintura. || Cintura donde se sujeta la pretina.

pretor m. Magistrado que ejercía funciones judiciales en Roma.

pretoría f. Dignidad de pretor.

pretorianismo m. Influencia de los militares en el gobierno.

pretoriano, na adj. Del pretor. || — Adj. y s. Aplícase a los soldados de la guardia de los pretores y después de los emperadores romanos: *cohorte pretoriana.*

*prevalecer v. i. Dominar, predominar, triunfar una persona o cosa: *su opinión prevaleció.* || — V. pr. Prevalerse.

*prevaler v. i. Prevalecer. || V. pr. Valerse, tratar de sacar provecho: *prevalerse de su alcurnia.*

prevaricación f. Acción del que falta a las obligaciones de su cargo o empleo.

prevaricador, ra adj. y s. Que prevarica: *funcionario prevaricador.*

prevaricar v. i. Faltar a sabiendas y voluntariamente a la obligación de su cargo. || Cometer una infracción en los deberes.

prevaricato m. Prevaricación.

prevención f. Precaución. || Conjunto de medidas tomadas con vistas a evitar accidentes de la circulación o del trabajo. || Desconfianza. || Prejuicio, opinión desfavorable: *tener prevención contra uno*. || Puesto de policía. || Detención de un reo antes del juicio: *cumplir seis meses de prevención.* || Mil. Guardia del cuartel.

prevenido, da adj. Dispuesto para una cosa. || Advertido, prudente, receloso, cuidadoso: *hombre prevenido vale por dos*.

*prevenir v. t. Preparar, disponer con anticipación. || Precaver, evitar: *prevenir una enfermedad*. || Prever, conocer de antemano: *prevenir una objeción, una dificultad*. || Advertir, informar, avisar: *prevenir a la autoridad de un peligro público*. || Predisponer, inclinar el ánimo de alguien a favor o en contra de algo. || For. Instruir el juez las primeras diligencias. || — V. pr. Prepararse con lo necesario. || Precaverse, tomar precauciones: *prevenirse contra toda eventualidad*. || Tomar una actitud contraria.

preventivo, va adj. Que previene: *medida preventiva contra cualquier desmán de la multitud*.

preventorio m. Establecimiento hospitalario en el que se cuidan preventivamente ciertas enfermedades, principalmente la tuberculosis.

*prever v. t. Pensar de antemano las medidas, las precauciones necesarias para hacer frente a lo que va a ocurrir: *previó todo lo que pudiera suceder*.

previo, vía adj. Anticipado: *autorización previa; previo aviso*. || — M. Grabación del sonido antes de tomar la imagen en una película cinematográfica.

previsible adj. Que se puede prever, probable: *paro previsible*.

previsión f. Acción de prever, precaución. || Lo que se prevé. || Calidad de previsor, prudencia, precaución. || Cálculo anticipado: *previsión de gastos*.

previsor, ra adj. y s. Que prevé y sabe tomar precauciones con vistas al porvenir.

previsto, ta adj. Sabido de antemano.

prez amb. Honor: *para honra y prez de la familia*.

prieto, ta adj. Apretado. || Amer. Dícese del color muy oscuro, casi negro.

prima f. Cantidad pagada por un asegurado a la compañía aseguradora. || Cantidad de dinero pagada a un obrero o empleado, además de su sueldo normal, para reembolsarlo de ciertos gastos o para que participe en los beneficios de la producción. || Subvención dada por el Estado a una persona que construye una vivienda o realiza otra cosa de interés público: *prima de construcción, de exportación*. || Dinero que se da a un jugador deportivo para recompensar un rendimiento excepcional. || Cuerda más aguda de la guitarra o de otros instrumentos. || Primera de las cuatro partes iguales en que dividían el día los romanos. || Primera de

las horas canónicas, la primera de las menores, que debe ser rezada al amanecer o sea a las seis de la madrugada. || V. PRIMO.

prima donna f. (pal. ital.). Cantante principal de una ópera.

primacía f. Preeminencia, prioridad, lo que ocupa el primer lugar: *hay que dar primacía a este asunto*. || Dignidad de primado.

primada f. Fam. Tontería.

primado, da adj. Dícese del arzobispo u obispo más antiguo o más preeminente de una nación. Ú. t. c. s. m.: *el arzobispo de Toledo era el primado de España*. || Del primado: *sede primada*.

primar v. t. Conceder primacía: *para mí, prima la honradez*. || — V. i. Imponerse, predominar: *primó la justicia*.

primario, ria adj. Primordial, básico, fundamental: *necesidad primaria*. || Relativo al grado elemental de instrucción: *enseñanza primaria* (ú. t. c. s. f.). || Fam. Que tiene poca cultura o conocimientos. || Dícese del sector de actividades económicas de producción de materias primas, principalmente de la agricultura y de las industrias extractoras. || Dícese de la corriente o del circuito inductor de una bobina de inducción. || Aplícase al período, el más largo de la época prehistórica, que se acabó aproximadamente hace unos 200 millones de años (ú. t. c. s. m.).

primate m. Personaje distinguido, prócer. || — Pl. Orden de mamíferos superiores que comprende principalmente a los monos, y al cual algunos autores incluyen el hombre.

primavera f. Estación del año que corresponde en el hemisferio boreal a los meses de marzo, abril y mayo, y en el austral a los de octubre, noviembre y diciembre. || Pájaro de la familia de los túrdidos, común en México. || Planta primulácea de flores amarillas. || Fig. Juventud: *la primavera de la vida*. || Año: *tiene 16 primaveras*. || — M. Fig. y fam. Incauto.

primaveral adj. Relativo a la primavera: *día primaveral*.

primer adj. Apócope de *primero*, empleado delante de un nombre masculino: *primer actor, ministro*.

primerizo, za adj. Novicio, principiante (ú. t. c. s.). || Aplícase sobre todo a la mujer que da a luz por primera vez (ú. t. c. s. f.).

primero, ra adj. Que precede a los demás en el tiempo, en el lugar, en el orden: *primera prueba de imprenta* (ú. t. c. s.). [V. PRIMER.] || Anterior a los demás en categoría, dignidad, mérito: *los primeros magistrados de la ciudad* (ú. t. c. s.). || Refiriéndose a cosas, que tiene más importancia, más valor: *ganar la primera prueba*. || Que es más esencial, más necesario, más urgente: *las primeras disposiciones*. || Que señala el comienzo: *primeras nociones de una ciencia*. || — M. Piso que está después del entresuelo. || Primer año de estudios. || — F. La menor de las ve-

locidades de un automóvil. || Cierto juego de naipes. || Clase mejor en los ferrocarriles, buques y aviones: *yo viajo casi siempre en primera*. || — Adv. Ante todo, en primer lugar: *le digo primero que no se marche*. || Antes, más bien: *primero morir que vivir en la esclavitud*. || Antes: *llegué primero*. || De primera, muy bien, excelentemente.

primicias f. pl. Primeros frutos de la tierra. || Primeros productos: *las primicias de su ingenio*. || Primera noticia: *tener las primicias de algún acontecimiento*.

primigenio, nia adj. Primitivo, originario.

primitivismo m. Calidad de primitivo, de poco evolucionado.

primitivo, va adj. Primero en su línea, o que no tiene ni toma origen de otra cosa. || Antiguo: *armas primitivas*. || Poco civilizado: *costumbres primitivas*. || Dícese del pintor o escultor anterior al Renacimiento (ú. t. c. s. m.). || Geol. Dícese del terreno de la primera solidificación de la corteza terrestre: *terrenos primitivos*.

primo, ma adj. Primero. || Primoroso, excelente. || — Materias primas, productos naturales que no han sido aún labrados o manufacturados. || Número primo, el que es sólo divisible por sí mismo y por la unidad. || — M. y f. Hijo o hija del tío o tía. || Tratamiento que daba el rey de España a los grandes del reino. || Fig. y fam. Tonto, cándido, incauto.

primogénito, ta adj. y s. Dícese del hijo que nace primero.

primogenitura f. Condición o derecho de primogénito.

primoinfección f. Primer síntoma de infección producido por un germen.

primor m. Cuidado, esmero en hacer una cosa. || Belleza: *esta chica es un primor*.

primordial adj. Principal, fundamental: *esto es primordial*.

primoroso, sa adj. Delicado, hecho con primor: *labor primorosa*. || Encantador, muy lindo: *niño primoroso*. || Diestro, muy hábil.

primuláceo, a adj. y s. f. Dícese de las plantas herbáceas angiospermas dicotiledóneas, como el pamporcino y la primavera. || — F. pl. Familia que forman.

princeps adj. (pal. lat.). Príncipe, primera edición de una obra.

princesa f. Mujer del príncipe o hija de él o que posee un principado. || En España, la heredera del trono: *la princesa de Asturias*.

principado m. Dignidad de príncipe. || Territorio gobernado por un príncipe: *el principado de Mónaco*. || Primacía, superioridad. || — Pl. Espíritus celestes que forman el séptimo coro de los ángeles.

principal adj. Primero en estimación o importancia: *el personaje principal de una obra*. || Ilustre, esclarecido: *varón muy principal*. || Esencial o fundamental: *asunto, tema principal.* || Aplícase a la planta que se halla entre la planta baja y el primer piso: *piso principal* (ú. t. c. s. m.). || *Gram.* Oración *principal,* la que no depende de ninguna y de la cual dependen otras. || — M. El capital prestado, sin los réditos. || Jefe de una casa comercial: *el principal del despacho u oficina.*

príncipe adj. Aplícase a la primera edición de un libro: *edición príncipe.* || — M. El primero y el superior en una cosa: *el príncipe de los poetas, de las letras.* || Por antonomasia, primogénito del rey, heredero de su corona: *el príncipe de Gales.* || Individuo de familia real o imperial: *príncipe de sangre.* || Soberano de un Estado: *el príncipe de Liechtenstein.* || Título nobiliario que dan los reyes. || — *Príncipe azul,* personaje de los cuentos de hadas. || *Príncipe de Asturias,* título que Juan I de Castilla otorgó a su hijo Enrique III en 1388 y que desde entonces llevan los herederos al trono español.

principesco, ca adj. Propio de príncipes. || *Fig.* Espléndido: *comida principesca.*

principiante, ta adj. y s. Que principia. || Que empieza a estudiar o ejercer un arte u oficio.

principiar v. t. e i. Comenzar.

principio m. Primera parte de una cosa o acción, comienzo: *el principio del mes; el principio de las negociaciones.* || Causa primera, origen. || Base, fundamento: *los principios de la moral.* || Rudimento: *principios de metafísica.* || Regla de conducta, norma de acción: *un hombre sin principios.* || Plato que se sirve entre el cocido y los postres. || *Fís.* Ley general cuyas consecuencias rigen toda una parte de la física: *el principio de Arquímedes.* || *Quím.* Cuerpo que figura en la composición de una mezcla natural. || — *A los principios* o *al principio,* al comenzar una cosa. || *A principios de,* en los primeros días. || *De principios,* sujeto a normas morales. || *En principio,* dícese de lo que se acepta provisionalmente. || *En un principio,* al empezar, al principio.

pringada f. Trozo de pan empapado con pringue. || En el cocido, tocino, chorizo, morcilla y carne.

pringar v. t. Empapar con pringue. || Ensuciar con grasa o pringue (ú. t. c. pr.). || *Fig.* y *fam.* Comprometer, hacer intervenir a alguien en un asunto. || — V. i. *Fam.* Trabajar denodadamente. | Sacar provechos ilícitos en un negocio (ú. t. c. pr.). || *Amer.* Lloviznar. || — V. pr. Ensuciarse, mancharse. || *Fig.* Tomar parte en un asunto poco limpio.

pringoso, sa adj. Que tiene pringue, grasiento.

pringue m. y f. Grasa. || *Fig.* Suciedad, porquería.

priodonte m. Género de mamíferos desdentados de América del Sur parecidos a un armadillo de gran tamaño.

prior, ra m. y f. Superior de algunas comunidades religiosas.

priorato m. Dignidad o cargo de prior o priora. || Su jurisdicción. || Comunidad religiosa gobernada por un prior. || Convento de los monjes de San Benito. || Vino tinto muy célebre del Priorato (Tarragona).

priorazgo m. Priorato.

priori (a) loc. lat. V. A PRIORI.

prioridad f. Preferencia, primacía: *él tiene prioridad.* || Anterioridad.

prioritario, ria adj. Que tiene prioridad.

prisa f. Apresuramiento, prontitud, rapidez: *trabajar con prisa.* || Apremio, precipitación: *éstos son los días de más prisa.* || Afluencia: *hay muchas prisas en los trenes en esa época.* || — *A prisa* (o *de*) *prisa,* con prontitud. || *A toda prisa,* con gran rapidez. || *Correr prisa,* ser urgente una cosa. || *Darse prisa,* apresurarse. || *De prisa y corriendo,* con rapidez, atropelladamente. || *Estar de* (o *tener*) *prisa,* tener que hacer algo con urgencia. || *Meter prisa,* mandar hacer las cosas apresuradamente.

prisco m. *Amér. C.* y *Méx.* Durazno pequeño.

prisión f. Cárcel, casa de detención: *estar en prisión.* || Estado del que está preso o prisionero. || Pena de privación de libertad, inferior a la reclusión y superior a la de arresto. || *Fig.* Lugar triste, sombrío, solitario: *esta casa es una verdadera prisión.* | Lo que encierra o retiene algo: *el cuerpo humano es la prisión del alma.* || — Pl. Grillos, cadenas. || — *Prisión mayor,* la de seis años y un día hasta doce. || *Prisión menor,* la de seis meses y un día a seis años.

prisionero, ra adj. y s. Dícese de la persona detenida por cualquier enemigo: *prisionero de guerra.* || *Fig.* Dícese de la persona que no tiene libertad para moverse: *prisionero en su habitación.* | Cautivo de un afecto o pasión: *prisionero de un amor, del vicio.*

prisma m. Cuerpo geométrico limitado por dos polígonos paralelos e iguales, llamados *bases,* y por tantos paralelogramos como lados tenga cada base. || Sólido triangular de materia transparente que desvía y descompone los rayos luminosos. || *Fig.* Lo que nos deslumbra y nos hace ver las cosas diferentes a lo que son: *contemplar algo a través del prisma de sus intereses.*

prismático, ca adj. De forma de prisma: *cristal prismático.* || — M. pl. Anteojos en cuyo interior los rayos luminosos son desviados por medio de prismas.

prístino, na adj. Antiguo, original: *su prístina beldad.* || Puro, limpio, sin par.

privación f. Hecho de ser privado o de privarse de algo: *privación del olfato, de la presencia de los seres queridos, de los derechos de ciudadanía.* || Falta, ausencia, desaparición. || — Pl. Carencia o falta de las cosas necesarias: *pasaron muchas privaciones.*

privado, da adj. Que no es público, relativo a la intimidad de una persona: *correspondencia privada.* || Particu-

lar, personal: *mi domicilio privado.* || — M. Hombre que goza de la confianza de un gobernante, favorito: *los privados españoles en la monarquía.* || — F. *Méx.* Calle estrecha, de una manzana, generalmente cerrada.

privanza f. Situación del privado o favorito.

privar v. t. Quitar o rehusar a uno la posesión, el goce de algo: *le privaron de sus bienes.* || Quitar a una cosa todas o parte de sus propiedades características: *privar a mis frases de todo sentido.* || Impedir: *no le prives de ver a sus amigos.* || Gustar mucho: *me privan las películas del Oeste.* || Estar en boga, de moda: *en la colección privan los trajes ajustados.* || — V. pr. Dejar o abandonar voluntariamente algo: *se priva de todo en beneficio de sus hijos.*

privativo, va adj. Que causa privación: *disposición privativa.* || Propio, especial, peculiar de una cosa o persona, y no de otras: *son ideas privativas del genio.*

privilegiar v. t. Conceder privilegio.

privilegio m. Ventaja o excepción especial que se concede a uno: *privilegio de fabricación, de importación.* || Documento en que consta. || *Derecho,* prerrogativa: *gozar de un privilegio.* || *Fig.* Don natural: *la razón es el privilegio del hombre.*

pro m. Provecho. || — *El pro y el contra,* lo favorable y lo adverso. || *En pro,* en favor. || *Hombre de pro,* hombre de bien. || *No estar ni en pro ni en contra,* no tomar partido. || *For. Pro indiviso,* aplícase a los bienes que se poseen en común. || *Pro forma,* dícese de las facturas o recibos hechos para justificar una operación posterior.

proa f. Parte delantera de la embarcación, con la cual corta las aguas. || Parte delantera del avión. || — *Fig. Poner la proa a uno,* ponerse en contra suya. || *Poner proa a,* dirigirse a.

probabilidad f. Calidad de probable: *hay pocas probabilidades de verlo.* || Verosimilitud. || *Cálculo de probabilidades,* conjunto de las reglas que permiten determinar si un fenómeno ha de producirse, fundando la suposición en el cálculo, las estadísticas o la teoría.

probabilismo m. Sistema filosófico según el cual toda opinión tiene un cierto grado de probabilidad, sin ser jamás ni totalmente falsa ni totalmente cierta. || Doctrina teológica según la cual en la calificación de las acciones humanas se puede seguir lícitamente la opinión probable, en contraposición de la más probable.

probabilista adj. y s. Partidario del probabilismo.

probable adj. Que es fácil que ocurra, verosímil.

probado, da adj. Acreditado por la experiencia: *remedio probado.* || *For.* Acreditado como verdad en los autos: *lo alegado y probado.*

probador, ra adj. y s. Que prueba. || — M. Sala donde los clientes se prueban los trajes.

*probar v. t. Demostrar indudablemente la certeza de un hecho o la verdad de una afirmación: *probar lo que se dice*. || Indicar: *eso prueba tu malestar*. || Experimentar las cualidades de una persona, animal o cosa: *probar un método, la resistencia de un puente*. || Poner para ver si tiene la medida o proporción adecuada: *probar un traje*. || Gustar un manjar: *probar la salsa*. || — V. i. Intentar, tratar algo: *probó a levantarse y no pudo* (ú. t. c. t.). || Ser o no conveniente para un fin: *este régimen me prueba bien*. || — V. pr. Ver si una prenda sienta bien: *probarse un vestido*.

probatorio, ria adj. Que sirve para probar.

probeta f. *Quím.* Tubo de cristal cerrado por un extremo y destinado a contener líquidos o cosas: *una probeta graduada*.

problema m. Cuestión o proposición dudosa que se trata de aclarar: *resolver un problema*. || Cosa difícil de explicar: *un problema complicado*. || Cosa que presenta una dificultad: *los problemas económicos*. || *Mat.* Proposición dirigida a averiguar el modo de obtener un resultado, conociendo ciertos datos.

problemático, ca adj. Dudoso, incierto. || — F. Serie ordenada de problemas que se estudian sobre un asunto.

probo, ba adj. Que tiene probidad, íntegro: *probo empleado*.

proboscidio adj. y s. m. Dícese de los mamíferos ungulados que tienen trompa prensil y cinco dedos en cada una de las cuatro extremidades, como el elefante. || — M. pl. Orden que forman.

procacidad f. Insolencia, desvergüenza, atrevimiento.

procaz adj. Descarado, atrevido, insolente, grosero. || Indecente.

procedencia f. Principio, origen de una cosa. || Punto de salida o escala de un barco, avión, tren o persona. || Conformidad con la moral, la razón o el derecho. || *For.* Fundamento legal de una demanda o recurso.

procedente adj. Que procede, dimana o trae su origen de una persona o cosa. || Que llega de un sitio: *el tren procedente de Burgos*. || Arreglado a la prudencia, a la razón o al fin que se persigue. || *For.* Conforme a derecho, mandato o conveniencia: *demanda, recurso procedente*.

proceder m. Comportamiento, conducta.

proceder v. i. Derivarse, provenir u originarse una cosa de otra: *esta palabra procede del latín*. || Tener su origen: *los que proceden de España*. || Obrar con cierto orden: *proceder con método*. || Conducirse bien o mal una persona: *proceder con corrección*. || Empezar a ejecutar una cosa: *proceder a la elección del presidente*. || Convenir: *procede tomar otro rumbo*. || Ser sensato, pertinente. || *For.* Ser conforme a

derecho. || *For.* Proceder contra uno, iniciar procedimiento judicial contra él.

procedimiento m. Manera de hacer o método práctico para hacer algo: *procedimiento muy ingenioso*. || Conducta, modo de obrar o actuar. || Manera de seguir una instancia en justicia: *ley de procedimiento civil*.

proceloso, sa adj. Tempestuoso, agitado: *mar proceloso*.

prócer adj. Ilustre, eminente, elevado. || — M. Personaje de alta distinción, hombre ilustre: *los próceres de la patria*.

procesado, da adj. *For.* Aplícase al escrito y letra empleada en un proceso. || Sometido a un proceso judicial: *procesado por sedición* (ú. t. c. s.).

procesal adj. Relativo al proceso: *derecho procesal; costas procesales*. || — M. Derecho procesal.

procesar v. t. Enjuiciar, someter a proceso judicial.

procesión f. Marcha ordenada de un grupo de personas, generalmente con carácter religioso: *la procesión del Corpus*. || *Fig. y fam.* Una o más hileras de personas o animales que van de un sitio a otro: *una procesión de acreedores*.

procesional adj. Ordenado en forma de procesión.

procesionaria f. Nombre dado a las orugas de varias mariposas que suelen ir en fila.

proceso m. Progreso, curso del tiempo: *el proceso de los años*. || Conjunto de las fases de un fenómeno en evolución: *proceso de una enfermedad*. || Procedimiento: *proceso de fabricación*. || *For.* Conjunto de los autos y escritos de una causa criminal o civil. | Causa criminal, juicio: *proceso por robo*.

proclama f. Notificación pública. || Alocución política o militar: *proclama al vecindario, a las tropas*. || — Pl. Amonestaciones matrimoniales o sacerdotales.

proclamación f. Publicación solemne de un decreto, bando o ley: *proclamación de la Constitución*. || Conjunto de ceremonias públicas con que se inaugura un régimen: *proclamación de la República, de la Monarquía*.

proclamar v. t. Publicar en alta voz una cosa para que sea conocida por todos: *proclamar una ley*. || Dar a conocer públicamente por un acto oficial. || Declarar solemnemente el principio de un reinado, república, etc. || Reconocer públicamente: *proclamar los principios democráticos*. || Aclamar: *proclamar un campeón*. || *Fig.* Dar señales de una pasión: *proclamar uno su amor, sus ideas*. || Mostrar: *esto proclama la verdad*. || — V. pr. Declararse uno investido en un cargo, autoridad o mérito: *proclamarse dictador*.

proclítico, ca adj. Aplícase a las palabras no acentuadas que se apoyan en la palabra que les sigue para formar una unidad fonética. (Es el caso de los artículos, de los pronombres posesivos y de las preposiciones. Las palabras contrarias se llaman *enclíticas*.)

proclive adj. Propenso.

proclividad f. Inclinación.

procónsul m. Gobernador de una provincia entre los romanos.

proconsulado m. Dignidad y cargo de procónsul. || Tiempo de su duración.

procordado adj. y s. m. Dícese de los animales cordados que carecen de encéfalo y de esqueleto, respiran por branquias y viven en el mar. || — M. pl. Subtipo que forman.

procreación f. Acción y efecto de procrear.

procreador, ra adj. y s. Que procrea.

procrear v. t. Engendrar, multiplicar una especie, dar vida.

procura f. Procuración.

procuración f. Poder dado a otro para que éste obre en nombre de aquél. || Cargo y oficina del procurador.

procurador, ra adj. y s. Que procura. || — M. Persona que, con habilitad legal, representa en juicio a cada una de las partes: *procurador de los tribunales*. || *Procurador de (o a o en) Cortes*, cada uno de los individuos que designaban las ciudades para asistir a las Cortes.

procuraduría f. Cargo y oficina del procurador.

procurar v. t. Hacer diligencias y esfuerzos para conseguir lo que se desea, intentar hacer algo. || Proporcionar, facilitar: *le ha procurado un piso muy bueno*. || — V. pr. Conseguir: *procurarse el alimento, medios de vida*.

prodigalidad f. Derroche, gasto excesivo. || Abundancia.

prodigar v. t. Derrochar, malgastar, disipar: *prodigar el caudal*. || Dar con profusión y abundancia. || *Fig.* Dispensar profusa y repetidamente: *prodigar favores, elogios*, etc. || — V. pr. Exederse en la exhibición personal. || Empeñarse, poner con tesón.

prodigio m. Suceso extraordinario que excede los límites de lo natural. || Maravilla: *un prodigio del arte*. || Milagro: *su curación fue un prodigio*.

prodigiosidad f. Condición de prodigioso.

prodigioso, sa adj. Maravilloso, extraordinario. || Excelente, exquisito: *cocina prodigiosa*.

pródigo, ga adj. y s. Malgastador, manirroto, despilfarrador. || Generoso, muy dadivoso. || Que dispensa con liberalidad: *pródigo de (o con) alabanzas*. || *Hijo pródigo*, el que regresa a su familia, después de una larga ausencia y de haber llevado una vida irregular.

pródromo m. *Med.* Síntoma de una enfermedad. || *Fig.* Preámbulo de una cosa. || — Pl. *Fig.* Anuncios o principios de algo.

producción f. Acción de producir. || Cosa producida. || Conjunto de los productos del suelo o de la industria: *la producción agrícola, industrial*. || Organismo que facilita el capital para asegurar la realización de una película cinematográfica.

*producir v. t. Dar: *árbol que produce muchos frutos.* || Hacer, realizar: *producir obras artísticas.* || Fabricar: *el taller produce pocos muebles por mes.* || Dar interés: *capital que produce poco.* || Hacer ganar, dar beneficio: *su negocio le produce mucho.* || Causar: *producir gran alegría o entusiasmo, picor.* || Ocasionar, originar: *la guerra produce grandes males.* || Ser causante: *una mosca produce la enfermedad del sueño.* || Financiar una película cinematográfica. || Generar, dar lugar: *producir un cierto malestar.* || Enseñar pruebas o documentos en un proceso judicial. || — V. pr. Explicarse, expresarse: *producirse en la Asamblea.*

productividad f. Facultad de producir. || Cantidad producida teniendo en cuenta el trabajo efectuado o el capital invertido.

productivo, va adj. Que produce: *tierra productiva.* || Que da beneficios: *negocio productivo.*

producto m. Lo que crea cualquier actividad de la naturaleza, del hombre: *producto de la tierra, industrial.* || Resultado de una operación: *los productos de la destilación del petróleo.* || Riqueza, cosa material a la que el hombre le ha dado valor por medio del trabajo: *producto nacional bruto.* || Mat. Resultado de la multiplicación. || Resultado de una operación comercial: *éste ha sido el producto de las ventas.* || Sustancia destinada al cuidado de algo: *producto de limpieza, de belleza, de tocador.* || Fig. Creación: *producto clásico de la época moderna.*

productor, ra adj. y s. Dícese de lo que produce o de las personas que producen. || Obrero, trabajador: *las clases productoras.* || — M. y f. Persona que tiene la responsabilidad económica de la realización de una película cinematográfica.

proemio m. Prólogo, exordio.

proeza f. Hazaña.

profanación f. Acción de profanar las cosas sagradas: *la profanación de una iglesia.*

profanador, ra adj. y s. Que profana.

profanar v. t. Tratar sin respeto las cosas sagradas: *profanar un tabernáculo.* || Fig. Deshonrar, prostituir: *profanar su talento.*

profano, na adj. Que no es sagrado: *elocuencia profana.* || Contrario al respeto de las cosas sagradas. || — Adj. y s. Dícese de la persona iniciada en un misterio. || Ignorante, que carece de conocimiento en una materia: *profano en música.*

profase f. Biol. Primera fase de la división de la célula por mitosis.

profecía f. Predicción de un acontecimiento por inspiración divina. || Cualquier predicción por conjetura.

*proferir v. i. Pronunciar, articular, decir palabras con violencia: *proferir insultos, blasfemias.*

profesar v. t. Ejercer o enseñar un arte, ciencia u oficio: *profesar la medicina.*

|| Hacer votos en una orden religiosa. || Tener un sentimiento o creencia: *profesar un principio, una doctrina.* || Fig. Sentir algún afecto, inclinación o interés: *profesar amor, amistad.*

profesión f. Empleo u oficio de una persona: *ejercer la profesión de abogado.* || — De profesión, por oficio. || *Hacer profesión de,* declararse y preciarse. || *Profesión de fe,* declaración pública de su credo religioso o de sus opiniones políticas. || *Profesión liberal,* v. LIBERAL.

profesional adj. Relativo a la profesión: *escuela profesional.* || — Com. Aplícase al que realiza su trabajo mediante retribución: *un profesional del periodismo.*

profesionalismo m. Cultivo de ciertas disciplinas, artes o deportes como medio de lucro.

profesionista com. Méx. Persona que ejerce una profesión, profesional.

profeso, sa adj. y s. Que ha profesado en una comunidad religiosa.

profesor, ra m. y f. Persona que enseña una lengua, una ciencia, un arte, etc.

profesorado m. Cargo de profesor. || Cuerpo de profesores: *el profesorado universitario.*

profesoral adj. Del profesor.

profeta m. Persona que anuncia la palabra divina o el futuro por inspiración sobrenatural. (Los principales *profetas* fueron Isaías, Jeremías, Ezequiel y Daniel.) || Fig. Persona que predice un acontecimiento.

profético, ca adj. Relativo a la profecía o al profeta.

profetisa f. Mujer con don de profecía: *la profetisa Débora.*

profetizar v. t. Predecir por inspiración divina. || Fig. Predecir, conjeturar.

profiláctico, ca adj. Relativo a la profilaxis: *medidas profilácticas.* || — F. Profilaxis.

profilaxis f. Med. Conjunto de medidas encaminadas a evitar las enfermedades o su propagación: *profilaxis de las enfermedades contagiosas.*

prófugo, ga adj. Dícese del que huye de la justicia o de la autoridad (ú. t. c. s.). || Dícese del que se ausenta o se oculta para eludir el servicio militar (ú. t. c. s. m.).

profundidad f. Distancia que media entre el fondo y la superficie, hondura: *la profundidad de un río.* || Una de las tres dimensiones de un cuerpo; las otras son *longitud* y *anchura.* || Extensión longitudinal: *tantos metros de ancho y tantos de profundidad.* || Fig. Carácter de lo que es profundo, rico de significado y difícil de comprender: *las profundidades del ser humano.*

profundizar v. t. Ahondar una cosa para que esté más profunda. || Fig. Examinar atentamente para llegar a un perfecto conocimiento: *profundizar una idea.*

profundo, da adj. Hondo, que tiene el fondo distante del borde o boca

de la cavidad: *piscina profunda.* || Que penetra mucho: *corte profundo; raíz profunda.* || Fig. Grande, muy vivo, intenso: *pesar profundo.* || Difícil de comprender: *enigma profundo.* | Que dice cosas de gran alcance: *un escritor profundo.* | Grande, extremo: *respeto profundo.* | No superficial: *influencia profunda.* | Esencial: *transformación profunda.* | Intenso: *profunda oscuridad.*

profusión f. Gran abundancia.

profuso, sa adj. Copioso, abundante con exceso.

progenie f. Familia de que desciende una persona. || Conjunto de hijos.

progenitor, ra m. y f. Pariente en línea recta, ascendiente de una persona. || — Pl. Antepasados; padres.

progenitura f. Progenie.

progesterona f. Hormona sexual femenina.

prognatismo m. Condición de prognato.

prognato, ta adj. y s. Dícese de la persona que tiene las mandíbulas salientes.

prognosis f. Conocimiento anticipado de algún suceso. (Se aplica a la previsión del tiempo.)

programa m. Escrito que indica los detalles de un espectáculo, de una ceremonia, etc. || Exposición que fija la línea de conducta que ha de seguirse: *el programa de un partido político.* || Proyecto determinado: *seguir un programa.* || Plan detallado de las materias correspondientes a un curso o a un examen. || Conjunto de instrucciones preparadas de modo que una calculadora, máquina herramienta y otro aparato automático puedan efectuar una sucesión de operaciones determinadas.

programación f. Establecimiento de un programa. || Preparación del programa de una calculadora u otro equipo automático.

programador, ra adj. y s. Que establece un programa. || — M. Aparato acoplado a una calculadora en el cual se inscribe el programa de las operaciones que la máquina ha de resolver para hallar la solución del problema planteado.

programar v. t. Fijar un programa. || Proyectar: *programar una reforma.* || Descomponer los datos de un problema que ha de efectuar una calculadora electrónica en una sucesión de instrucciones codificadas propias para ser interpretadas y ejecutadas por dicha máquina.

progresar v. i. Hacer progresos o adelantos en una materia.

progresión f. Acción de avanzar o de proseguir una cosa. || Serie no interrumpida, movimiento progresivo. || — *Progresión aritmética,* serie de números en que los términos consecutivos difieren en una cantidad constante: *1, 3, 5, 7, 9, etc.* || *Progresión geométrica,* serie de números en que cada uno es igual al anterior multiplicado por una cantidad constante: *1, 3, 9, 27, 81, 243,* etc.

progresismo m. Ideas y doctrinas progresistas.

progresista adj. y s. Aplícase a las personas de ideas políticas y sociales avanzadas.

progresivo, va adj. Que se desarrolla o aumenta gradualmente: *movimiento progresivo.* || Que aumenta en cantidad continuamente: *interés progresivo.*

progreso m. Acción de ir hacia adelante. || Aumento, adelantamiento, perfeccionamiento: *los progresos de la civilización, de la industria, de las artes.*

prohibición f. Acción de prohibir, interdicción. || En los Estados Unidos, interdicción de fabricar y vender bebidas alcohólicas, entre 1919 y 1933.

prohibicionista adj. y s. Que es partidario de la prohibición de bebidas alcohólicas.

prohibido, da adj. Vedado, que no está permitido: *actividades prohibidas; dirección prohibida.*

prohibir v. t. Vedar o impedir el uso o ejecución de una cosa.

prohibitivo, va y **prohibitorio, ria** adj. Que prohíbe.

prohijamiento m. Adopción.

prohijar v. t. Adoptar como hijo al que no lo es naturalmente. || *Fam.* Admitir como propias ideas de otro.

prohombre m. Hombre eminente, ilustre.

proindivisión f. Estado y situación de los bienes *pro indiviso.*

prójimo m. Cualquier persona respecto de otra: *respetar, amar al prójimo.* || *Fam.* Individuo, persona. || — *F. Fam.* Mujer. | Esposa. || *Pop.* Fulana.

prole f. Descendencia, progenie.

prolegómenos m. pl. Introducción.

proletariado m. Clase social de los proletarios.

proletario, ria adj. Relativo a los obreros. || — M. y f. Obrero.

proletarización f. Acción de proletarizar.

proletarizar v. t. Reducir a los productores independientes (agricultores, artesanos, comerciantes, etc.) a la condición de proletarios o trabajadores asalariados.

proliferación f. Multiplicación del huevo fecundado y de sus derivados celulares. || *Fig.* Multiplicación: *proliferación de instalaciones.*

proliferar v. i. Reproducirse o multiplicarse rápidamente.

prolífero, ra adj. Que se multiplica o reproduce.

prolífico, ca adj. Que tiene virtud de engendrar. || Que se reproduce con rapidez: *los conejos son muy prolíficos.* || *Fig.* Aplícase a un escritor o artista de producción abundante: *autor prolífico.*

prolijidad f. Extensión, dilatación. || Esmero.

prolijo, ja adj. Largo, difuso: *discurso prolijo.* || Que habla o escribe con

exceso y superfluidad: *orador prolijo.* || Exhaustivo. || Muy detallado. || Esmerado.

prologar v. t. Redactar un prólogo: *prologar un libro.*

prólogo m. Escrito que antecede a una obra para explicarla o presentarla al público. || *Fig.* Preámbulo, preliminar.

prologuista com. Autor o autora del prólogo.

prolongación f. Acción de prolongar o prolongarse. || Tiempo que se añade a la duración normal.

prolongamiento m. Prolongación, alargamiento.

prolongar v. t. Alargar (ú. t. c. pr.). || Hacer que una cosa dure más de lo debido (ú. t. c. pr.).

promediar v. t. Dividir una cosa en dos partes iguales. || — V. i. Llegar a su mitad un espacio de tiempo determinado: *antes de promediar el mes de junio.*

promedio m. Término medio.

promesa f. Expresión de la voluntad de dar a uno o hacer por él una cosa. || Ofrecimiento piadoso hecho a Dios o a los santos. || *Fig.* Augurio, señal. | Cosa o persona que promete.

prometedor, ra adj. y s. Que promete, que tiene buenas perspectivas: *futuro prometedor.*

prometeo m. *Quím.* Elemento del grupo de los lantánidos (símb., Pm), de número atómico 61.

prometer v. t. Obligarse a hacer, decir o a dar alguna cosa: *prometió escribir.* || Asegurar, afirmar, certificar: *le prometí que iría.* || Augurar, hacer creer: *los viñedos prometen muchas uvas.* || — V. i. Dar muestras de precocidad o aptitud: *este niño promete.* | Tener buenas perspectivas: *negocio que promete.* || — V. pr. Esperar mucho de una cosa: *prometérselas felices.* || Darse formalmente palabra de casamiento.

prometido, da m. y f. Futuro esposo, novio. || — M. Promesa.

prominencia f. Elevación de una cosa sobre la que la rodea.

prominente adj. Que sobresale.

promiscuidad f. Mezcla, confusión. || Vida conjunta y heterogénea de personas de sexo diferente, de condiciones o de nacionalidades diversas.

promiscuo, cua adj. Mezclado.

promisión f. Promesa. || *Tierra de Promisión*, la prometida por Dios al pueblo de Israel.

promisorio, ria adj. Que encierra en sí promesa.

promoción f. Acción de elevar a una o varias personas a una dignidad o empleo superior. || Conjunto de personas que efectúan los mismos estudios en el mismo establecimiento y durante el mismo período. || Conjunto de individuos que al mismo tiempo han obtenido un grado, título, empleo. || Accesión a un nivel de vida superior, a la cultura: *promoción social.* || *Dep.* Partido o liguilla entre los equipos de una división y los de otra inferior para de-

terminar el ascenso de estos últimos. || *Promoción de ventas,* técnica propia para acrecentar el volumen de negocios de una empresa por medio de una red de distribución.

promocionar v. t. Acrecentar la venta de un producto. || Elevar a un empleo superior. || *Dep.* Jugar un equipo la liguilla o partido de promoción.

promontorio m. Altura considerable de tierra, especialmente la que avanza dentro del mar.

promotor, ra adj. y s. Que promueve, da impulso a una cosa: *promotor de disputas, de una obra.* || Nombre de algunos magistrados: *promotor fiscal.* || — M. Sustancia que incrementa con su presencia la actividad de un catalizador.

promovedor, ra adj. y s. Promotor.

*promover v. t. Iniciar, dar impulso a una cosa: *promover una fundación.* || Ascender a uno a una dignidad o empleo superior: *promover a general, a cardenal.* || Ocasionar: *promovió un escándalo.*

promulgación f. Acción y efecto de promulgar.

promulgador, ra adj. y s. Que promulga.

promulgar v. t. Publicar una cosa solemnemente: *promulgar la Constitución.* || *Fig.* Divulgar una cosa. || *For.* Publicar formalmente una ley para que sea aplicada y cumplida.

pronación f. Movimiento de rotación de la mano hacia dentro.

pronaos m. Parte anterior de un templo antiguo.

prono, na adj. Echado sobre el vientre: *decúbito prono.* || Propenso.

pronombre m. *Gram.* Parte de la oración que sustituye al nombre o lo determina. (Hay *pronombres personales, demostrativos, posesivos, relativos, interrogativos* e *indefinidos.*)

pronominal adj. *Gram.* Dícese del verbo cuya acción recae en el mismo sujeto que la ejecuta, como *atreverse, quedarse,* etc. | Relativo al pronombre: *forma pronominal.*

pronosticador, ra adj. y s. Que pronostica o presagia.

pronosticar v. t. Conocer o conjeturar por algunos indicios lo futuro: *pronosticar buen tiempo.*

pronóstico m. Señal por la que se conjetura o adivina una cosa futura: *pronóstico del tiempo.* || Calendario en que se incluye el anuncio de los fenómenos astronómicos y meteorológicos. || Juicio que da el médico respecto a una enfermedad: *pronóstico clínico.* || *Pronóstico reservado,* el que se reserva el médico a causa de las contingencias posibles de una lesión.

prontitud f. Celeridad, presteza en ejecutar una cosa: *prontitud en el trabajo.* || Viveza de ingenio, de imaginación.

pronto, ta adj. Veloz, rápido: *pronto en enfadarse.* || Que se produce rápidamente: *una pronta curación.* || Listo, dispuesto, preparado: *estar pronto para el viaje.* || — M. *Fam.* Arrebato repentino de ánimo o impulso inesperado: *le dio un pronto.* || *Fam.* Primer *pronto,* primer arranque. || — Adv. Prontamente, en seguida. || Temprano: *iré muy pronto mañana.* || — *Al pronto,* en el primer momento. || *De pronto,* apresuradamente, sin reflexión; de repente. || *Hasta pronto,* hasta ahora. || *Por de* (o *lo*) *pronto,* entre tanto; por ahora.

prontuario m. Resumen sucinto de datos, notas, etc. || Compendio de una ciencia. || Agenda.

pronunciable adj. Que se pronuncia fácilmente.

pronunciación f. Acción y efecto de pronunciar o articular fonemas o palabras. || *Pronunciación figurada,* transcripción que indica el modo de pronunciar una palabra, especialmente extranjera.

pronunciado, da adj. Acusado: *pendiente pronunciada.*

pronunciamiento m. Levantamiento militar: *el pronunciamiento de Riego.* || *For.* Cada una de las declaraciones, condenas o mandatos del juzgador: *absuelto con todos los pronunciamientos de la ley.*

pronunciar v. t. Emitir y articular sonidos para hablar: *pronunciar palabras.* || Echar: *pronunciar un discurso.* || Determinar, resolver. || *For.* Publicar la sentencia o auto: *el tribunal pronunció su fallo.* || — V. pr. Sublevarse, rebelarse. || Declarar su preferencia: *se pronunciaron por la negativa.* || Acentuarse, agrandarse.

propagación f. Multiplicación de los seres por vía de reproducción: *la propagación de la especie.* || *Fig.* Difusión: *la propagación de las ideas.* || *Fís.* Modo de transmisión de las ondas sonoras o luminosas.

propagador, ra adj. y s. Que propaga: *propagador de noticias falsas.*

propaganda f. Toda acción organizada para difundir una opinión, una religión, una doctrina, etc. || Publicidad dada a un producto comercial para fomentar su venta.|| Prospectos, anuncios, etc., con que se hace esta publicidad.

propagandista adj. y s. Dícese de la persona que hace propaganda: *propagandista político.*

propagandístico, ca adj. Relativo a la propaganda: *trabajo propagandístico.*

propagar v. t. Multiplicar por generación u otra vía de reproducción: *propagar una raza, una especie animal* (ú. t. c. pr.). || *Fig.* Difundir una cosa: *propagar una noticia, la fe, una doctrina* (ú. t. c. pr.). || Extender el conocimiento de una cosa o la afición a ella (ú. t. c. pr.). || Divulgar algo secreto. || — V. pr. Extenderse el fuego, una epidemia, una rebelión.

propalador, ra adj. Que propala o difunde.

propalar v. t. Divulgar, difundir: *propalar un secreto, un rumor.*

propano m. Hidrocarburo saturado gaseoso usado como combustible: *cocina de propano.*

propasar v. t. Rebasar el límite conveniente. || — V. pr. Extralimitarse, excederse uno de lo razonable: *propasarse uno en sus palabras.*

propedéutica f. Instrucción preparatoria para el estudio de una ciencia.

propender v. i. Tener propensión o inclinación a una cosa.

propeno m. *Quím.* Tipo de hidrocarburo.

propensión f. Inclinación, tendencia, afición a una cosa: *sentir propensión por el dibujo, la pintura, por una persona.* || Predisposición a una enfermedad.

propenso, sa adj. Que tiene propensión a algo.

propergol m. Sustancia o mezcla de sustancias cuya reacción química produce, sin la intervención del oxígeno atmosférico, gases calientes que mantienen el movimiento de un cohete espacial.

propiciación f. Sacrificio hecho a un dios.

propiciador, ra adj. y s. Que propicia.

propiciar v. t. Aplacar la ira de uno captando su voluntad. || Hacer propicio. || Patrocinar.

propiciatorio, ria adj. Que tiene la virtud de hacer propicio: *sacrificios propiciatorios.*

propicio, cia adj. Benigno, benévolo. || Favorable: *momento propicio.* || Adecuado: *es la persona más propicia para este trabajo.*

propiedad f. Derecho de gozar y disponer de una cosa con exclusión de otra persona. || Cosa en la que recae este derecho, especialmente si son bienes raíces inmuebles: *ha comprado una gran propiedad en Salamanca.* | Característica o cualidad particular: *la propiedad del imán es atraer el hierro.* || Semejanza perfecta, exactitud: *imitación hecha con gran propiedad.* || *Gram.* Significado exacto de las palabras: *emplear una palabra con propiedad.* || — *Propiedad horizontal,* la que un copropietario goza en su piso, en un edificio de varias plantas; || *Propiedad industrial,* derecho exclusivo de usar de un nombre comercial, de una marca, de una patente, de un dibujo, de un modelo de fabricación, etc. || *Propiedad intelectual,* derecho exclusivo que tiene un artista o escritor (y sus inmediatos sucesores) de sacar una renta de la explotación de su obra.

propietario, ria adj. y s. Que tiene derecho de propiedad sobre una cosa: *propietario de bienes inmuebles.* || Que tiene un empleo o cargo en propiedad. || Dueño de una casa o finca en oposición al inquilino o arrendatario. || *Nudo propietario,* propietario de un bien sobre el cual otra persona ejerce un derecho de usufructo, de uso o de habitación.

propileno m. *Quím.* Propeno.

propileo m. *Arq.* Pórtico de un templo.

propilo m. *Quím.* Radical monovalente del propano.

propina f. Gratificación pequeña dada por un servicio eventual: *dar una propina a un camarero.* || *Fam. De propina,* por añadidura.

propinar v. t. Dar, administrar: *propinar una paliza.*

propincuidad f. Cercanía.

propincuo, cua adj. Cercano.

propio, pia adj. Que pertenece a uno en propiedad: *su propio hogar.* || Característico, particular, peculiar: *no ser propio de una persona inteligente.* || Conveniente, adecuado, a propósito para un fin: *propio para curar.* || Natural, no postizo: *cabello propio; dentadura propia.* || Mismo: *escrito de su propio puño y letra.* || Dícese del significado original de una palabra: *en su sentido propio y no en el figurado.* || *Fam.* Semejante: *es su imagen propia.* || Aplícase al quebrado cuyo numerador es menor que el denominador. || *Fil.* Dícese del accidente que se sigue naturalmente o es inseparable de la esencia y naturaleza de las cosas. || *Gram.* Dícese del nombre que se da a persona, país, etc.: *nombre propio.* || — M. Hombre que se envía con un mensaje, carta, etc.

propóleos m. Especie de cera con que las abejas revisten las colmenas.

proponedor, ra o **proponente** adj. y s. Que propone.

*proponer v. t. Manifestar algo para inducir a un acto: *proponer una solución.* || Tener intención de hacer una cosa. Ú. t. c. pr.: *se propone ir a Madrid.* || Indicar o presentar a uno para un empleo o beneficio: *proponer un candidato.* || Hacer una propuesta.

proporción f. Relación, correspondencia de las partes entre ellas o con el todo: *las proporciones entre las partes de un edificio.* || Tamaño, dimensión: *obra de grandes proporciones.* || Importancia: *no se saben aún las proporciones de las pérdidas.* || *Mat.* Igualdad de dos razones.

proporcionado, da adj. Regular, adecuado, conveniente. || Que tiene las proporciones debidas.

proporcional adj. Relativo a la proporción o que la incluye en sí: *distribución proporcional.* || *Mat.* Dícese de las cantidades que están en proporción con otras cantidades del mismo género.

proporcionalidad f. Proporción. || Relación entre dos series de cantidades proporcionales.

proporcionar v. t. Disponer y ordenar con la debida proporción: *proporcionar sus gastos a sus recursos.* || Facilitar, poner a disposición de uno lo que necesite o le conviene: *proporcionar medios de subsistencia; proporcionar un buen empleo.* || Dar: *esto proporciona animación.* || — V. pr. Conseguir.

proposición f. Acción de proponer o someter a un examen. || Cosa que se propone para la deliberación: *proposiciones de paz*. || Oferta. || *Gram.* Oración: *proposición subordinada.* || *Mat.* Teorema o problema que se ha de demostrar o resolver. || *Fig.* Exposición del asunto que ha de ser objeto de demostración: *proposición universal.*

propósito m. Intención, ánimo, designio de hacer o no hacer una cosa: *propósito de estudiar.* || Objetivo, mira: *su propósito es derrocarlo.* || — *A propósito*, oportunamente; adecuado; a posta. || *De propósito*, de intento; expresamente. || *Fuera de propósito*, inoportunamente, sin venir al caso.

propuesta f. Idea, proyecto, proposición que se expone y ofrece para un fin. || Proyecto hecho a un superior para que dé su aprobación. || Indicación de alguien para un empleo o beneficio.

propugnación f. Defensa.

propugnar v. t. Defender.

propulsar v. t. Impeler, empujar hacia adelante. || Impulsar: *propulsar el desarrollo industrial.*

propulsión f. Acción de impeler o empujar hacia adelante. || *Propulsión a chorro o por reacción*, la de un avión, cohete o proyectil para que avance por medio de la reacción.

propulsor, ra adj. y s. m. Que propulsa.

prorrata f. Cuota o porción que toca a uno en un reparto. || *A prorrata*, mediante prorrateo, en proporción.

prorratear v. t. Repartir a prorrata o proporcionalmente.

prorrateo m. Repartición de una cantidad entre varias personas, proporcionada a lo que debe tocar a cada una.

prórroga f. Prolongación, duración más larga del tiempo que se había fijado en un principio. || Plazo que se concede a un mozo para terminar sus estudios antes de incorporarse a filas.

prorrogable adj. Que se puede prorrogar.

prorrogación f. Prórroga.

prorrogar v. t. Prolongar el tiempo que se había otorgado o fijado para hacer algo: *prorrogar un pago, un vencimiento.*

prorrumpir v. i. Salir con ímpetu una cosa. || *Fig.* Emitir repentina y bruscamente gritos, voces, risa, suspiros, llanto: *prorrumpir en sollozos.*

prosa f. Forma natural del lenguaje no sometido a la medida y ritmo del verso: *escribir en prosa.* || Lenguaje prosaico en la poesía. || *Fig.* Aspecto vulgar de las cosas: *la prosa de la vida.* || *Fig. y fam.* Exceso de palabras para decir cosas poco o nada importantes: *gastar mucha prosa.*

prosaico, ca adj. Relativo a la prosa. || Escrito en prosa. || *Fig.* Falto de elevación, vulgar.

prosaísmo m. Falta de armonía poética en los versos. || *Fig.* Vulgaridad, carácter prosaico.

prosapia f. Abolengo, linaje.

proscenio m. Espacio en el teatro griego y romano entre la escena y la orquesta. || Hoy, parte del escenario más inmediata al público: *palco de proscenio.*

proscribir v. t. Desterrar, expulsar a uno de su patria. || *Fig.* Prohibir.

proscripción f. Destierro, expatriación. || *Fig.* Prohibición.

proscrito, ta adj. y s. Desterrado, que ha sido expulsado de su patria, expatriado.

prosecución f. Continuación. || Seguimiento, persecución: *la prosecución de un fin.*

proseguimiento m. Prosecución, continuación.

*proseguir v. t. Seguir, continuar lo empezado: *proseguir una narración, su camino* (ú. t. c. i.).

proselitismo m. Celo de ganar prosélitos.

proselitista adj. Encaminado a ganar prosélitos (ú. t. c. s.).

prosélito m. Recién convertido a una religión. || *Fig.* Adepto.

prosénquima m. Tejido fibroso de las plantas o de los animales.

prosificar v. t. Poner en prosa: *prosificar un poema.*

prosista com. Escritor o escritora de obras en prosa.

prosodia f. *Gram.* Tratado de la pronunciación y acentuación de las letras, sílabas y palabras.

prosódico, ca adj. Relativo a la prosodia.

prosopopeya f. Figura de retórica que consiste en personificar los objetos inanimados y los animales. || *Fam.* Engolamiento, exceso afectado de seriedad y pompa: *hablar con mucha prosopopeya.*

prospección f. Exploración de terreno en busca de yacimientos minerales. || Búsqueda de mercados o clientes.

prospectar v. t. Realizar prospecciones.

prospecto m. Folleto en el que se recomienda una obra, espectáculo o mercancía.

prospector m. Que hace prospecciones de terreno.

prosperar v. i. Tener o gozar prosperidad: *prospera la industria, el comercio.* || Mejorar de situación económica. || Ganar partidarios, abrirse camino: *prosperar en la política, en los negocios.*

prosperidad f. Bienestar material. || Buena marcha de los asuntos.

próspero, ra adj. Que se desenvuelve favorablemente: *una industria próspera.*

próstata f. Glándula secretora situada entre la vejiga de la orina y la uretra.

prostático, ca adj. Relativo a la próstata. || Enfermo de la próstata (ú. t. c. s. m.).

prostatitis f. *Med.* Inflamación de la próstata.

prosternarse v. i. Postrarse.

próstesis f. *Gram.* Prótesis.

prostíbulo m. Mancebía.

próstilo adj. y s. m. Dícese del edificio que tiene columnas en la fachada: *templo próstilo.*

prostitución f. Acción por la que una persona tiene relaciones sexuales con un número indeterminado de otras mediante remuneración. || Existencia de lupanares y de mujeres públicas: *prohibir la prostitución.* || *Fig.* Corrupción.

*prostituir v. t. Entregar a la prostitución: *madre que prostituye a su hija* (ú. t. c. pr.). || *Fig.* Envilecer, hacer uso de algo de manera deshonrosa: *prostituir su talento* (ú. t. c. pr.). || Degradar por un uso indigno: *prostituir la justicia* (ú. t. c. pr.).

prostituta f. Mujer que se entrega por dinero.

protactinio m. Metal radiactivo (Pa), de número atómico 91.

protagonista com. Personaje principal de cualquier obra literaria o dramática, de una película. || *Fig.* Persona que desempeña el papel principal en un suceso: *el protagonista de un crimen.*

protagonizar v. t. Representar el papel de protagonista.

prótasis f. Oración que en una frase constituye un antecedente de la que sigue. || Exposición de la acción al principio de una obra dramática.

protección f. Acción de proteger. || Lo que protege.

proteccionismo m. Sistema económico que defiende la protección de la producción nacional frente a los productos extranjeros mediante cierto número de medidas (limitación de las importaciones por el pago de derechos de entrada o sistema de licencias, fomento de las exportaciones gracias a la concesión de primas, control de cambios, etc.). || Régimen aduanero basado en esta doctrina.

proteccionista adj. Relativo al proteccionismo: *política proteccionista.* || — M. Partidario de este sistema.

protector, ra o **triz** adj. y s. Que protege. || Encargado de cuidar los intereses de una comunidad. || — M. Aparato que sirve para proteger los dientes de los boxeadores. || Título que tomó en Inglaterra Oliver Cromwell en 1653 y que otorgaron los Estados de Corrientes, Entre Ríos, la Banda Oriental y todos los federales al general uruguayo Artigas, en 1815, los peruanos a San Martín en 1821 y el que usó Santa Cruz en la Confederación Peruboliviana en 1834.

protectorado m. Dignidad, cargo y función de protector: *el protectorado de Artigas.* || Nombre dado en Inglaterra al gobierno de Cromwell entre 1653 y 1658. || Parte de soberanía que un Estado ejerce en territorio extranjero puesto bajo su dependencia: *el antiguo protectorado de España y Francia en Marruecos.*

protectoría f. Ejercicio del protectorado.

proteger v. t. Poner al amparo, resguardar, defender: *proteger del sol; proteger una ciudad*. || Ayudar, socorrer: *proteger a los huérfanos*. || Patrocinar, velar por: *proteger un candidato*. || Favorecer, alentar: *protegió las letras*. || Defender, sostener el mercado nacional contra los productos extranjeros. || — V. pr. Ponerse al amparo, defenderse.

protegido, da adj. y s. Que posee un protector.

proteico, ca adj. Que cambia a menudo de forma, de ideas, etc.

proteína f. Sustancia orgánica, elemento principal de las células, necesaria en la alimentación: *la clara de huevo contiene proteínas*.

proteínico, ca adj. Relativo a las proteínas.

protervo, va adj. y s. Perverso, malvado.

prótesis f. Med. Procedimiento mediante el cual se sustituye artificialmente un órgano o parte de él: *prótesis dental*. | Pieza empleada. || Gram. Metaplasmo que consiste en agregar una o más letras al principio de un vocablo.

protesta f. Acción y efecto de protestar. || Promesa: *protesta de amistad*. || For. Declaración jurídica para mantener un derecho.

protestante adj. Que protesta. || — Adj. y s. Que profesa el protestantismo.

protestantismo m. Conjunto de las doctrinas religiosas y de las Iglesias originadas en la Reforma.

protestar v. t. Declarar a uno su intención. || Confesar públicamente su fe. || Com. Hacer el protesto de una letra de cambio. || — V. i. Afirmar con ahínco: *protestar de su inocencia*. || Manifestar oposición o desacuerdo: *protestar contra una injusticia*. || Refunfuñar: *protestar por todo*.

protesto m. Protesta. || Com. Diligencia notarial al no ser aceptada una letra de cambio. || Testimonio por escrito del mismo requerimiento.

protocolar y **protocolario, ria** adj. Relativo al protocolo. || Formulario; de cumplido: *visita protocolaria*.

protocolización f. Acción y efecto de protocolizar.

protocolizar v. t. Incorporar al protocolo: *protocolizar una escritura, un documento*.

protocolo m. Serie ordenada de escrituras matrices o de los documentos que un notario autoriza y custodia. || Libro en el que se consignan las actas de un congreso, de un acuerdo diplomático. || Ceremonial, etiqueta: *el protocolo real*. || Expediente que tiene un médico de cada paciente que cuida.

protofita adj. y s. f. Dícese de un tipo de plantas unicelulares reproducidas por escisión.

protohistoria f. Período intermedio entre la prehistoria y la historia propiamente dicha.

protomártir m. El primero de los mártires, San Esteban. || Primer mártir.

protón m. Núcleo del átomo de hidrógeno, corpúsculo cargado de electricidad positiva. (Constituye con el *neutrón* uno de los dos elementos contenidos en los núcleos de todos los átomos.)

protónico, ca adj. Relativo al protón.

protoplasma m. Sustancia que constituye la parte esencial de las células de los animales y de las plantas.

protórax m. El primero de los tres segmentos del tórax de los insectos.

prototipo m. Ejemplo, modelo. || Primer ejemplar que se construye industrialmente de una máquina, vehículo, instalación industrial, etc., y que sirve para experimentar su potencia y rendimiento, con objeto de emprender su fabricación en serie. || Fig. Ejemplo más representativo: *eres el prototipo del avaro*.

protóxido m. Primer grado de oxidación de algunos cuerpos.

protozoario, ria o **protozoo** adj. y s. m. Dícese de los animales de cuerpo unicelular y de forma rudimentaria, como los ciliados o infusorios, los flagelados, los rizópodos, el hematozoario del paludismo, etc. || — M. pl. Subreino que forman.

protráctil adj. Aplícase a la lengua de algunos reptiles que puede proyectarse mucho fuera de la boca, como en el camaleón.

protuberancia f. Saliente en forma de bulto en la superficie de un cuerpo: *las protuberancias del cráneo*.

protuberante adj. Saliente.

protutor, ra m. y f. For. Persona encargada por la ley de intervenir las funciones de la tutela.

provecho m. Beneficio, fruto, ganancia, utilidad que se saca de algo: *comercio de mucho provecho*. || Aprovechamiento, fruto: *estudiar con provecho*. || Ventaja: *todo lo hace en su provecho*. || De provecho, útil.

provechoso, sa adj. Benéfico.

provecto, ta adj. Avanzado, viejo: *hombre de provecta edad*.

proveedor, ra m. y f. Persona que abastece de lo necesario a un ejército, colectividad, etc.: *proveedor del Estado*.

proveeduría f. Cargo de proveedor. || Casa donde se almacenan las provisiones.

proveer v. t. Abastecer, suministrar lo necesario para un fin: *proveer a uno de ropa, de alimentos* (ú. t. c. pr.). || Subvenir, atender: *ella proveía a sus necesidades*. || Cubrir un cargo o empleo: *proveer una notaría* (ú. t. c. pr.). || Disponer. || For. Dictar el juez un fallo. || — V. pr. Aprovisionarse, abastecerse.

proveimiento m. Provisión.

proveniente adj. Procedente.

*provenir v. i. Proceder, venir.

provenzal adj. y s. De Provenza (Francia). || — M. Lengua hablada por los provenzales.

provenzalismo m. Palabra, expresión o modo de hablar de los provenzales.

provenzalista com. Especialista en lengua y literatura provenzales.

proverbial adj. Relativo al proverbio: *frase proverbial*. || Muy conocido, habitual: *su bondad es proverbial*.

proverbio m. Refrán, máxima o adagio: *libro de proverbios castellanos*. || Obra dramática de teatro cuyo tema principal es un proverbio.

providencia f. Disposición, medida para lograr un fin: *tomar las providencias necesarias*. || Suprema Sabiduría de Dios que rige el orden del mundo. (En éste y en el siguiente caso se escribe con mayúscula.) || Dios: *los decretos de la Divina Providencia*. || Fig. Persona que cuida de otra: *era la providencia de los pobres*. || For. Resolución del juez.

providencial adj. Relativo a la Providencia. || Fig. Oportuno: *un acontecimiento providencial*.

providente adj. Próvido.

próvido, da adj. Que da lo necesario. || Prudente, previsor. || Propicio, benévolo.

provincia f. Cada una de las grandes divisiones administrativas de un Estado: *España se divide en 50 provincias, la Argentina en 23*. || En la Antigüedad romana, territorio conquistado fuera de Italia, administrado por un gobernador: *provincias Tarraconense, Galias*, etc. || Conjunto de conventos de una misma orden religiosa en cierto territorio. || Pl. Todo el país, salvo la capital: *residir, trabajar en provincias*.

provincial adj. Relativo a la provincia: *Diputación, asamblea provincial*. || Dícese del religioso superior general de todos los conventos de una provincia. Ú. t. c. s.: *el provincial de los franciscanos*.

provincialismo m. Predilección por los usos y costumbres de una provincia. || Voz, giro o manera de hablar característico de una provincia.

provincianismo m. Condición de provinciano.

provinciano, na adj. y s. Que vive en una provincia. || Fig. Atrasado, poco acostumbrado a la vida de las grandes urbes.

provisión f. Suministro, abastecimiento. || Acopio de cosas necesarias o útiles: *provisión de víveres, de carbón*. || Disposición, medida. || *Provisión de fondos*, existencia de fondos en poder del pagador para hacer frente a una letra de cambio, cheque, etc.

provisional adj. Que no es definitivo, interino: *gobernador, alcalde provisional*. || Dícese del oficial militar que no ejerce su empleo más que temporalmente, en tiempos de guerra: *alférez provisional*.

provisor, ra m. y f. Proveedor, abastecedor. || — M. Juez eclesiástico en quien el obispo delega su autoridad y jurisdicción. || — F. Administradora de un convento.

provisorio, ria adj. *Amer.* Provisional.

provocación f. Reto, desafío. || Incitación a cometer actos reprensibles.

provocador, ra adj. y s. Que provoca disturbios, alborotador. || *Agente provocador,* el que suscita movimientos sediciosos para justificar las represalias.

provocante adj. Que provoca.

provocar v. t. Incitar o inducir a uno a que haga algo: *provocar a la rebelión.* || Irritar, excitar: *provocar con ademanes.* || Desafiar, retar: *provocar al adversario.* || Mover: *provocar la risa.* || Originar: *le provocó la muerte.* || Ayudar, facilitar: *el opio provoca el sueño.* || Excitar una mujer el deseo de los hombres. || *Fam. Venez.* Apetecer.

provocativo, va adj. Que irrita, excita o incita: *un vestido provocativo.* || Provocador.

proxeneta com. Alcahuete.

proxenetismo m. Actividad del proxeneta.

próximamente adv. Pronto.

proximidad f. Cercanía.

próximo, ma adj. Que está cerca en el tiempo o en el espacio: *casa próxima a la carretera.* || *El año próximo,* el año que viene.

proyección f. Acción de lanzar un cuerpo pesado, un líquido, un fluido. || *Geom.* Figura que resulta en una superficie al proyectar en ella los puntos de un sólido u otra figura: *proyección de un prisma.* || Imagen que se hace visible, por medio de un foco luminoso, en una superficie plana: *proyección luminosa.* || Acción de proyectar una película: *proyección cinematográfica.* || *Fig.* Influencia, influjo poderoso: *la proyección de la cultura.*

proyectar v. t. Arrojar, lanzar a distancia. || Preparar o trazar un plan, concebir un proyecto: *proyectar una operación militar.* || Hacer los planos de una obra de ingeniería o arquitectura. || Hacer ver una película en la pantalla. || Exhibir una película en un cine. || Trazar la proyección de una figura geométrica sobre un plano.

proyectil m. Todo cuerpo al cual se comunica una velocidad cualquiera y es lanzado en una dirección determinada, como bala, granada, bomba, cohete, etc.

proyectista com. Persona que hace proyectos de ingeniería, etc.

proyecto m. Plan, designio de hacer algo, intención: *proyecto de estudiar.* || Conjunto de planos y documentos explicativos, con indicación de costes que se hace previamente a la construcción de una obra. || Esbozo, bosquejo, esquema: *un proyecto de novela.* || Texto de ley elaborado por el Gobierno y que se somete a la aprobación del Parlamento.

proyector, ra adj. Que sirve para proyectar. || — M. Reflector destinado a lanzar en una dirección determinada un

haz de luz muy fuerte. || Aparato para proyectar imágenes sobre una pantalla.

prudencia f. Calidad de la persona que obra con moderación y sensatez para evitar aquello que le puede causar perjuicio. || Una de las cuatro virtudes cardinales.

prudencial adj. De la prudencia. || Prudente: *prórroga prudencial.* || *Fam.* No excesivo: *cantidad prudencial de azúcar.*

prudente adj. Que obra con prudencia: *un consejero prudente.* || Razonable: *una hora prudente.*

prueba f. Razón o argumento con que se demuestra una cosa: *dar una prueba de lo que se afirma.* || Ensayo, experiencia: *pruebas nucleares.* || Una de las partes en que se divide un examen: *prueba de física.* || *Fig.* Señal, testimonio: *prueba de amistad.* || Tratándose de comida o bebida, degustación. || Acción de ponerse un traje que se está haciendo para que el sastre o la costurera compruebe si le va bien al cliente. || Competición deportiva. || *Mat.* Operación mediante la cual se comprueba la exactitud del resultado de un problema o cálculo cualquiera: *la prueba del nueve.* || *For.* Justificación del derecho de las partes: *prueba pericial.* || Primera impresión que se saca para corregir las erratas: *prueba de imprenta.* || *Fot.* Copia positiva. || — Pl. Ejercicios acrobáticos. || — *A prueba,* que se puede probar. || *Fig. A prueba de bomba, de agua,* etc., muy resistente, capaz de resistir las bombas, el agua, etc. || *Poner a prueba,* probar, ensayar. || *Salón de pruebas,* probador.

prurito m. *Med.* Comezón, picor. || *Fig.* Afán de hacer algo lo mejor posible: *por prurito de elegancia al escribir.* || Deseo persistente y excesivo: *tener el prurito de interrumpir al que habla.*

prusiano, na adj. y s. De Prusia: *ejército prusiano.*

prusiato m. Sal del ácido prúsico, cianuro.

prúsico, ca adj. *Ácido prúsico* u *óxido cianhídrico,* composición de carbono, nitrógeno e hidrógeno, veneno poderoso.

pseudo adj. Seudo.

psi f. Vigésima tercera letra del alfabeto griego (Ψ).

psicastenia f. *Med.* Astenia mental o moral.

psico, prefijo griego que entra en la composición de algunas palabras. (Actualmente se autoriza prescindir de la *p* inicial, v. gr.: *sicosis, sicología,* etc.)

psicoanálisis m. Exploración psicológica del pasado moral y mental de un enfermo por el método de Sigmund Freud. || Método de tratamiento de las enfermedades nerviosas de origen psíquico, basado en esta exploración.

psicoanalista m. Especialista en psicoanálisis.

psicología f. Ciencia que trata del alma, de sus facultades y operaciones,

y particularmente de los fenómenos de la conciencia. || *Fig.* Todo lo que atañe al espíritu. | Carácter, modo de ser: *la psicología del protagonista de una novela.*

psicológico, ca adj. Referente a la psicología: *estado psicológico.*

psicólogo, ga adj. y s. Especialista en psicología. || Que le gusta analizar el estado del espíritu de otras personas.

psicometría f. Medición de los fenómenos psíquicos.

psicópata com. Enfermo mental.

psicopatía f. *Med.* Enfermedad mental.

psicopático, ca adj. Relativo a la psicopatía o que la padece.

psicopatología f. Patología de las enfermedades mentales.

psicosis f. Nombre genérico de las enfermedades mentales. || Estado anímico colectivo originado por una conmoción de carácter social: *psicosis de pavor.*

psicosomático, ca adj. Relativo al mismo tiempo al estado psíquico y orgánico.

psicotecnia f. Estudio de las reacciones psíquicas y fisiológicas del hombre. (Se utiliza a menudo para la orientación profesional.)

psicotécnico, ca adj. Referente a la psicotecnia.

psicoterapia f. Conjunto de medios psicológicos empleado por los médicos para tratar a los enfermos mentales.

psique y **psiquis** f. El alma, el intelecto.

psiquiatra m. Médico especialista en psiquiatría.

psiquiatría f. Tratado y estudio de las enfermedades mentales.

psiquiátrico, ca adj. Relativo a la psiquiatría.

psíquico, ca adj. Relativo al alma, al espíritu, a la conciencia.

psiquismo m. Conjunto de los caracteres psicológicos de alguien.

psitacismo m. Método de enseñanza basado en el exclusivo ejercicio de la memoria.

psoriasis f. *Med.* Dermatosis caracterizada por la formación de escamas blanquecinas.

Pt, símbolo químico del *platino.*

pteridofita adj. y s. f. Dícese de las plantas criptógamas fibrovasculares de generación alternante, como los helechos. || — F. pl. Tipo que forman.

pterodáctilo m. Reptil volador de la era secundaria.

pterópodos m. pl. Clase de moluscos gasterópodos que tienen el pie muy ancho y que les sirve de aletas.

ptialina f. Diastasa de la saliva que convierte el almidón en maltosa.

ptolemaico, ca adj. De Ptolomeo: *templo ptolemaico.*

ptomaína f. Tomaína.

ptosis f. Caída o prolapso de un órgano como consecuencia de una laxitud de los músculos o ligamentos que lo sujetan.

Pu, símb. químico del *plutonio.*

púa f. Objeto delgado y rígido que termina en punta aguda. || Diente de un peine o de la carda. || Pincho del puerco espín, etc. || Chapa triangular de concha para tocar la guitarra o la bandurria. || Vástago de un árbol que se injerta en otro. || *Fig.* Causa de padecimiento o pesadumbre. || *Arg.* y *P. Rico.* Espolón de ave.

púber, ra adj. y s. Adolescente, que ha entrado en la pubertad.

pubertad f. Edad en que comienza la función de las glándulas reproductoras y se manifiestan ciertos caracteres sexuales secundarios.

pubescencia f. Pubertad.

pubescente adj. *Bot.* Velloso, cubierto de vello: *hoja pubescente.* || Púber.

pubiano, na adj. Del pubis.

pubis m. Parte inferior del vientre que se cubre de vello en la pubertad. || Hueso que se une al ilion y al isquion para formar el hueso innominado.

publicación f. Acción y efecto de publicar: *la publicación de un libro.* || Obra publicada: *publicación literaria que alcanzó en su época una gran difusión.*

publicador, ra adj. y s. Que publica.

publicar v. t. Hacer pública una cosa: *publicar un aviso, una ley.* || Imprimir y poner en venta un escrito: *publicar un periódico, un libro.* || Correr las amonestaciones o proclamas para el matrimonio y las órdenes sagradas. || Divulgar lo secreto.

publicidad f. Notoriedad pública: *dar demasiada publicidad a un escándalo.* || Carácter de lo que se hace en presencia del público: *publicidad de una causa criminal.* || Conjunto de medios empleados para dar a conocer una empresa comercial, industrial, etc., para facilitar la venta de los artículos que produce. || Anuncio: *agencia, sección de publicidad.*

publicista com. Persona que escribe artículos, libros, etc. || Persona que escribe de derecho público, de política o de asuntos sociales.

publicitario, ria adj. Referente a la publicidad, a la propaganda.

público, ca adj. Relativo a una colectividad: *interés público.* || Común, que es de todos: *monumento público.* || Relativo al gobierno de un país: *funciones públicas.* || Que puede ser utilizado por todos: *vía pública.* || Que puede asistir cualquiera: *sesión pública.* || Notorio, manifiesto, que no es secreto: *mantener relaciones públicas de amistad.* || Dícese de una parte del Derecho que trata de las relaciones generales del Estado. || — M. Todo el mundo en general, el pueblo: *aviso al público.* || Concurrencia de personas reunidas para oír, ver, juzgar: *dirigirse al público de un teatro.* || Conjunto de per-

sonas que leen, ven, oyen una obra literaria, dramática, musical, etc.: *este escritor tiene su público.* || — *Fig.* Dar al público, publicar. || *En público,* con asistencia de un gran número de personas.

pucallpeño, ña adj. y s. De Pucallpa (Perú).

pucará m. *Amer.* Fortín precolombino en Bolivia y Perú.

pucherazo m. Golpe dado con un puchero. || *Fig.* y *fam.* Fraude electoral.

puchero m. Vasija de barro o hierro para guisar. || Cocido. || *Fig.* y *fam.* Alimento diario: *trabajar por el puchero.* || — *Pl. Fam.* Gesto de los niños al empezar a llorar: *hacer pucheros.*

pucho m. Colilla de cigarro. || *Amer.* Poco, cantidad insignificante. || Sobra o resto de algo. || *Chil.* Cabo de vela.

puchteco m. *Méx.* Buhonero indígena.

pudding m. (pal. ingl.). Pastel hecho generalmente con harina, pasas de Corinto, etc.

pudelación f. y **pudelado** m. Operación de pudelar.

pudelar v. t. Convertir el hierro colado en acero o en hierro dulce, quemando parte del carbono que tiene en hornos de reverbero.

pudendo, da adj. Que causa pudor. || *Partes pudendas,* las partes genitales.

pudibundez f. Mojigatería.

pudibundo, da adj. Pudoroso. || Gazmoño, mojigato.

púdico, ca adj. Casto, pudoroso: *mirada púdica.*

pudiente adj. y s. Acomodado, rico, con dinero.

pudín m. V. PUDDING.

pudor m. Vergüenza, recato.

pudoroso, sa adj. Con pudor.

pudridero m. Vertedero de basuras. || Cámara o sepultura provisional: *el pudridero de El Escorial.*

pudrimiento m. Putrefacción.

pudrir v. t. Corromper una materia orgánica (ú. t. c. pr.). || *Fig.* Consumir, inquietar, irritar (ú. t. c. pr.). || — V. pr. *Fig.* y *fam. Por ahí te pudras,* expresión con la que se manifiesta indiferencia hacia otra persona.

— OBSERV. El participio de este verbo es *podrido.*

puebla f. (Ant.) Población, pueblo.

pueblada f. *Col., Per.* y *Riopl.* Motín, gentío.

pueblerino, na adj. Lugareño, aldeano. || *Fig.* Propio de los que viven en pueblos: *tener gustos pueblerinos.*

pueblo m. Población, villa, aldea o lugar pequeño: *un pueblo de diez mil habitantes.* || Conjunto de los habitantes en un lugar o país: *el pueblo mexicano.* || Gente común de una población: *el pueblo barcelonés, bonaerense.* || Nación: *el pueblo inca.* || *Pueblo bajo,* plebe.

pueblo adj. y s. Indio del SO. de Estados Unidos y N. de México.

puelche m. *Chil.* Viento que sopla de la cordillera andina. || Indio que vivía

en la parte oriental de los Andes, en el S. de la Pampa.

puente m. Obra destinada a poner en comunicación dos puntos separados por un obstáculo o que permite que pasen sin cruzarse al mismo nivel dos corrientes de circulación. || Dispositivo eléctrico que tiene cuatro elementos de circuitos colocados según los cuatro lados de un cuadrilátero cuyas diagonales poseen una fuente de corriente y un aparato de medida: *puente de Wheatstone, de Maxwell.* || Ejercicio de acrobacia que consiste en arquear el cuerpo hacia atrás apoyándose en los dos pies y en las dos manos. || *Mar.* Plataforma elevada desde la cual el oficial de guardia da las órdenes de mando a la tripulación de un barco. || Cubierta en la que están las baterías en un barco de guerra. || Parte de las gafas que cabalga sobre la nariz. || Tablilla que mantiene levantadas las cuerdas de un instrumento músico. || Aparato de prótesis dental que consiste en la inserción de un diente o muela artificial entre dos sanos. || *Fig.* Existencia de dos días de fiesta separados por uno de trabajo y que se aprovecha para declarar de asueto los tres días. || — *Fig.* Hacer puente, considerar como festivo el día intermedio entre dos días de fiesta. | *Hacer* (o *tender*) *un puente de plata a uno,* allanarle todas las dificultades. | *Puente aéreo,* enlace aéreo con una ciudad cuando las comunicaciones terrestres o marítimas son demasiado lentas o imposibles. || *Puente colgante,* el sostenido por cables o cadenas de hierro. || *Puente de barcas,* el tendido sobre flotadores. || *Fig. Puente de los asnos,* dificultad con la cual sólo se tropieza los ignorantes. || *Puente giratorio,* el que se mueve alrededor de un eje vertical. || *Puente levadizo,* el que hay en un foso de una fortaleza y puede levantarse y bajarse a voluntad. || *Puente trasero,* en un automóvil, conjunto mecánico formado por dos semiejes de las ruedas traseras, el diferencial y el cárter que contiene dichos órganos.

puerco, ca adj. Sucio. || — M. Cerdo. || *Fig.* y *fam.* Hombre sucio y grosero. || *Puerco espín,* mamífero roedor que tiene el cuerpo cubierto de púas. || *Amer. Puerco salvaje,* pecarí. || — F. Hembra del puerco. || Cochinilla (crustáceo). || Escrófula. || *Fig.* y *fam.* Mujer desaliñada, sucia o grosera.

puercoespín m. Puerco espín.

puericia f. Edad entre la niñez y la adolescencia, es decir, desde los siete a los catorce años.

puericultor, ra m. y f. Médico especialista de niños.

puericultura f. Conjunto de conocimientos médicos e higiénicos, aplicados a procurar el buen desarrollo de los niños.

pueril adj. Del niño. || *Fig.* Frívolo, infantil: *argumento pueril.*

puerilidad f. Condición de pueril. || Acción o dicho infantil. || *Fig.* Cosa insignificante.

puérpera f. Recién parida.

puerperal adj. Propio del puerperio. || *Fiebre puerperal*, la infecciosa que padecen algunas mujeres después del parto.

puerperio m. Estado de una mujer después del parto.

puerro m. Planta liliácea de raíz bulbosa comestible.

puerta f. Abertura que permite el paso a un lugar cerrado o vallado: *la puerta de la casa, de un jardín.* || Armazón de hierro o madera que, sujeto a un marco, sirve para dar o impedir el paso entre dos habitaciones, una casa, a través de una verja o vallado, o para cerrar un armario o mueble. || Entrada: *en las puertas de la ciudad.* || *Fig.* Medio de acceso, introducción: *las puertas del saber.* || Espacio comprendido entre dos piquetes que ha de salvar un esquiador en las pruebas de habilidad. || Portería, meta en fútbol. || — *Fig. Abrir la puerta a un abuso*, dar facilidad para que ocurra. | *A las puertas de*, a punto de. | *A puerta cerrada*, en secreto. | *Cerrársele a uno todas las puertas*, faltarle todos los recursos. | *Dar a uno con la puerta en las narices*, desairarle cerrándola la puerta cuando quiere entrar. | *De puerta en puerta*, mendigando. || *Puerta accesoria*, la que sirve en el mismo edificio que tiene otra u otras principales. || *Puerta cochera*, aquella por donde pasan los coches. | *Puerta falsa* (o *excusada*), la que da a paraje secundario. || *Puerta vidriera*, la que tiene vidrios o cristales. || *Fig. Tomar la puerta*, marcharse.

puerto m. Lugar en la costa defendido de los vientos y dispuesto para seguridad de las naves y para las operaciones de tráfico, carga y descarga y armamento: *puerto natural, artificial.* || Paso estrecho entre montañas: *el puerto de Roncesvalles.* || *Fig.* Asilo, refugio: *puerto de salvación.* || — *Puerto franco* o *libre*, el que goza de franquicia de derechos de aduana.

puertocarrense adj. y s. De Puerto Carreño (Colombia).

puertomonttino, na adj. y s. De Puerto Montt (Chile).

puertorriqueñismo m. Vocablo o giro propio del habla de Puerto Rico.

puertorriqueño, ña adj. y s. De Puerto Rico.

pues conj. Denota causa, razón o consecuencia y se usa a veces como condicional, continuativa o ilativa. || Con interrogante equivale a *¿cómo?* || A principio de cláusula encarece lo que en ella se dice.

puesta f. Acción de ponerse u ocultarse un astro: *la puesta del Sol.* || Cantidad que se apuesta en un juego de azar. || Acción de poner: *puesta en órbita, puesta al día,* etc. || Funcionamiento: *la puesta en marcha de un motor.* || Cantidad de huevos que ponen las aves. || — *Puesta de largo,* presentación en sociedad de una chica. || *Puesta en escena*, escenificación de una obra de teatro.

puesto, ta adj. Vestido, arreglado, ataviado: *mujer muy bien puesta.* || — M. Sitio que ocupa una cosa o una persona: *cada cosa en su puesto.* || Lugar ocupado en una clasificación: *tener un buen puesto en el escalafón.* || Tienda ambulante para vender al por menor: *un puesto de periódicos, de flores.* || Cargo, empleo: *un puesto del Estado.* || *Mil.* Lugar donde hay soldados apostados con algún fin: *puesto de guardia.* || Destacamento de la Guardia Civil. || Sitio donde se oculta el cazador para tirar. || — Conj. *Puesto que,* ya que.

puf m. Taburete bajo con asiento acolchado.

¡puf! interj. Denota repugnancia o asco o el sonido de un choque.

púgil m. Boxeador. || Luchador que, entre los romanos, se peleaba a puñetazos.

pugilato m. Lucha a puñetazos. || Boxeo. || *Fig.* Disputa reñida.

pugilista m. Púgil.

pugna f. Lucha.

pugnacidad f. Belicosidad.

pugnar v. i. Luchar, batallar, pelear, contender, reñir. || *Fig.* Solicitar con ahínco, porfiar.

puja f. Acción y efecto de pujar los licitadores en una subasta. || Cantidad que un licitador ofrece.

pujador, ra m. y f. Licitador, persona que puja en una subasta.

pujante adj. Que tiene pujanza: *industria pujante.*

pujanza f. Fuerza, vigor.

pujar v. t. Hacer esfuerzos para pasar adelante o proseguir una acción: *pujé para abrirme paso en la vida.* || Ofrecer un licitador en una subasta más dinero que el anunciado por su predecesor. || — V. i. Experimentar dificultad en expresarse. || Vacilar en algo. || *Fam.* Hacer los gestos propios cuando no se puede contener el llanto.

pujo m. Dolor que a veces se siente al orinar o evacuar el cuerpo. || *Fig.* Gana irresistible de reír o llorar. || *Fig.* Conato, aspiración: *tenía pujos de ser pintor.* | Deseo grande de una cosa.

pulcazo m. *Méx.* Trago grande de pulque.

pulcinella m. Polichinela.

pulcritud f. Esmero en el aseo: *vestir con pulcritud.* || Cuidado: *labor hecha con pulcritud.* || *Fig.* Delicadeza, decoro: *pulcritud en la conducta.*

pulcro, cra adj. Aseado, limpio: *persona pulcra.* || Delicado, fino: *pulcro en el hablar.* || Cuidado, esmerado: *trabajo pulcro.*

pulga f. Insecto díptero que vive parásito en el cuerpo del hombre y de algunos animales chupándoles la sangre. || — *Fam. Buscar las pulgas a uno*, provocarle. | *Cada uno tiene su modo de matar pulgas*, cada uno tiene su modo de proceder particular. | *Sacudirse uno las pulgas*, rechazar las cosas molestas. | *Tener malas pulgas*, tener mal genio, resentirse fácilmente.

pulgada f. Medida que es la duodécima parte del pie, algo más de 23 mm. || Medida de longitud inglesa equivalente a 25,4 mm.

pulgar adj. Dícese del dedo primero y más grueso de la mano (ú. t. c. s. m.).

pulgarada f. Papirotazo, golpe dado con el dedo pulgar. || Porción: *una pulgarada de tabaco.*

pulgón m. Insecto hemíptero cuyas hembras y larvas viven parásitas en las plantas, apiñadas en las hojas y brotes tiernos.

pulguero m. *Amer.* Lugar donde hay muchas pulgas. || *Fam. Méx.* La cárcel.

pulguiento, ta adj. y s. Dícese de los animales infestados de pulgas. || *Fig.* Aplícase a lo que es de muy mala calidad.

pulguillas m. inv. *Fig.* y *fam.* Persona susceptible y pronta a irritarse por cualquier cosa o motivo.

pulguitas f. pl. *Méx.* Frijolitos rojinegros.

pulido, da adj. Pulcro, muy cuidado, primoroso. || — M. Pulimiento.

pulidor, ra adj. Que pule o da brillo a una cosa. || — M. Instrumento para pulir. || Máquina de pulir.

pulimentar v. t. Pulir.

pulimento m. Acción y efecto de pulir. || Lo que sirve para pulimentar.

pulir v. t. Alisar o dar brillo: *pulir el mármol, el vidrio, un metal.* || Perfeccionar, dar la última mano: *pulir un mueble.* || *Fig.* Corregir, hacer más elegante: *pulir un escrito, el estilo.* | Civilizar, quitar la rudeza a uno: *pulir a un lugareño.* || *Pop.* Vender o empeñar. | Hurtar, robar.

pulla f. Dicho ocurrente con que se zahiere a uno: *lanzar pullas.*

pullman m. Coche de lujo en ciertas líneas de ferrocarril.

pull-over [pulóver] m. (pal. ingl.). Jersey.

pulmón m. Órgano de la respiración del hombre y de los vertebrados que viven o pueden vivir fuera del agua y que está en la cavidad torácica. || — Pl. *Fig.* y *fam.* Voz potente, facultad de gritar mucho. || *Pulmón de acero* o *artificial*, recinto metálico, herméticamente cerrado, donde se provoca la respiración de ciertos enfermos por medio de un aparato neumático.

pulmonado, da adj. Aplícase al animal articulado que tiene pulmones, como la araña, la babosa (ú. t. c. s. m.).

pulmonar adj. Referente a los pulmones: *congestión pulmonar.*

pulmonía f. *Med.* Inflamación del pulmón producida por un microbio específico (*neumococo*).

pulpa f. Tejido parenquimatoso que constituye la casi totalidad de algunos frutos carnosos. || Tejido conjuntivo embrionario contenido en el interior de los dientes. || Tira delgada de remolachas o cañas de azúcar de las que se ha extraído el azúcar. || Médula de las plantas leñosas. || Parte tierna y carnosa de la carne, de las verduras o de las frutas.

pulpejo m. Masa carnosa: *el pulpejo del lóbulo, de los dedos.* || Sitio blando y flexible en los cascos de las caballerías.

pulpería f. *Amer.* Tienda donde se venden comestibles, bebidas y géneros de droguería, etc. || *P. Rico.* Tienda de abarrotes.

pulpero m. *Amer.* El que tiene una pulpería.

pulpitis f. Inflamación de la pulpa dental.

púlpito m. En las iglesias, tribuna desde la cual el predicador se dirige a los fieles. || Actividad de predicador.

pulpo m. Molusco cefalópodo con ocho tentáculos provistos de dos filas de ventosas. || *Fam.* Persona molesta: *es un pulpo.* || Tiras de goma que sirven para fijar los bultos en la baca de un coche.

pulposo, sa adj. Abundante en pulpa.

pulque m. Bebida alcohólica americana, característica de México, hecha con la fermentación de la savia, llamada aguamiel, de varias especies de maguey.

pulquería f. Establecimiento en que se vende pulque.

pulquero, ra m. y f. Vendedor de pulque.

pulquérrimo, ma adj. Superlativo irreg. de *pulcro,* muy limpio.

pulsación f. Cada uno de los latidos de una arteria. || *Fís.* Movimiento vibratorio y periódico en los fluidos elásticos. || Cada uno de los golpes que se da al teclado de una máquina de escribir, de un piano, etc.

pulsador, ra adj. Que pulsa. || — M. Interruptor que mantiene un circuito mientras se oprime su botón: *el pulsador del timbre eléctrico.*

pulsar v. t. Tocar, tañer: *pulsar una guitarra.* || Presionar: *pulsar un botón eléctrico.* || Tomar el pulso a un enfermo. || *Fig.* Tantear un asunto: *pulsar la opinión pública.* || — V. i. Latir las arterias o el corazón.

pulsátil adj. Que pulsa.

pulseada f. *Arg., Bol., Chil., Ecuad., Parag., Per.* y *Urug.* Acción y efecto de pulsear.

pulsear v. i. Echar un pulso.

pulsera f. Joya que se pone en la muñeca: *pulsera de perlas.*

pulso m. Transmisión de la onda provocada por la contracción cardiaca en un vaso de la circulación, perceptible principalmente en la muñeca por un latido intermitente: *tomar el pulso.* || Parte de la muñeca donde se siente este latido. || *Fig.* Seguridad y destreza en la ejecución de ciertos trabajos de precisión: *hay que tener mucho pulso para dibujar.* | Tacto, discreción, cuidado: *obrar con mucho pulso.* || — A pulso, sin apoyar el brazo en ningún sitio; (fig.) a fuerza de esfuerzos, sin ayuda de nadie. || *Echar un pulso,* agarrarse dos personas las manos, apoyadas en los codos, para intentar derribar el brazo del contrincante.

pulsorreactor m. Motor de reacción, de funcionamiento intermitente, en el que sólo están en movimiento las válvulas.

pululante adj. Que pulula.

pulular v. i. Multiplicarse rápidamente y en abundancia. || Abundar en un sitio.

pulverización f. División de un sólido o de un líquido en corpúsculos o gotas.

pulverizador m. Aparato que se pone en el extremo de un tubo que sirve para proyectar al exterior un líquido en forma de gotas o un sólido en forma de polvo. || Surtidor del carburador de un automóvil.

pulverizar v. t. Reducir a polvo una cosa. || Proyectar un líquido en gotitas. || *Fig.* Hacer añicos: *pulverizar un vaso.* | Aniquilar, destruir: *pulverizó al enemigo.* | Sobrepasar en mucho: *pulverizar un récord.* | Quitar todo su valor: *pulverizar una teoría.* | Despilfarrar, tirar: *pulverizó su fortuna.*

pulverulento, ta adj. Polvoriento. || En forma de polvo.

¡pum! interj. Onomatopeya que expresa ruido o golpe.

puma m. Mamífero carnívoro félido de América, semejante al tigre, pero de pelo suave y leonado.

puna f. Término empleado en los Andes de Perú, Bolivia, Argentina y Chile para designar la plataforma de tierras frías comprendida entre los 3 000 y 5 000 m, según la latitud. (El frío, la sequía y el viento predominan en estas tierras, constituidas principalmente de extensas superficies llanas.)

punch [*ponch*] m. (pal. ingl.). Ponche. || Pegada de un boxeador.

punción f. Operación quirúrgica que consiste en introducir un instrumento punzante en una cavidad llena de un líquido para vaciarla o extraer cierta cantidad del mismo con fines de diagnóstico. || Punzada, dolor.

puncionar v. t. Hacer punciones en una parte o cavidad.

punching ball [*punchingbol*] m. (pal. ingl.). Balón, suspendido por cuerdas elásticas, con que se entrenan los boxeadores para adquirir velocidad y reflejos.

pundonor m. Amor propio.

pundonoroso, sa adj. Que tiene pundonor, caballeroso: *persona pundonorosa.*

puneño, ña adj. y s. De Puno.

punible adj. Castigable.

punicácea adj. y s. f. Dícese de ciertas plantas angiospermas cuyo tipo es el granado. || — F. pl. Familia que forman.

punición f. Castigo.

púnico, ca adj. Relativo a los cartagineses.

punir v. t. Castigar.

punitivo, va adj. Relativo al castigo: *expedición punitiva.*

punitorio, ria adj. *Amer.* Aplicado como castigo.

punta f. Extremo puntiagudo de una cosa: *punta de una aguja, de una espada.* || Extremo de una cosa que disminuye de anchura a extremo: *la punta de los pelos, de una torre.* || Pico de una parte de una prenda de vestir: *la punta del cuello.* || Lengua de tierra que penetra en el mar: *la punta de Tarifa.* || Clavo pequeño: *fijar una franja con unas puntas.* || Punzón que emplean los tipógrafos para sacar las letras del molde. || Parte final del cuerno de un toro. || Parte inferior del escudo de armas. || Colilla: *puntas de cigarrillos.* || Gusto agrio del vino que se avinagra. || Porción del ganado que se separa del rebaño. || Multitud, gran número de personas o cosas. || Extremo más delgado de un madero. || Postura de la bailarina que danza sobre el extremo de los dedos de los pies. || Detención del perro de caza cuando se para a la pieza perseguida. || *Fig.* Un poco, algo, pequeña cantidad de: *tiene puntas de escritor dramático.* || — *Fam.* A punta de pala, en gran cantidad. || *Bailar de puntas,* dicho de una bailarina, en equilibrio en la punta de sus zapatillas. || *De punta a cabo* (o *a punta*), del principio al fin. || *Fig. De punta en blanco,* muy arreglado en el vestir. | *Hasta la punta de los pelos,* harto. | *Horas* (de) *punta,* aquellas en que hay mucho tráfico. || *Poner los nervios de punta,* crispar los nervios.

puntada f. Cada uno de los agujeros que hace en la tela la aguja de coser. || *Fig.* Alusión, insinuación hecha en la conversación. || *Méx.* Agudeza, ingenio. || *Fam. No dar una puntada,* no hacer nada.

puntal m. Madero que sirve de sostén o de entibado. || *Fig.* Sostén, apoyo, fundamento. | Elemento principal: *este chico es el puntal del equipo.* || Altura de un barco.

puntano, na adj. De San Luis (Argentina).

puntapié m. Golpe dado con la punta del pie.

puntarenense adj. y s. De Punta Arenas (Chile) y de Puntarenas (Costa Rica).

puntazo m. Herida hecha con la punta de un arma. || Herida penetrante causada por el toro con la punta del cuerno, y la cornada que la produce. || *Fig.* Pulla, indirecta: *tirar puntazos.*

punteado m. Acción y efecto de puntear la guitarra o de marcar puntos. || Serie de puntos.

puntear v. t. Marcar, señalar puntos en una superficie. || Dibujar con puntos. || Tocar un instrumento hiriendo cada cuerda con un dedo. || Compulsar una cuenta por partidas.

punteo m. Modo de tocar la guitarra u otro instrumento músico semejante hiriendo las cuerdas con un dedo.

puntera f. Remiendo en el calzado, en los calcetines y las medias, etc., por la parte de la punta del pie. || Contrafuerte de cuero en la punta de algunos zapatos. || Contera que se pone en la punta de un lápiz. || Punta del pie. || *Fam.* Puntapié. | Golpe dado al balón con la punta del pie.

puntería f. Operación que consiste en orientar convenientemente un arma de fuego para que el proyectil dé en el objetivo. || Dirección en que se apunta el arma: *rectificar la puntería*. || Destreza del tirador: *tener buena puntería*.

puntero, ra adj. y s. En algunos deportes, persona o equipo que aventaja a los otros. || — M. *Inform.* Señal que, dirigida por el ratón de la computadora, se desplaza sobre la pantalla para ejecutar un programa. || — Adj. y s. *Arg., Bol., Chil., Guat., Parag., Per.* y *Urug.* En algunos deportes, jugador que forma parte de la línea delantera. || *Arg., Bol., Chil., Parag., Per.* y *Urug.* Persona o animal que va delante de los demás componentes de un grupo. || — M. *Ecuad.* Manecilla del reloj.

punterola f. Barra de punta acerada utilizada en las minas.

puntiagudo, da adj. En punta.

puntilla f. Encaje fino. || Clavo pequeño. || Cachetero, puñal para matar reses o el empleado para rematar al toro. || Punzón utilizado por los carpinteros para marcar. || — *Fig. Dar la puntilla*, rematar, acabar con una persona. || *De puntillas*, sobre las puntas de los pies: *andar de puntillas*.

puntillero m. El que remata al toro con la puntilla.

puntillismo m. Procedimiento de pintura de los neoimpresionistas, consistente en descomponer los tonos por pinceladas separadas. (Los principales representantes del *puntillismo* fueron Georges Seurat, Paul Signac y Camille Pisarro.)

puntillista adj. Relativo al puntillismo: *pintor puntillista*. || — M. Adepto del puntillismo.

puntillo m. Cosa de poca entidad, cosilla. || Pundonor exagerado: *hombre de mucho puntillo*. || Signo de música consistente en un punto colocado a la derecha de una nota, que aumenta su duración en la mitad de su valor.

puntilloso, sa adj. Susceptible, quisquilloso, reparón.

punto m. Señal de pequeña dimensión: *marcar con un punto*. || Pequeño signo ortográfico que se pone sobre la *i* y la *j*. || Signo de puntuación (.) que, empleado solo, indica el fin de una frase; cuando son dos, situados verticalmente (:), se ponen al final de una frase para anunciar una cita, una palabra, una explicación, una consecuencia. || Signo: *punto de interrogación, de admiración*. || Lugar del espacio sin extensión: *punto geométrico*. || Intersección de dos líneas. || Sitio determinado: *punto de contacto, de reunión*. || Asunto de una materia: *estar de

acuerdo en un punto*. || Parte o división de algo: *habló de todos los puntos de interés*. || Aspecto: *punto filosófico*. || Aquello que es esencial, importante, delicado; tema, pregunta: *el punto capital de un asunto*. || Estado, situación: *encontrarse en el mismo punto que antes*. || Momento, instante: *al llegar a este punto se fue*. || Cosa muy pequeña, parte mínima: *esto tiene su punto de acidez*. || Cada unidad de una nota que sirve para estimar la conducta y los conocimientos de un alumno: *obtener muchos puntos en el examen escrito*. || *Arq.* Arco o bóveda de curvatura semicircular: *arco de medio punto*. || Determinación de la posición geográfica de un barco, de un avión. || Parada de coche de alquiler. || Unidad de medida utilizada en tipografía para expresar el tamaño del cuerpo de los caracteres, equivalente a 0,375 mm. || Valor que se atribuye a cada carta de la baraja, variable según los juegos. || Número de puntos que figura en las fichas de dominó o en cada cara de un lado. || As de cada palo en ciertos juegos de naipes. || Unidad de cálculo que sirve para saber los derechos adquiridos en ciertos regímenes basado en el reparto: *puntos de subsidios familiares*. || Unidad, sin especificación de medida o de valor, utilizada en numerosos deportes para designar el vencedor. || Superficie elemental de análisis de la imagen que hay que transmitir o que se recibe en televisión. || Mira de las armas de fuego. || Grado de temperatura en que se produce un fenómeno físico: *punto de fusión*. || Lo que se pone en los labios de una herida para cerrarla: *le echaron diez puntos*. || Puntada al coser al bordar. || Clase de tejido hecho con mallas entrelazadas formadas con agujas especiales (de jersey, de medias, etc.) y manera de combinar los hilos en este tejido. || Carrera pequeña en las medias: *un punto corrido*. || Agujero o cualquier otra cosa que permite graduar algo: *los puntos que tiene un cinturón*. || Persona que juega contra el banquero en los juegos de azar. || *Fam.* Persona sin muchos escrúpulos, de poca vergüenza: *¡está hecho un buen punto!* || — *Al punto*, inmediatamente, en el acto. | *A punto*, a tiempo, oportunamente; preparado, dispuesto. | *A punto de*, muy cerca de. | *A punto fijo*, con certeza o seguridad. | *Fig. Con puntos y comas*, obtener con mayor grado de perfección. | *De todo punto*, enteramente. | *En punto*, exactamente: *llegar a la hora en punto*. | *Fig. En su punto*, de la mejor manera que puede estar. || *Estar a punto de hacer algo*, estar próximo a realizarlo. || *Hasta cierto punto*, en cierto modo. || *Fig.* y *fam. Poner los puntos a una cosa*, pretenderla. | *Poner los puntos sobre las íes*, véase I. || *Fig. Poner punto en boca*, callarse. | *Punto álgido*, punto culminante, apogeo. || *Punto cardinal*, el Norte, el Sur,

el Este y el Oeste. || *Punto crítico*, momento preciso en que sucede o en el que hay que realizar algo. || *Punto de apoyo*, punto fijo en el cual se apoya una palanca. || *Punto de arranque o de partida*, el que señala el principio de algo. || *Punto de caramelo*, grado de concentración que se da al almíbar. || *Punto de ebullición, de fusión, de liquefacción*, temperatura a la cual empieza a hervir, a fundirse o a licuarse un cuerpo. || *Punto de honra o de honor*, pundonor. || *Punto de vista*, punto en que se coloca el observador para examinar algo; (fig.) criterio, modo de ver. || *Fam. Punto filipino*, persona con poca vergüenza. || *Fig. Punto flaco*, debilidad. || *Punto menos que*, casi. || *Punto muerto*, punto de la palanca del cambio de velocidades cuando el automóvil está parado; (fig.) estado de un asunto o negociación en el que no se realizan progresos. || *Punto por punto*, detalladamente. || *Punto y aparte*, signo de puntuación que se pone para separar dos párrafos.

puntuación f. Acción y manera de puntuar. || Conjunto de signos gráficos que señalan las separaciones entre los diversos elementos de una oración. — Los signos de puntuación son: coma (,), punto (.), punto y coma (;), dos puntos (:), puntos suspensivos (…), de interrogación (¿…?), de admiración (¡…!), paréntesis ( ), corchetes [ ], diéresis o crema (¨), comillas ("…"), guión (-), raya (—), punto y raya (.—) y doble raya (=).

puntual adj. Que llega a la hora debida: *ser puntual*. || Que cumple con sus obligaciones, con sus deberes. || Exacto, preciso, detallado: *hacer un puntual relato*.

puntualidad f. Condición de puntual, de ser exacto. || Precisión, exactitud: *puntualidad en el decir*.

puntualizar v. t. Concretar, precisar, determinar con exactitud: *puntualicemos el lugar de la cena*.

puntuar v. t. Escribir los signos de puntuación. || Sacar puntos en una competición deportiva o en cualquier prueba. || Poner puntos o notas: *profesor que puntúa mal en los exámenes*.

punzada f. Pinchazo. || Dolor agudo e intermitente: *sentir punzadas en las encías*. || *Fig.* Dolor profundo y agudo.

punzante adj. Que pincha. || Que da punzadas. || *Fig.* Mordaz, hiriente.

punzar v. t. Pinchar. || Dar punzadas. || *Fig.* Provocar un sentimiento penoso.

punzón m. Instrumento de acero puntiagudo que sirve para perforar chapas de metal, abrir ojetes, etc. || Buril. || Troquel de la punzonadora para acuñar monedas, medallas, etc. || Pieza cónica que sirve para regular el paso de un líquido por un orificio: *punzón del carburador*.

punzonadora f. Máquina de perforar chapa mediante un punzón impulsado mecánicamente.

puñada f. Puñetazo.

puñado m. Porción de cualquier cosa que cabe en el puño: *un puñado de cerezas*. || *Fig.* A puñados, con abundancia, muchos.

puñal m. Arma blanca de corto tamaño y con punta acerada. || *Fig.* Poner el puñal en el pecho, coaccionar por medio de amenazas.

puñalada f. Herida hecha con el puñal: *dar una puñalada*. || *Fig.* Pesadumbre, pena muy grande: *las puñaladas del dolor*. || – *Fig.* y *fam.* Coser a puñaladas, acribillar a puñaladas. | *No ser puñalada de pícaro*, no correr mucha prisa, no ser urgente.

puñetazo m. Golpe dado con el puño: *me dieron un gran puñetazo*.

puño m. Mano cerrada. || Parte de las prendas de vestir que rodea la muñeca: *los puños de la camisa*. || Empuñadura de ciertas cosas: *el puño de la espada, del bastón*. || Mango para agarrar una vasija, etc. || *Mar.* Ángulo inferior de una vela. || *Fig.* Fuerza, esfuerzo. || – *Fig.* y *fam.* Como un puño, muy grande. | Creer a puño cerrado, creer firmemente. || *De su puño y letra*, con su propia mano. || *Fig.* y *fam.* Hombre de puños, hombre enérgico, autoritario. | Meter a uno en un puño, intimidarlo, dominarlo, confundirlo. | Por sus puños, con su propio trabajo o mérito personal.

pupa f. Erupción en los labios, calentura. || Postilla, llaga pequeña. || En lenguaje infantil, daño, dolor. || *Fig.* y *fam.* Hacer pupa, dar que sentir, causar daño.

pupila f. Abertura del iris del ojo por donde entra la luz. || Huérfana menor de edad respecto de su tutor.

pupilaje m. Condición de pupilo o de pupila. || Casa de huéspedes y precio que éstos pagan por estar hospedados en ella.

pupilar adj. Relativo al pupilo. || *Anat.* Relativo a la niña del ojo: *movimiento pupilar*.

pupilo m. Huérfano respecto de su tutor. || Individuo que se hospeda en una pensión. || *Fig.* Protegido.

pupitre m. Mueble con tapa en forma de plano inclinado que hay en las escuelas.

pupo m. *Amer.* Ombligo.

puque adj. *Méx.* Podrido.

puquio m. *Amer.* Manantial.

purana m. Cada uno de los dieciocho poemas sánscritos, comentario de los Vedas, que contiene la teogonía y la cosmogonía de la India antigua.

puré m. Alimento que se obtiene moliendo y pasando por un pasapurés legumbres previamente cocidas: *puré de patatas, de lentejas*. || *Fig.* y *fam.* Hecho puré, hecho polvo, muy cansado.

purépecha adj. *Méx.* Paria, desheredado, pobre entre los indios tarascos.

pureza f. Condición de puro: *la pureza de la imagen*. || *Fig.* Inocencia.

purga f. Medicamento que sirve para exonerar el vientre. || Residuos de operaciones industriales. || *Tecn.* Acción de purgar, de vaciar el agua, el aire, el gas de un tubo, de un recipiente, etc. || *Fig.* Eliminación de elementos políticamente indeseables: *las purgas nazis*.

purgación f. *Med.* Blenorragia (ú. m. en pl.).

purgador m. Dispositivo para evacuar de una canalización o de una máquina un fluido cuya presencia puede dificultar el funcionamiento normal.

purgante adj. Que purga. || – M. Medicamento que purga: *los calomelanos son purgantes*.

purgar v. t. Administrar un purgante para exonerar el vientre. || Destruir, borrar por medio de la purificación: *purgar sus pecados*. || Sufrir el alma las penas del purgatorio. || Limpiar una cosa de algo dañoso o innecesario. || Expiar, pagar una falta: *purgar una condena en un penal*. || Eliminar de una canalización o de una máquina un fluido cuya presencia puede dificultar el funcionamiento normal. || – V. pr. Tomar una purga: *purgarse con aceite de ricino*.

purgativo, va adj. Que purga.

purgatorio m. Lugar donde las almas de los justos, incompletamente purificadas, acaban de purgar sus culpas antes de ir a la gloria. || Esta penalidad. || *Fig.* Sitio en que se padece mucho: *esta fábrica es un purgatorio*.

purificación f. Acción y efecto de purificar o purificarse. || Ceremonia de la misa que precede a la ablución. || Fiesta que celebra la Iglesia católica en honor de la Virgen María el 2 de febrero. (En este caso se escribe con mayúscula.)

purificador, ra adj. y s. Que purifica. || – M. Paño con el que el sacerdote seca el cáliz en la misa y con el que se limpia los dedos después de la Purificación.

purificar v. t. Quitar las impurezas a una cosa: *purificar el aceite, la sangre*. || Purgar: *purificar un metal*. || Acrisolar Dios las almas con aflicciones. || *Fig.* Limpiar de toda mancha moral: *purificar el alma*.

purificatorio, ria adj. Que sirve para purificar.

purismo m. Calidad de purista.

purista adj. y s. Que escribe o habla con pureza: *Azorín fue un purista que manejaba la lengua castellana con gran casticismo*.

puritanismo m. Secta y doctrina de los puritanos: *el puritanismo escocés*. || Calidad de puritano. || *Fig.* Rigorismo excesivo en las costumbres.

puritano, na adj. y s. Aplícase al miembro de una secta de presbiterianos, rigurosos observadores de la letra del Evangelio que, perseguidos por los Estuardos, emigraron en gran número a América. || Dícese del que real o afectadamente profesa gran austeridad de principios.

puritito, ta adj. *Méx.* Completo, entero, todo: *es la puritita verdad*.

puro, ra adj. Que no está mezclado con ninguna otra cosa: *agua pura*. || Que no está alterado con nada: *atmósfera pura*. || Que no está disminuido por ninguna suciedad: *sustancia pura*. || Que es exclusivamente lo que se expresa: *una pura coincidencia*. || Sin mancha moral alguna: *alma pura*. || Casto: *joven pura*. || Conforme a las reglas del lenguaje, castizo: *hablar un castellano muy puro*. || Perfecto, bello: *cara con facciones puras*. || Exclusivamente teórico: *matemáticas puras*. || Íntegro, moral, recto: *conducta pura*. || – M. Cigarro hecho con una hoja de tabaco enrollada.

púrpura f. Molusco gasterópodo marino que segrega un líquido amarillo que, por oxidación, se transforma en rojo, muy usado por los antiguos en tintorería y pintura. || Tinte rojo muy costoso que sacaban los antiguos de este animal. || Tela teñida con este color: *un manto de púrpura*. || Color rojo oscuro algo morado. || *Poét.* Sangre. || *Fig.* Dignidad imperial, consular, cardenalicia, etc. || *Med.* Enfermedad cutánea caracterizada por la aparición de manchas rojas.

purpurado m. Cardenal.

purpurar v. t. Teñir o vestir de púrpura.

purpúreo, a adj. De color de púrpura: *clavel purpúreo*. || Relativo a la púrpura.

purpurina f. Polvo finísimo dorado o plateado usado en pintura.

purpurino, na adj. Purpúreo.

purua m. Ceñidor de lana que usan los indígenas tarahumaras (México).

purulencia f. Supuración.

purulento, ta adj. Con pus.

pus m. Humor espeso, amarillento, que se produce en los tejidos inflamados, tumores, llagas, etc., y está formado por leucocitos y microbios muertos.

pusilánime adj. Apocado, de poco ánimo, cobarde: *tiene un carácter muy pusilánime*.

pusilanimidad f. Falta de valor, cobardía.

pústula f. *Med.* Vesícula inflamatoria de la piel, llena de pus.

pustuloso, sa adj. Con pústulas: *erupción pustulosa*.

puta f. *Pop.* Ramera, prostituta.

putativo, va adj. Tenido por padre, hermano, etc., no siéndolo: *padre putativo*.

puteada f. *Amer.* Acción y efecto de putear.

putear v. i. Tener relaciones con prostitutas. || *Fam. Arg., Bol., Chil., Parag., Per.* y *Urug.* Insultar groseramente. || – V. t. *Fam.* Fastidiar, perjudicar a alguien. || *Fam. Méx.* Golpear, reprender fuertemente. || *Fam. Méx.* Vencer de forma apabullante: *putear al rival*.

putrefacción f. Descomposición de las materias orgánicas.

putrefacto, ta adj. Podrido.

putrescible adj. Que puede pudrirse o se pudre fácilmente.

putridez f. Estado de pútrido.

pútrido, da adj. Podrido.

putsch m. Alzamiento de un grupo político armado.

putumaense, putumayense y **putumayo, ya** adj. y s. De Putumayo.

puya f. Punta acerada de las picas de los picadores y de las garrochas de los vaqueros.

puyazo m. Herida hecha con la puya. || *Fig.* Pulla.

puyar v. t. *Amer.* Herir con puya. || *Méx.* y *P. Rico.* Molestar.

puyón m. *Méx.* Púa o punta del trompo.

puyonazo m. *Méx.* Pinchazo.

puzcua f. *Méx.* Maíz cocido con cal, para tortillas o atole.

puzolana f. Roca volcánica silícea de estructura alveolar que se encuentra en Puzol y se emplea para mortero hidráulico.

puzzle m. (pal. ingl.). Rompecabezas.

pyme, siglas de *Pequeña y mediana empresa.*

pz, símbolo de la *pieza* (unidad).

PZ

q

q f. Decimoctava letra del alfabeto castellano y decimocuarta de sus consonantes. || — **q**, símbolo del *quintal.*

quántico, ca adj. Cuántico.

quantum m. *Fís.* Cantidad mínima de energía que puede emitirse, propagarse o ser absorbida. (Pl. *quanta.*) — La *teoría de los quanta,* elaborada por Planck en 1900, afirma que la energía de radiación, al igual que la de la materia, tiene una estructura discontinua. Esta teoría representa la base de toda la física moderna.

que pron. rel. Equivale a *el, la* o *lo cual; los* o *las cuales: el libro que estoy leyendo; la casa que veo.* || Puede equivaler a *algo que: dar que pensar.* || — Conj. Sirve para enlazar oraciones: *quiero que vengas.* || Equivale a *porque* o *pues: hable más fuerte que oigo mal.* || Equivale a *o: ¡cállate que te mato!; queramos que no, tendremos que hacerlo.* || Equivale a *si: que no viene, nos arreglamos sin él.* || En oraciones principales o independientes puede expresar deseo, mandato o imprecación: *¡que lo echen!; que me muera si...* || Sirve de correlativo de *tan, más, menos, mejor,* etc. || Forma parte de la loc. conj. *como antes que, con tal que, hasta que, luego que,* etc. || Puede usarse con sentido de encarecimiento y equivale entonces a *y: corre que corre.* || Puede dar un sentido enfático: *¡que no lo volverá a ver!* || *A que,* apuesto que. || *El que,* el hecho que: *me extraña el que no haya venido.*

qué pron. interr. Se emplea como adjetivo para preguntar por personas o cosas: *¿qué edad tienes?* || Puede usarse exclamativo: *¡qué suerte!* || Como neutro equivale a *qué cosa: ¿de qué se trata?* || — *El qué dirán,* la opinión pública. || *¡Pues qué!,* interj. que denota enfado o disgusto. || *¡Qué de, cuánto, cuántos: ¡qué de gente!* || *Fam. ¿Qué hay?* o *¿qué tal?,* expresiones que se usan para saludar a alguien y preguntar por su salud. || *¡Qué tal?,* cómo: ¿qué tal le pareció la película? || *Fam. ¿Y a mí qué?,* me da igual.

quebrachal m. *Riopl.* Lugar poblado de quebrachos.

quebracho m. Nombre genérico de varios árboles sudamericanos de madera dura y corteza curtiente.

quebrada f. Paso estrecho entre montañas. || Depresión en el terreno. || *Amer.* Arroyo o riachuelo.

quebradero m. *Fam. Quebradero de cabeza,* preocupación, problema, dificultad.

quebradizo, za adj. Fácil de quebrarse, frágil.

quebrado, da adj. Aplícase al que ha hecho bancarrota o quiebra: *banquero quebrado* (ú. t. c. s.). || Que padece una hernia (ú. t. c. s.). || Debilitado: *de salud quebrada.* || Desigual, accidentado: *camino quebrado.* || *Mat.* Dícese del número que expresa una o varias de las partes iguales en que está dividida la unidad. || — M. *Mat.* Fracción.

quebradura f. Hendidura, rotura. || Grieta. || *Med.* Hernia.

quebrantahuesos m. inv. Ave rapaz diurna parecida al águila, que vive en las regiones montañosas. || Ave rapaz acuática, pigargo.

quebrantamiento m. Acción y efecto de quebrantar. || Violación, infracción: *quebrantamiento de la ley.* || *Quebrantamiento de forma,* defecto que origina la nulidad de un acto jurídico cuando no hubo observancia de una de las formas legales.

quebrantar v. t. Romper, quebrar o hender una cosa: *quebrantar una tinaja.* || Machacar, moler: *quebrantar avellanas.* || *Fig.* Faltar al cumplimiento de algo: *quebrantar la ley, un compromiso.* | Disminuir, ablandar: *quebrantar el valor.* | Debilitar: *quebrantar la salud; quebrantar una convicción.* | Templar un líquido o un color. | Interrumpir el ayuno. || Abrir algo con violencia: *quebrantar los sellos.* || *Quebrantar el destierro,* volver el desterrado al territorio de donde fue expulsado. || — V. pr. Resentirse de una caída o golpe. || *Fig. Quebrantarse la cabeza* o los *sesos,* reflexionar mucho.

quebranto m. Quebrantamiento. || *Fig.* Debilitamiento de la salud. | Decaimiento del ánimo, desaliento, abatimiento moral. | Gran pérdida. | Aflicción, pena grande.

*quebrar v. t. Romper con violencia: *quebrar un vaso.* || Doblar: *quebrar el cuerpo.* || *Fig.* Interrumpir o cambiar la orientación de algo: *la muerte del líder quebró la racha de triunfos de su partido.* | Templar o suavizar: *quebrar el color.* || — V. i. Ceder, disminuir. | Romperse (ú. t. c. pr.). || Declararse insolvente, hacer quiebra: *quebrar un banco, un negocio.* || — V. pr. Formársele a uno una hernia.

quechua adj. y s. Dícese del indígena perteneciente al Imperio incaico y de sus actuales descendientes. || — Adj. Relativo a estos indígenas. || — M. Lengua hablada por ellos.

quechuismo m. Voz procedente del quechua, empleada en otra lengua: *"cóndor", "pampa"* y *"totora"* son quechuismos.

quedada f. *Méx.* Solterona.

quedar v. i. Permanecer en un lugar por más o menos tiempo: *quedó en casa* (ú. t. c. pr.). || Subsistir: *me quedan dos euros.* || *Estar: ahí quedó la conversación.* || *Estar: queda lejos.* || Llegar a ser, resultar: *su pantalón le quedó corto; quedó decidido el viaje a América.* Ú. t. c. pr.: *quedarse ciego.* || Portarse de cierta manera: *has quedado como una señora; el actor quedó tan mal que lo pitaron.* | Hacer cierto tiempo: *los zapatos quedan muy bien con tu bolso.* || Darse cita: *hemos quedado para el lunes.* || Acordar: *quedamos en salir mañana.* || Frustrarse: *por mí que no quede.* || *¿En qué quedamos?,* expr. con que se invita a tomar una decisión o aclarar un punto dudoso. || *Quedar en ridículo,* resultarlo, hacer el ridículo. || *Quedar para,* faltar: *queda una hora para la salida del tren.* || *Quedar por,* subsistir, faltar: *queda mucho por hacer; pasar por: quedar por cobarde.* || — V. pr. Retener una cosa en vez de devolverla: *se quedó con mi libro.* || Adquirir algo: *me quedo con esta pulsera.* || *Fig. Quedarse ahí,* morir. || *Quedarse a oscuras* o *in albis,* no comprender nada. | *Fig.* e *fam. Quedarse con una cosa,* preferirla a otra. | *Quedarse con uno,* engañarle, abusar de su credulidad. || *Fig. Quedarse corto,* no calcular bien; hablar de algo o alguien menos de lo que se merece. || *Quedarse helado,* quedarse muy sorprendido, estupefacto. | *Quedarse limpio,* quedarse enteramente sin dinero.

quedo, da adj. Quieto, tranquilo: *el niño está quedo.* || Bajo, suave: *en voz queda.* || Silencioso: *avanzaba con pasos quedos.* || — Adv. En voz tan baja que apenas se oye: *hablar muy quedo.*

quehacer m. Trabajo, tarea: *nuestro quehacer cotidiano.* || — Pl. Ocupaciones: *los quehaceres de la casa.*

queja f. Manifestación de dolor, pena o sentimiento: *las quejas del enfermo, del desconsolado.* || Resentimiento,

476

motivo de descontento: *tener queja de alguien*. | Acusación hecha ante el juez: *formular una queja*.

quejarse v. pr. Expresar su dolor con voz quejumbrosa: *quejarse de pena*. || Manifestar uno el resentimiento que tiene el otro: *quejarse de su vecino*.

quejica o **quejicoso, sa** adj. y s. Que se queja mucho.

quejido m. Voz lastimosa.

quejigal m. Terreno poblado de quejigos.

quejigo m. Árbol cupulífero.

quejoso, sa adj. Que tiene queja de otro, descontento.

quejumbroso, sa adj. Que se queja con poco motivo o por hábito. || Lastimero: *voz quejumbrosa*.

quelenquelen m. *Chil.* Planta medicinal.

quelite m. *Amer.* Nombre genérico de varias plantas comestibles.

quelmahue m. *Chil.* Mejillón pequeño.

quelonios m. pl. Nombre científico de la familia de los reptiles que tienen cuatro extremidades cortas, y el cuerpo protegido por un caparazón duro, como la tortuga, el carey y el galápago (ú. t. c. adj.).

queltro m. *Chil.* Terreno preparado para la siembra.

quema f. Acción y efecto de quemar: *la quema de los herejes*. || Incendio: *la quema de una casa*.

quemada f. *Méx.* Acción con que se queda en ridículo: *quiso contradecir al experto y se dio la quemada de su vida*.

quemado m. Parte de monte consumido por un incendio. || Fam. Cosa quemada o que se quema: *oler a quemado*.

quemador, ra adj. y s. Dícese de lo que quema. || — M. Aparato en el cual se efectúa la combustión del gas de alumbrado, del alcohol, del fuel-oil, etc.

quemadura f. Descomposición de un tejido orgánico producida por el fuego o una sustancia corrosiva.

quemar v. t. Abrasar o consumir con fuego: *quemar leña; el incendio ha quemado la casa*. || Estropear un guiso por haberlo dejado demasiado tiempo o haber puesto el fuego demasiado fuerte (ú. t. c. pr.). || Destruir algo una sustancia corrosiva: *los ácidos queman la piel*. || Destilar el vino. || Calentar con exceso. Ú. t. c. i.: *el sol quema en el estío*. || Desecar mucho las plantas: *plantío quemado por el frío*. || Causar sensación picante en la boca: *el pimiento me quemó los labios*. || Fig. Malbaratar, vender a menos de su justo precio. | Malgastar, derrochar: *quemar su fortuna*. | En deportes, entrenar de una manera excesiva y perjudicial para el estado físico del deportista. | Causar perjuicio a la fama de uno: *la actuación reiterada quema a los actores*. || — A quema ropa, refiriéndose a disparo, muy cerca; (fig.) de improviso. || Fig. Quemar etapas, no pararse en ellas. | Quemar la

sangre, impacientar, irritar. | Quemar las naves, tomar una determinación extrema y decisiva. || — V. i. Estar demasiado caliente una cosa: *esta sopa quema*. || — V. pr. Acercarse al fuego y sufrir sus efectos: *quemarse la mano con una cerilla*. || Fig. Sentir mucho calor. | Estar muy cerca de acertar o de hallar una cosa: *¡que te quemas!*

quemarropa (a) adv. A quema ropa.

quemón m. *Méx.* Pifia, chasco.

quena f. Flauta generalmente con cinco agujeros que usan los indios del Perú y de Bolivia.

quenopodiáceo, a adj. y s. f. Aplícase a las plantas angiospermas dicotiledóneas, como la espinaca, la remolacha y la barrilla. || — F. pl. Familia que forman.

quepis m. inv. Gorra con visera que usan los militares.

querandí adj. y s. Individuo de un pueblo indio de América del Sur.

queratina f. Sustancia fundamental del tejido cutáneo, piloso, córneo, etc.

queratitis f. Inflamación de la córnea transparente del ojo.

queratosis f. *Med.* Enfermedad caracterizada por un engrosamiento de la capa córnea.

querella f. Queja, lamento. || Acusación presentada ante el juez por el agraviado. || Discordia.

querellante adj. y s. *For.* Aplícase al que presenta una querella.

querellarse v. pr. *For.* Presentar querella contra uno: *querellarse contra un periodista*.

querencia f. Inclinación o tendencia del hombre o de ciertos animales a volver al sitio en que se han criado. || Este sitio. || Fam. Lugar donde uno vive. || Inclinación, afecto. || *Taurom.* Lugar de la plaza a donde se dirige el toro con más frecuencia.

querendón, ona adj. *Amer.* Muy cariñoso. || — M. y f. *Fam.* Amante, querido.

querer m. Cariño, afecto, amor.

*****querer** v. t. Desear o apetecer: *querer fumar, comer; ¿quieres salir conmigo?* || Amar, tener cariño: *querer a sus abuelos*. || Resolver, decidir: *querer terminar sus estudios*. || Intentar, procurar, pretender: *quiso dárselas de listo*. || Necesitar, requerir: *esta planta quiere agua*. || Conformarse al intento, deseo u orden de otro: *¿quieren callarse?* || Pedir cierto precio: *¿cuánto quieres por tu tocadiscos?* || Aceptar el envite en el juego. || — Como quien no quiere la cosa, simulando no darle importancia a lo que se dice. || Como quiera que, dado que; de cualquier modo: *como quiera que sea*. || Cuando quiera, en cualquier momento. || Donde quiera, en cualquier sitio. || Que quiera que no quiera o quiera o no quiera, de grado o por fuerza. || Querer decir, significar. || Queriendo, intencionadamente. || Quien bien te quiere te hará llorar, refrán que enseña que el verdadero cariño puede acom-

pañarse de una severidad razonable. **QUI** || *Sin querer*, sin intención, inadvertidamente. || — V. impers. Estar a punto de ocurrir algo: *quiere llover*. || — V. pr. Experimentar un cariño recíproco: *quererse como tórtolos*.

queretano, na adj. y s. De Querétaro.

querido, da m. y f. Amante.

quermes m. Insecto hemíptero parecido a la cochinilla.

quermese f. V. KERMESSE.

queroseno m. Líquido amarillento, obtenido a partir de la destilación del petróleo natural.

querubín m. Cada uno de los ángeles del primer coro.

quesadilla f. *Amér. C., Ecuad.* y *Méx.*, Empanada de tortilla de maíz y queso.

quesera f. Mujer que hace o vende queso. || Molde donde se fabrica. || Recipiente en que se guarda. || Plato para servirlo.

quesería f. Tienda donde se vende queso.

queso m. Masa hecha con leche cuajada y privada de suero. || — *Fig.* y *fam.* Darle con queso a uno, engañarle. | *Queso de bola*, el de tipo holandés.

quesquémetl m. Prenda típica de México, de forma triangular, que cubre los hombros.

quetro m. *Arg.* y *Chil.* Pato grande con alas sin plumas.

quetzal m. Ave trepadora, existente en Chiapas y Guatemala, de pico corto, cresta de plumas verdes, larga cola y con la cabeza, la mitad superior del pecho, el cuello, la parte superior de la cola y la espalda de color verde esmeralda dorado, negro los remos de las alas y rojo desde la mitad inferior del pecho hasta la rabadilla. || Unidad monetaria de Guatemala.

quevedos m. pl. Anteojos que se sujetan en la nariz.

quezalteco, ca adj. y s. De Quezaltenango.

¡quia! interj. *Fam.* Expresión de incredulidad o negación.

quianti m. Vino tinto que se elabora en Toscana.

quiasma m. *Anat.* Cruce en forma de X: *el quiasma de los nervios ópticos*.

quibdoano, na o **quibdoenes** adj. y s. De Quibdó.

quibey m. Planta lobeliácea de las Antillas, de jugo lechoso, acre y cáustico.

quiché adj. y s. Dícese de un pueblo indígena de Guatemala. (Los *quichés*, establecidos en la península de Yucatán, formaron un reino cuya capital era *Utatlán*, llamada hoy *Santa Cruz del Quiché*.) || — M. Lengua hablada por estos indios.

quichelense adj. y s. De El Quiché.

quichua adj. y s. Quechua.

quichuismo m. Quechuismo.

quicio m. Parte de la puerta o ventana en que entra el espigón del quicial. || Marco de puerta o ventana. || — *Fig. Fuera de quicio*, fuera del estado normal. | *Sacar de quicio a uno*, hacer que pierda el dominio de sí mismo.

quid m. Razón, punto principal de una cosa: *el quid de la cuestión*. || *Dar con el quid*, acertar.

quid pro quo loc. lat. Error que consiste en tomar a una persona o cosa por otra.

quídam m. *Fam.* Individuo cualquiera. | Sujeto insignificante.

quiebra f. Rotura, abertura. || Hendedura de la tierra: *una quiebra profunda*. || *Com.* Estado del comerciante que no puede satisfacer las deudas que sobre él pesan y cuya buena fe no es reconocida: *declararse en quiebra*. | Procedimiento legal para resolver la situación de este comerciante. | Crac, hundimiento de valores en Bolsa. || *Fig.* Fallo, fracaso: *la quiebra de los valores humanos*.

quiebro m. Movimiento que se hace con el cuerpo para evitar un golpe. || En fútbol, regate.

quien pron. rel. Se refiere esencialmente a las personas y hace en plural *quienes: el hombre a quien hablo*. || Con el antecedente implícito, equivale a *la persona que: quien te ha dicho esto es un ignorante*. || Puede usarse como pron. interr. o exclamat., en cuyo caso lleva un acento gráfico: *¿quién llama?; ¡quién pudiera!*

quienquiera pron. indet. Cualquier persona.

quietismo m. Inacción, inercia.

quieto, ta adj. Que no tiene o no hace movimiento. || *Fig.* Tranquilo, sosegado.

quietud f. Carencia de movimiento. || *Fig.* Sosiego, tranquilidad: *lo hizo con la mayor quietud*.

quif m. Kif.

quijada f. Cada uno de los dos huesos de la cabeza del animal en que están encajados los dientes y las muelas.

quijotada f. Acción propia de un quijote.

quijote m. Pieza de la armadura que protegía el muslo. | Parte superior de las ancas de las caballerías. | *Fig.* Hombre demasiado idealista. | Hombre aficionado a entrometerse en cosas que no le importan en nombre de la justicia.

quijotería f. Quijotada. | Quijotismo.

quijotesco, ca adj. Que obra con quijotería.

quijotismo m. Exageración en los sentimientos caballerosos.

quila f. *Amer.* Especie de bambú más fuerte que el malayo.

quilamole m. *Méx.* Planta jabonera.

quilate m. Unidad de peso para las perlas y piedras preciosas (205 mg). | Cantidad de oro fino contenido en una aleación de este metal: *se le asignan al oro puro veinticuatro quilates*.

quilífero, ra adj. Aplícase a los vasos linfáticos de los intestinos que absorben el quilo.

quilificar v. t. Transformar en quilo el alimento (ú. m. c. pr.).

quilla f. Parte inferior del casco de un barco que sostiene toda la armazón. || Parte saliente del esternón de las aves.

quillango m. *Arg.* y *Chil.* Manta indígena hecha con retazos de pieles.

quillay m. *Arg.*, *Bol.* y *Chil.* Árbol de gran tamaño cuya corteza se emplea como jabón.

quilmole m. *Méx.* Potaje de hierbas.

quilo m. Líquido blancuzco contenido en el intestino delgado y que resulta de la transformación de los alimentos en la digestión. || *Cub.* Centavo. | *Fam.* *Sudar el quilo*, sufrir muchos trabajos, trabajar con gran fatiga.

quilo m. Kilo, kilogramo.

quilombo m. *Bol.*, *Chil.*, *Ecuad.* y *Riopl.* Trifulca, desorden, barullo. || *Bol.*, *Chil.* y *Riopl.* Prostíbulo, burdel.

quiltamal m. *Méx.* Tamal de guacamole.

quimba f. *Amer.* Contoneo al andar o al bailar. || *Col.* Apuro. || *Col.*, *Ecuad.* y *Venez.* Calzado rústico, ordinario.

quimbaya adj. y s. Dícese de un pueblo indio colombiano establecido en los actuales departamentos de Caldas y Valle del Cauca.

quimbo m. *Cub.* Machete.

quimera f. *Fig.* Ficción, imaginación, ilusión: *vivir de quimeras*. | Riña, disputa, pendencia.

quimérico, ca adj. Fabuloso, fantástico, imaginario. || Ilusorio, sin fundamento: *proyectos quiméricos*. || Que vive de quimeras.

química f. Ciencia que estudia la composición interna y propiedades de los cuerpos simples y sus transformaciones, combinaciones y acciones recíprocas. || —*Química biológica* (o *bioquímica*), la que estudia lo que constituye la materia viviente y sus reacciones. || *Química general*, la que trata de las leyes relativas al conjunto de los cuerpos químicos. || *Química industrial*, la que estudia las operaciones que interesan más particularmente a la industria. || *Química inorgánica*, la que estudia los cuerpos simples y compuestos sin carbono. || *Química mineral*, la que estudia los metales, los metaloides y sus combinaciones. || *Química orgánica*, la que estudia los compuestos del carbono.

químico, ca adj. Relativo a la química: *fenómenos químicos; ingeniero químico*. || —M. y f. Persona que se dedica al estudio de la química o a la profesa.

quimificación f. Transformación en el estómago de los alimentos en quimo.

quimificar v. t. Transformar en quimo los alimentos por medio de la digestión.

quimioterapia f. Tratamiento de las enfermedades con productos químicos.

quimo m. Pasta homogénea formada en el estómago después de la digestión y antes de pasar al intestino delgado.

quimono m. Túnica larga japonesa.

quina f. Corteza del quino que se usa como febrífugo. || —*Fam.* *Más malo*

que la quina, sumamente malo. | *Tragar quina*, aguantar cosas muy desagradables.

quinado, da adj. Preparado con quina: *vino quinado*.

quinario adj. Compuesto de cinco elementos, unidades o guarismos. || Que tiene por base el número cinco.

quincalla f. Conjunto de objetos de metal, generalmente de poco valor: *joyas de quincalla*.

quincallería f. Fábrica y tienda de quincalla.

quincallero, ra m. y f. Persona que fabrica o vende quincalla.

quince adj. Diez y cinco: *tener quince años*. || Decimoquinto: *Luis Quince*. || *Pop.* *Dar quince y raya a uno*, sobrepasarle.

quincena f. Espacio de quince días. || Paga por un trabajo de quince días: *cobrar la quincena*.

quincenal adj. Que sucede, se hace o sale cada quincena: *periódico quincenal*. || Que dura una quincena.

quincha f. *Amer.* Trama de junco para hacer cercos, armazones, etc.

quincuagenario, ria adj. De cincuenta unidades. || Cincuentón, de cincuenta años. Ú. t. c. s.: *un quincuagenario*.

quincuagésimo, ma adj. Que ocupa el lugar cincuenta. || —M. Cada una de las cincuenta partes iguales en que se divide un todo. || —F. Domínica que precede a la primera de cuaresma.

quindiano, na adj. y s. De Quindío.

quingentésimo, ma adj. Que ocupa el lugar quinientos. || —M. Cada una de las quinientas partes iguales en que se divide un todo.

quingombó m. *Amer.* Planta malvácea que se emplea como textil.

quinielas f. pl. Juego de apuestas público que consiste en señalar en un boleto los triunfadores de una jornada de partidos de fútbol; el que consigue acertar el máximo de resultados se ve premiado con una parte de lo recaudado con la venta de los boletos. || Este boleto (ú. t. en sing.). || *Arg.* Cierto juego de azar.

quinielista adj. y s. Aplícase a la persona que hace quinielas.

quinientos, tas adj. Cinco veces ciento. || Quingentésimo: *el año quinientos*.

quinina f. Alcaloide vegetal sacado de la corteza de la quina, utilizado en forma de sulfato para combatir la fiebre y el paludismo.

quino m. Árbol americano rubiáceo cuya corteza es la quina. || Zumo de varios vegetales empleado como astringente. || Quina.

quínoa f. Quinua.

quinoto m. *Arg.* y *Urug.* Árbol de copa redondeada con cuyos frutos de color naranja se hacen dulces. || *Arg.* y *Urug.* Fruto de este árbol.

quinqué m. Lámpara de petróleo con tubo de cristal.

quinquecahue m. *Amer.* Instrumento músico de los mapuches.

quinquenal adj. Que ocurre cada quinquenio: *fenómeno quinquenal.* || Que dura cinco años.

quinquenio m. Cinco años.

quinquina f. Quina.

quinta f. Finca de recreo en el campo. || *Mil.* Reclutamiento. | Reemplazo anual para el ejército: *es de la misma quinta que yo.* || *Mús.* Intervalo de tres tonos y un semitono mayor. || — *Entrar en quintas*, alcanzar la edad del servicio militar. || *Librarse de quintas*, ser rebajado de servicio.

quintacolumnista adj. y s. Dícese del que pertenecía a la quinta columna. (V. COLUMNA.)

quintada f. Novatada dada a los soldados de nuevo reemplazo.

quintaesencia f. Lo mejor, el más alto grado, lo más perfecto.

quintaesenciar v. t. Refinar, apurar. || Alambicar, sutilizar.

quintal m. Peso de cien libras (en Castilla 46 kg). || *Quintal métrico*, peso de cien kilogramos.

quintería f. Casa de campo.

quinteto m. Combinación métrica de cinco versos de arte mayor. || Composición musical para cinco voces o instrumentos. || Conjunto musical de cinco músicos o cantantes.

quintilla f. Combinación métrica de cinco versos aconsonantados, generalmente octosílabos.

quintillón m. Quinta potencia del millón (10^{30}).

quinto, ta adj. y s. Que sigue en orden al o a lo cuarto: *Felipe Quinto.* || — M. Cada una de las cinco partes iguales en que se divide un todo. || Aquel a quien le toca ser soldado, recluta, novato. || Quinta parte de su fortuna que el testador puede dejar a quien desee. || *Chil.* y *Méx.* Moneda de cinco centavos.

quintuplicación f. Multiplicación de algo por cinco.

quintuplicar v. t. Multiplicar por cinco: *quintuplicar su fortuna* (ú. t. c. pr.).

quíntuplo, pla adj. y s. m. Dícese de lo que contiene un número cinco veces exactamente o es cinco veces mayor: *veinticinco es el quíntuplo de cinco.*

quinua f. *Amer.* Planta anual quenopodiácea cuyas hojas son parecidas a las espinacas.

quinzavo, va adj. y s. Dícese de cada una de las quince partes iguales en que se divide un todo.

quiosco m. Pequeño edificio que suele constar de un techo sostenido por columnas y que adorna las azoteas, parques, jardines, etc.: *esta tarde tocará la banda en el quiosco.* || Pabellón pequeño donde se suelen vender periódicos, flores, etc.

quiote m. *Méx.* Bohordo del maguey.

quipe m. *Per.* Lío, atado.

quipos m. pl. Cuerdas de varios colores con que, haciendo diversos nudos, los indios del Perú consignaban informaciones y hacían sus cálculos.

quiquiriquí m. Canto del gallo.

quirófano m. Sala de operaciones quirúrgicas.

quirógrafo, fa adj. Aplícase al documento en que consta un contrato que no está autorizado por notario (ú. t. c. s. m.).

quiromancia f. Adivinación por las rayas de la mano.

quiromántico, ca adj. y s. Relativo a la quiromancia o que la profesa.

quiróptero adj. y s. m. Dícese de los animales mamíferos adaptados al vuelo, con membranas laterales en forma de alas, que comprende los murciélagos, vampiros, etc. || — M. pl. Orden que forman.

quirquincho m. Mamífero americano, especie de armadillo.

quirúrgico, ca adj. Relativo a la cirugía: *murió a causa de una operación quirúrgica.*

quiscal m. Ave dentirrostra de América, de plumaje negro con reflejos metálicos.

quisque (cada) adv. Cada uno, cada cual: *a cada quisque lo suyo.*

quisquilla f. *Fam.* Pequeñez, menudencia, cosa insignificante. | Dificultad de poca importancia. || Camarón, crustáceo comestible. || — Adj. y s. m. Dícese del color de este animal, salmón claro.

quisquilloso, sa adj. y s. Que se para en quisquillas o pequeñeces. || Demasiado susceptible.

quiste m. Vejiga membranosa, de contenido líquido, que se desarrolla anormalmente en diferentes partes del cuerpo.

quitaesmalte m. Líquido a base de alcohol amílico y acetona que se emplea para disolver el esmalte para uñas.

quitamanchas adj. y s. m. inv. Aplícase a las sustancias químicas que sirven para quitar manchas, especialmente en los tejidos.

quitanieves m. inv. Aparato móvil para quitar la nieve de las carreteras, vías férreas, etc., mediante una especie de reja o una turbina.

quitapesares m. inv. *Fam.* Consuelo.

quitapiedras m. inv. Dispositivo que llevan las locomotoras en su parte delantera para quitar las piedras u otros obstáculos que pudieran haber caído en la vía.

quitar v. t. Separar una cosa de otra: *comer la fruta sin quitarle la piel.* || Sacar una cosa del lugar en que estaba: *quitar los platos de la mesa.* || Despojar, suprimir: *me han quitado el pasaporte.* || Robar: *quitar a uno la cartera.* || Hacer que desaparezca: *quitar una mancha* (ú. t. c. pr.). || Impedir, obstar: *esto no quita que sea un holgazán.* || Restar: *quitar dos de tres.* || Privar de algo: *el café quita el sueño.* || Apartar: *quitar a uno la preocupación.* || — *De quita y pon*, que fácilmente se quita y se pone, amovible. || *Fig.* y *fam.* En un quítame allá esas pajas, v. PAJA. || *Quitar a uno de encima o de enmedio*, librarse de él; matarle. || *Fig.* y *fam. Quitar el hipo a uno*, dejarle pasmado. | *Quitar la vida*, matar; causar grandes disgustos. || — V. pr. Despojarse de una prenda: *quitarse el abrigo.* || Apartarse de una cosa: *me quité de hacer tal año.* || — *Quitarse años*, rejuvenecerse. || *Quitarse de en medio*, irse, marcharse: *se quitó de en medio cuando estalló la guerra.*

quitasol m. Especie de paraguas grande que sirve para protegerse contra el sol.

quitasueño m. *Fam.* Preocupación que causa desvelo.

quite m. Movimiento de esgrima que se hace para evitar un tajo o estocada. || Lance con que el torero libra a otro de la acometida del toro: *dar el quite.* || *Estar al quite*, estar siempre dispuesto a salir en defensa de los que están en peligro o en situación apurada.

quiteño, ña adj. y s. De Quito (Ecuador).

quitina f. Sustancia orgánica nitrogenada de la cutícula de los insectos y otros animales articulados, y en muchos hongos y bacterias.

quitinoso, sa adj. Que tiene quitina: *caparazón quitinoso.*

quiya m. *Riopl.* Mamífero roedor bastante parecido al carpincho.

quizá o **quizás** adv. Indica la posibilidad de una cosa: *quizá vaya a Roma.*

quórum m. Número de miembros presentes requerido para que sea válida una votación en una asamblea.

r

r f. Decimonovena letra del alfabeto castellano y decimoquinta de sus consonantes. || **— R,** símbolo del *roentgen* o *röntgen.*

Ra, símbolo químico del *radio.*

rabadilla f. Extremidad inferior de la columna vertebral. || En las aves, extremidad movible en donde están las plumas de la cola.

rabanillo m. Planta crucífera, muy común en los sembrados. || Rábano pequeño.

rabaniza f. Simiente del rábano.

rábano m. Planta crucífera, de raíz carnosa comestible. || Esta raíz. || *Fig. Tomar el rábano por las hojas,* interpretar torcidamente una cosa.

rabear v. i. Mover el rabo.

rabí m. Título que confieren los judíos a los doctores de su ley. || Rabino.

rabia f. Enfermedad infecciosa que se transmite al hombre por mordedura de algunos animales, y caracterizada por fenómenos de excitación, luego por parálisis y muerte. || Enfermedad del garbanzo. || *Fig.* Ira, cólera, furia: *decir algo con rabia.* | Enojo, enfado: *le da rabia trabajar.* | *Fig. y fam. Tenerle rabia a uno,* tenerle odio.

rabiar v. i. Padecer rabia: *el perro rabió.* || *Fig.* Enojarse, encolerizarse: *está que rabia.* | Sufrir intensamente: *está rabiando de dolor.* | Desear mucho: *el niño rabiaba por ir a la fiesta.* || *— Fig. A rabiar,* mucho: *me gusta a rabiar.* | *Estar a rabiar con uno,* estar muy enojado con él. | *Rabiar de hambre, de sed,* tener mucha hambre, mucha sed.

rabiche f. *Cub.* y *Méx.* Ave de la familia de los colúmbidos.

rabicorto, ta adj. De rabo corto: *perro rabicorto.* || *Fig.* Que viste faldas más cortas que lo regular: *una niña rabicorta.*

rabieta f. *Fam.* Berrinche, enojo de poca duración: *le dio una rabieta al niño.*

rabihorcado m. Ave palmípeda de los países tropicales.

rabilargo, ga adj. Que tiene el rabo largo: *mono rabilargo.* || *Fig.* Que trae las vestiduras demasiado largas. || — M. Pájaro de plumaje leonado, negro y azul pálido.

rabillo m. Pecíolo de las hojas de las plantas. || Pedúnculo de las frutas. || Ángulo: *mirar con el rabillo del ojo.*

rabino m. Doctor de la ley judía. || Jefe espiritual de una comunidad israelita. || *Fig. y fam.* Sabihondo.

rabión m. Corriente impetuosa de un río en sitios estrechos o de mucho declive.

rabioso, sa adj. y s. Que padece rabia: *perro rabioso.* || *Fig.* Muy enojado, furioso: *estoy rabioso contigo.* | Vehemente, excesivo, violento: *ganas rabiosas de irse.* | Chillón: *verde rabioso.* | *Fam.* Muy picante: *sabor rabioso.*

rabiza f. Punta de la caña de pescar en que se pone el sedal. || *Mar.* Cabo corto y delgado unido a un objeto para manejarlo: *boya de rabiza.*

rabo m. Cola de un animal: *el rabo del lobo.* || Rabillo, pecíolo o pedúnculo: *el rabo de una hoja, de un fruto.* || Ángulo, rabillo: *el rabo del ojo.* || *Fig.* Cosa que cuelga. || *— Fig. Faltar aún el rabo por desollar,* quedar todavía lo más difícil por hacer. | *Irse (o salir), con el rabo entre piernas,* irse avergonzado, sin haber conseguido lo que se quería.

rabón, ona adj. *Méx.* Mezquino, ruin.

rabona f. *Amer.* Mujer que suele acompañar a los soldados en las marchas y en campaña. || *Fam. Hacer rabona,* hacer novillos.

rabudo, da adj. De rabo muy grande: *animal rabudo.*

racha f. *Mar.* Ráfaga: *racha de aire.* || *Fig.* Serie: *una racha de triunfos.* || *Fig. y fam.* Período breve en que sólo ocurren cosas buenas o al contrario acontecimientos malos: *tener buena o mala racha.*

racial adj. Relativo a la raza.

racimo m. Conjunto de frutos unidos a un mismo tallo como en las uvas, la grosella, los plátanos, los dátiles, etc. || Inflorescencia de las flores están insertadas por pedúnculos sobre un eje común. || *Fig.* Conjunto de cosas o personas apelotonadas: *un racimo de lindas muchachas.*

raciocinación f. Razonamiento, reflexión, facultad de la mente.

raciocinar v. i. Razonar.

raciocinio m. Facultad de raciocinio. || Razonamiento, reflexión.

ración f. Porción de alimento que se reparte a cada persona: *una ración de cocido.* || Cantidad de una cosa que se vende a cierto precio: *comprar una ración de calamares.*

racionabilidad f. Aptitud, capacidad para juzgar.

racional adj. Dotado de razón: *seres racionales* (ú. t. c. s. m.). || Conforme con la razón: *método racional.* || No empírico, que se deduce por medio de razonamiento: *mecánica racional.* || Aplícase a las expresiones algebraicas que no contienen cantidades irracionales.

racionalismo m. Carácter de lo que se fundamenta sólo en la razón. || *Fil.* Doctrina fundada en la razón y no en la revelación. | Sistema no basado en el empirismo, sino sólo en la razón. || Doctrina religiosa según la cual todas las verdades de la fe tienen que estar justificadas por la reflexión personal.

racionalista adj. y s. Relativo al racionalismo o que es partidario.

racionalización f. Organización sistemática del trabajo para obtener un mejor rendimiento: *racionalización industrial.*

racionalizar v. t. Organizar de una manera razonable y según los cálculos apropiados. || Volver más eficaz y menos costoso un proceso de producción.

racionamiento m. Distribución de cantidades limitadas de bienes que escasean por varias razones: *racionamiento en tiempo de guerra.*

racionar v. t. *Mil.* Distribuir raciones a la tropa. || Someter a racionamiento: *racionar el pan.*

racismo m. Teoría que sostiene la superioridad de ciertos grupos raciales frente a los demás.

racista adj. Del racismo. || — Adj. y s. Partidario de esta teoría.

racor m. Pieza metálica que sirve para empalmar dos tubos.

rada f. Ensenada que puede servir de puerto natural.

radar m. Dispositivo para detectar aviones, buques, costas, obstáculos, etc., por medio de ondas radioeléctricas.

radiación f. *Fís.* Emisión de ondas, rayos o partículas. | Elemento de una onda luminosa o electromagnética: *radiación infrarroja.*

radiactividad f. *Fís.* Propiedad que tienen ciertos elementos químicos (radio, uranio, etc.) de transformarse espontáneamente en otros elementos, con emisión de determinadas radiaciones.

radiactivo, va adj. *Fís.* Que tiene radiactividad.

radiado, da adj. Compuesto de rayos divergentes. || Dispuesto en forma de rayos. || Difundido por radio: *noticia radiada*. || Dícese en las plantas compuestas, de la cabezuela formada por flósculos en el centro y por semiflósculos en la circunferencia, como la panoja de la avena. || — M. pl. Animales invertebrados de cuerpo dispuesto en forma de radios alrededor de un centro, como la estrellamar, la medusa, el pólipo, etc. (ú. t. c. adj.).

radiador m. Aparato de calefacción que consta de varios elementos huecos por los que circula agua o aceite caliente, vapor, etc. || *Mec.* Dispositivo para refrigerar el agua en un motor de explosión.

radial adj. *Astr.* Aplícase a la dirección del rayo visual: *movimiento, velocidad radial*. || *Geom.* Relativo al radio: *línea radial*. || Perteneciente o relativo al radio: *nervio radial*.

radián m. *Geom.* Unidad angular que corresponde a un arco de longitud igual al radio.

radiante adj. *Fís.* Que radia: *calor radiante*. || *Fig.* Resplandeciente. | Que denota buena salud, satisfacción: *rostro radiante*. || *Radiante de alegría*, rebosante de gozo, de dicha.

radiar v. t. Irradiar (ú. t. c. i.). || Difundir o emitir por radio: *radiar noticias, música*. || *Med.* Tratar una lesión por medio de los rayos X. || — V. i. *Fís.* Despedir rayos luminosos o térmicos.

radical adj. Relativo a la raíz: *tubérculo, hoja, tallo radical*. || *Fig.* Fundamental, básico: *nulidad radical de un documento*. | Muy eficaz: *emplear un medio radical*. | Total, definitivo, absoluto: *curación radical*. || — Adj. y s. En política, partidario de reformas democráticas avanzadas: *el partido radical*. || — M. *Gram.* Parte de una palabra que, contrariamente a la desinencia, queda invariable: *el radical del verbo comer es* COM. || *Mat.* Signo (√) con que se indica la operación de extraer raíces. || *Quím.* Átomo o grupo de átomos que sirve de base para la formación de combinaciones.

radicalismo m. Calidad de radical. || Actitud radical. || Principios o doctrinas políticas de los radicales.

radicando m. *Mat.* Número del cual se ha de extraer la raíz.

radicar v. i. Arraigar (ú. t. c. pr.). || Estar situado de modo fijo: *¿dónde radica ese pueblo?* || *Fig.* Estribar, residir, consistir en: *la dificultad radica en esto*. || — V. pr. Establecerse.

radícula f. Rejo, raicilla.

radiestesia f. Facultad de percibir las radiaciones electromagnéticas.

radiestesista com. Persona que utiliza la radiestesia.

radio m. Recta tirada desde el centro del círculo a la circunferencia o desde el centro de la esfera a su superficie. || Cada una de las piezas que unen el cubo de la rueda con la llanta. || Hueso contiguo al cúbito, con el cual forma el antebrazo. || Metal (Ra), de número

atómico 88, de gran poder radiactivo, descubierto en 1898 por Pierre y Marie Curie, y G. Bémont. || Apócope de *radiotelegrafista* y *radionavegante*. || — *En un radio de cien kilómetros*, a cien kilómetros a la redonda. || *Radio de acción*, distancia máxima a la cual puede alejarse un avión, barco u otro vehículo sin aprovisionarse en combustible y conservando lo necesario para volver a su punto de partida; (fig.) esfera de actividad, zona de influencia. || — F. Apócope de *radiograma* y *radiodifusión*: escuchar un programa de radio. || Aparato radiorreceptor: *tener una radio muy antigua*.

radioaficionado, da m. y f. Persona que comunica con otra u otras por medio de una emisora de radio privada.

radioastronomía f. Estudio de los astros según la emisión de sus ondas electromagnéticas.

radiobaliza f. Señalización radioeléctrica de una ruta aérea o marítima.

radiocobalto m. Isótopo radiactivo del cobalto.

radiocompás m. Radiogoniómetro de a bordo que permite a un avión o barco conservar su rumbo.

radiocomunicación f. Transmisión radioeléctrica de imágenes, textos, signos y sonidos. || Comunicación mediante ondas electromagnéticas.

radiodermatitis o **radiodermitis** f. Dermatitis causada por la manipulación de los rayos X o de las sustancias radiactivas.

radiodetección f. Detección por medio de las radiaciones.

radiodiagnosis f. o **radiodiagnóstico** m. Diagnóstico que se hace con la radioscopia o la radiografía.

radiodifundir v. t. Emitir por medio de la radiotelefonía.

radiodifusión f. Transmisión por ondas hertzianas de música, noticias, reportajes y otros programas destinados al público. || *Estación de radiodifusión*, emisora.

radiodifusor, ra adj. Que emite por radio: *estación radiodifusora*.

radioeléctrico, ca adj. Relativo a la radioelectricidad.

radioelectricidad f. Técnica de la transmisión a distancia de sonidos e imágenes por medio de ondas electromagnéticas.

radioelemento m. *Quím.* Elemento radiactivo.

radioemisora f. Emisora radiofónica.

radioescucha com. Radioyente.

radiofaro m. Emisora radioeléctrica que determina la ruta en la navegación marítima o aérea.

radiofonía f. Radiotelefonía.

radiofónico, ca adj. Relativo a la radiofonía: *emisión radiofónica*.

radiofotografía f. Radiofoto transmitida por radio.

radiofrecuencia f. Frecuencia utilizada para las ondas radiofónicas, y superior a 10 000 ciclos por segundo.

radiogoniometría f. Método que permite localizar la dirección y posición de un aparato emisor de radio. || Método de navegación que utiliza el radiogoniómetro.

radiogoniómetro m. Aparato que permite a un barco o avión determinar su posición por medio de las ondas radioeléctricas.

radiografía f. Fotografía interna del cuerpo por medio de los rayos X. || Cliché así obtenido: *tener una radiografía del estómago*.

radiografiar v. t. Fotografiar por medio de los rayos X.

radiográfico, ca adj. Relativo a la radiografía.

radiograma m. Despacho transmitido por radiotelegrafía.

radioisótopo m. *Fig.* Isótopo radiactivo de un elemento natural.

radiolarios adj. y s. m. Dícese de los protozoos marinos provistos de un esqueleto silíceo con seudópodos filiformes y radiantes. || — M. pl. Clase que forman.

radiolocalización f. Determinación de la posición de un obstáculo mediante ondas electromagnéticas reflejadas por el mismo.

radiología f. Empleo terapéutico de los rayos X.

radiólogo m. Especialista en radiología.

radionavegación f. Navegación que utiliza las propiedades de las ondas radioeléctricas para la dirección y detección de barcos y aviones.

radionavegante m. El que se encarga de mantener los contactos por radio en un barco o avión.

radiorreceptor m. Aparato receptor de las ondas del radiotransmisor.

radioscopia f. Examen de un objeto o de un órgano del ser humano por medio de la imagen que proyectan en una pantalla fluorescente al ser atravesados por los rayos X.

radioseñalización f. Señalización de la ruta de los barcos y aviones por radio.

radiosonda f. Conjunto de aparatos registradores automáticos que transmiten desde un globo informaciones meteorológicas por medios radioeléctricos.

radiosondeo m. Exploración de la atmósfera por radiosondas.

radioteatro m. Programa radiofónico que emite piezas teatrales. || *Arg., Bol., Chil., Col., Cub., Méx., Per. y Urug.* Serial radiofónico.

radiotecnia o **radiotécnica** f. Técnica de la radioelectricidad.

radiotelefonía f. Telefonía sin hilos.

radiotelefonista com. Persona que trabaja en el servicio de radiotelefonía.

radiotelegrafía f. Telegrafía sin hilos.

radiotelegráfico, ca adj. Relativo a la radiotelegrafía.

radiotelegrafista com. Persona que se ocupa del funcionamiento de los aparatos radiotelegráficos.

RAD

R

481

radiotelegrama m. Telegrama transmitido por radio.

radiotelescopio m. Aparato receptor utilizado en radioastronomía.

radiotelevisado, da adj. Que es transmitido a la vez por radio y televisión: *un espectáculo radiotelevisado.*

radioterapia f. Empleo de los rayos X.

radiotransmisión f. Transmisión o difusión por radio.

radiotransmisor m. Transmisor de radiotelegrafía o telefonía sin hilos.

radiotransmitir v. t. Transmitir por radio.

radioyente com. Persona que escucha las emisiones de radio.

radón m. Elemento químico (Rn) radiactivo, de número atómico 86, llamado en otro tiempo *radioemanación.*

raedera f. Utensilio para raer o raspar. || Azada pequeña de los mineros.

raedor, ra adj. y s. Que rae. || — M. Rasero.

raedura f. Acción de raer. || Parte raída.

*****raer** v. t. Raspar, arrancar lo adherido a la superficie de una cosa con instrumento áspero o cortante: *raer una piel.*

rafaelesco, ca adj. Relativo al pintor Rafael. || Que recuerda lo pintado por este maestro.

ráfaga f. Movimiento violento y rápido del aire: *una ráfaga de aire.* || Golpe de luz vivo y de poca duración. || Serie de disparos sucesivos y rápidos de un arma automática: *una ráfaga de ametralladora.*

rafia f. Palmera de África y América que produce una fibra muy resistente y flexible. || Esta fibra.

raglán m. Gabán de hombre con esclavina. || *Manga raglán*, la que arranca del cuello y no tiene costura en el hombro.

ragua f. Extremo superior de la caña de azúcar.

raicilla f. Raíz secundaria o más pequeña de las plantas.

raid [reed] m. (pal. ingl.). Incursión rápida en terreno enemigo. || Vuelo a larga distancia.

raído, da adj. Muy gastado por el uso: *abrigo raído.*

raigambre f. Conjunto de raíces generalmente entrecruzadas. || *Fig.* Conjunto de antecedentes, tradición, hábitos o afectos, etc., que vinculan una cosa a otra: *costumbre de honda raigambre en Castilla.*

raigón m. Raíz grande. || Raíz de las muelas y dientes o trozo que queda de ella.

raíl o **rail** m. Riel, carril: *los raíles de las vías férreas.*

raíz f. Parte de los vegetales que está en la tierra, de donde saca las sustancias nutritivas: *las raíces de un árbol.* | Parte de un órgano animal implantado en un tejido: *la raíz de un diente, de un pelo.* || *Fig.* Origen, principio: *la raíz de un mal.* || *Gram.* Elemento de una palabra a partir del cual se derivan todas las que son de la misma familia: CANT es *la raíz de cantar, cantante,* etc. || *Mat.* Cada uno de los valores que puede tener la incógnita de una ecuación. || *Méx.* Raíz tatemada, el camote. || *Med.* Prolongación profunda de ciertos tumores: *la raíz de un lobanillo.* || — *A raíz de,* inmediatamente, después de. || *Fig. Arrancar o cortar de raíz,* eliminar del todo. || *De raíz,* completamente. || *Fig. Echar raíces,* fijarse, instalarse para mucho tiempo en un lugar. || *Mat. Raíz cuadrada,* cantidad que se ha de multiplicar por sí misma una vez para obtener un número determinado. | *Raíz cúbica,* cantidad que se ha de multiplicar por sí misma dos veces para obtener un número determinado. || *Fig. Tener raíces,* estar arraigado: *la virtud tiene raíces profundas en el corazón del hombre bueno.*

raja f. Porción de poco espesor cortada a lo largo de una melón, sandía, salchichón, etc. || Hendidura que se hace en una cosa. | Grieta. || Parte de un leño que resulta al abrirlo con un hacha, una cuña, etc.

rajá m. Antiguo soberano de la India: *el rajá de Kapurtala.*

rajadiablo o **rajadiablos** adj. y s. *Chil.* Dícese de la persona aficionada a hacer picardías y travesuras.

rajado, da adj. y s. *Fig. y fam.* Cobarde, miedoso. | Que no cumple la palabra dada.

rajadura f. Hendidura.

rajar v. t. Partir en rajas: *rajó la sandía.* || Hender, partir, abrir: *rajar un mueble* (ú. t. c. pr.). || — V. i. *Fig. y fam.* Jactarse, presumir de valiente. || Hablar mucho. | Refunfuñar. || — V. pr. *Fig. y fam.* Retractarse, desistir de una cosa por acobardamiento. || *Amer.* Huir, escapar.

rajatabla (a) adv. De un modo absoluto.

rajeta adj. y s. *Fam.* Rajado.

rajón, ona adj. y s. *Amer.* Fanfarrón, ostentoso.

ralea f. *Despect.* Especie, categoría: *gente de la misma ralea.* | Raza, estirpe, casta: *persona de baja ralea.*

ralentí m. *Cin.* Proyección más lenta que el rodaje: *escena al ralentí.* || *Mec.* La menor velocidad a que puede funcionar un motor de explosión con el mínimo de gases.

rallado, da adj. Desmenuzado, pulverizado: *queso rallado.* || — M. Acción de rallar.

rallador m. Utensilio de cocina para desmenuzar pan, queso, etc.

ralladura f. Surco que deja el rallador en una cosa. || Trozo desmenuzado que resulta de una cosa rallada: *ralladuras de queso.*

rallar v. t. Desmenuzar una cosa restregándola con el rallador: *rallar pan, queso.* || *Fam.* Molestar.

rallo m. Rallador.

rally [rali] m. (pal. ingl.). Competición deportiva en la cual los participantes, a pie o motorizados, deben reunirse en un sitio determinado después de haber realizado varias pruebas.

ralo, la adj. Poco espeso: *pelo ralo; tela rala.* || Muy separado: *dientes ralos.*

rama f. Cada una de las partes nacidas del tronco o tallo principal de la planta. || *Fig.* Cada una de las familias procedentes de un mismo tronco. || Cada una de las subdivisiones de una cosa: *este camino se divide en dos ramas; las diferentes ramas del saber.* || *Geom.* Parte de una curva que se aleja hasta el infinito. || *Impr.* Cerco de hierro cuadrangular con que se ciñe el molde que se ha de imprimir. || División primaria del reino animal. || — *Fig. y fam. Andarse por las ramas,* desviarse del tema de que se trata. || *En rama,* dícese de ciertas materias no manufacturadas: *algodón en rama;* aplícase a los ejemplares de una obra impresa que están todavía sin encuadernar.

ramada f. Ramaje.

ramadán m. Noveno mes del año lunar musulmán, que está consagrado al ayuno.

ramaje m. Conjunto de ramas. || Dibujo que representa ramas, flores, etc., en una tela.

ramal m. Cada uno de los cabos de que se compone una cuerda, cable o correa. || Ronzal. || Cada uno de los tramos de una escalera que concurren en el mismo rellano. || Cada una de las subdivisiones de una cosa: *los ramales de una carretera, de una cordillera.*

ramalazo m. Golpe dado con un ramal o ronzal y huella que deja. || Racha violenta de aire. || *Fig.* Ataque pasajero: *tener un ramalazo de loco.*

rambla f. Barranco, cauce natural de aguas pluviales. || En algunas poblaciones, paseo principal: *las Ramblas de Barcelona.*

rameado, da adj. Aplícase al tejido, papel, etc., con ramos y flores pintados.

ramera f. Prostituta.

ramificación f. División de una planta en ramas. || Bifurcación de las arterias, venas o nervios. || *Fig.* Consecuencia derivada de algún hecho. | Subdivisión: *las ramificaciones de una ciencia.*

ramificarse v. pr. Dividirse en ramas. || *Fig.* Subdividirse.

ramillete m. Conjunto de flores o hierbas olorosas: *un ramillete de claveles.* || *Fig.* Plato de dulces que forman un conjunto vistoso. | Centro de mesa. | Colección de cosas selectas: *ramillete de máximas.* | Grupo, reunión: *ramillete de muchachas.*

ramilletero, ra m. y f. Persona que hace o vende ramilletes. || — M. Maceta de flores. | Florero.

ramiza f. Conjunto de ramas cortadas.

ramnáceo, a adj. y s. f. Aplícase a las plantas dicotiledóneas, como el cambrón y la aladierna. || — F. pl. Familia que forman.

ramo m. Rama pequeña. || Ramillete de flores: *ramo de gladiolos.* || Manojo de hierbas. || Ristra. || *Fig.* Cada una de las subdivisiones de una cosa principal: *ramo del saber*. | Enfermedad incipiente o poco determinada: *ramo de locura*.

ramón m. Ramiza.

ramonear v. t. Podar los árboles. || Pacer los animales las hojas y la punta de las ramas.

ramoneo m. Acción de ramonear. || Tiempo en que se ramonea.

ramoso, sa adj. Que tiene muchas ramas.

rampa f. Terreno en declive: *subir por la rampa*. || Superficie inclinada. || *Rampa de lanzamiento*, plano inclinado para el lanzamiento de aviones, proyectiles o cohetes de propulsión.

rampante adj. Aplícase al animal heráldico con la mano abierta y las garras en ademán de asir: *león rampante*.

ramplón, ona adj. Aplícase al calzado tosco. || *Fig.* Vulgar, chabacano: *un tío ramplón*. | Ordinario, falto de originalidad: *versos ramplones*.

ramplonería f. Condición de ramplón, vulgaridad, falta de gusto.

rampollo m. Rama que se corta de un árbol para plantarla.

rana f. Batracio saltador, de piel verdosa, perteneciente al orden de los anuros y que vive cerca de las aguas estancadas. || Juego que consiste en arrojar una moneda o un tejo por la boca abierta de una rana de hierro. || — *Fig. y fam. Cuando las ranas críen o tengan pelos*, nunca. | *No ser rana uno*, ser listo. | *Salir rana*, no salir bien, fracasar.

rancagüino, na adj. y s. De Rancagua (Chile).

rancheadero m. Lugar donde se ranchea.

ranchear v. i. Formar ranchos en un sitio, acampar (ú. t. c. pr.).

ranchera f. Canción popular originaria de la Argentina. || Un tipo de canción de México con raíces folklóricas.

ranchería f. Conjunto de ranchos o chozas.

ranchero m. El que guisa el rancho. || Dueño de un rancho o finca. || Campesino que trabaja en un rancho. || *Fig. Méx.* Apocado, ridículo.

ranchito m. *Amer.* Chabola.

rancho m. Comida hecha para muchos: *el rancho de la tropa, de los presos*. || Personas que toman esta comida. || *Fam.* Comida o guiso malo. || Campamento: *rancho de gitanos, de pastores*. || En los barcos, sitio donde se aloja la marinería. || Grupo de marineros que se alternan en las faenas. || *Amer.* Choza con techo de ramas o paja: *rancho pampero*. | Finca, granja, hacienda. || *Per.* Quinta, casa de campo. || *Fig. y fam. Hacer rancho aparte*, llevar una vida aislada de los demás.

ranciar v. t. Volver rancio (ú. t. c. pr.).

rancidez o **ranciedad** f. Calidad de rancio.

rancio, cia adj. Aplícase al vino y ciertos comestibles grasientos que con el tiempo adquieren sabor y olor fuertes:

tocino rancio. || *Fig.* Antiguo: *de rancia nobleza*. | Anticuado, pasado de moda: *una solterona poco rancia*. || — M. Olor muy fuerte propio de un comestible rancio. || Suciedad grasienta de los paños.

randa f. Encaje grueso, de nudos apretados. || — M. *Fam.* Ratero, ladronzuelo.

randera f. Mujer que se dedica a hacer randas.

rangífero m. *Zool.* Reno.

rango m. Clase, categoría, lugar que ocupa una persona en una jerarquía: *mantener su rango*. || Situación social: *persona de alto rango*. || *Amer.* Generosidad, liberalidad.

rangua f. *Tecn.* Tejuelo donde se apoya un eje vertical.

ránido adj. y s. m. Dícese de los batracios anuros que comprende la rana común. || — M. pl. Clase que forman.

ranilla f. Parte blanca del casco de las caballerías, entre los dos pulpejos. || Enfermedad del ganado vacuno.

ránula f. Tumor que se forma debajo de la lengua.

ranunculáceo, a adj. y s. f. Aplícase a las plantas dicotiledóneas que tienen por tipo el acónito, la anémona y la peonía. || — F. pl. Familia que forman.

ranúnculo m. Planta ranunculácea de flores amarillas.

ranura f. Hendidura estrecha hecha en un madero, una pieza metálica, etc. || Pequeña abertura alargada donde se introduce una moneda o una ficha: *la ranura de una máquina tragaperras*.

rapabarbas m. inv. *Fam.* Barbero, rapador.

rapacejo m. Muchacho. || *Méx.* Fleco que adorna el rebozo.

rapacería f. Rapacidad. || Muchachada.

rapacidad f. Avidez grande, codicia de ganancias: *la rapacidad de un usurero*. | Inclinación al robo.

rapadura f. y **rapamiento** m. Acción y efecto de rapar o raparse.

rapapolvo m. *Fam.* Reprensión.

rapar v. t. Afeitar la barba (ú. t. c. pr.). || Cortar el pelo al rape. || *Fig. y fam.* Hurtar, robar.

rapaz adj. Dado al robo, hurto o rapiña. || *Fig.* Ávido de ganancias: *comerciante rapaz*. || Aplícase al ave de rapiña. || — F. pl. Orden de aves carnívoras, de pico corvo, uñas grandes y aceradas, como el águila, el halcón, el buitre, etc. || — M. y f. Muchacho o muchacha de corta edad.

rape m. Afeitado rápido y sin cuidado. || Pejesapo. || — *Al rape*, casi a raíz, muy corto: *cortar el pelo al rape*.

rapé adj. Aplícase al tabaco en polvo. Ú. m. c. s. m.: *tomar rapé*.

rapidez f. Cualidad de la persona que lo hace todo en poco tiempo o de las cosas que ocurren o se efectúan muy pronto.

rápido, da adj. Veloz, que recorre mucho espacio en poco tiempo: *corriente rápida*. || Que se realiza o eje-

cuta en un momento: *victoria rápida*. || Que hace las cosas en poco tiempo: *una modista rápida*. || Que se hace con poco cuidado: *lectura rápida de un manuscrito*. || — M. Tren de gran velocidad: *el rápido de Barcelona a Madrid*. || Parte de un río muy impetuosa: *los rápidos del Niágara*.

rapiña f. Robo, expoliación o saqueo hecho con violencia. || *Ave de rapiña*, la carnívora, como el águila y el buitre.

rapiñar v. t. *Fam.* Hurtar.

rapónchigo m. Planta campanulácea de raíz blanca.

raposa f. Zorra, vulpeja. || *Fig. y fam.* Persona astuta.

raposear v. i. Usar de engaños o trampas, como la raposa.

raposo m. Zorro.

rapsoda m. En la antigua Grecia, recitador de poemas homéricos u otras poesías épicas.

rapsodia f. Trozo de un poema, especialmente de Homero, que cantaban los rapsodas. || Composición musical, de forma libre o improvisada, integrada por fragmentos de aires populares o de otras obras: *una rapsodia de Liszt*.

raptar v. t. Cometer el delito de rapto: *raptar a una mujer*.

rapto m. Delito que consiste en llevarse de su domicilio por el engaño, la violencia o la seducción a alguien, especialmente a una mujer, a un niño: *rapto de menores*. || *Fig.* Éxtasis, arrobamiento. | Arrebato, ataque rápido y violento: *rapto de locura*. || Impulso.

raptor, ra adj. y s. Aplícase a la persona que comete el delito de rapto.

raqueta f. Aro de madera provisto de una red de cuerdas de tripa y terminado en un mango, que sirve para jugar al tenis, etc. || Especie de pala de madera revestida de corcho o de goma para jugar al tenis de mesa. || Especie de suela con esta forma para andar por la nieve. || Rastrillo para recoger el dinero en las mesas de juego.

raquianestesia f. *Med.* Anestesia de los miembros inferiores y de los órganos de la pelvis mediante una inyección de procaína en el conducto raquídeo.

raquídeo, a adj. Relativo al raquis: *bulbo raquídeo*.

raquis m. Espinazo, columna vertebral. || *Bot.* Raspa.

raquítico, ca adj. Que sufre raquitismo (ú. t. c. s.). || *Fig.* Endeble, poco robusto: *árboles raquíticos*. | Escaso, mezquino.

raquitismo m. Enfermedad infantil caracterizada por la falta de solidez y las deformaciones del sistema óseo, sobre todo de la columna vertebral.

rarefacción f. Enrarecimiento.

*****rarefacer** v. t. Enrarecer, disminuir la densidad o la presión de un gas (ú. t. c. pr.).

rareza f. Calidad de raro.

rarificar v. t. Enrarecer, rarefacer (ú. t. c. pr.).

raro, ra adj. Poco frecuente: *un fenómeno muy raro*. || Singular, poco corriente: *libro raro*. || Extraño, extravagante, estrafalario: *persona muy rara*. || Extraordinario, poco común: *de raro mérito*. || — *Gases raros*, los que en pequeña cantidad, forman parte de la atmósfera, como el helio, el neón, el argón, el criptón, el xenón.

ras m. Igualdad de nivel. || — *A ras de*, casi tocando. || *Ras con ras*, al mismo nivel; rasando o rozando ligeramente una cosa a otra.

rasante adj. Que rasa. || — *Tiro rasante*, tiro de trayectoria nunca superior en altura a la del objetivo. || *Vuelo rasante*, el que se efectúa casi rasando el suelo. || — F. Línea de unión o camino considerado en relación con el plano horizontal. || *Cambio de rasante*, punto más elevado de la pendiente de una carretera.

rasar v. t. Igualar con el rasero las medidas de los áridos. || Pasar muy cerca: *rasar el suelo*.

rascacielos m. inv. Edificio de muchas plantas.

rascadera f. Rascador. || *Fam.* Almohaza para las caballerías.

rascador m. Utensilio que sirve para rascar: *rascador de metales, pieles*, etc. || Especie de horquilla de adorno para el tocado femenino. || Instrumento de hierro para desgranar el maíz y otros frutos análogos. || Tira rugosa para encender los fósforos y cerillas.

rascadura f. o **rascamiento** m. Acción y efecto de rascar o rascarse. || Señal que queda.

rascar v. t. Refregar o frotar la piel con las uñas (ú. t. c. pr.). || Raspar una superficie para quitarle algo. || Raer con el rascador. || *Fam.* Rascar la guitarra, tocarla mal. || — V. pr. *Amer.* Emborracharse. || *Fig.* Rascarse los bolsillos, gastar los últimos céntimos.

rascatripas m. inv. *Fam.* Violinista malo.

rascón, ona adj. Áspero. || — M. Polla de agua, ave zancuda.

rascuache adj. *Méx.* Mezquino.

rasero, ra adj. Rasante. || — M. Palo cilíndrico o en forma de rasqueta para rasar las medidas de los áridos. || *Fig. Medir por el mismo rasero a dos personas*, tratarlas con igualdad. || — F. Espumadera para freír.

rasgado, da adj. Muy alargado y con los ángulos algo prolongados: *ojos rasgados*. || — M. Rasgón.

rasgadura f. Acción de rasgar.

rasgar v. t. Romper, destrozar una cosa tirando de ella en varias direcciones: *rasgar telas, pieles, papel* (ú. t. c. pr.).

rasgo m. Línea trazada, especialmente la de adorno. || *Fig.* Expresión acertada: *rasgo de humor*. | Acción notable: *un rasgo de heroísmo, de generosidad*. || Característica, peculiaridad: *es un rasgo de su carácter*. || — Pl. Facciones de la cara: *rasgos finos*. || — *A grandes rasgos*, rápidamente, sin pararse en minucias: *explorar algo a grandes rasgos*. || *Rasgo de ingenio*, idea genial, genialidad.

rasgón m. Rotura en una tela.

rasgueado m. Rasgueo.

rasguear v. t. Tocar la guitarra u otro instrumento rozando varias cuerdas a la vez. || — V. i. Hacer rasgos con la pluma.

rasgueo m. Manera de tocar la guitarra rasgueándola.

rasguñar v. t. Arañar o rascar.

rasguño m. Arañazo.

rasilla f. Tela de lana muy fina. || Ladrillo delgado y hueco: *tabique de rasilla*.

raso, sa adj. Llano, liso, despejado: *terreno raso*. || Sin nubes, desencapotado. || Lleno hasta el borde. || Que casi toca el suelo: *vuelo raso*. || Aplícase al asiento sin respaldo: *silla rasa*. || Dícese del que su empleo no tiene ni título ni categoría especial: *un soldado raso*. || — M. Satén. || *Al raso*, al aire libre, en el campo.

raspa f. Espina de un pescado. || Arista del grano de trigo y otros cereales. || Escobajo de la uva. || Eje o pedúnculo de un racimo o espiga. || Filamento desprendido de algo: *esta pluma tiene raspa*. || *Fig. y fam.* Persona desabrida. || *Amer.* Reprimenda. || *Arg.* Ratero. || *Méx.* Baile popular de origen jarocho.

raspadilla f. *Per.* Refresco con hielo raspado y jarabe.

raspado m. Acción y efecto de raspar. || Operación que consiste en quitar con un instrumento quirúrgico cuerpos extraños o productos mórbidos del interior de una cavidad natural (útero) o patológica (absceso óseo). || *Méx.* Refresco elaborado con hielo raspado al que se agrega jarabe de sabores.

raspador m. Instrumento para raspar.

raspadura f. Acción y efecto de raspar. || Lo que se raspa de una superficie. || Rallado. || *Amer.* Azúcar moreno que queda adherido a los calderos de los trapiches. || *Méx.* Piloncillo.

raspar v. t. Raer ligeramente una cosa para quitar la parte superficial. || Hacer la operación quirúrgica del raspado. || Tener sabor áspero un vino u otro licor y picar en el paladar (ú. t. c. i.). || Tener una superficie áspera. Ú. t. c. i.: *su piel raspa con el frío*. || Rasar. || Hurtar, quitar. || *Méx.* Ofender en forma indirecta. || *Fam.* Raspando, por poco, por escaso margen.

raspear v. i. Deslizarse con dificultad la pluma y arañar el papel de escribir.

raspón m. *Méx.* Raspadura ligera en la piel: *se cayó de la bicicleta y se dio un raspón en la rodilla*.

rasposo, sa adj. Áspero al tacto: *manos rasposas*. || De trato desapacible. || *Arg.* y *Urug.* Dícese de la prenda de vestir raída. || — Adj. y s. *Arg.* y *Urug.* Que lleva este tipo de prendas. | | *Arg.* y *Urug.* Mezquino, tacaño.

rasqueta f. Planchuela de hierro de cantos afilados y con mango, para raer y limpiar los palos, cubiertas y costados de las embarcaciones. || Almohaza.

rastra f. Huella. || *Agr.* Grada. | Rastro, rastrillo. || Carro fuerte para arrastrar grandes pesos. || Sarta de fruta seca. || Cuerda o red que se arrastra por el fondo del agua para recuperar objetos sumergidos. || *Riopl.* Adorno, generalmente de plata, que los gauchos llevan en el cinturón a manera de hebilla. || — *A la rastra* o *a rastras*, arrastrando; (fig.) de mal grado. || *Fig. Ir a rastras de uno*, seguirle siempre. || *Llevar un trabajo a rastras*, tenerlo sin terminar.

rastreador, ra adj. Que rastrea o busca.

rastrear v. t. Buscar una persona, animal o cosa siguiendo su rastro: *el perro rastrea la caza*. || Llevar arrastrando por el fondo del agua un arte de pesca o una rastra. || Vender la carne en el rastro al por mayor. || *Fig.* Averiguar una cosa valiéndose de varios indicios, indagar (u. m. c. i.). || — V. i. Ir volando casi a ras del suelo.

rastreo m. Acción y efecto de rastrear.

rastrero, ra adj. Que se va arrastrando: *animal rastrero*. || Dícese del tallo de una planta que, tendido por el suelo, echa raicillas. || *Fig.* Bajo, vil, despreciable.

rastrillada f. Lo que se recoge con el rastrillo. || *Amer.* Huellas.

rastrillado m. Acción y efecto de rastrillar.

rastrillador, ra adj. y s. Aplícase al que rastrilla. || — F. Máquina agrícola consistente en un rastro grande, de dientes corvos, para recoger el heno, la paja, etc.

rastrillar v. t. Limpiar con el rastrillo: *rastrillar el lino, el cáñamo*. || Recoger con el rastrillo: *rastrillar las hierbas*. || Pasar la grada por el suelo labrado.

rastrillo m. Instrumento de jardinería formado de un palo largo cruzado en su extremo inferior de un travesaño con púas que sirve para recoger la broza, paja, etc. || Utensilio parecido usado en las mesas de juego para recoger el dinero apostado. || Especie de carda para limpiar el cáñamo o el lino. || Compuerta formada por una reja levadiza a la entrada de algunas plazas de armas. || Caja del alumbrado superior del escenario.

rastro m. Rastrillo, instrumento de jardinería. || Especie de azada con dientes en vez de pala. || Mugrón. || Lugar donde se vende la carne al por mayor. || Matadero. || Huella, pista: *seguir el rastro de un animal*. || *Fig.* Señal que queda de una cosa, vestigio, indicio: *no dejar rastro*.

rastrojar v. t. *Agr.* Arrancar el rastrojo.

rastrojera f. Conjunto de tierras que han quedado en rastrojo.

rastrojo m. Paja de la mies que queda en la tierra después de segar. || El campo después de segada la mies.

rasurada f. *Méx.* Afeitada.

rasurador m. Maquinilla de afeitar eléctrica.

rasurar v. t. Afeitar.

rata f. Mamífero roedor, de cola larga, muy voraz y perjudicial, originario de Asia. || — *Fig.* y *fam. Más pobre que una rata*, muy pobre. | *No había ni una rata*, no había nadie. || *Rata de agua*, roedor parecido a la rata común, pero de costumbres acuáticas y de cola más corta. || — *Fig.* y *fam. Rata de hotel*, ratero que roba en los hoteles. | *Rata de sacristía*, persona excesivamente devota.

rata por cantidad m. adv. A prorrata.

ratafía f. Rosoli de cerezas o guindas.

ratania f. Arbusto del Perú cuya corteza se emplea como astringente.

ratear v. t. Disminuir a proporción o prorrata. || Repartir proporcionalmente. || Hurtar con destreza cosas pequeñas.

rateo m. Prorrateo.

ratería f. Hurto.

raterismo m. *Fam.* Ratería.

ratero, ra adj. Dícese del ladrón que hurta con maña cosas de poco valor (ú. t. c. s.).

raticida m. Sustancia química para matar ratas y ratones.

ratificación f. Aprobación, confirmación de lo que se ha hecho o prometido. || Documento en que consta.

ratificar v. t. Aprobar o confirmar lo que se ha hecho o prometido: *ratificar un tratado, un acuerdo* (ú. t. c. pr.).

ratificador, ra adj. y s. Dícese del que ratifica.

rato m. Espacio de tiempo, especialmente cuando es de corta duración, momento: *salió bueno un rato*. || — *A ratos*, a veces. || *A ratos perdidos*, cuando uno se ve libre de sus ocupaciones habituales. || *De rato en rato*, de vez en cuando. || *Fam.* Haber para rato, tardar mucho tiempo. | *Pasar el rato*, entretenerse. | *Un rato*, mucho: *sabe un rato de política*.

ratón m. Mamífero roedor menor que la rata, dañino por lo que come, roe y destruye. || *Inform.* Aparato que se utiliza para mover con suavidad el cursor por la pantalla de una computadora.

ratona f. Hembra del ratón.

ratoncito m. Dim. de ratón. || *Fam. El ratoncito Pérez*, personaje infantil que se supone trae regalos a los niños cuando pierden los primeros dientes.

ratonera f. Trampa para cazar ratones o ratas. || Agujero que hace el ratón. || Madriguera de ratones. || *Fig.* Trampa: *caí en la ratonera.* || *Amer.* Cuchitril.

ratonero, ra adj. Ratonesco. || Dícese de la música mala, generalmente cacofónica.

ratonesco, ca y **ratonil** adj. Relativo a los ratones.

raudal m. Corriente violenta de agua. || *Fig.* Gran cantidad.

raudo, da adj. Rápido.

raulí m. *Chil.* Árbol fagáceo.

ravioles o **raviolis** m. pl. Cuadritos de pasta con carne picada y servidos con salsa y queso rallado.

raya f. Línea recta: *las cinco rayas del pentagrama.* || Lista: *camisa a rayas.* ||

Término o límite de una nación, provincia, etc. || Separación de los cabellos hecha con el peine. || Pliegue del pantalón. || Cada una de las estrías en espiral del cañón de un arma de fuego, cuyo objeto es dar al proyectil un movimiento de rotación para estabilizarlo en su trayectoria. || Señal larga del alfabeto Morse, equivalente a tres puntos por su duración. || *Gram.* Guión algo más largo que el corriente que separa oraciones incidentales o indica el diálogo. || Pez marino selacio, de cuerpo aplastado y romboidal, y cola larga y delgada. || *Méx.* Sueldo, paga. || — *A raya*, dentro de los límites adecuados: *mantener a raya a alguien.* | *Dar ciento y raya o quince y raya a uno*, sobrepasarle. | *Pasarse de la raya*, exagerar, propasarse. || *Tres en raya*, rayuela, juego de niños.

rayadillo m. Cierta tela basta de algodón rayada.

rayado, da adj. Que tiene rayas o listas. || *Cañón rayado*, cañón de un arma de fuego que tiene rayas labradas en el ánima. || — M. Conjunto de rayas: *el rayado de una tela, papel*, etc. || Acción de rayar.

rayador m. Ave marina americana, de pico aplanado y parte superior más corta que la inferior.

rayadura f. Acción y efecto de rayar.

rayano, na adj. Que confina o linda con una cosa. || Que está en la raya que divide dos territorios. || *Fig.* Cercano, próximo: *rayano en lo ridículo.*

rayar v. t. Hacer o tirar rayas: *rayar una hoja de papel.* || Subrayar: *rayar una frase.* || Tachar lo escrito o impreso: *rayar las palabras inútiles.* || Suprimir: *lo rayaron de la lista.* || — V. i. Ser colindante o limítrofe: *su casa raya con la mía.* || Despuntar, empezar a salir: *rayar el alba, el día.* || *Fig.* Estar a punto de alcanzar, frisar: *rayar en los cincuenta años.* || Ser casi, aproximarse mucho a: *su conducta raya en lo ridículo.* || Distinguirse, descollar, destacarse: *raya por su inteligencia.* || *Méx.* Pagar a los trabajadores el salario.

ráyido, da adj. y s. m. Dícese de los peces selacios de cuerpo plano, cola larga y delgada, como el torpedo y la raya.

rayo m. Haz de luz que procede de un cuerpo luminoso, especialmente del Sol: *los rayos solares.* || Línea de propagación de la energía: *rayos caloríficos.* || Chispa eléctrica de gran intensidad entre dos nubes o entre una nube y la Tierra: *cayó un rayo en el campanario de la iglesia.* || Radio de una rueda. || *Fig.* Persona muy viva: *este chico es un rayo.* | Cosa o desgracia imprevista: *la noticia cayó como un rayo.* | *Fig. Con la velocidad de un rayo*, muy rápidamente. | *Echar rayos*, estar muy irritado. | *¡Que le parta un rayo!*, maldición proferida contra alguien con quien se está muy enfadado. || *Rayos alfa* (α), *beta* (β) y *gamma* (γ), los emitidos por los cuerpos radiactivos. || *Rayos cósmicos*, los que proceden del espacio si-

deral. (V. CÓSMICO.) || *Rayos infrarrojos*, radiación cuya longitud de onda es mayor que la de la luz visible. || *Rayos ultravioleta*, radiación cuya longitud de onda es menor que la de la luz visible. || *Rayos X o de Röntgen*, los que atraviesan fácilmente muchos cuerpos opacos y se utilizan en medicina como medio de investigación y tratamiento. (V. RADIOGRAFÍA y RADIOSCOPIA.)

rayón m. y **rayona** f. Hilo textil continuo de viscosa. || Tejido hecho con este hilo.

rayuela f. Raya pequeña. || Cierto juego que consiste en tirar una moneda o un tejo hacia una raya hecha en el suelo y en acercarla lo más posible de ella.

raza f. Grupo de individuos cuyos caracteres biológicos son constantes y se perpetúan por herencia: *raza blanca, amarilla, negra.* || Conjunto de los ascendientes y descendientes de una familia, de un pueblo: *la raza de David.* || Subdivisión de una especie: *razas humanas.*

razón f. Facultad de pensar, discurrir y juzgar: *el hombre está dotado de razón.* || Facultad intelectual que permite actuar acertadamente o distinguir lo bueno y verdadero de lo malo y falso: *luz de la razón.* || Motivo, causa: *la razón de un acto.* || Recado: *llevar una razón.* || Información: *razón aquí.* || *Mat.* Relación que resulta de la comparación entre dos cantidades. || — *A razón de*, al precio de; según la proporción de. || *Asistirle a uno la razón*, tenerla de su parte. || *Dar la razón a uno*, declarar que tiene razón en lo que dice o hace. || *Dar razón de algo*, informar sobre ello. || *En razón de o debido a.* || *En razón directa, inversa*, directamente proporcional, inversamente proporcional. || *Meter, poner o hacer entrar en razón a uno*, obligarle a actuar razonablemente, convencerle de lo justo y razonable. || *Perder la razón*, enloquecer. || *Ponerse en razón*, mostrarse razonable. || *Quitarle la razón a alguien*, declarar que se equivoca. || *Razón de Estado*, consideraciones basadas en las conveniencias políticas que se invocan para justificar acciones ilegales o injustas. || *Razón social*, denominación con que se da a conocer una sociedad comercial. || *Tener razón uno*, ser verdadero lo que dice o justo lo que pretende.

razonable adj. Sensato: *acuerdo razonable.* || *Fig.* Mediano, justo, ni exagerado ni insuficiente.

razonado, da adj. Basado en la razón: *discurso, análisis razonado.*

razonador, ra adj. y s. Aficionado a razonar o discurrir.

razonamiento m. Acción o manera de razonar. || Serie de conceptos encaminados a demostrar algo: *razonamiento falso.*

razonar v. i. Exponer las razones en que se funda un juicio, creencia, demostración, etc. || Discurrir: *razonar por inducción, por deducción.* || — V. t.

RAZ Apoyar con pruebas o documentos una cosa, justificar: *razonar un informe.*

razzia f. Incursión o correría hecha en territorio enemigo para sacar botín. || Saqueo. || *Fig.* Redada de policía.

Rb, símb. químico del *rubidio.*

re m. *Mús.* Segunda nota de la escala musical.

reabsorber v. i. Volver a absorber (ú. t. c. pr.).

reabsorción f. Nueva absorción. || *Med.* Absorción interna, penetración de sustancias en los tejidos.

reacción f. Acción provocada por otra y de sentido contrario: *todo exceso suscita una reacción.* | En política, acción de un partido opuesto a todas las innovaciones políticas o sociales y empeñado en resucitar las instituciones del pasado; partido que tiene estas opiniones: *acabar con la reacción.* || En psicología, comportamiento de un ser vivo en presencia de un estímulo externo o interno. || *Fís.* Expansión progresiva de un fluido (agua, vapor, gas). || *Fisiol.* Acción orgánica que tiende a producir un efecto contrario al del agente que la provoca. || *Quím.* Fenómeno por el cual, del contacto de dos o más cuerpos, resulta la formación de cuerpos diferentes. || — *Avión de reacción,* el propulsado por un motor de reacción. || *Motor de reacción,* el que eyecta unos chorros de gases a gran velocidad y, en virtud del principio de la acción y de la reacción, hace avanzar un vehículo en sentido opuesto de la eyección. || *Reacción en cadena,* reacción química o nuclear en la cual unos átomos liberan una energía suficiente para desencadenar la misma reacción entre los átomos vecinos.

reaccionar v. i. Producirse una reacción, especialmente entre dos cuerpos químicos o en respuesta a un estímulo. || *Fig.* Oponerse, resistir: *reaccionar contra el odio.*

reaccionario, ria adj. y s. Aplícase al o a lo que es opuesto a las innovaciones y propenso a restablecer lo abolido: *política reaccionaria.*

reacio, cia adj. Que se resiste con tenacidad a hacer una cosa: *mostrarse reacio a (o en) admitir un argumento.*

reactancia f. *Electr.* Cantidad que, sumada a la resistencia de un circuito de corriente alterna, permite determinar su impedancia.

reactivación f. Acción de reactivar: *la reactivación de un suero.*

reactivar v. t. Regenerar, dar nuevo impulso o fuerza: *reactivar la economía.*

reactivo, va adj. Que reacciona o produce reacción. || — M. *Quím.* Sustancia empleada para determinar la naturaleza de los cuerpos por las reacciones que produce en ellos.

reactor m. Propulsor aéreo que utiliza el aire ambiente como carburante y funciona por reacción directa sin ayuda de hélice. || Instalación industrial donde se efectúa una reacción química en presencia de un catalizador. ||

Avión de reacción. || *Reactor nuclear,* fuente de energía que utiliza la fisión.

readaptación f. Acción de readaptar o readaptarse.

readaptar v. t. Adaptar de nuevo, especialmente los músculos a su antigua función, después de un accidente (ú. t. c. pr.). || — V. pr. Adaptarse de nuevo a una actividad interrumpida.

readmisión f. Nueva admisión después de una expulsión.

readmitir v. t. Volver a admitir: *readmitir a un empleado.*

reafirmar v. t. Afirmar de nuevo (ú. t. c. pr.).

reagravar v. t. Volver a agravar, empeorar. || — V. pr. Agravarse de nuevo, ponerse peor: *reagravarse el enfermo.*

reagrupación f. Nueva agrupación.

reagrupar v. t. Agrupar de nuevo.

reajustar v. t. Volver a ajustar.

reajuste m. Acción de reajustar: *reajuste de sueldos.*

real adj. Que tiene existencia verdadera y efectiva: *afecto real.* || Del rey o de la realeza: *corona, casa, familia real.* || Aplícase a algunos animales y cosas superiores en su clase: *tigre real, pavo real, malva real, octava real.* || *Fig.* Regio, suntuoso. | Hermoso: *un real mozo.* || — *Camino real,* carretera de primer orden. || *Derechos reales,* impuesto que grava toda transferencia de propiedad. || — M. Campamento de un ejército: *alzar (o levantar) el real* (ú. t. en pl.). || Campo de una feria, ferial. || Moneda española equivalente a la cuarta parte de la peseta. || Moneda de diversos países de América que equivale, en general, a 10 centavos de peso. || — *Fam. No valer un real,* no valer nada. || *Méx. Real de minas,* pueblo cuyas hay minas de plata. || *Fig. Sentar sus reales,* fijarse, establecerse.

realce m. Adorno, labor de relieve: *bordar de realce.* || *Fig.* Lustre, esplendor: *dar realce a una fiesta.* | Relieve: *poner de realce.*

realengo, ga adj. Aplícase a los pueblos que no eran de señorío ni de las órdenes. || Dícese de los terrenos propiedad del Estado: *bienes de realengo.*

realeza f. Dignidad o soberanía real. || Magnificencia.

realidad f. Existencia efectiva de una cosa: *la realidad del mundo físico.* || Cosa concreta: *nuestros deseos se han convertido en realidades.* || Mundo real: *vivir fuera de la realidad.* || Verdad: *la realidad de un hecho.*

realismo m. Doctrina filosófica que afirma la realidad de las ideas (realismo espiritualista) o que considera que el mundo, tal y como lo vemos, es la única realidad (realismo materialista). || Doctrina literaria y artística basada en la descripción precisa y objetiva de los seres y de las cosas. || Doctrina política favorable a la monarquía.

realista adj. y s. Partidario del realismo: *escritor, pintor, político realista.* || Partidario de la realeza.

realizable adj. Que puede realizarse, hacedero.

realización f. Acción de realizar: *la realización de un proyecto, de una película, de un programa televisado.* || Cosa realizada: *las realizaciones sociales.*

realizador m. Director de cine o de una emisión radiofónica o televisada.

realizar v. t. Hacer real: *realizar sus aspiraciones* (ú. t. c. pr.). || Efectuar, llevar a cabo: *realizar una hazaña.* || Dirigir la preparación y la ejecución de una película o de una emisión radiofónica o televisada. || Vender, convertir en dinero mercaderías lo más pronto posible, incluso con depredación. || — V. pr. Tener lugar.

realquilar v. t. Subarrendar.

realzar v. t. Enaltecer: *realzar el mérito de una persona.* || Dar realce, poner de relieve: *este peinado realza su belleza.*

reanimar v. t. Dar vigor, restablecer las fuerzas: *esta medicina me ha reanimado.* || Restablecer las funciones vitales: *reanimar al desmayado.* || *Fig.* Levantar el ánimo. | Reanudar, reavivar: *reanimar la conversación.*

reanudación f. Continuación de algo interrumpido.

reanudar v. t. Continuar lo interrumpido: *reanudar el trato, una conversación.* || Proseguir un trabajo, volver a sus labores después de las vacaciones o de una ausencia: *reanudar las clases.* || Restablecer: *reanudar un servicio.*

*reaparecer v. i. Volver a aparecer: *reaparecer una revista.* || Volver a escena un actor o a ocupar un puesto público un hombre político.

reaparición f. Vuelta a aparecer: *la reaparición de un periódico.*

reapertura f. Nueva apertura: *reapertura de un teatro.* || Reanudación: *reapertura del curso escolar.*

rearmar v. t. Dotar de un armamento nuevo, más moderno o importante.

rearme m. Acción de rearmar: *el rearme de un país.*

reasegurar v. t. Hacer un reaseguro.

reaseguro m. Contrato por el cual un asegurador toma a su cargo, completamente o en parte, un riesgo ya cubierto por otro asegurador.

reasumir v. t. Volver a encargarse de algo que se había dejado: *reasumir un cargo.*

reata f. Cuerda que sujeta dos o más caballerías de manera que vayan una detrás de otra. || Hilera de caballerías atadas de este modo. || Mula que se añade al carro, delante del tiro principal.

reavivar v. t. Volver a avivar.

rebaba f. Resalto formado de materia sobrante en los bordes de un objeto o en el filo de una cuchilla amolada.

rebaja f. Descuento, disminución del precio: *vender con rebaja.*

rebajado, da adj. Aplícase al arco o bóveda cuya altura es inferior a la mitad de su anchura. (V. ARCO.) || — M. Soldado dispensado de algún servicio.

rebajador m. Baño que se usa para rebajar la intensidad de las fotografías.

rebajamiento m. Acción de rebajar. || *Fig.* Humillación.

rebajar v. t. Volver algo más bajo de lo que era. || Disminuir, reducir: *rebajar el precio, el sueldo.* || Dar a un arco o bóveda una forma rebajada. || Oscurecer o disminuir la intensidad de un color en pintura o fotografía. || *Fig.* Abatir, hacer que disminuya: *rebajar la soberbia.* | Humillar. || *Rebajar de rancho,* entregar el rebaje de rancho a un soldado. || — V. pr. *Fig.* Humillarse. || Quedar dispensado un militar de una obligación: *rebajarse de la faena de cocina.* || Darse de baja por enfermo.

rebaje m. *Mil.* Dispensa de alguna obligación. || *Rebaje de rancho,* dinero que se da al soldado que no come en el cuartel.

rebalsar v. t. Detener el agua formando balsa (ú. t. c. i. y pr.).

rebalse m. Presa.

rebanada f. Porción delgada, ancha y larga, que se saca de alguna cosa: *rebanada de pan.*

rebanar v. t. Hacer rebanadas. || Cortar: *la cuchilla le rebanó un dedo de la mano derecha.*

rebañadura f. Lo que queda en el fondo de una cacerola o de un plato (ú. m. en pl.).

rebañar v. t. Recoger los residuos de alguna cosa comestible hasta apurarla: *rebañar un plato.*

rebaño m. Hato de ganado, especialmente lanar: *rebaño de ovejas.* || *Fig.* Congregación de los fieles respecto de sus pastores espirituales: *el rebaño de la parroquia.*

rebasar v. t. Pasar de cierto límite: *rebasar una cantidad.* || *Fig.* Ir más allá de lo previsto, superar, exceder: *el éxito rebasó nuestros pronósticos.*

rebatible adj. Refutable.

rebatimiento m. Refutación.

rebatiña f. Arrebatiña, pelea por coger o conseguir algo.

rebatir v. t. Refutar, impugnar.

rebato m. Toque de alarma dado por medio de campana o una señal cuando sobreviene un peligro o un incendio: *tocar a rebato.*

rebautizar v. t. Volver a bautizar.

rebeca f. Especie de jersey de mangas largas que suele abrocharse por delante.

rebelarse v. pr. Alzarse contra la autoridad, sublevarse: *rebelarse contra una dictadura.* || *Fig.* Negarse a obedecer: *rebelarse contra sus padres.* | Protestar, oponer resistencia: *rebelarse contra una injusticia.*

rebelde adj. y s. Que se rebela. || Que se niega a obedecer a la autoridad legítima: *las tropas rebeldes.* || Que no comparece ante el tribunal para ser juzgado. || *Fig.* Indócil, recalcitrante: *un niño rebelde.*

rebeldía f. Calidad de rebelde. || Insubordinación, indisciplina. || *For.* Oposición del reo a comparecer ante el tribunal: *condenado en rebeldía.*

rebelión f. Resistencia violenta contra la autoridad.

rebenque m. Látigo de cuero embreado con que se castigaba a los galeotes. || *Amer.* Látigo corto de jinete con una tira de cuero ancha. || *Mar.* Cuerda o cabo corto.

rebenquear v. t. *Amer.* Azotar con el rebenque.

*reblandecer v. t. Ablandar (ú. t. c. pr.).

reblandecimiento m. Acción de reblandecer. || Estado de una cosa reblandecida. || Alteración de los tejidos orgánicos, caracterizada por la disminución de su consistencia: *reblandecimiento cerebral.*

rebollo m. Árbol cupulífero.

reborde m. Faja estrecha y saliente que se hace a lo largo del borde de alguna cosa. || Borde doblado de una chapa.

rebordear v. t. Hacer un reborde. || Doblar el borde de una chapa para reforzarlo o evitar que sea cortante.

rebosadero m. Sitio por donde sale el líquido que rebosa.

rebosadura f. y **rebosamiento** m. Salida de un líquido que rebosa.

rebosante adj. Que rebosa. || *Fig.* Lleno: *rebosante de alegría.*

rebosar v. i. Derramarse un líquido por encima de los bordes de un recipiente en que no cabe. || *Fig.* Tener algo en abundancia: *rebosar de riquezas, de alegría.*

rebotar v. i. Botar repetidamente un cuerpo, ya sobre el suelo, ya chocando con otros cuerpos: *rebotar una pelota.* | *Méx.* Ser rechazado un documento, sobre todo con el que se cobra dinero: *en el banco rebotó el giro sin fondos.*

rebote m. Acción de rebotar: *el rebote de la pelota, de una bala.* || *Fig. De rebote,* de rechazo.

robotica f. Trastienda de una farmacia.

rebozar v. t. Cubrir casi todo el rostro con la capa, el manto u otra prenda (ú. t. c. pr.). || Bañar una cosa comestible en huevo, harina, etc.: *rebozar el pescado.*

rebozo m. Modo de cubrirse casi todo el rostro con la capa o manto. || Embozo, parte de la prenda con que se reboza uno. || Rebociño. || *Fig.* Pretexto. || *Amer.* Pañolón, típico de México, que usan las mujeres. (Son famosos los de Santa María del Río [San Luis Potosí].)

rebrote m. Retoño.

rebueno, na adj. *Fam.* Sumamente bueno.

rebujar v. t. Arrebujar.

rebujina o **rebujiña** f. *Fam.* Bullicio, alboroto producido por una muchedumbre. || Mezcla desordenada.

rebujo m. Embozo.

rebullicio m. Gran bullicio.

*rebullir v. i. Empezar a moverse lo que estaba quieto. || — V. pr. Moverse, agitarse.

rebusca f. Acción de rebuscar.

rebuscado, da adj. Afectado: *estilo rebuscado.*

rebuscamiento m. Afectación: *rebuscamiento en el lenguaje.*

rebuscar v. t. Escudriñar o buscar con cuidado: *rebuscar documentos entre un montón de papeles.* || Recoger el fruto que queda después de alzadas las cosechas: *rebuscar por entre la viña.*

rebusco m. Rebusca.

rebuznar v. i. Dar rebuznos.

rebuzno m. Voz del asno.

recabar v. t. Conseguir con insistencia o súplicas lo que se desea: *recabar fondos.* || Pedir: *recabar ayuda.*

recadero, ra m. y f. Persona encargada de hacer recados.

recado m. Mensaje verbal: *le di recado que no iría.* || Mensaje escrito. || Encargo, comisión, mandado: *hacer varios recados en la ciudad.* || Conjunto de utensilios necesarios para cierto fin: *recado de escribir.* || Documento que justifica las partidas de una cuenta. || *Amer.* Conjunto de las piezas que constituyen la montura.

*recaer v. i. Caer nuevamente enferma. || *Fig.* Ser atribuido: *la culpa recayó sobre él.* | Dirigirse: *la sospecha recayó sobre él.* | Volver: *la conversación recae siempre sobre el mismo tema.* | Caer en suerte: *el premio recaerá en el más digno.* | Reincidir: *recaer en los mismos vicios.*

recaída f. Reaparición de una enfermedad que no había sido completamente curada: *tener una recaída.* || Reincidencia, acción de volver a incurrir en los mismos vicios o defectos.

recalada f. Llegada del barco a un punto de la costa.

recalar v. t. Penetrar poco a poco un líquido por los poros de un cuerpo empapándolo. || — V. i. *Mar.* Llegar un barco a un punto de la costa. || Bucear, nadar bajo el agua.

recalcar v. t. Apretar mucho una cosa con o sobre otra. || *Fig.* Destacar mucho las palabras al pronunciarlas: *recalcó sus frases.* | Repetir, machacar: *siempre está recalcando lo mismo.* | Subrayar: *recalcar la importancia.*

recalcificación f. Procedimiento para mejorar la fijación del calcio en el organismo.

recalcificar v. t. Aumentar la cantidad de calcio en el organismo.

recalcitrante adj. Obstinado en el error, terco. || Reacio.

recalcitrar v. i. Retroceder, dar un paso atrás. || *Fig.* Resistirse tenazmente a obedecer.

recalentado m. *Méx.* Comida sobrante de una celebración que se consume al día siguiente: *nos invitaron al recalentado de año nuevo.*

recalentador m. Aparato que sirve para elevar la temperatura de una cosa ya caliente. || En los generadores de vapor, sistema para desecar el vapor y aumentar su temperatura.

recalentamiento m. Acción de recalentar. || Condición inestable de un cuerpo cuya temperatura rebasa la del equilibrio que corresponde a dicho estado. || Estado de un líquido cuya temperatura es superior a su punto de ebullición. || Calentamiento excesivo de un metal.

*recalentar v. t. Volver a calentar. || Calentar un líquido a temperatura superior a su punto de ebullición sin que se convierta en vapor. || Calentar un metal a temperatura excesiva hasta el extremo de alterar sus características mecánicas. || Fig. Excitar (ú. t. c. pr.). | Poner en celo (ú. t. c. pr.).

recamado m. Bordado hecho de realce.

recamar v. t. Bordar de realce.

recámara f. Aposento después de la cámara donde se guardan los vestidos. || Parte de la culata de las armas de fuego donde se coloca el cartucho. || Sitio donde se ponen los explosivos en el fondo de una mina. || Hornillo de mina. || Fig. y fam. Cautela, segunda intención: tener mucha recámara. || Méx. Dormitorio.

recambiable adj. Dícese de la pieza que puede ser cambiada.

recambiar v. t. Cambiar de nuevo. || Girar la letra de resaca.

recambio m. Acción de recambiar. || Pieza que puede sustituir a otra semejante.

recapacitar v. t. e i. Reflexionar, pensar. || Rememorar.

recapitulación f. Repetición sumaria, resumen.

recapitular v. t. Resumir, recordar sumariamente.

recapitulativo, va adj. Que recapitula: cuadro recapitulativo.

recarga f. Pieza de recambio: la recarga de un bolígrafo.

recargar v. t. Volver a cargar o aumentar excesivamente la carga. || Adornar excesivamente: estilo recargado. || Aumentar la cantidad que hay que pagar: recargar los impuestos. || Agravar la pena de un reo. || Fig. Cargar excesivamente: recargar su memoria.

recargo m. Nueva carga o aumento de carga. || Aumento en los impuestos o precios. || Sobretasa. || Agravación de una pena. || Med. Aumento de calentura. || Mil. Tiempo de servicio suplementario.

recatado, da adj. Circunspecto, prudente. || Modesto. || Honesto.

recatar v. t. Encubrir lo que no se quiere que se sepa (ú. t. c. pr.). || —V. pr. Mostrar temor o recelo: recatarse de la gente.

recato m. Honestidad, modestia, pudor. || Cautela, reserva.

recauchutado m. Acción y efecto de recauchutar.

recauchutar o **recauchar** v. t. Revestir un neumático gastado con una disolución de caucho.

recaudación f. Acción de cobrar contribuciones, tasas, impuestos. || Oficina donde se recaudan caudales públicos:

la recaudación de impuestos. || Cantidad recaudada: la recaudación de un teatro.

recaudador m. Encargado de la cobranza de caudales públicos: recaudador de contribuciones. || Cobrador en un banco.

recaudamiento m. Recaudación, recaudo.

recaudar v. t. Cobrar o percibir caudales públicos o efectos. || Recibir cantidades de dinero por varios conceptos: recaudar donativos para los huérfanos.

recaudería f. Méx. Tienda pequeña donde se venden frutas y verduras.

recaudo m. Precaución, cuidado. || For. Caución, fianza. || Recaudación. || Poner a buen recaudo, poner en lugar seguro.

recelar v. t. Sospechar. || Temer: recelo que le suceda alguna desgracia. || —V. i. Desconfiar: recela de todo.

recelo m. Suspicacia. || Desconfianza. || Miedo, temor.

receloso, sa adj. Suspicaz, desconfiado: receloso con sus amigos. || Temeroso.

recensión f. Reseña de una obra en un periódico o revista.

recental adj. y s. Aplícase a ciertos animales de leche.

recepción f. Acción de recibir: recepción de un paquete. || Admisión en una asamblea o corporación acompañada de una ceremonia: recepción de un nuevo miembro. || Ceremonia oficial en que un alto personaje acoge a los diplomáticos, miembros del gobierno, etc. || Gran fiesta en una casa particular. || Sitio donde se recibe a los clientes en un hotel. || For. Examen de testigos. || Rad. Acción de captar una emisión de ondas hertzianas.

recepcionista com. Persona encargada de la recepción en un hotel, congreso, oficina, etc.

receptáculo m. Cavidad que puede contener o que contiene cualquier cosa. || Extremo del pedúnculo donde se insertan los verticilos de la flor o de las mismas flores. || Fig. Acogida, refugio.

receptividad f. Med. Predisposición a contraer una enfermedad. || Aptitud para recibir impresiones: la receptividad del público. || Cualidad de un radiorreceptor capaz de captar ondas de longitudes muy distintas.

receptivo, va adj. De gran receptividad, dícese del que recibe o es capaz de recibir.

receptor, ra adj. Que recibe. || —M. Aparato que recibe las señales eléctricas, telegráficas, telefónicas, radiotelefónicas o televisadas: un receptor de televisión. || Órgano de una máquina que, bajo la acción de una energía cualquiera, produce otro efecto energético. || Elemento sensorial, como las células visuales de la retina. || Persona que por medio de una transfusión recibe parte de la sangre de un donante. || Enfermo que recibe el implante de un órgano de otra persona. || Receptor

universal, sujeto perteneciente a un grupo sanguíneo (AB) que le permite recibir la sangre de cualquier tipo de grupo.

recesión f. Retroceso, disminución de una actividad: recesión económica.

recesivo, va adj. Que tiende a la recesión o la provoca. || Gen recesivo, gen cuya información sólo se manifiesta en condiciones especiales.

receso m. (P. us.). Separación. || Amer. Vacación, suspensión. || Amer. Estar en receso, haber suspendido sus sesiones una asamblea.

receta f. Prescripción médica y nota escrita en que consta. || Nota que indica los componentes de un plato de cocina y la manera de hacerlo: tener una buena receta para hacer la paella. || Fig. y fam. Fórmula: una receta para hacer fortuna.

recetar v. t. Prescribir el médico un medicamento, indicando su dosis, preparación y uso. || Fig. Aconsejar.

recetario m. Receta del médico. || Registro donde se apuntan las recetas de medicamentos y otras cosas. || Farmacopea.

rechazamiento m. Acción de rechazar, repulsa, negativa: rechazamiento de una oferta.

rechazar v. t. Obligar a retroceder: rechazar al enemigo. || Resistir victoriosamente: rechazar un asalto. || Fig. No ceder a, apartar: rechazar los malos pensamientos. | Rehusar, no aceptar: rechazar una propuesta, un regalo. | No atender: rechazar una petición. | Despedir, desairar: rechazar a un pretendiente. | Refutar, denegar. | Negar: rechazar una acusación.

rechazo m. Retroceso de un cuerpo al chocar con otro. || Fig. Rechazamiento, negativa. || No aceptación de un injerto por un organismo. || De rechazo, por haber chocado antes con otra cosa; (fig.) en consecuencia.

rechifla f. Acción de rechiflar. || Fig. Burla. | Abucheo.

rechiflar v. t. Silbar con insistencia. || — V. pr. Burlarse.

rechinamiento m. Acción y efecto de rechinar.

rechinar v. i. Producir un ruido desapacible al rozar una cosa con otra: los engranajes rechinaban. || Fig. Gruñir, hacer algo a disgusto. || Rechinar los dientes, entrechocarse los dientes por dolor o rabia. || — V. pr. Amer. Requemarse o tostarse.

rechistar v. i. Chistar. || Sin rechistar, sin contestar; sin protestar.

rechoncho, cha adj. Fam. Gordo y de poca altura.

rechupete (de) loc. adv. Fam. Magnífico, muy bien.

recibidor, ra adj. y s. Aplícase al que recibe. || — M. Recibimiento, antesala donde se reciben las visitas. || — F. Amer. Mujer que ayuda a una parturienta sin ser comadrona.

recibimiento m. Acogida: recibimiento apoteósico. || Recepción, fiesta. || Entrada, vestíbulo. || Salón. || Antesala.

recibir v. t. Aceptar o tener entre las manos lo dado o enviado: *recibir un regalo, la pelota.*) || Percibir o cobrar una cantidad: *recibir las cuotas de los miembros de una asociación.* || Ser objeto de algo: *recibir una pedrada, felicitaciones, insultos.* || Tomar, acoger: *recibieron con gran entusiasmo su propuesta.* || Aceptar: *reciba mi sincera enhorabuena.* || Admitir, acoger en una asamblea o corporación. || Admitir visitas una persona. Ú. t. c. i.: *a esta mujer no le gusta recibir.* || Salir al encuentro del que llega: *recibir con gran pompa a uno.* || Acoger: *me han recibido con los brazos abiertos.* || Esperar al que acomete para resistirle. || *Taurom.* Aguantar el matador la embestida del toro sin mover los pies al dar la estocada a un pase. || — V. pr. Tomar el título necesario para ejercer una profesión: *se recibió de doctor en medicina.*

recibo m. Recepción, acción de tener en su poder algo que se ha mandado: *acusar recibo.* || Recibimiento, cuarto de una casa. || Resguardo en que se declara haber recibido una cosa o haber sido pagada una suma: *haber perdido el recibo de la electricidad.* || Ser de recibo, ser admisible, procedente.

reciclado, da adj. Dícese del producto obtenido por reciclaje. || — M. Acción de reciclar.

reciclaje m. Acción y efecto de reciclar.

reciclar v. t. Procesar un material usado para que se le pueda volver a emplear. || Actualizar y ampliar la competencia profesional.

reciedumbre f. Fuerza, vigor.

recién adv. Recientemente. (Úsase antepuesto a participios pasivos: *recién fallecido.*)
— OBSERV. No debe emplearse *recién* sin el participio pasado, aunque este uso es muy corriente en Hispanoamérica: *me lo dijo recién, recién lo vi.*

reciente adj. Que acaba de suceder o hacerse: *de fecha reciente.*

recinto m. Espacio encerrado entre ciertos límites: *el recinto de la ciudad.*

recio, cia adj. Fuerte, robusto, vigoroso: *hombre recio.* || Grueso. || Riguroso, difícil de soportar: *invierno recio; temperatura recia.* || Fuerte, riguroso: *lluvia recia.* || Veloz, impetuoso: *tempestad recia.* || — Adv. Fuerte, alto: *gritar recio.* || Con ímpetu: *llover recio.*

recipiendario m. El que es recibido solemnemente en una corporación, academia, etc., para formar parte de ella.

recipiente adj. Que recibe. || — M. Receptáculo, vaso u otro utensilio propio para recibir o contener fluidos, objetos, etc.

reciprocidad f. Correspondencia mutua de una persona o cosa con otra. || Retorsión, represalia: *medidas de reciprocidad.*

recíproco, ca adj. Mutuo: *amor recíproco.* || — *Teorema recíproco* de otro, aquel en que la conclusión del otro le sirve de hipótesis. || *Verbo recíproco,*

el que expresa la acción de varios sujetos unos sobre otros. || — F. Acción semejante o equivalente a la que se hizo.

recitación f. Acción y efecto de recitar.

recitado m. Forma intermedia entre la declamación y el canto.

recitador, ra adj. y s. Aplícase a la persona que recita, particularmente la que comenta la acción escénica en un teatro o cine.

recital m. Función dada por un solo artista con un solo instrumento: *recital de piano.* || *Por ext.* Cualquier función artística en que sólo interviene un actor.

recitar v. t. Decir de memoria y en voz alta: *recitar un poema.*

recitativo m. *Mús.* Recitado.

reclamación f. Acción de reclamar, petición, solicitud. || Impugnación, oposición o contradicción.

reclamador, ra o **reclamante** adj. y s. Aplícase al que reclama.

reclamar v. t. Pedir o exigir con derecho o con instancia una cosa: *reclamar un pago, atención, respeto.* || Reivindicar: *reclamó su parte.* || Llamar a las aves con el reclamo. || — V. i. Clamar contra una cosa, protestar: *reclamar contra un fallo, contra una injusticia.*

reclamo m. Ave amaestrada que se lleva a la caza para que llame y atraiga a las de la misma especie. || Voz con que un ave llama a otra. || Especie de pito para imitar esta voz. || Sonido de este pito. || Voz con que se llama a uno, llamada. || Publicidad, propaganda. || *Fig.* Cosa destinada a atraer a la gente. || *For.* Reclamación contra lo que es injusto. || *Impr.* Palabra o sílaba que se ponía al pie de cada página y era la que encabezaba la página siguiente. || *Artículo de reclamo,* artículo vendido por debajo del precio normal con fines de publicidad.

reclinar v. t. Inclinar el cuerpo o parte de él apoyándolo sobre algo. Ú. t. c. pr.: *reclinarse en* (o *sobre*) *la mesa.* || Inclinar una cosa apoyándola sobre otra.

reclinatorio m. Silla baja para arrodillarse y rezar.

*recluir v. t. Encerrar (ú. t. c. pr.). || Encarcelar.

reclusión f. Pena de carácter aflictivo que consiste en la privación de libertad y somete a prisión al penado. || Prisión, cárcel. || Estado de una persona que vive solitaria y sitio en que está reclusa.

recluso, sa adj. y s. Preso. || Aplícase al que vive solitario y retirado del mundo.

recluta f. Reclutamiento. || — M. Mozo que hace el servicio militar. || Mozo que se alista voluntariamente en el ejército.

reclutador, ra adj. y s. Aplícase al que recluta.

reclutamiento m. Acción de reclutar, alistamiento. || Conjunto de los reclutas de un año.

reclutar v. t. Alistar reclutas o soldados. || Reunir gente para cierta labor o empresa.

recobrar v. t. Volver a tener lo que antes se tenía y se había perdido: *recobrar las alhajas, la salud, el aliento, la alegría.* || *Recobrar el sentido,* volver al estado normal después de haber perdido el conocimiento. || — V. pr. Desquitarse de un daño o de una pérdida. || Recuperarse físicamente.

*recocer v. t. Cocer de nuevo.

recochinearse v. pr. *Pop.* Regodearse. | Burlarse con regodeo.

recochineo m. *Pop.* Regodeo. | Burla acompañada de regodeo.

recocido m. Acción y efecto de cocer de nuevo.

recodar v. i. Descansar sobre el codo. Ú. t. c. pr.: *recodarse en el brazo de un sillón.* || Formar recodo un río, un camino, etc.

recodo m. Ángulo, vuelta: *los recodos de un camino, de un río.* || Esquina, ángulo: *casa con muchos recodos.*

recogedor, ra adj. Aplícase al que recoge. || — M. Instrumento de labranza para recoger la parva en la era. || Cogedor, especie de pala para recoger las basuras.

recogepelotas m. inv. Chiquillo que recoge las pelotas en un partido de tenis.

recoger v. t. Volver a coger o levantar una cosa caída: *recogió del suelo el pañuelo.* || Juntar cosas dispersas: *recoger documentos.* || Ir juntando: *todavía no he recogido suficiente dinero para el viaje.* || Cosechar: *recoger las mieses.* || Arremangar: *recoger la falda.* || Encoger, ceñir, estrechar. || Guardar: *recoge esta plata.* || Coger y retener: *esta casa recoge todo el polvo.* || Dar asilo, acoger: *recoger a los menesterosos.* || Ir a buscar: *le recogeré a las ocho.* || Retirar de la circulación, confiscar: *recoger un periódico.* || *Fig.* Obtener: *por ahora sólo ha recogido disgustos.* | Captar, enterarse y, eventualmente, valerse de algo: *los niños recogen todo lo que se dice.* || — V. pr. Refugiarse, acogerse a una parte. || Retirarse a dormir o descansar: *yo me recojo tarde.* || *Fig.* Ensimismarse, abstraerse el espíritu de lo que pueda impedir la meditación o contemplación: *recogerse en sí mismo.*

recogido, da adj. Que vive retirado del mundo. || Aplícase al animal de tronco corto. || — F. Acción de recoger: *la recogida de la basura, de las cosechas.* || Confiscación de un periódico. || Acción de recoger las cartas de un buzón.

recogimiento m. Acción y efecto de recoger o recogerse. || Concentración del espíritu.

recolección f. Recopilación, resumen: *recolección de datos.* || Cosecha: *la recolección de la aceituna.* || Cobranza, recaudación. || Observancia muy estricta de la regla en ciertos conventos. || Recogimiento dedicado a la meditación.

recolectar v. t. Cosechar: *recolectar la naranja.* || Recaudar fondos: *recolectar impuestos.*

recolector, ra adj. Que recolecta: *una bolsa recolectora; un camión recolector.* || — M. Recaudador.

recomendable adj. Digno de ser recomendado, estimable. || Conveniente, aconsejable.

recomendación f. Acción de recomendar, especialmente con elogios, hecha de una persona a otra para que se ocupe de ella: *valerse de la recomendación de uno; carta de recomendación.* || Escrito en que constan estos elogios. || Alabanza, elogio: *obra digna de recomendación.* || Consejo: *recomendación paterna.*

recomendado, da m. y f. Persona que goza de una recomendación.

*recomendar v. t. Aconsejar: *le recomiendo llevarse el paraguas.* || Encargar, encomendar: *le recomendé que cuidara bien a mi hija.* || Hablar en favor de uno: *recomendé a mi amigo.*

*recomenzar v. t. Comenzar de nuevo.

recompensa f. Favor o premio que se otorga a uno para agradecerle los servicios prestados, una buena acción, etc.: *dar una recompensa a uno por haber sido bueno.* || Premio que se da al vencedor de una competición.

recompensar v. t. Otorgar una recompensa.

*recomponer v. t. Volver a componer, arreglar: *recomponer un reloj.* || *Impr.* Componer de nuevo.

recomposición f. Acción de recomponer, arreglo.

reconcentración f. y **reconcentramiento** m. Concentración muy grande.

reconcentrar v. t. Concentrar, reunir: *reconcentrar las fuerzas del país en un sitio.* || Centrar algo en una cosa o persona excluyendo a las demás: *reconcentrar su interés en un tema.* || *Fig.* Disimular, contener un sentimiento (ú. t. c. pr.). || — V. pr. Ensimismarse.

reconciliación f. Acción y efecto de reconciliar.

reconciliador, ra adj. y s. Dícese de la persona o cosa que reconcilia.

reconciliar v. t. Volver a las amistades, acordar los ánimos desunidos: *reconciliar a los adversarios.* || — V. pr. Volver a trabar amistad con uno.

reconcomerse v. pr. *Fig.* Concomerse mucho, consumirse: *reconcomerse de impaciencia.*

reconcomio m. *Fig.* Estado del que se reconcome. | Recelo, sospecha. | Rencor. | Remordimiento.

recondenado, da adj. *Fam.* Maldito: *¡recondenada vida!*

recóndito, ta adj. Muy escondido, oculto: *lo más recóndito de un asunto.* || Profundo, íntimo: *lo más recóndito del alma.*

reconducción f. *For.* Prórroga.

*reconducir v. t. *For.* Prorrogar tácita o expresamente un contrato de arrendamiento.

reconfortante adj. y s. m. Aplícase a lo que reconforta.

reconfortar v. t. Dar nuevas fuerzas físicas. || Dar ánimo, consolar, reanimar.

reconocedor, ra adj. y s. Aplícase a la persona que reconoce.

*reconocer v. t. Ver que una persona o cosa es cierta, determinada: *después de tantos años de ausencia no reconoció a su hermano; entre tantos paraguas no pudo reconocer el suyo.* || Confesar, admitir como cierto: *reconocer sus errores.* || Admitir la legalidad o existencia de algo: *reconocer un gobierno.* || Examinar detenidamente: *reconocer a un médico a sus pacientes; reconocer el terreno.* || Declarar oficialmente la legitimidad de alguien o de algo: *reconocer un heredero, su firma.* || Agradecer: *saber reconocer los favores recibidos.* || — V. pr. Dejarse conocer fácilmente una cosa. || Confesarse: *reconocerse culpable.*

reconocible adj. Fácil de reconocer.

reconocido, da adj. Agradecido: *le estoy muy reconocido.*

reconocimiento m. Acción de reconocer o admitir como cierto: *reconocimiento de un error.* || Confesión: *reconocimiento de una culpa.* || Gratitud, agradecimiento: *en reconocimiento a un servicio prestado.* || Acto de admitir como propio: *reconocimiento de un niño.* || Examen detallado, registro, inspección. || *Mil.* Operación encaminada a obtener informaciones sobre el enemigo en una zona determinada: *avión, patrulla de reconocimiento.* || *Reconocimiento médico,* examen facultativo.

reconquista f. Acción de reconquistar.

reconquistar v. t. Recuperar, volver a conquistar.

reconstitución f. Acción y efecto de reconstituir.

*reconstituir v. t. Volver a formar: *reconstituir un partido.* || *Med.* Volver un organismo cansado a su estado normal (ú. t. c. pr.). || Volver a dar su forma inicial a algo: *reconstituir un texto.* || Reproducir un suceso a partir de datos que se tienen: *reconstituir un crimen, un accidente.*

reconstituyente adj. Que reconstituye. || Aplícase especialmente al remedio que reconstituye el organismo (ú. t. c. s. m.).

reconstrucción f. Reedificación de las construcciones ruinosas o destruidas.

*reconstruir v. t. Volver a construir: *reconstruir una ciudad después de la guerra.* || Reconstituir.

recontento, ta adj. Muy contento. || — M. Alegría muy grande.

reconvención f. Cargo, reproche, censura.

*reconvenir v. t. Hacer cargo o reproche a uno de algo. || *For.* Ejercitar el demandado acción contra el promovedor del juicio.

reconversión f. Adaptación de la producción de guerra a la producción de paz, y, por ext., de una producción antigua a una nueva: *reconversión de una empresa.* || Nueva formación de una persona para que pueda adaptarse a otra actividad.

*reconvertir v. t. Proceder a una reconversión.

recopilación f. Reunión de varios escritos, a veces resumidos.

recopilador m. El que recopila o reúne.

recopilar v. t. Juntar, recoger o unir diversas cosas.

récord m. (pal. ingl.). En deporte, resultado que supera a todos los alcanzados hasta la fecha, plusmarca, marca: *establecer un récord.* || *Por ext.* Resultado excepcional: *récord de fabricación.* || *Col., C. Rica, Dom., Ecuad., Guat., Méx., Per.* y *Venez.* Expediente, historial. || *Fam. En un tiempo récord,* en muy poco tiempo.

*recordar v. t. Acordarse: *no consigo recordar nada de lo ocurrido.* || Traer a la mente: *esto recuerda mi juventud.* || Mover a uno a que tenga presente una cosa: *recordar una obligación.* || Parecerse, hacer pensar: *esta muchacha recuerda a su madre.* || — V. i. (Ant.). Despertar el dormido: *recuerde el alma dormida.*

recordatorio m. Aviso, advertencia para hacer recordar alguna cosa. || Estampa de primera comunión, primera misa, en recuerdo de los difuntos, etc.

recorrer v. t. Andar cierta distancia: *recorrer muchos kilómetros en poco tiempo.* || Transitar por un espacio, atravesarlo en un extremo a otro: *recorrer una ciudad.* || Leer rápidamente: *recorrer un escrito.* || Registrar. || *Impr.* Ajustar la composición pasando letras de una línea a otra.

recorrido m. Espacio que recorre una persona o cosa, trayecto: *recorrido del autobús.* || *Fam. Paliza.* || *Impr.* Disposición de un texto tipográfico al lado de una ilustración. || Carrera, distancia que recorre un órgano mecánico animado por un movimiento de vaivén: *el recorrido del émbolo.*

recortar v. t. Cortar lo que sobra de una cosa: *recortar el borde de una pieza.* || Cortar el papel u otro material en varias figuras. || En pintura, señalar los perfiles de algo. || — V. pr. Destacarse, perfilarse: *la torre de la iglesia se recortaba en el cielo.*

recorte m. Acción de recortar y fragmento cortado. || Cartulina donde están dibujadas figuras para que se entretengan los niños en recortarlas. || *Taurom.* Esquina que se hace al pasar el toro. || Trozo cortado de un escrito en que hay algo interesante: *recorte de prensa.* || — Pl. Residuos de cualquier material recortado.

*recostar v. t. Reclinar la parte superior del cuerpo el que está de pie o sentado. Ú. t. c. pr.: *recostarse en un sillón.* || Inclinar una cosa apoyándola en otra.

recoveco m. Vuelta y revuelta de un camino, pasillo, arroyo, etc. || *Fig.* Rodeo: *andarse con recovecos.* | Lo más oculto: *los recovecos del corazón.*

recovero, ra m. y f. Persona que se dedica a la recova.

recreación f. Recreo.

recrear v. t. Entretener, divertir, alegrar, deleitar. Ú. t. c. pr.: *recrearse en leer, con un hermoso espectáculo.* || Provocar una sensación agradable: *recrear la vista.* || Crear de nuevo.

recreativo, va adj. Que recrea o entretiene: *velada recreativa.*

*recrecer v. i. Aumentar, acrecentar. || — V. pr. Reanimarse, cobrar bríos.

recreo m. Diversión, distracción, entretenimiento: *viaje de recreo.* || Tiempo que tienen los niños para jugar en el colegio: *la hora del recreo.* || Cosa amena: *esto es un recreo para la vista.* || *Amer.* Merendero.

recría f. Acción de recriar.

recriador m. El que recría.

recriar v. t. Engordar animales, generalmente procedentes de otra región.

recriminación f. Acción de recriminar, reproche.

recriminador, ra adj. y s. Que recrimina.

recriminar v. t. Reprochar, reconvenir: *recriminar a uno su conducta.* || — V. pr. Criticarse dos o más personas, hacerse cargos mutuamente.

recriminatorio, ria adj. Que supone recriminación.

*recrudecer v. i. Incrementar algo malo o molesto: *recrudecer la criminalidad;* *el frío recrudece.*

recrudecimiento m. o **recrudescencia** f. Acción de recrudecer, agravación, empeoramiento: *recrudecimiento de una epidemia.*

rectal adj. Relativo al recto.

rectangular adj. *Geom.* Que tiene la forma de un rectángulo: *cara rectangular de un poliedro.* || Que tiene uno o más ángulos rectos: *tetraedro rectangular.*

rectángulo adj. m. *Geom.* Rectangular. | Aplícase principalmente al triángulo y al paralelepípedo. (V. TRIÁNGULO.) || — M. Paralelogramo que tiene los cuatro ángulos rectos y los lados contiguos desiguales.

rectificación f. Corrección de una cosa inexacta: *la rectificación de una cuenta.* || *Electr.* Transformación de una corriente alterna en corriente continua. || *Mec.* Operación consistente en afinar por amoladura la superficie de piezas ya labradas. || *Quím.* Destilación de un líquido para repasar sus constituyentes o purificarlo.

rectificador, ra adj. Que rectifica. || — M. Aparato que transforma una corriente eléctrica alterna en continua. || Alambique para rectificar. || — F. Máquina herramienta que sirve para rectificar.

rectificar v. t. Corregir una cosa inexacta: *rectificar una cuenta, un error.*

|| *Fig.* Contradecir a alguien por haber formulado un juicio erróneo. || Volver recto o plano: *rectificar el trazado de un camino.* || Transformar una corriente eléctrica alterna en otra de dirección constante. || *Mec.* Efectuar la rectificación de una pieza. || *Quím.* Purificar por una nueva destilación: *rectificar aguardiente.*

rectificativo, va adj. Que rectifica o corrige. || — M. Documento en que consta una rectificación.

rectilíneo, a adj. Compuesto de líneas rectas: *figura rectilínea.*

rectitud f. Distancia más breve entre dos puntos. || *Fig.* Calidad de recto o justo, honradez, probidad. | Conformidad con la razón.

recto, ta adj. Derecho: *camino recto.* || *Fig.* Justo, íntegro: *persona recta.* | Dícese del sentido propio de una palabra, por oposición a *figurado.* || *Geom.* Ángulo recto, aquel cuyos lados son perpendiculares. || — M. Última porción del intestino grueso, que termina en el ano. || *Impr.* Folio o plana de un libro que, abierto, cae a la derecha del que lee, por oposición a *verso* o *vuelto.* || — F. Línea más corta de un punto a otro. || — Adv. Derecho, todo seguido: *siga recto.*

rector, ra adj. Que rige o gobierna: *principio rector; fuerza rectora.* || — M. Superior de un colegio, comunidad, etc. || Superior de una universidad. || Párroco. || *Fig.* Dirigente.

rectorado m. Cargo y oficina del rector.

rectoral adj. Relativo al rector. || — F. Casa del párroco.

rectoría f. Oficio y oficina del rector. || Casa del cura.

recua f. Conjunto de caballerías: *recua de mulos.* || *Fig.* y *fam.* Multitud de personas o cosas que van unas detrás de otras.

recuadrar v. t. Cuadrar o cuadricular.

recuadro m. Filete cuadrado o rectangular que enmarca un texto o dibujo. || Pequeña reseña en un periódico.

recubrir v. t. Volver a cubrir. || Cubrir completamente.

recuento m. Segunda cuenta que se hace de una cosa. || Enumeración, cálculo: *recuento de votos.*

recuerdo m. Impresión que se queda en la memoria de un suceso: *tengo un recuerdo muy vivo de aquel accidente.* || Regalo hecho en memoria de una persona o suceso. || Objeto que se vende a los turistas en los lugares muy concurridos: *tienda de recuerdos.* || — Pl. Saludos: *da recuerdos a tu madre.* || *Med.* Dosis de recuerdo, revacunación.

reculada f. Retroceso.

recular v. i. Retroceder: *recular un paso.* || *Fig.* Transigir, ceder uno de su opinión o dictamen.

reculones (a) adv. *Fam.* Andando hacia atrás.

recuperable adj. Que puede ser recuperado.

recuperación f. Acción y efecto de recuperar o recuperarse.

recuperador, ra adj. y s. Que recupera. || — M. Aparato que sirve para recuperar calor o energía.

recuperar v. t. Recobrar: *recuperar lo perdido, la vista.* || Recoger materiales para aprovecharlos: *recuperar chatarra.* || *Recuperar una hora de trabajo,* trabajar durante una hora en sustitución de la que se ha perdido por una causa cualquiera. || — V. pr. Restablecerse, reponerse después de una enfermedad o emoción. || Reactivarse los negocios.

recuperativo, va adj. Que permite recuperar.

recurrente adj. *For.* Dícese de la persona que entabla un recurso (ú. t. c. s.). || Que vuelve atrás: *nervios recurrentes.*

recurrir v. i. Acudir a uno para obtener alguna cosa: *recurrir a un especialista.* || Utilizar un medio: *recurrir a la adulación.* || *For.* Acudir a un juez o autoridad con una demanda.

recurso m. Acción de recurrir a alguien o algo. || Medio, expediente que se utiliza para salir de apuro: *no me queda otro recurso.* || *For.* Acción que concede la ley al condenado en juicio para que pueda recurrir a otro tribunal: *recurso de casación.* || — Pl. Medios económicos: *faltarle a uno recursos.* || Elementos que representan la riqueza o la potencia de una nación: *los recursos industriales de España.* || *Recurso natural,* aquel bien que provee la naturaleza: *la energía solar, la tierra, el aire o los mares son recursos naturales.*

recusable adj. Que se puede recusar.

recusación f. Acción y efecto de recusar.

recusar v. t. *For.* Poner tacha legítima a la competencia de un tribunal, juez, perito, etc. || No querer admitir o aceptar una cosa.

red f. Aparejo para pescar o cazar hecho con hilos entrelazados en forma de mallas. || Cualquier labor de mallas, como la que se tiende en medio de un campo de tenis, detrás de los postes de la portería de fútbol, etc. || Redecilla para sujetar el pelo. || *Fig.* Engaño, trampa: *caer en la red.* | Conjunto de vías de comunicación, líneas telegráficas, cañerías para el abastecimiento de agua, etc.: *red ferroviaria, de carreteras.* | Conjunto de calles que se entrelazan en un punto: *la red de San Luis en Madrid.* | Conjunto de personas o cosas estrechamente relacionadas entre sí para algún fin: *red de espionaje.*

redacción f. Acción y efecto de redactar: *la redacción de un artículo.* || Oficina donde se redacta: *la redacción de la Editorial Larousse.* || Conjunto de los redactores: *la redacción de un periódico.*

redactar v. t. Poner algo por escrito, escribir.

redactor, ra adj. y s. Dícese de la persona que redacta: *redactor de prensa; redactor jefe.*

redada f. Lance de red. || Conjunto de animales cogidos en la red. || *Fig.* y *fam.* Conjunto de personas o cosas cogidas de una vez: *redada de malhechores.* || *Redada de policía*, operación en que la policía detiene a varias personas a la vez.

redaño m. Prolongación del peritoneo.

redecilla f. Labor de malla en que se recoge el pelo. || En los vehículos, red para colocar el equipaje. || Bolsa de mallas para la compra. || Segunda cavidad del estómago de los rumiantes.

rededor m. (Ant.). Contorno. || *Al o en rededor*, alrededor.

redención f. Rescate: *la redención de los cautivos.* || Por antonomasia, la del género humano por Jesucristo con su pasión y muerte: *el misterio de la Redención.* || *Fig.* Remedio.

redentor, ra adj. y s. Aplícase al que redime. || *El Redentor*, Jesucristo.

redentorista adj. y s. Miembro de la orden religiosa fundada cerca de Nápoles por San Alfonso María de Ligorio en 1731.

redescuento m. *Com.* Nuevo descuento: *redescuento de valores.*

redil m. Aprisco cercado con estacas para el ganado. || *Fig. Volver al redil*, volver al buen camino.

redilas f. pl. *Méx.* Estacas que forman una especie de redil que rodea la caja de un camión de carga.

redimir v. t. Rescatar o sacar de esclavitud: *redimir a un cautivo.* || Hablando de Jesucristo, salvar al género humano. || Librar de una obligación: *redimir del servicio militar.* || Dejar libre una cosa hipotecada o empeñada. || *Fig.* Sacar de una mala situación (ú. t. c. pr.).

redingote m. Gabán a modo de levita, con las mangas ajustadas.

rédito m. Interés, beneficio que da un capital: *colocar, prestar dinero a rédito.*

redituar v. t. Dar rédito.

redivivo, va adj. Que parece haber resucitado. || *Fig.* Que se parece mucho a una persona muerta.

redoblamiento m. Acción de redoblar o redoblarse.

redoblar v. t. Reiterar, repetir aumentando: *redoblar sus esfuerzos.* || Repetir: *redoblar una consonante.* || Remachar un clavo doblándolo por completo. || En el bridge, confirmar una declaración doblada por un adversario. || — V. i. Tocar redobles en el tambor.

redoble m. Redoblamiento. || Toque de tambor vivo y sostenido. || En el bridge, acción de redoblar.

redoma f. Vasija de vidrio ancha de asiento y que se estrecha hacia la boca, utilizada en laboratorios.

redomado, da adj. Astuto: *bribón redomado.* || *Por ext.* Consumado: *embustero redomado.*

redomón, ona adj. *Amer.* Dícese de la caballería no domada por completo (ú. t. c. s. m.). || *Fig. Méx.* Dícese del rústico que no se habitúa a la ciudad.

redonda f. Comarca, región. || Dehesa o coto de pasto. || Letra redondilla. || *Mar.* Vela que se larga en el trinquete. || *Mús.* Semibreve. || *A la redonda*, alrededor: *diez kilómetros a la redonda.*

redondeado, da adj. De forma casi redonda.

redondear v. t. Poner redonda una cosa. || Igualar la altura de la parte inferior de una prenda de vestir: *redondear una falda.* || *Fig.* Convertir una cantidad en un número completo de unidades: *redondear una suma.* || Sanear los bienes liberándolos de deudas. || — V. pr. *Fig.* Enriquecerse.

redondel m. Espacio donde se lidian los toros en las plazas. || Círculo o circunferencia.

redondeo m. Acción y efecto de redondear, particularmente cantidades.

redondez f. Forma, estado de lo que es redondo: *la redondez de la Tierra.* || Superficie de un cuerpo redondo.

redondilla f. Estrofa de cuatro versos octosílabos. || Letra de mano o imprenta que es derecha y circular (ú. t. c. adj. f.).

redondo, da adj. De forma circular o esférica: *plato redondo, pelota redonda.* || *Fig.* Noble por los cuatro costados. | Claro, sin rodeo. | Total, rotundo: *éxito redondo.* || — M. Cosa de forma circular o esférica. || — *Fig. Caerse redondo*, caer sin movimiento. || *En redondo*, dando una vuelta completa; rotundamente, categóricamente: *negarse en redondo.* || *Fam. Negocio redondo*, negocio magnífico. || *Número redondo*, el aproximado que sólo expresa unidades completas. || *Fig. Virar en redondo*, cambiar completamente de orientación o dirección.

redorar v. t. Volver a dorar. || *Fam. Redorar su blasón o escudo*, dicho de un noble pobre, casarse con una rica plebeya.

redova f. *Méx.* Instrumento musical parecido a un tambor pequeño.

reducción f. Disminución, aminoración: *reducción de la pensión.* || Sometimiento, represión: *la reducción de una sublevación.* || Durante la colonización de América, pueblos de indios convertidos al cristianismo. (Las *reducciones* más célebres fueron las de las Misiones Jesuíticas del Paraguay.) || Copia reducida: *la reducción de una escultura.* || *Mat.* Disminución del tamaño de una figura: *compás de reducción.* | Conversión de una cantidad en otra equivalente, pero más sencilla: *reducción de fracciones a un común denominador.* || *Quím.* Operación mediante la cual se quita el oxígeno a un cuerpo que lo contiene: *reducción de un óxido a metal.* || Compostura de los huesos rotos: *reducción de una fractura.*

reducible adj. Que puede ser reducido o convertido en una forma más simple.

reducido, da adj. Pequeño, limitado: *un rendimiento reducido.*

*reducir v. t. Disminuir: *reducir el tren de vida; reducir el número de emplea-*

dos. || Disminuir las dimensiones, la intensidad o la importancia. || Cambiar una cosa en otra: *reducir a polvo.* || Concentrar por medio de ebullición: *reducir una solución.* || Copiar o reproducir disminuyendo: *reducir un dibujo, una foto.* || Resumir, compendiar: *han reducido la película a media hora de proyección.* || Cambiar unas monedas por otras: *reducir euros a dólares.* || *Mat.* Convertir una cantidad en otra equivalente: *reducir litros a hectolitros; reducir varios quebrados a un común denominador.* || Componer los huesos rotos o descompuestos: *reducir una fractura.* || *Quím.* Separar de un cuerpo el oxígeno: *reducir un óxido.* || *Fig.* Someter, vencer: *reducir a media la sublevación.* | Sujetar, obligar: *reducir al silencio.* || — V. pr. Resumirse, equivaler: *todo esto se reduce a nada.* || Limitarse: *reducirse a lo más preciso.*

reductible adj. Reducible.

reducto m. Obra de fortificación cerrada.

reductor, ra adj. Que reduce o sirve para reducir. || — Adj. y s. m. *Quím.* Dícese de los cuerpos que tienen la propiedad de desoxidar: *el carbón es un reductor.* || *Mec.* Aplícase a un mecanismo que disminuye la velocidad de rotación de un árbol: *reductor de velocidad.*

redundancia f. Empleo de palabras inútiles.

redundante adj. Que demuestra redundancia: *estilo redundante.*

redundar v. i. Resultar una cosa beneficiosa o nociva: *esto redunda en contra mía.*

reduplicación f. Acción de reduplicar.

reduplicar v. t. Redoblar.

reedición f. Nueva edición.

reedificación f. Reconstrucción.

reedificar v. t. Construir o edificar de nuevo.

reeditar v. t. Volver a editar.

reeducación f. Método que permite a algunos convalecientes recobrar el uso de sus miembros o de sus facultades: *reeducación muscular, psíquica.* || *Reeducación profesional*, readaptación de algunos incapacitados a una actividad profesional.

reeducar v. t. Aplicar la reeducación. || — V. pr. Hacer la reeducación.

reelección f. Nueva elección.

reelegible adj. Que puede ser reelegido.

*reelegir v. t. Volver a elegir: *reelegir a un diputado.*

reembarcar v. t. Embarcar de nuevo (ú. t. c. pr.).

reembarque m. Acción y efecto de reembarcar.

reembolsable adj. Que puede o debe ser reembolsado.

reembolsar v. t. Devolver una cantidad desembolsada. || — V. pr. Recuperar lo desembolsado.

reembolso m. Acción de reembolsar: *el reembolso de una deuda.* || Envío contra reembolso, envío por correo de una mercancía cuyo importe debe pagar el destinatario para que se la entregue.

reemplazar v. t. Sustituir una cosa por otra: *reemplazar el azúcar con la sacarina.* || Poner una cosa en lugar de otra: *reemplazar un neumático desgastado.* || Ocupar el puesto de otro, desempeñando sus funciones: *reemplazar a un profesor enfermo.*

reemplazo m. Acción de reemplazar una cosa por otra o una persona en un empleo. || Mil. Renovación parcial y periódica del contingente activo del ejército. | Quinta. | Hombre que sirve en lugar de otro en la milicia. || Mil. *De reemplazo,* aplícase al jefe u oficial que no tiene plaza efectiva, pero sí opción a ella.

reencarnación f. Nueva encarnación, metempsícosis.

reencarnar v. t. Volver a encarnar (ú. t. c. pr.).

reencauchadora f. *Amér. C., Col., Ecuad., Per.* y *Venez.* Instalación o máquina para reencauchar llantas o cubiertas.

reencauchaje m. *Per.* Acción y efecto de reencauchar.

reencauchar v. t. *Amér. C., Col., Ecuad., Per.* y *Venez.* Recauchutar.

reencauche m. *Amér. C., Col., Ecuad., Per.* y *Venez.* Acción y efecto de reencauchar.

reencuentro m. Encuentro o choque de una cosa con otra.

reenganchamiento m. Reenganche.

reenganchar v. t. *Mil.* Volver a enganchar un soldado. || — V. pr. *Mil.* Engancharse o alistarse de nuevo un soldado.

reenganche m. *Mil.* Acción de reenganchar o reengancharse. | Dinero que se da al soldado que se reengancha.

reensayo m. Nuevo ensayo de una máquina. || Segundo ensayo de una obra de teatro.

reenviar v. t. Volver a enviar.

reenvidar v. t. Envidar sobre lo envidado.

reenvío m. Reexpedición.

reestrenar v. t. Proyectar una película en un cine de reestreno.

reestreno m. Pase de una película al segundo circuito de exhibición: *cine de reestreno.*

reestructuración f. Acción de dar una nueva estructura u organización.

reestructurar v. t. Dar una nueva estructura o reorganizar.

reexaminar v. t. Volver a examinar: *reexaminar un proyecto.*

reexpedición f. Envío de una cosa que se ha recibido: *reexpedición de una carta.*

*reexpedir v. t. Expedir al remitente o a otro algo que se ha recibido: *reexpedir una carta a alguien que ha cambiado de domicilio o está de viaje.*

reexportación f. Acción de reexportar.

reexportar v. t. Exportar lo que se ha importado.

refacción f. Alimento ligero para recuperar las fuerzas, colación. || Refección, compostura. || Lo que en una venta se da por añadidura. || Gratificación. || *Amer.* Pieza de un aparato mecánico que sustituye a la vieja y gastada, recambio.

refaccionar v. t. *Amer.* Recomponer, reparar.

refaccionaria adj. f. *Amer.* Tienda que vende refacciones o recambios.

refajo m. Saya interior que usan las mujeres de los pueblos para abrigo. || Falda corta.

refalosa f. *Arg.* y *Chil.* Antiguo baile popular. || *Chil.* Pancutra, tipo de comida tradicional.

refección f. Compostura, reparación, restauración: *la refección de una carretera.* || Colación.

refectorio m. Comedor de una comunidad o colegio.

referencia f. Relación, narración. || Relación, dependencia, semejanza de una cosa respecto de otra. || Remisión de un escrito a otro. || Indicación en el encabezamiento de una carta a la cual hay que referirse en la contestación. || Informe que acerca de la probidad u otras cualidades de tercero da una persona a otra: *referencia comercial, profesional,* etc. (ú. m. en pl.). || — *Hacer referencia a,* aludir a. || *Punto de referencia,* señal o indicio que permite orientarse en un asunto.

referéndum m. Votación directa de los ciudadanos de un país sobre cuestiones importantes de interés general. || Despacho que manda un diplomático a su gobierno para que le dé nuevas instrucciones.

referente adj. Que se refiere a una cosa, relativo a ella.

referí o **réferi** com. *Amer.* Árbitro deportivo.

*referir v. t. Dar a conocer, relatar o narrar un hecho: *referir el resultado de una investigación.* || Relacionar una cosa con otra. || Dirigir, guiar hacia cierto fin. || — V. pr. Tener cierta relación: *esto se refiere a lo que dije ayer.* || Aludir: *no me refiero a usted.*

refilón (de) m. adv. De soslayo. || Oblicuamente, lateralmente: *chocar de refilón contra un coche.* || *Fig.* De pasada.

refinación f. Refinado.

refinado, da adj. *Fig.* Distinguido, muy fino y delicado. || — M. Operación que consiste en volver más fino o puro el azúcar, el petróleo, los metales, el alcohol, etc.

refinador, ra adj. y s. Aplícase a la persona que refina.

refinamiento m. Esmero. || Buen gusto, distinción: *portarse con refinamiento.* || Ensañamiento: *refinamiento en la crueldad.*

refinar v. t. Hacer más fina o más pura una cosa: *refinar el oro.* || *Fig.* Volver más perfecto: *refinar el gusto, el estilo.* || — V. pr. Educarse, perder su tosquedad: *refinarse una persona.*

refinería f. Fábrica donde se refinan determinados productos: *refinería de petróleo, de azúcar.*

refino, na adj. Muy fino o acendrado. || — M. Refinado, refinación: *el refino del oro.*

refistolero, ra adj. y s. *Méx., Ecuad.* y *P. Rico.* Presumido.

reflectante adj. Que reflecta o refleja: *superficie reflectante* (ú. t. c. s. m.).

reflectar v. t. Reflejar.

reflector, ra adj. Que refleja. || — M. *Fís.* Aparato para reflejar los rayos luminosos, el calor u otra radiación.

reflejar v. t. Hacer retroceder o cambiar de dirección los rayos luminosos, caloríficos, acústicos, etc., oponiéndoles una superficie lisa: *reflejar los rayos luminosos* (ú. t. c. pr.). || *Fig.* Expresar, manifestar: *una cara que refleja la bondad.* || — V. pr. *Fig.* Dejarse ver una cosa en otra: *se refleja su temperamento en sus obras.* || Repercutirse.

reflejo, ja adj. Que ha sido reflejado: *rayo reflejo.* || Dícese de un movimiento involuntario. || Reflexivo: *verbo reflejo.* || — M. Luz reflejada: *reflejos en el agua.* || *Fig.* Representación, imagen. || Conjunto de una excitación sensorial transmitida a un centro por vía nerviosa y de la respuesta motriz o glandular, siempre involuntaria, que aquélla provoca. || Reacción rápida y automática ante un hecho repentino o imprevisto: *tener buenos reflejos.* || *Reflejo condicionado,* aquel en el cual se ha sustituido experimentalmente el excitante normal por otro.

reflexión f. Cambio de dirección de las ondas luminosas, calóricas o sonoras que inciden sobre una superficie reflectante: *reflexión de la luz.* || Acción de reflexionar, actividad mental en que el pensamiento se vuelve sobre sí mismo: *obrar sin reflexión.* || Juicio, advertencia o consejo que resulta de ello: *reflexión moral; expresar unas reflexiones muy acertadas.* || Manera de ejercerse la acción del verbo reflexivo. || *Ángulo de reflexión,* que hace el rayo incidente con la normal en el punto de incidencia.

reflexionar v. i. Meditar, considerar detenidamente una cosa: *reflexionar sobre (o en) un tema.*

reflexivo, va adj. Que refleja. || Que obra con reflexión: *un niño reflexivo.* || Hecho con reflexión. || *Verbo reflexivo,* el que indica que el sujeto de la proposición sufre la acción.

reflujo m. Movimiento descendente de la marea. || *Fig.* Retroceso.

refocilación f. Alegría, diversión, recreo, regodeo.

refocilar v. t. Recrear, alegrar, divertir de manera poco fina, deleitar (ú. t. c. pr.).

reforma f. Cambio en vista de una mejora: *reforma agraria.* || En una orden religiosa, vuelta a la primitiva observancia. || Enmienda, perfeccionamiento. || Religión reformada, protestantismo.

reformable adj. Que puede o debe reformarse.

reformación f. Reforma.

reformado, da adj. Aplícase a la religión protestante y a los que la siguen (ú. t. c. s.).

reformador, ra adj. y s. Aplícase a la persona que reforma.

reformar v. t. Dar una nueva forma, modificar, enmendar: *reformar las leyes*. || Transformar: *vamos a reformar la cocina*. || Restituir a su primitiva observancia: *reformar una orden religiosa*. || Extinguir, deshacer un instituto o cuerpo: *reformar la gendarmería*. || Dar de baja en un empleo, destituir: *reformar a un funcionario*. || — V. pr. Enmendarse, corregirse.

reformatorio, ria adj. Que reforma. || — M. Establecimiento en el que se trata de corregir las inclinaciones perversas de ciertos jóvenes.

reformismo m. Sistema político según el cual la transformación de la sociedad, con miras a una mayor justicia social, puede efectuarse dentro de las instituciones existentes, mediante sucesivas reformas legislativas (por oposición a *revolución*).

reformista adj. y s. Partidario de reformas o del reformismo.

reforzado, da adj. Que tiene refuerzo.

*reforzar v. t. Dar mayor solidez, consolidar: *reforzar una cañería, una pared*. || *Fig.* Animar, estimular, dar aliento: *reforzar el ánimo a uno*.

refracción f. Cambio de dirección de la luz al pasar de un medio a otro. || Doble refracción, propiedad que presentan ciertos cristales de duplicar las imágenes de los objetos.

refractar v. t. Hacer que cambie de dirección el rayo de luz que pasa oblicuamente de un medio a otro de diferente densidad.

refractario, ria adj. Que rehúsa cumplir una promesa o deber: *refractario al cumplimiento de la ley*. || Opuesto a admitir una cosa: *refractario a toda reforma*. || Aplícase al cuerpo que resiste la acción de agentes químicos o físicos y, especialmente, altas temperaturas sin descomponerse.

refrán m. Proverbio.

refranero m. Colección de refranes: *el refranero español*.

refrangibilidad f. Calidad de refrangible.

refrangible adj. Capaz de refracción.

refregar v. t. Estregar una cosa con otra. || *Fig.* y *fam.* Echar en cara a uno una cosa: *siempre me está refregando lo que hizo por mí*.

*refreír v. t. Volver a freír. || Freír mucho una cosa.

refrenable adj. Contenible.

refrenamiento m. Contención.

refrenar v. t. Sujetar y reducir un caballo con el freno. || *Fig.* Contener, reprimir, corregir.

refrendar v. t. Legalizar un documento: *refrendar un pasaporte*. || Aprobar: *refrendar una ley*.

refrendario m. El que refrenda o firma un documento después del superior.

refrendo m. Firma que da autenticidad a un documento. || Aprobación: *ley sometida al refrendo*.

refrescante adj. Que refresca.

refrescar v. t. Hacer bajar el calor: *refrescar vino*. || *Fig.* Reavivar, renovar: *refrescar recuerdos*. || Refrescar la memoria, recordar a uno. || — V. i. Disminuir el calor: *el tiempo refresca*. || — V. pr. Beber algo refrescante. || Tomar el fresco.

refresco m. Bebida fría. || Agasajo, refrigerio. || *De refresco*, de nuevo: *tropas de refresco*.

refriega f. Combate de poca importancia. || Riña.

refrigeración f. Acción de hacer bajar artificialmente la temperatura. || Refrigerio.

refrigerador, ra adj. Dícese de lo que refrigera. || — M. Nevera, frigorífico.

refrigerante adj. Que refrigera. || — M. Aparato o instalación para refrigerar. || Cambiador de calor utilizado para hacer bajar la temperatura de un líquido o de un gas por medio de un fluido más frío: *refrigerante atmosférico*.

refrigerar v. t. Someter a refrigeración: *carne refrigerada*. || Enfriar: *refrigerar un motor*. || *Fig.* Reparar las fuerzas.

refrigerio m. Alimento ligero, colación: *servir un refrigerio*. || *Fig.* Alivio, consuelo.

refringencia f. Propiedad de los cuerpos que refractan la luz.

refringente adj. Que refringe.

refringir v. t. Refractar.

refrito, ta adj. Muy frito, frito de nuevo. || — M. *Fig.* Cosa rehecha o aderezada de nuevo: *sus últimos libros son refritos*.

refuerzo m. Acción y efecto de reforzar: *un refuerzo presupuestario; una madera de refuerzo*. || *Fig.* Ayuda: *una vacuna de refuerzo*. || *Urug.* Emparedado, sándwich de pan francés.

refugiado, da adj. y s. Dícese de la persona que, a causa de una guerra o convulsión política, halla asilo en país extranjero.

refugiar v. t. Acoger, dar asilo: *refugiar a un perseguido político*. || — V. pr. Acogerse a asilo: *refugiarse en un monasterio*. || Guarecerse, cubrirse: *refugiarse en una cueva, bajo un árbol*.

refugio m. Asilo, amparo, acogida: *buscar, hallar refugio*. || Asilo para pobres, viajeros, etc. || Edificio construido en las montañas para alojar a los alpinistas. || Instalación, generalmente subterránea, para protegerse de los bombardeos: *refugio antiaéreo*.

refulgencia f. Resplandor que emite un cuerpo luminoso.

refulgente adj. Resplandeciente, que emite resplandor.

refulgir v. i. Resplandecer.

refundición f. Nueva fundición de los metales. || Obra literaria que adopta nueva forma.

refundidor, ra m. y f. Persona que refunde.

refundir v. t. Volver a fundir o liquidar los metales: *refundir un cañón*. || *Fig.* Dar nueva forma a una obra literaria: *refundir un libro*. || Comprender, incluir: *una ley que refunde las anteriores*.

refunfuñador, ra adj. Que refunfuña.

refunfuñadura f. Gruñido de enojo o desagrado.

refunfuñar v. i. Hablar entre dientes y gruñir en señal de enojo o desagrado.

refunfuño m. Refunfuñadura.

refunfuñón, ona adj. *Fam.* Refunfuñador.

refutable adj. Que se puede refutar.

refutación f. Acción de refutar. || Prueba o argumento para impugnar las razones del contrario. || *Ret.* Parte del discurso en que se responde a las objeciones.

refutar v. t. Contradecir, impugnar con argumentos o razones lo que otro asegura: *refutar una tesis, un discurso*.

regadera f. Utensilio para regar a mano. || Reguera. || *Méx.* Ducha. || — *Fig.* y *fam.* Estar como una regadera, estar tocado, loco.

regaderazo m. *Méx.* Acción de tomar una ducha.

regadío, a adj. Aplícase al terreno que se puede regar o irrigar. || — M. Terreno que se fertiliza con el riego: *terreno, campo de regadío*.

regador, ra adj. y s. Que riega.

regalado, da adj. Delicado, suave. || Placentero, deleitoso: *existencia regalada*. || *Fam.* Muy barato, como si fuera de regalo: *precio regalado*.

regalar v. t. Dar una cosa en muestra de afecto: *regalar un reloj*. || Festejar, agasajar: *le regalaron con fiestas y banquetes*. || Recrear, deleitar: *regalar la vista*. || *Fig.* Regalar el oído, deleitarse, dicho de música; halagar: *cumplidos que regalan el oído*. || — V. pr. Tratarse bien.

regalía f. Prerrogativa regia: *las regalías de la Corona*. || Privilegio, excepción. || Sobresueldo que cobran algunos empleados. || *Amer.* Regalo, obsequio.

regaliz m. Planta leguminosa de raíz dulce y aromática. || Pasta elaborada con el extracto de estas raíces: *una barrita de regaliz*.

regalo m. Dádiva, obsequio. || Placer: *esta música es un regalo para el oído*.

regañadientes (a) m. adv. *Fam.* Con desgana.

regañar v. i. Gruñir el perro sin ladrar y enseñando los dientes. || Abrirse ciertas frutas cuando maduran. || Dar muestras de enfado o enojo. || — V. t. *Fam.* Reñir: *regañar a los hijos*.

regañina f. *Fam.* Regaño.

regaño m. Reprensión.

regañón, ona adj. y s. Que regaña sin motivo y a menudo.

*regar v. t. Echar agua por el suelo para limpiarlo o refrescarlo: *regar la* calle. || Dar agua a las plantas: *regar el huerto*. || Atravesar un río o canal, una comarca o territorio: *el Ebro riega a Zaragoza*. || *Fig*. Desparramar, esparcir: *regar una carta con lágrimas*. | Acompañar una comida con vino, rociar: *regado todo con clarete*.

regata f. *Mar*. Competición entre varias lanchas o embarcaciones.

regate m. Movimiento pronto y rápido que se hace burlando el cuerpo. || En fútbol, acción de regatear, quiebro. || *Fig. y fam.* Evasiva, pretexto: *a la pregunta indiscreta respondió con un hábil regate*.

regateador, ra adj. y s. *Fam.* Que regatea mucho.

regatear v. t. Debatir el comprador y el vendedor el precio de una cosa puesta en venta. || *Fam.* Poner dificultades para hacer algo: *no regatea el apoyo a una empresa*. || — V. i. Hacer regates o fintas. || En fútbol, burlar al adversario, llevando la pelota en rápidos pases sucesivos, driblar. || *Mar*. Echar una carrera varias embarcaciones.

regateo m. Debate o discusión sobre el precio de algo.

regatón m. Contera.

regazo m. Parte del cuerpo de una persona sentada que va desde la cintura a la rodilla: *la madre tenía el niño en su regazo*. || *Fig*. Amparo, cobijo, refugio.

regencia f. Gobierno de un Estado durante la menor edad del soberano. || Tiempo que dura. || Cargo de regente.

regeneración f. Reconstitución de un órgano destruido o perdido, o de un tejido lesionado. || Tratamiento para volver utilizables determinadas materias usadas. || Recuperación moral.

regenerador, ra adj. y s. Que regenera.

regenerar v. t. Restablecer, reconstituir una cosa que degeneró: *regenerar un tejido orgánico lesionado*. || *Fig*. Renovar moralmente: *regenerar una nación*. || Tratar materias usadas para que puedan servir de nuevo: *regenerar caucho, pieles*.

regenta f. Mujer del regente.

regentar v. t. Dirigir.

regente adj. y s. Que rige o gobierna: *reina regente*. || — M. y f. Jefe del Estado durante la menor edad del soberano: *la regente María Cristina de Habsburgo*.

regicida adj. Dícese del que mata o intenta asesinar a un rey o reina (ú. t. c. s.).

regicidio m. Asesinato de un rey o reina: *cometer un regicidio*.

regidor, ra adj. y s. Que rige o gobierna. || — M. Miembro de un ayuntamiento o concejo, concejal. || Administrador. || En el cine, director de producción adjunto.

regiduría f. Oficio de regidor.

régimen m. Conjunto de reglas observadas en la manera de vivir, especialmente en lo que se refiere a alimentos y bebidas: *estar a régimen*. || Forma de gobierno de un Estado: *régimen parlamentario*. || Administración de ciertos establecimientos. || Conjunto de leyes o reglas, sistema: *el régimen de seguros sociales*. || Conjunto de variaciones que experimenta el caudal de un río: *régimen torrencial*. || Racimo: *régimen de plátanos*. || Ritmo de funcionamiento de una máquina en condiciones normales. || Velocidad de rotación de un motor. (Pl. *regímenes*.)

*regimentar v. t. *Mil*. Agrupar en regimientos.

regimiento m. *Mil*. Cuerpo de varios batallones, escuadrones o baterías 'al mando de un coronel.

regio, gia adj. Relativo al rey. || *Fig*. Magnífico, fantástico: *una comida regia*. || *Quím*. Agua regia, combinación de ácido nítrico y clorhídrico, capaz de disolver el oro.

regiomontano, na adj. y s. De Monterrey (México).

región f. Parte de un territorio que debe su unidad a causas de orden geográfico (clima, vegetación, relieve) o humano (población, economía, administración, etc.). || Circunscripción territorial militar, aérea o naval. || Espacio determinado de la superficie del cuerpo: *la región pectoral*.

regional adj. Relativo a la región: *exposición regional*.

regionalismo m. Doctrina política que propugna la concesión de la autonomía a las regiones de un Estado: *los regionalismos catalán y vasco del siglo XIX*. || Amor a determinada región. || Giro o vocablo propio de una región: *"saudade" es un regionalismo gallego*. || Carácter de la obra de un escritor regionalista.

regionalista adj. Relativo al regionalismo: *literatura regionalista*. || — Adj. y s. Partidario del regionalismo. || Dícese del escritor cuyas obras se localizan en una región determinada.

regionalización f. Acción y efecto de regionalizar.

regionalizar v. t. Adaptar a las necesidades de una región. || Asentar en regiones diferentes. || Aumentar los poderes de las regiones administrativas.

*regir v. t. Gobernar o mandar: *regir un país*. || Dirigir, administrar: *regir una imprenta*. || *Gram*. Tener una palabra a otra bajo su dependencia. | Pedir un verbo tal o cual preposición. || — V. i. Estar vigente: *aún rige esta ley*. || Funcionar o moverse bien un artefacto. || *Mar*. Obedecer la nave al timón. || *Fig. y fam. No regir*, destinar, desvariar. || — V. pr. *Fig*. Fiarse de algo, confiar en algo: *se rige por su buen sentido*.

registrador, ra adj. y s. Dícese de un aparato que anota automáticamente medidas, cifras, fenómenos físicos: *caja registradora; barómetro registrador*. || Que registra o inspecciona. || — M. Funcionario encargado de un registro: *registrador público*.

registrar v. t. Examinar o buscar una cosa con cuidado. || Cachear a una persona: *registrar a un ladrón*. || Inspeccionar, reconocer minuciosamente: *la policía registró todo el barrio*. || Inscribir en los libros de registro: *registrar un nacimiento, una patente*. || Matricular. || Llevar la cuenta de algo: *registrar la entrada y salida de mercancías*. || Anotar, apuntar: *se ha registrado un aumento de la criminalidad*. || — V. i. Buscar algo con empeño, rebuscar: *registrar en el armario*. || — V. pr. Matricularse. || Ocurrir.

registro m. Libro en que se anotan determinados datos: *registro mercantil*. || Oficina donde se registra. || Acción de registrar o inscribir, transcripción. || Investigación policíaca. || Acción de cachear a uno. || Cinta para señalar las páginas de un libro. || Correspondencia entre las dos caras de una hoja impresa. || En un reloj, pieza para acelerar o moderar el movimiento. || Trampilla o abertura con su tapa para examinar el interior de una cañería, alcantarilla, chimenea, etc. || Dispositivo para regular la circulación de un fluido. || *Mús*. Extensión de la escala vocal. | Mecanismo del órgano que modifica el timbre de los sonidos. | Pedal para reforzar o apagar los sonidos del piano, clave, etc. || — *Registro civil*, oficina en que se hacen constar los hechos relativos al estado civil de la persona, como nacimiento, matrimonio, etc.

regla f. Listón largo, de sección rectangular o cuadrada, para trazar líneas rectas. || *Fig*. Principio, base, precepto que se ha de seguir: *las reglas de la gramática*. || Norma: *regla de conducta*. || Pauta, modelo: *servir de regla*. || Disciplina: *restablecer la regla en un convento*. || Estatutos de una orden religiosa: *la regla de San Benito*. || Operación de aritmética: *las cuatro reglas (suma, resta, multiplicación, división)*. || Menstruación. || — *En regla*, en la forma debida, como se debe. || *Por regla general*, como sucede ordinariamente, en la mayoría de los casos. || *Regla de cálculo*, instrumento que permite efectuar ciertos cálculos aritméticos con rapidez mediante el deslizamiento de una regla graduada movible sobre otra fija. || *Mat. Regla de tres*, v. TRES.

reglaje m. Reajuste de las piezas de un mecanismo.

reglamentación f. Acción de reglamentar. || Conjunto de reglas o medidas legales que rigen una cuestión.

reglamentar v. t. Sujetar a reglamento.

reglamentario, ria adj. Que sigue el reglamento.

reglamento m. Colección ordenada de reglas o preceptos: *reglamento de policía*. || Conjunto de prescripciones dictadas para la conducta de los militares, ordenanzas. || Conjunto de reglas que rigen un juego o competición: *reglamento de fútbol, de tenis*.

regocijado, da adj. Que muestra regocijo o alegría.

regocijador, ra adj. y s. Que regocija.

RE

regocijar v. t. Alegrar, dar gusto o placer. || — V. pr. Recrearse, divertirse mucho.

regocijo m. Júbilo, alegría.

regodearse v. pr. Deleitarse: *regodearse con una lectura*. || Recrearse, alegrarse: *regodearse con la desgracia ajena*.

regodeo m. Acción y efecto de regodearse, regocijo. || Deleite.

*regoldar v. i. *Pop.* Eructar.

regresar v. i. Volver al punto de partida: *regresar a casa*. || — V. t. *Méx.* Devolver, restituir.

regresión f. Retroceso, disminución: *la regresión de una epidemia, de las exportaciones*. || *Biol.* Vuelta de un tejido, órgano o individuo a un estado anterior. || *Geol.* Retirada del mar de una zona sumergida.

regresivo, va adj. Que hace volver hacia atrás: *movimiento, impulso regresivo*.

regreso m. Vuelta, retorno.

regüeldo m. *Pop.* Eructo.

reguera f. Atarjea o canal para el riego.

reguero m. Corriente líquida y señal que deja: *reguero de sangre*. || Reguera, canal de riego. || *Fig.* Propagarse una noticia como un reguero de pólvora, extenderse muy rápidamente.

regulación f. Acción de regular, ordenar o controlar: *la regulación del mercado*. || Acción de regular la marcha de un mecanismo, reglaje. || *Fisiol.* Conjunto de mecanismos que permiten mantener constante una función: *regulación térmica, glucémica*.

regulado, da adj. Regular.

regulador, ra adj. Que regula: *sistema regulador*. || — M. Mecanismo para regular automáticamente el funcionamiento de una máquina o mantener constante una tensión de un circuito eléctrico, etc.

regular adj. Conforme a las reglas, a las leyes naturales: *movimiento regular*. || De frecuencia e itinerario establecidos: *línea aérea regular*. || Razonable, moderado en las acciones y modo de vivir: *persona de vida regular*. || Mediano, mediocre, ni bueno ni malo: *un alumno regular*. || Así, así, ni mucho ni poco: *el agua está regular de fría*.

regular v. t. Poner en orden, arreglar: *regular la circulación*. || Someter a reglas: *regular las actividades turísticas*. || Computar, controlar: *regular los precios*. || Ajustar un mecanismo, poner a punto su funcionamiento.

regularidad f. Calidad de regular. || Exacta observancia de la regla de un instituto religioso.

regularización f. Acción y efecto de regularizar.

regularizador, ra adj. y s. m. Que regulariza.

regularizar v. t. Regular, ajustar, poner en orden: *regularizar una situación, una cuenta*.

regulativo, va adj. Que regula, dirige o concierta.

régulo m. Reyezuelo. || Basilisco, animal. || Reyezuelo, ave.

regusto m. *Fam.* Dejo, sabor.

rehabilitación f. Acción y efecto de rehabilitar: *la rehabilitación de un condenado*. || *Med.* Reeducación: *tratamiento de rehabilitación para paralíticos*.

rehabilitar v. t. Restablecer a una persona en sus derechos, capacidad, situación jurídica de los que fue desposeída: *rehabilitar a un militar degradado*. || *Fig.* Devolver la estimación pública: *rehabilitar la estima del calumniado*. || *Med.* Reeducar.

*rehacer v. t. Volver a hacer. || Reponer, reparar, restablecer: *rehacer un muro caído*. || — V. pr. Reforzarse, fortalecerse. || *Fig.* Serenarse, aplacarse: *rehacerse del enojo*. || Dominarse.

rehecho, cha adj. Hecho de nuevo.

rehén m. Persona que queda como prenda en poder de un adversario: *rehén de guerra*.

*rehervir v. i. Volver a hervir.

rehilandera f. Molinete.

rehilete m. Flechilla de papel con púa para tirar al blanco. || Banderilla que se clava al toro.

rehogar v. t. Cocinar a fuego lento en manteca o aceite.

rehuida f. Acción de rehuir.

*rehuir v. t. Tratar de eludir, de soslayar: *rehuir un compromiso*. || Evitar una cosa por temor o repugnancia: *rehuía pasar por esos barrios; rehuía su compañía*. || Rehusar, negarse: *rehuyó hacer este trabajo*. || — V. pr. Apartarse de algo, evitarlo.

*rehumedecer v. t. Humedecer de nuevo (ú. t. c. pr.).

rehusar v. t. No aceptar una cosa ofrecida: *rehusar un favor*. || Negarse a hacer algo: *rehusar trabajar*. || No conceder lo que se pide: *rehusar una autorización*.

reimportación f. Importación de lo que ya se había exportado.

reimportar v. t. Importar en un país lo que se había exportado de él: *reimportar lo no vendido*.

reimpresión f. Nueva impresión. || Obra reimpresa.

reimprimir v. t. Imprimir de nuevo: *reimprimir un libro*.

reina f. Esposa del rey: *la reina Fabiola de Bélgica*. || La que ejerce la potestad real por derecho propio: *la reina de Inglaterra, de Holanda*. || Pieza del juego de ajedrez, la más importante después del rey. || Hembra fértil de cualquier sociedad de insectos (abejas, hormigas, comejenes). || *Fig.* Mujer que sobresale entre las demás: *reina de belleza*. || — Reina claudia, variedad de ciruela.

reinado m. Tiempo que dura el gobierno de un rey o reina: *el reinado de Luis XIV en Francia*. || *Fig.* Predominio, influencia.

reinante adj. Que reina.

reinar v. i. Regir un rey o príncipe un Estado: *cuando reinaba Carlos III*. || *Fig.* Predominar, prevalecer: *esta costumbre reina en el país*. || Existir, imperar, persistir: *el silencio reinaba en*

la asamblea. || Hacer estragos una enfermedad, una calamidad, etc.

reincidencia f. Reiteración de una misma culpa o delito. || *For.* Situación de una persona que, condenada anteriormente por un delito, comete otro.

reincidente adj. y s. *For.* Que reincide, que comete un delito análogo al que ocasionó su condena anterior.

reincidir v. i. Incurrir de nuevo en un error, falta o delito: *reincidir en el mismo vicio*. || Recaer en una enfermedad o dolencia.

reincorporación f. Nueva incorporación.

reincorporar v. t. Volver a incorporar: *reincorporar tropas, oficiales de reserva* (ú. t. c. pr.).

reineta f. Cierta clase de manzanas de mesa.

reingresar v. i. Volver a ingresar: *reingresar en el ejército*.

reingreso m. Acción y efecto de reingresar.

reino m. Territorio sujeto a un rey: *el reino de Marruecos*. || Cada uno de los tres grandes grupos en que se dividen los seres naturales: *reino animal, vegetal, mineral*. || El reino de los cielos, el paraíso.

reinstalación f. Nueva instalación.

reinstalar v. t. Volver a instalar (ú. t. c. pr.).

reintegrable adj. Que se puede o se debe reintegrar.

reintegración f. Acción y efecto de reintegrar o reintegrarse.

reintegrar v. t. Restituir o devolver íntegramente una cosa: *reintegrar una suma a uno*. || Volver a ocupar: *reintegrar a uno en su cargo* (ú. t. c. pr.). || Poner en un documento las pólizas que señala la ley. || — V. pr. Recobrarse enteramente de lo perdido o gastado.

reintegro m. Reintegración. || Pago de dinero. || Premio de la lotería que consiste en la devolución de dinero que se había jugado: *cobrar el reintegro*. || Pólizas que, según la ley, deben ponerse en un documento.

*reír v. i. Mostrar alegría o regocijo mediante ciertos movimientos de la boca acompañados de expiraciones más o menos ruidosas: *reír a carcajadas* (ú. t. c. pr.). || Manifestar alegría: *sus ojos ríen*. || *Fig.* Hacer burla, mofarse. || Ofrecer una cosa un aspecto placentero y risueño: *una fuente que ríe*. || Dar que reír, dar motivo de risa o de burla. || — V. t. Celebrar con risa una cosa: *reír una gracia*. || — V. pr. Burlarse.

reis m. pl. Antigua moneda fraccionaria portuguesa y brasileña.

reiteración f. Acción y efecto de reiterar. || *For.* Reincidencia.

reiterar v. t. Volver a decir o ejecutar, repetir (ú. t. c. pr.).

reiterativo, va adj. Que tiene la propiedad de reiterarse. || Que denota reiteración.

reivindicable adj. Que se puede reivindicar.

reivindicación f. Acción y efecto de reivindicar.

reivindicar v. t. Reclamar uno lo que le pertenece o aquello a que tiene derecho: *reivindicar una herencia, el honor de ser el descubridor.* || *For.* Recuperar uno lo que, de derecho, le pertenece.

reivindicatorio, ria adj. Relativo a la reivindicación.

reja f. Pieza del arado que abre el surco y remueve la tierra. || Conjunto de barras de hierro que se ponen en las ventanas para su defensa o adorno. || Labor o vuelta que se da a la tierra con el arado. || *Méx.* Zurcido en la ropa. || *Fam. Entre rejas,* en la cárcel.

rejego, ga adj. y s. *Méx.* Reacio, indócil.

rejilla f. Enrejado, red de alambre, celosía o tela metálica que se pone en una abertura. || Ventanilla de confesionario. || Trama hecha con tiritas de mimbre u otros tallos vegetales flexibles con que se forman asientos de sillas: *silla de rejilla.* || Parte de las hornillas y hornos que sostiene el combustible. || Redecilla donde se coloca el equipaje en los vagones de ferrocarril. || En una lámpara de radio, electrodo, en forma de pantalla, para regular el flujo electrónico. || *Autom.* Rejilla del *radiador,* parrilla que, como adorno, se pone delante del radiador y deja pasar el aire.

rejo m. Punta o aguijón de hierro. || Clavo grande. || *Bot.* Raicilla del embrión de la planta. || *Zool.* Aguijón de la abeja. || *Amer.* Látigo.

rejón m. Barra de hierro que remata en punta. || *Taurom.* Palo con una punta de hierro empleada para rejonear. || Especie de puñal. || Púa del trompo.

rejonazo m. Golpe de rejón.

rejoneador m. Torero que rejonea a caballo.

rejonear v. t. En la lidia a caballo, herir al toro con el rejón. || — V. i. Torear a caballo.

rejoneo m. Acción de rejonear.

rejuvenecedor, ra adj. Que rejuvenece.

*rejuvenecer v. t. Remozar, dar a uno la fuerza y vigor de la juventud: *los aires del campo lo han rejuvenecido* (ú. t. c. i. y pr.). || *Fig.* Renovar, modernizar: *rejuvenecer un estilo, una obra.* || — V. pr. Quitarse años.

rejuvenecimiento m. Acción de rejuvenecer o rejuvenecerse.

relación f. Conexión de una cosa con otra: *relación entre la causa y el efecto.* || Correspondencia, trato entre personas por razones de amistad o de interés: *relaciones amistosas, comerciales.* || Narración, relato. || Lista, catálogo: *relación de gastos, relación de víctimas.* || Informe. || *Gram.* Enlace entre dos términos de una oración. || *Mat.* Razón, cociente de dos cantidades. || Pl. Personas conocidas, amistades: *tener muchas relaciones.* || Noviazgo: *estar en relaciones.* || — *Con relación a,* respecto a, en comparación con. ||

Relaciones públicas, método empleado para la información del público y departamento de un organismo o persona encargado de aplicarlo. || *Sacar a relación,* referir.

relacionar v. t. Hacer relación de un hecho: *relacionar un suceso.* || Poner en relación dos o más personas o cosas (ú. t. c. pr.). || — V. pr. Tener conexión o enlace. || Referirse.

relais m. (pal. fr.). Repetidor.

relajación f. Aflojamiento, disminución del ardor, de la severidad, etc. || Disminución de la tensión de los músculos, del ánimo. || *Med.* Estado de laxitud: *relajación del útero.* | Soltura del vientre. || Distensión de los músculos para obtener descanso: *ejercicio de relajación.* || *Fig.* Depravación: *relajación de las costumbres.*

relajador, ra adj. Que relaja. || *Fig.* Divertido.

relajamiento m. Relajación.

relajar v. t. Aflojar, laxar, ablandar: *relajar los músculos* (ú. t. c. pr.). || *Fig.* Esparcir, divertir el ánimo con algún descanso: *este espectáculo relaja.* || Hacer menos riguroso: *relajar la severidad* (ú. t. c. pr.). || *For.* Relevar de un voto o juramento. || Aliviar la pena o castigo. || (Ant.) Entregar el juez eclesiástico a un reo de muerte al poder civil. || — V. pr. Aflojarse. || *Fig.* Viciarse, depravarse: *relajarse en las costumbres.* || Distender los músculos para obtener un descanso completo: *relajarse tumbado en una hamaca.*

relajo m. *Amer.* Desorden.

relamer v. t. Lamer algo con insistencia. || — V. pr. Lamerse los labios una o muchas veces. || *Fig.* Arreglarse, componerse demasiado el rostro. || Mostrar grandemente: *relamerse de alegría.*

relamido, da adj. Afectado, demasiadamente pulcro: *un hombre relamido.*

relámpago m. Resplandor vivísimo e instantáneo producido en las nubes por una descarga eléctrica. || *Fig.* Resplandor repentino. || *Amer.* Cierre *relámpago,* cremallera de prendas de vestir. || *Fot.* Luz *relámpago,* flash. || *Fig. Pasar como un relámpago,* pasar muy rápidamente. || — Adj. Muy rápido o corto: *guerra relámpago.*

relampaguear v. i. Haber relámpagos. || *Fig.* Brillar mucho y con intermisiones, especialmente los ojos iracundos.

relampagueo m. Acción de relampaguear.

relapso, sa adj. y s. Que comete de nuevo un pecado o herejía.

relatador, ra adj. y s. Dícese de la persona que relata. || Narrador.

relatar v. t. Referir.

relatividad f. Calidad de relativo. || *Fís.* Teoría de Einstein según la cual la duración del tiempo no es la misma para dos observadores que se mueven uno con respecto al otro.

relativismo m. Doctrina filosófica según la cual el conocimiento humano no puede llegar nunca a lo absoluto.

relativo, va adj. Que hace relación a una persona o cosa: *en lo relativo a su conducta.* || Que no es absoluto: *todo es relativo.* || Pronombres *relativos,* los que se refieren a personas o cosas de las que ya se hizo mención.

relato m. Narración, historia, cuento. || Informe.

relator, ra adj. y s. Que relata una cosa. || — M. *For.* Letrado que hace relación de los autos en los tribunales superiores.

relax adj. (pal. ingl.). Relajado, tranquilo.

relé m. Repetidor.

releer v. t. Volver a leer.

relegación f. Destierro, confinamiento, acción de relegar.

relegar v. t. Desterrar, echar a uno por justicia. || *Fig.* Apartar, posponer: *relegar al olvido.*

relente m. Humedad de la atmósfera en las noches serenas.

relevación f. Acción de relevar. || Alivio de carga.

relevador m. Repetidor.

relevante adj. Sobresaliente, eximio, excelente.

relevar v. t. Eximir, liberar de una carga o gravamen: *relevar a uno de una obligación.* || *Mil.* Mudar una guardia. || Sustituir, reemplazar a una persona en un empleo u obligación. || Destituir de un cargo. || Dar aspecto de relieve a una pintura. || — V. pr. Reemplazarse mutuamente, turnarse, trabajar alternativamente.

relevo m. *Mil.* Acción de relevar: *el relevo de la guardia.* | Soldado o cuerpo que releva. || En los deportes por equipos, sustituir un atleta o grupo de atletas por otro en el curso de la prueba: *carrera de relevos.*

relicario m. Estuche o medallón, generalmente de metal precioso, para custodiar reliquias o un recuerdo.

relieve m. Lo que resalta sobre el plano: *bordados en relieve.* || Conjunto de desigualdades en la superficie de un país: *el relieve de España.* || Escultura tallada en una sola parte de la superficie. || Apariencia de bulto en una pintura. || — Pl. Sobras de una comida. || — *Alto relieve,* aquel en que las figuras salen del plano más de la mitad de su bulto. || *Bajo relieve,* v. BAJORRELIEVE. || *Fig. Dar relieve a algo,* darle importancia. | *De relieve,* importante: *un personaje de relieve.* | *Medio relieve,* aquel en que las figuras salen del plano a la mitad de su grueso. || *Fig. Poner de relieve,* hacer resaltar.

religión f. Conjunto de creencias o dogmas acerca de la divinidad: *religión cristiana.* || Doctrina religiosa. || Fe, piedad, devoción. || Obligación de conciencia, cumplimiento de un deber. || Orden religiosa.

religiosidad f. Fiel observancia de las obligaciones religiosas. || *Fig.* Puntualidad, exactitud en hacer, observar o cumplir una cosa: *pagar con religiosidad.*

religioso, sa adj. Relativo a la religión. || Piadoso, que practica la religión, creyente: *persona religiosa.* || *Fig.* Exacto, puntual: *religioso en sus citas.* || — M. y f. Persona que ha tomado hábito en una orden religiosa regular.

relimpio, pia adj. *Fam.* Muy limpio.

relinchar v. i. Emitir con fuerza su voz el caballo.

relincho m. Voz del caballo.

relindo, da adj. *Fam.* Muy lindo o hermoso.

reliquia f. Parte del cuerpo de un santo o lo que por haberle tocado es digno de veneración: *las reliquias de Santa Genoveva.* || *Fig.* Huella, restos, vestigio de cosas pasadas: *una reliquia de la civilización incaica.* | Dolor o achaque que queda de una enfermedad o accidente: *las reliquias de una pleuresía.* || *Guardar como una reliquia,* guardar muy cuidadosamente.

rellano m. Descansillo de la escalera. || Llano que interrumpe la pendiente de un terreno.

rellena f. *Col.* y *Méx.* Embutido de cerdo, morcilla.

rellenar v. t. Volver a llenar. || Escribir un impreso: *rellenar un formulario.* || Llenar de carne picada u otro manjar: *rellenar una empanada.* || Llenar con una materia más o menos comprensible: *rellenar un sillón.* || Colmar un hueco o una brecha. || Terraplenar.

relleno, na adj. Muy lleno o lleno de algún manjar: *aceitunas rellenas.* || — M. Picadillo sazonado para rellenar aves, pescados, etc. || Acción de rellenar. || Materias que se usan para rellenar, como borra para los asientos, escombros para las brechas, etc. || *Fig.* Parte superflua que alarga una oración o un escrito.

reloj m. Máquina dotada de movimiento uniforme, que sirve para medir el tiempo en horas, minutos y segundos. || — *Carrera contra reloj,* aquella en que los corredores no compiten en línea, sino que vence el que emplea menos tiempo. || *Fig. Funcionar como un reloj,* marchar muy bien. || *Reloj de arena,* el compuesto de dos ampolletas unidas por el cuello y que mide la duración del tiempo por el paso de una determinada cantidad de arena de una a otra. || *Reloj de pulsera,* el que se lleva en la muñeca. || *Reloj de sol* o *solar,* artificio para saber la hora diurna, basado en la proyección de la sombra de un vástago. || *Reloj parlante,* el que lleva la hora grabada en una cinta magnetofónica y la transmite telefónicamente.

relojería f. Arte y comercio del relojero. || Taller o tienda del relojero. || Mecanismo de relojería que pone en funcionamiento un dispositivo a una hora determinada.

relojero m. Persona que hace, compone o vende relojes.

reluciente adj. Que reluce, brillante: *perla reluciente.*

*relucir v. i. Despedir luz una cosa resplandeciente: *el sol reluce.* || Lucir,

resplandecer, brillar. || *Fig.* Sobresalir, destacarse. || — *Fam. Sacar a relucir,* citar, mentar: *siempre saca que me hizo; poner de relieve.* | *Salir a relucir,* aparecer.

relumbrante adj. Que relumbra o resplandece.

relumbrar v. i. Dar viva luz, resplandecer mucho.

relumbrón m. Golpe de luz vivo y pasajero, chispazo. || Oropel.

remachar v. t. Machacar la punta o cabeza de un clavo para darle mayor firmeza. || *Fig.* Recalcar, subrayar, afianzar.

remache m. Acción y efecto de remachar.

remanencia f. Propiedad de los cuerpos ferromagnéticos de conservar cierta imantación después de la supresión del campo magnético.

remanente m. Resto.

remangar v. t. Arremangar (ú. t. c. pr.).

remansarse v. pr. Detenerse la corriente del agua u otro líquido.

remanso m. Detención de la corriente del agua u otro líquido. || *Fig.* Sitio tranquilo: *tu casa es un remanso de paz.*

remar v. i. Mover los remos para que ande la embarcación.

rematado, da adj. Dícese de la persona que se halla en tan mal estado que no tiene remedio: *loca rematada.*

rematador m. Persona que remata en una subasta pública. || En fútbol, jugador que remata bien o frecuentemente.

rematar v. t. Finalizar una cosa: *rematar una traducción.* || Poner fin a la vida de la persona o animal que está agonizando: *rematar un toro.* || Afianzar la última puntada de una costura. || Hacer remate: *rematar una venta, un arrendamiento.* || *Fam. ¡Ahora sí que lo has rematado!,* has metido la pata aún más. || — V. i. Terminar o fenecer. || En fútbol, tirar a gol.

remate m. Fin. || Conclusión de una cosa. || Coronamiento de la parte superior de un edificio. || Postura última en una subasta. || *Fig.* Lo que termina una cosa, acabamiento, final, colofón: *el remate de su carrera.* || En deportes, tiro a gol. || *For.* Adjudicación en subasta. || — *De remate,* absolutamente: *era un loco de remate.*

rembolsar v. t. Reembolsar.

rembolso m. Reembolso.

remedador, ra adj. y s. Imitador: *remedador de textos clásicos.*

remedar v. t. Imitar.

remediable adj. Que puede remediarse.

remediador, ra adj. Que remedia (ú. t. c. s.).

remediar v. t. Poner remedio al daño o perjuicio. || Socorrer una necesidad. || Evitar, impedir que se ejecute algo de que se sigue daño: *no poder remediarlo.* || Enmendar, subsanar, arreglar: *remedió la situación.*

remedio m. Cualquier sustancia que sirve para prevenir o combatir una

enfermedad: *remedio eficaz, empírico, casero.* || *Fig.* Medio que se toma para reparar o prevenir cualquier daño. | Enmienda, corrección. | Recurso, auxilio o refugio. | Lo que sirve para calmar un padecimiento moral: *poner remedio a la tristeza.* || — *No haber remedio* (o *más remedio*), ser forzosa o inevitable una cosa. || *Fam. No tener para un remedio,* no tener nada.

remedo m. Imitación.

remembranza f. Recuerdo.

remembrar v. t. Rememorar.

rememoración f. Recuerdo.

rememorar v. t. Recordar.

rememorativo, va adj. Recordatorio, que hace recordar.

remendado, da adj. Con remiendos: *pantalones remendados.*

*remendar v. t. Reforzar con remiendo lo viejo o roto.

remendón, ona adj. y s. Aplícase al que remienda o compone por oficio: *sastre, zapatero remendón.*

remera f. *Chil.* y *Riopl.* Camiseta, vestimenta informal de punto, sin cuello.

remero, ra m. y f. Persona que rema: *los remeros de una lancha.* || — F. Cada una de las plumas largas que terminan las alas de las aves.

remesa f. Envío que se hace de una cosa de una parte a otra. || Lo enviado.

remeter v. t. Volver a meter o meter más adentro.

remezón m. *Amer.* Terremoto ligero.

remiendo m. Pedazo de tela que se cose a lo viejo o roto: *echar un remiendo.* || Compostura de una cosa deteriorada. || Mancha en la piel de los animales. || *Fig.* Enmienda o añadidura que se introduce en una cosa.

remilgado, da adj. Que afecta suma compostura, delicadeza. || *Hacer el remilgado,* ser exigente o melindroso.

remilgarse v. pr. Hacer ademanes y gestos afectados.

remilgo m. Gesto y ademán afectado. || Melindre.

remilgoso, sa adj. y s. Remilgado.

remilitarizar v. t. Guarnecer nuevamente con tropas una zona desmilitarizada; dar de nuevo carácter militar: *remilitarizar una zona fronteriza.*

reminiscencia f. Recuerdo inconsciente, vago. || Lo que se parece o es igual a lo escrito por otro autor: *una reminiscencia de Virgilio, de Mozart.*

remirar v. t. Volver a mirar una cosa o examinarla con atención. || — V. pr. Esmerarse mucho en una cosa.

remise f. (pal. fr.). *Arg.* Automóvil de alquiler.

remisible adj. Que puede perdonarse: *pena remisible.*

remisión f. Envío, expedición: *la remisión de un paquete.* || Perdón: *la remisión de los pecados.* || En un libro, indicación para que el lector acuda a otro párrafo o página: *este diccionario está lleno de remisiones.* || *Med.* Atenuación momentánea de los síntomas de una enfermedad. || *Sin remisión,* de manera implacable.

remiso, sa adj. Poco entusiasta, reacio, reticente. ‖ Irresoluto. ‖ *No ser remiso en*, estar completamente dispuesto a.

remisor, ra adj. Remitente.

remisorio, ria adj. Absolutorio; que remite o perdona.

remite m. Indicación con el nombre y dirección del que escribe que se pone en la parte posterior del sobre. ‖ Remitente.

remitente adj. y s. Que remite o perdona. ‖ *Fiebre remitente*, la que tiene alternativas de aumento y disminución en su intensidad. ‖ — M. y f. Persona que envía algo por correo.

remitir v. t. Enviar: *remitir un giro postal*. ‖ Perdonar: *remitir los pecados*. ‖ Condonar una pena o liberar de una obligación: *remitir un castigo, un servicio, un deber*. ‖ Aplazar, diferir, suspender: *remitir una resolución*. ‖ Entregar: *remitir un pedido*. ‖ Confiar al juicio de otro una resolución: *remitir una cosa a la discreción de alguien*. ‖ Indicar en un escrito otro pasaje relacionado con el que se estudia (ú. t. c. i. y pr.). ‖ — V. i. Perder una cosa parte de su intensidad: *el temporal, la fiebre ha remitido*. ‖ — V. pr. Atenerse a lo dicho o hecho, referirse: *remitirse a la decisión de alguien*. ‖ Confiar en: *remitirse a la Providencia*.

remo m. Instrumento en forma de pala larga y estrecha que sirve para mover las embarcaciones haciendo fuerza en el agua. ‖ Deporte acuático que se practica en embarcaciones ligeras. ‖ Brazo o pierna, en el hombre y en los cuadrúpedos, o ala de las aves (ú. m. en pl.).

remojar v. t. Empapar, mojar algo de modo que el líquido lo penetre: *remojar pan en la sopa, garbanzos en agua para que se ablanden, la ropa antes de lavarla* (ú. t. c. pr.). ‖ Fig. Convidar a beber a los amigos para celebrar algo: *remojar un éxito*. ‖ Amer. Dar propina.

remojo m. Acción de remojar o empapar una cosa. ‖ Amer. Propina. ‖ — Fig. *Darse un remojo*, bañarse. ‖ *Echar* (o *poner*) *a* (*o* *en*) *remojo*, remojar; (fig.) diferir, no tratar un asunto hasta que esté maduro o en mejor disposición.

remojón m. Fam. Ducha de agua de lluvia.

remolacha f. Planta quenopodiácea de raíz grande y carnosa de la que existen varias variedades: la *remolacha azucarera*, rica en sacarosa; la *remolacha forrajera*, para alimento del ganado, y otra comestible, de color encarnado.

remolachero, ra adj. Concerniente a la remolacha. ‖ — M. Que cultiva remolacha.

remolcador, ra adj. Que remolca. ‖ — M. Embarcación provista de motores potentes, que se emplea para remolcar otras embarcaciones.

remolcar v. t. Arrastrar una embarcación a otra por medio de un cabo o cadena. ‖ Por semejanza, llevar por tierra un vehículo a otro. ‖ Fig. Incitar

a alguien a hacer lo que no quiere. ‖ Llevar tras sí.

remolino m. Movimiento giratorio y rápido del aire, agua, polvo, humo, etc. ‖ Retorcimiento del pelo en redondo. ‖ Fig. Apiñamiento de gente: *los remolinos de la muchedumbre*.

remolón, ona adj. y s. Flojo, perezoso, que elude maliciosamente el trabajo: *hacerse el remolón*.

remolonear v. i. Fam. Mostrarse remolón, holgazanear.

remolque m. Acción de remolcar. ‖ Cabo con que se remolca una embarcación. ‖ Vehículo remolcado: *remolque habitable o turismo*. ‖ Fig. *Ir a remolque de alguien*, seguirle por la fuerza de las circunstancias.

remonta f. Depósito caballar de sementales.

remontar v. t. Proveer de caballos nuevos a la tropa. ‖ Poner nuevas suelas al calzado. ‖ Fig. Encumbrar, enaltecer. ‖ — V. pr. Subir o volar muy alto las aves o aviones: *remontarse el águila hasta perderse de vista*. ‖ Fig. Elevarse hasta el origen de una cosa: *remontarse hasta los tiempos prehistóricos*. ‖ Refugiarse en los montes los esclavos.

remoquete m. Apodo.

rémora f. Pez marino acantopterigio cuya cabeza está provista de un disco cartilaginoso que le permite adherirse fuertemente a los objetos flotantes. ‖ Fig. y fam. Cualquier cosa que detiene o dificulta algo: *una rémora para el progreso*.

*remorder v. t. Volver a morder o morderse uno a otro. ‖ Fig. Desasosegar una cosa, causar remordimiento: *el recuerdo de su crimen le remuerde la conciencia*.

remordimiento m. Inquietud, pesar interno que queda después de ejecutar una mala acción: *estar torturado por el remordimiento*.

remosquearse v. pr. Fam. Mostrarse receloso.

remoto, ta adj. Distante, apartado, alejado: *lugar remoto*. ‖ Lejano en el tiempo: *en la más remota antigüedad*. ‖ Fig. Inverosímil, poco probable: *ni la más remota posibilidad*.

*remover v. t. Trasladar una cosa de un lugar a otro. ‖ Agitar, mover un líquido. ‖ Quitar, apartar, obviar: *remover un obstáculo*. ‖ Deponer de su empleo: *remover a un funcionario*. ‖ Fig. Traer a la mente: *remover recuerdos*. ‖ — V. pr. Agitarse.

remozamiento m. Rejuve~~~~~

remozar v. t. Rejuvenece~~~~ t. c. pr.). ‖ Fig. Poner como nuevo. ‖ Revigorizar.

remplazar v. t. Reemplazar.

remplazo m. Reemplazo.

*remullir v. t. Hacer mullido.

remunerable adj. Pagable.

remuneración f. Precio o pago de un trabajo, de un servicio.

remunerador, ra adj. Que proporciona un beneficio (ú. t. c. s.).

remunerar v. t. Retribuir, pagar: *remunerar en especie*. ‖ Recompensar, premiar, galardonar.

remunerativo, va adj. Remunerador.

remuneratorio, ria adj. Que hace las veces de recompensa.

renacentista adj. inv. Relativo al Renacimiento: *estilo renacentista*. ‖ Dícese de la persona de la época del Renacimiento (ú. t. c. s.).

*renacer v. i. Nacer de nuevo. ‖ Fig. Recobrar lo perdido: *renacer la alegría, la esperanza*. ‖ Reaparecer: *el día renace*.

renacimiento m. Acción de renacer. ‖ Renovación; vuelta; reaparición. ‖ Recuperación, resurgimiento de un país. ‖ Movimiento literario, artístico y científico que se produjo en Europa en los siglos XV y XVI. ‖ — Adj. Relativo a la época o al estilo renacentista: *muebles renacimiento*.

renacuajo m. Larva de los batracios, especialmente de la rana mientras que tiene cola y respira por branquias. ‖ Fig. y fam. Hombrecillo, mequetrefe.

renal adj. Relativo a los riñones: *glándulas renales*.

renano, na adj. y s. Relativo a los territorios bañados por el Rin: *provincias renanas*.

rencilla f. Rencor.

rencilloso, sa adj. Rencoroso.

renco, ca adj. Cojo por lesión de las caderas.

rencor m. Resentimiento.

rencoroso, sa adj. Que guarda rencor (ú. t. c. s.).

rendición f. Acción y efecto de rendirse o hacer acto de sumisión al vencedor: *la rendición de una plaza, de un ejército*.

rendido, da adj. Sumiso, obsequioso: *rendido servidor*. ‖ Muy cansado, agotado: *rendido de trabajar*. ‖ *Rendido de amor*, muy enamorado.

rendija f. Hendidura natural en un cuerpo sólido: *la rendija de una pared, de una tabla*.

rendimiento m. Agotamiento, cansancio. ‖ Sumisión, humildad. ‖ Obsequiosidad, respeto. ‖ Producción o utilidad de una cosa: *el rendimiento de la tierra*. ‖ Utilidad que da un trabajador manual o intelectual. ‖ Relación entre el trabajo útil que se obtiene y la cantidad de energía que se suministra: *el rendimiento de una máquina, de un motor*.

*rendir v. t. Vencer al enemigo y obligarle a entregarse. ‖ Someter al dominio de uno: *rendir una plaza* (ú. t. c. pr.). ‖ Dar o devolver a uno lo que le corresponde: *rendir honores*. ‖ Dar fruto o utilidad una cosa: *rendir interés* (ú. t. c. i.). ‖ Cansar, fatigar, agotar: *este paseo me ha rendido* (ú. t. c. pr.). ‖ Presentar: *rendir cuentas*. ‖ Vomitar, devolver. ‖ Mil. Pasar una cosa a la vigilancia de otro: *rendir la guardia*. ‖ — *Rendir gracias*, agradecer. ‖ *Rendir las armas*, entregarse, capitular. ‖ — V. pr. Mar. Romperse un palo, mastelero o verga.

renegado, da adj. y s. Que renuncia a la religión cristiana o la fe política para abrazar otra.

renegador, ra adj. y s. Que reniega.

*renegar v. t. Volver a negar: *todo lo niega y reniega.* || — Reniega. || Cometer apostasía, abjurar: *renegar de su fe.* || Negarse a reconocer como tal, abandonar: *renegar de su familia.* || Decir injurias, blasfemar.

renegrido, da adj. Negruzco.

rengífero m. Rangífero.

renglón m. Línea escrita o impresa. || Partida de una cuenta. | Parte en un gasto, capítulo: *su mantenimiento es un renglón grande en mi presupuesto.* || — Pl. *Fig.* y *fam.* Cualquier escrito o impreso: *¿qué le parecen estos renglones?* || — A renglón seguido, a continuación, inmediatamente después. || *Fig.* Dejar entre renglones una cosa, no acordarse de ella. | Leer entre renglones, penetrar la intención oculta de un escrito.

renglonadura f. Conjunto de líneas horizontales señaladas en el papel de escribir.

rengo, ga adj. Renco.

renguear v. i. *Amer.* Renquear.

renguera f. *Arg., Chil., Col., Méx., Parag., Per.* y *Urug.* Cojera.

reniego m. Blasfemia, juramento. || Dicho injurioso.

renio m. Metal blanco (Re), de número atómico 75, análogo al manganeso.

reno m. Mamífero rumiante, de la familia de los cérvidos, que vive en Siberia, Escandinavia, Groenlandia y Canadá.

renombrado, da adj. Célebre.

renombre m. Fama, celebridad: *ciudad de mucho renombre.* || Sobrenombre.

renovable adj. Que se puede prolongar.

renovación f. Acción y efecto de renovar: *renovación de un pasaporte.* || Prórroga: *renovación de un arrendamiento.* || Reemplazo. || Transformación. || Renacimiento.

renovador, ra adj. y s. Que renueva.

*renovar v. t. Hacer como de nuevo una cosa o volverla a su primer estado: *renovar un local.* || Sustituir lo viejo por lo nuevo: *renovar un mobiliario.* || Reemplazar, cambiar: *renovar el personal de una empresa.* || Reanudar, restablecer: *renovar una alianza.* || Reiterar, repetir: *te renuevo mi petición.* || Volver a poner de moda: *renovar una costumbre antigua.*

renquear v. i. Andar cojeando, cojear. || *Fig.* y *fam.* Ir tirando, marchar a duras penas: *este negocio empieza a renquear.*

renqueo m. Cojera.

renta f. Utilidad, beneficio, ingreso anual: *las rentas del trabajo.* || Lo que paga en dinero o frutos un arrendatario: *renta de una casa.* || Deuda pública o títulos que lo representan. || *Fam.* Pensión, gasto periódico: *sus estudios son una renta para nosotros.* | Persona o cosa de la que se saca un beneficio.

|| — A renta, en arrendamiento. || *Renta nacional,* conjunto de las rentas públicas y privadas de un país. || *Renta pública,* cantidades que cobra el Estado, sea de los impuestos, sea de sus propiedades. || *Renta vitalicia,* pensión pagada mientras vive el beneficiario.

rentabilidad f. Carácter de lo que produce un beneficio.

rentabilizar v. t. Hacer que produzca un beneficio.

rentable adj. Que produce ganancias o beneficios, productivo.

rentar v. t. Producir renta (ú. t. c. i.). || *Méx.* Alquilar, arrendar.

rentero, ra adj. Tributario. || — M. y f. Arrendatario de finca.

rentista com. Persona que tiene rentas o que vive de ellas: *era un lugar de recreo para los rentistas.*

rentístico, ca adj. Financiero.

renuevo m. Vástago de un árbol. || *Fig.* Renovación.

renuncia f. Acto por el cual una persona hace abandono de una cosa, un derecho, un cargo, una función. || Documento en que consta.

renunciable adj. Que puede renunciarse.

renunciación f. y **renunciamiento** m. Renuncia.

renunciante adj. Que renuncia (ú. t. c. s.).

renunciar v. t. Hacer dejación voluntaria de una cosa: *renunciar a un proyecto, a un título, a una herencia.* || Dejar de pretender: *renunciar a los honores.* || Abandonar: *renunciar a la lucha.* || En algunos juegos de naipes, no servir al palo que se juega teniendo cartas de él.

renvalsar v. t. Hacer un renvalso: *renvalsar una puerta.*

renvalso m. Rebajo del canto de las hojas de puertas y ventanas para que encajen en el marco o unas con otras.

reñidero m. Lugar donde se verifican las riñas de gallos.

reñido, da adj. Enemistado con otro: *estar reñido con un amigo.* || Encarnizado, porfiado: *la lucha va a ser muy reñida.* || Opuesto, incompatible: *lo útil no está reñido con lo bello.*

reñidor, ra adj. Pendenciero.

*reñir v. i. Disputarse, contender de obra o de palabra: *reñir con un amigo.* || Desavenirse, enfadarse: *reñir con la novia.* || — V. t. Reprender, regañar: *reñir a un hijo.* || Efectuar una batalla o desafío.

reo com. Acusado, persona culpable de un delito. || El demandado en juicio. || *Reo de Estado,* el que ha cometido un delito contra la seguridad del Estado. — OBSERV. El femenino de el *reo* es la *reo* o la *rea.*

reojo m. Mirar de reojo, disimuladamente, por encima del hombro; (fig. y fam.) mirar con enfado, desprecio o desdén.

reordenación f. Nueva ordenación: *reordenación de pagos.*

reorganización f. Acción y efecto de reorganizar. || Cambio: *reorganización de un gobierno.*

reorganizador, ra adj. Que organiza de nuevo (ú. t. c. s.).

reorganizar v. t. Volver a organizar: *reorganizar el ejército* (ú. t. c. pr.). || Cambiar algunos miembros de un gobierno.

reóstato o **reostato** m. Resistencia variable que permite hacer variar la intensidad de una corriente en un circuito eléctrico.

repanchigarse v. pr. Repantigarse: *se repanchigó en el sillón.*

repantigarse v. pr. Arrellanarse en el asiento, y extenderse para mayor comodidad.

reparable adj. Que puede repararse. || Digno de atención.

reparación f. Acción y efecto de reparar, componer o enmendar. || Desagravio: *la reparación de una ofensa o agravio.*

reparada f. Movimiento brusco del caballo.

reparador, ra adj. Que repara o mejora una cosa: *justicia reparadora* (ú. t. c. s.). || Que restablece las fuerzas: *descanso reparador.* || — M. y f. Persona que compone o arregla algo roto.

reparar v. t. Componer una cosa: *reparar una máquina.* || *Fig.* Advertir, ver: *reparar un error.* | Enmendar, corregir: *reparar una falta.* | Desagraviar: *reparar el honor ofendido.* | Restablecer las fuerzas: *reparar la fatiga.* || — V. i. Hacer caso, atender: *nadie reparó en él.* || Mirar cuidadosamente: *reparar en un detalle.* || Advertir, notar: *reparar en los gastos,* sin tener en cuenta los gastos.

reparo m. Advertencia, observación. || Crítica, objeción: *siempre pones reparos a todo.* || Reticencia, dificultad, reserva: *aprobar algo con cierto reparo.* || Restauración o remedio. || Obra que se hace para restaurar un edificio. || En esgrima, parada o quite. || — *Fig.* No andar (o andarse) con reparos, no vacilar, no considerar los inconvenientes. | Sin reparos, sin escrúpulos.

repartible adj. Divisible.

repartición f. Reparto.

repartidor, ra adj. Que reparte. || — M. y f. Empleado que lleva a domicilio las mercancías.

repartimiento m. Reparto. — Durante la colonización española de América recibieron el nombre de *repartimientos* las concesiones de indios hechas a favor de los conquistadores, quienes, en contrapartida a los derechos adquiridos, contraían la obligación de proteger e instruir a aquellos que estaban sometidos a su jurisdicción.

repartir v. t. Distribuir entre varios una cosa dividiéndola en partes: *repartir un patrimonio.* || Distribuir, entregar a domicilio: *repartir el correo, la leche.* || Dividir una contribución o gravamen por partes: *repartir un impuesto.* || *Fam.* Dar, administrar: *repartir golpes, sablazos.*

reparto m. Distribución: *reparto de premios.* || Entrega a domicilio: *reparto del correo, de la leche.* || División: *el reparto de Polonia.* || Distribución de papeles entre los actores de una obra teatral o cinematográfica. || *Cub.* Terreno urbanizado (se dice especialmente de la c. de La Habana). | Barrio.

repasador m. *Riopl.* Paño de cocina.

repasar v. t. Volver a pasar: *repasar por una calle.* || Examinar de nuevo. || Revisar lo estudiado: *repasar la lección.* || Mirar superficialmente un escrito. || Recoser la ropa, zurcirla si hace falta. || Examinar y corregir una obra ya terminada.

repaso m. Acción y efecto de repasar. || Lectura rápida de lo que ya se ha aprendido de memoria: *dar un repaso a la lección.* || Examen o reconocimiento de una cosa después de hecha. || *Fam.* Repasata, reprimenda.

repatriación f. Acción y efecto de repatriar o repatriarse.

repatriado, da adj. y s. Que vuelve a su patria.

repatriar v. t. Hacer que uno regrese a su patria: *repatriar emigrados, tropas expedicionarias.* || — V. pr. Volver a su patria: *repatriarse un perseguido político.*

repechar v. t. Subir por un repecho, escalar.

repecho m. Cuesta bastante pendiente y no larga.

repeinar v. t. Volver a peinar. || — V. pr. Peinarse cuidadosamente, con esmero.

repelar v. i. *Méx.* Rezongar, refunfuñar.

repelente adj. Que repele.

repeler v. t. Rechazar. || Arrojar, echar: *repeler a intrusos de su domicilio.* || Contradecir, objetar: *repeler un argumento.* || *Fig.* Disgustar. | Repugnar, asquear: *las arañas me repelen.*

repellar v. t. Cubrir de yeso o cal la pared.

repello m. Acción de repellar.

repeluco y **repeluzno** m. Escalofrío.

repente m. *Fam.* Movimiento súbito. | Arrebato: *un repente de ira.* | Presentimiento brusco: *De repente, de pronto, súbitamente.*

repentino, na adj. Pronto, súbitamente, imprevisto.

repercusión f. Acción de repercutir. || *Fig.* Consecuencia: *acontecimiento que puede tener graves repercusiones.* | Alcance, eco: *su discurso ha tenido mucha repercusión.*

repercusivo, va adj. Que repercute.

repercutir v. i. Retroceder o rebotar un cuerpo al chocar con otro. || Producir eco en el sonido: *el estallido repercutió en la pared.* || *Fig.* Trascender, causar efecto una cosa en otra: *medida que ha repercutido en los precios.*

repertorio m. Índice, registro, en que las materias están ordenadas de forma que puedan encontrarse fácilmente: *repertorio alfabético.* || Colección de obras de una misma clase: *repertorio de autores clásicos.* || Conjunto de las obras que representa una compañía de teatro o una orquesta o un músico: *Fig.* Conjunto de conocimientos: *todo el repertorio de mis recuerdos.*

repetición f. Acción de repetir varias veces la misma idea o la misma palabra. || Reproducción de la misma acción. || Mecanismo de ciertos relojes que les permite dar la hora al apoyar en un botón: *reloj de repetición.* || *Arma de repetición*, arma de fuego que puede hacer varios disparos sin recargarse.

repetidor, ra adj. y s. Que repite. || Que vuelve al mismo curso de estudios por no haber aprobado: *alumno repetidor.* || — M. El que repasa a otro la lección. || Amplificador telefónico para comunicaciones muy lejanas. || Estación de radio o televisión que retransmite por ondas hertzianas las señales recibidas de una estación principal.

*repetir v. t. Volver a hacer o decir lo que se había hecho o dicho: *repetir una palabra, una acusación, una operación.* || Volver al mismo curso escolar por no haber aprobado: *repetir curso* (ú. t. c. i.). || Tomar de nuevo un plato de comida. || *For.* Reclamar contra tercero. || *Teatr.* Reestrenar. || — V. i. Venir a la boca el sabor de lo que se ha comido o bebido: *el ajo repite* (ú. t. c. pr.). || — V. pr. Usar siempre las mismas palabras, formas, etc. || Volver a suceder un acontecimiento.

repicar v. t. Picar mucho una cosa, reducirla a partes muy menudas. || Tañer rápidamente y a compás las campanas en señal de fiesta (ú. t. c. i.). || — V. i. Tocar el tambor con golpes ligeros y rápidos. || *Fig. No se puede repicar y andar en la procesión*, no se pueden hacer dos cosas al mismo tiempo.

repintar v. t. Pintar de nuevo. || — V. pr. Maquillarse cuidadosamente: *repintarse el rostro.*

repique m. Toque de campanas.

repiquetear v. i. Repicar con mucha viveza las campanas, el tambor u otro instrumento sonoro. || *Fig.* Golpear del mismo modo: *la lluvia repiqueteaba en los cristales.*

repiqueteo m. Acción y efecto de repiquetear: *el repiqueteo de las campanas, del tambor.* || Ruido producido por los disparos de una ametralladora.

repisa f. Ménsula de más longitud que vuelo, en la cual se asienta un balcón, o propia para sostener un objeto de adorno. || Estante, anaquel.

replanteamiento m. Acción y efecto de replantear.

replantear v. t. *Arq.* Trazar en el terreno la planta de una obra ya proyectada. || Plantear de nuevo: *replantear una táctica.*

repleción f. Condición de repleto, saciedad, hartura.

*replegar v. t. Plegar o doblar muchas veces. || Ocultar, hacer desaparecer un órgano mecánico saliente: *replegar*
el tren de aterrizaje de un avión. || — V. pr. *Mil.* Retirarse en buen orden las tropas avanzadas.

repleto, ta adj. Muy lleno: *calle repleta de gente; bolsa repleta.* || Rechoncho. || Ahíto.

réplica f. Respuesta, argumento o discurso con que se replica: *dar una réplica adecuada.* || Copia exacta de una obra artística: *una réplica de la Venus Capitolina.*

replicar v. i. Responder. || Poner objeciones a lo que se dice o manda (ú. t. c. t.).

repliegue m. Pliegue doble. || *Fig.* Recoveco, profundidad: *los repliegues del alma.* || *Mil.* Retirada de las tropas.

repoblación f. Acción y efecto de repoblar. || *Repoblación forestal*, plantación sistemática de árboles en una zona o región.

*repoblar v. t. Volver a poblar con personas un país, con alevines un estanque o un río, con árboles una zona.

repollo m. Especie de col de hojas firmes y apretadas. || Grumo o cabeza orbicular que forman algunas plantas apretando sus hojas.

*reponer v. t. Volver a poner: *reponer a un funcionario en su puesto.* || Volver a representar una obra dramática: *reponer una comedia.* || Replicar, responder. || Completar una falta de una cosa: *reponer un mueble.* || Hacer recobrar la salud. || — V. pr. Recobrar la salud o la hacienda. || Recuperarse, volver a tener tranquilidad: *reponerse de un susto.*

reportaje m. Artículo periodístico basado en las informaciones suministradas por uno o más reporteros: *reportaje gráfico, radiofónico.*

reportar v. t. Alcanzar, lograr: *reportar un triunfo.* || *Impr.* Pasar una prueba litográfica a otra piedra o a una plancha metálica para proceder a la tirada. || *Amér. C. y Méx.* Acusar, denunciar (es anglicismo). || — V. pr. Reprimirse, contenerse. || Serenarse, calmarse.

reporte m. *Impr.* Acción de reportar. | Prueba litográfica que se pasa a otra piedra o a una plancha metálica para proceder a la tirada.

reportero, ra adj. Que hace reportajes. || — M. Periodista que recoge informaciones orales o gráficas para su publicación en un periódico o revista, o para difundirlas por radio o televisión.

reportista m. Litógrafo que hace reportes.

reposado, da adj. Sosegado, tranquilo. || Descansado.

reposapiés m. inv. Soporte donde el pasajero de una moto coloca los pies.

reposar v. i. Descansar de la fatiga o trabajo, durmiendo o no: *después de la comida suele reposar un rato* (ú. t. c. t. y pr.). || Estar sepultado, yacer: *aquí reposa su cuerpo.* || — V. pr. Posarse un líquido (ú. t. c. i.).

reposera f. *Riopl.* Tumbona, silla de tijera.

reposición f. Restablecimiento. || *Com.* Renovación, acción y efecto de reemplazar lo viejo por lo nuevo: *reposición de existencias.* || Representación de una obra teatral o cinematográfica ya antigua.

reposo m. Suspensión del movimiento, inmovilidad. || Descanso, tranquilidad, quietud.

repostar v. i. Reponer provisiones, combustibles, carburante, pertrechos, etc.: *barco, avión que reposta* (ú. t. c. pr.).

repostería f. Establecimiento donde se fabrican y venden dulces y fiambres. || Oficio de repostero.

repostero m. Persona que fabrica pastas, dulces, fiambres, etc. || Bandera o lienzo cuadrado con escudo de armas bordado, que suele colgarse en los balcones. || Ordenanza de marina.

reprender v. t. Amonestar a uno, regañarle: *reprender a un alumno.* || Censurar, criticar: *le reprendió su mala conducta.*

reprensible adj. Que merece reprensión: *acto reprensible.*

reprensión f. Acción de reprender, reproche que se hace a uno por una falta que ha cometido.

reprensivo, va adj. Digno de reprensión: *en tono reprensivo.*

represa f. Estancamiento del agua corriente. || Embalse, presa.

represalia f. Derecho que se arroga un combatiente de causar al enemigo igual o mayor daño que el recibido. Ú. m. en pl.: *tomar, ejercer represalias.*

representable adj. Que puede representarse o hacer visible: *comedia representable.*

representación f. Acción de representar una obra teatral, función: *la representación de una comedia.* || Idea que nos formamos del mundo exterior o de un objeto determinado. || Expresión artística de la realidad. || Conjunto de personas que representan una colectividad: *había una representación del Ayuntamiento.* || *For.* Derecho de una persona a ocupar, para la sucesión de una herencia, el lugar de otra difunta. || Acción de negociar por cuenta de una casa comercial.

representador, ra adj. Que representa.

representante adj. Que representa. || — Com. Persona que representa a un cuerpo o colectividad: *enviar un representante a un entierro.* || Agente comercial encargado de la venta de un producto en una plaza o zona. || Actor de teatro. || *Amer.* Diputado, en algunos países.

representar v. t. Hacer presente algo en la imaginación por medio de palabras o figuras, figurar: *este dibujo representa una casa.* || Ejecutar en público una obra teatral: *representar un drama.* || Desempeñar un papel. || Sustituir a uno o hacer sus veces: *representar al presidente.* || Ser imagen o símbolo de una cosa: *Pérez Galdós representa el realismo en España.* || Aparentar, parecer: *representa menos edad que la que tiene.* || Equivaler: *esta obra representa diez años de trabajo.* || — V. pr. Volver a presentar. || Darse cuenta, imaginarse: *no me represento su asombro.* || Imaginarse: *no me presento a Juan con sotana.*

representativo, va adj. Que representa otra cosa. || *Fig.* Importante: *persona representativa.* || Singular: *ejemplar muy representativo de la fauna polar.* || *Gobierno representativo,* aquel en que la nación delega al Parlamento el ejercicio del poder legislativo.

represión f. Acción de reprimir: *la represión de los delitos.* || Relegación al subconsciente de ciertas tendencias consideradas como condenables.

represivo, va adj. Que reprime: *leyes represivas.*

represor, ra adj. y s. Que reprime o domina.

reprimenda f. Represión severa, corrección.

reprimir v. t. Contener, detener el efecto o progreso de algo: *reprimir una sublevación, la ira.*

reprobación f. Censura, crítica muy severa. || Juicio de Dios que excluye al pecador de la felicidad eterna.

reprobador, ra adj. Que censura o condena.

*reprobar v. t. No aprobar, recriminar, censurar, condenar: *reprobar una conducta, un procedimiento.* || Condenar a las penas eternas.

reprobatorio, ria adj. Reprobador, que reprueba.

réprobo, ba adj. y s. Condenado a las penas del infierno.

reprochable adj. Que merece reproche.

reprochador, ra m. y f. Persona que reprocha.

reprochar v. t. Criticar, echar en cara, censurar: *reprochar a uno sus vicios* (ú. t. c. pr.).

reproche m. Lo que se dice a una persona para expresarle su descontento o avergonzarle: *aguantar reproches injustos.*

reproducción f. Proceso biológico por el que dos seres vivos perpetúan la especie. (La *reproducción* puede ser *sexual,* por unión de dos gametos, o *asexual* o *vegetativa,* sin intervención de gametos.) || Copia o imitación de una obra literaria o artística: *reproducción de un cuadro de Goya.* || *Fot.* Negativo tirado a partir de una copia positiva. || *Derecho de reproducción,* el del autor o propietario de una obra literaria o artística para autorizar su difusión y obtener un beneficio de ella.

reproducible adj. Que puede reproducirse.

*reproducir v. t. Volver a producir (ú. t. c. pr.). || Imitar, copiar: *reproducir un cuadro.* || Volver a hacer presente: *reproducir los mismos argumentos.* || *Fot.* Sacar un negativo a partir de una copia positiva. || — V. pr. Perpetuarse por medio de la generación.

reproductivo, va adj. Que favorece una nueva producción.

reproductor, ra adj. Que sirve a la reproducción. || — M. y f. Animal empleado para la reproducción y destinado a mejorar la raza.

reprografía f. Conjunto de técnicas para reproducir documentos.

reptante f. Que repta.

reptar v. i. Andar arrastrándose como los reptiles.

reptil adj. y s. m. Aplícase a los animales vertebrados que caminan rozando la tierra con el vientre.

república f. Forma de gobierno representativo en el que el poder reside en el pueblo, personificado éste por un presidente elegido por la nación o sus representantes: *la República Francesa.* || Gobierno del Estado, cosa pública: *la prosperidad de la república.* || *La república de las letras,* conjunto de los escritores.

republicanismo m. Condición de republicano. || Afecto a la forma de gobierno republicana.

republicanizar v. t. Dar carácter republicano (ú. t. c. pr.).

republicano, na adj. Relativo a la república: *sistema, régimen republicano.* || Partidario de la república: *partido, diario republicano* (ú. t. c. s.).

república m. Estadista. || Patriota, buen patricio.

repudiable adj. Que merece ser repudiado.

repudiación f. Acción y efecto de repudiar.

repudiar v. t. Rechazar legalmente a la propia esposa. || Renunciar voluntariamente: *repudiar una sucesión.* || *Fig.* Condenar, rechazar: *repudiar los métodos violentos.*

repudio m. Repudiación.

repuesto, ta adj. Puesto de nuevo. || Restablecido en un cargo. || Recuperado de salud. || — M. Provisión de víveres o de otras cosas. || Pieza de recambio. || *De repuesto,* de reserva; de recambio: *rueda de repuesto.*

repugnancia f. Oposición, contradicción: *existe una repugnancia intrínseca entre el odio y la caridad.* || Aversión, repulsión, antipatía: *sentir repugnancia hacia los sapos.*

repugnante adj. Que repugna.

repugnar v. i. Causar asco o disgusto a una cosa.

repujado m. Labrado de chapas metálicas en frío, o de cuero por martilleo, de modo que resulten figuras en relieve en una de sus caras. || Obra repujada.

repujar v. t. Labrar de relieve, a martillo, un objeto metálico o de cuero: *plata repujada.*

repulir v. t. Volver a pulir. || Acicalar con afectación.

repulsa f. Rechazamiento.

repulsar v. t. Desechar.

repulsión f. Repulsa. || Repugnancia, aversión: *sentir repulsión por alguien.*

repulsivo, va adj. Que causa repulsión, repelente.

reputación f. Fama, opinión común sobre algo.

reputado, da adj. Célebre.

reputar v. t. Considerar, formar juicio. || Apreciar, estimar: *reputo en mucho su inteligencia.*

*requebrar v. t. Volver a quebrar. || *Fig.* Galantear, piropear. | Adular, lisonjear.

requemado, da adj. Tostado.

requemar v. t. Volver a quemar. || Tostar mucho: *requemar la tez.* || Privar el calor de jugo a las plantas, secarlas. || Resquemar, causar picor en la boca algunas sustancias. | *Fig.* Encender de modo excesivo la sangre. || — V. pr. Quemarse o tostarse mucho: *requemarse las plantas.* | *Fig.* Consumirse interiormente y sin darlo a conocer: *requemarse de pena.*

requeridor, ra o **requiriente** adj. y s. Que requiere.

requerimiento m. Acto judicial por el que se intima que se haga o se deje de hacer algo. || Demanda, solicitación.

*requerir v. t. Intimar, avisar a la autoridad pública. || Necesitar, tener precisión de algo: *este enfermo requiere muchos cuidados.* || Exigir, precisar: *las circunstancias lo requieren.* || Requerir de amores a una mujer, cortejarla. || — V. pr. Exigirse: *para poder optar al cargo se requiere la nacionalidad española.*

requesón m. Queso hecho con leche cuajada sin el suero. || Cuajada, después de hecho el queso.

requetebién adv. *Fam.* Muy bien: *me parece requetebién.*

requetelleno, na adj. *Fam.* Atestado, muy lleno.

requiebro m. Piropo: *decir requiebros a una joven.*

réquiem m. Oración que reza la Iglesia católica por los difuntos: *misa de réquiem.* || Su música: *el réquiem de Mozart.*

requintar v. t. *Amér. C.* y *Méx.* Apretar mucho.

requirente adj. y s. *For.* Demandante en justicia.

requisa f. Examen, inspección. || Requisición.

requisar v. t. Hacer una requisición: *requisar vehículos.*

requisición f. Acción de la autoridad que exige a una persona o de una entidad la prestación de una actividad o el goce de un bien (vehículo, fábrica, edificio, etc.).

requisito m. Circunstancia, condición: *para votar es requisito indispensable ser mayor de edad.* || Formalidad: *cumplir con todos los requisitos.*

requisitorio, ria adj. Dícese del despacho en que un juez requiere a otro para que ejecute un mandamiento del requirente (ú. t. c. s. f. y a veces como m.).

res f. Cualquier animal cuadrúpedo de ciertas especies domésticas, como el ganado vacuno, lanar, porcino, etc., o de algunas salvajes, como el venado, jabalí, etc. || *Amer.* Buey o vaca: *carne de res.*

resabiado, da adj. Que tiene resabios: *un caballo resabiado.*

resabiar v. t. Hacer tomar un vicio o adquirir mala costumbre (ú. t. c. pr.). || — V. pr. Disgustarse o desazonarse.

resabido, da adj. *Fam.* Que se las da de muy sabio y enterado. | Sabido de todos.

resabio m. Vicio o mala costumbre que queda: *los resabios de un caballo.* || Sabor desagradable que deja una cosa.

resaca f. Movimiento en retroceso de las olas del mar al llegar a la orilla. || *Com.* Letra que el tenedor de otra protestada gira a cargo del librador o de uno de los endosantes. || *Fig. y fam.* Malestar padecido al día siguiente de la borrachera: *tener resaca.* || *Amér. C.* y *Méx.* Aguardiente de la mejor calidad.

resacar v. t. *Mar.* Halar.

resaltador m. *Arg., Col., Cub., Ecuad., Parag.* y *Urug.* Marcador, instrumento para escribir o dibujar.

resaltar v. i. Rebotar. || Destacarse, hacer contraste: *el negro resalta sobre el blanco.* || Sobresalir de una superficie: *los balcones resaltan en la fachada del edificio.* || *Fig.* Distinguirse, descollar: *resaltar uno por su mérito.*

resalte m. Resalto en una pared.

resalto m. Parte que sobresale de la superficie de una casa: *los resaltos de una fachada.*

resanar v. t. Cubrir con oro las partes defectuosas de un dorado. || Restaurar cualquier cosa dañada.

resane m. *Méx.* Acción de reparar una superficie.

resarcible adj. Indemnizable.

resarcimiento m. Indemnización, compensación de daños.

resarcir v. t. Indemnizar, reparar, compensar: *resarcir de un daño o agravio* (ú. t. c. pr.).

resbalada f. *Amer.* Resbalón.

resbaladero, ra adj. Resbaladizo. || — M. Lugar resbaladizo.

resbaladilla f. *Méx.* Tobogán.

resbaladizo, za adj. Dícese de lo que resbala o escurre fácilmente: *terreno resbaladizo.* || *Fig.* Delicado, comprometido: *un asunto muy resbaladizo.*

resbalamiento m. Resbalón.

resbalar v. i. y pr. Escurrirse, deslizarse: *resbalar en el hielo.* || Dicho de las ruedas de un coche, una bicicleta, etc., deslizarse lateralmente por falta de adherencia, patinar. || *Fig.* Incurrir en un desliz, falta o culpa.

resbalín m. *Bol.* y *Chil.* Tobogán.

resbalón m. Acción de resbalar: *dar un resbalón.* || *Fig.* Desliz.

resbaloso, sa adj. Resbaladizo: *camino resbaloso.* || *Méx.* Atrevido, insinuante con las personas de otro sexo. || *Méx.* Revender.

rescacio m. Pez marino acantopterigio cuya cabeza lleva espinas agudas y que suele esconderse en la arena.

rescatador, ra adj. y s. Que rescata.

rescatar v. t. Recobrar mediante pago, redimir: *rescatar a un cautivo.* || Libertar. || Salvar, recuperar: *rescatar a un náufrago.* || *Fig.* Librar, aliviar: *rescatar a uno de la desesperación.* | Sacar: *rescatar del olvido.*

rescate m. Acción y efecto de rescatar. || Dinero con que se rescata: *imponer rescate.*

rescatista com. Persona especialista en rescatar a las víctimas de una catástrofe.

rescindible adj. Que se puede rescindir.

rescindir v. t. Dejar sin efecto un contrato, obligación, etc.

rescisión f. Anulación de un contrato.

rescisorio, ria adj. Que rescinde o anula.

rescoldo m. Brasa menuda envuelta en la ceniza. || *Fig.* Lo que queda de algo, resto: *un rescoldo de esperanza.*

resecar v. t. Secar mucho (ú. t. c. pr.). || Efectuar la resección de un órgano.

resección f. Operación quirúrgica que consiste en separar o cortar parte de un órgano.

reseco, ca adj. Muy seco.

resentido, da adj. y s. Que tiene resentimiento, rencoroso.

resentimiento m. Animosidad contra una o consecuencia de una ofensa sufrida, rencor.

*resentir v. t. Sentir. || — V. pr. Sentir los efectos de un mal, de una enfermedad: *resentirse de una herida.* || *Fig.* Tener los caracteres de: *se resentía de falta de unidad.* | Ofenderse, sentir pesar por una cosa: *resentirse por un engaño, una burla.* | Experimentar resentimiento contra alguien.

reseña f. Relato, narración sucinta, artículo: *reseña biográfica, de una corrida de toros.* || Descripción del aspecto exterior de una persona para conocerla fácilmente.

reseñar v. t. Hacer una reseña.

resequedad f. Acción y efecto de la desecación.

reserva f. Acción de reservar; cosa reservada. || En los museos y bibliotecas, parte de las colecciones que no pueden ser utilizadas por el público. || Guarda, custodia de algo: *tener provisiones en reserva.* || Acción de reservar un asiento en un vehículo de transporte público, una habitación en un hotel, localidad para un espectáculo, etc. || *Fig.* Limitación, restricción: *hablar sin reservas.* | Salvedad que se hace o condición que se pone a algo: *prometer su ayuda pero con muchas reser-*

vas. | Discreción, comedimiento: *obrar con reserva*. | Cautela, circunspección: *acoger una noticia con mucha reserva*. || Terreno reservado para la repoblación: *reserva zoológica*. || Territorio reservado a los indígenas en ciertos países: *las reservas de indios en Canadá y Estados Unidos*. || Parte del ejército que no está en servicio activo y puede ser movilizada, y situación de los que pertenecen a ella. || Acción de reservar el Santísimo Sacramento. || Reservado, eucaristía. || *For.* Fondo creado por las empresas mercantiles constituido por parte de los beneficios. || — Pl. *Fisiol.* Sustancias almacenadas en los órganos o tejidos para su utilización ulterior. || — *De reserva*, guardado para caso de necesidad. || *For. Reserva legal*, legítima. || *Reserva mental*, salvedad que se hace mentalmente al prometer o afirmar algo. || *Sin reserva*, con toda franqueza, abiertamente; sin restricción. || — Com. En deportes, jugador que sustituye en un equipo a su titular: *alinearon a muchos reservas*. || *Reserva de la biosfera*, zona natural controlada y destinada a la preservación del ambiente natural.

reservable adj. Susceptible de ser reservado.

reservación f. Acción de reservar, reserva.

reservado, da adj. Discreto, comedido, callado, poco comunicativo. || No seguro: *pronóstico reservado*. || M. Sacramento de la Eucaristía que se conserva en el sagrario. || Departamento en algún sitio como restaurante, vagón de ferrocarril, etc., destinado a personas que quieren mantenerse apartadas de las demás.

reservar v. t. Guardar una cosa para disponer de ella más adelante: *reservar caudal para la vejez*. || Retener una habitación en un hotel, un asiento en un barco, avión, una localidad en un espectáculo, etc. || Callar una cosa: *reservo mi opinión*. || Dejar: *reservar una salida*. || Encubrir el Santísimo Sacramento en el sagrario. || — V. pr. Esperar, conservarse para mejor ocasión: *me reservo para mañana*. || Cuidarse. *Reservarse su juicio acerca de algo*, hacer reservas o salvedades antes de asentir a algo.

reservista adj. Dícese del militar perteneciente a la reserva. Ú. t. c. s.: *llamar a los reservistas ante el peligro de guerra*.

resfriado, da adj. Acatarrado. || — M. *Med.* Indisposición causada por el frío, enfriamiento.

resfriamiento m. Enfriamiento.

resfriar v. t. Enfriar. || Causar un resfriado: *esta corriente me resfría*. || — V. pr. Acatarrarse.

resguardar v. t. Defender, proteger, abrigar: *una mampara que resguarda del viento*. || *Fig.* Defender, amparar. || — V. pr. Precaverse contra un daño: *resguardarse del frío*. || Obrar con cautela.

resguardo m. Defensa, custodia, amparo. || Documento que acredita la entrega a una persona de una suma, un objeto, etc.: *resguardo de una entrega hecha en el banco*. || Talón: *resguardo de un recibo*. || Vale.

residencia f. Acción de residir. || Lugar en que se reside: *tener su residencia en Buenos Aires*. || Espacio de tiempo que debe residir un eclesiástico en el lugar de su beneficio. || Edificio donde vive una autoridad: *la residencia del gobernador*. || Establecimiento donde, sometidas a ciertas reglas, viven personas unidas por afinidades: *residencia de estudiantes, de oficiales*. || Hotel, casa de huéspedes. || Casa donde viven algunos jesuitas, sin llegar a constituir un convento.

residencial adj. Aplícase al cargo o empleo que requiere residencia personal. || Dícese del barrio reservado a viviendas, especialmente cuando son de lujo: *barrio residencial*.

residenciar v. t. Investigar un juez la conducta de un funcionario o de otro juez. || Pedir cuentas a alguien en cualquier otra materia.

residente adj. y s. Que reside. || Que vive en el sitio donde tiene su cargo: *médico residente*. || — Com. Extranjero que vive fijo en un país: *un residente español en París, en Francia*.

residir v. i. Morar, tener el domicilio en un lugar: *residir en París*. || *Fig.* Radicar en un punto lo esencial de una cuestión: *ahí reside el problema*. || *Residir en*, corresponder a: *el poder legislativo reside en el Parlamento*.

residual adj. Que queda como residuo: *producto residual*. || *Aguas residuales*, las que arrastran residuos o detritos.

residuo m. Parte que queda de un todo. || Lo que resulta de la descomposición, combustión o destrucción de una cosa. || *Mat.* Resultado de la operación de restar.

resignación f. Renuncia a un derecho, a un cargo, en favor de alguien. || *Fig.* Conformidad, acción de soportar algo sin protestar.

resignar v. t. Renunciar a un cargo a favor de alguien. || Entregar una autoridad el gobierno a otra: *resignar el mando*. || — V. pr. Conformarse con lo irremediable, someterse: *resignarse con la suerte que le toca a cada cual*.

resina f. Sustancia viscosa insoluble en el agua, soluble en el alcohol, inflamable, que fluye de ciertas plantas (coníferas, terebintáceas).

resinero, ra adj. Relativo a la resina: *industria resinera*.

resinífero, ra adj. Que produce resina. || Resinoso.

resinoso, sa adj. Que tiene o destila resina.

resistencia f. Propiedad que tiene un cuerpo de reaccionar contra la acción de otro cuerpo. || Fuerza que permite sufrir el cansancio, el hambre, etc.: re-sistencia física. || Capacidad de defensa del organismo contra la agresión microbiana. || Defensa contra un ataque: *oponer resistencia al enemigo*. || Oposición, repugnancia a obedecer: *encontrar resistencia entre la gente*. || *Por ext.* Durante la segunda guerra mundial, conjunto de las organizaciones o movimientos que combatieron al invasor alemán: *la Resistencia francesa*. || Obstrucción que hace un conductor al paso de la corriente eléctrica. || Conductor que se emplea para aprovechar dicha resistencia con algún fin: *la resistencia de una plancha*. || — *Resistencia del aire*, fuerza que el aire, incluso inmóvil, opone al avance de un cuerpo, especialmente de un proyectil. || *Resistencia de materiales*, ciencia que tiene por objeto determinar las dimensiones de los distintos elementos de una construcción para que puedan soportar los esfuerzos a que se han de hallar sometidos. || *Resistencia pasiva*, la que consiste en oponerse al adversario mediante la desobediencia o la no cooperación.

resistente adj. Que resiste al cansancio, al dolor, etc. || Que tiene resistencia o solidez: *madera resistente*. || — Com. Patriota miembro de la Resistencia en la segunda guerra mundial.

resistir v. i. Hablando de personas, oponer la fuerza a la fuerza, defenderse: *resistir al enemigo*. || Soportar físicamente: *resiste bien al cansancio*. || Mostrarse firme no aceptando algo que atrae: *resistir a las pasiones* (ú. t. c. pr.). || — V. t. Sufrir, soportar: *resistir el calor*. || Aguantar, tolerar: *no puedo resistir a esa persona*. || Desafiar, rivalizar: *precio que resiste toda competencia*. || — V. pr. Debatirse, forcejear. || Rehusar: *se resiste a morir*. || No estar dispuesto a hacer una cosa, no consentir: *me resisto a creerlo*.

resistividad f. Producto que da la multiplicación de la resistencia de un conductor eléctrico por el cociente que resulta de dividir la sección del cable por su longitud.

resma f. Paquete de veinte manos de papel, o sea quinientas hojas.

resobado, da adj. Muy trillado.

resobar v. t. Manosear.

resol m. Reverberación solar.

resolana f. *Méx.* Efecto producido por el calor del sol y la reverberación de la luz.

***resollar** v. i. Respirar con ruido. || *Fig. y fam.* Ponerse de manifiesto, dar noticia de sí: *al fin resolló mi oyente*.

resoluble adj. Que se puede resolver: *problema resoluble*.

resolución f. Acción de resolverse. || Decisión, determinación: *tomar una resolución*. || Calidad de resuelto, arresto, valor, ánimo. || Texto votado por una Asamblea. || Cosa resuelta por una autoridad: *resolución judicial*. || *For.* Extinción de un contrato por la voluntad de las partes. || Nitidez de una imagen en el monitor de la computadora.

resolutivo, va adj. Dícese del método en que se procede analíticamente o por resolución. || *Med.* Que tiene virtud para resolver un tumor o inflamación: *cataplasma resolutiva* (ú. t. c. s. m.).

resoluto, ta adj. Resuelto.

resolutorio, ria adj. Que extingue un contrato.

*resolver v. t. Decidir, tomar una determinación: *resolvió marcharse.* || Encontrar la solución: *resolver un problema.* || Fallar en una diferencia o disputa. || Descomponer un cuerpo en sus distintos constituyentes. || *Med.* Hacer desaparecer poco a poco: *resolver un tumor.* || — *Resolver una ecuación,* calcular sus raíces. || *Resolver un triángulo,* calcular todos sus elementos a partir de los que ya se conocen. || — V. pr. Deshacerse, disgregarse: *el agua se resuelve en vapor.* || Tomar una decisión: *resolverse a intervenir.* || *Med.* Desaparecer una inflamación o tumor.

resonador adj. Que resuena. || — M. Aparato o dispositivo que entra en vibración por resonancia: *resonador acústico.*

resonancia f. Propiedad de aumentar la duración o la intensidad de un sonido: *la resonancia de una sala.* || Modo de transmisión de las ondas sonoras por un cuerpo. || *Fís.* Gran aumento de la amplitud de una oscilación bajo la influencia de impulsiones regulares de la misma frecuencia. || *Fig.* Repercusión, importancia, divulgación: *discurso que ha tenido gran resonancia.*

resonante adj. Que resuena. || *Fig.* Importante: *triunfo resonante.*

*resonar v. i. Reflejar el sonido aumentando su intensidad: *resonaba la sala vacía.* || Sonar mucho, ser muy sonoro: *resonar las campanas.* || *Fig.* Tener repercusiones un hecho.

resoplar v. i. Dar resoplidos.

resoplido m. Resuello fuerte.

resorber v. t. V. REABSORBER.

resorción f. V. REABSORCIÓN.

resorte m. Muelle. || Relajación de un miembro tenso. || *Fig.* Medio material o inmaterial de que se vale uno para lograr un fin: *todavía me quedan muchos resortes por tocar.*

resortera f. *Méx.* Tiragomas.

respaldar v. Respaldo.

respaldar v. t. Escribir algo en el respaldo de un escrito. || *Fig.* Proteger, amparar: *sus amigos le respaldan.* | Servir de garantía. || — V. pr. Apoyarse con las espaldas: *respaldarse contra un árbol.*

respaldo m. Parte del asiento en que se apoyan las espaldas. || Vuelta, verso del escrito que se anota algo. || Lo que allí se escribe. || *Fig.* Protección, amparo. | Garantía: *tiene el respaldo del banco.*

respectar v. defectivo. Tocar, corresponder, atañer: *por lo que respecta a mí.*

respectivamente adv. Correspondientemente: *las capitales de Francia y España son París y Madrid, respectivamente.*

respectivo, va adj. Que atañe a persona o cosa determinada: *los alumnos iban acompañados de sus respectivos padres.*

respecto m. Relación. || *Al respecto* (o *a este*) *respecto,* en relación con la cosa de que se trata. || *Con respecto a* (o *respecto a o de*), en relación con.

respetabilidad f. Condición de respetable, dignidad.

respetable adj. Que merece respeto: *persona respetable.* || *Fig.* Muy grande, enorme: *hallarse a respetable distancia.* || *M. Fam.* Público de un espectáculo (toros, circo, etc.): *los aplausos del respetable.*

respetar v. t. Tener respeto por alguien: *respetar a las autoridades.* || Cumplir, acatar: *respetar las leyes.* || Tomar en consideración: *respeto tu punto de vista.* || No ir contra: *respetar el bien ajeno, la palabra dada.* || Tener cuidado con, tratar cuidadosamente, tener en cuenta: *no respetan el carácter sagrado del lugar.* || No molestar, no perturbar: *respetar el sueño de alguien.* || Conservar, no destruir: *respetaron las antiguas murallas.*

respeto m. Sentimiento que induce a tratar a alguien con deferencia, a causa de su edad, superioridad o mérito: *respeto a los mayores.* || Sentimiento de veneración que se tiene por algo sagrado: *respeto al recuerdo de un muerto.* || Actitud que consiste en no ir en contra de algo: *respeto de los bienes ajenos.* || Acatamiento, cumplimiento: *respeto de las leyes.* || Miramiento, consideración, atención: *faltarle el respeto a uno.* || Cosa que se tiene de repuesto: *caja de respeto de un fusil.* || — Pl. Manifestaciones de cortesía, de urbanidad: *preséntele mis respetos.* || — *Fig. y fam.* Campar por sus respetos, obrar a su antojo. || *De respeto,* grande.

respetuosidad f. Deferencia, respeto.

respetuoso, sa adj. Que respeta: *respetuoso con sus padres, de los derechos del hombre.* || Conveniente, adecuado: *a una distancia respetuosa.* || Considerado, atento: *saludos respetuosos.*

respingar v. i. Sacudirse la bestia y gruñir. || Elevarse indebidamente el borde de la falda o de la chaqueta (ú. t. c. pr.). || *Fig. y fam.* Resistir, hacer gruñendo una cosa: *respingar por lo que se manda u ordena.*

respingo m. Salto o sacudida violenta del cuerpo: *dar un respingo.* || *Fig. y fam.* Movimiento o expresión de enfado con que uno muestra su repugnancia a cumplir una orden.

respingona adj. *Fam.* Aplícase a la nariz de punta ligeramente levantada.

respirable adj. Que se puede respirar.

respiración f. Función común a toda célula viviente que consiste en un in-

tercambio gaseoso (absorción de oxígeno y expulsión de gas carbónico). || Aliento: *perder la respiración.* || Ventilación de un aposento o lugar cerrado. || *Respiración artificial,* tratamiento de la asfixia o de las parálisis respiratorias mediante la provocación manual o mecánica de las contracciones de la caja torácica, de modo que se restablezca la circulación del aire en los pulmones.

respiradero m. Abertura por donde entra y sale el aire: *los respiraderos del sótano.* || Orificio de aeración practicado en una canalización o en un molde. || *Fig.* Respiro o descanso.

respirador, ra adj. Que respira. || Aplícase a los músculos que sirven para la respiración (ú. t. c. m.).

respirar v. i. Aspirar y expeler el aire para renovar el oxígeno del organismo. || *Fig.* Vivir: *lo sé desde que respiro.* | Recuperar el aliento, tener un poco de tranquilidad: *déjame respirar.* || — *Fig. y fam.* No dejar respirar a uno, no dejarlo un solo momento, no darle descanso. | *No respirar,* no decir nada. | *Sin respirar,* sin descanso. || — V. t. Aspirar por las vías respiratorias: *respirar aire puro.* || *Fig.* Expresar, reflejar, ser testimonio de: *su cara respira una gran felicidad después del matrimonio.*

respiratorio, ria adj. Relativo a la respiración.

respiro m. Respiración. || *Fig.* Descanso, pausa, reposo. | Alivio en una preocupación o angustia. | Tregua. | Prolongación del plazo o un pago que se le da a un deudor.

*resplandecer v. t. Brillar: *un objeto metálico resplandecía a lo lejos.* || *Fig.* Mostrar, rebosar, despedir: *su rostro resplandece de felicidad.* | Sobresalir, descollar.

resplandeciente adj. Que resplandece. || *Fig.* Radiante, rebosante: *resplandece de salud.*

resplandecimiento m. Resplandor.

resplandor m. Luz muy intensa o brillo que despide el Sol u otro cuerpo luminoso. || *Fig.* Brillo.

responder v. t. Dar a conocer alguien, después de una pregunta, su pensamiento por medio de la voz o de un escrito. || Afirmar, asegurar: *le respondo que es así.* || — V. i. Dar una respuesta: *no responde nadie.* || Replicar en lugar de obedecer: *no respondas a tus padres.* || Enviar una carta en correspondencia a otra. || Decir la opinión de uno, replicar: *argumento difícil de responder.* || Contestar a la llamada de alguien: *toqué el timbre y nadie respondió.* || Presentarse, personarse alguien cuando ha sido requerido: *responder a un llamamiento militar.* || Deberse: *¿a qué responde tanta insistencia?* || *Fig.* Salir fiador, garantizar: *responde de su solvencia.* | Corresponder, devolver: *responder a los favores recibidos.* | No frustrar, no defraudar: *responder a las esperanzas depositadas en él.* | Obrar de cierta forma: *responder a la fuerza con la fuerza.* | Asumir la responsabilidad, ser responsable de: *no respondo de lo que hacer en tal caso.*

respondón, ona adj. Dícese de la persona que replica a todo lo que se le dice (ú. t. c. s.).

responsabilidad f. Obligación de responder de los actos que alguien ejecuta o que otros hacen: *cargar con la responsabilidad.* || *Responsabilidad civil*, obligación impuesta por la ley de reparar los daños y perjuicios causados a otro por el incumplimiento de un contrato o por un acto delictuoso.

responsabilizarse v. pr. Asumir la responsabilidad.

responsable adj. Que es responsable de los actos que ejecuta uno u otra persona (ú. t. c. s.).

responsiva f. *Méx.* Fianza. || *Méx. Responsiva médica*, responsabilidad que un médico contrae ante las autoridades sobre el paciente que tenga a su cuidado.

responso m. Rezo o canto litúrgico en honor de los difuntos.

respuesta f. Palabra o escrito dirigido en correspondencia a lo que se ha dicho, escrito o preguntado: *respuesta categórica.* || Carta escrita para responder a otra: *mi respuesta sólo tenía diez líneas.* || *Fig.* Contestación: *la indiferencia es la mejor respuesta a sus groserías.* | Reacción: *la respuesta de los agredidos no se hizo esperar.* | *Fig. Dar la callada por respuesta*, no dignarse contestar.

resquebradura f. Grieta.

resquebrajadizo, za adj. Que se agrieta fácilmente.

resquebrajadura f. o **resquebrajamiento** m. Grieta.

resquebrajar v. t. Hender ligera o superficialmente algunos cuerpos duros, como la loza, la madera (ú. t. c. pr.). || Grietear la pintura (ú. t. c. pr.).

*resquebrar v. t. Resquebrajar.

resquemor m. Escozor. || Desazón, inquietud, desasosiego. || Enfado, disgusto. || Remordimiento.

resquicio m. Abertura estrecha entre el quicio y la puerta. || *Por ext.* Cualquier abertura estrecha. || *Fig.* Posibilidad: *un resquicio de esperanza.*

resta f. Sustracción, operación de restar. || Su resultado.

*restablecer v. t. Volver a poner en el primer estado: *restablecer las comunicaciones* (ú. t. c. pr.). || Recuperar la salud: *restablecido de su enfermedad.* || Volver a colocar a alguien en su puesto, categoría, clase, empleo. || Hacer renacer, instaurar: *restablecer el orden, la paz, la justicia* (ú. t. c. pr.). || — V. pr. Recobrar la salud: *se restableció de la enfermedad.*

restablecimiento m. Acción y efecto de restablecer o restablecerse.

restallar v. t. Chasquear, producir un ruido seco: *el látigo restallaba; restallar la lengua.*

restante adj. Que resta o queda: *el único restante de la familia.* || *Lo restante*, el resto.

restañadero m. Estuario.

restañadura f. y **restañamiento** m. Acción de volver a estañar. || Detención de la salida de la sangre de una herida.

restañar v. t. Volver a estañar. || Detener la salida de la sangre de una herida (ú. t. c. pr.). || *Fig.* Reparar, curar: *restañar las heridas de la guerra.*

restaño m. Restañadura.

restar v. t. Sustraer, hallar la diferencia entre dos cantidades: *restar cinco de diez.* || Quedar: *nos resta algo de vino.* || *Fig.* Quitar: *restar importancia, autoridad.* || En el tenis, devolver la pelota. || — V. i. Quedar o faltar: *en lo que resta del año.*

restauración f. Acción y efecto de restaurar: *la restauración de un cuadro.* || Restablecimiento de un régimen político en un país: *la restauración de la Monarquía.*

restaurador, ra adj. Dícese de la persona que restaura, especialmente obras de arte y objetos antiguos (ú. t. c. s.).

restaurant [-*torán*] m. (pal. fr.). Restaurante.

restaurante m. Establecimiento público donde se sirven comidas. || *Coche o vagón restaurante*, coche de ferrocarril dispuesto como comedor.

restaurar v. t. Restablecer en el trono: *restaurar a los Estuardos.* || Reparar, arreglar, poner nuevamente en su primitivo aspecto: *restaurar un edificio, una obra de arte.*

restirador m. *Méx.* Mesa especial para dibujo que puede colocarse en varios ángulos de inclinación.

restirar v. t. *Méx.* Estirar hasta el límite.

restitución f. Devolución de una cosa a quien la poseía.

restituible adj. Que se debe restituir.

restituidor, ra adj. Que restituye o devuelve (ú. t. c. s.).

*restituir v. t. Devolver lo que ha sido tomado o que se posee indebidamente. || Poner de nuevo una cosa en el estado que ya estuvo. || — V. pr. Volverse al lugar, empezar de nuevo la actividad, etc., después de una ausencia.

restitutorio, ria adj. Relativo a la restitución.

resto m. Aquello que queda, que subsiste de un conjunto del que se ha quitado una o varias partes. || Lo que hay además de algo: *sé una parte y sabré pronto el resto.* || Resultado de una sustracción. || En la división, diferencia entre el dividendo y el producto del divisor por el cociente. || Jugador que en el tenis devuelve la pelota lanzada por el que saca. || Envite en que se juega toda la cantidad de dinero que se arriesga en una partida de cartas. || *Fig.* Lo que queda en poca cantidad: *aún hay un resto de esperanza.* || — Pl. Ruinas, vestigios de un monumento. || Cuerpo humano después de muer-

to: *los restos mortales.* || Desperdicios, desechos, sobras: *restos de comida.* || *Fig.* Huella. || *Echar el resto*, poner un jugador todo el dinero que le queda en una jugada; (fig. y fam.) realizar el máximo esfuerzo para obtener algo.

restorán m. Restaurante.

restregadura f. Acción de restregar o restregarse. || Señal que queda. || Refregadura.

*restregar v. t. Frotar con fuerza una cosa con otra: *restregar el suelo con un cepillo, la ropa.* || *Fig.* y *fam.* Echar en cara repetidamente los favores que se han hecho: *siempre me está restregando su ayuda económica.*

restregón m. Restregadura.

restricción f. Limitación: *restricción de la libertad.* || Disminución de los gastos. || *Restricción mental*, negación que se hace mentalmente para no cumplir lo que se dice. || — Pl. Medidas de racionamiento decretadas en época de escasez: *restricciones eléctricas.*

restrictivo, va y **restringente** adj. Que restringe: *cláusula restrictiva.*

restringir v. t. Disminuir, limitar, reducir a menores límites: *restringir los privilegios.* || Reducir los gastos (ú. t. c. pr.).

resucitado, da adj. Que vuelve a la vida (ú. t. c. s.).

resucitador, ra adj. y s. Que hace resucitar.

resucitar v. t. Hacer que un muerto vuelva a la vida: *Cristo resucitó a Lázaro.* || *Med.* Reanimar a un muerto aparente. || *Fig.* Restablecer, hacer revivir, renovar: *resucitar una vieja costumbre.* | Reanimar: *este vinillo resucita a un muerto.* || — V. i. Volver a la vida, revivir: *Cristo resucitó al tercer día.*

resuelto, ta adj. Audaz, decidido: *un hombre muy resuelto.* || Firme: *tono resuelto.*

resuello m. Aliento o respiración, especialmente la violenta. || *Fig.* y *fam. Meterle a uno el resuello en el cuerpo*, intimidarle.

resulta f. Efecto, consecuencia. || *De resultas de*, a causa de, a consecuencia de.

resultado m. Lo que resulta de una acción, un hecho, un cálculo: *el resultado de un examen.*

resultando m. *For.* Cada uno de los párrafos que enuncian los fundamentos de hecho en que se basan las decisiones o sentencias judiciales: *los resultandos de un fallo, de una sentencia.*

resultante adj. Que resulta. || — F. *Fís.* Fuerza o vector que resulta de la composición de otras.

resultar v. i. Nacer, originarse o venir una cosa de otra: *los males que resultan de la guerra.* || Salir, venir a ser: *el plan resultó un fracaso.* || Dar un resultado acorde con lo que se esperaba: *la fiesta no ha resultado.* || Salir, venir a costar: *el litro resultó a doce euros el litro.* || Obtenerse, dar como resultado: *ahora resulta que él fue el res-*

ponsable. || Producir efecto bueno o malo: *este collar resulta muy bien con este vestido*. || Convenir, agradar: *eso no me resulta*.

resumen m. Exposición breve de una cosa: *un resumen histórico, el resumen de un discurso*. || En resumen, en pocas palabras.

resumidero m. *Amer.* Sumidero.

resumir v. t. Abreviar, reducir a términos breves y precisos: *resumir un discurso, un libro*. || — V. pr. Reducirse, resultar de menos importancia que lo previsto: *el mitin se resumió en una simple reunión de amigos*.

resurgimiento m. Acción de resurgir. || Renacimiento, regeneración: *el resurgimiento de la economía nacional*.

resurgir v. i. Surgir de nuevo, volver a aparecer. || *Fig.* Resucitar: *una moda que resurge*.

resurrección f. Acción de resucitar. || Por antonomasia, la de Jesucristo. || *Teol.* La de todos los muertos en el día del Juicio final: *la resurrección de la carne*.

retablo m. Elemento arquitectónico que se coloca encima de un altar y que sirve para su decoración. || Conjunto de figuras pintadas o de talla que representan en serie una historia. || Representación teatral de un pasaje de la historia sagrada.

retaco m. Escopeta corta muy reforzada en la recámara. || En el billar, taco más corto que los demás. || *Fam.* Hombre rechoncho.

retacón, na adj. *Fam. Arg., Parag., Per. y Urug.* Retaco, persona baja y rechoncha.

retador, ra adj. Que desafía (ú. t. c. s.).

retaguardia f. Espacio que se extiende detrás de una formación militar en guerra. || Parte de la zona de los ejércitos, entre la zona de vanguardia y la del interior del país, en la que están los almacenes, establecimientos y servicios de las tropas en campaña. || Parte rezagada de una formación militar que atiende a cualquier necesidad de las unidades que están en la línea del frente.

retahíla f. Serie de cosas que están, suceden o se mencionan por su orden: *una retahíla de triunfos*.

retal m. Pedazo que sobra de una tela, piel, chapa, etc.

retalteco, ca adj. y s. De Retalhuleu (Guatemala).

retama f. Arbusto papilionáceo, de pequeñas flores amarillas. || *Retama negra o de escobas*, planta leguminosa que abunda en España y con la que se hacen escobas.

retar v. t. Provocar, desafiar a duelo o contienda. || Acusar de alevosía: *retar de conjurado*.

retardar v. t. Diferir, retrasar, hacer que una cosa ocurra más tarde: *retardar la salida de un tren*. || Frenar, obstaculizar: *retardar el avance del enemigo*. || *Bomba de efecto retardado*, la que está provista de un dispositivo pa-

ra que la explosión se produzca cierto tiempo después de que se encienda.

retardatario, ria adj. Que tiende a producir retraso.

retardatriz adj. f. Que retarda o retrasa: *fuerza retardatriz*.

retardo m. Retraso, demora.

retazo m. Retal o pedazo de una tela. || *Fig.* Fragmento de un escrito o discurso.

retejer v. t. Tejer muy tupido.

***retemblar** v. i. Temblar.

retén m. Grupo de hombres o tropa acuartelados con objeto de prestar un servicio colectivo en caso de necesidad: *retén de bomberos*. || *Tecn.* Pieza que sirve para inmovilizar a otra. || Repuesto, provisión: *tener azúcar de retén*.

retención f. Conservación de algo en la memoria. || Acción de retener o retenerse. || Parte que se retiene de un sueldo o salario. || *Med.* Conservación de un líquido, que debe normalmente ser expulsado, en una cavidad del cuerpo: *retención de orina*.

***retener** v. t. Impedir que uno se vaya, obligar a que alguien permanezca en un lugar: *quiso emigrar, pero su familia le retuvo*. || Guardar uno lo que es de otro: *retener los bienes ajenos*. || No dejar pasar, conservar: *este montículo retiene el agua*. || Deducir, descontar una cantidad en un sueldo. || Detener, parar, aguantar: *retén a este caballo antes de que se escape*. || Impedir la manifestación de algo, contener. || No dejar obrar: *le retuvo el miedo*. || Conservar en la memoria: *retener un nombre, una dirección*. || Contener: *retener el aliento*. || — V. pr. Moderarse, contenerse.

retentivo, va adj. y s. Capaz de retener. || — F. Facultad de acordarse, memoria.

reticencia f. Omisión voluntaria de lo que se debería o pudiera decir, con intención malévola.

reticente adj. Que usa reticencias o contiene reticencia. || Reacio.

rético, ca adj. y s. De la ant. Retia. || — M. Lengua romántica hablada en Suiza oriental (ant. Retia), el Tirol y Friul.

retícula f. Retículo. || En artes gráficas, trama.

reticulado, da adj. Reticular.

reticular adj. De forma de red.

retículo m. Tejido de forma de red. || *Fís.* Anillo provisto de hilos finísimos que se cruzan perpendicularmente y que, montado en un instrumento óptico, permite precisar la visual. || En los rumiantes, segunda de las cuatro cavidades del estómago.

retina f. Membrana interna del ojo formada por la expansión del nervio óptico, en la que se reciben las impresiones luminosas.

retiniano, na adj. Relativo a la retina.

retintín m. Sonido prolongado que la vibración de un cuerpo sonoro deja

en los oídos. || *Fig. y fam.* Tonillo irónico con que se recalca una expresión mordaz: *me lo preguntó con retintín*.

retinto, ta adj. Dícese del animal de color muy oscuro.

retirado, da adj. Apartado, alejado, poco frecuentado: *barrio retirado*. || Solitario: *vida retirada*. || — Adj. y s. Dícese de los militares o empleados que han dejado ya de prestar servicio activo. || — F. Retroceso de un ejército. || Retreta, toque militar: *tocar retirada*. || Acción de retirar: *la retirada de una moneda*. || Estado de lo que vuelve atrás: *la retirada del mar*. || Acto por el cual se da fin a una actividad: *la retirada de un actor, de un torero*. || Abandono en una competición: *la retirada de un equipo*.

retirar v. t. Apartar, quitar: *retirar los platos de la mesa*. || Sacar: *retirar dinero del banco*. || Quitar de la circulación: *retirar una moneda*. || Jubilar: *retirar anticipadamente a un empleado*. || *Fig.* Desdecirse, retractarse: *retiro lo dicho*. | Dejar de otorgar: *retirar la confianza a uno*. || *Impr.* Estampar por el revés el pliego cuya tira no está por la otra cara. || — V. pr. Dejar el trato con la gente: *retirarse en un convento*. || Cesar un funcionario o empleado sus actividades, jubilarse: *retirarse del ejército*. || Abandonar una competición: *se retiró del campeonato*. || Recogerse, irse: *retirarse a dormir*.

retiro m. Acción de abandonar un empleo, los negocios, el servicio activo. || Situación del militar o del funcionario retirado: *llegar a la edad del retiro*. || Pensión que se cobra en este caso. || Lugar apartado donde uno se retira. || Alejamiento de las cosas profanas durante un cierto período de tiempo para dedicarse a ejercicios piadosos y a la meditación.

reto m. Desafío.

retobado, da adj. y s. *Amér. C., Ecuad. y Méx.* Respondón, rebelde. || *Riopl.* Enojado, airado.

retobar v. t. *Arg. y Urug.* Forrar o cubrir con cuero. || *Bol., Chil. y Per.* Envolver con cuero o arpillera. || *Méx.* Rezongar, responder de mala manera. || — V. pr. *Arg. y Urug.* Rebelarse, enojarse.

retobo m. *Arg., Chil., Parag., Per. y Urug.* Acción y efecto de retobar. || *Chil.* Arpillera, tela con que se retoba.

retocado m. Retoque.

retocador, ra adj. y s. Que retoca fotografías.

retocar v. t. Dar la última mano a una cosa, perfeccionarla, hacer correcciones o modificaciones: *retocar un texto*. || Corregir en una pintura, un grabado, una fotografía las pequeñas imperfecciones. || Tocar de nuevo o insistentemente. || Rectificar una prenda de vestir para adaptarla mejor al comprador.

retomar v. t. Volver sobre algo que había quedado inconcluso.

retoñar y ***retoñecer** v. i. Echar nuevos brotes una planta.

retoño m. Vástago o tallo que echa de nuevo la planta, brote. || *Fig.* Hijo de poca edad.

retoque m. Modificación hecha para mejorar: *retoque de fotografías.* || Rectificación de un traje de confección hecha después de que se lo ha probado el comprador. || Pincelada de corrección que hace el pintor en un cuadro propio o en otro que restaura.

retorcedura f. Retorcimiento.

*retorcer v. t. Torcer mucho una cosa dándole vueltas: *retorcer un alambre.* || *Fig.* Volver un argumento contra aquel que lo emplea. | Tergiversar, dar un significado falso a lo afirmado por otro. || — V. pr. Doblarse, enrollarse: *el cordón se retorció.* || — *Fig. Retorcerse de dolor,* manifiesta visiblemente un dolor muy violento. | *Retorcerse de risa,* reír mucho.

retorcido, da adj. *Fig.* Tortuoso, maligno, perverso: *tenía una mentalidad muy retorcida.* | Rebuscado, afectado: *lenguaje retorcido.*

retoricismo m. Uso exagerado de las reglas de retórica.

retórico, ca adj. De la oratoria o de la retórica. || *Fig.* Afectado, amanerado, atildado. || Dícese de la persona especialista en retórica (ú. t. c. s.). || — F. Conjunto de reglas y principios referentes al arte de hablar o escribir de manera elegante. || *Fig.* Grandilocuencia afectada. | Palabrería: *todo eso es retórica.*

retornar v. t. Devolver, restituir: *retornar lo prestado.* || — V. i. Volver.

retorno m. Acción de retornar.

retorrománico, ca y **retorromano, na** adj. y s. m. Rético.

retorsión f. Acción de volver un argumento contra el que lo emplea. || Represalia: *medidas de retorsión.*

retorta f. Vasija de laboratorio con cuello largo y encorvado.

retortero m. Vuelta. || — *Fam. Andar al retortero,* tener demasiadas cosas a que atender al mismo tiempo. | *Traer a uno al retortero,* hacerle ir de un lado para otro.

retortijón m. Retorcimiento de una cosa. || *Retortijones de tripas,* dolor intestinal breve y agudo.

retostado, da adj. Oscuro.

*retostar v. t. Volver a tostar o tostar mucho una cosa. || Broncear la piel.

retozador, ra adj. Retozón.

retozar v. i. Saltar y brincar alegremente. || Travesear, juguetear: *retozar los niños, los cachorros.* || Coquetear: *retozar con las mujeres.*

retozo m. Acción de retozar.

retozón, ona adj. Inclinado a retozar, juguetón: *niño retozón.*

retracción f. *Med.* Reducción del volumen de ciertos tejidos u órganos.

retractable adj. Que se puede o debe retractar.

retractación f. Acción de desdecirse de lo dicho o hecho.

retractar v. t. Retirar lo dicho o hecho, desdecirse de ello. Ú. m. c. pr.: *retractarse de una opinión.* || Ejercitar el derecho de retracto.

retráctil adj. Contráctil, que puede retirarse y quedar oculto: *las uñas retráctiles de los félidos.* || Dícese de un órgano mecánico saliente que se puede hacer desaparecer u ocultar cuando no funciona: *tren de aterrizaje retráctil.*

retractilidad f. Condición de retráctil.

retracto m. Derecho que tienen ciertas personas de adquirir, por el tanto de su precio, la cosa vendida a otro.

*retraer v. t. Volver a traer. || Retirar contrayendo, encoger: *el caracol retrae los cuernos* (ú. t. c. pr.). || Ejercitar el derecho de retracto. || — V. pr. Acogerse, ampararse, refugiarse: *retraerse a sagrado.* || Hacer vida retirada, aislarse. || Apartarse temporalmente: *retraerse de sus funciones políticas.*

retraído, da adj. Dícese de la persona refugiada en lugar sagrado. || *Fig.* Que gusta de la soledad, solitario. || Poco comunicativo, corto, tímido.

retraimiento m. Acción de retraerse. || *Fig.* Cortedad, reserva.

retranca f. Especie de ataharre para las caballerías de tiro. || *Fig. Tener mucha retranca,* ser de mucho cuidado. || *Méx.* Echar retranca a un negocio, detenerlo.

retranquear v. t. Bornear.

retransmisión f. Acción y efecto de retransmitir.

retransmitir v. t. Volver a transmitir: *retransmitir un mensaje.* || Difundir directamente una transmisión, un espectáculo, por radio o por televisión.

retrasado, da adj. Que llega con retraso (ú. t. c. s.). || Que está más atrás de lo que en realidad se debe: *retrasado en estudios, en la industria.* || Dícese del reloj que señala una hora anterior a la que realmente es. || Inadecuado a la época actual: *costumbres retrasadas.* || Poco desarrollado o culto: *naciones retrasadas.* || Que ha quedado de días anteriores: *pan retrasado.* || Que ha pasado ya el momento en que se debía hacer algo: *estoy retrasado en el pago del alquiler.* || — *Retrasado de noticias,* dícese del que no está al tanto de las nuevas actuales. || *Retrasado mental,* débil mental.

retrasar v. t. Diferir, aplazar, dejar para más tarde: *retrasar la marcha.* || Hacer llegar más tarde de lo que se debe: *la huelga de transportes ha retrasado a los obreros.* || Hacer obrar más lentamente que lo que se debe: *este retrasa mi trabajo.* || Poner las agujas de un reloj a una hora inferior a la que realmente es. || — V. i. Funcionar un reloj a un ritmo inferior al del paso del tiempo. || Ir en sentido contrario al del progreso: *este país retrasa.* || Rezagarse: *retrasar en los estudios.* || — V. pr. Llegar más tarde: *retrasarse a causa de la circulación dificultosa.* || Demorarse: *retrasarse el fin.* || Atrasarse, coger retraso: *el avión se retrasó.*

retraso m. Acción, hecho de llegar demasiado tarde, de hacer algo más tarde de lo que se debía. || Demora: *el retraso del avión.* || Atraso, condición de los pueblos poco desarrollados. || Tiempo que retrasa un reloj. || Lo que está aún sin hacer y debía haberse hecho: *pagar los retrasos.* || Debilidad: *retraso mental.*

retratar v. t. Pintar, dibujar o fotografiar la figura de alguna persona o cosa. || *Fig.* Describir con exactitud a una persona o cosa: *retratar las costumbres gauchas.* || — V. pr. Reflejarse. | Sacarse una fotografía. || *Pop.* Pagar.

retratería f. *Amer.* Estudio de fotógrafo.

retratista com. Persona que hace retratos.

retrato m. Representación de la figura de una persona, animal o cosa hecha en dibujo, pintura o fotografía. || *Fig.* Descripción, física o moral, de una persona o de una cosa. | Lo que se parece mucho: *es el vivo retrato de su madre.*

retrechería f. *Fam.* Encanto.

retrechero, ra adj. *Fam.* Encantador, simpático.

retrepado, da adj. Inclinado o echado hacia atrás.

retreparse v. t. Echar hacia atrás la parte superior del cuerpo.

retreta f. Toque militar para anunciar la retirada y para que la tropa se recoja por la noche en el cuartel. || Fiesta nocturna militar. || *Amer.* Serie, retahíla.

retrete m. Habitación y receptáculo destinados a la evacuación de los excrementos.

retribución f. Paga, remuneración por algún trabajo o servicio.

*retribuir v. t. Pagar, dar dinero a otra cosa a uno por un trabajo o servicio recibido. || *Amer.* Corresponder a un favor.

retributivo, va y **retribuyente** adj. Que retribuye.

retro V. RETROVENTA.

retroacción f. Retroactividad.

retroactividad f. Aplicación a tiempo pasado de los efectos de una ley, de una sentencia, de un acto jurídico.

retroactivo, va adj. Que obra o tiene fuerza sobre lo pasado: *ley retroactiva.*

retroceder v. i. Volver hacia atrás. || *Fig.* Ceder, desistir. || Remontarse: *retroceder al siglo pasado.* || Ceder, retirarse ante el enemigo. || *Autom.* Pasar a una velocidad inferior. || Tener retroceso un arma de fuego.

retrocesión f. Retroceso. || Acción y efecto de ceder a uno el derecho o cosa que él había cedido.

retrocesivo, va adj. Que supone retrocesión.

retroceso m. Acción y efecto de retroceder. || Movimiento hacia atrás que hace un arma de fuego al dispararla. || *Fig.* Regresión. || *Med.* Recrudescencia de una enfermedad.

retrocohete m. Cohete que frena a otro cohete en astronáutica.

retrogradación f. Retroceso de los planetas en su órbita.

retrogradar v. i. Retroceder, volver atrás. || Retroceder aparentemente los planetas en su órbita, vistos desde la Tierra.

retrógrado, da adj. Que va hacia atrás: *movimiento retrógrado de un planeta*. || *Fig.* Reaccionario, opuesto al progreso: *hombre retrógrado* (ú. t. c. s.). || *Astr.* y *Mec.* Dícese de un movimiento en el mismo sentido que el de las agujas de un reloj.

retrogresión f. Retroceso.

retropropulsión f. Frenado, mediante un cohete, de un vehículo espacial.

retrospección f. Mirada o examen retrospectivo.

retrospectivo, va adj. Que se refiere a un tiempo pasado.

*retrotraer v. t. *For.* Considerar una cosa como sucedida antes del tiempo en que realmente ocurrió. || Retroceder a un tiempo o hecho anterior para explicar algo.

retrovender v. t. Devolver el comprador una cosa al mismo de quien la compró, devolviéndole éste el precio.

retroventa f. Acción de retrovender.

retroversión f. Desviación hacia atrás de algún órgano del cuerpo: *retroversión de la matriz*.

retrovisor m. Espejo, colocado en la parte superior del interior de un parabrisas o en un guardabarros, que permite al conductor de un vehículo ver lo que hay detrás.

retruécano m. Figura de retórica que consiste en poner una frase al revés, repitiendo las palabras de ésta con orden y régimen inversos, lo que trae consigo que el sentido cambie completamente: *ni son todos lo que están, ni están todos los que son*. || Juego de palabras que se hace con el empleo de vocablos parónimos, pero con distintos significados.

retumbante adj. Que retumba. || *Fig.* Aparatoso, ostentoso.

retumbar v. i. Resonar: *la sala retumbaba con los aplausos*. || Hacer gran ruido: *retumbó el trueno*.

reúma o **reuma** m. o f. Reumatismo: *aquejado de reúma*.

reumático, ca adj. Que padece reumatismo (ú. t. c. s.). || Relativo a esta enfermedad: *enfermedad reumática de carácter grave*.

reumatismo m. Enfermedad caracterizada por dolores en las articulaciones, los músculos, las vísceras, etc.: *reumatismo articular*.

reunificación f. Acción y efecto de reunificar.

reunificar v. t. Volver a unir.

reunión f. Acción de reunir o reunirse. || Conjunto de personas reunidas: *reunión sindical, política*.

reunir v. t. Volver a unir: *reunir los fragmentos de una vasija rota*. || Hacer de dos o más cosas una sola: *reunir*

---

dos pisos. || Juntar, congregar: *reunir a los asociados*. || Tener ciertas condiciones: *los que reúnan estos requisitos pueden venir*. || Recoger, coleccionar: *reunir sellos*. || Concentrar, coordinar: *reunir sus fuerzas*. || — V. pr. Juntarse.

reutilizar v. t. Utilizar de nuevo una cosa.

revacunación f. Acción y efecto de revacunar.

revacunar v. t. Vacunar al que ya está vacunado.

reválida f. Examen final para obtener un grado universitario: *reválida de bachillerato*.

revalidación f. Acción y efecto de revalidar.

revalidar v. t. Ratificar, dar nuevo valor y firmeza a una cosa: *revalidar un título académico*. || — V. pr. Recibirse o aprobarse en una facultad: *revalidarse en medicina, en farmacia*.

revalorización f. Acción de dar a una moneda devaluada todo o parte del valor que tenía. || Acción de paliar los efectos de una devaluación monetaria en los ingresos fijos.

revalorizar v. t. Hacer una revalorización.

revancha f. Desquite.

revanchista adj. y s. Que tiene grandes deseos de tomarse la revancha.

revelación f. Acción de revelar aquello que era secreto o una cosa revelada. || Aquello que una vez conocido hace descubrir otras cosas. || Persona que pone de manifiesto en un momento determinado sus excelentes cualidades para algo: *fue la revelación de la temporada*. || Por antonomasia, acción de Dios que manifiesta a los hombres verdades inasequibles a la sola razón. || La religión revelada.

revelado m. Operación de revelar una película fotográfica.

revelador, ra adj. Que pone de manifiesto: *carta reveladora*. || Dícese de la persona que revela algo (ú. t. c. s.). || — M. Baño que permite transformar la imagen latente de una película fotográfica en imagen visible.

revelar v. t. Dar a conocer lo que estaba secreto, oculto o desconocido. || Divulgar. || Ser señal o indicio de: *su cara revelaba terror*. || Dar a conocer por revelación divina. || Mostrar, poner de manifiesto: *estos dibujos revelan su estilo vanguardista*. || Hacer visible, con ayuda de un revelador, la imagen latente obtenida en una película fotográfica. || — V. pr. Manifestarse: *se reveló un gran artista*.

revendedor, ra adj. y s. Dícese de la persona que vende con lucro lo que ha comprado.

revender v. t. Vender lo que se ha comprado con fines de lucro.

reventa f. Venta, con fines de lucro, de lo que se ha comprado.

reventadero m. Trabajo muy cansado o agotador.

reventado, da adj. Agotado.

---

reventador, ra m. y f. Persona que va al teatro o a otro espectáculo para mostrar su desagrado ruidosamente.

*reventar v. i. Estallar, romperse una cosa a causa de una fuerza interior: *reventar un globo, un neumático* (ú. t. c. pr.). || Deshacerse en espuma las olas en los peñascos. || *Fig.* y *fam.* Desear anhelosamente: *está que revienta por ir al cine*. | Estallar, prorrumpir: *reventar de risa*. | Estar lleno de: *reventar de orgullo*. | Morir. || *Reventado de cansancio*, cansadísimo. || — V. t. Romper una cosa aplastándola. || *Fig.* y *fam.* Fatigar, cansar en exceso. | Molestar, fastidiar. || — V. pr. *Fig.* y *fam.* Fatigarse mucho: *mi padre se revienta trabajando*.

reventón adj. *Clavel reventón*, clavel doble. || — M. Acción de reventar, pinchazo de un neumático. || *Fig.* Fatiga grande. || Trabajo intenso. | Muerte. || *Amer.* Afloramiento de un filón. || *Darse un reventón de trabajar*, trabajar mucho.

reverberación f. Reflexión de la luz o del calor. || Persistencia de las sensaciones auditivas en un local después de la emisión de un sonido.

reverberar v. i. Reflejarse la luz en un objeto brillante. || — V. t. Reflejar, proyectar la luz, el calor. || — V. pr. Reflejarse: *el sol se reverberaba en las casas blancas*.

reverbero m. Espejo reflector, generalmente de metal, que se adapta a una lámpara para hacer converger la luz en un punto. || Farol de cristal para iluminar. || *Amer.* Infiernillo, cocinilla. || *Horno de reverbero*, horno en que la carga se calienta indirectamente por medio de una bóveda o techo a gran temperatura.

*reverdecer v. i. Ponerse verdes otra vez las plantas, los campos. || *Fig.* Renovarse, tomar nuevo vigor: *reverdecían las nuevas doctrinas totalitarias*. || — V. t. Hacer que cobre nueva importancia: *allí reverdeció sus antiguas glorias*.

reverencia f. Profundo respeto. || Movimiento del cuerpo que se hace para saludar ya sea inclinándose, ya sea doblando las rodillas. || Título honorífico que se daba a los religiosos que eran sacerdotes. (En este caso hay que escribirlo con mayúscula: *Su Reverencia*.)

reverenciar v. t. Honrar, respetar, venerar, tratar con reverencia.

reverendísimo, ma adj. Tratamiento que se da a los cardenales, arzobispos y algunas otras altas dignidades eclesiásticas.

reverendo, da adj. y s. Tratamiento que se da a las dignidades eclesiásticas. || — Adj. *Fam.* Descomunal, tremendo, enorme: *una reverenda porquería*.

reverente adj. Respetuoso. || Que es demasiado ceremonioso.

reversibilidad f. Condición de reversible.

reversible adj. Dícese de los bienes que, en ciertos casos, deben volver al

REV

propietario que dispuso de ellos. || Aplícase a una renta o pensión que ha de beneficiar a otra persona después de la muerte del titular. || Dícese de un traje que está hecho para que pueda ser llevado tanto al derecho como al revés: *abrigo reversible*. || Aplícase a cualquier transformación mecánica, física o química que puede en un momento dado cambiar de sentido a causa de una modificación en las condiciones del fenómeno. || *Por ext.* Dícese de un fenómeno en el que el efecto y la causa pueden ser invertidos.

reversión f. Derecho que tiene el donante de recuperar los bienes de que se había desposeído.

reverso m. Lado opuesto al principal, revés: *el reverso de un tapiz, de una moneda*. || *Fig. El reverso de la medalla*, persona o cosa de cualidades opuestas a las de otra.

*revertir v. i. Volver una cosa al estado que antes tenía. || Volver una cosa a la propiedad del dueño que antes tuvo. || Resultar, resolverse en.

revés m. Lado opuesto al principal: *el revés de un tejido, de la mano.* || Golpe dado con la parte contraria a la palma de la mano. || En tenis, golpe dado con la raqueta de izquierda a derecha. || *Fig.* Contratiempo, hecho desafortunado: *los reveses de la vida.* || Derrota: *revés militar.* || — *Al revés*, en sentido contrario al normal: *ponerse la camisa al revés; de forma opuesta: hazlo al revés y te saldrá mejor; en sentido inverso: todo lo entiendes al revés.* || *Al revés de*, al contrario de. || *Del revés*, con lo de arriba abajo, con lo que debe ir al interior del exterior, etc.

revestimiento m. Capa con la que se recubre algo. || Parte que se ve de una calzada, acera, etc.

*revestir v. t. Cubrir con una capa. || Ponerse un traje (ú. t. c. pr.). || *Fig.* Cubrir, dar un aspecto. || — V. pr. *Fig.* Armarse, ponerse en disposición de ánimo para conseguir un fin: *revestirse de paciencia.*

revigorar y **revigorizar** v. t. Dar nuevo vigor.

revisable adj. Que se puede revisar.

revisar v. t. Volver a ver, someter una cosa a nuevo examen para corregirla: *revisar un texto.* || Examinar con objeto de arreglar, de hacer que funcione bien: *hacer revisar el coche.* || Controlar: *revisar los pasaportes.*

revisión f. Control de los billetes en un transporte público. || Verificación: *revisión de cuentas.* || Inspección: *revisión de armamento.* || Examen para ver el estado de funcionamiento de algo: *revisión del coche.* || Modificación de un texto jurídico para adaptarlo a una situación nueva: *revisión de la Constitución.*

revisionismo m. Actitud de los que discuten las bases de una doctrina.

revisionista adj. Relativo al revisionismo. || Partidario de él (ú. t. c. s.).

revisor, ra adj. Que revisa o inspecciona. || — M. Empleado que comprueba que los viajeros tienen billete.

revista f. Examen detallado de algo, enumeración: *pasar revista a sus errores.* || Publicación periódica sobre una o varias materias: *revista cinematográfica.* || Sección en un periódico encargada de hacer una reseña de carácter crítico. || Inspección de los efectivos, armas y materiales de una tropa: *pasar revista a un regimiento.* || Formación de un cuerpo de ejército para que sea inspeccionado. || Espectáculo teatral de carácter frívolo compuesto de cuadros sueltos.

revistar v. t. Pasar revista.

revistero, ra m. y f. Persona que escribe revistas en un periódico: *revistero taurino, teatral, cinematográfico.*

revitalizar v. t. Dar nueva vida.

revivificación f. Reanimación.

revivificar v. t. Reavivar, reanimar, dar nueva vida.

revivir v. i. Resucitar. || Volver en sí el que parecía muerto. || Renovarse o reproducirse una cosa: *revivió la lucha.* || — V. t. Evocar, recordar, vivir de nuevo: *no quisiera revivir aquellos apuros.*

revocabilidad f. Condición de revocable.

revocable adj. Que puede ser revocado.

revocación f. Medida disciplinaria tomada contra un funcionario por la que éste se ve desposeído de su función en la administración pública. || Anulación de una disposición de una autoridad por otra distinta. || Acto jurídico con el que una persona anula los efectos de una medida tomada por ella anteriormente: *revocación de un testamento.*

revocador, ra adj. y s. Que revoca. || — M. Albañil que revoca las paredes.

revocadura f. Revoque.

revocar v. t. Anular, declarar nulo: *revocar un testamento, una orden.* || Poner fin a las funciones por medida disciplinaria: *revocar a un funcionario.* || Enlucir y pintar de nuevo las paredes exteriores de un edificio.

revoco m. Revoque.

revolcadero m. Lugar donde suelen revolcarse los animales.

*revolcar v. t. Derribar por tierra, echar al suelo. || *Fig.* Apabullar en una discusión. | Ser infinitamente superior en una contienda. | Suspender en un examen. || — V. pr. Tirarse o echarse en el suelo y dar vueltas sobre sí mismo: *revolcarse en el barro.* || *Fig. y fam.* Revolcarse de risa, reír mucho.

revolcón m. Revuelco. || Caída: *sufrir un revolcón sin consecuencias.*

revolear v. i. Revolotear. || — V. t. *Arg.* Hacer giros con un lazo o una correa.

revolotear v. i. Volar alrededor de algo: *los pájaros revoloteaban de flor en flor.* || Ir dando vueltas por el aire una cosa: *el viento hacía revolotear las hojas secas.*

revoloteo m. Vuelo alrededor de algo. || *Fig.* Revuelo, agitación.

revoltijo y **revoltillo** m. Mezcolanza de cosas revueltas. || Confusión: *estoy hecho un revoltillo.*

revoltoso, sa adj. y s. Travieso, turbulento: *niño revoltoso.* || Promotor de sediciones, rebelde.

revoltura f. *Méx.* Mezcla. || *Méx.* Desorden.

revolución f. Movimiento circular por el que un móvil vuelve a su posición inicial: *la revolución de la Tierra alrededor del Sol.* || Movimiento de una figura alrededor de su eje. || Vuelta: *motor de muchas revoluciones.* || Cambio violento en las estructuras políticas, sociales o económicas de un Estado: *la Revolución Francesa.* || *Fig.* Cambio completo: *revolución en el arte, en la vida de alguien.*

revolucionar v. t. Provocar un cambio con la introducción de principios revolucionarios. || Causar entre la gente agitación, turbación a una viva emoción: *su llegada revolucionó a toda la chiquillería.* || Cambiar, transformar totalmente: *los grandes almacenes han revolucionado el comercio al por menor.*

revolucionario, ria adj. Relativo a las revoluciones. || Originado por ellas: *gobierno revolucionario.* || Que favorece o provoca una revolución, un cambio completo: *teoría revolucionaria.* || Dícese de la persona que es partidaria o que participa en una revolución. Ú. t. c. s.: *los revolucionarios rusos.*

revolvedora f. *Méx.* Máquina que se emplea para hacer hormigón.

*revolver v. t. Remover, mover lo que estaba junto: *revolver papeles.* || Crear el desorden en algo que estaba ordenado: *revolver el cajón.* || Pensar, reflexionar: *lo revolvía en la cabeza.* || Confundir, mezclar sin orden ni concierto: *tiene una serie de conocimientos revueltos.* || Alterar, turbar: *revolver los ánimos.* || Irritar, indignar: *esta noticia me revolvió.* || Causar trastornos: *esto me revuelve el estómago.* || *Fig. Revolver Roma con Santiago*, no dejar piedra sin mover, hacer todo lo posible. || — V. pr. Agitarse, moverse: *revolverse en la cama.* || Encararse, hacer frente: *el toro se revolvió con bravura.* | Revolcarse: *revolverse en la hierba.*

revólver m. Pistola cuya recámara está formada por un tambor detrás del cañón que contiene varias balas.

revoque m. Acción de revocar las paredes. || Mezcla de cal y arena u otro material con que se revoca.

revuelco m. Acción de revolcar o revolcarse.

revuelo m. Segundo vuelo de las aves. || *Fig.* Turbación, agitación, emoción: *la noticia produjo gran revuelo en los ánimos.* || *Amer.* Golpe que da el gallo de pelea con el espolón.

revuelto, ta adj. En desorden: *pelo revuelto.* || Revoltoso, excitado, turbulento: *los niños están revueltos.* || Mezclado: *viven revueltos unos con otros.* || Turbio, poco claro: *líquido revuelto.* || Trastornado: *tiempo revuelto.* || Agitado: *mar revuelto.* || Levantisco, alborotado: *el pueblo está revuelto con esas medidas.* || Dícese de los huevos que, batidos, se cuajan ligeramente en la sartén. || — F. Vuelta: *daba vueltas y revueltas por el mismo sitio.* || Cambio de dirección en un camino, carretera, calle. || Motín, alteración del orden público. || Altercado, disputa.

revulsión f. Irritación local provocada para hacer cesar la congestión o inflamación de una parte del cuerpo o para estimular el sistema nervioso.

revulsivo, va adj. y s. m. Aplícase al medicamento que produce revulsión. || — M. *Fig.* Reacción, cosa que hace reaccionar.

rey m. Monarca o príncipe soberano de un Estado: *rey constitucional.* || *Fig.* El que sobresale entre los demás de su clase: *el león es el rey de los animales.* | El que tiene la supremacía en un campo de actividad: *el rey del petróleo.* || Pieza principal en el juego del ajedrez. || Carta duodécima de un palo de la baraja española: *el rey de copas.* || — *Fig.* A cuerpo de rey, muy bien: *tratado a cuerpo de rey.* || *Día de Reyes,* la Epifanía. || *Fig. Del tiempo del rey que rabió,* en tiempo de Maricastaña, desde época muy remota. || *Libro de los Reyes,* cada uno de los cuatro libros canónicos del Antiguo Testamento que relatan la historia de los reyes judíos. || *Fig. Ni quito ni pongo rey,* no tomo partido por nadie. | *No temer ni rey ni roque,* no tener miedo de nadie. | *Rey de armas,* especialista en heráldica. || *Servir al rey,* hacer el servicio militar. || *Fig. Vivir a cuerpo de rey,* vivir con toda comodidad y lujo.

reyecito m. Pajarillo negro de México.

reyerta f. Riña, pelea.

reyezuelo m. Pájaro cantor, de alas cortas y plumaje vistoso. || Rey de un pequeño Estado.

rezagado, da adj. y s. Que se queda atrás.

rezagar v. t. Dejar atrás. || Aplazar, diferir por algún tiempo la ejecución de una cosa. || — V. pr. Quedarse atrás, retrasarse.

rezar v. t. Dirigir a la divinidad alabanzas o súplicas: *rezar a Dios.* || Recitar una oración. || Decir la misa sin cantarla. || *Fam.* Decir, anunciar: *el calendario reza buen tiempo.* || — V. i. Ser aplicable: *esta ley no reza para los agricultores.* || *Esto no reza conmigo,* esto no me concierne.

rezno m. Larva de un insecto díptero que vive parásito en el buey, el caballo u otros mamíferos.

rezo m. Acción de rezar, oración. || Oficio eclesiástico que se reza diariamente.

rezoca f. *Méx.* Retoño después del segundo corte de la caña de azúcar.

rezongador, ra adj. y s. *Fam.* Que rezonga o refunfuña mucho.

rezongar v. i. *Fam.* Gruñir, refunfuñar. || — V. t. *Amér. C.* Regañar, reprender a uno.

rezongón, ona adj. y s. *Fam.* Rezongador.

rezumadero m. Sitio por donde se rezuma algo. || Lo rezumado.

rezumar v. t. Dejar pasar un cuerpo por sus poros pequeñas gotas de un líquido: *la pared rezuma humedad.* Ú. t. c. pr.: *el cántaro se rezuma.* || *Fig.* Manifestar, desprender: *canción que rezuma tristeza o nostalgia.*

rH, índice análogo al pH, que representa cuantitativamente el valor del poder oxidante o reductor de un medio.

Rh, símbolo químico del *rodio* y abreviatura del *Factor Rhesus.*

rhesus m. V. FACTOR *Rhesus.*

rho f. Decimoséptima letra del alfabeto griego (ρ), equivalente a la *r* castellana.

ría f. Parte inferior de un valle fluvial invadido por el mar: *las rías de Galicia.* || Obstáculo artificial consistente en un charco, en una carrera de caballos.

riacho y **riachuelo** m. Río pequeño y que tiene poco caudal.

riada f. Avenida, inundación, crecida del río. || *Fig.* Multitud, cantidad grande: *riada de gente.*

ribera f. Orilla, borde o margen del mar, de un lago, de un río. || Tierra que se riega con el agua de un río.

ribereño, ña y **riberano, na** adj. Relativo a la ribera de un río, de un lago, de un mar: *predio ribereño.* || Habitante de la ribera (ú. t. c. s.).

ribete m. Cinta que se pone a la orilla del vestido, calzado, etc., como adorno o refuerzo. || *Fig.* Adorno con que una persona ameniza el relato. || — Pl. *Fig.* y *fam.* Visos, asomos, atisbos, indicios: *tiene ribetes de abogado.*

ribeteado, da adj. Guarnecido con un ribete. || *Ojos ribeteados de rojo,* con el borde de los párpados rojo. || — M. Conjunto de ribetes.

ribetear v. t. Poner ribetes. || *Fig.* Orlar, orillar.

ricacho, cha y **ricachón, ona** adj. y s. *Fam.* y *despect.* Persona muy rica.

ricamente adv. Con riqueza. || Muy bien, muy a gusto, de maravilla, con toda comodidad: *estaba viviendo muy ricamente.*

ricino m. Planta euforbiácea de cuyas semillas se extrae un aceite purgante o lubricante.

rico, ca adj. Que tiene mucho dinero o bienes: *rico propietario.* || Que posee en sí algo abundantemente: *persona rica de virtudes; mineral rico en plata.* || Fértil: *tierras ricas.* || Abundante: *viaje rico en aventuras.* || De mucho precio: *adornado con ricos bordados.* || Exquisito, delicioso: *pastel muy rico.* || Mono, agradable, lindo: *¡qué niño más rico!* || Empléase como expresión

de cariño: *come, rico.* || — M. y f. Persona que posee muchos bienes. || *Nuevo rico,* persona que ha conseguido hace poco una gran fortuna y que conserva aún sus antiguos modales poco distinguidos y se vanagloria siempre de su bienestar material.

ricota f. *Amér. M.* Requesón.

rictus m. Contracción espasmódica de los músculos de la cara que da a ésta la apariencia de la risa, del dolor, de la amargura, etc.

ricura f. Condición de bueno de sabor o de bonito, lindo.

ridiculez f. Cosa que provoca la risa o la burla. || Cosa muy pequeña, sin ninguna importancia.

ridiculizar v. t. Poner en ridículo, mover a risa o burla. || — V. pr. Hacer el ridículo.

ridículo, la adj. Digno de risa, de burla: *decir cosas ridículas.* || Escaso, parco: *una ganancia ridícula.* || — M. Ridiculez, acto o dicho ridículo. || *Hacer el ridículo,* conducirse de una manera que provoca la risa o la burla.

riego m. Acción y efecto de regar: *riego por aspersión.* || *Riego sanguíneo,* cantidad de sangre que nutre los órganos y los tejidos del cuerpo.

riel m. Lingote de metal en bruto. || Carril de una vía férrea. || Varilla metálica sobre la cual corre una cortina.

rielar v. i. Brillar con luz trémula: *la Luna en el mar riela.*

rielero m. *Méx.* Ferroviario.

rienda f. Correa fijada en el bocado de una caballería que sirve para que el jinete pueda conducir su montura. || — Pl. *Fig.* Dirección: *las riendas del gobierno.* || — *Fig. A rienda suelta,* sin freno. | *Aflojar las riendas,* disminuir la severidad o el cuidado. | *Dar rienda suelta a,* dar libre curso a, no contener. | *Empuñar las riendas,* tomar la dirección. | *Llevar las riendas,* ser el que manda. | *Tirar de la rienda,* reprimir, contener.

riente adj. Que ríe. || *Fig.* Alegre: *riente jardín.*

riesgo m. Peligro, contratiempo posible: *correr riesgo; exponerse a un riesgo.* || Daño, siniestro eventual garantizado por las compañías de seguros mediante pago de una prima: *seguro a todo riesgo.* || *A riesgo de,* exponiéndose a.

riesgoso, sa adj. *Amer.* Arriesgado, peligroso.

rifa f. Sorteo de una cosa entre varios por medio de papeletas numeradas.

rifar v. t. Sortear en una rifa. || — V. pr. *Mar.* Romperse una vela. || *Fig.* y *fam.* Ser objeto de disputa: *esta joven se rifa entre todos los hombres.*

rifeño, ña adj. Del Rif.

rifirrafe m. *Fam.* Riña, gresca.

rifle m. Fusil en el que el interior del cañón tiene estrías.

rigidez f. Condición de rígido: *la rigidez de una barra de hierro.* || *Fig.* Gran severidad, austeridad: *la rigidez de los jefes.*

rígido, da adj. Inflexible, falto de elasticidad, difícil de doblar. || *Fig.* Riguroso, severo: *padre muy rígido.* || Inexpresivo: *rostro rígido.*

rigodón m. Danza en la que las parejas hacen todas las mismas figuras.

rigor m. Severidad, dureza, inflexibilidad: *el rigor de un juez.* || Gran exactitud: *el rigor de una demostración; rigor mental.* || Intensidad, inclemencia, crudeza: *el rigor del clima polar.* || — *De rigor,* indispensable, obligatorio; consabido. || *En rigor,* en realidad. || *Fig. Ser el rigor de las desdichas,* ser muy desgraciado.

rigorismo m. Exceso de rigor o severidad.

rigorista adj. y s. Extremadamente severo.

rigurosidad f. Rigor.

riguroso, sa adj. Muy severo, inflexible, cruel: *gobernante riguroso.* || Estricto: *aplicación rigurosa de la ley.* || Duro, difícil de soportar: *pena rigurosa.* || Austero, rígido: *moral rigurosa.* || Rudo, extremado: *invierno riguroso.* || Exacto, preciso: *en un sentido riguroso.* || Indiscutible, sin réplica: *principios rigurosos.* || Completo: *luto riguroso.*

rija f. Fístula que se forma algunas veces debajo del lagrimal. || Pendencia.

rijo m. Lujuria.

rijosidad f. Condición de rijoso.

rijoso, sa adj. Pendenciero, camorrista. || Susceptible. || Alborotado a vista de la hembra: *caballo rijoso.* || Lujurioso, sensual.

rima f. Identidad de sonido en las terminaciones de dos o más versos. || Composición en verso: *las rimas de Góngora, de Lope.*

rimado adj. (Ant.). Dícese de una crónica rimada (ú. t. c. s. m.).

rimador, ra adj. y s. Poeta que se distingue por su rima.

rimar v. i. Componer en verso. || Ser una voz asonante o consonante de otra: ASTRO rima con CASTRO. || *Fam.* Pegar, ir bien junto: *una cosa no rima con la otra.* | Venir: *¿y esto a qué rima?* || — V. t. Hacer rimar una palabra con otra: *rimar* HEBRAICA CON JUDAICA.

rimbombancia f. Condición de rimbombante.

rimbombante adj. Enfático, aparatoso, grandilocuente: *estilo rimbombante.* || Llamativo, ostentoso: *vestido rimbombante.*

rímel m. Cosmético que usan las mujeres para embellecer las pestañas.

rimero m. Conjunto de cosas puestas unas sobre otras, montón: *rimero de libros.*

rin m. *Méx.* Rueda metálica donde se coloca el neumático.

rincón m. Ángulo entrante que se forma en el encuentro de dos superficies o dos paredes. || Lugar apartado: *retirarse en un rincón de Castilla.*

rinconera f. Mesita, armario o estante que se pone en un rincón. || Parte de una pared entre una esquina y el hueco más próximo.

ring m. (pal. ingl.). Cuadrilátero en el que se disputan los combates de boxeo y lucha.

ringlera f. Fila o línea de cosas puestas unas tras otras.

ringlero m. Cada una de las rayas o líneas del papel pautado utilizado para aprender a escribir.

rinitis f. Inflamación de las mucosas de las fosas nasales.

rinoceronte m. Mamífero paquidermo con uno o dos cuernos cortos y encorvados en la línea media de la nariz según pertenezca a la especie asiática o africana, respectivamente. (El rinoceronte vive unos cincuenta años y su gestación es de 530 días.)

rinofaringe f. Parte superior de la faringe que comunica con las fosas nasales.

rinofaringitis f. Inflamación de la rinofaringe.

riña f. Pelea, disputa.

riñón m. Cada uno de los dos órganos glandulares secretorios de la orina, situados en la región lumbar, uno a cada lado de la columna vertebral. || Este mismo órgano en los animales, con el que se hace un plato culinario: *riñones al jerez.* || *Fig.* Interior, centro: *el riñón de España.* | Fondo, lo principal: *el riñón del asunto.* || Trozo redondeado de mineral. || — Pl. Región lumbar: *dolor de riñones.* || — *Fig. y fam. Costar un riñón,* ser muy caro. | *Cubrirse el riñón,* ganar mucho dinero en un negocio. | *Pegarse al riñón,* ser muy nutritivo un alimento. | *Tener el riñón bien cubierto,* ser rico. | *Tener riñones,* ser enérgico.

riñonada f. Tejido adiposo que envuelve los riñones. || Lugar del cuerpo en que están los riñones. || Guisado de riñones. || *Fig. y fam. Costar una riñonada,* costar mucho.

río m. Corriente de agua continua y más o menos caudalosa que va a desembocar en otra o en el mar: *el Nilo y el Amazonas son los ríos más largos del globo.* || *Fig.* Gran abundancia de una cosa: *río de sangre, de palabras, de oro.* || — *Fig. A río revuelto, ganancia de pescadores,* censura a los que saben aprovechar los desórdenes para sacar provecho. | *Cuando el río suena, agua lleva,* todo rumor tiene su fundamento. | *Pescar en río revuelto,* aprovechar el desorden en beneficio suyo.

riobambeño, ña adj. y s. De Riobamba.

riohachero, ra adj. y s. De Riohacha.

rioja m. Vino de La Rioja.

riojano, na adj. y s. De La Rioja (Argentina y España).

rionegrense adj. y s. De Río Negro (Uruguay).

rionegrino, na adj. y s. De Río Negro (Argentina).

ripiar v. t. Llenar de grava.

ripio m. Cascote, cascajo, escombros de albañilería para rellenar huecos. || Residuo que queda de una cosa. || Palabra superflua que se emplea para completar el verso o conseguir una rima. || Hojarasca, conjunto de palabras inútiles en un discurso o escrito: *meter ripio.* || *Fig. No perder ripio,* estar muy atento a lo que se oye.

riqueza f. Abundancia de bienes, prosperidad. || Fecundidad, fertilidad: *la riqueza de la tierra.* || Condición de una materia que da un rendimiento abundante: *la riqueza de un mineral.* || Carácter que da valor a algo: *la riqueza de una joya.* || Lujo, esplendor: *la riqueza del decorado.* || Abundancia de términos y locuciones en una lengua: *la riqueza del castellano.* || — Pl. Bienes de gran valor, especialmente en dinero o en valores: *amontonar riquezas.* || Objetos de gran valor: *el museo tiene inestimables riquezas.* || Productos de la actividad económica de un país; sus recursos naturales.

risa f. Manifestación de un sentimiento de alegría que se produce al contraer ciertos músculos del rostro y que va acompañada por una expiración espasmódica y ruidosa: *se oyeron risas de contento.* || Irrisión, objeto de burla: *ser la risa de todo el mundo.* || — *Caerse, desternillarse, morirse de risa,* reír mucho y ruidosamente. | *Risa de conejo,* la fingida para disimular una contrariedad. | *Risa nerviosa,* la incontenible. || *Ser algo cosa de risa o ser de risa,* ser divertido.

risaraldense o **risaraldeño, ña** adj. y s. De Risaralda.

riscal m. Lugar peñascoso.

risco m. Peñasco, roca escarpada.

riscoso, sa adj. Peñascoso.

risibilidad f. Condición de risible, facultad de reír.

risible adj. Que provoca risa, cómico, ridículo: *postura risible.*

risorio, ria adj. Dícese de un músculo que contrae las comisuras labiales y ayuda a la risa. Ú. t. c. s. m.: *el risorio.*

risotada f. Carcajada: *soltar una risotada.*

ríspido, da adj. Áspero.

ristra f. Trenza de ajos o cebollas. || *Fig. y fam.* Conjunto de cosas encadenadas, serie.

ristre m. Hierro del peto de la armadura donde se afianzaba el cabo de la lanza: *lanza en ristre.*

risueño, ña adj. Sonriente: *cara risueña.* || Que es propenso a reírse: *persona risueña.* || *Fig.* De aspecto alegre: *fuente risueña.* | Prometedor, halagüeño, favorable: *porvenir risueño.*

ritmar v. t. Acompasar con ritmo.

rítmico, ca adj. Relativo al ritmo o sujeto a ritmo o a compás: *gimnasia rítmica.*

ritmo m. Distribución simétrica y sucesión periódica de los tiempos fuertes y débiles en un verso, una frase musical, etc.: *ritmo poético.* || Frecuencia periódica de un fenómeno fisiológico: *ritmo cardiaco.* || *Fig.* Cadencia, orden regular: *el ritmo de las estaciones, el ritmo de la producción.*

rito m. Conjunto de reglas establecidas para el culto y ceremonias de una religión: *rito griego.* || Ceremonia o costumbre: *los ritos de la vida familiar.* || En etnología, acto mágico destinado a orientar una fuerza oculta hacia una acción determinada.

ritual adj. Relativo al rito: *sacrificios rituales.* || — M. Libro que enseña los ritos de un culto. || *Fig.* Ceremonial, conjunto de reglas que se siguen: *hay que observar el ritual clásico.* || *Ser de rito,* de costumbre.

ritualismo m. Tendencia de los que quieren aumentar la importancia de las ceremonias del culto. || Movimiento surgido en el seno de la Iglesia anglicana con el propósito de restaurar el ceremonial católico. || *Fig.* Exageración en el cumplimiento de las normas y trámites prescritos.

ritualista adj. y s. Seguidor del ritualismo.

rival adj. y s. Competidor, que aspira a las mismas ventajas que otro: *como pintor es superior a sus rivales; países rivales.*

rivalidad f. Competencia entre dos o más personas que aspiran a obtener una misma cosa. || Oposición, antagonismo.

rivalizar v. i. Competir: *rivalizar en méritos.*

rivense adj. y s. De Rivas.

riverense adj. y s. De Rivera (Uruguay).

rizado, da adj. Ensortijado, que forma rizos: *pelo rizado.* || Dícese del mar movido, con ondas. || — M. Acción y efecto de rizar o rizarse.

rizal adj. Ricial.

rizar v. t. Formar rizos o bucles en el cabello. || Mover el viento la mar, formando olas pequeñas. || Hacer dobleces menudos: *rizar telas, papel,* etc. || — V. pr. Ensortijarse el cabello naturalmente.

rizicultura f. Cultivo del arroz.

rizo, za adj. Rizado. || — Adj. y s. m. Dícese del terciopelo que forma cordoncillo. || — M. Mechón de pelo ensortijado: *un rizo rubio.* || Looping, acrobacia aérea que consiste en dar una vuelta completa sobre un plano vertical: *rizar el rizo.* || *Mar.* Cada uno de los cabos para acortar las velas cuando do arrecia el viento.

rizófago, ga adj. Aplícase al animal que se alimenta de raíces (ú. t. c. s. m.).

rizoma m. Tallo subterráneo, generalmente horizontal, como el del lirio común.

rizópodo adj. m. Dícese de los cuatro grandes grupos de los protozoos, susceptibles de emitir pseudópodos. || — M. pl. Clase que forman.

Rn, símbolo químico del *radón.*

ro, voz que se usa, repetida, para arrullar a los niños.

roa f. *Mar.* Roda.

roanés, esa adj. y s. De Ruán.

roano, na adj. Aplícase al caballo de pelo mezclado de blanco, gris y bayo.

roast-beef m. V. ROSBIF.

roatenense adj. y s. De Roatán (Honduras).

róbalo o **robalo** m. Pez marino acantopterigio, con dos aletas en el lomo, de carne muy apreciada.

robar v. t. Tomar para sí con violencia lo ajeno. || Hurtar de cualquier modo que sea. || Raptar a una mujer o a un niño. || Llevarse los ríos las tierras de los márgenes. || En ciertos juegos de naipes y de dominó, tomar algunas cartas o fichas de las que quedan sin repartir. || *Fig.* Causar preocupación, quitar: *robar el sueño.* | Cobrar muy caro: *en esa tienda te roban.* | Conquistar, embelesar: *robar el alma, el corazón.*

robinsón m. *Fig.* Hombre que vive solo y sin ayuda ajena.

robladura f. Remache.

roblar v. t. Doblar o remachar una pieza de hierro para que esté más firme: *roblar un perno.*

roble m. Árbol de la familia de las fagáceas, de hojas lobuladas y madera muy dura, cuyo fruto es la bellota, y que puede alcanzar hasta 40 m de altura. || *Fig.* Persona o cosa muy resistente. || *Fig. Más fuerte que un roble,* muy fuerte, muy resistente.

robleda f., **robledal** m. y **robledo** m. Sitio poblado de robles.

roblón m. Clavo de hierro cuya punta se remacha. || Lomo que forman las tejas y colocadas por su parte convexa.

robo m. Delito cometido por el que se apropia indebidamente del bien ajeno: *cometer un robo.* || Producto del robo. || Acción de vender muy caro. || En ciertos juegos de naipes o de dominó, cartas o fichas que se toman del monte.

robot m. (pal. checa). Aparato capaz de realizar de manera automática diversas operaciones. || *Fig.* Persona que obra de manera automática, muñeco. || — Pl. *robots.* || *Retrato robot,* el dibujo siguiendo las indicaciones dadas por los testigos que han visto al autor de un delito.

robustecimiento m. Acción de robustecer. || Fortalecimiento, consolidación.

*robustecer v. t. Dar robustez (ú. t. c. pr.).

robustez f. Fuerza, vigor.

robusto, ta adj. Fuerte, vigoroso, recio: *complexión robusta.* || Que tiene fuertes miembros y firme salud: *niño robusto.* || Gordo.

roca f. Cualquier masa mineral que forma parte de la corteza terrestre: *roca sedimentaria, cristalina, metamórfica.* || Peñasco que se levanta en la tierra o en el mar. | *Fig.* Cosa muy du-

ra o muy firme: *corazón de roca o inconmovible.*

rocalla f. Conjunto de trozos desprendidos de la roca al tallarla.

roce m. Acción y efecto de tocar suavemente la superficie de una cosa. || *Fig.* Trato frecuente: *hay que evitar el roce con la mala gente.* | Choque, desavenencia: *roces entre dos naciones vecinas.*

rochense adj. y s. De Rocha.

rociada f. Acción y efecto de rociar con un líquido. || Rocío. || *Fig.* Conjunto de cosas que se esparcen al arrojarlas: *una rociada de perdigones.* | Represión áspera: *echar una rociada a uno.* | Serie, sarta: *una rociada de insultos.*

rociadura f. y **rociamiento** m. Rociada.

rociar v. i. Caer sobre la tierra el rocío o la lluvia menuda. || — V. t. Esparcir un líquido en gotas menudas. || Regar en forma de lluvia: *rociar las flores.* || *Fig.* Acompañar una comida con alguna bebida: *una comida rociada con una botella de clarete.* | Arrojar cosas de modo que se dispersen al caer.

rocín m. Penco, caballo malo.

rocinante m. *Fig.* Rocín matalón, caballo flaco.

rocío m. Conjunto de gotitas menudas que al condensarse el vapor de agua atmosférico, se depositan de noche sobre la tierra o las plantas. || Llovizna.

rococó m. Estilo decorativo muy recargado derivado del barroco, que floreció en el s. XVIII en Europa y especialmente en Alemania. || — Adj. Que tiene ese estilo.

rocoso, sa adj. Roqueño, abundante en rocas: *paraje rocoso.*

rocote m. *Amer.* Variedad de ají grande.

rodaballo m. Pez marino de cuerpo aplanado, cuya carne es muy estimada. || *Fam.* Hombre taimado.

rodado, da adj. Aplícase a la caballería que tiene en el pelaje manchas redondas más oscuras que el color general. || Aplícase a las piedras redondeadas a fuerza de rodar: *canto rodado.* || *Fig.* Experimentado. || *Tránsito rodado,* tráfico de vehículos. || — M. *Arg.* y *Chil.* Cualquier vehículo de ruedas. || — F. Señal que deja la rueda en el suelo. || *Arg.* Acción de rodar o caer el caballo.

rodador m. Mosquito de América que cae al suelo y rueda al chupar la sangre.

rodaja f. Disco plano de madera, metal u otra materia. || Tajada circular de ciertas frutas, pescados, embutidos: *rodaja de limón, de merluza, de salchichón.* || Estrellita de la espuela. || Ruedecilla.

rodaje m. Conjunto de ruedas: *el rodaje de un reloj.* || Acción de filmar una película. || Período en el cual las piezas de un motor nuevo no han de soportar grandes esfuerzos hasta que por frotamiento se realice su ajuste.

rodamiento m. Cojinete formado por dos cilindros entre los que se intercala un juego de bolas o de rodillos de acero que pueden girar libremente.

rodante adj. Que rueda.

rodapié m. Cenefa, zócalo de una pared. || Tabla o celosía que se pone en la parte inferior del balcón. || Paramento con que se cubren los pies de las camas, mesas y otros muebles.

*rodar v. i. Avanzar girando sobre sí mismo: *la pelota rueda*. || Moverse por medio de ruedas. || Funcionar de cierto modo, avanzar a cierta velocidad: *coche que rueda bien; rodaba a cien kilómetros por hora*. || Caer dando vueltas: *rodar escaleras abajo*. || Fig. Llevar una vida aventurera: *mujer que ha rodado mucho*. | Ir de un lado para otro, vagar: *rodar por las calles*. | Recorrer: *rodar mundo*. | Existir: *aún ruedan por el mundo modelos tan viejos*. | Tener en la mente: *mil proyectos rodaban en su cabeza*. || Arg. Caer hacia adelante el caballo. || — *Andar rodando una cosa*, estar en cualquier sitio y no ordenada. || Fig. *Echarlo todo a rodar*, echar todo a perder por falta de paciencia o por una imprudencia. | *¡Ruede la bola!*, que sigan las cosas como dispone el destino sin hacer nada por cambiarlas. || — V. t. Impresionar una película cinematográfica: *cinta rodada en Madrid*. || Hacer marchar un vehículo o funcionar una máquina para que se ajusten sus piezas: *rodar un automóvil nuevo*.

rodear v. t. Poner alrededor, ceñir: *rodear un huerto con (o de) tapias*, *la cabeza con una venda*. || Cercar: *las fuerzas del orden rodearon la guarida de los malhechores*. || Dar la vuelta: *la carretera rodea la montaña*. || Tratar con mucho miramiento: *rodear de cuidados*. || Amer. Reunir el ganado en un sitio por medio de caballos que lo acorralan. || — V. pr. Llegar a tener en torno a sí: *se rodeó de toda clase de comodidades, de gente afecta*. || *Rodearse de precauciones*, obrar con prudencia.

rodela f. Escudo redondo. || Chil. y Méx. Rosca, rodete.

rodeno, na adj. Dícese de una clase de pino de hojas muy largas.

rodeo m. Camino más largo que el directo: *dar un rodeo*. || Reunión que se hace del ganado mayor para recontarlo y reconocerlo. || Sitio donde se efectúa. || Corral de forma circular donde charros y rancheros compiten en los ejercicios propios de los ganaderos, y fiesta que se celebra con este motivo en algunas partes de América. || Fig. Manera indirecta de decir una cosa, circunloquio, perífrasis: *hablar sin rodeos*. || En Texas, jaripeo. || *Andar (o ir) con rodeos*, no obrar o no hablar clara y directamente.

rodera f. Carril, rodada.

rodericense adj. y s. De Ciudad Rodrigo.

rodete m. Rosca del peinado femenino. || Rosca de tela, esparto u otra

cosa que se pone en la cabeza. || Guarda de una cerradura. || Rueda de álabes de una turbina o bomba centrífuga que sirve de órgano de transmisión.

rodezno m. Rueda hidráulica horizontal con paletas curvas.

rodilla f. Parte del cuerpo donde se une el muslo con la pierna. || En los cuadrúpedos, articulación del antebrazo con la caña. || — De rodillas, con las rodillas dobladas y apoyadas en el suelo. || Fig. *Doblar* (o *hincar*) *la rodilla*, humillarse a otro.

rodillazo m. Golpe dado con la rodilla. || Taurom. Pase de muleta que se efectúa de rodillas.

rodillera f. Lo que se pone por comodidad, defensa o adorno en la rodilla: *las rodilleras de un guardameta*. || Remiendo en las rodillas de un pantalón. || Bolsa que forma el pantalón viejo en las rodillas.

rodillo m. Cilindro macizo que sirve para diversos usos. || Cilindro de caucho duro que soporta el golpe de las teclas de las máquinas de escribir, máquinas contables, calculadoras y tabuladoras. || Cilindro de caucho que sirve para dar masajes. || Cilindro que se utiliza para el entintado de las formas en las máquinas de imprimir: *rodillos entintadores*. || Instrumento para allanar o apisonar la tierra: *pasar el rodillo en un campo de tenis*. || Objeto de forma cilíndrica que se utiliza en vez de la brocha para pintar. || Cilindro de madera de un telar. || Cilindro utilizado para extender y laminar en la fabricación de cristales. || Cilindro de madera que se emplea en repostería para alisar la masa. || Cilindro de madera que se emplea para transportar algo poniéndolo encima de él. || Rodillo apisonador, apisonadora.

rodio m. Metal (Rh), de número atómico 45, de color plateado, semejante al cromo y al cobalto, de densidad 12,4 y punto de fusión de unos 2 000 °C. (Se encuentra mezclado a los minerales de oro y de plata.)

rodio, dia adj. y s. De Rodas.

rododendro m. Arbolillo ericáceo de hermosas flores purpúreas.

rodonita f. Mineral de manganeso, que se encuentra en el Est. de Puebla (México).

rodrigar v. t. Poner rodrigones o tutores a las plantas.

rodrigón m. Palo o caña que se pone al pie de una planta para sujetarla. || Fig. y fam. Criado anciano que acompañaba a las damas.

roedor, ra adj. Que roe. || Fig. Que conmueve o agita el ánimo: *una pasión roedora*. || Dícese de un orden de mamíferos con dos incisivos en cada mandíbula, cuyo crecimiento es continuo y sirven para roer, como la ardilla, el ratón, el castor, el conejo, el conejillo de Indias, la marmota, etc. (ú. t. c. s. m.). || — M. pl. Este orden de animales.

roedura f. Acción de roer. || Señal que queda en la parte que ha sido roída.

roentgen m. V. RÖNTGEN.

roentgenio m. V. RÖNTGEN.

*roer v. t. Cortar y desmenuzar con los dientes: *roer una galleta*. || Raspar con los dientes: *el perro roe un hueso*. || Fig. Concomer, atormentar, desazonar: *el remordimiento le roe*. || Ir gastando poco a poco: *roer su fortuna*. || — Fig. y fam. *Dar que roer a uno*, costarle trabajo. | *Duro de roer*, difícil, arduo.

rogación f. Acción de rogar. || — Pl. Letanías que se hacen en procesiones públicas.

*rogar v. t. Pedir, suplicar como favor o gracia: *le ruego que venga*. || Instar con súplicas: *se lo ruego*. || *Hacerse (de) rogar*, resistirse a las súplicas.

rogativa f. Oración pública que se hace para conseguir de Dios o de un santo el remedio de alguna grave necesidad (ú. m. en pl.).

rogatorio, ria adj. Que implica ruego. || *Comisión rogatoria*, comisión que un tribunal dirige a otro para que haga, dentro de su jurisdicción, un acto de procedimiento o instrucción que él mismo no puede hacer. (Se dice tb. del auto que da un juez a un oficial de policía para verificar algunos actos de la instrucción.)

rojear v. i. Tirar a rojo. || Enrojecer.

rojete m. Colorete.

rojez f. Condición de rojo.

rojizo, za adj. Que tira a rojo.

rojo, ja adj. Encarnado muy vivo, del color de la sangre. || Aplícase al pelo de un rubio casi colorado. || En política, dícese de la persona de ideas muy izquierdistas (ú. t. c. s.). || *Ponerse rojo de ira*, encolerizarse mucho. || — M. Uno de los colores fundamentales de la luz, el menos refrangible. || Temperatura a partir de la cual los cuerpos entran en incandescencia y emiten este color: *poner un metal al rojo*. || Color característico de las señales de peligro o detención: *el disco está en rojo*. || Cosmético de color rojo: *rojo de labios*. || *Al rojo vivo*, en estado de incandescencia; (fig.) en estado de gran excitación en un período crítico: *la situación está al rojo vivo*.

rojura f. Rojez.

rol m. Lista de nombres. || Mar. Licencia que lleva el capitán y donde consta la lista de la tripulación. || Amer. Galicismo por *papel* de un actor, *intervención* en un asunto.

rolar v. i. Amer. Abordar un tema. | Tener trato. | Conversar.

roldana f. Canalón por donde corre la cuerda de una polea.

rollizo, za adj. Redondo, cilíndrico. || Robusto y gordo: *moza rolliza*. || — M. Madero en rollo.

rollo m. Objeto cilíndrico formado por una cosa arrollada: *rollo de papel*. || Carrete de película. || Envoltijo de cuerda, alambre, cable, etc. || Cilindro de madera, rulo, rodillo: *rollo de pastele-*

ro. || Manuscrito enrollado antiguo. || Madero redondo sin labrar: *madero en rollo*. || *Fam.* Carne grasa alrededor de un miembro del cuerpo. | Persona o cosa pesada: *ese tío es un rollo; la conferencia fue un rollo*. || *Fig. y fam.* Soltar el rollo, pronunciar un discurso o alegato largo y pesado.

romadizo m. Catarro nasal.

romana f. Instrumento para pesar, compuesto de una barra de brazos desiguales, con el fiel sobre el punto de apoyo, y un pilón que corre por el brazo mayor, donde se halla trazada la escala de los pesos.

romance adj. y s. m. Dícese de cada una de las lenguas modernas derivadas del latín, como el castellano, el catalán, el francés, el portugués, el italiano, el rumano, el provenzal, etc. || — M. Idioma castellano: *hablar o escribir en romance*. || Novela de caballerías. || Composición poética que consiste en repetir al fin de todos los versos pares una asonancia y en no dar a los impares rima de ninguna especie. || — Pl. *Fig. y fam.* Habladurías. | Excusas, disculpas. | *Fig. y fam.* Hablar en romance, explicarse con claridad.

romancero, ra m. y f. Persona que canta romances. || — M. Colección de romances poéticos.

romanche m. Idioma rético.

romanesco, ca adj. Romano.

románico, ca adj. Aplícase al arte que predominó en los países latinos en los s. XI y XII (ú. t. c. s. m.). || Neolatino: *lenguas románicas*.

romanismo m. Conjunto de la civilización romana.

romanista adj. y s. Aplícase al filólogo especialista en lenguas romances. || Dícese del tratadista de Derecho romano.

romanización f. Difusión de la civilización romana.

romanizar v. t. Difundir la civilización, leyes y costumbres romanas, o la lengua latina. || — V. pr. Ser influido por la civilización romana.

romano, na adj. De la antigua Roma: *el Imperio romano*. || De la Roma actual (ú. t. c. s.). || Dícese de la Iglesia católica. || *Números romanos*, las letras numerales I, V, X, L, C, D y M. (V. NUMERACIÓN.) || *Fig.* Obra de romanos, cualquier trabajo muy difícil.

romanticismo m. Escuela literaria y artística de la primera mitad del s. XIX. || Ensueño poético: *sus ideas son de un romanticismo completamente trasnochado*.

romántico, ca adj. Relativo al romanticismo: *literatura romántica*. || Dícese de los escritores y artistas que, a principios del s. XIX, dieron a sus obras el carácter del romanticismo (ú. t. c. s.). || Sentimental, apasionado.

romanticón, ona adj. Muy sentimental.

romantizar v. t. Dar carácter romántico.

romanza f. *Mús.* Composición, generalmente cantada y acompañada con el piano, de carácter sencillo y tierno.

rombo m. Paralelogramo que tiene los lados iguales y dos de sus ángulos mayores que los otros dos.

romboedro m. Prisma cuyas bases y caras son rombos.

romboidal adj. De forma de romboide.

romboide m. Paralelogramo cuyos lados son paralelos e iguales cada uno con el opuesto.

romeral m. Terreno poblado de romeros.

romería f. Viaje o peregrinación que se hace por devoción a un santuario: *romería a Montserrat*. || Fiesta popular con motivo de una peregrinación: *la romería de San Isidro en Madrid*. || *Fig.* Serie continuada y abundante de personas a un sitio.

romerillo m. *Amer.* Planta silvestre de cuyas especies muchas se usan en medicina.

romeritos m. pl. *Méx.* Guiso que se elabora con ramilletes de la planta del mismo nombre, camarón y más.

romero, ra adj. y s. Peregrino. || — M. Planta labiada, aromática y de flores con propiedades medicinales.

romo, ma adj. Sin filo: *punta roma*. || De nariz pequeña y poco puntiaguda.

rompecabezas m. inv. Juego de paciencia que consiste en reconstituir un dibujo recortado caprichosamente. || *Fam.* Problema, cosa de difícil resolución o comprensión.

rompedor, ra adj. y s. Que rompe o destroza mucho.

rompehielos m. inv. Barco con proa reforzada, acondicionado para romper el hielo y abrirse paso.

rompehuelgas m. Esquirol.

rompeolas m. Dique en la parte exterior de un puerto o rada para protegerlos contra el oleaje.

rompeplatos m. Campánula, flor común en México.

romper v. t. Separar con violencia las partes de un todo: *romper una silla*. || Hacer pedazos, quebrar una cosa: *romper la vajilla* (ú. t. c. pr.). || Rasgar: *romper un papel*. || Gastar, destrozar: *romper el calzado*. || Roturar: *romper un terreno*. || Interrumpir: *romper la monotonía, el hilo del discurso*. || Abrir, iniciar: *romper las hostilidades*. | Surcar: *el velero rompe las aguas*. || Quebrantar: *romper el ayuno, un contrato*. || — Mil. ¡Rompan filas!, voz de mando empleada para que se disuelvan las tropas. || *Romper el fuego*, empezar a disparar. || *Romper el saque*, en el tenis, ganarle el juego al jugador que tiene el servicio del saque. || *Fig. y fam. Romper la cara o las narices o la crisma a uno*, pegarle muy fuerte. || — V. i. Estrellarse, deshacerse en espuma las olas. || Dejar de ser amigos, novios, etc.: *Juan y Pilar han roto*. || Quitar toda relación: *romper con el pasado*. || Empe-

zar bruscamente: *rompió a hablar*. || Prorrumpir: *romper en llanto*. || Brotar, abrirse las flores. || — *Al romper el alba o el día*, al amanecer. || *Fig. De rompe y rasga*, dícese de la persona muy decidida, resuelta. || *Romper con uno*, disgustarse con él. || — V. pr. No funcionar, tener una avería: *se me rompió el coche*. || *Fig. y fam. Romperse las narices*, encontrar mucha dificultad o fracasar. | *Romperse los cascos o la cabeza*, reflexionar mucho.

rompible adj. Que puede romperse.

rompiente m. Bajo, escollo en que rompen las olas del mar o la corriente de un río.

rompimiento m. Ruptura.

rompope y **rompopo** m. *Méx. y Amér. C.* Bebida tonificante a base de leche, aguardiente, huevos, azúcar y algunas especias.

ron m. Bebida alcohólica que se saca por destilación de una mezcla fermentada de melazas y zumo de caña de azúcar.

ronca f. Bramido del ciervo.

roncador, ra adj. y s. Que ronca. || — M. Pez marino teleósteo. || En las minas de Almadén, capataz. || — F. *Amer.* Espuela de rodaja muy grande.

roncar v. i. Respirar haciendo con la garganta y las narices un ruido sordo mientras se duerme. || Llamar el ciervo a la hembra cuando está en celo. || *Fig.* Producir un sonido sordo e intenso, mugir: *roncar el mar, el viento*.

roncear v. i. Remolonear. || *Fam.* Adular para obtener algo. || *Mar.* Ir el barco muy lentamente. || *Amer.* Espiar, acechar.

roncha f. Bultillo enrojecido que se levanta sobre la piel después de una picadura.

ronco, ca adj. Que tiene o padece ronquera, afónico: *estar ronco*. || Bronco, áspero: *ruido ronco*.

ronda f. Vuelta dada para vigilar. || Patrulla que va de ronda. || Grupo de jóvenes que andan rondando por la noche. || Estudiantina, tuna, conjunto musical de estudiantes. || Trayecto que efectúa el cartero repartiendo el correo. || Mano en el juego de cartas. || Giro, vuelta. || Espacio entre la parte interior de la muralla y las casas de una ciudad fortificada. || Camino de circunvalación en una población. || *Fam.* Invitación de bebida o tabaco a varias personas: *pagar una ronda*. || Juego del corro.

rondador, ra adj. y s. Que hace una ronda. || — M. *Ecuad.* Especie de zampoña.

rondalla f. Grupo de músicos con instrumentos de cuerda que suele tocar por las calles y plazas: *rondalla estudiantil*.

rondar v. i. Recorrer de noche una población para vigilar. || Pasear de noche los mozos por las calles donde viven las mozas a quienes galantean. || — V. t. *Fig.* Dar vueltas alrededor de una cosa. || *Fig.* Amagar, empezar a manifestarse: *el sueño, la gripe le está rondando.* | Rayar en: *rondar la cincuentena.* | Andar en pos de uno solicitando algo. | Cortejar, galantear. || *Rondar la calle,* ir y venir.

rondeño, ña adj. y s. De Ronda. || — F. Aire popular de Ronda, semejante al fandango.

rondó m. Cierta composición musical cuyo tema se repite varias veces.

rondón (de) m. adv. Sin avisar, sin previo aviso: *entró de rondón.*

ronquear v. i. Estar ronco.

ronquedad f. Aspereza o bronquedad de la voz o del sonido.

ronquera f. Afección de la laringe que cambia el timbre de la voz, haciéndolo bronco.

ronquido m. Ruido que se hace roncando. || *Fig.* Sonido ronco: *el ronquido del viento.*

ronronear v. i. Producir el gato cierto ronquido en demostración de satisfacción. || *Fig.* Dar vueltas en la cabeza: *pensamiento que me ronronea hace tiempo.*

ronroneo m. Sonido que produce el gato al ronronear.

röntgen o **roentgen** o **roentgenio** m. Unidad de cantidad de radiación X o γ (símb., R).

röntgenterapia f. Radioterapia.

ronzal m. Cuerda que se ata al cuello o a la cabeza de las caballerías.

ronzar v. t. Mascar cosas duras con algún ruido.

roña f. Sarna del ganado lanar. || Suciedad, mugre. || Moho de los metales. || *Fig.* y *fam.* Roñosería. || — M. *Fam.* Persona tacaña. || *Méx.* Cierto juego infantil.

roñería f. *Fam.* Roñosería.

roñica adj. y s. *Fam.* Tacaño.

roñosería f. *Fam.* Tacañería.

roñoso, sa adj. Que tiene roña: *carnero roñoso.* || Sucio, mugriento. || Oxidado, mohoso. || *Fig.* y *fam.* Avaro, cicatero, miserable, cutre (ú. t. c. s.). || *Méx.* y *P. Rico.* Rencoroso.

ropa f. Todo género de tela para uso o adorno de personas o cosas. || Prenda de vestir: *quitarse la ropa.* || — *A quema ropa,* refiriéndose a disparos, desde muy cerca; (fig.) de improviso. || *Fig. Hay ropa tendida,* hay que ser prudente al hablar por temor de ser oído. | *Nadar y guardar la ropa,* sacar beneficio de algo sin arriesgarse demasiado. | *Tentarse la ropa,* pensarlo bien antes de tomar una decisión. || *Ropa blanca,* la de hilo, algodón, etc., para uso doméstico o la llamada *interior.* || *Ropa de cama,* conjunto de sábanas, mantas, etc., para la cama. || *Ropa hecha,* prendas que se compran ya confeccionadas. || *Ropa interior,* conjunto de prendas que se llevan debajo del vestido o traje. || *Fig. Ropa vieja,* cierto guisado de carne.

ropaje m. Vestidura larga y vistosa. | Conjunto de ropas. || *Fig.* Apariencia, pretexto: *traicionar a uno bajo el ropaje de la amistad.*

ropavejería f. Tienda de ropavejero, prendería.

ropavejero, ra m. y f. Persona que vende ropas viejas y baratijas.

ropería f. Tienda de ropa hecha.

ropero, ra m. y f. Persona que vende ropa hecha. || Persona que cuida de la ropa de una comunidad. || — M. Armario o cuarto para guardar ropa (ú. t. c. adj.). || Asociación destinada a distribuir ropa entre los necesitados.

roque m. Torre del ajedrez. || *Blas.* Torre figurada en un blasón. || *Fig.* y *fam. Estar roque,* estar dormido. | *Quedarse roque,* dormirse profundamente.

roqueda f. y **roquedal** m. Lugar donde hay muchas rocas.

roquefort m. Queso francés hecho con leche de ovejas y pan.

roqueño, ña adj. Rocoso.

rorcual m. Especie de ballena con aleta dorsal y pecho estriado, propia de los mares árticos.

rorro m. Niño que aún mama. || *Méx.* Muñeca.

rosa f. Flor del rosal: *ramo de rosas.* || Mancha de color rosa en el cuerpo. || Adorno que tiene forma de rosa. || *Arq.* Rosetón. || — *Fig. Estar como las propias rosas,* encontrarse muy a gusto. | *La vida no es senda de rosas,* la vida tiene muchos momentos amargos. | *No hay rosa sin espinas,* todo placer exige un sacrificio. | *Pintar las cosas color de rosa,* describirlas de manera muy optimista. || *Rosa de Jericó,* planta crucífera, con flores blancas, propia de los desiertos de Oriente. || *Rosa de los vientos* o *náutica,* círculo en forma de estrella dividido en treinta y dos partes iguales cuyas puntas señalan las direcciones del horizonte. || *Rosa de té,* la de color amarillo rojizo. || *Rosa del azafrán,* su flor. || *Fig. Verlo todo de color de rosa,* ver siempre las cosas de manera muy optimista. | *Vivir en un lecho de rosas,* vivir placenteramente. || — M. Color de la rosa: *el rosa es más claro que el rojo.* || — Adj. Que tiene un color rojo claro: *traje rosa.* || *Fig. Novela rosa,* la que narra aventuras amorosas siempre felices.

— OBSERV. Usado como adj., *rosa* es siempre invariable en género y frecuentemente en número.

rosáceo, a adj. De color semejante al de la rosa. || Aplícase a las plantas dicotiledóneas a que pertenecen el rosal, el almendro, la fresa, el escaramujo y el peral (ú. t. c. s. f.). || — F. pl. Familia que forman.

rosado, da adj. De color de rosa. || Preparado con rosas: *miel rosada.* || Escarchado; Clarete, vino (ú. t. c. s. m.). || *Amer.* Rubicán.

rosal m. Arbusto rosáceo cultivado por sus magníficas flores olorosas (*rosas*), de las cuales se conocen millares de variedades. || *Amer.* Plantío de rosales.

rosaleda f. Sitio plantado de rosales.

rosarino, na adj. y s. De Rosario (Argentina, Paraguay, Uruguay).

rosario m. Rezo en que se conmemoran los quince misterios de la Virgen. || Rezo abreviado de éste en que sólo se celebran cinco misterios de la Virgen. || Sarta de cuentas separadas de diez en diez para este rezo. || *Fig.* Sarta, serie: *un rosario de desdichas.* || *Fig.* Columna vertebral. || — *Fig. Acabar como el rosario de la aurora,* dicho de una reunión, deshacerse bruscamente.

rosbif m. Trozo de carne de vaca asada.

rosca f. Resalto helicoidal de un tornillo, o estría helicoidal de una tuerca. || Pan, bollo o torta de forma circular con un espacio vacío en medio. || Carnosidad de las personas gruesas alrededor de cualquier parte del cuerpo. || Círculo que hace el humo en el aire. || Rodete. || — *Fig. Hacer la rosca a uno,* adularle, darle la coba. | *Hacerse una rosca,* hacerse un ovillo. | *Pasarse de rosca,* no entrar bien un tornillo en su rosca; (fig.) pasarse de los límites, excederse, exagerar.

roscado, da adj. En forma de rosca. || — M. Aterrajado, operación que consiste en labrar roscas.

roscar v. i. Labrar roscas.

rosco m. Roscón. || Rosca de pan. || Rosca de carne. || Flotador que se ponen alrededor del cuerpo los que no saben nadar: *Isabel y Alejandro sólo se atrevían a nadar con el rosco.*

roscón m. Bollo en forma de rosca. || *Roscón de Reyes,* el que tradicionalmente se come el día de Reyes y en cuya masa se halla una haba como sorpresa.

rosellonés, esa adj. De Rosellón.

róseo, a adj. Rosa.

roséola f. Erupción cutánea de manchas rosáceas.

roseta f. Rosa pequeña. || Chapeta. || *Arg.* Rodaja de espuela. || — Pl. Granos de maíz tostado y abiertos en forma de flor; palomitas.

rosetón m. Roseta grande. || *Arq.* Ventana redonda y calada con adornos, frecuente en las iglesias góticas. || Adorno circular que se coloca en el centro de los techos. || Mancha roja en la cara.

rosicler m. Color rosado del cielo en la aurora. || Plata roja.

rosillo, lla adj. Roano.

rosita f. Roseta de maíz. || *Fig.* y *fam. De rositas,* sin esfuerzos; de balde.

rosoli m. Licor compuesto de aguardiente mezclado con azúcar, canela, anís, etc.

rosolí m. Planta droserácea.

rosquilla f. Bollo en forma de rosca. || Larva de insecto que se enrosca con facilidad al verse en peligro. || *Fig.* y *fam. Venderse como rosquillas,* venderse mucho.

rostrado, da o **rostral** adj. Que acaba en punta semejante al pico del pájaro o al espolón de la nave. || *Columna rostrada,* la que se adornaba con espolones de barco.

rostro m. Cara, semblante: *un rostro alegre, risueño.* || Pico del ave. || *Por ext.* Cosa en punta parecida a él. || *Mar.* Espolón antiguo de la nave. || *Fig. y fam.* Tener rostro, ser muy atrevido. | *Torcer el rostro,* poner mala cara. | *Salvar el rostro,* salvar la cara.

rota f. Derrota. || Palma de la India y de Malasia cuyos tallos sirven para hacer bastones, labores de cestería, etc.

rota f. Tribunal del Vaticano formado por diez auditores en el que se deciden en apelación las causas eclesiásticas de todo el orbe católico.

rotación f. Movimiento de un cuerpo alrededor de un eje real o imaginario: *la rotación de la Tierra.* || Empleo metódico y sucesivo de material, de mercancías, de procedimientos, etc. || Frecuencia de los viajes de un barco, avión, etc., en una línea regular. || Rotación de cultivos, sistema de cultivo en que se alternan las especies vegetales que se siembran.

rotativo, va adj. Que da vueltas. || Dícese de la máquina tipográfica formada por dos cilindros cubiertos por una plancha estereotipada y entintada entre los que se desliza el papel que se va a imprimir (ú. t. c. s. f.). || — M. *Por ext.* Periódico impreso en estas máquinas.

rotatorio, ria adj. Que gira.

rotería f. *Chil.* Plebe.

rotisería f. *Chil.* y *Riopl.* Comercio donde se venden carnes asadas, quesos, vinos y platos preparados.

roto, ta adj. Que ha sufrido rotura. || *Fig.* Destrozado, deshecho: *una vida rota por el destino.* || *Chil.* Dícese de la persona de muy baja condición social (ú. t. c. s.). || *Pop. Arg.* Chileno (ú. t. c. s.). || *Méx.* Petimetre del pueblo. || — M. Rotura, desgarrón. || *Fig. Nunca falta un roto para un descosido,* la gente pobre o desgraciada siempre encuentra a alguien que sufre las mismas desventuras.

rotograbado m. Huecograbado.

rotonda f. Edificio circular con una cúpula. || Plaza circular.

rotor m. Parte móvil en un motor, generador eléctrico, turbina, etc. || Sistema de palas giratorias de un helicóptero que sirve para sustentarlo.

rotoso, sa adj. *Méx.* Roto, desharrapado.

rótula f. Hueso plano situado en la parte anterior de la rodilla. || *Mec.* Articulación de forma esférica: *cojinete de rótula.*

rotulación f. y **rotulado** m. Composición de un letrero.

rotulador, ra adj. y s. Que dibuja rótulos.

rotular adj. Perteneciente o relativo a la rótula.

rotular v. t. Poner un rótulo.

rótulo m. Inscripción con que se pone a una cosa indicando lo que es. || Cartel, letrero, anuncio público: *rótulo luminoso.*

rotundidad f. Redondez, esfericidad: *la rotundidad de la Tierra.* || *Fig.* Sonoridad del lenguaje. | Carácter categórico, terminante.

rotundo, da adj. Redondo. || *Fig.* Expresivo, lleno y sonoro: *lenguaje rotundo.* | Terminante, categórico: *afirmación rotunda; negativa rotunda.* | Completo, patente: *éxito rotundo.*

rotura f. Ruptura, acción de romperse. || Quiebra. | Desgarradura en un tejido orgánico. || Fractura de un hueso.

roturación f. Primer arado de una tierra.

roturador, ra adj. y s. Que rotura. || — F. Máquina para roturar la tierra.

roturar v. t. Arar por primera vez una tierra inculta para ponerla en cultivo.

round m. (pal. ingl.). Asalto en un combate de boxeo o lucha.

roya f. Honguillo parásito de varios cereales y otras plantas que produce manchas rojizas en los tallos y las hojas: *roya del trigo.*

royalty m. (pal. ingl.). Derecho que se paga al propietario de una patente, a un escritor, a un editor o al propietario de un terreno donde se explotan minas o pozos de petróleo y por el que pasa un oleoducto.

rozadura f. Rasguño superficial, raspadura: *la bala le hizo una rozadura en el casco.* || Erosión superficial de la piel: *rozadura en el talón.*

rozagante adj. Vistoso, de mucha apariencia. || *Fig.* Despabilado, despierto: *estaba rozagante hasta altas horas de la noche.* | Espléndido, magnífico: *tiene una salud rozagante.* | Peripuesto. | Presumido. | Orgulloso.

rozamiento m. Roce. | Fricción, resistencia al movimiento de un cuerpo o de una pieza mecánica debida al frotamiento. || *Fig.* Enfado, disgusto leve. | Roce, trato.

rozar v. t. Pasar una cosa tocando ligeramente la superficie de otra. Ú. t. c. i.: *la rueda rozó con el bordillo de la acera* (ú. t. c. pr.). || Pasar muy cerca: *rozaba las paredes.* || Raspar, tocar o arañar levemente. || Limpiar una tierra de matas y hierbas para cultivarla. || Cortar los animales con los dientes la hierba para comerla. || *Fig.* Rayar en: *rozaba la cuarentena.* | Escapar por poco, estar muy cerca: *rozó el accidente.* | Tener cierta relación con: *su actitud roza el descaro* (ú. t. c. i.). || — V. pr. Sufrir una rozadura: *la rueda se rozó con un alambre.* || Desgastarse por el roce: *los bajos del pantalón se rozan.* || Herirse un pie con otro. || *Fam.* Tener trato, tratarse: *no me rozo más que con gente de importancia.*

Ru, símbolo químico del *rutenio.*

rúa, f. Calle.

ruana f. *Arg., Chil., Col., Urug.* y *Venez.* Poncho abierto en la parte delantera.

ruanés, esa adj. y s. De Ruán.

ruano, na adj. y s. Roano.

rubefacción f. Mancha roja en la piel producida por un medicamento irritante o por alteraciones de la circulación de la sangre.

rubéola y **rubeola** f. Enfermedad eruptiva, contagiosa y epidémica, parecida al sarampión.

rubescente adj. Rojizo.

rubí m. Piedra preciosa transparente, variedad del corindón (alúmina cristalizada), de color rojo y brillo intenso. (Pl. *rubíes.*)

rubia f. Planta rubiácea cuya raíz contiene una sustancia colorante roja usada en tintorería. || Pez teleósteo de agua dulce. || *Fam.* Furgoneta automóvil, de carrocería de madera.

rubiáceo, a adj. y s. f. Dícese de las plantas dicotiledóneas a que pertenecen la rubia, el café, etc. || — F. pl. Familia que forman.

rubiales com. pl. *Fam.* Persona rubia: *joven rubiales.*

rubicán, ana adj. Dícese del caballo con el pelo mezclado de blanco y rojo.

rubicundez f. Condición de rubicundo. || *Med.* Color rojo de origen morboso en la piel y en las membranas mucosas.

rubicundo, da adj. Rubio que tira a rojo. || Aplícase a la persona de color rojo encendido. || *Fig.* Rebosante de salud.

rubidio m. Metal alcalino (Rb), parecido al potasio, de número atómico 37, densidad 1,52 y punto de fusión a 39 °C.

rubio, bia adj. De color rojo claro parecido al del oro: *cabello rubio.* || — M. y f. Persona que tiene el pelo rubio. || — M. Este color. || Pez marino acantopterigio, de hocico prominente.

rublo m. Unidad monetaria rusa, dividida en 100 copecs.

rubor m. Color rojo muy encendido. || Color que la vergüenza saca al rostro, y que lo pone encendido. || *Fig.* Bochorno, vergüenza.

ruborizar v. t. Causar rubor o vergüenza a alguien. || — V. pr. *Fig.* Sentir vergüenza, avergonzarse, ponerse colorado.

ruboroso, sa adj. Vergonzoso.

rúbrica f. Rasgo o rasgos que suelen poner cada cual después de su nombre al firmar. || *Fig.* Firma, nombre: *escrito bajo su rúbrica.* || Título, epígrafe de un capítulo o sección en un periódico, revista, etc. || Abreviatura que se pone delante de algo que se escribe para anunciar de lo que se trata. || Regla de las ceremonias y ritos de la Iglesia. || *Fig. y fam.* Ser de rúbrica, ser una cosa conforme a lo prescrito.

rubricado, da adj. Firmado.

rubricar v. t. Poner uno su rúbrica después de la firma. || Firmar y sellar un documento. || *Fig.* Dar testimonio de algo. | Concluir, coronar: *rubricó su carrera con el doctorado.* | Firmar, dar por suyo: *rubricar un documento.*

rubro, bra adj. Encarnado, rojo. || — M. *Amer.* Rúbrica, título, epígrafe. | Asiento, partida de comercio. | Sección de un comercio.

rucho m. Pollino, borrico.

rucio, cia adj. De color gris o pardo claro: *caballo rucio.* || *Fam.* Entrecano, gris: *persona rucia.* || — M. Asno. (Se dice especialmente del Sancho Panza.)

ruco, ca adj. Caballo viejo. || *Méx.* Persona de edad avanzada.

ruda f. Planta rutácea medicinal de flores amarillas.

rudeza f. Aspereza, brusquedad. || Grosería, falta de educación.

rudimentario, ria adj. Elemental, poco desarrollado.

rudimento m. Estado primero de un órgano. || — Pl. Nociones elementales de una ciencia o profesión: *rudimentos de astronomía.* || Libro en que están.

rudo, da adj. Tosco, sin pulimento, basto. || Duro, difícil, penoso: *trabajo rudo.* || Brusco, sin artificio: *franqueza ruda.* || Fuerte, severo: *los rudos golpes de la vida.*

rueca f. Instrumento utilizado antiguamente para hilar que consistía en una varilla en cuya parte superior se coloca el copo.

rueda f. Órgano plano de forma circular destinado a girar alrededor de su centro y que permite que un vehículo se mueva o que, en una máquina, transmite el movimiento mediante los dientes que rodean su contorno. || Corro: *rueda de personas.* || Abanico que forma el pavo real cuando extiende la cola. || Tajada: *rueda de merluza.* || Rodaja: *rueda de salchichón.* || Suplicio antiguo. || Tambor que contiene los números en un sorteo de lotería: *rueda de la fortuna.* || Pez marino plectognato, de forma casi circular, no comestible. || — *Fig.* y *fam.* Comulgar con ruedas de molino, creer uno las cosas más inverosímiles. || *Hacer la rueda,* hacer un semicírculo el palomo en celo delante de la hembra; extender la cola en forma de abanico el pavo; (fig.) cortejar, rondar a alguien. || *Fig. Ir como sobre ruedas,* no encontrar ningún obstáculo. | *La rueda de la fortuna o del destino,* las vicisitudes humanas. || *Rueda catalina,* la de dientes agudos y oblicuos que hace mover el volante de ciertos relojes. || *Rueda de molino,* muela. || *Rueda de prensa,* reunión de varios periodistas para interrogar a una persona. || *Rueda hidráulica,* la provista de paletas movidas por el agua y que acciona un molino o cualquier otra máquina. || *Rueda libre,* dispositivo que permite a un órgano motor arrastrar un mecanismo sin ser arrastrado por él.

ruedo m. Parte inferior o contorno de una cosa redonda: *el ruedo de un vestido.* || Esterilla redonda que se pone delante de las puertas para limpiarse los pies, felpudo. || Redondel, espacio de las plazas de toros para lidiar. || *Fig. Echarse al ruedo,* entrar en liza, intervenir.

ruego m. Súplica, petición: *a ruego mío.* || *Ruegos y preguntas,* en una reunión, final de ella en que los asistentes interpelan a su presidente.

rufián m. El que comercia con la prostitución. || *Fig.* Hombre sin honor y despreciable, sinvergüenza.

rufianesco, ca adj. Característico de los rufianes. || — F. Hampa, mundo de los rufianes.

rugby m. Especie de fútbol practicado con las manos y pies, en el cual dos equipos de 15 ó 13 jugadores se disputan un balón de forma oval.

rugido m. Grito del león. || *Fig.* Grito fuerte y desagradable de reprobación. | Bramido, ruido del viento, de la tempestad. | Borborigmo, ruido de las tripas.

rugiente adj. Que ruge.

rugir v. i. Dar rugidos el león, el tigre y otras fieras. || *Fig.* Bramar, producir un ruido fuerte y ronco el viento, la tempestad. | Dar gritos muy fuertes una persona: *rugir de cólera, de dolor.*

rugosidad f. Condición de rugoso. || Arruga.

rugoso, sa adj. Que tiene arrugas o asperezas.

ruibarbo m. Planta poligonácea originaria de Asia Central cuya raíz se emplea como purgante.

ruido m. Conjunto de sonidos inarticulados y confusos: *el ruido de la calle.* || *Fig.* Escándalo, jaleo: *esta noticia va a armar mucho ruido.* || — *Fig. Hacer o meter ruido una cosa,* dar lugar a que se hable mucho de ella. | *Mucho ruido y pocas nueces,* dícese de una cosa que aparenta más de lo que es. || *Ruido de fondo,* cualquier acción parásita que acompaña a uno que se reproduce en discos, en el teléfono, o emisión de radio, etc.

ruidoso, sa adj. Aplícase a lo que hace o donde hay mucho ruido. || *Fig.* Que da mucho que hablar: *publicidad ruidosa.*

ruin adj. Vil, abyecto, despreciable, bajo: *una traición ruin.* || De mala presentación: *persona de ruin aspecto.* || Malo, malvado: *hombre ruin.* || Mezquino y avariento, tacaño: *sueldo ruin.* || Dícese del animal vicioso.

ruina f. Destrucción, natural o no, de una construcción. Ú. m. c. pl.: *caer en ruinas.* || *Fig.* Pérdida de la fortuna, de la prosperidad, del honor: *vamos a la ruina.* | Pérdida: *labrar su ruina.* | Decadencia moral. | Caída, derrumbamiento: *la ruina del régimen político establecido.* | Persona en estado de gran decadencia física o moral: *le encontré hecho una ruina.* || — Pl. Restos de una o más construcciones hundidas: *ruinas de Sagunto.*

ruindad f. Vileza, abyección, bajeza. || Maldad. || Tacañería.

ruinoso, sa adj. Que provoca la ruina: *gastos ruinosos.* || Que amenaza ruina: *castillo ruinoso.*

ruiponce m. *Bot.* Rapónchigo.

ruipóntico m. Planta poligonácea de hojas comestibles y raíz purgante, análoga al ruibarbo.

ruiseñor m. Pájaro insectívoro, de la familia de los túrdidos, de plumaje pardo rojizo y canto muy melodioso.

rulero m. *Arg., Bol., Parag., Per.* y *Urug.* Cilindro para rizar el pelo.

ruleta f. Juego de azar en que se usa una rueda horizontal giratoria dividida en 36 casillas radiales numeradas y pintadas alternativamente de negro y rojo.

ruletear v. i. *Méx.* Trabajar como taxista.

ruletero m. *Méx.* Taxista.

rulo m. Rodillo para allanar la tierra o para triturar. || Pequeño cilindro de plástico que emplean las mujeres para rizar el pelo. || Rizo del cabello.

rumano, na adj. y s. De Rumania. || — M. Lengua neolatina que hablan los rumanos.

rumba f. Cierto baile popular cubano y música que lo acompaña. || *Antill.* Diversión, jolgorio.

rumbear v. i. *Arg.* Orientarse, tomar el rumbo. || *Cub.* Andar de juerga o parranda. || — V. pr. Bailar la rumba.

rumbo m. Cada una de las 32 partes iguales en que se divide la rosa náutica. || Dirección del barco o del avión: *navegar rumbo a Montevideo.* || *Fig.* Camino que uno se propone seguir: *tomar otro rumbo.* | Pompa, boato, ostentación: *celebrar una boda con mucho rumbo.* | Generosidad, liberalidad, esplendidez. || *— Abatir el rumbo,* cambiarlo el barco hacia sotavento. || *Hacer rumbo a un sitio,* dirigirse a él. || *Fig. Perder el rumbo,* desorientarse. | *Sin rumbo fijo,* al azar.

rumboso, sa adj. Dadivoso, generoso. || Espléndido, magnífico.

rumiante adj. Que rumia. || Dícese de los mamíferos ungulados que carecen de dientes incisivos en la mandíbula superior, y tienen cuatro cavidades en el estómago, como el buey, el camello, el ciervo, el carnero, etc. (ú. t. c. s.). || — M. pl. Suborden que forman.

rumiar v. t. Hablando de los rumiantes, masticar por segunda vez los alimentos que ya estuvieron en el estómago volviéndolos a la boca (ú. t. c. i.). || *Fig.* y *fam.* Reflexionar con mucha detención una cosa: *rumiar una venganza.* | Refunfuñar, rezongar: *siempre estás rumiando palabras extrañas.*

rumor m. Ruido confuso de voces: *el rumor del público.* || Noticia vaga que corre entre la gente: *rumores contradictorios.* || Ruido sordo y confuso: *el rumor de las aguas.* | *Rumor público o general,* opinión de toda la gente.

rumorear v. t. e i. Hablar de, hacer crítica de. || — V. pr. Correr un rumor entre la gente: *se rumorea que va a haber una revolución.*

rumoroso, sa adj. Que produce rumor o ruido.

runas f. pl. Caracteres de los antiguos alfabetos germánico y escandinavo.

rúnico, ca adj. Relativo a las runas o escrito en ellas: *poesía rúnica; caracteres rúnicos.*

runrún m. *Fam.* Rumor, ruido, zumbido. | Ruido confuso de voces. || Habilla, rumor, noticia vaga: *corre el runrún.* || *Arg.* y *Chil.* Bramadera.

runrunear v. t. e i. Correr el runrún, rumorear (ú. t. c. pr.).

runruneo m. Runrún, rumor.

rupachical m. *Amer.* Lugar de rupachicos u ortigas.

rupachico m. *Amer.* Ortiga.

rupestre adj. Relativo a las rocas: *planta rupestre.* || Dícese de los dibujos y pinturas de la época prehistórica existentes en algunas rocas y cavernas: *el arte rupestre.*

rupia f. Unidad monetaria de la India dividida en 100 naye paise.

rupicabra y **rupicapra** f. Gamuza.

ruptor m. *Electr.* Interruptor de una bobina de inducción como el que se emplea en los automóviles para obtener la chispa en las bujías.

ruptura f. Rompimiento, desavenencia: *ruptura conyugal.* || Suspensión, anulación: *ruptura de un contrato, de la paz.* || Separación, discontinuidad, oposición de las cosas: *la mentalidad de hoy está en ruptura con la del pasado.* || *Mil.* Operación que da como resultado la apertura de una brecha en el dispositivo defensivo del adversario: *ruptura del frente enemigo.* || *Med.* Rotura, fractura.

rural adj. Relativo al campo: *problemas rurales.* || Que vive en poblaciones del campo: *médico, cura rural.* || De tierra cultivable: *propietario rural.* || *Amer.* Rústico, campesino (ú. t. c. s.).

ruralismo m. Condición de rural. || *Fig.* Incultura.

rusificación f. Carácter ruso.

rusificar v. t. Hacer o dar carácter ruso.

ruso, sa adj. y s. Natural de Rusia o relativo a ella (ú. t. c. s.). || Dícese de la ensalada de diferentes verduras y patatas cortadas en trocitos cuadrados y con mayonesa. || — M. Lengua eslava que se habla en Rusia. || Albornoz de paño grueso.

rusófilo, la adj. y s. Que ama lo ruso.

rusticidad f. Condición de rústico, carácter basto.

rusticano, na adj. Rústico, rural: *caballería rusticana.*

rústico, ca adj. Relativo al campo: *fincas rústicas.* || Campesino (ú. t. c. s.). || *Fig.* Tosco, grosero, basto, poco refinado: *costumbres rústicas.* || *En* (o *a la*) *rústica,* encuadernado con tapas de papel o cartulina.

ruta f. Camino e itinerario de un viaje: *la ruta del canal de Panamá.* || *Mar.* Rumbo. || *Fig.* Medio para llegar a un fin, derrotero. || Galicismo por *carretera, camino.*

rutáceo, a adj. Dícese de las plantas dicotiledóneas como el naranjo, el limonero (ú. t. c. s.). || — F. pl. Familia que forman.

rutenio m. Metal (Ru) perteneciente al grupo del platino, de número atómico 44, densidad 12,3 y punto de fusión hacia 2 500 ºC.

ruteno, na adj. y s. De Rutenia.

rutilante adj. Brillante.

rutilar v. i. Brillar mucho, resplandecer.

rutilo m. Óxido natural de titanio.

rutina f. Costumbre de hacer las cosas por mera práctica y sin razonarlas.

rutinario, ria adj. Que se hace por rutina: *procedimiento rutinario.* || Que obra siguiendo la rutina (ú. t. c. s.).

rutinero, ra adj. y s. Rutinario.

rútulo, la adj. y s. De un ant. pueblo del Lacio, de origen etrusco.

S

s f. Vigésima letra del alfabeto castellano y decimosexta de sus consonantes. || — **s**, símbolo del *segundo*, unidad de tiempo. || — **S**, símbolo químico del *azufre*. || — **S.**, abreviatura de *Sur*.

sabadellense adj. y s. De Sabadell.

sábado m. Séptimo y último día de la semana. || Día de descanso según la ley judía. || Reunión nocturna de brujas y hechiceros bajo la presidencia del diablo, generalmente el último día de la semana. || — *Sábado de Gloria*, sábado santo. || *Sábado inglés*, sábado en que únicamente se trabaja por la mañana.

sabaleta f. *Col., C. Rica y Ecuad.* Pez propio de los ríos andinos.

sábalo m. Pez teleósteo marino que desova en la desembocadura de los ríos.

sabana f. *Amer.* Llanura de gran extensión, sin vegetación arbórea, aunque cubierta de hierba.

sábana f. Cada una de las dos piezas de lienzo que se ponen en la cama: *sábana bajera, encimera.* || Manto de los hebreos y algunos pueblos orientales, como el manto. || Sabanilla de altar. || *Fig. y fam. Pegársele a uno las sábanas,* quedarse uno dormido por la mañana más de lo debido o acostumbrado.

sabandija f. Bicho generalmente asqueroso, como ciertos reptiles e insectos: *esta caja vieja está llena de sabandijas.* || *Fig.* Persona despreciable.

sabanear v. i. *Amer.* Recorrer la sabana para reunir el ganado o vigilarlo.

sabanero, ra adj. Aplícase a la persona que vive en la sabana (ú. t. c. s.). || Relativo a la sabana.

sabañón m. Lesión inflamatoria de los pies, manos y orejas, provocada por el frío y caracterizada por ardor y picazón. || *Fam. Comer como un sabañón,* comer muy abundantemente.

sabático, ca adj. Relativo al sábado: *descanso sabático.* || Aplícase al séptimo año, en que los hebreos dejaban descansar las tierras, las viñas y los olivares.

sabatina f. Oficio religioso del sábado.

sabatino, na adj. Del sábado.

sabedor, ra adj. Enterado.

sabelotodo com. *Fam.* Sabidillo, sabihondo.

saber m. Sabiduría: *hombre de profundo saber.*

*saber v. t. Conocer una cosa o tener noticia de ella: *supe que había veni-*

do. || Ser docto en una materia: *saber griego.* || Haber aprendido de memoria: *saber su lección* (ú. t. c. pr.). || Tener habilidad: *saber dibujar.* || Ser capaz: *saber contentarse con poco.* || — *Hacer saber,* comunicar. || *Fig. No saber uno dónde meterse,* estar avergonzado. | *No saber uno por dónde se anda,* no tener ni idea de lo que se hace. || *Fam. Saber cuántas son cinco,* estar muy enterado. | *Saber latín,* ser muy astuto. | *Se las sabe todas,* está muy al tanto; tiene experiencia. || *Un no sé qué,* algo inexplicable. || — V. i. Ser muy sagaz y advertido: *sabe más que la zorra.* || *Arg., Bol., Cub., Ecuad., Guat., Parag., Per. y Urug.* Soler, acostumbrar: *sabe venir por aquí de vez en cuando.* || Tener sabor una cosa: *esto sabe a miel.* || Parecer: *los consuelos le saben a injurias.* || — *A saber,* es decir. || *Que yo sepa,* según mis conocimientos. || *¡Quién sabe!,* quizá, tal vez. || *Saber de,* tener noticias de: *hace un mes que no sé de él;* entender en: *sabe de mecánica.* || *Saber mal,* tener mal sabor; (fig.) disgustar. || *Fam. ¡Vete a saber!,* nadie sabe.

sabicú m. Árbol leguminoso cubano de flores blancas olorosas, parecido a la acacia.

sabidillo, lla adj. y s. Dícese de la persona que presume de entendida y docta sin serlo o sin venir a cuento.

sabido, da adj. Conocido: *como es sabido.* || *Fam.* Que sabe mucho: presume de saber: *hombre sabido.*

sabiduría f. Conocimientos profundos en ciencias, letras o artes. || Prudencia. || *La Sabiduría eterna,* el Verbo divino.

sabiendas (a) adv. Con conocimiento de lo que se hace y de lo que puede acarrear.

sabihondez f. *Fam.* Pedantería.

sabihondo, da adj. y s. *Fam.* Que presume de sabio sin serlo.

sabina, na adj. y s. De un ant. pueblo latino que habitaba cerca de Roma.

sabio, bia adj. y s. Aplícase a la persona que tiene conocimientos científicos profundos y que suele dedicarse a la investigación: *un sabio ruso.* || Sensato, prudente: *una sabia medida.* || — Adj. Que instruye: *sabia lectura.* || Habilidoso, amaestrado: *un perro sabio.*

sabiondo, da adj. y s. Sabihondo.

sablazo m. Golpe dado con el sable. || Herida que produce. || *Fig. y fam.*

Acción de sacar dinero prestado con habilidad: *dar un sablazo a un amigo.*

sable m. Arma blanca parecida a la espada, pero de un solo corte.

sableador, ra m. y f. *Fam.* Sablista.

sablear v. i. *Fig. y fam.* Dar sablazos.

sablero, ra adj. *Fam. Chil.* Sablista, que pide sin intención de devolver.

sablista adj. y s. *Fam.* Que acostumbra sablear a los demás.

saboneta f. Reloj de bolsillo de tapa articulada.

sabor m. Sensación que ciertos cuerpos producen en el órgano del gusto: *sabor a limón.* || *Fig.* Impresión que una cosa produce en el ánimo: *dejar mal sabor.* | Carácter, estilo: *poema de sabor clásico.* || — Pl. Cuentas de acero que se ponen en el bocado del caballo para refrescar la boca del animal.

saboreamiento m. Saboreo.

saborear v. t. Disfrutar detenidamente con deleite el sabor de una cosa: *saborear café* (ú. t. c. pr.). || *Fig.* Deleitarse con algo: *saborear el triunfo* (ú. t. c. pr.). || Dar sabor a algo.

saboreo m. Acción de saborear.

sabotaje m. Daño o deterioro que para perjudicar a los patronos hacen los obreros en la maquinaria, productos, etc. || Daño que se hace como procedimiento de lucha contra las autoridades, las fuerzas de ocupación o en conflictos sociales o políticos. || *Fig.* Entorpecimiento de la buena marcha de una actividad.

saboteador, ra adj. y s. Aplícase a la persona que sabotea.

sabotear v. t. Cometer actos de sabotaje.

saboteo m. Sabotaje.

saboyano, na adj. y s. De Saboya.

sabroso, na adj. De sabor agradable: *un plato muy sabroso.* || *Fig.* Delicioso, deleitable. | Lleno de enjundia: *diálogo sabroso.* | Gracioso: *un chiste muy sabroso.* || *Méx.* Fanfarrón.

sabucal m. Terreno plantado de sabucos.

sabuco o **sabugo** m. Saúco.

sabueso m. adj. Dícese de una variedad de perro podenco de olfato muy desarrollado (ú. t. c. s. m.). || — M. *Fig.* Investigador, policía.

saburra f. *Med.* Secreción mucosa que se acumula en las paredes del estómago. || Capa blanquecina que cubre la lengua por efecto de esa secreción.

saca f. Acción y efecto de sacar. || *Com.* Exportación de géneros de un país a otro. || Copia autorizada de un documento notarial. || Acción que sacan los estanqueros los efectos que después venden al público. || Costal grande para transportar la correspondencia. || *Fig.* Conjunto de rehenes que se ejecutan en concepto de represalias.

sacabala f. Especie de pinzas que usaban los cirujanos para sacar las balas de las heridas.

sacabocados m. inv. Instrumento para hacer taladros.

sacabotas m. inv. Tabla con una hendedura en un extremo para quitarse las botas.

sacabuche m. Especie de trompeta que se alarga y acorta para producir los sonidos. || Músico que toca este instrumento. || *Méx.* Cuchillo de punta.

sacaclavos m. inv. Instrumento para quitar clavos.

sacacorchos m. inv. Utensilio formado por una hélice metálica terminada en punta para quitar los tapones de las botellas. || *Fig. Sacar a alguien las cosas con sacacorchos,* hacerle hablar a fuerza de habilidad.

sacacuartos, sacadineros y **sacadinero** com. *Fam.* Cosa de poco valor, pero muy atractiva. | El que tiene arte para sacar dinero.

sacador, ra adj. y s. Dícese del o de lo que saca o extrae. || — M. Jugador que saca.

sacafaltas com. inv. *Fam.* Criticón, que todo lo censura.

sacaleche m. Aparato para extraer leche del pecho de la mujer.

sacaliña f. Garrocha, vara. || *Fig.* Socaliña.

sacamanchas m. inv. Quitamanchas.

sacamiento m. Acción de sacar una cosa de un sitio.

sacamuelas m. inv. *Fam.* Dentista. || *Fig.* Charlatán, hablador.

sacapuntas m. inv. Utensilio para afilar los lápices. || *Amer.* Muchacho ayudante de carpintero.

sacar v. t. Poner una cosa fuera del sitio donde estaba: *sacar dinero de la cartera; sacar una muela.* || Llevar fuera: *sacar el perro.* || Salir con una persona para que se entretenga: *este chico saca mucho a su hermana.* || Quitar o apartar a una persona o cosa de un sitio: *sacar al niño de la escuela.* || Quitar: *sacar una mancha.* || Soltar una costura o dobladillo. || Extraer: *sacar azúcar de la caña; un refrán sacado de una obra.* || Derivar: *palabra sacada del latín; sacar una película de una novela.* || Comprar: *sacar un billete.* || Hacer las gestiones necesarias para la obtención de algo: *sacar el pasaporte en la oficina correspondiente.* || Librar: *sacar de la pobreza.* || Solucionar, resolver: *sacar un problema.* || Descubrir por indicios: *saqué su nombre por un amigo.* || Deducir: *de nuestra conversación saqué que no llegaríamos nunca a un acuerdo.* || Encontrar: *sacarle mu-*

chas faltas a un alumno. || Conseguir, obtener, lograr: *sacar la mayoría en las elecciones; ha sacado mucho dinero de su finca.* || Hacer confesar a uno lo que quería ocultar: *por fin le saqué la verdad.* || Poner hacia fuera: *sacar el pecho al andar.* || Enseñar, mostrar: *sacar los dientes, el documento de identidad.* || Inventar, crear: *sacar un nuevo modelo, una moda.* || Citar, traer a la conversación: *siempre nos saca la historia de su vida.* || Hacer aparecer: *sacaron a su hija en los periódicos.* || Hacer perder el juicio: *sacar de sí.* || Apuntar, copiar: *sacar datos.* || Obtener cierto número en un sorteo: *sacar un buen número en una rifa.* || Ganar en la lotería: *sacar el gordo.* || Aventajar: *le sacó un largo de piscina.* || *Dep.* Lanzar la pelota para iniciar el juego o volverla a poner cuando ha salido. || *Mat.* Extraer: *sacar una raíz cuadrada.* || — *Sacar a bailar,* pedir el hombre a la mujer que baile con él. || *Fig. Sacar adelante,* dicho de personas, cuidar de su educación; aplicado a negocios, llevarlos a buen término. | *Sacar a luz,* publicar, descubrir. | *Sacar a relucir,* v. RELUCIR. | *Sacar de pila,* ser padrino o madrina en un bautismo. | *Sacar de quicio o de sus casillas a uno,* hacer que pierda el dominio de sí mismo. | *Sacar en claro o en limpio un asunto,* dilucidarlo. | *Fig. y fam. Sacar los pies del plato,* perder el recato o la timidez. | *Sacar partido o provecho,* aprovechar. || *Sacar una foto,* hacerla, fotografiar.

sacárido m. *Quím.* Glúcido.

sacarificación f. Conversión en azúcar.

sacarificar v. t. Convertir en azúcar: *sacarificar almidón.*

sacarímetro m. Instrumento con que se determina la proporción de azúcar en un líquido.

sacarino, na adj. Que tiene azúcar o se le asemeja. || — F. Sustancia blanca derivada del tolueno, de sabor azucarado, utilizada por los diabéticos. (La sacarina endulza como 300 veces su peso en azúcar.)

sacaromicetos m. pl. Levadura que produce la fermentación alcohólica de los zumos azucarados y que interviene en la elaboración del vino, cerveza, sidra, etc.

sacarosa f. *Quím.* Glúcido que por hidrólisis se transforma en glucosa y fructosa.

sacatapón m. Sacacorchos.

sacatepesano, na adj. y s. De Sacatepéquez.

sacavueltas m. y f. *Fam. Chil.* Persona que rehúye una obligación.

sacerdocio m. Dignidad, estado y funciones del sacerdote. || Conjunto de sacerdotes. || *Fig.* Función o profesión noble que requiere una dedicación entera, como la enseñanza, la medicina, etc.

sacerdotal adj. Relativo al sacerdote o al sacerdocio.

sacerdote m. Ministro de un culto religioso.

sacerdotisa f. Mujer dedicada al culto de una deidad.

sachadura f. Escarda.

sachar v. t. Escardar la tierra sembrada: *sachar un campo.*

saciable adj. Que puede ser saciado.

saciar v. t. Satisfacer completamente: *saciar el hambre, su venganza* (ú. t. c. pr.).

saciedad f. Hartura o satisfacción completa. || *Repetir algo hasta la saciedad,* repetirlo muchas veces.

saco m. Receptáculo a modo de bolsa que se abre por arriba: *un saco de yute.* || Su contenido: *un saco de cemento.* || Vestidura tosca. || *Fig.* Cosa que incluye en sí otras varias: *un saco de embustes.* | Persona gorda: *esta mujer es un saco.* | Saqueo: *el saco de Roma.* || *Anat.* Cavidad orgánica cerrada por un extremo: *saco sinovial.* || *Mar.* Ensenada de boca estrecha. || *Amer.* Chaqueta. | Bolso de mujer. || — *Entrar a saco,* saquear. || *Fig. No echar algo en saco roto,* tenerlo muy en cuenta. || *Saco de viaje,* bolsa alargada y con asa que se utiliza como maleta. | *Saco de dormir,* especie de edredón cerrado con cremallera en el cual se introduce uno para dormir.

sacón, ona adj. y s. Cobarde, gallina: *es un sacón,* no se atreve a reclamar.

sacramental adj. Relativo a los sacramentos: *sigilo sacramental.* || Dícese de los remedios con los cuales la Iglesia perdona los pecados veniales, como el agua bendita, las indulgencias y jubileos (ú. t. c. s. m.). || *Fig.* Consagrado por la ley o el uso: *palabras sacramentales.* || — F. Cementerio en Madrid para los miembros de una cofradía.

sacramentar v. t. Convertir el pan en el cuerpo de Nuestro Señor Jesucristo. || Administrar a un enfermo del viático y la extremaunción.

sacramentario, ria adj. y s. Aplícase a la secta luterana que negaba la presencia real de Jesucristo en la Eucaristía, y a sus partidarios.

sacramento m. Acto de la Iglesia católica por el cual se santifica o recibe la gracia divina una persona. (Los siete *sacramentos* son: bautismo, confirmación, eucaristía, penitencia, extremaunción, orden y matrimonio.) || — *El Santísimo Sacramento,* Jesucristo Sacramentado. || *Recibir los* (o *los últimos*) *sacramentos,* recibir el enfermo los de penitencia, eucaristía y extremaunción. || *Sacramento del altar,* la Eucaristía.

sacratísimo, ma adj. Superlativo de *sagrado.*

sacrificador, ra adj. y s. Aplícase a la persona que sacrificaba a las víctimas.

sacrificar v. t. Ofrecer en sacrificio: *sacrificar una víctima a los dioses.* || Degollar, matar reses para el consumo. || *Fig.* Abandonar algo en beneficio de otra cosa o persona: *sacrificar sus amigos a su ambición.* || — V. pr. Ofrecerse a Dios. || *Fig.* Dedicarse entera-

521

mente: *sacrificarse por un ideal*. | Privarse de algo, sujetarse con resignación a una cosa violenta o repugnante para agradar a otra persona.

sacrificio m. Muerte de una víctima en ofrenda de una deidad: *en las religiones primitivas solían existir sacrificios*. || Esfuerzo hecho o pena sufrida voluntariamente en expiación de una falta o para conseguir la intercesión divina: *sacrificio expiatorio, propiciatorio*. || *Fig.* Privación que sufre o se impone una persona: *para criar a sus hijos tuvo que hacer muchos sacrificios*. || *El sacrificio del altar*, la santa misa.

sacrilegio m. Lesión o profanación de cosa, persona o lugar sagrado: *cometer un sacrilegio*. || *Fig.* Falta de respeto hacia algo o alguien digno de la mayor consideración.

sacrílego, ga adj. Que comete sacrilegio (ú. t. c. s.). || Que implica sacrilegio: *palabra sacrílega*. || Que sirve para cometer sacrilegio: *manos sacrílegas*.

sacristán m. Persona encargada del cuidado de la sacristía y de la iglesia misma.

sacristanía f. Cargo u oficio de sacristán.

sacristía f. Lugar donde se revisten los sacerdotes y donde guardan los ornamentos del culto.

sacro, cra adj. Sagrado: *historia sacra*. || *Anat.* Aplícase al hueso situado en la extremidad inferior de la columna vertebral y a todo lo referente a esta región: *vértebras sacras* (ú. t. c. s. m.).

sacrosanto, ta adj. Sagrado y santo: *el sacrosanto cuerpo de Jesucristo*.

sacudida f. Movimiento brusco de algo. || Oscilación del suelo en un terremoto. || *Fig.* Conmoción provocada por alguna sorpresa. || *Sacudida eléctrica*, descarga eléctrica.

sacudido, da adj. *Fig.* Huraño, arisco. | Desenfadado, resuelto.

sacudidor, ra adj. Que sacude. || — M. Instrumento con que se sacude y limpia.

sacudidura f. y **sacudimiento** m. Acción de sacudir una cosa: *sacudidura del polvo*.

sacudir v. t. Mover violentamente una cosa a una y otra parte: *sacudir un árbol*. || Golpear con violencia una cosa para quitarle el polvo: *sacudir una alfombra*. || *Fig.* Emocionar, conmover: *la noticia sacudió al país*. || *Fig. y fam.* Dar, asestar: *sacudir una bofetada*. | Pegar a uno. || — *Fig. Sacudir el polvo*, pegar una paliza. | *Sacudir el yugo*, librarse de la opresión. || — V. pr. Librarse, deshacerse de una persona o cosa molesta.

sacudón m. *Amer.* Sacudida rápida y violenta.

sádico, ca adj. Relativo al sadismo. || Que se complace en hacer sufrir (ú. t. c. s.).

sadismo m. Placer perverso que se experimenta ante el sufrimiento de otra persona. || *Fig.* Crueldad refinada.

saduceísmo m. Doctrina de los saduceos que negaba la inmortalidad del alma y la resurrección del cuerpo humano.

saduceo, a adj. Perteneciente o relativo al saduceísmo. || Partidario de esta doctrina (ú. t. c. s.).

saeta f. Flecha, arma arrojadiza. || Manecilla del reloj. || Brújula. || Copla breve y desgarrada que se canta principalmente en Andalucía ante los pasos de la Semana Santa.

saetada f. y **saetazo** m. Acción de disparar una saeta. || Herida hecha con ella.

saetear v. t. Asaetear.

saetera f. Aspillera para disparar saetas. || *Fig.* Ventanilla estrecha.

saetín m. En los molinos, canal por donde se precipita el agua desde la presa hasta la rueda hidráulica para hacerla andar.

safari m. En África, expedición de caza mayor.

safárida adj. y s. De la dinastía persa que reinó de 863 a 903.

safena f. *Anat.* Cada una de las dos venas principales que van a lo largo de la pierna.

sáfico, ca adj. Aplícase a un verso endecasílabo grecolatino.

safismo m. Inversión sexual en la mujer.

saga f. Cada una de las leyendas mitológicas de la antigua Escandinavia contenidas en las Eddas: *las sagas se redactaron principalmente en Islandia en los siglos XII y XIV*. || Hechicera.

sagacidad f. Perspicacia.

sagaz adj. Perspicaz, prudente, precavido: *un político muy sagaz*.

sagital adj. De forma de saeta.

sagitaria f. Planta alismácea.

sagrado, da adj. Consagrado a Dios y al culto divino: *libros sagrados*. || *Fig.* Digno de veneración. | Inviolable: *un secreto es una cosa sagrada*. || *Fig. Fuego sagrado*, dícese de ciertos sentimientos nobles y apasionados o del ardor en el trabajo. || — M. Asilo donde se refugiaban los delincuentes: *estar acogido a sagrado*.

sagrario m. Parte interior de una iglesia donde se guardan las cosas sagradas. || Tabernáculo donde se guardan las hostias consagradas. || En algunas iglesias catedrales, capilla que sirve de parroquia.

sagú m. *Bot.* Palmera de la India y Malasia. || Fécula muy nutritiva que se obtiene del tronco de esta palmera.

saguaipé m. *Riopl.* Gusano parásito. || *Arg.* Sanguijuela.

saguntino, na adj. y s. De Sagunto.

sahariana f. Chaqueta holgada y fresca.

sahariano, na o **sahárico, ca** adj. y s. Del Sáhara.

sahuaté m. *Méx.* Enfermedad del ganado ocasionada por la larva de la solitaria.

sahumado, da adj. *Amer.* Achispado, algo borracho.

sahumador m. Perfumador, recipiente para quemar perfumes. || Secador para la ropa.

sahumadura f. Sahumerio.

sahumar v. t. Dar humo aromático a una cosa para que huela bien (ú. t. c. pr.).

sahumerio m. Acción y efecto de sahumar o sahumarse. || Humo aromático. || Sustancia aromática.

saimirí m. Mono pequeño de América Central y del Sur, de cola larga y prensil.

sainete m. Obra teatral corta, de asunto jocoso y carácter popular: *los sainetes de Lope de Rueda*.

sainetero o **sainetista** m. Autor de sainetes.

sainetesco, ca adj. Relativo al sainete, cómico, jocoso.

saíno m. Mamífero paquidermo de América del Sur, parecido al jabato, sin cola, con cerdas largas y una glándula en lo alto del lomo por donde segrega un humor fétido.

saja y **sajadura** f. Corte, incisión en la carne.

sajar v. t. Hacer cortes en la carne: *le sajaron el tumor*.

sajón, ona adj. y s. De Sajonia. || Aplícase a los individuos de un pueblo germánico que vivía en la desembocadura del Elba y parte del cual se trasladó a Inglaterra en el siglo V. || — Adj. y s. m. Dícese del antiguo y bajo idioma alemán.

sajú m. Mono capuchino.

sal f. Sustancia cristalina de gusto acre, soluble en el agua, que se emplea como condimento y para conservar la carne o el pescado. || *Quím.* Compuesto que resulta de la acción de un ácido o de un óxido ácido sobre una base, o de la acción de un ácido sobre un metal. || *Fig.* Agudeza, gracia: *sátira escrita con mucha sal*. | Garbo, salero: *una mujer con mucha sal*. || — Pl. Sales volátiles, generalmente amoniacales, que se dan a respirar con objeto de reanimar. | Sustancias cristaloides, perfumadas, que se mezclan con el agua del baño. || — *Sal amoniaco*, clorhidrato de amoniaco. || *Sal de acederas*, oxalato de potasio. || *Echar la sal*, dar mala suerte, provocar desgracias.

sala f. Pieza principal de una casa: *sala de recibir, de estar*. || Local para reuniones, fiestas, espectáculos, etc.: *sala de espera, de cine*. || Dormitorio en un hospital: *sala de infecciosos*. | Sitio donde se constituye un tribunal de justicia: *sala de lo criminal*. | Conjunto de magistrados o jueces que entienden sobre determinadas materias. || — *Sala de armas*, la destinada al aprendizaje de la esgrima. || *Sala de batalla*, en las oficinas de Correos, local donde se hace el apartado. || *Sala de fiestas*, establecimiento público donde se puede bailar y donde suelen presentarse espectáculos de variedades.

salacidad f. Inclinación a la lujuria.

salacot m. Sombrero en forma de casco fabricado con tejido de tiras de cañas de uso en países tropicales.

saladería f. *Arg.* Industria de salar carnes.

saladero m. Lugar destinado para las carnes o pescados. || *Riopl.* Matadero grande.

saladilla f. Planta común de los litorales mexicanos.

saladillo adj. m. Aplícase al tocino fresco poco salado.

salado, da adj. Que tiene sal: *mantequilla salada*. || Aplícase a los alimentos que tienen sal en exceso: *la sopa está salada*. || Dícese del terreno estéril por ser demasiado salitroso. || *Fig.* Gracioso: *un niño muy salado*. || *Amer.* Desgraciado. || *Fig.* y *fam.* ¡Qué salado!, ¡qué gracioso! (irónico).

salador, ra adj. y s. Aplícase a la persona que sala. || — M. Saladero: *salador de carnes.*

salamanca f. *Arg.* Salamandra de cabeza chata.

salamandra f. Batracio urodelo que vive en los sitios oscuros y húmedos y se alimenta principalmente de insectos. || *Mit.* Ser fantástico considerado como espíritu elemental del fuego. || Estufa de combustión lenta para la calefacción doméstica. || *Salamandra acuática*, batracio acuático de Europa.

salamanquesa f. Saurio terrestre parecido a la lagartija.

salamanquino, na adj. y s. Salmantino. || — F. *Chil.* Lagartija.

salamateco, ca adj. y s. De Salamá (Guatemala).

salame m. *Arg., Chil., Ecuad., Parag., Per. y Urug.* Embutido curado de carne vacuna o de cerdo. || — M. y f. *Arg., Parag. y Urug.* Tonto, ingenuo.

salami m. *Amér. C., Chil., Col., Ecuad., Esp., Méx., Per. y Venez.* Embutido curado de carne vacuna o de cerdo.

salamín m. *Riopl.* Salame, embutido. || *Riopl.* Tonto, ingenuo.

salar m. *Arg.* Salina, saladar.

salar v. t. Echar en sal: *salar tocino.* || Poner sal: *salar la comida.* || *Amer.* Echar a perder, estropear. | Deshonrar.

salariado m. Modo de remuneración del trabajador por medio del salario exclusivamente.

salarial adj. Del salario.

salariar v. t. Asalariar.

salario m. Remuneración de la persona que trabaja por cuenta ajena en virtud de un contrato laboral: *un salario insuficiente.* || — *Salario base* o básico, cantidad mensual utilizada para calcular las prestaciones familiares y sociales. || *Salario mínimo*, el menor que se puede pagar a un trabajador según la ley.

salaz adj. Lujurioso.

salazón f. Acción y efecto de salar o curar con sal carnes, pescados, etc. ||

Carnes o pescados salados. || Industria y comercio que se hace con ellos. || *Amér. C., Cub. y Méx.* Desgracia, mala suerte.

salceda f. Lugar plantado de sauces.

salchicha f. Embutido, en tripa delgada, de carne de cerdo bien picada y sazonada. || Fajina alargada empleada en fortificaciones. || Cartucho alargado de lienzo para hacer explotar las minas.

salchichería f. Tienda en que se venden salchichas y otros productos sacados del cerdo.

salchichero, ra m. y f. Persona que hace o vende productos sacados del cerdo.

salchichón m. Embutido de jamón, tocino y pimiento en grano, prensado y curado, que se come crudo.

salcochar v. t. Cocer un alimento sólo con agua y sal.

salcocho m. *Amer.* Preparación de un alimento cociéndolo sólo con agua y sal.

saldar v. t. Liquidar enteramente una cuenta, unas deudas: *saldar una factura.* || Vender a bajo precio una mercancía: *saldar los géneros de fin de temporada.* || *Fig.* Liquidar, acabar con.

saldista com. Persona que compra y vende saldos.

saldo m. Liquidación de una deuda. || Diferencia entre el debe y el haber de una cuenta: *saldo deudor.* || Mercancías que saldan los comerciantes para deshacerse de ellas. || *Fig.* Resultado. | Cosa de poco valor.

saldubense adj. y s. De la antigua Sálduba (Zaragoza).

saledizo m. Saliente, que sobresale. || — M. *Arq.* Salidizo.

salernitano, na adj. y s. De Salerno (Italia).

salero m. Recipiente en que se pone la sal en la mesa. || Almacén donde se guarda sal. || *Fig.* y *fam.* Gracia, donaire: *muchacha de mucho salero.*

saleroso, sa adj. *Fig.* y *fam.* Que tiene salero o gracia: *una malagueña salerosa.* | Divertido.

salesiano, na adj. y s. Aplícase a los religiosos de la sociedad de San Francisco de Sales. (La *congregación de los Salesianos* fue fundada por San Juan Bosco, en Turín, el año 1859.)

salgar v. t. Dar sal al ganado.

salicáceo, a adj. y s. f. Dícese de árboles y arbustos angiospermos y dicotiledóneos, como el sauce, el álamo y el chopo. || — F. pl. Familia que forman.

salicílico, ca adj. Dícese de un ácido que se saca de la salicina.

salicina f. Glucósido que se extrae de la corteza del sauce.

salicíneo, a adj. y s. f. *Bot.* Salicáceo.

sálico, ca adj. Relativo a los salios o francos. || *Ley sálica*, la que excluía a las hembras de la sucesión a la tierra y a la corona. (La *ley sálica* fue introducida en España por Felipe V. Su abolición por Fernando VII fue una de las causas de las guerras carlistas.)

salida f. Acción de salir: *presenciar un accidente a la salida del trabajo*; *la salida del sol.* || Parte por donde se sale de un sitio: *salida de emergencia.* || *Com.* Despacho o venta de los géneros: *dar salida a una mercancía.* | Posibilidad de venta: *buscar salida a los productos.* || Publicación, aparición: *la salida de un periódico.* || *Fig.* Posibilidad abierta a la actividad de alguien: *las carreras técnicas tienen muchas salidas.* | Escapatoria, evasiva. | Solución: *no veo salida a este asunto.* || *Fig.* y *fam.* Ocurrencia: *tener una buena salida.* || Dinero sacado de una cuenta para pagar las deudas contraídas. || Campo contiguo a las puertas de una población. || Parte que sobresale algo. || *Mil.* Acometida violenta de los sitiados contra los sitiadores. | Misión de combate efectuada por un avión. || — *Salida de baño*, especie de albornoz. || *Fig.* y *fam.* *Salida de pie de banco*, despropósito, tontería. | *Salida de tono*, inconveniencia.

salidero, ra adj. Aficionado a salir de paseo, andariego. || — M. Espacio para salir.

salidizo m. *Arq.* Parte de una construcción que sobresale de la pared maestra, como balcón, tejadillo, etc.

salido, da adj. Saliente, que sobresale. || Dícese de las hembras de los mamíferos cuando están en celo o propenden al coito.

salidor, ra adj. y s. *Arg., Chil., Cub., Méx., Parag., Urug. y Venez.* Andariego, callejero.

saliente adj. Que sale: *ángulo saliente.* || — M. Parte que sobresale en la superficie de algo. || Voladizo.

salificar v. t. *Quím.* Convertir en sal una sustancia.

salina f. Yacimiento de sal gema. || Sitio donde se evapora el agua del mar para obtener sal.

salinero m. Persona que fabrica, extrae, vende o transporta sal.

salinidad f. Calidad de salino. || Proporción de sales en el agua del mar.

salino, na adj. Que contiene sal: *agua salina.*

salio, lia adj. y s. Dícese de los individuos de un ant. pueblo franco de Germania. (Los *salios* se establecieron a orillas del Yssel.) || Relativo a los sacerdotes de Marte. || — M. Sacerdote de Marte en la Roma antigua.

*salir v. i. Pasar de la parte de adentro a la de afuera: *salir al jardín.* || Abandonar un sitio donde se había estado cierto tiempo: *salir del hospital.* || Marcharse: *saldremos para Barcelona.* || Dejar cierto estado: *salir de la niñez.* || Escapar, librarse: *salir de apuros.* || Haberse ido fuera de su casa: *la señora ha salido.* || Ir de paseo: *salir con los amigos.* || Dentro de un mismo recinto, ir a otro sitio para efectuar cierta actividad: *salir a batirse, a escena.* || Verse con frecuencia un chico y una chica, generalmente como etapa previa al noviazgo: *Conchita sale ahora* mucho con Ricardo. || Franquear cierto límite: *salir del tema.* || Aparecer: *ha salido el sol.* || Brotar, nacer: *ya ha salido el maíz.* || Quitarse, desaparecer una mancha: *esta cornisa sale mucho.* || Sobresalir, resaltar: *esta cornisa sale mucho.* || Resultar: *el arroz ha salido muy bueno; este niño ha salido muy estudioso.* || Proceder: *salir de la nobleza.* || Presentarse: *me salió una buena oportunidad.* || Deshacerse de una cosa: *ya he salido de esta mercancía.* || Mostrarse en público: *mañana saldré en la televisión.* || Costar: *cada ejemplar me sale a veinte euros.* || Iniciar un juego. || Encontrar la solución: *este problema no me sale.* || Presentarse al público, aparecer: *ha salido un nuevo periódico.* || Hablar u obrar de una manera inesperada: *¿ahora sales con eso?* || Deducirse: *de esta verdad salen tres consecuencias.* || Tener buen o mal éxito algo: *salir bien en un concurso.* || Dar cierto resultado un cálculo: *esta operación me ha salido exacta.* || Parecerse una persona a otra: *este niño ha salido a su padre.* || Ser elegido por suerte o votación: *Rodríguez salió diputado.* || Ser sacado en un sorteo: *mi billete de lotería no ha salido.* || Dar, desembocar: *este callejón sale cerca de su casa.* || Manifestar: *el descontento le sale a la cara.* || — *A lo que salga* o *salga lo que salga,* sin preocuparse de lo que pueda resultar. || *Salir adelante,* vencer las dificultades. || *Salir a relucir,* surgir en la conversación. || *Salir con,* conseguir: *ha salido con lo que quería.* || *Salir del paso,* cumplir una obligación como se puede. || *Salir ganando en algo,* ser beneficiado. || *Salir mal con uno,* enfadarse con él. || Fam. *Salir pitando,* irse muy rápidamente. || *Salir por,* defender a alguien; reunir dinero de varias procedencias: *entre las clases y las traducciones salgo por cuarenta mil euros.* || — V. pr. Irse un fluido del sitio donde está contenido, por filtración o rotura: *el gas se sale.* || Dejar escaparse el fluido que contenía un recipiente: *esta botella se sale.* || Rebosar un líquido al hervir: *la leche se salió.* || Dejar de pertenecer: *Ricardo se salió del Partido Socialista.* || — *Salirse con la suya,* conseguir lo que uno deseaba. || *Salirse de la vía,* descarrilar. || *Salirse de lo normal,* ser extraordinario, desbordarse. || *Salirse por la tangente,* soslayar una pregunta difícil.

salitrado, da adj. Compuesto o mezclado con salitre.

salitral adj. Salitroso. || — M. Yacimiento de salitre.

salitre m. Nitro.

salitrera f. Bol. y Chil. Lugar donde se fabrica salitre.

salitrería f. Fábrica de salitre.

salitrero, ra adj. Relativo al salitre. || — M. Obrero que fabrica salitre. || — F. Salitral.

salitroso, sa adj. Que contiene salitre.

saliva f. Líquido claro, alcalino y algo viscoso, que segregan ciertas glándulas y va a verterse en la boca. || — Fig. y fam. *Gastar saliva en balde,* hablar para nada. | *Tragar saliva,* tener que guardar silencio uno ante algo que le molesta u ofende.

salivación f. Acción de salivar. || Secreción abundante de saliva.

salivadera f. Amer. Escupidera.

salivajo m. Fam. Escupitajo.

salival y **salivar** adj. Relativo a la saliva. || Que la segrega.

salivar v. i. Segregar saliva.

salivazo m. Fam. Escupitajo.

salivera f. Amer. Escupidera.

salivoso, sa adj. Que segrega mucha saliva.

salmanticense y **salmantino, na** adj. y s. De Salamanca.

salmista m. Compositor de salmos. || El que los canta.

salmo m. Canto o cántico sagrado de los hebreos y de los cristianos que contiene alabanzas a Dios.

salmodia f. Manera particular de cantar los salmos. || Fig. y fam. Canto monótono.

salmodiar v. t. e i. Rezar o cantar salmos. || — V. t. Cantar de manera monótona y monocorde.

salmón m. Pez fluvial y marino teleósteo, parecido a la trucha, de carne rosa pálido muy estimada. || — Adj. Del color del salmón, rosado. || *el torero iba vestido con un traje salmón y oro.*

salmonado, da adj. Asalmonado, de color salmón.

salmonela f. Biol. Bacteria que, ingerida, provoca trastornos intestinales. || Med. Intoxicación producida por esta bacteria.

salmonete m. Pez marino teleósteo rojizo de carne muy sabrosa.

salmónido adj. y s. m. Aplícase a los peces acantopterigios del mismo tipo que el salmón, la trucha, etc. || — M. pl. Familia que forman.

salmuera f. Agua que contiene mucha sal. || Líquido salado en el cual se conservan carnes y pescados.

salobral adj. Dícese del terreno que contiene sal.

salobre adj. Que contiene sal o tiene un sabor de sal: *agua salobre.*

salobridad f. Calidad de salobre: *la salobridad del agua del mar.*

salomón m. Fig. Hombre de gran sabiduría.

salomónico, ca adj. Relativo a Salomón. || Arq. Columna salomónica, la de fuste contorneado en espiral.

salón m. Sala grande: *salón de actos.* || En una casa, cuarto donde se reciben las visitas. || Nombre dado a ciertos establecimientos: *salón de té, de peluquería.* || Exposición: *salón del automóvil.* || *Salón literario,* tertulia de escritores, filósofos, políticos, etc., que se celebra en el domicilio de alguna persona conocida.

saloncillo m. Salón de descanso en un teatro.

salpicada f. Méx. Salpicadura.

salpicadera f. Méx. y Urug. Guardabarros.

salpicadero m. Tablero en el automóvil, delante del conductor, donde se encuentran situados algunos mandos y testigos de control.

salpicadura f. Acción y efecto de salpicar. || Mancha producida.

salpicar v. t. Rociar, esparcir gotas menudas. || Manchar con gotas de una materia líquida: *salpicar el vestido con el café.* || Fig. Esparcir, diseminar: *valle salpicado de caseríos.* | Amenizar una conversación o texto con datos diversos: *el orador salpicó su conferencia con divertidas anécdotas.*

salpicón m. Guiso de carne picada aderezada con pimiento, sal, vinagre y cebolla. || Salpicadura.

***salpimentar** v. t. Aderezar con sal y pimienta: *salpimentar carne.* || Fig. Amenizar, volver más sabroso: *salpimentar su conversación con anécdotas.*

salpullido m. Sarpullido.

***salpullir** v. t. Sarpullir.

salsa f. Mezcla de varias sustancias desleídas que se hacen para aderezar los guisos: *salsa verde.* || Fig. Cosa que ameniza otra. || Fam. Salsero. || Fig. y fam. *En su propia salsa,* en su ambiente.

salsamentaría f. Col. Establecimiento donde se venden embutidos y fiambres.

salsera f. Recipiente para servir la salsa en la mesa. || Salserilla de pintor.

salserilla o **salseruela** f. Tacita muy chata en que el pintor mezcla y desleí los colores.

salsifí m. Planta compuesta de raíz fusiforme, blanca y comestible.

salsoláceo, a adj. y s. f. Dícese de las plantas quenopodiáceas cuyo tipo es la acelga. || — F. pl. Grupo que forman.

saltable adj. Que se puede saltar, franqueable.

saltador, ra adj. Que salta. || — M. y f. Persona que salta: *saltador de altura.* || — M. Comba, cuerda para saltar.

saltamontes m. Insecto ortóptero de color verde y con las patas posteriores muy desarrolladas.

saltaojos m. Planta ranunculácea, de hermosas flores rosadas.

saltaperico m. Amer. Cohete rastrero y estripitoso.

saltar v. i. Levantarse del suelo con impulso y ligereza o lanzarse de un lugar a otro: *saltar de alegría; saltar desde el trampolín.* || Botar una pelota. || Levantarse rápidamente: *al oír eso saltó de la cama.* || Moverse ciertas cosas con gran rapidez: *una chispa saltó de la chimenea.* || Brotar un líquido con violencia: *saltó el champán.* || Estallar, explotar: *el polvorín saltó.* || Desprenderse algo de donde estaba sujeto: *saltó un botón de la americana.* || Romperse, resquebrajarse: *el vaso saltó al echarle agua caliente.* || Salir con ímpetu: *el equipo de fútbol saltó al terreno.* || Fig. Pasar bruscamente de una cosa a otra: *el conferenciante saltaba de un* tema a otro. | Pasar de un sitio a otro sin seguir el orden establecido: *el alumno saltó de cuarto a sexto.* | Decir algo inesperado o inadecuado: *saltó con una impertinencia.* | Reaccionar vigorosamente ante alguna acción o palabra: *saltó al oír semejantes insultos.* | Salir despedido o expulsado: *el ministro ha saltado.* || — *Fam.* Estar a la que salta, estar preparado para aprovechar la ocasión. | *Hacer saltar,* lograr expulsar a alguien de un puesto; enfadar a uno. || *Fig.* Saltar a la vista, ser muy evidente. || — V. t. Franquear de un salto: *saltar una valla.* || Hacer explotar: *saltar un puente.* || Hacer desprenderse algo del sitio donde estaba alojado: *le saltó un ojo.* || Cubrir el macho a la hembra. || *Fig.* Omitir algo al leer o escribir: *saltar un renglón* (ú. t. c. pr.). || — *Fig.* Saltar la tapa de los sesos a uno, pegarle un tiro en la cabeza. | *Saltarse algo a la torera,* hacer caso omiso de alguna prohibición. || *Saltársele a uno las lágrimas,* empezar a llorar.

saltarín, ina adj. y s. Propenso a danzar o saltar.

salteado m. Alimento sofrito a fuego vivo: *un salteado de ternera.*

salteador m. Persona que saltea y roba en los caminos o despoblados.

salteamiento m. Acción de saltear.

saltear v. t. Robar en despoblado a los viajeros. || Hacer algo de una forma discontinua. || Sofreír un manjar a fuego vivo: *saltear patatas.*

salteño, ña adj. y s. De Salta (Argentina). || De Salto (Uruguay).

salterio m. Colección de los salmos de la Biblia. || *Mús.* Instrumento antiguo de forma triangular y cuerdas metálicas, parecido a la cítara.

saltimbanco y **saltimbanqui** m. *Fam.* Titiritero.

salto m. Movimiento brusco producido por la flexión y súbita extensión de los músculos de las piernas por el cual se eleva el cuerpo: *los canguros avanzan a saltos.* || Espacio que se salta: *un salto de dos metros.* || Desnivel grande en el terreno. || Despeñadero profundo. || Cascada de agua. || Lanzamiento al agua del nadador: *el salto de la carpa.* || En atletismo, prueba que consiste en salvar una altura o un espacio: *salto de altura, de longitud, de pértiga.* || — *Fig.* A salto de mata, huyendo y escondiéndose; a loco. | A saltos, sin continuidad. | En un salto, muy rápidamente. || *Salto de agua,* instalación hidroeléctrica movida por el agua que cae de un desnivel. || *Salto de cama,* bata ligera y amplia que se pone la mujer al levantarse. || *Salto de carnero,* el que da el caballo encorvándose para desmontar al jinete. || *Salto mortal,* aquel en que el cuerpo da la vuelta completa en el aire. || *Triple salto,* prueba de atletismo en que hay que franquear la mayor distancia posible en tres saltos.

saltón, ona adj. Que anda a saltos. || *Ojos saltones,* los abultados y salientes. || — M. Saltamontes.

salubre adj. Saludable.

salubridad f. Calidad de salubre: *salubridad del aire.*

salud f. Buen estado físico: *gozar de buena salud.* || Estado del organismo: *tener buena salud.* || Estado de gracia espiritual: *la salud del alma.* || Salvación: *la salud eterna.* || — *Beber a la salud de uno,* brindar por él. || *Curarse en salud,* precaverse. | *Gastar salud,* gozarla. || *Pop. ¡Por la salud de mi madre!,* expresión de juramento para asegurar algo. || *Fig. y fam. Vender salud,* ser robusto.

saluda m. Esquela que se redacta en tercera persona y sin firma en la que figura impresa la palabra *saluda.*

saludable adj. Bueno para la salud corporal: *clima muy saludable.* || Provechoso para un fin.

saludar v. t. Dar una muestra exterior de cortesía o respeto a una persona que se encuentra o de quien se despide de uno: *saludar a un superior.* || Enviar saludos. || — *Fig.* Aclamar: *saludar el advenimiento de la República.* || *Fam.* Mirar: *el alumno no había saludado la lección.* || *Mar.* Arriar los barcos por breve tiempo sus banderas en señal de bienvenida o buen viaje. || *Mil.* Dar señales de saludo con descargas, toques de instrumentos, etc.

saludo m. Acción o manera de saludar.

salutación f. Saludo. || Salutación angélica, avemaría.

salutífero, ra adj. Bueno para la salud.

salva f. Saludo hecho con armas de fuego: *una salva de artillería.* || Prueba que se hacía de la comida y bebida de los reyes. || Salvilla, bandeja. || — *Fig.* Gastar la pólvora en salvas, emplear los medios en cosas inútiles. | *Una salva de aplausos,* aplausos repetidos y unánimes.

salvabarros m. inv. Guardabarros.

salvación f. Acción y efecto de salvar o salvarse. || Gloria eterna: *la salvación del alma.* || *Fig. No tener salvación,* no tener remedio.

— La asociación religiosa llamada *Ejército de Salvación* fue fundada en Londres por William Booth en 1864.

salvado m. Cascarilla que envuelve el trigo.

salvador, ra adj. y s. Dícese de la persona que salva: *el salvador de un país.* || — M. Por antonomasia, Jesucristo.

salvadoreñismo m. Palabra o giro propio de El Salvador.

salvadoreño, ña adj. y s. De El Salvador.

salvaguarda f. Salvaguardia.

salvaguardar v. t. Defender, servir de salvaguardia: *la O. N. U. salvaguarda la paz.*

salvaguardia f. Salvoconducto que se da a uno para que no sea molestado o detenido. || *Fig.* Protección, defensa, garantía: *salvaguardia de la paz.*

salvajada f. Hecho o dicho propio de salvaje. || Crueldad, atrocidad: *las salvajadas de la guerra.*

salvaje adj. Aplícase a las plantas no cultivadas, silvestres. || Dícese del animal no domesticado: *un potro salvaje.* || Áspero, inculto: *tierra salvaje.* || — Adj. y s. Natural de un país todavía en estado primitivo: *tribu salvaje.* || *Fig.* Sumamente bruto.

salvajino, na adj. Dícese de la carne de los animales salvajes. || — F. Conjunto de animales salvajes. || Carne o piel de estos animales.

salvajismo m. Modo de ser o de obrar propio de los salvajes.

salvamanteles m. inv. Objeto que se pone en la mesa debajo de las fuentes, botellas, vasos, etc., para proteger el mantel.

salvamento m. Acción y efecto de salvar o salvarse. || Liberación de un peligro: *organizar el salvamento de los náufragos.* || Lugar en que uno se asegura de un peligro.

salvamiento m. Salvamento.

salvar v. t. Librar de un peligro: *salvar a un náufrago.* || Sacar de una desgracia: *salvar de la miseria.* || Poner en seguro: *salvar una obra de arte.* || Dar la salvación eterna: *salvar el alma.* || Evitar, soslayar: *salvar una dificultad.* || Recorrer la distancia que separa dos puntos. || Franquear: *salvar un charco.* || *Fig.* Conservar intacto: *salvar su honra.* || Exceptuar, excluir. || Poner una nota al pie de un documento para que valga lo enmendado o añadido. || — V. pr. Librarse de un peligro. || Alcanzar la gloria eterna. || *Sálvese quien pueda,* grito con que se indica en momentos de gran peligro que cada uno puede emplear el medio que quiera para ponerse a salvo.

salvavidas adj. y m. inv. *Mar.* Dícese de la boya, chaleco o bote utilizados en caso de naufragio. || Dispositivo de seguridad colocado en las ruedas delanteras de los tranvías para evitar las consecuencias de un atropello.

salve interj. Se emplea en poesía como saludo. || — F. Oración de salutación a la Virgen.

salvedad f. Advertencia que excusa o limita el alcance de lo que se va a decir. || Excepción: *un reglamento sin salvedad.* || Nota para salvar una enmienda en un documento.

salvia f. Planta labiada aromática, usada como estomacal.

salvilla f. Bandeja que tiene huecos donde se encajan las copas o tazas que se ponen en ella: *una salvilla de plata.*

salvo, va adj. Fuera de un peligro: *sano y salvo.* || — Adv. Excepto: *haré todo, salvo irme.* || — En seguridad: *poner a salvo;* sin daño o menoscabo. || *Salvo que,* a no ser que: *iré a la playa, salvo que llueva.*

salvoconducto m. Documento expedido para que uno pueda transitar por cierto sitio sin riesgo.

samán m. Árbol mimosáceo americano parecido al cedro.

samandoca f. *Méx.* Especie de planta liliácea.

samanés, esa adj. y s. De Samaná (Rep. Dominicana).

sámara f. Fruto seco de pericarpio prolongado en forma de ala: *la sámara del fresno.*

samario m. Metal (símb., Sm) del grupo de las tierras raras, de número atómico 62.

samario, ria adj. y s. De Santa Marta (Colombia).

samaritano, na adj. y s. De Samaria: *la parábola del Buen Samaritano.*

samba f. Baile popular brasileño de dos tiempos.

sambenito m. Capotillo o escapulario que se ponía a los penitentes por la Inquisición cuando volvían al seno de la Iglesia. || Anuncio que se colocaba en las iglesias con el nombre y castigo de los condenados por la Inquisición. || *Fig.* Nota infamante, descrédito: *colgar a uno el sambenito de embustero.*

sambumbia f. *Cub.* y *P. Rico.* Refresco de miel de caña. || En el SO. de México, refresco de piña.

samio, mia adj. y s. De Samos.

samnita adj. y s. De Samnio.

samovar m. Especie de tetera de cobre con hornillo y chimenea interior usada en Rusia para calentar el agua.

sampán m. Pequeña embarcación china o japonesa movida por pagaya y utilizada a veces como vivienda.

sampedrano, na adj. y s. De Villa de San Pedro (Paraguay). || De San Pedro Sula (Honduras).

samurai m. En la sociedad feudal japonesa, guerrero, militar.

san adj. Apócope de santo.
— *Santo* pierde la última sílaba delante de un nombre propio, excepto en los casos de Tomás o Tomé, Toribio y Domingo. En plural no hay apócope.

sanalotodo m. Cierto emplasto de color negro. || *Fig.* Panacea, remedio que se cree útil para todo.

sanandresano, na adj. y s. De San Andrés (Colombia).

sanar v. t. Restituir a uno la salud perdida: *sanar a un enfermo.* || — V. i. Recobrar la salud, curarse: *el enfermo sanó rápidamente.*

sanatorio m. Establecimiento destinado al tratamiento de enfermedades nerviosas, cardiacas, pulmonares, etc., en que residen los enfermos.

sanchopancesco, ca adj. Propio de Sancho Panza. || Prosaico.

sanción f. Acto solemne por el que un jefe de Estado confirma una ley o estatuto. || Autorización, aprobación: *la sanción de un acto.* || Pena o castigo que la ley establece para el que la infringe. || *Fig.* Medida de represión aplicada por una autoridad: *sanciones tomadas contra los huelguistas.*

sancionable adj. Que merece sanción o castigo.

sancionado, da adj. y s. Aplícase a la persona que ha sufrido sanción.

sancionador, ra adj. y s. Dícese del que o de lo que sanciona.

sancionar v. t. Dar la sanción a algo: *el Rey sancionó la Constitución.* || Autorizar, aprobar: *palabra sancionada por el uso.* || Aplicar una sanción, castigar: *sancionar un delito.*

sancochar v. t. Cocer algo ligeramente y sin sazonarlo.

sancocho m. Plato americano de yuca, carne, plátano, etc., a modo de cocido. || *Fig. Méx.* y *P. Rico.* Embrollo, lío.

sancta m. Parte anterior del tabernáculo de los judíos en el desierto, y del templo de Jerusalén, separada por un velo de la interior o sanctasanctórum.

sanctasanctórum m. Parte interior y más sagrada del tabernáculo de los judíos, y del templo de Jerusalén, separada del sancta por un velo. || *Fig.* Lo que una persona tiene en mayor aprecio. || Lo que está muy reservado en un sitio.

sandalia f. Calzado consistente en una suela de cuero sostenida por correas.

sándalo m. Planta labiada que se cultiva en los jardines. || Árbol santaláceo de madera aromática. || Esta misma madera.

sandáraca f. Resina del enebro y de otras coníferas.

sandez f. Necedad, tontería.

sandía f. Planta cucurbitácea de fruto comestible. || Fruto de ésta.

sandiego m. *Méx.* Planta enredadera de flores purpúreas.

sandillita f. *C. Rica* y *Méx.* Planta cucurbitácea.

sandio, dia adj. y s. Necio, simple, tonto.

sanducero, ra adj. y s. De Paysandú (Uruguay).

sandunga f. *Fam.* Gracia, donaire, salero. || *Chil., Méx.* y *Per.* Parranda, jolgorio. || *Méx.* Cierto baile de Tehuantepec.

sandunguero, ra adj. *Fam.* Que tiene sandunga, saleroso.

sándwich [-duich] m. (pal. ingl.). Bocadillo, emparedado. (Pl. *sándwiches.*)

saneado, da adj. Aplícase a los bienes libres de cargas. || *Fig.* Dícese del beneficio obtenido en limpio: *ingresos muy saneados.*

saneamiento m. Dotación de condiciones de salubridad a los terrenos o edificios desprovistos de ellas: *hay que efectuar el saneamiento de las regiones tropicales.*

sanear v. t. Hacer desaparecer las condiciones de insalubridad en un sitio: *sanear una región pantanosa.* || Desecar un terreno. || Equilibrar, estabilizar: *sanear la moneda.* || Hacer que las rentas o bienes estén libres de gravámenes.

sanedrín m. Consejo supremo de los judíos en el que se trataban y decidían los asuntos de Estado y religión.

sanfelipeño, ña adj. y s. De San Felipe (Chile).

sanfernandino, na adj. y s. De San Fernando (Chile).

sangradera f. Lanceta. || Vasija para recoger la sangre. || *Fig.* Acequia derivada de otra principal. | Compuerta o portillo por donde se da salida al agua sobrante de un caz o canal.

sangrador m. El que sangra por oficio. || *Fig.* Abertura para dar salida al líquido de un depósito, de la presa de un río, etc.

sangradura f. Sangría, parte del brazo opuesta al codo. || Cisura de la vena para sangrar. || *Fig.* Salida artificial que se da a las aguas de un río, un canal o un terreno encharcado.

sangrante adj. Que sangra.

sangrar v. t. Abrir una vena y dejar salir determinada cantidad de sangre: *sangrar a un enfermo.* || *Fig.* Dar salida a un líquido abriendo conducto por donde corra: *sangrar un caz.* || *Fig.* y *fam.* Robar parte de algo sin que se note: *sangrar un saco de trigo.* || *Impr.* Empezar un renglón más adentro que los otros de la plana. || Sacar resina: *sangrar un pino.* || — V. i. Arrojar sangre: *sangrar por la nariz.* || — V. pr. Hacerse una sangría.

sangre f. Líquido rojo que circula por las venas y las arterias de los vertebrados, irriga el corazón, transporta los elementos nutritivos y arrastra los productos de desecho: *sangre arterial, venosa.* || *Fig.* Linaje, parentesco, raza. | Vida: *dar su sangre por la patria.* || — *A sangre fría,* con tranquilidad. || *Fig.* y *fam. Bullirle a uno la sangre,* tener mucha energía, exaltarse. | *Caballo pura sangre,* el que es de raza pura. || *Fig. Chuparle a uno la sangre,* llegar a arruinarle. | *De sangre,* tirado o movido por animales. | *Encenderle (o freírle o quemarle) a uno la sangre,* exasperarle. | *Hacer sangre,* herir. | *Lavar una afrenta con sangre,* matar o herir al ofensor para vengarse. | *Llevar una cosa en la sangre,* ser esta cosa innata o hereditaria. | *No llegar la sangre al río,* no tener una cosa consecuencias graves. | *Sangre azul,* linaje noble. | *Sangre fría,* serenidad, tranquilidad de ánimo. || *Fig. Amer. Sangre ligera,* persona simpática. | *Sangre pesada,* persona antipática, pesada. || *Fam. Sudar sangre,* hacer muchos esfuerzos. | *Tener la sangre gorda,* ser muy lento o parsimonioso. || *Fig. Tener mala sangre,* ser malo y vengativo. | *Tener sangre de horchata,* ser muy flemático o calmoso; no tener energía.

sangría f. Acción y efecto de sangrar a un enfermo. || Parte de la articulación del brazo opuesta al codo. || Incisión que se hace en un árbol para que fluya la resina. || *Fig.* Sangradura, salida que se da a las aguas: *la sangría de un río, canal.* | Salida continua de dinero. | Hurto que se hace poco a poco: *sangría en el caudal.* || Bebida refrescante compuesta de agua, vino, azúcar y limón. || *Impr.* Acción y efecto de sangrar. || *Tecn.* Chorro de metal fundido que sale del horno.

sangriento, ta adj. Que echa sangre o que está bañado en sangre: *rostro sangriento.* || Que causa efusión de sangre: *batalla sangrienta.* || *Fig.* Que ofende gravemente: *ultraje sangriento.* || Sanguinario: *animal, hombre sangriento.* || *Poét.* De color de sangre.

sangripesado, da adj. *Col.* y *Cub.* Antipático.

sangrón, ona adj. y s. *Méx.* Antipático, de sangre pesada.

sanguaraña f. *Ecuad.* y *Per.* Circunloquio, rodeo para decir una cosa. || *Chil.* y *Per.* Baile popular.

sanguificación f. Oxidación de la hemoglobina, por la que la sangre venosa se convierte en sangre arterial.

sanguijuela f. Gusano anélido de boca chupadora, que vive en las lagunas y arroyos, y que se utilizaba en medicina para hacer sangrías. || *Fig.* y *fam.* Persona que saca hábilmente dinero a otra.

sanguina f. Lápiz rojo fabricado con hematites. || Dibujo hecho con este lápiz. || Fruto de carne más o menos roja: *naranja sanguina* (ú. t. c. adj. f.).

sanguinaria f. Especie de ágata, de color rojo. || — *Bot. Sanguinaria mayor*, centinodia. | *Sanguinaria menor*, nevadilla.

sanguinario, ria adj. Feroz, cruel: *espíritu sanguinario.*

sanguíneo, a adj. Relativo a la sangre: *grupo sanguíneo.* || De color de sangre: *rojo sanguíneo.* || Dícese de la complexión caracterizada por la riqueza de sangre y la dilatación de los vasos capilares que dan un color rojo a la piel. || *Vasos sanguíneos*, las arterias y las venas.

sanguino, na adj. Sanguíneo.

sanguinolencia f. Estado de sanguinolento.

sanguinolento, ta adj. Sangriento, mezclado o teñido de sangre: *llaga sanguinolenta; ojos sanguinolentos.*

sanidad f. Calidad de sano. || Salubridad: *medidas de sanidad.* || Conjunto de servicios administrativos encargados de velar por la salud pública.

sanitario, ria adj. Relativo a la sanidad: *medidas sanitarias.* || — M. Miembro del cuerpo de Sanidad. || *Méx.* Excusado.

sanjosense o **sanjosino, na** adj. y s. De San José (Uruguay).

sanjosiano adj. y s. De San José (Paraguay).

sanjuaneño, ña adj. y s. De Río San Juan (Nicaragua).

sanjuanino, na adj. y s. De San Juan (Argentina). || De San Juan Bautista (Paraguay).

sanluiseño, ña y **sanluisero, ra** adj. y s. De San Luis (Argentina).

sanluqueño, ña adj. y s. De Sanlúcar.

sanmartinense adj. y s. De San Martín (Perú).

sanmartiniano, na adj. Relativo a José de San Martín.

sano, na adj. Que goza de salud: *persona sana.* || Saludable: *alimenta-*

ción *sana; aire sano.* || *Fig.* En buen estado, sin daño: *fruto sano; madera sana.* | Libre de error o de vicio: *principios sanos.* | Sensato, justo: *estar en su sano juicio.* | Entero, no roto ni estropeado: *toda la vajilla está sana.* | Saneado: *un negocio muy sano.* || — *Fig.* Cortar por lo sano, emplear el medio más expeditivo para conseguir algo o zanjar una cuestión. || *Sano y salvo*, sin lesión ni menoscabo.

sánscrito, ta adj. Aplícase a la antigua lengua de los bramanes y a los libros escritos en ella. || — M. Lengua sánscrita.

sanseacabó loc. *Fam.* Ya está.

sansimoniano, na adj. Relativo al sansimonismo. || Partidario de esta doctrina (ú. t. c. s.).

sansimonismo m. Doctrina socialista de Saint-Simon y de sus discípulos.

sansón m. *Fig.* Hombre muy fuerte.

santabarbarense adj. y s. De Santa Bárbara (Honduras).

santacruceño, ña adj. y s. De Santa Cruz (Argentina).

santacruzano, na adj. y s. De Santa Cruz del Quiché (Guatemala).

santafecino, na o **santafesino, na** adj. y s. De Santa Fe (Argentina).

santafereño, ña adj. y s. De Santa Fe (Colombia).

santaláceo, a adj. y s. f. Aplícase a las plantas dicotiledóneas de flores pequeñas, apétalas, como el guardalobo y el sándalo de la India. || — F. pl. Familia que forman.

santalucense adj. y s. De Santa Lucía (Uruguay).

santandereano, na adj. y s. De Santander (Colombia).

santanderiense o **santanderino, na** adj. y s. De Santander (España).

santanderismo m. Palabra o giro propios del castellano hablado en la región de Santander. || Amor o apego a las cosas de Santander.

santaneco, ca adj. y s. De Santa Ana (El Salvador).

santanica f. *Cub.* y *Méx.* Hormiga de color pardo.

santarroseño, ña adj. y s. De Santa Rosa (Guatemala y El Salvador).

santateresa f. Insecto ortóptero con patas delanteras prensoras.

santeño, ña adj. y s. De Los Santos (Panamá).

santería f. Culto religioso cubano de origen africano.

santero, ra adj. Que dedica a los santos un culto exagerado. || — M. y f. Persona que cuida de un santuario o ermita o pide limosna para ellos.

santiagueño, ña adj. y s. De Santiago (Panamá y Paraguay). || De Santiago del Estero (Argentina).

santiaguero, ra adj. y s. De Santiago de Cuba.

santiagués, esa adj. y s. De Santiago de Compostela.

santiaguino, na adj. y s. De Santiago de Chile.

santiamén m. *Fam. En un santiamén*, en un instante, rápidamente.

santidad f. Estado de santo. || *Su Santidad*, tratamiento honorífico que se da al Papa: *Su Santidad Juan XXIII.*

santificación f. Acción y efecto de santificar.

santificador, ra adj. y s. Aplícase al que o a lo que santifica.

santificante adj. Que santifica: *la gracia santificante.*

santificar v. t. Hacer a uno santo: *la gracia santifica al hombre.* || Consagrar a Dios una cosa. || Venerar como santo: *santificar el nombre de Dios.* || Guardar el descanso dominical y el de los días de fiesta o precepto.

santiguamiento m. Acción y efecto de santiguar o santiguarse.

santiguar v. t. Hacer con la mano derecha la señal de la cruz desde la frente al pecho y desde el hombro izquierdo al derecho. || Hacer cruces sobre uno supersticiosamente. || *Fig.* y *fam.* Pegar, abofetear. || — V. pr. Persignarse. || *Fig.* y *fam.* Persignarse en señal de asombro.

santísimo, ma adj. Muy santo: *la Santísima Virgen.* || Tratamiento honorífico que se da al Papa: *Santísimo Padre.* || — M. *El Santísimo*, Cristo en la Eucaristía.

santo, ta adj. Divino; dícese de todo lo que se refiere a Dios: *el Espíritu Santo.* || Aplícase a las personas canonizadas por la Iglesia católica (úsase la forma apocopada *san* antes de los nombres, salvo en los casos de Domingo, Tomás, Tomé y Toribio): *San Juan Bosco, Santo Tomás de Aquino* (ú. t. c. s.). || Conforme con la moral religiosa: *llevar una vida santa.* || Aplícase a la semana que empieza el domingo de Ramos y termina el domingo de Resurrección: *Semana Santa; Viernes Santo.* || Inviolable, sagrado: *lugar santo.* || *Fig.* Dícese de la persona muy buena y virtuosa (ú. t. c. s.): *este hombre es un santo.* | Que tiene un efecto muy bueno: *remedio santo; hierba santa.* || *Fig.* y *fam.* Antepuesto a ciertos sustantivos, refuerza el significado de éstos, con el sentido de real, mismísimo, gran: *hizo su santa voluntad; el maestro tiene una santa paciencia.* || — M. Imagen de un santo: *un santo de madera.* || Día del santo cuyo nombre se lleva y fiesta con que se celebra: *mi santo cae el 30 de mayo.* || Ilustración, grabado con motivo religioso. || — *Fig. Adorar el santo por la peana*, amar indirectamente a una persona a través de sus familiares próximos. | *Alzarse con el santo y la limosna*, llevárselo todo. | *¿A santo de qué?*, ¿por qué razón o motivo? | *Desnudar a un santo para vestir a otro*, quitarle algo a uno para dárselo a otro. | *Írsele a uno el santo al cielo*, olvidar lo que se iba a hacer o decir. | *Llegar y besar el santo*, obtener algo rápidamente y sin dificultad. | *No ser santo de su devoción,* no caer en gracia una persona a otra. | *Quedarse para vestir santos,* quedarse soltera. || *Santo oficio,* tribunal de la Iglesia católica derivado de la Inquisición. (En 1965, *el Santo Oficio* cambió su n. por el de *Congregación para la Doctrina de la Fe.*) || *Santo Sepulcro,* v. SEPULCRO. || *Mil. Santo y seña,* contraseña que hay que dar a requerimiento del centinela. || *Fig. Tener el santo de espaldas,* tener mala suerte y no salirle a uno nada bien. || *Tierra Santa,* Palestina; tierra bendita donde se da sepultura a los fieles.

santomadero m. *Méx.* Tina de madera en la que se prepara el pulque curado.

santón m. Asceta mahometano. || *Fig.* y *fam.* Santurrón, hipócrita. | Persona influyente y exageradamente respetada en una colectividad: *un santón de la política.*

santónico m. Planta compuesta de cabezuelas medicinales. || Cada una de estas cabezuelas.

santonina f. Vermífugo que se extrae del santónico.

santoral m. Libro que contiene vidas de santos. || Libro de coro que contiene los introitos y antífonas de los oficios de los santos. || Lista de los santos que se celebran cada día.

santuario m. Templo donde se venera la imagen o reliquia de un santo. || Sancta del Templo de Jerusalén. || Ermita lejos de una población.

santurrón, ona m. y f. Beato.

santurronería f. Beatería.

saña f. Furor ciego. || Ensañamiento: *perseguir a uno con saña.*

sañoso, sa o **sañudo, da** adj. Enfurecido. || Ensañado.

sao m. *Cub.* Pradera arbolada con algunos matorrales.

sapajú m. *Amer.* Saimirí, mono.

sapidez f. Condición de sápido.

sápido, da adj. Que tiene algún sabor: *fruta, bebida sápida.*

sapiencia f. Sabiduría. || Libro de la Sabiduría, de Salomón.

sapiencial adj. Relativo a la sabiduría: *libro sapiencial.*

sapiente adj. y s. Sabio.

sapillo m. Afta, tumorcillo lingual en los niños de pecho.

sapindáceo, a adj. y s. f. Aplícase a las plantas dicotiledóneas con flores en espiga, pedunculadas, y fruto capsular, como el farolillo y el jaboncillo. || — F. pl. Familia que forman.

sapo m. Batracio anuro insectívoro, parecido a la rana, de piel gruesa y verrugosa. || *Fig.* Persona con torpeza física. || *Fig.* y *fam. Echar sapos y culebras,* jurar, blasfemar, renegar.

saponáceo, a adj. Jabonoso.

saponaria f. Planta cariofilácea con flores rosas cuyas raíces contienen saponina.

saponificable adj. Que se puede convertir en jabón.

saponificación f. Conversión de materias grasas en jabón.

saponificar v. t. Transformar en jabón materias grasas.

saponina f. Sustancia contenida en la saponaria, el palo de Panamá, etc., que se disuelve en el agua volviéndola jabonosa y puede emulsionar materias insolubles.

sapotáceo, a adj. y s. f. Aplícase a las plantas dicotiledóneas gamopétalas que tienen por tipo el zapote. || — F. pl. Familia que forman.

sapote m. Zapote.

saprofito, ta adj. y s. m. Dícese de los vegetales que se alimentan de materias orgánicas en descomposición.

saque m. *Dep.* En los juegos de pelota, lanzamiento de la pelota al iniciarse el partido. | Acción de volver a poner la pelota en juego cuando ésta ha salido. || — *Línea de saque,* raya desde donde se saca la pelota. || *Saque de esquina,* acción de volver a poner la pelota en juego desde uno de los ángulos dirigiendo el tiro hacia la portería. || *Fig.* y *fam. Tener buen saque,* ser comilón.

saqueamiento m. Saqueo.

saquear v. t. Apoderarse los soldados de lo que encuentran en país enemigo. || *Fig.* y *fam.* Llevarse todo lo que hay en un sitio: *los alumnos saquearon la biblioteca.*

saqueo m. Acción y efecto de saquear, robo.

saquería f. Fábrica o tienda de sacos. || Conjunto de sacos.

saquero, ra m. y f. Fabricante o vendedor de sacos.

saraguate m. *Guat.* y *Nicar.* o **saraguato** m. *Méx.* Mono velludo.

sarampión m. Fiebre eruptiva, contagiosa, que se manifiesta por manchas rojas y afecta sobre todo a los niños.

sarandí m. *Arg.* Arbusto euforbiáceo de ramas largas y flexibles.

sarandisal m. *Arg.* Terreno plantado de sarandíes.

sarao m. Reunión o fiesta nocturna con baile y música.

sarape m. *Méx.* Capote de monte, de lana o colcha de algodón de vivos colores con una abertura en el centro para pasar la cabeza.

sarapia f. Árbol leguminoso de América del Sur, de semilla aromática, cuya madera se emplea en carpintería.

sarapico m. Zarapito.

sarasa m. *Fam.* Marica.

sarazo m. *Col., Cub.* y *Méx.* Maíz que empieza a madurar.

sarcasmo m. Mofa acerba, escarnio. || Ironía amarga.

sarcástico, ca adj. Que denota sarcasmo: *reflexión sarcástica.* || Que emplea sarcasmos: *autor sarcástico.*

sarcocele m. Tumor duro y crónico del testículo.

sarcófago m. Sepulcro.

sarcolema f. Membrana muy fina que rodea cada fibra muscular.

sarcoma m. Tumor maligno del tejido conjuntivo.

sarcomatoso, sa adj. Relativo al sarcoma: *tumor sarcomatoso.*

sardana f. Danza popular catalana que se baila en corro.

sardanés, esa adj. y s. De Cerdaña (Cataluña).

sardina f. Pez teleósteo marino parecido al arenque, pero de menor tamaño, de consumo muy extendido. || *Pop.* Caballo en la plaza de toros. || *Fig.* y *fam. Como sardinas en banasta* o *en lata,* muy apretados.

sardinal m. Red para la pesca de la sardina.

sardinero, ra adj. Relativo a las sardinas: *barca sardinera.* || — M. y f. Persona que vende sardinas.

sardo, da adj. Dícese de la res vacuna de pelaje negro, blanco y colorado. || — Adj. y s. De Cerdeña (Italia). || — M. Lengua hablada en esta isla.

sardonia f. Planta cuyo jugo venenoso, aplicado a la cara, produce una convulsión y contracción parecida a la risa.

sardónice f. Ágata de color amarillo con fajas oscuras.

sardónico, ca adj. Aplícase a la risa provocada por la contracción convulsiva de ciertos músculos de la cara. || *Fig.* Irónico, sarcástico: *risa sardónica.*

sarga f. Tela de seda. || Tela para decorar o adornar paredes. || Arbusto salicáceo que crece en las orillas de los ríos.

sargazo m. Alga marina flotante de color oscuro.

sargentear v. i. Ejercer el oficio de sargento. || *Fig.* y *fam.* Mandonear, mandar con imperio.

sargento m. *Mil.* Suboficial que manda un pelotón y que depende directamente de un teniente o alférez. (Los *sargentos* suelen tener por misión la disciplina de la clase de tropa.) || *Méx.* Especie de pato que abunda en los lagos del interior del país.

sargo m. Pez teleósteo marino de color plateado y rayas negras.

sari m. Traje nacional femenino de la India consistente en una tela de algodón o seda drapeada y sin costura, que cubre hasta los pies.

sármata adj. y s. De Sarmacia.

*sarmentar v. i. Recoger los sarmientos podados.

sarmentera f. Lugar donde se almacenan los sarmientos.

sarmentoso, sa adj. Parecido al sarmiento: *planta sarmentosa.*

sarmiento m. Vástago nudoso de la vid.

sarna f. Enfermedad contagiosa de la piel, que se manifiesta por la aparición de vesículas y pústulas que causan picazón intensa y cuyo agente es el ácaro u arador. || *Sarna con gusto no pica, pero mortifica,* las incomodidades que se han aceptado de grado no producen disgusto, si bien son causa de cierta inquietud.

sarnoso, sa adj. y s. Que tiene sarna: *gato sarnoso.*

sarpullido m. Erupción cutánea consistente en granitos y manchas.

*sarpullir v. t. Levantar sarpullido. || — V. pr. Llenarse de sarpullido.

sarraceno, na adj. y s. Musulmán, especialmente los que invadieron España en 711. || *Trigo sarraceno,* alforfón.

sarro m. Sedimento que se adhiere en las paredes de un conducto de líquido o en el fondo de una vasija. || Sustancia calcárea que se pega al esmalte de los dientes. || Capa amarillenta que cubre la parte superior de la lengua provocada por trastornos gástricos. || Roya de los cereales.

sarroso, sa adj. Con sarro.

sarta f. Serie de cosas metidas por orden en un hilo, cuerda, etc. || *Fig.* Porción de gentes o cosas que van unas tras otras. || Serie de sucesos o cosas no materiales semejantes, retahíla: *sarta de desdichas, de disparates.*

sartén m. o f. Utensilio de cocina para freír, de forma circular, más ancho que hondo, y provisto de un mango largo. || Lo que cabe en él. || *Fig.* Horno, lugar muy caluroso. || *Fig.* y *fam. Tener la sartén por el mango,* tener en las manos la dirección de un asunto, mandar.

sartenada f. Lo que se fríe de una vez en la sartén: *una sartenada de boquerones.*

sartenazo m. Golpe dado con la sartén. || *Fig.* y *fam.* Golpe recio dado con una cosa.

sartorio adj. y s. m. Dícese del músculo del muslo que se extiende oblicuamente a lo largo de sus caras anterior e interna: *músculo sartorio.*

sasafrás m. Árbol lauráceo americano cuya corteza se hace una infusión empleada como sudorífico.

sasánida adj. y s. De una dinastía que gobernó en Persia de 226 a 651.

sascab m. (voz de origen maya). *Méx.* Tierra blanca y caliza empleada en la construcción. (El *sascab* forma el subsuelo de la penins. de Yucatán.)

sascabera f. Cantera de sascab.

sastra f. Mujer del sastre. || Mujer que confecciona o arregla trajes de hombre.

sastre m. El que tiene por oficio cortar y coser trajes. || Traje femenino compuesto de chaqueta y falda (dícese tb. *traje sastre*).

sastrería f. Oficio de sastre. || Taller de sastre.

satánico, ca adj. Propio de Satanás o del demonio. || *Fig.* Muy malo o perverso: *soberbia satánica.*

satanismo m. Perversidad satánica.

satélite m. *Astr.* Planeta secundario que gira alrededor de otro principal y le acompaña en su revolución alrededor del Sol: *los cuatro satélites de Júpiter.* || *Fig.* Persona dependiente de otra a quien acompaña constantemente. || *Mec.* Rueda dentada de un engranaje que gira libremente sobre un eje que transmite el movimiento de otra rueda también dentada. || — Adj. y s. m. Que depende de otro política, administrativa o económicamente: *ciudad, país satélite.* || *Satélite artificial,* astronave lanzada por un cohete que la coloca en una órbita elíptica alrededor de un planeta.

satén y **satín** m. Tejido de algodón o seda parecido al raso.

satín m. Madera americana parecida al nogal.

satinado, da adj. De aspecto análogo al satén: *papel satinado.* || Sedoso, brillante. || — M. Acción y efecto de satinar.

satinar v. t. Dar a un papel o tela el aspecto del satén.

sátira f. Composición poética, escrito o dicho en que se censura o ridiculiza a personas o cosas.

satírico, ca adj. Perteneciente a la sátira: *discurso satírico.* || Dícese del escritor que cultiva la sátira. Ú. t. c. s. m.: *los satíricos griegos.* || Burlón, mordaz. || Propio del sátiro.

satirizante adj. Que satiriza.

satirizar v. i. Escribir sátiras, utilizar la sátira. || — V. t. Ridiculizar, hacer a alguien o algo objeto de sátira.

sátiro m. Semidiós mitológico que tiene orejas puntiagudas, cuernos y la parte inferior del cuerpo de macho cabrío. || *Fig.* Individuo dado a las manifestaciones eróticas sin respeto al pudor.

satisfacción f. Estado que resulta de la realización de lo que se pedía o deseaba: *la satisfacción del deber cumplido, de un gusto.* || Reparación de un agravio o daño. || Presunción, vanagloria: *tener satisfacción de sí mismo.* || Gusto, placer: *es una satisfacción para mí poder ayudarte.* || Cumplimiento de la penitencia impuesta por el confesor. || — *A mi entera satisfacción,* cumpliendo mis exigencias: *este empleado ha trabajado dos años a mi entera satisfacción.* || *Fig.* y *fam. Reventar de satisfacción,* estar muy contento.

*satisfacer v. t. Conseguir lo que se deseaba: *satisfacer un capricho.* || Dar a alguien lo que esperaba: *satisfacer a sus profesores.* || Pagar lo que se debe: *satisfacer una deuda.* || Saciar: *satisfacer el hambre.* || Colmar: *satisfacer la curiosidad, una pasión.* || Cumplir la pena impuesta por un delito: *satisfacer una pena.* || Llenar, cumplir: *satisfacer ciertas exigencias.* || Bastar: *esta explicación no me satisface.* || Gustar: *ese trabajo no me satisfizo.* || Reparar un agravio u ofensa: *satisfacer la honra.* || *Mat.* Cumplir las condiciones de un problema o una ecuación. || — V. pr. Vengarse de un agravio. || Contentarse: *me satisfago con poco.*

satisfactorio, ria adj. Que satisface, conveniente. || Que puede satisfacer una duda o deshacer un agravio: *explicación satisfactoria.* || Grato, próspero: *situación satisfactoria.*

satisfecho, cha adj. Contento, complacido: *darse por satisfecho.* || Pagado de sí mismo.

sátrapa m. En la antigua Persia, gobernador de una provincia. || *Fig.* y *fam.* Persona que vive de un modo fastuoso o que gobierna despóticamente.

satrapía f. Dignidad de sátrapa. || Territorio gobernado por el sátrapa.

saturable adj. Que puede saturarse.

saturación f. Acción y efecto de saturar o saturarse.

saturado, da adj. Aplícase a una solución que no puede disolver más cantidad del elemento disuelto. || *Fig.* Harto, saciado: *estoy saturado de novelas policiacas.* | Colmado, lleno.

saturar v. t. *Quím.* Combinar dos o más cuerpos en las proporciones atómicas máximas en que pueden unirse: *saturar un ácido con un álcali.* || *Fig.* Colmar, saciar, hartar (ú. t. c. pr.). | Llenar, ser superior la oferta a la demanda: *saturar el mercado de bienes de consumo.*

saturnino, na adj. Del plomo. || *Med.* Dícese de la enfermedad por intoxicación debida a sales de plomo.

saturnismo m. Intoxicación crónica causada por las sales de plomo.

saturno m. Nombre que los alquimistas daban al *plomo.*

sauce m. Árbol salicáceo que suele crecer en las márgenes de los ríos. || *Sauce llorón,* el de ramas que cuelgan hasta el suelo.

sauceda f., **saucedal** m. y **saucera** f. Salceda, plantío de sauces.

saúco m. Arbusto caprifoliáceo de flores blancas aromáticas y frutos negruzcos. || Segunda tapa del casco de las caballerías.

saudade f. Añoranza, nostalgia.

saudí y **saudita** adj. y s. De Arabia Saudita.

saudoso, sa adj. Nostálgico.

sauna f. Baño de calor seco.

sauquillo m. *Bot.* Mundillo.

saurio adj. m. y s. m. Dícese de los reptiles con cuatro extremidades cortas y piel escamosa con tubérculos, que comprende los lagartos, cocodrilos, etc. || — M. pl. Orden que forman.

sauzgatillo m. Arbusto verbenáceo con flores azules.

savia f. Líquido nutritivo de los vegetales que corre por los vasos y fibras de las plantas. || *Fig.* Lo que da fuerza, energía o impulso: *la savia de la juventud.*

savoir-faire [savoar fer], expr. fr. que significa *desenvoltura en la vida, habilidad.*

savoir-vivre [savoar vivre], expr. fr. que significa *saber vivir o tener mundología.*

saxífraga f. Planta saxifrágácea, de flores grandes, que crece en los sitios frescos.

saxifragáceo, a adj. y s. f. Dícese de las plantas angiospermas dicotiledóneas, como la saxífraga y la hortensia.

saxófono o **saxofón** m. Instrumento músico de viento y metal, con boquilla de madera y caña, y varias llaves, como el oboe; su sonido es análogo al del clarinete. (El *saxófono* es muy empleado en la música de jazz.)

saya f. Falda que usan las mujeres. || Vestidura talar antigua, especie de túnica.

sayal m. Tela muy basta de lana.

sayo m. Casaca hueca, larga y sin botones. || *Fam.* Cualquier vestido. || — *Fig. Cortar a uno un sayo,* criticarlo. | *Decir para su sayo,* decir para sus adentros, para sí.

sayula adj. y s. Individuo de un pueblo indígena mexicano.

sazón f. Punto o madurez de las cosas: *fruta en sazón.* || *Fig.* ocasión, oportunidad, coyuntura. || Gusto y sabor que se percibe en los alimentos. || — *A la sazón,* entonces, en aquella ocasión. || *En sazón,* oportunamente, a tiempo. || *Fuera de sazón,* inoportunamente. || — Adj. *Amer.* Maduro. || — M. *Amer.* Buen gusto; buen modo de cocinar.

sazonado, da adj. Bien condimentado o aderezado. || *Fig.* Aplícase al dicho o estilo sustancioso y expresivo.

sazonar v. t. Condimentar, aderezar, dar sazón a un guiso. || *Fig.* Poner las cosas en el punto y madurez que deben tener. | Adornar, amenizar, ornar: *su carta estaba sazonada con unos versos.* || — V. pr. Madurarse. || Estar en sazón la tierra.

Sb, símbolo del *antimonio.*

Sc, símbolo del *escandio.*

scherzo [*skerso*] m. (pal. ital.). *Mús.* Trozo vivo y alegre.

script m. (palabra inglesa). Tipo de letra impresa semejante a la escritura manual. || *Inform.* Programa de computación formado por una serie de instrucciones que serán utilizadas por otra aplicación: *muchos formularios en línea se basan en un script.*

se pron. pers. reflexivo de la tercera persona en ambos géneros y números: *se enamoró perdidamente de ella.* || — Este pronombre se usa en acusativo (*se fue a su casa*), en dativo cuando va combinado con el acusativo (*se lo dije*) y en ningún caso admite preposición. Sirve además para formar oraciones impersonales (*se habla de una reforma*) y en voz pasiva (*el tabaco se cultiva en Cuba*). Es enclítico cuando es complemento de un verbo en infinitivo (*mostrarse*), en gerundio (*diciéndose*), en imperativo (*cállense*) y, a veces, al principio de una oración (*úsase también en sentido figurado*).

Se, símbolo químico del *selenio.*

sebáceo, a adj. Que tiene la naturaleza del sebo.

sebo m. Grasa sólida y dura que se saca de los animales herbívoros: *jabón, vela de sebo.* || Grasa, gordura. || *Pop.* Borrachera. || *Fam. Arg. Hacer sebo,* holgazanear.

sebón, ona adj. *Arg.* Holgazán.

seborrea f. Aumento patológico de la secreción de las glándulas sebáceas de la piel.

seborucal m. *Cub.* Lugar cubierto de seborucos.

seboruco m. *Cub.* Piedra muy porosa. || *Méx.* Lugar de rocas ásperas y puntiagudas.

seboso, sa adj. Grasiento. || Untado con sebo o grasa.

sebucán m. Colador cilíndrico con que se separa el yare del almidón de la yuca en Venezuela.

seca f. Infarto, hinchazón de una glándula.

secadal m. Secano.

secadero, ra adj. Apto para conservarse seco. || — M. Lugar y utensilio en que se secan las cosas: *secadero de frutas, de la ropa.*

secado m. Operación cuyo fin es eliminar de un cuerpo, en su totalidad o en parte, el agua que se encuentra en él.

secador m. Aparato para secar el pelo después de lavado. || Dispositivo para secar la ropa. || Aparato para secar las pruebas fotográficas. || *Arg.* y *Chil.* Sahumador, enjugador de ropa.

secadora f. Máquina para secar.

secamiento m. Secado.

secano m. Tierra de labor no irrigada: *cultivo de secano.*

secante adj. y s. m. Que seca: *aceite, papel, pintura secante.* || — M. *Dep.* Jugador encargado de vigilar estrechamente a un adversario. || — Adj. y s. f. *Mat.* Dícese de las líneas o superficies que cortan a otras líneas o superficies.

secar v. t. Extraer la humedad de un cuerpo: *secar la ropa de la colada.* || En consumiendo el jugo en los cuerpos: *el sol seca las plantas.* || Enjugar: *secar las lágrimas* (ú. t. c. pr.). || — V. pr. Evaporarse la humedad de algo: *la toalla se ha secado.* || Quedar sin agua: *secarse una fuente, un río, un pozo.* || Perder una planta su verdor o lozanía. || Curarse y cerrarse una llaga o pústula. || Enflaquecer y extenuarse: *secarse una persona, un animal.* || *Fig.* Tener mucha sed. | Hacerse insensible: *secarse el corazón, los buenos sentimientos.*

secativo, va adj. Secante: *tinta secativa.*

sección f. En cirugía, corte, cortadura: *la sección de un tendón.* || Cada una de las partes en que se divide un todo continuo o un conjunto de cosas. || Cada una de las partes en que se divide un conjunto de personas: *sección administrativa, de fabricación, de ventas.* || Dibujo de perfil: *sección de un terreno, de un edificio, de una máquina,* etc. || División hecha de una obra escrita: *libro dividido en tres secciones principales.* || Categoría introducida en cualquier clasificación. || *Geom.* Figura que resulta de la intersección de una superficie o de un sólido con otra superficie: *sección cónica.* || *Mil.* Parte de una compañía o escuadrón, mandada por un oficial.

seccionar v. t. Fraccionar, dividir en partes o secciones.

secesión f. Acto de separarse de un Estado parte de su pueblo y territorio,

y tb. el de un Estado o un grupo de Estados que se separa de una federación o de una confederación. (Se dice en cambio *escisión* cuando una parte de los miembros de una asociación la abandona colectivamente para constituir otra.)

secesionismo m. Tendencia que defiende la secesión política.

secesionista adj. Relativo a la secesión: *campaña secesionista.* || Partidario de ella (ú. t. c. s.).

seco, ca adj. Que no tiene humedad: *aire seco, clima seco.* || Carente de agua: *pozo, río seco.* || Sin caldo: *guiso seco.* || Sin lluvia: *tiempo seco.* || Que ya no está verde: *ramas, hojas secas.* || Muerto: *árbol seco.* || Que se ha quitado la humedad para conservar: *higos secos.* || Que no está mojado o húmedo: *el campo está seco.* || Flaco, descarnado: *persona seca.* || Desprovisto de secreciones humorales: *piel seca.* || *Fig.* Desabrido, adusto, poco sensible: *carácter seco.* | Estricto, que no tiene sentimientos: *respuesta, verdad, justicia seca.* | Tajante, categórico: *un no seco.* | Sin nada más: *a pan seco.* | Escueto: *una explicación seca de lo ocurrido.* | Aplícase a los vinos y aguardientes sin azúcar: *jerez, anís seco.* | Ronco, áspero: *tos, voz seca.* | Aplícase al golpe o ruido brusco y corto: *porrazo seco.* | Que está seco. | Árido, falto de amenidad: *prosa seca.* || — *A palo seco,* sin acompañamiento. | *A secas,* solamente. || *Fig. Dejar a uno seco,* dejarle muerto en el acto.

secoya f. Árbol cupresáceo que puede alcanzar 150 m de alto y 10 m de diámetro.

secreción f. Sustancia segregada: *la secreción de la saliva, de la orina,* etc. || *Secreción interna,* conjunto de hormonas elaboradas en las glándulas endocrinas.

secreta f. Examen que se sufría antiguamente en las universidades para obtener el título de licenciado. || Cada una de las oraciones que se dicen en la misa después del ofertorio y antes del prefacio. || *Pop.* Cuerpo de policía cuyos agentes visten de paisano: *inspector de la secreta.*

secretar v. t. Elaborar y expulsar las glándulas, membranas y células una sustancia.

secretaría f. Cargo y oficina del secretario. || Oficina donde se encuentran los servicios administrativos de una entidad. || *Amer.* Ministerio: *la Secretaría de Agricultura.*

secretariado m. Conjunto de personas que desempeñan el cargo de secretario. || Función del secretario. || Secretaría, oficina administrativa.

secretario, ria m. y f. Persona encargada de redactar la correspondencia por cuenta de otro, extender las actas de una oficina o asamblea, dar fe de los acuerdos de una corporación, etc. Amanuense. || *Secretario de Estado,* en los Estados Unidos y en el Vaticano, ministro de Asuntos Exteriores; en México y algunos otros países de América, ministro.

secretear v. i. *Fam.* Cuchichear, hablar en secreto.

secreteo m. *Fam.* Cuchicheo.

secreter m. Escritorio, mueble con tablero para escribir, generalmente con cajones.

secretina f. Hormona segregada por la mucosa del duodeno.

secreto, ta adj. Puesto de tal modo que no puede verse: *puerta secreta.* || Que se mantiene oculto: *matrimonio secreto.* || Dícese de lo que no es manifiesto o aparente: *encanto secreto.* || Que esconde o disimula sus sentimientos: *enemistad secreta.* || — M. Lo que hay más escondido, lo que no es visible, lo más íntimo: *los secretos de la naturaleza; revelar un secreto; secreto de alcoba.* || Lo que es más difícil y que exige una iniciación especial: *los secretos del arte de escribir.* || Sentido, significado oculto: *descubrir el secreto de sus palabras.* || Medio que no se revela para alcanzar un fin: *secreto de fabricación.* || Lo que no se debe decir a nadie: *secreto de confesión, profesional.* || Mecanismo oculto que poseen algunas cerraduras. || — Secreto a voces, el conocido por muchos. || Secreto de Estado, aquel cuya divulgación perjudicaría a los intereses del país.

secretor, ra y **secretorio, ria** adj. Que segrega o secreta.

secta f. Reunión de personas que profesan una misma doctrina, especialmente aquella que se aparta de la tradicional.

sectario, ria adj. Que sigue una secta (ú. t. c. s.). || Intolerante, fanático: *espíritu sectario.*

sectarismo m. Carácter de una persona o de tendencias sectarias.

sector m. *Geom.* Porción de círculo comprendida entre un arco y los dos radios que pasan por sus extremidades. | Parte de esfera comprendida entre un casquete y la superficie cónica formada por los radios que terminan en su borde. || *Mil.* Zona de acción de una unidad: *sector de operaciones.* || *Fig.* Parte, grupo: *un sector de la opinión pública.* | Zona, área: *la luz fue cortada en varios sectores de la capital.* || División de las actividades económicas: *el sector primario comprende las minas y la agricultura, el secundario la industria, y el terciario el comercio, el transporte y los servicios de administración.*

sectorial adj. Relativo a un sector, a una categoría profesional.

secuaz adj. y s. Partidario, que sigue el partido, doctrina u opinión de otro.

secuela f. Consecuencia.

secuencia f. Serie de cosas que van unas tras otras. || Serie de imágenes o de escenas de una película cinematográfica que constituyen un conjunto. || Himno que se canta en ciertas misas después del gradual.

secuestración f. Secuestro.

secuestrador, ra adj. y s. Que secuestra.

secuestrar v. t. Depositar judicial o gubernativamente una cosa en poder de un tercero hasta que se decida a quién pertenece. || Embargar una cosa por medio de un mandato judicial. || Prender indebidamente, raptar a una persona para exigir dinero por su rescate. || Recoger la tirada de un periódico o publicación por orden superior.

secuestro m. Acción y efecto de secuestrar. || Bienes secuestrados. || Recogida de un periódico.

secular adj. Seglar, que no es eclesiástico: *justicia secular.* || Que dura uno o más siglos: *encina secular.* || Muy viejo: *costumbres seculares.* || Dícese del clero o sacerdote que vive en el siglo y no reside en un convento, por oposición a *regular* (ú. t. c. s.). || Laico, no eclesiástico.

secularización f. Conversión en secular de lo que era eclesiástico: *secularización de la enseñanza.*

secularizar v. t. Convertir en secular lo que era eclesiástico: *secularizar el cementerio* (ú. t. c. pr.).

secundar v. t. Ayudar, apoyar.

secundario, ria adj. Que viene en segundo lugar en una serie: *enseñanza secundaria.* || *Fig.* Derivado, accesorio: *efecto secundario.* || Dícese de la corriente eléctrica inducida y del circuito por donde pasa (ú. t. c. s. m.). || *Geol.* Aplícase a los terrenos triásicos, jurásicos o cretáceos (ú. t. c. s. m.). || Dícese de los fenómenos patológicos subordinados a otros: *fiebre secundaria.* || — Era secundaria, tercer período geológico, en el que aparecen los mamíferos. || Sector secundario, actividades económicas tendentes a la transformación de materias primas en bienes productivos o de consumo.

secundinas f. pl. *Anat.* Placenta y membranas que envuelven al feto.

sed f. Gana y necesidad de beber: *tener sed.* || *Fig.* Apetito, anhelo, deseo inmoderado de una cosa: *sed de riquezas, de honores, etc.*

seda f. Secreción que tienen unas glándulas especiales con la que forman los capullos ciertos gusanos o arañas. || Hilo formado con varias de estas hebras. || Tejido formado por estos hilos. || Cerda de algunos animales: *la seda del jabalí.* || — *Fig.* y *fam. Como una seda,* muy suave al tacto; fácilmente; dócil y sumiso. || *Seda artificial,* tejido hecho con celulosa, rayona.

sedal m. Hilo de la caña de pescar. || Hilo que se pasa por debajo de la piel para provocar una evacuación de pus cuando hay un absceso.

sedante adj. y s. m. Sedativo.

sedar v. t. Calmar.

sedativo, va adj. y s. m. Aplícase a aquello que tiene virtud de calmar o sosegar la excitación nerviosa: *agua sedativa* (ú. t. c. s. m.).

sede f. Asiento o trono de un prelado que ejerce jurisdicción: *sede obispal, arzobispal.* || Capital de una diócesis. || Diócesis. || Jurisdicción y potestad del Sumo Pontífice: *Santa Sede.* || Residencia, domicilio: *sede social.*

sedentario, ria adj. Que se hace sentado o con poco movimiento: *labor sedentaria.* || Aplícase al oficio o vida de poco movimiento. || Que le gusta poco salir: *persona sedentaria.* || Dícese de los animales que carecen de órganos de locomoción o los han perdido en el estado adulto: *ciertos pólipos son sedentarios.*

sedente adj. Sentado: *imagen sedente de la Virgen.*

sedería f. Comercio de la seda. || Tienda donde se venden géneros de seda. || Mercería.

sedero, ra adj. De la seda: *industria sedera.* || — M. y f. Persona que trabaja en la seda o comercia con ella. || Mercero.

sedicente adj. Pretendido, supuesto: *el sedicente marqués.*

— OBSERV. Aunque sea incorrecta se encuentra tb. la grafía *sediciente.*

sedición f. Sublevación, rebelión, insurrección, levantamiento.

sedicioso, sa adj. Que promueve una sedición o toma parte en ella: *grupo sedicioso* (ú. t. c. s.). || Dícese de los actos o dichos de la persona sediciosa: *discurso, movimiento sedicioso.*

sediente adj. *For.* Dícese de los bienes raíces.

sediento, ta adj. Que tiene sed (ú. t. c. s.). || *Fig.* Aplícase al campo que necesita riego: *terreno sediento.* | Ávido: *persona sedienta de poder* (ú. t. c. s.).

sedimentación f. Formación de sedimentos: *terrenos de sedimentación.*

sedimentar v. t. Depositar sedimento un líquido (ú. t. c. pr.). || — V. pr. *Fig.* Aquietarse, estabilizarse: *sus conocimientos se han sedimentado.*

sedimentario, ria adj. De la naturaleza del sedimento: *depósito sedimentario.*

sedimento m. Materia que, habiendo estado suspensa en un líquido se posa en el fondo. || Depósito natural dejado por el agua o viento: *sedimento marino, fluvial.* || *Fig.* Lo que queda de algo: *un sedimento de nostalgia.*

sedoso, sa adj. Que tiene el aspecto o el tacto de la seda.

seducción f. Acción de seducir. || Atractivo, encanto.

*seducir v. t. Engañar con maña; persuadir a hacer mal. || Conseguir un hombre los favores de una mujer. || Sobornar, corromper: *seducir a un funcionario.* || Cautivar con algún atractivo: *seducir con su palabra, su belleza.*

seductivo, va adj. Que seduce.

seductor, ra adj. y s. Que seduce: *mujer seductora.*

sefardí o **sefardita** adj. Dícese de los judíos de origen español (ú. t. c. s.).

segador, ra m. y f. Persona que siega o corta las mieses. || — M. Arácnido pequeño, de patas muy largas. || — F. Máquina que siega. Ú. t. c. adj.: *máquina segadora.*

*segar v. t. Cortar mieses o hierba con la hoz, la guadaña o una máquina: *segar un campo de trigo.* || Cortar la parte superior de una cosa: *segar la cabeza, el cuello.* || *Fig.* Impedir bruscamente el desarrollo de algo: *segar las ilusiones.*

seglar adj. Relativo a la vida, estado o costumbre del siglo o mundo: *clero seglar.* || Laico, sin órdenes clericales (ú. t. c. s. m.).

segmentación f. División en segmentos. || Conjunto de las divisiones de la célula huevo que constituyen la primera fase del embrión.

segmento m. Parte cortada de una cosa. || *Geom.* Parte del círculo comprendida entre un arco y su cuerda. | Parte de la esfera cortada por un plano que no pasa por el centro: *segmento esférico.* || Aro metálico que asegura el cierre hermético de un émbolo del motor. || Cada una de las partes que forman el cuerpo de los gusanos y artrópodos.

segoviano, na adj. y s. De Segovia.

segregación f. Secreción: *la segregación de la saliva.* || Separación de las personas de origen, raza o religión diferentes practicada en un país: *segregación racial.*

segregacionismo m. Política o doctrina de segregación racial.

segregacionista adj. Relativo a la segregación racial o partidario de la misma (ú. t. c. s.).

segregar v. t. Separar o apartar una cosa de otra u otras: *segregar un municipio.* || Secretar, expulsar: *segregar saliva.*

segregativo, va adj. Secretor.

segualca f. *Méx.* Calabaza.

seguamil m. *Méx.* Milpa sembrada.

segueta f. Sierra pequeña.

seguetear v. i. Serrar con segueta.

seguida f. Acción y efecto de seguir. || Serie, orden, continuación. || *De seguida* o *en seguida,* inmediatamente.

seguidilla f. Composición poética de cuatro o siete versos usada en cantos populares o festivos. || Danza popular española y música que la acompaña (ú. m. en pl.). || *Amer.* Sucesión rápida de hechos semejantes.

seguido adv. En línea recta.

seguido, da adj. Continuo, sucesivo, consecutivo: *los números seguidos.* || Muy cerca unos de otros: *tiene tres niños seguidos.* || Sin interrupción: *ataques muy seguidos.* || Que está en línea recta: *carretera seguida.* || *Acto seguido,* inmediatamente después.

seguidor, ra adj. y s. Que sigue. | Partidario: *un seguidor del Real Madrid.* || Discípulo, secuaz: *los seguidores de Kant.*

seguimiento m. Prosecución.

*seguir v. t. Ir después o detrás de uno (ú. t. c. i.). || Ir en busca de una persona o cosa: *seguir su rastro.* || Ir en compañía de uno: *seguirle siempre.* || Continuar: *sigue haciendo frío.* || Perseguir, acosar: *seguir un animal.* || Espiar: *seguir su conducta.* || Caminar, ir: *seguir el mismo camino.* || Observar: *seguir el curso de una enfermedad.* || Ser partidario o adepto: *seguir un partido.* || Prestar atención: *seguir a un orador.* || Obrar, conducirse de acuerdo a: *sigues tu que dicta tu propia conciencia.* || Suceder: *la primavera sigue al invierno.* || Cursar: *seguir la carrera de medicina.* || Reanudar, proseguir: *cuando escampe seguiremos la marcha.* || *Fam. El que la sigue la mata,* perseverando se obtiene todo. || — V. i. Ir derecho, sin apartarse: *siga por este camino y llegará.* || Estar aún: *sigue en París.* || — V. pr. Deducirse una cosa de otra. || Suceder una cosa a otra. || Derivarse: *de este conflicto se siguieron consecuencias inesperadas.*

seguiriya f. Seguidilla flamenca.

según prep. Conforme, con arreglo a: *según el Evangelio.* || — Adv. Como, con arreglo a: *según te portes irás o no al cine.* || A medida que, conforme: *según venían los trenes, iban llenándose de viajeros.* || Quizá, depende: — *¿Lo vas a hacer? — Según.* || — Según como o según y como, depende de: — *¿Aceptas este cargo?— Según y como;* tal como: *dejé el piso según y como me lo entregaron.*

segunda f. En las cerraduras y llaves, vuelta doble. || Segunda intención: *hablar con segundas.* || Segunda velocidad en un automóvil: *bajé la pendiente en segunda.* || Segunda clase en ferrocarril.

segundero m. Aguja que señala los segundos en un reloj.

segundilla f. Campanilla de un convento.

segundo, da adj. Que sigue inmediatamente en orden al o a lo primero: *Felipe Segundo; capítulo segundo.* || Otro: *para mí ha sido un segundo padre.* || De segundo grado: *tío segundo.* || — M. Sexagésima parte del minuto (símb., s). || *Fig.* Instante: *préstame un segundo tu pluma.* || Unidad de medida angular (símb., ″). || El que sigue en importancia al principal: *segundo de la empresa, a bordo.* || Piso más arriba del primero en una casa: *habitamos en el segundo.* || Asistente de un boxeador en un combate.

segundogénito, ta adj. Dícese del hijo nacido después del primogénito (ú. t. c. s.).

segundogenitura f. Estado o derecho del segundogénito.

segundón m. Hijo segundo de una familia. || *Fig.* Cualquier hijo que no sea el primogénito.

seguntino, na adj. y s. De Sigüenza.

segur f. Hacha grande que formaba parte de las de los lictores romanos. || Hoz.

seguramente adv. Probablemente, acaso.

seguridad f. Calidad de seguro: *la seguridad de un avión.* || Certidumbre en la realización de algo: *tiene seguridad en la victoria.* || Confianza, situación de lo que está a cubierto de un riesgo: *el dinero está guardado con toda seguridad.* || Aplomo: *hablar con mucha seguridad.* || Confianza: *seguridad en sí mismo.* || Fianza que se da como garantía de algo. || — Con seguridad, seguramente. || *De seguridad,* aplícase a los dispositivos destinados a evitar accidentes: *lámpara de seguridad;* relativo al orden público: *guardia de Seguridad; Dirección General de Seguridad.* || *Seguridad Social,* conjunto de leyes y de los organismos que las aplican, que tienen por objeto proteger a la sociedad contra determinados riesgos (accidentes, enfermedad, paro, vejez, etc.).

seguro, ra adj. Libre y exento de todo daño o riesgo: *un procedimiento muy seguro; un escondite seguro.* || Cierto: *un negocio seguro, la fecha es segura.* || Firme, sólido: *el clavo está seguro.* || Confiado: *persona muy segura de sí misma.* || Fiel: *su seguro servidor.* || Que ha de realizarse, infalible: *así tendrás un enemigo seguro.* || — M. Contrato por el cual una persona o sociedad (*asegurador*) se compromete a indemnizar a otra (*asegurado*) de un daño o perjuicio que pueda sufrir ésta mediante el pago de una cantidad de dinero (*prima*): *seguro contra incendios, a todo riesgo, contra accidentes, contra tercera persona, de vida.* || Dispositivo destinado a evitar accidentes en las máquinas o armas de fuego. || — *A buen seguro,* ciertamente. || *En seguro,* a salvo. || *Sobre seguro,* sin arriesgarse. || — Adv. Con certeza: *seguro que mañana llueve.*

seibo m. *Riopl.* Árbol de flores rojas.

seibón m. Ceibón.

seis adj. Cinco y uno: *un niño de seis años.* || Sexto: *año seis.* || — M. Signo que representa el número seis. || El sexto día de un mes: *el seis de agosto.* || Naipe de seis puntos: *el seis de oros.* || *P. Rico.* Baile popular zapateado. || — F. pl. La hora seis de la mañana o de la tarde.

seisavo, va adj. y s. Sexto.

seiscientos, tas adj. Seis veces ciento: *seiscientas cabezas de vacunos.* || Sexcentésimo: *el número seiscientos.* || — M. Número que lo representa.

seise m. Cada uno de los monaguillos que en ciertas solemnidades bailan y cantan en la catedral de Sevilla.

seisillo m. *Mús.* Grupo de seis notas de igual valor que se ejecutan en el tiempo correspondiente a cuatro de ellas.

seísmo m. Terremoto, movimiento brusco de la corteza terrestre producido por causas internas.

seje m. *Amer.* Árbol de la familia de las palmas, semejante al coco.

selacio adj. y s. m. Dícese de los peces cartilaginosos con el cuerpo fusiforme y deprimido, como el tiburón, la tintorera y la raya. || — M. pl. Orden que forman.

selección f. Elección de una persona o cosa entre otras: *selección de personal.* || Conjunto de cosas o personas elegidas: *la selección nacional de fútbol.* || Colección de obras escogidas de un autor, antología. || *Selección natural,* la que, según Charles Darwin, realiza la naturaleza durante el tiempo para dar continuidad y evolución a las formas de vida capaces de adaptarse al medio y para extinguir las que no lo son.

seleccionado, da adj. y s.-Dícese del jugador deportivo de la persona escogida para representar a una colectividad. || — M. Amer. Selección.

seleccionador, ra adj. y s. Dícese de la persona encargada de formar una selección.

seleccionar v. t. Elegir, escoger: *seleccionó a los mejores.*

selectividad f. Calidad de un aparato selectivo.

selectivo, va adj. Que supone una selección. || Aplícase al aparato de radio capaz de captar una emisión evitando las interferencias procedentes de ondas vecinas. || — M. Curso que precede a una carrera especial técnica.

selecto, ta adj. Que es o se reputa por mejor entre otras cosas de su especie: *un círculo de gente selecta.* || Exquisito, superior, excelente: *música selecta.* || Distinguido: *público selecto.*

selector m. Dispositivo de selección: *el selector de un cambio de velocidades.*

selenio m. Metaloide (Se) de número atómico 34, sólido, de densidad 4,8, que funde a 217 °C, semejante al azufre y dotado de propiedades fotoeléctricas.

selenita f. Yeso cristalizado en láminas. || — Com. Habitante imaginario de la Luna.

seleniuro m. *Quím.* Combinación del selenio con un cuerpo simple.

selenografía f. *Astr.* Descripción de la Luna.

selenosis f. Mancha blanca en las uñas, mentira.

seleúcida adj. y s. Dícese de una dinastía helenística que reinó en Asia Menor de 305 a 64 a. de J. C.

sellado, da adj. Revestido de un sello: *carta sellada.* || — M. Acción de sellar.

sellador, ra adj. y s. Que sella. || — F. Máquina de sellar.

selladura f. Sellado.

sellar v. t. Imprimir el sello: *sellar un documento.* || *Fig.* Estampar una cosa en otra. | Concluir una cosa: *sellar una amistad.* | Cerrar, tapar.

sello m. Plancha de metal o de caucho usada para estampar armas, divisas, letras, etc., grabadas en él. || Señal que deja esta plancha. || *Fig.* Carácter distintivo de algo: *un sello de nobleza.* || Disco de plomo o cera, con un símbolo estampado, que se unía por

medio de hilos a ciertos documentos. || Tira que a modo de precinto cierra un sobre o caja. || Viñeta de papel que se usa como señal del pago de algún derecho: *sello postal, fiscal, móvil.* || Sortija con escudo o iniciales. || *Med.* Conjunto de dos obleas entre las que se pone un polvo medicamentoso para evitar así el sabor desagradable.

selva f. Terreno extenso, inculto y muy poblado de árboles: *las selvas del Brasil.* || *Fig.* Abundancia desordenada de algo. | Cuestión intrincada. || *Selva virgen,* la que no ha sido aún explorada.

selvático, ca adj. Relativo a la selva. || *Fig.* Salvaje, rústico.

selyúcida o **selyúkida** adj. y s. Dícese de una dinastía turcomana que dominó en Asia Occidental del s. XI al XIII.

semáforo m. Telégrafo óptico establecido en las costas para comunicarse con los buques. || Aparato de señales en las líneas férreas. || Poste indicador con luces verde, naranja y roja que regula la circulación en calles y carreteras.

semana f. Serie de siete días naturales consecutivos: *el año tiene 52 semanas.* || *Fig.* Remuneración pagada por una semana de trabajo: *semana de un obrero.* || — *Estar de semana,* estar de servicio durante la semana. || *Fin de semana,* de sábado a lunes; maletín. || *Semana inglesa,* descanso laboral desde el final de la mañana del sábado hasta el lunes. || *Semana Santa,* la que va desde el domingo de Ramos al de Resurrección.

semanal adj. Que ocurre cada semana o dura una semana.

semanario, ria adj. Semanal. || — M. Publicación que aparece semanalmente: *editar un semanario; semanario político, deportivo.* || Pulsera compuesta de siete aros.

semántico, ca adj. Relativo a la significación de las palabras: *valor semántico de una voz.* || — F. Estudio del significado de las palabras y sus variaciones.

semasiología f. Semántica.

semblante m. Rostro, cara: *semblante gozoso.* || *Fig.* Aspecto.

semblantear v. t. *Amér. C., Arg., Chil., Méx., Parag.* y *Urug.* Mirar a alguien para adivinar sus intenciones y pensamientos.

semblanza f. Reseña biográfica, retrato.

sembrado m. Terreno sembrado.

sembrador, ra adj. Aplícase a la persona que siembra (ú. t. c. s.). || — F. Máquina para sembrar.

sembradura f. Siembra.

*sembrar v. t. Echar las semillas en la tierra para que germinen: *sembramos trigo, maíz, patatas.* || *Fig.* Derramar, distribuir: *sembrar dinero.* | Propagar: *sembrar el odio, la discordia.* | Difundir: *sembrar a los cuatro vientos.* | Publicar algo para que se sepa: *sembrar noticias.* | Hacer algo que posteriormente pueda producir un fruto: *el*

que siembra, recoge. | Echar por el suelo: *sembrar el camino de flores.* | Poner, estar lleno: *senda sembrada de dificultades.* || *Fig.* y *fam.* Estar sembrado, tener mucha gracia.

semejante adj. Análogo, igual, que semeja a una persona o cosa: *me ocurrió un caso semejante al tuyo.* || Úsase en sentido de comparación o ponderación: *no es lícito valerse de semejantes medios.* || Tal: *no he visto a semejante persona.* || — M. Hombre o animal en relación con los demás: *amar a sus semejantes.*

semejanza f. Parecido, analogía, similitud.

semejar v. i. Parecer. Ú. t. c. pr.: *semejarse una persona a otra.*

semen m. Sustancia segregada por las glándulas genitales masculinas que contiene los espermatozoos, esperma.

semental adj. y s. m. Animal macho destinado a padrear.

sementera f. Siembra. || Tierra sembrada. || Grano sembrado. || Tiempo en que se hace la siembra. || *Fig.* Origen, fuente, germen, semillero.

semestral adj. Que ocurre o se repite cada semestre. || Que dura seis meses.

semestre m. Período de seis meses. || Renta que se cobra o paga cada semestre.

semiárido adj. Dícese del clima propio de las regiones próximas a un desierto.

semiautomático, ca adj. Parcialmente automático.

semibreve f. *Mús.* Nota que vale un compasillo entero, redonda.

semicilíndrico, ca adj. Relativo al semicilindro. || De figura de semicilindro.

semicilindro m. Cada una de las dos mitades de un cilindro separadas por un plano que pasa por el eje.

semicircular adj. Relativo al semicírculo. || De figura de semicírculo.

semicírculo m. *Geom.* Cada una de las dos mitades del círculo separadas por un diámetro. || *Semicírculo graduado,* transportador de dibujante.

semicircunferencia f. *Geom.* Cada una de las dos mitades de la circunferencia.

semicoma m. *Med.* Coma leve.

semiconductor m. Cuerpo no metálico que conduce imperfectamente la electricidad y cuya resistividad disminuye al aumentar la temperatura.

semiconsonante adj. y s. f. *Gram.* Aplícase a las vocales *i, u* en principio de diptongo o triptongo, como en *hielo, piedra, diablo, huerto, averiguáis,* etc.

semicoque m. Producto de la destilación de hulla a baja temperatura (550 °C), de aspecto poroso.

semicorchea f. Nota musical equivalente a media corchea.

semidestilación f. Destilación de la hulla a baja temperatura (entre 500 y

600 °C), para producir alquitrán, semicoque y gas del alumbrado.

semidiós, osa m. y f. Héroe mitológico a quien los antiguos griegos y romanos colocaban entre sus deidades: *los semidioses Cástor y Pólux*. || *Fig.* Persona muy admirada por el pueblo.

semidormido, da adj. Casi dormido.

semieje m. *Geom.* Cada una de las dos mitades del eje separadas por el centro. || *Autom.* Cada uno de los dos árboles que transmiten el movimiento del diferencial a las ruedas motrices.

semiesfera f. Hemisferio, media esfera.

semiesférico adj. En forma de semiesfera.

semifinal f. *Dep.* Prueba que precede a la final.

semifinalista adj. y s. *Dep.* Que toma parte en una semifinal.

semifusa f. Nota musical equivalente a la mitad de una fusa.

semilla f. Cada uno de los cuerpos que forman parte del fruto que da origen a una nueva planta. || *Fig.* Germen, origen: *semilla de discordia*. || *Méx. Semilla brincadora*, judía saltadora. || — Pl. Granos que se siembran, exceptuados el trigo y la cebada.

semillero m. Sitio donde se siembran los vegetales que después han de trasplantarse. || Lugar donde se guardan las semillas. || *Fig.* Origen, fuente, germen, causa de algunas cosas: *semillero de pleitos, de vicios*. | Cantera: *semillero de hombres ilustres*.

semimanufacturado, da adj. Dícese de los productos no terminados, de la materia prima parcialmente transformada.

seminal adj. De la semilla o del semen. || *Anat. Conducto seminal*, conducto por el que pasa el semen.

seminario m. Casa destinada a la educación de los jóvenes que se dedican al estado eclesiástico. || Curso práctico de investigación en las universidades, anejo a la cátedra: *Seminario de Derecho comparado, de Filosofía*.

seminarista m. Alumno de un seminario.

seminífero, ra adj. Que contiene o lleva semen: *glándula seminífera*.

semimínima f. Nota musical que vale la mitad de una mínima.

seminómada adj. y s. Dícese de los pueblos que alternan la ganadería nómada con una agricultura ocasional.

semioculto, ta adj. Oculto en parte o parcialmente.

semioficial adj. Que no es completamente oficial.

semipesado adj. Dícese de una de las categorías de boxeadores cuyo límite es de 79,378 kg. Ú. t. c. s. m.: *combate de semipesados*.

semiproducto m. Producto semimanufacturado.

semirrecta f. *Geom.* Segmento de recta entre un punto y el infinito.

semirrecto adj. *Geom.* Dícese del ángulo de 45 grados.

semirremolque m. Remolque que carece de ruedas delanteras y se articula en el vehículo tractor.

semirrígido, da adj. Dícese de una estructura rígida con una cubierta flexible: *dirigible semirrígido*.

semisuma f. Suma total dividida por dos.

semita adj. Descendiente de Sem; dícese de los árabes, hebreos, sirios y otros pueblos (ú. t. c. s.). || *Semítico*.

semítico, ca adj. Relativo a los semitas: *pueblos semíticos*. || Dícese de un grupo de lenguas habladas en el SE. de Asia y en el N. de África.

semitismo m. Conjunto de las doctrinas, instituciones y costumbres de los pueblos semíticos. || Giro o vocablo propio de las lenguas semíticas. || Sionismo.

semitono m. *Mús.* Cada una de las dos partes desiguales en que se divide el intervalo de un tono.

semitransparente adj. Translúcido.

semivocal adj. y s. f. *Gram.* Dícese de las vocales *i* o *u* al final de un diptongo: *aire, aceite, feudo*. | Aplícase a la consonante que puede pronunciarse sin que se perciba el sonido de una vocal, como la *efe*.

semnopiteco m. Género de monos de la India, que viven en grupos o manadas.

sémola f. Pasta de harina de flor reducida a granos muy menudos y que se usa para hacer sopa. || Trigo candeal desnudo de su corteza.

semoviente adj. *For. Bienes semovientes*, el ganado.

sempiterno, na adj. Eterno. || — F. Perpetua, siempreviva, flor.

senado m. Asamblea de patricios que formaba el Consejo Supremo de la antigua Roma. || En los Estados modernos de régimen parlamentario bicameral, la asamblea formada de personalidades designadas o elegidas por su notabilidad. || Edificio en el que se reúne la asamblea de los senadores.

senador m. Miembro del Senado.

senaduría f. Función de senador.

senatorial o **senatorio, ria** adj. Del Senado o del senador.

sencillez f. Calidad de sencillo. || Poca dificultad: *mecanismo de gran sencillez*. || *Fig.* Ingenuidad.

sencillo, lla adj. De un solo elemento: *una hoja sencilla*. || Simple, fácil: *operación sencilla*. || Poco complicado: *mecanismo sencillo*. || Que carece de adornos: *traje sencillo*. || De menos cuerpo que otra cosa de su especie: *tafetán sencillo*. || *Fig.* Franco en el trato, llano: *hombre sencillo*. | Carente de refinamiento o artificio: *una comida sencilla*.

sencillote adj. *Fam.* Campechano, de trato sencillo.

senda f. Camino más estrecho que la vereda. || *Fig.* Camino, vía o medio para hacer algo.

sendecho m. *Méx.* Bebida hecha con maíz cocido, azúcar y licor.

sendero m. Senda.

sendos, as adj. pl. Uno o una para cada cual de dos o más personas o cosas: *los soldados llevaban sendos fusiles*.

senectud f. Vejez.

senegalés, esa adj. y s. Del Senegal.

senequismo m. Doctrina moral y filosófica de Séneca y su aplicación a la conducta de las personas.

senescencia f. Edad senil.

senescente adj. Que empieza a envejecer.

senil adj. Propio de los viejos o de la vejez: *debilidad senil*.

seno m. Concavidad, cavidad. || *Anat.* Cavidad existente en el espesor de un hueso: *el seno frontal, maxilar*. | Matriz, útero, claustro materno. | Pecho de mujer, mama. || Hueco que queda entre el pecho y el vestido. | Cualquiera cavidad interior del cuerpo del animal. || *Fig.* Parte interna de una cosa: *el seno de una sociedad*. || *Geogr.* Golfo: *un seno de la costa*. || *Geom.* Perpendicular tirada de uno de los extremos del arco al radio que pasa por el otro extremo: *el seno del arco AM es MP*.

sensación f. Impresión que recibimos por medio de los sentidos: *sensación visual, auditiva, olfativa, táctil*. || Emoción causada en el ánimo: *su libro produjo sensación*.

sensacional adj. Impresionante, que causa sensación o emoción: *noticia sensacional*. || *Fig.* y fam. Extraordinario, muy bueno.

sensacionalismo m. Carácter sensacional o sensacionalista.

sensacionalista adj. De carácter sensacional o emotivo: *libro sensacionalista*.

sensatez f. Buen sentido, cordura: *hombre lleno de sensatez*.

sensato, ta adj. Acertado, juicioso, cuerdo, razonable.

sensibilidad f. Facultad de sentir, privativa de los seres animados. || Propensión del hombre a dejarse llevar por los afectos de compasión y ternura: *la sensibilidad humana*. || Carácter de una cosa que recibe fácilmente las impresiones exteriores: *la sensibilidad de un termómetro*. || Receptividad para determinados efectos: *la sensibilidad de la placa fotográfica*. || Capacidad para sentir emociones: *sensibilidad artística*.

sensibilización f. Acción de sensibilizar. || Acción de volver impresionable una película fotográfica.

sensibilizador, ra adj. Que hace sensible a la acción de la luz o de cualquier otro agente. Ú. t. c. s. m.: *sensibilizador fotográfico*.

sensibilizar v. t. Hacer sensible una película fotográfica.

sensible adj. Capaz de sentir física y moralmente: *corazón sensible*. || Fácil de conmover, sentimental: *persona sen-*

sible. || Que puede ser conocido por medio de los sentidos: *el mundo sensible.* || Perceptible, manifiesto, patente al entendimiento: *adelanto sensible.* || Que causa pena o dolor: *una pérdida sensible.* || Lamentable: *es muy sensible perder esta oportunidad.* || Fig. Capaz de señalar o registrar muy leves diferencias: *termómetro sensible.* || Dícese de las placas o películas fotográficas que se ennegrecen por la acción de la luz.

sensibilería f. Sentimentalismo exagerado, trivial o fingido.

sensiblero, ra adj. Exageradamente sentimental.

sensitivo, va adj. Relativo a los sentidos corporales: *tacto, dolor sensitivo.* || Capaz de sensibilidad. || Que excita la sensibilidad. || — F. Género de plantas mimosáceas de América Central cuyas hojuelas se marchitan o se caen al tocarlas.

sensorial adj. Relativo a la sensibilidad: *aparato sensorial.*

sensual adj. Sensitivo, relativo a los sentidos. || Aplícase a los gustos y deleites de los sentidos, a las cosas que los incitan o satisfacen y a las personas sensibles a ellos: *mujer sensual; placeres sensuales.* || Carnal: *apetito sensual.*

sensualidad f. Propensión, apego a los placeres de los sentidos.

sensualismo m. Sistema filosófico que defiende que la única fuente de los conocimientos son las sensaciones exteriores: *el sensualismo de Condillac.* || Sensualidad.

sensualista m. adj. y s. Relativo al sensualismo o partidario del mismo.

sensuntepequense adj. y s. De Sensuntepeque (El Salvador).

sentada f. Tiempo en el que se permanece sentado. || *De una sentada,* sin interrupción.

sentado, da adj. Juicioso, sesudo, quieto: *un hombre muy sentado.* || Aplícase al pan correoso. || Aplícase a las hojas, flores y demás partes de la planta que carecen de pedúnculo. || *Dar algo por sentado,* considerar algo como cierto o definitivo.

*sentar v. t. Poner en un asiento: *sentar al niño en su silla.* || Establecer: *sentar una verdad.* || — V. i. Fig. Caer bien, ir una prenda de vestir: *el gabán le sentaba perfectamente.* | Cuadrar, convenir: *su modestia le sienta bien.* | Caer bien o mal a un alimento o bebida en el estómago: *sentar bien la comida.* | Hacer provecho: *le sentó bien la ducha.* | Gustar, agradar una cosa: *le sentó bien tu consejo.* || — V. pr. Ponerse en un asiento: *sentarse en el sofá.* || Depositarse, sedimentarse: *la zurrapa del café se ha sentado.* || Estabilizarse: *el tiempo se ha sentado.* || Asentarse una obra de albañilería por el peso de los materiales.

sentencia f. Dicho grave y sucinto que encierra doctrina o moralidad: *una sentencia de Marco Aurelio.* || Resolución del tribunal, juez o árbitro

sentencia benigna. || Decisión cualquiera: *las sentencias del vulgo.* || — *Sentencia en rebeldía,* la pronunciada sin que el reo esté presente.

sentenciador, ra adj. Que sentencia (ú. t. c. s.).

sentenciar v. t. Dar o pronunciar sentencia. || Condenar: *sentenciaron al acusado a cadena perpetua.*

sentencioso, sa adj. Aplícase al dicho o escrito que contiene una sentencia o máxima. || Dícese de la persona que habla con afectada gravedad: *un viejo sentencioso.*

sentido, da adj. Sincero: *dolor muy sentido.* || Que es muy sensible o se ofende fácilmente: *un niño muy sentido.* || Dolido, resentido: *estoy muy sentido por su falta de consideración.* || Emotivo: *un sentido recuerdo.* || — M. Cada una de las facultades que tiene el hombre y cualquier animal de recibir por medio de determinados órganos corporales la impresión de los objetos externos: *el sentido de la vista, del oído, del olfato, del gusto y del tacto.* || Entendimiento, razón: *un hombre sin sentido.* || Conocimiento, discernimiento: *tiene un sentido muy agudo.* || Modo de entender algo: *tiene un sentido peculiar del deber.* || Conocimiento: *perdió el sentido al recibir el golpe.* || Significado: el sentido de un giro de la lengua. || Interpretación: *no has comprendido el sentido de la moraleja.* || Finalidad, objeto: *tu gestión no tiene sentido.* || Capacidad o aptitud para algo: *tener sentido del equilibrio, de la orientación; sentido del humor.* || Dirección: *van los dos en sentido opuesto.* || Amer. Sien. || — *Abundar en un sentido,* ser muy partidario de él. || Fig. y fam. *Con todos (o con) sus cinco sentidos,* con la máxima atención y cuidado. | *Costar un sentido,* ser muy cara una cosa. || *En buen sentido,* en buena parte. || *No estar alguien en sus cinco sentidos,* tener en mal estado sus facultades mentales. || *Perder el sentido,* desmayarse. || Fig. y fam. *Quitar el sentido,* ser algo extraordinario en su género: *esta paella valenciana quita el sentido.* || *Sentido común,* sensatez, cordura, juicio apropiado.

sentimental adj. Que pone de manifiesto sentimientos tiernos: *música sentimental.* || Dícese de la persona inclinada a experimentar muchos sentimientos afectivos: *persona muy sentimental* (ú. t. c. s.).

sentimentalismo m. Estado de una persona embargada por lo sentimental.

sentimiento m. Conocimiento: *el sentimiento de la realidad.* || Estado afectivo: *sentimiento de tristeza, de satisfacción.* || Inclinación buena o mala: *tener sentimientos nobles, perversos.* || Pena, aflicción: *le acompaño en el sentimiento.*

sentina f. Parte inferior de un buque en la que se almacena agua y suciedad.

sentir m. Sentimiento: *el sentir unánime de la nación.* || Parecer, opinión: *en mi sentir.*

*sentir v. t. Experimentar una impresión física: *sentir un dolor violento, una sacudida.* || Experimentar una impresión moral: *siento una inmensa alegría.* || Experimentar cierto sentimiento: *siento un gran amor por ella.* || Darse cuenta: *sentir el descontento del pueblo.* || Ser sensible a: *no siente la dulzura de esos momentos.* || Pensar: *se lo dije como lo sentía.* || Lamentar: *todos sentimos su muerte.* || Oír: *sentía ruidos extraños.* || Apreciar: *sentir la poesía.* || Prever, presentir: *sintió el mal tiempo.* || — *Lo siento* (o *lo siento mucho*), fórmula de disculpa: *lo siento, pero usted no puede estar aquí.* || *Sin sentir,* darse cuenta. || — V. pr. Encontrarse, hallarse: *me siento muy feliz.* || Considerarse: *me siento forzado a hacerlo.*

sentón m. Caer bruscamente sobre el trasero.

seña f. Nota o indicio para dar a entender una cosa: *hacer señas.* || Cosa que conciertan dos personas para entenderse: *convenir una seña.* || Signo usado para acordarse de algo. || Mil. Palabra que suele acompañar al santo para los reconocimientos y rondas. || — Pl. Detalles del aspecto de una persona o cosa que se dan para reconocerla: *Domicilio, dirección: dar sus señas.* || Signos, manifestaciones: *daban señas de contento.* || — *Dar señas,* manifestar algo: *dar señas de cansancio.* || *Hablar por señas,* hablar por medio de gestos. || *Por más señas,* para mayor precisión. || *Señas personales,* datos referentes a una persona.

señal f. Marca o nota que se pone para distinguirlo: *poner una señal en un naipe.* || Indicio, signo: *lo que me dices es buena señal.* || Gesto: *hacer señal con la mano.* || Prueba: *señal de prosperidad.* || Hito, mojón para marcar un lindero. || Signo para recordar una cosa: *una señal en la página de un libro.* || Placa rotulada con símbolos que se ponen en las vías de comunicación para regular o dirigir la circulación: *respetar las señales.* || Zumbido de diferente naturaleza que se oye en el teléfono al obtener la línea, al entrar en comunicación o al encontrar ocupada la línea de un abonado. || Vestigio o impresión que queda de una cosa. || Cicatriz: *la señal de una herida.* || Dinero que se da como anticipo y garantía de un pago: *dejar una señal.* || — *En señal,* en prueba o prenda de una cosa. || *No dejar ni señal,* no dejar ni rastro. || *Señal de alarma,* dispositivo de seguridad en los vehículos públicos para ordenar la detención de los mismos en caso de emergencia. || *Señal de la Cruz,* la que se hace con los dedos, en figura de cruz, sobre diferentes partes del cuerpo.

señalada f. Arg. y Urug. Acción de señalar el ganado. || Arg. Ceremonia campesina norteña que acompaña la marca del ganado.

SEÑ **señalado, da** adj. Famoso, célebre, notable. || Muy conocido: *un señalado ladrón.*

señalador, ra adj. y s. Que señala. || — M. *Inform.* Dispositivo de entrada que controla un cursor en la pantalla para realizar acciones o ejecutar un programa. || *Inform.* Puntero que se desplaza sobre el monitor para realizar acciones. || *Inform.* Dirección de un sitio de Internet que el usuario conserva en su navegador. || *Arg., Chil., Méx., Parag.* y *Urug.* Utensilio plano de papel, tela o metal que se coloca entre las páginas de un libro para señalar una de ellas.

señalamiento m. Señalización.

señalar v. t. Poner una marca o señal en alguna cosa: *señalar un texto.* || Ser seña de: *los achaques que tiene señalan el principio de la vejez.* || Mostrar: *señaló con el bastón.* || Hacer observar: *ya lo señalé anteriormente.* || Determinar, fijar: *señalaron la fecha de la asamblea.* || Indicar: *el reloj señalaba las cinco.* || Fijar: *señalar el precio.* || Hacer una herida que deje cicatriz: *le señaló la cara de un latigazo.* || Hacer una señal para indicar algo: *el vigía señaló un barco enemigo.* || Designar: *el soldado fue señalado para esta misión.* || Ser la señal de algo, marcar: *el Tratado de Utrecht señaló el comienzo de la decadencia española.* || — V. pr. Distinguirse, hacerse muy conocido: *señalarse en la política.* || Perfilarse: *se señala como el único jefe.*

señalización f. Conjunto de señales indicadoras en calles, carreteras, vías férreas, aeródromos, puertos, etc. || Colocación de señales indicadoras.

señalizar v. t. Poner señales indicadoras: *señalizar las carreteras, las vías férreas.*

señero, ra adj. Único, distinguido: *figura señera de la pintura actual.*

señor, ra adj. Noble, distinguido; señorial: *un gesto muy señor.* || *Fam.* Grande, hermoso. Ú. antepuesto al sustantivo: *tiene una señora fortuna.* || — M. y f. Dueño, amo, propietario: *el señor de la casa; un señor feudal.* || Título nobiliario correspondiente al que posee un señorío: *el señor de Bembibre.* || *Fig.* Persona distinguida, noble: *con este nombre está hecho un gran señor.* || Hombre, mujer, cuando se habla de persona desconocida: *una señora nos recibió amablemente.* || Tratamiento que actualmente se antepone al apellido de toda persona o al cargo que desempeña: *el señor Martínez; la señora de Martínez; el señor ministro.* (Generalmente se utilizan las abreviaturas *Sr.* y *Sra.* Es popular, y se aconseja evitarlo, el uso de *señor* antepuesto al nombre de pila: *el señor Antonio; la señora Rita.*) || Tratamiento que, seguido de *don,* o *doña,* se antepone al nombre y apellido de una persona: *Sr. D. Ricardo García López.* || — F. *Pop.* Esposa, mujer (de recuerdos a su señora.) || — A lo gran señor, por todo lo grande. || A tal señor, tal honor,

según es la persona, así debemos honrarla. || *Fam. De padre y muy señor mío,* enorme: *se está comiendo un bocadillo de padre y muy señor mío.* || *Muy Sr. mío,* encabezamiento habitual de las cartas comerciales. || *Nuestra Señora,* la Virgen María. || *Nuestro Señor,* Jesucristo.

señorear v. t. Dominar, mandar en una cosa como dueño de ella: *el barón que señoreaba en aquel feudo.* || Apoderarse de una cosa, sujetarla a su dominio y mando: *señorear por derecho de conquista.* || *Fig.* Sujetar a la razón: *señorear la virtud sobre el vicio.* || Dominar, estar una cosa a mayor altura que otra: *la ermita señorea el valle.*

señoría f. Tratamiento de cortesía que se da a las personas de cierta dignidad: *Vuestra Señoría.* || Señorío, dominio: *la señoría de un conde.* || Soberanía de ciertos Estados que se gobernaban como repúblicas: *la Señoría de Venecia.*

señorial adj. Relativo al señorío: *dominio señorial.* || Noble, distinguido: *porte señorial.*

señoril adj. Concerniente al señor o al señorío: *tierras señoriles.*

señorío m. Dominio o mando sobre algo. || Antiguo territorio del dominio de un señor: *el señorío de Vizcaya.* || Dignidad de señor. || *Fig.* Caballerosidad, dignidad: *conducirse con señorío.* | Dominio de las pasiones: *Conjunto de señores, personas de distinción: el señorío del pueblo.*

señorita f. Tratamiento que dan los criados a las jóvenes a quienes sirven, y a veces a la señora. || Término de cortesía aplicado a la mujer soltera: *la señorita Carmen.* || Mujer soltera y joven: *colegio de señoritas.*

señoritingo, ga m. y f. *Despect.* Señorito.

señoritismo m. *Fam.* Condición de señorito. || Conducta propia del señorito.

señorito m. Tratamiento que dan los criados a los jóvenes a quienes sirven: *el señorito Federico.* || *Despect.* Joven acomodado y ocioso: *los señoritos del lugar.*

señorón, ona adj. y s. Muy señor. || Que afecta grandeza: *vive como un señorón.*

señuelo m. Cualquier cosa que sirve para atraer las aves. || Cimbel, figura de ave para atraer a otras. || *Fig.* Trampa, engaño: *caer en el señuelo.* | Cebo, espejuelo: *tras el señuelo de hacerse con una fortuna.* || *Arg.* Cabestro para conducir el ganado.

sépalo m. Cada una de las hojas del cáliz de la flor.

separación f. Acción y efecto de separar o separarse. || Espacio que media entre dos cosas distantes. || Lo que sirve a dividir, a separar. || *For.* Interrupción de la vida conyugal sin llegar a romper el lazo matrimonial.

separador, ra adj. y s. Que separa.

separar v. t. Poner a una persona o cosa fuera del contacto o proximidad

de otra: *separar lo bueno de lo malo.* || Desunir lo que estaba junto: *separar un sello de un sobre.* || Apartar a dos o más personas que luchan entre sí. || Considerar aparte: *separar varios significados de un vocablo.* || Dividir: *el canal de Panamá separa América en dos.* || Destituir de un empleo: *separar a un funcionario.* || — V. pr. Retirarse, apartarse: *separarse de la política.* || Alejarse: *se separaba más del fin buscado.* || Dejar de cohabitar los esposos por decisión judicial, sin romper el vínculo matrimonial.

separata f. Tirada aparte.

separatismo m. Opinión de los separatistas. || Partido separatista: *el separatismo irlandés.*

separatista adj. y s. Dícese de la tendencia o de la persona que labora por separar un territorio o colonia de un Estado: *un separatista irlandés; doctrina separatista.*

separo m. *Méx.* Celda: *dejaron a los sospechosos en un separo.*

sepelio m. Ceremonias religiosas propias de un entierro.

sepia f. *Zool.* Jibia. || Materia colorante negruzca extraída de la jibia. || Color terroso, ocre: *una vieja fotografía de color sepia* (ú. t. c. s. m.).

septembrino, na adj. De septiembre: *una soleada mañana, tarde septembrina.*

septembrista adj. y s. Aplícase a los conjurados que intentaron asesinar a Bolívar en la noche del 25 de septiembre de 1828.

septenado m. Septenio.

septenario, ria adj. Aplícase al número compuesto de siete unidades o que se escribe con siete guarismos. || — M. Tiempo de siete días dedicados a un culto: *el septenario de la Virgen de la Merced.*

septenio m. Período de tiempo de siete años.

septentrión m. Norte, punto cardinal. || *Astr.* Osa Mayor.

septentrional adj. Al o del Norte: *regiones septentrionales.*

septeto m. *Mús.* Composición para siete instrumentos o voces. || Orquesta de siete instrumentos o coro de siete voces.

septicemia f. *Med.* Infección de la sangre, causada por la presencia de gérmenes patógenos.

septicémico, ca adj. De la septicemia. || — M. y f. Persona que la padece.

séptico, ca adj. Portador de gérmenes patógenos.

septiembre m. Noveno mes, de treinta días, del año actual. (Es frecuente en América y también en España la grafía *setiembre.*)

séptimo, ma adj. Que sigue inmediatamente en orden a lo sexto. || — M. Cada una de las siete partes en que se divide un todo. || — F. Intervalo musical de siete grados. || Una de las posiciones en esgrima.

septingentésimo, ma adj. Que ocupa el lugar setecientos. || — M. Cada una de las setecientas partes iguales en que se divide un todo.

septuagenario, ria adj. y s. Que ha cumplido setenta años sin llegar a los ochenta.

septuagésimo, ma adj. Que ocupa el lugar setenta. || — Cada una de las setenta partes iguales en que se divide un todo. || — F. Dominica que celebra la Iglesia católica tres semanas antes del primer domingo de cuaresma.

septuplicar v. t. Multiplicar por siete una cantidad (ú. t. c. pr.).

séptuplo, pla adj. y s. m. Dícese de la cantidad que incluye en sí siete veces a otra.

sepulcral adj. Relativo al sepulcro: *inscripción sepulcral.* || *Fig.* Lúgubre: *voz sepulcral.*

sepulcro m. Obra que se construye para la sepultura de uno o varios cuerpos. || — *Fig.* Bajar al sepulcro, morir. || Santo Sepulcro, el de Jesús. (Se da el n. de *Santo Sepulcro* a una basílica de Jerusalén construida en el s. v.) || *Fig.* Sepulcro blanqueado, lo que es bello exteriormente, pero lleno de podredumbre en el interior. | *Ser un sepulcro,* ser poco amigo de hablar con discreción. | *Tener un pie en el sepulcro,* estar medio muerto.

sepultar v. t. Poner en la sepultura: *sepultar a los muertos.* || *Fig.* Enterrar: *los cascotes sepultaron a los obreros.* || — V. pr. *Fig.* Sumergirse, abismarse: *sepultarse en su triste melancolía.*

sepultura f. Entierro, inhumación de un cadáver: *dar sepultura a los muertos.* || Fosa donde se entierra el cadáver. || — *Dar sepultura,* sepultar, enterrar. || *Fig. Estar con un pie aquí y otro en la sepultura,* estar medio muerto. | *Genio y figura hasta la sepultura,* el carácter y modo de ser no se cambian en toda la vida.

sepulturero m. Enterrador, el que entierra a los muertos.

sequedad f. Calidad de seco.

sequía f. Falta de lluvia.

séquito m. Grupo de personas que acompaña a otra principal en sus viajes: *el séquito del rey.* || *Fig.* Secuela, acompañamiento: *la guerra y su séquito de horrores.*

sequoia f. Secoya.

ser m. Esencia o naturaleza: *ser orgánico.* || Ente, lo que es o existe: *el ser humano.* || Hombre, persona, individuo: *todos formaban un ser único.* || Modo de existir o de vivir. || Naturaleza íntima de una persona: *todo su ser sintió una gran repugnancia.* || *El Ser Supremo,* Dios.

*****ser** v. sustantivo que afirma del sujeto lo que significa el atributo: *la nieve es blanca.* || — V. auxiliar que sirve para la conjugación de todos los verbos en la voz pasiva: *yo seré juzgado.* || — V. i. Haber o existir. || Pertenecer: *este diccionario es de mi hijo.* || Servir, tener utilidad: *este traje es para el in-*vierno. || Suceder: *la cosa fue bien.* || Valer, costar: *¿a cómo son los calamares?* || Corresponder, tocar: *este asunto no es de mi incumbencia.* || Formar parte de un cuerpo o asociación: *este funcionario es del ayuntamiento.* || Tener principio, origen o naturaleza: *yo soy de Jerez; esta copa es de plata.* || A no ser que, salvo: *mañana vendré, a no ser que llueva.* || *¡Cómo es eso!,* expresión de disgusto. || *Como sea,* de cualquier modo. || *Es más,* incluso: *no me gusta el bacalao; es más, lo detesto.* || *No es nada,* no tiene importancia. || *No ser quién (o nadie) para algo,* carecer de conocimiento o autoridad para algo: *Felipe no es quién para informar a la prensa.* || *Por si fuera poco,* para colmo: *por si fuera poco, nos quedamos sin gasolina.* || *Puede ser,* quizá, tal vez. || *Sea... sea,* expresión disyuntiva equivalente a ya, ora...: *ya, ora... ora.* || *Ser alguien,* ser persona importante. || *Ser alguien de (o no hay),* ser muy especial o extraordinario. || *Ser muy de,* ser muy propio o característico de: *esa gracia es muy de Juan; ser muy adepto de: esta señora es muy de la Acción Católica.* || *Ser muy suyo,* ser muy egoísta o muy independiente. || *Si es que, si: iré a tu casa si es que me invitas.* || *Un si es no es,* un poco, una cantidad pequeña.

sera f. Espuerta grande sin asas.

seráfico, ca adj. Relativo o parecido al serafín: *ardor seráfico.* || Angelical. || Epíteto que suele darse a San Francisco de Asís y a su Orden: *el santo seráfico; la orden seráfica.* || *Fig. y fam.* Pobre, humilde. | Bondadoso: *varón seráfica.* || *El Doctor Seráfico,* San Buenaventura.

serafín m. Cada uno de los espíritus bienaventurados que forman el segundo coro de los ángeles. || *Fig.* Persona muy bella.

serbio, bia adj. y s. De Serbia. || — M. Idioma serbio.

serbocroata adj. Relativo a serbios y croatas. || — M. Lengua eslava hablada en Serbia y Croacia.

serena f. Composición poética o musical de los trovadores, que se cantaba de noche.

serenar v. t. Apaciguar, sosegar, tranquilizar una cosa: *serenar el viento* (ú. t. c. i. y pr.). || *Fig.* Aquietar, apaciguar: *serenar los ánimos.* || Templar o moderar: *serenar la ira, una pasión.*

serenata f. Música o canciones que se ejecutan por la noche, al aire libre o debajo de la ventana de alguien para rendirle homenaje. || Composición poética que se canta de noche. || *Fig. y fam.* Lata, fastidio: *dar la serenata.*

serenense adj. y s. De la Serena (Chile).

serenidad f. Quietud, calidad de sereno: *la serenidad de la noche.* || Sangre fría, calma, tranquilidad: *mostrar serenidad.* || Título de honor de algunos príncipes: *Su Serenidad.*

serenísimo, ma adj. Muy sereno. || Título de honor que se da a ciertos príncipes y a algunos Estados: *Su Alteza Serenísima el Príncipe de Mónaco.*

sereno, na adj. Aplícase al cielo despejado, sin nubes: *cielo sereno.* || *Fig.* Sosegado, tranquilo, apacible. || — M. Humedad de la atmósfera por la noche. || Vigilante que en ciertas poblaciones ronda las calles durante la noche: *los serenos de Madrid.* || *Al sereno,* al aire libre por la noche.

seri adj. y s. Familia indígena mexicana que pobló la parte occidental del actual Est. de Sonora.

serial m. Novela radiofónica o televisada que se da por episodios.

seriar v. t. Clasificar por series, formar series.

sericícola adj. De la sericicultura: *industria sericícola.*

sericicultor, ra o **sericultor, ra** m. y f. Persona que se dedica a la cría de gusanos de seda.

sericicultura o **sericultura** f. Industria de la cría de gusanos de seda para la fabricación de tejidos.

serie f. Conjunto de cosas relacionadas entre sí y que se suceden unas a otras: *una serie de hechos.* || *Mat.* Sucesión de cantidades que se derivan de otras: *la serie de los números enteros.* || *Bot. y Zool.* Disposición de los seres en el orden natural de sus afinidades: *serie zoológica, vegetal.* || *Quím.* Grupos de cuerpos análogos entre sí. || Sucesión ininterrumpida de carambolas en el juego de billar. || Prueba preliminar deportiva para poder participar a una gran competición. || —*Electr.* En serie, dícese del montaje en el que toda la electricidad pasa por el circuito. || *Fabricación en serie,* ejecución de un trabajo según un procedimiento mecánico que permite obtener un gran número de unidades por un precio mínimo. || *Fuera de serie,* dícese del artículo comercial que queda sin vender de una serie y suele venderse a precio rebajado; dícese también de las personas o cosas extraordinarias: *un torero fuera de serie.*

seriedad f. Gravedad, formalidad: *me habló con toda seriedad.*

serigrafía f. Procedimiento de impresión basado en una pantalla de seda, sobre la que se dibuja el motivo, que luego es reportado sobre la superficie que se quiere decorar.

seringa f. *Amer.* Siringa.

serio, ria adj. Que tiene carácter grave, sentado: *persona seria.* || Severo en el semblante, en el modo de mirar o hablar. || Real, sincero: *promesas serias.* || Grave, importante: *un serio accidente; enfermedad seria.* || *En serio,* seriamente, con seriedad.

sermón m. Discurso religioso pronunciado en el púlpito por un sacerdote. || *Fig.* Discurso moral, reprensión: *un sermón.*

sermonear v. t. *Fam.* Reprender. | Aconsejar moralmente.

sermoneo m. *Fam.* Reprensión.

serología f. Estudio de los sueros y de sus propiedades y aplicaciones.

serón m. Sera grande.

serosidad f. Líquido análogo al suero sanguíneo que segregan ciertas membranas del cuerpo. || Humor que se acumula en las ampollas de la epidermis formadas por quemaduras, cáusticos o ventosas.

seroso, sa adj. Relativo al suero o a la serosidad: *líquido seroso*. || − F. *Anat.* Membrana fina que cubre ciertos órganos o cavidades del cuerpo y segrega un líquido.

seroterapia f. *Med.* Sueroterapia, tratamiento con sueros.

serpentaria f. *Bot.* Dragontea.

serpenteado, da adj. Ondulado.

serpentear v. i. Moverse o extenderse dando vueltas. || Tener curso muy sinuoso: *río que serpentea a través del valle.*

serpenteo m. Movimiento sinuoso, zigzag.

serpentín m. Tubo de forma espiral del alambique en el que se condensan los productos de la destilación. || Pieza antigua de artillería.

serpentina f. Tira de papel arrollada que se arroja en ciertas fiestas. || Género de rocas de color verdoso formado por silicatos hidratados de magnesio amorfos o cristalizados. || Serpentín de arcabuz o mosquete. || Venablo antiguo.

serpiente f. Cualquier reptil ofidio, generalmente de gran tamaño. || Culebra. || El demonio. || *Fig.* Persona pérfida y mala. || − *Serpiente de cascabel,* crótalo. || *Serpiente pitón,* la de gran tamaño con cabeza cubierta de escamas, propia de Asia y África. || *Fig. Serpiente de verano,* noticia sensacional y falsa que suele aparecer en los periódicos en verano, cuando la actualidad es casi nula.

serpollo m. Renuevo, retoño.

serrador, ra adj. y s. m. Aserrador. || − F. Aserradora.

serraduras f. pl. Serrín.

serrallo m. Harén.

serrana f. Composición parecida a la serranilla.

serranía f. Espacio de terreno cruzado por montañas y sierras.

serraniego, ga adj. Serrano.

serranilla f. Composición poética de asunto rústico, escrita en metros cortos: *las serranillas del Arcipreste de Hita.*

serrano, na adj. De la sierra (ú. t. c. s.). || *Jamón serrano,* el curado al aire de la montaña.

*serrar v. t. Aserrar.

serrátil adj. Dícese de la juntura que tiene forma de dientes de sierra. || Aplícase al pulso desigual.

serrato adj. m. Aplícase al músculo que tiene forma de dientes de sierra (ú. t. c. s. m.).

serrería f. Aserradero.

serrín m. Partículas finas de madera que se desprenden al serrarla.

serruchar v. t. *Amer.* Aserrar.

serrucho m. Sierra de hoja ancha y con un mango. || *Cub.* Pez con rostro en forma de sierra.

sertão m. (pal. port.). Zona semiárida del Nordeste brasileño, poco poblada y dedicada a la cría extensiva del ganado.

serventesio m. Cuarteto endecasílabo con rima consonante entre los versos primero y tercero, segundo y cuarto.

servible adj. Que puede servir.

servicial adj. Que sirve con cuidado y diligencia: *muchacho servicial.* || Pronto a complacer y servir a otros.

servicio m. Acción y efecto de servir. || Manera de servir o atender: *en este hotel el servicio es muy malo.* || Estado de sirviente: *muchacha de servicio.* || Servidumbre: *ahora es difícil encontrar servicio.* || Mérito que se hace sirviendo al Estado: *hoja de servicio.* || Culto: *servicio que se debe a Dios.* || Utilidad que se saca de una cosa: *este coche me presta buen servicio.* || Turno: *el jueves estoy de servicio.* || Disposición: *estar al servicio de alguien.* || Conjunto de la vajilla o de la mantelería: *servicio de mesa.* || Lavativa, ayuda. || Organismo que forma parte de un conjunto en una administración o en una actividad económica: *servicio de publicidad, de correos.* || En un hotel, restaurante o bar, porcentaje que se añade a la cuenta en concepto de la prestación hecha por los mozos o camareros: *allí el servicio es de un 15%.* || En el tenis, saque de la pelota. || − Pl. Parte de un alojamiento dedicada a la servidumbre. || Lavabo, aseo. || Producto de la actividad del hombre que no se presenta en forma material (transportes, espectáculos, etc.). || − *Escalera de servicio,* la que utiliza la servidumbre en una casa. || *Hacer un flaco servicio,* perjudicar. || *Servicio militar,* el que tienen que prestar los ciudadanos durante un cierto tiempo para contribuir a la defensa del país. || *Servicio secreto,* el de seguridad del Estado, contraespionaje.

servidor, ra m. y f. Persona que sirve a otra. || Término de cortesía: *su seguro servidor.* || *Mil.* Soldado que sirve una pieza de artillería. || *Inform.* Computadora que controla una red conectada a la Internet. || *Servidor público,* persona que trabaja en la administración pública. || − *¡Servidor!, ¡presente!,* contestación que se hace cuando pasan lista. || *Un servidor,* en lenguaje respetuoso equivale a *yo* y concuerda con el verbo en tercera persona: *un servidor no sabe nada.*

servidumbre f. Conjunto de criados: *la servidumbre de palacio.* || Estado o condición de siervo: *vivir en la servidumbre.* || *Fig.* Obligación o dependencia pesada. || Dominación del hombre por las pasiones. || *For.* Derecho que tiene una casa o heredad sobre otra: *servidumbre de vistas.*

servil adj. Relativo a los siervos y criados. || Vil, rastrero: *hombre servil.* || Que sigue demasiado de cerca un modelo: *traducción servil.* || En España, apodo que daban los liberales del primer tercio del siglo XIX a los absolutistas (ú. m. c. s.).

servilismo m. Sumisión ciega.

servilleta f. Pieza de tela o papel usada por los comensales para limpiarse la boca.

servilletero m. Aro para enrollar la servilleta.

servio, via adj. y s. Serbio.

*servir v. i. y t. Desempeñar ciertas funciones o cumplir con unos deberes para con una persona o colectividad: *servir como doméstico, a la República.* || Vender, suministrar mercancías: *servir un pedido.* || Ser útil: *este aparato no sirve para nada.* || Ser uno apto para algo: *yo no sirvo para periodista.* || Ser soldado en activo: *servir en filas.* || Asistir con naipe del mismo palo: *servir una carta.* || Poder utilizarse: *servir de instrumento.* || En tenis, hacer el saque. || Poner en la mesa: *servir el almuerzo.* || Presentar o dar parte de un manjar a un convidado. Ú. t. c. pr.: *sírvase más paella.* || Ser favorable: *esta reforma sirve sus intereses.* || *Mil.* Estar encargado del servicio de una pieza de artillería. || Dar culto: *servir a Dios.* || Obrar en favor de otra persona: *servir de introductor.* || *Fig. No se puede servir a Dios y al diablo,* no se puede complacer al mismo tiempo a dos personas antagónicas. || − V. pr. Valerse de una cosa: *servirse de las manos.* || Tener a bien: *sírvase venir conmigo.* || Beneficiarse de: *servirse de sus amistades.*

servocroata adj. y s. Serbocroata.

servodirección f. Servomando que facilita el esfuerzo para hacer girar las ruedas motrices de un automóvil.

servofreno m. Servomando que facilita el funcionamiento del freno de un automóvil.

servomando m. *Tecn.* Mecanismo auxiliar que amplifica una fuerza débil para hacer funcionar una máquina o un dispositivo cualquiera.

servomecanismo m. *Tecn.* Mecanismo que, provisto de un programa, funciona automáticamente y corrige por sí mismo los errores.

servomotor m. *Tecn.* Servomando a distancia, como el de los timones de los buques.

sésamo m. Planta herbácea de flores blancas de cuyas semillas se saca aceite. || *Ábrete sésamo,* se aplica a un recurso infalible para vencer todos los obstáculos.

sesear v. i. Pronunciar la *ce* o la *zeda* como *ese: los andaluces e hispanoamericanos suelen sesear.*

sesenta adj. Seis veces diez. || Sexagésimo: *número, año sesenta.* || − M. Número equivalente a seis veces diez.

sesentavo, va adj. y s. m. Dícese de cada una de las sesenta partes iguales en que se divide un todo.

sesentón, ona adj. y s. *Fam.* Sexagenario: *un hombre sesentón.*

seseo m. Pronunciación de la *ce* o la *zeda* como *ese*. (El seseo existe en casi toda Andalucía, Extremadura, Murcia, Alicante y Canarias, así como en los países hispanoamericanos.)

sesera f. Parte de la cabeza del animal en que están los sesos. || *Fig.* y *fam.* Inteligencia.

sesgadura f. Corte al sesgo.

sesgar v. t. Cortar al sesgo. || *Méx.* Desviar.

sesgo, ga adj. Oblicuo. || — M. Oblicuidad. || *Fig.* Rumbo, camino: *este asunto ha tomado mal sesgo.* || *Al sesgo,* oblicuamente: *clavar banderillas al* (o en) *sesgo.*

sesión f. Cada una de las reuniones de un cuerpo deliberante: *las sesiones de Cortes.* || Función de teatro o cine: *sesión de tarde, de noche.* || *Abrir, levantar la sesión,* iniciar, terminar la reunión.

sesionar v. i. *Amer.* Celebrar sesión.

seso m. Cerebro. ||*Fig.* Sensatez, juicio: *hombre de mucho seso.* || — *Fig.* Devanarse los sesos, pensar mucho para resolver un asunto. | *Perder el seso,* volverse loco. | *Sorber los sesos a uno,* ocuparle enteramente la mente.

sesquicentenario m. Celebración del ciento cincuenta aniversario: *el sesquicentenario de un acontecimiento histórico.*

sesquióxido m. *Quím.* Óxido que contiene la mitad más de oxígeno que el protóxido.

sesteadero m. Lugar donde sèstea el ganado.

sestear v. i. Dormir la siesta. || Recogerse el ganado a la sombra. || *Fig.* No hacer nada.

sesteo m. Acción de sestear.

sestercio m. Moneda de plata romana que valía dos ases y medio.

sesudo, da adj. Que tiene seso o inteligencia. || Prudente, sensato: *varón sesudo.*

set m. (pal. ingl.). En el tenis, conjunto de seis juegos o más, hasta obtener un jugador una diferencia de dos. || Plató de cine. (Pl. *sets.*)

seta f. Hongo de sombrerillo.

setecientos, tas adj. Siete veces ciento. || Septingentésimo: *número, año setecientos.* || — M. Número equivalente a siete veces ciento.

setenta adj. Siete veces diez. || Septuagésimo: *número, año setenta.* || — M. Número equivalente a siete veces diez.

setentavo, va adj. y s. m. Septuagésima parte de un todo.

setentón, ona adj. y s. *Fam.* Septuagenario: *una mujer setentona.*

setiembre m. Septiembre.

sétimo, ma adj. y s. Séptimo.

seto m. Cercado, valla. || *Seto vivo,* el hecho con plantas vivas.

seudónimo m. Nombre adoptado por un autor o artista en vez del suyo: *"Fígaro" fue el seudónimo de Larra.*

seudópodo m. Prolongación protoplasmática emitida por algunos seres unicelulares y que sirve para la ejecución de movimientos y para la prensión de partículas orgánicas: *los seudópodos de las amebas.*

severidad f. Rigor en el trato o en el castigo: *la severidad de una pena.* || Exactitud en la observancia de una ley. || Seriedad, austeridad.

severo, ra adj. Riguroso: *castigo severo.* || Que no tiene indulgencia: *maestro severo.* || Que muestra rigor: *mirada severa.* || Grave, serio, austero: *vida severa.* || Sin adornos excesivos: *estilo severo.* || Destemplado, duro, riguroso: *invierno muy severo.* || Grave, fuerte: *infligir severa derrota.* || Exacto, puntual en el cumplimiento de la ley.

seviche m. *Méx.* Pescado crudo aderezado con limón y especias.

sevicia f. Crueldad excesiva. || Malos tratos.

sevillano, na adj. y s. De Sevilla. || — F. pl. Danza y música que la acompaña propias de la provincia de Sevilla.

sexagenario, ria adj. y s. Dícese de la persona que ha cumplido sesenta años y tiene menos de setenta: *un empleado sexagenario.*

sexagésima f. Dominica segunda antes de cuaresma.

sexagesimal adj. Aplícase al sistema de contar o de subdividir de sesenta en sesenta.

sexagésimo, ma adj. Que ocupa el lugar sesenta. || — M. Cada una de las sesenta partes iguales en que se divide un todo.

sex-appeal [-*apil*] m. (pal. ingl.). Atractivo.

sexcentésimo, ma adj. Que ocupa el lugar seiscientos. || — M. Cada una de las seiscientas partes iguales en que se divide un todo.

sexenio m. Espacio de tiempo de seis años.

sexo m. En los animales y las plantas, condición orgánica que distingue el macho de la hembra. || Órgano de la generación. || Circunstancia de ser macho o hembra: *ser del sexo femenino.* || *Bello sexo* o *sexo débil,* las mujeres.

sexología f. Estudio científico de la sexualidad y de los problemas psicológicos que implica.

sexólogo m. Especialista en sexología.

sexta f. En el rezo eclesiástico, una de las horas menores que se dice después de la tercia. || En el juego de los cientos, reunión de seis cartas correlativas. || *Mús.* Intervalo que separa una nota de la sexta ascendente o descendente en la escala.

sextante m. Instrumento astronómico formado por un sector de 60 grados, que se utiliza para determinar la latitud de los astros.

sexteto m. *Mús.* Composición para seis instrumentos o seis voces. | Orquesta de seis instrumentos o coro de seis voces.

sextilla f. Estrofa de seis versos aconsonantados de arte menor.

sextina f. Estrofa de seis versos endecasílabos que riman como un serventesio más un pareado. || Composición poética formada por seis estrofas, como la descrita, y rematada por una estrofa de tres versos.

sexto, ta adj. Que sigue inmediatamente al o a lo quinto. || — M. Cada una de las seis partes iguales en que se divide un todo. || *Fam.* Sexto mandamiento.

sextuplicación f. Multiplicación por seis.

sextuplicar v. t. Multiplicar por seis una cantidad. || Hacer seis veces mayor una cosa.

séxtuplo, pla adj. Que incluye en sí seis veces una cantidad. || — M. Número seis veces mayor que otro: *el séxtuplo de 5 es 30.*

sexuado, da adj. Que tiene diferenciación fisiológica de sexo: *flor sexuada.*

sexual adj. Relativo al sexo.

sexualidad f. Conjunto de condiciones anatómicas y fisiológicas que caracterizan a cada sexo.

sha m. Título llevado por los soberanos de Irán.

shakesperiano, na adj. Relativo a Shakespeare.

sheriff [*cherif*] m. (pal. ingl.). En los Estados Unidos, oficial de administración elegido por un distrito, con cierto poder judicial.

sherpa adj. y s. Dícese de un pueblo del Himalaya (Nepal) cuyos miembros son excelentes montañeros.

shilling [*chilin*] m. (pal. ingl.). Chelín.

shock [*chok*] m. (pal. ingl.). *Med.* Choque fuerte, depresión física y psíquica producida por una intensa conmoción.

shogún [*chogún*] m. Taicún.

short [*chort*] m. (pal. ingl.). Pantalón corto.

shoshone adj. y s. Grupo étnico del oeste de Estados Unidos.

show m. (pal. ingl.). Exhibición, espectáculo.

shuar adj. y s. Grupo étnico que habita en las provincias de Zamora, Morona Santiago y Pastaza, en Ecuador.

shullo m. *Per.* Gorro con orejeras usado por los indios.

si conj. Implica o denota condición o hipótesis: *si lloviera iría en coche.* || A principio de cláusula da énfasis a las expresiones de duda, deseo o aseveración: *si ya te negaste, ¿cómo te atreves a afirmarlo hoy?* || Precedida de *como* o de *que* se emplea en conceptos comparativos. || En lenguaje indirecto sirve para expresar la afirmación: *dime si quieres ir al cine.* || En expresiones ponderativas equivale a cuánto: *¡mira si sabe este niño!* || Se emplea en exclamaciones de sorpresa: *¡si será posible!*

si m. *Mús.* Séptima nota de la escala.

Si, símbolo químico del *silicio.*

sí pron. Forma reflexiva del pron. pers. de tercera persona empleada siempre con preposición: *de sí; por sí; para sí.* || — *Dar de sí*, alargarse, estirarse. || *De por sí o de sí*, por la naturaleza misma de la cosa o persona de que se trata. || *Para sí*, mentalmente. || *Volver en sí*, recobrar el sentido.

sí adv. Se emplea para responder afirmativamente: *¿tienes dinero suficiente? — Sí.* || — *Claro que sí*, manera de afirmar rotundamente. || *Fam. Eso sí que no*, manera de negar rotundamente. || *Porque sí*, respuesta afirmativa a algo sin querer dar la razón: *¿por qué insistes tanto? — Porque sí.* || *¡Pues sí...!, ¡vaya!*, estamos listos: *ya no hay más dinero. — ¡Pues sí...!*

sí m. Consentimiento: *dar el sí.* (Pl. *síes.*)

sial m. Parte superficial y sólida de la corteza terrestre, de 10 a 15 km de espesor, y de densidad de 2,7 a 3, formada por rocas cristalinas, principalmente silicatos alumínicos.

siamés, esa adj. y s. De Siam. || *Hermanos siameses*, nombre dado a los mellizos que nacen unidos por cualquier parte del cuerpo.

sibarita adj. y s. De Síbaris. || *Fig.* Aficionado a los placeres y regalos exquisitos.

sibarítico, ca adj. Relativo a la ciudad de Síbaris. || *Fig.* Sensual.

sibaritismo m. Vida regalada y sensual.

siberiano, na adj. y s. De Siberia.

sibila f. Entre los antiguos, mujer a la que se atribuía espíritu profético. || *Fig.* Adivina.

sibilante adj. Que se pronuncia a modo de silbo. || — Adj. y s. f. Dícese de la letra que se pronuncia de esta manera, como la *s.*

sibilino, na adj. De las sibilas: *oráculo sibilino.* || *Fig.* Profético: *frase sibilina.* | De sentido misterioso u oculto: *expresión sibilina.*

sic adv. lat. Así. (Se usa entre paréntesis para indicar que se cita textualmente.)

sicalipsis f. Pornografía.

sicalíptico, ca adj. Pornográfico, erótico.

sicamor m. *Bot.* Ciclamor.

sicario m. Asesino asalariado.

siciliano, na adj. y s. De Sicilia.

sicoanálisis m. Psicoanálisis.

sicodélico, ca adj. Dícese del estado causado por la absorción de ciertos alucinógenos.

sicodelismo m. Estado de sueño provocado por el uso de alucinógenos.

sicofanta o **sicofante** m. Calumniador.

sicofísica f. Psicofísica.

sicología f. Psicología.

sicológico, ca adj. Psicológico.

sicólogo m. Psicólogo.

sicómoro o **sicomoro** m. Especie de higuera de Egipto, de madera incorruptible que los antiguos usaban para las cajas de sus momias. || Plátano falso.

sicópata com. Psicópata.

sicopatía f. Psicopatía.

sicosis f. Psicosis.

sicoterapia f. Psicoterapia.

sicu m. *Arg., Bol.* y *Per.* Flauta de Pan, instrumento de viento compuesto por una doble hilera de tubos de longitud decreciente.

sicuri m. *Arg., Bol.* y *Per.* Tañedor de sicu. || *Arg.* y *Per.* Sicu.

sidecar [*saidcar*] m. (pal. ingl.). Vehículo de una sola rueda unido a una motocicleta. (Pl. *sidecares.*)

sideral y **sidéreo, a** adj. Relativo a los astros: *espacio sideral.*

siderita f. Planta labiada de flores amarillas. || *Min.* Siderosa.

siderosa f. *Min.* Carbonato ferroso de color pardo amarillento.

siderosis f. Intoxicación producida por la absorción de polvo de los minerales de hierro.

siderurgia f. Arte de extraer el hierro, de fundirlo y de elaborar acero.

siderúrgico, ca adj. Relativo a la siderurgia: *producción, industria siderúrgica.*

sidra f. Bebida alcohólica obtenida por la fermentación del zumo de las manzanas.

sidrería f. Tienda donde se vende sidra.

siega f. Corte de las mieses. || Temporada en que se cortan las mieses. || Mieses cortadas.

siembra f. Acción de sembrar y tiempo en que se hace. || Sembrado, terreno.

siempre adv. En todo o cualquier tiempo: *yo siempre me acuesto a las 11; siempre han ocurrido desgracias.* || En todo caso: *este título siempre te servirá.* || Naturalmente: *siempre es más agradable ir en coche que andando.* || *Amér. C., Col.* y *Méx.* Con seguridad. || *Siempre que o siempre y cuando*, con tal que, si.

siempretieso m. Dominguillo.

siempreviva f. *Bot.* Perpetua.

sien f. Cada una de las dos partes laterales de la cabeza, comprendidas entre la frente, la oreja y la mejilla.

sierpe f. Serpiente: *la calle de las Sierpes en Sevilla.* || *Fig.* Persona muy mala o fea. | Cosa que se mueve con ondulaciones como si fuese una serpiente. || Vástago que brota de las raíces leñosas.

sierra f. Herramienta consistente en una banda de acero con dientes que sirve para cortar madera, piedra, etc.: *sierra de mano, mecánica.* || Cordillera de montes: *la Sierra Nevada, la Sierra Madre.* || Nombre de diversos peces del golfo de México.

siervo, va m. y f. Esclavo. || Persona que profesa en algunas órdenes religiosas: *siervo de Dios.* || *Siervo de la gleba*, en el régimen feudal, el ligado a la tierra y que se traspasaba con la heredad.

sieso m. Parte inferior y terminal del intestino recto acabada por el ano.

siesta f. Tiempo de la tarde en que aprieta mucho el calor. || Sueño durante este tiempo.

siete adj. Seis más uno. || Séptimo: *el día siete.* || — M. Número equivalente a seis más uno. || Carta o naipe de siete puntos: *siete de copas.* || *Fam.* Desgarradura en forma de ángulo: *un siete en el pantalón.* || *Fig. Amer.* Ano. || *Fig. Más que siete*, mucho: *habla más que siete.*

sietecueros m. inv. *Amer.* Flemón en la palma de la mano o en la planta de los pies.

sietemesino, na adj. y s. Dícese del niño nacido a los siete meses de engendrado. || *Fig.* y *fam.* Aplícase a la persona enclenque.

sífilis f. Enfermedad venérea contagiosa provocada por un treponema que se transmite generalmente por vía sexual y que se manifiesta por un chancro cutáneo y por afecciones viscerales.

sifilítico, ca adj. Relativo a la sífilis: *chancro sifilítico.* || Enfermo de sífilis (ú. t. c. s.).

sifilografía f. Parte de la medicina que estudia la sífilis.

sifón m. Tubo en el que se hace el vacío y sirve para trasegar líquidos de un recipiente a otro. || Dispositivo consistente en un tubo acodado, que siempre contiene agua, y sirve para aislar de los malos olores la salida de fregaderos, retretes, etc. || Botella de agua gaseosa provista de un tubo acodado y de una espita para vaciarla. || Agua de ácido carbónico: *échame un poco de sifón.*

sigilar v. t. Sellar, imprimir con sello. || Callar, ocultar o encubrir una cosa.

sigilo m. Secreto, sdiscreción: *actuar, obrar con sigilo.* || (P. us.). Sello. || *Sigilo sacramental*, secreto al que están obligados los confesores.

sigilografía f. Ciencia que estudia los sellos.

sigiloso, sa adj. Que guarda sigilo, discreto.

sigla f. Letra inicial usada como abreviatura: *O.N.U. son las siglas de la Organización de las Naciones Unidas.*

siglo m. Período de cien años: *empresa que tiene un siglo de existencia.* || Dícese en particular de los períodos de cien años contados a partir del nacimiento de Jesucristo: *siglo XX.* || Época en que vive uno: *nuestro siglo.* || *Fig.* Mucho tiempo: *hace un siglo que no te veo.* || El mundo, en oposición al claustro: *abandonar el siglo.* || — *Por los siglos de los siglos*, eternamente. || *Siglo de Oro*, época de mayor esplendor en las artes, las letras, etc.

sigma f. Decimoctava letra del alfabeto griego (σ, ζ) equivalente a la *s* castellana.

signar v. t. Hacer la señal de la cruz (ú. t. c. m.). || Firmar.

signatario, ria adj. y s. Firmante, que firma.

signatura f. Señal. || *Impr.* Número que se pone al pie de la primera página de cada pliego para facilitar la encuadernación. || Señal que se pone a un libro para clasificarlo en una biblioteca.

significación f. Significado. || Importancia: *persona de mucha significación*. || Tendencia política: *persona de significación socialista*.

significado, da adj. Conocido, importante, reputado: *hombre significado*. || — M. Sentido: *el significado de un término*.

significador, ra adj. Aplícase al que o a lo que significa algo.

significar v. t. Ser una cosa representación o indicio de otra: *la bandera blanca significa la rendición*. || Representar una palabra, una idea o una cosa material: *rezar significa rogar a Dios*. || Equivaler: *esto significaría la derrota*. || Hacer saber, indicar: *significar a uno sus intenciones*. || — V. i. Representar, tener importancia: *esto no significa nada para mí*. || — V. pr. Hacerse notar, distinguirse: *significarse por su probidad*.

significativo, va adj. Que tiene significado claro: *un hecho muy significativo*. || Que tiene importancia: *persona muy significativa en el mundillo político*.

signo m. Representación material de una cosa, dibujo, figura o sonido que tiene un carácter convencional: *signos de puntuación, algébricos*. || *Mat.* Señal que se usa en los cálculos para indicar las diversas operaciones: *el signo +*. || Indicio, señal: *hay signos de tormenta*. || Figura o rúbrica que los notarios añaden a su firma. || Señal de bendición. || *Fig.* Tendencia: *un movimiento de signo derechista*. || Cada una de las doce divisiones del Zodiaco. || Hado, destino: *tener buen signo*. || *Signos exteriores de riqueza*, elementos del tren de vida de un individuo por los cuales la hacienda puede controlar la veracidad de una declaración de impuesto.

siguemepollo m. Cinta de adorno que llevaban las mujeres en el vestido colgando sobre la espalda. || Cinta usada en el cuello para las mujeres de edad para ocultar las arrugas.

siguiente adj. Que sigue, posterior: *se fue al día siguiente* (ú. t. c. s.).

sílaba f. Sonido articulado que se emite de una sola vez: *la voz "casa" tiene dos sílabas*.

silabar v. i. Silabear.

silabario m. Libro o cartel con sílabas para enseñar a leer.

silabear v. i. Ir pronunciando por separado cada sílaba. Ú. t. c. t.: *silabear un vocablo*.

silabeo m. Pronunciación de las sílabas por separado.

silábico, ca adj. Relativo a las sílabas: *acento silábico*.

silampa f. *Amér. C.* Llovizna.

silba f. Pita, acción de silbar.

silbador, ra adj. y s. Aplícase a la persona que silba.

silbante adj. Que silba: *respiración silbante*. || Sibilante.

silbar v. i. Producir el aire un sonido agudo al pasar por un espacio estrecho: *las ventanas silbaban con el viento*. || Producir este sonido una persona con la boca o un silbato. || Agitar el aire produciendo un ruido parecido al silbido: *las balas silbaban*. || Pitar: *la locomotora silba antes de arrancar*. || Tararear una canción por medio de silbidos: *yo silbo al afeitarme* (ú. t. c. t.). || *Fig.* Manifestar su desaprobación con silbidos. Ú. t. c. t.: *silbar a un actor*.

silbatina f. *Arg., Chil.* y *Per.* Silba, rechifla.

silbato m. Instrumento pequeño y hueco que produce un silbido cuando se sopla en él.

silbido o **silbo** m. Sonido agudo que hace el aire al pasar por un sitio estrecho. || Acción de silbar. || Ruido hecho al silbar.

silenciador m. Dispositivo para amortiguar el ruido de un motor de explosión o en un arma de fuego.

silenciar v. t. Callar.

silencio m. Abstención de hablar: *permanecer en silencio*. || Ausencia de ruido: *el silencio de la noche*. || Acción de no mencionar algo: *el silencio de los historiadores sobre ciertos acontecimientos*. || *Mús.* Pausa.

silencioso, sa adj. Que calla o habla muy poco: *hombre silencioso*. || Que no hace ruido: *mecanismo silencioso*. || Donde no se oye ruido: *bosque silencioso*.

silepsis f. *Gram.* Figura de construcción que consiste en quebrantar las leyes de la concordancia para atender más al sentido que a la forma: *la mayoría han votado en contra*). || Empleo de una palabra a la vez en sentido recto y figurado, como en la expr. *poner a uno más suave que un guante*.

silesio, sia adj. y s. De Silesia (Polonia).

sílex m. Pedernal, sílice: *instrumento de sílex*.

sílfide f. Ninfa, espíritu elemental del aire femenino. || *Fig.* Mujer guapa y esbelta.

silicato m. Sal compuesta de ácido silícico y una base.

sílice f. *Quím.* Óxido de silicio. (Si es anhidra forma el *cuarzo*, y si es hidratada, el *ópalo*.)

silíceo, a adj. Que contiene sílice o tiene la misma naturaleza: *tierra, roca silícea*.

silícico, ca adj. Relativo a la sílice: *ácido silícico*.

silicio m. Metaloide (Si), análogo al carbono, que se extrae de la sílice, de número atómico 14, densidad 2,4, de color pardo en estado amorfo, y gris plomizo en el cristalizado.

silicona f. Nombre genérico de sustancias análogas a los cuerpos orgánicos, en las que el silicio reemplaza el carbono.

silicosis f. *Med.* Neumoconiosis producida por el polvo de sílice.

silla f. Asiento individual con respaldo y por lo general cuatro patas: *silla de rejilla*. || Aparejo para montar a caballo: *silla inglesa*. || Sede de un prelado: *la silla de Toledo*. || Dignidad de papa y otras eclesiásticas: *la silla pontificia*. || — *Silla de la reina*, asiento que forman dos personas cogiéndose cada una las muñecas con las manos. || *Silla de manos*, antiguo vehículo de lujo montado en angarillas llevadas por dos hombres. || *Silla de tijera*, la que es plegable y tiene patas cruzadas en forma de aspa. || *Silla eléctrica*, asiento donde se ejecuta a los condenados a muerte por medio de la electrocución. || *Silla gestatoria*, la portátil que usa el Papa en ciertas ceremonias.

sillar m. Piedra grande labrada usada en construcción. || Parte del lomo de la caballería donde se pone la silla, albarda, etc.

sillería f. Conjunto de sillas o demás asientos de una misma clase: *la sillería de una habitación*. || Conjunto de asientos, generalmente unidos, del coro de una iglesia. || Taller y tienda de sillas. || Construcción hecha con sillares.

sillero, ra m. y f. Persona que hace, vende o arregla sillas.

silletazo m. Golpe dado con una silla.

silletero m. Cada uno de los portadores de la silla de manos. || *Amer.* Sillero.

sillín m. Asiento estrecho y alargado de bicicleta y vehículos parecidos. || Silla de montar más ligera que la común.

sillón m. Silla de brazos, mayor y más cómoda que la ordinaria: *sillón de orejeras*. || Silla de montar en que la mujer puede ir sentada como en una silla común.

sillonero, ra adj. *Amer.* Aplícase al caballo que acepta fácilmente la silla de montar.

silo m. Lugar subterráneo y seco donde se guarda el trigo u otros granos o forrajes. || Edificio que sirve para almacén de granos.

silogismo m. Argumento de lógica que consta de tres proposiciones, la última de las cuales (*conclusión*) se deduce de las otras dos (*premisas*).

silogístico, ca adj. Relativo al silogismo: *razonamiento silogístico*.

silueta f. Dibujo sacado siguiendo los contornos de la sombra de un objeto. || Figura, líneas generales del cuerpo: *silueta esbelta*. || Imagen de un objeto de color uniforme cuyo contorno se dibuja claramente sobre el fondo: *la silueta de la iglesia se dibuja en el horizonte*.

siluetear v. t. Dibujar una silueta.

silúrico, ca o **siluriano, na** adj. Aplícase a un terreno sedimentario antiguo comprendido entre el cambriano y el devoniano (ú. t. c. s. m.).

siluro m. Pez malacopterigio de agua dulce, parecido a la anguila.

silva f. Colección de varias materias o especies, escritas sin método ni orden. || Combinación métrica muy libre, en la que alternan los versos endecasílabos y heptasílabos.

silvestre adj. Que se cría o crece sin cultivo en selvas o campos: *fruta silvestre*. || *Fig.* Rústico.

silvicultor m. El que se dedica a la silvicultura.

silvicultura f. Ciencia que se ocupa del cultivo y de la conservación de los bosques.

sima f. Abismo, cavidad muy profunda en la tierra. || Zona intermedia de la corteza terrestre, entre el *nife* y el *sial*, en que se supone predominan los silicatos ferromagnésicos.

simarubáceo, a adj. y s. f. Aplícase a las plantas dicotiledóneas, como la cuasia, propia de países cálidos. || — F. pl. Familia que forman.

simbiosis f. Asociación de dos seres de diferentes especie que se favorecen mutuamente en su desarrollo. || *Fig.* Asociación entre personas u organismos de la que se deriva mutuo beneficio.

simbiótico, ca adj. Relativo a la simbiosis: *asociación simbiótica.*

simbólico, ca adj. Relativo al símbolo o expresado por medio de él: *lenguaje simbólico.* || Que sólo tiene apariencia y no realidad: *entrega simbólica.*

simbolismo m. Sistema de símbolos con que se representa alguna cosa: *el simbolismo de las religiones.* || Movimiento poético, literario y artístico francés de fines del s. XIX, que fue una reacción contra el naturalismo.

simbolista adj. Partidario del simbolismo (ú. t. c. s.). || Relativo al simbolismo: *poeta simbolista.*

simbolización f. Representación de una idea por un símbolo.

simbolizar v. t. Representar una idea por medio de un símbolo: *la bandera simboliza la patria.*

símbolo m. Cosa que se toma convencionalmente como representación de un concepto: *el laurel es el símbolo de la victoria.* || *Quím.* Letra o letras adoptadas para designar los cuerpos simples: *« Pt » es el símbolo del platino.* || *Teol.* Fórmula que contiene los principales artículos de la fe: *el Símbolo de los Apóstoles.*

simbombo adj. *Cub.* Tonto, lelo.

simetría f. Correspondencia de posición, forma y medida con relación a un eje, entre los elementos de un conjunto: *la simetría de un edificio; simetría de una figura geométrica.*

simétrico, ca adj. Que tiene simetría: *figuras simétricas.*

simiente f. *Bot.* Semilla. || *Biol.* Semen.

simiesco, ca adj. Que se parece al simio: *rostro simiesco.* || Propio del simio: *gesto simiesco.*

símil m. Comparación.

similar adj. Semejante.

similigrabado m. Procedimiento de obtención de clichés basados a partir de originales en tintas planas.

similitud f. Semejanza.

simio, mia m. y f. Mono.

simonía f. Comercio con las cosas espirituales.

simoniaco, ca y simoniático, ca adj. Relativo a la simonía. || — Que es culpable de simonía (ú. t. c. s.).

simonillo m. Planta de México, usada por los indígenas como vomitivo.

simpa f. *Arg., Bol.* y *Per.* Trenza.

simpatía f. Inclinación natural por la cual dos personas se sienten mutuamente atraídas: *tener simpatía por alguien.* || Amabilidad, manera de ser de una persona grata y atractiva para los demás: *joven de mucha simpatía.* || *Med.* Relación de comportamiento fisiológico y patológico que existe entre algunos órganos.

simpático, ca adj. Que inspira simpatía: *una persona simpática.* || Animado por la simpatía, agradable: *una reunión simpática.* || *Mús.* Dícese de la cuerda que resuena por sí sola cuando se hace sonar otra. || *Tinta simpática*, que resulta invisible al escribir y aparece bajo la influencia de un reactivo. || — M. *Anat. Gran simpático*, parte del sistema nervioso que regula la vida vegetativa.

simpatizante adj. y s. Dícese de la persona que tiene simpatías por una doctrina, un partido, etc., sin llegar por eso hasta la adhesión completa.

simpatizar v. i. Sentir simpatía hacia alguien o algo: *simpatizar con una teoría.*

simple adj. Que no está compuesto de varias partes: *un cuerpo simple.* || Sencillo, único, sin duplicar: *una simple capa de yeso.* || Fácil, que no presenta dificultad: *un trabajo simple.* || Que basta por sí solo: *le calló con una simple respuesta.* || Sin adornos superfluos: *estilo simple.* || Que rehúye la afectación: *carácter simple.* || *Gram.* Dícese de la palabra que no se compone de otras varias: *voz, tiempo simple.* || Esto es un simple trámite, esto es únicamente un trámite. || — Adj. y s. Aplícase a la persona falta de inteligencia o astucia: *este hombre es un simple.* || Tonto, necio: *simple de espíritu.* || — M. Partido simple de tenis entre dos adversarios. || Materia orgánica o inorgánica de uso en medicina.

simpleza f. Tontería, necedad.

simplicidad f. Sencillez. || Candor, falta de inteligencia.

simplificación f. Acción y efecto de simplificar.

simplificador, ra adj. Aplícase al que o a lo que simplifica.

simplificar v. t. Hacer más sencilla o menos complicada una cosa. || *Mat.* Reducir en igual proporción los tér-

minos de una fracción, de lo que resulta otra equivalente.

simplismo m. Condición de simplista.

simplista adj. Aplícase al razonamiento, acto o teoría carente de base lógica y que pretende resolver fácilmente lo que de suyo es complicado: *la venta de los cuadros famosos, con objeto de aliviar el hambre en el mundo, es una solución simplista.* || Dícese de la persona que tiende a ver soluciones fáciles en todo (ú. t. c. s.).

simplón, ona y simplote adj. y s. *Fam.* Muy simple, ingenuo.

simposio o simposium m. Conjunto de trabajos o estudios sobre determinada materia realizados por distintas personas. || Reunión de especialistas diversos para estudiar a fondo algún asunto: *un simposio de cirugía estética.*

simulación f. Acción de simular o fingir.

simulacro m. Acción por la que se aparenta algo: *un simulacro de conversión al cristianismo; un simulacro de ataque.* || Visión, ilusión.

simulado, da adj. Fingido.

simulador, ra adj. y s. Aplícase al que o a lo que simula algo.

simular v. t. Dar la apariencia de algo que no es.

simultanear v. t. Realizar en el mismo espacio de tiempo dos o más cosas: *simultanear varios trabajos.* || Cursar al mismo tiempo o más asignaturas de distintos años o diferentes facultades. || — V. pr. Realizarse al mismo tiempo varias cosas.

simultaneidad f. Existencia simultánea de varias cosas.

simultáneo, a adj. Dícese de lo que se hace u ocurre al mismo tiempo que otra cosa: *las dos explosiones fueron casi simultáneas.*

simún m. Viento abrasador que suele soplar en los desiertos del Sáhara y de Arabia.

sin prep. Denota carencia o falta: *estaba sin un céntimo.* || Fuera de, dejando aparte: *llevaba dos millones, sin las alhajas.* || *Sin embargo*, no obstante.

sinagoga f. Lugar donde se reúnen los judíos para ejercer su culto. || Reunión religiosa de los judíos.

sinalagmático, ca adj. Bilateral, que liga por igual las dos partes: *pacto sinalagmático.*

sinalefa f. Enlace de la última sílaba de un vocablo y de la primera del siguiente cuando aquél acaba y éste empieza por vocal.

sinaloa adj. y s. Indígena mexicano establecido en los Est. de Sonora y Sinaloa.

sinapismo m. Cataplasma.

sinapsis f. Contacto que realizan las células nerviosas a través de sus terminaciones.

sinartrosis f. Articulación, como la de los huesos del cráneo, que no es móvil.

sincelejano, na adj. y s. De Sincelejo.

sincerar v. t. Justificar la no culpabilidad de uno (ú. m. c. pr.).

sinceridad f. Cualidad de sincero: *lo dijo con gran sinceridad.*

sincero, ra adj. Dícese de quien habla o actúa sin doblez o disimulo.

sinclinal m. Parte hundida de un pliegue simple del terreno.

sincolote m. *Méx.* Cesto grande.

síncopa f. Supresión de un sonido o de una sílaba en el interior de una palabra: *hidalgo es la síncopa de hijodalgo.* || *Mús.* Nota emitida en el tiempo débil del compás, y continuada en el fuerte.

sincopado, da adj. *Mús.* Aplícase a la nota que se halla entre otras que juntas tienen el mismo valor que ella. | Dícese del ritmo o canto que tiene esta clase de notas.

sincopar v. t. Hacer síncopa. || *Fig.* Abreviar.

síncope m. Síncopa de una palabra. || *Med.* Suspensión momentánea o disminución de los latidos del corazón por falta de presión sanguínea que causa la pérdida del conocimiento y de la respiración.

sincretismo m. Sistema que trata de conciliar doctrinas diferentes u opuestas.

sincrociclotrón m. Aparato acelerador de partículas electrizadas análogo al ciclotrón pero que permite alcanzar energías mayores.

sincronía f. Coincidencia de época de varios acontecimientos.

sincrónico, ca adj. Dícese de las cosas que suceden al mismo tiempo: *dos sucesos sincrónicos.* || Dícese de dos o más mecanismos que funcionan al mismo tiempo: *relojes sincrónicos.*

sincronismo m. Circunstancia de ocurrir varias cosas al mismo tiempo: *el sincronismo de dos sucesos, de dos acontecimientos.*

sincronización f. Acción de sincronizar. || Concordancia entre las imágenes y el sonido de una película cinematográfica.

sincronizada f. *Méx.* Plato que se elabora con dos tortillas de harina de trigo calientes entre las que hay queso y jamón.

sincronizar v. t. Hacer que coincidan en el tiempo varios movimientos o fenómenos. || *Cin.* Hacer coincidir la imagen con el sonido.

sincrotrón m. Acelerador de partículas electrizadas parecido a la vez al ciclotrón y al betatrón.

sindáctilo adj. y m. s. m. *Zool.* Aplícase a los pájaros que tienen el dedo extremo pegado al medio. || — M. pl. Suborden que forman.

sindéresis f. Capacidad natural para juzgar rectamente.

sindicación f. Adhesión a un sindicato.

sindicado, da adj. Que pertenece a un sindicato: *trabajador sindicado.* || — M. Junta de síndicos.

sindical adj. Relativo al síndico o al sindicato: *centro sindical.*

sindicalismo m. Sistema de organización laboral por medio de sindicatos: *el sindicalismo francés.* || Doctrina que considera los sindicatos como el centro de la vida orgánica de una nación.

sindicalista adj. Propio del sindicalismo: *acción sindicalista.* || Partidario del sindicalismo o miembro de un sindicato: *militante sindicalista* (ú. t. c. s.).

sindicar v. t. Organizar en sindicato a las personas de una misma profesión. || — V. pr. Afiliarse a un sindicato.

sindicato m. Agrupación formada por personas de la misma profesión para la defensa de intereses económicos comunes: *Sindicato del Metal.*

síndico m. Persona que representa y defiende los intereses de una comunidad. || Liquidador de una quiebra.

síndrome m. Conjunto de síntomas característicos de una enfermedad: *síndrome biológico, clínico.*

sine qua non loc. lat. Indispensable: *una condición sine qua non.*

sinécdoque f. Procedimiento que consiste en tomar una parte por el todo o el todo por una parte, o la materia de una cosa por la cosa misma, como *el pan,* por *toda clase de alimento; cuarenta velas,* por *cuarenta naves.*

sinecura f. Empleo bien retribuido y de poco trabajo.

sinéresis f. Reducción a una sílaba de dos vocales contiguas o separadas por h, como *aho-ra,* por *a-ho-ra.*

sinergia f. Asociación de varios órganos para realizar una función.

sinfín m. Infinidad, gran cantidad: *un sinfín de mentiras.*

sinfonía f. *Mús.* Conjunto de voces, instrumentos, o ambas cosas, que suenan a la vez. | Sonata para orquesta caracterizada por la multiplicidad de músicos y la variedad de timbres de los instrumentos: *la Séptima sinfonía de Beethoven.* || *Fig.* Acorde de varias cosas que producen una sensación agradable: *una sinfonía de luces y colores.*

sinfónico, ca adj. Relativo a la sinfonía: *poema sinfónico.*

sinfonista m. Compositor de sinfonías. || Músico que las ejecuta.

singladura f. Distancia recorrida por una nave en veinticuatro horas. || *Fig.* Rumbo.

singlar v. i. Navegar un barco con rumbo determinado.

singular adj. Único, solo, sin par: *un singular monumento gótico.* || *Fig.* Fuera de lo común, excepcional, raro: *un hecho singular.* || *Gram.* Aplícase al número de una palabra que se atribuye a una sola persona o cosa o a un conjunto de personas o cosas (ú. t. c. s. m.). || *Fig. En singular,* en particular.

singularidad f. Condición de singular. || Particularidad.

singularizar v. t. Distinguir o particularizar una cosa entre otras. || Poner en singular una palabra que normalmente se emplea en plural, como el *rehén.* || — V. pr. Distinguirse: *singularizarse en una reunión.*

sinhueso f. *Fam.* Lengua, como órgano de la palabra: *soltar la sinhueso.*

siniestrado, da adj. y s. Dícese de la persona o cosa víctima de un siniestro: *siniestrados de guerra.*

siniestro, tra adj. Izquierdo: *lado siniestro.* || *Fig.* Avieso, mal intencionado: *hombre siniestro.* | Infeliz, funesto: *año siniestro.* || — M. Catástrofe que acarrea grandes pérdidas materiales y hace entrar en acción la garantía del asegurador: *siniestro de incendio, de naufragio,* etc. || — F. La mano izquierda.

sinnúmero m. Número incalculable, sinfín: *hubo un sinnúmero de accidentes.*

sino m. Destino, hado, suerte: *su sino estaba marcado.*

sino conj. Sirve para contraponer a un concepto afirmativo otro negativo: *no lo hizo Fernando, sino Ramón.* || Implica a veces una idea de excepción: *nadie lo conoce sino Pedro.*

sinodal adj. Del sínodo: *asamblea sinodal.* || *Méx.* Vocal de un tribunal académico.

sinódico, ca adj. Relativo al sínodo: *período sinódico.*

sínodo m. Reunión de eclesiásticos celebrada para estudiar los asuntos de una diócesis o de la Iglesia Universal. || Asamblea de pastores protestantes. || *El Santo Sínodo,* asamblea suprema de la Iglesia rusa instituida por Pedro I el Grande.

sinojaponés, esa adj. Relativo a China y Japón.

sinología f. Estudio de la lengua y cultura chinas.

sinólogo, ga adj. y s. Especialista en sinología.

sinonimia f. Circunstancia de ser sinónimos dos o más vocablos. || *Ret.* Figura consistente en emplear voces sinónimas para dar amplitud o energía a la expresión.

sinónimo, ma adj. Aplícase a los vocablos que tienen una significación completamente idéntica o muy parecida: *"gusto"* y *"placer"* son palabras sinónimas (ú. t. c. s. m.).

sinopsis f. Compendio de una ciencia expuesto en forma sinóptica.

sinóptico, ca adj. Dícese de lo que permite apreciar a primera vista las diversas partes de un todo: *tabla sinóptica.*

sinovia f. Humor viscoso que lubrica las articulaciones óseas.

sinovial adj. Relativo a la sinovia: *cápsula, derrame sinovial.*

sinovitis f. Inflamación de la membrana sinovial.

sinrazón f. Acción hecha contra justicia, abuso de poder.

sinsabor m. Pesar, disgusto.

sinsonte m. Pájaro americano parecido al mirlo, de plumaje pardo y canto melodioso.

sintáctico, ca adj. Relativo a la sintaxis: *análisis sintáctico.*

sintaxis f. Parte de la gramática que estudia la coordinación de las palabras en las oraciones.

sinterizar v. t. Soldar o conglomerar metales pulverulentos sin alcanzar la temperatura de fusión.

síntesis f. Razonamiento que va de lo simple a lo compuesto. || Exposición que reúne los distintos elementos de un conjunto: *hacer la síntesis de unas discusiones.* || Composición de un cuerpo o de un conjunto a partir de sus elementos separados. || *Quím.* Formación artificial de un cuerpo compuesto mediante la combinación de sus elementos.

sintético, ca adj. Relativo a la síntesis: *método sintético.* || Obtenido por síntesis: *caucho sintético; gasolina sintética.*

sintetizable adj. Que puede ser sintetizado.

sintetizar v. t. Preparar por síntesis: *sintetizar una materia.* || Resumir, compendiar: *sintetizar un relato, un discurso.*

sintoísmo m. Religión del Japón, anterior al budismo, que honra la memoria de los antepasados y rinde culto a las fuerzas de la naturaleza.

sintoísta adj. y s. Partidario del sintoísmo.

síntoma m. Fenómeno revelador de una enfermedad: *los síntomas del paludismo.* || *Fig.* Indicio, señal: *síntomas de descontento.*

sintomático, ca adj. Relativo al síntoma. || *Fig.* Que revela algo.

sintomatología f. Parte de la medicina que estudia los síntomas de las enfermedades para el diagnóstico y el tratamiento.

sintonía f. Vibración de dos circuitos eléctricos al tener la misma frecuencia. || Adaptación de un aparato receptor de radio o televisión a la longitud de onda de la emisora. || Música característica que anuncia el comienzo de una emisión radiofónica o televisada.

sintonización f. Pulsación de los mandos adecuados para poner un receptor en sintonía.

sintonizador m. Dispositivo de mando en un receptor que permite sintonizar con las diversas emisoras de radio o televisión.

sintonizar v. t. Hacer vibrar dos circuitos eléctricos por tener la misma frecuencia. || Poner el receptor de radio o de televisión en sintonía con la estación emisora.

sinuosidad f. Calidad de sinuoso. || Seno, concavidad. || *Fig.* Rodeo: *las sinuosidades de la diplomacia.*

sinuoso, sa adj. Que tiene senos, ondulaciones o recodos: *camino sinuoso.* || *Fig.* Tortuoso, poco claro: *una manera sinuosa de actuar.*

sinusitis f. *Med.* Inflamación de la mucosa de los senos del cráneo.

sinusoidal adj. Relativo o parecido a la sinusoide.

sinusoide f. Curva plana que representa las variaciones del seno cuando varía el arco.

sinvergonzón, ona adj. y s. *Fam.* Sinvergüenza, pícaro.

sinvergüenza adj. y s. *Fam.* Bribón, pícaro. | Pillo, granuja, tunante. | Desvergonzado, descarado.

sionismo m. Movimiento que propugnaba el establecimiento de un Estado judío autónomo en Palestina.

sionista adj. Relativo al sionismo. || Adepto a este movimiento (ú. t. c. s.).

sioux adj. y s. Grupo étnico de Estados Unidos.

siquiatra o siquiatra m. o f. Psiquiatra.

siquiatría f. Psiquiatría.

síquico, ca adj. Psíquico.

siquiera conj. Equivale a *bien que, aunque.* || — Adv. Por lo menos: *déjame siquiera un poco.* || *Ni siquiera,* ni: *ni siquiera se dignaron a hablarme.*

sirca f. *Amer.* Terreno o roca que resiste la erosión.

sirena f. *Mit.* Ser fabuloso con busto de mujer y cuerpo de pez que atraía a los navegantes con su canto melodioso. || *Fig.* Mujer seductora. || Señal acústica que emite un sonido intenso y se utiliza para avisar la entrada y salida en las fábricas, para anunciar una alarma aérea, en los coches de bombero y ambulancias, etc. || Aparato para contar el número de vibraciones correspondiente a cada sonido.

sirénido o sirenio adj. y s. m. Aplícase a los mamíferos pisciformes sin extremidades abdominales y con las torácicas en forma de aletas, como el manatí o vaca marina. || — M. pl. Orden que forman.

sirga f. *Mar.* Cable o maroma para halar barcos, redes, etc., especialmente en la navegación fluvial.

sirgar v. t. Halar con la sirga.

siriaco, ca adj. y s. De Siria.

siringa f. Árbol del caucho. || *Mús.* Zampoña.

siringuero m. Peón que practica incisiones en las siringas para recoger el látex.

sirio, ria adj. y s. De Siria.

siroco m. Viento caluroso y muy seco que sopla del desierto hacia el litoral en toda la cuenca del Mediterráneo.

sirte f. Banco o bajo de arena.

sirvienta f. Criada.

sirviente adj. Que sirve a otra persona: *personal sirviente.* || — M. Servidor, criado. || Servidor de una pieza de artillería.

sisa f. Parte que se hurta en la compra diaria o en otras cosas menudas. || Sesgadura hecha en algunas prendas de vestir para que ajusten bien al cuerpo: *la sisa de la manga.* || Bermellón mezclado con aceite de linaza utiliza-

do por los doradores para fijar los panes de oro. || Antiguo tributo que se cobraba sobre géneros comestibles.

sisador, ra adj. y s. Aplícase a la persona que sisa.

sisal m. Variedad de agave de México, con cuyas fibras se hacen cuerdas, sacos, etc. || Fibra de esta planta.

sisar v. t. Hurtar algo, principalmente al comprar por cuenta ajena. || Hacer sisas en las prendas de vestir. || Preparar con la sisa lo que se ha de dorar.

sisear v. t. e i. Pronunciar repetidamente el sonido inarticulado de s y ch para mostrar desagrado o para llamar la atención: *sisearon al actor.*

siseo m. Acción de sisear.

sisimbrio m. *Bot.* Jaramago.

sisique m. *Méx.* Alcohol preparado con aguamiel del maguey silvestre.

sismicidad f. Propensión a la ocurrencia de sismos.

sísmico, ca adj. Relativo al terremoto: *movimientos sísmicos.*

sismo m. Seísmo.

sismógrafo m. Aparato para registrar los movimientos sísmicos durante un terremoto.

sismograma m. Gráfico obtenido con el sismógrafo.

sisón m. Ave zancuda de Europa, común en España.

sisón, ona adj. *Fam.* Que acostumbra sisar: *una criada sisona.*

sistema m. Conjunto de principios coordinados para formar un todo científico o un cuerpo de doctrina: *sistema astronómico, filosófico.* || Combinación de varias partes reunidas para conseguir cierto resultado o formar un conjunto: *sistema nervioso, solar.* || Combinación de procedimientos destinados a producir cierto resultado: *sistema de educación, de defensa.* || Conjunto de cosas ordenadas de algún modo: *un sistema de montañas, de regadío.* || Manera de estar dispuesto un mecanismo: *un sistema de alumbrado.* || Modo de gobierno, de administración o de organización social: *sistema monárquico.* || Manera ordenada de hacer las cosas: *hacer un trabajo con sistema.* || Conjunto de unidades fijadas para poder expresar las medidas principales de modo racional: *sistema decimal.* || — *Por sistema,* de un modo sistemático, por rutina: *criticar al gobierno por sistema.* || *Sistema C. G. S.,* véase C. G. S. || *Sistema métrico,* v. MÉTRICO. || *Quím. Sistema periódico de los elementos,* tabla de clasificación de los elementos químicos según el número atómico.

sistemático, ca adj. Relativo a un sistema o hecho según un sistema: *conocimiento sistemático.* || Establecido como sistema: *duda sistemática.* || Que actúa con método: *persona sistemática.* || — F. Ciencia de la clasificación.

sistematización f. Acción y efecto de sistematizar.

sistematizar v. t. Organizar con sistema: *sistematizar un trabajo, los estudios.*

sístole f. Período de contracción del músculo cardiaco que provoca la circulación de la sangre. || Licencia poética que consiste en usar como *breve* una sílaba *larga*.

sistro m. *Mús.* Instrumento de metal, en forma de aro o de herradura y atravesado por varillas, que usaban los antiguos egipcios.

sitiado, da adj. y s. Aplícase al que o a lo que está cercado: *los sitiados carecían de agua.*

sitiador, ra adj. y s. Aplícase al que sitia una plaza o fortaleza.

sitial m. Asiento para una gran dignidad en ciertas ceremonias.

sitiar v. t. Cercar una plaza o fortaleza. || *Fig.* Acorralar: *sitiar a un bandido.*

sitio m. Lugar, espacio que ocupa una persona o cosa: *dejar algo en un sitio visible; vivir en un sitio bonito.* || Casa campestre: *el real sitio de La Granja.* || *Méx.* Lugar de estacionamiento de taxis. || Cerco: *el sitio de Buenos Aires por los ingleses.* || *Cub.* Estancia pequeña para la cría de animales domésticos. || *Arg.* y *Chil.* Solar. || *Col.* Poblado. || — *Fig.* Dejar en el sitio, dejar muerto en el acto. || *Hacer sitio a alguien,* apretarse para dejarle un hueco. || *Fig.* Poner a alguien en su sitio, hacerle ver lo impropio de su familiaridad o lo infundado de su superioridad. || *Poner sitio,* sitiar. || *Sitio arqueológico,* lugar donde hay vestigios arqueológicos.

sito, ta adj. Situado.

situación f. Posición: *la situación de una casa.* || Postura: *situación embarazosa.* || Condición: *una situación próspera.* || Estado de los asuntos políticos, diplomáticos, económicos, etc.: *la situación política internacional.* || Estado característico de los personajes de una obra de ficción: *situación dramática.* || — *Fig. No estar en situación de,* no tener la posibilidad de. || *Amer. Precios de situación,* precios muy reducidos. || *Situación activa,* la del funcionario que presta servicio. || *Situación pasiva,* la del funcionario que ha cesado por retiro u otra causa.

situado m. Renta sobre algunos bienes productivos.

situar v. t. Poner, colocar una persona o cosa en determinado sitio o situación: *situar una ciudad antigua en un lugar equivocado.* || Poner a una persona en cierta posición: *este concierto le sitúa entre los mejores compositores.* || Colocar dinero en algún sitio: *situar algún dinero en Suiza.* || — V. pr. Ponerse: *situarse a la cabeza de la clasificación.* || Abrirse camino en la vida: *luchar duramente hasta situarse.*

siútico, ca adj. *Chil. Fam.* Cursi, que afecta finura.

siutiquería y **siutiquez** f. *Fam. Chil.* Cursilería.

siux adj. y s. Dícese de los individuos de una tribu india de los Estados Unidos establecida en el Estado de Iowa.

S.L. o **Ltd.,** abrev. de *sociedad de responsabilidad limitada.*

slalom m. (pal. noruega). Descenso en esquíes por un camino sinuoso. || Prueba de habilidad que hacen los esquiadores sobre un recorrido en pendiente jalonado de banderas que hay que franquear en zigzag.

slip m. (pal. ingl.). Prenda interior masculina usada en vez de calzoncillos, de los que se diferencia por su brevedad.

slogan m. (pal. ingl.). Fórmula breve y elocuente usada en publicidad o en propaganda política.

Sm, símbolo del elemento químico *samario.*

smog m. Mezcla de contaminantes que se concentran en la atmósfera y forman una especie de niebla.

smoking m. (pal. ingl.). Prenda de vestir de ceremonia a modo de frac sin faldones y con solapas de raso utilizada por los hombres.

Sn, símbolo químico del *estaño.*

snob adj. y s. (pal. ingl.). Aplícase a la persona que da pruebas de snobismo.

snobismo m. (pal. ingl.). Admiración infundada por todas las cosas que están de moda, especialmente por las que vienen del extranjero.

so m. *Fam.* Se usa solamente seguido de adjetivos despectivos para reforzar su sentido: *so tonto, so bruto.*

so prep. Bajo. Ú. en las frases: *so capa de, so calor de, so pena de,* etc.

¡so! interj. Empleada por los carreteros para que se detengan las caballerías.

soasar v. t. Medio asar o asar ligeramente.

soba f. Manoseo repetido o prolongado. || Acción de sobar algo para amasarlo o ablandarlo. || *Fig.* Zurra, paliza.

sobaco m. Concavidad que forma el arranque del brazo con el cuerpo. || *Bot.* Axila de una rama.

sobadero, ra adj. Que puede ser sobado. || — M. Sitio para sobar las pieles.

sobado, da adj. Rozado, gastado: *cuello de camisa muy sobado.* || *Fig.* Manido, trillado: *argumento muy sobado.* || — M. Soba.

sobador m. Utensilio para sobar las pieles.

sobadura f. Soba.

sobajar v. t. *Amer.* Humillar.

sobajear v. t. *Amer.* Manosear.

sobandero m. *Amer.* Curandero de huesos.

sobaquera f. Abertura del vestido en el sobaco. || Pieza de refuerzo que se pone al vestido en el sobaco. || Pieza con que se protegen los vestidos del sudor en la parte del sobaco. || Pieza de la armadura que cubría el sobaco.

sobaquina f. Sudor de los sobacos, de olor desagradable.

sobar v. t. Manejar, manosear una cosa repetidamente. || Manejar algo para amasarlo o ablandarlo: *sobar las pieles.* || *Fig.* Dar una paliza. | Manosear, palpar a una persona. | *Fig.* y *fam.* Molestar, fastidiar. || *Amer.* Componer un hueso dislocado.

sobarba f. Muserola del caballo. || Papada, sotabarba.

soberanía f. Calidad de soberano, autoridad suprema: *la soberanía de la nación.* || Territorio de un príncipe soberano o de un país: *plazas de soberanía.* || Poder supremo del Estado. || Poder político de una nación o de un organismo que no está sometido al control de otro Estado u organismo. || *Soberanía nacional,* en régimen democrático, la del pueblo, de quien emanan todos los poderes públicos.

soberano, na adj. Que ejerce o posee la autoridad suprema: *príncipe soberano* (ú. t. c. s.). || Que se ejerce sin control, que se ejerce un poder supremo: *potencia soberana.* || *Fig.* Extremo, muy grande: *una soberana lección.* | Excelente, no superado: *una superioridad soberana.* || — M. Moneda de oro inglesa, libra esterlina. || Jefe de un Estado monárquico: *el soberano belga, noruego.*

soberbia f. Orgullo y amor propio desmedidos: *la soberbia de un príncipe.* || Magnificencia extrema. || Demostración de ira o enojo.

soberbio, bia adj. Que muestra soberbia, orgulloso, altivo, arrogante: *persona soberbia.* || *Fig.* Grandioso, magnífico: *soberbia catedral.* | Colérico, iracundo: *un niño muy soberbio.* | Fogoso: *caballo soberbio.*

sobo m. Soba.

sobón, ona adj. y s. *Fam.* Que se hace fastidioso por sus excesivas caricias.

sobornable adj. Que se puede sobornar.

sobornador, ra adj. y s. Que soborna.

sobornar v. t. Inducir a uno a obrar mal valiéndose de dádivas: *sobornar a un guardián.*

soborno m. Corrupción de alguien por medio de dádivas o regalos para inducirlo a obrar mal. || Dádiva con que se soborna. || *Amer. De soborno,* de suplemento.

sobra f. Resto, demasía y exceso en cualquier cosa. || Demasía, injuria, agravio. || — Pl. Lo que queda de la comida al levantar la mesa. || Desperdicios, desechos. || Dinero que queda al soldado una vez pagado el rancho. || *De sobra,* más que lo necesario, con exceso: *tengo con 100 euros tengo de sobra para comer; perfectamente: sé de sobra su capacidad.*

sobradillo m. Tejadillo de un balcón o de una ventana.

sobrado, da adj. Demasiado, suficiente, bastante, que sobra: *tener sobrados motivos de queja; con sobrada razón.* || M. Desván. || *Arg.* Vasar. || — Adv. De sobra.

sobrador, ra adj. y s. *Arg., Bol., Chil., Parag.* y *Urug.* Que sobra, muestra superioridad.

sobrante adj. Que sobra. || — M. Resto, restante, exceso.

sobrar v. i. Estar una cosa de más: *lo que dices sobra.* || Haber más de lo que se necesita: *sobraron gentes*. || Quedar, restar: *sobró mucho pescado.* || *Arg., Bol., Chil., Parag. y Urug.* Mostrar superioridad burlona.

sobrasada f. Sobreasada.

sobre m. Cubierta de papel que encierra una carta. || Bolsa de papel, de materia plástica o de papel de estaño, que contiene una materia en polvo: *un sobre de sopa.*

sobre prep. Encima: *sobre la mesa.* || Acerca de: *discutir sobre política.* || Aproximadamente: *tendrá sobre 25 hectáreas.* || Además de, por encima de: *pagó un 20% sobre lo estipulado.* || Expresar reiteración: *decir tonterías sobre tonterías.* || Por encima de: *cinco grados sobre cero.* || — *Ir sobre seguro*, no arriesgar. || *Sobre todo*, principalmente: *Alemania es sobre todo un país industrial.*

— Observ. Es galicismo decir: *ciudad sobre un río*, por a orillas de; *ganar terreno sobre el contrario*, por al contrario; *hizo efecto sobre él* por *en él.*

sobreabundancia f. Abundancia excesiva.

sobreabundante adj. Excesivo.

sobreabundar v. i. Abundar mucho.

sobrealimentación f. Método terapéutico consistente en aumentar anormalmente la cantidad de alimento que se da a un enfermo.

sobrealimentar v. t. Dar a alguien (niño o enfermo) una ración alimenticia superior a la normal (ú. t. c. pr.).

sobreañadir v. t. Añadir más.

sobreasada f. Embutido grueso de carne de cerdo picada y sazonada con sal y pimiento molido: *sobreasada mallorquina.*

sobrebota f. *Amer.* Polaina.

sobrecama m. Colcha.

sobrecaña f. Tumor óseo formado en las patas delanteras de las caballerías.

sobrecarda f. *Méx.* Abrir surcos en la milpa del maíz, cuando ya tiene medio metro, para permitir el desagüe.

sobrecarga f. Carga excesiva.

sobrecargar v. t. Cargar con exceso.

sobrecargo m. Oficial de a bordo que defiende los intereses de la compañía naviera o de aviación en lo que concierne al cargamento.

sobreceja f. Parte de la frente inmediata a las cejas.

sobreceño m. Ceño.

sobrecogedor adj. Que sobrecoge: *espectáculo sobrecogedor.*

sobrecoger v. t. Coger de repente y desprevenido. || Asustar, aterrar, causar miedo (ú. t. c. pr.).

sobrecomprimir v. t. Mantener una presión normal en la cabina de un avión que vuela a gran altura.

sobrecubierta f. Segunda cubierta de una cosa. || Cubierta de papel que protege un libro.

sobredorado, da adj. Recubierto de una capa de oro.

sobredorar v. t. Recubrir con una capa de oro.

sobreedificar v. t. Construir sobre otra construcción.

*sobreentender v. t. Sobrentender (ú. t. c. pr.).

sobreentendido, da adj. Que se sobrentiende, implícito.

sobreentrenamiento m. Entrenamiento excesivo.

sobreentrenar v. t. Entrenar con exceso a un deportista (ú. t. c. i. y pr.).

sobreesdrújulo, la adj. y s. Sobresdrújulo.

sobreestadía f. Sobrestadía.

sobreexceder v. t. Sobrexceder.

sobreexcitación v. t. Sobrexcitación, excitación excesiva.

sobreexcitar v. t. Sobrexcitar.

sobreexplotación f. Acción y efecto de sobreexplotar.

sobreexplotar v. t. Abusar de un recurso natural.

sobreexponer v. t. Exponer más tiempo de lo debido una placa fotográfica.

sobreexposición f. Exposición excesiva de una placa fotográfica.

sobrehilado m. Puntadas en la orilla de una tela para que no se deshilache.

sobrehilar v. t. Dar puntadas en la orilla de una tela cortada para que no se deshilache.

sobrehílo m. Sobrehilado.

sobrehumano, na adj. Que es superior a lo humano.

sobrellenar v. t. Llenar demasiado o en abundancia.

sobrellevar v. t. Llevar uno una carga para aliviar a otro. || *Fig.* Soportar resignadamente.

sobremanera adv. Sobre manera, mucho.

sobremesa f. Tapete que se pone sobre la mesa. || Tiempo que los comensales siguen reunidos después de haber comido. || *De sobremesa*, en el tiempo que sigue a la comida: *programa de sobremesa.*

sobrenadar v. i. Flotar.

sobrenatural adj. Dícese de lo que no sucede según las leyes de la naturaleza. || Relativo a la religión: *vida sobrenatural.*

sobrenombre m. Nombre añadido al apellido.

*sobrentender v. t. Entender una cosa que no está expresa, pero que se deduce (ú. t. c. pr.).

sobrepaga f. Suplemento a la paga, ventaja en ella.

sobrepasar v. t. e i. Exceder, superar, aventajar: *los gastos sobrepasan los ingresos.* || Adelantar. || Rebasar un límite.

sobrepelo m. *Arg.* Sudadero del caballo.

sobrepelliz f. Vestidura blanca de lienzo que se pone el sacerdote sobre la sotana.

sobrepeso m. Sobrecarga.

*sobreponer v. t. Poner una cosa encima de otra. || *Fig.* Anteponer: *so-*

breponer la educación a cualquier otra actividad. || — V. pr. Dominar, ser superior a los obstáculos y adversidades.

sobreproducción f. Superproducción.

sobrepujar v. t. Aventajar, superar, exceder.

sobresaliente f. *Teatr.* Sobresaliente, que suple a otra.

sobresaliente adj. Que sobresale. || — M. Calificación máxima en los exámenes: *obtener un sobresaliente.* || — M. y f. *Fig.* Persona destinada a suplir la falta de otra, como un comediante, un torero.

*sobresalir v. i. Exceder una persona o cosa a otras en figura, tamaño, etc.: *el niño sobresalía por su estatura.* || Ser más saliente, resaltar: *la cornisa sobresalía medio metro.* || *Fig.* Destacarse o distinguirse por algo.

sobresaltar v. t. Asustar, dar miedo, acongojar, sobrecoger a uno repentinamente (ú. t. c. pr). || V. i. Resaltar, destacarse.

sobresalto m. Sensación que proviene de un acontecimiento repentino: *tener un sobresalto.* || Temor, susto repentino.

sobresaturación f. Obtención de una disolución más concentrada que la que corresponde al punto de saturación.

sobresaturar v. t. Producir la sobresaturación (ú. t. c. pr.).

sobresdrújulo, la adj. y s. *Gram.* Aplícase a las voces que llevan un acento en la sílaba anterior a la antepenúltima: *haBIÉNdoseme.*

sobreseer v. i. Desistir de la pretensión que se tenía. || Cesar en el cumplimiento de una obligación. || — V. t. *For.* Suspender un procedimiento: *sobreseer una causa.*

sobreseimiento m. Interrupción, suspensión, cesación: *el sobreseimiento de una causa civil.*

sobrestadía f. Cada uno de los días de prórroga después del plazo fijado para cargar o descargar un buque. || Cantidad que cuesta esta demora.

sobrestante m. Técnico a cuyas órdenes trabaja un grupo de obreros y que a su vez realiza otro trabajo dirigido por un técnico superior.

sobrestimación f. Estimación por encima del valor real.

sobrestimar v. t. Estimar mucho más que su valor.

sobresueldo m. Cantidad de dinero que se paga además del sueldo fijo.

sobretasa f. Suplemento de precio por un servicio más rápido o mejor: *sobretasa aérea postal.*

sobretensión f. *Electr.* Aumento anormal de la tensión en un circuito eléctrico.

sobretodo m. Prenda de vestir ancha y larga a modo de gabán.

*sobrevenir v. i. Ocurrir una cosa además o después de otra. || Suceder de improviso.

sobreviviente adj. y s. Superviviente.

sobrevivir v. i. Vivir uno más que otro o después de un determinado suceso o plazo.

*sobrevolar v. t. Volar por encima de: *sobrevolar el territorio.*

sobrexceder v. t. Exceder, aventajar a otro.

sobrexcitación f. Excitación excesiva.

sobrexcitar v. t. Excitar más de lo normal: *sobrexcitar los nervios* (ú. t. c. pr.).

sobriedad f. Moderación.

sobrino, na m. y f. Hijo o hija del hermano o hermana (sobrinos carnales) o del primo o la prima (sobrinos segundos).

sobrio, bria adj. Templado, moderado en comer y beber: *un hombre sobrio.* || *Fig.* Moderado: *sobrio de palabras.* | Despejado de adornos superfluos: *estilo sobrio.*

socaire m. *Mar.* Abrigo o defensa que ofrece una cosa su lado opuesto a aquel de dónde sopla el viento. || *Al socaire de,* al abrigo de: *estaba al socaire del peligro.*

socaliña f. Ardid o maña para sacar a uno lo que no está obligado a dar.

socaliñar v. t. Sacar a uno con socaliña una cosa.

socarrar v. t. Chamuscar, tostar superficialmente algo (ú. t. c. pr.).

socarrón, ona adj. y s. Burlón, malicioso: *una sonrisa socarrona.* || Taimado, astuto.

socarronería f. Malicia, burla. || Astucia.

socava f. Excavación. || Hoyo al pie de un árbol para facilitar el riego.

socavación f. Excavación.

socavar v. t. Excavar, cavar. || Hacer un hueco por debajo de un terreno o dejándolo en falso: *el agua socavó los cimientos.* || *Fig.* Minar, debilitar: *socavar los principios democráticos.*

socavón m. Excavación, hoyo en la ladera de un cerro o monte. || Hundimiento del suelo: *los socavones de las calles.*

sochimecate m. Cuerda de flores que forma parte de un baile tradicional mexicano.

sociabilidad f. Condición de sociable.

sociable adj. Que gusta y busca la compañía de sus semejantes: *el hombre es un ser sociable.* || De trato amable: *persona muy sociable.* || Fácil de tratar con él: *hombre muy sociable.*

social adj. Relativo a la sociedad: *la vida social.* || Relativo a una compañía mercantil o sociedad: *capital social; sede social.*

socialdemocracia f. En algunos países, movimiento o partido socialista de tendencia moderada o reformista.

socialdemócrata adj. Relativo a la socialdemocracia. || Partidario de ella (ú. t. c. s.).

socialismo m. Nombre genérico de las diversas tendencias socioeconómicas y políticas que preconizan una distribución más equitativa de la riqueza, basada en el principio de la colectivización de los medios de producción y de intercambio, que llevaría a la desaparición de las clases sociales.

socialista adj. y s. Partidario del socialismo o relativo a él: *militante, partido socialista.*

socialización f. Colectivización de los medios de producción y de intercambio, de las fuentes de riqueza, etc.

socializar v. t. Poner al servicio del conjunto de la sociedad determinados medios de producción o de intercambio, desposeyendo a los propietarios mediante adquisición o expropiación por parte del Estado.

sociedad f. Reunión de hombres o de animales sometidos a leyes comunes: *las sociedades primitivas.* || Medio humano en el que está integrada una persona: *deberes para con la sociedad.* || Asociación de personas sometidas a un reglamento común, o dirigidas por convenciones tendentes a una actividad común o en defensa de sus intereses: *sociedad literaria, deportiva.* || Reunión de personas formada por el conjunto de los seres humanos con quienes se convive: *huir de la sociedad por misantropía.* || Conjunto de personas más distinguidas, afortunadas y de alta categoría social: *pertenecer a la alta sociedad.* || Contrato por el que dos o más personas ponen en común ya sea capitales ya sea capacidades industriales con objeto de alcanzar unos beneficios que se repartirán más tarde entre ellas. || Persona moral o entidad creada por este contrato. || — *Entrar o presentarse en sociedad,* iniciar una muchacha su vida social asistiendo a un baile de gala. || *Sociedad anónima,* la constituida por acciones transferibles y en las que la responsabilidad económica se limita al valor de dichas acciones (abrev. S. A.). || *Sociedad colectiva,* la mercantil en la que los socios responden con el valor de las acciones y con su fortuna personal. || *Sociedad comanditaria o en comandita,* forma intermedia entre la anónima y la colectiva en que hay dos clases de socios, unos que poseen los mismos derechos y obligaciones que los de una sociedad colectiva y otros, denominados comanditarios, que tienen limitados los beneficios y la responsabilidad. || *Sociedad comercial o mercantil,* la formada con el fin de explotar un negocio. || *Sociedad conyugal,* la constituida por el marido y la esposa. || *Sociedad de responsabilidad limitada, sociedad comanditaria.*

socio, cia m. y f. Miembro de una sociedad, de un club: *socio capitalista, industrial, de una asociación deportiva.* || *Fam.* Individuo, persona: *¡vaya un socio!*

socioeconómico, ca adj. Que se refiere a la sociedad considerada en términos económicos.

sociología f. Ciencia que trata de la constitución y desarrollo de las sociedades humanas.

sociológico, ca adj. Relativo a la sociología.

sociólogo, ga m. y f. Especialista en sociología.

socolar v. t. *Amér. C., Col. y Ecuad.* Desmalezar un terreno.

soconusco m. Chocolate muy fino aromatizado con vainilla.

socorredor, ra adj. y s. Que socorre.

socorrer v. t. Ayudar a uno en un momento de peligro o necesidad: *socorrer a los desvalidos.*

socorrido, da adj. Dispuesto a socorrer al prójimo. || *Fam.* Común y trillado: *argumento socorrido.* | Práctico: *un traje muy socorrido.*

socorrismo m. Método para prestar los primeros auxilios en caso de accidente: *curso de socorrismo.*

socorrista m. y f. Miembro de una sociedad de socorrismo o diplomado en socorrismo.

socorro m. Ayuda, auxilio, asistencia prestada en un peligro, en caso de necesidad. || Lo que se da para ayudar o asistir. || Medio o métodos empleados para ayudar o asistir a una víctima o persona en peligro. || *Mil.* Refuerzo. || — *Agua de socorro,* v. AGUA. || *Casa de socorro,* clínica de urgencia donde se prestan los primeros cuidados. || *¡Socorro!,* ¡auxilio!

socrático, ca adj. Relativo a Sócrates: *filosofía socrática.* || Que sigue las doctrinas de Sócrates: *filósofo socrático* (ú. t. c. s.).

socratismo m. Conjunto de las doctrinas de Sócrates.

soda f. *Quím.* Sosa. || Bebida de agua gaseosa que contiene ácido carbónico en disolución. || *Amer.* Fuente de soda, establecimiento donde se sirven bebidas no alcohólicas, cafetería.

sódico, ca adj. De sodio: *cloruro sódico; sales sódicas.*

sodio m. Metal alcalino (Na) abundante en la naturaleza, de número atómico 11, densidad 0,97, punto de fusión 98 °C., de brillo plateado y blando como la cera.

sodomía f. Relación sexual entre personas del mismo sexo.

sodomita adj. y s. De Sodoma. || Homosexual.

soez adj. Indecente, bajo, grosero: *un gesto soez.*

sofá m. Asiento con respaldo y brazos para dos o más personas. || *Sofá cama,* el que, llegado el momento, puede convertirse en cama.

sofisma m. Razonamiento con que se quiere defender lo que es falso: *valerse de sofismas.*

sofista adj. y s. Que utiliza sofismas. || — M. En la Grecia antigua, todo el que se dedicaba a la filosofía. (Los más famosos *sofistas* fueron Protágoras y Gorgias.)

sofisticación f. Afectación excesiva, falta de naturalidad.

sofisticado, da adj. Desprovisto de naturalidad, artificioso, afectado: *una muchacha muy sofisticada.*

sofisticar v. t. Adulterar, falsificar con sofismas. || Quitar naturalidad a una persona a base de artificio.

sofístico, ca adj. Aparente, engañoso. || — F. Escuela de los sofistas.

soflama f. Llama tenue o reverberación del fuego. || Bochorno, rubor en el rostro. || Fig. Engaño. | Discurso, perorata, alocución.

sofocación f. Sentimiento ansioso de opresión que molesta la respiración. || Fig. Enojo grande.

sofocante adj. Que sofoca.

sofocar v. t. Ahogar, impedir la respiración: *un calor que sofoca* (u. t. c. pr.). || Apagar, dominar, extinguir: *sofocar un incendio.* || Fig. Avergonzar, abochornar: *les sofocó con sus groserías* (ú. t. c. pr.). | Acosar, importunar demasiado a uno. | Dominar, reducir: *sofocar una rebelión.* || — V. pr. Acalorarse, irritarse: *se sofoca fácilmente.*

sofoco m. Sofocación. || Sensación de ahogo. || Fig. Vergüenza, rubor. | Grave disgusto: *dar, recibir un sofoco.*

sofocón m. o **sofoquina** f. Fam. Disgusto grande.

*sofreír v. t. Freír ligeramente.

sofrenar v. t. Reprimir el jinete a la caballería tirando violentamente de las riendas. || Fig. Regañar enérgicamente. | Reprimir, refrenar una pasión.

sofrito m. Manjar sofrito.

software m. (pal. ingl.). Conjunto de actividades que tiene por objeto la concepción y el empleo de los ordenadores electrónicos.

soga f. Cuerda gruesa y trenzada de esparto. || Arq. Parte de un sillar o ladrillo que queda al descubierto en el paramento de la fábrica. || — *Dar soga a uno,* burlarse de él; hacerle hablar, darle cuerda. || Fig. Estar con la soga al cuello, estar en situación apurada o amenazado de peligro. || No hay que mentar la soga en casa del ahorcado, no hay que hablar de cosas que evocan en los otros recuerdos desagradables.

soirée [*suaré*] f. (pal. fr.). Velada, fiesta nocturna.

soja f. Planta papilionácea de Asia, de fruto semejante al de la judía, del que se extrae un aceite comestible.

sojuzgador, ra adj. Que sojuzga (ú. t. c. s.).

sojuzgar v. t. Avasallar, dominar, mandar con violencia.

sol m. Astro central, luminoso, del planeta en que vivimos y alrededor del cual giran los otros planetas. (En este sentido debe escribirse con mayúscula.) || Astro considerado como el centro de un sistema planetario. || Imagen simbólica del Sol. || Luz, calor del Sol. || Día. || Unidad monetaria del Perú. || Fig. Encanto: *¡qué sol de niño!* | Persona a quien se quiere mucho:

ella es el sol de mi vida. || Parte de las plazas de toros en que da el sol y donde están las localidades más baratas. || — Fig. Arrimarse al que más calienta, v. ARRIMAR. || De sol a sol, de la mañana a la noche. || El Imperio del Sol Naciente, Japón. || El Rey Sol, Luis XIV de Francia. || Fig. Nada nuevo bajo el Sol, todo lo que hay existía desde siempre. | No dejar a uno ni a sol ni a sombra, seguir sus pasos para conseguir lo que se pretende. | Más hermoso que un sol, muy bello. | Salga el sol por Antequera o por donde quiera, sea lo que Dios quiera. || Sol de justicia, el muy fuerte. || Sol de las Indias, girasol. || Sol naciente, poniente, el astro cuando sale en el horizonte o cuando desaparece en él.

sol m. Quinta nota de la escala musical. || Signo que la representa.

solado m. Solería.

solador m. Persona que tiene por oficio enlosar o entarimar pisos.

solamente adv. Únicamente, y no más: *me duele solamente la cabeza.*

solana f. Lugar en el que da el sol. || Galería para tomar el sol. || Sol fuerte: *ahora hay mucha solana.*

solanáceo, a adj. y s. f. Dícese de las plantas con flores acampanadas y fruto en baya, como la tomatera, la patata, la berenjena, el pimiento y el tabaco. || — F. pl. Familia que forman.

solanera f. Quemadura de sol. || Solana.

solano m. Viento que sopla de donde nace el sol. || Hierba mora, planta solanácea.

solapa f. Parte de la chaqueta o abrigo, junto al cuello, que se dobla hacia fuera. || Parte del sobre de carta que sirve para cerrarla. || Prolongación lateral de la sobrecubierta de un libro que se dobla hacia dentro. || Carterilla de un bolsillo. || Fig. Disimulo.

solapado, da adj. Hipócrita.

solar adj. Relativo al Sol: *día, sistema solar.* || Dícese del centro neurovegetativo situado en el abdomen, entre el estómago y la columna vertebral: *plexo solar.* || — M. Terreno donde se edifica. || Suelo: *el solar patrio.* || Casa más antigua y noble de una familia. | Linaje de una familia.

*solar v. t. Revestir el suelo con entarimado, ladrillos, u otro material: *solar un piso.* || Echar suelas al calzado.

solariego, ga adj. Del patrimonio familiar: *casa solariega.*

solarium o **solario** m. Lugar habilitado para tomar el sol.

solaz m. Recreo, esparcimiento.

solazar v. t. Dar solaz, distraer, recrear: *solazar a alguien con su compañía* (ú. t. c. pr.).

solcuate m. Serpiente venenosa de México.

soldada f. Sueldo, especialmente el haber del soldado.

soldadera f. Méx. Mujer que acompañaba a los soldados durante la Revolución Mexicana.

soldadesco, ca adj. De los soldados. || — F. Mil. Ejercicio y profesión de soldado. | Conjunto de soldados, especialmente los que cometen desmanes.

soldadito m. Juguete de plomo que representa un soldado.

soldado m. Persona que sirve en el ejército, militar. || Militar sin graduación: *soldado voluntario, bisoño.* || Fig. Partidario, defensor, servidor: *soldado de la Compañía de Jesús.* || Soldado de Pavía, pedazo de pescado rebozado y frito.

soldador m. Obrero que suelda. || Instrumento para soldar: *soldador eléctrico.*

soldadura f. Modo de unión permanente de dos piezas metálicas o de determinados productos sintéticos ejecutado por medios térmicos: *soldadura autógena.* || Aleación fusible a baja temperatura, a base de estaño, utilizada para realizar la unión de estos metales. || Juntura de dos piezas soldadas.

*soldar v. t. Unir por medio de una soldadura. || — V. pr. Pegarse, unirse: *soldarse dos huesos rotos.*

soleá f. Copla y danza populares andaluzas de carácter melancólico. (Pl. *soleares.*)

solear v. t. Poner al sol.

solecismo m. Vicio de dicción consistente en una falta de sintaxis o en el empleo incorrecto de una palabra o expresión.

soledad f. Vida solitaria; estado de una persona retirada del mundo o momentáneamente sola. || Lugar en que se vive alejado del trato de los hombres. || Sitio solitario, desierto. Ú. m. en pl.: *en las soledades de la Pampa.* || Fig. Estado de aislamiento: *soledad moral.* | Pesadumbre y nostalgia por la ausencia, pérdida o muerte de alguien o algo queridos.

solemne adj. Celebrado públicamente con pompa o ceremonia: *sesión solemne.* || Acompañado de actos públicos o por formalidades importantes: *compromiso solemne.* || Enfático, grave, majestuoso: *tono solemne.* || Fig. Enorme, descomunal: *ha dicho un solemne disparate.*

solemnidad f. Carácter solemne. || Acto solemne: *celebrar una fiesta con solemnidad.* || Cada una de las formalidades de un acto solemne: *solemnidad de un pacto.* || Gravedad: la solemnidad del momento. || Énfasis, majestuosidad. || Pobre de solemnidad, extremadamente pobre.

solemnizar v. t. Celebrar de una manera solemne un suceso: *solemnizar el nacimiento del primer hijo.* || Engrandecer, encarecer, aplaudir una cosa.

solenoide m. Fís. Circuito eléctrico consistente en un alambre arrollado en forma de hélice sobre un cilindro, uno de cuyos extremos vuelve hacia atrás en línea recta paralela al eje de la hélice.

sóleo m. Músculo de la pantorrilla unido a los gemelos por su parte inferior para formar el tendón de Aquiles.

*soler v. i. Acostumbrar (seres vivos). || Ser frecuente (hechos o cosas): *suele llover en primavera.*

— OBSERV. Verbo defectivo, se conjuga sólo en los tiempos presente, pret. imperfecto, pret. indefinido y pret. perfecto del indicativo, así como en presente del subjuntivo.

solera f. Viga. || Piedra plana que sirve de asiento. || Muela fija del molino que está fijada debajo de la volandera. || Suelo del horno. || Reserva, madre o lía del vino. || *Fig.* Tradición familiar: *un torero de solera.* || *Méx.* Ladrillo. || *Una marca de solera,* una marca prestigiosa.

solería f. Material para solar. || Conjunto de baldosas que cubren el suelo de una casa.

soleta f. Pieza que se pone en la planta del pie de la media. || *Méx.* Bizcocho alargado y suave. || — *Fig.* y *fam. Dar soleta a uno,* echarle. | *Picar* (o *tomar*) *soleta,* largarse, irse.

solfa f. Solfeo. || *Fam.* Paliza: *le dio una solfa monumental.* || — *Fam. Echar una solfa,* echar una bronca. | *Poner en solfa,* ridiculizar, burlarse. | *Tomar a solfa,* tomar poco en serio.

solfatara f. En los terrenos volcánicos, abertura por la que se escapan vapores sulfurosos.

solfear v. t. *Mús.* Cantar marcando el compás y pronunciando el nombre de las notas. | *Fam.* Dar una paliza.

solfeo m. Disciplina que constituye la base principal de la enseñanza de la música. || *Fig.* y *fam.* Paliza.

solicitación f. Ruego insistente. || Tentación. || *Solicitación de fondos,* petición de capitales.

solicitador, ra y **solicitante** adj. y s. Que solicita.

solicitar v. t. Pedir una cosa con diligencia: *solicitar un favor, una plaza.* || Hacer una solicitud para algo. || Requerir: *está muy solicitada.* || Cortejar a una mujer. || Llamar la atención, atraer. || *Fís.* Atraer una o más fuerzas a un cuerpo.

solícito, ta adj. Cuidadoso, diligente: *una madre muy solícita.* || Atento: *mostrarse solícito con él.*

solicitud f. Diligencia o instancia cuidadosa. || Petición. || Escrito en que se solicita alguna cosa, instancia: *una solicitud de gracia, de autorización,* etc.

solidaridad f. Circunstancia de ser solidario de un compromiso. || Adhesión circunstancial a la causa o empresa de otros: *solidaridad con los perseguidos injustamente.* || Responsabilidad mutua.

solidario, ria adj. Aplícase a las obligaciones contraídas por varias personas de modo que deban cumplirse enteramente por cada una de ellas: *compromiso solidario.* || Aplícase a la persona que ha adquirido este compromiso con relación a otra u otras: *el marido y la mujer son solidarios.* || Adherido a la causa, empresa u opinión de otro: *solidario de una acción política.* || Dícese de una pieza de un mecanismo unida a otra de manera rígida.

solidarizar v. t. Hacer solidario. || — V. pr: Unirse solidariamente con otros o con una actitud: *solidarizarse con los huelguistas.*

solidez f. Calidad de sólido.

solidificación f. Paso del estado líquido o gaseoso al sólido.

solidificar v. t. Hacer pasar al estado sólido: *solidificar un líquido, un gas* (ú. t. c. pr.).

sólido, da adj. Firme, macizo, denso: *cuerpos sólidos.* || Aplícase al cuerpo cuyas moléculas tienen entre sí mayor cohesión que la de los líquidos: *el fósforo es un cuerpo sólido* (ú. t. c. s. m.). || *Fig.* Asentado, establecido con razones fundamentales: *un argumento sólido.* | Fuerte, resistente: *muro sólido.* | Firme, estable: *terreno sólido.* | Inalterable, que no destiñe: *colores sólidos.* | Vasto, grande: *una sólida formación.* || — M. *Geom.* Espacio limitado por superficies.

soliloquio m. Monólogo.

solio m. Trono con dosel propio de un soberano o príncipe o papa: *el solio real, papal.* || Solio pontificio, papado.

solípedo, da adj. Dícese de los mamíferos ungulados que tienen el pie con un solo dedo o pezuña, como el caballo (ú. t. c. s. m.). || — M. pl. Orden de estos animales.

solista adj. y s com. *Mús.* Dícese de la persona que ejecuta un solo: *solista de un concierto.*

solitaria f. *Zool.* Tenia.

solitario, ria adj. Desamparado, desierto: *paraje solitario.* || Que vive solo o sin compañía: *vida solitaria.* || — M. Anacoreta: *el solitario San Antón.* || Diamante montado aisladamente: *un solitario engastado en una sortija.* || Juego de naipes que sólo necesita un jugador: *hacer un solitario.*

soliviantar v. t. Excitar el ánimo de una persona para inducirle a rebeldía. || Exasperar, indignar.

sollo m. Esturión, pez. || *Fig.* y *fam. Estar como un sollo,* estar muy gordo.

sollozar v. i. Emitir sollozos.

sollozo m. Contracción del diafragma con emisión ruidosa de aire, que se produce al llorar: *romper en sollozos.*

solo, la adj. Que no tiene compañía, aislado: *estoy solo en mi casa.* || Que no tiene quien le ampare o consuele: *solo en el mundo.* || Único en su especie: *un solo ejemplar.* || Que toca únicamente: *violín solo.* || — M. Paso de danza ejecutado sin pareja. || *Mús.* Composición para una sola voz o un solo instrumento: *un solo para violín.*

sólo adv. Solamente.

sololateco, ca adj. y s. De Solalá (Guatemala).

solomillo m. En los animales de consumo, carne que se extiende por entre las costillas y el lomo.

solsticio m. Época en que el Sol se halla en uno de los dos trópicos: *solsticio de invierno.*

*soltar v. t. Desatar, desceñir: *soltar el cinturón* (ú. t. c. pr.). || Dejar en libertad: *soltar a un prisionero.* || Desasir lo que estaba sujeto: *soltar la espada.* || Desprender: *esta camisa ha soltado mucha mugre.* || Dar salida a lo que estaba detenido: *soltar la barca.* || Ablandar, laxar: *soltar el vientre.* || Iniciar, romper: *soltó el llanto, la risa.* || Descifrar, resolver: *soltar una dificultad.* || *Fam.* Decir: *soltar un juramento, un disparate.* | Asestar, propinar: *le solté una bofetada.* || — *No soltar prenda,* no decir nada. | *Fig. Soltar la mosca,* pagar. | *¡Suelta!, ¡habla!, ¡confiesa!* || — V. pr: Adquirir soltura en hacer algo: *el niño se está soltando en andar.* || Empezar a hablar: *me he soltado en inglés.* || Despacharse, hacer algo sin ninguna retención: *se soltó a su gusto.* || — *Fam. Soltarse el pelo,* desmelenarse, mostrar todo lo que uno es capaz de hacer; independizarse, hacer su santa voluntad: *esta niña se ha soltado el pelo;* animarse, quitarse los complejos: *el tímido Juanito se soltó el pelo aquel día.*

soltería f. Condición de soltero.

soltero, ra adj. Dícese de la persona que no se ha casado (ú. t. c. s.).

solterón, ona adj. Soltero ya entrado en años: *mujer solterona* (ú. t. c. s.).

soltura f. Acción de soltar. || Agilidad, desenvoltura, prontitud: *moverse con soltura.* || *Fig.* Descaro, desvergüenza. | Facilidad y claridad de dicción: *soltura en el hablar.*

solubilidad f. Condición de soluble.

solubilizar v. t. Hacer soluble.

soluble adj. Que se puede disolver o desleír: *sustancia soluble.* || *Fig.* Que se puede resolver: *problema soluble.*

solución f. Operación por la que un cuerpo se disuelve en un líquido, disolución: *solución de ácido sulfúrico.* || Líquido que contiene un cuerpo disuelto. || Modo de resolver una dificultad: *no sé qué solución darle a este lío.* || Desenlace, conclusión: *la solución de un drama, de un proceso, de un asunto.* || *Mat.* Valor de las incógnitas en una ecuación. || Indicación de las operaciones que hay que efectuar sirviéndose de los datos de un problema para resolverlo. || Conjunto de estas operaciones. || *Solución de continuidad,* interrupción.

solucionar v. t. Hallar la solución, resolver: *solucionar un conflicto, un pleito, un problema.*

solvencia f. Pago de una deuda. || Capacidad para pagar las deudas contraídas. || Capacidad para cumplir un compromiso moral.

solventar v. t. Resolver, dar solución. || Liquidar, pagar una cuenta o deuda.

solvente adj. Sin deudas. || Que puede pagar las deudas contraídas. || Capaz de cumplir cualquier compromiso. || — M. *Quím.* Disolvente.

soma m. Cuerpo, por oposición a espíritu o psique.

somalí adj. y s. De Somalia.

somático, ca adj. Perteneciente al cuerpo: *células somáticas.*

somatología f. Estudio comparativo de la estructura y desarrollo del cuerpo humano.

sombra f. Oscuridad, falta de luz: *las sombras de la noche.* || Proyección oscura que produce un cuerpo al interceptar la luz: *la sombra de un ciprés.* || Apariencia, espectro: *la sombra de los difuntos.* || Fig. Oscuridad, falta de claridad intelectual: *las sombras de la ignorancia.* | Protección, asilo: *cobijarse a la sombra de la Iglesia.* | Imagen, apariencia, semejanza: *no es ya ni sombra de lo que fue.* | Motivo de inquietud, de tristeza: *no hay más que sombras en torno mío.* | Mancha, imperfección: *hay una sombra en su historial.* | Indicio, señal: *no hay ni sombra de duda.* || *Taurom.* Localidad preferente en las plazas de toros, protegida de los rayos solares. || Falsa regla, falsilla. || Denominación de ciertos colores oscuros en pintura. || — Fig. Buena o *mala sombra*, gracia o poca gracia: *este chiste tiene muy mala sombra*; suerte o mala suerte. | *Burlarse hasta de su sombra*, reírse de todo. | *Hacer sombra a alguien*, hacer que una persona pierda en estima por la comparación con otra. || *Pop.* Meter a la sombra, meter en chirona (prisión). || Fig. *Ni por sombra*, ni por asomo. || *Sombras chinescas*, proyección en una pantalla de las sombras producidas por unas siluetas o por las manos.

sombreado m. Gradación del color en pintura.

sombreador, ra adj. Que sombrea o da sombra.

sombrear v. t. Dar o producir sombra: *sombrear el patio de la casa.* || Poner sombra: *sombrear un dibujo, una pintura.*

sombrerazo m. Saludo consistente en quitarse el sombrero.

sombrerería f. Fábrica de sombreros. || Tienda en la que se venden. || Oficio de hacer sombreros.

sombrerero, ra m. y f. Persona que hace sombreros o los vende. || — F. Caja donde se guarda el sombrero.

sombrerete m. Sombrero pequeño. || Caperuza de algunos hongos. || Parte superior de una chimenea.

sombrerillo m. Parte superior de ciertos hongos. || Ombligo de Venus, planta crasulácea.

sombrero m. Prenda para cubrir la cabeza, compuesta de copa y ala. || Tejadillo que cubre el púlpito de la iglesia. || *Bot.* Sombrerillo de los hongos. || Privilegio que tenían los grandes de España de guardar puesto el sombrero ante el Rey. || *Mar.* Parte superior del cabrestante formada por una pieza circular de madera. || Parte superior de ciertas piezas mecánicas. || — Fig. y fam. Quitarse el sombrero, demostrar

admiración. || *Sombrero calañés*, el de ala estrecha y vuelta hacia arriba. || *Sombrero cordobés*, el de ala y bajo de copa. || *Sombrero chambergo*, el de ala ancha y levantada por un lado. || *Sombrero de catite*, el calañés con copa alta. || *Sombrero de copa*, el de ala estrecha y copa alta casi cilíndrica usado en ceremonias solemnes. || *Sombrero de jipijapa*, el hecho con paja. || *Sombrero de teja*, el de los sacerdotes. || *Sombrero de tres picos*, tricornio. || *Sombrero flexible*, el de fieltro usado corrientemente. || *Sombrero hongo*, el de copa redonda de fieltro duro. || *Méx.* Sombrero jarano, el de fieltro blanco, ala ancha y copa baja. || *Sombrero jíbaro*, en las Antillas, el usado por la gente del campo.

sombrilla f. Objeto análogo al paraguas, destinado a protegerse de los rayos solares, quitasol.

sombrío, a adj. Aplícase al sitio poco iluminado: *un lugar sombrío.* || Fig. Melancólico, triste: *carácter sombrío.*

somero, ra adj. A poca profundidad. || Fig. Poco detallado o profundo, superficial.

someter v. t. Reducir a la obediencia, sojuzgar: *Roma sometió a medio mundo.* || Proponer la elección, hacer enjuiciar a: *someter un proyecto a alguien.* || Hacer que alguien o algo reciba cierta acción: *someter a alguien a tratamiento médico, un metal a la acción de un ácido.* || — V. pr. Rendirse en un combate. || Ceder, conformarse: *someterse a la decisión tomada.* || Recibir alguien determinada acción: *someterse a una intervención quirúrgica.*

sometimiento m. Sumisión.

somier m. Bastidor metálico elástico para sostener el colchón de la cama.

sommelier m. (pal. fr.). Encargado de servicio del vino en un restaurante. || Sumiller, bodeguero.

somnambulismo m. Sonambulismo.

somnámbulo, la adj. y s. Sonámbulo.

somnífero, ra adj. Que causa sueño. Ú. t. c. s. m.: *abusar de los somníferos.* || Fig. Muy aburrido.

somnolencia f. Pesadez, torpeza de los sentidos producida por el sueño. || Fig. Amodorramiento, torpeza, falta de actividad.

somnoliento, ta adj. Soñoliento.

somorgujar v. t. Sumergir (ú. t. c. pr.). || — V. i. Bucear.

somorgujo m. Ave palmípeda que mantiene la cabeza largo tiempo bajo el agua.

someteño, ña adj. y s. De Somoto (Nicaragua).

son m. Sonido agradable: *el son del violín.* || Fig. Rumor de una cosa: *el son de la voz pública.* | Tenor o manera: *a este (o aquel) son.* | Motivo, pretexto: *con este son.* | Tono, atmósfera: *en este mismo son transcurrió la fiesta.* || — Fig. y fam. Bailar uno al son que le tocan,

adaptarse a cualquier circunstancia. || *En son de*, en actitud de: *en son de guerra.* || *Sin ton ni son*, sin ningún motivo.

sonado, da adj. Famoso, célebre, renombrado: *sonada victoria.* || Divulgado, de que se habla mucho: *noticia sonada.*

sonador, ra adj. Que suena o hace ruido. || — M. Pañuelo.

sonaja f. Par de chapas metálicas que, atravesadas por un alambre, se ponen en algunos juguetes o instrumentos músicos. || Sonajero.

sonajero m. o **sonajera** f. Aro con mango provisto de sonajas o cascabeles utilizado para distraer a los niños.

sonambulismo m. Estado histérico en el cual la persona anda a pesar de estar dormida natural o artificialmente.

sonámbulo, lo adj. Dícese de la persona que, estando dormida, anda y ejecuta actos propios de una persona despierta (ú. t. c. s.).

sonante adj. Sonoro, que suena. || *Dinero sonante*, metálico, dinero en monedas de metal.

sonar m. Aparato de detección submarino por medio de ondas ultrasonoras.

***sonar** v. i. Causar un sonido: *instrumento músico que suena bien (o mal).* || Pronunciarse, tener una letra valor fónico: *la* H *no suena.* || Mencionarse, citarse: *su nombre suena en los medios literarios.* || Tener cierto aspecto, causar determinado efecto: *todo eso suena a una vulgar estafa.* || Llegar, suceder: *cuándo sonará el momento de la libertad.* || *Fam.* Recordarse vagamente, decir algo, ser familiar: *no me suena ese apellido, esa cara.* || Dar: *sonar las horas.* || *Como suena*, literalmente, así: *este hombre es un ladrón, como suena.* || — V. t. Tocar un instrumento o hacer que suene una cosa: *sonar las campanas.* || Limpiar de mocos las narices (ú. t. c. pr.).

sonata f. Composición de música de tres o cuatro movimientos para uno o dos instrumentos.

sonatina f. Sonata corta.

sonda f. Instrumento utilizado para medir las profundidades del agua en un lugar determinado y que da al mismo tiempo indicaciones de la naturaleza del fondo: *sonda ultrasónica.* || Instrumento médico que se introduce en cualquier vía orgánica para evacuar el líquido que contiene, inyectar una sustancia medicamentosa o simplemente para explorar la región que se estudia. || Aparato de meteorología utilizado para la exploración vertical de la atmósfera. || Aparato con una gran barra metálica que se emplea para perforar a mucha profundidad en el suelo: *con la sonda se inyecta lodo en las perforaciones petrolíferas.*

sondable adj. Que se puede sondar.

sondar v. t. Echar el escandallo o sonda al agua para averiguar la profundidad y explorar el fondo. || Averiguar la naturaleza del subsuelo. || *Med.* Introducir en el cuerpo sondas o instrumentos para diversos fines.

sondear v. t. Sondar, explorar la profundidad del agua o del terreno. || *Fig.* Tratar de conocer el pensamiento ajeno. | Tantear, estudiar las posibilidades: *sondear un mercado.*

sondeo m. Acción de sondear el agua, el aire o el terreno. || *Fig.* Procedimiento utilizado para conocer la opinión pública, las posibilidades de un mercado, etc.

sonero m. *Amer.* Músico que interpreta el son.

sonetista com. Autor de sonetos.

soneto m. Composición poética de catorce versos endecasílabos distribuidos en dos cuartetos y dos tercetos.

songo, ga adj. *Col.* y *Méx.* Tonto, taimado. || — F. *Amer.* Ironía, burla. || *Méx.* Chocarrería.

songuero, ra m. y f. *Méx.* Amigo de songas.

songuita f. *Amer.* Dim. de *songa*. (Es despectivo.)

sonido m. Sensación auditiva originada por una onda acústica. || Vibración acústica capaz de engendrar una sensación auditiva. || Cualquier emisión de voz, simple o articulada.

soniquete m. Sonsonete.

sonora adj. y s. Individuo de un pueblo que ocupaba el NO. de México y el hoy SO. de Estados Unidos.

sonoridad f. Calidad de lo que es sonoro. || Propiedad que tienen ciertos cuerpos u objetos de producir sonidos intensos o de amplificar los sonidos.

sonórido adj. y s. Uno de los grupos en que suelen dividirse los indígenas pobladores de Sonora (México).

sonorización f. Aumento de la potencia de los sonidos para mejorar su difusión. || Acción de poner sonido a una película cinematográfica. || Fenómeno fonético consistente en el paso de una consonante a una sonora.

sonorizar v. t. Instalar un equipo amplificador de sonidos. || Poner el sonido: *sonorizar una película.* || Convertir una consonante sorda en sonora.

sonoro, ra adj. Que produce un sonido: *instrumento sonoro.* || Que causa un sonido: *golpes sonoros.* || Que tiene un sonido intenso: *voz sonora.* || Que resuena: *iglesia sonora.* || Dícese de cualquier fonema que hace vibrar las cuerdas vocales para articularlo (ú. t. c. s. f.). || — *Banda sonora*, zona de la cinta cinematográfica en la que va grabado el sonido. || *Cine sonoro,* el hablado, posible gracias al montaje de una banda sonora.

***sonreír** v. i. Reírse levemente y sin ruido (ú. t. c. pr.): *sonreír irónicamente.* || *Fig.* Tener aspecto agradable y atractivo. | Favorecer: *si la fortuna me sonríe.*

sonriente adj. Que sonríe.

sonrisa f. Esbozo de risa, acción de sonreírse.

sonrojar v. t. Ruborizar, hacer salir los colores al rostro: *sonrojar de vergüenza* (ú. t. c. pr.).

sonrojo m. Vergüenza, rubor.

sonrosado, da adj. De color rosado: *rostro sonrosado.*

sonsacador, ra adj. Dícese de la persona que sonsaca (ú. t. c. s.).

sonsacar v. t. Lograr de alguien algo con cierta insistencia: *le sonsacó todo lo que quería.* || Hacer que alguien diga o haga lo que uno quiere: *me sonsacó la verdad completa.* || Atraer a un empleado o servidor de otra persona para hacer lo que uno quiere.

sonsera f. *Amer.* Tontería.

sonso, sa adj. y s. *Amer.* Tonto.

sonsonateco, ca adj. y s. De Sonsonate.

sonsonete m. Sonido de golpecitos repetidos con ritmo. || *Fig.* Sonido desapacible y continuado. | Tonillo de desprecio o burla: *su voz tiene un cierto sonsonete desagradable.* | Tonillo monótono al leer o hablar. | Estribillo, cantinela.

soñador, ra adj. y s. Que sueña mucho. || *Fig.* y *fam.* Que cuenta mentiras o las cree fácilmente. | Que imagina cosas fantásticas reñidas con la realidad.

***soñar** v. t. Ver en sueño: *soñé que habías venido.* || Imaginar, figurarse: *nunca dije tal cosa, usted la soñó.* || — V. i. Pensar cosas cuando se duerme: *soñé que me casaba.* || *Fig.* Estar distraído, dejar vagar la imaginación: *siempre está soñando durante las clases.* | Pensar, reflexionar con tranquilidad: *en la vida hay que dejar un cierto tiempo para soñar.* | Decir cosas poco juiciosas, extravagantes: *usted sueña cuando habla de paz universal.* | Desear con ardor: *soñar con un futuro mejor.* || *¡Ni lo sueñe!, ¡ni pensarlo!* || *Fig. Soñar con los angelitos,* dormir plácidamente. | *Soñar despierto,* imaginar como existente lo que en realidad es irreal.

soñolencia f. Somnolencia.

soñoliento, ta adj. Presa del sueño o que dormita. || Que causa sueño o adormece. || *Fig.* Lento o perezoso.

sopa f. Pedazo de pan empapado en cualquier líquido. || Guiso consistente en un caldo alimenticio en el que figuran trozos de pan o arroz, fideos, féculas, pastas, etc. || Comida que se da a los mendigos en los conventos, cuarteles y colegios. || — Pl. Trozos o rebanadas de pan que se echan en la sopa. || — *Fig. Comer la sopa boba,* comer gratis, de gorra; vivir sin trabajar y a costa de otro. | *Encontrarse a uno hasta en la sopa,* verlo en todas partes. | *Estar como una sopa,* estar muy mojado.

sopaipilla f. *Arg., Bol.* y *Chil.* Tortilla delgada de harina.

sopapo m. Golpe dado con el dorso de la mano debajo de la papada. || *Fam.* Bofetón, cachete.

sopar y **sopear** v. t. Echar trozos de pan en la leche, caldo, etc.

sope m. *Méx.* Especie de tortilla con los bordes altos en cuya cavidad se ponen frijoles, chorizo, lechuga, crema y salsa picante.

sopera f. Recipiente para servir la sopa.

sopero adj. y s. Hondo: *plato sopero.*

sopesar v. t. Levantar una cosa para calcular su peso. || *Fig.* Valorar, calcular las dificultades: *sopesar el pro y el contra.*

sopetear v. t. Mojar repetidamente el pan en el caldo o salsa.

sopetón m. Pan tostado y mojado en aceite. || Golpe fuerte dado con la mano. || *De sopetón,* repentinamente, de pronto, bruscamente.

sopicaldo m. Caldo claro.

sopitipando m. *Fam.* Soponcio.

soplado, da adj. *Fig.* y *fam.* Demasiado compuesto o pulido. | Engreído, estirado. | Borracho. || — M. Operación de soplar el vidrio. || *Min.* Cavidad profunda del terreno.

soplador, ra adj. Que sopla. || — M. Soplillo. || Operario que sopla el vidrio.

soplamocos m. *Fig.* y *fam.* Golpe dado en las narices, bofetada.

soplar v. i. Echar el aire por la boca o por un fuelle con cierta fuerza. || Correr: *el viento sopla.* || *Fam. ¡Cómo sopla!,* ¡cómo bebe! || — V. t. Dirigir el soplo hacia una cosa para activar, apagar, llenar de aire: *soplar el fuego, una vela, una cámara de balón.* || Apartar con el soplo: *soplar el polvo.* || Dar forma al vidrio mediante el aire expelido por la boca. || *Fig.* Inspirar: *soplado por las musas.* | Apuntar: *soplar a los compañeros lo que tienen que decir.* | Dar: *le sopló un par de bofetadas.* | Comerse una pieza del contrario en las damas cuando ésta no hizo lo propio con una que tenía a su alcance. | *Fig.* y *fam.* Hurtar, birlar, quitar: *le sopló la cartera.* | Denunciar, acusar: *soplar el nombre del criminal a la policía.* || — V. pr. Comer o beber en abundancia: *me soplé un pollo, una garrafa de vino, de agua.*

soplete m. Aparato que produce una llama al hacer pasar una mezcla de aire o de oxígeno y un gas inflamable por un tubo: *soplete oxhídrico.*

soplido m. Soplo.

soplillo m. Instrumento que sirve para remover o echar aire.

soplo m. Viento que se produce al echar aire por la boca. || Movimiento del aire. || Sonido mecánico u orgánico parecido al producido por la respiración o por un fuelle: *soplo del corazón.* || *Fig.* Inspiración: *los soplos de la Providencia.* | Momento, instante: *llegó en un soplo.* | Denuncia, delación. || *Dar el soplo,* delatar.

soplón, ona adj. Que acusa en secreto: *un niño soplón.* || — M. y f. *Fam.* Delator. || — M. *Méx.* Gendarme.

soplonear v. i. *Fam.* Delatar.

soponcio m. *Fam.* Desmayo.

sopor m. Adormecimiento, somnolencia: *un profundo sopor.*

soporífero, ra y **soporífico, ca** adj. Que incita al sueño o lo causa. || *Fig.* y *fam.* Pesado, aburrido: *película soporífica.* || — M. Somnífero, medicamento que hace dormir.

soportable adj. Tolerable.

soportal m. Pórtico en la entrada de algunas casas. || — Pl. Arcadas, espacio cubierto en una calle o plaza a lo largo de las fachadas de los edificios: *los soportales de la Plaza Mayor de Madrid.*

soportar v. t. Sostener por debajo, llevar la carga de: *pilares que soportan un edificio.* || *Fig.* Tener a su cargo: *soportar una responsabilidad.* | Sobrellevar, resistir, sufrir: *soportó valientemente su desgracia.* | Resistir, aguantar: *soportar el frío, el ataque del enemigo.* | Tolerar, admitir: *no soporto ese olor nauseabundo.* || — V. pr. Tolerarse: *se soportan mutuamente.*

soporte m. Apoyo que sostiene por debajo. || Pieza en un aparato mecánico, destinada a sostener un órgano en la posición de trabajo. || *Fig.* Lo que sirve para dar una realidad concreta: *estos son los soportes de su doctrina.*

soprano m. y f. Voz más aguda entre los humanos que corresponde a la más alta de las mujeres y niños. || — Com. Cantante que tiene esta voz: *soprano lírica.*

soquete m. *Arg., Chil.* y *Urug.* Calcetín que llega al tobillo. || *Méx.* Barro, lodo: *resbaló en la calle y se manchó la ropa de soquete.*

sor f. Hermana religiosa (úsase sólo como tratamiento): *sor Juana Inés de la Cruz.*

sorber v. t. Beber aspirando: *sorber huevos.* || Aspirar con la nariz. || Absorber, chupar. || *Fig.* y *fam. Sorber el seso a uno,* tenerlo muy enamorado.

sorbete m. Helado. || *Méx.* Chistera. || *Fig. Como un sorbete,* muerto de frío.

sorbo m. Líquido que se bebe de una vez: *un sorbo de café.* || Cantidad pequeña de líquido.

sordera f. Privación o disminución del sentido del oído: *sordera parcial.*

sordidez f. Miseria, suciedad. || Tacañería, avaricia.

sórdido, da adj. Miserable y sucio, repugnante: *vivienda sórdida.* || *Fig.* Vil, mezquino.

sordina f. Nombre dado a determinados recursos mecánicos de diferentes tipos que sirven para amortiguar el sonido de un instrumento. || *Fig. Poner sordina a,* hacer que algo no haga demasiado ruido o que no tenga demasiada resonancia.

sordo, da adj. Que tiene el sentido del oído más o menos atrofiado (ú. t. c. s.). || Que no quiere comprender: *¿está usted sordo?* || Dícese de aquello cuyo sonido está apagado: *ruido, voz, golpe sordo.* || *Fig.* Que no quiere

hacer caso, insensible a: *sordos a nuestras súplicas.* | Que se verifica secretamente, sin manifestaciones exteriores: *guerra sorda entre los dos clanes.* || Dícese de un fonema cuya emisión no hace vibrar las cuerdas vocales: *las consonantes sordas son p, z, s, ch, k, c, q, y j* (ú. t. c. s. f.). || — *Fig. Hacerse el sordo,* no querer escuchar ni comprender. | *Más sordo que una tapia,* muy sordo. | *No hay peor sordo que el que no quiere oír,* es mucho más difícil hacerse comprender por una persona que no quiere mantener ninguna clase de diálogo que por uno que sea verdaderamente sordo.

sordomudez f. Calidad de sordomudo.

sordomudo, da adj. y s. El mudo por ser sordo de nacimiento.

sorgo m. Gramínácea parecida al maíz.

sorianense adj. y s. De Soriano (Uruguay).

soriano, na adj. y s. De Soria.

sorna f. Tono burlón al hablar.

sorocharse v. pr. *Amer.* Tener soroche. || *Chil.* Ruborizarse.

soroche m. *Amer.* Dificultad de respirar producida por la rarefacción del aire en ciertos lugares elevados: *el soroche de los Andes.* || *Chil.* Rubor. || *Bol.* y *Chil.* Galena, piedra.

sorprendente adj. Asombroso.

sorprender v. t. Coger en el momento de verificar un hecho: *sorprender a un atracador.* || Ocurrir inesperadamente: *le sorprendió la noche mientras viajaba.* || Asombrar: *todo me sorprende en este mundo* (ú. t. c. pr.). || Descubrir inopinadamente por artificio: *sorprender un secreto.*

sorprendido, da adj. Cogido de improviso.

sorpresa f. Impresión producida por algo que no se esperaba. || Asombro, sentimiento experimentado al ser sorprendido: *pasados los momentos de sorpresa.* || Gusto inesperado que se le da a alguien: *le voy a dar una gran sorpresa.* || Operación de guerra que coge al enemigo desprevenido. || Haba que se pone en el roscón de Reyes.

sorpresivo, va adj. *Amer.* Sorprendente, imprevisto.

sorrascar v. t. *Méx.* Asar carne a medias sobre brasas.

sortear v. t. Hacer un sorteo: *sortearon los premios.* || *Fig.* Evitar, esquivar: *sortear las dificultades.* || Driblar, regatear en deportes. || *Taurom.* Torear, esquivar las acometidas del toro.

sorteo m. Acción de sacar los números en una lotería. || Procedimiento utilizado antiguamente para designar los quintos que habían de hacer el servicio militar.

sortija f. Aro de metal, generalmente precioso, que se pone como adorno en cualquier dedo. || Ejercicio de destreza que consiste en ensartar en una

vara, corriendo a caballo, una sortija pendiente de una cinta: *correr sortija.*

sortilegio m. Adivinación de los hechiceros. || *Fig.* Magia, hechicería. | Atractivo, seducción, embrujo: *el sortilegio de sus ojos.*

S. O. S. m. Señal de auxilio transmitida telegráficamente por los buques o aviones en peligro. (Corresponde a las siglas de la expresión inglesa *save our souls,* salvad nuestras almas.)

sosa f. Barrilla, planta quenopodiácea, de la que se obtiene sosa. || *Quím.* Óxido de sodio. || *Sosa cáustica,* hidróxido sódico, sustancia blanca transparente de numerosas aplicaciones industriales (jabones, papel, vidrio, etc.).

sosaina com. *Fam.* Soso.

sosegado, da adj. Tranquilo.

*sosegar v. t. Aplacar, pacificar: *sosegar los ánimos.* || *Fig.* Aquietar el espíritu (ú. t. c. pr.). || — V. i. Descansar, reposar.

sosera y **sosería** f. Cosa que no tiene gracia, insulsa.

sosia o **sosias** m. Persona muy parecida a otra.

sosiego m. Quietud, tranquilidad, serenidad, calma.

soslayar v. t. Poner una cosa de soslayo. || Esquivar, pasar por alto: *soslayar una pregunta indiscreta, intempestiva.*

soslayo (al o **de)** adv. Oblicuamente, de lado: *mirar de soslayo.*

soso, sa adj. Falto de sal: *la sopa está sosa.* || *Fig.* Carente de gracia. | Insípido, insulso, poco expresivo: *estilo muy soso.* | Falto de agudeza: *chiste soso.*

sospecha f. Opinión poco favorable respecto a una persona: *conducta exenta de sospechas.* || Simple conjetura, idea vaga, indicio: *tener sospechas.*

sospechar v. t. Tener la creencia de que alguien sea el autor de un delito. Ú. t. c. i.: *todo el vecindario sospechaba de él.* || Creer, tener indicios: *sospecho que Pedro miente.* || Imaginar: *no sospechaba su gran iniquidad.*

sospechoso, sa adj. Que da lugar a sospechas (ú. t. c. s.). || Que no es de fiar.

sosquil m. *Méx.* Fibra del henequén.

sostén m. Lo que sostiene o sirve de apoyo: *sostén del emparrado.* | Persona que asegura la subsistencia de la familia. || *Fig.* Apoyo: *el sostén de una organización.* | Prenda interior femenina que sirve para sostener los pechos.

sostenedor, ra adj. y s. Que sostiene. || Defensor: *sostenedor de la fe, de un ideal.*

*sostener v. t. Servir de base, de apoyo, de fundamento. || Impedir que se caiga: *sostener un herido.* || *Fig.* Apoyar, ayudar: *sostener un partido.* | Dar fuerzas: *sostener al enfermo a base de medicamentos.* | Mantener: *sostener una gran familia.* | Alimentar: *sostener la conversación.* | Soportar, tolerar: *sostener una situación desagradable.* | Defender: *sostener sus convicciones.* | Sufrir: *sostener los embates de la* vida. | Resistir a: *doctrina que no puede sostener un análisis profundo.* | Exponer y responder a las preguntas u objeciones hechas: *sostener una tesis.* | Tener: *sostuvo una correspondencia conmigo; sostener buenas relaciones.* | Afirmar, asegurar: *sostenía la esfericidad de la Tierra.* | Costear: *sostiene un colegio de huérfanos.* | Continuar, seguir: *sostuvieron el combate largo tiempo.* | Poder resistir: *sostuvo su mirada.* || Alimentar, nutrir: *la carne sostiene más que las verduras.* || Mantener a flote: *el agua del mar sostiene más que el agua dulce.* || — V. pr. Mantenerse sin caerse. || Seguir en vida, en funciones: *sostenerse en el poder.* || Mantenerse. || Ayudarse: *se sostuvieron mutuamente en aquellos casos.*

sostenido, da adj. Que no decae: *esfuerzo sostenido.* || Aplícase a las notas musicales que tienen un semitono más que las corrientes: *fa sostenido.* || — M. Signo que aumenta las notas musicales en un semitono.

sostenimiento m. Sostén. || Mantenimiento: *sostenimiento de precios, de las relaciones, de una opinión, de una tesis.* || Alimentación, manutención.

sota f. Décima carta de la baraja española que tiene la figura de un paje.

sotabanco m. Alojamiento que se encuentra encima de la cornisa general de la casa. || Serie de ladrillos encima de la cornisa para levantar los arranques de un arco o bóveda.

sotabarba f. Papada. || Barba por debajo del mentón.

sotana f. Vestidura de los eclesiásticos. || *Fam.* Zurra.

sótano m. Parte subterránea de un edificio, entre los cimientos.

sotavento m. *Mar.* Costado de la nave opuesto al barlovento, es decir, en la parte opuesta al lado de donde viene el viento.

sotechado m. Cobertizo.

soterraño, ña y **soterrado, da** adj. Oculto, enterrado: *un recuerdo soterrado.*

***soterrar** v. t. Enterrar, poner debajo de tierra. || *Fig.* Esconder.

soto m. Arboleda en las orillas de un río. || Terreno lleno de matas y árboles, monte bajo.

sotol m. *Méx.* Especie de palma. || *Méx.* Aguardiente obtenido de esta planta.

sotole m. *Méx.* Palma gruesa que se emplea para fabricar chozas.

sotreta m. *Riopl.* Rocín, matalón. | Individuo inútil.

sotto voce [*soto voche*] expr. ital. En voz baja.

soufflé [*suflé*] adj. (pal. fr.). Dícese de un plato de consistencia esponjosa preparado en el horno (ú. t. c. s. m.).

soviet m. Consejo de los delegados de obreros, campesinos y soldados en la ex U.R.S.S.

spaghetti [*espagueti*] m. (pal. ital.). Pasta alimenticia deshidratada en forma de fideos largos.

spray m. (pal. ingl.). Pulverizador.

Sr, símbolo del estroncio.

Sr., abreviatura de *señor.*

St, símbolo del *stokes.*

staccato adj. (pal. ital.). Forma especial de ejecutar ciertos trozos musicales sin ligar las notas y articulándolas separadamente.

stalinismo m. Conjunto de teorías y métodos de Stalin.

stalinista adj. y s. Relativo al stalinismo.

stand m. (pal. ingl.). En una exposición, feria, etc., sitio reservado a los expositores.

standard m. (pal. ingl.). Tipo, modelo. || *Standard de vida,* nivel de vida. || — Adj. De serie: *producción standard.*

standardización f. Normalización de modelos de fabricación.

standardizar v. t. Normalizar, fabricar con arreglo a unas normas definidas.

statu quo m. (pal. lat.). Estado actual de una situación.

steeple-chase m. (pal. ingl.). Carrera de obstáculos a caballo o a pie.

sténcil m. (pal. ingl.). Cliché de multicopista.

stock m. (pal. ingl.). Existencias, cantidad de mercancías en depósito. || *Stock exchange,* la Bolsa inglesa.

stokes m. Unidad de medida de viscosidad cinemática en el sistema C. G. S. (símb., St.).

stradivarius m. Violín fabricado por Stradivarius.

strip-tease [*striptis*] m. (pal. ingl.). Espectáculo que consiste en desnudarse en público con acompañamiento de música o de danza.

stupa m. Monumento funerario de origen indio.

su, sus, adj. pos. de 3.ª pers. en gén. m. y f. y ambos núms.: *su padre, sus amigos.* (Esta forma es apócope de *suyo, suyos* y se emplea sólo cuando precede al nombre.)

— Observ. A veces este adjetivo entraña ambigüedad, puesto que se puede referir tanto a la segunda persona de cortesía como a la tercera persona del singular o del plural. Por eso, muchas veces hay que precisar quién es el poseedor o cambiar el orden de la frase.

suasorio, ria adj. Que persuade, propio para persuadir.

suato, ta adj. *Méx.* Tonto.

suave adj. Dulce: *luz, voz suave.* || Liso y blando al tacto: *piel suave.* || *Fig.* Tranquilo: *carácter suave.* | Que no implica gran esfuerzo: *pendiente suave.* | Leve: *brisa suave.* | Que no es violento: *colores suaves.* || Dócil, apacible. || *Fig. y fam.* Más suave que un guante; ser muy dócil, manejable.

suavidad f. Condición de suave.

suavizador, ra adj. Que suaviza. || — M. Cuero con que se suaviza el filo de las navajas y cuchillas de afeitar.

suavizar v. t. Hacer suave (ú. t. c. pr.). || *Fig.* Templar el carácter áspero.

suba f. *Arg., Chil., Parag., Per.* y *Urug.* Alza, subida de precios.

subafluente m. Corriente de agua que desemboca en un afluente.

subalpino, na adj. En las faldas de los Alpes.

subalterno, na adj. Inferior, subordinado, que depende de otro: *personal subalterno* (ú. t. c. s.). || Secundario: *cuestión subalterna.* || *Mil.* De servicios auxiliares.

subarrendador, ra m. y f. Persona que subarrienda algo.

***subarrendar** v. t. Dar o tomar en arriendo una cosa de manos de otro arrendatario de ella, realquilar.

subarrendatario, ria m. y f. Persona que toma algo en subarriendo.

subarriendo m. Contrato por el que se subarrienda algo. || Precio en que se hace.

subasta f. Procedimiento de venta pública en la que el adjudicatario es el mejor postor: *sacar a pública subasta.* | Contrata pública ofrecida al candidato que haga la oferta más ventajosa.

subastar v. t. Vender u ofrecer una contrata en pública subasta.

subatómico, ca adj. Referido a las partículas que integran el átomo.

subclase f. Cualquiera de los grupos taxonómicos en que se dividen las clases de plantas y animales.

subcomisión f. Grupo de individuos de una comisión con cometido especial: *una subcomisión parlamentaria.*

subconsciencia f. Actividad mental que escapa a la introspección del sujeto.

subconsciente adj. Que no llega a ser consciente. || — M. La subconsciencia.

subcostal adj. Que está debajo de las costillas: *músculo subcostal.*

subcutáneo, a adj. Que está, vive o se introduce debajo de la piel: *parásito subcutáneo.* || Hipodérmico: *inyección subcutánea.*

subdelegación f. Distrito, oficina y empleo del subdelegado: *subdelegación de Hacienda.*

subdelegado, da adj. y s. Que sirve inmediatamente a las órdenes del delegado o lo sustituye.

subdelegar v. t. *For.* Trasladar o dar el delegado su jurisdicción a otro.

subdesarrollado, da adj. Dícese del país o de la región caracterizado por el bajo nivel de vida originado por la escasa explotación de los recursos naturales y la insuficiencia de las industrias y del transporte.

subdesarrollo m. Estado de un país en el que el capital es insuficiente en relación con la población y con los recursos naturales existentes y explotados.

subdirector m. El que sigue en jerarquía al director.

súbdito, ta adj. y s. Sujeto a una autoridad soberana con obligación de obedecerla: *los súbditos de un rey*. || — M. y f. Natural o ciudadano de un país.

subdividir v. t. Dividir lo ya dividido.

subdivisión f. Acción y efecto de subdividir o subdividirse. || Cada parte que resulta.

súber m. Corteza del alcornoque, corcho. || Corteza de cualquier árbol.

suberificarse v. pr. Transformarse en súber.

subestimar v. t. Estimar menos de lo debido.

subgénero m. Cada uno de los grupos taxonómicos en que se dividen los géneros de plantas y animales.

subibaja m. Columpio consistente en una tabla móvil apoyada por el centro en un punto fijo.

subida f. Ascensión: *la subida de una montaña*. || Camino que va subiendo, cuesta. || *Fig.* Alza: *subida de precios, de valores*.

subido, da adj. *Fig.* Muy vivo: *rojo subido*. | Muy fuerte: *olor subido*. | Muy elevado: *precio subido*. || — *Fig.* Subido de color, verde, licencioso. | *Subido de tono*, impertinente, atrevido.

subíndice m. *Mat.* Letra o número que, colocado bajo un símbolo, lo completa.

subinspector m. Jefe inmediato después del inspector.

subir v. t. Recorrer de abajo arriba: *subir una escalera, una cuesta* (ú. t. c. pr.). || Llevar a un lugar más alto: *subir una maleta al desván* (u. t. c. pr.) || Poner un poco más arriba: *subir en la pared un cuadro*. Ú. t. c. pr.: *súbete los calcetines*. || Poner más alto: *subir el sonido de la radio*. | Dar más fuerza o vigor: *subir los colores*. || Aumentar: *la empresa subió los salarios*. || Levantar: *subir los hombros*. || Aumentar la altura de un líquido: *subir el termómetro agitándolo*. || — V. i. Ascender, ir de un lugar a otro más alto: *subir al quinto piso, a un árbol, en una silla* (ú. t. c. pr.). || Montar en un vehículo, en un animal: *subir en un avión, en un caballo* (ú. t. c. pr.). || *Fig.* Ascender, alcanzar una categoría más alta: *subir en el escalafón*. || Elevarse: *avión que sube muy alto*. || Ser superior de nivel: *el río sube; la fiebre sube*. || Incrementarse, acrecentarse: *la curiosidad de todo el mundo subía*. || Aumentar: *han subido los precios, el sueldo*. || Alcanzar, importar, elevarse: *la cuenta subió más de lo que creía*. || — *Fig.* Subir a las tablas, actuar en un teatro. | *Subir al trono*, empezar a reinar.

súbito, ta adj. Inesperado, imprevisto, repentino: *ataque súbito*. || Impulsivo: *carácter súbito*.

subjefe m. Segundo jefe.

subjetividad f. Individualidad, carácter específico de una persona.

subjetivismo m. Doctrina o actitud filosófica que defiende que la realidad es creada en la mente del individuo.

subjetivo, va adj. Que se refiere al sujeto que piensa, por oposición a *ob-*

jetivo. || Propio de una persona determinada, individual, personal: *impresión subjetiva*.

subjuntivo, va adj. Dícese del modo verbal empleado para expresar que una acción está concebida como subordinada a otra, como un simple deseo del sujeto o como una hipótesis. || — M. Este modo verbal.

sublevación f. y **sublevamiento** m. Desacato violento de la ley o contra la autoridad constituida.

sublevado, da adj. Insubordinado, insurrecto: *los sublevados se rindieron a la autoridad*.

sublevar v. t. Alzar en sedición o motín: *sublevar a las tropas, a un pueblo*. || *Fig.* Excitar indignación o protesta: *esta injusticia me subleva*. || — V. pr. Alzarse en rebelión: *las tropas se sublevaron*.

sublimación f. Acción y efecto de sublimar: *sublimación química*.

sublimado m. Producto químico obtenido por sublimación.

sublimar v. t. Engrandecer, exaltar, ensalzar o poner en alto: *sublimar el amor a la patria*. || En química, volatilizar un cuerpo sólido, sin pasar por el estado líquido, o viceversa: *sublimar arsénico, alcanfor*.

sublime adj. Excelso, eminente.

sublimidad f. Condición de sublime.

sublingual adj. Debajo de la lengua: *glándula sublingual*.

submarino, na adj. Que está o se desarrolla debajo de la superficie del mar: *fauna, flora submarina*. || — M. Embarcación capaz de navegar bajo el agua: *el submarino de Monturiol se llamaba «el Ictíneo»*.

submarinista m. Tripulante de un submarino.

submaxilar adj. Bajo la mandíbula inferior: *ganglio submaxilar*.

submúltiplo, pla adj. Aplícase al número contenido exactamente en otro dos o más veces: *4 es submúltiplo de 28* (ú. t. c. s. m.).

subnormal adj. Dícese del niño cuyo desarrollo intelectual es deficiente (ú. t. c. s.).

suboficial m. Categoría militar entre la de oficial y cabo.

suborden m. Cada uno de los grupos taxonómicos en que se dividen los órdenes de plantas y animales.

subordinación f. Sujeción, dependencia, sumisión. || *Gram.* Relación entre la oración subordinada y la principal.

subordinado, da adj. Sujeto a otro o dependiente de otra cosa. Ú. t. c. s.: *tratar con deferencia a los subordinados*. || *Oración subordinada*, oración gramatical que completa el sentido de otra, llamada principal.

subordinar v. t. Hacer que personas o cosas dependan de otras: *subordinar las diversiones a los deberes* (ú. t. c. pr.). || Considerar como inferior: *subordinar el deporte al arte*.

subprefecto m. Jerarquía inmediatamente inferior al prefecto.

subprefectura f. Cargo, oficina y jurisdicción del subprefecto.

subproducción f. Producción inferior al promedio normal.

subproducto m. Cuerpo obtenido de modo accesorio en la preparación química industrial o como residuo de una extracción: *los subproductos del petróleo*.

subrayado, da adj. Dícese de la letra, palabra o frase con una línea debajo para llamar la atención. || — M. Acción de subrayar.

subrayar v. t. Poner una raya bajo una letra, palabra o frase para llamar la atención. || *Fig.* Insistir, recalcar, hacer hincapié. (Debe pronunciarse *sub-Rayar*.)

subreino m. Cada uno de los dos grupos (metazoos y protozoos) en que se divide el reino animal.

subrepticio, cia adj. Dícese de lo que se hace a escondidas.

subrogación f. Sustitución.

subrogar v. t. Sustituir (ú. t. c. pr.). [Debe pronunciarse *sub-Rogar*.]

subsanable adj. Disculpable. || Remediable, corregible.

subsanar v. t. Remediar un defecto o falta: *subsanar un error*. || Corregir. || Resolver: *subsanó todas las dificultades*.

subscribir y sus derivados. V. SUSCRIBIR y sus derivados.

subsecretaría f. Cargo y oficina del subsecretario.

subsecretario, ria m. y f. Ayudante de un secretario. || Persona que desempeña las funciones de secretario general de un ministro.

***subseguir** v. i. Seguir una cosa a otra (ú. t. c. pr.). || — V. pr. Deducirse, inferirse.

substancia f. V. SUSTANCIA.

subsidiario, ria adj. Que se da en socorro o subsidio de uno: *indemnización subsidiaria*. || *For.* Aplícase a la acción que suple a otra principal: *razón subsidiaria*.

subsidio m. Socorro o auxilio extraordinario: *subsidio de paro forzoso*. | Prestación efectuada por un organismo para completar los ingresos de un individuo o familia: *subsidios familiares*.

subsiguiente adj. Que se subsigue. || Después del siguiente.

subsistencia f. El hecho de subsistir: *la subsistencia de la nación*. || Estabilidad y conservación de las cosas: *la subsistencia de ciertas leyes*. || Conjunto de medios necesarios para vivir: *las subsistencias de un pueblo*. || *Agricultura de subsistencia*, agricultura que sólo rinde para alimentar a quien la practica.

subsistente adj. Que subsiste: *una costumbre aún subsistente*.

subsistir v. i. Permanecer, durar, conservarse: *subsistir una constitución política*. || Vivir: *subsistir un pueblo*. || Estar en vigor: *subsistir un reglamento*.

subsónico, ca adj. De velocidad inferior a la del sonido.

substantivo *y sus derivados.* V. SUS-TANTIVO y sus derivados.

substituir *y sus derivados.* V. SUSTI-TUIR y sus derivados.

substraer *y sus derivados.* V. SUS-TRAER y sus derivados.

substrato m. *Fil.* Esencia, sustancia de una cosa. || *Geol.* Terreno que queda bajo una capa superpuesta. || *Fig.* Origen profundo: *el substrato ibérico de la población.*

subsuelo m. Terreno que está debajo de una capa de tierra laborable: *subsuelo calcáreo.* || Parte profunda del terreno ajena a la propiedad del dueño de la superficie.

subte m. *Arg. Fam.* Metropolitano.

subterfugio m. Pretexto, evasiva, escapatoria.

subterráneo, a adj. Que está debajo de la tierra: *aguas subterráneas.* || — M. Cualquier lugar o espacio que está debajo de la tierra: *el subterráneo de una casa.* || *Arg.* Metropolitano.

subtiaba adj. y s. Indígena centroamericano, cuyas tribus dispersas viven en México y Guatemala.

subtipo m. Cada uno de los grupos taxonómicos en que se dividen los tipos de plantas y animales.

subtitular v. t. Poner subtítulo.

subtítulo m. Título secundario puesto después del principal: *los subtítulos de un trabajo literario.* || Traducción resumida de una película cinematográfica en versión original situada debajo de la imagen.

subtropical adj. Situado bajo los trópicos: *región subtropical.*

suburbano, na adj. Que está muy cerca de la ciudad: *barrio suburbano.* || Relativo al suburbio: *comunicaciones suburbanas.* || — M. Habitante de un suburbio. || En algunas ciudades, tren subterráneo que une el suburbio con la ciudad: *tomar el suburbano.*

suburbio m. Barrio, arrabal o población muy próxima a una ciudad: *los suburbios de París.*

subvalorar v. t. Valorar en menos.

subvención f. Cantidad dada por el Estado o por una colectividad, etc., a una sociedad, empresa o individuo: *subvención teatral.* || Cantidad de dinero dada por el Estado a los productores o vendedores de determinados bienes o servicios de los sectores público o privado para obtener artificialmente una disminución del precio de venta o de coste.

subvencionar v. t. Favorecer con una subvención: *subvencionar una fundación.*

*subvenir v. t. Venir en auxilio, ayuda o socorro: *subvenir a los gastos de una expedición.*

subversión f. Acto de destruir o echar por tierra lo constituido: *la subversión del orden público.*

subversivo, va adj. Capaz de subvertir o que tiende a ello: *gritos subversivos.*

*subvertir v. t. Trastornar.

subyacente adj. Que está debajo, oculto: *músculos subyacentes.*

subyugación f. Avasallamiento.

subyugador, ra adj. y s. Que subyuga.

subyugar v. t. Avasallar, dominar: *subyugar a un pueblo.* || *Fig.* Dominar: *subyugar las pasiones, los vicios.*

succino m. Ámbar amarillo.

succión f. Acción de chupar.

succionar v. t. Chupar.

sucedáneo, a adj. Aplícase a cualquier sustancia con la que se sustituye otra. || — M. Producto con el que se sustituye otro: *los sucedáneos del café.*

suceder v. i. Venir después de, a continuación de, en lugar de: *un gran desencanto sucedió a todas las ilusiones.* || Ser heredero: *sucedió a su abuelo en el cargo.* || Estar una cosa a continuación de otra: *a las pequeñas lomas sucedía una inmensa cordillera.* || — V. impers. Ocurrir, pasar, verificarse, resultar, realizarse, producirse: *sucedió lo que tenía que suceder.* || — V. pr. Ocurrir una cosa después de otra.

sucedido m. Suceso.

sucesión f. Serie de personas o de cosas que se siguen sin interrupción o con poco intervalo: *una sucesión de desgracias.* || Transmisión del patrimonio de una persona fallecida a una o varias personas. || Descendencia, conjunto de hijos o herederos: *falleció sin sucesión.*

sucesivo, va adj. Que sucede o se sigue: *en días sucesivos.* || *En lo sucesivo,* desde ahora.

suceso m. Cosa que sucede, acontecimiento: *suceso feliz, infausto.* || Transcurso del tiempo. || Resultado, conclusión.

sucesor, ra adj. y s. Que sucede a uno o sobreviene en su lugar: *Felipe V fue el sucesor de Carlos II.*

sucesorio, ria adj. Relativo a la sucesión: *conflicto sucesorio.*

suchicopal m. *Méx.* Árbol del copal o incienso.

suchil m. Nombre que se aplica a algunas flores de México. || Culebra venenosa en tierra caliente de México.

suchitepequez adj. y s. De Suchitepéquez (Guatemala).

suciedad f. Calidad de sucio: *la suciedad de la playa.* || Porquería: *hay un poco de suciedad en el carburador.* || *Fig.* Dicho o hecho sucio: *escribir suciedades.*

sucinto adj. Breve, lacónico, compendioso: *relato sucinto.* || Pequeño, breve: *un traje de baño muy sucinto.*

sucio, cia adj. Que tiene manchas o impurezas: *un vestido sucio.* || Que ensucia fácilmente: *un producto sucio.* || *Fig.* Dícese del color turbio: *un blanco sucio.* | Vil, innoble: *conducta sucia.* | Que tiene alguna impureza. || — Adv. *Fig.* Sin las debidas reglas o leyes: *jugar sucio.*

sucrense adj. y s. De Sucre (Venezuela). || Sucreño.

sucreño, ña adj. y s. De Sucre (Bolivia).

sucucho m. *Amér. M.* Vivienda o habitación pequeña y precaria.

suculencia f. Condición de suculento.

suculento adj. Muy nutritivo, sabroso: *comida suculenta.*

sucumbir v. i. Ceder, rendirse, someterse: *sucumbir ante la fuerza.* || Morir, perecer. || *Fig.* No resistir: *sucumbió a sus pasiones.*

sucursal adj. y s. f. Establecimiento comercial dependiente de uno central.

sud, forma prefija de *sur: Sudáfrica, sudoeste, sudamericano.* || — M. *Amer.* Sur.

sudación f. Producción de sudor.

sudadera f. *Col., Dom., Méx., P. Rico* y *Salv.* Camiseta deportiva de tela gruesa: *se puso la sudadera para salir a correr.*

sudadero m. Manta que se pone a los caballos debajo de la silla. || En ciertos baños, sala destinada para sudar.

sudafricano, na adj. y s. De África del Sur.

sudamericano, na adj. y s. De América del Sur.

sudanés, esa adj. y s. Del Sudán.

sudar v. i. Transpirar, eliminar el sudor. || *Fig.* Destilar jugo ciertas plantas. | Rezumar humedad: *sudar un cántaro, una pared.* || *Fig.* y *fam.* Trabajar con gran esfuerzo y desvelo: *sudaba a todo sudar para acabar este diccionario.* || — V. t. Empapar en sudor: *sudar una camisa.* || *Fig.* Lograr con gran esfuerzo: *he sudado el aprobado en los exámenes.* || *Fig. Sudar la gota gorda o el quilo o tinta,* sudar mucho; costar algo gran trabajo.

sudario m. Lienzo en que se envuelven los cadáveres. || *El Santo Sudario,* aquel en el que se envolvió el cuerpo de Cristo.

sudestada f. *Arg.* Viento con lluvia del Sudeste.

sudeste m. Punto del horizonte entre el Sur y el Este, y viento que sopla de esta parte.

sudista m. Partidario de la esclavitud en los Estados del Sur durante la Guerra de Secesión de los Estados Unidos (1861-1865).

sudoeste m. Punto del horizonte entre el Sur y el Oeste, y viento que sopla de esta parte.

sudor m. Humor acuoso que segregan las glándulas sudoríparas de la piel de los mamíferos. || *Fig.* Jugo o goma que destilan las plantas: *el sudor de los árboles.* | Gotas que salen de lo que contiene humedad: *el sudor de un botijo.* | Trabajo y fatiga: *ganar el pan con sudor.* | *Fig. El sudor de su frente,* con gran trabajo. | *Fam. Eso me ha costado sudores,* me ha costado mucho trabajo o dificultad.

sudorífero, ra y **sudorífico, ca** adj. y s. m. Aplícase al medicamento que hace sudar.

sudoríparo, ra adj. Que secreta el sudor: *glándulas sudoríparas.*

sudoroso, sa adj. Que suda mucho. || Muy propenso a sudar.

sudras m. pl. Casta religiosa de la India formada por los obreros y campesinos.

sudsudeste m. Punto del horizonte entre el Sur y el Sudeste, y viento que sopla de esta parte.

sudsudoeste m. Punto del horizonte entre el Sur y el Sudoeste, y viento que sopla de esta parte.

sueco, ca adj. y s. De Suecia. || *Fam. Hacerse el sueco,* hacerse el sordo. || — M. Idioma sueco.

suegro, gra m. y f. Padre o madre de uno de los esposos respecto del otro.

suela f. Parte de los zapatos que toca el suelo: *suelas de cuero.* || Cuero que se pone en la punta de los tacos de billar. || — *Fig. y fam. De siete suelas,* redomado, de la peor especie: *un granuja de siete suelas.* | *Estar como una suela,* dícese de la carne muy dura. | *No llegarle a uno a la suela del zapato,* serle muy inferior.

suelazo m. *Amer.* Batacazo.

sueldo m. Retribución de un empleado, un militar, un funcionario, etc., que se da a cambio de un trabajo regular: *el sueldo del mes.* || Nombre de distintas monedas antiguas. || *A sueldo,* pagado: *asesino a sueldo.*

suelo m. Superficie en la que se ponen los pies para andar: *el suelo está resbaladizo.* || Tierra, campo, terreno: *suelo árido, fértil.* || País: *el suelo patrio.* || Piso de una casa: *tiene el suelo embaldosado.* || Fondo de un recipiente. || — *Fig. Arrastrar a uno por los suelos,* hablar muy mal de él. | *Arrastrarse por el suelo,* humillarse. | *Besar el suelo,* caer de bruces. | *Echar por el suelo un plan,* desbaratarlo, malograrlo. | *Estar una cosa por los suelos,* ser muy poco estimada; ser muy barata. | *Medir el suelo o dar consigo en el suelo,* caer por tierra. | *Poner o tirar por los suelos,* hablar mal. | *Venirse al suelo,* hundirse, frustrarse.

suelto, ta adj. No sujeto, libre: *los perros estaban sueltos en el jardín.* || Desabrochado: *el botón está suelto.* || Desatado: *con los cordones del calzado sueltos.* || Sin recoger: *con el pelo suelto.* || Separado del conjunto de que forma parte: *trozos sueltos de una obra literaria.* || Que no hace juego: *calcetines sueltos.* || Poco ajustado, holgado: *llevaba un traje suelto.* || Libre, atrevido: *emplea un lenguaje muy suelto.* || Desenvuelto: *estuvo muy suelto hablando con sus superiores.* || Fácil, natural, ágil: *un estilo suelto.* || Poco compacto, que no está pegado: *arroz suelto.* || Esponjoso, sin apelmazar: *una pasta muy suelta.* || Que no está empaquetado: *comprar legumbres secas sueltas.* || Por unidades: *vender cigarrillos sueltos.* || Dícese del dinero en moneda fraccionaria. || Aislado: *éstos no son más que hechos sueltos.* ||

Que hace deposiciones blandas: *tener el vientre suelto.* || — *Estar suelto en algo,* dominarlo: *ya está muy suelto en inglés.* || *Fig. Tener la lengua muy suelta,* hablar sin ninguna retención. || — M. Moneda fraccionaria: *no tengo suelto.* || Reseña periodística de poca extensión: *ha publicado un suelto en el diario.* || — F. Acción de lanzar: *suelta de palomas.*

sueño m. Tiempo en el que la sensibilidad y la actividad se encuentran en un estado de aletargamiento caracterizado en el hombre por la pérdida de la conciencia del mundo exterior, la desaparición más o menos completa de las funciones de los centros nerviosos y la disminución relativa de las funciones de la vida orgánica. || Representación en la mente de una serie de imágenes mientras se duerme: *sueños fantásticos.* || *Fig.* Idea quimérica, imaginación sin fundamento, ilusión. | Deseo, esperanza: *sueños de gloria.* || Estado de insensibilidad o de inercia, letargo. || Deseos de dormir: *caerse de sueño.* || *Fig. y fam.* Cosa preciosa, muy bonita: *su coche deportivo es un sueño.* || — *Coger el sueño,* dormirse. || *Fig. Descabezar un sueño,* dormirse un momento. || *En sueños,* soñando. || *Enfermedad del sueño,* enfermedad contagiosa, endémica en África ecuatorial y occidental, provocada por un tripanosoma inoculado por la mosca tse-tsé. || *Fig. y fam. Ni por (o en) sueños,* jamás en la vida. | *Fig. Sueño dorado,* la mayor ilusión. | *Sueño de los justos,* período en que están en el paraíso hasta el día del Juicio Final las personas que se han salvado. | *Sueño eterno,* la muerte.

suero m. Parte líquida que se separa de la sangre o de la leche después de coagularse. || Líquido extraído de la sangre de un animal, generalmente del caballo, que se emplea para vacunar contra una enfermedad microbiana o contra una sustancia tóxica. || *Suero artificial o fisiológico,* solución salina que se inyecta para alimentar los tejidos orgánicos.

sueroterapia f. Método terapéutico consistente en la inyección de sueros para combatir las infecciones y las intoxicaciones o para prevenirlas.

suerte f. Causa hipotética o predeterminación de los sucesos: *los caprichos de la suerte.* || Estado que resulta de los acontecimientos afortunados o no: *que le ocurren a una persona: nadie está satisfecho con su suerte.* || Azar, fortuna: *buena, mala suerte.* || Resultado afortunado, fortuna: *tener suerte en el juego.* || Condición, estado: *mejorar la suerte del pueblo.* || Sorteo, elección: *me tocó por suerte.* || Clase, género: *tuvo toda suerte de calamidades.* || Manera, modo: *no hay que hacerlo de esta suerte.* || Juego de manos del prestidigitador. || Ejercicio del equilibrista. || Tercio, cada una de las tres partes en que se divide la lidia de un toro: *suerte de banderillas.* || *Amer.*

Billete de lotería. || — *De suerte que,* de tal modo que. || *Echar (a) suertes,* sortear. || *Entrar en suerte,* participar en un sorteo. || *La suerte está echada,* todo está decidido. || *Poner en suerte,* colocar el toro en posición adecuada para lidiarlo. || *Por suerte,* afortunadamente.

suertero, ra adj. *Amer.* Afortunado, dichoso.

sueste m. Sudeste. || *Mar.* Sombrero impermeable de los marinos.

suéter m. Jersey de lana. (Pl. *suéteres.*)

suevo, va adj. y s. Individuo de un pueblo germánico establecido en el s. III entre el Rin, Suabia y el Danubio.

suficiencia f. Capacidad, aptitud para alguna cosa: *dar pruebas de suficiencia.* || Presunción insolente: *su aire de suficiencia me molesta profundamente.*

suficiente adj. Bastante: *tener suficiente para vivir.* || Apto o idóneo, que sirve para una cosa. || *Fig.* Pedante, presuntuoso: *un alumno muy suficiente.*

sufijo, ja adj. y s. m. Dícese de las partículas inseparables que se añaden a los radicales de algunas palabras cuyo significado varía dándole una idea secundaria: *hay sufijos que se ponen detrás de un sustantivo, de un adjetivo, de un verbo y de un adverbio.*

sufragáneo, a adj. Que depende de la jurisdicción de otro: *obispo sufragáneo.*

sufragar v. t. Costear, satisfacer: *sufragar los gastos de un proceso.* || Ayudar o favorecer: *sufragar un proyecto.* || — V. i. *Amer.* Dar su voto a un candidato.

sufragio m. Voto: *emitir un sufragio.* || Sistema electoral para la provisión de cargos: *sufragio directo.* || Ayuda, auxilio. || Obra pía: *misa en sufragio de las almas.*

sufragismo m. Movimiento político que preconizaba el derecho de voto a la mujer.

sufragista com. Persona partidaria del voto femenino.

sufrido, da adj. Que sufre con resignación. || *Fig.* Dícese del marido consentido. || Aplícase al color que disimula lo sucio. | Sólido, resistente: *pantalones muy sufridos.*

sufridor, ra adj. Que sufre.

sufrimiento m. Paciencia, tolerancia. || Padecimiento, dolor, pena: *los sufrimientos de la guerra.*

sufrir v. t. Padecer, sentir: *sufrir una enfermedad.* || Recibir con resignación un daño físico o moral: *sufrir injusticias; sufrir un desengaño.* || Sostener, soportar: *sufrir cansancio.* || Aguantar, tolerar: *sufrir a una persona.* || Tener: *sufrir un accidente.* || — *Sufrir un examen,* examinarse. || — V. i. Padecer: *sufrir de reúma.* || *Fam. Hacer sufrir,* hacer rabiar.

sugerencia f. Sugestión, proposición, idea que se sugiere.

sugerente y **sugeridor, ra** adj. Que sugiere.

*sugerir v. t. Hacer entrar en el ánimo de uno una idea o especie: *sugerir a alguien una resolución*.

sugestión f. Insinuación, instigación. || Especie sugerida: *las sugestiones del diablo*. || Acción y efecto de sugestionar: *la sugestión hipnótica*.

sugestionable adj. Fácil de sugestionar. || Que se deja influir por otro: *persona sugestionable*.

sugestionar v. t. Inspirar a una persona hipnotizada. || Captar o dominar la voluntad ajena.

sugestivo, va adj. Que sugiere o sugestiona. || *Fig.* Atractivo, cautivante: *espectáculo sugestivo*.

sui generis loc. lat. Denota que una cosa es de un género o especie peculiar, excepcional: *un carácter "sui generis"*.

suicida com. Persona que se mata a sí misma. || — Adj. Dícese de lo que daña o destruye al propio agente: *empresa suicida*.

suicidarse v. pr. Quitarse la vida.

suicidio m. Muerte voluntaria.

suite f. (pal. fr.). Serie de piezas de música instrumental escritas en el mismo tono. || Apartamento en un hotel: *alquilar una suite*.

suizo, za adj. y s. De Suiza. || — M. Bollo esponjoso de forma ligeramente ovalada (ú. t. c. adj.).

sujeción f. Ligadura, unión firme: *la sujeción de algo en un fardo o paquete*. || *Fig.* Dependencia, acatamiento: *con sujeción a las leyes*. || Figura retórica que consiste en hacer el orador o escritor preguntas a las que él mismo responde.

sujetador, ra adj. y s. Que sujeta. || — M. Sostén de mujeres.

sujetalibros m. inv. Accesorio para sostener los libros.

sujetapapeles m. inv. Pinzas u otro objeto para sujetar papeles.

sujetar v. t. Afirmar o contener por la fuerza: *sujetar con cuerdas un objeto*. || Fijar: *el cuadro está sujeto por un clavo*. || Agarrar: *sujetar a uno por el brazo*. || Inmovilizar, retener: *sujetar a dos contendientes*. || — *Fig.* Someter al dominio o mando de alguien: *sujetar a un pueblo*. || — V. pr. Acatar, someterse, obedecer: *sujetarse a la Constitución*. || Agarrarse: *sujetarse a una rama*.

sujeto, ta adj. Expuesto o propenso a una cosa: *país sujeto a epidemias*. || — M. Persona innominada: *un buen sujeto*. || Asunto, materia: *el sujeto de discusión*. || *Fil.* El espíritu humano considerado en oposición al mundo externo. || En lógica, ente de que se enuncia alguna cosa. || *Gram.* Sustantivo o pronombre que indican aquello de lo cual el verbo afirma algo.

sulfamida f. Conjunto de compuestos de acción antibacteriana empleados en el tratamiento de las enfermedades infecciosas.

sulfatación f. Sulfatado.

sulfatado m. Operación consistente en pulverizar con sulfato de cobre o de hierro las plantas para combatir ciertas enfermedades.

sulfatador, ra adj. Que sulfata (ú. t. c. s.). || — M. o f. Máquina que sirve para pulverizar el sulfato.

sulfato m. Sal o éster del ácido sulfúrico.

sulfhidrato m. *Quím.* Sal del ácido sulfhídrico.

sulfhídrico, ca adj. *Quím.* Aplícase a un ácido, compuesto de azufre e hidrógeno, incoloro, de olor a huevos podridos y soluble en el agua.

sulfito m. *Quím.* Sal formada por el ácido sulfuroso.

sulfurado, da adj. *Quím.* En estado de sulfuro. || *Fig.* Enojado, irritado: estar uno sulfurado.

sulfurar v. t. *Quím.* Combinar un cuerpo con el azufre. || *Fig.* Encolerizar. || — V. pr. Irritarse, enojarse: *sulfurarse por poco*.

sulfúrico, ca adj. *Quím.* Dícese de un ácido oxigenado derivado del azufre, que constituye un corrosivo muy fuerte.

sulfuro m. *Quím.* Combinación del azufre con un cuerpo. || Sal del ácido sulfhídrico. || *Sulfuro de carbono*, ácido utilizado en la vulcanización del caucho, como insecticida, para la extracción del perfume de las plantas, etc. || *Sulfuro de plomo*, galena.

sulfuroso, sa adj. Que contiene azufre: *agua sulfurosa*. || *Quím.* Anhídrido *sulfuroso*, compuesto oxigenado derivado del azufre, que se emplea como decolorante y desinfectante.

sullanense adj. y s. De Sullana (Perú).

sultán m. Emperador turco. || Príncipe o gobernador mahometano. || (Ant.) Título del soberano de Marruecos.

sultanado m. Sultanato.

sultanato m. o **sultanía** f. Territorio donde ejerce su mando un sultán.

suma f. *Mat.* Adición. || Resultado de una adición. || Determinada cantidad de dinero o de cualquier cosa. || Conjunto, reunión de ciertas cosas: *una suma de conocimientos*. || Título de algunas obras que estudian abreviadamente el conjunto de una ciencia, de una doctrina: *la "Suma Teológica" de Santo Tomás de Aquino*. || *En suma*, en resumen.

sumaca f. *Amer.* Embarcación pequeña de cabotaje.

sumador, ra adj. Que suma.

sumando m. Cada una de las cantidades parciales que se suman.

sumar v. t. Reunir en uno solo número las unidades o fracciones contenidas en varias otras. || Hacer un total de: *los participantes sumaban más de un centenar*. || Elevarse, ascender a: *suma millones de dólares*. || *Suma y sigue*, frase que se pone al final de una página para indicar que la suma de la cuenta continúa en la siguiente. || — V.

pr. *Fig.* Agregarse: *sumarse a una conversación*. || Adherirse.

sumarial adj. Del sumario.

sumariar v. t. Instruir un sumario judicial.

sumario, ria adj. Abreviado, resumido: *un discurso sumario*. || Aplícase a los procesos civiles de justicia en los que se prescinde de algunas formalidades para que sean más rápidos. || — M. Resumen, compendio, análisis abreviado. || Epígrafe que se pone al principio de una revista o de un capítulo con la relación de los puntos que se tratan o estudian. || Conjunto de actuaciones judiciales que estudian todos los datos que van a ser dirimidos en un proceso. || — F. Proceso escrito. || Sumario en un proceso militar.

sumarísimo, ma adj. *For.* Dícese de ciertos juicios que por su gravedad se tramitan con un procedimiento muy breve.

sumergible adj. Que puede sumergirse. || — M. Submarino.

sumergir v. t. Meter una cosa debajo del agua o de otro líquido (ú. t. c. pr.). || *Fig.* Abismar, hundir (ú. t. c. pr.).

sumerio, ria adj. De Sumeria (ú. t. c. s.).

sumersión f. Inmersión.

sumidero m. Alcantarilla. || Pozo negro.

sumiller m. Jefe en ciertas oficinas de palacio. || Sommelier, persona encargada de los vinos y licores en un establecimiento público.

suministrador, ra adj. y s. Que suministra.

suministrar v. t. Abastecer, surtir, proveer a uno de algo.

suministro m. Abastecimiento: *suministro de víveres*. || — Pl. *Mil.* Víveres y utensilios para la tropa.

sumir v. t. Hundir o meter debajo de la tierra o del agua. || Consumir el sacerdote en la misa. || *Fig.* Sumergir, abismar: *sumir a alguien en la miseria, en la pobreza*. || — V. pr. Desaparecer las aguas de lluvia o residuales por algún hueco o conducto. || Hundirse los carrillos por cualquier motivo, adelgazar mucho. || *Fig. Abismarse: sumirse en el desconsuelo*. || Abstraerse: *sumirse en el estudio*. || *Méx.* Quedarse callado, acobardarse.

sumisión f. Sometimiento. || Rendimiento: *la sumisión del enemigo fue total*.

sumiso, sa adj. Obediente, subordinado: *sumiso a sus superiores*. || Rendido.

summa f. (pal. lat.). Suma.

súmmum m. (pal. lat.). El grado sumo, el colmo: *el súmmum de la elegancia*.

sumo, ma adj. Supremo, altísimo, que no tiene superior: *el Sumo Pontífice*. || *Fig.* Muy grande: *ignorancia suma*. || *A lo sumo*, a lo más, cuando más, si acaso. || *En sumo grado*, en el más alto grado.

sunna f. Colección de preceptos obligatorios entre los mahometanos. || Ortodoxia musulmana.

sunnita m. Musulmán ortodoxo.

sunsún m. *Antill.* Colibrí.

sunsuniar v. t. *Méx.* Zurrar.

suntuario, ria adj. Relativo al lujo o fausto: *gastos suntuarios*.

suntuosidad f. Grandiosidad, magnificencia, lujo.

suntuoso, sa adj. De gran magnificencia, lujoso, espléndido, magnífico: *casa suntuosa*.

supeditación f. Subordinación, dependencia.

supeditar v. t. Someter, subordinar, hacer depender una cosa de otra: *mi viaje está supeditado al resultado de los exámenes*. || — V. pr. Someterse: *yo no tengo por qué supeditarme a su interés*.

súper adj. *Fam.* Superior. || *Gasolina súper* o *súper*, gasolina superior con un índice de octano próximo a 100, supercarburante.

super ego m. *Fil.* Entidad superior al *yo*.

superable adj. Que puede superarse.

superabundancia f. Gran abundancia, copiosidad excesiva.

superabundante adj. Que abunda mucho, de abundancia extraordinaria.

superabundar v. i. Ser muy abundante.

superación f. Exceso. || Resolución: *superación de las dificultades*. || Circunstancia de hacer mejor las cosas.

superalimentación f. Sobrealimentación.

superalimentar v. t. Sobrealimentar.

superar v. t. Sobrepujar, aventajar, ser mayor, exceder: *superar una marca deportiva*. || Pasar, dejar atrás, salvar: *la época del colonialismo está superada*. || Vencer, resolver: *superar una dificultad*. || — Estar superado algo, estar fuera de uso por haberse encontrado algo mejor: *esta técnica está superada*. || — V. pr. Hacer algo mejor que lo acostumbrado: *el artista se superó en su trabajo*.

superávit m. Exceso del haber sobre el debe de una cuenta. || Diferencia existente entre los ingresos y los gastos en un negocio. (Pl. *superávit* o *superávits*.)

supercarburante m. Gasolina superior de un índice de octano próximo a 100.

superchería f. Engaño, fraude.

superciliar adj. Que está por encima de las cejas: *arco superciliar*.

supercompresión f. Aumento de la compresión.

superdirecta f. En ciertas cajas de cambio de automóviles, combinación que proporciona al árbol de transmisión una velocidad de rotación superior a la del árbol motor.

supereminencia f. Superioridad, máxima elevación.

supereminente adj. Muy superior, muy eminente.

superestructura f. Conjunto de instituciones, ideas o cultura de una sociedad (por oposición a *infraestructura* o base material y económica de esta misma sociedad). || Conjunto de construcciones hechas encima de otras.

superficial adj. Referente a la superficie: *medidas superficiales*. || Poco profundo: *herida superficial*. || Falto de fondo: *examen, noción superficial*. || *Fig.* Frívolo, fútil.

superficialidad f. Carencia de profundidad. || Futilidad, frivolidad.

superficie f. Extensión, medida de un espacio limitado por una línea: la superficie de un triángulo. || Parte superior de una masa líquida: *la superficie de un estanque*. || Cualquier parte superior de algo: *superficie de tierra, del globo terrestre, de un alojamiento*. || *Fig.* Apariencia, aspecto externo.

superfino, na adj. Muy fino.

superfluidad f. Condición de superfluo. || Cosa superflua.

superfluo, a adj. No necesario, que está de más, inútil.

superfortaleza f. Avión bombardero pesado.

superfosfato m. *Quím.* Fosfato ácido de cal, usado como abono.

superheterodino adj. Dícese de un radiorreceptor en el que las oscilaciones eléctricas engendradas en la antena son amplificadas y filtradas muy fácilmente por un oscilador local (ú. t. c. s. m.).

superhombre m. Nombre dado por Nietzsche a un tipo de hombre muy superior a la voluntad. || *Fig.* Hombre excepcional.

superintendente com. Persona encargada de la dirección suprema de algo.

superior adj. Que está colocado en un espacio más alto que otra cosa: *mandíbula superior*. || Que tiene una graduación más alta: *temperatura superior a la corriente*. || Dícese de los miembros del cuerpo situados más arriba del tórax. || Aplícase a los estudios hechos después de los de la enseñanza secundaria o media en una universidad o escuela especial. || Que se encuentra más próximo del nacimiento de un río: *Renania Superior*. || *Fig.* Que supera a los otros, que pertenece a una clase o categoría más elevada: *grados superiores*. || Mayor o mejor que otra cosa: *producto de calidad superior*. || Dícese de la persona dotada de cualidades morales e intelectuales en grado extraordinario: *hombre superior*. || Dícese de la persona que tiene autoridad sobre las otras en el orden jerárquico: *padre superior* (ú. t. c. s.).

superioridad f. Condición de lo que es superior. || Autoridad oficial: *por orden de la superioridad*. || Ventaja: *de clara superioridad*.

superlativo, va adj. Muy grande y excelente en su línea. || — M. *Gram.*

Grado superior de significación del adjetivo y el adverbio.

supermercado m. Establecimiento comercial en régimen de autoservicio.

supernumerario, ria adj. Que excede o está fuera del número señalado: *funcionario supernumerario*. || Dícese de los militares en situación análoga a la de excedencia. || — M. y f. Persona que trabaja en una oficina sin figurar en la plantilla.

superpoblación f. Población excesiva.

superpoblado, da adj. Muy poblado.

*superponer v. t. Poner encima, sobreponer (ú. t. c. pr.).

superponible adj. Que se puede superponer.

superposición f. Acción y efecto de superponer o superponerse.

superproducción f. Exceso de producción. || Película cinematográfica en la que se han hecho elevadas inversiones.

superpuesto, ta adj. Puesto uno encima de otro.

superrealismo m. Surrealismo.

supersaturar v. t. *Quím.* Saturar un líquido en exceso.

supersónico, ca adj. De velocidad superior a la del sonido.

superstición f. Desviación de la creencia religiosa fundada en el temor o la ignorancia y que confiere a ciertas circunstancias carácter sagrado. || Presagio infundado originado sólo por sucesos fortuitos.

supersticioso, sa adj. Relativo a la superstición: *prácticas supersticiosas*. || Que cree en ella: *un pueblo supersticioso* (ú. t. c. s.).

supervaloración f. Valoración excesiva.

supervalorar v. t. Valorar en más (ú. t. c. pr.).

supervisar v. t. Revisar un trabajo. || Hacer la inspección general de algo.

supervisión f. Revisión. || Inspección general.

supervisor, ra adj. y s. Que supervisa.

supervivencia f. Acción y efecto de sobrevivir.

superviviente adj. y s. Que sobrevive: *los supervivientes de un accidente*.

supervivir v. i. Sobrevivir.

supinación f. Posición horizontal de una persona tendida sobre el dorso, o de la mano con la palma para arriba.

supinador adj. Dícese de un músculo de la mano (ú. t. c. s. m.).

supino, na adj. Tendido sobre el dorso: *posición decúbito supino*. || Aplícase a la falta absoluta de conocimientos que se deberían tener: *ignorancia supina*. || — M. Una de las formas nominales del verbo en latín.

suplantación f. Sustitución.

suplantar v. t. Ocupar el lugar de otro: *suplantar a un rival*.

suplementario, ria adj. Que sirve de suplemento, que se añade: *crédito, tren suplementario*. || *Ángulos suplementarios*, los que suman dos rectos.

suplemento m. Lo que sirve para completar algo, para hacer desaparecer la insuficiencia o carencia de algo: *suplemento de información*. || Cantidad que se da de más en un teatro, tren, avión, hotel, etc., para tener más comodidad o velocidad: *suplemento de lujo*. || Lo que se añade a un libro para completarlo. || Páginas independientes añadidas a una publicación periódica para tratar de un asunto especial: *suplemento deportivo, económico*. || Publicación que completa otra: *suplemento del Gran Larousse Enciclopédico*. | *Geom.* Ángulo que falta a otro para llegar a constituir dos rectos. | Arco de este ángulo.

suplencia f. Sustitución temporal o permanente.

suplente adj. y s. Que suple, sustituto: *suplente de un equipo*.

supletorio, ria adj. Que sirve de suplemento: *camas supletorias*.

súplica f. Petición, ruego. || Oración religiosa. || Escrito o instancia en que se suplica: *elevar una súplica al Gobierno*. || *For.* Cláusula final de un escrito.

suplicación f. Petición. || *For.* Apelación de una sentencia.

suplicado, da adj. Dícese de la carta que se envía a una persona para que a su vez la remita a otra.

suplicante adj. Que suplica.

suplicar v. t. Rogar, pedir con instancia y humildad.

suplicatoria f. y **suplicatorio** m. Comunicación que pasa un tribunal a otro superior.

suplicio m. Pena corporal acordada por decisión de la justicia: *suplicio de la pena de muerte*. | *Fig.* Dolor físico violento. | Sufrimiento moral muy penoso: *oír esa música supone para él un suplicio*. | *Último suplicio*, la pena capital o de muerte.

suplir v. t. Completar lo que falta, añadir. || Sustituir: *suplir a un profesor*. || Compensar: *suplir el desconocimiento con la experiencia*. || Poner en el mismo lugar: *súplanse los puntos suspensivos con las letras que faltan*.

suponer m. Suposición: *esto es un suponer*.

*suponer v. t. Admitir por hipótesis: *supongamos que es verdad lo que se dice* (ú. t. c. pr.). || Creer, presumir, imaginar: *puedes suponer lo que quieras* (ú. t. c. pr.). || Confiar: *suponía su buena fe*. || Implicar, llevar consigo: *esta obra supone mucho trabajo*. || Costar: *el alquiler me supone un porcentaje grande de mi sueldo*. || Significar, representar: *esta molestia no me supone nada*. || Tener importancia, significar: *su colaboración supone mucho en nuestra labor*. || Demostrar, indicar: *su actitud supone que tiene poco interés en el proyecto*. || *Esto es de suponer*, esto es probable.

suposición f. Conjetura, hipótesis: *hacer suposiciones*. || — *Suposición de parto, de infante*, engaño consistente en hacer creer que un hijo es de otras personas y no de sus verdaderos padres. || *Suposición gratuita*, la que carece de base o fundamento.

supositorio m. *Med.* Preparado farmacéutico sólido, de forma cónica u ovoide, que se administra por vía rectal.

supramundo m. En algunas cosmogonías, como la maya, mundo superior donde habitan los dioses.

supranacional adj. Que está por encima de los gobiernos de cada país: *la O. N. U. es un organismo supranacional*.

suprarrealismo m. Surrealismo.

suprarrenal adj. Que está por encima de los riñones: *cápsula suprarrenal*.

supremacía f. Superioridad, preeminencia: *supremacía militar*.

supremo, ma adj. Que está por encima de los demás. || El que manda: *supremo del Estado*. || Último: *la hora suprema*. || Decisivo: *instante supremo*. || Imposible de sobrepasar: *momento supremo de felicidad*. || *El Ser Supremo*, Dios. || — M. El Tribunal Supremo: *recurrir al Supremo*.

supresión f. Eliminación, desaparición: *la supresión de un artículo*. || Omisión.

suprimir v. t. Poner fin a una cosa, anular, abolir: *suprimir la libertad de prensa*. || Omitir: *suprimir los detalles*. || Quitar: *suprimir el racionamiento*. || *Fam.* Quitar de en medio a alguien matándole: *suprimir a un traidor*.

supuesto, ta adj. Fingido, falso: *un supuesto periodista*. || — M. Suposición, hipótesis: *en el supuesto de que venga*. || Dato: *carecemos de los más elementales supuestos*. || — *Dar algo por supuesto*, considerarlo cierto y admitido. || *Por supuesto*, sin ninguna duda, claro que sí. || *Supuesto táctico*, grandes maniobras militares.

supuración f. Proceso inflamatorio que conduce a la formación de pus.

supurante adj. Que supura o hace supurar.

supurar v. i. Formar o echar pus: *la llaga supura*.

supurativo, va adj. y s. Que hace supurar: *pomada supurativa*.

sur m. Punto cardinal del horizonte opuesto al Polo Norte. || Parte de un país que está más cerca del Polo Sur que las otras: *el sur de Argentina*. || — Adj. Situado al Sur: *parte sur de México*. || Que viene del Sur: *viento sur*.

sura m. Cada uno de los capítulos en que se divide el Corán.

suramericano, na adj. y s. Sudamericano.

surcar v. t. Hacer surcos en la tierra. || Hacer rayas en una cosa. || *Fig.* Navegar un barco. | Cruzar el aire un avión.

surco m. Hendedura que hace el arado en la tierra. || Señal que deja una cosa sobre otra: *las ruedas del carro han formado un surco en la tierra*. ||

Arruga en el rostro. || Ranura grabada en un disco fonográfico con el estilete para reproducir los sonidos.

surero, ra *Arg.* y *Bol.* y **sureño, ña** adj. y s. *Chil.* Natural del Sur. || — M. Viento del Sur.

sureste m. Punto del horizonte situado entre el Sur y el Este.

surgidero m. *Mar.* Fondeadero.

surgir v. i. Surtir, brotar el agua. || Aparecer, presentarse, llevarse: *la mole de la catedral surgía entre las casas pequeñas*. || *Fig.* Nacer, manifestarse: *surgir un conflicto*. || *Mar.* Dar fondo la nave.

suriano, na adj. y s. *Méx.* Del Sur, sureño.

suripanta f. *Fam.* Figuranta o corista de teatro. | *Fam.* Mujer de vida alegre.

surmenaje m. (fr. *surmenage*). Agotamiento producido por un exceso de trabajo intelectual.

suroeste m. Sudoeste.

surrealismo m. Movimiento poético, literario y artístico, definido por André Breton en un manifiesto de 1924, que, por medio del automatismo o dictado del inconsciente, defendía la renovación de todos los valores, inclusive los concernientes a la moral, las ciencias y la filosofía.

surrealista adj. Relativo al surrealismo. || Partidario del mismo (ú. t. c. s.).

surtidero m. Desagüe de un estanque. || Surtidor, chorro.

surtido, da adj. Que tiene abundancia y variedad, aprovisionado: *tienda bien surtida*. || Que tiene diferentes clases o variedades de un mismo artículo: *caramelos surtidos*. || — M. Conjunto de cosas variadas del artículo de que se habla: *tenemos un gran surtido de trajes de baño*.

surtidor, ra adj. Abastecedor, que surte (ú. t. c. s.). || — M. Chorro de agua que sale despedido hacia arriba: *los surtidores de una fuente*. || Aparato que sirve para distribuir un líquido: *surtidor de gasolina*. || Orificio calibrado en las canalizaciones del carburador de un vehículo automóvil por el que sale la gasolina pulverizada.

surtir v. t. Abastecer, aprovisionar, proveer: *surtir un mercado* (ú. t. c. pr.). || *Surtir efecto*, dar resultado: *el medicamento surtió efecto*; entrar en vigor: *la ley surtirá efecto dentro de un mes*. || — V. i. Salir chorros de agua proyectados hacia arriba.

surumbo, ba adj. *Guat., Hond.* y *Salv.* Tonto, lelo, aturdido.

susceptibilidad f. Propensión a sentirse ofendido por la menor ofensa al amor propio.

susceptible adj. Que puede ser modificado. || Que se ofende fácilmente, sensible, quisquilloso.

suscitar v. t. Ser causa de.

suscribir v. t. Firmar al fin de un escrito: *suscribir un contrato*. || Convenir con el dictamen de uno: *suscribir una opinión*. || — V. pr. Abonarse a un periódico o publicación: *suscribirse a*

SUS *una enciclopedia.* || Obligarse uno a contribuir con otros al pago de una cantidad: *suscribirse por mil euros anuales.*

suscripción f. Abono: *suscripción a una revista.*

suscriptor, ra m. y f. Persona que suscribe o se suscribe.

susodicho, cha adj. Dicho, citado, mencionado antes.

suspender v. t. Colgar en alto: *suspender una tabla en un andamio.* || Detener por algún tiempo: *suspender una sesión.* || Dejar sin aplicación: *suspender una prohibición, las garantías constitucionales.* || Privar a uno temporalmente de su empleo o cargo: *suspender a un funcionario.* || Declarar a alguien no apto en un examen: *suspender a un alumno.* || *Fig.* Producir gran admiración, enajenar el ánimo: *suspender al auditorio.* || — V. pr. Alzarse el caballo con los brazos en el aire.

suspendido, da adj. y s. *Méx.* Aplazado en los estudios. || — M. *Méx.* Nota de aplazo.

suspensión f. Acción y efecto de suspender: *suspensión de empleo, de garantías políticas, de un diario, de las sesiones.* || Dispositivo para reunir la caja del automóvil al chasis y para amortiguar las sacudidas en marcha: *suspensión helicoidal.* || *Quím.* Estado de un cuerpo dividido en partículas muy finas y mezclado con un fluido sin disolverse en él. || *Fig.* Estado de emoción provocado por algo que suspende el ánimo. || — *En suspensión,* dícese de las partículas de un cuerpo que no llegan a disolverse dentro de un fluido: *polvo y humo en suspensión.* || *Suspensión de pagos,* situación jurídica del comerciante que no puede atender temporalmente al pago de sus obligaciones.

suspensivo, va adj. Que suspende. || *Puntos suspensivos,* signo gráfico (...) que se pone al final de una frase incompleta.

suspenso, sa adj. Suspendido, colgado: *suspenso de un cable.* || No aprobado, no apto: *estar suspenso en latín.* || *Fig.* Desconcertado, sorprendido: *quedarse suspenso ante un accidente.* | Absorto, enajenado: *quedarse suspenso ante un espectáculo.* || *En suspenso,* pendiente de resolución: *dejar un asunto en suspenso.* || — M. Nota de un escolar en la que se declara su ineptitud: *he tenido un suspenso en matemáticas.* || *Méx.* Zozobra, incertidumbre: *la película de suspenso nos tenía pegados al asiento.*

suspensores m. pl. *Amer.* Tirantes.

suspensorio, ria adj. Que suspende. || — M. Vendaje para sostener el escroto.

suspicacia f. Recelo, desconfianza.

suspicaz adj. Propenso a sospechar, receloso: *hombre suspicaz.*

suspirado, da adj. *Fig.* Deseado con ansia.

suspirar v. i. Dar suspiros: *suspirar de dolor.* || *Fig.* Desear mucho: *suspirar por un coche de lujo.* || *Suspirar de amor,* estar locamente enamorado.

suspiro m. Respiración fuerte y prolongada causada por un dolor, una emoción intensa, etc.: *dar un suspiro.* || Cierta golosina hecha con harina, huevo y azúcar. || *Mús.* Pausa breve. || *Arg. y Chil.* Planta convolvulácea cuya flor tiene forma de campanilla. || *Dar o exhalar el último suspiro,* morir.

sustancia f. Lo que hay permanente en un ser. || Cada una de las diversas clases de la materia de que están formados los cuerpos, que se distinguen por un conjunto de propiedades: *sustancia mineral, vegetal, etc.* || Parte esencial de una cosa: *la sustancia de la carne.* || Jugo: *la sustancia de la fruta.* || Hacienda, caudal. || *Fig.* Juicio, madurez: *un libro de mucha sustancia.* || — *En sustancia,* en compendio. || *Sustancia gris,* materia gris.

sustancial adj. Relativo a la sustancia. || Sustancioso, nutritivo: *alimento sustancial.* || Lo más esencial e importante de una cosa: *lo sustancial de un discurso.*

sustanciar v. t. Compendiar, extractar. || *For.* Conducir un juicio por la vía procesal hasta ponerlo en estado de sentencia.

sustancioso, sa adj. Que tiene sustancia: *alimento sustancioso.*

sustantivar v. t. *Gram.* Dar a una palabra valor de sustantivo: *sustantivar un verbo.*

sustantividad f. Condición de sustantivo.

sustantivo, va adj. Que tiene existencia real, independiente, individual. || *Gram. Verbo sustantivo,* el verbo ser. || — M. *Gram.* Cualquier palabra que designa un ser o un objeto: *sustantivo común, propio.*

sustentación f. y **sustentamiento** m. Acción y efecto de sustentar o sustentarse. || Sustentáculo, apoyo. || *Plano de sustentación,* ala del avión.

sustentador, ra adj. Que sustenta (ú. t. c. s. m.).

sustentáculo m. Apoyo, sostén.

sustentar v. t. Mantener o sostener algo: *la columna sustenta el techo.* || Alimentar: *sustentar a la familia.* || *Fig.* Mantener, alimentar: *sustentar la esperanza de los sitiados.* || — V. pr. Alimentarse.

sustento m. Lo que sirve para sustentar, alimento: *el sustento del hombre.* || *Ganarse el sustento,* ganar para vivir.

sustitución f. Reemplazo, cambio: *la sustitución de un empleado.* || *For.*

Nombramiento de heredero en reemplazo de otro.

sustituible adj. Que puede sustituirse.

sustituidor, ra adj. y s. Que sustituye.

*sustituir v. t. Poner a una persona o cosa en lugar de otra: *sustituir a un ministro; sustituir un mecanismo por otro.*

sustitutivo, va adj. Dícese de la sustancia que puede reemplazar a otra en el uso (ú. t. c. s. m.).

sustituto, ta m. y f. Suplente, persona que hace las veces de otra en un empleo o servicio: *buscar un sustituto.*

susto m. Impresión repentina de miedo causado por algo inesperado: *el ruido del trueno me dio un susto.* || *Fig. y fam. Dar un susto al miedo,* ser muy feo.

sustracción f. Robo, hurto: *la sustracción de una cartera.* || *Mat.* Resta.

sustraendo m. *Mat.* Cantidad que se resta.

*sustraer v. t. Separar, apartar, extraer. || Quitar, hurtar, robar: *sustraer una joya.* || *Mat.* Restar. || — V. pr. Eludir, evitar, evadir: *sustraerse a (o de) una obligación.*

susurrar v. i. Hablar bajo, musitar, murmurar. || Empezar a divulgar una cosa secreta: *se susurra que fue asesinado.* || *Fig.* Producir un ruido suave.

susurro m. Murmullo, ruido suave que resulta de hablar bajo. || *Fig.* Ruido suave de algo.

sutil adj. Delgado, delicado, tenue: *tejido sutil.* || *Fig.* Suave y penetrante: *viento, aroma sutil.* | Agudo, perspicaz: *espíritu sutil.*

sutileza y **sutilidad** f. Condición de sutil: *la sutileza de un aroma.* || *Fig.* Agudeza, perspicacia.

sutilizador, ra adj. y s. Que sutiliza.

sutilizar v. t. Adelgazar. || *Fig.* Pulir y perfeccionar. | Discurrir con agudeza.

sutura f. Costura de los bordes de una herida: *dar unos puntos de sutura.* || Articulación dentada de dos huesos.

suturar v. t. Hacer una sutura.

suyo, ya, suyos, yas adj. y pron. pos. de 3.ª pers. m. y f. en ambos números: *tu coche es más reciente que el suyo; una hermana suya.* || — *De suyo, de por sí: de suyo no es mala persona.* || *Hacer de las suyas,* hacer algo bueno (o malo), pero de acuerdo con el carácter de la persona de quien se trata. || *Hacer suyo,* adoptar: *hizo suya la idea de levantar un monumento.* || *Los suyos,* su familia; sus partidarios. || *Fig. y fam. Salirse con la suya,* conseguir lo que uno quiere.

suyuntu m. *Amer.* Zopilote.

svástica f. Símbolo religioso de la India en forma de cruz con brazos iguales, cuyas extremidades están dobladas como la letra gamma.

sweater [*suéter*] m. (pal. ingl.). Suéter.

t

t f. Vigésima primera letra del alfabeto castellano y decimoséptima de sus consonantes. || — **T**, símbolo de *tera*. || Símbolo de *tesla*. || — **t**, símbolo de *tonelada*.

Ta, símbolo del *tantalio*.

taba f. Astrágalo, hueso del pie. || Juego de muchachos que se hace con tabas de carnero. || *Méx.* Charla: *dar taba*. (En la Argentina se dice *menear taba*.)

tabacal m. Terreno plantado de tabaco.

tabacalero, ra adj. Del tabaco: *industria tabacalera*. || Dícese de la persona que cultiva o vende tabaco (ú. t. c. s.). || — F. En España, nombre del organismo estatal que tiene el monopolio de la venta del tabaco.

tabachín m. *Méx.* Flamboyán, árbol de flores rojas.

tabaco m. Planta originaria de la isla de Tobago, en las Antillas, cuyas hojas, preparadas de varias maneras, se fuman, se mascan o se aspiran en polvo: *tabaco negro, rubio, rapé*. || Cigarro puro. || Cigarrillo. || Enfermedad de los árboles. || — Adj. De un color parecido al de las hojas de tabaco.

tabacón m. *Méx.* Marihuana.

tábano m. Insecto díptero, parecido a la mosca, que molesta con sus picaduras, especialmente a las caballerías.

tabaqueada adj. *Méx.* Riña.

tabaquera f. Caja para meter tabaco en polvo. || Parte de la pipa donde se pone el tabaco. || *Amer.* Petaca.

tabaquería f. Estanco, tienda donde se despacha tabaco. || *Amer.* Fábrica de tabaco.

tabaquero, ra adj. Dícese de la persona que prepara el tabaco o lo vende (ú. t. c. s.). || — M. *Amer.* Pañuelo.

tabaquismo m. Intoxicación provocada por el abuso de tabaco.

tabardillo m. Fiebre tifoidea. || *Fam.* Insolación. || *Fig.* y *Fam.* Engorro, pesadez. | Persona pesada.

tabardo m. Abrigo parecido al capote y de tejido basto.

tabarra f. *Fam.* Pesadez, molestia, lata: *dar la tabarra*.

tabarrera f. Avispero, nido de avispas. || *Fam.* Tabarra.

tabarro m. Tábano. || Avispa.

tabasqueño, ña adj. y s. De Tabasco (México).

taberna f. Sitio donde se venden y consumen vinos y licores.

tabernáculo m. Entre los hebreos, tienda en que se colocaba el arca del Testamento. || Sagrario. || Tienda en que habitaban los antiguos hebreos.

tabernario, ria adj. Propio de la taberna o del que la frecuenta. || *Fig.* Bajo, grosero.

tabernero, ra m. y f. Persona que tiene o está encargada de una taberna.

tabes f. *Med.* Enfermedad caracterizada por una supresión progresiva de la coordinación de los movimientos.

tabicar v. t. Cerrar con tabique. || Tapiar: *tabicar una puerta*.

tabique m. Pared delgada hecha de cascote, ladrillo o madera: *separar dos habitaciones por un tabique*. || Separación delgada: *el tabique de las fosas nasales*. || *Méx.* Ladrillo.

tabla f. Pieza de madera, plana, larga y poco ancha. || Pieza plana, rígida y de poco espesor de cualquier materia: *tabla de hierro colado*. || Cara más ancha de un madero. || Dimensión mayor de una escuadría. || Anaquel, estante. || Pliegue ancho de un vestido: *falda con tablas*. || Índice de un libro: *tabla de materias*. || Lista, catálogo: *tablas astronómicas, cronológicas*. || Cuadro en que se inscriben los números en un orden metódico para facilitar los cálculos: *tabla de logaritmos, de multiplicar*. || Parte algo plana de ciertas partes del cuerpo: *la tabla del pecho*. || Cuadro de tierra en que se cultivan verduras: *una tabla de ensaladas*. || Bancal de un huerto. || Mostrador de carnicería. || Superficie plana de madera que utilizan los dibujantes para trabajar. || Pintura hecha en piezas planas de madera. || Parte muy mansa de un río. || Tablón de anuncios. || — Pl. En el juego de ajedrez y en el de damas, estado en que nadie puede ganar la partida. || *Fig.* Empate: *quedar en tablas*. || Escenario del teatro: *salir a las tablas*. || *Taurom.* Barrera de la plaza de toros: *Tercio del ruedo inmediato a la barrera o vallas*. || — *Fig.* y *fam.* *A raja tabla*, cueste lo que cueste. || *Hacer tabla rasa*, dar al olvido algo pasado, prescindir de ello. || — *Fig.* *Pisar bien las tablas*, actuar un artista con mucha naturalidad. | *Salvarse por tablas*, salvarse por muy poco. || *Tablas Alfonsinas*, tablas astronómicas compuestas por orden de Alfonso X el Sabio (1252). || *Tabla de lavar*, la de madera donde se frota la ropa al enjabonarla. || *Fig.* *Tabla de salvación*, último recurso para salir de un apuro. || *Tabla finlandesa*, cuadro que indica los puntos que hay que atribuir a cada ejercicio en una competición atlética. || *Tabla redonda*, en los libros de caballerías, la de los caballeros que tenían asiento en la mesa del rey Arturo. (Se llama *Ciclo de la Tabla Redonda* al conjunto de poemas y relatos [s. XII-XIV] sobre Bretaña. Son sus héroes el rey Arturo o Artús, Lanzarote, Parsifal, el mago Merlín, etc.) || *Tablas de la Ley*, piedras en que se escribió el Decálogo.

tablada f. *Arg.* Lugar donde se reúne y reconoce el ganado que se destina al matadero.

tablado m. Suelo de tablas. || Escenario de un teatro: *sacar al tablado*. || Tarima sobre la que se baila: *tablado flamenco* (también se dice *tablao*). || Tribuna. || Conjunto de tablas de la cama sobre el que se tiende el colchón. || Patíbulo, cadalso.

tablajería f. Carnicería.

tablajero m. Carnicero.

tablao m. Tablado.

tablar m. Cuadro de una huerta.

tablazo m. Golpe dado con una tabla. || Parte de mar o de río ancho y poco profundo.

tablazón f. Conjunto de tablas.

tableado, da adj. Con pliegues o tablas: *vestido tableado*. || — M. Conjunto de tablas o pliegues que se hacen en una tela.

tablear v. t. Dividir en tablas. || Hacer tablas en la ropa.

tableño, ña adj. y s. De Las Tablas (Panamá).

tablero adj. Dícese del madero adecuado para dividirlo en tablas. || — M. Superficie plana formada por tablas reunidas para evitar que se combe. || Tabla, pieza plana. || Cartelera para fijar anuncios. || En un coche o avión, conjunto de los órganos que permiten al conductor vigilar la marcha de su vehículo. || Cureña de la ballesta. || Tabla escaqueada para jugar a las damas, al ajedrez y a otros juegos similares. || Plataforma de un puente. || Encerado en las escuelas. || Mostrador de tienda. || Especie de bandeja en que exponen sus mercancías los vendedores ambulantes. || *Arq.* Plano resaltado con

561

molduras o liso. || Cuadro de una puerta. || *Fig.* Campo: *en el tablero político.*

tablestaca f. Tabla estrecha de madera o metálica que se clava en el suelo para formar junto con otras una pantalla de impermeabilización, un muro de contención, etc.

tableta f. Tabla pequeña. || Pastilla: *tabletas para el dolor de cabeza; tabletas de chocolate.*

tableteado m. Ruido producido al tabletear.

tabletear v. i. Producir ruido haciendo chocar tabletas. || *Fig.* Hacer ruido continuo los disparos de un arma de fuego.

tableteo m. Ruido del choque de tabletas. || *Fig.* Ruido de un arma automática: *el tableteo del fusil ametrallador.*

tablilla f. Tabla pequeña. || Trozo de baranda de la mesa de billar entre dos troneras. || Plancha de madera para fijar anuncios, etc. || Pieza de madera para sujetar los huesos fracturados. || *Tablillas de San Lázaro,* las de madera que hacían sonar los mendicantes lazaristas.

tablón m. Tabla grande o gruesa. || Tablilla de anuncios. || Trampolín. || *Fam.* Borrachera. || *Arg., Col., Urug.* y *Venez.* Faja de tierra preparada para la siembra.

tabú m. Carácter de los objetos, seres o actos que hay que evitar por ser considerados como sagrados. || Estos mismos objetos, seres y actos. || *Por ext.* Cosa prohibida. || — Adj. Considerado como sagrado o intocable: *tema tabú.* (Pl. *tabúes.*)

tabulador m. En las máquinas de escribir, dispositivo que facilita la disposición de cuadros, columnas, cantidades o palabras.

tabuladora f. Máquina que transcribe las informaciones de las cartas perforadas.

tabular adj. De forma de tabla.

taburete m. Asiento sin brazos ni respaldo. || Silla de respaldo muy estrecho. || Banquillo.

tac, onomatopeya de un ruido seco. Ú. m. repetido: *el tac tac del corazón.*

tacada f. Golpe dado con el taco a la bola de billar. || Serie de carambolas seguidas.

tacalate m. *Méx.* Planta y fruto del tacalote.

tacalote m. Leguminosa medicinal de México.

tacamaca f. Árbol de la familia de las burseráceas de cuya corteza los indios hacen canoas.

tacamadún m. Pez del golfo de México.

tacana f. Mineral de plata negruzco. || *Bol.* Escalón cultivado en las laderas de los Andes.

tacañear v. i. *Fam.* Obrar como un tacaño, cicatear.

tacañería f. Ruindad, mezquindad, avaricia.

tacaño, ña adj. y s. Mezquino, avaro, cicatero. || Astuto, bellaco.

tacataca y **tacatá** m. Sillita de tela, montada en una armazón con ruedas, con dos agujeros para que pasen las piernas los niños que aprenden a andar.

tacha f. Falta, imperfección, defecto: *una vida sin tacha.* || Clavo algo mayor que la tachuela. || *Amer.* Tacho, vasija de metal.

tachadura f. Raya o borradura que se hace sobre una palabra para suprimirla. || *Fig.* Censura.

tachar v. t. Borrar o rayar lo escrito: *tachar algunos párrafos.* || *Fig.* Censurar: *tachar el proceder de uno.* | Atribuirle a uno algún defecto: *tachar de avaricia.* || *For.* Alegar una incapacidad legal.

tache m. Trazo con el que se invalida lo que está escrito.

tachero m. *Amer.* Operario que maneja los tachos en los ingenios de azúcar.

tachigual m. *Méx.* Cierto tejido de algodón.

tachirense adj. y s. De Táchira (Venezuela).

tacho m. *Amer.* Vasija grande de metal, de fondo redondo. | Paila grande para cocer el melado en las fábricas de azúcar. | Hoja de lata. || *Chil.* Cacerola de metal o barro. | *Irse al tacho,* fracasar, irse abajo.

tachón m. Tachadura muy grande. || Tachuela grande, dorada o plateada, con que se adornan cofres, muebles, etc.

tachonar v. t. Adornar con tachones. || *Fig.* Salpicar: *cielo tachonado de estrellas.*

tachuela f. Clavo pequeño de cabeza grande que usan los tapiceros.

tácito, ta adj. Sobrentendido, no expresado formalmente: *acuerdo tácito.* || *Tácita reconducción,* renovación automática de un contrato cuando no ha sido rescindido en tiempo oportuno.

taciturnidad f. Condición de taciturno. || Actitud taciturna.

taciturno, na adj. Callado, no aficionado a hablar: *persona taciturna.* || Triste, apesadumbrado.

tacneño, ña adj. y s. De Tacna (Perú).

taco m. Tarugo de madera u otra materia con que se tapa un hueco: *encajar un taco.* || Cuña. || Pelotilla de trapo, papel o estopa que se ponía en las armas de fuego entre el proyectil y la pólvora. || Cilindro de estopa, trapo o arena para apretar la pólvora del barreno. || Baqueta para las armas de fuego. || Palo con que se impulsan las bolas en el billar. || Cilindro de cuero u otro material que se fija en la suela de las botas de fútbol para no resbalar. || Canuto de madera con que los muchachos lanzan bolitas de trapo o papel por medio del aire comprimido. || Parte principal del arco del violín. || *Impr.* Botador. || Conjunto de las hojas del calendario de pared. || Conjunto de billetes de transporte que se

venden juntos: *un taco de billetes de metro.* || Conjunto de billetes: *tiene un taco de billetes en el bolsillo.* || *Fig.* y *fam.* Bocado ligero: *tomar tacos de queso con el aperitivo.* | Trago de vino: *tomar un taco.* | Juramento, palabrota: *soltó un taco.* | Lío, confusión: *se hizo un taco.* | Año: *tengo cuarenta tacos.* || *Amer.* Tacón. || *Méx.* Tortilla de maíz enrollada, que contiene diversas viandas.

tacómetro m. Taquímetro.

tacón m. Pieza fijada debajo de la suela del zapato, en la parte correspondiente al talón.

taconazo m. Golpe con el tacón.

taconear v. i. Hacer ruido con los tacones al andar o al bailar.

taconeo m. Ruido producido al taconear.

tacopate m. *Méx.* Nombre de varias plantas enredaderas.

tacotal m. *Méx.* Plantío de tacotes.

tacote m. *Méx.* Marihuana.

táctica f. Arte de dirigir una batalla combinando la acción de los medios de combate para alcanzar algún objetivo. || *Fig.* Medios empleados para lograr un fin.

táctico, ca adj. Relativo a la táctica: *unidad táctica de infantería.* || — M. Experto en ella: *táctico naval.*

táctil adj. Relativo al tacto.

tactismo m. Movimiento de atracción (*tactismo positivo*) o de repulsión (*tactismo negativo*) experimentado por un ser viviente bajo la influencia de ciertas sustancias químicas o ciertas formas de la energía (luz, calor, electricidad).

tacto m. Uno de los cinco sentidos que permite, por contacto directo, conocer la forma y el estado exterior de las cosas. || Acción de tocar. || *Fig.* Tiento, delicadeza: *contestar con mucho tacto.*

tacuacín m. *Amer.* Zarigüeya.

tacuache m. *Cub.* y *Méx.* Mamífero insectívoro nocturno.

tacuara f. *Arg.* Caña resistente, especie de bambú.

tacuarembonense adj. y s. De Tacuarembó (Uruguay).

tacuche m. *Méx.* Envoltorio.

tacurú m. *Riopl.* Especie de hormiga pequeña. | Montículo procedente de hormigueros en los terrenos anegadizos.

tafetán m. Tela de seda muy tupida y tejida como el lienzo. || — Pl. *Fig.* Banderas.

tafia f. Aguardiente de caña.

tafilete m. Piel de cabra fina, pulida y lustrosa.

tafiletear v. t. Adornar o cubrir con tafilete.

tafiletería f. Arte de curtir el tafilete. || Tienda donde se vende esta piel.

tagalo, la adj. y s. Dícese de los miembros de la población indígena de Filipinas. || — M. Lengua oficial de los filipinos.

tagarnina f. Cardillo. || *Fam.* Puro, cigarrillo o tabaco de mala calidad. || *Amer.* Borrachera.

tagarote m. Halcón. || *Fig.* Escribiente de notario o escribano. || *Fam.* Hidalgo pobre. | Hombre alto y desgarbado. || *Amér. C.* Hombre de bien.

tagua f. Corozo o marfil vegetal. || Especie de fúlica.

tahalí m. Tira de cuero u otra materia que va del hombro derecho al costado izquierdo y de la cual pende la espada. || *Por ext.* Pieza de cuero que sostiene el machete, la bayoneta, etc. || Caja de cuero en que se solían llevar reliquias. (Pl. *tahalíes*.)

tahitiano, na adj. y s. De Tahití. || — M. Lengua de Polinesia de la familia malaya.

tahona f. Molino de harina movido por caballería. || Panadería.

tahonero, ra m. y f. Persona propietaria de una tahona o que está encargada de ella.

tahúr m. Jugador empedernido, especialmente el fullero.

tahurería f. Garito. || Afición exagerada al juego. || Fullería.

taifa f. Bandería, facción: *reino de taifa.* || *Fig.* y *fam.* Reunión de gente de mala vida: *una taifa de ladrones.*

taiga f. Selva del norte de Eurasia y América, de subsuelo helado, formada principalmente por coníferas, abedules y arces. (En Rusia y Siberia está limitada al S., por la estepa y, al N., por la tundra.)

tailandés, esa adj. y s. De Tailandia.

taimado; da adj. y s. Astuto y disimulado: *persona taimada.*

taimería f. Astucia, disimulación, picardía.

taino, na adj. y s. Dícese del indígena de una población arauca que vivía en Puerto Rico, Haití y al E. de Cuba. (Fueron diezmados por los conquistadores españoles.) || — M. Dialecto que hablaban.

tairona adj. y s. Decíase de una población indígena del N. de Colombia.

taita m. Nombre cariñoso con que el niño designa a sus padres o a quien le cuida. || *Arg.* y *Chil.* Nombre dado a las personas de respeto: *taita cura.* || *Arg.* Entre los gauchos, matón.

tajada f. Porción que se corta de una cosa: *una tajada de melón.* || *Pop.* Curda, borrachera. || *Fig.* y *fam.* Sacar *tajada*, sacar provecho, aprovecharse.

tajado; da, adj. Cortado verticalmente: *roca, peña tajada.* || Dícese del escudo heráldico partido diagonalmente. || *Fam.* Borracho, embriagado.

tajadura f. Corte.

tajante adj. Cortante. || *Fig.* Completo, sin término medio: *diferencia tajante.* | Categórico, definitivo: *contestación tajante.* | Perentorio, terminante: *tono tajante.*

tajar v. t. Cortar: *tajar carne.* || — V. pr. *Fam.* Embriagarse.

tajea f. Atarjea. || Alcantarilla para el paso del agua debajo de los caminos.

tajo m. Corte profundo. || Filo de un instrumento cortante. || Tarea, faena y lugar donde trabaja una cuadrilla de trabajadores: *los peones van al tajo.* || Corte profundo en el terreno: *el tajo de Roncesvalles.* || Trozo de madera donde se pica o corta la carne. || Trozo de madera sobre el cual se decapitaba a los condenados. || Corte que se da con la espada o el sable: *tirar tajos y estocadas.* || *Col.* y *Venez.* Camino de herradura: *las caballerías suben por el tajo.*

tajón m. Tajo para cortar la carne: *el tajón del carnicero.* || *Fam.* Borrachera, tajada.

tal adj. Semejante: *nunca se ha visto tal cinismo.* || Así: *tal es su opinión.* || Tan grande: *tal es su fuerza que todos le temen.* || Este, este: *no me gusta hacer tal cosa.* || Calificativo que se aplica a una persona o cosa de nombre desconocido u olvidado: *Fulana de Tal; en la calle tal.* || — Pron. Tal cosa: *no dije tal.* || Alguno: *tal habrá que lo siento así.* || — Adv. Así: *tal estaba tan emocionado que no me vio.* || De este modo: *cual el Sol ilumina la Tierra, tal ilumina las estrellas.* || — *Con tal de o que,* con la condición que; siempre que. || *¿Qué tal?, ¿cómo está usted?; ¿cómo va la cosa?; ¿qué le parece?* || *Tal cual,* sin cambio; regular, ni bien ni mal; alguno que otro. || *Tal vez,* quizás. || *Y tal y cual,* etcétera.

tala f. Corte de un árbol por el pie. || Poda. || Destrucción, estrago. || Juego de niños que se hace con un palito de madera. || Defensa hecha con árboles cortados. | *Arg.* Árbol espinoso de madera empleada en carpintería y en ebanistería.

talabartería f. Taller o tienda de talabartero.

talabartero m. Guarnicionero.

talabricense adj. y s. De Talavera de la Reina.

talacha f. *Méx.* Trabajo, sobre todo de tipo manual: *estos mecánicos saben hacer buena talacha.*

talacha f. y **talacho** m. *Méx.* Zapapico, azada, útil de labranza.

talador, ra adj. y s. Que tala.

taladrador, ra adj. y s. Que taladra. || — F. Máquina de taladrar o perforar metales.

taladrar v. t. Agujerear con el taladro. || *Fig.* Herir los oídos un sonido agudo.

taladro m. Barrena u otro instrumento con que se perfora u horada una cosa. || Agujero hecho con estos instrumentos.

tálamo m. Cama conyugal: *tálamo nupcial.* || Receptáculo de una flor. || *Anat.* Parte del encéfalo situada en la base del cerebro. (Llámase también *tálamos ópticos.*)

talán m. Sonido de la campana.

talanquera f. Valla o pared que sirve de defensa.

talante m. Humor, disposición de ánimo: *estar de buen (o mal) talante.* || Voluntad, grado: *hacer algo de buen talante.*

talar adj. Dícese de la vestidura que llega a los talones: *traje talar.* || *Arg.* Monte de talas.

talar v. t. Cortar por el pie: *talar árboles.* || Podar, cortar las ramas inútiles. || Destruir, arrasar: *talar campos, edificios,* etc.

talareño, ña adj. y s. De Talara (Perú).

talasocracia f. Dominio de una nación en los mares.

talasoterapia f. Uso terapéutico de los baños o del aire de mar.

talavera f. Porcelana de Talavera.

talaverano, na adj. y s. De Talavera.

talayot y **talayote** m. Monumento megalítico de las Baleares parecido a una torre de poca altura.

talco m. Silicato natural de magnesio, de textura hojosa, suave al tacto, que se usa en farmacia reducido a polvo.

talega f. Saco de tela fuerte para envasar o transportar cosas: *talega de pan.* || Su contenido: *una talega de arroz.* || Bolsa de tafetán usada antes por las mujeres para preservar el peinado. || *Fig.* y *fam.* Caudal, dinero. | Pecados que se confiesan. | Saco, persona rechoncha.

talegada f. Contenido de una talega. || Talegazo.

talegazo m. Golpe dado con una talega. || *Fam.* Caída.

talego m. Talega.

taleguilla f. Talega pequeña. || Calzón de torero: *el matador iba con la taleguilla rota.*

talento m. Moneda imaginaria de los griegos y romanos. || Aptitud natural para hacer una cosa determinada: *pintor de gran talento.* || Entendimiento, inteligencia: *hace falta mucho talento para hacerlo.*

talentoso, sa o **talentudo, da** adj. Que tiene talento: *pianista talentoso.*

talero m. *Arg.* y *Chil.* Fusta.

talgüén o **talhuén** m. *Chil.* Arbusto de madera fuerte.

talio m. Metal blanco (Tl) parecido al plomo, existente en las piritas, de número atómico 81, que fue descubierto en 1861.

talión m. Castigo idéntico a la ofensa causada: *ley del talión.*

talismán m. Objeto que tiene la virtud de proteger al que lo lleva o de darle algún poder mágico. || *Fig.* Lo que tiene un poder irresistible y efectos maravillosos.

talla f. Obra esculpida, especialmente en madera: *una talla del s. XIV.* || Estatura: *hombre de buena talla.* || Instrumento para medir a las personas. || *Fig.* Capacidad: *tiene talla para ocupar este cargo.* || Operación consistente en labrar las piedras preciosas: *la talla del diamante.* || Operación para extraer los cálculos de la vejiga. || Tributo antiguo. || Premio ofrecido por la captura de un delincuente o el rescate de un cautivo. || Mano en el juego de la banca y otros. || *Fig. De talla*, de importancia.

tallado, da adj. Con los adv. *bien o mal*, de buen o mal aspecto. || — M. Acción y efecto de tallar el diamante, la madera, el metal, etc.: *el tallado de piedras preciosas.*

tallador m. Grabador en hueco o de medallas. || *Mil.* El que talla a los reclutas. || *Arg.* Banquero de una casa de juego.

talladura f. Entalladura.

tallar adj. Que puede ser talado o cortado: *leña tallar.* || — M. Bosque en que se puede hacer la primera corta.

tallar v. t. Esculpir: *tallar una imagen.* || Labrar piedras preciosas: *tallar diamantes.* || Grabar metales. || Cargar de tallas o tributos. || Tasar, valuar. || Medir con la talla: *tallar quintos.* || Llevar la banca en los juegos de azar.

tallarín m. Cinta estrecha de pasta de macarrones.

talle m. Figura, disposición del cuerpo: *talle esbelto.* || Cintura: *la cogió por el talle.* || Parte del vestido que corresponde a esta parte del cuerpo: *falda alta de talle.* || Medida que se toma del cuello a la cintura.

taller m. Lugar en el que se hace un trabajo manual: *taller de sastre, de pintura y carrocería.*

tallista com. Persona que talla en madera. || Persona que graba metales.

tallo m. *Bot.* Órgano del vegetal que lleva las hojas, las flores y los frutos. | Renuevo, brote. | Germen. | Tallo de los líquenes.

talludo, da adj. De tallo grande. || *Fig.* Muy crecido, alto para su edad. | Dícese de la persona que ya ha dejado de ser joven.

talma f. Esclavina.

talmúdico, ca adj. Del Talmud.

talmudista m. y f. Persona que sigue la doctrina del Talmud o que la estudia.

talo m. Órgano vegetativo de las plantas en las que no se diferencian la raíz, el tallo y las hojas.

talófitas f. pl. Tipo de plantas que comprende las algas, los hongos y los líquenes.

talón m. Parte posterior del pie. || Parte del zapato o calcetín que la cubre. || Pulpejo del casco de las caballerías. || Parte del arco de un instrumento músico de cuerda inmediata al mango: *el talón de un arco de violín.* || Moldura cóncava por abajo y convexa por arriba. || Cada uno de los bordes reforzados de la cubierta del neumático. || Parte que se arranca de cada hoja de un talonario. || Patrón monetario: *el talón oro.* || Extremo posterior de la quilla del barco. || *Fig. y Fam. Pisarle a uno los talones*, seguirle de muy cerca; estar a punto de alcanzarle.

talonario m. Cuaderno que consta de varias hojas que se dividen en dos partes: una llamada *talón*, que se en-

trega, y otra denominada *matriz*, que se conserva como justificante: *un talonario de cheques* (ú. t. c. adj.).

talonazo m. Golpe con el talón.

talonera f. Refuerzo que se pone en el talón de las medias o calcetines o en la parte baja de los pantalones.

talque m. Tierra refractaria con la que se suelen fabricar crisoles.

talquera f. Recipiente donde se guardan los polvos de talco.

talquino, na adj. y s. De Talca.

talquita f. Roca pizarrosa formada sobre todo de talco.

talud m. Inclinación del paramento de un muro o de un terreno: *el talud de una vía férrea.*

tamal m. *Amer.* Empanada de masa de harina de maíz, envuelta en hojas de plátano o de maíz y rellena de diferentes condimentos. || *Chil.* Bulto grande. || *Fam. Amer.* Lío, intriga: *amasar un tamal.*

tamalada f. *Amer.* Comida a base de tamales.

tamalear v. t. *Méx.* Hacer o comer tamales.

tamalería f. Tienda donde se venden tamales.

tamalero, ra m. y f. *Méx.* Persona que se dedica a hacer o vender tamales.

tamanduá m. Mamífero desdentado parecido al oso hormiguero, aunque más pequeño.

tamango m. *Fam. Arg., Bol., Chil., Per.* y *Urug.* Zapato, por lo general grande o viejo.

tamañito, ta adj. *Fig.* y *fam. Dejar a uno tamañito con algo*, dejarlo confuso, achicado.

tamaño, ña adj. Tal, tan grande o tan pequeño: *no me vengas con tamaña historia.* || — M. Dimensiones o volumen: *el tamaño de un balón.*

támara f. Palmera de Canarias. || Terreno poblado de estas palmeras. || — Pl. Dátiles en racimo. || Leña menuda.

tamarindo m. Árbol papilionáceo de flores amarillas cuyo fruto, de sabor agradable, se usa como laxante. || Su fruto.

tamarisco y **tamariz** m. Taray.

tamarugal m. *Chil.* Terreno plantado de tamarugos.

tamarugo m. *Chil.* Especie de algarrobo que hay en la pampa.

tamaulipeco, ca adj. y s. De Tamaulipas (México).

tamba f. *Ecuad.* Chiripá usado por los indios.

tambache m. *Méx.* Envoltorio de ropa, hato.

tambaleante adj. Vacilante, titubeante. || Inestable. || *Fig.* Poco firme: *instituciones tambaleantes.*

tambalear v. i. Moverse a uno y otro lado como si se fuera a caer. Ú. m. c. pr.: *tambalearse al andar.* || Ser inestable. Ú. m. c. pr.: *mueble que se tambalea.* || *Fig.* Perder su firmeza. Ú. m. c. pr.: *las estructuras de esta organización se han tambaleado.*

tambaleo m. Falta de estabilidad. || Titubeo.

tambarria f. *Amer.* Parranda.

tambero m. *Amer.* Dueño de un tambo. || — Adj. *Amer.* Del tambo. || *Arg.* Manso: *ganado tambero.* || *Arg.* y *Chil.* Que posee vacas lecheras.

también adv. Igualmente: *a mí también me gusta el teatro.*

tambo m. *Amer.* Posada, venta, parador. || *Arg.* Vaquería, lechería.

tambor m. Instrumento músico de percusión, de forma cilíndrica, hueco, cerrado por dos pieles tensas y que se toca con dos palillos. || El que lo toca: *los tambores de una banda de música.* || Cilindro hueco, de metal, para diversos usos: *tambor para tostar café, de una máquina de lavar.* || Depósito cilíndrico con una manivela que lo hace girar y que sirve para meter las bolas de una rifa o lotería. || Cilindro en que se enrolla un cable. || Aro de madera en que se extiende la tela que se borda. || Cilindro giratorio donde se ponen las balas de un revólver. || Tamiz del pastelero para cernir el azúcar. || Tímpano del oído. || *Arq.* Recinto hecho con tabiques dentro de otro. | Muro cilíndrico que sirve de base a una cúpula. | Cada uno de los bloques cilíndricos que forman el fuste de una columna. || *Mar.* Cabrestante del timón. || *Mec.* Rueda de canto liso, de más espesor que la polea. | Pieza circular de acero, solidaria de la rueda, en cuyo interior actúan las zapatas del freno. || *Amer.* Bote o barrilete que sirve de envase. || *Méx.* Colchón de muelles.

tambora f. *Amer.* Grupo de músicos con instrumentos de percusión.

tamborear v. i. Tamborilear.

tamboreo m. Tamborileo.

tamboril m. Tambor más largo y estrecho que el corriente, y que se toca con un solo palillo.

tamborilada f. y **tamborilazo** m. *Fig.* y *fam.* Golpe que se da al caer en el suelo. || Manotazo dado en la cabeza o en las espaldas.

tamborilear v. i. Tocar el tambor o el tamboril. || Imitar el ruido del tambor, repiquetear: *tamborilear en la mesa con los dedos.* || — V. t. Celebrar, alabar, ponderar. || *Impr.* Igualar las letras del molde con el tamborilete.

tamborileo m. Acción de tocar el tambor o tamboril y ruido producido.

tamborilero m. El que toca el tambor o el tamboril.

tamborilete m. *Impr.* Tablita cuadrada para nivelar las letras de un molde.

tameme m. *Chil., Méx.* y *Per.* Mozo de cuerda indio.

tamil o **tamul** adj. inv. y s. Dícese de un grupo étnico del S. de la India (Madrás y Ceilán).

tamiz m. Cedazo muy tupido.

tamizar v. t. Pasar por el tamiz, cerner: *tamizar harina.* || Dejar pasar parcialmente: *luz tamizada.*

tampiqueño, ña adj. y s. De Tampico (México).

tampoco adv. Sirve para expresar una segunda negación: *tampoco te lo daré*.

tampón m. Almohadilla para entintar sellos.

tam-tam m. *Mús.* Tantán.

tamujal m. Terreno poblado de tamujos.

tamujo m. Planta euforbiácea existente en las orillas de los ríos.

tamul adj. y s. Tamil. || — M. Lengua hablada por los tamiles.

tan m. Ruido producido al tocar el tambor u otro instrumento parecido. || Corteza de encina. || — Adv. Apócope de *tanto*. || Expresa también la comparación: *es tan alto como su hermano; ¡no seas tan presumido!* || Muy: *¡es tan tonto!* || Tan siquiera, siquiera.

tanaceto m. Planta vermífuga.

tanagra f. Pequeño pájaro cantor de la América tropical. || Estatuita de terracota que se fabricaba en Tanagra (Beocia).

tanate m. *Méx.* Canasta tejida de palma.

tancolote m. *Méx.* Cesto.

tanda f. Turno: *ésta es su tanda.* || Tarea. || Capa de varias cosas superpuestas. || Grupo de personas o de bestias que se turnan en un trabajo: *la primera, la última tanda.* || Serie: *tanda de carambolas.* || Gran cantidad: *tanda de azotes.* || Partida de algún juego, especialmente de billar. || Período de trabajo o descanso en las minas. || *Amer.* Sesión de una representación teatral: *teatro por tandas.*

tándem m. Bicicleta para dos personas sentadas una tras otra. || Tiro de dos caballos que están enganchados uno delante del otro. || *Fig.* Asociación de dos personas o grupos. (Pl. *tándemes.*)

tandilense adj. y s. De Tandil.

tanganero, ra adj. y s. *Méx.* Holgazán.

tanganillas (en) adv. Muy poco seguro; en equilibrio inestable.

tanganillo m. Objeto para sostener una cosa que va a caerse.

tángano, na adj. *Méx.* Persona de baja estatura.

tangencia f. Estado de lo que es tangente: *la tangencia de dos círculos.* || Punto de tangencia, punto único en que dos líneas o superficies se tocan.

tangencial adj. Relativo a la tangente: *fuerza tangencial.* || Tangente: *línea tangencial.*

tangente adj. Aplícase a las líneas y superficies que se tocan en un solo punto sin cortarse: *dos circunferencias tangentes.* || — F. Recta que toca en un solo punto a una curva o a una superficie. | Relación entre el seno y el coseno de un ángulo (símb., *tg*). || *Fig.* y *fam.* Irse (o salir) por la tangente, salir hábilmente de un aprieto; contestar con evasivas a una pregunta embarazosa.

tangerino, na adj. y s. De Tánger: *el comercio tangerino.*

tangible adj. Que se puede tocar. || *Fig.* Sensible, real.

tango m. Baile de origen argentino. || Música y letra que lo acompaña. || *Cub.* Baile de negros. || *Hond.* Especie de tambor indígena.

tangram m. Especie de puzzle o rompecabezas de origen chino formado por figuras geométricas.

tanguear v. i. *Arg.* y *Urug.* Tocar o cantar tangos.

tanguero, ra adj. Relativo al tango. || — Adj. y s. *Arg.* y *Urug.* Que gusta del tango. || — M. y f. *Arg.* y *Urug.* Autor o cantor de tangos.

tanguillo m. Baile y canción andaluza.

tanguista com. Persona que canta o baila en un cabaret. || *Fig.* Persona de vida alegre y libertina.

tanino m. Sustancia astringente que hay en la nuez de agallas, en la corteza de la encina y otros árboles, empleada para curtir las pieles.

tano, na adj. *Fam. Arg., Parag.* y *Urug.* Relativo a Italia. || — M. y f. *Fam. Arg., Parag.* y *Urug.* Natural de Italia.

tanque m. *Mil.* Carro de combate. || Vehículo cisterna; barco cisterna: *tanque petrolero.* || Depósito, cisterna para ciertos líquidos. || Aljibe: *tanque para almacenar agua.* || Propóleos de las abejas.

tantalio m. Metal blanco plateado (Ta) de número atómico 73, muy duro y de aspecto semejante al del acero.

tántalo m. Ave zancuda tropical, de plumaje blanco con las remeras negras, semejante a la cigüeña. || Tantalio.

tantán m. En África, especie de tambor que se toca con las manos. || Batintín, gong.

tanteada f. *Méx.* Doblez, mala pasada.

tanteador m. El que tantea en el juego. || Marcador para ir apuntando los tantos de los contendientes en un encuentro deportivo o juego de naipes.

tantear v. t. Apuntar los tantos en el juego (ú. t. c. i.). || Ver si una cosa ajusta bien con otra. || *For.* Dar por una cosa, en virtud de cierto derecho, el precio en que se adjudicó a otro en pública subasta. || *Fig.* Examinar una cosa detenidamente antes de decidirse: *tantear un asunto.* | Probar: *tantear el terreno.* | Explorar la intención de uno: *tantear a una persona.* || *Amer.* Calcular aproximadamente. || — V. i. Andar a tientas. || — V. pr. *For.* Pagar la cantidad en que una cosa está arrendada o rematada. || Someterse a prueba.

tanteo m. Ensayo, prueba. || Número de tantos que se apuntan los jugadores o competidores. || Cálculo aproximado de algo. || Derecho que tiene alguien para comprar una cosa por el mismo precio en que fue vendida al que la acaba de adquirir.

tanto, ta adj. Dícese de una cantidad imprecisa y se emplea como correlativa de *cuanto: cuanto más trabajo, tanto más ingresos.* || Tal cantidad: *no*

quiero tanto café. || Tal número: *¡tengo tantas amigas!; ¡había tanto pájaro en aquel jardín!* || — Adv. De tal modo: *no grites tanto.* || Muy largo tiempo: *para venir aquí no tardará tanto.* || — A tanto, hasta tal punto. || Al tanto, al corriente: *estar al tanto de todo lo que pasa.* || Algún tanto, un poco. || Con tanto que, con tal que. || En tanto (o entre) tanto, mientras. || No ser para tanto, no ser tan grave ni tan importante. || Otro tanto, lo mismo. || Por lo tanto, por consiguiente. || Por tanto, por eso, por lo que. || Tanto como, lo mismo que. || Tanto mejor, expresión que denota satisfacción. || Tanto peor, expresión que denota la resignación ante un hecho desafortunado. || ¡Y tanto!, expresión usada para reforzar un asentimiento: *Creo que le gustó mucho la película. —¡Y tanto!* || — M. Número que se apunta en cada jugada: *jugar una partida a cien tantos.* || En algunos deportes, gol: *el Atlético se apuntó cuatro tantos.* || Ficha que representa los puntos en ciertos juegos. || Porcentaje: *me darás un tanto de la ganancia.* || — Pl. Número indeterminado: *en la clase hay veinte y tantos niños; el año mil novecientos sesenta y tantos.* || — A tanto alzado, a destajo. || Uno de tantos, uno cualquiera. || Un tanto, algo, un poco: *es un tanto parlanchina;* muy: *un acontecimiento un tanto extraordinario.* || Un tanto por ciento, porcentaje. || — F. pl. *Fam.* Las tantas, hora muy tardía: *llega al trabajo a las tantas.*

tántum ergo m. Estrofa quinta del himno *Pange lingua* que se canta antes de la bendición del Santísimo Sacramento.

tañedor, ra m. y f. Persona que tañe un instrumento músico: *tañedor de guitarra.*

*tañer v. t. Tocar un instrumento músico, como la guitarra, la flauta, etc. || — V. i. Repicar las campanas: *tañer a muerto.* | Tabalear.

tañido m. Sonido de cualquier instrumento que se tañe: *el tañido del arpa.*

taoísmo m. Antigua religión china, mezcla del culto a los espíritus de la naturaleza y de los antepasados, de la doctrina de Lao Tse y de otras creencias.

taoísta adj. y s. Que profesa el taoísmo.

tapa f. Pieza que cubre o cierra una caja, vasija, etc.: *la tapa de un cofre.* || Cada una de las dos cubiertas de un libro encuadernado. || Capa de suela en el tacón del calzado. || Bocado ligero que se suele tomar con las bebidas: *una tapa de mariscos.* || Carne del medio de la pata trasera. || — *Fam.* La tapa de los sesos, el cráneo. || Levantarse (o saltarse) la tapa de los sesos, suicidarse de un tiro en la cabeza.

tapaboca m. Golpe dado en la boca. || Bufanda. || *Fig.* y *fam.* Palabras con las cuales uno obliga a callar a otra persona.

tapabocas m. inv. Tapaboca, bufanda. || Taco para cerrar el cañón de las piezas de artillería.

tapachulteco, ca adj. y s. De Tapachula (México).

tapacubos m. inv. Tapa metálica para cubrir el buje de la rueda.

tapadera f. Tapa de una vasija: *la tapadera de un cazo*. || Pieza con que se tapa un agujero. || *Fig.* Persona que encubre a alguien o disimula algo.

tapadillo m. Acción de taparse el rostro las mujeres con el manto. || *Mús.* Registro del órgano. || *Fam.* Asunto del cual se habla secretamente. || *De tapadillo*, a escondidas.

tapado, da adj. y s. *Arg.* Dícese de la caballería sin mancha en su capa. || *Col.* Comida de carne preparada en barbacoa. || *Amer.* Entierro, tesoro oculto. | Abrigo de mujer o niño. || *Méx.* Presunto candidato, especialmente en elecciones presidenciales, cuyo nombre se guarda en secreto hasta última hora.

tapadura f. y **tapamiento** m. Acción y efecto de tapar o taparse.

tapajuntas m. inv. Listón de madera con que se tapan las juntas de puertas, ventanas o cualquier otra cosa que sirve para lo mismo.

tápalo m. *Méx.* Chal o mantón.

tapanco m. *Méx.* Desván.

tapar v. t. Cubrir o cerrar: *tapar una cacerola, un agujero.* || Abrigar: *tapar al niño en la cuna.* || Ocultar: *sol tapado por las nubes.* || *Fig.* Encubrir a alguien, ocultar alguna falta suya. || *Chil.* Empastar las muelas. || — V. pr. Cubrirse: *taparse la cabeza.*

tapara f. Fruto del taparo.

taparo m. *Amer.* Árbol parecido a la güira.

taparrabo m. Pedazo de tela con que se tapan ciertos salvajes la parte inferior del vientre y los muslos. || Calzón corto, usado generalmente como bañador, que cubre sólo el bajo vientre.

tapatío, tía adj. y s. *Méx.* De Guadalajara (México).

tapayaxín m. *Méx.* Reptil de la familia de los iguánidos; sapo cornudo.

tape m. *Arg.* Indio guaraní.

tapera f. En América, ruinas de un pueblo. | Vivienda ruinosa y abandonada.

tapete m. Alfombra pequeña. || Paño que se pone por adorno o protección encima de un mueble. || — *Fig. Estar una cosa sobre el tapete*, estar en discusión o en estudio. || *Tapete verde*, mesa de juego.

tapetí m. Lepórido de Argentina y Brasil.

tapia f. Pared de tierra amasada y apisonada en un molde. || Cerca: *saltar la tapia.* || *Fig.* y *fam. Más sordo que una tapia*, muy sordo.

tapiar v. t. Cercar con tapias.

tapicería f. Conjunto de tapices. || Lugar donde se guardan tapices: *la tapicería nacional.* || Arte del tapicero. || Su tienda. || Tela con que se cubren

los sillones, los asientos de un coche, etc.

tapicero, ra m. y f. Persona que teje tapices. || Persona cuyo oficio consiste en tapizar muebles y paredes, poner cortinajes, etc.

tapioca f. Fécula blanca que se saca de la raíz de la mandioca y sirve para sopa. || Sopa hecha con esta fécula.

tapir m. Mamífero perisodáctilo de Asia y América del Sur, parecido al jabalí.

tapisca f. *Amér. C.* y *Méx.* Cosecha del maíz.

tapiscar v. t. *Amér. C.* y *Méx.* Cosechar el maíz.

tapiz m. Paño tejido de lana o seda, con dibujos de varios colores, con que se adornan las paredes: *tapiz de los Gobelinos.* || Alfombra.

tapizar v. t. Cubrir las paredes con tapices. || *Fig.* Forrar cualquier superficie, las paredes, el suelo o los sillones con tela. | Cubrir, alfombrar.

tapón m. Objeto de corcho, plástico o de cristal usado para tapar las botellas, frascos y otros recipientes de abertura. || Masa de hilas o algodón que se usa para limpiar una herida u obstruir un conducto. || *Fig.* Cosa que obstruye algo: *un tapón de cerumen en el oído.* | Aglomeración de vehículos que impide la circulación fluida. || *Fig.* y *fam.* Persona baja y rechoncha. (Se dice tb. *tapón de alberca.*)

taponamiento m. Obstrucción de una herida con tapones. || Tapón de circulación.

taponar v. t. Cerrar con tapón un orificio: *taponar una botella.* || Obstruir con tapones una herida o los orificios del oído. || *Fig.* Obstruir: *taponar una brecha.*

taponazo m. Golpe o estampido que da el tapón de una botella al destaparse bruscamente.

taponería f. Fábrica o tienda de tapones. || Industria taponera.

taponero, ra adj. Relativo a los tapones: *industria taponera.* || — M. y f. Persona que fabrica o vende tapones.

tapujo m. Embozo, disfraz que disimula una parte de la cara. || *Fig.* y *fam.* Rodeo, disimulo. | Secreto: *andar siempre con tapujos.*

tapuya adj. y s. Aplícase a los indios que ocupaban casi la totalidad del Brasil.

taquear v. i. *Méx.* Comer tacos.

taquera f. Estante donde se guardan los tacos de billar.

taquería f. *Méx.* Lugar donde se venden tacos para comer.

taquero, ra m. y f. *Méx.* Vendedor de tacos.

taquia f. *Bol.* Excrementos de llama usados en las mesetas andinas como combustible.

taquicardia f. Ritmo demasiado rápido de las contracciones cardíacas.

taquigrafía f. Escritura formada por signos convencionales que permite escribir a la velocidad de la palabra.

taquigrafiar v. t. Escribir taquigráficamente.

taquigráfico, ca adj. Relativo a la taquigrafía: *texto taquigráfico.*

taquígrafo, fa m. y f. Persona capaz de utilizar la taquigrafía: *trabaja de taquígrafo.*

taquilla f. Armario o casillero donde se guardan papeles, fichas, ropa, etc. || Casillero para billetes de ferrocarril, de teatro, etc. || Sitio donde se despachan los billetes y entradas. || *Fig.* Dinero recaudado por la venta de las entradas: *esta obra de teatro ha hecho taquilla.*

taquillero, ra m. y f. Persona encargada de vender los billetes en la taquilla del ferrocarril o de un espectáculo. || — Adj. *Fig.* Aplícase al artista o espectáculo que atrae mucho público.

taquimecanógrafo, fa m. y f. Persona que escribe utilizando la taquigrafía y la mecanografía.

taquimetría f. Arte de levantar planos con el taquímetro.

taquímetro m. Instrumento parecido al teodolito que sirve para medir a un tiempo ángulos y distancias. || Contador de velocidad, velocímetro.

tara f. Peso del embalaje, vehículo transportador, etc., que se tiene que rebajar del de la mercancía. || Tarja para ajustar cuentas. || Defecto: *tara hereditaria.*

tarabilla f. Cítola del molino. || Taruguillo de madera para cerrar las puertas y ventanas. || Listón que mantiene tenso el cordel de la sierra. || *Fig.* y *fam.* Persona que habla mucho, sin reflexión ni orden. | Retahíla de palabras desordenadas. || *Amer.* Bramadera.

taracea f. Obra de incrustaciones sobre madera.

taracear v. t. Adornar con taraceas: *caja de caoba taraceada.*

tarado, da adj. Defectuoso, estropeado.

tarahumara adj. y s. Indígena mexicano de una tribu que vive en la Sierra de Chihuahua.

taraje m. Taray, árbol.

tarambana adj. y s. com. *Fam.* Aplícase a la persona alocada.

tarantela f. Baile del sur de Italia, de movimiento muy vivo. || Su música.

tarántula f. Araña muy grande, de picadura venenosa.

tarapaqueño, ña adj. y s. De Tarapacá (Chile).

tarar v. t. Determinar el peso de la tara: *tarar un género.*

tararear v. t. Canturrear.

tarareo m. Acción de tararear.

tararira f. *Arg.* y *Urug.* Pez de río muy voraz de color pardo grisáceo.

tarasca f. Figura de monstruo en forma de dragón que se sacaba en algunos sitios en la procesión del Corpus. || *Fig.* y *fam.* Mujer fea y perversa. | *Arg.* Comida cuadrangular, tuerta.

tarascada f. Mordisco. || Rasguño hecho con las uñas. || *Fig.* y *fam.* Respuesta áspera y grosera.

tarasco, ca adj. y s. Dícese de un ant. pueblo indio del NO. de México (Michoacán, Guanajuato y Querétaro), cuya civilización estuvo en su apogeo en el s. XV cerca del lago de Pátzcuaro.

tarascón m. Tarasca. || *Arg.* Tarascada, mordisco.

taray m. Arbusto tamaricáceo común en las orillas de los ríos.

tarayal m. Terreno poblado de tarayes.

tarazana f. y **tarazanal** m. Atarazana.

tarco m. *Arg.* Árbol saxifragáceo, de madera utilizada en la fabricación de muebles.

tardanza f. Dilación, demora, retraso. || Lentitud.

tardar v. i. Emplear cierto tiempo en efectuar algo: *tardaré una hora en acabar este libro.* || Emplear mucho tiempo: *el tren tarda en llegar.* || Dejar transcurrir cierto tiempo antes de hacer algo: *¡cuánto has tardado antes de venir a verme!*

tarde f. Tiempo entre el mediodía y el anochecer: *las cuatro de la tarde.* || — Adv. A una hora avanzada del día o de la noche: *terminar tarde.* || Después de la hora o del momento normal o conveniente: *ha llegado tarde; ya es tarde para marcharse.* || — *Buenas tardes,* saludo que se emplea por la tarde. || *De tarde en tarde,* de vez en cuando, raras veces.

tardecer v. t. Atardecer.

tardígrado, da adj. y s. m. Aplícase a los animales que caminan con lentitud.

tardío, a adj. Que madura tarde: *trigo tardío.* || Que llega u ocurre tarde: *gloria tardía; hija tardía.* || Que se da más tarde de lo conveniente: *consejo tardío.* || Que tarda mucho en hacer las cosas, lento: *tardío en decidirse.*

tardísimo adv. Muy tarde.

tardo, da adj. Lento: *¡qué tardo es vistiéndose!* || Tardío. || Torpe: *tardo en comprender.*

tardón, ona adj. y s. Tardo.

tarea f. Labor, obra, trabajo: *una tarea difícil.* || Trabajo en un tiempo limitado. || Deberes de un colegial. || *Fig. Tarea le mando,* tendrá que hacer un gran esfuerzo.

tarentino, na adj. y s. De Tarento (Italia).

tarifa f. Escala de precios, derechos o impuestos: *tarifas arancelarias.*

tarifar v. t. Aplicar una tarifa. || — V. i. *Fam.* Enfadarse dos personas. || *Fam. Salir tarifando,* largarse, irse.

tarifeño, ña adj. y s. De la ciudad de Tarifa.

tarijeño, ña adj. y s. De Tarija (Bolivia).

tarima f. Plataforma movible de poca altura: *la mesa del orador estaba sobre una tarima.* || Banquillo para los pies.

tarja f. Escudo grande que cubría todo el cuerpo. || Antigua moneda de vellón. || Chapa de contraseña. || Caña o palo en que se marcaba con una muesca lo que se vendía fiado. || *Fam.* Golpe. || *Arg.* y *Chil.* Tarjeta.

tarjar v. t. Marcar en la tarja lo que se vende fiado. || *Chil.* Tachar lo escrito.

tarjeta f. Cartulina rectangular con el nombre de una persona y generalmente con su actividad y dirección: *tarjeta de visita.* || Cartulina que lleva impreso o escrito un aviso, permiso, invitación, etc.: *tarjeta comercial, de invitación.* || Membrete de los mapas. || Adorno arquitectónico que suele llevar inscripciones o emblemas. || — *Tarjeta perforada,* ficha de cartulina rectangular en que se registran informaciones numéricas o alfabéticas. || *Tarjeta postal,* cartulina generalmente ilustrada por una cara que se suele mandar sin sobre.

tarjeteo m. Intercambio frecuente de tarjetas.

tarjetero m. Cartera en que se llevan tarjetas, billetero.

tarjetón m. Tarjeta grande.

tarlatana f. Tela de algodón.

tarmeño, ña adj. y s. De Tarma (Perú).

tarquino, na adj. y s. *Arg.* Aplícase al animal vacuno de raza fina: *vacas tarquinas.*

tarraconense adj. y s. De Tarragona. || De la provincia romana del mismo nombre.

tárraga f. Baile español del s. XVII.

tarraja f. *Mec.* Terraja.

tarramenta f. *Cub.* y *Méx.* Cornamenta.

tarro m. Vasija cilíndrica de barro o vidrio: *un tarro de mermelada.* || *Arg.* Vasija de lata. || *Antill., Méx.* y *Urug.* Cuerno.

tarsana f. *Per.* Corteza de quillay que contiene saponina.

tarso m. Parte posterior del pie que contiene siete huesos y se articula con la pierna. || Parte de las patas de las aves que corresponde al tarso humano. || Corvejón de los cuadrúpedos.

tarta f. Pastel compuesto de una masa plana y fina cubierta de nata, frutas cocidas, mermelada, etc. || *Arg.* y *Urug.* Tarta pascualina, la salada hecha de masa hojaldrada, espinaca, cebolla y salsa blanca.

tártago m. Planta euforbiácea utilizada como purgante y emético.

tartajear v. i. Articular impropiamente las palabras por algún defecto o por mera torpeza.

tartajeo m. Mala articulación al hablar.

tartajoso, sa adj. Dícese de la persona que tartajea (ú. t. c. s.).

tartamudear v. i. Hablar con pronunciación entrecortada, repitiendo las sílabas.

tartamudeo m. Pronunciación entrecortada de las palabras con repetición de las sílabas.

tartamudez f. Defecto del tartamudo.

tartamudo, da adj. Persona que tartamudea (ú. t. c. s.).

tartán m. (n. registr.). Conglomerado de amianto, caucho y materias plásticas inalterable a la acción del agua, con el que se revisten las pistas de atletismo.

tartana f. Pequeña embarcación empleada para la pesca y el cabotaje en el Mediterráneo. || Carro de dos ruedas cubierto por un toldo con asientos laterales.

tartárico, ca adj. Tártrico.

tártaro m. Tartrato de potasio impuro que forma una costra en las vasijas. || Sarro de los dientes.

tártaro, ra adj. y s. De Tartaria. (Tb. se dice *tátaro.*)

tartera f. Fiambrera. || Cazuela de barro.

tartesio, sia adj. y s. De Tartesos.

tartrato m. *Quím.* Sal del ácido tártrico.

tártrico, ca adj. Dícese del ácido que se saca del tártaro.

taruga f. Especie de ciervo de América del Sur.

tarugo m. Pedazo de madera grueso y corto. || Clavija gruesa de madera. || Trozo prismático de madera para solar. || Adoquín de madera con que pavimentaban las calles. || *Fig.* y *fam.* Zoquete, necio.

tarumá m. *Riopl.* Árbol verbenáceo de fruto oleaginoso.

tarumba adj. *Fam.* Aturdido, atolondrado. | Loco: *esta chica le ha vuelto tarumba.*

tas m. Yunque pequeño.

tasa f. Tasación. || Documento en que se indica esta tasación. || Precio fijado oficialmente para ciertas mercancías: *tasa de importación.* || Medida, norma: *obrar sin tasa.* || Índice: *tasa de natalidad.*

tasación f. Justiprecio, estimación del precio de algo.

tasador, ra adj. Dícese de la persona que tasa (ú. t. c. s.).

tasajo m. Cecina.

tasar v. t. Poner precio a una cosa: *tasar el pan.* || Valorar, estimar el valor de una cosa. || *Fig.* Restringir algo por prudencia o avaricia: *tasar la comida al enfermo; en ese despacho tasan el papel.*

tasca f. Taberna. || Garito.

tascar v. t. Espadar: *tascar el cáñamo, el lino.* || *Fig.* Mascar ruidosamente la hierba las bestias al pacer. || *Fig. Tascar el freno,* aguantar con impaciencia contenida una sujeción.

tasmanio, nia adj. y s. De Tasmania.

tata f. Nombre que dan los niños a la niñera. || — M. *Fam. Amer.* Papá.

tatarabuelo, la m. y f. Padre o madre del bisabuelo o de la bisabuela.

tataranieto, ta m. y f. Hijo o hija del biznieto o de la biznieta.

tataré m. Árbol del Paraguay, de excelente madera amarilla.

tátaro, ra o **tártaro, ra** adj. y s. De Tartaria. || De la actual Tataria o rep. de los Tátaros.

¡tate! interj. ¡Cuidado! || ¡Poco a poco!, ¡despacio! || ¡Ya caigo!, ¡ya he caído en la cuenta!

tatemar v. t. Méx. Asar o tostar ligeramente. || Fig. Méx. Poner a alguien en ridículo.

tatetí m. Arg. y Urug. Juego del tres en raya.

tatito m. Fam. Amer. Tata, papá.

tato m. Fam. Hermano mayor.

tatole m. Fam. Méx. Acuerdo, convenio. | Conspiración.

tatú m. Mamífero desdentado de América tropical que tiene el cuerpo cubierto de placas córneas y que se enrolla en bola. || Arg. Nombre dado a varias especies de armadillo.

tatuaje m. Impresión de dibujos en la piel humana.

tatuar v. t. Imprimir en la piel humana, bajo la epidermis, dibujos indelebles hechos con una aguja y una materia colorante o quemados con pólvora.

tatusa f. Arg. Mujerzuela.

tau f. Decimonovena letra del alfabeto griego (τ), que corresponde a la t castellana. || Tao, insignia de ciertas órdenes.

taujía f. Ataujía.

taula f. Monumento megalítico de Baleares consistente en una gran losa apoyada en otra.

taumaturgia f. Facultad de hacer prodigios.

taumaturgo, ga m. y f. Persona capaz de hacer milagros o cosas prodigiosas.

taurino, na adj. Relativo a las corridas de toros: fiestas taurinas.

taurófilo, la adj. y s. Aficionado a las corridas de toros.

taurómaco, ca adj. Tauromáquico. || Entendido en tauromaquia (ú. t. c. s.).

tauromaquia f. Arte de lidiar los toros, toreo.

tauromáquico, ca adj. De la tauromaquia.

tautología f. Pleonasmo, repetición inútil de una idea por varias palabras que no añaden nada al sentido.

tautológico, ca adj. Pleonástico, de repetición viciosa.

taxáceo, a adj. y s. f. Aplícase a las plantas coníferas que son de la familia del tejo. || — F. pl. Familia que forman.

taxativo, va adj. Limitado al sentido preciso de un término o a una de sus acepciones.

taxi m. Automóvil de alquiler provisto de un taxímetro.

taxidermia f. Disecación de animales.

taxidermista com. Disecador.

taxífono m. Aparato telefónico que funciona con la introducción de una ficha o moneda.

taxímetro m. Contador que en los automóviles de alquiler marca la distancia recorrida y el importe del servicio. || Taxi.

taxista com. Conductor de taxi.

taxonomía f. Parte de la historia natural que trata de la clasificación de los seres.

tayuyá f. Arg. Planta cucurbitácea medicinal.

taza f. Vasija pequeña con asa que sirve para beber: una taza de porcelana. || Pila, recipiente de las fuentes. || Recipiente de un retrete. || Pieza cóncava del puño de la espada. || Chil. Palangana, jofaina.

tazol m. Amér. C. Tlazol del maíz.

tazón m. Taza grande, generalmente sin asa.

Tb, símbolo químico del terbio.

Tc, símbolo del elemento químico tecnecio.

te f. Nombre de la letra t. || Instrumento de dibujo para trazar líneas rectas paralelas.

te, dativo o acusativo del pron. pers. de 2.ª pers. en ambos gén. y núm. sing.: te digo que vengas; te llevaré allí; apártate de mí.

té m. Arbusto teáceo de Asia, originario de China, con cuyas hojas se hace una infusión en agua hirviente. || Hoja sacada de este arbusto. || Infusión hecha con estas hojas. || Reunión por la tarde en la que se suele servir té, galletas, etc.: convidar a alguien para el té. || — Fam. Dar el té, importunar. || Té de México, pazote. || Té de los jesuitas o del Paraguay, mate.

Te, símbolo químico del telurio.

tea f. Pedazo de madera resinosa que sirve para encender el fuego o como antorcha.

teatral adj. Relativo al teatro: revista teatral. || Exagerado, que quiere impresionar, efectista: tono teatral.

teatralidad f. Calidad de teatral: su teatralidad me indigna.

teatro m. Edificio destinado a la representación de obras dramáticas y a otros espectáculos. || Profesión de actor: persona dedicada al teatro. || Literatura dramática: el arte del teatro. || Conjunto de obras dramáticas: el teatro de Lope; el teatro griego. || Lugar de un suceso, escenario: el teatro de la batalla. || — Teatro de operaciones, zona donde se desarrollan las operaciones militares. || Fig. y fam. Tener (o hacer o echar) mucho teatro, tener cuento, simular o exagerar las cosas, ser muy comediante.

tebaico, ca adj. y s. De Tebas, ciudad de Egipto.

tebano, na adj. y s. De Tebas, ciudad de Grecia.

tebeo m. Nombre dado a las revistas infantiles con historietas ilustradas.

teca f. Árbol verbenáceo cuya madera se usa para construir naves. || Célula en cuyo interior se forman las esporas de ciertos hongos. || Chil. Cereal desconocido que cultivaban los indios mapuches.

tecali m. Méx. Alabastro de colores vivos procedente de la población de Tecali (Puebla).

techado m. Tejado.

techar v. t. Poner a un edificio un techo o tejado.

techcatl m. Entre los aztecas, piedra de los sacrificios humanos.

techichi m. Méx. Especie de perro que no ladraba y que los indígenas lo utilizaban como alimento antes de la Conquista.

technicolor m. Tecnicolor.

techo m. Parte interior y superior de un edificio, de un aposento o de un vehículo: techo artesonado; el techo corredizo de un coche. || Tejado: techo de pizarras. || Fig. Casa, domicilio, hogar: el techo familiar. | Altura máxima, tope: avión con un techo de 10 000 metros.

techumbre f. Cubierta de un edificio.

tecla f. Cada una de las piezas que se pulsan con los dedos para accionar las palancas que hacen sonar un instrumento músico o hacen funcionar otros aparatos: tecla de órgano, de piano, de máquina de escribir, de linotipia. | Fig. Cuestión que hay que tratar con mucho tacto: negocio de muchas teclas. | Recurso: solo le queda una tecla por tocar. || — Fig. y fam. Dar en la tecla, dar en el blanco, acertar.

teclado m. Conjunto de las teclas de un instrumento o aparato.

tecleado m. Acción de teclear en un instrumento o máquina.

teclear v. i. Pulsar las teclas: teclear en el piano. || Fig. y fam. Golpear ligeramente algo con los dedos como si se estuvieran tocando teclas, tamborilear.

tecleño, ña adj. y s. De Santa Tecla (El Salvador).

tecleo m. Acción de teclear. || Manera de teclear. || Ruido producido al teclear.

tecnecio m. Elemento químico (Tc) de número atómico 43, aislado entre los productos de fisión del uranio.

técnica f. Conjunto de procedimientos propios de un arte, ciencia u oficio: la técnica del agua fuerte. || Habilidad con que se aplican esos procedimientos: pintor con mucha técnica. || Fig. Método, habilidad, táctica: conoce muy bien la técnica para hacerle cambiar de proceder.

tecnicidad f. Carácter técnico: la tecnicidad de una palabra.

tecnicismo m. Carácter técnico. || Palabra técnica propia de un arte, ciencia u oficio: el idioma se ve invadido cada día más de tecnicismos.

técnico, ca adj. Relativo a las aplicaciones prácticas de las ciencias y las artes: instituto técnico. || Propio del lenguaje de un arte, ciencia u oficio: vocabulario técnico. || — M. Especialista que conoce perfectamente la técnica de una ciencia, arte u oficio: los técnicos de la industria textil.

tecnicolor m. Nombre comercial de un procedimiento de cinematografía en color.

tecnificado, da adj. Provisto de técnica moderna.

tecnificación f. Acción y efecto de tecnificar.

tecnocracia f. Sistema político en que predomina la influencia de los técnicos en la administración y en la economía: *el gobierno de la tecnocracia.*

tecnócrata m. y f. Partidario de la tecnocracia. || Especialista en una materia.

tecnología f. Conjunto de los instrumentos, procedimientos y métodos empleados en las distintas ramas industriales. || Conjunto de los términos técnicos propios de un arte, ciencia u oficio.

tecnológico, ca adj. Relativo a la tecnología.

tecnólogo, ga m. y f. Técnico.

tecol m. *Méx.* Gusano que se cría en el maguey.

tecolines m. pl. *Fam. Méx.* Cuartos, dinero.

tecolote m. *Hond.* y *Méx.* Búho.

tecomate m. *Amér. C.* Vasija hecha en una calabaza o en otro fruto parecido.

teconete m. Reptil de México.

tecpaneca adj. y s. Decíase de un pueblo indio del valle de México, anterior a los aztecas, y fundador de Azcapotzalco.

tectónico, ca adj. Relativo a la estructura de la corteza terrestre: *mapa tectónico.* || – F. Parte de la geología que trata de dicha estructura.

tedéum m. Cántico católico de acción de gracias.

tedio m. Aversión, repugnancia. || Aburrimiento, fastidio, hastío.

tedioso, sa adj. Fastidioso, enojoso, aburrido.

tegenaria f. Araña de patas largas, común en las casas.

tegucigalpense adj. y s. De Tegucigalpa (Honduras).

tegumentario, ria adj. Del tegumento: *lesión tegumentaria.*

tegumento m. Membrana que envuelve algunas partes de los vegetales. || Tejido que cubre el cuerpo del animal (piel, plumas, escamas, etc.) o alguna de sus partes internas.

tehuelche adj. y s. Dícese de un indio nómada y cazador de la Patagonia, llamado tb. *patagón.*

tehuistle m. Planta de México que se utiliza en medicina y en la industria.

teína f. Alcaloide del té.

teísmo m. Doctrina filosófica que afirma la existencia personal de Dios y su acción en el mundo.

teísta adj. y s. Partidario del teísmo.

teja f. Pieza de barro cocido o de cualquier otro material en forma de canal con que se cubren los tejados. || Cada una de las dos hojas de acero que envuelven el alma de la espada. | *Fam.* Sombrero de los eclesiásticos. || *Mar.* Hueco hecho en un palo para empal-

marlo con otro. || Peineta muy grande. || – *Fig.* y *fam.* A toca teja, al contado. | De tejas abajo, en este mundo. | De tejas arriba, en el mundo sobrenatural.

tejadillo m. Tejado pequeño: *el tejadillo de una puerta.*

tejado m. Parte superior y exterior de un edificio cubierta comúnmente por tejas. || – *Fig.* Empezar la casa por el tejado, emprender las cosas por donde deben acabarse. | *Estar aún la pelota en el tejado,* estar la decisión todavía sin tomar. | *Hasta el tejado,* muy lleno.

tejamaní y **tejamanil** m. *Cub.* y *Méx.* Tabla delgada que se usa como tejo para fabricar techos.

tejano, na adj. y s. De Tejas.

tejar m. Fábrica de tejas y ladrillos.

tejar v. t. Poner tejas.

tejate m. Bebida refrescante, que se hace con maíz molido y cacao, típica de Oaxaca (México).

tejaván m. *Méx.* Cobertizo.

tejavana f. Cobertizo.

tejedera f. Tejedora. || Tejedor, insecto.

tejedor, ra adj. Que teje o sirve para tejer. || – M. y f. Persona que teje por oficio: *los tejedores de Sabadell.* | *Fam. Amer.* Intrigante. || – M. Insecto hemíptero acuático, de cuerpo alargado y de patas traseras muy largas. || Pájaro de América Central.

tejeduría f. Arte de tejer. || Taller donde trabajan los tejedores y donde están los telares.

tejemaneje m. *Fam.* Afán con que se hace una cosa. || Maquinación, enredo, lío, intriga: *no sé qué tejemanejes se traen entre manos.*

tejer v. t. Entrelazar regularmente hilos para formar un tejido, trencillas, esteras, etc. || Formar su tela la araña, el gusano de seda, etc. || *Fig.* Preparar cuidadosamente, tramar: *tejer una trampa.* | Construir poco a poco, labrar: *él mismo tejió su ruina.* | *Amer.* Intrigar.

tejería f. Tejar.

tejero m. Fabricante de tejas y ladrillos.

tejido m. Acción de tejer. || Textura de una tela: *un tejido muy apretado.* || Cosa tejida, tela: *tejido de punto.* || Cualquiera de los diversos agregados de elementos anatómicos de la misma estructura y función: *tejido conjuntivo.* || *Fig.* Serie, retahíla: *un tejido de embustes.*

tejo m. Trozo redondo de varias materias que sirve para jugar. || Chito, juego. || Juego de niñas que se hace dibujando unas rayas en el suelo. || Disco de metal para monedas. || Árbol taxáceo siempre verde. || *Mec.* Tejuelo donde encaja el gorrón de un árbol.

tejocote m. *Méx.* Planta rosácea de fruta semejante a la ciruela.

tejolote m. *Méx.* Mano de piedra del almirez.

tejón m. Mamífero carnicero plantígrado, de la familia de los mustélidos, común en Europa. || *Amer.* Mapache o coendú.

tejotlale m. Tierra azul empleada en México para decorar platos y jícaras.

tejuelo m. Tejo pequeño. || Trozo rectangular de papel que se pega en el lomo de un libro y donde se inscribe el rótulo. || *Mec.* Pieza en que se apoya el gorrón de un árbol.

tela f. Tejido de muchos hilos entrecruzados: *tela de lino.* || Membrana: *las telas del cerebro.* || Película que se forma en la superficie de un líquido como la leche. || Piel interior del fruto: *las telas de la cebolla.* || Especie de red que forman algunos animales con los filamentos que elaboran: *tela de araña.* || Nube del ojo. || *Fig.* Materia: *hay tela para rato.* || *Fam.* Dinero, cuartos. || Galicismo por *lienzo, cuadro.* || – *Tela de juicio,* discusión o examen de una cosa sobre la cual existe una duda: *poner en tela de juicio la seriedad de alguien.* || *Tela metálica,* hecha de alambre.

telar m. Máquina para tejer: *telar automático.* || Fábrica de tejidos (ú. m. en pl.). || Parte superior del escenario de un teatro. || Parte del vano de una puerta más cercana al paramento exterior de la pared. || Aparato en que cosen los libros los encuadernadores.

telaraña f. Tela que teje la araña. || *Fig.* Cosa de poca importancia. || *Fig.* y *fam. Tener telarañas en los ojos,* no ser capaz de ver las cosas más evidentes.

telarañoso, sa adj. Cubierto de telarañas.

tele f. *Fam.* Televisión.

telecabina f. Teleférico monocable.

telecinematógrafo m. Dispositivo para transmitir películas cinematográficas por televisión.

telecomunicación f. Emisión, transmisión o recepción de signos, señales, imágenes, sonidos o informaciones de todas clases por hilo, radioelectricidad, medios ópticos, etc. (ú. m. en pl.).

telediario m. Diario televisado.

teledifusión f. Radiodifusión.

teledinámico, ca adj. Que transmite a distancia una fuerza o potencia. || – F. Transmisión de una fuerza mecánica a distancia.

teledirección f. Telemando.

teledirigido, da adj. Dirigido a distancia: *proyectil teledirigido.*

teledirigir v. t. Dirigir un vehículo a distancia, generalmente por medio de servomotores instalados a bordo que, impulsados por ondas hertzianas, actúan sobre los órganos de dirección.

telefax m. Aparato que permite transmitir documentos e imágenes por las líneas telefónicas.

teleférico m. Medio de transporte de personas o mercancías constituido por una cabina y uno o varios cables aéreos por donde se desliza la misma.

telefilme m. Película proyectada para la televisión.

telefonazo m. *Fam.* Llamada telefónica.

telefonear v. i. Llamar por teléfono: *telefónéame por la mañana.* || – V. t.

Decir algo por teléfono: *te telefonearé los resultados.*

telefonema m. Despacho telefónico.

telefonía f. Sistema de telecomunicaciones para la transmisión de la palabra. || *Telefonía inalámbrica* o *sin hilos,* transmisión de la palabra utilizando las propiedades de las ondas electromagnéticas.

telefónico, ca adj. Relativo al teléfono o a la telefonía: *comunicación telefónica.* || — F. Compañía Telefónica y edificio donde está.

telefonista com. Persona encargada de las conexiones telefónicas. || Persona encargada de una centralita de teléfonos.

teléfono m. Instrumento que permite a dos personas, separadas por cierta distancia, mantener una conversación. || *Teléfono móvil,* aparato telefónico portátil que se comunica con otros a través de ondas electromagnéticas.

telefoto m. Telefotografía.

telefotografía f. Transmisión a distancia de imágenes por corrientes eléctricas. || Fotografía a distancia por medio de teleobjetivos.

telegrafía f. Sistema de telecomunicación para la transmisión de mensajes escritos o documentos por medio de un código de señales o por otros medios adecuados. || *Telegrafía sin hilos* (T. S. H.), transmisión de mensajes por medio de ondas electromagnéticas.

telegrafiar v. t. Transmitir por medio del telégrafo: *telegrafiar una noticia.* || — V. i. Mandar un telegrama: *te telegrafiaré a mi llegada a Buenos Aires.*

telegráfico, ca adj. Relativo al telégrafo o a la telegrafía: *giro telegráfico.*

telegrafista com. Persona encargada de la transmisión manual y de la recepción de telegramas.

telégrafo m. Dispositivo para la transmisión rápida a distancia de las noticias, despachos, etc.

telegrama m. Despacho transmitido por telégrafo.

teleguiar v. t. Teledirigir.

teleimpresor m. Teletipo.

telele m. *Méx.* Soponcio.

telemando m. Dirección a distancia de una maniobra mecánica. || Sistema que permite efectuarla. || Aparato o mecanismo utilizado para el mando automático a distancia.

telemecánico, ca adj. Relativo a la telemecánica. || — F. Dirección o accionamiento a distancia de órganos mecánicos.

telemetría f. Medida de las distancias con el telémetro.

telémetro m. Instrumento óptico que permite medir la distancia que separa un punto de otro alejado del primero.

telenovela f. Novela filmada para retransmitir por televisión.

teleobjetivo m. Objetivo para fotografiar objetos lejanos.

teleología f. Doctrina filosófica de las causas finales.

teleósteo adj. y s. m. Aplícase a los peces que tienen esqueleto óseo, opérculos que protegen las branquias y escamas delgadas, como la carpa, la trucha, la sardina, el atún, etc.

telepático, ca adj. Relativo a la telepatía: *fenómeno telepático.*

telera f. Travesaño que sujeta el dental al timón del arado y gradúa el ángulo formado por ambas piezas. || Redil formado con pies derechos y tablas. || Cada uno de los maderos paralelos de las escaleras de mano, las prensas de carpintero, encuadernadores, etc. || Cada una de las tablas que unen las gualderas de la cureña de los cañones. || *Mar.* Palo con agujeros por donde pasan los cabos que sujetan el toldo. || *Amer.* Una clase de panecillo de harina de trigo.

telerradar m. Empleo combinado del radar y la televisión.

telerradiografía f. Radiografía obtenida cuando se sitúa la pantalla de rayos X lejos del sujeto (2 a 3 m) evitando así la deformación cónica de la imagen.

telescópico, ca adj. Que sólo se ve con la ayuda del telescopio: *estrella telescópica.* || Hecho con el telescopio: *observaciones telescópicas.* || Aplícase al objeto cuyos elementos encajan o empalman unos en otros: *antena telescópica.*

telescopio m. Anteojo para observar los astros.

teleseñalización f. Señales transmitidas desde lejos.

telesilla f. Teleférico que consta de sillas suspendidas a un cable aéreo único.

telespectador, ra m. y f. Persona que mira un espectáculo televisado.

telesquí m. Dispositivo teleférico que permite a los esquiadores subir a un sitio elevado con los esquís puestos.

teletipia f. Sistema de telecomunicación telegráfica o radiotelegráfica que permite transmitir un texto mecanografiado.

teletipiadora f. Teleimpresor.

teletipo m. Aparato telegráfico en el que los textos pulsados en un teclado aparecen automática y simultáneamente escritos en el otro extremo de la línea. || Texto así transmitido.

televidente m. y f. Telespectador, espectador de la televisión.

televisado, da adj. Transmitido por televisión.

televisar v. t. Transmitir por televisión.

televisión f. Transformación a distancia de la imagen por medio de ondas hertzianas.

televisivo, va o **televisual** adj. Propio a la televisión.

televisor m. Aparato receptor de televisión.

télex m. Sistema de comunicación por teletipo. || Despacho así transmitido.

telilla f. Tela ligera o de poco cuerpo. || Tejido de lana muy poco espeso. ||

Capa delgada en la superficie de los líquidos.

telofase f. Última fase de la mitosis celular.

telón m. Lienzo grande pintado que se pone en el escenario de un teatro de modo que pueda subirse o bajarse para ocultar el escenario al público (*telón de boca*) o para constituir un decorado (*telón de fondo*). || — *Fig. Telón de acero,* frontera que ant. separaba las democracias populares orientales de los países de Europa Occidental. || *Telón metálico,* el que se pone delante del escenario para proteger al público en caso de incendio; el que protege algunas tiendas contra el robo.

telonero, ra adj. Dícese del artista que empieza la función (ú. t. c. s.). || Aplícase al partido deportivo o combate que precede a otro más importante.

telsón m. Último segmento del cuerpo de los artrópodos.

telúrico, ca adj. Relativo a la Tierra: *sacudida telúrica.* || Del telurismo.

telurio m. Cuerpo simple sólido y quebradizo (Te), de número atómico 52, de color blanco azulado, densidad 6,2 y que funde a 452 °C.

telurismo m. Influencia del suelo de una región sobre sus habitantes.

teluro m. Telurio.

tema m. Asunto o materia sobre el cual se habla, se escribe o se realiza una obra artística: *el tema de una conversación, de una tesis, de un cuadro.* || *Gram.* Forma fundamental que sirve de base a una declinación o conjugación. || *Mús.* Motivo melódico que sirve de base para una composición. || Traducción inversa. || Idea fija, manía.

temario m. Programa, lista de temas: *el temario de una reunión.*

temático, ca adj. Relativo al tema. || Porfiado, obstinado. || — F. Conjunto de temas. || Doctrina, ideología, filosofía.

temazate m. Especie de ciervo que vive en México.

temazcal m. Baños de vapor que los ant. mexicanos se daban arrojando vasijas de agua sobre las paredes de un recinto caldeado.

tembetá m. *Arg.* Palillo que se ensartan algunos indios en el labio inferior.

tembladal m. Tremedal.

tembladera f. Tembleque, temblor: *le dio una tembladera.* || Vasija de dos asas tan delgada que parece que tiembla. || Tembleque, joya. || Torpedo, pez. || Planta gramínea. || *Amer.* Tremedal. || *Arg.* Enfermedad que ataca a los animales en los Andes.

tembladeral m. *Arg.* Tremedal.

temblador, ra adj. y s. Que tiembla. || — M. y f. Cuáquero.

*temblar v. i. Estremecerse, agitarse involuntariamente con pequeños movimientos convulsivos frecuentes: *temblar de frío.* || Estar agitado de pequeñas oscilaciones: *el suelo tiembla.* || Vacilar: *temblar la voz.* || *Fig.* Tener mucho miedo de algo o de alguien: *temblar como un azogado.*

tembleque m. Temblor intenso: *me dio un tembleque.* || Persona o cosa que tiembla mucho. || Joya montada en alambre y que tiembla al moverse la persona que la lleva.

temblequear v. i. Temblar.

temblequeteo m. Fam. Temblor frecuente.

tembletear v. i. Temblar.

temblón, ona adj. y s. Que tiembla. || Álamo temblón, especie de chopo, cuyas hojas tiemblan al menor soplo de aire.

temblor m. Movimiento del o de lo que tiembla: *temblor de manos.* || *Temblor de tierra,* terremoto. (En América se dice sencillamente *temblor.*)

tembloroso, sa adj. Que tiembla mucho. || Entrecortado: *voz temblorosa.*

temedor, ra adj. y s. Que teme, temeroso.

temer v. t. Tener miedo: *temer a sus padres.* || Respetar: *temer a Dios.* || Sospechar con cierta inquietud. Ú. t. c. pr.: *me temo que venga.* || Recelar un daño: *temer el frío.* || — V. i. Sentir temor.

temerario, ria adj. Que actúa con temeridad: *joven temerario.* || Inspirado por la temeridad: *acto temerario.* || *Juicio temerario,* el que se hace o expresa contra uno sin pruebas suficientes.

temeridad f. Atrevimiento que raya en la imprudencia. || Acción temeraria. || Juicio temerario.

temeroso, sa adj. Que inspira temor. || Medroso, cobarde: *un niño temeroso.* || Que recela un daño.

temible adj. Digno de ser temido, peligroso: *arma temible.*

temolote m. *Méx.* Piedra para moler los ingredientes del guiso del chilmole.

temor m. Aprensión ante lo que se considera peligroso o molesto: *el temor a la guerra.* || Recelo de un daño futuro.

témpano m. Pedazo plano de cualquier cosa dura: *témpano de hielo.* || *Mús.* Timbal. || Lonja de tocino. || Piel del pandero, del tambor. || Tapa de cuba o tonel. || Corcho que sirve de tapa a las colmenas. || *Fig. Ser un témpano,* ser muy fría una persona.

temperamental adj. Del temperamento. || Dícese de la persona de reacciones intensas y que cambia a menudo de estado de ánimo.

temperamento m. Estado fisiológico de un individuo que condiciona sus reacciones psicológicas y fisiológicas: *temperamento linfático.* || *Fig.* Manera de ser, carácter: *temperamento tranquilo; hombre de mucho temperamento.* || Sistema músico que divide la octava en cierto número de notas. || Temperie.

temperancia f. Templanza.

temperante adj. y s. Que tempera: *carácter temperante.*

temperar v. t. Volver más templado: *temperar el agua del baño.* || Moderar:

temperar el rigor de la justicia. || Calmar, disminuir: *temperar la excitación nerviosa.*

temperatura f. Grado de calor en los cuerpos: *aumentar la temperatura.* || Grado de calor del cuerpo humano: *tomar la temperatura.* || Fiebre, calentura. || Grado de calor de la atmósfera. || — *Temperatura absoluta,* la prácticamente igual a la temperatura centesimal aumentada de 273,15 grados. || *Temperatura máxima,* el mayor grado de calor durante cierto período de observación. || *Temperatura mínima,* el menor grado de calor durante cierto período de observación.

temperie f. Estado de la atmósfera o del tiempo.

tempero m. *Agr.* Sazón y buena disposición de la tierra para la siembra.

tempestad f. Gran perturbación de la atmósfera caracterizada por lluvia, granizo, truenos, descargas eléctricas, etc.: *el tiempo amenaza tempestad.* || Perturbación de las aguas del mar, causada por la violencia de los vientos: *la tempestad nos cogió en el golfo de Valencia.* || *Fig.* Turbación del alma. | Explosión repentina, profusión: *tempestad de injurias.* | Agitación, disturbio: *tempestad revolucionaria.*

tempeschitle m. *Méx.* Planta que se utiliza en la industria y como alimento.

tempestivo, va adj. Oportuno.

tempestuoso, sa adj. Que causa tempestades o está expuesto a ellas: *tiempo tempestuoso.*

tempilole m. Piedrecilla que usaban los aztecas colgada del labio inferior.

tempisque m. Planta de México, de fruto comestible.

templa f. Líquido para desleír los colores de la pintura al temple.

templado, da adj. Moderado en sus apetitos: *persona templada.* || Ni frío ni caliente: *clima templado.* || Dícese del estilo que no es elevado ni vulgar. || Hablando de un instrumento, afinado. || *Fig.* Firme: *un carácter templado.*

templador, ra adj. Que templa. || — M. Afinador, llave con que se templan ciertos instrumentos de cuerda. || Aquel cuyo oficio es templar esos instrumentos.

templadura f. Afinado de ciertos instrumentos. || Temple de los metales, del cristal, etc.

templanza f. Virtud cardinal que consiste en moderar los apetitos, pasiones, etc. || Sobriedad, moderación en el comer y el beber. || Benignidad del clima. || En pintura, armonía de los colores.

templar v. t. Moderar: *templar las pasiones.* || Moderar la temperatura de una cosa, en particular la de un líquido: *templar el agua de una bañera.* || Suavizar la luz, el color. || Endurecer los metales o el cristal sumergiéndolos en un baño frío: *acero templado.* || Dar la debida tensión a una cosa: *templar una cuerda.* || *Fig.* Mezclar una cosa con otra para disminuir su fuerza. | Aplacar: *templar la ira, la violencia.* ||

Afinar un instrumento músico: *templar un violín.* || En pintura, disponer armoniosamente los colores. || — V. i. Suavizarse: *ha templado el tiempo.* || — V. pr. Moderarse.

templario m. Miembro de una orden militar y religiosa fundada en 1119 y suprimida en 1312 por Felipe IV el Hermoso de Francia.

temple m. Temperatura. || Endurecimiento de los metales y del vidrio por enfriamiento rápido. || *Fig.* Humor: *estar de buen temple.* | Firmeza, energía. | Término medio entre dos cosas. || Armonía entre varios instrumentos músicos. || *Pintura al temple,* la hecha con colores desleídos en clara o yema de huevo, miel o cola.

templete m. Armazón pequeña en figura de templo. || Pabellón o quiosco. || Templo pequeño.

templo m. Edificio público destinado a un culto: *un templo católico, protestante, judío.* || Edificio religioso elevado por Salomón: *el templo de Jerusalén.* || *Fig.* Sitio real o imaginario en que se rinde culto al saber, la bondad, la justicia, etc.: *templo a la ciencia.* || *Fam. Como un templo,* muy grande; fantástico.

tempo m. (pal. ital.). Voz empleada para señalar los diferentes movimientos en que está escrita una obra de música.

temporada f. Espacio de tiempo de cierta duración: *hace una temporada que no trabaja.* || Estancia en un sitio: *pasar una temporada en el extranjero.* || Época: *temporada teatral; la buena temporada.* || Momento del año en que hay más turistas: *tarifa de fuera de temporada.*

temporal adj. Que no es eterno: *la vida temporal del hombre.* || Relativo a las cosas materiales: *los bienes temporales.* || Que no es duradero: *empleo temporal.* || *Anat.* De las sienes: *músculos, arterias temporales.* || Dícese de cada uno de los dos huesos del cráneo correspondientes a las sienes (ú. t. c. s. m.). || — M. Tempestad. | Tiempo de lluvia persistente. || Obrero. || *Méx. Tierra de temporal,* terreno agrícola que no es de riego y depende de las lluvias.

temporalidad f. Calidad de temporal.

temporalizar v. t. Hacer que lo eterno sea temporal.

temporáneo, a y **temporario, ria** adj. Temporal.

temporero, ra adj. y s. Que desempeña temporalmente un oficio o cargo o que sólo trabaja en ciertas temporadas.

temporización f. Acción y efecto de temporizar.

temporizar v. i. Contemporizar. || Ocuparse en algo por simple pasatiempo.

tempranero, ra adj. Temprano, adelantado.

temprano, na adj. Adelantado, anticipado al tiempo ordinario: *frutas, ver-*

duras tempranas. || — Adv. Antes de lo previsto: *venir muy temprano.* || En las primeras horas del día o de la noche: *acostarse temprano.* || En tiempo anterior al acostumbrado: *hoy he almorzado temprano.*

temu m. *Chil.* Árbol de la familia de las mirtáceas.

temuquense adj. y s. De Temuco (Chile).

tenacidad f. Calidad de tenaz.

tenacillas f. pl. Tenazas pequeñas: *tenacillas de rizar.* || Pinzas.

tenar m. Eminencia del lado exterior de la palma de la mano hacia el pulgar.

tenaz adj. Que adhiere mucho: *la pez es muy tenaz.* || Que resiste a la ruptura o a la deformación: *metal tenaz.* || Difícil de extirpar o suprimir: *prejuicios tenaces.* || *Fig.* Firme. | Perseverante, obstinado: *persona tenaz.*

tenaza f. Instrumento de metal compuesto de dos brazos articulados en un eje para asir o apretar. || Utensilio de metal utilizado para coger la leña o el carbón en las chimeneas (ú. m. en pl.). || Cada una de las dos partes de la boca de un torno. || Despabiladeras. || Obra exterior situada delante de la cortina de una fortificación. || Extremidad de las dos patas mayores de los cangrejos, langostas, etc.

tenca f. Pez teleósteo de agua dulce, comestible.

tencolote m. *Méx.* Jaula en la que se encierran aves.

tendajón m. *Méx.* Comercio pequeño: *buscó un tendajón donde comprar cigarrillos.*

tendal m. Toldo. || Lienzo en que se recogen las aceitunas.

tendedero m. Lugar donde se tienden algunas cosas.

tendencia f. Fuerza que dirige un cuerpo hacia un punto. || Fuerza que orienta la actividad del hombre hacia un fin determinado: *tendencia al bien.* || *Fig.* Dirección, orientación de un movimiento: *tendencias imperialistas.* | Parte organizada de un grupo sindical o político: *tendencia conservadora.*

tendencioso, sa adj. Que tiende hacia un fin determinado.

*tender v. t. Desdoblar, desplegar. || Alargar, extender una mano. || Echar y extender algo por el suelo. || Colgar o extender la ropa mojada para que se seque. || Echar: *tender las redes.* || Disponer algo para coger una presa: *tender un lazo, una emboscada.* || Instalar: *tender una vía, un puente.* || Revestir con una capa de cal, de yeso o de mortero. || — V. i. Encaminarse a un fin determinado: *tender a la acción.* || — V. pr. Tumbarse, acostarse. || Encamarse las mieses.

ténder m. Vagón que sigue la locomotora y lleva el combustible y el agua necesarios.

tenderete m. *Fam.* Tenducha.

tendero, ra m. y f. Comerciante que vende al por menor.

tendido, da adj. Extendido. || Aplícase al galope del caballo cuando éste se tiende. || — M. Instalación: *el tendido de un puente, de un cable.* || En las plazas de toros, gradería próxima a la barrera: *tendido de sombra, de sol.* || Parte del tejado entre el caballete y el alero.

tendinoso, sa adj. Que tiene tendones: *carne tendinosa.*

tendón m. Haz de fibras conjuntivas que une los músculos a los huesos. || *Tendón de Aquiles,* el grueso y fuerte que, en la parte posterior e inferior de la pierna, une el talón con la pantorrilla.

tenducha f. y **tenducho** m. Tienda de mal aspecto y pobre.

tenebrismo m. Tendencia de la pintura barroca que acentuaba los contrastes de luz y sombra.

tenebrosidad f. Calidad de tenebroso.

tenebroso, sa adj. Cubierto de tinieblas: *calabozo tenebroso.* || Sombrío, negro. || *Fig.* Secreto o pérfido: *tenebrosos proyectos.* | Oscuro, difícil de comprender.

tenedor m. El que tiene o posee una cosa: *tenedor de una letra de cambio.* || Utensilio de mesa con varios dientes para coger los alimentos. || *Tenedor de libros,* el encargado de los libros de contabilidad en una casa de comercio.

teneduría f. Cargo y oficina del tenedor de libros. || *Teneduría de libros,* arte de llevar los libros de contabilidad.

tenencia f. Posesión de una cosa. || Cargo u oficio de teniente. || Oficina en que se ejerce: *tenencia de alcaldía.*

teneño, ña adj. y s. De Tena (Ecuador).

*tener v. t. Poseer: *tener dinero; tener buenas cualidades.* || Sentir: *tener miedo, hambre.* || Mantener asido: *tener el sombrero en la mano.* || Contener o comprender en sí: *México tiene varios millones de habitantes.* || Ser de cierto tamaño: *tener dos metros de largo.* || Mantener: *el ruido me ha tenido despierto toda la noche.* || Pasar: *tener muy buen día.* || Celebrar: *tener junta, una asamblea.* || Ocuparse de algo: *tener los libros, la caja.* || Considerar a uno por inteligente; *tener en mucho.* || Como auxiliar y seguido de la preposición *de* o la conjunción *que,* más el infinitivo de otro verbo, indica estar obligado a: *tengo que salir.* || — *Fig.* y *fam. No tenerlas todas consigo,* tener miedo o recelo. | *No tener donde caerse muerto,* ser sumamente pobre. | *Fig. Quien más tiene más quiere,* los hombres nunca se quedan satisfechos. || *Tener a bien,* juzgar conveniente; tener la amabilidad de. || *Tener a menos,* desdeñar, despreciar. || *Tener en cuenta,* tener en consideración. || *Tener para sí,* tener cierta opinión sobre una materia. || *Tener parte en,* participar en. || *Tener presente una cosa,* recordarla. || *Tener que ver,* existir alguna relación o semejanza entre las personas o cosas. || — V.

i. Ser rico, adinerado. || — V. pr. Mantenerse: *tenerse en pie; tenerse tranquilo.* || Detenerse: *tenerse por muy simpático.* || Detenerse: *¡tente!* || *Fam. Tenérselas tiesas con uno,* mantenerse firme, no ceder.

tenería f. Curtiduría.

tenescle m. *Méx.* Piedra quemada y hecha cenizas.

tenia f. Gusano platelminto, parásito del intestino delgado de los mamíferos, que puede alcanzar varios metros de largo. || *Arq.* Filete, moldura.

tenientazgo m. Tenencia, cargo de teniente.

teniente adj. Que tiene o posee. || Dícese de la fruta verde. || *Fam.* Algo sordo. | *Fig.* Miserable, avaro, tacaño. || — M. El que actúa como sustituto. || *Mil.* Oficial de grado inmediatamente inferior al de capitán. || — *Segundo teniente,* alférez. | *Teniente coronel,* oficial inmediatamente inferior al coronel. | *Teniente de alcalde,* concejal que sustituye al alcalde cuando es preciso y ejerce ciertas funciones de alcaldía. | *Teniente general,* oficial de grado inmediatamente inferior al de capitán general.

tenis m. Deporte en que los adversarios, provistos de una raqueta y separados por una red, se lanzan la pelota de un campo a otro. || Espacio dispuesto para este deporte. || *Tenis de mesa* (o *ping pong*), juego parecido al tenis y practicado en una mesa.

tenista com. Persona que juega al tenis.

tenocha adj. y s. Indígena azteca. (Los tenochas fueron los fundadores de Tenochtitlán.)

tenor m. Constitución de una cosa. || Texto literal de un escrito. || *Mús.* Voz media entre contralto y barítono, y hombre que tiene esta voz. || *A tenor,* por el estilo.

tenorio m. *Fam.* Galanteador, seductor, Don Juan.

tensar v. t. Poner tenso.

tensión f. Estado de un cuerpo estirado: *la tensión de un muelle.* || Presión de un gas. || *Electr.* Diferencia de potencial. || *Fig.* Tirantez, situación que puede llevar a una ruptura o a un conflicto: *tensión entre dos Estados.* || — *Tensión arterial,* presión de la sangre en las arterias. || *Tensión de espíritu,* aplicación intensa y larga.

tenso, sa adj. En estado de tensión: *cuerda tensa.*

tensor, ra adj. Que produce la tensión. || Dícese de los músculos que tienen esta capacidad (ú. t. c. s. m.). || — M. Dispositivo para tensar cables.

tentación f. Sentimiento de atracción hacia una cosa prohibida: *hay que evitar las tentaciones.* || Deseo: *tentación de hacer una cosa.* || *Fig.* Sujeto que induce o persuade: *eres mi tentación.*

tentaculado, da adj. Que tiene tentáculos.

tentacular adj. Relativo a los tentáculos: *apéndices tentaculares.*

tentáculo m. Cada uno de los apéndices móviles y blandos que tienen muchos moluscos, crustáceos, zoófitos, etc., y que les sirven como órganos táctiles o de presión: *los tentáculos del pulpo.*

tentadero m. Sitio o corral cerrado donde se hace la tienta de toros. || Tienta de toros o becerros.

tentador, ra adj. Que tienta.

tentalear v. t. *Méx.* Reconócer mediante el sentido del tacto.

*tentar v. t. Palpar o tocar, examinar una cosa por medio del tacto. || Instigar, atraer: *tentar a una persona.* || Intentar, tratar de realizar. || Examinar, probar a uno. || Reconocer con la tienta la cavidad de una herida.

tentativa f. Intento: *tentativa infructuosa.* || *For.* Principio de ejecución de un delito que no se lleva a cabo: *tentativa de robo.*

tentempié m. Refrigerio, comida ligera. || Tentemozo.

tenue adj. Delicado, muy delgado: *los hilos tenues del gusano de seda.* || De poca importancia. || Débil: *luz tenue.*

tenuidad f. Calidad de tenue.

tenuirrostro adj. Dícese del pájaro de pico alargado, recto y siempre sin dientes. || — M. pl. Suborden de estos animales, como la abubilla y los pájaros moscas.

teñido m. y **teñidura** f. Operación consistente en impregnar algo de materia tintórea.

*teñir v. t. Cambiar el color de una cosa o dar color a lo que no lo tiene: *teñir el pelo* (ú. t. c. pr.). || Rebajar un color con otro. || *Fig.* Estar teñido de, estar impregnado de: *un discurso teñido de demagogia.* || — V. pr. Cambiar el color del pelo: *teñirse de rubio.*

teobromina f. Alcaloide contenido en el cacao y el té.

teocali m. Templo antiguo mexicano: *el teocali de Tenochtitlán.*

teocote m. Planta de México cuya raíz empleaban los aztecas como incienso en sus ceremonias religiosas.

teocracia f. Gobierno en el que el poder supremo está entre las manos del clero.

teocrático, ca adj. Relativo a la teocracia: *gobierno teocrático.*

teodicea f. Conocimiento de Dios por la teología natural.

teodolito m. Instrumento de geodesia para medir ángulos en sus planos respectivos.

teogonía f. Genealogía de los dioses del paganismo. || Conjunto de las divinidades de un pueblo politeísta.

teogónico, ca adj. Relativo a la teogonía: *doctrina teogónica.*

teologal adj. Relativo a la teología. || *Virtudes teologales,* fe, esperanza y caridad.

teología f. Ciencia que estudia la religión y las cosas divinas: *la teología católica.* || Doctrina teológica: *teolo-*

gía *dogmática, moral, natural.* || Obra teológica.

teológico, ca adj. Relativo a la teología: *discusión teológica.*

teologismo m. Abuso de las discusiones teológicas.

teologizar v. i. Discurrir sobre cuestiones teológicas.

teólogo, ga adj. Teologal. || — M. y f. Persona que se dedica a la teología: *el teólogo Santo Tomás de Aquino.* || Estudiante de teología.

teomel m. *Méx.* Especie de maguey que produce pulque fino.

teopacle m. *Méx.* Ungüento sagrado de los sacerdotes aztecas.

teorema m. Proposición científica que puede ser demostrada: *teorema de Pitágoras.*

teorético, ca adj. Relativo al teorema. || Contemplativo, especulativo, intelectual.

teoría f. Conocimiento especulativo puramente racional, opuesto a *práctica.* || Conjunto de las reglas y leyes organizadas sistemáticamente que sirven de base a una ciencia y explican cierto orden de hechos: *teoría de la combustión.* || Conjunto sistematizado de ideas sobre una materia: *teoría económica.* || En la antigua Grecia, procesión religiosa. || *Fig.* Serie: *una larga teoría de conceptos.*

teórico, ca adj. Relativo a la teoría: *conocimientos teóricos.* || — M. y f. Persona que conoce los principios o la teoría de un arte o ciencia: *un teórico del socialismo.* || — F. Teoría.

teorizante adj. Que teoriza (ú. t. c. s.).

teorizar v. t. Tratar una materia sólo teóricamente: *teorizar sobre música.*

teosofía f. Doctrina religiosa que tiene por objeto el conocimiento de Dios por la naturaleza y la elevación del espíritu hasta la unión con la Divinidad.

teósofo m. El que profesa la teosofía.

tepache m. *Méx.* Bebida fermentada hecha con jugo de caña o piña, a veces pulque, y azúcar morena. (Antes se hacía con maíz.)

tepalcate m. *Méx.* Tiesto o vasija de barro.

tepalcatero m. *Méx.* Alfarero.

tepalcuana f. *Fig. Méx.* Persona que come con voracidad.

tepaneca adj. y s. Tecpaneca.

tepantechuatzin m. Sacerdote azteca, encargado de vigilar la enseñanza en las escuelas.

tepe m. Trozo cuadrado de tierra con césped empleado en la construcción de paredes y malecones.

tepehuano, na adj. y s. Indígena de México. (Los *tepehuanos* viven en Durango y Nayarit).

tepeizcuinte m. *C. Rica* y *Méx.* Paca, roedor.

tepetate m. *Méx.* Roca que se emplea en la construcción.

tepezcuinte o **tepezcuintle** m. *Méx.* Cierto tipo de animal comestible.

tepochcalli m. Escuela de guerreros de los aztecas.

teponastle m. *Méx.* Árbol bursaráceo empleado para la construcción. || Instrumento de percusión de madera.

teporingo m. Variedad de conejo que habita en los cerros del Valle de México.

teporocho, cha m. y f. *Méx.* Alcohólico harapiento que vaga por las calles.

tequense adj. y s. De los Teques (Venezuela).

tequesquite m. *Méx.* Salitre propio de las tierras lacustres.

tequila m. *Méx.* Aguardiente semejante a la ginebra, que se destila con una especie de maguey.

tequio m. *Méx.* Trabajo colectivo, de carácter temporal. || *Amér. C.* Molestia, incomodidad.

tera, prefijo que indica una multiplicación por un millón de millones (10^{12}).

terapeuta adj. y s. Dícese de los miembros de una secta judía extendida por Egipto y cuyas doctrinas recuerdan la de los esenios. || — Com. Médico que estudia particularmente la terapéutica, que experimenta los medicamentos y los tratamientos.

terapéutica f. Parte de la medicina que estudia el tratamiento de las enfermedades.

terapéutico, ca adj. Relativo al tratamiento de las enfermedades: *agentes terapéuticos.*

teratología f. Parte de la historia natural y de la biología que trata de las anomalías y las monstruosidades del organismo animal o vegetal.

terbio m. Metal del grupo de las tierras raras (Tb), de número atómico 65.

tercer adj. Apócope de *tercero,* sólo empleado antes del sustantivo: *tercer mes; el tercer piso.*

tercera f. Reunión, en ciertos juegos, de tres cartas seguidas del mismo palo. || Alcahueta, celestina. || *Mús.* Consonancia que comprende un intervalo de dos tonos y medio. | Dítono.

tercero, ra adj. y s. Que sigue en orden al segundo: *Víctor es el tercero de la clase.* || Que sirve de mediador: *servir de tercero en un pleito.* || — M. Alcahuete. || El que profesa la regla de la tercera orden de San Francisco, Santo Domingo o del Carmelo. || Persona ajena a un asunto: *causar daño a un tercero.* || El tercer piso: *vivo en el tercero.* || El tercer curso de un colegio, liceo o academia. || *Geom.* Cada una de las 60 partes en que se divide el segundo de círculo.

terceto m. Combinación métrica de tres versos endecasílabos. || Tercerilla. || *Mús.* Composición para tres voces e instrumentos. | Conjunto de tres cantantes o tres músicos, trío.

terciado, da adj. Aplícase a la azúcar morena. || Aplícase al toro de mediana estatura.

terciador, ra adj. y s. Mediador, que tercia.

tercianas f. pl. Fiebre intermitente que repite al tercer día.

terciar v. t. Poner una cosa atravesada diagonalmente: *terciar la capa, el fusil.* || Dividir en tres partes. || Equilibrar la carga sobre la acémila. || Dar la tercera labor a las tierras. || *Amer.* Aguar: *terciar un líquido.* || — V. i. Mediar en una discusión, ajuste, etc.: *terciar en una contienda.* || Participar en una cosa. || Completar el número de personas necesario para una cosa. || Llegar la Luna a su tercer día. || — V. pr. Ocurrir: *terciarse la oportunidad.*

terciario, ria adj. Tercero. || *Arq.* Aplícase a un arco de las bóvedas formadas con cruceros. || Aplícase a la era inmediatamente anterior a la cuaternaria, caracterizada por grandes movimientos tectónicos (ú. t. c. s. m.). || — M. y f. Miembro de una de las terceras órdenes.

terciero, ra adj. y s. *Méx.* Aparcero al tercio.

tercio, cia adj. Tercero. || — M. Tercera parte. || Cada uno de los dos fardos que lleva la acémila. || *Mil.* Nombre de los regimientos españoles de infantería de los s. XVI y XVII: *los tercios de Flandes.* | Legión: *Tercio de extranjeros.* | Cada una de las divisiones de la Guardia civil española. || *Mar.* Asociación de los armadores y pescadores de un puerto. || *Taurom.* Cada una de las tres partes concéntricas en que se divide el ruedo. | Cada una de las tres partes de la lidia: *tercio de varas, de banderillas, de muerte.*

terciopelo m. Tela de seda o algodón velluda por una de sus dos caras.

terco, ca adj. Obstinado.

terebenteno m. Hidrocarburo de la esencia de trementina.

terebintáceas f. pl. *Bot.* Anacardiáceas (ú. t. c. adj.).

terebinto m. Arbusto anacardiáceo que produce una trementina blanca muy olorosa.

teresiano, na adj. Relativo a Santa Teresa de Jesús. || Afiliado a la devoción de esta santa.

tergal m. Nombre comercial de un hilo, fibra o tejido de poliéster.

tergiversable adj. Que puede ser tergiversado.

tergiversación f. Falsa interpretación.

tergiversador, ra adj. y s. Que interpreta las cosas de una manera errónea.

tergiversar v. t. Deformar la realidad o el sentido de algo: *tergiversar una doctrina, un hecho.*

termal adj. Relativo a las termas o caldas: *estación termal.*

termas f. pl. Caldas, baños calientes de aguas medicinales. || Baños públicos de los ant. romanos.

termes m. Comején.

termia f. Cantidad de calor necesaria para elevar 1 °C la temperatura de una tonelada de agua tomada a 14,5 °C, bajo la presión atmosférica normal (símb., th): *una termia equivale a un millón de calorías.*

térmico, ca adj. Relativo al calor: *energía térmica.*

termidor m. Undécimo mes del calendario republicano francés (del 20 de julio al 18 de agosto).

terminación f. Final, completa ejecución. || Parte final: *la terminación de una obra literaria.* || *Gram.* Parte variable de una palabra: *"ar" es una terminación de infinitivo.* || Última fase de una enfermedad.

terminal adj. Final, último, que pone término. || Que está en el extremo de cualquier parte de la planta: *yema terminal.* || *Electr.* Extremo de un conductor que facilita las conexiones. || — M. y f. En el casco urbano, sitio a donde llegan y de donde salen los autocares que hacen el empalme entre la ciudad y el aeropuerto.

terminante adj. Que termina. || Claro, tajante. || Concluyente.

terminar v. t. Poner fin: *terminar una conferencia.* || Poner el final: *terminó su carta con una frase muy amable.* || Llevar a su término: *terminar la obra empezada.* || — V. i. Llegar a su fin: *la función termina a medianoche.* || Reñir: *estos novios han terminado.* || *Med.* Entrar una enfermedad en su última fase. || — V. pr. Encaminarse a su fin.

término m. Punto en que acaba algo: *término de un viaje.* || Objetivo, fin. || Expresión, palabra: *términos groseros.* || Mojón, límite: *cruz de término.* || Territorio contiguo a una población: *término municipal.* || Línea que separa los Estados, provincias, distritos, etc. || Lugar señalado para algo. || Plazo determinado: *en el término de un mes.* || Estado en que se encuentra una persona o cosa. || Cada una de las partes de una proposición o silogismo. || *Mat.* Cada una de las cantidades que componen una relación, una suma o una expresión algebraica: *los términos de la fracción son el numerador y el denominador.* || Plano en un cuadro, foto o escenario. || Términos, tren de línea de transporte. || — Pl. Relaciones: *está en malos términos con sus padres.* || *— En propios términos,* con las palabras adecuadas. || *Medios términos,* rodeos, tergiversaciones. || *Poner término a,* acabar. || *Término medio,* término igualmente alejado de varios términos extremos.

terminología f. Conjunto de términos propios de una profesión, ciencia o materia.

termita f. Comején.

termitero m. Nido de termes.

termo m. Vasija aislante donde se conservan los líquidos a la temperatura en que son introducidos. || *Fam.* Termosifón.

termocauterio m. Cauterio que se mantiene candente por una corriente de aire carburado.

termodinámica f. Parte de la física que trata de las relaciones entre los fenómenos mecánicos y caloríficos.

termoelectricidad f. Energía eléctrica producida por la conversión del calor. || Parte de la física que estudia esta energía.

termoeléctrico, ca adj. Relativo a la termoelectricidad: *par termoeléctrico.* || Aplícase al aparato en que se produce electricidad por la acción del calor.

termógeno, na adj. Que produce calor.

termógrafo m. Instrumento que registra las variaciones de las temperaturas.

termométrico, ca adj. Del termómetro: *escala termométrica.*

termómetro m. Instrumento para medir la temperatura. || *— Termómetro centígrado,* el que comprende 100 divisiones entre el 0, correspondiente a la temperatura del hielo en fusión, y el 100, que corresponde a la temperatura del vapor de agua hirviendo. || *Termómetro clínico,* el dividido en décimas de grados entre 32 °C y 44 °C para tomar la temperatura a los enfermos.

termonuclear adj. Aplícase a las reacciones nucleares, entre elementos ligeros, realizadas gracias al empleo de temperaturas de millones de grados. || *Bomba termonuclear, bomba de hidrógeno o bomba H,* la atómica fabricada entre 1950 y 1954 realizada por la fusión del núcleo de los átomos ligeros, tales como el hidrógeno, cuyo efecto es mil millones de veces mayor que el de la bomba A de 1945. (Su potencia se mide en megatones.)

termoplástico, ca adj. Aplícase a las sustancias que se ablandan cuando son calentadas.

termopropulsión f. Propulsión de un móvil por la sola energía calorífica sin previa transformación mecánica.

termoquímica f. Parte de la química que trata de los fenómenos térmicos que se producen en las reacciones.

termorregulador m. Aparato para regular y mantener una temperatura constante en el interior de un recinto.

termosifón m. Dispositivo usado para la calefacción en el cual el agua circula por las variaciones de temperatura. || Calentador de agua que distribuye el líquido caliente en las pilas de una cocina, bañera, lavabo, etc.

termostato m. Aparato que mantiene constante una temperatura en el interior de un recinto. || Sistema automático en que cada maniobra es función de la temperatura.

termoterapia f. Tratamiento terapéutico por el calor.

terna f. Conjunto de tres personas propuestas para un cargo.

ternario, ria adj. Compuesto de tres elementos: *compuesto ternario.* || *Mat.* Dícese del sistema de numeración que tiene el número tres como base. || *Mús.* Dícese del compás compuesto de tres tiempos o de un múltiplo de tres.

ternera f. Cría hembra de la vaca. || Carne de ternera o ternero: *filete de ternera.*

ternero m. Cría macho de la vaca. || *Ternero recental,* el de leche.

terneza f. Ternura.

ternilla f. Tejido cartilaginoso de los animales vertebrados: *la ternilla de la nariz.*

terno m. Conjunto de tres cosas de una misma especie. || Pantalón, chaleco y chaqueta hechos de la misma tela: *un terno azul.* || Suerte de tres números en la lotería primitiva. || Voto, juramento: *echar ternos.* || *Impr.* Conjunto de tres pliegos impresos.

ternura f. Sentimiento de amor, cariño o profunda amistad. || Muestra de cariño, requiebro. || Blandura, especialmente de la carne.

tero m. *Arg.* Terutero.

terpeno m. Nombre genérico de los hidrocarburos cuyo tipo es el terebenteno.

terquedad f. Obstinación, porfía, testarudez. || *Ecuad.* Despego.

terracería f. *Méx.* Tierra sin cubierta de asfalto de un camino.

terracota f. Escultura de barro cocido.

terrado m. Azotea.

terraja f. Tabla recortada para hacer molduras de yeso. || Instrumento para labrar las roscas de los tornillos.

terraje m. Terrazgo.

terrajero m. Terrazguero.

terral adj. y s. m. Aplícase al viento que procede del interior de la tierra: *el terral de Málaga.*

terramicina f. Antibiótico poderoso que se saca de un hongo.

terranova m. Perro de pelo oscuro y patas palmeadas, originario de Terranova.

terraplén m. Macizo de tierra con que se rellena un hueco o que se levanta para hacer una plataforma que servirá de asiento a una carretera, vía de ferrocarril, construcción, etc.

terraplenar v. t. Llenar de tierra un vacío o hueco. || Amontonar tierra para levantar un terraplén.

terráqueo, a adj. Compuesto de tierra y agua: *el globo terráqueo.*

terrario m. Instalación especial en la que se exhiben algunos animales. || Botella o caja de cristal en la que se ha creado un pequeño jardín.

terrateniente com. Propietario de tierras o fincas rurales de gran extensión.

terraza f. Terrado, azotea. || Parte de la acera a lo largo de un café donde se colocan mesas y sillas. || Bancal, terreno cultivado en forma de grada retenida por un pequeño muro.

terrazgo m. Pedazo de tierra para sembrar. || Renta que se paga al propietario de una tierra.

terrazguero m. Labrador que paga el terrazgo.

terregal m. *Méx.* Tierra suelta que flota en el aire, polvareda.

terremoto m. Movimiento brusco o sacudida de la corteza terrestre: *los terremotos del Perú.*

terrenal adj. Relativo a la Tierra, en contraposición a *celestial: bienes terrenales.* || *Paraíso terrenal,* lugar placentero en donde Dios puso a Adán después que lo creó.

terreno, na adj. Terrestre: *la vida terrena.* || — M. Porción más o menos grande de la corteza terrestre de cierta época, cierta naturaleza o cierto origen: *terreno aurífero, jurásico, de acarreo.* || Espacio de tierra: *terreno para edificar.* || Lugar donde se disputa un partido: *terreno de deportes.* || *Fig.* Campo, sector: *en el terreno político.* || — *Ganar terreno,* ir avanzando poco a poco. || *Fig. Minarle a uno el terreno,* actuar solapadamente para desbaratar a uno sus planes. | *Reconocer* (o *tantear*) *el terreno,* procurar descubrir el estado de las cosas o de los ánimos. || *Sobre el terreno,* en el lugar mismo donde está ocurriendo algo. || *Vehículo todo terreno,* el capaz de circular por carretera y por diferentes terrenos, jeep, campero.

térreo, a adj. De tierra. || Parecido a ella.

terrero, ra adj. Relativo a la tierra: *neblina terrera.* || De tierra: *saco terrero.* || Aplícase al vuelo rastrero de algunas aves. || Relativo al caballo que levanta poco las patas al caminar. || Bajo, de humilde condición. || Que sirve para llevar tierra: *espuerta terrera* (ú. t. c. s. f.). || — M. Montón de tierra. || Terrado, azotea. || Montón de broza o escombros. || Tierra de aluvión. || — F. Terreno escarpado. || Alondra, ave.

terrícola com. Habitante de la Tierra. || — Adj. Que vive en la tierra: *la lombriz es un animal terrícola.*

terrier m. Raza de perros de caza cuyo tipo es el foxterrier.

territorial adj. Relativo al territorio: *límites territoriales.*

territorialidad f. Condición de lo que está dentro del territorio de un Estado: *la territorialidad de España.* || Ficción jurídica en virtud de la cual los buques y las residencias de los representantes diplomáticos se consideran como parte del territorio de la nación a que pertenecen.

territorio m. Extensión de tierra que depende de un Estado, una ciudad, una jurisdicción, etc.: *el territorio de un municipio; territorio militar, judicial.* || *Arg.* Demarcación al mando de un gobernador designado por el jefe del Estado: *el territorio de la Tierra del Fuego.*

terrizo, za adj. Hecho de tierra. || — M. y f. Barreño, lebrillo.

terrón m. Masa pequeña de tierra compacta: *destripar terrones.* || Masa pequeña y suelta de otras sustancias: *terrón de azúcar, de sal.* || Orujo que queda en los capachos de los molinos de aceite.

terror m. Miedo grande, pavor de algo que se teme. || Persona o cosa que infunde este sentimiento: *el terror de un país.* || Violencias y crímenes ejercidos contra un grupo para infundirle miedo: *gobernar por el terror.*

— Se llamó **Terror** al período de la Revolución Francesa que se extiende desde el 5 de septiembre de 1793 hasta el 9 de Termidor (27 de julio de 1794) en el que imperó una gran represión en contra de aquellos que amenazaban las nuevas instituciones. También ha recibido en Colombia este mismo nombre el espacio de tiempo que media entre 1816 y 1819 durante el cual los gobiernos de Morillo y Sámano, dependientes de la metrópoli, intentaron sofocar con rigor extremado los deseos independentistas.

terrorífico, ca adj. Que infunde terror.

terrorismo m. Intento de dominación por el terror: *el terrorismo hitleriano.* || Conjunto de actos de violencia cometidos por grupos revolucionarios. || Régimen de violencia instituido por un gobierno.

terrorista adj. Relativo al terrorismo. || — Com. Partidario o participante en actos de terrorismo.

terrosidad f. Calidad de terroso.

terroso, sa adj. Parecido a la tierra: *cara terrosa.* || Que contiene tierra.

terruño m. País o comarca natal: *la nostalgia del terruño.* || Terrón o porción de tierra.

terso, sa adj. Limpio, claro. || Resplandeciente, bruñido. || Liso, sin arrugas: *piel tersa.* || *Fig.* Aplícase al lenguaje o estilo, etc., muy puro, fluido.

tersura f. Resplandor, bruñido. || Lisura: *la tersura del cutis.* || *Fig.* Pureza del lenguaje o estilo.

tertulia f. Reunión de personas para hablar, discutir de un tema o jugar: *tertulia de café, política, literaria.* || Sala trasera de un bar donde están los billares y demás juegos. || Corredor que había en la parte alta de los teatros antiguos.

terutero o **teruteru** m. *Arg.* Ave zancuda de color blanco.

tesaliense y **tesalio, lia** adj. y s. De Tesalia.

tesalonicense adj. y s. De Tesalónica.

tescal m. *Méx.* Terreno cubierto de basalto.

tesina f. Tesis de menos importancia que la doctoral que se presenta para obtener la licenciatura.

tesis f. Proposición que se apoya con razonamientos: *no consiguió defender su tesis.* || Disertación escrita sobre una materia para doctorarse: *presentar una* tesis en la Universidad de Madrid. ‖ Fig. Primer término de un sistema dialéctico (los otros son la antítesis y la síntesis). ‖ Teatro o novela de tesis, obras destinadas a demostrar lo bien fundado de una teoría.

tesitura f. Mús. Altura propia de cada voz o de cada instrumento: tesitura grave, aguda. ‖ Fig. Estado de ánimo. ‖ Circunstancia: en esta tesitura.

tesla m. Unidad de inducción magnética (símb., T).

tesón m. Firmeza, inflexibilidad: sostener sus convicciones con tesón. ‖ Tenacidad, perseverancia: trabajar con tesón.

tesonería f. Perseverancia.

tesonero, ra adj. Tenaz, perseverante: trabajo tesonero. ‖ Obstinado, terco.

tesorería f. Empleo y oficina del tesorero.

tesorero, ra m. y f. Persona encargada de recaudar y distribuir los capitales de una persona o entidad: el tesorero de un banco, de una asociación. ‖ — M. Canónigo que custodia el tesoro de una catedral, colegiata, etc.

tesoro m. Conjunto de dinero, alhajas u otras cosas de valor que se guardan en un sitio seguro: el tesoro de un banco. ‖ Sitio donde se guarda. ‖ Cosas de valor que han sido escondidas y que uno encuentra por casualidad. ‖ En una iglesia, sitio donde se guardan las reliquias y otros objetos preciosos: el tesoro de la catedral de Toledo. ‖ Erario público. ‖ Fig. Persona o cosa que se quiere mucho o que es de gran utilidad: esta chica es un tesoro; juventud, divino tesoro.

tesqui adj. y s. Méx. India semisalvaje.

test m. Prueba, especialmente la destinada a conocer las aptitudes o la personalidad de alguien.

testa f. Fam. Cabeza.

testador, ra m. y f. Persona que hace un testamento.

testaferro m. Fam. El que presta su nombre para el negocio de alguien que no quiere hacer constar el suyo.

testal m. Méx. Porción de masa de maíz con que se hace cada tortilla.

testamentaría f. Ejecución de lo dispuesto en un testamento. ‖ Bienes de una herencia. ‖ Junta de los testamentarios. ‖ Conjunto de los documentos necesarios para el cumplimiento de lo dispuesto en un testamento.

testamentario, ria adj. Relativo al testamento: ejecutor testamentario. ‖ — M. y f. Albacea, persona encargada del cumplimiento de lo dispuesto en un testamento por el testador.

testamentería f. Amer. Testamentaría.

testamento m. Declaración escrita en la que uno expresa su última voluntad y dispone de sus bienes para después de la muerte: morir habiendo hecho testamento. ‖ Fig. Resumen de las ideas o de la doctrina que un escritor, artista, científico o político quiere transmitir

a su fallecimiento: testamento literario, político. ‖ — Antiguo o Viejo Testamento, conjunto de los libros sagrados anteriores a la venida de Jesucristo. ‖ Nuevo Testamento, conjunto de los libros sagrados que, como los Evangelios, son posteriores al nacimiento de Cristo. ‖ Testamento abierto o auténtico o público, el dictado ante notario en presencia de testigos. ‖ Testamento cerrado, el hecho por escrito, entregado en un sobre sellado al notario en presencia de testigos, que no debe abrirse hasta la muerte del testador. ‖ Testamento ológrafo, el escrito, fechado y firmado por el propio testador.

testar v. i. Hacer testamento.

testarazo m. Cabezazo.

testarudez f. Obstinación.

testarudo, da adj. y s. Obstinado, terco.

testera f. Frente o parte delantera de una cosa. ‖ Asiento en que se va de frente en un coche. ‖ Adorno para la frente de las caballerías. ‖ Parte anterior y superior de la cabeza del animal. ‖ Pared del horno de fundición.

testero m. Testera, frente: el testero de la cama. ‖ Lienzo de pared. ‖ Macizo de mineral con dos caras descubiertas.

testicular adj. Relativo a los testículos.

testículo m. Anat. Cada una de las dos glándulas genitales masculinas que producen los espermatozoides.

testificación f. Testimonio. ‖ Atestación.

testifical adj. For. De los testigos: prueba testifical.

testificante adj. Que testifica.

testificar v. t. Afirmar o probar de oficio, presentando testigos o testimonios. ‖ Atestiguar algo un testigo. ‖ Fig. Demostrar, probar. — V. i. Declarar como testigo: testificar ante el juez lo que vio.

testigo com. Persona que, por haber presenciado un hecho, puede dar testimonio de ello: ser testigo de un accidente. ‖ Persona que da testimonio de algo ante la justicia: testigo de cargo, de descargo. ‖ Persona que asiste a otra en ciertos actos: testigo matrimonial. ‖ — M. Prueba material: estos restos son testigo de nuestra civilización. ‖ Hito que se deja en una excavación para evaluar la cantidad de tierra extraída. ‖ Individuo, animal, planta u objeto utilizado como término de comparación con otros de la misma clase sometidos a ciertas experiencias. ‖ En una carrera de relevos, objeto en forma de palo que se transmiten los corredores.

testimonial adj. Que sirve de testimonio: prueba testimonial.

testimoniar v. t. Testificar.

testimonio m. Declaración hecha por una persona de lo que ha visto u oído: dar testimonio de un suceso. ‖ Instrumento legalizado en que se da fe de un hecho: testimonio hecho por escribano. ‖ Prueba: testimonio de gratitud, de amistad. ‖ Falso testimonio, depo-

sición falsa para culpar a una persona que uno sabe que es inocente.

testosterona f. Hormona sexual masculina.

testuz m. En algunos animales, la frente, y en otros, la nuca.

tesura f. Tiesura.

teta f. Cada uno de los órganos glandulosos que segregan la leche en las hembras de los mamíferos. ‖ Mama. ‖ Pezón. ‖ — Pl. Par de colinas de aspecto mamiforme.

tetania f. Enfermedad producida por insuficiencia en la secreción de las glándulas paratiroides, caracterizada por contracciones musculares espasmódicas.

tetánico, ca adj. Med. Relativo al tétanos.

tetanismo m. Tetania.

tétano m. Tétanos.

tétanos m. inv. Med. Rigidez y tensión convulsiva de los músculos. ‖ Enfermedad infecciosa muy grave producida por un bacilo anaerobio que se introduce en una herida y ataca los centros nerviosos.

tetelque adj. Amér. C. y Méx. Desabrido, de sabor desagradable.

tetepón, ona adj. y s. Méx. Persona gruesa y de baja estatura.

tetera f. Recipiente para hacer y servir el té.

tetero m. Amer. Biberón.

tetilla f. Órgano de los mamíferos machos situado en el lugar correspondiente al de las mamas de las hembras. ‖ Especie de pezón de goma que se pone al biberón para que el niño pueda chupar.

tetlachihue m. Hechicero, brujo, entre los aztecas, que todavía practica sus tradiciones.

tetón m. Trozo de la rama podada que queda unido al tronco.

tetona adj. f. Fam. Tetuda.

tetraciclina f. Medicamento antibiótico.

tetracordio m. Mús. Serie de cuatro sonidos en que, entre el primero y el último, hay un intervalo de cuarta.

tetracromía f. Reproducción de imágenes coloreadas por superposición de tres imágenes en tres colores primarios y otra en negro.

tetraédrico, ca adj. Geom. Relativo al tetraedro. ‖ De figura de tetraedro.

tetraedro m. Geom. Sólido limitado por cuatro planos triangulares.

tetragonal adj. Perteneciente o relativo al tetrágono. ‖ Cuadrangular, con forma de tetrágono.

tetrágono m. Geom. Cuadrilátero. ‖ — Adj. y s. m. Aplícase al polígono de cuatro ángulos.

tetralogía f. Conjunto de cuatro obras dramáticas que presentaban los antiguos poetas griegos en los concursos públicos. ‖ Mús. Conjunto de cuatro óperas.

tetrámero, ra adj. Dividido en cuatro partes: verticilo, insecto tetrámero.

tetramotor adj. y s. m. Cuatrimotor.

tetrarca m. Gobernador de una tetrarquía.

tetrarquía f. Dignidad de tetrarca. || En el Imperio Romano, territorio que resultaba de la división de otro mayor o de un reino, y especialmente el dividido por Diocleciano entre cuatro emperadores.

tetrasílabo, ba adj. De cuatro sílabas, cuatrisílabo: *palabra tetrasílaba*. || Aplícase al verso cuatrisílabo (ú. t. c. s. m.).

tetrástrofo, fa adj. y s. m. Aplícase a la composición poética que tiene cuatro estrofas: *tetrástrofo monorrimo*.

tetravalente adj. y s. m. Dícese del elemento químico que tiene cuatro de valencia.

tétrico, ca adj. Triste.

tetrodo m. Válvula electrónica de cuatro electrodos.

tetuaní adj. y s. De Tetuán.

tetuda adj. De tetas o mamas muy grandes.

teucali m. Teocali.

teutón, ona adj. Relativo a la antigua Germania. || Habitante de este país (ú. t. c. s.). || *Fam.* Alemán (ú. t. c. s.). || — M. Nombre dado a la lengua germánica en la Alta Edad Media.

teutónico, ca adj. De los teutones: *lenguas teutónicas*.

textil adj. Que puede ser tejido: *fibras textiles*. || Relativo a la fabricación de tejidos: *producción textil*. || — M. Materia textil: *los textiles artificiales*.

texto m. Lo dicho o escrito inicialmente por un autor: *texto claro; añadir comentarios a un texto*. || Contenido exacto de una ley u ordenanza: *atenerse al texto legal*. || Escrito: *corregir un texto*. || Trozo sacado de una obra literaria: *leer un texto*. || Sentencia de la Sagrada Escritura: *texto bíblico*. || *Impr.* Grado de letra de catorce puntos. || *Libro de texto*, el que escoge un maestro para su clase y hace comprar a sus alumnos.

textual adj. Conforme con el texto. || Exacto: *ésta fue su contestación textual*.

textura f. Manera de entrelazarse los hilos en una tela. || Operación de tejer. | *Fig.* Disposición de las distintas partes que forman un todo, estructura: *la textura de una comedia, de un cuerpo*.

teyú m. *Riopl.* Iguana.

tez f. Piel del rostro humano, sobre todo desde el punto de vista de su color: *tez cetrina*.

tezontle m. *Méx.* Piedra volcánica usada en la construcción.

th, símbolo de la *termia*.

Th, símbolo químico del *torio*.

theta f. Octava letra del alfabeto griego (θ), que en latín y otras lenguas modernas se representa con *th,* y en castellano sólo con *t*: *terme, tesoro, taumaturgo*.

ti pron. pers. de 2.ª pers. sing. (ú. siempre con prep.): *a ti, para ti, de ti*. || Con la prep. *con* forma una sola palabra (*contigo*).

Ti, símbolo químico del *titanio*.

tía f. Respecto de una persona, hermana o prima del padre o de la madre. || En los pueblos, tratamiento que se da a las mujeres casadas o de edad: *la tía Gertrudis*. || *Fam.* Tratamiento despectivo dado a una mujer cualquiera. || *Pop.* Prostituta. || — *Fig.* y *Fam.* *Cuéntaselo a tu tía*, expresión que denota incredulidad de uno frente a lo que otro dice. | *No hay tu tía*, no hay medio de lograr lo que uno espera.

tialina f. Ptialina.

tianguero, ra adj. *Méx.* Vendedor en un tianguis.

tianguis m. *Méx.* Mercado. | Mercado que se celebra algunos días de la semana.

tiara f. Entre los antiguos persas, tocado de los soberanos. || Mitra de tres coronas superpuestas que lleva el Papa en las solemnidades. || Dignidad pontificia.

tibetano, na adj. y s. Del Tíbet. || — M. Lengua de los tibetanos.

tibia f. Hueso principal y anterior de la pierna.

tíbico m. *Méx.* Levadura.

tibieza f. Calor templado. || *Fig.* Falta de entusiasmo.

tibio, bia adj. Templado, ni caliente ni frío: *baño tibio*. || *Fig.* Poco fervoroso, falto de entusiasmo: *tibio recibimiento*. | Poco afectuoso: *relaciones tibias*. | Flojo, descuidado. | Tirante.

tiburón m. Nombre dado a los peces selacios de cuerpo fusiforme y aletas pectorales grandes cuya boca, en la parte inferior de la cabeza, tiene forma de media luna y está provista de varias filas de dientes cortantes. (Los tiburones, llamados también *escualos*, viven en el mar. Algunas de sus especies son muy voraces pero otras son inofensivas y se alimentan de plancton. Alcanzan a veces la longitud de 15 m.)

tic m. Contracción convulsiva habitual e involuntaria de ciertos músculos, principalmente del rostro. || *Fig.* Manía, acción que uno hace frecuentemente sin darse siquiera cuenta.

ticazo m. *Méx.* Bebida fermentada hecha de maíz y algo semejante a la chicha.

ticholo m. *Arg.* y *Urug.* Dulce de caña de azúcar o de guayaba en forma de tableta.

tico, ca adj. y s. *Fam. Amér. C.* Costarricense.

tictac m. Ruido acompasado producido por ciertos mecanismos: *el tictac del reloj*.

tiempo m. Duración determinada por la sucesión de los acontecimientos y particularmente de los días, las noches y las estaciones: *el tiempo transcurre muy rápido*. || Cierta duración: *este trabajo me ha tomado mucho tiempo*. || Época. Ú. t. en pl.: *en los tiempos de Bolívar*. || Período muy largo: *hace*

tiempo que no le veo. || Momento libre: *si tengo tiempo lo haré; no me ha dado tiempo de verlo*. || Momento oportuno, ocasión propicia: *es preciso hacer las cosas en su tiempo*. || Estación del año: *fruta del tiempo*. || Edad: *¿qué tiempo tiene su hijo?* || Estado de la atmósfera: *tiempo espléndido*. || Cada una de las divisiones de una acción compleja: *motor de cuatro tiempos*. || En deporte, división de un partido: *un partido de fútbol consta de dos tiempos*. || *Mús.* División del compás. || *Gram.* Cada una de las formas verbales que indican el momento en que se verificó la acción: *tiempos simples, compuestos*. || Temporal en el mar: *aguantar la nave un tiempo*. || — *A mal tiempo buena cara*, saber aguantar con valor las desgracias o dificultades que nos depara la fortuna. || *A tiempo*, antes de que sea demasiado tarde: *llegó a tiempo para salварle*; en el momento oportuno. || *A un tiempo*, a la vez, juntamente. || *Andando el tiempo*, más tarde. || *Con tiempo*, sin tener que darse prisa; con antelación: *hay que sacar las entradas con tiempo*. || *Fig. Darse buen tiempo*, darse buena vida. | *Dar tiempo al tiempo*, no ser demasiado impaciente. || *De tiempo en tiempo*, a intervalos. || *Dejar algo al tiempo*, confiar en que con el tiempo todo se arreglará. || *En tiempos del rey que rabió o de Maricastaña*, en una época muy lejana. || *Engañar* (o *matar*) *el tiempo*, entretenerse en cosas poco interesantes para no quedar desocupado. || *Estar a tiempo de*, tener todavía la posibilidad de. || *Fuera de tiempo*, inoportunamente. || *Ganar tiempo*, adelantar en lo que uno está haciendo; aplazar alguna acción complicada esperando que con el tiempo se le va a encontrar solución. || *Hacer tiempo*, entretenerse esperando la hora de hacer algo. || *Perder el tiempo*, no aprovecharlo; permanecer ocioso.

tienda f. Armazón de palos hincados en tierra y cubiertos con tela, lona o piel sujeta con cuerdas, que se arma en el campo para alojarse: *madre e hija estaban en la puerta de la tienda de campaña*. || Toldo que protege del sol. || Establecimiento comercial donde se vende cualquier mercancía: *tienda de artículos fotográficos*. || Establecimiento donde se venden comestibles. || *Amer.* Tienda de tejidos al por menor, prendas de vestir, etc. || *Med. Tienda de oxígeno*, dispositivo destinado a aislar al enfermo del medio ambiente y suministrarle oxígeno puro. || *Amér. Tienda de raya*, comercio que existía en los grandes latifundios de la época porfiriana y vendía a crédito para tener cautivos a los peones.

tienta f. Instrumento para explorar cavidades, heridas, etc. || Operación para probar la bravura del ganado destinado a la lidia: *tienta de becerros*. || *Fig.* Habilidad, sagacidad. || *A tientas*, guiándose por el tacto; (fig.) con incertidumbre.

tiento m. Ejercicio del sentido del tacto. || Bastón de ciego. || Balancín o contrapeso de volatinero. || Pulso, seguridad en la mano: *tener tiento*. || *Fig.* Prudencia, tacto: *andar con tiento*. || *Fig. y fam.* Golpe, porrazo. | Trago, bocado: *dar un tiento a la botella, al jamón*. || Floreo que se hace antes de empezar a tocar un instrumento músico para ver si está afinado. || Palillo en que el pintor apoya la mano. || *Zool.* Tentáculo. || — Pl. Cante y baile andaluz. || *A tiento*, a tientas.

tierno, na adj. Blando, fácil de cortar: *carne tierna*. || Reciente: *pan tierno*. || Claro, delicado: *color tierno*. || *Fig.* Sensible, propenso al cariño o al amor: *corazón tierno*. | Cariñoso: *miradas tiernas*. | Joven. | Propenso al llanto: *ojos tiernos*. || *Amer.* Que no está maduro: *fruta tierna*. || *Tierna edad*, los primeros años de la juventud.

tierra f. Planeta que habitamos. (En este sentido esta palabra debe escribirse con mayúscula.) || Parte sólida de la superficie de este planeta: *la tierra no ocupa tanta extensión como el mar en el globo*. || Capa superficial del globo que constituye el suelo natural. || Suelo: *echar por tierra*. || Terreno cultivable: *tierra de labor, de secano*. || Patria: *mi tierra*. || País, región, comarca: *la tierra andaluza*. || Contacto entre un circuito eléctrico y la tierra: *toma de tierra*. || — *Fig. y fam. Besar la tierra*, caerse. || *Dar en tierra*, dejar caer; caerse. || *Fig. Echar por tierra*, derrumbar; aniquilar, frustrar: *esto echa por tierra todos mis proyectos*; destruir, reducir a nada: *objeción que echa por tierra un razonamiento*. || *Echarse por tierra*, humillarse. || *Echar tierra a un asunto*, silenciarlo, echarlo en olvido. || *En tierra de ciegos, el tuerto es rey*, por poco que se valga, uno puede siempre destacarse entre los que valgan menos. || *En toda tierra de garbanzos*, por todas partes. || *Fig. y fam. Estar comiendo* (o *mascando*) *tierra*, estar muerto y enterrado. || *La tierra de María Santísima*, Andalucía. || *Fig. Poner tierra por medio*, marcharse, alejarse. || *Tierra adentro*, lejos de la costa. || *Tierra de batán*, greda. || *Tierra de nadie*, territorio no ocupado entre las primeras líneas de dos beligerantes. || *Tierra de Promisión*, tierra que Dios prometió al pueblo de Israel; (fig.) la muy fértil. || *Tierra firme*, continente. || *Tierra rara*, óxido de ciertos metales que existe en muy pocas cantidades y tiene propiedades semejantes a las del aluminio. || *Tierra Santa*, lugares de Palestina donde Jesucristo pasó su vida. || *Tierra vegetal*, parte del suelo impregnado de humus y propia para el cultivo. || *Tomar tierra*, arribar una nave, aterrizar un avión. || *Fig. Venir* (o *venirse*) *a tierra*, fracasar.

tierrafría com. *Col.* Habitante del altiplano.

tierruca f. Dim. de *tierra*. || Terruño. || *Fam.* La Montaña de Santander.

tieso, sa adj. Erguido, firme. || Rígido: *pierna tiesa*. || Tenso. || *Fig.* Estirado, afectadamente grave. | Terco. || *Pop.* Sin dinero: *dejarle a uno tieso*. || *Fig. y fam. Tenérselas tiesas*, no ceder nada.

tiesto m. Maceta donde se crían plantas: *un tiesto de geranios*. || Pedazo de una vasija de barro.

tiesura f. Rigidez. || *Fig.* Gravedad exagerada y afectada.

tifáceo, a adj. y s. f. Dícese de las plantas monocotiledóneas acuáticas a que pertenece la espadaña. || — F. pl. Familia que forman.

tífico, ca adj. Del tifus. || Que padece tifus (ú. t. c. s.).

tifo m. *Med.* Tifus.

tifoideo, a adj. Relativo al tifus o a la fiebre tifoidea. || Dícese de una fiebre infecciosa provocada por la ingestión de alimentos que tienen bacilos de Eberth (ú. t. c. s. f.).

tifón m. Ciclón tropical del Pacífico occidental y del mar de China.

tifus m. Enfermedad febril, epidémica y contagiosa debida a un microbio transmitido por un piojo y que se caracteriza por manchas rojas en la piel llamadas *exantemas*. (Se llama también *tifus exantemático*.) || *Fig. y fam.* Conjunto de personas que asisten gratuitamente a un espectáculo.

tigra f. *Amer.* Jaguar hembra.

tigre m. Mamífero carnicero del género félido y de piel de color amarillo anaranjado rayado de negro que vive en el continente asiático, Sumatra y Java. (Tiene una longitud de 3 m, un peso de 200 kg y una longevidad de unos 25 años.) || *Fig.* Persona cruel y sanguinaria. || *Amer.* Jaguar.

tigrero m. *Amer.* Cazador de jaguares.

tigresa f. Galicismo por *tigre hembra*.

tigrillo m. *Ecuad.* y *Venez.* Mamífero carnicero americano del género félido más pequeño que el tigre.

tigüilote m. *Amér. C.* Árbol cuya madera se emplea en tintorería.

tijera f. Instrumento para cortar, compuesto de dos piezas de acero articuladas en un eje. Ú. más en pl.: *tijeras para las uñas*. || *Fig.* Nombre que califica diferentes objetos formados por dos piezas articuladas: *catre, asiento, escalera de tijera*. || Zanja para desecar las tierras húmedas. || Aspa en que se apoya el madero para aserrarlo o labrarlo. || Pluma primera de las alas del halcón. || En deportes, llave en la lucha y tb. manera de saltar. || *Fig. y fam.* Persona muy murmuradora: *buena tijera está hecha esa mujer*.

tijereta f. Tijera pequeña. || Zarcillo de las vides. || Cortapicos, insecto. || Ave palmípeda de América del Sur. || Manera de saltar haciendo un movimiento con las dos piernas parecido al hecho cuando se manejan unas tijeras.

tijeretada f. y **tijeretazo** m. Corte hecho de una vez con las tijeras.

tijeretear v. t. Dar tijeretazos. || *Fig. y fam.* Entremeterse en negocios ajenos y disponer en ellos.

tijereteo m. Acción de tijeretear. || Ruido hecho por las tijeras al cerrarse.

tijerilla y **tijeruela** f. Tijereta de la vid.

tila f. Flor del tilo. || Infusión hecha con esta flor: *una taza de tila*. || Tilo.

tílburi m. Carruaje ligero y descubierto de dos plazas.

tilcoate m. Culebra de México.

tildar v. t. Poner tilde a una letra. || Tachar algo escrito. || *Fig.* Acusar a uno de algún defecto.

tilde f. Signo que se pone sobre la letra ñ y algunas abreviaturas. || Acento. || *Fig.* Cosa insignificante. | Nota denigrativa.

tildío m. Ave migratoria propia de México.

tiliáceo, a adj. y s. f. Dícese de las plantas dicotiledóneas cuyo tipo es el tilo. || — F. pl. Familia que forman.

tiliche m. *Méx.* Cachivache, trebejo: *guardó sus tiliches en el armario*.

tílico, ca adj. *Fam. Méx.* Flacucho, delgaducho.

tilín m. Sonido de la campanilla. || — *Fig. y fam. Chil., Col.* y *Venez. En un tilín*, en un tris. || *Fam. Hacer tilín*, gustar.

tilingo, ga adj. y s. Flaco.

tillandsia f. Planta americana de la familia de las bromeliáceas.

tilma f. *Méx.* Manta de algodón o lana que llevan los campesinos trabada por una abertura en la cabeza.

tilo m. Árbol tiliáceo de flores blanquecinas y medicinales.

timador, ra m. y f. Estafador.

tímalo m. Pez malacopterigio parecido al salmón.

timanejo, ja adj. De Timaná.

timar v. t. *Fam.* Estafar: *le timaron 1 000 euros*. || Engañar, hacer concebir esperanzas que no serán colmadas. || — V. pr. *Fam.* Hacerse señas o cambiar miradas galanteadoras un hombre con una mujer.

timba f. *Fam.* Partida de juego de azar. | Casa de juego.

timbal m. Tambor con caja de cobre semiesférica. || Atabal, tambor pequeño. || Empanada rellena de carne u otras viandas.

timbalero m. Músico que toca el timbal.

timbero, ra adj. y s. *Arg., Bol., Chil., Parag.* y *Urug.* Jugador empedernido.

timbiriche m. *Méx.* Árbol rubiáceo mexicano de fruto comestible. | Tendejón de bebidas alcohólicas del mismo nombre.

timbó m. *Arg.* y *Parag.* Árbol leguminoso de madera muy sólida. || *Hond.* Animal fantástico que figura en leyendas autóctonas.

timbrado, da adj. Aplícase al papel con un sello que se utiliza para extender documentos oficiales. || Dícese del papel con membrete de una persona o entidad.

timbrar v. t. Estampar un timbre, sello o membrete en un documento. || Poner timbre en el escudo de armas.

timbrazo m. Toque fuerte del timbre.

timbre m. Sello para estampar especialmente en seco: *timbre en relieve*. || Sello que indica el pago de derechos fiscales en algunos documentos oficiales: *timbre fiscal, móvil*. || Aparato de llamada: *timbre eléctrico*. || Sonido característico de una voz o instrumento: *timbre metálico*. || *Blas.* Insignia en la parte superior del escudo de armas: *timbre de nobleza, heráldico*. || *Fig.* Acción que ennoblece a la persona que la hace: *timbre de gloria, de lealtad*.

timbú adj. y s. m. Dícese del individuo de una tribu india que vivía en la orilla oeste del Paraná. (Pl. *timbúes*.)

timeleáceo, a adj. y s. f. Dícese de las plantas dicotiledóneas que tienen por tipo el torvisco. || — F. pl. Familia que forman.

timidez f. Falta de seguridad en sí mismo, vergüenza de hablar o actuar en presencia de personas poco conocidas.

tímido, da adj. Que se encuentra cohibido en presencia de personas con quienes no tiene confianza: *esta niña es muy tímida*.

timo m. Glándula endocrina de los vertebrados situada delante de la tráquea. || Tímalo, pez. || Estafa. || *Fam.* Engaño que se da a los incautos: *el timo del sobre*.

timón m. Pieza móvil colocada verticalmente en la parte de la embarcación para gobernarla. || Dispositivo para la dirección de un avión, cohete, etc.: *timón de dirección, de profundidad*. || Palo derecho del arado, que va de la cama al yugo y en el que se fija el tiro. || Varilla del cohete. || *Amér. C., Col., Cub., Per. y Venez.* Volante del automóvil. || *Fig.* Dirección, gobierno: *manejar el timón de un negocio*. || *Mar.* Caña del timón, palanca que permite gobernar el timón.

timonear v. i. Manejar el timón.

timonel m. *Mar.* Hombre que maneja el timón.

timonera adj. y s. f. Aplícase a las plumas grandes de la cola de las aves. || — F. En una nave, sitio donde estaba el pinzote o barra del timonel.

timonero adj. Aplícase al arado de timón. || — M. Timonel.

timorato, ta adj. Que tiene el temor de Dios. || Tímido. || Que no se atreve a actuar por demasiado escrupuloso.

timote adj. y s. Dícese de un indio de la región andina de Venezuela.

timpánico, ca adj. Relativo al tímpano del oído.

timpanismo m., **timpanitis** o **timpanización** f. Abultamiento del vientre por acumulación de gases en el tubo intestinal.

timpanizarse v. pr. Abultarse el vientre por la acumulación de gases.

tímpano m. *Mús.* Atabal, tamboril. | Instrumento formado por varias tiras de vidrio o cuerdas que se golpean con un macillo de corcho. || Membrana del oído que separa el conducto auditivo

del oído medio. || *Arq.* Espacio triangular comprendido entre las dos cornisas inclinadas de un frontón y la horizontal de su base. || *Impr.* Bastidor de las prensas antiguas, sobre el cual descansaba el papel que se había de imprimir. || Tapa de un tonel.

timúridas adj. y s. m. Dícese de los descendientes de Tamerlán o Timur Lenk que reinaron en Persia y en Transoxiana (Turquestán) de 1447 a 1517.

tina f. Tinaja. || Recipiente grande de madera u otro material que sirve para diversos usos: *tina de fotógrafo, de tintorero*. || Baño, bañera.

tinaco m. *Méx.* Tinaja grande.

tinaja f. Vasija grande de barro donde se guarda el agua, el aceite u otros líquidos. || Su contenido.

tinamú m. Ave gallinácea de América del Sur.

tincar v. t. *Amer.* Lanzar con la uña del pulgar la bolita o canica. | Dar papirotazos.

tincazo m. *Amer.* Papirotazo.

tinerfeño, ña adj. y s. De Tenerife.

tinga f. *Méx.* Guiso que se elabora con carne deshebrada y salsa elaborada con chile chipotle.

tingitano, na adj. y s. Tangerino. || De Tánger.

tinglado m. Cobertizo. || Tablado, puesto hecho de madera o lona. || *Fig.* Artificio, intriga. | Lío, embrollo: *¡menudo tinglado se ha formado!* || *Méx.* Laúd, tortuga marina.

tinieblas f. pl. Oscuridad: *las tinieblas de la noche*. || *Fig.* Ignorancia, incertidumbre, confusión. || *Ángel* en las tinieblas, el demonio.

tino m. Puntería con un arma: *tener mucho tino*. || *Fig.* Acierto, habilidad. | Juicio y cordura: *razonar con tino*. || Tina. | Moderación: *comer con tino*. || Tina. | Lagar. || — *A tino*, a tientas. | *Fig. Perder el tino*, perder el juicio. | *Sacar de tino*, sacar de quicio; exasperar. | *Sin tino*, sin moderación; de manera insensata.

tinta f. Color con que se tiñe. || Tinte. || Líquido empleado para escribir con pluma. || Líquido que los cefalópodos vierten para ocultarse de sus perseguidores: *tinta de calamar*. || — Pl. Colores para pintar. || Matices: *pintar el porvenir con tintas negras*. || — *Media tinta*, color que une los claros con los oscuros. || *Fig. y fam. Medias tintas*, dícese de lo impreciso, vago. | *Recargar las tintas*, exagerar. | *Saber de buena tinta*, estar informado por fuentes fidedignas. | *Sudar tinta*, hacer algo con mucho esfuerzo. || *Tinta china*, la hecha con negro de humo y que sirve para los dibujos a la aguada. || *Tinta de imprenta*, composición grasa y espesa que sirve para imprimir. || *Tinta simpática*, la que no es visible sino mediante cierto tratamiento físico o químico.

tinte m. Operación de teñir. || Colorante con que se tiñe: *tinte muy oscuro*. || Establecimiento donde se tiñen y limpian en seco las telas y la ropa: *lle-*

var un vestido al tinte. || *Fig.* Tendencia, matiz: *tener un tinte político*. | Barniz: *un ligero tinte de cultura*.

tinterillo m. *Fig. y fam.* Chupatintas. || *Amer.* Picapleitos.

tintero m. Recipiente en que se pone la tinta de escribir. || Mancha negra en los dientes del caballo. || *Impr.* Depósito donde se impregnan de tinta los cilindros giratorios: *el tintero de una rotativa*. || *Fig. y fam. Dejarse o quedársele a uno en el tintero una cosa*, olvidarla u omitirla al escribir.

tintillo adj. y s. m. Aplícase al vino tinto claro.

tintín m. Sonido del timbre, del cristal, de una campanilla, de la esquila, etc.: *se oía el alegre tintín de los vasos*.

tintinar o **tintinear** v. i. Sonar la campanilla u otro objeto que produce un ruido semejante.

tintineo m. Tintín.

tinto, ta adj. Teñido: *tinto en sangre*. || Aplícase a la uva de color negro y al vino que se obtiene con ella. Ú. t. c. s. m.: *una botella de tinto*.

tinto m. *Col. y Ecuad.* Café negro.

tintóreo, a adj. Aplícase a las plantas y a las sustancias usadas para teñir.

tintorería f. Oficio, taller y tienda del tintorero.

tintorero, ra m. y f. Persona que tiene por oficio teñir o limpiar en seco las telas y la ropa. || — F. Tiburón parecido al cazón. || *Amer.* Hembra del tiburón.

tintorro m. *Fam.* Vino tinto bastante malo.

tintura f. Tinte, sustancia colorante que sirve para teñir. || *Fig.* Conocimientos superficiales: *tener una tintura de historia literaria*. || Producto farmacéutico que resulta de la disolución de una sustancia en alcohol o éter: *tintura de yodo*.

tiña f. Arañuelo que daña las colmenas. || Enfermedad producida por diversos parásitos en la piel y el cuero cabelludo que provoca la caída del pelo. || *Fam.* Suciedad, porquería. | Mezquindad, tacañería.

tiñería f. *Fam.* Tiña, tacañería.

tiñoso, sa adj. y s. Que padece tiña. || *Fig. y fam.* Tacaño, mezquino. | Sucio, puerco.

tío m. Respecto de una persona, hermano o primo del padre o de la madre. || *Fam.* Hombre casado o de cierta edad: *el tío Juan*. | Persona digna de admiración: *¡qué tío!* | Individuo despreciable.

tiónico, ca adj. Dícese de una serie de ácidos oxigenados del azufre.

tiovivo m. Diversión infantil en la que una plataforma giratoria arrastra caballitos de madera u otras figuras en los que se montan los niños.

tipa f. Árbol leguminoso americano cuya madera se utiliza en ebanistería. || *Fig.* Mujer despreciable.

tiparraco, ca y **tipejo, ja** m. y f. Persona ridícula o despreciable.

típico, ca adj. Propio de un sitio, persona o cosa: *lo típico del país.* || Que corresponde a un tipo determinado: *un español típico.*

tipificación f. Clasificación. || Standardización, normalización.

tipificar v. t. Standardizar, normalizar.

tipismo m. Carácter típico.

tiple m. La más aguda de las voces humanas. || Guitarra muy pequeña de sonidos muy agudos. || — Com. Cantante con voz de tiple.

tipo m. Modelo, cosa o persona representativa: *Otelo es el tipo del celoso.* || Conjunto de los rasgos característicos de las personas o cosas de la misma naturaleza: *tipo deportivo.* || Figura, facha: *tener buen tipo.* || *Fam.* Persona, individuo: *un tipo vigilaba la puerta; es un tipo curioso.* || Clase, género: *una comedia musical de tipo americano.* || Ejemplar individual en el que se basa la descripción de una nueva especie o género biológico: *tipo ario, de los plantígrados.* || Conjunto de las características que tiene. || Pieza rectangular de metal en cuya parte superior está grabado cualquiera de los caracteres usados para la impresión tipográfica. || Porcentaje: *tipo de interés, de descuento.* || Índice: *tipo de cambio.* || *Fam. Jugarse uno el tipo,* arriesgar la vida.

tipografía f. Procedimiento de impresión con formas en relieve (caracteres móviles, grabados, clichés). || Parte de una imprenta en la que se hace la composición y la compaginación.

tipográfico, ca adj. Relativo a la tipografía: *carácter tipográfico.*

tipógrafo, fa m. y f. Persona que compone con tipos móviles lo que se ha de imprimir.

tipología f. Estudio de los caracteres morfológicos del hombre comunes a las distintas razas.

tipometría f. Medición de los puntos tipográficos.

tipómetro m. Regla para medir los puntos tipográficos.

tipoy m. Túnica suelta y sin mangas de las indias y campesinas del Río de la Plata.

típula f. Insecto díptero semejante al mosquito, que se alimenta del jugo de las flores.

tique m. Árbol euforbiáceo de Chile.

tíquet y tiquete m. Ticket.

tiquismiquis m. pl. *Fam.* Reparos nimios. | Cortesías ridículas o afectadas, remilgos. | Discusiones por motivos ridículos.

tiquismo m. *Amér. C.* Costarriqueñismo.

tira f. Trozo largo y estrecho de tela, papel, cuero u otro material delgado: *las tiras de cuero de un flagelo, de los zapatos.* || En un periódico, serie de dibujos en los cuales se cuenta una historia o parte de ella.

tirabala m. Taco, juguete.

tirabeque m. Guisante mollar.

tirabotas m. inv. Gancho para ponerse las botas.

tirabuzón m. Sacacorchos. || *Fig.* Rizo de cabello retorcido como un sacacorchos. || Salto de trampolín en el que el cuerpo del atleta se retuerce como un tirabuzón. || Acrobacia aérea consistente en bajar rápidamente un avión describiendo una curva como si fuera una hélice. || *Fig. y fam. Sacar con tirabuzón,* sacar con mucha dificultad.

tirada f. Distancia bastante grande en el espacio o el tiempo: *de mi casa al trabajo hay una tirada.* || Serie de cosas que se escriben o dicen de una sola vez: *tirada de versos.* || Impresión de una obra y número de ejemplares que se tiran a la vez: *segunda tirada; una tirada de veinte mil ejemplares.* || Lo que se imprime en una jornada de trabajo: *la tirada diaria.* || Galicismo por *trozo, pasaje.* || *De (o en) una tirada,* de una vez; seguido.

tirado, da adj. Aplícase a las cosas muy baratas o que abundan: *este reloj está tirado.* || Muy fácil: *esta lección está tirada.* || Aplícase a la letra escrita con soltura. || Dícese del buque de mucha eslora y poca altura de casco.

tirador, ra m. y f. Persona que tira con un arma: *un tirador de arco excelente.* || — M. Asidero para abrir los cajones o las puertas. | Cordón o cadenilla para tirar de una campanilla. || *Impr.* Prensista. || Tiragomas. || *Tecn.* Máquina con la cual se estiran los metales. || *Arg.* Cinturón de cuero del gaucho en el cual lleva dinero, tabaco, el facón, etc.

tirafondo m. Instrumento para sacar de las heridas los cuerpos extraños. || Tornillo largo usado para sujetar los rieles o carriles en las traviesas.

tiragomas m. inv. Juguete para tirar pequeños objetos, tales como piedrecillas, etc.

tiralíneas m. inv. Instrumento de metal, a modo de pinzas, cuya separación se gradúa con un tornillo, que sirve para trazar líneas más o menos gruesas según esta separación.

tiranía f. Gobierno ejercido por un tirano: *la tiranía de Pisístrato.* || *Fig.* Abuso de autoridad. | Dominio excesivo que tienen ciertas cosas sobre los hombres: *la tiranía del amor.*

tiranicida adj. Que mata a un tirano (ú. t. c. s.).

tiranicidio m. Muerte dada a un tirano.

tiránico, ca adj. Que tiene el carácter de una tiranía: *poder, gobierno tiránico.* || *Fig.* Que ejerce una influencia irresistible, fuerte: *el poder tiránico de la belleza.*

tiranizar v. t. Gobernar como un tirano: *tiranizar al pueblo.* || *Por ext.* Oprimir, ejercer una autoridad tiránica: *tiranizar a su esposa.*

tirano, na adj. y s. Aplícase al que tenía el poder absoluto en la antigua Grecia, generalmente por usurpación. || Dícese del soberano déspota, injusto y cruel. || *Fig.* Dícese del que abusa de su autoridad: *ser un tirano para su familia.* | Dícese de lo que domina el ánimo. || — M. Pájaro de América del Sur.

tiranosaurio m. Especie de dinosaurio carnívoro de gran tamaño.

tirante adj. Tenso. || *Fig.* Que puede conducir a una ruptura: *situación tirante.* || *Fig. Estar tirante con uno,* tener relaciones tensas con él. || — M. Correa que sirve para tirar de un carruaje. || Cada una de las dos tiras elásticas de las cuales se sujetan los pantalones. || Cada una de las dos tiras que sujetan las prendas interiores femeninas. || *Arq.* Pieza de la armadura de un tejado que impide que se separen los pares. | Riostra, pieza de madera o metal que sirve para reunir otras dos y evitar que se separen.

tirantez f. Tensión: *la tirantez de una cuerda.* || *Arq.* Dirección de los planos de hilada de un arco o de una bóveda. || *Fig.* Desacuerdo, situación que puede conducir a un conflicto: *tirantez entre dos países.*

tirar v. t. Soltar algo de la mano: *tirar un libro al suelo.* || Echar: *tirar agua en la mesa.* || Echar, deshacerse: *tirar viejos objetos; tirar un periódico a la basura.* || Arrojar, lanzar en dirección determinada: *tirar el disco.* || Derribar, echar abajo: *tirar un pilar.* || Traer hacia sí: *tirar la puerta.* || Estirar o extender: *tirar una cuerda.* || Trazar: *tirar curvas, una perpendicular.* || Dar: *tirar un pellizco.* || Disipar, malgastar: *tirar dinero.* || Imprimir: *tirar cinco mil ejemplares de un libro.* || Reproducir en positivo un cliché fotográfico. || Sacar una foto. || *Fam.* Hablar mal: *este chico siempre me está tirando.* | Vender barato. || *Dep.* Chutar el balón: *tirar un saque de esquina.* || — V. i. Atraer: *el imán tira del hierro.* || Arrastrar: *el caballo tira del coche.* || Disparar un arma: *tirar con la ametralladora.* || Producir aspiración de aire caliente: *esta chimenea tira mal.* || *Fam.* Andar, funcionar: *este motor tira muy bien.* || *Fig.* Atraer: *la sangre siempre tira.* | Torcer: *tirar a la izquierda.* | Coger: *si tiráramos por este camino, llegaríamos antes.* | Durar o conservarse una cosa: *el abrigo tirará todo este invierno.* | Mantenerse: *tira con tres mil euros al mes.* | Tender, tener propensión: *tirar por una persona.* | Parecerse: *este color tira a rojo.* — *Fig. A todo tiro o tirando por alto, o* a lo sumo. | *Dejar tirado a uno,* dejarle plantado; superarle; dejarle pasmado. | *Ir tirando,* vivir modestamente; estar regular, no ir ni bien ni mal. | *Tirando a,* acercándose a. | *Tirando por bajo,* por lo menos. | *Tirar a matar,* criticar violentamente. | *Tira y afloja,* suavizar del rigor por la suavidad. || — V. pr. Abalanzarse: *se tiró sobre él.* || Arrojarse, precipitarse: *se tiró al río.* || Tumbarse: *tirarse en la cama.* || *Fig.* Pasar: *se tiró todo el día corrigiendo.* | Tener que aguantar: *tirarse un año de cárcel.* | Hacer: *tirarse un planchazo.* || *Dep.* Abalanzarse el portero sobre el balón.

|| *Fig.* Tirarse a matar, estar muy enemistados y hablar muy mal una persona de otra.

tirilla f. Tira pequeña. || Tira de lienzo que se pone en el cuello de las camisas para sujetarlo.

tirio, ria adj. y s. De Tiro. || *Fig. Tirios y troyanos,* partidarios de opiniones contrarias.

tiritar v. i. Temblar por efecto del frío o de la fiebre.

tiritera f. Tiritona.

tirito m. Pez de los lagos de Michoacán (México).

tiritón m. Escalofrío producido por el frío o la fiebre.

tiritona f. Temblor causado por el frío o la fiebre: *tener una tiritona en todo el cuerpo.*

tiro m. Acción o arte consistente en disparar un arma: *tiro al blanco, al pichón.* || Disparo: *tiro de pistola.* || Estampido producido al disparar: *se oían tiros.* || Huella o herida dejada por una bala: *se veían en la pared muchos tiros.* || Carga de un arma de fuego: *fusil de cinco tiros.* || Manera de disparar: *tiro oblicuo.* || Pieza o cañón de artillería. || Alcance de un arma arrojadiza: *a tiro de ballesta.* || Medida de distancia: *a un tiro de piedra.* || Sitio donde se tira al blanco: *línea de tiro.* || Longitud de una pieza de tejido. || Anchura del traje por delante y de hombro a hombro. || Holgura entre las perneras del pantalón. || Tramo: *tiro de escalera.* || Aspiración de aire caliente que se produce en un conducto, especialmente en una chimenea. || Tronco: *tiro de caballos.* || Tirante del coche. || Cuerda para subir algo con garrucha. || Fam. En fútbol, chut: *hizo gol de un soberbio tiro.* || *Fig.* Chasco, burla. | Robo. || *Min.* Pozo abierto en el suelo de una galería. | Profundidad de un pozo. || *Veter.* Vicio de algunas caballerías que chocan los dientes con el pesebre. || — Pl. Correas de que cuelga la espada. || — *A tiro hecho,* con seguridad; apuntando bien; adrede, con propósito deliberado. || *A tiro limpio,* por la fuerza de las armas. || *Fig.* y *fam. De tiros largos,* muy bien vestido. | *Ni a tiros,* de ninguna manera. | *Ponerse a tiro,* ponerse al alcance. | *Salirle a uno el tiro por la culata,* obtener un resultado completamente opuesto al que se esperaba. || *Tiro de gracia,* el que se da al gravemente herido para rematarle.

tiroidectomía f. Ablación total o parcial de la glándula tiroides.

tiroides adj. y s. f. *Anat.* Glándula endocrina en la región faríngea que produce una hormona, la tiroxina, que interviene en el crecimiento y el metabolismo.

tirol m. *Méx.* Recubrimiento que se emplea en el acabado de paredes y techos.

tirolés, esa adj. y s. De Tirol. || — F. Aire popular de Tirol.

tirón m. Sacudida. || Estirón. || Agarrotamiento de un músculo. || *Fig.* y *fam.*

Atracción vaga por algo o alguien de que uno está separado: *el tirón de la patria chica, de la familia.* | Distancia grande: *hay un tirón de aquí a tu casa.* || — *A tirones,* por intermitencia. || *De un tirón,* sin interrupción: *leer una novela de un tirón.*

tirotear v. t. Disparar tiros.

tiroteo m. Acción de tirotear.

tiroxina f. Hormona segregada por la glándula tiroides.

tirria f. *Fam.* Antipatía injustificada, ojeriza: *tener tirria a uno.*

tisana f. Bebida que se obtiene por infusión de hierbas medicinales.

tisanuro adj. y s. m. Aplícase a los insectos que carecen de alas y tienen varios apéndices en el abdomen, como la lepisma. || — M. pl. Orden que forman.

tísico, ca adj. Aplícase a la persona que padece tisis (ú. t. c. s.).

tisiología f. Estudio de la tisis.

tisis f. Tuberculosis pulmonar.

tisú m. Tela de seda con hilos de oro o de plata. (Pl. *tisúes* o *tisús.*)

tita f. *Fam.* Tía.

titán m. *Mit.* Gigante. || *Fig.* Persona de mucha fuerza o de mucho talento.

titánico, ca adj. Relativo a los titanes. || *Fig.* Desmesurado, muy grande, enorme: *trabajo titánico.*

titanio m. Metal (Ti), de color blanco, muy duro, densidad 4,5, temperatura de fusión 1 800 °C y de características parecidas a las del silicio y el estaño.

títere m. Figurilla de madera o cartón a la que se mueve con cuerdas o con la mano: *teatro de títeres.* || *Fig.* y *fam.* Persona sin carácter que se deja dominar por otra. | Persona informal o necia. || *Fig. No quedar títere con cabeza,* quedar todo destrozado.

tití m. Mono arborícola de América del Sur, muy pequeño y con una cola larga.

titilación f. Acción de titilar, ligero temblor. || Parpadeo de luz, centelleo.

titilador, ra o **titilante** adj. Que titila.

titilar v. i. Temblar ligeramente ciertas partes del cuerpo. || Centellear un cuerpo luminoso: *titilan las estrellas.*

titilear v. i. Titilar.

titileo m. Titilación, centelleo.

titipuchal m. *Méx.* Conjunto integrado por una gran cantidad de elementos: *los inconformes llegaron acompañados por un titipuchal de personas.*

titiritar v. i. Tiritar.

titiritero, ra m. y f. Persona que maneja los títeres. || Volatinero, saltimbanqui.

tito m. *Bot.* Almorta. || *Fam.* Tío: *tito Fernando.*

titubeante adj. Que titubea u oscila: *paso titubeante.* || Que farfulla. || *Fig.* Que duda.

titubear v. i. Tambalearse: *anda titubeando.* || Farfullar. || *Fig.* Dudar en lo

que se va a hacer o decir: *titubea en venir.*

titubeo m. Acción de titubear, vacilación. || *Fig.* Indeterminación, duda, indecisión.

titulado, da adj. y s. Aplícase a la persona que tiene un título académico: *titulado en Medicina.* || *Amer.* Supuesto: *el titulado doctor en Letras.*

titular adj. y s. Aplícase al que posee cualquier título. || Dícese del que ejerce un cargo para el que tiene el correspondiente título: *profesor, obispo titular.* || Aplícase al jugador de un equipo deportivo que no es suplente. || — M. pl. Letras mayúsculas usadas en títulos y encabezamiento que se hace con ellas: *los titulares de un periódico.*

titular v. t. Poner un título: *titular una obra, un artículo.* || — V. i. Conseguir un título nobiliario. || — V. pr. Llamarse, darse el nombre, tener por título.

titularización f. Acción y efecto de titularizar.

titularizar v. t. Hacer titular de un cargo: *titularizar a un funcionario temporero.*

titulillo m. *Impr.* Renglón en lo alto de las páginas que indica la materia de que se trata.

título m. Palabra o frase que se pone al frente de un libro, de un capítulo, etc., para indicar el asunto de que trata o para calificarlo. || Dignidad nobiliaria: *título de marqués.* || Persona que la posee: *un rancio título de la nobleza.* Escritura auténtica que establece un derecho: *título de propiedad.* || Fundamento jurídico de un derecho. || Atestado representativo de un valor mobiliario, que puede ser nominativo o al portador: *título de renta.* || División principal de un texto legal: *título primero, segundo.* || Nombre que expresa un grado, una profesión: *título de doctor en Letras.* || Diploma, documento en que viene acreditado: *título de bachiller.* || Calificación de una relación social: *el título de amigo.* || Calidad, capacidad, mérito. || *A título de,* en calidad de. || *¿Con qué título?, ¿*con qué motivo?

tiza f. Arcilla blanca que se usa para escribir en los encerados. || Compuesto de yeso y greda con que se unta la suela de los tacos de billar.

tizate m. *Amér. C.* y *Méx.* Tiza.

tizaxóchitl o **tizasúchil** m. Planta ornamental de México.

tizna f. Cualquier cosa que puede tiznar.

tiznado, da adj. y s. *Amér. C.* y *Arg.* Ebrio.

tiznadura f. Acción de tiznar. || Tiznón.

tiznar v. t. Manchar con tizne, hollín o cualquier cosa: *tiznar una pared.* || *Fig.* Deslumbrar, manchar: *tiznar la fama.* || — V. pr. *Amer.* Emborracharse.

tizne amb. Hollín, humo que se adhiere a las vasijas que se ponen al fuego.

tiznón m. Mancha de tizne u otra cosa parecida.

tizón m. Palo a medio quemar. || Honguillo parásito de los cereales. || *Arq.* Parte del sillar que entra en la fábrica. || *Fig.* Mancha en la reputación, desdoro. || —*A tizón*, aplícase a la manera de colocar los ladrillos y las piedras en un muro, cuando su parte más larga es perpendicular al paramento. || *Negro como un tizón*, muy negro.

Tl, símbolo químico del *talio.*

tlachique m. *Méx.* Pulque sin fermentar.

tlaco m. *Méx.* (Ant.). Moneda que valía la octava parte del real columnario.

tlacocol m. *Bot. Méx.* Jalapa.

tlaconete m. *Méx.* Babosa.

tlacopacle m. *Méx.* Aristoloquia, planta.

tlacoyo m. *Méx.* Tortilla grande de frijoles.

tlacoyote m. Especie de tejón de México.

tlacuache m. *Méx.* Zarigüeya.

tlapalería f. *Méx.* Tienda donde se venden colores, pinturas, etc.

tlapsi m. Carraspique, planta.

tlatoani m. Jerarca máximo en la cultura azteca.

tlaxcalteca adj. y s. De Tlaxcala (México).

tlazol m. *Méx.* Extremo de la caña de maíz y de azúcar.

T.L.C.A.N., siglas de Tratado de Libre Comercio de América del Norte.

Tm, símbolo químico del *tulio.*

T.N.T., abreviatura de *trinitrotolueno.*

toa f. *Amer.* Maroma para atoar.

toabajeño, ña adj. y s. De Toa Baja (Puerto Rico).

toalla f. Paño para secarse después de lavarse: *toalla de felpa.*

toallero m. Soporte para colgar las toallas.

toba f. Piedra caliza o de origen volcánico muy porosa y ligera. || Sarro que se forma en los dientes.

tobera f. *Tecn.* Abertura por donde se inyecta el aire en un horno metalúrgico. || Parte posterior de un motor de reacción donde se efectúa la expansión del gas de combustión.

tobillera adj. y s. f. Aplicábase a la jovencita que todavía no se había puesto de largo.

tobillo m. Protuberancia formada por las apófisis inferiores o maléolo, de la tibia y el peroné a cada lado de la garganta del pie. || *Fig. No llegarle a uno al tobillo,* serle muy inferior.

tobogán m. Deslizadero en declive por el que los niños se lanzan como diversión: *Isabel, Mariví y Alejandro van a tirarse por el tobogán que hay en el jardín.* || Dispositivo semejante al borde de las piscinas para lanzarse al agua. || Trineo bajo sobre patines para deslizarse por pendientes de nieve. || Pista utilizada para los descensos en la nieve. || Rampa de madera, rectilínea o helicoidal, utilizada para el descenso de las mercancías.

toboseño, ña adj. y s. De El Toboso (Castilla la Nueva).

toca f. Prenda femenina para cubrirse la cabeza. || Prenda de lienzo blanco con que se cubren la cabeza algunas monjas. || Tela ligera con que se suelen hacer éstas.

tocable adj. Que se puede tocar.

tocadiscos m. Aparato empleado para reproducir los sonidos grabados en un disco.

tocado, da adj. *Fam.* Chiflado. || — M. Peinado o adorno de la cabeza femenina. || Prenda con que se cubre la cabeza.

tocador, ra adj. y s. Dícese del que toca un instrumento músico: *tocador de arpa.* || — M. Mueble con un espejo para el aseo o peinado de la mujer. || Cuarto destinado a este fin. || Neceser.

tocante adj. Que toca, contiguo. || *Tocante a,* referente a.

tocar v. t. Estar o entrar en contacto con una cosa: *tocar un objeto caliente con la mano; la quilla del barco tocó el fondo* (ú. t. c. pr.). || Remover: *yo no he tocado tus cosas.* || Estar próximo a, contiguo: *su jardín toca el mío.* || Hacer sonar un instrumento músico: *tocar el piano.* || Anunciar por un toque de trompeta: *tocar retreta.* || Hacer sonar un timbre, una campana, etc. || Poner un disco para escucharlo. || En esgrima, alcanzar al adversario. || Ensayar con la piedra de toque. || Arribar de paso a un lugar: *el barco tocará los siguientes puertos* (ú. t. c. i.). || *Fig.* Abordar un asunto superficialmente: *tocar un asunto arduo.* | Impresionar: *supo tocarle el corazón.* || —*A toca teja,* al contado. || *Tocar a rebato,* dar la señal de alarma. || — V. i. Llamar: *tocar a la puerta.* || Sonar una campana. || Pertenecer, por algún derecho o título: *no le toca a usted hacer esto.* || Corresponder parte de una cosa que se distribuye entre varios: *tocar algo en un reparto.* || Caer en suerte: *me tocó el gordo en la lotería.* || Llegar el turno: *a ti te toca jugar.* || Llegar el momento oportuno: *ahora toca pagar.* || Ser pariente de uno: *¿qué te toca Vicente?* || — *Por lo que a mí me toca,* por lo que se refiere a mí. || *Tocar a su fin,* estar a punto de acabar o de morir. || — V. pr. Cubrirse la cabeza con un sombrero, pañuelo, etc. || Peinarse.

tocata f. *Mús.* Pieza breve dedicada generalmente a instrumentos de teclado: *una tocata de Bach.* || *Fig.* y *fam.* Felpa, palizón.

tocateja (a). V. TOCAR.

tocatoca m. *Méx.* Muchacho travieso.

tocayo, ya m. y f. Persona que tiene el mismo nombre que otra: *dos hombres llamados Ramón son tocayos.*

tochimbo m. *Per.* Horno de fundición.

tocho, cha adj. Tosco. || Necio. || — M. Lingote de hierro.

tocinería f. Tienda donde se despacha tocino y otros productos del cerdo.

tocinero, ra m. y f. Persona encargada o dueña de una tocinería.

tocineta f. *Col., C. Rica, Cub., Ecuad., Guat., Nicar., Per., P. Rico* y *Venez.* Tocino.

tocino m. Carne gorda del cerdo. || En el juego de la comba, saltos muy rápidos. || —*Tocino del cielo,* dulce de huevo y almíbar. || *Tocino entreverado,* el que tiene algo de magro.

toco m. *Per.* Hornacina. || Nicho.

tocología f. Obstetricia.

tocólogo m. Médico que ejerce la obstetricia.

tocomate m. Tecomate.

tocón m. Parte del tronco de un árbol cortado que queda unida a la raíz. || Muñón de un miembro amputado.

tocuyo m. *Amer.* Tela ordinaria de algodón.

todavía adv. Aún, desde un tiempo anterior hasta el momento actual: *duerme todavía.* || *Todavía más,* en mayor grado.

todito, ta adj. *Fam.* Encarece el sentido de todo: *ha llorado todita la noche.*

todo, da adj. Expresa lo que se toma entero sin excluir nada: *todas las casas estaban cerradas; se comió todo el pan.* || Cada: *el alquiler es de cien euros todos los meses.* || Empleado hiperbólicamente, indica la abundancia de lo expresado por el complemento: *la calle era toda baches.* || Real, cabal: *es todo un mozo.* || —*A toda velocidad* (o *marcha*), muy de prisa. || *A todo esto,* mientras tanto; hablando de esto. || *Ante todo,* principalmente. || *Así y todo,* a pesar de eso. || *Con todo* (o con *todo y con eso*), sin embargo, a pesar de todo. || *Del todo,* enteramente. || *En todo y por todo,* completamente, absolutamente. || *Ser todo ojos, todo oídos,* mirar, escuchar con suma atención. || *Sobre todo,* especialmente. || *Todo lo más,* como máximo. || *Fam. Todo quisque,* todo el mundo. || *Y todo,* aunque: *cansado y todo, iré;* incluso: *perdió su perro fiel y todo.* || — Pron. Todas las personas mencionadas: *todos vinieron.* || — M. Cosa entera: *esto forma un todo.* || En las charadas, voz que reúne todas las sílabas anteriormente enunciadas. || —*Jugarse el todo por el todo,* arriesgarse a perderlo todo intentando ganarlo todo.

todopoderoso, sa adj. Omnipotente, que todo lo puede. || *El Todopoderoso,* Dios, el Creador.

toga f. Prenda que los antiguos romanos llevaban sobre la túnica. || Vestidura talar de ceremonia que usan los magistrados y catedráticos.

togado, da adj. y s. Aplícase a la persona que viste toga, especialmente a los magistrados superiores.

toilette f. [*tualet*] (pal. fr.). Galicismo por *tocado* y, más generalmente, por *vestido, traje: una toilette muy elegante.* || Tocador, lavabo.

tojolabal adj. y s. Grupo indígena del estado de Chiapas, México.

tolanos m. pl. Inflamación que padecen los animales en las encías. || *Fam.* Pelos cortos que crecen en la nuca.

toldería f. *Arg., Bol., Chil.* y *Per.* Campamento indio.

toldilla f. Cubierta parcial que tienen algunos buques en la parte de popa a la altura de la borda.

toldillo m. Silla de manos cubierta. || *Amer.* Mosquitero.

toldo m. Cubierta de tela que se tiende en un patio o una calle, sobre un escaparate, etc., para darle sombra. || Cubierta de lona o hule sostenida sobre un carro o camión mediante unos arcos, que sirve para resguardar del sol y de la lluvia el contenido del vehículo. || *Arg.* Choza que hacen los indios con pieles y ramas.

toledano, na adj. y s. De Toledo. || *Fig.* y *fam.* *Noche toledana*, la que pasa uno sin dormir.

tolemaico, ca adj. Del astrónomo Ptolomeo: *sistema tolemaico.*

tolerable adj. Que puede tolerarse, aguantable.

tolerancia f. Respeto hacia las opiniones o prácticas de los demás aunque sean contrarias a las nuestras: *la tolerancia es el signo del hombre civilizado.* || Indulgencia: *tolerancia hacia sus hijos.* || Capacidad del organismo de soportar sin perjuicio ciertos remedios. || Margen de imprecisión consentido en el peso o las dimensiones de una cosa fabricada.

tolerante adj. Propenso a la tolerancia.

tolerar v. t. Consentir, no prohibir terminantemente: *tolerar los abusos.* || Soportar, aguantar: *tolerar el estómago bebidas fuertes.*

tolete m. *Amer.* Garrote corto.

tolimense adj. y s. De Tolima.

tolita f. Explosivo obtenido por nitración del tolueno.

toloache m. Planta de México, de tallos ramosos y grandes flores blancas.

tololoche m. Entre los indígenas mexicanos, el contrabajo.

tolondro, dra adj. y s. Aturdido, alocado. || — M. Chichón.

tolondrón, na m. Tolondro, chichón. || *Fig.* A *tolondrones*, a ratos.

tolonés, esa adj. y s. De Tolón (Francia).

tolosano, na adj. y s. De Tolosa.

tolteca adj. Relativo a un pueblo mexicano de antes de la Conquista. || — Adj. y s. Perteneciente a este pueblo.

tolú m. Bálsamo originario de Tolú (Colombia).

tolueno m. Hidrocarburo líquido análogo al benceno, empleado como disolvente y en la preparación de colorantes, medicamentos y del T.N.T.

toluqueño, ña adj. y s. De Toluca (México).

tolva f. En los molinos, recipiente en forma de cono invertido por donde se echa el grano. || Depósito en forma de tronco de pirámide invertido para almacenar minerales, mortero, etc. || Abertura de un cepillo, de una urna.

tolvanera f. Polvareda.

toma f. Conquista: *la toma de una ciudad.* || Cantidad de una cosa que se toma de una vez: *una toma de rapé, de quinina.* || Desviación, lugar por donde se deriva una parte de la masa de un fluido: *toma de aire, de agua, de corriente.* || Porción de una cosa que se toma para examinarla o analizarla: *toma de muestras.* || — *Toma de conciencia,* hecho de llegar uno a ser consciente de su papel, de su personalidad, etc. || *Toma de hábito,* ceremonia durante la cual toma el hábito religioso una persona. || *Toma de posesión,* acto por el cual una persona empieza a ejercer un cargo importante. || *Toma de sangre,* pequeña sangría destinada a un análisis o una transfusión. || *Toma de sonido, de vistas,* grabación fonográfica, cinematográfica. || *Toma de tierra,* conexión conductora entre un aparato eléctrico y el suelo; aterrizaje de un avión o llegada al suelo de un paracaidista.

tomacorriente m. *Amer.* Enchufe eléctrico.

tomadero m. Agarradero, asidero. || Toma de agua.

tomado, da adj. Aplícase a la voz un poco ronca. || *Pop.* Borracho.

tomador, ra adj. y s. Aplícase a la persona que toma. || *Amer.* Bebedor. || — M. *Com.* El que recibe una letra de cambio. || *Mar.* Cajeta con que se aferran las velas.

tomadura f. Toma, acción de tomar. || *Fam. Tomadura de pelo,* burla, chasco.

tomaína f. Alcaloide sumamente venenoso resultante de la putrefacción de las materias orgánicas.

tomar v. t. Coger o asir con la mano: *tomar un libro de la estantería.* || Coger aunque no sea con la mano: *tomar un pastel a la fuente.* || Recibir o aceptar: *toma este regalo que te he traído.* || Conquistar, apoderarse: *tomar una fortaleza.* || Comer, beber, ingerir: *tomar el desayuno, una medicina* (ú. t. c. pr.). || Adoptar: *tomar decisiones.* || Adquirir, contraer: *tomar un vicio, una costumbre.* || Empezar a tener: *tomar forma.* || Contratar: *tomar un obrero.* || Alquilar: *tomar un coche para una semana.* || Adquirir un negocio: *tomar una panadería.* || Comprar: *tomar las entradas.* || Recibir: *tomar lecciones de francés.* || Sacar: *tomar una cita de un autor.* || Interpretar: *tomar a bien, a mal, en serio.* || Escoger: *tomar el mejor camino.* || Imitar: *tomar los modales de uno.* || Recobrar: *tomar aliento, fuerzas.* || Hacer uso de: *tomar la pluma, la palabra.* || Emplear un vehículo: *tomar el autobús.* || Montarse en él: *tomó el tren a las ocho.* || Requerir: *tomar mucho tiempo.* || — *Más vale un toma que dos te daré, más vale una cosa mediana segura que una mucho mejor pero sólo probable.* || *¡Toma!,* exclamación de sorpresa, de incredulidad o que expresa que uno lleva su merecido. || *Tomar afecto a uno,* encariñarse con él. || *Tomar conciencia de algo,* darse cuenta de su existencia. || *Tomar el pecho,* ma-

mar una criatura. || *Tomar el pelo a uno,* burlarse de él. || *Tomar en serio una cosa,* darle la importancia debida. || *Tomar estado,* casarse; ingresar en una orden religiosa. || *Tomar frío,* resfriarse. || *Tomarla* (o *tomarlas*) *con uno,* meterse con él; criticarle. || *Tomar las lecciones,* decir a un niño que las recite. || *Tomar parte,* participar. || *Tomar por,* confundir, equivocarse: *tomar a una persona por otra*; juzgar equivocadamente: *¿por quién me tomas?* || *Tomar sobre sí una cosa,* cargar con las responsabilidades que implica. || *Tomar tierra,* aterrizar. || *Tomar una fotografía,* sacarla. || *Fam. ¡Tómate ésa!,* expr. que suele usarse cuando a uno se le da un golpe o se le dice algo considerado como bien merecido. || *Toma y daca,* expr. que se emplea cuando hay reciprocidad de servicios o favores; trueque. || — V. i. Encaminarse, dirigirse: *tome a la derecha.* || — V. pr. Cubrirse de moho los metales. || Cargarse de nubes la atmósfera.

tomatada f. Fritada de tomate.

tomatal m. Plantío de tomates.

tomatazo m. Golpe dado lanzando un tomate: *le dio un tomatazo.*

tomate m. Fruto comestible, encarnado y jugoso, de la tomatera. || Tomatera. || *Fam.* Agujero que se forma en el talón de los calcetines. || *Fam.* Tener tomate una cosa, ser difícil o resultar molesta.

tomatera f. Planta solanácea, originaria de América, cuyo fruto es el tomate. || *Fam.* Engreimiento, orgullo: *tener tomatera.*

tomatero, ra m. y f. Persona que vende tomates. || — Adj. m. Aplícase a un pollo pequeño.

tómbola f. Rifa pública en la que no se gana dinero sino objetos: *tómbola benéfica.*

tómbolo m. Franja de arena que une una isla a la costa.

tomillar m. Lugar plantado de tomillo.

tomillo m. Planta labiada aromática: *el tomillo salsero se emplea como condimento.*

tomismo m. Conjunto de las doctrinas teológicas y filosóficas de Santo Tomás de Aquino.

tomista adj. Relativo al tomismo. || — Adj. y s. Seguidor del tomismo.

tomístico, ca adj. Propio de Santo Tomás de Aquino.

tomiza f. Soga de esparto.

tomo m. División de una obra que forma generalmente un volumen completo: *un Larousse en dos tomos.* || *Barb.* por volumen. || *Fig.* y *fam.* De tomo y lomo, muy grande, notable: *un sinvergüenza de tomo y lomo.*

tompeate m. *Méx.* Canasta tejida con palma por los indígenas.

ton m. Apócope de *tono*. || *Sin ton ni son,* sin motivo.

tonada f. Composición métrica hecha para ser cantada, y música que la acompaña. || *Amer.* Tonillo, acento, dejo.

tonadilla f. Canción corta, cuplé. || Especie de entremés con música muy en boga en España en el siglo XVIII.

tonadillero, ra m. y f. Persona que compone o canta tonadillas.

tonal adj. *Mús.* Relativo al tono o la tonalidad: *sistemas tonales.*

tonalidad f. Tono determinado en el cual está basada una composición musical. || Tinte, matiz. || Calidad de un receptor radioeléctrico que reproduce perfectamente los tonos graves y agudos.

tonante adj. *Poét.* Que truena: *Júpiter tonante.*

tondoi m. Instrumento músico de los indios peruanos formado por un tronco que se golpea.

tonel m. Recipiente de madera, compuesto de duelas aseguradas con aros y dos bases circulares llanas. || Su contenido: *un tonel de vino.* || Medida antigua para el arqueo de las naves, equivalente a cinco sextos de tonelada.

tonelada f. Unidad de peso equivalente a 1 000 kg (símb., t): *tonelada métrica.* || Medida para el arqueo de las naves, igual a 2,83 m³ o 100 pies cúbicos en el sistema inglés: *tonelada de arqueo.* || Derecho que pagaban las embarcaciones. || Tonelería, conjunto de toneles.

tonelaje m. *Mar.* Capacidad de un buque expresada en toneladas de arqueo. || *Mar.* Derecho que pagaban las embarcaciones.

tonelería f. Arte y taller del tonelero. || Conjunto o provisión de toneles.

tonelero m. Fabricante o vendedor de toneles. || — Adj. Relativo a los toneles.

tonelete m. Tonel pequeño. || Falda corta que usaban los niños. || Parte de la armadura antigua que tenía esta forma. || Faldilla de bailarina.

tonga f. Tongada. || *Cub.* Pila.

tongada f. Capa de una cosa: *tongada de ladrillos.*

tongo m. En las carreras de caballos, partidos de pelota, etc., hecho de aceptar dinero uno de los participantes para dejarse vencer. || *Chil.* y *Per.* Sombrero hongo.

tonicidad f. Propiedad que tienen los músculos del cuerpo vivo de poseer tono.

tónico, ca adj. Que se pronuncia acentuado: *vocal tónica.* || Dícese de un medicamento que fortalece o estimula la actividad de los órganos. Ú. t. c. s. m.: *un tónico cardiaco.* || *Mús.* Aplícase a la primera nota de una escala (ú. t. c. s. f.). || *Acento tónico,* mayor intensidad con que se pronuncia una de las sílabas de una palabra. || — F. *Fig.* Tendencia general, tono: *marcar la tónica.* || Firmeza de los valores en la Bolsa.

tonificación f. Acción y efecto de tonificar.

tonificador, ra y **tonificante** adj. Que tonifica: *régimen tonificador o tonificante* (ú. t. c. s. m.).

tonificar v. t. Fortificar, dar vigor al organismo.

tonillo m. Tono monótono. || Dejo, acento. || Entonación enfática al hablar.

tonina f. Atún fresco. || Delfín, cetáceo.

tono m. Grado de elevación de la voz o del sonido de un instrumento músico: *tono grave, agudo.* || Inflexión de la voz: *tono arrogante.* || Grado de intensidad de los colores. || Contracción parcial y permanente de un músculo. || *Fam.* Vigor, energía. || *Mús.* Intervalo entre dos notas de la escala que se siguen. | Escala de un trozo: *tono mayor, menor.* | Pieza que se muda en ciertos instrumentos para cambiar el tono. || *Fig.* Carácter, tendencia: *reunión de tono netamente anarquista.* || — A este tono, en este caso, de este modo. || *Fig.* Bajar el tono, comedirse, moderarse. || *Fam.* Darse tono, engreírse. | De buen (o mal) tono, propio (o no) de personas distinguidas. || *Fig.* Estar a tono, corresponder una cosa o persona con otra, no desentonar. | Mudar el tono, moderarse al hablar. | Ponerse a tono con alguien, adoptar la misma manera de pensar o de obrar. || *Salida de tono,* despropósito, inconveniencia. || *Fig.* Subir (o subirse) de tono, insolentarse, adoptar un tono arrogante.

tonquinés, esa adj. y s. De Tonkín o Tonquín.

tonsura f. Ceremonia de la Iglesia católica en que se corta al aspirante a sacerdote un poco de cabello en la coronilla al conferirle el primer grado del sacerdocio. || Parte del pelo así cortada.

tonsurado adj. m. y s. m. Aplícase al que ha recibido el grado de tonsura.

tonsurar v. t. Hacer la tonsura eclesiástica. || Conferir el primer grado del sacerdocio. || Cortar el pelo o la lana.

tontada f. Tontería.

tontaina, tontainas y **tontarrón, ona** adj. y s. Dícese de la persona muy tonta.

tontear v. i. Hacer o decir tonterías. || *Fam.* Flirtear.

tontedad y **tontera** f. Falta de inteligencia.

tontería f. Falta de inteligencia, de juicio. || Acción o palabra tonta, necedad: *este chico no dice más que tonterías.* || *Fig.* Cosa sin importancia, nadería: *enfadarse por tonterías; gastarse el dinero en tonterías.*

tontillo m. Faldellín emballenado que llevaban las mujeres para ahuecar las faldas.

tonto, ta adj. Falto de juicio y de entendimiento: *una acción, una persona tonta* (ú. t. c. s.). || Estúpido: *un accidente tonto.* || Aplícase a los débiles mentales (ú. t. c. s.). || — M. *Pop.* Payaso de los circos. || — A tontas y a locas, sin orden ni concierto. || *Hacer el tonto,* tontear. || *Hacerse el tonto,* hacerse el distraído. || *Ponerse tonto,* mostrar vanidad, presumir; exagerar. || *Tonto de capirote o de remate,* sumamente tonto.

topacio m. Piedra preciosa de color amarillo, muy dura y transparente, que es un silicato de aluminio fluorado.

topada f. Topetada.

topar v. t. e i. Chocar una cosa con otra: *topar dos vehículos.* || Encontrar casualmente algo a o alguien: *topar con un amigo* (ú. t. c. pr.). || *Mar.* Unir al tope. || *Amer.* Echar a pelear dos gallos para probarlos. || — V. i. Topetear los carneros. || *Fig.* Radicar, consistir: *la dificultad topa en eso.* | Tropezar: *topar con una dificultad* (ú. t. c. pr.). | Acertar, salir bien: *lo pediré por si topa.*

tope m. Parte por donde pueden topar las cosas. || Pieza que impide la acción o el movimiento de un mecanismo. || Pieza metálica circular colocada en los extremos de los vagones de tren o al final de una línea férrea para amortiguar los choques. || *Fig.* Freno, obstáculo, límite: *poner tope a sus ambiciones.* | Límite, máximo: *precio tope, fecha tope.* | Riña, reyerta. || *Mar.* Extremo superior de un palo: *el tope del mastelero.* | Canto de un madero o tablón. || Lateral izquierdo de un escenario de teatro. || — A tope, enteramente. || *Al tope,* aplícase a las cosas unidas por sus extremos. || *Estar hasta los topes,* ir un vehículo muy cargado; (fig.) estar harta de algo una persona.

topear v. t. *Chil.* Empujar con el caballo un jinete a otro para desplazarlo.

topera f. Madriguera del topo.

topetada f. Golpe que dan con la cabeza los animales cornudos: *las cabras se dan topetadas.* || Golpe dado con la cabeza.

topetar v. i. Topetear.

topetazo m. Golpe dado con la cabeza o con un tope.

topetón m. Choque de dos cosas. || Topetada.

tópico, ca adj. y s. m. Dícese de los medicamentos que se aplican sobre la piel y, a veces, sobre las mucosas. || — M. Lugar común: *discurso lleno de tópicos.*

topinambur o **topinambo** m. *Arg.* y *Bol.* Aguaturma.

topinera f. Topera.

topo m. Pequeño mamífero insectívoro de pelo negro, de ojos casi invisibles, de patas anteriores muy fuertes, que abre galerías subterráneas donde se alimenta de gusanos y larvas. || *Fig.* y *fam.* Persona que ve poco o es muy torpe.

topografía f. Arte de representar en un plano las formas del terreno y los principales detalles naturales o artificiales del mismo. || Conjunto de particularidades que presenta la superficie de un terreno.

topográfico, ca adj. Relativo a la topografía: *plano topográfico.*

topógrafo m. El que se dedica a la topografía.

topología f. Parte de la geometría relativa a las propiedades de las superficies que, mediante las necesarias deformaciones, pueden transformarse unas en otras.

topometría f. Conjunto de las operaciones efectuadas en un terreno para la determinación métrica de los elementos de un mapa.

toponimia f. Estudio lingüístico o histórico de los nombres de lugar de un país.

toponímico, ca adj. Relativo a la toponimia.

topónimo m. Nombre propio de un lugar.

toque m. Acción de tocar leve y momentáneamente. || Golpecito. || Sonido de las campanas o de ciertos instrumentos músicos con que se anuncia algo: *toque de corneta.* || Pincelada ligera. || Ensayo que se hace para apreciar la ley de un objeto de oro o plata. || Aplicación ligera de una sustancia medicamentosa en un punto determinado: *dar unos toques en la garganta.* || — *Fig. Dar el último toque a una cosa,* hacer las últimas operaciones para que quede terminada una cosa. | *Darse un toque una mujer,* maquillarse someramente. | *Dar un toque a uno,* avisarle; llamarle la atención; sondear lo que piensa. | *Toque de atención,* advertencia que se hace a uno. || *Toque de balón,* manera de golpearlo. || *Toque de difuntos,* toque de campanas que anuncia la muerte de alguien. || *Toque de queda,* señal que uno indica que hay que recogerse en su casa y apagar las luces.

toquetear v. t. e i. Tocar repetidamente.

toqueteo m. Toques repetidos.

toqui m. *Chil.* Entre los araucanos, jefe de Estado en tiempos de guerra.

toquilla f. Pañuelo triangular, generalmente de punto, que llevan las mujeres en la cabeza o el cuello. || *Amer.* Palmera con cuyas hojas se hacen los sombreros de jipijapa.

tora f. Cierto tributo que pagaban los judíos por familias. || Nombre dado por los judíos a la ley mosaica y al Pentateuco que la contiene.

toracentesis f. Punción efectuada en el tórax.

torácico, ca adj. Relativo al tórax. || — *Caja torácica,* cavidad formada por las vértebras, las costillas y el esternón, limitadas en su parte inferior por el diafragma, y que encierra los órganos del tórax. || *Canal torácico,* vaso linfático que se extiende a lo largo de la columna vertebral hasta la vena subclavia izquierda.

toracoplastia f. Operación que consiste en modificar la estructura de la caja torácica mediante escisión de una o varias costillas.

torada f. Manada de toros.

tórax m. inv. Cavidad de los vertebrados limitada por las costillas y el diafragma, y que contiene los pulmones y el corazón. || Región intermedia del cuerpo de los arácnidos y crustáceos entre la cabeza y el abdomen.

torbellino m. Remolino de viento. || Movimiento circular rápido del agua. || Cualquier cosa arrastrada en movimiento giratorio: *torbellino de nieve.* || *Fig.* Lo que arrastra irresistiblemente a los hombres: *el torbellino de las pasiones.* | Abundancia de acontecimientos que ocurren a un mismo tiempo: *un torbellino de desgracias.* || *Fig. y fam.* Persona muy viva, bulliciosa e inquieta: *este muchacho es un torbellino.*

torca f. Hondonada entre rocas y peñas.

torcal m. Terreno donde hay torcas.

torcaz adj. y s. Dícese de una variedad de paloma silvestre que lleva una especie de collar blanco.

torcecuello m. Ave trepadora de cuello muy movible.

torcedura f. Acción de torcer. || Desviación, encorvamiento: *la torcedura de una línea.* | Distensión de las partes blandas que rodean las articulaciones de los huesos. || Desviación de un miembro u órgano de su colocación normal.

*torcer v. t. Dar vueltas a un cuerpo por sus dos extremidades en sentido inverso: *torcer cuerdas, hilos.* || Doblar, encorvar: *torcer el cuerpo.* || Intentar desviar violentamente un miembro de su posición natural: *torcer el brazo.* || Desviar: *torcer la mirada; torcer el curso de un razonamiento.* || Doblar: *le vi al torcer la esquina.* || *Fig.* Interpretar mal: *torcer las intenciones de uno.* | Sobornar, hacer que una autoridad no obre con rectitud. || *Antill.* Enrollar el tabaco. || *Torcer el gesto, el semblante,* dar muestras de desagrado. || — V. i. Cambiar de dirección: *torcer a la izquierda.* || — V. pr. Sufrir la torcedura de un miembro: *me torcí un pie.* || Agriarse el vino. | Cortarse la leche. || Ladearse o combarse una superficie. || *Fig.* Desviarse del buen camino, pervertirse: *este muchacho se ha torcido.* | Frustrarse: *se han torcido mis esperanzas.* | Cambiar en mal: *se me ha torcido la suerte.*

torcida f. Mecha de lámparas, velones, candiles, etc. || Hinchada.

torcido, da adj. Que no es recto: *piernas torcidas.* || Oblicuo, inclinado. || *Fig.* Que no obra con rectitud, hipócrita.

torcijón m. Retortijón.

torcimiento m. Torcedura.

tórculo m. Prensa manual que se usa para estampar grabados.

tordillo, lla adj. y s. Aplicado a una caballería, tordo.

tordo, da adj. y s. Dícese de la caballería que tiene el pelo mezclado de color negro y blanco. || — M. Pájaro de Europa, de lomo gris aceitunado y vientre blanco con manchas pardas, que se alimenta de insectos y frutos. || *Amér. C., Arg. y Chil.* Estornino.

toreador m. Torero.

torear v. i. y t. Lidiar los toros en la plaza: *toreaba con gran valor.* || — V. t. *Fig.* Entretener a uno engañándole en

sus esperanzas. | Burlarse de uno con disimulo. | Llevar como se quiere a una persona o a un asunto particularmente difícil.

toreo m. Acción y arte de torear. || *Fig.* Burla.

torería f. Gremio o conjunto de los toreros. || *Fam.* Travesura.

torero, ra adj. Relativo al toreo o a los toreros: *llevar sangre torera.* || — M. El que se dedica a torear. || — F. Chaquetilla corta y ceñida. || *Fig. y fam. Saltarse algo a la torera,* no hacer ningún caso de ello.

toril m. En la plaza de toros, sitio en que se encierran los toros que han de lidiarse.

torio m. Metal radiactivo (Th), de color blanco, número atómico 90, densidad 12,1 y punto de fusión a unos 1700 ºC.

torita f. Silicato hidratado natural de torio.

torito m. *Amer.* Plato de criadillas de toro. || *Antill.* Pez cofre.

tormenta f. Tempestad en el mar. || Agitación violenta del aire acompañada de lluvia, truenos, relámpagos. || *Fig.* Adversidad, desgracia: *las tormentas de la vida.* | Agitación o alteración del ánimo: *la tormenta de las pasiones.*

tormento m. Dolor físico muy intenso. || Tortura a que se sometía al reo para obligarle a confesar o como castigo: *dar tormento.* || Antigua máquina de guerra para disparar proyectiles. || *Fig.* Congoja, desazón, preocupación constante. | Persona o cosa que la ocasiona: *este niño enfermo es mi tormento.*

tormentoso, sa adj. Que amenaza tormenta: *tiempo tormentoso.*

torna f. Regreso. || Abertura hecha en las huertas para llevar el agua desde las regueras a las eras. || — *Volverle a uno las tornas,* corresponder uno al proceder de otro. || *Volverse las tornas,* cambiar la suerte o la situación.

tornada f. Regreso. || Vuelta, repetición de un viaje. || Enfermedad del carnero producida por el desarrollo de un cisticerco en el encéfalo del animal.

tornadizo, za adj. Que cambia fácilmente de opinión.

tornado m. Huracán.

tornar v. t. Devolver, restituir. || Volver, transformar: *tornar a uno alegre.* || — V. i. Regresar: *tornar a su patria.* || Hacer otra vez, repetir: *tornar a hablar.* || — V. pr. Volverse, convertirse, hacerse: *tornarse loco; su duda se había tornado en admiración.*

tornasol m. Girasol, planta compuesta. || Reflejo o viso: *los tornasoles de una tela.* || Materia colorante vegetal azul violácea que se torna roja con los ácidos y sirve de reactivo químico.

tornasolado, da adj. Que tiene o hace visos o tornasoles.

tornasolar v. t. Hacer tornasoles una cosa (ú. t. c. pr.).

tornavía f. Placa giratoria en los ferrocarriles.

tornavoz m. Dispositivo, como el techo de encima del púlpito, destinado a recoger y reflejar los sonidos para que se oigan mejor.

torneado, da adj. Labrado con el torno. || *Fig.* De curvas suaves: *brazos torneados.* || — M. *Tecn.* Acción de labrar al torno.

torneador m. Tornero. || Luchador en un torneo.

torneadura f. Viruta de un objeto torneado. || *Tecn.* Torneado.

tornear v. t. Labrar algo con el torno: *tornear una pata de silla.* || — V. i. Dar vueltas alrededor de algo. || Combatir en un torneo.

torneo m. Fiesta en que combatían caballeros armados. || Certamen, encuentro amistoso entre dos o más equipos.

tornera f. Monja encargada del torno.

tornería f. Oficio del tornero. || Taller y tienda del tornero.

tornero m. El que labra objetos al torno. || Recadero de las monjas.

tornillo m. Objeto cilíndrico de metal o madera con resalto helicoidal, que se introduce en la tuerca. || Clavo con resalte helicoidal. || *Fig. y fam.* Deserción: *hacer tornillo un soldado.* || — *Fig.* Apretarle a uno los tornillos, tratarle con severidad y obligarle a obrar en determinado sentido. || *Fig. y fam. Faltarle a uno un tornillo o tener flojos los tornillos,* estar medio loco. || *Tornillo de Arquímedes,* artificio para elevar un líquido, consistente en un cilindro inclinado de forma helicoidal movido por un eje. || *Tornillo de banco,* torno que se fija al banco del carpintero o del herrador. || *Tornillo micrométrico,* palmer. || *Tornillo sinfín,* engranaje compuesto de una rueda dentada y un cilindro con resalto helicoidal.

torniquete m. Cruz que gira sobre un eje vertical y se coloca en las entradas por donde sólo han de pasar una a una las personas. || Instrumento para comprimir las arterias y contener las hemorragias.

torniscón m. *Fam.* Golpe dado en el rostro o en la cabeza con el revés de la mano.

torno m. Cilindro horizontal móvil alrededor del cual se arrolla una cuerda y sirve para levantar pesos. || Armario giratorio empotrado en una pared en los conventos, las casas de expósitos, los comedores, y que sirve para pasar objetos de una habitación a otra sin verse las personas. || Máquina herramienta que sirve para labrar piezas animadas de un movimiento rotativo, arrancando de ellas virutas. || Instrumento compuesto de dos mordazas que se acercan mediante un tornillo para sujetar las piezas que hay que labrar. || Máquina provista de una rueda que se usaba para hilar. || Recodo de un río. || Movimiento circular. || — *En torno a,* alrededor de.

toro m. Mamífero rumiante, armado de cuernos, que es el macho de la va-

ca: *el toro castrado es el buey.* || *Fig.* Hombre fuerte y robusto. | Hombre corpulento. | *Arq.* Bocel. || *Geom.* Sólido engendrado por una circunferencia que gira alrededor de un eje situado en su mismo plano pero que no pasa por el centro. || — Pl. Corrida de toros. || — *Fig. Coger al toro por los cuernos,* arrostrar resueltamente una dificultad. | *Echarle* (o *soltarle*) *a uno el toro,* reprenderle severamente. | *Estar hecho un toro,* estar furioso. | *Haber toros y cañas,* haber jaleo. | *Ir al toro, ir al grano.* | *¡Otro toro!,* pasemos a otro asunto. | *Toro corrido,* persona difícil de engañar por su mucha experiencia. || *Toro de fuego,* armazón de fuegos artificiales. || *Toro de lidia,* el destinado a las corridas de toros. || *Fig. Ver los toros desde la barrera,* presenciar un acontecimiento sin tomar parte en él.

toronja f. Especie de cidra de forma parecida a la naranja pero de sabor semejante más bien al del limón.

toronjil m. Planta labiada antiespasmódica y digestiva, común en España.

toronjo m. Árbol cuyo fruto es la toronja.

torote m. Nombre de varias plantas de México, resinosas y ricas en tanino.

torozón m. Cólico de las caballerías.

torpe adj. Que se mueve con dificultad. || Falto de habilidad y destreza: *ser torpe para dibujar.* || Necio, tardo en comprender.

torpedeamiento m. Torpedeo.

torpedear v. t. Lanzar torpedos: *torpedear un barco.* || *Fig.* Poner obstáculos, hacer fracasar: *torpedear un proyecto.*

torpedeo m. Acción y efecto de torpedear.

torpedero m. Barco de guerra, pequeño y rápido, destinado a lanzar torpedos (ú. t. c. adj. m.).

torpedo m. Pez marino selacio carnívoro, de cuerpo aplanado y provisto, cerca de la cabeza, de un órgano eléctrico con el cual puede producir una conmoción a cualquier animal que lo toca. || Proyectil automotor submarino, cargado de explosivos, utilizado contra objetivos marítimos por barcos o aeronaves. || Automóvil descubierto que se podía cerrar con una capota y dos cortinas laterales.

torpeza f. Falta de destreza. || Pesadez. || Necedad, falta de inteligencia. || Bajeza. | Palabra desacertada.

torpor m. *Med.* Entorpecimiento profundo.

torrado m. Garbanzo tostado.

torrar v. t. Tostar.

torre f. Edificio alto y estrecho que sirve de defensa en los castillos, de adorno en algunas casas y donde están las campanas de las iglesias. || Casa muy alta, rascacielos. || En algunas partes, casa de campo, quinta. || En los buques de guerra, reducto acorazado que se levanta sobre la cubierta y en donde están las piezas de artillería. || Pieza del juego del ajedrez. || — *Torre de control,* edificio que domina las pistas de

un aeropuerto y de donde proceden las órdenes de despegue, de vuelo y de aterrizaje. || *Torre del homenaje,* la más importante de un castillo. || *Torre de perforación,* armazón metálica que sostiene la sonda de perforación en un pozo de petróleo. || *Fig. Vivir en una torre de marfil,* aislarse una persona, ocupada en perfeccionar su obra, y mostrarse indiferente a los problemas actuales y a los demás.

torrefacción f. Tostadura.

torrefactar v. t. Tostar el café.

torrefacto, ta adj. Tostado, aplicado particularmente al café.

torrencial adj. Perteneciente a los torrentes: *aguas torrenciales.* || Tumultuoso como un torrente: *río torrencial.* || Que cae a torrentes: *lluvias torrenciales.*

torrente m. Curso de agua rápido, de régimen irregular y dotado de una gran fuerza de erosión, propio de los terrenos montañosos. || Curso de la sangre en el aparato circulatorio. || *Fig.* Abundancia, copia: *torrente de lágrimas, de injurias.* || *Fig. A torrentes,* en abundancia.

torrentera f. Cauce de un torrente.

torrentoso, sa adj. Que tiene la fuerza de un torrente.

torreón m. Torre grande de los castillos o fortalezas.

torrero m. Encargado de una atalaya o un faro. || Granjero, el que se ocupa de una torre.

torreta f. Torre pequeña. || Reducto blindado, generalmente orientable, en el que se colocan las piezas de artillería de una fortaleza, barco o avión de guerra o carro de combate.

torrezno m. Pedazo de tocino frito: *pan con torreznos.*

tórrido, da adj. Muy caluroso: *clima tórrido.* || *Zona tórrida,* parte de la Tierra situada entre los dos trópicos.

torrija f. Rebanada de pan mojada en vino o leche, rebozada en huevo, frita y bañada después en azúcar, en miel o en almíbar.

torsión f. Acción y efecto de torcer o torcerse en sentido helicoidal: *la torsión de un cable.* || Deformación que sufre un cuerpo sometido a dos pares de fuerzas que actúan en direcciones opuestas y en planos paralelos. || *Barra de torsión,* tipo de resorte basado en la torsión de una barra elástica.

torso m. Tronco del cuerpo humano. || Obra de arte que representa el tronco sin la cabeza ni los miembros.

torta f. Pastel de forma circular y aplastada, hecho generalmente con harina, huevos, mantequilla y cocido al horno. || *Fig.* Cualquier cosa de forma de torta. || *Méx.* Especie de emparedado que se hace con pan blanco y una gran variedad de rellenos. || *Impr.* Paquete de caracteres tipográficos. | Plana de composición cuyo carece de cuadrados. || *Fig. y fam.* Bofetada: *dar una torta.* | Borrachera. || *Fig. Ser torta y pan pintado,* no presentar dificultad.

tortada f. Torta grande rellena de carne o dulce.

tortazo m. Fam. Bofetada. || Fig. y fam. Pegarse un tortazo, caerse; chocar.

tortícolis f. Dolor reumático en los músculos del cuello que impide mover la cabeza (p. us. en género masculino).

tortilla f. Huevos batidos, generalmente con cualquier otro manjar, y cocidos en un sartén: tortilla de patatas. || Amer. Torta de harina de maíz. || — Fig. y fam. Hacer tortilla a una persona o cosa, aplastarla, reventarla. || Tortilla a la francesa, la que se hace con huevos solamente. || Fig. Volverse la tortilla, cambiar la suerte que era antes favorable; suceder las cosas al contrario de lo que se esperaba.

tórtola f. Ave del género de la paloma, pero más pequeña.

tórtolo m. Macho de la tórtola. || — Pl. Fig. y fam. Pareja muy enamorada.

tortosino, na adj. y s. Perteneciente a Tortosa. || Natural de esta ciudad (ú. t. c. s.).

tortuga f. Nombre común de todos los reptiles quelonios de cuerpo corto encerrado en un caparazón óseo. (La tortuga no tiene dientes sino un pico córneo. Su carne es comestible. Existen tortugas terrestres, fluviales y marinas.) || Mil. Testudo, defensa antigua. || Fig. A paso de tortuga, muy despacio.

tortuosidad f. Estado de lo que es tortuoso.

tortuoso, sa adj. Que da vueltas y rodeos: senda tortuosa. || Fig. Solapado, que carece de franqueza: conducta tortuosa.

tortura f. Tormento: someter un reo a la tortura. || Fig. Dolor, angustia o sufrimiento profundo.

torturar v. t. Atormentar, dar tortura (ú. t. c. pr.).

torvisco m. Planta timeleácea, de aproximadamente un metro de altura, de flores blancas, olorosas.

torvo, va adj. Inquietante, amenazador: mirada torva.

torzal m. Cordoncillo torcido de seda que se usa para coser y bordar. || Fig. Conjunto de cosas torcidas o trenzadas entre sí. || Arg. y Chil. Lazo hecho con una trenza de cuero.

torzón m. Veter. Torozón.

tos f. Expulsión violenta y ruidosa del aire contenido en los pulmones, producida por la irritación de las vías respiratorias. || Tos ferina, enfermedad infantil contagiosa, caracterizada por accesos de tos sofocantes.

toscano, na adj. De Toscana (ú. t. c. s.). || Dícese de un orden arquitectónico romano, imitado del dórico griego. || — M. Lengua hablada en Toscana, el italiano.

tosco, ca adj. Grosero; sin pulimento, hecho con poco cuidado o con cosas de poco valor: una silla tosca. || Fig. Inculto, falto de educación o de instrucción.

tosedera f. Cub., Méx., Nicar., Pan. y Salv. Ataque de tos.

toser v. i. Tener o padecer tos. || Fig. y fam. No toserle nadie a uno, no poder competir con él; no dejarse reprender por nadie.

tosferina f. Tos ferina.

tósigo m. Ponzoña, veneno. || Fig. Angustia grande.

tosquedad f. Calidad de basto. || Fig. Ignorancia. | Incultura.

tostada f. Rebanada de pan tostada con mantequilla, mermelada, etc. || Méx. Tortilla de maíz frita hasta quedar rígida. | Méx. Plato que se prepara con tortillas tostadas sobre las que se colocan diferentes tipos de manjares. || — Fig. y fam. Dar o pegar a uno la tostada, darle el pego, engañarle. | Olerse la tostada, presentir algo.

tostadero m. Sitio donde se tuesta: tostadero de café.

tostado, da adj. Aplícase al color ocre oscuro. || Bronceado: tez tostada. || — M. Acción y efecto de tostar. || Amer. Alazán oscuro.

tostador, ra adj. y s. Aplícase a la persona que tuesta. || — M. Instrumento para tostar café, almendras, etc. || Pequeño utensilio de cocina, provisto de una resistencia eléctrica, para tostar pan.

tostadura f. Tostado.

*tostar v. t. Someter una cosa a la acción del fuego hasta que tome color dorado y se deseque sin quemarse: tostar almendras. || Fig. Calentar demasiado. | Curtir, broncear la piel (ú. m. c. pr.). | Zurrar.

tostón m. Garbanzo tostado. || Tostada mojada en aceite. || Cosa demasiado tostada. || Cochinillo asado. || Antigua moneda portuguesa de cien reis. || Fam. Cosa fastidiosa, pesada, molesta: esta película es un tostón. | Persona pesada. || Moneda mexicana de plata de 50 centavos. || Fam. Dar el tostón, fastidiar, ser pesado.

total adj. Completo: triunfo total. || — M. Conjunto de varias partes que forman un todo. || Suma, resultado de la operación de sumar. || — Adv. En conclusión, en resumen, finalmente: total, que me marché. || En total, en conjunto.

totalidad f. Todo, conjunto.

totalitario, ria adj. Aplícase a los regímenes políticos en los cuales todos los poderes del Estado están concentrados en el gobierno de un partido único o pequeño grupo de dirigentes, y los derechos individuales son abolidos.

totalitarismo m. Régimen, sistema totalitario.

totalizador, ra adj. Que totaliza. || — M. Aparato que da mecánicamente el total de una serie de operaciones.

totalizar v. t. Sumar.

totay m. Especie de palmera americana.

tótem m. En ciertas tribus primitivas, animal considerado como antepasado de la raza o protector de la tribu. ||

Representación de este animal. (Pl. tótemes o tótems.) **TRA**

totémico, ca adj. Relativo al tótem. || Clan totémico, clan o tribu basados en la creencia en el tótem.

totemismo m. Creencia en los tótemes.

totoaba f. Méx. Pez de gran tamaño, propio del Golfo de California.

totoloque m. Juego de los antiguos mexicanos, que recuerda el tejo.

totonaca, totoneca y **totonaco, ca** adj. Dícese de un indio mexicano (ú. t. c. s.). || Relativo a él o a su cultura. || — M. Lengua hablada por él.

totonicapa, totonicapanés, esa o **totonicapense** adj. y s. De Totonicapán (Guatemala).

totopo m. Méx. Pedazo de tortilla de maíz frita.

totora f. Amer. Especie de anea que se cría en terrenos húmedos. (Los indígenas de las riberas del lago Titicaca la utilizan para hacer sus embarcaciones.)

totoral m. Sitio cubierto de totora.

totuma f. y **totumo** m. Amer. Calabaza, güira.

toxicidad f. Calidad de tóxico. || Grado de virulencia de un tóxico.

tóxico, ca adj. Venenoso: sustancia tóxica. || — M. Veneno, tósigo: ingerir un tóxico.

toxicología f. Rama de la medicina que trata de los venenos y de sus modos de acción.

toxicológico, ca adj. Relativo a la toxicología.

toxicólogo m. Especialista en toxicología.

toxicomanía f. Hábito morboso de tomar sustancias tóxicas o estupefacientes como el éter, la morfina, la cocaína, el opio, etc.

toxicómano, na adj. y s. Aplícase a la persona que padece toxicomanía.

toxina f. Sustancia proteínica elaborada por bacterias, hongos, parásitos, capaz de producir en el organismo efectos tóxicos.

tozudez f. Obstinación, testarudez, empeño, terquedad.

tozudo, da adj. y s. Obstinado, terco, testarudo, cabezón.

traba f. Unión, lazo. || Ligadura con que se atan las manos y los pies de las caballerías para dificultar su marcha. || Fig. Estorbo, impedimento: poner trabas a una negociación. || For. Embargo de bienes.

trabado, da adj. Dícese de la caballería que tiene blancas las dos manos o una mano y un pie situados de distinto lado.

trabadura f. Traba, ligadura.

trabajado, da adj. Cansado, molido del trabajo. || Hecho con mucho trabajo y esmero: prosa muy trabajada.

trabajador, ra adj. Que trabaja. || Inclinado a trabajar. || — M. y f. Obrero, operario.

trabajar v. i. Desarrollar una actividad: ser demasiado joven para traba-

TRA

jar. || Realizar o participar en la realización de algo: *trabajar en una obra.* || Ejercer un oficio: *trabajar de sastre.* || Esforzarse: *trabajar en imitar a su maestro.* || *Fam.* Actuar en el teatro o el cine. || *Fig.* Funcionar activamente: *imaginación que trabaja.* | Producir un efecto: *el tiempo trabaja a nuestro favor.* | Torcerse, alabearse: *tabla de madera que trabaja.* || *Fam.* Trabajar para el obispo, trabajar sin recompensa. || — V. t. Labrar: *trabajar el hierro, la piedra, la tierra.* || Hacer algo con mucho esmero: *trabajar el estilo de una obra.* || *Fig.* Molestar, inquietar. || Amaestrar un caballo. || — V. pr. Ocuparse y estudiar algo con cuidado: *me estoy trabajando este asunto.* || *Fig.* Atraerse la simpatía o el favor de alguien.

trabajo m. Esfuerzo, actividad: *trabajo manual, intelectual.* || Ocupación retribuida: *abandonar su trabajo.* || Obra hecha o por hacer: *distribuir el trabajo entre varias personas.* || Manera de interpretar su papel un actor. || En economía política, uno de los factores de la producción. || Estudio, obra escrita sobre un tema: *un trabajo bien documentado.* || Fenómenos que se producen en una sustancia y cambian su naturaleza o su forma: *trabajo de descomposición.* || Producto de la intensidad de una fuerza por la distancia que recorre su punto de aplicación. || Efecto aprovechable de una máquina. || *Fig.* Dificultad, esfuerzo: *hacer algo con mucho trabajo; costar mucho trabajo conseguir un buen puesto.* || — Pl. Penas, miserias: *pasar trabajos.* || — *Accidente de trabajo,* el ocurrido durante las horas de labor o durante el trayecto desde el domicilio al lugar de trabajo. || *Darle duro al trabajo,* trabajar mucho. || *Darse o tomarse el trabajo de,* hacer un esfuerzo para; tomarse la molestia de. || *Trabajos forzados o forzosos,* pena a que se somete a los presidiarios.

trabajosamente adv. Con dificultad o esfuerzo.

trabajoso, sa adj. Que cuesta trabajo, difícil: *trabajoso de hacer.* || Molesto, penoso. || Falto de espontaneidad, complicado.

trabalenguas m. inv. Palabra o frase difícil de pronunciar.

trabamiento m. Trabazón.

trabar v. t. Juntar o ensamblar una cosa con otra: *trabar dos maderos.* || Atar, ligar. || Poner trabas a un animal. || Espesar, dar consistencia a un homogeneidad: *trabar una salsa.* || *Fig.* Empezar, emprender: *trabar una discusión.* | Entablar: *trabar amistad con uno.* || — V. pr. Enredarse los pies, las piernas. || Tomar consistencia una salsa, etc. || *Se le ha trabado la lengua,* ha empleado una palabra por otra, tiene dificultad para hablar.

trabazón f. Unión existente entre varias cosas. || Ensambladura. || Homogeneidad o consistencia dada a una salsa, masa, etc. || *Fig.* Enlace entre las cosas.

trabilla f. Tira de tela o cuero que sujeta los bordes del pantalón por debajo del pie. || Tira que se pone detrás en la cintura de los abrigos, chaquetas, etc.

trabucar v. t. Trastornar, desordenar: *ha trabucado todos mis planes.* || Trastornar el entendimiento (ú. t. c. pr.). || Confundir, trastocar: *siempre trabuca nuestros nombres* (ú. t. c. pr.). || Al hablar, no poner las letras o palabras en el sitio que les corresponde.

trabucazo m. Disparo de trabuco. || Tiro dado con él.

trabuco m. Antigua máquina de guerra usada para lanzar piedras contra las murallas. || Arma de fuego más corta y de mayor calibre que la escopeta ordinaria. || *Trabuco naranjero,* el de boca acampanada.

traca f. Petardos colocados en una cuerda que estallan sucesivamente.

trácala f. *Amer.* Trampa, ardid.

tracalada f. *Amer.* Muchedumbre, multitud, cáfila.

tracalero, ra adj. y s. *Méx.* Embustero.

tracción f. Acción de tirar, de mover un cuerpo arrastrándolo hacia adelante: *tracción animal, de vapor.* || Fuerza que obra axialmente en un cuerpo y tiende a alargarlo. || *Tracción delantera,* automóvil con las ruedas delanteras motrices.

tracio, cia adj. y s. De Tracia.

tracoma f. *Med.* Conjuntivitis granulosa, endémica en ciertos países cálidos.

tractivo, va adj. Que tira.

tracto m. Espacio de tiempo, lapso. || Versículos que se cantan o rezan, en la misa, antes del Evangelio. || Serie de fibras u órganos que forman un conjunto alargado: *tracto genital.*

tractor m. Vehículo automotor utilizado, sobre todo en la agricultura, para arrastrar otros. || *Tractor oruga,* el provisto de cadenas sinfín.

tractorista m. y f. Persona que conduce un tractor.

tradición f. Transmisión de doctrinas, leyendas, costumbres, etc., durante largo tiempo, por la palabra o el ejemplo. || Costumbre transmitida de generación en generación: *las tradiciones de una provincia.* || Transmisión oral o escrita de los hechos o doctrinas que se relacionan con la religión. || *For.* Entrega.

tradicional adj. Basado en la tradición: *fiesta tradicional.* || Que ha pasado a ser una costumbre.

tradicionalismo m. Apego a la tradición. || Sistema político fundado en la tradición. || En España, carlismo. || Opinión filosófica o teológica que, en el conocimiento de la verdad, da más importancia a la revelación que a la razón.

tradicionalista adj. y s. Partidario del tradicionalismo. || En España, carlista: *partido tradicionalista.*

traducción f. Acción de traducir, de verter a otro idioma: *la traducción de un discurso.* || Obra traducida: *leer una traducción de Sófocles.* || Interpretación: *la traducción del pensamiento de una persona.* || — *Traducción automática,* traducción de un texto mediante máquinas electrónicas. || *Traducción directa,* la realizada del idioma extraño al propio. || *Traducción inversa,* la realizada del idioma propio al extraño.

traducible adj. Que se puede traducir.

*****traducir** v. t. Expresar en una lengua lo escrito o expresado en otra: *traducir del castellano, del francés.* || *Fig.* Expresar: *no saber traducir un estado de ánimo.* | Interpretar: *tradujo mal lo que le dijo.*

traductor, ra adj. y s. Aplícase a la persona que se dedica a traducir: *traductor jurado.*

*****traer** v. t. Trasladar una cosa al sitio en que se encuentra una persona: *traer una carta* (ú. t. c. pr.). || Llevar: *hoy trae un abrigo nuevo.* || Transportar consigo de vuelta de un viaje: *ha traído cigarros puros de La Habana.* || Acarrear: *eso le trajo muchos disgustos; traer mala suerte.* || Atraer. || Tener: *el mes de junio trae treinta días.* || Contener: *el periódico trae hoy una gran noticia.* || — *Fam. Me trae sin cuidado,* me da igual, no me importa. || *Traer a las mentes,* recordar. || *Traer a mal a una persona,* maltratarla; molestarla. || *Traer aparejado (o consigo),* ocasionar forzosamente. || *Fig. y fam. Traer cola,* tener consecuencias. || *Traer de cabeza a uno,* causarle muchas preocupaciones. | *Traer frito a uno,* molestarle mucho. | *Traer y llevar,* chismear. || — V. pr. *Traerse algo entre manos,* ocuparse de ello, estar planeándolo, intrigar. || *Fig. y fam. Traérselas,* ser muy difícil o fuera de lo corriente: *una persona, un trabajo que se las trae.*

trafagar v. i. Traficar.

tráfago m. Tráfico. || Negocios, trajín, ocupaciones, trabajo.

traficante adj. y s. Aplícase a la persona que trafica, muchas veces en negocios poco recomendables.

traficar v. i. Negociar, realizar operaciones comerciales, generalmente ilícitas y clandestinas: *traficar con drogas.* || *Fig.* Hacer indebidamente uso de algo: *traficar con su crédito.* | Viajar, errar por países, correr mundo.

tráfico m. Comercio ilegal y clandestino: *tráfico de divisas, de negros.* || Tránsito, circulación de vehículos: *calle de mucho tráfico.* || *Tráfico rodado,* circulación de vehículos por calles o carreteras.

tragacanto m. Arbusto papilionáceo, cuyo tronco produce una goma usada en farmacia, confitería, etc.

tragaderas f. pl. *Fam.* Esófago, faringe. || *Fig. y fam. Tener buenas tragaderas,* ser crédulo; tener pocos escrúpulos; comer o beber mucho.

tragadero m. *Fam.* Tragaderas. | Agujero.

588

tragador, ra adj. y s. Tragón.

tragahombres m. inv. *Fam.* Perdonavidas, bravucón.

tragahumo m. *Méx.* Bombero.

tragaldabas com. inv. *Fam.* Persona muy tragona.

tragaluz m. Ventana pequeña abierta en un tejado o en lo alto de una pared.

tragamonedas f. pl. Máquina tragaperras.

tragante adj. Que traga. || — M. Abertura en la parte superior de los hornos de cuba y los altos hornos.

tragaperras adj. inv. Dícese de una máquina distribuidora automática que funciona al introducir una moneda en una ranura.

tragar v. t. Hacer que una cosa pase de la boca al esófago. Ú. t. c. i.: *no poder tragar.* || Comer mucho o con voracidad. Ú. t. c. pr.: *¡hay que ver lo que traga este chico!* || Absorber: *suelo que traga rápidamente el agua.* || *Fig.* Hacer desaparecer en su interior: *barco tragado por el mar* (ú. t. c. pr.). | Creer fácil y neciamente. Ú. t. c. pr.: *se traga cuanto le dicen.* | Soportar algo vejatorio. Ú. t. c. pr.: *tragarse un insulto.* || — *Fig. y fam. No poder tragar a uno,* sentir por él profunda aversión. | *Tenerse tragada una cosa,* presentir que ha de suceder algo desagradable. | *Tragar el anzuelo,* dejarse engañar. | *Tragar la píldora o tragársela,* creer un embuste; soportar alguna cosa desagradable.

tragasantos m. y f. inv. *Fam.* Persona excesivamente beata.

tragavenado m. Serpiente no venenosa de Venezuela y Colombia parecida a la boa.

tragedia f. Obra dramática en la que intervienen personajes ilustres, capaz de infundir lástima o terror por su desenlace generalmente funesto. || Género formado por esta clase de obras. || *Fig.* Suceso fatal, catástrofe: *la muerte de su padre fue una tragedia.*

trágico, ca adj. Relativo a la tragedia: *poesía trágica.* || *Fig.* Terrible, desastroso: *desenlace trágico.* || *Ponerse trágico,* dicho de una situación, tomar un aspecto grave; aplicado a una persona, adoptar una actitud exagerada-mente patética. || — M. Autor o actor de tragedias.

tragicomedia f. Obra dramática en que se mezclan los géneros trágico y cómico. || Composición escrita en forma de diálogo pero no destinada a ser representada: *la tragicomedia de Calixto y Melibea.* || *Fig.* Suceso que provoca a la vez risa y compasión.

tragicómico, ca adj. Relativo a la tragicomedia. || A la vez serio y cómico.

trago m. Cantidad de líquido que se bebe de una vez: *echar un trago de vino.* || *Fam.* Bebida: *aficionado al trago.* || *Fig. y fam.* Disgusto, contratiempo: *un mal trago.* || *Anat.* Prominencia triangular de la oreja, delante del conducto auditivo. || — *A tragos,* poco a poco.

tragón, ona adj. y s. *Fam.* Comilón, dícese del que come mucho.

traición f. Violación de la fidelidad debida, deslealtad: *hacer traición a la fe jurada.* || Delito que se comete sirviendo al enemigo. || *Alta traición,* delito cometido contra la seguridad del Estado. || *A traición,* alevosamente.

traicionar v. t. Hacer traición: *traicionar al país, al amigo.* || *Fig.* Descubrir, revelar: *su gesto traiciona sus intenciones.* | Deformar, desvirtuar: *traicionar el pensamiento de un autor.* | Fallar: *le traicionó el corazón.*

traicionero, ra adj. Que traiciona o ataca alevosamente (ú. t. c. s.). || Hecho a traición.

traída f. Acción de traer. || *Traída de aguas,* derivación de las aguas de un sitio hacia otro.

traído, da adj. Aplícase principalmente a la ropa gastada: *abrigo muy traído.* || — *Fam. Bien traído,* oportuno: *chiste bien traído.* | *Traído por los pelos,* poco natural, demasiado rebuscado. | *Traído y llevado,* manoseado.

traidor, ra adj. Aplícase a la persona que comete traición (ú. t. c. s.). || Pérfido, que hace daño pareciendo inofensivo.

tráiler m. (pal. ingl.). Avance de una película cinematográfica.

traílla f. Cuerda o correa con que se lleva atado el perro a la caza. || Par o conjunto de pares de perros que se llevan de esta manera. || Tralla, látigo. || Apero de labranza para allanar terrenos.

traillar v. t. Allanar el terreno con la traílla.

traína f. Nombre de varias redes de fondo, particularmente para la pesca de las sardinas.

trainera f. Barca que pesca con traína.

traje m. Vestido, manera de vestirse propia de cierta clase de personas, de cierto país, de cierta época, etc. || Vestimenta completa de una persona. || Conjunto de chaqueta, chaleco y pantalón. || Vestido de mujer, de una sola pieza: *traje camisero.* || — *Baile de trajes,* aquel en que uno se disfraza. || *Fig. y fam. Cortar un traje a uno,* criticarle mucho. || *Traje de baño,* ropa que se usa para tomar el sol o nadar en sitios públicos.

trajeado, da adj. *Fam. Bien* (o *mal*) *trajeado, bien* (o *mal*) vestido.

trajín m. Tráfico. || Actividad, trabajo, quehaceres: *el trajín de la casa; tener mucho trajín.* || *Fam.* Ajetreo, idas y venidas. | Amiguita, querida.

trajinante adj. y s. Aplícase a la persona que trajina.

trajinar v. t. Llevar mercancías de un lugar a otro. || — V. i. *Fam.* Andar en un sitio u otro, con cualquier ocupación, ajetrearse. | Trabajar: *siempre está trajinando.*

trajinera f. *Méx.* Especie de canoa que se usa en el lago de Xochimilco.

tralla f. Cuerda, soga. || Trencilla de cuero colocada en la punta del látigo para que restalle.

trallazo m. Golpe dado con la tralla. || Restallido de la tralla.

trama f. Conjunto de hilos que, cruzados con los de la urdimbre, forman un tejido. || *Fig.* Intriga, enredo: *la trama de una comedia, de una novela.* || Florecimiento del olivo. || Filtro finamente cuadriculado o reticulado que se dispone ante la emulsión sensible en los procedimientos de similigrabado.

tramador, ra m. y f. Persona que trama la tela.

tramar v. t. Cruzar los hilos de la trama con los de la urdimbre. || *Fig. y fam.* Preparar en secreto.

tramitación f. Acción de tramitar: *la tramitación de un proceso.* || Serie de trámites necesarios para resolver un asunto.

tramitar v. t. Efectuar los trámites necesarios para resolver un asunto, obtener un documento, etc.

trámite m. Cada una de las diligencias necesarias para la resolución de un asunto: *trámites para obtener una autorización.* || Requisito, formalidad: *cumplir con los trámites necesarios.* || Paso de una cosa a otra.

tramo m. Terreno separado de los contiguos por una línea divisoria o una señal. || Parte de una escalera entre dos rellanos. || Parte de un canal, camino, etc., entre dos puntos determinados.

tramontana f. Norte. || En el Mediterráneo, viento del Norte.

tramontano, na adj. Del otro lado de los montes.

tramoya f. Máquina o conjunto de máquinas con que se efectúan los cambios de decoración en los teatros. || *Fig. y fam.* Enredo, trama, intriga. | Pompa, aparato: *una fiesta con mucha tramoya.*

tramoyista m. El que construye, coloca o hace funcionar las tramoyas del teatro. || *Fig.* Tramposo.

trampa f. Artificio para cazar, consistente en una excavación disimulada por una tabla u otra cosa que puede hundirse bajo el peso de un animal. || Puerta abierta en el suelo para poner en comunicación dos pisos: *trampa que comunica con la bodega.* || Tablero horizontal y levadizo en los mostradores de las tiendas. || Portañuela del pantalón. || *Fig.* Ardid, estratagema con que se engaña a una persona: *era una trampa para saber si me diría la verdad.* | Fullería, engaño en el juego. || En prestidigitación, truco, procedimiento misterioso que permite realizar cosas prodigiosas. || Deuda: *estar lleno de trampas.* || — *Fig. Caer en la trampa,* dejarse engañar. | *Hacer trampas,* cometer fraude: *engañar en el juego.* | *Sin trampa ni cartón,* sin truco de ninguna clase.

trampear v. i. *Fam.* Pedir prestado o fiado con la intención de no pagar. | Ir tirando: *va trampeando.* || — V. t. *Fam.* Usar artificios para engañar a otro.

trampería f. Trampa, ardid.

trampero, ra adj. y s. *Méx.* Tramposo. || — M. El que caza poniendo trampas.

trampilla f. Abertura en el suelo de una habitación. || Portezuela del fogón de cocina. || Portañuela.

trampista adj. y s. Tramposo.

trampolín m. Plano inclinado y generalmente elástico en que toma impulso el gimnasta, el nadador o el esquiador para saltar. || *Fig.* Lo que sirve para obtener un resultado.

tramposo, sa adj. y s. Embustero. || Mal pagador, que contrae deudas que no puede pagar. || Dícese del que suele hacer trampas.

tranca f. Palo grueso y fuerte que se usa como bastón o con que se asegura una puerta o ventana cerradas, poniéndolo cruzado detrás de ellas. || *Fam.* Borrachera. || *A trancas y barrancas*, mal que bien, pasando como se puede todos los obstáculos.

trancada f. Tranco.

trancazo m. Golpe dado con una tranca. || *Fig.* y *fam.* Gripe.

trance m. Momento crítico: *un trance desagradable.* || Situación apurada, mal paso: *sacar a uno de un trance.* || Estado hipnótico del médium. || *For.* Apremio judicial, embargo. || *A todo trance*, a toda costa, resueltamente. || *El postrer* (o *último* o *mortal*) *trance*, los últimos momentos de la vida. || *En trance de muerte*, a punto de morir.

tranco m. Paso largo: *avanzar a trancos.* || Umbral: *el tranco de la puerta.* || — *Fig. A trancos*, de prisa y corriendo. | *En dos trancos*, en un momento.

tranquear v. i. Dar trancos. || *Fig.* Ir tirando.

tranquera f. Estacada, empalizada. || *Amer.* Puerta rústica en un cercado.

tranquero m. Piedra con que se forman jambas y dinteles.

tranquilidad f. Quietud, sosiego, estado de tranquilo.

tranquilizante m. Sedante, medicamento para el tratamiento de la ansiedad y del nerviosismo, calmante (ú. t. c. adj.).

tranquilizar v. t. Poner tranquilo, calmar, sosegar.

tranquillo m. *Fam.* Procedimiento que permite hacer una cosa con más facilidad, truco: *coger* o *dar con el tranquillo.*

tranquilo, la adj. Quieto, no agitado: *mar tranquilo.* || Apacible, sosegado, sin preocupación: *vida tranquila.* || Sin remordimiento: *conciencia tranquila.* || — *Quedarse tan tranquilo*, guardar toda la calma.

transa f. *Méx.* Engaño, trampa. || — Com. Persona tramposa y poco confiable.

transacción f. Operación comercial o bursátil. || Acuerdo basado en concesiones recíprocas.

transaccional adj. Relativo a la transacción.

transalpino, na adj. Del otro lado de los Alpes: *regiones transalpinas.*

transandino, na adj. Del otro lado de los Andes: *zona transandina.* || Que atraviesa los Andes.

— Se da el n. de *Transandino* al ferrocarril que une la Argentina y Chile pasando por los Andes. Inaugurado en 1910.

transar v. t. *Méx.* Engañar, robar: *le hicieron el cuento largo y le transaron mil pesos.*

transatlántico, ca adj. Situado del otro lado del Atlántico. || Que cruza el Atlántico. || — M. Buque de grandes dimensiones que hace la travesía del Atlántico o simplemente viajes muy largos.

transbordador, ra adj. Que sirve para transbordar. || — M. Barco grande preparado para transportar vehículos de una orilla a otra. || — *Puente transbordador*, plataforma colgada de un tablero elevado para transporte de personas o mercancías de una orilla a otra de un río o una bahía. || *Transbordador espacial*, vehículo espacial capaz de colocar satélites en órbita, de recogerlos y de volver a la Tierra.

transbordar v. t. Trasladar personas o mercancías de un barco o vehículo a otro. || — V. i. Cambiar de tren o de tren metropolitano en un sitio determinado.

transbordo m. Acción y efecto de transbordar: *hacer transbordo en el metro.*

transcendencia f. Trascendencia.

transcendental adj. Trascendental. || *Fil.* Que traspasa los límites de la ciencia experimental.

transcendentalismo m. Escuela filosófica norteamericana, representada por Emerson, que se caracteriza por un misticismo panteísta.

transcendente adj. Trascendente.

*transcender v. t. Trascender.

transcontinental adj. Que atraviesa un continente.

transcribir v. t. Copiar un escrito. || *Por ext.* Poner por escrito una cosa que se oye. || Escribir con las letras de determinado alfabeto lo que está escrito con las de otro. || *Mús.* Arreglar para un instrumento lo escrito para otro u otros. || *Fig.* Expresar por escrito un sentimiento o impresión.

transcripción f. Acción de transcribir un escrito o una obra musical. || Cosa transcrita.

transcriptor m. El que transcribe. || Aparato para transcribir.

transculturación f. Proceso de difusión o de influencia de la cultura de una sociedad al entrar en contacto con otra que está menos evolucionada.

transcurrir v. i. Pasar el tiempo: *transcurrieron dos años; la ceremonia transcurrió sin incidente.*

transcurso m. Paso del tiempo: *en el transcurso de los años.* || Espacio de tiempo: *en el transcurso del mes.*

transeúnte com. Persona que transita o pasa por un lugar. || Persona que está de paso, que no reside sino transitoriamente en un lugar. Ú. t. c. adj.: *residente transeúnte.*

transferencia f. Acción de transferir un derecho de una persona a otra. || Operación bancaria consistente en transferir una cantidad de una cuenta a otra. || Documento en que consta.

transferible adj. Que puede ser transferido.

transferidor, ra adj. y s. Aplícase al que transfiere.

*transferir v. t. Trasladar una cosa de un lugar a otro: *transferir la dirección de Sevilla a Madrid.* || Ceder o traspasar un derecho a otra persona: *transferir un título de propiedad.*

transfiguración f. Cambio de figura. || Estado glorioso en que se manifestó Jesús a tres de sus discípulos en el monte Tabor. || Fiesta católica que conmemora este hecho (6 de agosto). [En estos dos últimos significados debe escribirse con mayúscula.]

transfigurar v. t. Hacer cambiar de figura o de aspecto: *la alegría le transfiguraba* (ú. t. c. pr.).

transformable adj. Que se puede transformar.

transformación f. Cambio de forma o de aspecto. || En rugby, acción de enviar el balón por encima de la barra transversal, después de un ensayo.

transformador, ra adj. y s. Aplícase al o a lo que transforma. || — M. Aparato que obra por inducción electromagnética y sirve para transformar un sistema de corrientes variables en uno o varios sistemas de corrientes variables de la misma frecuencia, pero de intensidad o de tensión generalmente diferentes.

transformar v. t. Dar a una persona o cosa una forma distinta de la que tenía antes: *Circe transformó los compañeros de Ulises en cerdos; transformar un producto.* || Convertir: *transformar vino en vinagre.* || Cambiar, mejorando: *su viaje le ha transformado.* || En rugby, convertir en tanto un ensayo. || *Mat.* Transformar una ecuación, cambiarla en otra equivalente pero de forma distinta. || — V. pr. Sufrir un cambio, una metamorfosis. || Cambiar de costumbres, de carácter, etc., una persona.

transformismo m. Doctrina biológica, de Lamark y Darwin, que sostiene que las especies animales y vegetales se van transformando en otras en el transcurso de los tiempos.

transformista adj. Relativo al transformismo: *teoría transformista.* || — Adj. y s. Seguidor de esta doctrina.

tránsfuga com. Persona que pasa de un partido a otro.

transfundir v. t. Trasvasar un líquido de un recipiente a otro. || *Fig.* Propagar, difundir noticias, etc. (ú. t. c. pr.).

transfusión f. Operación consistente en hacer pasar cierta cantidad de sangre de las venas de un individuo a las de otro.

transfusor, ra adj. Aplícase a lo que sirve para hacer una transfusión sanguínea: *aparato transfusor* (ú. t. c. s. m.).

*transgredir v. t. Infringir, quebrantar, violar.

transgresión f. Violación, infracción, quebrantamiento: *la transgresión de las leyes*.

transgresor, ra adj. Dícese de la persona que comete una transgresión (ú. t. c. s.).

transiberiano, na adj. Que atraviesa Siberia. || Aplícase a la gran línea férrea, hoy electrificada, construida de 1895 a 1904 en la U.R.S.S. que pone en comunicación las ciudades de Cheliabinsk y Vladivostok (ú. t. c. s. m.).

transición f. Cambio de un estado a otro: *transición lenta, brusca.* || Estado o fase intermedio: *período de transición.* || Paso progresivo de una idea o razonamiento a otro.

transido, da adj. Entorpecido, aterido: *transido de frío.* || Afligido, conmovido: *transido de dolor.*

transigir v. i. Llegar a un acuerdo mediante concesiones recíprocas: *da mejor resultado transigir que discutir.* || Tolerar.

transilvano, na adj. y s. De Transilvania.

transistor m. Dispositivo basado en el uso de los semiconductores que, del mismo modo que un tubo electrónico, puede ampliar corrientes eléctricas, provocar oscilaciones y ejercer a la vez las funciones de modulación y de detección. || Aparato receptor de radio provisto de estos dispositivos.

transistorizado, da adj. Dícese de un aparato en el cual se han sustituido los tubos electrónicos por transistores.

transitable adj. Dícese del sitio por donde se puede transitar: *camino transitable.*

transitar v. i. Pasar por una vía pública: *transitar por la calle.*

transitivo, va adj. Aplícase al verbo o forma verbal que expresa una acción que se realiza directamente del sujeto en el complemento.

tránsito m. Acción de transitar, paso: *el tránsito de los peatones.* || Circulación, de vehículos y gente: *calle de mucho tránsito.* || Acción de pasar por un sitio para ir a otro: *viajeros, mercancías de tránsito.* || Sitio de parada en un viaje. || Muerte, con referencia a la Virgen o a los santos. || Fiesta en honor de la muerte de la Virgen (15 de agosto). [En estas dos acepciones debe escribirse con mayúscula.] || — *De tránsito,* de paso. || *Tránsito rodado,* tráfico de vehículos por calles o carreteras.

transitoriedad f. Condición de transitorio.

transitorio, ria adj. Pasajero, temporal: *las cosas de este mundo son transitorias.* || Que sirve de transición: *régimen transitorio.*

---

translación f. Traslación.

translaticio, cia adj. Traslaticio.

translativo, va adj. Traslativo.

translimitar v. t. Pasar los límites de algo: *translimitar lo que la ley dispone.* || Pasar inadvertidamente o con autorización al Estado vecino, en una operación militar, sin violar por esto su territorio: *translimitar la frontera.*

transliteración f. Representación de los sonidos de una lengua con los signos alfabéticos de otra.

translucidez f. Condición de traslúcido.

translúcido, da adj. Dícese del cuerpo que deja pasar la luz pero no permite ver lo que hay detrás.

*translucirse v. pr. Traslucirse.

transmediterráneo, a adj. Que atraviesa el Mediterráneo.

transmigración f. Traslado de un pueblo a otro país. || Según ciertos filósofos, como Pitágoras, paso del alma a otro cuerpo.

transmigrar v. i. Abandonar su país para ir a vivir en otro: *el pueblo hebreo transmigró a Egipto.* || Según ciertas creencias, pasar el alma de un cuerpo a otro.

transmisible adj. Que se puede transmitir: *enfermedad transmisible.*

transmisión f. Cesión, paso de una persona a otra: *transmisión de bienes.* || Tratándose de herencia, comunicación de ciertos caracteres de padres a hijos. || Paso de una enfermedad de un individuo a otro sano. || Propagación: *transmisión del calor.* || Comunicación de un mensaje telegráfico o telefónico. || Comunicación del movimiento de un órgano a otro. || Órgano que transmite el movimiento. || Conjunto de órganos que, en un automóvil, sirven para comunicar el movimiento de las ruedas motrices. || — Pl. Servicio encargado de los enlaces (teléfono, radio, etc.) en un ejército. || — *Transmisión del pensamiento,* telepatía. || *Transmisión de poderes,* operación por la cual los poderes de una persona que ejerce cierta autoridad pasan a su sucesor.

transmisor, ra adj. Que transmite. || — M. Dispositivo para transmitir las señales eléctricas, telegráficas o telefónicas.

transmitir v. t. Hacer llegar a alguien, comunicar: *transmitir una noticia.* || Difundir por radio. || Traspasar, dejar a otro: *transmitir un derecho, un título.* || Comunicar a otro una enfermedad, una calidad o un defecto. || Comunicar: *correa que transmite el movimiento a la rueda; transmitir un mensaje por teléfono.* || — V. pr. Propagarse: *el sonido se transmite por vibración de la materia.*

transmutación f. Cambio de una cosa en otra.

transmutar v. t. Transformar una cosa en otra.

---

transmutativo, va y **transmutatorio, ria** adj. Que tiene el poder de transmutar.

transoceánico, ca adj. Al otro lado del océano: *tierras transoceánicas.* || Que atraviesa el océano: *navegación transoceánica.*

transpacífico, ca adj. Del otro lado del Pacífico. || Que atraviesa el Pacífico: *buque transpacífico.*

transparencia f. Propiedad de lo transparente. || Diapositiva.

transparentarse v. pr. Pasar la luz u otra cosa a través de un cuerpo transparente. || Ser transparente: *este vestido se transparenta.* || *Fig.* Dejarse adivinar: *transparentarse la verdad.*

transparente adj. Que se deja atravesar fácilmente por la luz y permite ver distintamente los objetos a través de su masa: *el agua es un cuerpo transparente.* || Translúcido. || *Fig.* Cuyo sentido oculto se deja adivinar fácilmente: *una alusión muy transparente.* || — M. Tela o papel que se coloca delante de una ventana para mitigar la luz. || Cortina que deja pasar la luz atenuándola.

transpiración f. Salida del sudor por los poros de la piel.

transpirar v. i. Echar sudor por los poros de la piel. || Expeler vapor de agua las plantas.

transpirenaico, ca adj. Del otro lado de los Pirineos. || Que atraviesa los Pirineos.

transplantar v. t. Trasplantar.

transplante m. Trasplante.

*transponer v. t. Cambiar de sitio: *transponer una palabra dentro de una frase.* || Desaparecer detrás de algo: *el Sol transpuso la montaña.* || — V. pr. Ocultarse a la vista, pasando al otro lado de un obstáculo. || Ponerse el Sol detrás del horizonte. || Quedarse algo dormido.

transportable adj. Que puede ser transportado.

transportador, ra adj. Que transporta o sirve para transportar: *cinta transportadora.* || — M. Semicírculo graduado empleado para medir o trazar ángulos. || Instalación para transporte mecánico aéreo. || *Transportador de cinta,* cinta flexible sinfín para transportar materias a granel o paquetes.

transportar v. t. Llevar de un sitio a otro: *transportar viajeros, mercancías.* || *Mús.* Pasar una composición de un tono a otro. || — V. pr. Extasiarse, enajenarse, estar muy conmovido: *transportarse de alegría.*

transporte m. Acción de llevar de un sitio a otro, acarreo: *transporte de mercancías.* || Barco de guerra destinado a transportar tropas, pertrechos o víveres. || *Fig.* Arrebato, entusiasmo, emoción muy viva. || *Mús.* Cambio del tono de una composición. || — Pl. Conjunto de los diversos medios para trasladar personas, mercancías, etc.: *transportes urbanos, colectivos.*

transportista m. Persona que se dedica a hacer transportes.

transposición f. Acción de transponer una cosa. || Puesta de un astro. || Alteración del orden natural de las palabras en la oración. || Cambio de posición, dentro de una palabra, de uno solo de sus sonidos. || Mat. Operación consistente en hacer pasar un término de un miembro a otro de la ecuación o de la desigualdad. || Mús. Reproducción de una composición en un tono diferente.

transpositivo, va adj. Relativo a la transposición. || Que puede transponerse.

transubstanciación f. En la Eucaristía, cambio del pan y del vino en el cuerpo y sangre de Jesucristo.

transubstanciar v. t. Transformar completamente una sustancia en otra (ú. t. c. pr.).

transuránico adj. y s. m. Aplícase a los elementos químicos de número atómico superior al del uranio (92), que se obtienen artificialmente y que no existen en la naturaleza.

transvasar v. t. Trasegar: transvasar vino.

transversal adj. Que está dispuesto de través: tejido con listas transversales. || Perpendicular a una dirección principal: cordillera transversal. || — F. Recta que corta una figura geométrica, especialmente un triángulo. || Calle perpendicular a otra.

transverso, sa adj. Transversal, colocado al través.

tranvía m. Ferrocarril urbano de tracción eléctrica que circula por rieles especiales empotrados en el pavimento de las calles.

tranviario, ria y **tranviero, ra** adj. Relativo a los tranvías: líneas tranviarias. || — M. Empleado en el servicio de tranvías. || Conductor de tranvía.

trapacear v. i. Usar de trapacerías.

trapacería f. Engaño, embuste, trampa. || Fraude. || Astucia, pillería.

trapacero, ra o **trapacista** adj. y s. Dícese de la persona que usa de trapacerías.

trapajoso, sa adj. Harapiento, andrajoso. || Fig. Tener la lengua trapajosa, pronunciar dificilmente.

trápala f. Ruido, alboroto. || Ruido acompasado del trote o galope de un caballo. || Fam. Embuste, engaño. || — M. Fam. Flujo de palabras insustanciales. || — Com. Fig. y fam. Charlatán, hablador. || Embustero, trapacero.

trapalear v. i. Hacer ruido con los pies al andar. || Fam. Mentir, decir embustes. | Parlotear, hablar mucho y de cosas insustanciales.

trapalero, ra adj. Amer. Tramposo.

trapatiesta f. Fam. Alboroto, jaleo, confusión: armar una trapatiesta. | Riña, pelea.

trapeador m. Méx. Utensilio para fregar el piso que tiene un mango largo y flecos de cordel o tela.

trapear v. t. Amer. Limpiar con un trapo. || Méx. Fregar el piso.

trapecio m. Aparato de gimnasia formado por dos cuerdas verticales que cuelgan de un pórtico y están reunidas por una barra horizontal. || Músculo plano situado en la parte posterior del cuello y superior de la espalda. || Hueso de la segunda fila del carpo. || Geom. Cuadrilátero que tiene dos lados desiguales y paralelos llamados bases.

trapecista com. Gimnasta o acróbata que trabaja en el trapecio.

trapense adj. y s. Aplícase a los religiosos de la orden del Císter reformada o de la Trapa.

trapero, ra m. y f. Persona que recoge trapos viejos para venderlos. || Basurero. || — Adj. f. Puñalada trapera, la traidora.

trapezoidal adj. Geom. Relativo al trapezoide. || Que tiene su forma.

trapezoide m. Geom. Cuadrilátero cuyos lados opuestos no son paralelos. || Anat. Hueso del carpo situado al lado del trapecio.

trapiche m. Molino de aceituna o caña de azúcar. || Amer. Ingenio de azúcar. | Molino para pulverizar los minerales.

trapichear v. i. Fam. Ingeniarse más o menos lícitamente para lograr algo. || Comerciar al menudeo.

trapicheo m. Fam. Tejemanejes, enredos, actividades sospechosas: andar con trapicheos. | Maniobras turbias, intrigas: trapicheos electorales.

trapisonda f. Fam. Bulla, jaleo o riña. | Lío, enredo.

trapisondear v. i. Fam. Armar trapisondas.

trapisondista com. Amigo de trapisondas, alborotador. || Lioso.

trapo m. Pedazo de tela viejo y roto. || Trozo de tela que se emplea para quitar el polvo, secar los platos, etc. || Mar. Velamen. || Taurom. Muleta o capote. || — Pl. Fam. Vestidos de mujer: hablar de trapos. || — A todo trapo, a toda vela; (fig.) con mucha rapidez. || Fig. Los trapos sucios se lavan en casa, las cosas íntimas no deben exhibirse. | Poner a uno como un trapo, insultarle o desacreditarle.

tráquea f. En el hombre y los vertebrados de respiración aérea, conducto formado por anillos cartilaginosos que empieza en la laringe y lleva el aire a los bronquios y pulmones.

traqueal adj. Relativo a la tráquea: la respiración traqueal.

traquearteria f. Tráquea.

traqueítis f. Med. Inflamación de la tráquea.

traqueotomía f. Operación quirúrgica que consiste en practicar una incisión en la tráquea para impedir la asfixia de ciertos enfermos.

traquetear v. i. Hacer ruido como un cohete. || Dar tumbos acompañados de ruido: coche que traquetea. || — V. t. Mover, agitar, sacudir: traquetear una

botella. || Fig. y fam. Manosear una cosa.

traqueteo m. Ruido del disparo de los cohetes. || Serie de sacudidas o tumbos acompañados de ruido: el traqueteo de una diligencia.

traquido m. Ruido producido por un disparo. || Chasquido.

tras prep. Detrás de: tras la puerta. || Después de: tras una larga ausencia. || Más allá: tras los Pirineos. || Después de: corrieron tras el ladrón. || Además: tras ser malo, es caro.

trasalpino, na adj. Transalpino.

trasandino, na adj. Transandino.

trasatlántico, ca adj. Transatlántico.

trasbordador, ra adj. y s. m. Transbordador.

trasbordar v. t. Transbordar.

trasbordo m. Transbordo.

trascendencia f. Calidad de trascendente. || Fig. Importancia, alcance: asunto de trascendencia.

trascendental adj. Que se extiende a otras cosas. || Fig. De suma importancia: acontecimiento trascendental. || Elevado: principio trascendental.

trascendente adj. Que trasciende de, superior en su género. || Fuera de la acción o del conocimiento: filosofía trascendente. || Mat. Aplícase a cualquier número que no es la raíz de una ecuación algébrica de coeficientes enteros: π es un número trascendente. || Fig. Sumamente importante.

*trascender v. i. Despedir olor muy subido o penetrante: el jardín trasciende de jazmín. || Empezar a ser conocida una cosa, divulgarse: trascendió la noticia. || Extenderse, comunicarse los efectos de unas cosas a otras: la huelga ha trascendido a todas las ramas de la industria. || Fil. Traspasar los límites de la ciencia experimental.

trascoro m. Espacio situado detrás del coro en las iglesias.

trascribir v. t. Transcribir.

trascripción f. Transcripción.

trascurrir v. i. Transcurrir.

trascurso v. i. Transcurso.

*trasegar v. t. Revolver, trastornar. || Mudar una cosa de sitio, y particularmente cambiar un líquido de recipiente: trasegar vino.

trasero, ra adj. Situado detrás: parte trasera de una casa; rueda trasera de un coche. || — M. Parte posterior e inferior del animal o persona. || — F. Parte posterior.

trasferencia, trasfiguración, trasformar, trasfusión, trasgredir y sus derivados. V. TRANSFERENCIA, TRANSFIGURACIÓN, TRANSFORMAR, TRANSFUSIÓN, TRANSGREDIR y sus derivados.

trasfondo m. Lo que se encuentra más allá del fondo visible o de la apariencia o intención de una acción.

trásfuga com. Tránsfuga.

trasgo m. Duendecillo.

trashumancia f. Sistema de explotación ganadera que consiste en trasladar los rebaños de un sitio a otro para que aprovechen los pastos de invierno y los estivales.

trashumante adj. Que trashuma.

trashumar v. i. Pasar el ganado en verano a las montañas o a pastos distintos de los de invierno.

trasiego m. Acción de trasegar líquidos. || *Fig.* Traslado: *trasiego de funcionarios.*

traslación f. Acción de mudar de sitio a una persona o cosa, traslado. || Traducción. || *Gram.* Empleo de un tiempo verbal por otro. || Metáfora. || *Mat.* Movimiento de un sólido cuyas partes conservan una dirección constante. || *Movimiento de traslación,* el que sigue un astro al recorrer su órbita.

trasladar v. t. Llevar de un lugar a otro a una persona o cosa: *trasladar viajeros, muebles.* || Cambiar de oficina o cargo: *trasladar a un funcionario, a una autoridad.* || Aplazar el día de una reunión, de una función, etc. || Traducir: *trasladar del catalán al castellano.* || Copiar: *trasladar un escrito.* || — V. pr. Cambiar de sitio.

traslado m. Copia de un escrito. || Traslación: *traslado de un preso.* || Cambio de destino: *traslado de un funcionario.* || Mudanza: *el traslado de los muebles.*

traslaticio, cia adj. Aplícase al sentido figurado de una palabra.

traslativo, va adj. Que transfiere: *título traslativo de propiedad.*

traslimitar v. t. Translimitar.

traslucidez f. Translucidez.

traslúcido, da adj. Translúcido.

*traslucirse v. pr. Ser traslúcido un cuerpo: *la porcelana se trasluce.* || *Fig.* Transparentarse, adivinarse: *en su tono de voz se trasluce su emoción.*

trasluz m. Luz que pasa a través de un cuerpo translúcido. || Luz reflejada oblicuamente. || *Al trasluz,* por transparencia.

trasmallo m. Arte de pesca formada de varias redes superpuestas.

trasmano (a) loc. adv. Fuera de alcance. || Fuera de camino: *su casa me coge a trasmano.*

trasmigración, trasmisión y sus derivados. V. TRANSMIGRACIÓN, TRANSMISIÓN y sus derivados.

trasmutación f. Transmutación.

trasnochado, da adj. Estropeado por ser del día anterior: *comida trasnochada.* || *Fig.* Macilento, desmedrado. | Sin novedad, viejo: *chiste trasnochado.*

trasnochador, ra adj. y s. Dícese de la persona que acostumbra trasnochar.

trasnochar v. i. Pasar una noche en vela. || Pernoctar. || Acostarse tarde.

traspapelar v. t. Extraviar un papel entre otros (ú. t. c. pr.).

transparencia f. Transparencia.

transparentarse v. pr. Transparentarse.

transparente adj. Transparente.

traspasable adj. Susceptible de ser traspasado.

traspasar v. t. Atravesar de parte a parte: *la bala le traspasó el brazo; la*

lluvia traspasó su abrigo. || Pasar hacia otra parte: *traspasar el río.* || Vender o ceder a otro una cosa: *traspasar un piso.* || Transgredir una ley o reglamento. || Rebasar, pasar de ciertos límites. || Transferir un jugador profesional a otro equipo. || *Fig.* Producir un dolor físico o moral sumamente violento. || *Fig. Traspasar el corazón,* causar viva aflicción.

traspaso m. Cesión, trasferencia de un local o negocio. || Cantidad pagada por esta cesión. || Local traspasado. || Transferencia de un jugador profesional a otro equipo.

traspié m. Resbalón, tropezón. || Zancadilla.

traspiración f. Transpiración.

traspirar v. i. Transpirar.

traspirenaico, ca adj. Transpirenaico.

trasplantar v. t. Mudar un vegetal de un terreno a otro: *trasplantar un árbol.* || *Med.* Hacer un trasplante. || — V. pr. Abandonar una persona su país de origen.

trasplante m. Acción y efecto de trasplantar o trasplantarse. || *Med.* Injerto de tejido humano o animal o de un órgano completo: *trasplante de córnea, del corazón.*

trasponer v. t. Transponer.

traspontín y **trasportín** m. Traspuntín.

trasportable adj. Transportable.

trasportador, ra adj. y s. m. Transportador.

trasportar v. t. Transportar.

trasporte m. Transporte.

trasportista m. Transportista.

trasposición f. Transposición.

traspositivo, va adj. Transpositivo.

traspunte m. El que avisa a cada actor de teatro cuando ha de salir a escena y le apunta las primeras palabras.

traspuntín m. Asiento supletorio y plegable de ciertos coches grandes y de las salas de espectáculos.

trasquilado, da adj. *Fig. Salir trasquilado,* salir malparado. || — M. *Fam.* Tonsurado.

trasquilador m. El que trasquila.

trasquiladura f. Acción y efecto de trasquilar.

trasquilar v. t. Cortar mal el pelo. || Esquilar: *trasquilar ovejas.* || *Fig.* y *fam.* Mermar.

trasquilón m. *Fam.* Trasquiladura. | Corte desigual en el pelo. || *Fig.* y *fam.* Dinero que se le saca a uno con maña. || *A trasquilones,* aplicado al pelo, muy mal cortado; (fig.) sin orden ni concierto.

trastada f. *Fam.* Jugarreta.

trastazo m. *Fam.* Porrazo, golpe.

traste m. Cada uno de los filetes de metal o hueso colocados en el mástil de la guitarra y otros instrumentos parecidos para modificar la longitud libre de las cuerdas. || *Fam.* Recipiente en que prueban el vino los catadores. || *Fam. Can.* y *Amer.* Trasero. || *Méx.* Trasto,

pieza de loza. || *Fam. Dar al traste con una cosa,* romperla, estropearla; aplicado a proyectos, planes, etc., hacerlos fracasar; acabar con algo.

trastear v. t. Mover o revolver cosas (ú. t. c. i.). || *Taurom.* Dar el matador pases de muleta. || *Fig.* y *fam.* Manejar hábilmente a una persona. || Pisar las cuerdas de la guitarra con habilidad.

trasteo m. Acción de trastear al toro o a una persona.

trastero, ra adj. Aplícase al cuarto donde se guardan trastos viejos o inútiles (ú. t. c. m.). || — F. *Méx.* Alacena de aparador donde se guardan los trastos de uso diario.

trastienda f. Local situado detrás de la tienda. || *Fig.* y *fam.* Cautela, astucia: *hombre de mucha trastienda.*

trasto m. Mueble o utensilio, generalmente inútil. || Cada uno de los bastidores de las decoraciones del escenario. || *Fig.* y *fam.* Persona inútil: *es un trasto viejo.* | Persona informal. || — Pl. Espada, daga y otras armas. || Útiles, instrumentos, utensilios de un arte: *trastos de pescar.* || *Fig.* y *fam. Tirarse los trastos a la cabeza,* pelearse, reñir.

*trastocar v. t. Trastornar, desordenar, revolver. || — V. pr. Perturbarse, volverse loco.

trastornador, ra adj. Que trastorna, bullicioso. || Emocionante. || — M. y f. Agitador, perturbador.

trastornar v. t. Revolver las cosas desordenadas: *ha trastornado todos los papeles.* || *Fig.* Perturbar los sentidos: *trastornar la razón.* | Impresionar, emocionar: *este espectáculo le ha trastornado.* | Inspirar una pasión viva: *esta mujer trastorna a todos los hombres.* || Alterar la salud. || Hacer fracasar un proyecto, plan, etc. | Hacer cambiar de opinión. || — V. pr. Turbarse. | Estar conmovido. || *Fig.* Volverse loco.

trastorno m. Desorden, confusión. || Cambio profundo. || Disturbio: *trastornos políticos.* || *Fig.* Turbación, perturbación. || Anomalía en el funcionamiento de un órgano, sistema: *trastornos digestivos, mentales.*

trastrocamiento m. Confusión. || Transformación.

*trastrocar v. t. Invertir el orden, intercambiar, confundir. || Transformar.

trastrueque m. Trastrocamiento.

trastumbar v. t. *Méx.* Trasponer: *el sol trastumba la montaña.*

trasudación f. Acto de trasudar.

trasudar v. t. e i. Sudar ligeramente. || Pasar un líquido a través de los poros de un cuerpo.

trasudor m. Sudor ligero.

trasuntar v. t. Copiar un escrito. || Compendiar, hacer un resumen. || *Fig.* Reflejar, mostrar, dejar adivinar.

trasunto m. Copia o traslado. || Imagen exacta de una cosa.

trasvasar v. t. Transvasar.

trasvase m. Trasiego. || Acción de llevar las aguas de un río a otro para su mayor aprovechamiento.

trasvasijo m. *Chil.* Transvase de líquidos.

trasverberación f. Transverberación.

trasversal adj. Transversal.

trasverso, sa adj. Transverso.

trata f. Antiguo comercio que se hacía con los negros que se vendían como esclavos. || *Trata de blancas*, tráfico de mujeres que consiste en atraerlas a los centros de prostitución para especular con ellas.

tratable adj. Que se puede o deja tratar. || Amable.

tratadista m. Autor de tratados sobre una materia determinada.

tratado m. Convenio escrito y concluido entre dos gobiernos: *tratado de amistad, de no agresión.* || Obra que trata de un tema artístico o científico: *tratado de álgebra.*

tratamiento m. Trato: *buenos tratamientos.* || Título de cortesía: *tratamiento de señoría.* || Conjunto de medios empleados para la curación de una enfermedad: *tratamiento hidroterapéutico.* || Conjunto de operaciones a que se someten las materias primas: *tratamiento químico.* || *Fig. Apear el tratamiento*, suprimir el que corresponde a una persona al dirigirse a ella.

tratante m. Persona que comercia.

tratar v. t. e i. Conducirse de cierta manera con uno: *tratar a los vencidos con humanidad.* || Manejar: *tratar muy mal sus cosas.* || Atender y dar de comer: *nos trató opíparamente.* || Tener trato social, alternar con uno: *no trato a (o con) esta gente* (ú. t. c. pr.). || Aplicar un tratamiento terapéutico. || Someter a la acción de un agente físico o químico: *tratar un mineral con ácido.* || Estudiar y discutir: *mañana trataremos este problema.* || — *Tratar de*, dar uno un título de cortesía: *tratar de excelencia, de usted;* calificar, llamar: *tratar a uno de ladrón;* tener como tema, ser relativo a: *¿de qué trata este libro?* || *Tratar de o sobre una cuestión*, hablar o escribir sobre ella. || — V. i. *Tratar de*, intentar, procurar: *tratar de salir de un apuro.* || *Tratar en*, comerciar: *tratar en vinos.* || — V. pr. Cuidarse. || *Ser cuestión*, constituir el objeto de algo: *¿de qué se trata?*

trato m. Manera de portarse con uno: *un trato inhumano.* || Relación, frecuentación: *tengo trato con ellos.* || Modales, comportamiento: *un trato muy agradable.* || Acuerdo, contrato: *cerrar un trato.* || — Pl. Negociaciones. || — *Trato de gentes*, experiencia y habilidad en las relaciones con los demás. || *Trato hecho*, fórmula con que se da por definitivo un acuerdo.

trauma m. Traumatismo. || *Trauma psíquico*, choque emocional que deja una impresión duradera en el subconsciente.

traumático, ca adj. Relativo al traumatismo.

traumatismo m. Lesión de los tejidos producida por un agente mecánico, en general externo. || *Fig.* Trauma psíquico.

traumatología f. Parte de la cirugía que se dedica a la cura de heridas o llagas.

traversa f. Madero que atraviesa los carros para fortalecer el brancal. || *Mar.* Estay.

través m. Inclinación o torcimiento. || *Fig.* Revés, contratiempo, suceso adverso. || *Arq.* Pieza en que se sujeta el segundo pendolón del edificio. || *Fort.* Parapeto de tierra para defenderse de los fuegos de rebote. || *Mar.* Dirección perpendicular a la quilla. || — *A través* o *al través*, de un lado a otro: *un árbol tumbado a través de la carretera;* por entre: *a través de una celosía;* mediante: *reembolsar un empréstito a través de un banco.* || *De través*, oblicua o transversalmente. || *Mirar de través*, mirar sin volver la cabeza; bizquear.

travesaño m. En una armazón, pieza horizontal que atraviesa de una parte a otra. || Almohada cilíndrica y alargada para la cama.

travesar v. i. Cometer travesuras.

travesero, ra adj. Colocado de través. || — M. Travesaño.

travesía f. Viaje por mar: *la travesía del Pacífico.* || Calleja que atraviesa entre calles principales. || Camino transversal. || Parte de una carretera que atraviesa una población. || Distancia entre dos puntos de tierra o de mar. || Conjunto de traveses de una fortificación. || *Mar.* Viento perpendicular a la costa. || *Arg.* Llanura extensa y árida entre dos sierras.

***travestir** v. t. Vestir una persona con la ropa del sexo opuesto (ú. t. c. pr.).

travesura f. Acción reprensible verificada con picardía para divertirse, diablura: *travesura de niño.* || Calidad de travieso.

traviesa f. Madero colocado perpendicularmente a la vía férrea en que se asientan los rieles. || *Arq.* Cada uno de los cuchillos de armadura que sostienen un tejado. || Pared maestra que no está en fachada ni medianería. || *Min.* Galería transversal.

travieso, sa adj. Atravesado o puesto de través. || *Fig.* Turbulento, bullicioso, que hace travesuras: *niño travieso.*

trayecto m. Espacio que hay que recorrer para ir de un sitio a otro. || Acción de recorrerlo.

trayectoria f. Línea descrita en el espacio por un punto u objeto móvil: *la trayectoria de un planeta.* || Recorrido que sigue un proyectil disparado: *la trayectoria de una bala.* || *Fig.* Tendencia, orientación.

traza f. Proyecto, plano o diseño de una obra: *la traza de un edificio.* || Recurso utilizado para conseguir un fin. | Aspecto, apariencia: *hombre de buena traza.* || Huella, señal, rastro. || *Geom.* Intersección de una línea o superficie con cualquiera de los planos de proyección. || — *Fig.* y *fam. Darse trazas*, ingeniarse. || *Llevar trazas de*, parecer.

trazado m. Acción de trazar. || Representación por medio de líneas de un plano, dibujo, etc.: *el trazado de una figura.* || Recorrido de una carretera, canal, etc.

trazador, ra adj. y s. Aplícase a la persona que traza. || *Bala trazadora*, bala llena de una mezcla iluminante que marca su trayectoria de un modo que la hace visible en la oscuridad.

trazar v. t. Tirar las líneas de un plano, dibujo, etc. || Escribir: *trazar letras.* || *Fig.* Describir, pintar: *trazar una semblanza.* || Indicar: *ha trazado las grandes líneas del programa.* || *Trazar planes*, hacer proyectos.

trazo m. Línea: *trazo rectilíneo, seguro.* || Parte de la letra manuscrita. || — *Al trazo*, aplícase al dibujo hecho sólo con líneas. || *Trazo magistral*, el grueso que forma la parte principal de una letra.

trazumarse v. pr. Rezumarse.

trébedes f. pl. Utensilio de hierro con tres pies para poner vasijas al fuego del hogar.

trebejo m. Trasto o utensilio: *los trebejos de la cocina.* || Pieza del ajedrez. || *Taurom.* Los trebejos de matar, el estoque y la muleta.

trébol m. Planta herbácea papilionácea, de flores blancas, rojas o moradas que se cultiva para forraje. || Uno de los palos de la baraja francesa. || *Arq.* Adorno geométrico que se compone de tres lóbulos. || En una autopista, cruce a distintos niveles que tiene forma de trébol de cuatro hojas.

trece adj. Diez y tres: *el día trece.* || Decimotercero: *León XIII* (trece). || — M. Número equivalente a diez y tres. || (Ant.). Cada uno de los trece caballeros de Santiago, diputados al capítulo general. | Cada uno de los trece regidores que había en ciertos municipios. || *Fig.* y *fam. Mantenerse en sus trece*, aferrarse obstinadamente a una idea o empeño.

trecha f. Voltereta.

trecho m. Espacio de tiempo: *esperar largo trecho.* || Distancia. || Tramo, trozo de un camino, carretera, etc.: *un trecho peligroso.* || — *A trechos*, a intervalos, de modo discontinuo. || *De trecho a trecho* o *en trecho*, con intervalos de tiempo o de distancia.

trefilado m. Acción de trefilar.

trefilador m. Obrero que trefila.

trefilar v. t. Reducir un metal a alambre o hilo, pasándolo por una hilera.

trefilería f. Fábrica o taller de trefilado.

tregua f. Suspensión temporal de hostilidades entre los beligerantes: *acordar una tregua para Año Nuevo.* || *Fig.* Intermisión, descanso temporal: *su trabajo no le da tregua.* || *Tregua de Dios*, ley eclesiástica promulgada en 1041, que prohibía toda hostilidad desde el miércoles por la noche hasta el lunes por la mañana.

treinta adj. Tres veces diez: *tiene treinta años.* || Trigésimo.

treintaitresino, na adj. y s. De la c. y del dep. de Treinta y Tres (Uruguay).

treintavo, va adj. y s. Trigésimo.

treintena f. Conjunto de treinta unidades. || Treintava parte de un todo.

treinteno, na adj. Trigésimo.

tremadal m. Tremedal.

trematodo, da adj. y s. m. Aplícase a los gusanos de cuerpo plano, que viven parásitos en el cuerpo de los vertebrados. || — M. pl. Orden que forman.

tremebundo, da adj. Terrible, espantoso, que hace temblar.

tremedal m. Terreno pantanoso.

tremendo, da adj. Terrible, espantoso, capaz de aterrorizar: *un espectáculo tremendo*. || *Fig.* y *fam.* Muy grande, extraordinario: *llevarse un desengaño tremendo*. || *Fam. Tomarlo por la tremenda,* tomar una cosa por el lado más violento o desagradable.

trementina f. Resina semilíquida que se extrae de los pinos, alerces y terebintos. || *Esencia de trementina,* la que resulta de la destilación de estas resinas, y se emplea para fabricar barnices, desleír colores, disolver cuerpos grasos, etc.

tremielga f. Pez torpedo.

tremolar v. t. Enarbolar y agitar en el aire: *tremolar una bandera, un pendón.* || — V. i. Ondear. || *Sonidos tremolados,* los que varían rápidamente de intensidad.

tremolina f. Movimiento ruidoso del aire. || *Fig.* y *fam.* Bulla, griterío, alboroto, gran jaleo.

trémolo m. *Mús.* Sucesión rápida de notas cortas iguales.

tremor m. Temblor.

trémulo, la adj. Tembloroso.

tren m. Sucesión de vehículos remolcados o en fila: *tren de camiones.* || Conjunto formado por los vagones de un convoy y la o las locomotoras que los arrastran. || *Tecn.* Conjunto de órganos mecánicos semejantes acoplados con algún fin: *tren de laminar.* || *Méx.* Tranvía. || *Mil.* Conjunto de material que un ejército lleva consigo en campaña. || *Fig.* Paso, marcha: *ir a buen tren.* || — *Fam. Tren botijo,* el que se habilitaba en verano por poco dinero con motivo de alguna fiesta o viaje. | *Tren carreta,* el muy lento. || *Tren correo,* el que lleva la correspondencia. || *Tren de aterrizaje,* dispositivo de aterrizaje de un avión. || *Tren de laminación,* conjunto de los diversos rodillos de un laminador. || *Tren delantero, trasero,* conjunto de elementos que reemplazan el eje en los vehículos modernos. || *Tren de ondas,* grupo de ondas sucesivas. || *Fig. Tren de vida,* manera de vivir en cuanto a comodidades, etc. || *Tren directo* o *expreso,* el muy rápido que no se para más que en las estaciones principales. || *Tren mixto,* el que lleva viajeros y mercancías. || *Tren ómnibus,* el que se para en todas las estaciones. || *Tren rápido,* el que tiene mayor velocidad que el expreso. || *Fig.*

y *fam. Vivir a todo tren,* vivir con mucho lujo, espléndidamente, muy bien.

trenca f. Cada uno de los palos atravesados en la colmena para sostener los panales. || Raíz principal de una cepa. || Abrigo corto impermeable, con capucha.

trencilla f. Galoncillo de algodón, seda o lana.

trencillar v. t. Adornar con trencilla.

trenista m. *Méx.* Ferroviario.

trenza f. Entrelazamiento de tres o más fibras, hebras, etc.: *trenza de esparto.* || Entrelazamiento hecho con el pelo largo dividido en varias partes.

trenzado m. Trenza. || En ciertos bailes, salto ligero cruzando los pies en el aire. || Paso que da el caballo piafando.

trenzar v. t. Hacer una trenza. || — V. i. Hacer trenzadas el caballo o el que baila.

trepado m. Línea de puntos taladrados a máquina en un documento para poder separar fácilmente sus distintas partes: *el trepado de un sello.*

trepador, ra adj. y s. Que trepa. || Que trepa sin escrúpulos en un medio social: *es un trepador que no repara en nada con tal de ascender.* || Dícese de ciertas plantas de tallo largo, como la hiedra, que trepan por las paredes, las rocas, etc. || Aplícase a las aves que pueden trepar a los árboles, como el papagayo, el pico carpintero, etc. || — F. pl. Orden que forman estas aves. || — M. Cada uno de los garfios con dientes que se sujetan con correas a cada pie y se utilizan para subir a los postes telegráficos o a cualquier otra cosa.

trepanación f. Operación quirúrgica que consiste en la perforación de un hueso, especialmente de la cabeza, para tener acceso a una cavidad craneana, con objeto de extirpar un tumor o disminuir la tensión existente en la misma.

trepanar v. t. Horadar el cráneo u otro hueso con fin terapéutico: *trepanar a un herido.*

trépano m. Instrumento quirúrgico propio para trepanar. || Aparato de sondeo que ataca el terreno en toda la superficie del agujero hecho por la perforadora.

trepar v. i. Subir a un lugar elevado valiéndose de los pies y las manos: *trepar a los árboles.* || Crecer una planta agarrándose a otra, a una pared, etc. || — V. t. Taladrar, horadar.

trepidación f. Temblor.

trepidante adj. Que trepida.

trepidar v. i. Temblar, moverse con sacudidas pequeñas y rápidas, estremecerse.

treponema m. Espiroqueta de la sífilis. || Microbio en forma de espiral.

tres adj. Dos y uno: *tiene tres hermanos.* || Tercero. || — M. Número equivalente a dos más uno. || Naipe que tiene tres figuras: *el tres de oros.* || — F. pl. Tercera hora después del medio-

día o de la medianoche: *las tres de la madrugada.* || — *Fig.* y *fam. Como tres y dos son cinco,* seguro, evidente, incontestable. | *Dar tres y raya,* superar, aventajar en mucho. | *De tres al cuarto,* de poco valor. | *Fig. y fam. Ni a las tres,* de ninguna manera, por nada del mundo. | *No ver tres en un burro,* ser muy miope. || *Regla de tres,* cálculo de una cantidad desconocida a partir de otras tres conocidas de las cuales dos varían en proporción directa o inversa. || *Tres cuartos,* abrigo corto; en rugby, jugador de la línea de ataque. || *Tres en raya,* rayuela, juego de niños.

trescientos, tas adj. Tres veces ciento. || Tricentésimo. || — M. Guarismo que representa el número equivalente a tres veces ciento.

tresillo m. Juego de cartas entre tres personas y en el cual gana el que hace mayor número de bazas. || Conjunto de un sofá y dos sillones que hacen juego. || Sortija con tres piedras que hacen juego. || Conjunto de tres notas musicales iguales ejecutadas en el mismo tiempo que dos o cuatro de idéntico valor.

tresnal m. Montón de haces de mies en forma de pirámide.

treta f. Artificio, ardid empleado para lograr una cosa. || Finta, golpe fingido en esgrima para engañar al adversario.

trezavo, va adj. Dícese de cada una de las trece partes iguales en que se divide un todo (ú. t. c. s. m.).

tríada f. Conjunto de tres unidades, de tres personas, etc.

trianero, ra adj. y s. Vecino del barrio de Triana, en Sevilla.

triangulación f. Operación que consiste en dividir una superficie terrestre en una red de triángulos para medir una línea geodésica o levantar el plano de un territorio.

triangulado, da adj. De forma triangular.

triangular adj. De figura de triángulo: *pirámide, músculo triangular.* || Cuya base es un triángulo: *prisma triangular.*

triangular v. t. Efectuar la triangulación de un territorio.

triángulo m. *Geom.* Figura delimitada por tres líneas que se cortan mutuamente. || *Mús.* Instrumento de percusión que tiene la forma de esta figura y se golpea con una varilla. || — *Triángulo equilátero,* el que tiene sus tres lados iguales. || *Triángulo escaleno,* el que tiene los lados desiguales. || *Triángulo rectángulo,* el que tiene un ángulo recto.

triar v. t. Escoger, entresacar.

triásico, ca adj. *Geol.* Aplícase al primer período de la era secundaria (ú. t. c. s. m.).

triatómico, ca adj. *Fís.* Aplícase a los cuerpos cuya molécula contiene tres átomos.

tribal adj. Relativo a la tribu.

tribásico, ca adj. *Quím.* Aplícase al cuerpo que posee tres funciones básicas.

tribu f. Cada una de las agrupaciones en que se dividían ciertos pueblos antiguos: *las doce tribus de Israel*. || Conjunto de familias que están bajo la autoridad de un mismo jefe: *tribu gitana*. || En historia natural, subdivisión de la familia.

tribulación f. Adversidad, pena.

tribuna f. Plataforma elevada desde donde hablan los oradores. || Galería o especie de balcón que hay en ciertas iglesias y grandes salas públicas. || Espacio generalmente cubierto y provisto de gradas, desde donde se asiste a manifestaciones deportivas, carreras de caballos, etc. || *Fig.* Oratoria.

tribunado m. Dignidad de tribuno, en Roma. || Tiempo que duraba. || Cuerpo legislativo en el régimen consular francés.

tribunal m. Lugar donde se administra justicia: *tribunal militar*. || Magistrados que administran justicia: *el tribunal ha fallado*. || Conjunto de personas capacitadas para juzgar a los candidatos de unos exámenes, oposiciones, etc.: *un tribunal compuesto de cinco profesores*. || — *Tribunal de Casación*, el que sólo conoce de los recursos de casación. || *Tribunal de Dios*, juicio divino después de la muerte. || *Tribunal de las Aguas*, jurado de regantes, formado en Valencia, para dirimir las diferencias o pleitos entre los usuarios de las aguas de riego. || *Tribunal de penitencia*, confesionario. || *Tribunal de los Tumultos*, el creado en los Países Bajos por el duque de Alba para juzgar los delitos políticos (1567). || *Tribunal tutelar de menores*, el que con fines educativos resuelve acerca de la infancia delincuente o desamparada.

tribuno m. Magistrado romano encargado de defender los derechos de la plebe y con facultad de poner el veto a las resoluciones del Senado. (Los tribunos de la plebe fueron instituidos en 493 a. de J.C.) || *Fig.* Orador político muy elocuente.

tributable adj. Que puede tributar.

tributación f. Tributo. || Sistema tributario.

tributante adj. y s. Contribuyente, que tributa.

tributar v. t. Pagar tributo. || *Fig.* Manifestar, profesar: *tributar respeto, gratitud, homenaje*.

tributario, ria adj. Relativo al tributo: *sistema tributario*. || Que paga tributo. || *Fig.* Dícese de un curso de agua con respecto al río en el cual desemboca: *el Jalón es tributario del Ebro*.

tributo m. Lo que un Estado paga a otro en señal de dependencia. || Lo que se paga para contribuir a los gastos públicos, impuesto: *tributo municipal*. || Censo: *tributo enfitéutico*. || *Fig.* Lo que se da por merecido o debido: *tributo de respeto a la ancianidad*.

tricéfalo, la adj. Que tiene tres cabezas: *un monstruo tricéfalo*.

tricentenario m. Espacio de tiempo de trescientos años. || Fecha en que se cumplen trescientos años de un suceso famoso, como el nacimiento o muerte de algún personaje. || Fiestas que se celebran con este motivo.

tricentésimo, ma adj. Que ocupa el lugar trescientos. || — M. Cada una de las trescientas partes iguales en que se divide un todo.

tríceps adj. y s. m. Dícese del músculo que tiene tres porciones o cabezas: *tríceps braquial*.

triciclo m. Vehículo de tres ruedas: *regalar un triciclo a un niño*. || *Triciclo de reparto*, el que tiene una caja para llevar mercancías.

triclínico, ca adj. Dícese de los cristales cuyo único elemento de simetría es el centro.

triclinio m. Comedor de los antiguos romanos, que contenía tres camas alrededor de una mesa. || Cada una de estas tres camas.

tricolor adj. De tres colores.

tricorne adj. Con tres cuernos.

tricornio adj. Tricorne. || Dícese del sombrero cuyos bordes replegados forman tres picos. Ú. t. c. s. m.: *el tricornio de los guardias civiles*.

tricot m. (pal. fr.). Tejido de género de punto.

tricota f. *Arg.* Jersey de punto.

tricotar v. t. Hacer un tejido de género de punto con agujas o máquinas especiales.

tricotomía f. *Bot.* División en tres partes: *tricotomía de un tallo, de una rama*. || En lógica, clasificación en que las divisiones y subdivisiones tienen tres partes.

tricótomo, ma adj. Dividido en tres partes.

tricotosa f. Máquina con la que se hacen géneros de punto.

tricromía f. Impresión tipográfica con tres colores fundamentales.

tridáctilo, la adj. De tres dedos.

tridente adj. De tres dientes. || — M. Horca de tres puntas o dientes. || Cetro en forma de arpón de tres dientes del dios Neptuno.

tridentino, na adj. De Trento (Tirol) [ú. t. c. s.]. || Relativo al concilio ecuménico celebrado en esta ciudad a partir de 1545.

tridimensional adj. Que tiene tres dimensiones.

triedro, dra adj. y s. m. *Geom.* Dícese del ángulo formado por tres planos o caras que concurren en un punto del ángulo.

trienal adj. Que dura tres años. || Que sucede cada tres años.

trienio m. Espacio de tiempo de tres años.

triestino, na adj. y s. De Trieste (Italia).

trifásico, ca adj. Aplícase a un sistema de corrientes eléctricas polifásicas constituido por tres corrientes monofásicas que tienen una diferencia de fase de un tercio de período.

trifolio m. *Bot.* Trébol.

triforme adj. De tres formas.

trifulca f. Aparato para accionar los fuelles en los hornos metalúrgicos. || *Fig. y fam.* Disputa, riña o pelea: *armaron una trifulca*.

trifurcarse v. pr. Dividirse una cosa en tres ramales, brazos o puntas: *trifurcarse la rama de un árbol*.

trigal m. Plantío de trigo.

trigarante adj. Que incluye tres garantías.

trigémino, na adj. Dícese de cada uno de los tres nacidos en el mismo parto. || — Adj. m. y s. m. Dícese del nervio del quinto par craneal que se divide en tres ramas que son el nervio oftálmico y los nervios maxilares inferior y superior.

trigésimo, ma adj. Que ocupa el lugar treinta. || — M. Cada una de las treinta partes iguales en que se divide un todo.

triglifo o **tríglifo** m. *Arq.* Ornamento del friso dórico en forma de rectángulo saliente surcado por tres canales verticales, que alterna con las metopas.

trigo m. Planta graminea anual con espigas de cuyos granos molidos se saca la harina. || — *Fig. y fam. No ser trigo limpio*, ser dudoso o sospechoso un asunto o una persona. || *Trigo candeal*, el que da una harina muy blanca. || *Trigo chamorro o mocho*, el que tiene la espiga pequeña y achatada y da poco salvado. || *Trigo sarraceno*, alforfón.

trigonocéfalo m. Serpiente muy venenosa de Asia y América.

trigonometría f. Parte de las matemáticas que trata del estudio de las relaciones numéricas entre los elementos de los triángulos.

trigonométrico, ca adj. Relativo a la trigonometría: *líneas trigonométricas*.

trigueño, ña adj. De color del trigo: *tez trigueña*.

triguero, ra adj. Relativo al trigo: *producción triguera*. || Que crece o anda entre el trigo: *pájaro triguero*. || Aplícase al terreno en que se cultiva muy bien el trigo: *tierra triguera*. || — M. Criba para el trigo. || El que comercia con trigo. || — F. Planta graminea parecida al alpiste. || — M. Ave de México.

trilateral o **trilátero, ra** adj. De tres lados.

trilingüe adj. Que tiene tres lenguas: *país trilingüe*. || Que habla tres lenguas. || Escrito en tres lenguas.

trilita f. Trinitrotolueno.

trilito m. Dolmen compuesto de dos piedras verticales que sostienen otra horizontal.

trilla f. *Arg.* Acción de trillar y temporada en que se efectúa. | Salmonete, pez. || *Amer.* Paliza.

trillado, da adj. *Fig.* Que no presenta ninguna originalidad, muy conocido: *asunto trillado*.

trillador, ra adj. y s. Aplícase al que trilla. || — F. Máquina para trillar. || *Trilladora segadora*, máquina que al mismo tiempo siega y trilla.

trillar v. t. Quebrantar la mies con el trillo o la trilladora para separar el grano de la paja.

trillizo, za m. y f. Cada uno de los tres hermanos o hermanas nacidos en un mismo parto.

trillo m. Utensilio para trillar. || *Arg., C. Rica, Cub., Dom., Esp., Nicar., Pan. y Urug.* Camino angosto, abierto por el continuo tránsito.

trillón m. Un millón de billones, que se expresa por la unidad seguida de dieciocho ceros.

trilobites m. inv. Artrópodo marino fósil propio de la era primaria.

trilobulado, da adj. *Arq.* Que tiene tres lóbulos: *arco trilobulado.*

trilogía f. En Grecia, conjunto de tres tragedias que debían presentar cada uno de los autores que participaban en los concursos dramáticos. || Conjunto de tres obras dramáticas o novelísticas que tienen entre sí cierto enlace.

trimestral adj. Que se vuelve a hacer cada trimestre: *publicación trimestral.*

trimestre m. Espacio de tiempo de tres meses. || Cantidad que se cobra o se paga cada tres meses. || Conjunto de los números de un periódico o revista publicados durante tres meses seguidos.

trimorfo, fa adj. Aplícase a una sustancia capaz de cristalizar en tres formas distintas.

trimotor adj. Aplícase al avión provisto de tres motores (ú. t. c. s. m.).

trinar v. i. *Mús.* Hacer trinos. || Gorjear las aves. || *Fam.* Rabiar, estar muy enfadado o furioso: *está que trina.*

trinca f. Reunión de tres personas o cosas. || Grupo de tres candidatos en una oposición. || *Mar.* Ligadura. || Cabo utilizado para trincar. || *Cub., Méx. y P. Rico.* Borrachera.

trincar v. t. Quebrantar, romper, desmenuzar. || *Mar.* Atar fuertemente con trincas o cabos. || Inmovilizar a alguien con los brazos o las manos. || *Fig. y fam.* Comer. | Beber. | Coger, tomar. | Hurtar, robar. | *Amer.* Apretar, oprimir.

trinchador, ra adj. Aplícase a la persona que trincha (ú. t. c. s.). || — M. *Méx.* Trinchero.

trinchar v. t. Cortar en trozos una vianda para servirla.

trinche m. *Col., Ecuad., Méx. y Per.* Tenedor.

trinchera f. Zanja que permite a los soldados circular y disparar al cubierto. || Excavación hecha en el terreno para hacer pasar un camino, con taludes a ambos lados. || Abrigo impermeable.

trinchero adj. m. Aplícase al plato grande en que se trinchan los manjares. || — M. Mueble de comedor sobre el cual se suelen trinchar las viandas.

trineo m. Vehículo provisto de patines para desplazarse sobre la nieve o el hielo.

trinidad f. Conjunto de tres divinidades que tienen entre sí cierta unión. || Por antonomasia, en la religión cristiana, unión del Padre, Hijo y Espíritu Santo: *la Santísima Trinidad.* || Fiesta católica en honor de este misterio, celebrada el primer domingo después de Pentecostés.

trinitario, ria adj. y s. Dícese de los religiosos de la orden de la Trinidad. || De Trinidad (Bolivia y Uruguay). || — F. Planta violácea, de hermosas flores, llamada vulgarmente *pensamiento.*

trinitrotolueno m. Derivado del tolueno obtenido por nitrificación, que constituye un explosivo muy poderoso llamado *tolita.* (Abrev. T.N.T.)

trino, na adj. Que contiene en sí tres cosas distintas. Ú. para designar la trinidad de las personas divinas: *Dios es uno en esencia y trino en persona.* || — M. *Mús.* Adorno que consiste en la sucesión rápida y alternada de dos notas de igual duración.

trinomio m. Expresión algebraica compuesta de tres términos.

trinquete m. Verga mayor del palo de proa y vela que se pone en ella. || Palo inmediato a la proa. || Juego de pelota cerrado y cubierto. || Garfio que resbala sobre los dientes oblicuos de una rueda dentada para impedir que ésta pueda retroceder. || *Méx.* Fraude, estafa.

trinquetero, ra m. y f. Persona embaucadora.

trinquis m. *Fam.* Trago de vino o licor: *echar un trinquis.* || Gustarle a uno el *trinquis*, ser aficionado a las bebidas alcohólicas.

trío m. *Mús.* Terceto, composición para tres instrumentos o voces. | Conjunto de tres músicos o cantantes. || Grupo de tres personas o tres cosas: *trío de ases.*

tríodo, da adj. y s. m. Aplícase al tubo electrónico de tres electrodos.

trióxido m. Cuerpo químico que resulta de la combinación de un radical con tres átomos de oxígeno.

tripa f. Intestino. || *Fam.* Vientre: *dolor de tripa.* | Barriga: *ya tienes mucha tripa.* | Panza, parte abultada de un objeto. || Relleno del cigarro puro. || Cuerda hecha con los intestinos de ciertos animales: *raquetas fabricadas con tripas de gato.* || — Pl. Partes interiores de ciertos frutos. || *Fig.* Lo interior de un mecanismo, de un aparato complicado, etc.: *le gusta verle las tripas a todo.* || — *Fig. y fam.* Echar las tripas, vomitar mucho. | *Echar uno las tripas,* engordar. | *Echar uno las tripas,* vomitar mucho. | *Hacer de tripas corazón,* esforzarse por aguantar o en hacer de buen grado una cosa desagradable. | *Revolverle la tripa a uno,* causarle repugnancia, náuseas. || *Col. y Venez.* Cámara de las ruedas del automóvil. || *Esp.* Parte abultada de algún objeto.

tripajal m. *Méx.* Conjunto de tripas salidas de un animal.

tripanosoma m. Protozoo parásito de la sangre que produce, entre otras enfermedades, la del sueño.

tripanosomiasis f. Enfermedad causada por el tripanosoma.

tripartición f. División de una cosa en tres partes.

tripartismo m. Gobierno formado por la asociación de tres partidos políticos.

tripartito, ta adj. Dividido en tres partes. || Formado por la asociación de tres partidos: *coalición tripartita.* || Realizado entre tres: *acuerdo, pacto tripartito.* || *Comisión tripartita,* la que está integrada por los representantes del Estado, los patronos y los trabajadores o bien por los productores, los consumidores y los representantes del Estado.

tripería f. Tienda donde se venden tripas. || Conjunto de tripas.

tripero, ra m. y f. Persona que vende tripas o tripicallos. || — M. *Fam.* Faja que se pone para abrigo del vientre.

tripicallero, ra m. y f. Persona que vende tripicallos.

tripicallos m. pl. Callos, trozos de tripas de res guisados.

triplano m. Avión cuyas alas están formadas de tres planos.

triplaza adj. De tres plazas.

triple adj. Que contiene tres veces una cosa. || Dícese del número que contiene a otro tres veces. Ú. t. c. s. m.: *el triple de cuatro es doce.* || *Triple salto,* prueba de salto de longitud en la que un atleta debe salvar la mayor distancia posible en tres saltos seguidos.

tripleta f. Bicicleta de tres asientos. || Conjunto de tres personas o cosas.

triplete m. *Fot.* Objetivo de tres lentes que permite corregir las aberraciones.

triplex m. Vidrio de seguridad constituido por una hoja de acetato de celulosa colocada entre dos hojas de cristal.

triplicación f. Acción de triplicar.

triplicado m. Segunda copia o tercer ejemplar de un acta, manuscrito, etc. || *Por triplicado,* en tres ejemplares.

triplicar v. t. Multiplicar por tres. Ú. t. c. pr.: *la población de esta ciudad se ha triplicado.* || Hacer tres veces una misma cosa.

triplicidad f. Calidad de triple.

triplo, pla adj. y s. m. Triple.

trípode adj. De tres pies: *mesa, asiento trípode.* || Dícese de un mástil metálico, asegurado por otros tres pies inclinados, en ciertos barcos modernos. || — M. Banquillo de tres pies, particularmente aquel en que la pitonisa de Delfos daba los oráculos. || Armazón de tres pies para sostener un cuadro, ciertos instrumentos fotográficos, geodésicos, etc.

trípoli m. Roca silícea para pulir, usada también como absorbente de la nitroglicerina.

tripolitano, na adj. y s. De Trípoli.

tripón, ona adj. y s. *Fam.* Tripudo, barrigón.

tripsina f. Enzima del jugo pancreático.

tríptico m. Pintura, grabado o relieve en tres hojas de las cuales las dos laterales se doblan sobre la del centro. || Obra literaria o tratado dividido en tres partes. || Documento de tres hojas que permite a un automovilista pasar una frontera con su coche, sin tener que pagar derechos de aduana.

triptongar v. t. Gram. Formar o pronunciar un triptongo.

triptongo m. Gram. Conjunto de tres vocales que forman una sílaba, como uai, uei.

tripudo, da adj. y s. De tripa abultada.

tripulación f. Personal dedicado a la maniobra y servicio de una embarcación o avión.

tripulado, da adj. Conducido, guiado por una tripulación.

tripulante m. Miembro de la tripulación.

tripular v. t. Prestar la tripulación su servicio en un barco o avión. || Conducir.

trique m. Estallido, chasquido. || Méx. Cacharro, vasija (ú. más en pl.). || — Adj. y s. Méx. Indígena de una tribu mazateca. || A cada trique, a cada momento.

triquina f. Gusano parásito que vive adulto en el intestino del hombre y del cerdo y, en estado larvario, en sus músculos.

triquinosis f. Enfermedad causada por las triquinas.

triquiñuela f. Fam. Treta, artimaña, truco: las triquiñuelas del oficio. | Subterfugio, evasiva.

triquis m. Méx. Trique.

triquitraque m. Ruido como de golpes desordenados y repetidos. || Estos golpes. || Tira de papel con pólvora que se quema como cohete.

trirrectángulo adj. m. Que tiene tres ángulos rectos.

trirreme m. Galera antigua con tres órdenes de remos.

tris m. Fig. y fam. Poca cosa, casi nada. || Fig. y fam. Estar en un tris de o que, estar a punto.

triscador, ra adj. y s. Bullicioso, alborotador. || — M. Utensilio para triscar los dientes de las sierras.

triscar v. t. Mezclar una cosa con otra. || Fig. Torcer alternativamente los dientes de una sierra hacia uno y otro lado para que corte fácilmente. || — V. i. Hacer ruido con los pies. || Fig. Retozar, travesear.

trisección f. División en tres partes iguales: la trisección de un ángulo únicamente con la regla y el compás es un problema insoluble.

trisemanal adj. Que se repite tres veces por semana o cada tres semanas.

trisílabo, ba adj. y s. m. Dícese de la palabra o término que consta de tres sílabas.

triste adj. Afligido, apesadumbrado: triste por la muerte de un ser querido. || Melancólico: de carácter triste. || Que expresa o inspira tristeza: ojos tristes; tiempo triste. || Falto de alegría: calle triste. || Que aflige: triste recuerdo. || Lamentable, deplorable: fin triste; es triste no poder ayudar a uno. || Fig. Insignificante, insuficiente: un triste sueldo. | Simple: ni siquiera un triste vaso de agua. || — M. Canción popular de tono melancólico y amoroso de la Argentina, Perú y otros países sudamericanos, que se canta con acompañamiento de guitarra.

tristeza f. Estado natural o accidental de pesadumbre, melancolía: esta noticia le llenó de tristeza. || Impresión melancólica o poco agradable producida por una cosa: la tristeza de un paisaje.

tristón, ona adj. Algo triste.

tristura f. Tristeza.

tritio m. Isótopo radiactivo del hidrógeno, de número de masa 3.

tritón m. Batracio de cola aplastada que vive en los estanques.

trituración f. Quebrantamiento, desmenuzamiento.

triturador, ra adj. Que tritura. || — F. Máquina para triturar rocas, minerales, etc. || — M. Máquina para triturar desperdicios, papeles, etc.: poner un triturador en la pila de la cocina.

triturar v. t. Moler, desmenuzar, quebrar una cosa dura o fibrosa: triturar rocas, caña de azúcar. || Desmenuzar una cosa, mascándola: triturar los alimentos. || Fig. Maltratar, dejar maltrecho: triturar a palos. | Criticar severamente: triturar un texto.

triunfador, ra adj. y s. Dícese de la persona que triunfa.

triunfal adj. Relativo al triunfo: arco, marcha triunfal.

triunfante adj. Que triunfa.

triunfar v. i. Ser victorioso: triunfar sobre el enemigo. || Fig. Ganar: triunfar en un certamen. | Tener éxito: triunfar en la vida. || En algunos juegos, jugar del palo del triunfo.

triunfo m. Victoria, éxito militar: los triunfos de Bolívar. || Fig. Gran éxito: triunfo teatral; el triunfo de una política. | Trofeo, despojo. || Carta del palo considerado de más valor en algunos juegos: triunfo mayor. || Entrada solemne de un general romano victorioso. || Arg. y Per. Cierta danza popular. || En triunfo, entre las aclamaciones del público.

triunviral adj. Perteneciente o relativo a los triunviros.

triunvirato m. Dignidad y función de triunviro. || Tiempo que duraba. || Gobierno de los triunviros. || Unión de tres personas en una empresa.

triunviro m. Cada uno de los tres magistrados romanos que, en ciertas ocasiones, compartieron el poder.

trivalencia f. Calidad de trivalente.

trivalente adj. Quím. Que posee la valencia 3.

trivial adj. Vulgar, común, sabido de todos, que carece de novedad. || Ligero, insustancial, superficial: conversación trivial.

trivialidad f. Calidad de trivial. || Cosa trivial o insustancial.

trivio o **trivium** m. En la Edad Media, conjunto de las tres artes liberales (gramática, retórica y dialéctica). || División de un camino en tres ramales.

triza f. Pedazo muy pequeño: hacer trizas un cacharro. || Mar. Driza. || Fig. Hacer trizas a una persona, dejarla malparada o herida.

trocamiento m. Trueque.

trocánter m. Nombre de dos apófisis del fémur, donde se insertan los músculos que mueven el muslo. || La segunda de las cinco piezas de las patas de un insecto.

*trocar v. t. Cambiar una cosa por otra: trocar un caballo por un par de mulas. || Mudar, transformar, convertir: trocar una piedra en oro. || Fig. Tomar o decir una cosa por otra, confundir: trocar las palabras. || — V. pr. Transformarse. || Cambiarse, mudarse: trocarse la fortuna, la suerte.

trocear v. t. Dividir en trozos.

troceo m. División en trozos.

trocha f. Vereda muy estrecha, sendero. || Atajo. || Amer. Vía del ferrocarril.

trochemoche (a) o **a troche y moche** m. adv. Fam. A tontas y a locas, de manera desatinada.

trocla o **trócola** f. Polea.

trofeo m. Despojo del enemigo vencido. || Representación de armas como motivo decorativo. || Monumento, insignia, etc., que conmemora una victoria: ganó múltiples trofeos en competiciones deportivas.

troglodita adj. y s. Aplícase a la persona que vive en cavernas. || Fig. Dícese del hombre bárbaro y tosco.

troglodítico, ca adj. Relativo a los troglodítas. || Subterráneo.

trogo m. Ave de México, de vistoso plumaje.

troica f. Trineo o carro ruso muy grande tirado por tres caballos.

troj f. Granero.

troje f. Troj.

trola f. Fam. Mentira, embuste.

trole m. Pértiga articulada por donde los trenes o tranvías eléctricos y trolebuses toman la corriente del cable conductor. || Fig. Méx. Estar trole, estar borracho.

trolebús m. Vehículo eléctrico de transporte urbano montado sobre neumáticos y que toma la corriente de un cable aéreo por medio de un trole.

trolero, ra adj. y s. Fam. Embustero, mentiroso.

tromba f. Columna de agua o vapor que se eleva desde el mar con movimiento giratorio muy rápido por efecto de un torbellino de aire. || Fig. En tromba, de manera violenta e imprevista.

trombina f. Enzima de la sangre que actúa en la coagulación, cambiando el fibrinógeno en fibrina.

trombo m. Coágulo de sangre que se forma en un vaso sanguíneo o en el interior de una de las cavidades del corazón.

trombocito m. Plaqueta sanguínea.

trombón m. Instrumento músico de viento. || Músico que lo toca. || — *Trombón de pistones*, aquel en que la variación de notas se obtiene accionando las tres llaves o pistones. || *Trombón de varas*, aquel en que la variación de sonidos se consigue modificando la longitud por medio de un tubo móvil.

trombosis f. Formación de coágulos en los vasos sanguíneos. || Oclusión de un vaso por un coágulo.

trompa f. Instrumento músico de viento que consta de un tubo enroscado y de tres pistones: *trompa de caza*. || Prolongación muscular tubular larga y flexible de la nariz de ciertos animales: *la trompa del elefante, del tapir*. || Aparato chupador de algunos insectos: *la trompa de la mariposa*. || Prolongación de la parte anterior del cuerpo de muchos gusanos. || Trompo, peonza, juguete. || Trompo de metal hueco que suena al girar. || *Arq.* Porción de bóveda que sale en el ángulo de un edificio y sostiene una parte construida en desplome. || Ventilador hidráulico para las forjas. || Bohordo de cebolla. || *Fam.* Borrachera: *coger una trompa*. | Trompazo, puñetazo. | Hocico. || — *Fam. Estar trompa*, estar borracho. || *Trompa de Eustaquio*, canal que comunica la faringe con el tímpano. || *Trompa de Falopio*, cada uno de los conductos, situados al lado del útero, destinados a conducir los óvulos desde el ovario a la matriz. || — M. Músico que toca la trompa. || *Arg., Bol., Chil., Col., Cub., Per., Salv.* y *Urug.* Labios prominentes de una persona.

trompada f. Trompazo.

trompazo m. Golpe fuerte, porrazo. || *Fam.* Puñetazo. || — *Fam. Andar a trompazo limpio o darse de trompazos*, pelearse a puñetazos. | *Darse un trompazo*, chocar; caerse.

trompeta f. Instrumento músico de viento, metálico, con pistones o sin ellos, de sonido muy fuerte. || M. El que toca este instrumento. || — Adj. *Arg.* Aplícase al animal vacuno que ha perdido un cuerno.

trompetazo m. Sonido muy fuerte producido con la trompeta o con cualquier instrumento análogo. || Golpe dado con la trompeta. || Grito violento de reprimenda.

trompetear v. i. *Fam.* Tocar la trompeta.

trompeteo m. Toque dado con la trompeta.

trompetería f. Conjunto de trompetas.

trompetero m. El que toca la trompeta. || El que hace trompetas.

trompetilla f. Aparato en forma de trompeta que suelen emplear los sordos para mejorar la audición. || *Cub., Méx.* y *P. Rico.* Sonido burlesco.

trompetista m. y f. Persona que toca la trompeta.

trompeto, ta adj. y s. *Méx.* Borracho, ebrio.

trompicar v. t. Hacer tropezar. || — V. i. Tropezar.

trompicón m. Tropezón. || *Fam.* Mojicón. || *A trompicones*, con intermitencias, sin continuidad.

trompillo m. Arbusto de la América tropical.

trompiza f. *Méx.* Golpiza.

trompo m. Peón o peonza, juguete de madera. || Molusco gasterópodo marino, de concha cónica. || *Fig.* Torpe, ignorante.

trompudo, da adj. *Méx.* Que tiene la boca muy prominente, bembón.

tronado, da adj. *Fam.* Deteriorado por el uso. || Sin dinero.

tronador, ra adj. Que truena.

***tronar** v. impers. Haber o sonar truenos: *tronó toda la noche*. || — V. i. Causar gran ruido parecido al del trueno: *el cañón truena*. || *Fig.* Hablar o escribir criticando violentamente a alguien o algo: *tronó contra el Gobierno*. || — *Fam. ¡Está que truena!*, ¡está furioso!

tronazón f. *Amer.* Tempestad de truenos.

troncar v. t. Truncar.

troncha f. *Amer.* Lonja.

tronchado adj. *Blas.* Aplícase al escudo partido en dos por una diagonal.

tronchar v. t. Partir, romper algo doblándolo con violencia: *tronchar una planta*. || — V. pr. *Fig.* y *fam. Troncharse de risa*, partirse de risa.

troncho m. Tallo de las hortalizas, como las lechugas, coles, etc.

tronco m. Parte de un árbol desde el arranque de las raíces hasta el de las ramas: *el tronco del pino es muy recto*. || El cuerpo humano, el de cualquier animal, prescindiendo de la cabeza y de los miembros superiores e inferiores. || Fragmento del fuste de una columna. || Conjunto de caballerías que tiran de un carruaje. || *Fig.* Origen de una familia. | Persona estúpida o inútil, zoquete. || — *Fig.* y *fam. Dormir como un tronco o estar hecho un tronco*, dormir profundamente. || *Tronco de cono, de pirámide*, porción del volumen de un cono, de una pirámide, comprendida entre la base y un plano paralelo a dicha base. || *Tronco de prisma*, porción del volumen de un prisma comprendida entre dos secciones planas no paralelas entre sí que cortan todas las aristas laterales.

troncocónico, ca adj. En forma de tronco de cono.

tronera f. Abertura en el costado de un barco o en el parapeto de una muralla para disparar. || Ventana muy pequeña. || Agujero de una mesa de billar por donde pueden entrar las bolas. || *Com. Fam.* Calavera, persona de vida desarreglada.

tronido m. Estampido, ruido del trueno.

trono m. Sitial con gradas y dosel, usado por los soberanos y altos dignatarios en los actos solemnes: *el trono real, pontificio*. || Tabernáculo donde se expone el Santísimo Sacramento. || Lugar donde se coloca la efigie de un santo para honrarle con mayor solemnidad. || *Fig.* Dignidad del rey o soberano: *ocupar el trono de Inglaterra*.

tronzador m. Sierra de tronzar con un mango en cada extremo.

tronzar v. t. Dividir, partir en trozos la madera, barras de metal.

tropa f. Reunión de gente. || Grupo de militares: *las tropas enemigas*. || Conjunto de todos los militares que no son oficiales ni suboficiales: *hombre de tropa*. || Toque para que los militares tomen las armas y formen. || *Amer.* Recua de ganado.

tropear v. t. *Arg.* Preparar el ganado en rebaño para su traslado.

tropel m. Muchedumbre desordenada. || Prisa, precipitación, atropellamiento. || Montón de cosas mal ordenadas. || *En tropel*, yendo muchos juntos y con precipitación.

tropelía f. Prisa confusa y desordenada. || Atropello, abuso de la fuerza o de la autoridad, violencia.

tropero m. *Arg.* Guía de ganado.

***tropezar** v. i. Dar involuntariamente con los pies en un obstáculo: *tropezar con o contra una piedra*. || *Fig.* Encontrar un obstáculo: *tropezar con una dificultad*. | Encontrar por casualidad: *tropezar con un amigo* (ú. t. c. pr.). || Cometer una falta. || — V. pr. Rozarse las bestias una para con otra.

tropezón, ona adj. *Fam.* Que tropieza: *caballería tropezona*. || — M. Paso en falso, traspiés. || — *Fig.* Tropiezo, desliz, desacierto: *dar un tropezón*. || — Pl. Trozos pequeños de jamón o de otra carne que se pone en las sopas o legumbres. || *A tropezones*, con intermitencias, sin continuidad.

tropical adj. Relativo a los trópicos: *fauna, flora tropical*.

trópico, ca adj. *Ret.* Relativo al tropo, figurado. || Concerniente a la posición exacta del equinoccio. || — M. Cada uno de los dos círculos menores de la esfera celeste paralelos al ecuador, y entre los cuales se efectúa el movimiento anual aparente del Sol alrededor de la Tierra. || — *Trópico de Cáncer*, el del hemisferio Norte por donde pasa el Sol al cenit el día del solsticio de verano. (El *trópico de Cáncer* es el paralelo de latitud 23° 27'N.) || *Trópico de Capricornio*, el del hemisferio Sur por donde pasa el Sol al cenit el día del solsticio de invierno. (El *trópico de Capricornio* es el paralelo de latitud 23° 27'S.)

tropiezo m. Cosa en que se tropieza, estorbo. || *Fig.* Desliz, equivocación, falta: *dar un tropiezo.* || Impedimento, dificultad. | Contratiempo: *llegó sin tropiezo.*

tropilla f. *Arg.* Manada de caballos guiados por una madrina.

tropillo m. *Amer.* Aura, ave.

tropismo m. Movimiento de un organismo en una dirección determinada por el estímulo de agentes físicos o químicos (luz, calor, humedad, etc.).

tropo m. Figura retórica que consiste en emplear una palabra en sentido figurado.

troposfera f. Zona de la atmósfera inmediata a la Tierra.

troquel m. Molde que sirve para acuñar monedas y medallas o estampar sellos, etc.

troquelar v. t. Acuñar, estampar con troquel.

troqueo m. Pie de la poesía griega y latina, compuesto de dos sílabas, la primera larga y la segunda breve. || En la poesía castellana, pie compuesto de una sílaba tónica y otra átona, como *prado.*

troquiter m. La tuberosidad mayor del húmero.

trotacalles com. inv. *Fam.* Azotacalles.

trotaconventos f. inv. *Fam.* Alcahueta.

trotada f. Carrera, trayecto.

trotador, ra adj. Que trota bien o mucho: *yegua trotadora.*

trotamundos com. inv. Persona aficionada a viajar.

trotar v. i. Andar el caballo al trote. || Cabalgar sobre un caballo que anda de esta manera. || *Fig.* y *fam.* Andar mucho dirigiéndose a varios sitios una persona.

trote m. Modo de andar una caballería, intermedio entre el paso y el galope, levantando a la vez la mano y el pie opuestos. || *Fam.* Actividad muy grande y cansada: *ya no estoy para estos trotes.* | Asunto complicado, enredo: *no quiero meterme en esos trotes.* || — *Al trote,* trotando; (fig.) muy de prisa. || *Fig. De o para todo trote,* aplicado a un vestido que se usa a diario.

trotón, ona adj. Aplícase al caballo que acostumbra andar al trote. || *Fig.* De uso diario. || — M. Caballo.

trotskista adj. y s. Partidario o discípulo de Trotsky.

troupe [*trup*] f. (pal. fr.). Compañía de comediantes.

trova f. Verso. || Poesía, composición métrica escrita generalmente para ser cantada. | Canción o poesía amorosa de los trovadores.

trovador, ra adj. Que trova o hace versos. || — M. y f. Poeta, poetisa. || M. Poeta provenzal de la Edad Media, que trovaba en lengua de oc.

trovadoresco, ca adj. Relativo a los trovadores.

trovar v. i. Componer versos y trovas.

trovero m. Poeta francés de la Edad Media que componía versos en lengua de oíl.

troyano, na adj. y s. De Troya.

trozo m. Pedazo de una cosa separado del resto: *un trozo de papel.* || Parte, fragmento de una obra literaria o musical: *un libro de trozos escogidos.* || *Mar.* Cada uno de los grupos de hombres de mar. || *Mil.* Cada una de las dos divisiones de una columna.

trucaje m. Artificio cinematográfico que consiste en emplear trucos.

trucar v. i. Hacer el primer envite en el juego del truque. || Hacer trucos en el juego de billar o en el del truque.

trucha f. Pez salmónido de agua dulce, de carne muy estimada.

truchero m. Pescador o vendedor de truchas. || — Adj. Donde hay truchas: *río truchero.*

truchimán, ana m. y f. *Fam.* Trujamán.

trucho, cha adj. *Arg., Chil., Parag.* y *Urug.* Falso, fraudulento, de mala calidad.

trucidar v. t. Despedazar. || Matar.

truco m. Cierta suerte del juego de trucos. || Truque, juego de naipes. || Maña, habilidad. || Procedimiento ingenioso, artimaña, ardid: *andarse con trucos.* || Artificio cinematográfico para dar apariencia de realidad a secuencias que es imposible obtener directamente al rodar la película. || — Pl. Juego antiguo parecido al billar.

truculencia f. Aspecto terrible o espantoso.

truculento, ta adj. Terrible, espantoso, atroz: *relato truculento.*

trueno m. Estampido que acompaña al relámpago. || Ruido fuerte del tiro de un arma o cohete. || *Fam.* Muchacho atolondrado, calavera. || — *Fig. Gente del trueno,* gente de vida licenciosa. | *Trueno gordo,* estampido final y fuerte de los fuegos artificiales.

trueque m. Acción de trocar, cambio. || *A trueque de,* a cambio de.

trufa f. Hongo ascomiceto subterráneo muy apreciado por su sabor aromático, con aspecto de tubérculo. || *Fig.* Mentira.

trufar v. t. Rellenar de trufas: *trufar un pavo.* || — V. i. Mentir, decir trufas. || Engañar.

truhán, ana adj. y s. Granuja.

truhanada f. Truhanería.

truhanear v. i. Engañar.

truhanería f. Acción propia de un truhán. || Conjunto de truhanes.

truhanesco, ca adj. Propio de un truhán.

truismo m. Verdad tan evidente que no merecería siquiera ser enunciada.

trujamán, ana m. y f. Intérprete. || — M. El que, por su experiencia, da consejos a otras personas en ciertos tratos o negocios.

trujillano, na adj. y s. De Trujillo (España, Honduras, Perú y Estado de Venezuela).

trujillense adj. y s. De Trujillo (c. de Venezuela).

truncado, da adj. Aplícase a las cosas a las que se ha quitado alguna parte esencial: *obra truncada.* || *Geom.* Cono truncado, pirámide truncada, cono o pirámide a los que les falta el vértice.

truncamiento m. Acción y efecto de truncar.

truncar v. t. Quitar alguna parte esencial: *truncar una estatua, un libro.* || *Fig.* Romper, cortar: *truncar las ilusiones de uno.* | Interrumpir: *este accidente ha truncado su vida.*

trupial m. Turpial, pájaro.

trusa f. *Arg.* y *Urug.* Calzón femenino, por lo común elástico para sostener el vientre. || *Méx.* y *Per.* Calzón femenino. || *Méx.* y *Per.* Calzoncillo. || *Col.* y *Cub.* Prenda, de una sola pieza, elástica y ajustada al cuerpo, que se usa en gimnasia. || *Cub.* Bañador.

trust m. (pal. ingl.). Unión de grandes empresas con objeto de reducir los gastos de producción, evitar la competencia y acaparar el mercado de ciertos productos. || En la U.R.S.S., conjunto industrial bajo una dirección única.

tse-tsé f. Nombre indígena de una mosca africana cuya picadura transmite la enfermedad del sueño.

tsunami m. (pal. jap.). Ola gigantesca, producida generalmente por un terremoto, que se mueve a gran velocidad.

tu, tus pron. poses. de 2.ª pers. en sing. usado como adjetivo antes de un sustantivo.

tú pron. pers. de 2.ª pers. en sing. || — *Fig. Estar de tú a tú con uno,* tener trato de confianza con él. || *Fam. Más lo eres tú,* frase con que se aplica una calificación injuriosa a la persona misma que fue la primera en emplearla. || *Tratar de tú,* tutear. || *Tú y yo,* servicio de café para dos personas.

tuareg m. pl. Pueblo nómada del Sáhara, de raza beréber. (Sing. *targui.*)

tuatúa f. Árbol euforbiáceo americano cuyas hojas y semillas se usan como purgantes.

tuba f. Licor alcohólico filipino que se saca de la nipa, el coco, el burí y otras palmeras. || Instrumento músico de viento, de tubo cónico con cilindros o pistones, cuyo tono corresponde al del contrabajo.

tuberáceo, a adj. y s. f. Aplícase a los hongos ascomicetos completamente subterráneos, como la trufa y la criadilla de tierra. || — F. pl. Familia que forman.

tuberculina f. Extracto glicerinado de cultivos de bacilos de Koch, usado en el diagnóstico de las enfermedades tuberculosas.

tuberculización f. Infección de un organismo u órgano por la tuberculosis.

tuberculizar v. t. Producir tubérculos.

tubérculo m. Excrecencia feculenta en cualquier parte de una planta, particularmente en la parte subterránea del tallo, como la patata, la batata, etc. || Tumorcillo que se forma en el interior de los tejidos y es característico de la tuberculosis. || Protuberancia en las partes duras del dermoesqueleto de algunos animales.

tuberculosis f. Enfermedad infecciosa y contagiosa del hombre y de los animales, causada por el bacilo de Koch y caracterizatla por la formación de tubérculos en los órganos: *tuberculosis pulmonar, ósea, renal.*

tuberculoso, sa adj. Relativo al tubérculo. || Que tiene tubérculos: *raíz tuberculosa.* || *Med.* Relativo a la tuberculosis: *virus tuberculoso.* || Aplícase a la persona que padece tuberculosis (ú. t. c. s.).

tubería f. Conjunto de tubos o conductos utilizados para el transporte de un fluido, cañería: *tubería de agua.* || Fábrica, taller o comercio de tubos.

tuberiforme adj. Que tiene forma o aspecto de tubérculo.

tuberización f. Transformación en tubérculos de la parte inferior del tallo de ciertas plantas.

tuberosidad f. Tumor, abultamiento. || Protuberancia de un hueso donde se sujetan músculos y ligamentos.

tuberoso, sa adj. Que tiene tuberosidades. || – F. Nardo, planta.

tubo m. Pieza cilíndrica hueca: *el tubo del agua.* || *Anat.* Conducto natural: *tubo digestivo, intestinal.* || Parte inferior de los cálices o de las corolas gamopétalas: *tubo polínico.* || Recipiente alargado, metálico o de cristal, de forma más o menos cilíndrica, destinado a contener pintura, pasta dentífrica, píldoras, etc. || Chimenea de cristal de las lámparas. || En radioelectricidad, lámpara: *tubo catódico.* || – *Tubo de escape,* tubo de evacuación de los gases quemados en un motor. || *Tubo de ensayo,* el de cristal, cerrado por uno de sus extremos, usado para los análisis químicos. || *Tubo de Geissler,* aquel que contiene un gas enrarecido y sirve para estudiar los efectos luminosos producidos por una descarga eléctrica. || *Tubo lanzallamas,* arma de combate con que se lanzan gases o líquidos inflamados.

tubular adj. Que tiene forma de tubo o está hecho con tubos: *corola tubular.* || – *Caldera tubular,* aquella en que la circulación del fluido caliente se efectúa en tubos que proporcionan una amplia superficie para los intercambios de calor. || *Puente tubular,* el constituido por una serie de tubos metálicos apoyados por sus extremos. || – M. Neumático para bicicletas formado por una cámara de aire donde envuelta en una cubierta de goma y tela completamente cerrada por una costura.

tucán m. Ave trepadora americana, de pico grueso muy largo.

tucano, na adj. y s. Dícese de los miembros de una tribu indígena que vive en la zona fronteriza situada entre Perú, Colombia y Brasil.

tucho, cha m. y f. *Méx.* Mono araña. | Persona fea.

tuco m. *Arg.* Cocuyo, coleóptero luminoso. || – M. y f. *Amer.* Manco. || *Arg., Bol., Chil., Per.* y *Urug.* Salsa de tomate cocida con cebolla, orégano, perejil, ají, etc.

tucumano, na adj. y s. De Tucumán (Argentina).

tucupita adj. y s. De Tucupita.

tucúquere m. *Chil.* Especie de búho de gran tamaño.

tucutuco m. *Arg.* y *Bol.* Mamífero roedor semejante al topo.

tucutuzal m. *Arg.* Terreno socavado por los tucutucos.

tudelano, na adj. y s. De Tudela.

tudense adj. y s. De Túy.

tudesco, ca adj. y s. Alemán.

tuera f. *Bot.* Coloquíntida.

tuerca f. Pieza con un orificio labrado en espiral en que encaja la rosca de un tornillo.

tuerto, ta adj. Torcido. || Aplícase a la persona que no tiene vista en un ojo: *dejar, quedarse tuerto* (ú. t. c. s.). || – M. Agravio.

tuétano m. Médula. || *Fig.* Sustancia, lo más importante e interesante de una cosa. || *Fig.* y *fam. Hasta los tuétanos,* hasta lo más íntimo o profundo de una persona; muy profundamente: *calado hasta los tuétanos.*

tufarada f. Racha de olor o calor repentina y poco duradera.

tufillo m. Olor ligero.

tufo m. Emanación gaseosa que se desprende de ciertas cosas. || Mal olor: *tufo de alcantarilla.* || Mechón de pelo que se peina o riza delante de las orejas. || Toba, piedra caliza. || – Pl. *Fig.* Soberbia, presunción, vanidad: *¡este chico tiene unos tufos!*

tugurio m. Choza de pastores. || *Fig.* Habitación o casa miserable.

tui m. *Arg.* Loro pequeño.

tuición f. *For.* Defensa.

tuitivo, va adj. *For.* Que defiende o protege.

tul m. Tejido fino, ligero y transparente de algodón o seda que forma una red de mallas redondas.

tulcaneño, ña adj. y s. De Tulcán (Ecuador).

tulé m. *Méx.* Junco.

tulio m. Elemento químico (Tm) de número atómico 69, del grupo de las tierras raras.

tulipa f. Pantalla de cristal de forma parecida a la del tulipán.

tulipán m. Planta liliácea de raíz bulbosa y hermosas flores ornamentales. | Su flor.

tulipanero o **tulipero** m. Árbol ornamental de la familia de las magnoliáceas, oriundo de América.

*tullecer v. t. Tullir, lisiar. || – V. i. Quedarse tullido.

tullidez f. Tullimiento.

tullido, da adj. Baldado, imposibilitado, que no puede mover algún

miembro (ú. t. c. s.). || *Fig.* Muy cansado.

tullimiento m. Estado de tullido, parálisis.

*tullir v. t. Dejar tullido, lisiar. || *Fig.* Cansar mucho. || – V. pr. Quedarse imposibilitado o tullido. || Paralizarse un miembro.

tulpa f. *Amer.* Piedra de fogón campestre.

tumba f. Sepultura, sitio donde está enterrado un cadáver. || Ataúd que se coloca para la celebración de las honras fúnebres. || Cubierta arqueada de ciertos coches. || *Col.* y *Méx.* Cortar las plantas de un terreno.

tumbaga f. Aleación de cobre y cinc. || Sortija hecha de esta materia y, por extensión, de cualquier metal.

tumbal adj. Relativo a la tumba: *piedra, inscripción tumbal.*

tumbar v. t. Hacer caer, derribar: *tumbar a uno al suelo.* || Inclinar mucho: *el viento ha tumbado las mieses.* || *Fig.* y *fam.* Suspender en un examen: *le tumbaron en latín.* | Pasmar: *lo dejé tumbado de asombro.* || – V. i. Caer al suelo, desplomarse. || Dar de quilla un barco. || – V. pr. Echarse: *tumbarse en la cama.* | Repantigarse: *tumbarse en un sillón.*

tumbesino, na adj. y s. De Tumbes (Perú).

tumbo m. Vaivén violento, sacudida de algo que va andando o rodando: *el coche daba tumbos por el camino mal empedrado.*

tumbona f. Especie de hamaca o silla de tijera que sirve para tumbarse.

tumefacción f. Hinchazón.

tumefacto, ta adj. Hinchado.

tumescencia f. Tumefacción.

tumescente adj. Que se hincha.

túmido, da adj. Hinchado.

tumor m. *Med.* Multiplicación anormal de las células que produce un desarrollo patológico de los tejidos. — Hay que distinguir entre *tumores benignos* (verrugas, fibromas, etc.), que están localizados en una parte del cuerpo y no contaminan los tejidos próximos, y *tumores malignos* o *cáncer,* que se difunden en el organismo.

tumoroso, sa adj. Que tiene uno o varios tumores.

tumulario, ria adj. Relativo al túmulo: *inscripción tumularia.*

túmulo m. Sepulcro levantado encima del nivel del suelo. || Montecillo artificial con que se cubrían las sepulturas. || Catafalco, armazón cubierta de paños negros sobre la que se coloca un ataúd.

tumulto m. Motín, disturbio, alboroto. || *Fig.* Agitación, confusión ruidosa.

tumultuario, ria adj. Tumultuoso.

tumultuoso, sa adj. Que promueve tumultos, alborotado, agitado: *una asamblea tumultuosa.* || Acompañado de tumulto: *protestas tumultuosas.*

tuna f. *Bot.* Nopal. | Su fruto, higo chumbo. || Vida vagabunda y pícara:

correr la tuna. || Orquestina formada por estudiantes, estudiantina. || Estudiante de la tuna.

tunal m. Nopal. || Sitio poblado de tunas.

tunantada f. Granujada.

tunante, ta adj. y s. Pícaro.

tunantear v. i. Bribonear.

tunantería f. Picardía, granujada, acción propia de un tunante. || Conjunto de tunantes.

tunantesco, ca adj. Propio de los tunantes.

tunco, ca adj. y s. Amér. C. y Méx. Manco.

tunda f. Acción y efecto de tundir los paños. || Fam. Paliza, soba: dar una tunda.

tundición f. o **tundido** m. Tunda de los paños.

tundidor m. El que tunde.

tundidora adj. f. Aplícase a la máquina que sirve para tundir paños (ú. t. c. s. f.). || — F. La que tunde.

tundidura f. Acción de tundir.

tundir v. t. Cortar e igualar con tijera el pelo de los paños. || Fam. Pegar, golpear, dar una tunda.

tundra f. En las regiones polares, particularmente en Siberia y Alaska, formación vegetal consistente en musgos, líquenes, árboles enanos.

tunear v. i. Llevar una vida de tuno o hacer tunanterías. || — V. t. Méx. Cosechar tunas.

tunecí y **tunecino, na** adj. y s. De Túnez.

túnel m. Galería subterránea abierta para dar paso a una vía de comunicación. || Túnel aerodinámico, instalación para determinar las características aerodinámicas de una maqueta de avión, automóvil, etc., sometiéndola a una corriente de aire a gran velocidad.

tunería f. Calidad o manera de portarse del tunante.

tungsteno m. Quím. Volframio.

túnica f. Prenda interior a modo de camisa amplia sin mangas que llevaban los antiguos. || Cualquier vestidura amplia y larga. || Anat. Membrana fibrosa que envuelve algunos órganos: túnicas vasculares. || Bot. Envoltura, particularmente de un bulbo: la túnica de la cebolla.

tunicado, da adj. Envuelto por una o varias túnicas: bulbo tunicado. || — M. pl. Clase de protocordados que comprende animales marinos con cuerpo cubierto por una túnica de forma de saco.

tunjano, na adj. y s. De Tunja.

tuno, na adj. y s. Tunante, bribón. || — M. Estudiante perteneciente a una tuna.

tuntún (al o **al buen)** m. adv. Fam. Sin reflexión, a la buena de Dios, sin datos seguros: decir algo al buen tuntún.

tupé m. Copete. || Fig. y fam. Desfachatez, caradura.

tup-guaraní adj. y s. Dícese de una familia lingüística y cultural india de América del Sur y de sus miembros, que efectuaron grandes migraciones desde la zona comprendida entre los ríos Paraná y Paraguay hasta el Amazonas y llegaron a los Andes bolivianos y al Chaco occidental. || — M. Idioma hablado por estos indios en Brasil. (El guaraní se extendió en el Sur y en Paraguay.)

tupido, da adj. Apretado, espeso: paño tupido. || Denso.

tupinambá adj. y s. Dícese de un pueblo indígena de la familia tupí establecido en el litoral atlántico del Bajo Amazonas.

tupinambo m. Bot. Aguaturma.

tupir v. t. Apretar mucho.

turba f. Combustible fósil que resulta de materias vegetales más o menos carbonizadas. (La turba contiene 60% de carbono y es un combustible de poco poder calorífico que desprende mucho humo y deja cenizas al quemarse.) || Estiércol mezclado con carbón vegetal. || Muchedumbre generalmente bulliciosa.

turbación f. Confusión, desasosiego, perplejidad. || Desorden.

turbador, ra adj. Que turba. || — M. y f. Que provoca disturbios o desórdenes.

turbal m. Turbera.

turbamiento m. Turbación.

turbamulta f. Fam. Muchedumbre confusa y desordenada.

turbante m. Tocado de los orientales consistente en una faja larga de tela arrollada alrededor de la cabeza. || Por ext. Cualquier tocado parecido.

turbar v. t. Enturbiar, alterar la transparencia natural: turbar el agua. || Fig. Causar desorden, perturbar: turbar la paz pública. | Desconcertar, confundir: esta pregunta le turbó visiblemente. | Trastornar: turbar la razón. | Interrumpir: turbar el silencio. || — V. pr. Fig. Perder la serenidad, el aplomo.

turbelario adj. Dícese de los gusanos de cuerpo aplanado, que viven en aguas marinas o dulces o sobre la tierra húmeda. || — M. pl. Clase que forman.

turbera f. Yacimiento de turba.

turbidez f. Calidad de túrbido o turbio.

túrbido, da adj. Turbio.

turbiedad f. Estado de un líquido turbio. || Opacidad. || Ofuscamiento.

turbina f. Motor constituido por una rueda móvil de álabes sobre la cual actúa la fuerza viva de un fluido (agua, vapor, gas, etc.): las turbinas de vapor reemplazan cada vez más las antiguas máquinas de émbolo. || Aparato para separar por centrifugación los cristales de azúcar de otros componentes que hay en la melaza.

turbinto m. Árbol anacardiáceo de América Meridional.

turbio, bia adj. Que ha perdido su transparencia natural: líquido turbio. || Fig. Equívoco, poco claro: negocio turbio. | Agitado: período turbio. | Falto de claridad: estilo turbio; vista turbia.

turbión m. Aguacero con viento fuerte, chaparrón. || Fig. Multitud, alud de cosas o sucesos.

turboalternador m. Grupo generador de electricidad, constituido por una turbina y un alternador acoplados en un mismo eje.

turbobomba f. Bomba centrífuga acoplada a una turbina.

turbocompresor m. Compresor rotativo centrífugo que tiene alta presión.

turbodinamo m. Acoplamiento hecho con una turbina y una dinamo.

turbogenerador m. Turbina de vapor directamente acoplada a un generador eléctrico.

turbohélice f. Turbopropulsor.

turbomotor m. Turbina accionada por el aire comprimido que funciona como motor.

turbonada f. Aguacero, chaparrón. || Arg. Vendaval.

turbopropulsor m. Propulsor constituido por una turbina de gas acoplada a una o varias hélices por medio de un reductor de velocidad.

turborreactor m. Motor de reacción constituido por una turbina de gas cuya expansión a través de una o varias toberas produce un efecto de propulsión por reacción.

turbosina f. Méx. Combustible especial para aviones a reacción.

turboventilador m. Ventilador accionado por una turbina.

turbulencia f. Agitación ruidosa, alboroto, bullicio: la turbulencia de los niños. || Agitación desordenada de un fluido que corre: la turbulencia del agua del mar.

turbulento, ta adj. Turbio. || Fig. Bullicioso, alborotado, agitado.

turco, ca adj. y s. De Turquía. | Cabeza de turco, v. CABEZA. || Cama turca, la que no tiene cabecera ni pies. | Gran turco, título que daban los cristianos a los sultanes turcos. || Anat. Silla turca, cavidad del esfenoides donde está la hipófisis. || — M. Lengua turca. || — F. Fig. y fam. Borrachera.

turcomano, na adj. y s. Aplícase a un pueblo uraloaltaico de raza turca, establecido en Turkmenistán, Uzbekistán, Afganistán e Irán.

turdetano, na adj. y s. Dícese de un ant. pueblo del bajo valle del Guadalquivir (España).

turf m. (pal. ingl.). Sitio donde se verifican las carreras de caballos, hipódromo. || Deporte hípico.

turgencia f. Med. Aumento patológico del volumen de un órgano.

turgente adj. Hinchado.

túrgido, da adj. Turgente.

turinés, esa adj. y s. De Turín.

turismo m. Acción de viajar por distracción y recreo. || Organización, desde el punto de vista técnico, financiero y cultural, de los medios que facilitan estos viajes: *Oficina de turismo.* || Industria que se ocupa de la satisfacción de las necesidades del turista: *el turismo es buen proveedor de divisas extranjeras.* || Automóvil de uso privado y no comercial o taxi que no lleva marcado su carácter público.

turista com. Persona que viaja por distracción y recreo.

turístico, ca adj. Relativo al turismo: *excursión turística.* || Frecuentado por los turistas: *playa turística.* || Hecho con miras al turismo: *espectáculo turístico.*

turma f. Criadilla de tierra, hongo.

turmalina f. Mineral de color variable que se presenta en forma de prismas alargados.

turnar v. i. Alternar o establecer un turno con otras personas. Ú. t. c. pr.: *turnarse para cuidar a un enfermo.*

turno m. Orden establecido entre varias personas para la ejecución de una cosa: *turno de día, de noche; hablar en su turno.* || Cuadrilla, equipo a quien toca trabajar. || *— De turno,* dícese de la persona a quien corresponde actuar. || *Farmacia de turno,* la encargada del servicio de guardia.

turolense adj. y s. De Teruel.

turón m. Mamífero carnicero mustélido de olor fétido.

turonense adj. y s. De Tours (Francia).

turpial m. Pájaro americano parecido a la oropéndola.

turquesa f. Piedra preciosa, de color azul verdoso.

turquí o **turquino, na** adj. Aplícase al azul muy oscuro.

turrar v. t. Tostar.

turrón m. Dulce hecho de almendras, avellanas o nueces, tostadas y mezcladas con miel u otros ingredientes: *turrón de Jijona, de Alicante.* || *Fig.* y *fam.*

Cargo público o pensión que se obtiene del Estado.

turronería f. Tienda donde se venden turrones.

turronero, ra m. y f. Persona que hace o vende turrón.

turulato, ta adj. *Fam.* Estupefacto, pasmado. | Atolondrado por un golpe.

tusa f. *Amer.* Carozo, raspa del maíz. || *Amér. C.* y *Cub.* Espata del maíz. || *Amer.* y *And.* Pajilla, cigarro envuelto en la hoja del maíz. || *Amér. C.* y *Chil.* Barbas del maíz. || *Chil.* Crin de caballo atusado. || *Amér. C.* y *Cub.* Mujer de vida alegre.

tusar v. t. *Amer. Fam.* Atusar, cortar el pelo.

tusilago m. Fárfara.

tuso, sa adj. *Col.* y *P. Rico.* Dícese de la persona con el pelo cortado al ras. || *Col.* y *Venez.* Dícese de la persona que está picada de viruelas.

tute m. Juego de naipes en el cual hay que reunir los cuatro reyes o caballos. || Reunión de estos naipes. || *Pop.* Paliza. || *Fig.* y *fam. Darse un tute,* trabajar en algo durante poco tiempo, pero muy intensamente; darse un hartazgo.

tuteamiento m. Tuteo.

tutear v. t. Dirigirse a una persona hablándole de tú (ú. t. c. pr.).

tutela f. Autoridad conferida por la ley para cuidar de la persona y bienes de un menor. || Función de tutor. || *Fig.* Protección, defensa, salvaguardia: *estar bajo tutela.* || *Territorio bajo tutela,* aquel cuya administración está confiada por la O.N.U. a un Gobierno determinado.

tutelar adj. Protector: *divinidad tutelar.* || Que ejerce tutela.

tuteo m. Acción de tutear o tutearse.

tutía f. Óxido de cinc.

tutor, ra m. y f. Persona encargada de la tutela de un menor o de un incapacitado. || *— M. Agr.* Rodrigón.

tutoría f. Cargo de tutor.

tutriz f. Tutora.

tutti frutti m. (pal. ital.). Helado que se hace con varias frutas.

tutú m. *Arg.* Ave de rapiña de plumaje verde y azul.

tutulxiu adj. y s. Indio tolteca.

tutuma f. *Per.* Calabaza. || *Fig. Per.* Cabeza. || *Chil.* Chichón, bulto, grano.

tuxapa m. Junco de los lagos de Michoacán (México).

tuxpacle m. *Méx.* Planta morácea medicinal.

tuya f. Árbol conífero de América que se cultiva en parques.

tuyo, ya pron. pos. de 2.ª pers. en ambos géneros. || *— Fig.* y *fam. Ésta es la tuya,* ahora te toca actuar y demostrar lo que vales. | *Hiciste de las tuyas,* hiciste una cosa muy propia de ti. || *Los tuyos,* tu familia. || *Lo tuyo,* lo que te pertenece o corresponde.

tuyo m. *Chil.* Ñandú.

tuyuyú m. *Arg.* Especie de cigüeña.

tuza f. *Méx.* Pequeño mamífero roedor que vive en galerías subterráneas.

tuzteco, ca adj. y s. Indígena de México, en el Estado de Guerrero.

T.V., abreviatura de *televisión.*

tweed m. (pal. ingl.). Tejido de lana, generalmente de dos colores, utilizado para la confección de trajes de *sport.*

tzeltal adj. y s. Indígena de México, en el Estado de Chiapas.

tzinapu m. *Méx.* Obsidiana.

tzompantli m. Sitio de los templos prehispánicos de México donde se colocaban los cráneos de los sacrificados.

tzotzil adj. y s. Indígena mexicano, en el Estado de Chiapas.

u

u f. Vigésima segunda letra del alfabeto castellano y última de las vocales: *la "u", si no lleva diéresis, es muda cuando va precedida de "g" y después de "q"*. || — *U consonante,* la v. || *U valona,* nombre antiguo de la *v doble.* || — Conj. Se emplea en vez de *o* delante de palabras que empiezan por *o* o por *ho: oriente u occidente; patíbulo u horca.* || — *U,* símbolo químico del *uranio.*

uahabita adj. y s. Wahabita.

ubérrimo, ma adj. Muy fértil: *tierra ubérrima.*

ubetense adj. y s. De Úbeda.

ubicación f. Posición, situación: *la ubicación de una casa.*

ubicar v. i. Estar situado: *el museo se ubica en tal plaza* (ú. t. c. pr.). || — V. t. *Amer.* Situar, colocar. | Estacionar un automóvil. || — V. pr. *Arg.* Colocarse en un empleo.

ubicuidad f. Capacidad de estar en varios sitios al mismo tiempo: *tener el don de la ubicuidad.*

ubicuo, cua adj. Que está presente al mismo tiempo en todas partes. || *Fig.* Muy activo, que quiere estar presente en todas partes.

ubre f. Cada una de las tetas de las hembras de los mamíferos.

ucase m. Decreto del zar. || *Fig.* Orden autoritaria.

ucraniano, na o **ucranio, nia** adj. y s. De Ucrania.

ucumari m. Cierto oso del Perú.

Ud., abreviatura de *usted.* (Tb. se escribe Vd.)

udmurtio, tia adj. y s. De la Rep. autónoma de Udmurtia.

¡uf! interj. Indica cansancio, fastidio o repugnancia.

ufanarse v. pr. Engreírse, vanagloriarse, jactarse: *ufanarse con* (o *de*) *sus riquezas.*

ufanía f. Orgullo.

ufano, na adj. Orgulloso: *estar ufano con un título.* || Soberbio.

ugandés, esa adj. y s. De Uganda.

ugrio, gria adj. y s. Dícese de un grupo de la familia uraloaltaica.

ugrofinés, esa adj. Dícese de los finlandeses o de otros pueblos de lengua parecida (ú. t. c. s.). || Aplícase a un grupo de lenguas uraloaltaicas como el estoniano, el finlandés, el húngaro (ú. t. c. s. m.).

uguate m. *Méx.* Caña verde del maíz.

uistití m. *Méx.* Tití, mono.

ujier m. Ordenanza de algunos tribunales y administraciones.

ukase m. Ucase.

ulala f. *Biol.* Especie de cacto.

ulano m. En los antiguos ejércitos austriaco, alemán y ruso, soldado de caballería armado de lanza.

úlcera f. *Med.* Pérdida de sustancia de la piel o de las mucosas a consecuencia de un proceso patológico de destrucción molecular o de una gangrena: *úlcera del estómago, varicosa.* || Lesión de los tejidos vegetales.

ulceración f. Formación de una úlcera: *ulceración de las varices.*

ulcerante adj. Que ulcera. || *Fig.* Ofensivo.

ulcerar v. t. Causar úlcera: *ulcerar una llaga.* || *Fig.* Ofender, herir: *crítica que ulcera.* || — V. pr. Convertirse en úlcera: *ulcerarse una llaga.*

ulcerativo, va adj. Que ulcera.

ulceroso, sa adj. Que tiene úlceras. || De la naturaleza de la úlcera: *llaga ulcerosa.*

ulcoate m. Serpiente venenosa de México.

ulema m. Doctor de la ley y teólogo musulmán.

ulmáceo, a adj. y s. f. Dícese de las plantas dicotiledóneas, como el olmo. || — F. pl. Familia que forman.

ulmén m. *Chil.* Entre los araucanos, hombre rico e influyente.

ulmo m. *Arg.* y *Chil.* Árbol de hoja perenne cuya corteza se emplea para curtir.

ulpo m. *Arg.* y *Chil.* Mazamorra hecha con harina tostada.

ulterior adj. Que está en la parte de allá, en oposición con *citerior.* || Que ocurre después de otra cosa, en oposición con *anterior.*

ultimación f. Fin, terminación.

ultimadamente adv. *Méx.* Por último, para terminar.

ultimar v. t. Acabar, finalizar, terminar, concluir: *ultimar un trabajo.* | Concertar: *ultimaron el tratado.* || *Amer.* Matar, rematar.

ultimátum m. En el lenguaje diplomático, resolución terminante comunicada por escrito. || *Fam.* Decisión definitiva. (Pl. *ultimátums.*)

último, ma adj. Aplícase a lo que, en una serie, no tiene otra cosa después

de sí: *diciembre es el último mes del año.* || Dícese de lo más reciente: *las últimas noticias.* || Relativo a lo más remoto, retirado o escondido: *vive en el último rincón de la Argentina.* || Peor: *el último de los hombres.* || Extremo: *recurriré a él en último caso.* || Más bajo: *éste es mi último precio.* || — *A la última,* a la última moda. || *Fam. Estar en las últimas,* estar muriéndose, en el fin de su vida. || *Por último,* después de todo.

ultra m. Persona que profesa opiniones extremas: *los ultras de la política.*

ultracentrifugadora f. Aparato de centrifugación que tiene un régimen de rotación muy elevado (más de 60 000 revoluciones por minuto).

ultracorto, ta adj. Dícese de la onda cuya longitud es inferior a un metro.

ultrafiltración f. Filtración que se obtiene haciendo pasar a presión una disolución por los poros de una membrana.

ultraísmo m. Movimiento literario creado en 1919 por poetas españoles e hispanoamericanos, que proponía una renovación total del espíritu y de la técnica poética: *cultivaron el ultraísmo Guillermo de Torre, Jorge Luis Borges, Gerardo Diego, Eugenio Montes, Juan Larrea, Oliverio Girondo.*

ultraísta adj. Relativo al ultraísmo: *poema ultraísta.* || — Adj. y s. Partidario del ultraísmo.

ultrajador, ra adj. y s. y **ultrajante** adj. Que ultraja.

ultrajar v. i. Injuriar gravemente de obra o de palabra: *ultrajar a un superior.* || Despreciar, humillar.

ultraje m. Afrenta, ofensa, injuria grave: *vengar un ultraje.* || *Ultraje a las buenas costumbres,* delito que consiste en atentar contra la moralidad pública por medio de escritos, dibujos, fotografías o palabras.

ultramar m. País que está en el otro lado del mar. || *Azul de ultramar,* el lapislázuli.

ultramarino, na adj. Que está del otro lado del mar. || — M. pl. Comestibles traídos de otros continentes. || Tienda o comercio de comestibles.

ultramicroscópico, ca adj. Infinitamente pequeño.

ultramicroscopio m. Instrumento óptico más potente que el microscopio común, gracias a un sistema de ilumi-

604

nación lateral que hace que los objetos aparezcan como puntos brillantes sobre un fondo negro.

ultramoderno, na adj. Muy moderno.

ultramontanismo m. Conjunto de doctrinas teológicas partidarias de una mayor amplitud de los poderes del Papa.

ultramontano, na adj. Que está más allá o de la otra parte de los montes. || Relativo al ultramontanismo. || — Adj. y s. Dícese del partidario del últramontanismo. || *Fig.* Reaccionario, muy conservador.

ultranza (a) m. adv. A muerte: *lucha a ultranza*. || Resueltamente, sin detenerse ante los obstáculos, con decisión. || Sin concesiones.

ultrapresión f. Presión muy elevada.

ultrarrápido, da adj. Muy rápido.

ultrarrealista adj. y s. Monárquico acérrimo.

ultrarrojo, ja adj. Infrarrojo.

ultrasensible adj. De gran sensibilidad.

ultrasonido m. *Fís.* Vibración del mismo carácter que el sonido, pero de frecuencia muy elevada que le hace imperceptible para el oído.

ultratumba adv. Más allá de la tumba, de la muerte.

ultraviolado adj. Ultravioleta.

ultravioleta adj. y s. m. Aplícase a las radiaciones invisibles del espectro situadas más allá del color violado.

ultravirus m. Virus muy pequeño que atraviesa los filtros de porcelana: *ultravirus de la rabia, de la poliomielitis, etc.*

ulúa f. Pez de las costas occidentales de México.

úlula f. Autillo, ave.

ulular v. i. Aullar, dar aullidos, clamar. || *Fig.* Aullar el viento.

ulva f. Alga verde lameliforme.

umbela f. Inflorescencia en la que los pedúnculos nacen en un mismo punto del tallo y se elevan a igual altura.

umbelífero, ra adj. y s. f. Dícese de las plantas dicotiledóneas de flores dispuestas en umbelas, como el hinojo, el perejil, el apio, el comino, la zanahoria, etc. || — F. pl. Familia que forman.

umbilicado, da adj. Que tiene la forma de ombligo.

umbilical adj. Del ombligo.

umbral m. Parte inferior del vano de la puerta, contrapuesta al dintel: *estaba en el umbral de su casa.* || *Fig.* Principio, origen: *en el umbral de la vida.* || En fisiología y psicología, valor mínimo de un estímulo para producir una reacción: *umbral de audibilidad.*

umbrío, a adj. y s. De Umbría.

umbrío, a adj. Sombrío. || — F. Lugar que, por su orientación, está siempre en la sombra.

umbroso, sa adj. Sombrío.

un adj. Apócope de *uno* delante de un sustantivo masculino o de *una* delante de un nombre femenino que empieza por *a* o *ha* acentuada. (V. UNO.)

unánime adj. Conforme, que coinciden en la misma opinión o sentimiento: *todos estaban unánimes en marcharse.* || General, sin excepción: *acuerdo unánime.*

unanimidad f. Conformidad entre varios pareceres. || *Por unanimidad*, de manera unánime: *decisión tomada por unanimidad.*

unciforme adj. Dícese de uno de los huesos de la segunda fila del carpo (ú. t. c. s. m.).

unción f. Ceremonia consistente en aplicar a una persona óleo sagrado. || Extremaunción, sacramento de la Iglesia católica. || Devoción, gran fervor de una persona.

uncir v. t. Sujetar al yugo bueyes, mulas u otros animales.

undécimo, ma adj. Que ocupa el lugar once. || — M. Cada una de las once partes iguales en que se divide un todo.

undulación f. Ondulación.

undulante adj. Ondulante.

undular v. i. Ondular.

U.N.E.S.C.O., siglas de *United Nations Educational Scientific and Cultural Organization* (Organización de las Naciones Unidas para la Educación, la Ciencia y la Cultura).

ungido m. Rey o sacerdote a quien se ha aplicado óleo sagrado.

ungimiento m. Unción.

ungir v. t. Frotar con aceite u otra materia grasa: *ungir con bálsamo.* || Signar a una persona con óleo sagrado: *ungir a un sacerdote por obispo.*

ungüento m. Antiguamente, droga aromática, perfume: *ungüento para embalsamar cadáveres.* || Cualquier medicamento con que se unta el cuerpo. || *Fig.* Remedio con el que se pretende suavizar y ablandar el ánimo para conseguir lo que uno desea.

unguiculado, da adj. y s. m. Dícese de los mamíferos que tienen los dedos terminados por uñas: *los carniceros, roedores y primates son animales unguiculados.*

unguis m. Huesecillo de la parte anterior e interna de cada una de las órbitas que contribuye a formar los conductos lagrimal y nasal.

ungulado, da adj. y s. m. Aplícase a los mamíferos que tienen casco o pezuña. || — M. pl. Grupo de estos mamíferos, herbívoros, que comprende los proboscidios (elefante), los perisodáctilos (caballo, rinoceronte) y los artiodáctilos (porcinos y rumiantes).

ungular adj. De la uña.

unicameral adj. Que tiene una sola cámara.

unicaule adj. De un solo tallo.

U.N.I.C.E.F, siglas de *United Nations International Children's Emergency Fund* (Fondo Internacional de las Naciones Unidas para el Socorro de la Infancia).

unicelular adj. De una sola célula: *organismo unicelular.*

unicidad f. Condición de único.

único, ca adj. Solo en su especie: *es mi única preocupación.* Ú. t. c. s.: *es el único que tengo.* || Solo entre varios: *el único culpable.* || *Fig.* Extraño, extraordinario: *caso único; único en su género.*

unicolor adj. De un solo color.

unicornio m. Animal fabuloso de cuerpo de caballo con un cuerno en mitad de la frente. || Rinoceronte. || *Unicornio marino*, narval.

unidad f. Magnitud tomada como término de comparación con otras magnitudes de la misma especie. || Calidad de lo que es uno (por oposición a *pluralidad*): *haber unidad de poder.* || Calidad de las cosas entre cuyas partes hay coordinación: *unidad en sus proyectos.* || Calidad de la obra artística o literaria en que sólo hay un tema o pensamiento principal o central: *unidad de acción, de lugar, de tiempo.* || Cada uno de los barcos o aviones que componen una flota. || Cada uno de los coches que forman un tren. || Conjunto de militares al mando de un jefe. || *Unidad monetaria*, moneda legal que sirve de base al sistema monetario de un país.

unificación f. Acción y efecto de unificar o unificarse.

unificador, ra adj. y s. Que unifica: *decreto unificador.*

unificar v. t. Reunir varias cosas en una. || Uniformar: *unificar los precios.*

uniformador, ra adj. Que uniforma (ú. t. c. s.).

uniformar v. t. Hacer uniformes dos o más cosas entre sí. || Dar traje igual a las personas de una colectividad: *uniformar a los alumnos de un colegio.* || — V. pr. Ponerse un uniforme.

uniforme adj. Que posee la misma forma, el mismo aspecto, que no presenta variedades: *colores uniformes.* || Siempre parecido, igual: *movimiento uniforme.* || Que no tiene ninguna variedad: *su estilo es uniforme.* || Que no cambia, regular: *vida uniforme.* || — M. Traje igual y reglamentario para todas las personas de un mismo cuerpo o institución: *uniforme de colegiala.* || Traje de los militares. || *Uniforme de gala*, el de mayor lujo, usado en las ceremonias.

uniformidad f. Carácter de lo que es semejante en todas partes, semejanza.

uniformizar v. t. Hacer uniforme.

unigénito, ta adj. Dícese del hijo único. || — M. El Verbo Eterno, el Hijo de Dios.

unilateral adj. Dícese de que se refiere a una parte o aspecto de una cosa: *decisión unilateral.* || Situado en sólo una parte: *estacionamiento unilateral.* || *Bot.* Que está colocado solamente a un lado: *panojas unilaterales.* || *For.* Que compromete sólo a una de las partes: *pactos unilaterales.*

unilateralidad f. Carácter unilateral.

uninominal adj. Que sólo contiene o indica un nombre.

unión f. Reunión, asociación de dos o varias cosas en una sola: *la unión del* alma y del cuerpo. || Asociación, conjunción, enlace entre dos o más cosas: *¡qué difícil es la unión de tantas cualidades dispares!* || Asociación de personas, de sociedades o colectividades con objeto de conseguir un fin común: *unión de productores.* || Conformidad de sentimientos e ideas: *unión de corazones.* || Casamiento, matrimonio: *unión conyugal.* || Acto que une bajo un solo gobierno varias provincias o Estados. || Provincias o Estados así reunidos: *la Unión Americana.* || Asociación por la que dos o varios Estados vecinos suprimen la aduana en las fronteras que les son comunes: *unión arancelaria.* || *Med.* Restablecimiento de la continuidad de los tejidos lesionados: *unión de los labios de una herida.* || *Tecn.* Cierta clase de juntas, empalmes, manguitos, etc. || *En unión de*, en compañía de.

unionense adj. y s. De La Unión (España y El Salvador).

unionismo m. Doctrina de los unionistas.

unionista adj. y s. Partidario de cualquier idea de unión.

unipersonal adj. Que consta de una sola persona: *gobierno unipersonal.* || Individual, de una sola persona: *propiedad unipersonal.* || Aplícase a los verbos que únicamente se emplean en la tercera persona y en el infinitivo, pero, a diferencia de los impersonales, tienen sujeto expreso: *acaecieron graves disturbios en la ciudad.*

unir v. t. Juntar dos o varias cosas: *unió los dos pisos.* || Asociar: *unir dos empresas, dos Estados.* || Establecer un vínculo de afecto, de cariño, de amistad: *tantos pesares compartidos me unían mucho a ella.* || Hacer que se verifique un acercamiento: *las desgracias de la guerra unieron a los dos Estados.* || Casar: *los unió el arzobispo* (ú. t. c. pr.). || Mezclar, trabar: *unir una salsa* (ú. t. c. i.). || *Med.* Juntar los labios de una herida. || — V. pr. Asociarse, juntarse.

unisexual adj. Dícese de las flores que tienen sólo estambres o sólo pistilos y, a veces, de animales de un solo sexo.

unisón adj. Unísono.

unisonancia f. *Mús.* Concurrencia de dos o más voces o instrumentos de un mismo tono.

unísono, na adj. Que tiene el mismo tono o sonido que otra cosa. || — M. Unisonancia. || *Al unísono*, en el mismo tono; (fig.) al mismo tiempo, de acuerdo, armónicamente.

unitario, ria adj. Compuesto de una sola unidad: *Estado unitario.* || — Adj. y s. m. Partidario de la unidad y de la centralización política: *los unitarios argentinos defendían la Constitución centralizadora del país de 1819 y se oponían a los federalistas.* || Hereje que sólo reconocía una persona en Dios, como los socinianos.

unitarismo m. Doctrina profesada por los unitarios.

univalvo, va adj. Aplícase al molusco de una sola valva. || Dícese del fruto cuya cáscara no tiene más que una sutura.

universal adj. Que pertenece o se extiende a todo el mundo y a todos los tiempos: *Iglesia, historia, exposición universal.* || Que procede de todos: *aprobación universal.* || Aplícase a la persona versada en muchas ciencias. || Válido de una manera total e imperativa: *principios, leyes universales.* || — M. pl. En la filosofía escolástica, los conceptos, las ideas generales.

universalidad f. Carácter de lo que es general, universal, mundial. || Carácter de una proposición lógica universal. || *For.* Conjunto formado por los bienes, derechos, acciones y obligaciones del difunto en una herencia.

universalismo m. Opinión que no admite más autoridad que la emanada del consentimiento universal.

universalista adj. y s. Partidario del universalismo.

universalización f. Acción y efecto de universalizar.

universalizar v. t. Hacer universal, generalizar.

universidad f. Institución de enseñanza superior constituida por varios centros docentes, llamados, según los países, facultades o colegios en los que se confieren los grados académicos. || Edificio donde reside.

universitario, ria adj. Relativo a la universidad: *título universitario.* || — M. y f. Estudiante en la universidad o persona que ha obtenido en ella un grado o título.

universo m. Mundo, conjunto de todo lo existente. || La Tierra y sus habitantes. || La totalidad de los hombres: *denigrado por todo el Universo.* || Medio en el que uno vive: *el pueblo en que vive constituye todo su universo.* || *Fig.* Mundo material, intelectual o moral: *un universo activo y social.*

unívoco, ca adj. Dícese de lo que tiene el mismo significado para todas las cosas a las cuales se aplica.

uno, na adj. Que no se puede dividir: *la patria es una.* || Idéntico, semejante. || Dícese de la persona o cosa profundamente unida con otra: *estas dos personas no son más que una.* || — Adj. num. Que corresponde a la unidad: *este trabajo duró un día.* || — M. El primero de los números: *el uno.* || Unidad: *uno y tres son cuatro; tiene dos hermanos y yo uno.* || — Pron. indef. Dícese de una persona indeterminada o cuyo nombre se ignora: *uno me lo afirmó esta tarde rotundamente.* || Úsase también contrapuesto a otro: *uno tocaba y el otro cantaba.* || — Art. indef. Alguno, cualquier individuo: *un escritor.* || — Pl. Algunos: *unos amigos.* || Un par de: *unos guantes.* || Aproximadamente: *unos cien kilómetros.* || — *A una*, simultáneamente, a la vez. || *Cada uno*, cada persona considerada separadamente. || *De uno en uno, uno a uno, uno por uno, uno tras otro.* || *En*

uno, reunidos en uno solo. || *La una*, la primera hora después de mediodía o medianoche. || *Una de dos*, dícese para contraponer dos ideas: *una de dos: o tú te vas o yo me voy.* || *Uno a otro*, recíprocamente. || *Uno de tantos*, una persona o cosa cualquiera. || *Uno que otro*, algunos. || *Unos cuantos*, algunos, no muchos.

untadura f. y **untamiento** m. Untura. || Cosa con que se unta.

untar v. t. Cubrir con una materia grasa o pastosa: *untar con aceite una máquina.* || *Fig.* y *fam. Untar la mano a uno*, sobornarle. || — V. pr. Mancharse con una materia untuosa. || *Fig.* y *fam.* Sacar provecho ilícito de las cosas que se manejan.

unto m. Materia grasienta con que se unta. || Ungüento. || Grasa o gordura del animal. || *Chil.* Betún para el calzado. || *Fig.* y *fam.* *Méx. Unto de México* o *de rana*, dinero empleado para sobornar.

untuosidad f. Estado de lo que es untuoso.

untuoso, sa adj. Grasiento.

untura f. Acción de untar. || Ungüento, unto.

uña f. Parte dura, de naturaleza córnea, que crece en el extremo de los dedos: *las uñas de las manos.* || Garra de ciertos animales: *las uñas del gato.* || Casco o pezuña de otros animales: *las uñas del caballo.* || Gancho de la cola del alacrán. || Dátil, molusco. || Hendidura en ciertos objetos como los cajones para empujarlos o cogerlos con las uñas. || Punta o garfio de ciertas herramientas. || Cada una de las puntas triangulares en que terminan los brazos de un ancla. || — *Fig. A uña de caballo*, muy rápidamente. | *De uñas*, enemistados. | *Enseñar* o *mostrar alguien las uñas*, amenazar. | *Largo de uñas*, inclinado a robar. | *Ser uña y carne dos personas*, ser muy amigas.

uñero m. Inflamación alrededor de la uña. || Uña que crece mal, introduciéndose en la carne, especialmente en los dedos de los pies. || Corte semicircular que se hace en las hojas de algunos libros y que permite encontrar fácilmente lo que se quiere consultar: *un diccionario con uñeros.*

uñeta f. Uña pequeña.

¡upa! interj. ¡Aúpa!

upar v. t. Aupar.

ura f. *Arg.* Larva de una mosca que se mete bajo la piel de los animales.

uralaltaico, ca adj. Aplícase a un grupo de lenguas que comprende el mogol, el turco y el ugrofinés.

uralita f. Silicato natural de ciertas rocas básicas. || Nombre comercial de un material análogo al fibrocemento y utilizado en la construcción.

uraloaltaico, ca adj. Dícese de una familia etnográfica que comprende los búlgaros, húngaros, etc. || Uralaltaico.

uranato m. Sal del ácido uránico: *uranato sódico.*

uranífero, ra adj. Con uranio.

uranio m. Metal (U) de número atómico 92, de densidad 18,7 que se saca del urano. (El átomo del *uranio*, poco radiactivo, es fisible y desprende grandes cantidades de energía, cuando es bombardeado por neutrones.)

urano m. Óxido de uranio.

urato m. Sal del ácido úrico.

urbanidad f. Cortesía, buenos modales, buena educación.

urbanismo m. Conjunto de medidas de planificación, administrativas, económicas y sociales referentes al desarrollo armónico, racional y humano de las poblaciones.

urbanista adj. Urbanístico. || — M. y f. Arquitecto que se dedica al urbanismo.

urbanístico, ca adj. Relativo al urbanismo: *plan urbanístico*.

urbanización f. Acción de urbanizar una porción de terreno. || Centro de población. || Fenómeno demográfico consistente en el aumento de la población urbana.

urbanizador, ra adj. y s. Dícese de la persona o empresa que urbaniza.

urbanizar v. t. Hacer urbano y sociable a uno: *urbanizar a un palurdo*. || Hacer que un terreno pase a ser población abriendo calles y dotándolo de luz, alcantarillado y servicios municipales: *urbanizar los alrededores de una ciudad*.

urbano, na adj. De la ciudad, en contraposición a *rural: propiedad urbana.* || Cortés, de buena educación: *persona urbana.*

urbe f. Ciudad grande.

urco m. *Amer.* Macho de la llama.

urdidera f. Especie de devanadera utilizada para la urdimbre.

urdidor, ra adj. y s. Que urde: *es un gran urdidor de intrigas palaciegas.* || — M. Urdidera.

urdimbre f. Conjunto de hilos paralelos colocados en el telar entre los que pasa la trama para formar el tejido. || Estambre urdido para tejerlo. || *Fig.* Maquinación, intriga, trama.

urdir v. t. Preparar los hilos de la urdimbre para ponerlos en el telar. || *Fig.* Maquinar, preparar, tramar: *urdir un pronunciamiento.*

urea f. Sustancia nitrogenada derivada del ácido carbónico que existe en la sangre y orina de los carnívoros.

uremia f. Conjunto de síntomas provocados por la acumulación en la sangre de principios tóxicos que normalmente deberían ser eliminados por el riñón.

urémico, ca adj. Relativo a la uremia.

uréter m. Cada uno de los dos conductos por los que la orina va de los riñones a la vejiga.

uretra f. Conducto por el que se expulsa la orina de la vejiga.

uretral adj. De la uretra.

uretritis f. Inflamación de la membrana mucosa de la uretra.

urgencia f. Carácter de lo que es urgente. || Necesidad apremiante. || Obligación de cumplir los leyes o preceptos. || *Cura de urgencia*, primeros auxilios prestados a un herido o enfermo.

urgente adj. Que urge, apremiante: *labor urgente.* || Que se cursa con rapidez: *correo urgente.*

urgir v. i. Exigir una cosa su pronta ejecución, correr prisa: *el asunto urge.* Ú. t. c. impers.: *urge terminar estas obras.* || Ser inmediatamente necesario: *me urge mucho.* || — V. t. Compeler, apremiar: *los delegados urgieron al Congreso para tomar estas medidas.*

uribiense adj. y s. De Uribia.

úrico, ca adj. De la orina o del ácido úrico. || *Ácido úrico*, compuesto orgánico que hay en la orina y, en menor dosis, en la sangre, cuya acumulación produce el reumatismo y la gota.

urinario, ria adj. De la orina: *conducto urinario.* || — M. Lugar destinado para orinar en sitios públicos, como calles, salas de espectáculos, etc.

urinífero, ra adj. Que conduce orina: *tubos uriníferos del riñón.*

urna f. Vasija de forma y tamaño variable donde los antiguos guardaban dinero, las cenizas de los muertos, etc., o con que sacaban el agua. || En sorteos y votaciones, caja donde se depositan las papeletas: *urna electoral.* || Caja de cristales donde se guardan cosas preciosas, como las reliquias, para que puedan ser vistas sin estropearse. || *Ir a las urnas*, votar.

uro m. Especie de toro salvaje común en Europa en la Edad Media y desaparecido desde el s. XVII.

urodelo adj. m. y s. m. Aplícase a los batracios de cuerpo largo, miembros cortos y cola larga, como la salamanquesa y el tritón. || — M. pl. Género que forman.

urogallo m. Ave gallinácea de plumaje pardo negruzco, que vive en los bosques de Europa.

urogenital adj. Relativo a los órganos genitourinarios.

urografía f. Radiografía de las vías urinarias y de los riñones, tomada después de la inyección intravenosa de un producto yodado opaco a los rayos X.

urología f. Parte de la medicina que estudia particularmente el aparato urinario.

urólogo m. Especialista en urología: *médico urólogo.*

urraca f. Pájaro domesticable, de plumaje blanco y negro y larga cola, que remeda palabras y sonidos musicales. || *Fig.* y *fam.* Persona aficionada a hablar, cotorra.

urticáceo, a adj. y s. f. Aplícase a las plantas dicotiledóneas, como la ortiga. || — F. pl. Familia que forman.

urticante adj. Aplícase a los animales y vegetales cuyo contacto produce un picor semejante al causado por las ortigas.

urticaria f. Erupción caracterizada por la aparición en la piel de placas o ronchas pruriginosas acompañadas de un fuerte picor, y debida generalmente a una reacción alérgica al ingerir ciertos alimentos, como fresas, huevos, crustáceos, etc.

urubú m. Ave rapaz diurna de América del Sur, parecida al buitre.

urucú m. *Arg., Bol.* y *Parag.* Árbol de poca altura, flores rojas y fruto oval.

uruguayismo m. Palabra o giro propio del Uruguay.

uruguayo, ya adj. y s. Del Uruguay.

urundey o **urunday** m. *Riopl.* Árbol terebintáceo cuya madera se emplea en la construcción.

urundi adj. y s. Dícese de una raza de África central (Burundi).

urutaú m. *Arg.* Pájaro nocturno de plumaje pardo oscuro.

urutí m. *Arg.* Pajarito cuyo plumaje es de colores variados.

usado, da adj. Gastado por el uso: *un traje usado.* || Empleado, utilizado.

usagre m. Erupción pustulosa que aparece en el rostro de ciertos niños durante la primera dentición.

usanza f. Uso, costumbre, moda: *a la antigua usanza.*

usapuca f. *Arg.* Ácaro de color rojizo que se fija en la piel humana y produce una fuerte picazón. Es llamado también *piojo colorado.*

usar v. t. Utilizar, emplear habitualmente: *uso tinta negra para escribir.* || Tener costumbre de llevar: *usar gafas.* || — V. i. Hacer uso de: *usar de su derecho.* || Acostumbrar. || — V. pr. Emplearse: *esta palabra ya no se usa.* || Llevarse habitualmente: *ya no se usan miriñaques.*

ushuaiense adj. y s. De Ushuaia (Argentina).

usía com. Contracción de *useñoría.*

usina f. Galicismo por fábrica, especialmente la que produce gas o electricidad, empleado frecuentemente en Uruguay y Argentina.

uso m. Acción de utilizar o valerse de algo: *el buen uso de las riquezas; hacer uso de la fuerza.* || Aplicación: *este aparato tiene muchos usos.* || Costumbre, práctica consagrada: *el uso del país.* || Moda: *el uso de la capa.* || Acción de llevar: *uso indebido de condecoraciones.* || — *Al uso,* que se estila; de moda; a usanza de: *al uso aragonés.* || *En buen uso,* en buen estado. || *En uso de,* valiéndose de. || *Fuera de uso,* que ya no se utiliza. || *Ser de uso,* emplearse; llevarse. || *Tener uso de razón,* haber pasado de la infancia y ser capaz de discernimiento.

usted com. Contracción de *vuestra merced,* que se usa como pronombre personal de segunda persona "de respeto". — OBSERV. *Usted* tiene que ir seguido del verbo en tercera persona, pero es una falta muy corriente en Andalucía y en Hispanoamérica el hacer concordar *ustedes* con la segunda persona del plural del verbo como si se tratara de *vosotros.*

usual adj. Que es de uso o se hace habitualmente.

usuario, ria adj. y s. Aplícase a la persona que emplea cierto servicio: *los usuarios del gas, de la carretera.* || *For.* Aplícase a la persona que disfruta del uso de algo.

usucapión f. *For.* Adquisición de una cosa por haberla poseído durante cierto tiempo determinado por la ley sin que la reclame su legítimo dueño.

usucapir v. t. *For.* Adquirir una cosa por usucapión.
— Observ. Este verbo se usa en infinitivo.

usufructo m. Derecho de disfrutar de algo cuya propiedad directa pertenece a otro.

usufructuar v. t. Tener o gozar el usufructo de una cosa.

usuluteco, ca adj. y s. De Usulután.

usupuca f. *Arg.* Garrapata.

usura f. Interés que se cobra por un préstamo. || Interés superior al legalmente establecido, que se pide por la cantidad prestada. || Préstamo con un interés excesivo. || *Fig. Con usura,* con exceso, más de lo recibido.

usurario, ria adj. Que implica usura: *préstamo usurario.*

usurero, ra m. y f. Persona que presta con usura (ú. t. c. adj.).

usurpación f. Acción de usurpar: *usurpación de poderes.* || Cosa usurpada. || *For.* Delito que se comete apoderándose con violencia o intimidación de una propiedad o derecho ajeno.

usurpador, ra adj. y s. Aplícase a la persona que usurpa bienes o derechos ajenos.

usurpar v. t. Apoderarse o disfrutar indebidamente de un bien o derecho ajeno: *usurpar el poder.*

usuta f. *Amer.* Ojota.

ut m. (Ant.). Do, nota musical.

uta m. Saurio de la familia de los iguánidos que se encuentra desde Nuevo México a Baja California.

utensilio m. Objeto de uso manual destinado a realizar ciertas operaciones: *las cacerolas y cucharones son utensilios de cocina.*

uterino, na adj. Relativo al útero: *arteria uterina.* || Hermano uterino, el que lo es sólo de madre.

útero m. *Anat.* Matriz.

útil adj. Que es de provecho: *obras útiles.* || Eficiente, que puede prestar muchos servicios: *una persona muy útil.* || *For.* Hábil: *plazo útil.* || — M. pl. Utensilios: *útiles de labranza.*

utilidad f. Servicio prestado por una persona o cosa: *la utilidad de una organización.* || Provecho que se saca de una cosa: *la utilidad de los estudios.* || — Pl. Ingresos procedentes del trabajo personal, del capital, etc., que suelen gravarse con un impuesto.

utilitario, ria adj. Que antepone a todo la utilidad y el interés: *persona utilitaria.* || Aplícase al automóvil pequeño y no de lujo (ú. t. c. s. m.).

utilitarismo m. Sistema ético que valora las acciones por la utilidad que tienen: *el utilitarismo de Stuart Mill.*

utilitarista adj. Relativo al utilitarismo. || Adepto del utilitarismo (ú. t. c. s.).

utilizable adj. Que puede utilizarse.

utilización f. Uso.

utilizador, ra adj. Aplícase a la persona que utiliza o se sirve de algo (ú. t. c. s.).

utilizar v. t. Emplear, servirse de: *utilizar las herramientas.*

utillaje m. Conjunto de herramientas, instrumentos o máquinas utilizado en una industria.

uto-azteca adj. y s. Dícese de una familia de indios americanos que habitaba desde las Montañas Rocosas hasta Panamá. (Llamada tb. *yuto-azteca.*)

utopía f. Concepción imaginaria de un gobierno ideal. || Proyecto cuya realización es imposible.

utópico, ca adj. Relativo a la utopía: *ideas utópicas.* || Socialismo utópico, doctrina socialista fundada en un ideal sentimentalista y reformador, como en el caso del furierismo, por oposición al *socialismo científico.*

utopista m. y f. Persona inclinada a imaginar utopías o a creer en ellas.

uturunco m. *Arg.* Jaguar.

utzupec m. Planta mexicana de látex blanco. || Jazmín de perro.

uva f. Fruto de la vid consistente en bayas blancas o moradas que forman un racimo. || Cada una de estas bayas. || Fruto del agracejo. || —*Fig. y fam. Estar de mala uva,* estar de mal humor. | *Meter uvas con agraces,* mezclar cosas inconexas. || *Uva de América,* planta herbácea de cuyas semillas se extrae una laca roja; hierba carmín. || *Uva de playa,* fruto del uvero, muy dulce y del tamaño de una cereza grande. || *Uva moscatel,* la de sabor dulce y de grano redondo y liso. || *Uva pasa,* la secada al sol.

uve f. Nombre de la letra *v.* || *Uve doble,* nombre de la letra *w.*

úvea f. Capa pigmentaria del iris del ojo.

uveítis f. Inflamación de la úvea.

uveral m. *Amer.* Terreno plantado de uveros.

uvero, ra adj. Relativo a las uvas: *producción uvera.* || — M. Árbol poligonáceo de las Antillas y América Central, cuyo fruto es la uva de playa. || — M. y f. Persona que vende uvas.

úvula f. Apéndice carnoso y móvil que cuelga de la parte posterior del velo palatino.

uvular adj. Relativo a la úvula. || Aplícase al sonido articulado en la úvula.

¡uy! interj. Denota sorpresa o dolor.

V

v f. Vigésima tercera letra del alfabeto castellano y decimoctava de sus consonantes. (Se dice *uve* o *ve* y su sonido es casi igual que el de la *b*.) || — V, cifra romana que vale cinco. || Símbolo químico del *vanadio*. || *Electr.* Símbolo del *voltio*. || Símbolo de *velocidad* y *volumen*. || *V doble*, la w.

Va, símbolo del *voltio-amperio*.

vaca f. Hembra del toro: *vaca lechera*. || Carne de res vacuna que sirve de alimento: *estofado de vaca*. || Cuero de vaca o buey después de curtido: *un cinturón de vaca*. || *Pop.* Asociación de varias personas para jugar dinero en común, por ej. en la lotería. (Tb. se dice *vaquita*.) || — *Vaca de montaña* o *de anta*, el tapir. || *Vaca de San Antón*, mariquita, insecto. || *Vaca marina*, el manatí. || *Fig. Vacas flacas, vacas gordas*, expresiones que se emplean para aludir a épocas de escasez o de abundancia, respectivamente.

vacabuey m. *Cub.* Árbol de fruto comestible y de madera empleada en construcción.

vacaciones f. pl. Período de descanso: *vacaciones retribuidas o pagadas*. || Período en que se suspenden las clases: *vacaciones de verano*. || Suspensión legal anual de las audiencias en un tribunal.

vacada f. Manada de ganado vacuno.

vacancia f. Vacante.

vacante adj. Aplícase al cargo o empleo sin proveer: *sede vacante*. || Sin ocupar: *piso vacante*. || — F. Plaza o empleo no ocupado por nadie: *cubrir las vacantes*.

vacar v. i. Quedar un cargo o empleo sin persona que lo desempeñe: *en la universidad vacan dos cátedras*. || Cesar uno por algún tiempo en sus habituales negocios o estudios. || Carecer: *no vacó de misterio, de preocupaciones*.

vacaray m. *Arg.* Ternero nonato.

vacatura f. Tiempo que está vacante un empleo o cargo.

vaciadero m. Sitio donde se vacía una cosa. || Conducto por donde se vacía.

vaciado m. Acción de vaciar en un molde un objeto de metal, yeso, etc.: *el vaciado de una estatua*. || Figura o adorno formado en un molde: *vaciado de yeso*. || Acción de vaciar un depósito. || Formación de un hueco. || Afilado de un cuchillo.

vaciado, da adj. *Méx.* Interesante, curioso.

vaciador m. Operario que vacía. || Instrumento para vaciar.

vaciar v. t. Dejar vacía una cosa: *vaciar una botella, una bolsa*. || Verter, arrojar: *vaciar escombros, agua en el patio*. || Beber: *vaciar el contenido de un vaso*. || Hacer evacuar: *vaciar una sala pública*. || Formar objetos, echando en un molde de yeso o metal derretido: *vaciar una estatua en bronce*. || Dejar hueca una cosa, ahuecar: *vaciar un tronco para que flote mejor*. || Sacar filo: *vaciar una cuchilla*. || *Fig. y fam. Vaciar el saco uno*, decir sin reparo lo que debía callar, desahogarse. || — V. i. Desaguar, desembocar: *el Ebro vacía en el Mediterráneo*. || — V. pr. *Fig. y fam.* Decir uno abiertamente lo que debía callar.

vaciedad f. Cosa vana, frivolidad. || Sandez.

vacilación f. Balance, vaivén. || *Fig.* Perplejidad, irresolución, duda, indecisión.

vacilada f. *Méx.* Broma, tomadura de pelo.

vacilante adj. Que vacila: *paso vacilante*.

vacilar v. i. Moverse por falta de estabilidad, tambalearse, titubear. || Temblar levemente: *luz que vacila*. || *Fig.* Tener poca estabilidad o firmeza: *vacilar las instituciones del régimen*. | Dudar, titubear, estar uno perplejo o indeciso: *vacilar en sus resoluciones*. | *Memoria que vacila*, memoria poco segura. || — V. t. *Méx.* Bromear, tomar el pelo.

vacilón m. *Méx.* Fiesta, jolgorio, juerga.

vacío, a adj. Falto de contenido: *saco vacío*. || Que contiene sólo aire: *botella vacía*. || Que no tiene aire: *neumático vacío*. || Que está sin habitantes o sin gente: *ciudad vacía*. || Sin muebles: *habitación vacía*. || Se aplica a la hembra que no tiene cría. || *Fig.* Insustancial, superficial: *espíritu vacío*. | Presuntuoso, vano. | *Volver con las manos vacías o de vacío*, volver sin haber conseguido lo que se pretendía. || — M. *Fís.* Espacio que no contiene materia alguna: *hacer el vacío*. || Espacio en el cual las partículas materiales se hallan muy enrarecidas. || Hueco en un cuerpo cualquiera. || Ijada. || *Fig.* Vacante, empleo

sin proveer: *llenar los vacíos de la oficina*. | Sentimiento penoso de ausencia, de privación: *su muerte dejó un gran vacío*. | Vanidad, vacuidad, nada. || — *Fig. Caer en el vacío* una cosa, no hacerle el menor caso. | *De vacío*, sin carga: *el autobús volvió de vacío*. | *Fig. Hacer el vacío a uno*, dejarlo aislado. | *Tener un vacío en el estómago*, tener hambre.

vacuidad f. Estado de una cosa o de un órgano vacíos.

vacuna f. Enfermedad de la vaca o del caballo, caracterizada por una erupción pustulosa, transmisible al hombre, a quien le hace inmune contra la viruela. || Preparación microbiana atenuada en su virulencia que, inoculada a una persona o a un animal, le inmuniza contra una enfermedad determinada: *vacuna antidiftérica, antirrábica*.

vacunación f. Inmunización contra alguna enfermedad por medio de una vacuna: *la vacunación fue descubierta por Jenner*.

vacunada f. *Chil., C. Rica, Méx.* y *Salv.* Vacunación.

vacunar v. t. Poner una vacuna a una persona para inmunizarla de una enfermedad: *vacunar contra las viruelas*. || *Fig. y fam.* Inmunizar contra un mal, preparar para afrontar cualquier dificultad.

vacuno, na adj. Relativo a los bueyes y vacas: *ganado vacuno*. || — M. Res vacuna.

vacunoterapia f. Conjunto de métodos terapéuticos fundado en la aplicación de vacunas.

vacuo, a adj. Insustancial, sin interés, frívolo. || Vacío. || Vacante.

vacuola f. Cavidad llena de líquido que hay en el citoplasma de una célula.

vadeable adj. Que se puede vadear: *río vadeable*. || *Fig.* Que se puede resolverse o superarse.

vadear v. t. Atravesar un río por el vado. || *Fig.* Vencer, superar, esquivar una dificultad. | Tantear las disposiciones de uno. || — V. pr. Manejarse.

vademécum m. Libro en el que se hallan los datos o las nociones de una materia empleadas más frecuentemente. || Cartapacio, carpeta en que llevan los estudiantes sus libros y papeles.

vado m. Lugar de un río en donde hay poca profundidad y que se puede pasar sin perder pie. || Rebajamiento del bordillo de una acera de una calle para facilitar el acceso de un vehículo a una finca urbana. || *Fig.* Recurso, solución en un asunto.

vagabundear v. i. Llevar vida de vagabundo.

vagabundeo m. Acción de vagabundear, vagancia. || Vida de vagabundo.

vagabundo, da adj. Que va sin dirección fija, que anda errante de una parte a otra: *vida vagabunda*. || *Fig.* Desordenado, sin orden: *imaginación vagabunda*. || — M. Persona que no tiene domicilio determinado ni medios regulares de subsistencia.

vagancia f. Estado del que no tiene domicilio ni medios de subsistencia lícitos: *la vagancia es un delito*. || Ociosidad, pereza.

vagar v. i. Andar errante, sin rumbo: *vagar por el pueblo*. || Andar ocioso. || Estar sin oficio y no tener domicilio legal.

vagido m. Gemido o grito débil del niño recién nacido.

vagina f. Conducto que en las hembras de los mamíferos se extiende desde la vulva hasta la matriz. || En ciertas plantas, vaina ensanchada y envolvente de algunas hojas.

vaginal adj. Relativo a la vagina: *mucosa vaginal*.

vaginismo m. Contracción espasmódica y dolorosa de los músculos de las paredes de la vagina causada por trastornos neuróticos.

vaginitis f. Inflamación de la mucosa de la vagina.

vagneriano, na adj. Wagneriano.

vago, ga adj. Ocioso, perezoso: *un alumno muy vago*. Ú. t. c. s.: *la ciudad estaba llena de vagos*. || Indeterminado, confuso, indeciso: *tener una vaga idea*. || Impreciso, falto de nitidez: *trazos vagos*. || *Nervio vago*, décimo nervio craneal o cerebral que sale del sistema nervioso central por orificios existentes en la base del cráneo, desciende por las partes laterales del cuello, penetra en las cavidades del pecho y el vientre, y termina en el estómago y el plexo solar.

vagón m. Coche de ferrocarril para el transporte de viajeros o de mercancías: *vagón de primera clase, vagón cisterna*. || Carro grande de mudanzas: *vagón capitoné*.

vagoneta f. Vagón pequeño y descubierto usado para transporte de tierras, carbón, etc.

vagotonía f. Excitación anormal del nervio vago.

vaguada f. Fondo de un valle.

vaguear v. i. Vagar.

vaguedad f. Calidad de vago: *la vaguedad de sus palabras*. || Expresión poco precisa: *perderse en vaguedades*.

vaguido m. Vahído.

vahído m. Pérdida del conocimiento, desmayo: *darle a uno un vahído*.

vaho m. Vapor tenue que despide un cuerpo. || Aliento.

vaina f. Estuche o funda de ciertas armas o instrumentos: *la vaina de la espada, de un bisturí, de un punzón*. || *Bot.* Envoltura alargada y tierna de las semillas de las plantas leguminosas: *la vaina de las judías, de las habas*. || Ensanchamiento del pecíolo de ciertas hojas que envuelve el tallo. || *Mar.* Dobladillo con que se refuerza la orilla de una vela. || Casquillo de los cartuchos de las armas de fuego. || *Fam.* Molestia, contratiempo. || *Fam. Col.* Chiripa, suerte. || — Com. *Fam.* Botarate, majadero, tontaina.

vainica f. Deshilado menudo que hacen por adorno las costureras en la tela.

vainilla f. Planta trepadora orquidácea oriunda de México, cuyo fruto se emplea en pastelería para aromatizar. || Fruto de esta planta, en forma de judía, de unos 25 centímetros de largo. || Heliotropo de América.

vainillina f. Principio aromático de la vainilla, utilizado en perfumería y pastelería, que se obtiene por síntesis.

vaivén m. Balanceo, movimiento de un objeto que oscila: *el vaivén del péndulo del reloj de pared*. || *Fig.* Alternativa, variedad de las cosas: *los vaivenes políticos, de la suerte*. || *Mar.* Cabo delgado formado de tres cordones empleado en forrar otros cabos más gruesos.

vajilla f. Conjunto de vasos, tazas, platos, fuentes, etc., para el servicio de la mesa.

valaco, ca adj. y s. De Valaquia. || — M. Lengua hablada por los habitantes de Valaquia.

valdense adj. y s. Partidario de una sociedad religiosa, que, creada por el heresiarca Pedro de Valdo (1179), pretendía devolver a la Iglesia su pobreza apostólica.

valdepeñas m. Vino tinto de Valdepeñas (España).

valdiviano, na adj. y s. De Valdivia (Chile).

vale m. Papel o documento que se puede cambiar por otra cosa. || Documento por el que se reconoce una deuda, pagaré: *un vale por mil euros*. || Nota o papel que se da al repartidor de algo a domicilio para que acredite la entrega y cobre el importe. || Contraseña que permite a la persona que la tiene, asistir gratuitamente a un espectáculo. || *Amer.* Valedor, amigo.

valedero, ra adj. Válido, con capacidad para producir su efecto.

valedor, ra m. y f. Protector. *Amer.* Camarada, amigo.

valencia f. *Quím.* Número máximo de átomos de hidrógeno que pueden combinarse con un átomo de cuerpo simple.

valencianismo m. Vocablo o expresión propios de Valencia (España).

valenciano, na adj. y s. De Valencia (España y Venezuela). || — M. Dialecto del catalán, hablado en la mayor parte del antiguo reino de Valencia. || — F. *Méx.* Dobladillo en la parte baja del pantalón.

valentía f. Valor, brío para arrostrar peligros: *la valentía de un soldado*. || Hecho realizado con valor. || Jactancia, arrogancia: *la valentía del perdonavidas*. || Gallardía, vigor: *pintor que maneja el pincel con valentía*.

valentón, ona adj. y s. Bravucón, que se las da de valiente.

valentonada f. Demostración o prueba de valor.

valer m. Valor, mérito.

*valer v. t. Procurar, dar: *sus estudios le valieron una gran consideración*. || Ser causa de: *su pereza le valió un suspenso en el examen*. || — *Valer la pena una cosa*, merecer el trabajo que en ella se emplea. || *Fig. Valer una cosa lo que pesa en oro o tanto oro como pesa, valer mucho*. || *¡Válgame Dios!*, exclamación de sorpresa, susto, compasión, etc. || *Válgame la frase*, permítame emplearla. || — V. i. e impers. Tener una cosa un precio determinado: *esta casa vale mucho dinero*. || Equivaler, tener el mismo significado: *en música, una blanca vale dos negras*. || Servir: *esta astucia no le valió*. || Ser válido, tener efectividad: *sus argumentos no valen*. || Ser conveniente o capaz: *este chico no vale para este cargo*. || Tener curso legal una moneda. || — *Hacer valer sus derechos*, hacerlos reconocer. || *No valer para nada una persona o cosa*, ser inútil. || *Vale*, está bien, conforme; basta. || *Valer por*, tener el mismo valor: *este hombre vale por tres*. || — V. pr. Servirse de una cosa: *valerse de un bastón para andar*. || Recurrir, acogerse a: *valerse de sus relaciones*. || *No poder valerse*, estar imposibilitado por la edad o los achaques para hacerse sus propias cosas.

valeriana f. Planta valerianácea, de flores rosas, blancas o amarillentas, que se usa como antiespasmódico.

valerianáceo, a adj. y s. f. Dícese de unas plantas dicotiledóneas y gamopétalas que tienen por tipo la valeriana. || — F. pl. Familia que forman.

valerianato m. Sal del ácido valeriánico usada como calmante.

valeriánico adj. Se aplica al ácido que hay en la raíz de la valeriana.

valeroso, sa adj. Valiente, que tiene valor o coraje: *un soldado valeroso*.

valet m. Sota o jota en la baraja francesa.

valetudinario, ria adj. y s. Enfermizo, de salud achacosa.

valí m. En un Estado musulmán, gobernador de una provincia.

valía f. Valor, estimación: *orador de gran valía*. || *Fig.* Privanza o valimiento.

valichú m. *Riopl.* Gualichú, espíritu maligno entre los indios.

validación f. Acción de validar: *la validación de una elección*.

validar v. t. Hacer válida una cosa, certificarla, ratificarla: *validar un acta*.

validez f. Calidad de válido: *la validez de un argumento.* || Tiempo en que un documento es válido: *la validez del pasaporte.*

valido, da adj. Que goza de valimiento. || — M. Favorito, el que goza de la gracia de un poderoso, privado.

válido, da adj. Robusto, sano: *hombre válido.* || *Fig.* Que satisface los requisitos legales para producir efecto: *contrato válido.*

valiente adj. Valeroso, que está dispuesto a arrostrar los peligros, esforzado: *un soldado muy valiente* (ú. t. c. s.). || Valentón, bravucón, baladrón (ú. t. c. s.). || *Fig.* Grande: ¡*valiente frío!* || Úsase irónicamente con el significado de menudo: ¡*valiente amigo tienes!*

valija f. Maleta. || Saco de cuero en que el cartero lleva la correspondencia. || *Valija diplomática,* conjunto de paquetes transportados por correo diplomático y que están dispensados del registro en las aduanas.

valijero m. El que conduce la correspondencia de una caja principal de correos a los pueblos de travesía. || El que lleva la valija diplomática.

valimiento m. Privanza, favor de que disfruta una persona por parte de otra: *favorito que tiene valimiento con el rey.*

valioso, sa adj. De mucho valor: *una joya valiosa.* || Estimado, muy apreciado: *un asesoramiento valioso.*

valisoletano, na adj. y s. Vallisoletano.

valla f. Cerca que se pone alrededor de algo para defensa o protección o para establecer una separación. || Obstáculo artificial puesto en algunas carreras o pruebas deportivas: *100 metros vallas.* || *Fig.* Obstáculo, estorbo, impedimento.

valladar m. Valla, obstáculo.

vallado m. Valla.

vallar v. t. Cercar un sitio con una valla: *vallar un terreno con alambres de púas.*

valle m. Llanura entre dos montañas o cordilleras: *un valle suizo, andino.* || Cuenca de un río. || *Fig. Valle de lágrimas,* este mundo.

vallecaucano, na adj. y s. De Valle del Cauca (Colombia).

vallisoletano, na adj. y s. De Valladolid.

valluno, na adj. *Col.* Natural de los valles. | Vallecaucano.

valón, ona adj. y s. De Valonia. || — M. Lengua hablada en Valonia y en el N. de Francia. || — Pl. Zaragüelles, pantalones.

valor m. Lo que vale una persona o cosa: *un artista de valor, una obra de mucho valor.* || Precio elevado: *una joya de valor.* || *Fig.* Importancia: *no doy valor a sus palabras.* | Interés: *su informe ya no tiene ningún valor para mí.* || Calidad de valiente, decisión, coraje: *el valor de un soldado; armarse de valor.* || *Fam.* Osadía, desvergüenza, descaro: *¿tienes el valor de solicitarme*

tamaña acción? || *Mat.* Una de las determinaciones posibles de una magnitud o cantidad variables. || *Mús.* Duración de una nota. || *Pint.* Relación entre lo claro y lo oscuro en los tonos. || — Pl. Títulos de renta, acciones, obligaciones, etc., que representan cierta suma de dinero: *mercado de valores.* || *Valor adquisitivo,* el de una moneda con relación al poder de compra de mercancías. || *Valores declarados,* monedas o billetes que se envían por correo en sobre cerrado y previa declaración en la administración: *carta de valores declarados.* || *Valores fiduciarios,* billetes de banco.

valoración f. Acción de valorar, evaluación.

valorar v. t. Determinar el valor de una cosa, ponerle precio, evaluar. || Dar mayor o menor valor a algo o a alguien. || — V. pr. Estimar el valor de algo o alguien.

valorización f. Acción de valorizar.

valorizador, ra adj. Que valoriza.

valorizar v. t. Valorar, evaluar. || Acrecentar el valor de una cosa.

vals m. Baile de compás de tres por cuatro, que ejecutan las parejas con movimiento giratorio. || Música de este baile: *los conocidos valses de Strauss.*

valsador, ra m. y f. Persona que baila el vals.

valsar v. i. Bailar el vals.

valuación f. Valoración.

valuar v. t. Valorar.

valva f. Cada una de las dos piezas que constituyen la concha de los moluscos bivalvos. || Ventalla de los frutos de ciertas plantas.

válvula f. Dispositivo empleado para regular el flujo de un líquido, un gas, una corriente, etc., de modo que sólo pueda ir en un sentido. || Mecanismo que se pone en una tubería para regular, interrumpir o restablecer el paso de un líquido. || Obturador colocado en un cilindro en un motor de modo que el orificio por el que se aspira la mezcla del carburador se halle abierto mientras baja del émbolo en el cilindro y cerrado cuando se verifica la combustión. || Obturador para dejar pasar el aire en un neumático cuando se infla con una bomba. || Lámpara de radio. || *Válvula de rejilla,* || *Anat.* Repliegue membranoso de la capa interna del corazón o de una vena que impide el retroceso de la sangre o de la linfa: *válvula mitral, auriculoventricular.* || — *Fig. y fam. Válvula de escape,* recurso que queda para salir de un apuro. || *Válvula de seguridad,* la que tiene la caldera para permitir que escape el vapor cuando la presión es muy fuerte; (fig.) aquello que se tiene para asegurar su propia seguridad.

valvulina f. Lubricante hecho con residuos del petróleo.

vamp f. (pal. ingl.). Vampiresa, mujer fatal.

vampiresa f. Estrella cinematográfica que desempeña papeles de mujer fatal. || Mujer liviana.

vampirismo m. Creencia en los vampiros. || *Fig.* Codicia de los que se enriquecen con bienes ajenos.

vampiro m. Espectro que, según creencia popular de ciertos países, salía de noche de las tumbas para chupar la sangre a los vivos. || Mamífero quiróptero de la América tropical, parecido al murciélago, que se alimenta con insectos y chupa la sangre de los mamíferos dormidos. || *Fig.* Persona codiciosa que se enriquece con el trabajo ajeno.

vanagloria f. Alabanza de sí mismo, presunción, envanecimiento.

vanagloriarse v. pr. Jactarse, presumir, mostrarse orgulloso: *se pasaba la vida vanagloriándose de sus conocimientos.*

vandalaje m. *Amer.* Vandalismo. | Bandidaje.

vandálico, ca adj. Propio de los vándalos o del vandalismo.

vandalismo m. *Fig.* Espíritu de destrucción, barbarie.

vándalo, la adj. y s. Dícese del individuo de un ant. pueblo germánico que invadió las Galias, España y África en los siglos V y VI. || — M. *Fig.* Bárbaro, persona que destruye con placer las obras de arte, etc. | Persona desconsiderada, de mala educación.

vanguardia f. *Mil.* Parte de una fuerza armada que va delante del cuerpo principal. || *Fig.* Lo que tiene carácter precursor o renovador: *pintura de vanguardia.*

vanguardismo m. Doctrina artística de tendencia renovadora que reacciona contra lo tradicional: *el vanguardismo de los cubistas, ultraístas, etc.*

vanguardista adj. y s. Relativo al vanguardismo o su partidario: *una película vanguardista.*

vanidad f. Calidad de vano, inútil: *todo es vanidad.* || Orgullo fútil, inmodestia, presunción: *persona cargada de vanidad.* || Palabra inútil o vana.

vanidoso, sa adj. y s. Presumido, fatuo, jactancioso, que tiene vanidad.

vanilocuencia f. Locuacidad, palabrería presuntuosa, insustancial.

vanilocuo, a adj. y s. Hablador presuntuoso.

vano, na adj. Falto de realidad, infundado: *ilusiones vanas.* || Hueco, vacío, falto de solidez: *argumento vano.* || Sin efecto, sin resultado: *proyecto vano.* || Infructuoso, inútil, ineficaz: *trabajo vano.* || Vanidoso, frívolo, presuntuoso: *persona vana.* || — M. Hueco de un muro sirve de puerta o ventana o espacio entre los elementos arquitectónicos. || *Fig. en vano,* inútilmente.

vapor m. Gas que resulta del cambio de estado físico de un líquido o de un sólido: *vapor de agua.* || Energía obtenida por la máquina de vapor. || Cuerpo gaseoso que desprenden las cosas húmedas por efecto del calor. || Buque de vapor: *el vapor atracó en el muelle.* || — Pl. Accesos histéricos. || Desmayo, vértigo. || Gases de los eructos. || — *Fig. A todo vapor*, muy rápidamente. || *Al vapor*, dícese de las legumbres cocidas mediante el vapor, en una olla de presión: *patatas al vapor.* || *Máquina, barco de vapor*, máquina, barco que funciona con ayuda de la energía suministrada por el vapor de agua.

vaporización f. Conversión de un líquido en vapor o gas.

vaporizador m. Aparato para vaporizar. || Pulverizador de un líquido, un perfume, etc.

vaporizar v. t. Hacer pasar del estado líquido al estado gaseoso.

vaporoso, sa adj. Que contiene vapores: *cielo vaporoso.* || Dícese de aquello cuyo resplandor o brillo es menor a causa del vapor: *luz vaporosa.* || *Fig.* Muy fino, transparente, ligero: *vestido vaporoso.* | Nebuloso, oscuro, poco preciso: *estilo vaporoso.*

vapulear v. t. Azotar, golpear, dar una paliza: *vapulear a un niño* (ú. t. c. pr.). || *Fig.* Criticar severamente.

vapuleo m. Paliza. || *Fig.* Crítica severa.

vaquear v. i. *Arg.* Buscar el ganado cimarrón.

vaqueira f. Antigua composición poética gallega o provenzal.

vaquería f. Establo de vacas. || Establecimiento para la cría de vacas y la producción lechera. || Vacada, rebaño de vacas. || Baile popular de vaqueros en el SE. de México.

vaquerillo m. *Méx.* Parte trasera de la silla de montar.

vaquerizo, za adj. Relativo al ganado bovino. || — M. y f. Vaquero. || — F. Establo de bovinos.

vaquero, ra adj. Relativo a los pastores de ganado bovino. || *Pantalón vaquero*, pantalón ceñido, de tela gruesa. || — M. y f. Pastor o pastora de reses vacunas: *película de vaqueros.*

vaqueta f. Piel de ternera curtida y adobada.

vaquetón, ona adj. y s. *Méx.* Calmado, tranquilo.

vaquilla f. Toro o vaca jóvenes toreados por aficionados. || *Arg.* y *Chil.* Ternera de año y medio a dos años de edad.

váquiro m. *Col.* y *Venez.* Pecarí.

vaquita f. Dinero jugado en las cartas, dados, etc. || *Vaquita de San Antón*, vaca de San Antón, insecto.

vara f. Rama delgada y limpia de hojas. || Palo largo y delgado: *derribar nueces con una vara.* || Bastón de mando: *vara de alcalde.* || *Fig.* Jurisdicción de que es insignia la vara. || Medida de longitud de 0,835 m en Castilla, pero que variaba de una a otra provincia. (En México, equivalía a 0,838 m.) || Listón con esta medida. || Puya del picador. || Pica con que se castiga al toro: *suerte de varas.* || Tallo que sostiene las flores de algunas plantas: *vara de azucena.* || Barra para mantener en alto un palio. || Cada uno de los dos palos en la parte delantera del coche entre los cuales se enganchan las caballerías. || *Mús.* En el trombón, parte móvil del tubo. || — *Poner varas*, picar al toro. || *Fig. Temer como una vara verde a uno*, tener mucho miedo de él. | *Tener vara alta*, tener autoridad, influencia o ascendiente. || *Varita mágica*, en los cuentos, vara a la que se le atribuyen poderes mágicos; vara pequeña que usan los prestidigitadores en sus actos; (fig.) cosa o situación que provoca un resultado sorprendente: *la entrada del delantero fue la varita mágica para lograr el triunfo.*

varadero m. Lugar donde varan los barcos para carenarlos.

varadura f. *Mar.* Encalladura.

varal m. Vara muy larga. || Cada uno de los palos en que encajan los travesaños de los costados del carro. || Artificio en los teatros para hacer las luces. || *Arg.* Armazón de palos para secar la carne.

varamiento m. Encallamiento.

varano m. Reptil lacértido carnívoro de África, Asia y Australia que tiene de 2 a 3 m de largo.

varapalo m. Palo largo. || Paliza. || *Fig.* Rapapolvo, reprimenda. | Contratiempo, disgusto.

varar v. i. Encallar una embarcación: *el falucho varó en un banco de arena.* || Anclar. || *Fig.* Estancarse un asunto. || — V. t. Botar el buque al agua. || Sacar a la playa y poner en seco una embarcación.

varazo m. Golpe dado con la vara. || Pica puesta al toro.

vareado m. Vareo.

vareador m. El que varea.

varear v. t. Derribar los frutos del árbol con una vara: *varear las nueces.* || Golpear, sacudir con vara o palo: *varear la lana.* || Picar a los toros. || Medir o vender por varas: *varear paño.* || *Arg.* Preparar al caballo para la carrera.

varec m. Alga abundante en las costas atlánticas de Europa que se utiliza para extraer yodo.

varego, ga adj. y s. Vikingo escandinavo. (Los *varegos* entraron en Rusia a fines del s. IX y sometieron a los fineses y a los eslavos.)

vareo m. Acción de varear los árboles: *el vareo de las nueces.*

vareta f. Vara pequeña. || Palito untado con liga para cazar pájaros. || Lista de color en un tejido. || *Fig. Irse de vareta*, tener uno cólico.

varetazo m. Cornada de lado que da el toro, paletazo.

varetón m. Ciervo joven cuya cornamenta tiene una sola punta.

varga f. Parte más pendiente de una cuesta. || Especie de congrio en las islas Baleares.

vargueño m. Bargueño.

varí m. *Amer.* Especie de halcón.

variabilidad f. Disposición a cambiar.

variable adj. Que varía o puede variar, mudable: *tiempo variable; precios variables.* || *Gram.* Dícese de la palabra cuya terminación varía. || — F. *Mat.* Magnitud indeterminada que, en una relación o función, puede ser sustituida por diversos términos o valores numéricos (constantes).

variación f. Cambio, acción y efecto de variar: *las variaciones de la atmósfera.* || Imitación melódica de un tema musical. || Cambio de valor de una cantidad o de una magnitud. || *Mar. Variación magnética*, declinación de la aguja.

variado, da adj. Diverso, que tiene variedad: *cocina variada.*

variante adj. Variable, que varía. || — F. Forma diferente: *las infinitas variantes del mismo tema.* || Texto de un libro que difiere del escrito por el autor o de otra edición: *las variantes de las ediciones clásicas.*

variar v. t. Modificar, transformar, hacer que una cosa sea diferente de lo que antes era: *variar el régimen de alimentación.* || Dar variedad: *variar el programa de un espectáculo.* — V. i. Cambiar, mudar una cosa: *sus respuestas varían; variar de opinión.* || Ser diferente: *las costumbres varían de un país a otro.* || Mudar de dirección: *el viento ha variado.* || *Mat.* Cambiar de valor.

varice o **várice** o **variz** f. Dilatación o hinchazón permanente de una vena provocada por la acumulación de la sangre en ella a causa de un defecto de la circulación. (Se produce generalmente en las piernas.)

varicela f. Enfermedad eruptiva y contagiosa de carácter leve, frecuente en la infancia, parecida a la viruela benigna. (La *varicela* se caracteriza por una erupción de manchas rojas que se transforman en vesículas para desaparecer al cabo de aproximadamente diez días.)

varicocele m. Tumor formado por la dilatación varicosa de las venas del escroto y del cordón espermático en el hombre y de las venas de los ovarios en la mujer.

varicoso, sa adj. De las varices. || Que padece varices (ú. t. c. s.).

variedad f. Serie de cambios: *la variedad de sus ocupaciones.* || Diferencia entre cosas que tienen características comunes: *una gran variedad de tejidos.* || Diversidad, carácter de las cosas que no se parecen: *variedad de pareceres.* || Subdivisión de la especie en historia natural. || — Pl. Espectáculo teatral compuesto de diferentes números sin que exista relación alguna entre ellos (canciones, bailes, prestidigitación, malabarismo, etc.).

varilla f. Vara larga y delgada. || Cada una de las piezas metálicas que forman la armazón del paraguas o de madera o marfil en un abanico, un quitasol, etc. || *Fam.* Cada uno de los dos huesos que forman la mandíbula. || Barra delgada de metal: *varilla de cortina.* ‖ Barra para posarse los pájaros en las jaulas. ‖ *Varilla de la virtud, de las virtudes* o *mágica,* varita mágica.

varillaje m. Conjunto de las varillas de un abanico o paraguas.

vario, ria adj. Diverso, diferente, variado: *de varias telas.* ‖ Inconstante, cambiadizo. ‖ — Pl. Algunos, unos cuantos: *varios niños.* ‖ — Pron. indef. pl. Algunas personas: *varios piensan que.*

varita f. Vara pequeña. ‖ *Varita de la virtud, de las virtudes* o *mágica,* la que tienen las hadas y los magos, y los prestidigitadores para efectuar cosas prodigiosas.

varón m. Hombre, persona del sexo masculino: *la familia se compone de una hija y tres varones.* ‖ Hombre de edad viril. ‖ Hombre de respeto, de autoridad: *ilustre varón.* ‖ *Fam. Santo varón,* hombre de gran bondad.

varonía f. Descendencia por línea de varón.

varonil adj. Relativo al varón, al sexo masculino, viril. ‖ Esforzado, valeroso, digno de un varón: *carácter varonil.* ‖ Como de hombre: *mujer algo varonil.*

varsoviano, na adj. y s. De Varsovia. ‖ — F. Danza polaca, variante de la mazurca. ‖ Su música.

vasallaje m. Condición de vasallo. ‖ Tributo pagado por el vasallo: *pagar vasallaje.* ‖ Estado de servilismo, de sujeción, sumisión.

vasallo, lla adj. y s. Dícese de la persona que estaba sujeta a un señor por juramento de fidelidad o del país que dependía de otro: *Estados vasallos.* ‖ Súbdito: *los vasallos del Rey.*

vasar m. Estante en las cocinas y despensas donde se ponen fuentes, vasos, platos, etc.

vasco, ca adj. y s. Vascongado. ‖ Natural del dep. francés de Basses-Pyrénées. ‖ — M. Vascuence.

vascófilo, la m. y f. Amigo o especialista de la lengua, cultura o costumbres vascas (ú. t. c. adj.).

vascón, ona adj. y s. De Vasconia o País Vasco.

vascongado, da adj. y s. Natural de alguna de las Provincias Vascongadas o relativo a ellas. ‖ — M. Vascuence.

vascónico, ca adj. Vascón.

vascuence m. Lengua de los vascongados, navarros y de los habitantes del territ. vasco francés. (El *vascuence* parece proceder de la evolución de una de las primitivas lenguas de la Península Ibérica.)

vascular adj. Relativo a los vasos sanguíneos: *sistema vascular.* ‖ Que tiene vasos: *planta vascular.*

vascularización f. Disposición de los vasos en un órgano: *vascularización del hígado, de una planta.*

vasectomía f. Corte de los vasos deferentes en la ingle para esterilizar a un hombre.

vaselina f. Sustancia grasa translúcida que se obtiene del aceite mineral y se usa en farmacia y en perfumería.

vasija f. Cualquier recipiente para contener líquidos o materias alimenticias.

vaso m. Recipiente, generalmente de vidrio, que sirve para beber. ‖ Cantidad de líquido que cabe en él: *un vaso de vino.* ‖ Jarrón para contener flores, etc.: *un vaso de porcelana.* ‖ Cada uno de los conductos por donde circula la sangre o la linfa del organismo (hay tres tipos de vasos: las *arterias,* las *venas* y los *capilares*). ‖ Conducto por el que circula en el vegetal la savia o el látex. ‖ *Vasos comunicantes,* vasos que se comunican entre ellos por medio de tubos o aberturas, en los que el contenido líquido alcanza el mismo nivel al estar sometido a la presión atmosférica.

vasoconstrictor adj. Que contrae los vasos sanguíneos.

vasodilatador adj. Que dilata los vasos sanguíneos.

vasomotor, ra adj. Aplícase a los nervios que producen la contracción o la dilatación de los vasos sanguíneos.

vástago m. Renuevo, brote, tallo nuevo que brota en un árbol o planta. ‖ *Fig.* Hijo, descendiente: *el último vástago de una ilustre familia.* ‖ *Mec.* Varilla o barra que transmite el movimiento: *vástago del émbolo.* ‖ *Vástago de perforación,* varilla o elemento roscado de una sonda para pozos petrolíferos.

vastedad f. Inmensidad, amplitud.

vasto, ta adj. De gran extensión, grande: *una vasta región.*

vate m. Poeta.

vaticano, na adj. Relativo al Vaticano: *sede vaticana, política vaticana.* ‖ — M. Corte pontificia. ‖ — F. Biblioteca vaticana.

vaticinador adj. Que vaticina (ú. t. c. s.).

vaticinar v. t. Pronosticar, presagiar, predecir algo que ocurrirá.

vaticinio m. Predicción.

vatímetro m. Aparato que sirve para medir la potencia en vatios de un circuito eléctrico.

vatio m. Unidad de potencia eléctrica (símb., W), equivalente a un julio o a 10^7 ergios por segundo.

vatio-hora m. Unidad de energía eléctrica (símb., Wh) equivalente al trabajo realizado por un vatio en una hora.

vaudeville [*vodevil*] m. (pal. fr.). Comedia alegre y ligera.

vaupense adj. y s. De Vaupés.

Vd., abreviatura de *usted.*

ve f. Uve, nombre de la letra *v.*

vecinal adj. Relativo a la vecindad, a los vecinos. ‖ Municipal: *impuestos vecinales.* ‖ *Camino vecinal,* carretera secundaria que pone en comunicación pequeñas poblaciones.

vecindad f. Condición de vecino de un sitio. ‖ Proximidad de las personas que viven o están colocadas cerca unas de otras. ‖ Conjunto de relaciones entre vecinos; carácter y comportamiento de los vecinos: *política de buena*

vecindad. ‖ Conjunto de personas que viven en una ciudad, barrio o casa. ‖ Cercanías, alrededores: *vive en la vecindad.* ‖ *Méx.* Vieja casa de apartamentos de los barrios populares de la ciudad de México.

vecindario m. Población, habitantes de una ciudad: *el vecindario de Madrid.* ‖ Conjunto de personas que viven en la misma casa o en el mismo barrio: *acudió todo el vecindario.*

vecindona f. *Fam.* Mujer chismosa, amiga de comadrear.

vecino, na adj. Que está próximo o cerca de: *los pueblos vecinos de Lima.* ‖ Semejante, parecido: *nuestros problemas son vecinos.* ‖ Dícese de las personas que viven en una misma población, en el mismo barrio o en la misma casa. Ú. t. c. s.: *ruego a los vecinos de la ciudad; era vecino mío en la misma planta de la casa.* ‖ *Fam.* Cualquier hijo de vecino, todo el mundo.

vector adj. m. Que es origen de algo: *radio vector.* ‖ — M. Segmento rectilíneo de longitud definida trazado desde un punto dado y que sirve para representar ciertas magnitudes geométricas o magnitudes físicas.

vectorial adj. De los vectores: *cálculo, análisis vectorial.*

veda f. Prohibición de cazar o pescar en cierto sitio o en una época determinada. ‖ Tiempo que dura.

vedado adj. Prohibido, no permitido. ‖ Dícese del campo o sitio acotado por ley, ordenanza o mandato: *coto vedado.* Ú. t. c. s. m.: *vedado de caza, de pesca.*

vedar v. t. Prohibir.

vedette [*vcdet*] f. (pal. fr.). Artista de fama, estrella.

védico, ca adj. De los Vedas.

vedismo m. Forma primitiva de la religión india contenida en los Vedas.

veedor m. Inspector encargado de examinar ciertas cosas: *veedor de caminos.* ‖ Cargo antiguo de palacio: *veedor de vianda.*

veeduría f. Cargo del veedor. ‖ Oficina del veedor.

vega f. Huerta, parte de tierra baja, en la parte inferior de un río, llana y fértil: *la vega granadina.* ‖ *Cub.* Plantación de tabaco. ‖ *Chil.* Terreno muy húmedo.

vegetación f. Conjunto de plantas: *campo de gran vegetación.* ‖ Conjunto de vegetales de una región o terreno determinado: *la vegetación de los trópicos.* ‖ En medicina, excrecencia morbosa que se desarrolla en una parte del cuerpo. ‖ *Vegetaciones adenoideas,* hipertrofia del tejido linfático de la faringe, que obstruye las fosas nasales y constituye una enfermedad propia de la infancia.

vegetal adj. Relativo a las plantas: *el reino vegetal.* ‖ — *Carbón vegetal,* el de leña. ‖ *Tierra vegetal,* la impregnada de gran cantidad de elementos orgánicos. ‖ — M. Ser orgánico que crece y vive incapaz de sensibilidad y movimientos voluntarios.

vegetalina f. Manteca de coco.

vegetalismo m. Régimen de alimentación de las personas que no toman carnes ni cualquier producto de origen animal, como huevos, leche, mantequilla, etc.

vegetalista adj. Relativo al vegetalismo. || Dícese de la persona que sigue las normas dictadas por el vegetalismo (ú. t. c. s.).

vegetante adj. Que vegeta.

vegetar v. i. Germinar y desarrollarse las plantas. || *Fig.* Vivir una persona con vida muy precaria, oscura o disminuida: *vegetar en un cargo subalterno.*

vegetarianismo m. Régimen alimenticio en el que está prohibido el consumo de la carne o los derivados inmediatos de ésta y que sólo acepta las sustancias vegetales.

vegetariano, na adj. Relativo al vegetarianismo: *cocina vegetariana.* || Dícese de la persona que sigue las normas aconsejadas por el vegetarianismo (ú. t. c. s.).

vegetativo, va adj. Que concurre a las funciones vitales comunes a plantas y animales (nutrición, desarrollo, etc.), independientemente de las actividades psíquicas voluntarias. || *Fig.* Disminuido, que se reduce a la satisfacción de las necesidades esenciales: *vida vegetativa.* || — *Reproducción vegetativa,* en las plantas, la asexuada. || *Sistema nervioso vegetativo,* conjunto de los sistemas nervioso simpático y parasimpático, que gobiernan el funcionamiento de los órganos.

vegoso, sa adj. *Amer.* Dícese del terreno que se conserva húmedo como el de las vegas.

veguero, ra adj. De la vega. || — M. Cultivador de una vega. || Cigarro puro hecho de una sola hoja.

vehemencia f. Movimiento impetuoso y violento: *hablar con vehemencia.*

vehemente adj. Que obra o se mueve con ímpetu y violencia: *persona vehemente.* || Que se expresa con pasión y entusiasmo: *orador, escritor vehemente.* || Fundado, fuerte: *sospechas vehementes.*

vehículo m. Cualquier medio de locomoción: *vehículo espacial.* || Lo que sirve para transportar algo: *vehículo de contagio.* || Lo que sirve para transmitir: *el aire es el vehículo del sonido.* || *Fig.* Medio de comunicación: *la imprenta es el vehículo del pensamiento.*

veintavo, va adj. y s. Vigésimo: *la veintava parte.*

veinte adj. Dos veces diez. || Vigésimo: *la página veinte.* || — M. Cantidad de dos decenas de unidades. || Número veinte: *jugar el veinte.* || Casa que tiene el número veinte. || Día vigésimo del mes: *llegaré aproximadamente el día veinte de julio.* || *Pop. Méx.* Moneda de veinte centavos.

veintena f. Conjunto de veinte unidades. || Conjunto aproximado de vein-

te cosas o personas: *una veintena de años.*

veinteno, na adj. y s. Vigésimo: *fue el veinteno de la clase.*

veinteñal adj. Que tiene una duración de veinte años.

veinticinco adj. Veinte y cinco. || Vigésimo quinto. || — M. Conjunto de signos con que se representa el número veinticinco.

veinticuatro adj. Veinte y cuatro (ú. t. c. s. m.). || Vigésimo cuarto. || — M. Regidor de ayuntamiento en algunas ciudades de Andalucía.

veintidós adj. Veinte y dos (ú. t. c. s. m.). || Vigésimo segundo.

veintinueve adj. Veinte y nueve (ú. t. c. s. m.). || Vigésimo nono.

veintiocho adj. Veinte y ocho (ú. t. c. s. m.). || Vigésimo octavo.

veintiséis adj. Veinte y seis (ú. t. c. s. m.). || Vigésimo sexto.

veintisiete adj. Veinte y siete (ú. t. c. s. m.). || Vigésimo séptimo.

veintitantos, tas adj. Más de veinte y menos de treinta: *estábamos a veintitantos de junio; veintitantas personas.*

veintitrés adj. Veinte y tres (ú. t. c. s. m.). || Vigésimo tercero.

veintiún adj. Apócope de *veintiuno* delante de los sustantivos: *veintiún casos graves.*

veintiuno, na adj. Veinte y uno (ú. t. c. s. m.). || Vigésimo primero. || — F. Juego de naipes o de dados.

vejación f. Acción de herir la susceptibilidad de alguien.

vejador, ra adj. y s. Que veja.

vejamen m. Vejación.

vejancón, ona adj. y s. *Fam.* Muy viejo.

vejar v. t. Maltratar, ofender, humillar: *vejar a uno con reprensiones injustificadas.*

vejarrón, ona adj. y s. Viejo.

vejatorio, ria adj. Dícese de lo que veja o puede vejar: *condiciones, medidas vejatorias.*

vejestorio m. Persona o cosa muy vieja: *esa mujer (o ese hombre) es un vejestorio.*

vejete adj. m. y s. m. *Fam.* Viejo. || *Teatr.* Viejo ridículo.

vejez f. Último período de la vida. || Condición de viejo: *la vejez mejora el vino.* || *Fig.* ¡A la vejez viruelas!, expr. que se aplica a las que ocurren cosas que no corresponden a su edad.

vejiga f. Bolsa membranosa abdominal que recibe y retiene la orina segregada por los riñones. || Ampolla en la epidermis. || Vejiga de un animal, seca y llena de aire. || — *Vejiga de la bilis* o *de la hiel,* bolsita situada en la pared inferior del hígado (lado derecho) en que este órgano va depositando la bilis. || *Vejiga natatoria,* bolsa llena de aire que tienen muchos peces en el abdomen.

vejigatorio, ria adj. y s. m. Dícese de un emplasto irritante que se aplica en la piel para levantar vejigas.

vejigazo m. Golpe dado con una vejiga llena de aire. || *Fam.* Darse un vejigazo, darse un golpe al caer, darse un porrazo.

vejiguilla f. Vejiga pequeña. || Ampolla pequeña en la piel.

vela f. Acción de permanecer despierto para estudiar, asistir de noche a un enfermo, etc. || Tiempo que se vela. || Asistencia por turno delante del Santísimo Sacramento. || Cilindro de cera, estearina, etc., con una mecha en el interior, utilizado para alumbrar: *leer a la luz de una vela.* || Pieza de lona o de cualquier tejido que, puesta en los palos de una embarcación, al recibir el soplo del viento, hace que ésta se mueva sobre las aguas: *vela cangreja, de abanico, tarquina, de estay, latina, mayor.* || Barco de vela: *una vela en el horizonte.* || — Pl. *Fam.* Moco colgante. || — *Fig.* y *fam.* A dos velas, sin un céntimo. || *Mar.* A toda vela o a velas desplegadas o tendidas, navegando con mucho viento y gran rapidez. | *Alzar velas* o *dar la vela* o *hacerse a la vela,* zarpar. || *Fig.* y *fam.* Derecho como una vela, muy erguido. || *En vela,* sin dormir. || *Fig.* Encender una vela a Dios y otra al diablo, procurar contentar a todos, aunque sean personas o partidos opuestos. | *Entre dos velas,* algo borracho. | *No darle a uno vela en un entierro,* no permitirle que intervenga en un asunto. | *Recoger velas,* contenerse, moderarse, atenuar lo dicho, desistir de un propósito. || *Tender velas,* o *las velas,* aprovecharse del tiempo favorable en la navegación; (fig.) utilizar una ocasión propicia.

velación f. Vela: *la velación de un cadáver, del Santísimo Sacramento.* || Ceremonia del casamiento católico consistente en poner en una misa un velo a los contrayentes después de verificarse el enlace nupcial (ú. m. en pl.).

velado, da adj. Tapado con un velo. || Dícese de la voz sorda, sin timbre. || Dícese de la imagen fotográfica borrosa o confusa por la acción indebida de la luz. || — F. Vela, acción de velar. || Reunión nocturna de varias personas con intención de divertirse o instruirse: *velada musical, literaria, de boxeo, de lucha libre.*

velador, ra adj. y s. Que vela. || — M. Mesita ovalada o con un solo pie: *compró en un anticuario un velador de caoba.* || *Arg., Per.* y *Venez.* Mesilla de noche. || — F. *Méx.* Vela gruesa y corta.

velamen m. Conjunto de las velas de una embarcación.

velar adj. Dícese de las letras cuyo punto de articulación está situado en el velo del paladar como la *c* (delante de las vocales a, o, u), *k, q, j, g, o y u.*

velar v. i. No dormirse: *veló toda la noche.* || Trabajar, estudiar durante el tiempo destinado al sueño: *tuve que velar para acabar mi artículo.* || Hacer guardia, vigilar. || Prestar cuidado, vigilar: *velar por los bienes propios.* || Tomar medidas de precaución, de defensa: *velaban por conservar sus situaciones privilegiadas.* || Cuidar por el cumplimiento de: *velar por la observancia de las leyes.* || — V. t. Pasar la noche al lado de: *velar a un enfermo, a un muerto.* || Cubrir algo con un velo. || Ocultar, esconder una cosa. || Disimular, cubrir: *velar un secreto.* || Celebrar las velaciones matrimoniales. || *Velar las armas,* hacer guardia una noche para meditar el que iba a ser armado caballero. || — V. pr. Inutilizarse un cliché o placa fotográfica por la acción indebida de la luz: *se le veló todo el carrete.*

velatorio m. Vela de un difunto.

velazqueño, ña adj. Propio del pintor Velázquez.

veleidad f. Voluntad no realizada, deseo vano. || Inconstancia, ligereza, versatilidad.

veleidoso, sa adj. Inconstante, versátil, voluble.

velero, ra adj. Aplícase a la embarcación que navega mucho: *barco velero.* || — M. Barco de vela: *un velero de dos palos.* || El que hace vela de los buques. || El que hace y vende velas para alumbrar.

veleta f. Pieza metálica giratoria colocada en la cumbre de una construcción para indicar la dirección del viento. || Plumilla en el corcho de las cañas de pescar que indica el tirón dado por el pez al picar. || — Com. *Fig.* y *fam.* Persona inconstante, cambiadiza.

velillo m. Velo ligero.

velís m. *Méx.* Maleta de mano.

vello m. Pelo corto y fino que hay en algunas partes del cuerpo. || Pelusilla de algunas frutas o plantas.

vellocino m. Vellón, lana o piel de carnero.

vellón m. Toda la lana del carnero u oveja que sale junta al esquilarla. || Zalea. || Vedija de lana. || Moneda de cobre. || Aleación de plata y cobre con que se labraba moneda.

vellosidad f. Vello. || Abundancia de vello.

vellosilla f. Planta compuesta de flores amarillas, llamada también *oreja de ratón, pelosilla* y *pelusilla.*

velloso, sa adj. Que está cubierto de vellos. || Parecido al vello.

velludillo m. Terciopelo de algodón de pelo muy corto.

velludo, da adj. Muy velloso. || — M. Felpa, terciopelo.

velo m. Tela fina y transparente con que se cubre una cosa. || Prenda de tul, gasa o encaje con que las mujeres se cubren la cabeza, a veces el rostro, en determinadas circunstancias: *ponerse un velo para ir a la iglesia.* || Especie de manto que las monjas y novicias llevan en la cabeza. || Banda de tela que cubre la cabeza de la mujer y los hombros del hombre en la ceremonia de las velaciones después de contraer matrimonio. || *Fig.* Todo aquello que oculta o impide la visión. | Lo que en-

cubre el conocimiento de algo: *levantar el velo que nos oculta los misterios de la naturaleza.* || Apariencia, medio de que uno se sirve para encubrir la realidad: *los velos púdicos de la censura.* | Cualquier cosa ligera que oculta algo. | Aquello que impide que alguien pueda comprender con claridad algo. || — *Fig.* y *fam.* Correr (o echar) un velo (o un tupido velo) sobre una cosa, callarla, omitirla. | *Descubrir el velo,* enseñar la realidad, dejar ver. || *Tomar el velo,* tomar los hábitos una monja. || *Velo del paladar,* membrana que separa las fosas nasales de la boca.

velocidad f. Rapidez con que un cuerpo se mueve de un punto a otro: *correr a gran velocidad.* || Relación de la distancia recorrida por un móvil en la unidad de tiempo. || Rapidez, celeridad en la acción: *velocidad de ejecución.* || Cada una de las combinaciones que tienen los engranajes en el motor de un automóvil: *caja de velocidades; meter una velocidad.* || — *Carrera de velocidad,* carrera en pista, generalmente de poca distancia. || *Gran, pequeña velocidad,* servicio rápido o más lento en el transporte de las mercancías en los vagones de ferrocarril. || *Velocidad media,* relación entre el espacio recorrido y el tiempo empleado.

velocímetro m. Dispositivo que indica en un vehículo móvil la velocidad a que se mueve.

velocipedismo m. Ciclismo.

velocípedo m. Vehículo con ruedas que se hacían girar por un mecanismo movido por los pies.

velocista com. Atleta especializado en las carreras de velocidad.

velódromo m. Pista cubierta o al aire libre para carreras de bicicletas.

velomotor m. Motocicleta ligera o bicicleta provista de un motor de 50 a 125 cm³ de cilindrada.

velón m. Lámpara de aceite con uno o varios mecheros y un eje por el que puede girar, subir y bajar.

velonero m. Fabricante o vendedor de velones.

velorio m. Velatorio. (En América, el *velorio* consiste en una ceremonia mixta de rezos y tertulia, con comilona.) || *Amer.* Fiesta poco concurrida.

veloz adj. Rápido, ligero: *automóvil veloz.* || Ágil y pronto en discurrir o hacer algo: *veloz como el rayo.* || — Adv. Rápidamente: *corre muy veloz.*

veludillo m. Velludillo.

vemberécua f. *Méx.* Planta anacardiácea.

vena f. Cualquiera de los vasos que conduce la sangre al corazón después de haber bañado los tejidos orgánicos: *vena cava, safena, porta.* || Filamento de fibras en el envés de las hojas de las plantas. || Filón, veta o yacimiento mineral: *vena aurífera, carbonífera.* || Porción de distinto color o clase, larga y estrecha, en la superficie de la madera o piedras duras: *las venas de la caoba, del mármol.* || Corriente sub-

terránea natural de agua. || *Fig.* Estado de ánimo, impulso, arrebato: *trabajar por venas.* || Madera, conjunto de disposiciones: *tiene vena de orador.* | Inspiración: *vena poética.* || — *Fig.* y *fam. Darle a uno la vena o hacer cierta cosa,* sentirse repentinamente dispuesto a hacerla. | *Estar en vena,* estar en un estado de ánimo propicio para hacer algo; estar inspirado. | *Vena de loco,* ramalazo de locura, algo de locura.

venablo m. Arma arrojadiza, especie de dardo o jabalina. || *Fig.* y *fam. Echar venablos,* prorrumpir en injurias.

venadear v. t. *Méx.* Sorprender a alguien como a un venado, cazar.

venado m. Ciervo. || Nombre de algunos cérvidos de América. || *Danza del venado,* danza típica de México, especialmente entre los indígenas del Estado de Sonora.

venal adj. De las venas, venoso. || Que se adquiere por medio de dinero: *amor venal.* || Sobornable, que se puede corromper por el interés: *autoridad venal.*

venalidad f. Carácter de aquello que se vende o se deja sobornar.

venatorio, ria adj. Cinegético.

vencedor, ra adj. y s. Triunfador, ganador, que vence.

vencejo m. Pájaro insectívoro semejante a la golondrina. || Atadura de las mieses.

vencer v. t. Aventajar al enemigo o al contrincante, derrotar, triunfar: *vencer a los contrarios.* Ú. t. c. i.: *vencer o morir.* || Tener más que otra persona: *vencer a alguien en generosidad.* || Dominar: *le vence el sueño.* || *Fig.* Acabar con, reprimir, refrenar: *vencer la cólera.* | Superar, salvar: *vencer los obstáculos.* | Imponerse: *venció sus últimos escrúpulos.* | Doblegar: *venció la resistencia de sus padres.* | Ser superior a: *vence a todos en elegancia.* | Hacer ceder: *el mucho peso venció las vigas del techo.* | Coronar, llegar a la cumbre: *vencer una cuesta muy pendiente.* || Salvar: *vencer una distancia.* || — V. i. Llegar a su término un plazo, un contrato, una obligación, etc. || *Fig.* Dominar: *el orgullo venció en él.* || — V. pr. *Fig.* Reprimirse, dominarse: *vencerse a sí mismo.* | Ceder algo por el peso.

vencetósigo m. Planta asclepiadácea de raíz medicinal.

vencible adj. Que puede ser vencido. || Superable.

vencido, da adj. Que ha sido derrotado. Ú. t. c. s.: *¡ay de los vencidos!* || Aplícase a los intereses o pagos que hay que liquidar por haber ya pasado el plazo señalado. || Atrasado, acabado un período: *pagar por meses vencidos.* || *Darse por vencido,* desistir de un intento, rendirse. || — F. Vencimiento. || *Fig. A la tercera va la vencida,* con paciencia se llega a obtener todo lo que se desea. | *Ir de vencida,* haber disminuido la intensidad o violencia.

vencimiento m. Término, expiración de un plazo, contrato, obligación. ||

Victoria, triunfo. || Derrota. || Torsión, acción de ceder por efecto de un peso. || *Fig.* Paso, acción de salvar un obstáculo.

venda f. Banda de gasa con la que se cubre una herida o de tela para sujetar un miembro o hueso roto. || — *Fig. Caérsele a uno la venda de los ojos,* desaparecer lo que impedía ver la realidad de las cosas. | *Tener una venda en los ojos,* desconocer la verdad por ofuscación del entendimiento.

vendaje m. Conjunto de la venda y de la cura o apósito fijado o sujeto por ésta.

vendar v. t. Poner una venda. || *Fig.* Cegar el entendimiento: *la pasión le venda los ojos.*

vendaval m. Viento fuerte. || *Fig.* Huracán: *el vendaval de las pasiones.*

vendedor, ra adj. y s. Que vende: *se oían por la calle los gritos de los vendedores de periódicos.*

vender v. t. Traspasar a otro la propiedad de una cosa por algún precio: *vender una casa.* || Exponer al público las mercancías para el que las quiere comprar: *vender naranjas.* || *Fig.* Sacrificar por dinero cosas que no tienen valor material: *vender su conciencia.* | Traicionar, delatar por interés: *vender al amigo.* || — *Fig. Vender cara una cosa,* hacer que cueste mucho trabajo conseguirla. | *Vender salud,* gozar de muy buena salud. || — V. pr. Ser vendido: *el terreno se vende hoy caro.* || Dejarse sobornar: *venderse al enemigo.* || Descubrir lo oculto, traicionarse. || *Fig. Venderse caro uno,* escatimar su amistad, su compañía, etc., por orgullo.

vendetta f. (pal. ital.). Enemistad causada por una ofensa y que en Córcega se transmite a todos los parientes de la víctima.

vendimia f. Cosecha de la uva. || Tiempo en que se hace.

vendimiador, ra m. y f. Persona que vendimia.

vendimiar v. t. Recoger la uva de las viñas. || *Fig.* Sacar provecho o disfrutar de algo.

vendimiario m. Primer mes del calendario republicano francés (del 21, 22 ó 23 de septiembre al 22 ó 23 de octubre).

venduta f. *Arg.* y *Cub.* Subasta.

veneciano, na adj. y s. De Venecia.

venencia f. Utensilio compuesto de un recipiente cilíndrico y de una varilla terminada en gancho, que se usa para probar los vinos en Jerez de la Frontera.

venenillo m. *Méx.* Nombre de varias plantas de México, algunas de ellas medicinales.

veneno m. Cualquier sustancia que, introducida en el organismo, ocasiona la muerte o graves trastornos funcionales. || En particular, líquido tóxico segregado por ciertos animales, que se comunica por picadura o mordedura: *veneno de víbora.* || *Fig.* Cualquier cosa

nociva a la salud: *el tabaco es un veneno.* | Lo que puede producir un daño moral: *el veneno de la envidia.* | Maldad en lo que se dice: *sus palabras destilan veneno.*

venenosidad f. Condición de venenoso.

venenoso, sa adj. Que contiene veneno y es capaz de envenenar: *hongo venenoso; serpiente venenosa.* || *Fig.* Malo, malintencionado: *crítica venenosa.*

venera f. Concha semicircular de dos valvas de cierto molusco comestible que llevaban cosida en la capa los peregrinos que volvían de Santiago. || Insignia que llevan colgada del pecho los caballeros de ciertas órdenes: *la venera de Santiago.* || Venero, manantial. || *Venera de Santiago,* planta amarilidácea industrial de México.

venerable adj. Que merece veneración, respeto: *un venerable anciano.* || — M. Presidente de una logia masónica. || — M. y f. Primer grado en el proceso de canonización de la Iglesia católica.

veneración f. Respeto profundo que se siente por ciertas personas o por las cosas sagradas. || Amor profundo.

venerar v. t. Tener gran respeto y devoción por una persona: *venerar a sus padres.* || Dar culto a Dios, a los santos o a las cosas sagradas: *venerar reliquias.*

venéreo, a adj. Relativo a la cópula carnal. || Aplícase a las enfermedades contraídas por contacto sexual.

venero m. Manantial de agua. || *Fig.* Origen. | Fuente abundante, mina de una cosa: *venero de noticias.* || Filón, yacimiento, criadero de mineral.

véneto, ta adj. y s. Veneciano.

venezolanismo m. Palabra o expresión propias de Venezuela.

venezolano, na adj. y s. De Venezuela.

venga adj. y s. Dícese de los individuos de un pueblo de raza negra que habita en la Guinea Ecuatorial e islas de Corisco y Elobey.

vengador, ra adj. Que venga o se venga (ú. t. c. s.): *un hombre vengador.*

venganza f. Satisfacción que se toma del agravio o daño recibidos: *tomar, gritar venganza contra alguien.*

vengar v. t. Obtener por la fuerza reparación de un agravio o daño: *vengar una ofensa; vengarse de una afrenta* (ú. t. c. pr.).

vengativo, va adj. Predispuesto a vengarse: *un hombre de espíritu vengativo* (ú. t. c. s.).

venia f. Permiso, autorización: *con la venia del profesor.* || Perdón de la ofensa o culpa. || Saludo hecho inclinando la cabeza. || *Amer.* Saludo militar. || *For.* Licencia que, por indicación de un tribunal competente, se concedía a un menor de edad para que pudiera administrar su hacienda.

venial adj. Sin gravedad: *culpa venial.* || *Pecado venial,* pecado leve (en oposición a *mortal*).

venialidad f. Calidad de venial.

venida f. Acción de venir, llegada: *la venida de la primavera.* || Regreso. || Acometida o ataque en esgrima que se hacen los combatientes, después de presentar la espada. || *Idas y venidas,* v. IDAS.

venidero, ra adj. Futuro, que ha de venir: *los años, los siglos venideros.*

*venir v. i. Dirigirse una persona o moverse una cosa de allá hacia acá: *su marido va a venir* (ú. t. c. pr.). || Llegar una persona o cosa a donde está el que habla: *¡ven aquí! Ú. t. c. pr.: ¡vente aquí!* || Presentarse una persona ante otra: *vino a verme apenas llegó de Bruselas.* || Ajustarse, ir, sentar: *este traje te viene pequeño.* || Convenir, ir: *me viene bien retrasar el viaje.* || Proceder: *este té viene de Ceilán; esta palabra viene del latín.* || Darse, crecer: *el trigo viene bien en este campo.* || Resultar: *la ignorancia viene de la falta de instrucción.* || Conformarse: *terminará por venir a lo propuesto.* || Suceder, acaecer: *la muerte viene cuando menos se espera.* || Seguir una cosa inmediatamente a otra: *después de la tempestad viene la calma.* || Pasar por la mente: *me vino la idea de marcharme.* || Acometer: *le vinieron deseos de comer.* || Estar, hallarse: *su foto viene en la primera página.* || Ser, resultar: *el piso nos viene ancho.* || — *¿A qué viene esto?,* ¿para qué dice o hace esto? || *En lo por venir,* de aquí en adelante; en el futuro. || *Venga lo que viniere,* expr. con que uno muestra la determinación de emprender una cosa sin reparar en sus consecuencias. || *Venir a las manos,* pelearse. || *Venir al caso,* tener que ver. | *Venir al mundo,* nacer. | *Venir al pelo* (o a punto), ser muy oportuno. | *Fig. Venir a menos,* decaer, empeorar. | *Venir ancha una cosa a uno,* ser superior a la capacidad o méritos de uno. | *Venir a parar,* llegar a cierta consecuencia: *la inflación vino a parar en una catástrofe.* | *Venir a ser,* equivaler. || *Venir a un acuerdo,* llegar finalmente a él. | *Venir con,* acompañar: *venga con él.* || *Fig. y fam. Venir de perillas* (o de perlas, o de primera) *una cosa,* resultar muy conveniente u oportuna. || *Venir en,* resolver, acordar: *venir en decretar.* | *Venir en conocimiento de uno,* llegar a ser sabido. || *Fig. Venirle a la cabeza* (o a la memoria) *de uno,* acordarse. || *Fig. y fam. Venir rodado algo,* suceder, sin haberlo pensado, algo que resulta conveniente. | *Verle venir a uno,* adivinar sus intenciones. || — V. pr. Volver, regresar. || *Venirse abajo* (al suelo o a tierra) *una cosa,* caerse, hundirse; (fig.) frustrarse, malograrse: *todos sus proyectos se han venido abajo.*

venoso, sa adj. Compuesto de venas: *sistema venoso.* || *Sangre venosa,* sangre que va por las venas de gran circulación y conducen al corazón.

venta f. Convenio por el cual una parte (vendedor) se compromete a transferir la propiedad de una cosa o de un derecho a otra persona (comprador) que ha de pagar el precio ajustado: *la venta puede ser al contado, a crédito, a plazos o por cuotas, en pública subasta.* || Función en una empresa de aquellos que están encargados de dar salida a los productos fabricados o comprados para este efecto. || Servicio comercial de esta función. || Condición de aquello que se vende bien o mal: *artículo de fácil venta.* || Cantidad de cosas que se venden: *en invierno la venta de bañadores disminuye.* || Albergue, posada fuera de una población. || *Venta postbalance,* liquidación de géneros.

ventaja f. Superioridad de una persona o cosa respecto de otra: *tiene la ventaja de ser más hábil.* || Hecho de ir delante de otro en una carrera, competición, etc.: *llevar 20 metros de ventaja a uno.* || Ganancia anticipada que da un jugador a otro. || En el tenis, punto marcado por uno de los jugadores cuando se encuentran empatados a 40: *ventaja al saque.* || Sacar *10 metros de ventaja a uno,* ganar a uno por 10 metros de diferencia.

ventajear v. t. *Arg., Bol., Chil., Col.* y *Urug.* Aventajar, adelantarse. || *Arg., Bol., Chil., Col.* y *Urug.* Obtener ventaja sin reparar en los medios.

ventajero, ra m. y f. *Amer.* Ventajista.

ventajista adj. Dícese de la persona que trata de sacar provecho de todo (ú. t. c. s.).

ventajoso, sa adj. Que ofrece muy buenas condiciones, conveniente: *una ocasión muy ventajosa.*

ventalla f. *Bot.* Cada una de las dos o más partes de la cáscara o vaina de un fruto reunidas por una sutura.

ventana f. Abertura que se deja en una pared para dar paso al aire y a la luz. || Armazón con que se cierra. || Ventanilla de la nariz. || *Fig.* Tirar una cosa por la ventana, desperdiciarla, derrocharla.

ventanal m. Ventana grande.

ventanilla f. Ventana pequeña. || Ventana en los coches, trenes, aviones, barcos, etc. || Taquilla de las oficinas, de despacho de billetes. || Abertura tapada con papel transparente que tienen los sobres para que pueda verse la dirección escrita en la misma carta. || Cada uno de los orificios de la nariz.

ventanillo m. Postigo pequeño. || Mirilla de una puerta. || Tragaluz en el techo. || Ventanilla de los barcos, aviones.

ventano m. Ventana pequeña.

ventarrón m. Viento fuerte.

ventear v. impers. Soplar el viento o hacer aire fuerte. || — V. t. Olfatear los animales el viento para orientarse con el olfato. || Poner al viento, airear: *ventear la ropa de la cama.* || *Fig.* Olerse, sospechar.

ventero, ra adj. Que ventea o toma el viento: *perro ventero.* || — M. y f. Dueño o encargado de una venta, albergue o posada.

ventila f. *Méx.* Claraboya, ventanilla para la ventilación.

ventilación f. Aireación: *la ventilación en un túnel, de una sala.* || Abertura para ventilar un local. || Corriente de aire que se establece al ventilarlo. || *Ventilación pulmonar,* movimientos del aire en los pulmones.

ventilador m. Aparato que produce una corriente de aire y sirve para ventilar.

ventilar v. t. Renovar el aire de un recinto: *ventilar una habitación* (ú. t. c. pr.). || Exponer al viento, airear: *ventilar las sábanas.* || *Fig.* Examinar, tratar de resolver, dilucidar: *ventilar un problema* (ú. t. c. pr.). || Hacer que algo secreto trascienda al conocimiento de la gente. | Salir a tomar el aire. || *Fam. Ventilárselas,* arreglárselas.

ventisca f. Borrasca de nieve.

ventiscar o **ventisquear** v. impers. Nevar con viento fuerte.

ventiscoso, sa adj. Que hay muchas ventiscas o borrascas.

ventisquero m. Ventisca. || Altura de un monte expuesta a las ventiscas. || Helero, lugar de un monte en el que se acumulan y conservan la nieve y el hielo. || Masa de hielo o nieve acumulada en este sitio.

ventolera f. Racha de viento fuerte. || Molinete, juguete. || *Fig.* y *fam.* Manía, capricho. | Pensamiento extravagante: *le dio la ventolera de cambiar de oficio.*

ventolina f. Viento ligero y fresco en el mar.

ventorrillo m. Ventorro. || Casa de comidas en las afueras de una población: *merendé en un ventorrillo.*

ventorro m. Venta o posada pequeña o de mal aspecto.

ventosa f. Campana de vidrio en cuyo interior se hace el vacío y que produce un aflujo de sangre en el lugar donde se aplica sobre la piel. || Abertura hecha para la ventilación. || Órgano con el que algunos animales se adhieren a la superficie de los cuerpos sólidos: *las ventosas de los tentáculos del pulpo.*

ventosear v. i. Expulsar gases intestinales por el ano.

ventosidad f. Gases intestinales expelidos por medio del ano.

ventoso, sa adj. Que hace viento: *día ventoso.* || — M. Sexto mes del calendario republicano francés (del 19, 20 ó 21 de febrero al 21 ó 22 de marzo).

ventrada f. *Arg.* Ventregada.

ventral adj. Del vientre.

ventregada f. Conjunto de animalillos que han nacido en un parto.

ventrera f. Faja para abrigar o ceñir el vientre. || Armadura que cubría el vientre. || Cincha del caballo.

ventricular adj. Del ventrículo.

ventrículo m. Cada una de las dos cavidades inferiores del corazón, de donde parten las arterias aorta y pul-

monar. || Cada una de las cuatro cavidades del encéfalo en que se encuentra el líquido cefalorraquídeo.

ventriculografía f. Radiografía de los ventrículos cerebrales mediante una inyección de aire previa trepanación.

ventrílocuo, a adj. Dícese de la persona que puede hablar de tal modo que la voz no parece venir de su boca ni de su persona (ú. t. c. s.).

ventriloquia f. Facultad de hablar como los ventrílocuos.

ventrudo, da adj. De vientre abultado.

ventura f. Felicidad, dicha, suerte: *deseos de ventura.* || Fortuna, suerte, casualidad: *la ventura quiso que me encontrara con él.* || Riesgo, peligro. || — *A la ventura* o *a la buena ventura,* al azar. || *Buena ventura,* buenaventura. || *Por ventura,* por casualidad; afortunadamente. || *Probar ventura,* tentar la suerte.

venturina f. Cuarzo amarillento que tiene en la masa laminitas de mica dorada.

venturoso, sa adj. Afortunado.

venus f. *Fig.* Mujer muy bella.

ver m. Sentido de la vista. || Aspecto, apariencia: *cosa de buen ver.* || Parecer, opinión: *a mi, tu, su, nuestro ver carecen de garantías.*

*ver v. t. e i. Percibir con la vista: *he visto el nuevo edificio.* || Percibir con otro sentido: *los ciegos ven con los dedos.* || Examinar, mirar con atención: *ve si esto te conviene.* || Visitar: *fue a ver a su amigo.* || Recibir: *los lunes veo a los representantes.* || Encontrarse: *ayer lo vi en el parque.* || Consultar: *ver al médico.* || Informarse, enterarse: *voy a ver si ha venido ya.* || Saber: *no veo la decisión que he de tomar.* || Prever: *no veo el fin de nuestros cuidados.* || Conocer, adivinar: *vi sus intenciones perversas.* || Comprender, concebir: *no veo por qué trabaja tanto.* || Entender: *ahora lo veo muy claro.* || Comprobar: *veo que no te has conducido muy bien.* || Sospechar, figurarse: *veo lo que vas a decir.* || Ser escena de: *¡imagínese lo que habrán visto estas paredes!* || Juzgar: *cada cual tiene su manera de ver las cosas* (ú. t. c. pr.). || Tener en cuenta: *sólo ve lo que le interesa.* || Darse cuenta: *no ves lo difícil que es hacerlo.* || Ser juez en una causa. || — *A más ver* (o *hasta más ver*), fórmula de despedida. || *A ver,* expr. empleada para pedir algo que se quiere examinar o para manifestar sorpresa o incredulidad. || *Darse a ver,* mostrarse. || *Esto está por ver* (o *habrá que ver*), hay que comprobarlo. || *Ni visto ni oído,* rápida y repentinamente. || *Fig.* y *fam. No poder ver a uno ni en pintura* (o *ni pintado*), detestarlo. || *Fig. No tener nada que ver,* no tener ninguna relación con. || *Fig.* y *fam. No ver ni jota* (o *no ver tres en un burro*), ser muy miope. || *Por lo visto* (o *por lo que se ve*), al parecer, según las apariencias. || *Fam. Que no veo* (ves, etc.), mucho: *tengo*

VER un hambre que no veo. || Ser de ver una cosa, ser digna de atención. || *Fig.* Te veo venir, adivino tus intenciones. || Ver de, intentar, procurar: *ya veremos de satisfacerle.* || *Fig.* Veremos, expr. que se usa para diferir la ejecución de una cosa. || Ver mundo, viajar mucho. || — V. pr. Mirarse, contemplarse: *verse en el espejo.* || Ser perceptible: *el colorido no se ve.* || Encontrarse en cierta situación: *verse apurado.* || Tratarse: *nos vemos a menudo.* || Encontrarse, entrevistarse. || Ocurrir, suceder: *esto se ve en todos los países.* || *Fig.* y *fam. Vérselas y deseárselas,* pasarlo muy mal; darse un trabajo loco. || Verse negro, encontrarse en gran apuro.

vera f. Orilla: *a la vera de la senda.* || Lado: *estaba a mi vera.*

veracidad f. Realidad.

veragüense adj. y s. De Veraguas (Panamá).

veranada f. Entre los ganaderos, temporada del verano.

veranadero m. Lugar donde los ganados pastan en verano.

veranda f. Galería o balcón que corre a lo largo de las casas de la India y del Extremo Oriente. || Balcón cubierto con cierre de cristales, mirador.

veraneante com. Persona que pasa el verano en un sitio.

veranear v. i. Pasar las vacaciones de verano en cierto sitio: *solía veranear todos los años en Torremolinos, cerca de Málaga.*

veraneo m. Acción de veranear: *ir de veraneo.* || Vacaciones de verano: *organizar el veraneo.*

veraniego, ga adj. Relativo al verano: *temporada veraniega.* || *Fig.* Ligero, que se lleva en verano: *traje veraniego.*

veranillo m. Tiempo breve en que suele hacer calor a finales de septiembre: *el veranillo de San Miguel, del membrillo (España), de San Juan (América).*

verano m. Estío, estación más calurosa del año.
— En el hemisferio septentrional, el *verano* comprende los meses de junio, julio y agosto. En el hemisferio austral, los meses de diciembre, enero y febrero. En el Ecuador, la temporada de sequía, que dura unos seis meses.

verapacense adj. y s. De Verapaz.

veras f. pl. Realidad, verdad en las cosas que se dicen o hacen. || *De veras,* realmente, de verdad: *enfermo, feo de veras;* en serio, no en broma: *lo digo de veras.*

veraz adj. Que dice siempre la verdad: *historiador veraz.*

verbal adj. Que se hace de palabra y no por escrito: *promesa verbal.* || Relativo al verbo: *formas verbales.* || Aplícase a las palabras que se derivan del verbo.

verbalismo m. Propensión a dar más importancia a las palabras que a los conceptos.

verbasco m. *Bot.* Gordolobo.

verbena f. Planta verbenácea de hermosas flores usadas en farmacia. || Feria y fiesta popular nocturna: *la verbena de San Juan.*

verbenáceo, a adj. y s. f. Dícese de las plantas dicotiledóneas como la verbena, la hierba luisa y el sauzgatillo. || — F. pl. Familia que forman.

verbenero, ra adj. Referente a la verbena: *noche verbenera.*

verbigracia y **verbi gratia** expr. lat. Por ejemplo.

verbo m. Segunda persona de la Santísima Trinidad, encarnada en Jesús: *el Verbo divino.* || Lenguaje, palabra. || *Gram.* Palabra que, en una oración, expresa la acción o el estado del sujeto.

verborrea y **verbosidad** f. Abundancia de palabras inútiles.

verdad f. Condición de lo que es verdadero: *la verdad es que no puede hacerlo.* || Conformidad de lo que se dice con lo que se siente o se piensa: *decir la verdad.* || Cosa cierta: *esto es verdad.* || Veracidad, autenticidad, certeza: *verdad histórica, científica, filosófica.* || Sinceridad, buena fe: *un acento de verdad.* || — Bien es verdad que (o verdad es que), expr. que se usa para explicar o atenuar. || *Fam. Cantarle (o decirle) a uno cuatro verdades* (o las verdades del barquero), criticarle crudamente o con franqueza. || *En verdad,* de veras, realmente; verdadero, auténtico: *un torero de verdad;* en serio, no en broma: *¿lo dices de verdad?* || *En verdad,* por cierto, verdaderamente. || *Fig.* y *fam. Una verdad como un puño* (o como un templo), una verdad evidente. || *¿Verdad?, ¿es cierto?* || *Verdad de Perogrullo,* perogrullada, cosa sabida por todos y que es ocioso repetir.

verdadero, ra adj. Conforme a la verdad, a la realidad: *nada hay de verdadero en lo que afirma.* || Auténtico, que tiene los caracteres esenciales de su naturaleza: *un topacio verdadero; el Dios verdadero; un verdadero bandido.* || Real, principal: *el verdadero motivo de su acción.* || Conveniente, adecuado: *éste es su verdadero sitio.*

verdal adj. Aplícase a algunas frutas que conservan el color verde aun después de maduras: *aceitunas verdales.*

verdasca f. Vara verde.

verde adj. De color semejante al de la hierba fresca, la esmeralda, etc., y que resulta de una mezcla de azul y amarillo. || Que tiene savia y no está seco: *leña verde.* || Fresco: *hortalizas verdes.* || *Fig.* Inmaduro, en sus comienzos: *el negocio está aún verde.* || Que aún no está maduro: *uvas verdes.* || *Fig.* Libre, escabroso, licencioso: *chiste verde.* || Que tiene inclinaciones galantes a pesar de su edad: *viejo verde.* || *Fig.* y *fam. Poner verde a uno,* insultarle o desacreditarle. || — M. Color verde: *no me gusta el verde.* || Verdor de la planta. || Conjunto de hierbas del campo. || Follaje. || *Fig.* Carácter escabroso: *lo verde de sus palabras.* || *Riopl.* Mate, infusión. || *Fig.* y *fam. Darse un verde,* hartarse, hincharse.

verdear v. i. Volverse una cosa de color verde. || Tirar a verde. || Empezar a cubrirse de plantas: *verdeaban los campos.* || — V. t. Coger la aceituna.

verdeceledón m. Color verde claro de ciertas telas.

***verdecer** v. i. Cubrirse de verde los campos o los árboles.

verdemar adj. Dícese del color verdoso parecido al del mar (ú. t. c. s. m.).

verdeo m. Recolección de la aceituna.

verdeoscuro, ra adj. Verde de color oscuro.

verderón m. Ave canora parecida al gorrión, con plumaje verde y amarillo. || Berberecho.

verdín m. Algas verdes o mohos que se crían en un lugar húmedo o cubierto de agua. || Cardenillo. || Color verde claro.

verdinegro, gra adj. De color verde muy oscuro.

verdolaga f. Planta cariofilácea cuyas hojas se comen en ensalada.

verdón m. Verderón, pájaro.

verdor m. Color verde. || Color verde vivo de las plantas. || *Fig.* Vigor, lozanía, juventud: *en el verdor de mi vida.*

verdoso, sa adj. Que tira a verde. || Muy pálido: *tenía la tez verdosa y era muy delgado.*

verdugado m. Prenda que las mujeres usaban debajo de la falda para ahuecarla.

verdugazo m. Latigazo, azote.

verdugo m. Ministro de la justicia que ejecuta las penas de muerte. || Brote, vástago de árbol. || Vara flexible para azotar. || Verdugón o señal en la piel. || Prenda de punto para abrigar que cubre la cabeza a modo de capucha. || Alcaudón. || *Arq.* Serie horizontal de ladrillos en una construcción de tierra o de mampostería. || *Fig.* Persona muy cruel; que castiga sin piedad: *este maestro es un verdugo.* || Cosa que mortifica mucho. || *Taurom.* Verduguillo. || *Méx.* Pájaro arriero.

verdugón m. Señal o roncha, coloreada o hinchada, que deja en el cuerpo un latigazo o un golpe: *su piel estaba cubierta de verdugones.* || Verdugo de árbol.

verduguillo m. Ronchita que se levanta en las hojas de algunas plantas. || Navaja pequeña de afeitar. || *Taurom.* Espada para descabellar.

verdulería f. Tienda donde se venden verduras. || *Fam.* Palabra o acción escabrosa, verde. || Obscenidad.

verdulero, ra m. y f. Persona que vende verduras. || *Fig.* Persona verde o escabrosa. || — F. *Fig.* y *fam.* Mujer ordinaria y vulgar: *habla y se conduce como si fuese una verdulera.*

verdura f. Hortaliza, legumbre verde. || Verdor, color verde.

verdusco, ca adj. Verdoso.

verecundia f. Vergüenza.

verecundo, da adj. Vergonzoso, que se avergüenza fácilmente.

vereda f. Senda, camino estrecho. || *Amer.* Acera de las calles. || *Fig.* Hacer entrar (o meter) a uno en vereda, hacerle seguir una vida muy seria cumpliendo con sus deberes.

veredicto m. *For.* Declaración en la que un jurado responde a las preguntas hechas por el presidente del tribunal: *veredicto de culpabilidad.* || Juicio, parecer dado sobre cualquier asunto: *el veredicto de la opinión pública.*

verga f. Miembro genital de los mamíferos. || Arco de acero de la ballesta. || *Mar.* Palo colocado horizontalmente en un mástil para sostener la vela.

vergajazo m. Golpe dado con un vergajo o con una vara.

vergajo m. Verga del toro que, seca y retorcida, sirve de látigo.

vergel m. Huerto con variedad de flores y árboles frutales.

vergonzante adj. Que tiene o que produce vergüenza: *pobre vergonzante.*

vergonzoso, sa adj. Que es motivo de vergüenza: *hecho vergonzoso.* || Que se avergüenza fácilmente: *niña vergonzosa* (ú. t. c. s.). || — M. Animal parecido al armadillo.

vergüenza f. Turbación del ánimo causada por alguna ofensa recibida, por una falta cometida, por temor a la deshonra, al ridículo, etc.: *pasar vergüenza; morir de vergüenza.* || Timidez, apocamiento: *tener vergüenza.* || Estimación de la dignidad: *si tiene vergüenza hará lo que debe hacer.* || Honor, pundonor: *hombre de vergüenza.* || Oprobio: *ser la vergüenza de la familia.* || Cosa que indigna, escándalo: *¡es una vergüenza!* || Pena o castigo infamante que consistía en exponer al reo en público. || — Pl. Partes pudendas. || — *Fig.* Caérsele a uno la cara de vergüenza, tener mucha vergüenza. | Dar vergüenza, ser motivo de vergüenza. | Perder la vergüenza, descararse, insolentarse. |Señalar a uno a la vergüenza pública, hacer públicas sus faltas.

vericueto m. Caminillo estrecho, tortuoso y escarpado por donde se anda con dificultad. || *Fig.* Complicación, lío, enredo.

verídico, ca adj. Conforme con la verdad: *historia verídica; lo que digo es verídico.*

verificación f. Comprobación, acción de asegurarse de la exactitud de algo.

verificador, ra adj. Encargado de verificar, de controlar algo (ú. t. c. s.). || — M. Aparato que sirve para verificar.

verificar v. t. Comprobar la verdad o exactitud de una cosa: *verificar la declaración de un testigo; el resultado de una operación.* || Realizar, ejecutar, efectuar: *verificar un sondeo.* || — V. pr. Efectuarse: *el acto se verificó hace tiempo.* || Resultar cierto y verdadero lo que se dijo o pronosticó: *se verificó su predicción.*

verificativo, va adj. Que pone de manifiesto la certeza de algo.

verijón, ona adj. *Méx.* Perezoso, flojo, vago.

verismo m. Veracidad, realismo. || Nombre dado en Italia a una escuela literaria y musical que procura llevar el realismo al extremo.

verista adj. y s. Relativo al verismo o su partidario.

verja f. Enrejado metálico utilizado para cerrar una casa, un parque, etc.

vermicida adj. y s. m. *Med.* Vermífugo.

vermiculado, da adj. *Arq.* Dícese de los adornos irregulares de un paramento semejantes a las roeduras de gusanos.

vermicular adj. Que tiene o cría gusanos. || Que posee forma de gusano.

vermiforme adj. Con forma de gusano.

vermífugo, ga adj. y s. m. Que mata las lombrices intestinales: *administrar un vermífugo.*

vermut o **vermú** m. Licor aperitivo hecho con vino blanco y varias sustancias amargas o tónicas. || Función de cine o teatro por la tarde. (Pl. *vermuts*).

vernáculo, la adj. Propio del país de quien se habla: *idioma vernáculo.*

vernier m. *Tecn.* Nonio.

vero m. Mofeta. || — Pl. *Blas.* Esmaltes que cubren el escudo heráldico representando campanillas, unas de plata y otras de azur, que tienen las bocas opuestas.

veronal m. Analgésico derivado del ácido barbitúrico.

veronés, esa adj. y s. Relativo a Verona.

verónica f. Planta escrofulariácea de flores azules en espigas. || *Taurom.* Lance que consiste en pasar al toro con la capa extendida con ambas manos. || *Verónica de los jardines,* planta ornamental mexicana.

verosímil adj. Que parece verdadero y puede creerse.

verosimilitud f. Lo que parece verdad. || Probabilidad.

verraco m. Cerdo padre. || *Amer.* Cerdo de monte o pécari. || *Fam.* Gritar como un verraco, gritar muy fuerte.

verraquear v. i. *Fam.* Gruñir como el cerdo. || *Fig.* y *fam.* Berrear, llorar los niños con rabia.

verraquera f. *Fam.* Llorera rabiosa de los niños.

verriondo, da adj. Dícese del cerdo y otros animales cuando están en celo. || Aplícase a las verduras mal cocidas.

verrón m. Verraco que se echa a las puercas para cubrirlas.

verruga f. Excrecencia cutánea pequeña formada por hipertrofia de las papilas dérmicas.

verrugata f. *Méx.* Nombre de algunos peces de la costa del Pacífico.

verrugoso, sa adj. Con verrugas: *manos verrugosas.*

versado, da adj. Entendido, enterado, instruido.

versal adj. y s. f. *Impr.* Mayúscula: *letra versal.*

versalilla o **versalita** adj. y s. f. *Impr.* Mayúscula pequeña.

versallesco, ca adj. Relativo a Versalles, y sobre todo a la corte allí establecida cuyo apogeo tuvo lugar en el siglo XVIII. || *Fam.* Muy afectado o refinado: *modos versallescos.*

versar v. i. Dar vueltas, girar alrededor de una cosa. || *Versar sobre,* tratar de, referirse a: *conversación, libro que versa sobre música.*

versátil adj. Que se puede volver fácilmente. || *Fig.* Inconstante, cambiadizo: *político versátil.* || *Méx.* Artista que destaca en diversos aspectos.

versatilidad f. Carácter de versátil: *su versatilidad me indigna.*

versículo m. Cada una de las pequeñas divisiones de los capítulos de ciertos libros, particularmente de la Biblia. || Parte del responsorio que se reza en las horas canónicas.

versificación f. Arte de versificar. || Manera en que está versificada una obra.

versificador, ra adj. y s. Que hace o compone versos.

versificante adj. Que versifica.

versificar v. i. Hacer o componer versos. || — V. t. Poner en verso: *versificar una fábula.*

versión f. Traducción: *versión castellana de "La Odisea".* || Modo que tiene cada uno de referir o interpretar un mismo suceso. || *Med.* Operación para cambiar la postura del feto que no se presenta bien para el parto. || *En versión original,* aplícase a una película de cine no doblada.

verso m. Reunión de palabras combinadas con arreglo a la cantidad de sílabas (versos griegos o latinos), al número de sílabas, a su acentuación y a su rima (versos castellanos, alemanes, ingleses) o sólo al número de sílabas y a su rima (versos franceses). || Reverso de una hoja. || — *Verso blanco* o *suelto,* el que no rima con otros. || *Verso libre,* el que no está sujeto a rima ni a metro fijo.

versta f. Medida itineraria rusa, equivalente a 1 067 m.

vértebra f. Cada uno de los huesos cortos que, enlazados entre sí, forman la columna vertebral.

vertebrado, da adj. y s. m. Aplícase a los animales que tienen vértebras. || — M. pl. División del reino animal que forman estos animales y que comprende los *peces,* los *reptiles,* los *batracios,* las *aves* y los *mamíferos.*

vertebral adj. Relativo a las vértebras: *columna vertebral.*

vertedera f. Orejera del arado que voltea la tierra levantada por la reja.

vertedero m. Sitio por donde se vierte o echa algo: *vertedero de basuras.* || Desaguadero o aliviadero de un pantano.

vertedor, ra adj. y s. Que vierte. || — M. Canal o tubo por donde se vierte o evacua cualquier líquido: *vertedor* *de aguas residuales.* || *Mar.* Achicador de agua.

*verter v. t. Derramar, dejar caer líquidos o sustancias pulverulentas: *verter cerveza en el mantel.* || Echar una cosa de un recipiente a otro. || Traducir: *verter un texto inglés al castellano.* || *Fig.* Tratándose de máximas, conceptos, etc., decirlos. || — V. i. Correr un líquido por una cosa inclinada (ú. t. c. pr.).

vertical adj. Que tiene la dirección de la plomada. || *Geom.* Aplícase a la recta o plano perpendicular al horizonte (ú. t. c. s. f.). || — M. Cualquiera de los círculos máximos que se consideran en la esfera celeste perpendiculares al horizonte.

verticalidad f. Estado o calidad de lo vertical.

vértice m. *Geom.* Punto en que concurren los dos lados de un ángulo. | Punto donde se unen tres o más planos. | Cúspide de un cono o pirámide. || *Fig.* Parte más elevada de la cabeza humana.

verticidad f. Capacidad de moverse a varias partes o de girar.

verticilo m. Conjunto de hojas, flores o ramas situados a la misma altura alrededor de un tallo.

vertiente adj. Que vierte. || — F. Cada una de las pendientes de una montaña: *la vertiente norte de los Andes.* || Cada una de las partes inclinadas de un tejado. || *Fig.* Aspecto, lado: *examinar una cuestión por vertientes opuestas.*

vertiginosidad f. Calidad de vertiginoso.

vertiginoso, sa adj. Que causa vértigo: *altura vertiginosa.* || Relativo al vértigo. || Aplicado a velocidad, muy grande.

vértigo m. Sensación de pérdida del equilibrio, vahído, mareo: *padecer vértigo.* || *Fig.* Ataque de locura momentáneo. | Apresuramiento o actividad anormalmente intensos. || *Veter.* Enfermedad de los caballos que se traduce por trastornos en los movimientos.

vertimiento m. Derrame.

vesania f. Locura, furia.

vesánico, ca adj. y s. Dícese de la persona que padece vesania.

vesical adj. Relativo a la vejiga: *órganos vesicales.*

vesicante adj. y s. m. Dícese de la sustancia que produce ampollas en la piel.

vesicatorio, ria adj. y s. m. Vejigatorio.

vesícula f. Vejiguilla, ampolla en la epidermis, generalmente llena de líquido seroso. || Bolsa membranosa parecida a una vejiga: *la vesícula biliar.* || Ampolla llena de aire que tienen ciertas plantas acuáticas.

vesicular adj. De forma de vesícula.

vesiculoso, sa adj. Que tiene vesículas o forma parecida a ellas.

vesperal adj. De la tarde, vespertino: *luz vesperal.* || — M. Libro de canto llano que contiene el de vísperas.

véspero m. Lucero de la tarde, el planeta Venus.

vespertino, na adj. De la tarde: *crepúsculo vespertino.*

vesre m. *Arg.* y *Urug.* Creación de palabras por inversión de sílabas: *"gotán"* es el vesre de *"tango".*

vestal f. Cada una de las sacerdotisas consagradas al culto de la diosa Vesta.

vestíbulo m. Sala o pieza que da entrada a un edificio o casa y generalmente a sus distintas habitaciones. || En los grandes hoteles, sala muy grande situada cerca de la entrada del edificio. || Cavidad irregular del laberinto óseo del oído interno que comunica con la caja del tímpano por las ventanas oval y redonda.

vestido m. Prenda usada para cubrir el cuerpo humano: *los hombres primitivos hacían sus vestidos con la piel de los animales.* || Estas prendas consideradas como género: *historia del vestido.* || Prenda de vestir de mujer compuesta de cuerpo y falda montados en una sola pieza. || *Fig.* y *fam. Cortarle un vestido a uno,* criticarle.

vestidura f. Vestido. || — Pl. Ornamentos eclesiásticos usados para el culto divino.

vestigio m. Huella, señal, resto: *los vestigios de una civilización.*

vestimenta f. Conjunto de las prendas de vestir llevadas por una persona: *una vestimenta ridícula y estrafalaria.*

*vestir v. t. Cubrir el cuerpo con vestidos: *vestir a su hermano* (ú. t. c. pr.). || Proveer de vestidos: *vestir a sus hijos* (ú. t. c. pr.). || Hacer la ropa para alguien: *este sastre viste a toda la familia.* || Cubrir: *vestir un sillón de cuero; las hojas nuevas visten ya los árboles.* || *Fig.* Dar mayor consistencia y elegancia a un discurso o escrito. | Disimular, encubrir una cosa con otra. | Adoptar cierto gesto: *vestir su rostro de maldad.* || — *Fig.* y *fam.* Quedarse una mujer *para vestir imágenes o santos,* quedarse soltera. || *Fig. Vísteme despacio que tengo prisa,* no conviene obrar atropelladamente. || — V. i. Ir vestido: *vestir bien o mal.* || Ser elegante, ser apropiado para una fiesta o solemnidad: *la seda viste mucho; un traje de vestir.* || *Fig.* y *fam.* Dar elegancia: *tener un coche deportivo viste mucho.* || — V. pr. Cubrirse: *el cielo se vistió de nubarrones.* || — *Vestirse de largo* una joven, presentarse en sociedad. || *Fam. Vestirse de tiros largos,* vestirse con suma elegancia.

vestuario m. Conjunto de los trajes de una persona. || Conjunto de trajes para una representación teatral o cinematográfica. || Sitio del teatro donde se visten los actores. || *Mil.* Uniforme de la tropa.

vesubiano, na adj. Relativo al Vesubio.

veta f. Filón, yacimiento de mineral de forma alargada. || Vena de ciertas piedras y maderas.

vetado, da adj. Veteado.

vetar v. t. Poner el veto: *vetar una proposición.*

vetarro, rra adj. y s. *Méx.* Viejo.

veteado, da adj. Que tiene vetas: *mármol veteado.*

veteranía f. Antigüedad.

veterano, na adj. y s. m. Entre los romanos, soldado que obtenía su licencia. || Aplícase al hombre que ha desempeñado mucho tiempo el mismo empleo: *periodista veterano.* || Dícese del soldado que lleva muchos años de servicio.

veterinario, ria adj. Referente a la veterinaria. || — M. El que se dedica a la veterinaria. || — F. Arte de curar las enfermedades de los animales.

vetiver m. Planta graminea de la India y de las Antillas, de cuyas raíces se extrae un perfume.

veto m. Derecho que tienen algunos jefes de Estado de oponerse a la promulgación de una ley y algunas grandes potencias de declararse en contra de la adopción de una resolución que ha sido aprobada por la mayoría de los votantes en ciertas organizaciones internacionales. || Oposición, denegación: *padre que pone el veto a un proyecto de casamiento.*

vetustez f. Estado de deterioro causado por el tiempo: *la vetustez de un edificio.*

vetusto, ta adj. Muy viejo, desgastado por el tiempo: *casa vetusta.*

vez f. Usado con un numeral, indica cada realización de un hecho o acción, o el grado de intensidad de una cosa: *he visto esta película dos veces; esta lámpara alumbra tres veces más que la otra.* || Ocasión: *una vez se comió un pollo entero.* || Tiempo en que le toca a uno actuar, turno: *le tocó su vez.* || — *A la vez,* simultáneamente. || *A su vez,* por su turno. || *Algunas veces o a veces,* no siempre, en ciertas circunstancias. || *De una vez,* de un golpe, en una sola acción. || *De una vez para siempre,* definitivamente. || *De vez en cuando,* de cuando en cuando, en ocasiones. || *En vez de,* en sustitución de. || *Érase una vez,* fórmula con que empiezan muchos cuentos infantiles. || *Hacer las veces de,* servir de. || *Muchas veces,* con mucha frecuencia. || *Rara vez,* raramente. || *Tal vez,* quizá, acaso. || *Una* (o *alguna*) *que otra vez,* en pocas ocasiones.

vía f. Camino: *vía pública.* || Todo lo que conduce de un sitio a otro: *vía terrestre, marítima, aérea.* || Doble línea de rieles paralelos, afianzados sobre traviesas, que sirven de camino de rodadura a los trenes: *vía férrea.* || Canal, conducto: *vías respiratorias, digestivas, urinarias.* || *Tecn.* Espacio entre las ruedas del mismo eje de un coche. || Entre los ascéticos, orden de vida espiritual: *vía purgativa.* || *For.* Ordenamiento procesal: *vía ordinaria, sumarísima, ejecutiva.* || Cada una de las divisiones longitudinales de una autopista. || — *Estar en vías de,* estar en curso de. || *Las vías del Señor,* sus mandatos y leyes, incomprensibles para los hombres. || *Por vía de,* a modo de. || *Vía de agua,* agujero, grieta en el casco del barco por donde penetra el agua. || *Vía de comunicación,* cualquier camino terrestre, línea marítima o aérea que permite la circulación de personas y objetos. || *Vía férrea,* ferrocarril. || *Vía húmeda,* en química, método de análisis en que se opera con disolventes. || *Vía muerta,* vía férrea sin salida. || *For. Vías de hecho,* malos tratos que no constituyen violencias sino más bien afrenta. || *Vía seca,* en química, procedimiento analítico en que se recurre al calor. || — Prep. Pasando por: *Madrid-Londres vía París.*

vía crucis o **viacrucis** m. inv. Conjunto de catorce cuadros o bajorrelieves que representan la Pasión de Jesucristo y que los fieles recorren rezando el Viernes Santo. || *Fig.* Largo padecimiento moral, tormento.

viabilidad f. Calidad de viable.

viable adj. Que puede vivir: *una criatura viable.* || *Fig.* Dícese de lo que reúne las condiciones necesarias para realizarse o llevarse a cabo: *no hemos encontrado ningún proyecto viable.*

viaducto m. Puente construido sobre una hondonada para el paso de una carretera o del ferrocarril.

viajador, ra adj. y f. Viajero.

viajante adj. y s. Dícese de la persona que viaja. || — M. Empleado comercial que viaja para vender mercancías en varias plazas.

viajar v. i. Efectuar uno o varios viajes: *no me gusta viajar en avión; viajar por España.*

viaje m. Ida de un sitio a otro bastante alejado: *hacer un viaje a América.* || Ida y venida: *mudas todo el piso en tres viajes.* || Cantidad de cosa que se transporta de una vez. || Relato hecho por un viajero. || *Fam.* Ataque con arma blanca: *tirar viajes.* || *Taurom.* Cornada. || *Fig. y fam.* ¡Para ese viaje no se precisan alforjas!, eso no arregla nada, eso es insuficiente.

viajero, ra adj. Que viaja. || — M. y f. Persona que viaja.

vial adj. Relativo a la vía. || — M. Calle bordeada de árboles.

vialidad f. Conjunto de servicios relacionados con las vías públicas.

vianda f. Cualquier clase de alimento preparado para las personas.

viandante com. Persona que va de viaje. || Caminante, vagabundo.

viaticar v. t. Administrar el viático: *viaticar a un moribundo.*

viático m. Dinero o provisiones que se dan a la persona que va de viaje, dieta. || Sacramento de la Eucaristía administrado a un enfermo en peligro de muerte.

víbora f. Serpiente venenosa, de cabeza triangular, que vive en los lugares pedregosos y soleados. || *Fig.* Persona maldiciente, que murmura o habla mal de los demás.

viborear v. t. *Méx.* Hablar mal de alguien.

viborezno m. Víbora pequeña.

vibración f. Rápido movimiento oscilatorio. || Movimiento de vaivén y periódico de un cuerpo alrededor de su posición de equilibrio. || Tratamiento que se aplica al hormigón recién vaciado y que consiste en someterlo a vibraciones para hacerlo más compacto.

vibrado adj. m. Dícese del hormigón sometido a la vibración. || — M. Vibración del hormigón.

vibrador, ra adj. Que vibra. || — M. Aparato que transmite las vibraciones eléctricas. || Aparato para efectuar la vibración del hormigón.

vibrar v. t. Dar un movimiento rápido de vaivén a alguna cosa larga, delgada y elástica. || — V. i. Hallarse un cuerpo sujeto a vibraciones. || *Fig.* Conmoverse.

vibrátil adj. Que puede vibrar. || *Pestaña vibrátil,* filamento protoplasmático de las células y protozoos que les permite trasladarse en un medio líquido.

vibrato m. *Mús.* En los instrumentos de cuerda, leve vibración de tono producida por un movimiento de oscilación del arco.

vibratorio, ria adj. Que vibra.

vibrión m. Bacteria en forma de coma: *el vibrión del cólera.*

vicaría f. Dignidad de vicario. || Territorio de su jurisdicción. || Oficina o residencia del vicario.

vicarial adj. De la vicaría.

vicariato m. Vicaría y tiempo que dura. || *Vicariato apostólico,* circunscripción eclesiástica regida por un vicario apostólico.

vicario m. Cura párroco. || El que sustituye a otro. || — *Vicario apostólico,* obispo encargado de la administración de un territorio de misión en el que no está establecida la jerarquía eclesiástica. || *Vicario de Jesucristo,* el Papa. || *Vicario general,* suplente de un obispo.

vicealmirantazgo m. Dignidad de vicealmirante.

vicealmirante m. Oficial general de marina, inferior al almirante. (Equivale a teniente general en el ejército de tierra.)

vicecanciller m. Cardenal de la curia romana que preside el despacho de bulas y breves. || El que hace las veces de canciller.

vicecancillería f. Cargo de vicecanciller. || Su oficina.

vicecónsul m. Funcionario inmediatamente inferior al cónsul.

viceconsulado m. Cargo de vicecónsul. || Su oficina.

vicegobernador m. El que hace las veces de gobernador.

vicejefe m. El que sustituye o reemplaza al jefe.

vicentino, na adj. y s. De San Vicente (El Salvador).

vicepresidencia f. Cargo de vicepresidente o vicepresidenta.

vicepresidente, ta m. y f. Persona que suple al presidente o a la presidenta.

vicerrector, ra m. y f. Funcionario que suple al rector o a la rectora: *vicerrector de la Universidad.*

vicesecretaría f. Cargo de vicesecretario. || Su oficina.

vicesecretario, ria m. y f. Persona que suple al secretario o a la secretaria.

vicetiple f. Corista.

viceversa adv. Recíprocamente, inversamente.

vichadense o **vichaense** adj. y s. De Vichada (Colombia).

vichar v. t. *Arg., Bol., Chil.* y *Urug.* Espiar, observar con disimulo.

viche m. Nombre de varias leguminosas de México.

vichear v. i. *Riopl.* Espiar, acechar.

viciar v. t. Corromper física o moralmente: *viciar el aire, las costumbres.* || Adulterar los géneros: *viciar la leche.* || Falsificar: *viciar un escrito.* || Quitar validez a un contrato: *viciar un contrato.* || *Fig.* Deformar (ú. t. c. pr.). || — V. pr. Entregarse a los vicios. || Enviciarse.

vicio m. Defecto, imperfección grave: *vicio de conformación.* || Mala costumbre: *fumar puede llegar a ser un vicio.* || Inclinación al mal: *el vicio se opone a la virtud.* || Licencia, libertinaje: *entregarse al vicio.* || Mimo, exceso de condescendencia con que se trata a un niño. || Deformación. || — *Fig. Llorar, quejarse de vicio,* llorar, quejarse sin motivo. || *Vicio oculto,* defecto de una cosa vendida que el comprador desconoce.

vicioso, sa adj. Que tiene algún vicio o imperfección: *locución viciosa.* || Entregado a los vicios, al libertinaje: *hombre vicioso* (ú. t. c. s.). || *Fam.* Mimado. || *Círculo vicioso,* v. CÍRCULO.

vicisitud f. Sucesión de cosas opuestas. || — Pl. Sucesión de acontecimientos felices o desgraciados: *las vicisitudes de la fortuna, de la vida.*

víctima f. Persona o animal sacrificado a los dioses: *víctima propiciatoria.* || *Fig.* Persona que se sacrifica voluntariamente: *víctima del deber.* | Persona que padece por culpa ajena o suya: *fue víctima de una estafa.* | Persona dañada por algún suceso: *ser víctima de un accidente.*

victimario m. El que preparaba las víctimas y las sujetaba durante el sacrificio. || *Barb.* por asesino.

¡víctor! interj. ¡Vítor!, ¡bravo!

victorear v. t. Vitorear.

victoria f. Ventaja sobre el contrario en la guerra o cualquier contienda: *la victoria de un ejército, de un equipo.*

VIC

|| *Fig.* Dominio de los vicios o pasiones. || Coche de caballos descubierto, de cuatro ruedas. || Género de plantas ninfeáceas. || — *Cantar uno victoria*, jactarse del triunfo. || *Victoria pírrica*, la obtenida con muchas pérdidas.

victorioso, sa adj. Que ha conseguido una victoria: *ejército, equipo victorioso*. || Que ha conducido a la victoria: *la batalla de Stalingrado fue victoriosa para los rusos*.

vicuña f. Mamífero rumiante de los Andes, parecido a la llama y cubierto de pelo largo y fino. || Tejido hecho con su pelo.

vid f. Planta vitácea trepadora, de tronco retorcido, vástagos muy largos, nudosos y flexibles, hojas grandes alternas, cuyo fruto es la uva.

vida f. Conjunto de los fenómenos que concurren al desarrollo y la conservación de los seres orgánicos: *el principio de la vida de un ser*. || Espacio de tiempo que transcurre desde el nacimiento hasta la muerte: *larga vida*. || Lo que ocurre durante este tiempo: *le encanta contar su vida*. || Actividad: *la vida intelectual de un país*. || Sustento, alimento necesario para vivir: *ganarse bien la vida*. || Modo de vivir: *vida de lujo*. || Costo de la subsistencia: *la vida no deja de subir*. || Biografía: *las "Vidas" de Plutarco*. || Profesión: *abrazar la vida religiosa*. || Duración de las cosas: *la vida de un régimen político*. || *Fig.* Viveza, expresión: *mirada llena de vida*. || Actividad, vitalidad: *persona llena de vida*. || Palo del triunfo en algunos juegos. || — *Buscarse la vida*, tratar de conseguir los medios necesarios para vivir. || *Dar mala vida a alguien*, maltratarlo, molestarle constantemente. || *Darse buena vida*, llevar una vida muy agradable y fácil. || *De por vida*, para siempre. || *De toda la vida*, de siempre. || *Fam. Echarse a la vida* o ser una mujer de la vida, dedicarse a la prostitución. || *En la vida*, nunca. || *Entre la vida y la muerte*, en gran peligro de muerte. || *Escapar con vida*, librarse de un gran peligro. || *Fam. Hacer uno por la vida*, comer. || *Pasar la mayor vida*, morir en gracia de Dios. || *Fig.* y *fam.* Tener la vida pendiente de un hilo, estar en peligro de muerte. || *Tener siete vidas como los gatos*, ser muy resistente. || *Fig. Vender cara su vida*, defenderse porfiadamente, hasta la muerte. || *Méx. Vida capulina*, vida regalada. || *Vida de canónigo*, la muy cómoda. || *Vida de perros*, la muy dura y miserable. || *Vida eterna*, la del alma de los elegidos después de la muerte. || *Vida futura*, la del alma después de la muerte. || *Vida y milagros de uno*, su modo de vivir, sus hechos.

vidalita f. *Riopl.* Canción popular melancólica acompañada con la guitarra.

vidente adj. y s. Que ve. || Aplícase a la persona que pretende ver lo pasado y lo futuro.

video adj. Dícese del sistema que permite el envío de imágenes televisadas. || Cinta magnética para grabar imágenes en movimiento. || Producto de la grabación de imágenes en movimiento.

videoconferencia f. Sistema que permite que personas que se encuentran en diferentes lugares sostengan una conferencia por medio de señales televisadas.

videograbadora f. Aparato para grabar imágenes en movimiento.

vidorra f. *Fam.* Vida comodona.

vidriado, da adj. Vidrioso, quebradizo. || Barnizado. || — M. Revestimiento vítreo con que se cubren las piezas de alfarería para hacerlas impermeables y mejorar su aspecto. || Loza cubierta con este barniz vítreo.

vidriar v. t. Cubrir la loza con barniz vítreo. || — V. pr. *Fig.* Ponerse vidriosa una cosa.

vidriera f. Bastidor con vidrios con que se cierran puertas y ventanas. Ú. t. c. adj.: *puerta vidriera*. || Ventana grande cerrada por esta clase de bastidor con vidrios generalmente de colores: *las vidrieras de una catedral*. || *Amer.* Escaparate de una tienda.

vidriería f. Taller donde se fabrican el vidrio y los cristales.

vidriero m. El que fabrica vidrios. || El que coloca o arregla cristales. || *Amer.* Dueño de un escaparate.

vidrio m. Sustancia dura, frágil y transparente que proviene de la fusión de la sílice con potasa o sosa: *fibra de vidrio*. || Objeto hecho con esta sustancia. || *Arg.* Cristal de ventana. || *Fig.* y *fam. Pagar uno los vidrios rotos*, ser el único en sufrir injustamente las consecuencias de un acto cometido con o por otras personas.

vidriosidad f. Calidad de vidrioso.

vidrioso, sa adj. Quebradizo como el vidrio. || *Fig.* Resbaladizo. | Delicado, difícil de tratar, espinoso: *tema vidrioso*. | Susceptible, que se ofende fácilmente. | Dícese de los ojos que ya no brillan, que no tienen transparencia.

viudal adj. Perteneciente o relativo a la viudez.

vieira f. Molusco comestible muy común en Galicia, cuya concha es la venera. || Esta concha.

vieja f. Pez del Pacífico, de unos 10 centímetros de largo, de cabeza grande y tentáculos cortos sobre las cejas. || Nombre de algunos peces del golfo de México.

viejito, ta adj. y s. Dim. de *viejo*. || Danza de los viejitos, baile mexicano, típico del Estado de Michoacán.

viejo, ja adj. De mucha edad: *mujer vieja*. || Que existe desde hace tiempo: *pueblo viejo; chiste viejo*. || Deslucido, estropeado por el uso: *coche viejo*. || Que ejerce una profesión desde hace mucho tiempo: *un viejo profesor*. || — *Hacerse viejo*, envejecer. || *Más viejo que andar a gatas* (o *a pie*), muy antiguo. || — M. y f. Persona de mucha edad. || *Amer.* y *And.* Voz de cariño aplicada a los padres, cónyuges, etc.: *¡buenos días, viejo!* || *Un viejo verde, viejo que quiere adoptar modales de mozo, especialmente en galanteos.*

vienés, esa adj. y s. De Viena.

viento, m. Corriente de aire que se desplaza horizontalmente: *vientos alisios*. || Olor que deja la caza. || Olfato de ciertos animales. || *Mar.* Rumbo. || *Fam.* Ventosidad. || — *Fig. Beber los vientos por una persona o cosa*, desvivirse por ella. || *Contra viento y marea*, a pesar de todos los obstáculos. || *Como el viento*, muy de prisa. | *Correr malos vientos*, ser las circunstancias adversas. || *Fam. Despedir o echar a uno con viento fresco*, echarle de un sitio violentamente. || *Gritar algo a los cuatro vientos*, decirlo para que se entere todo el mundo. || *Instrumento de viento*, el que se hace sonar impeliendo aire dentro de él. || *Fig. Lleno de viento*, vacío; vanidoso. | *Quien siembra vientos recoge tempestades*, el que suscita discordias acaba por ser víctima de ellas. | *Sembrar a los cuatro vientos*, divulgar por todas partes. || *Tomar el viento*, rastrear la caza los perros. || *Fig. Viento en popa*, con buena suerte, sin obstáculos.

vientre m. Cavidad del cuerpo donde están los intestinos. || Región donde está situada esta cavidad: *dar una puñalada en el vientre*. || Conjunto de las vísceras contenidas en esta cavidad. || *Fig.* Estómago: *tener el vientre vacío*. || Panza que tiene una vasija. || *Fís.* Parte más ancha de una onda estacionaria. || — *Bajo vientre*, hipogastrio. || *De vientre*, dícese de la hembra destinada a la reproducción. || *Evacuar, exonerar, hacer* o *del vientre*, expeler el excremento.

viernes m. Sexto día de la semana. || — *Fig.* y *fam. Cara de viernes*, la macilenta y triste. || *Comer de viernes*, comer de vigilia. || *Fam. ¿Te lo has aprendido en viernes?*, siempre repites la misma cosa. || *Viernes Santo*, día aniversario de la muerte de Jesucristo.

vierteaguas m. inv. Superficie inclinada en la parte baja de puertas y ventanas para que por ella escurra el agua de la lluvia.

vietnamita adj. y s. Del Viet Nam: *política vietnamita*.

viga f. Pieza larga de madera, metal o cemento que se utiliza para sostener techos o pisos en las construcciones. || Pieza arqueada que en algunos coches enlazaba el juego delantero con el trasero. || Madero para prensar en los molinos de aceite y las fábricas de paños. || — *Viga de aire*, la que sólo está sostenida en sus extremos. || *Viga maestra*, la que soporta el peso de otras vigas o de los cuerpos superiores de un edificio.

vigencia f. Calidad de vigente: *la vigencia de una constitución*.

vigente adj. Que se usa o es válido en el momento de que se trata: *leyes, ordenanzas, costumbres vigentes*.

vigesimal adj. Que tiene como base el número veinte.

622

vigésimo, ma adj. Que ocupa el lugar veinte. || — M. Cada una de las veinte partes iguales en que se divide un todo: *vigésimo de lotería*.

vigía f. Atalaya. || Acción de vigilar. || *Mar.* Escollo que sobresale en el mar. || — M. Centinela en la arboladura de un barco. || Hombre dedicado a vigilar o atalayar el mar o la campiña.

vigilancia f. Cuidado y atención extremados en lo que está a cargo de uno. || Servicio encargado de vigilar.

vigilante adj. Que vigila. || Que vela o está despierto. || — Com. Persona encargada de velar por la seguridad de algo: *el vigilante nocturno de una calle, de una fábrica.* || — M. Agente de policía, guardia.

vigilar v. i. y t. Velar con mucho cuidado por una persona o cosa procurando que no ocurra nada perjudicial: *vigilar un trabajo, a los presos.*

vigilia f. Estado del estar despierto o en vela. || Privación voluntaria o no de sueño durante la noche. || Víspera de una festividad religiosa importante. || Oficio que se reza en esos días. || Oficio de difuntos que se canta o reza en la iglesia. || Comida con abstinencia por precepto de la Iglesia. || — *Comer de vigilia* o *hacer vigilia*, no comer carne. || *Día de vigilia*, día en que no se puede comer carne.

vigitano, na adj. y s. De Vich (Barcelona).

vigor m. Fuerza física: *joven de mucho vigor.* || Vitalidad de las plantas. || Energía: *actuar con vigor.* || *Fig.* Fuerza de expresión: *estilo lleno de vigor.* || *Estar en vigor*, estar vigente, en estado de surtir efecto.

vigorizar v. t. Dar vigor.

vigorosidad f. Vigor, fuerza.

vigoroso, sa adj. Que tiene vigor: *un anciano vigoroso.* || Hecho con vigor: *defensa vigorosa.*

viguería f. Conjunto de vigas de una construcción.

vigués, esa adj. y s. De Vigo.

vigueta f. Viga pequeña.

vihuela f. Instrumento músico de cuerda parecido a la guitarra, muy en boga durante el siglo XVI.

vihuelista com. Persona que toca la vihuela.

vikingo m. Pirata escandinavo que, del s. XI al s. XII, hizo incursiones por Europa. (Dícese que los *vikingos* fueron los primeros en llegar a América.)

vil adj. Bajo, despreciable: *conducta vil.* || Indigno, infame: *hombre vil.*

vilano m. Apéndice de filamentos que rodea las semillas de algunas plantas compuestas y les sirve para ser transportadas por el viento. || Flor del cardo.

vilayeto m. División administrativa turca.

vileza f. Bajeza, ruindad. || Acción vil, indigna.

vilipendiador, ra adj. y s. Que vilipendia.

vilipendiar v. t. Tratar con vilipendio.

vilipendio m. Desprecio, denigración de una persona o cosa.

vilipendioso, sa adj. Que causa o implica vilipendio.

villa f. Población pequeña, menor que la ciudad y mayor que la aldea. || Casa de recreo, en el campo. || *La Villa del Oso y el Madroño o la Villa y Corte*, Madrid. || *Arg.* Villa miseria, barrio de viviendas precarias en los suburbios.

villamelón adj. y s. *Méx.* Aficionado a los toros, la música, el deporte u otras disciplinas de las que no tiene un conocimiento profundo.

villanada f. Vileza.

villanaje m. Gente del estado llano. || Condición de villano.

villancico m. Composición poética popular con estribillo, de asunto religioso, que se suele cantar por Navidad. || Forma de poesía tradicional castellana parecida al zéjel.

villanería f. Villanía. || Villanaje, estado de villano.

villanesco, ca adj. Relativo a los villanos: *vestido, estilo villanesco.* || — F. Cancioncilla y danza rústicas antiguas.

villanía f. Condición de villano. || *Fig.* Vileza, acción ruin. || Expresión indecente.

villano, na adj. y s. Que es vecino de una villa o aldea, y pertenece al estado llano (ú. t. c. s.). || *Fig.* Rústico, grosero. || Ruin.

villarriqueño, ña adj. y s. De Villarrica (Paraguay).

villavicense o **villavicenciuno, na** adj. y s. De Villavicencio (Colombia).

villorrio m. Aldehuela, pueblo pequeño o falto de comodidad.

vilo (en) m. adv. Suspendido, sin el fundamento o apoyo necesario, inestable: *mantener en vilo.* || *Fig.* Inquieto por saber lo que va a pasar: *este relato nos tiene en vilo.*

vinagre m. Producto que resulta de la fermentación acética del vino y que se emplea como condimento. || *Fig.* y *fam.* Persona de mal genio. || *Fam. Cara de vinagre*, cara de pocos amigos.

vinagrera f. Vasija para el vinagre. || Acedera. || *Amer.* Acedía de estómago. || — Pl. Angarillas en que se ponen el aceite y vinagre en la mesa.

vinagrero, ra m. y f. Persona que hace o vende vinagre.

vinagreta f. Salsa de aceite, cebolla y vinagre.

vinagrillo m. Dim. de *vinagre.* || *Méx.* Arácnido de cuerpo prolongado en un apéndice postabdominal.

vinajera f. Cada uno de los dos jarrillos en que se sirven en la misa del vino y el agua. || — Pl. Conjunto de estos dos jarrillos y de la bandeja donde se colocan.

vinatero, ra adj. Relativo al vino: *industria vinatera.* || — M. Comerciante en vinos.

vinaza f. Vino inferior que se saca de las heces.

vinazo m. *Fam.* Vino espeso de sabor fuerte. | Vino malo.

vinca f. *Arg.* Nopal.

vincapervinca f. Planta apocinácea de flores azules, llamada tb. *hierba doncella.*

vincha f. *Amer.* Pañuelo o cinta con que se ciñe la frente para sujetar el pelo.

vinchuca f. *Amer.* Especie de chinche con alas. || *Méx.* Chinche hocicona.

vinculable adj. Que se puede vincular.

vinculación f. Acción de vincular. || Lo que vincula. || *For.* Sujeción de una propiedad a un vínculo.

vincular v. t. Unir, ligar: *dos familias vinculadas entre sí.* || *Fig.* Supeditar, hacer depender: *vincular uno sus esperanzas en su suerte.* || *For.* Sujetar ciertos bienes a vínculo, generalmente en un testamento, para perpetuarlos en una familia.

vínculo m. Lazo, atadura. || *Fig.* Unión de una persona con otra: *el vínculo conyugal.* | Nexo, lo que une: *España sirve de vínculo entre Francia y África.* || *For.* Hecho de ser obligatoriamente transmitidos los bienes a determinados herederos por la voluntad de su dueño.

vindicación f. Venganza.

vindicador, ra adj. y s. Dícese de la persona que vindica, vengador.

vindicar v. t. Vengar. || Defender, generalmente por escrito, al que ha sido calumniado. || *For.* Reivindicar.

vindicativo, va adj. Vengativo, predispuesto a vengarse. || Que vindica: *discurso vindicativo.*

vindicatorio, ria adj. Que sirve para vindicar.

vindicta f. Venganza. || *Vindicta pública*, castigo de los delitos para ejemplo del pueblo.

vinería f. *Amer.* Despacho de vinos.

vínico, ca adj. Que se saca del vino: *alcohol vínico.*

vinícola adj. Relativo al cultivo de la vid y a la fabricación del vino: *industria vinícola.* || — M. Viticultor.

vinicultor, ra m. y f. Persona que se dedica a la vinicultura.

vinicultura f. Elaboración de vinos.

vinífero, ra adj. Que produce vino: *región vinífera.*

vinificación f. Transformación del mosto de la uva en vino por fermentación.

vinílico, ca adj. Aplícase a una clase de resinas sintéticas obtenidas a partir del acetileno.

vinillo m. *Fam.* Vino muy flojo. || Vino que uno considera muy bueno.

vino m. Bebida alcohólica que se obtiene por fermentación del zumo de las uvas: *vino tinto.* || Zumo sacado de otras plantas. || Preparación medicinal en la que el vino sirve de excitante. || — *Fig.* y *fam. Dormir el vino*, dormir después de emborracharse. | *Tener mal vino*, ser agresivo en la embriaguez. || *Vino blanco*, el de color dorado, obtenido por fermentación del mosto sin el hollejo de la uva. || *Vino de campanilla,* vino pobre del maguey que se obtiene en América. || *Vino de dos, tres hojas,* el de dos, tres años. || *Vino de honor,* el ofrecido a un personaje importante o para celebrar algo. || *Vino de lágrima,* el que destila de la uva sin exprimir el racimo. || *Vino de mesa, de pasto,* el corriente y poco fuerte que se suele beber durante las comidas. || *Vino de postre, vino generoso,* el más fuerte y añejo que el común. || *Vino de solera,* el más añejo que se mezcla al nuevo para darle sabor. || *Vino de yema,* el que está en medio del tonel. || *Vino peleón,* el más ordinario. || *Vino seco,* el que no tiene sabor dulce. || *Vino tinto,* el de color rojo oscuro, que se obtiene dejando el hollejo de la uva en contacto con el líquido durante la fermentación.

vinorama f. *Méx.* Árbol de hasta 6 m de altura, con varas largas delgadas y espinosas, al que se le atribuyen propiedades medicinales.

vinosidad f. Carácter de las sustancias vinosas.

vinoso, sa adj. Que tiene las propiedades o apariencias del vino: *color vinoso.*

vinote m. Líquido que queda en la caldera del alambique después de hecho el aguardiente.

vintén m. Nombre de monedas de níquel uruguayas de uno y dos céntimos de peso.

viña f. Sitio plantado de vides. || *Fig. De todo hay en la viña del Señor,* en todo hay cosas buenas y malas.

viñador m. Cultivador de viñas.

viñal m. *Arg.* Viñedo.

viñamarino, na adj. y s. De Viña del Mar.

viñatero m. *Amer.* Viñador.

viñedo m. Terreno extenso plantado de vides.

viñeta f. Dibujo o estampita puesto como adorno al principio o al final de un libro o capítulo, o en las márgenes de las páginas.

viola f. Instrumento músico de cuerda parecido al violín, aunque algo mayor, equivalente al contralto. || — Com. Persona que toca este instrumento.

violáceo, a adj. Violado. || Aplícase a las plantas angiospermas dicotiledóneas, como la violeta (ú. t. c. s. f.). || — F. pl. Familia que forman.

violación f. Penetración en un lugar en contra de la religión, la ley o la moral: *la violación de una iglesia.* || Quebrantamiento de la ley social o moral. || Delito que consiste en abusar de una mujer o menor de edad mediante violencia. || *Violación del secreto epistolar,* delito consistente en abrir o sustraer la correspondencia privada.

violado, da adj. De color de violeta.

violador, ra adj. y s. Dícese de la persona que viola: *violador de los derechos más sagrados.*

violar v. t. Infringir, quebrantar: *violar la ley.* || Abusar de una mujer o menor de edad por violencia o por astucia. || Entrar en un sitio prohibido o sagrado: *la fuerza pública violó su domicilio.*

violencia f. Fuerza extremada: *la violencia del viento.* || Intensidad: *la violencia de las pasiones.* || Abuso de la fuerza. || Violación de una mujer. || *Fig.* Molestia, embarazo. || *For.* Fuerza ejercida sobre una persona para obligarla a hacer lo que no quiere. || Hecho de actuar sin el consentimiento de una persona.

violentar v. t. Vencer por la fuerza la resistencia de una persona o cosa: *violentar la voluntad, la conciencia.* || *Fig.* Entrar en un lugar o abrir algo contra la voluntad de su dueño. | Deformar, desvirtuar: *violentar un texto.* || — V. pr. *Fig.* Obligarse a uno mismo a hacer algo que le molesta o le repugna.

violento, ta adj. De mucha fuerza o intensidad: *tormenta violenta; dolor violento.* || Propenso a encolerizarse, iracundo: *hombre violento.* || Cohibido, avergonzado: *se sentía muy violento en su presencia.* || Molesto, que va en contra de la inclinación natural de uno: *me es violento decírselo.* || *Muerte violenta,* la que ocurre de repente y en circunstancias trágicas.

violeta f. Planta violácea de flores de color morado muy perfumadas. || Flor de esta planta. || — Adj. inv. y s. m. De color de estas flores (mezcla de azul y rojo).

violetera f. Vendedora de violetas por la calle.

violetero m. Florero para poner violetas.

violín m. Instrumento músico derivado de la viola, de cuatro cuerdas templadas de quinta en quinta (sol, re, la, mi), que se toca con un arco. || Violinista. || *Fig. Violín de Ingres,* ocupación secundaria y predilecta para la cual uno tiene mucho talento.

violinista com. Persona que toca el violín.

violón m. Contrabajo, instrumento músico de cuatro cuerdas, parecido al violín, pero de mayor tamaño y tono más grave. || Persona que lo toca. || *Fig. y fam. Tocar el violón,* hablar u obrar fuera de propósito.

violoncelista y **violonchelista** com. Persona que toca el violoncelo, instrumento músico.

violoncelo y **violonchelo** m. Instrumento músico de cuatro cuerdas, parecido al violín, aunque más pequeño, que equivale al barítono. || Violoncelista.

viperino, na adj. Relativo a la víbora o que se le parece. || *Fig. Lengua viperina,* persona muy maldiciente. || — F. *Méx.* Planta leguminosa medicinal.

vira f. Flecha delgada y aguda. || Banda de tela o badana cosida entre la suela y la pala del zapato.

virada f. *Mar.* Acción de virar.

virador m. *Mar.* Cabo grueso utilizado para varias faenas. || Líquido empleado en fotografía para virar pruebas.

virago f. Mujer varonil.

viraje m. Cambio de dirección de un vehículo. || Curva en una carretera. || *Fig.* Cambio completo de orientación, de conducta: *ciertos acontecimientos marcaron un viraje en la historia.* || *Fot.* Operación que consiste en modificar el tono de las pruebas haciéndolas pasar por diversos baños (sales de oro, de platino, etc.).

virar v. t. En fotografía, someter las pruebas a la acción de ciertas sustancias químicas para variar su color. || Cambiar la nave de rumbo o de bordada (ú. t. c. i.). || — V. i. Cambiar de dirección un vehículo: *virar a derecha, a izquierda.* || *Fig. Virar en redondo,* cambiar completamente de ideas.

virgen adj. Dícese de la persona que no ha tenido contacto sexual: *una mujer virgen* (ú. t. c. s. f.). || *Fig.* Intacto, íntegro: *nieve virgen.* || *Aceite virgen,* el que se saca de las aceitunas sin presión. || *Cera virgen,* la no fundida ni trabajada. || *Film virgen,* el no impresionado. || *Selva virgen,* la que está sin explorar. || *Tierra virgen,* la que nunca ha sido cultivada. || — F. Cada uno de los dos pies derechos que guían la viga en los lagares y los alfarjes. || *Fam. Un viva la Virgen,* un hombre informal y despreocupado.

virgiliano, na adj. Propio de Virgilio.

virginal adj. Relativo a una virgen. || Propio de una virgen: *candor virginal.* || *Fig.* Puro.

virgíneo, a adj. Virginal.

virginiano, na adj. y s. De Virginia (Estados Unidos).

virginidad f. Entereza corporal de la persona que no ha tenido contacto sexual. || *Fig.* Pureza, candor.

virgo m. Virginidad. || Himen.

vírgula f. Varilla. || Rayita o línea muy delgada. || *Med.* Bacilo que provoca el cólera.

virgulilla f. Signo ortográfico como la coma, el apóstrofe, la cedilla y la tilde. || Rayita muy delgada.

viril adj. Varonil. || — M. Custodia pequeña colocada dentro de la grande. || Vidrio o campana con que se protegen algunas cosas.

virilidad f. Calidad de viril.

virola f. Casquillo, abrazadera de metal que se ajusta en el extremo de algunos instrumentos, como navajas, etc. || Anillo en la punta de la garrocha para evitar que penetre demasiado. || *Arg. y Méx.* Rodaja de plata con que se adornan los arreos de las caballerías.

viroleño, ña adj. y s. De Zacatecoluca (El Salvador).

virote m. Flecha gruesa provista de un casquillo. || Hierro que se colgaba del cuello a los esclavos que solían fugarse. || *Amer.* Tonto.

virreina f. Mujer del virrey.

virreinal adj. Del virrey, de la virreina o del virreinato.

virreinato m. Cargo y dignidad de virrey. || Territorio gobernado por él. || Instituciones que encarnaban al poder de la Corona española en las colonias de América.

— Hubo cuatro *virreinatos* en América: *Nueva España* (1535); *Perú* (1544); *Nueva Granada* (1717), suspendido en 1723 y restablecido en 1739, y *Río de la Plata* (1776).

virreino m. Virreinato.

virrey m. El que gobierna un territorio en nombre y con autoridad del rey.

virtual adj. Posible, que no tiene efecto actual: *todos tenemos la capacidad virtual de ser buenos.* || *Fís.* Que tiene existencia aparente pero no real: *imagen, objeto virtual.*

virtualidad f. Posibilidad.

virtud f. Capacidad para producir cierto efecto: *la virtud de un medicamento.* || Disposición constante a obrar bien: *persona de gran virtud.* || Cualidad que se estima como buena en las personas: *la lealtad es una virtud.* || Castidad en las mujeres. || — Pl. Espíritus celestiales que tienen fuerza para cumplir las operaciones divinas. || *En virtud de,* como consecuencia de. || *Virtud cardinal,* cada una de las cuatro (prudencia, justicia, fortaleza y templanza) que son principio de otras. || *Virtud teologal,* cada una de las tres (fe, esperanza y caridad) cuyo objeto directo es Dios.

virtuosidad f. y **virtuosismo** m. Gran habilidad técnica en un arte: *la virtuosidad de un pianista.*

virtuoso, sa adj. Que tiene virtud: *hombre virtuoso.* || Inspirado por la virtud: *conducta virtuosa.* || — M. y f. Artista, particularmente músico ejecutante, que domina la técnica de su arte.

viruela f. Enfermedad infecciosa, contagiosa y epidémica caracterizada por una erupción de manchas rojizas que se convierten en vesículas y luego en pústulas, las cuales dejan, al secarse, cicatrices permanentes en la piel (ú. t. en pl.). || Cada una de estas pústulas.

virulencia f. Estado de lo que es virulento.

virulento, ta adj. Ocasionado por un virus: *enfermedad virulenta.* || Cuyo poder de multiplicación es máximo: *microbio virulento.* || *Fig.* Violento, ensañado: *invectiva virulenta.*

virus m. *Med.* Microbio invisible con el microscopio ordinario, responsable de las enfermedades contagiosas: *el virus del cólera, de la tifoidea.* (Llámase tb. *virus filtrable.*) || *Fig.* Fuente de contagio moral: *el virus de la holgazanería.*

viruta f. Laminilla de madera o metal que salta al cepillar un objeto o al someterlo a una operación semejante.

vis f. Fuerza: *vis cómica.*

visa f. *Amer.* Visado.

visado, da adj. Que ha sido visado. || — M. Visto bueno o autorización que se hace constar en ciertos documentos, especialmente en pasaportes, para darles validez.

visaje m. Gesto, mueca.

visar v. t. Examinar un documento, poniéndole el visto bueno para darle validez: *visar un pasaporte.* || Dirigir la puntería.

visayo, ya o **bisayo, ya** adj. y s. De las Visayas.

víscera f. Cualquiera de los órganos situados en las principales cavidades del cuerpo como el estómago, el corazón, los pulmones, el hígado, etc.

visceral adj. De las vísceras.

visco m. Liga para coger pájaros. || Nombre de varias plantas parásitas de México.

viscosa f. Celulosa sódica empleada en la fabricación de rayón, fibrana y películas fotográficas.

viscosidad f. Propiedad que tiene un fluido de resistir a un movimiento uniforme de su masa.

viscoso, sa adj. Pegajoso, peguntoso: *una piel viscosa.* || Que tiene viscosidad.

visera f. Parte del yelmo, generalmente movible, que cubría el rostro, parcial o totalmente. || Parte delantera de la gorra, del quepis, etc., para protegerlos ojos. || Trozo de cartón o plástico de forma parecida empleada para el mismo uso.

visibilidad f. Calidad de visible. || Posibilidad de ver a cierta distancia. || En meteorología, grado de transparencia del aire.

visible adj. Perceptible con la vista. || *Fig.* Evidente, manifiesto: *enojo visible.* || *Fam.* En disposición de recibir, presentable: *no estar visible.*

visigodo, da adj. y s. Dícese del individuo de una parte del pueblo godo que fundó un reino en España. || Visigótico.

visigótico, ca adj. Relativo a los visigodos: *reino visigótico.*

visillo m. Cortinilla transparente que se pone detrás de los cristales de las ventanas.

visión f. Percepción por medio del órgano de la vista: *visión de cerca, de lejos; binocular.* || Vista: *perdió la visión de un ojo.* || Percepción imaginaria de objetos irreales: *tener visiones.* || *Fig.* y *fam.* Esperpento, persona fea. || *Teol.* Cosas que permite Dios ver a algunas personas. || — *Fig.* y *fam. Quedarse uno como quien ve visiones,* quedarse uno muy asombrado.

visionadora f. *Fot.* Aparato de óptica que sirve para ampliar y examinar clichés fotográficos de formato reducido.

visionario, ria adj. y s. Que ve visiones.

visir m. Ministro de un príncipe musulmán. || *Gran visir,* primer ministro del antiguo sultán de Turquía.

visita f. Acción de ir a visitar a alguien: *visita de cumplido, de pésame.* || Acción de ir a ver con interés alguna cosa: *la visita de un museo.* || Persona que visita: *recibir visitas.* || Acción de ir a

ver el médico a un enfermo. || Reconocimiento médico. || Cualquier clase de inspección: *visita de aduana, de hospitales, de cárceles.* || — *Derecho de visita,* autorización de ir a ver a sus hijos los cónyuges separados; derecho que tienen los buques de guerra a hacer una visita de inspección a los mercantes.

visitador, ra adj. y s. Dícese de la persona que hace o es aficionada a hacer visitas. || — M. Funcionario encargado de hacer visitas de inspección. || — M. y f. Religioso o religiosa que inspecciona los conventos de su orden.

visitante adj. y s. Que visita.

visitar v. t. Ir a ver a uno en su casa. || Recorrer para ver: *visitar un museo, una exposición.* || Ir a ver como turista: *visitar Galicia.* || Ir a un templo o santuario por devoción. || Ir el médico a casa del enfermo para reconocerle. || Inspeccionar. || Registrar en las aduanas, etc.

visiteo m. El hecho de hacer o recibir muchas visitas.

vislumbrar v. t. Ver un objeto confusamente (ú. t. c. pr.). || *Fig.* Tener indicios de algo (ú. t. c. pr.).

vislumbre f. Reflejo o tenue resplandor de una luz lejana. || Indicio.

viso m. Reflejo cambiante y en forma de ondas que aparece en la superficie de algunas cosas lisas: *tela de seda azul con visos morados.* || Reflejo. || Forro de color que llevan las mujeres debajo de un vestido transparente. || Capa o toque ligero de color. || Altura o eminencia desde donde se descubre mucho terreno. || *Fig.* Apariencia: *visos de verdad.* || Tendencia.

visón m. Mamífero carnívoro parecido a la nutria, muy apreciado por su piel.

visor m. Dispositivo óptico que sirve para enfocar con máquinas fotográficas o cinematográficas o para apuntar con armas de fuego, etc.

víspera f. Día inmediatamente anterior a otro: *el lunes es la víspera del martes.* || — Pl. Una de las divisiones del día romano, que correspondía al crepúsculo. || Una de las horas del oficio canónico. || *En vísperas,* cerca de, próximo a.

vista f. Facultad de ver, de percibir la luz, los colores, el aspecto de las cosas: *vista aguda.* || Los ojos, órgano de la visión: *tener buena vista.* || Mirada: *dirigir la vista a.* || Aspecto, apariencia. || Extensión de terreno que se ve desde algún sitio, paisaje, panorama: *esta habitación tiene una vista espléndida.* || Cuadro, fotografía de un lugar, monumento, etc.: *una vista de París.* || Vistazo. || *Fig.* Ojo, sagacidad: *tiene mucha vista en los negocios.* || *For.* Conjunto de actuaciones llevadas a cabo en una causa, audiencia. || — Pl. Ventanas u otras aberturas de un edificio. || — *A la vista,* que se ha de pagar en el acto: *letra pagadero a la vista.* || *A la vista de,* en vista de. || *A primera* (o *simple*) *vista,* sin examen. || *A vista de*, en presencia de. || *A vista de pájaro*, desde un punto elevado, desde el aire. || *Fig. Aguzar la vista*, mirar con mucha atención. || *Apartar la vista de algo*, dejar de mirarlo o procurar no verlo. || *Fig. y fam. Comerse con la vista*, mirar a uno con ansia. || *En vistas a*, con el propósito de. || *Conocer a una persona de vista*, conocerla sólo por haberla visto alguna vez. || *En vista de*, en consideración a, dado: *en vista de las circunstancias.* || *Estar a la vista*, ser evidente; fácil de ver, visible; (fig.) ocupar una situación de primer plano. || *Fig. Hacer la vista gorda*, fingir uno que no se da cuenta de una cosa. || *Hasta la vista*, hasta pronto, fórmula de despedida. || *Hasta perderse de vista*, muy lejos. || *Fig. Írsele a uno la vista tras algo*, tener muchos deseos de algo. || *No perder de vista*, tener siempre en cuenta; vigilar mucho a una persona o cosa. || *Perder de vista*, dejar de ver. || *Fig. Punto de vista*, criterio, modo de ver. || *Fig. Saltar una cosa a la vista*, ser muy visible o evidente. || *Segunda o doble vista*, facultad de ver por medio de la imaginación. || *Ser corto de vista*, ser miope; (fig.) ser poco perspicaz. || *Fig. Ser largo de vista*, ser muy clarividente, perspicaz. || *Tener a la vista*, tener en perspectiva: *tengo un viaje a la vista;* vigilar; ver. | *Tener vista una persona*, ser muy sagaz o perspicaz. || *Fig. y fam. Tragarse con la vista*, comerse con la vista. || *Fam. Uno de la vista baja*, un cerdo. || *Vista cansada*, la del présbita. || *Vista corta o baja*, la del miope. || *Fig. Vista de águila o de lince*, la muy penetrante.

vista m. Empleado que se encarga de registrar en las aduanas.

vistazo m. Mirada rápida o superficial: *dar o echar un vistazo.*

visto, ta p. p. irreg. de *ver.* || *For.* Juzgado, fórmula con que se da por concluida la vista pública de una causa: *visto por sentencia.* || Muy conocido: *esta clase de espectáculos están muy vistos.* || — *Bien* (o *mal*) *visto*, considerado bien (o mal). || *Está visto*, expr. con que se da una cosa por cierta y segura. || *Ni visto ni oído*, con suma rapidez. || *No visto o nunca visto*, raro, extraordinario. || *Por lo visto*, por lo que se ve; según parece, aparentemente. || *Visto bueno* (o *visto y conforme*), fórmula que se pone, generalmente abreviada (V.° B.°), al pie de ciertos documentos para autorizarlos. || *Visto que*, pues que, una vez que. || — M. *Visto bueno*, aprobación: *dar el visto bueno a.*

vistosidad f. Apariencia alegre y llamativa.

vistoso, sa adj. Que atrae mucho la atención, llamativo: *vestido vistoso.* || Que agrada a la vista.

visual adj. Relativo a la visión: *imagen visual.* || — F. Línea recta que se considera tirada desde el ojo del espectador hasta el objetivo. || *Memoria visual*, la que conserva recuerdo de lo que se ha visto (por oposición a *memoria auditiva*).

visualidad f. Vistosidad.

visualización f. Acción y efecto de visualizar.

visualizar v. t. Imaginar con rasgos visibles algo que no se ve. || Formar en la mente una imagen visual de algo abstracto. || Representar con imágenes ópticas fenómenos de otro carácter.

vital adj. Perteneciente o relativo a la vida: *funciones vitales.* || Fundamental, esencial, de suma importancia: *problema vital.* || *Fil. Impulso vital*, según Bergson, impulso original de la vida a través de la materia y creador de las diversas formas de organización.

vitalicio, cia adj. Que dura toda la vida: *cargo vitalicio.* || Dícese de la persona que disfruta de un cargo de esa clase: *senador vitalicio.* || Aplícase a la renta que se paga mientras vive el beneficiario (ú. t. c. s. m.).

vitalidad f. Actividad o eficacia de las facultades vitales; energía, dinamismo. || Importancia fundamental.

vitalismo m. Doctrina fisiológica que explica los fenómenos orgánicos por la acción de las fuerzas vitales.

vitalista adj. Del vitalismo. || Dícese del partidario del vitalismo o que sigue sus doctrinas (ú. t. c. s.).

vitalizar v. t. Dar los caracteres de la vida a, hacer vital.

vitamina f. Cada una de las sustancias químicas orgánicas existentes en los alimentos en cantidades muy pequeñas y necesarias al metabolismo animal. (Hay numerosas vitaminas: A, B_1, B_2, B_6, B_{12}, C, D, E, K, P, PP, etc. La carencia o insuficiencia, llamada *avitaminosis*, ocasiona graves trastornos.)

vitaminado, da adj. Que tiene una o varias vitaminas.

vitamínico, ca adj. Relativo a las vitaminas: *pastilla vitamínica.*

vitaminización f. Preparación de una vitamina.

vitela f. Pergamino muy fino y liso en el que se pinta o escribe.

vitelina adj. Dícese de la membrana espesa, transparente, que envuelve el óvulo, o gameto hembra de los animales.

vitelo m. Materia nutritiva no viva contenida en un huevo.

vitícola adj. Relativo al cultivo de la vid. || — Com. Viticultor.

viticultor, ra m. y f. Persona dedicada a la viticultura.

viticultura f. Cultivo de la vid.

vitíligo m. Enfermedad cutánea caracterizada por manchas blancas debidas a una despigmentación de la piel.

vitivinícola adj. Relativo a la vitivinicultura. || — Com. Vitivinicultor.

vitivinicultor, ra m. y f. Persona dedicada a la vitivinicultura.

vitivinicultura f. Arte de cultivar las vides y elaborar el vino.

vitola f. Anillo de papel con dibujos que rodea al cigarro puro. || Plantilla para calibrar balas de cañón o de fusil. || Regla metálica para medir las vasijas en las bodegas. || *Fig.* Facha o traza de una persona. | Aspecto.

vítor m. Grito de aclamación o aplauso: *dar vítores a un héroe.* || — Interj. Expresa alegría o aclamación.

vitorear v. t. Aplaudir, dar vivas, aclamar con vítores: *vitorear a un campeón.*

vitoriano, na adj. y s. De Vitoria.

vitral m. Vidriera.

vítreo, a adj. De vidrio o semejante a él: *roca vítrea.* || *Humor vítreo*, líquido intraocular detrás del cristalino y antes de la retina.

vitrificable adj. Que se puede convertir en vidrio.

vitrificación f. o **vitrificado** m. Acción y efecto de vitrificar.

vitrificar v. t. Convertir, mediante fusión, una sustancia en materia vítrea. || Dar a los entarimados una capa de materia plástica que los protege. || Dar a algo aspecto de vidrio. || — V. pr. Convertirse en vidrio.

vitrina f. Armario o caja con puertas de cristales en que se exponen objetos de arte.

vitriólico, ca adj. Relativo al vitriolo.

vitriolo m. Nombre dado antiguamente a todos los sulfatos. || — *Aceite de vitriolo o vitriolo*, ácido sulfúrico. || *Vitriolo azul*, sulfato de cobre hidratado.

vituallas f. pl. Víveres.

vituperable adj. Censurable, reprochable.

vituperación f. Censura, reproche.

vituperador, ra adj. y s. Que vitupera.

vituperante adj. Que vitupera.

vituperar v. t. Censurar, reprender duramente a una persona, desacreditarla.

vituperio m. Censura, reproche. || Vergüenza, baldón, oprobio.

viudal adj. Del viudo o viuda.

viudedad f. Viudez. || Pensión que cobran las viudas.

viudez f. Condición de viudo.

viudito, ta adj. y s. Dim. de *viudo.* || — F. *Monito* de América. || *Arg. y Chil.* Ave insectívora, parecida al loro, con plumaje blanco y cola de color negro. || *Méx.* Ave zancuda acuática de color pardo.

viudo, da adj. Dícese de la persona cuyo cónyuge ha muerto y que no ha vuelto a casarse (ú. t. c. s.). || — F. Planta dipsácea de flores de color morado y fruto capsular.

viva m. Grito de aclamación: *dar vivas a la patria.* || — Interj. Expresa aclamación.

vivace adj. o adv. (pal. ital.). *Mús.* Vivo, rápido, animado: *allegro vivace.*

vivacidad f. Rapidez en obrar, en comprender, viveza.

vivales com. inv. *Fam.* Fresco, tuno: *estoy harto de tratar con un vivales como tú.*

vivandero, ra m. y f. Persona que vende víveres a las tropas.

vivaque m. Campamento de campaña militar.

vivaquear v. i. Acampar la tropa al aire libre.

vivar m. Lugar donde viven los conejos de campo. || Vivero de peces.

vivaracho, cha adj. *Fam.* Muy vivo y alegre: *joven vivaracha.*

vivario m. Lugar donde se conservan pequeños animales vivos para su estudio o exhibición.

vivaz adj. Que vive o dura mucho tiempo: *alegría vivaz.* || Vigoroso. || Agudo, de pronta comprensión. || Aplícase a la planta que vive más de dos años.

vivencia f. Hecho vivido, experiencia.

víveres m. pl. Comestibles.

vivero m. Terreno a que se trasladan las plantas desde la almáciga para recriarlas. || Lugar donde se crían o guardan vivos dentro del agua peces, moluscos, etc. || *Fig.* Semillero, cantera: *un vivero de artistas.* || Manantial, fuente: *vivero de disgustos.*

viveza f. Prontitud en las acciones o agilidad en la ejecución: *la viveza de los niños.* || Perspicacia, sagacidad, agudeza: *la viveza del ingenio.* || Realismo, carácter expresivo. || Brillo vivo, intensidad: *la viveza de un color.* || Expresión en la mirada: *ojos llenos de viveza.*

vívido, da adj. Dícese de lo que es producto de la inmediata experiencia del sujeto: *historia vivida.*

vívido, da adj. Expresivo, vivaz.

vividor, ra adj. Que vive (ú. t. c. s.). || Vivaz. || Muy trabajador. || — M. y f. Aprovechón, persona que vive a costa de los demás o a quien le gusta vivir bien, cómodamente.

vivienda f. Lugar donde habitan una o varias personas, morada. || Acción de alojarse: *crisis de la vivienda.* || Casa: *bloque de viviendas lujosas.*

viviente adj. Dotado de vida: *los seres vivientes* (ú. t. c. s.).

vivificación f. Acción de vivificar o vivificarse.

vivificador, ra y **vivificante** adj. Que vivifica o da vida.

vivificar v. t. Dar fuerzas o energía, animar: *el Sol vivifica la naturaleza.*

viviparidad f. Reproducción de los animales vivíparos.

vivíparo, ra adj. Aplícase a los animales que paren los hijos ya desarrollados y sin envoltura, en oposición a los ovíparos, como los mamíferos (ú. t. c. s.).

vivir v. t. Estar presente: *viví en México horas inolvidables.* || Participar, tomar parte: *los que vivimos una juventud dorada.* || Pasar: *vivimos tantas horas felices.* || — V. i. Estar vivo: *quién sabe si mañana vivirá.* || Gozar, disfrutar de los placeres de la vida: *vivió agradablemente.* || Estar tranquilo, sosegado: *vivir con pocas preocupaciones.* || Du-

rar, subsistir: *sus hazañas vivirán siempre en el recuerdo de todos.* || Habitar, residir: *vivo en París.* || Mantenerse: *gana para poder vivir; vivir de esperanzas.* || Conducirse, portarse: *vivir austeramente.* || Llevar cierto género de vida: *vivir como un santo.* || Tratar: *hay que vivir con todo el mundo.* || Cohabitar: *vivo con mi hermana.* || Aceptar y adoptar las costumbres sociales: *allí aprendí a vivir.* || *— Ir viviendo,* vivir con estrechez. || *No dejar vivir a uno,* molestarle, no dejarle tranquilo. || *¿Quién vive?,* voz de alarma del centinela cuando se acerca alguien. || *Saber vivir,* saber tratar con la gente, conocer las reglas mundanas. || *Vivir al día,* vivir con lo que se gana o se tiene cada día, sin preocuparse del porvenir.

vivisección f. Disección de los animales vivos para el estudio de los fenómenos fisiológicos.

vivisector m. El que hace vivisecciones.

vivito, ta adj. *Fam.* Que está muy vivo. || *Fam. Vivito y coleando,* muy vivo; vivaracho; dicho de asunto, de actualidad, vigente.

vivo, va adj. Que está en vida, que vive: *los seres vivos.* Ú. t. c. s.: *los vivos y los muertos.* || Fuerte, intenso: *dolor muy vivo.* || Agudo: *olor vivo.* || Brillante: *luz viva; colores vivos.* || Rápido, ágil en sus movimientos. || *Fig.* Que concibe pronto: *ingenio vivo.* | Rápido en enfadarse. | Despabilado, despierto, listo: *un niño muy vivo.* | Astuto, hábil. Ú. t. c. s.: *eres un vivo.* || Expresivo, realista, que da la impresión de la vida: *ojos vivos; una descripción viva.* || Grande: *tenía una viva curiosidad en verle.* || Duradero, que sobrevive, que no ha desaparecido: *un recuerdo vivo.* || Dícese de la arista, filo o ángulo muy agudos. || Dícese de las piezas que se hablan todavía. || *— Fig. Como de lo vivo a lo pintado,* muy diferente. || *En carne viva,* dícese de la carne de un ser vivo que no está cubierta por la piel a causa de una herida, etc. || *En vivo,* aplícase a una res antes de ser matada. || *Lo vivo,* la parte más sensible, el punto más delicado: *tocar en lo vivo.* || *Obra viva,* parte del barco sumergida en el agua. || *¡Vivo!,* rápidamente.

vizcacha f. Mamífero roedor semejante a la liebre, de cola larga, que vive en el Perú, Bolivia, Chile y Argentina.

vizcachera f. Madriguera de la vizcacha. || *Arg.* Cuarto de los trastos viejos.

vizcainada f. Hecho o expresión propios de los vizcaínos.

vizcaíno, na adj. De Vizcaya (ú. t. c. s.). || *— Fig. A la vizcaína,* al modo de los vizcaínos. || *Bacalao a la vizcaína,* bacalao aderezado con tomates. || — M. Uno de los ocho dialectos del vascuence.

vizcaitarra adj. Relativo o partidario de la autonomía o independencia del País Vasco (ú. t. c. s.).

vizcondado m. Título, dignidad y territorio de vizconde.

vizconde m. Título nobiliario inferior al de conde.

vizcondesa f. Mujer del vizconde. || La que tiene este título.

vocablo m. Palabra.

vocabulario m. Conjunto de palabras utilizadas en una lengua, en el lenguaje de una colectividad: *vocabulario castellano.* || Conjunto de palabras empleado por una persona, por un escritor. || Conjunto de términos propios de una ciencia, de una técnica. || Diccionario abreviado que sólo tiene cierta clase de palabras (usuales, técnicas, etc.).

vocación f. Destino natural del hombre: *la vocación de cualquier persona es la de ser útil a sus semejantes.* || Inclinación, tendencia que se siente por cierta clase de vida, por una profesión: *tener vocación para el teatro.* || Inclinación a la vida sacerdotal o religiosa.

vocacional adj. Relativo a la vocación.

vocal adj. Relativo a la voz: *cuerdas vocales.* || — F. Sonido del lenguaje producido por la vibración de la laringe mediante una simple aspiración. || Letra que representa un sonido vocálico: *el alfabeto castellano tiene cinco vocales* (a, e, i, o, u), *a las que se puede añadir en determinados casos la* y. || — Com. Miembro de una junta, consejo, etc., que no tiene asignado un cargo o función especial en el organismo a que pertenece.

vocálico, ca adj. Dícese de cualquier emisión de voz o de elemento fónico sonoro. || Relativo a las vocales.

vocalismo m. Naturaleza de los elementos vocálicos en el sistema de vocales de una lengua.

vocalista com. Artista que canta en una orquesta.

vocalización f. Transformación de una consonante en vocal. || Acción de vocalizar. || Pieza de música compuesta para enseñar a vocalizar.

vocalizador, ra adj. y s. Que vocaliza.

vocalizar v. i. Hacer ejercicios de canto sin decir las notas ni las palabras, pronunciando sólo una misma vocal, que es casi siempre la a. || Transformarse en vocal una consonante (ú. t. c. pr.).

vocativo m. *Gram.* Forma que toma una palabra cuando se utiliza para llamar a una persona o cosa personificada. || Caso que tiene esta palabra en las lenguas que poseen una declinación.

voceador, ra adj. y s. Que grita muchísimo. || — M. Pregonero. || — M. y f. *Méx.* Persona que vende diarios en la calle.

vocear v. i. Dar voces o gritos, vociferar. || — V. t. Pregonar los vendedores. || Llamar a uno a voces. || Aclamar con voces. || *Fig.* y *fam.* Manifestar, hacer patente. || Publicar, pregonar jactanciosamente una cosa: *le gusta vocear los favores que nos hizo.*

voceo m. Acción y efecto de vocear, gritos.

voceras m. inv. *Fam.* Boceras.

vocería f. y **vocerío** m. Gritería, griterío.

vocero m. Portavoz.

vociferación f. Palabras dichas gritando y de forma colérica.

vociferador, ra adj. y s. Que vocifera.

vociferante adj. Que vocifera.

vociferar v. t. e i. Decir gritando: *vociferar injurias.*

vocinglería f. Ruido de muchas voces, gritería. || Clamor.

vocinglero, ra adj. y s. Que habla muy fuerte. || Que suele hablar mucho y muy vana y superficialmente.

vodevil m. Vaudeville.

vodka m. Aguardiente de centeno muy común en la U. R. S. S. y Polonia.

voivoda m. En los países balcánicos y en Polonia, alto dignatario civil o militar. || En Polonia y Yugoslavia, capital de una región administrativa.

voladizo, za adj. *Arq.* Dícese de la parte de un edificio que sobresale de la pared: *cornisa voladiza* (ú. t. c. s. m.).

volado, da adj. Aplícase a los tipos pequeños de imprenta que se ponen más alto que los otros, como en 1.°, 2.°, 3.°. || — *Fig.* y *fam. Estar volado,* estar muy avergonzado. | *Hacer algo volado,* hacerlo con mucha rapidez. || — M. *Méx.* Juego de cara y cruz, con una moneda que se lanza. || — F. Vuelo corto.

volador, ra adj. Que vuela: *artefacto volador; pez volador.* || — M. Árbol lauráceo de la América tropical cuya madera se emplea en construcciones navales. || Cohete. || Pez marino acantopterigio, cuyas aletas pectorales son tan largas que sirven al animal para saltar a alguna distancia sobre el agua. || Calamar de mayor tamaño y carne menos fina. || Juego de los indios mexicanos consistente en un palo alrededor del cual giran varios hombres colgados de una cuerda a gran distancia del suelo. || — F. *Guat.* Bofetada.

voladura f. Acción de volar una cosa con un explosivo: *la voladura de un puente.* || Explosión: *la voladura de una caldera.*

volandas (en) m. adv. Por el aire, sin que toquen los pies el suelo: *lo llevaban en volandas.* || *Fig.* y *fam.* En seguida: *iré en volandas a hacer lo que me mandan.*

volandero, ra adj. Dícese de las cosas que no están fijas, móvil. || Aplícase a la hoja impresa o de escritura que no está unida a otra y que corre de mano en mano: *octavillas volanderas.* || Accidental, casual. || Que no se establece en ningún lugar, inestable. || — F. En los molinos de aceite, muela vertical que gira sobre la solera.

volando adj. *Fam.* Rápidamente: *ir, llegar volando.*

volante adj. Que vuela, que tiene la facultad de moverse en el aire como

los pájaros. || No fijo o sujeto: *cuerda volante.* || Móvil, que se puede trasladar fácilmente: *equipo volante de cirugía.* || Itinerante: *embajador volante.* || Que cambia de sitio, sin asiento fijo: *campo volante.* || Medio volante, medio ala en fútbol. || — M. Órgano, generalmente circular, que sirve para dirigir los movimientos de las ruedas de un vehículo por medio de un engranaje o una transmisión. || Rueda parecida empleada para regularizar los movimientos de cualquier máquina. || *Fig.* Automovilista: *los ases del volante.* || Parte libre que se puede separar de cada hoja de un talonario. || Tira de tela fruncida que se pone en un vestido femenino o en la ropa de algunos muebles: *falda con un volante.* || Aro en los relojes, movido por la espiral, que regulariza los movimientos de la rueda de escape. || Hoja de papel alargada que se utiliza para hacer una comunicación. || Esfera de corcho con un penacho de plumas que sirve para lanzársela los jugadores por medio de raquetas. || Juego así realizado. (Se le llama también *juego del volante* o *badminton.*)

volantín m. Cordel con varios anzuelos para pescar. || *Amer.* Cometa, juguete.

volantón, ona adj. y s. Aplícase al ave que comienza a volar. || *Fig.* Que cambia constantemente de sitio o lugar.

volapuk m. Lengua universal inventada y difundida en 1880 por el sacerdote alemán Johann Martin Schleyer (1831-1912).

*volar v. i. Moverse, sostenerse en el aire ya sea por medio de alas o valiéndose de cualquier otra cosa: *pájaro, avión que vuela.* || Hacer un vuelo en avión: *volar encima de la ciudad.* || Ir, correr a gran velocidad: *volé en socorro de los heridos.* || Hacer con gran rapidez: *trabajando no corro sino que vuelo.* || Propagarse rápidamente: *sus hazañas vuelan de boca en boca.* || *Fig.* Pasar muy de prisa: *el tiempo vuela.* | Elevarse en el aire y moverse en él: *las hojas secas vuelan.* | Arrojar con violencia: *las sillas volaban durante la pelea.* | Desaparecer alguien: *voló el ladrón.* | Gastarse: *el dinero vuela en ciudades tan caras.* | Sobresalir fuera de la fachada de un edificio. || Estar uno muy enojado o muy confuso: *el jefe está que vuela; estoy volado de vergüenza.* || — V. t. Hacer saltar o explotar con un explosivo: *volar un puente, un buque.* | Poner una letra o signo impresos a una altura superior a las demás. || — V. pr. Emprender el vuelo. || Elevarse en el aire. || *Amer.* Irritarse, encolerizarse. || *Méx.* Enamorar por diversión. | *Méx.* Robar.

volatería f. Cetrería.

volátil adj. Que se volatiliza o se evapora: *alcohol volátil.* || *Fig.* Que vuela o es capaz de volar (ú. t. c. s. m.). || *Fig.* Inconstante, cambiadizo, mudable (ú. t. c. s.).

volatilidad f. Condición de volátil: *la volatilidad del éter.*

volatilizable adj. Que se volatiliza: *mineral volatilizable.*

volatilización f. Evaporación.

volatilizar v. t. Transformar un cuerpo sólido o líquido en gaseoso (ú. t. c. pr.).

volatín m. Acrobacia.

volatinero, ra m. y f. Acróbata.

vol-au-vent [*volován*] m. (pal. fr.). Pastel de hojaldre relleno de carne o pescado con salsa, setas, trufas, aceitunas, etc.

volcán m. Montaña formada por lavas y otras materias procedentes del interior del Globo y expulsadas por una o varias aberturas del suelo. || *Fig.* Persona de carácter ardiente, fogoso, apasionado. | Pasión ardiente. | Cosa muy agitada: *mi cabeza era un volcán.* | Situación tranquila en apariencia, pero que encierra un peligro: *estamos sobre un volcán.*

volcancito m. *Amer.* Volcán pequeño que arroja lodo caliente.

volcanicidad f. Volcanismo.

volcánico, ca adj. Relativo al volcán: *relieve volcánico.* || *Fig.* Agitado, ardiente, fogoso: *pasión volcánica.* | *Fig.* Muy ardiente.

volcanismo m. Conjunto de los fenómenos volcánicos y de las teorías que explican sus causas.

volcanización f. Formación de rocas volcánicas o eruptivas. || Vulcanismo.

*volcar v. t. Inclinar o invertir un objeto, de modo que caiga su contenido: *volcar un vaso.* || Tumbar, derribar: *volcar a un adversario.* || Turbar la cabeza un olor muy fuerte. || *Fig.* Hacer mudar de parecer: *le volcó con sus argumentos.* || — V. i. Caer hacia un lado un vehículo: *el camión volcó* (ú. t. c. pr.). || — V. pr. Poner uno el máximo interés y esfuerzo para algún fin: *se volcó para conseguir el cargo.* | Extremar, hacer el máximo de: *se volcó en atenciones.*

volea f. Voleo, trayectoria parabólica de la pelota.

volear v. t. Dar a una cosa en el aire para impulsarla. || Sembrar a voleo. || — V. i. Hacer voleas con la pelota.

voleibol m. *Amer.* Balonvolea.

voleo m. Golpe que se da a una cosa en el aire antes de que caiga: *cogió la pelota a voleo.* || Cierto movimiento de la danza española. || Guantazo: *dar un voleo.* || — *A o al voleo,* esparciendo al aire la semilla: *sembrar al voleo;* (fig.) al buen tuntún, de modo arbitrario. | *Fig. Del primer (o de un) voleo,* bruscamente; rápidamente.

volframio m. Metal (símb., W) de densidad 19,2 que funde a 3 660 °C, de un color gris casi negro, utilizado para fabricar los filamentos de las lámparas de incandescencia. (Llámase tb. tungsteno.)

volición f. Acto de voluntad.

volitivo, va adj. De la voluntad.

volley-ball m. (pal. ingl.). Balonvolea.

volován m. Vol-au-vent.

volquetazo m. *Fam.* Vuelco.

volquete m. Vehículo utilizado para el transporte de materiales que se descarga haciendo girar sobre el eje la caja que sostiene el bastidor.

volt m. *Fís.* Voltio en la nomenclatura internacional.

voltaico, ca adj. *Fís.* Aplícase a la pila eléctrica de Volta y a los efectos que produce. || *Arco voltaico*, v. ARCO.

voltaje m. Cantidad de voltios de un aparato o sistema eléctrico. || Fuerza electromotriz de una corriente o diferencia de potencial en los terminales de un conductor o circuito.

voltámetro m. Aparato utilizado para medir una corriente basándose en la cantidad de metal o gas depositado por un electrólito al paso de la electricidad. || Cualquier aparato donde se produce una electrólisis.

voltamperio m. Unidad de potencia aparente (símb., VA) de las corrientes alternas, equivalente a la potencia de una corriente de un amperio cuya tensión alterna es de un voltio.

volteada f. *Arg.* Operación que consiste en separar una parte del ganado acorralándolo los jinetes.

volteado m. *Méx.* Sodomita, afeminado, invertido.

volteador, ra adj. Que voltea. || — M. y f. Acróbata.

voltear v. t. Dar vueltas a una persona o cosa. || Poner una cosa al revés de como estaba: *voltear el heno.* || Hacer dar vueltas a las campanas para que suenen. || *Fig.* Trastocar, mudar. || Derribar, derrocar: *voltear un gobierno.* || *Fam.* Suspender en un examen. || *Amer.* Volcar, derramar. || — V. i. Dar vueltas una persona o cosa. || Repicar, echar a vuelo las campanas. || — V. pr. *Amer.* Cambiar de ideas políticas o de partido.

volteo m. Toque repetido de campanas. || Ejercicio de equitación que consiste en saltar de diversas maneras sobre un caballo en marcha o parado.

voltereta f. Trecha, vuelta dada con el cuerpo en el aire, apoyando las manos en el suelo: *dar volteretas.* || *Fig.* Cambio repentino, pirueta.

volteriano, na adj. Relativo a Voltaire, a sus ideas, a su filosofía. || Dícese del partidario de Voltaire o de su filosofía (ú. t. c. s.). || *Fig.* Que denota impiedad.

voltímetro m. Instrumento para medir la diferencia de potencial eléctrico entre dos puntos.

voltio m. Unidad de fuerza electromotriz y de diferencia de potencial o tensión (símb., V), equivalente a la diferencia de potencial existente entre dos puntos de un conductor por el cual pasa una corriente de un amperio cuando la potencia perdida entre los mismos es de un vatio.

volubilidad f. Versatilidad, inconstancia.

volúbilis m. *Bot.* Enredadera ornamental.

voluble adj. Versátil, cambiante, tornadizo: *su mayor defecto era su carácter voluble.*

volumen m. Libro: *enciclopedia en tres volúmenes.* || Extensión del espacio de tres dimensiones ocupado por un cuerpo: *el volumen de un paralelepípedo.* || Espacio ocupado por un cuerpo: *un paquete de gran volumen.* || Masa de agua que lleva un río o que sale de una fuente. || Intensidad: *voz de mucho volumen.* || Cantidad de dinero empleada o que sirve para realizar las operaciones comerciales: *volumen de ventas, del capital invertido.* || Importancia: *volumen de negocios.*

volumetría f. Ciencia que trata de la medida de los volúmenes.

voluminoso, sa adj. De mucho volumen, de gran tamaño, grande: *paquete voluminoso.*

voluntad f. Facultad o potencia que mueve a hacer o no hacer cosa: *carece de voluntad.* || Energía mayor o menor con la que se ejerce esta facultad: *ésta es mi voluntad.* || Intención firme de realizar algo: *dar a conocer su voluntad.* || Deseo: *ésa no fue mi voluntad.* || Capricho, antojo: *siempre hacía su santa voluntad.* || Libertad para obrar: *hizo aquellos actos por su propia voluntad.* || Afecto, cariño: *le tienes poca voluntad a tus profesores.* || — *A voluntad,* si se quiere o cuando se quiere. || *Buena voluntad,* intención de hacer bien las cosas. || *Ganar la voluntad de uno,* lograr su cariño o convencerle de lo que se quiere o desea. || *Mala voluntad,* deseo contrario a que se haga cierta cosa; antipatía hacia alguien. || *Última voluntad,* testamento, deseos de una persona expresados antes de su muerte. || *Fig. Zurcir voluntades,* entremeterse entre varias personas para arreglar sus disgustos.

voluntariado m. Alistamiento voluntario para efectuar el servicio militar.

voluntariedad f. Libertad, espontaneidad de una decisión. || Carácter facultativo de una cosa.

voluntario, ria adj. Que nace de la propia voluntad: *acto voluntario.* || Hecho por la propia voluntad: *movimiento voluntario.* || Voluntarioso. || Dícese de la persona que realiza voluntariamente un acto: *soldado voluntario* (ú. t. c. s.).

voluntarioso, sa adj. Lleno de buena voluntad, de buenos deseos.

voluptuosidad f. Placer de los sentidos, goce intenso.

voluptuoso, sa adj. Que inspira la voluptuosidad o la hace sentir: *vida voluptuosa.* || Dado a los placeres sensuales (ú. t. c. s.).

voluta f. Adorno en forma de espiral o caracol que decora los capiteles de orden jónico. || Que tiene forma de espiral: *voluta de humo.*

*volver v. t. Cambiar de posición o de dirección mediante un movimien-

to de rotación: *volver la cabeza.* || Dirigir: *volver los ojos hacia uno.* || Dar vuelta: *volver una tortilla.* || Pasar: *volver las páginas de un libro.* || Poner al revés: *volver un vestido.* || Hacer girar una puerta o ventana para cerrarla o entornarla. || *Fig.* Convertir: *volver el vino en vinagre.* || Tornar, hacer que una persona o cosa cambie de estado: *el éxito le ha vuelto presumido.* || Retornar: *han vuelto contra él sus propios argumentos.* || Devolver una cosa a su estado anterior: *producto que vuelve el pelo a su color.* || Poner: *volver una frase en la forma pasiva.* || *Fig. Volver loco a uno,* trastornarle la razón. || — V. i. Regresar, retornar: *volver a casa.* || Ir de nuevo: *este año volveremos al mar.* || Torcer de camino: *volver a la derecha.* || Reanudar, proseguir: *volvamos a nuestro tema.* || Reaparecer: *el tiempo pasado no vuelve.* || Repetir, reiterar, reincidir (con la prep. a y verbo en infinitivo): *volver a llover; volvió a decir lo mismo.* || — *Fig. Volver a la carga o al ataque,* solicitar algo con insistencia. || *Volver en sí,* recobrar el conocimiento después de un desmayo. || — V. pr. Mirar hacia atrás, tornarse: *me volví para verlo mejor.* || Regresar: *vuélvete pronto.* || Cambiar, tornarse, trocarse: *el tiempo se ha vuelto lluvioso.* || Ponerse: *volverse triste.* || — *Volverse atrás,* retroceder; (fig.) desdecirse.

vómer m. Hueso fino en la parte superior del tabique de la nariz.

vómico, ca adj. Vomitivo, que hace vomitar. || *Nuez vómica,* semilla de la que se extrae la estricnina. (Empleada en dosis pequeñas estimula el sistema nervioso.)

vomitar v. t. Arrojar violentamente por la boca lo contenido en el estómago: *vomitar la comida.* || *Fig.* Arrojar de sí una cosa algo que tiene dentro: *los volcanes vomitan lava.* || *Fig.* y fam. Decir de modo violento: *vomitar insultos.* | Confesar, revelar lo que se mantenía callado. | Devolver, restituir.

vomitivo, va adj. Aplícase a un medicamento que hace vomitar (ú. t. c. s. m.).

vómito m. Acción de devolver o arrojar por la boca lo que se tenía en el estómago. || Sustancias vomitadas.

vomitón, ona adj. Fam. Que vomita frecuentemente. || — F. *Fam.* Vómito muy abundante.

vomitorio, ria adj. y s. m. Vomitivo. || — M. En los circos o teatros romanos, y actualmente en los estadios o plazas de toros, puerta de acceso y de salida en los graderíos.

voracidad f. Gran avidez para comer: *la voracidad del lobo.* || *Fig.* Avidez, ansia.

vorágine f. Remolino impetuoso que forma el agua.

voraz adj. Que devora o come con avidez: *persona voraz.* || *Fig.* Destructor: *un voraz incendio.*

vórtice m. Torbellino, remolino. || Centro de un ciclón. || Huracán.

vorticela f. Protozoo ciliado de agua dulce que se adhiere a las plantas sumergidas por medio de un pedúnculo contráctil.

vos pron. de la 2.ª persona del s. y del pl. Usted. || *Amer.* Tú.

— Se emplea *vos* en lugar de usted en estilo poético u oratorio para dirigirse a Dios (*Señor, Vos sois nuestra Providencia*), a los santos o a una persona de gran respeto, generalmente en este caso con tono enfático. *Vos* concuerda siempre con el verbo como *vosotros*. En el castellano clásico este tratamiento correspondía a una forma intermedia entre el tuteo y Vuestra Merced. Actualmente el empleo de vos o *voseo* es general en Argentina, Uruguay, Paraguay, Guatemala, El Salvador, Honduras y Nicaragua; se aplica indiferentemente con el tuteo en Chile, Ecuador, Colombia, Venezuela y Costa Rica y se desconoce en México, Perú, Bolivia y en las costas colombiana, ecuatoriana y venezolana. Cuando se usa sustituye a tú en el presente y en el pretérito de indicativo con la forma de la segunda persona del plural (*vos estás, vos tenés, vos dijiste*) y con el verbo en tercera persona del plural. El complemento *te*, a pesar de esto, continúa al mismo tiempo que vos en la frase, constituyendo una repetición inútil (*a vos te parece bien; vos te comeréis o te comerás este pastel*).

vosear v. t. Hablar de usted. || *Amer.* Tutear. (V. VOS.)

voseo m. Acción de hablar de usted. || *Amer.* Tuteo. (V. VOS.)

vosotros, tras pron. de 2.ª pers. de ambos, gén. y núm. pl.: *vosotros lo haréis.*

votación f. Acción de votar: *modo de votación.* || Operación consistente en expresar cada uno su opinión en una asamblea: *votación a mano alzada.* || Conjunto de votos emitidos.

votador, ra adj. y s. Votante.

votante adj. Dícese del que vota (ú. t. c. s.).

votar v. i. Dar uno su voto en una deliberación o elección: *votar puestos en pie, con papeletas.* || Echar votos o juramentos, blasfemar. || — V. t. Decidir o pedir por un voto: *votar la candidatura de uno.* || Sancionar por una votación: *votar la ley agraria.*

votivo, va adj. Ofrecido por voto: *altar votivo.*

voto m. Promesa hecha a Dios, a la Virgen o a los santos por devoción o para obtener determinada gracia. || Cada una de las tres promesas de renunciamiento (pobreza, castidad y obediencia) que se pronuncian al tomar el hábito religioso. || Opinión emitida por cada una de las personas que votan, sufragio: *diez votos a favor y tres en contra.* || Derecho a votar: *tener uno voz y voto.* || Votante, persona que da su voto. || Deseo ardiente: *formular un voto; votos de felicidad.* || Juramento, reniego, blasfemia: *echar votos.* || — *Voto de calidad,* el que, por ser de persona de mayor autoridad, decide la cuestión en caso de empate. || *Voto de confianza,* aprobación que da la Cámara a la actuación del Gobierno en determinado asunto.

voz f. Sonido que produce el aire expelido de los pulmones al hacer vibrar las cuerdas vocales: *voz chillona.* || Aptitud para cantar: *voz de bajo.* || Parte vocal o instrumental de una composición musical: *fuga a tres voces.* || Sonido de un instrumento musical. || Persona que canta. || Grito: *le di una voz para que volviese.* Ú. t. en pl.: *dar voces de dolor.* || Derecho de expresar su opinión en una asamblea: *tiene voz, pero no voto.* || *Fig.* Rumor: *corre la voz que se ha marchado.* || Impulso, llamada interior: *la voz del deber.* || Consejo: *oír la voz de un amigo.* || *Gram.* Forma que toma el verbo para indicar si la acción es hecha o sufrida por el sujeto: *voz activa, pasiva.* || Vocablo, palabra: *una voz oculta.* || — *A media voz,* en voz poco fuerte. || *A una voz,* de modo unánime. || *A voces, a gritos.* || *A voz en cuello* (o *en grito*), gritando. || *Ahuecar la voz,* hacerla más grave o ronca. || *Fig. Anudársele a uno la voz,* no poder hablar de emoción. || *Dar una voz a uno,* llamarle gritando. || *De viva voz,* hablando, de palabra. || *Fig. Donde Cristo dio las tres voces,* muy lejos. || *Levantar la voz a uno,* hablarle con tono insolente. || *Llevar uno la voz cantante,* ser el que manda. || *No tener voz ni voto,* no tener influencia alguna. || *Pedir a voces,* tener gran necesidad. || *Tomarse la voz,* ponerse ronca. || *Fig. Voz del pueblo, voz del cielo,* la opinión general suele ser prueba de una verdad. || *Voz pública,* la opinión general. || *Voz y voto,* facultad de votar en una asamblea.

vozarrón m. Voz muy potente.

vuecelencia y **vuecencia** com. Metaplasmo de *vuestra excelencia.*

vuelapluma (a) adv. *Escribir a vuelapluma,* hacerlo de prisa.

vuelco m. Acción y efecto de volcar un vehículo, una embarcación. || Caída. || Mareo. || *Fig.* Cambio. | Ruina, hundimiento: *este negocio va a dar un vuelco.* || *Fig. Darle a uno un vuelco el corazón,* sobresaltarse, estremecerse.

vuelo m. Acción de volar: *el vuelo de las aves.* || Recorrido hecho volando sin posarse. || Desplazamiento en el aire de una aeronave: *vuelo sin visibilidad.* || Viaje en avión: *vuelo de varias horas.* || Envergadura de un ave. || Amplitud de un vestido: *el vuelo de una falda.* || Adorno ligero en las bocamangas. || *Arq.* Parte saliente de una obra de fábrica. || *Fig.* Arrojo, ímpetu. | Amplitud de la inteligencia, de la voluntad, envergadura: *no tener suficiente vuelo para emprender tal obra.* || — *Al vuelo,* durante el vuelo; (fig.) con presteza, diestramente; sagazmente: *coger al vuelo.* || *Alzar* (o *emprender* o *levantar*) *el vuelo,* echarse a volar; (fig.) mar-

charse. || *Fig. Cortar los vuelos a uno,* ponerle trabas, privarle de hacer lo que se le antoja. || *De mucho vuelo,* de mucha importancia o amplitud. | *De* (o *en*) *un vuelo,* con mucha rapidez. || *Tocar a vuelo las campanas,* tocarlas al mismo tiempo. || *Fig. Tomar vuelo una cosa,* desarrollarse, tomar importancia.

vuelta f. Movimiento de un cuerpo que gira sobre sí mismo o que describe un círculo: *la vuelta de la Tierra alrededor de su eje.* || Movimiento con el que se coloca una cosa en la posición opuesta a la que estaba: *el camión dio una vuelta al tropezar con el pretil.* || Recodo, curva: *carretera con muchas vueltas.* || Movimiento con el que una persona abandona un lugar para volver a él: *el león daba vueltas en su jaula; dar la vuelta a España.* || Paseo: *me di una vuelta por el parque.* || Vez, turno: *elegido en la primera vuelta.* || Regreso, retorno: *estar de vuelta de un viaje.* || Revés: *la vuelta de una página.* || Fila: *collar con tres vueltas.* || Entrega del dinero que se devuelve cuando la cantidad pagada excede al precio de lo comprado: *me dio toda la vuelta en calderilla.* || Devolución de una cosa prestada. || Labor que el agricultor da a la tierra. || Acción de girar o hacer girar un objeto: *dar dos vueltas a la llave.* || Parte doblada en el extremo de una prenda de vestir: *las vueltas del pantalón, de las bocamangas.* || Cambio, alteración: *la vida da muchas vueltas.* || Cambio repentino y total en una situación. || Figura circular que toma una cosa arrollada: *le dio varias vueltas con una cuerda.* || Fila de mallas en las labores de punto. || Parte que sigue a un ángulo: *está a la vuelta de la esquina.* || *Arq.* Curva de intradós de un arco o bóveda. || Unidad de medida de ángulo equivalente a un ángulo de 2 π. || — *A la vuelta de,* de regreso de; después de: *a la vuelta de diez años.* || *Fig. A la vuelta de la esquina,* muy cerca; en cualquier sitio. || *A vuelta de correo,* en el mismo en que se recibe una carta. || *Fig. Buscarle a uno las vueltas,* intentar cogerle en falta. | *Cogerle las vueltas a alguien o a algo,* llegar a conocerlo bien. || *Dar la vuelta de campana,* dar una vuelta completa en el aire. || *Fig. Darle cien vueltas,* superarlo con mucho. | *Dar vueltas,* girar; pensar mucho en algo, examinarlo: *dar vueltas a un asunto.* | *Estar de vuelta de todo,* saber las cosas por experiencia y sentir por esto cierto desengaño. | *No andar con vueltas,* no andarse con rodeos. | *No hay que darle vueltas,* no hay por qué pensarlo más. | *No tener vuelta de hoja,* ser evidente, indiscutible. | *Ponerle a uno de vuelta y media,* insultarle; hablar muy mal de él. | *Tener muchas vueltas,* ser muy complicado.

vuelto m. *Amer.* Vuelta de dinero, cambio.

vuestro, tra adj. pos. de la 2.ª pers. del pl.: *vuestros hijos y vuestra hija.* || —

Pron. pos. de la 2.ª pers. del pl.: *mis amigos y los vuestros*. || *Los vuestros*, su familia; los del mismo grupo o partido.

vulcanismo m. Actividad de los volcanes. || Plutonismo.

vulcanita f. Material duro y aislante obtenido por la acción del azufre sobre el caucho.

vulcanización f. Operación de añadir azufre al caucho para darle mayor elasticidad, impermeabilidad y duración.

vulcanizado, da adj. Que ha sido tratado por vulcanización: *caucho vulcanizado*.

vulcanizador m. Aparato para vulcanizar. || *Méx*. Persona que se dedica a reparar neumáticos.

vulcanizadora f. *Méx*. Establecimiento donde se reparan neumáticos.

vulcanizar v. t. Mezclar caucho y azufre para reforzar la elasticidad. || *Méx*. Reparación de neumáticos.

vulcanología f. Parte de la geología que estudia los volcanes.

vulgar adj. Característico del vulgo. || Que carece de educación, de distinción: *hombre vulgar*. || Poco distinguido: *gusto muy vulgar*. || Corriente, ordinario: *llevar una vida vulgar*. || Que no es especial o técnico: *niña del ojo es el nombre vulgar de pupila*. || Dícese de la lengua hablada por el pueblo, por oposición a la lengua literaria: *latín vulgar*.

vulgaridad f. Carácter del que o de lo que carece de distinción: *la vulgaridad de su conducta*. || Cosa vulgar: *decir vulgaridades*.

vulgarismo m. Término o giro empleado por gente poco educada.

vulgarización f. Acción de dar a conocer a gentes sin gran cultura nociones difíciles o complejas: *revista de vulgarización*. || Acción de dar un carácter vulgar, de mal gusto.

vulgarizador, ra adj. y s. Que expone de un modo simple los conocimientos complejos de algo: *vulgarizador científico*.

vulgarizar v. t. Poner al alcance de todo el mundo, divulgar: *vulgarizar un método*. || Hacer perder a algo su carácter distinguido: *vulgarizar las costumbres folklóricas de un pueblo*. || — V. pr. Hacerse vulgar u ordinaria una cosa.

vulgo m. La mayoría de los hombres, la masa, el pueblo. || Conjunto de personas que desconoce la materia de que se trata.

vulnerabilidad f. Carácter vulnerable.

vulnerable adj. Que puede ser herido. || Que puede ser atacado. || Defectuoso, que puede ser perjudicado.

vulneración f. Violación: *la vulneración de un tratado*. || Herida.

vulnerar v. t. Herir. || *Fig*. Dañar, perjudicar. | Violar, infringir una ley, un contrato. | Lesionar: *vulnerar un derecho*.

vulnerario adj. y s. m. Que cura las llagas y heridas. || — F. Planta papilionácea de flores amarillas que se emplea para curar heridas.

vulpeja f. Zorra, mamífero.

vultúrido, da adj. y s. m. Dícese de las aves rapaces diurnas como el buitre, cóndor, urubú, etc. || — M. pl. Familia que forman.

vulva f. Órgano genital externo de la mujer.

vulvario, ria adj. De la vulva.

vulvitis f. Inflamación producida en la vulva.

W

w f. Letra de las lenguas nórdicas que no figura propiamente en el alfabeto castellano. || — W, símbolo químico del *volframio*. || Símbolo del *vatio*.

— Se da a la w el nombre de *uve doble*. Úsase únicamente en las palabras tomadas de ciertas lenguas extranjeras sin cambiar su ortografía. Tiene el sonido de la *v* ordinaria en los nombres alemanes (*Wagram* se dice *vagram*) y el de la *u* en los ingleses y holandeses (*Wellington* se pronuncia *uelington*). Equivale excepcionalmente a *v* en la palabra *wagon*.

wagneriano, na [*vag*-] adj. Relativo a Wagner: *tema wagneriano.* || — M. Partidario de la música de Wagner.

wagon-lit [*vagon-li*] m. Coche cama.

wahabita o **uahabita** adj. y s. Miembro de una secta islámica fundada en Arabia (Nedjd), al final del s. XVIII, por Mohamed Abdul Wahab. (La secta de los *wahabitas* luchó contra Mehemet Alí de 1815 a 1818 y predomina actualmente en la Arabia central después de la toma del Poder por la familia de Ibn Saud en 1902.)

walón, ona [*ua*-] adj. y s. Valón, de Valonia.

wapití [*ua*-] m. (pal. ingl.). Ciervo grande de América del Norte y de Siberia.

wat [*uat*] m. *Fís.* Nombre del *vatio* en la nomenclatura internacional.

waterclóset o **water** [*váter*] m. (pal. ingl.). Retrete.

water-polo [*uater*-] m. Polo acuático.

waterproof [*uaterpruf*] m. (pal. ingl.). Especie de abrigo impermeable.

watt [*uat*] m. Vatio.

wau [*uau*] f. Nombre dado en lingüística a la *u* cuando se la considera como semiconsonante explosiva, agrupada con la consonante anterior (*guarda*), o como semivocal implosiva agrupada con la vocal precedente (*auto*).

Wb, símbolo del *weber*.

w. c., abreviatura de *waterclóset*.

wéber [*veber*] m. (pal. alem.). Unidad de flujo magnético (símb., Wb), equivalente al flujo magnético que, al atravesar un circuito de una sola espira, produce una fuerza electromotriz de un voltio si se reduce a cero en un segundo por medio de una disminución uniforme.

weberio m. Wéber.

week-end [*uiken*] m. (pal. ingl.). Fin de semana.

welter [*uelter*] m. (pal. ingl.). En boxeo, semimedio.

wellingtonia f. Secoya.

western [*uestern*] m. (pal. ingl.). Película de cowboys o vaqueros del Oeste norteamericano.

Wh, símbolo del *vatio-hora*.

whisky [*uíski*] m. Bebida alcohólica fabricada con granos de cereales, principalmente cebada, hecha en Escocia, Irlanda, Canadá y Estados Unidos.

winchester [*uin*-] m. (pal. ingl.). Fusil de repetición de origen norteamericano.

w. o. m. Abrev. de *walk-over*.

wolfram o **wolframio** [*vol*-] m. Volframio.

wormiano adj. m. Dícese de cada uno de los huesecillos irregulares entre las suturas del cráneo.

wurmiense adj. Relativo a la última glaciación cuaternaria.

wurtemburgués, esa adj. y s. De Wurtemberg.

X

x f. Vigésima quinta letra del alfabeto castellano y vigésima de sus consonantes (su nombre es *equis*). || — **x**, representación de la incógnita o de una de las incógnitas en una ecuación algebraica. || — **X**, cifra romana que equivale a diez, pero que, precedida de I, sólo vale nueve. || Sirve también para designar a una persona o cosa que no se quiere o no se puede nombrar más explícitamente: *el señor X; a la hora X.*

— La *x* tenía anteriormente un sonido muy parecido al de la *ch* francesa (*dixe*), sonido que se ha convertido en el español moderno en el de *j* actual. En México, se conserva esta x en palabras que se escriben con j en español (*Oajaca*), pero con valor de sonido j.

xantofila f. *Bot.* Pigmento amarillo de las células vegetales que acompaña a la clorofila.

xantoma m. Tumor benigno lleno de colesterol formado en la piel o debajo de ella, principalmente en los párpados.

Xe, símbolo químico del *xenón.*

xenofilia f. Simpatía hacia los extranjeros.

xenófilo, la adj. y s. Amigo de los extranjeros.

xenofobia f. Aversión hacia los extranjeros.

xenófobo, ba adj. y s. Afectado de xenofobia.

xenón m. Elemento químico, de la familia de los gases raros, de número atómico 54, que se encuentra en la atmósfera en proporciones ínfimas (símb., Xe).

xerocopia f. Copia fotográfica lograda con la xerografía.

xerocopiar v. t. Reproducir en copia xerográfica.

xerodermia f. Enfermedad congénita caracterizada por un endurecimiento de la piel con descamación abundante.

xerófilo, la adj. Aplícase a las plantas adaptadas a los climas muy secos y desérticos.

xeroftalmía f. Forma de conjuntivitis, provocada por la falta de vitamina A, en la cual el globo del ojo aparece seco y sin brillo.

xerografía f. Procedimiento electrostático para hacer fotocopias.

xerografiar v. t. Reproducir textos o imágenes por la xerografía.

xerográfico, ca adj. Relativo a la xerografía u obtenido por medio de ella.

xi f. Decimocuarta letra del alfabeto griego, que corresponde a la *equis* castellana.

xifoideo, a adj. Relativo al apéndice xifoides.

xifoides adj. Aplícase al apéndice situado en la extremidad inferior del esternón (ú. t. c. s. m.).

xihuitl m. Año azteca, compuesto de 20 meses.

xileno m. Hidrocarburo bencénico que se extrae del alquitrán de hulla.

xilócopo m. Insecto himenóptero, parecido a la abeja, con cuerpo negro y alas azuladas, llamado tb. *abeja carpintera* porque fabrica sus panales en troncos de árboles.

xilófago, ga adj. y s. Aplícase a los insectos que roen la madera.

xilófono m. Instrumento músico de percusión compuesto de unas varillas de madera o de metal de diferentes longitudes, que se golpean con dos macillos.

xilografía f. Grabado hecho en madera. || Impresión tipográfica hecha con esta clase de grabado.

xilográfico, ca adj. De la xilografía.

xilógrafo m. Artista que graba en madera.

xilol m. Xileno.

xiloxóchitl m. Nombre de varias leguminosas y otras plantas de México.

xiuhmolpilli m. Siglo azteca, equivalente a 52 años.

xochimilca adj. y s. Individuo de la tribu nahua de este n. que fundó el señorío de Xochimilco, en el valle de México.

y

y f. Vigésima sexta letra del alfabeto castellano y vigésima primera de sus consonantes. (Su nombre es *i griega* o *ye*. Esta letra puede ser a la vez vocal y consonante.) || — Y, símbolo químico del *itrio*.

y conj. copulativa. Sirve para enlazar dos palabras o dos oraciones con idéntica función gramatical. || Denota idea de adición, oposición o consecuencia. || Cuando va precedida y seguida de una misma palabra, expresa repetición: *días y días.* || Al principio de una cláusula, se emplea para dar énfasis a lo que se dice (*¡y tu padre, cómo está?*). || — *Y eso que,* aunque, a pesar de: *no está cansado, y eso que trabaja mucho.* || *Y todo,* incluso; aunque.
— OBSERV. Por motivos fonéticos la letra *y* se cambia en *e* delante de palabras que comienzan por *i* o *hi: España e Inglaterra.* Este cambio sólo se realiza cuando la *i* es vocal plena y no semiconsonante (*cobre y hierro*) o cuando *y* no tiene valor tónico en una interrogación (*¿y Isabel?*).

ya adv. En tiempo anterior: *ya ocurrió lo mismo.* || Actualmente, ahora: *ya no es así.* || Más adelante, después: *ya hablaremos.* || Por fin, por último: *ya se decidió.* || Al instante, en seguida: *ya voy.* || Equivale a veces a un adv. de afirmación con el sentido de sí, de acuerdo. || Sirve para dar énfasis a lo que expresa el verbo: *ya lo sé.* || Úsase como conj. distributiva, ora, ahora: *ya en la paz, ya en la guerra.* || — *Pues ya,* por supuesto, ciertamente. || *Si ya,* si, siempre que. || *¡Ya!,* interj. fam. usada para indicar que se da uno por enterado o, irónicamente, para mostrar incredulidad o indiferencia acerca de lo que se dice. || *¡Ya caigo!,* estoy en ello, he comprendido. || *Ya mismo,* ahora mismo. || *Ya no* (o *no ya*), no solamente. || *Ya que,* puesto que, dado que.

yaacabó m. Pájaro insectívoro de América del Sur, con pico y uñas fuertes, y cuyo canto suena como su nombre.

yaazkal m. Planta ornamental de México.

yaba f. *Amer.* Árbol papilionáceo cuya madera se usa en la construcción.

yabirú m. *Arg.* Jabirú.

yabuna f. *Cub.* Hierba gramínea que crece en las sabanas.

yac m. Mamífero rumiante doméstico, con largos pelos en la parte inferior del cuerpo y en las patas, que existe en las regiones montañosas de Asia Central.

yacamar m. Pájaro de la América tropical.

yacaré m. *Amer.* Caimán.

yácata f. Restos arquitectónicos de la arqueología tarasca (México).

yacente adj. Que yace: *estatua yacente.* || *Herencia yacente,* aquella en sucesión abierta y que aún no ha sido reclamada por los herederos. || — M. Cara inferior de un filón metalífero.

*yacer v. i. Estar echada o tendida una persona. || Estar enterrado en una tumba: *aquí yace el salvador de la patria.* || Existir o estar una persona o cosa en algún sitio: *aquel tesoro yace sepultado.* || Pacer de noche las caballerías. || — V. i. Tener relaciones carnales con una persona.

yachting [*iating*] m. (pal. ingl.). Navegación de recreo.

yaciente adj. Yacente.

yacija f. Lecho, cama. || Sepultura, tumba. || *Fig. Ser uno de mala yacija,* ser de mal dormir.

yacimiento m. Disposición de las capas de minerales en el interior de la Tierra. || Acumulación de minerales en el sitio donde se encuentran naturalmente: *yacimiento de uranio.*

yacio m. Árbol euforbiáceo propio de los bosques de la América tropical y de cuyo látex se obtiene goma elástica.

yack m. Yac.

yaco m. *Per.* Nutria.

yacolla f. *Per.* Manta que se echaban sobre los hombros los indios.

yacú m. *Arg.* Ave negra del tamaño de una gallina pequeña.

yagan o **yamana** adj. y s. Indio de una ant. tribu del litoral de la Tierra del Fuego.

yagua f. *Col., Méx., Per.* y *Venez.* Palma cuyas fibras se usan para techar chozas, hacer cestos, sombreros, etc.

yagual m. *Amér. C.* y *Méx.* Rodete para llevar fardos sobre la cabeza.

yaguané adj. y s. *Arg.* y *Urug.* Dícese del ganado vacuno o caballar con el pescuezo y los costillares de distinto color al del resto del lomo. || — M. *Arg.* Mofeta, zorrino. || *Arg.* Piojo.

yaguar m. Jaguar.

yaguareté m. *Arg.* Jaguar.

yaguarú m. *Arg.* Nutria.

yaguarundí m. *Amer.* Eyrá, gato montés.

yaguasa f. *Venez.* Pato silvestre.

yaguré m. *Amer.* Mofeta.

yaití *Cub.* y *Méx.* Árbol de madera muy dura, con flores pequeñas y amarillas.

yak m. Yac.

yamana adj. y s. Yagan.

yámbico adj. Relativo al yambo: *versos yámbicos.*

yambo m. Pie de la poesía griega y latina compuesto de una sílaba breve y otra larga. || Árbol mirtáceo de las Antillas.

yambucear v. t. *Méx.* Entre los mineros, trabajar mal.

yanacón y **yanacona** adj. y s. Dícese del indio que estaba al servicio personal de los españoles en algunos países de América Meridional. || — M. *Bol.* y *Per.* Indio aparcero de una finca.

yancófilo, la adj. y s. *Amer.* Admirador de los Estados Unidos de América.

yankee, yanque y **yanqui** adj. y s. De los Estados Unidos.

yanomami adj. y s. Pueblo indígena del Amazonas.

yantar m. Tributo antiguo. || (Ant.). Comida.

yantar v. t. (Ant.). Comer.

yapa m. *Amer.* Azogue que se agrega al plomo argentífero para aprovecharlo. || Regalo que hace el vendedor al comprador para atraerlo. || *Méx.* Propina, gratificación. || *Riopl.* Parte última y más fuerte del lazo. (Escríbese también *llapa* y *ñapa.*)

yapar v. t. *Amer.* Hacer un regalo o yapa.

yaqui adj. y s. Pueblo indio mexicano, establecido en el Estado de Sonora.

yaracuyano, na adj. y s. De Yaracuy (Venezuela).

yarará f. *Arg., Bol.* y *Parag.* Víbora de gran tamaño, de color gris con manchas blanquecinas, cuya picadura es venenosa.

yaraví m. Canto lento y melancólico de los indios de Perú, Bolivia y otros países sudamericanos.

yarda f. Unidad de longitud anglosajona equivalente a 0,914 m.

yare m. Jugo venenoso de la yuca amarga.

yarey m. *Cub.* Palmera con cuyas fibras se tejen sombreros.

yaro m. Aro, planta aroidea.

yaruma f. *Col.* Palma moriche.

yatagán m. Especie de sable de doble curvatura que usaban los turcos y los árabes.

yátaro m. *Col.* Tucán, ave.

yatay m. *Arg., Parag.* y *Urug.* Palmera cuyo tallo se emplea para hacer postes y sus hojas para la fabricación de sombreros.

yate m. Barco de recreo, de velas o con motor.

yaurí m. *Amer.* Serpiente coral.

yautía f. *Amer.* Planta tropical de tubérculos feculentos.

Yb, símbolo químico del *iterbio.*

ybicuíense adj. y s. De Ybycuí (Paraguay).

ye f. Nombre de la y.

yeco m. *Chil.* Especie de cuervo marino.

yedra f. Hiedra.

yegreño, ña adj. y s. De Yegros (Paraguay).

yegua f. Hembra del caballo. || *Amér. C.* Colilla.

yeguada f. Recua de ganado caballar. || *Amér. C.* Burrada, disparate, tontería.

yeguar adj. De las yeguas.

yeguarizo, za adj. Caballar.

yegüería f. Yeguada.

yegüerizo, za adj. Yeguar. || — M. Yegüero.

yegüero m. El que guarda o cuida las yeguas.

yeísmo m. Pronunciación de la *elle* como *ye*, diciendo, por ejemplo, *caye* por *calle, poyo* por *pollo.* (El *yeísmo,* fenómeno muy extendido en España y en Hispanoamérica, predomina en las zonas del Río de la Plata y en las Antillas, así como en Filipinas.)

yeísta adj. Relativo al yeísmo. || Que practica el yeísmo (ú. t. c. s.).

yelmo m. Pieza de la armadura que cubría la cabeza y el rostro: *el yelmo de Mambrino.*

yema f. Brote que nace en el tallo de una planta y en la axila de una hoja y que da origen a una rama, una flor o a varias hojas. || Parte central del huevo de las aves, de color amarillo, también llamada *vitelo.* || Parte de la punta del dedo, opuesta a la uña. || Golosina hecha con azúcar y yema de huevo. || *Fig.* Lo mejor de algo: *la yema de la sociedad.* || Punto medio de una cosa. || *Yema mejida,* la del huevo batida con azúcar y aclarada en leche caliente.

yemení y **yemenita** adj. y s. Del Yemen.

yen m. Unidad monetaria del Japón (símb., Y), que se divide en 1 000 rin o en 100 sen.

yerba f. Hierba. || *Amer.* Mate. || *Yerba mate,* mate.

yerbajo m. *Despect.* Yerba.

yerbal m. *Amer.* Campo de hierba mate. | Herbazal.

yerbatero, ra adj. *Amer.* Relativo al mate: *industria yerbatera.* || — M. y f. *Amer.* Persona que recoge mate o comercia en él. || — M. *Amer.* Curandero.

yerbear v. i. *Arg.* Tomar mate.

yerbera f. *Arg.* Vasija en que se guarda el mate.

yermar v. t. Dejar yermo.

yermo, ma adj. Despoblado. || Inhabitado. || Inculto, sin cultivar: *campo, terreno yermo.* || — M. Despoblado, terreno inhabitado. || Sitio inculto.

yerno m. Respecto de una persona, marido de una hija suya. (Su femenino es *nuera.*)

yero m. Planta leguminosa que se emplea para alimento del ganado y de las aves.

yerra f. *Amer.* Hierra.

yerro m. Falta, equivocación cometida por ignorancia. || Falta contra los preceptos morales o religiosos, extravío. || *Deshacer* (o *enmendar*) *un yerro,* borrar sus consecuencias.

yerto, ta adj. Tieso, rígido, por efecto del frío, del miedo, o aplicado a un cadáver. || *Fig. Quedarse yerto,* quedarse horrorizado o espantado de una cosa.

yesal o **yesar** m. Terreno abundante en mineral de yeso. || Cantera de donde se extrae yeso.

yesca f. Materia muy combustible preparada generalmente con la pulpa de ciertos hongos, trapos quemados, etc. || *Fig.* Incentivo de una pasión o afecto. || *Fig.* y *fam.* Arrimar o *dar yesca,* dar una paliza.

yesería f. Fábrica de yeso.

yesero, ra adj. Del yeso: *industria yesera.* || — M. Fabricante de yeso. || — F. Yesería.

yeso m. Roca sedimentaria formada de sulfato de cal hidratado y cristalizado. || Polvo que resulta de moler este mineral previamente calcinado a unos 150 °C. (Amasado con agua, este polvo se endurece rápidamente y se utiliza para la reproducción de esculturas, la inmovilización de los miembros fracturados, en la construcción, etc.) || Obra vaciada en yeso.

yesoso, sa adj. Parecido al yeso: *alabastro yesoso.* || Abundante en yeso: *terreno yesoso.*

yesquero adj. m. *Hongo yesquero,* hongo de la clase de los basidiomicetos, de sombrerete espeso y blanquecino, que vive en la corteza de los árboles; de él se hace yesca. || — M. El que fabrica yesca o el que la vende.

yeta f. *Arg., Bol., Chil., Parag.* y *Urug.* Mala suerte: *dicen que pasar debajo de una escalera trae yeta.*

yeyuno m. Segunda porción del intestino delgado comprendida entre el duodeno y el íleon.

yezgo m. Planta caprifoliácea parecida al saúco, que despide olor fétido.

yiddish m. Lengua judeoalemana (ú. t. c. adj.).

yira f. *Pop. Arg.* Prostituta.

yo pron. pers. de primera pers.: *yo iré a verle.* || *Yo que usted,* yo en su lugar, si yo fuera usted. || — M. Lo que constituye la propia personalidad, la individualidad. || Apego a sí mismo, egoísmo: *el culto del yo.* || *Fil.* El sujeto pensante y consciente por oposición a lo exterior a él. || — *El yo pecador,* rezo que empieza con esas palabras y se dice en latín *confiteor.* || *Fig. Entonar el yo pecador,* confesar sus culpas.

yod f. Nombre dado en lingüística a la y cuando se la considera como semiconsonante explosiva agrupada con la consonante anterior o como semivocal implosiva agrupada con la vocal que la precede.

yodado, da adj. Con yodo: *agua yodada.*

yodhídrico, ca adj. Aplícase a un ácido compuesto de yodo e hidrógeno.

yódico, ca adj. Dícese de un ácido que resulta de la oxidación del yodo.

yodo m. Cuerpo simple (I) de número atómico 53, color gris negruzco, brillo metálico, densidad 4,93, que funde a 114 °C y desprende, cuando se calienta, vapores de color violeta. (Tiene propiedades antisépticas; su solución alcohólica se llama *tintura de yodo.*)

yodoformo m. Cuerpo compuesto que se obtiene por acción del yodo sobre el alcohol y se usa como antiséptico.

yodurado, da adj. Que contiene yoduro: *jarabe yodurado.* || Cubierto de una capa de yoduro: *placa fotográfica yodurada.*

yoduro m. Cualquier cuerpo compuesto de yodo y otro elemento: *yoduro de potasio.*

yoga m. Sistema filosófico de la India que hace consistir el estado perfecto en la contemplación, la inmovilidad absoluta, el éxtasis y las prácticas ascéticas.

yogi o **yoghi** m. Asceta indio que, por medio de meditación, éxtasis y mortificaciones corporales llega a conseguir la sabiduría y la pureza perfectas.

yoguismo m. Práctica del sistema filosófico y ascético de yoga.

yogur o **yogurt** m. Leche cuajada por el fermento láctico. (Pl. *yogures.*)

yohimbina f. Alcaloide afrodisiaco.

yoloxóchitl m. Nombre de algunas plantas ornamentales y medicinales de México.

yoreño, ña adj. y s. De Yoro.

yoyo m. Juguete formado por un disco ahuecado interiormente como una lanzadera y que sube y baja a lo largo de una cuerda.

yoyote m. Nombre de algunas plantas mexicanas de semillas venenosas.

yperita f. Iperita.

ypsilón f. Ipsilon.

Yt, símbolo químico del *itrio.*

yterbio m. Iterbio.

ytrio m. Itrio.

yubarta f. *Zool.* Roncual.

yuca f. Mandioca, planta euforbiácea de raíz feculenta comestible. || Planta liliácea de la América tropical, cultivada en los países templados como planta de adorno.

yucal m. Campo de yuca.

yucatanense adj. y s. De Yucatán (México).

yucateco, ca adj. y s. Yucatense. || — M. Lengua de los yucatecos.

yugada f. Superficie de tierra que ara una yunta de bueyes en un día. || Medida agraria equivalente a unas 32 hectáreas. || Yunta de bueyes.

yuglandáceo, a adj. Dícese de las plantas angiospermas con fruto en drupa, como el nogal. || — F. pl. Familia que forman.

yugo m. Pieza de madera que se coloca en la cabeza de los bueyes o mulas para uncirlos. || Armazón de madera de la que cuelga la campana. || Cada uno de los tablones curvos que forman la popa del barco. || Horca formada por tres picas, debajo de las cuales los romanos hacían pasar a los enemigos derrotados. || *Fig.* Dominio, sujeción material o moral: *el yugo colonial.* | Velo en la ceremonia de casamiento. || *Fig. Sacudir el yugo,* librarse de la tiranía o de una dependencia molesta o afrentosa.

yugoeslavo, va adj. y s. Yugoslavo.

yugoslavo, va adj. y s. De Yugoslavia.

yugular adj. De la garganta: *arteria yugular.* || — F. Vena yugular: *le cortó la yugular.*

yugular v. t. Reprimir, impedir o detener el desarrollo: *yugular un movimiento popular.*

yumbo, ba adj. y s. Indio del oriente de Quito.

yunga f. Nombre que se da a los valles cálidos del Perú, Bolivia y Ecuador. || — Adj. Aplícase a aquellos que habitan estos valles.

yunque m. Prisma de hierro encajado en un tajo de madera, y sobre el que se martillan los metales en la herrería. || *Fig.* Persona muy paciente o perseverante en el trabajo. || Uno de los huesecillos del oído medio que está intercalado entre el martillo y el estribo.

yunta f. Par de mulas, bueyes u otros animales que se uncen juntos. || Yugada.

yuntero m. Yuguero.

yuquerí m. *Arg.* Planta leguminosa muy espinosa, de fruto parecido a la zarzamora.

yuracare adj. y s. Individuo de un pueblo indio de Bolivia.

yurta f. Tienda de campaña ligera y desmontable, que utilizan los mongoles.

yuruma f. *Venez.* Médula de una palma con que hacen pan los indios.

yurumí m. Oso hormiguero.

yuscaranense adj. y s. De Yuscarán (Honduras).

yusera f. Piedra que sirve de asiento a la volandera en los molinos de aceite.

yusión f. *For.* Mandato, orden.

yute m. Fibra textil obtenida de una planta tiliácea propia de la India que se usa para fabricar cordeles y tejidos bastos.

yuto-azteca adj. y s. Uto-azteca.

yuxtalineal adj. Línea por línea.

*yuxtaponer v. t. Poner una cosa al lado de otra (ú. t. c. pr.).

yuxtaposición f. Acción de yuxtaponer. || Situación de una cosa colocada junto a otra.

yuyal m. *Amer.* Sitio lleno de yuyos.

yuyero, ra adj. y s. *Arg.* y *Urug.* Dícese de la persona que acostumbra consumir hierbas medicinales. || *Arg.* y *Urug.* Dícese de la persona que receta estas hierbas. || *Arg.* y *Urug.* Dícese de la persona que vende estas hierbas.

yuyo m. *Amer.* Yerbajo.

yuyuba f. Azufaifa, fruto.

Z

z f. Vigésima séptima y última letra del alfabeto castellano, y vigésima segunda de sus consonantes. Su nombre es *zeta* o *zeda*.

zaachila adj. y s. Indígena mexicano de la tribu zapoteca.

zaborda f., **zabordamiento** o **zabordo** m. *Mar.* Encallamiento.

zabordar v. i. *Mar.* Varar o encallar el barco en tierra.

*****zabullir** v. t. y sus derivados, v. ZAMBULLIR.

zacamecate m. *Méx.* Estropajo.

zacapaneco, ca adj. y s. De Zacapa (Guatemala).

zacatal m. *Amer.* Pastizal.

zacate m. *Amér. C.* Pasto, forraje.

zacatecano, na adj. y s. Zacateco.

zacateco, ca adj. y s. De Zacatecas (México).

zacatilla f. *Méx.* Cochinilla negra.

zacatón m. *Méx.* Nombre que se da a las gramíneas silvestres.

zacatonal m. *Méx.* Campo donde crece el zacatón.

zafacón m. *P. Rico.* Cubo de hojalata para la basura.

zafado, da adj. *Amer.* Descarado. | Vivo, despierto. | Descoyuntado (huesos).

zafadura f. Acción y efecto de zafar o zafarse.

zafar v. t. *Mar.* Soltar, desasir lo que estaba sujeto: *zafar un ancla.* || – V. i. *Amer.* Irse, marcharse. || – V. pr. Escaparse. || *Fig.* Esquivar, librarse de una molestia: *zafarse de una obligación.* | Evitar mañosamente: *zafarse de una pejiguera.* | Librarse de una persona molesta: *zafarse de un pelma.* | Salir con éxito: *zafarse de una situación delicada.* || Salirse de la rueda una correa de transmisión. || *Amer.* Dislocarse un hueso.

zafarrancho m. *Mar.* Acción de quitar estorbos de una parte del barco para realizar una maniobra: *zafarrancho de limpieza.* || *Fig.* y *fam.* Riña, alboroto, reyerta: *se armó un zafarrancho.* | Desorden que resulta. || *Zafarrancho de combate*, preparativos de combate a bordo de un barco.

zafiedad f. Tosquedad.

zafio, fia adj. Grosero, tosco, basto: *modales zafios.*

zafirino, na adj. De color azul como el zafiro. || – F. Calcedonia azul, piedra.

zafiro m. Piedra preciosa que es una variedad transparente de corindón, de color azul.

zafra f. Cosecha de la caña de azúcar. || Fabricación de azúcar. || Tiempo que dura esta fabricación. || Vasija de metal con agujeros en el fondo en la que se ponen a escurrir las medidas de aceite. || Vasija grande de metal para guardar aceite. || *Min.* Escombro, derribo.

zafre m. Óxido de cobalto que se usa en la industria para dar color azul a la cerámica y al vidrio.

zaga f. Parte trasera de una cosa. || Carga dispuesta en la parte trasera de un carruaje. || En deportes, defensa de un equipo. || – *A la zaga* o *en zaga*, detrás. || *Fig. No irle uno en zaga a otro*, no serle inferior.

zagal m. Muchacho, adolescente. || Pastor joven a las órdenes del mayoral.

zagala f. Muchacha. || Pastora.

zagalejo m. Refajo, falda que se ponían las mujeres sobre las enaguas. || Zagal, muchacho.

zagalón, ona m. y f. Muchacho muy alto y robusto.

zagua f. Arbusto quenopodiáceo.

zagual m. Remo corto con pala plana y ovalada que se maneja sin fijarlo en la embarcación.

zaguán m. Vestíbulo, entrada.

zaguanete m. Habitación donde estaba la guardia en algunos palacios. || Escolta de guardias que acompañaba a las personas reales. || *Zaguán pequeño.*

zaguero, ra adj. Que va detrás. || – M. En deportes, defensa. || En el juego de pelota, jugador que se coloca detrás de los demás.

zagüí m. *Arg.* Mono pequeño.

zaheridor, ra adj. y s. Que zahiere o reprende. || Burlón.

zaherimiento m. Crítica, represión, censura. || Burla. || Mortificación.

*****zaherir** v. t. Herir el amor propio, escarnecer, mortificar. || Burlarse.

zahína f. Planta graminácea alimenticia originaria de África, de la India y de China.

zahones m. pl. Especie de calzón de cuero, con perniles abiertos, que llevan los cazadores y los hombres del campo encima de los pantalones para resguardarlos.

zahorí m. Persona capaz de descubrir lo que está oculto, particularmente aguas subterráneas. || *Fig.* Adivinador, persona muy perspicaz.

zahurda f. Pocilga. || *Fig.* Casa sucia. | Tugurio.

zaida f. Ave zancuda semejante a la grulla.

zaino, na adj. Traidor, falso, poco seguro en el trato. || Dícese de las caballerías de color castaño y de la res vacuna de color negro sin ningún pelo blanco.

zajones m. pl. Zahones.

zalagarda f. Emboscada. || *Fig.* y *fam.* Ardid, maña: *valerse de zalagardas.* | Pelea, riña, pendencia ruidosa: *¡menuda zalagarda se armó!* | Alboroto, trapatiesta.

zalama f. Zalamería.

zalamate m. y **zalamería** f. Halago afectado y empalagoso, carantoña, arrumaco.

zalamero, ra adj. y s. Halagador, adulador, lisonjero.

zalea f. Piel de oveja o de carnero curtida con su lana.

zalema f. *Fam.* Reverencia hecha en señal de sumisión. || Zalamería.

zamacuco, ca m. y f. Persona cazurra. || – F. *Fam.* Borrachera.

zamacueca f. Baile popular de Chile, Perú y otros países sudamericanos. (Llámase generalmente *cueca*.) || Música y canto que acompañan a este baile.

zamarra f. Pelliza, prenda de abrigo en forma de chaquetón hecha con piel de carnero. || Zalea.

zamarrear v. t. Sacudir, zarandear a un lado y a otro. || *Fig.* y *fam.* Maltratar a uno con violencia. | Golpearle. | Mostrar alguien su superioridad, por medio de preguntas, en una discusión. || – V. pr. *Fam.* Hacer, realizar.

zamarreo y **zamarreón** m. Acción de zamarrear, sacudimiento. || *Fig.* y *fam.* Trato malo. | Zalea.

zamarrilla f. Planta labiada aromática y medicinal que crece en los lugares secos.

zamarro m. Zamarra. || Zalea. || *Fig.* y *fam.* Hombre astuto. || – Pl. *Amer.* Zahones para montar a caballo.

zamba f. *Arg.* Baile popular derivado de la zamacueca. || Samba.

zambaigo, ga adj. y s. *Méx.* Aplícase al mestizo de chino e india o de negro e india o viceversa.

zambardo m. *Arg.* Suerte, casualidad, chiripa, principalmente en el juego.

zambo, ba adj. y s. Dícese de la persona que tiene las piernas torcidas hacia fuera desde las rodillas. || *Amer.* Mestizo de negro e india, o al contrario. || — M. Mono cinocéfalo americano, muy feroz.

zambomba f. Instrumento músico rudimentario, utilizado principalmente en las fiestas de Navidad, formado por un cilindro hueco cerrado por un extremo con una piel tensa a cuyo centro se sujeta una caña, la cual, frotada con la mano humedecida, produce un sonido ronco y monótono. || *¡Zambomba!*, interj. fam. de sorpresa.

zambombazo m. *Fam.* Porrazo. | Explosión. | Cañonazo. | Gran ruido.

zambra f. Fiesta morisca con baile. | Fiesta con baile y cante flamencos de los gitanos. || *Fam.* Jaleo, alboroto.

zambullida f. Acción de zambullirse. || Treta de esgrima. || *Darse una zambullida*, bañarse.

*zambullir v. t. Sumergir bruscamente en un líquido. || — V. pr. Meterse en el agua para bañarse: *zambullirse en la piscina*. || Tirarse al agua de cabeza. || *Fig.* Esconderse en alguna parte: *zambullirse en la sombra*. | Meterse de pronto en alguna actividad: *zambullirse en el trabajo*.

zambullo m. *Amer.* Gran cubo de basuras.

zambullón m. *Amér. M.* Zambullida.

zambutir v. t. *Méx.* Hundir, meter hasta el fondo.

zamorano, na adj. y s. De Zamora.

zampa f. Estaca, pilote.

zampabollos com. inv. *Fam.* Zampatortas.

zampar v. t. Meter o esconder rápidamente una cosa en otra de suerte que no se vea. || Comer de prisa, con avidez: *zamparon el almuerzo en un decir amén*. || Arrojar, tirar: *zampó el vino por el suelo*. || Dar, estampar: *le zampó un par de bofetadas*. || Poner: *le zampo un cero a quien no sepa la lección*. || — V. pr. Meterse bruscamente en alguna parte. || Engullir, tragar.

zampatortas com. inv. *Fam.* Persona glotona. || *Fig.* y *fam.* Persona de muy poca gracia, patosa.

zampeado m. Obra de mampostería o de hormigón armado asentada sobre pilotes que, en los terrenos húmedos o poco firmes, sirve de cimiento a una construcción.

zampear v. t. Afirmar un terreno con zampeados.

zampoña f. Caramillo, instrumento rústico pastoril, compuesto de varias flautas unidas. || Flautilla de sonido agudo.

zamuro m. *Col.*, *Hond.* y *Venez.* Zopilote, ave rapaz.

zanahoria f. Planta umbelífera de raíz roja y fusiforme, rica en azúcar y comestible. || Su raíz.

zanate m. *Amér. C.* y *Méx.* Pájaro dentirrostro de plumaje negro.

zanca f. Pata de las aves, considerada desde el tarso hasta la juntura del muslo. || *Fig.* y *fam.* Pierna del hombre o de cualquier animal cuando es muy larga y delgada. || *Arq.* Elemento resistente que sirve de apoyo a los escalones de una escalera. | Pieza de hormigón armado o metálica que, hincada en el suelo y sujeta con bridas y tirafondos a un poste, lo mantienen en su posición.

zancada f. Paso largo.

zancadilla f. Acción de derribar a una persona enganchándola con el pie: *echar* (o *poner*) *la zancadilla a uno*. || *Fig.* y *fam.* Estratagema, manera hábil para dejar fuera de combate a alguien.

zancadillear v. t. Echar la zancadilla a uno. || *Fig.* Armar una trampa para perjudicar a uno. || — V. pr. *Fig.* Perjudicarse, crearse obstáculos a uno mismo.

zancajo m. Hueso que forma el talón. || Parte del pie en la que está el talón.

zanco m. Cada uno de los dos palos largos con soportes para los pies, que sirven para andar a cierta altura del suelo, generalmente por juego. || *Amer.* Comida espesa sin caldo ni salsa.

zancón, ona adj. *Fam. Amer.* Traje demasiado corto.

zancudo, da adj. De piernas largas. || Aplícase a las aves de tarsos muy largos, como la cigüeña y la grulla. || — F. pl. Orden de estas aves. || — M. *Amer.* Mosquito.

zanfonía f. Instrumento músico de cuerdas que se tocaba dando vueltas con un manubrio a un cilindro provisto de púas.

zanganada f. Majadería.

zanganería f. Holgazanería.

zángano m. Macho de la abeja maestra, desprovisto de aguijón y que no labra miel.

zángano, na adj. y s. *Fam.* Perezoso, holgazán.

zangolotino, na adj. y s. *Fam.* Dícese de un muchacho grandullón que hace cosas propias de niño.

zanguanga f. *Fam.* Enfermedad simulada para no trabajar: *hacer la zanguanga*. | Zalamería, remilgo.

zanja f. Excavación larga y estrecha que se hace en la tierra para echar los cimientos de un edificio, tender una canalización, etc.: *zanja de desagüe*. || *Amer.* Arroyada.

zanjadora f. Máquina utilizada para abrir zanjas.

zanjar v. t. Abrir zanjas en un sitio. || *Fig.* Resolver: *zanjar una dificultad, un problema*. | Obviar un obstáculo. | Acabar: *zanjaron sus discordias*.

zanjear v. t. *Amer.* Zanjar.

zanquear v. i. Torcer las piernas al andar. || Ir a grandes pasos o con prisa de una parte a otra.

zanquilargo, ga adj. y s. *Fam.* De piernas largas.

zapa f. Pala pequeña y cortante que usan los zapadores. || Excavación de una galería. || Piel del vientre de la lija u otro pez selacio. || Piel labrada de modo que forme grano como la de la lija. || *Fig. Labor o trabajo de zapa*, acción llevada a cabo ocultamente con determinado objeto.

zapador m. Soldado de un cuerpo destinado a las obras de excavación o de fortificación.

zapallo m. *Amer.* Calabacero, planta. | Calabaza.

zapapico m. Piocha, herramienta, semejante a un pico cuyas dos extremidades terminan una en punta y la otra en un corte estrecho, que se emplea para excavar en la tierra dura, derribar, etc.

zapalote m. *Méx.* Plátano de fruto largo. | Maguey de tequila.

zapar v. t. e i. Trabajar con la zapa: *zapar una posición enemiga*. || *Fig.* Minar, hacer un trabajo de zapa: *zapar su reputación*.

zapata f. Zapatilla de grifos. || Parte de un freno por la que éste entra en fricción con la superficie interna del tambor. || Dispositivo de un vehículo eléctrico por el que éste recoge la corriente de un cable conductor. || *Arq.* Pieza corta y resistente, que se coloca horizontalmente entre una viga y un soporte, utilizada para distribuir la carga sobre un área mayor. || *Mar.* Falsa quilla de una misma longitud que ésta que se pone debajo para proteger las embarcaciones en las varadas y facilitar la operación de ponerlas a flote de nuevo. | Pedazo de madera que se pone en la uña del ancla para protegerla.

zapatazo m. Golpe dado con el zapato. || *Fam.* Golpe recio que se da con cualquier cosa. || *Mar.* Sacudida violenta de una vela. || *Fam. Tratar a uno a zapatazos*, tratarle muy duramente.

zapateado m. Baile español con zapateo. || Su música.

zapateador, ra adj. y s. Que zapatea.

zapatear v. t. Golpear el suelo con los zapatos o los pies calzados. || *Fig.* Maltratar a uno, pisotearle. || — V. i. Dar zapatazos las velas. || En ciertos bailes, golpear el suelo con los zapatos al compás de la música y con ritmo muy vivo. || En esgrima, tocar varias veces al adversario con el botón o zapatilla. || Mover aceleradamente las patas un caballo, sin mudar de sitio. || — V. pr. *Fam.* Quitarse de encima una cosa o a una persona. || *Fam. Saber zapateárselas*, saber arreglárselas.

zapateo m. Acción de zapatear en el baile.

zapatería f. Taller donde se hacen o arreglan zapatos. || Tienda donde se venden. || Oficio de hacer zapatos. || *Zapatería de viejo*, taller donde se remiendan zapatos.

zapatero, ra adj. Duro, correoso después de guisado: *bistec zapatero; patatas zapateras*. || — Com. Persona que hace, repara o vende zapatos. | Pez acantopterigio que vive en los mares de la América tropical. || *Fam.* El que se queda sin hacer baza en el juego. || — ¡*Zapatero a tus zapatos!*, cada uno ha de juzgar solamente de lo que entiende. || *Zapatero de viejo o remendón*, el que se dedica a componer zapatos.

zapateta f. En ciertos bailes, palmada que se da en el zapato al saltar.

zapatiesta f. *Fam.* Trapatiesta, alboroto: *armar una zapatiesta.*

zapatilla f. Zapato ligero, de suela muy delgada: *zapatilla de baile, de torero.* || Zapato sin cordones y ligero que se usa en casa. || Suela, cuero que se pone en el extremo del taco de billar. || Rodaja de cuero o plástico que se emplea para el cierre hermético de llaves de paso o grifos. || Casco de los animales de pata hendida. || Botón de cuero que se pone en la punta de los floretes y espadas.

zapato m. Calzado que no pasa del tobillo, generalmente de cuero, y con suela en la parte inferior. || *Fig. Saber uno donde le aprieta el zapato*, saber lo que le conviene.

zapatón m. *Fam.* Zapato grande y tosco.

¡zape! interj. *Fam.* Voz para ahuyentar a los gatos.

zapear v. t. Ahuyentar a un gato diciéndole ¡zape!

zapirón m. Gato.

zapotal m. Terreno plantado de zapotes.

zapotazo m. *Méx.* Golpe fuerte.

zapote m. Árbol sapotáceo americano de fruto comestible muy dulce. (Llamado tb. *chicozapote*.) || Su fruto.

zapoteca adj. y s. Indígena mexicano que, mucho antes de la llegada de los españoles, habitaba la región montañosa comprendida entre Tehuantepec y Acapulco, y actualmente en el Estado de Oaxaca. (Sus dos grandes centros de cultura fueron Monte Albán y Mitla, donde dejaron muestras del estado avanzado de su arquitectura, urnas funerarias, cerámica y grandes monolitos.)

zapotero o **zapotillo** m. Zapote, árbol zapotáceo.

zapoyol m. *C. Rica.* Hueso del fruto del zapote.

zapoyolito m. *Amér. C.* Ave trepadora parecida al perico pequeño.

zapupe m. *Méx.* Nombre de varias plantas amarilidáceas textiles.

zapupo m. *Méx.* Fibra textil del zapupe.

zaque m. Odre pequeño. || *Fig. y fam.* Borracho.

zaque m. Cacique chibcha en Tunja (Colombia).

zaquizami m. Desván. || Cuchitril, cuarto pequeño. || Tugurio. (Pl. *zaquizamíes.*)

zar m. Título que tenían el emperador de Rusia y el rey de Bulgaria.

zarabanda f. Danza picaresca de España en los s. XVI y XVII. || Su música. || *Fig.* Jaleo, alboroto, estrépito.

zarabandista adj. y s. Persona que baila la zarabanda. || *Fig.* Persona muy alegre y animada.

zaragata f. *Fam.* Jaleo, tumulto.

zaragate m. *Amer.* Persona despreciable, bribón.

zaragatero, ra adj. y s. *Fam.* Peleón, pendenciero.

zaragatona f. Planta industrial de México.

zaragozano, na adj. y s. De Zaragoza. || — M. Almanaque en cuyas páginas se encontraban predicciones meteorológicas.

zaramullo m. *Hond.* y *Venez.* Hombre despreciable.

zaranda f. Cedazo.

zarandajas f. pl. *Fam.* Insignificancias, futilidades, cosas de importancia muy secundaria.

zarandear v. i. Cribar: *zarandear trigo.* || *Fig. y fam.* Agitar, sacudir. | Empujar por todas partes: *zarandeado por la muchedumbre.* || — V. pr. *Amer.* Contonearse.

zarandeo m. Cribado. || Meneo, sacudida. || *Amer.* Contoneo.

zarandillo m. Zaranda pequeña. || *Fig.* Persona que se mueve mucho.

zarape m. Sarape, poncho. || *Fig. y fam.* Hombre afeminado.

zarapito m. Ave zancuda de pico delgado y encorvado, que vive en las playas y sitios pantanosos.

zarcear v. t. Limpiar con zarzas los conductos y las cañerías. || — V. i. Entrar el perro en los zarzales para hacer salir la caza.

zarceño, ña adj. De las zarzas.

zarcero, ra adj. y s. Dícese del perro que se mete en las zarzas para cazar.

zarceta f. Cerceta, ave.

zarcillo m. Arete o pendiente en forma de aro. || Órgano de ciertas plantas trepadoras que se arrolla en hélice alrededor de los soportes que encuentra. || Escandillo.

zarco, ca adj. Azul claro: *ojos zarcos.* || *Arg.* Dícese del animal que tiene ojos albinos.

zarevich o **zarevitz** m. Heredero del zar de Rusia.

zariano, na adj. Del zar.

zarigüeya f. Mamífero marsupial americano, cuya hembra tiene una larga cola prensil a la cual se agarran las crías cuando van en el lomo de su madre.

zarina f. Esposa del zar. || Emperatriz de Rusia.

zarismo m. Gobierno absoluto de los zares.

zarista adj. Del zarismo. || — M. y f. Partidario de los zares.

zarpa f. Garra de ciertos animales como el tigre, el león, etc. || *Mar.* Acción de zarpar el ancla. || *Fig. y fam. Echar uno la zarpa a una cosa*, apoderarse de ella con violencia.

zarpada f. Zarpazo.

zarpar v. i. Levar el ancla un barco, hacerse a la mar: *Colón zarpó del puerto de Palos.*

zarpazo m. Golpe dado con la zarpa. || *Fam.* Caída, costalada.

zarpear v. t. *Amér. C.* Salpicar de barro.

zarposo, sa adj. Lleno de barro.

zarrapastrón, ona y **zarrapastroso, sa** adj. y s. *Fam.* Poco aseado, andrajoso, desastrado.

zarza f. Arbusto rosáceo muy espinoso cuyo fruto es la zarzamora. || *Fam.* Zarzaparrilla.

zarzal m. Terreno cubierto de zarzas. || Matorral de zarzas.

zarzamora f. Fruto comestible de la zarza, de color negro violáceo. || Zarza.

zarzaparrilla f. Planta liliácea oriunda de México, cuya raíz, rica en saponina, se usa como depurativo. || Bebida refrescante preparada con las hojas de esta planta.

zarzaperruna f. *Bot.* Escaramujo.

zarzarrosa f. Rosa silvestre o flor del escaramujo.

zarzo m. Tejido fabricado con varas, cañas o mimbres entrecruzados formando una superficie plana.

zarzuela f. Género musical, genuinamente español, en el que alternan la declamación y el canto. || Su música. || Plato de pescados aderezados con salsa picante.

zarzuelero, ra adj. De la zarzuela: *música zarzuelera.* || — M. Zarzuelista.

zarzuelista m. Autor de la letra o compositor de zarzuelas.

¡zas! m. Onomatopeya del ruido de un golpe o que indica la interrupción brusca de algo.

zascandil m. *Fam.* Tarambana, botarate, persona informal.

zascandilear v. i. *Fam.* Curiosear, procurar saber todo lo que ocurre: *andar zascandileando.* | Vagar, callejear. | Obrar con poca seriedad.

zascandileo m. *Fam.* Curioseo. | Falta de seriedad. | Callejeo.

zeda f. Zeta.

zedilla f. Cedilla.

zegrí adj. y s. Miembro de una familia mora del reino de Granada (s. XV), enemiga de los abencerrajes. (Pl. *zegríes* o *cegríes.*)

zéjel m. Composición poética popular de origen hispanoárabe, propia de la Edad Media: *los zéjeles del Cancionero de Aben Guzmán*, de finales del s. XI.

zelandés, esa adj. De Zelanda o Zelandia (ú. t. c. s.). || Relativo a esta provincia de Holanda.

zelayense adj. y s. De Zelaya.

zempaxúchitl m. *Méx.* Cempasúchil.

zendo, da adj. y s. m. Dícese de un idioma de la familia indoeuropea del norte de Persia y en el que está escrito el texto del *Avesta.*

zenit m. Cenit.

zepelín m. Globo dirigible rígido de estructura metálica inventado por el conde Ferdinand Zepelin. (Pl. *zepelines*.)

zeta f. Nombre de la letra *z*. || Sexta letra del alfabeto griego.

zeugma y **zeuma** f. Construcción que consiste en unir gramaticalmente dos o varios sustantivos a un adjetivo o a un verbo que, propiamente, no se refiere más que a uno de los sustantivos o que está tomado con sentidos diferentes.

zigoma m. Hueso del pómulo.

zigomático, ca adj. *Anat.* Cigomático.

zigoto m. Cigoto.

zigurat f. Torre escalonada de los templos caldeos o babilónicos.

zigzag m. Serie de líneas quebradas que forman alternativamente ángulos entrantes y salientes. (Pl. *zigzags* o *zigzagues*.)

zigzaguear v. i. Serpentear, andar en zigzag. || Hacer zigzags.

zigzagueo m. Zigzag: *hacer zigzagueos*.

zimasa f. Enzima de la levadura de cerveza que provoca la descomposición de la glucosa en alcohol y en gas carbónico en la fermentación alcohólica.

zinc m. Cinc. (Pl. *zines*.)

zincuate m. Reptil ofidio de México.

zíngaro, ra adj. y s. Gitano nómada húngaro.

zingiberáceas f. pl. Cingiberáceas (ú. t. c. adj.).

zinnia f. Planta compuesta originaria de México, cultivada por sus flores ornamentales.

zipa m. Cacique chibcha de Bogotá.

zíper m. *C. Rica, Cub., Dom., Guat., Méx., Pan., P. Rico* y *Salv.* Cremallera.

zipizape m. *Fam.* Gresca, trifulca: *se armó un zipizape*.

zircón m. Circón.

zirconio m. Circonio.

¡zis, zas! interj. *Fam.* Voces con que se expresa un ruido de golpes repetidos.

ziszás m. Zigzag.

zloty m. Unidad monetaria polaca, dividida en 100 groszy.

Zn, símbolo químico del *cinc*.

zoantropía f. Manía por la que el enfermo se cree convertido en animal.

zócalo m. Parte inferior de un edificio. || Parte ligeramente saliente en la base de una pared, que suele pintarse de un color diferente del resto. || Pedestal. || Base de un pedestal. || Nombre dado en México a la parte central de la plaza mayor de algunas poblaciones y, por extensión, a la plaza entera. || Conjunto de terrenos primitivos, muchas veces cristalinos, que forman como una plataforma extensa, cubierta en su mayor parte por terrenos sedimentarios más recientes. || *Zócalo continental*, plataforma continental.

zocato, ta adj. y s. Zurdo.

zoclo m. Zueco, chanclo.

zoco, ca adj. y s. *Fam.* Zocato, zurdo: *mano zoca*. || — M. En Marruecos, mercado.

zodiacal adj. Del Zodiaco: *estrellas, constelaciones zodiacales.*

Zodiaco, n. de una zona de la esfera celeste que se extiende en 8,5° a ambas partes de la eclíptica y en la cual se mueven el Sol, en su movimiento aparente, la Luna y los planetas. Se llama *signo del Zodiaco* cada una de las doce zonas, de 30° de longitud, en que se divide el Zodiaco, y que tiene el nombre de las constelaciones que allí se encontraban hace 2 000 años (*Aries, Tauro, Géminis, Cáncer, Leo, Virgo, Libra, Escorpión, Sagitario, Capricornio, Acuario y Piscis*).

zoilo m. *Fig.* Crítico presuntuoso y lleno de envidia.

zollipar v. i. *Fam.* Sollozar.

zompopo m. *Amér. C.* Hormiga de cabeza grande.

zona f. Extensión de territorio cuyos límites están determinados por razones administrativas, económicas, políticas, etc.: *zona fiscal, militar, vinícola.* || *Fig.* Todo lo que es comparable a un espacio cualquiera: *zona de influencia.* || *Geogr.* Cada una de las grandes divisiones de la superficie de la Tierra determinadas por los círculos polares y los trópicos (la *zona tórrida o tropical* entre los *trópicos*, dos *zonas templadas* entre los trópicos y los círculos polares, y dos *zonas glaciales*, más allá de los círculos polares). || Cualquier parte determinada de la superficie terrestre o de otra cosa. || *Geom.* Parte de una superficie de la esfera comprendida entre dos planos paralelos. (La superficie de una *zona* es igual al producto de la circunferencia de un círculo que tiene el mismo radio que la esfera, por la altura de esta misma zona o distancia que separa los dos planos paralelos.) || *Med.* Enfermedad debida a un virus, que se caracteriza por una erupción de vesículas en la piel, sobre el trayecto de ciertos nervios sensitivos. || — *Zona azul*, nombre dado a un sector de una ciudad en el que el estacionamiento de vehículos sólo está permitido un determinado espacio de tiempo. || *Zona de ensanche*, la destinada en las cercanías de las poblaciones a una futura extensión de éstas. || *Zona de libre cambio o libre comercio*, conjunto de dos o más territorios o países entre los que han sido suprimidos los derechos arancelarios. || *Zona franca*, parte de un país que, a pesar de estar situada dentro de las fronteras de éste, no está sometida a las disposiciones arancelarias vigentes para la totalidad del territorio y tiene un régimen administrativo especial. || *Zona monetaria*, conjunto de países entre los cuales las monedas pueden transferirse libremente: *zona del dólar, de la libra, del euro, del rublo.* ||

Zonas verdes, superficies reservadas a los parques y jardines en una aglomeración urbana.

zonal adj. Que presenta zonas o fajas transversales coloreadas.

zoncear v. i. *Amer.* Tontear.

zoncera o **zoncería** f. *Amer.* Sosería, tontería. | Insignificancia, pequeñez.

zonchiche m. *Amér. C.* Zopilote, especie de buitre.

zonda f. *Arg.* y *Bol.* Viento cálido de los Andes.

zongolica f. Anacardiácea ornamental de México.

zonistac m. *Méx.* Carnívoro parecido a la comadreja.

zonte m. Medida azteca que se utiliza en México para contar el maíz, frutos, leña, etc., equivalente a cuatrocientas unidades.

zonzapote m. *Méx.* Zapote.

zonzo, za adj. y s. *Fam.* Soso, insulso. | Tonto, necio.

zoo m. Abreviatura de *parque zoológico: el zoo de París.* (Pl. *zoos.*)

zoófito adj. y s. Aplícase a algunos animales en los que se creía reconocer caracteres propios de los seres vegetales. || — M. pl. Grupo de la antigua clasificación zoológica, que comprendía los animales con aspecto de plantas, como medusas, pólipos, etc.

zoofobia f. Temor mórbido que tienen algunos delante de ciertos animales.

zoogenia y **zoogonía** f. Parte de la zoología que estudia el desarrollo de los animales y de sus órganos.

zoogeografía f. Estudio de la repartición geográfica de los animales en la Tierra.

zoográfico, ca adj. De la zoografía: *descripción zoográfica.*

zoolatría f. Culto religioso de los animales: *Egipto practicaba la zoolatría.*

zoolito m. Parte fósil o petrificada de un animal.

zoología f. Parte de las ciencias naturales que estudia los animales.

zoológico, ca adj. De la zoología. *Parque zoológico*, parque donde se encuentran fieras y otros animales.

zoólogo, ga m. y f. Persona que se dedica a la zoología.

zoom m. Objetivo de distancia focal variable en una cámara cinematográfica. || Efecto de travelling obtenido con este objetivo.

zoospora m. Célula reproductora, provista de cilios vibrátiles que le permiten moverse, que tienen las algas y los hongos acuáticos.

zoosporangio m. *Bot.* Esporangio que produce zoosporas.

zootecnia f. Ciencia de la producción y explotación de los animales domésticos.

zootécnico, ca adj. De la zootecnia o de su objeto: *estudio zootécnico.* || — M. y f. Persona que se dedica a la zootecnia.

zooterapéutico, ca adj. Relativo a la zooterapia. || — F. Zooterapia.

zooterapia f. Terapéutica aplicada al tratamiento de los animales.

zootomía f. Anatomía de los animales.

zopenco, ca adj. y s. *Fam.* Tonto, bruto, cernícalo.

zopilote m. *Amer.* Ave de rapiña negra, de gran tamaño, cabeza pelada y pico corvo.

zopo, pa adj. Dícese del pie o mano torcidos o de la persona que los tiene así. || Torpe.

zoquete m. Tarugo, pedazo de madera pequeño sin labrar. || *Fig.* Mendrugo, pedazo de pan duro. || *Fam.* Persona muy torpe y estúpida, cernícalo (ú. t. c. adj.).

zoquiqui m. *Méx.* Lodo, fango.

zorito, ta adj. Zurito.

zoroastrismo m. Mazdeísmo, religión de los antiguos persas.

zorollo adj. Blanducho, sin haber llegado a madurar: *trigo zorollo.*

zorongo m. Pañuelo que llevan arrollado en la cabeza los labradores aragoneses y navarros. || Moño aplastado y ancho. || Baile popular andaluz. || Su música y canto.

zorra f. Mamífero carnicero de la familia de los cánidos, de cola peluda y hocico puntiagudo, que ataca a las aves y otros animales pequeños. (Su piel es muy estimada en peletería.) || Hembra de esta especie. || Carro bajo para transportar cosas pesadas. || *Fig.* y *fam.* Borrachera: *coger una zorra; dormir la zorra.* | Prostituta. | Hombre astuto y taimado.

zorrastrón, ona adj. y s. Dícese de una persona astuta y taimada.

zorrear v. i. *Fam.* Conducirse astutamente. | Llevar una vida disoluta, licenciosa.

zorrera f. Guarida de zorros. || *Fig.* Habitación con la atmósfera cargada de humo.

zorrería f. *Fam.* Astucia.

zorrero, ra adj. Aplícase a la embarcación que navega pesadamente. || *Fig.* Astuto, hipócrita.

zorrilla f. Vehículo que rueda sobre rieles y que se usa para la inspección de las vías férreas y para algunas obras.

zorrillo y **zorrino** m. *Amer.* Mofeta, mamífero carnicero.

zorro m. Macho de la zorra. || Piel de la zorra empleada en peletería. || *Fig.* y *fam.* Hombre astuto y taimado. | Perezoso, remolón que se hace el tonto para no trabajar. || *Amer.* Mofeta. || — Pl. Utensilio para sacudir el polvo hecho con tiras de piel, paño, etc., sujetas a un mango. || — *Fig.* y *fam. Hacerse el zorro,* aparentar ignorancia o distracción, hacerse el tonto. | *Hecho unos zorros,* molido, reventado, muy cansado. || *Zorro azul,* zorro que vive en regiones polares y tiene una piel muy estimada.

zorrona f. *Fam.* Prostituta.

zorronglón, ona adj. y s. *Fam.* Aplícase a la persona reacia cuando se le manda algo, protestón.

zorruno, na adj. Relativo a la zorra. || Dícese de lo que huele a humanidad.

zorullo m. Zurullo.

zorzal m. Pájaro dentirrostro, semejante al tordo, que tiene el plumaje pardo en la parte superior, rojizo en la inferior y blanco en el vientre. || *Fig.* Zorro, hombre astuto. || *Bol.* y *Chil.* Inocentón, primo. || *Zorzal marino,* pez acantopterigio, de cabeza grande, común en los mares de España.

zorzalear v. t. *Chil.* Engañar, trampear.

zote adj. y s. Tonto, zopenco.

zoyatanate m. *Méx.* Cesta o bolsa hecha de zoyate.

zoyate m. *Méx.* Nombre de algunas plantas textiles de México.

zozobra f. Naufragio de un barco. || Vuelco. || *Fig.* Intranquilidad, desasosiego, inquietud, ansiedad: *vivir en una perpetua zozobra.*

zozobrar v. i. *Mar.* Naufragar, irse a pique un barco. || Volcarse. || *Fig.* Fracasar, frustrarse una empresa, unos proyectos, etc. || — V. pr. Acongojarse, estar desasosegado, afligirse.

Zr, símbolo químico del *circonio.*

zuaca f. *Méx.* Azotaina.

zuavo m. Soldado de infantería francés perteneciente a un cuerpo creado en Argelia en 1831.

zueco m. Zapato de madera de una sola pieza. || Zapato de cuero que tiene la suela de madera o corcho.

zuindá m. *Arg.* Ave parecida a la lechuza.

zuinglianismo m. Doctrina de Zuinglio.

zuingliano, na adj. De Zuinglio. || Dícese del adepto de la doctrina de Zuinglio (ú. t. c. s.).

zulacar v. t. Tapar con zulaque.

zulaque m. Pasta hecha con estopa, cal, aceite y escorias que se emplea para tapar juntas de cañerías.

zuliano, na adj. y s. De Zulia.

zulú adj. y s. Dícese del individuo perteneciente a un pueblo negro de África austral (Natal), de lengua bantú.

zumacal y **zumacar** m. Tierra plantada de zumaque.

zumaque m. Arbusto anacardiáceo que contiene mucho tanino y se emplea como curtiente.

zumaya f. Autillo, ave. || Chotacabras. || Ave zancuda de paso de pico negro y patas amarillentas.

zumba f. Cencerro que lleva la caballería delantera de una recua. || *Fig.* Chanza, burla, broma, guasa. || *Amer.* Paliza. || *Hacer zumba a uno,* burlarse de él.

zumbador, ra adj. Que zumba. || — M. Lengüeta oscilante que, al entrar en vibración, produce el sonido en un timbre. || *Méx.* Colibrí.

zumbar v. i. Producir un sonido sordo y continuado ciertos insectos al volar, algunos objetos dotados de un movimiento giratorio muy rápido, etc.: *un abejorro, un motor, una peonza que zumba.* || — *Amer.* Lanzar, arrojar. || — *Fam. Ir zumbando,* ir con mucha rapidez. || *Zumbarle a uno los oídos,* tener la sensación de oír un zumbido. || — V. t. Asestar, dar, propinar: *zumbarle una bofetada.* | Pegar a uno. | Burlarse de uno. || — V. pr. Pegarse mutuamente varias personas.

zumbel m. Cuerda para hacer bailar el trompo.

zumbido m. Sonido producido por lo que zumba: *el zumbido de un motor.* || Ruido sordo y continuo: *zumbido de oídos.*

zumbón, ona adj. *Fam.* Burlón, guasón. | Divertido, jocoso.

zumeles m. pl. *Chil.* Botas de potro de los indios araucanos.

zumo m. Jugo, líquido que se saca de las hierbas, flores o frutas exprimiéndolas: *zumo de naranja.* || *Fig.* Jugo, utilidad, provecho: *sacar zumo a un capital.* || — *Fam. Sacarle el zumo a uno,* sacar de él todo el provecho posible.

zuna f. Doctrina religiosa de los mahometanos.

zunchado m. Operación consistente en unir o reforzar con zunchos.

zunchar v. t. Mantener con un zuncho.

zuncho m. Abrazadera, anillo de metal que sirve para mantener unidas dos piezas yuxtapuestas o para reforzar ciertas cosas, como tuberías, pilotes, etcétera.

zunzún m. Sunsún.

zunzuncillo m. *Cub.* Pájaro mosca, una de las aves más pequeñas que se conocen.

zurcido m. Acción de zurcir. || Remiendo hecho a un tejido roto: *hacer un zurcido a un calcetín.* || *Fig. Un zurcido de mentiras,* hábil combinación de mentiras que dan apariencia de verdad.

zurcidor, ra adj. y s. Que zurce. || *Fig. Zurcidor, zurcidora de voluntades,* alcahuete, alcahueta.

zurcir v. t. Coser el roto de una tela. || Suplir con puntadas muy juntas y entrecruzadas el agujero de un tejido: *zurcir unos calcetines.* || *Fig.* Combinar hábilmente mentiras para dar apariencia de verdad. | Unir, enlazar gentilmente una cosa con otra. || — *Fig.* y *fam. ¡Anda y que te zurzan!,* expr. de enfado para desentenderse de uno. || *Zurcir voluntades,* alcahuetear.

zurdera o **zurdería** f. Calidad de zurdo.

zurdo, da adj. Izquierdo: *mano zurda.* || — Adj. y s. Que usa de la mano izquierda mejor que de la derecha. || — F. Mano izquierda. || — *A zurdas,* con la mano izquierda; (fig.) al contrario de como debía hacerse. || *Fig.* y *fam. No ser zurdo,* ser hábil o listo.

zurear v. i. Arrullar la paloma.

zureo m. Arrullo de la paloma.

zurito, ta adj. Aplícase a las palomas y palomos silvestres.

zuro, ra adj. Zurito. || — M. Raspa de la mazorca del maíz.

zurra f. Curtido de las pieles. || *Fig.* y *fam.* Tunda, paliza.

zurrador, ra adj. y s. Curtidor.

zurrapa f. Poso, sedimento que depositan los líquidos: *la zurrapa del café.* || *Fig.* y *fam.* Desecho, cosa despreciable.

zurrapiento, ta y **zurraposo, sa** adj. Que tiene zurrapas, turbio, aplicado a un líquido.

zurrar v. t. Ablandar y suavizar mecánicamente las pieles ya curtidas. || *Fig.* y *fam.* Dar una paliza, pegar. | Azotar. | Reprender a uno con dureza, especialmente en público. || *Fig.* y *fam.*

Zurrar la badana a uno, golpearle o maltratarlo de palabra. || — V. pr. *Fig.* y *fam.* Hacer de vientre. | Tener mucho miedo.

zurriaga f. Zurriago, látigo. || Alondra, ave.

zurriagar v. t. Pegar con el zurriago.

zurriagazo m. Golpe dado con el zurriago. || *Fig.* Desgracia, acontecimiento desgraciado, imprevisto. | Caída, costalazo.

zurriago m. Látigo, azote. || Cuerda o correa con la que se lanza el trompo. || *Zurriago oculto* o *escondido,* juego que consiste en esconder un pañuelo uno de los jugadores, ganando el que lo encuentra.

zurribanda f. *Fam.* Zurra.

zurriburri m. *Fam.* Mezcolanza de personas, populacho. | Jaleo, barullo.

zurrido m. Sonido desagradable y confuso. || *Fam.* Golpe, porrazo.

zurrir v. i. Sonar desagradablemente.

zurrón m. Bolsa grande de pellejo que usan los pastores. || Cualquier bolsa de cuero, morral. || Cáscara exterior que envuelve algunos frutos.

zurubí m. *Arg.* Pez de agua dulce, semejante al bagre, de carne muy sabrosa.

zurullo m. *Pop.* Mojón.

zurumbela f. *Amer.* Ave de canto armonioso.

zurupeto m. *Fam.* Corredor de bolsa no matriculado. || Intruso en la profesión notarial.

zutano, na m. y f. Nombre usado, como Fulano y Mengano, al hacer referencia a una tercera persona indeterminada.

ORTOGRAFÍA

La ortografía es la parte de la gramática que enseña a escribir correctamente las palabras y a emplear con acierto los signos auxiliares de la escritura. La ortografía castellana se funda en la pronunciación, la etimología y el uso de los que mejor han escrito. Los gramáticos han intentado siempre que la lengua escrita coincida con la hablada para evitar así las complicaciones ortográficas. Sin embargo, no siempre es posible conservar la armonía entre la fonética y la escritura, y a veces la grafía que corresponde a la pronunciación en una época determinada dejará de corresponder a ella en otra posterior. A continuación damos algunas reglas ortográficas:

Se escriben con B

Todos los tiempos de los verbos cuyo infinitivo acaba por el sonido -BER (*beber*), -BIR (*recibir*) y -BUIR (*imbuir*), menos *precaver, ver, volver, hervir, servir, vivir* y sus compuestos.

Las terminaciones del pretérito imperfecto de indicativo de la 1.ª conjugación (*amaba, jugabas, cantabais*) y del verbo *ir* (*iba, iba, etc.*).

Las palabras que comienzan por los sonidos BAN- (*bandera*), BAR- (*barco*), BAS- (*bastante*), BAT- (*batalla*), BOR- (*borde*) y BOT- (*botella*). Se exceptúan: *vándalo, vanguardia* y *vanidad; vara, varear, variar, varilla* y *varón; vasallo, vasco, vaselina, vasija, vaso, vástago* y *vasto* (muy grande); *vate, Vaticano* y *vaticinar; voracidad* y *vorágine*, y *votar*.

Las voces que empiezan con el sonido BIBL- (*biblioteca*), BU- (*bula*), BUR- (*burguesía*) y BUS- (*busca*).

Se exceptúa *vuestro*.

Las voces acabadas por el sonido -BILIDAD (*amabilidad*), -BUNDO (*meditabundo*), -BUNDA (*moribunda*), -ÍLABO (*monosílabo*) e -ÍLABA (*polisílaba*). Se exceptúan *civilidad* y *movilidad*.

Las sílabas que llevan el sonido *b* seguido de consonante: *amable, brusco*.

Los finales de dicción: *Jacob*.

Después de *m* se escribirá siempre *b: bomba, ambiente*.

Se escriben con V

Cuando existe este sonido después de las sílabas AD- (*adversario*), CLA- (*clave*), CON- (*convencer*), DI- (*diván*), IN- (*invierno*), JO- (*joven*), PRI- (*privilegio*). Se exceptúa *dibujo*.

Los adjetivos acabados por los sonidos -AVA (*octava*), -AVE (*suave*), -AVO (*esclavo*), -EVA (*nueva*), -EVE (*leve*), -EVO (*longevo*), -IVA (*cautiva*) e -IVO (*activo*). Excepciones: *árabe* y sus compuestos, y los adjetivos formados con el sustantivo *sílaba* (*bisílabo, bisílaba; trisílabo, trisílaba*).

Todos los presentes del verbo *ir* (*voy, ve, vaya, ve*). Las personas de los verbos cuyo infinitivo no tienen *b* ni *v* (*anduve, estuviera*), menos las terminaciones del pretérito imperfecto de indicativo.

Los verbos terminados por el sonido -SERVAR (*conservar, reservar*), menos *desherbar*.

Los compuestos que empiezan por VICE- (*vicecónsul*), VILLA- (*Villanueva*) y VILLAR- (*Villarejo*).

Las voces terminadas por los sonidos -ÍVORO (*carnívoro*), -ÍVORA (*herbívora*), -VIRO (*triunviro*) y -VIRA (*Elvira*). Excepción: *víbora*.

Se escriben con G delante de E o I

Las voces que comienzan por GEO- (*geografía, geología, geometría*).

Las voces que terminan por los sonidos -GÉLICO (*angélico*), -GEN (*origen*), -GENARIO (*octagenario*), -GÉNEO (*heterogéneo*), -GÉNICO (*fotogénico*), -GENIO (*ingenio*), -GÉNITO (*primogénito*), -GESIMAL (*cegesimal*), -GÉSIMO (*trigésimo*), -GÍNEO (*virgíneo*), -GINOSO (*caliginoso*), -GISMO (*neologismo*), -GIA (*magia*), -GIO (*litigio*), -GIÓN (*religión*), -GIONAL (*regional*), -GIONARIO (*legionario*), -GIOSO (*religioso*), -GÍRICO (*panegírico*), -ÍGENA (*indígena*), -ÍGENO (*oxígeno*), -OGÍA (*teología*), -ÓGICO (*lógico*), así como sus femeninos y plurales, si los tienen. Se exceptúan *comején, ojén, aguajinoso, espejismo* y *salvajismo*.

Los infinitivos terminados en -IGERAR (*morigerar*), -GER (*recoger*), -GIR (*surgir*) y los demás tiempos que conserven el sonido de *g*. Se exceptúan los verbos *tejer* y *crujir*.

Se escriben con J delante de E o I

Los sonidos *je* y *ji* de los verbos cuyo infinitivo no tiene *g* ni *j: dije, reduje*.

Las palabras acabadas por los sonidos -JE (*equipaje*), -JERO (*viajero*), -JERÍA (*cerrajería*) y -JÍN (*cojín*). Se exceptúan *ambage, magín, auge, cónyuge, esfinge, falange, faringe, laringe, paragoge* y algunas palabras más.

Las derivadas de voces donde entra el sonido de la *j* seguido de las vocales *a, o* u *u; ajillo* de ajo, *cajista* de caja.

Se escriben con H

Las palabras que tenían *f* en su origen: *harina* (farina), *hacer* (facere).

Las voces que empiezan por los sonidos IA- (*hiato*), IE- (*hierático*), UE- (*hueso*), IDR- (*hidráulica*), IGR- (*higrómetro*), UI- (*huida*), IPER- (*hipérbole*), IPO- (*hipódromo*), OG- (*hogaza*), OLG- (*holgazán*) y OSP- (*hospicio*). Se exceptúa *ogro*.

Todas las formas verbales de HABER y HACER.

Las palabras que empiezan por ELIO- (*heliotropo*), EMA- (*hematoma*), EMI- (*hemiciclo*), EMO- (*hemoptisis*), EPTA- (*eptarquía*), ETERO- (*heterodoxo*), OME- (*homeopatía*), OMO- (*homologar*). Se exceptúan, entre otras, *emanar, emancipar, emitir, emigrar, eminencia, emir, emoción, emoliente, emolumento, omóplato*.

Llevan generalmente *h* intercalada las palabras que tienen dos vocales juntas sin formar diptongo, como *almohada, alcohol, ahorcar, vahído*.

Los compuestos y derivados de las palabras que se escriben con *h* como: *deshora, deshonesto*. Se exceptúan *orfandad* y *orfanato* (de *huérfano*); *osario, osamenta* y *óseo* (de *hueso*); *oquedad* (de *hueco*); *oval, ovalado, óvalo, ovario, óvulo; ovíparo, ovo* y *ovoide* (de *huevo*), y *oscense* (de *Huesca*) porque no la llevan en su origen latino.

Al final de dicción solamente se pone *h* en las interjecciones de una sola sílaba (*¡ah!, ¡bah!, ¡oh!*) y en algunas voces extranjeras.

Uso ortográfico de K

Esta letra se emplea sólo en voces extranjeras incorporadas al castellano (*kan, kilo, kermesse*).

Se escribe M

Siempre antes de *b* (*imberbe*) y de *p* (*amparo*) se escribe *m* en lugar de *n*.

También se escribirá *m* delante de *n* (*amnesia*, *himno*), salvo en los compuestos de las preposiciones *en* (*ennegrecer*), *in* (*innecesario*), *con* (*connivencia*) y *sin* (*sinnúmero*).

Se escribe R

Al principio de palabra, y después de *l, n, s*, la *r* sencilla produce sonido fuerte: *rosa, alrededor, honrado, Israel*. Para producir ese mismo sonido entre vocales se usa *r* doble: *arribar, error.*

Se escribe X en vez de S

Al comienzo de una palabra antes de vocal y de *h* (*exaltar, exhalación*).

Casi siempre antes de CR (*excretor*), PLA (*explayar*), PLE (*expletivo*), PLI (*explícito*), PLO (*explotar*), PRE (*expresar*), PRI (*exprimir*), PRO (*expropiar*).

En las palabras formadas con los prefijos EX (*extender, extraer, extemporáneo*) y EXTRA (*extramuros, extrajudicial, extraordinario*).

Además de sustituir a veces a la *s*, la letra *x* sirve para transcribir la jota en los nombres mexicanos en los que se quiere conservar la ortografía antigua (*México, Oaxaca*).

ACENTO

Acento fonético, prosódico o silábico es la mayor intensidad acústica con que destacamos un sonido. Cada palabra posee un acento silábico que, a veces, es señalado con una tilde (´). La sílaba acentuada se denomina *tónica*, y *átonas* las restantes. Por razón del acento, las palabras se dividen en: 1) *Agudas*, cuyo acento reposa en la última sílaba; 2) *Llanas*, las que tienen acentuada la penúltima sílaba; 3) *Esdrújulas* y *sobresdrújulas*, según se acentúe la sílaba antepenúltima o su precedente.

Principales reglas para el empleo de la tilde

Llevan tilde: 1) Las palabras *agudas* polisílabas acabadas en vocal, *n* o *s*, v. gr., *sofá, canción, París*; 2) Las palabras *llanas* acabadas en consonante que no sea *n* o *s*, v. gr., *César, mármol*; 3) Todas las *esdrújulas* y *sobresdrújulas*, por ejemplo: *ácido, diciéndoselo*; 4) Las palabras que contienen una reunión de *fuerte átona* y *débil tónica*, y al revés, v. gr., *raíl, ría, raíz*; 5) Los compuestos de verbo y enclítica, cuya resultante es *esdrújula* o *sobresdrújula*, por ejemplo: *díjolo, hízoseme*, o cuando el verbo iba ya acentuado y la resultante es *llana*, por ejemplo: *cayóse.*

ALGUNOS CASOS ESPECIALES:

1. — Llevan tilde: a) Los pronombres *éste, ése*, y *aquél*, en todas sus formas, para evitar la confusión con los adjetivos; b) *Cuál, quién, cúyo, qué, cómo, dónde, cuándo, tánto, cuánto* siempre que tienen valor afectivo, interrogativo o admirativo; c) Los adverbios *sólo* (solamente) y *aún* cuando equivale a *todavía.*
2. — Se escribe sin tilde el primer elemento de un compuesto. Así: *decimoséptimo, rioplatense*. Se exceptúan de esta regla los adverbios acabados en *-mente*, y los adjetivos compuestos unidos por un guión. Verbi gratia: *lícitamente,*

histórico-crítico. También se escriben sin tilde, haciendo excepción a la anterior regla 5), los *compuestos de verbo* con enclítica más complemento: *sabelotodo.*

NUEVAS NORMAS

Según las *Nuevas Normas de Prosodia y Ortografía*, promulgadas por la Real Academia en 1952 y preceptivas desde 1959, la acentuación debe ajustarse a las siguientes reglas: a) Los nombres terminados en *oo*, como *Campoo* y *Feijoo*, no llevarán tilde; b) Los infinitivos en *uir*, no se acentuarán (*constituir, huir*); c) La combinación *ui* se considera diptongo, y no llevará por lo tanto tilde: *sustituido, constituido, jesuita, casuista*, salvo cuando sea necesario destruir el diptongo, en cuyo caso el acento se pondrá sobre la segunda vocal débil: *casuístico, jesuítico, benjuí, huí*; d) Los monosílabos verbales *fue, fui, dio, vio*, se escribirán sin tilde, e igualmente los otros monosílabos, a no ser que puedan dar lugar a una anfibología: *se* (reflexivo) y *sé* (verbo saber), *si* (condicional) y *sí* (afirmativo), *te* (pronombre) y *té* (planta); e) Los nombres propios extranjeros se escribirán sin ningún acento, salvo en el caso de que hayan sido incorporados al idioma en una forma castellanizada, para la cual regirán las normas generales de acentuación.

ARTÍCULO

El artículo es una parte variable de la oración que sirve para limitar la extensión de la palabra que precede (el tren, la casa, un perro, una mariposa).

	artículo definido		artículo indefinido	
	singular	plural	singular	plural
masculino	el	los	un	unos
femenino	la	las	una	unas

El artículo definido masculino *el* se contrae con las preposiciones *a* y *de* adoptando las formas AL, DEL: *ir al colegio; salir del cine.*

Se sustituye la forma femenina *la* por la forma masculina *el* delante de las palabras femeninas que empiezan por una *a* o *ha* acentuados tónicamente: *el águila, el hacha.*

Además de sus empleos normales, el artículo definido sirve para designar un día próximo o pasado en su forma masculina (*llegó el viernes*) y para señalar la hora en la forma femenina (*son las dos*).

El artículo se suprime:

— delante de los sustantivos señor, señora, señorita cuando están en caso vocativo: *buenos días, señora.*

— delante de la mayoría de los nombres de países cuando no van seguidos de adjetivo o complemento: *Francia, Alemania*, pero *La España del Siglo de Oro, la Rusia soviética*. Hay varias excepciones como *el Brasil, el Japón*, etc.

— delante de ciertos sustantivos, como *casa, caza, pesca, misa, paseo, Palacio, presidio, clase*, etc., cuando estas palabras siguen un verbo de movimiento o de estado: *ir a misa; estar en presidio.*

— delante de los nombres propios de persona; sin embargo, no es raro su empleo en el lenguaje popular: *el Paco, la Lola.* A veces se utiliza por gente culta, para añadir un fuerte matiz despectivo.

El artículo indefinido femenino *una* es sustituido frecuentemente por el masculino *un* delante de un sustantivo femenino que empieza por *a* o *ha* acentuados tónicamente: *un ala; un hacha.*

SUSTANTIVO

El sustantivo es la palabra que sirve para designar un ser, una cosa o una idea (hombre, ciudad, amor).

GÉNERO

Género es el accidente gramatical que sirve para indicar el sexo de las personas y animales y el que se atribuye a las cosas. Los géneros son esencialmente el *masculino* y el *femenino*. El llamado género *neutro* ha quedado reducido en castellano al adjetivo, los pronombres y a algunos sustantivos adjetivados (*lo sublime de su conducta; hay que respetar lo mío; ¡hay que ver lo mujer que es!*).

Son masculinos los sustantivos acabados en -O (excepto *la mano*) o en -OR (excepto *la flor, la labor, la sor*).

Son femeninos los sustantivos terminados en -A, excepto *el día*, las palabras de origen griego como *teorema, poeta,* etc. Y los términos que tienen una misma terminación para ambos géneros cuando se aplican a un ser masculino, como en el caso de *un dentista, un sinvergüenza.*

Los nombres de mares, ríos y montañas suelen ser masculinos (*el Mediterráneo, el Amazonas, los Pirineos*), salvo pocas excepciones como *la Mancha, las Alpujarras.*

Formación del femenino

— Los sustantivos masculinos terminados en -O sustituyen esta letra por una -a en el femenino (*abuelo, abuela*).

— Los que acaban en consonante forman el femenino añadiéndole una -a (*español, española*).

— Algunos femeninos tienen una forma completamente distinta del masculino (*el padrino, la madrina; el hombre, la mujer*).

NÚMERO

El número es el accidente gramatical que sirve para indicar si una palabra se refiere a una sola persona, cosa o idea, o a varias. Son dos: *singular* y *plural*.

Formación del plural

REGLAS GENERALES:

a) Se añade s al singular en las palabras acabadas en vocal no acentuada o en e acentuada.	*hombre,* *crónica,* *café,*	*hombres.* *crónicas.* *cafés.*
b) Se añade es al singular en las palabras acabadas en consonante o en vocal acentuada, salvo la e.	*tizón,* *alhelí,*	*tizones.* *alhelíes.*
Excepciones: *papás, mamás, sofás, dominós.*		
Maravedí tiene tres plurales, en *is, íes, ises.*		
Los sustantivos esdrújulos o graves acabados en s no varían en su plural, y su número se distingue por el artículo.	*la crisis,* *el jueves,*	*las crisis.* *los jueves.*
Algunos sustantivos, al pluralizarse, desplazan el acento.	*régimen,* *carácter,* *espécimen,*	*regímenes.* *caracteres.* *especímenes.*
Al formar el plural, la z final se transforma en c.	*luz,* *aprendiz,*	*luces.* *aprendices.*

NOTAS: 1) Carecen de plural los nombres genéricos de sustancias que son ilimitadas en su cantidad, cuando se habla de ellas en absoluto: *el agua, el vino, la planta.* Igualmente los nombres de ciencias, artes, virtudes, profesiones, etc., cuando se usan con su significación propia: *la física, la pintura, la caridad, la ingeniería,* etc. No obstante, estos nombres admiten plural cuando se refieren a un objeto concreto o a las manifestaciones de dichas cualidades abstractas: *las aguas medicinales, las pinturas primitivas.* Tampoco tienen plural muchos nombres terminados en -ISMO, como *cristianismo, vandalismo,* etc.

2) Carecen de singular los sustantivos que expresan variedad de partes o acciones: *enseres, exequias, andaderas, gafas, nupcias, víveres*, etc., pero existe una tendencia a singularizar algunos: *tijera, tenaza, pantalón*.

Plural de las palabras compuestas

No existe regla fija para la pluralización de los compuestos, que depende en cada caso particular del tipo de unión de los elementos. Lo más habitual es que pluralicen el segundo elemento y el primero permanezca invariable. Sin embargo, pueden darse los siguientes casos:

a) Que permanezcan invariables.	cortaplumas,	los cortaplumas.
	sacapuntas,	los sacapuntas.
b) Que pluralicen el primer componente.	hijodalgo,	hijosdalgo.
	cualquiera,	cualesquiera.
c) Que pluralicen el segundo componente.	pasodoble,	pasodobles.
	ferrocarril,	ferrocarriles.
d) Que pluralicen ambos elementos.	ricohombre,	ricoshombres.

ADJETIVO

El adjetivo es la palabra que califica o determina al sustantivo. Hay varias clases de adjetivos: los *calificativos* y los *determinativos* (posesivos, demostrativos, numerales e indefinidos).

ADJETIVO CALIFICATIVO

El adjetivo calificativo es el que expresa una cualidad del sustantivo.

Formación del femenino

— Los adjetivos terminados por -O en su forma masculina sustituyen esta letra por una -A en el femenino (*cansado, cansada*).
— Los que acaban por -ÁN, -ÍN, -ÓN, -OR, -ETE, -OTE o que designan una nacionalidad, forman el femenino con la terminación -a (*holgazana, cantarina, gordinflona, trabajadora, regordeta, vulgarota, andaluza*).
— Los demás tienen una forma idéntica para ambos géneros (*agrícola, verde, cursi, ruin, azul, popular, gris, feliz*, etc.).

Formación del plural

Se forma del mismo modo que en los sustantivos.

Grados de significación de los adjetivos

1. — COMPARATIVO
— El comparativo de igualdad se forma anteponiendo TAN al adjetivo y COMO al complemento (*soy tan inteligente como tú*).
— Los comparativos de superioridad e inferioridad se forman anteponiendo respectivamente MÁS o MENOS al adjetivo y QUE al complemento (*es más simpático que su hermano pero menos que su hermana*).
2. — SUPERLATIVO
— El superlativo absoluto se forma anteponiendo al adjetivo el adverbio MUY o añadiendo el sufijo -ÍSIMO, -ÍSIMA (*muy grande, grandísimo*).
— El superlativo relativo se forma con los comparativos de superioridad e inferioridad, pero anteponiendo un artículo definido o un adjetivo posesivo (*la más hermosa de las mujeres*).

3. — COMPARATIVOS Y SUPERLATIVOS IRREGULARES

Positivo	Comparativo	Superlativo
bueno	mejor	óptimo
malo	peor	pésimo
grande	mayor	máximo
pequeño	menor	mínimo
alto	superior	supremo
bajo	inferior	ínfimo

Los adjetivos acre, célebre, libre, íntegro, pulcro y pobre forman el superlativo absoluto con la terminación -ÉRRIMO y un cambio del radical: *acérrimo, celebérrimo, libérrimo, integérrimo, pulquérrimo, paupérrimo*. Sin embargo, al lado de estas formas cultas, suelen encontrarse las formas corrientes.

Concordancia del adjetivo con varios sustantivos

— Antepuesto a los sustantivos:
sólo concuerda con el primero (*en sosegada paz y reposo*), excepto si los sustantivos son nombres propios o comunes de persona.
— Pospuesto a los sustantivos:
1. — si los sustantivos están en singular y son del mismo género, se pone en plural (*historia y geografía mexicanas*);
2. — si los sustantivos están en singular pero no son del mismo género, concuerda con el último (*el hombre y la mujer española*) o se pone, mejor, en masculino plural (*el hombre y la mujer españoles*);
3. — si los sustantivos están en plural y son de diferente género, puede concordar con el último o mejor ponerse en masculino plural (*bailes y canciones argentinas* o *bailes y canciones argentinos*);
4. — si los sustantivos son de distinto número y género, suele ir en masculino plural (*la ciudad y los suburbios adormecidos*).

ADJETIVO NUMERAL

El adjetivo numeral delimita de una manera cuantitativa y precisa la extensión de la palabra que precede.

Los adjetivos numerales se dividen en:

— *cardinales*: uno, dos, tres... diez, veinte, treinta... cien, doscientos... mil, etc.

— *ordinales* que expresan una idea de sucesión u ordenación: primero, segundo, tercero, cuarto, quinto, sexto, séptimo, octavo, noveno, décimo, undécimo, duodécimo, decimotercio (o decimotercero), decimocuarto... vigésimo, vigésimo primero... trigésimo, cuadragésimo, quincuagésimo, sexagésimo, septuagésimo, octogésimo, nonagésimo, centésimo, ducentésimo, tricentésimo, etc.

— *numerales múltiplos*: doble, triple, etc.

— *partitivos*: medio, cuarto, octavo, etc.

PRONOMBRE

El pronombre es la palabra que sustituye al nombre.

ADJETIVOS Y PRONOMBRES DEMOSTRATIVOS

Expresan las relaciones de distancia en el espacio y en el tiempo que existen entre los seres y las cosas.

		MASCULINO	FEMENINO	NEUTRO
Cerca de mí	*Singular* *Plural*	este estos	esta estas	esto
Cerca de ti	*Singular* *Plural*	ese esos	esa esas	eso
Lejos de ambos	*Singular* *Plural*	aquel aquellos	aquella aquellas	aquello

Los adjetivos y pronombres tienen la misma forma, con la sola diferencia que estos últimos llevan acento gráfico en la vocal tónica, salvo los neutros, que pueden únicamente ser pronombres.

ADJETIVOS Y PRONOMBRES POSESIVOS

Son los que establecen relaciones de posesión o pertenencia.

		UN POSEEDOR		VARIOS POSEEDORES	
		un objeto poseído	varios objetos poseídos	un objeto poseído	varios objetos poseídos
1.ª pers.	adj.	mío, mía mi (antepuesto)	míos, mías mis (antepuesto)	nuestro, a	nuestros, as
	pron.	mío, mía	míos, mías	nuestro, a	nuestros, as
2.ª pers.	adj.	tuyo, a tu (antepuesto)	tuyos, as tus (antepuesto)	vuestro, a	vuestros, as
	pron.	tuyo, a	tuyos, as	vuestro, a	vuestros, as
3.ª pers.	adj.	suyo, a su (antepuesto)	suyos, as sus (antepuesto)	suyo, a su (antepuesto)	suyos, as sus (antepuesto)
	pron.	suyo, a	suyos, as	suyo, a	suyos, as

PRONOMBRES PERSONALES

Los pronombres personales son aquellos que designan a las tres personas gramaticales: *la primera* es la que habla, *la segunda*, a la que se habla y *la tercera* de la que se habla.

SUJETO	COMPLEMENTO			
	SIN PREPOSICIÓN		CON PREPOSICIÓN	REFLEXIVO
	directo	indirecto		
yo		me	mí	me
tú		te	ti	te
él	le, lo	le	él	se
ella	la	le	ella	se
ello (neutro)	lo	le	ello	se
nosotros, as		nos	nosotros, as	nos
vosotros, as		os	vosotros, as	os
ellos	los	les	ellos	se
ellas	las	les	ellas	se

Los pronombres con función de sujeto sólo se emplean para insistir: *yo me quedaré aquí; tú saldrás*. El pronombre complemento se coloca antes del verbo (*le miro*), excepto en el infinitivo (*mirarle*), el imperativo (*mírale*) y el gerundio (*mirándole*), en los que se pospone en forma enclítica. Cuando el verbo tiene dos complementos, el indirecto precede siempre al directo (*me lo dio, dámelo*).

PRONOMBRES RELATIVOS

Los pronombres relativos son aquellos que hacen referencia a una persona o cosa anteriormente mencionada.

	SINGULAR			PLURAL	
	Masculino	Femenino	Neutro	Masculino	Femenino
Con función sustantiva	(el) que (el) cual quien	(la) que (la) cual quien	(lo) que (lo) cual —	(los) que (los) cuales quienes	(las) que (las) cuales quienes
Con función adjetiva	cuyo	cuya	—	cuyos	cuyas
Con función adjetiva o sustantiva..............	cuanto	cuanta	cuanto	cuantos	cuantas

PRONOMBRES INTERROGATIVOS

Los pronombres interrogativos sustituyen al sustantivo que se desconoce o por el cual se pregunta.

	SINGULAR			PLURAL	
	Masculino	Femenino	Neutro	Masculino	Femenino
Con función sustantiva	¿quién? — —	¿quién? — —	— ¿qué? ¿cuánto?	¿quiénes? — —	¿quiénes? — —
Con función adjetiva	¿qué?	¿qué?	—	¿qué?	¿qué?
Con función adjetiva o sustantiva	¿cuánto? ¿cuál?	¿cuánta? ¿cuál?	— —	¿cuántos? ¿cuáles?	¿cuántas? ¿cuáles?

Los pronombres exclamativos tienen idéntica forma que los interrogativos.

PRONOMBRES INDEFINIDOS

Los pronombres indefinidos designan de un modo vago la persona o cosa a la cual se refieren.

Relativos a personas	Relativos a cosas
alguien: *alguien vino* nadie: *no hay nadie* quienquiera: *quienquiera que lo sepa* cualquiera: *cualquiera lo diría* uno: *querer mucho a uno* alguno: *lo hizo alguno* ninguno: *ninguno se presenta*	algo: *hacer algo* nada: *no ver nada* cualquiera: *toma cualquiera de los dos*

ADVERBIO

El adverbio es una palabra invariable que califica o modifica la significación de un verbo, de un adjetivo o de otro adverbio.

Existen varias clases de adverbios:

— *de tiempo:* hoy, siempre, tarde, nunca, cuando, antes, luego, después, pronto, ya, etc.

— *de lugar:* aquí, cerca, abajo, lejos, dentro, delante, encima, enfrente, alrededor, etc.

— *de cantidad:* mucho, bastante, nada, etc.

— *de modo:* bien, mal, así, etc., y los acabados en -MENTE.

— *de afirmación:* sí, cierto, verdaderamente, demasiado, casi, más, apenas, etc.

— *de negación:* no, ni, tampoco, nunca, jamás.

— *de duda:* quizá o quizás, acaso.

PREPOSICIÓN

La preposición es una parte invariable de la oración que enlaza dos palabras para expresar la relación que existe entre ellas.

Las preposiciones son: a, de, con, por, en, ante, bajo, contra, desde, entre, hacia, hasta, según, sin, sobre, tras.

CONJUNCIÓN

La conjunción es una palabra invariable que sirve para coordinar o subordinar las partes de una oración o varias oraciones.

Existen varias clases de conjunción:

— *coordinativas:* y, ni, que, o, etc.

— *subordinativas:* pues, porque, si, como, aunque, mas, etc.

VERBO

El verbo es una palabra que designa acción, pasión o estado de una persona o cosa. Se compone de dos partes: una invariable, el radical, y otra variable, la terminación; que indica la persona, el tiempo y el modo.

CLASES

Existen varias clases de verbos:

— *transitivos,* que expresan una acción que cae o puede recaer en un objeto; llevan un complemento directo: *comer una manzana;*

— *intransitivos,* que pueden tener un complemento indirecto o circunstancial o bastarse por sí mismos: *hablar a su madre; venir en otoño; Juan ha muerto;*

— *pronominales* o *reflexivos,* que indican que la acción expresada por el verbo recae sobre el sujeto representado por un pronombre personal: *me arrepiento; se viste;*

— *impersonales,* que sólo se emplean en el infinitivo y en la tercera persona del singular: *nevar mucho; llovió durante tres horas; ahora anochece tarde;*

— *defectivos,* que sólo se conjugan en ciertos tiempos y personas, como *balbucir;*

— *auxiliares,* que sirven para formar la voz pasiva y los tiempos compuestos de la activa. Los principales son *ser,* para la forma pasiva (*ser querido*), y *haber,* para los tiempos compuestos (*ha llegado tarde*).

Se emplean también como auxiliares los verbos *estar, tener, llevar, quedar: estoy decidido; lo tengo pensado; llevar estudiada una lección; queda acordada tal cosa.*

ACCIDENTES DEL VERBO

Voz

Voz es el accidente verbal que denota si la acción del verbo es ejecutada o recibida por el sujeto.

Las voces son dos: la voz activa que expresa que el sujeto ejecuta la acción (*el obispo bendijo a los fieles*) y la voz pasiva, que indica que es el sujeto quien la recibe (*los fieles fueron bendecidos por el obispo*).

Modo

Se llama modo a cada una de las distintas maneras de expresar la significación del verbo. Los modos son cuatro:

— *indicativo*, que expresa una acción considerada como real (*el profesor explica la lección*).

— *subjuntivo*, que indica que la acción es un deseo o una hipótesis (*¡ojalá viniese!; si vinieses estaría contento*).

— *imperativo*, que expresa una orden o un ruego (*ven aquí; hazme este favor*).

— *potencial*, que indica la probabilidad de la acción (*si tuviera dinero me compraría una casa*).

Existen también formas verbales que participan de la índole del verbo y tienen al mismo tiempo un carácter de sustantivo, adjetivo o adverbio. Estas formas son: infinitivo (*amar*), participio (*amado*) y gerundio (*amando*). El infinitivo y el gerundio son invariables, mientras que el participio sólo lo es cuando está empleado con el verbo auxiliar *haber*.

Tiempo

Tiempo es el accidente verbal que expresa la época en que sucede lo que el verbo expresa.

Atendiendo a la forma, los tiempos pueden ser *simples* o *compuestos*. Los primeros constan de una sola palabra (*amo*) y los segundos están formados por un tiempo del verbo auxiliar *haber* y el participio del verbo que se conjuga (*he amado*).

En cuanto al significado, los tiempos pueden ser: *presente*, para expresar una acción que se realiza en el momento que se habla; *pretérito*, para una acción realizada en el pasado, y *futuro*, para una acción aún no realizada.

1. — Tiempos del indicativo

Fuera de su uso corriente, el presente se puede emplear en un relato para darle más vida (presente histórico) o al mencionar un hecho habitual: *su madre viene y le dice...; me acuesto siempre tarde.*

El futuro sirve a veces para indicar una probabilidad: *serán las tres.*

Mientras el pretérito indefinido corresponde a una acción completamente terminada en el momento en que se habla (*ayer le vi*), el pretérito perfecto indica que la acción se acaba de realizar o que se sigue efectuando en el presente (*he empezado este trabajo hace tres días*).

2. — Tiempos del subjuntivo

Después de una conjunción de tiempo o de un relativo, el presente representa una acción futura (*cuando llegue, dile que venga*).

El empleo del imperfecto del subjuntivo es obligatorio cuando el verbo de la proposición principal está en pasado o en potencial (*temía que no recibieras mi carta; me alegraría de que vinieses*).

El pretérito imperfecto tiene dos formas, una con la terminación -RA y la otra con -SE.

El futuro no se emplea actualmente, salvo en ciertas expresiones como *venga lo que viniere*.

3. — Tiempo del imperativo

Sólo existe el presente.

4. — Tiempos del potencial

El potencial compuesto expresa una acción posible y pasada determinada por otra anterior.

CONJUGACIÓN

La conjugación es la serie de todas las variaciones o diversas formas que puede tomar el verbo para expresar la acción. Estos cambios indican los accidentes de voz, modo, tiempo, número y persona. Se conjuga un verbo agregando al radical las desinencias o terminaciones. Generalmente el verbo presenta seis formas que corresponden a las tres personas gramaticales del singular y del plural.

Atendiendo a su forma de conjugación, los verbos pueden ser *regulares* o *irregulares*. En este segundo grupo están incluidos los auxiliares *ser* y *haber*.

Los verbos regulares son los que no modifican las letras del radical y cuyas terminaciones se ajustan a las del verbo que se ha tomado como tipo. Se dividen en tres conjugaciones: 1.ª (verbos terminados en -AR, como *amar*); 2.ª (verbos terminados en -ER, como *temer*), y 3.ª (verbos terminados en -IR, como *partir*).

Los verbos irregulares son aquellos cuya conjugación se aparta de los modelos regulares que les corresponde por su terminación. Una lista de estos verbos se incluye más adelante.

VERBOS AUXILIARES

HABER

MODO INDICATIVO

FORMAS SIMPLES

Presente

Yo he
Tú has
Él ha
Nosotros hemos
Vosotros habéis
Ellos han

Pretérito imperfecto

Yo había
Tú habías
Él había
Nosotros habíamos
Vosotros habíais
Ellos habían

Pretérito indefinido

Yo hube
Tú hubiste
Él hubo
Nosotros hubimos
Vosotros hubisteis
Ellos hubieron

Futuro imperfecto

Yo habré
Tú habrás
Él habrá
Nosotros habremos
Vosotros habréis
Ellos habrán

FORMAS COMPUESTAS

Pretérito perfecto

Yo he habido
Tú has habido
Él ha habido
Nosotros hemos habido
Vosotros habéis habido
Ellos han habido

Pretérito pluscuamperfecto

Yo había habido
Tú habías habido
Él había habido
Nosotros habíamos habido
Vosotros habíais habido
Ellos habían habido

Pretérito anterior

Yo hube habido
Tú hubiste habido
Él hubo habido
Nosotros hubimos habido
Vosotros hubisteis habido
Ellos hubieron habido

Futuro perfecto

Yo habré habido
Tú habrás habido
Él habrá habido
Nosotros habremos habido
Vosotros habréis habido
Ellos habrán habido

MODO POTENCIAL

Simple o imperfecto

Yo habría
Tú habrías
Él habría
Nosotros habríamos
Vosotros habríais
Ellos habrían

Compuesto o perfecto

Yo habría habido
Tú habrías habido
Él habría habido
Nosotros habríamos habido
Vosotros habríais habido
Ellos habrían habido

MODO SUBJUNTIVO

FORMAS SIMPLES

Presente

Yo haya
Tú hayas
Él haya
Nosotros hayamos
Vosotros hayáis
Ellos hayan

Pretérito imperfecto

Yo hubiera o hubiese
Tú hubieras o hubieses
Él hubiera o hubiese
Nosotros hubiéramos o hubié-
semos
Vosotros hubierais o hubieseis
Ellos hubieran o húbiesen

Futuro imperfecto

Yo hubiere
Tú hubieres
Él hubiere
Nosotros hubiéremos
Vosotros hubiereis
Ellos hubieren

FORMAS COMPUESTAS

Pretérito perfecto

Yo haya habido
Tú hayas habido
Él haya habido
Nosotros hayamos habido
Vosotros hayáis habido
Ellos hayan habido

Pretérito pluscuamperfecto

Yo hubiera o hubiese habido
Tú hubieras o hubieses habido
Él hubiera o hubiese habido
Nosotros hubiéramos o hubié-
semos habido
Vosotros hubierais o hubieseis
habido
Ellos hubieran o hubiesen ha-
bido

Futuro perfecto

Yo hubiere habido
Tú hubieres habido
Él hubiere habido
Nosotros hubiéramos habido
Vosotros hubiereis habido
Ellos hubieren habido

MODO IMPERATIVO

Presente

He *tú*
Haya *él*
Hayamos *nosotros*
Habed *vosotros*
Hayan *ellos*

El verbo *haber* puede ser también impersonal y en este caso la 3.ª persona del presente de indicativo es *hay*.

Infinitivo ser
Gerundio siendo
Participio sido

SER

MODO INDICATIVO

FORMAS SIMPLES

Presente

Yo soy
Tú eres
Él es
Nosotros somos
Vosotros sois
Ellos son

Pretérito imperfecto

Yo era
Tú eras
Él era
Nosotros éramos
Vosotros erais
Ellos eran

Pretérito indefinido

Yo fui
Tú fuiste
Él fue
Nosotros fuimos
Vosotros fuisteis
Ellos fueron

Futuro imperfecto

Yo seré
Tú serás
Él será
Nosotros seremos
Vosotros seréis
Ellos serán

FORMAS COMPUESTAS

Pretérito perfecto

Yo he sido
Tú has sido
Él ha sido
Nosotros hemos sido
Vosotros habéis sido
Ellos han sido

Pretérito pluscuamperfecto

Yo había sido
Tú habías sido
Él había sido
Nosotros habíamos sido

Vosotros habíais sido
Ellos habían sido

Pretérito anterior

Yo hube sido
Tú hubiste sido
Él hubo sido
Nosotros hubimos sido
Vosotros hubisteis sido
Ellos hubieron sido

Futuro perfecto

Yo habré sido
Tú habrás sido
Él habrá sido
Nosotros habremos sido
Vosotros habréis sido
Ellos habrán sido

MODO POTENCIAL

Simple o imperfecto

Yo sería
Tú serías
Él sería
Nosotros seríamos
Vosotros seríais
Ellos serían

Compuesto o perfecto

Yo habría sido
Tú habrías sido
Él habría sido
Nosotros habríamos sido
Vosotros habríais sido
Ellos habrían sido

MODO SUBJUNTIVO

FORMAS SIMPLES

Presente

Yo sea
Tú seas
Él sea
Nosotros seamos
Vosotros seáis
Ellos sean

Pretérito imperfecto

Yo fuera o fuese
Tú fueras o fueses

Él fuera o fuese
Nosotros fuéramos o fuésemos
Vosotros fuerais o fueseis
Ellos fueran o fuesen

Futuro imperfecto

Yo fuere
Tú fueres
Él fuere
Nosotros fuéremos
Vosotros fuereis
Ellos fueren

FORMAS COMPUESTAS

Pretérito perfecto

Yo haya sido
Tú hayas sido
Él haya sido
Nosotros hayamos sido
Vosotros hayáis sido
Ellos hayan sido

Pretérito pluscuamperfecto

Yo hubiera o hubiese sido
Tú hubieras o hubieses sido
Él hubiera o hubiese sido
Nosotros hubiéramos o hubiésemos sido
Vosotros hubierais o hubieseis sido
Ellos hubieran o hubiesen sido

Futuro perfecto

Yo hubiere sido
Tú hubieres sido
Él hubiere sido
Nosotros hubiéremos sido
Vosotros hubiereis sido
Ellos hubieren sido

MODO IMPERATIVO

Presente

Sé tú
Sea él
Seamos nosotros
Sed vosotros
Sean ellos

VERBOS REGULARES

AMAR

Infinitivo amar
Gerundio amando
Participio amado

MODO INDICATIVO

FORMAS SIMPLES

Presente

Yo amo
Tú amas
Él ama
Nosotros amamos
Vosotros amáis
Ellos aman

Pretérito imperfecto

Yo amaba
Tú amabas
Él amaba
Nosotros amábamos
Vosotros amabais
Ellos amaban

Pretérito indefinido

Yo amé
Tú amaste
Él amó
Nosotros amamos
Vosotros amasteis
Ellos amaron

Futuro imperfecto

Yo amaré
Tú amarás
Él amará
Nosotros amaremos
Vosotros amaréis
Ellos amarán

FORMAS COMPUESTAS

Pretérito perfecto

Yo he amado
Tú has amado
Él ha amado
Nosotros hemos amado
Vosotros habéis amado
Ellos han amado

Pretérito pluscuamperfecto

Yo había amado
Tú habías amado
Él había amado
Nosotros habíamos amado
Vosotros habíais amado
Ellos habían amado

Pretérito anterior

Yo hube amado
Tú hubiste amado
Él hubo amado
Nosotros hubimos amado
Vosotros hubisteis amado
Ellos hubieron amado

Futuro perfecto

Yo habré amado
Tú habrás amado
Él habrá amado
Nosotros habremos amado
Vosotros habréis amado
Ellos habrán amado

MODO POTENCIAL

Simple o imperfecto

Yo amaría
Tú amarías
Él amaría
Nosotros amaríamos
Vosotros amaríais
Ellos amarían

Compuesto o perfecto

Yo habría amado
Tú habrías amado
Él habría amado
Nosotros habríamos amado
Vosotros habríais amado
Ellos habrían amado

MODO SUBJUNTIVO

FORMAS SIMPLES

Presente

Yo ame
Tú ames
Él ame
Nosotros amemos
Vosotros améis
Ellos amen

Pretérito imperfecto

Yo amara o amase
Tú amaras o amases
Él amara o amase
Nosotros amáramos o amásemos
Vosotros amarais o amaseis
Ellos amaran o amasen

Futuro imperfecto

Yo amare
Tú amares
Él amare
Nosotros amáremos
Vosotros amareis
Ellos amaren

FORMAS COMPUESTAS

Pretérito perfecto

Yo haya amado
Tú hayas amado
Él haya amado
Nosotros hayamos amado
Vosotros hayáis amado
Ellos hayan amado

Pretérito pluscuamperfecto

Yo hubiera o hubiese amado
Tú hubieras o hubieses amado
Él hubiera o hubiese amado
Nosotros hubiéramos o hubiésemos amado
Vosotros hubierais o hubieseis amado
Ellos hubieran o hubiesen amado

Futuro perfecto

Yo hubiere amado
Tú hubieres amado
Él hubiere amado
Nosotros hubiéremos amado
Vosotros hubiereis amado
Ellos hubieren amado

MODO IMPERATIVO

Presente

Ama tú
Ame él
Amemos nosotros
Amad vosotros
Amen ellos

VERBOS REGULARES

Infinitivo temer
Gerundio temiendo
Participio temido

TEMER

MODO INDICATIVO

FORMAS SIMPLES

Presente

Yo temo
Tú temes
Él teme
Nosotros tememos
Vosotros teméis
Ellos temen

Pretérito imperfecto

Yo temía
Tú temías
Él temía
Nosotros temíamos
Vosotros temíais
Ellos temían

Pretérito indefinido

Yo temí
Tú temiste
Él temió
Nosotros temimos
Vosotros temisteis
Ellos temieron

Futuro imperfecto

Yo temeré
Tú temerás
Él temerá
Nosotros temeremos
Vosotros temeréis
Ellos temerán

FORMAS COMPUESTAS

Pretérito perfecto

Yo he temido
Tú has temido
Él ha temido
Nosotros hemos temido
Vosotros habéis temido
Ellos han temido

Pretérito pluscuamperfecto

Yo había temido
Tú habías temido
Él había temido
Nosotros habíamos temido

Vosotros habíais temido
Ellos habían temido

Pretérito anterior

Yo hube temido
Tú hubiste temido
Él hubo temido
Nosotros hubimos temido
Vosotros hubisteis temido
Ellos hubieron temido

Futuro perfecto

Yo habré temido
Tú habrás temido
Él habrá temido
Nosotros habremos temido
Vosotros habréis temido
Ellos habrán temido

MODO POTENCIAL

Simple o imperfecto

Yo temería
Tú temerías
Él temería
Nosotros temeríamos
Vosotros temeríais
Ellos temerían

Compuesto o perfecto

Yo habría temido
Tú habrías temido
Él habría temido
Nosotros habríamos temido
Vosotros habríais temido
Ellos habrían temido

MODO SUBJUNTIVO

FORMAS SIMPLES

Presente

Yo tema
Tú temas
Él tema
Nosotros temamos
Vosotros temáis
Ellos teman

Pretérito imperfecto

Yo temiera o temiese
Tú temieras o temieses

Él temiera o temiese
Nosotros temiéramos o temiésemos
Vosotros temierais o temieseis
Ellos temieran o temiesen

Futuro imperfecto

Yo temiere
Tú temieres
Él temiere
Nosotros temiéremos
Vosotros temiereis
Ellos temieren

FORMAS COMPUESTAS

Pretérito perfecto

Yo haya temido
Tú hayas temido
Él haya temido
Nosotros hayamos temido
Vosotros hayáis temido
Ellos hayan temido

Pretérito pluscuamperfecto

Yo hubiera o hubiese temido
Tú hubieras o hubieses temido
Él hubiera o hubiese temido
Nosotros hubiéramos o hubiésemos temido
Vosotros hubierais o hubieseis temido
Ellos hubieran o hubiesen temido

Futuro perfecto

Yo hubiere temido
Tú hubieres temido
Él hubiere temido
Nosotros hubiéremos temido
Vosotros hubiereis temido
Ellos hubieren temido

MODO IMPERATIVO

Presente

Teme *tú*
Tema *él*
Temamos *nosotros*
Temed *vosotros*
Teman *ellos*

VERBOS REGULARES

PARTIR

Infinitivo partir
Gerundio partiendo
Participio partido

MODO INDICATIVO

FORMAS SIMPLES

Presente

Yo parto
Tú partes
Él parte
Nosotros partimos
Vosotros partís
Ellos parten

Pretérito imperfecto

Yo partía
Tú partías
Él partía
Nosotros partíamos
Vosotros partíais
Ellos partían

Pretérito indefinido

Yo partí
Tú partiste
Él partió
Nosotros partimos
Vosotros partisteis
Ellos partieron

Futuro imperfecto

Yo partiré
Tú partirás
Él partirá
Nosotros partiremos
Vosotros partiréis
Ellos partirán

FORMAS COMPUESTAS

Pretérito perfecto

Yo he partido
Tú has partido
Él ha partido
Nosotros hemos partido
Vosotros habéis partido
Ellos han partido

Pretérito pluscuamperfecto

Yo había partido
Tú habías partido
Él había partido
Nosotros habíamos partido
Vosotros habíais partido
Ellos habían partido

Pretérito anterior

Yo hube partido
Tú hubiste partido
Él hubo partido
Nosotros hubimos partido
Vosotros hubisteis partido
Ellos hubieron partido

Futuro perfecto

Yo habré partido
Tú habrás partido
Él habrá partido
Nosotros habremos partido
Vosotros habréis partido
Ellos habrán partido

MODO POTENCIAL

Simple o imperfecto

Yo partiría
Tú partirías
Él partiría
Nosotros partiríamos
Vosotros partiríais
Ellos partirían

Compuesto o perfecto

Yo habría partido
Tú habrías partido
Él habría partido
Nosotros habríamos partido
Vosotros habríais partido
Ellos habrían partido

MODO SUBJUNTIVO

FORMAS SIMPLES

Presente

Yo parta
Tú partas
Él parta
Nosotros partamos
Vosotros partáis
Ellos partan

Pretérito imperfecto

Yo partiera o partiese
Tú partieras o partieses
Él partiera o partiese
Nosotros partiéramos o partiésemos
Vosotros partierais o partieseis
Ellos partieran o partiesen

Futuro imperfecto

Yo partiere
Tú partieres
Él partiere
Nosotros partiéremos
Vosotros partiereis
Ellos partieren

FORMAS COMPUESTAS

Pretérito perfecto

Yo haya partido
Tú hayas partido
Él haya partido
Nosotros hayamos partido
Vosotros hayáis partido
Ellos hayan partido

Pretérito pluscuamperfecto

Yo hubiera o hubiese partido
Tú hubieras o hubieses partido
Él hubiera o hubiese partido
Nosotros hubiéramos o hubiésemos partido
Vosotros hubierais o hubieseis partido
Ellos hubieran o hubiesen partido

Futuro perfecto

Yo hubiere partido
Tú hubieres partido
Él hubiere partido
Nosotros hubiéremos partido
Vosotros hubiereis partido
Ellos hubieren partido

MODO IMPERATIVO

Presente

Parte tú
Parta él
Partamos nosotros
Partid vosotros
Partan ellos

VERBOS IRREGULARES

A

abastecer. – Se conjuga como *parecer*.

abnegarse. – Como *comenzar*.

abolir. – Defectivo. Sólo se conjuga en los tiempos y personas cuya terminación tiene una i. *Ind. pres.*: abolimos, abolís; *Prét. imperf.*: abolía, abolías, etc.; *Pret. indef.*: abolí, aboliste, abolió, etc.; *Fut.*: aboliré, abolirás, etc.; *Pot. simple*: aboliría, abolirías, etc.; *Imper.*: abolid; *Subj. pres.*: (no existe); *Imperf. subj.*: aboliera, etc., o aboliese, etc.; *Fut. subj.*: aboliere, etc.; *Ger.*: aboliendo; *Part.*: abolido.

aborrecer. – Como *parecer*.

absolver. – Como *volver*.

abstenerse. – Como *tener*.

abstraer o **abstraerse.** – Como *tener*.

acaecer. – Defectivo. Como *parecer*.

acertar. – Como *comenzar*.

acollar. – Como *contar*.

acontecer. – Defectivo impers. Como *parecer*.

acordar. – Como *contar*.

acostar. – Como *contar*.

acrecentar. – Como *comenzar*.

acrecer. – Como *nacer*.

adherir. – Como *sentir*.

adolecer. – Como *parecer*.

adormecer. – Como *parecer*.

adquirir. – *Ind. pres.*: adquiero, adquieres, etc.; *Subj. pres.*: adquiera, adquiramos, adquiráis, etc.; *Imper.*: adquiere, adquiera, etc. (Los demás tiempos son regulares.)

aducir. – *Ind. pres.*: aduzco, aduces, aducís, etc.; *Pret. indef.*: adujimos, adujisteis, etc.; *Imper.*: aduce, aduzca, aducid, etc.; *Subj. pres.*: aduzca, aduzcas, aduzcáis, etc.; *Imperf. subj.*: adujera, etc., o adujese, etc.; *Fut. subj.*: adujere, etc.; *Ger.*: aduciendo; *Part.*: aducido.

advenir. – Como *venir*.

advertir. – Como *sentir*.

aferrar. – Como *cerrar*.

afluir. – Como *huir*.

aforar. – Como *agorar*.

agorar. – Como *contar* (las formas con diptongo llevan una diéresis).

agradecer. – Como *parecer*.

agredir. – Como *abolir*.

aguerrir. – Como *abolir*.

alentar. – Como *comenzar*.

aliquebrar. – Como *comenzar*.

almorzar. – Como *contar*.

amanecer. – Como *parecer* (impers., se conjuga sólo en tercera persona).

amarillecer. – Como *parecer*.

amolar. – Como *contar*.

amortecer. – Como *parecer*.

amover. – Como *mover*.

andar. – *Ind. pret.*: anduve, anduviste, anduvo, anduvimos, anduvisteis, anduvieron; *Imperf. subj.*: anduviera, etc., o anduviese, etc.; *Fut. subj.*: anduviere, etc.

anochecer. – Defectivo impers. Como *parecer*.

antedecir. – Como *decir*.

anteponer. – Como *poner*.

apacentar. – Como *comenzar*.

aparecer. – Como *parecer*.   •

apetecer. – Como *parecer*.

apostar. – Como *contar* (con el sentido de "hacer una apuesta").

apretar. – Como *comenzar*.

aprobar. – Como *contar*.

arborecer. – Como *parecer*.

argüir. – Como *huir*.

arrecir o **arrecirse.** – Defectivo. Como *abolir*.

arrendar. – Como *comenzar*.

arrepentirse. – Como *sentir*.

ascender. – Como *hender*.

asentar. – Como *comenzar*.

asentir. – Como *sentir*.

aserrar. – Como *comenzar*.

asir. – *Ind. pres.*: asgo, ases, asimos, asís, etc.; *Imper.*: ase, asga, asgamos, asid, etc.; *Subj. pres.*: asga, asgas, asgáis, etc.

asolar. – Como *contar*.

astreñir. – Como *teñir*.

astriñir. – Como *gruñir*.

atañer. – Defectivo. Como *tañer*.

atender. – Como *hender*.

atenerse. – Como *tener*.

aterirse. – Defectivo. Como *abolir*.

aterrar. – Como *comenzar* (excepto el sentido de "causar terror").

atestar. – Como *comenzar* (con el sentido de "llenar").

atraer. – Como *traer*.

atravesar. – Como *confesar*.

atribuir. – Como *huir*.

atronar. – Como *contar*.

avenir. – Como *venir*.

aventar. – Como *comenzar*.

avergonzar o **avergonzarse.** – Como *contar*.

azolar. – Como *contar*.

B

balbucir. – Defectivo. Como *abolir*.

beldar. – Como *comenzar*.

bendecir. – Como *decir*.

bienquerer. – Como *querer*.

blandir. – Defectivo. Como *abolir*.

blanquecer. – Como *parecer*.

bruñir. – Como *mullir*.

bullir. – Como *mullir*.

C

caber. – *Ind. pres.*: quepo, cabes, cabe, cabéis, etc.; *Pret. indef.*: cupe, cupiste, cupo, cupieron; *Fut.*: cabré, cabrás, cabréis, etc.; *Pot. simple*: cabría, cabrías, etc.; *Imper.*: cabe, quepa, quepamos, etc.; *Subj. pres.*: quepa, quepas, quepáis, etc.; *Imperf. subj.*: cupiera, etc., o cupiese, etc.; *Fut. subj.*: cupiere, etc.

caer. – *Ind. pres.*: caigo; *Subj. pres.*: caiga, caigas, caiga, caigamos, caigáis, caigan.

calentar. – Como *comenzar.*

carecer. – Como *parecer.*

cegar. – Como *comenzar.*

ceñir. – Como *teñir.*

cerner. – Como *hender.*

cernir. – Como *discernir.*

cerrar. – Como *comenzar.*

cimentar. – Como *comenzar.*

circuir. – Como *huir.*

circunferir. – Como *sentir.*

clarecer. – Defectivo impers. Como *parecer.*

coadquirir. – Como *adquirir.*

cocer. – *Ind. pres.*: cuezo, cueces, cuece, etc.; *Subj. pres.*: cueza, cuezas, cueza, etc.; *Imper.*: cuece, cueza, cozamos, etc.

colar. – Como *contar.*

colegir. – Como *pedir.*

colgar. – Como *contar.*

colorir. – Como *abolir.*

comedirse. – Como *pedir.*

comenzar. – *Ind. pres.*: comienzo, comienzas, comienza, comenzamos, etc.; *Subj. pres.*: comience, comiences, comencemos, etc.; *Imper.*: comienza, comience, comencemos, etc.

compadecer. – Como *conocer.*

comparecer. – Como *parecer.*

competir. – Como *pedir.*

complacer. – Como *parecer.*

componer. – Como *poner.*

comprobar. – Como *contar.*

concebir. – Como *pedir.*

concernir. – Defectivo impers. *Ind. pres.*: concierne, conciernen; *Subj. pres.*: concierna, etc.; *Imper.*: concierna, conciernan; *Ger.*: concerniendo.

concertar. – Como *comenzar.*

concluir. – Como *huir.*

concordar. – Como *contar.*

condescender. – Como *hender.*

condolerse. – Como *volver.*

conducir. – Como *aducir.*

conferir. – Como *sentir.*

confesar. – Como *comenzar.*

confluir. – Como *huir.*

conmover. – Como *mover.*

conocer. – *Ind. pres.*: conozco, etc.; *Imper.*: conoce, conozca, conozcamos, conozcan; *Subj. pres.*: conozca, conozcas, conozcan.

conseguir. – Como *pedir.*

consentir. – Como *sentir.*

consolar. – Como *contar.*

constituir. – Como *huir.*

constreñir. – Como *teñir.*

construir. – Como *huir.*

contar. – *Ind. pres.*: cuento, cuentas, cuenta, contamos, contáis, cuentan; *Subj. pres.*: cuente, cuentes, cuente, contemos, etc.

contender. – Como *hender.*

contener. – Como *tener.*

contradecir. – Como *decir.*

contraer. – Como *traer.*

contrahacer. – Como *hacer.*

contraponer. – Como *poner.*

contravenir. – Como *venir.*

contribuir. – Como *huir.*

controvertir. – Como *sentir.*

convalecer. – Como *parecer.*

convenir. – Como *venir.*

convertir. – Como *sentir.*

corregir. – Como *regir.*

corroer. – Como *roer.*

costar. – Como *contar.*

crecer. – Como *parecer.*

creer. – Como *poseer.*

D

dar. – *Ind. pres.*: doy, das, dais, etc.; *Pret. indef.*: di, diste, dio, disteis, etc.; *Imperf. subj.*: diera, etc., o diese, etc.; *Fut. subj.*: diere, dieres, etc.

decaer. – Como *caer.*

decentar. – Como *comenzar.*

decir. – *Ind. pres.*: digo, dices, dice, decimos, decís, dicen; *Pret. indef.*: dije, dijiste, dijo, etc.; *Fut.*: diré, dirás, diréis, etc.; *Subj. pres.*: diga, digas, digáis, etc.; *Imperf. subj.*: dijera, etc., o dijese, etc.; *Fut.*: dijere, etc.; *Pot. simple*: diría, dirías, etc.; *Imper.*: di, diga, digamos, decid, etc.; *Ger.*: diciendo; *Part.*: dicho.

decrecer. – Como *parecer.*

deducir. – Como *aducir.*

defender. – Como *hender.*

deferir. – Como *sentir.*

degollar. – Como *contar.*

demoler. – Como *volver.*

demostrar. – Como *contar.*

denegar. – Como *comenzar.*

denostar. – Como *contar.*

dentar. – Como *comenzar.*

deponer. – Como *poner.*

derretir. – Como *pedir.*

derruir. – Como *huir.*

desacertar. – Como *comenzar.*

desacordar. – Como *contar.*

desadormecer. – Como *parecer.*

desaferrar. – Como *cerrar.*

desaforar. – Como *contar.*

desagradecer. – Como *parecer.*

desalentar. – Como *comenzar.*

desandar. – Como *andar.*

desaparecer. – Como *parecer.*

desapretar. – Como *comenzar.*

desaprobar. – Como *contar.*
desarrendar. – Como *comenzar.*
desasir. – Como *asir.*
desasosegar. – Como *comenzar.*
desatender. – Como *hender.*
desavenir. – Como *venir.*
desbravecer. – Como *parecer.*
descaecer. – Como *parecer.*
descender. – Como *hender.*
descolgar. – Como *contar.*
descollar. – Como *contar.*
descolorir. – Como *abolir.*
descomedirse. – Como *pedir.*
descomponer. – Como *poner.*
desconcertar. – Como *comenzar.*
desconocer. – Como *conocer.*
desconsolar. – Como *contar.*
descontar. – Como *contar.*
desconvenir. – Como *venir.*
descordar. – Como *contar.*
descornar. – Como *contar.*
desdecir. – Como *decir.*
desdentar. – Como *comenzar.*
desembravecer. – Como *parecer.*
desempedrar. – Como *comenzar.*
desenfurecer. – Como *parecer.*
desenmohecer. – Como *parecer.*
desenmudecer. – Como *parecer.*
desensoberbecer. – Como *parecer.*
desentenderse. – Como *hender.*
desenterrar. – Como *comenzar.*
desentorpecer. – Como *parecer.*
desenvolver. – Como *volver.*
desfallecer. – Como *parecer.*
desfavorecer. – Como *parecer.*
desgobernar. – Como *comenzar.*
desguarnecer. – Como *parecer.*
deshacer. – Como *hacer.*
deshelar. – Como *comenzar.*
desherbar. – Como *comenzar.*
desherrar. – Como *comenzar.*
deshumedecer. – Como *parecer.*
desleír. – Como *reír.*
deslucir. – Como *lucir.*
desmedirse. – Como *pedir.*
desmembrar. – Como *comenzar.*
desmentir. – Como *sentir.*
desmerecer. – Como *parecer.*
desobedecer. – Como *parecer.*
desobstruir. – Como *huir.*
desoír. – Como *oír.*
desolar. – Como *contar.*
desollar. – Como *contar.*
desosar. – *Ind. pres.*: deshueso, deshuesas, deshue-
　　sa, etc.; *Imper.*: deshuesa, deshuese, etc.; *Subj.*
　　pres.: deshuese, deshueses, etc.
despavorirse. – Como *abolir.*
despedir. – Como *pedir.*
desperecer. – Como *parecer.*
despernar. – Como *comenzar.*

despertar. – Como *comenzar.*
desplacer. – Como *placer.*
desplegar. – Como *comenzar.*
despoblar. – Como *contar.*
desteñir. – Como *teñir.*
desterrar. – Como *comenzar.*
destituir. – Como *huir.*
destorcer. – Como *torcer.*
destrocar. – Como *contar.*
destruir. – Como *huir.*
desvanecer. – Como *parecer.*
desvergonzarse. – Como *contar.*
desvestir. – Como *pedir.*
detener. – Como *tener.*
detraer. – Como *traer.*
devenir. – Como *venir.*
devolver. – Como *volver.*
diferir. – Como *sentir.*
difluir. – Como *huir.*
digerir. – Como *sentir.*
diluir. – Como *huir.*
discernir. – *Ind. pres.*: discierno, disciernes, discier-
　　ne, discernimos, discernís, disciernen; *Subj. pres.*:
　　discierna, disciernas, discernamos, etc.; *Imper.*:
　　discierne, discierna, discernid, etc.
disconvenir. – Como *venir.*
discordar. – Como *contar.*
disentir. – Como *sentir.*
disminuir. – Como *huir.*
disolver. – Como *volver.*
disonar. – Como *contar.*
displacer. – Como *nacer.*
disponer. – Como *poner.*
distender. – Como *hender.*
distraer. – Como *traer.*
distribuir. – Como *huir.*
divertir. – Como *sentir.*
dolar. – Como *contar.*
doler. – Como *volver.*
dormir. – *Ind. pres.*: duermo, duermes, duerme,
　　dormís, etc.; *Pret. indef.*: dormí, dormiste, durmió,
　　durmieron; *Imper.*: duerme, duerma, durmamos,
　　dormid, etc.; *Subj. pres.*: duerma, etc.; *Imperf.*
　　subj.: durmiera, etc., o durmiese, etc.; *Fut. subj.*:
　　durmiere, etc.; *Ger.*: durmiendo.

E

eflorecerse. – Como *parecer.*
elegir. – Como *pedir.*
embastecer. – Como *parecer.*
embebecer. – Como *parecer.*
embellecer. – Como *parecer.*
embestir. – Como *pedir.*
emblanquecer. – Como *parecer.*
embobecer. – Como *parecer.*
embravecer. – Como *parecer.*
embrutecer. – Como *parecer.*
emparentar. – Como *comenzar.*
empecer. – Como *parecer.*
empedernir. – Defectivo. Como *abolir.*

empedrar. – Como *comenzar.*
empequeñecer. – Como *parecer.*
empezar. – Como *comenzar.*
emplastecer. – Como *parecer.*
emplumecer. – Como *parecer.*
empobrecer. – Como *parecer.*
enaltecer. – Como *parecer.*
enardecer. – Como *parecer.*
encallecer. – Como *parecer.*
encalvecer. – Como *parecer.*
encandecer. – Como *parecer.*
encanecer. – Como *parecer.*
encarecer. – Como *parecer.*
encarnecer. – Como *parecer.*
encender. – Como *hender.*
encerrar. – Como *comenzar.*
enclocar. – Como *contar.*
encloquecer. – Como *parecer.*
encomendar. – Como *comenzar.*
encontrar. – Como *contar.*
encordar. – Como *contar.*
encrudecer. – Como *parecer.*
endentar. – Como *comenzar.*
endurecer. – Como *parecer.*
enflaquecer. – Como *parecer.*
enfurecer. – Como *parecer.*
engrandecer. – Como *parecer.*
engreír. – Como *reír.*
engrosar. – Como *comenzar.*
engrumecerse. – Como *parecer.*
engullir. – Como *mullir.*
enhestar. – Como *comenzar.*
enlobreguecer. – Como *parecer.*
enloquecer. – Como *parecer.*
enlucir. – Como *lucir.*
enmarillecerse. – Como *parecer.*
enmelar. – Como *comenzar.*
enmendar. – Como *comenzar.*
enmohecer. – Como *parecer.*
enmollecer. – Como *parecer.*
enmudecer. – Como *parecer.*
ennegrecer. – Como *parecer.*
ennoblecer. – Como *parecer.*
enorgullecer. – Como *parecer.*
enrarecer. – Como *parecer.*
enriquecer. – Como *parecer.*
enrocar. – Como *contar* (con el sentido de hacer girar el "copo").
enrojecer. – Como *parecer.*
enronquecer. – Como *parecer.*
ensandecer. – Como *parecer.*
ensangrentar. – Como *comenzar.*
ensoberbecer. – Como *parecer.*
ensordecer. – Como *parecer.*
entallecer. – Como *parecer.*
entender. – Como *hender.*
entenebrecer. – Como *parecer.*
enternecer. – Como *parecer.*
enterrar. – Como *comenzar.*
entontecer. – Como *parecer.*

entorpecer. – Como *parecer.*
entrecerrar. – Como *comenzar.*
entrelucir. – Como *lucir.*
entreoír. – Como *oír.*
entretener. – Como *tener.*
entrever. – Como *ver.*
entristecer. – Como *parecer.*
entullecer. – Como *parecer.*
entumecer. – Como *parecer.*
envanecer. – Como *parecer.*
envejecer. – Como *parecer.*
enverdecer. – Como *parecer.*
envilecer. – Como *parecer.*
envolver. – Como *volver.*
equivaler. – Como *valer.*
erguir. – *Ind. pres.*: irgo o yergo, irgues o yergues, irgue o yergue, erguimos, erguís, irguen o yerguen; *Pret. indef.*: erguí, erguiste, irguió, erguimos, erguisteis, irguieron; *Imper.*: irgue o yergue, irga o yerga, irgamos, etc.; *Subj. pres.*: irga o yerga, irgas o yergas, irga o yerga, irgamos, etc.; *Imperf. subj.*: irguiera, etc., o irguiese, etc.; *Fut. subj.*: irguiere, etc.; *Ger.*: irguiendo.
errar. – *Ind. pres.*: yerro, yerras, yerra, etc.; *Subj. pres.*: yerre, yerres, etc.; *Imperf.*: yerra, yerre, erremos, etc.
escabullirse. – Como *mullir.*
escarmentar. – Como *comenzar.*
escarnecer. – Como *parecer.*
esclarecer. – Como *parecer.*
escocer. – Como *parecer.*
establecer. – Como *parecer.*
estar. – *Ind. pres.*: estoy, estás, etc.; *Pret. indef.*: estuve, estuviste, estuvo, estuvimos, etc.; *Imper.*: está, esté, etc.; *Subj. pres.*: esté, estés, etc.; *Imperf. subj.*: estuviera, etc., o estuviese, etc.; *Fut. subj.*: estuviere, etc.
estatuir. – Como *huir.*
estregar. – Como *comenzar.*
estremecer. – Como *parecer.*
estreñir. – Como *teñir.*
excluir. – Como *huir.*
expedir. – Como *pedir.*
exponer. – Como *poner.*
extender. – Como *hender.*
extraer. – Como *traer.*

F

fallecer. – Como *parecer.*
favorecer. – Como *parecer.*
fenecer. – Como *parecer.*
florecer. – Como *parecer.*
fluir. – Como *huir.*
fortalecer. – Como *parecer.*
forzar. – Como *contar.*
fosforecer. – Como *parecer.*
fregar. – Como *comenzar.*
freír. – Como *reír.*

G

gañir. – Como *tañer.*
garantir. – Defectivo. Como *abolir.*
gemir. – Como *pedir.*
gobernar. – Como *comenzar.*
gruñir. – *Pret. indef.:* gruñí, gruñiste, etc.; *Imperf. subj.:* gruñera, etc., o gruñese, etc.; *Fut. subj.:* gruñere, etc.; *Ger.:* gruñendo.
guarecer. – Como *parecer.*
guarnecer. – Como *parecer.*

H

haber. – V. conjugación, en la pág. 651 del *Compendio de gramática.*
hacendar. – Como *comenzar.*
hacer. – *Ind. pres.:* hago, haces, hace, etc.; *Pret. indef.:* hice, hiciste, hizo, etc.; *Fut.:* haré, harás, hará, haremos, etc.; *Imper.:* haz, haga, hagamos, etc.; *Pot. simple:* haría, harías, etc.; *Subj. pres.:* haga, hagas, etc.; *Imperf. subj.:* hiciera, etc., o hiciese, etc.; *Fut. subj.:* hiciere, etc.; *Ger.:* haciendo; *Part.:* hecho.
heder. – Como *hender.*
helar. – Como *comenzar.*
henchir. – *Ind. pres.:* hincho, hinches, hinche, henchimos, henchís, etc.; *Pret. indef.:* henchí, henchiste, hinchió, etc.; *Imper.:* hinche, hincha, henchid, etc.; *Subj. pres.:* hincha, hinchas, etc.; *Imperf. subj.:* hinchiera, etc., o hinchiese, etc.; *Fut. subj.:* hinchiere, etc.; *Ger.:* hinchiendo.
hender. – *Ind. pres.:* hiendo, hiendes, hiende, hendemos, hendéis, hienden; *Imper.:* hiende, hienda, hendamos, etc.; *Subj. pres.:* hienda, hiendas, etc.
hendir. – Como *sentir.*
herbar. – Como *comenzar.*
herbecer. – Como *parecer.*
herir. – Como *sentir.*
herrar. – Como *comenzar.*
hervir. – Como *sentir.*
holgar. – Como *contar.*
hollar. – Como *contar.*
huir. – *Ind. pres.:* huyo, huyes, huimos, huís, huyen; *Pret. indef.:* huí, huíste, huyó, etc.; *Imper.:* huye, huya, huid, etc.; *Subj. pres.:* huya, huyas, huya, etc.
humedecer. – Como *parecer.*

I

imbuir. – Como *huir.*
impedir. – Como *pedir.*
imponer. – Como *poner.*
incensar. – Como *comenzar.*
incluir. – Como *huir.*
indisponer. – Como *poner.*
inducir. – Como *aducir.*
inferir. – Como *sentir.*
influir. – Como *huir.*
ingerir. – Como *sentir.*
inhestar. – Como *comenzar.*
injerir. – Como *sentir.*

inquirir. – Como *adquirir.*
instituir. – Como *huir.*
instruir. – Como *huir.*
interferir. – Como *sentir.*
interponer. – Como *poner.*
intervenir. – Como *venir.*
introducir. – Como *aducir.*
intuir. – Como *huir.*
invernar. – Como *comenzar.*
invertir. – Como *sentir.*
investir. – Como *pedir.*
ir. – *Ind. pres.:* voy, vas, va, vamos, vais, van; *Pret. indef.:* fui, fuiste, fue, etc.; *Pret. imperf.:* iba, ibas, etc.; *Imper.:* ve, vaya, vayamos, id, vayan; *Subj. pres.:* vaya, vayas, etc.; *Imperf. subj.:* fuera, etc., o fuese, etc.; *Fut. subj.:* fuere, fueres, fuere, fuéremos, etc.; *Ger.:* yendo; *Part.:* ido.

J

jugar. – Como *contar.*

L

languidecer. – Como *parecer.*
licuefacer. – Como *hacer.*
lividecer. – Como *parecer.*
llover. – Como *volver* (impers., se conjuga sólo en tercera persona).
lobreguecer. – Como *parecer* (impers.).
lucir. – *Ind. pres.:* luzco, luces, luce, etc.; *Imper.:* fuce, luzca, luzcamos, lucid, etc.; *Subj. pres.:* luzca, luzcas, etc.

M

maldecir. – Como *decir.*
malherir. – Como *sentir.*
malquerer. – Como *querer.*
maltraer. – Como *traer.*
mancornar. – Como *contar.*
manifestar. – Como *comenzar.*
manir. – Defectivo. Como *abolir.*
mantener. – Como *tener.*
medir. – Como *pedir.*
melar. – Como *comenzar.*
mentar. – Como *comenzar.*
mentir. – Como *sentir.*
merecer. – Como *parecer.*
merendar. – Como *comenzar.*
mohecer. – Como *parecer.*
moler. – Como *volver.*
morder. – Como *mover.*
morir. – Como *dormir.*
mostrar. – Como *contar.*
mover. – *Ind. pres.:* muevo, mueves, mueve, movemos, movéis, mueven; *Subj. pres.:* mueva, muevas, etc.; *Imper.:* mueve, mueva, movamos, etc.; *Ger.:* moviendo; *Part.:* movido.
mullir. – *Pret. indef.:* mullí, mulliste, mulló, etc.; *Imperf. subj.:* mullera, etc., o mullese, etc.; *Fut. subj.:* mullere, mulleres, etc.; *Ger.:* mullendo.

N

nacer. – *Ind. pres.*: nazco, naces, nace, etc.; *Subj. pres.*: nazca, nazcas, etc.; *Imper.*: nace, nazcamos, etc.

negar. – Como *comenzar.*

negrecer. – Como *parecer.*

nevar. – Como *comenzar* (impers., se conjuga sólo en tercera persona).

O

obedecer. – Como *parecer.*

obstruir. – Como *huir.*

obtener. – Como *tener.*

ocluir. – Como *huir.*

ofrecer. – Como *parecer.*

oír. – *Ind. pres.*: oigo, oyes, oye, oímos, oís, oyen; *Subj. pres.*: oiga, oigas, etc.; *Imper.*: oye, oiga; *Pret. indef.*: oí, oíste, oyó, etc.; *Ger.*: oyendo.

oler. – *Ind. pres.*: huelo, hueles, huele, olemos, oléis, huelen; *Subj. pres.*: huela, huelas, etc.; *Imper.*: huele, huela, olamos, oled, huelan.

oponer. – Como *poner.*

oscurecer. – Como *parecer.*

P

pacer. – Como *nacer.*

padecer. – Como *parecer.*

palidecer. – Como *parecer.*

parecer. – *Ind. pres.*: parezco, pareces, etc.; *Imper.*: parece, parezca, etc.; *Subj. pres.*: parezca, parezcas, etc.

pedir. – *Ind. pres.*: pido, pides, pide, pedimos, pedís, piden; *Pret. indef.*: pedí, pediste, pidió, etc.; *Imper.*: pide, pida, pidamos, etc.; *Subj. pres.*: pida, pidas, etc.; *Imperf. subj.*: pidiera, etc., o pidiese, etc.; *Fut. subj.*: pidiere, etc.; *Ger.*: pidiendo.

pensar. – Como *comenzar.*

perder. – Como *hender.*

perecer. – Como *parecer.*

permanecer. – Como *parecer.*

perniquebrar. – Como *comenzar.*

perquirir. – Como *adquirir.*

perseguir. – Como *pedir.*

pertenecer. – Como *parecer.*

pervertir. – Como *sentir.*

pimpollecer. – Como *parecer.*

placer. – *Ind. pres.*: plazco, places, place, etc.; *Pret. indef.*: plací, placiste, plació o plugo, placimos, placisteis, etc.; *Imper.*: place, plazca, place, etc.; *Subj. pres.*: plazca, plazcas, plazca o plegue o plega, etc.; *Imperf. subj.*: placiera o placiese, etc., pluguiera o pluguiese, etc.; *Fut. subj.*: placiere, placieres, placiere o pluguiere, etc.

plañir. – Como *mullir.*

plastecer. – Como *parecer.*

plegar. – Como *comenzar.*

poblar. – Como *contar.*

poder. – *Ind. pres.*: puedo, puedes, puede, podemos, podéis, pueden; *Pret. indef.*: puede, pudiste, pudo, etc.; *Fut.*: podré, podrás, podrá, etc.; *Pot.*

simple: podría, podrías, etc.; *Imper.*: puede, pueda, podamos, etc.; *Subj. pres.*: pueda, puedas, pueda, etc.; *Imperf. subj.*: pudiera, etc., o pudiese, etc.; *Ger.*: pudiendo.

poner. – *Ind. pres.*: pongo, pones, pone, etc.; *Pret. indef.*: puse, pusiste, puso, etc.; *Fut.*: pondré, pondrás, etc.; *Pot. simple*: pondría, pondrías, etc.; *Imper.*: pon, ponga, pongamos, etc.; *Subj. pres.*: ponga, pongas, etc.; *Imperf. subj.*: pusiera, etc., o pusiese, etc.; *Fut. subj.*: pusiere, etc.; *Ger.*: poniendo; *Part.*: puesto.

posponer. – Como *poner.*

predecir. – Como *decir.*

predisponer. – Como *poner.*

preferir. – Como *sentir.*

presentir. – Como *sentir.*

presuponer. – Como *poner.*

preterir. – Defectivo. Como *sentir.*

prevalecer. – Como *parecer.*

prevaler. – Como *valer.*

prevenir. – Como *venir.*

prever. – Como *ver.*

probar. – Como *contar.*

producir. – Como *aducir.*

proferir. – Como *sentir.*

promover. – Como *mover.*

proponer. – Como *poner.*

proseguir. – Como *pedir.*

prostituir. – Como *huir.*

provenir. – Como *venir.*

Q

quebrar. – Como *comenzar.*

querer. – *Ind. pres.*: quiero, quieres, quiere, queremos, queréis, quieren; *Pret. indef.*: quise, quisiste, quiso, etc.; *Fut.*: querré, querrás, querrá, etc.; *Imper.*: quiere, quiera, etc.; *Pot. simple*: querría, querrías, etc.; *Subj. pres.*: quiera, quieras, etc.; *Imperf. subj.*: quisiera, etc., o quisiese, etc.; *Fut. subj.*: quisiere, etc.

R

raer. – *Ind. pres.*: raigo o rayo, raes, etc.; *Imper.*: rae, raiga o raya, raigamos o rayamos, etc.; *Subj. pres.*: raiga o raya, raigas o rayas, etc.

rarefacer. – Como *hacer.*

reaparecer. – Como *parecer.*

reargüir. – Como *huir.*

reblandecer. – Como *parecer.*

rebullir. – Como *mullir.*

recaer. – Como *caer.*

recalentar. – Como *comenzar.*

recentar. – Como *comenzar.*

recluir. – Como *huir.*

recocer. – Como *cocer.*

recolar. – Como *contar.*

recomendar. – Como *comenzar.*

recomponer. – Como *poner.*

reconducir. – Como *aducir.*

reconocer. – Como *conocer.*

reconstituir. – Como *huir*.
reconstruir. – Como *huir*.
recontar. – Como *contar*.
reconvalecer. – Como *parecer*.
reconvenir. – Como *venir*.
reconvertir. – Como *sentir*.
recordar. – Como *contar*.
recostar. – Como *contar*.
recrecer. – Como *parecer*.
recrudecer. – Como *parecer*.
redargüir. – Como *huir*.
reducir. – Como *aducir*.
reelegir. – Como *pedir*.
reexpedir. – Como *pedir*.
referir. – Como *sentir*.
reflorecer. – Como *parecer*.
refluir. – Como *huir*.
reforzar. – Como *contar*.
refregar. – Como *comenzar*.
refreír. – Como *reír*.
regar. – Como *comenzar*.
regimentar. – Como *comenzar*.
regir. – Como *pedir*.
reguarnecer. – Como *parecer*.
rehacer. – Como *hacer*.
rehenchir. – Como *henchir*.
rehervir. – Como *sentir*.
rehuir. – Como *huir*.
rehumedecer. – Como *parecer*.
reír. – *Ind. pres.*: río, ríes, ríe, reímos, reís, ríen; *Pret. indef.*: reí, reíste, rió, etc.; *Imper.*: ríe, ría, etc.; *Subj. pres.*: ría, rías, ría, riamos, etc.; *Imperf. subj.*: riera, etc., o riese, etc.; *Fut. subj.*: riere, etc.; *Ger.*: riendo.
rejuvenecer. – Como *parecer*.
relucir. – Como *lucir*.
remedir. – Como *pedir*.
remendar. – Como *comenzar*.
remoler. – Como *volver*.
remorder. – Como *mover*.
remover. – Como *mover*.
remullir. – Como *mullir*.
renacer. – Como *nacer*.
rendir. – Como *pedir*.
renegar. – Como *comenzar*.
renovar. – Como *contar*.
reñir. – Como *teñir*.
repetir. – Como *pedir*.
replegar. – Como *comenzar*.
repoblar. – Como *contar*.
reponer. – Como *poner*.
reprobar. – Como *contar*.
reproducir. – Como *aducir*.
requebrar. – Como *comenzar*.
requerir. – Como *sentir*.
resembrar. – Como *comenzar*.
resentir. – Como *sentir*.
resolver. – Como *volver*.
resollar. – Como *contar*.
resplandecer. – Como *parecer*.

restablecer. – Como *parecer*.
restituir. – Como *huir*.
restregar. – Como *comenzar*.
restriñir. – Como *teñir*.
retemblar. – Como *comenzar*.
retener. – Como *tener*.
retoñecer. – Como *parecer*.
retorcer. – Como *torcer*.
retostar. – Como *contar*.
retraducir. – Como *aducir*.
retraer. – Como *traer*.
retribuir. – Como *huir*.
retrotraer. – Como *traer*.
revejecer. – Como *parecer*.
reventar. – Como *comenzar*.
reverdecer. – Como *parecer*.
revertir. – Como *sentir*.
revestir. – Como *pedir*.
revolcar. – Como *contar*.
revolver. – Como *volver*.
robustecer. – Como *parecer*.
rodar. – Como *contar*.
roer. – *Ind. pres.*: roo o roigo o royo, etc.; *Imper.*: roe, roa o roiga o roya, etc.; *Subj. pres.*: roa, roas, etc., o roiga, roigas, etc., o roya, royas, etc.; *Ger.*: royendo.
rogar. – Como *contar*.

S

saber. – *Ind. pres.*: sé, sabes, sabe, etc.; *Pret. indef.*: supe, supiste, supo, etc.; *Fut.*: sabré, sabrás, sabrá, etc.; *Imper.*: sabe, sepa, sepamos, etc.; *Pot. simple*: sabría, sabrías, etc.; *Subj. pres.*: sepa, sepas, etc.; *Imperf. subj.*: supiera, etc., o supiese, etc.; *Fut. subj.*: supiere, etc.; *Ger.*: sabiendo; *Part.*: sabido.
salir. – *Ind. pres.*: salgo, sales, etc.; *Fut.*: saldré, saldrás, saldrá, etc.; *Imper.*: sal, salga, salgamos, etc.; *Pot. simple*: saldría, saldrías, etc.; *Subj. pres.*: salga, salgas, etc.; *Ger.*: saliendo; *Part.*: salido.
salpimentar. – Como *comenzar*.
salpullir. – Como *mullir*.
sarmentar. – Como *comenzar*.
sarpullir. – Como *mullir*.
satisfacer. – *Ind. pres.*: satisfago, satisfaces, satisface, etc.; *Pret. indef.*: satisfice, satisficiste, satisfizo, etc.; *Fut.*: satisfaré, satisfarás, satisfará, etc.; *Imper.*: satisfaz o satisface, satisfaga, satisfagamos, etc.; *Pot. simple*: satisfaría, satisfarías, etc.; *Subj. pres.*: satisfaga, satisfagas, etc.; *Imperf. subj.*: satisficiera, etc., o satisficiese, etc.; *Fut. subj.*: satisficiere, etc.; *Part.*: satisfecho.
seducir. – Como *aducir*.
segar. – Como *comenzar*.
seguir. – Como *pedir*.
sembrar. – Como *comenzar*.
sentar. – Como *comenzar*.
sentir. – *Ind. pres.*: siento, sientes, siente, sentimos, sentís, sienten; *Pret. indef.*: sentí, sentiste, sintió, sentimos, sentisteis, sintieron; *Imper.*: siente, sien-

ta, sintamos, etc.; *Subj. pres.*: sienta, sientas, etc.; *Imperf. subj.*: sintiera, etc., o sintiese, etc.; *Fut. subj.*: sintiere, etc.; *Ger.*: sintiendo.

ser. – V. *conjugación*, en la pág. 652 del *Compendio de gramática*.

serrar. – Como *comenzar*.

servir. – Como *pedir*.

sobreentender o **sobrentender.** – Como *querer*.

sobreponer. – Como *poner*.

sobresalir. – Como *salir*.

sobresembrar. – Como *comenzar*.

sobrevivir. – Como *venir*.

sofreír. – Como *reír*.

solar. – Como *contar*.

soldar. – Como *contar*.

soler. – Defectivo. Como *mover*.

soltar. – Como *contar*.

sonar. – Como *contar*.

soñar. – Como *contar*.

sosegar. – Como *comenzar*.

sostener. – Como *tener*.

soterrar. – Como *comenzar*.

subarrendar. – Como *comenzar*.

subseguir. – Como *pedir*.

substituir o **sustituir.** – Como *huir*.

substraer o **sustraer.** – Como *traer*.

subvenir. – Como *venir*.

sugerir. – Como *sentir*.

superponer. – Como *poner*.

suponer. – Como *poner*.

T

tañer. – *Pret. indef.*: tañí, tañiste, tañó, etc.; *Imperf. subj.*: tañera, etc., o tañese, etc.; *Fut. subj.*: tañere, etc.; *Ger.*: tañendo; *Part.*: tañido.

temblar. – Como *comenzar*.

tender. – Como *hender*.

tener. – *Ind. pres.*: tengo, tienes, tiene, tenemos, tenéis, tienen; *Pret. indef.*: tuve, tuviste, tuvo, etc.; *Fut.*: tendré, tendrás, etc.; *Imper.*: ten, tenga, tengamos, etc.; *Pot. simple*: tendría, tendrías, etc.; *Subj. pres.*: tenga, tengas, etc.; *Imperf. subj.*: tuviera, etc., o tuviese, etc.; *Fut. subj.*: tuviere, etc.; *Ger.*: teniendo; *Part.*: tenido.

tentar. – Como *comenzar*.

teñir. – *Ind. pres.*: tiño, tiñes, tiñe, teñimos, teñís, tiñen; *Pret. indef.*: teñí, teñiste, tiñó, etc.; *Imper.*: tiñe, tiña, etc.; *Subj. pres.*: tiña, tiñas, etc.; *Imperf. subj.*: tiñera, etc., o tiñese, etc.; *Fut. subj.*: tiñere, etc.; *Ger.*: tiñendo; *Part.*: teñido o tinto.

torcer. – *Ind. pres.*: tuerzo, tuerces, tuerce, etc.; *Imper.*: tuerce, tuerza, etc.; *Subj. pres.*: tuerza, tuerzas, etc.; *Ger.*: torciendo; *Part.*: torcido o tuerto.

tostar. – Como *contar*.

traducir. – Como *aducir*.

traer. – *Ind. pres.*: traigo, traes, trae, etc.; *Pret. indef.*: traje, trajiste, trajo, etc.; *Imper.*: trae, traiga, traiga-

mos, etc.; *Subj. pres.*: traiga, traigas, etc.; *Imperf. subj.*: trajera, etc., o trajese, etc.; *Fut. subj.*: trajere, etc.; *Ger.*: trayendo; *Part.*: traído.

transferir. – Como *sentir*.

transgredir. – Defectivo. Como *abolir*.

transponer. – Como *poner*.

trascender. – Como *querer*.

trascolar. – Como *contar*.

trasegar. – Como *comenzar*.

traslucirse. – Como *lucir*.

trasoñar. – Como *soñar*.

trastocar. – Como *contar*.

trastrocar. – Como *contar*.

trasverter. – Como *hender*.

travestir. – Como *pedir*.

trocar. – Como *contar*.

tronar. – Como *contar*.

tropezar. – Como *comenzar*.

tullecer. – Como *parecer*.

tullir. – Como *mullir*.

V

valer. – *Ind. pres.*: valgo, vales, vale, etc.; *Fut.*: valdré, valdrás, valdrá, etc.; *Imper.*: vale, valga, valgamos, valed; *Pot. simple*: valdría, valdrías, etc.; *Subj. pres.*: valga, valgas, etc.; *Ger.*: valiendo; *Part.*: valido.

venir. – *Ind. pres.*: vengo, vienes, viene, venimos, venís, vienen; *Part. indef.*: vine, viniste, vino, etc.; *Fut.*: vendré, vendrás, etc.; *Imper.*: ven, venga, vengamos, etc.; *Pot. simple*: vendría, vendrías, etc.; *Subj. pres.*: venga, vengas, etc.; *Imperf. subj.*: viniera, etc., o viniese, etc.; *Fut. subj.*: viniere, etc.; *Ger.*: viniendo; *Part.*: venido.

ver. – *Ind. pres.*: veo, ves, ve, etc.; *Imperf.*: veía, veías, etc.; *Imper.*: ve, vea, etc.; *Subj. pres.*: vea, veas, etc.; *Ger.*: viendo; *Part.*: visto.

verdecer. – Como *parecer*.

verter. – Como *hender*.

vestir. – Como *pedir*.

volar. – Como *contar*.

volcar. – Como *contar*.

volver. – *Ind. pres.*: vuelvo, vuelves, vuelve, etc.; *Pret. indef.*: volví, volviste, etc.; *Imper.*: vuelve, vuelva, etc.; *Subj. pres.*: vuelva, vuelvas, etc.; *Ger.*: volviendo; *Part.*: vuelto.

Y

yacer. – *Ind. pres.*: yazco o yazgo o yago, yaces, yace, etc.; *Imper.*: yace o yaz, yazca o yaga, yazcamos o yazgamos, yaced, yazcan; *Ger.*: yaciendo; *Part.*: yacido.

yuxtaponer. – Como *poner*.

Z

zaherir. – Como *sentir*.

zambullir. – Como *mullir*.

Esta obra se terminó de imprimir en junio del 2005
en Cía. Editorial Ultra, S.A. de C.V. Centeno 162
Col. Granjas Esmeralda, México 09810, D.F.

Para sacarle jugo al diccionario

Consejos para el profesor y ejercicios para el alumno

Secundaria

AUTORES:
Francisco **P**etrecca, *Director*
Silvia **C**alero y **L**iliana **D**íaz, *Profesoras*

COLABORADORES:
Luis **I**gnacio de la **P**eña, **S**ara **I**rma **A**guilar y **R**ossana **T**reviño

COORDINACIÓN EDITORIAL:
Verónica **R**ico

DISEÑO Y FORMACIÓN:
Guillermo **M**artínez

REVISIÓN ORTOTIPOGRÁFICA Y ASESORÍA TÉCNICA:
Rossana **T**reviño

DIRECCIÓN EDITORIAL PARA AMÉRICA LATINA:
Aarón **A**lboukrek

Índice

En esta guía se usan las siguientes indicaciones:

● Texto guía para el profesor   ○ Boceto de la explicación del profesor a los alumnos   ☐ Ejercicios que realizarán los alumnos

Presentación

Los diccionarios son libros curiosos: sólo recurrimos a ellos cuando necesitamos consultar algo. No obstante, nos acompañan casi todo el tiempo, desde la escuela primaria hasta la secundaria, en la universidad, incluso en el trabajo profesional. Conocer y usar de la manera más provechosa los diccionarios es una necesidad, y Ediciones Larousse ha querido acercar este conocimiento a todos ustedes, tanto maestros como alumnos.

Estas páginas son una herramienta para entender el diccionario. Con frecuencia lo usamos para saber si una palabra "existe" o no, para encontrar el significado de alguna otra o para saber cómo se escribe. Sin embargo, no vemos otras informaciones: información gramatical, datos enciclopédicos, la forma de usar una palabra o expresión por medio de ejemplos, la inclusión de palabras de distintas regiones de América, etc. Pero no solamente se trata de enseñar a usar el diccionario, sino de ir más allá y perfeccionar las capacidades de expresión oral y escrita, de comprensión de la lectura, de ampliación del vocabulario, de búsqueda de información. En este material el maestro hallará un apoyo para abordar con los alumnos los diferentes temas mediante sencillas exposiciones y actividades vinculadas con el uso del diccionario.

Para ello, estas páginas se han organizado en dos partes:

• La primera para trabajar en el salón de clases. En ella se tratan los aspectos pertenecientes al uso del diccionario, desde el ordenamiento alfabético hasta el reconocimiento de los significados. Cada sección se divide a su vez en tres: comienza con una presentación teórica para el maestro, continúa con un breve boceto de la explicación que el maestro dará al alumno y, por último, incluye propuestas de trabajo para que los alumnos puedan, a través de ejercicios, dominar el uso del diccionario y reconozcan sus partes.

• La segunda busca perfeccionar la competencia verbal de los alumnos a partir de diversos juegos con palabras.

De esta manera, se transmitirán de manera clara y con un adecuado nivel académico, los conocimientos para una provechosa lectura de los diccionarios. No hay que olvidar que se trata de una guía y tanto maestros como alumnos pueden realizar variantes y agregar frutos de su cosecha.

Primera parte:

en el salón de clases

1 Aprendamos a reconocer el diccionario

● Presentación para el profesor

El objetivo de esta actividad es que el alumno se familiarice con la información que transmite el diccionario y aprenda a distinguir sus características.

Si nos preguntamos qué es un diccionario, seguramente responderemos: un libro en el que aparecen palabras ordenadas alfabéticamente con una definición que sirve para saber qué significan. Sin embargo, un diccionario nos ofrece más cosas.

Vamos a ir analizando poco a poco cómo están formados los diccionarios. Para ello debemos acercarnos desde lo que está "afuera" del libro, desde lo que rodea al texto.

Estos aspectos que "rodean" al texto pueden ser palabras (prólogos, índices, información enciclopédica, etc.) o imágenes (ilustraciones, diseño de tapa, tipografía).

○ Explicación 1 del profesor al alumno

 5-8 min.

Si alguien nos pregunta ¿qué es un diccionario?, seguramente responderemos: es un libro donde tenemos palabras en orden alfabético que se definen. Pero no son sólo eso, también hay diccionarios que nos ofrecen informaciones más amplias y nos ayudan a resolver las tareas escolares.

Además, en todo libro existen elementos que hacen posible anticipar lo que contienen, para quién se hicieron, para qué, etc. Juntos veremos lo que hay en un libro-diccionario.

○ Explicación 2 del profesor al alumno

 5-8 min.

El "exterior" del diccionario

La tapa o portada

Por lo común, en ella encontramos el título de la obra y la editorial.

Por ejemplo, en la tapa del *Larousse Diccionario Educativo Juvenil,* además del título y del nombre de la editorial, encontramos más información: nos anticipa el contenido y cómo está organizado en el diccionario.

El título *Diccionario Educativo Juvenil* nos permite saber que está destinado a los estudiantes, en este caso de educación secundaria.

La contratapa o contraportada

En ella se comenta el contenido del texto para orientar al lector sobre su utilidad.

En la contratapa del *Diccionario Educativo Juvenil* se menciona una de las cosas para las que sirve: *para hacer solos las tareas escolares...*

A su vez, en este caso también vemos una explicación sobre la información que aparece junto con la entrada y la definición.

□ Ejercicio 1 para los alumnos 5-8 min.

Hagamos un diccionario

Los diccionarios son una herramienta de trabajo útil en el aula o en la casa. Ahora vamos a hacer un ejercicio: armaremos nuestro propio libro-diccionario.

Empecemos por la tapa: no olvidemos que aparecerán dos datos importantes: nombre de la editorial y título. También habrá que poner alguna ilustración.

Tapa	Contratapa

○ Explicación 3 del profesor al alumno 5-8 min.

El "interior" del diccionario 1

El orden y la información que cada diccionario nos brinda no siempre son iguales. Sin embargo, hay datos que nunca faltan en un buen diccionario. Éstos son:

• Datos de edición

Los más frecuentes son: el número de edición, la dirección de la editorial, el equipo editorial responsable de la redacción del diccionario y el "colofón", que generalmente se halla en la última página y señala fecha y lugar de impresión, así como el número de ejemplares.

• El prólogo

También se puede denominar *Presentación, Introducción, Palabras preliminares*. La lectura del prólogo nos dice acerca del tipo de diccionario, su destinatario y su finalidad.

Por ejemplo, si leemos la presentación del *Larousse Diccionario Educativo Juvenil* sabemos que refleja las variantes del español de América Latina. Eso quiere decir que no privilegia el español de España, como suele pasar con los diccionarios hechos en ese país.

• Listado de abreviaturas

Están explicadas las abreviaturas usadas en el diccionario. Por ejemplo:

adj. adjetivo
adv. adverbio
Amér. América
Amér. C. América Central
Ant. antónimo

• Cómo usar el diccionario

Algunos diccionarios también incluyen una o dos páginas en las que explican cómo están organizados los artículos, así como todos los elementos que se incluyen.

□ Ejercicio 2 para los alumnos   7-12 min.

Hagamos un diccionario

 En seguida, hay que escribir un prólogo.

Prólogo

_____
_____
_____
_____

○ Explicación 4 del profesor al alumno   10-15 min.

El "interior" del diccionario 2

 Algunos diccionarios traen además otros elementos. Muchas veces se trata de imágenes y textos con información enciclopédica sobre temas de interés para los jóvenes, hechos con un lenguaje sencillo y ameno. En otras ocasiones consisten en listados de prefijos y sufijos o en modelos de conjugación de los verbos del español.

Hagamos un diccionario

Finalmente, agreguemos datos complementarios para que nuestro diccionario tenga mucha información. Toma los datos de un libro de gramática o de un diccionario que tenga estos datos.

Modelo de conjugación del verbo valer

Indicativo

Presente	Pretérito	Futuro	Copretérito	Pospretérito

Antepresente	Antepretérito	Antefuturo	Antecopretérito	Antepospretérito

Subjuntivo

Presente	Pretérito	Futuro

Antepresente	Antepretérito	Antefuturo

Imperativo

2 ¿Cómo encontramos las palabras?

● Presentación para el profesor

El objetivo de esta actividad consiste en explicar al alumno el ordenamiento que se emplea en el diccionario. Es probable que sea necesario repasar el alfabeto.

La mayor parte de los diccionarios que se usan siguen con frecuencia el ordenamiento alfabético. Por ello, aunque parezca redundante decirlo, es necesario que el alumno, en primer lugar, sepa cómo se escribe la palabra de la que duda y, en segundo lugar, conozca el alfabeto y pueda guiarse con relativa facilidad para reconocer qué palabra va antes, qué palabra después, etcétera. Por supuesto, se presenta una pequeña dificultad cuando lo que el alumno desea conocer es cómo se escribe una palabra. En estos casos, al igual que cuando no han sabido encontrar un vocablo de escritura dudosa, debe explicárseles que para estar completamente seguros es conveniente verificar la ortografía: ¿lleva o no *h*?, ¿se escribe con *c* o con *s*?

Por otra parte, hay que recordar que la *ch* y la *ll* tienen un tratamiento particular en el abecedario español. Ahora se consideran **dígrafos**, es decir, una letra que se halla formada por otras dos letras que representan un solo sonido o, mejor dicho, un solo **fonema**, como lo llaman los expertos. A fin de ordenarlos dentro de listas y de diccionarios, estos dígrafos se incluyen dentro de la *c* y de la *l*, respectivamente; es decir, la *ch*, y todas las palabras que empiezan con ella, se encontrarán a continuación de la secuencia *ce-* y antes de *ci-*. Del mismo modo, la *ll* se encontrará luego de la secuencia *li-* y antes de *lo-*.

Así pues, el alfabeto actual de la lengua española consta en total de 29 letras, dos de las cuales son dígrafos.

○ Explicación del profesor al alumno

  10-20 min.

Ordenemos primero las letras y luego las palabras

El diccionario es un libro muy ordenado y cada palabra se encuentra en su lugar. Es como una caja que guarda dentro de ella muchas otras cajas y para saber qué hay adentro de ellas se les pone una etiqueta. Esta etiqueta es la letra inicial. Además muchos diccionarios te ayudan: sobre el margen derecho aparece resaltada la letra inicial de todas las palabras de esa página. Es más, para encontrar la palabra que buscas con más facilidad, en las cornisas de algunos diccionarios, es decir, en las esquinas de la parte superior de las páginas, encontrarás las primeras tres letras con las que comienza la página (si está del lado izquierdo) o las tres últimas (si está del lado derecho). Esto lo podemos ver, por ejemplo, en las páginas 240-241 del *Larousse Diccionario Educativo Juvenil*.

ESP	240	241	EST

Este es nuestro abecedario

A a a	B b be, be alta, be larga, be grande	C c ce	Ch ch (Dígrafo) che, ce hache	D d de	E e e	F f efe
G g ge	**H h** hache	**I i** i	**J j** jota	**K k** ka	**L l** ele	**Ll ll** (Dígrafo) elle	**M m** eme
N n ene	**Ñ ñ** eñe	**O o** o	**P p** pe	**Q q** cu	**R r** erre, ere	**S s** ese
T t te	**U u** u	**V v** ve, uve, ve baja, ve corta, ve chica	**W w** uve doble, ve doble, doble ve, doble u	**X x** equis	**Y y** i griega, ye	**Z z** ceta, zeta

Como puede verse, algunas de ellas reciben varios nombres. Al mismo tiempo, aprovechemos para señalar que la *ch* y la *ll* son las dos únicas letras dobles del abecedario español. Se llaman **dígrafos**, lo que quiere decir que se trata de grupos inseparables de dos letras que representan un solo sonido.

Con objeto de ordenarlos dentro de listas y diccionarios, estos dígrafos se incluyen dentro de la letra *c* y de la letra *l*, respectivamente; esto significa que la *ch*, y todas las palabras que empiezan con ella, se encontrarán a continuación de la secuencia *ce-* y antes de *ci-*. Del mismo modo, la *ll* se encontrará luego de la secuencia *li-* y antes de *lo-*.

No olvidemos entonces que el alfabeto actual de nuestra lengua consta de 29 letras, dos de las cuales están formadas por dos elementos.

☐ **Ejercicio 1** para los alumnos · 5-10 min.

¿Ordenamos palabras?

Damos a continuación grupos de palabras para ordenarlas alfabéticamente. Cuando terminen usemos el diccionario para saber si nuestro ordenamiento es correcto.

cucurucho, cuello, cuchilla, cubo, cuchichear, cuerno, cuchitril, cucaracha

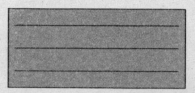

siderurgia, madera, masilla, picadillo, lluvia, lobo, jinete, privilegio, celofán, simio, bruma, carozo, préstamo

☐ **Ejercicio 2** para los alumnos · 5-7 min.

¿Dónde van?

Coloquemos las siguientes palabras en el lugar correspondiente, a través de una flecha

Se trata de ejercitar la búsqueda en el diccionario de manera intuitiva, es decir, a primera vista, sin detenerse en cada letra. Por ejemplo: **estrechez** está entre **estrechar** y **estrecho.**

centrifugar ⟶	centinela . . . . . . centro
centroamericano	granero . . . . granja
cereza	cercar . . . . cerilla
grandote	quien . . . . quijote
granero	grande . . . . grandulón
granizo	centroafricano . . cepillar
quieto	reclinar . . . . recoleto
rebelde	reclamo . . . . recobrar
recital	reciclaje . . . . recitar
reclutar	gramo . . . . granja
recolectar	rebanada . . . . . . rebelión

3 Aprendamos a buscar las palabras en el diccionario

● Presentación para el profesor

El **lemario** o **nomenclatura** de un diccionario consiste en el conjunto de palabras ordenadas bajo una forma convencional.

En la tradición lexicográfica hispanoamericana, los sustantivos aparecen en singular y si la **voz** o **palabra** presenta cambios debido al género gramatical, éste se indica a través de la última sílaba, separada de la forma masculina por una coma. Como es habitual, se reserva el empleo de las letras en **negrita** para indicar la **entrada, voz** o **palabra**. Por ejemplo: **perro, rra** es el **lema** o **nombre** correspondiente a las formas *perro, perra, perros* y *perras*.

Los adjetivos, como *bueno, largo, rojo*, siguen el mismo criterio.

En cuanto a las formas verbales, su lema lo constituye el infinitivo. Así, **amar** representa la totalidad de las formas que puede adoptar este verbo (tiempos, personas, modos, formas no personales).

Es importante que los alumnos conozcan estas convenciones, ya que es muy frecuente, cuando se les pregunta por el significado de una voz que debían buscar en el diccionario, que respondan "no encontré esa palabra" o "esa palabra no estaba en el diccionario". Esto sucede porque simplemente la buscaron como aparecía en el texto y no de acuerdo con la regla. Pocas veces se enseña a buscar una palabra en el diccionario. Por eso es conveniente hacerlo y anticiparse a una posible frustración.

○ Explicación del profesor al alumno

 15-20 min.

Mi mamá es **buena**.   Mi papá es **bueno**.

Mis amigas son **buenas**.   Mis primos son **buenos**.

Si miramos bien estas cuatro oraciones, vemos que hay una palabra que se repite en todas ellas: la palabra **bueno**. Mejor dicho, lo que se repite es una parte de la palabra: la que lleva su significado. Por eso expresamos el mismo significado cuando decimos "mamá es buena" o "papá es bueno". A esa parte que transmite el significado la llamamos: el **nombre** de la palabra. Para consultar un diccionario, cuando queremos conocer qué quiere decir una palabra, debemos primero conocer su **nombre**.

Existen reglas que nos permiten saber cuál es el **nombre** de una palabra.

- Los nombres de los verbos siempre terminan en **–ar**, **–er** o **–ir**. Por eso no debemos buscar *cantan, canté* o *cantaron*, sino **cantar**. Tampoco tenemos que buscar *salieron, saliste* o *salimos*, sino **salir**, que es también la forma del infinitivo.

- Los adjetivos (como *buena, lindas, simpáticos, bonito, agradable* o *amables*) y los sustantivos (como *mesa, gatas, libro, besos, asistente* o *gerentes*) los encontraremos siempre en la forma singular. Si sabemos que se dice *un cuaderno, dos cuadernos; un lápiz, dos lápices,* al consultar el diccionario tenemos que buscar los nombres **cuaderno** y **lápiz**.

  Además, el nombre de los adjetivos y de los sustantivos está en masculino (muchas veces termina en **o**, otras veces en **e**, otras en consonante). El nombre de *linda, lindas, lindo* y *lindos* es **lindo**.

- No tenemos que hacerle caso a los diminutivos o a los aumentativos. Un *gatito* o un *gatazo* es siempre un *gato*; una *perrita*, unos *perritos* y un *perrititito* son siempre un *perro*. Por eso, si buscamos en el diccionario, tenemos que hallar los nombres **gato** y **perro**.

□ Ejercicio 1 para los alumnos   7-10 min.

¿Cuál es su nombre?

 Coloquemos al lado de cada palabra su "nombre":

embajadora _____

embarque _____

comprensiva _____

libra _____

hubiera salido _____

mala _____

enfermos _____

saludables _____

felicitaron _____

leyendo _____

□ Ejercicio 2 para los alumnos   10-15 min.

¿Qué dice?

 Muchas veces, cuando leemos nos damos cuenta de que hay palabras cuyo significado desconocemos, es entonces el momento para consultar el diccionario.

Leamos el siguiente texto y busquemos en el diccionario las palabras subrayadas.

Imagen y perspectivas de la narrativa latinoamericana actual (fragmento)

"Si es cierto que la literatura hispanoamericana nace con el Descubrimiento, es decir, con las Crónicas, la verdadera literatura americana nace con el surgimiento de las literaturas nacionales. Y esto no es "'amputar' tres siglos de la historia literaria relegándola al supuesto limbo de lo 'colonial' o de lo 'virreinal'", como afirma De Torre.

En todo caso, para el sector de la actividad literaria que estamos acotando –el de la narrativa– estos tres siglos de historia colonial o virreinal son un tramo baldío, pues los primeros cuentos y novelas dignos de tal nombre surgen a partir del período independiente (...).

Nacidos bajo el sello de la observación directa de la realidad, en el enfrentamiento del contorno físico y humano, en el examen de los problemas de la época y de las necesidades permanentes del hombre, la novela y el cuento fueron, desde sus comienzos, esencialmente realistas, aportaban una voluntad de análisis y una visión crítica de la realidad; (...) pero un género de tal índole no podía florecer sino con el cuarteamiento de una sociedad semifeudal, celosa de sus fueros."

AUGUSTO ROA BASTOS (texto abreviado)
"Imagen y perspectivas de la narrativa latinoamericana actual", en Juan Loveluck,
Novelistas hispanoamericanos de hoy, Taurus, Madrid, 1976.

Vocabulario

palabra	definición
1) _____	_____
2) _____	_____
3) _____	_____
4) _____	_____
5) _____	_____
6) _____	_____
7) _____	_____
8) _____	_____
9) _____	_____
10) _____	_____
11) _____	_____
12) _____	_____

4 El artículo — la definición

Los diccionarios están compuestos por un conjunto ordenado de **artículos**, es decir, secciones en las que se habla de una palabra. Cada artículo incluye, al menos, tres informaciones que sin duda son básicas.

En primer lugar, la información ortográfica que se halla indicada por medio de la **entrada**, que es la palabra de la que se habla. En segundo lugar, el artículo proporciona información acerca de la **categoría gramatical** (sustantivo, adjetivo, verbo, etcétera) a la cual pertenece la palabra representada a través de la **entrada o lema**. Finalmente, la **información semántica** transmitida a través de la **definición**, es decir, el **significado** de la palabra de la que se habla.

De acuerdo con el número de **acepciones** o significados que contengan los artículos, se pueden dividir en: *artículos monosémicos*, los que contienen una sola acepción, es decir, una sola definición; y los *artículos polisémicos*, que contienen más de una acepción.

Dentro de este grupo podemos incluir los artículos que contienen **subentradas**, es decir, entradas correspondientes a palabras compuestas y locuciones (o frases) que, en razón de un determinado tratamiento lexicográfico, se incorporan en el artículo encabezadas por una palabra simple. Ejemplos de subentradas: *ojo de buey, arco iris, oso hormiguero,* que se incluyen bajo los artículos **ojo**, **arco** y **oso**, respectivamente.

○ **Explicación 1** del profesor al alumno   5-8 min.

Cuando queremos conocer el significado de una palabra acudimos al diccionario. Allí las encontramos ordenadas alfabéticamente y destacadas en letras más gruesas y bien marcadas que llamamos **negritas**. Muchas veces aparece una sola definición que corresponde a esa palabra. Se trata de una palabra de un solo significado. Pero hay otros casos, muchos de ellos, en los que la palabra tiene más de un significado y para saber cuál es el que corresponde en una oración determinada tenemos que aprender a leer el diccionario.

En primer lugar vamos a ver que a esas palabras les sigue un número. La numeración nos indica cuántos significados tiene una palabra. Si no figura ningún número, eso quiere decir que la palabra tiene un solo significado. Por ejemplo:

> **monopolio** *m.* 1. Privilegio exclusivo en la venta de un producto: *En mi pueblo hay una empresa que posee el monopolio de la venta de carne y no hay tiendas de otros dueños que vendan este producto.* 2. Control exclusivo sobre algo: *A mi hermano le gusta tener el monopolio del control remoto de la televisión.*

En algunos casos no se usan números. Para separar las acepciones se usa una doble barra (II).

El artículo

En el diccionario, las palabras están definidas en los artículos. El artículo, que tiene el nombre de la palabra que representa, comienza generalmente con esa palabra en letras **negritas**. Después siguen la **información gramatical**, que nos dice qué tipo de palabra es (un verbo, un sustantivo, un adjetivo, etc.), y la **definición**. Ahora vamos a ver qué es la definición.

La definición

La definición nos dice qué significa una palabra, nos indica qué es una cosa, a qué clase de objetos pertenece, también nos explica cuáles son sus características, cómo es y para qué sirve. Muchas veces una palabra se emplea con un solo sentido como por ejemplo: **bajamar**, "tiempo en el que baja la marea"; o **semáforo**, "aparato eléctrico que se coloca en las esquinas de las calles para regular la circulación por medio de señales luminosas de diferentes colores".

Sin embargo, la mayor parte de las palabras se emplea con varios significados. Cada uno de estos significados, que llamamos acepciones, tiene su propia definición.

Los diccionarios ordenan y numeran los sentidos de estas palabras. Cada acepción está indicada con un número. Esos números nos indican cuántos sentidos tiene una palabra en el uso corriente. Tomemos por ejemplo la palabra *pico*. Veríamos:

> **pico** *m.* **1.** Órgano que se encuentra en la parte delantera de las cabezas de las aves, formado por dos mandíbulas recubiertas con dos piezas córneas: *La gaviota llevaba en el* **pico** *un pez recién capturado.* **2.** Cúspide de una montaña: *Los montañistas quieren conquistar el* **pico** *de esa montaña.* **3.** Herramienta formada por una pieza puntiaguda de acero y un mango de madera: *Los trabajadores rompieron el piso con unos pesados* **picos**.

Como podemos ver, la palabra **pico** se emplea con tres significados; por ello tiene tres definiciones diferentes encabezadas por un número. En algunos diccionarios, en lugar de números se emplea una doble barra (ll) para separar las acepciones.

Aprendamos a distinguir las definiciones

Al buscar el significado de una palabra en el diccionario y encontrar que el artículo tiene varias acepciones, lo primero que debemos hacer es no apurarnos y leer atentamente todas las definiciones hasta localizar la que le da sentido a lo que queremos decir o a lo que estamos leyendo.

En el *Larousse Diccionario Educativo Juvenil*, por ejemplo, cada una de las acepciones va acompañada por un ejemplo que nos permite entender mejor la definición:

> **límite** *m.* **1.** Línea real o imaginaria que señala la separación de dos cosas: *El balón salió de los límites del campo.* **2.** Fin o grado máximo de algo: *El atleta que obtuvo el primer lugar se esforzó hasta el límite para ganar la carrera, por eso llegó tan agotado a la meta.*

15-30 min.

Vamos a definir palabras

 Veamos ahora qué dice el diccionario. En el artículo **manzano**, como primera acepción figura: *Árbol de flores rosadas que da el fruto de la manzana.* Ya sabemos que el *manzano*, el *pino*, el *álamo* y el *laurel* son árboles. Usando árbol como elemento en común vamos a construir definiciones.

pino Árbol resinoso de hojas en forma de aguja.
álamo Árbol de gran tamaño, de madera blanca y ligera que, por lo general, crece en terrenos muy húmedos.

¿Qué diríamos del laurel?, ¿nos animamos a completar esta definición?

laurel Árbol siempre verde cuyas hojas _____

¿Nos animamos a definir un estado de ánimo y agregar un ejemplo?

ira Enojo muy violento: *En un ataque de ira arrojó el jarrón al suelo.*
irritación Enojo: *Cuando mi padre se enteró de que le dije una mentira sintió irritación hacia mí.*
cólera Ira, enojo muy _____ : _____
_____

Ahora, entre todos vamos a conocer elementos y a formar definiciones.

Des- significa "lo contrario" de lo que significa la base de la palabra. Entonces, **desaprovechar** es "no aprovechar una oportunidad, una situación".
¿Cómo definiríamos las siguientes palabras?:

desarmar _____   **descansar** _____
deshacer_____   **desagradable** _____

Armemos las palabras
En la columna de la izquierda hay unos elementos llamados **prefijos** que significan "lo contrario" de lo que significa la palabra base. Unamos con una flecha la palabra con el prefijo correspondiente.

Ahora podemos definir cada una de ellas:

in a im des i	normal moral puntual armar revocable legal transitado colocar

1) _____
2) _____
3) _____
4) _____
5) _____
6) _____
7) _____
8) _____

5 La información gramatical

● Presentación para el profesor

El diccionario no sólo define palabras sino que también nos brinda otro tipo de información; por ejemplo, qué clase de palabras se definen a través de indicaciones gramaticales. Las categorías gramaticales que por lo común incorporan los diccionarios son las siguientes:

- **Sustantivo**: se indica si es **femenino** o **masculino** con la marca *f.* o *m.*, respectivamente. En el caso de que la palabra se use solamente en su forma **plural**, la indicación correspondiente es *pl.*
- **Adjetivo**: la abreviatura *adj.* identifica esta clase de palabra.
- **Artículo**: lleva la marca *art.*
- **Pronombre**: corresponde la marca *pron.*
- **Verbo**: la información gramatical sobre verbos difiere según el nivel escolar de quien es el destinatario del diccionario. De esta forma, por ejemplo, en el *Larousse Diccionario Educativo Juvenil*, para la educación secundaria, se señala cuando el verbo es **irregular** con la siguiente marca: *vb. irreg.*
- **Adverbio**: se señalan con la marca *adv.*
- **Preposición**: la identificamos con la marca *prep.*
- **Interjección**: aparece con la marca *interj.*
- **Conjunción**: le corresponde la abreviatura *conj.*

○ Explicación del profesor al alumno   10-15 min.

En un diccionario no solamente se definen palabras, también podemos encontrar más información. Algunas abreviaturas nos indican qué clase de palabra se define. Por ejemplo: **abeja** es sustantivo femenino; entonces en el diccionario aparece así: **abeja f.** Esa *f* significa "sustantivo femenino". Hay otras abreviaturas, veamos cuáles son y qué significan:

m.: sustantivo masculino. **oro m.**

f.: sustantivo femenino. **casa f.**

pl.: sustantivo plural. **abarrotes m. pl.**

adj.: adjetivo. **lindo, da adj.**

adv.: adverbio. **sí adv.**

art.: artículo. **un art.**

conj.: conjunción. **y conj.**

prep.: preposición. **con prep.**

pron.: pronombre. **él pron.**

interj.: interjección. **¡hola! interj.**

vb.: verbo. **hablar vb.**

vb. irreg.: verbo irregular. **hacer vb. irreg.**

20 min.

Marcas y más marcas

En las siguientes entradas el lexicógrafo se confundió y cometió algunos errores, vamos a ayudarlo escribiendo las indicaciones gramaticales en forma correcta. Prestemos atención porque en algunos casos la entrada es incorrecta.

cabra *m. y f.*
cabra _____

caballo, lla *m. y f.*
caballo _____
caballa _____

embarcar *vb. (t., impers., prnl.)*
embarcar _____

nuera, ro *m. y f.*
nuera _____

por *adj.*
por _____

Ahora tratemos de reponer la entrada. Las indicaciones gramaticales nos ayudan a saber cuál es la palabra.

_____   *m.* y *f.* Persona que compone poesías: *El escritor cubano José Martí fue un gran* _____ *del siglo xix.*

_____   *f.* Fuerza pública encargada de mantener el orden y brindar seguridad a los ciudadanós: *Le robaron la cartera y fue a la oficina de la* _____ *a denunciar el delito.*

_____   *adj.* Referido a lo que está dividido por líneas que se cruzan formando muchos cuadrados iguales: *Para la materia de matemáticas usamos un cuaderno* _____.

6 Variedades del español

● Presentación para el profesor

Por la cantidad de sus hablantes, el español es la tercera lengua del mundo, superada sólo por el chino y el inglés. Pero además, es probable que sea la que habla el mayor número de países. Y es que no sólo se habla en el continente europeo, donde nació, y en el americano, donde adquirió nuevo vigor y se enriqueció con el contacto de las lenguas aborígenes, sino también en el continente africano (en Guinea Ecuatorial). Se habla además en numerosos países que tienen otra lengua propia, como es el caso de las Filipinas, Marruecos, Sahara Occidental y, en particular, en los Estados Unidos que, por la cantidad de hispanohablantes que allí viven, se halla próximo a ser el tercer país de habla española, luego de México y de España.

No es ninguna sorpresa, entonces, que nuestra lengua posea una gran diversidad de variantes de pronunciación, de sintaxis, de morfología y de léxico. Primero entre España y América, luego entre los diversos países americanos, fundamentalmente en razón de las lenguas americanas que existían antes de la llegada de los españoles, como el náhuatl y las lenguas mayas en el centro y norte de América, el aymará y el quechua en la región andina de América del Sur, las lenguas guaraníticas en la región cercana al Brasil. Además, en algunos países, sobre todo en la región del Río de la Plata, influyeron las lenguas de la inmigración europea posterior a la independencia, como es el caso del italiano.

Sin embargo, esta gran variedad de formas regionales no impide que la comunicación entre las personas del mundo hispanohablante sea, en verdad, relativamente sencilla. Claro que existe una premisa básica en esta afirmación: cuanto más estándar, cuanto más formal es el modo de hablar, más fácil será la comunicación. Cuanto más alejada del estándar, es decir, cuanto más informal y más popular sea el modo de hablar, más difícil será la comunicación entre dos personas hispanohablantes provenientes de distintos países. La riqueza que encierra la variedad del español no puede constituir un obstáculo que impida ver su gran unidad. Tampoco el deseo de unidad, y menos subordinado a una variedad del español, debe impedir su riqueza expresiva. Hacer comprender este punto es de especial responsabilidad para los maestros.

En los diccionarios, las diferencias léxicas se indican a través de las llamadas **marcas diatópicas**, es decir, las que se refieren al lugar (*topos*, en griego) geográfico. Por lo común se trata de abreviaturas. El significado de las abreviaturas se encuentra en las primeras páginas del diccionario.

El español es una lengua hablada por alrededor de 400 millones de personas en el mundo. Llegó a América traída por los españoles y aquí se nutrió de las lenguas de los pueblos que habitaban en estas tierras. Con el correr de los años, el español ha ido evolucionando y enriqueciéndose, dando lugar así a las diferentes variedades del español americano. Actualmente en América y España hablamos un mismo idioma, pero con variantes que no impiden comprendernos. Si viajamos a España o a otro país americano nos daremos cuenta de que a veces la gente del lugar usa palabras diferentes de las que nosotros conocemos como nombre de alguna cosa. Por ejemplo, lo que en la Argentina se llama *tiza*, en México recibe el nombre de *gis*. Pero esto no es un obstáculo para comunicarnos, sino que es una muestra de la riqueza de una lengua tan difundida y extendida en un gran continente.

Los diccionarios que contienen palabras, usos y expresiones de los países de América Latina y España son diccionarios para todos los que hablan español. Esto significa que están escritos para que los alumnos de distintos países de habla hispana puedan encontrar un amplio vocabulario que comprende palabras que se usan en diferentes países de América y en España.

¿Cómo dijo?

1. Estas palabras se usan en algunas regiones de América, con la ayuda del diccionario coloquemos las marcas de los países donde se usan. Si las conocemos con otro nombre lo colocamos al final de la definición. Los ejemplos nos ayudan a entender el significado, en el caso de no reconocer qué es porque lo nombramos de manera diferente.

Por ejemplo:

mofeta f. *Méx.* Mamífero carnívoro que se defiende de sus enemigos lanzando un líquido fétido por vía anal: *El olor de la mofeta es tan penetrante que puede percibirse a 50 metros de distancia.*
También se llama **zorrino.**

banqueta f. _____ Acera: *Mi mamá me dijo que siempre debía caminar por la banqueta y no entre los automóviles.*
También se llama _____.

gis m. _____ Barrita compacta y seca, blanca o de colores, que sirve para escribir en el pizarrón o pizarra.
También se llama _____.

conmutador *m.* _____ Central telefónica: *Manuela trabaja como opera-dora en el conmutador de una fábrica.*
También se llama _____.

2. ¿Cómo lo llamamos nosotros? A continuación aparece una lista de palabras con la marca diatópica y su significado. Seguramente no en todos los países se dice de la misma manera. Le ponemos el nombre con que corrientemente se designa esa palabra. Si la nombramos de esa manera, busquemos en el diccionario si también se dice de otra forma.

factura *f. Arg.* Toda clase de panecillos dulces que suelen elaborarse y venderse en las panaderías.
Nosotros le decimos _____.

pollera *f. Amér. M.* Prenda de vestir, en especial femenina, que cae de la cintura hacia abajo.
Nosotros le decimos _____.

pomo *m.* Perilla fija a los muebles, puertas, etc. de la que se tira para abrirlos: *Como se cayó el pomo de la puerta, ahora no la puedo abrir.*
Nosotros le decimos _____.

manillar *m.* Pieza de bicicleta o de la motocicleta, en la cual el conductor apoya las manos para dirigir la máquina: *Los manillares de las bicicletas de carreras son muy bajos porque esto ayuda a que los ciclistas alcancen mayores velocidades.*
Nosotros le decimos _____.

chévere *adj.* **1.** *Col.* y *Venez.* Se dice de lo que está muy bien. **2.** *Cub., Per.* y *Venez.* Se refiere al que es bueno o de buen carácter. **3.** *Ecuad., Per., P. Rico* y *Venez.* Se aplica a lo que es agradable.
Nosotros le decimos _____.

calato, ta *adj. Per. Fam.* Desnudo.
Nosotros le decimos _____.

lustrín *m.* **1.** *Chil.* Limpiabotas.
Nosotros le decimos _____.

múcura *adj. Bol., Col., Cub.* y *Venez.* Ánfora de barro que sirve para transportar agua y conservarla fresca: *Preparamos agua de sandía y la vaciamos a la múcura para que estuviera fresca a la hora de comer.*
Nosotros le decimos _____.

lapicera *f. Amér. M.* Utensilio con un cartucho de tinta usado para escribir.
Nosotros le decimos _____.

7 Sinónimos

● Presentación para el profesor

El objetivo de la siguiente actividad es familiarizar al alumno en la búsqueda y selección de sinónimos. De ese modo, les resultará más fácil entender el concepto de "sinonimia relativa", es decir, que existen pocas palabras que son totalmente sinónimos, y que aun cuando lo son, no lo son en todos los sentidos, en todas las acepciones que les indica el diccionario, sino en algunas. Se busca con ello evitar un empleo mecánico de los diccionarios, se les invita a confrontarlos con la realidad y, de esa manera, posibilitar que el alumno enriquezca su capacidad expresiva.

○ Explicación del profesor al alumno

 15 min.

En numerosas oportunidades tenemos que redactar un texto y nos resulta muy difícil encontrar sinónimos para evitar la repetición de palabras. Los sinónimos son vocablos que tienen la misma o muy parecida significación que otro. Los diccionarios *Larousse* incluyen en el artículo, después de la definición de una palabra, el sinónimo correspondiente. En algunos casos encontramos que puede tener más de uno. Por ejemplo:

> **guardavalla** m. *Amér. C.* y *Amér. M.* En algunos deportes por equipo, jugador que cuida la meta para evitar goles o puntos en contra. **Sin. guardameta, portero, arquero.**

Algunos diccionarios no marcan los sinónimos. No obstante, si se consulta la palabra que nos interesa hallaremos algún equivalente.

□ Ejercicio para los alumnos

 15 min.

Pongamos sinónimos

Leamos el siguiente texto y remplacen las palabras subrayadas por otras, o por expresiones cuyo significado sea equivalente

a) Busquemos las palabras en un diccionario de sinónimos y seleccionemos el sinónimo que corresponda de acuerdo con el contexto.

b) Hagamos dos columnas:

22

- En una coloquemos los sinónimos con los que remplazamos las palabras subrayadas.
- En la otra anotemos las diferentes acepciones de cada una de ellas que encontremos en el diccionario.

c) Unamos con una flecha el sinónimo con la acepción que corresponda según el contexto en que aparecen.

El eclipse

Cuando fray Bartolomé Arrazola se sintió perdido, aceptó que ya nada podría salvarlo. La selva <u>poderosa</u> de Guatemala lo había apresado, implacable y <u>definitiva</u>. Ante su ignorancia topográfica se sentó con tranquilidad a esperar la muerte. Quiso morir allí, sin ninguna esperanza, aislado, con el pensamiento fijo en la España distante, particularmente en el convento de Los Abrojos, donde Carlos Quinto <u>condescendiera</u> una vez a bajar de su eminencia para decirle que confiaba en el celo religioso de su labor <u>redentora</u>. Al despertar se encontró rodeado por un grupo de indígenas de rostro impasible que se disponían a sacrificarlo ante un altar que a Bartolomé le pareció como el lecho en que descansaría, al fin, de sus temores, de su destino, de sí mismo.

Tres años en el país le habían conferido un mediano dominio de las lenguas nativas. Intentó algo. Dijo algunas palabras que fueron comprendidas.

Entonces <u>floreció</u> en él una idea que tuvo por digna de su talento y de su cultura universal y de su <u>arduo</u> conocimiento de Aristóteles. Recordó que para ese día se esperaba un eclipse total de sol. Y dispuso, en lo más íntimo, valerse de aquel conocimiento para engañar a sus opresores y salvar la vida.

— Si me matáis —les dijo— puedo hacer que el sol se oscurezca en su altura.

Los indígenas lo miraron fijamente y Bartolomé sorprendió la <u>incredulidad</u> en sus ojos. Vio que se produjo un pequeño consejo, y esperó no sin cierto desdén.

Dos horas después, el corazón de fray Arrazola chorreaba su sangre <u>vehementemente</u> sobre la piedra de los sacrificios (brillante bajo la opaca luz de un sol eclipsado), mientras uno de los indígenas recitaba sin ninguna inflexión de voz, sin prisa, una por una, las infinitas fechas en que se producirían eclipses solares y lunares, que los astrónomos de la comunidad maya habían previsto y anotado en sus códices sin la valiosa ayuda de Aristóteles.

AUGUSTO MONTERROSO
"El eclipse", en *Obras completas (y otros cuentos)*,
3a. ed., Joaquín Mortiz, México, 1971.

8 Antónimos

● **Presentación** para el profesor

Se llama **antónimos** a las palabras que expresan una idea o un concepto contrario a otra. Vale decir que la antonimia es una relación que se establece entre dos palabras; por ejemplo: *bueno* y *malo*; *blanco* y *negro*; *arriba* y *abajo*, etcétera.

En rigor, dos palabras son antónimas entre sí cuando su núcleo de significado es enteramente diferente, como puede verse en la oposición *blanco / negro*, ya que *blanco* es la suma de todos los colores y *negro* es la ausencia de todo color. Por lo común, los diccionarios destacan estas relaciones de oposición. Por ejemplo:

> **abajo** *adv.* En la parte inferior o en posición baja: *"¡No vayas a atropellar al perro que se escondió **abajo** del automóvil!"*, grité a mi madre. Ant. **arriba.**
>
> **arriba** *adv.* En lugar superior o más alto: *"Mi oficina está **arriba**, en el segundo piso"*. Sin. **encima**. Ant. **abajo**.

A diferencia de los sinónimos, que ofrecen gran variedad de matices de significado y que muchas veces se eligen para evitar repeticiones o para embellecer un texto, los contextos posibles de los antónimos son menos. Ello se debe a la relación de oposición que los une. Esta rigidez de designación puede ser empleada en clase para indicar sin duda y sin hacer explícita la palabra que se desea enseñar. Así, a la pregunta *"¿cómo se llama a lo contrario de bueno?"*, la respuesta es necesariamente *"malo"*.

También se diferencian de los sinónimos en su número. Son menos las palabras que tienen antónimo.

Por último, se pueden reconocer al menos tres tipos de antonimia:

1. Los antónimos que se reconocen a través del conocimiento del mundo: *frío / caliente*; *tarde / temprano*; *comprar / vender*, corresponden a este grupo.
2. Los antónimos que se reconocen a través de la morfología: *hacer / deshacer*; *posible / imposible*; *aceptable / inaceptable*, se incluyen dentro de este grupo.
3. Las voces que funcionan como antónimos en determinados contextos. Se trata, por lo común, de oposiciones establecidas culturalmente y muchas veces forman frases hechas. En tal sentido *diablo* y *santo* podrían actuar como antónimos, por ejemplo en oraciones como: *"Este niño es un santo, pero su hermano es un diablo"*.

Ya habíamos visto que las palabras que significan aproximadamente lo mismo que otras reciben el nombre de *sinónimos*. Hay otro tipo de palabras, las que significan exactamente lo contrario de otras; a éstas las llamamos *antónimos*. De la misma manera que un día tiene un comienzo y un fin, las palabras que lo nombran —*comienzo* y *fin*— son antónimas entre sí. Lo mismo ocurre con *malo* y *bueno*, *comenzar* y *terminar*, *arriba* y *abajo*, y tantas otras que podemos encontrar. Lo que importa recordar es que se trata de palabras que expresan ideas opuestas. Algo así como si dijésemos "este libro es lo contrario de bueno" por decir "este libro es malo".

Veámoslo juntos un poco más. Les digo unas palabras y ustedes dicen el antónimo.

¿Qué es lo contrario de *frío*?
¿Cómo se dice cuando una persona es lo contrario de *flaca*? ¿Y de *alta*?

Hay muchas palabras que tienen una forma relativamente parecida y sólo se diferencian por una pequeña partecita, un pedacito de palabra que llamamos *prefijo*. La lengua, nuestro idioma, dispone de algunos prefijos para colocarlos junto a otra palabra y evitarnos tener que decir "lo contrario de...". Por ejemplo, en vez de decir "esto es lo contrario de *posible*" digo "esto es *imposible*".

In- o *im-*, *des-* o *de-*, son prefijos que se utilizan para formar antónimos. Noten que los escribimos con un guión (-) final porque se colocan al comienzo de la palabra.

Pero atención: siempre tenemos que estar atentos al sentido de las palabras. No basta saber cómo se compone un antónimo, es necesario además saber cuándo usarlo. Por ejemplo: formo el antónimo de *prender* con *des-* y obtengo *desprender*. Puedo decir: *El hijo se prendió a su madre*; para dar la imagen contraria puedo decir: *El hijo se desprendió de los brazos de su madre*. Eso está bien. Pero lo contrario de *prender la luz* es *apagarla*.

□ Ejercicio para los alumnos

 7-10 min.

Pongamos antónimos

Completemos los espacios en blanco con el antónimo que corresponda:

La ropa **mojada** que mi madre colgó anoche ya está _____.
Estoy **cansado**, voy a sentarme un rato para _____.
No te dije que **subieras** los libros. Te dije que los _____ al sótano.
El **día** está hecho para trabajar y para jugar. La _____ está hecha para dormir.
Si él llegó **antes**, está primero. Tú llegaste _____, por eso debes esperar.
A mí no me gusta el chocolate **caliente**, lo prefiero _____.
No es justo que me hagas **salir** cuando apenas acabo de _____.
Los cuernos del toro no son **romos**, por el contrario son _____.
Creo que la puerta quedó **abierta**. ¿Por qué no vas a ver si está bien _____?

9 Las ilustraciones lingüísticas

La función pedagógica del diccionario se apoya en una cantidad de elementos que complementan la definición y perfeccionan su carácter de explicación. Estos elementos constituyen las *ilustraciones*. Cuando nos referimos a las ilustraciones no nos referimos únicamente a los dibujos, imágenes o fotos. También existen las llamadas **ilustraciones lingüísticas**. Éstas son ilustraciones que por medio del uso natural del lenguaje hacen evidente, o al menos más claro, el sentido de la definición. Pueden formar parte o no del texto donde se encuentra la definición. Existen dos tipos: *definiciones por ostensión* y los *ejemplos y las citas*. El primer tipo aquí no lo trataremos, pero el segundo, los ejemplos y las citas, sí es interesante para nosotros.

Tanto el ejemplo como las citas se caracterizan por hallarse fuera de la definición y pertenecen al lenguaje natural, es decir, el que hablamos todos los días de manera normal. Su función no es la de definir sino la de complementar la definición.

Veamos un ejemplo:

> **langosta** f. [...] 2. Insecto herbívoro saltador, parecido a los grillos: *Las plagas de **langosta** pueden acabar con cosechas enteras.*

○ **Explicación** del profesor al alumno   10 min.

Si miramos con atención el contenido de un diccionario veremos que no solamente incluye una lista de palabras ordenadas alfabéticamente con su definición, sino que también lo componen otros elementos, por ejemplo las ilustraciones. Y cuando hablamos de ilustraciones, no nos referimos únicamente a dibujos, imágenes o fotos; existen también las llamadas *ilustraciones lingüísticas*. Las ilustraciones lingüísticas pueden formar parte o no de la definición y su función es hacer más clara la definición. Las hay de dos tipos: las llamadas *definiciones por ostensión* y *la cita y el ejemplo*. Sólo trataremos el segundo de estos tipos, es decir, el ejemplo y la cita.

El ejemplo y la cita no forman parte de la definición, ya que su función no es la de definir sino la de complementar lo que la definición dice. La **cita** corresponde a una parte independiente del diccionario, cuyo título y el nombre del autor deben figurar junto a la cita. El **ejemplo**, que es lo que más encontraremos en un diccionario, está escrito por el equipo de redacción de la obra. Es importante tener en cuenta que el ejemplo tiene que estar relacionado con el uso real de la palabra. Veamos un ejemplo:

> **disección**. Acción y efecto de abrir un organismo para estudiarlo: *En la clase de biología el maestro hizo la **disección** de una rana.*

A poner ejemplos

Completemos la definición de las siguientes palabras con un ejemplo que ayude a hacer más clara la definición.

ventajoso, sa *adj.*
Que representa un beneficio, una ventaja: _____
_____.

amargo, ga *adj.*
Que tiene sabor áspero y desagradable: _____
_____.

libreta *f.*
Cuaderno en que se escriben anotaciones:_____
_____.

salobre *adj.*
Con sabor a sal:_____
_____.

desplomarse *vb. prnl.*
Caer una cosa con todo su peso: _____
_____.

empujar *vb.*
Hacer fuerza contra una cosa para moverla: _____
_____.

dulce *adj.*
Que causa al paladar una sensación azucarada: _____
_____.

desfilar *vb.*
Marchar en fila: _____
_____.

Segunda parte:
vamos a jugar

1 ¿Cómo evitar que la araña te devore?

Indicaciones para el docente

• Objetivos
    Que los alumnos…
… se ejerciten en la búsqueda de palabras en el diccionario;
… ejerciten la grafía correcta a partir del uso del diccionario;
… ejerciten el uso de los signos de puntuación.

• Destinatarios
    Alumnos a partir de los 10 años. A medida que aumenta la edad de los destinatarios se puede hacer más compleja la propuesta. El ejemplo ofrecido presupone un destinatario alumno que ya haya estudiado o reflexionado sobre algunas de las reglas ortográficas básicas.

• ¿En qué consiste el juego?
    El juego propuesto se inspira en el famoso "Juego del ahorcado". El equipo docente consideró cambiar la imagen del ahorcado por la de una ficticia araña que el alumno armará a partir de los errores que el compañero cometa durante el juego. Gana el que no arma la araña y, por lo tanto, no corre el peligro de ser comido por ella.

• Reglas del juego
+ La araña debe armarse así:

+ Las partes que deben dibujarse son las siguientes:

> * El cuerpo.
> * La cabeza.
> * Primer par de patas.
> * Segundo par de patas.
> * Tercer par de patas.
> * Cuarto par de patas.
> * La boca.
> * Los ojos.
> * El sombrero.

+ El alumno o equipo desafiante tiene que entregar a su/s compañero/s una tarjeta o un papel en el que figuren tantos guiones horizontales como letras tenga la palabra o el texto que deban reponer. Si se trata de signos de puntuación, cada signo faltante será remplazado por un guión.

+ El alumno o equipo desafiado propondrá las letras (primero las vocales, luego las consonantes) de la siguiente manera: si propone la letra "a" se colocarán todas las "a" que tenga la palabra o el texto.

+ Como las partes del cuerpo de la araña que deben ser repuestas son nueve, el que cometa más de nueve errores pierde.

Pasos que el docente deberá seguir para poner en marcha el juego en el curso
1. Enunciar y explicar las reglas anteriores.
2. Escribir previamente en distintas tarjetas las reglas ortográficas estudiadas hasta ese momento.

> Las palabras que comienzan con los diptongos "hie-", "hue-", "hui-" inicial se escriben con "h".

> Los adjetivos que terminan en "-oso", "-osa" se escriben con "s".

> Después de "m" se escribe "b".

> Después de "n" se escribe "v".

> Los sustantivos terminados en "-aje" se escriben con "j".

3. Se colocan las tarjetas en una bolsa.
4. Se divide la clase en cuatro grupos. Cada uno extrae de la bolsa una tarjeta y busca en el diccionario cuatro palabras que se relacionen con la regla que les ha tocado en suerte. Se juega de a dos grupos: uno es el desafiante y otro el desafiado.
5. Cada grupo escribe en una tarjeta que entregará al grupo desafiado los guiones de las cuatro palabras que eligió y que deben ser resueltas por el otro grupo.

> C_ _ _ _ _ J_
> A_ _ _ _ _ _ _ J_
> P_ _ J_
> B_ _ _ _ _ J_
> Los sustantivos terminados en _____ se escriben con "j".

(Carruaje, Aterrizaje, Peaje, Blindaje)

6. Un grupo entrega la tarjeta al otro grupo.
7. Resuelven el juego de la siguiente manera: el grupo desafiante dibuja las distintas partes de la araña a medida que los compañeros del grupo desafiado se equivocan.
8. Una vez que los dos grupos resuelven las cuatro palabras y escriben la regla, se cotejan los resultados con los otros dos grupos.
9. Gana el equipo que haya resuelto la propuesta sin haber llegado a dibujar la araña completa y que haya escrito sin errores la regla correspondiente.

> CARRUAJE
> ATERRIZAJE
> PEAJE
> BLINDAJE
> Los sustantivos terminados en
> -AJE se escriben con "j".

Pierde el equipo que armó la araña antes de completar la palabra y la regla correspondiente. Por ejemplo:

> CA_R_AJE
> A_E_ _I_AJE
> PE_J_
> BLI_D_JE
> Los sustantivos terminados en
> _____ se escriben con "j".

30

Variantes
Primera posibilidad
- El maestro prepara 4 tarjetas con los guiones que remplacen las letras faltantes de cinco palabras propuestas. Sólo se colocan una o dos letras: las que tengan que ver con la regla que se quiere repasar.
- El maestro divide a la clase en grupos de dos (uno será el desafiante y otro el desafiado). Cada grupo recibe dos tarjetas para completar las palabras y otras dos tarjetas con la solución para que desafíe al grupo contrario.
- El maestro retendrá las tarjetas con las soluciones correspondientes.

  Por ejemplo:
  _ _ _ _ _ _ _ _ **S** _ (estrepitoso)
  H _ _ _ _ _ _ _ (huequito)
  _ _ **M B** _ _ (cambio)
  _ _ **N V** _ _ _ _ _ _ (convivencia)
  _ _ _ _ _ **J** _ (tatuaje)

- Los alumnos desafiados completan cada palabra y los desafiantes dibujan las arañas.
- Gana quien resuelva la propuesta (sin que el compañero haya terminado de dibujar la araña).
- Una vez terminado el juego, verifican la grafía correcta en el diccionario y escriben, entre los dos, la regla correspondiente.
- Después se la entregan a la maestra, que señala a los ganadores de cada grupo.

Segunda posibilidad
El maestro prepara en el pizarrón el juego y participa toda la clase. Puede utilizarse como introducción explicativa la que aparece en los juegos anteriores.

Tercera posibilidad
El mismo tipo de juego explicado en las dos primeras posibilidades puede utilizarse para repasar las desinencias verbales, las formas irregulares de los verbos, el reconocimiento de prefijos de origen latino o griego, etcétera. Cada una de las propuestas anteriores responde a un destinatario distinto en cuanto a la edad y el nivel de estudios.

• Ahora juegan los alumnos más grandes
En los juegos más tradicionales (inspirados en el del ahorcado) los participantes deben escribir las letras que faltan. En esta ocasión se trata de que pongan los signos de puntuación (el punto y seguido, la coma, el punto y coma, los guiones, los signos de interrogación y exclamación y los dos puntos) para completar un texto acertadamente.

Pasos del juego
1. Primero tenemos que elegir un compañero para jugar.
2. Ponemos los signos que correspondan en los huecos del fragmento que se transcribe más adelante. Recordemos que, para cada equivocación, el compañero dibujará una parte del cuerpo de la araña.

El hablador (fragmento)

"Conocí la selva amazónica a mediados de 1958 _ gracias a mi amiga Rosita Camacho _
Sus relaciones en la Universidad de San Marcos eran inciertas _ su poder _ inconmensurable _ merodeaba entre los profesores _ sin ser uno de ellos _ y todos hacían lo que Rosita les pedía _ gracias a sus artes _ las puertas de la administración se abrían y los trámites se facilitaban_
— Hay un sitio en una expedición por el alto Marañón _ organizada por el Instituto de Lingüística —me dijo— _ _ Quieres ir _"

MARIO VARGAS LLOSA (texto adaptado)
El hablador, Seix Barral, Barcelona, 1987.

3. Para asegurarse del uso correcto de los signos empleados, consultamos un libro de gramática, un diccionario de dudas o un manual de redacción.

Si queremos complicarle un poco las cosas al ganador, podemos pasar a la segunda parte del juego, para la que vamos a necesitar consultar un diccionario enciclopédico. Gana definitivamente el que contesta primero y redacta bien las respuestas.

- ¿De qué nacionalidad es el autor de El hablador?
- ¿En qué año nació?
- ¿Qué otras obras importantes escribió? Nombrar solamente tres.
- Menciónanos otros tres narradores hispanoamericanos destacados del siglo xx y algunas de las obras importantes que escribieron.